U0826741

晋能集团“136”安全管理模式

（第一册）

李国彪　陈旭忠　主编

应急管理出版社
·北　京·

图书在版编目（CIP）数据

晋能集团“136”安全管理模式/李国彪，陈旭忠主编.
－－北京：应急管理出版社，2020
ISBN 978－7－5020－8249－9

Ⅰ.①晋… Ⅱ.①李… ②陈… Ⅲ.①煤炭工业—企业集团—工业企业管理—安全管理—管理模式—研究—山西
Ⅳ.①F426.21

中国版本图书馆 CIP 数据核字（2020）第 137851 号

晋能集团“136”安全管理模式

主　　编　李国彪　陈旭忠
责任编辑　赵金园　成联君
责任校对　赵　盼　李新荣　陈　慧　孔青青　邢蕾严
封面设计　叶　东　楚红兵

出版发行　应急管理出版社（北京市朝阳区芍药居 35 号　100029）
电　　话　010－84657898（总编室）　010－84657880（读者服务部）
网　　址　www.cciph.com.cn
印　　刷　海森印刷（天津）有限公司
经　　销　全国新华书店

开　　本　889mm×1194mm 1/16　**印张**　164 3/4　**插页**　4　**字数**　4775 千字
版　　次　2020 年 8 月第 1 版　2020 年 8 月第 1 次印刷
社内编号　20200708　　　　**定价**　630.00 元（共四册）

版权所有　违者必究
本书如有缺页、倒页、脱页等质量问题，本社负责调换，电话:010－84657880

编　委　会

编委会主任　李国彪　陈旭忠

编委会成员　刘　平　张　勇　王平虎　武成家　秦高明

李俊虎　张炳林　耿增达　赵保平　孔祥义

马世胜　王占国　杨克军　申　霞　郝　豫

主　　编　李国彪　陈旭忠

○晋能集团风电项目

○晋能天镇 40MWp 光伏扶贫电站

○晋能右玉风光发电项目

○晋能清洁能源风电项目

○晋能电力国峰煤电全景图

○晋能电力国金公司发电项目夜景

○晋能集团长治三元煤业全景图

○晋能电力 220kV 的变电站全景图

○晋能电力嘉节热电全景图

○晋能阳泉燕龛煤业管状带式输送机全景图

○晋能地产万景苑小区全景

○晋能集团总部 晋能地产山西国际金融中心项目

○晋能集团沁园春矿泉水生产线

序

《晋能集团“136”安全管理模式》一书，犹如经历十月怀胎的胎儿，伴随着春回大地、百花盛开，终于呱呱落地了，一声响亮的啼声，昭示着一个新生命的诞生，可喜可贺！

从1999年三元煤业改制、2002年少量收购到2009年的资源整合大量介入，集团公司煤矿生产建设和安全管理的进程，与山西原有煤炭企业相比少了50~60年，是一名真正的煤炭产业的新兵。煤炭企业20世纪所经历的从小到大，从弱变强，从傻大粗、脏乱差到标准化、精细化、智能化，从炮采、普采、高档到机械化、放顶煤、大采高技术进步的过程都跳过了。虽然集团公司的矿井都是按照现有标准设计建设的，但仍然存在着点多面广线长、建设任务繁重、技术力量薄弱、基础工作不实等问题，安全工作任务重、风险大，加之各单位的管理方法各不相同，管理水平参差不齐，兄弟企业的经验不能现学照搬，迫切需要行之有效的方法来统一和加强安全管理。这种背景下，安全管理模式的创建被提到了重要位置。

2016年6月，集团公司选择在长治公司召开安全管理示范矿井建设现场会，提出要提炼创造一个适合晋能发展的安全管理模式。近几年来，集团领导班子多次研究讨论，基层单位结合实际、积极实践，专业部门不断总结提炼、丰富完善。在此基础上，河南理工大学的专家教授们经过整理、加工和升华，形成了《晋能集团“136”安全管理模式》一书。这本书的诞生，是理论与实践相结合的产物，也是集思广益的结果。在此，代表集团公司向大家致以诚挚的敬意！

“136”安全管理模式的创建是企业安全生产实践的需要，是植根于现阶段的系统组成、整体推进、跨越式提升的一个模式设计，它与已有的安全理论不同，是安全管理的一种方法，系统思想是其灵魂，基础、能力、体系、文化是其肢体。其中，“1”是安全文化，是安全大厦之魂；“3”是基层建设、基础管理、基本素质“三基建设”，是安全大厦之基；“6“是组织、责任、制度、技术、管理、监督“六大体系”，是安全大厦之柱。“灵魂、基础、支柱”共同构成了“生命至上，安全为天”的安全大厦。

当前，集团公司正处于推进“136”发展战略，建设“一流现代化清洁能源集团”的关键时期，控制好风险特别是安全风险，对于战略目标的实现至关重要。“136”安全管理式是对企业安全管理看对了症、开对了方、抓对了药的系统疗法，为企业安全管理找出了一条路子，这本册子印制成书恰逢其时，是集团公司安全管理进步新的里程碑，必将为企业长治久安、战略发展起到保障作用。

伟大的思想家、文学家鲁迅先生说过，其实地上本无路，走的人多了、也便成了路。集团公司在安全管理的田地里，趟出了一条适合自己走的路。我相信，只要集团上下都自觉走好这条路，风雨无阻，坚定前行，晋能集团的安全管理就一定会越来越扎实、越来越规范、越来越有效。

郑板桥《竹石》一诗恰能体现我对《晋能集团“136”安全管理模式》一书这个“新生命”的感受和评价：“咬定青山不放松，立根原在破岩中。千磨万击还坚韧，任尔东西南北风。”不论是对于一种管理模式而言，还是对于生命至上的安全工作而言，“咬定青山不放松”都是必须的，“立根原在破岩中”更是坚定的。唯此，才能行稳致远。

是为序。

目　　录

第一册

第1篇　总　　论

第2篇 “三基”建设

第3篇 组织体系

第4篇 责任体系

第二册

第5篇 制度体系

第三册

第5篇　制度体系

第四册

第6篇　技术体系

第7篇　管理体系

第8篇 监督体系

第1篇　总　　论

1 “136”安全管理模式概述

1.1 “136”安全管理模式的构建背景

习近平总书记指出，“安全事关人民福祉，事关经济社会发展大局”“发展决不能以牺牲安全为代价，这必须作为一条不可逾越的红线”。企业贯彻落实好这些指示和要求，既是应尽之责，也是使命担当。因此，探索安全管理之道，谋求安全长效之法，创新安全治本之策，是企业安全管理的关键所在。

晋能集团是在原山西煤炭运销集团有限公司与山西国际电力集团有限公司的基础上合并重组的以煤炭生产、电力、贸易物流、新能源、燃气等产业为一体的现代综合能源集团。煤炭资源整合，集团拥有了163座煤矿，分布在全省“六大煤田”十七个矿区中，煤矿数量多，开采条件复杂，安全管理水平参差不齐，特别是整合的地方煤矿小、散、乱，技术装备等方面管理基础薄弱。集团坚持“融入、聚力、务实、创新”的现代企业精神，坚持“办先进产能矿、办一级标准化矿、办绿色智能矿”的理念，将安全工作作为一项基础工作和系统工程来抓，持续不断地在安全生产方面强弱项、补短板，坚持不懈地探索安全管理新思路、新方法，为集团高质量发展寻求突破点。集团上下在多年的螺旋式上升、波浪式前进的安全生产实践中，逐渐积累了一些切合实际、行之有效、独具特色的安全管理经验和方法，这些经验和亮点宛如一颗颗散落在山间河畔的珍珠，等待有心人去穿成美丽的项链。

百舸争流，奋楫者先；千帆竞发，勇进者胜。越是处于改革攻坚期，越需要汇集众智、增强合力；越是处于发展关键期，越需要凝聚人心、众志成城。2018年11月，晋能集团迈入深化改革和转型发展的关键时期，站在新的历史起点上。面对集团产业分散、地域跨度大、下属煤矿众多、安全管理发展不平衡的现状，晋能集团不忘初心、牢记使命，在以习近平总书记新时代中国特色社会主义思想的指引下，坚持把生产安全放在发展之首，坚持走安全发展道路，与河南理工大学校企联合，在总结晋能集团现有的成功经验的基础上，融合现代安全管理理论，构建了一套理论上科学先进、实践上行之有效的全新的安全管理模式和方法，来实现对集团公司安全工作的典型化引领、常态化推进，使全体成员在安全管理观念上转变、思想上支持、行动上参与，形成一种安全管理的长效机制，有力推进新形势下晋能集团的安全管理工作，实现晋能集团安全生产的长治久安。这套方法就是“136”安全管理模式。

“136”安全管理模式是晋能集团煤矿安全管理实践不断演化的结果，其实质是充分分析和深入研究新形势下集团公司安全管理的重点、难点和关键点，抓住当前安全管理的核心和任务，探索出的一套适用于晋能集团安全生产实际情况的管理思路和模式，是具有晋能集团特色的安全管理品牌，是集非常之智、汇非常之策、举非常之力、用非常之功、创非常之业构建晋能集团安全生产的长效机制。

1.2 构建“136”安全管理模式的意义

“136”安全管理模式，是集团贯彻习近平新时代中国特色社会主义思想，长期安全生产工作实践经验的总结和理论探索的成果，不仅体现了企业安全发展的根本要求，也从现代企业安全管理的角度对安全生产工作的各个要素之间的内在联系进行了定位，使得各个要素之间能够相互联系、相互促进，形成了安全生产工作的一个有机整体。从整体效果来看，该模式具有一定的先进性、系统性、科学性，对于统领晋能集团未来安全工作全局，持续促进晋能集团整体安全管理工作上水平，构建具有晋能集团特色的安全管理体系，提升晋能集团的本质安全水平具有十分重要的指导意义。

1. 明确理论模型

“136”安全管理模式中，“1”“3”和“6”是“一体”，不能割裂开来，10个要素之间有其内在的必然联系，同时又自成体系，强调“一体”，就是要求所有各项工作的着力点和落脚点必须保持高度一致，解决了一个方向性的问题，也就是安全生产工作的本质——保护和发展生产力。

2. 强化“系统原理”

作为安全生产工作的各个要素，需要按照系统原理去认识不同要素之间的内在联系和客观规律，就事论事不能有效解决深层次问题，只有系统地思考和研究，才能抓标治本、标本兼治。“136”安全管理模式强调系统性思维，站位全局、服务大局，有利于提高晋能集团各项工作的统筹性、整体性、持续性和前瞻性，减少工作推进的阻力，使目标明确。

3. 重新“要素定位”

“136”安全管理模式中各个要素之间不但相互联系，还有主次之分，整个模式对每个要素进行了清晰的定位，明确了各个要素的作用，有利于发挥每个要素的优势，形成工作合力，提高工作效率，起到事半功倍的效果。

4. 内涵更加丰富

“136”安全管理模式中无论是安全文化建设，还是“三基”和“六大体系”建设，都体现了一种追求卓越无止境的“精益管理”思想，重要的是，根据不同的诠释和理解，战略和战术的配合，引导企业向着不同的方向迈进，也会取得不同的绩效。

5. 整体解决方案

按照“木桶原理”，企业安全管理水平的高低取决于短板，要想整体提升安全管理绩效和水平，必须对企业安全管理的各个要素同步提升。“136”安全管理模式可以称之为现代化安全管理的整体解决方案。从文化因素、人的因素、技术因素、管理方法、具体措施、目标绩效等综合考虑，共10个要素同步实施、同步推进、同步提升，有利于补足短板，促进企业整体安全管理水平的提高。

6. 提升企业形象

集团作为负责任的国有企业，主动履行社会责任，全面落实企业安全生产主体责任，创造出独特的“136”安全管理模式，具有先进性、系统性、科学性，形成了具有晋能特色的安全管理模式和品牌，可以发挥试点带动作用，在行业、全省乃至全国煤炭行业起到一定的引领作用，有利于建立企业良好的社会安全形象。

扬帆起航凌云志，中流击水正当时。“136”安全管理模式是集团坚持“安全生产，以人为本”的具体体现，是解决目前集团内部各单位安全管理水平发展不平衡、不充分这一矛盾的基本要求，是在先进理念指导下集团创新的产物，对于搞好集团的安全生产具有极强的针对性、实用性、指导性。“136”安全管理模式的开拓性实践标志着集团走向模式化管理的新时代，在“击喙拔羽、涅槃重生”的新征程上，集团的每一位干部职工将继续同舟共济，牢固树立“红线意识”和“底线思维”，坚持将“136”安全管理模式实践持续推向深入，以文化促管理、以管理促安全、以安全促发展，为晋能集团安全大厦的持续稳定铺路奠基，为晋能集团的长久伟业增辉，为晋能集团的和谐巨轮扬帆！

1.3 “136”安全管理模式的架构

晋能集团“136”模式的安全大厦模型如图1－1－1所示。

1.3.1 内涵

企业生产，安全为本。对于生产经营单位来说，安全是科学发展之道，安全是和谐发展之基，安

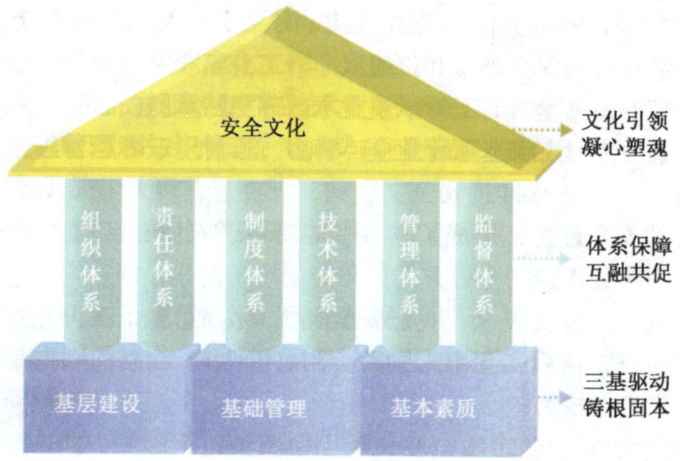

图 1-1-1　晋能集团“136”模式的安全大厦模型

全是永恒的主题。如果把晋能集团的安全生产比作一座大厦的话，那么“1”代表着推行一种安全文化，犹如这座大厦的华宇，彰显着晋能集团全体共同遵守并付诸实施的安全理念和价值取向，寓意安全文化庇护整个晋能集团的每一位员工；“3”代表着“三基”建设，犹如这座大厦三块坚固的“基石”，起着夯基固本的作用；“6”代表着六大体系，犹如这座大厦六根粗壮的柱子，起着中流砥柱的作用。推行一种安全文化，凝心塑魂引方向；夯实“三基”工作，真抓实干打地基；完善六大体系，互融共促助提升。文化引领，初心如一；三大地基，安如磐石；六大支柱，牢不可拔。全员合力，同心同德，砥砺前行，共同构建晋能集团牢不可破的“安全大厦”。

1.3.2　释义

1. 安全大厦之基石——“三基”建设

“合抱之木，生于毫末；九层之台，起于累土”。高楼大厦，地基先行。“三基”建设是抓基层、打基础、谋长远的工作，是晋能集团的创业之基、立业之本。在新时期、新形势下，晋能集团将“三基”建设作为推行“136”安全管理模式的切入点和构建安全大厦的基石，通过“重心下移抓基层”“关口前移打基础”“以人为本提素质”，夯实企业基层建设的支撑点、基础管理的着力点和基本素质的提升点。基层组织有序有力，夯实堡垒聚人心；基础管理推进务实，稳扎稳打强根基；基本素质稳步提升，激发内在潜动力。“三基”建设是为晋能集团的安全大厦夯地基，为晋能集团的安全发展奠根基。

2. 安全大厦之支柱——“六大体系”

大厦巍然屹立，是因为有坚强的支柱。“6”代表着“组织体系、责任体系、制度体系、技术体系、管理体系、监督体系”六大体系，犹如大厦的六根支柱，坚实有力，起着中流砥柱的作用。晋能集团多年来围绕六大体系，聚焦六大重点，着力打造一支立体化、全方位，横向到边、纵向到底的安全管理组织体系和队伍，为安全工作提供组织保障；着力构建全员、全方位的安全责任体系，守住安全生产底线；着力构建完整的制度体系，做实规范管理；着力构建高效顺畅运行的技术体系，提升企业本质安全水平；着力构建完善规范的管理体系，建立安全生产长效机制；着力构建规范有力的安全监督体系，强化风险防范管控。多管齐下，多措并举，合力筑牢晋能集团安全大厦的每一根支柱，使其坚实稳固，牢不可拔。“六大体系”之间相互关联、相互补充，形成有机统一、不可分割的整体。“六大支柱”协同发力，合力支撑起晋能集团的安全大厦。

3. 安全大厦之华宇——安全文化

大厦峥嵘初显，需要所有“晋能人”凝心聚力，同心同德，砥砺前行。文化引领方向，凝聚奋斗力量。“1”代表着推行一种安全文化，犹如晋能集团“安全大厦”恢宏磅礴的华宇，彰显着晋能集团全体共同遵守并付诸实践的安全理念和价值取向，寓意安全文化庇护着整个晋能集团的每一位员工。安全文化是安全管理的最高境界，是现代化本质安全型企业建设的灵魂，更是企业安全发展的“精神引擎”。多年来，晋能集团始终坚持管理与文化并重，把安全文化建设作为促进企业安全发展的一项长期性、战略性任务，持续推进安全文化建设，在全集团积极倡导“崇尚安全、敬畏生命、行为规范、自主保安”的安全理念，形成了具有晋能特色、内涵丰富的“能安”安全文化体系，通过不断完善和丰富安全制度文化、安全行为文化和安全物态文化，推动安全文化作用力的形成，形成一个“我想安全、我要安全、我会安全、我能安全”的良好氛围和“不能违章、不敢违章、不想违章”的自我管理和约束机制，从而实现由人管人、制度管人向文化管人的转变，逐步形成了以文化为引领、自律为根本、班组考核为核心、现场管理为重点，全员互动的特色安全文化模式，使得全体晋能人紧紧凝聚在“安全大厦”的周围，使其具有使命感和责任感，自觉地把自己的智慧力量汇聚到企业的整体目标之上，把个人行为统一于企业行为的共同方向上，凝心聚力，共创新高，共同筑牢晋能集团的“安全大厦”。

1.4 “136”安全管理模式的要素

“1”：推行一种安全文化，文化植安

安全发展，文化引领。企业文化是企业基业长青、永续发展的内核动力和灵魂所在，成功的企业必然有其先进的企业文化。多年来，晋能集团始终视安全发展为企业发展的第一要务，牢固树立安全发展理念，弘扬生命至上、安全第一的思想，坚守红线意识，把安全文化建设作为促进企业安全发展的一项长期性、战略性任务，通过全方位挖掘企业安全发展的文化元素和文化内涵，提炼出了以“崇尚安全、敬畏生命、行为规范、自主保安”为核心理念，具有晋能特色的“能安”安全文化引领体系，以企业安全目标和安全愿景“举旗”，以先进理念渗透开发“铸魂”，让安全文化深植于企业经营和企业安全管理中，以理念指导行动，从源头上控制人的不安全意识和行为，固根铸魂，引领安全生产一路前行。

“3”：抓好三基建设，三基筑安

树有根，有根才枝繁叶茂，葱郁参天；花有根，有根才经冬历夏，花落花开。企业安全文化只有落地生根，才能开花结果。安全文化只有被广大基层所接受和认可，并内化于心、外化于行，才能成为安全的指针，才能引领企业安全生产的发展，实现长治久安。“基础不牢，地动山摇”，对于各单位特别是煤矿安全生产来说，“三基”建设就是“牛鼻子”，抓住了“三基”建设这个根本，就抓住了问题的实质。因此，将“三基”建设作为构筑安全大厦的“三大基石”，作为整个企业安全管理创新的支撑点和切入点，这是晋能集团根据企业现状和发展的要求做出的必然抉择，是吃透上情、立足下情、实施文化管理的必然归宿。强化班组建设，重心下移抓基层；加强制度和标准建设，关口前移打基础；强化安全教育培训，以人为本提素质，通过不断强化基层建设、夯实基础工作、提升基本素质，使“三基”工作更加扎实、更加稳固、更为可靠，使得安全文化在基层、基础和基本素质建设和提高中实现知行合一，实现内化于心，外化于行，固化于制，为晋能安全大厦的建设夯实牢固的根基。

“6”：完善六大体系，体系强安

由于“三基”建设缺乏操作体系的支撑，落实的自由度较大，集团公司根据实践操作需要，构建了“六大体系”，分别是组织体系、责任体系、制度体系、技术体系、管理体系、监督体系，六大体系是在“三基”的基础上，进一步分解、细化和延伸而形成的操作体系。六个体系符合“整分合”原理，各个体系既相互独立、各有侧重、突出关键，又相互容纳、相互关联，同时又对重点要素进行了循环强调，形成了一个科学严密的框架。六大体系有机地组合在一起，犹如六根强有力的基柱，稳稳地坐落在大厦的三块基石之上，共同构成“136”安全管理大厦的底层基础，管控着整个模式的稳定性，象征着“136”安全管理大厦稳如泰山、安如泰山。

推行一种安全文化、文化植安；抓好“三基”建设，三基铸安；完善六大体系，体系强安。“136”安全管理模式的实质是运用 PDCA 循环的管理思路，将安全文化建设、“三基”建设与安全生产“六大体系”通过先进、科学、系统的运行模式有机地融合在一起，以安全文化为引领，以“六大体系”为支撑，以“三基”建设为基石，形成的一个动态管理体系和框架。“1”“3”“6”之间，既相互独立，又相互支撑、相互关联、相互作用，实现了各个安全要素的有机融合，实现了安全管理的全方位、全覆盖、无遗漏，实现了安全管理的系统化、科学化，具有一定的先进性、系统性、科学性，使安全管理的方向性、目的性更加明确、有的放矢。“136”安全管理模式既具有理论的严密性、指导性，又具有实践的科学性和可操作性，是安全管理的一套“组合拳”，统领安全管理工作全局，是符合晋能实际情况，体现晋能特色文化，指导晋能安全生产的新模式，全面实施“136”安全管理模式必将促进晋能集团安全生产形势的持续稳定好转。

1.5 “136”安全管理模式的创新性

“136”安全管理模式是晋能集团直面集团当前煤矿安全生产实践和安全管理存在的具体问题，从全局性、战略性高度出发，认真总结煤矿安全生产管理经验，在对现有安全思想观念、方式方法整合、提炼的基础上，按照“立足建设、主动实践、突出重点、着眼长远”的原则，结合现代安全管理理论，创造性地提出来的一套规范化、标准化、程序化的综合安全管理体系，是一个系统的安全管理框架。这套模式牢牢抓住了企业当前安全工作的关键问题，将企业安全管理固化成规范的模式，形成持续改进的机制，逐步提升企业安全管理水平及安全绩效，可操作、可推广、可考核，为晋能集团建立安全生产管理长效机制奠定了基础，是指引晋能集团未来安全发展的重要旗帜，可以有效提升晋能集团未来的安全管理水平和核心竞争力。其创新性主要体现在以下几个方面。

(1) 它是继承与时代创新的产物，有着强烈的感召力。“136”安全管理模式具体的方法多是一些好的基层单位的安全管理传统，具有传承性。此外，“136”安全管理模式是晋能集团直面当前所属企业，特别是煤矿安全生产实践和安全管理存在的具体问题，融合安全、文化、管理等理论和方法的一种全新的安全管理的视角和模式，是理论探索的产物，具有重要的创新价值和意义。它的实践对全体晋能人有着强烈的感召力。

(2) 它是理论探索与大胆实践的产物，具有很强的生命力。管理的理论在于创新，更重要的在于大胆实践。“136”安全管理模式这种实践是晋能集团全体在实际生产中创造的，是各公司和各煤矿在多年的安全生产管理中积累的特色亮点和做法，集团公司加以总结提炼，成为管理方法，升华为一种安全管理的新模式，具有很强的生命力。

(3) 它是领导决策思维与工作实践的产物，具有良好的亲和力。“136”安全管理模式既有领导的思维和治理企业的构想，又有丰富的基层实践，这两者结合起来，所形成的管理方法和模式有着广泛的感召力、亲和力和生命力，具有鲜明的个性特点，能够得到基层的认可，也能够成为基层的自觉行动，进而规范企业全体员工的行为，促使企业安全管理从粗放转向精细，致力于安全管理的标准化和规范化。

“136”安全管理模式的创新，立足于晋能集团多年来安全生产工作坚持预防为主、标本兼治所取得的明显成效，继承了各公司、各矿众多行之有效的特色做法，并把这些创新点全部在模式中予以固化和推广，从而实现晋能集团安全管理的规范化、标准化、法制化、科学化，最终上升为独具特色的安全管理品牌。全面推进“136”安全管理模式，既是贯彻党的十八大、十九大和习近平总书记关于安全生产工作的系列重要指示、批示精神，也是提升晋能集团未来安全管理水平和核心竞争力的重要保障。

2　安全文化建设模式规范

2.1　安全文化建设的要素

安全文化是安全生产的灵魂，是被企业组织的群体所共享的安全价值观、态度、道德和行为规范组成的统一体。安全文化建设是通过综合的组织管理等手段，使企业的安全文化不断进步和发展的过程。

安全文化的内容由四个层级要素构成，如图1－2－1所示。安全文化的观念层是安全文化的核心和灵魂，是内驱力，是形成和提升安全制度文化、安全行为文化和安全物态文化的基础。安全文化的制度层是安全文化的表现和方法，是领导力，是使安全观念文化能够落地和物化体现的工具。安全文化的行为层是安全文化的主体和形式，是执行力，是安全价值观的反映和安全文化建设的最终目的。安全文化的环境层是条件和载体，是支撑力，是体现安全价值观、反映安全制度、折射安全行为的器物。

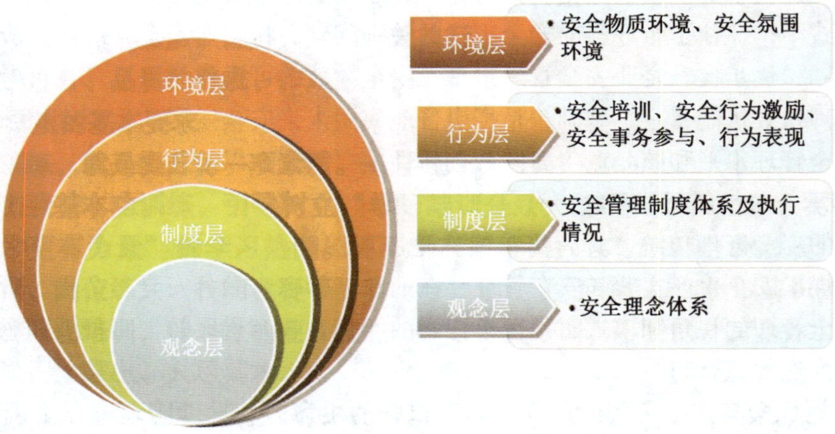

图1－2－1　安全文化的内容和结构

重视安全文化建设的企业往往以严格的安全生产规章或操作规程为基础，实现在法律和政府监管符合性要求之上的安全自我约束，最大限度地降低生产安全事故风险；能够坚持从企业的任何安全异常和事件中获取经验和教训，并能够坚持弥补安全缺陷；能够对全员做出安全承诺，坚持安全改善以寻求和保持卓越的安全绩效。

2.2　安全文化建设的结构

晋能集团在发展历程中形成了“崇尚安全、敬畏生命、行为规范、自主保安”的安全理念，其核心思想是自主安全，体现在能安全的自信、能安全的态度、能安全的素质，形成了其特有的安全文化体系模型，如图1－2－2所示。

“能安”模型以建设“平安晋能”为目标，其内核是“安全理念”“安全愿景”“安全使命”；内环是内化于心的“五能”安全观念：“能知·安全教育观”“能当·安全责任观”“能控·安全预控观”“能新·安全科技观”“能和·安全和合观”；中环是固化于制的“五安”安全机制，包含“三基

图 1-2-2 晋能集团安全文化体系模型

筑安”“模式管安”“科技强安”“环境促安”和“自主保安”；外环是外化于行的行为与实践。

1. 安全理念（崇尚安全 敬畏生命 行为规范 自主保安）

崇尚安全是安全管理的第一准则，敬畏生命是以人为本的基本态度，行为规范是确保安全的首要要求，自主保安是本质安全的最高境界。全员主动学习、自我提升、自主管理，各岗位相互支持，各部门协调一致，人人各司其职，遵章守规，时时想安全、处处保安全、事事能安全。

2. 安全愿景（人人尽我所能 共筑平安晋能）

企业尊重生命、关爱健康、重视发展，热爱生活、呵护家庭、回报企业。集团从上至下，全员履行岗位安全责任，人人为安全主动操心，尽职尽责，勇于担当，同心同德，群策群力，形成层层抓落实、事事有人管的安全工作格局，创造最佳安全绩效，共建“本质安全型”晋能。

3. 安全使命（保障生命健康 奉献社会绿色能源）

保护生命安全和身心健康是企业安全生产的首要责任，保护、关爱、发展是安全工作的出发点和落脚点，坚定不移地走绿色洁净循环发展之路，向社会提供绿色能源，保护生态环境，保护能源安全，就是保护人民群众的生命安全和身心健康，就是落实科学发展观造福人民，奉献社会，实现企业可持续发展的具体实践。

4. 能知·安全教育观（人本至上 素质提升）

人是安全生产的第一要素，不断提高全员安全素质是实现安全生产的前置条件。以人为本开展安全教育，实施素质提升工程，创新培训载体，丰富培训内容，把安全教育与日常工作紧密结合，注重实效，塑造想安全、要安全、会安全、能安全的自主安全型。

5. 能当·安全责任观（晋能安全 人人有责）

晋能安全，人人受益，人人有责。坚定落实“横向到边，纵向到底”的安全生产责任，坚持管业务必须管安全，管生产必须管安全，党政同责，一岗双责，齐抓共管，人人肩负安全责任，有责必履，失责必究。

6. 能控·安全预控观（想在事前 超前预控）

安全生产，要坚持防患于未然，预防措施做在前面，隐患除在源头。持续开展安全大检查，做到

“全覆盖、零容忍、严执法、重实效”，不打折扣、不留死角、不走过场。功夫在事前，细小问题从不放过，重大问题预防措施执行到位，早预测、早准备、早行动、早落实。

7. 能新·安全科技观（务实创新 先进适用）

坚持问题导向，强化科技攻关，将科研成果应用于管理，应用于安全生产，应用于人才培养。推进观念创新、管理创新、机制创新、技术创新，优化生产工艺方式，提升专业技能，不断提高科技创新能力和实效，为企业可持续发展提供永恒动力。

8. 能和·安全和合观（情理交融 群己和合）

安全事关自己与他人的家庭幸福。“要安全，能安全”需要不同岗位、不同部门、不同层级的员工，相互配合、相互支持、相互提醒安全操作、相互传递安全知识，共同提高安全技能，做到人员、岗位、工序之间的有效协调和联动，形成安全和谐的工作格局。

2.3 安全文化建设的模式

晋能集团安全文化建设坚持“安全发展”战略和“以人为本”理念，安全文化建设和宣传工作采用“预先策划、实施落实、过程检查、持续改进”动态循环的模式，即“PDCA”循环。通过自我检查、自我纠正和自我完善，建立安全绩效持续改进的安全文化建设长效机制。此外，“PDCA”的方法可适用体系要素的所有过程。

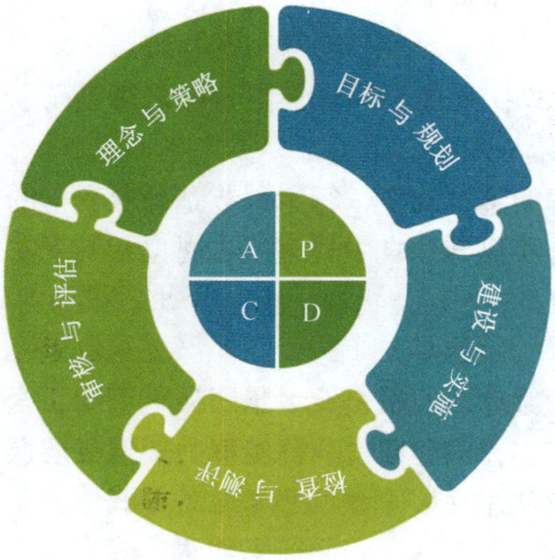

图1－2－3 安全文化体系建设工作运行模式图

晋能集团安全文化体系建设工作运行模式如图1－2－3所示。

1. 理念与策略

构建“能安”理念体系，设计安全文化建设工作总体策略，指导晋能集团安全文化建设工作实施和落实。

2. 目标与规划

制定晋能集团安全文化建设目标及规划体系，拟定措施，对重点难点问题逐一制定对策，制定规划，明确方案中的“5W1H”，确保建设目标落实到位。

3. 建设与实施

以发展规划为依据，以建设目标为导向，完善安全文化宣传体系，发行《晋能集团安全文化手册》，打造文化立体式、多媒体的平台和载体，建设安全文化教育示范基地，广泛深入地开展安全文化宣教活动，打造一系列安全文化活动品牌，营造浓厚的安全文化环境氛围。

4. 检查与测评

根据国家安全文化示范企业评审标准，借助申报安全文化建设示范企业的契机，为持续安全文化建设提供依据和导向，进一步明确工作重点和建设方向。

5. 审核与评估

根据目标规划，组建由安全专家、权威机构及专业人员组成的审核评估队伍，分阶段审核安全文化宣传建设情况，评估完成效果，对于卓有成效的措施和办法，应及时总结，积极推广，对于存在问题的环节，应注意积累经验，不断改进，确保工作效果的持续提升，保证安全文化建设工作开展的科学性、专业性和实效性。

2.4 安全文化建设的方案

1. 构建安全理念渗透机制，实现安全文化“内化于心”

在安全理念的引领下，认真贯彻安全发展精神，每年年初以 1 号文件形式下发全年安全工作安排，制定公司年度安全奋斗目标和工作措施，并通过创建微信公众号、网络新媒体时代的宣传载体，结合期刊、电子屏、短信、安全文化长廊、安全文化手册、宣传栏、牌板、条幅等传统宣传载体，全面开展安全理念培训、安全理念解读征文、安全理念书法、每月安全理念宣贯日等宣教活动对安全理念体系进行全覆盖式渗透，通过层层宣贯，人人解读，及时把安全理念蕴含的博大精深的安全思想深植到每个职工心中，使安全文化理念普遍为广大职工所认知、认同和接受，使安全理念内化为职工的安全价值取向和安全追求，真正实现安全理念“内化于心”的目标。

2. 打造安全文化活动品牌，实现安全文化“外化于行”

安全文化传播与践行的最终效果，关键在于能否通过在安全理念“内化于心”之后，知行合一，通过其他非惩罚的“柔性管理”方式，把安全理念“外化于行”，实现人的本质安全，并通过主动追求安全的人实现本质安全岗，打造本质安全企业。通过创建“有感领导”“安全经验分享”“危险预知训练”“安全行为观察与沟通”“班前健康安全确认”“手指口述”等一系列安全文化活动品牌，强化安全知识培训和技能训练，促进实现从“我要安全”到“我能安全”的转变，以追求“操作零失误”为目标，努力将每位塑造为本质安全人。通过完善和落实岗位责任制、岗位安全责任制，划分安全风险管理责任区域，打造岗位无隐患、操作无失误、管理无缺陷的本质安全岗。通过重视安全基础建设，倡导全员参与，优化安全管理手段，打造本质安全型企业。

3. 完善六大保障体系，实现安全文化“固化于制”

企业是船，理念是帆。安全理念成为安全生产之帆，必须以行之有效的制度融入进去，固化于制，贯穿到安全生产全过程，变成持之有据、可操作性的长效机制，为安全文化建设铺垫坚实的基础，确保安全文化真正落地生根。晋能集团围绕六大体系，聚焦六大重点，通过修订完善六大体系相关管理制度，将六大体系的工作流程和要求固化下来，实现安全管理的制度化、标准化和程序化（可参见六大体系之制度体系）。

3 “三基”建设模式规范

3.1 “三基”建设的内涵

所谓三基即：基层、基础、基本素质。基层是人的因素和物的因素相互配合所形成的外在环境；基础强调客观条件和物的因素；基本素质强调人的自主性、能动性和人的因素。

基层是安全生产的细胞，指各单位的生产区队与班组。基层建设松一松，事故就会攻一攻。基层建设要实现的目标是，集团各公司、矿井要努力打造安全型区队、安全型班组、安全型岗位，把事故扼杀在岗位、班组和区队。

基础是安全生产的地基，指日常安全管理的集合。“根基不牢，地动山摇”。基础管理要实现的目标是，要打造日常安全管理工作标准化、流程化、规范化，变粗放式安全管理为精细化安全管理，实现精益安全管理。

基本素质是安全生产的关键，指决策层、管理层、操作层做好各自岗位安全生产工作必须具备的知识和技能，包含专业能力、技术水平、身体素质、职业素养等。基本素质提升要实现的目标是，领导会安全决策，能安全决策；中层会安全管理，能安全管理；一线会安全操作，能安全操作。

3.2 “三基”建设的要素

加强“三基”建设就是“抓基层、打基础、提升基本素质”。抓基层、打基础和提升基本素质，这三者紧密联系、相互影响，构成不可分割的有机整体。其中，基层是基础和基本素质的依托，是载体；基础是基层和基本素质的支撑，是保障；基本素质是发挥基层和基础的必要条件，是重点。三者之间互相支撑、互为依托、互相作用、互为前提条件。

1. “抓基层”是“三基”建设的核心要素

牵牛要牵“牛鼻子”，业绩主要来自基层，问题也容易出在基层。“三基”建设的根本在基层，抓基层，就是要实现安全管理重心下移，把安全管理的视角、重心放在班组，狠抓班组建设，发挥班组长作用，努力做到班组自控、员工自律，从源头上保证安全生产。建设规范化、标准化、现代化、专业化的班组安全管理既是“三基”建设的出发点和落脚点，也是抓基层的根本所在。基层不力，定无活力；基层强劲，基业长青。

2. “打基础”是“三基”建设的根本保障

基础不牢，地动山摇。加强基层的基础管理工作是基层工作充满活力，提高企业竞争力的现实途径。抓基础管理工作，就是要从完善管理制度规范和工作标准入手，用严格的制度来规范人，用完善的制度来保障人，紧紧围绕安全、生产、经营，抓好每一个环节，切实做到人人、事事、时时、处处有标准，强化精细管理，狠抓责任落实，通过追求基础工作和管理的管控力、经营力、现场力，以保证基础更加牢固。

3. “提升基本素质”是“三基”建设的重点内容

“打铁还需自身硬”，只有具备过硬的安全生产知识和技能，才能减少和避免工作中的安全隐患。基本素质是所有从业人员胜任岗位、履行职责、完成任务所必须具备的基本本领，是企业进行安全生产的基本条件，也是企业综合实力的重要体现。提升基本素质就是要从企业需要出发，开展全员梯次培训，实施素质提升工程，综合运用各种培训形式，对员工进行全方位的岗位培训和技能练兵活动。

通过全员素质提升工程，不断提高广大员工危险预知能力、隐患排查能力和安全掌控能力。

3.3 “三基”建设的结构

为了有效地实施晋能集团安全生产“三基”体系的创建，需要构建“三基”建设的体系结构。晋能集团安全生产“三基”建设体系的构建借鉴了系统工程学的霍尔模型，由三个维度构成，即：建设内容、建设环节与建设主体，如图 1-3-1 所示。

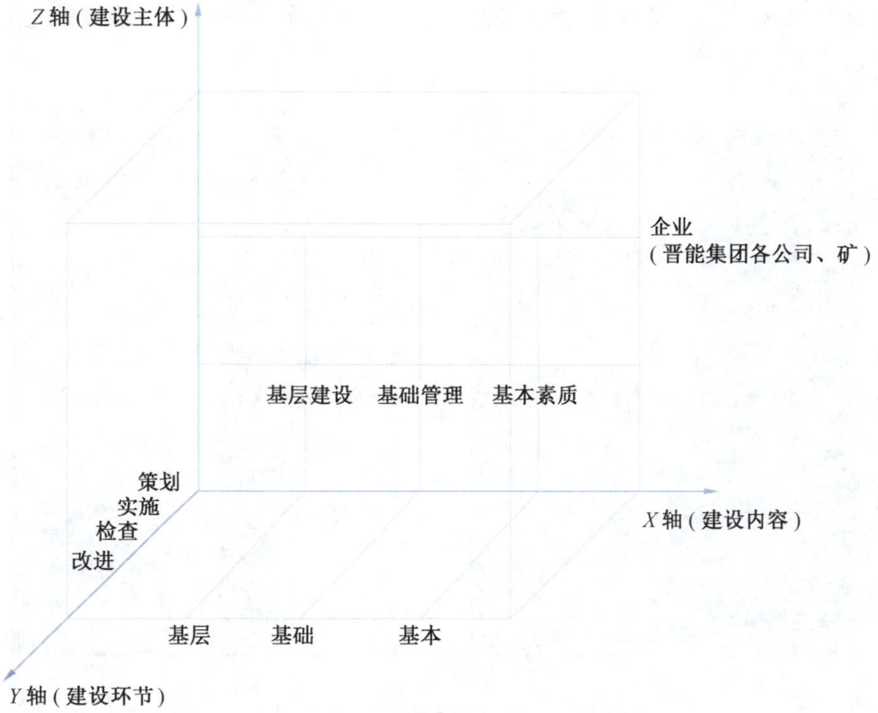

图 1-3-1 晋能集团“三基”体系建设动态模式图

晋能集团安全生产“三基”建设体系三个维度子系统：分别是 X 轴代表了“三基”体系建设的具体内容，包括基层、基础、基本素质的建设方法，Y 轴代表了“三基”体系的建设环节，即策划、实施、检查、改进过程，此建设过程运用了 PDCA 的循环模式。Z 轴代表了“三基”体系建设所涉及的范围，包括晋能集团的所有公司、矿、区队、班组等。

因此，晋能集团安全生产“三基”建设体系包含以下内容：

一个建设主体：企业（晋能集团）。

三个建设内容：指晋能集团的基层、基础和基本素质三个建设子系统。

四个建设环节：策划、实施、检查、改进四个管理环节。

3.4 “三基”建设的模式

晋能集团安全生产“三基”体系的建设，遵循“策划、实施、检查、改进”动态运行模式，即“PDCA”循环，如图 1-3-2 所示。表明“三基”体系的创建需要通过“PDCA”循环，实现不断完善、持续改进的创建过程。其中：

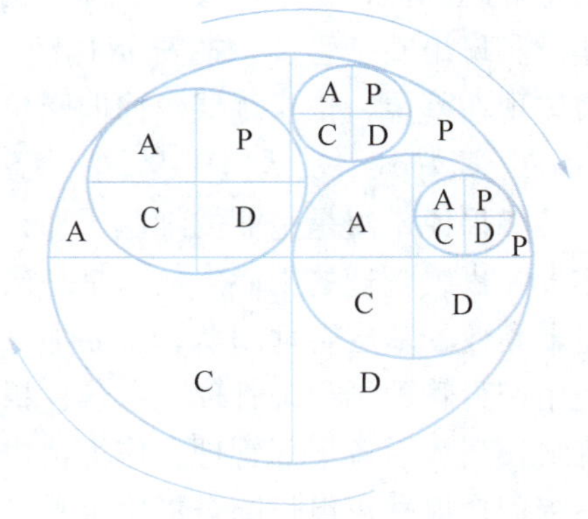

图 1-3-2 PDCA 循环模式图

P（Plan）——策划；

D（Do）——实施；

C（Check）——检查；

A（Act）——评审改进。

“PDCA”循环具有大环套小环，小环保大环，互相促进，环环紧扣，把前后各项工作紧密结合起来，形成一个闭合的“三基”体系。上一级循环是下一级循环的根据，一环扣一环，共同朝着“三基”体系的目标方向转动，形成相互促进，共同提高的良性循环。

根据“PDCA”循环进行三基体系建设的推进过程中，其中每一个阶段建设的主要任务和内容如图1-3-3所示。

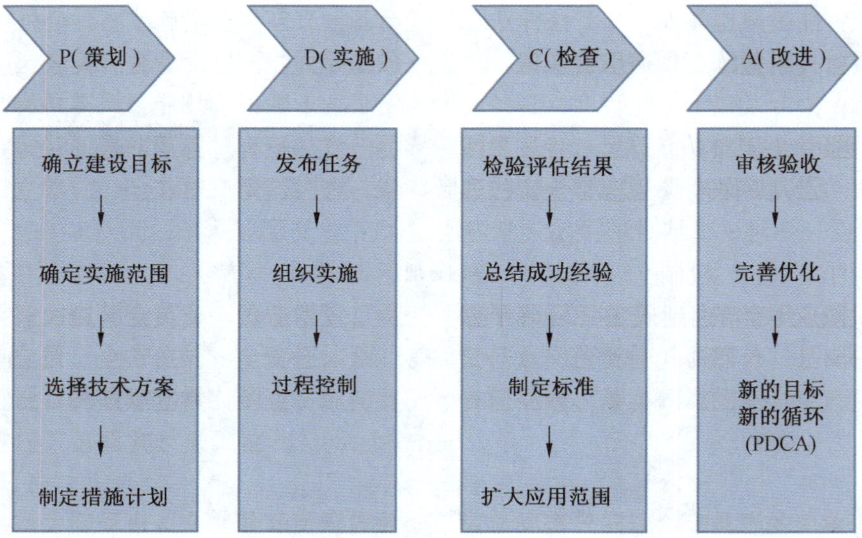

图1-3-3 “三基”建设流程图

3.5 “三基”建设的方案

“三基”建设的总体要求是：重心下移抓基层，增强基层组织的凝聚力、创造力；完善制度打基础，促进基础管理工作的规范化、程序化；以人为本提素质，实现基本素质提升的常态化、效率化。

3.5.1 基层建设 重心下移

基层建设的重点是抓基层班组建设。安全生产是个复杂的系统工程，班组是企业最基层的组织，是企业的细胞，是事故发生之源，也是企业安全生产工作的立足点和前沿阵地。因此，抓好班组安全建设和班组安全管理，把安全生产法律法规、方针政策和各项措施细化落实到班组，将事故预防的能力体现在基层，依靠基层、面向岗位、重在班组、现场落实，是搞好安全生产的关键。

1. 抓好班组长队伍建设，激发班组内生动力

如果说班组是企业的细胞，那么班组长就是这个细胞的“细胞核”，是最基层的负责人，是班组建设和班组管理的中心人物，是基层建设的关键。抓好班组长建设，就要立足打造高层次、复合型、精干高效的基层管理团队，不断加大班组长的选拔培养力度。要提高班组长的素质，把班组长的选拔使用作为管理干部来管理、考核，根据企业实际制定班组长选聘制度和班组长选拔任用标准，把优秀班组长列入后备干部管理，作为选拔基层干部、发展党员的优先对象。建立班组长管理档案，实行动态管理，提高班组长综合素质水平。

2. 完善班组管理制度，严格考核奖惩

制度是班组管理的基础，是班组运行的轨道，制度建设是班组建设的基础内容之一。只有用制度来规范班组的行为，才能最大限度地发挥基层班组的作用。完善班组管理制度建设，一是要建立健全班组岗位责任制，明确工作分工，班组岗位职责明示上墙。二是要建立班组日常管理制度，包括劳动纪律、安全管理、绩效考核等。绩效考核要体现公平公开公正的原则，保证绩效管理以标准为依据，以事实为准绳，避免考核流于形式，以个人意志为主。三是要建立安全奖惩制度，做到奖罚分明，管理有序。通过制定和完善班组管理专门制度，促进班组管理的系统化、制度化和常态化。

3. 创新班组管理模式，增强班组管理能力

综合集团公司在安全生产实践中积累的班组建设和管理的行之有效的做法和经验，提炼出“2255”班组安全管理模式，这是一套行之有效的建设的思路、方法和工具，有利于增强班组的执行力和自主管理能力，促进班组管理程序化、科学化、制度化、规范化、常态化，提升班组建设标准化水平，实现班组建设的科学化。“2255”班组安全管理模式，其具体内容如下：

“2”——搭建班组安全管理的“两个平台”：开好班前会；组织好“班组安全活动日”。

“2”——建立并用好班组安全管理“两本账”：静态台账与动态台账。

“5”：实施“五个到班组”活动。“五个到班组”即：“安全教育到班组”“风险防控到班组”“技能培训到班组”“作风建设到班组”“建功立业到班组”。

“5”——提升班组的“五项能力”：提升班组安全生产的组织管理能力；提升班组自觉抵制“三违”行为的能力；提升班组业务保安能力；提升班组现场隐患排查治理能力；提升班组防灾、避灾和自救等应急处置能力。

3.5.2 基础管理 按章运行

基础管理的重点是要完善和落实规章制度，要及时将新法律法规对安全生产的相关要求纳入公司现有规章体系，对现有的管理制度和标准进行梳理、修订和完善。建立健全以安全生产责任制为核心、以安全生产标准化为抓手的安全生产基本管理制度，按照“高标准作业、模式化管理”的要求，将各项安全措施落实到位，切实做到人人、事事、时时、处处有标准。围绕构建“人”的规范化标准体系，要对岗位操作标准进行全面整合、提升、修订，健全完善系统的安全管理工作标准。围绕构建“物”的模式化管理体系，要本着同一工作性质、同一专业性质、同一作业方式形成共同管理规范的原则，对各专业中最好的标准进行总结、提炼，构建各专业工种统一的工序和模式，全面提升安全生产标准化水平。同时还要构建与安全生产标准化工作双向融入、同步实施的考核机制，不断把基础管理工作推向纵深。

3.5.3 基本素质 以人为本

以人为本提素质的重点是提升全员安全素质和业务技能。通过创建学习型组织，开展全员梯次培训，实施素质提升工程，坚持“缺什么补什么”“干什么学什么”的原则，按照全员学、重点学、集中学、辅导学的“四学”方式，学习安全生产“应知应会”“必知必会”知识和技能，通过实施“3344”素质提升工程，全方位增强全员的基本业务能力，在增强基本业务能力中提升组织的战斗力。

“3”——建立三级安全培训管理机制。二级公司负责对生产单位、生产单位负责对所属各生产组实施综合性的管理、指导与考核。公司与生产单位要建立完善的安全教育培训制度，并按制度开展各类培训，做到培训计划、机构、基地、费用、教材、人员、考核、档案、制度“九落实”，不断提高全员安全素质和业务技能水平。

“3”——制定“三支队伍”安全培训方案。按照建设“三支队伍”（“高素质的管理人才队伍、高水平的技术人才队伍、高技能的操作人才队伍”）的需要，根据每支队伍所从事的工作和管理业务，本着“精通本行”的要求，选择学习内容，编制完善“三支队伍”的培训大纲和培训方案。按照“干什么学什么”“缺什么补什么”的原则，明确培训方式、方法、内容，对培训效果进行评价，

使其做到学细、学精、学透、学以致用，真正成为本岗位的行家里手。对管理队伍人员重点要抓好引领能力、创新能力、执行能力以及现代管理基本知识、沟通能力、语言文字表达能力的培训。对技术队伍人员重点要抓好专业基础理论的培训和知识更新培训，特殊岗位要确保100%持证上岗。对操作人员队伍重点要抓好安全教育和安全技能提高培训，提高其岗位责任意识和对企业的忠诚度。通过卓有成效的培训工作，不断提高全员懂安全、能安全、会安全的能力，努力建设一支“职业理想高尚、职业技能精湛、职业道德良好、职业纪律严明、特别能战斗”的过硬的队伍，为企业可持续发展奠定坚实基础。

“4”——实施四级安全教育培训。围绕规章手册、操作流程、风险管理、应急处置等内容，持续开展“公司—生产经营单位（煤矿）—区队—班组”四级安全教育、业务技能培训和应急演练，使各岗位人员能正确理解规章要义，熟练掌握岗位知识和安全技能，熟知风险防控和应急处置措施。

“4”——开展四项安全培训创新。开展校企联合办学培训，采取委托培养、设立定向奖学金、偿还助学贷款、提高就业待遇等措施，将大中专学生充实到工人队伍当中，从事高新技术岗位工作，不断优化一线队伍结构，解决人才短缺问题；每年集中进行一次军事化教育，强化遵章守纪行为；请进来走出去培训，请高等院校老师、专家来企业讲学，选送安全、生产骨干到高等院校进修，提升培训档次与水平；建立适合自己需要的实物、实验、模拟训练基地，全面提升安全培训质量。

3.6 “三基”建设的内容及基本要求

3.6.1 基层建设的内容及基本要求

1. 基层概述

基层，是指一个生产单位最低的一层生产和管理单位，是最基本的组织细胞，一般来说指班组（以下用班组指代基层）。

2. 班组建设的认识、目的、目标

认识：基层建设挖掘和打造的是组织的力量、班子的力量、队伍的力量，体现以人为本，核心是建设思想过硬的铁军队伍。

目的：凝聚思想、建强组织、强化班子、打造队伍。

目标：思想的凝聚、组织的建设、班子的有力、队伍的力量。

3. 班组建设的基本要求

班组建设以“作风优良，技能过硬，管理严格，生产安全，团结和谐”为总要求，以提升班组管理水平为核心，以班组长和班组成员素质提升为重点，以强化作业现场安全管控为抓手，着力加强安全健康保护、安全教育培训、班组安全文化建设，筑牢安全生产第一道防线。

班组建设，就是要激活每一个细胞。班组是企业的“细胞”。应坚持以加强班组建设为重点，推动班组建设不断向纵深发展，确保基层队组更加稳定、基层管理更加扎实、要把班组建设列为企业管理的重要内容，纳入企业发展规划。各级领导工作落地点也都应该放在班组，开展一些适宜班组现状、改进和加强班组管理，提高班组长和成员素质的各类培训及主要教育活动。同时要经常深入班组，重视和关心一线班组的工作、学习和生活。激发并调动一线人员的工作热情和生产积极性。要积极开展创优评先和安全活动，通过以安全生产、增收节支、节能减耗为主要内容的班组劳动竞赛和“五好”班组创建等活动，调动自觉学文化、学知识、学科技、比能力、比素质的积极性，全面推动班组管理向自主管理、自主保安、自我约束的管理转变。

4. 班组组织建设的内容

1）班组建设职责

生产经营单位、煤矿是班组安全建设的责任主体，区队（车间）是班组安全建设的直接管理层。

生产经营单位、煤矿各级工会组织要积极宣传、指导和参与班组安全建设，提升队伍整体素质，维护合法权益。

2）班组组织机构

生产经营单位、煤矿必须建立区队、班组建制，制定班组定员标准，确保班组基本配置。班组长应当发挥带头表率作用，加强班组作业现场管理，确保安全生产。

生产经营单位、煤矿班组工会小组要设群众安全监督员，且不得由班组长兼任。

3）班组长

（1）要建立班组长的选聘、使用、培养、考核和激励制度和机制，明确考核内容、激励项目，并将考核结果作为班组长提拔、评优、任免的重要依据。要加强班组长后备队伍建设，择优配备班组长，把班组长纳入区队管理人才培养计划，区队安全生产管理人员原则上要有班组长经历。一般一个班组配正班长一名，副班长若干名，但必须要根据实际需要进行适当配备，既要考虑工作分工，也要考虑轮班。具体执行参见第3篇组织体系。

班组长一般应具备以下任职条件：

①服从组织领导，认真贯彻执行党和国家安全生产方针，遵守安全生产法律法规、企业规章制度和规程措施。

②熟悉本班组生产工艺流程，熟练掌握相关专业灾害预防知识、应急处置路线，具备现场急救技能。

③身体健康、爱岗敬业，安全意识强，具有较好的组织管理能力，在员工中有较高的威信。

④具备相关专业中专（技校、职高）以上学历、《班组长安全培训合格证》，并具有3年及以上相关现场工作经验。已担任5年以上班组长的人员可适当放宽至高中学历。

（2）班组长职责如下：

①班组长是本班组安全生产的第一责任人，同时又是本班组安全建设的第一责任人，对管辖范围内的现场安全管理工作负责，严格执行安全生产法律法规，监督检查落实各岗位安全生产责任制，实行全员、全过程、全方位动态安全管理。

②负责分解落实安全生产任务，严格按照《煤矿安全规程》、作业规程和煤矿安全技术操作规程组织生产，科学合理安排组员、配置生产要素、提高生产效率，实现岗位操作达标、班组作业达标、作业动态达标。

③负责班组安全生产标准化建设，加强班组作业现场安全风险管控、隐患排查治理、应急处置和职业危害防治。当作业现场发现重大事故隐患时，应当及时向矿调度室进行汇报。

④负责班组现场精细化管理，实行绩效考核，落实班组民主管理。

⑤负责班组团队、安全文化建设和规范化管理等其他职责。

⑥企业规定的其他职责。

（3）必须赋予班组长以下权利：

①有权在生产过程中出现危及现场作业人员安全的险情时，第一时间下达停止生产、组织人员安全撤离的直接决策权和指挥权，并组织班组人员安全有序撤离。煤矿企业不得因此降低班组长工资、福利等待遇或者解除与其订立的劳动合同。

②有权按规定组织落实安全规程措施，检查现场安全生产环境和安全作业情况，对安全生产工作中存在的问题提出建议、批评、检举、控告，对违章指挥和强令冒险作业有权拒绝执行；对违章行为，有权加以制止，并依据企业规定进行处罚。

③有权根据区队生产作业计划和本班组的实际情况，合理安排劳动组织等。

④有权核算班组安全、质量、生产等指标完成情况，根据企业规定，对班组成员的工作进行绩效考核。

⑤在企业制定安全生产规章制度措施、工资分配、安全奖罚、民主评议时有知情权、参与权、表

达权、监督权。

⑥其他权利。

(4) 班组长应履行以下义务:

①有宣传贯彻党和国家安全生产方针、各项安全生产法律法规、企业规章制度和规程措施的义务。

②有安排师带徒、技术交底和员工谈心的义务。

③有遇到突发事故第一时间组织应急避险、开展自救互救的义务。

④有对安监部门和班组工会小组群众安全监督员、特聘安全群众监督员指出的班组安全问题及时整改落实的义务。

⑤有维护班组的合法权益的义务。

4) 班组安全管理

(1) 应当建设以下班组制度并依制度开展工作:

①班组长安全生产责任制。

②班前、班后会和交接班制度。

③班组工作例会制度。

④班组安全生产标准化和文明生产管理制度。

⑤学习培训制度。

⑥安全承诺制度。

⑦民主管理班务公开制度。

⑧安全绩效考核制度。

⑨班组工分(工资)分配制度。

⑩隐患排查治理报告制度。

⑪安全风险管控制度。

⑫事故报告和应急处置制度。

⑬特聘安全群众监督员管理制度。

⑭企业认为需要制定的其他制度。

企业(煤矿)制定、修改班组安全管理规章制度时,应当由企业(煤矿)分管领导组织,班组安全建设管理机构与工会代表、区队长代表、班组长代表共同协商确定。

(2) 班组会议。班组会议是班组抓好日常管理和现场管理的一种必要的、有效的形式和方法。班组要按规定召开班前会、班后会和班组工作例会。班前会重点开展安全学习、工作安排、风险预控、不放心人的排查等工作,组织安全宣誓。班后会重点总结评议当班工作,分析存在问题,开展绩效分配等工作。班组工作例会每月至少组织召开一次,研究班组当月安全生产、成本管理、工资分配等工作。当劳动组织、班组结构、班组长人选发生变化或调整时,要适时召开班组工作例会。

(3) 班组日常管理应当突出以下内容:

①安全目标管理。企业(煤矿)必须实施安全生产目标管理,将企业安全生产目标层层分解落实到班组。班组安全目标管理要与安全、生产、成本、效益、结构工资挂钩,区队每月进行考核兑现。

②技术标准管理。企业(煤矿)应根据国家、行业相关标准、规范,建立适用于本企业安全生产管理的技术标准体系,由相关专业职能部门逐级传达落实到各区队、班组和岗位。

③安全生产标准化及作业流程管理。企业(煤矿)应建立健全班组全员岗位安全责任制,制定各岗位的作业流程和操作标准,组织班组正规循环作业和规范操作。

④工作台账管理。企业(煤矿)应当监督区队班组建立完善风险管控和隐患排查治理、工程质

量及验收、材料消耗、设备及工器具等工作台账和考勤、班组例会记录、业务学习等管理台账。

（4）素质提升。素质提升既是生产企业或煤矿的任务也是班组建设的任务。

①严格执行班组长学历和职业资格准入制度，井工煤矿从事采煤、掘进、机电、运输、通风、地测等工作的班组长，任职前应当接受不少于72课时的专项安全培训并经考核合格方可上岗作业。班组长及班组成员每年必须进行专题安全培训，培训时间不得少于20学时，并经考核合格方可上岗作业。

班组特种作业人员应当经培训考核合格，持《特种作业人员操作资格证》上岗。

②二级公司及煤矿两级均应制订相应的培训计划，针对班组长开展针对性的培训，提升班组长的综合素质。

③班组要按照区队制定学习计划和方案，加强对国家安全生产法律、法规、政策的学习，根据实际工作需要开展安全措施、作业规程、安全规程、职业健康、现场应急预案等应知应会的学习培训。班组要将碎片化学习和集中学习相结合，推行案例学习法，形成基于岗位的“工作学习化、学习工作化”的团队互动式学习模式。

除“三个一”培训学习机制外，班组要采取灵活多样的方法、方式和现代化媒体，充分利用工作之外的碎片化时间，开展班组培训学习活动。

④生产企业（煤矿）由培训部门牵头负责，针对班组从事不同专业的人员，进行岗位培训需求分析，制订班组年度培训计划，开展具有针对性的培训，以提高班组的安全知识、意识、技能与素养，培训对象应当覆盖到班组所有人员。

生产企业（煤矿）要组织开展班组应急处置专项培训，班组人员应当熟练掌握危险征兆辨识、避灾路线和自救器使用方法等专业知识。

生产企业（煤矿）要开展安全风险分级管控专项培训，班组人员应当熟知作业场所和工作岗位存在的危险因素、防范措施以及事故应急措施。

必须严格执行“一工程一措施”管理，措施在施工前必须组织全体班组成员培训，考核合格后方可施工。

⑤生产企业（煤矿）要采用“请进来、走出去”“互联网”等多种方式，以员工为中心对企业班组人员进行培训，比如“煤炭远程教育网”“3个5”培训法等。通过互动研讨、分享点评、实践演练、管理体验等形式，传授班组安全知识的新理念、新方法、新技术。

⑥生产企业（煤矿）应对班组培训的组织实施过程、业务知识、专业技能、安全意识提升和应用效果进行评估；评估应当采用班组反馈、绩效改善、实操演练、现场应用和领导点评等方式进行。

⑦生产企业（煤矿）要建立班组安全建设内部培训讲师队伍，经常性地在各区队、各班组之间进行交流，通过讲认识、说做法、传经验，提升班组整体技能水平及对班组安全建设的认知水平。

⑧生产企业（煤矿）要制订班组素质提升年度活动计划，积极开展技术比武、岗位练兵、案例分享、学习对标等主题活动，为班组成员搭建价值展示平台、才艺交流平台、技能提升平台。

（5）班组的作业现场管控应突出以下内容：

①煤矿应当依据《煤矿安全规程》、作业规程和煤矿安全技术操作规程等规定，制定班组安全作业标准、操作标准，规范班前会、入井、开工、班中、交班、出井、班后会工作流程。

实行班组长挂牌上岗制度，班组应当在作业现场显著位置悬挂当班班组长姓名牌。

②班组开工作业前开展安全风险辨识，班组长对施工组织、作业人员要对岗位操作进行安全风险预测、预知、预报、预控，分析可能存在的危险因素以及可能引发的安全事故，班组人员要熟知现场各岗位的风险点、风险内容、风险级别和管控措施，严格作业前安全确认。经确认现场安全，班组长下达作业命令后，方可开始作业。

③班组必须严格执行交接班制度，明确交接班实施的主体责任人、交接内容、交接程序，采用手

指口述、岗位描述或安全确认等方法，重点交接清楚作业现场安全状况、存在隐患及整改情况、生产条件和应当注意的安全事项等。

④班组要强化作业现场隐患动态管控，班组长要对作业环境、安全设施、生产系统进行巡回检查，对作业过程中重点环节、关键工序进行动态监控排查，及时治理现场隐患，隐患未消除前不得组织生产。

⑤班组岗位人员要对岗位作业环境、设备设施进行逐项检查，经安全确认后方可运转设备。岗位人员要严格按照岗位操作标准规范操作，杜绝不安全行为，实现班组岗位操作达标。

⑥班组要按照作业规程实施正规循环作业，严禁两班交叉作业。严格按照工程质量管理制度、工程质量验收制度进行巡回检查，实现班组作业达标。

⑦班组要开展安全生产标准化作业，加强作业现场精细化管理，确保安全监测监控系统、安全避险系统、仪器仪表等安全有效，各类材料、备品配件、工器具摆放整齐有序，实现作业动态达标。

⑧班组成员在作业过程中要确保减尘措施到位、降尘设施有效、个体防护齐全、佩戴规范，降噪设施完善，粉尘、高温、有毒有害气体监测到位。

⑨做好职业健康防护。煤矿（井）应当依据国家标准、行业标准规定，改善作业环境，完善安全防护设施，按标准配备合格的劳动防护用品，按规定对员工进行职业健康检查，建立个人健康档案，对接触有职业危害作业的，按有关规定落实相应待遇。

⑩班组要按照煤矿作业现场应急处置方案，当作业现场出现瓦斯突出、瓦斯超限、透水、煤层自燃、顶板冒落、冲击地压、停风停电等事故征兆或险情时，班组长在第一时间有序组织应急避险、撤出作业人员。

（6）民主管理、班务公开与群众监督。班组要建立班组民主管理机构，开展民主管理，执行班务公开制度，支持其参与企业管理，维护合法权益。赋予其在班组安全生产管理、规章制度制定、安全奖罚、班组长民主评议等方面的知情权、参与权、表达权、监督权，构建和谐劳动关系。

班组要结合本区队实际采用牌板、电子显示屏、微信公众号等多种方式建立管理信息公开园地，适时公开本班组管理信息。管理信息要突出班组管理的核心要素，并与日常管理结合，包括班组的基本情况、安全目标、重点工作、绩效考核、安全文化、经典案例、工作创新、荣誉展示等。

班组工会小组群众安全监督员和特聘煤矿安全群众监督员要积极开展作业现场的安全生产群众监督检查活动，监督协助班组长做好班组安全工作，对班组安全生产中存在的问题和发现的事故隐患及时指出或报告，并督促整改，对违章指挥、违章作业的行为要及时予以制止。

班组长应认真对待工会小组群众安全监督员和特聘（煤矿）安全群众监督员所提出的问题并加以整改。

5. 班组建设工作的一些具体方法

（1）班前会七步法考核标准。

（2）三个“七步法”。

（3）班组长日常工作“七步法”及班组长工作日志法。

（4）走动式管理与周四安全活动日。

（5）班组文明生产三要素工作法。

（6）岗位安全要点法。

（7）安全生产班评估机制。

（以上具体方法参见第2篇“三基”建设）

3.6.2 基础管理建设的内容及基本要求

1. 基础管理概述

管理基础工作，是企业在生产经营活动中，为了实现企业的经营目标和管理职能，提供资料依据、共同准则、基本手段和前提条件等所必不可少的工作，是企业各项生产经营业务中最基础的记录、数据、标准和制度。它一般包括标准化工作、定额工作、计量工作、信息传递、数据处理、资料储存，以及建立以责任制为基础的规章制度和技术业务培训工作等信息工作。一些新兴的管理理论与实践，如企业信息化、流程管理和知识管理，也都与企业管理基础工作密切相关。

2. 基础工作的目标、目的、认识

认识：基础工作强调制度的长效作用及根本作用，核心是提升制度执行的自觉性，培养过硬的作风。

目的：完善制度、健全机制、规范标准、优化流程。

目标：制度的完善、机制的健全、标准的科学、流程的规范。

3. 基础工作的基本要求

抓基础工作，就是抓好每一个环节。把基层工作放在突出位置，从完善管理制度和工作标准入手，紧紧围绕安全、生产、经营、科学建章立制，强化精细管理，狠抓责任落实，进一步夯实基础管理工作。要积极遵循精细管理思路，在安全生产上不放过任何一个细节，在降本增效上控制每一笔费用，在优化增效上挖掘每一个空间，在基础上做精做细每一个环节，形成注重细节，严肃认真的工作作风。

4. 基础工作的保障

（1）组织与人员保障。要建立健全安全生产管理机构以及专门的业务管理部门，特别是安全监督部门、生产技术管理部门、通风与瓦斯业务管理部门、地测与防治水管理部门、机电与电气防爆管理部门、提升与运输管理部门、生产调度指挥与应急管理部门、培训部门、建设项目管理部门等，按规定和实际需要配备齐全能够适应工作要求的管理人员，并明确相应的工作职责及范围。

（关于组织保障的具体要求参见第 3 篇组织体系）

（2）明确责任。要建立健全岗位责任和安全生产责任体系，形成纵向到底、横向到边，覆盖全员的岗位责任和安全生产责任制，明确所有岗位的岗位责任和安全责任。

（关于明确责任的具体要求参见第 4 篇责任体系）

（3）制度保障。规章制度是企业各级组织、各个部门、基层队组所有岗位和每个人在生产经营活动中共同遵守的行为规则，是企业管理活动顺利进行的基本保证。

（关于制度保障的具体要求参见第 5 篇制度体系）

（4）安全投入。安全投入是安全基础建设改变生产作业环境的基本保障，要建立健全安全费用管理制度，确保按规定足额提取和按规定足额使用，投入到位，保障危险有害因素物质和隐患治理到位，保障安全设施设备仪器仪表更新维护检验到位，保障综合素质持续提升，保障安全生产标准化建设持续提升。

5. 基础工作的主要内容

包括统计计划工作，规章制度、定额工作、标准化、安全环保、信息管理等。

（1）计划工作。计划管理是重要的基础工作之一，它贯穿于生产经营全过程。二级公司及煤矿均要制定涉及安全生产的总体的中长期规划（五年规划）、年度计划和各专业或业务方面的中长期规划、年度计划等，并依计划开展安全生产相关工作，包括生产作业计划、安全工作计划、“一通三防”工作计划、地质防治水工作计划、机电提升运输工作计划、培训工作计划、职业卫生工作计划、基本建设工作计划、环保工作计划、安全生产标准化达标规划及工作计划、安全费用提取与使用计划、生产经营目标指标计划、设备更新计划等。

（2）安全生产技术。安全生产技术是安全生产的重要支撑，是消除、控制危险有害因素的根本，必须不断完善和强化。健全以总工程师为核心的技术管理体系。总工程师对技术工作全面负责，对“一通三防”工作负技术管理责任。必须设立由总工程师直接管理的科研、设计、地测、生产技术、

“一通三防”等技术部门和机构，负责落实技术管理工作。依托技术及技术创新、升级，不断推进煤矿瓦斯、水害、矿井火灾、粉尘、顶板、机电提升运输等各类灾害防治。

抓住以下关键环节，确保矿井系统可靠：

①矿井系统要齐全。必须按照《煤矿安全规程》《煤矿企业安全生产许可证实施办法》等规定，建立健全矿井通风、供电、提升、运输、排水、安全监控、防尘供水、通信和压风等系统，应抽采瓦斯的矿井要建立瓦斯抽采系统，开采容易自燃、自燃煤层的要建立防灭火系统和火灾监测系统，确保矿井系统齐全可靠。

②矿井系统要合理。煤矿必须按照《煤矿安全规程》《煤炭工业矿井设计规范》等标准、规范的要求，设计和建设矿井的各个系统，设备和设施的选型、安装位置和数量、工程质量等要符合有关规定。要根据煤层开采条件，科学合理地确定开拓部署，优化生产系统，采用正规采煤方法，合理组织生产。

③矿井系统要可靠。必须对矿井通风、主副提升、主排水、供电等系统进行定期检测检验、维护保养和全面排查，制定各系统相关管理措施，对系统的可靠性进行分析评价，对排查出的问题，要及时采取措施进行整改，确保系统完好、运行可靠。

加强现场技术管理。矿总工程师要定期组织对技术措施、作业规程、操作规程进行审批，增强针对性和可操作性。定期组织在用安全设备、仪器、仪表的检测检验。坚持单项工程编制专门措施。技术人员必须动态掌握施工环境的变化，及时对措施进行修改、补充。

（关于安全生产技术管理的具体要求参见第 6 篇技术体系）

（3）现场管理。

①加强煤矿管理人员的现场指挥。强化二级公司、煤矿两级调度指挥系统，确保指挥畅通、及时、有力。各级管理人员入井或带班，深入重点区域和关键环节，及时发现和消除隐患；区队管理人员必须与工人同上同下；生产系统管理人员重点巡回检查，抓住重点、抓住关键、抓住细节，盯住薄弱环节，消灭死角。强化夜班现场指挥。定期公布煤矿负责人和管理人员下井情况，接受群众监督。

②加强基层班组工作。重点加强区队、班组建设，把安全生产法律法规、方针政策和各项措施细化落实到班组。要提高班组长的素质，根据企业实际制定班组长任职标准。建立以安全为核心的班组考核标准，规范班前活动程序，每班进行考核。

③严格按照规定的定编、定员、定额组织生产。严格正规循环作业，严禁违反定员标准组织生产。采掘一线逐步推行“四班六小时工作制”，严格控制加班加点。严禁同一区域多单位违反程序作业，多头指挥。执行特殊岗位现场交接班制度，严禁交接班时两班人员在现场交叉作业。

④加强设备管理。严把设备的安全准入关。定期对在用设备进行检修、维护、保养和检测，确保安全有效。加快设备更新，严禁超期服役。禁止使用国家明令淘汰的机电设备。杜绝电气失爆。

⑤有效制止“三违”行为。建立和完善岗位责任考核制度，所有作业人员必须严格执行作业规程、操作规程，履行岗位责任，遵守劳动纪律。要制定能够有效制止“三违”现象的处罚、教育规定，严肃查处“三违”行为。

⑥建立完善安全风险与隐患排查治理双重预防机制，开展安全风险辨识与预控、隐患排查治理工作。对安全风险、隐患实行分级管理，定期排查、治理和报告。制定报告隐患的奖励办法。由矿长组织实施隐患排查活动，明确隐患整改的期限和质量要求。对发现的隐患要分类定级，制定措施，按照“定资金、定整改时限、定责任人、定标准、定预案”的“五定”原则落实。

（4）安全生产标准化是企业安全生产的基本工作内容，也是实现安全生产的基本途径之一。要制定和规范岗位工作质量标准、工程质量标准、操作标准，推行安全生产动态达标和操作达标。要建立安全生产标准化检查验收制度与激励机制，与经济利益挂钩，实行重奖重罚。要开展精品工程、示范项目建设活动，引导安全生产标准化以点带面，最终实现全面提升。

（5）加强教育和培训，实行全员安全准入，提升各级各类人员的综合素质。

①加大人才培养力度。开展校企联合办学，采取委托培养、设立定向奖学金、偿还助学贷款、提高就业待遇等措施，培养采矿、矿建、通风、机电、地质、测量等煤矿主体专业的学生，同时培养好技术工人，解决人才短缺问题。选送有基层工作经验、热爱矿山事业、有一定文化基础的基层管理人员和先进模范人物到大专院校脱产学习，培养后备人才。

②加强安全培训。生产企业和煤矿必须建立培训基地，满足安全生产管理对提升专业素质的要求。加强培训师资建设，规范培训教材。做到培训计划、机构、基地、费用、教材、人员、考核、档案、制度“九落实”。积极推广以区队、班组为单位，成建制进行培训。改进煤矿安全活动日，结合生产实际，提高活动效果。要建立培训档案，严格考核，不合格不准上岗，尤其要加强对农民工的培训。煤矿企业要定期组织开展岗位练兵和技术比武活动。

③开展安全警示教育。经常组织开展警示教育活动，认真吸取事故教训，促进安全工作。

④严格安全管理人员准入。要制定从煤矿矿长、副矿长、总工程师等各部门负责人再到岗位人员的准入标准，并按标准配备。

⑤变招工为招生，从根本上提升煤矿人员的基本素质。从事井下工作的新工人必须接受技工学校至少1年的正规教育，经考试合格方可上岗。上岗后要与老工人签订至少一年一对一的师徒合同，发挥老工人的技术“传、帮、带”作用。煤矿特种作业人员必须具备中专以上文化程度，并经过符合资质条件的培训机构正规培训，考试合格后方可上岗。

⑥加强劳动用工管理，规范劳动用工行为，必须按规定到当地劳动保障部门办理录用备案手续，完成就业前培训，签订劳动合同。要实现劳动用工的五个百分之百。

（6）建立和完善监督检查与考核体系。监督检查与考核是管理的必要手段，必须建立健全监督检查制度，建立完善考核体系，用监督检查机制督促工作责任落实和工作任务完成，用考核机制检验工作责任落实结果和工作任务完成结果。

（关于监督检查与考核的具体要求参见第7篇管理体系和第8篇监督体系）

（7）建立和完善工作记录、档案等，积极推进管理微机化、网络化、电子化、数字化，实现管理信息处理标准化、高效化、现代化。

（8）积极推进党政工团齐抓共管。

①充分发挥企业党组织在安全生产中的重要作用。要充分发挥企业党组织的政治核心作用，切实保障党的安全生产方针政策在企业得到贯彻落实。要充分发挥基层党组织的战斗堡垒作用和广大党员的先锋模范作用，在加强安全生产工作中体现共产党员的先进性。要加强安全生产宣传教育，加强政治思想工作，关心生活。要把安全生产纳入党组织日常工作的重要内容，定期召开党委会议专题研究安全生产问题。

②要发挥各级企业工会、共青团等群众组织的优势，开展切合实际、各具特色、行之有效、形式多样的群众性安全文化活动。积极组织开展“安全知识竞赛”活动，广泛开展亲情教育活动；充分发挥工会组织对安全生产的监督作用，特别是发挥煤矿安全群众监督员的作用；组织开展“人人都是安全员”“安全社区”等活动，营造浓厚的安全文化氛围。

③充分发挥代表大会的作用，维护合法权益。要全心全意依靠群众搞好安全生产，实行安全生产企务公开，定期组织开展代表安全巡视、安全督查等活动。要督促企业依法为职工办理工伤、养老、医疗、失业等保险，积极参加意外伤害保险等。认真核查处理群众安全举报，接受提出的安全建议。要教育遵章守纪，接受安全生产教育和培训，赋予井下职工以下十项权利：a. 带班人员不下井，工人有权不下井；b. 带班人员早出井，工人有权早出井；c. 安全隐患不排查，工人有权不作业；d. 管理人员违章指挥，工人有权不执行；e. 没有安全措施，工人有权不开工；f. 不组织班前安全学习，工人有权不下井；g. 未进行“三位一体”（班长、安全检查员、瓦斯检查员）安全检查，工人有权

不开工；h. 监测监控系统安装不到位、运行不正常，工人有权不开工；i. 不配全合格的劳动保护、防护用品，工人有权不下井；j. 避灾路线不标识，工人有权不下井。煤矿不得因上述原因扣发工资、辞退。

④大力弘扬先进的安全文化理念。强化安全意识，规范安全行为，增强安全措施的执行力。积极借鉴吸收国内外优秀企业的安全文化理念，推进企业安全文化建设的创新和发展。办好企业报纸和网站安全专栏，使安全知识、安全文化传遍企业、进入社区、深入人心。

6. 基础管理工作的一些具体方法

（1）周四安全活动日和走动式管理。

（2）查大风险除大隐患防大事故管理办法。

（3）操作达标。

（4）准军事化管理。

（5）安全隐患排查预控管理基本方法——五查五会一闭合。

（以上具体方法参见第2篇“三基”建设）

3.6.3　基本素质建设的内容及基本要求

1. 基本素质概述

基本素质是指各级人员在某一方面所达到的水平，包括个人品质、职业道德、业务能力等。

2. 基本素质建设的目标、目的、认识

认识：强调人的因素第一，核心是提升人的基本素质，打造队伍超强执行力。

目的：提升技能、锻造品质、锤炼作风、自觉执行。

目标：技能的提升、品质的养成、作风的锤炼、执行的自觉。

3. 提升基本素质的基本要求

抓基本素质训练，就是提升每一项素质。一流的企业需要一流的职工队伍。紧密结合队伍实际和岗位特点，大力加强基本功训练，引导树立“学习培训是最大的福利”新理念。要积极发起“学技术光荣、有技术才更有力量”的学习热潮。要不断丰富培训内容，创新培训形式，完善培训机制，广泛开展技术培训、岗位练兵、技能竞赛等活动。与“创建学习型组织、争做知识型员工”相结合。要开展班组长专门强化培训，针对性的业务技能培训、全员培训，不断提升其业务水平。技能竞赛要逐步制度化，形成人才辈出、人尽其才、人企共赢的良好局面。以各工种职业竞赛为载体，通过全员岗位练兵、层层选拔、强化训练，促进队伍整体素质提高。

4. 基本素质建设的组织保障

（1）机构。二级公司与所属煤矿均应建立组织人事、人力资源与培训管理部门，合理配置人员，开展素质教育与培训管理工作。具备安全培训条件的企业，可以设置专门的培训机构并按规定配备师资和装备、设施；不具备培训条件的企业，可委托其他机构进行安全培训。

（可参见第3篇组织体系）

（2）职责。各级正职是本单位、本部门、本区队及班组基本素质提升的第一责任人。党委（或党支部）书记是本单位、本部门、本区队思想作风建设的第一责任人。人事组织、人力资源管理、培训工作的分管负责人是本单位基本素质提升的具体负责人。人事组织、人力资源管理部门、培训机构是基本素质提升工作的组织、协调、管理部门。

（可参见第4篇责任体系）

5. 基本素质建设途径

提升基本素质的主要途径有岗位准入、思想作风与职业教育、业务培训等。

1）岗位准入

要详细制定从煤矿矿长、副矿长、总工程师等各部门负责人再到岗位人员的准入标准，并按标准配备。

2）思想作风与职业教育

各级党委（支部）要按规开展思想作风教育，强化思想作风建设，不断提高各级人员的政治思想觉悟，要把共产党员放到关键岗位，充分发挥共产党员先锋模范的作用，引领、带动全员作风转变，要经常性地开展职业道德教育，建设一支思想觉悟高、工作作风过硬、执行力强、爱岗敬业、对企业忠诚的干部队伍。

3）业务培训

二级公司与煤矿要建立完善业务培训制度，并按制度开展各类培训，不断提高全员业务能力。

（1）培训制度主要包括：

①培训计划编制与执行管理制度；

②全员安全培训管理制度；

③新工人安全培训制度；

④特种作业人员培训制度；

⑤“三违”人员强制培训管理制度；

⑥班组长培训制度；

⑦调岗培训管理制度；

⑧从业人员学历提升培训管理制度；

⑨新技术新装备推广应用培训制度；

⑩教学管理制度；

⑪教师管理制度；

⑫学员管理制度；

⑬资格证件管理制度；

⑭办班培训呈报审批制度；

⑮教学场室管理制度；

⑯考场规则。

（可参见第5篇制度体系）

（2）费用保障。煤矿每年按照工资总额的2.5%足额提取教育培训经费，做到足额提取、专款专用。企业董事长或矿长予以保证费用提取到位。

（3）培训教育的实施：

①二级公司及各单位要及时编制年度培训计划，内容要具体，要素要齐全，并按月份认真组织实施，做到有计划、有安排、有组织、有落实。

②培训对象覆盖所有从业人员（包括劳务派遣者），凡在各矿工作的所有从业人员（包括外包队、劳务派遣人员等）必须接受安全培训，做到先培训后上岗，并按相关要求组织各级各类人员培训。

③安全培训学时符合规定，新工人培训不得少于72学时、全员培训不得少于24学时、调岗培训不得少于42学时、一般及以上“三违”人员视情况培训1~20天，其他人员培训严格执行国家相关规定。

④在组织好各专业日常培训的基础上，要根据不同季节和工作要求开展针对性培训，如消防、交通、雨季三防等方面；各矿在使用新工艺、新技术、新设备、新材料时，必须对相关人员进行安全知识、操作知识、维护知识等培训，做到熟悉掌握相关技能和要求后再展开工作。

⑤及时组织单位负责人、安全生产管理人员、班组长、特种作业人员等参加专门或专业安全技术培训（含复训）并考核合格。

⑥及时组织相关专业或业务方面的培训。

⑦要建立健全各类培训管理档案。

⑧要利用各类媒介采取灵活多样的形式适时开展各类宣传、教育活动，比如职业道德教育、法律法规制度教育、劳动纪律教育等，不断提高全员安全意识。

⑨采取费用补贴、晋升、提高待遇等激励机制，鼓励主动提升学历、技术职称、业务能力等。

各级各类培训要特别注重与实际相结合，学用相结合。对操作层要突出操作技能方面的培养、训练；管理层要突出基本理论和管理知识的培养。

（4）开展警示教育。经常组织开展警示教育活动，认真吸取事故教训，促进安全工作。

（5）变招工为招生，从根本上提升人员的基本素质。从事井下工作的新工人必须接受技工学校至少1年的正规教育，经考试合格方可上岗。上岗后要与老工人签订至少一年一对一的师徒合同，发挥老工人的技术“传、帮、带”作用。煤矿特种作业人员必须具备中专以上文化程度，并经过符合资质条件的培训机构正规培训，考试合格后方可上岗。

（6）加强劳动用工管理，规范劳动用工行为。必须按规定到当地劳动保障部门办理录用备案手续，完成就业前培训，与用工人员签订劳动合同。要实现劳动用工的五个百分之百。

6. 各级人员应具备的基本素质

1）公司层面

（1）班子成员及副总工程师、经理助理等。

①政治思想素质：信仰、立场坚定，思想进步。

②工作作风：有强烈的责任感、使命感，与时俱进，开拓创新，工作执行力强，身体力行，遵章守规。

③业务素质：思路开阔、专业对口、业务精通、善于沟通。

④任职资质：大学本科学历、相应专业的中级或中级以上职称，总工程师需有高级职称。

（2）部门正职。

①政治思想素质：信仰、立场坚定，思想进步。

②工作作风：有工作责任感、使命感，执行力强，工作积极认真，身体力行，遵章守规。

③业务素质：专业对口、业务精通。

④任职资质：

一类专业安全管理部门：大专以上煤炭主体专业学历；中级以上煤炭专业技术职务任职资格；煤矿安全生产10年以上相关工作经历，管理或技术岗位5年以上任职经历，2年以上部门副职经历；持安全生产管理人员《安全生产知识和管理能力考核合格证》。

二类安全管理部门：大专以上学历；中级以上专业技术职务任职资格；煤矿安全生产辅助部门10年以上相关工作经历，管理或技术岗位5年以上任职经历，2年部门副职经历，持有煤矿企业颁发的《安全培训合格证明》。

三类安全管理部门：大专以上学历；中级以上专业技术职务任职资格；综合部门10年以上相关工作经历，管理或技术岗位5年以上任职经历，2年以上部门副职经历，持有煤矿企业颁发的《安全培训合格证明》。

（3）部门副职。

①政治思想素质：政治合格，思想进步。

②工作作风：有工作责任感、使命感，执行力强，工作积极认真，身体力行，遵章守规。

③业务素质：专业对口、业务精通。

④任职资质：

一类专业安全管理部门：大专以上煤炭主体专业学历；初级以上煤炭专业技术职务任职资格；煤

矿安全生产5年以上相关工作经历，管理或技术岗位3年以上任职经历；持安全生产管理人员《安全生产知识和管理能力考核合格证》。

二类安全管理部门：大专以上学历；初级以上专业技术职务任职资格；煤矿安全生产辅助部门5年以上相关工作经历，管理或技术岗位3年以上任职经历，持有煤矿企业颁发的《安全培训合格证明》。

三类安全管理部门：大专以上学历；初级以上专业技术职务任职资格；煤矿安全生产辅助部门5年以上相关工作经历，管理或技术岗位2年以上任职经历，持有煤矿企业颁发的《安全培训合格证明》。

（4）部门工作人员。

①政治思想素质：政治合格，思想进步。

②工作作风：工作认真，能吃苦耐劳，执行力强，遵章守规。

③业务素质：专业对口、业务熟练。

④任职资质：大专以上学历，专业对口。

2）煤矿层面

（1）董事长、总经理（或矿长）、书记。

①政治思想素质：信仰、立场坚定，思想进步。

②工作作风：有强烈的责任感、使命感，与时俱进，开拓创新，工作执行力强。

③业务素质：思路开阔、专业对口、业务精通、善于沟通，身体力行，遵章守规。

④任职资质：大专以上煤炭主体专业学历；中级以上煤炭专业技术职务任职资格；煤矿安全生产10年以上相关工作经历，管理或技术岗位5年以上任职经历；持主要负责人《安全生产知识和管理能力考核合格证》。

（2）班子其他成员或其他副矿级领导。

①政治思想素质：信仰、立场坚定，思想进步。

②工作作风：有工作责任感、使命感，执行力强，工作积极认真，身体力行，遵章守规。

③业务素质：专业对口、业务精通。

④任职资质：

总工程师：本科以上煤炭主体专业学历；高级以上煤炭专业技术职务任职资格；煤矿安全生产5年以上相关工作经历，技术岗位3年以上任职经历。持安全生产管理人员《安全生产知识和管理能力考核合格证》。

副矿长（生产、机电和安全）、通风助理：大专以上煤炭主体专业学历；中级以上煤炭专业技术职务任职资格；煤矿安全生产相关工作5年以上经历，管理或技术岗位3年以上任职经历；持安全生产管理人员《安全生产知识和管理能力考核合格证》。

（3）副总工程师、经理助理等。

①政治思想素质；政治合格，思想进步。

②工作作风：有工作责任感、使命感，执行力强，工作积极认真，身体力行，遵章守规。

③业务素质：专业对口、业务精通。

④任职资质：大专以上煤炭主体专业学历；中级以上煤炭专业技术职务任职资格；煤矿安全生产相关工作5年以上经历，管理或技术岗位3年以上任职经历；持安全生产管理人员《安全生产知识和管理能力考核合格证》。

（4）部门正职。

①政治思想素质：政治合格，思想进步。

②工作作风：有工作责任感、使命感，执行力强，工作积极认真，身体力行，遵章守规。

③业务素质：专业对口、业务精通。

④任职资质：

一类安全管理部门：部门正职任职资格：中专及以上煤炭相关专业学历；中级以上煤炭专业技术职务任职资格；煤矿安全生产5年以上相关工作经历，2年以上部门副职经历；持安全生产管理人员《安全生产知识和管理能力考核合格证》。

二类安全管理部门：部门正职任职资格：中专及以上学历；煤矿安全生产辅助部门5年以上相关工作经历，2年以上部门副职经历，持有煤矿企业颁发的《安全培训合格证明》。

（5）部门副职。

①政治思想素质；政治合格，思想进步。

②工作作风：有工作责任感、使命感，执行力强，工作积极认真，身体力行，遵章守规。

③业务素质：专业对口、业务精通。

④任职资质：

一类安全管理部门：中专及以上煤炭相关专业学历；初级以上煤炭专业技术职务任职资格；煤矿安全生产3年以上相关工作经历；持安全生产管理人员《安全生产知识和管理能力考核合格证》。

二类安全管理部门：中专及以上学历；煤矿安全生产辅助部门3年以上相关工作经历，持有煤矿企业颁发的《安全培训合格证明》。

通风队、瓦斯抽放队、探放水队负责人具有煤矿相关专业中专及以上学历，达初级职称（技术员或助理工程师），持安全生产管理人员《安全生产知识和管理能力考核合格证》，从事煤矿安全生产相关工作2年以上。

（6）部门管理人员。

①政治思想素质：政治合格，思想进步。

②工作作风：有工作责任感、使命感，执行力强，工作积极认真，遵章守规。

③业务素质：专业对口、业务熟练。

④任职资质：中专及以上学历。

（7）生产作业队、厂正职。

①政治思想素质：政治合格，思想进步。

②工作作风：有工作责任感、使命感，执行力强，工作积极认真，身体力行，遵章守规。

③业务素质：专业对口、业务精通。

④任职资质：具有煤矿相关专业中专及以上学历，达初级职称（技术员或助理工程师），持安全生产管理人员《安全生产知识和管理能力考核合格证》，从事煤矿安全生产相关工作2年以上，助理工程师及以上职称。

（8）生产作业队、厂副职。

①政治思想素质：政治合格，思想进步。

②工作作风：有工作责任感、使命感，执行力强，工作积极认真，身体力行，遵章守规。

③业务素质：专业对口、业务精通。

④任职资质：具有煤矿相关专业中专及以上学历，达初级职称（技术员或助理工程师），持安全生产管理人员《安全生产知识和管理能力考核合格证》，从事煤矿安全生产相关工作2年以上。

（9）班组长。

①政治思想素质：政治合格，思想进步。

②工作作风：服从组织领导，执行力强。

③业务素质：熟悉本班组生产工艺流程，熟练掌握矿井相关专业灾害预防知识、应急处置路线，具备现场急救技能。

④任职资质：身体健康、爱岗敬业，安全意识强，具有较好的组织管理能力，在职工中有较高的威信；具备煤矿相关专业中专（技校、职高）以上学历、《班组长安全培训合格证》，并具有3年及以上相关现场工作经验。煤矿（井）已担任5年以上班组长的人员可适当放宽至高中学历。

（10）岗位作业人员。

①政治思想素质：政治合格，思想进步。

②工作作风：能较好地遵守安全生产法律法规、企业规章制度和规程措施。

③业务素质：技术熟练、熟悉岗位应知应会，具有基本的安全生产技能。

④任职资质：身体健康、爱岗敬业，初中及以上文化程度。

（11）特种作业人员。

①政治思想素质：政治合格，思想进步。

②工作作风：能模范遵守安全生产法律法规和规章制度以及规程措施、责任心强。

③业务素质：技术熟练、精通岗位知识。

④任职资质：中专及以上文化程度，具备必要的安全技术知识与技能。

7. 培训管理的一些具体方法

（1）“3335”培训工作模式。

（2）“点对点、一对一、结对子”培训学习法。

（3）“三严两法一卡”机制。

（4）“干部上讲台，培训到现场”培训方法。

（5）“七个五”培训方法。

（6）师带徒制度。

（以上具体方法参见第2篇“三基”建设）

4　六大体系建设模式规范

4.1　六大体系建设的内涵

“136”安全管理模式中的“6”指的是六大体系：组织体系、责任体系、技术体系、制度体系、管理体系、监督体系。

1. 组织体系

组织体系是指为实现企业全部管理而形成的一系列要素组合起来的功能整体，包括管理架构、组织架构，即机构岗位与人员设置。

组织体系建设目的是构建组织有序、责任明确、制度完善、运行高效的安全管理组织体系和人事架构，打造一支立体化、全方位、横向到边、纵向到底的安全管理组织体系和队伍，为安全工作提供组织保障。

2. 责任体系

责任体系是指为强化全员安全责任意识，明确各级干部职工在安全生产与职业病危害防治方面的安全责任，构建全员、全方位的安全责任体系。安全责任是岗位责任的一部分，是岗位责任的延伸。

责任体系建设目的是建立横向到边、纵向到底、责任明晰、落实到位的安全生产责任体系，确保公司安全生产责任“五落实、五到位”。

3. 制度体系

制度体系是指为实现企业全部管理而形成的，并应共同遵守的规定和总则的总称，是企业赖以生存的体制基础，是企业员工的行为规范，是企业经营活动和安全生产的体制保障。

制度体系建设目的是使企业的安全生产有“法”可依、有章可循、有据可查，提高安全生产管理水平，保证煤矿企业安全生产科学、有序、规范。

4. 技术体系

技术体系是指为实现煤矿技术管理工作的规范化和高效化而形成的由一系列要素组合起来的功能整体，包括技术构架、人员配置、技术标准、职责制度、运行管理和考核改进等。

技术体系建设目的是进一步完善技术体系各要素及其内容，形成一套适应煤矿企业自身实际情况的、运行高效顺畅的技术管理规范，为煤矿的安全生产提供坚实有力的技术支撑。

5. 管理体系

管理体系是指基于安全管理的，由一系列标准构筑的一整套系统。它表达了企业对安全进行控制的思想和方法，主要包含企业的安全生产理念、目标、管理架构、组织与人员、制度和标准规范、监督等。

管理体系建设目的是进一步完善体系各要素及其内容，形成一套适应本企业自身的规范化的安全管理流程和系统，保证企业安全、高效运行。

6. 监督体系

监督体系是指为各级安全责任落实而需要的一系列要素组合起来的可以实施监督、检查、奖惩等的功能整体，包括：管理架构、组织结构、职责、制度（程序）以及相关资源等。

监督体系建设目的是形成一套适应本企业自身实际的、完善的、规范的、有力的安全监督运行机制。

4.2　六大体系建设的结构

晋能集团安全生产六大体系的霍尔结构模型如图 1－4－1 所示，其由三个维度构成，即：建设内容、建设环节与建设主体。X 轴代表了六大体系建设的具体内容，包括组织体系、责任体系、制度体系、技术体系、管理体系、监督体系。Y 轴代表了六大体系的建设环节，即策划、实施、检查、改进过程。Z 轴代表了六大体系建设所涉及的范围，包括晋能集团的所有公司、煤矿。

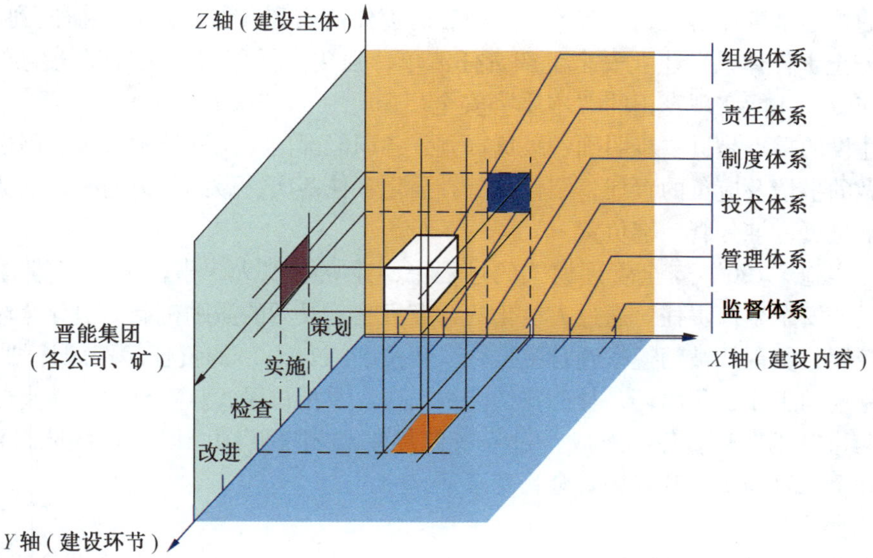

图 1－4－1　六大体系建设的要素

因此，晋能集团安全生产六大体系建设要素包含如下内容：

一个建设主体：企业（晋能集团各公司、矿）。

六个建设内容：指晋能集团的组织体系、责任体系、技术体系、制度体系、管理体系、监督体系等六个建设子体系。

四个建设环节：策划、实施、检查、改进四个管理环节。

4.3　六大体系建设的模式

六大体系把涉及企业安全生产管理的各个分散的部分集中起来，形成了一个内部相互联系的有机整体，具有整体性、结构性和功能性。各个子体系之间既相互独立、各有侧重、突出关键，又相互容纳、相互关联，对重点要素进行了循环强调，符合整分合原理。六大体系犹如六根强有力的支柱，相互联系、相互支撑、协同发力，共同支撑起晋能集团安全生产的巍峨大厦，如图 1－4－2 所示。其中，组织体系是基础、责任体系是核心、技术体系是支撑、制度体系是手段、监督体系是动力、管理体系是保障。

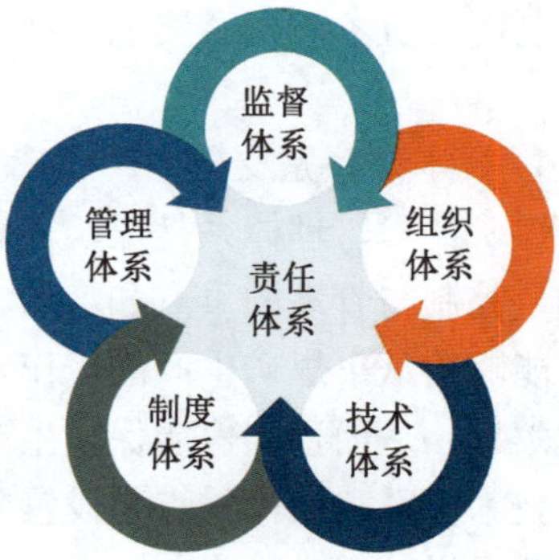

图 1－4－2　六大体系建设模式图

1. 组织体系是基础

万丈高楼平地起。对任何一个企业来说，要实现安全生产的目标，就必须有合理而有效的组织结构，为安全生产决策、指令的实施提供必要的组织保证。组织体系是表明组织各部分排列顺序、空间位置、聚散状态、联系方式及要素之间相互关系的一种模式，是整个管理系统运行的“框架”。组织体系建设是企业管理的一个基础工程，只有建立科学、合理、高效的组织体系，才能使煤矿企业的一切管理工作在良性的运作状态中进行。

组织体系建设的重点是为实现组织战略目标而采取一种合理的分工协作关系，是管理工作中进行合理的分工协调，在职务范围、责任、权力等方面所形成的动态结构体系。企业的组织体系必须随着企业的重大战略调整而调整。

2. 责任体系是核心

安全管理的核心是责任落实，只有各级管理者的责任落实到实处，建立“横向到底、纵向到边、覆盖全员”的安全责任体系，建立安全生产责任清单，强化责任落实，实现安全生产人人有责、人人知责、人人守责，才能实现真正的“本质”安全。

责任体系建设的重点是进一步明确各级负责人、各职能部门、工程技术人员、岗位操作人员在安全生产方面应做的事情及应负的责任，细化分工，强化责任落实，做到目标明确，任务清晰，责任到人，谁主管、谁负责，谁分管、谁负责。

晋能集团在实施“136”安全管理模式的过程中，建立了“人、事、物”三维立体化的责任体系，强化各层级的安全生产责任。通过人性化的约束机制，灵活的激励机制，引导全体员工重视精细化管理、过程控制，实现从被动遵守到自主执行，落实“人与人”的责任。按照计划、安排、落实、检查、考核、兑现的工作过程闭环，长期坚持岗位描述、手指口述，从点到面，从岗位操作到系统工程，落实“人与事”的各项责任，形成全过程有效控制和闭环管理，以实现区队自治、班组自理、员工自律的良好企业氛围，提升现场安全管理水平。

3. 制度体系是手段

无规矩不成方圆。安全管理制度是规范、约束员工按章操作的标准，是企业意志的展开，是责、权、利系统分层分级的细化量化的一个手段和体现。没有制度或者制度不全不细不严的企业，其发展必然受阻。

制度体系建设的重点是通过制定完善的安全生产方面的行为准则来指引和约束全员在安全生产方面的行为，建立和维护企业的安全生产秩序，使得安全生产各项工作有章可循、有度可遵。

晋能集团在实施“136”安全管理模式的过程中，提出了“人人有标准、事事有标准、处处有标准”的制度和标准理念，制定了具有针对性的各项安全管理规章制度，形成了完整的制度体系，各项规章制度立体交织、衔接顺畅、科学规范，通过制度来规范人的标准、事的标准、物的标准，做到了有制度、有考核、有奖惩，使各项工作有章可循，有效地理顺了公司内部关系，促进了公司安全发展。

4. 技术体系是支撑

煤矿技术管理体系是煤矿安全管理的有机组成部分，它贯穿于整个煤矿的生产过程中，是整个生产质量控制与管理的重点和难点，对于煤矿的安全生产具有重要的意义。完善与健全煤矿技术管理体系，能够给从事煤矿生产的工作人员提供有效的安全支撑和保障。同时有利于提高煤矿资源开发与生产的效率，从而达到保质保量生产的目标和要求。

技术体系建设的重点是设置明确的技术管理岗位、引进先进的科学设备技术以及合理分配生产资源，确保煤矿安全生产。

晋能集团在实施“136”安全管理模式的过程中，积极倡导“科技是第一生产力”理念，以法规为基础、技术进步为先导，坚持改革创新，强化问题导向，

建立了安全生产技术职称体系，促进技术对安全生产的支撑和保障作用。一是制定了以总工程师为核心的安全生产技术管理体系，加强技术队伍建设，明确和落实各级技术管理责任。总工程师对煤矿企业生产技术管理负总责，下设采煤副总工程师、掘进副总工程师、机电运输副总工程师、地测防

治水副总工程师、通风副总工程师等副总工程师，配备相应的专业技术人员，形成"总工程师→专业副总工程师→科室技术负责人→专业技术人员→区队技术人员"组成的技术管理体系，实行垂直管理，完善工作制度。二是积极制定公司长远规划，积极实施煤矿机械化、信息化改造，大力推广应用新技术、新工艺、新设备，深入开展安全生产科技重大技术难题攻关，为促进晋能集团安全生产形势持续稳定好转提供强有力的科技支撑。三是将员工岗位技术创新纳入技术管理体系的重要范畴，引导员工技术创新、岗位创新，为实现企业安全发展不断注入新动力。

5. 管理体系是保障

管理是一种具有科学原则和运用艺术的方法及工作程序，管理的核心是人，建立分工合作的、融洽的人际关系是重点，管理的对象是事，充分利用各种资源以满足人类物质和精神需要的事，管理的目的是以最高的效率达成目标。

管理体系建设的重点是要进一步完善安全管理系统中各要素及其内容，主动适应当前时代变革，积极进行理念、制度、机制和方法的创新，形成一套适应本企业自身的规范化的安全管理方法和流程，持续提升安全管理绩效。

在六大体系中，管理体系横贯于其他五大体系之中，和其他五大体系相互关联、相互容纳。管理体系的任何一个方面的创新一旦和企业实际相结合，就会产生一种"蝴蝶效应"，起到催化剂的作用。管理体系自身既是一个独立的安全管理系统，又是促进整个"136"安全管理模式实施的支撑子体系，又是支撑安全生产标准化，安全管理规范化、系统化、科学化的具体支持体系。犹如一条坚实的跑道，可以起飞各种飞机；犹如一片肥沃的土壤，可以长出茂密的森林。它是一种整体化、结构化的机制，它是企业竞争能力的载体，是企业安全发展的保障。

6. 监督体系是动力

没有有效的监督，就没有工作的动力。监督是煤矿日常管理工作中不可缺少的一部分，是"把权力关进制度的笼子里"的重要途径，任何制度没有监督效果就会大打折扣，监督为煤矿安全生产工作提供源源不断的动力。

监督体系建设的重点是加强监督评价，严肃问责考核，实现职责明确、管控到位、监督有效、追责有力的目标。全力构建以各级领导、安全管理人员、区队长、班组长为主的"全覆盖"的安全监管体系，落实各区域的监督检查负责人。全面开展安全管理行为评价，采取自上而下领导评价、自下而上群众监督相结合的评价方式，监督管理者安全职责履行情况，并严肃问责考核。

晋能集团在创建"136"安全管理模式的过程中，积极适应当前新形势新变化，坚持"权责对等、统筹协调、归口管理、分级实施"的原则，积极开展自查自改，严肃问责。通过构建公司级监督和矿级监督两级监督模式，加强监督队伍和人员建设，分解监督责任，重整监督资源，创新监督机制，形成监督合力，提高监督效率，增强了监督工作的全面性、系统性、有效性和权威性，为推动公司安全工作水平的优化提供源源不竭的动力。

4.4 六大体系建设的内容及基本要求

4.4.1 组织体系建设的内容及基本要求

4.4.1.1 组织体系概念

组织体系是指为实现企业全部管理而形成的一系列要素组合起来的功能整体，包括管理架构、组织架构，即机构岗位与人员设置配置。

4.4.1.2 组织体系建设目的

构建组织有序、责任明确、制度完善、运行高效的安全管理组织和人事架构，打造一支立体化、全方位，横向到边、纵向到底的安全管理队伍，为安全工作提供组织保障。

4.4.1.3 组织体系管理架构

二级公司及其下属公司按照“2+3”组织架构组建直线职能型安全管理组织体系。

“2”指二级公司安全管理组织框架体系为两个层级；

“3”指基层生产经营单位安全管理组织框架体系为三个层级。

4.4.1.4 组织体系建设的要素

1. 二级公司安全管理组织体系

二级公司在“2+3”的安全管理组织框架下，组建公司两级安全管理体系。第一层级为公司安全生产领导指挥层，为全公司的最高安全管理层级；第二层级为安全管理职能部门，具体负责安委会各项指令的落实。

1）二级公司安全生产领导指挥层

二级公司成立安全生产委员会，该委员会是全公司的安全管理最高领导机构。安全生产委员会的主任、副主任即为公司的安全生产领导指挥层。其组织机构如下：

（1）安全生产委员会组织机构。

安全生产委员会主任：党委书记、执行董事、经理；

副主任：其他副经理、工会主席、纪委书记、总会计师；

成员：公司经理助理、副总工程师、副总会计师，党委工作部（组织部）、纪委、工会、综合办公室、法律事务部、企业管理部、计划发展部、人力资源部、财务管理部、审计部、招标管理办公室、煤炭销售管理部、贸易物流部、多种经营管理部、后勤管理中心、工程管理部、环保节能部、生产技术部、一通三防部、机电设备部、地测与防治水中心、安全生产监督管理部、生产（调度）指挥中心负责人，各县（市、区）公司、直属公司、各煤矿安委会主任。

安委会下设办公室，办公室设在公司安全生产监督管理部，具体负责安委会日常工作，办公室主任由安全生产监督管理部部长兼任。

（2）安全生产委员会工作职责（略）。

2）二级公司安全管理职能部门

按照各职能部门的分工不同、与安全生产管理的紧密程度不同，分为三类安全管理职能部门。

（1）部门分类。

一类专业安全管理部门指与煤矿安全紧密挂钩的专业部门，包括安全生产监督管理部、生产指挥中心、生产技术部、一通三防部、机电设备部、地测与防治水中心、环保节能部等业务部门；

二类安全管理部门指煤炭销售管理部、贸易物流部、多种经营管理部、工程管理部和后勤管理中心等业务部门；

三类安全管理部门指党政工团纪等综合性部门，具体有党委工作部（组织部）、综合办公室、工会、纪委、法律事务部、企业管理部、计划发展部、人力资源部、财务管理部、审计部、招标管理办公室等业务部门。

（2）部门工作职责（略）。

（3）部门任职职数。按照《中共晋能集团有限公司领导人员职数配备管理规定》的相关要求，本着规范、精干、高效的原则，公司安全管理部门，原则上每个部门设正职1人、副职1~2人，具体为：公司5人以下部门设置1名正职负责人；5~10人的部门可设一名正职一名副职；10人以上部门可设置1名正职和2名副职。

（4）部门负责人任职资格。

一类专业安全管理部门任职资格：

部门正职任职资格：大专以上煤炭主体专业学历；中级以上煤炭专业技术职务任职资格；煤矿安全生产10年以上相关工作经历，管理或技术岗位5年以上任职经历，2年以上部门副职经历；持安全生产管理人员《安全生产知识和管理能力考核合格证》。

部门副职任职资格：大专以上煤炭主体专业学历；初级以上煤炭专业技术职务任职资格；煤矿安全生产5年以上相关工作经历，管理或技术岗位3年以上任职经历；持安全生产管理人员《安全生产知识和管理能力考核合格证》。

二类安全管理部门任职资格：

部门正职任职资格：大专以上学历；中级以上专业技术职务任职资格；煤矿安全生产辅助部门10年以上相关工作经历，管理或技术岗位5年以上任职经历，2年部门副职经历。

部门副职任职资格：大专以上学历；初级以上专业技术职务任职资格；煤矿安全生产辅助部门5年以上相关工作经历，管理或技术岗位3年以上任职经历。

三类安全管理部门任职资格：

部门正职任职资格：大专以上学历；中级以上专业技术职务任职资格；综合部门10年以上相关工作经历，管理或技术岗位5年以上任职经历，2年以上部门副职经历。

部门副职任职资格：大专以上学历；初级以上专业技术职务任职资格；煤矿安全生产辅助部门5年以上相关工作经历，管理或技术岗位2年以上任职经历。

2. 煤矿安全组织体系

煤矿在“2+3”安全管理组织框架下组建煤矿三个层级安全管理组织体系。第一层级为煤矿安全生产领导指挥层，为煤矿最高的安全管理层级，主要包括两个高级管理团队，分别为以矿长为首的安全生产管理团队和以总工程师为首的技术管理团队；第二层级为科队级管理团队，指以科室为主的安全管理层和以队厂为主的现场指令执行层；第三个层级为现场班组的具体操作层。

1）煤矿安全生产领导指挥层

各煤矿成立安全生产委员会，该委员会是煤矿安全管理的最高领导层。安全生产委员会主任、副主任即为煤矿的安全生产领导指挥层，其组织机构如下：

（1）煤矿安全生产委员会组织机构。

主任：党委书记、董事长、总经理；

副主任：生产副矿长、机电副矿长、总工程师、纪委书记、工会主席、后勤副经理、总会计师及其他副经理等；

成员：通风助理、采煤副总工程师、掘进副总工程师、机电运输副总工程师、防治水副总工程师、通风副总工程师、副总会计师，安全科、生产技术科、机电科、通风科、职工培训科、地测防治水科、调度室、综采队、掘进队、机电机运队、机修厂、洗煤厂、党委办、综合办公室、工会办、纪检办、人事劳资科、保卫科、后勤服务中心、财务科、供应科、销售科、环保技改科、瓦斯抽放队、探放水队等职能科队负责人。

安全生产委员会办公室设在安全科，办公室主任由安全科科长兼任，具体负责日常安全生产工作。

（2）煤矿安全生产委员会工作职责（略）。

（3）煤矿高级管理层，即以矿长为首的安全生产管理团队和以总工程师为首的技术管理团队。

以矿长为首的安全生产管理团队包括矿长、安全副矿长、生产副矿长、机电副矿长、总工程师、通风助理。

①团队职责。根据团队内的分管工作不同，明确安全生产管理团队成员职责（略）。

②团队任职资格。矿长：大专以上煤炭主体专业学历；中级以上煤炭专业技术职务任职资格；煤矿安全生产10年以上相关工作经历，管理或技术岗位5年以上任职经历；持主要负责人《安全生产知识和管理能力考核合格证》。

总工程师：本科以上煤炭主体专业学历；高级以上煤炭专业技术职务任职资格；煤矿安全生产5

年以上相关工作经历，技术岗位 3 年以上任职经历。持安全生产管理人员《安全生产知识和管理能力考核合格证》。

副矿长（生产、机电和安全）、通风助理：大专以上煤炭主体专业学历；中级以上煤炭专业技术职务任职资格；煤矿安全生产相关工作 5 年以上经历，管理或技术岗位 3 年以上任职经历；持安全生产管理人员《安全生产知识和管理能力考核合格证》。

以总工程师为首的技术管理团队包括总工程师、采煤副总工程师、掘进副总工程师、机电运输副总工程师、地测防治水副总工程、通风副总工程师。

①团队职责。根据团队内的分管工作不同，明确技术管理团队成员的职责（略）。

②团队任职资格。副总工程师：大专以上煤炭主体专业学历；中级以上煤炭专业技术职务任职资格；煤矿安全生产相关工作 5 年以上经历，管理或技术岗位 3 年以上任职经历；持安全生产管理人员《安全生产知识和管理能力考核合格证》。

（以上安全生产管理团队和技术管理团队的任职资格满足晋能人力资源字〔2014〕42 号、《山西省煤矿安全培训监督管理办法（试行）》的要求）。

2）煤矿中级管理层

煤矿中级管理层即煤矿安全管理部门和煤矿安全生产厂队。

（1）煤矿安全管理部门。煤矿安全管理部门按照职能分工不同，可分为一类安全管理部门和二类安全管理部门。

煤矿一类安全管理部门包括安全科、生产技术科、机电科、通风科、职工培训科、地测防治水科、调度室、环保技改科等；

煤矿二类安全管理部门包括党办、办公室、工会办、纪检办、人事劳资科、保卫科、后勤服务中心、财务科、供应科、销售科等综合性管理部门。

①部门职责（略）。

②部门负责人职数。本着规范、精干、高效的原则，煤矿部门负责人原则上设正职 1 人、副职 1 ~ 2 人，具体为：各煤矿 5 人以下部门设置 1 名正职负责人；5 ~ 10 人的部门可设一名正职一名副职；10 人以上部门可设置 1 名正职和 2 名副职。

③部门负责人任职资格。

一类安全管理部门负责人任职资格：

部门正职任职资格：中专及以上煤炭相关专业学历；中级以上煤炭专业技术职务任职资格；煤矿安全生产 5 年以上相关工作经历，2 年以上部门副职经历；持安全生产管理人员《安全生产知识和管理能力考核合格证》。

部门副职任职资格：中专及以上煤炭相关专业学历；初级以上煤炭专业技术职务任职资格；煤矿安全生产 3 年以上相关工作经历；持安全生产管理人员《安全生产知识和管理能力考核合格证》。

二类安全管理部门负责人任职资格：

部门正职任职资格：中专及以上学历；煤矿安全生产辅助部门 5 年以上相关工作经历，2 年以上部门副职经历。

部门副职任职资格：中专及以上学历；煤矿安全生产辅助部门 3 年以上相关工作经历。

（2）煤矿安全生产厂队。煤矿安全生产厂队包括综采队、掘进队、机电机运队、瓦斯抽放队、探放水队、机修厂、洗煤厂等。

①厂队职责（略）。

②厂队负责人职数。厂队负责人职数原则上设一名厂（队）长兼书记，副队长根据实际需要可设安全副队长、生产副队长、机电副队长和技术副队长。

③厂队负责人任职资格。厂队正职任职资格：具有煤矿相关专业中专及以上学历，初级及以上职

称，持安全生产管理人员《安全生产知识和管理能力考核合格证》，从事煤矿安全生产相关工作 2 年以上。

厂队副职任职资格：具有煤矿相关专业中专及以上学历，初级及以上职称，持安全生产管理人员《安全生产知识和管理能力考核合格证》，从事煤矿安全生产相关工作 2 年以上。

3）煤矿班组操作层

煤矿班组操作层即煤矿各科队下设的班组，具体指各项指令及章程的具体操作人员。煤矿安全管理部门和煤矿安全生产厂队可根据实际专业内容、岗位分工、现场人数设置建立班组机构。

（1）班组职责（略）。

（2）班组负责人职数。班组总人数在 10 人以下可设置一名班组长；班组总人数在 10 ~ 20 人可设置两名班组长；班组总人数在 20 人以上可设置多名班组长。各单位可根据实际情况对班组人数和班组数进行适当调整。

（3）班组负责人任职资格。班组长是企业生产经营活动的现场直接指挥者、组织者和管理者，也是现场安全生产的第一责任者。班组长的综合素质和工作能力，是确保现场安全生产和文明生产的关键。

①思想素质条件：热爱本职工作，关心企业发展，思想政治素质好、责任意识强，具有良好的职业道德。

②工作履历条件：具备煤矿相关专业中专（含技校、职高）及以上学历和三年及以上实际工作经验，经考核取得班组长培训合格证书。

③安全素质条件：认真贯党的安全生产方针，模范遵守安全生产法律法规、企业规章制度和规程措施，敢于同“三违”现象做斗争，自觉做到不安全不生产。

④业务素质条件：能够熟练掌握本班组生产工艺流程，能够正确使用、维修和保养设备，熟悉矿井相关专业灾害预防和现场应急措施，具备安全精细化管理基本知识。

⑤组织管理条件：服从组织领导，工作坚持原则，做事公道正派，有较强的组织管理能力和团队协作精神，善于做员工的思想政治工作，促进班组的团结和谐，在员工中享有较高威信。

⑥身体素质条件：身体健康，精力充沛。新任班组长年龄一般应在四十五岁以内。

（以上相关职责参见第 3 篇组织体系）

4.4.2　责任体系建设的内容及基本要求

4.4.2.1　责任体系的概念

责任体系是指为强化全员安全责任意识，明确各级在安全生产与职业病危害防治方面的安全责任，构建全员、全方位的安全责任体系。安全责任是岗位责任的一部分，是岗位责任的延伸。

4.4.2.2　责任体系建设目的

全面贯彻《安全生产法》，全面落实企业安全生产主体责任，建立“横向到边、纵向到底、责任明晰、落实到位”的安全生产责任体系，确保公司安全生产责任五落实五到位。

4.4.2.3　责任体系建设的依据

（1）《安全生产法》。

（2）《煤矿安全规程》。

（3）《企业安全生产责任体系五落实五到位规定》（安监总办［2015］27 号）。

（4）《国家煤矿安监局办公室关于转发安徽省煤矿部分岗位安全生产责任制范文的通知》（煤安监司办〔2015〕8 号）。

（5）《山西省人民政府安全生产委员会办公室关于印发全面加强和落实企业全员安全生产责任制实施方案的通知》（晋安办发〔2017〕107 号）。

（6）《国家煤矿安全监察局关于印发〈煤矿安全生产标准化考核定级办法（试行）〉和〈煤矿安

全生产标准化管理体系基本要求及评分方法（试行）〉的通知》（煤安监行管〔2020〕16号，以下简称《煤矿安全生产标准化》）。

（7）《煤矿安全培训规定》（国家安全生产监督管理总局令第92号）。

（8）《山西省煤矿班组安全建设规定》。

4.4.2.4　责任体系的运行

责任体系的运行主要分三步，第一步是建立安全生产责任制，第二步是落实安全责任，第三步是对安全生产责任制进行改进完善。

4.4.2.5　建立安全生产责任制

建立安全生产责任制应成立以主要负责人（包括董事长、书记、经理）为组长的领导组，制定安全生产责任制管理制度，明确主要负责人全面负责、分管负责人负责分管范围内的安全责任，明确各业务科室、生产组织单位（区队）、班组、岗位人员的安全责任；明确本单位临时组织的会议、活动、工程建设等工作的安全责任人，并分编制、审核、修订、印发四步建立安全生产责任制。

1. 编制责任制

编制责任制要指定编制责任人，先对编制人员进行培训，让编制人员明确编制的格式、方法、原则及编制要求等，避免编制出的责任制标准不统一。编制程序分成立工作组、开展调研、汇总分析、编制等四步进行。不对编制人员进行培训易出现格式不统一、表述内容不准确等问题，没有经过调研编制的责任制易出现漏岗、漏项等问题。

1）编制的格式

参照《国家煤矿安监局办公室关于转发安徽省煤矿部分岗位安全生产责任制范本的通知》（煤安监司办〔2015〕8号）要求中的范本格式，建立层次分明、条理清晰的安全生产责任制。

2）编制的方法

（1）对照各级领导机构、职能部门、基层队伍及相关岗位的职责，编制对应的安全生产责任制。

（2）针对某一项职责，从人、机、环、管四个方面进行安全风险辨识和分析可能存在的安全风险，编制对应的安全生产责任制。

（3）参照安全检查员安全生产责任制编制模板。

3）编制的原则（五原则）

（1）管生产必须管安全原则。即各级人员在管理生产的同时，必须负责管理安全工作，认真贯彻执行国家有关安全法律、法规及规章制度等。

（2）“五同时”原则。即各级人员在计划、布置、检查、总结、评比生产的同时，必须计划、布置、检查、总结、评比安全工作。

（3）管业务必须管安全原则。即企业各业务单位，都应在各自的业务范围内，对实现安全生产的要求负责。

（4）安全责任人人有责原则。即企业的任何人都必须对企业的安全负责，随时排查安全隐患，积极参与反“三违”活动，做到“四不伤害”。

（5）“五落实五到位”原则。

①必须落实“党政同责”要求，董事长、党组织书记、经理对本企业安全生产工作共同承担领导责任。

②必须落实安全生产“一岗双责”，所有领导班子成员对分管范围内安全生产工作承担相应职责。

③必须落实安全生产组织领导机构，成立安全生产委员会，由董事长或经理担任主任。

④必须落实安全管理力量，依法设置安全生产管理机构，配齐配强注册安全工程师等专业安全管理人员。

⑤必须落实安全生产报告制度，定期向董事会、业绩考核部门报告安全生产情况，并向社会公示。

⑥必须做到安全责任到位、安全投入到位、安全培训到位、安全管理到位、应急救援到位。

4）编制的程序

（1）成立工作组，明确分工。

①成立以主要负责人为组长，各分管负责人为副组长，各业务科室、队组文字表述能力强、责任心强的人员为成员的编制工作组，负责对本单位安全责任制编制工作的统一领导、培训，并对相关成员的编制范围进行明确分工。

②主要负责人要对各分管负责人负责的部门、队组及业务范围等进行明确划分。

③各分管负责人要对分管的部门、队组涉及的业务范围等进行明确划分。

④各部门、队组成员要对本部门、队组涉及的所有岗位、业务等进行明确划分。

（2）开展调研。编制工作组各成员按照编制工作组的统一分工，对分管范围内涉及的岗位分工、层级分配、环节划分及行业要求等进行详细调查、收集、研究，做到不留死角。

（3）汇总分析。各成员分别将各自调研的信息进行收集汇总，在分管领导的统一领导下，将全部安全责任从上至下进行逐级分工、明确到人。对没有明确到责任人的事项要明确到人，对有多个责任人的事项要视情况明确到 1 人或进行具体划分，避免造成互相推诿。

（4）编制。经过充分的调研摸底和汇总分析后，开始进行本单位的安全生产责任制编制工作。

5）编制的内容

安全生产责任制的编制应包括企业安全生产主体责任、领导机构安全生产责任制、职能部门安全生产责任制、基层队组安全生产责任制、岗位人员安全生产责任制及临时性工作安全生产责任制六部分。其中前五部分应进行集中汇编印发，临时性工作安全生产责任制需要根据临时性要求进行及时编制印发。

2016 年 2 月 25 日印发的《煤矿安全规程》第四条明确要求的“职业病危害防治”内容，可以作为各级安全生产责任制的一部分内容，也可以单独建立各级职业病危害防治责任制。

2020 年 5 月 11 日印发的《煤矿安全生产标准化管理体系基本要求及评分方法（试行）》要求，建立安全风险分级管控和事故隐患排查治理工作责任体系（矿长全面负责，分管负责人负责分管范围内的安全风险分级管控和事故隐患排查治理工作）的内容，应在编制责任制时进行明确的描述。

（1）企业安全生产主体责任。按照晋安办发〔2017〕107 号文件要求，建立《企业安全生产主体责任二十条》，并在醒目位置公示。本部分内容为山西省政府统一要求，各单位严禁修改，并放在责任制的第一部分。

（2）领导机构安全生产责任制。建立董事会、安委会等各级领导机构的安全生产责任制。

（3）职能部门安全生产责任制。建立安全、调度、生产技术、机电、运输、“一通三防”、地测防治水、环保技改、综合办公室、工会、纪检、培训、人力资源、职业卫生等各职能部门的安全生产责任制。

（4）基层队组安全生产责任制。应建立安全检查、采掘一线、应急救援、后勤管理等各基层队组安全生产责任制。

（5）岗位人员安全生产责任制。

①建立主要负责人安全生产责任制。

②建立分管安全、采煤、掘进、通风、机电、运输、地测、防治水、调度等工作的副董事长、副总经理、副矿长，总工程师、副总工程师的安全生产责任制。

③建立安全、采煤、掘进、通风、机电、运输、地测防治水、调度等职能部门（含煤矿井、区、科、队）负责人的安全生产责任制。

④建立特种作业人员和其他从业人员的安全生产责任制。

以上四部分内容应根据本单位实际进行确定。

(6) 临时性工作安全生产责任制。临时性工作是指临时短时间内需要完成的非计划内的工作事项，具有一定的临时性、突然性和时效性，但往往具有时间紧、任务重、必须完成等特点，因此必须将相关安全责任逐级明确到人。

①最新文件要求落实事项的安全责任必须逐级明确到人。

②最新会议要求落实事项的安全责任必须逐级明确到人。

③最新安全生产条件变化要求落实事项的安全责任必须逐级明确到人。

本部分内容不应编制在本单位安全生产责任制中，要根据实际进行单列，针对工作内容及环节少的临时性工作，可以在安全会议纪要中明确相关安全责任；针对工作内容多、涉及人员多、环节多等安全风险较大的临时性工作，应建立专项的安全生产责任制，并以文件形式印发。

6) 编制的要求（五对应）

(1) 与法律、法规等管理要求相对应，确保符合《安全生产法》《煤矿安全规程》《煤矿安全生产标准化》等规定。

(2) 与本级的组织、技术、制度、管理、监督等体系相对应，不得与组织、技术、制度、管理、监督等体系相矛盾。

(3) 与本单位全员相对应，确保人人都有对应的责任制。

(4) 与本单位岗位相对应，确保所有的岗位均有安全生产责任制。

(5) 与本单位相关实际相对应，不得与相关实际相矛盾。

各级各岗位安全生产责任制参考样本参见第4篇责任体系。

2. 审核责任制

(1) 审核流程。编制人员编制完成后必须逐级审核。即分别经上一级负责人进行审核签字，再召开本单位责任制审核专题会议进行综合性审核。

(2) 审核人员主要从五对应编制要求方面进行审核，确保不出现漏岗、漏项。特别要注意职业病危害防治、风险分级管控等类似的新要求是否在责任制中明确。

(3) 对临时性工作安全责任制的审核应对照最新文件、会议或条件变化要求进行逐条审核。

(4) 各级审核人员应进行签字确认。

(5) 审核会议应形成审核意见或纪要存档。

3. 修订责任制

(1) 编制人员应根据审核意见对相关责任制进行认真修订，避免出现表述不清、用词不准、责任重复、漏岗、漏项等问题。

(2) 负责汇总的人员应根据审核意见对编制人员修改后的责任制再次进行确认。

(3) 一次修订汇总后的责任制应先印发各单位进行广泛定期征求意见。

(4) 按期对征求意见进行分析汇总，确有修改必要的，要根据征求意见进行修订。

4. 印发责任制

(1) 各级安全生产责任制修订完成后必须先进行汇编。

(2) 各级安全生产责任制汇编完成后必须以本单位红头文件形式印发，印发顺序为：封皮、文件、目录及内容。

(3) 各级安全生产责任制印发后必须在本单位适当位置（显眼、易查看）进行长期公示。

4.4.2.6　*落实安全责任*

安全生产责任制编制完成后，要进一步强化安全责任的落实，要让全员熟悉自身的安全责任，并不断督促全员落实到位。安全责任的落实分学习责任制、签订责任书、对照落实责任、激励考核四步。

1. 学习责任制

（1）制定有针对性的培训计划，确保全员熟悉本岗位安全生产责任制。

（2）开展有针对性的培训学习，相关学习资料齐全。

（3）对培训效果进行考试检验，相关考试资料齐全。

2. 签订安全责任书（三书一合同）

（1）签订《安全目标管理责任书》。集团公司年初确定年度安全目标，并与各二级公司签订年度安全目标；各二级公司对集团公司的年度安全目标进行分解，并与各生产经营单位签订年度安全目标；各生产经营单位再层层分解、层层签订。

注意事项：①要根据主要负责人与上一级签订的目标进行责任分解。分解的各项目标的总和不得大于与上一级签订的总数，相关目标的责任部门要分别进行签订。②签订双方都应该签字。③各项目标可以分解到部门、区队、班组或人员的尽量逐级分解到部门、区队、班组或人员，不可以具体分解的目标不得漏项。

（2）签订《安全承诺书》。各单位一把手除按照地方政府部门要求向地方政府进行安全承诺外，煤矿矿长要按照“标准化”管理要求每年向全体人员公开承诺；其他人员应从下到上分别向分管领导进行安全承诺。

注意事项：①要根据具体安全责任进行安全承诺；②承诺人要进行签字；③承诺书必须含有“如有违反以上承诺，自愿接受相关处罚。”的内容。

（3）签订《互保联保责任书》。安全风险较高的岗位或环节，其工作环节相关联或工作岗位距离相近的人员应签订《互保联保责任书》。

注意事项：①不在一个班的或者虽在一个班但班中工作无直接关系的人员，不可以签订；②年初签订的《互保联保责任书》有效期应明确为“有效期自签订之时起至岗位无关联时止”，签订各方及班组长都需要签字，可以只设一份，由所在班组保存、备查；③各区队或班组必须按照班前会“七步法”要求建立互保联保动态管理台账，只要互保对象变化，立即重新签订责任书，并登记在案；④所有跟班队干对职责范围内当班安全均有安全责任，不需要和岗位签订互保联保责任书。

（4）签订《师徒合同》。按照《山西省煤矿安全培训监督管理办法》规定，煤矿企业新上岗的井下作业人员安全培训合格后，必须在有经验的工人师傅带领下，实习满4个月，并取得工人师傅签名的《实习合格证明》后，方可独立工作。新上岗的井下作业人员应与师傅签订《师徒合同》。

注意事项：①师傅的选任必须符合《山西省煤矿安全培训监督管理办法》规定，工人师傅必须具备中级工以上技能等级、3年以上相应工作经历和未发生过违章指挥、违章作业、违反劳动纪律等条件；②师傅应与徒弟岗位相同，一般不应与班组长签订；③矿井必须建立相应的师徒管理制度，明确实习期满，并取得工人师傅签名的实习合格证明后，方可独立工作，明确一徒多师或一师多徒时如何进行奖惩；④合同内容必须分别明确师傅与徒弟的安全责任；⑤合同中涉及的相关记录齐全。

3. 对照落实

全员在日常的生产安全工作中对照相关的责任制进行逐条落实。

注意事项：①针对需要填写相关记录的要认真填写；②落实中发现与实际不符的要及时记录并向上级反馈，以便及时补充漏洞；③针对工作中发现未落实到人的安全责任要及时向上一级领导汇报，上级领导要及时落实到人；④涉及奖罚的要严格按相关制度落实。

4. 激励考核

各单位要建立激励机制和考核机制，根据日常安全工作落实情况进行及时奖罚，通过奖罚督促全员认真落实相关安全责任。

1）建立激励机制

(1) 针对签订的“三书一合同”，制定有针对性的、可操作的奖罚制度，并严格执行。

(2) 相关奖罚记录齐全。

2) 建立考核机制

(1) 必须建立检查制度，对各级安全责任落实情况进行检查。

(2) 必须建立考核制度，明确考核办法，对各级安全责任落实情况进行考核。

①月度安全考核：每月必须逐级对各岗位进行月度安全考核、兑现；每月考核必须结合本月安全工作情况；考核结果与工资挂钩。

②季度安全风险抵押考核：每季度必须逐级对各岗位进行季度安全风险抵押金考核、兑现；季度考核必须结合本季度安全工作情况；考核结果与风险抵押金挂钩。

③年度安全目标考核：每年年底必须逐级对各岗位进行年度安全目标考核、兑现；年度考核必须结合本年度安全工作情况；考核结果根据当年各级签订的安全目标责任书及其考核办法，与收入挂钩。

(3) 各级各类考核必须逐级审核、签字、上报。

4.4.2.7 改进完善

安全生产责任制在落实中，应根据组织机构、生产环节及新设备新工艺新材料的应用等变化进行及时修订改进。

1. 建立信息反馈机制

在日常的安全生产工作中发现某安全生产责任制有以下几种问题应及时进行记录，并逐级上报。

(1) 发现有漏项的问题。

(2) 发现有与实际不相符的问题。

(3) 发现其他需要修订的问题

2. 择机修订

(1) 针对落实中发现的安全责任不明、不清等问题应及时专门进行明确，确保事事时时安全责任明确。

(2) 根据日常信息反馈收集到的信息，结合本单位机构调整、岗位变化、生产工艺或设备等变化情况，视情况选择合适的时间，对本单位安全生产责任制重新修订、印发。

4.4.3 制度体系建设的内容及基本要求

4.4.3.1 制度体系概念

制度体系是指为实现企业全部管理而形成的，并应共同遵守的规定和总则的总称，是企业赖以生存的体制基础，是企业的行为规范，是企业经营活动和安全生产的体制保障。

4.4.3.2 制度体系建设目的、依据

1. 目的

为使企业的安全生产有“法”可依、有章可循、有据可查，提高安全生产管理水平，保证企业安全生产科学、有序、规范管理。

2. 依据

(1)《安全生产法》《煤矿安全规程》等法律法规。

(2)《煤矿安全生产标准化管理体系基本要求及评分方法》及煤矿相关的AQ、GB等标准。

(3) 集团等上级管理部门的相关规定和要求。

(4) 公司及基层生产经营单位在安全生产活动中实际需要。

4.4.3.3 制度体系建设的要素

1. 组织机构

(1) 成立领导组。成立制度体系领导组，组长由单位主要负责人担任，分管领导为副组长，各部门主要负责人为成员。

（2）机构职责。对将要发布的制度进行审核、修订、完善，经组长签字后进行发布。

2. 制度体系建设的原则、等级、流程

1）原则

（1）一把手原则：各级单位、部门的主要负责人是制度体系建设的第一责任人，只有主要负责人负责，制度体系建设、落实才有保证。

（2）系统性原则：按照系统工程原理，涵盖生产活动全员、全过程、全方位。

（3）规范化和标准化原则。

2）等级

从二级公司、煤矿两个层级进行建设。

二级公司制度分类：

（1）公司基础制度（规程、标准化和法律法规指定的制度）。

（2）专业制度（标准化涉及的制度、与安全直接相关的制度，并不包括所有专业制度）。

煤矿制度分类：

（1）安全管理。

（2）“一通三防”。

（3）地测防治水。

（4）采煤掘进。

（5）机电运输。

（6）应急救援。

（7）调度。

（8）职业卫生。

（9）培训管理。

（10）煤矿班组制度。

（11）洗煤厂安全管理。

（12）其他方面的安全制度。

3）制度建设流程

（1）根据部门职能确定编制部门。

（2）按照相关标准、规程、文件和规定要求进行编写。

（3）制度草案形成后由部门集体讨论、部门负责人审核。

（4）部门负责人审核后交分管领导审定、补充完善。

（5）交由制度体系领导组审批、进一步补充完善。

（6）由领导组组长签字后正式颁布。

（7）进行学习培训，贯彻执行。

（8）每年初由相关部门对所有的制度进行审核、修改、补充和完善，经领导组组长签字后再重新颁布。

3. 制度内容

（1）公司制度。其中，公司执行董事、党委书记等安全生产责任制共 271 项；基础管理制度，如安全目标管理等制度共 94 项；“一通三防”等专业管理制度 54 项；地质灾害与测量专业管理制度 39 项；采掘专业管理制度 33 项；机电运输专业管理制度 25 项；应急救援专业管理制度 12 项；调度信息专业管理制度 10 项；职业卫生管理制度 23 项；培训专业管理制度 23 项；其他专业管理制度 11 项。

（2）煤矿制度。其中，安全管理68项；“一通三防”56项；地质防治水31项；采掘专业25项；机电运输73项；应急救援39项；调度6项；职业卫生20项；培训管理16项；煤矿班组制度17项；洗煤厂等其他方面安全管理8项。

（具体制度样本参见第5篇制度体系）

4.4.3.4 制度内容要求

（1）权威性：由相关部门按照有关规定制定，红头文件下发，具有法律效力，一切按照制度办事，不允许任何人凌驾于制度之上。

（2）完整性：同一个制度满足AQ、GB、MT等标准和规程、标准化及《安全生产法》的要求。

（3）变化性：规程、标准、文件及现场、设备、工艺、岗位发生变化的，及时建立和修改。

（4）约束性：对违反制度的各种行为有明确、具体的处罚措施和责任追究办法。

（5）符合性：制度要符合我们的工作、生产和现场实际，不能随意制定，照搬照抄，要不断完善，根据情况、现场变化及时修改。

（6）可操作性：制度不能模糊不清，模棱两可，要言简意赅，准确达意，便于操作。

（7）针对性：建立的单项制度，要具体针对某项工作，具有指导性。

（8）科学性：制度的制定要以科学思想为指导，以事实为依据，符合客观实际，反映出事物的本质和内在规律。

（9）全面性：制度体系要涵盖安全生产的各个方面，任何人（包括一头一尾）做任何事都要以制度为依据。

（10）统一性：制度之间要相互协调一致，不能相互矛盾，否则无法执行。

4.4.3.5 制度体系建设注意事项

（1）依照法律法规制定，结合本单位实际。

（2）涵盖生产的各个方面，安全工作有章可循，又不能交叉重复。

（3）要符合客观规律，科学合理，切实可行，力求简单。

（4）制度条文简明扼要、具体、便于操作。

（5）四统一：一是建立的制度与法律、法规、规程、标准相统一；二是与本矿内部的制度相统一；三是与本矿的生产实际相统一；四是与上级部门的要求相统一。

（6）四不准：一是不准违反法律；二是制度之间不准相互冲突；三是不准内容重复；四是不准脱离实际。

（7）六结合：一是与管理体系相结合；二是与责任体系相结合；三是与技术体系相结合；四是与监督体系相结合；五是与传统安全理论相结合；六是与现代科技发展趋势相结合。

（8）七落实：一是安全生产责任制落实到人；二是岗位责任制具体落实到岗位；三是操作规程具体落实到流程；四是管理制度落实到各级领导；五是失职追责落实到层级；六是业务制度落实到职能科室；七是考核制度落实到部门。

4.4.3.6 制度体系运行机制

（1）领导重视、执行严格、公平公正，率先垂范、以身作则、齐抓共管、齐心协力。

（2）明确责任，层层落实责任制，一要分清责任，二要分解责任，三是对履职不力实行问责制。

（3）完善监督机制，做好日常监督和定期考核。

（4）执行好安全绩效考核。坚持“全面覆盖、分级考核、量化考核、指标评价、绩效否决”的原则，确保制度落实。

（5）依据安全生产奖惩细则进行奖罚。为加强安全生产管理，落实公司的各项制度，激发各类人员安全生产积极性，按照安全生产奖惩细则（包括采、掘、机、运、通、防治水、火工品管理）对制度的落实、执行情况进行奖惩，进一步规范行为，做到令行禁止，失职追责。

(6) 用好激励约束机制。通过安全风险抵押、安全目标兑现等激励方法，使全体职工能够自觉遵守各项规章制度，保证各项制度的实施。

(7) 各业务部门做好监督检查，确保公司（矿）的各项工作规范、有序进行。职能部门对相关厂队关于制度落实情况进行定期检查，发现制度不完善的及时修改、反馈，发挥职能部门的监督、检查、管理和指导作用；执行各项制度时，矿厂队发挥好自查自纠、自我约束的作用，做到用制度管人，规范人的行为。

4.4.4　技术体系

4.4.4.1　技术体系的概念性综述

技术体系指为实现技术管理工作的规范化和高效化而形成的由一系列要素组合起来的功能整体，包括技术构架、人员配置、技术标准、职责制度、运行管理和考核改进等。

4.4.4.2　技术体系建设目的

进一步完善技术体系各要素及其内容，形成一套适应企业自身的规范、高效顺畅运行的技术管理体系，为煤矿的安全生产提供坚实有力的技术支撑。

4.4.4.3　技术体系构架设置

1. 组织结构

建立以总工程师为首的技术管理组织架构，按规定配置符合要求的副总工程师，下设基本建设、工程设计、采煤、掘进、生产技术、地测防治水、“一通三防”、机电运输、信息技术、技术创新、技术资料档案等11个管理职能（其中有数项职能由一个部门承担）（图1－4－3）。

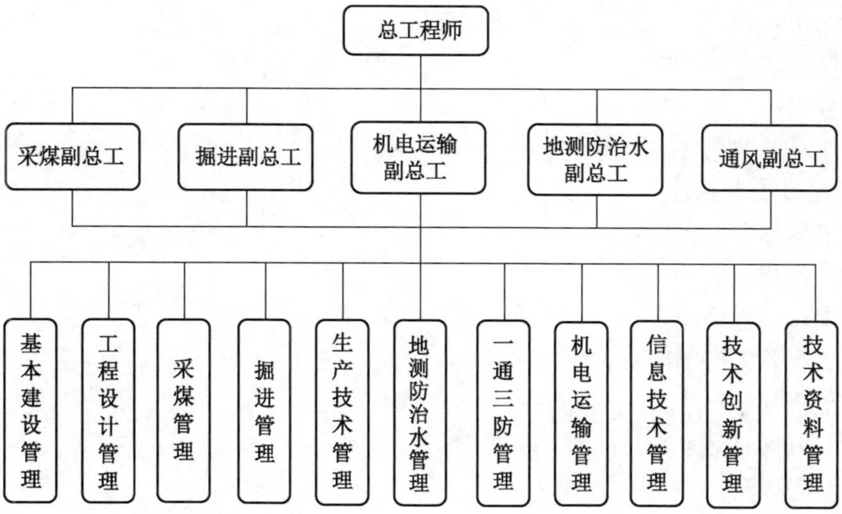

图1－4－3　二级公司煤矿技术管理组织架构图

2. 人员配置

(1) 技术人员配置。按照技术构架设置岗位及机构，配齐具备大专以上学历的采掘、通风、机电、地质、测量等主体专业技术人员，并实现专业化管理。

(2) 技术人员素质：

①职业道德。热爱煤炭事业，能安心从事煤炭技术工作。

②业务素质。熟悉国家和行业的相关技术方针、政策、法律法规，了解煤炭各方面的技术要求和方法，熟悉本业务范围内的技术工作内容、工作程序及技术标准。

③技术素质。有相应的科学基础知识，专业基础知识和安全知识。

④综合素质。有现场工作经验，能根据现场情况从技术上制定科学合理的方案，施工设计、作业规程或措施。

(3) 技术专家委员会。成立以总工程师为首，配置分管设计、生产、通风、地测、机电、安全、基建等工作的技术专家委员会，负责对矿井设计、图纸、规程、措施等技术资料进行审查。

4.4.4.4 技术体系建设依据

1. 国家法律、法规、法令及政策方面的规定

《煤炭法》《矿山安全法》《安全生产法》《煤矿安全监察条例》《安全生产许可证条例》等。

2. 地方法规、主管部门规章和行业技术标准

《煤矿安全规程》《煤矿安全生产标准化》《山西省煤矿顶板管理规定》《煤矿巷道锚杆支护技术规范》《煤矿井巷工程质量验收规范》《煤矿防治水细则》《煤矿井工开采通风技术条件》《煤矿瓦斯抽采达标暂行管理规定》《煤矿井下粉尘综合防治技术规范》等。

3. 煤矿内部各种技术管理标准

煤矿内部制定的技术管理标准不得与国家及行业标准相冲突。

4.4.4.5 技术体系建设的要素及基本要求

1. 技术职责及管理制度

为确保技术体系的有效运行，按照体系架构中各组成单元的职责，建立起整套管理制度，作为体系运行的标准，严格履行。

1) 技术体系职责

(1) 总工程师技术职责：

①总工程师岗位定位；

②总工程师岗位职责；

③总工程师权限；

④总工程师应具备的条件。

(2) 副总工程师技术职责：

①采煤副总工程师职责；

②掘进副总工程师职责；

③机电运输副总工程师职责；

④地测防治水副总工程师职责；

⑤通风副总工程师职责。

(3) 基本建设技术职责：

①基本建设部门职责；

②基本建设部门负责人职责；

③基本建设主管职责；

④基本建设人员职责。

(4) 采、掘、技术职责：

①采、掘、技术部门职责；

②采、掘、技术部门负责人职责；

③采煤主管职责；

④掘进主管职责；

⑤技术主管职责；

⑥采、掘、技术人员职责。

(5) “一通三防”技术职责：

①“一通三防”部门职责；
②“一通三防”部门负责人职责；
③“一通三防”主管职责；
④“一通三防”人员职责。
（6）地测防治水技术职责：
①地测防治水部门职责；
②地测防治水部门负责人职责；
③地测防治水主管职责；
④地测防治水人员职责。
（7）机电运输技术职责：
①机电运输部门职责；
②机电运输部门负责人职责；
③机电运输主管职责；
④机电运输人员职责。
（8）信息技术职责：
①信息技术部门职责；
②信息技术部门负责人职责；
③信息技术主管职责；
④信息技术人员职责。
（9）技术创新职责：
①技术创新部门职责；
②技术创新部门负责人职责；
③技术创新主管职责；
④技术创新人员职责。
2）技术体系管理制度
（1）基本建设技术管理制度：
①工程项目建设管理办法；
②基本建设工程管理办法；
③建设项目图纸管理制度；
④地面建筑工程质量管理制度；
⑤煤矿地面建筑工程装饰装修管理规定；
⑥基本建设工程造价管理制度；
⑦工程量清单计价工程结算规定；
⑧建设工程监理管理制度；
⑨工程造价管理办法实施细则；
⑩工程建设项目招标控制价审核管理实施细则；
⑪工程造价分阶段责任分级管理细则。
（制度参考样本参见第5篇制度体系）。
（2）采、掘、技术管理制度：
①煤矿生产计划管理制度；
②煤矿图纸管理制度；
③煤矿规程措施管理制度；

④煤矿顶板管理制度；
⑤煤矿矿压监测管理制度；
⑥煤矿支护材料管理制度；
⑦煤矿工程质量管理制度；
⑧煤矿修巷管理制度；
⑨煤矿现场管理制度。
(制度参考样本参见第 5 篇制度体系)。
(3)“一通三防”技术管理制度：
①矿井风量管理制度；
②巷道贯通管理制度；
③贯通老空区管理制度；
④矿井通风图纸的绘制；
⑤生产矿井配风、风量计算细则；
⑥瓦斯排放管理制度；
⑦矿井瓦斯等级和二氧化碳涌出量鉴定管理制度；
⑧监测监控系统及信息网络系统使用管理制度；
⑨瓦斯抽采技术管理制度；
⑩钻孔设计、施工及验收管理制度；
⑪防治煤与瓦斯突出管理制度；
⑫火区管理制度；
⑬均压开采管理制度；
⑭防尘设施安装固定标准；
⑮防治煤尘爆炸管理制度；
⑯粉尘测定管理制度。
(制度参考样本参见第 5 篇制度体系)。
(4)地测防治水技术管理制度：
①地质灾害防治与测量技术管理制度；
②地质灾害防治与测量预测预报制度；
③地质灾害防治与测量隐患排查治理制度；
④地测安全办公会议制度；
⑤安全生产联系制度；
⑥技术资料、技术报告审批制度；
⑦技术档案管理制度；
⑧图纸资料交换制度；
⑨地质专业管理制度；
⑩隐蔽致灾地质因素普查制度；
⑪井下标定测量管理制度；
⑫井下测量标志管理制度；
⑬贯通测量管理制度；
⑭测量数据记录、计算与整理制度；
⑮地测资料整理、保管制度；
⑯资源储量专业管理制度；

⑰物探专业管理制度；
⑱防治冲击地压管理制度；
⑲防治水专业管理制度；
⑳防治水定期会议制度；
㉑专业探放水制度；
㉒有掘必探、探掘分离制度；
㉓防治水作业优先制度；
㉔物探先行、化探跟进、钻探验证工作制度；
㉕探放水效果验证工作制度；
㉖水患停产撤人制度；
㉗水患事故应急救援制度；
㉘防治水安全确认签字移交制度；
㉙煤矿防治水“三专两探一撤”制度。
（制度参考样本参见第5篇制度体系）。
（5）机电运输技术管理制度：
①机电运输设备管理制度；
②供电管理制度；
③机电设备安装、改造工程管理制度；
④设备的维护和检修制度；
⑤机电设备防爆检查制度；
⑥电气试验管理制度；
⑦机电事故、故障管理制度；
⑧特殊场所电气焊作业安全管理制度；
⑨停送电及两票管理制度；
⑩带式输送机安全管理制度；
⑪大斜坡运输安全管理制度；
⑫架空乘人装置管理制度；
⑬矿用防爆柴油机无轨胶轮车运输管理制度；
⑭单轨吊管理制度；
⑮液压系统管理制度；
⑯油脂管理制度；
⑰地面日常用电安全管理制度；
⑱机房硐室管理制度。
（制度参考样本参见第5篇制度体系）。
（6）信息技术管理制度：
①网络信息安全保密管理制度；
②服务器远程访问管理制度；
③信息网络培训制度；
④网络运维管理制度；
⑤计算机安全管理制度；
⑥机房管理制度；
⑦涉密计算机使用管理办法；

⑧信息化建设管理办法及要求。

（制度参考样本参见第5篇制度体系）。

（7）技术创新技术管理制度：

①技术创新项目申报管理制度；

②技术创新项目审批管理制度；

③技术创新项目评审管理制度；

④技术创新项目奖励管理制度；

⑤技术创新项目应用管理制度。

（制度参考样本参见第5篇制度体系）。

2. 管理内容

1）技术审批权限

（1）矿井新建、扩建由国家有关部门审批。

（2）矿井技术改造、开拓延深设计由上级主管部门或地市级以上煤炭主管部门审批。

（3）矿井的采区设计由矿总工程师组织编制或由有资质的设计单位设计，由上级部门审批。

（4）矿井的采煤工作面设计由矿技术人员进行编制，由矿总工程师组织审批或上报上级单位审批。

（5）矿井各专业的作业规程、安全技术措施由矿技术人员进行编制，由矿总工程师组织审批。

（6）国家及行业有明文规定时按规定执行。

2）技术资料管理内容

（1）建设技术资料。矿井建设技术资料包括矿井报批、核准和建设中的相关报批、验收批文，以及矿井地质、设计、施工等资料。这些资料在矿井建设投产后移交矿井生产和档案管理部门长期保管至矿井报废。档案管理部门的资料在矿井报废后转由上级档案管理部门保管。

（2）生产技术资料。矿井生产技术资料包括矿井在投产后探明的地质资料，矿井生产、通风、机电、运输、防治水、瓦斯抽采等资料，采区（工作面）设计资料，矿井改扩建资料等。这些资料都要根据矿井生产变化随时补充更新并按年度分类归档，归档资料保存至矿井报废时，按要求上报上级管理部门进行长期管理。

（3）施工技术资料。矿井生产施工技术资料包括矿井采煤、掘进、机电、运输、通风、地测防治水、瓦斯抽采等小型工程的设计、施工资料。这些资料保存时间至少在1年以上。当工程进行完毕且不再对周边其他工作造成影响后，其生产施工方技术资料可不再保存。不再保存的资料必须按规定履行销毁报批程序，之后方可按规定程序进行销毁。

（4）技术资料归档。煤矿各技术管理部门均应设立专门的资料档案室，由专职保管人员管理，并制定相关管理制度，保证各种技术资料的完整。

技术资料应分别保存在技术管理部门和档案管理部门。技术管理部门保存的资料可以有期限，档案管理部门管理的资料应该是长期保存。矿井报废后其技术资料应转交上级有关管理部门进行保存。

3）基本建设技术管理内容

（1）《矿井总体规划设计》《项目申请报告》《煤矿建设项目可行性研究报告》《煤矿建设项目初步设计》的编制报批技术管理工作。

（2）煤矿建设项目实施阶段的技术管理包括施工图预算、开工前技术管理、招标投标、合同管理、工程施工、工程监理、工程质量监督、材料价格管理、工程结算管理、工程进度等方面的技术管理。

（3）建设过程中的单项工程设计、施工组织设计、作业规程、安全技术措施等的编写、备案、审批技术管理工作。

（4）技术管理工作要贯穿煤矿新建、改扩建项目的全过程。

4）采、掘、技术管理内容

（1）贯彻党和国家的安全生产方针、政策、法律、法规、标准，以及上级有关安全生产的规定、命令、决定、通知等，严格执行上级部门颁发的各种生产技术标准和要求。

（2）建立健全采、掘、技术方面标准及操作规程和管理制度，并进行贯彻落实。

（3）制定矿井采区、工作面及其他工程设计、审批、申报技术管理制度，并负责落实。

（4）制定矿井中长期、年度、季度采掘衔接计划技术管理制度，并组织实施。

（5）制定作业规程、操作规程与安全技术措施技术管理制度，并负责落实。

（6）制定矿井矿压监测技术管理制度，并负责落实。

（7）制定矿井支护材料、器材及代用品的使用管理制度，并负责落实。

（8）制定矿井残留煤炭资源的回收工作技术管理制度，并负责落实。

（9）制定矿井生产技术档案、图纸、文件的管理制度，并负责落实。

（10）制定矿井预防冲击地压技术管理制度，并负责落实。

（11）参与其他相关的技术工作。

5）“一通三防”技术管理内容

（1）认真贯彻党和国家的安全生产方针、政策和上级有关安全生产的规定、决定等，执行上级部门颁布的通风安全生产标准化标准和通风技术标准。

（2）建立健全与通风有关的技术标准及操作规程和管理制度，并进行贯彻落实。

（3）制定矿井通风管理技术管理制度，并负责落实。

（4）制定矿井瓦斯管理制度，并负责落实。

（5）制定矿井火工品管理、井下爆破技术管理制度，并负责落实。

（6）制定矿井防尘管理制度，并负责落实。

（7）制定矿井防止和预防煤与瓦斯突出技术管理制度，并负责落实。

（8）制定矿井瓦斯抽采管理制度，并负责落实。

（9）制定矿井防煤层自燃及防灭火管理制度，并负责落实。

（10）制定矿井地热防治管理制度，并负责落实。

（11）制定矿井通风作业规程、措施管理制度，并负责落实。

（12）参与其他相关的技术工作。

6）地测防治水技术管理内容

（1）认真贯彻党和国家的安全生产方针、政策和上级有关安全生产的规定、决定等，执行上级部门颁布的地质、测量和防治水及储量方面的技术标准和要求。

（2）建立健全与地质、测量有关的技术标准、操作规程和管理制度，并进行贯彻落实。

（3）制定矿井防治水管理制度，并负责落实。

（4）制定矿井采空区、老窑区管理制度，并负责落实。

（5）制定矿井地质、测量管理制度，并负责落实。

（6）制定矿井储量、“三量”管理制度，并负责落实。

（7）制定煤矿各类保安煤柱留设、审批管理制度，并负责落实。

（8）参与其他相关的技术工作。

7）机电运输技术管理内容

（1）贯彻党和国家的安全生产方针、政策和上级有关安全生产的规定、决定等，执行上级部门颁布的机电运输安全生产标准化标准和机电运输技术标准。

（2）建立健全与机电运输有关的技术标准及操作规程和管理制度，并进行贯彻落实。

(3) 制定矿井电气试验管理制度，并负责落实。

(4) 制定矿井机电运输设备运行、维修、保养管理制度，并负责落实。

(5) 制定矿井机电运输设备定期检修管理制度，并负责落实。

(6) 制定机电运输设备选型原则及规范，并负责落实。

(7) 制定矿井防爆电气设备入井安装、验收制度，并负责落实。

(8) 制定矿井杂散电流管理制度，并负责落实。

(9) 制定矿井机电运输规程、措施技术管理制度，并负责落实。

(10) 参与其他相关的技术工作。

8) 信息技术管理内容

(1) 信息化工作的规划、建设、改造和管理。

(2) 信息化项目技术参数的评审、制定。

(3) 信息化项目建设审批、验收。

(4) 重要网络设备（防火墙、入侵检测、防病毒、审计系统、服务器、数据库等设备）的安全服务。

(5) 重要信息系统等级测评及安全服务。

(6) 重要数据的存储、应用、流转和安全保护。

9) 技术创新管理内容

(1) 建立煤矿技术创新管理体系，完善相关制度。

(2) 煤矿科技发展规划的制定。

(3) 煤矿科研项目的管理。

(4) 煤矿科技成果的管理。

(5) 煤矿科技成果的转化和推广应用。

(6) 煤矿知识产权的管理。

3. 管理流程

（技术体系各专业管理流程样本参见第6篇技术体系）。

4. 运行保障

1) 组织保障

煤矿要按照技术体系架构成立技术管理机构，配置技术管理人员，并以红头文件下发，纳入组织机构建设中。

2) 人员保障

(1) 技术人员职称评定。人力资源管理部门每年对符合职称评审条件的技术人员，组织职称评定，确保技术人员职称符合要求。

(2) 技术人员档案建立。建立专门的技术人员档案，并根据矿井实际进行技术人员更新和补充。

(3) 技术人才培养规划。按照技术人才需要对技术人员进行培养，制定技术人员培养管理办法。

3) 设备保障

(1) 技术装备现代化：

①机械化；

②自动化；

③信息化；

④智能化。

(2) 技术装备本质安全化：

①供配电设备本质安全化；

②提升运输设备本质安全化；

③采掘工作面设备本质安全化；

④通风、压风、排水设备本质安全化；

⑤瓦斯抽采设备本质安全化；

⑥电控、集控设备本质安全化。

4）资金保障

提取吨煤技术专项费用，用于技术提升、改造。

5）培训保障

（1）定期开展技术人员培训。

（2）定期开展技术人员交流。

6）职权保障

不得以任何形式干预总工程师技术职权的落实，工会要保证技术人员的职权。

5. 管控重点

1）系统设计合理

（1）设计资料齐全，符合相关设计规范要求。

（2）设计不得随意变更，变更后要有变更批复备案手续。

（3）执行“设计先行，无设计不施工”原则。

2）水害有效防治

（1）煤矿防治水工作坚持“预测预报、探掘分离、有掘必探、先探后掘、先治后采”的原则，采取“探、防、堵、疏、排、截、监”等综合防治措施。

（2）“三专”管理：一是成立专门的防治水组织机构、配备满足工作需要的防治水专业技术人员；二是配齐专用的探放水设备；三是建立专门的探放水作业队伍。

（3）地面调查，查清井田范围内及井田周边区域水害基本情况。

（4）严格执行“物探先行，化探跟进，钻探验证”综合探测手段。

（5）严格落实“有掘必探，探掘留痕，见痕掘进，班班确认”钻探留痕管理办法。

3）“一通三防”工作有效落实

（1）通风系统合理、风量充足、风流稳定、设施完好可靠。

（2）局部通风机及风筒安装、使用符合要求，满足用风地点风量需求，风电、瓦斯电闭锁灵敏可靠。

（3）瓦斯管理：责任明确、制度完善、执行有力、监督严格。

（4）突出防治：严格执行两个“四位一体”防突措施。

（5）瓦斯抽采：多措并举、应抽尽抽、抽采平衡、效果达标。

（6）监控系统：装备齐全、数据准确、处置迅速、断电可靠。

（7）防灭火：黄泥灌浆、阻化剂喷洒等综合防灭火措施落实到位，火灾预测预报工作扎实开展，有效防止煤炭自燃。

（8）综合防尘：防尘设施安设到位、防尘措施落实到位，个体防护执行到位。

（9）专业技术人员配备满足“一通三防”工作需求。

4）顶板有效管控

（1）各级要成立顶板控制领导工作组，并以红头文件下发。

（2）制定顶板控制的总体要求。

（3）明确采煤工作面顶板控制。

（4）明确掘进工作面顶板控制。

(5) 明确大巷和硐室的顶板控制。

(6) 开展日常顶板控制工作会议，专项检查，编制年度计划和年度总结。

(7) 建立完善的矿压观测分析和支护质量监测系统。

4.4.4.6 运行考核

1. 考核机构

明确对技术体系运行监督的考核机构。

2. 考核办法

由专职的考核机构负责制定考核办法。

3. 考核流程

根据考核办法制定考核流程，按照规定的周期，开展技术考核工作，并将考核结果报主要负责人审批。

4. 动态改进

根据对技术体系考核结果中发现的问题，制定改进措施，予以解决。

(技术体系的具体要求等参见第 6 篇技术体系)。

4.4.5 管理体系

4.4.5.1 管理体系概念

基于安全管理的、由一系列标准构筑的一整套系统。它表达了企业对安全进行控制的思想和方法，主要由企业的安全生产理念、目标、管理架构、组织与人员、制度和标准规范、监督等组成。

4.4.5.2 管理体系建设目的

进一步完善体系各要素及其内容，形成一套适应本企业自身的规范化的安全管理体系，实现企业安全、高效运行。

4.4.5.3 管理体系建设的架构

1. 理念

坚持“崇尚安全，敬畏生命，行为规范，自主保安”的安全核心理念并全面贯彻到安全生产的全过程中。

2. 目标

人人尽我所能，共筑平安晋能。

3. 管理体系建设的架构

二级公司或板块公司实行两级管理模式，即：

二级公司或板块公司安全管理，代表集团行使直接管理职责，对公司内部业务保安责任和所属生产企业履行主体安全责任情况进行管理。

生产企业管理，生产经营单位负有安全生产主体责任，实行直线职能型管理，对本单位内部，包括对业务保安和对基层生产作业队的“全员、全面、全方位、全过程”的“四全”安全自主管理。

4. 组织体系运行管理

组织体系要有可靠的、满足实际需要的二级公司（或板块公司）与生产企业两级组织保障，并能保证持续符合国家法律、法规的要求，设置安全生产专职管理机构和配备满足要求的工作人员，具体见组织体系。组织保障要突出下面三个团队管理：

(1) 强化以矿长（经理）为首的管理团队，要选好矿长、用好六长、配好中层科队长。

(2) 强化以总工程师为首的技术团队。

(3) 强化以队长、班组长为首的生产作业队伍。

二级公司（或板块公司）及各生产企业的组织与人力资源部门应当建立本级人员档案和管理台账，及时掌握各部门、生产作业队伍等的人员变化情况，按本级管理制度及时补充、调整岗位人员，以持续满足生产安全和管理的需要。

二级公司（或板块公司）及各生产企业均应建立专门的教育培训管理机构或部门，设置专、兼职培训管理人员组织开展安全教育培训及管理工作。

二级公司在组织安全教育培训的基础上，对各生产企业的安全教育培训工作进行管理、考核。公司培训部门侧重于班组长以上人员的安全教育和业务培训的组织工作。

生产企业侧重于新入矿的三级培训、调整岗位、“三违”、全员培训、一般岗位人员的技能培训、“新工艺、新技术、新材料或新设备”推广应用前的培训等日常性培训。

每年年初，二级公司（板块公司）及生产企业两级安全培训管理机构或部门均应编制年度安全教育培训工作计划，并按计划组织实施。

（运行的具体标准、要求参见第5篇制度体系）。

5. 安全责任体系运行管理

二级公司（板块公司）及生产企业均建立从董事长、党委书记、经理等领导层到各职能部门、各岗位的横向到边、纵向到底的覆盖本单位全员的安全生产责任制。

安全生产责任制要明确各岗位的责任人员、责任范围和考核标准等内容。要按照岗位、职能、权限和责任相统一的原则，明确各级负责人、职能机构和各岗位人员承担的安全生产责任和义务；要将企业、部门或单位的全部安全生产责任逐项分解，逐级落实到各岗位和人员。

二级公司（板块公司）及各生产企业的安全专职管理部门要及时掌握本单位机构与人员、岗位、职责等变化情况，根据变化情况及时督促相关部门、作业队组等调整、补充或修订安全生产责任制，以持续满足安全生产责任到人、到岗，安全责任无缝隙、不缺失。

（运行的具体标准、要求参见第4篇责任体系）。

6. 制度及技术体系运行管理

二级公司（板块公司）及各生产企业均应当根据安全生产法律、法规等要求，建立和不断完善本单位的安全生产管理制度、标准或规范（含技术标准或规范）等，实现人、事、物（机）、环境等管理的全覆盖。

二级公司（板块公司）及各生产企业要及时识别国家法律法规变化情况，及时获取有效的法律、法规，及时修订本单位的安全管理制度、标准或规范等；及时掌握本单位机构与人员，岗位、职责、作业环境等变化情况，根据变化情况及时督促相关部门、作业队组等调整、补充或修订安全生产管理制度，保证本单位安全生产管理制度持续满足法律法规、标准和规范等要求以及生产安全管理的要求。

实行安全技术审批制度，必须做到“一工程一措施”，根据工程规模大小和风险高低，实行生产企业、二级公司（板块公司）、集团的不同级别的审核批准机制。各生产企业必须根据设备、作业岗位等实际编制相应的操作规程。

从制定和完善管理制度、优化设计、制定措施和操作规程四个方面进行安全风险控制。

（运行的具体标准、要求参见第5篇制度体系、第6篇技术体系）。

7. 安全工作规划、计划与目标指标

二级公司（板块公司）及各生产企业均要制定相应的安全工作中长期规划和中长期安全工作目标并按阶段组织实施。

二级公司（板块公司）及各生产企业均应在每年年初制定年度、季度或月度安全工作计划，并及时组织完成。二级公司（板块公司）及各生产企业每年年初均应制定切合本单位实际的安全工作目标、指标并逐级分解，与各单位（或各部门）签订相应的安全目标管理责任书。

8. 安全监督体系运行管理

安全监督是安全管理必不可少的重要环节，应当根据安全生产法律、法规的要求，建立适合本单位的安全监督制度与机制，开展安全监督活动。

监督主要是监督上述安全管理行为的运行情况。监督检查的主要内容有：①对国家安全生产法律法规、国家和行业标准、规范等执行情况。②对各级政府关于安全生产的文件、通知、规定、指令、会议等贯彻执行情况。集团及公司安全生产管理制度、红线、禁令等落实、执行情况。各级安全生产责任制、安全生产管理制度的落实、执行情况。③监督组织生产及管理的过程中是否有安全生产的违法、违规、违章等行为，作业或工程施工的安全技术措施是否落实。④各级安排的安全工作任务完成情况，安全目标、指标实现情况。⑤现场环境的安全性及各类危险有害因素治理管控情况，措施落实情况，管控效果情况及隐患排查治理情况。

监督的方法、机制有：各类安全检查、考核评价、奖罚与问责。

二级公司（板块公司）及各生产企业均应制定安全检查制度，开展安全检查活动。

9. 管理绩效考核

二级公司（板块公司）及各生产企业均实行年度安全目标考核、季度安全风险抵押考核、月度安全绩效考核三种类型的考核，分别与年度安全管理目标奖励、季度安全绩效奖励、月度安全工资等分别挂钩。二级公司（板块公司）重点考核生产企业领导班子。生产企业考核本单位全部工作人员。

及时对安全生产中的安全责任落实不到位、违规管理、违章作业的行为进行问责和追责，进行纠偏。

（运行的具体标准、要求参见第7篇管理体系）。

4.4.6 监督体系

4.4.6.1 监督体系概念

为监督各级安全责任落实而需要的一系列要素组合起来的可以实施监督、检查、奖惩等功能的整体，包括：管理架构、组织结构、职责、制度（程序）以及相关资源等。

4.4.6.2 监督体系建设目的

进一步完善体系各要素及其内容，形成一套适应本企业自身的完善的、规范的、有力的安全监督体系。

4.4.6.3 监督体系模式架构

二级公司（板块公司）实行两级安全监督模式，即：公司级监督和矿级监督。

二级公司（板块公司）级安全监督，代表集团行使直接监督管理职责，对公司内部业务保安责任和所属生产企业履行主体安全责任情况进行监督。公司实行专职安全管理机构即安全生产监督管理部综合监督管理、其他安全生产职能管理部门专业监督管理的模式。

生产企业监督，生产企业负有安全生产主体责任，实行对本单位内部相关职能部门及基层生产作业队全过程、全要素、全天候、全面的“四全”安全监督。实行专职安全管理机构即安全科综合监督管理、其他安全生产职能管理部门专业监督管理的模式。

4.4.6.4 监督体系建设的要素

1. 组织保障

要有可靠的组织保障，建立健全安全监督机构与队伍，配置满足需要的专职安全监督人员。

1）公司层面

二级公司（板块公司）设安全生产委员会，全面领导本单位的安全生产及监督管理工作。经理为本公司安全生产委员会主任，是本单位安全生产及监督管理工作第一责任人，全面负责本单位安全生产及监督管理工作。

二级公司（板块公司）设安全副经理专职分管安全监督管理工作，配置协助副经理工作的助理或副总工程师1～2名。

二级公司（板块公司）设专职安全生产管理机构（安全生产监督管理部），以及生产指挥中心、生产技术部、一通三防部、地测与防治水中心、机电设备部、工程管理部、环保节能部、设备供应部、人力资源部、培训部门等其他安全生产管理部门，分别履行专职安全监督和业务保安监督责任。

二级公司（板块公司）工会依法履行安全生产监督职责。

专职安全生产管理机构（安全生产监督管理部）配置正职一名，副职 1 ~ 2 名，设专职安全生产管理人员若干名，其专业应含有或覆盖煤矿采掘、机电提升运输、通风瓦斯、地质防治水、消防等相关专业，原则上不少于煤矿方面 5 名，非煤方面 3 名，同时还应按超过 5 座矿井每增加一矿增加一人要求对煤矿安全管理方面进行配置。

（各部门岗位设置及人员配置标准参见第 3 篇组织体系）。

2）所属生产企业

所属生产企业应成立本单位的安全生产委员会，全面领导本单位的安全生产监督管理工作。各生产经营企业经理或矿长为本公司安全生产委员会主任，是本单位安全生产及监督管理工作第一责任人，全面负责本单位安全生产及监督管理工作。

所属生产企业设安全副经理或安全副矿长专职分管安全监督管理工作。

所属生产企业均设专职安全生产管理机构——安全科，以及调度室、生产技术科、通风科、地测防治水科、机电科、培训科、人事劳资科、环保技改科等其他安全生产管理部门，分别履行安全生产企业主体的内部专职安全监督和业务保安监督责任。

生产企业工会依法履行安全生产监督职责。

安全科配置正职一名，副职 1 ~ 2 名，设专职安全检查员（特种作业人员）若干名，设专职管理人员 3 ~ 5 名。

（各部门岗位设置及人员配置标准参见第 3 篇组织体系）。

2. 制度保障

（1）二级公司（板块公司）应建立以下安全监督方面的制度：

①安全监督检查制度；

②安全生产举报制度；

③反“三违”制度；

④安全考核制度；

⑤安全奖罚制度；

⑥业务保安责任追究制度；

⑦安全问责制度；

⑧（采煤工作面）投产安全验收制度；

⑨安全小分队突查管理制度；

⑩零星工程零散作业安全管理制度；

⑪隐患整改内部联系与信息反馈制度；

⑫煤矿挂牌责任管理制度；

⑬领导带班电话或视频交接班制度；

⑭事故责任追究制度。

（2）生产企业应建立以下安全监督方面的制度：

①安全监督检查制度；

②安全生产举报制度；

③反“三违”制度；

④安全考核制度；

⑤安全奖罚制度；

⑥业务保安责任追究制度；

⑦安全问责制度；

⑧安全检查岗位职责；

⑨入井人员检身制度；

⑩青年监督岗岗员安全监督管理制度；

⑪群众监督网网员安全监督管理制度；

⑫（采掘工作面）“四位一体”安全监督制度；

⑬（采掘工作面）投产或开工安全验收制度；

⑭零星工程零散作业安全管理制度；

⑮（矿）领导入井带班及安全监督公示制度；

⑯重大生产安全隐患公示公告及挂牌督办制度；

⑰事故责任追究制度。

（具体参见第5篇制度体系及第8篇监督体系）。

3. 安全监督的内容

（1）对国家安全生产法律法规、国家和行业标准、规范等执行情况。

（2）对各级政府关于安全生产的文件、通知、规定、指令、会议等贯彻执行情况。集团及二级公司（板块公司）安全生产管理制度、红线、禁令等落实或执行情况。各级安全生产责任制、安全生产管理制度的执行或落实情况。

（3）监督组织生产及管理的过程中是否有安全生产的违法、违规、违章等行为，作业或工程施工的安全技术措施是否落实。

（4）各级安排的安全工作任务完成情况，安全目标、指标实现情况。

（5）现场环境的安全性及各类危险有害因素治理管控情况，措施落实情况，管控效果情况。

（6）安全生产标准化建设情况。

（7）监督检查与隐患排查治理情况。

（8）应急准备情况。

（9）安全会议情况。

（10）安全与职业卫生设施的“三同时”与安全投入情况。

（11）其他。

4. 安全监督的方式

1）二级公司（板块公司）安全监督的基本形式

（1）挂牌责任组安全检查，每组每月两矿次。

（2）根据不同时段、不同季节特点的重点检查、专项或专业检查，如“一通三防”、机电运输、雨季三防等。

（3）适时组织的综合监督检查。

（4）特殊时段的驻矿现场监督。

（5）安全小分队的夜间突查。

2）生产企业安全监督的基本方式

（1）每班的安全员现场或巡回监督。

（2）每班的（矿）领导带班监督。

（3）每天值班领导的巡查。

（4）每周或每旬的例行安全检查。

（5）每月的全面安全检查。

（6）季度或季节性检查。

（7）专业性检查。

（8）设计、作业规程、措施等审批。

（9）零散作业零星工程等的现场安全监督。

（10）青年监督岗岗员和群众监督网网员的安全监督。

以上二级公司层面及生产企业层面的监督方式，均以具体制度予以确立。

5. 监督的依据

（1）国家安全生产法律、法规，国家安全标准或行业标准、规范、规程等。

（2）各级政府关于安全生产的指令、规定、通知、文件等。

（3）集团及二级公司的安全生产管理制度、规定、标准、要求等。

（4）生产企业内部的安全生产管理制度、规定、规程、安全技术措施等。

6. 纠偏

对于在监督中发现的不符合规定的管理行为和操作行为，要及时进行纠正。对安全责任不落实、履职不到位，导致出现重大安全隐患或碰触各级安全红线等行为以及事故责任者进行问责、追责，警示所有人员遵守规章制度，以保证各类管理行为和操作行为保持在规定的正常的运行轨道上，各级安全责任履行到位。

具体要求执行晋能集团和各二级公司（板块公司）、生产企业的安全生产问责制度。（参考样本见第5篇制度体系及第8篇监督体系）

7. 考核

要对安全生产管理进行考核，以保证安全管理目标的顺利实现：①实行安全目标管理制度，设立专门的安全目标管理奖励，年底考核兑现；②实行每月安全绩效考核制度，与各生产企业领导班子成员当月的工资挂钩；③实行安全风险抵押制度，每季度考核兑现一次。

具体要求执行晋能集团和各二级公司（板块公司）、生产企业的考核办法。（具体参见第5篇制度体系及第8篇监督体系）

4.4.6.5　安全监督工作的注意事项

（1）规范监督的方式、方法：坚持五项原则，采取好五种方式，用好五种检查，做到五个精准，利用好五种安全会议，做好各类问题或安排任务的“闭合”。

（2）注意安全监督的四个结合：要专兼结合、专监与群（青）监结合、上下结合、内外结合。

（3）强化安全生产监督工作的重点或重心：①安全生产程序五监督；②重大灾害治理措施和重点致灾因素的安全五监督；③薄弱环节、关键环节的十个重点监督；④季节变化时期的针对性安全监督检查；⑤节假日、重要活动期间的安全专项督查；⑥委外队伍的“五统一”监督管理。

（4）突出“三位一体”的红线制度监督：①监督国家的法律法规和省、市政府部门划定的红线落实；②监督集团公司的双红线管理制度的落实；③监督二级公司制定的具体红线制度和安全生产禁令等的落实。

（5）注重反“三违”不断线：①“一重视”；②“三个侧重”；③对“三违”人员实行“过五关”的教育和惩戒相结合的程序。

（6）坚持安全监督“三严三实”：即，严以用法、严以用制、严以问责；监督检查实、现场指导实、隐患整改实。

（以上具体方法参见第2篇“三基”建设、第5篇制度体系、第8篇监督体系）

第 2 篇　“三基”建设

1 基层工作方法或机制

1.1 班前会七步法考核标准

班前会主要包括“点名→安全确认→工作安排→安全主讲→自保、互保、联保工作确认→学习培训→安全宣誓”共7个步骤，规范了班前会模式。

项目	分类	标准分	评分标准	得分
班前会七步法	点名	10	1. 员工着装不整齐一人次扣2分 2. 坐姿不端正一人次扣2分 3. 点名人吐字不清晰、声音不洪亮扣2分 4. 被点到人员未起立答“到”一人次扣2分 5. 被点到人员声音不洪亮一人次扣2分 6. 点名人员未报告出勤情况扣2分 本项分数扣完为止	
	安全确认	15	1. 当班班组长未起立扣2分 2. 未确认的扣10分 3. 确认内容不全的扣3分 4. 确认不认真的扣2分 5. 确认完以后未报告确认结果的扣3分 本项分数扣完为止	
	工作安排	30	1. 未汇报前一班工作情况扣5分，汇报不清楚的扣2分 2. 未汇报上班工作总体情况的扣5分，汇报不清楚的扣2分 3. 未对上班生产任务完成情况进行小结的扣5分 4. 未对上班安全、质量和生产情况进行小结的扣5分 5. 未分析或分析不足扣3分 6. 未总结经验扣3分 7. 未对优差员工进行点评扣5分 8. 未安排布置当班工作任务扣10分 9. 安排工作任务不明确扣5分 10. 未提示作业场所及作业过程中的主要危险源及控制措施的扣10分，提示不完整的扣5分 本项分数扣完为止	
	安全主讲	15	1. 未及时传达贯彻集团公司、矿有关会议和文件精神扣5分，传达不准确的扣2分 2. 未对关键岗位、关键工序等进行重点强调扣5分 本项分数扣完为止	

（续）

<table>
<tr><th>项目</th><th>分类</th><th>标准分</th><th>评分标准</th><th>得分</th></tr>
<tr><td rowspan="4">班前会七步</td><td>自保、互保、联保工作确认</td><td>10</td><td>1. 岗位人员发生变化，当班班组长未及时安排好本班的自保、互保、联保工作的扣5分
2. 自保、互保、联保签订不认真、不规范的一人次扣2分
本项分数扣完为止</td><td></td></tr>
<tr><td>学习培训</td><td>10</td><td>1. 未随机抽考上班学习的每日一题扣5分
2. 被点到人员未起立回答扣2分
3. 一人次回答不对或声音不洪亮扣2分
4. 未带领职工学习当天的每日一题扣5分
5. 讲解不清楚扣2分
6. 规程措施传达签字不及时的扣5分
本项分数扣完为止</td><td></td></tr>
<tr><td>安全宣誓</td><td>10</td><td>1. 未领誓扣5分
2. 员工姿势不正确、不端正一人次扣2分
3. 队列不整齐扣2分
4. 宣誓不规范扣2分
5. 宣誓内容准确，声音洪亮、一致，一项达不到要求扣2分
本项分数扣完为止</td><td></td></tr>
<tr><td>备注</td><td colspan="3">以下4项较为严重的行为记入当班考核组评分项：
1. 值班队长不主持班前会的，罚款500元，扣单位考核分0.1分。
2. 不参加班前会上岗的按“三违”论处。
3. 整个班前会组织不到位或混乱的，对值班队长罚款500元，扣单位考核分0.1分。
4. 不能掌握每日一题内容的，开会中交头接耳不认真听讲的，开会迟到的，着装不整齐的等，队部酌情给予罚分。</td></tr>
<tr><td>考核组点评</td><td colspan="4">1. 当班考评总分：

2. 发现的优点：

3. 存在的缺点：</td></tr>
</table>

考评时间：　年　月　日　　　　被考评单位：　　　　考评班次：　　　　考评人：

1.2　三个“七步法”管理办法

1.2.1　范围

所有正常生产矿井均应全面推广三个“七步法”。

1.2.2　三个“七步法”及具体内容

三个“七步法”分别为：班前会“七步法”、入井前准备“七步法”和井下安全作业“七步法”。

1.2.2.1 班前会“七步法”

1. 点名

（1）由本队当日值班人员点名，点名完毕向值班队长、跟班队长报告当班出勤情况。

（2）所有参加班前会人员着装整齐，坐姿端正，点名人员吐字清晰、声音洪亮，被点到人员要起立答“到”，声音洪亮。

2. 安全确认

（1）当班班组长起立，认真确认当班人员以下情况：①着装是否整齐，坐姿是否端正；②有无饮酒者；③有无带病上岗者；④有无精神不振者；⑤有无情绪不稳定者。

（2）确认完毕向值班队长、跟班队长报告确认结果。

3. 工作安排

（1）值班人员汇报前一班安全工作总体情况、工程质量、生产任务完成情况，进行简要小结，分析不足，总结经验。

（2）当班跟班队干或班组长安排布置当班工作。

4. 安全主讲

（1）跟（值）班队长传达贯彻政府、集团、二级公司、矿有关会议和文件精神。

（2）跟（值）班队长对关键岗位、关键工序的安全进行重点强调，提示作业地点及作业过程中的主要危险源及控制措施。

5. 互保联保工作确认

（1）当班班组长对当班员工岗位变化情况进行确认。

（2）对岗位变化的人员要组织、督促补签互保、联保工作协议。

6. 学习培训

（1）技术员对已学习的每日一题随机抽考（每次可抽查 2 至 3 人）。回答者起立回答，声音洪亮。

（2）组织当班员工学习当天的每日一题，必要时由技术员进行讲解。

（3）如有新的作业规程、措施或作业规程变更、补充等，技术员要组织员工学习贯彻作业规程、措施，并组织签字。

（4）组织相关的安全教育，包括煤矿安全生产事故案例专题教育、安全知识小课件、发生在身边的事故案例、远程教育网的相关课件、模拟岗位操作达标演练等，总结教训，传授防范措施。

7. 安全宣誓

跟班队长或班长领誓，全班员工要统一举起右手，握拳，高举至耳，集体宣誓，态度要端正，声音要洪亮，精神要振奋。

1.2.2.2 入井前准备“七步法”

1. 更衣

（1）班前会结束后，跟班队长（或当班班组长）带领员工列队进入更衣室，步伐动作整齐。

（2）入井人员着统一工作服，戴好安全帽，佩戴（带）好劳动防护用品。

2. 领灯

（1）更衣后到灯房领灯。领灯时要遵守灯房管理规定，随身携带好上岗证、矿灯、自救器、人员定位卡及其他作业工具，并进行安全确认；特种作业人员应持相应的特种作业操作资格证，携带相应的劳保用品。

（2）矿长、矿技术负责人、爆破工、采掘区队长、通风区队长、工程技术人员、班长、流动电钳工下井时，必须携带便携式甲烷检测仪。

（3）需办理有关工作票和入井证的，应提前办好，并注意随身携带。

3. 照镜子

入井人员进入等候室要进行照镜子，正衣冠，查看安全帽是否戴好，着装是否整齐，领口、袖口是否扣好扎紧，劳动防护用品是否佩戴（带）齐全等。

4. 入井考试

入井人员排队进入考试室依次进行入井前的考试，考试合格后入井（考试数量和制度执行各矿的具体规定）。

5. 检身测酒

（1）入井人员接受检身工的安全检身，发现携带违禁物品的严禁入井。

（2）入井人员应主动接受测酒。

6. 等候

（1）入井人员进入等候室后进行等候期间的安全学习，如观看警示教育短片。

（2）从等候室进入井口房时，应在检身工的带领下进行统一的手指口述，对个人防护用品及工具进行最后的安全确认。

（3）其他安全事项提示、提醒等。

7. 考勤入井

入井人员依次进行考勤，考试后进入井口房按把钩工的指挥、指令等待和乘罐乘车。

入井前准备“七步法”，各矿可以根据本矿的情况，在顺序上进行适当调整。

1.2.2.3 井下安全作业“七步法”

1. 乘罐坐车

（1）所有乘车人员到达乘车地点后要听从指挥，有序上下车。

（2）乘车（罐）人员必须遵守乘车相关规定。

2. 井下行走

（1）人员要靠右行走，对面相遇按照升井人员优先的原则礼让，并靠右站立，有运输等设备时，要走人行道，与运输设备等保持安全距离。

（2）在有轨道运输的井巷内（含无极绳运输巷道）行走，执行“行车不行人、行人不行车”制度，并随时注意路面和巷道支护情况。

（3）通过弯道、交叉口等时，都应一停、二看、三通过，随时注意来往车辆。

（4）在采区巷道行走，通过风门后，必须随手关闭，严禁同时打开两道风门。

（5）工作人员行走过程中遇到胶轮车驶来，必须背靠巷帮站立面向车辆安全躲避，或及时进入躲避硐室。

（6）严禁乘坐带式输送机，严禁在刮板输送机上行走，严禁扒乘矿车。横跨带式输送机，或刮板输送机时，必须从行人过桥通过。

3. 交接班

（1）交班人和接班人对照“交接班记录表”逐项进行交接确认。

（2）岗位存在的问题要交接清楚，并填写在交接班记录表中。

（3）交接完毕后，交班人和接班人在交接班记录表上进行签字确认。

（4）交接班后，交班人升井后将“交接班记录表”交回队部存档。

4. 隐患处理

（1）员工上岗后，对所在岗位范围进行巡回检查，对上一班所留隐患和本班出现的隐患及时处理，影响安全生产的要及时向班组长或跟班队干汇报。

（2）交接班完成和隐患处理结束后，必须向当班班组长或跟班队干及时报告，进入待命状态。

5. 规范操作

（1）操作前应对本岗位安全环境、设备等情况进行安全确认。确认完毕和隐患处理完毕，接到班组长发出开工的指令后，方可进入正常作业。

（2）作业过程中按操作规程、作业规程作业。

（3）作业过程中，使用劳动防护用品，严格执行安全措施，发现安全隐患要立即整改。

（4）保证工程质量达标。

6. 收工

（1）工作结束后，按照物品定置标准要求，将所用工器具妥善存放。

（2）整理本岗位责任范围的文明卫生。

（3）将本班工程量向相关人员进行汇报。

7. 班后会

（1）根据实际选择班后会召开地点，可在井下，也可在队部会议室。

（2）对当班安全工作总体情况、工程质量、生产任务完成情况进行简要小结，分析不足，总结经验。

（3）由班组长或跟班队干汇总，报值班人员。

1.3　班组长日常工作七步法

班组长日常工作七步法概括起来为：会前摸底、会上交底、入井前和上岗前查看、班前安全确认、班中巡查、交班前验收和进行安全交接、班后总结。

第一步：会前摸底。就是上班后要在队（厂）部对前一班的生产情况进行全面了解，要查值班记录、有关台账、询问生产情况，通过查询掌握现场情况和值班队（厂）长、队（厂）长进行初步沟通、分析、讨论，研究本班的工作安排，统一意见，达成共识，然后根据初步工作思路，在会前对当班准备安排的工作要进行梳理，再从劳动组织、岗位分工等是否调整、本班应解决的重点问题等进行梳理，理出重点、理出头绪，做到心中有数，必要时要做笔记整理，以防会中出现疏漏，这样才能考虑周全，以便把工作安排细、安排实，达到科学合理。

第二步：会上交底。就是要按照班前会模式和程序进行工作安排。要首先考虑工作安全，根据已梳理的情况，合理布置各项工作。要结合实际情况，做好安全交底，使大家明确当日当班的安全重点、难点，掌握防范事故的技能和措施。要注意职工的精神状况、情绪波动，积极为职工排忧解难，并进行安全确认，注意严禁带病、带情绪上岗，注意不放心的人的确认和思想工作。会中还要注意听取职工的合理化建议，修正自己的意见，尽量使工作安排科学合理，提倡“快乐工作法”，使职工在工作中，有紧有松、有张有弛，避免超负荷、超时、超压力状态工作。

第三步：入井前和上岗前查看。就是在入井前和上岗前要对本班组人员进行上岗前的安全确认，确认内容：一是对安排应携带的工器具、小材料、配件等是否带全，应办的手续是否办理，以便不影响工作；二是查验规程规定的劳保、着装、佩带保护用品是否符合要求，并给以及时纠正；三是查验有无违反劳动纪律的现象，以便及时制止。如酒后和带病上岗，以及精神不振，未休息好疲惫上岗等不良现象。通过三确认来完成入井和上岗前的确认。

第四步：班前安全确认。就是进入工作现场后，在正式作业前进行现场接班和安全确认。要求班组长必须按照交接班要求，对工作现场进行全面检查，与上一班的班组长进行安全交接，对上一班交代的安全生产情况和问题进行确认，并履行手续。接班后要求各个岗位在作业前要按照“想、看、动、查”的确认程序，对作业现场条件、设备状况、地质因素等进行具体确认，班组长则要对照公司制定的安全生产必备条件和有关规定对主要岗位进行查验，对相距较远的地点即长线作业（运输线），要通过信号、通信手段进行联系呼应确认。对通风、供电、排水、供水、运输系统等环节，顶底板支护情况、现场文明情况等和当班兼职安全员、验收员进行全面的安全确认，在确认每个岗位具备安全生产条件的情况下，方可发出指令，开始本班的安全生产，否则必须纠正问题，具备条件。每班交接班和安全确认的时间一般原则为 30 min，确认后，作业前必须向队（厂）部进行电话汇报情况。

第五步：班中巡查。班组长在班中要认真履行班组长的责任，要注意抓住重点工作、重点岗位、重点地点和薄弱环节的安全生产。要进行巡查，要及时掌握当班的安全生产状况。要重点查看各岗位是否按作业规程、操作规程作业；生产过程中是否出现新的不安全问题和隐患；工艺程序、质量是否达标；安全仪器、仪表和安全设施是否正常使用。要对发现的问题及时纠偏和进行安全提醒，对违章作业必须制止，对影响安全生产的隐患问题，必须不折不扣停产处理。生产过程中班组长必须采取流动检查的方法，只有这样才能对作业范围内的各个岗位进行全面检查，全面掌握安全生产情况，才能及时在动态过程中发现环节上，设备、设施、环境、标准化等方面的缺陷问题和工艺程序上的不合理因素，以利于向上反馈信息，不断完善改进。每班根据现场工作条件，原则规定班中巡查不少于三次，采掘队班大面广、地点多，属大班组生产，运输线长，属长线作业；个别岗位（如带式输送机、绞车等岗位）可采取通信信号的联系方式进行询问或责成岗位工进行汇报，但必须根据不同情况确定严密的联络方式和内容要求。班组长在班中要根据巡查情况，向队（厂）部进行工作汇报，正常情况下班中不少于一次，有问题必须随时汇报。

第六步：交班前验收和进行安全交接。工作任务完成后或交接班时间已到，必须停止生产，每班各岗位要留出一定时间按照安全生产标准化和有关制度要求，做好交班前的一切准备工作。班组长和当班安全验收员要对各岗位工作现场的安全和任务验收，并对现场安全条件进行再一次确认，对发现的安全问题必须当班纠正，为下一班创造条件，对当班解决不了的问题，要进行问题交接，必须给下班交代清楚。当班和下一班接班的班组长必须实现现场交接，要严格执行交接班制度，并履行好程序，做到安全交接、清楚交接。班组长完成交接班工作后，应及时向队（厂）汇报，汇报后队（厂）部无其他任务交代，下一班方可安全上岗接班，本班方可安全离岗。

第七步：班后总结。升井或下班后，班组长要组织当班技术骨干进行班后总结，总结本班的经验、存在问题（包括出现的新问题、新难题）和今后要防范和改进的措施、注意事项。要从人、机、物、环四个方面进行重点总结，以便下一班的工作安排和进行计划调整，总结后进行队（厂）部汇报和填写汇报记录，至此，班组长一个班的工作全部结束，形成一个循环闭合。

班组长要注意的几个问题：

（1）班组长要执行好“三汇报”制度，即交接班汇报、班中汇报、班后汇报。以便队（厂）部值班队（厂）长及时掌握安全生产情况，安排布置工作，使班组与班组之间的工作正常有序衔接。

（2）班组长要不断学习班组安全基础管理知识，提高工作水平，提高对安全问题，危险因素的辨识能力，提高组织处理解决问题的能力，提高班组现场的指挥能力，适应公司的发展。

1.4 周四安全生产活动日制度

第一章 总 则

第一条 为进一步提高安全认识，强化安全管理，突出现场隐患排查治理，促进干部作风转变，保证安全生产责任落实到位，经集团公司研究决定，将每周四确定为集团公司安全生产活动日（以下简称安全活动日）。

第二条 本制度适用于集团各板块公司、各市公司、各全资控股企业及所属子公司、厂、矿、站点。

第二章 安全活动日组织

第三条 每周四安全生产活动日，集团公司、各板块公司、各市公司、各全资控股企业（以下简称二级公司），特别是各矿、厂、站点除坚持正常安全生产外，原则上不再安排其他会议及活动，集中精力参加安全活动日活动。

第四条　为推动安全活动日制度和安全生产挂牌责任的落实，要求集团公司领导及业务部室挂牌责任人每月至少到挂牌单位参加一次安全日活动，二级公司领导及业务部室挂牌责任人按照包保责任范围每周四必须参加安全活动日活动。

第五条　安全活动日当天，各厂、矿、站点的矿长、厂长及站长亲自组织、亲自带队，并分组对井下、地面现场不留死角、全方位组织安全检查。

第六条　安全活动日上午参加活动人员下井或到地面生产现场进行检查。下午组织召开被检查单位安全会议，对检查出的问题及时通报，并组织“五定”处理，对上周查出的问题督办落实。

第七条　安全活动日当天，要求各区队、车间或班组利用班前、班后会组织员工开展事故案例学习、安全知识培训、操作技能教育等活动，培训活动时间不少于1个学时。

第八条　各级安全监督管理部门对区队、车间或班组安全培训教育工作开展情况进行监督落实。

第九条　集团公司、各板块公司、各市公司相关人员参加安全活动日活动时，不得影响基层单位安全活动日正常工作秩序。需要陪同时，基层单位安排1～2人陪同即可。矿、厂、站点按正常活动安排开展工作。

第三章　安全活动日主要检查内容

第十条　集团公司、二级公司安全活动日主要检查内容

（1）集团公司安全生产“一落实、双建设、双达标”工作贯彻落实情况。

（2）矿、厂、站点领导班子安全生产责任制落实情况，煤矿领导带班下井制度的执行情况。

（3）安全生产各大系统运行以及存在问题治理情况。

（4）安全生产重大隐患整改、重大危险源监控及隐蔽致灾因素排查治理等安全防范措施的落实情况。

（5）专职安监队伍、专职探放水队伍、专职瓦斯抽放队伍及专职电气防爆检查队伍等管理情况。

（6）委外工程的管理情况。

（7）证照手续办理推进情况。

（8）阶段性安全生产工作安排落实情况。

（9）上一周检查隐患整改和安排工作的落实情况。

（10）其他需要检查的安全生产工作内容。

第十一条　煤矿及非煤矿山安全活动日下井主要检查内容

（1）各级人员安全生产责任制落实情况。

（2）员工“手指口述”实施情况。

（3）井下特殊工种持证上岗情况。

（4）“一通三防”工作情况，特别是通风系统及设施构筑质量、瓦斯检查落实情况。

（5）防治水制度及现场执行情况。

（6）井下电气防爆管理情况。

（7）矿井运输系统现场管理情况。

（8）采掘现场安全生产标准化管理情况。

（9）各项规章制度、规程措施、技术标准在生产现场、区队、班组的执行、落实情况。

（10）其他需要检查的安全生产工作内容。

第十二条　地面厂、站点安全活动日主要检查内容

（1）集团公司“一落实、双建设、双达标”贯彻落实情况。

（2）地面车间、网点走动安全管理制度执行情况。

（3）主要设备、设施安全运行状况。

（4）易燃易爆、有毒有害物品储存、使用情况；压力容器、储油罐、油库等要害场所的防爆、防灭火管理情况。

（5）建筑施工场所、委外工程安全生产管理情况。

（6）本单位管理的车辆运输及道路情况。

（7）上周查出隐患问题整改情况。

（8）各项规章制度、规程措施、技术标准在生产现场的执行、落实情况。

（9）其他需要检查的安全生产工作内容。

第四章 相关规定及要求

第十三条 集团公司，各板块公司、各市公司、各全资控股企业及各厂、矿、站点要把安全活动日作为强化安全管理的一个重要抓手，严密组织，突出效果。各级安监部门对安全活动日开展情况进行督查。

第十四条 各厂、矿每月必须利用周四安全活动日对各大生产系统进行一次全面检查，二级公司领导及专业部室每季度必须对所辖厂、矿的各大系统进行一次检查会诊。

第十五条 各级管理人员下井、到现场要重点检查各厂、矿、站点在安全管理上存在的突出问题，并进行剖析、探究问题产生的根源，协助基层单位制定整改措施。

第十六条 集团公司、各二级公司领导及各业务部室负责人，在当日下井或到地面生产检查后，及时通报厂、矿整体安全生产状况，并对今后安全生产工作提出意见和要求。

第十七条 所有检查人员要认真填写《安全生产检查记录卡》，并交所查厂、矿、站点留档备查。

第十八条 各级管理人员下井检查要严格执行《管理人员下井与带班制度》，不按规定执行或下井安全检查记录弄虚作假者，一经发现严肃处理。

第十九条 二级公司、各厂、矿、站点结合本单位的工作实际，制定相应的安全活动日工作计划、考核办法及活动方案。确保活动日不走形式、不走过场、收到实效。

第二十条 集团公司及二级公司将安全活动日开展情况纳入季度安全绩效考核范围，予以考核。

第五章 附　　则

第二十一条 本制度解释权属晋能集团有限公司安全生产委员会。

1.5 地面生产车间、作业网点走动式安全管理制度

第一章 总　　则

第一条 为强化地面生产车间、作业网点管理干部、值班人员对生产现场的安全检查指导，规范生产现场各种作业活动，实现干部管理零距离，现场管理无死角的目的，特制定地面生产车间、作业网点走动式安全管理制度。

第二条 本制度适用于集团公司各板块公司、各市公司、各全资控股企业地面生产车间和作业网点的安全管理。

第二章 走动式安全管理工作要求

第三条 地面生产车间、作业网点走动式安全管理的责任人为车间主任、副主任及值班人员等现

场管理干部，以上人员每个正常工作日工作期间必须到作业现场走动巡查，把工作重点放在现场。

第四条 实行走动式安全管理的地面生产车间、作业网点的现场管理干部必须按照本单位或本车间制定的走动巡查时间、巡查路线、巡查内容开展走动式安全管理工作。

集团公司各地面生产车间、作业网点必须结合实际制定车间主任、副主任、值班人员等现场管理干部的走动巡查时间、巡查路线、巡查内容。制定走动巡查路线时，要按职责分工，结合车间、作业网点安全管理重点区域及部位，做到全面走动巡查，不留死角。

第五条 实行走动式安全管理的地面生产车间、作业网点的现场管理，干部执行走动巡查时携带《走动巡查记录本》进行必要的对监测工具或仪表的检查，并做好记录。

走动巡查工作结束后，巡查人员应当及时将巡查工作情况及发现的问题或隐患填写在《走动巡查记录本》上，并及时安排解决。《走动巡查记录本》每月一本，填写完毕后交由安监部门存档保管，用于检查、考核。

走动巡查过程中发现隐患问题及时安排现场带班人员或作业人员进行处理；发现重大隐患问题时，应当现场监督处理；发现危及作业人员生命安全的隐患问题时，立即组织现场人员撤离。

第三章 监 督 检 查

第六条 各矿、厂、站等生产经营单位的安监部门对本单位地面生产车间、作业网点走动式安全管理的人员安排、走动巡查时间、走动巡查路线、重点巡查内容进行审查，确保地面生产车间、作业网点管理干部及值班人员每个作业班至少巡查走动一次；确保生产车间、作业网点凡是有人员作业活动的区域、有设备工作的场所巡查到位全覆盖、无死角。

第七条 各矿、厂、站等生产经营单位的安监部门对本单位地面生产车间、作业网点走动式安全管理工作进行监督检查和考核。采用定期检查或随时抽查相结合的方式对地面生产车间、作业网点走动式安全管理工作落实情况、管理人员《走动巡查记录本》进行检查、对隐患问题的整改落实情况进行监督。各矿、厂、站安监部门在每月的安全生产工作例会上对检查考核结果进行通报。

第四章 附 则

第八条 集团各板块公司、各市公司、各全资控股企业根据本单位实际，依照本制度要求，制定本单位《地面生产车间、作业网点走动式安全管理实施办法》，组织开展走动式安全管理工作。

第九条 本制度解释权属晋能集团有限公司安全生产委员会。

1.6 班组文明生产三要素工作法

文明生产是搞好安全生产标准化工作的重要组成部分，是现场管理的重要内容，在文明生产中，需要抓好“定置”“整齐”“清洁”三要素，并运用好相关的各种方法，对安全生产大有益处，可以大大改善劳动条件和工作环境，促进安全生产。

“定置”“整齐”“清洁”是文明生产的三要素。它们之间的相互关系，实际上就是把不需要的物品搬走，把要用的物品定位、放好，并把要用的物品及工作场所打扫干净，以便于有序管理和使用。

（1）定置。定置是把物品、材料等放在规定的地方，并指定管理负责人，以便保存和使用，用后要物归原处。“定置”包括“区分”“撤走”“整理”“定位”“标识”5 种方法，即：“区分”是区分工作中需要与不需要的物品，掌握需要物品的使用数量及使用周期，区分是定置的基础工作；“撤走”是撤走工作现场所不需要的物品，进行废弃、转移、回用等处理，撤走可有效利用场所，便于现场管理使用，又显得整洁、美观、确保职业安全卫生；“整理”就是留下有用的物品进行分类管理；“定位”即把物品按要求进行定位置管理，定位的目的是便于使用，也有利于安全和整洁；“标识”即在设备、工器具、材料等的摆放位置贴上或悬挂相应的标识、标志牌，明确物品名称、数量、位置和责任者，便于实现条理化作业。

(2) 整齐。整齐是用“畅通”“靠边”“上架”“装入”4种方法来保持巷道和工作面场所通道畅通，充分利用空间在保证安全标准的前提下，用“围上”“挡住”“放正”“对直”“叠齐”“置平”6种方法，使物料摆放整齐，保持美观、确保安全卫生。

(3) 清洁。清洁即要用“盛积”“盖罩”“清扫”“清洗”“擦拭”“装饰”“美化”“环保”“技改”“标准”10种方法，将各种要求和规定标准化，通过标准化，进一步明确职责，提高文明生产的水平。

1.7　重点岗位安全要点手册

1.7.1　井下重点岗位安全要点

1.7.1.1　综采队重点岗位安全要点

1. 采煤机司机安全要点

(1) 进入作业地点必须进行交接班，有隐患必须处理；严禁未交接班和隐患未处理开机作业。

(2) 开机前，必须确认采煤机滚筒附近5 m范围内有无人员；严禁采煤机滚筒附近5 m范围内有人开机。

(3) 割煤过程中，采煤机割到端头尾时，必须提前通知端头尾附近作业的人员撤离至5 m以外安全地点；严禁端头尾附近有人进行割煤。

(4) 割煤过程中，必须时刻关注拖移电缆是否有卡绊现象；严禁电缆卡绊时继续作业。

(5) 割煤过程中，遇到顶板不好处时，必须放慢采煤机割煤速度，提前通知支架工超前移架护顶；严禁采煤机割煤速度过快、不进行超前移架。

(6) 割煤过程中，遇到顶板破碎处，必须立即停机，采取措施处理；严禁不采取措施继续割煤。

(7) 割煤过程中，瓦斯浓度高于规定值时，必须停止割煤；严禁瓦斯浓度超限继续作业。

(8) 割煤过程中，如需手动操作采煤机，严禁和支架工平行作业。

(9) 割煤完毕后，必须将采煤机停电闭锁；严禁不停电闭锁进行其他工作。

(10) 取采煤机滚筒上缠绕的锚杆、锚索时，必须将采煤机停至顶板、煤墙完好处，对采煤机停电闭锁，同时闭锁刮板输送机，进行敲帮问顶并用大板或半圆木护帮后，方可作业；严禁未采取安全措施作业。

2. 液压支架操作工安全要点

(1) 进入作业地点必须进行交接班，有隐患必须处理；严禁未交接班和隐患未处理作业。

(2) 移架前，必须确认支架前后5 m范围内无人员；严禁支架前后5 m范围内有人时进行移架。

(3) 移架过程中，必须注意架前大块煤、矸；严禁未清理大块煤、矸继续移架。

(4) 移架过程中，遇到顶板破碎时，必须超前移架；严禁跟机移架。

(5) 端头尾割三角煤时，必须配合采煤机司机操作好支架；严禁采煤机割小梁或护帮板。

(6) 移架完毕后，必须将支架闭锁；严禁不闭锁支架进行其他工作。

3. 端头（尾）支护工安全要点

(1) 进入作业地点必须进行交接班，有隐患必须处理；严禁未交接班和隐患未处理作业。

(2) 架设好的单体柱必须拴防倒链；严禁防倒链用铁丝代替。

(3) 架设π型梁时，必须至少3人协同作业；严禁少于3人进行作业。

(4) 打设单体柱时，必须将单体柱支设在实底上；严禁将单体柱支设在浮煤、矸中，严禁注液枪朝向作业人员。

(5) 抬东西时，必须确保道路顺畅，必须同肩、同口号；严禁道路上存有杂物，严禁不同肩、不同口号。

（6）绞顶作业时必须系安全带；严禁作业下方站人。

（7）移端头支架前，必须确认支架前后5 m范围内无其他人员；严禁支架前后5 m范围内有人时进行移架。

（8）端头尾捡锚杆、锚索前，必须确认采煤机、刮板输送机停电闭锁，将顶帮活矸找到，使用专用工具捡锚杆、锚索；严禁未经安全确认和未使用专业工具进行作业。

（9）采煤机割机头、尾前，端头尾工必须撤至5 m以外的安全地点；严禁其他人员进入割煤区域。

4. 刮板输送机司机安全要点

（1）进入作业地点必须进行交接班，有隐患必须处理；严禁未交接班和隐患未处理作业。

（2）开机前，必须发出警示信号；严禁未发警示信号直接开机。

（3）割煤过程中，处理机头体积大的煤块时，必须对刮板输送机、转载机停电闭锁，并将煤墙及顶板活矸找掉，逼好帮，方可处理；严禁不采取上述措施进行作业。

（4）割煤过程中，必须时刻关注刮板输送机内煤流情况；严禁刮板输送机超负荷运行。

（5）刮板输送机开空后，必须停电闭锁；严禁未停电闭锁进行其他工作。

5. 转载机司机安全要点

（1）进入作业地点必须进行交接班，有隐患必须处理；严禁未交接班和隐患未处理开机作业。

（2）开机前，必须发出警示信号；严禁未发警示信号直接开机。

（3）移转载机前，必须喊话通知端头工和刮板输送机司机；严禁未喊话通知进行移转载机作业。

（4）转载机开空后，必须停电闭锁；严禁未停电闭锁进行其他工作。

6. 带式输送机司机安全要点

（1）上岗前必须进行交接班，有隐患，必须处理；严禁未交接班和存在隐患作业。

（2）开机前，必须发出警示信号；严禁未发信号直接开机。

（3）必须坚守岗位；严禁脱岗、睡岗。

（4）运行时，发现煤流有大件杂物或转载点堵塞时必须先停机闭锁再处理；严禁未停机处理。

（5）带式输送机运行期间调整托辊时，必须一人操作一人监护；严禁无监护下单人操作。

（6）清煤时，必须与输送带保持安全距离；严禁靠近运转中的输送带、托辊、滚筒。

（7）停机后，必须停电闭锁；严禁未闭锁离岗。

7. 清煤工安全要点

（1）进入作业地点必须进行交接班，有隐患必须处理；严禁未交接班和隐患未处理开机作业。

（2）清煤前，必须检查顶板、煤墙完好情况；严禁站在顶板、煤墙不好处清煤。

（3）清煤时，必须距采煤机、移架距离大于20 m；严禁近距离作业。

（4）采煤机割煤时，必须看好电缆槽内的电缆；严禁出现电缆卡拌现象。

8. 维修电工安全要点

（1）作业前，必须检查周围环境；严禁在有安全隐患的情况下作业。

（2）必须使用绝缘用具；严禁使用不完好的绝缘用具。

（3）检修前，必须检查设备附近瓦斯情况，瓦斯浓度符合标准方可开始检修作业；严禁未检查瓦斯或瓦斯浓度超标违规作业。

（4）在检修开关时，必须确保上级电源停电、闭锁、挂牌；严禁带电检修电气设备。

（5）在开关停电后必须验电、放电；严禁未经验、放电冒险作业。

（6）电气设备停送电必须执行“谁检修、谁停电、谁检修、谁送电”制度；严禁约时、打电话停送电。

（7）必须保证电气设备保护齐全可靠；严禁甩保护违规操作。

9. 采煤机维修工安全要点

（1）进入作业地点必须进行交接班，有隐患必须处理；严禁未交接班和隐患未处理作业。

（2）检修时，必须确认采煤机处的顶板、煤墙是否完好，确保无活炭、活矸，必须对采煤机、刮板输送机上一级电源进行停电闭锁并挂牌；严禁未经安全确认作业。

（3）检修期间，如需启动采煤机，必须确认采煤机前后5 m范围有内无作业人员；严禁采煤机前后5 m范围内有人开机。

（4）检修完毕后，试机前，必须发出警示信号；严禁未发信号直接开机。

（5）起吊作业时，必须对起吊工具进行检查；严禁人员站在起吊设备下方或运行趋势的前方。

（6）进入刮板输送机作业时，必须将工作面设备停电闭锁，进行敲帮问顶作业，低于2 h必须铺网并用大板或半圆木护帮；超过2 h必须铺网和打设锚杆护帮；严禁不敲帮问顶和护帮进行作业。

10. 液压支架维修工安全要点

（1）进入作业地点必须进行交接班，有隐患必须处理；严禁未交接班和隐患未处理作业。

（2）更换支架高压液管前，必须关闭当前支架总阀门，并对高压液管进行泄压，必要时对泵站进行停电闭锁；严禁带压更换高压液管。

（3）更换支架高空部件时，必须系安全带；严禁未系安全带进行作业。

（4）更换支架管件时，必须上全U型销；严禁使用单腿销或铁丝代替。

（5）检修期间，如需操作支架，必须确认支架前后5 m范围内无人员；严禁支架前后5 m范围内有人时进行操作。

（6）起吊设备时，人员必须站在安全地点起吊；严禁站在设备下方或可能滑动的方向。

（7）进入刮板输送机作业时，必须将工作面设备停电闭锁，进行敲帮问顶作业，低于2 h必须铺网并用大板或半圆木护帮；超过2 h必须铺网和打设锚杆护帮；严禁不敲帮问顶和护帮进行作业。

11. 刮板输送机维修工安全要点

（1）进入作业地点必须进行交接班，有隐患必须处理，严禁未交接班和隐患未处理作业。

（2）检修期间，如需启动刮板输送机，必须发出警示信号；严禁未发信号开机。

（3）起吊作业时，必须对起吊工具进行检查；严禁人员站在起吊设备下方或运行趋势的前方。

（4）更换刮板或裁链时，必须对刮板输送机停电闭锁，作业人员站位必须安全；严禁刮板输送机未停电闭锁作业。

（5）进入刮板输送机作业时，必须将工作面设备停电闭锁，进行敲帮问顶作业，低于2 h必须铺网并用大板或半圆木护帮；超过2 h必须铺网和打设锚杆护帮；严禁不敲帮问顶和护帮进行作业。

12. 无轨胶轮车司机安全要点

（1）上岗前必须进行交接班，有隐患必须处理；严禁未交接班和存在隐患作业。

（2）必须检查车辆油位、水位、电路及制动系统；严禁未经检查开车。

（3）必须在规定速度范围内行车；严禁超速行车。

（4）必须检查物料装载和封车情况；严禁超重、超宽、捆绑不牢运输。

（5）在遇到转弯、会车、过岔口、倒车等情况时，必须降低车速、鸣笛；严禁未经安全确认行车。

13. 带式输送机检修工安全要点

（1）上岗前必须进行交接班，有隐患必须处理；严禁未交接班和存在隐患作业。

（2）检修前必须停电、闭锁、挂牌；严禁带电检修，严禁运行期间拆开防护网进行检修。

（3）起吊作业时，必须对起吊工具进行检查；严禁人员站在起吊设备下方或运行趋势的前方。

（4）启动带式输送机，必须发出警示信号；严禁未发信号开机。

14. 爆破工安全要点

（1）进入作业地点必须进行交接班，有隐患必须处理，严禁未交接班和隐患未处理作业。

（2）电雷管必须由爆破工亲自运送；严禁除爆破工以外的人员运送。

（3）运送电雷管、炸药时，必须分开运送，间距不小于20 m；严禁中途停留，严禁与他人同行，严禁兼做其他工作。

（4）雷管箱和炸药箱必须上锁管理；严禁未上锁离岗。

（5）装药前，必须撤出工作面人员并拉线挂牌设好警戒，专人负责站岗；严禁未撤出人员、未设警戒进行作业。

（6）装药前，必须对工作面所有电源进行停电闭锁；严禁未停电进行装药。

（7）爆破期间，必须严格执行“一炮三检”“三人连锁爆破”制度，并设警戒线；严禁违反程序作业。

（8）装药时，必须轻轻将药卷推入炮眼内，封堵炮眼必须使用专用炮泥，并确保封堵严实；严禁用其他材料代替炮泥，严禁冲撞药卷。

（9）爆破后，必须检查炮眼是否存有拒爆、残爆；严禁未处理拒爆、残爆继续作业。

1.7.1.2　机电机运队重点岗位安全要点

1. 维修电钳工安全要点

（1）作业前，必须检查周围环境；严禁在有安全隐患的情况下作业。

（2）必须使用绝缘用具；严禁使用不完好的绝缘用具。

（3）检修前，必须检查设备附近瓦斯情况，瓦斯浓度符合标准方可开始检修作业；严禁未检查瓦斯或瓦斯浓度超标违规作业。

（4）在检修开关时，必须确保上级电源停电、闭锁、挂牌；严禁带电检修电气设备。

（5）在开关停电后必须验电、放电；严禁未经验、放电冒险作业。

（6）电气设备停送电必须执行“谁检修、谁停电、谁检修、谁送电”制度；严禁约时、打电话停送电。

（7）必须保证电气设备保护齐全可靠；严禁甩保护违规操作。

2. 绞车司机（含把钩工）安全要点

（1）小绞车运行前，必须检查设备完好情况；严禁未经检查或绞车不完好开车。

（2）小绞车运行期间，必须精力集中，密切注意绞车运行情况；严禁做其他无关工作。

（3）必须执行“行人不行车、行车不行人”制度；严禁未经确认巷道人员情况盲目开车。

（4）在放车时必须带电放车；严禁放飞车。

（5）矿车连接必须使用完好专用的连接装置；严禁私自用小链、绳套等代替。

（6）插销插入矿车碰头后，下端必须锁紧；严禁未锁紧进行运输。

（7）矿车掉道时必须使用专业工具复轨；严禁强行复轨。

（8）运行前必须检查车辆连接、封车情况；严禁超规定挂车。

3. 副井信号把钩工安全要点

（1）上岗前必须进行交接班，有隐患必须处理；严禁未交接班和存在隐患作业。

（2）提升机运行期间，必须精力集中，密切关注设备运行情况；严禁设备运行期间脱岗或做其他工作。

（3）上下物料时，必须检查车辆封车情况，核实车辆尺寸、重量等参数；严禁封车不牢、超重（不加配重）、超尺寸情况发生。

（4）发送开车信号前，必须检查罐笼内阻车器、摇台、安全门位置是否符合要求；严禁未进行安全确认发送开车信号。

（5）进出物料前，必须检查罐笼内阻车器、摇台、罐帘、安全门是否到位；严禁未经安全确认作业。

4. 井下变配电工安全要点

（1）上岗前必须进行交接班，有隐患必须处理；严禁未交接班和存在隐患作业。

（2）倒闸操作必须一人操作、一人监护；严禁一人擅自操作。

（3）必须执行停送电制度；严禁无申请、无工作票随便停送电。

（4）操作高压电气设备主回路时，必须穿戴安全用具；严禁穿戴不完好的安全用具。

（5）必须定时对设备进行巡检，并填写运行日志；严禁设备带病运行。

5. 带式输送机维修工安全要点

（1）上岗前必须进行交接班，有隐患必须处理；严禁未交接班和存在隐患作业。

（2）检修前必须停电、闭锁、挂牌；严禁带电检修，严禁运行期间拆开防护网进行检修。

（3）在煤仓上口作业时，必须将煤仓口遮挡，并系好安全带；严禁未采取措施作业。

（4）起吊作业时，必须对起吊工具进行检查；严禁人员站在起吊设备下方或运行趋势的前方。

（5）启动带式输送机，必须发出警示信号；严禁未发信号开机。

6. 井筒维修工安全要点

（1）在检修前必须试验通信联络和急停功能；严禁不试验进入井筒。

（2）必须佩戴安全带；严禁无安全带违规作业。

（3）在井筒附近作业时，工具必须拴有保险绳，传递零部件时必须等对方拿稳后方可松手；严禁工具不加保险绳；严禁互相扔工具。

（4）必须由专人联系提升机司机；严禁井上下平行作业。

（5）检修完毕后，必须开车试验；严禁未试验直接交班。

7. 无轨胶轮车司机安全要点

（1）上岗前必须进行交接班，有隐患必须处理；严禁未交接班和存在隐患作业。

（2）必须检查车辆油位、水位、电路及制动系统；严禁未经检查开车。

（3）必须在规定速度范围内行车；严禁超速行车。

（4）必须检查物料装载和封车情况；严禁超重、超宽、捆绑不牢运输。

（5）必须监督乘客按规定乘车；严禁任由乘客违反规定。

（6）在遇到转弯、会车、过岔口、倒车等情况时，必须降低车速、鸣笛；严禁未经安全确认行车。

8. 柴油机车司机安全要点

（1）上岗前必须进行交接班，有隐患必须处理；严禁未交接班和存在隐患作业。

（2）必须检查车辆油位、水位及电控系统并试验制动性能；严禁未经检查开车。

（3）必须检查物料装载、封车、车辆连接情况；严禁超重、超宽、捆绑不牢、不连车运输。

（4）必须密切注视车辆运行前方，遇交岔口、转弯、行人必须鸣笛减速；严禁不鸣笛减速行车。

9. 主井信号工安全要点

（1）上岗前必须进行交接班，有隐患必须处理；严禁未交接班和存在隐患作业。

（2）运行期间，必须精力集中，密切关注设备运行情况；严禁脱岗或做其他工作。

（3）在提升水煤浆时，必须手动操作；严禁自动提升，严禁人员站在煤仓下口作业。

（4）处理井口煤仓淤煤或检修时，必须联系队部值班室并至少两人作业；严禁单人作业。

（5）运行过程中，发现大件必须停机处理；严禁运行期间处理。

10. 带式输送机司机安全要点

（1）上岗前必须进行交接班，有隐患必须处理；严禁未交接班和存在隐患作业。

（2）开机前，必须发出警示信号；严禁未发信号直接开机。

（3）必须坚守岗位；严禁脱岗、睡岗。

（4）运行时，发现煤流有大件杂物或煤仓口堵塞时必须停机闭锁后处理；严禁未停机处理。

（5）带式输送机运行期间调整托辊时，必须一人操作一人监护；严禁无监护下单人操作。

（6）清煤时，必须与输送带保持安全距离；严禁靠近运转中的输送带、托辊、滚筒。

（7）停机后，必须停电闭锁；严禁未闭锁离岗。

1.7.1.3 掘进队重点岗位安全要点

1. 掘锚一体机使用安全要点

（1）必须进行交接班、处理隐患；严禁未交接班和带病运行机组。

（2）开机前，除主、副司机外，其他人员必须撤到二运电滚筒以外的安全位置，只留一名看护人员在二运机头处；严禁无关人员在二运往里逗留、出入等。

（3）开机前必须发出警示，并确认人员位置是否安全；严禁未发出警示、未进行安全确认开机。

（4）机组遥控器只允许机组司机操作；严禁其他人使用。

（5）操作机组时，机组司机必须站在操作台上；严禁站在机组与巷帮之间。

（6）机组运行中，必须看护好电缆管路、风筒和人员进入等；严禁在二运往里进行其他工作，严禁平行作业。

（7）机组运行中，处理设备故障和大块煤时，必须对机组停机闭锁；严禁在机组运行中处理故障和大块煤。

（8）割煤结束后，必须进行敲帮问顶，及时进行临时支护；严禁未敲帮问顶进行作业，严禁通过截割臂进入空顶区。

（9）割煤完毕和停机后，必须打开隔离，摘下隔离手柄并保存好；严禁未打开隔离、未取下手柄进行作业。

（10）所有人员发现突发情况时，必须及时按下急停进行处理。

2. 综掘机司机安全要点

（1）上岗前必须进行交接班，有隐患必须处理；严禁未交接班和存在隐患作业。

（2）开机前，掘进机司机必须检查工作面风筒出风口、瓦斯传感器吊挂、支护状况，是否符合规定；否则严禁开机。

（3）开机前，必须确认掘进机铲板前方和截割臂附近无人，并发出预警信号；严禁未进行安全确认开机；严禁未发信号开机。

（4）割煤过程中，遇到顶板破碎及节理发育时，必须放慢割煤速度，缩小循环进尺，严禁割煤速度过快造成冒顶片帮。

（5）割煤过程中，瓦斯浓度高于规定值时，必须停止割煤；严禁瓦斯浓度超限继续作业。

（6）割煤完毕后，必须首先进行敲帮问顶，并正确使用机载式超前支护或临时支护；严禁不敲帮问顶；严禁不使用超前支护。

（7）割煤完毕后或司机离开操作台，必须停电闭锁；严禁未停电闭锁离岗。

3. 带式输送机司机安全要点

（1）上岗前必须进行交接班，有隐患必须处理；严禁未交接班和存在隐患作业。

（2）开机前，必须发出警示信号；严禁未发信号直接开机。

（3）必须坚守岗位；严禁脱岗、睡岗。

（4）运行时，发现煤流有大件杂物或转载点堵塞时必须停机闭锁后处理；严禁未停机处理。

（5）带式输送机运行期间调整托辊时，必须一人操作一人监护；严禁无监护下单人操作。

（6）清煤时，必须与输送带保持安全距离；严禁靠近运转中的输送带、托辊、滚筒。

（7）停机后或进行装卸料时，必须对带式输送机停电、闭锁、挂牌；严禁未停电闭锁带式输送机进行其他工作。

4. 维修电工安全要点

（1）作业前，必须检查周围环境；严禁在有安全隐患的情况下作业。

（2）必须使用绝缘用具；严禁使用不完好的绝缘用具。

（3）检修前，必须检查设备附近瓦斯情况，瓦斯浓度符合标准方可开始检修作业；严禁未检查瓦斯或瓦斯浓度超标违规作业。

（4）在检修开关时，必须确保上级电源停电、闭锁、挂牌；严禁带电检修电气设备。

（5）在开关停电后必须验电、放电；严禁未经验、放电冒险作业。

（6）电气设备停送电必须执行“谁检修、谁停电、谁检修、谁送电”制度；严禁约时、打电话停送电。

（7）必须保证电气设备保护齐全可靠；严禁甩保护违规操作。

5. 支护工安全要点

（1）上岗前必须进行交接班，有隐患必须处理；严禁未交接班和存在隐患作业。

（2）必须严格执行“敲帮问顶”制度，使用好临时支护；严禁空顶作业。

（3）支护过程中，必须有专人监护工作面及迎头顶板，发现有煤岩松动时，立即停止作业，将活煤活矸找下确认安全后再继续作业；严禁无专人看护顶板作业，严禁不找顶进行支护。

（4）支护过程中必须保持退路畅通，人员必须正对迎头支护作业；严禁退路不畅通和人员背对迎头作业。

（5）扶钻杆时必须脱掉手套；严禁戴手套扶钻杆。

6. 综掘机维修工安全要点

（1）上岗前必须进行交接班，有隐患必须处理；严禁未交接班和存在隐患作业。

（2）检修前必须检查工作面风筒、支护及瓦斯浓度等是否符合规定，必须将掘进机退出迎头 5 m，截割头、铲板落地；严禁未经安全确认作业。

（3）检修前必须将机组停电、闭锁；严禁带电检修。

（4）检修时如需启动机组，必须发出预警信号；严禁不打信号开机，严禁人员在截割臂下停留和穿越，机身与煤（岩）壁之间严禁站人。

（5）起吊作业时，必须对起吊工具进行检查；严禁人员站在起吊设备下方或运行趋势的前方。

（6）人员进入机组内部检修必须有专人监护；严禁无监护进入机组内部检修作业。

7. 无轨胶轮车司机安全要点

（1）上岗前必须进行交接班，有隐患必须处理；严禁未交接班和存在隐患作业。

（2）必须检查车辆油位、水位、电路及制动系统；严禁未经检查开车。

（3）必须在规定速度范围内行车；严禁超速行车。

（4）必须检查物料装载和封车情况；严禁超重、超宽、捆绑不牢运输。

（5）在遇到转弯、会车、过岔口、倒车等情况时，必须降低车速、鸣笛；严禁未经安全确认行车。

1.7.1.4 瓦斯抽采队重点岗位安全要点

瓦斯抽采工岗位安全要点：

（1）作业前，必须检查顶、帮的完好情况；严禁在顶、帮不完好地点进行作业。

（2）登高作业时，必须按规定使用好梯子及保险带；严禁无防护登高作业和多层平行作业。

（3）作业时，必须保证人员站位安全；严禁站到钻机正后方和钻机可能倾覆下滑的位置。

（4）钻进过程中必须穿戴整齐，扎紧袖口，赤手拆接钻杆；严禁戴手套拆接钻杆。

（5）拆卸带压管件时必须提前卸压；严禁在未卸压的情况下拆卸管件。

（6）移动钻机时，必须将电缆理顺并派专人看管；严禁使用钻机拖拽电缆。

1.7.1.5 探放水队重点岗位安全要点

探放水操作工安全要点：

（1）必须严格执行“敲帮问顶”制度；严禁未“敲帮问顶”就进行探放水作业。

（2）拆接风水管路时，必须先关阀门，后卸压，最后再拆接风水管路；严禁未关阀门，未卸压就直接拆接风水管路。

（3）探水前必须保证退路畅通；严禁退路不畅时组织作业。

（4）探水时必须面向迎头，时刻观察迎头变化情况；严禁背向迎头进行探放水作业。

（5）探水时必须专人负责开关水管截止阀；严禁接钻杆的人员绕过旋转的钻杆去开关阀门。

（6）探水时必须先供水，后开钻，先停钻，后停水；严禁干打眼。

（7）探水时必须穿戴整齐，扎紧袖口，赤手拆接钻杆；严禁戴手套拆接钻杆。

（8）发现透水预兆时，必须立即停钻撤人并汇报；严禁发现透水预兆时继续作业。

1.7.2 地面重点岗位安全要点

1.7.2.1 机电机运队地面岗位安全要点

1. 主提升机司机安全要点

（1）上岗前必须进行交接班，有隐患必须处理；严禁未交接班和存在隐患作业。

（2）必须一人操作，一人监护；严禁单人操作。

（3）开车前，必须对信号进行安全确认；严禁未经确认直接开车。

（4）开车前，必须经视频监控确认井上下现场情况；严禁未经确认直接开车。

（5）运行时，司机必须紧握手把，密切关注绞车运行情况；严禁做其他无关工作。

（6）司机离开操作位置时，必须关闭液压站，将制动闸施闸，主令置于零位；严禁未置规定位置离岗。

（7）巡检时，必须与滚筒、电机旋转部位保持距离；严禁靠近运转中的设备。

2. 司炉工安全要点

（1）上岗前必须进行交接班，有隐患必须处理；严禁未交接班和存在隐患作业。

（2）必须对所有水位保护、锅炉补水系统进行试验；严禁未试验或试验不正常交接班。

（3）必须坚守岗位；严禁脱岗、睡岗或做其他无关工作。

（4）必须戴耐温手套；严禁直接用手触摸锅炉或管道。

（5）必须每天对安全阀进行启闭试验；严禁不试验运行。

3. 水质化验员安全要点

（1）上岗前必须进行交接班，有隐患必须处理；严禁未交接班和存在隐患作业。

（2）必须对所有补水泵、软化水电磁阀进行检查试验；严禁未检查或带病运行。

（3）必须对软化水质进行化验；严禁水质超标运行。

（4）必须对烟气指标进行巡查，超标必须及时汇报；严禁漏检和瞒报。

4. 水处理工安全要点

（1）上岗前必须进行交接班，有隐患必须处理；严禁未交接班和存在隐患作业。

（2）必须戴防护用具添加药剂；严禁不戴防护用具作业。

（3）必须定时对水质监测巡查；严禁漏查、记录造假。

（4）操作行车时，必须远离池边；严禁单人在池边作业。

5. 地面变配电工安全要点

（1）上岗前必须进行交接班，有隐患必须处理；严禁未交接班和存在隐患作业。

（2）倒闸操作必须一人操作、一人监护；严禁一人擅自操作。

（3）必须执行停送电制度；严禁无申请、无工作票停送电。

（4）操作高压电气设备主回路时，必须戴绝缘手套，并穿电工绝缘鞋或站在绝缘台上；严禁使用不完好的安全用具。

6. 翻矸工操作安全要点

（1）上岗前必须进行交接班，有隐患必须处理；严禁未交接班和存在隐患作业。

（2）翻矸时，必须监视矿车、罐笼运行情况；严禁做无关工作。

（3）出现挂卡现象，必须停机处理；严禁运行时处理。

（4）翻矸时，必须执行“行人不行车，行车不行人”制度；严禁翻矸道有人时进行翻矸。

1.7.2.2 瓦斯抽采队重点岗位安全要点

瓦斯抽采泵司机安全要点：

（1）进入泵站前，必须将各类非防爆物品存入存放室；严禁带入泵站内。

（2）进入泵房前必须释放人体静电；严禁直接进入。

（3）高压变频器必须在断电 10 min 以上才可开门；严禁刚断电就开门。

（4）高空作业时，必须按规定使用好梯子及保险带；严禁无防护登高作业和多层平行作业。

（5）雷雨天气时，必须远离避雷设施；严禁在避雷塔杆附近走动。

1.7.2.3 机修厂重点岗位安全要点

1. 电气焊工安全要点

（1）作业前，必须检查所用的电焊机设施和气割设施其完好情况；严禁使用存在隐患的设施作业。

（2）作业现场必须配足消防设施；严禁无消防设施或消防设施不齐全作业。

（3）氧气、乙炔瓶距离必须大于 5 m，距明火距离大于 10 m；严禁气瓶、气带有漏气现象而作业。

（4）电气焊过程，作业人员必须正确使用劳动防护；严禁未使用劳动防护设施作业。

（5）电气焊过程，人员站位必须正确；气割前方严禁站人。

2. 机械维修工安全要点

（1）待修机械设备必须放置稳当；严禁易倾倒、滚动的设备无防护措施进行检修。

（2）检修区域环境必须安全可靠；严禁作业区域有影响安全作业的人或障碍物。

（3）必须根据机件材质正确选择拆装工具；严禁使用脆性材料或比机件硬度大的材料锤击或顶压机件。

（4）必须正确使用大锤；严禁戴手套使用大锤。

（5）检修有压力设备必须泄压；严禁不泄压直接检修。

3. 电气维修工安全要点

（1）必须检查所用工器具、仪表完好；严禁工器具、仪表不完好进行作业。

（2）必须执行停送电制度；严禁“约时”停送电或“借光”作业。

（3）电气设备试运行必须一人送电一人监督；严禁一人独立操作。

（4）开关试验必须使用安全电压；严禁无措施直接使用非安全电压检修试验。

（5）电气设备检修后，必须清理内部线头、金属杂物；严禁检修后直接送电试验。

（6）摇表测量线路后必须放电处理；严禁未放电直接作业。

4. 车工、铣工、钻工安全要点

（1）作业前必须对机床各操作机构进行检查，并进行空车试验；严禁未检查直接作业。

（2）机床周围作业环境必须安全；严禁机床 2 m 范围内有影响安全的人和障碍物。

（3）作业时，工件、刀具必须装卡牢固；严禁在刀具、工件装卡松动情况进行运转机床。

（4）高速旋转加工工件必须戴防护眼镜或面罩；严禁戴防护手套作业。

（5）必须停机方可进行工件测量、清理铁屑；严禁在机床旋转情况下清理工件上铁屑或对工件测量。

5. 液压冲剪工、液压操作工、液压剪板工安全要点

（1）作业前，必须对机床各操作机构进行检查，并进行空车试验；严禁未检查直接作业。

（2）作业前，必须根据工件厚度调整刀刃或冲头间隙；严禁未调整间隙直接作业。

（3）作业时，人员身体部位必须远离刀具、冲头、压料角或模具行程范围；严禁调整工件和液压、冲剪作业同时进行。

（4）工件必须放置平稳牢固；严禁工件放置不稳进行压制。

（5）压制过程，顶压件、工件受力必须与模具垂直；严禁倾斜受力。

6. 起重机司机安全要点

（1）作业前必须检查起重机各部位完好，并进行空车试验；严禁未检查直接起吊。

（2）吊运过程吊物必须离障碍物距离大于 0.5 m，空载运行吊钩必须离地面 3 m 以上；严禁吊运范围内有影响安全操作的行人或障碍物。

（3）起吊作业必须做到启动、制动平稳，吊钩和吊物不游摆；严禁对电动机采用逆转制动。

（4）起吊前必须了解物体重量；严禁超载或重量不明起吊。

（5）物体捆绑吊挂必须牢靠；严禁歪拉斜吊物体。

7. 叉车司机安全要点

（1）作业前，必须检查叉车各部位完好；严禁叉车带病运行。

（2）货叉上物件必须要有防脱叉措施；严禁物件放置不稳当进行叉运。

（3）叉车行走，车速必须小于 5 km/h；严禁超速行驶。

（4）叉运过程，货叉必须离地 300 ~ 400 mm，门架须后倾；禁止叉运物件在斜坡上拐弯。

（5）货叉上高空作业，必须放置托盘；严禁直接站立在货叉上作业。

8. 打磨除锈安全要点

（1）必须检查砂轮机或角磨机或切割机的完好情况；严禁设施不完好作业。

（2）必须正确使用劳动防护用品；严禁打磨、切割不按规定佩戴手套、防护眼镜。

（3）打磨、切割必须检查周围环境；严禁 10 m 范围内有易燃易爆物品。

（4）工件打磨必须在砂轮机上进行；严禁在切割片上打磨工件。

1.7.2.4 选煤厂重点岗位安全要点

1. 动筛跳汰机司机安全要点

（1）进入作业地点必须进行交接班，有隐患必须处理；严禁未交接班和隐患未处理开机作业。

（2）开机前，必须发出警示信号；严禁未发信号直接开机。

（3）开机前，必须确认设备周围、上部、箱体内没有人员；严禁未经确认直接开机。

（4）作业中发现排矸轮卡堵时要及时停机处理，进入箱体处理卡堵前，设备必须停电、闭锁、挂牌，并有专人监护；严禁单人作业。

（5）提升轮、摇臂在工作时，注意观察周围情况；严禁任何人员靠近。

（6）疏通下料管堵塞时，现场必须有人监护，作业人员必须穿好雨衣、雨裤，使用专用捅煤工具；严禁作业人员正面朝向疏通口，严禁单人作业。

2. 斗提机司机安全要点

（1）进入作业地点必须进行交接班，有隐患必须处理；严禁未交接班和隐患未处理开机作业。

（2）开机前，必须发出警示信号；严禁未发信号直接开机。

（3）开机前，注意观察周围情况；严禁任何人员在斗提机顶部停留。

（4）斗提机运行中，注意观察周围情况；严禁任何人员攀爬。

（5）作业中发现设备故障时，必须停机处理；严禁未停机处理。

（6）处理压、卡料斗事故时，人员站位必须正确，防止物料坠落或料斗脱链伤人；严禁料斗正面站人。

3. 离心机司机安全要点

（1）进入作业地点必须进行交接班，有隐患必须处理；严禁未交接班和隐患未处理开机作业。

（2）开机前，必须发出警示信号；严禁未发信号直接开机。

（3）设备运行中必须注意看管；严禁任何人员在运转的离心机上方作业。

（4）运转期间，注意观察周围情况；严禁任何人员打开观察孔。

（5）处理故障或进行检修维护作业时，必须停电、闭锁、挂牌，并等待设备完全停稳后方可进行处理；严禁未停机处理。

4. 振动筛司机安全要点

（1）进入作业地点必须进行交接班，有隐患必须处理；严禁未交接班和隐患未处理开机作业。

（2）开机前，必须发出警示信号；严禁未发信号直接开机。

（3）运行中，注意观察周围情况；严禁任何人员靠近、接触、攀爬振动筛。

（4）清理筛面、处理事故或检修时，必须停电、闭锁、挂牌；严禁未停电处理。

5. 浮选机司机安全要点

（1）进入作业地点必须进行交接班，有隐患必须处理；严禁未交接班和隐患未处理开机作业。

（2）开机前，必须发出警示信号；严禁未发信号直接开机。

（3）作业中，浮选槽内搅拌和充气突然消失或浮选槽中发出碰撞或摩擦声，应停机检查处理，并严格执行停电、闭锁、挂牌制度。

（4）处理药剂管道堵塞时，必须拆下管道进行疏通；严禁用重锤敲击。

（5）添加药剂时，必须戴好防护手套及口罩；严禁将加药阀门开到最大；药剂接触皮肤后，必须立即用水冲洗干净。

（6）浮选机上方及周围10 m范围内严禁电气焊作业。

6. 沉降过滤式离心机司机安全要点

（1）进入作业地点必须进行交接班，有隐患必须处理；严禁未交接班和隐患未处理开机作业。

（2）开机前，必须发出警示信号；严禁未发信号直接开机。

（3）运转期间必须坚守岗位；严禁脱岗做其他工作。

（4）发现主电机电流和差速器轴扭矩超过报警值，要立即将进料阀门关闭。

（5）运行中发现故障应立即停机处理，并设专人监护；严禁单人作业。

（6）运行中注意观察周围情况；严禁任何人员打开观察孔。

7. 重介旋流器司机安全要点

（1）进入作业地点必须进行交接班，有隐患必须处理；严禁未交接班和隐患未处理开机作业。

（2）处理堵塞事故时必须停电、闭锁、挂牌，并设专人监护；严禁单人作业。

（3）处理堵塞事故需要高空作业时，必须系好安全带，并设专人监护；严禁未系安全带作业，严禁单人作业。

（4）处理集料箱堵塞时，必须将合介泵、大循环水泵、入料刮板停电、闭锁、挂牌，穿戴好个人防护用品，系好安全带，现场必须有人监护；严禁单人作业。

8. 带式输送机司机安全要点

（1）进入作业地点必须进行交接班，有隐患必须处理，严禁未交接班和隐患未处理开机作业。

（2）开机前，必须发出警示信号；严禁未发信号直接开机。

（3）必须坚守岗位；严禁脱岗、睡岗。

（4）运行期间拿取煤流中的杂物或处理堵塞事故时必须停机；严禁未停机处理。

（5）运行期间，严禁用铁铲刮滚筒的方式来调偏；中间托辊调偏，必须一人调偏一人监护，严禁单人操作。

（6）运行期间清煤时，身体必须与转动部位保持300 mm以上安全距离。

（7）严禁跨越运转中的输送带，行人必须走行人过桥。

（8）运行期间，严禁甩开保护违规操作。

9. 刮板输送机司机安全要点

（1）进入作业地点必须进行交接班，有隐患必须处理；严禁未交接班和隐患未处理开机作业。

（2）开机前必须就地试机；严禁未经试机就开机。

（3）开机前，必须发出警示信号；严禁未发信号直接开机。

（4）必须坚守岗位；严禁脱岗、睡岗。

（5）运行期间拿取煤流中的杂物、处理堵塞或者斜链、脱链事故时必须停机处理；严禁不停机处理。

（6）运行期间必须通过观察孔观察运行情况；严禁拿掉护网观察。

（7）严禁跨越运转中的刮板，行人必须走行人过桥。

1.8 安全质量班评估

安全质量班评估工作考核制度

为深入推进公司安全生产标准化动态达标管理工作，强化安全员现场安全监管力度和水平，实现班评估工作规范化、精细化、程序化，进一步优化运行机制，细化考核内容，确保安全员严格执行相关专业评定标准和评分细则要素实施现场评估，持续提升安全保障能力，夯实安全管理基础，根据井下现场安全生产实际情况，特制定该制度：

1. 一般规定

（1）推行安全质量班评估制度，是为了准确、真实、客观地反映和判断班组当班安全生产情况，及时发现、消除和治理生产现场存在的安全隐患，确保安全生产。

（2）安全科负责开展安全质量班评估工作，由安全员执行，对照安全质量班评估表及评分细则进行评分。

（3）安全评估的要点主要有：

①岗位工是否掌握和执行工序流程，操作是否规范；

②作业现场是否具备安全生产条件；

③员工是否持证上岗，岗位是否进行安全交接班或安全确认；

④工程质量管理和顶板控制是否到位；

⑤一通三防管理是否到位；

⑥机电设备是否完好，保护装置是否可靠，运转是否正常；

⑦安全设施是否齐全可靠；

⑧规程措施是否落实到位；

⑨文明生产是否达标；

⑩是否存在安全隐患等。

（4）班评估进行总体评价分析：安全90分以上（含90分）；较安全80～90分（含80分）；不安全80以下，根据危险程度现场评估，如需立即整改的必须整改后再组织生产；低于70分，属于危险，必须立即停产整改。

（5）评估人员按照标准分值酌情打分，扣分原因和所扣分值必须填写清楚。

（6）评估等级分为A、B、C、D四级，安全为A级，较安全为B级，不安全为C级，危险为D级。如一个掘进面连续三个班被评为C级，证明存在的问题或隐患较多，未及时得到整改，将下降一个等级（降为D级），需停产整改。

（7）安全员将现场发现的需要及时整改的隐患问题填写到《安全质量评估当班遗留问题告知卡》并书面告知每班跟班队干（或班组长），告知卡一式三份，一份交当班队干或班组长，一份交安全科备存，一份自己留存。

2. 考核程序

（1）每班安全员参加所跟队组的井下班前会，抽查岗位现场交接班情况、岗证相符情况、工序流程掌握情况，并根据工作面现场情况进行整体评价，最终给出得分。

（2）安全员井下检查发现存在安全隐患时，需填写《安全质量评估当班遗留问题告知卡》书面告知当班跟班队干或班组长，要求限期整改。

（3）安全科由专人负责对安全员班评估表进行统计录入，每季度末统计出本季度评估结果，并纳入月度安全考核对各队组进行考核。

3. 考核办法

（1）安全员每班上岗前在安全科值班室领取安全质量班评估表。入井不领取，班后补一次处罚200元。

（2）安全质量班评估表必须由当班安全员亲自填写，不得由他人代写，填写时必须字迹工整，不准涂改，否则一次处罚100元。

（3）班评估表填写必须认真，且与现场相符，一次被查出与现场不符处罚100元；《安全质量评估当班遗留问题告知卡》填写隐患必须与评估表内容相符，内容胡编乱造一次处罚100元。

（4）评估表所填写隐患不能当班处理的，必须与下一班交接清楚。未交接清楚给予处罚200元，隐患交接不清楚造成事故的根据事故性质追究考核。

（5）评估表必须由安全员亲自交安全科值班室，不得代交、迟交、不交。否则一次处罚200元。

（6）各生产队组必须认真对待安全员的评估结果，安全员提出的隐患要积极落实整改，对评估结果或安全隐患存在疑义的可以与安全员进行现场核对，发现有干预安全员正常评估的、无故不整改隐患的，一次处罚责任队组或责任人500元。

（7）每季度对各生产队组评估结果进行一次排名，本单位第一名加考核分0.5分，最后一名扣考核分0.3分；外委单位第一名奖励3000元。

4. 相关评估表

（1）大采高采煤工作面安全质量评估表。

工作面名称： 评估日期： 评估班次：

评估项目	评估内容	执行标准及要求	标准分	实得分	扣分原因
一、岗位规范（12分）	1. 岗位作业人员岗证相符	井下作业人员必须持证上岗，且岗证相符	1		

（续）

评估项目	评估内容	执行标准及要求	标准分	实得分	扣分原因
一、岗位规范（12分）	2. 严格执行开工前安全确认制度，能及时发现排查隐患，并能够正确安全处置整改	开工前必须对本岗位安全环境、设备等情况进行安全确认，有隐患或问题必须先整改，确保无隐患安全开工	3		
	3. 必须按照规定组织井下班前会岗位进行安全交接班	执行“员工操作达标”要求	2		
	4. 现场作业人员操作规范，无“三违”行为	严格按照操作规程和岗位作业标准作业，严禁简化操作流程和作业程序 轻微的扣分，严重的在扣分基础上，按“三违处理”	2		
	5. 岗位工必须掌握工序流程	抽查岗位工工序流程掌握情况	2		
	6. 岗位工需严格执行工序流程，队组班组长、跟班队长要监督执行	监督检查岗位工工序流程执行情况和班组长、跟班队长现场监督执行情况	2		
二、工程质量与顶板管理（15分）	1. 工程质量验收制度执行到位，有班组验收记录		2		
	2. 液压支架初撑力必须达要求	抽查支架初撑力不小于25 MPa（连续三架不达为准）	4		
	3. 支架与顶底板接触严密，无空顶，逼帮板需贴紧煤墙	顶板冒落高度不大于300 mm，超过300 mm要采取超前拉架或打开护帮板进行支护	4		
	4. 相邻支架间不能有明显错茬，无挤架、咬架、倒架现象	架间空隙不超过规定（<200 mm）	3		
	5. 工作面应做到“三直一平两畅通”	符合要求，特殊情况如：煤软片帮严重、过构造带等，主要看刮板输送机（100 m拉绳长度 ±400 mm）	2		
三、安全出口与端头支护（10分）	1. 工作面两安全出口畅通，行人过桥牢固、完好	安全出口巷道高度不小于1.8 m，人行道宽度不低于0.8 m	4		
	2. 作业范围要有防断锚索射出措施	锚索托盘外加设小网片和钢丝绳、绳卡加固措施	4		
	3. 端头尾过渡架、支架错台合理	大采高工作面过渡架间空台高度超200 mm	2		

（续）

评估项目	评估内容	执行标准及要求	标准分	实得分	扣分原因
四、超前支护（10分）	1. 超前支护距离符合要求	超前支护不少于20 m，特殊情况必须延长超前支护距离	3		
	2. 超前支护排、间距要符合要求，无空顶区域		3		
	3. 单体柱初撑力符合要求，要有好防倒措施	要安设可靠的护柱绳	2		
	4. 无断梁折柱现象		2		
五、两巷管理（10分）	1. 两巷道净高、净宽满足安全生产要求	净高不低于2.6 m，净宽不低于2.0 m，并满足通风要求	5		
	2. 压力大、变形大等有潜在危险的区域，采取补强措施	断锚索、锚杆要及时补打	5		
六、安全管理（15分）	1. 煤层顶底板较软时，单体支柱压力必须达要求，有浮煤必须清理	钻底深度原则不大于100 mm	3		
	2. 作业范围内支护完好，无空帮、空顶作业现象		6		
	3. 除检修等特殊情况外，不准在刮板输送机内行走		6		
	4. 无轻伤事故，无“三违”现象	本小项为否决项，有轻伤事故或严重“三违”现象，本大项不得分			
	5. 当有瓦斯超限时，必须停止作业	本小项为否决项，如瓦斯超限未停止作业进行处理的，本大项不得分			
七、一通三防管理（10分）	1. 两端头隅角瓦斯不超限，导风障规范使用	瓦斯探头、CO探头、机载瓦斯断电仪等均按要求配备吊挂，运行正常 防尘水幕必须覆盖巷道全断面，转载点喷雾能够覆盖运输设备，效果良好。机组喷雾正常使用	4		
	2. 上隅角瓦斯传感器、便携式瓦检仪等监测装置齐全，位置吊挂规范		2		
	3. 防尘水幕雾化良好，各转载点、支架间防降尘设施齐全有效，并正常使用		2		
	4. 支架间的灭火器齐全、完好		2		
八、机电设备管理（12分）	1. 各种防护齐全，启动按钮、闭锁装置等保护装置灵敏可靠		3		
	2. 严格执行停送电制度，不准带电检修和移动设备		3		

（续）

评估项目	评估内容	执行标准及要求	标准分	实得分	扣分原因
八、机电设备管理（12分）	3. 照明设施齐全有效，支架、转载点、硐室等场所照明符合要求		1		
	4. 设备上架、电缆上钩、挂牌管理，输送带无跑偏		1		
	5. 乳化液泵站及管路完好，乳化液浓度符合要求	泵站压力不小于30 MPa，浓度3% ~ 5%	2		
	6. 液压系统无漏液、窜液，高压管路无破损		2		
九、文明生产（6分）	1. 现场整洁，巷道无杂物、无淤煤、无积水，支架内无浮煤、积矸	淤煤和积水长度不超过5 m，深度不超过0.1 m	3		
	2. 物料码放整齐、分类挂牌存放，牌物相符，软管（液管、水管）盘放整齐	执行文明生产规定	3		
总体评估情况		总得分	100		等级划分
当班存在主要问题					

当班安全员：　　　　跟班队长（班组长）：　　　　接班安全员：

注：1. 总体评价分析：安全90分以上（含90分）；较安全80～90分（含80分）；不安全80分以下，根据危险程度现场评估，如需立即整改的必须整改后再组织生产；低于70分，属于很危险，必须立即停产整改。

2. 评估人员按照标准分值酌情打分，扣分原因和所扣分值必须填写清楚。

3. 评估等级分为A、B、C、D四级，安全为A级，较安全为B级，不安全为C级，危险为D级。如一个掘进面连续三个班被评为C级，证明存在的问题或隐患较多，未及时得到整改，将下降一个等级（降为D级），需停产整改。

（2）放顶煤采煤工作面安全质量评估表。

工作面名称：　　　　评估日期：　　　　评估班次：

评估项目	评估内容	执行标准及要求	标准分	实得分	扣分原因
一、岗位规范（15分）	1. 岗位作业人员岗证相符	井下作业人员必须持证上岗，且岗证相符	2		
	2. 严格执行开工前安全确认制度，能及时发现排查隐患，并能够正确安全处置整改	开工前必须对本岗位安全环境、设备等情况进行安全确认，有隐患或问题必须先整改，确保无隐患安全开工	3		
	3. 必须按照规定组织井下班前会，岗位进行安全交接班	执行“员工操作达标”要求	2		

（续）

评估项目	评估内容	执行标准及要求	标准分	实得分	扣分原因
一、岗位规范（15分）	4. 现场作业人员操作规范，无“三违”行为	严格按照操作规程和岗位作业标准作业，严禁简化操作流程和作业程序 轻微的扣分，严重的在扣分基础上，按“三违处理”	4		
	5. 岗位工必须掌握工序流程	抽查岗位工工序流程掌握情况	2		
	6. 岗位工需严格执行工序流程，队组班组长、跟班队长要监督执行	监督检查岗位工工序流程执行情况和班组长、跟班队长现场监督执行情况	2		
二、工程质量与顶板管理（12分）	1. 工程质量验收制度执行到位，有班组验收记录		1		
	2. 液压支架初撑力必须达要求	抽查支架初撑力不小于24 MPa（连续三架不达为准）	4		
	3. 支架与顶底板接触严密，无空顶，逼帮板需贴紧煤墙		4		
	4. 相邻支架间不能有明显错茬，无挤架、咬架、倒架现象	架间空隙不超过规定（<200 mm）	2		
	5. 工作面应做到“三直一平”	符合要求，特殊情况如：煤软片帮严重、过构造带等，主要看刮板输送机（100 m拉绳长度±400 mm）	1		
三、安全出口与端头支护（10分）	1. 工作面两安全出口畅通，行人过桥牢固、完好	安全出口巷道高度不小于1.8 m，人行道宽度不低于0.8 m	4		
	2. 作业范围要有防断锚索射出措施	锚索托盘外加设小网片和钢丝绳、绳卡加固措施	4		
	3. 端头尾过渡架、支架错台合理	大采高工作面过渡架间空台高度超200 mm	2		
四、超前支护（10分）	1. 超前支护距离符合要求	超前支护不少于20 m，特殊情况必须延长超前支护距离	3		
	2. 超前支护排、间距要符合要求，无空顶区域		3		
	3. 单体柱初撑力符合要求，要有好防倒措施	要安设可靠的护柱绳	2		
	4. 无断梁折柱现象		2		
五、两巷管理（10分）	1. 两巷道净高、净宽满足安全生产要求	净高不低于2.6 m，净宽不低于2.0 m，并满足通风要求	5		
	2. 压力大、变形大等有潜在危险的区域，采取补强措施	断锚索、锚杆要及时补打	5		

（续）

评估项目	评估内容	执行标准及要求	标准分	实得分	扣分原因
六、安全管理（15分）	1. 煤层顶底板较软时，单体支柱压力必须达要求，有浮煤必须清理	钻底深度原则不大于100 mm	2		
	2. 支架操作手把闭锁装置齐全完好，并正常使用		3		
	3. 作业范围内支护完好，无空帮、空顶作业现象		5		
	4. 除检修等特殊情况外，不准在刮板输送机内行走		5		
	5. 无轻伤事故，无“三违”现象	本小项为否决项，有轻伤事故或严重“三违”现象，本大项不得分			
	6. 当有瓦斯超限时，必须停止作业	本小项为否决项，如瓦斯超限未停止作业进行处理的，本大项不得分			
七、一通三防管理（10分）	1. 两端头隅角瓦斯不超限，导风障规范使用	瓦斯探头、CO探头、机载瓦斯断电仪等均按要求配备吊挂，运行正常 防尘水幕必须覆盖巷道全断面，转载点喷雾能够覆盖运输设备，效果良好。机组喷雾正常使用	4		
	2. 上隅角瓦斯传感器、便携式瓦检仪等监测装置齐全，位置吊挂规范		2		
	3. 防尘水幕雾化良好，各转载点、支架间防降尘设施齐全有效，并正常使用		2		
	4. 支架间的灭火器齐全、完好		2		
八、机电设备管理（12分）	1. 各种防护齐全，启动按钮、闭锁装置等保护装置灵敏可靠		3		
	2. 严格执行停送电制度，不准带电检修和移动设备		3		
	3. 照明设施齐全有效，支架、转载点、硐室等场所照明符合要求		1		
	4. 设备上架、电缆上钩、挂牌管理，输送带无跑偏		1		
	5. 乳化液泵站及管路完好，乳化液浓度符合要求	泵站压力不小于30 MPa，浓度3%～5%	2		
	6. 液压系统无漏液、窜液，高压管路无破损		2		
九、文明生产（6分）	1. 现场整洁，巷道无杂物、无淤煤、无积水，支架内无浮煤、积矸	煤和积水长度不超过5 m，深度不超过0.1 m	3		

（续）

评估项目	评估内容	执行标准及要求	标准分	实得分	扣分原因
九、文明生产（6分）	2. 物料码放整齐、分类挂牌存放，牌物相符，软管（液管、水管）盘放整齐	执行文明生产规定	3		
总体评估情况		总得分	100		等级划分
当班存在主要问题					

当班安全员： 跟班队长（班组长）： 接班安全员：

注：1. 总体评价分析：安全90分以上（含90分）；较安全80分~90分（含80分）；不安全80以下，根据危险程度现场评估，如需立即整改的必须整改后再组织生产；低于70分，属于很危险，必须立即停产整改。

2. 评估人员按照标准分值酌情打分，扣分原因和所扣分值必须填写清楚。

3. 评估等级分为A、B、C、D四级，安全为A级，较安全为B级，不安全为C级，危险为D级。如一个掘进面连续三个班被评为C级，证明存在的问题或隐患较多，未及时得到整改，将下降一个等级（降为D级），需停产整改。

（3）掘锚一体机掘进工作面安全质量评估表。

工作面名称： 评估日期： 评估班次：

评估项目	评估内容	执行标准及要求	标准分	实得分	扣分原因
一、岗位规范（15分）	1. 岗位作业人员岗证相符	所从事岗位必须与上岗证相符	2		
	2. 严格执行开工前安全确认制度，能及时发现排查隐患，并能够正确安全处置整改	开工前必须对本岗位安全环境、设备等情况进行安全确认，有隐患或问题必须先整改，确保无隐患安全开工	4		
	3. 必须按照规定组织井下班前会岗位进行安全交接班	执行“员工操作达标”要求	2		
	4. 现场作业人员操作规范	严格按照操作规程和岗位作业标准作业，严禁简化操作流程和作业程序轻微的扣分，严重的在扣分基础上，按“三违处理”	4		
	5. 岗位工必须掌握工序流程	抽查岗位工工序流程掌握情况	1		
	6. 岗位工需严格执行工序流程，队组班组长、跟班队长要监督执行	监督检查岗位工工序流程执行情况和班组长、跟班队长现场监督执行情况	2		

（续）

评估项目	评估内容	执行标准及要求	标准分	实得分	扣分原因
二、工程质量与顶板管理（25分）	1. 掘进工作面要执行好“敲帮问顶”制度，找顶棍距迎头不得超过20 m，使用完毕必须规范吊挂，控顶距符合作业规程规定	执行作业规程规定，必须严格执行一循环一支护、短进短支的掘进方式，支护作业过程中要随时敲帮问顶	6		
	2. 锚杆、锚索打设符合设计要求，作业范围内支护完好，无空帮、空顶作业现象	按照作业规程要求执行 严禁空帮、空顶作业	6		
	3. 不够高时必须先行处理，采取措施，再进行掘进	出现局部片帮、冒落等现象要采取临时支护、超前支护或补强支护等防控措施	4		
	4. 迎头10 m内要坚持勤检查，无变形，有变形等情况必须采取加固措施		4		
	5. 临时支护（采用掘锚机上两个帮钻机进行）可靠，正常使用	在顶网连接完成后，用两台帮钻机升起顶住顶钢带与顶网，然后利用顶钻机打设中部锚杆，最后回缩帮钻机，打设顶部两侧顶锚杆	5		
三、安全管理（20分）	1. 掘锚机不工作时，必须停电闭锁，人员严禁进入掘锚机截割头前方，并将截割头落地		4		
	2. 探放水工作到位，本班必须在探放水要求的安全距离内掘进	严格执行“有掘必探”措施	4		
	3. 作业过程中因地质变化情况或设备损坏出现的问题或隐患，必须处理后在重新开始作业	不得出现影响安全未得到处理，盲目作业现象	4		
	4. 每班要对顶板压力大的区域进行认真检查，有断锚索锚杆等问题，要及时进行处理	由班组长、验收员、跟班队干具体负责，并做好观测记录	4		
	5. 掘锚机上的迎头照明灯，必须随机常亮。严格执行掘锚机使用安全要点	掘锚机上的迎头照明灯，必须随机常亮	2		
	6. 顺槽两帮锚索必须上护套和锚索卡	距工作面第一排往后，所有锚索必须上锚索卡	2		
	7. 无轻伤事故，无“三违”现象	本小项为否决项，有轻伤事故或严重“三违”现象，本大项不得分			
	8. 当有瓦斯超限时，必须停止作业	本小项为否决项，如瓦斯超限未停止作业进行处理的，本大项不得分			

（续）

评估项目	评估内容	执行标准及要求	标准分	实得分	扣分原因
四、一通三防管理（15 分）	1. 双风机双电源能够自动切换	瓦斯探头、CO 探头、风筒监测、机载瓦斯断电仪等均按要求及时跟进，运行正常 防尘水幕必须覆盖巷道全断面，转载点喷雾能够覆盖运输设备，效果良好。机组喷雾正常使用	3		
	2. 风筒悬挂达标，无明显漏风，最后一节风筒距迎头距离符合规定		4		
	3. 安全监测装置齐全，位置吊挂规范		3		
	4. 防尘水幕雾化良好，各转载点防降尘设施齐全有效，并正常使用；机组割煤时，必须开启机载除尘风机；工作面 30 m 范围内，班班冲洗		3		
	5. 设有消防器材存放处，器材齐全完好，规范放置		2		
五、机电管理（15 分）	1. 各种防护齐全、保护灵敏可靠，转动部位护罩用螺栓固定	各种防护符合要求 主要带式输送机、小绞车等运输设备，掘锚机附属设备，锚打机、水泵等符合规程要求	4		
	2. 检修、移动设备时，严格执行停送电制度，无带电作业		2		
	3. 机组遥控器、启动按钮、闭锁装置、信号灵敏可靠		2		
	4. 照明设施齐全有效，掘进机前后照明齐全，转载点、硐室等场所照明符合要求	各地点照明齐全完好	3		
	5. 设备上架、电缆、管路上钩、挂牌管理，输送带无跑偏	除距综掘面 30 ~ 35 m 内临时吊挂时，30 ~ 35 m 以外要严格按照永久悬挂方式吊挂	2		
	6. 电气设备要做好防淋水的防护		2		
六、文明生产（10 分）	1. 现场整洁，巷道无杂物、无淤煤、无积水	淤煤和积水长度不超过 5 m，深度不超过 0.2 m	5		
	2. 物料码放整齐、分类挂牌存放，牌物相符，软管（液管、水管）盘放整齐	执行文明生产规定	5		
总体评估情况		总得分	100		等级划分
当班存在主要问题					

当班安全员：　　　　跟班队长（班组长）：　　　　接班安全员：

注：1. 总体评价分析：安全 90 分以上（含 90 分）；较安全 80 ~ 90 分（含 80 分）；不安全 80 分以下，根据危险程度现场评估，如需立即整改的必须整改后再组织生产；低于 70 分，属于很危险，必须立即停产整改。

2. 评估人员按照标准分值酌情打分，扣分原因和所扣分值必须填写清楚。

3. 评估等级分为 A、B、C、D 四级，安全为 A 级，较安全为 B 级，不安全为 C 级，危险为 D 级。如一个掘进面连续三个班被评为 C 级，证明存在的问题或隐患较多，未及时得到整改，将下降一个等级（降为 D 级），需停产整改。

（4）综掘工作面安全质量评估表。

工作面名称： 评估日期： 评估班次：

评估项目	评估内容	执行标准及要求	标准分	实得分	扣分原因
一、岗位规范（15 分）	1. 岗位作业人员岗证相符	所从事岗位必须与上岗证相符	2		
	2. 严格执行开工前安全确认制度，能及时发现排查隐患，并能够正确安全处置整改	开工前必须对本岗位安全环境、设备等情况进行安全确认，有隐患或问题必须先整改，确保无隐患安全开工	4		
	3. 必须按照规定组织井下班前会岗位进行安全交接班	执行“员工操作达标”要求	2		
	4. 现场作业人员操作规范	严格按照操作规程和岗位作业标准作业，严禁简化操作流程和作业程序 轻微的扣分，严重的在扣分基础上，按“三违处理”	3		
	5. 岗位工必须掌握工序流程	抽查岗位工工序流程掌握情况	2		
	6. 岗位工需严格执行工序流程，队组班组长、跟班队长要监督执行	监督检查岗位工工序流程执行情况和班组长、跟班队长现场监督执行情况	2		
二、工程质量与顶板管理（25 分）	1. 掘进工作面要执行好“敲帮问顶”制度，找顶棍距迎头不得超过 10 m，控顶距符合作业规程规定	执行作业规程规定，必须严格执行一循环一支护、短进短支的掘进方式，支护作业过程中要随时进行敲帮问顶	6		
	2. 锚杆、锚索打设符合设计要求，作业范围内支护完好，无空帮、空顶作业现象	按照作业规程要求执行 严禁空帮、空顶作业	6		
	3. 不够宽、不够高时必须先行处理，采取措施，再进行掘进	出现局部片帮、冒落等现象要采取临时支护、超前支护或补强支护等防控措施	4		
	4. 迎头 10 m 内要坚持勤检查，无变形，有变形等情况必须采取加固措施		4		
	5. 机载式超前支护可靠，正常使用	机载式超前支护要保证完好，并正常使用，地质条件不好等情况不能使用	5		
三、安全管理（20 分）	1. 掘进机不工作时，必须停电闭锁，机组退出迎头 5 m，截割头落地	检修作业和支护作业时掘进机必须停电闭锁，支护巷帮时机组退出迎头 3 m	5		
	2. 探放水工作到位，本班必须在探放水要求的安全距离内掘进	严格执行“有掘必探”措施	4		
	3. 作业过程中因地质变化情况或设备损坏出现的问题或隐患，必须处理后在重新开始作业	不得出现影响安全未得到处理，盲目作业现象	4		

（续）

评估项目	评估内容	执行标准及要求	标准分	实得分	扣分原因
三、安全管理（20分）	4. 每班要对顶板压力大的区域进行认真检查，有断锚索锚杆等问题，要及时进行处理	由班组长、验收员、跟班队干具体负责，并做好观测记录，断锚索、锚杆集中区域要及时安排补打	4		
	5. 迎头5 m范围内必须吊挂照明灯	迎头照明灯根据进尺及时前移，不得超出5 m	3		
	6. 顺槽两帮锚索必须上护套和锚索卡	距工作面第一排往后，所有锚索必须上锚索卡			
	7. 无轻伤事故，无“三违”现象	本小项为否决项，有轻伤事故或严重“三违”现象，本大项不得分			
	8. 当有瓦斯超限时，必须停止作业	本小项为否决项，如瓦斯超限未停止作业进行处理的，本大项不得分			
四、一通三防管理（15分）	1. 双风机双电源能够自动切换	瓦斯探头、CO探头、风筒监测、机载瓦斯断电仪等均按要求及时跟进，运行正常 防尘水幕必须覆盖巷道全断面，转载点喷雾能够覆盖运输设备，效果良好。机组喷雾正常使用	3		
	2. 风筒悬挂达标，无明显漏风，最后一节风筒距迎头距离符合规定		4		
	3. 安全监测装置齐全，位置吊挂规范		3		
	4. 防尘水幕雾化良好，各转载点防降尘设施齐全有效，并正常使用		3		
	5. 设有消防器材存放处，器材齐全完好，规范放置		2		
五、机电管理（15分）	1. 各种防护齐全、保护灵敏可靠，转动部位护罩用螺栓固定	各种防护符合要求。 主要带式输送机、小绞车等运输设备，掘进机附属设备，钻机、探水设备、水泵等符合规程要求	4		
	2. 检修、移动设备时，严格执行停送电制度，无带电作业		2		
	3. 启动按钮、闭锁装置、信号灵敏可靠		2		
	4. 照明设施齐全有效，掘进机前后照明齐全，转载点、硐室等场所照明符合要求	各地点照明齐全完好	2		
	5. 设备上架、电缆、管路上钩、挂牌管理，输送带无跑偏	除距综掘面10～15 m内临时吊挂时，10～15 m以外要严格按照永久悬挂方式吊挂	2		
	6. 电气设备要做好防淋水的防护		2		

（续）

评估项目	评估内容	执行标准及要求	标准分	实得分	扣分原因
六、文明生产（10分）	1. 现场整洁，巷道无杂物、无淤煤、无积水	淤煤和积水长度不超过 5 m，深度不超过 0.2 m	5		
	2. 物料码放整齐、分类挂牌存放，牌物相符，软管（液管、水管）盘放整齐	执行文明生产规定	5		
总体评估情况		总得分	100		等级划分
当班存在主要问题					

当班安全员：　　　　　　　　　　跟班队长（班组长）：　　　　　　　　　　接班安全员：

注：1. 总体评价分析：安全 90 分以上（含 90 分）；较安全 80 ~ 90 分（含 80 分）；不安全 80 分以下，根据危险程度现场评估，如需立即整改的必须整改后再组织生产；低于 70 分，属于很危险，必须立即停产整改。

2. 评估人员按照标准分值酌情打分，扣分原因和所扣分值必须填写清楚。

3. 评估等级分为 A、B、C、D 四级，安全为 A 级，较安全为 B 级，不安全为 C 级，危险为 D 级。如一个掘进面连续三个班被评为 C 级，证明存在的问题或隐患较多，未及时得到整改，将下降一个等级（降为 D 级），需停产整改。

（5）安全质量评估当班遗留问题告知卡。

安全质量评估当班遗留问题告知卡

<table>
<tr><td>工作面名称</td><td></td><td>日期</td><td></td><td>班次</td><td></td><td rowspan="13">此联安全科留存</td></tr>
<tr><td colspan="6">当班主要存在及遗留问题</td></tr>
<tr><td colspan="6"></td></tr>
<tr><td colspan="6"></td></tr>
<tr><td colspan="6"></td></tr>
<tr><td colspan="6"></td></tr>
<tr><td colspan="6"></td></tr>
<tr><td colspan="6"></td></tr>
<tr><td colspan="6"></td></tr>
<tr><td colspan="6"></td></tr>
<tr><td colspan="6"></td></tr>
<tr><td colspan="6"></td></tr>
<tr><td>当班安全员</td><td></td><td>跟班队长（班组长）</td><td></td><td>接班安全员</td><td></td></tr>
</table>

安全质量评估当班遗留问题告知卡

<table>
<tr><td>工作面名称</td><td></td><td>日期</td><td></td><td>班次</td><td></td><td rowspan="13">此联被告知单位留存</td></tr>
<tr><td colspan="6">当班主要存在及遗留问题</td></tr>
<tr><td colspan="6"></td></tr>
<tr><td colspan="6"></td></tr>
<tr><td colspan="6"></td></tr>
<tr><td colspan="6"></td></tr>
<tr><td colspan="6"></td></tr>
<tr><td colspan="6"></td></tr>
<tr><td colspan="6"></td></tr>
<tr><td colspan="6"></td></tr>
<tr><td colspan="6"></td></tr>
<tr><td colspan="6"></td></tr>
<tr><td>当班安全员</td><td></td><td>跟班队长（班组长）</td><td></td><td>接班安全员</td><td></td></tr>
</table>

安全质量评估当班遗留问题告知卡

<table>
<tr><td>工作面名称</td><td></td><td>日期</td><td></td><td>班次</td><td></td><td rowspan="13">此联接班安全员留存</td></tr>
<tr><td colspan="6">当班主要存在及遗留问题</td></tr>
<tr><td colspan="6"></td></tr>
<tr><td colspan="6"></td></tr>
<tr><td colspan="6"></td></tr>
<tr><td colspan="6"></td></tr>
<tr><td colspan="6"></td></tr>
<tr><td colspan="6"></td></tr>
<tr><td colspan="6"></td></tr>
<tr><td colspan="6"></td></tr>
<tr><td colspan="6"></td></tr>
<tr><td colspan="6"></td></tr>
<tr><td>当班安全员</td><td></td><td>跟班队长（班组长）</td><td></td><td>接班安全员</td><td></td></tr>
</table>

安全质量评估统计表

月份		四月			五月			六月			季度汇总		
单位	巷道名称	分数	均分	排名	分数	均分	排名	分数	均分	排名	总分	均分	排名
综掘二队													
掘进一队													
综采队													
掘进二队													

________综采工作面班评估扣分项目统计表

序号	月份/项目	四月			五月			六月			合计		
		出现频次	考核次数	所占比例	出现频次	考核次数	所占比例	出现频次	考核次数	所占比例	出现总数	考核总数	平均比例
1	支架与顶底板接触严密，无空顶，逼帮板需贴紧煤墙												
2	液压系统无漏液、窜液，高压管路无破损												
3	液压支架初撑力必须达要求												
4	现场整洁，巷道无杂物、无淤煤、无积水，支架内无浮煤、积矸												
5	工作面两安全出口畅通，行人过桥牢固、完好												
6	单体柱初撑力符合要求，要有好防倒措施												
7	防尘水幕雾化良好，各转载点、支架间防降尘设施齐全有效，正常使用												
8	各种防护齐全，启动按钮、闭锁装置等保护装置灵敏可靠												
9	相邻支架间不能有明显错差，无挤架、咬架、倒架现象												
10	照明设施齐全有效，支架、转载、点、硐室等场所照明符合要求												
11	物料码放整齐、分类挂牌存放，牌物相符，软管（液管、水管）盘放整齐												

（续）

序号	月份/项目	四月			五月			六月			合计		
		出现频次	考核次数	所占比例	出现频次	考核次数	所占比例	出现频次	考核次数	所占比例	出现总数	考核总数	平均比例
12	工作面应做到“三直一平两畅通”												
13	压力大、变形大等有潜在危险的区域，采取补强措施												
14	严格执行开工前安全确认制度，能及时发现排查隐患，并能够正确安全处置整改												
15	设备上架、电缆上钩、挂牌管理，皮带无跑偏												
16	岗位工必须掌握工序流程												

＿＿＿＿掘进工作面班评估扣分项目统计表

序号	月份/项目	四月			五月			六月			合计		
		出现频次	考核次数	所占比例	出现频次	考核次数	所占比例	出现频次	考核次数	所占比例	出现总数	考核总数	平均比例
1	现场整洁，巷道无杂物、无淤煤、无积水												
2	各种防护齐全、保护灵敏可靠，转动部位护罩用螺栓固定												
3	设备上架、电缆、管路上钩、挂牌管理，皮带无跑偏												
4	掘进机不工作时，必须停电闭锁，机组退出迎头5 m，截割头落地												
5	物料码放整齐、分类挂牌存放，牌物相符，软管（液管、水管）盘放整齐												
6	防尘水幕雾化良好，各转载点防降尘设施齐全有效，并正常使用												
7	掘进工作面要执行好“敲帮问顶”制度，找顶棍距迎头不得超过10 m，控顶距符合作业规程规定												
8	风筒悬挂达标，无明显漏风，最后一节风筒距迎头距离符合规定												
9	每班要对顶板压力大的区域进行认真检查，有断锚索锚杆等问题，要及时进行处理												

（续）

序号	月份/项目	四月			五月			六月			合计		
		出现频次	考核次数	所占比例	出现频次	考核次数	所占比例	出现频次	考核次数	所占比例	出现总数	考核总数	平均比例
10	设有消防器材存放处，器材齐全完好，规范放置												
11	锚杆、锚索打设符合设计要求，作业范围内支护完好，无空帮、空顶作业现象												
12	电气设备要做好防淋水的防护												
13	顺槽两帮锚索必须上护套和锚索卡												
14	机载式超前支护可靠，正常使用												
15	照明设施齐全有效，掘进机前后照明齐全，转载点、硐室等场所照明符合要求												
16	岗位工必须掌握工序流程												

各采掘工作面统计分析表

序号	工作面名称	2019 年二季度主要扣分原因	2019 年一季度主要扣分原因	2019 年三季度管控重点
1	2306 工作面	1. 支架液管漏液、窜液 2. 支架一、二级护帮板未贴紧煤墙 3. 转载机处有积水；工作面架前有淤煤 4. 支架平衡顶不伸缩或支架护帮板销子断 5. 风巷超前单体柱自落或柱体弯曲变形	1. 支架液管窜液或液管吹垫漏液 2. 支架与顶板接触不严密或支架护帮板未贴紧煤墙 3. 刮板输送机机头及转载机机头有积水、淤煤 4. 支架一、二级护帮板及推移销销子断 5. 顶板破碎导致支架初撑力不达要求	1. 支架平衡顶不伸缩或支架护帮板销子断 2. 风巷超前单体柱自落或柱体弯曲
2	2303 运巷	1. 巷道顶板和肩窝处部分锚杆、锚索断 2. 工作面材料堆放点支护材料摆放不整齐 3. 工作面断面喷雾部分喷头堵塞或断面喷雾未及时前移 4. 巷道部分开关无淋水防护 5. 巷道个别照明灯不亮或机组前照明灯煤粉多	1. 工作面及皮带机尾淤煤、积水多 2. 工作面管路及电缆未上钩吊挂或工作面皮带机尾段皮带跑偏 3. 顶板压力大顶板及肩窝处断锚索、锚杆 4. 断面喷雾雾化效果不好或喷头堵塞 5. 工作面支护材料摆放不整齐	1. 巷道部分开关无淋水防护 2. 巷道个别照明灯不亮或机组前照明灯煤粉多

（续）

序号	工作面名称	2019 年二季度主要扣分原因	2019 年一季度主要扣分原因	2019 年三季度管控重点
3	2303 风巷	1. 巷道杂物未及时清理或工作面有淤煤、积水 2. 输送带局部跑偏或工作面管路未按规定上钩吊挂 3. 巷道沿线断锚索、锚杆较多 4. 带式输送机机尾及刮板输送机护罩变形或固定不牢，急停拉线未及时延伸 5. 工作面断面喷雾未及时向工作面延伸或个别喷头堵塞	1. 工作面淤煤、积水多、巷道内有杂物 2. 巷道顶部及巷帮有断锚索、锚杆 3. 工作面支护材料摆放不整齐 4. 工作面断面喷雾喷头不雾化或喷头堵塞 5. 巷道照明灯不亮或亮度不达要求	1. 带式输送机机尾及刮板输送机护罩变形或固定不牢，急停拉线未及时延伸 2. 工作面断面喷雾未及时向工作面延伸或个别喷头堵塞
4	北翼回风巷	1. 工作面及皮带机尾有淤煤、积水或巷帮杂物未及时清理 2. 工作面管路未上钩吊挂、钻机未上架管理或输送带局部跑偏 3. 机组二运喷头坏或断面喷雾个别喷头堵塞 4. 带式输送机卸料台护网未固定或皮带机尾护罩未安装 5. 机载式超前支护右侧油缸自落、轻微变形	1. 工作面带式输送机机尾有淤煤、巷帮有杂物 2. 带式输送机机尾跑偏；工作面管路未及时续接 3. 机组一、二运或工作面断面喷雾雾化效果不好或喷头堵塞 4. 皮带机尾架与缓冲架未用边杆连接 5. 工作面支护材料堆放不整齐 6. 机载式超前支护伸缩油缸不同步或油缸坏，不能正常使用	1. 带式输送机卸料台护网未固定或皮带机尾护罩未安装 2. 机载式超前支护右侧油缸自落、轻微变形

1.9　煤矿班组制度

1.9.1　班组长安全生产责任制

第一条　班组长是本班组安全生产和安全建设的第一责任人，全面落实本班组和监管岗位人员的安全生产责任制，完成本班组的安全生产管理目标。

第二条　认真组织班组职工贯彻落实安全生产方针，坚持“生产必须安全，不安全不生产”的原则。

第三条　加强班组安全文化建设和职工思想教育工作，组织班组职工开展安全教育培训，不断提升班组职工的安全意识和安全素质。

第四条　班组实行民主管理，严格执行安全绩效考核和准军事化管理，不断提高班组凝聚力和战斗力。

第五条　组织和监督班组职工严格执行“三大规程”和安全生产标准化，干标准活、干放心活。

第六条　分解落实班组安全生产任务，严格执行安全作业“七步法”流程，加强现场安全风险管控、隐患排查治理和职业危害防治工作。

第七条　不违章指挥、不违章作业、不强令工人冒险作业，及时制止“三违”行为。

第八条　落实班组现场应急处置措施，出现事故征兆或隐患时，立即组织现场职工进行处置，危及人身安全时立即组织撤离。发生事故时，按照相关预案的现场处置程序及时进行处置，并组织本班组现场人员的自救、互救和避灾，同时向调度室汇报。

1.9.2　员工安全生产责任制通则

第一条　认真学习和贯彻执行煤矿相关安全生产方针、政策和法律、法规、规定、规程，严格遵守本公司安全生产规章制度，持证上岗，且岗证相符，服从管理。

第二条　牢固树立安全第一思想，不断提升自身安全意识和安全素质。

第三条　加强学习，提高安全操作技能，按章作业，杜绝“三违”，在生产过程中做到“四不伤害”。

第四条　熟悉作业场所和工作岗位的危险因素，落实防范措施，掌握各类事故的预防和避灾自救知识，具备基本的安全生产技能。

第五条　及时排除本岗位安全隐患，发现不安全因素及时处理或报告。

第六条　爱护安全生产设施、设备，正确佩戴和使用劳动防护用品。

第七条　积极参加安全生产标准化建设，认真做好作业场所和工作岗位的文明生产工作。

第八条　积极参与安全生产管理，提出有关安全生产的合理建议。

第九条　积极参加公司组织的各类安全活动。

1.9.3　班前、班后会及交接班制度

第一章　总　　则

第一条　为规范班组班前会管理，明确班前会管理流程和要求，改善班组长工作方法，提高班前会质量，根据《山西省煤矿班组安全建设规定》，特制定本制度。

第二条　本制度适用于公司所有班组。

第二章　班　前　会

第三条　班前会由当日值班人员负责组织召开。所有人员必须严格执行准军事化管理规定，按时参加会议。

第四条　开会前，值班人员要向跟班队长、班组长汇报上一班工作情况。当班跟班队长、班组长要主动了解本班的工作任务和安全注意事项。

第五条　班前会要严格执行公司班前会“七步法”的相关规定。

第六条　对于队（厂）内班组较多（例如机电机运队），各班组无法单独开班前会时，可采用各班组集中召开班前会，会议由队长或跟班队长主持。

第七条　值班人员要协助班组长召开好班前会，并认真做好记录。

第八条　由于工作任务需要，当班职工岗位发生变化或临时调整的，要做好互保联保记录。

第九条　班前会结束后，当班班组长要作为当班旗手，并严格按照准军事化管理要求，进入现场。

第十条　班前会要严格按照公司“三个七步法”和安全绩效考核的有关内容进行考核。

第三章　交　接　班

第十一条　实行三班作业制的班组，岗位均实行现场交接班制度。

第十二条　由班组长举旗列队统一出、入井，队旗由班组长统一放至规定地点。

第十三条　交班人员应提前半个小时做好交班准备，接班人员未到达前，交班人员不能擅自离开

岗位。

第十四条 交接时双方必须在现场交接，不能以电话交接或其他方式进行。

第十五条 交接班时，交接双方要按照“岗位安全检查表”上要求的内容逐项交接。岗位存在的问题要交接清楚，填写在“岗位安全检查表”中，并签字确认。交班人升井后将“岗位安全检查表”交回队组存档。

第十六条 班组长之间要填写“班组安全确认单”，下班后将确认单交回队组存档。

第十七条 特殊情况或其他不实行交接班制的，下班前班组长要到单独岗位进行安全确认，并填好“班组安全确认单”。

第十八条 遇到本岗位或本班组无法处理的特殊情况，要及时向跟班队长或调度室汇报。

第十九条 交接班实行“四交”

(1) 本班生产任务完成、工程质量、材料使用情况。

(2) 现场地质条件、设备运行（包含设备卫生）情况。

(3) 现场风险管控、隐患处理、防护设施使用和其他注意事项。

(4) 上级指示、要求和安全注意事项等安全条件。

第二十条 交接班实行“四不交”

(1) 记录不完整、填写不清。

(2) 工具摆放不整洁、数量不清。

(3) 生产设备运行情况交代不清。

(4) 当班能排除的事故隐患或设备故障未排除。

第二十一条 交接班要严格按照公司安全绩效考核的有关规定进行考核。

第四章 班 后 会

第二十二条 班后会由当班班组长负责组织召开。

第二十三条 班后会的组织形式可由各矿根据实际采用在现场或升井后到会议室集中召开等多种形式。

第二十四条 工作点评

(1) 首先由班组长对当班安全工作总体情况、工程质量、生产任务完成情况进行小结，分析不足，总结经验。

(2) 结合当班的人员完成工作情况提出表扬或批评。在点评时对表现好的员工要进行表扬，对表现差的员工要指出问题所在，并要求下次改正。

(3) 对本班出现“三违”的员工要分析原因，进行有针对性的安全教育，并按照公司反“三违”管理办法向安全科申报。

(4) 跟班队长要根据当班工作情况和班组长的点评，结合相关规章、制度、标准、要求进行安全讲解，不断提高员工安全认识水平。

第二十五条 填写记录

(1) 值班人员要认真做好班后会会议记录。

(2) 班组长要组织各岗位人员认真填写好各类台账记录。

(3) 跟班队长要对所有台账记录进行审核签字，并将记录交至当日值班人员存档备查。

第二十六条 班后会的考核，严格按照公司安全绩效考核的相关规定执行。

1.9.4 班组工作例会制度

第一条 为了落实班组中心任务、规范班组工作例会流程和内容、提高班组管理效能，结合实际，特制定本制度。

第二条 本制度适用公司所有班组。

第三条 班组所有人员参加，必要时可邀请分管领导或相关职能科室人员、队长参加。会议一般由班组长主持召开，主持人要做好会议组织工作，确保会议实效，并将决议事项安排实施。

第四条 工作例会的周期和时间

（1）班组工作例会每月至少组织召开一次。

（2）班组根据解决问题的时效性原则，确定召开会议的具体时间，特殊情况可随时召开。

（3）当劳动组织、班组结构、班组长人选发生变化或调整时，要适时召开班组工作例会。

第五条 召开班组工作例会要遵循有效性、规范化和民主集中等基本原则，达到预期效果，提高会议质量。

第六条 班组工作例会着重研究当前安全生产、成本管理、工资分配等中心工作。

（1）现场安全：对“三违”现象进行分析，找出其深层次原因；对各类事故要深刻汲取教训；以强化作业现场安全管控为抓手，对当前存在的隐患及问题，制定具体解决办法和措施，筑牢安全生产第一道防线，总结安全工作，做出奖惩决定，推进班组安全生产标准化建设，确保安全生产。

（2）现场生产：分解落实上级部门下达的生产工作任务，分配班组员工工作，科学配置生产要素，安排具体工作进度，解决制约生产瓶颈问题，抓好现场劳动组织，实现岗位操作达标，提高生产效率，全面完成各项生产指标。

（3）现场质量和环境：严格执行质量管理制度，实现班组作业达标；加强作业现场精细化管理，各类材料、备品配件、工器具摆放整齐有序，监测监控安全有效，作业现场文明卫生，实现作业动态达标。

（4）成本管理：研究生产过程中材料、配件、水电、维修等成本费用消耗和修旧利废、回收复用等内控指标执行情况，积极开展增产节约、增收节支活动。

（5）工资分配：按照按劳分配原则，结合各工种特点，研究制定合理的工资分配办法，创新班组绩效考核和分配机制，将安全、生产、成本、效益与工资分配挂钩，做到公平、公正、公开，不断提高员工生产积极性。

（6）技术创新：推广应用新技术、新工艺、新材料和新经验，积极开展课题攻关、经济技术创新和“五小”竞赛等活动。

（7）班组管理：不断完善各种原始记录、统计报表、管理图表和台账，建立健全班组管理制度，加强思想政治工作，关心员工工作和生活，实行民主管理和人本管理，推行轮值管理机制，积极组织员工参加学习培训、岗位练兵和文体活动，推进班组安全文化建设。

（8）其他事项：需要召开班组工作例会研究解决的其他事项。

第七条 班组长应亲自或指定人员做好会议通知、会议资料和会场准备工作，按规定将会议议题提前通知参会人员。

第八条 参会人员要遵守企业有关会议规定，若有违反，按规定进行处罚。

1.9.5 班组安全生产标准化和文明生产管理制度

第一条 安全生产标准化和文明生产是班组的基本工作之一，是一个厂队、一个企业实现安全生产的基础，为实现安全生产标准化稳步提升，特制定本制度。

第二条 本制度适用于所有班组。

第三条 班组长是本班安全生产标准化和文明生产的第一责任人，对本班安全生产标准化和文明生产全面负责。

验收员（标准化监督员）负责本班安全生产标准化和文明生产工作的监督验收。

班组各岗位人员是相应岗位的安全生产标准化和文明生产的具体实施者，是现场标准化和文明生产动态达标的主体。

第四条 安全生产标准化和文明生产要以动态达标为基本要求，即在生产过程中始终保持达标。

第五条 班组安全生产标准化和文明生产的基本内容

(1) 工程（工作）质量符合《煤矿安全规程》《作业规程》以及安全生产标准化、岗位作业标准等要求或规定。

(2) 操作行为符合《煤矿安全规程》《操作规程》等规定和程序要求，不违章、不违规。

(3) 其他行为符合岗位作业标准、员工行为规范、三个七步法等要求。

(4) 岗位文明生产符合文明生产标准要求。

(5) 风险管控和隐患排查处理及时。

(6) 个体劳动保护或防护符合法律法规和标准要求。

(7) 互保联保要符合公司统一要求。

第六条 班组长要采取各种形式组织本班人员学习《煤矿安全规程》《作业规程》《安全生产标准化标准》《文明生产标准化》《岗位作业标准》《操作规程》等规章制度，并熟练掌握，为现场动态达标打好基础。

第七条 为保证安全生产标准化和文明生产动态达标，实行班评估制度。

班评估由当班验收员或安全检查员执行，每班对当班所在区域的安全生产标准化和文明生产动态情况进行评估。

第八条 推行班组文明生产三要素工作法，即“定置、整齐、清洁”。

第九条 班组安全生产标准化和文明生产动态达标纳入矿、队、班组三级考核和奖罚范围，三级都要对安全生产标准化和文明生产动态达标进行逐级考核，与安全生产标准化奖励挂钩，并对动态达标方案的问题或违反动态达标的行为予以相应的处罚。

安全生产标准化和文明生产奖惩办法纳入公司安全生产标准化管理奖惩考核范围。

1.9.6 班组学习培训制度

第一条 为进一步提高基层班组岗位员工的安全业务素质，全面夯实安全生产基础，培养安全、知识、技术、创新型煤矿职工队伍，根据中华人民共和国《煤矿安全培训规定》（原国家安监总局第92号令）及《山西省煤矿班组安全建设规定》（晋煤监政法〔2019〕6号）规定，结合公司实际，特制定班组学习培训制度。

第二条 本制度适用于公司所有班组。

第三条 班组学习培训

(1) 班组长负责组织本班成员的学习培训，全力推进准军事化、反“三违”，积极培育员工爱岗敬业与吃苦奉献精神。

(2) 日常培训：

培训内容：按照区队制定的学习计划和方案，加强对国家安全生产法律、法规、政策的学习，根据实际认真开展《煤矿安全规程》《作业规程》《操作规程》及各种安全技术措施、职业病防治、现场应急预案、煤矿安全生产标准化要求、上级文件精神及通知，安全防护装置（用具）的性能及正确使用方法等应知应会的学习培训。重点进行安全生产事故案例警示教育，要选用与本专业紧密结合的事故案例、选用本部门及周边单位的有代表性的案例，通过每周强化，周而复始，不断地进行教育，强化员工安全意识，内化于心，提高自主保安意识。

培训方式：班组成员要将碎片化学习和集中学习相结合，积极推行案例学习法，形成基于岗位的“工作学习化、学习工作化”的团队互动式学习模式。采取班前会每日一题、周四安全活动日集中学习、“点对点、一对一、结对子”、自学、培训班、技能交流等多种学习方式。

培训时间：班前会、周四安全活动日。

培训组织：队长、技术副队长、班组长负责组织本班成员的学习培训。

培训考核：班组成员认真培训并做好学习笔记，煤矿各队组每月进行总结考核评比，奖优罚劣。

（3）安全技术培训：

培训内容：作业规程、专项安全技术措施、安全操作技能“一清二熟三会四懂”。一清：工艺流程清；二熟：生产原理熟、工艺条件熟；三会：会使用、会维护保养、会排除故障；四懂：懂操作、懂结构、懂用途、懂性能。

培训方式：集中培训。

培训时间：各工程开工前、班前会。

培训组织：技术副队长、班组长负责组织本班成员的学习培训。

培训考核：班组成员必须严格执行一工程一措施管理，安全技术措施在施工前必须组织全体班组成员培训学习，考核合格方可施工。

（4）新工人、转岗培训：

培训内容：

①班组基本概况。

②班组的工作环境及危险因素、岗位安全操作规程。

③所从事工种可能遭受的职业伤害和伤亡事故、岗位之间工作衔接配合的安全与职业卫生事项。

④所从事工种的安全职责、操作技能及强制性标准。

⑤自救互救、急救方法、疏散和现场紧急情况的处理。

⑥安全设备设施、个人防护用品的使用和维护。

⑦本部门安全生产状况及规章制度。

⑧预防事故和职业危害的措施及应注意的安全事项。

⑨有关安全生产事故案例。

⑩其他需要培训的内容。

培训方式：集中（脱产）培训。

培训时间：上岗前。

培训组织：技术副队长、班组长负责组织。

培训考核：新上岗、调岗的井下作业人员安全培训合格后，应当在有经验的工人师傅带领下，实习满四个月，并取得工人师傅签名的实习合格证明后，方可独立工作。工人师傅一般应当具备中级工以上技能等级、3 年以上相应工作经历和没有发生过违章指挥、违章作业、违反劳动纪律等条件。

第四条 监督考核

二级公司对各矿的教育培训情况进行监督检查，各矿应建立和完善班组学习培训、考核、使用与待遇相结合的机制，班组职工参加培训的考评结果作为考核、奖惩、聘任、使用、晋升的依据。

1.9.7 安全承诺制度

第一条 为强化全员安全意识，深入落实安全责任，提高遵章守纪的自觉性，确保安全生产，特制定本制度。

第二条 班组所有人员都应进行安全承诺。

第三条 安全承诺方式及程序

（1）安全承诺的方式包括安全承诺书（书面）和入井或上岗前安全承诺宣誓（口头）两种。

（2）新入职职工在完成入职培训并考试合格后签订安全承诺书；转岗职工在完成新岗位的安全培训并考试合格后重新签订安全承诺书；如未按规定进行安全培训并考试合格，职工不得在承诺书上签字。

（3）承诺人必须熟悉安全承诺内容，并在安全承诺书上亲笔签字，不允许他人代签。安全承诺书一式三份，一份由承诺人保存，一份由所在班组存档，一份由安全科存档。

(4) 安全承诺书每年年初或入职上岗前签订，有效期为一年，安全承诺誓词在每日入井或上岗前宣誓。

第四条 安全承诺内容

安全承诺的内容原则上按以下几项设定，岗位人员承诺要以岗位安全职责为主要内容，并严格落实。

(1) 认真执行“安全第一，预防为主、综合治理”的安全生产方针，遵守各项安全生产制度和规定，服从管理，做到“四不伤害”，即：不伤害自己，不伤害他人，不被他人伤害，保护他人不受伤害。

(2) 认真履行岗位职责，不违章指挥，不违章作业，不违反劳动纪律，抵制违章指挥，纠正违章行为，坚决做到“三不生产”，即：不安全不生产，事故隐患不排除不生产，规程措施不落实不生产。

(3) 按规定统一着装，正确佩戴和使用劳动防护用品。

(4) 主动接受安全教育培训和考核，持证上岗。认真学习并掌握岗位所需的安全生产知识，会自救互救，会熟练使用自救器、灭火器等安全防护器材，增强自身事故预防和应急处置能力。

第五条 安全承诺的要求

(1) 安全承诺书格式由公司统一制作，内容可根据班组岗位进行调整，承诺人必须在安全承诺书上亲笔签字，并认真履行安全承诺。

(2) 职工所在班组的班组长是实施安全承诺签字的负责人，班组是组织实施安全承诺的主体责任单位，安全科是安全承诺的监督责任部门，负责定期对安全承诺书的落实情况进行检查考核。

1.9.8 民主管理班务公开制度

第一条 为加强公司基层班组建设，提高班组民主管理水平，增强班务公开透明度，推进企业安全、高效、健康、和谐发展，结合实际，特制定本制度。

第二条 班组民主管理的基本组织形式为开展班组民主管理会。民主管理会由工会小组长主持，工会小组长由班组选举产生，班组长不得兼任。

第三条 班组民主管理会每月召开一次，或根据需要随时召开，每次会议必须有班组三分之二以上职工参加，对班组权限范围内的有关事项或重大问题进行审议，讨论决定的事项有班组参会职工半数以上同意。

第四条 班组民主管理会议内容：

(1) 贯彻落实公司职工代表大会决议中涉及本班组的有关事宜。

(2) 听取班长的工作报告，民主评议班组工作。

(3) 讨论、审议班组生产工作计划及有关技术、设备、材料消耗等问题，并提出具体落实措施。

(4) 讨论决定班组各项规章制度及改革方案。

(5) 讨论决定班组奖金分配办法。

(6) 民主选举工会小组长及职工代表，民主评选先进职工并对职工的奖惩提出建议。

(7) 开展合理化建议活动。

(8) 根据公司、队组及班组实际，开展文体娱乐活动。

第五条 工会小组长要提前准备好讨论材料，有些问题也可在班组管理会前在班组提出，引导班组职工进行思考和讨论。

第六条 班组民主管理会决定事宜，由工会小组长安排专人记录，并负责监督落实情况，若讨论决定事项变更，必须再经民主管理会再次讨论决定。班组民主管理会决定的事项与班长意见不同时，可向队（厂）基层分工会提出复议。

第七条 班务公开工作主要由班长负责，工会小组长监督执行，公布内容、公布时间和公布方式要安排专人做好记录。

第八条 班务公开的内容必须保证其真实性，不能弄虚作假。

第九条 班务公开内容：

（1）工资奖金分配方案及公司各级考核方案。

（2）班组及个人考核、惩罚情况。

（3）出勤及工资情况。

（4）班组安全生产情况及安全生产标准化建设情况。

（5）材料配件消耗、设备使用维修更换情况。

（6）“三违”人员学习、培训、帮教情况及“点对点、一对一、结对子”学习情况。

（7）班组评优条件、程序及结果。

（8）准军事化管理执行情况。

（9）班组群监活动开展情况。

（10）对上级、班组的合理化建议和意见。

（11）其他需要公开内容：包括班组劳动组织，班组工作计划和总结，班组劳动竞赛情况或班组成员走访情况等。

第十条 班务公开的形式有班务会、民主管理会、会议室上墙公示或采用其他形式公布。原则上为一月一公开，特殊情况要及时公开。

第十一条 各队（厂）分工会对责任范围内的班组进行检查、监督、考核，班组未按要求开展班组民主管理会及进行班务公开的，对所在班组进行通报批评，并按班组考核办法和班组安全绩效考核细则对班组进行扣分考核，考核结果同班组风险抵押金和工资挂钩。

第十二条 矿工会每月对各队（厂）落实班组民主管理会及班务公开情况进行检查考核，同时对各班组班务公开的满意度进行调查，对不合格部门责令其限期整改并在当月对责任部门按照工会考核办法进行考核扣分，考核结果同工资挂钩。

1.9.9 班组安全绩效考核制度

第一条 为适应班组安全管理的需要，落实安全生产激励和约束机制，强化班组安全管理班组安全建设，促进班组员工安全生产的责任意识，特制定本制度。

第二条 本制度适用于所有生产班组。

第三条 考核程序：

（1）队成立以队长、副队长组成的考核小组，负责考核班组，每月底前1天完成考核汇总。

（2）班组成立以分管副队长、班组长、职工代表组成的考核小组，负责考核员工，每月28日前完成考核汇总。

（3）考核结果主要用于工作反馈、薪酬管理、职务（工种）调整和工作改进，与工资直接挂钩，由队长签字确认。

第四条 考核周期：每月进行一次考核。

第五条 考核信息来源：

（1）班组长工作日志。

（2）班组验收表内的日常考核结果。

（3）公司领导、业务部门以及上级部门对于班组或个人的日常检查情况。

第六条 考核内容：班组安全绩效考核内容包括安全管理、生产任务与质量、设备管理、基础资料、行为规范五个方面。岗位安全绩效考核内容包括安全指标、安全知识学习、安全精神贯彻、安全制度执行、安全活动参加、安全责任落实、安全操作、其他安全工作八个方面。

第七条 考核办法

（1）班组安全绩效考核遵循实事求是、客观公正、处罚与教育相结合、鼓励自查自纠的原则。

（2）班组安全绩效考核实行百分制考核。

（3）由于班组职工“违规、违章、违纪”行为导致事故发生的，实行一票否决制，不得参加任何先进的评选。出现重特大安全事故的，按照公司有关考核制度执行。

（4）对“违规、违章、违纪”人员进行扣分处罚时，应当将事实和情节核实后通知当事人。

（5）多人违章分别给予处罚，不因其中一个人的扣罚而免除其他人的扣罚。

（6）本制度具体由跟班队干或班组的班长实施。

第八条 考核结果应用

（1）考核结果在队组公示栏内进行公示。

（2）对班组和员工的考核分数在队组工资二次分配时予以体现，岗位工工资按照考核分数同比发放（例如：岗位工考核总分为 100 分，当月考核分数为 90 分，工资按 90% 核算）。

（3）公司对班组和个人的经济处罚在队组工资总额内直接扣除。

本办法自下发之日起执行。

1.9.10 班组工分（工资）分配制度

第一条 为持续做好班组工资分配工作，充分调动职工的劳动积极性，增加分配透明度，体现民主管理、民主监督，公正合理、奖罚分明的原则，合理调节班组各岗位人员工资比例，特制定本制度。

第二条 本制度适用于生产作业班组。

第三条 为保证矿井的生产均衡率，班组必须保证本月员工出勤率、出勤天数，班组员工必须按规定考勤，工资按照每年公司制定的工资分配实施方案执行。

第四条 各部门要根据岗位工作危险程度、劳动强度、技术含量、作业环境及工作数量确定班组各工种岗位系数，当班作业人员工分按照岗位系数乘以工作量，为当班初步工分。

第五条 当班结束后，当班班组长或验收员对当班工作量、质量、上岗情况及文明施工等进行验收，列出奖罚情况，填写验收表，由部门负责人审核验收表后，部门核算员根据工作量乘以岗位系数，再考虑当班奖罚情况得出当班人员工分，也可以根据工分算出当日工资。

第六条 班组个人工分由部门核算员定期公示。按照公示的工分，每月对职工工资进行核算，工资发放情况每月在公布栏张贴公示。

第七条 月底班组长对本班工人在本月的工作表现进行公开、公正的评价，根据职工的工作积极性、责任心进行奖罚，结果报部门负责人审批，并由部门分工会民主监督管理小组进行监督执行。

第八条 对于旷工、迟到、早退、脱岗的职工按照本部门的规定进行处罚。

第九条 上级对个人的奖罚由公司进行核算，班组不再另行奖罚。

第十条 其他情况根据公司工资分配方案、安全生产奖惩细则及队内规章制度执行。

1.9.11 班组隐患排查治理报告制度

第一条 为切实做好班组安全生产，加强班组对事故隐患的排查、治理、报告工作，预防安全生产事故发生，特制定本制度。

第二条 本制度适用于生产作业班组。

第三条 班组长是所属班组的安全生产第一责任者，是所属班组隐患排查治理第一责任人，对本班施工范围内的安全生产隐患排查治理和上报工作负责。

第四条 班组长开班前会时，要了解上一班工作现场存在的安全隐患，做到心中有数。在班前会上重点对存在的隐患，应采取的措施进行安排部署。

第五条 班组长必须跟班指挥，到作业场所后首先排查隐患，确认无隐患后方可作业。发现隐患，必须处理后再作业。

第六条 班组长班中要进行现场巡回检查，坚持“边检查、边处理”的原则，对作业环境、使用设备及各系统进行定时、定点、定路线、定项目巡回检查，严格监控生产中的每道工序，及时处理出现的安全隐患问题，对查出的隐患实行专人负责，落实治理责任，隐患没有排除，班组长不得组织生产。

第七条 岗位作业人员负责本岗位隐患排查。各岗位作业人员在接班时对本岗位作业区域或责任区域事故隐患进行排查，并在作业过程中随时排查事故隐患。发现事故隐患要立即停止作业，报告班组长，待事故隐患处理后方可继续作业。岗位人员当班所查隐患必须填写记录并存档。

第八条 严格按下列要求排查治理安全事故隐患：

（1）查出的一般性隐患，由当班班长安排现场及时整改。

（2）发现危及人身安全的隐患或重大事故隐患时，班组长应先停止作业，组织所有人员有序撤离到安全地点，并及时报告队部和调度室，处理后再作业。

（3）当班能处理的隐患，必须当班处理完毕，不能处理的要向下一班交接清楚。

（4）现场处理不了的隐患，如果影响安全则停止生产；如果采取措施能保证安全的，则采取措施继续生产，并汇报调度室。

（5）对限期治理的隐患，要严格落实现场防范措施。

（6）对已整改的隐患，必须安排复查，确保隐患整改到位。对隐患排查、整改落实不到位的进行处罚。

第九条 现场交接班时，班组长必须把当班的遗留问题告知接班班长并说明安全注意事项。

第十条 当班结束后，班长要把当班排查的事故隐患记录在隐患台账上，并向队值班人员说明具体情况。

第十一条 鼓励职工举报安全事故隐患，对举报者进行打击报复者严肃处理。

1.9.12 安全风险管控制度

第一条 为进一步规范班组安全风险管控工作，严格落实各项安全风险管控措施，确保各项安全风险处于可控状态，有效防范安全生产事故发生，保障班组安全生产，特制定本制度。

第二条 本制度适用于生产作业班组。

第三条 班组成员必须接受安全风险分级管控相关知识培训，熟知本岗位安全风险及管控措施，具备开展安全风险辨识、管控相应知识和能力。

第四条 班组要建立安全风险辨识、管控相关管理台账。积极开展安全风险辨识及管控工作，及时将安全风险管控情况记录到位，并严格执行新增、销号程序。

第五条 上级安排的零星工程，要提前进行安全风险辨识，辨识出的风险要及时上报，由相应的管控层级制定管控措施，并对管控措施逐条组织学习。

第六条 班组长要及时了解班组成员动态信息，对本班组成员思想动态及身体状况等方面开展安全风险辨识。针对存在思想障碍、饮酒、生理疾病等情形，无法正常开展工作的人员，严禁其上岗作业。

第七条 班组长要提前了解上一班安全生产情况及设备运行、检修情况。在班前会议上，将本班作业场所、环境、作业任务、岗位操作、设施设备等存在的安全风险及管控措施对本班成员进行告知。

第八条 严格执行上岗前进行安全风险辨识

（1）班组长必须对班组作业现场、作业环境、施工组织、人员、设施设备、工器具等进行作业前安全风险辨识，对已采取的管控措施效果进行安全确认，对新辨识出的风险，班组长要与跟班队长一起进行评估。

（2）评估出的较大安全风险、重大安全风险要立即进行上报，等待相应层级制定管控措施，管控效果不到位、管控措施不落实的不得组织生产。

（3）评估出的一般安全风险、低风险，班组长要与跟班队长现场制定管控措施，并将管控措施上报队组，经审核授权后，在现场进行管控，管控效果不到位、管控措施不落实的不得组织生产。

（4）岗位人员要对岗位作业环境、设施设备、工器具、劳动防护用品进行逐项辨识，发现问题及时汇报班组长，并按要求采取相应管控措施，在确认安全后方可上岗操作。

第九条　严格执行作业过程中的安全风险辨识管控。

班组长在生产过程中，要对各项安全风险管控措施落实效果、重点环节、关键岗位、关键程序进行动态监控，发现有管控不到位时，要立即汇报跟班队长，并采取以下措施：

（1）针对较大安全风险、重大安全风险要立即停止作业，进行汇报，等待相应层级制定管控措施，管控效果不到位、管控措施不落实的不得组织生产。

（2）针对一般安全风险、低风险，要立即停止风险区域、岗位及上下工序岗位的作业，同时班组长要与跟班队长现场进行管控，管控效果不到位、管控措施不落实的不得组织生产。

（3）岗位人员在生产过程中，要时刻观察本岗位作业环境、设施设备运转情况，发现风险要立即停止作业，报告班组长，并按管控措施进行管控，管控效果不到位、管控措施不落实的不得上岗作业。

第十条　当班工作结束后，班组长要组织员工对作业现场、环境、设备设施现状等风险管控措施效果进行安全确认，针对本班无法管控到位的安全风险，在交接班时进行告知，并与下一班人员按交接班程序进行交接。

第十一条　班组长严禁违章指挥，强令职工冒险作业，在安全风险管控措施失效形成隐患时，应及时下发停止作业命令，并按事故隐患治理制度及时治理，当发现事故征兆时，应立即组织本班组成员，按照应急处置措施及相应避灾路线，有序撤离危险区域，并及时汇报。

第十二条　班组长要将当班新发现的安全风险及管控措施，在随身携带的安全风险管控记录表上及时记录。当班工作结束后，及时记录在班组安全风险管控台账中，并在班后会上进行总结分析。

第十三条　班组长必须对安全风险管控工作进行检查考核。凡存在安全风险辨识不认真、不到位，管控措施落实不认真、不到位，发现问题汇报不及时，培训学习不认真，安全风险管控措施掌握不到位的，视情节轻重给予相应处罚。

第十四条　班组安全风险管控必须依据矿级安全风险管控制度开展。

1.9.13　事故报告和应急处置制度

第一条　为进一步规范班组安全生产事故的报告，提高应对事故风险和处理伤亡事故的能力，有效保障职工的身心健康和生命安全，最大限度地减少人员伤亡、财产损失和环境损害等，根据国家相关法律、法规和《山西省煤矿班组安全建设规定》，结合公司实际，特制定本制度。

第二条　本制度适用于公司所有班组。

第三条　班组需要报告的事故为两种情况：一是伤亡事故，二是非人身伤害事故。

第四条　发生伤亡事故后，班组立即停止作业，班组长及时汇报给队部值班室、调度室及带班领导，并启动现场处置方案。

第五条　发生各类非人身伤害事故，班组人员要立即停止作业，班组长及时汇报队部值班室和调度室。

第六条　现场发生事故后，班组长汇报事故信息，应包括下列内容

（1）事故发生区域的时间、地点、事故性质及事故现场情况。

（2）事故已经造成或者可能造成的伤亡人数，失联、涉险人数。

（3）事故的简要经过、现场应急救援情况及已经采取的应对措施。

第七条　发生伤亡事故后，按照现场处置方案，班组首先要在确保安全的前提下营救遇险人员，

开展针对性应急救援工作，防止发生次生、衍生事故，班组长要及时通知受威胁区域人员撤离。

第八条 发生各类非人身伤害事故后，班组长要立即停止事故所在区域内的一切工作，积极采取措施组织处理。

第九条 班组长要组织岗位人员，积极开展自救互救工作。

第十条 所有人员在救援过程中，要严格遵守《煤矿安全规程》《作业规程》《操作规程》《生产安全事故应急预案》的相关规定，及时排除隐患，确保救援人员自身安全。

第十一条 班组现场事故报告和应急处置的考核严格按照《安全生产管理规定》的有关规定执行。

1.9.14 班组特聘煤矿安全群众监督管理制度

第一条 为贯彻落实“安全第一、预防为主、综合治理”安全生产方针，加强班组群众安全监督管理基础工作，充分发挥煤矿安全群众监督员（以下简称“群监员”）在安全生产中的监督作用，促进班组安全生产工作，保障职工的生命安全和身体健康，根据中华全国总工会、国家煤矿安全监察局《特聘煤矿安全监督员实施办法》等相关规定，结合公司班组工作实际，特制定本制度。

第二条 聘任范围

公司厂队的各作业班组至少配备 1 名群监员，群监员从工人生产技术骨干中聘任。

第三条 聘任条件

（1）掌握煤矿安全生产法律法规，熟悉煤矿安全规程、标准和公司安全生产规章制度。

（2）敢于坚持原则，群众威信较高，热心群众安全监督工作，有较强的事业心和责任感。

（3）一般应具有 3 年以上井下工作经历和高中以上文化程度，具有丰富的现场生产经验，有较强的隐患排查能力，能胜任煤矿安全群众监督工作。

（4）有下列情况的不得担任群监员：

①行政班组长、专职安全员及在作业岗位上有“三违”现象者。

②责任心不强、纪律性差、不服从指挥者。

③职工群众不满意的。

第四条 聘任方法

（1）按照群监员聘任条件，由班组进行民主推荐，经厂队分工会研究后确定候选人并召开民主选举会议投票选举。

（2）厂队分工会将人选上报公司工会，公司工会研究后进行不少于 3 天的公示，选定的人员填写《煤矿安全群众监督员审批表》，上报上级工会或工会劳动保护群监委员会。

（3）新任群监员经培训合格后，由市总工会或山西省煤矿工会颁发《煤矿安全群众监督员》聘任证书。群监员的聘用期一般为三年，聘任期满可以续聘或解聘。对不认真履行安全监督职责或因健康及其他原因不宜继续聘任的，班组应及时向公司群监组织申请解聘。

第五条 工作职责

（1）监督作业现场落实煤矿安全生产法律法规和安全生产管理制度，当好班组安全参谋，收集当班职工有关安全生产方面的合理化建议，认真做好当班安全记录。

（2）及时制止作业现场违章指挥、违章作业、违反劳动纪律的行为；制止无效，应及时向上级领导反映；特殊情况可直接向调度室或值班矿领导报告。

（3）发现作业场所内有毒有害气体、温度、粉尘等不符合安全标准或主要生产安全设施及环境异常，应及时向带班领导或值班领导汇报；发现重大事故隐患并可能危及职工生命安全时，应要求所有人员停止作业、撤离现场，并协助做好疏导工作。

（4）加强煤矿安全生产法律法规和安全技术学习，不断提高安全监督能力。在履行职责中要以身作则，坚持实事求是、客观公正的原则。

（5）对阻挠或打击报复群监员履行安全职责的行为或因进行正常监督检查活动而受到打击报复时，有权向上级工会或有关部门举报和投诉。

（6）督促和协助班组长对本班人员进行安全教育，帮助职工了解作业场所、活动区域内存在的事故隐患和职业危害的知情权，提高安全生产意识和安全技能。

（7）按要求参加公司群监组织活动，接受群监组织安排的各种业务培训，努力创建安全合格班组。

（8）本班组发生伤亡事故后，迅速参加抢险、急救工作，协助保护事故现场，并立即上报。有权参与本班组事故调查，对相关责任人提出处理建议。

（9）监督企业提供符合国家规定的劳动条件及按规定发放个体防护用品，反映职工在劳动安全卫生方面的合理化建议，向企业提出不断改善劳动作业环境的建议。

第六条 群监员在厂队群众安全监督小组及公司群众安全监督委员会组织领导下开展工作。

第七条 群监员参加公司群监组织每年安排的统一教育培训，集中培训与个人自学总时间不少于 48 学时。

第八条 群监员上报隐患需当班在井口工作站填写“隐患汇报卡”，同时每月汇总所填隐患并上报工会；井口信息站每日将隐患汇总卡报至安全科，工会负责监督隐患整改落实情况。

第九条 群监员履职期间按规定领取岗位津贴，本人如有“三违”现象，则取消当月津贴。

第十条 群监员因不履行职责而发生事故或出现严重后果的，公司群众安全监督委员会将取消其资格，并根据情节轻重给予相应处理。

1.9.15 作业前安全确认制度及班组工作流程

为进一步强化班组安全确认工作，实现岗位作业流程化和程序化管理，特制定本制度，望各生产部门认真贯彻并准照执行。

第一条 班前会严格执行班前礼仪七步法，清点人数，进行班前安全确认，做好安全工作安排，合理进行劳动组织，明确每一名职工工作生产任务及安全注意事项，规范地做好记录。

第二条 更换衣服，佩带个人劳动防护用品，按要求做好上班（入井）准备。

第三条 班前。到达工作场所后，班长对工作场所进行一次全面检查，检查有无安全隐患，做到先安全，后生产，根据检查情况再做一次工作安排，配置好班组作业现场的生产要素：人员、设备、材料、作业方法，各工种做好作业前安全确认，对重点地方落实专人布防监控。

第四条 班中。组织好生产，严格按照作业规程组织生产，组织协调控制班组作业现场的生产活动，提高现场作业运行效能。做好作业现场安全、生产、质量、成本、设备、环境的均衡综合管理。做好班中生产过程中的安全确认和巡回检查，发现隐患及时处理，不能处理的及时向队部和调度室汇报请示，待做出明确答复及隐患处理后，再恢复生产。

第五条 班后。对工作场所及时进行清理打扫、归类，做到文明整洁，安全有序，通道畅通，无跑、冒、滴、漏现象，并及时将当班工作情况及存在的问题向队部及下班交接。要严格执行现场交接班制度，填好交接班记录，必须把安全生产原始记录交接清楚，防止问题不清，措施不明而危及安全生产。做好班后安全确认。

第六条 班中职工因工作完毕或特殊情况离开，必须经班长同意后方可。

第七条 清点当班人数，做到入井人数与出井人数一致。

第八条 升井清洗完毕后统一到队部参加班后会，总结当班工作并做好记录。

1.9.16 工程质量检查、验收管理制度

为进一步规范各类工程验收工作，切实抓好工程质量管理，夯实安全生产基础，推动本矿安全生产标准化建设，按照“所有工程必须经过验收把关”及“谁检查谁签字谁负责”的原则，现对各类工程验收管理制度进行完善和补充，内容如下：

第一条　质量验收职能划分

（1）生产技术科：负责牵头采掘工作面检查、监督、工程质量验收。负责井上、下施工的各项工程的材料消耗验收把关，执行有关考核。

（2）机电科：负责各类机电设备安装、撤除等工程验收工作和综采、综掘、设备安装、撤除工作。负责牵头验收井下各类绞车安装、轨道、运输设备设施及其安全设施。

（3）调度室：负责牵头开工安全确认验收，相关科室和单位参加；验收合格同意后并在开工验收单上签字，施工单位方可组织生产。

（4）通风科：负责牵头各类通防设施、风门施工等有关通防方面施工验收。

（5）安全科：负责井下相关安全设施、安全警示牌板等齐全完好使用进行验收。

（6）地面和井下临时单项工程必须依据业务联系书规定的标准，由主管业务科室牵头组织验收，按照“谁主管，谁负责牵头验收”的原则进行。

（7）领导现场应急安排的工作量、隐蔽工程必须在验收时一并验收；各单位零星工程没有验收相关科室不予承认签字。

第二条　各类工程的验收必须有正规验收单，相关人员必须经过验收后，在验收单上签字确认，相关单位存档备案，以备责任追究。

第三条　系统工程或单项工程完工后，施工单位提前申请相关工程验收部门或有关领导组织竣工验收。有关领导或有关工程验收部门牵头组织竣工验收，有关科室或单位参加，参与验收的人员要在竣工验收上签署意见并签字。牵头部门在竣工验收中对现场有关材料等交接工作做出妥善处理。竣工验收中发现工程没有达到设计标准或仍需完善，工程验收部门或相关领导要确定修补措施及完工期限，所需费用由施工单位承担。没有竣工验收单，财务部门不予结算。

第四条　工程质量不合格不予结算，每复验一次罚款××××元。整改后经复验合格，方可结算。

第五条　检查中存在的问题要限期整改，并由牵头部门复验，复验没有进行整改的每条问题罚款×××元，也可根据整改不符情况加倍罚款，牵头部门不复验，处罚牵头部门相关责任人一次×××元，并纳入绩效考核。

第六条　所有系统工程或单项工程必须竣工验收，由牵头部门组织验收，牵头部门没有按规定组织竣工验收，处罚牵头部门相关责任人一次×××元，并纳入绩效考核。

第七条　验收人员对所验收项目质量负责，牵头验收部门负主要责任。

1.9.17　员工安全权益维护制度

为了切实维护员工安全权益，保障员工的生命安全和身体健康，根据《安全生产法》《劳动合同法》《企业工会工作条例》等法律法规，特制度本制度。

第一条　参与安全生产管理权

通过职工大会、职工代表大会，员工有权参与企业有关安全生产规划、管理制度、管理办法、安全技术措施和规章的制定；对不符合党和国家安全生产方针和法律、法规规定的规章、制度有权提出修改意见。

第二条　安全生产监督权

员工有权对企业贯彻、执行党和国家安全生产方针情况，有关安全生产法规、安全生产管理制度执行情况，管理干部安全行为，作业现场安全情况，安全技术措施专项费用使用情况进行监督。

第三条　安全生产知情权

员工有权了解企业安全情况，作业现场安全状况；有权了解作业规程和安全技术措施制定执行情况；有权要求班前讲安全及安全生产注意事项；有权要求交接班交代作业地点安全情况；进入工作面前，有权要求跟班干部或带班班长检查工作面，制定具体安全措施。

第四条 参与事故隐患表达整改权

职工发现事故隐患，有权要求有关部门组织整改，并积极提出整改措施、建议和参与整改。

第五条 不安全状况停止作业权

当作业现场发现重大事故隐患，可能危及工人生命安全并无法及时排除时，员工有权停止作业。

第六条 接受安全教育培训权

员工未经安全培训、教育，特殊工种作业人员未取得操作资格证书，有权拒绝上岗作业。

第七条 抵制违章指挥权

干部违章指挥，员工有权拒绝执行；违章操作，员工有权制止；跟班干部擅离工作岗位，员工有权向相关部门或上级报告。

第八条 紧急避险权

在生产过程中，出现重大事故隐患，并危及生命安全的情况下，员工有权采取紧急避险措施。

第九条 反映举报权

员工有权向企业和煤炭管理部门、工会组织举报违反有关安全生产法律、法规、制度的行为；有权检举违章指挥、违章操作者；有权反映作业现场的安全管理情况和不安全因素。

第十条 投诉上告权

在进行安全生产监督检查时，如果受到打击报复和迫害，员工有权向上级或政府有关部门、工会组织投诉和控告；员工有权对忽视安全、玩忽职守造成事故的责任者进行检举；员工有权对隐瞒事故的单位和责任者提出控告。

2　基础管理方法或机制

2.1　矿山企业查大风险除大隐患防大事故防控管理办法

第一章　总　　则

第一条　为深入贯彻落实习近平总书记、李克强总理关于安全生产的重要指示批示精神和省委、省政府关于安全生产的决策部署，根据集团公司“136”安全管理模式、“333”安全举措、“8＋7”和“十个常态化”安全工作要求，参照《山西省煤矿安全风险分级管控和隐患排查治理双重预防机制实施指南》（晋应急发〔2020〕39号）《晋能集团矿山企业查大风险、除大隐患、防大事故防控管理办法》，实现把风险管控挺在隐患之前，把隐患治理挺在事故之前，规范安全生产行为，不断提升矿山企业安全生产的整体预控能力，结合二级公司实际，制定本办法。

第二条　风险是生产安全事故或健康损害事件发生的可能性和后果严重性的组合，风险是客观的、可识别的、可控的；隐患是在生产经营活动中，当风险管控措施失效或落实不到位后，存在的可能导致职业健康损害或事故发生的人的不安全行为、物的不安全状态、环境的不安全因素或管理上的缺陷。

风险和隐患二者既有区别又有联系，风险辨识防控主要解决“想不到”的问题，隐患排查治理主要解决“管不住”的问题。只要及时排查风险、消除隐患，就能避免事故的发生。

第三条　煤矿安全风险分为重大风险、较大风险、一般风险和低风险四个等级，本办法所称的大风险包括重大风险和较大风险。

煤矿隐患分为重大隐患和一般隐患，为便于隐患管理，二级公司将一般隐患细分为较大隐患和一般隐患，本办法所称的大隐患包括重大隐患和较大隐患，详见表2－2－1～表2－2－3。

第四条　本办法适用于二级公司所属各单位。

表2－2－1　矿山企业大风险认定情形清单

序号	专业	类型	大风险情形
1	通风	通风系统	采区以上通风系统调整后的风险
2		瓦斯	*需要抽采的低瓦斯矿井的瓦斯风险
3			瓦斯治理工程未按设计施工到位存在瓦斯风险
4		火灾	*开采Ⅱ类自燃煤层且工作面采用综采放顶煤工艺的矿井的火灾风险
5			*煤层自然发火期<3个月的矿井的火灾风险
6			启封火区时复燃、中毒风险，封闭火区时爆炸和中毒风险
7		煤尘	*开采煤层有煤尘爆炸危险性的矿井的煤尘爆炸风险
8	地质灾害防治与测量	水灾	*水文地质条件复杂及以上，或奥灰突水系数≥0.06的矿井的水灾风险
9			*采（古）空区积水≥30万 m^3 的矿井的水灾风险
10			*采空区积水<20万 m^3，但开采煤层上距采（古）空区间距<15倍采高的矿井的水灾风险

表2-2-1（续）

序号	专业	类型	大风险情形
11	地质灾害防治与测量	水灾	*开采区域地表存在河流、湖泊等水体，且开采煤层上距地表水体间距<15倍采高的矿井的水灾风险
12			*同一煤层中存在采空区积水标高高于开采煤层底板标高的矿井的水灾风险
13			*井筒标高低于百年一遇洪水位（含工业场地上游水库溃坝后洪水位）标高的矿井或露天矿的水灾风险
14			验证钻孔不能完全查明积水异常区情况的风险
15			存在积水区或承压矿井而未查明构造导水性的风险
16		冲击地压	*煤层冲击地压倾向中等以上矿井的冲击地压风险
17			开采埋深超过400 m的煤层，且煤层上方100 m范围内存在单层厚度超过10 m的坚硬岩层的矿井的冲击地压风险
18			开采特厚煤层的矿井的冲击地压风险
19			在无冲击地压煤层中的三面或者四面被采空区所包围的区域开采和回收煤柱的矿井的冲击地压风险
20	采掘	冒顶片帮	顶板不易垮落的矿井的大面积冒顶风险
21			工作面遇顶底板松软或者破碎、过断层、过地质构造带、过老空区、过煤柱或者冒顶区，以及托伪顶采掘的矿井的冒顶片帮风险
22			采煤工作面初次放顶及收尾时顶板管理风险
23	机电	供电	矿井由于一回线路冷备等导致的供电风险
24		设备	压力锅炉、燃气锅炉、空压机储气罐的爆炸风险
25	运输	运输	*立井提升未使用标准罐笼升降人员的矿井的提升风险
26			*开拓巷道采用电机车运输且煤层有煤尘爆炸性危险的矿井的运输风险
27			矿井运输大件时的运输风险
28			在倾斜巷道装卸物料的运输风险
29	其他		长期停工停产矿井复工复产时的各专业风险

注：带“*”的为《山西省煤矿安全风险分级管控和隐患排查治理双重预防机制实施指南》（晋应急发〔2020〕39号）明确的13项重大风险认定情形，其他16项为集团公司相关业务部室明确的较大风险认定情形。

表2-2-2　矿山企业（煤矿）大隐患认定情形清单

序号	专业	类型	大隐患情形
1	通风	通风管理	*矿井总风量不足
2			*没有备用主通风机或者两台主要通风机工作能力不匹配
3			*违反规定串联通风
4			*没有按设计形成通风系统的，或者生产水平和采区未实现分区通风
5			*高瓦斯、煤与瓦斯突出矿井的任一采区，开采容易自燃煤层、低瓦斯矿井开采煤层群和分层开采采用联合布置的采区，未设置专用回风巷，或者突出煤层工作面没有独立的回风系统

表 2-2-2（续）

序号	专业	类型	大隐患情形
6	通风	通风管理	* 采掘工作面等主要用风地点风量不足
7			* 采区进（回）风巷未贯穿整个采区，或者虽贯穿整个采区但一段进风、一段回风
8			* 高瓦斯、煤与瓦斯突出建设矿井进入二期工程前，其他建设矿井进入三期工程前，没有形成地面主要通风机供风的全风压通风系统
9			* 煤巷、半煤岩巷和有瓦斯涌出的岩巷的掘进工作面未装备甲烷电、风电闭锁装置或者不能正常使用
10			* 高瓦斯、煤与瓦斯突出建设矿井局部通风不能实现双风机、双电源且自动切换
11			除高瓦斯、煤与瓦斯突出建设矿井外的其他矿井局部通风不能实现双风机、双电源且自动切换
12			巷道贯通期间，被贯通巷道未进行正常通风、检查瓦斯等
13			采掘工作面未按设计形成独立的通风系统而组织采掘活动
14			未按规定构筑通风设施、通风设施损坏后未及时修复，可能引起通风系统不可靠
15			局部通风机全风压处风量配备不足
16		瓦斯防治	* 瓦斯检查存在漏检、假检
17			* 井下瓦斯超限后不采取措施继续作业
18			* 按照《煤矿安全规程》规定应当建立而未建立瓦斯抽采系统
19			* 采掘工作面瓦斯抽采不达标组织生产
20			* 煤与瓦斯突出矿井未建立防治突出机构并配备相应专业人员
21			* 煤与瓦斯突出矿井未装备矿井安全监控系统和地面永久瓦斯抽采系统或者系统不能正常运行
22			* 煤与瓦斯突出矿井未进行区域或者工作面突出危险性预测
23			* 煤与瓦斯突出矿井未按规定采取防治突出措施
24			* 煤与瓦斯突出矿井未进行防治突出措施效果检验或者防突措施效果检验不达标仍然组织生产建设
25			* 煤与瓦斯突出矿井未采取安全防护措施
26			* 出现瓦斯动力现象，或者相邻矿井开采的同一煤层发生了突出，或者煤层瓦斯压力达到或者超过 0.74 MPa 的非突出矿井，未立即按照突出煤层管理并在规定时限内进行突出危险性鉴定（直接认定为突出矿井的除外）
27			停风区（停工区）未按规定及时回收封闭
28			瓦斯排放未按制度规定组织实施
29			高瓦斯矿井瓦斯抽采系统不能正常运行
30			临时抽放泵站未实行三专（专用变压器、专用开关、专用线路）
31		安全监控	* 高瓦斯矿井未按规定安设、调校甲烷传感器，人为造成甲烷传感器失效的，瓦斯超限后不能断电或者断电范围不符合规定
32			* 高瓦斯矿井安全监控系统出现故障没有及时采取措施予以恢复，或者对系统记录的瓦斯超限数据进行修改、删除、屏蔽

表2-2-2（续）

序号	专业	类型	大隐患情形
33	通风	防灭火	*开采容易自燃和自燃的煤层时，未编制防止自然发火设计或者未按设计组织生产建设
34			*高瓦斯矿井采用放顶煤采煤法不能有效防治煤层自然发火
35			*有自然发火征兆没有采取相应的安全防范措施并继续生产建设
36			采用局部通风机实施均压防灭火未实现“双风机、双电源”
37			矿井总回风、采区回风巷、回采工作面未按规定设置CO等传感器
38			超出允许范围进行烧焊或未制定烧焊专项措施或专项措施执行不到位
39		粉尘防治	采掘工作面综合防尘系统不完善
40			有煤尘爆炸性的矿井，防尘设施不正常使用造成积尘的
41		井下爆破	*未按矿井瓦斯等级选用相应的煤矿许用炸药和雷管、未使用专用发爆器或者裸露放炮
42			爆破作业未执行“一炮三检”和“三人连锁”制度
43			火工品管理、装药起爆作业未执行有关规定的
44	地质灾害防治与测量	地质灾害防治	未对所辖区域的滑坡、泥石流、崩塌、地表裂缝、地表塌陷等地质灾害进行调查治理
45		技术管理	*水文地质类型复杂、极复杂的矿井没有设立专门的防治水机构和配备专门的探放水作业队伍、配齐专用探放水设备
46			未建立暴雨撤人制度
47		防治水	*未查明矿井水文地质条件和井田范围内采空区、废弃老窑积水等情况而组织生产建设
48			*在突水威胁区域进行采掘作业未按规定进行探放水
49			*未按规定留设或者擅自开采各种防隔水煤柱
50			*有透水征兆未撤出井下作业人员
51			*受地表水倒灌威胁的矿井在强降雨天气或其来水上游发生洪水期间未实施停产撤人
52			*建设矿井进入三期工程前，没有按设计建成永久排水系统
53			*擅自开采保安煤柱
54			未查明上覆、本层老空水的位置、范围、积水量
55			未对上覆、本层老空水探放而组织生产的
56			未进行“三区”划分及管理
57			对积水区未进行“三线”管理，未制定有效的探放水措施，未落实探放水安全技术措施的
58			未进行带压开采安全性评价及安全技术措施的制定
59		冲击地压	*首次发生过冲击地压动力现象，半年内没有完成冲击地压危险性鉴定
60			*有冲击地压危险的矿井未配备专业人员并编制专门设计
61			*未进行冲击地压预测预报，或者采取的防治措施没有消除冲击地压危险仍组织生产建设
62		雨季三防	将矸石、杂物、垃圾堆放在山洪、河流可能冲刷到的地段，淤塞河道和沟渠等
63			未及时调查和填充采煤引起的地表塌陷、裂缝
64			井口及工业场地内主要建筑物的地面标高低于当地历年最高洪水位，或未修筑堤坝沟渠、未采取可靠防御洪水的措施

表 2-2-2（续）

序号	专业	类型	大隐患情形
65	采掘	采掘	* 矿井全年原煤产量超过矿井核定（设计）生产能力 110%，或者矿井月产量超过矿井核定（设计）生产能力 10%
66			* 煤矿将井下采掘工作面或者井巷维修作业作为独立工程承包（托管）给其他企业或者个人
67			* 改扩建矿井在改扩建区域生产
68			* 改扩建矿井在非改扩建区域超出设计规定范围和规模生产
69			* 超出采矿许可证规定开采煤层层位或者标高而进行开采
70			* 超出采矿许可证载明的坐标控制范围而开采
71			* 图纸作假、隐瞒采掘工作面
72			* 矿井开拓、准备、回采煤量可采期小于有关标准规定的最短时间组织生产、造成接续紧张，或者采用“剃头下山”开采
73		采煤	* 高瓦斯矿井、煤与瓦斯突出矿井、开采容易自燃和自燃煤层（薄煤层除外）矿井，采煤工作面采用前进式采煤方法
74			* 采煤工作面不能保证 2 个畅通的安全出口
75			悬顶超过规定未采取措施进行处理
76			使用折损的坑木、损坏的金属顶梁、失效的单体液压支柱
77			空顶作业或同一工作面连续 3 个支架初撑力达不到作业规程规定
78			在浮煤或者浮矸上架设支架
79			在控顶区域内提前摘柱
80			支架无法有效地支撑控制顶板
81			超前支护缺梁少柱或材料不符合作业规程要求
82			顶板来压时，支护不好、顶板下沉，将支架顶梁与掩护梁连接销压断，造成散架或将支架压至无行程死架
83		井巷维修	井筒大修未编制施工组织设计
84			独头巷道维修支架，人员进入维修地点以里
85			上、下段同时作业
86			空顶作业或无临时支护
87		掘进	相邻 3 根锚杆（索）抗拔力、预紧力小于设计值 90%
88			巷道支护参数、支护形式、支护材料与作业规程不符
89			空顶作业或无临时支护
90	机电	安装	大型设备安装未编制安全技术措施组织施工
91			井下超载吊装或拆卸
92		供电	* 单回路供电
93			* 有两个回路但取自一个区域变电所同一母线端

表2-2-2（续）

序号	专业	类型	大隐患情形
94	机电	供电	＊进入二期工程的高瓦斯、煤与瓦斯突出及水害严重的基建矿井，进入三期工程的其他基建矿井，没有形成双回路供电
95			防雷设施未做检测
96			立井提人的矿井和高瓦斯、煤与瓦斯突出矿井未配备发电机或发电机容量不能满足立井提人和主通风机运行
97		设备	＊使用被列入国家应予淘汰的煤矿机电设备和工艺目录的产品或者工艺
98			＊井下电气设备未取得煤矿矿用产品安全标志，或者防爆等级与矿井瓦斯等级不符
99			＊煤与瓦斯突出矿井使用架线式电机车
100			防爆电气设备失爆
101			压力锅炉、燃气锅炉、空压机储气罐的压力表、安全阀、释压阀失效
102			井下应急排水能力不足
103	运输	提升装置	＊＊提升系统的防坠器、阻车器等安全保护装置或者信号闭锁措施失效；未定期试验或者检测检验
104		立井提升	主井井架、天轮等出现结冰现象
105			提升容器过放距离内积水积物
106		斜井运输	斜坡跑车防护装置失效，钢丝绳钩头、连接装置不合格
107			大倾角胶带机胶带强度不符合设计要求，张紧力保护失效，逆止器失效、断带抓捕器失效
108		单轨吊	单轨吊制动装置失灵
109		无轨胶轮车	无轨胶轮车制动装置失灵、方向失灵、未按规定检验并取得合格证
110	调度	值带班	未按规定值带班
111		应急响应	突发事件时未能按照正确的流程在第一时间上报情况和下达指令
112	其他	安全生产费用	＊未按规定足额提取和使用安全生产费用
113		管理职责	＊煤矿实行承包（托管）但未签订安全生产管理协议，或者未约定双方安全生产管理职责合同而进行生产
114			建设单位未按照规定编制、审批和定期修改矿井施工组织设计
115			施工单位未按照矿井施工组织设计组织施工
116		机构人员	＊改制期间，未明确安全生产责任人而进行生产建设
117			＊改制期间，未健全安全生产管理机构和配备安全管理人员进行生产建设
118			＊没有分别配备矿长、总工程师和分管安全、生产、机电的副矿长，以及负责采煤、掘进、机电运输、通风、地质测量工作的专业技术人员
119		井下劳动定员	＊未制定或者未严格执行井下劳动定员制度

表 2-2-2（续）

序号	专业	类型	大隐患情形
120	其他	能力资质	*生产经营单位将煤矿承包或者托管给没有合法有效煤矿生产建设证照的单位或者个人
121			*承包方（承托方）再次将煤矿承包（托管）给其他单位或者个人
122			井下作业人员未进行安全生产教育和培训或者经教育和培训不合格
123			矿山企业特种作业人员无证上岗
124		设计审批	*建设项目安全设施设计未经审查批准，或者批准后做出重大变更后未经再次审批擅自组织施工
125		证照	*承包方（承托方）未按规定变更安全生产许可证进行生产
126			*完成改制后，未重新取得或者变更采矿许可证、安全生产许可证、营业执照而进行生产建设

注：带“*”的为《煤矿重大生产安全事故隐患判定标准》（原国家安全生产监督管理总局令第 85 号）明确的 65 项重大隐患认定情形；带“**”的为集团公司煤炭生产管理局机电部参照《金属非金属矿山企业重大生产安全事故隐患判定标准（试行）》（安监总管一〔2017〕98 号）明确的关于提升装置的一项重大隐患认定情形；其他 60 项为集团公司相关业务部室明确的较大隐患认定情形（下同）。

表 2-2-3 矿山企业（露天煤矿）大隐患认定情形清单

序号	专业	类型	大隐患情形
1	爆破		**雷雨天气实施爆破作业
2	公路运输		**上山道路坡度大于设计坡度 10% 以上
3	机电		**使用国家明令禁止使用的设备、材料和工艺
4	边坡		**边坡存在滑移现象
5			**未采用自上而下、分台阶或者分层的方式进行开采
6			**工作帮坡角大于设计工作帮坡角，或台阶（分层）高度超过设计高度
7			**未按国家标准或者行业标准对采场边坡、排土场稳定性进行评估
8	其他		**地下转露天开采，未探明采空区或者未对采空区实施专项安全技术措施

注：以上为集团公司煤炭生产管理局生产技术部参照《金属非金属矿山企业重大生产安全事故隐患判定标准（试行）》（安监总管一〔2017〕98 号）明确的关于露天煤矿的 8 项重大隐患认定情形。

第二章 组织管理与职责

第五条 各单位必须建立和完善“查大风险、除大隐患、防大事故”工作责任体系：

（1）二级公司安全生产委员会全面负责“查大风险、除大隐患、防大事故”工作的管理，建立健全“查大风险、除大隐患、防大事故”责任体系。

（2）二级公司安全生产监督管理部全面负责“查大风险、除大隐患、防大事故”工作监管。二级公司安全监督管理部是“查大风险、除大隐患、防大事故”工作的牵头监管部门。

（3）按照“管业务必须管安全”的要求，二级公司各业务部室是公司各矿“查大风险、除大隐患、防大事故”工作的业务管理部室，各业务部室是“查大风险、除大隐患、防大事故”工作的业务管理部门，对“查大风险、除大隐患、防大事故”工作负业务保安责任，负责煤矿企业大风险、大隐患认定情形清单的制定，并对本系统业务范围内“查大风险、除大隐患、防大事故”工作开展情况进行监督指导，相关信息及时报送安全生产监督管理部。

(4) 二级公司生产指挥中心要及时收集整理各矿上报的大风险、大隐患，重大风险、重大隐患要及时报告二级公司值班领导、分管领导，同时通知相关业务、职能部室。

(5) 二级公司是“查大风险、除大隐患、防大事故”工作的主体管理单位，参照集团公司职责分工，明确相应部门的“查大风险、除大隐患、防大事故”工作职责，督促、指导、检查所辖各单位开展“查大风险、除大隐患、防大事故”工作，有效防范化解大风险、消除大隐患。

(6) 公司各单位是“查大风险、除大隐患、防大事故”工作的责任主体，明确相应部门的“查大风险、除大隐患、防大事故”工作职责，动态分析本单位安全管理中存在的大风险、大隐患，有效监控风险因素的变动趋势，研判风险状态，制定防范预案，提出治理方案，落实防控治理措施。

(7) 各单位要结合“安全风险分级管控和事故隐患排查治理双重预防工作机制”完善“查大风险、除大隐患、防大事故”岗位责任制，将防控责任落实到岗、到人。

第三章　大风险辨识、大隐患排查

第六条　煤矿大风险的辨识、大隐患的排查，是针对煤矿、地质灾害防治与测量、采掘、机电、运输、调度及其他专业等存在的主要危险源或容易导致群死群伤事故的危险因素，以及近年来矿山企业生产安全事故出现的新情况、新规律，分级辨识大风险、排查大隐患及确定其防控措施的过程。

第七条　大风险、大隐患实行动态化管理。煤矿主要负责人组织各分管负责人、副总工程师和相关科室（部门）进行年度大风险辨识、大隐患排查；有以下情况之一的，煤矿必须对大风险、大隐患及时辨识和排查，并对大风险、大隐患认定情形清单内容及时进行调整。

(1) 新水平、新采区、新工作面设计前，由煤矿总工程师组织分管副总工程师、有关科室（部门），重点对地质条件、隐蔽致灾因素、重大灾害因素等方面存在的大风险进行辨识，大隐患进行排查，制定相应管控措施。

(2) 在生产系统、生产工艺、主要设备设施、重大灾害因素（露天煤矿爆破参数、边坡参数）等发生重大变化时，由分管负责人组织分管副总工程师、有关科室（部门），重点对作业环境、生产过程、重大灾害因素和设施设备运行等方面存在的大风险进行辨识，大隐患进行排查，制定相应管控措施，并对作业规程、操作规程进行补充完善。

(3) 启封密闭、排放瓦斯、反风演习、工作面通过空巷（采空区）、更换大型设备、采煤工作面初采和收尾、强制放顶前、掘进工作面贯通前；老空区探放水、煤仓疏通作业；新技术、新工艺、新设备、新材料试验或推广应用前；连续停工停产1个月以上的煤矿复工复产前，由分管负责人（复工复产前专项辨识、排查由煤矿主要负责人）组织分管副总工程师、有关科室（部门）、生产组织单位，重点对作业环境、工程技术、设备设施、现场操作等方面存在的大风险进行辨识，大隐患进行排查，编制专项安全技术措施。

(4) 本矿发生伤亡事故或涉险事故、出现重大事故隐患，全国煤矿发生重特大事故，本省或所属集团其他煤矿发生较大事故后，由煤矿主要负责人组织分管负责人、副总工程师和有关科室（部门），对本矿存在的类似安全风险进行专项大风险辨识、大隐患进行排查，识别安全风险辨识防控、隐患排查治理措施是否存在漏洞、盲区，制定相应管控措施，并对设计方案、作业规程、操作规程和安全技术措施进行修订完善。

第八条　煤矿主要负责人牵头，每周组织各分管负责人和相关业务科室、区队、班组负责人，结合本单位的安全生产实际，依据煤矿大风险、大隐患认定情形清单，通过周四安全活动、走动式管理等形式对生产各系统和各岗位进行大风险辨识、大隐患排查，确定本单位重点防范化解的风险点和风险因素，制定防范化解大风险、消除大隐患的路径和措施。

第九条　二级公司主要负责人牵头，各分管负责人和相关业务部门参加，依据矿山企业大风险、大隐患认定情形清单，结合挂牌责任人安全检查及其他各类安全大检查，每月至少组织一次对所辖各煤矿进行全覆盖的大风险辨识、大隐患排查。

第四章　大风险防控、大隐患治理

第十条　大风险、大隐患由二级公司负责挂牌督办；各矿对各类检查辨识的每一条风险和排查的每一条隐患逐一“五定”，做到责任、措施、资金、时限和预案“五落实”。二级公司、煤矿必须同时负责防控和治理；二级公司负责督办的风险和隐患煤矿必须同时负责防控和治理。

第十一条　风险防控、隐患治理可采用组织、技术、工程、装备等措施，采取消除、预防、警示、监测、个体防护等手段，快速处置风险和隐患，防止风险、隐患失控和伤亡事故发生。

第十二条　煤矿每周、区队每天、班组每班对“查大风险、除大隐患、防大事故”措施落实情况和管控效果进行一次检查，针对管控过程中出现的问题，及时完善防控措施。大风险、大隐患专项防控治理方案由煤矿主要负责人组织制定实施并严格执行“三专”（专人负责、专项措施、专门的队伍）要求，煤矿主要负责人将“查大风险、除大隐患、防大事故”工作纳入周四安全活动主要议程，对防范化解大风险、消除大隐患做出专项安排，落实管控效果。煤矿领导下井带班过程中，必须对本单位存在的大风险、大隐患防控治理措施的落实情况进行监督、检查，对当班大风险的防控、大隐患的治理工作做出相应安排。煤矿值班领导每天必须检点是否存在大风险、大隐患，并履行汇报和处理程序、填写值班记录。

第十三条　二级公司每月对“查大风险、除大隐患、防大事故”工作进行一次全面检查，对煤矿制定的大风险、大隐患防控治理措施及处置方案进行审定，对大风险、大隐患的防控治理进行监督、验收、销号、报备。二级公司主要负责人将“查大风险、除大隐患、防大事故”工作纳入月度经理安全办公会议议程，对所属煤矿防范化解大风险、消除大隐患做出专项安排。二级公司值班领导每天必须检点所属煤矿是否存在大风险、大隐患并做出相应安排。

第十四条　大风险、大隐患实行网格化管理。要按一定标准划分大风险、大隐患单元格，明确风险、隐患责任区、责任人和大风险辨识、大隐患排查的方式、范围、内容、频次，强化对存在大风险、大隐患的场所、环节、部位的排查，确保每个风险点、每条隐患有人管、有人防、有对策。

第十五条　建立健全大风险、大隐患台账。煤矿安监部门及相关业务部门要建立大风险、大隐患综合、专业台账，已消除的风险和隐患要及时予以销号。

第十六条　建立大风险、大隐患处理报告和跟踪制度。

（1）实行大风险、大隐患“日报告”“零报告”制度。二级公司和煤矿必须建立健全“查大风险、除大隐患、防大事故”工作信息化平台，采用邮件微信等形式按规定及时上报。

（2）报送要求：煤矿每天下午16：00以前，报二级公司安全生产监督管理部和生产指挥中心。×××“大风险、大隐患”信息报告表见表2－2－4。

表2－2－4　×××(单位名称)“大风险、大隐患”信息报告表

序号	所属公司	矿井名称	辨识/排查时间	辨识/排查单位	大风险（大隐患）描述	专业	类型	防控措施	治理情况	责任人

填报单位：　　　　填报单位负责人签字：　　　　填报时间：

（3）煤矿各专业科室按照风险隐患的类型向二级公司对口业务部门进行报送信息。

（4）煤矿发现重大风险、重大隐患要实时上报，煤矿、二级公司按照“五落实”要求，24 h之

内向集团公司安监局和生产指挥中心、相关业务部室报送重大风险、重大隐患防控方案和措施。

（5）二级公司及煤矿各级安监部门对大风险、大隐患实施跟踪督办。

第十七条 重大风险、重大隐患实行公示制度。煤矿必须在井口或存在重大风险、重大隐患区域的显著位置，悬挂重大安全风险公告牌或重大生产安全事故隐患警示牌，内容按照《晋能集团有限公司矿山企业重大生产安全事故隐患警示牌和重大安全风险公告牌统一要求》填写。

第五章 保 障 措 施

第十八条 强化大风险辨识防控、大隐患排查治理的组织保障。二级公司、煤矿的主要负责人是大风险辨识防控、大隐患排查治理工作的第一责任人。

第十九条 强化大风险辨识防控、大隐患排查治理的资金保障。大风险辨识防控、大隐患排查治理既不能以投代管，也不能以管代投，必须保障大风险辨识防控、大隐患排查治理资金及时足额到位。

第二十条 强化重大风险、重大隐患及时撤人。职工发现煤矿存在重大风险不防控、重大隐患不治理的，有权不下井；井下出现透水预兆、瓦斯或 CO 超限、冒顶预兆等可能危及职工生命健康的重大风险、重大隐患时，要立即组织撤人，预防意外事件发生。

对可能造成人员涉险或伤害的重大风险、重大隐患，要立即停产整顿，由二级公司主要负责人牵头组织验收，并报集团核准后，方可复工复产。

在严格执行国家煤矿安全监察局《煤矿井下单班作业人数限员规定（试行）》（煤安监行管〔2018〕38 号）基础上，按照“少人则安”的原则，在划定的重大风险、重大隐患区域设定作业人数上限。

第二十一条 强化大风险辨识防控、大隐患排查治理的学习培训。二级公司、煤矿每年要至少组织一次风险辨识防控、隐患排查治理专项培训。二级公司和煤矿均要编制重大风险、重大隐患应急预案，并按计划组织应急演练；经常性开展员工岗位应急知识教育和培训。

第二十二条 强化大风险辨识防控、大隐患排查治理的档案管理。二级公司和煤矿对大风险辨识防控、大隐患排查治理资料要及时建档并按规定保存。煤矿应完整保存风险辨识防控和隐患排查治理双重预防机制运行的纸质资料或电子资料，并分类建档管理。年度和专项风险辨识报告、大风险、大隐患信息档案至少保存 3 年，其他风险辨识后和隐患销号后保存 1 年。

第六章 考 核 与 问 责

第二十三条 二级公司通过以下形式加强考核与问责：

（1）把“查大风险、除大隐患、防大事故”工作纳入安全绩效考核，对未开展或敷衍了事的单位和个人按照二级公司《安全生产问责制度》有关规定进行问责。

（2）对煤矿自查发现的大风险、大隐患且已采取有效防控治理措施，并按规定上报的，二级公司不予问责。

（3）对发现大风险、大隐患并采取措施避免险情发生的给予奖励。

第七章 附 则

第二十四条 煤矿根据实际制定本单位“查大风险、除大隐患、防大事故”防控管理细则，在集团公司明确的认定情形清单基础上可增加适用于本单位的条款。煤矿现有安全风险分级管控和隐患排查治理制度，根据《山西省煤矿安全风险分级管控和隐患排查治理双重预防机制实施指南》（晋应急发〔2020〕39 号）、本办法及公司实际进行修订完善。

第二十五条 二级公司其他行业和板块参照本办法制定本行业或板块的大风险、大隐患防控管理办法。

第二十六条 本办法未尽事宜，按国家、省、市、集团公司、二级公司相关管理规定执行。

2.2 安全隐患排查预控管理基本方法——五查五会一闭合

2.2.1 安全五查

1. 自查

检查类型	1. 岗位自查
检查范围	本岗位及与本岗位紧密关联的上下工序衔接顾及的范围内的安全
检查主要内容	1. 自查劳动保护、防护用品是否齐全有效 2. 自查反思在工作过程当中是否遵章守纪、遵守安全规定，安全意识是否树立得牢固，有无麻痹、侥幸、图省事的心理 3. 查本岗位涉及的设备、设施、材料等物品的安全状态 4. 查本岗位作业环境是否存在危险、危害的因素，并进行辨识 5. 对操作作业安全、作业流程、应知应会进行现场对标、安全确认
检查方法	1. 自检的方法：主要是自我约束，自觉进行入井前、上岗前、作业前、作业过程中、作业后全过程不断的动态安全确认 2. 常用方法："岗位描述、手指口述"，进行岗位对标 3. 对主要重点岗位，除按常规的自查方法外，还要辅以安全检查表法（即采用菜单式管理，对项确认记录）和仪器检查法 4. 对关键岗位，如班组长、验收员、泵站工、采掘司机、带式输送机司机、绞车司机等，还应进行相关记录的填写（如：运行专门记录、交接班记录等）
检查时间	工作全过程，就是要时时、事事、处处，动态安全确认，贯穿于整个工作过程当中
检查工作程序、步骤	1. 开好班前会，明白自己的责任、任务、工作特点 2. 学习掌握工作标准，规程规定，操作要求 3. 上岗前、上岗作业前、作业中、作业后进行自查安全确认 4. 班后总结反思： 要注意在工作中，对发现的问题、隐患必须按要求及时整改，达到安全条件，严禁违章作业、违反劳动纪律、违反规程。做到小问题不过班（不留班），大问题不能处理的按程序汇报；对影响安全生产的问题，必须停工采取措施；当班处理不了的问题要交接清楚，必须保证在作业过程中，始终处于安全状态
预期效果、作用	通过自查、自纠、自律、自主保安全，相互保安全，岗位之间联合保安全，建立起有效的自查自纠保安全的保障系统，做到不安全不生产
检查类型	2. 单位自查
检查范围	本单位职责范围内所辖区域，工作场所人、机、物、环、管理的安全状况。侧重生产队、厂，尤其是采、掘、开、机电、运输队和地面机修、选煤厂等重点单位、地点
检查内容	1. 查本单位员工的安全意识，安全教育状况 2. 查贯彻制度，规章、规程到位情况 3. 查各级、各类人员安全生产责任制度落实执行到位情况 4. 查自主保安、互保联保现场落实情况 5. 查现场设备、设施安全运行状态 6. 查作业环境有无危害、危险因素，进行辨识 7. 查对上级和本单位查出的安全隐患整改是否到位 8. 查班组建设、安全管理方面是否存在漏洞、管理盲区、薄弱环节 9. 查各岗位有无违章行为，以及时纠正 10. 查对重大隐患治理防范措施是否落实到位 11. 查本单位安全生产标准化工作落实到位情况

（续）

检查类型	2. 单位自查
检查方法	1. 以班组为单位，以班组长为第一责任人，组织好生产过程中动态检查，重点做好班前安全确认检查，填写好“四位一体”管理牌，做到不安全不开工，由班组长安排组织当班验收员、安全员及副班长进行全面检查，并接收主要岗位交接班汇报，对当班开工生产前的安全状态（人、机、环、管）进行确认。要推行班组长安全工作“七步法” 2. 以区队和部门为单位，对本单位、本部门的安全状况，定期组织排查活动，并做好分析总结，对重大问题要认真研究对策 3. 班组长、跟班队干要坚持班前确认、班中巡查、班后总结，要认真做好交接班 4. 执行好班汇报制度：班前确认后向区队汇报；班中生产状况及时汇报；班后交班汇报，升井后并填写好记录
检查时间	1. 班组长以班为单位，执行本班生产全过程的检查，做到突出重点，抓住重点岗位，及时发现问题、处理问题 2. 区队原则上每周要定期组织一次内部检查活动，由区队第一责任人负责，安全副职负责落实此项工作（一般每周的自查时间为周三或周六）
检查工作程序、步骤	1. 开好班前会，安排好当班工作和安全重点 2. 进行好岗前、下井前、作业前的安全检查，由班组长负责，对人员上岗条件、工器具携带、现场环境等状况进行安全确认 3. 掌握安全标准，在班中由跟班队长、班组长负责巡查，及时纠正不规范行为，及时发现不安全因素，组织解决 4. 区队长组织检查后，对查出的问题要安排落实，抓整改闭环，并做好隐患排查整改记录
预期效果、作用	通过各单位班组自查和区队组织的定期自查，使公司的规章制度和安全规定得到有效落实，做到不安全不生产，促使各岗位人员能够不断规范作业，按章办事，避免事故的发生

2. 部门检查

检查类型	业务保安检查。组织方式为部门自行组织检查
检查范围	1. 本部门业务范围内的业务保安工作 2. 侧重业务技术保安 3. 包括现场硬件环境，从技术上考量是否合理、先进；从安全上考量是否安全可靠有保障；从大系统和环节上考量是否符合安全生产要求；软件主要查相关记录、台账等依据 4. 涉及本部门专业的安全生产标准化管理内容
检查内容	1. 查本部门、本专业业务范围内已划定的规章制度、规定、技术要求是否落实到位 2. 查管理程序、流程是否符合要求 3. 查硬件系统，主要是生产安全设备、辅助设备、安全设施、作业环境，对照本部门业务要求，是否达标，是否安全运行 4. 查岗位人员上岗条件和状态是否符合要求 5. 查强制性的标准规定的贯彻落实情况 6. 查业务管理环节上是否存在漏洞、偏差 7. 查生产环节和系统上是否存在不足和需要提升改进的地方

（续）

检查类型	业务保安检查。组织方式为部门自行组织检查
检查方法	1. 由部门负责人组织本部门相关管理技术人员进行定期与不定期的排查活动 2. 由部门专业人员在日常工作中，实行常规检查 3. 针对专业性强的问题，实行专门检查、落实 4. 部门检查优先采用检查表法进行对项填单式检查方法，防止漏项。在检查中，针对专业性强的项目，必须辅以必要的仪器仪表检查 5. 所有检查必须做好记录，并落实闭合，建立管理台账
检查时间	由本部门确定检查时间 1. 原则上本部门每周不少于一次业务保安检查 2. 部门各类专业人员要实施日常的常规检查
检查工作程序、步骤	1. 做好检查准备 ①确定检查的对象、目的、任务 ②查阅掌握相关法规标准、规程规定要求 ③了解检查对象的工艺流程、当前状况、预计的影响安全生产的因素等 ④制定检查计划，安排具体的检查内容、方法、步骤 ⑤认真填写检查表（要相对固定下来） ⑥准备必要的检测工具、仪器、检查用表、记录本 ⑦进行好分工 2. 实施检查（生产现场） 3. 进行分析总结评判 4. 做出分析反馈，督促整改 5. 进行复查闭合
预期效果、作用	通过部门的业务保安检查，夯实基础管理和专业安全生产标准化工作，提高部门职能作用的发挥，保证大系统、主要环节的安全，保证业务技术管理部门的业务工作有效开展，技术支撑体系有效建立，为安全生产保驾护航

3. 矿级检查

检查类型	1. 定期检查： ①每周一次安全例行综合检查（井下） ②每周一次地面安全综合检查 ③每月一次安全隐患大排查活动 ④每月一次安全生产标准化检查验收 以上由安全管理部门牵头组织，矿长、分管安全矿长、相关领导、部门参与的综合性检查 2. 不定期检查（经常）：由安全部门负责，相关领导部门、相关人员参加，对一些突出问题、隐患的整改情况等进行突击性排查活动
检查范围	主要涉及各专业、各方面的全面性、综合性检查：包括人员、设备、环境、管理方面；包括井上下生产、后勤、辅助服务矿井范围内的所有工作场所；包括软件和硬件；包括部门安全管理，业务保安责任落实情况等

（续）

检查内容	1. 硬件系统： ①主要查生产设备、辅助设施、安全设施、作业环境、岗位作业点等的安全状态 ②查安全生产各系统的运行安全保障状况（如：提升、运输、通风、防灭火、防尘、压风、通信、监控、供水、排水、注浆等系统） ③查主要安全隐患和灾害的防治情况：是否执行相关规定，采取有效措施，使安全处于可控稳定状态，尤其是瓦斯防治、探放水、顶板控制、提升运输、供用电管理 ④查上一次查出的安全隐患整改情况，查对事故处理情况 2. 软件系统： ①主要查岗位人员的安全思想、安全意识是否到位；查制度建设与贯彻情况；查现场管理是否到位；是否严格执行公司的安全规定，严格按程序办；查风险预控管理体系的运行状况 ②查相关的依据：即各种记录、台账、报表的安全符合性
检查方法	1. 矿级安全检查，原则由矿长亲自领导，分管安全副矿长具体牵头负责，安全科牵头组织，各相关部门与相关专业技术管理人员参加，组成检查组，采取统一安排、部署，统一组织、统一行动的方法。检查组根据检查的范围、区域、队别、专业的不同，可分为小组，分别设一名小组长，分区进行现场检查，对查出的问题，由组长汇总，集中报告，安全管理部门负责全面汇总问题和进行分析，确定整改意见，下发整改通知单 2. 安全检查全过程，各涉及的单位（队、组），必须由第一责任人、安全副职等相关人员参加，以便在检查中进行有效的沟通，并做好现场记录 3. 检查的方法根据实际一般采用以下方法： ①常规检查：通常由安全管理人员和相关专业技术人员作为检查工作的主体，到作业现场，通过感观或辅助一定的简单工具、仪表等，对作业人员的行为、作业环境条件、生产设备设施、安全防护设施、标准化管理内容等进行定性检查。及时发现现场存在的安全隐患并采取措施（现场解决，限期解决）予以消除，纠正作业人员的不安全行为 ②检查表法：本方法主要是为使检查工作更加规范，将个人的行为对检查结果的影响减少到最小而采取的方法。由矿根据专业分工分别编制检查表，列出检查的项目、要求、标准，检查中与实际对照评判，非常直观，不易漏项，要推广 ③对专业性强的设备设施等，用常规方法无法断定的，必须采用仪器检查方法（如电流、电压、电阻、油温、浓度等参数），以准确判断系统和设备的运行安全可靠性，是否符合要求
检查时间	1. 定期检查的时间： ①每周一次的安全综合大检查，一般为每周一 ②每周一次的地面安全检查，一般为每周三 ③每月一次安全隐患大排查活动，一般为每月末两天 ④每月一次安全生产标准化检查验收工作，一般与大排查活动可结合在一起进行，如果工作量大，必须分开，一般安排在下个月初的1～3日进行 2. 不定期抽查、突查的次数和时间由各矿自己根据实际情况而定 3. 复查时间： ①每周一检查，每周五由安全部门组织有关人员复查；每周三的地面检查，原则在下周三例检时复查，这样形成一周一循环一闭合 ②每月的月度检查按整改意见执行复查，复查时由安全部门责成相关人员进行专项复查，当月检查时要对上月的问题进行全面复查验证 ③对一些重点问题，影响安全生产的隐患问题，必须按整改时间要求，由安全管理部门协调组织相关人员专项督促落实

（续）

检查工作程序、步骤	1. 做好充分准备： ①确定检查的对象、目的、任务、阶段安全重点 ②检查人员要针对性查阅、掌握相关法规、标准、规程规定要求，做到心中有数，有的放矢 ③了解掌握检查对象的劳动组织、工艺流程、生产情况，已掌握或可能预测容易出现危险、危害的情况，重点关注的问题、地点、工序和系统 ④由安全管理部门统筹制定检查计划，安排重点检查内容、方法、步骤、确定本次检查的重点要求 ⑤明确分组情况（可在某一阶段相对固定）和责任，确保检查和复查循环闭合 ⑥编制统一的检查表和记录本，确定每个专业的检查项目 ⑦做好具体安排统筹，由安全管理部门负责分组责任，由各部门负责具体落实检查责任人 ⑧准备必要的检测工具、仪器、书面表格和记录本 2. 实施安全检查： 主要通过访谈、查阅文件和记录、现场全面检查（现场询问和观察）、仪器测量和必需的安全试验等方式获取信息。 ①访谈：即通过问询有关人员来查安全意识、规章制度执行情况，查安全技能掌握情况等 ②查阅文件和记录：即检查设计文件、作业规程、安全措施、责任制度、操作规程，安全质量标准等是否齐全、有效，查阅相应记录，判断上述要求是否被执行 ③现场检查观察：即对作业现场的设备器材、安全防护设施、作业环境、人员操作行为等进行现场观察，寻找不安全因素、事故隐患、事故征兆等 ④仪器测量：对不能用观察解决的问题，利用一定的检测检验仪器设备，对在用的设备、设施器材状况及作业环境条件进行测量，以发现隐患 3. 分析做出判断： 掌握情况（获取信息）之后，要进行分析、判断和验证。一般凭经验、技能、检查人员的素质进行分析判断，必要时需对做出的判断进行验证，以保证得出正确结论 4. 及时做出决定进行处理： 做出分析判断后，现场能处理的，现场责令整改；现场不能及时处理的，必须提出隐患整改意见和要求，于当日下发隐患整改通知单（相关人员签字） 5. 整改落实： 存在隐患的单位，部门必须按检查组（人员）提出的整改意见和要求落实整改。检查组（人员）对整改落实情况要进行复查，获得整改效果的信息，以实现安全检查工作的闭环 6. 责任单位、部门和安全管理的部门、相关专业部门，都必须建立相应的隐患闭合管理台账，专人管理（执行二级公司统一台账格式和要求）
预期效果、作用	通过检查，通过各部门的协调配合，确实督促解决安全生产中的主要安全问题（包括安全生产标准化问题，安全管理存在的问题等），确保安全生产系统运行正常，安全生产环节、设备运行正常，安全生产人员操作安全，安全生产环境安全良好，并且促使系统、工艺、流程、管理等不断优化，提高安全管理水平，做到减少小隐患，杜绝大隐患，防范大事故，实现煤矿安全生产

4. 专项检查

检查类型	1. 季节性安全检查（由安全部门统一安排，相关部门、人员参加） 2. 节假日前后安全生产检查（组织方式同上） 3. 重要会议和活动期间安全检查（含矿内重要活动、会议，由安全部门统一组织安排） 4. 专业（项）安全检查（由专业、责任部门组织安排）

（续）

检查范围	1. 季节性检查，由各矿、相关部门根据季节变化、气候条件的变化对安全生产影响程度可能产生一些影响安全的因素，必须进行专项检查。检查的范围主要针对季节的不同、各矿的条件有所不同，但重点主要有雨季三防、冬季防冻、保温、防火、防煤气中毒、燃烧爆炸、夏季防暑降温、防雷电等 2. 节假日前后检查包括重大节日，如元旦、春节、国庆节前后，检查的范围主要是针对性要强，重点检查职工注意力在过节上，产生节日病，容易引起的安全问题和停产、恢复生产、设备、环境的安全状况 3. 重要会议和活动期间检查，包括矿每年召开的总结表彰大会、工会代表大会等；上级部门、政府、集团公司在矿召开的观摩会、现场会议等 4. 专业（项）安全检查，包括某一专业（项）问题检查，主要有安全、环保、消防、通防安全技改专篇项目工程的检查和验收工作；危险较大的专用设备、特种设备、设施、作业环境条件的合理性、定量检测检验检查等
检查内容	1. 季节性检查，要根据季节的不同，确定不同的较为全面的检查内容。如：雨季三防，重点落实三防内容，包括地面防汛、建筑物防渗漏，地面沟渠是否畅通，防汛物资准备情况，井口标高及防洪措施，防水工程情况，地面防雷电设施、设备情况，用电安全，防滑坡（边坡治理），矿区小煤窑影响情况，矿区排水系统是否正常等等。井下主要是防排水系统是否完善，排水能力是否富足，是否有老窑影响，是否有地质构造的影响，是否有防灌井措施 2. 节假日检查，重点针对人的不安全因素和生产设备、环境的安全状态，还有消防，供用电，液化气（煤气）使用，组织活动涉及的临时工程、设施，人员密集场所安全，交通安全等 3. 重要会议和活动期间的安全检查：重点是会议的安全保障，包括会议涉及范围的安全保障，如：住宿、饮食安排、会议用电、消防、道路疏通、车辆管理等。重要活动期间要根据活动的重要性、规模，确定重点的安全检查内容 4. 专业（项）检查内容，要根据不同专业（项）的情况，确定安全检查内容，如安技工程：重点是工程施工过程中存在的安全质量问题进行定量分析、检查。要对照设计、专篇涉及的安全内容进行现场检查和记录，确认符合性。对危险性大的和影响安全生产的在用设备、装备、设施，要定期检查检验，如：主副提升绞车、主要通风机、变电所设备、压风机、锅炉房、井下主要排水泵、主要带式输送机、特种设备等，必须进行定期检查，重点进行安全性能检查、检测，确保其运行的安全性，并能在有效的安全期内运行
检查方法	1. 季节性及节假日前后，重要会议、活动期间的安全检查方法，一般要用常规检查的方法辅以必要的检查检测工器具，对专业性强的检测，需要委外请有资质的专业部门进行，如防雷电设施的测试等 2. 专业（项）安全检查方法应采用检查表法和仪器检查法，因为专业（项）安全检查、专业情况，易于通过数据定量分析，尤其是主要的大型固定运转设备的安全性能测定，对机器设备内部的缺陷及作业环境条件的真实信息或定量数据，只能通过仪器检查来进行定量化的检验与测量，才能发现安全隐患，从而为后续整改提供信息 3. 对主要的安全技术项目工程也一样，必须通过必要的工器具、仪器检测，才能确定其内在质量。如：井巷工程，用钢尺量测净高、净宽等技术参数，才能确认是否符合设计要求、安全规定。壁厚通过钻探才能探测真实厚度，强度通过专用仪器才能确认强度是否符合要求，钢结构、钢丝绳通过探伤仪才能确认内部结构有无损伤等

（续）

检查时间	1. 季节性安全生产检查，一般安排在季节变化之前进行提前预防性检查；季节中定期（周检、旬检）检查；季节末检查。大的检查活动执行上级政府部门和公司的规定 2. 节假日前后检查，主要突出前和后两个关键节点，要根据节假日假期期间安排，各矿自行确定 3. 重要会议和活动期间的安全检查，也要突出两头，即会议、活动准备前的安排部署（安全）、开会前（会议活动前1～2天）的全面安全检查，但在会议和活动中间，必须安排由专人安全专项巡查 4. 专业（项）安全检查： ①对安全技改工程，安全设施，安全专篇的安全检查，要突出三步安全确认检查：第一步，设计计划审查关必须严格，按程序办。安全检查要查设计的编审、审批程序，对重要项目要把关（由专业部门、分管领导负责）；第二步，建设中的分项分部工程检查验收，由专业部门组织把关检查验收，采取定期和不定期的安全质量检查；第三步，工程竣工检查验收，由专业部门组织，相关部门、专业人员参加，分管领导亲自抓，必须成立专业（项）检查验收组，开展此项工作，并填写好相关验收记录、报告，建立专项档案，属上级部门验收的工程，要协同组织好，确保效果 ②对危险性大的主要在用设备的安全检查要根据国家、集团、公司要求，定期进行，如五大运转设备，除安全规程规定的定期性能测定外，各矿内部要建立月、季度定期专项安全检查和安全生产标准化检查验收工作，以保证始终处于良好安全状态
检查工作程序、步骤	1. 专题研究，会议确定检查项目、时间、牵头组织部门、配合部门、相关参与人员成立检查组（原则上要进行好分工，明确职责，做到“谁负责，谁管理，谁检查”） 2. 做好检查准备： ①确定检查对象、目的、任务 ②查阅资料、相关法规、标准、规程等要求 ③了解检查对象的现状和可能出现的问题、危害情况 ④制定检查计划，安排检查内容，方法、步骤 ⑤编写检查表、提纲，对专业（项）工程要使用已统一的检查表格式 ⑥准备必要的检测工具仪器、书写表格、现场记录本 ⑦进行必要的分工、安排 3. 实施安全检查，如通过查阅资料和现场对项检查相结合的方式进行 4. 分析做出判断。现场检查和查阅资料结束后，将收集到的大量信息整理分类，进行定性、定量分析，做出判断 5. 做出处理意见 6. 督促整改
预期效果、作用	1. 通过检查及时发现存在的各类安全质量问题督促整改落实，确保节假日、重要活动、重点时期的安全生产 2. 通过对专业（项）的安全生产检查，尤其对危险性大的在用设备、主要安措工程、安全设施的检查，发现潜在问题，研究整改对策，及时消除隐患，提出技术改造的意见，促进装备和技术的提升，推进安全装备水平上台阶，提高装备技术本质安全化水平

5. 专兼人员协防检查

检查类型	指专职安全员和协防人员相结合的检查活动 1. 专职安全员跟班动态过程监督检查（由安全部门专管） 2. 群监网员的协防检查（由工会负责组织） 3. 青年监督岗的协防检查（由青年团组织） 4. 领导带班、跟班检查 5. 开展党员身边无事故活动（党员带头搞好安全，搞好自主保安，互保联保）

（续）

检查范围	1. 专职安全员，按划定的责任范围进行全面综合检查 2. 群监网员、青年监督岗按划定的区片和单位，积极开展活动，按公司（矿）安排，定期组织开展一些安全活动 3. 领导带班、跟班检查，重点是当班跟班区队的安全
检查内容	1. 专职安全员要全面排查，但要突出重点： ①查人员上岗情况 ②查“三违”、反“三违” ③开工前按“四位一体”要求，进行安全确认，做到不安全不生产，制止违章违规行为 ④班中对重点岗位、重点地点和部位、当班重点关注的问题，进行好重点监督检查 ⑤对当班出现的安全隐患执行盯守制度，直至整改 ⑥查设备、查安全设施的运行状态有无隐患 ⑦查矿级安全检查出的问题，是否整改到位 ⑧查作业环境显性安全隐患防范措施是否采取到位，隐性的安全隐患是否预防到位 ⑨进行好交接班 ⑩进行好安全整改汇报、记录 2. 群监网员，青年监督岗要按计划的检查活动要求进行，如侧重“查三违”和要突出重大隐患的治理及在安全管理方面的合理建议等 3. 带班领导跟班检查内容：重点查公司、矿等安全制度贯彻执行情况、主要安全防范措施落实情况、人员持证上岗情况、是否存在“三违”现象、大的系统运行情况、主要环节安全状态、安全生产标准化动态达标情况、主要设备设施安全状态，作业环境安全状态等
检查方法	1. 专职安全员跟班动态全过程检查，实行走动式和重点盯守监督的方法，要求本班内必须对责任范围所有作业地点和存在隐患的地点，进行全面巡查，巡查的次数依各矿的不同情况而定，对安全问题的现场处理要进行安全监督，对当班临时任务要执行规定，遵照安排监督检查 2. 群监员、青年监督岗员，要按矿统一安排，定期开展活动，日常工作中，要尽好自己的义务，及时反馈信息 3. 领导带班跟班检查要实行与工人同上同下，全面掌握当班的安全生产情况，采取重点抽查和全面检查相结合的方法。重点注意人的行为方面和主要安全问题，隐患的排查、治理监督检查。注意大系统环节的现场调研分析，能够不断提出改进意见，注意结合自己分管业务范围的工作，进行现场调研，不断进行优化，注意协助生产单位现场协调解决安全生产问题
检查时间	1. 专职安全员 24 h 全天候全过程进行检查活动，实行井下现场交接班 2. 群监员、青年监督岗定期组织活动，一般一月不少于一次集体活动 3. 领导带班、跟班按排定的时间严格交接班和执行井下跟班、带班制度
检查工作程序、步骤	按各矿规定要求的工作程序办
预期效果、作用	通过专兼结合的协防检查活动，实现专兼结合、群防群治的安全局面，努力推动大安全格局的形成

2.2.2 安全五会

1. 班前会

组织形式	班前会由各生产单位自行组织，每班班前组织召开，生产单位（队、厂）负责具体管理
参加人员	厂（队）长、值班厂（队）长、当班班组长、当班所有作业上岗人员及厂（队）部相关人员参加
主要任务	安排布置当班安全生产工作和任务、落实相关事宜

（续）

会议内容要求	1. 执行二级公司××煤业班前会议统一模式中要求的程序和内容（见二级公司煤矿安全学习材料汇编） 2. 会议必须明确当班安全重点和落实的措施 3. 必须贯彻矿调度会、安全例会等会议关于安全生产方面的相关精神 4. 利用班前会贯彻安全制度和进行安全教育，不断强化安全意识
会议时间确定	每班班前各矿根据劳动组织形式和工作制度，自行确定会议时间。但必须班班召开班前会，实现常态化管理
应起到的作用效果	1. 要通过班前会议把安全生产任务落实到岗位，落实到每个人，做到不留盲区，不留死角 2. 落实好安全责任和安全措施 3. 通过班前会议，对上岗人员精神状态、安全态度，进行安全确认，做到不安全不上岗

2. 调度会议

组织形式	调度会议由调度室组织召开（属矿级会议）由调度室负责具体管理
参加人员	矿领导、各部门（尤其各安全生产管理部门）正职、各生产单位（队、厂）负责人参加
主要任务	1. 总结前一天的安全生产工作，安排当日的安全生产工作 2. 协调安全生产工作中各类安全生产问题 3. 安排与安全生产有关的临时任务
会议内容要求	1. 矿调度会议一般由调度主任主持，矿长，安全、生产、机电等副矿长，总工程师，通风助理，科室负责人，生产单位负责人必须参加，并实行签到制度，进行严格管理 2. 主要内容： ①由各单位汇报当前安全生产情况以及存在的问题，并提出处理意见（建议） ②对于生产单位自己无法协调解决安全生产问题，要在会议上提出请示或要求 ③调度主任负责进行统一平衡，落实安全生产相关责任、措施，做出相关安排 ④分管领导和部门领导做出相关解读和重点指导 ⑤当日值班领导要作安全生产情况重点问题强调 ⑥最后由矿长强调重点，提出工作要求 ⑦调度会议前，调度重点负责收集整理并提供安全生产相关信息，确定当日调度会议重点内容，初步形成重点工作安排意见。以做好充分准备 ⑧对待安全问题和隐患，一定要谨慎、严肃对待，在调度会议上，要责成相关部门、人员专题汇报，安排落实，并在次日调度会议上进行闭合管理 ⑨调度会议，以每日的早调度会议为主，认真落实好当日的安全生产工作，其他生产班次的调度协调，可采取调度碰头会的方式进行。由调度值班主任负责组织，相关生产单位值班，带班领导参加，按早调会的精神和当班具体情况进行，组织安全生产协调工作 ⑩调度会议必须形成专门的会议记录，由调度室负责，执行二级公司的规定，并妥善保存，安排的重点工作的完成情况要在当日调度值班记录中真实反映，以便查询

（续）

会议时间确定	1. 早调度会议时间根据各矿的工作制度来确定，一般应在生产队组班前会议之前进行，并且不能影响各生产队组班前会议工作安排，保证会议的时效性 2. 其他班次的调度碰头会必简化程序提高效率，要充分利用好信息手段，原则上必须在每班班前会召开前进行碰头、沟通，要做到针对性强、重点明确、重点协调。调度室必须掌握好，要把重心放在生产一线单位的安全生产工作落实上 3. 调度会议要注意会议效率，各单位汇报原则，有需要协调则汇报，若正常无须协调的情况，自己职责范围能解决，无须放在调度会议上作解释 4. 部门和领导安排工作，一定要简明扼要，直切主题，突出重点，原则上调度会议控制在 20 min 左右为宜，避免开长会，影响各生产单位班前会
应起到的作用效果	通过调度会议，及时掌握当前的安全生产动态，明确当前安全生产的重点和责任，明白当日安全生产问题、隐患单位整改要求和部门监督的重点、责任，解决好重点安全问题和措施的落实

3. 安全办公会议

组织形式	安全办公会议是由矿长（安委会主任）负责主持，安全生产委员会成员参加的专题会议。具体由安委会下设办公室组织召开，一般由安全管理部门负责（安委会办公室要设在安全管理部门），并做好会议准备工作
参加人员	矿长（安委会主任）、安全生产等副矿长、总工程师、通风助理、安指主任、副总工程师、各部门、各单位（各非生产单位）负责人及安全生产安委会所有成员、派驻矿安全管理人员列席。必要情况下，除以上人员外，有关会议研究事项的相关安全生产技术人员等须列席会议（具体可临时通知）
主要任务	1. 总结前一段生产工作 2. 研究安排部署下一阶段安全工作 3. 研究当前重大安全事项
会议内容要求	一般由矿长主持，如矿长不在则由矿长委托安全副矿长负责主持会议。研究的主要内容有： 1. 学习贯彻上级政府部门、集团公司和二级公司等的相关安全文件、会议精神等，学习贯彻新的规定、指令，并研究制定相应落实措施 2. 听取各部门、各单位关于执行“三大规程”及落实安全技术措施、隐患排查、安全管理工作和安全生产标准化工作的情况汇报，分析存在的问题和事故隐患，研究制定解决的办法和措施，并落实到相关部门和单位 3. 分析研究有关安全的重大事项，并形成意见或决定，包括安全技改项目、安全费用提取使用、重大安全隐患事故的处理、安全整改、“三违”人员处理、事故责任人处理等。尤其对发生的重大事故和未遂事故进行分析、研究、讨论，按“四不放过”的原则，提出处理意见，总结经验和应当汲取的教训，并制定防范措施，防止同类事故再次发生 4. 检查上次安全办公会议研究事项的落实情况，对完成好的单位要表扬，对完成不好的单位，要分析原因和追究责任 5. 根据矿现阶段安全生产状况和下一阶段的生产安排，部署阶段性的安全工作重点和重大举措 6. 每次安全办公会议之前，参会人员要做好相关准备，对需要在会议上讨论研究的重大问题、事项和必须实施的措施，要提前将相关资料报安全管理部门，安全管理部门要进行分类汇总，并提出初步的解决方案，提前两天向安全副矿长、总工程师汇报，安全副矿长、总工程师要提前一天向矿长汇报，做到有的放矢、突出重点、有议有决、注重实效 7. 每次安全办公会议要根据掌握的情况，确定议题，认真组织，确保会议不走形式，不要搞虚的东西，真正成为安全工作的一个决策会 8. 每次办公会议后，对所研究的事项，要形成会议纪要，上报、下发，由安全管理部门负责整理 9. 每次会议必须由行政办公室、安全部门、调度室三个部门同时做好会议记录存档备案

（续）

会议时间确定	会议时间：要求每月一次，原则在每月月初5日以前召开，如果当月研究事项不多，可与月初的安全例会一天同时召开，但会议内容和程序不能减少
应起到的作用效果	通过会议落实年度、季度安全工作目标、计划；落实重大安技工程的投资计划；研究通过事故处理等重大事项；研究完善管理制度和创新机制等问题。通过会议强化安全管理的重要性，提高管理人员，尤其是管理层和各级第一责任人的安全意识和安全责任心，促成安全执行力提高

4. 安全例会

组织形式	安全例会是与安全例检同步配套运作的一个重要会议。一般采取定期组织的形式进行，是针对安全检查完毕后进行的针对性例会，由安全管理部门负责组织
参加人员	参与安全检查的所有检查人员，包括部门、生产单位负责人、相关的安全生产管理人员等
主要任务	针对检查出的安全问题和隐患，以会议的形式分析研究，提出整改方案和意见，进行全面落实，并下发整改通知书，对有关问题提出处理意见
会议内容要求	安全例会研究的主要内容： 1. 由安全检查组小组长分别汇报小组检查情况，重点是发现的安全问题和隐患 2. 研究整改方案、措施、落实责任单位和责任人 3. 确定监督的业务、技术管理部门，落实监督责任 4. 根据会议确定的意见，安全管理部门整理检查信息，分类汇总，以五定表的形式下发整改通知书，通知书由被检单位、检查人员确认签字后生效 5. 对照奖惩办法等安全规定，对有关单位和责任人进行奖惩处理 6. 会议要建立专门的例会记录，会后安全部门和相关责任单位要建立专门的隐患排查治理动态闭合管理台账（台账执行统一规定） 7. 会议一般由安全矿长主持，会议记录由安管部门负责，专人记录
会议时间确定	一般每周一次。每周一上午现场检查，下午抽查资料和召开安全例会。各矿要根据实际可做适当调整，但必须与检查同天，不得隔日进行，以确保时效性
应起到的作用效果	安全例会是一个常态化、周期化的例会，通过例会处理解决日常安全工作中各类安全问题和隐患，使安全生产始终处于可控状态。通过例会经常强化安全生产管理人员的安全意识，同时通过督促解决安全问题，不断提高各类人员的安全技能和处置能力，提高安全防范预控水平

5. 隐患和事故分析会

组织形式	根据隐患和事故分级分为两个层面的会议： 1. 影响范围小、涉及本单位的安全生产，未涉及其他生产单位、未造成全矿性停产等影响的，由本单位自行组织召开分析会议 2. 影响范围涉及其他生产单位、造成单位或全矿停产的、带来影响极大或可能造成较大的负面影响的，由矿安全管理部门组织召开，相关部门、单位人员参加进行分析，并形成纪要下发各单位贯彻
参加人员	相关领导、部门、单位及相关人员参加。一般生产单位在事故分析时，全体人员均要参加，要分别组织进行

（续）

主要任务	找出原因，总结经验，汲取教训，提出整改措施，防止类似情况再发生
会议内容要求	1. 摸清重大隐患和事故发生的过程 2. 通过发生过程的每一个细节，查找原因，包括内因和外因方面，主观和客观方面，人、机、环、管方面 3. 通过分析，分清责任，落实责任 4. 总结应汲取的教训和避免事故的经验 5. 研究制定相应对策和防范措施 6. 针对本单位存在的人的方面问题，拟定培训教育计划，针对设备、技术、环境、管理方面不足和缺陷，提出整改提高的措施 7. 对隐患的分析，主要针对一再出现的较大隐患（包括人、机、环、管方面），一直得不到有效的解决，已给安全生产造成潜在危险，必须及时进行专题分析和研究预控对策 8. 对事故的分析，必须本着“一事故一分析，一事故一处理”的原则，事故不论大小（包括人身伤害、机电、机械等事故）都要重视
会议时间确定	需根据各矿的具体情况而定
应起到的作用效果	通过隐患和事故分析，起到警示、提醒、教育的作用，尽可能避免同类事故再发生，使员工受到教育，提高防范意识，保证安全生产

2.2.3 一闭合

一闭合即隐患排查、闭合管理。就是要把“五查五会”的管理过程，进行循环闭合，从小循环闭合管理到大循环闭合管理，形成环环相扣、不断提高的安全隐患排查管理系统。在安全隐患排查预控管理过程中，针对“五查五会”，我们要推广“戴明循环”管理法，简称戴明环法，将其融入“五查五会”工作当中，进行好闭合管理，使每一次检查、每一次会议，都能有效地进行闭合管理。戴明环法也叫 PDCA 循环法，分四个阶段、八个步骤。总结如下：

四个阶段	八个步骤	管理任务、目标
制定措施（P）	①查找隐患	现场检查，分析现状，找出问题、隐患
	②分析原因	查资料和会议结合，分析隐患问题产生的原因
	③找出关键	通过问题分析，找出影响安全生产的主要因素
	④制定措施	针对存在问题，制定整改计划、方案和措施
实施计划和措施（D）	⑤安排落实措施，组织实施	①通过安全会议，落实安全责任；②下发安全隐患整改书；③责任单位进行整改；④相关部门、人员进行监督，督促落实到位
检查效果（C）	⑥组织检查实施效果，进行效果评价	由安全管理部门组织协调进行验收和复查，检验隐患整改情况，是否达到预期效果。如：周一检查周五复查、每日的专职安全生产管理人员的目标性复查、检查，按整改期限要求的检查验证，要及时反馈信息，安管部门统一进行信息管理（收集、整理、汇报、处理）
总结经验（A）	⑦重总结	通过检查找问题，分析原因，找关键、定措施，抓实施整改、进行效果评价。完成三个阶段还不够，必须进行总结，既要巩固成果，还要进一步认真找漏洞和不足
	⑧转下轮	把总结的经验、找出的漏洞不足和需要加强的安全管理工作、重大遗留问题转入下期处理。即在下次的安全检查和安全会议上，要重点关注，但要注意一点，影响安全生产的重大隐患，必须采取硬手段及时研究对策，必要时停产处理，不得延误整改时机

2.3 安全生产标准化管理制度

第一章 总　　则

第一条 为全面推进集团公司所属企业安全生产标准化建设，规范安全生产标准化建设管理，强化安全基础管理，改善安全生产条件，确保安全生产标准化持续改进和不断提高，根据国家、行业的有关规定，结合集团公司实际，特制定本制度。

第二条 通过开展安全生产标准化建设，进一步健全安全生产责任制、安全生产管理规章制度，提高生产装置、设施、设备的技术水平，全面促进企业安全生产保障水平。

第三条 本制度适用于集团公司所属地面生产经营企业。

第二章 职　　责

第四条 集团公司、二级公司参照《企业安全生产标准化基本规范》（AQ/T 9006—2010）及行业制定的《安全标准化标准及考核评分细则》，结合行业、企业实际，制定《安全生产标准化达标规划》和《安全生产标准化标准及考核评分细则》，并组织评级验收。

第五条 生产经营企业制定安全生产标准化实施方案，积极开展安全生产标准化创建，并动态管理。

第六条 集团公司每半年对二级公司安全生产标准化工作进行一次指导、考核；二级公司每季度对所属生产经营企业安全生产标准化工作进行一次指导、检查、考核；生产经营企业每月进行一次自查自纠。

第三章 实　　施

第七条 各单位做好宣传教育工作，使全体干部职工充分认识实施安全生产标准化的重要性，熟知各要素及相关内容要求，做到全面参与。

第八条 实施过程中要编制工作计划，保证人力、物力、财力，并对阶段性工作定期进行分析、总结，确保各项工作有序开展，完成标准化建设工作。

第九条 创建工作，要抓规范、抓过程、抓实效；对达到标准化一级的单位要重点抓巩固、二级的单位着力抓提升、三级的单位督促抓改进；对未开展标准化创建工作的单位，抓指导、抓促进、抓达标。

第四章 考　　核

第十条 集团公司、二级公司、全资及控股企业建立健全安全生产标准化考核机制，定期开展安全生产标准化考核、评比工作；对积极开展安全生产标准化建设、按时达标的单位可自行奖励。

第十一条 考核评比要严肃、认真，不走形式、不走过场，树典型，进行奖优罚劣。

第五章 附　　则

第十二条 本制度解释权属晋能集团有限公司安全生产委员会。

3 基本素质提升方法或机制及岗位作业标准

3.1 “3335”培训工作模式

第一个“3”指：三级培训教育，建立公司级、厂队级、班组级的三级培训。公司级安全培训内容包括公司的安全生产情况及安全生产基本知识、公司安全生产规章制度和劳动纪律等内容。厂队级安全培训内容包括本厂队的工作环境及危险因素、本厂队安全生产状况及规章制度、有关事故案例等。班组级安全培训内容包括岗位安全操作规程、岗位之间工作衔接配合的安全与职业卫生事项等。通过三级培训，明确各层级的培训责任、任务和权限，较好地适应了公司发展的要求。

第二个“3”指：在班组开展的“三个一”培训，即“一日一题，一周一测，一月一考”。

第三个“3”指：注重三个方面的培训，即注重安全意识、安全基本知识和安全技能三方面的培训。

“5”是指“五结合”，即在培训工作中要结合全员培训的特点，结合关键岗位人员（特种作业人员）培训的特点，结合班组长以上各级管理干部培训的特点，结合“三违”人员帮教的特点，结合岗前、入井前常态化的培训考核进行培训。

3.2 七个五安全培训体系

3.2.1 “七个五安全培训体系”提出的现实意义与应用价值

十多年来，通过深入部分煤矿安全生产培训机构开展培训教育状况调研后，发现普遍存在着重办证、轻教学；重杂务、轻课堂；重形式、轻质量的“三重三轻”等舍实求虚的不良状况。许多煤矿培训机构认不清关键职责所在，热衷于把全部精力投入到办理各种资格证件、上报各种表格、教室桌椅板凳的布置及卫生、组织各种培训班等方面，却有意忽视处于关键环节的教学质量管理，最终导致辛辛苦苦组织起来的安全生产培训流于形式，广大学员培训前后一个样、取证前后一个样，部分干部员工安全素质的不良态势日渐成为煤矿重大事故发生的潜在人文诱因。

毋庸讳言，人的不安全行为是导致安全生产事故发生的首要原因，即除了天灾、就是人祸。煤矿装备安全生产标准化程度的提升，只能从硬件上降低煤矿重大事故发生的可能性，而单纯依靠现代化硬件装备并不能完全堵塞煤矿重大事故发生的漏洞。例如山西焦煤集团屯兰煤矿被称为山西省现代化设施装备最好的矿井之一，并冠以山西焦煤集团的窗口单位、形象单位，但由于员工的岗位操作行为不达标导致发生了“2.22”特别重大瓦斯爆炸事故。再如山西晋煤集团寺河煤矿，被誉为中国煤矿开采程度最先进、现代化程度最高、高产高效的“三晋第一矿”，产能达到上千万吨，在如此精良硬件装备条件下，因为员工在工作面违章爆破作业，导致发生“2·1”重大瓦斯爆炸事故。这些一流现代化煤矿发生的重大事故不断重申，如果安全生产培训流于形式、安全素质培训效果滞后、作业人员标准化知识缺失、岗位规范化操作行为不达标，这些关键性人文负因素均会导致重大事故发生。

综上所述，打造本质安全型煤矿，必须不断提高干部职工的安全科技文化素质，从而使个体的安全行为较为规范，逐渐成为习惯，进而达到对安全产生持久性的预见，通过“五个一体化”“五个避免”“五个培训”“五个对待”“五个努力讲”“五个要求”“五个代表”的“七个五安全培训体系”在煤矿安全培训领域实现多元化、深层次、实效性的安全培训建设，从而全面遏制煤矿安全生产培训弊端，真正做到消弭煤矿人文安全文化领域的负因，努力补齐煤矿安全培训过程的短板，确保不因人的违章问题而发生重大事故。

由于应用效果突出。2015 年，“七个五安全培训体系”先后被中国安全生产网、中国新闻网、陕西省安全生产监督管理局等媒体与政府官网刊载。山西经济日报以“七个五、一套安全生产领域的培训宝典”为标题宣传报道。2015 年，在中国煤炭教育学会举办的“全国煤炭行业教学成果评选”活动中荣获“一等奖”。

3.2.2 “七个五安全培训体系”的具体内涵

1. 从机制层面阐明

以“五个一体化”创新性提出“安全培训质量”的评价考核是培训机构诸多工作的重中之重。

没有严格考核的制度是一堆废纸，没有评价机制的工作无法实施公平奖罚。煤矿培训机构的“五个一体化”建设是贯穿整个培训职能的主线，也是综合考核的衡量标准。主要为：安全知识与趣味幽默教学一体化。授课模式与教学效果评价一体化。素质考核与促进自觉学习一体化。教学质量与教师政治待遇一体化。学员反馈与教育创新改革一体化。

鉴于安全生产培训的学术性、技能性交叉特征，其宏观和微观两个层面的相异性表明，先进的安全培训理念不会一蹴而就，需要沉静下来、不忘初心，坚拒将培训人数的多少、培训批次的多少、办理资格证件的多少等作为业绩衡量标准，真正陟遐自迩地以“五个一体化”机制夯实安全培训机构中教学质量的重要基础。

安全培训效果的优劣直接影响着员工岗位动态性安全行为的质量，努力培养出具备清醒的安全意识、坚韧的安全意志、强烈的安全需求、牢固的安全思想、完备的安全技能学员群体对遏制煤矿重大事故具有重要意义。而培训不到位所带来的根源性人文负因却无法长期抵抗违章好处的诱惑，最终因为诸如员工的瓦斯检查不到位、探放水作业不到位、电气防爆维护不到位等岗位人员操作不到位负因引发煤矿群死群伤重大事故。

2. 从具体事务层面阐明

以“五个避免”创新性提出“首秝安全教学”在培训机构的重要性。

“舍本逐末”是煤矿安全培训工作的大敌。安全培训机构要以“安全培训是守护生命工程”为前提，摈弃浮躁心理，做好人文安全文化建设的“五个避免”工作。主要为：避免重资格办证轻安全培训；避免重日常杂务轻教学质量；避免重纪律考核轻绩效考核；避免重挑小毛病轻突出业绩；避免重学历职称轻能力水平。

切实可行的“五个避免”着重对“煤矿安全培训工作”的表面化倾向做出深层次反省和应对，一针见血指出部分培训机构将全部精力放在办理资格证件、处理日常杂务等表象工作上，而对安全教学核心工作却敷衍塞责或弃之一旁，这无疑是“重大安全培训隐患”。通过施行“五个避免”，使“首秝安全教学”真正成为煤矿安全培训机构一系列工作的重中之重。

3. 从培训学员方向阐明

以“五个培训”创新性提出“学员持证上岗质量”是始终贯穿安全生产培训评价系统的主线。

煤矿培训机构存在的“学员培训前后一个样”问题一直被人们怒责，而各种不同性质事故的发生很大程度上源于员工的岗位操作行为不达标。因此，“学员持证上岗操作质量”的跟踪考核在煤矿安全生产管理中尤显重要。

基层干部职工是实践安全生产的主体，他们的安全意志、安全能力直接作用于每一个具体岗位。因此，安全生产培训机构需把“五个培训”作为教学理念在广大教师心中扎下根，做到教学信念坚定、教学使命明确。主要为：培训出安全意识、安全意志过强的学员。培训出安全素质过高的学员。培训出安全思想过硬的学员。培训出安全行为过严的学员。培训出安全人格过关的学员。

学员对安全生产规程措施的力学笃行非一朝一夕养成。安全教育更应注重学员对规程措施的深层次认知上，以“条条规程血写成”的理念培训出安全思想、理念过硬的学员，使学员们上岗之后均能做到熏陶成性，实现员工岗位操作行为的动态性、久远性达标，辅之施行严格的“学员持证上岗操作质量”的跟踪考核工作，最终奠定煤矿安全生产的坚实人文基础。

4. 从教师的“岗位价值观”方面阐明

以“五个对待”创新性提出“敬畏生命良知”，形成安全生产培训教师的正确从业动机。

针对部分教师在安全课堂“虚应故事”之风日盛的现状，煤矿安全培训机构要营造“安全教学价值观”的氛围，提升教师的职业操守意识，使他们认真做到“五个对待”。主要为：对待安全课，要像守护良心一样备好课。对待新员工，要像敬畏生命一样用心讲。对待违章者，要像面对事故一样动情劝。对待教师岗，要像伟大母亲一样尽责任。对待混师人，要像千夫怒指一样去谴责。

由思虑引起的愿望所推动的行动，是意志的行动。通过“敬畏生命良知”在教师心中重要推动作用，合理形成以良好愿望为前提条件的高效安全教育行动，而高质量“安全生产课堂”是避免煤矿重大事故人文诱因的第一道防线，教师须以“敬畏生命”的思想讲好每一节课，以足履实地的精神常态化深入煤矿井下综采工作面、综掘工作面等现场扎实调研，最终从各个层面把好安全生产人文素质教育的重要关口。

5. 从探求授课方法上阐明

以“五个努力讲”创新性提出“高品质授课”及“安全置对活动”是打造安全行为过硬学员的重要途径。

“台上台下、情感共鸣”体现高质量安全课堂的显著特征。“五个努力讲”正是对授课教师的硬性要求，也是提升安全教学质量的必由之路。主要为：努力讲声泪俱下的事故案例。努力讲感情投入的安全知识。努力讲实用性强的安全技能。努力讲丰富多彩的安全文化。努力讲深入心灵的规程措施。

在授课过程中能否做到价值取向、思维情感的“师生互融一体”，将关系到广大学员深刻理解生命意义、完全掌握安全知识、坚韧安全意志的大事。通过教师学员之间开展的“安全置对活动”，实效性提升学员对安全生产的深层次人文德尚认知，并由此培育出一批批安全素质过硬、安全素养过强的合格学员，以此堵塞煤矿重大事故发生的人文性安全思维漏洞。

6. 从课堂质量与实践应用方面阐明

以“五个要求”创新性提出“授课质量与‘三违’行为”属于间接因果关系。

“三违”行为既是煤矿安全生产的大敌，又是煤矿重大事故的罪魁祸首。“五个要求”既是对教师的课堂要求，也是对培训机构的职责要求。倡导从课堂层面牢牢建塑深层次的人文安全架构，努力消弭“三违”现象。主要为：要求乏味的授课动起来。要求枯燥的课堂活起来。要求教师责任强起来。要求安全知识用起来。要求“三违”人员少起来。

“安全意识、安全知识、安全技能”三并重的培训思想，体现出国家安监总局倡导的进一步提高安全培训质量和效果的要求，这也是人文安全领域建塑的重要基础性工作。“五个要求”对安全教学过程中学员们的自护意识、动机需求、操作技能、意志恒持等方面做出了细致部署，努力从根源上杜绝“三违”行为，创造出防范煤矿重大事故发生的人文前提条件。

7. 从“尚德安全课”方面阐明

以“五个代表”创新性提出教师怀瑾握瑜的“授课质量荣辱观”是践行守护生命的道德高地。

提升安全教师道德约束力是“七个五安全培训体系”的创新之处，倡导“五个代表”理念，以安全课堂为平台，深层次建立起教师的荣辱意识。主要为：活跃安全生产课堂代表让学员深度理解安全知识。动情讲解事故案例代表必须撼动学员麻痹的心灵。照着念课件和书本代表对不起安全教师的崇高称谓。应付安全生产培训代表在昧着良心亵渎员工生命。努力创新授课形式代表用责任提升员工学习兴致。

教师群体的怀瑾握瑜建塑从人文层面就决定了安全培训效果。“没有教不好的学生，只有不会教的老师”。这句至理名言对鉴安全生产培训更加寓意深刻。“五个代表”从伦理道德层面对安全培训教师做了一定约束，如何令学员们喜欢听、听得懂、记得住、真践行是衡量教师授课质量的重要尺子，全面形成“呵护生命、从课堂做起”的教师培训理念，日益成为煤矿培训机构创造高品质安全课的强大动力。

3.2.3 结论

在企业生产过程中，抓住了“人”的问题，安全工作就会迎刃而解。只有注重真正意义上的安全生产培训，使安全培训机构名副其实，不被华丽完备的硬件设施装备所迷惑，不被数量众多念课件、念书本的教师所迷惑，更不能将职工培训中心变异为办证中心、杂务中心、开班中心、迎来送往中心。

综上所述，努力通过“七个五安全培训体系”的创新性、实效性建塑，将安全培训机构打造成为安全生产学术中心、教研中心、安全课堂展示中心、学员安全心智提升中心，进而在更深、更高层面消除从业者持证率高、设备安全系数高、设施安全程度高、从业者安全素质低的“三高一低”怪现象，从根本上消弭煤矿发生重大事故的人文诱因，实现广大干部员工在安全生产过程中本质化“岗位操作行为动态达标的可持续性”，最终奠定煤矿安全生产的坚实人文基础。

3.3 “干部上讲台、培训到现场”培训管理制度

第一条 为进一步落实“干部上讲台，培训到现场”工作，推进此项工作有序化、规范化开展，制定“干部上讲台、培训到现场”管理制度。

第二条 “干部上讲台”实行一级带动一级，上至矿领导下至中层干部、技术能手，主要采取集中授课、理论讲解、现场指导的方式进行，开展事故案例和岗位操作知识宣讲，言传身教，将自身的专业技术和宝贵经验传授给员工，为员工传道授业解惑，构建“人人登台，人人为师”的培训格局，扎实推进各矿培训工作。

第三条 “培训到现场”按照对井上下操作岗位人员全部包保的原则，将包保对象分解落实到班组长以上责任人，确保操作岗位人员一个不落地落实到人头，横向到边，纵向到底，做到没有一个没有包保培训任务的干部，没有一个不被包保培训的职工。

第四条 现场培训以“手指口述”安全确认工作法为重点，以各工种应知应会、操作技能、标准化建设、事故案例培训为主要内容，突出现场实训，让每个员工掌握本岗位操作标准要求，掌握岗位风险源辨识、隐患排查、事故防范本领，做到人人过关。

第五条 二级公司通过各矿资料报送、专门检查和现场抽查的方式对公司各矿“干部上讲台、培训到现场”工作进行考核。

3.4 “点对点、一对一、结对子”安全培训工作的实施方案

根据《晋能集团有限公司关于开展“点对点、一对一、结对子”安全培训工作的通知》（晋能安监函〔2018〕547号）要求，为进一步提高二级公司各级管理人员和基层单位干部员工的安全素质，充分发挥规程、标准的作用，促进公司安全生产，决定开展“点对点、一对一、结对子”安全培训工作。为保证此项工作落到实处，取得实效，结合二级公司实际情况，特制定本实施方案。

3.4.1 工作目标

通过开展“点对点、一对一、结对子”安全培训工作，使广大干部职工在安全意识上进一步提升，规程措施掌握上更具针对性，行为达标工作更规范，进一步巩固公司安全管理水平，促进公司安全稳定发展。

3.4.2 组织机构

组 长：

副组长：

成　员：公司所属各矿主要负责人、机关各部室负责人

为保证此项工作顺利推进，并强化日常业务指导和监督管理，特成立“点对点、一对一、结对子”安全培训工作协调领导办公室，办公室设在人力资源部，工作人员由人力资源部培训科、安全生产监督管理部人员组成。

各矿要成立“点对点、一对一、结对子”安全培训工作组织机构，设立领导组办公室，负责本矿“点对点、一对一、结对子”安全培训工作的组织落实。领导组办公室原则上设在安全培训管理部门，工作人员由培训科人员和安全科人员组成。

3.4.3　人员范围

“点对点、一对一、结对子”安全培训工作学习人员覆盖公司及所属各矿全体干部职工。

3.4.4　组织实施

1. 学习内容

公司层面：学习《煤矿安全规程》《煤矿安全规程解读》《煤矿安全生产标准化管理体系基本要求及评分办法》《煤矿员工应知应会题库》等内容。

各矿层面：班组长以上领导干部及相关业务部（科）室人员学习《煤矿安全规程》、《煤矿安全规程解读》、《煤矿安全生产标准化管理体系基本要求及评分办法》《煤矿员工应知应会题库》等内容，其他岗位人员学习对应岗位的《煤矿安全规程》《操作规程》《作业规程》《员工操作达标手册》《煤矿员工应知应会题库》等内容。

公司及各矿根据学习书籍（资料）的实际配发情况，补充完善相应的学习书籍（资料）。

2. 结对方法

公司层面划为三个层面结对；煤矿企业划为四个层面结对。

公司层面班子成员、副总工以上管理人员之间确定结对对象；中层管理人员采用同岗位、同专业或相关联专业工作确定结对对象（也可同部门中层自行结对）；部门员工之间确定结对对象。

公司各矿层面班子成员、副总工以上管理人员之间确定结对对象；中层管理人员采用同岗位、同专业或相关联专业的工作确定结对对象（也可同部门中层自行结对）；管理部门员工之间确定结对对象；基层厂队内部人员之间确定结对对象（杜绝跨班组、跨班次结对现象），结对子可以和师徒合同或互保联保协议结合起来。

结对人员原则上一对一，也可以根据实际需要一对二或二对二，便于灵活开展互帮互学，互测互考。

因休假、出差等原因导致原结对子人员不能互帮互学的，要及时动态调整结对子人员，并补充完善相应记录。

3. 学习方法及时间

学习方法及学习时间灵活多样。学习方法以结对子成员之间自主学习为主，可采取结对子互帮互考、互提互问、交流探讨等形式进行，也可采用集中组织、分组讨论、动漫视频观看、小组比赛、包保责任人定向培训等灵活多样的方式进行。

各单位要合理优化学习时间，原则上结对子人员每周互帮互学不少于一次，每月不少于四次，每次学习时间不少于30 min。要把学习内容记录在二级公司统一规范样式，各矿自行印制的“点对点、一对一、结对子专用学习笔记”记录本上，并有结对人和结对对象签字记录作为学习检查的凭证和依据。

4. 学习要求

学习上要注重“三定、四结合、三对标”。“三定”是指：一定是要定主要学习内容，将《煤矿安全规程》等内容进行分解，体现理论业务知识的专业对口，以《煤矿安全规程》《操作规程》《作

业规程》为主要学习内容，以《煤矿安全生产标准化管理体系基本要求及评分办法》《煤矿员工应知应会题库》《员工操作达标手册》为辅助学习内容，达到相辅相成，强化促进的目的；二定是定阶段性学习重点，以一周、一月、一季度或一个时期为周期，着重学习短板和薄弱环节等内容；三定是定特殊时段学习内容，以搬家倒面、初采初放、临时工程或零碎作业安全要点等，作为特殊时段的学习内容。

"四结合"是指：一是结合不同岗位人员的特点分步骤学；二是结合自身专业需求穿插学；三是结合工作实际学；四是结合当前工作重点学。管理层要从上而下学，先学国家有关安全生产方面的法律法规，再学《煤矿安全规程》等。操作层要自下往上学，先学《操作规程》《作业规程》，再学《煤矿安全规程》等。

"三对标"是指要从三个层面开展对标学习。一是副总工以上领导干部，要根据分管业务范围现场对标，履行包保责任，定期召开学习分析会，采取定向分析培训，提升现场达标水平；二是业务部门管理人员，要根据安全生产职责范围，开展现场标准化对标，强化规程措施、标准和安全规章制度的落实；三是岗位操作人员，要根据岗位分工、现场标准要求，开展岗位对标，确保标准、措施落实在现场。

3.4.5 工作要求

1. 思想认识到位，强化组织领导

各单位要充分认识"点对点、一对一、结对子"安全培训工作的重要意义，深入学习集团公司、二级公司有关领导讲话精神、文件要求，明确主要负责人是"点对点、一对一、结对子"安全培训工作的第一责任人，分管领导为专项负责人。要加强此项工作的组织领导，强化工作部署，落实包保（结对）责任，合理协调生产与培训的关系，确保此项工作顺利进行。

2. 宣传认识到位，营造浓厚氛围

各单位要广泛开展"点对点、一对一、结对子"安全培训工作宣传活动，将集团公司、二级公司领导在会议上有关"点对点、一对一、结对子"安全培训工作的讲话、要求进行大力宣传学习，积极开展多种形式的结对子活动，在学习中找方法、促学习、同进步，营造互帮互学的浓厚氛围。

3. 督促落实到位，确保取得实效

公司层面要通过挂牌检查、安全综合（专项）检查、突查及其他形式，多种渠道、多种方式对公司各单位、各部室"点对点、一对一、结对子"活动开展情况进行督导检查、抽查。各包矿领导组成员在包矿检查中要对各单位"点对点、一对一、结对子"活动开展情况进行检查、抽查。各矿要对本单位各科室、区队（班组）活动开展情况进行日常监督检查和考核，确保活动取得实效。

4. 细化考核细则，强化监督考核

要将"点对点、一对一、结对子"安全培训工作纳入月度考核范围，每月进行一次测评、考核，鼓励采用有效的激励机制，强化监督考核。公司层面由公司领导组办公室对各单位、各部室落实情况进行测评、考核。各单位由各单位领导组办公室对各部门、结对子成员进行考核。

3.5 师带徒管理考核制度

为了尽快培养一批高技能的人才，进一步发扬"传、帮、带"优良传统，充分调动职工的积极性，提高职工队伍整体素质，满足本矿安全生产的需要。本着全面提高员工安全意识和操作技能的原则，特制定本考核办法。

第一条 师傅和徒弟产生办法

师傅产生，主要按照"个人自愿、单位推荐"的原则进行，首先由个人进行自我推荐。其次，各队组根据推荐人员情况通过岗位技能掌握程度、个人品格等方面进行综合评议，集中推荐后，经队批准方可具备师傅的资格。徒弟产生，首先，必须在队组通过实习期的新工人，且具备一定的上进意愿，自主报名。其次，各单位要根据新工人实习期在队组的综合表现情况，推荐其从事某岗位的技术工作，并得到个人同意后，方可拜师学习。师傅和徒弟在建立师徒关系时，必须采取双向选择，自主自愿的原则且师傅与徒弟要保证工种一致。

第二条 师傅责任与义务

师傅由所在单位指定品德优良、业务熟练、有工作经验的老工人担任，并承担以下责任与义务。

（1）爱岗敬业，严格执行安全生产规章制度。在思想、业务、工作态度等方面为徒弟树立榜样。

（2）按照工作要求，带领新工人熟悉工作环境，并讲解所在岗位的职责及安全注意事项。

（3）对待师徒关系态度要端正、关心徒弟成长。要把自己的工作经验及技能毫无保留的传授给徒弟。

（4）在履行合同期间要做好“四带一保”工作，即要在带思想、带作风、带业务、带纪律、保安全上下功夫。同时不断积累实践经验，提高岗位技能，提升自身综合素质，确保安全生产。

（5）工作中还必须做到：①说明：做什么；②示范：怎样做；③尝试：让徒弟试试看，不准违章作业；④观察：留心徒弟的表现及时谈心解决思想问题；⑤表扬：对徒弟工作中取得进步及时进行称赞。

（6）认真传授徒弟安全知识和作业现场的危害因素辨析，强化作业现场“手指口述”的执行，带领徒弟同上同下，确保徒弟人身安全。

（7）在合同期内，徒弟要过思想品德关、安全意识关、操作技能关，能独立胜任所从事的工作。

第三条 徒弟责任与义务

（1）对待师徒关系态度要端正、认真钻研安全理论知识，严格执行安全生产各项规章制度、熟悉作业现场环境，适应工作。

（2）要树立积极进取、尊重师长、虚心学习、吃苦耐劳的学习态度，要严格执行有关技术规范和操作程序施工。

（3）要按章操作，熟悉和掌握设备的性能，保证无违章。

（4）工作中，要力求上进，学习专业知识，强化操作技能。

（5）工作中，要主动帮助师傅做一些力所能及的事情。

（6）师傅未到岗作业时，徒弟不得上岗作业。

第四条 队组责任与义务

（1）根据部门状况，确定合理的师徒人员关系，并报安全科备案。

（2）定期与师傅沟通，了解师带徒的进展情况，解决存在的问题。

（3）定期对师傅进行业务提升。

（4）定期对培训效果进行总结、考核。

（5）对不合格的师傅或徒弟提出整改要求或取消资格。

第五条 安全科责任与义务

（1）跟踪培训进展，监督其按照培训计划实施。

（2）积极听取师徒双方对培训开展的建议，优化并完善师徒考核制度。

（3）定期检查考核表填写的完整性和规范性。

（4）对考核结果进行确定，并对奖惩结果做出判断裁定。

第六条 考核

1. 考核组成员

组　长：矿　长

副组长：生产矿长　总工程师　安全矿长　机电矿长

成　员：通风助理

通风副总工程师

调度室、通风科、安全科、生产技术科、机电科、防治水中心、地测科、掘进队、综采队、机电机运队、瓦斯抽采队、探放水队、后勤中心及相关人员

2. 培训学习计划的制定

各位师傅在师徒合同签订一周内制定出培训计划，计划要有明确的时间节点，培训计划一式三份，（师傅、徒弟、职工培训科各一份）。师傅应根据工种制定具有针对性的培训计划，培训内容应包括以下几个方面：安全意识、工作职责、相关理论知识、设备维护和保养、设备操作、工艺流程、设备检修等。

3. 考核办法

（1）徒弟学习时间，普通工种实习期为4个月，特殊工种实习期为6个月。

（2）师傅需根据培训计划对徒弟进行理论和实践的培训和指导，并在每月汇总徒弟的学习进度，效果评估以及建议，由各部门相关负责人审核，并于下月3日前交至职工培训科存档，以备考核依据。

（3）徒弟需根据培训计划对培训过程进行总结，每月3日前将上月总结上交至职工培训科，以备考核依据。

（4）职工培训科需定期跟踪了解掌握师傅与徒弟培训进度，及时反馈并改进。每月完不成学习计划的给予师傅罚款200元。

（5）考核期满后，由考评小组对专业知识实行闭卷考试和技能考核，培训合格基本条件为：①专业技能考核，在作业现场进行实际操作，由考评小组进行评分，能独立完成操作任务，基本故障可单独处理；②理论成绩必须在80分以上；③实习期间无“三违”行为。不满足任一条件不准出师，继续延长师徒合同时间，直至考核合格后，方可单独上岗作业。考核都合格后，给师傅3000元带徒奖励；否则，罚师傅、徒弟各1000元，取消师傅、徒弟年终评比资格。

（6）徒弟学习期间，对于徒弟在操作上的不规范行为，要对师傅进行相应处罚，提高师傅责任感。如果出现工伤事故，对师傅从重处罚（挂靠安全抵押金和质量奖）；徒弟违章一次，扣除师傅当月工资10%。

（7）每年评选一次带徒成绩突出的师傅，给予一定奖励；如果徒弟在重要比赛、技术比武中获得名次的，再对徒弟所对应的师傅给予一定奖励。

（8）师傅和徒弟关系为终身制，师徒关系一旦确立，不得随意更改（工作单位变动、退休等除外）。师徒关系建立按照师徒合同签订日起开始计算。

（9）师傅一般应当具备中级以上技能等级，3年以上相应工作经历和没有发生过“三违”等条件。

3.6 三严两法一卡

3.6.1 “三严”

（1）严格执行交接班制度。主要解决好现场交接班，交接清现场问题，做到明明白白上岗，清清楚楚交班，不出现交接班期间的空白，给安全埋下人为的安全隐患。主要强调做到：①严格执行“手接手，口对口，你不来，我不走”的交接班制度，执行现场岗位对接，杜绝电话和途中交接现象。②做到三交接，一是任务完成情况的进度交接；二是存在问题的遗留问题交接（尤其是非正常的安全问题）；三是文明生产现场标准化交接（现场责任范围内的文明生产、设施、设备的标识、牌板、清洁卫生达标）。③各煤矿要制定具体的岗位交接班标准和要求，对不达要求和不具备规定交接条件的，下一班有权不接班，并向队部、调度汇报，进行问题倒查和责任追究，以确保安全交接班。

（2）严格执行安全确认制度。主要解决安全上岗、安全作业的问题，做到不安全不上岗、不安全不作业。一是坚决执行好“班前、岗前、岗中、岗后”四确认制度，做到本岗位及有关联的上下

工序岗位之间安全生产条件的联系确认。二是做好安全检查、专业检查过程中的安全确认、分析。三是要延深至各级各类安全生产管理人员对设备和设施运行状态的确认、安全生产条件的确认、规程措施安全确认、采煤工艺流程的确认、变化措施的跟进确认、安全生产标准化的检查确认等，这些都是安全确认制度的范畴。

(3) 严格执行作业标准。主要解决不规范作业问题、精细管理问题，重点是要做到“五不违规”，即：不违反规程，不违反作业制度、标准，不违反操作规程，不违反安全生产禁令、规定，不违反相关规章制度。

3.6.2 “两法”

意在加强班组建设，抓住兵头将尾班组长和现场岗位作业人员两大生产要素，做实基层，做实一线，做实现场安全。这也是抓安全的落脚点。

1. 全面落实班组长安全工作七步法

班组长工作法，各个企业根据自己的安全生产管理特点，各有特色。针对我公司的具体情况，通过近年的实践，为进一步规范管理，提升队组的管理水平，有必要进行一下总结，以促进公司的基层基础管理。

概括起来就是：会前摸底、会上交底、入井前和上岗前查看、班前安全确认、班中巡查、交班前验收和进行安全交接、班后总结。

第一步，会前摸底。就是上班后要在队（厂）部对前一班的生产情况进行全面了解，要查值班记录、有关台账、询问生产情况，通过查询掌握现场情况和值班队（厂）长、队（厂）长进行初步沟通、分析、讨论，研究本班的工作安排，统一意见，达成共识，然后根据初步工作思路，在会前对当班准备安排的工作要进行梳理，再从劳动组织、岗位分工等是否调整、本班应解决的重点问题等进行梳理，理出重点、理出头绪，做到心中有数，必要时要做笔记整理，以防会中出现疏漏，这样才能考虑周全，以便把工作安排细、安排实，达到科学合理。

第二步，会上交底。就是要按照班前会模式和程序进行工作安排。要首先考虑工作安全，根据已梳理的情况，合理布置各项工作。要结合实际情况，做好安全交底，使大家明确当日当班的安全重点、难点，掌握防范事故的技能和措施。要注意职工的精神状况、情绪波动，积极为职工排忧解难，并进行安全确认，注意严禁带病、带情绪上岗，注意不放心的人的确认和思想工作。会中还要注意听取职工的合理化建议，修正自己的意见，尽量使工作安排科学合理，提倡“快乐工作法”，使职工在工作中，有紧有松、有张有弛，避免超负荷、超时、超压力状态工作。

第三步：入井前和上岗前查看。就是在入井前和上岗前要对本班组人员进行上岗位前的安全确认，确认内容：一是对安排应携带的工器具、小材料、配件等是否带全，应办的手续是否办理，以便不影响工作；二是查验规程规定的劳保、着装、佩带保护用品是否符合要求，并给以及时纠正；三是查验有无违反劳动纪律的现象，以便及时制止。如酒后和带病上岗，以及精神不振，未休息好疲惫上岗等不良现象。通过三确认完成入井和上岗前的确认。

第四步：班前安全确认。就是进入工作现场后，在正式作业前进行现场接班和安全确认。要求班组长必须按照交接班要求，对工作现场进行全面检查，与上一班的班组长进行安全交接，对上一班交代的安全生产情况和问题进行确认，并履行手续。接班后要求各个岗位在作业前要按照“想、看、动、查”的确认程序，对作业现场条件、设备状况、地质因素等进行具体确认，班组长则要对照公司制定的安全生产必备条件和有关规定对主要岗位进行查验，对相距较远的地点即长线作业（运输线），要通过信号、通信手段进行联系呼应确认。对通风、供电、排水、供水、运输系统等环节，顶底板支护情况、现场文明情况等和当班兼职安全员、验收员进行全面的安全确认，在确认每个岗位具备安全生产条件的情况下，方可发出指令，开始本班的安全生产，否则必须纠正问题，具备条件。每班交接班和安全确认的时间一般原则为30 min，确认后，作业前必须向队（厂）部进行电话汇报情况。

第五步：班中巡查。班组长在班中要认真履行班组长的责任，要注意抓住重点工作、重点岗位、重点地点和薄弱环节的安全生产。要进行巡查，要及时掌握当班的安全生产状况。要重点查看各岗位是否按作业规程、操作规程作业；生产过程中是否出现新的不安全问题和隐患；工艺程序、质量标准是否达标；安全仪器、仪表和安全设施是否正常使用。要对发现的问题及时纠偏和进行安全提醒，对违章作业必须制止，对影响安全生产的隐患问题，必须不折不扣停产处理。生产过程中班组长必须采取流动检查的方法，只有这样才能对作业范围内的各个岗位进行全面检查，全面掌握安全生产情况，才能及时在动态过程中发现环节上，设备、设施、环境、标准化等方面的缺陷问题和工艺程序上的不合理因素，以利于向上反馈信息，不断完善改进。每班根据现场工作条件，原则规定班中巡查不少于三次，采掘队班大面广、地点多，属大班组生产，运输线长，属长线作业，个别岗位（如带式输送机、绞车等岗位）可采取通信信号的联系方式进行询问或责成岗位工汇报，但必须根据不同情况确定严密的联络方式和内容要求。班组长在班中要根据巡查情况，向队（厂）部进行工作汇报，正常情况下班中不少于一次，有问题必须随时汇报。

第六步：交班前验收和进行安全交接。工作任务完成后或交接班时间已到，必须停止生产，每班各岗位要留出一定时间按照安全生产标准化和有关制度要求，做好交班前的一切准备工作。班组长和当班安全验收员要对各岗位工作现场的安全和任务验收，并对现场安全条件进行再一次确认，对发现的安全问题必须当班纠正，为下一班创造条件，对当班解决不了的问题，要进行问题交接，必须给下班交代清楚。当班和下一班接班的班组长必须实现现场交接。要严格执行交接班制度，并履行好程序，做到安全交接、清楚交接。班组长完成交接班工作后，应及时向队（厂）汇报，汇报后队（厂）部无其他任务交代，下一班方可安全上岗接班，本班方可安全离岗。

第七步：班后总结。升井或下班后，班组长要组织当班技术骨干进行班后总结，总结本班的经验、存在问题（包括出现的新问题、新难题）和今后要防范和改进的措施、注意事项。要从人、机、物、环四个方面进行重点总结，以便下一班的工作安排和进行计划调整，总结后进行队（厂）部汇报和填写汇报记录，至此，班组长一个班的工作全部结束，形成一个循环闭合。

要执行好七步法，班组长要注意两个问题：①班组长要执行好“三汇报”制度，即交接班汇报、班中汇报、班后汇报。以便队（厂）部值班队（厂）长及时掌握安全生产情况，安排布置工作，使班组与班组之间的工作正常有序衔接。②班组长要不断学习班组安全基础管理知识，提高工作水平，提高对安全问题，危险因素的辨识能力，提高组织处理解决问题的能力，提高班组现场的指挥能力，适应公司的发展。

2. 全面落实班组文明生产三要素工作法

文明生产是搞好安全生产标准化工作的重要组成部分，是现场管理的重要内容。在文明生产中，运用各种方法，抓好“定置”“整齐”“清洁”三要素，可以大大改善劳动条件和工作环境，促进安全生产。“定置”“整齐”“清洁”实际上就是把不需要的物品搬走，把要用在用的物品定位好、管理好，并把要用的物品及工作场所打扫干净，以便于有序管理和使用。

（1）定置。就是把物品、材料等放在规定的地方，指定管理负责人，以便保存和使用，用后要物归原处。“定置”包括“区分”“撤走”“整理”“定位”“标识”5 种方法。区分是区分工作中需要与不需要的物品，掌握需要物品的使用数量及使用周期，区分是定置的基础工作。撤走是撤走工作现场所不需要的物品，进行废弃、转移、回用等处理。撤走可有效利用场所，便于现场管理使用，又显得整洁、美观。整理就是对留下有用的物品进行分类管理；定位即把分类整理的物品按要求进行定位置管理，定位的目的是便于使用，也有利于安全和整洁。标识即在设备、工器具、材料等的摆放位置贴上或悬挂相应的标识、标志牌，明确物品名称、数量、位置和责任者，便于实现条理化作业。

（2）整齐。整齐就是用“畅通”“靠边”“上架”“装入”4 种方法来保持巷道和工作面场所通道畅通，以充分利用空间。在保证安全标准的前提下，用“围上”“挡住”“放正”“对直”“叠齐”“置平”6 种方法，使物料摆放整齐，保持美观、确保安全卫生。

（3）清洁。清洁就是要用“盛积”“盖罩”“清扫”“清洗”“擦拭”“装饰”“美化”“环保”“技改”“标准”8 种方法，使现场设备、设施、作业环境保持干净、整洁、整齐、美观，给现场作业人员带来一种愉悦、安全、卫生感，还可将各种要求和规定标准化，通过标准化，进一步明确职责，提高文明生产的水平。

3.6.3 “一卡”

即全面执行安全作业卡制度。一是抓住岗位工必须掌握的基本的安全操作必备知识和要求（应知应会），做成卡片形式随身携带，随时提醒、学习、掌握。不断提高员工的安全操作技能和安全意识；二是用好一卡制度，不单单是装在身上即可，还要配以严格的考核，持续的督促、指导和补充更新，让员工真正配合领会基本内容，做到岗岗有卡、员员知标、人人懂标、遵安全章、行安全事、保证安全。

“安全作业卡”内容主要包括：①岗位安全生产责任制；②本岗位危险源辨识和对策；③岗位描述、手指口述内容（简练）；④本岗位安全操作要点（操作规程重点内容）；⑤两器使用方法（灭火器、自救器）；⑥本岗位现场应急处置措施。安全作业卡类似驾驶证形式，随身携带方便，便于保存。外套内附加安全资格上岗证、全家福小照片、公司的安全生产十大理念和安全生产十大禁令，内容更平实、人性化。卡套背面印有集团公司的安全核心理念。这样，内容全面但又简单明了，随身查阅，便于掌握。

3.7 准军事化管理实施方案

为落实集团公司关于安全生产工作的要求，进一步规范员工行为、提高员工整体素质，提升公司整体管理水平，结合公司实际，特制定本方案。

1. 组织机构及职责

为了确保准军事化管理的有效推行，公司特成立准军事化管理领导组。

组　长：经理

副组长：各分管副经理

成　员：经理助理、副总工程师、党工部、综合办公室、人力资源部、工会、纪委、安全生产监督管理部等部门负责人。

领导组下设准军事化管理推进协调办公室，办公室设在公司党工部，办公室主任由党工部部长兼任，办公室副主任由安监部部长兼任。

相关职责：

组长：全面统筹领导公司准军事化管理推进工作，确保人力、物力、政策等保障性资源到位。

副组长：在组长领导下积极推进分管范围的准军事化管理。

成员：根据公司的方案和领导组的工作要求，分别从宣传、教育、培训、资金、人力等各自职能方面配合或落实相关工作要求。

推进协调办公室，负责落实领导组的工作安排和要求，督促、检查、考核各单位工作推进情况，及时协调解决推进过程中遇到的问题，及时向领导组报告工作推进情况等。

2. 实施范围

准军事化管理实施范围为公司所有生产经营单位，包括煤矿（包括洗煤厂）和非煤生产经营企业。2019 年先从煤矿（包括洗煤厂）开始实施，择机在全公司推广。

3. 准军事化管理的基本内容及规范

结合公司的当前实际情况，现阶段的准军事化管理暂从简单并切实可行的能迅速提高员工遵章守纪，提升企业整体精神风貌等方面入手，推行并巩固一个时期后再考虑进一步深入、深化准军事化管理的内容。

1）着装

所属煤矿员工的着装要在以下几个方面实行统一，相关样式由公司招标管理办公室统一确定，具体细则由各单位分别制定，保证着装统一，干净整洁。

（1）煤矿井下及煤矿地面储运装系统人员的工作服。

（2）安监人员（检身工、安全员）统一着安监服、安监安全帽。

（3）带班领导着安监服、安监安全帽。

（4）地面调度室、变电所、主要通风机等运转机房或重要场所上岗人员着统一的工作装，女员工需戴工作帽。

（5）一般性管理人员着统一的工作装，或统一的西装和白衬衣。

（6）以上前4条中如行业或政府有特别要求的，遵照特别要求执行。

（7）参加各类大型会议或集体活动要着统一的工装或统一的西装和白衬衣。

（8）上岗期间，严禁穿拖鞋，严禁操作岗位的女工穿高跟鞋。

（9）除井下和地面储运装作业人员外，其他所有工作人员工作期间的着装应保持干净整洁、无破损、衣扣齐全并系好（衬衣应保持最上面一颗不系，其余全部系好状态）。

（10）井下和地面储运装作业人员因环境特别因素，无法保证着装干净，但必须保证衣扣齐全，缺失后及时补齐，上岗前着装必须保证衣扣系好、系紧袖口，理顺衣领，各单位应当为井下和地面储运装等系统岗位工人做好后勤服务，特别是洗衣、烘干、缝补等要到位。

2）基本行为规范

（1）矿（厂）区内行走要求。单位工作区内行人应走人行道，并靠右侧行进，要二人成行，三人以上成列，保持挺胸抬头。严禁横穿马路，严禁嬉笑打闹，不得有三手现象（不袖手、不背手、不将手插入口袋），不勾肩搭背，不吸烟。

所有工作人员不得在公共场合袒胸露背、披衣敞怀，不得挽衣袖、卷裤腿等。

（2）楼梯行走要求。上下楼梯应遵守“靠右通行，下行人员给上行人员让行，轻装给负重人员让行”的原则。

（3）上下班乘坐通勤车要求。员工上下班乘车时，要排队候车，按顺序上车。自觉接受司机监督，不准抢占座位，不得吸烟、喧哗、打闹，不准向车外乱扔杂物、乱涂乱画或损坏车内设施。下车时要文明礼让，不得拥挤。

（4）会议室及参加会议要求。会议室应当保持干净整齐，会议所需要的资料应当摆放齐整，桌子椅子及桌上物品等应成一条线、一个方向。参加会议人员应当统一着西装配白色衬衣或着统一的工装。进入会议室时应及时签到，签到后直接坐指定位置或恰当位置。保持端正姿势，不准躺卧和脚蹬桌椅，跷“二郎腿”，不准身体伏于桌面，也不准侧面斜坐，不准脱鞋，不准将脚放在桌椅上。会议期间，不得抽烟，不得喧哗，邻座间不得互相交头接耳、攀谈，手机保持静音，不得来回走动和进出会场，不得在会议室接听电话。

（5）餐厅要求。餐厅环境要保持干净、整洁，废旧物品或残羹剩饭及时处理；餐厅工作人员要统一管理，帽子、口罩等要穿戴齐全；就餐人员要遵守餐厅秩序，排队等候。不准大声喧哗，酗酒划拳。不准将吃剩的饭菜随处乱倒。

（6）公寓及休息要求。公寓内严禁吸烟、喝酒、大声喧哗或做出其他较大声响，不得随意摆放各种设施或私拉乱接，严禁擅自额外增用电器设备。集体公寓严禁留宿外人，住宿人员应严格遵守宿舍管理规定，按时休息，不准影响他人。

（7）抽烟。矿（厂）区范围内公共场所禁止抽烟。抽烟必须在本单位规定的抽烟地点进行，并将烟灰弹入烟池，烟蒂必须丢入烟池。

(8) 车辆管理要求。各单位必须划定停车位，留足外来停车位、做好标识提醒。所有车辆（包括摩托车、自行车）必须按规定车位整齐停放，对不按规定停车的人员按“三违”处理。进入矿（厂）区内时机动车行驶限速 20 km，严禁鸣喇叭，并按划定线路行驶和停入划定的区域。

(9) 门卫行为要求。门卫值勤期间必须着装整洁整齐，保持良好精神面貌和礼仪，站立时必须保持身体直立。门卫应当严重执行门卫制度，指示进入矿（厂）区人员接受查证、信息登记等，遇有询问情况者，应当礼貌回答。遇到上级机关人员或公司领导时，门卫或执勤岗位人员应当行举手礼。

(10) 办公室要求。办公室内物品摆放有序，干净整洁，不杂乱，不放和工作无关的私人物品。桌面上物品要定点放置，除饮水杯外非工作物品不得放置桌面上。

其他按公司《员工行为规范通用要求》之《员工行为标准》要求执行。

3）基本安全行为规范

(1) 生产岗位禁止带手机，各队组要统一为员工存放手机、队组值班人员要在工作中适当关注员工手机状态，有紧急情况的通过内线通知岗位工。

(2) 机房或生产岗位禁止存放与工作无关的个人物品。

(3) 井下及生产区域内轻装人员要主动给负重人员让路。

(4) 入井人员召开班前会，必须严格遵守“班前会七步法”及其具体内容要求。

(5) 入井人员入井，必须严格遵守“入井前准备七步法”及其具体内容要求。

(6) 入井人员井下作业，必须严格遵守“井下作业七步法”及其具体内容要求。

(7) 入井人员严格执行等候和检身制度，有序等候和接受检身。

(8) 井下作业人员要坚持文明生产，严格按“班组文明生产三要素工作法”做好现场文明生产。严禁在墙壁、巷道壁上拍打或以其他形式行为造成墙壁或巷道脏污。

(9) 所有作业人员必须严格按规程管理和作业，严禁碰触《晋能集团安全管理红线》《晋能集团安全操作红线》《晋能集团二级公司安全生产十条禁令》等。

(10) 班组长要严格执行“班组长安全工作七步法”。

4）作风纪律

(1) 严格执行集团公司和二级公司的各项管理规定。

(2) 井下一线带班班组长执行一班三汇报制度，遇到紧急或特殊情况时必须及时向调度、跟班领导进行汇报。

(3) 矿（厂）领导要严格遵守值班制度及带班制度，及时处理值班或带班期间遇到的安全问题，对重大问题及时向调度室或本单位主要领导汇报。

5）军事训练

(1) 军事训练由各单位准军事办公室统一安排部署，结合本单位实际组织实施。

(2) 各单位要定期开展军训，以增强员工的执行意识、纪律意识、行为规范意识，确保全员参与，每年至少开展一次。原则上可以与复产复建工作相结合，也可以自主选择适当的时间。

(3) 新入职的员工上岗前必须进行军训，作为岗前培训的专项培训内容之一，时间不少于 3 天。

(4) 军训内容主要包括基础列队动作及操练，内务整理，唱军歌等内容。

4. 实施步骤

(1) 安排部署（2019 年 1 月上旬 ~ 中旬）。公司各单位要根据公司的实施方案，制定本单位具体的实施细则，对本单位准军事化管理作出具体安排部署。

(2) 宣传发动（2019 年 1 月下旬 ~2 月中旬）。公司各单位要利用 1 个月时间，充分宣传准军事化管理的必要性、重要性及其根本目的，要全面向员工贯彻准军事化管理的相关内容和基本规范，要保证广大员有充分的思想准备和对相关内容及基本规范的熟悉、掌握。

(3) 实施(2019 年 2 月下旬开始)。各单位要从 2019 年 2 月下旬开始执行准军事化管理。

以上三个步骤为一般性要求,但统一着装工作可从 1 月下旬开始实行。

5. 考核与处罚

为促进本项工作,公司将本项工作纳入月度安全工作考核和年度安全目标管理考核。

公司在日常的监督检查或其他方式的督查中发现各单位存在本项工作不力的,按以下进行考核和处罚。

(1) 发现有员工未严格遵守准军事化管理要求的,扣 0.01 分/人,按发现的人数累加扣分。

(2) 发现有矿领导未带头执行的,扣 0.02 分/人,按发现的人数累加扣分。

(3) 单次发现的未执行人数较多(超过 10 人),按集体准军事化管理不力对待,一次性扣单位考核分 1 分,并对出现问题单位的分管领导给予 1000 元/次的罚款,对矿长或总经理及安全矿长处 500 元/次的罚款。

6. 工作要求

(1) 各单位要针对本矿在准军事化管理的内容及基本规范方面做充分、认真的准备,确保实施应具备的基本条件。比如,为员工保存手机的设施,为保证文明生产的清洗矿靴的设施,建设为员工服务的洗衣房等。

(2) 各单位在制定实施办法的同时,可以结合《员工操作达标手册》的内容,进一步完善相应的标准,或制定独立、清晰的标准。

(3) 各单位领导干部和共产党员必须率先垂范,带头执行。

(4) 推行准军事化管理,必须突出"双严格",即严格执行要求,严格监督落实。凡不执行要求的要严格按处罚规定执行,凡监督不力的要严格问责追责。

(5) 各单位的准军事化管理办法应在 1 月底前分别报党工部、安全生产监督管理部备案。

3.8 采煤专业岗位操作标准

3.8.1 井下电钳工岗位操作标准

3.8.1.1 维修电工岗位操作标准

1. 维修电工岗位作业标准

部门: 班组:

项目	作业程序	作业标准	安全要点
班前准备	通用程序	执行公司《班前礼仪标准》及《员工操作达标通用标准》的有关要求	
接班	1 进入工作地点 2 接班地点 3 明确责任区范围 4 互保、联保确认 5 询问 6 现场检查	1.1 准时进入工作面接班地点 2.1 在综采工作面电气列车位置交接班 3.1 本岗位责任区的范围为:包段范围内的所有电气设备、电缆、五小电气、开关 4.1 明确互保、联保人员,作业中严格执行"四不伤害" 5.1 详细询问交班岗位人员前一班的工作情况、环境情况、设备运行情况和隐患处理情况及遗留问题 6.1 查看有关工作日志 6.2 使用的工具、配件和劳保用品的检查 6.2.1 是否齐全、完好	

（续）

项目	作业程序	作业标准	安全要点
接班		6.2.2 佩戴是否正确 6.3 在交班岗位人员陪同下进行设施和环境检查 6.3.1 环境重点检查 1. 巷道支护是否完好 2. 顶板有无淋水 3. 电气设备有无积尘杂物堆放 4. 瓦斯浓度是否符合要求 6.3.2 设施重点检查 1. 各开关保护装置是否齐全有效，有无甩保护现象 2. 各开关是否符合防爆规定要求 3. 电缆上是否有“鸡爪子”、明接头、破口、“羊尾巴” 4. 照明灯要是否使用良好，悬挂整齐 5. 电气列车的单轨吊和转载机处电缆跑道是否吊挂成直线，有无变形	
	7 问题的处理	7.1 对前一班处理了的问题进行检查，并认真处理接班查出的问题 7.2 在工作日志中详细写明交接班遗漏问题及处理结果	
	8 履行交班手续	8.1 履行接班手续，准备上岗作业	
	9 手指口述	9.1 执行公司《“手指口述”实施细则》中相关岗位要求	
作业	1 作业要求	1.1 执行公司《安全技术操作规程汇编》中相关岗位要求	
	2 岗位隐患排查	2.1 进行岗位隐患排查，对排查出的隐患及时处理，处理不了的及时报告当班跟班队长或班组长	
	3 记录	3.1 填写必要的岗位记录	
交班	1 交班前的准备与自查	1.1 原则上，不可将问题遗留给下一班 1.2 交班前的准备与自查：将检查发现的问题及本班设备运行情况、出现故障、处理措施、过程及遗留问题认真记录在工作日志中	
	2 汇报	2.1 向接班人汇报工作情况、环境情况、设备运行情况和隐患处理情况及遗漏问题	
	3 接受、协助检查	3.1 接受、协助接班人现场检查	
	4 问题处理	4.1 发现问题立即协同处理 4.2 对遗留问题，落实责任向上汇报	
	5 交班	5.1 交班时间原则上控制在20 min左右 5.2 交班条件 1. 确保当班包段范围内所有电气设备、电缆、五小电气、开关符合完好标准 2. 清理开关上的煤尘 5.3 履行交班手续	
	6 下班	6.1 执行《员工操作达标通用标准》 6.2 上井汇报，填写记录	

2. 维修电工“手指口述”

1）岗位描述

我叫×××（姓名），是××队电气检修（维护）工，坚决做到持证上岗，遵章作业。是否进行岗位描述？请指示！

我的岗位职责是：全面掌握电气设备检修要领，熟悉电气设备各个原件工作原理，熟知各个电气设备位置布置关系，及时排查处理电器设备故障隐患，保证工作面设备运行正常，以及工作面范围电缆吊挂标准化，机电设备规范化，杜绝失爆。正确使用安全防护用品，认真执行操作规程和安全措施，听从领导指挥，保质保量完成当班任务。

2）工艺流程

(1) 交接班后，进行巡回检查，对周围环境、支护情况及人员安全状况做好安全确认。对各电气设备的完好状况，保护装置、信号、接地装置，进行认真检查，确保其完好可靠。

(2) 控制开关停电闭锁并挂上停电牌，瓦斯浓度符合规定。

(3) 检修前首先要对设备进行验、放电。

(4) 检查和维修过程中，对在现场维修不好的设备，要及时更换，并向有关领导汇报。

(5) 电气设备拆开后，应把所拆的零件和线头记清号码，以免装配时因混乱和接线错误而发生事故；开关停电时，要记清开关把手的方向，以防所控制的设备倒转。

3）手指口述内容

安全确认（班前、班后）

第一步：巷道支护完好。确认完毕！

第二步：顶板无淋水。确认完毕！

第三步：电气设备无积尘杂物堆放。确认完毕！

第四步：瓦斯浓度符合要求。确认完毕！

第五步：各开关符合防爆规定要求。确认完毕！

第六步：各开关保护装置齐全有效，无甩保护现象。确认完毕！

第七步：电缆上无“鸡爪子”、明接头、破口、“羊尾巴”。确认完毕！

第八步：照明灯要使用良好，悬挂整齐。确认完毕！

第九步：电气列车的单轨吊和转载机处电缆跑道吊挂成直线，无变形。确认完毕！

安全确认（班中）

检修前：

（手指）工具箱：（口述）工具准备齐全。

（手指）接线腔：（口述）验放电完毕，可以检修。确认完毕！

3. 设备完好标准

(1) 电缆的敷设

①在总回风巷和专用回风巷中严禁敷设电缆；

②电缆穿过墙壁部分应用套管保护，并严密封堵管口；

③电缆不应悬挂在风管或水管上，不得遭受淋水，电缆上严禁悬挂任何物件；

电缆应用吊钩（卡）悬挂，悬挂要整齐，不交叉，不落地，应有适当弛度，橡套电缆严禁用铁丝悬挂。

(2) 电缆的连接应无“鸡爪子”、“羊尾巴”、明接头。

①“鸡爪子”：

(a) 橡套电缆的连接不采用硫化热补或同等效能的冷补者；

(b) 电缆（包括通信、照明、信号、控制以及高低压橡套电缆）的连接不采用接线盒的接头；

(c) 铠装电缆的连接不采用接线盒和不灌注绝缘充填物或充填不严密（漏出芯线）的接头。

②“羊尾巴”：电缆末端不接装防爆电器设备或防爆元件者为羊尾巴。电气设备接线嘴（包括五小电气元件）2 m 内的不合格接头或明线破口者均属“羊尾巴”。

③明接头：电气设备与电缆有裸露的导体者或明火操作者均属明接头。

（3）破口：

①橡套电缆的护套损坏，露出芯线或露出屏蔽层者；

②橡套电缆护套损坏伤痕深度达最薄处二分之一以上，长度达 20 mm 或沿围长三分之一以上者。

出现以上情况之一者（包括安全火花型电气元件）均为电缆不合格接头，均属电气安全隐患点。

（4）开关闭锁装置起不到闭锁作用者为失爆。

（5）隔爆面的光洁度应不低于 ∇5，操纵杆的光洁度须不低于 ∇6，否则为失爆。

（6）隔爆面有锈迹，用棉纱擦后，仍留有锈蚀斑痕者为锈蚀，属于失爆。

（7）隔爆面有锈迹，用棉纱擦后，只留云影，不算锈蚀，也不算失爆，（但在井上修理设备时不允许有云影）。云影——擦掉锈蚀后，留下呈青褐色氧化亚铁云状痕迹，用手摸无感者。

（8）接合面上的小针孔，在 1 cm^2 的范围内不超过 5 个且直径不超过 0.5 mm，深度不超过 1 mm 的隔爆面不为失爆。

（9）对于机械伤痕深度，宽度均不超 0.5 mm，其伤痕的投影长度不超过相对容积接合面宽度的 50%，个别伤痕深度不超过 1 mm，其伤痕距接合面最短，无伤距离相加不小于相应容积规定的接合面宽度不算失爆，但其中有一项超过均为失爆。

（10）隔爆面应涂以适量的中性凡士林等合格的防锈油（如医用凡士林油）或磷化（磷化后也可涂凡士林油），如无防锈油或磷面脱落均为失爆，涂油应在防爆面上形成一层薄膜为宜，涂油过多为不完好（如磷面脱落小于隔爆面径向长度的 1/5 并涂有防锈油可不算失爆，但为不完好）。

（11）隔爆面上不允许涂有油漆和机械性杂物，否则为失爆（如无意造成的油漆痕迹不超过隔爆面宽度的 1/8 不在此限）。

（12）隔爆面宽度减去超限间隙部分不得小于所规定的接合面宽度，否则为失爆。

①转盖式或插盖式隔爆面的宽度不小于 25 mm，间隙不大于 0.5 mm。

②静止隔爆面的间隙与接合面宽度见表 2－3－1。

表 2－3－1 静止隔爆面的间隙与接合面宽度

隔爆空腔净容积/L	≤0.5	0.5～2	＞2
间 隙/mm	≤0.3	≤0.4	≤0.5
接合面宽度/mm	＞8	＞12.5	＞25

③活动部分（操纵杆及电机轴）隔爆接合面间隙与接合面宽度见表 2－3－2。

表 2－3－2 活动部分（操纵杆及电机轴）隔爆接合面间隙与接合面宽度

隔爆空腔净容积/L		＜0.5	＞0.5	备 注
接合面宽度/mm		＞12.5	＞25	
间隙/mm	操纵杆及孔	≤0.3	≤0.5	
	电机轴及孔	≤0.4	≤0.6	

（13）防爆壳变形长度超过 50 mm，凸凹深度超过 5 mm 为失爆，整形后低于此规定仍为合格。

（14）防爆壳内外有锈皮脱落为失爆，油漆脱落，锈蚀严重为不完好。

（15）密封圈必须采用邵氏硬度 45～50 度的橡胶制造，否则为失爆。密封圈的分层侧在接线时应向里，否则为不完好。

（16）密封圈尺寸须符合下列规定，如有一项达不到均属失爆：

①密封圈外径与进线装置内径差应符合表 2－3－3。

②密封圈内径与电缆外径的配合为 ±1 mm，但如系 4 mm^2 及以下电缆者，密封圈内径应不大于电缆外径。

③密封圈的宽度不小于电缆外径的 0.7 倍，且不小于 10 mm。

④密封圈的厚度不小于电缆外径的 0.3 倍（70 mm^2 的电缆除外），且不小于 4 mm。

（17）密封圈刀削后应整齐圆滑，不得出现锯齿状，锯齿直径差大于 2 mm（包括2 mm）为失爆，小于 2 mm 为不完好。

表 2－3－3　密封圈外径与进线装置内径差

D/mm	$(D_o - D)$ /mm	备　注
$D \leq 20$	≤1	D_o——进线装置内径 D——密封圈外径
$20 < D \leq 60$	≤1.5	
$90 < D$	≤2	

（18）不用的接线嘴要分别用密封圈、挡板和金属圈依次装入，压紧，否则为失爆。螺旋式线嘴金属圈应装在挡板外面，否则也属失爆。

（19）挡板直径与进线装置内径之差不大于 2 mm，厚度不小于 2 mm。金属圈外径与进线装置内径之差应不大于 2 mm，厚度应不小于公称尺寸 1 mm，否则均属失爆。

（20）线嘴压紧要有余量，余量不小于 1 mm，否则为失爆，线嘴应平行压紧，两压紧螺栓入扣差应不大于 5 mm，否则为不完好。

（21）当线嘴已全部压紧仍不能将密封圈压紧时，只能用一个厚度适当、不开口的金属圈来调整，不得充填其他杂物（包括再加密封圈等）。金属圈的内外径应与喇叭嘴伸入壁规格一致，螺旋式线嘴也只限安装一个金属圈，否则均属失爆。

（22）卡兰式的进线嘴以压紧胶圈后一般用单手搬动，喇叭嘴上下左右晃动时，喇叭嘴无明显晃动为准，螺旋式线嘴最少啮合扣数不得低于 6 扣，拧紧程度一般用单手正向用力拧不动为合格，否则为失爆。

（23）如喇叭嘴外部缺损，且不影响防爆性能者为不完好。

（24）凡有电缆压线板的电器，引入引出电缆必须用压线板压紧，压线板未压紧电缆，均属失爆，但不得把电缆压扁，如压紧后电缆的直径不得比原直径减少 10% 。

（25）紧固件应齐全，完整，可靠。同一部位的螺母、螺栓、弹垫其规格要求一致，螺杆裸露部分一般不得超过三扣，否则本设备为不完好。凡用螺栓连接紧固的部件，其间夹有弹性物者（如密封圈和橡套电缆），可不再加弹簧垫圈。

（26）隔爆接合面紧固螺栓的螺母要上满扣，螺栓螺纹应露出螺母 1～3 扣，不得在螺母下面加多余的垫圈来减少螺纹的伸出长度，不满扣为失爆，紧固螺钉伸入螺孔长度不小于螺纹直径的尺寸（铸铁、铜、铝件等不小于螺纹直径的 1.5 倍）如螺孔深度不够螺纹直径尺寸，则螺钉必须拧满螺孔，否则均属失爆。

（27）隔爆接合面紧固螺栓应加装弹簧垫圈或背帽（用弹簧垫圈时其规格应与螺栓保持一致，紧固程度应以将其压平为合格）螺栓松动、无弹簧垫圈（或背帽）和弹垫不合格均属失爆。

（28）低压隔爆开关接线室不允许由电源侧进出线至负荷侧接线，或由负荷侧进出线至电源侧接线，磁力起动器的小喇叭嘴严禁引出引入动力线，否则为失爆。

（29）电缆护套伸入器壁要符合5～15 mm的要求，小于5 mm为失爆，大于15 mm为不完好，如粗电缆穿不进时，可将伸入器壁部分挫细。

（30）接线应整齐（不扭弯）、紧固、导电良好，无毛刺，卡爪（或平垫圈）弹簧垫（双帽）齐全（使用线鼻子可不用平垫圈）。接线后，卡爪（或平垫圈）不压绝缘胶皮，芯线裸露距卡爪（或平垫圈）不大于1 mm，出现以上情况之一者均属设备不完好。

（31）两相低压导线裸露部分的空气间隙：500 V以下不小于6 mm，500 V以上不小于10 mm，否则为失爆。

（32）高压电缆的连接，一律采用压接技术，接线柱使用压板接线时，压板凹面一律朝下，否则为不完好。

（33）接线室地线长度应适宜，以松开线嘴卡兰拉动电缆后，三相火线拉紧或松脱时，地线不掉为宜。接地螺栓、螺母、垫圈不允许涂绝缘物，卡爪（或平垫圈）要镀锌或镀锡，如出现不符合以上要求者均为不完好。

（34）采用铠装电缆供电时，使用密封圈要全部套在铅（铝）皮上，或者用绝缘胶灌至三岔口以上。未接线的线嘴应用同等厚度的卡兰和堵板或用绝缘胶堵死，否则为失爆。

（35）接线室（盒）应保持干净，无杂物和水珠，使用铠装电缆的接线室内允许有少量的油，但应定期擦干，否则该设备不完好。

（36）隔爆设备的隔爆腔之间严禁直接贯通，必须保持原设计的防爆性能，否则该设备为失爆（接线柱、接线座有裂缝也属失爆）。

（37）隔爆开关闭锁后，接线板正面的带电螺栓应用绝缘材料封堵隔离带电体，否则该设备不完好。

（38）各种隔爆电气设备的保护装置和附件必须齐全、完整、可靠。损坏、拆除或失效均为不完好。

（39）防爆设备和元件的置放应平、直、稳，接线后，盖板和转盖应一律朝外，便于检修和维修，喇叭嘴严禁朝上，喇叭嘴电缆出口处应平滑，不得出现死弯，否则均为不完好。

（40）电钻插销的电流侧应接插座，负荷侧应接插销，如反接为失爆。

（41）接地线使用镀锌钢绞线时，接头处可以使用最少两道U型卡子连接，使用镀锌铁板时，一般用两道镀锌螺栓紧固（并加装弹垫或加背帽），螺栓直径不得小于10 mm。

（42）电压在36 V以上和由于绝缘损坏可能带有危险电压的电气设备的金属外壳、构架、铠装电缆的钢带（或钢丝）、铅皮或屏蔽护套等必须有保护接地（除单按、双按、三按、照明灯具和声光电笛外）。

（43）电气设备必须有合格的接地装置，接地不合格的设备不算完好。变电硐室，配电点的设备必须有系统的局部接地，采、掘、开工作面所用设备要求有系统接地，综合保护器和漏电继电器要有合格的主、副接地板，采用串联接地的设备为不完好。

（44）接地螺栓应符合下列标准

①电气设备的金属外壳和铠装电缆接线盒的外接地螺栓应齐全完整。

②外接地螺栓直径：容量小于或等于5 kW的不小于M 8；容量在5 kW至10 kW的不小于M 10；容量大于10 kW的不小于M 12；通信、信号、按钮、照明灯等小型设备不小于M 6。

③接地螺栓应进行电镀防锈处理。

(45) 变电硐室的设备必须有标志牌（注明：编号、容量、用途、整定值、整定日期、负荷情况、短路电流、负责人等），如无标志牌或标志牌与实际不相符，该设备为不完好。

(46) 局部通风机和掘进工作面的电气设备，必须全部实现风电闭锁和瓦斯电闭锁，在局部通风机专供电源的线路上不得接入其他机电设备。

(47) 信号装置必须声光具备，清晰可靠。

(48) 对只接电源，不接负荷的电气设备也属检查范围。

(49) 防爆型电气设备无论在矿井任何地方安装使用，均要按防爆设备的标准要求进行检查和维护。地面选煤楼电气设备也要安装防爆性设备，同时按防爆设备要求进行维护、保养、检查。如用于地面非防爆环境中只按设备完好标准来要求和检查。

(50) 检查中发现设备有失爆现象的当场应积极处理，但处理后，本次检查仍按失爆计算。

4. 维修电工安全交接记录单

部门： 班次： 班 年 月 日

序号	确认事项	是（√） 否（×）	序号	确认事项	是（√） 否（×）
1	巷道支护是否完好		6	各开关保护装置是否齐全有效，有无甩保护现象	
2	顶板有无淋水		7	电缆上是否有“鸡爪子”、明接头、破口、“羊尾巴”	
3	电气设备有无积尘杂物堆放		8	照明灯要是否使用良好，悬挂整齐	
4	瓦斯浓度是否符合要求		9	电气列车的单轨吊和转载机处电缆跑道是否吊挂成直线，有无变形	
5	各开关是否符合防爆规定要求				

<table>
<tr><td colspan="2">交接班存在问题及处理</td><td colspan="4"></td></tr>
<tr><td rowspan="6">本班状况</td><td>项目</td><td>确认内容</td><td>是（√）
否（×）</td><td colspan="2">说明</td></tr>
<tr><td>工作情况</td><td>是否完成生产任务</td><td></td><td colspan="2"></td></tr>
<tr><td>环境情况</td><td>顶板、支护是否完好；
电气设备及开关卫生是否符合要求</td><td></td><td colspan="2"></td></tr>
<tr><td>设备运行情况</td><td>开关是否运转正常</td><td></td><td colspan="2"></td></tr>
<tr><td>隐患处理情况</td><td>隐患是否处理完毕</td><td></td><td colspan="2"></td></tr>
<tr><td>遗留问题</td><td>是否存在遗留问题</td><td></td><td colspan="2"></td></tr>
<tr><td colspan="2">交班人</td><td></td><td></td><td colspan="2"></td></tr>
<tr><td colspan="2">确认人</td><td colspan="2"></td><td>接班人</td><td></td></tr>
<tr><td colspan="2">确认意见</td><td colspan="4"></td></tr>
</table>

注：请在确认事项对应后画“√”、“×”。

3.8.1.2 采煤机维修工岗位操作标准

1. 采煤机维修工岗位作业标准

部门： 班组：

项目	作业程序	作业标准	安全要点
班前准备	通用程序	执行公司《班前礼仪标准》及《员工操作达标通用标准》的有关要求	
接班	1 进入工作地点 2 接班地点 3 明确责任区范围 4 互保、联保确认 5 询问 6 现场检查 7 问题的处理 8 履行接班手续 9 试运转 10 手指口述	1.1 准时进入工作面接班地点 2.1 在工作面采煤机处交接班 3.1 本岗位责任区的范围为整个采煤机及采煤机附属设施 4.1 明确互保、联保人员，作业中严格执行“四不伤害” 5.1 详细询问交班岗位人员前一班的割煤、顶板、煤墙、瓦斯情况、采煤机运行情况和隐患处理情况及遗留问题 6.1 查看有关工作日志 6.2 使用的工具、配件和劳保用品的检查 6.2.1 是否齐全、完好 6.2.2 佩戴是否正确 6.3 在交班岗位人员陪同下进行设施和环境检查 6.3.1 环境重点检查 1. 采煤机处瓦斯浓度是否符合规定 2. 工作面顶板是否完好 3. 工作面煤墙有无片帮现象 4. 工作面是否留有伞檐，是否有飘高啃底现象 6.3.2 设施重点检查 1. 采煤机截齿、齿座是否齐全 2. 采煤机对口螺栓是否紧固 3. 采煤机内外喷雾，冷却系统是否完好 4. 采煤机电控系统是否正常，采煤机牵引部是否完好 5. 液压系统是否完好，摇臂升降是否正常 6. 遥控器是否灵敏可靠 7. 机载断电仪是否完好 8. 灭火器是否有效 9. 工作面语音急停装置是否完好 7.1 对前一班已处理问题进行检查，并认真处理接班查出的问题 7.2 在工作日志中详细写明交接班遗漏问题及处理结果 8.1 履行接班手续，准备上岗作业 9.1 人员到位且站位安全，瓦斯浓度符合开机要求 9.2 保证采煤机左、右滚筒 20 m 范围内无人员和障碍物 10.1 执行公司《“手指口述”实施细则》中相关岗位要求	
作业	1 作业要求 2 岗位隐患排查 3 记录	1.1 执行公司《安全技术操作规程汇编》中相关岗位要求 2.1 进行岗位隐患排查，对排查出的隐患及时处理，处理不了的及时报告当班跟班队长或班组长 3.1 填写必要的岗位记录	

（续）

项目	作业程序	作业标准	安全要点
交班	1　交班前的准备与自查	1.1　原则上，不可将问题遗留给下一班 1.2　交班前的准备与自查：清点工具及剩余的材料、备件，更换下来的零部件升井 1.3　预留一定时间对责任区卫生进行打扫 1.4　将检查发现的问题及本班设备检修情况处理措施、过程及遗留问题认真记录在工作日志中	
	2　汇报	2.1　向接班人汇报设备检修情况，采煤机运行情况和隐患处理情况及遗留问题	
	3　接受、协助检查	3.1　接受、协助接班人现场检查	
	4　问题处理	4.1　发现问题立即协同处理 4.2　对遗留问题，落实责任向上汇报	
	5　交班	5.1　交班时间原则上控制在 20 min 左右 5.2　交班条件：保证包段范围内设备设施齐全完好，文明生产达标 5.3　履行交班手续	
	6　下班	6.1　执行《员工操作达标通用标准》 6.2　上井汇报，填写记录	

2. 采煤机维修工“手指口述”

1）岗位描述

我叫×××（姓名），是综采队采煤机检修工，坚决做到持证上岗，遵章作业。是否进行岗位描述？请指示！

我队低位放顶煤工作面使用的采煤机是由太原矿山机器集团公司生产的型号是 MG300－730－WD，额定电压 1140 V，总功率 730 kW，其中截割电机功率为 2×300 kW，牵引电机功率为 2×55 kW，泵站电机功率为 20 kW，滚筒直径 1.8 m，截深 0.8 m。主要组成部分包括左右滚筒、左右摇臂、左右牵引部、泵站、底托架、电控箱等。

我队大采高工作面使用的采煤机是由西安煤矿机械集团有限责任公司生产的型号是 MG750/1910－GWD，额定电压 3300 V，总功率 1910 kW，其中截割电机功率为 2×750 kW，牵引电机功率为 2×110 kW，泵站电机功率为 40 kW，滚筒直径 2.75 m，截深 0.865 m。主要组成部分包括左右滚筒、左右摇臂、左右牵引部、泵站、破碎机、底托架、电控箱等。

我的岗位职责是：负责采煤机正常检修，确保运行正常无故障，正确使用安全防护用品，认真执行操作规程和安全措施，听从领导指挥，保质保量安全顺利完成当班检修任务。

2）工艺流程

（1）工具、配件准备齐全。

（2）检查检修范围内的顶板煤墙支护情况。

（3）控制开关停电闭锁并挂上停电牌，离合器分离，同时还要闭锁前部刮板输送机。

（4）如果需要进入前部刮板输送机作业时，要对煤墙进行逼帮护顶。

3）手指口述内容

安全确认（班前、班后）

第一步：采煤机处瓦斯浓度符合规定。确认完毕！

第二步：工作面顶板完好。确认完毕！

第三步：煤墙无片帮现象。确认完毕！

第四步：工作面无伞檐和无飘高啃底现象。确认完毕！

第五步：采煤机截齿、齿座齐全完好。确认完毕！

第六步：采煤机对口螺栓紧固。确认完毕！

第七步：采煤机内外喷雾及冷却系统完好。确认完毕！

第八步：采煤机电控系统正常，牵引部完好。确认完毕！

第九步：液压系统完好，摇臂升降正常。确认完毕！

第十步：遥控器灵敏可靠。确认完毕！

第十一步：机载式断电仪完好。确认完毕！

第十二步：灭火器完好有效，显示正常。确认完毕！

第十三步：工作面语音急停装置完好。确认完毕！

安全确认（班中）

检修前：

（手指）采煤机滚筒隔离：（口述）机组已停电闭锁，离合手把已分离、限位。

（手指）工具箱：（口述）工具准备齐全。

（手指）瓦斯报警仪：（口述）机组处瓦斯浓度小于 1.0%，符合检修要求，确认完毕！

试机前：

（手指）机组：（口述）机组检修完毕，设备性能良好，可以试机，确认完毕！

3. 采煤机完好标准

（1）电动机：运转声音正常，冷却水畅通，保护装置灵敏可靠，符合防爆要求。

（2）各部齿轮轴承：运转声音良好，齿轮磨损不超过原齿厚的 20%，打牙不超过全齿宽的 10%，一对齿轮咬合边缘差在 2 mm 以内，轴径在 25 ~ 80 mm，其轴承磨损不超过 0.2 mm，轴径在 80 ~ 120 mm，其轴承磨损不超过 0.4 mm。

（3）牵引部：油质符合要求，清洁无杂物，按钮、旋钮灵活可靠，各保护装置性能良好，动作可靠，液压系统工作压力应符合要求。

（4）截割部操作按钮灵活，闭锁可靠，油量适当，油质符合要求，清洁，润滑良好，摇臂升降灵活，不自动下降。

（5）滚筒无严重变形，磨损、裂纹、开焊，齿座无严重磨损，截齿齐全锋利，外围齿座每个螺旋叶距内的齿座缺少不得超过一个，滚筒全齿座缺少不得超过 5%，内外喷雾眼畅通，滚筒转动灵活可靠。

（6）油路、水路系统仪表、管路及接头无损坏，无泄漏，压力达到规定要求，过滤器效果良好，仪表齐全，指示准确。

（7）底托架无严重变形。

（8）电缆槽无严重变形、磨损，电缆卡连装置完整无缺。

（9）转动、静止接合面不漏油。

（10）各部螺栓、销子、丝堵、盖板齐全紧固。

（11）全部注油嘴：完整畅通。

（12）其他机件、部位保持整洁，并应配有工具箱和工具，有检查检修运转和事故处理记录。

4. 采煤机维修工安全交接记录单

部门：　　　　　　　　班次：　班　　　　　　　年　　月　　日

序号	确认事项	是（√）否（×）	序号	确认事项	是（√）否（×）
1	采煤机处瓦斯浓度是否符合规定		8	采煤机电控系统是否正常，采煤机牵引部是否完好	
2	工作面顶板是否完好		9	液压系统是否完好，摇臂升降是否正常	
3	煤墙有无片帮现象		10	遥控器是否灵敏可靠	
4	工作面是否留有伞檐，是否有飘高啃底现象		11	机载断电仪是否完好	
5	采煤机截齿、齿座是否齐全完好		12	灭火器是否完好有效	
6	采煤机对口螺栓是否紧固		13	工作面语音急停装置是否完好	
7	采煤机内外喷雾及冷却系统是否完好				

<table>
<tr><td colspan="3">交接班存在问题及处理</td><td colspan="3"></td></tr>
<tr><td rowspan="7">本班状况</td><td colspan="2">项目</td><td>确认内容</td><td>是（√）否（×）</td><td>说明</td></tr>
<tr><td colspan="2">工作情况</td><td>本班割煤____架，是否完成生产任务</td><td></td><td></td></tr>
<tr><td rowspan="2">环境情况</td><td>顶板、煤墙</td><td>顶板、煤墙是否完好</td><td></td><td></td></tr>
<tr><td>瓦斯情况</td><td>瓦斯是否超限</td><td></td><td></td></tr>
<tr><td colspan="2">设备运行情况</td><td>采煤机运行是否正常</td><td></td><td></td></tr>
<tr><td colspan="2">隐患处理情况</td><td>隐患是否处理完毕</td><td></td><td></td></tr>
<tr><td colspan="2">遗留问题</td><td>是否存在遗留问题</td><td></td><td></td></tr>
<tr><td colspan="3">交班人</td><td></td><td></td><td></td></tr>
<tr><td colspan="3">确认人</td><td colspan="2"></td><td>接班人</td></tr>
<tr><td colspan="3">确认意见</td><td colspan="3"></td></tr>
</table>

注：请在确认事项对应后画“√”、“×”。

3.8.1.3　液压支架维修工岗位操作标准

1. 液压支架维修工岗位作业标准

部门：　　　　　　　　　　　　班组：

项目	作业程序	作业标准	安全要点
班前准备	通用程序	执行公司《班前礼仪标准》及《员工操作达标通用标准》的有关要求	
接班	1　进入工作地点 2　接班地点 3　明确责任区范围 4　互保、联保确认	1.1　准时进入工作面接班地点 2.1　在采煤工作面位置交接班 3.1　本岗位责任区的范围为1～145号支架及风运两巷超前支架 4.1　明确互保、联保人员，作业中严格执行“四不伤害”	

（续）

项目	作业程序	作业标准	安全要点
接班	5 询问	5.1 详细询问交班岗位人员前一班的工作情况、环境情况、设备运行情和隐患处理情况及遗留问题	
	6 现场检查	6.1 查看有关工作日志 6.2 使用的工具、配件和劳保用品的检查 6.2.1 是否齐全、完好 6.2.2 佩戴是否正确 6.3 在交班岗位人员陪同下进行设施和环境检查 6.3.1 环境重点检查 1. 工作面有无片帮、漏顶，是否留有伞檐 2. 工作面底板、架间是否留有浮煤 3. 护帮板打设是否到位，支架是否有错茬、台阶 4. 支架初撑力是否达到要求 6.3.2 设施重点检查 1. 支架结构件、连接销等是否齐全完好 2. 各种千斤顶是否完好 3. 各种液管、阀类有无破损及窜、漏液现象 4. 喷雾设施、消防设施是否齐全完好 5. 防护网是否齐全完好 6. 责任范围内照明是否完好 7. 电液控操作面板是否灵敏可靠 8. 语音报警装置是否灵敏可靠	
	7 问题的处理	7.1 对前一班处理了的问题进行检查，并认真处理接班查出的问题 7.2 在工作日志中详细写明交接班遗漏问题及处理结果	
	8 履行交班手续	8.1 履行接班手续，准备上岗作业	
	9 手指口述	9.1 执行公司《“手指口述”实施细则》中相关岗位要求	
作业	1 作业要求	1.1 执行公司《安全技术操作规程汇编》中相关岗位要求	
	2 岗位隐患排查	2.1 进行岗位隐患排查，对排查出的隐患及时处理，处理不了的及时报告当班跟班队长或班组长	
	3 记录	3.1 填写必要的岗位记录	
交班	1 交班前的准备与自查	1.1 原则上，不可将问题遗留给下一班 1.2 交班前的准备与自查： 清点工具及剩余的材料、备件，更换下来的零部件升井 1.3 预留一定时间对责任区卫生进行打扫 1.4 将检查发现的问题及本班设备检修情况处理措施、过程及遗留问题认真记录在工作日志中	
	2 汇报	2.1 接班液压支架工详细交代本班支架检修情况、出现的故障和隐患处理情况及遗留问题	
	3 接受、协助检查	3.1 接受、协助接班人现场检查	
	4 问题处理	4.1 发现问题立即协同处理 4.2 对遗留问题，落实责任向上汇报	
	5 交班	5.1 交班时间原则上控制在 20 min 左右 5.2 交班条件：保证包段范围内设备设施的完好及文明生产达标 5.3 履行交班手续	
	6 下班	6.1 执行《员工操作达标通用标准》 6.2 上井汇报，填写记录	

2. 液压支架维修工“手指口述”

1）岗位描述

我叫×××（姓名），是综采队液压支架检修工，坚决做到持证上岗，遵章作业。是否进行岗位描述？请指示！

我队低位放顶煤工作面使用的支架是由郑州煤矿机械集团有限责任公司生产，中间架型号为ZF5400/17/32，工作阻力为5400 kN，支护高度为1.7～3.2 m。过渡架型号为ZFG6500/19/33，工作阻力为6500 kN，支护高度为1.9～3.3 m。主要组成构件有护帮板、伸缩梁、前梁、顶梁、掩护梁、四连杆、尾梁、底座等。

我队大采高工作面使用的支架是由郑州煤矿机械集团有限责任公司生产，中间架型号为ZY12000/28/62D，工作阻力为12000 kN，支护高度为2.8～6.2 m。排头架型号为ZFT12000/25.5/55D，工作阻力为12000 kN，支护高度为2.25～5.5 m。主要组成构件有护帮板、伸缩梁、前梁、顶梁、掩护梁、尾梁、底座等。

我的岗位职责是：负责液压支架正常检修，确保液压支架正常工作；并正确使用安全防护用品，认真执行操作规程和安全措施，听从领导指挥，保质保量完成当班任务。

2）工艺流程

（1）工具、配件准备齐全。

（2）检查检修范围内的顶板煤墙支护情况。

（3）更换液压元件时要关闭泵站，关闭本架截止阀，释放残余压力。

3）手指口述内容

安全确认（班前、班后）

第一步：工作面无片帮、漏顶、无伞檐。确认完毕！

第二步：工作面底板、架间无浮煤。确认完毕！

第三步：护帮板支护到位，支架无错茬、台阶。确认完毕！

第四步：电液控操作面板灵敏可靠。确认完毕！

第五步：支架初撑力符合要求。确认完毕！

第六步：各种液管、阀类无破损及窜、漏液现象。确认完毕！

第七步：支架结构件、连接销等齐全完。确认完毕！

第八步：各种千斤顶完好。确认完毕！

第九步：防护网齐全完好。确认完毕！

第十步：语音报警装置灵敏可靠。确认完毕！

第十一步：喷雾设施、消防设施齐全完好。确认完毕！

第十二步：责任范围内照明完好。确认完毕！

安全确认（班中）

检修前：

（手指）工具箱：（口述）工具准备齐全。

（手指）阀组：（口述）泵站已停，液压系统已泄压，可以检修，确认完毕！

检修后：

（手指）更换配件：（口述）配件更换完毕，故障已排除，符合使用要求，可以正常操作，确认完毕！

3. 液压支架完好标准

（1）支架外观：

①支架排列整齐，架中心距按作业规程不超过±100 mm。

②每组支架结构件齐全连接紧固。

③架内无浮煤，浮矸堆积。

④顶梁、底座不得开焊，断裂和严重变形。

（2）活柱与缸体：

①动作可靠密封良好，无窜液、漏液现象。

②活柱、千斤顶的划痕深度不大于 0.5 mm，砸伤面积不大于 50 mm^2。

③镀层不能脱落。

④推移刮板输送机千斤顶与中部槽连接可靠。

⑤活柱无严重变形，用 500 mm 钢板尺靠活柱其间隙不大于 1 mm。

（3）阀：

①密封性能良好，无窜液，漏液，动作灵活可靠，安全阀动作压力符合出厂规定。

②操作时无异常声音。

③过滤器完好无缺。

（4）油管与接头：

①胶管完整无缺，排列整齐，无漏液，挤压砸埋等现象。

②接头压接牢固，不得插单腿销，U 形销不得用铁丝代替。

4. 液压支架维修工安全交接记录单

部门：　　　　　　　　　班次：　　班　　　　　　　　　　年　　月　　日

序号	确认事项	是（√） 否（×）	序号	确认事项	是（√） 否（×）
1	工作面有无片帮、漏顶，是否留有伞檐		7	支架结构件、连接销等是否齐全完好	
2	工作面底板、架间是否留有浮煤		8	各种千斤顶是否完好	
3	护帮板是否支护到位，支架是否有错茬、台阶		9	防护网是否齐全完好	
4	电液控操作面板是否灵敏可靠		10	语音报警装置是否灵敏可靠	
5	支架初撑力是否达到要求		11	喷雾设施、消防设施是否齐全完好	
6	各种液管、阀类有无破损及窜、漏液现象		12	责任范围内照明是否完好	

<table>
<tr><td colspan="3">交接班存在问题及处理</td><td colspan="4"></td></tr>
<tr><td rowspan="7">本班状况</td><td colspan="2">项目</td><td>确认内容</td><td>是（√）
否（×）</td><td colspan="2">说明</td></tr>
<tr><td colspan="2">工作情况</td><td>是否完成生产任务</td><td></td><td colspan="2"></td></tr>
<tr><td rowspan="2">环境情况</td><td>顶板、煤墙</td><td>工作面有无片帮，漏顶，是否留有伞檐</td><td rowspan="2"></td><td colspan="2" rowspan="2"></td></tr>
<tr><td>支架支护情况</td><td>底板、架间是否有浮煤，支护是否到位，是否有错茬、台阶</td></tr>
<tr><td colspan="2">设备运行情况</td><td>支架操作是否正常</td><td></td><td colspan="2"></td></tr>
<tr><td colspan="2">隐患处理情况</td><td>隐患是否处理完毕</td><td></td><td colspan="2"></td></tr>
<tr><td colspan="2">遗留问题</td><td>是否存在遗留问题</td><td></td><td colspan="2"></td></tr>
<tr><td colspan="3">交班人</td><td></td><td></td><td colspan="2"></td></tr>
<tr><td colspan="3">确认人</td><td colspan="2"></td><td>接班人</td><td></td></tr>
<tr><td colspan="3">确认意见</td><td colspan="4"></td></tr>
</table>

注：请在确认事项对应后画“√”、“×”。

3.8.1.4 刮板输送机维修工岗位操作标准

1. 刮板输送机维修工岗位作业标准

部门： 班组：

项目	作业程序	作业标准	安全要点
班前准备	通用程序	执行公司《班前礼仪标准》及《员工操作达标通用标准》的有关要求	
接班	1 进入工作地点 2 接班地点 3 明确责任区范围 4 互保、联保确认 5 询问 6 现场检查 7 问题的处理 8 履行交班手续 9 试运转 10 手指口述	1.1 准时进入工作面接班地点 2.1 在采煤工作面刮板输送机机头位置交接班 3.1 本岗位责任区的范围为整部刮板输送机 4.1 明确互保、联保人员，作业中严格执行“四不伤害” 5.1 详细询问交班岗位人员前一班的工作情况、环境情况、设备运行情和隐患处理情况及遗留问题 6.1 查看有关工作日志 6.2 使用的工具、配件和劳保用品的检查 6.2.1 是否齐全、完好 6.2.2 佩戴是否正确 6.3 在交班岗位人员陪同下进行设施和环境检查 6.3.1 环境重点检查（交接班地点） 1. 煤壁有无片帮 2. 顶板有无漏顶 3. 支架护帮板是否支护到位 4. 支架初撑力是否达到要求 6.3.2 设施重点检查 1. 减速器、电机声音是否正常 2. 链轮是否完好 3. 刮板是否齐全，间距是否均匀，链条松紧是否适度 4. 各对口螺栓连接是否齐全紧固 5. 冷却系统是否完好 6. 挡煤板、开窗中部槽插板、连接螺栓是否齐全紧固 7. 机头喷雾装置是否完好 8. 启动按钮和闭锁装置是否灵敏可靠 7.1 对前一班处理了的问题进行检查，并认真处理接班查出的问题 7.2 在工作日志中详细写明交接班遗漏问题及处理结果 8.1 履行接班手续，准备上岗作业 9.1 所有人员站到安全位置后，发出开机信号，点动二次确认无异常，再正式启动 9.2 刮板链运转半周后停机，检查已翻转到中部槽上的刮板链，同时检查牵引链紧松程度，是否存在跳动、刮底、跑偏、漂链等 9.3 空载运转无问题后，再加负载运转 9.4 运转中发现问题要发出停机信号，将控制开关的手把扳到断电位置并锁好，然后挂上停电牌 10.1 执行公司《“手指口述”实施细则》中相关岗位要求	

（续）

项目	作业程序	作业标准	安全要点
作业	1 作业要求 2 岗位隐患排查 3 记录	1.1 执行公司《安全技术操作规程汇编》中相关岗位要求 2.1 进行岗位隐患排查，对排查出的隐患及时处理，处理不了的及时报告当班跟班队长或班组长 3.1 填写必要的岗位记录	
交班	1 交班前的准备与自查 2 汇报 3 接受、协助检查 4 问题处理 5 交班 6 下班	1.1 原则上，不可将问题遗留给下一班 1.2 交班前的准备与自查 1. 清点工具及剩余的材料、备件，更换下来的零部件升井 2. 将检查发现的问题及本班设备运行情况、出现故障、处理措施、过程及遗留问题认真记录在工作日志中 2.1 向接班人汇报设备检修情况、设备运行情况和隐患处理情况及遗漏问题 3.1 接受、协助接班人现场检查 4.1 发现问题立即协同处理 4.2 对遗留问题，落实责任向上汇报 5.1 交班时间原则上控制在 20 min 左右 5.2 交班条件： 保证包段范围内设备设施的完好及文明生产 5.3 履行交班手续 6.1 执行《员工操作达标通用标准》 6.2 上井汇报，填写记录	

2. 刮板输送机维修工“手指口述”

1）岗位描述

我叫×××（姓名），是综采队刮板输送机检修工，坚决做到持证上岗，遵章作业。是否进行岗位描述？请指示！

我队低位放顶煤工作面使用的刮板输送机是宁夏奔牛实业集团有限公司的产品，刮板输送机为 SGZ830/630 中双链刮板输送机，额定电压电压 1140 V，功率 2×315 kW，运输能力 1200 t/h；后部刮板输送机为 SGZ764/500 中双链刮板输送机，额定电压 1140 V，功率 2×250 kW，运输能力 900 t/h。前后刮板输送机结构组成大致相同，组成构件有机头、机尾、动力部、过渡槽、中间槽、调节槽、电缆槽、刮板链等。

我队大采高工作面使用的刮板输送机是宁夏奔牛实业集团有限公司的产品，刮板输送机为 SGZ1000/1710 中双链刮板输送机，额定电压电压 3300 V，功率 2×855 kW，运输能力 2200 t/h；主要组成构件有机头、机尾、动力部、过渡槽、中间槽、调节槽、电缆槽、刮板链等。

我的岗位职责是：保证刮板输送机正常检修，确保运行正常无故障，熟悉设备的结构性能、技术特征、工作原理、各种保护装置，掌握消防器材的正确使用方法；正确使用安全防护用品，认真执行操作规程和安全措施，听从领导指挥，保质保量完成当班任务。

2）工艺流程

（1）工具、配件准备齐全。

（2）检查机头、机尾及检修范围内的支护完好情况。

（3）控制开关停电闭锁并挂上停电牌。

3）手指口述内容

安全确认（班前、班后）

第一步：煤壁无片帮。确认完毕！

第二步：顶板无漏顶。确认完毕！

第三步：支架护帮板支护到位。确认完毕！

第四步：支架初撑力符合要求。确认完毕！

第五步：启动按钮和闭锁装置灵敏可靠。确认完毕！

第六步：减速器、电机声音正常。确认完毕！

第七步：冷却系统完好。确认完毕！

第八步：机头喷雾装置完好。确认完毕！

第九步：链轮完好。确认完毕！

第十步：刮板齐全，间距均匀，链条松紧适度。确认完毕！

第十一步：挡煤板、封底板、开窗中部槽插板、连接螺栓齐全紧固。确认完毕！

第十二步：各对口螺栓连接齐全紧固，确认完毕！

安全确认（班中）

检修前：

（手指）衣服袖口：（口述）衣口、袖口扣好。

（手指）工具箱：（口述）工具准备齐全。

（手指）开关：（口述）开关已停电闭锁、挂牌，可以检修。

试机前：

（手指）信号：（口述）信号灵敏可靠。

（手指）保护装置：（口述）保护装置齐全有效。

（手指）急停装置：（口述）急停装置安全有效。

（手指）操作按钮：（口述）操作按钮灵敏可靠，收到试机信号，可以试机。确认完毕！

3. 刮板输送机完好标准

（1）电动机：声音正常，风扇、护罩齐全无损，符合防爆要求，温升不超过厂家规定。

（2）齿轮减速箱及轴承：

①声音正常，油质符合要求，清洁，油温适当，油量不超过75%。齿轮磨损不超过原齿厚的20%，打齿不超过齿宽的10%。

②轴承磨损轴径25～80 mm不超过0.2 mm，轴径80～120 mm不超过0.3 mm，轴径120～180 mm不超过0.4 mm。

（3）机头尾及链轮机壳：无严重变形，链轮齿完整无损，不咬链不跳链。

（4）刮板链及接链环：刮板齐全，接链环胀销不松劲、紧固，刮板不得连续短缺二个，累计不得超过五个，刮板无严重变形。

（5）铺设与运行：刮板链张紧合适，中部槽铺设平、直、稳，弯曲不超过厂家规定，停机闭锁按钮可靠，机头机尾无杂物，无积煤。

（6）中部槽无严重变形，搭接良好，连接螺栓齐全完好。

（7）铲煤板、挡煤板、电缆架或电缆槽：无严重变形，与中部槽连接牢固，搭接良好，电缆、水管安放折叠整齐。

（8）全部注油嘴：完整畅通。

（9）螺栓、螺帽及其他连接零件：齐全、完整、紧固。

（10）破碎机液力联轴节：易熔保护塞齐全无损，不漏液，液量适当。

（11）破碎机锤头：完整无缺，安装牢固。

4. 刮板输送机维修工安全交接记录单

部门： 班次： 班 年 月 日

序号	确认事项	是（√） 否（×）	序号	确认事项	是（√） 否（×）
1	煤壁有无片帮		7	冷却系统是否完好	
2	顶板有无漏顶		8	机头喷雾装置是否完好	
3	支架护帮板是否支护到位		9	链轮是否完好	
4	支架初撑力是否达到要求		10	刮板是否齐全，间距是否均匀，链条松紧是否适度	
5	启动按钮和闭锁装置是否灵敏可靠		11	挡煤板、封底板、开窗中部槽插板、连接螺栓是否齐全紧固	
6	减速器、电机声音是否正常		12	各对口螺栓连接是否齐全紧固	

交接班存在问题及处理					
本班状况	项目	确认内容	是（√） 否（×）	说明	
	工作情况	是否完成生产任务			
	环境情况	煤壁有无片帮，顶板是否漏顶，支架支护情况			
	设备运行情况	刮板输送机运行是否正常			
	隐患处理情况	隐患是否处理完毕			
	遗留问题	是否存在遗留问题			
交班人					
确认人				接班人	
确认意见					

注：请在确认事项对应后画“√”、“×”。

3.8.1.5 带式输送机维修工岗位操作标准

1. 带式输送机维修工岗位作业标准

部门： 班组：

项目	作业程序	作业标准	安全要点
班前准备	通用程序	执行公司《班前礼仪标准》及《员工操作达标通用标准》的有关要求	

（续）

项目	作业程序	作业标准	安全要点
接班	1 进入工作地点 2 接班地点 3 明确责任区范围 4 互保、联保确认 5 询问 6 现场检查 7 问题的处理 8 履行交班手续 9 试运转 10 手指口述	1.1 准时进入工作面接班地点 2.1 在综采工作面运输巷带式输送机机头位置交接班 3.1 本岗位责任区的范围为综采工作面运输巷 4.1 明确互保、联保人员，作业中严格执行“四不伤害” 5.1 详细询问交班岗位人员前一班的工作情况、环境情况、设备运行情况和隐患处理情况及遗留问题 6.1 查看有关工作日志 6.2 使用的工具、配件和劳保用品的检查 6.2.1 是否齐全、完好 6.2.2 佩戴是否正确 6.3 在交班岗位人员陪同下进行设施和环境检查 6.3.1 环境重点检查 1. 巷道支护是否完好 2. 输送带架下是否存在淤煤 6.3.2 设施重点检查 1. 减速器、电机声音有无异常，温度是否正常，有无渗油漏油 2. 各滚筒声音有无异常，温度是否正常 3. 输送带的松紧情况是否适当，不得打滑，输送带接头是否符合要求 4. 清扫器的磨损情况胶带有无跑偏、摩擦异物等情况 5. 机架连接是否牢固可靠 6. 各种保护装置，是否灵敏可靠 7. 机头喷雾装置是否完好 8. 启动按钮和闭锁装置是否灵敏可靠 9. 输送带H架、托辊是否齐全完好 7.1 对前一班处理了的问题进行检查，并认真处理接班查出的问题 7.2 在工作日志中详细写明交接班遗漏问题及处理结果 8.1 履行接班手续，准备上岗作业 9.1 启动前必须与机头、机尾及各转载点取得信号联系，待收到正确信号 9.2 所有人员离开转动部位后启动报警信号方可试机 10.1 执行公司《“手指口述”实施细则》中相关岗位要求	
作业	1 作业要求 2 岗位隐患排查 3 记录	1.1 执行公司《安全技术操作规程汇编》中相关岗位要求 2.1 进行岗位隐患排查，对排查出的隐患及时处理，处理不了的及时报告当班跟班队长或班组长 3.1 填写必要的岗位记录	
交班	1 交班前的准备与自查	1.1 原则上，不可将问题遗留给下一班 1.2 交班前的准备与自查 1. 停机前应将输送带上的煤拉空，避免带式输送机重载启动 2. 停机后重新检查各部位状况及各种保护，处理异常现象 3. 预留一定时间对责任区卫生进行打扫 4. 将检查发现的问题及本班设备运行情况、出现故障、处理措施、过程及遗留问题认真记录在工作日志中	

（续）

项目	作业程序	作业标准	安全要点
交班	2 汇报	2.1 向接班人汇报设备检修情况、环境情况和隐患处理情况及遗漏问题	
	3 接受、协助检查	3.1 接受、协助接班人现场检查	
	4 问题处理	4.1 发现问题立即协同处理 4.2 对遗留问题，落实责任向上汇报	
	5 交班	5.1 交班时间原则上控制在20 min左右 5.2 交班条件：保证包段范围内巷道文明、设备设施的齐全完好 5.3 履行交班手续	
	6 下班	6.1 执行《员工操作达标通用标准》 6.2 上井汇报，填写记录	

2. 带式输送机维修工“手指口述”

1）岗位描述

我叫×××（姓名），是××队带式输送机检修工，坚决做到持证上岗，遵章作业。是否进行岗位描述？请指示！

我队低位放顶煤工作面使用的带式输送机是淮南凯盛重工有限公司的产品，型号为DSJ120/120/2×250。功率2×250 kW，输送带宽度1.2 m，输送能力1200 t/h，主要构件有卸载架、传动部、驱动装置、储带仓及张紧装置、H架、机身、机尾等。输送带长度××m，主要服务于×××工作面/采区。

我队大采高工作面使用的带式输送机是太原向明机械制造有限公司的产品，型号为DSJ120/150/2×315。功率2×315 kW，输送带宽度1.2 m，输送能力1500 t/h，主要构件有卸载架、传动部、驱动装置、储带仓及张紧装置、H架、机身、机尾等。输送带长度××m，主要服务于×××工作面/采区。

我的岗位职责是：负责带式输送机正常检修，确保运行正常无故障，熟悉设备的结构性能、技术特征、工作原理、各种保护装置，掌握消防器材的正确使用方法；正确使用安全防护用品，认真执行操作规程和安全措施，听从领导指挥，保质保量完成当班任务。

2）工艺流程

（1）工具、配件准备齐全。

（2）检查机头、机尾及整台带式输送机范围的支护完好情况。

（3）设备周围无浮煤、杂物。

（4）控制开关停电闭锁并挂上停电牌。

（5）检查衣口袖口是否扣好。

3）手指口述内容

安全确认（班前、班后）

第一步：巷道支护完好。确认完毕！

第二步：皮带架下无淤煤。确认完毕！

第三步：启动按钮和闭锁装置灵敏可靠。确认完毕！

第四步：减速器、电机声音无异常，温度正常，无渗油漏油。确认完毕！

第五步：各滚筒声音无异常，温度正常。确认完毕！

第六步：机架连接牢固可靠。确认完毕！

第七步：机头喷雾装置完好。确认完毕！
第八步：各种保护装置灵敏可靠。确认完毕！
第九步：清扫器的磨损不超标，输送带无跑偏、摩擦异物等情况。确认完毕！
第十步：输送带 H 架、托辊齐全完好。确认完毕！
第十一步：胶带松紧适当，不打滑，输送带接头符合标准。确认完毕！

安全确认（班中）

检修前：
（手指）衣服袖口：（口述）衣口、袖口扣好。
（手指）工具箱：（口述）工具准备齐全。
（手指）开关：（口述）开关已停电闭锁、挂牌，可以检修，确认完毕！
试机前：
（手指）信号：（口述）信号灵敏可靠。
（手指）保护装置：（口述）保护装置齐全有效。
（手指）急停装置：（口述）急停装置安全有效。
（手指）操作按钮：（口述）操作按钮灵敏可靠，收到试机信号，可以试机，确认完毕！

3. 带式输送机完好标准

（1）电动机：运转声音正常，风扇、防护罩齐全无损，电机温升不超过 60 ℃，符合防爆要求

（2）齿轮减速箱、联动齿轮箱及轴承：运转声音正常，油质符合要求，油量适当（大齿轮能带起油为准），箱体接合面，各轴端注放油堵不漏油，连续运转 6 h 油温不超过 75 ℃，齿轮磨损不超过原齿厚 20%，打牙不超过齿宽 10%；

轴承磨损：轴径为 25 ~ 80 mm 不超过 0.2 mm；轴径为 80 ~ 120 mm 不超过 0.3 mm；轴径为 120 ~ 180 mm 不超过 0.4 mm。

（3）滚筒及上下托辊：齐全旋转无异响，密封，润滑良好。

（4）机头架：无严重变形，主副滚筒轴要求平行，其偏差不超过 5 mm，清扫装置作用良好。

（5）各部注油嘴：完整、畅通。

（6）输送带及接头：无撕裂，输送带卡排列均匀，紧固，输送带边缘破裂长度不超过输送带宽度的 5‰，中间破裂长度不超过 100 mm。

（7）伸缩部及拉紧装置：零部件齐全，动作灵活可靠。

（8）带式输送机自移式机尾：连接螺栓紧固，千斤顶动作可靠，不漏油。

（9）铺设与运行：输送带张紧力适当，上输送带跑偏不得超过上托辊边缘，下输送带不磨输送带架，保持机头，机尾环境卫生，两侧无煤块杂物堆积。

（10）各部位螺栓、销子：完整、齐全、紧固。

4. 带式输送机维修工安全交接记录单

部门：　　　　　　　　班次：　　班　　　　　　　　年　　月　　日

序号	确认事项	是（√） 否（×）	序号	确认事项	是（√） 否（×）
1	巷道支护是否完好		4	减速器、电机声音有无异常，温度是否正常，有无渗油漏油	
2	输送带架下是否存在淤煤		5	各滚筒声音有无异常，温度是否正常	
3	启动按钮和闭锁装置是否灵敏可靠		6	机架连接是否牢固可靠	

（续）

序号	确认事项	是（√）否（×）	序号	确认事项	是（√）否（×）
7	机头喷雾装置是否完好		10	输送带H架、托辊是否齐全完好	
8	各种保护装置是否灵敏可靠		11	输送带的松紧情况是否适当，不得打滑，输送带接头是否符合标准	
9	清扫器的磨损情况，输送带有无跑偏、摩擦异物等情况				

<table>
<tr><td colspan="2">交接班存在问题及处理</td><td colspan="4"></td></tr>
<tr><td rowspan="6">本班状况</td><td>项目</td><td>确认内容</td><td>是（√）否（×）</td><td colspan="2">说明</td></tr>
<tr><td>工作情况</td><td>是否完成生产任务</td><td></td><td colspan="2"></td></tr>
<tr><td>环境情况</td><td>顶板、支护是否完好，
巷道是否平整，是否有淤煤</td><td></td><td colspan="2"></td></tr>
<tr><td>设备运行情况</td><td>带式输送机运行是否正常</td><td></td><td colspan="2"></td></tr>
<tr><td>隐患处理情况</td><td>隐患是否处理完毕</td><td></td><td colspan="2"></td></tr>
<tr><td>遗留问题</td><td>是否存在遗留问题</td><td></td><td colspan="2"></td></tr>
<tr><td colspan="2">交班人</td><td></td><td></td><td colspan="2"></td></tr>
<tr><td colspan="2">确认人</td><td colspan="2"></td><td>接班人</td><td></td></tr>
<tr><td colspan="2">确认意见</td><td colspan="4"></td></tr>
</table>

注：请在确认事项对应后画“√”、“×”。

3.8.2　采煤机司机岗位操作标准

1. 采煤机司机岗位作业标准

部门：　　　　　　　　　　　　班组：

项目	作业程序	作业标准	安全要点
班前准备	通用程序	执行公司《班前礼仪标准》及《员工操作达标通用标准》的有关要求	
接班	1　进入工作地点 2　接班地点 3　明确责任区范围 4　互保、联保确认 5　询问 6　现场检查	1.1　准时进入工作面接班地点 2.1　在工作面采煤机处交接班 3.1　本岗位责任区的范围为整个采煤机及采煤机附属设施 4.1　明确互保、联保人员，作业中严格执行“四不伤害” 5.1　详细询问交班岗位人员前一班的割煤、顶板、煤墙、瓦斯情况、采煤机运行情况和隐患处理情况及遗留问题 6.1　查看有关工作日志	

（续）

项目	作业程序	作业标准	安全要点
接班		6.2　使用的工具、配件和劳保用品的检查 6.2.1　是否齐全、完好 6.2.2　佩戴是否正确 6.3　在交班岗位人员陪同下进行设施和环境检查 6.3.1　环境重点检查 1. 采煤机处瓦斯浓度是否符合规定 2. 工作面顶板是否完好 3. 工作面煤墙有无片帮现象 4. 工作面是否留有伞檐，是否有飘高啃底现象 6.3.2　设施重点检查 1. 采煤机截齿、齿座是否齐全 2. 采煤机对口螺栓是否紧固 3. 采煤机内外喷雾，冷却系统是否完好 4. 采煤机电控系统是否正常，采煤机牵引部是否完好 5. 液压系统是否完好，摇臂升降是否正常 6. 遥控器是否灵敏可靠 7. 机载断电仪是否完好 8. 灭火器是否有效 9. 工作面语音急停装置是否完好	
	7　问题的处理	7.1　对前一班已处理问题进行检查，并认真处理接班查出的问题 7.2　在工作日志中详细写明交接班遗漏问题及处理结果	
	8　履行接班手续	8.1　履行接班手续，准备上岗作业	
	9　试运转	9.1　人员到位且站位安全，瓦斯浓度符合开机要求； 9.2　保证采煤机左、右滚筒 20 m 范围内无人员和障碍物	
	10　手指口述	10.1　执行公司《“手指口述”实施细则》中相关岗位要求	
作业	1　作业要求	1.1　执行公司《安全技术操作规程汇编》中相关岗位要求	
	2　岗位隐患排查	2.1　进行岗位隐患排查，对排查出的隐患及时处理，处理不了的及时报告当班跟班队长或班组长	
	3　记录	3.1　填写必要的岗位记录	
交班	1　交班前的准备与自查	1.1　原则上，不可将问题遗留给下一班 1.2　交班前的准备与自查 1. 选择顶帮完好位置停机，护帮板打设到位 2. 清扫机组各部浮煤和杂物，冲洗粉尘 3. 将工作面刮板输送机开空，发出停机信号 4. 检查采煤机周围的支护情况和煤壁片帮情况，有安全问题要及时汇报当班班组长，并协助进行处理 1.3　预留一定时间对责任区卫生进行打扫 1.4　将检查发现的问题及本班设备运行情况、出现故障、处理措施、过程及遗留问题认真记录在工作日志中	
	2　汇报	2.1　向接班人汇报割煤、顶板、煤墙、瓦斯情况、采煤机运行情况和隐患处理情况及遗留问题	

（续）

项目	作业程序	作业标准	安全要点
交班	3　接受、协助检查 4　问题处理 5　交班 6　下班	3.1　接受、协助接班人现场检查 4.1　发现问题立即协同处理 4.2　对遗留问题，落实责任向上汇报 5.1　交班时间原则上控制在 20 min 左右 5.2　交班条件：保证包段范围内设备设施齐全完好，文明生产达标 5.3　履行交班手续 6.1　执行《员工操作达标通用标准》 6.2　上井汇报，填写记录	

2. 采煤机司机“手指口述”

1）岗位描述

我叫 × ×（姓名），是综采队采煤机司机，坚持做到持证上岗。

我队低位放顶煤工作面使用的采煤机是由太原矿山机器集团公司生产的型号是 MG300 – 730 – WD，额定电压 1140 V，总功率 730 kW，其中截割电机功率为 2 × 300 kW，牵引电机功率为 2 × 55 kW，泵站电机功率为 20 kW，滚筒直径 1. 8 m，截深 0. 8 m。

我队大采高工作面使用的采煤机是由西安煤矿机械集团有限责任公司生产的型号是 MG750/1910 – GWD，额定电压 3300 V，总功率 1910 kW，其中截割电机功率为 2 × 750 kW，牵引电机功率为 2 × 110 kW，泵站电机功率为 40 kW，滚筒直径 2. 75 m，截深 0. 865 m。

我的岗位职责是：负责操作采煤机，确保班中正常割煤，并能正确使用安全防护用品，认真执行操作规程和安全措施，听从领导指挥，保质保量安全顺利完成当班生产任务。

2）工艺流程

上岗前：

（1）进入工作地点首先认真询问采煤机上一班的运转情况，并检查顶板煤墙支护情况。

（2）检查采煤机是否在切断电源状态，再检查各部位连接螺栓、截齿是否齐全、紧固。

（3）各部位油量是否符合规定，各种密封是否完好不滴漏。

（4）检查电缆拖移装置的夹板及电缆、水管是否完好不挂卡，齿轨、哑铃销有无损坏。

（5）滑靴、轨道等磨损量是否超标。

试机：

（1）人员到位且站位安全，瓦斯浓度符合开机要求。

（2）观察采煤机左、右滚筒 10 m 范围内无人员和障碍物，尤其是左滚筒。

（3）水压、流量是否符合规定，喷雾、冷却系统是否正常。

（4）信号、各操作手把是否灵活可靠，闭锁保护装置是否齐全有效。

3）手指口述内容

安全确认（班前、班后）

第一步：采煤机处瓦斯浓度符合规定。确认完毕！

第二步：工作面顶板完好。确认完毕！

第三步：煤墙无片帮现象。确认完毕！

第四步：工作面无伞檐和无飘高啃底现象。确认完毕！

第五步：采煤机截齿、齿座齐全完好。确认完毕！

第六步：采煤机对口螺栓紧固。确认完毕！

第七步：采煤机内外喷雾及冷却系统完好。确认完毕！

第八步：采煤机电控系统正常，牵引部完好。确认完毕！

第九步：液压系统完好，摇臂升降正常。确认完毕！

第十步：遥控器灵敏可靠。确认完毕！

第十一步：机载式断电仪完好。确认完毕！

第十二步：灭火器完好有效，显示正常。确认完毕！

第十三步：工作面语音急停装置完好。确认完毕！

安全确认（班中）

开机前：

（手指）支架护帮板：（口述）护帮板已收回。

（手指）机组附近：（口述）人员已撤离。

（手指）瓦斯报警仪：（口述）机组处瓦斯浓度小于1.0%，符合开机要求。

（手指）机组滚筒：（口述）喷雾、冷却系统完好，可以开机，确认完毕！

停机前：

（手指）机组范围：（口述）割煤完毕，所在位置顶板、煤墙较好，可以停机，确认完毕！

3. 采煤机完好标准

（1）电动机：运转声音正常，冷却水畅通，保护装置灵敏可靠，符合防爆要求。

（2）各部齿轮轴承：运转声音良好，齿轮磨损不超过原齿厚的20%，打牙不超过全齿宽的10%，一对齿轮咬合边缘差在2 mm以内，轴径在25～80 mm，其轴承磨损不超过0.2 mm，轴径在80～120 mm，其轴承磨损不超过0.4 mm。

（3）牵引部：油质符合要求，清洁无杂物，按钮、旋钮灵活可靠，各保护装置性能良好，动作可靠，液压系统工作压力应符合要求。

（4）截割部操作按钮灵活，闭锁可靠，油量适当，油质符合要求，清洁，润滑良好，摇臂升降灵活，不自动下降。

（5）滚筒无严重变形，磨损、裂纹、开焊，齿座无严重磨损，截齿齐全锋利，外围齿座每个螺旋叶距内的齿座缺少不得超过一个，滚筒全齿座缺少不得超过5%，内外喷雾眼畅通，滚筒转动灵活可靠。

（6）油路、水路系统仪表、管路及接头无损坏，无泄漏，压力达到规定要求，过滤器效果良好，仪表齐全，指示准确。

（7）底托架无严重变形。

（8）电缆槽无严重变形、磨损，电缆卡连装置完整无缺。

（9）转动、静止接合面不漏油。

（10）各部螺栓、销子、丝堵、盖板齐全紧固。

（11）全部注油嘴：完整畅通。

（12）其他机件、部位保持整洁，并应配有工具箱和工具，有检查检修运转和事故处理记录。

4. 采煤机司机安全交接记录单

部门： 班次： 班 年 月 日

序号	确认事项	是（√）否（×）	序号	确认事项	是（√）否（×）
1	采煤机处瓦斯浓度是否符合规定		2	工作面顶板是否完好	

（续）

序号	确认事项	是（√）否（×）	序号	确认事项	是（√）否（×）
3	煤墙有无片帮现象		9	液压系统是否完好，摇臂升降是否正常	
4	工作面是否留有伞檐，是否有飘高啃底现象		10	遥控器是否灵敏可靠	
5	采煤机截齿、齿座是否齐全完好		11	机载断电仪是否完好	
6	采煤机内外喷雾及冷却系统是否完好		12	灭火器是否完好有效	
7	采煤机电控系统是否正常，采煤机牵引部是否完好		13	工作面语音报警装置是否完好	
8	采煤机对口螺栓是否紧固				

<table>
<tr><td colspan="3">交接班存在问题及处理</td><td colspan="4"></td></tr>
<tr><td rowspan="7">本班状况</td><td colspan="2">项目</td><td>确认内容</td><td>是（√）否（×）</td><td colspan="2">说明</td></tr>
<tr><td colspan="2">工作情况</td><td>本班割煤____架，是否完成生产任务</td><td></td><td colspan="2"></td></tr>
<tr><td rowspan="2">环境情况</td><td>顶板、煤墙</td><td>顶板、煤墙是否完好</td><td></td><td colspan="2"></td></tr>
<tr><td>瓦斯情况</td><td>瓦斯是否超限</td><td></td><td colspan="2"></td></tr>
<tr><td colspan="2">设备运行情况</td><td>采煤机运行是否正常</td><td></td><td colspan="2"></td></tr>
<tr><td colspan="2">隐患处理情况</td><td>隐患是否处理完毕</td><td></td><td colspan="2"></td></tr>
<tr><td colspan="2">遗留问题</td><td>是否存在遗留问题</td><td></td><td colspan="2"></td></tr>
<tr><td colspan="3">交班人</td><td></td><td></td><td colspan="2"></td></tr>
<tr><td colspan="3">确认人</td><td colspan="2"></td><td>接班人</td><td></td></tr>
<tr><td colspan="3">确认意见</td><td colspan="4"></td></tr>
</table>

注：请在确认事项对应后画“√”、“×”。

3.8.3　爆破工岗位操作标准

1. 爆破工岗位作业标准

部门：　　　　　　　　　　　　　　　　　班组：

项目	作业程序	作业标准	安全要点
班前准备	通用程序	执行公司《班前礼仪标准》及《员工操作达标通用标准》的有关要求	

（续）

项目	作业程序	作业标准	安全要点
接班	1 进入工作地点 2 接班地点 3 明确责任区范围 4 互保、联保确认 5 询问 6 现场检查 7 问题的处理 8 履行接班手续 9 手指口述	1.1 准时进入工作面接班地点 2.1 在爆破作业地点交接班 3.1 本岗位责任区的范围为爆破作业区域 4.1 明确互保、联保人员，作业中严格执行“四不伤害” 5.1 详细询问交班岗位人员前一班的工作情况、设备情况、环境情况和隐患处理情况及遗留问题 6.1 查看有关工作日志 6.2 使用的工具、配件和劳保用品的检查 6.2.1 是否齐全、完好 6.2.2 佩戴是否正确 6.3 在交班岗位人员陪同下进行设施和环境检查 6.3.1 环境重点检查 1. 煤壁有无片帮，顶板有无漏顶，支护是否到位 2. 爆破地点附近 20 m 范围内风流中的瓦斯浓度是否满足爆破要求 3. 巷帮、煤壁上的煤尘是否冲洗干净 6.3.2 设施重点检查 1. 爆破母线完好无破损 2. 警戒牌、爆破命令牌、警戒哨等设施是否齐全完好 3. 喷雾装置是否完好 7.1 对前一班处理了的问题进行检查，并认真处理接班查出的问题 7.2 在工作日志中详细写明交接班遗漏问题及处理结果 8.1 履行接班手续，准备上岗作业 9.1 执行公司《“手指口述”实施细则》中相关岗位要求	
作业	1 作业要求 2 岗位隐患排查 3 记录	1.1 执行公司《安全技术操作规程汇编》中相关岗位要求 2.1 进行岗位隐患排查，对排查出的隐患及时处理，处理不了的及时报告当班跟班队长或班组长 3.1 填写必要的岗位记录	
交班	1 交班前的准备与自查 2 汇报 3 接受、协助检查 4 问题处理	1.1 原则上，不可将问题遗留给下一班 1.2 交班前的准备与自查 1. 放完当班装药的炮眼，遇有特殊情况时，爆破工必须在现场向下班爆破工交接清楚 2. 爆破完成后，将爆破母线、发爆器、警戒牌等设施收拾整理好 3. 清点剩余电雷管、炸药，填好消退单，在核清领取数量与使用及剩余的数量相符后，经班组长签字，将当班剩余材料交回爆破材料库 1.3 预留一定时间对责任区卫生进行打扫 1.4 将检查发现的问题及本班设备运行情况、出现故障、处理措施、过程及遗留问题认真记录在工作日志中 2.1 向接班人汇报工作情况、环境情况和隐患处理情况及遗漏问题 3.1 接受、协助接班人现场检查 4.1 发现问题立即协同处理 4.2 对遗留问题，落实责任向上汇报	

（续）

项目	作业程序	作业标准	安全要点
交班	5　交班	5.1　交班时间原则上控制在20 min左右 5.2　交班条件：保证包段范围内设备设施的完好及包段范围内的文明生产达标 5.3　履行交班手续	
	6　下班	6.1　执行《员工操作达标通用标准》 6.2　上井汇报，填写记录	

2. 爆破工“手指口述”

1）岗位描述

我叫×××（姓名），是×队爆破工，坚决做到持证上岗，遵章作业。是否进行岗位描述？请指示！

我的岗位职责是：熟悉爆破器材的性能和《煤矿安全规程》中的有关规定及作业规程中的爆破参数图表，正确使用各种爆破器材，严格落实爆破过程中“一炮三检”制度，安全完成爆破工作；正确使用安全防护用品，听从领导指挥，保质保量安全顺利完成当班爆破任务。

2）工艺流程

装药连线：

（1）检查作业范围内的顶板、迎头、支护情况；

（2）炮眼清理干净，装药工具准备齐全；

（3）瓦斯浓度符合要求；

（4）装配起爆药卷必须在顶板完好、支护完好，避开机械、电气设备和导电体的爆破地点附近进行，严禁坐在爆炸材料箱上装配起爆药卷；

（5）装配起爆药卷数量，以当时当地需要的数量为限；

（6）必须按照作业规程爆破说明书规定的各炮眼装药量、起爆方式进行装药。各炮眼的雷管段号要与爆破说明书规定的起爆顺序相符合；

（7）严禁用轨道、金属管、金属网、水或大地等当作回路；

（8）爆破母线与电缆、电线、信号线应分别悬挂于巷道两侧；爆破母线必须由里向外敷设，其两端头在与脚线、发爆器连接前必须扭结成短路；

（9）爆破母线必须随用随挂，以免发生误接；严禁使用固定母线爆破；

（10）应按照作业规程爆破说明书的规定连接各炮眼电雷管脚线，电雷管脚线与母线的连接必须由爆破工操作。电雷管脚线和连接线、脚线和脚线之间的接头必须相互扭紧并悬空；

（11）母线与脚线连接后，爆破工必须最后撤出工作面，并沿途检查爆破母线是否符合要求。

爆破时：

（1）爆破工撤至发爆地点后，随即发出第一次爆破信号；

（2）接到班组长的爆破命令后，将母线与发爆器相接，并将发爆器钥匙插入发爆器，转至充电位置；

（3）第二次发出爆破信号，至少再过5 s，发爆器指示灯亮稳后，大喊三声“放炮啦”，将发爆器手把转至放电位置，起爆；

（4）起爆后，拔出钥匙；将母线从发爆器接线柱上摘下，并扭结成短路。

3）手指口述内容

安全确认（班前、班后）

第一步：煤壁无片帮，顶板无漏顶，支护到位。确认完毕！

第二步：爆破地点附近 20 m 范围内风流中的瓦斯浓度满足爆破要求。确认完毕！
第三步：巷帮、煤壁上的煤尘冲洗干净。确认完毕！
第四步：爆破母线完好无破损。确认完毕！
第五步：警戒牌、爆破命令牌、警戒哨等设施齐全完好。确认完毕！
第六步：喷雾装置完好。确认完毕！

安全确认（班中）

装药连线：
（手指）作业环境：（口述）顶板、煤墙支护完好。
（手指）光学瓦检仪：（口述）瓦斯检查正常。
（手指）打设炮眼：（口述）炮眼合格。
（手指）设备：（口述）机电设备停电闭锁挂牌，防护设好。
（手指）风筒：（口述）出风口符合要求，通风正常。
（手指）警戒人员：（口述）警戒已设好，人员已撤离。
（手指）火工品：（口述）可以装药连线，确认完毕！
爆破前：
（手指）光学瓦检仪：（口述）瓦斯检查正常。
（手指）爆破母线：（口述）脚线、母线连接合格。
（手指）防护设施：（口述）防护设施完好。
（手指）施工人员：（口述）人员已清点，位置安全，确认完毕！
爆破后：
（手指）作业环境：（口述）炮烟已吹散，通风正常，瓦斯检查正常。
（手指）作业环境：（口述）支护未损，爆破完全，无瞎炮，人员可以进入，确认完毕！

3. 爆破工安全确认单

部门：　　　　　　班次：　　班　　　　　　年　　月　　日

序号	确认事项	是（√） 否（×）	序号	确认事项	是（√） 否（×）
1	煤壁有无片帮，顶板有无漏顶，支护是否到位		4	爆破母线完好无破损	
2	爆破地点附近 20 m 范围内风流中的瓦斯浓度是否满足爆破要求		5	警戒牌、爆破命令牌、警戒哨等设施是否齐全完好	
3	巷帮、煤壁上的煤尘是否冲洗干净		6	喷雾装置是否完好	

交接班存在问题及处理				
本班状况	项目	确认内容	是（√） 否（×）	说明
	工作情况	是否完成生产任务		
	环境情况	顶板、支护是否完好		
	隐患处理情况	隐患是否处理完毕		
	遗留问题	是否存在遗留问题		

（续）

下班人				
确认人			验收员	
确认意见				

注：请在确认事项对应后画“√”、“×”。

3.8.4 液压支架操作工岗位操作标准

1. 液压支架操作工岗位作业标准

部门： 班组：

项目	作业程序	作业标准	安全要点
班前准备	通用程序	执行公司《班前礼仪标准》及《员工操作达标通用标准》的有关要求	
接班	1 进入工作地点 2 接班地点 3 明确责任区范围 4 互保、联保确认 5 询问 6 现场检查 7 问题的处理 8 履行接班手续 9 手指口述	1.1 准时进入工作面接班地点 2.1 在采煤工作面交接班 3.1 本岗位责任区的范围为1~145号支架 4.1 明确互保、联保人员，作业中严格执行“四不伤害” 5.1 详细询问交班岗位人员前一班的工作情况、环境情况、设备运行情况和隐患处理情况及遗留问题 6.1 查看有关工作日志 6.2 使用的工具、配件和劳保用品的检查 6.2.1 是否齐全、完好 6.2.2 佩戴是否正确 6.3 在交班岗位人员陪同下进行设施和环境检查 6.3.1 环境重点检查 1. 工作面有无片帮、漏顶，是否留有伞檐 2. 工作面底板、架间是否留有浮煤 3. 护帮板打设是否到位，支架是否有错茬、台阶 4. 支架初撑力是否达到要求 6.3.2 设施重点检查 1. 支架结构件、连接销等是否齐全完好 2. 各种千斤顶是否完好 3. 各种液管、阀类有无破损及窜、漏液现象 4. 喷雾设施、消防设施是否齐全完好 5. 防护网是否齐全完好 6. 责任范围内照明是否完好 7. 电液控操作面板是否灵敏可靠 8. 语音报警装置是否灵敏可靠 7.1 对前一班处理了的问题进行检查，并认真处理接班查出的问题 7.2 在工作日志中详细写明交接班遗漏问题及处理结果 8.1 履行接班手续，准备上岗作业 9.1 执行公司《“手指口述”实施细则》中相关岗位要求	

（续）

项目	作业程序	作业标准	安全要点
作业	1 作业要求 2 岗位隐患排查 3 记录	1.1 执行公司《安全技术操作规程汇编》中相关岗位要求 2.1 进行岗位隐患排查，对排查出的隐患及时处理，处理不了的及时报告当班跟班队长或班组长 3.1 填写必要的岗位记录	
交班	1 交班前的准备与自查 2 汇报 3 接受、协助检查 4 问题处理 5 交班 6 下班	1.1 原则上，不可将问题遗留给下一班 1.2 交班前的准备与自查 1. 移完支架后，各操作把手都扳在停止位置 2. 清理支架内的浮煤、矸石及煤尘并整理好架内的管线 3. 清点工具，放置好备品配件 4. 详查本班支架情况，记好支架出现的故障、存在的问题 1.3 预留一定时间对责任区卫生进行打扫 1.4 将检查发现的问题及本班设备运行情况、出现故障、处理措施、过程及遗留问题认真记录在工作日志中 2.1 向接班人汇报工作情况、环境情况、设备运行情况和隐患处理情况及遗漏问题 3.1 接受、协助接班人现场检查 4.1 发现问题立即协同处理 4.2 对遗留问题，落实责任向上汇报 5.1 交班时间原则上控制在20 min左右 5.2 交班条件：保证包段范围内设备设施的完好及文明生产达标 5.3 履行交班手续 6.1 执行《员工操作达标通用标准》 6.2 上井汇报，填写记录	

2. 液压支架操作工“手指口述”

1）岗位描述

我叫×××（姓名），是综采队液压支架操作工，坚决做到持证上岗，遵章作业。是否进行岗位描述？请指示！

我队低位放顶煤工作面使用的支架是由郑州煤矿机械集团有限责任公司生产，中间架型号为ZF5400/17/32，工作阻力为5400 kN，支护高度为1.7～3.2 m。过渡架型号为ZFG6500/19/33，工作阻力为6500 kN，支护高度为1.9～3.3 m。

我队大采高工作面使用的支架是由郑州煤矿机械集团有限责任公司生产，中间架型号为ZY12000/28/62D，工作阻力为12000 kN，支护高度为2.8～6.2 m。排头架型号为ZFT12000/25.5/55D，工作阻力为12000 kN，支护高度为2.25～5.5 m。

我的岗位职责是：负责操作液压支架，确保班中正常移架工作，确保支架初撑力达标；并正确使用安全防护用品，认真执行操作规程和安全措施，听从领导指挥，保质保量完成当班任务。

2）工艺流程

上岗前

（1）进入工作地点首先认真询问支架上一班的工作状况。

（2）顶板煤墙支护完好，无冒顶片帮危险。

（3）检查支架拉绳或钢丝绳完好及悬挂情况。

（4）支架接顶受力状况良好，各立柱、千斤顶、液压管路、阀组、操作手把及闭锁装置、U型销、推移连接装置、架间喷雾等结构件齐全完好。

移架前

（1）邻架情况无障碍，架间管线无刮卡现象。

（2）检查待移支架前后5 m范围内是否有人员工作、行走。

3）手指口述内容

安全确认（班前、班后）

第一步：工作面无片帮、漏顶、无伞檐。确认完毕！

第二步：工作面底板、架间无浮煤。确认完毕！

第三步：护帮板支护到位，支架无错茬、台阶。确认完毕！

第四步：电液控操作面板灵敏可靠。确认完毕！

第五步：支架初撑力符合要求。确认完毕！

第六步：各种液管、阀类无破损及窜、漏液现象。确认完毕！

第七步：支架结构件、连接销等齐全完好。确认完毕！

第八步：各种千斤顶完好。确认完毕！

第九步：防护网齐全完好。确认完毕！

第十步：语音报警装置灵敏可靠。确认完毕！

第十一步：喷雾设施、消防设施齐全完好。确认完毕！

第十二步：责任范围内照明完好。确认完毕！

安全确认（班中）

移架前：

（手指）周围环境：（口述）顶板、煤墙无异常情况。

（手指）支架周围：（口述）人员位置安全，周围无妨碍，可以移架，确认完毕！

移架后：

（手指）支架：（口述）支架已到位。

（手指）压力表：（口述）初撑力符合要求，确认完毕！

3. 液压支架完好标准

（1）支架外观：

①支架排列整齐，架中心距按作业规程不超过±100 mm。

②每组支架结构件齐全连接紧固。

③架内无浮煤，浮矸堆积。

④顶梁、底座不得开焊，断裂和严重变形。

（2）活柱与缸体：

①动作可靠密封良好，无窜液、漏液现象。

②活柱、千斤顶的划痕深度不大于0.5 mm，砸伤面积不大于50 mm^2。

③镀层不能脱落。

④推移刮板输送机千斤顶与中部槽连接可靠。

⑤活柱无严重变形，用500 mm钢板尺靠活柱其间隙不大于1 mm。

（3）阀：

①密封性能良好，无窜液，漏液，动作灵活可靠，安全阀动作压力符合出厂规定。

②操作时无异常声音。

③过滤器完好无缺。

（4）油管与接头：

①胶管完整无缺，排列整齐，无漏液，挤压砸埋等现象。

②接头压接牢固，不得插单腿销，U 型销不得用铁丝代替。

4. 液压支架操作工安全交接记录单

部门：　　　　　　　　班次：　班　　　　　　　年　月　日

序号	确认事项	是（√）否（×）	序号	确认事项	是（√）否（×）
1	工作面有无片帮、漏顶，是否留有伞檐		7	支架结构件、连接销等是否齐全完好	
2	工作面底板、架间是否留有浮煤		8	各种千斤顶是否完好	
3	护帮板是否支护到位，支架是否有错茬、台阶		9	防护网是否齐全完好	
4	电液控操作面板是否灵敏可靠		10	语音报警装置是否灵敏可靠	
5	支架初撑力是否达到要求		11	喷雾设施、消防设施是否齐全完好	
6	各种液管、阀类有无破损及窜、漏液现象		12	责任范围内照明是否完好	

<table>
<tr><td colspan="3">交接班存在问题及处理</td><td colspan="3"></td></tr>
<tr><td rowspan="4">本班状况</td><td colspan="2">项目</td><td>确认内容</td><td>是（√）否（×）</td><td>说明</td></tr>
<tr><td colspan="2">工作情况</td><td>是否完成生产任务</td><td></td><td></td></tr>
<tr><td rowspan="2">环境情况</td><td>顶板、煤墙</td><td>工作面有无片帮，漏顶，是否留有伞檐</td><td rowspan="2"></td><td rowspan="2"></td></tr>
<tr><td>支架支护情况</td><td>底板、架间是否有浮煤，支护是否到位，是否有错茬、台阶</td></tr>
<tr><td rowspan="2">本班状况</td><td colspan="2">隐患处理情况</td><td>隐患是否处理完毕</td><td></td><td></td></tr>
<tr><td colspan="2">遗留问题</td><td>是否存在遗留问题</td><td></td><td></td></tr>
<tr><td colspan="3">交班人</td><td></td><td></td><td></td></tr>
<tr><td colspan="3">确认人</td><td colspan="2"></td><td>接班人</td></tr>
<tr><td colspan="3">确认意见</td><td colspan="3"></td></tr>
</table>

注：请在确认事项对应后画“√”、“×”。

3.8.5　刮板输送机司机岗位操作标准

1. 刮板输送机司机岗位作业标准

部门：　　　　　　　　　　　班组：

项目	作业程序	作业标准	安全要点
班前准备	通用程序	执行公司《班前礼仪标准》及《员工操作达标通用标准》的有关要求	
接班	1　进入工作地点	1.1　准时进入工作面接班地点	
	2　接班地点	2.1　在刮板输送机机头位置交接班	
	3　明确责任区范围	3.1　本岗位责任区的范围为整部刮板输送机	
	4　互保、联保确认	4.1　明确互保、联保人员，作业中严格执行“四不伤害”	
	5　询问	5.1　详细询问交班岗位人员前一班的工作情况、环境情况、设备运行情况和隐患处理情况及遗留问题	
	6　现场检查	6.1　查看有关工作日志 6.2　使用的工具、配件和劳保用品的检查 6.2.1　是否齐全、完好 6.2.2　佩戴是否正确 6.3　在交班岗位人员陪同下进行设施和环境检查 6.3.1　环境重点检查（交接班地点） 1. 煤壁有无片帮 2. 顶板有无漏顶 3. 支架护帮板是否支护到位 4. 支架初撑力是否达到要求 6.3.2　设施重点检查 1. 减速器、电机声音是否正常 2. 链轮是否完好 3. 刮板是否齐全，间距是否均匀，链条松紧是否适度 4. 各对口螺栓连接是否齐全紧固 5. 冷却系统是否完好 6. 挡煤板、开窗中部槽插板、连接螺栓是否齐全紧固 7. 机头喷雾装置是否完好 8. 启动按钮和闭锁装置是否灵敏可靠	
	7　问题的处理	7.1　对前一班处理了的问题进行检查，并认真处理接班查出的问题 7.2　在工作日志中详细写明交接班遗漏问题及处理结果	
	8　履行接班手续	8.1　履行接班手续，准备上岗作业	
	9　试运转	9.1　所有人员站到安全位置后，发出开机信号，点动二次确认无异常，再正式启动 9.2　刮板链运转半周后停机，检查已翻转到中部槽上的刮板链，同时检查牵引链紧松程度，是否存在跳动、刮底、跑偏、漂链等 9.3　空载运转无问题后，再加负载运转 9.4　运转中发现问题要发出停机信号，将控制开关的手把扳到断电位置并锁好，然后挂上停电牌	
	10　手指口述	10.1　执行公司《“手指口述”实施细则》中相关岗位要求	
作业	1　作业要求	1.1　执行公司《安全技术操作规程汇编》中相关岗位要求	
	2　岗位隐患排查	2.1　进行岗位隐患排查，对排查出的隐患及时处理，处理不了的及时报告当班跟班队长或班组长	
	3　记录	3.1　填写必要的岗位记录	

（续）

项目	作业程序	作业标准	安全要点
交班	1 交班前的准备与自查	1.1 原则上，不可将问题遗留给下一班 1.2 交班前的准备与自查 1. 提前开空刮板输送机，清理机头、机尾附近的浮煤 2. 关闭转载点喷雾 3. 将控制开关手把扳到断电位置并挂牌 4. 记好刮板输送机运行时出现的故障、存在的问题 1.3 将检查发现的问题及本班设备运行情况、出现故障、处理措施、过程及遗留问题认真记录在工作日志中	
	2 汇报	2.1 向接班人汇报工作情况、环境情况、设备运行情况和隐患处理情况及遗漏问题	
	3 接受、协助检查	3.1 接受、协助接班人现场检查	
	4 问题处理	4.1 发现问题立即协同处理 4.2 对遗留问题，落实责任向上汇报	
	5 交班	5.1 交班时间原则上控制在 20 min 左右 5.2 交班条件：保证包段范围内设备设施的完好及文明生产达标 5.3 履行交班手续	
	6 下班	6.1 执行《员工操作达标通用标准》 6.2 上井汇报，填写记录	

2. 刮板输送机司机“手指口述”

1）岗位描述

我叫×××（姓名），是综采队刮板输送机司机，坚决做到持证上岗，遵章作业。是否进行岗位描述？请指示！

我队低位放顶煤工作面使用的刮板输送机是宁夏奔牛实业集团有限公司的产品，刮板输送机为 SGZ830/630 中双链刮板输送机，额定电压电压 1140 V，功率 2×315 kW，运输能力 1200 t/h；后部刮板输送机为 SGZ764/500 中双链刮板输送机，额定电压 1140 V，功率 2×250 kW，运输能力 900 t/h。

我队大采高工作面使用的刮板输送机是宁夏奔牛实业集团有限公司的产品，刮板输送机为 SGZ1000/1710 中双链刮板输送机，额定电压电压 3300 V，功率 2×855 kW，运输能力 2200 t/h。

我的岗位职责是：负责操作刮板输送机，确保班中正常运行，熟悉设备的结构性能、技术特征、工作原理、各种保护装置，掌握消防器材的正确使用方法；正确使用安全防护用品，认真执行操作规程和安全措施，听从领导指挥，保质保量完成当班任务。

2）工艺流程

上岗前：

进入工作地点首先认真询问刮板输送机上一班的运转状况；其次将刮板输送机控制开关停电闭锁并挂上停电牌，然后配合检修工或上班司机对下列部位进行检查：

（1）检查机头、机尾处的顶板支护完好情况，附近 5 m 内有无浮煤、矸石和杂物，电气设备处有无淋水。

（2）链轮、减速器无渗漏油，油量符合规定。

（3）检查电机、减速器、机头、机尾等各部分的连接构件和防护装置是否齐全、完整、紧固。

（4）检查电源电缆、控制线是否吊挂整齐、有无挤压现象。

（5）检查刮板输送机与转载机搭接和装载点防尘喷雾是否符合规定。

试机：

给设备送电，发出开机信号，让人员离开刮板输送机转动部位及其运转危险区域，先点动 2 次，再转动 1 周以上，并检查下列各项：

（1）人员站位安全。

（2）信号、闭锁、急停装置灵敏可靠。

（3）检查刮板有无缺失、变形、少螺栓现象。

（4）检查刮板链条的松紧情况和是否有跳动、漂链、连接环扭转、变形等现象。

（5）刮板输送机试运转监听情况是否正常。

3）手指口述内容

安全确认（班前、班后）

第一步：煤壁无片帮。确认完毕！

第二步：顶板无漏顶。确认完毕！

第三步：支架护帮板支护到位。确认完毕！

第四步：支架初撑力符合要求。确认完毕！

第五步：启动按钮和闭锁装置灵敏可靠。确认完毕！

第六步：减速器、电机声音正常。确认完毕！

第七步：冷却系统完好。确认完毕！

第八步：机头喷雾装置完好。确认完毕！

第九步：链轮完好。确认完毕！

第十步：刮板齐全，间距均匀，链条松紧适度。确认完毕！

第十一步：挡煤板、封底板、开窗中部槽插板、连接螺栓齐全紧固。确认完毕！

第十二步：各对口螺栓连接齐全紧固，确认完毕！

安全确认（班中）

开机前：

（手指）信号：（口述）信号灵敏可靠。

（手指）保护装置：（口述）保护装置齐全有效。

（手指）喷雾：（口述）喷雾装置完好。

（手指）操作按钮：（口述）操作按钮灵敏可靠。

（手指）急停装置：（口述）急停装置安全有效，收到开机信号，可以开机，确认完毕！

停机前：

（手指）刮板输送机：（口述）刮板输送机已开空。

（手指）信号：（口述）收到停机信号，可以停机，确认完毕！

3. 刮板输送机完好标准

（1）电动机：声音正常，风扇、护罩齐全无损，符合防爆要求，温升不超过厂家规定。

（2）齿轮减速箱及轴承：

①声音正常，油质符合要求，清洁，油温适当，油量不超过 75%。齿轮磨损不超过原齿厚的 20%，打齿不超过齿宽的 10%。

②轴承磨损轴径 25 ~ 80 mm 不超过 0.2 mm，轴径 80 ~ 120 mm 不超过 0.3 mm，轴径 120 ~ 180 mm 不超过 0.4 mm。

（3）机头尾及链轮机壳：无严重变形，链轮齿完整无损，不咬链不跳链。

（4）刮板链及接链环：刮板齐全，接链环胀销不松动、紧固，刮板不得连续短缺两个，累计不得超过五个，刮板无严重变形。

（5）铺设与运行：刮板链张紧合适，中部槽铺设平、直、稳，弯曲不超过厂家规定，停机闭锁按钮可靠，机头机尾无杂物，无积煤。

（6）中部槽无严重变形，搭接良好，连接螺栓齐全完好。

（7）铲煤板、挡煤板、电缆架或电缆槽：无严重变形，与中部槽连接牢固，搭接良好，电缆、水管安放折叠整齐。

（8）全部注油嘴：完整畅通。

（9）螺栓、螺帽及其他连接零件：齐全、完整、紧固。

（10）破碎机液力联轴节：易熔保护塞齐全无损，不漏液，液量适当。

（11）破碎机锤头：完整无缺，安装牢固。

4. 刮板输送机司机安全交接记录单

部门：　　　　　　　　　　班次：　　班　　　　　　　　　　年　　月　　日

序号	确认事项	是（√）否（×）	序号	确认事项	是（√）否（×）
1	煤壁有无片帮		7	冷却系统是否完好	
2	顶板有无漏顶		8	机头喷雾装置是否完好	
3	支架护帮板是否支护到位		9	链轮是否完好	
4	支架初撑力是否达到要求		10	刮板是否齐全，间距是否均匀，链条松紧是否适度	
5	启动按钮和闭锁装置是否灵敏可靠		11	挡煤板、封底板、开窗中部槽插板、连接螺栓是否齐全紧固	
6	减速器、电机声音是否正常		12	各对口螺栓连接是否齐全紧固	

<table>
<tr><td colspan="2">交接班存在问题及处理</td><td colspan="4"></td></tr>
<tr><td rowspan="6">本班状况</td><td>项目</td><td>确认内容</td><td>是（√）
否（×）</td><td colspan="2">说明</td></tr>
<tr><td>工作情况</td><td>是否完成生产任务</td><td></td><td colspan="2"></td></tr>
<tr><td>环境情况</td><td>煤壁有无片帮，顶板是否
漏顶，支架支护情况</td><td></td><td colspan="2"></td></tr>
<tr><td>设备运行情况</td><td>刮板输送机运行是否正常</td><td></td><td colspan="2"></td></tr>
<tr><td>隐患处理情况</td><td>隐患是否处理完毕</td><td></td><td colspan="2"></td></tr>
<tr><td>遗留问题</td><td>是否存在遗留问题</td><td></td><td colspan="2"></td></tr>
<tr><td colspan="2">交班人</td><td></td><td></td><td colspan="2"></td></tr>
<tr><td colspan="2">确认人</td><td colspan="2"></td><td>接班人</td><td></td></tr>
<tr><td colspan="2">确认意见</td><td colspan="4"></td></tr>
</table>

注：请在确认事项对应后画“√”、“×”。

3.8.6 转载机司机岗位操作标准

1. 转载机司机岗位作业标准

部门： 班组：

项目	作业程序	作业标准	安全要点
班前准备	通用程序	执行公司《班前礼仪标准》及《员工操作达标通用标准》的有关要求	
接班	1 进入工作地点	1.1 准时进入工作面接班地点	
	2 接班地点	2.1 在转载机机头位置交接班	
	3 明确责任区范围	3.1 本岗位责任区的范围为 JSDB－15 双速绞车→破碎机	
	4 互保、联保确认	4.1 明确互保、联保人员，作业中严格执行“四不伤害”	
	5 询问	5.1 详细询问交班岗位人员前一班的工作情况、环境情况、设备运行情况和隐患处理情况及遗留问题	
	6 现场检查	6.1 查看有关工作日志 6.2 使用的工具、配件和劳保用品的检查 6.2.1 是否齐全、完好 6.2.2 佩戴是否正确 6.3 在交班岗位人员陪同下进行设施和环境检查 6.3.1 环境重点检查 1. 巷道支护是否完好 2. 巷道底板是否平整 3. 人行通道是否通畅 4. 转载机周围、输送带 H 架下是否有杂物或淤煤 6.3.2 设施重点检查 1. 减速器、电机声音、温度是否正常 2. 链轮是否完好 3. 刮板是否齐全，间距是否均匀，链条松紧是否适度 4. 各对口螺栓连接是否齐全紧固 5. 冷却系统是否完好 6. 挡煤板、封底板、连接螺栓是否齐全紧固 7. 破碎机是否完好 8. 带式输送机自移式机尾有无跑偏 9. 喷雾装置是否完好 10. 信号、语音报警装置是否灵敏可靠	
	7 问题的处理	7.1 对前一班处理了的问题进行检查，并认真处理接班查出的问题 7.2 在工作日志中详细写明交接班遗漏问题及处理结果	
	8 履行接班手续	8.1 履行接班手续，准备上岗作业	
	9 试运转	9.1 所有人员站到安全位置后，发出开机信号，点动二次确认无异常，再正式启动 9.2 刮板链运转半周后停机，检查已翻转到中部槽上的刮板链，同时检查牵引链紧松程度，是否存在跳动、刮底、跑偏、漂链等 9.3 空载运转无问题后，再加负载运转 9.4 运转中发现问题要发出停机信号，将控制开关的手把扳到断电位置并锁好，然后挂上停电牌，处理好问题后方可继续开机运行	
	10 手指口述	10.1 执行公司《“手指口述”实施细则》中相关岗位要求	

（续）

项目	作业程序	作业标准	安全要点
作业	1　作业要求 2　岗位隐患排查 3　记录	1.1　执行公司《安全技术操作规程汇编》中相关岗位要求 2.1　进行岗位隐患排查，对排查出的隐患及时处理，处理不了的及时报告当班跟班队长或班组长 3.1　填写必要的岗位记录	
交班	1　交班前的准备与自查 2　汇报 3　接受、协助检查 4　问题处理 5　交班 6　下班	1.1　原则上，不可将问题遗留给下一班 1.2　交班前的准备与自查： 1. 提前开空转载机，清理转载机、带式输送机自移式机尾附近的浮煤 2. 关闭转载点喷雾 3. 将控制开关手把扳到断电位置并挂牌 4. 记好刮板输送机运行时出现的故障、存在的问题 1.3　预留一定时间对责任区卫生进行打扫 1.4　将检查发现的问题及本班设备运行情况、出现故障、处理措施、过程及遗留问题认真记录在工作日志中 2.1　向接班人汇报工作情况、环境情况、设备运行情况和隐患处理情况及遗漏问题 3.1　接受、协助接班人现场检查 4.1　发现问题立即协同处理 4.2　对遗留问题，落实责任向上汇报 5.1　交班时间原则上控制在 20 min 左右 5.2　交班条件：保证包段范围内设备设施的完好及带式输送机自移式机尾和转载机机头处的文明生产达标 5.3　履行交班手续 6.1　执行《员工操作达标通用标准》 6.2　上井汇报，填写记录	

2. 转载机司机“手指口述”

1）岗位描述

我叫×××（姓名），是综采队转载机司机，坚决做到持证上岗，遵章作业。是否进行岗位描述？请指示！

我队低位放顶煤工作面使用的转载机和破碎机是宁夏奔牛实业集团有限公司的产品，转载机型号为 SZZ830/250 中双链刮板转载机，额定功率 250 kW，运输能力 1500 t/h；破碎机型号为 PLM1500，额定功率 160 kW，破碎能力 1500 t/h。

我队大采高工作面使用的转载机和破碎机是宁夏奔牛实业集团有限公司的产品，转载机型号为 SZZ1000/525 中双链刮板转载机，额定功率 525 kW，运输能力 2600 t/h；破碎机型号为 PLM3000，额定功率 250 kW，破碎能力 3000 t/h。

我的岗位职责是：负责操作转载机、破碎机，确保班中正常运行，熟悉设备的结构性能、技术特征、工作原理、各种保护装置，掌握消防器材的正确使用方法；正确使用安全防护用品，认真执行操作规程和安全措施，听从领导指挥，保质保量完成当班任务。

2）工艺流程

上岗前：

进入工作地点首先认真询问转载机、破碎机的上一班运转状况；其次将转载机、破碎机的控制开关停电闭锁并挂上停电牌，然后配合检修工或上班司机对下列部位进行检查：

（1）检查转载机、破碎机处的巷道支护是否完好、牢固可靠。

（2）链轮、减速器无渗漏油，油量符合规定。

（3）检查电机、减速器、机头、机尾等各部分的连接构件齐全、完整、紧固。

（4）检查电源电缆、操作线是否吊挂整齐、有无挤压现象。

（5）检查转载机桥身部分和底托板的固定螺栓紧固情况。

（6）检查转载机与工作面输送机搭接和装载点防尘喷雾情况。

（7）破碎机锤头、冷却系统、各连接螺栓齐全完好。

（8）自移装置、拨链器、机头防尘设施、冷却系统完好。

试机：

给设备送电，发出开机信号，让人员离开转载机转动部位及其运转危险区域，先点动 2 次，再转动 2 周以上，并检查下列各项：

（1）开机前要检查并确认人员站位安全。

（2）信号、闭锁、急停装置灵敏可靠。

（3）检查刮板链条松紧情况，检查刮板有无缺失、变形、少螺栓等现象。

（4）检查链条、连接环有无扭转、跳链、变形等现象。

（5）监听转载机、破碎机试运转情况。

3）手指口述内容

安全确认（班前、班后）

第一步：巷道支护完好。确认完毕！

第二步：巷道底板平整。确认完毕！

第三步：人行通道通畅。确认完毕！

第四步：转载机周围及输送带 H 架下无淤煤和杂物。确认完毕！

第五步：减速器、电机声音、温度正常。确认完毕！

第六步：冷却系统完好。确认完毕！

第七步：带式输送送机自移式机尾无跑偏。确认完毕！

第八步：链轮完好。确认完毕！

第九步：喷雾装置完好。确认完毕！

第十步：信号、语音报警装置灵敏可靠。确认完毕！

第十一步：刮板齐全，间距均匀，链条松紧适度。确认完毕！

第十二步：各对口螺栓连接齐全紧固。确认完毕！

第十三步：挡煤板、封底板、连接螺栓是否齐全紧固。确认完毕！

第十四步：破碎机完好。确认完毕！

安全确认（班中）

开机前：

（手指）信号：（口述）信号灵敏可靠。

（手指）保护装置：（口述）保护装置齐全有效。

（手指）喷雾：（口述）喷雾装置完好。

（手指）操作按钮：（口述）操作按钮灵敏可靠。

（手指）急停装置：（口述）急停装置安全有效，收到开机信号，可以开机，确认完毕！

停机前：

（手指）转载机、破碎机：（口述）转载机、破碎机已开空。

（手指）信号：（口述）收到停机信号，可以停机，确认完毕！

3. 转载机、破碎机完好标准

（1）电动机：声音正常，风扇、护罩齐全无损，符合防爆要求，温升不超过厂家规定。

（2）齿轮减速箱及轴承：

①声音正常，油质符合要求，清洁，油温适当，油量不超过 75%。齿轮磨损不超过原齿厚的 20%，打齿不超过齿宽的 10%。

②轴承磨损轴径 25 ~ 80 mm 不超过 0. 2 mm，轴径 80 ~ 120 mm 不超过 0. 3 mm，轴径 120 ~ 180 mm 不超过 0. 4 mm。

（3）机头尾及链轮机壳：无严重变形，链轮齿完整无损，不咬链不跳链。

（4）刮板链及接链环：刮板齐全，接链环胀销不松劲、紧固，刮板不得连续短缺两个，累计不得超过 5 个，刮板无严重变形。

（5）铺设与运行：刮板链张紧合适，刮板输送机中部铺设平、直、稳，弯曲不超过厂家规定，停机闭锁按钮可靠，机头机尾无杂物，无积煤。

（6）中部槽无严重变形，搭接良好，连接螺栓齐全完好。

（7）铲煤板、挡煤板、电缆架或电缆槽：无严重变形，与中部槽连接牢固，搭接良好，电缆、水管安放折叠整齐。

（8）全部注油嘴：完整畅通。

（9）螺栓、螺帽及其他连接零件：齐全、完整、紧固。

（10）破碎机液力联轴节：易熔保护塞齐全无损，不漏液，液量适当。

（11）破碎机锤头：完整无缺，安装牢固。

4. 转载机司机安全交接记录单

部门：　　　　班次：　　班　　　　年　　月　　日

序号	确认事项	是（√）否（×）	序号	确认事项	是（√）否（×）
1	巷道支护是否完好		8	链轮是否完好	
2	巷道底板是否平整		9	喷雾装置是否完好	
3	人行通道是否通畅		10	信号、语音报警装置是否灵敏可靠	
4	转载机周围、输送带 H 架下是否有杂物或淤煤		11	刮板是否齐全，间距是否均匀，链条松紧是否适度	
5	减速器、电机声音、温度是否正常		12	各对口螺栓连接是否齐全紧固	
6	冷却系统是否完好		13	挡煤板、封底板、连接螺栓是否齐全紧固	
7	带式输送机自移式机尾有无跑偏		14	破碎机是否完好	
交接班存在问题及处理					

（续）

	项目	确认内容	是（√）否（×）	说明	
本班状况	工作情况	是否完成生产任务			
	环境情况	巷道支护、底板平整情况，人行通道是否畅通，杂物、淤煤堆积情况			
	设备运行情况	转载机运行是否正常			
	隐患处理情况	隐患是否处理完毕			
	遗留问题	是否存在遗留问题			
交班人					
确认人				接班人	
确认意见					

注：请在确认事项对应后画“√”、“×”。

3.8.7 绞车司机岗位操作标准

1. 绞车司机岗位作业标准

部门： 班组：

项目	作业程序	作业标准	安全要点
班前准备	通用程序	执行公司《班前礼仪标准》及《员工操作达标通用标准》的有关要求	
接班	1 进入工作地点 2 接班地点 3 明确责任区范围 4 互保、联保确认 5 询问 6 现场检查	1.1 准时进入工作面接班地点 2.1 在绞车位置交接班 3.1 本岗位责任区的范围为绞车及其服务巷道的所有辅助运输装置 4.1 明确互保、联保人员，作业中严格执行“四不伤害” 5.1 详细询问交班岗位人员前一班的工作情况、环境情况、设备运行情况和隐患处理情况及遗留问题 6.1 查看有关工作日志 6.2 使用的工具、配件和劳保用品的检查 6.2.1 是否齐全、完好 6.2.2 佩戴是否正确 6.3 在交班岗位人员陪同下进行设施和环境检查 6.3.1 环境重点检查 1. 绞车周围巷道支护是否完好 2. 巷道内有无影响绞车运行的杂物堆积 6.3.2 设施重点检查 1. 固定地锚是否紧固可靠 2. 绞车操作按钮、信号是否灵敏可靠 3. 绞车制动闸和离合闸是否灵活可靠	

（续）

项目	作业程序	作业标准	安全要点
接班		4. 钢丝绳在滚筒上固定是否牢固可靠，缠绳是否整齐，断丝面积是否超过原钢丝绳总面积的10% 5. 沿途地辊和立辊是否固定可靠，转动是否灵活 6. 挡车装置是否牢固可靠 7. 副绳、绳卡和绳皮是否齐全牢固，绳卡打设是否合格 8. 道岔移动是否灵活	
	7 问题的处理	7.1 对前一班处理了的问题进行检查，并认真处理接班查出的问题 7.2 在工作日志中详细写明交接班遗漏问题及处理结果	
	8 履行接班手续	8.1 履行接班手续，准备上岗作业	
	9 试运转	9.1 信号工就位后，与绞车司机对打信号确认启动绞车 9.2 绞车启动初期，尽量放慢绞车运行速度，待钢丝绳缓缓吃劲后再加快绞车运行速度 9.3 绞车达到规定速度后，保持滚筒匀速转动，同时观察绞车各部位是否存在机械异响，钢丝绳是否存在卡阻，发现异常及时停车处理	
	10 手指口述	10.1 执行公司《“手指口述”实施细则》中相关岗位要求	
作业	1 作业要求	1.1 执行公司《安全技术操作规程汇编》中相关岗位要求	
	2 岗位隐患排查	2.1 进行岗位隐患排查，对排查出的隐患及时处理，处理不了的及时报告当班跟班队长或班组长	
	3 记录	3.1 填写必要的岗位记录	
交班	1 交班前的准备与自查	1.1 原则上，不可将问题遗留给下一班 1.2 交班前的准备与自查 1. 交班前要把钢丝绳全部缠在滚筒上，要求缠绕规范、排列整齐，无压绳、错绳 2. 主绳绳头和副绳整齐码放在巷道侧帮不影响行人处 3. 切断绞车电源，把开关手把打在断电位置，锁紧闭锁螺杆 4. 记好绞车运行中出现的故障、存在的问题，准备交班 1.3 预留一定时间对责任区卫生进行打扫 1.4 将检查发现的问题及本班设备运行情况、出现故障、处理措施、过程及遗留问题认真记录在工作日志中	
	2 汇报	2.1 向接班人汇报工作情况、环境情况、设备运行情况和隐患处理情况及遗漏问题	
	3 接受、协助检查	3.1 接受、协助接班人现场检查	
	4 问题处理	4.1 发现问题立即协同处理 4.2 对遗留问题，落实责任向上汇报	
	5 交班	5.1 交班时间原则上控制在20 min左右 5.2 交班条件：确保绞车完好和周围的文明生产达标 5.3 履行交班手续	
	6 下班	6.1 执行《员工操作达标通用标准》 6.2 上井汇报，填写记录	

2. 绞车司机“手指口述”

1）岗位描述

我叫×××（姓名），是××队小绞车司机，坚决做到持证上岗，遵章作业。是否进行岗位描述？请指示！

我的岗位职责是：负责绞车操作，确保当班绞车正常运行，并正确使用安全防护用品，认真执行操作规程和安全措施，听从领导指挥，保质保量完成当班任务。

（根据实际情况叙述所操作的绞车型号及相关重要参数）

2）工艺流程

（1）检查小绞车制动闸的动作、“一坡三挡”装置是否可靠。

（2）开车前，首先检查绞车固定是否良好，安全间隙、制动闸、销轴、按钮、护板、钢丝绳等是否符合规定，做到绞车设备好，声光信号完好。

3）手指口述内容

安全确认（班前、班后）

第一步：绞车周围巷道支护完好。确认完毕！

第二步：巷道内无影响绞车运行的杂物堆积。确认完毕！

第三步：固定地锚紧固可靠。确认完毕！

第四步：绞车操作按钮、信号灵敏可靠。确认完毕！

第五步：绞车制动闸和离合闸灵活可靠。确认完毕！

第六步：钢丝绳在滚筒上固定牢固，缠绳整齐，断丝面积未超过原钢丝绳总面积的 10%。确认完毕！

第七步：副绳、绳卡和绳皮齐全牢固，绳卡打设合格。确认完毕！

第八步：沿途地辊和立辊固定可靠，转动灵活。确认完毕！

第九步：挡车装置牢固可靠。确认完毕！

第十步：道岔移动灵活。确认完毕！

安全确认（班中）

开车前：

（手指）防护装置：（口述）安全设施齐全可靠。

（手指）绞车前方：（口述）前方无行人、无障碍，道路畅通。

（手指）按钮、信号：（口述）接到开车信号，联系完毕，可以开车，确认完毕！

3. 小绞车完好标准

（1）螺栓、螺母、背帽、垫圈、开口销、护罩，齐全完整紧固。

（2）滚筒：

①无开焊，裂纹及变形，铆钉、链等不松动。

②活滚筒离合器和定位机构动作灵活可靠，衬套润滑良好。

③滚筒衬块磨损后，距螺栓头不小于 5 mm。

④滚筒上钢丝绳的固定和缠绕符合《煤矿安全规程》的有关规定。

（3）减速箱：

①齿轮咬合面沿齿长不小于 50%，沿齿高不小于 40%。

②齿厚磨损不得超过原齿厚的 15%，齿面剥落不超过齿有效面积的 25%。

③油质合格不漏油。

④运行中无异响。（备注：记录有效期为一年，0.5 cm^2 以上面积的剥落按实际剥落面积计算，每平方厘米有五个以上的明显点蚀时，按其存在的轮廓计算面积）

（4）联轴节：

①端面间隙及同心度误差应符合表（2－13）规定。

表2-13 端面间隙及同心度误差 mm

类型	最大外径	端面间隙	同心度误差	
			径向位移	端面倾斜
齿式	300~500	7~10	0.2	1.2%
	500~700	11~14	0.3	
	700~900	15~18		
弹性		最大串量+（2~4）	0.15	
蛇形			0.15	

注：记录有效期为一年。

②弹性联轴节胶圈外径与孔径差不超过2 mm；齿式联轴节齿厚磨损不超过20%；蛇形弹簧厚度磨损不超过10%。

（5）轴承：主轴及减速机轴的水平度偏差不超过0.2%；轴瓦无裂纹与剥落。

（6）制动系统：

①制动系统各部件灵活、可靠，各销轴不松旷，不缺油。

②闸轮无磨损和变形，闸瓦与闸轮接触严密，松闸后间隙平移式不大于2 mm，且上下相等，角移式在闸瓦中部不大于2.5 mm，盘形闸不大于2 mm，闸的工作行程不超过全行程的3/4。

③油压制动系统不漏油，蓄压器在停机后连续15 min活塞下降不超过10 mm，风压制动系统不漏风，停机后连续15 min压力下降不超过正常压力的10%。

④制动装置的试验符合《煤矿安全规程》规定。

（7）润滑系统：润滑系统油质合格，油量适当，油压正常，油路畅通，油环转动灵活，各部不漏油。

（8）深度指示器与安全保护装置：深度指示器指示准确，指针行程不小于全行程的3/4。

（9）信号与仪表：信号声光具备清晰可靠，有与信号工联络的专用电话或传话筒。

（10）电气：

①电动机、开关应符合其完好标准。

②不漏电，安全装置齐全、完整、无裂纹。

③接地良好。

注：检查、试验记录有效期一年

（11）资料整洁：

①设备与机房整洁，工具与备件存放整齐。

②有《煤矿安全规程》规定的文件和检查检修记录。

4. 绞车司机安全确认单

部门： 班次： 班 年 月 日

序号	确认事项	是（√）否（×）	序号	确认事项	是（√）否（×）
1	绞车周围巷道支护是否完好		3	固定地锚是否紧固可靠	
2	巷道内有无影响绞车运行的杂物堆积		4	绞车操作按钮、信号是否灵敏可靠	

（续）

序号	确认事项	是（√） 否（×）	序号	确认事项	是（√） 否（×）
5	绞车制动闸和离合闸是否灵活可靠		8	沿途地辊和立辊是否固定可靠，转动是否灵活	
6	钢丝绳在滚筒上固定是否牢固可靠，缠绳是否整齐，断丝面积是否超过原钢丝绳总面积的10%		9	挡车装置是否牢固可靠	
7	副绳、绳卡和绳皮是否齐全牢固，绳卡打设是否合格		10	道岔移动是否灵活	

交接班存在问题及处理				
本班状况	项目	确认内容	是（√） 否（×）	说明
	工作情况	是否完成生产任务		
	环境情况	巷道支护是否完好		
	设备运行情况	绞车运转是否正常		
	隐患处理情况	隐患是否处理完毕		
	遗留问题	是否存在遗留问题		
下班人				
确认人			验收员	
确认意见				

注：请在确认事项对应后画“√”、“×”。

3.8.8 端头（尾）支护工岗位操作标准

3.8.8.1 端头支护工岗位操作标准

1. 端头支护工岗位作业标准

部门： 班组：

项目	作业程序	作业标准	安全要点
班前准备	通用程序	执行公司《班前礼仪标准》及《员工操作达标通用标准》的有关要求	
接班	1 进入工作地点 2 接班地点 3 明确责任区范围	1.1 准时进入工作面接班地点 2.1 在运输巷超前支护区域内交接班 3.1 本岗位责任区的范围为破碎机→工作面4号支架，包括运输巷超前支架、端头支架及工作面1号、2号、3号、4号支架	

（续）

项目	作业程序	作业标准	安全要点
接班	4　互保、联保确认 5　询问 6　现场检查 7　问题的处理 8　履行接班手续 9　手指口述	4.1　明确互保、联保人员，作业中严格执行“四不伤害” 5.1　详细询问交班岗位人员前一班的工作情况、环境情况、设备运行情况和隐患处理情况及遗留问题 6.1　查看有关工作日志 6.2　使用的工具、配件和劳保用品的检查 6.2.1　是否齐全、完好 6.2.2　佩戴是否正确 6.3　在交班岗位人员陪同下进行设施和环境检查 6.3.1　环境重点检查 1. 煤壁有无片帮 2. 顶板有无漏顶 3. 护帮板是否支护到位 4. 支架初撑力是否达到要求 5. 超前支护距离是否符合作业规程要求 6. 人行通道是否符合规程要求 7. 超前区段内文明卫生是否达标 6.3.2　设施重点检查 1. 支架结构件、连接销等是否齐全完好 2. 各种千斤顶是否完好 3. 各种液管、阀类有无破损及窜漏液现象 4. 喷雾设施是否齐全完好、有无堵塞现象 5. 责任范围内的设备和消防设施是否齐全完好 6. 电液控操作面板是否灵敏可靠 7. 语音报警装置是否灵敏可靠 8. 单体柱是否拴绑牢固，单体柱有无自落现象 7.1　对前一班处理了的问题进行检查，并认真处理接班查出的问题 7.2　在工作日志中详细写明交接班遗漏问题及处理结果 8.1　履行接班手续，准备上岗作业 9.1　执行公司《“手指口述”实施细则》中相关岗位要求	
作业	1　作业要求 2　岗位隐患排查 3　记录	1.1　执行公司《安全技术操作规程汇编》中相关岗位要求 2.1　进行岗位隐患排查，对排查出的隐患及时处理，处理不了的及时报告当班跟班队长或班组长 3.1　填写必要的岗位记录	
交班	1　交班前的准备与自查	1.1　原则上，不可将问题遗留给下一班 1.2　交班前的准备与自查 1. 移完支架后，各操作把手都扳在停止位置 2. 清理支架内的浮煤、矸石及煤尘并整理好架内的管线 3. 将剩余的支柱、梁或支护材料等，码放在规定位置，将失效和损坏的柱或梁，运到指定地点、码放整齐，清点工具，放置好备品配件 4. 详查本班支架情况，记好支架出现的故障、存在的问题 5. 预留一定时间对责任区卫生进行打扫	

（续）

项目	作业程序	作业标准	安全要点
交班		6. 将检查发现的问题及本班设备运行情况、出现故障、处理措施、过程及遗留问题认真记录在工作日志中	
	2 汇报	2.1 向接班人汇报工作情况、环境情况、设备运行情况和隐患处理情况及遗漏问题	
	3 接受、协助检查	3.1 接受、协助接班人现场检查	
	4 问题处理	4.1 发现问题立即协同处理 4.2 对遗留问题，落实责任向上汇报	
	5 交班	5.1 交班时间原则上控制在30 min左右 5.2 交班条件：保证包段范围内设备设施的完好及破碎机至工作面4号支架处的文明生产达标 5.3 履行交班手续	
	6 下班	6.1 执行《员工操作达标通用标准》 6.2 上井汇报，填写记录	

2. 端头支护工“手指口述”

1）岗位描述

我叫×××（姓名），是综采队端头支护工，坚决做到持证上岗，遵章作业。是否进行岗位描述？请指示！

我队低位放顶煤工作面使用的端头支护器材主要有ZFG6500/19/33型过渡支架，单体柱、π型钢和大板，单体柱型号为DW35。

我队大采高工作面使用的端头支护器材主要有ZTC26000/26/43型超前支架，单体柱、π型钢和大板，单体柱型号为DW45。

我的岗位职责是：负责端头超前支护及单体柱回收，确保端头支护正常，不影响工作面正常推进；并正确使用安全防护用品，认真执行操作规程和安全措施，听从领导指挥，保质保量完成当班任务。

2）工艺流程

上岗前：

进入工作地点首先认真询问转载机、破碎机的上一班运转状况；其次将转载机、破碎机的控制开关停电闭锁并挂上停电牌，然后配合检修工或上班司机对下列部位进行检查：

（1）检查转载机、破碎机处的巷道支护是否完好、牢固可靠。

（2）链轮、减速器无渗漏油，油量符合规定。

（3）检查电机、减速器、机头、机尾等各部分的连接构件齐全、完整、紧固。

（4）检查电源电缆、操作线是否吊挂整齐、有无挤压现象。

（5）检查转载机桥身部分和底托板的固定螺栓紧固情况。

（6）检查转载机与工作面输送机搭接和装载点防尘喷雾情况。

（7）破碎机锤头、冷却系统、各连接螺栓齐全完好。

（8）自移装置、拨链器、机头防尘设施、冷却系统完好。

试机：

给设备送电，发出开机信号，让人员离开转载机转动部位及其运转危险区域，先点动2次，再转动2周以上，并检查下列各项：

（1）开机前要检查并确认人员站位安全。
（2）信号、闭锁、急停装置灵敏可靠。
（3）检查刮板链条松紧情况，检查刮板有无缺失、变形、少螺栓等现象。
（4）检查链条、连接环有无扭转、跳链、变形等现象。
（5）监听转载机、破碎机试运转情况。
3）手指口述内容
安全确认（班前、班后）
第一步：煤壁无片帮。确认完毕！
第二步：顶板无漏顶。确认完毕！
第三步：超前区段内文明卫生达标。确认完毕！
第四步：喷雾设施齐全完好、无堵塞现象。确认完毕！
第五步：超前支护距离符合作业规程要求。确认完毕！
第六步：单体柱拴绑牢固，无自落现象。确认完毕！
第七步：人行通道符合规程要求。确认完毕！
第八步：责任范围内的设备和消防设施齐全完好。确认完毕！
第九步：电液控操作面板灵敏可靠。确认完毕！
第十步：语音报警装置灵敏可靠。确认完毕！
第十一步：护帮板支护到位。确认完毕！
第十二步：支架初撑力达到要求。确认完毕！
第十三步：支架结构件、连接销等齐全完好。确认完毕！
第十四步：各种千斤顶完好。确认完毕！
第十五步：各种液管、阀类无破损及窜漏液现象。确认完毕！
安全确认（班中）
作业前：
（手指）顶板、煤墙：（口述）敲帮问顶完毕，顶板煤墙支护完好。
（手指）工具箱：（口述）工具准备齐全，确认完毕！
操作前：
（手指）周围机械设备：（口述）设备停电、闭锁、挂牌、急停打下。
（手指）监护人员：（口述）人员站位安全，监护到位。
（手指）梯子：（口述）梯子放置牢固，可以作业，确认完毕！
3. 超前支架完好标准
（1）支架外观：
①支架排列整齐。
②每组支架结构件齐全连接紧固。
③架内无浮煤，浮矸堆积。
④顶梁、底座不得开焊，断裂和严重变形。
（2）活柱与缸体：
①动作可靠密封良好，无窜液、漏液现象。
②活柱、千斤顶的划痕深度不大于 0.5 mm，砸伤面积不大于 50 mm^2。
③镀层不能脱落。
④推移刮板输送机千斤顶与中部槽连接可靠。
⑤活柱无严重变形，用 500 mm 钢板尺靠活柱其间隙不大于 1 mm。

（3）阀：

①密封性能良好，无窜液，漏液，动作灵活可靠，安全阀动作压力符合出厂规定。

②操作时无异常声音。

③过滤器完好无缺。

（4）油管与接头：

①胶管完整无缺，排列整齐，无漏液，挤压砸埋等现象。

②接头压接牢固，不得插单腿销，U 型销不得用铁丝代替。

4. 端头支护工安全交接记录单

部门： 班次： 班 年 月 日

序号	确认事项	是（√）否（×）	序号	确认事项	是（√）否（×）
1	煤壁有无片帮		9	电液控操作面板是否灵敏可靠	
2	顶板有无漏顶		10	语音报警装置是否灵敏可靠	
3	超前区段内文明卫生是否达标		11	护帮板是否支护到位	
4	喷雾设施是否齐全完好、有无堵塞现象		12	支架初撑力是否达到要求	
5	超前支护距离是否符合作业规程要求		13	支架结构件、连接销等是否齐全完好	
6	单体柱是否拴绑牢固，有无自落现象		14	各种千斤顶是否完好	
7	人行通道是否符合规程要求		15	各种液管、阀类有无破损及窜漏液现象	
8	责任范围内的设备和消防设施是否齐全完好				

<table>
<tr><td colspan="3">交接班存在问题及处理</td><td colspan="3"></td></tr>
<tr><td rowspan="7">本班状况</td><td colspan="2">项目</td><td>确认内容</td><td>是（√）否（×）</td><td>说明</td></tr>
<tr><td colspan="2">工作情况</td><td>是否完成当班任务</td><td></td><td></td></tr>
<tr><td rowspan="2">环境情况</td><td>顶板、煤墙</td><td>煤壁有无片帮，顶板有无漏顶，文明卫生是否达标</td><td rowspan="2"></td><td rowspan="2"></td></tr>
<tr><td>支架支护情况</td><td>护帮板是否支护到位，初撑力是否达标</td></tr>
<tr><td colspan="2">设备运行情况</td><td>支架操作是否正常</td><td></td><td></td></tr>
<tr><td colspan="2">隐患处理情况</td><td>隐患是否处理完毕</td><td></td><td></td></tr>
<tr><td colspan="2">遗留问题</td><td>是否存在遗留问题</td><td></td><td></td></tr>
<tr><td colspan="3">交班人</td><td></td><td></td><td></td></tr>
<tr><td colspan="3">确认人</td><td colspan="2"></td><td>接班人</td></tr>
<tr><td colspan="3">确认意见</td><td colspan="3"></td></tr>
</table>

注：请在确认事项对应后画“√”、“×”。

3.8.8.2　端尾支护工岗位操作标准

1. 端尾支护工岗位作业标准

部门：　　　　　　　　　　　　　　　　班组：

项目	作业程序	作业标准	安全要点
班前准备	通用程序	执行公司《班前礼仪标准》及《员工操作达标通用标准》的有关要求	
接班	1　进入工作地点 2　接班地点 3　明确责任区范围 4　互保、联保确认 5　询问 6　现场检查 7　问题的处理 8　履行交班手续 9　手指口述	1.1　准时进入工作面接班地点 2.1　在工作面风巷超前区域内位置交接班 3.1　本岗位责任区的范围为工作面 141 号、142 号、143 号、144 号、145 号支架，包括风巷超前支架及端尾向外 300 m 巷道 4.1　明确互保、联保人员，作业中严格执行“四不伤害” 5.1　详细询问交班岗位人员前一班的工作情况、环境情况、设备运行情况和隐患处理情况及遗留问题 6.1　查看有关工作日志 6.2　使用的工具、配件和劳保用品的检查 6.2.1　是否齐全、完好 6.2.2　佩戴是否正确 6.3　在交班岗位人员陪同下进行设施和环境检查 6.3.1　环境重点检查 1. 煤壁有无片帮 2. 顶板有无漏顶 3. 护帮板是否支护到位 4. 支架初撑力是否达到要求 5. 超前支护距离是否符合作业规程要求 6. 人行通道是否符合规程要求 7. 超前区段内文明卫生是否达标 6.3.2　设施重点检查 1. 支架结构件、连接销等是否齐全完好 2. 各种千斤顶是否完好 3. 各种液管、阀类有无破损及窜漏液现象 4. 喷雾设施是否齐全完好、有无堵塞现象 5. 责任范围内的设备和消防设施是否齐全完好 6. 电液控操作面板是否灵敏可靠 7. 语音报警装置是否灵敏可靠 8. 单体柱是否拴绑牢固，单体柱有无自落现象 7.1　对前一班处理了的问题进行检查，并认真处理接班查出的问题 7.2　在工作日志中详细写明交接班遗漏问题及处理结果 8.1　履行接班手续，准备上岗作业 9.1　执行公司《“手指口述”实施细则》中相关岗位要求	
作业	1　作业要求 2　岗位隐患排查 3　记录	1.1　执行公司《安全技术操作规程汇编》中相关岗位要求 2.1　进行岗位隐患排查，对排查出的隐患及时处理，处理不了的及时报告当班跟班队长或班组长 3.1　填写必要的岗位记录	

（续）

项目	作业程序	作业标准	安全要点
交班	1 交班前的准备与自查	1.1 原则上，不可将问题遗留给下一班 1.2 交班前的准备与自查 1. 移完支架后，各操作把手都扳在停止位置 2. 清理支架内的浮煤、矸石及煤尘并整理好架内的管线 3. 将剩余的支柱、梁或支护材料等，码放在规定位置，将失效和损坏的柱或梁，运到指定地点、码放整齐，清点工具，放置好备品配件 4. 详查本班支架情况，记好支架出现的故障、存在的问题 5. 预留一定时间对责任区卫生进行打扫 6. 将检查发现的问题及本班设备运行情况、出现故障、处理措施、过程及遗留问题认真记录在工作日志中	
	2 汇报	2.1 向接班人汇报工作情况、环境情况、设备运行情况和隐患处理情况及遗漏问题	
	3 接受、协助检查	3.1 接受、协助接班人现场检查	
	4 问题处理	4.1 发现问题立即协同处理 4.2 对遗留问题，落实责任向上汇报	
	5 交班	5.1 交班时间原则上控制在 20 min 左右 5.2 交班条件：保证保证包段范围内设备设施的完好及工作面 141 号、142 号、143 号、144 号、145 号支架处的文明生产 5.3 履行交班手续	
	6 下班	6.1 执行《员工操作达标通用标准》 6.2 上井汇报，填写记录	

2. 端尾支护工"手指口述"

1）岗位描述

我叫×××（姓名），是综采队端尾支护工，坚决做到持证上岗，遵章作业。是否进行岗位描述？请指示！

我队低位放顶煤工作面使用的端尾支护器材主要有 ZFG 6500/19/33 型过渡支架，单体柱和大板，单体柱型号为 DW35。

我队大采高工作面使用的端尾支护器材主要有 ZT32000/28/45 型超前支架，单体柱、π型钢和大板，单体柱型号为 DW45。

我的岗位职责是：负责端尾超前支护及单体柱回收，确保端尾支护正常，不影响工作面正常推进，并正确使用安全防护用品，认真执行操作规程和安全措施，听从领导指挥，保质保量完成当班任务。

2）工艺流程

上岗前：

（1）首先用找顶棍进行"敲帮问顶"，找落活煤矸。

（2）检查环境、顶板煤墙支护状况。

（3）瓦检仪悬挂位置合理，防范措施可靠。

（4）工具、防倒设施、支护用品齐全完好。

（5）人员站位安全，人员监护到位。

操作前：

（1）回柱前必须站在顶板完好处，且有专人监护顶板。
（2）架棚前脚手架要牢固。
（3）支护地点前后 10 m 内无其他人员行走、工作。
（4）支护前作业地点的设备必须停电、闭锁、挂牌、打下急停。
3）手指口述内容

安全确认（班前、班后）

第一步：煤壁无片帮。确认完毕！
第二步：顶板无漏顶。确认完毕！
第三步：超前区段内文明卫生达标。确认完毕！
第四步：喷雾设施齐全完好、无堵塞现象。确认完毕！
第五步：超前支护距离符合作业规程要求。确认完毕！
第六步：单体柱拴绑牢固，无自落现象。确认完毕！
第七步：人行通道符合规程要求。确认完毕！
第八步：责任范围内的设备和消防设施齐全完好。确认完毕！
第九步：电液控操作面板灵敏可靠。确认完毕！
第十步：语音报警装置灵敏可靠。确认完毕！
第十一步：护帮板支护到位。确认完毕！
第十二步：支架初撑力达到要求。确认完毕！
第十三步：支架结构件、连接销等齐全完好。确认完毕！
第十四步：各种千斤顶完好。确认完毕！
第十五步：各种液管、阀类无破损及窜漏液现象。确认完毕！

安全确认（班中）

作业前：
（手指）顶板、煤墙：（口述）敲帮问顶完毕，顶板煤墙支护完好。
（手指）工具箱：（口述）工具准备齐全，确认完毕！
操作前：
（手指）周围机械设备：（口述）设备停电、闭锁、挂牌、急停打下。
（手指）监护人员：（口述）人员站位安全，监护到位。
（手指）梯子：（口述）梯子放置牢固，可以作业，确认完毕！
3. 超前支架完好标准
（1）支架外观：
①支架排列整齐。
②每组支架结构件齐全连接紧固。
③架内无浮煤，浮矸堆积。
④顶梁、底座不得开焊，断裂和严重变形。
（2）活柱与缸体：
①动作可靠密封良好，无窜液、漏液现象。
②活柱、千斤顶的划痕深度不大于 0. 5 mm，砸伤面积不大于 50 mm^2。
③镀层不能脱落。
④推溜千斤顶与溜槽连接可靠。
⑤活柱无严重变形，用 500 mm 钢板尺靠活柱其间隙不大于 1 mm。
（3）阀：

①密封性能良好，无窜液，漏液，动作灵活可靠，安全阀动作压力符合出厂规定。

②操作时无异常声音。

③过滤器完好无缺。

（4）油管与接头：

①胶管完整无缺，排列整齐，无漏液，挤压砸埋等现象。

②接头压接牢固，不得插单腿销，U 型销不得用铁丝代替。

4. 端尾支护工安全交接记录单

部门： 班次： 班 年 月 日

序号	确认事项	是（√）否（×）	序号	确认事项	是（√）否（×）
1	煤壁有无片帮		9	电液控操作面板是否灵敏可靠	
2	顶板有无漏顶		10	语音报警装置是否灵敏可靠	
3	超前区段内文明卫生是否达标		11	护帮板是否支护到位	
4	喷雾设施是否齐全完好、有无堵塞现象		12	支架初撑力是否达到要求	
5	超前支护距离是否符合作业规程要求		13	支架结构件、连接销等是否齐全完好	
6	单体柱是否拴绑牢固，有无自落现象		14	各种千斤顶是否完好	
7	人行通道是否符合规程要求		15	各种液管、阀类有无破损及窜漏液现象	
8	责任范围内的设备和消防设施是否齐全完好				

<table>
<tr><td colspan="3">交接班存在问题及处理</td><td colspan="3"></td></tr>
<tr><td rowspan="7">本班状况</td><td colspan="2">项目</td><td>确定内容</td><td>是（√）
否（×）</td><td>说明</td></tr>
<tr><td colspan="2">工作情况</td><td>是否完成当班任务</td><td></td><td></td></tr>
<tr><td rowspan="2">环境情况</td><td>顶板、煤墙</td><td>煤壁有无片帮，顶板有无漏顶，文明卫生是否达标</td><td></td><td></td></tr>
<tr><td>支架支护情况</td><td>护帮板是否支护到位，初撑力是否达标</td><td></td><td></td></tr>
<tr><td colspan="2">设备运行情况</td><td>支架操作是否正常</td><td></td><td></td></tr>
<tr><td colspan="2">隐患处理情况</td><td>隐患是否处理完毕</td><td></td><td></td></tr>
<tr><td colspan="2">遗留问题</td><td>是否存在遗留问题</td><td></td><td></td></tr>
<tr><td colspan="3">交班人</td><td></td><td></td><td></td></tr>
<tr><td colspan="3">确认人</td><td colspan="2"></td><td>接班人</td></tr>
<tr><td colspan="3">确认意见</td><td colspan="3"></td></tr>
</table>

注：请在确认事项对应后画“√”、“×”。

3.8.9　泵站司机岗位操作标准

1. 泵站司机岗位作业标准

部门：　　　　　　　　　　　　　　　　　班组：

项目	作业程序	作业标准	安全要点
班前准备	通用程序	执行公司《班前礼仪标准》及《员工操作达标通用标准》的有关要求	
接班	1　进入工作地点 2　接班地点 3　明确责任区范围 4　互保、联保确认 5　询问 6　现场检查 7　问题的处理 8　履行交班手续 9　试运转 10　手指口述	1.1　准时进入工作面接班地点 2.1　在综采工作面运输巷电气列车乳化液泵站位置交接班 3.1　本岗位责任区的范围为运输巷电气列车乳化液泵站及喷雾泵段 4.1　明确互保、联保人员，作业中严格执行“四不伤害” 5.1　详细询问交班岗位人员前一班的工作情况、环境情况、设备运行情况和隐患处理情况及遗留问题 6.1　查看有关工作日志 6.2　使用的工具、配件和劳保用品的检查 6.2.1　是否齐全、完好 6.2.2　佩戴是否正确 6.3　在交班岗位人员陪同下进行设施和环境检查 6.3.1　环境重点检查 1. 顶板是否完好 2. 巷道支护是否完好 3. 顶板有无淋水 4. 泵站周围卫生清洁是否符合要求 6.3.2　设施重点检查 1. 泵站各接头连接销是否齐全完好 2. 供液管路是否吊挂整齐 3. 柱塞箱油池油量是否充足，有无杂质 4. 泵站运转有无杂音 5. 压力是否达到规定指数 6. 油箱液箱供液是否正常 7. 自动配比装置是否运转正常 8. 乳化液浓度（3% ~5%）是否符合要求 7.1　对前一班处理了的问题进行检查，并认真处理接班查出的问题 7.2　在工作日志中详细写明交接班遗漏问题及处理结果 8.1　履行接班手续，准备上岗作业 9.1　合上控制开关，点动电机，检查泵的旋转方向是否与其外壳标记方向一致，如不一致，立即停机处理，待一切无误后方可开机 9.2　试运转时，要打信号，确保开泵不影响其他作业人员时，先点开确定正、反转，然后将泵运转起来，运转一段时间后设备没有问题，方可开起泵 10.1　执行公司《“手指口述”实施细则》中相关岗位要求	
作业	1　作业要求 2　岗位隐患排查 3　记录	1.1　执行公司《安全技术操作规程汇编》中相关岗位要求 2.1　进行岗位隐患排查，对排查出的隐患及时处理，处理不了的及时报告当班跟班队长或班组长 3.1　填写必要的岗位记录	

（续）

项目	作业程序	作业标准	安全要点
交班	1　交班前的准备与自查	1.1　原则上，不可将问题遗留给下一班 1.2　交班前的准备与自查 1. 接到收工命令和停泵信号后立即停泵，并把各控制阀打到非工作位置 2. 清擦开关、电动机、泵体和乳化液箱上的粉尘 3. 预留一定时间对责任区卫生进行打扫 4. 将检查发现的问题及本班设备运行情况、出现故障、处理措施、过程及遗留问题认真记录在工作日志中	
	2　汇报	2.1　向接班人汇报工作情况、环境情况、设备运行情况和隐患处理情况及遗漏问题	
	3　接受、协助检查	3.1　接受、协助接班人现场检查	
	4　问题处理	4.1　发现问题立即协同处理 4.2　对遗留问题，落实责任向上汇报	
	5　交班	5.1　交班时间原则上控制在 20 min 左右 5.2　交班条件：保证包段范围内巷道文明、设备设施的齐全完好 5.3　履行交班手续	
	6　下班	6.1　执行《员工操作达标通用标准》 6.2　上井汇报，填写记录	

2. 泵站司机“手指口述”

1）岗位描述

我叫×××（姓名），是综采队泵站司机，坚决做到持证上岗，遵章作业。是否进行岗位描述？请指示！

我队使用的是江苏无锡煤矿机械厂有限公司生产的乳化液泵站，型号为 BRW315/31.5，电机功率 200 kW，乳化液配比浓度范围 3% ~5% 。

我的岗位职责是：负责操作泵站系统，确保班中正常供液，正确使用安全防护用品，认真执行操作规程和安全措施，听从领导指挥，保质保量完成当班任务。

2）工艺流程

上岗前：

（1）进入工作地点首先认真询问泵站上一班的工作状况。

（2）检查各液压保护装置是否齐全有效。

（3）检查乳化液浓度是否符合要求，油量是否达到要求。

（4）检查各管路连接是否牢固。

（5）检查各油标压力表指示是否正常。

（6）检查各阀件、自动配液装置、通信系统使用是否正常。

开泵前：

（1）询问工作面支架工或要求停泵人员能否送液；

（2）设备试运转及监听情况是否正常。

3）手指口述内容

安全确认（班前、班后）

第一步：顶板完好。确认完毕！
第二步：巷道支护完好。确认完毕！
第三步：顶板无淋水。确认完毕！
第四步：泵站周围卫生清洁符合要求。确认完毕！
第五步：柱塞箱油池油量充足，无杂质。确认完毕！
第六步：泵站各接头连接销齐全完好。确认完毕！
第七步：泵站运转无杂音。确认完毕！
第八步：压力达到规定指数。确认完毕！
第九步：油箱液箱供液正常。确认完毕！
第十步：自动配比装置运转正常。确认完毕！
第十一步：乳化液浓度（3% ~5%）符合要求。确认完毕！
第十二步：供液管路吊挂整齐。确认完毕！

安全确认（班中）

开机前：
（手指）泵站：（口述）设备完好。
（手指）扩音电话：（口述）接到开机信号，符合开机要求，可以开机，确认完毕！
开机后：
（手指）压力表：（口述）压力正常。
（手指）泵站：（口述）设备运行正常，确认完毕！
停机前：
（手指）扩音电话：（口述）接到停机信号，可以停机，确认完毕！

3. 泵站完好标准

（1）泵体要安放平稳，运行可靠，各零件完好无缺，泵体周围无浮煤，积水、淋水与杂物保持整洁。
（2）螺栓、螺帽、丝堵、销子齐全、完整、紧固。
（3）接头和各种阀。密封性能良好，不漏液，动作可靠。
（4）高低压过滤器、油位保护开关。安装完好无缺，性能良好，动作可靠。
（5）油箱、蓄压器。不漏液，安全阀，卸载阀动作压力符合厂家规定，箱内保持清洁，蓄压器压力符合要求。
（6）压力表。准确可靠，误差不超过 ± 1 kg/cm^2。
（7）乳化液。清洁无析皂现象，配制浓度3% ~5%。
（8）运行。曲轴箱温度不高于75 ℃，油量适当，泵体温度不高于60 ℃。
（9）电动机。运转声音正常，风扇保护装置齐全，符合防爆要求，温度不超过厂家规定。
（10）资料。有运转日记，填写清楚。

4. 泵站司机安全交接记录单

部门： 班次： 班 年 月 日

序号	确认事项	是（√）否（×）	序号	确认事项	是（√）否（×）
1	顶板是否完好		3	顶板有无淋水	
2	巷道支护是否完好		4	泵站周围卫生清洁是否符合要求	

（续）

序号	确认事项	是（√）否（×）	序号	确认事项	是（√）否（×）
5	柱塞箱油池油量是否充足，有无杂质		9	油箱液箱供液是否正常	
6	泵站各接头连接销是否齐全完好		10	自动配比装置是否运转正常	
7	泵站运转有无杂音		11	乳化液浓度（3%～5%）是否符合要求	
8	压力是否达到规定指数		12	供液管路是否吊挂整齐	

交接班存在问题及处理				
本班状况	项目	确认内容	是（√）否（×）	说明
	工作情况	是否完成生产任务		
	环境情况	顶板、支护是否完好；泵站卫生是否符合要求		
	设备运行情况	泵站运转是否正常		
	隐患处理情况	隐患是否处理完毕		
	遗留问题	是否存在遗留问题		
交班人				
确认人			接班人	
确认意见				

注：请在确认事项对应后画“√”、“×”。

3.8.10　无轨胶轮车司机岗位操作标准

1. 无轨胶轮车司机岗位作业标准

部门：　　　　　　　　　　　　　　　　班组：

项目	作业程序	作业标准	安全要点
班前准备	通用程序	执行公司《班前礼仪标准》及《员工操作达标通用标准》的有关要求	
接班	1　进入工作地点 2　接班地点 3　明确责任区范围 4　互保、联保确认 5　询问 6　现场检查	1.1　准时进入工作面接班地点 2.1　在综采工作面风巷口胶轮车停放位置交接班 3.1　本岗位责任区的范围为风巷距工作面300 m处→风巷口，包括风巷风联巷、风巷运联巷 4.1　明确互保、联保人员，作业中严格执行“四不伤害” 5.1　详细询问交班岗位人员前一班的工作情况、环境情况、设备运行情况和隐患处理情况及遗留问题 6.1　查看有关工作日志	

（续）

项目	作业程序	作业标准	安全要点
接班		6.2 使用的工具、配件和劳保用品的检查 6.2.1 是否齐全、完好 6.2.2 佩戴是否正确 6.3 在交班岗位人员陪同下进行设施和环境检查 6.3.1 环境重点检查 1. 顶板是否完好 2. 巷道支护是否完好 3. 行驶巷道有无杂物 4. 各种安全标志和信号的是否符合行驶要求 6.3.2 设施重点检查 1. 轮胎是否正常完好 2. 车辆内各种油脂油量是否符合要求 3. 刹车装置是否灵敏可靠 4. 转向装置是否灵敏可靠 5. 安全防护装置是否齐全有效 6. 发动机有无异响 7. 水箱水位是否符合要求 8. 车辆各种仪表是否完好 9. 车辆结构件有无损坏	
	7 问题的处理	7.1 对前一班处理了的问题进行检查，并认真处理接班查出的问题 7.2 在工作日志中详细写明交接班遗漏问题及处理结果	
	8 履行交班手续	8.1 履行接班手续，准备上岗作业	
	9 手指口述	9.1 执行公司《“手指口述”实施细则》中相关岗位要求	
作业	1 作业要求	1.1 执行公司《安全技术操作规程汇编》中相关岗位要求	
	2 岗位隐患排查	2.1 进行岗位隐患排查，对排查出的隐患及时处理，处理不了的及时报告当班跟班队长或班组长	
	3 记录	3.1 填写必要的岗位记录	
交班	1 交班前的准备与自查	1.1 原则上，不可将问题遗留给下一班 1.2 交班前的准备与自查 1. 加强车辆维护保养、确保胶轮车完好使用 2. 预留一定时间对责任区卫生进行打扫 3. 将检查发现的问题及本班设备运行情况、出现故障、处理措施、过程及遗留问题认真记录在工作日志中	
	2 汇报	2.1 向接班人汇报工作情况、环境情况、设备运行情况和隐患处理情况及遗漏问题	
	3 接受、协助检查	3.1 接受、协助接班人现场检查	
	4 问题处理	4.1 发现问题立即协同处理 4.2 对遗留问题，落实责任向上汇报	
	5 交班	5.1 交班时间原则上控制在 20 min 左右 5.2 交班条件 1. 做好胶轮车的日常检修保养	

（续）

项目	作业程序	作业标准	安全要点
交班	6 下班	2. 负责包段范围内的巷道文明卫生和“一通三防”设施维护管理 3. 维持风巷口油脂硐室的文明卫生 4. 做好压风、供水、排水管路及沿路洒水管路的维护使用、文明卫生打扫 5. 责任区内的物料按标准摆放整齐 5.3 履行交班手续 6.1 执行《员工操作达标通用标准》 6.2 上井汇报，填写记录	

2. 无轨胶轮车司机“手指口述”

1）岗位描述

我叫×××（姓名）。是综采队无轨胶轮车司机，坚决做到持证上岗，遵章作业。是否进行岗位描述？请指示！

我队使用的无轨胶轮车由山西天地煤机装备有限公司生产，胶轮车型号分别为 WC55Y 型支架搬运车和 WC5E（B）防爆柴油机无轨胶轮车。WC55Y 型支架搬运车可载重 55 t，WC5E（B）防爆柴油机无轨胶轮车可载重 5 t。

我的岗位职责是：负责井下胶轮车运输作业，确保当班胶轮车正常运行，并正确使用安全防护用品，认真执行操作规程和安全措施，听从领导指挥，保质保量完成当班任务。

2）工艺流程

（1）检查车辆灯光是否完好。

（2）检查轮胎是否正常完好。

（3）检查车辆内各种油脂油量是否符合要求。

（4）检查车辆的液压系统、电气系统、操纵系统、发动机、各种仪表是否完好。

（5）检查安全防护装置是否齐全有效。

（6）重点检查刹车制动装置及方向盘的完好情况。

3）手指口述内容

安全确认（班前、班后）

第一步：顶板完好。确认完毕！

第二步：巷道支护完好。确认完毕！

第三步：行驶巷道无杂物。确认完毕！

第四步：各种安全标志和信号的符合行驶要求。确认完毕！

第五步：车辆结构件无损坏。确认完毕！

第六步：轮胎正常完好。确认完毕！

第七步：水箱水位符合要求。确认完毕！

第八步：安全防护装置齐全有效。确认完毕！

第九步：车辆各种仪表完好。确认完毕！

第十步：车辆内各种油脂油量符合要求。确认完毕！

第十一步：发动机无异响。确认完毕！

第十二步：转向装置灵敏可靠。确认完毕！

第十三步：刹车装置灵敏可靠。确认完毕！

安全确认（班中）

开车前：

（手指）车辆前方：（口述）前方无行人、无障碍，道路畅通。

（手指）仪表盘：（口述）各仪表运转正常。

（手指）方向盘、操纵杆：（口述）方向盘、操纵杆运转正常。

（手指）刹车制动装置：（口述）刹车制动装置灵敏可靠。

（手指）瓦斯报警仪：（口述）瓦斯浓度小于1.0%，符合开车条件，可以开车，确认完毕！

停车后：

（手指）车辆：（口述）停车位置安全合理。

（手指）先导控制阀：（口述）控制阀调到中位。

（手指）发动机：（口述）车辆已熄火。

（手指）气动总阀门：（口述）气动总阀门已关闭。

（手指）照明：（口述）前后照明已关闭。

（手指）制动释放阀：（口述）制动释放阀已按下，确认完毕！

3. 无轨胶轮车完好标准

（1）手刹、脚刹：灵活可靠。

（2）方向盘：方向准确。

（3）控制面板：显示信息清晰可见。

（4）各部位螺栓、部件：螺栓齐全完整无松动，车架以及其他部件完好。

（5）油泵：油马达运转声音正常。

（6）进气滤芯、排气栅栏：清洁干净。

（7）发动机皮带：松紧度适当。

（8）补水箱：水量充足。

（9）各种油脂：要加同一型号，保证油的统一性，以保护各零部件。

（10）灯光齐全完好，亮度正常。

4. 无轨胶轮车司机安全交接记录单

部门：　　　　　　　　班次：　　班　　　　　　　　年　　月　　日

序号	确认事项	是（√）否（×）	序号	确认事项	是（√）否（×）
1	顶板是否完好		8	安全防护装置是否齐全有效	
2	巷道支护是否完好		9	车辆各种仪表是否完好	
3	行驶巷道有无杂物		10	车辆内各种油脂油量是否符合要求	
4	各种安全标志和信号的是否符合行驶要求		11	发动机有无异响	
5	车辆结构件有无损坏		12	转向装置是否灵敏可靠	
6	轮胎是否正常完好		13	刹车装置是否灵敏可靠	
7	水箱水位是否符合要求				

（续）

交接班存在问题及处理				
本班状况	项目	确认内容	是（√） 否（×）	说明
	工作情况	是否完成生产任务		
	环境情况	顶板、支护是否完好； 胶轮车卫生是否符合要求		
	设备运行情况	胶轮车行驶是否正常		
	隐患处理情况	隐患是否处理完毕		
	遗留问题	是否存在遗留问题		
交班人				
确认人			接班人	
确认意见				

注：请在确认事项对应后画“√”、“×”。

3.8.11 带式输送机司机岗位操作标准

1. 带式输送机司机岗位作业标准

部门： 班组：

项目	作业程序	作业标准	安全要点
班前准备	通用程序	执行公司《班前礼仪标准》及《员工操作达标通用标准》的有关要求	
接班	1 进入工作地点 2 接班地点 3 明确责任区范围 4 互保、联保确认 5 询问 6 现场检查	1.1 准时进入工作面接班地点 2.1 在综采工作面运输巷带式输送机机头位置交接班 3.1 本岗位责任区的范围为综采工作面运输巷 4.1 明确互保、联保人员，作业中严格执行“四不伤害” 5.1 详细询问交班岗位人员前一班的工作情况、环境情况、设备运行情况和隐患处理情况及遗留问题 6.1 查看有关工作日志 6.2 使用的工具、配件和劳保用品的检查 6.2.1 是否齐全、完好 6.2.2 佩戴是否正确 6.3 在交班岗位人员陪同下进行设施和环境检查 6.3.1 环境重点检查 1. 减速器、电机声音有无异常，温度是否正常，有无渗油漏油 2. 各滚筒声音有无异常，温度是否正常 3. 输送带的松紧情况是否适当，不得打滑，输送带接头是否符合要求 4. 清扫器的磨损情况输送带有无跑偏、摩擦异物等情况 5. 机架连接是否牢固可靠	

（续）

项目	作业程序	作业标准	安全要点
接班		6. 各种保护装置，是否灵敏可靠 7. 机头喷雾装置是否完好 8. 启动按钮和闭锁装置是否灵敏可靠 9. 输送带 H 架、托辊是否齐全完好	
	7 问题的处理	7.1 对前一班处理了的问题进行检查，并认真处理接班查出的问题 7.2 在工作日志中详细写明交接班遗漏问题及处理结果	
	8 履行交班手续	8.1 履行接班手续，准备上岗作业	
	9 试运转	9.1 启动前必须与机头、机尾及各转载点取得信号联系，待收到正确信号 9.2 所有人员离开转动部位后启动报警信号方可试机	
	10 手指口述	10.1 执行公司《“手指口述”实施细则》中相关岗位要求	
作业	1 作业要求	1.1 执行公司《安全技术操作规程汇编》中相关岗位要求	
	2 岗位隐患排查	2.1 进行岗位隐患排查，对排查出的隐患及时处理，处理不了的及时报告当班跟班队长或班组长	
	3 记录	3.1 填写必要的岗位记录	
交班	1 交班前的准备与自查	1.1 原则上，不可将问题遗留给下一班 1.2 交班前的准备与自查 1. 停机前应将输送带上的煤拉空，避免带式输送机重载启动 2. 停机后重新检查各部位状况及各种保护，处理异常现象 3. 预留一定时间对责任区卫生进行打扫 4. 将检查发现的问题及本班设备运行情况、出现故障、处理措施、过程及遗留问题认真记录在工作日志中	
	2 汇报	2.1 向接班人汇报工作情况、环境情况、设备运行情况和隐患处理情况及遗漏问题	
	3 接受、协助检查	3.1 接受、协助接班人现场检查	
	4 问题处理	4.1 发现问题立即协同处理 4.2 对遗留问题，落实责任向上汇报	
	5 交班	5.1 交班时间原则上控制在 20 min 左右 5.2 交班条件：保证包段范围内巷道文明、设备设施的齐全完好 5.3 履行交班手续	
	6 下班	6.1 执行《员工操作达标通用标准》 6.2 上井汇报，填写记录	

2. 带式输送机司机“手指口述”

1）岗位描述

我叫×××（姓名），是带式输送机司机，坚决做到持证上岗，遵章作业。是否进行岗位描述？请指示！

我队低位放顶煤工作面使用的带式输送机是淮南凯盛重工有限公司的产品，型号为 DSJ120/120/2×250。功率 2×250 kW，输送带宽度 1.2 m，输送能力 1200 t/h。输送带长度××m，主要服务于×××工作面/采区。

我队大采高工作面使用的带式输送机是太原向明机械制造有限公司的产品，型号为 DSJ120/150/

2×315。功率 2×315 kW，输送带宽度 1.2 m，输送能力 1500 t/h。输送带长度××m，主要服务于×××工作面/采区。

我的岗位职责是：负责操作带式输送机，确保班中正常运行，熟悉设备的结构性能、技术特征、工作原理、各种保护装置，掌握消防器材的正确使用方法；正确使用安全防护用品，认真执行操作规程和安全措施，听从领导指挥，保质保量完成当班任务。

2）工艺流程

上岗前：

进入工作地点首先认真询问带式输送机上一班的运转状况；其次将带式输送机的控制开关停电闭锁并挂上停电牌，然后配合检修工或上班司机对下列部位进行检查：

（1）检查带式输送机头范围内的支护是否牢固可靠，有无障碍物或浮煤、杂物等安全隐患。

（2）机头及储带装置所用连接件和紧固件齐全、牢靠，防护罩齐全完整，各滚筒、轴承应转动灵活。

（3）制动器的闸带和轮接触严密，制动有效。

（4）减速器内油量适当，无漏油现象。

（5）机身各托辊齐全，转动灵活，边杆完整无变形。

（6）承载部梁架平直，缓冲托辊齐全、转动灵活、无脱胶。

（7）机尾滚筒转动灵活，轴承润滑良好，防护装置齐全完好。

（8）带式输送机的前后搭接符合规定，挡煤板齐全完好。

（9）动力、信号、通信电缆吊挂整齐，无挤压，刮碰。

（10）输送带接头完好，无撕裂，松紧合适。

（11）带式输送机的安全设施、综合保护、装载点防尘喷雾齐全。

试机：

给设备送电，发出开机信号，让人员离开带式输送机转动部位，先点动 2 次，再转动 1 周以上，并检查下列各项：

（1）人员站位安全。

（2）带式输送机安全保护设施齐全有效，各部位运转声音正常，输送带无跑偏、打滑、跳动或刷边现象。

（3）输送带松紧合适，控制按钮、信号、通信等设施是否灵敏可靠，试运转监听情况是否正常。

3）手指口述内容

安全确认（班前、班后）

第一步：巷道支护完好。确认完毕！

第二步：输送带架下无淤煤。确认完毕！

第三步：启动按钮和闭锁装置灵敏可靠。确认完毕！

第四步：减速器、电机声音无异常，温度正常，无渗油漏油。确认完毕！

第五步：各滚筒声音无异常，温度正常。确认完毕！

第六步：机架连接牢固可靠。确认完毕！

第七步：机头喷雾装置完好。确认完毕！

第八步：各种保护装置灵敏可靠。确认完毕！

第九步：清扫器的磨损不超标，输送带无跑偏、摩擦异物等情况。确认完毕！

第十步：输送带 H 架、托辊齐全完好。确认完毕！

第十一步：输送带松紧适当，不打滑，输送带接头符合标准。确认完毕！

安全确认（班中）

开机前：

（手指）信号：（口述）信号灵敏可靠。

（手指）保护装置：（口述）保护装置齐全有效。

（手指）喷雾：（口述）喷雾装置完好。

（手指）操作按钮：（口述）操作按钮灵敏可靠。

（手指）急停装置：（口述）急停装置安全有效，收到开机信号，可以开机，确认完毕！

停机前：

（手指）带式输送机：（口述）带式输送机已开空。

（手指）信号：（口述）收到停机信号，可以停机，确认完毕！

3. 带式输送机完好标准

（1）电动机：运转声音正常，风扇、防护罩齐全无损，电机温升不超过 60 ℃，符合防爆要求。

（2）齿轮减速箱、联动齿轮箱及轴承：运转声音正常，油质符合要求，油量适当（大齿轮能带起油为准），箱体接合面，各轴端注放油堵不漏油，连续运转 6 h 油温不超过 75 ℃，齿轮磨损不超过原齿厚 20%，打牙不超过齿宽 10%；

轴承磨损：轴径为 25 ~ 80 mm 不超过 0. 2 mm；轴径为 80 ~ 120 mm 不超过 0. 3 mm；轴径为 120 ~ 180 mm 不超过 0. 4 mm。

（3）滚筒及上下托辊：齐全旋转无异响，密封，润滑良好。

（4）机头架：无严重变形，主副滚筒轴要求平行，其偏差不超过 5 mm，清扫装置作用良好。

（5）各部注油嘴：完整、畅通。

（6）输送带及接头：无撕裂，输送带卡排列均匀，紧固，输送带边缘破裂长度不超过输送带宽度的 5‰，中间破裂长度不超过 100 mm。

（7）伸缩部及拉紧装置：零部件齐全，动作灵活可靠。

（8）带式输送机自移式机尾：连接螺栓紧固，千斤顶动作可靠，不漏油。

（9）铺设与运行：输送带张紧力适当，上输送带跑偏不得超过上托辊边缘，下输送带不磨输送带架，保持机头，机尾环境卫生，两侧无煤块杂物堆积。

（10）各部位螺栓、销子：完整、齐全、紧固。

4. 带式输送机司机安全交接记录单

部门：　　　　班次：　　班　　　　年　　月　　日

序号	确认事项	是（√）否（×）	序号	确认事项	是（√）否（×）
1	巷道支护是否完好		7	机头喷雾装置是否完好	
2	输送带架下是否存在淤煤		8	各种保护装置是否灵敏可靠	
3	启动按钮和闭锁装置是否灵敏可靠		9	清扫器的磨损情况，输送带有无跑偏、摩擦异物等情况	
4	减速器、电机声音有无异常，温度是否正常，有无渗油漏油		10	输送带 H 架、托辊是否齐全完好	
5	各滚筒声音有无异常，温度是否正常		11	输送带的松紧情况是否适当，不得打滑，输送带接头是否符合标准	
6	机架连接是否牢固可靠				

（续）

交接班存在问题及处理				
本班状况	项目	确认内容	是（√）否（×）	说明
	工作情况	是否完成生产任务		
	环境情况	顶板、支护是否完好，巷道是否平整，是否有淤煤		
	设备运行情况	带式输送机运行是否正常		
	隐患处理情况	隐患是否处理完毕		
	遗留问题	是否存在遗留问题		
交班人				
确认人			接班人	
确认意见				

注：请在确认事项对应后画“√”、“×”。

3.8.12 水泵工岗位操作标准

1. 水泵工岗位作业标准

部门： 班组：

项目	作业程序	作业标准	安全要点
班前准备	通用程序	执行公司《班前礼仪标准》及《员工操作达标通用标准》的有关要求	
接班	1 进入工作地点 2 接班地点 3 明确责任区范围 4 互保、联保确认 5 询问 6 现场检查	1.1 准时进入工作面接班地点 2.1 在综采工作面水泵位置交接班 3.1 本岗位责任区的范围为排水区域内的排水设施、设备、巷道管理 4.1 明确互保、联保人员，作业中严格执行“四不伤害” 5.1 详细询问交班岗位人员前一班的工作情况、环境情况、设备运行情况和隐患处理情况及遗留问题 6.1 查看有关工作日志 6.2 使用的工具、配件和劳保用品的检查 6.2.1 是否齐全、完好 6.2.2 佩戴是否正确 6.3 在交班岗位人员陪同下进行设施和环境检查 6.3.1 环境重点检查 1. 顶板是否完好 2. 巷道支护是否完好 3. 排水点周围是否存在杂物或淤煤堆积	

（续）

项目	作业程序	作业标准	安全要点
接班	7　问题的处理 8　履行交班手续 9　试运转 10　手指口述	6.3.2　设施重点检查 1. 水泵是否完好 2. 确认水泵开关正反转方向 3. 水泵远控按钮是否灵敏可靠 4. 排水管路有无破损 7.1　对前一班处理了的问题进行检查，并认真处理接班查出的问题 7.2　在工作日志中详细写明交接班遗漏问题及处理结果 8.1　履行接班手续，准备上岗作业 9.1　合上电源开关，操作启动按钮，启动水泵 9.2　开机后，立即观察潜水泵转动及进排水口情况，发现异常立即停机处理 10.1　执行公司《“手指口述”实施细则》中相关岗位要求	
作业	1　作业要求 2　岗位隐患排查 3　记录	1.1　执行公司《安全技术操作规程汇编》中相关岗位要求 2.1　进行岗位隐患排查，对排查出的隐患及时处理，处理不了的及时报告当班跟班队长或班组长 3.1　填写必要的岗位记录	
交班	1　交班前的准备与自查 2　汇报 3　接受、协助检查 4　问题处理 5　交班 6　下班	1.1　原则上，不可将问题遗留给下一班 1.2　交班前的准备与自查 1. 停止排水或检修时必须关掉水泵电源开关并闭锁 2. 水泵工必须经常清理水仓淤泥，防止水泵淤泥堵塞 3. 预留一定时间对责任区卫生进行打扫 4. 将检查发现的问题及本班设备运行情况、出现故障、处理措施、过程及遗留问题认真记录在工作日志中 2.1　向接班人汇报工作情况、环境情况、设备运行情况和隐患处理情况及遗漏问题 3.1　接受、协助接班人现场检查 4.1　发现问题立即协同处理 4.2　对遗留问题，落实责任向上汇报 5.1　交班时间原则上控制在 20 min 左右 5.2　交班条件：负责排水点处的抽水工作，保证水泵、开关的完好，及时清理排水点淤煤杂物，维持排水点前后 50 m 范围内的巷道文明卫生和设备设施齐全完好，做好所用工器具的管理维护 5.3　履行交班手续 6.1　执行《员工操作达标通用标准》 6.2　上井汇报，填写记录	

2. 水泵工“手指口述”

1）岗位描述

我叫×××（姓名），是综采队水泵工，坚决做到持证上岗，遵章作业。是否进行岗位描述？请指示！

该工作面使用的水泵型号为 BQW70－40－13 kW，电机功率为 13 kW，排量为××m^3/h，扬程为

××m。主要为×××工作面排水服务。

我的岗位职责是：熟练掌握水泵性能及操作规程，确保当班水泵正常运转。正确使用安全防护用品，认真执行操作规程和安全措施，听从领导指挥，保质保量完成当班任务。

2）工艺流程

（1）工具齐全，检查周围环境，查看作业范围内的支护是否完好、设备运转是否正常。

（2）发现问题需要处理时，必须把开关手把打到停位、闭锁，挂好“有人工作，禁止送电”的停电牌后，两人协同处理，确保安全。

3）手指口述内容

安全确认（班前、班中、班后）

第一步：顶板完好。确认完毕！

第二步：巷道支护完好。确认完毕！

第三步：排水点周围不存在杂物或淤煤堆积。确认完毕！

第四步：水泵远控按钮灵敏可靠。确认完毕！

第五步：确认水泵开关正反转方向。确认完毕！

第六步：水泵完好。确认完毕！

第七步：排水管路无破损。确认完毕！

3. 水泵完好标准

（1）螺栓、圈垫、护罩齐全、完整、紧固。

（2）泵体与管路：

①泵体无裂痕、不漏水、防腐良好。

②吸水管径不小于泵吸水口径。

③盘根滴水不成线。

（3）逆止阀、闸阀：

①齐全、完整、不漏水。

②闸门操作灵活。

（4）轴承：

①转动灵活，油质合格、不漏油。

②滚动轴承温度分别不超过 75 ℃、滑动轴承温度不超过 65 ℃。

（5）电气：

①启动设备齐全可靠。

②接地装置合格。

4. 水泵工安全确认单

部门：　　　　班次：　班　　　　年　月　日

序号	确认事项	是（√）否（×）	序号	确认事项	是（√）否（×）
1	顶板是否完好		5	确认水泵开关正反转方向	
2	巷道支护是否完好		6	水泵是否完好	
3	排水点周围是否存在杂物或淤煤堆积		7	排水管路有无破损	
4	水泵远控按钮是否灵敏可靠				
交接班存在问题及处理					

（续）

	项目	确认内容	是（√） 否（×）	说明
本班状况	工作情况	是否完成生产任务		
	环境情况	巷道支护是否完好		
	设备运行情况	水泵运转是否正常		
	隐患处理情况	隐患是否处理完毕		
	遗留问题	是否存在遗留问题		
下班人				
确认人			验收员	
确认意见				

注：请在确认事项对应后画“√”、“×”。

3.8.13　搬运工岗位操作标准

1. 搬运工岗位作业标准

部门：　　　　　　　　　　　　　　　　　班组：

项目	作业程序	作业标准	安全要点
班前准备	通用程序	执行公司《班前礼仪标准》及《员工操作达标通用标准》的有关要求	
上岗	1　进入工作地点 2　上岗地点 3　明确责任区范围 4　互保、联保确认 5　现场检查	1.1　准时进入工作面上岗地点 2.1　在综采工作面装卸料位置 3.1　本岗位责任区的范围为综采工作面装卸料前后 50 m 范围 4.1　明确互保、联保人员，作业中严格执行“四不伤害” 5.1　查看有关工作日志 5.2　使用的工具、配件和劳保用品的检查 5.2.1　是否齐全、完好 5.2.2　佩戴是否正确 5.3　进行设施和环境检查 5.3.1　环境重点检查 1. 顶板是否完好 2. 巷道支护是否完好 3. 作业地点巷道坡度是否符合作业要求 4. 材料堆放处有无杂物 5.3.2　设施重点检查 1. 阻车装置是否安设到位 2. 刹车装置是否完好	
	6　问题的处理 7　手指口述	6.1　认真处理查出的问题 7.1　执行公司《“手指口述”实施细则》中相关岗位要求	

（续）

项目	作业程序	作业标准	安全要点
作业	1　作业要求 2　岗位隐患排查 3　记录	1.1　执行公司《安全技术操作规程汇编》中相关岗位要求 2.1　进行岗位隐患排查，对排查出的隐患及时处理，处理不了的及时报告当班跟班队长或班组长 3.1　填写必要的岗位记录	
下班	1　下班前的准备与自查 2　汇报 3　问题处理 4　下班	1.1　收工前将卸空的材料车、矿车推到不阻塞其他车辆的运行及影响行人与通风的指定地点 1.2　检查、清点储料场的存料品种、规格、数量，向下班搬运工或队组值班人员汇报 1.3　预留一定时间对责任区卫生进行打扫 1.4　将检查发现的问题及本班遗留问题认真记录在工作日志中 2.1　对遗留问题，落实责任向上汇报 3.1　下班条件确保运输线路内的所有“一坡三挡”装置、道轨、绞车牌板、物料堆放及其对应牌板吊挂、物料堆放点卫生齐全完好、干净整洁 4.1　执行《员工操作达标通用标准》 4.2　上井汇报，填写记录	

2. 搬运工“手指口述”

1）岗位描述

我叫×××（姓名），是××队搬运工，坚决做到持证上岗，遵章作业。是否进行岗位描述？请指示！

我公司使用的运输车辆有矿车、材料车、平板车。运输顺序：检查运输路线，检查车辆状况、装料、运输、卸料。

我的岗位职责是：熟悉巷道的坡度、道岔、拐弯、沿途设施及矿车至两帮的安全间隙，正确使用连接装置，确保行车安全。正确使用安全防护用品，认真执行操作规程和安全措施，听从领导指挥，保质保量完成当班任务。

2）手指口述内容

安全确认（班前、班后）

第一步：顶板完好。确认完毕！

第二步：巷道支护完好。确认完毕！

第三步：作业地点巷道坡度符合作业要求。确认完毕！

第四步：材料堆放处无杂物。确认完毕！

第五步：阻车装置安设到位。确认完毕！

第六步：封车装置完好。确认完毕！

安全确认（班中）

运料后：

（手指）停车地点：（口述）路况良好，停车点无行人及障碍物。

（手指）阻车装置：（口述）挡车装置已安设好。

（手指）材料：（口述）码放整齐、平稳，安全间距符合要求，确认完毕！

3. 搬运工安全确认单

部门： 班次： 班 年 月 日

序号	确认事项	是（√） 否（×）	序号	确认事项	是（√） 否（×）
1	顶板是否完好		4	材料堆放处有无杂物	
2	巷道支护是否完好		5	阻车装置是否安设到位	
3	作业地点巷道坡度是否符合作业要求		6	封车装置是否完好	

交接班存在问题及处理				
本班状况	项目	确认内容	是（√） 否（×）	说明
	工作情况	是否完成生产任务		
	环境情况	巷道支护是否完好		
	隐患处理情况	隐患是否处理完毕		
	遗留问题	是否存在遗留问题		
下班人				
确认人			验收员	
确认意见				

注：请在确认事项对应后画"√"、"×"。

3.8.14 清煤工岗位操作标准

1. 清煤工岗位作业标准

部门： 班组：

项目	作业程序	作业标准	安全要点
班前准备	通用程序	执行公司《班前礼仪标准》及《员工操作达标通用标准》的有关要求	
接班	1 进入工作地点 2 接班地点 3 明确责任区范围 4 互保、联保确认 5 询问 6 现场检查	1.1 准时进入工作面接班地点 2.1 在综采工作面位置交接班 3.1 本岗位责任区的范围为：××—××号支架浮煤，电缆槽内煤，回煤水管及工作面配套水泵 4.1 明确互保、联保人员，作业中严格执行"四不伤害" 5.1 详细询问交班岗位人员前一班的工作情况、环境情况和隐患处理情况及遗留问题 6.1 查看有关工作日志 6.2 使用的工具、配件和劳保用品的检查 6.2.1 是否齐全、完好 6.2.2 佩戴是否正确 6.3 在交班岗位人员陪同下进行设施和环境检查	

（续）

项目	作业程序	作业标准	安全要点
接班	 7 问题的处理 8 履行交班手续 9 手指口述	6.3.1 环境重点检查 1. 煤壁有无片帮 2. 顶板有无漏顶 3. 支架护帮板是否支护到位 4. 支架前的浮煤是否清理干净 5. 电缆槽内浮煤、炭块是否清理干净 6.3.2 设施重点检查 1. 工作面回煤水管是否完好 2. 工作面水泵是否完好 7.1 对前一班处理了的问题进行检查，并认真处理接班查出的问题 7.2 在工作日志中详细写明交接班遗漏问题及处理结果 8.1 履行接班手续，准备上岗作业 9.1 执行公司《“手指口述”实施细则》中相关岗位要求	
作业	1 作业要求 2 岗位隐患排查 3 记录	1.1 执行公司《安全技术操作规程汇编》中相关岗位要求 2.1 进行岗位隐患排查，对排查出的隐患及时处理，处理不了的及时报告当班跟班队长或班组长 3.1 填写必要的岗位记录	
交班	1 交班前的准备与自查 2 汇报 3 接受、协助检查 4 问题处理 5 交班 6 下班	1.1 原则上，不可将问题遗留给下一班 1.2 交班前的准备与自查： 1. 清理责任范围内浮煤，保证支架正常拉架 2. 维护使用好回煤水管和工作面电工交接好水泵 3. 及时清理电缆槽内浮煤、炭块，保证电缆正常移动 4. 预留一定时间对责任区卫生进行打扫； 5. 将检查发现的问题及本班遗留问题认真记录在工作日志中 2.1 向接班人汇报工作情况、环境情况和隐患处理情况及遗漏问题 3.1 接受、协助接班人现场检查 4.1 发现问题立即协同处理 4.2 对遗留问题，落实责任向上汇报 5.1 交班时间原则上控制在 20 min 左右 5.2 交班条件：确保包段范围内的设备设施完好及文明生产达标 5.3 履行交班手续 6.1 执行《员工操作达标通用标准》 6.2 上井汇报，填写记录	

2. 清煤工“手指口述”

1）岗位描述

我叫×××（姓名），是综采队清煤工，坚决做到持证上岗，遵章作业。是否进行岗位描述？请指示！

我的岗位职责是：负责清理工作面浮煤，确保支架正常移架，正确使用安全防护用品，认真执行操作规程和安全措施，听从领导指挥，保质保量完成当班任务。

2）工艺流程

清煤前：

（1）检查工作区域内环境、顶板煤墙支护完好情况。

（2）确认人员站位安全，前后 10 m 范围内无采煤机和支架动作。

3）手指口述内容

安全确认（班前、班中、班后）

第一步：煤壁无片帮。确认完毕！

第二步：顶板无漏顶。确认完毕！

第三步：支架护帮板支护到位。确认完毕！

第四步：支架前的浮煤清理干净。确认完毕！

第五步：电缆槽内浮煤、炭块清理干净。确认完毕！

第六步：工作面回煤水管完好。确认完毕！

第七步：工作面水泵完好。确认完毕！

3. 清煤工安全确认单

部门： 班次： 班 年 月 日

<table>
<tr><td>序号</td><td colspan="2">确认事项</td><td>是（√）
否（×）</td><td>序号</td><td>确认事项</td><td>是（√）
否（×）</td></tr>
<tr><td>1</td><td colspan="2">煤壁有无片帮</td><td></td><td>5</td><td>电缆槽内浮煤、炭块是否清理干净</td><td></td></tr>
<tr><td>2</td><td colspan="2">顶板有无漏顶</td><td></td><td>6</td><td>工作面回煤水管是否完好</td><td></td></tr>
<tr><td>3</td><td colspan="2">支架护帮板是否支护到位</td><td></td><td>7</td><td>工作面水泵是否完好</td><td></td></tr>
<tr><td>4</td><td colspan="2">支架前的浮煤是否清理干净</td><td></td><td></td><td></td><td></td></tr>
<tr><td colspan="2">交接班存在问题及处理</td><td colspan="5"></td></tr>
<tr><td rowspan="5">本班状况</td><td>项目</td><td colspan="2">确认内容</td><td>是（√）
否（×）</td><td colspan="2">说明</td></tr>
<tr><td>工作情况</td><td colspan="2">是否完成生产任务</td><td></td><td colspan="2"></td></tr>
<tr><td>环境情况</td><td colspan="2">巷道支护是否完好</td><td></td><td colspan="2"></td></tr>
<tr><td>隐患处理情况</td><td colspan="2">隐患是否处理完毕</td><td></td><td colspan="2"></td></tr>
<tr><td>遗留问题</td><td colspan="2">是否存在遗留问题</td><td></td><td colspan="2"></td></tr>
<tr><td colspan="2">下班人</td><td colspan="2"></td><td></td><td colspan="2"></td></tr>
<tr><td colspan="2">确认人</td><td colspan="3"></td><td>验收员</td><td></td></tr>
<tr><td colspan="2">确认意见</td><td colspan="5"></td></tr>
</table>

注：请在确认事项对应后画“√”、“×”。

3.8.15 轨道工岗位操作标准

1. 轨道工岗位作业标准

部门：　　　　　　　　　　　　　　　　　　　　班组：

项目	作业程序	作业标准	安全要点
班前准备	通用程序	执行公司《班前礼仪标准》及《员工操作达标通用标准》的有关要求	
接班	1　进入工作地点	1.1　准时进入工作面接班地点	
	2　接班地点	2.1　在综采工作面钉道处位置交接班	
	3　明确责任区范围	3.1　本岗位责任区的范围为综采工作面所钉道区域	
	4　互保、联保确认	4.1　明确互保、联保人员，作业中严格执行“四不伤害”	
	5　询问	5.1　详细询问交班岗位人员前一班的工作情况、环境情况和隐患处理情况及遗留问题	
	6　现场检查	6.1　查看有关工作日志 6.2　使用的工具、配件和劳保用品的检查 6.2.1　是否齐全、完好 6.2.2　佩戴是否正确 6.3　在交班岗位人员陪同下进行设施和环境检查 6.3.1　环境重点检查 1. 顶板是否完好 2. 巷道支护是否完好 3. 钉道处有无杂物 6.3.2　设施重点检查 1. 工具、材料是否准备齐全 2. 上班所钉道轨与道木是否符合要求 3. 电缆管路是否悬挂整齐	
	7　问题的处理	7.1　对前一班处理了的问题进行检查，并认真处理接班查出的问题 7.2　在工作日志中详细写明交接班遗漏问题及处理结果	
	8　履行交班手续	8.1　履行接班手续，准备上岗作业	
	9　手指口述	9.1　执行公司《“手指口述”实施细则》中相关岗位要求	
作业	1　作业要求	1.1　执行公司《安全技术操作规程汇编》中相关岗位要求	
	2　岗位隐患排查	2.1　进行岗位隐患排查，对排查出的隐患及时处理，处理不了的及时报告当班跟班队长或班组长	
	3　记录	3.1　填写必要的岗位记录	
交班	1　交班前的准备与自查	1.1　原则上，不可将问题遗留给下一班 1.2　交班前的准备与自查 1. 作业结束后，班长全面检查施工范围内的轨道铺设或维修质量，必须达到质量标准的规定 2. 预留一定时间对责任区卫生进行打扫 3. 将检查发现的问题及本班遗留问题认真记录在工作日志中	
	2　汇报	2.1　向接班人汇报工作情况、环境情况和隐患处理情况及遗漏问题	
	3　接受、协助检查	3.1　接受、协助接班人现场检查	
	4　问题处理	4.1　发现问题立即协同处理 4.2　对遗留问题，落实责任向上汇报	
	5　交班	5.1　交班时间原则上控制在20 min左右 5.2　交班条件场地清理干净，撤出警戒人员，必要时汇报调度室 5.3　履行交班手续	
	6　下班	6.1　执行《员工操作达标通用标准》 6.2　上井汇报，填写记录	

2. 轨道工“手指口述”

1）岗位描述

我叫×××（姓名），是综采队轨道工，坚决做到持证上岗，遵章作业。是否进行岗位描述？请指示！

我的岗位职责是：负责综采队直辖范围内所有轨道大的铺设及维护工作，确保轨道运输安全，正确使用安全防护用品，认真执行操作规程和安全措施，听从领导指挥，保质保量完成当班任务。

2）工艺流程

作业前：

（1）检查工作区域内环境、顶板煤墙支护完好情况。

（2）确认轨道铺设及修复质量是否符合运输作业要求。

3）手指口述内容

安全确认（班前、班中、班后）

第一步：顶板完好。确认完毕！

第二步：巷道支护完好。确认完毕！

第三步：钉道处无杂物。确认完毕！

第四步：工具、材料准备齐全。确认完毕！

第五步：上班所钉道轨与道木符合要求。确认完毕！

第六步：电缆管路悬挂整齐。确认完毕！

3. 轨道工安全确认单

部门：　　　　　　　　　　班次：　　班　　　　　　　　　年　　月　　日

<table>
<tr><th>序号</th><th>确认事项</th><th>是（√）
否（×）</th><th>序号</th><th>确认事项</th><th colspan="2">是（√）
否（×）</th></tr>
<tr><td>1</td><td>顶板是否完好</td><td></td><td>4</td><td>工具、材料是否准备齐全</td><td colspan="2"></td></tr>
<tr><td>2</td><td>巷道支护是否完好</td><td></td><td>5</td><td>上班所钉道轨与道木是否符合要求</td><td colspan="2"></td></tr>
<tr><td>3</td><td>钉道处有无杂物</td><td></td><td>6</td><td>电缆管路是否悬挂整齐</td><td colspan="2"></td></tr>
<tr><td colspan="2">交接班存在问题及处理</td><td colspan="5"></td></tr>
<tr><td rowspan="5">本班状况</td><td>项目</td><td colspan="2">确认内容</td><td>是（√）
否（×）</td><td colspan="2">说明</td></tr>
<tr><td>工作情况</td><td colspan="2">是否完成生产任务</td><td></td><td colspan="2"></td></tr>
<tr><td>环境情况</td><td colspan="2">巷道支护是否完好</td><td></td><td colspan="2"></td></tr>
<tr><td>隐患处理情况</td><td colspan="2">隐患是否处理完毕</td><td></td><td colspan="2"></td></tr>
<tr><td>遗留问题</td><td colspan="2">是否存在遗留问题</td><td></td><td colspan="2"></td></tr>
<tr><td colspan="2">下班人</td><td colspan="2"></td><td></td><td colspan="2"></td></tr>
<tr><td colspan="2">确认人</td><td colspan="3"></td><td>验收员</td><td></td></tr>
<tr><td colspan="2">确认意见</td><td colspan="5"></td></tr>
</table>

注：请在确认事项对应后面画“√”、“×”。

3.8.16 巷道维护工岗位操作标准

1. 巷道维护工岗位作业标准

部门： 班组：

项目	作业程序	作业标准	安全要点
班前准备	通用程序	执行公司《班前礼仪标准》及《员工操作达标通用标准》的有关要求	
上班	1 进入工作地点 2 上岗地点 3 明确责任区范围 4 互保、联保确认 5 现场检查 6 问题的处理 7 手指口述	1.1 准时进入工作面上班地点 2.1 在综采工作面巷道维护位置 3.1 本岗位责任区的范围为综采工作面巷道维护处前后50 m 4.1 明确互保、联保人员，作业中严格执行“四不伤害” 5.1 查看有关工作日志 5.2 使用的工具、配件和劳保用品的检查 5.2.1 是否齐全、完好 5.2.2 佩戴是否正确 5.3 进行设施和环境检查 5.3.1 环境重点检查 1. 巷道顶板有无下沉 2. 巷道煤墙有无侧压 3. 巷道有无发生底鼓 4. 顶板、煤墙有无断锚索、断锚杆等现象 5. 支护棚有无倾倒、错口、腿梁变形等 以上现象发生，修巷工都必须及时处理 5.3.2 设施重点检查 1. 当班所用铁锹、洋镐、风镐等工具是否齐全完好 2. 锚索、锚杆等支护材料是否准备齐全 3. 锚索钻机及配套设备是否完好 6.1 认真处理查出的问题 7.1 执行公司《“手指口述”实施细则》中相关岗位要求	
作业	1 作业要求 2 岗位隐患排查 3 记录	1.1 执行公司《安全技术操作规程汇编》中相关岗位要求 2.1 进行岗位隐患排查，对排查出的隐患及时处理，处理不了的及时报告当班跟班队长或班组长 3.1 填写必要的岗位记录	
交班	1 下班前的准备与自查 2 汇报 3 接受、协助检查	1.1 原则上，不遗留问题 1.2 下班前的准备与自查 1. 工作完毕后，把施工地点的煤、矸清理干净，各种物料存放或外运到指定地点 2. 各种管线吊挂整齐，设备按完好标准要求移设好 3. 预留一定时间对责任区卫生进行打扫 4. 将检查发现的问题及本班遗留问题认真记录在工作日志中 2.1 向班组长汇报工作情况、环境情况和隐患处理情况及遗漏问题 3.1 接受、协助验收员现场检查	

（续）

项目	作业程序	作业标准	安全要点
交班	4 问题处理 5 下班	4.1 发现问题立即协同处理 4.2 对遗留问题，落实责任向上汇报 4.3 下班条件清理好作业地点前后 50 m 范围内的文明卫生 5.1 执行《员工操作达标通用标准》 5.2 上井汇报，填写记录	

2. 巷道维护工安全确认单

部门： 班次： 班 年 月 日

序号	确认事项	是（√）否（×）	序号	确认事项	是（√）否（×）
1	巷道顶板有无下沉		5	支护棚有无倾倒、错口、腿梁变形等	
2	巷道煤墙有无侧压		6	当班所用铁锹、洋镐、风镐等工具是否齐全完好	
3	巷道有无发生底鼓		7	锚索、锚杆等支护材料是否准备齐全	
4	顶板、煤墙有无断锚索、断锚杆等现象		8	锚索钻机及配套设备是否完好	

<table>
<tr><td colspan="2">交接班存在问题及处理</td><td colspan="4"></td></tr>
<tr><td rowspan="5">本班状况</td><td>项目</td><td>确认内容</td><td>是（√）否（×）</td><td colspan="2">说明</td></tr>
<tr><td>工作情况</td><td>是否完成生产任务</td><td></td><td colspan="2"></td></tr>
<tr><td>环境情况</td><td>巷道支护是否完好</td><td></td><td colspan="2"></td></tr>
<tr><td>隐患处理情况</td><td>隐患是否处理完毕</td><td></td><td colspan="2"></td></tr>
<tr><td>遗留问题</td><td>是否存在遗留问题</td><td></td><td colspan="2"></td></tr>
<tr><td colspan="2">下班人</td><td></td><td></td><td colspan="2"></td></tr>
<tr><td colspan="2">确认人</td><td colspan="2"></td><td>验收员</td><td></td></tr>
<tr><td colspan="2">确认意见</td><td colspan="4"></td></tr>
</table>

注：请在确认事项对应后画“√”、“×”。

3.9 掘进专业岗位操作标准

3.9.1 井下电钳工岗位操作标准

3.9.1.1 维修电工岗位操作标准

1. 维修电工岗位作业标准

部门： 班组：

项目	作业程序	作业标准	安全要点
班前准备	通用程序	执行公司《班前礼仪标准》及《员工操作达标通用标准》的有关要求	
接班	1 进入工作地点 2 接班地点 3 明确责任区范围 4 互保、联保确认 5 询问 6 现场检查和试运转 7 问题的处理 8 履行交班手续 9 手指口述	1.1 准时进入接班地点 2.1 在作业地点交接班 3.1 本岗位责任区的范围为辖区范围内电气设备的维护及文明卫生 4.1 明确互保、联保人员，作业中严格执行“四不伤害” 5.1 详细询问岗位交班人员前一班的顶板、瓦斯、机电设备运行情况、隐患处理及遗留问题 6.1 使用的工具、配件和劳保用品的检查 6.1.1 是否齐全、完好 6.1.2 佩戴是否正确 6.2 在岗位交班人员陪同下进行环境和设施检查 6.2.1 环境重点检查 1. 工作地点支护是否齐全有效，有无片帮、冒顶 2. 瓦斯、一氧化碳浓度是否超限 3. 周围环境是否干净整洁 4. 退路是否畅通，人员站位是否安全 6.2.2 设施重点检查及试运转 1. 各种保护装置是否齐全完好，防隔爆性能是否完好 2. 接线是否规范，操作和控制系统是否齐全完好，灵敏可靠 3. 设备内外是否整洁，润滑是否符合要求 4. 紧固用的螺栓等配件是否规格一致，有无锈蚀 7.1 认真处理接班检查出的问题 8.1 履行接班手续，准备上岗作业 9.1 执行公司《“手指口述”实施细则》中相关岗位要求	
作业	1 作业要求 2 岗位隐患排查	1.1 执行公司《安全技术操作规程汇编》中相关岗位要求 1.2 预留一定时间打扫责任区卫生 2.1 进行岗位隐患排查，对排查出的隐患及时处理，处理不了的及时报告班组长或跟班队长	
交班	1 交班前的准备与自查 2 汇报 3 接受、协助检查 4 问题处理	1.1 原则上，不可将问题遗留给下一班 1.2 各种保护及信号装置齐全完好，动作可靠 1.3 接线规范，电缆吊挂整齐，电气设备完好 1.4 打扫责任区卫生，保持干净整洁 1.5 将检查发现的问题及本班设备运行情况、出现故障、处理措施、过程及遗留问题认真记录在工作日志中 2.1 向接班人汇报本班工作情况、顶板、瓦斯及周围环境状况、隐患处理及遗留问题 3.1 接受、协助接班人现场检查 4.1 发现问题立即协同处理 4.2 对遗留问题，落实责任向上汇报	

（续）

项目	作业程序	作业标准	安全要点
交班	5 交班	5.1 交班时间原则上控制在 20 min 左右 5.2 交班条件：电气设备完好、运转正常，环境卫生符合要求 5.3 履行交班手续	
	6 下班	6.1 执行《员工操作达标通用标准》 6.2 上井汇报，填写记录	

2. 维修电工手指口述

1）岗位描述（敬礼）

我叫×××（姓名），是××队电气维修（维护）工，坚决做到持证上岗，遵章作业。是否进行岗位描述？请指示！

我的岗位职责是：熟悉掌握电气设备的结构、性能、工作原理，检修并保养好电气设备，保证正常运转；正确使用安全防护用品，及时排查处理隐患，认真执行操作规程和安全措施，听从领导指挥，保质保量完成当班任务。

2）工艺流程

（1）进入工作地点，向交班人员详细询问电气设备运转情况。

（2）对各电气设备的完好状况，保护装置、信号、接地装置，进行认真检查。

（3）停机、停电闭锁开关，挂好“有人工作、禁止送电”标志牌，准备检修。

（4）严格执行停送电制度，坚持谁停谁送。

3）手指口述内容

安全确认（班前、班后）

第一步：工作地点支护齐全有效，无片帮、冒顶。确认完毕！

第二步：瓦斯、一氧化碳浓度不超限。确认完毕！

第三步：周围环境干净整洁。确认完毕！

第四步：退路畅通，人员站位安全。确认完毕！

第五步：各种保护装置齐全完好，防隔爆性能完好。确认完毕！

第六步：接线规范，操作和控制系统齐全完好，灵敏可靠。确认完毕！

第七步：设备内外整洁，润滑符合要求。确认完毕！

第八步：紧固用的螺栓等配件规格一致，无锈蚀。确认完毕！

安全确认（班中）

检修前：

（手指）周围环境：（口述）顶板、煤墙支护完好。

（手指）便携式瓦检仪：（口述）瓦斯浓度符合规定。

（手指）接地保护：（口述）接地装置完好。

（手指）工具箱：（口述）工具准备齐全。

（手指）电气设备开关：（口述）开关停电闭锁、挂牌、上锁。

（手指）接线腔：（口述）验放电完毕，可以检修，确认完毕。

检修后：

（手指）检修设备：（口述）检修完毕。

（手指）作业现场：（口述）配件、材料、工具清点完毕，现场文明卫生搞好，可以试运转，确认完毕。

3. 井下防爆电器设备完好标准

1）电缆

（1）电缆无严重的护套损伤现象，悬挂整齐、不交叉、不落地，电缆上未悬挂任何物件。

（2）动力电缆和控制电缆应有标志牌，牌底颜色和字迹清楚整齐，标明来源、去向、长度、截面积和型号。

（3）电缆接线盒零部件齐全完整，无锈蚀，密封良好。

（4）电缆上部无淋水（有淋水处需采取防护措施）。

2）防爆电气设备外观检查

（1）外壳无变形、无开焊、无锈蚀、开关底座、无严重变形。

（2）操作手柄位置正确，动作灵敏可靠，与操作轴连接牢固。

（3）磁力起动器的按钮与手柄壳盖的闭锁正常可靠。

（4）接地螺栓、接地线完整齐全。

（5）隔爆性能符合隔爆标准，接线规范，符合要求。

3）导线、带电螺栓、保护装置

（1）导线绝缘无破损老化，绝缘性能良好，绝缘电阻：1140 V 不低于 5 MΩ；660 V 不低于 2 MΩ。

（2）配线整齐、清楚，开关内部导线无接头。

（3）开关腔内的接线柱封堵规范。

4）保护装置

配件齐全完好，动作灵敏可靠。

4. 维修电工安全确认单

部门：　　班次：　班　　年　月　日

序号	确认事项	是（√）否（×）	序号	确认事项	是（√）否（×）
1	工作地点支护是否齐全有效，有无片帮、冒顶		5	各种保护装置是否齐全完好，防隔爆性能是否完好	
2	瓦斯、一氧化碳浓度是否超限		6	接线是否规范，操作和控制系统是否齐全、灵敏可靠	
3	周围环境干净是否整洁		7	设备内外是否整洁，润滑是否符合要求	
4	退路是否畅通，人员站位是否安全		8	紧固用的螺栓等配件规格是否一致，有无锈蚀	
交接班存在问题及处理					

（续）

	项目		确认内容	是（√）否（×）	说明
本班状况	工作情况		是否完成当班检修任务		
	环境情况	顶板、煤墙	顶板、煤墙是否完好		
		瓦斯情况	瓦斯是否超限		
	设备运行情况		设备运行是否正常		
	隐患处理情况		隐患是否处理完毕		
	遗留问题		是否存在遗留问题		
电工					
确认人					
确认意见					

3.9.1.2　维修钳工（综掘机维修工）岗位操作标准

1. 综掘机维修工岗位作业标准

部门：　　　　　　　　　　　　　　　　班组：

项目	作业程序	作业标准	安全要点
班前准备	通用程序	执行公司《班前礼仪标准》及《员工操作达标通用标准》的有关要求	
接班	1　进入工作地点 2　接班地点 3　明确责任区范围 4　互保、联保确认 5　询问 6　现场检查和试运转	1.1　准时进入接班地点 2.1　在综掘机处交接班 3.1　本岗位责任区的范围为综掘机、转载输送机 4.1　明确互保、联保人员，作业中严格执行“四不伤害” 5.1　详细询问交班岗位人员前一班的进尺情况、顶板、瓦斯、综掘机运行情况和隐患处理情况及遗留问题 6.1　使用工具、配件和劳保用品的检查 6.1.1　是否齐全、完好 6.1.2　佩戴是否正确 6.2　在岗位交班人员陪同下进行环境和设施检查 6.2.1　环境重点检查 1. 掘进工作面风筒是否符合要求，瓦斯、一氧化碳浓度是否超限 2. 掘进工作面支护是否齐全有效，有无片帮、冒顶现象 3. 掘进距离是否符合探放水允许规定 4. 综掘机及周围是否干净整洁 5. 退路是否畅通，人员站位是否安全 6.2.2　设施重点检查 1. 履带块有无破损及短缺，连接销是否齐全完好 2. 截齿有无短缺，操作台是否完好	

（续）

项目	作业程序	作业标准	安全要点
接班		3. 综掘机电缆是否按规定进行吊挂 4. 机载灭火器是否完好有效 5. 急停、闭锁、各种保护及报警信号是否齐全有效 6. 冷却、喷雾系统及液压系统运行是否正常 7. 照明系统是否完好 8. 一、二运转载系统运行是否正常 9. 综掘机运行是否平稳，声音、温度是否正常	
	7 问题的处理	7.1 认真处理接班查出的问题	
	8 履行交班手续	8.1 履行接班手续，准备上岗作业	
	9 手指口述	9.1 执行公司《“手指口述”实施细则》中相关岗位要求	
作业	1 作业要求	1.1 执行公司《安全技术操作规程汇编》中相关岗位要求 1.2 预留一定时间对责任区卫生进行打扫	
	2 岗位隐患排查	2.1 进行岗位隐患排查，对排查出的隐患及时处理，处理不了的及时报告班组长或跟班队长	
交班	1 交班前的准备与自查	1.1 原则上，不可将问题遗留给下一班 1.2 掘进工作面风筒符合标准要求，瓦斯、一氧化碳浓度不超限 1.3 掘进工作面支护齐全有效，无片帮、冒顶现象 1.4 综掘机及周围干净整洁、无障碍物，人员站位安全 1.5 综掘机各部件齐全完好，液位在规定范围内 1.6 运行平稳，声音、温度正常，无渗漏现象 1.7 综掘机后退5 m，截割头落地，停机，开关闭锁 1.8 清理综掘机机身上的浮煤、杂物，打扫责任区卫生 1.9 将检查发现的问题及本班设备运行情况、出现故障、处理措施、过程及遗留问题认真记录在工作日志中	
	2 汇报	2.1 向接班人汇报综掘机维修及运行情况、出现故障、处理措施、过程及注意事项	
	3 接受、协助检查	3.1 接受、协助接班人现场检查	
	4 问题处理	4.1 发现问题立即协同处理 4.2 对遗留问题，落实责任向上汇报	
	5 交班	5.1 交班时间原则上控制在20 min左右 5.2 交班条件：设备设施齐全完好，环境卫生符合要求 5.3 履行交班手续	
	6 下班	6.1 执行《员工操作达标通用标准》 6.2 上井汇报，填写记录	

2. 综掘机维修工“手指口述”

1）岗位描述

我叫×××（姓名），是综掘×队综掘机维修工，坚决做到持证上岗，遵章作业。是否进行岗位描述？请指示！

我队使用的是淮南（佳木斯）煤矿机械有限公司生产的EBZ－260（200）（160）（135）型悬臂

式综掘机；截割电机功率 260（200）（160）（135）kW，油泵电机功率 110（200）（90）（75）kW，主要部件是：截割部、装载部、主体部、行走部、机电系统、液压系统等。

我的岗位职责是：熟悉并掌握综掘机的结构、性能、工作原理，检修并保养好综掘机，保证其正常运行。并且正确使用安全防护用品，认真执行操作规程和安全措施，听从领导指挥，保质保量完成当班任务。

2）工艺流程

（1）现场交接班时，详细询问上一班机组工作状况。

（2）检修前认真检查综掘机周围的顶板、支护、迎头、通风、瓦斯情况，确保工作区域安全。

（3）检修时，将综掘机退出工作面 5 m，迎头用护网围住，把切割头落地，并断开综掘机上的电源开关和磁力启动器的隔离开关；严禁其他人员在截割臂和转载架下方停留或作业。

（4）试机前必须发出信号，确定人员、设备安全，无危险后方可启动。

3）手指口述内容

安全确认（班前、班后）

第一步：掘进工作面风筒是否符合要求，瓦斯、一氧化碳浓度是否超限。确认完毕！

第二步：掘进工作面支护是否齐全有效，有无片帮、冒顶现象。确认完毕！

第三步：掘进距离是否符合探放水允许规定。确认完毕！

第四步：综掘机及周围是否干净整洁。确认完毕！

第五步：退路是否畅通，人员站位是否安全。确认完毕！

第六步：履带块有无破损及短缺，连接销是否齐全完好。确认完毕！

第七步：截齿有无短缺，操作台是否完好。确认完毕！

第八步：综掘机电缆是否按规定进行吊挂。确认完毕！

第九步：机载灭火器是否完好有效。确认完毕！

第十步：急停、闭锁、各种保护及报警信号是否齐全有效。确认完毕！

第十一步：冷却、喷雾系统及液压系统运行是否正常。确认完毕！

第十二步：照明系统是否完好。确认完毕！

第十三步：一、二运转载系统运行是否正常。确认完毕！

第十四步：综掘机运行是否平稳，声音、温度是否正常。确认完毕！

安全确认（班中）

检修前：

（手指）作业场所：（口述）机组退出工作面，顶板、煤帮支护完好。

（手指）便携式瓦检仪、瓦斯传感器：（口述）瓦斯正常。

（手指）综掘机：（口述）切割头落地，开关停电、闭锁。

（手指）工具：（口述）工具齐全，可以检修，确认完毕。

检修后：

（手指）综掘机：（口述）检修完毕，设备正常，各种保护完好。

（手指）综掘机周围：（口述）人员到位，位置安全，可以送电试机，确认完毕。

3. 综掘机完好标准

1）机体

（1）操作手把动作灵活，位置准确。

（2）蜂鸣器、紧急开关工作可靠。

（3）注油嘴齐全，油路畅通。

（4）照明灯齐全完好，符合安全要求。

（5）喷雾装置保持良好。

（6）稳定器部件完整，支撑可靠。

2）截割部

（1）截割头无裂纹、开焊、截齿完整、短缺数不超过总数的 5% 。

（2）截割臂上下摆动，均匀灵活。

3）回转部

左右摆动均匀灵活。

4）行走部

（1）履带板无裂纹，履带销齐全无短缺，不碰触其他机件，松紧适宜，松弛度符合说明书要求。

（2）前进、后退、左右拐弯灵活可靠。

5）装运部

（1）耙爪转动灵活。

（2）刮板齐全，弯曲不超过 15 mm。

（3）链条松紧适宜，链轮磨损不超过原齿厚的 25% ，运转时不跳牙。

（4）铲板升降平稳。

6）液压系统

（1）胶管及接头不漏油。

（2）压力表齐全，指示正确。

7）安全保护

（1）综掘机应有开、闭电气控制回路的专用工具，由专职司机掌握和保管。

（2）在机器的非司机侧，装设停止综掘机运转的紧急停止按钮，并灵活可靠。

4. 综掘机维修工安全交接记录单

部门： 班次： 班 年 月 日

序号	确认事项	是（√） 否（×）	序号	确认事项	是（√） 否（×）
1	掘进工作面风筒是否符合标准要求，瓦斯、一氧化碳浓度是否超限		8	综掘机电缆是否按规定进行吊挂	
2	掘进工作面支护是否齐全有效，有无片帮、冒顶		9	机载灭火器是否完好有效	
3	掘进距离是否符合探放水允许规定		10	急停、闭锁、各种保护及报警信号是否齐全有效	
4	综掘机及周围是否干净整洁		11	冷却、喷雾及液压系统运行是否正常	
5	退路是否畅通，人员站位是否安全		12	照明系统是否完好	
6	履带有无破损及短缺，连接销是否齐全完好		13	一、二运转载系统运行是否正常	
7	截齿有无短缺，操作台是否完好		14	综掘机运行是否平稳，声音、温度是否正常	

（续）

<table>
<tr><td colspan="3">交接班存在问题及处理</td><td colspan="4"></td></tr>
<tr><td rowspan="7">本班状况</td><td colspan="2">项目</td><td>确认内容</td><td>是（√）
否（×）</td><td colspan="2">说明</td></tr>
<tr><td colspan="2">工作情况</td><td>是否完成检修任务</td><td></td><td colspan="2"></td></tr>
<tr><td rowspan="2">环境情况</td><td>顶板、煤墙、瓦斯情况</td><td>顶板、煤墙是否完好，瓦斯是否超限</td><td></td><td colspan="2"></td></tr>
<tr><td>探放水情况</td><td>掘进距离是否符合探放水允许规定</td><td></td><td colspan="2"></td></tr>
<tr><td colspan="2">设备运行情况</td><td>综掘机运行是否正常</td><td></td><td colspan="2"></td></tr>
<tr><td colspan="2">隐患处理情况</td><td>隐患是否处理完毕</td><td></td><td colspan="2"></td></tr>
<tr><td colspan="2">遗留问题</td><td>是否存在遗留问题</td><td></td><td colspan="2"></td></tr>
<tr><td colspan="3">交班人</td><td colspan="2"></td><td>接班人</td><td></td></tr>
<tr><td colspan="3">确认人</td><td colspan="4"></td></tr>
<tr><td colspan="3">确认意见</td><td colspan="4"></td></tr>
</table>

3.9.1.3 维修钳工（刮板输送机维修工）岗位操作标准

1. 刮板输送机维修工岗位作业标准

部门： 班组：

<table>
<tr><th>项目</th><th>作业程序</th><th>作业标准</th><th>安全要点</th></tr>
<tr><td>班前准备</td><td>通用程序</td><td>执行公司《班前礼仪标准》及《员工操作达标通用标准》的有关要求</td><td></td></tr>
<tr><td>接班</td><td>1 进入工作地点
2 接班地点
3 明确责任区范围
4 互保、联保确认
5 询问
6 现场检查和试运转</td><td>1.1 准时进入接班地点
2.1 在刮板输送机机头交接班
3.1 本岗位责任区为刮板输送机及其运输范围
4.1 明确互保、联保人员，作业中严格执行“四不伤害”
5.1 详细询问岗位交班人员前一班的顶帮变化、瓦斯、刮板输送机运行情况和隐患处理情况及遗留问题
6.1 查看有关日志
6.2 使用工具、配件和劳保用品的检查
6.2.1 是否齐全、完好
6.2.2 佩戴是否正确
6.3 在交班岗位人员陪同下进行环境和设施检查
6.3.1 环境重点检查
1. 作业地点顶、帮支护是否完好，有无片帮、冒顶现象
2. 刮板输送机机头 20 m 范围内是否干净整洁
3. 退路是否畅通，人员站位是否安全
6.3.2 设施重点检查</td><td></td></tr>
</table>

（续）

项目	作业程序	作业标准	安全要点
接班		1. 各类电缆是否按规定进行吊挂 2. 转载喷雾系统是否完好 3. 机头、机尾及电机减速机连接是否稳固可靠，螺栓是否齐全、紧固是否有效 4. 各种保护装置及转动部位护罩是否齐全完好 5. 按钮及信号装置是否完好、灵敏可靠 6. 刮板、链条、马蹄环有无短缺变形 7. 中部槽接口是否严密，有无错位 8. 刮板输送机运行是否平稳，声音、温度是否正常 9. 链条松紧是否得当，有无跳链、漂链、卡阻现象	
	7 问题的处理	7.1 认真处理接班查出的问题	
	8 履行交班手续	8.1 履行接班手续，准备上岗作业	
	9 手指口述	9.1 执行公司《“手指口述”实施细则》中相关岗位要求	
作业	1 作业要求	1.1 执行公司《安全技术操作规程汇编》中相关岗位要求 1.2 预留一定时间对责任区卫生进行打扫	
	2 岗位隐患排查	2.1 进行岗位隐患排查，对排查出的隐患及时处理，处理不了的及时报告班组长或跟班队长	
交班	1 交班前的准备与自查	1.1 原则上，不可将问题遗留给下一班 1.2 机头、机尾及各转动部位防护装置齐全完好 1.4 注油到位，润滑良好，无渗漏现象 1.5 运行平稳，声音及温度正常，无跳链、漂链现象 1.6 清理责任区浮煤、杂物，责任区干净整洁	
	2 汇报	2.1 向接班人汇报刮板输送机维修及运行情况、出现故障、处理措施、过程及注意事项	
	3 接受、协助检查	3.1 接受、协助接班人现场检查	
	4 问题处理	4.1 发现问题立即协同处理 4.2 对遗留问题，落实责任向上汇报	
	5 交班	5.1 交班时间原则上控制在 20 min 左右 5.2 交班条件：刮板输送机周围无淤泥，无浮煤杂物，设备运转正常 5.3 履行交班手续	
	6 下班	6.1 执行《员工操作达标通用标准》 6.2 上井汇报，填写记录	

2. 刮板输送机维修工“手指口述”

1）岗位描述

我叫×××（姓名），是综掘×队刮板运输机维修工，坚决做到持证上岗，遵章作业。是否进行岗位描述？请指示！

我队使用的是湖南连邵生产的 30D 刮板运输机，功率为 30 kW；目前长度为××m，主要是为×××工作面运煤服务。

我的岗位职责是：熟悉掌握刮板运输机的结构、性能、工作原理，检修并保养好带式输送机，保证其正常运行；正确使用安全防护用品，认真执行操作规程和安全措施，听从领导指挥，保质保量完成当班任务。

2）工艺流程

（1）进入工作地点，向上一班刮板运输机司机详细询问刮板运输机运转情况。

（2）检查各转动部位是否有异常声响，剧烈振动或发热等现象；检查减速器、盲轴、链轮、挡煤板和刮板链的螺栓是否松动，润滑油是否充足；检查机头、机尾、刮板、连接环及圆环链是否损坏；检查刮板链的松紧是否适度。

（3）停机、停电闭锁开关，挂好“有人工作，禁止送电”标志牌进行检修。

3）手指口述内容

安全确认（班前、班后）

第一步：作业地点顶、帮支护完好，无片帮、冒顶现象。确认完毕！

第二步：刮板输送机机头 20 m 范围内是否干净整洁。确认完毕！

第三步：退路畅通，人员站位安全。确认完毕！

第四步：各类电缆按规定进行吊挂。确认完毕！

第五步：转载喷雾系统完好。确认完毕！

第六步：机头、机尾及电机减速机连接稳固可靠，螺栓齐全、紧固有效。确认完毕！

第七步：各种保护装置及转动部位护罩齐全完好。确认完毕！

第八步：按钮及信号装置完好、灵敏可靠。确认完毕！

第九步：刮板、链条、马蹄环无短缺变形。确认完毕！

第十步：中部槽接口严密，无错位。确认完毕！

第十一步：刮板输送机运行平稳，声音、温度正常。确认完毕！

第十二步：链条松紧得当，无跳链、漂链、卡阻现象。确认完毕！

安全确认（班中）

检修前：

（手指）作业现场：（口述）顶板、煤墙支护完好。

（手指）刮板运输机：（口述）刮板运输机上煤已开空。

（手指）工具：（口述）工具齐全。

（手指）刮板运输机开关：（口述）开关停电、闭锁、挂牌，可以检修，确认完毕。

检修后：

（手指）检修设备：（口述）检修已完成。

（手指）刮板运输机按钮：（口述）发出开刮板运输机信号，并进行喊话，先收到刮板运输机开启信号，可以试机，确认完毕。

3. 设备完好标准

1）整机

（1）螺栓、圈垫、压板、护罩及其他连接零件齐全、完整、紧固。

（2）润滑系统良好，润滑油选用符合规定，滚动轴承温度分别不超过 75 ℃、滑动轴承温度不超过 65 ℃。

（3）减速箱油脂清洁，油量适当（大齿轮甩上油）不漏油，温度不超 75 ℃，齿厚磨损不超原齿厚的 20%。

2）机头、机尾

（1）架体无严重变形、无开焊，运转平稳。

（2）分链器、压链器、护板完整紧固，无变形，运转时无卡碰现象，磨损不大于原厚度的 20%，压链器磨损不大于 10 mm。

3）中部槽及链条

（1）刮板弯曲变形数不超过总数的 20%，缩短量不大于 10 mm，并不得连续出现。

（2）链条组装合格，运转中刮板不跑斜（跑斜不超过一个链环长度为合格），松紧合适，链条正反方向运行无卡阻现象。

4）安装铺设

（1）两台输送机搭接运输时，搭接长度不小于 500 mm；机头最低点与机尾最高点的间距不小于 300 mm。

（2）刮板输送机与带式输送机搭接运输时，搭接长度和机头、机尾高度差不小于 500 mm。

（3）刮板输送机信号装置，机头、机尾安设有发出停止或启动的信号装置，信号清晰可靠。

（4）刮板机铺设平稳，不漂链，运转正常。

4. 刮板输送机维修工安全交接记录单

部门： 班次： 班 年 月 日

序号	确认事项	是（√）否（×）	序号	确认事项	是（√）否（×）
1	作业地点顶、帮支护是否完好，有无片帮、冒顶现象		7	各种保护、防护装置及转动部位护罩是否齐全完好	
2	刮板输送机机头 20 m 范围内是否干净整洁		8	按钮及信号装置是否完好、灵敏可靠	
3	退路是否畅通，人员站位是否安全		9	刮板、链条、马蹄环有无短缺变形	
4	各类电缆是否按规定进行吊挂		10	中部槽接口是否严密，有无错位	
5	转载喷雾系统是否完好		11	刮板输送机运行是否平稳，声音、温度是否正常	
6	机头、机尾及电机减速机连接是否稳固可靠，螺栓是否齐全、紧固是否有效		12	链条松紧是否得当，有无跳链、漂链、卡阻现象	

<table>
<tr><td colspan="2">交接班存在问题及处理</td><td colspan="4"></td></tr>
<tr><td rowspan="6">本班状况</td><td>项目</td><td>确认内容</td><td>是（√）否（×）</td><td colspan="2">说明</td></tr>
<tr><td>工作情况</td><td>是否完成检修任务</td><td></td><td colspan="2"></td></tr>
<tr><td>环境情况</td><td>操作地点的顶板、煤墙是否完好，操作地点的瓦斯是否超限</td><td></td><td colspan="2"></td></tr>
<tr><td>设备运行情况</td><td>刮板输送机运行是否正常</td><td></td><td colspan="2"></td></tr>
<tr><td>隐患处理情况</td><td>隐患是否处理完毕</td><td></td><td colspan="2"></td></tr>
<tr><td>遗留问题</td><td>是否存在遗留问题</td><td></td><td colspan="2"></td></tr>
<tr><td colspan="2">交班人</td><td colspan="2"></td><td>接班人</td><td></td></tr>
<tr><td colspan="2">确认人</td><td colspan="4"></td></tr>
<tr><td colspan="2">确认意见</td><td colspan="4"></td></tr>
</table>

3.9.1.4　维修钳工（带式输送机维修工）岗位操作标准

1. 带式输送机维修工岗位作业标准

部门：　　　　　　　　　　　　　　　　　　　　　　　班组：

项目	作业程序	作业标准	安全要点
班前准备	通用程序	执行公司《班前礼仪标准》及《员工操作达标通用标准》的有关要求	
接班	1　进入工作地点 2　接班地点 3　明确责任区范围 4　互保、联保确认 5　询问 6　现场检查 7　问题的处理 8　履行交班手续 9　试运转 10　手指口述	1.1　准时进入工作面接班地点 2.1　在带式输送机机头位置交接班 3.1　本岗位责任区的范围为带式输送机运输范围 4.1　明确互保、联保人员，作业中严格执行“四不伤害” 5.1　详细询问岗位交班人员前一班的工作情况、环境情况、设备运行情况和隐患处理情况及遗留问题 6.1　查看有关工作日志 6.2　使用的工具、配件和劳保用品的检查 6.2.1　是否齐全、完好 6.2.2　佩戴是否正确 6.3　在岗位交班人员陪同下进行设施和环境检查 6.3.1　环境重点检查 1. 顶板、煤墙及巷道支护是否完好 2. 巷道是否平整 3. 皮带大架、H 架下有无淤煤 6.3.2　设施重点检查 1. 减速器、电机声音有无异常，温度是否正常，有无渗油漏油 2. 各滚筒声音有无异常，温度是否正常 3. 输送带的松紧是否适当，有无打滑，输送带接头是否符合标准 4. 清扫器的磨损是否在允许范围，输送带有无跑偏，有无摩擦异物等情况 5. 机架连接是否牢固可靠，防护装置是否齐全完好 6. 各种保护装置是否灵敏可靠 7. 机头喷雾装置是否完好 8. 启动按钮和闭锁装置是否灵敏可靠 9. 输送带 H 架、托辊、缓冲辊是否齐全完好 7.1　对前一班处理了的问题进行检查，并认真处理接班查出的问题 7.2　在工作日志中详细写明交接班遗漏问题及处理结果 8.1　履行接班手续，准备上岗作业 9.1　启动前必须与机头、机尾及各转载点取得信号联系，待收到正确信号 9.2　所有人员离开转动部位后启动报警信号方可试机 10.1　执行公司《“手指口述”实施细则》中相关岗位要求	
作业	1　作业要求 2　岗位隐患排查 3　记录	1.1　执行公司《安全技术操作规程汇编》中相关岗位要求 2.1　进行岗位隐患排查，对排查出的隐患及时处理，处理不了的及时报告当班跟班队长或班组长 3.1　填写必要的岗位记录	

（续）

项目	作业程序	作业标准	安全要点
交班	1 交班前的准备与自查	1.1 原则上，不可将问题遗留给下一班 1.2 交班前的准备与自查 1. 停机前应将输送带上的煤拉空，避免带式输送机重载启动 2. 停机后重新检查各部位状况及各种保护，处理异常现象 3. 预留一定时间对责任区卫生进行打扫 4. 将检查发现的问题及本班设备运行情况、出现故障、处理措施、过程及遗留问题认真记录在工作日志中	
	2 汇报	2.1 向接班人汇报设备检修情况、环境情况和隐患处理情况及遗漏问题	
	3 接受、协助检查	3.1 接受、协助接班人现场检查	
	4 问题处理	4.1 发现问题立即协同处理 4.2 对遗留问题，落实责任向上汇报	
	5 交班	5.1 交班时间原则上控制在20 min左右 5.2 交班条件：保证包段范围内巷道文明、设备设施的齐全完好 5.3 履行交班手续	
	6 下班	6.1 执行《员工操作达标通用标准》 6.2 上井汇报，填写记录	

2. 带式输送机维修工“手指口述”

1）岗位描述

我叫×××（姓名），是××队带式输送机维修工，坚决做到持证上岗，遵章作业。是否进行岗位描述？请指示！

（综掘队）我队使用的带式输送机是由淮南凯盛重工有限公司生产的产品，型号为SSJ－800（DSJ80）型，功率为2×40 kW（2×90 kW），输送带宽度为0.8 m，主要构件有卸载架、传动部、驱动装置、储带仓及张紧装置、H架、机身、机尾等。目前长度为××m，主要服务于×××掘进工作面。

我的岗位职责是：负责带式输送机正常检修，确保运行正常无故障，熟悉设备的结构性能、技术特征、工作原理、各种保护装置，掌握消防器材的正确使用方法；正确使用安全防护用品，认真执行操作规程和安全措施，听从领导指挥，保质保量完成当班任务。

2）工艺流程

（1）工具、配件准备齐全。

（2）检查机头、机尾及整台带式输送机范围的支护完好情况。

（3）设备周围无浮煤、杂物。

（4）控制开关停电闭锁并挂上停电牌。

（5）检查衣口袖口是否扣好。

3）手指口述内容

安全确认（班前、班后）

第一步：顶板、煤墙及巷道支护完好。确认完毕！

第二步：巷道平整。确认完毕！

第三步：输送带大架、H 架下无淤煤。确认完毕！
第四步：减速器、电机声音无异常，温度正常，无渗油漏油。确认完毕！
第五步：各滚筒声音无异常，温度正常。确认完毕！
第六步：输送带的松紧适当，不打滑，输送带接头符合标准。确认完毕！
第七步：清扫器的磨损在允许范围，输送带无跑偏，无摩擦异物等情况。确认完毕！
第八步：机架连接牢固可靠，防护装置齐全完好。确认完毕！
第九步：各种保护装置灵敏可靠。确认完毕！
第十步；机头喷雾装置完好。确认完毕！
第十一步：启动按钮和闭锁装置灵敏可靠。确认完毕！
第十二步：输送带 H 架、托辊、缓冲辊齐全完好。确认完毕！

安全确认（班中）

作业前：
（手指）周围环境：（口述）顶板、煤墙支护完好，无淋水等安全隐患。
（手指）带式输送机范围：（口述）周围无浮煤、杂物，确认完毕。
检修前：
（手指）衣服袖口：（口述）衣口、袖口扣好。
（手指）工具箱：（口述）工具准备齐全。
（手指）开关：（口述）开关已停电闭锁、挂牌，可以检修，确认完毕。
试机前：
（手指）信号：（口述）信号灵敏可靠。
（手指）保护装置：（口述）保护装置齐全有效。
（手指）急停装置：（口述）急停装置安全有效。
（手指）操作按钮：（口述）操作按钮灵敏可靠，收到试机信号，可以试机，确认完毕。

3. 带式输送机完好标准

1）滚筒、托辊

（1）滚筒无裂纹，键不得松动。胶面滚筒的胶层与滚筒表面紧密贴合，不得有脱层或裂口。
（2）托辊齐全，转动灵活，无异响，无卡阻现象，定期注油。

2）机体

（1）机头架、机尾架和张紧装置架无开焊和变形，机尾护罩应平整，连接紧固。
（2）中间架平直无开焊，机架完整，固定可靠，无严重锈蚀。

3）输送带、张紧装置

（1）输送带无破裂，横向裂口不得超过带宽的 5%。
（2）输送带不打滑、无破裂、不跑偏，输送带卡子平整、牢固，机架与滚筒、电机、减速机连接牢固。分层和导向辊等固定牢固，无松动。
（3）牵引小车架无损伤、无变形。车轮在轨道上运行无异响。
（4）张紧装置的调节余量不小于调节全行程的 1/5。

4）安全保护装置、信号、设备环境

（1）速度、温度、撕裂、跑偏、煤位等保护装置齐全，灵敏可靠。
（2）信号装置清晰、可靠。
（3）设备整洁，机头、机尾处无杂物、无淋水、无积水。
（4）机头消防设施齐全。

4. 带式输送机维修工安全交接记录单

部门： 班次： 班 年 月 日

序号	确认事项	是（√） 否（×）	序号	确认事项	是（√） 否（×）
1	顶板、煤墙及巷道支护是否完好		7	清扫器的磨损是否在允许范围内，输送带有无跑偏、有无摩擦异物等情况	
2	巷道是否平整		8	机架连接是否牢固可靠，防护装置是否齐全完好	
3	输送带大架、H 架下有无淤煤		9	各种保护装置是否灵敏可靠	
4	减速器、电机声音有无异常，温度是否正常，有无渗油漏油		10	机头喷雾装置是否完好	
5	各滚筒声音有无异常，温度是否正常		11	启动按钮和闭锁装置是否灵敏可靠	
6	输送带的松紧是否适当，有无打滑，输送带接头是否符合标准		12	输送带 H 架、托辊、缓冲辊是否齐全完好	

交接班存在问题及处理				
本班状况	项目	确认内容	是（√） 否（×）	说明
	工作情况	是否完成检修任务		
	环境情况	顶板、支护是否完好， 巷道是否平整，是否有淤煤		
	设备运行情况	设备运行是否正常		
	隐患处理情况	隐患是否处理完毕		
	遗留问题	是否存在遗留问题		
交班人			接班人	
确认人				
确认意见				

3.9.2 综掘机司机岗位操作标准

1. 综掘机司机岗位作业标准

部门： 班组：

项目	作业程序	作业标准	安全要点
班前准备	通用程序	执行公司《班前礼仪标准》及《员工操作达标通用标准》的有关要求	
接班	1 进入工作地点 2 接班地点	1.1 准时进入接班地点 2.1 在综掘机处认真进行交接班	

（续）

项目	作业程序	作业标准	安全要点
接班	3 明确责任区范围 4 互保、联保确认 5 询问 6 现场检查和试运转 7 问题的处理 8 履行交班手续 9 手指口述	3.1 本岗位责任区的范围为综掘机、转载输送机 4.1 明确互保、联保人员，作业中严格执行“四不伤害” 5.1 详细询问岗位交班人员前一班的进尺、顶板、瓦斯、综掘机运行情况和隐患处理及遗留问题 6.1 使用工具、配件和劳保用品的检查 6.1.1 是否齐全、完好 6.1.2 佩戴是否正确 6.2 在交班岗位人员陪同下进行环境和设施检查 6.2.1 环境重点检查 1. 掘进工作面风筒是否符合标准要求，瓦斯、一氧化碳浓度是否超限 2. 掘进工作面支护是否齐全有效，有无片帮、冒顶现象 3. 掘进距离是否符合探放水允许规定 4. 综掘机及周围是否干净整洁 5. 退路是否畅通，人员站位是否安全 6.2.2 重点设施检查及试运转 1. 履带块有无破损及短缺，连接销是否齐全完好 2. 截齿有无短缺，操作台是否完好 3. 综掘机电缆是否按规定进行吊挂 4. 机载灭火器是否完好有效 5. 急停、闭锁、各种保护及报警信号是否齐全有效 6. 冷却、喷雾及液压系统是否运行正常 7. 照明系统是否完好 8. 一、二运转载系统运行是否正常 9. 综掘机运行是否平稳，声音、温度是否正常 7.1 在交接班记录中详细记录检查出的问题 7.2 认真处理接班查出的问题 8.1 履行接班手续，准备上岗作业 9.1 执行公司《“手指口述”实施细则》中相关岗位要求	6.2.2.1 照明灯不亮时，禁止开机 6.2.2.2 截割头运转时，机组前方严禁有人 6.2.2.3 灭尘装置不能正常使用时，禁止作业
作业	1 作业要求 2 岗位隐患排查	1.1 执行公司《安全技术操作规程汇编》中相关岗位要求 1.2 预留一定时间对责任区卫生进行打扫 2.1 进行岗位隐患排查，对排查出的隐患及时处理，处理不了的及时报告当班跟班队长或班组长	
交班	1 交班前的准备与自查 2 汇报 3 接受、协助检查	1.1 原则上，不可将问题遗留给下一班 1.2 综掘机后退 5 m，截割头落地，停机，开关闭锁，取下隔离手把，司机专职保管 1.3 清理综掘机机身上的浮煤、杂物，并对责任区卫生进行打扫 1.4 将检查发现的问题及本班设备运行情况、出现故障、处理措施、过程及遗留问题认真记录在工作日志中 2.1 向接班人汇报掘进尺情况、顶板、瓦斯和探放水情况、综掘机运行情况和隐患处理情况及遗留问题 3.1 接受、协助接班人现场检查	

（续）

项目	作业程序	作业标准	安全要点
交班	4 问题处理	4.1 发现问题立即协同处理 4.2 对遗留问题，落实责任向上汇报	
	5 交班	5.1 交班时间原则上控制在20 min左右 5.2 交班条件：设备设施齐全完好，环境卫生符合要求 5.3 履行交班手续	
	6 下班	6.1 执行《员工操作达标通用标准》 6.2 上井汇报，填写记录	

2. 综掘机司机“手指口述”

1）岗位描述

我叫×××，是综掘×队的掘进司机，坚决做到持证上岗，遵章作业。是否进行岗位描述？请指示！

我队使用的是淮南（佳木斯）煤矿机械有限公司生产的EBZ－260（160）（135）型悬臂式综掘机；截割电机功率260（160）（135）kW，油泵电机功率110（90）（75）kW，（根据实际情况叙述所在掘进的断面特征参数：）

我的岗位职责是：主要负责综掘机操作，保证综掘机正常运行。熟悉设备的结构性能、技术特征、工作原理、各种保护装置，掌握消防器材的正确使用方法；正确使用安全防护用品，认真执行操作规程和安全措施，听从领导指挥，保质保量完成当班任务。

2）工艺流程

上岗前：

进入工作地点，首先认真询问上一班的运转状况；其次配合上班司机对下列部位进行检查：

（1）认真检查工作面围岩和支护、通风、瓦斯及综掘机周围情况。

（2）各操纵手把、按钮应齐全、灵活、可靠。

（3）各部连接螺栓、液压油箱油位、油量适当，无渗漏现象，液压管路无破损，防护装置应齐全可靠，截割头座齿完好、截齿完整。

试机：

（1）确认铲板前方和截割臂附近无人，瓦斯正常。

（2）检查前照明灯和尾灯。

（3）检查内、外喷雾装置及水压。

（4）符合要求，接通电源开关，发出警报开机。

停机：

（1）退出机组3～5 m，将截割头落地。

（2）断开机组上的电源开关和隔离开关。

3）手指口述内容

安全确认（班前、班后）

第一步：掘进工作面风筒是否符合要求，瓦斯、一氧化碳浓度是否超限。确认完毕！

第二步：掘进工作面支护是否齐全有效，有无片帮、冒顶现象。确认完毕！

第三步：掘进距离是否符合探放水允许规定。确认完毕！

第四步：综掘机及周围是否干净整洁。确认完毕！

第五步：退路是否畅通，人员站位是否安全。确认完毕！

第六步：履带块有无破损及短缺，连接销是否齐全完好。确认完毕！

第七步：截齿有无短缺，操作台是否完好。确认完毕！

第八步：综掘机电缆是否按规定进行吊挂。确认完毕！

第九步：机载灭火器是否完好有效。确认完毕！

第十步：急停、闭锁、各种保护及报警信号是否齐全有效。确认完毕！

第十一步：冷却、喷雾系统及液压系统运行是否正常。确认完毕！

第十二步：照明系统是否完好。确认完毕！

第十三步：一、二运转载系统运行是否正常。确认完毕！

第十四步：综掘机运行是否平稳，声音、温度是否正常。确认完毕！

安全确认（班中）

开机前：

（手指）顶板、煤墙：（口述）顶板、煤墙支护完好。

（手指）便携瓦检仪、瓦斯传感器：（口述）瓦斯正常。

（手指）信号设备：（口述）信号、闭锁灵敏可靠。

（手指）切割头喷雾：（口述）喷雾齐全有效。

（手指）作业场所：（口述）工作区域人员到位且位置安全，机身附近无妨碍，具备开机条件，发出开机信号，可以开机，确认完毕。

停机：

（手指）综掘机：（口述）割煤完毕，切割头落地，可以停机。

（手指）操作箱、操作按钮、急停按钮：（口述）停机闭锁，确认完毕。

3. 综掘机完好标准

1）机体

（1）操作手把动作灵活，位置准确。

（2）蜂鸣器、紧急开关工作可靠。

（3）注油嘴齐全，油路畅通。

（4）照明灯齐全完好，符合安全要求。

（5）喷雾装置保持良好。

（6）稳定器部件完整，支撑可靠。

2）截割部

（1）截割头无裂纹、开焊、截齿完整、短缺数不超过总数的5%。

（2）截割臂上下摆动，均匀灵活。

3）回转部

左右摆动均匀灵活。

4）行走部

（1）履带板无裂纹，履带销齐全无短缺，不碰触其他机件，松紧适宜，松弛度符合说明书要求。

（2）前进、后退、左右拐弯灵活可靠。

5）装运部

（1）耙爪转动灵活。

（2）刮板齐全，弯曲不超过15 mm。

（3）链条松紧适宜，链轮磨损不超过原齿厚的25%，运转时不跳牙。

（4）铲板升降平稳。

6）液压系统

(1) 胶管及接头不漏油。

(2) 压力表齐全，指示正确。

7）安全保护

(1) 综掘机应有开、闭电气控制回路的专用工具，由专职司机掌握和保管。

(2) 在机器的非司机侧，装设停止综掘机运转的紧急停止按钮，并灵活可靠。

4. 综掘机司机安全交接记录单

部门：　　　　　　班次：　班　　　　　　　年　月　日

序号	确认事项	是（√）否（×）	序号	确认事项	是（√）否（×）
1	掘进工作面风筒是否符合标准要求，瓦斯、一氧化碳浓度是否超限		8	综掘机电缆是否按规定进行吊挂	
2	掘进工作面支护是否齐全有效，有无片帮、冒顶		9	机载灭火器是否完好有效	
3	掘进距离是否符合探放水允许规定		10	急停、闭锁、各种保护及报警信号是否齐全有效	
4	综掘机及周围是否干净整洁		11	冷却、喷雾及液压系统运行是否正常	
5	退路是否畅通，人员站位是否安全		12	照明系统是否完好	
6	履带有无破损及短缺，连接销是否齐全完好		13	一、二运转载系统运行是否正常	
7	截齿有无短缺，操作台是否完好		14	综掘机运行是否平稳，声音、温度是否正常	

<table>
<tr><td colspan="3">交接班存在问题及处理</td><td colspan="4"></td></tr>
<tr><td rowspan="7">本班状况</td><td colspan="2">项目</td><td>确认内容</td><td>是（√）否（×）</td><td colspan="2">说明</td></tr>
<tr><td colspan="2">工作情况</td><td>是否完成生产任务</td><td></td><td colspan="2"></td></tr>
<tr><td rowspan="2">环境情况</td><td>顶板、煤墙、瓦斯情况</td><td>顶板、煤墙是否完好，瓦斯是否超限</td><td></td><td colspan="2"></td></tr>
<tr><td>探放水情况</td><td>掘进距离是否符合探放水允许规定</td><td></td><td colspan="2"></td></tr>
<tr><td colspan="2">设备运行情况</td><td>综掘机运行是否正常</td><td></td><td colspan="2"></td></tr>
<tr><td colspan="2">隐患处理情况</td><td>隐患是否处理完毕</td><td></td><td colspan="2"></td></tr>
<tr><td colspan="2">遗留问题</td><td>是否存在遗留问题</td><td></td><td colspan="2"></td></tr>
<tr><td colspan="3">交班人</td><td colspan="2"></td><td>接班人</td><td></td></tr>
<tr><td colspan="3">确认人</td><td colspan="4"></td></tr>
<tr><td colspan="3">确认意见</td><td colspan="4"></td></tr>
</table>

3.9.3 打眼工岗位操作标准

1. 打眼工岗位作业标准

部门： 班组：

项目	作业程序	作业标准	安全要点
班前准备	通用程序	执行公司《班前礼仪标准》及《员工操作达标通用标准》的有关要求	
接班	1 进入工作地点 2 接班地点 3 明确责任区范围 4 互保、联保确认 5 询问 6 现场检查和试运转 7 问题的处理 8 履行交班手续 9 手指口述	1.1 准时进入接班地点 2.1 在工作面地点认真进行交接班 3.1 本岗位责任区的范围为掘进工作面 4.1 明确互保、联保对象，作业中严格执行“四不伤害” 5.1 详细询问岗位交班人员前一班的进尺、顶板、瓦斯和探放水情况、钻机运转和隐患处理情况及遗留问题 6.1 使用工具、配件和劳保用品的检查 6.1.1 是否齐全、完好 6.1.2 佩戴是否正确 6.2 在交班岗位人员陪同下进行环境和设施检查 6.2.1 环境重点检查 1. 掘进工作面风筒是否符合标准要求，瓦斯、一氧化碳浓度是否超限 2. 掘进工作面支护是否齐全有效，有无片帮、冒顶现象 3. 掘进距离是否符合探放水允许规定 4. 工作面周围是否干净整洁 5. 退路是否畅通，人员站位是否安全 6.2.2 重点设施检查及试运转 1. 作业地点喷雾是否符合要求 2. 电缆、油管及风、水管路有无破口或挤压，吊挂或摆放位置是否得当 3. 管路有无漏液、漏风现象 4. 搅拌器、锚杆预紧扳手是否完好 5. 钻杆是否完好，有无弯曲及堵塞现象 6. 支护材料规格、质量是否符合规定 7. 钻机运转是否正常 7.1 认真处理接班查出的问题 8.1 履行接班手续，准备上岗作业 9.1 执行公司《“手指口述”实施细则》中相关岗位要求	
作业	1 作业要求 2 岗位隐患排查	1.1 执行公司《安全技术操作规程汇编》中相关岗位要求 1.2 预留一定时间对责任区卫生进行打扫 2.1 进行岗位隐患排查，对排查出的隐患及时处理，处理不了的及时报告当班跟班队长或班组长	

（续）

项目	作业程序	作业标准	安全要点
交班	1 交班前的准备与自查	1.1 原则上，不可将问题遗留给下一班 1.2 关闭风水阀门，从钻机上拆卸水管、风管，打开钎卡，取下钻杆 1.3 钻机、钻杆搬离工作面，放在安全地点，风水管路盘放整齐 1.4 清理工作面的浮煤、杂物，打扫责任区卫生进行 1.5 将检查发现的问题及本班设备运行情况、出现故障、处理措施、过程及遗留问题认真记录在工作日志中	
	2 汇报	2.1 向接班人汇报进尺情况、顶板、瓦斯和探放水情况、钻机运转情况和隐患处理情况及遗留问题	
	3 接受、协助检查	3.1 接受、协助接班人现场检查	
	4 问题处理	4.1 发现问题立即协同处理 4.2 对遗留问题，落实责任向上汇报	
	5 交班	5.1 交班时间原则上控制在 20 min 左右 5.2 交班条件：钻机及工器具摆放整齐有序，工器具完好，工作面环境卫生达标 5.3 履行交班手续	
	6 下班	6.1 执行《员工操作达标通用标准》 6.2 上井汇报，填写记录	

2. 打眼工“手指口述”

1）岗位描述

我叫×××，是×队打眼工，坚决做到持证上岗，遵章作业。是否进行岗位描述？请指示！

我的岗位职责是：掌握作业规程中规定的巷道断面、支护形式和支护技术参数和质量标准等；熟练使用作业工具，按照操作规程和安全措施，采用湿式打眼作业；同时听从领导指挥，正确使用安全防护用品，保质保量安全顺利完成当班作业任务。

2）工艺流程

（1）对工作中出现的机械运转状况、支护完好状况进行详细交接。

（2）将钻机、钻杆、搅拌器、风水管等工具现场交接好，确保正常使用。

（3）由外向里用找顶棍“敲帮问顶”，找落活煤矸。

（4）打眼时，依炮眼布置图顺序开始打眼。

3）手指口述内容

安全确认（班前、班后）

第一步：掘进工作面风筒符合标准要求，瓦斯、一氧化碳浓度不超限。确认完毕！

第二步：掘进工作面支护齐全有效，无片帮、冒顶现象。确认完毕！

第三步：掘进距离符合探放水允许规定。确认完毕！

第四步：工作面周围干净整洁。确认完毕！

第五步：退路畅通，人员站位安全。

第六步：作业地点喷雾符合要求。确认完毕！

第七步：电缆、油管及风、水管路无破口或挤压，吊挂或摆放位置得当。确认完毕！

第八步：管路无漏液、漏风现象。确认完毕！

第九步；搅拌器、锚杆预紧扳手完好。确认完毕！

第十步：钻杆完好，无弯曲及堵塞现象。确认完毕！

第十一步：支护材料规格、质量符合规定。确认完毕！

第十二步：钻机运转正常。确认完毕！

安全确认（班中）

（手指）作业环境：（口述）敲帮问顶完毕，顶板煤墙支护完好。

（手指）操作工具：（口述）工具准备齐全，供风正常，钻机运转正常，可以打眼，确认完毕。

3. 钻机完好标准

1）螺栓、弹垫、风、水、油开关和接头

（1）齐全、完整、紧固。

（2）开关灵活、接头严密。

（3）U 型卡销使用标准。

2）机体

（1）机体表面无污物，各连接部位无锈蚀、脱皮现象。

（2）正常运行，声音正常。

3）钻机

（1）钻机动作灵活、运行正常、无异常响声。

（2）钻机无损坏、不漏风、不漏油、不漏水。

（3）操纵阀灵敏有效。

（4）备用钻机摆放规范。

4. 打眼工安全确认单

部门： 班次： 班 年 月 日

序号	确认事项	是（√）否（×）	序号	确认事项	是（√）否（×）
1	掘进工作面风筒是否符合标准要求，瓦斯、一氧化碳浓度是否超限		7	电缆、油管、风管有无破口或挤压，吊挂或摆放位置是否得当	
2	掘进工作面支护是否齐全有效，有无片帮、冒顶现象		8	管路有无漏液、漏风现象	
3	掘进距离是否符合探放水允许规定		9	搅拌器、锚杆预紧扳手是否完好	
4	工作面周围是否干净整洁		10	钻杆是否完好，有无弯曲及堵塞现象	
5	退路是否畅通，人员站位是否安全		11	支护材料规格、质量是否符合规定	
6	作业地点喷雾是否符合要求		12	钻机运转是否正常	
交接班存在问题及处理					

（续）

	项目		确认内容	是（√） 否（×）	说明
本班状况	工作情况		是否完成生产任务		
	环境情况	顶板、煤墙	顶板、煤墙是否完好		
		瓦斯情况	瓦斯是否超限		
	设备运行情况		运行是否正常		
	隐患处理情况		隐患是否处理完毕		
	遗留问题		是否存在遗留问题		
作业人员					
确认人					
确认意见					

3.9.4　爆破工岗位操作标准

1. 爆破工岗位作业标准

部门：　　　　　　　　　　　　　　　　　　班组：

项目	作业程序	作业标准	安全要点
班前准备	通用程序	执行公司《班前礼仪标准》及《员工操作达标通用标准》的有关要求	
接班	1　进入工作地点 2　接班地点 3　明确责任区范围 4　互保、联保确认 5　询问 6　现场检查 7　问题的处理 8　履行接班手续 9　手指口述	1.1　准时进入工作面接班地点 2.1　在爆破作业地点交接班 3.1　本岗位责任区的范围为爆破作业区域 4.1　明确互保、联保人员，作业中严格执行“四不伤害” 5.1　详细询问交班岗位人员前一班的工作情况、设备情况、环境情况和隐患处理情况及遗留问题 6.1　查看有关工作日志 6.2　使用的工具、配件和劳保用品的检查 6.2.1　是否齐全、完好 6.2.2　佩戴是否正确 6.3　在交班岗位人员陪同下进行设施和环境检查 6.3.1　环境重点检查 1. 煤壁有无片帮，顶板有无漏顶，支护是否到位 2. 爆破地点附近20 m范围内风流中的瓦斯浓度是否满足爆破要求 3. 巷帮、煤壁上的煤尘是否冲洗干净 6.3.2　设施重点检查 1. 爆破母线是否完好无破损 2. 警戒牌、爆破命令牌、警戒哨等设施是否齐全完好 3. 喷雾装置是否完好 7.1　对前一班处理了的问题进行检查，并认真处理接班查出的问题 7.2　在工作日志中详细写明交接班遗漏问题及处理结果 8.1　履行接班手续，准备上岗作业 9.1　执行公司《“手指口述”实施细则》中相关岗位要求	

（续）

项目	作业程序	作业标准	安全要点
作业	1　作业要求	1.1　执行公司《安全技术操作规程汇编》中相关岗位要求	
	2　岗位隐患排查	2.1　进行岗位隐患排查，对排查出的隐患及时处理，处理不了的及时报告当班跟班队长或班组	
	3　记录	3.1　填写必要的岗位记录	
交班	1　交班前的准备与自查	1.1　原则上，不可将问题遗留给下一班 1.2　交班前的准备与自查： 1. 放完当班装药的炮眼，遇有特殊情况时，爆破工必须在现场向下班爆破工交接清楚 2. 爆破完成后，将爆破母线、发爆器、警戒牌等设施收拾整理好 3. 清点剩余电雷管、炸药，填好消退单，在核清领取数量与使用及剩余的数量相符后，经班组长签字，将当班剩余材料交回爆破材料库 1.3　预留一定时间对责任区卫生进行打扫 1.4　将检查发现的问题及本班设备运行情况、出现故障、处理措施、过程及遗留问题认真记录在工作日志中	
	2　汇报	2.1　向接班人汇报工作情况、环境情况和隐患处理情况及遗漏问题	
	3　接受、协助检查	3.1　接受、协助接班人现场检查	
	4　问题处理	4.1　发现问题立即协同处理 4.2　对遗留问题，落实责任向上汇报	
	5　交班	5.1　交班时间原则上控制在 20 min 左右 5.2　交班条件：保证包段范围内设备设施的完好及包段范围内的文明生产达标 5.3　履行交班手续	
	6　下班	6.1　执行《员工操作达标通用标准》 6.2　上井汇报，填写记录	

2. 爆破工“手指口述”

1）岗位描述

我叫×××（姓名），是×队爆破工，坚决做到持证上岗，遵章作业。是否进行岗位描述？请指示！

我的岗位职责是：熟悉爆破器材的性能和《煤矿安全规程》中的有关规定及作业规程中的爆破参数图表，正确使用各种爆破器材，严格落实爆破过程中“一炮三检”制度，安全完成爆破工作；正确使用安全防护用品，听从领导指挥，保质保量安全顺利完成当班爆破任务。

2）工艺流程

装药连线：

（1）检查作业范围内的顶板、迎头、支护情况。

（2）炮眼清理干净，装药工具准备齐全。

（3）瓦斯浓度符合要求。

（4）装配起爆药卷必须在顶板完好、支护完好，避开机械、电气设备和导电体的爆破地点附近进行，严禁坐在爆炸材料箱上装配起爆药卷。

（5）装配起爆药卷数量，以当时当地需要的数量为限。

（6）必须按照作业规程爆破说明书规定的各炮眼装药量、起爆方式进行装药。各炮眼的雷管段号要与爆破说明书规定的起爆顺序相符合。

（7）严禁用轨道、金属管、金属网、水或大地等当作回路。

（8）爆破母线与电缆、电线、信号线应分别悬挂于巷道两侧；爆破母线必须由里向外敷设，其两端头在与脚线、发爆器连接前必须扭结成短路。

（9）爆破母线必须随用随挂，以免发生误接；严禁使用固定母线爆破。

（10）应按照作业规程爆破说明书的规定连接各炮眼电雷管脚线，电雷管脚线与母线的连接必须由爆破工操作。电雷管脚线和连接线、脚线和脚线之间的接头必须相互扭紧并悬空。

（11）母线与脚线连接后，爆破工必须最后撤出工作面，并沿途检查爆破母线是否符合要求。

爆破时：

（1）爆破工撤至发爆地点后，随即发出第一次爆破信号。

（2）接到班组长的爆破命令后，将母线与发爆器相接，并将发爆器钥匙插入发爆器，转至充电位置。

（3）第二次发出爆破信号，至少再过5 s，发爆器指示灯亮稳后，大喊三声“放炮啦”，将发爆器手把转至放电位置，起爆。

（4）起爆后，拔出钥匙；将母线从发爆器接线柱上摘下，并扭结成短路。

3）手指口述内容

安全确认（班前、班后）

第一步：煤壁无片帮，顶板无漏顶，支护到位。确认完毕！

第二步：爆破地点附近20 m范围内风流中的瓦斯浓度满足爆破要求。确认完毕！

第三步：巷帮、煤壁上的煤尘冲洗干净。确认完毕！

第四步：爆破母线完好无破损。确认完毕！

第五步：警戒牌、爆破命令牌、警戒哨等设施齐全完好。确认完毕！

第六步：喷雾装置完好。确认完毕！

安全确认（班中）

上岗前：

（手指）周围环境：（口述）煤壁无片帮，顶板无漏顶，支护到位，确认完毕。

（手指）便携式瓦检仪：（口述）爆破地点附近20 m范围内风流中的瓦斯浓度满足爆破要求，确认完毕。

（手指）巷帮、煤壁：（口述）巷帮、煤壁上的煤尘冲洗干净，确认完毕。

（手指）爆破母线：（口述）爆破母线完好无破损，确认完毕。

（手指）安全设施：（口述）警戒牌、爆破命令牌、警戒哨等设施齐全完好，确认完毕。

（手指）喷雾装置：（口述）喷雾装置完好，确认完毕。

装药连线：

（手指）作业环境：（口述）顶板、煤墙支护完好。

（手指）光学瓦检仪：（口述）瓦斯检查正常。

（手指）打设炮眼：（口述）炮眼合格。

（手指）设备：（口述）机电设备停电闭锁挂牌，防护设好。
（手指）风筒：（口述）出风口符合要求，通风正常。
（手指）警戒人员：（口述）警戒已设好，人员已撤离。
（手指）火工品：（口述）可以装药连线，确认完毕。
爆破前：
（手指）光学瓦检仪：（口述）瓦斯检查正常。
（手指）爆破母线：（口述）脚线、母线连接合格。
（手指）防护设施：（口述）防护设施完好。
（手指）施工人员：（口述）人员已清点，位置安全，确认完毕。
爆破后：
（手指）作业环境：（口述）炮烟已吹散，通风正常，瓦斯检查正常。
（手指）作业环境：（口述）支护未损，爆破完全，无瞎炮，人员可以进入，确认完毕。

3. 爆破工安全确认单

部门：　　　　班次：　班　　　　年　月　日

序号	确认事项	是（√）否（×）	序号	确认事项	是（√）否（×）
1	煤壁有无片帮，顶板有无漏顶，支护是否到位		4	爆破母线是否完好无破损	
2	爆破地点附近20 m范围内风流中的瓦斯浓度是否满足爆破要求		5	警戒牌、爆破命令牌、警戒哨等设施是否齐全完好	
3	巷帮、煤壁上的煤尘是否冲洗干净		6	喷雾装置是否完好	

交接班存在问题及处理					
本班状况	项目	确认内容	是（√）否（×）	说明	
	工作情况	是否完成生产任务			
	环境情况	顶板、支护是否完好			
	隐患处理情况	隐患是否处理完毕			
	遗留问题	是否存在遗留问题			
作业人员					
确认人				验收员	
确认意见					

3.9.5　支护工岗位操作标准

1. 支护工岗位作业标准

部门： 班组：

项目	作业程序	作业标准	安全要点
班前准备	通用程序	执行公司《班前礼仪标准》及《员工操作达标通用标准》的有关要求	
接班	1 进入工作地点 2 接班地点 3 明确责任区范围 4 互保、联保确认 5 询问 6 现场检查和试运转 7 问题的处理 8 履行交班手续 9 手指口述	1.1 准时进入接班地点 2.1 在掘进工作面认真进行交接班 3.1 本岗位责任区的范围为工作面 4.1 明确互保、联保对象，作业中严格执行“四不伤害” 5.1 详细询问岗位交班人员前一班的进尺、顶板、瓦斯、探放水、钻机运行情况和隐患处理情况及遗留问题 6.1 查看工作日志 6.2 使用工具、配件和劳保用品的检查 6.2.1 是否齐全、完好 6.2.2 佩戴是否正确 6.3 在交班岗位人员陪同下进行环境和设施检查 6.3.1 环境重点检查 1. 掘进工作面风筒是否符合标准要求，瓦斯、一氧化碳浓度是否超限 2. 掘进工作面支护齐全是否有效，有无片帮、冒顶现象 3. 掘进距离是否符合探放水允许规定 4. 工作面周围是否干净整洁 5. 退路是否畅通，人员站位是否安全 6. 作业地点喷雾是否符合要求 6.3.2 重点设施检查及试运转 1. 电缆、油管、风管有无破口或挤压，吊挂或摆放位置是否得当 2. 管路有无漏液、漏风现象 3. 搅拌器、锚杆预紧扳手是否完好 4. 钻杆是否完好，有无弯曲及堵塞现象 5. 支护材料规格、质量是否符合规定 6. 钻机运转是否正常，液压系统工作压力是否符合要求 7.1 在交接班记录中详细记录检查出的问题 7.2 认真处理接班查出的问题 8.1 履行接班手续，准备上岗作业 9.1 执行公司《“手指口述”实施细则》中相关岗位要求	
作业	1 作业要求 2 岗位隐患排查	1.1 执行公司《安全技术操作规程汇编》中相关岗位要求 1.2 预留一定时间对责任区卫生进行打扫 2.1 进行岗位隐患排查，对排查出的隐患及时处理，处理不了的及时报告当班跟班队长或班组长	
交班	1 交班前的准备与自查	1.1 原则上，不可将问题遗留给下一班 1.2 各种管路摆放整齐，钻机完好、运转正常 1.3 清理掘进工作面内的浮煤、杂物，打扫责任区卫生 1.4 将检查发现问题及本班设备运行情况、出现故障、处理措施、过程及遗留问题认真记录在工作日志中	

（续）

项目	作业程序	作业标准	安全要点
交班	2　汇报	2.1　向接班人汇报进尺、顶板、瓦斯、探放水、钻机运行情况和隐患处理情况及遗留问题	
	3　接受、协助检查	3.1　接受、协助接班人现场检查	
	4　问题处理	4.1　发现问题立即协同处理 4.2　对遗留问题，落实责任向上汇报	
	5　交班	5.1　交班时间原则上控制在 20 min 左右 5.2　交班条件：设备设施齐全完好，环境卫生符合要求； 5.3　履行交班手续	
	6　下班	6.1　执行《员工操作达标通用标准》 6.2　上井汇报，填写记录	

2. 支护工“手指口述”

1）岗位描述

我叫×××，是综掘×队的锚杆支护工，坚决做到持证上岗，遵章作业。是否进行岗位描述？请指示！

我队使用的锚杆机是江苏盐城生产的一泵两钻式液压锚杆机，型号为 MYT－150 型，电机功率为 15 kW，额定转速 300 r/min，额定扭矩 150 N · m。本巷道顶、帮锚杆均为 $\phi20\times2400$ mm 左旋无纵筋钢筋，锚索为 $\phi21.8\times9000$ mm，19 股高强度低松弛预应力钢绞线。（根据实际情况叙述锚杆间排距参数）

我的岗位职责是：掌握作业规程中规定的巷道断面、支护形式和支护技术参数和质量标准；操作和维护锚杆机，保证锚杆机运转正常。熟悉设备的结构性能、技术特征、工作原理、各种保护装置，掌握消防器材的正确使用方法；正确使用安全防护用品，认真执行操作规程和安全措施，听从领导指挥，保质保量完成当班任务。

2）工艺流程

（1）交接班要对工作中出现的各种情况、机械运转状况、巷道围岩情况进行详细交接。

（2）将钻机、钻杆、搅拌器、风水管等工具现场交接好，确保正常使用。

（3）机组司机割煤的同时，准备好钻机及支护用的锚杆、网片，并把所用的材料在机尾处摆放整齐。

（4）割煤完毕后，由外向里用找顶棍“敲帮问顶”，找落活煤矸。

（5）进钻机，开始依次打眼支护。

3）手指口述内容

安全确认（班前、班后）

第一步：掘进工作面风筒符合标准要求，瓦斯、一氧化碳浓度不超限。确认完毕！

第二步：掘进工作面支护齐全有效，无片帮、冒顶现象。确认完毕！

第三步：掘进距离符合探放水允许规定。确认完毕！

第四步：工作面周围干净整洁。确认完毕！

第五步：退路畅通，人员站位安全。确认完毕！

第六步：作业地点喷雾符合要求。确认完毕！

第七步：电缆、油管及风、水管路无破口或挤压，吊挂或摆放位置得当。确认完毕！

第八步：管路无漏液、漏风现象。确认完毕！

第九步；搅拌器、锚杆预紧扳手完好。确认完毕！
第十步：钻杆完好，无弯曲及堵塞现象。确认完毕！
第十一步：支护材料规格、质量符合规定。确认完毕！
第十二步：钻机运转正常，液压系统工作压力符合要求。确认完毕！

安全确认（班中）

作业前：
（手指）作业现场：（口述）敲帮问顶完毕，顶板煤墙稳定，瓦斯正常。
（手指）工具箱：（口述）工具准备齐全。
（手指）人员：（口述）人员到位，位置安全。
（手指）泵站、钻机及钻具：（口述）泵站、钻机完好，钻具准备齐全，可以打眼，确认完毕。
作业后：
（手指）锚索锁具：（口述）锚索已张紧。
（手指）锚杆托板：（口述）锚杆已张紧，确认完毕。

3. 液压泵站及液压钻机完好标准

1）螺栓、弹垫、油水开关和接头
（1）齐全、完整、紧固。
（2）开关灵活、接头严密。
（3）U 型卡销使用标准。

2）泵站机体
（1）机体表面无污物，各连接部位无锈蚀、脱皮现象。
（2）正常运行，声音正常，油位不低于油箱油位线，油位计、温度计、压力计显示正确。
（3）油温正常，电机轴承温度符合相关规定。
（4）油脂清洁、油路畅通管路无损伤、接头无漏油。

3）钻机
（1）钻机完好、动作灵活、运行正常、无异常响声。
（2）操纵阀灵敏有效。
（3）备用钻机摆放规范。

4. 支护工安全确认单

部门：　　　　班次：　班　　　　年　月　日

序号	确认事项	是（√）否（×）	序号	确认事项	是（√）否（×）
1	掘进工作面风筒是否符合标准要求，瓦斯、一氧化碳浓度是否超限		7	电缆、油管、风管有无破口或挤压，吊挂或摆放位置是否得当	
2	掘进工作面支护是否齐全有效，有无片帮、冒顶现象		8	管路有无漏液、漏风现象	
3	掘进距离是否符合探放水允许规定		9	搅拌器、锚杆预紧扳手是否完好	
4	工作面周围是否干净整洁		10	钻杆是否完好，有无弯曲及堵塞现象	
5	退路是否畅通，人员站位是否安全		11	支护材料规格、质量是否符合规定	
6	作业地点喷雾是否符合要求		12	钻机运转是否正常，液压系统工作压力是否符合要求	

（续）

<table>
<tr><td colspan="3">交接班存在问题及处理</td><td colspan="3"></td></tr>
<tr><td rowspan="7">本班状况</td><td colspan="2">项目</td><td>确认内容</td><td>是（√）
否（×）</td><td>说明</td></tr>
<tr><td colspan="2">工作情况</td><td>是否完成生产任务</td><td></td><td></td></tr>
<tr><td rowspan="2">环境情况</td><td>顶板、煤墙</td><td>顶板、煤墙是否完好</td><td></td><td></td></tr>
<tr><td>瓦斯情况</td><td>瓦斯是否超限</td><td></td><td></td></tr>
<tr><td colspan="2">设备运行情况</td><td>运行是否正常</td><td></td><td></td></tr>
<tr><td colspan="2">隐患处理情况</td><td>隐患是否处理完毕</td><td></td><td></td></tr>
<tr><td colspan="2">遗留问题</td><td>是否存在遗留问题</td><td></td><td></td></tr>
<tr><td colspan="3">支护工</td><td colspan="3"></td></tr>
<tr><td colspan="3">确认人</td><td colspan="3"></td></tr>
<tr><td colspan="3">确认意见</td><td colspan="3"></td></tr>
</table>

3.9.6 绞车司机岗位操作标准

1. 绞车司机岗位作业标准

部门： 班组：

项目	作业程序	作业标准	安全要点
班前准备	通用程序	执行公司《班前礼仪标准》及《员工操作达标通用标准》的有关要求	
接班	1 进入工作地点 2 接班地点 3 明确责任区范围 4 互保、联保确认 5 询问 6 现场检查	1.1 准时进入工作面接班地点 2.1 在绞车位置交接班 3.1 本岗位责任区的范围为绞车及其服务巷道的所有辅助运输装置 4.1 明确互保、联保人员，作业中严格执行“四不伤害” 5.1 详细询问交班岗位人员前一班的工作情况、环境情况、设备运行情况和隐患处理情况及遗留问题 6.1 查看有关工作日志 6.2 使用的工具、配件和劳保用品的检查 6.2.1 是否齐全、完好 6.2.2 佩戴是否正确 6.3 在交班岗位人员陪同下进行设施和环境检查 6.3.1 环境重点检查 1. 绞车周围巷道支护是否完好 2. 巷道内有无影响绞车运行的杂物堆积 6.3.2 设施重点检查 1. 固定地锚是否紧固可靠 2. 绞车操作按钮、信号是否灵敏可靠	

（续）

项目	作业程序	作业标准	安全要点
接班		3. 绞车制动闸和离合闸是否灵活可靠	
		4. 钢丝绳在滚筒上固定是否牢固可靠，缠绳是否整齐，断丝面积是否超过原钢丝绳总面积的 10%	
		5. 副绳、绳卡和绳皮是否齐全牢固，绳卡打设是否合格	
		6. 沿途地辊和立辊是否固定可靠，转动是否灵活	
		7. 挡车装置是否牢固可靠	
		8. 道岔移动是否灵活	
	7 问题的处理	7.1 对前一班处理了的问题进行检查，并认真处理接班查出的问题	
		7.2 在工作日志中详细写明交接班遗漏问题及处理结果	
	8 履行接班手续	8.1 履行接班手续，准备上岗作业	
	9 试运转	9.1 信号工就位后，与绞车司机对打信号确认启动绞车	
		9.2 绞车启动初期，尽量放慢绞车运行速度，待钢丝绳缓缓吃劲后再加快绞车运行速度	
		9.3 绞车达到规定速度后，保持滚筒匀速转动，同时观察绞车各部位是否存在机械异响，钢丝绳是否存在卡阻，发现异常及时停车处理	
	10 手指口述	10.1 执行公司《“手指口述”实施细则》中相关岗位要求	
作业	1 作业要求	1.1 执行公司《安全技术操作规程汇编》中相关岗位要求	
	2 岗位隐患排查	2.1 进行岗位隐患排查，对排查出的隐患及时处理，处理不了的及时报告当班跟班队长或班组长	
	3 记录	3.1 填写必要的岗位记录	
交班	1 交班前的准备与自查	1.1 原则上，不可将问题遗留给下一班	
		1.2 交班前的准备与自查	
		1. 交班前要把钢丝绳全部缠在滚筒上，要求缠绕规范、排列整齐，无压绳、错绳	
		2. 主绳绳头和副绳整齐码放在巷道侧帮不影响行人处	
		3. 切断绞车电源，把开关手把打在断电位置，锁紧闭锁螺杆	
		4. 记好绞车运行中出现的故障、存在的问题，准备交班	
		1.3 预留一定时间对责任区卫生进行打扫	
		1.4 将检查发现的问题及本班设备运行情况、出现故障、处理措施、过程及遗留问题认真记录在工作日志中	
	2 汇报	2.1 向接班人汇报工作情况、环境情况、设备运行情况和隐患处理情况及遗漏问题	
	3 接受、协助检查	3.1 接受、协助接班人现场检查	
	4 问题处理	4.1 发现问题立即协同处理	
		4.2 对遗留问题，落实责任向上汇报	
	5 交班	5.1 交班时间原则上控制在 20 min 左右	
		5.2 交班条件：确保绞车完好和周围的文明生产达标	
		5.3 履行交班手续	
	6 下班	6.1 执行《员工操作达标通用标准》	
		6.2 上井汇报，填写记录	

2. 绞车司机“手指口述”

1）岗位描述

我叫×××（姓名），是××队小绞车司机，坚决做到持证上岗，遵章作业。是否进行岗位描述？请指示！

我的岗位职责是：负责绞车操作，确保当班绞车正常运行，并正确使用安全防护用品，认真执行操作规程和安全措施，听从领导指挥，保质保量完成当班任务。

（根据实际情况叙述所操作的绞车型号及相关重要参数：）

2）工艺流程

（1）检查小绞车制动闸的动作、“一坡三挡”装置是否可靠。

（2）开车前，首先检查绞车固定是否良好，安全间隙、制动闸、销轴、按钮、护板、钢丝绳等是否符合规定，做到绞车设备好，声光信号完好。

3）手指口述内容

安全确认（班前、班后）

第一步：绞车周围巷道支护完好。确认完毕！

第二步：巷道内无影响绞车运行的杂物堆积。确认完毕！

第三步：固定地锚紧固可靠。确认完毕！

第四步：绞车操作按钮、信号灵敏可靠。确认完毕！

第五步：绞车制动闸和离合闸灵活可靠。确认完毕！

第六步：钢丝绳在滚筒上固定是否牢固可靠，缠绳是否整齐，断丝面积是否超过原钢丝绳总面积的10% 。确认完毕！

第七步：副绳、绳卡和绳皮齐全牢固，绳卡打设合格。确认完毕！

第八步：沿途地辊和立辊固定可靠，转动灵活。确认完毕！

第九步：挡车装置牢固可靠。确认完毕！

第十步：道岔移动灵活。确认完毕！

安全确认（班中）

作业前：

（手指）周围环境：（口述）绞车周围巷道支护完好，无影响绞车运行的杂物堆积。确认完毕！

（手指）绞车地锚：（口述）固定地锚紧固可靠。确认完毕！

（手指）按钮、信号：（口述）按钮灵活，信号灵敏可靠。确认完毕！

（手指）闸把：（口述）绞车制动闸和离合闸灵活可靠。确认完毕！

（手指）钢丝绳：（口述）钢丝绳在滚筒上固定牢固，缠绳整齐，断丝面积未超过原钢丝绳总面积的10% ，确认完毕。

（手指）钢丝绳绳头：（口述）副绳、绳卡和绳皮齐全牢固，绳卡打设合格。确认完毕！

（手指）地辊、立辊：（口述）沿途地辊和立辊固定可靠，转动灵活。确认完毕！

（手指）挡车栏：（口述）挡车装置牢固可靠。确认完毕！

（手指）道岔：（口述）道岔移动灵活。确认完毕！

开车前：

（手指）防护装置：（口述）安全设施齐全可靠。确认完毕！

（手指）绞车前方：（口述）前方无行人、无障碍，道路畅通。确认完毕！

（手指）按钮、信号：（口述）接到开车信号，联系完毕，可以开车。确认完毕！

3. 小绞车完好标准

（1）螺栓、螺母、背帽、垫圈、开口销、护罩，齐全完整紧固。

（2）滚筒：①无开焊，裂纹及变形，铆钉、链等不松动。②活滚筒离合器和定位机构动作灵活可靠，衬套润滑良好。③滚筒衬块磨损后，距螺栓头不小于5 mm。④滚筒上钢丝绳的固定和缠绕符合《煤矿安全规程》的有关规定。

（3）减速箱：

①齿轮咬合面沿齿长不小于50%，沿齿高不小于40%。

②齿厚磨损不得超过原齿厚的15%，齿面剥落不超过齿有效面积的25%。

③油质合格不漏油。

④运行中无异响。（备注：0.5 cm^2 以上面积的剥落按实际剥落面积计算，每平方厘米有五个以上的明显点蚀时，按其存在的轮廓计算面积）

（4）联轴节：

①端面间隙及同心度误差应符合表2-3-4规定。

表2-3-4　端面间隙及同心度误差　　mm

<table>
<tr><th rowspan="2">类型</th><th rowspan="2">最大外径</th><th rowspan="2">端面间隙</th><th colspan="2">同心度误差</th></tr>
<tr><th>径向位移</th><th>端面倾斜</th></tr>
<tr><td rowspan="3">齿式</td><td>300~500</td><td>7~10</td><td>0.2</td><td rowspan="5">0.2%</td></tr>
<tr><td>500~700</td><td>11~14</td><td rowspan="2">0.3</td></tr>
<tr><td>700~900</td><td>15~18</td></tr>
<tr><td>弹性</td><td></td><td>最大串量+（2~4）</td><td>0.15</td></tr>
<tr><td>蛇形</td><td></td><td></td><td>0.15</td></tr>
</table>

②弹性联轴节胶圈外径与孔径差不超过2 mm；齿式联轴节齿厚磨损不超过20%；蛇形弹簧厚度磨损不超过10%。

（5）轴承：主轴及减速机轴的水平度偏差不超过0.2%；轴瓦无裂纹与剥落。

（6）制动系统：

①制动系统各部件灵活、可靠，各销轴不松旷，不缺油。

②闸轮无磨损和变形，闸瓦与闸轮接触严密，松闸后间隙平移式不大于2 mm，且上下相等，角移式在闸瓦中部不大于2.5 mm，盘形闸不大于2 mm，闸的工作行程不超过全行程的3/4。

③油压制动系统不漏油，蓄压器在停机后连续15 min活塞下降不超过10 mm，风压制动系统不漏风，停机后连续15 min压力下降不超过正常压力的10%。

④制动装置的试验符合《煤矿安全规程》规定。

（7）润滑系统：润滑系统油质合格，油量适当，油压正常，油路畅通，油环转动灵活，各部不漏油。

（8）深度指示器与安全保护装置：深度指示器指示准确，指针行程不小于全行程的3/4。

（9）信号与仪表：信号声光具备清晰可靠，有与信号工联络的专用电话或传话筒。

（10）电气：

①电动机、开关应符合其完好标准。

②不漏电，安全装置齐全、完整、无裂纹。

③接地良好。

注：检查、试验记录有效期一年

（11）资料整洁：

①设备与机房整洁，工具与备件存放整齐。

②有《煤矿安全规程》规定的文件和检查检修记录。

4. 绞车司机安全确认单

部门： 班次： 班 年 月 日

序号	确认事项	是（√） 否（×）	序号	确认事项	是（√） 否（×）
1	绞车周围巷道支护是否完好		6	钢丝绳在滚筒上固定是否牢固可靠，缠绳是否整齐，断丝面积是否超过原钢丝绳总面积的10%	
2	巷道内有无影响绞车运行的杂物堆积		7	副绳、绳卡和绳皮是否齐全牢固，绳卡打设是否合格	
3	固定地锚是否紧固可靠		8	沿途地辊和立辊是否固定可靠，转动是否灵活	
4	绞车操作按钮、信号是否灵活可靠		9	挡车装置是否牢固可靠	
5	绞车制动闸和离合闸是否灵活可靠		10	道岔移动是否灵活	

<table>
<tr><td colspan="2">交接班存在问题及处理</td><td colspan="4"></td></tr>
<tr><td rowspan="6">本班状况</td><td>项目</td><td>确认内容</td><td>是（√）
否（×）</td><td colspan="2">说明</td></tr>
<tr><td>工作情况</td><td>是否完成生产任务</td><td></td><td colspan="2"></td></tr>
<tr><td>环境情况</td><td>巷道支护是否完好</td><td></td><td colspan="2"></td></tr>
<tr><td>设备运行情况</td><td>绞车运转是否正常</td><td></td><td colspan="2"></td></tr>
<tr><td>隐患处理情况</td><td>隐患是否处理完毕</td><td></td><td colspan="2"></td></tr>
<tr><td>遗留问题</td><td>是否存在遗留问题</td><td></td><td colspan="2"></td></tr>
<tr><td colspan="2">作业人员</td><td colspan="4"></td></tr>
<tr><td colspan="2">确认人</td><td colspan="2"></td><td>验收员</td><td></td></tr>
<tr><td colspan="2">确认意见</td><td colspan="4"></td></tr>
</table>

3.9.7 无轨胶轮车司机岗位操作标准

1. 无轨胶轮车司机岗位作业标准

部门： 班组：

项目	作业程序	作业标准	安全要点
班前准备	通用程序	执行公司《班前礼仪标准》及《员工操作达标通用标准》的有关要求	
接班	1 进入工作地点	1.1 准时进入工作面接班地点	
	2 接班地点	2.1 在胶轮车停放位置交接班	
	3 明确责任区范围	3.1 本岗位责任区的范围为胶轮车运行范围	
	4 互保、联保确认	4.1 明确互保、联保人员，作业中严格执行“四不伤害”	
	5 询问	5.1 详细询问交班岗位人员前一班的工作情况、环境情况、设备运行情况和隐患处理情况及遗留问题	
	6 现场检查	6.1 查看有关工作日志 6.2 使用的工具、配件和劳保用品的检查 6.2.1 是否齐全、完好 6.2.2 佩戴是否正确 6.3 在交班岗位人员陪同下进行设施和环境检查 6.3.1 环境重点检查 1. 顶板是否完好 2. 巷道支护是否完好 3. 行驶巷道有无杂物 4. 各种安全标志和信号是否符合行驶要求 6.3.2 设施重点检查 1. 车辆构件有无损坏 2. 轮胎是否正常完好 3. 水箱水位是否符合要求 4. 安全防护装置是否齐全有效 5. 车辆各种仪表是否完好 6. 车辆内各种油脂、油量是否符合要求 7. 发动机有无异响 8. 转向装置是否灵敏可靠 9. 刹车装置是否灵敏可靠	
	7 问题的处理	7.1 对前一班处理了的问题进行检查，并认真处理接班查出的问题 7.2 在工作日志中详细写明交接班遗漏问题及处理结果	
	8 履行交班手续	8.1 履行接班手续，准备上岗作业	
	9 手指口述	9.1 执行公司《“手指口述”实施细则》中相关岗位要求	
作业	1 作业要求	1.1 执行公司《安全技术操作规程汇编》中相关岗位要求	
	2 岗位隐患排查	2.1 进行岗位隐患排查，对排查出的隐患及时处理，处理不了的及时报告当班跟班队长或班组长	
	3 记录	3.1 填写必要的岗位记录	
交班	1 交班前的准备与自查	1.1 原则上，不可将问题遗留给下一班 1.2 交班前的准备与自查 1. 加强车辆维护保养、确保胶轮车完好使用 2. 预留一定时间对责任区卫生进行打扫	

（续）

项目	作业程序	作业标准	安全要点
交班		3. 将检查发现的问题及本班设备运行情况、出现故障、处理措施、过程及遗留问题认真记录在工作日志中	
	2 汇报	2.1 向接班人汇报工作情况、环境情况、设备运行情况和隐患处理情况及遗漏问题	
	3 接受、协助检查	3.1 接受、协助接班人现场检查	
	4 问题处理	4.1 发现问题立即协同处理 4.2 对遗留问题，落实责任向上汇报	
	5 交班	5.1 交班时间原则上控制在 20 min 左右 5.2 交班条件 1. 做好胶轮车的日常检修保养 2. 负责包段范围内的巷道文明卫生和“一通三防”设施维护管理 3. 维持风巷口油脂硐室的文明卫生 4. 做好压风、供水、排水管路及沿路洒水管路的维护使用、文明卫生打扫 5. 责任区内的物料按标准摆放整齐 5.3 履行交班手续	
	6 下班	6.1 执行《员工操作达标通用标准》 6.2 上井汇报，填写记录	

2. 无轨胶轮车司机“手指口述”

1）岗位描述

我叫×××（姓名），是综掘队无轨胶轮车司机，坚决做到持证上岗，遵章作业。是否进行岗位描述？请指示！

我队使用的无轨胶轮车由山西天地煤机装备有限公司生产，胶轮车型号分别为 WC3Y（B）和 WC5E（B）防爆柴油机无轨胶轮车。WC3Y（B）胶轮车可载重 3 吨，WC5E（B）防爆柴油机无轨胶轮车可载重 5t。

我的岗位职责是：负责井下胶轮车运输作业，确保当班胶轮车正常运行，并正确使用安全防护用品，认真执行操作规程和安全措施，听从领导指挥，保质保量完成当班任务。

2）工艺流程

（1）检查车辆灯光是否完好。

（2）检查轮胎是否正常完好。

（3）检查车辆内各种油脂油量是否符合要求。

（4）检查车辆的液压系统、电气系统、操纵系统、发动机、各种仪表是否完好。

（5）检查安全防护装置是否齐全有效。

（6）重点检查刹车制动装置及方向盘的完好情况。

3）手指口述内容

安全确认（班前、班后）

第一步：顶板完好。确认完毕！

第二步：巷道支护完好。确认完毕！

第三步：行驶巷道无杂物。确认完毕！

第四步：各种安全标志和信号符合行驶要求。确认完毕！
第五步：车辆构件无损坏。确认完毕！
第六步：轮胎正常完好。确认完毕！
第七步：水箱水位符合要求。确认完毕！
第八步：安全防护装置齐全有效。确认完毕！
第九步：车辆各种仪表完好。确认完毕！
第十步：车辆内各种油脂、油量符合要求。确认完毕！
第十一步：发动机无异响。确认完毕！
第十二步：转向装置灵敏可靠。确认完毕！
第十三步：刹车装置灵敏可靠。确认完毕！

安全确认（班中）

开车前：
（手指）车辆前方：（口述）前方无行人、无障碍，道路畅通。
（手指）仪表盘：（口述）各仪表运转正常。
（手指）方向盘、操纵杆：（口述）方向盘、操纵杆运转正常。
（手指）刹车制动装置：（口述）刹车制动装置灵敏可靠。
（手指）瓦斯报警仪：（口述）瓦斯浓度小于 1.0%，符合开车条件，可以开车。确认完毕！
停车后：
（手指）车辆：（口述）停车位置安全合理。
（手指）先导控制阀：（口述）控制阀调到中位。
（手指）发动机：（口述）车辆已熄火。
（手指）气动总阀门：（口述）气动总阀门已关闭。
（手指）照明：（口述）前后照明已关闭。
（手指）制动释放阀：（口述）制动释放阀已按下。确认完毕！

3. 无轨胶轮车司机安全交接记录单

部门：　　　　　　班次：　班　　　　　　　年　　月　　日

序号	确认事项	是（√）否（×）	序号	确认事项	是（√）否（×）
1	顶板是否完好		8	安全防护装置是否齐全有效	
2	巷道支护是否完好		9	车辆各种仪表是否完好	
3	行驶巷道有无杂物		10	车辆内各种油脂、油量是否符合要求	
4	各种安全标志和信号是否符合行驶要求		11	发动机有无异响	
5	车辆构件有无损坏		12	转向装置是否灵敏可靠	
6	轮胎是否正常完好		13	刹车装置是否灵敏可靠	
7	水箱水位是否符合要求				
交接班存在问题及处理					

（续）

	项目	确认内容	是（√） 否（×）	说明	
本班状况	工作情况	是否完成生产任务			
	环境情况	顶板、支护是否完好； 胶轮车卫生是否符合要求			
	设备运行情况	胶轮车行驶是否正常			
	隐患处理情况	隐患是否处理完毕			
	遗留问题	是否存在遗留问题			
交班人					
确认人				接班人	
确认意见					

3.9.8　带式输送机司机岗位操作标准

1. 带式输送机司机岗位作业标准

部门：　　　　　　　　　　　　　　　　班组：

项目	作业程序	作业标准	安全要点
班前准备	通用程序	执行公司《班前礼仪标准》及《员工操作达标通用标准》的有关要求	
接班	1　进入工作地点 2　接班地点 3　明确责任区范围 4　互保、联保确认 5　询问 6　现场检查	1.1　准时进入工作面接班地点 2.1　在带式输送机机头位置交接班 3.1　本岗位责任区的范围为带式输送机运输范围 4.1　明确互保、联保人员，作业中严格执行“四不伤害” 5.1　详细询问交班岗位人员前一班的工作情况、环境情况、设备运行情况和隐患处理情况及遗留问题 6.1　查看有关工作日志 6.2　使用的工具、配件和劳保用品的检查 6.2.1　是否齐全、完好 6.2.2　佩戴是否正确 6.3　在交班岗位人员陪同下进行设施和环境检查 6.3.1　环境重点检查 1. 顶板、煤墙及巷道支护是否完好 2. 巷道是否平整 3. 输送带大架、H 架下有无淤煤 6.3.2　设施重点检查 1. 减速器、电机声音有无异常，温度是否正常，有无渗油漏油 2. 各滚筒声音有无异常，温度是否正常 3. 输送带的松紧是否适当，有无打滑，输送带接头是否符合标准	

（续）

项目	作业程序	作业标准	安全要点
接班	 7　问题的处理 8　履行交班手续 9　试运转 10　手指口述	4. 清扫器的磨损是否在允许范围，输送带有无跑偏，有无摩擦异物等情况 5. 机架连接是否牢固可靠，防护装置是否齐全完好 6. 各种保护装置是否灵敏可靠 7. 机头喷雾装置是否完好 8. 启动按钮和闭锁装置是否灵敏可靠 9. 输送带H架、托辊、缓冲辊是否齐全完好 7.1　对前一班处理了的问题进行检查，并认真处理接班查出的问题 7.2　在工作日志中详细写明交接班遗漏问题及处理结果 8.1　履行接班手续，准备上岗作业 9.1　启动前必须与机头、机尾及各转载点取得信号联系，待收到正确信号 9.2　所有人员离开转动部位后启动报警信号方可试机 10.1　执行公司《“手指口述”实施细则》中相关岗位要求	
作业	1　作业要求 2　岗位隐患排查 3　记录	1.1　执行公司《安全技术操作规程汇编》中相关岗位要求 2.1　进行岗位隐患排查，对排查出的隐患及时处理，处理不了的及时报告当班跟班队长或班组长 3.1　填写必要的岗位记录	
交班	1　交班前的准备与自查 2　汇报 3　接受、协助检查 4　问题处理 5　交班 6　下班	1.1　原则上，不可将问题遗留给下一班 1.2　交班前的准备与自查 1. 停机前应将输送带上的煤拉空，避免带式输送机重载启动 2. 停机后重新检查各部位状况及各种保护，处理异常现象 3. 预留一定时间对责任区卫生进行打扫 4. 将检查发现的问题及本班设备运行情况、出现故障、处理措施、过程及遗留问题认真记录在工作日志中 2.1　向接班人汇报工作情况、环境情况、设备运行情况和隐患处理情况及遗漏问题 3.1　接受、协助接班人现场检查 4.1　发现问题立即协同处理 4.2　对遗留问题，落实责任向上汇报 5.1　交班时间原则上控制在20 min左右 5.2　交班条件：保证包段范围内巷道文明、设备设施的齐全完好 5.3　履行交班手续 6.1　执行《员工操作达标通用标准》 6.2　上井汇报，填写记录	

2. 带式输送机司机“手指口述”

1）岗位描述

我叫×××（姓名），是综掘队带式输送机司机，坚决做到持证上岗，遵章作业。是否进行岗位描述？请指示！

我队使用的带式输送机是淮南凯盛重工有限公司的产品，型号为DSJ－800（DSJ80）。功率2×40 kW（2×90 kW），输送带宽度0.8 m，输送带长度××m，主要服务于×××工作面。

我的岗位职责是：负责操作带式输送机，确保班中正常运行，熟悉设备的结构性能、技术特征、工作原理、各种保护装置，掌握消防器材的正确使用方法；正确使用安全防护用品，认真执行操作规程和安全措施，听从领导指挥，保质保量完成当班任务。

2）工艺流程

上岗前：

进入工作地点首先认真询问带式输送机上一班的运转状况；其次将带式输送机的控制开关停电闭锁并挂上停电牌，然后配合检修工或上班司机对下列部位进行检查：

（1）检查带式输送机头范围内的支护是否牢固可靠，有无障碍物或浮煤、杂物等安全隐患。

（2）机头及储带装置所用连接件和紧固件齐全、牢靠，防护罩齐全完整，各滚筒、轴承应转动灵活。

（3）制动器的闸带和轮接触严密，制动有效。

（4）减速器内油量适当，无漏油现象。

（5）机身各托辊齐全，转动灵活，边杆完整无变形。

（6）承载部梁架平直，缓冲托辊齐全、转动灵活、无脱胶。

（7）机尾滚筒转动灵活，轴承润滑良好，防护装置齐全完好。

（8）带式输送机的前后搭接符合规定，挡煤板齐全完好。

（9）动力、信号、通信电缆吊挂整齐，无挤压，刮碰。

（10）输送带接头完好，无撕裂，松紧合适。

（11）带式输送机的安全设施、综合保护、装载点防尘喷雾齐全。

试机：

给设备送电，发出开机信号，让人员离开带式输送机转动部位，先点动2次，再转动1周以上，并检查下列各项：

（1）人员站位安全。

（2）带式输送机安全保护设施齐全有效，各部位运转声音正常，输送带无跑偏、打滑、跳动或刷边现象。

（3）输送带松紧合适，控制按钮、信号、通信等设施是否灵敏可靠，试运转监听情况是否正常。

3）手指口述内容

安全确认（班前、班后）

第一步：顶板、煤墙及巷道支护完好。确认完毕！

第二步：巷道平整。确认完毕！

第三步：输送带大架、H架下无淤煤。确认完毕！

第四步：减速器、电机声音无异常，温度正常，无渗油漏油。确认完毕！

第五步：各滚筒声音无异常，温度正常。确认完毕！

第六步：输送带的松紧适当，不打滑，输送带接头符合标准。确认完毕！

第七步：清扫器的磨损在允许范围，输送带无跑偏，无摩擦异物等情况。确认完毕！

第八步：机架连接牢固可靠，防护装置齐全完好。确认完毕！

第九步：各种保护装置灵敏可靠。确认完毕！

第十步：机头喷雾装置完好。确认完毕！

第十一步：启动按钮和闭锁装置灵敏可靠。确认完毕！

第十二步：输送带 H 架、托辊、缓冲辊齐全完好。确认完毕！

安全确认（班中）

作业前：

（手指）周围环境：（口述）顶板、煤墙支护完好，无障碍物。

（手指）带式输送机构件：（口述）连接件和紧固件齐全、牢靠，防护罩齐全完整，确认完毕。

开机前：

（手指）信号：（口述）信号灵敏可靠。

（手指）保护装置：（口述）保护装置齐全有效。

（手指）喷雾：（口述）喷雾装置完好。

（手指）操作按钮：（口述）操作按钮灵敏可靠。

（手指）急停装置：（口述）急停装置安全有效，收到开机信号，可以开机，确认完毕。

停机前：

（手指）带式输送机：（口述）带式输送机已开空。

（手指）信号：（口述）收到停机信号，可以停机，确认完毕。

3. 带式输送机完好标准

（1）电动机：运转声音正常，风扇、防护罩齐全无损，电机温升不超过 60 ℃，符合防爆要求。

（2）齿轮减速箱、联动齿轮箱及轴承：运转声音正常，油质符合要求，油量适当（大齿轮能带起油为准），箱体接合面，各轴端注放油堵不漏油，连续运转 6 h 油温不超过 75 ℃，齿轮磨损不超过原齿厚 20%，打牙不超过齿宽 10%；

轴承磨损：轴径为 25 ~ 80 mm 不超过 0.2 mm；轴径为 80 ~ 120 mm 不超过 0.3 mm；轴径为 120 ~ 180 mm 不超过 0.4 mm。

（3）滚筒及上下托辊：齐全旋转无异响，密封、润滑良好。

（4）机头架：无严重变形，主副滚筒轴要求平行，其偏差不超过 5 mm，清扫装置作用良好。

（5）各部注油嘴：完整、畅通。

（6）输送带及接头：无撕裂，输送带卡排列均匀，紧固，输送带边缘破裂长度不超过输送带宽度的 5‰，中间破裂长度不超过 100 mm。

（7）伸缩部及拉紧装置：零部件齐全，动作灵活可靠。

（8）铺设与运行：输送带张紧力适当，上输送带跑偏不得超过上托辊边缘，下输送带不磨输送带架，保持机头，机尾环境卫生，两侧无煤块杂物堆积。

（9）各部位螺栓、销子：完整、齐全、紧固。

4. 带式输送机司机安全交接记录单

部门：　　　　班次：　　班　　　　年　　月　　日

序号	确认事项	是（√）否（×）	序号	确认事项	是（√）否（×）
1	顶板、煤墙及巷道支护是否完好		2	巷道是否平整	

（续）

序号	确认事项	是（√）否（×）	序号	确认事项	是（√）否（×）
3	输送带大架、H 架下有无淤煤		8	机架连接是否牢固可靠，防护装置是否齐全完好	
4	减速器、电机声音有无异常，温度是否正常，有无渗油漏油		9	各种保护装置是否灵敏可靠	
5	各滚筒声音有无异常，温度是否正常		10	机头喷雾装置是否完好	
6	输送带的松紧是否适当，有无打滑，输送带接头是否符合标准		11	启动按钮和闭锁装置是否灵敏可靠	
7	清扫器的磨损是否在允许范围内，输送带有无跑偏、有无摩擦异物等情况		12	输送带 H 架、托辊、缓冲辊是否齐全完好	

交接班存在问题及处理					
本班状况	项目	确认内容	是（√）否（×）	说明	
	工作情况	是否完成生产任务			
	环境情况	顶板、支护是否完好，巷道是否平整，是否有淤煤			
	设备运行情况	设备运行是否正常			
	隐患处理情况	隐患是否处理完毕			
	遗留问题	是否存在遗留问题			
交班人				接班人	
确认人					
确认意见					

3.9.9 刮板输送机司机岗位操作标准

1. 刮板输送机司机岗位作业标准

部门： 班组：

项目	作业程序	作业标准	安全要点
班前准备	通用程序	执行公司《班前礼仪标准》及《员工操作达标通用标准》的有关要求	

（续）

项目	作业程序	作业标准	安全要点
接班	1　进入工作地点 2　接班地点 3　明确责任区范围 4　互保、联保确认 5　询问 6　现场检查和试运转 7　问题的处理 8　履行交班手续 9　手指口述	1.1　准时进入接班地点 2.1　在刮板输送机机头处认真进行交接班 3.1　本岗位责任区的范围为刮板输送机运输范围 4.1　刮板输送机司机要做好自主保安工作 5.1　详细询问岗位交班人员前一班的刮板输送机运转情况，操作地点的顶、帮稳定和隐患处理情况以及遗留问题 6.1　查看工作日志 6.2　使用工具、配件和劳保用品的检查 6.2.1　是否齐全、完好 6.2.2　佩戴是否正确 6.3　在交班岗位人员陪同下进行环境和设施检查 6.3.1　环境重点检查 1. 作业地点顶、帮支护是否完好，有无片帮、冒顶现象 2. 刮板输送机机头 20 m 范围内是否干净整洁 3. 退路是否畅通，人员站位是否安全 6.3.2　设施重点检查 1. 各类电缆是否按规定进行吊挂 2. 转载喷雾系统是否完好 3. 机头、机尾及电机减速机连接是否稳固可靠，螺栓是否齐全、紧固是否有效 4. 各种保护装置及转动部位护罩是否齐全完好 5. 按钮及信号装置是否完好、灵敏可靠 6. 刮板、链条、马蹄环有无短缺变形 7. 中部槽接口是否严密，有无错位 8. 刮板输送机运行是否平稳，声音、温度是否正常 9. 链条松紧是否得当，有无跳链、漂链、卡阻现象 7.1　在交接班记录中详细记录检查出的问题 7.2　认真处理接班查出的问题 8.1　履行接班手续，准备上岗作业 9.1　执行公司《“手指口述”实施细则》中相关岗位要求	
作业	1　作业要求 2　岗位隐患排查	1.1　执行公司《安全技术操作规程汇编》中相关岗位要求 1.2　预留一定时间对责任区卫生进行打扫 2.1　进行岗位隐患排查，对排查出的隐患及时处理，处理不了的及时报告当班跟班队长或班组长	
交班	1　交班前的准备与自查	1.1　原则上，不可将问题遗留给下一班 1.2　刮板输送机运行正常 1.3　开空刮输送机，清理周围 20 m 范围内的浮煤、杂物 1.4　打扫责任区卫生 1.5　将检查发现的问题及本班设备运行情况、出现故障、处理措施、过程及遗留问题认真记录在工作日志中	

（续）

项目	作业程序	作业标准	安全要点
交班	2 汇报	2.1 向接班人汇报刮板输送机运转情况，操作地点的顶、帮变化和隐患处理情况及遗留问题	
	3 接受、协助检查	3.1 接受、协助接班人现场检查	
	4 问题处理	4.1 发现问题立即协同处理 4.2 对遗留问题，落实责任向上汇报	
	5 交班	5.1 交班时间原则上控制在 20 min 左右 5.2 交班条件：设备运行正常，设施齐全完好，环境卫生符合要求 5.3 履行交班手续	
	6 下班	6.1 执行《员工操作达标通用标准》 6.2 上井汇报，填写记录	

2. 刮板输送机司机“手指口述”

1）岗位描述

我叫×××，是综掘×队的刮板运输机司机，坚决做到持证上岗，遵章作业。是否进行岗位描述？请指示！

我队使用的是湖南涟邵生产的30D刮板运输机，功率为30 kW；目前长度为××m，主要是为×××工作面运煤服务。

我的岗位职责是：主要负责30D刮板运输机操作维护工作，保证刮板运输机正常运行，熟悉设备的结构性能、技术特征、工作原理、各种保护装置，掌握消防器材的正确使用方法；正确使用安全防护用品，认真执行操作规程和安全措施，听从领导指挥，保质保量完成当班任务。

2）工艺流程

上岗前：

进入工作地点首先认真询问上一班的运转状况；其次配合上班司机对下列部位进行检查：

（1）传动装置各部螺栓是否齐全、牢固。

（2）信号系统是否正常，操作按钮是否灵敏可靠。

（3）减速器油量是否符合规定，联轴节及减速箱有无渗漏现象。

试机：

给设备送电，发出开机信号，让人员离开运转危险区域，先点动2次，再转动2周以上，并检查下列各项：

（1）开机前要检查并确认人员站位安全。

（2）信号、闭锁装置灵敏可靠。

（3）检查刮板链条松紧情况，检查刮板有无缺失、变形、少螺栓等现象。

（4）坚持做到：信号不清不准开车，不准乱打信号。

3）手指口述内容

安全确认（班前、班后）

第一步：作业地点顶、帮支护完好，无片帮、冒顶现象。确认完毕！

第二步：刮板输送机机头20 m范围内是否干净整洁。确认完毕！

第三步：退路畅通，人员站位安全。确认完毕！

第四步：各类电缆按规定进行吊挂。确认完毕！

第五步：转载喷雾系统完好。确认完毕！

第六步：机头、机尾及电机减速机连接稳固可靠，螺栓齐全、紧固有效。确认完毕！

第七步：各种保护装置及转动部位护罩齐全完好。确认完毕！

第八步：按钮及信号装置完好、灵敏可靠。确认完毕！

第九步：刮板、链条、马蹄环无短缺变形。确认完毕！

第十步：中部槽接口严密，无错位。确认完毕！

第十一步：刮板输送机运行平稳，声音、温度正常。确认完毕！

第十二步：链条松紧得当，无跳链、漂链、卡阻现象。确认完毕！

安全确认（班中）

开机前：

（手指）刮板机驱动装置：（口述）刮板运输机的传动装置、电动机、减速机完好。

（手指）信号、按钮、喷雾：（口述）信号齐全完好、按钮、灵敏可靠，喷雾正常，收到开机信号，联系正常，可以开机，确认完毕。

运行中：

（手指）刮板运输机：（口述）运转正常，煤量适中，确认完毕。

停机：

（手指）信号、喷雾：（口述）收到停机信号，刮板运输机已开空，关闭喷雾，可以停机。

（手指）开关：（口述）刮板运输机停机，开关闭锁，确认完毕。

3. 设备完好标准

1）整机

（1）螺栓、圈垫、压板、护罩及其他连接零件齐全、完整、紧固。

（2）润滑系统良好，润滑油选用符合规定，滚动轴承温度分别不超过 75 ℃、滑动轴承温度不超过 65 ℃。

（3）减速箱油脂清洁，油量适当（大齿轮甩上油）不漏油，温度不超 75 ℃，齿厚磨损不超原齿厚的 20%。

2）机头、机尾

（1）架体无严重变形、无开焊，运转平稳。

（2）分链器、压链器、护板完整紧固，无变形，运转时无卡碰现象，磨损不大于原厚度的 20%，压链器磨损不大于 10 mm。

3）中部槽及链条

（1）刮板弯曲变形数不超过总数的 20%，缩短量不大于 10 mm，并不得连续出现。

（2）链条组装合格，运转中刮板不跑斜（跑斜不超过一个链环长度为合格），松紧合适，链条正反方向运行无卡阻现象。

4）安装铺设

（1）两台输送机搭接运输时，搭接长度不小于 500 mm；机头最低点与机尾最高点的间距不小于 300 mm。

（2）刮板输送机与带式输送机搭接运输时，搭接长度和机头、机尾高度差不小于 500 mm。

（3）刮板输送机信号装置，机头、机尾安设有发出停止或启动的信号装置，信号清晰可靠。

（4）刮板机铺设平稳，不漂链，运转正常。

4. 刮板输送机司机安全交接记录单

部门：　　　　　　　　　　班次：　班　　　　　　　　年　月　日

序号	确认事项	是（√）否（×）	序号	确认事项	是（√）否（×）
1	作业地点顶、帮支护是否完好，有无片帮、冒顶现象		7	各种保护、防护装置及转动部位护罩是否齐全完好	
2	刮板输送机机头 20m 范围内是否干净整洁		8	按钮及信号装置是否完好、灵敏可靠	
3	退路是否畅通，人员站位是否安全		9	刮板、链条、马蹄环有无短缺变形	
4	各类电缆是否按规定进行吊挂		10	中部槽接口是否严密，有无错位	
5	转载喷雾系统是否完好		11	刮板输送机运行是否平稳，声音、温度是否正常	
6	机头、机尾及电机减速机连接是否稳固可靠，螺栓是否齐全、紧固是否有效。		12	链条松紧是否得当，有无跳链、漂链、卡阻现象	

交接班存在问题及处理				
本班状况	项目	确认内容	是（√）否（×）	说明
	工作情况	是否完成生产任务		
	环境情况	操作地点的顶板、煤墙是否完好，操作地点的瓦斯是否超限		
	设备运行情况	刮板输送机运行是否正常		
	隐患处理情况	隐患是否处理完毕		
	遗留问题	是否存在遗留问题		
交班人			接班人	
确认人				
确认意见				

3.9.10　水泵工岗位操作标准

1. 水泵工岗位作业标准

部门：　　　　　　　　　　　　　　班组：

项目	作业程序	作业标准	安全要点
班前准备	通用程序	执行公司《班前礼仪标准》及《员工操作达标通用标准》的有关要求	

（续）

项目	作业程序	作业标准	安全要点
接班	1 进入工作地点 2 接班地点 3 明确责任区范围 4 互保、联保确认 5 询问 6 现场检查 7 问题的处理 8 履行交班手续 9 试运转 10 手指口述	1.1 准时进入工作面接班地点 2.1 在综采工作面水泵位置交接班 3.1 本岗位责任区的范围为排水区域内的排水设施、设备、巷道管理 4.1 明确互保、联保人员，作业中严格执行“四不伤害” 5.1 详细询问交班岗位人员前一班的工作情况、环境情况、设备运行情况和隐患处理情况及遗留问题 6.1 查看有关工作日志 6.2 使用的工具、配件和劳保用品的检查 6.2.1 是否齐全、完好 6.2.2 佩戴是否正确 6.3 在交班岗位人员陪同下进行设施和环境检查 6.3.1 环境重点检查 1. 顶板是否完好 2. 巷道支护是否完好 3. 排水点周围是否存在杂物或淤煤堆积 6.3.2 设施重点检查 1. 水泵是否完好 2. 确认水泵开关正反转方向 3. 水泵远控按钮是否灵敏可靠 4. 排水管路是否有破损 7.1 对前一班处理了的问题进行检查，并认真处理接班查出的问题 7.2 在工作日志中详细写明交接班遗漏问题及处理结果 8.1 履行接班手续，准备上岗作业 9.1 合上电源开关，操作启动按钮，启动水泵 9.2 开机后，立即观察潜水泵转动及进排水口情况，发现异常立即停机处理 10.1 执行公司《“手指口述”实施细则》中相关岗位要求	
作业	1 作业要求 2 岗位隐患排查 3 记录	1.1 执行公司《安全技术操作规程汇编》中相关岗位要求 2.1 进行岗位隐患排查，对排查出的隐患及时处理，处理不了的及时报告当班跟班队长或班组长 3.1 填写必要的岗位记录	
交班	1 交班前的准备与自查 2 汇报	1.1 原则上，不可将问题遗留给下一班 1.2 交班前的准备与自查 1. 停止排水或检修时必须关掉水泵电源开关并闭锁 2. 水泵工必须经常清理水仓淤泥，防止淤泥堵塞水泵 3. 预留一定时间对责任区卫生进行打扫 4. 将检查发现的问题及本班设备运行情况、出现故障、处理措施、过程及遗留问题认真记录在工作日志中 2.1 向接班人汇报工作情况、环境情况、设备运行情况和隐患处理情况及遗漏问题	

（续）

项目	作业程序	作业标准	安全要点
交班	3 接受、协助检查 4 问题处理 5 交班 6 下班	3.1 接受、协助接班人现场检查 4.1 发现问题立即协同处理 4.2 对遗留问题，落实责任向上汇报 5.1 交班时间原则上控制在 20 min 左右 5.2 交班条件：负责排水点处的抽水工作，保证水泵、开关的完好，及时清理排水点淤煤杂物，维持排水点前后 50 m 范围内的巷道文明卫生和设备设施齐全完好，做好所用工器具的管理维护 5.3 履行交班手续 6.1 执行《员工操作达标通用标准》 6.2 上井汇报，填写记录	

2. 水泵工“手指口述”

1）岗位描述

我叫×××（姓名），是综掘队水泵工，坚决做到持证上岗，遵章作业。是否进行岗位描述？请指示！

该工作面使用的水泵型号为××××kW，电机功率为××kW，排量为××m^3/h，扬程为××m。主要为×××工作面排水服务。

我的岗位职责是：熟练掌握水泵性能及操作规程，确保当班水泵正常运转。正确使用安全防护用品，认真执行操作规程和安全措施，听从领导指挥，保质保量完成当班任务。

2）工艺流程

（1）工具齐全，检查周围环境，查看作业范围内的支护是否完好、设备运转是否正常。

（2）发现问题需要处理时，必须把开关手把打到停位、闭锁，挂好“有人工作，禁止送电”的停电牌后，两人协同处理，确保安全。

3）手指口述内容

安全确认（班前、班中、班后）

第一步：顶板完好。确认完毕！

第二步：巷道支护完好。确认完毕！

第三步：排水点周围不存在杂物或淤煤堆积。确认完毕！

第四步：水泵远控按钮灵敏可靠。确认完毕！

第五步：确认水泵开关正反转方向。确认完毕！

第六步：水泵完好。确认完毕！

第七步：排水管路无破损。确认完毕！

3. 水泵完好标准

（1）螺栓、圈垫、护罩：齐全、完整、紧固。

（2）泵体与管路：

①泵体无裂痕、不漏水、防腐良好。

②吸水管径不小于泵吸水口径。

③盘根滴水不成线。

（3）逆止阀、闸阀：

①齐全、完整、不漏水。

②闸门操作灵活。

（4）轴承：

①转动灵活，油质合格、不漏油。

②滚动轴承温度分别不超过 75 ℃、滑动轴承温度不超过 65 ℃。

（5）电气：

①启动设备齐全可靠。

②接地装置合格。

4. 水泵工安全确认单

部门：　　　　　　　　　　班次：　　班　　　　　　　　年　　月　　日

序号	确认事项	是（√） 否（×）	序号	确认事项	是（√） 否（×）
1	顶板是否完好		5	确认水泵开关正反转方向	
2	巷道支护是否完好		6	水泵是否完好	
3	排水点周围是否存在杂物或淤煤堆积		7	排水管路是否有破损	
4	水泵远控按钮是否灵敏可靠				

交接班存在问题及处理				
本班状况	项目	确认内容	是（√） 否（×）	说明
	工作情况	是否完成生产任务		
	环境情况	巷道支护是否完好		
	设备运行情况	水泵运转是否正常		
	隐患处理情况	隐患是否处理完毕		
	遗留问题	是否存在遗留问题		
作业人员				
确认人			验收员	
确认意见				

3.9.11　搬运工岗位操作标准

1. 搬运工岗位作业标准

部门：　　　　　　　　　　　　　　　　班组：

项目	作业程序	作业标准	安全要点
班前准备	通用程序	执行公司《班前礼仪标准》及《员工操作达标通用标准》的有关要求	

（续）

项目	作业程序	作业标准	安全要点
上岗	1 进入工作地点 2 上岗地点 3 明确责任区范围 4 互保、联保确认 5 现场检查 6 问题的处理 7 手指口述	1.1 准时进入作业地点 2.1 在装、卸料位置 3.1 本岗位责任区的范围为装卸料前后 50 m 范围 4.1 明确互保、联保人员，作业中严格执行“四不伤害” 5.1 查看有关工作日志 5.2 使用的工具、配件和劳保用品的检查 5.2.1 是否齐全、完好 5.2.2 佩戴是否正确 5.3 进行设施和环境检查 5.3.1 环境重点检查 1. 顶板是否完好 2. 巷道支护是否完好 3. 作业地点巷道坡度是否符合作业要求 4. 材料堆放处有无杂物 5.3.2 设施重点检查 1. 阻车装置是否安设到位 2. 刹车装置是否完好 6.1 认真处理查出的问题 7.1 执行公司《“手指口述”实施细则》中相关岗位要求	
作业	1 作业要求 2 岗位隐患排查 3 记录	1.1 执行公司《安全技术操作规程汇编》中相关岗位要求 2.1 进行岗位隐患排查，对排查出的隐患及时处理，处理不了的及时报告当班跟班队长或班组长 3.1 填写必要的岗位记录	
下班	1 下班前的准备与自查 2 汇报 3 问题处理 4 下班	1.1 收工前将卸空的材料车、矿车推到不阻塞其他车辆的运行及影响行人与通风的指定地点 1.2 检查、清点储料场的存料品种、规格、数量，向下班搬运工或队组值班人员汇报 1.3 预留一定时间对责任区卫生进行打扫 1.4 将检查发现的问题及本班遗留问题认真记录在工作日志中 2.1 对遗留问题，落实责任向上汇报 3.1 下班条件确保运输线路内的所有一坡三挡装置、道轨、绞车牌板、物料堆放及其对应牌板吊挂、物料堆放点卫生齐全完好、干净整洁 4.1 执行《员工操作达标通用标准》 4.2 上井汇报，填写记录	

2. 搬运工“手指口述”

1）岗位描述

我叫×××（姓名），是××队搬运工，坚决做到持证上岗，遵章作业。是否进行岗位描述？请指示！

我公司使用的运输车辆有矿车、材料车、平板车。运输顺序：检查运输路线，检查车辆状况，装料，运输，卸料。

我的岗位职责是：熟悉巷道的坡度、道岔、拐弯、沿途设施及矿车至两帮的安全间隙，正确使用连接装置，确保行车安全。正确使用安全防护用品，认真执行操作规程和安全措施，听从领导指挥，保质保量完成当班任务。

2）手指口述内容

安全确认（班前、班后）

第一步：顶板完好。确认完毕！

第二步：巷道支护完好。确认完毕！

第三步：作业地点巷道坡度符合作业要求。确认完毕！

第四步：材料堆放处无杂物。确认完毕！

第五步：阻车装置安设到位。确认完毕！

第六步：封车装置完好。确认完毕！

安全确认（班中）

运料后：

（手指）停车地点：（口述）路况良好，停车点无行人及障碍物。

（手指）阻车装置：（口述）挡车装置已安设好。

（手指）材料：（口述）码放整齐、平稳，安全间距符合要求，确认完毕。

3. 搬运工安全确认单

部门： 班次： 班 年 月 日

序号	确认事项	是（√） 否（×）	序号	确认事项	是（√） 否（×）
1	顶板是否完好		4	材料堆放处有无杂物	
2	巷道支护是否完好		5	阻车装置是否安设到位	
3	作业地点巷道坡度是否符合作业要求		6	封车装置是否完好	

<table>
<tr><td colspan="2">交接班存在问题及处理</td><td colspan="4"></td></tr>
<tr><td rowspan="5">本班
状况</td><td>项目</td><td>确认内容</td><td>是（√）
否（×）</td><td colspan="2">说明</td></tr>
<tr><td>工作情况</td><td>是否完成生产任务</td><td></td><td colspan="2"></td></tr>
<tr><td>环境情况</td><td>巷道支护是否完好</td><td></td><td colspan="2"></td></tr>
<tr><td>隐患处理情况</td><td>隐患是否处理完毕</td><td></td><td colspan="2"></td></tr>
<tr><td>遗留问题</td><td>是否存在遗留问题</td><td></td><td colspan="2"></td></tr>
<tr><td colspan="2">作业人员</td><td colspan="4"></td></tr>
<tr><td colspan="2">确认人</td><td colspan="2"></td><td>验收员</td><td></td></tr>
<tr><td colspan="2">确认意见</td><td colspan="4"></td></tr>
</table>

3.10 机运专业岗位操作标准

3.10.1 地面变配电工岗位操作标准

1. 地面变配电工岗位作业标准

部门： 班组：

项目	作业程序	作业标准	安全要点
班前准备	通用程序	执行公司《班前礼仪标准》及《员工操作达标通用标准》的有关要求	
接班	1 进入工作地点 2 接班地点 3 明确责任区范围 4 互保、联保确认 5 询问 6 现场检查 7 问题的处理 8 履行交班手续 9 手指口述	1.1 准时进入工作地点 2.1 在35 kV变电站值班室位置交接班 3.1 本岗位责任区的范围为35 kV变电站 4.1 明确互保、联保人员，作业中严格执行“四不伤害” 5.1 详细询问交班岗位人员前一班的工作情况、环境情况、设备运行情况和隐患处理情况及遗留问题 6.1 查看有关工作日志 6.2 使用的工具、配件和劳保用品的检查 6.2.1 是否齐全、完好 6.2.2 佩戴是否正确 6.3 在交班岗位人员陪同下进行设施和环境检查 6.3.1 环境重点检查 1. 主变声音、油位、温度是否正常 2. 避雷设施是否完好 3. 站变、电抗器工作是否正常 4. 消防设施是否齐全完好 5. 照明是否正常、供电线路是否完好 6.3.2 设施重点检查 1. 6 kV各配电柜是否工作正常 2. 消弧线圈和无功补偿装置是否工作正常 3. 模拟盘、保护柜和监控电脑是否工作正常 4. 35 kV各配电柜工作是否正常 5. 绝缘用具、备件、消防器材是否齐全完好 6. 电话通信是否正常 7. 记录台账是否规范完整 7.1 认真处理接班查出的问题 7.2 在工作日志中写明交接班遗漏问题及处理结果 8.1 履行接班手续，准备上岗作业 9.1 执行公司《“手指口述”实施细则》中相关岗位要求	
作业	1 作业要求 2 岗位隐患排查 3 记录	1.1 执行公司《安全技术操作规程汇编》中相关岗位要求 2.1 进行岗位隐患排查，对排查出的隐患及时处理，处理不了的及时报告当班跟班队长或班组长 3.1 填写必要的岗位记录	

（续）

项目	作业程序	作业标准	安全要点
交班	1 交班前的准备与自查	1.1 原则上，不可将问题遗留给下一班 1.2 交班前要把各种设备检查一遍，将存在的问题整理记录下来，清点好移交的工具仪表，并做好环境卫生 1.3 当接班人员进入接班地点后，先将本班情况向接班人交代清楚会同接班人进入现场检查及检查运行记录 1.4 预留一定时间对责任区卫生进行打扫 1.5 将检查发现的问题及本班设备运行情况、出现故障、处理措施、过程及遗留问题认真记录在工作日志中 1.6 交班前检查各配电柜仪表指示是否正确，各配电柜内显温贴片是否变红 1.7 交班时检查各开关隔离手把位置是否正确，指示灯指示是否正确	
	2 汇报	2.1 向接班人汇报工作情况、环境情况、设备运行情况和隐患处理情况及遗漏问题	
	3 接受、协助检查	3.1 接受、协助接班人现场检查	
	4 问题处理	4.1 发现问题立即协同处理 4.2 对遗留问题，落实责任向上汇报	
	5 交班	5.1 交班时间原则上控制在20 min左右 5.2 交班条件：设备运行正常、记录填写清楚、环境卫生干净整洁 5.3 履行交班手续	
	6 下班	6.1 执行《员工操作达标通用标准》 6.2 到队部汇报、填写记录	

2. 地面配电工“手指口述”

1）岗位描述

我叫×××（姓名），是机电机运队35 kV变电站值班员，坚决做到持证上岗，遵章作业。是否进行岗位描述？请指示！

我公司35 kV变电站为双回路供电，分别取自长子110 kV变电站35 kV 380出线和宋村110 kV变电站35 kV 455出线，站内装设SZ9－8000/35/6有载调压变压器两台，35 kV SZ9－50/35/6站变两台，35 kV GG－35－40.5型固定高压开关柜8面。6 kV XGN－12型箱式固定式交流金属封闭开关柜24面，出线16回，监控设备为南京南自电网控制技术有限公司研制开发的ND300型变电站综合自动化系统。主要担负着矿井的供电任务。

我的岗位职责是：对全矿井进行安全供电，并对站内所有电器设备的运行状况进行巡回检查，熟悉变电站供电系统图和设备分布，了解设备的特性、一般构造、工作原理及有关规程和标准，严格遵守《煤矿安全规程》有关规定。正确使用安全防护用品，认真执行操作规程和安全措施，听从领导指挥，保质保量完成当班任务。

2）工艺流程

交接班：

（1）检查电气设备上一班的运行方式、倒闸操作情况、变配电线路和变电所设备发生的异常情况。

（2）了解上一班发生的事故、不安全情况和处理经过。

（3）了解上一班内未完的工作及注意事项（特别是上一班中停电检查的线路、设备情况，以及仍有人从事电气作业的开关、线路及作业联系人的情况）。

（4）阅读上级请示、操作命令和有关记录。
（5）检查各线路的运行状态、负荷情况、设备状况。
（6）电话通信是否畅通、检查仪器仪表、保护装置是否正常。
（7）清点工具、备件、消防器材和有关技术资料。
停送电：
（1）停（送）电工作票是否合格、个人防护用品是否安全合格。
（2）验电器是否符合电压等级且试验灵活可靠。
（3）接地线是否安装正确、符合要求。
3）手指口述内容
安全确认（班前、班后）
第一步：主变声音、油位、温度正常。确认完毕！
第二步：避雷设施完好。确认完毕！
第三步：6 kV 各配电柜工作正常。确认完毕！
第四步：消弧线圈和无功补偿装置工作正常。确认完毕！
第五步：电抗器工作正常。确认完毕！
第六步：变电站工作正常。确认完毕！
第七步：照明正常、供电线路完好。确认完毕！
第八步：模拟盘、保护柜和监控电脑工作正常。确认完毕！
第九步：35 kV 各配电柜工作正常。确认完毕！
第十步：绝缘用具、备件、消防器材齐全完好。确认完毕！
第十一步：电话通信正常。确认完毕！
第十二步：记录台账规范完整。确认完毕！
安全确认（班中）
停电时：
（手指）模拟盘：（口述）模拟正确，可以操作。
（手指）绝缘防护用品：（口述）已佩戴绝缘防护用品，准备操作。
（手指）操作开关：（口述）XXX 开关需停电，工作票检查无误，可以停电；开关断路器分位，上、下隔离均已断开，接地刀闸确在合位；开关已验电、放电、挂牌、可以检修，确认完毕。
工作完毕时：
（手指）操作开关：（口述）XXX 开关保护措施均已拆除；开关各隔离刀闸位置正确。
（手指）工作票：（口述）工作票已签字，可以送电，确认完毕。
3. 35 kV 配电室各设备完好标准
（1）高压配电柜完好标准：
①外壳无变形，无开焊，防腐良好，无锈蚀及大面积脱漆现象。
②紧固用的螺栓、螺母、垫圈齐全紧固。
③同一部位的螺母、螺栓规格一致，有防松装置。
④配电柜各仪表、信号灯、按钮齐全。
⑤设备表面无积尘、油垢、无漏油现象。
⑥接线装置导电良好，导线绝缘性能良好，布线整齐清楚。
⑦接线端子的爬电性能和电气间隙符合规定，绝缘子、瓷瓶等支撑完好、无放电痕迹。
⑧接线端子牢固，标志齐全。
⑨保护装置计算正确，接地装置符合要求。

⑩操作机构灵敏可靠，触电接触良好。

（2）主变压器完好标准：

①变压器油色、油位正常，各部位无渗漏油现象。

②变压器油温及温度计正常，各部位无脏污。

③套管外部无破损裂纹、无放电痕迹及其他异常现象。

④变压器音响正常。

⑤冷却器风扇运转正常，风机手动、自动工作正常。

⑥引线接头、电缆、母线应温度不超过 70 ℃。

⑦有载分接开关的分接位置及电源指示应正常。

⑧各控制箱和二次端子箱应关严，无受潮。

⑨变压器外壳及箱沿应无异常发热。

⑩各部位的接地应完好；必要时应测量铁芯和夹件的接地电流。

⑪轻瓦斯报警、重瓦斯跳闸保护、油温高低报警和风扇故障报警，保护装置完好。

⑫变压器温度计应在检定周期内，超温信号应正确可靠。

4. 地面变配电工安全交接记录单

部门： 班次： 班 交班时间：

序号	确认事项	是（√） 否（×）	序号	确认事项	是（√） 否（×）
1	主变声音、油位、温度是否正常		7	照明是否正常、供电线路是否完好	
2	避雷设施是否完好		8	模拟盘、保护柜和监控电脑是否工作正常	
3	6 kV 各配电柜是否工作正常		9	35 kV 各配电柜工作是否正常	
4	消弧线圈和无功补偿装置是否工作正常		10	绝缘用具、备件、消防器材是否齐全完好	
5	电抗器工作是否正常		11	电话通信是否正常	
6	变站变工作是否正常		12	记录台账是否规范完整	

<table>
<tr><td colspan="2">交接班存在问题及处理</td><td colspan="4"></td></tr>
<tr><td rowspan="5">本班状况</td><td>项目</td><td>确认内容</td><td>是（√）
否（×）</td><td colspan="2">说明</td></tr>
<tr><td>环境情况</td><td>避雷设施是否完好，照明是否正常</td><td></td><td colspan="2"></td></tr>
<tr><td>设备运行情况</td><td>6 kV、35 kV 各配电柜，主变、站变、电抗器工作是否正常</td><td></td><td colspan="2"></td></tr>
<tr><td>隐患处理情况</td><td>隐患是否处理完毕</td><td></td><td colspan="2"></td></tr>
<tr><td>遗留问题</td><td>是否存在遗留问题</td><td></td><td colspan="2"></td></tr>
<tr><td colspan="2">交班人</td><td></td><td></td><td colspan="2"></td></tr>
<tr><td colspan="2">确认人</td><td colspan="2"></td><td>接班人</td><td></td></tr>
<tr><td colspan="2">确认意见</td><td colspan="4"></td></tr>
</table>

注：请在确认事项对应后画“√”、“×”。

3.10.2 井下变配电工岗位操作标准

1. 井下变配电工岗位作业标准

部门： 班组：

项目	作业程序	作业标准	安全要点
班前准备	通用程序	执行公司《班前礼仪标准》及《员工操作达标通用标准》的有关要求	
接班	1 进入工作地点 2 接班地点 3 明确责任区范围 4 互保、联保确认 5 询问 6 现场检查 7 问题的处理 8 履行交班手续 9 手指口述	1.1 准时进入工作地点 2.1 在井下变电所位置交接班 3.1 本岗位责任区的范围为井下变电所 4.1 明确互保、联保人员，作业中严格执行“四不伤害” 5.1 详细询问交班岗位人员前一班的工作情况、环境情况、设备运行情况和隐患处理情况及遗留问题 6.1 查看有关工作日志 6.2 使用的工具、配件和劳保用品的检查 6.2.1 是否齐全、完好 6.2.2 佩戴是否正确 6.3 在交班岗位人员陪同下进行设施和环境检查 6.3.1 环境重点检查 1. 顶板支护是否完好、电缆沟盖板是否完好 2. 防爆门是否完好 3. 消防设施是否齐全完好 4. 照明是否正常、供电线路是否完好 6.3.2 设施重点检查 1. 高爆开关是否运行正常 2. 低压馈电开关是否运行正常 3. 干变是否运行正常 4. 高压软启动控制器是否运行正常 5. 照明信号综保是否运行正常 6. 绝缘用具、通信器、材消防器材是否齐全完好 7. 电话通信是否正常 8. 记录台账是否规范完整。 7.1 对前一班处理了的问题进行检查，并认真处理接班查出的问题 7.2 在工作日志中详细写明交接班遗漏问题及处理结果 8.1 履行接班手续，准备上岗作业 9.1 执行公司《“手指口述”实施细则》中相关岗位要求	
作业	1 作业要求 2 岗位隐患排查 3 记录	1.1 执行公司《安全技术操作规程汇编》中相关岗位要求 2.1 进行岗位隐患排查，对排查出的隐患及时处理，处理不了的及时报告当班跟班队长或班组长 3.1 填写必要的岗位记录	

（续）

项目	作业程序	作业标准	安全要点
交班	1　交班前的准备与自查	1.1　原则上，不可将问题遗留给下一班 1.2　预留一定时间对责任区卫生进行打扫 1.3　将检查发现的问题及本班设备运行情况、出现故障、处理措施、过程及遗留问题认真记录在工作日志中 1.4　交班前认真检查进线开关工作是否正常，各输出线路是否正常	
	2　汇报	2.1　向接班人汇报工作情况、环境情况、设备运行情况和隐患处理情况及遗漏问题	
	3　接受、协助检查	3.1　接受、协助接班人现场检查	
	4　问题处理	4.1　发现问题立即协同处理 4.2　对遗留问题，落实责任向上汇报	
	5 交班	5.1　交班时间原则上控制在20 min左右 5.2　交班条件：设备运行正常、记录填写清楚、环境卫生干净整洁 5.3　履行交班手续	
	6　下班	6.1　执行《员工操作达标通用标准》 6.2　上井汇报，填写记录	

2. 井下变配电工“手指口述”

1）岗位描述

我叫×××（姓名），是机电机运队井下中央变电所配电工，坚决做到持证上岗，遵章作业。是否进行岗位描述？请指示！

我公司井下中央变电所采用双回路独立供电方式，两趟6 kV进线来自35 kV地面变电所654、660开关柜，进线线路采用MYJV42铠装电缆，变电所内共安装PGB型高爆开关20台，KBZ型低压真空馈电开关13台，KBSG－500/6型干变2台，高压软启动控制器3台，照明信号综保3台，能满足井下综采、掘进、运输、照明、排水等各种设施设备的供电任务。

我的岗位职责是：对矿井进行安全供电，并对站内所有电器设备的运行状况进行巡回检查，熟悉变电站供电系统图和设备分布，了解设备的特性、一般构造、工作原理及有关规程及标准，严格遵守《煤矿安全规程》有关规定。正确使用安全防护用品，听从领导指挥，保质保量完成当班任务。

2）工艺流程

交接班：

（1）检查电气设备上一班的运行方式、操作情况、异常运行情况、设备缺陷和处理情况。

（2）了解上一班发生的事故、不安全情况和处理经过、阅读上级指示、操作命令和有关记录。

（3）了解上一班内未完的工作及注意事项，特别是上一班中停电检修的线路、有关设备的情况。

（4）检查各线路的运行状态、负荷情况、设备状况和仪器仪表指示、保护装置是否正常。

（5）检查通信设备是否正常；

（6）清点检查绝缘用具、工具、备件、消防器材和有关资料。

停电时：

（1）仔细检查绝缘防护用品是否齐全合格。

（2）检查工作票是否符合要求。

（3）停电前检查中央变电所瓦斯浓度符合要求。

（4）确定所停开关编号并检查中央变电所内通信是否正常。

（5）确定无误后由停电申请人在停送电记录上签字，接到上级命令后方可进行停电操作。

（6）停电后闭锁、挂停电牌。

检修时：

（1）检修前检查验电笔、绝缘用具、接地线、停电牌是否符合要求。

（2）检查现场瓦斯浓度不超过1%，并确定被检修高压开关柜的柜号，戴好绝缘用具，拉出小车。

（3）进行验电、放电后挂停电牌，并有专人看管。

（4）检修过程中检查各动静触头是否完好，有无松动现象，并确认各机构工作是否正常，检查真空瓶是否完好，控制线路是否紧固，插头是否松动等。

送电：

（1）首先检查瓦斯浓度是否符合送电要求。

（2）取下停电作业牌，拆除接地线，戴好绝缘手套，穿绝缘靴，推进断路器手车，操作合闸旋钮进行合闸送电。

（3）开关合闸后，要听、看送电的有关电气设备有无异常现象，如有异常现象，立即切断断路器，并向调度及有关人员汇报。

3）手指口述内容

安全确认（班前、班后）

第一步：顶板支护完好、电缆沟盖板完好。确认完毕！

第二步：防爆门完好。确认完毕！

第三步：消防设施齐全完好。确认完毕！

第四步：照明正常、供电线路完好。确认完毕！

第五步：高爆开关运行正常。确认完毕！

第六步：高压软启动控制器运行正常。确认完毕！

第七步：照明信号综保运行正常。确认完毕！

第八步：低压馈电开关运行正常。确认完毕！

第九步：干变运行正常。确认完毕！

第十步：绝缘用具、通信器、材消防器材齐全完好。确认完毕！

第十一步：电话通信正常。确认完毕！

第十二步：记录台账规范完整。确认完毕！

安全确认（班中）

停电时：

（手指）瓦斯检测仪：（口述）瓦斯浓度正常。

（手指）绝缘防护用品：（口述）已佩戴绝缘防护用品，准备操作。

（手指）操作开关：（口述）×××开关需停电，停电票检查无误，可以停电；开关断路器分位，隔离小车已拉出，闭锁可靠。

（手指）验电器：（口述）×××开关已验电、放电、挂牌，可以检修，确认完毕。

工作完毕时：

（手指）瓦斯检测仪：（口述）瓦斯浓度正常。

（手指）操作开关：（口述）送电工作票符合要求，接到上级指令，联系人已确定；开关保护措施均已拆除，开关各隔离小车位置正确，可以送电，确认完毕。

3. 井下防爆电气（器）设备完好标准

（1）电缆的敷设。

①在总回风巷和专用回风巷中严禁敷设电缆。

②电缆穿过墙壁部分应用套管保护，并严密封堵管口。

③电缆不应悬挂在风管或水管上，不得遭受淋水，电缆上严禁悬挂任何物件。

④电缆应用吊钩（卡）悬挂，悬挂要整齐，不交叉，不落地，应有适当弛度，橡套电缆严禁用铁丝悬挂。

（2）电缆的连接应无“鸡爪子”“羊尾巴”、明接头。

①“鸡爪子”：

（a）橡套电缆的连接不采用硫化热补或同等效能的冷补者。

（b）电缆（包括通信、照明、信号、控制以及高低压橡套电缆）的连接不采用接线盒的接头。

（c）铠装电缆的连接不采用接线盒和不灌注绝缘充填物或充填不严密（漏出芯线）的接头。

②“羊尾巴”：电缆末端不接装防爆电器设备或防爆元件者为羊尾巴。电气设备接线嘴（包括五小电气元件）2 m 内的不合格接头或明线破口者均属羊尾巴。

③明接头：电气设备与电缆有裸露的导体者或明火操作者均属明接头。

（3）破口：

①橡套电缆的护套损坏，露出芯线或露出屏蔽层者。

②橡套电缆护套损坏伤痕深度达最薄处二分之一以上，长度达 20mm 或沿围长三分之一以上者。

出现以上情况之一者（包括安全火花型电气元件）均为电缆不合格接头，均属电气安全隐患点。

（4）开关闭锁装置起不到闭锁作用者为失爆。

（5）隔爆面的光洁度应不低于∇5，操纵杆的光洁度须不低于∇6，否则为失爆。

（6）隔爆面有锈迹，用棉纱擦后，仍留有锈蚀斑痕者为锈蚀，属于失爆。

（7）隔爆面有锈迹，用棉纱擦后，只留云影，无锈蚀，不属于失爆，（但在井上修理设备时不允许有云影）。云影——擦掉锈蚀后，留下呈青褐色氧化亚铁云状痕迹，用手摸无感者。

（8）接合面上的小针孔，在 1 cm^2 的范围内不超过 5 个且直径不超过 0.5 mm，深度不超过 1 mm 的隔爆面不为失爆。

（9）对于机械伤痕深度，宽度均不超 0.5 mm，其伤痕的投影长度不超过相对容积接合面宽度的 50%，个别伤痕深度不超过 1 mm，其伤痕距接合面最短，无伤距离相加不小于相应容积规定的接合面宽度不算失爆，但其中有一项超过均为失爆。

（10）隔爆面应涂以适量的中性凡士林等合格的防锈油（如医用凡士林油）或磷化（磷化后也可涂凡士林油），如无防锈油或磷面脱落均为失爆，涂油应在防爆面上形成一层薄膜为宜，涂油过多为不完好（如磷面脱落小于隔爆面径向长度的 1/5 并涂有防锈油可不算失爆，但为不完好）。

（11）隔爆面上不允许涂有油漆和机械性杂物，否则为失爆（如无意造成的油漆痕迹不超过隔爆面宽度的 1/8 不在此限）。

（12）隔爆面宽度减去超限间隙部分不得小于所规定的接合面宽度，否则为失爆。

①转盖式或插盖式隔爆面的宽度不小于 25 mm，间隙不大于 0.5 mm。

②静止隔爆面的间隙与接合面宽度见表 2－3－5。

③活动部分（操纵杆及电机轴）隔爆接合面间隙与接合面宽度见表 2－3－6。

（13）防爆壳变形长度超过 50 mm，凸凹深度超过 5 mm 为失爆，整形后低于此规定仍为合格。

表 2－3－5　静止隔爆面的间隙与接合面宽度

隔爆空腔净容积/L	≤0.5	0.5～2	＞2
间　　隙/mm	≤0.3	≤0.4	≤0.5
接合面宽度/mm	＞8	＞12.5	＞25

表2-3-6 活动部分（操纵杆及电机轴）隔爆接合面间隙与接合面宽度

隔爆空腔净容积/L		<0.5	>0.5	备 注
接合面宽度/mm		>12.5	>25	
间隙/mm	操纵杆及孔	≤0.3	≤0.5	
	电机轴及孔	≤0.4	≤0.6	

（14）防爆壳内外有锈皮脱落为失爆，油漆脱落，锈蚀严重为不完好。

（15）密封圈必须采用邵氏硬度45~50度的橡胶制造，否则为失爆。密封圈的分层侧在接线时应向里，否则为不完好（煤电钻除外）。

（16）密封圈尺寸须符合下列规定，如有一项达不到均属失爆。

①密封圈外径与进线装置内径差应符合表2-3-7要求。

表2-3-7 密封圈外径与进线装置内径差

D/mm	(D_o-D) /mm	备 注
$D\leq20$	≤1	D_o——进线装置内径 D——密封圈外径
$20<D\leq60$	≤1.5	
$90<D$	≤2	

②密封圈内径与电缆外径的配合为±1 mm，但如系4 mm^2 及以下电缆者，密封圈内径应不大于电缆外径。

③密封圈的宽度不小于电缆外径的0.7倍，且不小于10 mm。

④密封圈的厚度不小于电缆外径的0.3倍（70 mm^2 的电缆除外），且不小于4 mm。

（17）密封圈刀削后应整齐圆滑，不得出现锯齿状，锯齿直径差大于2 mm（包括2 mm）为失爆，小于2 mm为不完好。

（18）不用的接线嘴要分别用密封圈、挡板和金属圈依次装入，压紧，否则为失爆。螺旋式线嘴金属圈应装在挡板外面，否则也属失爆。

（19）挡板直径与进线装置内径之差不大于2 mm，厚度不小于2 mm。金属圈外径与进线装置内径之差应不大于2 mm，厚度应不小于公称尺寸1 mm，否则均属失爆。

（20）线嘴压紧要有余量，余量不小于1 mm，否则为失爆，线嘴应平行压紧，两压紧螺丝入扣差应不大于5 mm，否则为不完好。

（21）当线嘴已全部压紧仍不能将密封圈压紧时，只能用一个厚度适当、不开口的金属圈来调整，不得充填其他杂物（包括再加密封圈等）。金属圈的内外径应与喇叭嘴伸入壁规格一致，螺旋式线嘴也只限安装一个金属圈，否则均属失爆。

（22）卡兰式的进线嘴以压紧胶圈后一般用单手搬动，喇叭嘴上下左右晃动时，喇叭嘴无明显晃动为准，螺旋式线嘴最少啮合扣数不得低于6扣，拧紧程度一般用单手正向用力拧不动为合格，否则为失爆。

（23）如喇叭嘴外部缺损，且不影响防爆性能者为不完好。

（24）凡有电缆压线板的电器，引入引出电缆必须用压线板压紧，压线板未压紧电缆，均属失爆，但不得把电缆压扁，如压紧后电缆的直径不得比原直径减少10%。

（25）紧固件应齐全、完整、可靠。同一部位的螺母、螺栓、弹垫其规格要求一致，螺杆裸露部分一般不得超过三扣，否则本设备为不完好。凡用螺栓连接紧固的部件，其间夹有弹性物者（如密封圈和橡套电缆)，可不再加弹簧垫圈。

(26) 隔爆接合面紧固螺栓的螺母要上满扣，螺栓螺纹应露出螺母 1 ~ 3 扣，不得在螺母下面加多余的垫圈来减少螺纹的伸出长度，不满扣为失爆，紧固螺钉伸入螺孔长度不小于螺纹直径的尺寸(铸铁、铜、铝件等不小于螺纹直径的 1.5 倍) 如螺孔深度不够螺纹直径尺寸，则螺钉必须拧满螺孔，否则均属失爆。

(27) 隔爆接合面紧固螺栓应加装弹簧垫圈或背帽（用弹簧垫圈时其规格应与螺栓保持一致，紧固程度应以将其压平为合格）螺栓松动、无弹簧垫圈（或背帽）和弹垫不合格均属失爆。

(28) 低压隔爆开关接线室不允许由电源侧进出线至负荷侧接线，或由负荷侧进出线至电源侧接线，磁力起动器的小喇叭嘴严禁引出引入动力线，否则为失爆。

(29) 电缆护套伸入器壁要符合 5 ~ 15 mm 的要求，小于 5 mm 为失爆，大于 15 mm 为不完好，如粗电缆穿不进时，可将伸入器壁部分挫细。

(30) 接线应整齐（不扭弯)、紧固、导电良好，无毛刺，卡爪（或平垫圈）弹簧垫（双帽）齐全（使用线鼻子可不用平垫圈)。接线后，卡爪（或平垫圈）不压绝缘胶皮，芯线裸露距卡爪（或平垫圈）不大于 1 mm，出现以上情况之一者均属设备不完好。

(31) 两相低压导线裸露部分的空气间隙：500 V 以下不小于 6 mm，500V 以上不小于 10 mm，否则为失爆。

(32) 高压电缆的连接，一律采用压接技术，接线柱使用压板接线时，压板凹面一律朝下，否则为不完好。

(33) 接线室地线长度应适宜，以松开线嘴卡兰拉动电缆后，三相火线拉紧或松脱时，地线不掉为宜。接地螺栓、螺母、垫圈不允许涂绝缘物，卡爪（或平垫圈）要镀锌或镀锡，如出现不符合以上要求者均为不完好。

(34) 采用铠装电缆供电时，使用密封圈要全部套在铅（铝）皮上，或者用绝缘胶灌至三岔口以上。未接线的线嘴应用同等厚度的卡兰和堵板或用绝缘胶堵死，否则为失爆。

(35) 接线室（盒）应保持干净，无杂物和水珠，使用铠装电缆的接线室内允许有少量的油，但应定期擦干，否则该设备不完好。

(36) 隔爆设备的隔爆腔之间严禁直接贯通，必须保持原设计的防爆性能，否则该设备为失爆(接线柱、接线座有裂缝也属失爆)。

(37) 隔爆开关闭锁后,接线板正面的带电螺栓应用绝缘材料封堵隔离带电体,否则该设备不完好。

(38) 各种隔爆电气设备的保护装置和附件必须齐全、完整、可靠。损坏、拆除或失效均为不完好。

(39) 防爆设备和元件的置放应平、直、稳，接线后，盖板和转盖应一律朝外，便于检修和维修，喇叭嘴严禁朝上，喇叭嘴电缆出口处应平滑，不得出现死弯，否则均为不完好。

(40) 电钻插销的电流侧应接插座，负荷侧应接插销，如反接为失爆。

(41) 接地线使用镀锌钢绞线时，接头处可以使用最少两道 U 型卡子连接，使用镀锌铁板时，一般用两道镀锌螺栓紧固（并加装弹垫或加背帽)，螺栓直径不得小于10 mm。

(42) 电压在 36 V 以上和由于绝缘损坏可能带有危险电压的电气设备的金属外壳、构架、铠装电缆的钢带（或钢丝)、铅皮或屏蔽护套等必须有保护接地（除单按、双按、三按、照明灯具和声光电笛外)。

(43) 电气设备必须有合格的接地装置，接地不合格的设备不算完好。变电硐室，配电点的设备必须有系统的局部接地，采、掘、开工作面所用设备要求有系统接地，综合保护器和漏电继电器要有合格的主、副接地板，采用串联接地的设备为不完好。

(44) 接地螺栓应符合下列标准：

①电气设备的金属外壳和铠装电缆接线盒的外接地螺栓应齐全完整。

②外接地螺栓直径：

容量小于或等于 5 kW 的不小于 M8；容量在 5 kW 至 10 kW 的不小于 M10；容量大于 10 kW 的不小于 M12；通信、信号、按钮、照明灯等小型设备不小于 M6。

③接地螺栓应进行电镀防锈处理。

（45）变电硐室的设备必须有标志牌（注明：编号、容量、用途、整定值、整定日期、负荷情况、短路电流、负责人等），如无标志牌或标志牌与实际不相符，该设备为不完好。

（46）局部通风机和掘进工作面的电气设备，必须全部实现风电闭锁和瓦斯电闭锁，在局部通风机专供电源的线路上不得接入其他机电设备。

（47）信号装置必须声光具备，清晰可靠。

（48）对只接电源，不接负荷的电气设备也属于检查范围。

（49）防爆型电气设备无论在矿井任何地方安装使用，均要按防爆设备的标准要求进行检查和维护。地面选煤楼电气设备也要安装防爆性设备，同时按防爆设备要求进行维护、保养、检查。如用于地面非防爆环境中只按设备完好标准来要求和检查。

（50）检查中发现设备有失爆现象的当场应积极处理，但处理后，本次检查仍按失爆计算。

4. 井下变配电工安全交接记录单

部门：　　　　　　　　　班次：　　班　　　　　　　　　　交班时间：

序号	确认事项	是（√）否（×）	序号	确认事项	是（√）否（×）
1	顶板支护是否完好、电缆沟盖板是否完好		7	照明信号综保是否运行正常	
2	防爆门是否完好		8	低压馈电开关是否运行正常	
3	消防设施是否齐全完好		9	干变是否运行正常	
4	照明是否正常、供电线路是否完好		10	绝缘用具、通信器、材消防器材是否齐全完好	
5	高爆开关是否运行正常		11	电话通信是否正常	
6	高压软启动控制器是否运行正常		12	记录台账是否规范完整	

<table>
<tr><td colspan="2">交接班存在问题及处理</td><td colspan="4"></td></tr>
<tr><td rowspan="5">本班状况</td><td>项目</td><td>确认内容</td><td>是（√）否（×）</td><td colspan="2">说明</td></tr>
<tr><td>环境情况</td><td>顶板、支护是否完好</td><td></td><td colspan="2"></td></tr>
<tr><td>设备运行情况</td><td>高爆、低压馈电开关、干变、
高压软启动控制器运行是否正常</td><td></td><td colspan="2"></td></tr>
<tr><td>隐患处理情况</td><td>隐患是否处理完毕</td><td></td><td colspan="2"></td></tr>
<tr><td>遗留问题</td><td>是否存在遗留问题</td><td></td><td colspan="2"></td></tr>
<tr><td colspan="2">交班人</td><td></td><td></td><td colspan="2"></td></tr>
<tr><td colspan="2">确认人</td><td colspan="2"></td><td>接班人</td><td></td></tr>
<tr><td colspan="2">确认意见</td><td colspan="4"></td></tr>
</table>

注：请在确认事项对应后画“√”、“×”。

3.10.3 井下电钳工岗位操作标准

1. 井下电钳工岗位作业标准

部门： 班组：

项目	作业程序	作业标准	安全要点
班前准备	通用程序	执行公司《班前礼仪标准》及《员工操作达标通用标准》的有关要求	
接班	1 进入工作地点 2 上班地点 3 明确责任区范围 4 互保、联保确认 5 询问 6 现场检查 7 问题的处理 8 履行手续 9 手指口述	1.1 准时进入工作地点 2.1 在工房位置上班 3.1 本岗位责任区的范围为包片范围内 4.1 明确互保、联保人员，作业中严格执行“四不伤害” 5.1 详细询问交班岗位人员前一班的工作情况、环境情况、设备运行情况和隐患处理情况及遗留问题 6.1 查看有关工作日志 6.2 使用的工具、配件和劳保用品的检查 6.2.1 是否齐全、完好 6.2.2 佩戴是否正确 6.3 在交班岗位人员陪同下进行设施和环境检查 6.3.1 环境重点检查 1. 巷道顶板是否支护完好 2. 电气设备表面有无积尘、无杂物 3. 瓦斯浓度是否符合要求 4. 照明是否正常、供电线路是否完好 6.3.2 设施重点检查 1. 各开关保护装置是否齐全有效 2. 各开关符合是否防爆规定要求 3. 各开关的停送电标志牌是否齐全 4. 绝缘用具、备件、消防器材是否齐全完好 5. 电话通信是否正常 6. 记录台账是否规范完整 7.1 对前一班处理了的问题进行检查，并认真处理接班查出的问题 7.2 在工作日志中详细写明交接班遗漏问题及处理结果 8.1 履行接班手续，准备上岗作业 9.1 执行公司《“手指口述”实施细则》中相关岗位要求	
作业	1 作业要求 2 岗位隐患排查 3 记录	1.1 执行公司《安全技术操作规程汇编》中相关岗位要求 2.1 进行岗位隐患排查，对排查出的隐患及时处理，处理不了的及时报告当班跟班队长或班组长 3.1 填写必要的岗位记录	
下班	1 下班前的准备与自查	1.1 原则上，必须在本班内将存在问题彻底处理 1.2 下班前将使用过的工具、仪器清点好，并擦拭干净，存放好 1.3 预留一定时间对责任区卫生进行打扫	

（续）

项目	作业程序	作业标准	安全要点
下班	2　汇报 3　下班	1.4　将检查发现的问题及本班设备运行情况、出现故障、处理措施、过程及遗留问题认真记录在工作日志中 2.1　对遗留问题，落实责任向上汇报 3.1　下班条件：设备运行正常、记录填写清楚、环境卫生干净整洁 3.2　执行《员工操作达标通用标准》 3.3　上井汇报，填写记录	

2. 井下电钳工“手指口述”

1）岗位描述

领导好，欢迎领导检查指导工作，我是本班电钳工×××，经安全培训、考试合格后，取得操作资格证，持证上岗（出示操作资格证）。

我的岗位职责是：我的职责应熟知《煤矿安全规程》的有关规定，熟练掌握机电设备维护、检修质量、完好标准，严格工艺要求，杜绝电气失爆，严格执行“三无、四有、两齐、三全、三坚持”的井下安全供电要求。认真钻研业务技术，听从领导指挥，保质保量完成各项工作任务。

2）手指口述内容

安全确认

第一步：作业地点顶、帮支护良好，无安全隐患。确认完毕！

第二步：绝缘、劳保、工具齐全完好，符合检修规定要求。确认完毕！

第三步：瓦斯浓度及有害气体符合规定要求。确认完毕！

第四步：当班检修或维护设备的任务已明确。确认完毕！

第五步：设备供电及控制了解清楚。确认完毕！

第六步：电缆吊挂规范，无交叉现象。确认完毕！

第七步：设备、开关完好，接地装置齐全有效。确认完毕！

第八步：设备包机牌及防爆管理牌等齐全、完好、准确。确认完毕！

第九步：消防器材齐全、完好、有效。确认完毕！

第十步：卫生干净整洁，物品摆放整齐，记录填写规范。确认完毕！

手指口述完毕，可以进行作业。

3. 井下防爆电气（器）设备完好标准

（1）电缆的敷设：

①在总回风巷和专用回风巷中严禁敷设电缆。

②电缆穿过墙壁部分应用套管保护，并严密封堵管口。

③电缆不应悬挂在风管或水管上，不得遭受淋水，电缆上严禁悬挂任何物件。

④电缆应用吊钩（卡）悬挂，悬挂要整齐，不交叉，不落地，应有适当弛度，橡套电缆严禁用铁丝悬挂。

（2）电缆的连接应无“鸡爪子”“羊尾巴”、明接头。

①“鸡爪子”：

（a）橡套电缆的连接不采用硫化热补或同等效能的冷补者。

（b）电缆（包括通信、照明、信号、控制以及高低压橡套电缆）的连接不采用接线盒的接头。

（c）铠装电缆的连接不采用接线盒和不灌注绝缘充填物或充填不严密（漏出芯线）的接头。

②“羊尾巴”：电缆末端不接装防爆电器设备或防爆元件者为羊尾巴。电气设备接线嘴（包括五小电气元件）2 m 内的不合格接头或明线破口者均属羊尾巴。

③明接头：电气设备与电缆有裸露的导体者或明火操作者均属明接头。

（3）破口：

①橡套电缆的护套损坏，露出芯线或露出屏蔽层者。

②橡套电缆护套损坏伤痕深度达最薄处二分之一以上，长度达 20 mm 或沿围长三分之一以上者。

出现以上情况之一者（包括安全火花型电气元件）均为电缆不合格接头，均属电气安全隐患点。

（4）开关闭锁装置起不到闭锁作用者为失爆。

（5）隔爆面的光洁度应不低于∇5，操纵杆的光洁度须不低于∇6，否则为失爆。

（6）隔爆面有锈迹，用棉纱擦后，仍留有锈蚀斑痕者为锈蚀，属于失爆。

（7）隔爆面有锈迹，用棉纱擦后，只留云影，不算锈蚀，也不算失爆（但在井上修理设备时不允许有云影）。云影——擦掉锈蚀后，留下呈青褐色氧化亚铁云状痕迹，用手摸无感者。

（8）接合面上的小针孔，在 1 cm^2 的范围内不超过 5 个且直径不超过 0.5 mm，深度不超过 1 mm 的隔爆面不为失爆。

（9）对于机械伤痕深度，宽度均不超 0.5 mm，其伤痕的投影长度不超过相对容积接合面宽度的 50%，个别伤痕深度不超过 1 mm，其伤痕距接合面最短，无伤距离相加不小于相应容积规定的接合面宽度不算失爆，但其中有一项超过均为失爆。

（10）隔爆面应涂以适量的中性凡士林等合格的防锈油（如医用凡士林油）或磷化（磷化后也可涂凡士林油），如无防锈油或磷面脱落均为失爆，涂油应在防爆面上形成一层薄膜为宜，涂油过多为不完好（如磷面脱落小于隔爆面径向长度的 1/5 并涂有防锈油可不算失爆，但为不完好）。

（11）隔爆面上不允许涂有油漆和机械性杂物，否则为失爆（如无意造成的油漆痕迹不超过隔爆面宽度的 1/8 不在此限）。

（12）隔爆面宽度减去超限间隙部分不得小于所规定的接合面宽度，否则为失爆。

①转盖式或插盖式隔爆面的宽度不小于 25 mm，间隙不大于 0.5 mm。

②静止隔爆面的间隙与接合面宽度见表 2-3-8。

表 2-3-8 静止隔爆面的间隙与接合面宽度

隔爆空腔净容积/L	≤0.5	0.5~2	>2
间　隙/mm	≤0.3	≤0.4	≤0.5
接合面宽度/mm	>8	>12.5	>25

③活动部分（操纵杆及电机轴）隔爆接合面间隙与接合面宽度见表 2-3-9。

表 2-3-9 活动部分（操纵杆及电机轴）隔爆接合面间隙与接合面宽度

隔爆空腔净容积/L		<0.5	>0.5	备　注
接合面宽度/mm		>12.5	>25	
间隙/mm	操纵杆及孔	≤0.3	≤0.5	
	电机轴及孔	≤0.4	≤0.6	

（13）防爆壳变形长度超过 50 mm，凸凹深度超过 5 mm 为失爆，整形后低于此规定仍为合格。

（14）防爆壳内外有锈皮脱落为失爆，油漆脱落，锈蚀严重为不完好。

（15）密封圈必须采用邵氏硬度 45 ~ 50 度的橡胶制造，否则为失爆。密封圈的分层侧在接线时应向里，否则为不完好（煤电钻除外）。

（16）密封圈尺寸须符合下列规定，如有一项达不到均属失爆。

①密封圈外径与进线装置内径差应符合表 2 – 3 – 10 的要求。

表 2 – 3 – 10　密封圈外径与进线装置内径

D/mm	$(D_o - D)$ /mm	备　注
$D \leqslant 20$	≤1	D_o——进线装置内径 D——密封圈外径
$20 < D \leqslant 60$	≤1.5	
$90 < D$	≤2	

②密封圈内径与电缆外径的配合为 ±1 mm，但如系 4 mm^2 及以下电缆者，密封圈内径应不大于电缆外径。

③密封圈的宽度不小于电缆外径的 0.7 倍，且不小于 10 mm。

④密封圈的厚度不小于电缆外径的 0.3 倍（70 mm^2 的电缆除外），且不小于 4 mm。

（17）密封圈刀削后应整齐圆滑，不得出现锯齿状，锯齿直径差大于 2 mm（包括2 mm）为失爆，小于 2 mm 为不完好。

（18）不用的接线嘴要分别用密封圈、挡板和金属圈依次装入，压紧，否则为失爆。螺旋式线嘴金属圈应装在挡板外面，否则也属失爆。

（19）挡板直径与进线装置内径之差不大于 2 mm，厚度不小于 2 mm。金属圈外径与进线装置内径之差应不大于 2 mm，厚度应不小于公称尺寸 1 mm，否则均属失爆。

（20）线嘴压紧要有余量，余量不小于 1 mm，否则为失爆，线嘴应平行压紧，两压紧螺丝入扣差应不大于 5 mm，否则为不完好。

（21）当线嘴已全部压紧仍不能将密封圈压紧时，只能用一个厚度适当、不开口的金属圈来调整，不得充填其他杂物（包括再加密封圈等）。金属圈的内外径应与喇叭嘴伸入壁规格一致，螺旋式线嘴也只限安装一个金属圈，否则均属失爆。

（22）卡兰式的进线嘴以压紧胶圈后一般用单手搬动，喇叭嘴上下左右晃动时，喇叭嘴无明显晃动为准，螺旋式线嘴最少啮合扣数不得低于 6 扣，拧紧程度一般用单手正向用力拧不动为合格，否则为失爆。

（23）如喇叭嘴外部缺损，且不影响防爆性能者为不完好。

（24）凡有电缆压线板的电器，引入引出电缆必须用压线板压紧，压线板未压紧电缆，均属失爆，但不得把电缆压扁，如压紧后电缆的直径不得比原直径减少 10%。

（25）紧固件应齐全，完整，可靠。同一部位的螺母、螺栓、弹垫其规格要求一致，螺杆裸露部分一般不得超过三扣，否则本设备为不完好。凡用螺栓连接紧固的部件，其间夹有弹性物者（如密封圈和橡套电缆），可不再加弹簧垫圈。

（26）隔爆接合面紧固螺栓的螺母要上满扣，螺栓螺纹应露出螺母 1 ~ 3 扣，不得在螺母下面加多余的垫圈来减少螺纹的伸出长度，不满扣为失爆，紧固螺钉伸入螺孔长度不小于螺纹直径的尺寸（铸铁、铜、铝件等不小于螺纹直径的 1.5 倍），如螺孔深度不够螺纹直径尺寸，则螺钉必须拧满螺孔，否则均属失爆。

（27）隔爆接合面紧固螺栓应加装弹簧垫圈或背帽（用弹簧垫圈时其规格应与螺栓保持一致，紧固程度应以将其压平为合格）螺栓松动、无弹簧垫圈（或背帽）和弹垫不合格均属失爆。

（28）低压隔爆开关接线室不允许由电源侧进出线至负荷侧接线，或由负荷侧进出线至电源侧接线，磁力起动器的小喇叭嘴严禁引出引入动力线，否则为失爆。

（29）电缆护套伸入器壁要符合 5 ~ 15 mm 的要求，小于 5 mm 为失爆，大于 15 mm 为不完好，如粗电缆穿不进时，可将伸入器壁部分挫细。

（30）接线应整齐（不扭弯）、紧固、导电良好，无毛刺，卡爪（或平垫圈）弹簧垫（双帽）齐全（使用线鼻子可不用平垫圈）。接线后，卡爪（或平垫圈）不压绝缘胶皮，芯线裸露距卡爪（或平垫圈）不大于 1 mm，出现以上情况之一者均属设备不完好。

（31）两相低压导线裸露部分的空气间隙：500 V 以下不小于 6 mm，500V 以上不小于 10 mm，否则为失爆。

（32）高压电缆的连接，一律采用压接技术，接线柱使用压板接线时，压板凹面一律朝下，否则为不完好。

（33）接线室地线长度应适宜，以松开线嘴卡兰拉动电缆后，三相火线拉紧或松脱时，地线不掉为宜。接地螺栓、螺母、垫圈不允许涂绝缘物，卡爪（或平垫圈）要镀锌或镀锡，如出现不符合以上要求者均为不完好。

（34）采用铠装电缆供电时，使用密封圈要全部套在铅（铝）皮上，或者用绝缘胶灌至三岔口以上。未接线的线嘴应用同等厚度的卡兰和堵板或用绝缘胶堵死，否则为失爆。

（35）接线室（盒）应保持干净，无杂物和水珠，使用铠装电缆的接线室内允许有少量的油，但应定期擦干，否则该设备不完好。

（36）隔爆设备的隔爆腔之间严禁直接贯通，必须保持原设计的防爆性能，否则该设备为失爆。（接线柱、接线座有裂缝也属失爆）。

（37）隔爆开关闭锁后，接线板正面的带电螺栓应用绝缘材料封堵隔离带电体，否则该设备不完好。

（38）各种隔爆电气设备的保护装置和附件必须齐全、完整、可靠。损坏、拆除或失效均为不完好。

（39）防爆设备和元件的置放应平、直、稳，接线后，盖板和转盖应一律朝外，便于检修和维修，喇叭嘴严禁朝上，喇叭嘴电缆出口处应平滑，不得出现死弯，否则均为不完好。

（40）电钻插销的电流侧应接插座，负荷侧应接插销，如反接为失爆。

（41）接地线使用镀锌钢绞线时，接头处可以使用最少两道 U 型卡子连接，使用镀锌铁板时，一般用两道镀锌螺栓紧固（并加装弹垫或加背帽），螺栓直径不得小于 10 mm。

（42）电压在 36 V 以上和由于绝缘损坏可能带有危险电压的电气设备的金属外壳、构架、铠装电缆的钢带（或钢丝）、铅皮或屏蔽护套等必须有保护接地（除单按、双按、三按、照明灯具和声光电笛外）。

（43）电气设备必须有合格的接地装置，接地不合格的设备不算完好。变电硐室，配电点的设备必须有系统的局部接地，采、掘、开工作面所用设备要求有系统接地，综合保护器和漏电继电器要有合格的主、副接地板，采用串联接地的设备为不完好。

（44）接地螺栓应符合下列标准：

①电气设备的金属外壳和铠装电缆接线盒的外接地螺栓应齐全完整。

②外接地螺栓直径：容量小于或等于 5 kW 的不小于 M8；容量在 5 kW 至 10 kW 的不小于 M10；容量大于 10 kW 的不小于 M12；通信、信号、按钮、照明灯等小型设备不小于 M6。

③接地螺栓应进行电镀防锈处理。

（45）变电硐室的设备必须有标志牌（注明：编号、容量、用途、整定值、整定日期、负荷情况、短路电流、负责人等），如无标志牌或标志牌与实际不相符，该设备为不完好。

（46）局部通风机和掘进工作面的电气设备，必须全部实现风电闭锁和瓦斯电闭锁，在局部通风机专供电源的线路上不得接入其他机电设备。

（47）信号装置必须声光具备，清晰可靠。

（48）对只接电源，不接负荷的电气设备也属于检查范围。

（49）防爆型电气设备无论在矿井任何地方安装使用，均要按防爆设备的标准要求进行检查和维护。地面选煤楼电气设备也要安装防爆性设备，同时按防爆设备要求进行维护、保养、检查。如用于地面非防爆环境中只按设备完好标准来要求和检查。

（50）检查中发现设备有失爆现象的当场应积极处理，但处理后，本次检查仍按失爆计算。

4. 井下电钳工作业安全确认单

部门： 班次： 班

序号	确认事项	是（√）否（×）	序号	确认事项	是（√）否（×）
1	作业地点顶、帮支护良好，无安全隐患		6	电缆吊挂规范，无交叉现象	
2	绝缘、劳保、工具齐全完好，符合检修规定要求		7	设备、开关完好，接地装置齐全有效	
3	瓦斯浓度及有害气体符合规定要求		8	设备包机牌及防爆管理牌等齐全、完好、准确	
4	当班检修或维护设备的任务已明确		9	消防器材齐全、完好、有效	
5	设备供电及控制情况了解清楚		10	卫生干净整洁，物品摆放整齐，记录填写规范	

<table>
<tr><td colspan="3">交接班存在问题及处理情况</td><td colspan="3"></td></tr>
<tr><td rowspan="7">本班状况</td><td colspan="2">项目</td><td>确认内容</td><td>是（√）否（×）</td><td>说明</td></tr>
<tr><td colspan="2">工作情况</td><td>本班维护工作是否完成</td><td></td><td></td></tr>
<tr><td rowspan="2">环境情况</td><td>顶、帮情况</td><td>顶板、煤支护是否完好</td><td></td><td></td></tr>
<tr><td>瓦斯情况</td><td>瓦斯是否超限</td><td></td><td></td></tr>
<tr><td colspan="2">检修维护工具情况</td><td>检修维护工具是否齐全完好</td><td></td><td></td></tr>
<tr><td colspan="2">隐患处理情况</td><td>隐患是否处理完毕</td><td></td><td></td></tr>
<tr><td colspan="2">遗留问题</td><td>是否存在遗留问题</td><td></td><td></td></tr>
<tr><td colspan="3">交班人</td><td colspan="2"></td><td>接班人</td></tr>
<tr><td colspan="3">确认人</td><td colspan="3"></td></tr>
<tr><td colspan="3">确认意见</td><td colspan="3"></td></tr>
</table>

注：请在确认事项对应后面画“√”、“×”。

3.10.4 井筒检修工岗位操作标准

1. 井筒检修工岗位作业标准

部门：　　　　班组：

项目	作业程序	作业标准	安全要点
班前准备	通用程序	执行公司《班前礼仪标准》及《员工操作达标通用标准》的有关要求	
接班	1 进入工作地点 2 上班地点 3 明确责任区范围 4 互保、联保确认 5 询问 6 现场检查和试运转 7 问题的处理 8 履行交班手续 9 手指口述	1.1 准时进入工作地点 2.1 在主（副）井口位置上班 3.1 本岗位责任区的范围为：井口、井架、天轮 4.1 明确互保、联保人员，作业中严格执行“四不伤害” 5.1 详细询问交班岗位人员前一班的工作情况、环境情况、设备运行情况和隐患处理情况及遗留问题 6.1 查看有关工作日志 6.2 使用的工具、配件和劳保用品的检查 6.2.1 是否齐全、完好 6.2.2 佩戴是否正确 6.3 在交班岗位人员陪同下进行设施和环境检查 6.3.1 环境重点检查 1. 罐笼（箕斗）、天轮运行是否正常 2. 钢丝绳是否排列悬挂整齐、楔形连接装置是否完好 3. 井口附近有无杂物 4. 消防设施是否齐全完好 5. 照明是否正常、供电线路是否完好 6.3.2 设施重点检查 1. 井筒装备运行是否正常 2. 操车设备运行是否正常 3. 信号装置、通信装置是否完好 4. 各保护装置是否齐全完好 5. 工具、消防器材是否齐全完好 6. 记录台账是否规范完整 7.1 对前一班处理了的问题进行检查，并认真处理接班查出的问题 7.2 在工作日志中详细写明交接班遗漏问题及处理结果 8.1 履行接班手续，准备上岗作业 9.1 执行公司《“手指口述”实施细则》中相关岗位要求	
作业	1 作业要求 2 岗位隐患排查 3 记录	1.1 执行公司《安全技术操作规程汇编》中相关岗位要求 2.1 进行岗位隐患排查，对排查出的隐患及时处理，处理不了的及时报告当班跟班队长或班组长 3.1 填写必要的岗位记录	

（续）

项目	作业程序	作业标准	安全要点
下班	1　下班前的准备与自查	1.1　原则上，必须在本班内将存在问题彻底处理 1.2　下班前将使用过的工具、仪器清点好，并擦拭干净，存放好 1.3　预留一定时间对责任区卫生进行打扫 1.4　将检查发现的问题及本班设备运行情况、出现故障、处理措施、过程及遗留问题认真记录在工作日志中	
	2　汇报	2.1　对遗留问题，落实责任向上汇报	
	3　下班	3.1　下班条件设备运行正常、记录填写清楚、环境卫生干净整洁 3.2　执行《员工操作达标通用标准》 3.3　上井汇报，填写记录	

2. 井筒检修工“手指口述”

1）岗位描述

领导好，欢迎领导检查指导工作，我是本班井筒检修工×××，经安全培训、考试合格后，取得操作资格证，持证上岗（出示操作资格证）。

我的岗位职责是：我的职责应熟知《煤矿安全规程》的有关规定，熟练掌握井筒装备维护、检修质量、完好标准。负责对天轮、钢丝绳、箕斗（罐笼）、过卷过放设备、井筒内各装备的检修与维护、认真钻研业务技术，听从领导指挥，保质保量完成各项工作任务。

2）手指口述内容

安全确认

第一步：井口周围及附近无杂物，无安全隐患。确认完毕！

第二步：绝缘、劳保、工具齐全完好，符合检修规定要求。确认完毕！

第三步：照明及供电线路符合要求，与绞车房通信联络顺畅。确认完毕！

第四步：当班检修或维护设备的任务已明确。确认完毕！

第五步：罐笼（箕斗）、天轮运行正常。确认完毕！

第六步：钢丝绳排列悬挂整齐、楔形连接装置完好。确认完毕！

第七步：井筒装备运行正常、操车设备运行正常。确认完毕！

第八步：各保护装置齐全完好。确认完毕！

第九步：消防器材齐全、完好、有效。确认完毕！

第十步：卫生干净整洁，物品摆放整齐，记录填写规范。确认完毕！

手指口述完毕，可以进行作业。

3. 井筒检修完好标准

（1）天轮无异响，轮辐无明显变化，绳槽磨损不超标，天轮铜套无磨损润滑符合要求，轴承润滑正常。

（2）楔形连接装置无锈蚀和磨损符合规程要求，油缸及油管阀门完好，U 型卡无松动。

（3）箕斗耐磨板磨损不超标，耐磨板螺栓紧固，扇形闸门无变形开裂，滚轮转动灵活无损坏，伞帽固定牢固无开焊无变形，箕斗上无浮煤。

（4）曲轨固定牢固无变形，磨损不超标。

（5）固定罐耳与罐道间隙符合要求，罐耳底座连接牢固，滑动罐耳转动灵活，间隙符合要求。

（6）主罐道、辅助罐道磨损不超标、无严重锈蚀，各连接螺栓无松动，罐道紧固螺栓无脱落无松动。

（7）主钢丝绳无明显变形和外部损伤，断丝符合要求。

（8）尾声无断丝、松股、扭曲，尾绳架完好。

（9）井筒内装备完好，电缆、管线正常。

（10）照明正常，监控系统完好。

4. 井筒检修工作业安全确认单

部门： 班次： 班 交班时间：

序号	确认事项	是（√）否（×）	序号	确认事项	是（√）否（×）
1	井口周围及附近有无杂物和安全隐患		6	钢丝绳排列悬挂是否整齐、楔形连接装置是否完好	
2	绝缘、劳保、工具是否齐全完好，符合检修规定要求		7	井筒装备是否运行正常、操车设备是否运行正常	
3	照明及供电线路是否符合要求，通信联络是否顺畅		8	各保护装置是否齐全完好	
4	当班检修或维护设备的任务是否已明确		9	消防器材是否齐全、完好、有效	
5	罐笼（箕斗）、天轮运行是否正常		10	卫生是否干净整洁，物品摆放是否整齐，记录填写是否规范	

<table>
<tr><td colspan="2">交接班存在问题及处理</td><td colspan="4"></td></tr>
<tr><td rowspan="5">本班状况</td><td>项目</td><td>确认内容</td><td>是（√）否（×）</td><td colspan="2">说明</td></tr>
<tr><td>环境情况</td><td>井口周围及附近无杂物，无安全隐患</td><td></td><td colspan="2"></td></tr>
<tr><td>设备运行情况</td><td>检修各设备是否正常</td><td></td><td colspan="2"></td></tr>
<tr><td>隐患处理情况</td><td>隐患是否处理完毕</td><td></td><td colspan="2"></td></tr>
<tr><td>遗留问题</td><td>是否存在遗留问题</td><td></td><td colspan="2"></td></tr>
<tr><td colspan="2">交班人</td><td></td><td></td><td colspan="2"></td></tr>
<tr><td colspan="2">确认人</td><td colspan="2"></td><td>接班人</td><td></td></tr>
<tr><td colspan="2">确认意见</td><td colspan="4"></td></tr>
</table>

注：请在确认事项对应后画“√”、“×”。

3.10.5 进网电工岗位操作标准

1. 进网电工岗位作业标准

部门： 班组：

项目	作业程序	作业标准	安全要点
班前准备	通用程序	执行公司《班前礼仪标准》及《员工操作达标通用标准》的有关要求	
接班	1 进入工作地点 2 上班地点 3 明确责任区范围 4 互保、联保确认 5 询问 6 现场检查 7 问题的处理 8 履行交班手续 9 手指口述	1.1 准时进入工作地点 2.1 在工房上班 3.1 本岗位责任区的范围为包片范围内 4.1 明确互保、联保人员，作业中严格执行“四不伤害” 5.1 详细询问交班岗位人员前一班的工作情况、环境情况、设备运行情况和隐患处理情况及遗留问题 6.1 查看有关工作日志 6.2 使用的工具、配件和劳保用品的检查 6.2.1 是否齐全、完好 6.2.2 佩戴是否正确 6.3 在交班岗位人员陪同下进行设施和环境检查 6.3.1 环境重点检查 1. 巷道顶板支护是否完好 2. 电气设备表面有无积尘、杂物 3. 瓦斯浓度是否符合要求 4. 照明是否正常、供电线路是否完好 6.3.2 设施重点检查 1. 各开关保护装置是否齐全有效 2. 各开关是否符合防爆规定要求 3. 各开关的停送电标志牌是否齐全 4. 绝缘用具、备件、消防器材是否齐全完好 5. 电话通信是否正常 6. 记录台账是否规范完整 7.1 对前一班处理了的问题进行检查，并认真处理接班查出的问题 7.2 在工作日志中详细写明交接班遗漏问题及处理结果 8.1 履行接班手续，准备上岗作业 9.1 执行公司《“手指口述”实施细则》中相关岗位要求	
作业	1 作业要求 2 岗位隐患排查 3 记录	1.1 执行公司《安全技术操作规程汇编》中相关岗位要求 2.1 进行岗位隐患排查，对排查出的隐患及时处理，处理不了的及时报告当班跟班队长或班组长 3.1 填写必要的岗位记录	
下班	1 下班前的准备与自查 2 汇报 3 下班	1.1 原则上，必须在本班内将存在问题彻底处理 1.2 下班前将使用过的工具、仪器清点好，并擦拭干净，存放好 1.3 预留一定时间对责任区卫生进行打扫 1.4 将检查发现的问题及本班设备运行情况、出现故障、处理措施、过程及遗留问题认真记录在工作日志中 2.1 对遗留问题，落实责任向上汇报 3.1 下班条件检修设备运行正常、记录填写清楚、环境卫生干净整洁 3.2 执行《员工操作达标通用标准》 3.3 上井汇报，填写记录	

2. 进网电工“手指口述”

1）岗位描述

领导好，欢迎领导检查指导工作，我是本班进网电工×××，经安全培训、考试合格后，取得操作资格证，持证上岗（出示操作资格证）。

我的岗位职责是：熟知《煤矿安全规程》的有关规定，熟练掌握机电设备维护、检修质量、完好标准，严格工艺要求，杜绝电气失爆，严格执行供电“停送电制度”、“工作票制度” 和的地面安全供电要求。认真钻研业务技术，听从领导指挥，保质保量完成各项工作任务。

2）手指口述内容

安全确认

第一步：检修的设备状态良好，现场工作环境正常。确认完毕！

第二步：绝缘、劳保、工具齐全完好，符合检修规定要求。确认完毕！

第三步：设备停止状态和运行状态正常，可以检修。确认完毕！

第四步：当班检修或维护设备的任务已明确。确认完毕！

第五步：设备供电及控制了解清楚。确认完毕！

第六步：工作票和停送电票正确有效。确认完毕！

第七步：设备、开关完好，接地装置齐全有效。确认完毕！

第八步：设备包机牌及管理牌、警示牌等齐全、完好、准确。确认完毕！

第九步：消防器材齐全、完好、有效。确认完毕！

第十步：卫生干净整洁，物品摆放整齐，记录填写规范。确认完毕！

手指口述完毕，可以进行作业。

3. 进网电工作业安全确认单

部门：　　　　　　　　班次：　　班　　　　　　　　交班时间：

序号	确认事项	是（√）否（×）	序号	确认事项	是（√）否（×）
1	检修的设备状态是否良好，现场工作环境是否正常		6	工作票和停送电票是否正确有效	
2	绝缘、劳保、工具是否齐全完好，符合检修规定要求		7	设备、开关完好，接地装置是否齐全有效	
3	设备停止状态和运行状态是否正常		8	设备包机牌及管理牌、警示牌等是否齐全、完好、准确	
4	当班检修或维护设备的是否任务已明确		9	消防器材是否齐全、完好、有效	
5	设备供电及控制是否了解清楚		10	卫生是否干净整洁，物品是否摆放整齐，记录是否填写规范	
交接班存在问题及处理					

（续）

	项目	确认内容	是（√） 否（×）	说明
本班状况	环境情况	顶板、支护是否完好		
	设备运行情况	高爆、低压馈电开关、干变运行是否正常		
	隐患处理情况	隐患是否处理完毕		
	遗留问题	是否存在遗留问题		
交班人				
确认人			接班人	
确认意见				

注：请在确认事项对应后画“√”、“×”。

3.10.6　主水泵司机岗位操作标准

1. 主水泵司机岗位作业标准

部门：　　　　　　　　　　　　　　　　　　班组：

项目	作业程序	作业标准	安全要点
班前准备	通用程序	执行公司《班前礼仪标准》及《员工操作达标通用标准》的有关要求	
接班	1　进入工作地点 2　接班地点 3　明确责任区范围 4　互保、联保确认 5　询问 6　现场检查	1.1　准时进入工作地点 2.1　在主排水泵房位置交接班 3.1　本岗位责任区的范围为主排水泵房 4.1　明确互保、联保人员，作业中严格执行“四不伤害” 5.1　详细询问交班岗位人员前一班的工作情况、环境情况、设备运行情况和隐患处理情况及遗留问题 6.1　查看有关工作日志 6.2　使用的工具、配件和劳保用品的检查 6.2.1　是否齐全、完好 6.2.2　佩戴是否正确 6.3　在交班岗位人员陪同下进行设施和环境检查 6.3.1　环境重点检查 1. 顶板支护是否完好、小井井盖防护是否完好 2. 安全出口是否顺利通畅 3. 消防设施是否齐全完好 4. 照明是否正常、供电线路是否完好 6.3.2　设施重点检查 1. 水泵各部件连接螺栓是否紧固 2. 轴承润滑油的油量是否适当，润滑是否正常 3. 接地保护是否良好 4. 排水管路、阀门、排水压力是否正常 5. 电动机及电控开关是否正常完好 6. 绝缘用具、备件、消防器材是否齐全完好 7. 电话通信是否正常	

（续）

项目	作业程序	作业标准	安全要点
接班		8. 记录台账是否规范完整	
	7　问题的处理	7.1　对前一班处理了的问题进行检查，并认真处理接班查出的问题 7.2　在工作日志中详细写明交接班遗漏问题及处理结果	
	8　履行交班手续	8.1　履行接班手续，准备上岗作业	
	9　手指口述	9.1　执行公司《“手指口述”实施细则》中相关岗位要求	
作业	1　作业要求	1.1　执行公司《安全技术操作规程汇编》中相关岗位要求	
	2　岗位隐患排查	2.1　进行岗位隐患排查，对排查出的隐患及时处理处理不了的及时报告当班跟班队长或班组长	
	3　记录	3.1　填写必要的岗位记录	
交班	1　交班前的准备与自查	1.1　原则上，不可将问题遗留给下一班 1.2　预留一定时间对责任区卫生进行打扫 1.3　将检查发现的问题及本班设备运行情况、出现故障、处理措施、过程及遗留问题认真记录在工作日志中 1.4　交班前检查主排水泵盘根是否漏水 1.5　交班前检查排水泵软启动器工作状态是否正常	
	2　汇报	2.1　向接班人汇报工作情况、环境情况、设备运行情况和隐患处理情况及遗漏问题	
	3　接受、协助检查	3.1　接受、协助接班人现场检查	
	4　问题处理	4.1　发现问题立即协同处理 4.2　对遗留问题，落实责任向上汇报	
	5　交班	5.1　交班时间原则上控制在 20 min 左右 5.2　交班条件：设备运行正常、记录填写清楚、泵房环境卫生干净整洁 5.3　履行交班手续	
	6　下班	6.1　执行《员工操作达标通用标准》 6.2　上井汇报，填写记录	

2. 主水泵司机“手指口述”

1）岗位描述

我叫×××（姓名），是机电机运队井下中央水泵司机，坚决做到持证上岗，遵章作业。是否进行岗位描述？请指示!

我公司中央水泵房选用 MD450－60×8 型矿用耐磨多级离心泵三台，流量 450 m^3/h、扬程 480 m，配 YB630S2－4 型防爆电动机，功率 900 kW，电压 6 kV。排水管路为两趟 D325 无缝钢管，正常涌水时，一台水泵、一趟管路工作；最大涌水时，两台水泵、两趟管路同时工作。电控采用西门子 S7－300 系列 PLC，并结合各种传感器，完成系统的自动开停及切换功能。

我的岗位职责是：担负着矿井的排水任务，熟练掌握排水设备和启动控制、电气设备的构造、技术性能、工作原理，并做到会使用、保养、排除一般故障，遵守操作规程及《煤矿安全规程》的有关规定；正确使用安全防护用品，听从领导指挥，保质保量完成当班任务。

2）工艺流程

（1）检查设备各部位螺栓坚固，不得松动、联轴器间隙应符合规定。

（2）防护罩应可靠、轴承润滑油质合格，油量适当。

（3）油环转动平稳、灵活。

（4）吸水管道正常、吸水高度符合要求、吸水井内无杂物。

（5）接地系统符合规定。

（6）电压、电流、压力、真空压力变送器等各种仪表指示正常。

（7）电源电压符合电机启动要求。

（8）水泵、电机、排水管路、电动闸阀、电磁阀、流量计、水位传感器、自动控制柜各仪表指示正常。

3）手指口述内容

安全确认（班前、班后）

第一步：顶板支护完好、小井井盖防护完好。确认完毕！

第二步：安全出口顺利通畅。确认完毕！

第三步：消防设施齐全完好。确认完毕！

第四步：照明正常、供电线路完好。确认完毕！

第五步：水泵各部件连接螺栓紧固。确认完毕！

第六步：轴承润滑油油量适当，润滑正常。确认完毕！

第七步：接地保护良好。确认完毕！

第八步：排水管路、阀门、排水压力正常。确认完毕！

第九步：电动机及电控开关正常。确认完毕！

第十步：电话通信正常。确认完毕！

第十一步：记录台账规范完整。确认完毕！

3. 主排水泵完好标准

（1）主排水泵螺栓、螺母、背帽、开口销、护罩齐全完整紧固。

（2）泵体与排水管路无裂纹、不漏水，泵体和泵房内排水管路防腐良好，吸水管径不小于泵吸水口径，平衡盘调整合适，盘根滴水不成线、盘根箱不过热。

（3）逆止阀、闸阀、底阀齐全完整不漏水，闸门操作灵活。

（4）轴承油圈转动灵活、油质合格，滚动轴承温度不超过 75 ℃，轴承最大间隙符合要求。

（5）联轴节端面间隙比轴的最大串量大 2 ~ 3 mm，径向位移不大于 0.2 mm，胶圈外径与孔径不大于 2 mm。

（6）电动机和开关柜符合完好标准，压力表、电压表、电流表齐全完整。

（7）运转正常无异常振动，每年测定一次排水效率。

（8）设备与泵房整洁、水井无杂物，记录齐全完整。

4. 主水泵司机安全交接记录单

部门：　　　　班次：　　班　　　　交班时间：

序号	确认事项	是（√）否（×）	序号	确认事项	是（√）否（×）
1	顶板支护是否完好、小井井盖防护是否完好		3	消防设施是否齐全完好	
2	安全出口是否顺利通畅		4	照明是否正常、供电线路是否完好	

（续）

序号	确认事项	是（√） 否（×）	序号	确认事项	是（√） 否（×）
5	水泵各部件连接螺栓是否紧固		9	电动机及电控开关是否正常完好	
6	轴承润滑油的油量是否适当，润滑是否正常		10	电话通信是否正常	
7	接地保护是否良好		11	记录台账是否规范完整	
8	排水管路、阀门、排水压力是否正常				

交接班存在问题及处理				
本班状况	项目	确认内容	是（√） 否（×）	说明
	环境情况	顶板支护情况，安全出口是否畅通		
	设备运行情况	水泵运行是否正常		
	隐患处理情况	隐患是否处理完毕		
	遗留问题	是否存在遗留问题		
交班人				
确认人				接班人
确认意见				

注：请在确认事项对应后画“√”、“×”。

3.10.7 空压机司机岗位操作标准

1. 空压机司机岗位作业标准

部门： 班组：

项目	作业程序	作业标准	安全要点
班前准备	通用程序	执行公司《班前礼仪标准》及《员工操作达标通用标准》的有关要求	
接班	1 进入工作地点 2 上班地点 3 明确责任区范围 4 互保、联保确认 5 询问 6 现场检查	1.1 准时进入工作地点 2.1 在压风机房值班室位置上班 3.1 本岗位责任区的范围为压风机房 4.1 明确互保、联保人员，作业中严格执行“四不伤害” 5.1 详细询问交班岗位人员前一班的工作情况、环境情况、设备运行情况和隐患处理情况及遗留问题 6.1 查看有关工作日志 6.2 使用的工具、配件和劳保用品的检查	

（续）

项目	作业程序	作业标准	安全要点
接班		6.2.1 是否齐全、完好 6.2.2 佩戴是否正确 6.3 在交班岗位人员陪同下进行设施和环境检查 6.3.1 环境重点检查 1. 风包声音、油位是否正常 2. 消防设施是否齐全完好 3. 照明是否正常、配电柜各仪表显示是否正常 4. 各阀门、压力表工作是否指示正常 6.3.2 设施重点检查 1. 压风机声音、油位、温度是否正常 2. 主机及附属设备是否齐全完整 3. 电动机电源、电压和仪表盘是否指示正确 4. 绝缘用具、备件、消防器材是否齐全完好 5. 电话通信是否正常 6. 记录填写规范完整	
	7 问题的处理	7.1 对前一班处理了的问题进行检查，并认真处理接班查出的问题 7.2 在工作日志中详细写明交接班遗漏问题及处理结果	
	8 履行交班手续	8.1 履行接班手续，准备上岗作业	
	9 手指口述	9.1 执行公司《“手指口述”实施细则》中相关岗位要求	
作业	1 作业要求	1.1 执行公司《安全技术操作规程汇编》中相关岗位要求	
	2 岗位隐患排查	2.1 进行岗位隐患排查，对排查出的隐患及时处理，处理不了的及时报告当班跟班队长或班组长	
	3 记录	3.1 填写必要的岗位记录	
下班	1 下班前的准备与自查	1.1 整理好各种记录，搞好机房的文明生产 1.2 预留一定时间对责任区卫生进行打扫 1.3 将检查发现的问题及本班设备运行情况、出现故障、处理措施、过程及遗留问题认真记录在工作日志中	
	2 问题处理	2.1 发现问题立即处理 2.2 对遗留问题，落实责任向上汇报	
	3 下班	3.1 下班条件：设备运行正常，机房卫生干净整洁、记录填写规范 3.2 执行《员工操作达标通用标准》 3.3 到队部汇报、填写记录	

2. 空压机司机“手指口述”

1）岗位描述

领导好，欢迎领导检查指导工作，我是本班空压机司机×××，经安全培训、考试合格后，取得操作资格证，坚决做到持证上岗（出示操作资格证）。

本岗位现使用的是螺杆式空气压缩机，共 3 台，一台运行，两台备用，型号分别为 1 号为

EAS150G/8，额定排气量为20 m^3/min，额定压力0.85 MPa；2号为EAS300－2B，额定排气量为40 m^3/min，额定压力0.8 MPa；3号为EAS150B/8.5，额定排气量19 m^3/min，额定压力0.85 MPa。

我的岗位职责是：熟悉并准确无误地操作空压机，做好对压缩机、储气罐及各种压力部件等设备的巡检工作，保证空压机及所内设备的安全高效运转，以满足井下的采区、掘进工作面、安全救护及其他使用压风地点风动设施的压风动力。

2）手指口述内容

安全确认

第一步：室内门窗完好，屋顶无滴漏现象。确认完毕！

第二步：室内温、湿度适宜，符合规定要求。确认完毕！

第三步：空压机符合完好标准，运行正常。确认完毕！

第四步：安全阀及储气罐完好。确认完毕！

第五步：各管道阀门无跑、冒、滴、漏现象。确认完毕！

第六步：各仪器仪表显示屏数据显示准确。确认完毕！

第七步：各照明设施完好及明亮。确认完毕！

第八步：值班电话通信良好。确认完毕！

第九步：消防器材齐全、完好、有效。确认完毕！

第十步：卫生干净整洁，物品整齐摆放，记录填写规范。确认完毕！

手指口述完毕，可以进行工作。

3. 空压机完好标准（螺杆式空气压缩机）

（1）整机：

①外观完好，零、部件齐全完整。

②紧固件齐全、完好、紧固。

③螺杆机润滑良好，工作正常。

④油气分离器工作正常，油质、油位符合运行要求。

⑤内部管路连接牢固，无跑、冒、滴、漏现象。

⑥安全阀、压力表齐全完好，校验合格安装规范。

⑦油漆完好，无锈蚀情况。

（2）电气部分：

①工作电源供电正常，符合运行要求。

②电动机运转正常。

③电气控制部分运行正常，线路完好无破损。

④显示屏显示数据正确，符合井下用风要求。

（3）附属部分：

①管路连接规范，无跑、冒、滴、漏现象。

②释压阀、安全阀、压力表齐全完好，检验合格安装规范。

③储气罐完好，管路连接规范，排污设施齐全有效。

④附属设备设施外观完好，无油漆脱落，无腐蚀现象。

（4）安全设施：

①旋转部位护罩齐全、完好，安装规范。

②高温部位有警示牌及安全防护设施。

4. 空压机司机班安全确认单

部门： 班次： 班

	检查事项	检查情况 是（√）否（×）		
		零点班	八点班	四点班
交接班安全确认内容	室内门窗是否完好，屋顶无滴漏现象			
	室内温、湿度是否符合规定要求			
	空压机是否符合完好标准，是否运行正常			
	安全阀及储气罐是否完好			
	各管道阀门是否有跑、冒、滴、漏现象			
	各仪器仪表显示屏数据是否显示准确			
	各照明设施是否完好及明亮			
	值班电话是否通信良好			
	消防器材是否齐全、完好、有效			
	卫生是否干净整洁，物品是否整齐摆放，记录是否填写规范			

3.10.8 主要通风机司机岗位操作标准

1. 主要通风机司机岗位作业标准

部门： 班组：

项目	作业程序	作业标准	安全要点
班前准备	通用程序	执行公司《班前礼仪标准》及《员工操作达标通用标准》的有关要求	
接班	1 进入工作地点 2 上班地点 3 明确责任区范围 4 互保、联保确认 5 询问 6 现场检查	1.1 准时进入工作地点 2.1 在主要通风机机房值班室位置上班 3.1 本岗位责任区的范围为主要通风机机房配电室、1、2 号主要通风机及周围 4.1 明确互保、联保人员，作业中严格执行“四不伤害” 5.1 详细询问交班岗位人员前一班的工作情况、环境情况、设备运行情况和隐患处理情况及遗留问题 6.1 查看有关工作日志 6.2 使用的工具、配件和劳保用品的检查 6.2.1 是否齐全、完好 6.2.2 佩戴是否正确 6.3 在交班岗位人员陪同下进行设施和环境检查 6.3.1 环境重点检查 1. 主要通风机声音是否正常	

（续）

项目	作业程序	作业标准	安全要点
接班		2. 防爆门、配重是否正常 3. 蝶阀位置是否正确、安全通道是否通畅 4. 照明是否正常 6.3.2　设施重点检查 1. 主电机、主体风筒及辅助设备的连接部位、螺栓是否牢固 2. 各轴承、温度、油量、油质及超温报警是否正常 3. 高、低压开关是否运行正常 4. 电脑监控画面指示是否正确 5. 绝缘用具、备件、消防器材是否齐全完好 6. 电话通信是否正常 7. 记录台账是否规范完整	
	7　问题的处理	7.1　对前一班处理了的问题进行检查，并认真处理接班查出的问题 7.2　在工作日志中详细写明交接班遗漏问题及处理结果	
	8　履行交班手续	8.1　履行接班手续，准备上岗作业	
	9　手指口述	9.1　执行公司《“手指口述”实施细则》中相关岗位要求	
作业	1　作业要求	1.1　执行公司《安全技术操作规程汇编》中相关岗位要求	
	2　岗位隐患排查	2.1　进行岗位隐患排查，对排查出的隐患及时处理，处理不了的及时报告当班跟班队长或班组长	
	3　记录	3.1　填写必要的岗位记录	
下班	1　下班前的准备与自查	1.1　整理好各种记录，搞好机房的文明生产 1.2　清扫机房内外环境卫生，保持机房文明生产标准对设备按巡检路线及内容进行自查；清点工具、配件、材料和消防器材，并放置整齐 1.3　预留一定时间对责任区卫生进行打扫 1.4　将检查发现的问题及本班设备运行情况、出现故障、处理措施、过程及遗留问题认真记录在工作日志中	
	2　汇报	2.1　对遗留问题，落实责任向上汇报	
	3　下班	3.1　下班条件：机房环境卫生干净整洁、设备运行正常、记录填写清楚 3.2　执行《员工操作达标通用标准》 3.3　到队部汇报、填写记录	

2. 主要通风机司机“手指口述”

1）岗位描述

领导好，欢迎领导检查指导工作，我是本班主要通风机司机×××，经安全培训、考试合格后，取得操作资格证，持证上岗（出示操作资格证）。

我岗位主要通风机为抽出式对旋式轴流通风机，共2台，型号为FBCDZ. NO26，单台功率355 kW×2，运行电压为6 kV。风量5400～8760 m^3/min，风压1560～3580 Pa。主要通风机房配电室配备6 kV高压柜12台，低压配电柜3台。风机一台使用，一台备用，能满足矿井的通风要求。

我的岗位职责是：严格按主要通风机操作规程和安全生产标准化要求进行操作和维护主风机，并认真填写好各项记录，确保主风机正常有效的运转。检修、切换以及反风操作时必须在 10 min 内完成，以确保矿井通风的持续稳定。

2）手指口述内容

安全确认（班前、班中、班后）

第一步：室内门窗完好，屋顶无滴漏现象。确认完毕！

第二步：室内温、湿度适宜，符合规定要求。确认完毕！

第三步：主风机及附属设备完好，运行正常。确认完毕！

第四步：电气控制柜完好，运行正常。确认完毕！

第五步：各运行数据显示准确，符合矿井通风要求。确认完毕！

第六步：各照明灯具完好明亮。确认完毕！

第七步：值班电话通信良好。确认完毕！

第八步：绝缘用具齐全完好有效，验电笔符合检测电要求。确认完毕！

第九步：消防器材齐全、完好、有效。确认完毕！

第十步：卫生干净整洁，物品摆放整齐，记录填写规范。确认完毕！

手指口述完毕，可以进行工作。

3. 主要通风机司机完好标准

（1）主风机：

①主风机安装稳固，紧固件齐全完整。

②各部件搭接规范，无漏风情况。

③风机运行平稳，各项运行指标符合完好标准。

④油漆完好，无锈蚀情况。

（2）高压柜：

①高压柜运行正常，各项保护投入有效。

②工作电源和控制电源显示正常，符合运行要求。

③断路器位置正确，符合运行要求。

④显示装置齐全，状态显示正确。

⑤操作旋钮齐全完好，操作灵活可靠。

（3）低压控制柜：

①低压柜外观完好，各分支供电断路器运行正常。

②直流屏工作正常，充放电符合运行要求。

③蓄电池柜工作正常，电压、电流符合运行要求。

（4）在线监测系统：

①在线监测柜运行，各指示信号准确。

②电脑运行正常，操作灵敏，状态显示正确。

（5）附属设施：

①闸板位置正确，无明显漏风。

②防爆井盖完好，无漏风情况。

③安全出口门打开灵活，道路畅通。

④检修通道畅通，无障碍。

（6）标示：各设备设施标示齐全完好，准确。

4. 主要通风机司机班安全确认单

部门：　　　　　　　　　　　　　　　　班次：　　班

	检查事项	检查情况 是（√）否（×）		
		零点班	八点班	四点班
交接班安全确认内容	室内门窗是否完好，屋顶是否有滴漏现象			
	室内温、湿度是否符合规定要求			
	主风机及附属设备是否完好，运行正常			
	电气控制柜是否完好，运行正常			
	各运行数据是否显示准确，是否符合矿井通风要求			
	各照明灯具是否完好明亮			
	值班电话是否通信良好			
	绝缘用具是否齐全完好有效，验电笔符合检测电要求			
	消防器材是否齐全、完好、有效			
	卫生是否干净整洁，物品是否整齐摆放，记录是否填写规范			

3.10.9 主提升机司机岗位操作标准

1. 主提升机司机岗位作业标准

部门：　　　　　　　　　　　　　　　　班组：

项目	作业程序	作业标准	安全要点
班前准备	通用程序	执行公司《班前礼仪标准》及《员工操作达标通用标准》的有关要求	
接班	1 进入工作地点 2 接班地点 3 明确责任区范围 4 互保、联保确认 5 询问 6 现场检查和试运转	1.1 准时进入工作地点 2.1 在主绞车房操作室位置交接班 3.1 本岗位责任区的范围为变压器室、风机室、液压站室、操作室、配电室和电缆层等 4.1 明确互保、联保人员，作业中严格执行“四不伤害” 5.1 详细询问交班岗位人员前一班的工作情况、环境情况、设备运行情况和隐患处理情况及遗留问题 6.1 查看有关工作日志 6.2 使用的工具、配件和劳保用品的检查 6.2.1 是否齐全、完好 6.2.2 佩戴是否正确 6.3 在交班岗位人员陪同下进行设施和环境检查 6.3.1 环境重点检查 1. 提升机各运转部位声响正常 2. 钢丝绳排列是否整齐 3. 消防设施是否齐全完好 4. 通风设施运行是否正常	

（续）

项目	作业程序	作业标准	安全要点
接班		5. 照明是否正常、供电线路是否完好 6.3.2 设施重点检查 1. 高、低压配电柜是否工作正常 2. 提升机滚筒、电机运转是否正常 3. 液压站工作是否正常 4. 操作室各电脑显示数据是否正常 5. 绝缘用具、备件消防器材是否齐全完好 6. 电话通信是否正常 7. 记录台账是否规范完整	
	7 问题的处理	7.1 对前一班处理了的问题进行检查，并认真处理接班查出的问题 7.2 在工作日志中详细写明交接班遗漏问题及处理结果	
	8 履行交班手续	8.1 履行接班手续，准备上岗作业	
	9 手指口述	9.1 执行公司《“手指口述”实施细则》中相关岗位要求	
作业	1 作业要求	1.1 执行公司《安全技术操作规程汇编》中相关岗位要求	
	2 岗位隐患排查	2.1 进行岗位隐患排查，对排查出的隐患及时处理，处理不了的及时报告当班跟班队长或班组长	
	3 记录	3.1 填写必要的岗位记录	
交班	1 交班前的准备与自查	1.1 原则上，不可将问题遗留给下一班 1.2 下班前要进行一次卫生清扫，对机械各部进行清理擦拭，做到无油污和灰尘 1.3 预留一定时间对责任区卫生进行打扫 1.4 将检查发现的问题及本班设备运行情况、出现故障、处理措施、过程及遗留问题认真记录在工作日志中 1.5 交班前确认箕斗是否正在运行，主井信号工是否到位，箕斗运行过程中禁止交班	
	2 汇报	2.1 向接班人汇报工作情况、环境情况、设备运行情况和隐患处理情况及遗漏问题	
	3 接受、协助检查	3.1 接受、协助接班人现场检查	
	4 问题处理	4.1 发现问题立即协同处理 4.2 对遗留问题，落实责任向上汇报	
	5 交班	5.1 交班时间原则上控制在 20 min 左右 5.2 交班条件：设备运行正常、记录填写清楚、卫生打扫干净 5.3 履行交班手续	
	6 下班	6.1 执行《员工操作达标通用标准》 6.2 到队部汇报、填写记录	

2. 主提升机司机“手指口述”

1）岗位描述

我叫×××（姓名），是机电机运队主井提升机司机，坚决做到持证上岗，遵章作业。是否进行岗位描述？请指示！

我公司主提升系统高度 438. 45 m，提升机采用洛阳矿山机械厂生产的 JKMD4 ×4(Ⅲ)E多绳摩擦式提升机，最大速度为 10. 47 m/s，最大静张力差 18 t；拖动电机选用上海电机 ZKTD285/60(2200 kW) 低速直联直流电动机。控制部分采用西门子公司可编程序控制器，传动部分采用 ABB 公司全数字调速装置，具有过卷、过速、限速、满仓、闸间隙保护、深度指示器失效保护、过负荷和欠电压、减速功能保护等保护装置，能完全满足《煤矿安全规程》的规定。

我的岗位职责是：担负矿井原煤的提升任务，并对所有设备的运行状况进行巡回检查，认真执行交接班制度，操作时要严密监视运行，掌握运行状态和仪表指示，严格遵守立井绞车司机技术操作规程及《煤矿安全规程》的有关规定。正确使用安全防护用品，听从领导指挥，保质保量完成当班任务。

2）工艺流程

交接班：

（1）按时进入规定的接班地点进行接班，详细询问上一班的工作情况和设备运行情况，隐患处理情况及遗留问题。

（2）查看有关记录台账。

（3）在交班司机陪同下，对操作台各仪表、各保护装置、提升装置、信号、通信、消防设施、电动机、滚筒、电脑监控画面显示数据、司机台及各支撑轴承等进行检查。

（4）对高低压开关柜、变流器柜、励磁柜、变压器、计算机柜等电气设备进行检查。对制动装置、执行机构、传动机构、二级制动压力、油泵以及管路、阀门进行检查。试验过卷保护装置、闸间隙保护、松绳保护、减速保护正常。

巡查时：

按照巡回检查路线图对各电控柜、信号、编码器、高压柜、变压器、冷却风机、过滤卷帘等进行现场检查。

3）手指口述内容

安全确认（班前、班后）

第一步：提升机各运转部位运转正常。确认完毕！

第二步：钢丝绳排列整齐。确认完毕！

第三步：提升机滚筒、电机运转正常。确认完毕！

第四步：液压站工作正常。确认完毕！

第五步：照明正常，供电线路完好。确认完毕！

第六步：高、低压配电柜工作正常。确认完毕！

第七步：电动机冷却风机运行正常。确认完毕！

第八步：整流变压器、快开工作正常。确认完毕！

第九步：操作室各电脑显示数据正常。确认完毕！

第十步：绝缘用具、备件、消防器材齐全完好。确认完毕！

第十一步：电话通信正常。确认完毕！

第十二步：记录台账规范完整。确认完毕！

安全确认（班中）

巡检时：

（手指）主机：（口述）地脚螺栓紧固，防护齐全，滚筒绳槽符合要求；轴承润滑良好；闸瓦间隙正常，闸盘表面清洁；电机正常，确认完毕。

（手指）液压站：（口述）液压站工作压力、二级制动压力正常，管路完好。

（手指）高压柜、低压柜、数控柜、变流器柜：（口述）提升机高压柜、控制柜运行正常。

（手指）整流变压器：（口述）整流变压器工作正常。

（手指）过滤卷帘、冷却风机：（口述）电机冷却系统工作正常，确认完毕。

运转时：

（手指）主机：（口述）提升机各运转部位声响正常，无异常振动；钢丝绳无跳动。

（手指）操作台：（口述）监控数据读数正常；操作台仪表指示正常；深度指示器显示正常；提升机各运转部位保护正常，确认完毕。

3. 主提升绞车完好标准

（1）绞车各部螺栓、螺母、背帽、垫圈、开口销、护罩齐全完整紧固。

（2）滚筒：

①无开焊、裂纹及变形，铆钉、键不松动。

②滚筒上缠绕的钢丝绳和固定符合煤矿安全规程的规定。

（3）减速器：

①齿轮咬合面沿齿长不小于50%，沿齿高不小于40%。

②齿厚磨损不得超过原齿厚的15%，齿面剥落不超过齿有效面积的25%。

③油质合格不漏油。

④运行中无异响。

（4）轴承：

①主轴及减速机轴的水平度偏差不超过0.2%；轴瓦无裂纹与剥落。

②滑动轴承的配合间隙不超过要求。

③轴承最大振幅不超过要求。

④轴与下瓦接触应符合要求。

（5）制动系统：

①制动系统各部件灵活、可靠，各销轴不松旷，不缺油。

②闸轮无磨损和变形，闸瓦与闸轮接触严密，松闸后间隙：平移式不大于2 mm，且上下相等；角移式在闸瓦中心不大于2.5 mm，闸的工作行程不超过全行程的3/4。

③盘形闸的液压系统要求：液压管路不漏油，最大压力能充分松闸，松闸后间隙不小于2 mm；残压不大于7 kgf/cm^2（1 kgf/cm^2 = 0.0980665 MPa）；液压站压力与操作手柄位置要一致。

④制动装置的试验符合《煤矿安全规程》规定。

（6）深度指示器与安全保护装置：

①深度指示器指示准确，指针行程不小于全行程的3/4。

②有过卷、过速、限速、紧急制动、低电压、过电流、油压、闸瓦磨损、安全门保护闭锁、减速警铃装置，并且齐全、准确、可靠。

（7）信号与仪表：

①信号声光具备、清晰可靠，有与信号工联络的专用对讲机。

②电流表、电压表、压力表、温度计齐全，指示准确并定期校验。

注：检验期不超过一年。

（8）电气：

①电动机、高压开关柜应符合其完好标准。

②高压换向器与磁开关，触头接触良好。

③不漏电，消弧装置齐全、完整、无裂纹。

④继电保护装置定期校验，准确可靠。

⑤接地良好。

注：检查、试验记录有效期一年。

（9）资料整洁：

①设备与机房整洁，工具与备件存放整齐。

②有《煤矿安全规程》规定的文件和检查检修记录。

4. 主提升司机安全交接班记录单

部门： 班次： 班 交班时间：

序号	确认事项	是（√） 否（×）	序号	确认事项	是（√） 否（×）
1	提升机各运转部位运转正常		7	电动机冷却风机运行是否正常	
2	钢丝绳排列是否整齐		8	整流变压器、快开工作正常	
3	提升机滚筒、电机运转是否正常		9	操作室各电脑显示数据是否正常	
4	液压站工作是否正常		10	绝缘用具、备件消防器材是否齐全完好	
5	照明是否正常、供电线路是否完好		11	电话通信是否正常	
6	高、低压配电柜是否工作正常		12	记录台账是否规范完整	

交接班存在问题及处理					
本班状况	项目	确认内容	是（√） 否（×）	说明	
	工作情况	本班提煤___斗， 合计___t，是否完成生产任务			
	设备运行情况	提升机运行是否正常			
	隐患处理情况	隐患是否处理完毕			
	遗留问题	是否存在遗留问题			
交班人					
确认人				接班人	
确认意见					

注：请在确认事项对应后面画“√”、“×”。

3.10.10 副提升机司机岗位操作标准

1. 副提升机司机岗位作业标准

部门： 班组：

项目	作业程序	作业标准	安全要点
班前准备	通用程序	执行公司《班前礼仪标准》及《员工操作达标通用标准》的有关要求	

（续）

项目	作业程序	作业标准	安全要点
接班	1 进入工作地点 2 接班地点 3 明确责任区范围 4 互保、联保确认 5 询问 6 现场检查 7 问题的处理 8 履行交班手续 9 手指口述	1.1 准时进入工作地点 2.1 在副绞车房操作室交接班 3.1 本岗位责任区的范围为变压器室、风机室、液压站室、操作室、配电室和电缆层等 4.1 明确互保、联保人员，作业中严格执行“四不伤害” 5.1 详细询问交班岗位人员前一班的工作情况、环境情况、设备运行情况和隐患处理情况及遗留问题 6.1 查看有关工作日志 6.2 使用的工具、配件和劳保用品的检查 6.2.1 是否齐全、完好 6.2.2 佩戴是否正确 6.3 在交班岗位人员陪同下进行设施和环境检查 6.3.1 环境重点检查 1. 提升机各运转部位声响是否正常 2. 钢丝绳排列是否整齐 3. 消防设施是否齐全完好 4. 通风设施运行是否正常 5. 照明是否正常、供电线路是否完好 6.3.2 设施重点检查 1. 高、低压配电柜工作是否正常 2. 提升机滚筒、电机运转是否正常 3. 液压站工作是否正常 4. 操作室各电脑显示数据是否正常 5. 绝缘用具、备件消防器材是否齐全完好 6. 电话通信是否正常 7. 记录台账是否规范完整 7.1 对前一班处理了的问题进行检查，并认真处理接班查出的问题 7.2 在工作日志中详细写明交接班遗漏问题及处理结果 8.1 履行接班手续，准备上岗作业 9.1 执行公司《“手指口述”实施细则》中相关岗位要求	
作业	1 作业要求 2 岗位隐患排查 3 记录	1.1 执行公司《安全技术操作规程汇编》中相关岗位要求 2.1 进行岗位隐患排查，对排查出的隐患及时处理，处理不了的及时报告当班跟班队长或班组长 3.1 填写必要的岗位记录	
交班	1 交班前的准备与自查 2 汇报 3 接受、协助检查	1.1 原则上，不可将问题遗留给下一班 1.2 下班前要进行一次卫生清扫，对机械各部进行清理擦拭，做到无油污和灰尘 1.3 预留一定时间对责任区卫生进行打扫 1.4 将检查发现的问题及本班设备运行情况、出现故障、处理措施、过程及遗留问题认真记录在工作日志中 1.5 交班时观察高压配电柜及低压控制柜各仪表指示是否正确 2.1 向接班人汇报工作情况、环境情况、设备运行情况和隐患处理情况及遗漏问题 3.1 接受、协助接班人现场检查	

（续）

项目	作业程序	作业标准	安全要点
交班	4 问题处理 5 交班 6 下班	4.1 发现问题立即协同处理 4.2 对遗留问题，落实责任向上汇报 5.1 交班时间原则上控制在20 min左右 5.2 交班条件：设备运行正常、记录填写清楚、卫生打扫干净 5.3 履行交班手续 6.1 执行《员工操作达标通用标准》 6.2 到队部汇报、填写记录	

2. 副提升机司机“手指口述”

1）岗位描述

我叫×××（姓名），是副井提升机司机，坚决做到持证上岗，遵章作业。是否进行岗位描述？请指示！

我公司副井提升高度为451.38 m，提升机选用洛阳中信的JKMD3.5×4（Ⅲ）E多绳摩擦式提升机，最大速度为9.16 m/s，最大静张力差为14 t；拖动电机选用上海电机ZKTD215/58（1250 kW）低速直联直流电动机。控制部分采用西门子可编程序控制器，传动部分采用ABB公司全数字调速装置。具有过卷、过速、限速、闸间隙保护、深度指示器失效保护、过负荷和欠电压、减速功能保护等保护装置，能完全满足《煤矿安全规程》的规定。

我的岗位职责是：担负人员、材料、设备和矸石等辅助提升任务，并对所有设备的运行状况进行巡回检查，认真执行交接班制度，操作时要严密监视运行情况，掌握运行状态和仪表指示，严格遵守提升机司机技术操作规程及《煤矿安全规程》的有关规定。正确使用安全防护用品，听从领导指挥，保质保量完成当班任务。

2）工艺流程

交接班：

（1）按时进入规定的接班地点进行接班，详细询问上一班的工作情况和设备运行情况，隐患处理情况及遗留问题。

（2）查看有关记录台账。

（3）在交班司机陪同下，对操作台各仪表、各保护装置、提升装置、信号、通信、消防设施、电动机、滚筒、电脑监控画面显示数据、司机台及各支撑轴承等进行检查。

（4）对高低压开关柜、变流器柜、励磁柜、变压器、计算机柜等电气设备进行检查。对制动装置、执行机构、传动机构、二级制动压力、油泵以及管路、阀门进行检查。试验过卷保护装置、闸间隙保护、松绳保护、减速保护正常。

巡查时：

按照巡回检查路线图对各电控柜、信号、编码器、高压柜、变压器、冷却风机、过滤卷帘等进行现场观察。

3）手指口述内容

安全确认（班前、班后）

第一步：提升机各运转部位运转正常。确认完毕！

第二步：钢丝绳排列整齐。确认完毕！

第三步：提升机滚筒、电机运转正常。确认完毕！

第四步：液压站工作正常。确认完毕！

第五步：照明正常，供电线路完好。确认完毕！

第六步：高、低压配电柜工作正常。确认完毕！

第七步：电动机冷却风机运行正常。确认完毕！

第八步：整流变压器、快开工作正常。确认完毕！

第九步：操作室各电脑显示数据正常。确认完毕！

第十步：绝缘用具、备件、消防器材齐全完好。确认完毕！

第十一步：电话通信正常。确认完毕！

第十二步：记录台账规范完整。确认完毕！

安全确认（班中）

巡检时：

（手指）主机：（口述）地脚螺栓紧固，防护齐全，滚筒绳槽符合要求；轴承润滑良好；闸瓦间隙正常，闸盘表面清洁；电机正常，确认完毕。

（手指）液压站：（口述）液压站工作压力、二级制动压力正常，管路完好。

（手指）高压柜、低压柜、数控柜、变流器柜：（口述）提升机高压柜、控制柜运行正常。

（手指）整流变压器：（口述）整流变压器工作正常。

（手指）过滤卷帘、冷却风机：（口述）电机冷却系统工作正常，确认完毕。

运转时：

（手指）主机：（口述）提升机各运转部位声响正常，无异常振动；钢丝绳无跳动。

（手指）操作台：（口述）监控数据读数正常；操作台仪表指示正常；深度指示器显示正常；提升机各运转部位保护正常，确认完毕。

3. 副提升绞车完好标准

（1）绞车各部螺栓、螺母、背帽、垫圈、开口销、护罩齐全完整紧固。

（2）滚筒：

①无开焊、裂纹及变形，铆钉、键不松动。

②滚筒上缠绕的钢丝绳和固定符合煤矿安全规程的规定。

（3）减速器：

①齿轮咬合面沿齿长不小于50%，沿齿高不小于40%。

②齿厚磨损不得超过原齿厚的15%，齿面剥落不超过齿有效面积的25%。

③油质合格不漏油。

④运行中无异响。

（4）轴承：

①主轴及减速机轴的水平度偏差不超过0.2%；轴瓦无裂纹与剥落。

②滑动轴承的配合间隙不超过要求。

③轴承最大振幅不超过要求。

④轴与下瓦接触应符合要求。

（5）制动系统：

①制动系统各部件灵活、可靠，各销轴不松旷，不缺油。

②闸轮无磨损和变形，闸瓦与闸轮接触严密，松闸后间隙：平移式不大于2 mm，且上下相等；角移式在闸瓦中心不大于2.5 mm，闸的工作行程不超过全行程的3/4。

③盘形闸的液压系统要求：液压管路不漏油，最大压力能充分松闸，松闸后间隙不小于2 mm；残压不大于7 kgf/cm^2（1 kgf/cm^2 = 0.0980665 MPa）；液压站压力与操作手柄位置要一致。

④制动装置的试验符合《煤矿安全规程》规定。

（6）深度指示器与安全保护装置：

①深度指示器指示准确，指针行程不小于全行程的 3/4。

②有过卷、过速、限速、紧急制动、低电压、过电流、油压、闸瓦磨损、安全门保护闭锁、减速警铃装置，并且齐全、准确、可靠。

（7）信号与仪表：

①信号声光具备、清晰可靠，有与信号工联络的专用对讲机。

②电流表、电压表、压力表、温度计齐全，指示准确并定期校验。

注：检验期不超过一年。

（8）电气：

①电动机、高压开关柜应符合其完好标准。

②高压换向器与磁开关，触头接触良好。

③不漏电，消弧装置齐全、完整、无裂纹。

④继电保护装置定期校验，准确可靠。

⑤接地良好。

注：检查、试验记录有效期一年。

（9）资料整洁：

①设备与机房整洁，工具与备件存放整齐。

②有《煤矿安全规程》规定的文件和检查检修记录。

4. 副井提升司机安全交接记录单

部门：　　　　班次：　班　　　　交班时间：

<table>
<tr><th>序号</th><th>确认事项</th><th>是（√）
否（×）</th><th>序号</th><th>确认事项</th><th>是（√）
否（×）</th></tr>
<tr><td>1</td><td>提升机各运转部位运转正常</td><td></td><td>7</td><td>电动机冷却风机运行是否正常</td><td></td></tr>
<tr><td>2</td><td>钢丝绳排列是否整齐</td><td></td><td>8</td><td>整流变压器、快开工作正常</td><td></td></tr>
<tr><td>3</td><td>提升机滚筒、电机运转是否正常</td><td></td><td>9</td><td>操作室各电脑显示数据是否正常</td><td></td></tr>
<tr><td>4</td><td>液压站工作是否正常</td><td></td><td>10</td><td>绝缘用具、备件消防器材是否齐全完好</td><td></td></tr>
<tr><td>5</td><td>照明是否正常、供电线路是否完好</td><td></td><td>11</td><td>电话通信是否正常</td><td></td></tr>
<tr><td>6</td><td>高、低压配电柜是否工作正常</td><td></td><td>12</td><td>记录台账是否规范完整</td><td></td></tr>
</table>

<table>
<tr><td colspan="2">交接班存在问题及处理</td><td colspan="4"></td></tr>
<tr><td rowspan="5">本班状况</td><td>项目</td><td>确认内容</td><td>是（√）
否（×）</td><td colspan="2">说明</td></tr>
<tr><td>工作情况</td><td>本班提升____勾，是否完成生产任务</td><td></td><td colspan="2"></td></tr>
<tr><td>设备运行情况</td><td>提升机运行是否正常</td><td></td><td colspan="2"></td></tr>
<tr><td>隐患处理情况</td><td>隐患是否处理完毕</td><td></td><td colspan="2"></td></tr>
<tr><td>遗留问题</td><td>是否存在遗留问题</td><td></td><td colspan="2"></td></tr>
<tr><td colspan="2">交班人</td><td></td><td></td><td colspan="2"></td></tr>
<tr><td colspan="2">确认人</td><td colspan="2"></td><td>接班人</td><td></td></tr>
<tr><td colspan="2">确认意见</td><td colspan="4"></td></tr>
</table>

注：请在确认事项对应后画“√”、“×”。

3.10.11　副井口调车工岗位操作标准

1. 副井口调车工岗位作业标准

部门：　　　　　　　　　　　　　　　　班组：

项目	作业程序	作业标准	安全要点
班前准备	通用程序	执行公司《班前礼仪标准》及《员工操作达标通用标准》的有关要求	
接班	1　进入工作地点 2　接班地点 3　明确责任区范围 4　互保、联保确认 5　询问 6　现场检查 7　问题的处理 8　履行交班手续 9　手指口述	1.1　准时进入工作地点 2.1　在副井口位置交接班 3.1　本岗位责任区的范围为：调车机范围内轨道、变向小轮、钢丝绳、小车以及对液压系统、驱动装置、钢丝绳张紧装置等 4.1　明确互保、联保人员，作业中严格执行“四不伤害” 5.1　详细询问交班岗位人员前一班的工作情况、环境情况、设备运行情况和隐患处理情况及遗留问题 6.1　查看有关工作日志 6.2　使用的工具、配件和劳保用品的检查 6.2.1　是否齐全、完好 6.2.2　佩戴是否正确 6.3　在交班岗位人员陪同下进行设施和环境检查 6.3.1　环境重点检查 1. 车辆是否完好，装车是否符合要求 2. 道路畅通有无障碍 3. 语音报警声音是否正常；照明是否正常 4. 消防设施是否齐全完好 6.3.2　设施重点检查 1. 调车机控制箱各仪表指示是否正常 2. 阻车器、道岔设施是否完好，操车是否正常 3. 信号系统和通信系统是否齐全完好 7.1　对前一班处理了的问题进行检查，并认真处理接班查出的问题 7.2　在工作日志中详细写明交接班遗漏问题及处理结果 8.1　履行接班手续，准备上岗作业 9.1　执行公司《“手指口述”实施细则》中相关岗位要求	
作业	1　作业要求 2　岗位隐患排查 3　记录	1.1　执行公司《安全技术操作规程汇编》中相关岗位要求 2.1　进行岗位隐患排查，对排查出的隐患及时处理，处理不了的及时报告当班跟班队长或班组长 3.1　填写必要的岗位记录	
交班	1　交班前的准备与自查	1.1　原则上，不可将问题遗留给下一班 1.2　查看有关工作日志填写；检查使用的工具、配件和劳保用品是否齐全、完好，佩戴是否正确 1.3　预留一定时间对责任区卫生进行打扫 1.4　将检查发现的问题及本班设备运行情况、出现故障、处理措施、过程及遗留问题认真记录在工作日志中	

（续）

项目	作业程序	作业标准	安全要点
交班		1.5　交班时确认上一班遗留的物料数量及所属运输单位	
	2　汇报	2.1　向接班人汇报工作情况、环境情况、设备运行情况和隐患处理情况及遗漏问题	
	3　接受、协助检查	3.1　接受、协助接班人现场检查	
	4　问题处理	4.1　发现问题立即协同处理 4.2　对遗留问题，落实责任向上汇报	
	5　交班	5.1　交班时间原则上控制在 20 min 左右 5.2　交班条件：设备运行正常、记录填写清楚、环境卫生干净整洁 5.3　履行交班手续	
	6　下班	6.1　执行《员工操作达标通用标准》 6.2　到队部汇报、填写记录	

2. 副井口调车工“手指口述”

1）岗位描述

领导好，欢迎领导检查指导工作，我是本班副井口调车工×××，经安全培训、考试合格后，取得操作资格证，持证上岗（出示操作资格证）。

本岗位现使用的弯道调车机为济宁中煤操车技术有限公司的 DSW6－S30 型弯道调车机，运输轨距为 600 mm，弯道进车方向为顺时针，额定推力为 35000 N，推车机运行速度 0.3～1.0 m/s，钢丝绳直径为 15.5 mm，该套装置安装与我矿副井口进车侧处，能满足我矿副井运输上车的要求。

我的岗位职责是：熟悉并掌握弯道调车机工作原理，能处理一般性故障，在日常工作中负责检查弯道调车机钢丝绳、各轮组、阻车器的完好情况，并严格遵守斜巷运输相关禁令和“行车不行人，行人不行车”的规定，遵章守纪，保质保量完成当班运输任务。

2）手指口述内容

安全确认

第一步：弯道调车机操作室室内门窗完好，屋顶无滴漏现象。确认完毕！

第二步：控制箱、电控箱状态正常，供电线路正常。确认完毕！

第三步：运输路线畅通无障碍。确认完毕！

第四步：运输线路各阻车器、道岔及安全设施正常。确认完毕！

第五步：信号系统和通信系统工作正常。确认完毕！

第六步：被运输车辆封车牢固，车辆完好，可以运输。确认完毕！

第七步：照明设施及语音报警工作正常。确认完毕！

第八步：电话通信良好。确认完毕！

第九步：消防器材齐全、完好、有效。确认完毕！

第十步：卫生干净整洁，物品整齐摆放，记录填写规范。确认完毕！

手指口述完毕，可以进行工作。

3. 副井调车机完好标准

（1）电控系统供电正常，操作台各按钮灵活可靠。

（2）运输线路阻车器能自动复位。

（3）液压驱动、张紧部分工作正常。

（4）推头无变形开裂，磨损不超标。

（5）调车机前后到位开关工作正常有效。

（6）牵引钢丝绳符合规程要求。

（7）运输线路各轮组转动灵活，道轨符合要求。

（8）信号联络系统通信正常。

4. 副井口调车工安全交接记录单

部门：　　　　　　班次：　　班　　　　　　交班时间：

序号	确认事项	是（√）否（×）	序号	确认事项	是（√）否（×）
1	弯道调车机操作室室内门窗是否完好，屋顶有无滴漏现象		6	被运输车辆封车牢固，车辆是否完好	
2	控制箱、电控箱状态是否正常，供电线路是否正常		7	照明设施及语音报警工作是否正常	
3	运输路线畅通有无障碍		8	电话通信良好	
4	运输线路各阻车器、道岔及安全设施是否正常		9	消防器材是否齐全、完好、有效	
5	信号和通信系统工作是否正常		10	卫生干净是否整洁，物品是否整齐摆放，记录填写是否规范	

<table>
<tr><td colspan="2">交接班存在问题及处理</td><td colspan="4"></td></tr>
<tr><td rowspan="5">本班状况</td><td>项目</td><td>确认内容</td><td>是（√）否（×）</td><td colspan="2">说明</td></tr>
<tr><td>环境情况</td><td>运输设备是否完好</td><td></td><td colspan="2"></td></tr>
<tr><td>设备运行情况</td><td>阻车器、钢丝绳、绳轮是否完好</td><td></td><td colspan="2"></td></tr>
<tr><td>隐患处理情况</td><td>隐患是否处理完毕</td><td></td><td colspan="2"></td></tr>
<tr><td>遗留问题</td><td>是否存在遗留问题</td><td></td><td colspan="2"></td></tr>
<tr><td colspan="2">交班人</td><td></td><td></td><td colspan="2"></td></tr>
<tr><td colspan="2">确认人</td><td colspan="2"></td><td>接班人</td><td></td></tr>
<tr><td colspan="2">确认意见</td><td colspan="4"></td></tr>
</table>

注：请在确认事项对应后画“√”、“×”。

3.10.12　绞车司机岗位操作标准

1. 绞车司机岗位作业标准

部门：　　　　　　　　　　　　班组：

项目	作业程序	作业标准	安全要点
班前准备	通用程序	执行公司《班前礼仪标准》及《员工操作达标通用标准》的有关要求	
接班	1　进入工作地点 2　接班地点 3　明确责任区范围 4　互保、联保确认 5　询问 6　现场检查 7　问题的处理 8　履行交班手续 9　手指口述	1.1　准时进入工作地点 2.1　在绞车硐室位置交接班 3.1　本岗位责任区的范围为绞车硐室、信号硐室、坡上（下）周围安全设施 4.1　明确互保、联保人员，作业中严格执行“四不伤害” 5.1　详细询问交班岗位人员前一班的工作情况、环境情况、设备运行情况和隐患处理情况及遗留问题 6.1　查看有关工作日志 6.2　使用的工具、配件和劳保用品的检查 6.2.1　是否齐全、完好 6.2.2　佩戴是否正确 6.3　在交班岗位人员陪同下进行设施和环境检查 6.3.1　环境重点检查 1. 绞车安装地点顶帮支护是否安全可靠 2. 行车轨道有无障碍物 3. 消防设施是否齐全完好 4. 照明是否正常、供电线路及供电开关是否完好 6.3.2　设施重点检查 1. 绞车地锚固定是否牢固 2. 闸把、离合是否灵活可靠 3. 钢丝绳是否完好，排绳是否整齐，压绳是否牢固 4. 信号装置是否灵敏可靠 5. 语音报警装置、通信装置是否完好 6. 防跑车装置及各阻车器是否可靠有效 7.1　对前一班处理了的问题进行检查，并认真处理接班查出的问题 7.2　在工作日志中详细写明交接班遗漏问题及处理结果 8.1　履行接班手续，准备上岗作业 9.1　执行公司《“手指口述”实施细则》中相关岗位要求	
作业	1　作业要求 2　岗位隐患排查 3　记录	1.1　执行公司《安全技术操作规程汇编》相关岗位要求 2.1　进行岗位隐患排查，对排查出的隐患及时处理，处理不了的及时报告当班跟班队长或班组长 3.1　填写必要的岗位记	
交班	1　交班前的准备与自查	1.1　原则上，不可将问题遗留给下一班 1.2　清理绞车周围卫生；再次检查绞车完好状况及固定情况 1.3　预留一定时间对责任区卫生进行打扫 1.4　将检查发现的问题及本班设备运行情况、出现故障、处理措施、过程及遗留问题认真记录在工作日志中 1.5　交班时检查绞车挡车栏位置及深度指示器数据是否正确	

（续）

项目	作业程序	作业标准	安全要点
交班	2　汇报	2.1　向接班人汇报工作情况、环境情况、设备运行情况和隐患处理情况及遗漏问题	
	3　接受、协助检查	3.1　接受、协助接班人现场检查	
	4　问题处理	4.1　发现问题立即协同处理 4.2　对遗留问题，落实责任向上汇报	
	5　交班	5.1　交班时间原则上控制在 20 min 左右 5.2　交班条件：绞车完好，周围卫生干净整洁，记录填写清楚 5.3　履行交班手续	
	6　下班	6.1　执行《员工操作达标通用标准》 6.2　上井汇报，填写记录	

2. 绞车司机“手指口述”

1）岗位描述

我叫×××（姓名），是××队小绞车司机，坚决做到持证上岗，遵章作业。是否进行岗位描述？请指示！

我的岗位职责是：负责绞车操作，确保当班绞车正常运行，并正确使用安全防护用品，认真执行操作规程和安全措施，听从领导指挥，保质保量完成当班任务。

2）工艺流程

（1）检查小绞车制动闸的动作、“一坡三挡”装置是否可靠。

（2）开车前，首先检查绞车固定是否良好，安全间隙、制动闸、销轴、按钮、护板、钢丝绳等是否符合规定，做到绞车设备好，声光信号完好。

3）手指口述内容

安全确认

第一步：绞车安装地点顶帮支护安全可靠。确认完毕！

第二步：照明正常、供电线路及供电开关完好。确认完毕！

第三步：绞车地锚固定牢固。确认完毕！

第四步：闸把、离合灵活可靠。确认完毕！

第五步：钢丝绳完好，排绳整齐，压绳牢固。确认完毕！

第六步：语音报警装置、通信装置完好。确认完毕！

第七步：信号装置灵敏可靠。确认完毕！

第八步：防跑车装置及各阻车器可靠有效。确认完毕！

第九步：消防设施是否齐全完好。确认完毕！

手指口述完毕，可以进行工作。

3. 小绞车完好标准

（1）螺栓、螺母、背帽、垫圈、开口销、护罩，齐全完整紧固。

（2）滚筒：

①无开焊，裂纹及变形，等不松动。

②滚筒离合器和铆钉定位机构动作灵活可靠。

③滚筒衬块磨损后，距螺栓头不小于 5 mm。

④滚筒上钢丝绳的固定和缠绕符合《煤矿安全规程》的有关规定。

（3）减速箱：

①齿轮咬合面沿齿长不小于50%，沿齿高不小于40%。

②齿厚磨损不得超过原齿厚的15%，齿面剥落不超过齿有效面积的25%。

③油质合格不漏油。

④运行中无异响。

（4）联轴节：

①端面间隙及同心度误差应符合表2-3-11规定。

表2-3-11　端面间隙及同心度误差　　mm

<table>
<tr><th rowspan="2">类型</th><th rowspan="2">最大外径</th><th rowspan="2">端面间隙</th><th colspan="2">同心度误差</th></tr>
<tr><th>径向位移</th><th>端面倾斜</th></tr>
<tr><td rowspan="3">齿式</td><td>300~500</td><td>7~10</td><td>0.2</td><td rowspan="5">1.2%</td></tr>
<tr><td>500~700</td><td>11~14</td><td rowspan="2">0.3</td></tr>
<tr><td>700~900</td><td>15~18</td></tr>
<tr><td>弹性</td><td></td><td>最大串量+(2~4)</td><td>0.15</td></tr>
<tr><td>蛇形</td><td></td><td></td><td>0.15</td></tr>
</table>

注：记录有效期为一年。

②弹性联轴节胶圈外径与孔径差不超过2 mm；齿式联轴节齿厚磨损不超过20%；蛇形弹簧厚度磨损不超过10%。

（5）轴承：主轴及减速机轴的水平度偏差不超过0.2%；轴瓦无裂纹与剥落。

（6）制动系统：

①制动系统各部件灵活、可靠，各销轴不松旷，不缺油。

②闸轮无磨损和变形，闸皮与闸轮接触严密，松闸后间隙不大于2 mm，且上下相等，闸的工作行程不超过全行程的3/4。

③油压制动系统不漏油。

（7）润滑系统：润滑系统润滑脂合格，油量适当，各部不漏油。

4. 绞车司机安全交接记录单

部门：　　　　班次：　　班　　　　交班时间：

序号	确认事项	是（√） 否（×）	序号	确认事项	是（√） 否（×）
1	绞车安装地点顶帮支护是否安全可靠		6	语音报警装置、通信装置是否完好	
2	照明是否正常、供电线路及供电开关是否完好		7	信号装置是否灵敏可靠	
3	绞车地锚固定是否牢固		8	防跑车装置及各阻车器是否可靠有效	
4	闸把、离合是否灵活可靠		9	消防设施是否齐全完好	
5	钢丝绳是否完好，排绳是否整齐，压绳是否牢固				

（续）

交接班存在问题及处理				
本班状况	项目	确认内容	是（√） 否（×）	说明
	工作情况	本班运料____车，是否完成生产任务		
	环境情况	顶板支护是否安全可靠，行车轨道有无障碍物		
	设备运行情况	绞车运行是否正常		
	隐患处理情况	隐患是否处理完毕		
	遗留问题	是否存在遗留问题		
交班人				
确认人			接班人	
确认意见				

注：请在确认事项对应后画“√”“×”。

3.10.13 柴油车司机岗位操作标准

1. 柴油车司机岗位作业标准

部门： 班组：

项目	作业程序	作业标准	安全要点
班前准备	通用程序	执行公司《班前礼仪标准》及《员工操作达标通用标准》的有关要求	
接班	1 进入工作地点 2 接班地点 3 明确责任区范围 4 互保、联保确认 5 询问 6 现场检查	1.1 准时进入工作地点 2.1 在柴油牵引车停车位置交接班 3.1 本岗位责任区的范围为轨道巷运输各沿线 4.1 明确互保、联保人员，作业中严格执行“四不伤害” 5.1 详细询问交班岗位人员前一班的工作情况、环境情况、设备运行情况和隐患处理情况及遗留问题 6.1 查看有关工作日志 6.2 使用的工具、配件和劳保用品的检查 6.2.1 是否齐全、完好 6.2.2 佩戴是否正确 6.3 在交班岗位人员陪同下进行设施和环境检查 6.3.1 环境重点检查 1. 运输道路有无障碍 2. 牵引车（井下）停车地点顶板是否完好 3. 牵引车牵引矿车的数量、宽度是否符合要求 4. 消防设施是否齐全完好 5. 牵引车照明是否正常	

（续）

项目	作业程序	作业标准	安全要点
接班		6.3.2　设施重点检查 1. 机车照明、警铃、车闸、撒砂装置、红灯是否正常 2. 车辆连接是否可靠 3. 车辆油门、冷却水位是否符合要求 4. 控制手把是否归零，制动闸是否已刹紧	
	7　问题的处理	7.1　对前一班处理了的问题进行检查，并认真处理接班查出的问题 7.2　在工作日志中详细写明交接班遗漏问题及处理结果	
	8　履行交班手续	8.1　履行接班手续，准备上岗作业	
	9　手指口述	9.1　执行公司《“手指口述”实施细则》中相关岗位要求	
作业	1　作业要求	1.1　执行公司《安全技术操作规程汇编》中相关岗位要求	
	2　岗位隐患排查	2.1　进行岗位隐患排查，对排查出的隐患及时处理，处理不了的及时报告当班跟班队长或班组长	
	3　记录	3.1　填写必要的岗位记录	
交班	1　交班前的准备与自查	1.1　原则上，不可将问题遗留给下一班 1.2　每班工作结束，需将车停放在停车点，并将牵引车内外的卫生打扫干净，清点工具，向接班司机交代清机车的运行情况及存在问题，班后填写记录，汇报牵引车运行情况 1.3　预留一定时间对责任区卫生进行打扫 1.4　将检查发现的问题及本班设备运行情况、出现故障、处理措施及遗留问题认真记录在工作日志中 1.5　车辆运输过程中严禁交接班	
	2　汇报	2.1　向接班人汇报工作情况、环境情况、设备运行情况和隐患处理情况及遗漏问题	
	3　接受、协助检查	3.1　接受、协助接班人现场检查	
	4　问题处理	4.1　发现问题立即协同处理 4.2　对遗留问题，落实责任向上汇报	
	5　交班	5.1　交班时间原则上控制在 20 min 左右 5.2　交班条件：牵引车运行正常、记录填写清楚 5.3　履行交班手续	
	6　下班	6.1　执行《员工操作达标通用标准》 6.2　上井汇报，填写记录	

2. 柴油车司机“手指口述”

1）岗位描述

我叫×××（姓名），是机电机运队防爆柴油车司机，坚决做到持证上岗，遵章作业。是否进行岗位描述？请指示！

我公司使用的防爆柴油机车，型号为 CCG－14/600FB，牵引重量 22 t，制动方式为脚踏、机械式，制动距离≤40 m，主要担负着轨道大巷矸石、材料运输工作。

我的岗位职责是：担负井下轨道运输任务，工作中必须熟悉牵引车的结构、性能、原理、主要技术参数、完好标准和《煤矿安全规程》的相关规定，能进行一般性检查、维修、润滑保养及故障处理。正确使用安全防护用品，听从领导指挥，保质保量完成当班任务。

2）工艺流程

开车前：

（1）检查牵引车各部件完好及润滑情况。

（2）检查各机械连接销、链条、三角带、灯、闸、铃及撒沙装置等是否完好。

（3）检查油门、冷却水位是否符合要求。

（4）检查各部件及电缆等是否完好和符合防爆标准。

（5）车前车后有无人或障碍物、灭火器材是否完好。

停车时：

（1）禁止在道岔处停车。

（2）停车地点有无淋水、片帮冒顶危险。

（3）前后左右有无障碍物、取下控制手柄、拉紧制动闸。

3）手指口述内容

安全确认（班前、班后）

第一步：运输道路无障碍。确认完毕！

第二步：牵引车（井下）停车地点顶板完好。确认完毕！

第三步：消防设施齐全完好。确认完毕！

第四步：牵引车照明正常。确认完毕！

第五步：牵引车、警铃、车闸、撒砂装置、红灯正常。确认完毕！

第六步：车辆油门、冷却水位符合要求。确认完毕！

第七步：控制手把归零，制动闸已刹紧。确认完毕！

第八步：车辆连接可靠。确认完毕！

第九步：牵引车牵引矿车的数量、宽度符合要求。确认完毕！

安全确认（班中）

开车时：

（手指）机车：（口述）照明、警铃、车闸、撒砂装置正常。

（手指）车辆：（口述）车辆连接可靠。

（手指）工作环境：（口述）跟车工到位，道路无障碍，可以开车，确认完毕。

停车时：

（手指）机车：（口述）控制手柄归零，制动闸已刹紧，确认完毕。

3. 柴油牵引车完好标准

（1）机车发动机状态良好，工作正常。

（2）变速箱无漏油，性能良好无异响。

（3）机架无开焊，各紧固部件符合要求。

（4）制动性能可靠，刹车片磨损不超标，气泵性能良好，气压正常，气路无漏气，安全阀符合规定。

（5）防爆系统工作正常无失爆。

（6）冷却系统循环良好，无漏液，水位正常。

（7）照明亮度正常，警铃警灯喇叭完好，车载灭火器符合规定。

（8）连接装置牢固可靠。

4. 柴油车司机安全交接记录单

部门：　　　　　　班次：　班　　　　　　交班时间：

<table>
<tr><th>序号</th><th>确认事项</th><th>是（√）
否（×）</th><th>序号</th><th>确认事项</th><th>是（√）
否（×）</th></tr>
<tr><td>1</td><td>运输道路有无障碍</td><td></td><td>6</td><td>车辆油门、冷却水位是否符合要求</td><td></td></tr>
<tr><td>2</td><td>牵引车（井下）停车地点顶板是否完好</td><td></td><td>7</td><td>控制手把是否归零，制动闸是否已刹紧</td><td></td></tr>
<tr><td>3</td><td>消防设施是否齐全完好</td><td></td><td>8</td><td>车辆连接是否可靠</td><td></td></tr>
<tr><td>4</td><td>牵引车照明是否正常</td><td></td><td>9</td><td>牵引车牵引矿车的数量、宽度是否符合要求</td><td></td></tr>
<tr><td>5</td><td>牵引车、警铃、车闸、撒砂装置、红灯是否正常</td><td></td><td></td><td></td><td></td></tr>
</table>

<table>
<tr><td colspan="2">交接班存在问题及处理</td><td colspan="4"></td></tr>
<tr><td rowspan="6">本班状况</td><td>项目</td><td>确认内容</td><td>是（√）
否（×）</td><td colspan="2">说明</td></tr>
<tr><td>工作情况</td><td>本班运料____车，是否完成生产任务</td><td></td><td colspan="2"></td></tr>
<tr><td>环境情况</td><td>运输道路有无障碍物，牵引车（井下）停车地点顶板是否完好</td><td></td><td colspan="2"></td></tr>
<tr><td>设备运行情况</td><td>柴油牵引车运行是否正常</td><td></td><td colspan="2"></td></tr>
<tr><td>隐患处理情况</td><td>隐患是否处理完毕</td><td></td><td colspan="2"></td></tr>
<tr><td>遗留问题</td><td>是否存在遗留问题</td><td></td><td colspan="2"></td></tr>
<tr><td colspan="2">交班人</td><td></td><td></td><td colspan="2"></td></tr>
<tr><td colspan="2">确认人</td><td colspan="2"></td><td>接班人</td><td></td></tr>
<tr><td colspan="2">确认意见</td><td colspan="4"></td></tr>
</table>

注：请在确认事项对应后画“√”“×”。

3.10.14　信号工岗位操作标准

3.10.14.1　主井信号工岗位操作标准

1. 主井信号工岗位作业标准

部门：　　　　　　　　班组：

项目	作业程序	作业标准	安全要点
班前准备	通用程序	执行公司《班前礼仪标准》及《员工操作达标通用标准》的有关要求	
接班	1　进入工作地点 2　接班地点	1.1　准时进入工作地点 2.1　在主井口位置交接班	

（续）

项目	作业程序	作业标准	安全要点
接班	3　明确责任区范围 4　互保、联保确认 5　询问 6　现场检查 7　问题的处理 8　履行交班手续 9　手指口述	3.1　本岗位责任区的范围为主井口范围内等 4.1　明确互保、联保人员，作业中严格执行“四不伤害” 5.1　详细询问交班岗位人员前一班的工作情况、环境情况、设备运行情况和隐患处理情况及遗留问题 6.1　查看有关工作日志 6.2　使用的工具、配件和劳保用品的检查 6.2.1　是否齐全、完好 6.2.2　佩戴是否正确 6.3　在交班岗位人员陪同下进行设施和环境检查 6.3.1　环境重点检查 1. 箕斗闸门位置是否正常 2. 信号控制系统工作正常、装载控制系统工作是否正常 3. 消防设施齐全完好、各喷雾及电磁阀工作是否正常 4. 照明是否正常、供电线路是否完好 6.3.2　设施重点检查 1. 信号操作台指示信号是否正常 2. 液压站、液压闸门是否正常、箕斗位置是否正确 3. 甲带给煤机、装载皮带运行是否正常 4. 称重装置、定量斗及各液压站工作是否正常 5. 电话通信是否正常 7.1　对前一班处理了的问题进行检查，并认真处理接班查出的问题 7.2　在工作日志中详细写明交接班遗漏问题及处理结果 8.1　履行接班手续，准备上岗作业 9.1　执行公司《“手指口述”实施细则》中相关岗位要求	
作业	1　作业要求 2　岗位隐患排查 3　记录	1.1　执行公司《安全技术操作规程汇编》中相关岗位要求 2.1　进行岗位隐患排查，对排查出的隐患及时处理处理不了的及时报告当班跟班队长或班组长 3.1　填写必要的岗位记录	
交班	1　交班前的准备与自查 2　汇报	1.1　原则上，不可将问题遗留给下一班 1.2　信号系统的完好情况 1.3　有关设备、设施的完好状况 1.4　上一班运行工作情况 1.5　当班有关注意事项 1.6　预留一定时间对责任区卫生进行打扫 1.7　将检查发现的问题及本班设备运行情况、出现故障、处理措施、过程及遗留问题认真记录在工作日志中 2.1　向接班人汇报工作情况、环境情况、设备运行情况和隐患处理情况及遗漏问题	

（续）

项目	作业程序	作业标准	安全要点
交班	3　接受、协助检查 4　问题处理 5　交班 6　下班	3.1　接受、协助接班人现场检查 4.1　发现问题立即协同处理 4.2　对遗留问题，落实责任向上汇报 5.1　交班时间原则上控制在 20 min 左右 5.2　交班条件：设备运行正常、记录填写清楚、环境卫生干净整洁 5.3　履行交班手续 6.1　执行《员工操作达标通用标准》 6.2　上井汇报，填写记录	

2. 主井信号工“手指口述”

1）岗位描述

我叫×××（姓名），是机电机运队主井信号工，坚决做到持证上岗，遵章作业。是否进行岗位描述？请指示！

我公司主立井提升系统担负矿井原煤的提升任务，兼进风，井筒直径为 5 m，井架高度为 56.5 m。其内装备一对 16 t 四绳提煤箕斗，方形钢罐道，首绳直径 40 mm，尾绳171×28 mm，井底装有两台 GLD2000/5.5/S 甲带式给煤机及带式输送机，ZLGY－16 型箕斗计量装载设备，YCF－50 型液压测重定量装置，从给煤—装煤—提升—卸载实现自动化操作。

我的岗位职责是：在提升期间精力集中，随时观察给煤设备、指示信号、提升容器、连接装置、钢丝绳的设施的运行情况，发现异常及时采取措施，按《煤矿安全规程》中的相关规定，掌握设备的正确操作方法。正确使用安全防护用品，听从领导指挥，保质保量完成当班任务。

2）工艺流程

（1）检查试验信号系统的完好情况、满仓保护、液压站、液压闸门、箕斗卸煤、箕斗内有无存煤。

（2）曲轨、罐道及有关设备、设施的完好状况。

（3）上一班运行工作情况及当班有关注意事项。

3）手指口述内容

安全确认（班前、班后）

第一步：液压站、液压闸门正常、箕斗位置正确。确认完毕！

第二步：照明正常、供电线路完好。确认完毕！

第三步：称重装置、定量斗及各液压站工作正常。确认完毕！

第四步：信号操作台指示信号正常。确认完毕！

第五步：信号控制系统工作正常、装载控制系统工作正常。确认完毕！

第六步：信号通信正常。确认完毕！

第七步：甲带给煤机、装载输送机运行正常。确认完毕！

第八步：消防设施齐全完好、各喷雾及电磁阀工作正常。确认完毕！

第九步：各供电开关工作是否正常。确认完毕！

3. 设备完好标准

（1）主井信号设备完好标准：

①天轮无异响，轮辐无明显变化，绳槽磨损不超标，天轮铜套无磨损润滑符合要求，轴承润滑正常。

②楔形连接装置无锈蚀和磨损符合规程要求，油缸及油管阀门完好，U 型卡无松动。

③箕斗耐磨板磨损不超标，耐磨板螺栓紧固，扇形闸门无变形开裂，滚轮转动灵活无损坏，伞帽固定牢固无开焊无变形，箕斗上无浮煤。

④曲轨固定牢固无变形，磨损不超标。

⑤固定罐耳与罐道间隙符合要求，罐耳底座连接牢固，滑动罐耳转动灵活，间隙符合要求。

⑥主罐道、辅助罐道磨损不超标、无严重锈蚀，各连接螺栓无松动，罐道紧固螺栓无脱落无松动。

⑦主钢丝绳无明显变形和外部损伤，断丝符合要求。

⑧尾声无断丝、松股、扭曲，尾绳架完好。

⑨井筒内装备完好，电缆、管线正常。

⑩照明正常，监控系统完好。

⑪主井信号台各按钮工作灵活可靠。

⑫称重装置数据准确，定量斗及闸门油缸完好。

⑬装载硐室各监测监控传感器符合要求。

⑭给煤机、液压站运行正常。

（2）给煤机完好标准：

①吊架、漏斗、往复托板、拉杆等完整齐全，无开裂、漏煤、变形、折断等现象。

②拉杆与往复托板：

（a）相互垂直，并在同一中心线上，其偏摆量不应大于 3 mm。

（b）双拉杆保持平行长短一致。

（c）拉杆与托板连接销轴磨损不超过原直径的 5%。

③偏心轮、托轮：

（a）偏心轮与拉杆不偏扭，偏心轮套磨损间隙不超过 1 mm。

（b）托轮与滑道接触均匀，无三条腿现象。

（c）调整灵活，供料均匀。

④甲带无破损，给煤机闸门工作灵活。

（3）液压泵站完好标准：

①泵体要安放平稳，运行可靠，各零件完好无缺，泵体周围无浮煤，积水、淋水与杂物保持整洁。

②螺丝、螺帽、丝堵、销子：齐全、完整、紧固。

③接头和各种阀：密封性能良好，不漏液，动作可靠。

④高低压过滤器、油位保护开关：安装完好无缺，性能良好，动作可靠。

⑤油箱、蓄压器：不漏液，安全阀，卸载阀动作压力符合厂家规定，箱内保持清洁，蓄压器压力符合要求。

⑥压力表：准确可靠，误差不超过 ±1 kg/cm^2。

⑦乳化液：清洁无析皂现象，配制浓度 3% ~5%。

⑧运行：曲轴箱温度不高于 75 ℃，油量适当，泵体温度不高于 60 ℃。

⑨电动机：运转声音正常，风扇保护装置齐全，符合防爆要求，温度不超过厂家规定。

4. 主井信号工安全交接记录单

部门： 班次： 班 交班时间：

序号	确认事项	是（√）否（×）	序号	确认事项	是（√）否（×）
1	液压站、液压闸门是否正常、箕斗位置是否正确		6	电话通信是否正常	
2	照明是否正常、供电线路是否完好		7	甲带给煤机、装载输送机运行是否正常	
3	称重装置、定量斗及各液压站工作是否正常		8	消防设施齐全完好、各喷雾及电磁阀工作是否正常	
4	信号操作台指示信号是否正常		9	各供电开关工作是否正常	
5	信号控制系统是否工作正常、装载控制系统工作是否正常				

交接班存在问题及处理				
本班状况	项目	确认内容	是（√）否（×）	说明
	工作情况	本班提煤____斗，是否完成生产任务		
	设备运行情况	箕斗、给煤机运行是否正常		
	隐患处理情况	隐患是否处理完毕		
	遗留问题	是否存在遗留问题		
交班人				
确认人			接班人	
确认意见				

注：请在确认事项对应后画“√”“×”。

3.10.14.2 副井信号工岗位操作标准

1. 副井信号工岗位作业标准

部门： 班组：

项目	作业程序	作业标准	安全要点
班前准备	通用程序	执行公司《班前礼仪标准》及《员工操作达标通用标准》的有关要求	
接班	1 进入工作地点 2 接班地点 3 明确责任区范围 4 互保、联保确认 5 询问	1.1 准时进入工作地点 2.1 在副井口信号房位置交接班 3.1 本岗位责任区的范围为副井口信号房 4.1 明确互保、联保人员，作业中严格执行“四不伤害” 5.1 详细询问交班岗位人员前一班的工作情况、环境情况、设备运行情况和隐患处理情况及遗留问题	

（续）

项目	作业程序	作业标准	安全要点
接班	6 现场检查和试运转	6.1 查看有关工作日志 6.2 使用的工具、配件和劳保用品的检查 6.2.1 是否齐全、完好 6.2.2 佩戴是否正确 6.3 在交班岗位人员陪同下进行设施和环境检查 6.3.1 环境重点检查 1. 上下井车辆是否完好，装车是否符合要求 2. 井口出车道路是否畅通无障碍 3. 语音报警声音是否正常 4. 消防设施是否齐全完好 5. 照明是否正常 6.3.2 设施重点检查 1. 罐笼运行是否正常 2. 安全门、摇台、阻车器、推车机设施是否完好，操车是否正常 3. 信号系统和通信系统是否齐全完好 4. 液压站工作是否正常 5. 消防器材是否齐全完好 6. 记录台账是否规范完整	
	7 问题的处理	7.1 对前一班处理了的问题进行检查，并认真处理接班查出的问题 7.2 在工作日志中详细写明交接班遗漏问题及处理结果	
	8 履行交班手续	8.1 履行接班手续，准备上岗作业	
	9 手指口述	9.1 执行公司《“手指口述”实施细则》中相关岗位要求	
作业	1 作业要求	1.1 执行公司《安全技术操作规程汇编》中相关岗位要求	
	2 岗位隐患排查	2.1 进行岗位隐患排查，对排查出的隐患及时处理，处理不了的及时报告当班跟班队长或班组长	
	3 记录	3.1 填写必要的岗位记录	
交班	1 交班前的准备与自查	1.1 原则上，不可将问题遗留给下一班 1.2 停罐闭锁，进行系统检查；清理卫生，清点工器具； 1.3 预留一定时间对责任区卫生进行打扫 1.4 将检查发现的问题及本班设备运行情况、出现故障、处理措施、过程及遗留问题认真记录在工作日志中 1.5 交班时检查操车各按钮是否灵活有效	
	2 汇报	2.1 向接班人汇报工作情况、环境情况、设备运行情况和隐患处理情况及遗漏问题	
	3 接受、协助检查	3.1 接受、协助接班人现场检查	
	4 问题处理	4.1 发现问题立即协同处理 4.2 对遗留问题，落实责任向上汇报	
	5 交班	5.1 交班时间原则上控制在 20 min 左右 5.2 交班条件：设备正常、卫生清洁、记录填写清楚 5.3 履行交班手续	
	6 下班	6.1 执行《员工操作达标通用标准》 6.2 上井汇报，填写记录	

2. 副井信号工“手指口述”

1）岗位描述

我叫×××（姓名），是机电机运队副井信号工，坚决做到持证上岗，遵章作业。是否进行岗位描述？请指示！

我公司副井提升系统担负人员、材料、设备和矸石等辅助提升任务，兼进风和安全出口。井筒直径为6.8 m，井架高度35.85 m。提升容器为一对（一宽一窄）1.5 t双层罐笼，方形钢罐道，提升信号及操车电控系统型号为KXT26.1，操车设备为销齿式液压操车机构，首绳直径38 mm，尾绳170 mm×28 mm。升降人员时主罐每层定员30人，副罐每层定员20人。

我的岗位职责是：保证人员和物料车辆的安全升降，在运行期间必须精力集中。随时注视指示信号，提升容器的运行情况，发现异常及时采取措施，按《煤矿安全规程》中的相关规定，掌握设备的正确操作方法。正确使用安全防护用品，听从领导指挥，保质保量完成当班任务。

2）工艺流程

交接班：

（1）检查各种设施、设备的完好状况（推车机、摇台、安全门、罐帘、阻车器、信号装置及专用联络送话器等）。

（2）检查液压站压力、液位、温度、是否在规定范围，调车机液压马达、滚轮是否灵活。

（3）检查车辆是否完好、装车及封车是否符合要求。

（4）交接清上、下井人员情况、上一班运行情况及卫生状况、当班应注意的事项。

（5）严禁在罐笼运行中交接班。

乘罐：

（1）罐笼到位停车后检查安全门是否到位。

（2）摇台是否落下、罐帘是否挂好。

开车前：

（1）按规定乘罐人数，检身入罐（入井前必须戴安全帽，随身携带自救器和矿灯，严禁带烟草、点火物品，严禁穿化纤衣服，严禁喝酒）。

（2）罐帘是否放下、摇台是否升起、安全门是否已关闭、阻车器是否关闭、罐帘是否放下。

（3）检查乘罐人员肢体或携带工具有无突出罐外，确认无误后，退至安全地点后，要再次检查安全设施，通知信号工发开车信号。

升降物料：

（1）检查车辆装载状况（装载失稳，封车不牢及超重、超长、超高和超宽车辆严禁入罐）。

（2）推罐时，把装罐的车辆放过阻车器后，立即关闭阻车器，任何时候不得把车辆提前放过阻车器。

（3）罐车入罐后，检查确认车位是否到位，挡车器已放下，防护链是否挂好。

出车：

（1）确认罐笼已经停稳，罐笼内阻车器是否处于打开位置，罐笼内装载车辆有无掉道及倾斜等不安全因素。

（2）检查罐笼防护链是否已经打开，出车路线是否正确，线路道岔是否处于正确位置，行车路线上是否有行人及障碍物。

（3）全部确认完毕后方可打点进行出车操作。

3）手指口述内容

安全确认（班前、班后）

第一步：上下井车辆完好，装车符合要求。确认完毕！

第二步：罐笼运行正常。确认完毕！

第三步：照明正常。确认完毕！

第四步：消防设施齐全完好。确认完毕！

第五步：安全门、摇台、阻车器、推车机设施完好，操车系统正常。确认完毕！

第六步：信号系统和通信系统齐全完好。确认完毕！

第七步：记录台账规范完整。确认完毕！

第八步：语音报警声音正常。确认完毕！

第九步：井口出车道路畅通无障碍。确认完毕！

第十步：液压站工作正常。确认完毕！

3. 副井设备完好标准

（1）天轮无异响，轴承润滑正常。

（2）楔形连接装置无锈蚀和磨损符合规程要求，油缸及油管阀门完好，U 型卡无松动。

（3）罐笼运行正常无异响，滚轮转动灵活无损坏，伞帽固定牢固无开焊无变形。

（4）固定罐耳与罐道间隙符合要求，罐耳底座连接牢固，滑动罐耳转动灵活，间隙符合要求。

（5）主罐道、四角罐道磨损不超标、无严重锈蚀，各连接螺栓无松动，罐道紧固螺栓无脱落无松动。

（6）主钢丝绳无明显变形和外部损伤，断丝符合要求。

（7）副井口摇台灵活、安全门工作正常钢丝绳完好、自动罐帘工作正常钢丝绳完好、操车设备工作正常。

（8）信号房各配电柜工作正常，操作台按钮及显示正确。

（9）井筒内装备完好，电缆、管线正常。

（10）照明正常，监控系统完好。

4. 副井信号把钩工交接班记录

部门：　　　　　　班次：　　班　　　　　　交班时间：

序号	确认事项	是（√）否（×）	序号	确认事项	是（√）否（×）
1	上下井车辆是否完好，装车是否符合要求		6	信号系统和通信系统是否齐全完好	
2	罐笼运行是否正常		7	记录台账是否规范完整	
3	照明是否正常		8	语音报警声音是否正常	
4	消防设施是否齐全完好		9	井口出车道路是否畅通无障碍	
5	安全门、摇台、阻车器、推车机设施是否完好，操车系统是否正常		10	液压站工作是否正常	

交接班存在问题及处理				
本班状况	项目	确认内容	是（√）否（×）	说明
	工作情况	本班下料____车，是否完成生产任务		
	环境情况	井上（下）出车道路有无障碍物		

（续）

	项目	确认内容	是（√） 否（×）	说明	
本班状况	设备运行情况	罐笼运行是否正常，安全门、摇台、阻车器、推车机设施是否完好，操车是否正常			
	隐患处理情况	隐患是否处理完毕			
	遗留问题	是否存在遗留问题			
交班人					
确认人				接班人	
确认意见					

注：请在确认事项对应后画“√”“×”。

3.10.14.3　斜巷信号工岗位操作标准

1. 斜巷信号工岗位作业标准

部门：　　　　　　　　　　　　　　　　班组：

项目	作业程序	作业标准	安全要点
班前准备	通用程序	执行公司《班前礼仪标准》及《员工操作达标通用标准》的有关要求	
接班	1　进入工作地点 2　接班地点 3　明确责任区范围 4　互保、联保确认 5　询问 6　现场检查和试运转	1.1　准时进入工作地点 2.1　在信号硐室位置交接班 3.1　本岗位责任区的范围为信号硐室、绞车硐室、坡上、下 4.1　明确互保、联保人员，作业中严格执行“四不伤害” 5.1　详细询问交班岗位人员前一班的工作情况、环境情况、设备运行情况和隐患处理情况及遗留问题 6.1　查看有关工作日志 6.2　使用的工具、配件和劳保用品的检查 6.2.1　是否齐全、完好 6.2.2　佩戴是否正确 6.3　在交班岗位人员陪同下进行设施和环境检查 6.3.1　环境重点检查 1. 巷道顶帮支护是否安全可靠 2. 行车轨道有无障碍物 3. 矿车所装设备、材料捆绑是否牢固可靠 4. 声光信号是否正常 5. 消防设施齐全完好 6. 照明是否正常、供电线路是否完好 6.3.2　设施重点检查 1. 信号装置是否灵敏可靠	

（续）

项目	作业程序	作业标准	安全要点
接班	7 问题的处理 8 履行交班手续 9 手指口述	2. 语音报警装置是否正常 3. 防跑车装置、阻车器是否完好，是否位置正确 4. 绳头、连接环、钢丝绳、保险绳是否完好 5. 各地辊运转是否灵活正常 6. 电话通信是否正常 7. 消防器材是否齐全完好 7.1 对前一班处理了的问题进行检查，并认真处理接班查出的问题 7.2 在工作日志中详细写明交接班遗漏问题及处理结果 8.1 履行接班手续，准备上岗作业 9.1 执行公司《“手指口述”实施细则》中相关岗位要求	
作业	1 作业要求 2 岗位隐患排查 3 记录	1.1 执行公司《安全技术操作规程汇编》中相关岗位要求 2.1 进行岗位隐患排查，对排查出的隐患及时处理，处理不了的及时报告当班跟班队长或班组长 3.1 填写必要的岗位记录	
交班	1 交班前的准备与自查 2 汇报 3 接受、协助检查 4 问题处理 5 交班 6 下班	1.1 原则上，不可将问题遗留给下一班 1.2 搞好信号设施附近的卫生 1.3 预留一定时间对责任区卫生进行打扫 1.4 将检查发现的问题及本班设备运行情况、出现故障、处理措施、过程及遗留问题认真记录在工作日志中 1.5 交班前检查木制阻车器是否完整 2.1 向接班人汇报工作情况、环境情况、设备运行情况和隐患处理情况及遗漏问题 3.1 接受、协助接班人现场检查 4.1 发现问题立即协同处理 4.2 对遗留问题，落实责任向上汇报 5.1 班时间原则上控制在 20 min 左右 5.2 交班条件：设备运行正常、记录填写清楚、环境卫生干净整洁 5.3 履行交班手续 6.1 执行《员工操作达标通用标准》 6.2 上井汇报，填写记录	

2. 斜巷信号工“手指口述”

1）岗位描述

领导好，欢迎领导检查指导工作，我是本班斜巷信号工×××，经安全培训、考试合格后，取得操作资格证，持证上岗（出示操作资格证）。

我的岗位职责是：熟悉并掌握斜巷运输十一条禁令，清楚斜巷跑车防护装置工作原理，能处理一般性故障，在日常工作中负责检查运输车辆完好情况、车辆封车情况和阻车器、跑车防护装置完好情况，同时配合绞车司机进行斜巷辅助运输，在工作过程中并严格遵守斜巷运输相关禁令和“行车不行人，行人不行车“的规定，遵章守纪，保质保量完成当班运输任务。

2）手指口述内容

安全确认

第一步：运输路线畅通无障碍。确认完毕！

第二步：运输线路各阻车器、道岔及安全设施正常。确认完毕！

第三步：信号系统和通信系统工作正常。确认完毕！

第四步：被运输车辆封车牢固，车辆完好，可以运输。确认完毕！

第五步：照明设施及语音报警工作正常。确认完毕！

第六步：卫生干净整洁，物品整齐摆放，记录填写规范。确认完毕！

手指口述完毕，可以进行工作。

3. 斜巷信号工安全确认单

部门：　　　　　　　　　　　班次：　　班

<table>
<tr><td>序号</td><td>确认事项</td><td>是（√）
否（×）</td><td>序号</td><td>确认事项</td><td>是（√）
否（×）</td></tr>
<tr><td>1</td><td>运输路线是否畅通无障碍</td><td></td><td>4</td><td>被运输车辆是否封车牢固，车辆完好</td><td></td></tr>
<tr><td>2</td><td>运输线路各阻车器、道岔及安全设施是否正常</td><td></td><td>5</td><td>照明设施及语音报警工作是否正常</td><td></td></tr>
<tr><td>3</td><td>信号系统和通信系统工作是否正常</td><td></td><td>6</td><td>卫生是否干净整洁，物品整齐是否摆放，记录是否填写规范</td><td></td></tr>
</table>

<table>
<tr><td colspan="2">交接班存在问题及处理</td><td colspan="4"></td></tr>
<tr><td rowspan="5">本班状况</td><td>项目</td><td>确认内容</td><td>是（√）
否（×）</td><td colspan="2">说明</td></tr>
<tr><td>环境情况</td><td>运输设备是否完好</td><td></td><td colspan="2"></td></tr>
<tr><td>设备运行情况</td><td>阻车器、钢丝绳、绳轮是否完好</td><td></td><td colspan="2"></td></tr>
<tr><td>隐患处理情况</td><td>隐患是否处理完毕</td><td></td><td colspan="2"></td></tr>
<tr><td>遗留问题</td><td>是否存在遗留问题</td><td></td><td colspan="2"></td></tr>
<tr><td colspan="2">交班人</td><td></td><td></td><td colspan="2"></td></tr>
<tr><td colspan="2">确认人</td><td colspan="2"></td><td>接班人</td><td></td></tr>
<tr><td colspan="2">确认意见</td><td colspan="4"></td></tr>
</table>

注：请在确认事项对应后画“√”、“×”。

3.10.15 把钩工岗位操作标准

3.10.15.1 副井把钩工岗位操作标准

1. 副井把钩工岗位作业标准

部门： 班组：

项目	作业程序	作业标准	安全要点
班前准备	通用程序	执行公司《班前礼仪标准》及《员工操作达标通用标准》的有关要求	
接班	1 进入工作地点 2 接班地点 3 明确责任区范围 4 互保、联保确认 5 询问 6 现场检查和试运转 7 问题的处理 8 履行交班手续 9 手指口述	1.1 准时进入工作地点 2.1 在副井口信号房位置交接班 3.1 本岗位责任区的范围为副井口及液压站室 4.1 明确互保、联保人员，作业中严格执行“四不伤害” 5.1 详细询问交班岗位人员前一班的工作情况、环境情况、设备运行情况和隐患处理情况及遗留问题 6.1 查看有关工作日志 6.2 使用的工具、配件和劳保用品的检查 6.2.1 是否齐全、完好 6.2.2 佩戴是否正确 6.3 在交班岗位人员陪同下进行设施和环境检查 6.3.1 环境重点检查 1. 上下井车辆是否完好，装车是否符合要求 2. 井口出车道路是否畅通无障碍 3. 语音报警声音是否正常 4. 消防设施是否齐全完好 5. 照明是否正常 6.3.2 设施重点检查 1. 罐笼运行是否正常 2. 安全门、摇台、阻车器、推车机设施是否完好，操车是否正常 3. 信号系统和通信系统是否齐全完好 4. 液压站工作是否正常 5. 备件、消防器材是否齐全完好 6. 记录台账是否规范完整 7.1 对前一班处理了的问题进行检查，并认真处理接班查出的问题 7.2 在工作日志中详细写明交接班遗漏问题及处理结果 8.1 履行接班手续，准备上岗作业 9.1 执行公司《“手指口述”实施细则》中相关岗位要求	
作业	1 作业要求 2 岗位隐患排查 3 记录	1.1 执行公司《安全技术操作规程汇编》中相关岗位要求 2.1 进行岗位隐患排查，对排查出的隐患及时处理，处理不了的及时报告当班跟班队长或班组长 3.1 填写必要的岗位记录	
交班	1 交班前的准备与自查	1.1 原则上，不可将问题遗留给下一班 1.2 停罐闭锁，进行系统检查；清理卫生，清点工器具	

（续）

项目	作业程序	作业标准	安全要点
交班		1.3　预留一定时间对责任区卫生进行打扫 1.4　将检查发现的问题及本班设备运行情况、出现故障、处理措施、过程及遗留问题认真记录在工作日志中 1.5　交班时检查操车系统液压站是否漏油	
	2　汇报	2.1　向接班人汇报工作情况、环境情况、设备运行情况和隐患处理情况及遗漏问题	
	3　接受、协助检查	3.1　接受、协助接班人现场检查	
	4　问题处理	4.1　发现问题立即协同处理 4.2　对遗留问题，落实责任向上汇报	
	5　交班	5.1　交班时间原则上控制在20 min左右 5.2　交班条件：设备运行正常、记录填写清楚、环境干净整洁 5.3　履行交班手续	
	6　下班	6.1　执行《员工操作达标通用标准》 6.2　上井汇报，填写记录	

2. 副井把钩工"手指口述"

1）岗位描述

我叫×××（姓名），是机电机运队副井把钩工，坚决做到持证上岗，遵章作业。是否进行岗位描述？请指示！

我公司副井提升系统担负人员，材料、设备和矸石等辅助提升任务，兼进风和安全出口。井筒直径为6.8 m，井架高度35.85 m。提升容器为一对（一宽一窄）1.5 t双层罐笼，方形钢罐道，提升信号及操车电控系统型号为KXT26.1，操车设备为销齿式液压操车机构，首绳直径38 mm，尾绳170 mm×28 mm。升降人员时主罐每层定员30人，副罐每层定员20人。

我的岗位职责是：保证人员和物料车辆的安全升降，在运行期间必须精力集中。随时注视提升容器、操车设施的运行情况，发现异常及时采取措施，按《煤矿安全规程》中的相关规定，掌握设备的正确操作方法。正确使用安全防护用品，听从领导指挥，保质保量完成当班任务。

2）手指口述内容

安全确认（班前、班后）

第一步：上下井车辆完好，装车符合要求。确认完毕！

第二步：罐笼运行正常。确认完毕！

第三步：照明正常。确认完毕！

第四步：消防设施齐全完好。确认完毕！

第五步：安全门、摇台、阻车器、推车机设施完好，操车系统正常。确认完毕！

第六步：信号系统和通信系统齐全完好。确认完毕！

第七步：记录台账规范完整。确认完毕！

第八步：语音报警声音正常。确认完毕！

第九步：井口出车道路畅通无障碍。确认完毕！

第十步：液压站工作正常。确认完毕！

安全确认（班中）

升降人员：

（手指）罐笼在停车位置：（口述）罐笼停稳。
（手指）摇台：（口述）摇台落下。
（手指）罐链：（口述）罐链打开。
（手指）罐笼：（口述）可以进（出）罐；请注意头顶与脚下安全，确认完毕。
（手指）罐链：（口述）罐链放下。
（手指）罐笼：（口述）人员站位安全；摇台升起、安全门关闭，闭锁完成；可发信号，确认完毕。

升降物料：
（手指）车辆：（口述）装车可靠；数量符合规定，可以进罐。
（手指）罐笼：（口述）罐笼挡车器关闭、防护链挂好。
（手指）摇台、安全门：（口述）摇台升起、安全门关闭，闭锁完成；可发信号，确认完毕。

出车前：
（手指）安全门：（口述）安全门打开，摇台落下，挡车器、防护链打开。
（手指）出车环境：（口述）道路畅通无障碍，人员安全。
（手指）按钮：（口述）语音报警发出，可以出车，确认完毕。

3. 副井设备完好标准

（1）天轮无异响，轴承润滑正常。
（2）楔形连接装置无锈蚀和磨损符合规程要求，油缸及油管阀门完好，U 型卡无松动。
（3）罐笼运行正常我异响，滚轮转动灵活无损坏，伞帽固定牢固无开焊无变形。
（4）固定罐耳与罐道间隙符合要求，罐耳底座连接牢固，滑动罐耳转动灵活，间隙符合要求。
（5）主罐道、四角罐道磨损不超标、无严重锈蚀，各连接螺栓无松动，罐道紧固螺栓无脱落无松动。
（6）主钢丝绳无明显变形和外部损伤，断丝符合要求。
（7）副井口摇台灵活、安全门工作正常钢丝绳完好、自动罐帘工作正常钢丝绳完好、操车设备工作正常。
（8）信号房各配电柜工作正常，操作台按钮及显示正确。
（9）井筒内装备完好，电缆、管线正常。
（10）照明正常，监控系统完好。

4. 副井把钩工交接班记录

部门：　　　　　　　　　　班次：　　班　　　　　　　　交班时间：

序号	确认事项	是（√）否（×）	序号	确认事项	是（√）否（×）
1	上下井车辆是否完好，装车是否符合要求		6	信号系统和通信系统是否齐全完好	
2	罐笼运行是否正常		7	记录台账是否规范完整	
3	照明是否正常		8	语音报警声音是否正常	
4	消防设施是否齐全完好		9	井口出车道路是否畅通无障碍	
5	安全门、摇台、阻车器、推车机设施是否完好，操车是否正常		10	液压站工作是否正常	

（续）

<table>
<tr><td colspan="2">交接班存在问题及处理</td><td colspan="4"></td></tr>
<tr><td rowspan="6">本班
状况</td><td>项目</td><td>确认内容</td><td>是（√）
否（×）</td><td colspan="2">说明</td></tr>
<tr><td>工作情况</td><td>本班下料____车，是否完成生产任务</td><td></td><td colspan="2"></td></tr>
<tr><td>环境情况</td><td>井上（下）出车道路有无障碍物</td><td></td><td colspan="2"></td></tr>
<tr><td>设备运行
情况</td><td>罐笼运行是否正常，安全门、摇台、阻车器、推车机设施是否完好，操车是否正常</td><td></td><td colspan="2"></td></tr>
<tr><td>隐患处理情况</td><td>隐患是否处理完毕</td><td></td><td colspan="2"></td></tr>
<tr><td>遗留问题</td><td>是否存在遗留问题</td><td></td><td colspan="2"></td></tr>
<tr><td colspan="2">交班人</td><td></td><td></td><td colspan="2"></td></tr>
<tr><td colspan="2">确认人</td><td colspan="2"></td><td>接班人</td><td></td></tr>
<tr><td colspan="2">确认意见</td><td colspan="4"></td></tr>
</table>

注：请在确认事项对应后画“√”“×”。

3.10.15.2 斜巷把钩工岗位操作标准

1. 斜巷把钩工岗位作业标准

部门： 班组：

项目	作业程序	作业标准	安全要点
班前准备	通用程序	执行公司《班前礼仪标准》及《员工操作达标通用标准》的有关要求	
接班	1 进入工作地点 2 接班地点 3 明确责任区范围 4 互保、联保确认 5 询问 6 现场检查和试运转	1.1 准时进入工作地点 2.1 在信号硐室位置交接班 3.1 本岗位责任区的范围为信号硐室、坡上到坡下 4.1 明确互保、联保人员，作业中严格执行“四不伤害” 5.1 详细询问交班岗位人员前一班的工作情况、环境情况、设备运行情况和隐患处理情况及遗留问题 6.1 查看有关工作日志 6.2 使用的工具、配件和劳保用品的检查 6.2.1 是否齐全、完好 6.2.2 佩戴是否正确 6.3 在交班岗位人员陪同下进行设施和环境检查	

（续）

项目	作业程序	作业标准	安全要点
接班		6.3.1　环境重点检查 1. 巷道顶帮支护是否安全可靠 2. 行车轨道有无障碍物 3. 矿车所装设备、材料捆绑是否牢固可靠 4. 声光信号是否正常 5. 消防设施是否齐全完好 6. 照明是否正常、供电线路是否完好 6.3.2　设施重点检查 1. 信号装置是否灵敏可靠 2. 语音报警装置是否正常 3. 防跑车装置、阻车漆是否完好位置正确 4. 绳头、连接环、钢丝绳、保险绳是否完好 5. 地辊运转是否灵活 6. 电话通信是否正常 7. 消防器材齐是否全完好	
	7　问题的处理	7.1　对前一班处理了的问题进行检查，并认真处理接班查出的问题 7.2　在工作日志中详细写明交接班遗漏问题及处理结果	
	8　履行交班手续	8.1　履行接班手续，准备上岗作业	
	9　手指口述	9.1　执行公司《“手指口述”实施细则》中相关岗位要求	
作业	1　作业要求	1.1　执行公司《安全技术操作规程汇编》中相关岗位要求	
	2　岗位隐患排查	2.1　进行岗位隐患排查，对排查出的隐患及时处理，处理不了的及时报告当班跟班队长或班组长	
	3　记录	3.1　填写必要的岗位记录	
交班	1　交班前的准备与自查	1.1　原则上，不可将问题遗留给下一班 1.2　工作完毕，必须清理现场，将钢丝绳、保险绳、工具和不用的连接环、插销等连接装置放置在轨道以外的安全可靠地方，还应检查挡车栏、阻车器是否关闭，确认无误并履行交接班手续后，方可离开现场 1.3　预留一定时间对责任区卫生进行打扫 1.4　将检查发现的问题及本班设备运行情况、出现故障、处理措施、过程及遗留问题认真记录在工作日志中	
	2　汇报	2.1　向接班人汇报工作情况、环境情况、设备运行情况和隐患处理情况及遗漏问题	
	3　接受、协助检查	3.1　接受、协助接班人现场检查	
	4　问题处理	4.1　发现问题立即协同处理 4.2　对遗留问题，落实责任向上汇报	
	5　交班	5.1　交班时间原则上控制在 20 min 左右 5.2　交班条件设备运行正常、记录填写清楚、环境卫生干净整洁 5.3　履行交班手续	
	6　下班	6.1　执行《员工操作达标通用标准》 6.2　上井汇报，填写记录	

2. 斜巷把钩工“手指口述”

1）岗位描述

领导好，欢迎领导检查指导工作，我是本班斜巷把钩工×××，经安全培训、考试合格后，取得操作资格证，持证上岗（出示操作资格证）。

我的岗位职责是：熟悉并掌握斜巷运输十一条禁令，清楚斜巷跑车防护装置工作原理，能处理一般性故障，在日常工作中负责检查运输车辆完好情况、车辆封车情况和阻车器、跑车防护装置完好情况，同时配合绞车司机进行斜巷辅助运输，在工作过程中并严格遵守斜巷运输相关禁令和“行车不行人，行人不行车“的规定，遵章守纪，保质保量完成当班运输任务。

2）手指口述内容

安全确认

第一步：运输路线畅通无障碍。确认完毕！

第二步：运输线路各阻车器、道岔及安全设施正常。确认完毕！

第三步：信号系统和通信系统工作正常。确认完毕！

第四步：被运输车辆封车牢固，车辆完好，可以运输。确认完毕！

第五步：照明设施及语音报警工作正常。确认完毕！

第六步：卫生干净整洁，物品整齐摆放，记录填写规范。确认完毕！

手指口述完毕，可以进行工作。

3. 斜巷把钩工安全确认单

部门：　　　　　　　　　　　　　　　班次：　　班

序号	确认事项	是（√） 否（×）	序号	确认事项	是（√） 否（×）
1	运输路线是否畅通无障碍		4	被运输车辆是否封车牢固，车辆完好	
2	运输线路各阻车器、道岔及安全设施是否正常		5	照明设施及语音报警工作是否正常	
3	信号系统和通信系统工作是否正常		6	卫生是否干净整洁，物品整齐是否摆放，记录是否填写规范	

交接班存在问题及处理				
本班状况	项目	确认内容	是（√） 否（×）	说明
	环境情况	运输设备是否完好		
	设备运行情况	阻车器、钢丝绳、绳轮是否完好		
	隐患处理情况	隐患是否处理完毕		
	遗留问题	是否存在遗留问题		

（续）

交班人			
确认人		接班人	
确认意见			

注：请在确认事项对应后画“√”、“×”。

3.10.16　搬运工岗位操作标准

1. 搬运工岗位作业标准

部门：　　　　　　　　　　　　　　　　班组：

项目	作业程序	作业标准	安全要点
班前准备	通用程序	执行公司《班前礼仪标准》及《员工操作达标通用标准》的有关要求	
接班	1　进入工作地点 2　接班地点 3　明确责任区范围 4　互保、联保确认 5　询问 6　现场检查和试运转 7　问题的处理 8　履行交班手续 9　手指口述	1.1　准时进入工作地点 2.1　在材料堆放场位置交接班 3.1　本岗位责任区的范围为平巷、斜巷及运输中的各安全设施 4.1　明确互保、联保人员，作业中严格执行“四不伤害” 5.1　详细询问交班岗位人员前一班的工作情况、环境情况、设备运行情况和隐患处理情况及遗留问题 6.1　查看有关工作日志 6.2　使用的工具、配件和劳保用品的检查 6.2.1　是否齐全、完好 6.2.2　佩戴是否正确 6.3　在交班岗位人员陪同下进行设施和环境检查 6.3.1　环境重点检查 1. 巷道顶板支护完好 2. 作业地点巷道坡度是否符合作业要求 3. 材料堆放处有无杂物 6.3.2　设施重点检查 1. 阻车装置是否安设到位 2. 刹车装置是否完好 7.1　对前一班处理了的问题进行检查，并认真处理接班查出的问题 7.2　在工作日志中详细写明交接班遗漏问题及处理结果 8.1　履行接班手续，准备上岗作业 9.1　执行公司《“手指口述”实施细则》中相关岗位要求	
作业	1　作业要求 2　岗位隐患排查 3　记录	1.1　执行公司《安全技术操作规程汇编》中相关岗位要求 2.1　进行岗位隐患排查，对排查出的隐患及时处理，处理不了的及时报告当班跟班队长或班组长 3.1　填写必要的岗位记录	

（续）

项目	作业程序	作业标准	安全要点
交班	1　交班前的准备与自查	1.1　原则上，不可将问题遗留给下一班 1.2　卸空的材料车、矿车推到不阻塞其他车辆的运行及影响行人与通风的指定地点 1.3　检查、清点储料场的存料品种、规格、数量，向下班搬运工或区（队）值班人员汇报 1.4　预留一定时间对责任区卫生进行打扫 1.5　将检查发现的问题及本班设备运行情况、出现故障、处理措施、过程及遗留问题认真记录在工作日志中	
	2　汇报	2.1　向接班人汇报工作情况、环境情况、设备运行情况和隐患处理情况及遗漏问题	
	3　接受、协助检查	3.1　接受、协助接班人现场检查	
	4　问题处理	4.1　发现问题立即协同处理 4.2　对遗留问题，落实责任向上汇报	
	5　交班	5.1　交班时间原则上控制在 20 min 左右 5.2　交班条件设备运行正常、记录填写清楚、环境卫生干净整洁 5.3　履行交班手续	
	6　下班	6.1　执行《员工操作达标通用标准》 6.2　上井汇报，填写记录	

2. 搬运工“手指口述”

1）岗位描述

我叫×××(姓名),是××队搬运工,坚决做到持证上岗,遵章作业。是否进行岗位描述？请指示！

我公司使用的运输车辆有矿车、材料车、平板车。运输顺序：检查运输路线，检查车辆状况，装料，运输，卸料。

我的岗位职责是：熟悉巷道的坡度、道岔、拐弯、沿途设施及矿车至两帮的安全间隙，正确使用连接装置，确保行车安全。正确使用安全防护用品，认真执行操作规程和安全措施，听从领导指挥，保质保量完成当班任务。

2）手指口述内容

安全确认

第一步：顶板完好。确认完毕！

第二步：巷道支护完好。确认完毕！

第三步：作业地点巷道坡度符合作业要求。确认完毕！

第四步：材料堆放处无杂物。确认完毕！

第五步：阻车装置安设到位。确认完毕！

第六步：封车装置完好。确认完毕！

安全确认（班后）

运料后：

（手指）停车地点：（口述）路况良好，停车点无行人及障碍物。

（手指）阻车装置：（口述）挡车装置已安设好。

（手指）材料：（口述）码放整齐、平稳，安全间距符合要求，确认完毕。

3. 搬运工岗前安全确认表

部门： 班次： 班

序号	确认事项	是（√）否（×）	序号	确认事项	是（√）否（×）
1	顶板是否完好		4	材料堆放处有无杂物	
2	巷道支护是否完好		5	阻车装置是否安设到位	
3	作业地点巷道坡度是否符合作业要求		6	封车装置是否完好	

交接班存在问题及处理				
本班状况	项目	确认内容	是（√）否（×）	说明
本班状况	工作情况	是否完成生产任务		
本班状况	环境情况	巷道支护是否完好		
本班状况	隐患处理情况	隐患是否处理完毕		
本班状况	遗留问题	是否存在遗留问题		
交班人				
确认人			接班人	
确认意见				

注：请在确认事项对应后画“√”、“×”。

3.10.17 带式输送机司机岗位操作标准

1. 带式输送机司机岗位作业标准

部门： 班组：

项目	作业程序	作业标准	安全要点
班前准备	通用程序	执行公司《班前礼仪标准》及《员工操作达标通用标准》的有关要求	
接班	1 进入工作地点 2 接班地点 3 明确责任区范围 4 互保、联保确认 5 询问 6 现场检查和试运转	1.1 准时进入工作地点 2.1 在带式输送机机头位置交接班 3.1 本岗位责任区的范围为东、西运输巷 4.1 明确互保、联保人，作业中严格执行“四不伤害” 5.1 详细询问交班岗位人员前一班的工作情况、环境情况、设备运行情况和隐患处理情况及遗留问题 6.1 查看有关工作日志 6.2 使用的工具、配件和劳保用品的检查 6.2.1 是否齐全、完好 6.2.2 佩戴是否正确 6.3 在交班岗位人员陪同下进行设施和环境检查 6.3.1 环境重点检查 1. 巷道顶板支护是否完好	

（续）

项目	作业程序	作业标准	安全要点
接班		2. 输送带大架、H架下有无淤煤 3. 减速器、电机声音、油位、温度是否正常 4. 消防设施是否齐全完好 5. 照明正常、供电线路是否完好 6.3.2 设施重点检查 1. 输送带运行是否正常，有无卡、磨、偏等不正常现象 2. 输送带H架、三连辊、直托辊、缓冲辊是否齐全完好 3. 清带器、除铁器、各滚筒、输送带张紧系统、输送带制动系统运行是否正常 4. 带式输送机机头喷雾运行是否正常 5. 信号装置、语音报警装置、通信装置和各保护装置是否完好 6. 带式输送机各护网、护罩是否完好 7. 绝缘用具、备件、消防器材是否齐全完好 8. 记录台账是否规范完整	
	7 问题的处理	7.1 对前一班处理了的问题进行检查，并认真处理接班查出的问题 7.2 在工作日志中详细写明交接班遗漏问题及处理结果	
	8 履行交班手续	8.1 履行接班手续，准备上岗作业	
	9 手指口述	9.1 执行公司《“手指口述”实施细则》相关岗位要求	
作业	1 作业要求	1.1 执行公司《安全技术操作规程汇编》中相关岗位要求	
	2 岗位隐患排查	2.1 进行岗位隐患排查，对排查出的隐患及时处理，处理不了的及时报告当班跟班队长或班组长	
	3 记录	3.1 填写必要的岗位记录	
交班	1 交班前的准备与自查	1.1 原则上，不可将问题遗留给下一班 1.2 每班工作结束后，清点工具、备品、清理机头到机尾卫生；在现场向接班司机详细交代本班输送机运转情况，出现的故障和存在问题，按规定填写好各种记录对存在的问题要及时向值班领导汇报 1.3 预留一定时间对责任区卫生进行打扫 1.4 将检查发现的问题及本班设备运行情况、出现故障、处理措施过程及遗留问题认真记录在工作日志中 1.5 交班时检查带式输送机除铁器上杂物是否开空，带式输送机急停是否可靠有效	
	2 汇报	2.1 向接班人汇报工作情况、环境情况、设备运行情况和隐患处理情况及遗漏问题	
	3 接受、协助检查	3.1 接受、协助接班人现场检查	
	4 问题处理	4.1 发现问题立即协同处理 4.2 对遗留问题，落实责任向上汇报	
	5 交班	5.1 交班时间原则上控制在20 min左右 5.2 交班条件设备运行正常、记录填写清楚、环境卫生干净整洁 5.3 履行交班手续	
	6 下班	6.1 执行《员工操作达标通用标准》 6.2 上井汇报，填写记录	

2. 带式输送机司机“手指口述”

1）岗位描述

我叫×××（姓名），是机电机运队主带式输送机司机，坚决做到持证上岗，遵章作业。是否进行岗位描述？请指示！

我队所辖范围内两条带式输送机分别为东、西翼主带式输送机。东翼主带式输送机机型为XH120/2×250，输送带为PVG1400S，带宽1.2 m，运输能力1200 t/h，最大带速3.5 m/s，拖动电机功率为2×250 kW，现运输长度为440 m。西翼主带式输送机机型为DTL120/120/2×400，输送带为PVG1400S，带宽1.2 m，运输能力1200 t/h，最大带速3.5 m/s，拖动电机功率为2×400 kW，现运输长度为910 m。东西翼带式输送机均采用防爆变频控制，速度可调。选用KTC101集控系统实现带式输送机的保护、控制、通话、故障检测、语音报警等功能。

我的岗位职责是：操作和维护带式输送机，认真执行操作规程和安全措施，熟悉设备的结构性能、技术特征、工作原理、各种保护装置，掌握消防器材的正确使用方法。正确使用安全防护用品，听从领导指挥，保质保量完成当班任务。

2）工艺流程

开车时：

（1）检修牌是否摘除。

（2）集控及各保护传感器显示、信号装置是否正常。

（3）张紧装置、液压站、清扫器、喷雾装置、各滚筒是否完好。

（4）各类护网、护罩、减速箱、漏煤口、管路、阀门是否完好。

检修带式输送机时：

（1）带式输送机运行是否正常，有无卡、磨、偏等不正常现象，输送带接头是否平直良好。

（2）上、下托辊是否齐全，转动是否可靠；运输机各零部件是否齐全，螺栓是否可靠。

（3）减速器、联轴器、电动机及滚筒的温度是否正常，有无异响。

（4）减速器是否有渗漏现象，油位是否正常。

（5）有关电气设备、张紧装置、清带器、各种保护是否处于完好状态，各转动部分的护栏是否齐全完好。

（6）停机，切断电源并挂好“有人工作，禁止送电”标志牌后，检查瓦斯符合要求，进行检修。

清理巷道积煤时：

（1）先确认带式输送机处于停机状态，并就近按下急停按钮。

（2）确定带式输送机护网安装完好，顶板安全、有足够的作业空间。

（3）清煤人员身体不靠近转动部位且衣袖束紧、脚下不滑。

3）手指口述内容

安全确认（班前）

第一步：巷道顶板支护完好。确认完毕！

第二步：带式输送机大架、H架下无淤煤。确认完毕！

第三步：照明正常、供电线路完好。确认完毕！

第四步：带式输送机运行正常，无卡、磨、偏等不正常现象。确认完毕！

第五步：带式输送机H架、三连辊、直托辊、缓冲辊齐全完好。确认完毕！

第六步：清带器、除铁器、各滚筒、带式输送机张紧系统、带式输送机制动系统运行正常。确认完毕！

第七步：带式输送机各护网、护罩完好。确认完毕！

第八步：带式输送机机头喷雾运行正常。确认完毕！

第九步：信号装置、语音报警装置、通信装置和各保护装置完好。确认完毕！

第十步：减速器、电机声音、油位、温度正常。确认完毕！

第十一步：绝缘用具、备件、消防器材齐全完好。确认完毕！

第十二步：记录台账规范完整。确认完毕！

安全确认（班中班后）

运转中：

（手指）带式输送机各运转部位：（口述）运转正常、煤量适中，确认完毕。

停机后：

（手指）信号、带式输送机、开关、喷雾：（口述）收到停机信号；带式输送机开空；开关停电、闭锁、挂牌，喷雾关闭，确认完毕。

3. 带式输送机完好标准

（1）滚筒、托辊：

①滚筒完好无破裂。胶面滚筒的胶层与滚筒表面紧密贴合，无脱层或裂口。

②托辊齐全，转动灵活，无异响，无卡阻现象，润滑良好。缓冲托辊表面胶层磨损良不得超过原厚度的 1/3。

③机头架、机尾架和拉紧装置架无开焊和变形，机尾架轨道应平整，连接紧固。

④中间架平直无开焊，机架完整，固定可靠，无严重锈蚀。

（2）输送带、拉紧装置和伸缩装置：

①输送带无破裂，输送带无鼓泡或碎边。

②运行中输送带不打滑、不跑偏。上部输送带不超出滚筒和托辊边缘，下部输送带不磨机架。

③张紧小车架无损伤、无变形。车轮在轨道上运行无异响。

④拉紧装置设施齐全、完好，张紧力适当。

（3）制动装置、清扫器：

①制动装置各传动杆件灵活可靠，各销轴不松旷、不缺油。闸轮表面无油迹，液压系统不漏油。

②松闸状态下，闸瓦间隙不大于 3 mm；制动时闸瓦与闸轮紧密接触，有效接触面积不得小于 60%，制动可靠。

③清挡器安装位置合理，与输送带面接触良好。

（4）安全保护装置：

①各项带式输送机保护装置齐全，灵敏可靠。

②与下运带式输送机设置有联锁装置。

（5）信号、仪表：

①信号装置必须声光兼备，清晰可靠。

②仪器仪表指示准确。

4. 带式输送机司机安全交接记录单

部门： 班次： 班 交班时间：

序号	确认事项	是（√）否（×）	序号	确认事项	是（√）否（×）
1	巷道顶板支护是否完好		3	照明正常、供电线路是否完好	
2	带式输送机大架、H 架下有无淤煤		4	带式输送机运行是否正常，有无卡、磨、偏等不正常现象	

（续）

序号	确认事项	是（√） 否（×）	序号	确认事项	是（√） 否（×）
5	带式输送机H架、三连辊、直托辊、缓冲辊是否齐全完好		9	信号装置、语音报警装置、通信装置和各保护装置是否完好	
6	清带器、除铁器、各滚筒、带式输送机张紧系统、带式输送机制动系统运行是否正常		10	减速器、电机声音、油位、温度是否正常	
7	带式输送机各护网、护罩是否完好		11	绝缘用具、备件、消防器材是否齐全完好	
8	带式输送机机头喷雾运行是否正常		12	记录台账是否规范完整	

交接班存在问题及处理				
本班状况	项目	确认内容	是（√） 否（×）	说明
	工作情况	是否完成生产任务		
	环境情况	巷道顶板支护是否完好，带式输送机大架、H架下有无淤煤		
	设备运行情况	带式输送机运行是否正常		
	隐患处理情况	隐患是否处理完毕		
	遗留问题	是否存在遗留问题		
交班人				
确认人			接班人	
确认意见				

注：请在确认事项对应后画“√”“×”。

3.10.18　带式输送机检修工岗位操作标准

1. 带式输送机检修工岗位作业标准

部门：　　　　　　　　　　　　　　班组：

项目	作业程序	作业标准	安全要点
班前准备	通用程序	执行公司《班前礼仪标准》及《员工操作达标通用标准》的有关要求	

（续）

项目	作业程序	作业标准	安全要点
接班	1　进入工作地点 2　接班地点 3　明确责任区范围 4　互保、联保确认 5　询问 6　现场检查和试运转 7　问题的处理 8　履行交班手续 9　手指口述	1.1　准时进入工作地点 2.1　在带式输送机机头位置交接班 3.1　本岗位责任区的范围为东、西运输巷 4.1　明确互保、联保人员，作业中严格执行“四不伤害” 5.1　详细询问交班岗位人员前一班的工作情况、环境情况、设备运行情况和隐患处理情况及遗留问题 6.1　查看有关工作日志 6.2　使用的工具、配件和劳保用品的检查 6.2.1　是否齐全、完好 6.2.2　佩戴是否正确 6.3　在交班岗位人员陪同下进行设施和环境检查 6.3.1　环境重点检查 1. 巷道顶板支护是否完好 2. 带式输送机大架、H架下有无淤煤 3. 减速器、电机声音、油位、温度是否正常 4. 消防设施是否齐全完好 5. 照明正常、供电线路是否完好 6.3.2　设施重点检查 1. 带式输送机运行正常，有无卡、磨、偏等不正常现象 2. 带式输送机H架、三连辊、直托辊、缓冲辊是否齐全完好 3. 清带器、除铁器运行是否正常 4. 带式输送机机头喷雾运行是否正常 5. 信号装置、语音报警装置、通信装置和各保护装置是否完好 6. 带式输送机各滚筒是否完好、张紧系统是否正常、液压系统是否正常 7. 绝缘用具、备件、消防器材是否齐全完好 8. 记录台账是否规范完整 7.1　对前一班处理了的问题进行检查，并认真处理接班查出的问题 7.2　在工作日志中写明交接班遗漏问题及处理结果 8.1　履行接班手续，准备上岗作业 9.1　执行公司《“手指口述”实施细则》中相关岗位要求	
作业	1　作业要求 2　岗位隐患排查 3　记录	1.1　执行公司《安全技术操作规程汇编》中相关岗位要求 2.1　进行岗位隐患排查，对排查出的隐患及时处理，处理不了的及时报告当班跟班队长或班组长 3.1　填写必要的岗位记录	
交班	1　交班前的准备与自查	1.1　原则上，不可将问题遗留给下一班 1.2　检修后应将工具、材料、换下零部件等进行清点对设备内部进行全面检查，不得把无关的零件，工具等物品遗留在机腔内，在试转前应由专人复查一次 1.3　检修中被拆除或甩掉的安全保护装置，应指定专人进行恢复，并确保动作可靠	

（续）

项目	作业程序	作业标准	安全要点
交班		1.4 认真填写检修记录，检修部位、内容、结果及遗留问题等，双方签字，并将检修资料整理存档	
		1.5 预留一定时间对责任区卫生进行打扫	
		1.6 将检查发现的问题及本班设备运行情况、出现故障、处理措施、过程及遗留问题认真记录在工作日志中	
	2 汇报	2.1 向接班人汇报工作情况、环境情况、设备运行情况和隐患处理情况及遗漏问题	
	3 接受、协助检查	3.1 接受、协助接班人现场检查	
	4 问题处理	4.1 发现问题立即协同处理	
		4.2 对遗留问题，落实责任向上汇报	
	5 交班	5.1 交班时间原则上控制在 20 min 左右	
		5.2 交班条件：设备运行正常、记录填写清楚、环境卫生干净整洁	
		5.3 履行交班手续	
	6 下班	6.1 执行《员工操作达标通用标准》	
		6.2 上井汇报，填写记录	

2. 带式输送机检修工“手指口述”

1）岗位描述

领导好，欢迎领导检查指导工作，我是本班带式输送机检修工×××，经安全培训、考试合格后，取得操作资格证，持证上岗（出示操作资格证）。

我的岗位职责是：负责巡检带式输送机的各滚筒、输送带、张紧装置、制动装置以及带式输送机控制保护系统，保证带式输送机的正常维护检修和及时对带式输送机存在的各项故障进行排除。

2）手指口述内容

安全确认（班前、班中）

第一步：检修部件区域顶帮支护良好，无安全隐患。确认完毕！

第二步：检修部件区域通风良好，有害气体符合规程要求。确认完毕！

第三步：所检修部件附近及附属部件安全。确认完毕！

第四步：检修工作或任务已明确分工。确认完毕！

第五步：检修工器具齐全完好。确认完毕！

第六步：检修部位已确定，并做好安全防护措施。确认完毕！

第七步：零配件和测量仪器准备到位。确认完毕！

手指口述完毕，可以进行工作。

安全确认（班后）

第一步：检修工具和零配件已全部撤离检修部位。确认完毕！

第二步：检修人员已安全离开检修部位。确认完毕！

第三步：区域内卫生干净整洁，物品归类整齐摆放。确认完毕！

第四步：通过喊话器进行全线安全确认后开机，检查设备运转正常。确认完毕！

手指口述完毕，可以进行工作。

3. 带式输送机完好标准

（1）滚筒、托辊：

①滚筒完好无破裂。胶面滚筒的胶层与滚筒表面紧密贴合，无脱层或裂口。

②托辊齐全，转动灵活，无异响，无卡阻现象，润滑良好。缓冲托辊表面胶层磨损良不得超过原厚度的1/3。

③机头架、机尾架和拉紧装置架无开焊和变形，机尾架轨道应平整，连接紧固。

④中间架平直无开焊，机架完整，固定可靠，无严重锈蚀。

（2）输送带、拉紧装置和伸缩装置：

①输送带无破裂，输送带无鼓泡或碎边。

②运行中输送带不打滑、不跑偏。上部输送带不超出滚筒和托辊边缘，下部输送带不磨机架。

③张紧小车架无损伤、无变形。车轮在轨道上运行无异响。

④拉紧装置设施齐全、完好，张紧力适当。

（3）制动装置、清扫器：

①制动装置各传动杆件灵活可靠，各销轴不松旷、不缺油。闸轮表面无油迹，液压系统不漏油。

②松闸状态下，闸瓦间隙不大于 3 mm；制动时闸瓦与闸轮紧密接触，有效接触面积不得小于60%，制动可靠。

③清挡器安装位置合理，与输送带面接触良好。

（4）安全保护装置：

①各项带式输送机保护装置齐全，灵敏可靠。

②与下运带式输送机设置有联锁装置。

（5）信号、仪表：

①信号装置必须声光兼备，清晰可靠。

②仪器仪表指示准确。

4. 空压机司机班安全确认单

部门：　　　　　　　　　　　　　　　班次：　　班

	检查事项	检查情况　是（√）否（×）		
		零点班	八点班	四点班
交接班安全确认内容	室内门窗是否完好，屋顶无滴漏现象			
	室内温、湿度是否符合规定要求			
	空压机是否符合完好标准，是否运行正常			
	安全阀及储气罐是否完好			
	各管道阀门是否有跑、冒、滴、漏现象			
	各仪器仪表显示屏数据是否显示准确			
	各照明设施是否完好及明亮			
	值班电话是否通信良好			
	消防器材是否齐全、完好、有效			
	卫生是否干净整洁，物品是否整齐摆放，记录是否填写规范			

3.10.19 给煤机司机岗位操作标准

1. 给煤机司机岗位作业标准

部门：　　　　　　　　　　　　　　班组：

项目	作业程序	作业标准	安全要点
班前准备	通用程序	执行公司《班前礼仪标准》及《员工操作达标通用标准》的有关要求	
接班	1　进入工作地点 2　接班地点 3　明确责任区范围 4　互保、联保确认 5　询问 6　现场检查和试运转 7　问题的处理 8　履行交班手续 9　手指口述	1.1　准时进入工作地点 2.1　在给煤机位置交接班 3.1　本岗位责任区的范围为给煤机所属责任区 4.1　明确互保、联保人员，作业中严格执行“四不伤害” 5.1　详细询问交班岗位人员前一班的工作情况、环境情况、设备运行情况和隐患处理情况及遗留问题 6.1　查看有关工作日志 6.2　使用的工具、配件和劳保用品的检查 6.2.1　是否齐全、完好 6.2.2　佩戴是否正确 6.3　在交班岗位人员陪同下进行设施和环境检查 6.3.1　环境重点检查 1. 有无妨碍设备运行的障碍物 2. 闸门开启是否正常 3. 喷雾洒水及冲水管道设施是否齐全完好 4. 出煤口有无堵塞 5. 消防设施是否齐全完好 6. 照明是否正常、供电线路是否完好 6.3.2　设施重点检查 1. 减速机及各转动部位轴承的温度是否正常 2. 各部螺栓紧固有效、液压站工作是否正常 3. 联轴节、减速器及各部轴承的油量、油质是否符合要求 4. 电动机、开关是否完好，按钮是否灵活可靠 5. 备件、消防器材是否齐全完好 6. 电话通信是否正常 7.1　对前一班处理了的问题进行检查，并认真处理接班查出的问题 7.2　在工作日志中详细写明交接班遗漏问题及处理结果 8.1　履行接班手续，准备上岗作业 9.1　执行公司《“手指口述”实施细则》中相关岗位要求	
作业	1　作业要求 2　岗位隐患排查 3　记录	1.1　执行公司《安全技术操作规程汇编》中相关岗位要求 2.1　进行岗位隐患排查，对排查出的隐患及时处理，处理不了的及时报告当班跟班队长或班组长 3.1　填写必要的岗位记录	
交班	1　交班前的准备与自查	1.1　原则上，不可将问题遗留给下一班 1.2　检查各紧固件是否牢固可靠，各连接螺栓是否松动 1.3　减速器润滑油位是否适当，各润滑部分润滑是否良好 1.4　检查行程销、连接销、给煤机滚轮、导轨是否完好 1.5　预留一定时间对责任区卫生进行打扫	

（续）

项目	作业程序	作业标准	安全要点
交班		1.6 将检查发现的问题及本班设备运行情况、出现故障、处理措施、过程及遗留问题认真记录在工作日志中	
	2 汇报	2.1 向接班人汇报工作情况、环境情况、设备运行情况和隐患处理情况及遗漏问题	
	3 接受、协助检查	3.1 接受、协助接班人现场检查	
	4 问题处理	4.1 发现问题立即协同处理 4.2 对遗留问题，落实责任向上汇报	
	5 交班	5.1 交班时间原则上控制在20 min左右 5.2 交班条件设备运行正常、记录填写清楚、环境卫生干净整洁 5.3 履行交班手续	
	6 下班	6.1 执行《员工操作达标通用标准》 6.2 上井汇报，填写记录	

2. 给煤机司机“手指口述”

1）岗位描述

领导好，欢迎领导检查指导工作，我是本班给煤机司机×××，经安全培训、考试合格后，取得操作资格证，持证上岗（出示操作资格证）。

我岗位位于装载硐室，安装有甲带式给煤机两台台，型号为GLD2000/5.5S，驱动电机功率7.5 kW，给料量800～2000 t/h，工作过程中由液压斜插式闸门控制给煤量，给煤机采用直接启动方式，主要承担我矿煤流系统的煤炭运输及提升任务。

我的岗位职责是：熟知《煤矿安全规程》的有关规定，熟悉给煤机的性能、工作原理、技术特性，掌握给煤机的操作要领，及操作注意事项，能够正确使用集控系统，确保给煤机的正常、高效、安全运转。

2）手指口述内容

安全确认（班前、班中、班后）

第一步：装载硐室顶帮及煤仓支护良好，无安全隐患。确认完毕！

第二步：给煤机平台支撑良好，扶梯稳固。确认完毕！

第三步：通风良好，有害气体符合规程要求。确认完毕！

第四步：给煤机符合完好标准，运行正常。确认完毕！

第五步：电气设备符合井下防爆标准要求，操作灵活可靠。确认完毕！

第六步：控制系统工作正常，液压站及闸门工作正常。确认完毕！

第七步：各照明灯具完好及明亮。确认完毕！

第八步：岗位电话通信良好。确认完毕！

第九步：消防器材齐全、完好、有效。确认完毕！

第十步：区域内卫生干净整洁，物品摆放整齐。确认完毕！

手指口述完毕，可以进行工作。

3. 给煤机完好标准

（1）吊架、漏斗、往复托板、拉杆等完整齐全，无开裂、漏煤、变形、折断等现象。

（2）拉杆与往复托板：

①相互垂直，并在同一中心线上，其偏摆量不应大于 3 mm。
②双拉杆保持平行长短一致。
③拉杆与托板连接销轴磨损不超过原直径的 5% 。
（3）偏心轮、托轮：
①偏心轮与拉杆不偏扭，偏心轮套磨损间隙不超过 1 mm。
②托轮与滑道接触均匀，无三条腿现象。
③调整灵活，供料均匀。
（4）甲带无破损，给煤机闸门工作灵活。
4. 给煤机司机安全确认单

部门： 班次： 班 交班时间：

序号	确认事项	是（√） 否（×）	序号	确认事项	是（√） 否（×）
1	装载硐室顶帮及煤仓支护良好，无安全隐患		6	控制系统工作正常，液压站及闸门工作正常	
2	给煤机平台支撑良好，扶梯稳固		7	各照明灯具完好及明亮	
3	通风良好，有害气体符合规程要求		8	岗位电话通信良好	
4	给煤机符合完好标准，运行正常		9	消防器材齐全、完好、有效	
5	电气设备符合井下防爆标准要求，操作灵活可靠		10	区域内卫生干净整洁，物品摆放整齐	

<table>
<tr><td colspan="2">交接班存在问题及处理</td><td colspan="4"></td></tr>
<tr><td rowspan="6">本班状况</td><td>项目</td><td>确认内容</td><td>是（√）
否（×）</td><td colspan="2">说明</td></tr>
<tr><td>工作情况</td><td>是否完成生产任务</td><td></td><td colspan="2"></td></tr>
<tr><td>环境情况</td><td>煤仓是否堵塞，瓦斯是否超限</td><td></td><td colspan="2"></td></tr>
<tr><td>设备运行情况</td><td>给煤机及闸门运行是否正常</td><td></td><td colspan="2"></td></tr>
<tr><td>隐患处理情况</td><td>隐患是否处理完毕</td><td></td><td colspan="2"></td></tr>
<tr><td>遗留问题</td><td>是否存在遗留问题</td><td></td><td colspan="2"></td></tr>
<tr><td colspan="2">交班人</td><td></td><td></td><td colspan="2"></td></tr>
<tr><td colspan="2">确认人</td><td colspan="2"></td><td>接班人</td><td></td></tr>
<tr><td colspan="2">确认意见</td><td colspan="4"></td></tr>
</table>

注：请在确认事项对应后画“√”“×”。

3.10.20 带式输送机清理工岗位操作标准

1. 带式输送机清理工岗位作业标准

部门： 班组：

项目	作业程序	作业标准	安全要点
班前准备	通用程序	执行公司《班前礼仪标准》及《员工操作达标通用标准》的有关要求	
接班	1 进入工作地点 2 接班地点 3 明确责任区范围 4 互保、联保确认 5 询问 6 现场检查和试运转 7 问题的处理 8 履行交班手续 9 手指口述	1.1 准时进入工作地点 2.1 在带式输送机机头位置交接班 3.1 本岗位责任区的范围为带式输送机清理工包片范围内 4.1 明确互保、联保人员，作业中严格执行“四不伤害” 5.1 详细询问交班岗位人员前一班的工作情况、环境情况、设备运行情况和隐患处理情况及遗留问题 6.1 查看有关工作日志 6.2 使用的工具、配件和劳保用品的检查 6.2.1 是否齐全、完好 6.2.2 佩戴是否正确 6.3 在交班岗位人员陪同下进行设施和环境检查 6.3.1 环境重点检查 1. 巷道顶板是否支护完好 2. 带式输送机大架、H 架下有无淤煤 3. 减速器、电机声音、油位、温度是否正常； 4. 消防设施是否齐全完好 5. 照明正常、供电线路是否完好 6.3.2 设施重点检查 1. 带式输送机运行正常，有无卡、磨、偏等不正常现象 2. 带式输送机 H 架、三连辊、直托辊、缓冲辊是否齐全完好 3. 清带器、除铁器运行是否正常 4. 带式输送机机头喷雾运行是否正常 5. 信号装置、语音报警装置、通信装置和各保护装置是否完好 6. 带式输送机各护网、护罩、阀门是否完好 7. 绝缘用具、备件、消防器材是否齐全完好 8. 记录台账是否规范完整 7.1 对前一班处理了的问题进行检查，并认真处理接班查出的问题 7.2 在工作日志中写明交接班遗漏问题及处理结果 8.1 履行接班手续，准备上岗作业 9.1 执行公司《“手指口述”实施细则》中相关岗位要求	
作业	1 作业要求 2 岗位隐患排查 3 记录	1.1 执行公司《安全技术操作规程汇编》中相关岗位要求 2.1 进行岗位隐患排查，对排查出的隐患及时处理，处理不了的及时报告当班跟班队长或班组长 3.1 填写必要的岗位记录	

（续）

项目	作业程序	作业标准	安全要点
交班	1　交班前的准备与自查	1.1　原则上，不可将问题遗留给下一班 1.2　清点所用工具；查看设备、设施做到心中有数 1.3　留一定时间对责任区卫生进行打扫 1.4　检查输送带里帮是否有积煤，带式输送机开启时严禁在输送带内侧清煤 1.5　检查发现的问题及本班设备运行情况、出现故障、处理措施、过程及遗留问题认真记录在工作日志中	
	2　汇报	2.1　向接班人汇报工作情况、环境情况、设备运行情况和隐患处理情况及遗漏问题	
	3　接受、协助检查	3.1　接受、协助接班人现场检查	
	4　问题处理	4.1　发现问题立即协同处理 4.2　对遗留问题，落实责任向上汇报	
	5　交班	5.1　交班时间原则上控制在 20 min 左右 5.2　交班条件：设备运行正常、记录填写清楚、环境卫生干净整洁 5.3　履行交班手续	
	6　下班	6.1　执行《员工操作达标通用标准》 6.2　上井汇报，填写记录	

2. 带式输送机清理工“手指口述”

1）岗位描述

领导好，欢迎领导检查指导工作，我是本班带式输送机清理工×××，经安全培训、考试合格后，取得操作资格证，持证上岗（出示操作资格证）。

我所负责的卫生区域为东主带式输送机机头至机尾，主要工作为清理带式输送机运输过程中沿线洒落地面的煤粉、杂物和清理管线表面的浮煤灰尘以及清挖水沟淤泥工作。

我的岗位职责是：严格遵守劳动纪律及各项规章制度，做好巷道的卫生清理工作，确保巷道的文明卫生，同时在做好本职工作前提下，协助带式输送机司机或检修工做好其他工作，以确保带式输送机安全运转。

2）手指口述内容

安全确认

第一步：责任区域内顶帮支护良好，无安全隐患。确认完毕！

第二步：责任区域通风良好，有害气体符合规程要求。确认完毕！

第三步：责任区域内各管线吊挂规范，符合规定要求。确认完毕！

第四步：清煤工具齐全、完好。确认完毕！

第五步：洒水设施工具齐全、完好。确认完毕！

第六步：卫生干净整洁，物品摆放整齐。确认完毕！

手指口述完毕，可以进行工作。

3.10.21　矸石山提升机司机岗位操作标准

1. 矸石山提升机司机岗位作业标准

部门：　　　　　　　　　　　　班组：

项目	作业程序	作业标准	安全要点
班前准备	通用程序	执行公司《班前礼仪标准》及《员工操作达标通用标准》的有关要求	
接班	1　进入工作地点 2　接班地点 3　明确责任区范围 4　互保、联保确认 5　询问 6　现场检查 7　问题的处理 8　履行交班手续 9　手指口述	1.1　准时进入工作地点 2.1　在矸石山操作室位置交接班 3.1　本岗位责任区的范围为矸石山绞车操作室 4.1　明确互保、联保人员，作业中严格执行"四不伤害" 5.1　详细询问交班岗位人员前一班的工作情况、环境情况、设备运行情况和隐患处理情况及遗留问题 6.1　查看有关工作日志 6.2　使用的工具、配件和劳保用品的检查 6.2.1　是否齐全、完好 6.2.2　佩戴是否正确 6.3　在交班岗位人员陪同下进行设施和环境检查 6.3.1　环境重点检查 1. 提升机各运转部位声响是否正常 2. 钢丝绳排列是否整齐 3. 消防设施是否齐全完好 4. 信号系统运行是否正常 5. 照明正常、供电线路是否完好 6.3.2　设施重点检查 1. 高、低压配电柜工作是否正常 2. 提升机滚筒、电机运转是否正常 3. 液压站工作是否正常 4. 操作室各电脑显示数据及各保护是否正常 5. 绝缘用具、备件消防器材是否齐全完好 6. 电话通信是否正常 7. 记录台账是否规范完整 7.1　对前一班处理了的问题进行检查，并认真处理接班查出的问题 7.2　在工作日志中写明交接班遗漏问题及处理结果 8.1　履行接班手续，准备上岗作业 9.1　执行公司《"手指口述"实施细则》中相关岗位要求	
作业	1　作业要求 2　岗位隐患排查 3　记录	1.1　执行公司《安全技术操作规程汇编》中相关岗位要求 2.1　进行岗位隐患排查，对排查出的隐患及时处理，处理不了的及时报告当班跟班队长或班组长 3.1　填写必要的岗位记录	
交班	1　交班前的准备与自查	1.1　原则上，不可将问题遗留给下一班 1.2　搞好设备及机房内外环境卫生，并将工具、备品排列整齐；按有关规定，认真填好各种记录 1.3　预留一定时间对责任区卫生进行打扫	

（续）

项目	作业程序	作业标准	安全要点
交班		1.4 将检查发现的问题及本班设备运行情况、出现故障、处理措施、过程及遗留问题认真记录在工作日志中 1.5 交班前确认翻矸车辆在停车位置，过卷开关是否动作灵活可靠	
	2 汇报	2.1 向接班人汇报工作情况、环境情况、设备运行情况和隐患处理情况及遗漏问题	
	3 接受、协助检查	3.1 接受、协助接班人现场检查	
	4 问题处理	4.1 发现问题立即协同处理 4.2 对遗留问题，落实责任向上汇报	
	5 交班	5.1 交班时间原则上控制在 20 min 左右 5.2 交班条件：设备运行正常、环境卫生干净、记录填写清楚 5.3 履行交班手续	
	6 下班	6.1 执行《员工操作达标通用标准》 6.2 到队部汇报、填写记录	

2. 矸石山提升机司机“手指口述”

1）岗位描述（敬礼）

领导好，欢迎领导检查指导工作，我是本班矸石山提升机司机×××，经安全培训、考试合格后，取得操作资格证，持证上岗（出示操作资格证）。

我公司矸石山绞车提升高度为51.6 m，提升机选用山西新富升的 JKD－1.6X1.2/20 单绳缠绕式提升机，绞车直径 1.6 m，宽 1.2 m，最大速度为 3.06 m/s，钢丝绳直径 24.5 mm，最大静张力差为 45 kN；拖动电机选用山西电机制造有限公司 YTS315M2－8（132 kW）交流电动机。控制部分采用洛阳源创电气控制系统，配合可编程序控制器和变频器对绞车进行控制。具有过卷、过速、松绳、限速、闸间隙保护、深度指示器失效保护、过负荷和欠电压、减速功能保护等保护装置，能完全满足《煤矿安全规程》的规定。

我的岗位职责是：严格按照矸石山提升机司机操作规程和安全生产标准化要求进行操作和维护设备，巡检绞车滚筒、电机、液压站、主控柜及各配电柜，并认真填写好各项记录，配合矸石山翻矸人员进行翻矸工作，确保矸石山提升机正常有效的运转，确保完成当班生产任务。

2）手指口述内容

安全确认（班前、班中、班后）

第一步：室内门窗完好，屋顶无滴漏现象。确认完毕！

第二步：提升机各运转部位声响正常。确认完毕！

第三步：钢丝绳排列整齐，松绳保护可靠有效。确认完毕！

第四步：高低压配电柜完好，运行正常。确认完毕！

第五步：提升机滚筒、电机运转正常。确认完毕！

第六步：操作室各电脑显示数据及各保护正常。确认完毕！

第七步：值班电话通信良好。确认完毕！

第八步：绝缘用具齐全完好有效，验电笔符合检测电要求。确认完毕！

第九步：消防器材齐全、完好、有效。确认完毕！

第十步：卫生干净整洁，物品摆放整齐，记录填写规范。确认完毕！

手指口述完毕，可以进行工作。

3. 矸石山绞车完好标准

（1）绞车各部螺栓、螺母、背帽、垫圈、开口销、护罩齐全完整紧固。

（2）滚筒：

①无开焊、裂纹及变形，衬块完好、键不松动。

②滚筒上缠绕的钢丝绳和固定符合煤矿安全规程的规定。

（3）减速器：

①齿轮咬合面沿齿长不小于50%，沿齿高不小于40%。

②齿厚磨损不得超过原齿厚的15%，齿面剥落不超过齿有效面积的25%。

③油质合格不漏油。

④运行中无异响。

（4）轴承：

①主轴及减速机轴的水平度偏差不超过0.2%；轴瓦无裂纹与剥落。

②滑动轴承的配合间隙不超过要求。

③轴承最大振幅不超过要求。

④轴与下瓦接触应符合要求。

（5）制动系统：

①制动系统各部件灵活、可靠，各销轴不松旷，不缺油。

②闸轮无磨损和变形，闸瓦与闸轮接触严密，松闸后间隙：平移式不大于2 mm，且上下相等；角移式在闸瓦中心不大于2.5 mm，闸的工作行程不超过全行程的3/4。

③盘形闸的液压系统要求：液压管路不漏油，最大压力能充分松闸，松闸后间隙不小于2 mm；残压不大于7 kgf/cm^2（1 kgf/cm^2 = 0.0980665 MPa）；液压站压力与操作手柄位置要一致。

④制动装置的试验符合《煤矿安全规程》规定。

（6）深度指示器与安全保护装置：

①深度指示器指示准确，指针行程不小于全行程的3/4。

②有过卷、过速、限速、紧急制动、低电压、过电流、油压、闸瓦磨损、松绳保护闭锁、减速警铃装置，并且齐全、准确、可靠。

（7）信号与仪表：

①信号声光具备、清晰可靠，有与信号工联络的专用信号联络器。

②电流表、电压表、压力表齐全，指示准确并定期校验。

注：检验期不超过一年。

（8）电气：

①电动机、开关柜应符合其完好标准。

②继电保护装置定期校验，准确可靠。

③变频器性能良好，运转正常。

④接地系统良好。

注：检查、试验记录有效期一年。

（9）资料整洁：

①设备与机房整洁，工具与备件存放整齐。

②有《煤矿安全规程》规定的文件和检查检修记录。

4. 矸石山提升机司机安全交接记录单

部门：机电机运队　　　　　　班次：　班　　　　　　交班时间：

序号	确认事项	是（√） 否（×）	序号	确认事项	是（√） 否（×）
1	室内门窗是否完好，屋顶有无滴漏现象		6	操作室各电脑显示数据及各保护是否正常	
2	提升机各运转部位声响是否正常		7	值班电话通信是否良好	
3	钢丝绳排列是否整齐，松绳保护是否可靠有效		8	绝缘用具齐全完好是否有效，验电笔是否符合检测电要求	
4	高低压配电柜是否完好		9	消防器材是否齐全、完好、有效	
5	提升机滚筒、电机运转是否正常		10	卫生干净是否整洁，物品摆放是否整齐，记录填写是否规范	

交接班存在问题及处理					
本班状况	项目	确认内容	是（√） 否（×）	说明	
	工作情况	本班翻矸____车，是否完成生产任务			
	设备运行情况	提升机运行是否正常			
	隐患处理情况	隐患是否处理完毕			
	遗留问题	是否存在遗留问题			
交班人					
确认人				接班人	
确认意见					

注：请在确认事项对应后画“√”“×”。

3.10.22 矸石山翻矸工岗位操作标准

1. 矸石山翻矸工岗位作业标准

部门：　　　　　　　　　　　　　　　　班组：

项目	作业程序	作业标准	安全要点
班前准备	通用程序	执行公司《班前礼仪标准》及《员工操作达标通用标准》的有关要求	
接班	1 进入工作地点 2 接班地点 3 明确责任区范围 4 互保、联保确认 5 询问 6 现场检查	1.1 准时进入工作地点 2.1 在矸石山翻矸房位置交接班 3.1 本岗位责任区的范围为矸石山翻矸系统 4.1 明确互保、联保人员，作业中严格执行“四不伤害” 5.1 详细询问交班岗位人员前一班的工作情况、环境情况、设备运行情况和隐患处理情况及遗留问题 6.1 查看有关工作日志	

（续）

项目	作业程序	作业标准	安全要点
接班		6.2 使用的工具、配件和劳保用品的检查 6.2.1 是否齐全、完好 6.2.2 佩戴是否正确 6.3 在交班岗位人员陪同下进行设施和环境检查 6.3.1 环境重点检查 1. 矸石山翻矸房进出车轨道是否通畅、无障碍物 2. 语音报警装置是否正常 3. 各回转部位及危险部位的护栏是否齐全完好 4. 消防设施是否齐全完好 5. 照明是否正常、供电线路是否完好 6.3.2 设施重点检查 1. 翻车机、推车机运转是否正常 2. 阻车器工作正常、各地辊转动是否灵活可靠 3. 液压站工作是否正常 4. 翻罐笼是否正常、轨道及停车开关是否工作正常 5. 电话通信是否正常 6. 记录台账规是否范完整	
	7 问题的处理	7.1 对前一班处理了的问题进行检查，并认真处理接班查出的问题 7.2 在工作日志中详细写明交接班遗漏问题及处理结果	
	8 履行交班手续	8.1 履行接班手续，准备上岗作业	
	9 手指口述	9.1 执行公司《“手指口述”实施细则》中相关岗位要求	
作业	1 作业要求	1.1 执行公司《安全技术操作规程汇编》中相关岗位要求	
	2 岗位隐患排查	2.1 进行岗位隐患排查，对排查出的隐患及时处理，处理不了的及时报告当班跟班队长或班组长	
	3 记录	3.1 填写必要的岗位记录	
交班	1 交班前的准备与自查	1.1 原则上，不可将问题遗留给下一班 1.2 搞好设备及机房内外环境卫生，并将工具、备品排列整齐和清点 1.3 预留一定时间对责任区卫生进行打扫 1.4 将检查发现的问题及本班设备运行情况、出现故障、处理措施、过程及遗留问题认真记录在工作日志中 1.5 交班前检查翻矸系统配电箱各仪表工作指示正常	
	2 汇报	2.1 接班人汇报工作情况、环境情况、设备运行情况和隐患处理情况及遗漏问题	
	3 接受、协助检查	3.1 接受、协助接班人现场检查	
	4 问题处理	4.1 发现问题立即协同处理 4.2 对遗留问题，落实责任向上汇报	
	5 交班	5.1 交班时间原则上控制在20 min左右 5.2 交班条件：设备运行正常，记录填写清楚，卫生打扫干净整洁 5.3 履行交班手续	
	6 下班	6.1 执行《员工操作达标通用标准》 6.2 到队部汇报、填写记录	

2. 矸石山翻矸工“手指口述”

1）岗位描述

领导好，欢迎领导检查指导工作，我是本班矸石山翻矸工×××，经安全培训、考试合格后，取得操作资格证，持证上岗（出示操作资格证）。

我公司矸石山排矸采用济宁中煤全液压驱动排矸系统，该系统主要由液压绳式调车机、液压翻车机、翻矸车、装载闸门、卸矸架、集中液压站、电控装置组成，推车机运行速度 0.5 m/s，工作过程中利用翻罐笼旋转将矿车内的矸石提升至矸石山，能完全副井辅助运输系统的生产需要。

我的岗位职责是：严格按照矸石山翻矸工操作规程和安全生产标准化要求进行操作和维护设备，巡检液压绳式调车机、液压翻车机、翻矸车、装载闸门、卸矸架、集中液压站、电控装置，并认真填写好各项记录，配合矸石山提升机司机进行翻矸工作，确保矸石山排矸系统正常有效的运转，确保完成当班生产任务。

2）手指口述内容

安全确认（班前、班中、班后）

第一步：矸石山控制室各配电柜工作正常。确认完毕！

第二步：矸石山车场道路通畅。确认完毕！

第三步：液压站工作正常。确认完毕！

第四步：翻罐笼各回转部位防护栏杆安全可靠。确认完毕！

第五步：翻车机、推车机、卸料斗工作正常。确认完毕！

第六步：车场推车机状态完好，各轮组可靠有效。确认完毕！

第七步：阻车器完好，语音报警系统正常，信号系统正常。确认完毕！

第八步：电话通信系统正常。确认完毕！

第九步：消防器材齐全、完好、有效。确认完毕！

第十步：卫生干净整洁，物品摆放整齐，记录填写规范。确认完毕！

手指口述完毕，可以进行工作。

3. 矸石山液压排矸系统完好标准

（1）液压绳式调车机液压驱动部工作正常，张紧部分完好。

（2）液压翻车机无开焊，旋转灵活，螺栓无松动，操作系统完好。

（3）翻矸车无开焊，翻车机构及锁销完好，车轮运转灵活。

（4）卸矸架固定牢固无开裂，轨道无变形，轨距符合要求。

（5）电控系统接线符合标准，按钮灵活动作可靠。

4. 矸石山翻矸工安全交接记录单

部门： 班次： 班 交班时间：

序号	确认事项	是（√） 否（×）	序号	确认事项	是（√） 否（×）
1	矸石山控制室各配电柜工作正常		4	翻罐笼各回转部位防护栏杆安全可靠	
2	矸石山车场道路通畅		5	翻车机、推车机、卸料斗工作正常	
3	液压站工作正常		6	车场推车机状态完好，各轮组可靠有效	

（续）

序号	确认事项	是（√） 否（×）	序号	确认事项	是（√） 否（×）
7	阻车器完好，语音报警系统正常，信号系统正常		9	消防器材齐全、完好、有效	
8	电话通信系统正常		10	卫生干净整洁，物品摆放整齐，记录填写规范	

交接班存在问题及处理				
本班状况	项目	确认内容	是（√） 否（×）	说明
	工作情况	本班翻矸____车，是否完成生产任务		
	环境情况	进出车轨道是否通畅、无障碍物，各回转部位及危险部位的护栏是否齐全完好		
	设备运行情况	提升机运行是否正常		
	隐患处理情况	隐患是否处理完毕		
	遗留问题	是否存在遗留问题		
交班人				
确认人			接班人	
确认意见				

注：请在确认事项对应后画“√”“×”。

3.10.23　瓦斯抽放泵司机岗位操作标准

1. 瓦斯抽放泵司机岗位作业标准

部门：　　　　　　　　　　　　　　　　　　　　班组：

项目	作业程序	作业标准	安全要点
班前准备	通用程序	执行公司《班前礼仪标准》及《员工操作达标通用标准》的有关要求	
接班	1　进入工作地点 2　接班地点 3　明确责任区范围 4　互保、联保确认 5　询问 6　现场检查	1.1　准时进入工作地点 2.1　在瓦斯抽采泵站值班室位置交接班 3.1　本岗位责任区的范围为瓦斯抽采泵站 4.1　明确互保、联保人员，作业中严格执行“四不伤害” 5.1　详细询问交班岗位人员前一班的工作情况、环境情况、设备运行情况和隐患处理情况及遗留问题 6.1　查看有关工作日志 6.2　使用的工具、配件和劳保用品的检查	

（续）

项目	作业程序	作业标准	安全要点
接班		6.2.1 是否齐全、完好 6.2.2 佩戴是否正确 6.3 在交班岗位人员陪同下进行设施和环境检查 6.3.1 环境重点检查 1. 瓦斯泵站运转声音是否正常 2. 避雷设施是否完好 3. 消防设施是否齐全完好 4. 照明是否正常、供电线路是否完好 6.3.2 设施重点检查 1. 瓦斯泵站各阀门、管路是否完好，各传感器显示是否正常 2. 抽放泵地脚螺丝，各部连接螺丝以及防护罩是否牢固可靠 3. 高低水池水位是否正常、软化水系统是否正常 4. 瓦斯泵站各配电柜工作是否正常 5. 电脑监控及各瓦斯监测数据是否正常 6. 绝缘用具、备件、消防器材是否齐全完好 7. 电话通信是否正常 8. 记录台账是否规范完整	
	7 问题的处理	7.1 对前一班处理了的问题进行检查，并认真处理接班查出的问题 7.2 在工作日志中写明交接班遗漏问题及处理结果	
	8 履行交班手续	8.1 履行接班手续，准备上岗作业	
	9 手指口述	9.1 执行公司《“手指口述”实施细则》中相关岗位要求	
作业	1 作业要求	1.1 执行公司《安全技术操作规程汇编》中相关岗位要求	
	2 岗位隐患排查	2.1 进行岗位隐患排查，对排查出的隐患及时处理，处理不了的及时报告当班跟班队长或班组长	
	3 记录	3.1 填写必要的岗位记录	
交班	1 交班前的准备与自查	1.1 原则上，不可将问题遗留给下一班 1.2 自检设备工具，整理各项记录，打扫环境卫生 1.3 预留一定时间对责任区卫生进行打扫 1.4 将检查发现的问题及本班设备运行情况、出现故障、处理措施、过程及遗留问题认真记录在工作日志中 1.5 接班是检查各传感器数据是否正常	
	2 汇报	2.1 向接班人汇报工作情况、环境情况、设备运行情况和隐患处理情况及遗漏问题	
	3 接受、协助检查	3.1 接受、协助接班人现场检查	
	4 问题处理	4.1 发现问题立即协同处理 4.2 对遗留问题，落实责任向上汇报	
	5 交班	5.1 交班时间原则上控制在 20 min 左右 5.2 交班条件：各设备运行正常，环境卫生干净整洁、记录填写清楚 5.3 履行交班手续	
	6 下班	6.1 执行《员工操作达标通用标准》 6.2 到队部汇报、填写记录	

2. 瓦斯抽放泵司机“手指口述”

1）岗位描述

领导好，欢迎领导检查指导工作，我是本班瓦斯抽采泵司机×××，经安全培训、考试合格后，取得操作资格证，持证上岗（出示操作资格证）。

我公司瓦斯抽采泵站真空泵采用山东博山2BEC72型号真空泵，气量29700 m^3/h，极限真空度16 kPa，防爆电动机采用南洋防爆集团的YB560M2－4型电动机，额定功率560 kW，电压等级6 kV。控制系统采用煤科总院重庆分院的KXJ660矿用隔爆兼本质型PLC可编程序控制箱，泵站有高压配电柜20面，低压配电柜7面，干式变压器2台。

我的岗位职责是：严格按照瓦斯抽采泵司机操作规程和安全生产标准化要求进行操作和维护设备，巡检高低压配电室、主泵室、管道间、仪表室以及高低位水池和各种监控数据，并认真填写好各项记录，熟练掌握瓦斯抽采泵开停程序，并能处理一般故障，确保瓦斯泵站抽采系统正常工作。

2）手指口述内容

安全确认（班前、班中、班后）

第一步：电脑监控及各瓦斯监测数据正常。确认完毕！

第二步：电话通信正常。确认完毕！

第三步：记录台账规范完整。确认完毕！

第四步：低压配电柜、干变工作正常。确认完毕！

第五步：高压配电柜、变频系统工作正常。确认完毕！

第六步：绝缘用具、备件齐全完好。确认完毕！

第七步：斯泵站各阀门、管路完好，各传感器显示正常。确认完毕！

第八步：抽放泵地脚螺丝，各部连接螺丝以及防护罩牢固可靠。确认完毕！

第九步：消防设施齐全完好。确认完毕！

第十步：高低水池水位正常、软化水系统正常。确认完毕！

第十一步：避雷设施完好。确认完毕！

手指口述完毕，可以进行工作。

3. 瓦斯抽放泵站完好标准

（1）地面泵房必须装设符合防火、防雷电、防管路回火爆炸要求的安全装备，必须配齐通信设备和必要的检测仪表。

（2）抽采泵运行状态的各种参数（瓦斯浓度、设备温度、压力、孔板流量计静压差、流量等）及附属设备的运转状态、机房内的瓦斯浓度应符合要求并做记录。

（3）抽采系统各种计量装置、阀门和安全装置等灵活可靠。

（4）泵站进出风气门、循环气门、配风气门、放空气门和利用气门，保证其处于正常工作状态。

（5）检查抽采泵地脚螺丝，各部连接螺丝以及防护罩，要求不得松动。

（6）检查并保持油路、水路处于良好工作状态。

（7）各部位温度计应齐全，温度计指示值符合规定要求。

（8）泵站的测压、测瓦斯浓度装置及电流、电压、功率表均应正常工作，无异常。

（9）检查泵站进、出气处的安全装置，要求保证完好；采用水封式防爆器的，要保证水位达到规定要求。

（10）检查配电设备，应完好。

4. 瓦斯抽放泵司机安全交接记录单

部门： 班次： 班 交班时间：

序号	确认事项	是（√）否（×）	序号	确认事项	是（√）否（×）
1	电脑监控及各瓦斯监测数据是否正常		7	瓦斯泵站各阀门、管路是否完好，各传感器显示是否正常	
2	电话通信是否正常		8	抽放泵地脚螺丝，各部连接螺丝以及防护罩是否牢固可靠	
3	记录台账是否规范完整		9	消防设施是否齐全完好	
4	低压配电柜、干变工作是否正常		10	高低水池水位是否正常、软化水系统是否正常	
5	高压配电柜、变频系统工作是否正常		11	避雷设施是否完好	
6	绝缘用具、备件是否齐全完好		12		

交接班存在问题及处理				
本班状况	项目	确认内容	是（√）否（×）	说明
	环境情况	避雷设施、消防设施、照明等是否完好		
	设备运行情况	瓦斯抽采泵运行是否正常		
	隐患处理情况	隐患是否处理完毕		
	遗留问题	是否存在遗留问题		
交班人				
确认人			接班人	
确认意见				

注：请在确认事项对应后画“√”“×”。

3.10.24 司炉工岗位操作标准

1. 司炉工岗位作业标准

部门： 班组：

项目	作业程序	作业标准	安全要点
班前准备	通用程序	执行公司《班前礼仪标准》及《员工操作达标通用标准》的有关要求	
接班	1 进入工作地点 2 接班地点	1.1 准时进入工作地点 2.1 在锅炉房交接班	

（续）

项目	作业程序	作业标准	安全要点
接班	3　明确责任区范围 4　互保、联保确认 5　询问 6　现场检查 7　问题的处理 8　履行交班手续 9　手指口述	3.1　本岗位责任区的范围为锅炉房 4.1　明确互保、联保人员，作业中严格执行“四不伤害” 5.1　详细询问交班岗位人员前一班的工作情况、环境情况、设备运行情况和隐患处理情况及遗留问题 6.1　查看有关工作日志 6.2　使用的工具、配件和劳保用品的检查 6.2.1　是否齐全、完好 6.2.2　佩戴是否正确 6.3　在交班岗位人员陪同下进行设施和环境检查 6.3.1　环境重点检查 1. 鼓风机、引风机、除尘泵运转是否正常 2. 锅炉水位、压力是否正常 3. 除尘池水位是否正常 4. 消防设施是否齐全完好 5. 照明正常、供电线路是否完好 6.3.2　设施重点检查 1. 锅炉及各配电柜运行是否正常 2. 补水泵运行是否正常 3. 蒸汽管道、给水管路、排污管路装置是否齐全完好 4. 出渣机运转是否正常 5. 自动上煤输送机运转是否正常 6. 各压力表安全阀是否有效可靠 7. 绝缘用具、备件、消防器材是否齐全完好 8. 电话通信是否正常 9. 记录台账是否规范完整 7.1　对前一班处理了的问题进行检查，并认真处理接班查出的问题 7.2　在工作日志中详细写明交接班遗漏问题及处理结果 8.1　履行接班手续，准备上岗作业 9.1　执行公司《“手指口述”实施细则》中相关岗位要求	
作业	1　作业要求 2　岗位隐患排查 3　记录	1.1　执行公司《安全技术操作规程汇编》中相关岗位要求 2.1　进行岗位隐患排查，对排查出的隐患及时处理，处理不了的及时报告当班跟班队长或班组长 3.1　填写必要的岗位记录	
交班	1　交班前的准备与自查	1.1　原则上，不可将问题遗留给下一班 1.2　自检设备工具，整理各项记录，打扫环境卫生 1.3　预留一定时间对责任区卫生进行打扫 1.4　将检查发现的问题及本班设备运行情况、出现故障、处理措施、过程及遗留问题认真记录在工作日志中 1.5　交班前确认锅炉是否正在运行及运行情况，检查自动上煤输送机和自动除渣机是否完好	

（续）

项目	作业程序	作业标准	安全要点
交班	2 汇报	2.1 向接班人汇报工作情况、环境情况、设备运行情况和隐患处理情况及遗漏问题	
	3 接受、协助检查	3.1 接受、协助接班人现场检查	
	4 问题处理	4.1 发现问题立即协同处理 4.2 对遗留问题，落实责任向上汇报	
	5 交班	5.1 交班时间原则上控制在 20 min 左右 5.2 交班条件：各设备运行正常，环境卫生干净整洁、记录填写清楚 5.3 履行交班手续	
	6 下班	6.1 执行《员工操作达标通用标准》 6.2 到队部汇报、填写记录	

2. 司炉工“手指口述”

1）岗位描述

我叫×××（姓名），是机电机运队锅炉房司炉工，坚决做到持证上岗，遵章作业。是否进行岗位描述？请指示！

我公司锅炉房现有两台 4 t 和两台 10 t 蒸汽锅炉，额定压力为 1.25 MPa，工作压力为 0.5 MPa，均采用麻石水膜除尘器，控制保护可靠。担负着全矿井生产、生活的供热、供气任务。

我的岗位职责是：熟练锅炉的操作规程和各项管理制度，对以水为介质的固定式锅炉进行安全操作，具有高度的责任心，具备锅炉操作和运行的安全知识，熟悉蒸汽锅炉的工作原理和本工种的应知应会知识；正确使用安全防护用品，听从领导指挥，保质保量完成当班任务。

2）工艺流程

（1）按时进入规定的接班地点进行接班，详细询问上一班的工作情况和设备运行情况，隐患处理情况及遗留问题。

（2）查看有关记录台账。

（3）检查锅炉电控柜仪表显示正常、出渣机链条是否松动，减速器，电动机是否有漏油现象。

（4）检查引风机、鼓风机运转正常，烟道、风道是否畅通。压力表，水位计、补水泵运转是否正常。

（5）清点绝缘用具、工具、备件，并做好相关记录。

3）手指口述内容

安全确认（班前、班后）

第一步：锅炉水位、压力正常。确认完毕！

第二步：蒸汽管道、给水管路、排污管路装置齐全完好。确认完毕！

第三步：各压力表安全阀有效可靠。确认完毕！

第四步：鼓风机、引风机、除尘泵运转正常。确认完毕！

第五步：除尘池水位正常。确认完毕！

第六步：出渣机运转正常。确认完毕！

第七步：自动上煤输送机运转正常。确认完毕！

第八步：锅炉及各配电柜运行正常。确认完毕！

第九步：补水泵运行正常。确认完毕！

第十步：绝缘用具、备件、消防器材齐全完好。确认完毕！

第十一步：电话通信正常。确认完毕！

第十二步：消防设施齐全完好。确认完毕！

第十三步：照明正常、供电线路完好。确认完毕！

第十四步：记录台账规范完整。确认完毕！

3. 锅炉完好标准

（1）炉体：

①炉体、水（火）及管子胀口处等受压元件的焊口不漏水，不漏气，无严重腐蚀现象。

②炉筒封头、炉胆无变形。

③水垢厚度不超过 1 mm，人孔、手孔、密封良好，不漏水，不漏气。

注：A：炉体包括到第一个总排气冷门。

B：应按原煤炭部制定的煤矿机电设备维修质量标准进行检查，其记录有效期为一年。

（2）炉墙、炉膛、烟道：

①炉墙、隔火墙无洞裂，炉膛无塌陷。

②墙架和炉筒吊挂横梁无弯曲、裂纹。

③炉门开闭灵活，无严重破裂及变形。

④烟道不漏烟，不堵塞，风闸门开闭灵活。

注：炉门有局部裂纹，但不破损者为合格。

（3）安全装置及仪表：

①锅筒上安全阀、压力表、温度计齐全。

②安全阀、压力表定期校验，准确可靠，校验后，加锁或铅封。

③每台炉应该装两个独立的双色水位计，内无杂物，畅通无阻，水位清晰可见，并有最高、最低水位标志。

④烟囱应有避雷装置，接地电阻不大于 10 Ω。

注：A：工作压力时指使用压力；B：压力表校验有效期为一年。

（4）给水与排污装置：

①给水泵正常运转，保证锅炉用水。

②软化装置经常使用，硬度指标符合有关行业标准，水垢厚度不超过 1 mm。

③排污阀灵活可靠，定期排污。

注：有两个串联排污阀。

（5）附属设备：自动上煤输送机、自动出渣机、引风机、鼓风机、炉排、除尘装置等运行状况良好。

（6）整洁与资料：

①锅炉房内无杂物，环境整洁。

②炉灰与烟道积尘经常清洗。

③有运行检查、检修记录和水质化验记录。

注：锅炉设备的外部检查和内部检查项目科参考原煤炭部制定的“煤矿锅炉设备鉴定暂行办法”。

本标准如与劳动部门制定的《蒸气锅炉安全监察规程》有抵触时，应以后者为准。

4. 司炉工交安全交接记录单

部门：　　　　　　　　　　班次：　班　　　　　　　　交班时间：

序号	确认事项	是（√）否（×）	序号	确认事项	是（√）否（×）
1	锅炉水位、压力是否正常		8	锅炉及各配电柜运行是否正常	
2	蒸汽管道、给水管路、排污管路装置是否齐全完好		9	补水泵运行是否正常	
3	各压力表安全阀是否有效可靠		10	绝缘用具、备件、消防器材是否齐全完好	
4	鼓风机、引风机、除尘泵运转是否正常		11	电话通信是否正常	
5	除尘池水位是否正常		12	消防设施是否齐全完好	
6	出渣机运转是否正常		13	照明正常、供电线路是否完好	
7	自动上煤输送机运转是否正常		14	记录台账是否规范完整	

交接班存在问题及处理				
本班状况	项目	确认内容	是（√）否（×）	说明
	环境情况	锅炉水位、压力是否正常；除尘池水位是否正常		
	设备运行情况	锅炉运行是否正常		
	隐患处理情况	隐患是否处理完毕		
	遗留问题	是否存在遗留问题		
交班人				
确认人			接班人	
确认意见				

注：请在确认事项对应后画“√”“×”。

3.10.25　水质化验员岗位操作标准

1. 水质化验员岗位作业标准

部门：　　　　　　　　　　班组：

项目	作业程序	作业标准	安全要点
班前准备	通用程序	执行公司《班前礼仪标准》及《员工操作达标通用标准》的有关要求	
接班	1　进入工作地点 2　接班地点 3　明确责任区范围 4　互保、联保确认 5　询问	1.1　准时进入工作地点 2.1　在水质化验员值班室位置交接班 3.1　本岗位责任区的范围为水质化验员值班室、配电室 4.1　明确互保、联保人员，作业中严格执行“四不伤害” 5.1　详细询问交班岗位人员前一班的工作情况、环境情况、设备运行情况和隐患处理情况及遗留问题	

（续）

项目	作业程序	作业标准	安全要点
接班	6　现场检查	6.1　查看有关工作日志 6.2　使用的工具、配件和劳保用品的检查 6.2.1　是否齐全、完好 6.2.2　佩戴是否正确 6.3　在交班岗位人员陪同下进行设施和环境检查 6.3.1　环境重点检查 1. 水质是否符合要求 2. 消防设施是否齐全完好 3. 照明是否正常、供电线路是否完好 6.3.2　设施重点检查 1. 软化罐工作是否正常 2. 各电控柜运行是否正常 3. 化验仪器、玻璃器具和分析药品是否齐全完好 4. 电话通信是否正常 5. 记录台账是否规范完整	
	7　问题的处理	7.1　对前一班处理了的问题进行检查，并认真处理接班查出的问题 7.2　在工作日志中写明交接班遗漏问题及处理结果	
	8　履行交班手续	8.1　履行接班手续，准备上岗作业	
	9　手指口述	9.1　执行公司《“手指口述”实施细则》中相关岗位要求	
作业	1　作业要求	1.1　执行公司《安全技术操作规程汇编》中相关岗位要求	
	2　岗位隐患排查	2.1　进行岗位隐患排查，对排查出的隐患及时处理，处理不了的及时报告当班跟班队长或班组长	
	3　记录	3.1　填写必要的岗位记录	
交班	1　交班前的准备与自查	1.1　原则上，不可将问题遗留给下一班 1.2　正确填写水质化验记录并及时对有关人员通报化验结果，提出采取相应措施的建议 1.3　清洗化验用的器具，整理并妥善保管化验药器及仪器 1.4　预留一定时间对责任区卫生进行打扫 1.5　将检查发现的问题及本班设备运行情况、出现故障、处理措施过程及遗留问题认真记录在工作日志中 1.6　检查各化学药剂数量是否正确	
	2　汇报	2.1　向接班人汇报工作情况、环境情况、设备运行情况和隐患处理情况及遗漏问题	
	3　接受、协助检查	3.1　接受、协助接班人现场检查	
	4　问题处理	4.1　发现问题立即协同处理 4.2　对遗留问题，落实责任向上汇报	
	5　交班	5.1　交班时间原则上控制在 20 min 左右 5.2　交班条件：设备运行正常、记录填写清楚、环境干净整洁 5.3　履行交班手续	
	6　下班	6.1　执行《员工操作达标通用标准》 6.2　到队部汇报、填写记录	

2. 锅炉水质化验员“手指口述”

1）岗位描述

我叫×××（姓名），是机电机运队锅炉水质化验员，坚决做到持证上岗，遵章作业。是否进行岗位描述？请指示！

我的岗位职责是：负责锅炉水质化验工作，并熟悉掌握设备、仪器、药剂的性能、性质和使用方法，严格按操作规程化验，根据水质情况及时指导司炉工排污，防止锅炉腐蚀、结垢；正确使用安全防护用品，听从领导指挥，保质保量完成当班任务。

2）工艺流程

（1）按时进入规定的接班地点进行接班，详细询问上一班的工作情况和设备运行情况，隐患处理情况及遗留问题。

（2）查看有关记录台账。

（3）检查水质符合要求。

（4）检查电控柜各仪表显示是否正常，交换器压力、温度指示是否正常，液位计显示是否符合要求，补水泵运转是否正常。

（5）清点好相关仪器设备，做好相关记录。

3）手指口述内容

安全确认（班前、班后）

第一步：水质符合要求。确认完毕！

第二步：消防设施齐全完好。确认完毕！

第三步：照明正常、供电线路完好。确认完毕！

第四步：软化罐工作正常。确认完毕！

第五步：各电控柜运行正常。确认完毕！

第六步：化验仪器、玻璃器具和分析药品齐全完好。确认完毕！

第七步：电话通信正常。确认完毕！

第八步：记录台账规范完整。确认完毕！

安全确认（班中）

化验时：

（手指）化验设施：（口述）经化验锅炉给水、碱度、硬度、pH 值等指标合格。

3. 水质化验员安全确认记录单

部门：　　　　　　　　班次：　　班　　　　　　　　交班时间：

序号	确认事项	是（√） 否（×）	序号	确认事项	是（√） 否（×）
1	水质是否符合要求		5	各电控柜运行是否正常	
2	消防设施是否齐全完好		6	化验仪器、玻璃器具和分析药品是否齐全完好	
3	照明是否正常、供电线路是否完好		7	电话通信是否正常	
4	软化罐工作是否正常		8	记录台账是否规范完整	
交接班存在问题及处理					

（续）

	项目	确认内容	是（√） 否（×）	说明	
本班状况	设备运行情况	软化罐运行是否正常			
	隐患处理情况	隐患是否处理完毕			
	遗留问题	是否存在遗留问题			
交班人					
确认人				接班人	
确认意见					

注：请在确认事项对应后画“√”“×”。

3.10.26 矿灯管理工岗位操作标准

1. 矿灯管理工岗位作业标准

部门： 班组：

项目	作业程序	作业标准	安全要点
班前准备	通用程序	执行公司《班前礼仪标准》及《员工操作达标通用标准》的有关要求	
接班	1 进入工作地点 2 接班地点 3 明确责任区范围 4 互保、联保确认 5 询问 6 现场检查 7 问题的处理 8 履行交班手续 9 手指口述	1.1 准时进入工作地点 2.1 在矿灯房位置交接班 3.1 本岗位责任区的范围为矿灯房 4.1 明确互保、联保人员，作业中严格执行“四不伤害” 5.1 详细询问交班岗位人员前一班的工作情况、环境情况、设备运行情况和隐患处理情况及遗留问题 6.1 查看有关工作日志 6.2 使用的工具、配件和劳保用品的检查 6.2.1 是否齐全、完好 6.2.2 佩戴是否正确 6.3 在交班岗位人员陪同下进行设施和环境检查 6.3.1 环境重点检查 1. 消防设施是否齐全完好 2. 照明是否正常、供电线路是否完好 6.3.2 设施重点检查 1. 电脑显示是否正常 2. 灯架各指示灯和仪表显示是否正常 3. 矿灯亮度、灯线、灯头、灯锁是否符合要求 4. 自救器皮套、外壳是否符合完好 5. 通信设施是否正常 6. 记录台账是否规范完好 7.1 对前一班处理了的问题进行检查，并认真处理接班查出的问题 7.2 在工作日志中详细写明交接班遗漏问题及处理结果 8.1 履行接班手续，准备上岗作业 9.1 执行公司《“手指口述”实施细则》中相关岗位要求	

（续）

项目	作业程序	作业标准	安全要点
作业	1　作业要求 2　岗位隐患排查 3　记录	1.1　执行公司《安全技术操作规程汇编》中相关岗位要求 2.1　进行岗位隐患排查，对排查出的隐患及时处理，处理不了的及时报告当班跟班队长或班组长 3.1　填写必要的岗位记录	
交班	1　交班前的准备与自查 2　汇报 3　接受、协助检查 4　问题处理 5　交班 6　下班	1.1　原则上，不可将问题遗留给下一班 1.2　自检设备工具，整理各项记录，打扫环境卫生 1.3　预留一定时间对责任区卫生进行打扫 1.4　将检查发现的问题及本班设备运行情况、出现故障、处理措施、过程及遗留问题认真记录在工作日志中 1.5　检查电脑监控软件是否有报警矿灯 1.6　检查瓦检仪数量是否正确 2.1　向接班人汇报工作情况、环境情况、设备运行情况和隐患处理情况及遗漏问题 3.1　接受、协助接班人现场检查 4.1　发现问题立即协同处理 4.2　对遗留问题，落实责任向上汇报 5.1　交班时间原则上控制在 20 min 左右 5.2　交班条件矿灯、自救器、瓦检仪及无线通信设施完好，充电设施完好；环境卫生干净整洁；记录填写清楚 5.3　履行交班手续 6.1　执行《员工操作达标通用标准》 6.2　到队部汇报、填写记录	

2. 矿灯管理工“手指口述”

1）岗位描述

我叫×××（姓名），是机电机运队矿灯充电工，坚决做到持证上岗，遵章作业。是否进行岗位描述？请指示！

我公司矿灯房装有 8 台柜式智能充电架，充电架为双面四层薄板结构，每架 120 盏，共计 960 盏矿灯，矿灯为 KL4LM（B）型，采用锂离子蓄电池和高亮度 LED 光源。充电架可实现实时检测矿灯房所有矿灯的有关数据、充电次数统计与寿命终止预警、故障诊断与报警管理。

我的岗位职责是：保证矿灯充电设备正常运行，管理好每盏矿灯，检查充电设备，保持矿灯房环境卫生，认真执行操作规程和安全措施，听从领导指挥，保质保量完成当班任务。

2）工艺流程

（1）电脑显示各灯位运行正常。

（2）灯架电源、电流、充电显示正常。

（3）矿灯亮度、灯线、灯头、灯锁符合要求。

（4）自救器皮套、外壳符合完好。

3）手指口述内容

安全确认（班前、班后）

第一步：消防设施齐全完好。确认完毕！

第二步：照明正常、供电线路完好。确认完毕！

第三步：电脑显示正常。确认完毕！

第四步：灯架各指示灯和仪表显示正常。确认完毕！

第五步：矿灯亮度、灯线、灯头、灯锁符合要求。确认完毕！

第六步：自救器皮套、外壳符合完好。确认完毕！

第七步：通信设施正常。确认完毕！

第八步：记录台账规范完好。确认完毕！

3. 矿灯完好标准

（1）灯头、灯线：

①零件齐全、完整、紧固。

②闭锁螺栓紧固可靠。

③灯泡、开关接触良好，不眨眼、不灭灯、灯线无破损，出线口密封良好，长度不小于1 m，接线必须使用线鼻子。

（2）灯盒、锁盖：

①绝缘良好、不漏电。

②灯盒不变形。

③灯锁性能好，必须使用专用的工具才能打开。

（3）电池：

①有绝缘垫、极柱垫和保护套，封口严密。

②应达到亮灯11 h不出现红灯。

（4）使用维护：矿灯要经常保持干净，电池和灯盖内部无污垢。

4. 矿灯管理工安全交接记录单

部门：　　　　　　班次：　　班　　　　　　交班时间：

序号	确认事项	是（√）否（×）	序号	确认事项	是（√）否（×）
1	消防设施是否齐全完好		5	矿灯亮度、灯线、灯头、灯锁是否符合要求	
2	照明是否正常、供电线路是否完好		6	自救器皮套、外壳是否符合完好	
3	电脑显示是否正常		7	通信设施是否正常	
4	灯架各指示灯和仪表显示是否正常		8	记录台账是否规范完好	

交接班存在问题及处理				
本班状况	项目	确认内容	是（√）否（×）	说明
	设备运行情况	矿灯架充电是否正常		
	隐患处理情况	隐患是否处理完毕		
	遗留问题	是否存在遗留问题		

（续）

交班人				
确认人			接班人	
确认意见				

注：请在确认事项对应后画“√”“×”。

3.11　通风专业岗位操作标准

3.11.1　测风工岗位操作标准

1. 测风工岗位作业标准

部门：　　　　　　　　　　　　　　班组：

项目	作业程序	作业标准	安全要点
班前准备	通用程序	执行公司《班前礼仪标准》及《员工操作达标通用标准》的有关要求	
上班	1　了解情况	1.1　通过询问当天瓦斯员对井下各地点瓦斯情况、通风设施完好情况进行全面了解 1.2　通过查看前一天的瓦斯日报表了解井下各地点的瓦斯情况 1.3　有即将贯通的巷道，要询问每班的进尺，确定具体贯通时间 1.4　根据采掘计划有新开掘巷道或有临时用风地点时，要提前计划安排，为用风地点配风 1.5　根据领导安排及时了解井下风量情况	1.1.1　关注瓦斯是否有异常
	2　责任区域	2.1　各永久测风站及临时测风站	2.1.1　关注通风设施是否正常
	3　自保	3.1　要配备安全帽、手套等劳动防护用品 3.2　在胶轮车通行的巷道测风时，要注意是否有胶轮车通过，有车通过时要注意避让 3.3　在有带式输送机的大巷测风时，要注意保证与带式输送机运转部分的安全距离不少于 300 mm 3.4　测风前要先观察测风地点顶板的完好情况，注意安全	
	4　入井前的准备	4.1　入井前要检查风表、秒表、温度计、空盒气压计等仪器的完好情况 4.2　仔细查看风量分配计划，按照计划给井下用风地点分配风量 4.3　入井前要掌握主通风机叶片角度、风机运行频率、静压、全压、风量等数据	
测风作业	1　作业要求	1.1　执行公司《安全技术操作规程汇编》中相关岗位要求 1.2　正常条件下每 10 天对全矿井进行一次全面测风 1.3　特殊情况根据需要随时进行测风	

（续）

项目	作业程序	作业标准	安全要点
测风作业	2 记录 3 隐患排查	2.1 记录好所测地点的风量、风速、温度、大气压力、相对湿度、测风日期等内容 3.1 发现风量有较大变化时，要向通风科汇报，并根据领导安排，及时调整好风量 3.2 发现通风设施有损坏时，要向通风科、调度室汇报，根据领导安排及时进行处理 3.3 发现井下局部地点漏风量较大时，要向通风科汇报，并及时处理漏风	
交班	1 汇总 2 计算分析	1.1 对井下所有测风地点的风量、风速、温度等情况进行汇总，编制测风报表 2.1 计算矿井的有效风量率、等积孔、总排瓦斯量等数据 2.2 分析井下各巷道、用风地点的风速、风量情况，确保各巷道风速符合《煤矿安全规程》的规定，风量满足风量分配计划的要求 2.3 确保有效风量率不低于87%，外部漏风小于5%	保证数据真实、有效

2. 测风工“手指口述”

1）岗位描述

我叫×××，是一名测风工，坚决做到持证上岗，遵章作业。是否进行岗位描述？请指示！

我科现用风表由鞍山市光学仪表有限公司生产，型号为DFA型，共有低、中、高三种。其中低速风表测定范围为0.3～0.5 m/s，中速风表测定范围为0.5～10 m/s，高速风表测定范围为10 m/s以上。此外，我携带有×××型便携式瓦检仪、温度计、秒表和计算器，经检查所携带仪器仪表齐全、完好。

我的岗位职责是：负责按《煤矿安全规程》的有关规定做好测风工作，合理调节矿井各用风地点风量、风压，监督检查“一通三防”设施使用及完好情况，确保全矿井通风系统的稳定、可靠。正确使用安全防护用品，认真执行操作规程和安全措施，听从领导指挥，保质保量完成当班任务。

2）手指口述内容

安全确认（班前、班后）

第一步：测风工测风手册内容齐全完整，异常情况及时汇报处理。确认完毕！

第二步：所用仪器齐全完好。确认完毕！

安全确认（班中）

第一步：沿线风门完好。确认完毕！

第二步：沿线风窗完好。确认完毕！

第三步：沿线风桥完好。确认完毕！

第四步：沿线密闭完好。确认完毕！

第五步：沿线掘进工作面局部通风机无循环风。确认完毕！

第六步：沿线风筒无漏风现象。确认完毕！

第七步：风筒出风口距离迎头距离符合规定。确认完毕！

第八步：采煤工作面风障设置合理，符合规定。确认完毕！

第九步：主要进回风巷、采煤工作面回风巷实际断面大于实际断面的2/3。确认完毕！

安全确认完毕！

3. 环境管理标准

（1）风速风量温度标准：

①矿井主要进、回风巷风速不得超过8 m/s。

②风桥风速不得超过10 m/s。

③采区进、回风巷风速不得低于0.25 m/s，不得超过6 m/s。

④采煤工作面、掘进巷道风速不得低于0.25 m/s，不得超过4 m/s。

⑤其他通风行人巷道风速不得低于0.15 m/s。

⑥带式输送机的井筒中风速不得超过4 m/s。

⑦各用风地点风量满足要求。

⑧没有不符合要求的采用扩散通风的地点。

⑨进风井口以下的空气温度必须在2 ℃以上。

⑩矿井采掘工作面空气温度不得超过26 ℃，机电设备硐室空气温度不得超过30 ℃。

（2）设施完好标准。

①仪器完好标准：

（a）风表的护壳无损坏，离合闸板闭合正常，计数器计数正常，回零压杆正常，叶轮转动正常。

（b）秒表指针、归零装置正常。

（c）温度计正常。

（d）空盒气压计指针灵活可靠。

②测风站完好标准：测风站表面光滑，测风站前后10 m范围内无材料、设备、杂物、淤泥，测风站内测风牌板内容齐全。

③通风设施完好标准：沿线风门、风窗、风桥等通风设施齐全完好。

（3）测风标准：

①估测所测地点的风速，选择合适的风表。

②采用迂回六线法，在1 min内匀速走完全断面。

③计算所测地点的风速、风量。

（4）测风管理标准：

①正常情况下每旬对矿井进行一次全面测风。

②有如下情况是要及时进行测风：

（a）井下用风地点瓦斯等有毒有害气体浓度增大时。

（b）通风设施局部有变动或通风系统有变化时。

（c）巷道贯通或增加临时用风地点时。

（d）领导有安排时。

4. 测风工班中安全确认记录

部门：　　　　　　　　　　　　　班次：　班

序号	确认事项	是（√） 否（×）	序号	确认事项	是（√） 否（×）
1	沿线风门是否完好		2	沿线风窗是否完好	

（续）

序号	确认事项	是（√） 否（×）	序号	确认事项	是（√） 否（×）
3	沿线风桥是否完好		7	风筒出风口距迎头的距离是否符合规定	
4	沿线密闭是否完好		8	采煤工作面风障设置是否合理	
5	沿线掘进工作面局部通风机是否有循环风		9	主要进回风巷、采煤工作面进回风巷实际断面是否大于设计断面的 2/3，其他全风压巷道实际断面不小于设计断面的 4/5	
6	风筒沿线是否有漏风				
存在隐患	检查人：　　　　日期：　年　　月　　日				
跟踪落实情况	落实人：　　　　日期：　年　　月　　日				
领导确认意见	确认人：　　　　日期：　年　　月　　日				

3.11.2　测尘工岗位操作标准

1. 测尘工岗位作业标准

部门：　　　　　　　　　　班组：

项目	作业程序	作业标准	安全要点
班前准备	通用程序	执行公司《班前礼仪标准》及《员工操作达标通用标准》的有关要求	
上班	1　责任区域 2　自保 3　入井前准备	1.1　本岗位责任区的范围为采掘工作面及各产尘地点 2.1　要配备安全帽、手套等劳动防护用品 2.2　在有带式输送机的大巷内测尘时，要注意保证与带式输送机运转部分的安全距离不少于 300 mm 2.3　测尘前要先观察测尘地点顶板的完好情况，注意安全 2.4　入井时要佩戴好防尘口罩等防尘用具 3.1　入井前要检查 CCZ – 1000 直读式粉尘采样器、采样夹、样品盒等设备的齐全完好	

（续）

项目	作业程序	作业标准	安全要点
测尘作业	1　作业要求 2　记录	1.1　执行公司《安全技术操作规程汇编》中相关岗位要求 1.2　每月对井上、下测尘点测尘两次 2.1　应记录好测尘点位置、测尘时作业情况、测尘地点的防尘措施、呼吸性粉尘浓度、总粉尘浓度	
下班	汇总、分析	1.1　对井下所有测尘点的呼吸性粉尘浓度、总粉尘浓度、测尘时作业情况及防尘设施等进行汇总 1.2　填写测尘记录，编制测尘报表 1.3　分析所测数据（呼吸性粉尘浓度不得大于3.5 mg/m^3，总粉尘浓度不得大于10 mg/m^3），将检测情况向领导汇报	

2. 测尘工“手指口述”

1）岗位描述

我叫×××，是一名测尘工，坚决做到持证上岗，遵章作业。是否进行岗位描述？请指示！

我科现使用CCZ－1000直读式粉尘采样器，适用于粉尘作业环境中对呼吸性粉尘和总粉尘进行短时间或大流量采样，具有流量稳定、操作简单、安全可靠、便于携带等特点，此外，我携带有镊子、滤膜、采样夹等物品，经检查所携带仪器仪表齐全、完好。

我的岗位职责是：及时掌握作业地点粉尘变化情况，按规定进行测尘，及时填写上报粉尘测定结果报表，正确使用安全防护用品，认真执行操作规程和安全措施，听从领导指挥，保质保量完成当班任务。

2）手指口述内容

安全确认（班前、班后）

第一步：测尘工测尘记录内容齐全完整，异常情况及时汇报处理。确认完毕！

第二步：所用仪器齐全完好。确认完毕！

安全确认（班中）

第一步：大巷沿线全断面水幕完好。确认完毕！

第二步：各转载点喷雾完好。确认完毕！

第三步：掘进工作面除尘风机、全断面水幕、转载点喷雾、掘进机内外喷雾、捕尘网完好。确认完毕！

第四步：采煤工作面全断面水幕、转载点喷雾、架间喷雾、采煤机内外喷雾、捕尘网完好。确认完毕！

安全确认完毕！

3. 环境管理标准

（1）粉尘浓度标准：

①作业场所空气中总粉尘浓度不得超过4 mg/m^3。

②作业场所空气中呼吸性粉尘浓度不得超过2.5 mg/m^3。

（2）设施完好标准。

①测尘仪完好标准：

（a）测尘仪无损坏，各电钮灵敏可靠，确认完毕！

（b）测尘仪电量充足，确认完毕！

（c）测尘仪显示正常，确认完毕！

（d）滤膜完好充足，确认完毕！

②测尘点安全标准：

（a）测尘地点顶板支护完好，确认完毕！

（b）测尘时距离带式输送机转动部分的安全距离大于 300 mm，确认完毕！

③防尘设施完好标准：

（a）各转载点喷雾、喷嘴、喷雾效果符合标准，确认完毕！

（b）各地点全断面水幕喷雾、喷嘴、喷雾效果符合标准，确认完毕！

（c）各掘进工作面综掘机内外喷雾完好，确认完毕！

（d）采煤工作面采煤机内外喷雾完好，确认完毕！

（3）测尘管理标准：每月要对矿井上下产尘点测尘两次。

4. 测尘工班中安全确认记录

部门： 班次： 班

序号	确认事项	是（√） 否（×）	序号	确认事项	是（√） 否（×）
1	沿线大巷全断面水幕是否完好		3	掘进工作面除尘风机、全断面水幕、转载点喷雾、掘进机内外喷雾、捕尘网是否完好	
2	各转载点喷雾是否完好		4	采煤工作面全断面水幕、转载点喷雾、架间喷雾、采煤机内外喷雾、捕尘网是否完好	
存在隐患	检查人：			日期： 年 月 日	
跟踪落实情况	落实人：			日期： 年 月 日	
领导确认情况	确认人：			日期： 年 月 日	

3.11.3 瓦斯检查工岗位操作标准

1. 瓦斯检查工岗位作业标准

部门：　　　　　　　　　　　　　　　　班组：

项目	作业程序	作业标准	安全要点
班前准备	通用程序	执行公司《班前礼仪标准》及《员工操作达标通用标准》的有关要求	
接班	1　进入工作地点 2　接班地点 3　明确责任区范围 4　自保 5　询问 6　现场检查 7　问题的处理 8　履行交班手续 9　手指口述	1.1　入井前对携带的仪器仪表进行完好性检查 1.2　准时进入工作面接班地点 2.1　在负责工作面进风流或局部通风机前交接班 3.1　本岗位责任区的范围为负责工作面及沿线范围内瓦斯等有害气体和“一通三防”设施检查 4.1　加强自保，作业过程中严格执行“四不伤害” 5.1　详细询问交班岗位人员前一班负责区域及地点的瓦斯情况、通风设施完好情况、监测监控等设施运行情况和隐患处理情况及遗留问题 6.1　查看上班瓦斯检查工瓦检手册 1. 负责区域内瓦斯情况，重点关注瓦斯异常区域 2. 负责区域内通风设施的完好及运行情况 3. 负责区域内监测监控设施的完好及运行情况 6.2　使用的工具、配件和劳保用品的检查 6.2.1　是否齐全、完好 6.2.2　佩戴是否正确 6.3　在交班岗位人员陪同下进行设施和环境检查 6.3.1　环境重点检查 1. 顶板、巷帮支护完好 2. 安全出口是否畅通 3. 通风是否良好 4. 炮掘工作面炮烟是否散净 6.3.2　设施重点检查 1. 光学瓦检仪、便携仪、瓦斯探杖、温度计等仪器仪表是否完好 2. 瓦斯手册、“一炮三检”记录携带齐全 7.1　对前一班已处理的问题进行检查，并认真汇报、处理接班查出的问题 7.2　在瓦斯检查工巡检手册中详细写明交接班遗漏问题及处理结果 8.1　履行接班手续，准备上岗作业 9.1　执行公司《“手指口述”实施细则》中相关岗位要求	所带的仪器仪表不完好要及时进行更换
作业	1　作业要求 2　岗位隐患排查 3　记录 4　汇报	1.1　执行公司《安全技术操作规程汇编》中相关岗位要求 2.1　进行岗位隐患排查，对排查出的隐患及时处理，不能处理的要及时汇报 3.1　填写必要的巡检记录 4.1　发现“一通三防”设施异常及时汇报调度室 4.2　严格执行一班三汇报	

（续）

项目	作业程序	作业标准	安全要点
交班	1　交班前的准备与自查	1.1　原则上，不可将问题遗留给下一班 1.2　按照时间要求到达交接班地点 1.3　将本班瓦斯情况及检查发现的问题、处理措施、过程及遗留问题认真记录在瓦斯检查工巡检手册中	
	2　汇报	2.1　向接班人汇报负责区域及地点的瓦斯情况、通风设施完好情况、监测监控等设施运行情况和隐患处理情况及遗留问题	
	3　接受、协助检查	3.1　接受、协助接班人现场检查	
	4　问题处理	4.1　发现问题立即协同处理 4.2　对遗留问题，落实责任向通风科汇报	
	5　交班	5.1　交班时间原则上控制在20 min左右 5.2　交班条件负责区域内"一通三防"情况交接清楚 5.3　履行交班手续	
	6　下班	6.1　执行《员工操作达标通用标准》 6.2　升井后向科领导汇报当班一通三防情况及存在问题，填写瓦斯检查台账	

2. 瓦斯检查工"手指口述"

1）岗位描述

我叫×××，是一名瓦斯检查工，坚决做到持证上岗，遵章作业。是否进行岗位描述？请指示！

我科现使用光干涉式瓦检仪，型号为CJG10型。测量浓度范围为0～10%，最小刻度为0.02%，此外，我携带有AZJ－2000便携式瓦检仪、温度计和瓦斯探杖，经检查所携带仪器仪表齐全、完好。

我的岗位职责是：按规定做好井下瓦斯、二氧化碳及其他有害气体的检查测定与汇报工作，以及对分工区域内的通风、防尘、防灭火及安全监测等有关设施的工作状况进行检查。正确使用安全防护用品，认真执行操作规程和安全措施，听从领导指挥，保质保量完成当班任务。

2）手指口述内容

安全确认（班前、班后）

第一步：瓦斯检查工瓦检手册内容完整，异常情况已交接清楚。确认完毕！

第二步：随身携带的仪器性能完好。确认完毕！

安全确认（班中）

掘进工作面

第一步：局部通风机完好及切换记录填写符合规定。确认完毕！

第二步：沿线风筒和防尘洒水管路吊挂符合规定。确认完毕！

第三步：沿线水幕安装位置和使用效果符合规定。确认完毕！

第四步：沿线隔爆设施安装位置、水量和完好符合规定。确认完毕！

第五步：消防设施齐全完好。确认完毕！

第六步：局部通风机前、工作面回风流、工作面高冒区域和工作面迎头瓦斯、二氧化碳浓度符合规定。确认完毕！

第七步：风筒出风口距迎头距离及出风口畅通符合规定。确认完毕！

第八步：工作面监测监控仪器安装位置和显示数值符合规定。确认完毕！

第九步：各转载点、综掘机喷雾齐全有效，湿式打眼符合规定。确认完毕！

安全确认完毕！

综采工作面

第一步：防尘洒水管路吊挂符合规定。确认完毕！

第二步：沿线水幕安装位置和使用效果符合规定。确认完毕！

第三步：沿线隔爆设施安装位置、水量和完好符合规定。确认完毕！

第四步：消防设施齐全完好。确认完毕！

第五步：工作面进风流、工作面机组附近、工作面上隅角、回风流电气点、工作面回风流瓦斯、二氧化碳浓度符合规定。确认完毕！

第六步：工作面监测监控仪器安装位置和显示数值符合规定。确认完毕！

第七步：各转载点、各架间、采煤机喷雾齐全有效，符合规定。确认完毕！

安全确认完毕！

3. 环境管理标准

（1）光干涉型甲烷测定器完好标准。

①外观：

（a）仪器标牌内容齐全、清晰。

（b）调零手轮及保护盖齐全完好。

（c）目镜及目镜盖齐全完好。

（d）护套及背带齐全完好。

（e）测微手轮齐全完好。

②药品：

（a）硅胶颜色正常，颗粒大小符合规定。

（b）钠石灰颜色正常，颗粒大小符合规定。

③光路系统：

（a）电源开关灵敏可靠。

（b）目镜灯光明亮清晰。

（c）刻度盘窗口明亮清晰。

（d）干涉条纹明亮清晰，无弯曲和倾斜。

④气路系统：

（a）吸气球完好不漏气。

（b）连接胶管完好不漏气。

（c）仪器完好不漏气。

（d）药品罐完好不漏气。

（2）瓦斯标准：

①矿井总回风巷或一翼回风巷中瓦斯或二氧化碳浓度超过0.75%时，必须立即查明原因，进行处理。

②采区回风巷、采掘工作面回风巷风流中瓦斯浓度超过1.0%或二氧化碳浓度超过1.5%时，必须停止工作，撤出人员，采取措施，进行处理。

③采掘工作面及其他作业地点风流中瓦斯浓度达到1.0%时，必须停止用电钻打眼；爆破地点附近20 m以内风流中瓦斯浓度达到1.0%时，严禁爆破。

④采掘工作面及其他作业地点风流中瓦斯浓度达到1.5%时，必须停止工作，切断电源，撤出人员，进行处理。

⑤电动机或其开关安设地点附近 20 m 以内风流中瓦斯浓度达到 1.5% 时，必须停止工作，切断电源，撤出人员，进行处理。

⑥采掘工作面及其他巷道内，体积大于 0.5 m^3 的空间内积聚瓦斯浓度达到 2.0% 时，附近 20 m 内必须停止工作，切断电源，撤出人员，进行处理。

⑦在局部通风机及其开关地点附近 10 m 以内浓度都不超过 0.5% 时，方可人工开启局部通风机。

⑧对因瓦斯浓度超过规定被切断电源的电气设瓦斯浓度降到 1.0% 以下时，方可通电开动。

⑨采掘工作面进风流中，二氧化碳浓度不超过 0.5% 。

⑩采掘工作面风流中二氧化碳浓度达到 1.5% 时，必须停止工作，撤出人员，查明原因，制定措施，进行处理。

⑪停工区内瓦斯或二氧化碳浓度达到 3.0% 而不能立即处理时，必须在 24 h 内封闭完毕。

4. 瓦斯检查工班中安全确认记录

（1）瓦斯检查工班中安全确认记录（掘进）。

部门：　　　　　　　　　　　　　　班次：　　班

序号	确认事项	是（√）否（×）	序号	确认事项	是（√）否（×）
1	局部通风机是否完好，切换记录填写是否符合规定		6	局部通风机前、工作面回风流、高冒区和迎头瓦斯、二氧化碳浓度是否符合规定	
2	风筒和防尘管路吊挂是否合格		7	风筒出风口距迎头距离及出风口是否符合规定	
3	水幕安装位置和使用效果是否符合规定		8	工作面监测监控仪器安装位置和显示数值是否符合规定	
4	隔爆设施位置、水量等是否符合规定		9	各转载点、综掘机喷雾是否齐全有效，湿式打眼是否符合规定	
5	消防设施是否齐全完好				
存在隐患	检查人：　　　　　　日期：　年　月　日				
跟踪落实情况	落实人：　　　　　　日期：　年　月　日				
领导确认意见	确认人：　　　　　　日期：　年　月　日				

（2）瓦斯检查工班中安全确认记录（采煤）。

部门： 班次： 班

序号	确认事项	是（√）否（×）	序号	确认事项	是（√）否（×）
1	防尘洒水管路吊挂是否合格		5	工作面进风流、机组附近、上隅角、回风流电气点、回风流瓦斯、二氧化碳浓度是否符合规定	
2	水幕安装位置和使用效果是否符合规定		6	工作面监测监控仪器安装位置和显示数值是否符合规定	
3	隔爆设施位置、水量等是否符合规定		7	各转载点、架间，采煤机喷雾是否齐全有效	
4	消防设施是否齐全完好				
存在隐患	检查人： 日期： 年 月 日				
跟踪落实情况	落实人： 日期： 年 月 日				
领导确认意见	确认人： 日期： 年 月 日				

3.11.4 通风设施工岗位操作标准

1. 通风设施工岗位作业标准

部门： 班组：

项目	作业程序	作业标准	安全要点
班前准备	通用程序	执行公司《班前礼仪标准》及《员工操作达标通用标准》的有关要求	
上班	1 进入工作地点	1.1 入井前检查随身携带工具是否齐全 1.2 准时进入工作面施工作业地点	

（续）

项目	作业程序	作业标准	安全要点
上班	2 明确责任区范围	2.1 本岗位责任区的范围为施工地点前后5 m范围	
	3 互保、联保确认	3.1 明确互保、联保人员，作业中严格执行“四不伤害”	
	4 现场检查和试运转	4.1 使用的工具、配件和劳保用品的检查 4.1.1 是否齐全、完好 4.1.2 佩戴是否正确 4.2 进行环境检查 4.2.1 环境重点检查 1. 施工地点瓦斯情况 2. 施工地点前后5 m范围内的支护是否完好，顶帮是否有冒顶和片帮等安全隐患 4.3 试运转：必须对施工地点、设施规格了解清楚，并掌握有关安全技术措施和施工技术要求	
	5 问题的处理	5.1 认真处理班中查出的问题	
	6 手指口述	6.1 执行公司《“手指口述”实施细则》中相关岗位要求	
作业	1 作业要求	1.1 执行公司《安全技术操作规程汇编》中相关岗位要求	
	2 岗位隐患排查	2.1 进行岗位隐患排查，对排查出的隐患及时处理，不能处理的要及时汇报	
	3 记录	3.1 填写必要的岗位记录	
下班	1 下班前的准备与自查	1.1 原则上，不可将问题遗留 1.2 提前20 min进行责任区卫生打扫 1.3 将本班通风设施砌筑情况及检查发现的问题、处理措施、过程及遗留问题认真记录在工作日志中	
	2 下班	2.1 执行《员工操作达标通用标准》 2.2 上井汇报，填写记录 升井后向科领导汇报当班通风设施施工情况及存在问题，填写工程完成进度台账	

2. 通风设施工“手指口述”

1）岗位描述

我叫×××，是一名通风设施工，坚决做到持证上岗，遵章作业。是否进行岗位描述？请指示！

我佩带有卷尺、瓦刀、泥板、铁锹、水平仪等物品，经检查所携带工具齐全、完好。

我的岗位职责是：负责矿井通风衔接，及时建筑风门、密闭等通风设施的工作。监督通风设施的管理，及时维护通风设施防止漏风，保证通风设施的完好和矿井有效风量率大于87%。正确使用安全防护用品，认真执行操作规程和安全措施，听从领导指挥，保质保量完成当班任务。

2）手指口述内容

安全确认（班前、班中、班后）

第一步：工具、施工材料完好、齐全。确认完毕！

第二步：施工现场瓦斯浓度不超限。确认完毕！

第三步：施工现场支护完好，无片帮、漏顶现象。确认完毕！

第四步：施工现场存在问题已经处理。确认完毕！

第五步：本班安排完成×××，实际完成×××。确认完毕！

第六步：施工现场卫生清理干净。确认完毕！

第七步：施工设施经验收符合要求。确认完毕！

安全确认完毕！

3. 环境管理标准

通风设施构筑及完好标准：

①永久密闭：

（a）用不燃性材料构筑，严密不漏风，墙体厚度不小于0.5 m。

（b）密闭前无瓦斯积聚。

（c）设有统一规格的瓦斯检查牌板、施工说明牌板、栅栏和警标。

（d）密闭前5 m内支护完好，无片帮、漏顶、无杂物、积水和淤泥。所有导电体不能进入密闭（正常的瓦斯抽放管路必须采取绝缘措施进行处理）。

（e）密闭内有水时应设反水池或反水管，有自然发火煤层的采空区密闭要设观测孔、措施孔且孔口设置阀门。

（f）密闭周边掏槽，应掏至硬帮、硬底、硬顶，并与煤岩接实。在岩巷构筑密闭时，嵌入周边岩石的深度不应小于0.2 m；在煤巷构筑密闭时，掏槽深度进入实体煤不应小于0.5 m掏至硬顶后再进入实体煤不应小于0.2 m，墙体周边不少于0.1 m的裙边。

（g）墙面要平整，无裂缝、重缝和空缝，并进行勾缝或抹面1 m内凹凸深度不大于10 mm（喷浆的除外）。

（h）构筑密闭做到“三断”，即：断电、断轨、断管，锚网巷道做到剪断铅丝网。

②永久风门（风窗）：

（a）每组风门不少于两道，通车风门间距不少于一列车长度，行人风门间距不少于5 m，主要进回风之间的风门必须设反向风门，其数量不少于两道，通车风门前要设置防撞装置，并正常使用。防突风门安设地点、质量须符合《防突规定》的相关要求。

（b）风门能自动关闭，并进行连锁，保证两道风门不能同时打开，主要进、回风之间的风门应对其开关情况进行监测联网。

（c）风门墙要用不燃性材料建筑，厚度不低于0.5 m（防突风门不小于0.8 m），周边要掏槽，掏槽深度符合相关要求，严密不漏风墙体周边不少于0.1 m的裙边。

（d）门框要包边沿口，有衬垫，四周接触严密，门扇平整不漏风。调节风窗采用插板调节或者自动调节。调节风窗位置符合防火、防突需要。

（e）每道风门墙上设有规格字体统一的施工说明牌；墙面要平整、无裂缝、重缝和空缝，并进行勾缝或抹面，1 m内凹凸深度不大于10 mm。

（f）风门水沟要设反水池或挡风帘，通车风门要设底坎，电缆、管路孔要堵严。局部通风风筒穿过风门墙体时，应在墙上安装与胶质风筒直径匹配的硬质风筒。

（g）风门前后各5 m内巷道支护良好，无淋水、无杂物、积水和淤泥。

③永久风桥：

（a）用不燃性材料建筑。

（b）桥面平整、不漏风。

（c）风桥前后各5 m范围内巷道支护良好，无杂物、积水、淤泥。

（d）风桥通风断面不小于原巷道断面的4/5，呈流线型，坡度要小于30°。

（e）风桥两端接口严密，四周见实帮、实底，且用混凝土浇灌填实。

（f）报废不使用的风桥要及时拆除。

（g）风桥上、下不准设风门、调节风窗等。

④测风站：

（a）矿井主要进、回风巷都要在适宜位置建立永久测风站。

（b）测风站长度不小于 4 m，两端抹成流线型，以降低阻力。

（c）巷道前后各 10 m 范围内无分支、无拐弯、断面光滑。

（d）测风牌板内容齐全（地点、时间、测定人、断面、风量、风速、温度、瓦斯浓度等）。

（e）测风站内不能堆放材料、设备，不得有杂物、淤泥、污水。

⑤临时密闭（板墙）：

（a）密闭设在顶，帮良好处、见硬底、硬顶、硬帮与煤岩体接实。

（b）密闭前 5m 内支护完好，无片帮、漏顶、无杂物、积水、淤泥。

（c）密闭四周接触严密，木板密闭应采用鱼鳞式搭接，并用灰浆勾缝，不漏风

（d）密闭前无瓦斯积聚。

（e）密闭前设栅栏、警标、检查牌和说明牌。

（f）构筑密闭做到“三断”，即：断电、断网、断管。

⑥临时风门（风窗）：

（a）每组临时风门不少于两道，间距不小于 5 m。

（b）能自动关闭，并进行连锁，确保两道风门不能同时打开。

（c）风门设在顶、帮良好处，前后 5 m 内支护完好，无杂物、积水、淤泥。

（d）四周接触严密，木板墙要鱼鳞搭接并用灰浆勾缝、不漏风。

（e）门框要包边沿口，有衬垫，四周接触严密，风扇平整不漏风，与门框接触严密；调节风窗采用插板调节或者自动调节。调节风窗位置符合防火、防突需要。

4. 通风设施工班中安全确认记录

部门：　　　　　　　　　　　　　班次：　班

序号	确认事项	是（√） 否（×）	序号	确认事项	是（√） 否（×）
1	工具、施工材料是否符合规定		5	本班安排完成×××，实际完成×××，是否符合规定	
2	施工现场瓦斯浓度是否符合规定		6	施工现场卫生清理干净，是否符合规定	
3	施工现场支护是否完好		7	施工设施经验收是否符合要求	
4	施工现场存在问题应经处理，是否符合规定				
存在隐患	检查人：　　　　日期：　年　月　日				

（续）

跟踪落实情况	落实人：　　　　日期：　年　月　日
领导确认意见	确认人：　　　　日期：　年　月　日

3.11.5　防尘工岗位操作标准

1. 防尘工岗位作业标准

部门：　　　　　　班组：

项目	作业程序	作业标准	安全要点
班前准备	通用程序	执行公司《班前礼仪标准》及《员工操作达标通用标准》的有关要求	
上班	1　责任区域 2　自保 3　入井前准备	1.1　总回风大巷及回风联络巷等地点 2.1　要配备安全帽、手套等劳动防护用品 2.2　入井时要佩戴好防尘口罩等防尘用具 3.1　所需扳手、接头等工具齐全完好	
作业	1　作业要求 2　岗位隐患排查	1.1　执行公司《安全技术操作规程汇编》中相关岗位要求 1.2　每周要对所辖区域巷道冲洗一次 1.3　冲洗巷道的同时要打扫风水管路和电缆卫生 2.1　进入作业地点时要同时检查瓦斯、CO_2 等有害气体浓度 2.2　作业过程中如发现风水管路、电缆等出现异常时要及时向调度室、通风科汇报	
下班	1　下班	1.1　下班前要检查所用工具齐全 1.2　下班后要及时填写巷道打扫、清洗记录	

2. 防尘工“手指口述”

1）岗位描述

我叫×××，是一名防尘工，坚决做到持证上岗，遵章作业。是否进行岗位描述？请指示！

我的岗位职责是：负责矿井井下巷道除尘工作，定期冲洗煤尘，防治煤尘堆积。监督检查防尘设施使用及完好情况，认真执行操作规程和安全措施，听从领导指挥，保质保量完成任务。

2）手指口述内容

安全确认（班前、班后）

第一步：冲洗地点支护完好，周围环境安全，异常情况及时汇报处理。确认完毕！

第二步：所用工具齐全完好。确认完毕！

安全确认（班中）

第一步：沿线风水管路完好。确认完毕！

第二步：大巷沿线全断面水幕完好。确认完毕！

第三步：沿线排水点水泵运行正常。确认完毕！

安全确认完毕！

3. 环境管理标准

（1）巷道冲洗标准：井下巷道没有连续长度 5 m，厚度超过 2 mm 的煤尘堆积。

（2）作业地点安全标准：

①冲洗地点顶板支护完好，周围环境安全。

②沿线防尘、排水管路无滴水、漏水现象。

（3）冲洗巷道管理标准：每周要对责任区域内巷道冲洗一次。

4. 防尘工班中安全确认记录

部门： 班次： 班

序号	确认事项	是（√） 否（×）	序号	确认事项	是（√） 否（×）
1	沿线风水管路是否完好		3	沿线排水点水泵运行是否正常	
2	大巷沿线全断面水幕是否完好				
存在隐患	检查人：			日期： 年 月 日	
跟踪落实情况	落实人：			日期： 年 月 日	
领导确认意见	确认人：			日期： 年 月 日	

3.11.6 风筒工岗位操作标准

1. 风筒工岗位作业标准

部门： 班组：

项目	作业程序	作业标准	安全要点
班前准备	通用程序	执行公司《班前礼仪标准》及《员工操作达标通用标准》的有关要求	
上班	1 进入工作地点 2 明确责任区范围 3 互保、联保确认 4 现场检查和试运转 5 问题的处理 6 手指口述	1.1 入井前检查所携带工具是否齐全、完好 1.2 准时进入掘进工作面 2.1 本岗位责任区的范围为掘进工作面沿线风筒。 3.1 明确互保、联保人员，作业中严格执行“四不伤害” 4.1 使用的工具、配件和劳保用品的检查 4.1.1 是否齐全、完好 4.1.2 佩戴是否正确 4.2 进行设施和环境检查 4.2.1 设施重点检查：沿线风筒有无破口漏风、接头漏风现象，吊挂是否符合要求 4.2.2 环境重点检查： 1. 瓦斯情况 2. 支护是否完好，顶帮是否有冒顶和片帮等安全隐患 4.3 试运转：必须带足必要的用具和材料，检查梯子和安全带是否完好，并摆好梯子，系好安全带 5.1 认真处理班中查出的问题 6.1 执行公司《“手指口述”实施细则》中相关岗位要求	
作业	1 作业要求 2 岗位隐患排查 3 记录	1.1 执行公司《安全技术操作规程汇编》中相关岗位要求 2.1 进行岗位隐患排查，对排查出的隐患及时处理，不能处理的要及时汇报 3.1 填写必要的岗位记录	
下班	1 下班前的准备与自查 2 下班	1.1 原则上，不可将问题遗留 1.2 将本班风筒吊挂情况及检查发现的问题、处理措施、过程及遗留问题认真记录在工作日志中 2.1 执行《员工操作达标通用标准》 2.2 上井汇报，填写记录。升井后向科领导汇报当班通风吊挂情况及存在问题，填写工作日志	

2. 风筒工“手指口述”

1）岗位描述

我叫×××，是一名风筒工，坚决做到持证上岗，遵章作业。是否进行岗位描述？请指示！

我科现使用的正压风筒，共有 ϕ600 mm、ϕ800 mm、ϕ1000 mm 三种，强度高、柔韧性好、阻燃、抗静电。随身携带有手钳、改锥、紧线器等物品，经检查所携带工具齐全、完好。

我的岗位职责是：严格按照《通风工岗位标准化作业标准》进行作业，保证风筒吊挂质量，及时处理风筒破口、脱节，确保通风安全。正确使用安全防护用品，认真执行操作规程和安全措施，听从领导指挥，保质保量完成当班任务。

2）手指口述内容

安全确认（班前、班中、班后）

第一步：工具、材料完好、齐全。确认完毕！

第二步：作业现场瓦斯浓度不超限。确认完毕！

第三步：作业现场支护齐全有效，无片帮、漏顶现象。确认完毕！

第四步：现场存在问题已经处理。确认完毕！

第五步：本班安排完成×××，实际完成×××。确认完毕！

第六步：现场卫生清理干净。确认完毕！

第七步：风筒吊挂质量经验收符合要求。确认完毕！

安全确认完毕！

3. 局部通风管理标准

（1）局部通风机及其启动装置必须安装在进风巷道中，地点距离回风口 10 m 以上，且支护完好、无淋水、无积水、无杂物的地点；必须吊挂或垫高，离地面高度须大于 0.3 m。

（2）采用局部通风机，供风地点必须安设两台同等能力的局部通风机，必须实现“三专两闭锁”、“双风机、双电源”自动切换，具备相应独立的两回路电源，每天进行主、备局部通风机自动切换试验，每 15 天至少进行一次甲烷风电闭锁试验，并有记录可查。

（3）局部通风机安装开停传感器，且与监测系统联网；实行专人、挂牌管理，不得出现无计划停风，有计划停风必须有专项通风安全措施。

（4）风筒出风口距掘进工作面的距离：煤巷<5 m，岩巷<8 m，巷道中风速：煤巷≥0.25 m/s，岩巷≥0.15 m/s，并保证工作面及回风流的瓦斯浓度不超限。

（5）使用抗静电、阻燃风筒。

（6）风筒接头严密，无破口。（末端最后 2 节风筒除外）

（7）风筒吊挂平直，逢环必挂，不得摩擦、挤压风筒；风筒拐弯要用弯头或伸缩风筒缓慢拐弯，异径风筒接头应用过渡节，风筒做到编号管理。（末端最后 2 节风筒除外）

4. 风筒工班中安全确认记录

部门：　　　　　　　　　　　班次：　　班

序号	确认事项	是（√）否（×）	序号	确认事项	是（√）否（×）
1	工具、材料是否符合规定		5	本班安排完成×××，实际完成×××，是否符合规定	
2	作业现场瓦斯浓度是否符合规定		6	施工现场卫生清理干净，是否符合规定	
3	作业现场支护是否齐全有效		7	风筒吊挂质量经验收是否符合要求	
4	作业现场存在问题应经处理，是否符合规定				
存在隐患	检查人：　　　　日期：　年　月　日				

（续）

跟踪落实情况	落实人： 日期： 年 月 日
领导确认意见	确认人： 日期： 年 月 日

3.11.7 瓦斯抽采工岗位操作标准

1. 瓦斯抽采工岗位作业标准

部门： 班组：

项目	作业程序	作业标准	安全要点
班前准备	通用程序	执行公司《班前礼仪标准》及《员工操作达标通用标准》的有关要求	
接班	1 进入工作地点 2 明确责任区范围 3 互保、联保确认 4 现场检查和试运转	1.1 准时进入作业地点上班 2.1 本岗位责任区的范围为施工现场 3.1 明确互保、联保人员，作业中严格执行“四不伤害” 4.1 查看有关工作日志 4.2 使用的工具、配件和劳保用品的检查 4.2.1 是否齐全、完好 4.2.2 佩戴是否正确 4.3 设施和环境检查 4.3.1 环境重点检查 1. 管路施工沿线巷道顶板支护完好 2. 管路施工沿线安全设施齐全、完好 3. 作业场所瓦斯等有害气体浓度是否符合规定 4.3.2 设施重点检查 1. 检查上班安装管路是否符合设计要求 2. 检查沿途主、支管路气密性是否漏气 3. 检查管路附属排渣器、放水器、接地装置是否齐全完好 4. 检查工作面钻孔封孔是否严密 5. 检查管路系统有无损坏、堵死、积水、与电缆、导电体是否接触 4.4 试运转 4.4.1 检查钻机安装是否牢固，变速箱及油箱的油位应合适，安全防护罩及防尘盖必须齐全 4.4.2 检查钻机各部连接螺丝以及连接件，要求不得松动	

（续）

项目	作业程序	作业标准	安全要点
接班		4.4.3　检查并保持水路、油路处于良好工作状态，检查各部分操作手把应处在正确位置 4.4.4　在打钻地点下风侧悬挂便携式瓦检仪，对瓦斯进行观察，当瓦斯浓度低于1%时方可调试钻机 4.4.5　调试钻机时，要求各转动部分运转应正常，开关启动应灵活可靠 4.4.6　钻机空载运行10 min；确认无问题后，方可接上钻杆、钻头，接通水源，由抽采工操作开始钻孔	
	5　手指口述	5.1　执行公司《“手指口述”实施细则》中相关岗位要求	
作业	1　作业要求	1.1　执行公司《安全技术操作规程汇编》中相关岗位要求	
	2　岗位隐患排查	2.1　进行岗位隐患排查，对排查出的隐患及时处理，处理不了的及时报告队长	
	3　记录	3.1　填写必要的岗位记录	
下班	1　下班前的准备与自查	1.1　下班前，对现场钻机、封孔及现场抽采设备进行检查 1.2　预留一定时间对责任区卫生进行打扫 1.3　将检查发现的问题及本班设备运行情况、出现故障、处理措施、过程及遗留问题认真记录在工作日志中	
	2　汇报	2.1　向领导汇报工作情况、环境情况、设备运行情况和隐患处理情况及遗漏问题	
	3　问题处理	3.1　发现问题立即处理	
	4　交班	4.1　交班条件保证巷道冲洗到位、无积尘、防尘设施完好、可靠	
	5　下班	5.1　执行《员工操作达标通用标准》 5.2　上井汇报，填写记录	

2. 瓦斯抽采工“手指口述”

1）岗位描述

我叫×××，是一名瓦斯抽采工，坚决做到持证上岗，遵章作业。是否进行岗位描述？请指示！

（根据实际情况叙述所操作的钻机型号及相关重要参数）

我的岗位职责是：负责钻机操作，确保当班钻孔质量符合设计要求，并正确使用安全防护用品，认真执行操作规程和安全措施，听从领导指挥，保质保量完成当班任务。

2）工艺流程

上岗前：

（1）认真检查工作面围岩和支护、通风、瓦斯及钻场周围情况；

（2）检查钻机操纵手把、按钮齐全、灵活、可靠；

（3）各部连接螺栓、液压油箱油位、油量适当，无渗漏现象，液压管路无破损，防护装置应齐全可靠。

试机：

（1）确认钻机前方附近无人，瓦斯浓度正常；
（2）符合要求，接通电源开关，发出警报开机。
3）手指口述内容
安全确认（班前、班中、班后）
第一步：工具、施工材料完好、齐全。确认完毕！
第二步：施工现场瓦斯浓度不超限。确认完毕！
第三步：施工现场支护完好，无片帮、漏顶现象。确认完毕！
第四步：施工现场存在问题已经处理。确认完毕！
第五步：本班安排钻孔工程量×××，实际完成×××。确认完毕！
第六步：施工现场卫生清理干净。确认完毕！
第七步：施工钻孔经验收符合要求。确认完毕！
安全确认完毕！
3. 设施管理标准（钻机完好标准）
（1）主机：
①钻机及各部紧固件紧固可靠。
②机身导轨表面始终保持润滑，无异物。
③钻机在钻进过程中，无异常声响、动力头振动过大、机架和立柱剧烈晃动现象，钻机各部运转平稳，严禁过载运行。
④钻机配套防爆电动机及隔爆型电器元件符合 GB－3836. 1 的规定。
⑤钻机高压胶管具有阻燃抗静电性能，符合相关规定。
（2）操纵台：
①各手把的操纵方法与标牌标注一致，无缺件、无变形。
②试验回转器在前进、后退时，系统压力不超过 2. 5 MPa。
③钻机组合阀、液压钻机的马达控制阀等灵活、准确、可靠，无误动，整机各部分动作相匹配。
（3）油泵：
①主、副油泵的系统压力不超过系统额定压力。
②油泵电机转向与油泵要求一致。
③油马达正转、反转双向运转平稳。
④液压系统各连接油管连接正确、牢固可靠，无虚装现象。连接管路排列整齐、布置合理，无扭曲、渗漏、破损现象。
⑤钻机所有液压件（包括管路）的外露油口等带有防护帽、盖。
⑥钻机各承压零部件具有密封性能，各部件无渗漏、破损现象。
⑦钻机各压力表灵敏、可靠，指示正确。
4. 瓦斯抽采工班中安全确认记录

部门：　　　　　　　　　　班次：　班

序号	确认事项	是（√） 否（×）	序号	确认事项	是（√） 否（×）
1	工具、施工材料是否完好、齐全		2	施工现场瓦斯浓度是否超限	

（续）

序号	确认事项	是（√）否（×）	序号	确认事项	是（√）否（×）
3	施工现场支护是否完好		6	施工现场卫生是否清理干净	
4	施工现场存在问题是否已经处理		7	施工钻孔经验收是否符合要求	
5	本班安排钻孔工程量×××，实际完成×××，是否符合规定				
存在隐患	检查人：			日期： 年 月 日	
跟踪落实情况	落实人：			日期： 年 月 日	
领导确认意见	确认人：			日期： 年 月 日	

3.11.8 瓦斯抽采管路工岗位操作标准

1. 瓦斯抽采管路工岗位作业标准

部门： 班组：

项目	作业程序	作业标准	安全要点
班前准备	通用程序	执行公司《班前礼仪标准》及《员工操作达标通用标准》的有关要求	
接班	1 进入工作地点 2 明确责任区范围 3 互保、联保确认 4 现场检查	1.1 准时进入作业地点上班 2.1 本岗位责任区的范围为施工现场 3.1 明确互保、联保人员，作业中严格执行“四不伤害” 4.1 查看有关工作日志 4.2 使用的工具、配件和劳保用品的检查 4.2.1 是否齐全、完好 4.2.2 佩戴是否正确	

（续）

项目	作业程序	作业标准	安全要点
接班	5　手指口述	4.3　设施和环境检查 4.3.1　环境重点检查 1. 管路施工沿线巷道顶板支护完好 2. 管路施工沿线安全设施齐全、完好 3. 作业场所瓦斯等有害气体浓度是否符合规定 4.3.2　设施重点检查 1. 检查上班安装管路是否符合设计要求 2. 检查沿途主、支管路气密性是否漏气 3. 检查管路附属排渣器、放水器、接地装置是否齐全完好 4. 检查工作面钻孔封孔是否严密 5. 检查管路系统有无损坏、堵死、积水、与电缆、导电体是否接触 5.1　执行公司《“手指口述”实施细则》中相关岗位要求	
作业	1　作业要求 2　岗位隐患排查 3　记录	1.1　执行公司《安全技术操作规程汇编》中相关岗位要求 2.1　进行岗位隐患排查，对排查出的隐患及时处理，处理不了的及时报告队长 3.1　填写必要的岗位记录	
下班	1　下班前的准备与自查 2　汇报 3　问题处理 4　交班 5　下班	1.1　下班前，对所负责巷道管路及沿线设施进行检查 1.2　预留一定时间对责任区卫生进行打扫 2.1　向领导汇报工作情况、环境情况、设备运行情况和隐患处理情况及遗漏问题 3.1　发现问题立即处理 4.1　交班条件保证当班管路连接及维护任务 5.1　执行《员工操作达标通用标准》 5.2　上井汇报，填写记录	

2. 瓦斯抽采管路工“手指口述”

1）岗位描述

我叫×××，是一名瓦斯抽采管路工，坚决做到持证上岗，遵章作业。是否进行岗位描述？请指示！

我矿瓦斯管路主管路采用 $\phi630$ mm 螺旋焊缝钢管，井下支管路采用 $\phi426$ mm 螺旋焊缝钢管。

我的岗位职责是：根据矿井抽采需要，及时安装、回收瓦斯管路，定期巡检瓦斯管路系统，保证瓦斯抽采系统完好、管路畅通。正确使用安全防护用品，认真执行操作规程和安全措施，听从领导指挥，保质保量完成当班任务。

2）手指口述内容

安全确认（班前、班中、班后）

第一步：管路施工沿线巷道顶板支护完好。确认完毕！

第二步：管路施工沿线安全设施齐全、完好。确认完毕！

第三步：作业场所瓦斯等有害气体浓度符合规定。确认完毕！

第四步：检查上班安装管路符合设计要求。确认完毕！

第五步：检查沿途主、支管路严密不漏气。确认完毕！

第六步：检查管路附属排渣器、放水器、接地装置齐全完好。确认完毕！

第七步：检查工作面钻孔封孔严密。确认完毕！

第八步：检查管路系统无损坏、堵死、积水，与电缆等导电体不接触。确认完毕！

安全确认完毕！

3. 瓦斯抽采管路完好标准

（1）抽采管路应具有良好的气密性、足够的机械强度，并应采取防冻、防腐蚀、防漏气、放砸坏、防静电和雷电等措施。

（2）选用金属管材时，在安装前应涂抹防腐蚀剂。防腐蚀材料可采用经过热处理的沥青、油漆和丹红等。

（3）在沿巷道底板敷设管路时，应采用高度 0.3 m 以上的支撑墩，并应保证每节管子下面有两个支撑墩。

（4）在敷设倾斜管路时，应采用管卡将管子固定在巷道支架上。在巷道倾角小于或等于 30°时，管卡间距宜采用 10 ~ 15 m。当沿立井敷设管路时，应将管道固定在罐道梁上或专用管架上。

（5）管路宜平直敷设，并宜减少弯头等附属管件，同时宜避免急转弯；管路应保持一定的坡度，其坡度应根据巷道的坡度确定，不宜小于 1‰。

（6）当管路敷设在运输巷道内时，应将管路牢固的悬挂或架在专用支架上，在人行道侧管路架设高度不应小于 1.8 m，管件的外缘距巷道壁不宜小于 0.1 m。

（7）敷设的管路应能排除管路中的积水。

（8）井下敷设管路，宜采用法兰盘或快速接头连接。法兰盘中间应夹有橡胶垫，且垫的厚度不宜小于 5 mm。

（9）新敷设的管路应按规定进行漏气检验。

（10）当采用专用管道井敷设管路时，专用管道井的直径应大于管道外形尺寸 200 mm。

（11）管路不得与动力电缆敷设在巷道的同一侧。

4. 瓦斯抽采管路工班中安全确认记录

部门：　　　　　　　　　　　　　班次：　班

序号	确认事项	是（√）否（×）	序号	确认事项	是（√）否（×）
1	管路施工沿线巷道顶板支护是否完好		5	检查沿途主、支管路是否严密不漏气	
2	管路施工沿线安全设施是否齐全、完好		6	检查管路附属排渣器、放水器、接地装置是否齐全完好	
3	作业场所瓦斯等有害气体浓度是否符合规定		7	检查工作面钻孔封孔是否严密	
4	检查上班安装管路是否符合设计要求		8	检查管路系统是否损坏、堵死、积水，与电缆等导电体是否接触	

（续）

存在隐患	检查人： 日期： 年 月 日
跟踪落实情况	落实人： 日期： 年 月 日
领导确认意见	确认人： 日期： 年 月 日

3.11.9 瓦斯抽采观测工岗位操作标准

1. 瓦斯抽采观测工岗位作业标准

部门： 班组：

项目	作业程序	作业标准	安全要点
班前准备	通用程序	执行公司《班前礼仪标准》及《员工操作达标通用标准》的有关要求	
上班	1 进入工作地点 2 明确责任区范围 3 互保、联保确认 4 现场检查 5 手指口述	1.1 准时进入作业地点上班 2.1 本岗位责任区的范围为抽采管路敷设沿线巷道及实施抽采的作业地点 3.1 明确互保、联保人员，作业中严格执行“四不伤害” 4.1 查看有关工作日志 4.2 使用的工具、配件和劳保用品的检查 4.2.1 是否齐全、完好 4.2.2 佩戴是否正确 4.3 设施和环境检查 4.3.1 环境重点检查 1. 管路沿线巷道顶板支护完好 2. 管路沿线安全设施齐全、完好 3. 作业场所瓦斯等有害气体浓度是否符合规定 4.3.2 设施重点检查 1. 检查沿途主、支管路气密性是否漏气 2. 检查管路附属排渣器、放水器、接地装置是否齐全完好 3. 检查工作面钻孔封孔是否严密 4. 检查管路系统有无损坏、堵死、积水、与电缆、导电体是否接触 5.1 执行公司《“手指口述”实施细则》中相关岗位要求	

（续）

项目	作业程序	作业标准	安全要点
作业	1　作业要求 2　岗位隐患排查 3　记录	1.1　执行公司《安全技术操作规程汇编》中相关岗位要求 2.1　进行岗位隐患排查，对排查出的隐患及时处理，处理不了的及时报告队长 3.1　填写必要的岗位记录	
下班	1　交班 2　汇报 3　问题处理 4　交班 5　下班	1.1　下班条件完成当班观测任务，确保系统运转正常 2.1　向领导汇报工作情况、环境情况、设备运行情况和隐患处理情况及遗漏问题 3.1　发现问题立即处理 4.1　交班条件保证当班管路连接及维护任务 5.1　执行《员工操作达标通用标准》 5.2　上井汇报，下班前应将本班工作情况各种数据，如管道内瓦斯浓度、抽放负压、流量情况等，全面准确地记录下来	

2. 瓦斯抽采观测工"手指口述"

1）岗位描述

我叫×××，是一名瓦斯抽采观测工，坚决做到持证上岗，遵章作业。是否进行岗位描述？请指示！

我队现使用的瓦斯抽放综合参数测定仪由郑州市光力科技股份公司生产，型号为CJZ70型，测定流量范围为0～70 m^3/min，具有精度高、操作简单、读数稳定、便于携带等特点，可对瓦斯抽采过程中的气体流量、气体纯度、气体压力和气体温度进行测定。

我的岗位职责是：负责抽采瓦斯系统各参数的定时观测、计算以及抽采系统设施的检查、维护、管理工作。正确使用安全防护用品，认真执行操作规程和安全措施，听从领导指挥，保质保量完成当班任务。

2）手指口述内容

安全确认（班前、班中、班后）

第一步：管路施工沿线巷道顶板支护完好。确认完毕！

第二步：管路施工沿线安全设施齐全、完好。确认完毕！

第三步：作业场所瓦斯等有害气体浓度符合规定。确认完毕！

第四步：检查沿途主、支管路严密不漏气。确认完毕！

第五步：检查管路附属排渣器、放水器、接地装置齐全完好。确认完毕！

第六步：检查工作面钻孔封孔严密。确认完毕！

第七步：检查管路系统无损坏、堵死、积水，与电缆等导电体不接触。确认完毕！

安全确认完毕！

3. 仪器完好标准

（1）瓦斯抽放综合参数测定仪电量充足，可以使用。

（2）瓦斯抽放综合参数测定仪显示正常。

（3）瓦斯抽放综合参数测定仪手柄和导流管接触良好，不漏气。

4. 瓦斯抽采观测工班中安全确认记录

部门：　　　　　　　　　　　　　　班次：　　班

序号	确认事项	是（√）否（×）	序号	确认事项	是（√）否（×）
1	管路施工沿线巷道顶板支护是否完好		5	检查管路附属排渣器、放水器、接地装置是否齐全完好	
2	管路施工沿线安全设施是否齐全、完好		6	检查工作面钻孔封孔是否严密	
3	作业场所瓦斯等有害气体浓度是否符合规定		7	检查管路系统是否损坏、堵死、积水，与电缆等导电体是否接触	
4	检查沿途主、支管路是否严密不漏气				
存在隐患	检查人：　　　　日期：　年　月　日				
跟踪落实情况	落实人：　　　　日期：　年　月　日				
领导确认意见	确认人：　　　　日期：　年　月　日				

3.12　地测防治水专业及其他岗位操作标准

3.12.1　探放水操作工岗位操作标准

1. 探放水操作工岗位作业标准

部门：　　　　　　　　　　　　　　班组：

项目	作业程序	作业标准	安全要点
班前准备	通用程序	执行公司《班前礼仪标准》及《员工操作达标通用标准》的有关要求	

（续）

项目	作业程序	作业标准	安全要点
上班	1 进入工作地点 2 明确责任区范围 3 互保、联保确认 4 询问 5 现场检查 6 问题的处理 7 手指口述	1.1 准时进入工作面工作地点 2.1 本岗位责任区的范围为探水钻机及周围环境 3.1 明确互保、联保人员，作业中严格执行“四不伤害” 4.1 详细询问掘进队煤层厚度变化情况、环境情况、支护情况 5.1 查看有关探水钻机现场管理牌板内容与现场是否相符 5.2 使用的工具、配件和劳保用品的检查 5.2.1 是否齐全、完好 5.2.2 佩戴是否正确 5.3 在掘进队人员陪同下进行环境检查 1. 巷道通风良好，瓦斯、一氧化碳无异常 2. 支护是否完好、是否有片帮和冒顶现象 3. 机组退出工作面，作业范围内无障碍物 4. 撤退路线畅通 5.4 设施重点检查 1. 钻机是否完好 2. 钻杆、钻头及配件是否齐全完好 3. 管路是否完好、风量是否充足 4. 电话是否畅通 6.1 对检查出的问题进行登记，并注明处理结果 7.1 严格执行手指口述	
作业	1 作业要求 2 岗位隐患排查 3 记录	1.1 执行公司《安全技术操作规程汇编》中相关岗位要求 2.1 进行岗位隐患排查，对排查出的隐患及时处理 3.1 汇报 3.1.1 钻探过程中钻孔有出水现象应及时向调度室及有关领导汇报 3.1.2 钻探过程中若前方地质情况发生变化，应做好记录并向调度室汇报 3.2 记录 3.2.1 对钻探中钻孔出水时的距离、出水量、水压应做好详细记录 3.2.2 对钻探中遇到的断层、陷落柱、采空区等异常情况做好记录 3.2.3 钻探结束后认真填写钻探记录并通知有关人员对钻孔进行验收，填写现场记录牌板	
下班	1 下班前的准备与自查 2 问题处理 3 下班	1.1 原则上，不可有遗留问题 1.2 预留一定时间对责任区卫生进行打扫 1.3 将检查发现的问题及本班探水钻机运行情况、出现故障、处理措施、过程及遗留问题认真记录在工作日志中 2.1 发现问题立即进行处理，对处理不了的及时通知专业人员进行维修 3.1 下班条件：将探水设备移出工作面，保证探水设备设施的完好，工作现场文明卫生达标 3.2 执行《员工操作达标通用标准》 3.3 上井汇报，填写记录	

2. 探放水操作工“手指口述”

1）岗位描述

我叫×××（姓名），是探放水队的探放水操作工，坚决做到持证上岗，遵章作业。是否进行岗位描述？请指示！

我队使用的设备是郑州神利达钻采设备有限公司生产的探水钻机，型号为ZQJC－400/7.1，额定功率为7.1 kW，耗气量为8.1 m^3/min，给进力7 kN，推进速度4500 mm/min，钻孔直径42 mm。本工作面探水钻孔设计为4个，钻孔间距为1 m，其中2号钻孔、3号钻孔外斜布置，水平角度为20°，4号钻孔上斜布置，仰角4°，1号钻孔水平布置。

我的岗位职责是：负责本工作面探水工作，为巷道掘进提供安全保证及准确的地质资料，正确使用安全防护用品，认真执行操作规程和安全措施，听从领导指挥，保质保量完成探水作业任务。

2）工艺流程

（1）工作范围内顶板支护完好，控顶距小于0.4 m，敲帮问顶后无活矸。

（2）巷道通风良好，无有害气，瓦斯无异常。

（3）工作范围内设备处于停机闭锁状态。

（4）将探水钻机架设牢固，并检查水管、风管有无破口，钻机零部件是否齐全、完好，螺丝是否紧固，目测钻杆有无弯曲现象，钻杆有无堵塞，确保正常使用。

（5）严格按照探水设计进行钻眼，控制好钻眼的角度，并做出标记。

（6）将钻机和操纵台安放在安全又利于操作和观察钻机工作情况的地方，开始依次打眼。

3）手指口述内容

作业前：

（手指）现场管理牌板：（口述）现场管理牌板内容与实际情况相符。

（手指）工具箱：（口述）工具准备齐全。

（手指）劳动防护用品：（口述）劳动防护用品佩戴正确。

（手指）作业现场：（口述）巷道通风良好，瓦斯、一氧化碳无异常，支护完好、无片帮和冒顶现象，机组已退出工作面，作业范围内无障碍物，撤退路线畅通。

（手指）探水钻机：（口述）探水钻机完好。

（手指）钻杆、钻头及配件：（口述）钻杆、钻头及配件齐全、完好。

（手指）水泵及排水管路：（口述）水泵完好，排水管路畅通。

（手指）探水地点照明、电话：（口述）照明正常，电话通信畅通。

（手指）钻机及钻具：（口述））钻机安装合乎要求，钻具准备齐全，可以打眼，确认完毕。

作业后：

（手指）探水钻机：（口述）钻机回撤至规定地点，现场已清理干净。

（手指）钻具：（口述）工具清点无误，现场整洁文明。

（手指）现场管理牌板：（口述）现场管理牌板已填写，内容正确、无误。

（手指）工作日志：（口述）班中所遇问题已记录清楚，确认完毕。

3. 探放水钻机完好标准

（1）操作台：

①操作台操作手把动作灵活。

②操作台底部控制阀无漏液现象。

③液压胶管及接头不漏油。

（2）架柱：

①立柱顶部油缸伸缩灵活，且能与巷道顶部支撑牢固。

②横梁与立柱导向装置灵活。

③横梁链条传动灵活。

④液压胶管及接头不漏油。

⑤回转与推进马达运转良好。

(3) 油泵泵站：

①液压胶管及接头不漏油。

②压力表齐全，指示正确。

③油箱液面位于正常位置。

3.12.2 火工品管理员岗位操作标准

1. 火工品管理员岗位作业标准

部门： 班组：

项目	作业程序	作业标准	安全要点
班前准备	通用程序	执行公司《班前礼仪标准》及《员工操作达标通用标准》的有关要求	
接班	1 进入工作地点	1.1 准时进入工作面接班地点	
	2 接班地点	2.1 在爆破材料库内交接班	
	3 明确责任区范围	3.1 本岗位责任区的范围为：井下爆炸材料库	
	4 互保、联保确认	4.1 明确互保、联保人员，作业中严格执行“三不伤害”	
	5 询问	5.1 详细询问交班岗后人员前一班炸药、雷管领取、使用、清退和库存数量等	
	6 现场检查	6.1 查看有关台账记录情况 6.2 使用的工具、仪器和劳保用品的检查 6.2.1 是否齐全、完好 6.2.2 佩戴是否正确 6.3 在交班岗位人员陪同下进行设施和环境检查 6.3.1 设施重点检查 1. 门锁是否完好 2. 电雷管检测仪是否完好 3. 消防器材是否完好 4. 照明、电话、电铃是否完好 5. 防静电设施是否完好 6. 隔爆岩粉棚是否完好 7. 现实际库存为雷管×××，雷管账、卡、物是否一致完好 8. 现实际库存为炸药×××，炸药账、卡、物是否一致完好 6.3.2 环境重点检查 1. 爆破材料库内以及库区周围是否安全 2. 瓦斯是否符合要求 3. 温、湿度是否符合要求 4. 库区卫生是否干净	
	7 问题的处理	7.1 对前一班处理了的问题进行检查，并认真处理接班查出的问题 7.2 在《爆破物品测试、编码、领用、清退交接明细表》详细写明交接班遗漏问题及处理结果	
	8 履行交班手续	8.1 履行接班手续，准备上岗作业	
	9 手指口述	9.1 执行公司《“手指口述”实施细则》中相关岗位要求	

（续）

项目	作业程序	作业标准	安全要点
作业	1 作业要求 2 岗位隐患排查 3 记录 4 汇报	1.1 执行公司《安全技术操作规程汇编》中相关岗位要求 2.1 进行岗位隐患排查，对排查出的隐患及时处理，处理不了的及时报告生技科 3.1 填写必要的岗位记录 4.1 发现雷管、炸药丢失、被盗时汇报调度室 4.2 严格执行一班三汇报	
交班	1 交班前的准备与自查 2 汇报 3 接受、协助检查 4 问题处理 5 交班 6 下班	1.1 原则上，不可将问题遗留给下一班；交接班时要认真说清上班留下的问题 1.2 按照时间要求到达交接班地点 1.3 将检查发现的问题、处理措施、过程等认真记录在《爆破物品测试、编码、领用、清退交接明细表》中。 2.1 向接班人汇报工作情况（雷管和炸药使用情况）、环境情况（库内和库外卫生）等 3.1 接受、协助接班人现场检查 4.1 发现问题立即协同处理 4.2 对遗留问题，落实责任向上汇报 5.1 交班时间原则上控制在 20 min 左右 5.2 交班条件雷管和炸药的账、卡、物相符；储存火工品完好、责任区卫生情况良好、消防器材完好、门锁完好 5.3 履行交班手续 6.1 执行《员工操作达标通用标准》 6.2 上井汇报当班工作升井后向科领导汇报当班火药库情况及存在问题	

2. 火工品管理员“手指口述”

1）岗位描述（敬礼）

领导好：欢迎领导检查指导工作，我叫×××，是井下火工品管理员。经过安全专业技术培训，考试合格后取得保管员操作资格证，持证上岗（出示操作资格证）。

我的岗位职责：主要负责火工品发放和储存保管工作，听从领导指挥，保质保量完成当班任务。

2）手指口述

安全确认（班前、班中、班后）

第一步：爆破材料库内以及库区周围安全。确认完毕。

第二步：瓦斯符合要求。确认完毕。

第三步：温、湿度符合要求。确认完毕。

第四步：门锁完好。确认完毕。

第五步：电雷管检测仪完好，确认完毕。

第六步：照明、电话、电铃完好。确认完毕。

第七步：防静电设施完好。确认完毕。

第八步：隔爆岩粉棚完好，确认完毕。

第九步：现实际库存为雷管×××，雷管账、卡、物一致、完好。确认完毕。
第十步：现实际库存为炸药×××，炸药账、卡、物一致、完好。确认完毕。
第十一步：消防器材完好。确认完毕。
第十二步：库区内卫生干净。确认完毕。
手指口述完毕，可以进行工作。

3.12.3 监测监控工操作标准

1. 监测监控工作业标准

部门： 班组：

项目	作业程序	作业标准	安全要点
班前准备	通用程序	执行公司《班前礼仪标准》及《员工操作达标通用标准》的有关要求	
上班	1 询问系统运行情况 2 查看各种记录 3 准备各种仪器及工具	1.1 询问监控员及各采、掘队组各监测设备运行状况 2.1 查看“监控系统中心站运行日志”、“瓦斯、风速、风压运行日志”等记录 3.1 根据具体情况准备相关设备检修及安装的仪器和工具	
作业	1 作业前准备	1.1 根据生产作业计划，由监控组组长制定出安装计划，具体确定设备安装地点传输电缆的敷设路线及数量所监测环境参数及控制设备范围 1.2 地面准备所安装设备，将准备好的设备进行性能测试，确保性能达标准要求，非本类型设备确保完好，不失爆	
	2 监测监控设备安装	2.1 备齐备好安装设备，按安装计划进行安装作业 2.2 监控分站、本安电源、断电器等必须安装在支护良好，无滴水、无杂物、通风良好的地方，且必须执行“敲帮问顶”制度 2.3 设备及传感器的安装要符合《煤矿安全规程》要求 2.4 电缆的敷设要符合安全生产标准化标准要求 2.5 检查连线，确认无误后，方可供电 2.6 与地面进行电话联系，确定设备运行是否正常，所安装各类信号是否传输到地面中心站。如一切正常，清理安装现场，安装完毕；如果信号有误，进行排查处理，直至信号正常	2.1.1 防止剧烈碰撞而损坏设备，设备安装过程中，严禁带电作业
	3 监测监控设备的维护	3.1 甲烷传感器更换 3.2 按照行标要求对传感器进行更换 3.3 甲烷传感器的悬挂位置要符合要求并要如实填写《甲烷传感器管理牌板》 3.4 更换后，要与便携式瓦检仪进行比较，看是否在误差范围内，如果误差超出范围，执行《煤矿安全规程》相关规定	

（续）

项目	作业程序	作业标准	安全要点
作业		3.5 更换后，与地面联系，看信号是否正常传输，一切正常，探头更换完成。如果不正常，应立即处理，直至信号传输正常为止 3.6 更换完毕后，应填写《传感器更换记录》	
	4 井下断电测试	4.1 每隔10天必须对甲烷超限断电闭锁和甲烷风电闭锁功能进行测试 4.2 断电测试要严格执行二级公司要求及按照本单位的制度进行，且断电试验时间不少于90 s。要确保断电浓度、复电浓度及断电范围的正确，确保断电装置的灵敏可靠，如存在问题，及时解决或通知有关队组限期处理 4.3 每一探头的试验时间不得少于2 min 4.4 测试完毕后，按规定填写《甲烷超限试跳记录》	
	5 安全生产标准化	5.1 确保电缆悬挂符合标准要求 5.2 确保传感器的悬挂安装位置符合要求 5.3 确保传感器管理牌板悬挂符合要求 5.4 确保分站、电源等装置无失爆、不完好等现象 5.5 装置运行期间，应定期打扫外壳卫生，定期处理防爆面等 5.6 所有装置在井下工作半年或工作面搬迁停用时，应升井进行全面清理、擦拭、烘干维修。并填写《监控设备升井检修记录》	
	6 故障处理	6.1 根据故障现象，及时判断及确定故障范围，重大故障排除的时间不得超过12 h 6.2 根据确定的故障范围，准备排除故障的工具及仪器，进行排除。在特殊地点作业时，要严格执行特殊地点作业有关标准 6.3 故障排查期间，应通知和协调有关部门，采取相应安全措施，确保工作面的安全生产 6.4 故障排查结束后，清理好现场并填写《故障登记记录》和《检修维护记录》	
下班	1 清理作业现场	1.1 清理作业现场	
	2 清点工器具	2.1 将工具配件材料清点清楚，并放置整齐	
	3 汇报填写各种纪录	3.1 将当班的有关记录整理清楚 3.2 向相关人员汇报当班情况	
	4 下班	4.1 执行《通用标准》	

2. 监测监控工“手指口述”

1）岗位描述（敬礼）

领导好：欢迎领导检查指导工作，我叫×××，是调度室监测监控工，经过安全培训、考试合格后取得监控维护员操作资格证，持证上岗（出示操作资格证）。

我的岗位职责是：负责监测监控的日常维护，掌握监控系统及各设备的工作原理，按规定安装、维护监控系统及设备，确保监控系统正常稳定可靠的运行。

2）手指口述（班前、班中、班后）

我现在准备到×××工作面维护检修监控系统，请领导指示！

班前安全确认

（1）工作任务已接清。确认完毕。

（2）所需工具、配件、防护用品齐全、完好。确认完毕。

班中安全确认

（1）工作现场各传感器运行正常，安装位置正确。确认完毕。

（2）牌板内容填写正确。确认完毕。

（3）各监控设备设置参数正确。确认完毕。

班后安全确认

（1）所巡检区域监控设备运行正常。确认完毕。

（2）所巡检范围无安全隐患。确认完毕。

（3）工作现场卫生已清理。确认完毕。

3. 监控设备安装完好标准

（1）电源：

①监控供电电源必须取自被控开关的电源侧。

②隔爆兼本质安全型防爆电源的安装符合井下防爆要求：隔爆面、密封圈、接线嘴、紧固件等。

③安设位置符合要求：安装在采区变电所（采区进风巷）等地点。

（2）监控分站：

①安设位置符合要求：安装在支护良好、无滴水、无杂物的进风巷道或硐室中，距底板不小于 300 mm。

②信号传输正常：（接收、传送信号）。

③分站运行正常：显示屏显示正常、各接线嘴进线符合要求、（数据处理、信号处理、控制执行器等）功能运行正常。

（3）传感器：传感器安装位置、安装地点正确，运行正常。

安装位置：CH_4、CO 传感器垂直悬挂，距顶板（顶梁）不大于 300 mm，距侧壁不小于 200 mm；温度器垂直悬挂，距顶板（顶梁）不大于 300 mm，距侧壁不小于 200 mm。

安装地点：

①甲烷传感器：

（a）掘进工作面回风流 10～15 m 设置，工作面≤5 m 设置，工作面长度大于 1000 m 中部增设一台。

（b）采煤工作面回风流 10～15 m 设置，工作面≤10 m 设置，工作面上隅角一台；大于 1000 m 中部增设一台。

（c）采区回风巷、总回风巷测风站设置。

（d）设在回风流中的机电硐室进风侧必须设置。

（e）采区回风巷、总回风巷道内临时施工的电气设备上风侧 10～15 m 处设置。

（f）井下煤仓、地面选煤厂上方设置。

②一氧化碳传感器：带式输送机滚筒下风侧 10～15 m 处设置；采区回风巷、总回风巷设置。

③风速传感器：采区回风巷、总回风巷设置。

④烟雾传感器：带式输送机滚筒下风侧 10～15 m 处设置。

⑤温度传感器：机电硐室内设置。

⑥设备开停传感器：主要通风机、局部通风机设置；大型电气设备设置。
⑦风门开关传感器：矿井和采区主要进回风巷道中的主要风门设置。
⑧风筒传感器：掘进工作面局部通风机风筒末端。
⑨馈电传感器：
（a）被控开关的负荷侧。
（b）传感器牌板内容填写正确。
（c）各监控设备设置参数正确。
（d）使用中的传感器保持清洁、干燥，避免摔打碰撞。
（4）信号传输线缆
①监控线缆不可与电话电缆或动力电缆共用，监控线缆应与动力电缆保持0.1 m以上距离。
②各传感器、监控分站之间使用专用阻燃电缆连接。
③监控线缆悬挂符合要求。
（5）断电控制器：断电控制器安装符合要求，断电范围控制正确。

第3篇 组织体系

1　二级公司机构优化设置方案

1.1　指导思想

坚持改革创新，立足科学发展，以落实省委省政府《关于深化国企国资改革的指导意见》和《晋能集团深化企业改革发展总体方案》为指导，以市场化运营为导向，以优化管理流程、合并管理机构、压缩管理层级、精减管理人员、推进业务整合为重点，以实现管理架构扁平化、板块运营专业化、业务流程简洁化为目标，构建充满活力、富有效率的管理架构和体制机制，增强企业市场竞争力。

1.2　基本原则

（1）坚持党管干部和党管人才的用人原则。

（2）坚持效益优先和统筹规划的设置原则。

（3）坚持同类合并和精简机构的调整原则。

（4）突出板块运营、专业化、扁平化的管理原则。

1.3　原有组织机构情况

二级公司原设置22个职能部室，4个专业管理公司。具体情况如下。

党委职能部门：党委工作部、纪委、工会、团委。

行政后勤管理职能部门：综合办公室、人力资源部、发展规划部、财务资产部、审计稽查部、信息网络部、法律事务部、安保部、物业管理公司。

业务职能管理部门：调度指挥部、安全监察部、生产技术部、机电设备部、一通三防部、环保质量部、地质防治水中心、基建部、销售贸易部。

专业管理公司：物资供应公司、多元产业经营公司、公路销售分公司、铁路销售分公司。

1.4　机构优化设置

1. 机构优化设置思路

一是集团公司对机关组织机构进行了改革优化，二级公司为更好地对接集团公司部门优化设置及各部门工作职能，结合集团公司对地市公司的定位，以及工作实际，相应地调整优化组织机构。

二是组织机构以党委、行政、后勤、业务管理来分类设置管理职能部室。

三是业务职能部室以煤炭板块、煤炭销售（贸易）板块、多经板块来设置，实施专业化管理。

四是以管理扁平化来设置管理职能部室。

五是充分体现二级公司两级框架一级管理的运营管控职能来设置机构。

2. 机构优化设置实现目标

按照集团《关于〈二级公司机构优化设置方案〉的批复》，结合二级公司安全生产经营管理工作实际，对照集团设置的职能部门，对原有22个职能部室和4个专业管理公司进行调整优化，具体组织机构调整如下：

1）优化设置保留且名称不变的部门

（1）党委工作部（原党委工作部和团委）。

（2）纪委。
（3）工会。
（4）综合办公室。
（5）法律事务部。
（6）人力资源部。
（7）生产技术部。
（8）一通三防部。
（9）机电设备部。
2）优化设置保留但名称改变的部门
（1）企业管理部（原发展规划部）。
（2）财务管理部（原财务资产部）。
（3）审计部（原审计稽查部）。
（4）多种经营管理部（原多元产业经营公司）。
（5）环保节能部（原环保质量部）。
（6）生产指挥中心（原调度指挥部和信息网络部）。
（7）后勤管理中心（原物业管理公司和安保部）。
（8）煤炭销售管理部（原销售贸易部）。
（9）工程管理部（原基建部）。
（10）地测与防治水中心（原地质防治水中心）。
（11）安全生产监督管理部（原安全监察部）。
3）优化设置新增加部门
（1）计划发展部。
（2）贸易物流部。
（3）招标管理办公室（原招投标办公室和物资供应公司）。

通过优化设置后二级公司由原有22个职能部室和4个专业管理公司，调整优化为21个职能部门和2个管理中心。

21个职能部门：党委工作部、纪委、工会、综合办公室、人力资源部、企业管理部、计划发展部、财务管理部、审计部、法律事务部、安全生产监督管理部、生产技术部、机电设备部、一通三防部、环保节能部、地测与防治水中心、工程管理部、煤炭销售管理部、贸易物流部、多种经营管理部、招标管理办公室。

2个管理中心：生产指挥中心、后勤管理中心。

2　二级公司组织体系架构

二级公司组织体系架构如图 3－2－1 所示。

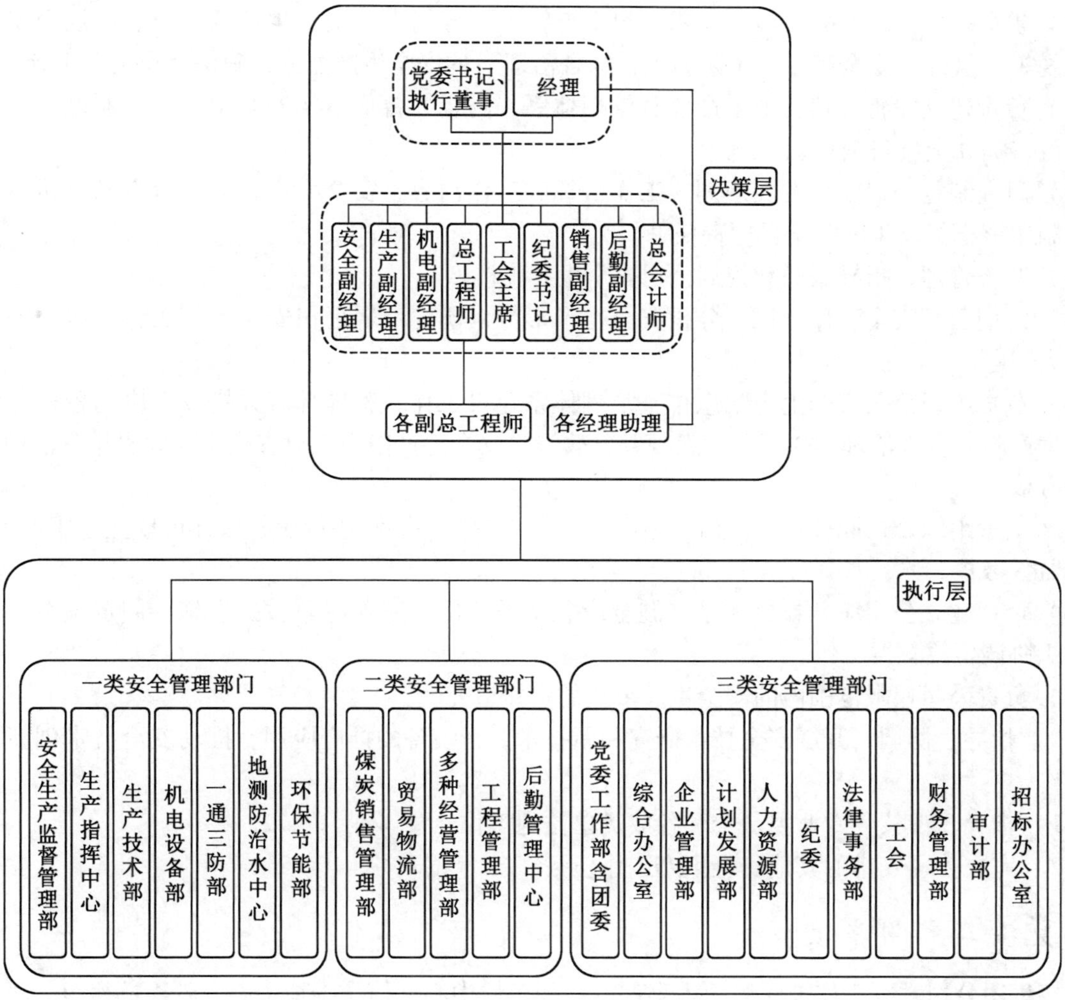

图 3－2－1　二级公司组织体系架构图

3 二级公司相关职责

3.1 安全生产委员会职责

（1）贯彻落实国家、省、市、集团公司及上级主管部门有关安全生产的法律、法规和安全生产规章制度等；执行“安全第一，预防为主，综合治理”的安全生产方针，确保公司安全生产。

（2）负责建立完善公司安全生产监督管理体系，制定并督促落实安全生产规章制度，加强安全文化建设，提高全员安全意识。

（3）研究制定公司安全发展规划、工作目标和工作内容、安全生产政策。审定和下达年度安全生产控制考核指标及年度安全目标责任书。

（4）监督管理、指导服务和规划公司安全生产工作。

（5）定期召开安全工作会议，分析安全生产形势，研究部署公司安全生产工作，研究解决安全生产重大问题。

（6）负责组织公司安全生产隐患排查治理体系建设工作，整体部署并指导、协调各行业领域开展安全生产隐患排查治理工作，及时发现并整改消除安全生产隐患，对安全生产隐患排查治理工作进行监督考核。

（7）负责组织公司职业危害防治体系建立工作，指导、协调各行业领域开展职业危害防治工作，并进行监督考核。

（8）负责建立公司应急救援体系，健全应急救援队伍、完善应急救援设施，制定预案，开展演练，组织协调事故救援工作。

（9）负责公司权限范围内的安全生产事故的责任追究。

（10）指导、协调、开展安全技术研究和新技术、新装备的推广应用，推动安全技术创新和管理创新工作。

（11）指导、考核各专业委员会和各成员单位的工作。

（12）完成公司安排的其他安全生产工作任务。

3.2 党委工作部职责

对接集团公司党委工作部、组织人事部、新闻舆情中心、信访维稳中心、党委巡察组、团委。

党委工作部是负责组织实施党委综合性工作的部门。主要职能：负责公司党组织建设和党员队伍建设工作；负责公司各级领导班子建设、干部队伍建设、人才队伍建设，负责干部选拔、任用、管理、监督等工作；负责公司党风廉政建设主体责任的部署、落实；负责公司新闻采编、对外宣传、通讯员队伍建设；负责公司信访接待、登记及信访案件的调查、上报、回复等信访维稳；负责公司党委工作计划、年度工作要点、总结和报告等综合工作；负责公司共青团组织建设和团员队伍建设等工作。

3.3 纪委职责

对接集团公司纪委。

纪委是公司党政监督监察的机关（部门）。主要职能：维护党的章程和其他党内法规，检查党的路线、方针、政策和决议的执行情况，协助党委加强党风廉政建设和组织协调反腐败工作；开展纪律审查、监督检查、廉政教育工作，开展执行国家法律法规及公司规章制度的监察工作，对公司所属各单位“两个责任”落实情况进行监督检查等。

3.4　工会职责

对接集团公司工会。

工会是公司党委领导下的职工群众自愿参加的群众组织。主要职能：工会组织建设、民主管理与监督、劳动竞赛管理、群众文体活动、职工权益维护、女工与计划生育等。

3.5　综合办公室职责

对接集团公司综合办公室、董监事办公室。

综合办公室是公司党委会、董事会、监事会、经理层的日常办事服务机构和对控、参股公司派出的董事、监事进行履职管理的职能部门。主要职能：政策研究、秘书工作、行政管理、督查督办、内部协调、外部联络、档案管理、保密工作；公务车辆管理；外派董监事培训、履职管理和考核评价、反馈问题收集处理、通过外派董监事督促任职公司整改问题等；财务等重大信息公开及上报工作。

3.6　人力资源部职责

对接集团公司人力资源部、组织人事部（人事部分）、离退休管理中心、职工培训中心。

人力资源部是负责公司人力资源管理、离退休管理和服务工作的职能部门。主要职能：负责公司员工职称评定、人才招聘、劳动用工管理、薪酬管理、员工绩效管理、员工招聘管理、人事档案管理、社会保险管理等；负责员工培训、职业技能鉴定、安全培训等；国家、省、市离退休政策的落实、全公司离退休工作的监督和管理、公司本部离退休人员的服务和管理等。

3.7　企业管理部职责

对接集团公司企业管理部、资本运营部。

企业管理部是负责企业内部管理、资本运营与管理的职能部门。主要职能：公司改革改制、机构设置和职能、规范企业管理、基本制度建设、标准化工作、综合绩效考核、经济运行分析；股权管理、产权管理、资产评估、资产交易管理、企业并购重组、外部股东协调、产权登记、工商登记管理等。

3.8　计划发展部职责

对接集团公司计划发展部。

计划发展部是公司计划管理的职能部门。主要职能：编制公司发展战略和中长期规划，拟定经营计划、投资计划和专项资金计划，负责项目前期管理和综合统计等。

3.9　财务管理部职责

对接集团公司财务管理部、资金管理中心。

财务管理部是负责公司财务工作管理、核算、监督及资金管理的职能部门。主要职能：制定财务制度，负责预算管理，组织会计核算，资金管理，资产管理，债权债务管理，收益分配管理，会计基础管理，会计信息化，成本费用管理，税务管理，财政资金、专项资金及科研经费管理，财务会计政策和公司内部收费政策研究与实施，财务报表编制与财务分析，财务档案管理，参与公司经济运行分析，对财务人员的工作进行管理和考核，财务风险防范等；资金管理、资金调配、债务性融资、担保管理、企业债券发行、资金运行监控、资金风险防控、银行账户管理、还本付息管理等。

3.10 审计部职责

对接集团公司审计部。

审计部是负责公司审计管理、内部控制管理和风险管理的职能部门。主要职能：内部控制、风险管理、内部审计管理、外部审计协调、财经法规执行情况监督等。

3.11 法律事务部职责

对接集团公司法律事务部。

法律事务部是公司法律事务管理的职能部门。主要职能：为经营管理决策提供合法性支持和法律风险分析，处理诉讼和非诉讼法律事务，对重要合同、规章制度、重大决策的法律审查，法律服务、法律宣传等。

3.12 生产指挥中心职责

对接集团公司生产指挥中心、信息管理中心。

生产指挥中心是负责全公司生产单位调度、协调、指挥的职能部门。主要职能：各产业协调、上传下达、生产运营指标统计、季节性工作、安全调度、应急救援、调度信息化等；承担公司信息化规划、信息化标准和基础工作、信息化管理等职能，负责网络信息安全、大数据管理等信息化服务。

3.13 安全生产监督管理部职责

对接集团公司安全生产监督管理局。

安全生产监督管理部是公司安全生产监督管理的职能部门和安委会日常工作机构。主要职能：构建安全监督管理体系，推进安全管理模式和安全文化建设，对煤矿、非煤矿山和地面生产经营单位的安全工作实施监督管理，监督检查交通安全，承担应急管理，参与事故应急救援，组织公司内部事故调查处理和安全考核等。

3.14 生产技术部职责

对接集团公司技术研究院、科技发展部、煤炭生产管理局（生产技术部）。

生产技术部是公司生产组织、科技管理、科技研发和技术服务的职能部门。主要职能：煤炭生产、科技规划与创新计划、科研项目管理、科技成果与知识产权管理、科技交流、研发、攻关与产学研合作、技术引进与推广应用、企业技术中心管理、专业化工程技术服务、科技成果转化和产业化等。

3.15 机电设备部职责

对接集团公司煤炭生产管理局（机电供应部）。

机电设备部是负责公司贯彻执行国家有关机电管理方面的方针、政策、法律、法规，省、市各级政府有关机电管理方面的规定和决定，集团公司机电管理的有关制度和相关规定，以及上级部门颁布的机电生产标准化标准和机电技术标准的职能部门。主要职能：负责公司对所属各矿井机电职能管理，负责编制公司机电方面的中长期发展规划，负责所属各矿井涉及机电方面的重大工程、机电技术改造工程方案的审核，负责公司机电设备的安全管理工作等。

3.16 一通三防部职责

对接集团公司煤炭生产管理局（一通三防部）。

一通三防部是公司矿井“一通三防”管理工作的职能部门。主要职能：负责矿井通风、瓦斯治理与抽采利用、粉尘防治、防灭火等管理工作。

3.17　环保节能部职责

对接集团公司环保节能部、煤炭生产管理局（洗选加工部、质量检验部）。

环保节能部是公司环境保护与节能减排工作的职能部门。主要职能：项目环保行政许可管理、新建技改及重大项目专业审查、环保节能任务分解下达、环保节能制度建设与考核、环保节能工作日常监督管理、行政许可申报协调、环境突发事件预控管理和应急处理等，对煤炭洗选加工实施专业化管理。

3.18　地测与防治水中心职责

对接集团公司煤炭生产管理局（地质勘测部）。

地测与防治水中心是全面负责公司地质、测量、资源储量和防治水工作的业务保安和监督管理的职能部门。主要职能：煤矿防治水、地质、物探、测量、资源储量等专业的管理，重点是做好煤矿地测防治水各项工作的指导、监督、管理与新技术、新工艺、新设备的推广应用，保证地质、测量、防治水工作到位，为公司的大安全起到应尽的职责。

3.19　工程管理部职责

对接集团公司工程管理部、造价管理中心、煤炭生产管理局（基建部）。

工程管理部是公司工程项目建设管理、工程造价、采购价格、内部采购交易监督管理并提供价格咨询服务的职能部门。主要职能：负责公司工程项目从开工准备至工程竣工的监督管理，主要涉及开工报告、造价控制、计划实施、工期进度、工程质量、工程资料、工程结算、工程决算、竣工验收；建立价格管理制度，对公司工程造价、采购价格实施综合管理，对公司各单位提供价格咨询服务等。

3.20　煤炭销售管理部职责

对接集团公司煤炭销售管理部。

煤炭销售管理部按照集团生产煤炭集中销售的有关规定和工作安排，做好本区域独资、控股煤业公司生产煤炭的集中销售与管理、市场开拓和风险防控，降本增效。主要职能：负责建设生产煤炭集中销售体系；负责建立生产煤炭集中销售模式，完善业务流程；负责贯彻落实集团生产煤炭销售管理制度与规定，制定区域生产煤炭集中销售管理制度，制定、实行实施细则；负责制定、落实生产煤炭年度销售计划；负责生产煤炭销售配额的分配、执行和考核；负责组织定价委员会确定生产煤炭销售价格，负责阶梯价格的拟定、以煤顶账的初审并报批；负责战略用户、重点用户、终端用户市场开拓，逐步提高终端市场份额；负责生产煤炭买卖合同的签订、跟踪兑现；负责生产煤炭铁路运输的组织与协调，逐步推进公路骨干运输100%承运；负责向所属煤业公司派出驻矿人员进行驻矿销售，驻矿人员和煤矿有关人员共同对销售煤炭进行开票、过磅计量；负责生产煤炭销售货款结算、风险防控；负责生产煤炭销售信息化建设；负责生产煤炭集中销售统计、汇总、分析、上报；负责与集团煤炭销售管理部有序对接，及时报送区域内生产煤炭的销售情况、市场开拓情况、合同兑现情况、价格制定与执行情况；负责做好涉及生产煤炭集中销售的其他工作。

3.21　贸易物流部职责

对接集团公司贸易管理局。

贸易物流部是对公司煤炭贸易业务实施专业化管理的部门。主要职能：对公司煤炭贸易业务进行整体规划布局；对贸易单位的经营业务进行监督指导和管理考核；对煤炭贸易合同风险防控和安全生产进行监督管理；对煤炭贸易单位遗留资产和债务清收工作进行督导管理；推进煤炭贸易信息化建设等。

3.22　多种经营管理部职责

对接集团公司多种经营管理部。

多种经营管理部是多种经营产业的业务管理职能部门。主要职能：对多种经营业务进行规划指导、管理服务、监督考核、统计分析、对接等。

3.23　招标管理办公室职责

对接集团公司招标管理中心。

招标管理办公室是公司招标监督管理和组织实施招标服务的机构。主要职能：制定招标制度、招标监督管理、拟定招标方案、审核招标公告和文件、组织采购招标等。

3.24　后勤管理中心职责

对接集团公司行政管理中心。

后勤管理中心是公司对口资产监督管理和公司系统后勤管理服务的直属机构。主要职能：制定房屋、土地等资产管理办法，公司对口资产的使用、维护、安全管理，对资产交易进行专项审核，对全公司低值易耗品采购实施监督管理等。

4 煤矿组织体系架构

煤矿组织体系架构如图 3－4－1 所示。

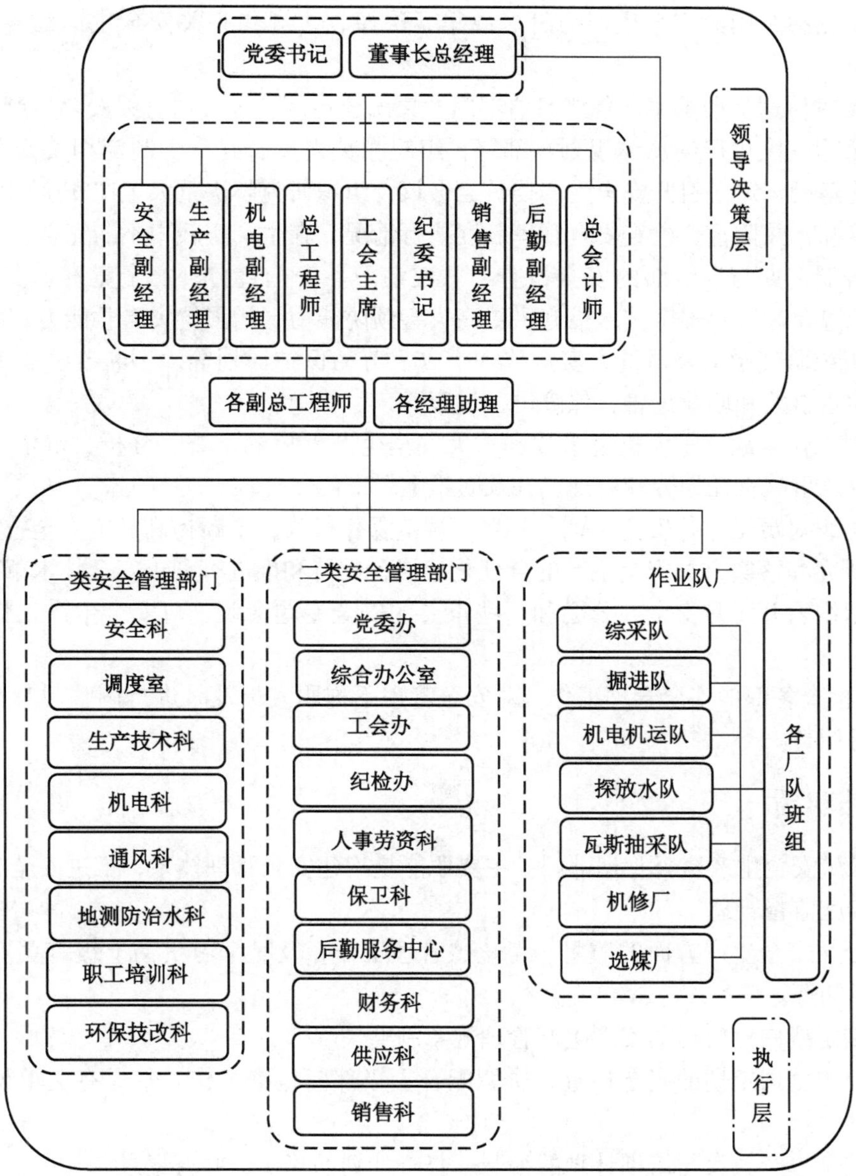

图 3－4－1 煤矿组织体系架构图

5 煤矿相关职责

5.1 煤矿安全生产委员会职责

（1）负责贯彻执行国家安全生产方针、政策、法律、法规和有关安全生产的各项规定、决定、通知、通报等。

（2）负责及时传达贯彻国家、各级政府部门、集团公司及二级公司有关安全生产的会议精神等。

（3）负责公司安全生产的总体规划、部署，组织相关人员研究分析制定相关安全管理制度，推进企业安全文化建设，定期召开安全生产委员会会议，组织研究解决重大生产安全问题，制定并落实安全生产管理目标，并监督、检查安全管理制度执行情况，在生产实践中不断完善。

（4）负责开展定期与不定期的安全检查、救灾演习、安全宣传、安全竞赛、安全评价等活动，针对生产安全隐患及时制定安全技术措施，提高灾害预防能力，增强抗灾自救能力，防患于未然。

（5）负责组织研究制定公司重大安全技术措施、劳动保护计划等，不断改善职工劳动工作环境与条件，防止伤亡事故和职业危害，保障员工健康。

（6）负责对工伤事故、重大机电事故和重大安全生产事故的调查、分析、审定，并参与事故调查报告起草，以及事故责任划分和处理，并及时报上级部门。

（7）负责组织对员工进行安全培训与教育，规范操作行为，不断提高员工安全技能与素质。

（8）负责研究和落实有关安全生产的合理化建议，支持和推进有利于安全技术革新的活动。

（9）负责组织召开每月安全办公会和一些重要的安全专题会议，对安全生产工作进行监督和指导。

（10）负责检查各部门安全管理工作，对安全管理不称职人员及时进行调整，对不利于安全管理的机构适时进行调整。

5.2 安全科职责

安全科是煤矿安全生产监督管理部门。主要职能是构建安全管理体系，推进安全文化建设，对煤炭的安全生产实施监督管理。

（1）负责公司安全生产方面的监督、考核、管理工作，及时学习贯彻上级有关安全生产的会议精神、文件和通知等。

（2）组织制定或修订公司的安全生产管理规章制度。

（3）负责组织公司定期的安全检查，协调配合上级部门检查工作，督促有关单位及时处理事故隐患。

（4）参与安全生产教育与培训计划的编制，督查计划的落实，并有记录。

（5）参与矿井有关安技措施工程项目设计、作业规程、安全技术措施等的审查工作。

（6）负责公司安全费用的提取、使用、审核，安全风险抵押金兑现，安全绩效考核工作。

（7）负责召开与安全相关的各项会议，并督查会议的落实情况。

（8）组织协调公司安全生产标准化建设工作，主抓安全管理专业的安全生产标准化建设工作；并组织公司安全生产标准化检查、验收及考核工作。

（9）参与事故的调查、统计、分析、上报和“三违”人员的管理工作。

（10）开展企业安全文化建设，创建特色安全文化。

（11）完成公司领导和上级相关部门交办的其他工作。

5.3 生产技术科职责

生产技术科是负责煤矿安全生产技术管理和业务管理的部门，对煤矿安全生产负技术方面的监督管理职能。

（1）负责贯彻执行有关煤矿安全方面的技术政策，制定完善采掘专业技术标准，组织编制、审查采区设计、工作面设计和作业规程及施工方案等。

（2）负责井下火工品的审批工作，执行《煤矿安全规程》中有关爆炸材料和井下爆破的规定。

（3）督促检查分管范围内安全生产及本业务范围内的事故隐患排查治理工作；参加公司的安全质量大检查和安全例会。

（4）参与编制“矿井灾害预防与处理计划”，监督检查采掘专业的执行情况；协助有关部门做好员工的安全生产技术和煤矿“三大规程”的培训学习。

（5）参加事故的分析、调查工作，从业务管理、技术服务层面制定防范措施，对业务范围内的安全技术问题负责。

（6）组织好矿井顶板控制工作。督查、指导采掘顶板矿压监测及预测预报工作，控制顶板事故的发生。

（7）组织编制年度、月度生产作业计划，确保作业计划不超矿井生产能力生产。

（8）认真执行安全生产“三同时”制度，积极采用先进技术和安全装备；负责采掘专业安全生产标准化达标升级工作。

（9）完成公司领导和上级相关部门交办的其他工作。

5.4 机电科职责

机电科是煤矿机电设备和运输的监督管理部门，对煤矿机电及提升运输安全负业务监督和管理职能。

（1）遵守党和国家的安全生产方针、政策、法律、法规、规章、标准；对公司机电、运输系统的业务监督管理工作负全面责任。

（2）协助机电副总经理组织编审本职范围内的安全生产管理制度、操作规程，完善技术标准，指导厂（队）贯彻执行。

（3）制定本职范围内的安全生产标准化工作的中长期规划和年度工作计划。制定考核目标，推动安全生产标准化工作稳步提高，做到动态达标。

（4）参加公司安全大检查，每周组织本专业的专项安全检查。对检查中存在的安全问题，落实责任单位，协助制定整改方案限期整改，做好整改与验收工作。

（5）参与编审“矿井灾害预防和处理计划”“事故应急救援预案”及本职范围内的“现场处置方案”工作，并予以实施；督查本职范围内的隐患排查治理工作。

（6）负责制定机电、运输系统的中长期规划，及时总结机电、运输安全管理工作经验，定期对公司机电设备“四率”、运输设备“三率”、电能消耗等指标进行考核、统计和分析，找出安全生产管理的内在规律，不断提高安全生产的管理水平，实现矿井安全、高效生产。

（7）负责全矿特种设备的管理，建立健全特种设备管理制度，及时联系地方质量技术监督局对公司相关特种设备进行检验，并加强对特种设备作业人员的培训及复训。

（8）配合培训科做好机电、运输系统员工的安全技术培训计划的落实，做好岗位练兵和技术考核工作，不断提高机电、运输系统员工的安全生产技能与防灾、抗灾的应急处置能力。

（9）制定矿井停产检修和节假日检修计划，组织编审相应的施工安全技术措施，组织实施并确保安全作业。

（10）完成公司领导和上级相关部门交办的其他工作。

5.5 通风科职责

通风科负责煤矿“一通三防”工作，对通风队和瓦斯抽放队实行直接管理，对煤矿“一通三防”工作负全面管理职责。

（1）在总工程师、通风副总工程师的领导下，贯彻执行党和国家有关煤矿安全生产的方针、政策、法律、法规及公司规章制度。

（2）按照“五同时”（计划、布置、检查、总结、评比）“一通三防”工作的要求，实现安全生产目标。对矿井“一通三防”安全工作进行监督、检查、管理。

（3）负责制定全矿“一通三防”各项规定、办法、标准等管理制度，以及“一通三防”技术方案，并督促检查、指导、落实与考核。

（4）参与审查矿井、水平、采区方案设计，确保通风方式、通风系统调整改造、瓦斯治理工程、防灭火工程符合《煤矿安全规程》和相关规定。

（5）编制全矿“一通三防”安全技术工程项目时，负责检查工程进度，做到有计划地改善矿井安全生产条件。

（6）参加审查相关作业规程和安全技术措施中涉及“一通三防”的内容，严把审批关，并督查落实。

（7）组织编制“矿井灾害预防和处理计划”及相关应急救援预案，编制预案演练方案，参与指导演练。

（8）负责“一通三防”安全调度，掌握重大瓦斯、煤尘、火灾事故隐患及防范措施的落实情况，抓好局部通风工作。

（9）参加安全检查、安全生产标准化检查，汇总“一通三防”方面的整改意见，督促检查落实情况。

（10）负责“一通三防”安全生产标准化工作，实现动态达标。

（11）负责“一通三防”隐患排查与治理工作，经常深入现场，掌握安全动态。

（12）参与科研攻关，负责业务范围内的新技术、新工艺的引进推广，促进矿井安全生产。

（13）发生事故时，组织人员参与抢救。参加事故调查、分析和处理，落实防范措施。

（14）加强对瓦斯抽采系统、设备、安全装置、安全设施、监测仪表的管理，确保设备设施安全完好。

（15）加强对瓦斯抽采系统事故隐患的排查与治理工作，及时排除一切不安全因素。

（16）落实安全技术措施，做好“雨季三防”工作和冬季瓦斯抽采系统防寒防冻工作。

（17）发生事故后立即如实报告，积极组织抢救，协助事故调查、分析，吸取事故教训，落实防范措施。

（18）制定并执行切实可行的工资、奖金分配方案，加大经济杠杆对做好安全生产工作的激励力度。

（19）积极推广新技术、新工艺、新装备和先进的安全管理工作经验，不断改善作业环境，控制工伤事故、设备事故与职业病的发生。

（20）完成公司领导和上级相关部门交办的其他工作。

5.6 调度室职责

调度室是煤矿安全生产的指挥中心，全面负责煤矿安全生产的指挥、协调、调度工作。

（1）贯彻执行国家有关安全生产的法律、法规、规章、标准、技术规范、煤矿“三大规程”和公司安全生产规章制度。

（2）建立健全调度系统安全生产管理制度、操作规程、安全生产责任制，组织实施与考核。

（3）掌握“矿井灾害预防和处理计划”“应急救援预案”及相关检修作业安全技术措施、重点工程安全技术措施。

（4）保证矿井通信系统、监测监控系统、井下人员定位系统的正常运行。

（5）做好业务范围内的事故隐患排查治理工作。

（6）负责事故抢险的综合调度并做好应急救援的协调工作。

（7）负责矿井各类安全生产信息、指令的上传下达。

（8）按照《煤矿安全规程》中的相关规定，做好图纸报表的收集、填报工作，并分类建档管理。

（9）负责本部门员工的安全生产教育与学习，提高员工的安全素质。

（10）负责调度、应急救援及地面设施专业安全生产标准化工作，确保动态达标。

（11）完成公司领导和上级相关部门交办的其他工作。

5.7 地测防治水科职责

地测防治水科负责矿井地质、水文地质、矿井测量和储量及防治水管理等工作。

（1）贯彻执行国家和上级主管部门有关矿井地质、水文地质、矿井测量及储量管理等方面的技术政策规程、规定、规范及条例，对全矿井地测防治水安全生产工作负全面责任。

（2）负责矿井地质、水文地质、矿井测量及储量管理资料的收集、分析研究整理，查明影响矿井生产的地质因素，提供各种地测资料，确保矿井正常生产。

（3）负责井下主要工程、单项工程等测量，并负责向有关部门发出贯通业务联系通知单，确保安全贯通。

（4）按照规程要求，在井下设各种经纬仪导线，同时随进度填图，对井下巷道按设计要求选点定线和返线，并会同有关部门进行巷道验收。

（5）参与编制矿井采掘技术设计和年度、季度、月度生产建设计划、灾害预防和处理计划及矿井的远景规划。

（6）负责编制年度地质储量平衡表、三量报表和损失量表，参与储量报损、注销的报审和审批工作，监督矿井资源合理开采，提高回采率。

（7）负责提供各种地质、水文等图纸资料，更换年报、月报图纸，填绘工程进度图和调度室图板。

（8）按时提出水平、采区、工作面地质说明书及有关资料，供编制设计和规程使用。

（9）按照“五同时”（计划、布置、检查、总结、评比）做好地测防治水工作，实现安全生产目标。

（10）编制矿井掘进、回采工作面探放水设计，制定（修订）矿井防治水规划、工作计划、防治水考核细则、防治水专业技术标准、各项管理流程、安全生产管理制度等，并督促检查指导落实。

（11）参加内部组织的安全检查、安全生产标准化检查，汇总地测防治水方面的隐患，负责督促整改落实。

（12）负责地测防治水安全生产标准化工作，完善有关地测防治水方面的管理工作。编制动态达标升级规划及年度工作计划，并分步实施与考核。

（12）每年雨季前调查矿井井口标高、矿井综合排水能力、防洪防汛材料的储备数量；随时掌握地面塌陷范围、积水面积、积水深度、积水量等参数，为矿井防汛工作提供水情资料。

（13）每年雨季前编制水灾现场处置方案，组织各有关科室、队组参与演练。

（14）抓好矿井防治水知识培训，组织矿防治水知识竞赛。

（15）学习应用防治水新技术、新方法，进行矿井地测防治水技术研究工作。

（16）合理组织各采掘工作面探放水工作，切实做到“有掘必探，有采必探”。

（17）完成公司领导和上级相关部门交办的其他工作。

5.8　职工培训科职责

培训科负责煤矿安全生产培训及培训管理工作。主要职能是员工培训、职业技能鉴定、安全培训等。

（1）全面负责公司安全生产培训、培训管理及继续教育工作，对公司安全生产培训方面的业务保安和监督管理负责。

（2）编制公司培训计划，并严格按照公司培训计划落实培训工作。

（3）监督、检查、指导、服务公司各单位安全生产培训工作。

（4）协调、解决公司三项管理人员的培训、取证工作。

（5）监督检查公司岗位人员持证上岗情况和各岗位应知应会掌握情况，及时查处未经培训考核合格、未持证上岗和岗证不相符的人员。

（6）参与公司煤矿安全生产标准化建设工作，具体负责安全生产教育与培训方面的检查、指导和管理。

（7）建立员工培训档案，实施培训档案规范化管理。

（8）维护好培训实操设施设备，确保正常运行。

（9）负责各类培训活动的安全管理工作。

（10）完成公司领导和上级相关部门交办的其他工作。

5.9　环保技改科职责

环保技改科负责技改工程项目和土建工程项目的监督管理工作。

（1）认真贯彻执行国家和有关上级机关颁布的防火、防爆、工厂卫生、环境保护、防震等各项安全技术规定、规范指示和要求，确保各项设计符合安全要求。

（2）对新建、扩建、改建、大修的工程设计，施工、安装时认真做到与安全设施“三同时”。

（3）保证落实已经批准的安全技术措施，对外来施工人员进行安全教育，使其严格遵守本矿各项有关规章制度。

（4）施工中如需变更设计上的安全设施和有关安全项目时，应听取安全部门的意见或建议。

（5）凡动用生产设备、管线、电气或破损生产区地面时，施工前应和有关生产部门联系，经同意后方可施工。

（6）在矿区规定的禁火区动火作业时，应事先取得保卫科的同意。

（7）加强施工现场的安全检查，对施工中发生的人身伤亡、火灾、爆炸、施工质量等事故，负责组织调查、分析，提出处理意见，报告给有关单位。

（8）完成公司领导和上级相关部门交办的其他工作。

5.10　党委办公室职责

党委办公室是在公司党委的领导下，负责组织实施党团委综合性工作的职能部门。

（1）督促检查党的路线、方针政策，党委决议的贯彻执行情况。

（2）负责党员和入党积极分子的培养、教育和考察工作，了解入党对象的全面情况，坚持党员条件；严格遵守入党程序和履行入党手续，按照积极慎重的方针，做好党员发展工作。

（3）掌握党员的分布情况，做好调整、配备党员的工作，帮助指导各基层党组织干部的配备，负责党员的组织关系接转和党费的收缴工作。

（4）加强党员教育，注意收集对党员和党员干部的意见，对违法乱纪、违反政策，弄虚作假、搞不正之风的党员进行思想、纪律教育，提出处理意见，并办理组织处理工作。

（5）健全党的组织生活，坚持“一课三会”制度，督促、检查各党支部的执行情况，充分发挥党支部的战斗堡垒作用。

（6）负责草拟整理党委工作计划、总结决议、纪要、报告等文件和文稿。

（7）负责承办以党委名义签发的文稿的初审、编码、分发存档等工作。

（8）做好机要文件和一般文件的收发、传阅、保管、整理归档和保密工作。

（9）承办党委会议的通知、记录和会务，并及时处理和催办会议决定的事项。

（10）按照党委安排，对职工进行马列主义、毛泽东思想的基本理论和邓小平建设有中国特色社会主义理论以及党的路线、方针、政策的宣传教育，坚持经常性的时事教育和政治理论学习。

（11）抓好日常的宣传教育工作，办好宣传板报、宣传橱窗、简报广播，宣传在本矿安全生产经营活动中的新人新事。

（12）贯彻“安全第一，预防为主”的安全生产方针，采取各种形式向职工宣传安全生产的重要性，增强职工安全意识，提高职工安全生产的自觉性。

（13）做好新闻采访和通讯报道工作，培养业余通讯员队伍，有目标、有重点地做好矿内外的新闻报道，积极向新闻单位选送稿件。

（14）认真执行党的干部路线和干部政策，按照干部德才兼备的原则，做好干部的管理、教育、培养、考察和监督工作，并提出培养、选拔、配备、调动干部的意见。

（15）及时办理干部的调入、调出手续和在本矿各部门之间的调配和调动手续。

（16）按时上报干部的有关报表。

（17）完成上级党委与公司领导交办的其他工作。

5.11 综合办公室职责

综合办公室是煤矿管理层的日常办事服务部门。主要职能是秘书工作、行政管理、后勤保障、督查督办、内部协调、外部联络、档案管理等。

（1）围绕煤矿各时期的中心工作和生产管理的重大问题，以及各单位提出的问题，有重点地进行调查、分析、研究，并拟定处理问题的方案，经矿长审阅批准，做好计划后执行。

（2）深入基层调查了解党的方针政策和矿务会决定事项的贯彻执行情况，收集整理矿内外各种新情况、新动态及经营管理的新思想、新观念、新经验，向领导提供决策依据，当好参谋。

（3）负责起草领导的讲话稿、发言稿、工作安排、工作报告等有关文件、材料；负责安排好矿长例会、矿办公会、中层干部例会，准备好会议要点议题和有关材料，并做好记录，形成会议纪要和文字材料。

（4）负责上级来文的拆封、分类编号、登记、传阅、归档。

（5）负责对外联系和接待工作。

（6）负责非生产用车的管理使用及矿领导办公室和会议室的卫生管理工作。

（7）做好文书档案管理工作，严格执行保密制度，管好印章。

（8）完成公司领导和上级相关部门交办的其他工作。

5.12 工会办公室职责

工会办公室是公司党委领导下的职工群众自愿参加的群众组织。主要职能是工会组织建设、劳动竞技管理、群众文体活动、职工权益维护等。

（1）积极协助有关部门对职工进行遵章守纪、科学技术和文化教育，定期召开各种会议。

（2）认真抓好矿工会和基层工会的组织和思想建设，按时收缴会费，发展新会员。

（3）积极开展劳动竞赛，搞好文体活动，活跃职工生活，做好劳动保护、退休职工的福利待遇工作。

（4）做好职工伤、病、亡的善后处理工作。

（5）深入群众，调查了解职工的意见和要求，组织开好职工代表大会。

（6）合理使用经费，各种账目要做到日清月结，及时向有关领导及部门提供有关资料和报表，认真做好上下左右的工作协作关系。

（7）完成上级工会和公司党委交办的其他工作。

5.13　纪检办公室职责

纪检办公室是党政监督监察的部门。主要职能是维护党的章程和其他党内法规，检查党的路线、方针、政策和决议的执行情况，协助党委加强党风廉政建设和组织协调反腐败工作。

（1）协助矿党委向全体党员进行党性、党风、党纪教育，搞好全矿党风、党纪建设和廉政建设。

（2）监督全矿各级党组织和全体党员执行党的纪律，执行党的路线、方针、政策。

（3）查处违反党纪的各种案件，按权限决定和取消对这些案件的处分，清除腐败分子，受理党员的申诉，保护党员的正当权利。

（4）认真接待职工群众的来信来访工作。

（5）发挥监督、检查职能，抓好党组织和党员的安全生产。

（6）完成上级纪检监察部门和公司党委交办的其他工作。

5.14　人事劳资科职责

人事劳资科是负责公司劳动用工和薪酬管理的职能部门。

（1）全面负责公司人力资源、劳动用工及社会保险管理工作，对公司各级安全生产管理机构设置及人力配备、劳动用工及社会保险等负主要监督管理责任。

（2）合理配置人员，保证公司各级安全生产管理机构的人员配置齐全、到位，满足安全生产管理需要和相关规定要求。

（3）负责职工基本社会保险，并按时缴纳保险费用。

（4）负责出勤、业绩考核。

（5）负责制定和落实人才发展规划，为公司安全生产提供人才保障。

（6）负责落实劳动用工“5个100%”的要求。

（7）负责公司人事档案、劳动用工档案、社会保险档案的管理。

（8）负责协助培训科组织本部门员工的培训教育工作，强化办公设备操作管理，严格用电管理，做好防火、防盗及保密工作。

（9）完成公司领导和上级相关部门交办的其他工作。

5.15　保卫科职责

保卫科负责全矿的安全保卫工作。

（1）在矿党支部的领导下和上级有关部门的指导下，认真贯彻执行党的路线方针、政策，依靠群众做好治安保卫工作。

（2）认真学习马列主义、毛泽东思想，学习业务知识，提高业务水平，协同有关部门对职工进行法制观念宣传教育。

（3）积极配合上级公安机关，侦破重大刑事案件，做到报案及时、准确，保护好现场，在现场勘查时，服从上级公安机关的指挥。

（4）依法侦破一般刑事等案件，在工作中做到重证据、重调查研究，实事求是、依法办事。

（5）负责民主调解，对后果严重，需追究刑事责任的民事案件，及时进行调查并提出处理意见。

（6）会同有关部门做好本单位的“四防”工作，即防特、防盗、防火、防灾害事故发生。

（7）负责确定本单位要害部门类别，负责主管部门检查工作。严格要害人员的政治审查，协作有关部门建立健全要害部位的安全防范责任制度。

（8）严厉打击刑事犯罪活动，保卫国家和人民生命、财产不受侵犯，维护和保持矿区内生产建设秩序、工作秩序及社会治安秩序，严禁打架斗殴，违者按治安管理条例处理。

（9）完成公司领导和上级相关部门交办的其他工作。

5.16 后勤服务中心职责

后勤服务中心是负责提供后勤服务的职能部门。主要职能是制定后勤服务管理办法，提供后勤服务。

（1）负责所属范围内的管理工作，加强对本科室员工的安全教育和技术培训工作，不断提高员工安全工作的意识。

（2）负责做好员工的生活福利和“两堂一舍”工作，保证员工吃好、住好、休息好，从而促进安全生产。

（3）负责员工住宅内的管道维修，做好防毒、防寒、防暑等工作，保证员工生命财产安全。

（4）负责做好公司园区的卫生保洁工作，为公司员工创造舒适的工作和生活环境。

（5）负责做好公司员工的生活，负责办公用品的管理和发放工作，确保公司各项工作顺利进行。

（6）负责矿井灾害事故抢救过程中的后勤保障工作。

（7）组织参加本职范围内的事故调查、分析、处理工作。

（8）积极排查本职范围内的安全事故隐患。

（9）完成公司领导和上级相关部门交办的其他工作。

5.17 财务科职责

财务科是负责公司财务工作管理、核算、监督的职能部门。

（1）认真贯彻执行党和国家财政方针政策，维护财经纪律，负责全矿资金运用，监督财务开支，管理成本核算。

（2）负责编制年、季、月的财务、成本、信贷计划，并经常检查和组织执行。

（3）按时编制全矿财务、成本结算，及时正确地填写财务报表。

（4）协同有关部门制定材料、库存金额，审定流动资金定额，组织资金合理使用，加速资金周转。

（5）负责会计凭证的编制，及时登记有关财务成本账簿，保证会计账、表正确完整。

（6）及时清理债权、债务，按时上缴利税。

（7）核算全矿的固定资产，使用和转让及时办理会计手续，协同机电科、总务科管好固定资产。

（8）负责全矿工资发放、出纳现金、有价证券的保管工作。

（9）负责指导各队组的核算工作，做好经济活动分析。

（10）参与财务管理工作，督促及时处理呆滞和积压物资。

（11）完成公司领导和上级相关部门交办的其他工作。

5.18　供应科职责

供应科负责对公司所需材料、物资等进行采购、供应的管理。

（1）必须认真贯彻执行党和国家关于物资方面的各项方针和政策，遵守法纪，做好物资管理工作。

（2）材料采购必须有计划，临时和急用的必须经分管领导和主管领导批准后方可供应。

（3）凡属供应科职责范围材料的购入任何科室和个人不得擅自购买，没有入库凭证，购物不予报账。

（4）在采购材料时应就近组织货源，不得舍近求远，应价格低、质量好，不得以次充好，以假冒真，谋取私利。

（5）供应科各个岗位的工作人员，应根据自己担负的工作要及时准确地报出各种报表，做到账物相符、账账相符。

（6）各科室根据本科需要，所用材料报出需用计划，经领导批准后报供应科和财务科，然后由供应科组织货源。

（7）科室领料时，要填写领料单，写名称和用途，经批准后发放。

（8）用料单位所剩材料要及时办理退料手续，填写退料单。

（9）仓库管理人员对库存的一切物资负有直接责任，创造条件，逐步使自己管辖的仓库达到“六化、四清、四无、四全、四相符”。

（10）执行验收制度，物资入库要严格入库手续，如实点清货物。

（11）保管员不准擅自外借和领发货物，违者严处。

（12）做好木料场、锚杆组和火药库的管理工作，保证安全。

（13）完成公司领导和上级相关部门交办的其他工作。

5.19　销售科职责

销售科是负责煤炭销售管理的职能部门。

（1）认真执行国家关于煤炭销售的方针政策和本矿的规章制度，做好煤炭外销工作。

（2）负责全矿煤炭的铁路外销、地销、自用、煤场积存煤管理等工作，及时向矿领导、矿有关部门和上级部门汇报煤炭销售情况。

（3）负责与用户联系，完善合同管理、计划报批工作。

（4）经常征求用户意见，不断改进工作，赢得市场，占领市场。

（5）负责与车站的业务联系，做好请车、要车、装车、计量、记账等工作。

（6）负责专用线的维修、保养和安全行车工作。

（7）按合同与财务科共同负责煤款的结算工作，及时向财务科报批登记。

（8）组织制定煤炭销售计划，掌握市场动态，增强销售风险防范意识。

（9）完成公司领导和上级相关部门交办的其他工作。

5.20　综采队职责

综采队负责煤矿的采煤作业，完成各项生产经营计划和经济指标。

（1）贯彻执行有关煤矿的安全生产法律、法规、公司安全生产规章制度。

（2）负责工作面、顺槽以及应管的其他地方（含所管地面主井生产系统、井底装载硐室、清洒斜巷等）的安全生产；对采煤工作面的回采安全工作负直接责任。

（3）负责回采工作各工序以及所管范围各类机电设备的开动、维护、检修、更新、拆除、改进、制作、试运转（含支架、机组、刮板输送机、转载机、带式输送机、移动变电站、装载室设备、清洒系统设备、地面生产系统（设备））。

（4）负责所管范围内一切喷雾装置、供、排水、洒水系统、轨道运输系统、带式输送机运输系统的使用、管理、维护；负责“三大规程”的学习、考核，并落实到现场。

（5）负责所管范围内的文明生产、责任区划定的清洁卫生；负责两巷的工字钢及工作面有关支护材料等的回收工作。

（6）所有的机电设备及一切必需配件、原材料均自领、自装、自运、自卸、自交。

（7）坚持“安全第一，预防为主，综合治理”的安全生产方针，建立健全各岗位人员安全生产责任制、操作规程并组织实施。

（8）坚持开展安全生产教育活动，加强对分管范围内安全设施和通防设施的管理，处理危及安全的隐患，杜绝“三违”现象，实现安全生产。

（9）按照采煤安全生产标准化要求，加强工作面工程的安全质量管理，确保工作面实现动态达标。

（10）强化对综采设备的管理，严格执行“四检”制度，确保设备检修质量，并认真执行设备检修的安全技术措施。

（11）加强对两巷超前支护用品的使用和管理，其数量（在用、备用）、质量、使用及存放必须符合作业规程的要求和顶板控制规定。

（12）加强矿压监测，杜绝顶板事故。

（13）加强对设备检修及规范操作的指导，确保员工严格按本岗位工种操作规程的规定进行操作。

（14）做好工作面范围内“一通三防”、监测监控、水患治理等工作，确保相关设施齐全、完好、可靠。

（15）完成公司领导和上级相关部门交办的其他工作。

5.21 掘进队职责

掘进队负责煤矿掘进的管理工作。

（1）认真贯彻执行有关安全生产的法律、法规及公司的安全生产规章制度。

（2）负责综掘工作面的安全施工，负责顺槽内主、副带式输送机的机电设备、供排水、洒水系统、运输系统的管理、维护和定期检查。

（3）负责按作业规程要求进行掘进施工，按标准化要求达标，机电设备管理达要求。

（4）负责所管范围的文明生产和清洁卫生。

（5）所有机电设备及一切必需配件、材料均自领、自装、自运、自卸、自交。

（6）对掘进工作面的掘进安全工作负直接责任。

（7）坚持“安全第一，预防为主，综合治理”的安全生产方针，建立健全各岗位人员安全生产责任制、操作规程并组织实施。

（8）坚持开展安全生产教育活动，加强对分管范围内安全设施和通防设施的管理，处理危及安全的隐患，杜绝“三违”现象，实现安全生产。

（9）按照掘进专业安全生产标准化要求，加强对工作面工程的安全质量管理，确保工作面实现动态达标。

（10）强化对掘进设备的管理，严格执行“四检”制度，确保设备检修质量，检修中认真执行设备检修的安全技术措施。

（11）加强对掘进巷道支护用品的使用和管理，其数量、质量、使用及存放必须符合作业规程要求和顶板控制规定，加强矿压监测，杜绝顶板事故。

（12）加强对设备规范操作的指导，确保员工严格按本岗位工种操作规程的规定进行操作。

（13）完成公司领导和上级相关部门交办的其他工作。

5.22　机电机运队职责

机电机运队负责煤矿机电设备维修、井下照明设备安装和维修，以及带式输送机运输管理。

（1）负责主车房、副车房、配电室、主要通风机房、井下中央变电所、水泵房设备的运行管理、日常维护检查、定期检修保养。

（2）负责对主副井的罐道梁、罐道、钢丝绳、井架、天轮、安全提升容器、井上下摇台等主副提升系统的所有机电设备及设置进行定期检查、定期保养和日常维护。

（3）负责副井上下信号的管理；负责灯房的管理，矿灯的发放和维修。

（4）负责按机电管理标准，搞好标准化建设。

（5）负责分管范围的机房、硐室及责任区的文明生产、卫生清洁。

（6）负责轨道大巷及车场的照明灯安装、维护、管理工作。

（7）所有机电设备及一切必备的配件、材料、工具在场区内均自领、自装、自运、自卸、自交、自管。

（8）对供电、提升、主要通风机通风等设备的安全管理工作负直接责任。

（9）坚持“安全第一，预防为主，综合治理”的安全生产方针，建立健全本队安全生产管理制度、安全生产责任制、操作规程，并组织实施。

（10）认真履行与公司签约的“安全目标责任书”，严格执行“三书一合同”管理制度，做好分解、落实、考核工作。

（11）落实安全措施项目计划，做好机电设备的更新改造与各项安全保护装置、安全设施的完善、健全，确保设备、设施安全完好，完成安全措施项目计划，发挥安全措施的保障作用。

（12）强化对机电设备、设施的管理。严格执行“四检”制度，确保设施检修质量符合《煤矿矿井机电设备完好标准》《煤矿机电设备检修质量标准》的规定，确保设备安全完好和正常运行。

（13）严格执行公司“安全检查和隐患排查治理制度”，按区域划分安全检查、事故隐患排查治理责任区，明确责任人、明确职责、明确考核指标，动态做好督查执行情况。

（14）制定机电安全生产标准化的中长期规划工作，做好分解、落实与考核，做好动态达标升级。

（15）做好阶段性、季节性安全生产管理工作，做好“雨季三防”工作。

（16）发生事故立即如实报告，并积极组织抢救，参加协助事故调查、分析，落实整改与防范措施。

（17）在矿井停复产、设备检修、工程安装、技术改造及相关的检测、测定试验等工作时，都必须有可靠的安全技术措施或作业规程，并督查现场执行情况。

（18）积极推广应用新技术、新设备和先进的安全管理工作经验，提高设备的安全性、可靠性，不断改善作业环境。

（19）完成公司领导和上级相关部门交办的其他工作。

5.23　机修厂职责

机修厂负责煤矿设备备件加工，备件修复，电机、电气设备维修等工作。

（1）负责生产用非标件的加工制作，矿车、工字钢棚的制作工作。

（2）加强班组管理，保质、保量完成生产任务。

（3）负责回收支护材料及有关机工件的整形工作。

（4）按生产计划和调度会议安排，完成有关的生产任务和临时任务。

（5）负责所管设备的日常检查、维护管理工作。

（6）做好现场管理和工房内外责任区的清洁卫生工作。

（7）做好生产服务，逐步提高制作加工、维修的能力。

（8）负责组织制定本厂设备设施的检修、保养制度及工作计划，确保设备设施的安全装置完好、齐全、有效、可靠。

（9）抓好全厂的安全生产工作，做好隐患排查治理。

（10）对本厂发生的机电设备事故，及时组织人员分析，查明事故原因及责任者，提出处理意见及防范措施，杜绝类似事故。

（11）推动技术革新，积极推广新技术、新材料、新工艺、新设备的应用工作，提高设备设施的升级改造水平与安全可靠性。

（12）完成公司领导和上级相关部门交办的其他工作。

5.24 选煤厂职责

选煤厂负责将原煤中的杂质剔除，把优质煤和劣质煤进行分类等工作。

（1）认真贯彻执行党和国家的安全生产方针、政策、法规和公司的安全管理规章制度。

（2）对重介车间及动筛车间的选煤安全工作负直接责任。

（3）建立健全各项安全生产规章制度及各工种安全操作规程，加强员工安全技术培训，提高员工的安全生产意识和自主保安意识。

（4）组织制定本厂设备设施的检修和保养制度及工作计划，确保设备设施的安全保护装置和安全防护装置完好、齐全、有效、可靠。

（5）坚持开展安全生产教育活动，加强对分管范围内安全设施和防护设施的管理，处理危及安全的隐患，杜绝“三违”现象，实现安全生产。

（6）加强选煤厂技术管理，保证产品质量。

（7）严格执行公司“安全检查和隐患排查治理制度”，按区域划分安全检查和事故隐患排查治理责任区，明确责任人、明确职责、明确考核指标，动态做好督查执行情况。

（8）听取员工对修理工作提出的意见和建议，不断提高管理水平。

（9）对本厂发生的机电设备事故，及时组织人员分析，查明事故原因及责任者，提出处理意见及防范措施，杜绝类似事故。

（10）积极推广和应用新技术、新材料、新工艺、新设备，不断改善作业环境，预防和控制工伤事故、设备事故与职业病。

（11）完成公司领导和上级相关部门交办的其他工作。

5.25 瓦斯抽采队职责

瓦斯抽采队负责矿井瓦斯抽采钻孔工程、抽采管路工程施工，抽采系统管理、维护，瓦斯抽采参数测定等工作。

（1）认真贯彻执行党的安全生产方针和法律、法规、指令，严格按照“三大规程”和“瓦斯抽采达标标准”要求，做好矿井瓦斯抽采工作。

（2）负责地面瓦斯泵站及抽采系统的管理工作，确保矿井瓦斯抽采系统稳定、合理、可靠，保证井下各地点抽采正常。

(3) 负责对井下瓦斯抽采管路及相关附属设施的安装、维护及撤除工作，确保瓦斯抽采设施质量符合要求。

(4) 负责对瓦斯抽采钻孔施工及封孔设备的维护、保养，确保正常使用。

(5) 负责井下瓦斯抽采钻孔的施工、封孔、连抽及撤除工作。

(6) 按规定定期对矿井瓦斯抽采系统各地点抽采数据进行观测、分析工作。

(7) 积极推广新技术、新工艺、新装备和先进的安全管理工作经验。不断改善作业环境，以控制工伤事故、设备事故与职业病的发生。

(8) 坚持开展安全生产教育活动，加强对分管范围内安全设施和通防设施的管理，处理危及安全的隐患，杜绝“三违”现象，实现安全生产。

(9) 按照瓦斯抽采安全生产标准化要求，加强抽采工程的安全质量管理，确保抽采工程实现动态达标。

(10) 完成公司领导和上级相关部门交办的其他工作。

5.26　探放水队职责

(1) 在矿长、总工程师、防治水副总工程师的领导下，严格执行《煤矿安全规程》《煤矿防治水细则》相关规定，坚持“预测预报、有掘必探、先探后掘、先治后采”的防治水方针，做好探放水工作。

(2) 负责全矿采掘工作面探放水作业，能够及时保质保量地完成各项工作任务。

(3) 严格按照探放水设计施工探放水钻孔，保证“探掘分离、有掘必探、钻探留痕、有痕掘进、班班确认”在工作面现场的实施。

(4) 负责对矿井探明的地质构造（含断层、陷落柱等）进行预前探水工作。

(5) 负责编制和报审探放水作业规程和安全技术措施，并认真执行。

(6) 按要求做好探放水钻探设备现场管理。

(7) 负责探放水设备及材料的计划、管理、使用和更新维护保养工作。

(8) 完成领导交给的各项临时任务。

第4篇　责任体系

1　企业安全生产主体责任二十条

（1）建立健全本单位安全生产责任制，有明确的安全生产责任分工，签订安全生产目标责任书。

（2）依法建立健全安全生产管理机构或者配备专（兼）职安全生产（职业健康）管理人员，建立由本单位主要负责人担任主任的安全生产委员会，按规定及时召开安全生产委员会会议。

（3）持续具备国家法律法规和《山西省安全生产条例》第12条规定的安全生产条件。

（4）根据《山西省安全生产条例》第13条规定，及时建立健全并更新安全生产管理制度。

（5）按照规定足额提取并规范使用安全费用，保证资金投入满足安全生产需要。

（6）组织从业人员参加安全生产和职业健康教育培训，并如实记录教育培训情况，确保从业人员培训合格并持证上岗。

（7）如实告知从业人员作业场所和工作岗位存在的危险因素、防范措施及事故应急措施。

（8）为从业人员提供符合国家标准或者行业标准的劳动保护用品，并监督和教育从业人员正确佩戴和使用。

（9）对存在职业危害因素的场所定期进行职业病危害检测；建立从业人员职业健康档案，对接触职业危害因素的从业人员按规定进行职业健康检查。

（10）对重大危险源实施有效的检测和监控，严格落实作业标准、操作规程、工艺指标和管理制度。

（11）定期对安全（职业病防护）设施、设备进行检测检验和经常性维护保养，按规定限期淘汰落后的生产工艺和技术装备。

（12）制定并及时更新生产安全事故应急救援预案，开展经常性的应急预案演练和人员避险自救演练。

（13）加强安全生产风险管控，在醒目位置设置安全风险公示栏、告知卡，对新、改、扩建项目实行重大安全风险“一票否决”。

（14）加强安全管理（制度落实）和安全检查，及时排查治理安全事故隐患，对重大隐患实行挂牌督办，并及时将重大隐患治理情况报告负有安全生产监督管理职责的部门和企业职代会。

（15）组织危险作业时，应当严格执行危险作业管理制度，加强作业现场安全管理，开展危害识别和风险评估，按照操作规程和作业方案进行作业。

（16）依法参加工伤保险与安全生产责任保险。

（17）按规定上报生产安全事故，积极做好事故抢险救援，妥善处理事故善后事宜。

（18）依法履行建设项目安全设施和职业病防护设施“三同时”规定，统一协调管理承包单位、承租单位的安全生产工作。

（19）积极组织开展安全生产法律法规宣传活动和安全生产标准化、安全文化示范企业创建工作。

（20）法律法规规定的其他安全生产责任。

2 安全生产责任制编制模板

编制过程：先根据相关制度要求及本岗位实际编制岗位职责，再对应每项职责确定对应的安全责任。

下面以安全检查员安全生产责任制编制进行实例说明。

2.1 编制岗位职责（岗位责任制）

第一部分：掌握岗位知识职责

（1）全面了解矿井各项安全管理制度基本要求。

（2）掌握采煤、掘进、通风、机电、提升、运输、地质等方面的安全管理要求。

（3）熟悉矿井各种灾害预防知识、避灾路线及应急救援知识。

第二部分：持证上岗职责

（4）按规定参加培训，取得特种作业人员操作资格证。

（5）持有效特种作业人员操作资格证上岗。

第三部分：巡查和处理职责

（6）负责对本人所分管区域的顶板、通风、通信、排水、供电、运输等各项安全风险管控措施的落实状况进行安全巡查。

（7）检查各队组及人员执行《煤矿安全规程》、作业规程、操作规程及安全管理制度等情况，及时查处“三违”行为。

（8）与跟班队干、班组长、验收员一起巡检，确认安全后，共同填写“四位一体牌”，同意所巡检区域生产或检修。

（9）钻探结束后，与地测防治水科、探水队队干一起进行现场验收确认；掘进施工前，与掘进队干对超前钻孔进行核实确认。

第四部分：汇报职责

（10）对不符合要求的项目或存在的安全隐患，负责督促当班处理，并及时向调度中心汇报。

第五部分：避险职责

（11）班中接到报警或发生事故预兆时，负责立即组织作业人员撤出，并迅速向调度中心汇报。

第六部分：交接班职责

（12）严格执行交接班制度。

第七部分：记录职责

（13）升井后，及时将本班情况填入相关台账或记录。

（14）矿井制度赋予的其他责任。

2.2 确定每项职责对应的安全生产责任

第一部分：掌握专业知识职责对应的安全责任

（1）全面了解矿井各项安全管理制度基本要求，掌握各专业的安全管理要求，督促检查各岗位贯彻落实情况，不违反劳动纪律，不违章指挥，不违章作业。

第二部分：持证上岗职责对应的安全责任

（2）持证上岗，自觉接受监督，服从管理。

第三部分：巡查和处理职责对应的安全责任

（3）及时发现所分管区域的顶板、通风、通信、排水、供电、运输等各项安全风险管控措施落实状况，并督促相关人员及时整改存在的问题，对安全重点管控区域进行重点盯守，确保各设备、设施正常运行。

（4）巡回检查各队组人员执行《煤矿安全规程》、作业规程、操作规程及安全管理制度等的情况，及时制止“三违”行为，对所分管区域的人员安全负责，督促各岗位人员正确操作。

（5）认真填写“四位一体牌”，对填写的内容负责，保证生产或检修区域符合相关要求。

（6）对工作面的探放水工作进行现场验收确认，督促工作面探放水工作符合设计及探掘分离、见痕掘进等要求。

第四部分：汇报职责对应的安全责任

（7）随时向调度中心汇报现场不符合要求的项目或存在的安全隐患，确保及时、准确、全面。

第五部分：避险职责对应的安全责任

（8）班中接到报警或发生事故预兆时，负责立即组织作业人员撤出，并迅速向调度中心汇报。

第六部分：交接班职责对应的安全责任

（9）认真进行交接班，确保对班中各环节的运转情况特别是不正常的情况或存在的问题向接班安全员交代清楚。

第七部分：记录职责对应的安全责任

（10）升井后，及时将本班情况填入相关台账，确保填写及时，内容全面。

（11）矿井制度赋予的其他职责对应的安全责任。

2.3 形成安全生产责任制

（1）全面了解矿井各项安全管理制度基本要求，掌握各专业的安全管理要求，督促检查各岗位贯彻落实情况，不违反劳动纪律，不违章指挥，不违章作业。

（2）持证上岗，自觉接受监督，服从管理。

（3）及时发现所分管区域的顶板、通风、通信、排水、供电、运输等各项安全风险管控措施落实状况，并督促相关人员及时整改存在的问题，对安全重点管控区域进行重点盯守，确保各设备、设施正常运行。

（4）巡回检查各队组及人员执行《煤矿安全规程》、作业规程、操作规程及安全管理制度等的情况，及时制止“三违”行为，对所分管区域的人员安全负责，督促各岗位人员正确操作。

（5）认真填写“四位一体牌”，对填写的内容负责，保证同意的生产或检修区域符合相关要求。

（6）对工作面的探放水工作进行现场验收确认，督促工作面探放水工作符合设计及探掘分离、见痕掘进等要求。

（7）随时向调度中心汇报现场不符合要求的项目或存在的安全隐患，确保及时、准确、全面。

（8）班中接到报警或发生事故预兆时，负责立即组织作业人员撤出，并迅速向调度中心汇报。

（9）认真进行交接班，确保对班中各环节的运转情况特别是不正常的情况或存在的问题向接班安全员交代清楚。

（10）升井后，及时将本班情况填入相关台账，确保填写及时，内容全面。

3　二级公司领导安全生产责任制

3.1　党委书记、执行董事安全生产责任制

(1) 认真贯彻执行党和国家的安全生产方针、政策、法律、法规及各级政府部门、集团公司制定的安全生产管理制度、规定、标准，结合工作实际，负责组织建立和完善公司分管业务范围内的安全生产责任制度和相关安全生产管理制度、规定等，并严格监督，督促执行。

(2) 主持党委全面工作，对公司安全生产工作负领导责任。

(3) 合理分解、分配本单位安全生产管理职能，组织建立健全和批准本公司的安全生产责任制度及安全生产规章制度，并督促、检查执行情况。

(4) 建立健全本单位的安全生产管理机构，按规定配备安全生产、技术等管理人员，提高安全管理的组织保障能力，确保公司各生产经营单位具备安全生产法律、法规、标准、规范等规定的安全生产条件，并不断加强和持续改善。

(5) 定期督促分管领导、管理层检查落实安全工作。

(6) 负责公司企业文化建设，积极探索和组织开展适应公司特点和时代要求的安全文化建设途径，倡导和培育先进的安全生产理念，积极组织营造安全文化氛围，建设和培育安全文化。

(7) 按“一岗双责、党政同责”的要求，把安全工作纳入党的建设、精神文明建设和思想政治工作中，为安全工作提供重要的思想和组织保证。

(8) 负责领导组织各部门（工会、纪检、党政）积极开展有关安全活动。

(9) 把安全工作列入党委重要议事日程，研究制定企业的安全生产发展战略规划，监督国家有关安全生产的法律、法规和集团、二级公司安全生产有关规定的执行情况。

(10) 参与安全生产重大问题的决策、实施，对各级党组织安全工作实施情况进行督导。

(11) 如实、及时地上报本公司的生产安全事故，按权限组织或参与指挥重大事故的抢险救援工作，做好事故的调查分析与处理工作。

(12) 负责相关安全活动（如技术比武、安全知识竞赛等）协调与领导工作。

3.2　公司经理安全生产责任制

(1) 公司经理是安全生产工作的第一责任人，对全公司的安全生产工作和劳动保护负全面领导和管理责任，带领公司全体干部职工履行本企业全部安全生产职责。

(2) 认真贯彻执行党和国家的安全生产方针、政策、法律、法规、标准、规范及各级政府部门、集团公司制定的安全生产管理制度、规定等。

(3) 负责定期组织召开安全专题会议、安全办公会议，研究决定安全生产重大事项，包括安全资金投入、安全培训、重大隐患的排查治理等。

(4) 定期督促分管领导、管理层检查落实安全工作。

(5) 定期向上一级机关、集团公司汇报安全生产工作，定期向职工代表大会报告安全生产工作，接受职工对安全工作的监督。

(6) 负责安排督促和检查各煤矿企业，按规定管理和使用好安全生产专项资金，确保公司安全投入到位，不断改善员工的生产劳动条件。

（7）组织安排落实安全生产隐患的排查、监督活动，及时消除生产安全事故隐患，负责督导重大安全问题、重大隐患处理、治理过程。

（8）负责组织建立公司的安全教育培训体系，组织制定公司的安全生产教育和培训计划，督促相关部门、人员落实计划，不断提高公司员工的安全思想意识、安全生产技能，确保员工培训合格，持证上岗。

（9）组织安排推广和应用安全生产新技术、新装备、新工艺。

（10）依法参加各类社会保险，保障职工的职业卫生与安全生产方面的合法权益。

（11）负责组织建立公司的应急体系，组织制定公司生产安全事故应急救援预案，并督促落实。

（12）如实、及时地上报本公司的生产安全事故，按权限组织或参与指挥重大事故的抢险救援工作，做好事故的调查分析与处理工作。

（13）按权限主持和安排事故的调查、分析和处理工作，按权限审定企业内部的安全生产奖惩条例、细则。

（14）积极推广应用安全生产方面的新技术、新材料、新工艺、新设备等，积极推进安全生产技术进步。

（15）主持本公司安全生产委员会工作。

3.3　分管安全副总经理安全生产责任制

（1）在党委书记、执行董事、经理领导下，按照安全格局的安全定位，负责公司安全生产监督管理工作。

（2）认真贯彻执行党和国家的安全生产方针、政策、法律、法规及各级政府部门、集团公司制定的安全生产管理制度、规定、标准，结合工作实际，负责组织建立和完善公司分管业务范围内的安全生产责任制度和相关安全生产管理制度、规定等，并严格监督执行。

（3）直接领导安全管理部门，开展安全监督管理工作，负责组织建立健全各项安全管理制度，并严格监督执行。

（4）负责组织编制公司安全发展规划和年度安全工作计划，负责组织制定公司安全管理目标和安全管控指标计划。

（5）负责组织和管理安全生产标准化工作，组织安全生产等部门编制和完善安全生产标准化检查考核办法等，并组织安排检查验收工作。

（6）负责组织安排安全办公会议、安全例会、安全专题会议，对提出的重大问题和会议决定，负责组织制定整改措施和方案，并督导落实。

（7）负责定期组织安全大检查工作，负责安排不定期和其他形式的安全检查活动，及时查处和督促整改安全生产中存在的问题。

（8）负责组织安排和指导事故应急救援预案的编制工作。

（9）负责组织安排安全管理相关规定、管理标准的制定，不断规范监督管理行为，推进安全发展。

（10）注意关注安全生产的重点、难点、薄弱环节，尤其是5个关键点，及时发现安全问题和隐患，督促相关业务部门和分管总经理落实整改措施。

（11）负责监督和组织安排地面非煤单位、企业的主要安全工作，督促分管领导强化安全管控措施。

（12）负责公司安全教育培训工作，不断强化管理，开展好安全培训工作，推进全员安全素质提升。

（13）负责组织建立公司职业安全健康管理制度，并积极推进体系建设，落实劳动保护措施，保障员工的身心健康，减少职业危害。

（14）坚持深入基层，深入现场一线，进行监督检查和对重点安全问题的深入调查研究，积极会同相关技术人员研究安全对策，解决安全生产中存在的突出问题。

（15）积极组织推进安全模式建设，不断建立和完善安全生产六大体系，强化预控管理措施。

（16）对公司发生的较大事故，按应急预案要求亲临事故现场，在总指挥的领导下，积极参与指挥抢险救援工作，并及时做好事故的调查、处理和上报工作。

（17）负责组织审查公司和各单位应急救援预案，参与矿井重大灾害预防处理计划、重大灾害治理安全技术措施、安全专篇设计的审查工作。

（18）在总经理和书记的领导下，负责协助相关领导，积极组织开展安全文化建设工作，努力创建特色安全文化。

（19）负责组织公司安全奖惩制度、安全抵押制度及实施办法、细则的制定和落实工作。

（20）负责抓好分管部门、单位的安全工作。

3.4　总会计师安全生产责任制

（1）在党委书记、执行董事、经理领导下，按照“一岗双责”和“谁主管，谁负责”的责权原则，对分管范围的安全生产工作负责。

（2）认真贯彻执行党和国家的安全生产方针、政策、法律、法规及各级政府部门、集团公司制定的安全生产管理制度、规定、标准，结合工作实际，负责组织建立和完善公司分管业务范围内的安全生产责任制度和相关安全生产管理制度、规定等，并严格监督执行。

（3）按照有关规定，结合公司实际负责组织建立和健全安全专项费用的提取、使用管理实施办法和监督管理工作，负责及时准确地审查财务报表，保证安全投入到位，处理好安全、生产效益的关系。

（4）负责对安全工程经费的审核、审批工作，负责安全资金投入使用过程中的监督检查，经常深入基层单位，调查研究安技措项目资金管理，帮助解决相关问题。

（5）参与研判公司的经营方案、投资方案、年度生产经营计划，负责检查和落实职业安全卫生健康的资金计划，确保建设工程贯彻“三同时”。

（6）负责安全风险抵押制度的审定，并负责按考核结果，落实安全抵押金的兑现。

（7）按时参加公司组织的安全例会和有关安全工作，负责组织分管部门、单位召开相关安全会议，落实公司安全要求。

（8）负责抓好分管业务部门的安全工作。

（9）积极配合其他领导抓好安全工作。

3.5　分管销售贸易副经理安全生产责任制

（1）必须走中国特色社会主义道路，必须弘扬以爱国主义为核心的民族精神，必须凝聚中国各族人民大团结的力量，严格落实一岗双责，在做好岗位职责范围内的工作任务的同时落实安全生产责任。

（2）在党委书记、执行董事、经理的领导下，按照“一岗双责”和“谁主管，谁负责”的责权原则，负责公司销售贸易板块管理工作，对销售贸易板块的储、装、运安全工作负全面责任。

（3）认真贯彻执行党和国家的安全生产方针、政策、法律、法规及各级政府部门，集团公司制定的安全生产管理制度、规定、标准，结合工作实际，负责组织建立和完善公司分管业务范围内的安全生产责任制度和相关安全生产管理制度、规定等，并严格监督执行。

（4）负责组织健全销售贸易板块内安全管理组织机构，负责组织编制分管业务范围和分管部门的安全生产责任制和相关安全管理制度，建立完善安全责任体系，并监督检查贯彻执行情况，及时解决存在问题。

（5）负责领导和组织分管业务部门开展系统内的各项安全监督检查、自查活动，包括定期和不定期的安全检查。

（6）负责按专业安全委员会职责组织召开系统内的安全例会，安全办公会议，研究解决本系统内的安全重大事项和问题。

（7）负责组织领导本系统内的安全教育和安全技术培训工作，负责领导安排相关安全总结和考核工作，负责安排组织和审定本系统的安全工作计划和上报计划。

（8）坚持深入基层，深入现场进行调查研究，及时发现安全问题，针对安全问题和隐患，组织制定落实整改措施。

（9）认真贯彻执行公司阶段安全工作安排，按时参加公司召开的安全办公例会和有关安全工作会议，组织落实安排好有关工作，提出合理化建议和意见。

（10）负责领导和管理分管业务范围的防火、防盗、“雨季三防”、用电、交通等安全工作。

（11）参与本系统重大事故的现场指导抢险救灾工作，负责组织事故的调查、分析、处理。

（12）积极组织分管部门参与公司组织的安全培训、技术比武等安全活动。

（13）积极配合其他领导抓好安全工作。

3.6 分管后勤副总经理安全生产责任制

（1）在党委书记、执行董事、经理领导下，负责公司机关、直属公司后勤工作的安全管理，负责对所属分公司、企业、单位的后勤管理工作安全情况进行监管，对后勤系统安全工作负全面责任。

（2）认真贯彻执行党和国家的安全生产方针、政策、法律、法规及各级政府部门、集团公司制定的安全生产管理制度、规定、标准，结合工作实际，负责组织建立和完善公司分管业务范围内的安全生产责任制度和相关安全生产管理制度、规定等，并严格监督，督促执行。

（3）负责编制分管业务范围内的各部门、岗位安全生产责任制和相关安全管理制度（制度包括：食堂液化气、用电安全、食品安全、作业安全；供热、供水、供暖安全；电梯使用安全；消防管理安全；饮水机、空调使用管理等细化的安全制度和细则等），并监督执行。

（4）负责监管后勤各系统、企业后勤安全工作，负责组织安排采取定期和不定期的方法，经常进行系统内的安全监督检查工作，及时发现并督促对安全隐患的整改。

（5）坚持深入基层，深入现场进行调查研究，及时发现安全问题，针对安全问题和隐患，组织制定落实整改措施。

（6）认真贯彻执行公司阶段安全工作安排，按时参加公司召开的安全办公例会和有关安全工作会议，组织落实安排好有关工作，提出合理化建议和意见。

（7）参与本系统重大事故的现场指导抢险救灾工作，负责组织事故的调查、分析、处理。

（8）积极组织分管部门参与公司组织的安全培训、技术比武等安全活动。

（9）积极配合其他领导抓好安全工作。

3.7 分管多元产业副总经理安全生产责任制

（1）在党委书记、执行董事、经理领导下，按照“一岗双责”和“谁主管，谁负责”的责权原则，负责公司多元产业板块管理工作，对多元板块的生产建设企业、酒店宾馆服务产业等的安全工作负全面责任。

（2）认真贯彻执行党和国家的安全生产方针、政策、法律、法规及各级政府部门、集团公司制定的安全生产管理制度、规定、标准，结合工作实际，负责组织建立和完善公司分管业务范围内的安全生产责任制度和相关安全生产管理制度、规定等，并严格监督执行。

（3）负责组织健全多元产业板块内安全管理组织机构，负责组织编制分管业务范围和分管部门的安全生产责任制和相关安全管理制度，建立完善安全责任体系，并监督检查执行情况，及时解决存在的问题。

（4）负责领导和组织分管业务部门开展系统内的各项安全监督检查、自查活动，包括定期和不定期的安全检查。

（5）负责按专业安全委员会职责组织召开系统内的安全例会、安全办公会议，研究解决本系统内的安全重大事项和问题。

（6）负责组织领导本系统内的安全教育和安全技术培训工作，负责领导安排相关安全总结和考核工作，负责安排组织和审定本系统的安全工作计划和上报计划。

（7）坚持深入基层，深入现场进行调查研究，及时发现安全问题，针对安全问题和隐患，组织判定落实整改措施。

（8）认真贯彻执行公司阶段安全工作安排，按时参加公司召开的安全办公例会和有关安全工作会议，组织落实安排好有关工作，提出合理化建议和意见。

（9）负责领导和管理分管业务范围的防火、防盗、“雨季三防”、用电、交通等安全工作。

（10）参与本系统重大事故的现场指导抢险救灾工作，负责组织事故的调查、分析、处理。

（11）积极组织分管部门参与公司组织的安全培训、技术比武等安全活动。

（12）积极配合其他领导抓好安全工作。

3.8　工会主席安全生产责任制

（1）认真贯彻执行党的安全生产和劳动保护的方针、政策，积极落实上级工会以及集团公司党政部门有关安全生产的决定和要求。

（2）发动二级公司职工以主人翁精神参与安全管理，为安全生产献计献策；同时组织好群众安全监督工作，及时反映广大职工在安全生产上的意见、建议和要求，建立安全生产命运共同体。

（3）领导组织群众安全网员和家属安全帮教工作，并定期进行检查、总结。

（4）组织职工和家属开展多种形式的安全竞赛、技术比武等活动；总结、交流、推广职工安全生产经验，开展丰富多彩的安全帮教和安全文体活动、安全知识演讲等，不断提高职工的安全意识。

（5）掌握和了解安全生产动态，督促有关部门及时解决安全生产和劳动保护问题。

（6）维护职工的合法权益，组织履行职工在安全上的各项权利。

（7）协助安全教育部门做好职工安全教育、安全技术培训工作。

（8）参与较大伤亡事故的追查、分析、处理工作。

（9）负责组织和协调相关部门进行事故的善后处理工作。

（10）积极配合其他领导抓好安全工作。

3.9　党委副书记、纪委书记安全生产责任制

（1）在党委书记、执行董事、经理领导下，按照“一岗双责”和“谁主管，谁负责”的责权原则，对分管范围的安全工作负责。

（2）认真宣传贯彻党和国家的安全生产方针、政策、法律、法规及各级政府部门、集团公司制定的安全生产管理制度、规定等。

（3）参与公司重大安全生产问题、事项的决策，对安全工作提出合理化建议和意见。

（4）协助党委书记做好抓党建促安全和安全宣传教育等各项工作。

（5）负责协助书记抓好公司的安全文化建设工作。

（6）经常深入基层，调查研究，对公司重大安全决策情况有权监督、检查和落实，并及时向公司安委会反映问题。

（7）负责对严重违反安全规定行为的人员，结合纪检监督要求，进行相关处理。

（8）及时掌握基层员工的思想动态，组织相关部门、人员做好职工的思想稳定工作，促进安全生产。

（9）参与重大事故现场指挥工作和事故调查、分析、处理，并协助做好事故善后工作。

（10）负责抓好分管部门的安全工作。

（11）积极配合其他领导抓好安全工作。

3.10　分管生产副总经理安全生产责任制

（1）在党委书记、执行董事、经理领导下，负责公司的煤矿生产管理工作，并按照“一岗双责”和“谁主管，谁负责”的责权原则，对分管范围业务工作的安全工作负责。

（2）认真贯彻执行党和国家的安全生产方针、政策、法律、法规及各级政府部门、集团公司制定的安全生产管理制度、规定、标准，结合工作实际，负责组织建立和完善公司分管业务范围内的安全生产责任制度和相关安全生产管理制度、规定等，并严格监督，督促执行。

（3）负责牵头组织公司煤矿生产计划和成本计划的编制工作，参与组织编制公司、煤矿建设和改造发展规划及计划，参与相关计划的方案审查和验收。

（4）负责做好煤矿生产组织协调工作，严格按照“三大规程”和“红线制度”监督组织煤矿安全生产，领导组织解决生产过程中生产队伍的管理问题，确保生产组织的安全保障。

（5）负责组织协调监督各矿的采掘衔接工作，保障采掘衔接管理，正规循环作业，确保稳定的安全生产秩序，保证不超能力组织生产和超强度开采。

（6）经常深入基层和一线进行专题调查研究，有针对性地处理解决安全生产中存在的问题。

（7）负责组织煤矿生产协调会议和例会，参加公司的安全办公会议和安全例会，对重大安全问题，根据会议决议组织制定和落实整改措施、方案。

（8）参加审查矿井重大灾害处理计划和重大事故应急救援预案，参与矿井设计方案、安全技术措施的审查工作。

（9）参与较大事故的现场应急救援指挥工作，协助总指挥做好分管工作，并参与事故的调查与处理。

（10）负责抓好分管部门、单位的安全工作。

（11）积极配合其他领导抓好安全工作。

3.11　分管煤矿基本建设副总经理安全生产责任制

（1）在党委书记、执行董事、经理领导下，负责公司矿井基本建设管理工作，并按照“一岗双责”和“谁管理，谁负责”的责权原则，对分管业务范围的安全生产工作负责。

（2）认真贯彻执行党和国家的安全生产方针、政策、法律、法规及各级政府部门、集团公司制定的安全生产管理制度、规定、标准，结合工作实际，负责组织建立和完善公司分管业务范围内的安全生产责任制度和相关安全生产管理制度、规定等，并严格监督执行。

（3）根据集团公司的煤炭生产建设发展规划，组织制定公司的基本建设发展规划、计划，做到“三同时”，确保职业卫生、安全设施与主体工程同时设计、同时施工、同时验收并投入使用。

（4）本着“百年大计，质量第一”的建设方针，负责领导和组织基本建设工程的质量安全验收工作，对质量安全全面负责，对建设项目在建设过程中的安全负分管责任。

（5）在组织建设过程中，坚持经常深入现场、基层，及时发现设计质量安全问题，及时协调监督整改。

(6) 积极组织分管部门，开展和督促基建单位开展好安全质量自查工作，开展好日常的安全隐患排查和基本建设、安全建设条件的安全确认工作，确保建设规范，按程序建设，做到不违规、不违法，安全建设。

(7) 负责组织落实《山西省煤矿建设安全规定》，实施好工程项目建设过程中的安全技术管理，预防各类事故。

(8) 负责组织建立健全公司基建矿井、基本建设项目的相关管理制度，督促基建单位采取有效措施，努力改善职工的劳动环境，完善安全保障设施，保证安全施工。

(9) 负责积极组织基建矿井和基建单位在建设过程中，积极推广使用安全施工的先进工艺技术方法，不断提高安全施工水平，积极推广应用新装备，提高安全保障能力。

(10) 按要求参加有关安全会议，落实安全会议精神，提出合理化建议和意见。

(11) 负责组织安排基本建设煤矿的预案编制工作，参与公司煤矿和非煤企业事故的现场指挥救灾和调查、处理工作。

(12) 负责组织落实和监督基建矿井安全生产标准化工作，安排相关部门落实有关业务培训工作。

(13) 负责抓好分管业务部门的安全工作。

(14) 积极配合其他领导抓好安全工作。

3.12 分管机电副总经理安全生产责任制

(1) 在党委书记、执行董事、经理领导下，负责公司机电设备的安全管理工作，按照“一岗双责”和“谁主管，谁负责”的责权原则，对分管业务范围内的安全工作负责。

(2) 认真贯彻执行党和国家的安全生产方针、政策、法律、法规及各级政府部门、集团公司制定的安全生产管理制度、规定、标准，结合工作实际，负责组织建立和完善公司分管业务范围内的安全生产责任制度和相关安全生产管理制度、规定等，并严格监督执行。

(3) 根据集团公司机电设备建设发展规划和管理目标，组织制定公司的机电设备建设发展规划和阶段计划，并确保发展规划和目标计划符合安全规定，保证技术先进、安全可靠。

(4) 负责领导组织机电管理部门，全面监督各煤矿、各单位机电设备运行安全，确保煤矿机电系统、环节设备的安全运行，确保非煤单位供用电设备、设施的安全运行，防范机电重大事故发生。

(5) 负责领导组织公司机电工作的全面管理，监督检查工作，及时排查机电运行中的安全隐患，整改安全生产中存在的问题。

(6) 负责具体组织机电、运输两个专业的安全生产标准化工作，负责组织建立健全机电运输相关的安全生产责任制度和安全管理制度，落实管理责任。

(7) 积极组织研究机电管理和技术问题，捕捉先进技术，积极组织推广应用新、高、精、尖机电技术，提高安全生产保障水平。

(8) 负责组织机电运输方面责任事故的调查、分析、处理，参与组织重大事故现场指挥抢险工作。

(9) 负责组织、编制、设计分管业务范围内的重大事故应急预案的研判工作。

(10) 负责协助培训部门安排落实机电、运输专业的业务技术培训，不断参与应急预案、灾防计划的编制审查工作，提升管理和操作安全技能。

(11) 负责组织专业技术例会，积极参与公司的安全会议，积极参与组织业务技能比赛活动。

(12) 负责抓好分管业务部门的安全工作。

(13) 积极配合其他领导抓好安全工作。

3.13　总工程师安全生产责任制

（1）在党委书记、执行董事、经理领导下，负责公司煤炭板块技术管理工作，并按照“一岗双责”和“谁主管，谁负责”的责权原则，对分管煤矿技术工作负全面安全技术责任。

（2）认真贯彻执行党和国家的安全生产方针、政策、法律、法规及各级政府部门、集团公司制定的安全生产管理制度、规定、标准，结合工作实际，负责组织建立和完善公司分管业务范围内的安全生产责任制度和相关安全生产管理制度、规定等，并严格监督，督促执行。

（3）负责组织研判公司煤矿技术发展规划、计划，负责组织审定和建立完善公司煤矿安全生产技术相关的管理制度和技术管理标准，负责组织审定矿井重大灾害预防和处理计划，负责组织审定各煤矿重大技术方案和安全技术规程、措施，负责组织审定预防重大事故的专项技术措施，抓好业务技术保安工作。

（4）负责组织公司煤矿科研、技术攻关、改造、设计、施工和生产过程中的技术改造工作，根据国家和上级部门有关安全生产的规定、规程和标准，认真组织行业技术研究和新技术、新工艺、新材料的技术应用，不断提高公司安全技术保障水平。

（5）负责组织领导“一通三防”、地测防治水、采掘顶板控制的安全技术管理，组织落实安全技术措施，做好重大灾害的防范工作。

（6）负责组织机关部门安排相关安全技术监督、检查、指导、服务工作，及时发现安全隐患，落实好整改措施。

（7）负责领导组织开展“一通三防”、地测防治水、采煤、掘进4个专业的安全生产标准化工作。

（8）负责组织和安排煤矿重大灾害预防处理计划的编制和审查工作，负责指导公司应急救援预案的编制及演练工作，负责分管专业相关的专项应急预案的研判和审查工作。

（9）坚持经常深入一线，调查研究解决生产中的突出安全问题，监察督促各煤矿采取好防范治理措施。

（10）按要求负责组织技术例会和机关专业技术会议，研究重大安全技术问题，落实技术政策要求，负责组织或参与机关技术交流等活动，参与公司安全办公会议和例会。

（11）参与组织煤矿重大事故现场指挥抢险救援工作，执行应急预案规定的安全责任，按分工具体负责组织分管专业方面的事故或参加其他方面的生产安全事故的调查、分析、处理。

（12）负责分管部门和单位的安全工作，积极配合其他领导，抓好安全工作。

3.14　分管煤炭板块安全助理安全生产责任制

（1）在党委书记、执行董事、经理领导下，在安全副总经理的直接领导下，协助安全副总经理负责煤炭板块的安全管理工作，负责组织落实公司的安全制度、规定、标准等。

（2）认真贯彻执行党和国家的安全生产方针、政策、法律、法规和各级政府、上级主管部门制定的安全法律、法规、制度和技术标准，结合公司煤矿实际组织制定实施措施。

（3）直接领导公司安全生产管理部煤炭板块（煤矿除洗选以外的其他方面）的安全工作，并负责直接组织建立健全安全管理制度，并督促落实。

（4）负责组织编制公司煤矿安全生产长远规划，重点组织编制年度安全技术措施计划，并组织安全项目的审查工作，确保安全专项费用的提取、使用，安全资金用到点子上，负责组织好安全费用使用情况的考核工作。

（5）负责完善公司煤矿安全绩效考核办法，并组织好考核工作，负责安全抵押金制度的具体编制工作，并组织好考核工作。

（6）负责落实公司制定的安全生产奖惩办法，并不断完善，强化对煤矿的奖罚力度。

（7）负责矿井安全生产标准化的管理工作，组织编制并不断完善安全生产标准化检查考核办法，定期组织机关部门、人员进行标准化检查验收工作。

（8）负责组织安全生产管理部和机关专业人员，开展好定期与不定期的安全大检查和抽查、突查活动，及时查处和督促整改安全生产中存在的问题。

（9）负责组织安排安全例会、安全办公会议及机关安全会议的准备工作，确保会议质量。

（10）坚持深入基层，深入现场、井下一线进行调查研究，有针对性地解决安全问题。

（11）负责定期对各矿安全矿长进行安全问询和严格落实周汇报制度，及时掌握安全生产动态，及时安排解决处理安全问题。

（12）参与煤炭板块应急预案的编制审查工作，对公司发生的重大事故，亲临事故现场参与指挥抢险救灾，并及时协助上级部门做好事故的调查、处理和上报工作，负责公司职权范围内的事故调查、分析、处理工作。

（13）负责安全监管人员的安全宣传教育和培训工作，注重传、帮、带工作，不断提升安全监督管理人员的能力。

（14）认真做好与政府部门、集团公司对口安全业务工作的往来，及时参加相关安全会议，领会会议精神，做好汇报和安排落实。

（15）协助其他领导，参与其他安全活动，完成分配的相关安全工作。

（16）完成交办人其他临时性安全工作任务。

3.15 分管非煤产业安全助理安全生产责任制

（1）在党委书记、执行董事、经理领导下，在安全副总经理、分管经理的领导下，协助总经理负责非煤产业和非煤地面各单位的安全监督管理工作，负责组织落实公司对非煤板块制定的管理规章、规定、标准等。

（2）认真贯彻执行党和国家的安全生产方针、政策、法律、法规和各级政府、集团公司制定的相关安全制度、规章、要求及标准，结合公司实际组织制定实施措施。

（3）负责公司选煤厂的安全监督管理工作和选煤安全生产标准化达标管理工作，负责督促相关部门加强地面建筑项目的安全管理，负责监督、指导非煤专业安全委员会的管理工作，使各专业安全委员会正常开展工作。

（4）直接领导公司安全生产管理部非煤板块的安全管理工作，并负责组织建立健全地面企业、单位安全监督管理制度，并督促落实。

（5）负责组织编制公司非煤产业安全发展规划和年度安全计划，负责组织相关重点安全措施工程项目的审查和专项安全检查验收工作。

（6）负责组织非煤产业（销售、贸易物流产业和多元产业企业）制定和完善安全绩效考核办法，并组织考核工作。

（7）负责制定和落实相关安全奖惩办法，并不断完善考核制度，强化监督力度。

（8）负责组织机关安全检查活动，开展好隐患排查治理活动，及时发现安全隐患，安排落实整改措施。

（9）负责组织安排一季一次的非煤系统安全例会及相关安全会议，确保会议质量，及时组织召开专题会议，研究重大安全事项。

（10）坚持经常深入直属公司、分公司、基层单位进行调查研究，现场指导解决安全问题。

（11）负责组织安排非煤企业相关主要预案的编制和审查工作，对公司发生的事故，亲临现场参与抢险救灾工作，协助配合机关部门、人员做好事故的调查、分析、处理工作，负责职权范围内的事故调查、分析、处理工作。

（12）负责协调各专业委员会的工作，确保责任清晰，严格执行公司制度，履行好相关职责，并与机关领导和部门做好沟通。

（13）负责安排与政府部门、集团公司相关部门、单位的安全业务对口往来，参加相关安全会议和落实好会议精神，确保安全要求、规定落实到位。

（14）督导各单位建立健全安全管理机构和配备足够的安管人员，满足安全管理要求，促进非煤企业、单位安全管理工作的健康运行。

（15）协助其他领导，参与其他安全活动，完成分配的相关安全工作。

（16）完成交办人其他临时性安全工作任务。

3.16　其他经理助理安全生产责任制

（1）在党委书记、执行董事、经理领导下，协助分管领导，按照“一岗双责”和“谁主管，谁负责”的安全责权原则，负责好分管工作的安全。

（2）认真贯彻党和国家的安全生产方针、政策、法律、法规和各级政府、集团公司制定的安全生产法律、法规、制度和相关安全标准，结合分管业务实际，组织制定好相关安全措施。

（3）负责组织编制和完善分管业务内的部门和岗位安全生产责任制，并监督执行。

（4）负责组织对业务范围内工作安全的日常检查和监督对安全制度的落实情况，及时发现和解决存在的安全问题。

（5）抓好员工的安全教育，不断提高安全意识，提高员工的基本安全素质。

（6）按时参加相关安全会议和安全活动，提出合理化建议和意见。

（7）参与相关的事故现场抢险救援工作，参与事故的调查、分析、处理工作。

（8）负责抓好分管部门的安全工作，完成公司和分管领导安排的相关安全工作。

3.17　副总会计师安全生产责任制

（1）在党委书记、执行董事、经理领导下，对分管范围内的安全工作负责。

（2）严格执行《会计法》及国家有关财经政策和财经纪律，全面掌握各项经济指标的完成情况，分析和解决生产经营中存在的问题，促进安全生产和安全管理工作。

（3）根据安全生产需要，负责组织制定安全经营预算，并落实好资金和专账管理。

（4）加强安全专项费用的提取和使用管理，及时发现问题，保证安全资金投入到位，负责组织监督和检查各煤矿及非煤生产企业的安全资金专用使用情况。

（5）做好安全工程预决算的审核把关工作，经常深入基层单位，调查研究安技措项目资金管理状况，帮助解决相关问题。

（6）积极按照公司制定的安全奖惩制度和有关安全活动要求，组织落实好安全生产奖惩的财务保障工作，保证奖罚兑现及时到位。

（7）积极按照安全绩效考核办法和安全抵押金管理办法，制定好财务管理流程，确保考核制度的落实，推动公司的安全工作。

（8）按时参加公司组织的相关安全工作会议，并提出合理化建议和提供相关财务数据，为领导提供可靠的决策依据和支撑。

（9）负责抓好分管部门的安全工作。

3.18　地测与防治水副总工程师安全生产责任制

（1）在党委书记、执行董事、经理领导下，对公司地质与防治水工作进行技术指导和协调，负责安全监督管理责任。

（2）负责指导审查重大地质与防治水工程设计方案、技术方案和措施，负责组织审查煤矿地质与防治水规划、年度工作计划及资金计划。

（3）负责组织指导审查矿井地质报告，负责组织审查各煤矿及公司总体煤炭资源储备报告，负责审核地质勘探、补充勘探等地质工程文案，负责组织审查设计公司、中介公司提供的相关地质报告和鉴定书，负责具体安排地质部门与政府职能部门、集团公司地测与防治水中心对口上报业务往来工作。

（4）负责指导各煤矿完成各类地质、水文地质报告的编制和审批。

（5）协助总工程师等参与地测防治水科研和技术革新，积极推广地质与防治水新技术、新装备、新材料、新经验，不断推广总结“王庄防治水经验做法”。

（6）参与组织地质与防治水灾害的事故应急预案的编制和审查工作。

（7）认真贯彻执行地质与防治水相关标准规范，不断组织学习和提高地质与防治水管理技术人员的能力。

（8）坚持定期与不定期地深入煤矿一线，进行调查研究，分析生产中遇到的实际问题，及时指导处理解决，提高现场指导能力，负责及时组织机关人员进行对口业务的安全检查工作。

（9）参与有关事故的现场抢险救灾工作，参与地质与防治水事故的处理和调查分析，并提出改进措施。

（10）完成领导交办的其他安全任务。

3.19 “一通三防”与瓦斯治理副总工程师安全生产责任制

（1）在党委书记、执行董事、经理领导下，对“一通三防”的安全监控工作进行业务技术指导和协调，协助总工程师具体对“一通三防”和瓦斯治理工作负安全监督管理责任。

（2）参与组织审查、审批“一通三防”重大方案设计、技术措施等，包括采区矿井通风系统设计、通风系统调整、抽放系统设计、主要通风设备更新更换等。

（3）负责协调安排各煤矿通风能力测定、瓦斯等级鉴定、煤层自燃倾向性和煤层爆炸性等鉴定工作，负责协调安排相关“一通三防”工程的竣工验收工作。

（4）参与组织“一通三防”工作规划和年度工作计划，参与组织编制“一通三防”的事故应急预案和灾害预防处理计划，参与审核各矿井上报的相关总结报告。

（5）负责指导各矿“一通三防”工作，及时发现和解决存在的问题，确保系统和环节本质安全。

（6）参与“一通三防”科研和技术革新，协助总工程师积极推广“一通三防”新技术、新装备、新材料，提高安全保障能力。

（7）坚持执行红线制度，积极发现和制止煤矿的违规行为，防范重大隐患和事故发生。

（8）经常深入煤矿现场一线，深入研究“一通三防”工作的难点，和煤矿技术人员一起，共同攻关难题，制定灾害治理的最优方案和措施，做实“一通三防”工作。

（9）参与“一通三防”事故的现场抢险救援工作，参与事故的调查、分析、处理工作。

（10）完成领导交办的其他安全任务。

4 二级公司部门负责人安全生产责任制

4.1 部门负责人安全生产责任制通则

（1）及时宣传、贯彻、执行国家和上级的安全生产方针、政策、法律、法规和规章制度等，及时向本部门员工贯彻各级各类安全生产会议精神、决定等，并确保贯彻到位。

（2）组织本部门工作人员全面履行本部门工作职责和安全生产责任制，部门负责人是本部门安全工作的第一责任人，对本部门的安全工作负全面责任。

（3）领导本部门工作人员遵守和执行公司安全生产规章制度，全面做好本部门的防火、防盗、安全巡查等工作，经常检查本部门工作范围内的安全状况，及时消除安全隐患。

（4）组织建立本部门工作人员的岗位职责、安全生产责任制和工作制度等，监督、检查、考核本部门工作人员的工作情况，教育本部门员工做好自主保安工作，确保本部门员工在工作中的安全。

（5）做好本部门员工的安全教育工作。

（6）积极组织本部门人员参加公司组织的各类安全活动。

（7）按时完成安全绩效考核工作。

（8）积极完成公司安排的各类安全工作任务。

4.2 党委工作部负责人安全生产责任制

4.2.1 党委工作部部长安全生产责任制

（1）组织做好基层党组织和广大党员的安全生产等有关法律、法规和制度的教育，充分发挥广大党员在煤矿安全生产工作中的先锋模范作用。

（2）负责公司共产党员安全监督员工作，组织开展党员安全责任联保等与安全生产密切相关的活动。

（3）积极总结共产党员安全监督员工作的经验和做法，定期组织召开共产党员安全监督员工作推进会。

（4）组织做好公司安全生产有关工作部署、指示要求、规章制度的宣传报道工作，组织做好公司有关安全生产重大活动、重要会议的宣传报道。

（5）负责公司安全文化建设工作，做好安全宣传教育工作。

（6）负责组织做好公司机关治安保卫工作，并监督检查公司各单位的治安保卫工作，督促检查其对存在问题的整改。

（7）负责组织做好公司范围内的信访维稳工作，及时发现和处理各类矛盾，早发现早解决，避免矛盾积累激化扩大，影响公司稳定。

4.2.2 党委工作部副部长安全生产责任制

（1）协助、配合部长落实本部门工作职责和安全生产责任制。

（2）抓好分管业务工作。

（3）负责做好公司信访维稳安全案件的承办、转办、督办工作，以及各单位矛盾排查和信访接待工作，做好公司的安全稳定工作。

（4）协助、配合部长做好基层党组织和广大党员的安全生产等有关法律、法规和制度的教育，充分发挥广大党员在煤矿安全生产工作中的先锋模范作用。

（5）协助、配合部长加强公司党员安全监督员工作，组织开展党员安全联责联保等与安全生产密切相关的活动。

（6）协助、配合部长总结共产党员安全监督员工作的经验和做法，定期组织召开共产党员安全监督员工作推进会。

（7）协助、配合部长做好公司安全生产有关工作部署、指示要求、规章制度的宣传报道工作，做好公司有关安全生产重大活动、重要会议的宣传报道。

（8）协助、配合部长抓好公司安全文化建设工作，做好安全宣传教育工作。

（9）协助、配合部长抓好公司机关治安保卫工作，并监督检查公司各单位的治安保卫工作，督促检查其对存在问题的整改。

4.3 纪委负责人安全生产责任制

4.3.1 纪委书记安全生产责任制

（1）在总经理、书记的领导下，按照“一岗双责”和“谁主管，谁负责”的责权原则，对分管范围的安全工作负责。

（2）认真宣传贯彻党和国家的安全生产方针、政策、法律、法规及各级政府部门、集团公司制定的安全生产管理制度、规定等。

（3）参与公司重大安全生产问题、事项的决策，对安全工作经常提出合理化建议和意见。

（4）协助党委书记做好抓党建促安全和安全宣传教育等各项工作。

（5）协助书记负责公司的安全文化建设工作。

（6）经常深入基层，调查研究，对公司重大安全决策情况，有权监督、检查落实情况，并向公司安委会反映问题、信息。

（7）负责对严重违反安全规定行为的人员，结合纪检监督要求，进行相关处理。

（8）及时掌握基层员工的思想动态，组织相关部门、人员做好职工的思想稳定工作，促进安全生产。

（9）参与重大事故现场指挥工作和事故调查、分析、处理，并协助做好事故善后工作。

（10）负责抓好分管部门的安全工作。

（11）积极配合其他领导抓好安全工作。

4.3.2 纪委副书记安全生产责任制

（1）协助纪委书记开展纪委日常工作，同时抓好纪委日常工作中的安全。

（2）协助纪委书记抓好公司涉及安全生产方面的廉政建设。

（3）负责监督公司各类招、投标活动，监督好涉及安全生产的招标，确保中标结果能满足安全生产的要求。

（4）协助纪委书记开展效能监察工作，包括安全生产工作，不断促进安全生产管理工作效率和质量的提高。

（5）配合人事管理部门对公司党政各级干部的测评、考核、任命、聘用、离任、审计等工作，要有安全生产方面的指标内容。

（6）协助纪委书记抓好安全生产法律支持保障方面的工作。

4.3.3 纪委效能监察室主任（副主任）安全生产责任制

（1）协助纪委书记、纪委副书记落实纪委工作职责和安全生产责任制。

（2）具体负责组织公司效能监察工作，不断促进安全生产管理工作效率和质量的提高。

4.3.4 纪委法律事务室主任（副主任）安全生产责任制

（1）协助配合纪委书记、副书记落实纪委工作职责和安全生产责任制。

（2）具体组织为公司草拟、制定（修订）、审查劳动合同，保证职工的安全生产方面的合法权益，预防合同纠纷或侵害职工安全生产合法权益。

（3）负责从法律保障方面支持维护公司安全生产方面的合法权益（包括所属各单位）。

（4）负责从法律角度审查公司安全生产管理的规章制度等，确保公司安全生产管理方面的规章制度符合国家法律、法规要求，保证不与国家法律、法规相抵触。

（5）参与安全生产法律、法规的宣传贯彻，参与监督检查公司各部门、各单位对安全生产法律、法规的执行情况，促进公司守法守规，依法组织生产经营管理活动。

（6）及时组织完成安全生产方面的合同审查，不得因审查不及时影响安全生产工作。

4.3.5 纪检监察室主任安全生产责任制

（1）协助配合纪委书记、副书记落实纪委工作职责和安全生产责任制。

（2）全面负责组织开展纪检监察工作，及时查处党员干部安全生产方面渎职、失职、违章指挥、强令冒险作业、侵吞安全生产费用，违规侵吞、克扣职工工资和福利待遇等，影响安全生产的违规违纪行为。

（3）受理、处理职工关于安全生产方面的举报、控告问题或因安全生产方面的检举、控告而受打击报复、工资福利保障低等问题。

（4）根据公司安全生产需要，指导组织开展《劳动合同法》《安全生产法》的普法工作，提高员工安全生产法律意识。

（5）参与公司生产安全事故的调查、分析、处理。

4.3.6 党风廉政室主任安全生产责任制

（1）协助纪委书记、副书记落实纪委工作职责和安全生产责任制。

（2）具体组织安全生产方面的党风廉政建设工作，及时查处党员干部安全生产方面渎职、失职、违章指挥、强令冒险作业、侵吞安全生产费用，违规侵吞、克扣职工工资和福利待遇等影响安全生产的违规违纪行为。

（3）教育或警示党员干部远离渎职、失职、违章指挥、强令冒险作业。

4.4 工会负责人安全生产责任制

4.4.1 工会主席安全生产责任制

（1）必须走中国特色社会主义道路，必须弘扬以爱国主义为核心的民族精神，必须凝聚中国各族人民大团结的力量，严格落实一岗双责，在做好岗位职责范围内的工作任务的同时落实安全生产责任。

（2）认真贯彻执行党的安全生产和劳动保护的方针、政策，积极落实上级工会及集团公司党政部门有关安全生产的决定和要求。

（3）发动职工以主人翁精神参与安全管理，为安全生产献计献策；同时组织好群众安全监督工作，及时反映广大职工在安全生产上的意见、建议和要求，建立安全生产命运共同体。

（4）领导组织群众安全网员和家属安全帮教工作，并定期进行检查、总结。

（5）组织职工和家属开展多种形式的安全竞赛、技术比武等活动；总结、交流、推广职工安全生产经验，开展丰富多彩的安全帮教和安全文体活动、安全知识演讲等，不断提高职工的安全意识。

（6）掌握和了解安全生产动态，督促有关部门及时解决安全生产和劳动保护问题。

（7）维护职工的合法权益，组织履行职工在安全上的各项权利。

（8）协助安全教育部门做好职工安全教育、安全技术培训工作。

(9) 参与较大伤亡事故的追查、分析、处理工作。

(10) 负责组织和协调相关部门进行事故的善后处理工作。

(11) 积极配合其他领导抓好安全工作。

4.4.2 工会副主席安全生产责任制

(1) 在工会主席的直接领导下，协助工会主席对分管范围的安全工作负责。

(2) 认真贯彻党和国家的安全生产方针和劳动保护的方针、政策，积极落实上级工会以及公司党政部门有关安全生产的决定和要求。

(3) 积极发动公司职工以主人翁的精神参与安全管理，为安全生产献计献策。

(4) 负责具体协调安排组织好群监网工作，及时监督公司各单位、各企业积极开展群监网工作，充分发挥其作用，做好群防群治，协防安全。

(5) 协助工会主席安排落实机关和各单位、各企业开展好定期的职工提合理化建议活动，收集整理职工对安全生产的意见、建议，并督促整改工作。

(6) 协助工会主席安排落实好相关的安全活动，尤其是安全知识竞赛、技术比武、岗位竞赛、班组建设等。

(7) 要经常深入基层，了解职工的思想动态，了解企业的生产情况，监督检查安全生产和劳动保护问题，及时发现问题，督促相关部门监督落实。

(8) 要注重职业卫生健康工作，经常了解和掌握实际情况，督促企业不断创造良好的安全生产环境，减少职业病危害。

(9) 维护职工的合法权益，监督各单位、各企业履职情况，及时纠正问题。

(10) 协助安全教育部门做好职工的安全教育、安全技术培训工作。

(11) 协助机关部门做好企业安全文化建设。

(12) 协助工会主席安排组织班组建设工作，积极发现先进人员、先进典型，树标杆，引领推动公司安全发展。

(13) 参与事故抢险救灾工作，协助相关经理、部门负责重大伤亡事故的善后处理工作。

(14) 完成交办的其他任务。

4.4.3 工会综合部部长安全生产责任制

(1) 全面负责组织工会综合部工作，是工会综合部安全生产第一责任人。

(2) 协助工会主席、工会副主席建立公司“安全生产群监协管组织”(群众监督网)，全面组织开展安全生产群防群治工作。

(3) 协助工会主席、工会副主席，全面组织开展公司安全生产劳动竞赛活动，持续提高群众安全生产的积极性。

(4) 协助工会主席、工会副主席全面组织开展公司各类群众性安全文化活动，丰富公司安全文化活动的内容，不断提升公司员工的安全精神面貌。

(5) 协助工会主席、副主席代表公司职工签订劳动安全生产专项集体合同，协助工会主席、工会副主席全面组织公司各级工会监督职工劳动保护工作情况，督促检查公司各单位不断改善作业(工作) 环境，提高职业健康安全保障能力，提供安全健康的作业环境，维护职工安全生产方面的合法权益。

(6) 参与公司安全文化建设。

(7) 参与公司生产安全事故抢救、调查、分析、处理工作。

(8) 协助工会主席、工会副主席参加公司工伤鉴定工作。

(9) 依照《工伤保险条例》，组织公司各级工会监督公司各单位工伤保险工作。

(10) 指导督促女职工委员抓好女职工劳动特殊性保护工作，监督检查有关部门、单位落实女职工劳动特殊保护政策。

4.4.4 工会女工部部长安全生产责任制

（1）认真执行国家安全生产方针、政策、法律、法规。

（2）自觉遵守公司各项安全生产规章制度。

（3）发现安全隐患或事故，迅速采取措施并及时向上级领导报告。

（4）自觉遵守并执行工会安全值班制度，加强对部门内设施的安全管理，对用电、防火、防盗等工作进行检查，做好防范工作，提高防范能力。

（5）协助工会主席做好女工工作。

（6）认真抓好女工工作，认真维护广大女职工的合法权益和特殊利益。

（7）根据工会及上级安排，做好各类女职工社会公益性活动的组织工作。

（8）积极完成领导交办的各项工作。

4.4.5 工会综合部副部长安全生产责任制

（1）协助工会主席、副主席、综合部部长落实工会工作职责和安全生产责任制。

（2）全面负责抓好女职工劳动特殊保护工作，并组织公司各级工会组织监督各单位落实女职工劳动特殊保护政策。

4.5 综合办公室负责人安全生产责任制

4.5.1 综合办公室主任安全生产责任制

（1）负责组织及时批办各类安全生产方面的文件，确保处理及时。

（2）负责协调准备好各类安全生产会议的会议条件。

（3）负责组织协助相关部门做好公司的安全生产应急工作，主要是交通工具等。

（4）负责组织做好公司相关车辆安全管理。

（5）负责抓好公司印章管理，确保安全使用。

（6）负责组织抓好公司信息和档案管理，保证信息安全不外泄，档案存放保管安全。

（7）统筹组织安排各类大型活动，全面组织做好活动期间的安全。

（8）及时组织换发相关证照，保证公司生产经营活动合法。

4.5.2 综合办公室副主任安全生产责任制

（1）协助、配合主任落实本部门工作职责和安全生产责任制。

（2）抓好分管业务和工作。

（3）协助、配合主任及时批办各类安全生产方面的文件，确保处理及时。

（4）协助、配合主任协调准备好各类安全生产会议的会议条件。

（5）协助、配合主任协助相关部门做好公司的安全生产应急工作，主要是交通工具等。

（6）协助、配合主任抓好公司印章管理，确保安全使用。

（7）协助、配合主任抓好公司信息和档案管理，保证信息安全不外泄，档案存放保管安全。

（8）协助、配合主任安排各类大型活动，组织做好活动期间的安全。

（9）车队队长要全面抓好公司相关车辆的安全管理；车队副队长协助队长抓好车辆的安全管理，并抓好分管的具体事务和工作。

4.6 人力资源部负责人安全生产责任制

4.6.1 人力资源部部长安全生产责任制

（1）全面负责公司人力资源、劳动用工及社会保险管理工作。

（2）合理配置人员，保证公司各级安全生产管理机构的人员配置齐全、到位，满足安全生产管理的需要和相关规定的要求。

（3）负责组织监督、检查、指导公司各单位参加社会保险和为职工缴纳保险费情况。

（4）考核、任免干部时，要把贯彻执行安全生产法律、法规、制度等列入考核指标。

（5）负责组织制定和落实公司人才发展规划，为公司安全生产提供人才保障。

（6）负责组织落实劳动用工5个100%要求，监督、检查、考核、指导公司各单位的劳动用工管理，及时纠正不符合规定的劳动用工行为。

（7）督促、协调、协助公司培训部门编制和落实职工培训计划，参与监督、检查各单位员工持证上岗情况，及时纠正未经培训并考核合格和不持证上岗等行为。

（8）负责组织做好公司人事档案、劳动用工档案、社会保险档案的安全。

（9）协同有关部门抓好公司劳动纪律，查处违反劳动纪律的行为。

4.6.2 人力资源部副部长安全生产责任制

（1）协助部长落实本部门工作职责和安全生产责任制。

（2）抓好分管业务和工作。

（3）协助、配合部长抓好公司人力资源、劳动用工及社会保险管理工作。

（4）协助、配合部长合理配置人员，保证公司各级安全生产管理机构的人员配置齐全、到位，满足安全生产管理的需要和相关规定的要求。

（5）协助、配合部长监督、检查、指导公司各单位参加社会保险和为职工缴纳保险费情况。

（6）协助、配合部长组织制定和落实公司人才发展规划，为公司安全生产提供人才保障。

（7）协助、配合部长落实劳动用工5个100%要求，监督、检查、考核、指导公司各单位的劳动用工管理，及时纠正不符合规定的劳动用工行为。

（8）协助、配合部长督促、协调、协助公司培训部门编制和落实职工培训计划，参与监督、检查各单位员工持证上岗情况，及时纠正未经培训并考核合格和不持证上岗等行为。

（9）协助、配合部长做好公司人事档案、劳动用工档案、社会保险档案的安全。

（10）协助、配合部长协同有关部门抓好公司劳动纪律，查处违反劳动纪律的行为。

4.7 企业管理部负责人安全生产责任制

4.7.1 企业管理部部长安全生产责任制

（1）认真贯彻执行党和国家的安全生产方针、政策、法律、法规及规章，对本部门业务范围内的安全工作全面负责。抓好本部门安全生产责任制的贯彻落实。

（2）督促和检查各部门按岗位设置编制的岗位工作标准。

（3）配合安全生产部门建立安全考核体系，制定安全考核方案和考核细则。

（4）做好经济运行和工作考核的同时，做好安全生产考核工作。

（5）负责组织做好各类统计、报表及档案管理，保证各类报表及档案安全，数据不丢，信息不遗漏。

（6）负责组织按时完成公司营业执照的年检、资质变更等，确保公司生产经营活动合法。

4.7.2 企业管理部副部长安全生产责任制

（1）协助、配合部长落实本部门工作职责和安全生产责任制。

（2）抓好分管业务和工作。

（3）协助、配合部长组织人员做好经济运行和工作考核，包括安全生产考核工作。

（4）协助、配合部长做好各类统计、报表及档案管理，保证各类报表及档案安全，数据不丢，信息不遗漏。

4.8　计划发展部负责人安全生产责任制

4.8.1　计划发展部部长安全生产责任制

（1）全面负责组织公司项目管理及发展规划，对项目风险管控负主要管理责任。

（2）坚持经济运行和工作考核时，同时考核安全生产工作。

（3）负责组织做好各类统计、报表及档案管理，保证各类报表及档案安全，数据不丢失，信息不遗漏。

（4）负责组织做好项目投资的可行性研究报告，保证项目投资风险可控。

（5）负责组织按时完成公司营业执照的年检、资质变更等，确保公司生产经营活动合法。

4.8.2　计划发展部副部长安全生产责任制

（1）协助、配合部长落实本部门工作职责和安全生产责任制。

（2）抓好分管业务和工作。

（3）协助、配合部长做好公司项目管理及发展规划，对项目风险管控负主要管理责任。

（4）协助、配合部长做好经济运行和工作考核，包括安全生产工作。

（5）协助、配合部长做好各类统计、报表及档案管理，保证各类报表及档案安全，数据不丢失，信息不遗漏。

（6）协助、配合部长做好项目投资的可行性研究报告，保证项目投资风险可控。

（7）协助、配合部长按时完成公司营业执照的年检、资质变更等，确保公司生产经营活动合法。

4.9　财务管理部负责人安全生产责任制

4.9.1　财务管理部部长安全生产责任制

（1）全面负责公司财务管理工作，对公司财务安全和财务风险管控负主要管理责任。

（2）全面负责公司生产和建设安全专项资金的筹措，全面组织公司煤矿安全生产费用的财务监督和管理。

（3）负责全面组织公司生产安全事故应急资金管理，保证应急抢险的顺利开展。

（4）负责从财务管理方面全面组织公司对公司各矿安全生产费用提取、使用进行指导、服务、监督和检查。

（5）负责组织做好领导印章、财务印章、票据的管理，确保安全使用。

（6）负责组织做好财务档案安全。

（7）负责组织做好公司财务报表、信息等安全管理，防止数据丢失、泄露等。

（8）负责组织做好公司机关安全风险抵押金的资金财务管理。

4.9.2　财务管理部副部长安全生产责任制

（1）协助、配合部长落实本部门工作职责和安全生产责任制。

（2）抓好分管的业务和工作。

（3）协助、配合部长做好公司财务管理工作，对公司财务安全和财务风险管控负主要管理责任。

（4）协助配合部长做好公司生产和建设安全专项资金的筹措，组织公司煤矿安全生产费用的财务监督和管理。

（5）协助配合部长做好公司生产安全事故应急资金管理，保证应急抢险的顺利开展。

（6）协助、配合部长从财务管理方面对公司各矿安全生产费用提取、使用进行指导、服务、监督和检查。

（7）协助、配合部长做好领导印章、财务印章、票据的管理，确保安全使用。

（8）协助、配合部长做好财务档案安全。

（9）协助、配合部长做好公司财务报表、信息等安全管理，防止数据丢失、泄露等。

（10）协助、配合部长做好公司机关安全风险抵押金的资金财务管理。

4.10 审计部负责人安全生产责任制

4.10.1 审计部部长安全生产责任制

（1）负责全面组织公司的审计、稽查工作，对审计、稽查管理负责。

（2）负责组织对建设项目、工程等设计，特别是安全设施、职业卫生设施设计、评价等方面的合同及其执行情况、安全费用的提取和使用等进行审计、把关，确保其符合规定；对审计出的问题向公司领导或相关部门提出解决意见或建议。

（3）协助有关部门调查处理违反安全生产法律、法规的行为。

4.10.2 审计部副部长安全生产责任制

（1）协助、配合部长落实本部门工作职责和安全生产责任制。

（2）抓好分管业务和工作及其安全工作。

（3）协助、配合部长做好公司的审计、稽查工作。

（4）协助、配合部长对建设项目、工程等设计，特别是安全设施、职业卫生设施设计、评价等方面的合同及其执行情况、安全费用的提取和使用等进行审计、把关，确保其符合规定；对审计出的问题向公司领导或相关部门提出解决意见或建议。

（5）协助、配合部长参与调查、处理公司员工违反安全生产法律、法规的行为。

4.11 法律事务部负责人安全生产责任制

法律事务部部长（副部长）安全生产责任制

（1）全面负责公司法律事务相关工作，为公司的安全生产提供法律服务。

（2）具体组织为公司草拟、制定（修订）、审查劳动合同，保证职工安全生产方面的合法权益，预防合同纠纷或侵害职工安全生产合法权益。

（3）负责从法律保障方面支持维护公司安全生产方面的合法权益（包括所属各单位）。

（4）负责从法律角度审查公司安全生产管理的规章制度等，确保公司安全生产管理方面的规章制度符合国家法律、法规要求，保证不与国家法律、法规相抵触。

（5）参与安全生产法律、法规的宣传贯彻，参与监督检查公司各部门、各单位对安全生产法律、法规的执行情况，促进公司守法守规，依法组织生产经营管理活动。

（6）及时组织完成安全生产方面的合同审查，不得因审查不及时影响安全生产工作。

4.12 生产指挥中心负责人安全生产责任制

4.12.1 生产指挥中心部长安全生产责任制

（1）全面负责组织指挥公司安全生产工作，准确掌握公司各单位安全生产动态、信息。

（2）负责组织公司每日安全生产调度会议，督促解决前日安全生产中存在的各类安全问题，组织本部门人员督促落实调度会议安排的各项安全工作和要求。

（3）在指挥调度生产过程中，严格遵守安全生产的相关规定，不违章指挥。

（4）按照公司部署，及时组织开展“雨季三防”督查工作，及时排查和督促相关单位、部门整改存在的问题。

（5）经常组织督促、检查公司所属单位的应急工作情况，组织做好公司应急工作和日常应急值班工作。

（6）按时组织各月的安全生产考核会。

（7）经常组织检查各级领导跟值班制度落实情况。

（8）参与公司生产安全事故调查处理。

（9）做好煤矿安全包保工作，落实包保责任。

4.12.2 生产指挥中心副部长安全生产责任制

（1）协助部长落实本部门职责和安全生产责任制。

（2）抓好分管的业务和工作。

（3）做好值班工作（包括应急值班），及时传达上级和公司安全生产指令，组织好当班的安全生产调度工作，及时收集掌握各单位安全生产动态信息、重点工程工作，督促各单位落实各项安全措施，及时消除事故隐患，合理组织安全生产，并在次日调度会议上通报公司安全生产情况，对当日安全生产报表信息的准确性负主要责任。

（4）抽查各矿矿领导跟班情况，及时查处违规行为。

（5）参加安全生产标准化验收检查工作。

（6）值班期间坚守岗位，不得擅离职守，接到各单位安全生产预警信息时，分析处理和报告值班领导，根据预案和值班领导指示做出响应。

（7）做好煤矿安全包保工作，落实包保责任。

4.13 安全生产监督管理部负责人安全生产责任制

4.13.1 安全生产监督管理部部长安全生产责任制

（1）全面负责安全生产监督管理部工作，并重点负责煤矿方面的安全监察工作。

（2）负责组织建立健全本部门工作制度，建立完善安全管理方面的台账、记录、档案等。

（3）坚持“监督、检查、指导和服务”的安全监察监管工作宗旨，高效率地组织好对公司所属煤矿的安全监督管理工作，做到监督检查到位、有力、有效。

（4）认真审核本部门上报的安全文件、信息、资料、报表等，确保正确无误。

（5）参与公司范围内一般事故的调查处理。

（6）做好本部门员工的安全思想教育和业务培训，努力提高安全监察员的综合素质，努力打造一支业务素质全面、作风过硬的安全监察队伍。

（7）做好煤矿安全包保工作，落实包保责任。

4.13.2 安全生产监督管理部副部长安全生产责任制

（1）配合部长做好安全监察工作，并具体负责组织非煤单位及煤矿地面的安全监察工作，具体包括民爆（地面火药库）、燃油燃气、交通、消防、食品卫生、煤炭洗选、非煤用电、建筑施工等。

（2）坚持“监督、检查、指导和服务”的安全监察监管工作宗旨，团结、带领本部非煤和煤矿地面安全监察员认真履行安全监察职责，高效率地组织好对公司所属煤矿地面及非煤单位的安全监督管理工作，做到监督、检查到位、有力、有效。

（3）配合部长做好安全监察员的安全思想教育工作和业务培训，努力提高安全监察员的综合素质。

（4）配合部长教育本部门员工做好自主保安，确保本部门员工在工作中的安全。

（5）参与煤矿地面及非煤单位的安全生产事故调查处理工作。

（6）配合部长督促、检查本部门员工的工作情况，督促本部门员工落实岗位职责和岗位安全生产责任制，确保各项安全工作正常开展和按时保质保量完成。

（7）按时保质保量完成交办的临时性安全工作任务。

4.14　生产技术部负责人安全生产责任制

4.14.1　生产技术部部长安全生产责任制

（1）全面负责和组织公司技术管理工作，及时组织审查煤矿各类矿建工程设计，确保矿井建设文件符合规程和技术规范。

（2）负责组织审查煤矿采掘开等方面安全技术设施和作业规程等，确保措施合理、完善、有效、可靠、安全。

（3）经常深入矿井生产建设现场，研究、指导、检查、督促所属各矿井开拓部署，顶板预控管理方面的方法、方案、技术措施，确保开拓部署合理、安全，顶板预控管理到位、有效。

（4）落实民爆物品业务管理职责，经常组织对民爆物品进行管理检查，保证民爆物品管理到位，不出现管理漏洞和安全隐患。

（5）及时组织督促各矿编制“矿井灾害预防与处理计划”并组织审查。

（6）组织编制生产作业计划，合理确定产量和掘进进尺指标等，管理好各矿采掘衔接关系、“四量”平衡，防止矿井超能力生产、超强度作业。

（7）负责积极推广煤矿生产的新工艺、新技术、新材料，不断优化矿井设计和生产系统，提高矿井技术装备水平和生产系统防灾抗灾能力。

（8）组织建立健全完善公司技术管理体系、规范标准等，并监督执行。

（9）严格审核本部门外报的安全生产报表、资料、信息，确保准确、正确、安全。

（10）做好煤矿安全包保工作，落实包保责任。

4.14.2　生产技术部副部长安全生产责任制

（1）协助、配合部长落实本部门职责和安全生产责任制。

（2）抓好分管的业务和工作。

（3）协助、配合部长抓好公司技术管理工作，及时组织审查煤矿各类矿建工程设计，确保矿井建设文件符合规程和技术规范。

（4）协助、配合部长审查煤矿采掘开等方面安全技术设施和作业规程等，确保措施合理、完善、有效、可靠、安全。

（5）协助、配合部长研究、指导、检查、督促所属各矿井开拓部署，顶板预控管理方面的方法、方案、技术措施，确保开拓部署合理、安全，顶板预控管理到位、有效。

（6）协助、配合部长落实民爆物品业务管理职责，经常组织对民爆物品进行管理检查，保证民爆物品管理到位，不出现管理漏洞和安全隐患。

（7）协助、配合部长督促各矿编制“矿井灾害预防与处理计划”并组织审查。

（8）协助、配合部长组织编制生产作业计划、合理确定产量和掘进进尺指标，管理好各矿采掘衔接关系“四量”平衡，防止矿井超能力生产、超强度作业。

（9）协助、配合部长推广煤矿生产的新工艺、新技术、新材料，不断优化矿井设计和生产系统，提高矿井技术装备水平和生产系统防灾抗灾能力。

（10）协助、配合部长建立健全完善公司技术管理体系、规范标准等。

（11）协助配合部长审核本部门外报的安全生产报表、资料、信息，确保准备、正确、安全。

（12）做好煤矿安全包保工作，从技术指导、服务、监督等方面落实包保责任。

4.15　机电设备部负责人安全生产责任制

4.15.1　机电设备部部长安全生产责任制

（1）负责组织建立健全完善公司机电及设备安全管理制度、标准、规范等，并组织指导监督检查、考核落实执行。

（2）负责组织建立健全完善公司煤矿提升、运输安全管理制度、标准、规范等，并组织指导、监督、检查、考核落实执行。

（3）参加公司生产建设有关机电项目设计技术改造、协议等的审查、把关，确保设计符合标准、规范要求，选型合理，技术性能安全、可靠、先进。

（4）负责组织公司机电设备及管理方面的安全隐患排查，指导、监督、检查相关单位对存在的安全问题进行整改。

（5）负责从机电管理方面组织落实“雨季三防”的管理职责，督促各单位按时完成防雷系统检测。

（6）参与煤矿安全生产标准化建设，并具体负责组织、指导、检查、考核各矿机电、运输 2 个专业安全生产标准化建设工作。

（7）组织推行新技术、新设备，不断提高安全技术装备水平。

（8）负责抢险救援、调查分析、处理工作。

（9）做好煤矿安全包保工作，从机电管理方面落实包保责任。

4.15.2　机电设备部副部长安全生产责任制

（1）协助、配合部长落实本部门工作职责和安全生产责任制。

（2）抓好分管的业务和工作。

（3）协助、配合部长建立健全完善公司机电及设备安全管理制度、标准、规范等，并指导监督检查、考核落实执行。

（4）协助、配合部长建立健全完善公司煤矿提升、运输安全管理制度、标准、规范等，并组织指导、监督、检查、考核落实执行。

（5）协助、配合部长参与公司生产建设有关机电项目设计技术改造、协议等的审查、把关，确保设计符合标准、规范要求，造型合理，技术性能安全、可靠、先进。

（6）协助、配合部长做好机电设备及管理方面的安全隐患排查，指导监督检查相关单位对存在的安全问题进行整改。

（7）协助、配合部长从机电管理方面组织落实“雨季三防”的管理职责，督促各单位按时完成防雷系统检测。

（8）协助、配合部长指导检查考核各矿机电、运输 2 个专业安全生产标准化建设工作。

（9）协助、配合部长组织推行新技术、新设备，不断提高安全技术装备水平。

（10）做好煤矿安全包保工作，从机电管理方面落实包保责任。

4.16　一通三防部负责人安全生产责任制

4.16.1　一通三防部部长安全生产责任制

（1）负责组织建立健全完善公司煤矿“一通三防”方面的安全管理制度、规范、标准等，并组织指导、监督、检查、考核各矿贯彻执行。

（2）参与审查矿井、采区通风系统设计方案，主要通风机选型、系统优化等技术措施；负责对“一通三防”方面的安全设施和安全装备的安全标准进行技术把关、业务指导和监督检查，确保通风系统可靠。

（3）负责组织构建公司煤矿瓦斯治理工作体系、瓦斯抽采达标评判体系，研究和组织实施瓦斯治理工作，对瓦斯治理工作负全面管理责任。

（4）研究和组织实施自然发火煤层的防灭火方法、措施，对煤矿防灭火工作负全面管理责任。

（5）研究和组织实施矿井粉尘治理的方法、措施。

（6）组织推广应用“一通三防”新技术、新工艺、新设备和先进有效的经验、方法，不断提高通风系统的稳定性、可靠性，不断提高瓦斯、粉尘和自然发火3种灾害的治理能力、效果，不断提高矿井生产安全系数。

（7）参加矿井灾害抢救工作，对本业务范围内发生的灾害抢救提出指导性意见；参与各矿“一通三防”重大事故分析、调查。

（8）负责组织指导、检查考核煤矿通风专业安全生产标准化建设工作。

（9）做好煤矿包保管理工作，从“一通三防”方面落实包保责任。

（10）负责组织煤矿“一通三防”方面的隐患排查，指导、监督、检查相关矿井对存在的问题进行整改。

4.16.2 一通三防部副部长安全生产责任制

（1）协助、配合部长落实本部门责任和安全生产责任制。

（2）抓好分管的业务和工作。

（3）协助、配合部长建立健全完善公司煤矿“一通三防”方面的安全管理制度、规范、标准等，并组织指导、监督、检查、考核各矿贯彻执行。

（4）协助、配合部长参与审查矿井、采区通风系统设计方案，主要通风机选型、系统优化等技术措施，对“一通三防”方面的安全设施和安全装备的安全标准进行技术把关、业务指导和监督检查，确保通风系统可靠。

（5）协助、配合部长构建公司煤矿瓦斯治理工作体系、瓦斯抽采达标评判体系，研究和组织实施瓦斯治理工作，对瓦斯治理工作负管理责任。

（6）协助、配合部长研究和组织实施自然发火煤层的防灭火方法、措施，对煤矿防灭火工作负管理责任。

（7）协助、配合部长研究和组织实施矿井粉尘治理的方法、措施。

（8）协助、配合部长组织推广应用“一通三防”新技术、新工艺、新设备和先进有效的经验、方法，不断提高通风系统的稳定性、可靠性，不断提高瓦斯、粉尘和自然发火3种灾害的治理能力、效果，不断提高矿井生产安全系数。

（9）做好煤矿包保管理工作，从“一通三防”方面落实包保责任，确保矿井安全生产。

（10）协助、配合部长落实煤矿“一通三防”方面的隐患排查，指导、监督、检查相关矿井对存在的问题进行整改。

4.17 环保节能部负责人安全生产责任制

4.17.1 环保节能部部长安全生产责任制

（1）负责组织建立健全公司环境保护及（煤炭）质量管理方面的制度。

（2）负责选煤厂业务管理，在加强选煤厂业务管理的同时，要加强选煤厂安全设备管理，承担业务保安责任，经常性检查选煤厂安全管理情况，及时发现、督促整改存在的安全问题。

（3）参加公司各类环保方案的审查，协助各单位办理环保手续，监督检查各单位环保设施“三同时”的落实。

（4）负责监督检查各单位环境保护设施的运行情况，及时排查环保设施、设备及管理中存在的安全问题，并监督检查其整改，保证环境安全和环保设施、设备安全。

（5）负责公司中心化验室的管理和监督检查所属各单位化验室的管理，及时发现安全问题予以整改和监督整改。

（6）参加公司洗选作业及化验室事故的抢救、调查、分析、处理。

4.17.2　环保节能部副部长安全生产责任制

（1）协助配合部长落实本部门工作职责及安全生产责任制。

（2）抓好分管业务和工作。

（3）协助、配合部长建立健全公司环境保护及（煤炭）质量管理方面的制度。

（4）协助、配合部长加强选煤厂业务管理，在加强选煤厂业务管理的同时，要加强选煤厂安全设备管理，承担业务保安责任，经常性检查选煤厂安全管理情况，及时发现并督促其整改存在的安全问题。

（5）协助、配合部长参与公司各类环保方案的审查，协助各单位办理环保手续，监督检查各单位环保设施“三同时”的落实。

（6）协助、配合部长监督检查各单位环境保护设施的运行情况，及时排查环保设施、设备及管理中存在的安全问题，并监督检查其整改，保证环境安全和环保设施、设备安全。

（7）协助、配合部长加强公司中心化验室的管理和监督检查所属各单位化验室的管理，及时发现安全问题予以整改和监督整改。

（8）协助、配合部长参加公司洗选作业及化验室事故的抢救、调查、分析、处理。

4.18　地测与防治水中心负责人安全生产责任制

4.18.1　地测与防治水中心主任安全生产责任制

（1）帮助、指导、督促、检查、考核公司各矿地质和水文地质工作，帮助各矿摸清本井田的地质和水文地质情况，为矿井开拓部署及矿井防治水工作提供准确、可靠的资料、信息、依据。

（2）帮助、指导、督促、检查、考核各矿测量工作，建立健全井上下测量控制系统和地面沉陷观测系统。

（3）帮助所属矿井编制井下各类保护煤柱、防隔水煤柱设计，并进行审查和批复。

（4）帮助各矿的防治水工作，帮助指导督促检查各矿的探放水设计和探放水作业，确保防治水工作到位。

（5）管理好公司检测中心，保证物探跟踪探测及时、到位，保证物探结果的准确性，为各矿探放水提供可靠的依据。

（6）帮助、指导、检查、考核煤矿的地测防治水安全生产标准化建设工作。

（7）做好地测防治水专业新技术、新工艺、新设备的推广应用工作。

（8）参加公司煤矿水灾事故的抢险救援，调查分析、处理。

4.18.2　地测与防治水中心副主任安全生产责任制

（1）协助主任落实本部门工作职责和安全生产责任制。

（2）抓好管理的业务和工作。

（3）协助、配合主任帮助、指导、督促、检查、考核公司各矿地质和水文地质工作，帮助各矿摸清本井田的地质和水文地质情况，为矿井开拓部署及矿井防治水工作提供准确、可靠的资料、信息、依据。

（4）协助、配合主任指导、督促、检查、考核各矿测量工作，建立健全井上下测量控制系统和地面沉陷观测系统。

（5）协助、配合主任帮助所属矿井编制井下各类保护煤柱、防隔水煤柱设计，并进行审查和批复。

（6）协助、配合主任帮助、指导、督促各矿的防治水工作，帮助、指导、督促、检查各矿的探放水设计和探放水作业，确保防治水工作到位。

（7）协助、配合主任管理好公司检测中心，保证物探跟踪探测及时、到位，保证物探结果的准确性，为各矿探放水提供可靠的依据。

（8）协助、配合主任帮助、指导、检查、考核煤矿的地测防治水安全生产标准化建设工作。

（9）协助、配合主任做好地测防治水专业新技术、新工艺、新设备的推广应用工作。

（10）协助、配合主任参与公司煤矿水灾事故的抢险救援，调查分析、处理。

4.19　工程管理部负责人安全生产责任制

4.19.1　工程管理部部长安全生产责任制

（1）负责组织审查、监督、检查基建工程安全设施和职业卫生设施“三同时”的落实。

（2）负责组织监督检查基建项目“三方安全责任”的落实。

（3）负责组织监督检查基建工程施工质量和施工安全，监督“三方”对存在的工程质量和施工安全问题进行整改。

（4）参与或组织基本建设工程报招，负责审查施工单位的安全资质，确保施工队伍合格。

（5）参加基建项目安全事故的抢救、调查、分析与处理。

4.19.2　工程管理部副部长安全生产责任制

（1）协助部长落实本部门工作职责和安全生产责任制。

（2）抓好分管业务和工作。

（3）协助、配合部长组织审查、监督、检查基建工程安全设施和职业卫生设施“三同时”的落实。

（4）协助、配合部长监督检查基建项目“三方安全责任”的落实。

（5）协助、配合部长监督检查基建工程施工质量和施工安全，监督“三方”对存在的工程质量和施工安全问题进行整改。

（6）协助、配合部长参与或组织基本建设工程报招，负责审查施工单位的安全资质，确保施工队伍合格。

4.20　煤炭销售管理部负责人安全生产责任制

4.20.1　煤炭销售部部长安全生产责任制

（1）全面负责煤炭销售业务的安全管理工作，对销售工作的安全工作负主要管理责任。

（2）团结、带领部门人员认真履行部门职责，全面落实本部门安全生产责任制，保质保量完成各项安全工作任务。

（3）负责组织销售人员开展安全教育和培训工作，提高本部门人员的安全素养。

（4）配合公司开展各项安全活动。

（5）完成公司或上级交办的临时性安全工作任务。

4.20.2　煤炭销售部副部长安全生产责任制

（1）协调、配合部长落实部门工作职责和安全生产责任制。

（2）协调、配合部长抓好煤炭销售业务的安全管理工作。

（3）协调、配合部长完善各项安全生产管理制度，检查督促安全管理制度的落实。

（4）协调、配合部长组织对部门人员的安全生产教育工作。

（5）协调、配合部长督促部门人员履行岗位职责和岗位安全生产责任制。

4.21　贸易物流部负责人安全生产责任制

4.21.1　贸易物流部部长安全生产责任制

（1）负责组织贸易物流板块安全生产工作，准确掌握公司各贸易单位安全生产动态、信息。

（2）负责向贸易物流单位传达安全文件、会议精神，督促解决贸易物流单位存在的各类安全问题。

（3）负责组织各贸易单位开展安全教育和培训工作，提高本部门人员的安全素养。

（4）审批贸易物流板块的各项安全管理制度，并监督落实情况。

（5）经常组织对贸易物流板块所属单位的安全情况进行检查。

（6）及时按照市公司安全生产管理部的安全管理要求和各项安全规章制度开展工作，及时向本部门员工贯彻各级各类安全生产会议精神、决定等，并确保贯彻到位。

（7）做好本部门员工的安全教育和培训工作，积极组织本部门人员参加公司组织的各类安全活动。

（8）按时完成安全绩效考核工作。

（9）积极完成公司安排的各类安全工作任务。

4.21.2　贸易物流部副部长安全生产责任制

（1）协调、配合部长落实部门工作职责和安全生产责任制。

（2）抓好贸易物流板块的安全管理工作。

（3）协调、配合部长向贸易物流单位传达各级安全文件、会议精神，督促解决贸易物流单位存在的各类安全问题。

（4）协调、配合部长组织各贸易单位开展安全教育和培训工作，提高本部门人员的安全素养。

（5）协调、配合部长审批贸易物流板块的各项安全管理制度，并监督落实情况。

（6）协调、配合部长经常组织对贸易物流板块所属单位的安全情况进行检查。

（7）协调、配合部长及时按照市公司安全生产管理部的安全管理要求和各项安全规章制度开展工作，及时向本部门员工贯彻各级各类安全生产会议精神、决定等，并确保贯彻到位。

（8）协调、配合部长做好本部门员工的安全教育和培训工作，积极组织本部门人员参加公司组织的各类安全活动。

（9）协调、配合部长按时完成安全绩效考核工作。

（10）积极完成公司安排的各类安全工作任务。

4.22　多种经营管理部负责人安全生产责任制

4.22.1　多种经营管理部部长安全生产责任制

（1）认真贯彻执行党和国家的安全生产方针、政策和安全生产法律、法规等有关安全生产的规定。部长是多种经营管理部安全生产的第一责任者，对本部门及所属多元产业各单位的安全工作全面负责。

（2）督促建立健全本部门及所属多元产业各单位的安全生产责任制，组织并抓好安全生产责任制的落实。

（3）组织制定本部门及所属多元产业各单位安全生产规章制度和安全操作规程，并督促落实。

（4）负责召开多元产业系统安全生产会议，研究解决重大安全生产问题，针对安全生产中存在的关键问题及薄弱环节，制定相应的防范措施并督促执行。

（5）负责组织对多元产业各单位的安全检查工作，针对安全生产中的问题，组织制定整改措施，并督促整改。

（6）对多元产业发生的安全事故，要及时组织抢救工作和事故的追查、分析、处理工作。

（7）负责组织多元产业各单位应急预案的编制，并督促和检查预案的落实，对重大事故要亲自指挥。

（8）做好本部门及所属多元产业员工的安全思想教育和业务培训，努力提高员工的综合素质。

（9）带领本部门及所属多元产业员工做好本部门员工的自主保安工作，确保员工在工作中的安全。

（10）按时保质保量完成交办的临时性安全工作任务。

4.22.2　多种经营管理部副部长安全生产责任制

（1）协助、配合部长认真贯彻执行党和国家的安全生产方针、政策和安全生产法律、法规等有关安全生产的规定。

（2）抓好分管的业务和工作。

（3）协助、配合部长督促建立健全本部门及所属多元产业各单位的安全生产责任制，组织并抓好安全生产责任制的落实。

（4）协助、配合部长组织制定本部门及所属多元产业各单位安全生产规章制度和安全操作规程，并督促落实。

（5）协助、配合部长负责召开多元产业系统安全生产会议，研究解决重大安全生产问题，针对安全生产中存在的关键问题及薄弱环节，制定相应的防范措施并督促执行。

（6）协助、配合部长负责组织对多元产业各单位的安全检查工作，针对安全生产中的问题，组织制定整改措施，并督促整改。

（7）协助、配合部长对多元产业发生的安全事故，要及时组织抢救工作和事故的追查、分析、处理工作。

（8）协助、配合部长负责组织多元产业各单位应急预案的编制，并督促和检查预案的落实。

（9）协助、配合部长做好本部门及所属多元产业员工的安全思想教育和业务培训，努力提高员工的综合素质。

（10）协助、配合部长带领本部门及所属多元产业员工做好本部门员工的自主保安工作，确保员工在工作中的安全。

（11）按时保质保量完成交办的临时性安全工作任务。

4.23　招标管理办公室负责人安全生产责任制

4.23.1　招标管理办公室经理安全生产责任制

（1）及时向各矿供应安全生产所需的物资(设备、材料、大型配件等),确保满足安全生产的需要。

（2）保证采购供应的设备、材料、配件等质量合格,特别是煤矿井下物资,能切实保证安全生产。

（3）负责组织服务、指导、监督、检查所属各矿生产物资供应管理工作，及时排查物资供应管理中心的安全问题并督促解决。

（4）负责建立和管理公司生产安全事故应急物资储备，确保应急物资储备满足要求。

（5）参加公司生产安全事故抢险救援，确保抢险救援所需物资及时到位，保证抢险救援工作顺利进行。

（6）负责组织建立健全公司物资供应安全管理制度并督促检查。

4.23.2　招标管理办公室副经理安全生产责任制

（1）协助经理落实本部门工作职责和安全生产责任制。

（2）抓好分管业务和工作。

（3）协助、配合经理及时向各矿供应安全生产所需的物资（设备、材料、大型配件等），确保满足安全生产需要。

（4）协助、配合经理保证采购供应的设备、材料、配件等质量合格，特别是煤矿井下用物资能切实保证安全生产。

（5）协助、配合经理服务、指导、监督、检查所属各矿生产物资供应管理工作，及时排查物资供应管理中心的安全问题并督促解决。

（6）协助、配合经理建立和管理公司生产安全事故应急物资储备，确保应急物资储备满足要求。

（7）协助、配合经理参与公司生产安全事故抢险救援，确保抢险救援所需物资及时到位，保证抢险救援工作顺利进行。

（8）协助、配合经理建立健全公司物资供应安全管理制度并督促检查。

4.24　后勤管理中心负责人安全生产责任制

4.24.1　后勤管理中心经理安全生产责任制

（1）全面负责后勤管理中心的安全管理工作，对后勤管理中心的安全工作负主要管理责任。

（2）负责组织认真贯彻执行《食品卫生法》的有关规定，做好食品卫生安全，杜绝食物中毒、水污染以及危害职工身体健康的事故。

（3）负责组织公司锅炉、制冷设备、炊事机械设备及其他设备的安全运行，尤其是特种设备的维护保养，要严格按照管理规定及时检查、记录备案，保证安全运转；规范从业人员的操作规程，杜绝违章现象，避免事故发生。

（4）负责组织公司办公区域和家属住宅区建筑物的维护检修及安全隐患整改，并负责上述2个辖区的排洪沟、地下排水通道的疏通工作，保障防洪泄排能力，防患于未然。

（5）负责组织对办公区域、家属住宅区的水、电、气线路故障的处理及职工宿舍、贵宾楼内部设施的维护修理工作，指导职工安全用水、用电、用气。

（6）负责组织配合设备部门对办公楼和小区住宅避雷设施的安全检查及隐患排除，保障生命财产安全。

（7）负责组织办公区域和家属住宅区的安保、消防及车辆管理工作，确保职工和住户的人身财物安全。

（8）负责组织公司办公设备、设施、耗材等物资材料的采购、验收、登账、保管和发放工作，确保质量符合要求。

（9）负责组织全公司及小区的绿化和花草树木的管理，营造温馨适宜的工作生活环境，并对妨碍安全生产的树木和枯枝及时修剪。

（10）负责组织在后勤服务专业安全生产委员会的领导下，具体负责对全公司各单位后勤服务管理进行安全（生活供暖、供水、食品卫生、两堂一舍管理）监督检查。

（11）负责组织参与公司对各单位后勤管理方面的安全检查和煤矿地面设施安全生产标准化检查验收。

4.24.2　后勤管理中心副经理安全生产责任制

（1）协助、配合经理落实后勤管理中心工作职责和安全生产责任制。

（2）抓好分管业务和工作及其安全工作，安全副经理具体负责后勤管理中心安全工作，完成各项安全工作任务，主动检查和落实后勤管理中心的安全管理工作，对后勤管理中心安全负主要管理责任。

（3）协助、配合经理认真贯彻执行《食品卫生法》的有关规定，做好食品卫生安全，杜绝食物中毒、水污染以及危害职工身体健康的事故。

（4）协助、配合经理组织公司锅炉、制冷设备、炊事机械设备及其他设备的安全运行，尤其是特种设备的维护保养，要严格按照管理规定及时检查、记录备案，保证安全运转，规范从业人员的操作规程，杜绝违章现象，避免事故发生。

（5）协助、配合经理组织公司办公区域和家属住宅区建筑物的维护检修及安全隐患的整改，并负责上述2个辖区的排洪沟、地下排水通道的疏通工作，保障防洪泄排能力，防患于未然。

（6）协助、配合经理组织对办公区域、家属住宅区的水、电、气线路故障的处理及职工宿舍、贵宾楼内部设施的维护修理工作，指导职工安全用水、用电、用气。

（7）协助、配合经理组织配合设备部门对办公楼和小区住宅避雷设施的安全检查及隐患排除，保障生命财产安全。

（8）协助、配合经理组织办公区域和家属住宅区的安保、消防及车辆管理工作，确保职工和住户的人身财物安全。

（9）协助、配合经理组织公司办公设备、设施、耗材等物资材料的采购、验收、登账、保管和发放工作，确保质量符合要求。

（10）协助、配合经理组织全公司及小区的绿化和花草树木的管理，营造温馨适宜的工作生活环境，并对妨碍安全生产的树木和枯枝及时修剪。

（11）协助、配合经理组织在后勤服务专业安全生产委员会的领导下，具体负责对全公司各单位后勤服务管理进行安全（生活供暖、供水、食品卫生、两堂一舍管理）监督检查。

（12）协助、配合经理组织参与公司对各单位后勤管理方面的安全检查和煤矿地面设施安全生产标准化检查验收。

5　二级公司部门各岗位安全生产责任制

5.1　党委工作部相关岗位安全生产责任制

5.1.1　党委工作部科员安全生产责任制

（1）负责办好“党建工作月报”和公司网站中有关安全生产等内容的上传更新。

（2）协助部门领导做好企业安全文化建设和宣传工作。

（3）健全完善党务管理等各项工作制度，并组织实施有关安全生产工作方面的检查与考核。

（4）落实好部门领导安排的其他安全工作。

5.1.2　党委工作部新闻中心记者安全生产责任制

（1）在部门负责人的领导下，主要负责收集新闻中心安全生产工作的信息。

（2）负责基层通讯员关于安全生产工作方面稿件的审核、上报、统计工作。

（3）做好安全生产新闻图片资料的收集、整理、分类、归档及保管工作，完善档案资料；负责组织和统筹协调企业内、外媒体开展安全生产的新闻采访工作。

（4）承担有关安全生产的新闻采访任务、企业重大活动、会议的稿件采写、图片视频的拍摄等。

（5）完成部门领导和主任交办的其他安全工作。

5.2　纪委相关岗位安全生产责任制

5.2.1　纪委效能检查室科员安全生产责任制

（1）协助主任制定有关安全生产效能监察实施办法，并配合主任开展企业对于国家和公司安全生产法令、规定、指示和有关规章制度的执行落实情况的效能监察。

（2）协调本部门与安全监督管理部门的关系，配合主任具体开展安全生产和经营活动效能监察项目的实施、检查、督导，并负责起草效能监察报告等文件及档案管理工作。

（3）负责对工程建设、物资采购等环节的招标活动的合法合规性进项监督，并对施工资质进行审查，保障项目施工的安全性。

（4）参加机关各项安全生产活动培训，树立安全意识，明确本岗位安全责任。

（5）配合其他部门做好各项安全工作并完成领导临时交办的其他安全工作。

5.2.2　纪委法律事务室科员安全生产责任制

（1）在主任的领导下，开展与公司安全生产经营有关的法律咨询和法律服务。

（2）综合协调公司内部的有安全生产的法律工作。

（3）积极开展公司企业员工的安全生产普法工作，对公司全体职工进行安全生产法制宣传、教育、培训，增强员工法制观念，提高员工素质。

（4）负责代理企业参加有关安全生产诉讼、仲裁，依法举报犯罪，维护企业合法权益。

（5）收集、整理、保管有关违反安全生产的案件及合同有关材料，做好归档工作。

（6）协助主任进行有关安全生产的法律论证，提出解决方案或参与相关纠纷的调解。

（7）负责公司常年有关安全生产法律顾问的联络协调及相关工作。

（8）协助主任完成其他临时性的安全工作任务。

5.2.3 纪检监察室科员安全生产责任制

（1）进行有关安全生产党风和党纪状况的调研，对严重违反安全生产的行为协助主任做好立案、调查和处理工作。

（2）收集、整理、保管与企业安全生产经营管理有关的法律、法规、政策文件资料，负责企业的法律事务档案管理。

（3）落实查处党员违反安全生产的案件和干部职工违反安全生产政纪的案件。

（4）检查和协调各基层单位纪委（纪检组）办理有关违反安全生产的信访举报案件的查处情况，督办要求查报结果的有关安全生产信访举报案件的查处工作，掌握全系统违反安全生产案件查处进展情况。

（5）负责纪委的安全廉政文化宣传教育工作。

（6）做好主任安排的其他安全工作任务。

5.2.4 党风廉政室科员安全生产责任制

（1）负责有关安全生产党风廉政建设相关文件的起草及贯彻落实等工作。

（2）配合主任组织开展有关安全生产的党风廉政教育及相关活动。

（3）收集有关安全生产党风廉政建设相关信息、资料、照片，对工作简报和相关文件进行起草、收集及整理。

（4）对日常的有关安全生产按照文书工作规定，认真做好有关安全生产文件的收发、登记、转办、催办、清退、立卷、归档工作。

（5）负责协助主任制定党风廉政工作计划和具体方案，对党风廉政建设工作提出建议和意见。

（6）收集、整理、保管有关违反安全生产案件的有关材料，做好保密工作，整理结案材料，做好归档工作。

（7）完成领导交办的其他安全工作。

5.3 工会相关岗位安全生产责任制

5.3.1 工会文体干事安全生产责任制

（1）认真执行国家安全生产方针、政策、法律、法规。

（2）自觉遵守公司各项安全生产规章制度。

（3）发现安全隐患或事故，迅速采取措施并及时向上级领导报告。

（4）自觉遵守并执行工会安全值班制度，加强对部门内设施的安全管理，对用电、防火、防盗等工作进行检查，做好防范工作，提高防范能力。

（5）按照有利于职工身心健康的原则，制定本公司文体活动计划。

（6）积极开展多种形式的健康有意义的文体活动，提高广大干部职工身体素质，不定期地组织各类比赛活动，丰富干部职工的业余文化生活。

（7）负责各项文体活动的赛前、赛后的宣传组织工作，重点组织好重大节假日的文体活动。

（8）做好各类文体活动的总结工作。

（9）积极配合下属单位工会工作，组织好相关文体活动。

（10）认真完成领导交办的其他工作。

5.3.2 工会权益保障干事安全生产责任制

（1）认真执行国家安全生产方针、政策、法律、法规。

（2）自觉遵守公司各项安全生产规章制度。

（3）发现安全隐患或事故，迅速采取措施并及时向上级领导报告。

（4）自觉遵守并执行工会安全值班制度，加强对部门设施的安全管理，对用电、防火、防盗等工作进行检查，做好防范工作，提高防范能力。

（5）负责工会档案管理工作，做好纸质文件的存档和归档管理。

（6）配合部长认真做好起草、修改、完善新的集体合同、工资集体协商和女职工专项合同，及时报送集体合同、工资集体协商和女职工专项合同、文本及其他实名制统计报表。

（7）负责引导职工进行健康体检，为职工办理大病医疗保险及女职工特病保险。

（8）协助部长了解和掌握本单位困难职工的生活状况，建立完善困难职工档案，按时开展各种形式的“送温暖”活动及“金秋助学”活动。

（9）配合女工部部长做好女工日常工作。

（10）积极完成日常事务工作和领导交办的其他工作。

5.3.3　工会图书管理员安全生产责任制

（1）图书管理员在工会的领导下，严格执行图书管理的规章制度。

（2）图书管理员要树立为职工服务的思想，钻研业务，掌握图书管理业务的基本技能，制订和执行公司“职工书屋”的管理工作。

（3）做好职工的图书出借和阅览工作，经常研究职工的学习借阅情况，不断改进工作方法，简化借阅手续，提高图书流通率，充分发挥图书在陶冶职工思想品德和增强职工学习文化科学知识方面的作用。

（4）选购图书、订阅期刊有计划、有原则，及时添购新书籍、书柜，新书刊及时上架，投入流通，不无故积压。

（5）经常组织开展读书活动，做好书刊的鉴别工作，严禁内容不健康的书刊出借和阅读。

（6）爱护图书财产，定期查库，账物要清，保持书屋整洁通风，做好防虫、防潮、防火、防盗等安全保护工作。

（7）定期做好报纸、杂志的装订保管工作，及时修补损坏书籍、杂志。

（8）做好爱护图书和遵守阅览室制度的宣传教育工作。

5.3.4　工会宣传干事安全生产责任制

（1）认真执行国家安全生产方针、政策、法律、法规。

（2）自觉遵守公司各项安全生产规章制度。

（3）发现安全隐患或事故，迅速采取措施并及时向上级领导报告。

（4）自觉遵守并执行工会安全值班制度，加强对部门内设施的安全管理，对用电、防火、防盗等工作进行检查，做好防范工作，提高防范能力。

（5）配合工会综合部副部长做好各类劳动竞赛、技能比武及“创三优”活动的相关工作。

（6）配合工会综合部副部长做好评先评优和劳模评比评选工作。

（7）配合工会其他人员共同做好各项文体活动的组织工作和相关摄影摄像工作。

（8）认真完成领导临时交办的安全工作任务。

5.3.5　工会文秘安全生产责任制

（1）认真执行国家安全生产方针、政策、法律、法规。

（2）自觉遵守公司各项安全生产规章制度。

（3）发现安全隐患或事故，迅速采取措施并及时向上级领导报告。

（4）自觉遵守并执行工会安全值班制度，加强对部门内设施的安全管理，对用电、防火、防盗等工作进行检查，做好防范工作，提高防范能力。

（5）负责工会信息工作，以及各项会议的组织和记录工作。

（6）积极开展调查研究，总结交流经验，为工会领导决策提供参考。

（7）负责有关讲话、文件起草和文稿审核工作。

（8）负责重要会议和会议决定事项的督查工作。

（9）负责与上、下级工会组织和有关部门的联系，做好上传下达。

（10）及时对工会工作进行总结和对下级工会报送信息进行汇总。

（11）每月按时完成月刊定稿、校对和出版。

（12）积极完成工会内部日常事务工作和领导布置的临时安全工作任务。

5.4 综合办公室相关岗位安全生产责任制

5.4.1 综合办公室车队管理岗位安全生产责任制

（1）认真贯彻落实安全生产法律、法规以及二级公司安全工作部署，做好车队地面安全管理工作。

（2）认真执行车辆保养制度，督促检查车辆维护保养工作，做好记录，保证用车安全。

（3）做好司机日常安全管理工作，贯彻执行各项技术标准、操作规范、规章制度。

（4）抓好日常安全教育工作，召开安全会议，分析影响安全生产的各类问题和事故隐患，并提出防范措施和处理意见。

（5）合理安排出车次序，做好出车前和收车后的检查工作，认真填写工作日志及行车记录，保证出车安全。

（6）负责处理出车过程中的突发事故，做好交管部门的协调工作，定期办理车辆相关手续。

（7）完成领导交办的其他安全相关工作。

5.4.2 综合办公室会务接待岗位安全生产责任制

（1）认真贯彻落实安全生产法律、法规及二级公司的安全工作部署，做好会务接待相关安全工作。

（2）负责组织协调各单位各部门安全生产工作会议，布置会场，保障会场安全。

（3）协助安监部门负责接待安全生产所需各项接待服务，保障安全生产工作人员食宿安全。

（4）做好各项安全检查招待工作。

（5）配合完成安监部门等涉煤部门的安全生产相关工作。

（6）完成领导交办的其他安全相关工作。

5.4.3 综合办公室公文处理岗位安全生产责任制

（1）学习、宣传、贯彻党的安全生产方针及集团公司和二级公司相关安全生产的文件、通知、指示等，做好上传下达，保证公文流转高效。

（2）负责及时签收集团公司下发的安全生产相关文件，登记备案，呈送公司领导签审。

（3）负责向各煤矿生产单位下发安全生产相关文件，协助安监部传达相关文件会议精神和安全生产工作要求。

（4）负责归类整理安全生产相关文件和材料，保存相关文档。

5.4.4 综合办公室档案机要岗位安全生产责任制

（1）认真学习贯彻落实安全生产法律、法规以及集团公司和二级公司的安全工作部署，做好档案机要安全工作。

（2）做好安全生产相关工作的文件资料档案管理工作，保证档案材料以及档案室地面安全。

（3）做好二级公司机保密和档案安全管理工作。

（4）做好二级公司印章、证照相关资料安全管理工作。

（5）协助其他部门做好安全生产相关工作。

（6）完成领导交办的其他安全工作。

5.5 人力资源部相关岗位安全生产责任制

5.5.1 人力资源部干事安全生产责任制

（1）认真贯彻执行国家有关安全生产的一系列方针、政策、法律法规和上级有关安全生产的规定、命令、决定、通知、通报等。

（2）严格按照党和国家劳动法规方面的政策法令和公司有关规定办事。

（3）认真贯彻执行工资与劳动保护政策，在制订劳动定额、工资分配、奖励发放等制度时必须与安全质量紧密结合在一起，实行统一考核。

（4）负责工资、奖金和各种津贴的管理工作，审定各类人员的标准工资、效益工资和其他，办理职工的晋级、工资转移，审查各部门工资、奖金、各种津贴的计算与发放。按规定结算工资、奖金，经常深入实际调查研究，解决工资中存在的问题，并提出改进意见。

（5）负责员工劳动纪律、考勤和奖惩的管理工作，严格按规定办理职工请假手续，检查劳动纪律和考勤制度的执行情况。

（6）参与编制和实施工资分配方案。

（7）负责离退休人员的管理，办理职工退休、退职等手续。

（8）负责劳资统计，做到数字准确、资料丰富、信息灵通。

（9）做好劳动定额、定员工作。

（10）拟定劳动工资和干部管理方面的管理标准或规章制度。

（11）负责编制年度劳动工资计划，确定各年职工人数、工资总额等指标。

（12）做好干部档案的管理，将干部有关材料及时归档，每年进行一次整理。

（13）负责专业技术干部的职称考试报名、评审材料的报送等工作，做好专业技术干部的聘任和考核。

（14）负责上报有关干部、薪酬等报表。

（15）劳动组织必须合理，做到各工种配备齐全，充分发挥一线老工人在安全生产中的骨干作用，做好传、帮、带工作；保持一线老员工的相对稳定，对不适应井下工作的员工，立即调离。

（16）贯彻执行职业安全卫生的法律、法规、条例、标准和公司的有关规定，负责公司全员的安全教育培训和再教育。

（17）负责组织特种作业人员的安全资格和安全操作能力培训考核，其必须通过专门的培训考核，取得相应有效证件，按规定实习期满后才能上岗作业。

（18）完成上级和领导交办的其他临时性安全工作。

5.5.2 人力资源部档案管理员安全生产责任制

（1）认真贯彻执行国家有关安全生产的一系列方针、政策、法律法规和上级有关安全生产的规定、命令、决定、通知、通报等。

（2）负责收集、征集、接收、整理、分类、立卷、保管、统计各类档案、资料的工作。

（3）负责档案的开放和利用工作，严格按规定办理档案利用的查阅、借阅、复印、摘抄与咨询服务。

（4）负责档案编研和档案汇编工作。

（5）负责档案案卷和档案库房的维护工作，做好档案的消毒、防火、防虫、防鼠、防盗、防尘、防光、防磁、防辐射工作，做好损坏档案的修复工作，确保档案安全。

（6）遵守保密制度，未经批准，不得利用职权擅自扩大档案的利用范围，不得泄露档案的机密和内容，确保档案机密的安全。

（7）完成领导临时交办的其他安全工作。

5.6 企业管理部相关岗位安全生产责任制

企业管理部科员安全生产责任制

(1) 认真贯彻执行党和国家的安全生产方针、政策、法律、法规及上级有关安全生产指示和规定，在部长的领导下，进行公司安全生产宣传教育，计划与统计、绩效考核。对本部门业务范围内的安全工作全面负责。

(2) 不断加强自身业务学习，加强肩负责任，提升安全工作意识，把安全意识与责任融入到日常管理工作中。

(3) 报表管理人员要确保上报统计数据真实、完整、准确。严格遵守报表收集与报送时间，做好保密工作。各种文件，资料严加管理，妥善保管。

(4) 经济运行分析管理，协作部长做好本企业月度经济运行分析工作。落实绩效考核工作，按相关规定进行薪酬考核，保证考核工作顺利进行。

(5) 档案管理人员任职执行《中华人民共和国档案法》，认真做好立卷、归档、移交、鉴定、销毁工作。

(6) 完成部长及副部长交办的其他工作。

(7) 协助做好各类安全生产目标的考核。

(8) 保证办公场所防火防盗，保证安全用电工作，实现安全工作目标。下班及时熄灯，并关闭电脑、空调等电器电源，确保用电安全。

5.7 计划发展部相关岗位安全生产责任制

计划发展部科员安全生产责任制

(1) 认真贯彻执行党和国家的安全生产方针、政策、法律、法规及上级有关安全生产指示和规定，在部长的领导下，进行公司安全生产宣传教育，计划与统计、绩效考核保证办公场所防火防盗，保证安全用电等工作，实现安全工作目标。

(2) 不断加强自身业务学习，加强肩负责任，提升安全工作意识，把安全意识与责任融入日常管理工作中。

(3) 报表管理人员要确保上报统计数据真实、完整、准确性；严格遵守报表收集与报送时间，完善保密制度；各种文件，资料严加管理，妥善保管。

(4) 项目管理人员要做好项目投资的可行性研究，在重大变更决策时为公司决策提供意见和参考；做好项目建设实施，做好公司的各种证件、资料保管整理工作。

(5) 经济运行分析管理，协作部长做好本企业月度经济运行分析工作。落实绩效考核工作，按相关规定进行薪酬考核，保证考核工作顺利进行。

(6) 档案管理人员认真执行《档案法》，认真做好立卷、归档、移交、鉴定、销毁工作。

(7) 落实专项资金计划，按规定做好工商年检、资质变更等工作，为公司安全运营提供保障。

(8) 下班及时熄灯，并关闭电脑、空调等电器电源，确保用电安全。

5.8 财务管理部相关岗位安全生产责任制

财务管理部科员安全生产责任制

(1) 认真贯彻“安全第一，预防为主，综合治理”的安全生产方针，深化安全生产的“双基”工作。

(2) 严格遵守国家及各级政府、主管部门制定的安全生产法律、法规并自觉接受监督。

(3) 自觉遵守和执行公司的各项规定，做好本部门业务保安和办公场所的设施、设备安全；严格执行财务管理部办公区域管理制度。

（4）加强工作责任心，提高安全意识，做好财务账簿、保险柜的管理工作，做好防火、防盗、防破坏工作，积极协助其他部门做好安全生产工作。

（5）确定安全费用提取标准，专项用于安全生产，保证资金到位。

（6）积极完成部长安排相关的安全防范工作。

（7）参加安全活动、学习安全技术知识，严格遵守各项安全生产规章制度。

5.9　审计部相关岗位安全生产责任制

审计部科员安全生产责任制

（1）贯彻国家的安全方针、政策、法律、法规等，贯彻省、市政府的相关规定、要求，贯彻集团公司、二级公司对安全工作的要求。

（2）积极完成部长安排的相关安全防范工作。

（3）自觉遵守和执行公司的各项规定，做好本部门业务保安和办公场所的设施、设备安全，并注意上、下班途中的安全，做好自主保安和互保联保工作。

（4）进行审计时做好业务及审计现场的安全工作。

5.10　法律事务部相关岗位安全生产责任制

5.10.1　法律事务普法培训员安全生产责任制

（1）贯彻落实国家安全生产的方针、政策、法律、法规和公司各项安全管理制度及有关规定，切实履行本岗位安全职责。

（2）正确执行国家法律、法规。

（3）提供与公司有关的法律咨询。

（4）负责公司法制、安全宣传教育工作，研究制定有关工作规划、计划和制度措施。

（5）制定年度法制、安全宣传工作计划和年度工作总结。

（6）建立普法志愿队伍，利用普法阵地开展普法活动，进一步扩大普及面。

（7）组织公司职工开展法制教育活动，提高法制意识和自我保护意识。

（8）组织开展法制宣传教育主题实践活动。

（9）做好普法依法治理的其他工作及完成领导交办的其他事项。

5.10.2　法律事务部合同管理员安全生产责任制

（1）贯彻落实国家安全生产的方针、政策、法律、法规和公司各项安全管理制度及有关规定，切实履行本岗位安全职责。

（2）正确执行国家法律、法规；负责制定合同管理总体规划，全面提升合同管理水平，建立健全合同管理制度。

（3）参与重大合同的招标、谈判、签约等活动。

（4）负责纸质合同和《合同风险管控系统》中合同的合法性审查。

（5）负责合同章的盖章及保管工作。

（6）会同合同承办部门制作发布示范文本，建立合同文本库。

（7）指导、监督、检查各类合同的签订和履行情况。

（8）参与合同的纠纷、调解、仲裁、诉讼活动。

（9）对合同的签订、履行情况进行调查研究、统计分析、提出加强合同管理的意见和建议。

（10）建立合同的法律审查档案、台账、报表等基础工作。

（11）完成领导交办的其他事项。

5.10.3 法律事务部诉讼事务员安全生产责任制

（1）贯彻落实国家安全生产的方针、政策、法律、法规和公司各项安全管理制度及有关规定，切实履行本岗位安全职责。

（2）正确执行国家法律、法规；负责将发生或可能发生重大法律纠纷案件的情形等有关信息及时向部门负责人进行报告。

（3）负责公司法律纠纷案件管理工作进行指导和监督。

（4）协助法律纠纷案件承办部门收集整理法律纠纷案件证据材料，协助并指导业务承办部门提出处理方案。

（5）审查法律纠纷案件处理方案并组织对法律纠纷案件处理方案进行论。

（6）负责法律纠纷案件归档、备案等工作。

（7）受法定代表人委托，参加诉讼、仲裁、行政复议及听证等活动。

（8）办理法律纠纷案件管理过程中的其他工作，完成领导交办的其他事项。

5.10.4 法律事务部非诉讼事务员安全生产责任制

（1）贯彻落实国家安全生产的方针、政策、法律、法规和公司各项安全管理制度及有关规定，切实履行本岗位安全职责。

（2）正确执行国家法律、法规。

（3）负责公司及下属单位非诉讼案件的协调、监督、管理。

（4）负责《合同风险管控系统》的流程设计、维护等工作，确保系统安全运行。

（5）负责外聘律师的选择、联络工作，并对法律中介机构的工作情况进行监督和评价。

（6）负责公司及下属单位之间民事、经济纠纷的协调处理。

（7）负责公司清欠管理、统计、报表工作。

（8）开展法律纠纷案件防范工作，对违反法律、法规的行为提出纠正意见，监督或者协助有关部门予以整改。

（9）完成领导交办的其他事项。

5.10.5 法律事务部综合服务员安全生产责任制

（1）贯彻落实国家安全生产的方针、政策、法律、法规和公司各项安全管理制度及有关规定，切实履行本岗位安全职责。

（2）负责拟订公司法务安全生产有关的规章、制度、办法，并监督执行。

（3）负责部门管理制度、办法的编制。

（4）负责部门文件的起草、收发、归档工作，并做好资料的保密工作。

（5）负责部门固定资产、低值易耗品、办公用品、礼品等领用、分发和管理工作。

（6）完成领导交办的其他事项。

5.11 生产指挥中心相关岗位安全生产责任制

5.11.1 调度员安全生产责任制

（1）贯彻执行国家、省、市有关矿安全生产的法律、法规、规章、标准、技术规范、指示、指令、三大规程和公司各项规章制度。

（2）在主任、值班主任领导下，认真细致了解各矿当班安全生产情况，基建工程及其他重点工程的进展情况。

（3）坚守工作岗位，不得擅离职守。严格交接班制度，交清当班、当天安全生产情况和存在急需解决的问题，掌握安全生产的全过程，并将交接内容填写交接班记录。

（4）在值班主任的领导下，及时收集汇总各矿安全生产指标，并准确无误地完成各种报表、台账、记录的填写、管理。

（5）了解和收集各矿影响安全生产的各种因素及重大隐患，对威胁安全生产的重大问题要及时下达及时撤人的调度命令，督促有关部门采取有效措施解决，并按相关程序及时汇报各级领导。

（6）当矿井发生重大事故时，要按照事故的汇报程序向有关领导和部门汇报，在值班领导的指挥下，积极调度有关部门和人员迅速抢救，并及时通知通信人员赶赴现场，保证及时联络。

（7）深入各矿生产一线，熟悉了解各矿生产各系统、采掘设备和各工作面状况，掌握各矿安全管理重点和薄弱环节，并做好解决问题的记录。

（8）认真做好各类文件、通知的接受、发放并做好记录，做好上情下达，对上级的调度通报、指令，认真组织有关单位传达落实。

（9）做好下情上报工作，对基层单位反映的安全隐患及存在的问题，根据具体情况，及时向领导汇报，并做好记录。

（10）认真查询各矿领导带班、值班情况，当班出勤情况及并做好解决问题的记录。

（11）抓好“雨季三防”“冬季三防”查询工作，对极端天气要及时预警，并及时了解各矿降雨情况及隐患处理。

（12）负责本部门安全生产标准化动态达标建设。

（13）积极参加各类安全生产会议和安全生产培训宣传教育活动，提高自身安全生产素质和业务技术水平。

（14）完成领导安排的其他工作。

5.11.2　信息主管安全生产责任制

（1）贯彻执行国家有关煤矿安全生产的法律、法规、标准、技术规范、指示、指令、“三大规程”和公司各项规章制度。

（2）协助生产指挥中心部长做好安全生产工作，开展信息化建设、自动化建设、通信系统建设、安全监控系统建设、计算机网络建设等管理工作。

（3）组织制定信息组各岗位责任制和各项管理制度，并按规定进行考核。

（4）负责信息组的具体工作，对各项工作进行统一安排。

（5）认真监督检查各系统的运行情况、台账的记录情况和数据、软件的备份情况，认真监督检查考核，保证各系统运行正常。

（6）建立健全公司调度信息化建设和计算机网络建设方面的有关技术资料，建立技术资料档案化管理。

（7）负责保障公司至集团公司和各矿通信系统的畅通、数据传输正常，协调好与各开发商和服务商的业务关系。

（8）做好本信息组人员的选配工作，认真管理好员工，并随时监督检查他们的工作，加大技术人才培养力度。

（9）实行三严管理，认真执行“安全第一，预防为主”的方针，认真抓好机房清洁卫生、机房各设备的安全运行情况、消防设施和设备的使用情况、生产指挥中心大厅各计算机、传真机、LED等设备的安全使用状况。

（10）深入了解公司所属各矿井信息化建设和信息化联网上传运行情况，保证本岗位的安全生产标准化活动达标。

（11）每周召开一次总结会，总结上周各系统运行中存在问题和工作中员工需要注意的问题，制定措施，提出下周工作安排和解决问题的措施。

（12）完成领导安排的其他工作。

5.11.3 安全监控管理员安全生产责任制

（1）贯彻执行国家、省、市有关煤矿安全生产的法律、法规、标准、技术规范、指示、指令、“三大规程”和公司各项规章制度。

（2）负责公司生产指挥中心安全调度管理系统的安装、维护、巡检等相关管理工作，对该系统的正常安全运行负责。

（3）每日交接班时要认真检查各硬件设施（DLP大屏、监视器、服务器、交换机、中央空调、UPS等设备）运行情况，发现问题要及时处理并及时向部门领导汇报，制定处理措施，杜绝事故。

（4）负责中央机房卫生及安全管理，始终保持环境清洁卫生、整齐；非工作人员不得进入机房，特殊情况须经机房管理负责人批准，并认真填写登记表后方可进入；不允许携带或在机房存放任何易燃、易爆、强电磁、流体物质等对设备正常运行构成威胁的物品。

（5）机房要配置相关防雷、防火设施及设备，不定期对机房内设置的消防器材、监控设备进行检查、以保证其有效性；要熟练掌握灭火器的使用方法。

（6）未经信息主管许可，任何人不允许在服务器上安装新软件，若确为需要安装，安装前应进行病毒例行检测。

（7）保证生产指挥中心与集团公司和各煤矿网络连接状况及数据上传正常，发现网络异常或数据断传要查找原因及时解决并做好故障记录；网络通信中断或数据上传中断超过30 min要及时汇报部门领导。

（8）监测到各矿瓦斯或一氧化碳等有害气体超限或其他异常报警，要及时、详细了解报警原因及处置措施，超出公司规定的限值，必须下达先撤人的指令；同时，按相关程序向各级领导汇报并做好记录，早调会上向公司领导进行汇报。

（9）各矿人员定位轨迹异常要及时问询处理，保证公司调度及时查询各矿领导跟班情况及井下人员分布情况。

（10）定期对相关数据、应用软件及报警记录进行备份。

（11）各级领导参观指挥中心监测监控系统前，要对相关系统进行全面的检查，熟练掌握演示程序，确保演示工作圆满完成。

（12）定期对视频会议系统及硬件设施进行维护，熟练掌握各设备的操作及使用，确保与上级单位视频会场及下属各矿视频分会场连接正常、运行正常。

（13）定期对各服务器、计算机、客户端进行杀毒和系统更新，确保各系统无病毒运行。

（14）定期对打印机、传真机、LED等设备进行检测，发现问题及时处理、维修并反馈给部门负责人，保证各设备的正常运行。

（15）定期组织对主要系统的重大安全隐患进行排查，对排查出来的安全隐患，要制定整改措施，责任到人，确保整改到位；组织好本岗位的安全生产标准化工作。

（16）经常性地总结在日常工作中计算机安全、技术方面的方法和经验，不断学习新知识，新技术和新经验，并积极推广。

（17）完成领导安排的其他工作。

5.12 安全生产监督管理部相关岗位安全生产责任制

5.12.1 煤矿安全管理安全监察员安全生产责任制

（1）认真学习、贯彻党和国家煤矿安全管理方面的方针、政策、法律、法规和公司各项安全管理制度及有关规定。

（2）在安全生产监督管理部部长（副部长）的直接领导下，坚持“监督、检查、指导和服务”的安全监察监管工作宗旨，在实施安全生产综合监察的基础上，重点对各矿安全管理进行及时有效的监督。

（3）在监察中发现重大安全问题时，及时向分管领导汇报，果断采取停工、撤人等措施。

（4）做好安全监察信息的传递，及时将本级监察及上级检查中发现的安全问题传递至对口职能部门，并督促其监督整改。

（5）积极参加安全管理业务培训和企业安全文化学习，不断提高自身素质和技能，确保自主保安和安全监察能力提高。

（6）结合公司实际制定公司各类安全检查方案，组织开展安全检查，及时消除各类安全隐患。

（7）督促指导公司各矿全面开展“手指口述”工作，不断提高员工安全操作技能。

（8）及时收集整理公司各矿及机关各部室安全管理工作信息，负责公司的安全绩效考核工作，包括煤矿月度安全考核和机关部室的季度考核，促进安全生产责任制的落实。

（9）负责对所包矿井进行日常查询、协调，督促矿井落实公司各项安全管理规定，对关键点严格管控，对隐患及时进行排查和治理。

（10）经常深入矿井一线，研究调查，熟悉现场实际情况，掌握安全动态，及时提出合理化意见。

（11）积极参加对事故的抢救、分析和处理工作。

（12）完成领导安排的其他临时性安全工作任务。

5.12.2　煤矿采掘安全监察员安全生产责任制

（1）认真学习和贯彻煤矿安全法律、法规及各级管理部门的规章、制度。

（2）在安全生产监督管理部部长（副部长）的直接领导下，坚持“监督、检查、指导和服务”的安全监察监管工作宗旨，在实施安全生产综合监察的基础上，重点对各矿采掘安全进行及时有效的监督。

（3）熟悉各矿采掘计划，及时了解各矿采掘进度，以便掌握各矿各采掘区域的管控重点。

（4）监督检查各矿作业规程、各项措施的编制、学习、贯彻和执行情况。

（5）负责对各矿采掘作业方面的安全进行监察，及时发现采掘作业活动中的安全问题。

（6）监督指导各矿采掘安全生产标准化动态达标建设。

（7）严格落实煤矿安全包保责任，经常询问和掌握所包矿井安全状态和安全重点，督促所包矿井落实公司各项安全管理规定。

（8）参加公司一般安全事故的调查、处理工作。

（9）加强专业理论学习，不断提高监督指导能力。

（10）自觉遵守公司的安全生产规章制度，做到自主保安。

（11）按时完成领导交办的各项临时性安全工作。

5.12.3　煤矿机电设备安全监察员安全生产责任制

（1）在公司安全经理和安监部长（副部长）的直接领导下，坚持监察、检查、指导与服务的安全检查工作原则，负责督导公司各煤矿做好机电提升运输等方面的安全工作以及协助检查地面各非煤单位安全用电情况。

（2）认真贯彻执行“安全第一，预防为主，综合治理”的安全生产方针，认真执行上级有关安全生产的政策、法律、法规、规定。

（3）监督检查各矿机电运输的安全管理责任是否落实到位。

（4）监督检查各矿供电安全保障情况，井上下主要设备是否实现双回路。

（5）监督检查机电设备安全性能管理情况，检查电气设备、仪器、仪表、保护装置等的完好情况。

（6）监督检查各类提升运输设施的完好情况，检查是否严格执行公司相关规定，是否使用落后、淘汰的设备、保护装置等。

（7）监督检查各矿机电运输设备是否按规定检查和检修。

（8）监督检查各矿机电、运输、操作特种设备等职工的安全教育、培训、持证上岗和规范操作情况，并给予专业性的指导和建议。

（9）参加公司组织的各类安全检查，参与职业病危害防治和地面设施专业安全生产标准化考核评级工作。

（10）不断加强业务学习和素质提升，增强业务水平。

（11）完成领导交办的各项临时任务。

5.12.4　“一通三防”安全监察员安全生产责任制

（1）认真学习、贯彻党和国家煤矿有关“一通三防”方面的安全生产方针、政策、法律、法规、制度。

（2）在安全生产监督管理部部长（副部长）的直接领导下，坚持“监督、检查、指导和服务”的安全监察监管工作宗旨，在实施安全生产综合监察的基础上，重点对各矿“一通三防”安全进行及时有效监督。

（3）在监察中发现重大安全问题时，及时向分管领导汇报，果断采取停工、撤人等措施。

（4）做好安全监察信息的传递，及时将本级监察及上级检查中发现“一通三防”方面的安全问题传递至一通三防部，并督促一通三防部监督整改。

（5）负责对所包矿井进行日常查询、协调，督促矿井落实公司各项安全管理规定，对关键点严格管控，对隐患及时进行排查和治理。

（6）经常深入矿井一线，熟悉现场实际情况，掌握安全动态，及时提出合理化意见。

（7）积极参加“一通三防”相关培训和文化学习，不断提高自身素质和技能。

（8）在日常工作与入井检查时，做好自主保安，确保自身安全与携带仪器的完好、正确使用。

（9）完成领导安排的其他临时性安全工作任务。

5.12.5　防治水安全监察员安全生产责任制

（1）认真贯彻执行国家和各级政府的防治水方面的相关国家安全生产方针、法律、法规、政策、条例、规定和公司有关规章制度等，努力提高防治水技术业务水平。

（2）在安监部长（副部长）直接领导下，坚持“监督、检查、指导和服务”的安全监察监管工作宗旨，在实施安全生产综合监察的基础上，重点对煤矿的防治水资料和现场实施安全监察工作。

（3）在监察中发现重大安全问题时，及时向分管领导汇报，果断采取停工、撤人等措施。

（4）做好安全监察信息的传递，及时将上级、本级监察检查中发现的防治水方面的问题和隐患传递至对口职能部门，并督促其监督整改。

（5）积极参加安全管理业务培训和企业安全文化学习，不断提高自身素质和技能，确保自主保安和安全监察能力提高。

（6）负责监督检查各矿排水系统及防治水设施安全稳定可靠性，水害预测预报制度、水患排查制度、探放水制度的建立和执行情况，保证矿井安全生产。

（7）负责了解和掌握各矿防治水专管理机构，探放水队伍设置情况、技术人员、专用探放水设备配备情况以及员工安全培训和持证上岗情况。

（8）负责对各矿的防治水问题或隐患及时督促整改，并进行跟踪监督整改情况。

（9）按时完成领导交办的各项安全工作任务。

5.12.6　煤矿安全生产标准化主管安全生产责任制

（1）严格贯彻执行国家有关安全生产的法律法规、方针政策、决定、指标和文件、会议精神，并认真贯彻、落实、检查、督促各矿贯彻落实，努力提高煤矿安全生产标准化业务水平。

（2）在安监部长的直接领导下，全面负责公司安全生产标准化工作，制定公司达标规划，实施分级管理，分类指导，及时督促整改，实现动态达标。

（3）组织煤矿安全生产标准化工作的开展，负责组织、指挥、协调、督促、检查各煤矿安标工作领导小组的尽责履职情况，制定实施计划及考核奖惩办法。

（4）督促各矿旬检月验，并牵头组织公司安全生产标准化的检查、督导、验收、评级和考核工作，收集、整理、分类、建档公司各矿安全生产标准化的资料，为公司领导和集团相关部门提供安全生产标准化工作信息。

（5）利用煤矿安全生产标准化信息管理系统、煤矿安全直通车等信息平台，宣传煤矿安标建设的经验、亮点，积极组织贯标活动，推进公司煤矿安全生产标准化建设。

（6）积极参与基建、改扩建矿井的安全设施验收、三类评价和煤矿安全生产标准化竣工验收工作。

（7）按时完成领导交办的各项安全工作任务。

5.12.7　安全隐患排查预控监察员安全生产责任制

（1）在公司安全经理和安监部长（副部长）的直接领导下，坚持监察、检查、指导与服务的安全检查工作原则，负责做好安全隐患排查治理和安全风险预控体系建设等方面的工作。

（2）认真贯彻执行“安全第一，预防为主，综合治理”的安全生产方针，认真执行上级部门及公司有关安全隐患排查治理的政策、法律、法规、规定。

（3）按规定做好上级及公司各类安全检查资料的收集、记录、管理和存档，按规定做好各有关单位整改结果的收集、记录、管理和上报工作。

（4）定期对公司所属各单位未整改问题进行通报。

（5）负责督促本部门各矿工人落实安全检查中各类安全隐患或安全问题的整改闭合。

（6）负责传达集团关于安全风险预控体系建设的文件和指令，协助公司有关单位做好安全风险预控体系的建设、验收和考核工作。

（7）完成领导交办的各项临时任务。

5.12.8　职业卫生管理员安全生产责任制

（1）认真贯彻执行国家《职业病防治法》及上级机关部门有关劳动保护的政策、法律、法规、指令、通知。

（2）在公司安监部长（副部长）的直接领导下，坚持规划、监督、指导与服务的安全检查工作原则，在做好各项安全工作的前提下，重点对职业卫生工作的开展情况做好监督和指导。

（3）监督和指导各矿有关职业卫生的日常工作，确保广大职工的合法权益，杜绝职业病。

（4）督促各矿开展职业卫生的宣传教育工作，普及和提高全体员工的职业安全卫生知识，提高自救和互救能力。

（5）定期、不定期组织对各矿职业病防治工作开展情况进行检查，对查出重大问题及时向领导汇报，并督促其及时整改处理。

（6）积极配合上级部门对所属煤矿职业卫生工作的各种检查、积极参与职业卫生安全生产标准化的建设工作。

（7）定期督促下属各矿委托有资质的职业卫生技术服务机构，对作业场所进行职业病危害检测与评价、职业危害申报等方面的工作。

（8）监督、指导各矿职业卫生档案的建立、健全工作。

（9）自觉遵守公司安全生产规章制度，做到自主保安。

（10）加强安全生产法律、法规、规范、标准、规章制度的学习，不断丰富安全生产知识，提高安全监察能力。

（11）除做好以上工作外，还监督下属企业安全文化建设、安全风险抵押金核算两方面的工作。

（12）完成领导交办的临时性安全工作任务。

5.12.9　应急管理安全监察员安全生产责任制

（1）认真学习和掌握有关应急救援的法律、法规及各项管理规定。

（2）在安全生产监督管理部部长（副部长）的直接领导下，坚持“监督、检查、指导和服务”的安全监察监管工作宗旨，在实施安全生产综合监察的基础上重点对应急工作综合监督管理。

（3）检查和指导各矿完善应急预案的编制、备案、修订和贯彻学习。

（4）检查和指导各矿编制三年应急演练规划和年度演练计划，并按计划实施。

（5）监督应急队伍建设、数量、装备、训练、持证等情况的管理。

（6）监督各矿应急物资数量、质量、储存、管理等情况的管理。

（7）建立应急管理台账，掌握各矿预案备案、协议签订、培训演练、应急队伍建设等情况。

（8）督促各矿按时进行重大危险源评估并做好上报工作。

（9）积极参与公司一般安全事故的调查、处理工作。

（10）加强专业理论学习，不断提高监督指导能力。

（11）自觉遵守公司的安全生产规章制度，做到自主保安。

（12）积极完成领导交办的其他临时性安全工作。

5.12.10　煤矿安全监测监控安全监察员安全生产责任制

（1）认真贯彻执行“安全第一，预防为主，综合治理”的方针，学习煤矿安全监测监控方面的政策、法律、法规、规定。

（2）在安全生产监督管理部部长（副部长）的直接领导下，坚持“监督、检查、指导和服务”的安全监察监管工作宗旨，在实施安全生产综合监察的基础上，重点对各矿安全监测监控进行及时有效监督。

（3）及时传达集团及二级公司安全生产会议精神，并督促各矿及时贯彻学习相关会议精神。

（4）按部门分工，准确编印相关安全学习资料，发放及时到位。

（5）在监察中发现重大安全问题时，及时向分管领导汇报，果断采取停工、撤人等措施。

（6）熟悉矿井安全监控系统、装置的工作原理，矿井监控系统、装置的安装要求，以及矿井气体指标和超限时的处理方法，瓦斯监测仪的性能、参数及使用方法，加强安全生产法律、法规、规范、标准、规章制度的学习，不断丰富专业知识和安全生产知识，提高安全监察能力。

（7）督查各矿建立相应设备的台账及检修校正记录。

（8）自觉遵守公司安全生产规章制度，做到自主保安。

（9）严格遵守各项规章制度和劳动纪律，积极参加矿组织的各类会议、安全活动和业务培训。

（10）按时完成领导交办的各项安全工作，并及时汇报。

5.12.11　土建工程安监员安全生产责任制

（1）认真贯彻执行国家有关基建安全生产的方针、政策、法律、法规和公司各项安全规章制度及有关规定。

（2）在公司安监部长（副部长）的直接领导下，坚持定期和不定期对土建施工资料和现场开展安全隐患检查、排查工作，并督促其及时整改，对整改结果进行督查。

（3）配合上级单位和有关部门开展的相关安全检查，监督落实分管业务范围内安全隐患的排查和整改工作。

（4）在监察中发现重大安全问题时，及时向部长汇报，果断采取停工、撤人等措施。

（5）做好安全监察信息的传递，及时将本级监察及上级检查中发现基建施工方面的安全问题传递至工程管理部，并督促工程管理部监督整改。

（6）积极参与安全生产标准化建设工作，指导、检查、验收各矿安全生产标准化地面设施专业。

（7）按部内分工，做好所属非煤单位安全隐患动态管理闭合台账。

（8）自觉遵守公司安全生产规章制度，做到自主保安。

（9）加强安全生产法律、法规、规范、标准、规章制度的学习，不断丰富安全生产知识，提高安全监察能力。

（10）完成领导交办的临时性安全工作任务。

5.12.12 民爆物品安监员安全生产责任制

（1）认真贯彻落实国家、各级人民政府和公安机关民爆物品安全管理法律、法规和各项安全管理规定、措施。

（2）在部长、副部长的领导安排下负责公司范围内地面火药库的安全隐患检查、排查工作，督促及时整改和检查整改结果，形成安全闭环管理。

（3）建立完善和做好民爆信息安全管理台账，及时掌握各矿涉爆方面的证件和从业人员的相关信息，确保各矿爆破物品证件齐全有效和涉爆人员持证上岗。

（4）配合上级单位和有关部门开展的相关安全检查，监督落实分管业务范围内安全隐患的排查和整改工作。

（5）在监察中发现重大安全问题时，及时向部长汇报，果断采取停工、撤人等措施。

（6）做好安全监察信息的传递，及时将本级监察及上级检查中发现民爆方面的安全问题传递至生产技术部，并督促生产技术部监督整改。

（7）自觉遵守公司安全生产规章制度，做到自主保安。

（8）加强安全生产法律、法规、规范、标准、规章制度的学习，不断丰富安全生产知识，提高安全监察能力。

（9）完成领导交办的临时性安全工作任务。

5.12.13 非煤单位供用电安监员安全生产责任制

（1）贯彻落实国家有关供用电安全生产的方针、政策、法令、法规和上级有关规定，对地面非煤企业供用电实施监察。

（2）在部长、副部长领导及安排下负责公司范围内非煤企业供用电的安全隐患检查、排查工作，并对检查排查结果进行复查，形成安全闭环管理。

（3）配合上级单位和有关部门开展的相关安全检查，监督落实供用电安全隐患的排查和整改工作。

（4）在监察中发现重大安全问题时，及时向部长汇报，果断采取停工、撤人等措施。

（5）做好安全监察信息的传递，及时将本级监察及上级检查中发现供用电方面的安全问题传递至机电部，并督促机电部监督整改。

（6）自觉遵守公司安全生产规章制度，做到自主保安。

（7）加强安全生产法律、法规、规范、标准、规章制度的学习，不断丰富安全生产知识，提高安全监察能力。

（8）完成领导交办的临时性安全工作任务。

5.12.14 消防安全监察员安全生产责任制

（1）认真贯彻、执行国家有关消防的安全生产方针、政策、法律法规、标准和公司的有关规定。

（2）在安监部长（副部长）的直接领导下，深入基层，掌握安全工作重点，对照公司工作方案和上级要求依法、依规进行督导检查。

（3）对上级检查工作中发现的问题整改落实情况进行检查、督导。

（4）在监察中发现消防重大安全问题时，及时向部长汇报，果断采取有效措施。

（5）做好地面企业消防安全绩效考核的具体工作。

（6）加强消防安全生产法律、法规、规范、标准、规章制度的学习，不断丰富安全生产知识，提高安全监察能力。

（7）自觉遵守公司的安全生产规章制度，做到自主保安。

（8）完成领导交办的临时性安全工作任务。

5.12.15 交通安全监察员安全生产责任制

（1）认真贯彻、执行国家有关交通的安全生产方针、政策、法律法规、标准和公司的有关规定。

（2）在安监部长（副部长）的直接领导下，深入基层，掌握安全工作重点，对照公司工作方案和上级要求依法、依规进行督导检查。

（3）对上级检查工作中发现的问题整改落实情况进行检查、督导。

（4）在监察中发现交通重大安全问题时，及时向部长汇报，果断采取有效措施。

（5）做好地面企业交通安全绩效考核的具体工作。

（6）加强交通安全生产法律、法规、规范、标准、规章制度的学习，不断丰富安全生产知识，提高安全监察能力。

（7）自觉遵守公司的安全生产规章制度，做到自主保安。

（8）完成领导交办的临时性安全工作任务。

5.12.16 食品安全监察员安全生产责任制

（1）认真贯彻、执行国家有关食品的安全生产方针、政策、法律法规、标准和公司的有关规定。

（2）在安监部长（副部长）的直接领导下，深入基层，掌握安全工作重点，对照公司工作方案和上级要求依法、依规进行督导检查。

（3）对上级检查工作中发现的问题整改落实情况进行检查、督导。

（4）在监察中发现食品重大安全问题时，及时向部长汇报，果断采取有效措施。

（5）做好地面企业食品安全绩效考核的具体工作。

（6）加强食品安全生产法律、法规、规范、标准、规章制度的学习，不断丰富安全生产知识，提高安全监察能力。

（7）自觉遵守公司的安全生产规章制度，做到自主保安。

（8）完成领导交办的临时性安全工作任务。

5.12.17 洗选作业安监员安全生产责任制

（1）认真贯彻执行国家有关安全生产的方针、政策、法律、法规和公司各项安全规章制度及有关规定。

（2）在公司安监部长（副部长）的直接领导下，坚持规划、监督、指导与服务的安全检查工作原则，负责公司所属选煤厂的安全隐患治理监督工作，并对查出的隐患进行闭合管理。

（3）配合上级单位和有关部门的相关安全检查，监督落实安全隐患的排查和整改工作。

（4）督促洗选作业单位建立、完善相关的制度、记录、台账等，积极深入洗选作业现场，督促选煤厂做好作业场所的安全管理工作。

（5）重点督促洗选作业中机电运输、瓦斯治理、粉尘、噪声等方面的安全管理，以及隐患整改落实情况，督促洗选作业场所的相关设施和特种设备的定期维护检测、检验工作。

（6）在监察中发现重大安全问题时，及时向分管领导汇报，果断采取停工、撤人等措施。

（7）按照公司《选煤厂安全生产生产标准化实施细则》的要求，督查并考核各选煤厂生产标准化工作。

（8）自觉遵守公司安全生产规章制度，做到自主保安。

（9）加强安全生产法律、法规、规范、标准、规章制度的学习，不断丰富安全生产知识，提高安全监察能力。

（10）完成领导交办的临时性安全工作任务。

5.12.18　燃油燃气安监员安全生产责任制

（1）认真贯彻落实国家、各级人民政府对燃油燃气安全管理的法律、法规和公司的各项安全管理规定、措施。

（2）在公司安监部长（副部长）的直接领导下，坚持规划、监督、指导与服务的安全检查工作原则，负责公司所属地面单位存放和使用区域的安全隐患检查工作，并对检查结果进行闭合管理。

（3）配合上级单位和有关部门的相关安全检查，监督落实安全隐患的排查和整改工作。

（4）督促各单位建立健全燃油燃气的相关制度、记录及台账工作。监督燃油燃气存放和使用人员的岗位培训工作，确保上述人员具备必要的安全操作技能和安全管理能力。

（5）深入现场调查研究，督促相关设施、器材和设备的定期维护、检验、检测工作；完善安全信息管理工作，及时收集、分析、处理，定期向主管领导汇报。

（6）在监察中发现重大安全问题时，及时向分管领导汇报，果断采取停工、撤人等措施。

（7）自觉遵守公司安全生产规章制度，做到自主保安。

（8）加强安全生产法律、法规、规范、标准、规章制度的学习，不断丰富安全生产知识，提高安全监察能力。

（9）完成领导交办的临时性安全工作任务。

5.13　生产技术部相关岗位安全生产责任制

5.13.1　采煤技术主管安全生产责任制

（1）在部长（副部长）的领导下，认真贯彻落实国家的煤矿安全生产方针、政策、法律、法规、指令及有关规定。

（2）负责采煤安全生产标准化检查工作。根据公司安排，定期组织采掘专业人员参加安全生产标准化检查，发现问题，及时落实整改。

（3）积极深入现场，检查指导矿井在资源回收方面存在的安全生产隐患及问题，并积极寻求和探讨解决的办法。

（4）积极推广应用新工艺、新技术、新设备，增加技术含量，提高矿井防灾抗灾能力，促进矿井安全生产。

（5）积极参与回采工作面、回采工艺及顶板控制等方面的技术研究，为工作面的安全生产提供保障。

（6）负责审查采煤工作面作业规程以及其他临时性技术措施，并能经常深入各矿检查作业规程或措施的执行落实情况。

（7）负责矿井采煤工作面相关资料的分类收集整理工作，为公司矿井井下巷道布置及回采工艺的合理利用及时提供相关资料和数据。

（8）认真落实自主保安及互保、联保等各方面的安全工作，及时完成领导交办的其他安全工作任务。

5.13.2　开掘技术主管安全生产责任制

（1）在部长（副部长）的领导下，认真贯彻落实国家的煤矿安全生产方针、政策、法律、法规、指令及有关规定。

（2）负责掘进安全生产标准化检查工作。根据公司安排，定期组织采掘专业人员参加安全生产标准化检查，发现问题，及时落实整改。

（3）积极深入现场，检查指导矿井在巷道开掘布置方面存在的隐患及问题，并积极寻求和探讨解决的办法。

（4）积极推广应用新工艺、新技术、新设备，增加技术含量，提高矿井防灾抗灾能力，促进矿井安全生产。

（5）负责煤矿开、掘井巷工程质量及顶板控制的监督、检查、指导工作。

（6）负责煤矿井下火工品存储、使用方面的监督、检查、管理工作。

（7）负责审查开拓、掘进工作面作业规程以及其他临时性技术措施，并能经常深入各矿监督检查作业规程或措施的执行落实情况。

（8）负责矿井开拓、掘进工作面相关资料的分类收集和整理工作，为公司矿井井下巷道布置及回采工艺的合理利用及时提供相关资料和数据。

（9）认真落实自主保安及互保、联保等各方面的安全工作，及时完成领导交办的其他安全工作任务。

5.13.3　计划、统计、成本控制主管安全生产责任制

（1）在部长（副部长）的领导下，认真贯彻落实国家的煤矿安全生产方针、政策、法律、法规、指令及有关规定。

（2）按照相关规定及要求，负责煤炭板块中长期计划、年度（月度）计划及成本控制计划的编制工作。

（3）负责公司煤炭板块月度、季度、年度统计报表的整理和上报工作。

（4）负责公司涉煤板块生产成本的核算、统计及考核工作。

（5）负责建立健全分类统计台账，做好原始记录收集保存工作，做到各类统计资料整理精心、资料齐全、准确无误。

（6）负责部门内技术资料的收集整理、借阅、归档及安全保密工作。

（7）负责各类文件的收集整理、上传下达及归档工作

（8）认真落实自主保安及互保、联保等各方面的安全工作，及时完成领导交办的其他安全工作任务。

5.13.4　采掘方案设计主管安全生产责任制

（1）在部长（副部长）的领导下，认真贯彻落实国家的煤矿安全生产方针、政策、法律、法规、指令及有关规定。

（2）负责所属煤矿采区设计及各类工程设计方案的审查、备案工作。

（3）积极深入现场，检查指导矿井在巷道开掘布置方面存在的隐患及问题，并积极寻求和探讨解决的办法。

（4）积极推广、应用国际国内最先进的煤矿生产新工艺、新技术，不断优化矿井设计和生产系统，改善生产环境，增大安全系数，促进安全生产。

（5）积极参与基建、技改矿井的工程质量验收、技术鉴定及监督管理工作。

（6）负责矿井采掘工程平面图的收集整理及审查工作，积极指导所属煤矿进一步规范图纸绘制工作。

（7）及时与采煤技术主管及开掘技术主管沟通，了解和掌握井下采掘现状，监督落实矿井采区设计及开拓布局的执行情况。

（8）认真落实自主保安及互保、联保等各方面的安全工作，及时完成领导交办的其他安全工作任务。

5.13.5　科研主管安全生产责任制

（1）在部长（副部长）的领导下，认真贯彻落实国家的煤矿安全生产方针、政策、法律、法规、指令及有关规定。

（2）主要负责煤矿安全生产新工艺、新技术的推广及应用，不断优化矿井设计和生产系统，进一步改善生产环境，提高矿井防灾抗灾能力，促进矿井安全生产。

（3）经常深入现场，了解掌握煤矿安全生产中存在的技术难题，同企业及科研院校联合，积极寻求解决技术难题的新方法、新工艺，在确保煤矿安全生产的前提下，提高生产效率、减轻职工负担。

（4）加强自身业务保安的学习，及时了解和掌握国际、国内最先进的煤矿生产技术，为煤矿安全生产积极引进和推广新技术、新工艺、新设备、新成果等先进科技项目。

（5）积极落实上级主管部门的评审结果，为企业减负增收提供保障。

（6）认真落实自主保安及互保、联保等各方面的安全工作，及时完成领导交办的其他安全工作任务。

5.14　机电设备部相关岗位安全生产责任制

5.14.1　机电设备工程师（采、掘、运、支）安全生产责任制

（1）在部长、副部长的领导下贯彻落实国家、省、市及上级主管部门有关井下采、掘、运、支设备方面的安全生产法律、法规和制度，负责落实公司采、掘、运、支方面的安全生产技术要求和管理工作。

（2）参与制定公司层面采、掘、运、支设备的安全管理制度，并负责监督落实。

（3）审核公司各矿井采、掘、运、支系统设备配套的安全技术方案和措施，并监督检查实施情况。

（4）参与公司各矿井采、掘、运、支设备的中长期规划、技术改造，以及新设备、新技术、新材料、新工艺应用的安全技术监督。

（5）建立公司相关设备台账，完善设备技术资料，为各矿井设备的大修、报废或串换使用做好安全管理基础工作。

（6）参与公司机电运输安全生产标准化建设工作，并监督检查落实达标。

（7）负责对公司各矿井采、掘、运、支设备安全管理业务对口联系及对外业务联系工作。

（8）完成公司及部领导交办的其他临时任务。

5.14.2　机电设备工程师（提升、运输）安全生产责任制

（1）在部长、副部长的领导下认真执行《煤矿安全规程》、上级安全指令以及各项规章制度，落实公司机电运输方面有关技术要求和管理工作。

（2）负责制定公司提升、主运输和辅助运输设备安全管理制度，并监督所属各单位落实。

（3）参与公司所属各单位机电运输设备的配套采购和技术选型工作，建立设备台账，完善设备技术资料（包括图纸、说明书、合格证），为各矿井设备正常使用做好基础管理工作。

（4）深入公司各矿解决工作中存在的关键问题，为公司安全生产提供技术支持。

（5）参与公司所属各单位机电运输等设备技术改造工作和新设备、新技术、新材料、新工艺的推广应用工作。

（6）参与制定机电运输方面的岗位责任制、安全措施，参与机电、运输安全生产标准化达标工作，并监督检查落实达标。

（7）参与公司所属各单位主要机电运输设备事故的分析调查工作，并协助现场实施处理方案。

（8）监督、检查所属单位提升、主运输和辅助运输系统的安全运行情况。

（9）完成公司及部领导交办的其他临时任务。

5.14.3　机电设备工程师（通、排、压、抽）安全生产责任制

（1）在部长、副部长的领导下贯彻落实国家、省、市及上级主管部门有关矿井通风、排水、压

风等设备方面的法规、制度、规定、条例等，负责落实公司通风、排水、压风等设备方面有关技术要求和管理工作。

（2）负责制定公司各矿通风、排水、压风等设备的安全管理制度，并负责监督落实。

（3）负责对公司各矿井通风、排水、压风等系统设备的配套工作，建立通风、排水、压风等设备台账，完善设备技术资料（包括图纸、说明书、合格证），为各矿井设备使用做好基础工作。

（4）参与公司各矿通风、排水、压风等设备选型、技术论证和设备报废的鉴定工作。

（5）参与公司各矿井通风、排水、压风等设备安全运行技术管理。

（6）参与公司各矿井提升、通风、排水、压风等设备技术改造工作和新设备、新技术、新材料、新工艺的推广应用工作。

（7）负责通风、排水、压风等设备管理的对外业务联系和各矿业务对口联系工作。

（8）监督、指导检测中心做好大型设备设施的定期检测、检验工作的开展，加强机电设备安全运行的预防预测工作。

（9）完成公司及部领导交办的其他临时任务。

5.14.4 电气工程师安全生产责任制

（1）负责协助部长和副部长贯彻执行集团公司安全生产目标、规定。

（2）负责贯彻落实国家、地方、行业以及上级主管部门有关电气安全管理方面的方针、政策、法规、条例和规定，协助部长和副部长结合公司所属各单位的实际安全生产情况制订实施安全生产细则和补充安全生产规定，认真解决安全工作上存在的问题。

（3）负责检查电气规章制度的执行情况，抓好电气设备完好和标准操作，提高电气安全管理水平。

（4）协助部长和副部长负责完善公司所属各单位供电系统形成，负责协助各单位供电系统安全可靠运行。

（5）负责对公司所属各单位的主要电气事故的调查、追查、分析工作。

（6）负责组织参加对各单位主要电气设备进行定期和不定期的安全检查及专项安全检查。

（7）对公司各单位电气安全中存在的重大安全隐患，按照安委会研究，及时制定防范措施，认真督促检查执行情况。

（8）负责防爆管理制度的制定，并监督检查所属各单位的落实情况。

（9）协助部长和副部长组织公司各单位电气专业技术人员技术学习、技术革新、技术考核和技术比武等。

5.14.5 设备自动信息化工程师安全生产责任制

（1）在部长、副部长的领导下贯彻落实国家、省、市及上级主管部门有关矿井设备自动化方面的法规、制度、规定、规范、条例等，负责落实公司设备自动化方面安全生产管理工作。

（2）负责制定公司各单位自动化、信息化机电设备的安全管理制度，并负责监督落实。

（3）负责对公司各单位自动化系统的配套工作，确保其配套合理；督促其完善设备技术资料（包括图纸、说明书、合格证），为各单位设备的串换使用做好基础工作。

（4）参与公司各单位自动化设备的选型、技术论证和设备报废的鉴定工作，确保各单位在用自动化设备配置合理。

（5）参与公司各单位自动化设备安全运行技术管理，确保各单位在用自动化设备各类保护装置安全有效运行。

（6）参与公司各单位自动化设备技术改造工作和新设备、新技术、新材料、新工艺的推广应用工作，确保各单位在用自动化设备的先进性和经济性。

（7）参与机电运输安全生产标准化达标工作，确保各单位在用机电运输设备时能安全有效地运行。

（8）参与公司各单位主要机电设备事故的分析调查工作。

（9）负责自动化设备管理的对外业务联系和各单位业务对口联系工作。

（10）负责完成公司及部领导交办的其他临时任务。

5.14.6 非煤机电工程师安全生产责任制

（1）在部长、副部长的领导下贯彻落实国家、省、市及上级主管部门有关机电方面的法律、法规、规定、条例等，负责落实并督促检查公司所辖非煤企业、选煤厂机电方面的安全工作。

（2）审查公司内各非煤企业的供用电管理制度、临时用电审批制度、停送电管理制度时，把安全生产放在首位。

（3）帮助非煤企业制定机电设备技术管理制度，监督检查机电设备的安全运行，监管大型机电设备的设计、购置选型工作时，要把好安全管理实用、本质安全可靠关。

（4）指导各非煤生产企业编制机电计划，设备更新、大修、计划时，制定并落实好安全措施。

（5）组织并引导非煤生产企业在积极推广机电设备新技术、新材料、新工艺方面时，要做好安全评估、风险管控。

（6）参与督促、检查非煤生产企业特种作业设备操作、维修人员的持证上岗，做到特种设备“三证”齐全，安全状态良好。

（7）参与督促、检查非煤生产企业设计的防雷装置以及其他建筑物、金属构架、变电站的防雷设施检测是否合格，保护范围是否覆盖，装置是否安全可靠。

（8）负责特种设备管理制度的制定，并监督检查所属单位的落实情况。

（9）完成公司领导和相关部门交办的其他工作。

5.14.7 节能减排管理员安全生产责任制

（1）在部长、副部长的领导下，以强化企业基础管理为抓手，以企业实现持续安全生产、提高经济运行绩效为目的，落实公司节能降耗的工作部署。

（2）在部长、副部长的领导下，在集团公司和地方政府的指导下，制定本单位节能降耗的规划和年度计划时，与安全生产相挂钩。

（3）结合煤炭生产企业生产状况，在开展同行业（同系统）的单位吨煤综合能耗、综合电耗、综合水耗的能效对标活动时，把安全工作放在首位。

（4）公司内生产单位开展节能新技术、新工艺、新材料、新设备的推广和应用时，要做好安全评估、风险管控。

（5）在部长、副部长的领导下，在完善计量仪表的配备、安装、抄表、检定时，严格遵守安全操作规程和“两票管理”制度，监督工作人员落实好“三措”并做到持证上岗。

（6）对高能耗设备（锅炉、井口热风炉、热交换器等）在要求高能效运行时，督促、检查安全阀、水位计、压力表等安全装置的校对情况，督促、检查特种设备的年检情况。

（7）完成公司领导、部长和副部长交办的安全生产方面的事宜。

5.14.8 设备管理员安全生产责任制

（1）认真贯彻国家、省、市及上级主管部门有关矿井机电管理方面的法规、制度、规定、条例等。

（2）参加设备大检查工作，对检查结果的真实性负责。

（3）指导监督公司所属各单位建立完善设备台账，对相关工作监督检查。

（4）自觉遵守设备管理员岗位责任制，对本岗位安全职责负责。

（5）根据实际情况及时向有关单位下达通知单，防止和杜绝使用淘汰设备，对本项工作负安全监督管理责任。

（6）定期更新机电设备台账报表，及时送达有关领导和部门。

（7）就本岗位职责范围，及时向所属单位传达、更新各项制度和要求。

5.14.9 安全检测中心安全生产责任制

（1）贯彻执行党和国家有关安全生产方针、政策、法令、条例以及上级制定的各项安全规章、制度。

（2）工作中严格执行《煤矿安全规程》《煤矿电气试验规程》，以及有关技术标准、规范。

（3）建立健全安全生产责任制和各项管理制度；建立健全与检测检验工作相适应的质量管理体系，保证检验结果真实、准确、客观，并对出具的检测结果、报告负责。

（4）在机电部的领导下，配合各煤矿做好安全设备、设施的定期检验、电气预防性试验、验收检验以及其他检测检验工作的计划组织和实施。在检测过程中，严格按有关安全技术标准、规程、规定等开展技术服务工作并及时出具结果报告。

（5）在防治水中心的领导下，配合各煤矿做好物探工作，及时总结、持续改进，为煤矿防治水工作提供可靠技术依据。在物探施工过程中，严格按有关安全技术标准、规程、规定等开展技术服务工作并及时出具结果报告。

（6）建立重大事故隐患报告制度，对现场发现被检安全产品存在的重大事故隐患，应立即告知被检单位和公司主管部门，不得隐瞒不报或拖延迟报。

（7）坚持认真、诚实、及时的服务宗旨，努力推进实验室质量方针的贯彻。

（8）保证按规定的方法和煤矿的需要进行检测，确保检测数据真实、准确。

（9）检测检验应使用规范的检测检验报告和原始记录表格，检测记录和检测检验报告的内容要提供足够的信息量，做到客观、公正、真实。

（10）按时向主管部门报告检测检验工作总结和工作计划。

（11）法律、法规、规章规定的其他安全生产职责。

5.14.10 安全检测中心负责人安全生产责任制

（1）认真学习国家有关安全生产方针、政策、法规及有关规定、指令，贯彻执行国家关于检测检验的法律、法规，自觉执行公司的各项安全生产管理制度。

（2）在公司防治水中心和机电部的领导下负责安全检测中心全面工作，负责建立、健全本部门安全生产责任制。

（3）组织制定安全生产规章制度和操作规程，组织编写质量手册、程序文件，建立实验室质量管理体系。

（4）负责提出安全检测中心的岗位职责及分工，督促检查本部门工作人员的安全岗位责任制、安全管理制度等的落实情况。

（5）负责检测中心的技术运作，提出配备检测资源计划，确保符合公司有关要求并适应本部门的工作需要，保持和发展检测能力，保证安全生产。

（6）编制或审核特殊检测项目（包括影响设备性能、安全的检测项目、高空作业、井下作业等）的安全技术措施通则并组织实施。

（7）经常深入煤矿现场，根据领导安排和煤矿需要及时组织开展安全检测检验工作。

（8）建立实验室内部沟通机制，及时将上级安全要求和煤矿意见传达到所有员工。

（9）制定员工技术培训计划，组织检测人员的业务学习、技术培训；组织技术类程序文件的编写和宣传，并维护其有效性。

（10）负责实验室技术能力的确认和开展新项目的评审；负责检测方法的选择和确认，组织编制作业指导书。

（11）负责技术记录、检测报告的规范化管理；跟踪检测标准更新动态，确保其现行有效。

（12）组织落实检测检验安全技术措施和检测质量的保证措施，组织评定测量不确定度、能力验证和比对。

（13）组织制定检测报告格式，监控报告质量，及时、如实地报告检测过程中发现的安全隐患和存在的问题。

（14）完成领导交办的其他工作。

5.14.11 无损检测员安全生产责任制

（1）认真学习和贯彻执行国家有关无损检测的标准和法规，自觉执行公司的各项管理制度和实验室的检测程序。

（2）严格执行安全生产规章制度和岗位操作规程，遵守劳动纪律，做到“四不伤害”。

（3）认真学习无损检测相关知识、标准，熟悉检测仪器、仪表的性能，了解煤矿提升机、钢丝绳、通风机等设备、材料性能，熟练操作所用仪器、设备。

（4）严格按照安全技术标准规程、规范和作业指导书开展检测工作，认真、正确地记录检测数据和结果，并编写检测报告。

（5）对原始记录和检测报告中的数据负责。

（6）做好试验仪器、设备的维护、期间核查、能力验证和比对，以及为保证检测结果质量的监控工作。

（7）编制或审核特殊检测项目（高空作业、井下作业）的安全技术措施通则并组织实施。

（8）配合其他人员做好煤矿安全设备、设施安全性能检测，在现场检测过程中，严格按有关安全技术标准、规程、规定开展技术服务工作。

（9）如发现问题，及时向现场负责人报告，做好相关记录。

（10）积极参加各种安全活动，加强安全知识的学习，不断提高自身素质和自我防护能力。

（11）积极完成领导交办的其他工作。

5.14.12 煤矿固定设备检测员安全生产责任制

（1）认真学习国家有关安全生产方针、政策、法规及有关规定、指令，自觉执行公司的各项安全生产管理制度。

（2）在检测检验活动中严格执行《煤矿安全规程》《煤矿电气试验规程》和国家有关检测检验活动的法律、法规和技术标准。

（3）负责煤矿大型固定设备（通风机、空气压缩机、提升机、水泵）的安全性能技术测定，参与电气试验、油质化验、钢丝绳在线检测和井下物探等检测检验项目。

（4）编制上述大型固定设备技术测定作业指导书等技术文件，熟悉固定设备检测的相关知识、标准，了解公司所属煤矿装备情况。

（5）安全、熟练地操作提升机安全性能测试仪、通风机综合测试仪、空压机综合测试仪、泵效仪等仪器设备，熟悉固定设备的性能和技术参数，掌握检测标准和方法，保证检测工作安全。

（6）落实和监督固定设备检测过程中安全技术措施的实施情况，做到不安全不施工。

（7）认真、正确地填写原始记录和结果，并对检测结果进行处理分析，对原始记录和检测报告结果的准确性、真实性和有效性负责。

（8）负责检测仪器的日常维护、期间核查、能力验证和比对，以及为保护检测结果质量的监控工作。

（9）积极参加各种安全活动，加强安全知识的学习，不断提高自身素质和自我防护能力。

（10）积极完成领导交办的其他工作。

5.14.13 煤矿安全检测员安全生产责任制

（1）认真学习、贯彻执行国家有关安全生产的法律、法规和规章，贯彻执行公司和上级各项安全生产规章制度。

（2）熟悉检测标准和方法，并熟练操作所用仪器设备。

（3）严格按照安全技术标准规程、规范和作业指导书开展检测工作，认真、正确地记录检测数据和结果。

（4）做好设备维护、期间核查、能力验证和比对，以及保证检测结果质量的监控工作。

（5）对原始记录和检测报告中的数据负责。

（6）工作中严格执行《煤矿安全规程》《煤矿电气试验规程》以及有关技术标准、规范。

（7）配合其他人员做好煤矿安全设备、设施安全性能检测，以及煤矿物探工作，在现场检测和物探过程中，严格按有关安全技术标准、规程、规定等开展技术服务工作并及时出具结果报告。

（8）认真学习、按规定参加安全学习和培训。

（9）熟悉试验仪器、仪表的性能，掌握仪器和仪表操作要领。

（10）掌握电气防灭火和触电事故处理方法。

（11）完成领导交办的其他工作。

5.14.14 电气检测员安全生产责任制

（1）认真学习和贯彻国家关于安全生产的方针、政策、法律、法规；熟悉《煤矿电气试验规程》《电力设备预防性试验规程》以及有关技术标准或规范，并严格按作业指导书开展检测活动。

（2）认真执行公司和上级各项安全管理制度。

（3）按时参加公司组织的技术培训，提高自身操作技能，确保安全生产。

（4）积极参加各项安全活动，不断提高安全意识。

（5）自觉学习电气安全知识，熟悉电气试验检测标准和方法，熟悉检测仪器基本原理和使用方法并熟练操作。

（6）了解煤矿电气设备结构、工作原理，熟悉煤矿安全用电规定。

（7）定期对检测所用设备、被检对象进行检查维护，确保仪器使用安全。

（8）负责所检物品及资料交接，对来样执行物品标识管理规定。

（9）认真、正确地记录检测数据和结果，并对检测结果进行分析处理。

（10）对检测中发现的问题和安全隐患做出技术分析，并提出合理建议和改进方法。

（11）正确编写检测结果报告，对原始记录和检测报告中的数据负责。

（12）完成领导交办的其他工作。

5.14.15 油质化验员安全生产责任制

（1）负责公司所属各生产矿井机电设备用油的新油和运行油的检验。

（2）严格执行《煤矿安全规程》《安全生产法》和公司下达的各项规章制度、劳动纪律，不违章作业。

（3）认真学习和贯彻国家关于检测活动的法律和法规，自觉执行实验室的检测程序。

（4）熟悉润滑油检测标准和方法，了解煤矿主要用油设备的性能。

（5）牢固树立“安全第一”的思想。检验时佩戴好劳动防护用品，保障实验室安全设施齐全；熟悉灭火器材的使用方法。

（6）严格执行操作规程，杜绝差错事故。保质保量地完成各项检验工作，确保检验质量，全面、准确、及时地向有关部门和领导提供检验报告。

（7）对检验用仪器进行标定、调试等定期维护和保养，对使用的部分标准物质、危险化学品进行期间核查，保证运作正常，没有重大故障，能够保证各矿油质分析的需要。

（8）对实验室进行定期清洁，满足设备的使用环境（温度、湿度、无尘洁净等），对各种试剂、仪器配件、玻璃仪器进行点检，及时报买，保证损耗在正常范围。

（9）对检验所需的国家检测标准及质量指标进行及时的完善和更新，与最新检测方法和判定标准接轨，做到检测方法有法可依，有据可查。

（10）结合工作实际强化日常业务学习和技术交流，完善检测方法和提升工作技能，做到持证上岗。

（11）负责检测中心资料管理，做好检验资料的整理和归档工作。

（12）负责仪器设备管理，建立健全仪器设备、工具、材料台账，对检测仪器进行分类编号，定期点检；建立设备档案，并维护其有效性。

（13）参与仪器设备的验收、维修和报废工作；监督设备的正确使用和维护，运行期间核查，及时送检计量器具。

（14）积极主动地与其他检测项目配合，共同推动检测中心业务的拓展。

（15）积极努力地完成公司安排的其他各项任务。

5.15 一通三防部相关岗位安全生产责任制

5.15.1 通风主管安全生产责任制

（1）在部长、副部长的领导下，负责公司通风系统的管理及业务指导工作。

（2）负责公司矿井通风系统、局部通风及巷道贯通等管理制度的编制。

（3）负责掌握各矿通风系统和主要通风机运行状况，落实各矿通风系统的优化管理工作。

（4）负责矿井通风系统调整、通风能力核定、通风阻力测定、反风演习计划、串联通风等方案或技术措施的审查，参与主要通风机性能测定。

（5）参与矿井瓦斯等级鉴定、瓦斯抽采、煤与瓦斯，突出采煤工作面的设计审查以及综合防尘、防灭火设计的审查。

（6）负责公司各矿井“一通三防”报表及图纸的汇总与上报工作。

（7）参加矿井通风安全生产标准化检查、隐患排查工作，负责对通风方面的重大隐患提出书面整改意见并督促落实。

（8）负责公司通风方面安全费用使用计划的编制，并对计划的执行情况进行督促落实。

（9）努力学习业务知识，掌握本业务范围先进管理经验和先进技术，结合公司实际，提出改进建议。

（10）做好包保煤矿的“一通三防”工作，确保矿井安全生产。

（11）做好值班日的“一通三防”调度工作。

（12）按时完成领导交给的其他工作。

5.15.2 瓦斯主管安全生产责任制

（1）在部长、副部长的领导下，负责公司瓦斯防治的管理及业务指导工作。

（2）负责公司瓦斯检查制度、瓦斯抽采管理制度、矿井防突管理规定等制度的编制。

（3）负责指导、督促公司各高瓦斯矿井抽采系统的正常运行，做好钻孔施工量、抽采量等参数的计划及定期考核工作。

（4）督促各矿做好矿井瓦斯等级鉴定、煤层瓦斯涌出量预测、瓦斯地质图编制、煤层突出危险性预测等工作。

（5）负责矿井瓦斯抽采和采煤工作面的瓦斯防治专项措施的审查，参加工作面投产前的瓦斯治理工程验收工作。

（6）指导煤矿进行采掘前的抽采达标评判工作，对抽采达标评判效果进行监督考核。

（7）参与矿井通风系统调整、通风能力核定、反风演习计划、通风阻力测定、综合防尘、综合防灭火设计等方案或技术措施的审查。

（8）参加矿井通风安全生产标准化检查、隐患排查工作，负责对瓦斯方面的重大隐患提出书面整改意见并督促落实。

（9）参与瓦斯超限事故的追查与处理工作，拟定防范措施。

（10）负责组织编制各矿瓦斯防治方面的安全费用使用计划，并对计划的执行情况进行督促落实。

（11）努力学习业务知识，掌握本业务范围先进管理经验和先进技术，结合公司实际，提出改进建议。

（12）做好包保煤矿的“一通三防”工作，确保矿井安全生产。

（13）做好值班日的“一通三防”调度工作。

（14）按时完成领导交给的其他工作。

5.15.3 防尘主管安全生产责任制

（1）在部长、副部长的领导下，负责公司各矿井综合防尘业务指导工作。

（2）负责公司综合防尘管理制度的编制。

（3）负责公司综合防尘业务指导工作，贯彻落实国家和上级有关职业危害防治、矿井综合防尘等方面的法规、规程、标准和指令，保障职工的职业卫生健康。

（4）督促各矿做好煤尘爆炸性鉴定及日常粉尘测定工作。

（5）督促各矿及时完善煤层注水、风流净化、喷雾洒水等综合防尘设施。

（6）参与矿井通风系统调整、瓦斯等级鉴定、通风能力核定、反风演习计划、通风阻力测定、瓦斯抽采设计、综合防灭火设计等方案或技术措施的审查。

（7）参加矿井通风安全生产标准化检查、隐患排查工作，负责对综合防尘方面的重大隐患提出书面整改意见并督促落实。

（8）负责公司综合防尘方面安全费用使用计划的编制，并对计划的执行情况进行督促落实。

（9）努力学习业务知识，掌握本岗位业务范围先进管理经验和先进技术，结合公司实际，提出改进建议。

（10）做好包保煤矿的“一通三防”工作，确保矿井安全生产。

（11）做好值班日的“一通三防”调度工作。

（12）按时完成领导交给的其他工作。

5.15.4 防灭火主管安全生产责任制

（1）在部长、副部长的领导下，负责公司综合防灭火业务指导工作。

（2）负责公司综合防灭火管理制度的编制。

（3）督促各矿做好煤层自燃倾向性鉴定、矿井综合防灭火设计以及按规定开展自燃火灾的预测预报工作。

（4）督促各自燃及容易自燃矿井认真落实黄泥灌浆、喷洒阻化剂等综合防灭火措施。

（5）参与矿井通风系统调整、瓦斯等级鉴定、通风能力核定、反风演习计划、通风阻力测定、瓦斯抽采设计、综合防尘计划等方案或技术措施的审查。

（6）参加矿井通风安全生产标准化检查、隐患排查工作，负责对综合防灭火方面的重大隐患提出书面整改意见并督促落实。

（7）负责公司综合防灭火安全费用使用计划的编制，并对计划的执行情况进行督促落实。

（8）负责矿井火灾的处理与技术指导工作。

（9）努力学习业务知识，掌握本岗位业务范围的先进管理经验和先进技术，结合公司实际，提出改进建议。

（10）做好包保煤矿的“一通三防”工作，确保矿井安全生产。

（11）做好值班日的“一通三防”调度工作。

（12）按时完成领导交给的其他工作。

5.15.5　通风安全监控主管安全生产责任制

（1）在部长、副部长的领导下，负责公司通风安全监控系统的监督管理。

（2）参与公司安全监控管理制度的编制。

（3）督促各矿对通风安全监控仪器、设备及甲烷便携仪定期进行校验、调试、维修和保养，保证仪器、设备性能完好。

（4）督促指导各矿安全监控系统各类安全装置的种类、数量、安设地点、安设位置、报警点、断电点、断电范围、复电点和电缆敷设等都应符合相关标准规定。

（5）参与矿井通风系统调整、瓦斯等级鉴定、通风能力核定、反风演习计划、通风阻力测定、瓦斯抽采设计、综合防尘计划、综合防灭火设计等方案或技术措施的审查。

（6）参加矿井通风安全生产标准化检查、隐患排查工作，负责对通风安全监控方面的重大隐患提出书面整改意见并督促落实。

（7）负责公司通风安全监控方面安全费用使用计划的编制，并对计划的执行情况进行督促落实。

（8）努力学习业务知识，掌握本业务范围的先进管理经验和先进技术，结合公司实际，提出改进建议。

（9）做好包保煤矿的“一通三防”工作，确保矿井安全生产。

（10）做好值班日的“一通三防”调度工作。

（11）按时完成领导交给的其他工作。

5.16　环保节能部相关岗位安全生产责任制

5.16.1　选煤管理员安全生产责任制

（1）在部长的安排领导下，做好部门相关安全监督检查工作。

（2）协助部长进行洗选单位安全生产标准化检查工作，发现问题及时上报处理。

（3）经常监督洗选单位各项安全管理制度的落实执行情况。

（4）经常深入基层单位调查了解安全状况，准确掌握安全生产建设动态，及时向上级领导汇报。

（5）加强洗选行业现行安全生产法律、法规、标准、规范的学习，及时了解洗选企业安全生产新技术、新工艺，提高洗选技术安全管理水平。

（6）参与在建选煤厂施工现场的安全检查和施工进度考核。

（7）负责收集整理选煤厂安全生产信息、工程施工情况，准确掌握公司选煤厂生产、建设动态，及时上报部门领导。

（8）协助部门其他人员做好办公室及楼道的安全巡查工作，注意办公室日常用电安全。

（9）完成领导交办的其他各项工作。

5.16.2　环保管理员安全生产责任制

（1）在部长的领导下，负责贯彻执行国家和上级主管部门有关环境保护管理的技术政策和规定，及时上传和下达相关文件及技术规范，认真学习和遵守各项安全生产规章制度，严格遵守安全生产的各项禁令和规定，履行安全职责。

（2）参加各单位新建、扩建和改造项目方案的环保研究和审查工作，协助新、改、扩建项目的各项环保手续的办理，以及各种环保项目的招投标管理;’参加项目环保设施的竣工验收，提出审核意见和要求。

（3）在部长领导下，参与编制公司环保规划、污染减排规划、应急方案并实施，参与编制年度环保工作总结报告。

（4）协助组织检查各单位环保管理情况，确保各单位环境保护设施安全、稳定、连续运转；参与对重大环保事故的调查处理及责任追究。

（5）协助部门其他人员做好办公室及楼道的安全巡查工作，注意办公室日常用电安全。

（6）完成领导交办的其他各项工作。

5.16.3　煤质管理员安全生产责任制

（1）贯彻落实国家、地方、行业及上级主管部门有关煤质管理方面的方针、政策、法规和规定，并组织实施。

（2）在部长的领导下，认真开展各级化验室的采制样、化验的工作质量检查和安全检查，发现问题及时向领导汇报。

（3）协助部长做好各矿井（厂）、发煤站、储配煤场的安全管理工作，发现问题及时向领导汇报。

（4）及时督促、落实、整改检查中出现的安全质量隐患。

（5）认真、严格执行煤质化验室安全卫生管理制度，化验室药品、玻璃器皿、仪器管理制度，保障煤质化验各项工作的正常有序进行。

（6）认真开展采、制、化岗位的安全技术培训工作。

（7）督促化验室人员做好化验室内、外及楼道的安全巡查工作，确认门、窗、水、电安全后方可锁门，并要求及时汇报。

（8）协助部门人员做好办公室及楼道的安全巡查工作，并及时汇报。

（9）为基层单位服务时，要做到自保、互保、联保。

（10）完成领导交办的其他各项安全方面的工作。

5.17　地测与防治水中心相关岗位安全生产责任制

5.17.1　主任工程师安全生产责任制

（1）贯彻执行国家颁布的《煤矿安全规程》《煤矿防治水细则》和上级部门颁布的有关防治水技术政策。

（2）在地测与防治水中心主任、副主任的带领下，对所属各矿地测防治水工作负责。

（3）负责对二级公司所属各矿的防治水、地质、测量、储量、物探专业技术工作进行指导，督促做好地测防治水工作。

（4）负责各矿年度作业规程、地质“三书”、防治水计划、水害应急救援和现场处置方案、探放水设计、各类保护煤柱设计、各类储量报告等的审查。

（5）要求各矿查明地质及水文地质情况，查明构造及其导水性、含水层富水性、矿井井田范围内及其周边采空区分布情况和积水情况，掌握各矿防治水工作进展情况。

（6）监督各矿完善地测防治水专业各项技术文件、图纸、资料。

（7）督促各矿对地质构造、巷道素描、涌水量数据、钻探情况等基础资料的收集、整理、分析、汇总。

（8）完成主任、副主任安排的其他工作任务。

5.17.2　地质技术员安全生产责任制

（1）严格贯彻落实《煤矿安全规程》《煤炭地质钻探规程》《煤矿地质工作规定》规程、规范要求。

（2）在地测与防治水中心主任、副主任的领导下，全面负责二级公司地质专业的各项管理工作。

（3）认真学习和掌握国家煤矿安全生产标准化和山西省煤矿安全生产标准化基本要求中的煤矿地质安全生产标准化相关内容，负责制定二级公司煤矿地质专业安全生产标准化标准执行要求，并要求各矿严格贯彻执行标准，使各矿地质专业安全生产标准化完成动态达标。

（4）负责监督和管理各煤矿地质勘探工作。

（5）掌握各矿井田范围内的地质勘探程度和精度，分析和了解矿井水文地质情况，如有地质变化或带压开采的矿井，督促其进行水文地质补充钻探勘探，为矿井安全生产提供有利的帮助。

（6）要求各矿防治水技术人员掌握和了解井田范围内的地质钻孔质量、见煤标高、岩性、封孔质量等相关信息，整理和汇总后分析研究水文地质情况。

（7）督促各矿编制提交各类地质报告，并参与对地质报告的审查、评审工作。

（8）要求各矿及时编制地质说明书、采后总结，并对其认真审核，熟悉和掌握各矿煤层赋存的变化情况及存在的地质构造情况。

（9）督促各矿编制完成年度、季度、月度及临时性地质预报，并对上报的地质预报进行查阅和审核。

（10）督促各矿研究矿区地质和水文地质规律，查清有关地质和水文地质条件，在煤矿建设、生产不同阶段完成各类地质报告、地质说明书的修编工作。

（11）实时掌握和了解各矿地质变化情况，并参与对地质变化影响区域因素的分析和研究。

（12）要求各矿地质专业技术人员做好井下现场地质编录工作，及时进行地质素描，并对一些特殊地质变化情况跟踪分析和研究。

（13）要求各矿地质专业技术人员对矿井地质图纸、台账、记录等资料进行规范化、标准化管理。

（14）积极参与本部门及公司组织的安全检查工作，对检查发现的问题提出整改意见，督促所检矿井及时整改落实。

（15）积极配合涉煤部门对各类技术报告的审查、评审工作，对所涉及的地质类问题提出合理化的意见与建议。

（16）协同部门人员完成领导交办的其他任务。

5.17.3　测量技术员安全生产责任制

（1）按照《煤矿测量规程》《建筑物、水体、铁路及主要井巷煤柱留设与压煤开采规范》等规定要求，在主任领导下，全面负责测量管理工作。

（2）学习和掌握国家安全生产标准化和山西省安全生产标准化等技术要求，制定和完善二级公司测量专业安全生产标准化执行要求，并督促各矿遵照执行。

（3）督促各矿配备满足矿井测量工作要求的人员及设备。

（4）按照《煤矿测量规程》要求，督促各矿建立健全矿井上下测量控制系统，各矿测量技术人员要及时延伸井下控制导线，对各类导线成果资料归档保存。

（5）督促各矿及时下发贯通、开掘、停掘（采）、放线、过巷等各类通知单，并进行抽检。

（6）抽查各矿中腰线标定是否及时、准确，标定前是否对资料进行检查验算，施工开工通知单、施工设计图、标定设计大样图等资料是否齐全。

（7）要求各矿对地面及井下（两井贯通、3000 m 以上巷道贯通）重大型测量工程编制专项设计，并组织审批，对施工过程中测量作业及精度情况进行监督检查。

（8）对各矿测量原始记录及各类成果台账进行抽检检查。

（9）督促各矿做好各类测量矿图的绘制工作，内容、精度符合《煤矿测量规程》《煤矿地质测量图例》、二级公司煤矿矿图技术规定的要求。

（10）督促各矿积极开展地面的沉陷治理工作，指导各矿建立地表及岩层移动观测站，以取得本矿井的岩移参数；对各矿上报的地表建筑物、水体、铁路、主要道路等的保护煤柱设计进行审查与批复。

（11）积极学习与掌握煤矿测量的新技术、新设备，并在公司各矿进行推广与应用。

5.17.4 防治水技术员安全生产责任制

（1）严格执行《煤矿安全规程》《煤矿防治水细则》等规定要求，在地测与防治水中心主任的领导下，全面负责煤矿防治水管理工作。

（2）防治水人员要全面了解公司各煤矿的水文地质概况，掌握各煤矿主要水害类型及水害特点，指导各煤矿制定针对性的隐患排查与防范措施。

（3）督促各煤矿绘制相关地质及水文地质图件，建立健全各项防治水制度、台账、规程措施等基础资料，并对矿井防治水基础资料的准确性与可靠性进行分析、研究。

（4）审阅各煤矿上报的地质勘探、水文地质补充勘探、水文地质类型划分等报告，并提出科学合理化建议。

（5）负责督促、指导各矿编制与修订防治水中长期规划、年度计划和矿井水害应急预案和现场处置方案，并要求各矿按水害应急预案组织实施演练。

（6）负责审查各煤矿探放水设计，在部门人员的配合下协助各煤矿研究制定科学合理的探放水设计，并督促各矿按照设计开展探放水工作。

（7）督促各矿严格执行“预测预报、有掘必探、有采必探、先探后掘、先治后采”的要求和“物探先行、化探跟进、钻探验证”的综合探测手段。

（8）协同部门地质、钻探技术人员加强对各煤矿探放水作业现场管理，要求煤矿防治水技术人员严格把控探放水作业施工，严格执行探放水验收签字移交制度，保证每孔必验。

（9）在公司各煤矿积极推广“王庄经验”，监督各煤矿“王庄经验”工作的执行情况。

（10）配合部门人员对公司各煤矿防治水工作的检查，及时对所发现的问题提出整改意见，并进行监督落实。

（11）要求各煤矿认真落实预测预报制度，督促各矿做好年度、季度、月度和临时性水情水害预报工作，并在采掘活动结束后做好对预报的验证总结，力争有效地指导生产。

（12）及时了解各煤矿地面和井下的防治水工作的动态变化，掌握各矿的探放水工程的施工进度情况。

（13）要求各煤矿做好对井上下各类水体、井下各出水点水情及水量的动态监测工作，并督促其及时填表、记录，做好水患预防工作。

（14）负责对各煤矿井下防隔水煤柱的设计进行审查，严禁开采防隔水煤柱。

（15）监督各煤矿做好全员防治水专业知识的培训，积极开展全员防治水知识的学习和考核工作。

5.17.5 储量技术员安全生产责任制

（1）严格执行《生产矿井储量管理规程》《固体矿产地质勘查规范总则》《煤、泥炭地质勘查规范》等规定要求，在主任的领导下，全面负责储量管理工作。

（2）掌握各矿工作面布置及回采推进情况，要求各矿采区、工作面采出率达到规定要求，对随意丢失浪费煤炭资源的行为及时制止，并向部门领导反映。

（3）学习和掌握国家安全生产标准化和山西省安全生产标准化等技术标准，制定和完善二级公司的储量部分安全生产标准化执行要求，并督促各矿遵照执行。

（4）指导各矿储量工作，特别在图纸绘制、原始资料收集、储量台账计算及填报、资源的合理开发等方面加强与各矿储量人员的交流。

（5）督促各矿定期对矿井采出率进行分析总结，工作面、采区结束后在规定时间内编制损失率分析报告。

（6）负责抽查各矿储量原始记录及成果台账。

（7）督促各矿完善各类储量图纸，绘制内容、精度符合《生产矿井储量管理规程》《煤矿地质测量图例》、二级公司煤矿矿图技术规定的要求。

（8）督促各矿做好煤炭储量报损、注销、转出、转入的呈报和审批工作。

（9）督促各矿严格执行丢煤通知单制度，对不合理的丢煤现象提出意见和要求。

（10）督促各矿积极配合国土资源部门完成储量年报、季报等报告的编制工作。

（11）督促各矿掌握矿井煤炭资源动态情况，定期计算储量的变化及开采、损失情况，为矿井生产规划提供技术依据。

5.17.6　物探管理员安全生产责任制

（1）严格执行《煤矿防治水细则》《煤炭电法勘探规范》等规程、规定以及国家、省厅的相关要求，在主任的领导下，负责二级公司物探管理工作。

（2）要求各矿防治水工作严格执行“物探先行、化探跟进、钻探验证”的综合探测手段。

（3）严格要求所属各矿在采掘作业之前对规划区域进行三维地震、瞬变电磁勘探等地面物探工作，以查明构造赋存、采空区范围及其积水情况；对各矿地面物探工程的申请进行审查及批复，对编制完成的地面物探报告进行审查。

（4）要求各矿对所有开拓、掘进工作面进行超前瞬变电磁勘探，并保证超前物探的连续性（每80 m进行一次超前物探）。

（5）要求各矿在回采工作面圈定后必须进行无线电波透视探测，对带压开采矿井、资源整合矿井还需进行瞬变电磁探测。

（6）要求各矿在掘进、回采过程中，必须对地面及井下物探发现的异常区域进行钻探验证，消除隐患后，方可继续施工。

（7）及时将各矿地面物探、井下物探异常区域向部门领导汇报，并向各矿地测防治水人员通报，督促其采取相关安全技术措施，保证安全。

（8）加强与检测中心物探工作沟通，在数据处理、仪器操作上进行监管。

（9）积极学习与掌握煤矿物探的新技术、新方法，并在公司各矿进行推广与应用。

5.17.7　井下钻探管理技术员安全生产责任制

（1）严格执行《煤矿安全规程》《煤矿防治水细则》等规程、规定的相关要求，督促各矿认真做好井下超前钻探和专项探放水工作，并加强监督管理。

（2）在主任、副主任的领导下，全面负责二级公司井下钻探管理工作。

（3）要求各矿严格落实“预测预报、有掘必探、有采必探、先探后掘、先治后采”的防治水原则和“物探先行、化探跟进、钻探验证”的综合勘探手段，认真做好井下超前钻探工作。

（4）协同部门防治水技术员认真研究分析各矿水文地质特征，指导和帮助各矿编制符合实际情况的探放水设计，并负责对上报的重点探放水设计进行审核和批复。

（5）督促各矿成立专职的探放水队，要求探放水作业人员取得特殊工种证后方可上岗。

（6）要求各矿严格落实探放水作业流程，保证“三单”（探放水通知单、允许掘进通知单、掘进停止通知单）管理制度贯彻到位。

（7）要求各矿井下探放水施工前，由技术员严格按照设计标定探放水钻孔参数进行施工。

（8）要求各矿探放水作业人员施工过程中，必须严格按照所标定的钻孔参数进行钻探作业，保证钻孔数量、深度、质量符合设计要求。

（9）要求各矿防治水技术人员要结合井上、下物探成果和现场煤层地质变化情况，及时调整探放水设计并增补钻孔。

（10）严格要求各矿钻探施工后，按照二级公司规定的钻孔验收制度组织人员进行验收，保证钻孔验收符合要求。

（11）协同部门人员经常深入各矿施工现场对探放水施工质量进行抽检，检查施工的钻孔数量、角度和深度是否符合设计要求；对检查存在有钻探施工不到位及弄虚作假的矿井，及时向主任反映并给予严厉的处罚。

（12）协同部门包矿人员对各矿上报的探掘日报表进行抽查，根据日报表反映的异常情况及时与包矿人员沟通了解，并及时上报主任。

（13）要求各矿严格按照二级公司地测与防治水中心制定的“一图、一牌、一板”管理制度，进行现场图牌板管理。

（14）要求各矿严格执行二级公司制定的“三单两表”规定。

（15）负责在公司各矿对新设备、新工艺应用与推广。

5.17.8 化探技术员安全生产责任制

（1）贯彻执行《煤矿防治水细则》《煤矿水水质分析的一般规定》及上级管理部门相关要求，在地测与防治水中心主任的领导下，全面负责化探管理工作。

（2）要求各矿严格落实“物探先行、化探跟进、钻探验证”的综合探测手段，督促其积极开展化探工作。

（3）根据二级公司规定，督促各矿对出水点（涌水、淋水、突水）进行取样化验，并对取样时间、地点等信息详细记录。

（4）要求各矿将所取水样在24 h内送至二级公司中心化验室，由水质分析室在24 h内完成水质化验工作，并将水质分析报告提交至地测与防治水中心。

（5）协同部门其他人员对地质及水文地质资料、水质分析报告进行分析研究，确定出水点的水质类型，为矿井防治水将采取的措施提供依据。

（6）按照煤矿防治水管理规定、煤矿防治水安全生产标准化要求，建立各矿水化学资料台账，并及时更新；对各矿所有水质分析报告及相关资料进行归档管理。

（7）根据水质分析报告、资料台账及水质类型分析结果，建立全公司的水质数据库，为各矿后续的水质分析提供判别依据。

（8）要求中心化验室建立送检水样台账，各矿建立水化学资料台账，化探管理员要经常对台账及填报情况进行检查。

（9）要与二级公司中心化验室水质化验员、各矿防治水科技术员加强沟通交流，并与水质分析仪器厂家加强联系，以提高水质类型分析的准确性。

5.17.9 物探技术员安全生产责任制

（1）严格执行《煤矿防治水细则》《煤炭电法勘探规范》等要求，全面负责二级公司所属各煤矿井下物探工作。

（2）物探技术员必须经过系统性专业学习，熟悉物探仪器的工作原理和技术性能，掌握仪器操作规程和物探施工工艺。

（3）督促各矿及时上报水文地质相关资料，及时掌握采掘工作面的水文地质情况及施工进度。

（4）督促各矿及时通过OA系统提交物探申请，与防治水中心主任和包矿人员共同确定物探日期，及时下发物探通知单至申请矿，并要求其做好物探前准备工作，保证物探工作顺利进行。

（5）物探人员作业前要对物探仪器及配套设施进行全面检查，保证物探仪器电池电量充足，仪器配套设施齐全。

（6）物探技术员入井时要携带便携式瓦检仪或由安全员、瓦检员陪同入井，作业前要先检查现场瓦斯浓度，瓦斯浓度达到0.8%时，必须停止作业，撤出人员。

（7）井下物探施工前，首先查看现场安全状况及物探作业条件是否具备，确认符合要求后方可进行作业。

（8）操作仪器时，操作人员不准离开仪器，对物探仪器要做到轻拿、轻放，操作过程中发现仪器有故障，必须立即停止作业，上井后及时向仪器厂家反馈，禁止仪器带病作业。

（9）严格按照物探操作规程和仪器使用说明书进行作业，指导现场辅助人员正确摆放线圈，并做好现场记录。

（10）井下探测工作结束后，要认真做好物探数据处理工作，要求在 2 个工作日内向公司地测与防治水中心和矿方发送分析及解释成果，5 个工作日内向矿方发放物探成果报告。

（11）针对探测成果中的物探异常区，结合该区域的水文地质情况及地面物探成果进行认真研究和分析，向矿方提出指导性预防措施及建议。

（12）督促各矿根据钻探实际情况及掘进揭露情况做好物探验证总结工作，并将验证报告上报公司地测与防治水中心，物探技术员要对验证报告认真分析总结，以便提高探测及数据处理水平。

（13）物探技术员要建立完善物探资料相关台账，对基础地质资料、物探成果报告和各矿反馈验证分析结果等相关资料归档管理。

（14）物探仪器必须按照用户使用手册的要求进行保管，并定期维护，做到物探仪器主机及附件完好无损，保证物探仪器能够良好运行。

（15）积极参加物探新技术的培训学习，经常与物探仪器厂家和使用同类仪器的单位交流，阅读相关书籍和资料，提高物探技术的理论及应用水平。

5.17.10　资料管理员安全生产责任制

（1）认真贯彻执行党和国家关于档案工作的方针、政策、法令以及市档案局相关要求，严格做好各项资料的安全保密工作。

（2）对接收的集团公司、二级公司以及其他上级部门下发的文件、本部门下发的文件（便函、批复等）要及时归类存档，并进行登记。

（3）对于各矿上报的重要资料由各包矿负责人收集、整理，交资料管理员统一整理、归档。

（4）对所有存档管理的资料严格按照档案管理标准要求，分类准确，装订整齐，科学地管理档案，做到标准化、规范化。

（5）负责电子档案的科学管理，配备专用电脑进行分类管理，做到管理有序。

（6）负责档案资料的统计工作，定期进行归纳整理，保持其资料的有机联系和成套性，确保档案资料的完整性。

（7）其他相关部门工作人员借阅文件时，必须经部门领导同意，在进行借阅、查阅登记后方可借阅，使用完毕及时放回原处，需长期借阅的应进行复印。

（8）对各矿所上报的图纸资料，由资料管理员统一分矿进行保管，一年一清，收回的图纸要进行登记。

（9）凡需要销毁的图纸、资料，需部门领导同意，两人同时在场方可销毁。

（10）对各矿重要图纸资料，要做好电子版备份，必要时要进行刻盘保存。

（11）负责地测防治水资料、图纸、数据的信息化、标准化、档案化管理工作。

（12）积极学习和运用新的档案管理技术知识，不断总结档案管理工作的经验，多与其他部门档案管理员以及专业管理人员进行交流，以提高档案管理工作的水平。

5.17.11　图纸审核员安全生产责任制

（1）按照地测防治水安全生产标准化执行要求，督促各矿制图人员以日常收集的各种地质、测量资料为基础，结合《煤矿地质测量图例》以及二级公司下发的“煤矿矿图技术规定”及时编绘反映实际情况的地测防治水图件。

（2）要求各矿于每月 3 日前上报采掘工程平面图，每季度结束后 15 日内上报充水性图和井上、下对照图，并与各矿负责人员针对每个图层、字体大小、符号、线型等内容进行详细审查，并纳入月度考核。

（3）图纸审核员要规划不同时间段的工作目标，并要求各矿按规定时间完成图纸的编绘工作。

（4）经常参与各种形式的检查，对各矿井采掘过程中所揭露地质构造（现象）的具体情况、影响范围以及探放水钻孔、采空积水动态变化等是否及时上图，是否将井下实际地质情况真实地反映到图纸上，以确保图纸资料的及时性、准确性、完整性。

（5）协同各矿技术管理人员对有资质部门编制的各类地质报告中附带的相关地质图件进行认真审核，确保图纸资料的真实性、可靠性。

（6）督促各矿按照规定时间完成相关图纸的更新，并进行详细审核。

（7）经常性地与公司生产技术部、一通三防部等相关部门进行沟通，详细地了解各矿的生产动态以及先进的管理办法，若其他部门与本部门的部分要求不同时，应及时上报主任，需要调整修改的要尽快完善。

（8）及时学习掌握有关制图规程规定和各类绘图软件，不断提高技术水平，以满足现代煤矿管理发展的需要。

5.18　工程管理部相关岗位安全生产责任制

5.18.1　管理工程师安全生产责任制

（1）负责贯彻党和国家的安全生产方针以及有关安全生产的决定、指令、文件，检查监督安全制度执行落实情况。

（2）在部长、分管副部长的领导下，负责对分管的工程施工安全及工程质量进行监督管理；经常深入基本建设工程现场检查工程安全、质量情况，对检查出的安全隐患提出整改意见，督促整改措施的落实；定期向上级汇报工程的进展及安全质量情况。

（3）参与分管的土建工程施工图、施工组织设计、施工方案的审核工作，对不符合安全规范的设计与方案提出修改意见。

（4）负责审核分管工程的专项安全施工方案，对专业施工的安全程序及工程质量检查把关。

（5）协助分管副部长做好分管工程的施工质量安全检查考核工作，配合上级主管部门进行专业性安全检查工作。

（6）积极参加公司及部门的安全培训教育，提高自主保安意识，提升安全管理水平。

5.18.2　造价管理员安全生产责任制

（1）认真贯彻执行党和国家有关基本建设的法律法规，以及行业主管部门、上级业务管理部门关于安全生产的相关规定，认真贯彻执行国家、省、市、集团公司工程造价定额、费用标准及造价管理的相关规定。

（2）在部长、分管副部长的领导下，负责审查建设单位、施工单位造价人员的从业资格，审核工程预结算中安全措施费用的编制，现场检查落实安全措施费用的使用情况。

（3）参与基本建设工程的招标、竞争性谈判等施工队伍选择工作，参与审查施工单位的安全生产许可，审核投标报价内安全措施费用的编制情况。

（4）积极参加公司及部门的安全培训教育，提高自主保安意识，提升安全管理水平。

5.18.3　招标管理员安全生产责任制

（1）认真贯彻执行党和国家有关基本建设的法律法规，以及行业主管部门、上级业务管理部门关于安全生产的相关规定，认真执行国家和上级主管部门有关基本建设工程招投标管理的规范、规定和公司的相关制度。

（2）在部长、分管副部长的领导下，参与工程招标公告和招标文件的审核，审核招标文件中有关保证安全施工的强制要求。

（3）参与基本建设工程的招标、竞争性谈判等施工队伍选择工作，参与审查施工单位的安全生产许可；审查安全管理人员的从业资质；审查投标文件施工安全、质量保证措施的可行性。

（4）参与基建工程施工合同的审核，对合同中涉及的安全责任进行严格认定。

（5）积极参加公司及部门的安全培训教育，提高自主保安意识，提升安全管理水平。

5.18.4 计划统计员安全生产责任制

（1）认真贯彻执行党和国家有关基本建设的法律法规，以及行业主管部门、上级业务管理部门关于安全生产的相关规定，认真执行国家和上级主管部门有关基本建设计划统计工作的规定和公司的相关制度。

（2）在部长、分管副部长的领导下，负责收集整理下属单位所报工程计划，审核计划进度安全合理性；在确保安全建设的前提下，参与制定基建工程年度计划和月度计划。

（3）负责监督公司基本建设工程计划的组织和实施，参与计划完成情况的考核。

（4）审查整理保管相关安全管理资料文件。

（5）积极参加公司及部门的安全培训教育，提高自主保安意识，提升安全管理水平。

5.19 煤炭销售管理部相关岗位安全生产责任制

5.19.1 综合管理科员安全生产责任制

（1）宣传、贯彻、落实安全生产法律、法规及二级公司的各项安全规定、文件、通知等，做好上传下达工作。

（2）负责部门各类安全文件的起草、下发、落实。

（3）做好部门内安全生产相关工作的文件资料档案管理工作，保证档案材料的安全。

（4）做好部门印章等安全管理工作。

（5）负责组织部门各类安全专题会议，并做好会议记录。

（6）负责安排部门值班，并监督做好安全巡查工作。

（7）负责部门办公设施的日常维护，出现故障需及时报修，实时监控用电安全。

（8）积极参加各级安全教育培训工作，提升自身安全素质。

5.19.2 市场营销科员安全生产责任制

（1）认真学习贯彻上级有关安全方面的指示，自觉遵守安全生产的一切规章制度。

（2）负责定期组织市场调研，收集市场信息，分析市场动向、特点和发展趋势，为部门各项决策提供市场信息。

（3）负责收集、整理、归纳用户资料，对用户群进行透彻分析，确保各项业务的安全运行。

（4）负责协调煤质、煤炭储、装、运各环节关系，消除各环节安全隐患，确保各环节作业安全。

（5）负责结合各煤矿生产计划及市场行情制定自产煤的年度、月度销售计划。

（6）负责监督各项销售业务符合公司安全管理规定。

（7）积极参加各级安全教育培训工作，提升自身安全素质。

5.19.3 铁路调度科员安全生产责任制

（1）认真学习贯彻上级有关安全方面的指示，自觉遵守安全生产的一切规章制度。

（2）督促铁路销售业务严格遵守铁路上的各项安全制度和规定。

（3）在进行对外工作中，有效协调、沟通，确保信息通畅，确保安全生产。

（4）严格按照铁路规定，认真做好现场交接工作，确保安全无隐患。

（5）在严格遵守公司各项安全生产制度的前提下，协调铁路运力，做好铁路运销衔接工作。

（6）积极参加各级安全教育培训工作，提升自身安全素质。

5.20 贸易物流部相关岗位安全生产责任制

贸易物流安全管理岗位职责

（1）负责各贸易单位的安全生产管理。对贸易单位安全生产工作（包括职业卫生、消防、安保、机械、电气、交通、食品安全、建筑、特种设备、煤质化验、雨季三防等）进行监督、管理、检查、考核。

（2）负责组织协调各贸易单位的安全教育、安全生产、业务培训、企业文化建设等工作，加强全员规范化管理，提升全员整体素养。

（3）上传下达要及时，落实文件要到位，安排工作要具体，检查工作要严格。

（4）负责公司贸易单位环保工作的监督、检查及考核。

（5）严格执行集团和二级公司下发的安全生产规章制度。

（6）建立健全贸易板块的安全生产管理体系、应急体系，包括机构、制度等，并组织实施。

（7）负责组织协调各贸易单位的安全教育和培训工作，加强全员的安全行为管理，提升全员的安全防范意识，减少和消除“三违”。

（8）建立健全贸易板块安全生产隐患排查治理机制，定期检查各单位的安全生产工作情况，及时发现和消除生产安全事故隐患。

（9）及时如实上报各类生产安全事故，组织或参与对发生安全事故单位的调查、分析、处理。

（10）制定应急预案管理实施办法。

5.21 多种经营管理部相关岗位安全生产责任制

5.21.1 内务员安全生产责任制

（1）积极宣传党和国家的安全生产方针和有关安全生产的政策、法律、法规、国家标准、行业标准及各种规程措施。

（2）负责多种经营管理部行政会议和重大活动的组织、安排、考核工作。

（3）负责多种经营管理部的车辆调派工作，合理安排用车，有效控制非公用车。

（4）认真贯彻落实《道路交通安全法》及公司有关安全生产的各项规定，确立“安全第一、责任重于泰山”的观念，共同努力实现道路交通安全运输无事故的目标。

（5）必须按期组织全体司机开展安全教育培训和落实每周安全例会制度，对安全工作要有计划、有目标、有措施，安全运输的管理责任制度落实到位。

（6）每日派出车辆必须执行车辆派出制度，要做到：带病车辆不派出；情绪不好的人不派出；长短途要合理安排，努力保证公司车辆安全运行。

（7）司机出车必须谨慎驾驶，不违章行车，严禁酒后驾驶，严禁将车辆交给无证人员驾驶。

（8）车辆必须定期维护，保养，年检，确保车辆运行无隐患。

（9）及时完成部门领导临时交办的工作。

5.21.2 安全维稳室科员安全生产责任制

（1）积极宣传党和国家的安全生产方针和有关安全生产的政策、法律、法规、国家标准、行业标准及各种规程措施，督促有关部门（项目单位）认真贯彻执行。

（2）深入基层、深入现场，针对安全生产动态情况下的本业务范围内的薄弱环节制定相应的防范措施。

（3）负责组织多经板块系统安全大检查和组织召开安全例会，协调、处理有关安全隐患问题。

（4）督促有关部门（项目单位）搞好安全教育和培训工作。

（5）有权进入任何作业场所进行安全检查，对安全隐患问题提出处理意见，并在必要的情况下责令停止作业。

（6）组织各种安全生产事故的上报、追查、处理工作，并协助安监部门做好重大事故的调查处理工作。

（7）及时上报各种报表、工作总结等。并做好领导交办的临时任务。

5.21.3 企管员安全生产责任制

（1）认真执行党和国家的安全生产方针、政策和上级有关安全生产的规定、命令、决定、通知等。

（2）完善本科室的安全防范措施。

（3）负责与多经板块各单位的协调，督导在建项目进度、已建项目经营情况和多经板块各单位的绩效考核等。

（4）严格执行各项安全管理制度、规定，做好多经板块各单位的市场开发与发展规划工作。

（5）及时完成部门领导临时交办的工作。

5.22 招标管理办公室相关岗位安全生产责任制

5.22.1 招标管理办公室材料管理员安全生产责任制

（1）认真贯彻执行集团公司材料采购管理，特别是大宗材料采购的有关规定要求，遵守材料管理员岗位职责及材料管理的各项规章制度。

（2）根据材料采购管理的特点，对上报材料要分门别类，要弄清原材料的性质、用途、类型。

（3）对公司所属各矿上报的材料采购计划，要积极了解材料的市场行情，询价、比价，大宗材料要严格执行中标后商务谈判的采购价格。

（4）负责对公司所属各矿的材料，特别是大宗材料的合同执行、到货情况进行跟踪服务和监督，确保所供材料的各项指标符合安全要求。

（5）负责对公司所属各矿供应部门材料采购进行日常检查，督促各矿的仓储库房管理符合安全生产标准化的要求。

（6）积极参加各级安全教育培训工作，提升自身安全素质。

（7）完成领导交办的其他工作。

5.22.2 招标管理办公室合同管理员安全生产责任制

（1）严格执行国家《合同法》，关于合同管理的有关规定，遵守合同管理员岗位职责及合同管理各项规章制度。

（2）负责物资采购合同条款的审查，是否符合《合同法》有关规定，对不规范的合同要及时修改。

（3）负责本部门合同专用章的保管，不得外借。

（4）负责所签合同在途执行情况的跟踪、服务与监督，核查合同所购设备、材料到货情况，确定合同执行情况良好。

（5）负责所签合同的保密工作，不得向外泄露合同相关信息。

（6）负责汇总合同签订工作，按合同审批程序逐级审批。

（7）合同签订审批后对合同要分类管理，做好合同的统计、归档、建台账工作。

（8）负责对公司所属各矿物资采购合同的日常管理进行指导和监督。

（9）积极参加各级安全学习培训工作，提升自身安全素质。

（10）完成领导交办的其他工作。

5.22.3 招标管理办公室计划员安全生产责任制

（1）认真学习贯彻执行党和国家安全生产方针、政策及相关的法律规定，在国家的安全生产法规范围内开展计划管理工作，严格遵守各项安全规章制度。

（2）配合部门领导汇总所属各矿上报的月度、季度的设备、材料、大宗物资招标采购项目计划，配合公司相关部门编制公司所属矿年计划及设备采购招标计划，并上报集团公司。

（3）编制计划以安全生产为原则，做到不安全不计划、不安全不采购、无计划不采购。

（4）及时监督所属各矿年、季、月度计划上报完成执行情况；及时发现问题并提出解决问题的建议，供领导决策参考。

（5）在部门负责人的领导下，完成公司及所属矿井的计划编制、上报、存档工作，保证计划的准确性。

（6）不断加强自身学习，努力提高自身业务水平，不断提高安全责任意识，为确保公司及所属矿井安全生产做好计划工作。

（7）班中注意工作岗位中的电、火、盗、潮隐患排查，班后对楼层进行安全巡查，上下班途中注意交通安全。

（8）完成领导安排的其他工作任务。

5.22.4 招标管理办公室配件管理员安全生产责任制

（1）严格执行集团公司关于设备配件管理的有关规定，遵守配件管理员岗位职责及设备配件管理的各项管理制度。

（2）结合设备配件管理的特点和要求，加强自身业务知识、技能的学习培训，以适应设备配件管理的需要。

（3）对公司所属各矿上报的设备配件，要及时了解设备配件的规格型号、技术性能参数及是否与原设备匹配等事项，积极与使用单位沟通协调，确保所供配件符合采、掘、提升、运输、排水、供电等设备的安全需要。

（4）负责公司所属各矿上报的设备配件，在对其技术要求把关外，还要进行配件的询价、比价工作，在同等技术要求条件下，择优价廉。

（5）负责对公司所属各矿设备配件的合同执行、到货情况进行跟踪服务和监督，确保所供设备配件符合安全要求。

（6）负责公司所属各矿供应部门仓储库房配件管理的安全生产标准化工作。

（7）积极参加各级安全教育培训工作，提升自身安全素质。

（8）完成领导交办的其他工作。

5.22.5 招标管理办公室设备管理员安全生产责任制

（1）严格执行集团公司关于设备管理的有关规定，遵守设备管理员岗位职责及设备管理的各项制度。

（2）按照设备管理的要求，开展自主业务学习培训，提高业务技能，提升设备管理水平。

（3）对公司所属各矿上报设备，要及时了解设备的规格型号、技术性能、参数设定、附加条件等事项，积极与使用单位和业务主管部门沟通协调，确定其设备符合所需要求。

（4）配合部门负责人及时跟踪了解机电设备发展的最新动态，积极推广新产品、新材料、新技术，努力提高技术装备水平。

（5）负责公司所属各矿上报的设备，在对其技术要求确认外，还要进行设备的询价、比价工作做到业务审核把关。

（6）配合部门负责人做好设备招投标工作，对符合招标的设备，要履行招标程序，对招标代理公司和投标单位的资质要及时进行安全资格审查。

（7）负责对公司所属各矿设备的合同执行情况、到货情况进行跟踪服务和监督，确保各个环节符合安全要求。

（8）积极参加各级安全教育培训工作，提升自身安全素质。

（9）完成领导交办的其他工作。

5.22.6　招标管理办公室档案管理员安全生产责任制

（1）认真贯彻党和国家的安全生产方针、政策及有关安全生产法律法规、上级安全指示精神，严格遵守各项安全规章制度。

（2）严格遵守档案管理的法律法规和有关管理规定，认真做好档案的安全保密工作。

（3）对违反档案管理标准及不履行归档责任损毁档案的，有权根据《档案法》和暂行条例向行政办公室提出处理建议。

（4）做好防火、防潮、防高温、防盗等工作，经常通风、经常检查，确保档案的完整与安全。

（5）严格执行档案的利用借阅制度，严禁无关人员随意翻看。

（6）在部门负责人的领导下，保管好各类档案资料，确保档案材料的准确与完整。

（7）加强自身学习，提高档案管理技能，维护档案的完整与安全，做好档案的修复、复制、保护等安全防范工作。

（8）完成领导交办的其他工作。

5.23　后勤管理中心相关岗位安全生产责任制

5.23.1　设备运营及维修主管安全生产责任制

（1）本部门安全生产设备运营及维修主管是设备运营及维修工作的主要负责人，对设备运营及维修主管的安全工作全面负责。

（2）负责组织大型固定设备的选型、配套，以及技术协议的签订和设备的到货验收工作，监督检查使用情况，对使用中发现的问题及时予以督促和整改。

（3）组织制定各种设施设备的工作运行记录并建立安全巡检制度，及时对特种设备进行维保和检修。

（4）建立健全“雨季三防、冬季防冻”的检查工作，安排相关责任人对下水道、沉淀井、排水沟及时疏通，防止洪涝灾害发生。

（5）做好本部门人员自保、互保和联保工作，及时完成领导交办的其他安全工作任务。

5.23.2　安保消防主管安全生产责任制

（1）安保消防主管是安保消防工作的主要负责人，对安保消防安全工作全面负责。

（2）负责公司地面生产单位的安全生产监督检查工作，参加安全生产事故的调查和善后处理工作。

（3）落实消防安全责任制，制定公司的消防安全制度、消防安全操作规程，制定灭火和应急疏散预案。

（4）严格贯彻执行消防法规，保障公司消防安全体系符合规定，掌握公司的消防安全情况。组织防火检查，督促落实火灾隐患整改，及时处理涉及消防安全的重大问题。

（5）组织实施对公司消防设施、灭火器材和消防安全标志的维护保养，确保其完好有效。

（6）组织员工开展消防安全知识、技能的宣传教育和培训工作，安排灭火和应急疏散预案的实施和演练。

（7）负责公司安全保卫队伍的组织、思想、纪律、作风和业务建设工作，不断提高安全保卫队伍的政治、业务素养和工作能力，充分发挥和调动队员的工作积极性，认真履行自身职责。

（8）加强本部门职工的安全知识理论学习，增强保密、防火、防盗的安全意识和熟练运用火警、盗警等应急抢险的处理方法。

（9）完成领导交办的其他安全工作。

5.23.3　行政物业主管安全生产责任制

（1）行政物业主管是行政物业工作的主要负责人，对行政物业安全工作全面负责。

(2) 负责抓好公司管辖范围内的卫生环境工作，为员工创建优秀的工作环境。

(3) 做好档案管理工作，对公司发生的安全事故要及时记录、存档，认真分析事故的原因，做出总结并提出整改议项。

(4) 做好公司人员的安全生产宣传教育工作，保障工作过程中的人身安全。

5.23.4 小区物业主管安全生产责任制

(1) 物业主管是小区安全工作的主要责任人，全面负责小区各项安全管理工作，负责建立综合性的安全制度和解决方案，寻找联系安全技术支持，综合调度各项工作。

(2) 认真贯彻执行国家劳动保护及安全生产政策、法规和上级有关规定，组织制定本部门的安全管理制度、安全操作流程和应急预案。

(3) 向职工和入住人员进行安全、防火宣传教育，组织安排消防活动演练，并安排消防工作归口职能管理人员对小区进行防火巡查，及时发现火灾隐患。

(4) 负责督促、检查小区内各种设备的维护保养，保障水、电、暖的正常供应。

(5) 负责做好本部门的安全生产教育宣传工作，提高员工安全防范意识，保证小区入住人员的人身、财物安全。

(6) 监督各施工单位严格按照相关规定施工，认真核查、复查。

(7) 负责和监督所有消防器材的管理和更换，保证在紧急情况下设备正常使用。

5.23.5 卫生主管安全生产责任制

(1) 认真贯彻执行党和国家制定的卫生管理条例和公司的各项管理制度。

(2) 积极开展卫生宣传教育，对从事高危作业人员要定期组织健康体检，做好职业病的预防、建档工作。

(3) 负责公司办公区域、食堂、公寓的卫生工作检查，制定完善的卫生安全考核制度。

5.23.6 食堂主管安全生产责任制

(1) 食堂主管是食堂的主要负责人，对食堂安全工作全面负责。

(2) 负责食品、燃油燃气、灶具、卫生等相关安全，拟定安排食堂各种设备的维护保养计划，组织人员定期检查燃油、燃气、灶具的完好情况。

(3) 关心食堂工作人员的身心健康，组织每年一次体检，贯彻执行《食品安全法》，安排专人对炊具、餐具每天消毒并加强用水管理，杜绝事故。

(4) 加强班组安全意识，在工作中对水、电、煤气、各种厨具和食物进行管理，消除安全隐患。

(5) 加强对班组人员的安全技能教育，严格按照食谱操作，对所做饭菜的数量、质量、品种花样等负全面责任。

(6) 确保食品、作料和公共财产无人为损坏及丢失，切实做好防火、防盗、防水工作。

(7) 确保米、面、油等食品及各种作料按规范进货，进货必须验质、验数，并做好台账。

5.23.7 公寓楼主管安全生产责任制

(1) 公寓楼主管是公寓楼安全生产的主要负责人，负责公寓楼、招待所的安全管理，包括用水、用电、用气、消防、防盗、财产等。

(2) 维护公寓内工作人员与住宿人员的稳定和谐，熟悉重要防守位置，确保公寓内安全。如发现偷窃、流氓及破坏公物行为者敢于斗争，并及时汇报。

(3) 经常性地组织本部门工作人员学习国家的安全生产法律法规，增强安全防范意识。

(4) 制定24 h轮班检查制度，定期检查寝室内用品、设施的使用情况。检查水、电、门窗等是否完好，如有损毁，调查清楚，责任分明，及时报修。

(5) 支持和配合完成上级部门和公寓办临时交办的其他安全工作。

(6) 安排专人负责公寓物品、设施保修的登记、上报工作，对公寓内损坏的物品及时报告领导，申请维修。

5.23.8　洗衣组组长安全生产责任制

（1）洗衣组组长是洗衣工作的主要负责人，对洗衣工作全面负责。

（2）负责建立健全安全生产管理制度、日常排查制度、消防安全制度和设备操作、用水、用电、防火等各项安全规章制度

（3）熟悉设备性能、操作规程，负责带领员工认真学习各项安全规章制度。

（4）负责督促、领导对各种设备进行检查、日常维护保养，及时发现、清除隐患。

（5）熟知衣物洗涤剂等化学原料对人体的危害，监督、规范工作人员的操作流程。

（6）如发生设备损坏，负责落实维保、寻找技术支持。

5.23.9　设备维修工安全生产责任制

（1）在主管领导的带领下，负责后勤管辖范围内所有的电气设备、线路、设施等安全运行，负责对生产系统电气设备的检查和维修工作。

（2）保证所有设备完好，善于发现设备故障隐患，出现问题及时修理，不得影响正常的生产和生活。

（3）负责用电安全和节约用电，严格遵守维修工操作规程，严禁违章操作。

（4）必须在工作中保证自身和周围人员安全，劳保用品穿戴齐全，避免事故的发生。

（5）进行必要的技术改造，节能降耗，提高生产效率，降低职工劳动强度。

（6）努力钻研技术，掌握设备的性能、工作原理、技术数据、运行情况等，并要做到会使用、会保养、会维修，管好、用好所负责的电气设备。

（7）按规定使用和保管电动工具和电料，做好备用设备的维护保养工作。

5.23.10　安保消防岗位安全生产责任制

（1）负责落实防火、防盗抢、防爆炸、防破坏和防诈骗、防窃密等治安防范措施。

（2）负责二级公司机关治安巡逻和守候，保障公司安全保卫系统的正常运行。

（3）积极参与公司组织的安全教育培训，认真贯彻执行消防法规，在工作中要确保自身和周围人员的安全，严格按照操作规程执行，严禁违章操作。

（4）贯彻执行公司消防管理的规章制度和公安机关及地方政府有关消防工作的规定、实施细则和管理办法。执行上级下达的消防工作任务，并督促落实。

（5）掌握本单位的消防工作情况，收集和整理有关消防安全方面的信息，建立本单位消防档案，为领导决策提供可靠的资料。

（6）每天向安保主管及公司生产指挥中心进行工作汇报，认真完成公司交办的其他安全工作。

5.23.11　小区物业岗位安全生产责任制

（1）协助领导组织并参加定期或不定期的各项安全卫生检查，及时发现、纠正存在的问题，消除隐患。

（2）加强巡回检查，认真维护保养设备，及时消除不安全因素，自己不能解决的应立即向领导反映。

（3）爱护和正确使用消防器材和防护器材，保管好所在岗位的安全设施、消防器具和防护用品等。

（4）认真学习有关安全生产指示、规定和技术知识，积极提出有关安全生产、管理的合理化建议，做好安全文明生产。

（5）认真执行安全生产的规章制度，有权拒绝违章作业的指令。

（6）负责岗位标志、标牌日常管理，做好设备及场地卫生。

5. 23. 12 食堂工作人员安全生产责任制

（1）认真学习安全生产操作规程，服从领导，听从指挥，遵守各项规章制度。

（2）食堂卫生要经常进行打扫，对使用的炊具、餐具要定期消毒，并要有防蝇灭鼠措施，做到食堂内无蝇无鼠。

（3）炊事人员要经卫生防疫部门检查，身体健康，并持健康证上岗。必须做好个人卫生，坚持做到四勤（勤理发、勤洗澡、勤换衣、勤剪指甲）。

（4）拒绝不安全生产指令，对不安全作业规定积极提出整改意见。

（5）加工食品必须按照操作流程，腐败变质、异味等影响员工身体健康的食品不得使用。

（6）食品存放应设专用仓库，要设有防鼠、防蝇、防潮、防霉的设施及措施。

（7）定期清仓检查，防止食品过期、变质、霉变、生虫，及时清理过期变质食品，并做好登记。

（8）熟知各种灶具、燃油、电器的操作规范，严格按照流程安全操作，保证人身安全。

（9）规范外来人员出入制度，做好防火、防盗、防事故措施。出现异常情况，必须立即查找原因，及时处理或报告领导。

5. 23. 13 公寓服务人员安全生产责任制

（1）认真贯彻公司各项安全规章管理制度，加强公寓管理，使员工有一个整洁、安静、安全、文明的生活居住环境。

（2）不得将宿舍钥匙随意转交他人，不得随意配置宿舍钥匙，负责人要合理安排值日人员，发现问题及时报告宿舍管理人员或保卫科值班人员。

（3）宿舍楼内如发生财物丢失或被盗事件，应及时报告楼管人员或保卫科。

（4）经常对本公寓楼进行巡查，对私拉电线、使用电炉等大功率电气设备和明火装置的情况及时进行阻止、处理，正确行使管理职能。

（5）严格遵守消防制度，定期参加消防教育培训，公用设备和消防设备要定期检查，根据部门具体性质，制定具体的岗位防火规定。

（6）做到“三懂”“三会”和“四能”（“三懂”，即懂本岗位的火灾危险性、懂火灾的预防措施、懂火灾的扑救方法；“三会”，即会报火警、会使用灭火器材、会扑救初始火灾；“四能”，即能宣传、能检查、能及时发现隐患、能及时消除不安全因素）。

（7）必须时刻提高警惕，严防不法分子混入职工宿舍进行犯罪活动。严格按照交接班制度，上班时间不得擅自离开岗位。

（8）随时检查住宿人员有无将易燃易爆、剧毒物品、危险品带入楼内。

（9）按规定检查每晚员工的住宿情况，并做好检查记录登记，定期向领导报告。

（10）出现突发事件、刑事或治安案件、灾害事故，及时处置、及时报警，并报告有关部门，采取积极有效的措施，确保职工和公司财产安全。

5. 23. 14 洗衣工安全生产责任制

（1）严格按照洗衣操作规程操作和维护保养，认真贯彻落实各项安全规章制度，定时排查器械隐患，保证机器安全运行。

（2）洗衣人员要爱护设备，保持设备完好、干净，出现故障要及时汇报。

（3）认真贯彻和执行卫生防疫法规制度，从业人员必须持健康证上岗，熟记消毒规定，了解防疫常识。具有良好的卫生习惯，勤洗澡、勤理发、勤剪指甲。

（4）对送洗衣物、床单被罩及时登记，分类摆放，确保不丢失、不损坏。

（5）熟悉消防器材摆放位置，会使用灭火器。任何人未经批准，不得随意挪动消防器材。

（6）工作开始前要认真检查工作区域是否存在消防及其他安全隐患，如电气设备、电源、电线、管道、消防器材等。

（7）所有管理人员及员工有责任和义务随时观察和检查电源线路，防止因电源短路引起火灾。

（8）洗衣房的每位员工应仔细留意设备的运行情况，注意每个异常细节，如噪声、臭味、烟、转速、漏水、漏气等。

（9）工作结束，除关闭机器电源开关外，还应切断所有输入电源。所有当天未完成的物品，应远离电源，摆放整齐，保持清洁通风。

5.23.15　锅炉工安全生产责任制

（1）认真贯彻落实公司规定的各项安全生产管理制度和有关安全的应急预案等有关规定，有效防止突发性安全事故的发生，保障职工身体健康和生命安全。

（2）司炉人员须持有司炉工操作证，并严格依照操作规程操作。未取得司炉工操作证的，不得上岗独立操作。

（3）严禁在锅炉房内及其附近堆放易燃、易爆品，不允许在锅炉房内洗晒衣物。

（4）严守工作岗位，未经允许不得擅自离岗。

（5）做好锅炉日常维修保养工作，严禁锅炉及附近设备带故障操作，做好维护检查登记工作。

（6）做好日常巡查工作，注意压力、温度、水位表是否正常，水泵运转状况和给水调节阀、逆水阀等各项仪器设备的工作状况是否正常。

（7）如遇事故发生，应及时向领导报告，积极协助相关人员处理事故，待事故处理完毕后方可操作。

5.23.16　库管员安全生产责任制

（1）负责分管物资材料进库的验收、登账、保管和发放工作。严格审查物资进仓的验收关和各部室领用物资的手续关，保证物资安全、完整。

（2）做好仓库设备的正常使用、保养和维修，保证物资的完好无损。保证正常的温度、湿度、通风，负责库房安全、防火、防盗、防水、防鼠、防虫、防霉、防腐等工作。

（3）物品做到分类管理，并经常检查，防止食物变质，库内达到“四无”：无蝇、无尘、无鼠、无蟑螂。

（4）按规定执行以旧换新，回收废旧物资和包装并登记保管、定期上交。

（5）物品出入库过秤、点数、手续齐全，对采购物资认真检查验收，拒绝腐烂变质的物资入库。

5.23.17　监控、中控人员安全生产责任制

（1）认真贯彻落实公司规定的各项安全生产管理制度和相关监控、中控的安全应急预案等有关规定，有效防止突发性安全事故的发生，保障职工身体健康和生命安全。

（2）中控室值班人员必须保持充沛的精力，以高度责任感认真观察，不得随意泄露监控、消防设备等资料信息。

（3）当中控室接到报警后，应立即确认报警点，然后通知巡视人员跑点确认，并做好值班记录，写明报警原因、处理方法、报警人姓名等。

（4）熟悉楼内的各重点部门、重点区域、要害部位及消防器材配置情况，做到心中有数。

（5）监控中发现问题要及时上报，对发生重大火灾或治安事件的现场，应立即录像取证，查看相关录像资料需公司领导批准。

（6）对楼内的消防系统、保安监控系统、紧急广播系统必须全面了解，做到了如指掌，能准确判断设备上显示的各种信号，并按规程熟练操作。

（7）发现可疑情况和可疑人物应及时上报，不得隐瞒不报或私自处理。

（8）每日应观察火灾自动报警系统和自动灭火系统自检情况，发现故障应及时排除，确保系统正常运行。

（9）爱护设备，保护室内环境整洁及卫生情况良好，不得无故占用火警报警电话及监控室电话。

（10）保证系统电源不间断，视频图像清晰，设备运行正常，探头位置正确。

（11）未经主管领导及技术工程师的同意，严禁修改系统参数或私自拆卸关闭设备。

（12）每天巡查系统运行情况一次，发现异常立即处理，并记录在当值日志上，监控设备发生故障及时联系维修厂家，立即报告领导做好记录。

（13）熟悉并掌握电视监控设备的参数性能，保证即需即用，操作时井然有序、准确迅速。

（14）保持监控机房消防设施、应急照明、器材完好有效，处于正常状态。

（15）严格门禁管理，非工作人员不准进入。

6　煤矿领导岗位责任制

6.1　党委书记（支部书记）岗位责任制

1. 岗位描述

全面负责党建、培训、班子建设、群众路线及廉政教育。

2. 职责

（1）加强对安全生产工作的领导，把安全工作列入党委的重要议事日程，每月要召开一次党委会，研究解决安全生产中的问题，有针对性地做出决定。

（2）负责召开支部书记安全生产工作会议，检查对上级有关安全生产的指示和矿党委有关安全生产决定的贯彻落实情况，听取汇报和意见，研究制定防止重大事故发生的措施。

（3）负责做好干部员工的安全思想工作。

（4）参加事故的抢救和追查、分析、处理工作。

（5）对发生责任事故的党员、干部，经事故调查组决定受到纪律处分时，要及时召开党委会，认真研究，做出处分决定。

6.2　董事长岗位责任制

1. 岗位描述

贯彻执行党和国家各项方针、政策和上级指令以及行政和职代会的决议。主持矿井的安全、生产、建设、经营管理工作，对全矿工作负领导责任。保证完成上级下达的各项目标任务。

2. 职责

（1）在上级公司的领导下，对全矿安全生产负领导责任，是矿井安全生产的第一责任人。

（2）认真贯彻党和国家有关安全生产的法律、法规，严格执行《煤矿安全规程》及技术标准、行业技术规范，加强对职工的安全教育、培训、管理工作，做到特殊工种岗位必须持证上岗。

（3）审定矿井安全生产规划和计划，确定矿井年度安全生产目标，组织、领导编写矿井灾害预防处理计划，签发矿井各种安全生产规章制度。

（4）负责健全安全生产的管理机构，制定安全、生产副职的安全生产职责。定期或不定期地听取安全、生产副职及生产管理部门的安全工作汇报，审批重大安全生产设备、设施的投入，切实改善安全生产条件。

（5）实施安全生产目标责任管理，与所属单位签订安全生产目标责任书。

（6）每月至少组织一次安全生产办公会，研究解决安全生产中出现的重大问题，落实重大安全隐患整改的组织措施和技术措施。

（7）如遇重、特大灾害事故发生，负责组织、领导抢险救灾工作。

（8）经常深入生产现场，了解安全生产情况，督促和指导搞好安全生产。

6.3　总经理岗位责任制

1. 岗位描述

根据公司下达的各项任务和公司总体发展战略，做好全矿的生产经营管理工作，依法行使职能。

对全矿的物质文明建设、精神文明建设、安全生产和各项行政管理工作负全面领导责任。

2. 职责

（1）对全矿的安全生产工作全面负责。

（2）建立健全矿岗位责任制。

（3）组织制定矿安全生产规章制度和操作规程。

（4）负责建立健全矿生产管理机构，配备齐全专职安全生产管理人员。

（5）组织召开安全办公会议，解决安全生产中的重大问题。

（6）组织制定并实施全矿的安全生产事故应急救援预案。

（7）负责组织全矿重大灾害事故的抢救、处理，及时、如实地报告生产安全事故。

（8）批准全矿安全生产规划和计划、重大安全技术措施。

（9）依照国家有关规定足额提取安全生产资金，保证安全生产投入的有效实施，不断改善劳动条件和工作环境。

（10）督促检查全矿的安全生产工作，及时消除生产安全事故隐患。

6.4 党委副书记（支部副书记）岗位责任制

1. 岗位描述

在党委书记的领导下，分管新闻宣传、企业文化、文明创建、社会治安综合治理、维护稳定、共青团和机关党委工作。

2. 职责

（1）贯彻执行党和国家的方针、政策和上级党委的指示决定。

（2）对所分管业务范围内的安全生产负全面责任。

（3）负责检查所分管业务部门规章制度的执行情况。

（4）主持召开会议，研究解决分管业务部门生产中存在的安全问题，制定改进措施，并保证实施。

（5）参加分管业务范围内的事故抢救和追查、分析、处理工作。

6.5 纪检书记岗位责任制

1. 岗位描述

在上级纪委和矿党委的领导下，负责纪检的全面领导工作。

2. 职责

（1）协助党委抓好党风建设检查，党的各项方针、政策和国家的法律法规在本矿的贯彻执行，围绕经济建设中心，积极开展纪检、监察工作。

（2）组织纪检、监察部门有关人员参加重大事故调查，参与对事故责任人的处理。

（3）组织纪检、监察部门定期对领导干部履行职责情况进行监督检查。

（4）对单位重大事故的调查处理负监察责任。对事故发生单位和调查组不负责任或有意掩盖事故真相的行为有权予以处理，对玩忽职守、造成重大事故的责任者要依法向司法部门报告。

（5）负责全矿的相关考核工作。

6.6 工会主席岗位责任制

1. 岗位描述

主持工会日常工作，定期召开工会委员会议，落实工会委员会的决议中有关工会工作的指示。组织好职代会筹备工作，抓好企业文化建设。

2. 职责

（1）组织员工参与本矿安全生产管理。

（2）接受和处理员工关于安全生产方面的意见、建议。监督检查全矿安全生产、劳动保护、参加工伤保险等情况，维护员工在安全生产方面的合法权益。

（3）领导组织开展女工保护工作。

（4）组织开展劳动竞赛活动和安全目标管理活动。

（5）组织开展安全生产宣传、教育工作。

（6）参与生产安全事故的调查、分析和处理工作。

6.7　安全副矿长（副经理）岗位责任制

1. 岗位描述

贯彻执行党和国家的安全生产方针、政策、法令、规程、条例，在矿长的领导下参与制定并监督检查安全规划、安全生产责任制、业务保安等规章制度的贯彻执行情况。

2. 职责

（1）在矿长的领导下，直接负责全矿的安全工作。

（2）负责检查全矿的安全管理制度的落实和执行情况，以及各单位安全生产情况和安全措施执行情况，及时纠正“三违”。

（3）负责领导、组织全矿的安全生产大检查和例会工作，研究、分析、解决安全生产工作中存在的问题或制定改进措施。

（4）组织参加矿井灾害事故的抢救、追查、分析和处理工作。

（5）组织全矿的安全生产标准化建设工作。

（6）负责组织员工的安全思想教育和培训工作。

（7）督促检查各单位“安全生产五同时”执行情况。

（8）组织制订并实施年度安全生产措施计划、审批专项安全技术措施。

（9）总结推广安全生产先进经验。

（10）及时向矿长汇报安全工作情况和各种安全措施的落实、执行情况。

6.8　生产副矿长（副经理）岗位责任制

1. 岗位描述

负责矿井采煤、掘进和生产准备等生产系统的管理工作，对矿井采煤、掘进和生产准备工作负直接领导责任。

2. 职责

（1）按照管生产必须管安全的原则，在安排生产的同时必须有安全内容和安全要求，正确处理生产与安全的关系。

（2）组织参加全矿的安全生产大检查工作和安全例会。

（3）经常检查分管各部门的安全生产工作、安全生产管理制度、安全措施的贯彻执行情况和重大安全事故隐患整改情况。

（4）组织参加矿井灾害事故的抢救工作和生产事故的追查、分析、处理工作。

（5）负责组织劳动竞赛活动，提高员工的安全操作技能。

（6）督促检查各单位“安全生产五同时”执行情况。

6.9　机电副矿长（副经理）岗位责任制

1. 岗位描述

负责全矿机电设备的综合管理工作，对本矿机电运输工作负直接领导责任。

2. 职责

（1）在矿长的领导下，直接负责公司的机电安全管理工作。

（2）全面负责对机电方面的安全技术工作及机电规章制度的贯彻执行。

（3）负责组织本矿的机电设备大检查，参加本矿组织的安全生产大检查和安全例会。

（4）及时了解掌握机电设备的质量和安全状况，发现问题，组织制定改进措施。

（5）组织参加全矿机电事故的抢救、追查、分析、处理工作。

（6）及时向矿长汇报机电管理情况和有关机电方面安全措施的落实、执行情况。

（7）积极开展机电人员的安全思想教育工作。

6.10 总工程师岗位责任制

1. 岗位描述

负责本矿的生产、工程、通风、地测、防治水的技术管理工作，是本矿生产技术、通风工作的主要责任人。

2. 职责

（1）在矿长的领导下，从技术上对全矿的安全生产全面负责。

（2）负责组织制定并审查全矿的安全技术措施、矿井灾害预防与处理计划，保证技术上切实可行并保证实施。

（3）负责审批全矿的施工设计、施工方案、作业规程，并认真检查执行情况。

（4）领导全矿安全技术教育培训工作。

（5）领导组织科学研究和技术革新活动，及时解决生产建设中的安全技术隐患。

（6）按时组织召开生产技术例会。

（7）参加重大灾害事故的抢救、追查、分析、处理工作，组织技术分析鉴定，提出技术改进措施。

6.11 后勤副矿长岗位责任制

1. 岗位描述

在矿长的领导下，认真贯彻执行党的方针、政策及上级指令、决定，对本矿的行政（生活）管理工作负直接领导责任。

2. 职责

（1）在矿长的领导下，直接负责后勤服务过程中的安全工作。

（2）负责组织检查、督促下属单位的安全管理工作。

（3）负责分管所属范围内各项规章制度和事故隐患整改措施的贯彻落实。

（4）负责矿井灾害事故抢救过程中的后勤组织工作。

（5）为员工安全工作创造优越的生活环境，提高服务质量，保证员工吃饱、睡好，解除员工的后顾之忧。

6.12 通风助理岗位责任制

1. 岗位描述

在矿长和总工程师的领导下，负责矿井“一通三防”技术和业务管理的具体工作。

2. 职责

（1）认真贯彻执行《煤矿安全规程》及上级有关通风安全方面的政策、法令、通知等。

（2）在矿长和总工程师的领导下，对全矿井下“一通三防”工作负全面责任，保证矿井有完整独立的通风系统，确保井下各用风地点按有关规定配备足够的新鲜风量，并合理分配，防止有害气体超限和瓦斯积聚，防止瓦斯、煤尘、火灾事故的发生。

（3）负责“一通三防”业务领导，做好局部通风机、风筒等通风设施的日常管理工作，检查验收通风设施的工程质量。

（4）参与矿井的采掘设计、安全技术措施及作业规程的审查。

（5）严格瓦斯管理，做好日常的瓦斯、风量等监督检查、测定工作，掌握气体变化情况，发现问题立即采取措施进行处理。

（6）负责监测、检查各作业地点煤尘含量，检查防尘设施的使用情况，负责督促有关人员按规定做好巷道冲洗工作。

（7）负责有关消防器材、设施的管理工作，定期检查各要害场所和机电硐室消防器材的配备和使用、维护、保养情况，组织做好每年一次的灭火器检验工作。

（8）在总工程师的领导下，负责组织有关人员进行反风演习、瓦斯等级鉴定，做好通风仪表保养、维修检查和鉴定工作。

（9）做好“一通三防”新技术、新工艺的推广应用和科技攻关，做好矿井通风安全生产标准化达标考核评级工作。

6.13　采煤副总工程师岗位责任制

1. 岗位描述

在总工程师和生产副矿长的领导下，负责采煤技术的管理工作，对本矿采煤技术工作负直接领导责任。

2. 职责

（1）贯彻执行国家的安全生产方针和有关安全生产的法律、法规、规章、规程、标准、技术规范，掌握煤炭生产技术发展方向。

（2）参与组织编制公司长远发展规划和年度、月度生产计划，参与编审重大安全费用、采煤机械化及有关重大技术项目计划，并组织贯彻实施。

（3）掌握矿井煤炭储量、“三量”动态；掌握与平衡采掘接续关系，合理开发煤炭资源；参与审查矿井技术改造方案，使各环节的生产能力与生产发展相适应。

（4）参与审定生产科技项目，研究、采用煤炭生产和产品加工新技术；改进生产工艺，提高生产机械化水平，实现安全高效生产。

（5）参与处理生产过程中的技术问题，保证生产正常进行。

（6）掌握采煤工作面的安全生产情况，协调解决生产过程中出现的重大问题。

（7）做好采煤专业安全生产标准化的动态达标工作。

（8）抓好煤质工作，超前预测、制定措施减小采煤工作面因地质条件变化对煤质产生的影响。督促检查煤流运输系统，严禁出现煤矸混装、煤水混流的现象。

（9）做好煤炭资源的管理工作，采区回收率、工作面采出率必须达到规定要求。

6.14　掘进副总工程师岗位责任制

1. 岗位描述

在生产副矿长和总工程师的领导下，负责全矿掘进系统的管理工作，对本矿掘进系统工作负直接领导责任。

2. 职责

（1）贯彻国家的安全生产方针和有关安全生产的法律、法规、规章、规程、标准、技术规范，保证年度生产计划的完成。

（2）组织制定掘进生产技术管理的有关文件、规定，并组织实施。

（3）负责或参加新型掘进支护设计的审查，负责审查属于本矿审批的掘进作业规程和特殊施工安全技术措施。

（4）协助总工程师组织掘进工作面接续及开拓重点工程项目的安排和计划审查。

（5）组织审查掘进安全费用计划、规划、措施及重大安全技措工程项目，参与审批矿井灾害预防处理计划、应急救援预案并组织实施。

（6）参加掘进工作面的设备选型、掘进工艺、顶板控制、支护材料和支护选择工作。

（7）深入井下监督检查规程、措施在现场的执行情况，及时解决现场存在的安全技术问题。

（8）负责矿压监测工作，提高掘进工作面支护质量，消除事故隐患，确保安全生产。

（9）推广掘进新技术、新材料、新装备、新工艺，提高矿井抗灾能力，改善劳动条件与作业环境。

（10）参加本矿组织的安全生产标准化检查工作，参与掘进方面重大事故处理、追查、分析工作，并提出整改、防范措施。

6.15　机电副总工程师岗位责任制

1. 岗位描述

在机电副矿长的领导下，负责矿井的机电、运输及设备管理的技术工作，为矿井安全生产提供动力及设备保障。

2. 职责

（1）贯彻执行国家有关机电、运输、电力生产技术管理的法律、法规、标准、技术规范及相关规定。

（2）参与审查生产工程设计、大型设备的添置及更新改造和煤炭生产安全费用计划，并督促执行。

（3）负责机电、运输系统设备的技术管理工作，协调、指导、处理系统存在的技术问题。

（4）组织审查矿井停产检修计划和大型固定设备预防性技术测定计划，并监督执行。加大技改力度，不断强化工艺流程和管理流程的科学性。

（5）组织审批重点工程和主要技术改造工程的施工组织设计、安全技术措施或作业规程，并参与上述工程的验收、评定工作。

（6）负责组织机电、运输技术的研讨、交流和技术创新活动，推广应用新技术、新工艺、新材料和新装备，改善和提高机电、运输装备的技术水平。

（7）加强系统建设，督促所属单位开展安全隐患排查治理，及时处理生产系统存在的安全隐患，审查有针对性的安全应急预案，参与重大及以上机电、运输安全责任事故的追查、分析和处理，并提出相应的防范整改措施。

（8）参加本矿“三通一防”专业例会，落实机电、运输系统范围内的“一通三防”工作。

（9）提高经济效益，确保系统内的材料消耗不超计划，设备更新、改造资金、大修理资金按计划完成。抓好节能减排、综合利用工作，建设绿色矿山。

（10）抓好机电、运输专业安全生产标准化达标升级工作。

6.16　运输副总工程师岗位责任制

1. 岗位描述

在机电副矿长的领导下，负责全矿运输技术管理工作。

2. 职责

（1）参与编制全矿年度、季度、月度运输工作计划及长远规划，计划下达后，协助机电副矿长抓好贯彻实施。

（2）负责组织全公司运输设备的技术鉴定和测试工作，审查本职范围内的运输设计工作。

（3）组织制定、审批运输系统设备安装、拆除的技术作业规程和各项技术管理制度，并组织检查执行情况。

（4）定期召开运输专业会议，研究分析运输方面存在的技术问题，并及时组织采取措施。

（5）积极推广运输方面的新技术、新工艺，不断提高运输设备的机械化、自动化水平。

（6）协助有关部门做好运输各工种的技术培训，不断提高员工的技术水平。

（7）协助机电副矿长落实好各项规章制度。

6.17 通风副总工程师岗位责任制

1. 岗位描述

在总工程师的领导下，协助做好“一通三防”工作。

2. 职责

（1）严格贯彻执行党和国家安全生产方针政策、法律法规及规章中有关“一通三防”的规定，并认真组织落实。

（2）协助编制“一通三防”年度工作计划、安技措工程计划、矿井灾害预防与处理计划和中长期规划，并贯彻实施。

（3）把好设计关和生产布局关，优先满足“一通三防”工作需要，保证“一通三防”各系统的合理性。

（4）在进行作业规程和安全技术措施的审批时，对“一通三防”内容严格把关。

（5）参加“一通三防”工作例会，协助总工程师研究解决“一通三防”工作存在的重大问题。

（6）参加矿井“一通三防”例行检查和隐患排查，及时发现、解决“一通三防”问题和隐患。

（7）参加“一通三防”新技术、新工艺、新材料、新装备的推广应用工作。

（8）参与制定“一通三防”重大事故抢险救灾方案及事故防范措施。

6.18 防治水副总工程师岗位责任制

1. 岗位描述

在总工程师的领导下，负责全矿防治水技术管理工作。

2. 职责

（1）矿井防治水副总工程师在矿总工程师的领导下，负责分管专业技术工作，对矿总工程师负责。

（2）每年在雨季来临前对本矿井的防治水工程进行全面检查，发现问题立即解决。

（3）及时了解本矿井水文地质情况、周边煤矿开采范围及老窑积水资料。

（4）对防治水工程要及时上图，并及时做好防治水的有关台账和报表。

（5）及时编制探水放水设计及方案。

（6）参与组织有关部门编制防治水方面的安全培训规划和年度培训计划，并监督实施。

（7）参加审定作业规程及防治水方面的安全技术措施，并督促贯彻实施。

（8）负责指导各煤矿完成各类地质、水文地质报告的编制和审批。

（9）协助总工程师等参与地质防治水科研和技术革新，积极推广地质与防治水新技术、新装备、新材料、新经验，不断推广总结“王庄防治水经验做法”。

（10）参与组织地质与防治水灾害的事故应急预案的编制和审查工作。

（11）认真贯彻执行地质与防治水相关标准规范，不断组织学习和提高地质与防治水管理技术人员的能力。

（12）坚持定期与不定期地深入煤矿一线，进行调查研究，分析生产中遇到的实际问题，及时指导处理解决，提高现场指导能力，负责及时组织机关人员进行对口业务的安全检查工作。

（13）参与有关事故的现场抢险救灾工作，参与地质与防治水事故的处理和调查分析，并提出改进措施。

（14）完成领导交办的其他安全任务。

7 煤矿各岗位责任制

7.1 安全科岗位责任制

7.1.1 科长岗位责任制

1. 岗位描述

负责对本矿的安全生产活动进行监督检查和管理工作，对安技措费用的使用情况进行监督检查，参加安全生产标准化检查、验收及考核工作。

2. 职责

（1）组织本部门人员对全矿生产过程中的安全工作情况进行监察，参加工程质量和安全生产标准化检查、验收。

（2）参加制定本矿安全工作中长期规划、年度工作计划和安全生产管理制度；组织安全会议、安全检查工作，并做好记录；负责事故隐患排查的汇总，并监督落实整改。

（3）监督各部门执行有关法律、法规、规程、安全技术措施在现场的落实情况，以及反“三违”活动。

（4）负责组织全矿特殊工种的安全培训。

（5）参与事故抢救和事故调查、分析，并提出对事故责任者的处理意见或建议。

（6）负责地面作业场所要害部门特种设备、火工品管理的监督检查。

（7）参加工程设计及作业规程、施工安全技术措施的审查、参与，新建、改建、扩建工程和采区投产的验收。

（8）组织好本矿各种安全活动。

（9）及时掌握生产安全状况，根据变化及时调整安全工作重点。

（10）加强对本部门员工的安全思想教育。

（11）及时向安全副矿长、矿长汇报安全工作。

7.1.2 副科长岗位责任制

1. 岗位描述

协助科长抓好安全监察工作，确保本矿安全监察工作有序进行，为矿井安全发展提供保障。

2. 职责

（1）监督检查本矿各部门贯彻执行国家安全生产方针、政策、法律、法规、条例、规程等情况。

（2）协助科长组织制定安全生产标准化达标升级规划，制定安全生产标准化管理考核办法，并组织检查验收。

（3）组织定期和不定期的安全大检查，定期开展隐患排查工作，建立重大安全隐患档案，按“五落实”要求进行隐患整改。

（4）参与生产建设工程安全专篇审查和“三同时”验收工作，参与生产建设工程设计审查，参加新建、改建和扩建工程项目投产验收工作。

（5）组织好本矿各种安全活动。

（6）做好迎接上级有关部门的安全检查工作。

（7）组织各类事故的追查、分析、处理和上报工作。

（8）组织协调安监人员的安全培训工作，不断提高安监人员的业务素质。

（9）积极推广安全管理的各种先进经验，提高安全管理水平。

（10）完成矿领导交办的其他工作。

7.1.3　技术员岗位责任制

1. 岗位描述

在科长的领导下，负责安全科技术管理工作，参加工程质量和安全生产标准化检查、验收，确保矿井安全生产职责。

2. 职责

（1）在科长的领导下，对安全监察工作负技术管理责任，协助部长贯彻落实《安全生产法》等国家有关安全生产的法律、法规。

（2）负责矿各项工作规程、措施的执行情况。

（3）负责各种设备、器械的安全监察工作。

（4）参与矿井延深设计、采区设计方案、工程施工作业规程和安全技术措施的审查，协助科长审查“职业安全卫生专篇”，验收“三同时”项目，并监督实施。

（5）参加安全生产标准化工作的检查、考核评级工作。

（6）参加各类生产安全事故的调查、分析、处理工作，提出防范事故的技术措施。

（7）协助科长组织安监系统人员的专业技术学习和培训。

7.1.4　安全检查工岗位责任制

1. 岗位描述

依据“三大规程”和《安全生产法》，做好专业监督检查。

2. 职责

（1）贯彻执行党和国家的安全生产方针及上级一系列有关安全的法律法规、指令、条例和规章制度。严格按照“三大规程”及本矿有关规定，认真履行职责，有权对各类违章人员进行处罚，有权对分管范围内生产场所存在的问题下达限期整改通知单，并监督执行。

（2）负责分管范围内全部生产系统的安全设施、安全生产状况及质量进行安全监督检查，并按规定进行安全评估与动态达标检查，发现问题，立即督促责任单位进行整改；做好复查验收工作。

（3）全面掌握规程要求和安全生产标准化标准，督促施工单位在现场落实规程要求和措施，对“三违”要给予制止和处罚。

（4）服从部门领导的安排，做好重点岗位的盯岗等安全管理工作，做好隐患整改和质量达标工作。

（5）严格按规定进行检查，发现安全隐患要及时处理，较大事故隐患、险情要在现场协助处理，防止发生事故。对有可能造成事故的隐患有权立即停止作业，撤离人员并及时向科长、调度室汇报。

（6）监督检查分管范围内的安全设备、设施、装置和仪器的使用。

（7）按时完成领导交办的其他工作。

7.1.5　质标管理员岗位责任制

1. 岗位描述

在科长的领导下，负责矿井安全生产标准化管理工作，做好统计报表、等级认定的汇总、申报工作。组织矿井安全生产标准化检查验收及考核评比工作。

2. 职责

（1）学习贯彻执行《煤矿安全生产标准化管理体系考核定级办法（试行）》和《煤矿安全生产标准化管理体系基本要求及评分方法（试行）》，做好达标创造工作。

（2）组织制定煤矿安全生产标准化动态达标升级规划、年度工作计划、实施细则及考核评比办法。做到有目标、有标准、有考核、有奖惩，营造煤矿安全生产标准化达标升级工作要争先恐后的氛围。

（3）经常深入现场，掌握矿井安全生产标准化动态和安全情况。对现场存在的标准化问题、安全隐患，及时提出整改意见，落实责任单位，立即整改。

（4）对当班无法处理的标准化问题、安全隐患，下发隐患整改通知书，限期整改。在整改期间，落实防范措施，并跟踪复查，发现重大隐患，立即停止作业，撤出人员，及时向调度室与矿值班领导汇报。

（5）负责组织安全生产标准化动态检查验收工作，依据检查结果，予以考核评比。

（6）组织各专业科室、连队，做好迎接上级安全生产标准化检查的准备与陪检工作。

（7）负责申报煤矿安全生产标准化等级认定工作。

（8）完成领导交办的其他工作。

7.2　生产技术科岗位责任制

7.2.1　科长岗位责任制

1. 岗位描述

负责生产技术科的日常管理，组织好本矿生产技术、材料考核、计划统计、火工品、木料加工、档案、劳保用品的管理工作和采掘方面的安全生产标准化工作。

2. 职责

（1）负责本矿生产技术管理制度的编制、修订工作；合理制定生产布局和采掘接替规划，按要求制定3~5年发展规划、采区设计、工作面设计、年度、月度生产作业计划，确保采掘平衡；组织编制、下发作业规程和安全技术措施编制通知单和工程设计变更通知单，做好作业规程和安全技术措施的编制、初审、会审、复查和贯彻执行工作；负责矿技改项目的汇总、评定，科技创新项目的收集、整理、上报工作；按年编制“灾害预防和处理计划”“年度生产技术工作总结”“顶板控制计划”“顶板控制总结”。

（2）负责本矿材料管理考核制度的编制、修订工作；监督做好材料审批计划上报，各队生产材料领取的审批、出库工作；按月组织2次地面材料管理专项检查；按月核对各厂队材料出入库情况；按月度、季度汇总、通报材料考核情况；按年度编制“材料考核与指标分解”。

（3）负责按月度、季度、年度向统计局、煤管局、财务科上报各种报表，监督做好掘进队组每月工程结算。

（4）负责井下爆炸材料库的日常管理工作。

（5）负责地面木料厂的日常管理工作，包括木料加工、物料堆放、升井材料日常管理。

（6）负责档案室案卷的归档和日常管理工作。

（7）组织好本矿劳保用品的发放工作。

（8）组织好井下工程质量验收和采掘安全生产标准化管理工作。

（9）负责新技术、新材料、新工艺、新设备的推广、应用。

（10）组织召开技术工作会议，对本矿当月技术工作进行汇总，并按规定参加各种活动、会议，及时传达落实各种文件、会议精神。

（11）完成公司领导交办的其他任务。

7.2.2　副科长岗位责任制

1. 岗位描述

协助科长做好生产技术科的日常管理，完成科内分管的各项工作。

2. 职责

（1）协助科长做好本矿生产技术管理制度的编制、修订工作；参与制定生产布局和采掘接替规划、3～5年发展规划、采区设计、工作面设计、年度、月度生产作业计划，确保采掘平衡；参与编制、下发作业规程和安全技术措施编制通知单和工程设计变更通知单，做好作业规程和安全技术措施的编制、初审、会审、复查和贯彻执行工作；参与公司技改项目的汇总、评定，科技创新项目的收集、整理、上报工作；参与编制“灾害预防和处理计划”“年度生产技术工作总结”“顶板控制计划”“顶板控制总结”。

（2）协助科长做好本矿材料管理考核制度的编制、修订工作；做好材料审批计划的上报，各队生产材料领取的审批、出库工作；监督做好每月2次地面材料管理专项检查，按月核对各厂队材料出入库情况；按月度、季度汇总、通报材料考核情况；按年度编制“材料考核与指标分解”。

（3）协助科长做好井下爆炸材料库的日常管理工作。

（4）协助科长做好地面木料厂的日常管理工作。

（5）参与井下工程质量验收和采掘安全生产标准化管理工作。

（6）协助科长做好新技术、新材料、新工艺、新设备的推广、应用工作。

（7）按规定参加本矿各种活动、会议，及时传达落实各种文件、会议精神。

（8）完成科长和各级领导交办的其他任务。

7.2.3　采掘技术员岗位责任制

1. 岗位描述

协助科长做好日常工作，负责现场工程质量监督检查，及时发现现场问题并提出整改意见，收集健全技术资料档案并建档保存。

2. 职责

（1）负责本矿采掘技术工作，根据矿井年度生产计划，编排年度、季度采掘工作面的接替计划，协助领导做好采掘接替工作。

（2）负责采掘作业规程、措施的审批工作，收集有关采掘技术资料及地质报告，参与采区设计方案及工作面设计工作。

（3）经常深入现场检查作业规程、措施的执行情况，以及工作面工程质量，对生产中可能出现的或已经出现的技术问题及时提出具体意见，并向有关领导汇报。

（4）负责推广采掘新工艺、新技术、新经验、新装备。

（5）做好本部门技术资料、图纸的整理归档工作。

（6）抓好顶板控制工作，负责支护材料的选型和计划安排工作。

（7）按时完成上级领导交办的各项工作任务。

7.2.4　质量验收员岗位责任制

1. 岗位描述

协助科长抓好安全生产标准化工作，负责落实工程质量和安全生产标准化验收、检查、考核。

2. 职责

（1）认真执行制定的安全生产标准化验收、考核规定，做好验收工作，做到公正、公平、公开。

（2）学习掌握工作面作业规程、施工技术措施，了解正规循环作业、单项工程施工作业的质量标准、工作量、劳动时间，科学测算与验收；达到提高工时利用率，提高全员劳动效率的预期。

（3）听取员工的建议或意见，发现验收工作中的问题提出有针对性的整改措施。

（4）验收员必须认真填写验收表，不缺项、不漏项，按时交表。

（5）工作中如遇到特殊问题或情况，及时汇报科长。

（6）负责相关资料的收集、汇报工作，接受检查、监督。

（7）做好自身的业务保安工作。

（8）完成领导交办的其他任务。

7.2.5　劳保管理员岗位责任制

1. 岗位描述

负责本矿劳保用品的管理工作。

2. 职责

（1）及时、准确、完整地编制上级规定的各种报表，并建立相应的统计台账。

（2）贯彻执行上级有关劳保用品方面的方针、政策及各种规定，编制本矿劳保用品年度、季度计划。

（3）负责本矿职工的劳保用品发放和卡片的管理，做到不重、不漏、不出差错。

（4）经常深入现场调查了解劳保用品的使用情况和存在的问题，不断完善、调整劳保用品的使用年限、周期，并将存在的质量问题及时汇报科长，与和供应商进行交涉。

（5）负责防暑降温和冬季防寒用品的计划、发放等事宜。

（6）执行《档案法》，负责对本岗位资料的搜集、整理、立卷、归档。

7.2.6　绘图员岗位责任制

1. 岗位描述

及时完成科室图纸的绘制，做好绘图工作，对各种图纸进行收集整理，指导和服务于生产。

2. 职责

（1）负责各类图纸资料微机填绘和负责图纸资料文印。

（2）根据科年度、月度工作计划，配合组长制定本组重点工作计划，并认真执行。

（3）掌握每月的工程进展情况，掌握第一手资料，以保证工作中不出现误添、漏添现象。

（4）严格过程控制，全面审核输入、输出资料精度，及时进行误差修订，并严格时间观念，按时完成工作。

（5）负责将每月底各组队上报的回采、掘进进尺、断层、高程点等绘制在相关图纸上，为领导的决策、指挥提供准确资料。

（6）负责对各组队规程、措施等进行打印、复印。

（7）负责图纸资料的管理，图纸资料做好备份，确保万无一失。

（8）做好设备保养，严格规定操作，防止出现软硬件事故。

（9）严格执行资料保管、保密制度，做好防范，确保资料安全。

7.2.7　档案管理员岗位责任制

1. 岗位描述

负责档案资料的管理。

2. 职责

（1）在生产技术科科长的领导下，全面负责资料室日常管理工作。

（2）全面掌握资料室所有资料的类别、数量以及资料的更新情况。

（3）按照目录认真签收资料，及时通知本部门及相关专业科室领导，归档并建立详细的管理台账。

（4）严格按照借阅证或协调单办理借阅手续，并督促在规定时间内归还。

（5）仔细清点归还资料，如有丢失或污损，按照丢失数量或污损程度给予相应处理。

（6）加强对资料的日常检查和必要的保护工作，严防资料虫蛀、受潮、风化。

（7）每天要保持资料室卫生整洁，通风良好。

（8）协助本科人员做好其他工作。

7.2.8 统计员岗位责任制

1. 岗位描述

负责本单位各种指标数据的统计、管理工作。

2. 职责

（1）认真贯彻执行国家对有关统计方面的方针、政策、法令，按时统计本矿各项经济技术指标。

（2）对各项经济技术指标的完成情况要坚持定期的单项和综合分析，发现问题及时向领导反映。

（3）负责月度、季度、年度完成情况的统计和报表工作，掌握真实情况，做到准确、及时、全面。

（4）负责向有关单位收集各类报表、资料并汇总上报，负责向领导及有关部门提供有关统计资料，负责按时上报有关报表。

（5）做好原始记录，各类统计资料要审查整理，建立健全各种统计台账，做到资料齐全、准确无误，计算方法要符合要求、口径统一。

（6）参与月末经济指标的考核及相关统计资料的提供。

（7）深入实际调查研究，了解分析各项指标的完成情况，提交统计分析报告，供领导决策参考。

（8）协助本科人员做好其他工作。

7.2.9 火工品管理员岗位责任制

1. 岗位描述

负责生产用火工品的领用、保管、发放，并建立健全炸药的进销存管理台账。

2. 职责

（1）负责从供应部炸药库领取炸药，按火工品的管理规定安全存放到井下炸药库，并做好登记。

（2）入库必须认真验收，货单与实物相符，发现问题及时核对，否则不准入库。

（3）负责核实领用凭证按规定发放雷管炸药，并做好出库记录。

（4）负责建立炸药的进销存记录，对炸药的使用情况进行备查。

（5）负责定期清查库房炸药库存，编制库存清查表，对失效的炸药、雷管按相关规定做出处理。

（6）严格执行现场交接班制度，并有交接班记录，对外来人员进库必须有保卫科领导陪同，做好登记工作。

（7）库房保持干燥、整洁、通风、照明良好。

（8）完成领导交办的其他工作。

7.2.10 木工岗位责任制

1. 岗位描述

在科长的领导下，负责原木加工及设备的维护保养工作。

2. 职责

（1）遵守矿山安全生产法律、法规和本单位的安全规章制度，严格执行安全操作规程。

（2）自觉遵守劳动纪律，坚守工作岗位，不擅离职守，不玩忽职守，不做与岗位无关的事。

（3）在操作电锯、电刨时，必须精力集中，确保安全。

（4）及时整理木料场地，保障木料分类，整齐摆放。保障木料场地及木工房内外的环境卫生。

（5）制止非木工人员操作电锯、电刨，以防他人使用时造成事故。

（6）禁止在木工房和坑木场内吸烟、生火炉，以防火灾发生。

（7）备足井下常用物料，不准影响生产。

（8）按使用单位要求制作各种木制产品，不得偷工减料。

（9）做好木料场的安全保卫工作。

7.3 机电科岗位责任制

7.3.1 科长岗位责任制

1. 岗位描述

负责本矿机电、运输管理工作。

2. 职责

（1）负责组织本科室贯彻执行党的安全生产方针、政策、法律法规以及行业技术政策、标准和规范、落实本矿的规章制度与执行考核细则。

（2）组织审查本矿设备的更新改造、大修计划，参与编制公司机电、运输的中长期发展规划。

（3）组织审查矿井停产、检修计划和大型固定设备预防性技术测定计划，并监督执行。

（4）督促生产单位认真贯彻执行《安全生产法》《煤炭工业企业设备管理规程》，做好设备的维护、保养、预防性检修工作。

（5）定期组织召开机电、运输管理工作会议，布置工作重点和提出相应的改进措施。消除重大安全隐患，保证设备和系统安全运行。

（6）加强系统管理，督促系统各单位开展隐患排查治理，及时处理生产系统存在的安全隐患，审查制定有针对性的安全应急预案。参与重大机电、运输安全责任事故的抢险、调查、分析及处理工作。

（7）督查本矿机电设备的管理、维修及检测工作，保证设备“四率”达到规程要求。

（8）负责节能管理工作，监督公司各部门合理用油、用煤、用电，加强能源消耗管理工作，制定节能计划，做好节能培训工作。

（9）配合有关部门，抓好机电职工的技术培训、技术考核及岗位技能竞赛工作。

（10）负责采区和准备工作面机电设备安装、供电、供水的整体验收工作。

（11）负责设备报废检定及管理工作。

（12）负责机电、运输专业安全生产标准达标升级工作。

7.3.2 副科长岗位责任制

1. 岗位描述

在科长的领导下，协助做好机电运输管理工作。

2. 职责

（1）在科长的统一领导下，协助科长做好本矿有关机电管理工作。

（2）负责分管范围内的行政与技术领导工作，贯彻、执行各种规章制度、安全规程、操作规程及技术措施，并及时检查其执行情况。

（3）掌握机电设备运转动态和存在问题并及时处理，确保设备安全运转。

（4）做好机电设备、配备件及材料的管理，提高设备利用率，降低电力和材料消耗。

（5）掌握机电预防性检修及日常检修情况，检查工程质量，做到安全运转和安全供电，确保生产任务的完成。

（6）组织机电事故追查、处理，总结经验教训，提出改进措施，降低事故率。

（7）组织职工学习安全技术规程和设备完好标准细则，并针对设备实际存在的问题，提出具体处理措施，逐步提高设备完好率。

（8）负责所辖范围员工思想教育和劳动纪律教育工作，关心员工生活。

（9）定期召开所辖范围内业务会议，检查工作、总结经验、布置工作，并协助科长做好月度工作计划编制及总结报告。

（10）组织好设备的验收、安装、调试、回收等管理工作，按照有关标准对设备“四率”进行检查，确保机电设备完好达标。

（11）协助科长抓好机电运输专业安全生产标准化工作。

（12）定期向科长汇报分管范围内的工作。

7.3.3　技术员岗位责任制

1. 岗位描述

负责机电、运输设备的技术管理，做好机电设备的维修、检修、技术鉴定工作。

2. 职责

（1）负责机电、运输系统设备的技术管理工作，协调和指导处理系统存在的技术问题。

（2）参与审查矿井停产检修计划和大型固定设备预防性技术测定计划，掌握计划执行进度，做好跟踪落实工作。

（3）参与审查主要技术改造的施工组织设计、安全技术措施或作业规程及上述工程的验收评定工作。

（4）做好矿井主要生产系统的图纸审查、更新、收集、整理、建档工作。

（5）组织审查采掘工作面设备选型、布置、安装等相关资料，以及图纸及施工安全技术措施，并督促执行。

（6）协助科长做好报废设备的鉴定工作。

（7）督促检查设备管理员做好设备技术档案的建档工作，确保符合相关规定。

（8）组织推广应用新技术、新工艺、新材料。

7.3.4　设备管理员岗位责任制

1. 岗位描述

做好设备出入库、材料申请及设备库存保管工作。

2. 职责

（1）认真学习推广应用先进经验及先进管理理念，不断提高机电设备管理水平。

（2）经常检查设备使用情况（每旬至少一次），及时向各生产单位提出设备使用及维护管理的改进意见，督促设备回收，及时组织设备事故追查。

（3）根据设备运行情况，制定、下达大型设备定期检修计划，并监督执行情况。

（4）随时了解掌握各队组的设备、材料领用情况，审核各队组的设备领用报表。

（5）按照设备管理程序建立新旧设备收发台账，建立设备卡片。

（6）负责新设备入库验收和随机资料收存归档，做好到货验收记录和铭牌登记。

（7）建立大型设备技术档案和履历。

（8）负责设备编号管理，建立设备牌板或实施计算机管理。

（9）负责办理设备调拨手续和填报各种设备报表。

（10）负责编制设备报废鉴定申请计划。

7.3.5　防爆检查员岗位责任制

1. 岗位描述

负责电气设备日常防爆检查和防爆设备的入井检查工作。

2. 职责

（1）遵纪守法，热爱本职岗位，严格执行本矿的各项规章制度和本工种安全、操作规程。

（2）必须经过专业技术培训，考试合格，持证上岗，能独立工作，并且熟知《煤矿安全规程》《煤矿机电设备完好标准》和电气设备防爆的有关标准和规定。

（3）熟悉防爆设备的结构、性能、技术特征、工作原理和电气系统原理图及安全保护装置的作用，会进行现场电气设备操作，掌握电气防灭火知识。

（4）上岗前必须按规定穿戴好相应的劳动防护用具及相应的电气防护装置和便携式瓦斯检测报警仪。

（5）认真执行设备巡回检查制度、日常检查制度，坚决杜绝失爆电器入井或使用，并做好记录。负责本矿井下所有防爆电气设备的检查工作，对检查出的失爆问题以“五定表”形式进行跟踪落实。

（6）检查出的失爆电气设备应立即停止使用，落实相关单位及责任人，按规定予以处罚。

（7）收工后要认真检查所用工具是否丢失，搞好环境卫生。

（8）完成领导交代的其他任务。

7.3.6 资料员岗位责任制

1. 岗位描述

在科长的领导下，负责全矿机电设备资料的管理工作。

2. 职责

（1）做好全矿机电设备档案的集中、统一管理工作。

（2）做好全矿机电技术资料、技术书籍的收集保管工作。

（3）负责索要有关图纸、资料，并及时办理有关手续。

（4）根据需要做好设备技术资料的描绘、复制工作。

（5）建立大型机电设备一台一档技术台账和其他机电设备档案台账，并做到账物相符，分类存放，不丢失，不损坏。

（6）严格执行技术资料、设备档案的借阅归还制度。

（7）做好全矿机电管理表格、记录的印刷、保管、发放、回收等管理工作。

（8）配合设备管理员做好新到设备档案的收集工作。

7.4 通风科岗位责任制

7.4.1 科长岗位责任制

1. 岗位描述

在总工程师和通风助理的领导下，负责矿井“一通三防”技术和业务管理工作。对通风科的工作负全面领导责任。

2. 职责

（1）贯彻执行国家和上级有关“一通三防”的法律、法规、规程、规定、标准、文件、要求和技术规范。

（2）负责矿井“一通三防”技术和业务管理工作。

（3）组织推广应用“一通三防”方面的新技术、新装备和先进的管理经验。抓好通风安全监测监控工作，不断增强矿井的防灾、抗灾能力。

（4）组织矿井通风安全生产标准化检查和评比工作。负责定期进行矿井通风阻力测定，矿井主要通风机性能测定工作。每年进行矿井反风演习、矿井瓦斯等级鉴定等工作。

（5）参与组织审查“一通三防”安全技措工程计划、发展规划和工程设计等重大安全技术项目，负责组织每月进行一次的“一通三防”例会工作。

（6）深入现场调查研究及督察安全技措工程的进度和质量，解决现场存在的技术难题。

（7）参与“一通三防”重大事故抢险方案及重大隐患解决方案的编制，协助安监科进行“一通三防”事故的分析和处理工作。

（8）负责“一通三防”的隐患排查治理和应急预案编制、审核工作，并监督落实。

（9）负责组织月度的矿井采区及主要进回风巷断面支护状况的检查，并制定巷修计划，予以实施。确保巷道失修率、严重失修率与实际巷道断面符合规定要求。

（10）根据矿井年度生产计划，核定矿井通风能力，做到以风定产，严禁超通风能力生产。

（11）负责本系统员工培训计划的制定，并参与计划的实施。

（12）完成领导交办的其他工作。

7.4.2 副科长岗位责任制

1. 岗位描述

在科长的领导下，协助科长做好“一通三防”的管理工作。

2. 职责

（1）严格执行国家、本矿有关“一通三防”的法律、法规、规程、规定、标准、文件和技术规范。

（2）协助科长抓好矿井通风安全生产标准化动态达标工作。

（3）做好矿井通风阻力测定、主要通风机性能测定工作。

（4）做好矿井反风演习、矿井瓦斯等级鉴定、煤层自然发火倾向性、煤尘爆炸性鉴定。

（5）组织编制“矿井灾害预防和处理计划”的“一通三防”部分。

（6）负责推广应用“一通三防”方面的先进技术、经验、设备和仪器，提高安全技术装备水平、科学管理水平，增强矿井的防灾、抗灾能力。

（7）参与“一通三防”重大事故抢险救灾工作，协助安全科进行事故的分析、追查和处理工作。

（8）组织“一通三防”隐患排查治理和应急预案的编制工作，并负责监督落实。

（9）负责制定本科队特殊工种作业人员的培训计划，并落实计划并执行。

（10）完成领导交办的其他工作。

7.4.3 技术员岗位责任制

1. 岗位描述

做好矿井通防的技术管理工作。

2. 职责

（1）在科长的领导下，负责矿井通风技术工作，分析、研究、解决“一通三防”方面的技术问题。

（2）负责编制矿井通风网络图，进行合理风量配备。随着生产条件的变化，提出相应的通风系统调整建议。

（3）负责矿井通风系统中局部通风的设计。

（4）负责对矿井的停电、停风进行监管，对盲巷、废巷、风门、风桥、密闭墙建立台账。

（5）监管通风设施施工及通风设施验收工作。

（6）做好矿井通风阻力测定、主要通风机性能测定工作。

（7）做好矿井反风演习筹备工作和演习预案制定工作。

（8）做好瓦斯等级鉴定、煤层自燃倾向鉴定工作。

（9）负责编制通防方面的技术安全措施。

（10）参加通防安全大检查和应急救援工作。

（11）做好通风安全生产标准化达标升级工作。

（12）完成领导交办的其他工作。

7.4.4 测风工岗位责任制

1. 岗位描述

测定矿井用风地点风量和进行通风系统调整工作，确保矿井通风系统稳定、可靠。

2. 职责

（1）认真执行“三大规程”及上级有关“一通三防”的指示和决定。

（2）按有关规定要求，进行各用风地点风速、风量、温度的测定工作，及时做好记录。

（3）填报报表，及时填写各种通风设施台账、管理牌板。

（4）按照作业计划要求，合理调配风量，保证井下各供风点的风速、风量符合规定。

（5）监督检查采掘工作面的局部通风和洒水防尘情况。

（6）负责查处矿井漏风、跑风现象，查明原因及时处理，提高有效风量率。

（7）参加矿井反风演习、风机性能测定及通风阻力测定工作。

（8）负责测风站的选定及日常管理工作。

（9）完成领导临时交办的工作。

7.4.5　测尘工岗位责任制

1. 岗位描述

按照粉尘测点计划进行矿井粉尘测定。

2. 职责

（1）负责井下各井巷、采掘工作面、硐室和其他有人的工作场所空气中的粉尘浓度、粉尘分散度、游离二氧化硅含量和落尘的测定、采样工作。

（2）负责绘制矿井防尘系统图，编制测尘报表，分析整理测尘资料和管理防尘牌板。

（3）掌握规程对粉尘浓度的规定和井下各处防尘设施的使用与管理状况、降尘效果，发现问题及时提出改进意见。

（4）熟悉、掌握测尘仪表，分析天平、水表、压力表等的原理、构造和维护方法及测尘、测二氧化硅用的各种化学试剂的性质作用，并能熟练操作，正确应用。

（5）对井下粉尘采样数据，及时上报资料，进行数据分析。

（6）完成领导临时交办的工作。

7.4.6　瓦检组岗位责任制

1. 瓦检组组长岗位责任制

1）岗位描述

在科长的领导下，负责瓦斯组的全面工作。

2）职责

（1）负责“三大规程”、安全技术措施及公司规章制度的贯彻、执行工作。

（2）严格执行瓦斯检查制度，严格督查瓦检员的工作，消除空班、漏检现象。

（3）定期组织全组人员学习业务知识，不断提高队伍素质。

（4）每月末，根据瓦斯检查计划安排、编制瓦斯检查路线图。

（5）经常深入现场，对井下各区域内的通风设施、瓦斯、煤尘、盲巷全面检查；发现问题及时向领导汇报并处理。

（6）负责瓦斯检查“三对口工作”的督查、落实。

（7）参加瓦斯排放及瓦斯等级鉴定等工作。

（8）完成领导交办的临时性工作。

2. 瓦斯检查工岗位责任制

1）岗位描述

负责测定矿井采掘作业地点、盲巷及变电硐室等瓦斯气体情况，杜绝瓦斯事故。

2）职责

（1）认真学习并执行“三大规程”，熟悉本矿井巷道布置和通风系统。

（2）必须按照瓦斯巡回检查图表和有关规定进行检查，检查中认真做好记录，记录做到“三对口”（牌板、手册、台账），严禁空班、漏检、假检。

(3) 严格执行井下交接班制度，做好交接班工作，班中发现的问题和注意事项要当面交代下一班检查员，认真填写报表和交接班记录，按规定执行请示汇报制度。

(4) 对于井下盲巷的检查工作，必须按照规程规定执行。

(5) 井下无计划停电、停风的地点，必须及时汇报通风科，恢复通风，必须按规定检查瓦斯及其他有害气体以防发生事故。

(6) 发现有害气体超限或出现其他异常情况，要及时向上级汇报，并应按《煤矿安全规程》有关规定，积极想办法或配合有关人员采取措施，及时消除隐患，隐患不解决不得离开现场。

(7) 瓦斯检查员必须按操作标准执行，及时移动瓦斯牌板，保证采掘工作面的牌板在规定的范围内。

(8) 要爱护仪器，经常保持仪器的清洁卫生，有故障要及时交付修理或更换，不得带故障使用。

(9) 积极参加矿井抢险救灾工作。

(10) 按时完成领导交办的其他各项工作。

(11) 认真学习业务知识，努力提高业务技术水平。

(12) 瓦斯检查员必须同时检查井下通风防尘设施、设备的情况，发现局部通风机、风筒或其他通风设施出现问题、工作面风量不足或风流短路，应主动想办法处理或汇报有关领导等待处理，并在现场监管。

7.4.7 通风组岗位责任制

1. 通风组组长岗位责任制

1）岗位描述

在科长的领导下负责矿井通风设施构建及维修工作，确保矿井通风系统稳定，各用风点风量分配符合规定。

2）职责

(1) 严格实施“一通三防”重大事故抢险救灾方案及事故防范措施，确保矿井安全生产。

(2) 负责本组工作安排，做好生产过程组织和劳动组织，坚持安全生产和文明生产。深入现场，动态掌握矿井“一通三防”工作情况，及时解决出现的问题，保证通防系统完好，正常运转；及时向领导汇报“一通三防”工作。

(3) 做好矿井通风质量巡回检查，保证“一通三防”安全生产标准化动态达标。

(4) 每日审签“一通三防”隐患排查报表，对发现的问题及时处理。

(5) 负责组织井下“一通三防”隐患的检查，发现问题及时督促整改。

(6) 负责矿井回风巷道的维修维护工作，确保回风断面符合标准规定。

(7) 组织职工业务学习，提高职工的通防技能。

2. 通风设施工岗位责任制

1）岗位描述

负责施工采空区密闭、盲巷密闭和井下永久通风设施、临时通风设施的构筑和拆除。

2）职责

(1) 认真贯彻执行“三大规程”和通风设施质量标准及上级有关文件和决定。

(2) 按已批准的通风工程设计和施工安全措施认真施工。

(3) 负责风门、密闭、调节风门、测风站、风桥、隔爆水棚等通风设施的构筑、维护和拆迁工作。

(4) 通风设施修建完成后，负责现场清理干净。

(5) 负责井下通风路标的安装、整修和拆移工作。

(6) 负责及时记录通风设施台账。

(7) 当发生事故致使通风设施遭受破坏时，应根据处理事故的需要，及时做好通风系统的恢复工作。

（8）完成领导交办的其他工作。

3. 防尘工岗位责任制

1）岗位描述

负责井下主要运输巷、轨道巷、总回风巷的防尘工作。

2）职责

（1）对所在岗位的安全工作和工程质量负责，并严格按安全操作规程作业。

（2）认真学习并执行“三大规程”，熟悉本矿井巷道布置和防尘洒水系统，按照安全生产需要，及时铺设洒水管路和安设各种综合防尘设施，及时冲洗、清扫或刷白井下巷道和溜煤眼上、下口的积尘。

（3）负责回采工作面两顺槽防尘管路回撤任务，但最少不得距工作面 30 m；负责回采两顺槽各转载点的喷雾设施安装就位工作，并负责维护本区段的一切防尘设施正常使用，保证回采正常供水、防尘。

（4）负责在每个开掘巷道口留设“三通”，在开口 30 m 处安设净化水幕、50 m 处安装隔爆设施，带式输送机运输巷每隔 50 m、其他巷道每隔 100 m 安装一个阀门。

（5）凡发现所经巷道防尘管路及设施跑、冒、滴、漏现象，必须维修，确保井下防尘用水正常使用。

（6）负责井下各转载点防尘设施的安装，并且保证就位，做到灵敏可靠雾化好，负责井下巷道管路维护、设施安装及大巷刷白。

（7）负责井下巷道的除尘工作，定期冲洗煤尘，防止煤尘堆积。每日工作完毕后，必须向队长汇报。

（8）有熟练的操作技术、高度的责任心，水路畅通，降低粉尘飞扬，消灭粉尘堆积。

（9）管路及设施铺设、数量、地点、使用情况、安拆时间要做到心中有数，有损坏的要及时维修，有故障的要及时排除。拆下的管子要及时运走，整齐堆放到指定地点，提高使用周转。

（10）节约材料，爱护公物，使用的工具和材料要妥善保管，防止丢失和损坏。

（11）积极参加矿井抢险救灾工作。

（12）按时完成领导交办的其他各项工作。

4. 风筒工岗位责任制

1）岗位描述

负责矿井风筒的安装及拆除工作。

2）职责

（1）风筒工必须经过专门培训，考试合格后方可上岗。

（2）对本工作岗位的安全工作全面负责。

（3）熟悉煤矿“三大规程”，严禁违章作业。

（4）负责所管辖区域内风筒的运送、安装、维修和拆除。

（5）拆除不用的或已经损坏的风筒及时回收上井。

（6）及时修补现场破损的风筒。

（7）及时整理、安装、固定、接好脱节的风筒。

（8）严格交接班制度。

7.5　调度室岗位责任制

7.5.1　主任岗位责任制

1. 岗位描述

全面负责调度室的日常管理工作，组织指挥日常生产活动，协调解决安全生产和关键问题，组织协调均衡生产，完成生产作业任务。

2. 职责

（1）在生产副矿长的直接领导下，负责调度室全面业务工作的领导、安排、筹划和组织。

（2）负责组织召开每日生产调度会，研究部署生产任务和解决安全生产中存在的问题。

（3）负责组织召开每月考核会，对生产系统完成生产任务情况进行考核。

（4）负责全矿跟值班领导安排、调整，并向上级调度汇报，督促领导及时填写跟值班记录。

（5）负责矿井各信息监控系统的运行管理工作，保证各系统数据准确，监控有效。

（6）负责组织全矿季节性（雨季三防、冬季三防）工作，并定期向上级调度汇报。

（7）负责调度和应急管理安全生产标准化建设。

（8）参与月度生产计划和安全技术措施的编审和制定，并随时监督检查执行情况，当好矿领导的参谋，协助领导做好生产决策。

（9）经常深入现场，调查研究，做到掌握现场动态，发现问题及时处理。

（10）贯彻执行安全生产方针，严格按照“三大规程”组织指挥生产。发生事故时，要立即调动所需人力、物力进行组织抢救，尽快恢复生产。

（11）掌握矿井各生产环节的情况，重点环节重点关注。

（12）负责本部门员工的思想工作、业务学习、技术培训及本部门担负的各项管理工作。

（13）完成领导交办的其他临时任务。

7.5.2 副主任岗位责任制

1. 岗位描述

在调度主任的领导下，负责做好分管的调度业务管理工作。

2. 职责

（1）在调度主任的领导下，抓好分管工作，做好分工合作，带领科室人员完成矿下达的任务指标。

（2）根据分工情况，协助主任完成生产调度和信息监控系统的运行管理等工作。

（3）协助主任对矿井井上下发生的生产事故进行分析、追查、处理、通报，影响安全生产的重大隐患，督促有关单位采取措施，及时处理。

（4）做到上情下达、下情上报，贯彻公司领导有关安全生产的通知、指示、命令，并检查各单位的贯彻执行情况。

（5）参加生产、安装、准备等各类相关安全生产会议，做好旬、月生产分析与各项工作总结，为领导决策提供依据。

（6）经常深入现场调查研究，做到掌握现场动态，发现问题及时处理。

（7）协助主任抓好本部门工作人员的思想教育、业务学习、技术培训等工作。主任不在时行使主任职权。

（8）协助主任组织全矿季节性（雨季三防、冬季三防）工作，并定期向上级调度汇报。

（9）完成领导交办的其他任务。

7.5.3 技术副主任岗位责任制

1. 岗位描述

在调度主任的领导下，负责调度业务范围内的技术管理工作。

2. 职责

（1）在调度主任的领导下，负责调度业务范围内的技术管理工作。

（2）掌握矿井生产动态，收集有关矿井安全生产的信息和资料，并进行分析、汇总。

（3）协助主任做好应急管理工作，监管好矿兼职救护队日常训练工作，掌握矿井灾害预防和处理计划、应急预案和避灾路线，发生重大事故时，协助主任、副主任进行处理。

（4）参加生产、安装、准备等各类相关安全生产会议，做好每旬、每月生产分析与各项工作总结，为领导决策提供依据。

（5）协助主任做好调度和应急管理的安全生产标准化工作。

（6）协助主任抓好本部门工作人员的思想教育、业务学习、技术培训等工作。

（7）协助主任对每月生产进行小结，并对各部门任务完成情况进行考核。

（8）负责对安全监测监控、人员定位、调度通信及自动化平台等信息监控系统进行技术管理。

（9）完成领导交办的其他工作。

7.5.4 调度组组长岗位责任制

1. 岗位描述

在主任的领导下，抓好班组管理，及时协调处理当班安全生产问题，迅速传递安全生产信息。

2. 职责

（1）严格执行调度室的各项管理制度，带头遵纪守法，坚守工作岗位。

（2）掌握班组生产调度情况，落实矿井安全生产情况调度制和地面日安全生产情况调度制，关键问题随时调度，积极协调解决生产关键问题。

（3）督查班组成员认真做好上级通知、通报、指令等接收，按领导指示及时下达，并做好记录。

（4）对领导的重要指示，及时传达落实，并监督贯彻执行情况。

（5）对重大问题要及时向有关领导汇报。

（6）经常深入生产一线，熟悉生产情况，掌握生产趋势及动态。

（7）发生重大事故时，按规定的程序和内容及时向有关领导汇报，并通知有关部门调动一切力量积极组织抢救工作，并做好记录。

（8）做好调度综合记录，及时输出调度日报，做到数字准确，内容完整。

（9）督促班组成员认真做好交接班，做到事事有着落，件件有回音，项项有记录。

（10）协助主任抓好调度组人员的思想教育、业务学习、技术培训等工作。

（11）按时完成领导安排的其他工作。

7.5.5 调度员岗位责任制

1. 岗位描述

在班组长的领导下，及时协调处理当班的安全生产，迅速传递安全生产信息，有序正确地行使调度职权。

2. 职责

（1）在调度室组长的领导下，负责当班调度工作。

（2）严格遵守劳动纪律，坚守工作岗位，坚持 8 h 工作制，严格交接班制度，不迟到、不早退。

（3）及时了解掌握当班生产情况，负责当班生产数据的整理、统计，准确无误地做好调度台账与调度日报表。

（4）经常深入井下，深入现场，调查研究，熟悉生产情况，了解生产变化趋势，及时提出合理化建议。

（5）认真做好安全生产的组织协调工作，服务生产需要。

（6）熟练掌握和使用调度系统设备，加强政治、业务学习，不断提高业务素质和管理水平。

（7）认真做好交接班记录，具体做到“五交清”：

①当班任务完成情况。

②安全情况及各类事故，评定重点关键部位的变化情况。

③领导指示、上级通报、通知的贯彻执行情况。

④交清正在处理和待处理的工作详细内容。

⑤交清下一班生产任务预计和可能出现的问题。

(8) 值班调度人员，工作时间必须做到着装统一，文明上岗。

(9) 掌握计算机基本知识，对每日按规定录入的各种生产数据、报表要准确无误，有问题及时汇报和纠正。

7.5.6 统计员岗位责任制

1. 岗位描述

在调度主任的领导下，负责公司调度业务的统计管理工作。

2. 职责

(1) 负责每天收集汇总生产各项指标，做到及时、完整、准确地进行整理汇总，综合分析，建立统计报表。

(2) 按时做好统计台账，做到台账齐全。做好产、销、存的统计，及时为领导提供所需统计资料。

(3) 负责汇总公司的统计月报、季报和年报的工作，并按要求及时上报各项指标和数据，做到正确完整。

(4) 认真学习有关统计法规，做好资料保密工作。

(5) 完成领导交办的其他工作。

7.5.7 监控室岗位责任制

1. 组长岗位责任制

1) 岗位描述

在主任的领导下，规划和管理本矿监测监控系统，绘制有关图纸，确保系统安全正常运转。

2) 职责

(1) 在主任的领导下，负责监控室的业务，对安全监控系统全面负责，是第一责任者。

(2) 定期组织召开监控安全专项会议，及时研究分析、解决监控中存在的问题，检查监控值班情况，检查监控维护情况。

(3) 认真贯彻落实煤矿安全网络管理的各项监管措施，抓好监控中心的各项工作记录和内务管理工作，认真执行各项规章制度。

(4) 发现监控系统报警、断电等异常情况时，及时汇报主任，并积极协助事故的处理。

(5) 有计划地组织监控维护员对监控系统全面进行检查，对查出的问题要指定专人负责处理，保证监控系统正常有序运行。

(6) 按时完成上级领导交办的临时工作。

2. 材料员岗位责任制

1) 岗位描述

根据生产需要负责对所需材料的领取、保管和发放，确保生产材料的及时供应。

2) 职责

(1) 根据生产单位材料消耗的实际情况，制定材料供应计划，并及时上报审批和领取，保证生产所需。

(2) 做好材料的保管、回收、考核工作，各种材料要分门别类、入册编号，收发有据、账物相符，并保持工具房整洁、卫生。

(3) 材料按计划领取、发放，执行相关管理制度，积极搞好修旧利废，努力降低材料消耗。

(4) 材料、配件、工具要摆放整齐，经常检查整理，备足各种工具、配件和材料，满足生产需要。

（5）掌握每月材料计划和消耗情况，要做到心中有数，并经常公布，以有利于节约材料，降低生产成本。

（6）服从分配，遵章守纪，负责保存好材料账目、单据和凭证。

（7）完成领导交办的其他工作。

3. 监测监控工岗位责任制

1）岗位描述

负责本矿监测监控工作和监测监控系统的日常维护及系统安装回收工作。

2）职责

（1）监控室专人值班，值班员必须经过培训，取得操作资格证后，方可上岗。

（2）掌握《煤矿安全规程》对监控系统的有关规定，严格按操作规程对监控系统及其设备进行安装、调试、维修、校正、监测等工作。

（3）熟悉矿井气体指标的规定和超限时的处理程序和方法；了解有关煤矿瓦斯、煤尘爆炸的知识；熟悉瓦斯传感器的性能、参数及安设方法和位置，发现超限报警，立即上报调度室，并通知井下人员撤至安全地点，由矿值班领导安排，采取措施进行处理。

（4）负责矿井监控系统图的绘制，并根据井下实际情况，做出修改完善。

（5）负责监测日报表的正常打印、签字，并报总经理和总工程师审阅。

（6）建立安全监控设备、各类仪表使用台账。

（7）安全监控设备必须定期进行调试、校正，定期对监控设备及电缆进行安全检查。安全监测仪器、仪表按规定定期进行校验、检定，发现问题，及时上报领导进行处理。

（8）甲烷传感器、便携式甲烷检测报警仪等使用载体催化元件的甲烷检测设备按规定定期进行调校，并有调校记录。

（9）认真填写监控系统运行日志、安全监控系统值班记录、瓦斯超限断电功能测试记录、监控设备检修记录、传感器更换记录等各类记录，每月集中整理、存档管理。

（10）未经值班领导允许，不得擅自脱岗；必须严格执行现场交接班制度。

（11）保持机房及各种设备、设施干净整洁卫生。

（12）完成领导交办的其他临时任务。

4. 网络维护工岗位责任制

1）岗位描述

负责公司计算机网络、电视布线实施，计算机安装及维护工作。

2）职责

（1）定期对病毒服务器杀病毒软件进行升级，对服务器进行维护及对公司信息平台进行维护。

（2）发现计算机网络、电视故障，快速查找故障原因并及时处理。

（3）经常对主机数据进行备份，防止病毒攻击破坏有用的数据。

（4）将本矿井下的生产安全数据适时地在网上发布及时上传有关数据。

（5）对单位用户反映计算机、电视线路故障和工人反映的线路故障，做到及时处理。

（6）完成领导交办的其他工作。

7.6　地测防治水科岗位责任制

7.6.1　科长岗位责任制

1. 岗位描述

在总工程师、防治水副总工程师的领导下，负责矿井地测防治水管理工作。

2. 职责

(1) 认真贯彻执行党的安全方针、政策和上级有关安全生产的规定、命令、决定、通知、通报，积极开展地面控制测量和井上下联系测量，建立测量控制网，及时按生产计划保质、保量地完成地质测量任务。

(2) 负责组织编制矿井地测防治水的中长期规划和年度工作计划，并组织实施。

(3) 建立健全地质防治水的规章制度，并严格执行。

(4) 掌握矿井的地质及水文地质情况，审查各种原始的地质、水文地质观测记录，对本矿井的地质情况做到心中有数，加强对地质构造和水害的预测预报，保证安全生产。

(5) 对采空区塌陷范围要进行观测，及时掌握动态规律及活动情况，对巷道布置和工程建设进行施工测量，现场确定巷道的方位走向，严格对掘进距离进行控制测量。

(6) 严格按照测量规范对本矿的生产情况进行测量，加强地测管理，保证测量成果资料的准确性。及时绘制矿井采掘工程平面图、井上下对照图等相关图纸，并保证图纸的精度，每月填绘一次。

(7) 负责按照技术规定留设村庄、河流、水库、陷落柱、断层保安煤柱和防水煤柱。

(8) 负责做好本矿储量管理工作，合理平衡“三量”关系，确保煤炭资源合理回收。

(9) 参加每年雨季来临前的雨季“三防”排查、检查工作。

(10) 做好煤层露头风化带、断层带、小窑废弃井的测量工作，准确确定其所在位置、标高，为水害防治提供准确的技术资料。

(11) 及时编制矿井水文地质类型划分报告和地质报告等。

(12) 组织或参与审查矿井在地质、水文、资源管理等方面重大设计的请示和报告，以满足矿井安全生产的需要。

(13) 根据本矿采掘进度，安排防治水工程和探放水工程，审核各工程的设计和安全技术措施，确保符合规定。

(14) 定期参与防治水隐患排查，对影响矿井安全生产的隐患要及时排除，对重大隐患要制定专项安全技术措施上报审批，并严格执行。

(15) 审查科室各种资料，能真实反映矿井现场实际情况和符合安全生产标准化要求。加强安全生产标准化的建设。

(16) 按规定组织水灾事故演练和防治水知识培训，提高全员的业务能力。认真学习专业技术知识，积极引用先进技术，不断提高地质防治水工作的管理水平，解决矿井在生产建设中的地质防治水问题。

(17) 参加事故抢险救灾和相关事故调查处理工作。

7.6.2　地测副科长岗位责任制

1. 岗位描述

在科长的领导下，负责业务管理工作和落实考核工作。

2. 职责

(1) 在科长的领导下，认真贯彻执行党和国家的技术法规、法规、标准、制度及有关规定和决定。

(2) 负责组织全科人员进行技术业务学习，提高业务水平。

(3) 负责审查本科的测量资料及图件，在技术上对科长负责，严格把关。

(4) 协助科长完成上级领导交给本科的各项任务，制定相关测量计划并付诸实施。

(5) 及时向科长反映本科工作中遇到的各种问题，汇报生产中的各种情况。

(6) 配合科长做好测量、绘图等管理工作，及时解决生产中遇到的各种地质测量问题，做好“三量”平衡。

（7）组织工程技术人员配合防治水科研究矿井煤系地层、地质构造，煤层和煤质的变化规律，查明影响矿井生产建设的各种地质因素。

（8）配合防治水科做好有关防治水地质调查，并负责对探放水钻孔进行定位测量。

（9）负责大型设备安装定位测量和建立地面控制网，做好井上下联系测量。

（10）组织科室人员开展地面沉降观测，做好观测记录。

7.6.3 防治水副科长岗位责任制

1. 岗位描述

在科长的领导下，协助科长做好“地质防治水”的管理工作。

2. 职责

（1）在科长的领导下，负责矿井水文地质安全技术管理工作。

（2）经常深入现场检查安全技术措施执行情况，解决生产中出现的“地质防治水”问题。负责水文地质资料的收集、分析和整理。

（3）坚持“预测预报、有掘必探、有采必探、先探后掘、先治后采”的防治水原则，杜绝水害事故。

（4）督促防治水技术人员，做好防治水月度水情预测预报、月度矿井涌水量观测和其他防治水工作。

（5）参与组织编制雨季“三防”抢险预案、水灾应急预案、矿井水害预防及处理计划。

（6）协助科长组织开展地表水体、降雨量的调查观测工作，负责井下各观测点的涌水量观测工作，并将观测结果建立涌水量观测台账。

（7）负责编制、提供和审核水文地质安全技术资料。

（8）完成科长和其他领导交给的临时任务。

7.6.4 测量技术员岗位责任制

1. 岗位描述

在科长的领导下，负责全矿井的测量、技术资料收集工作。

2. 职责

（1）严格执行国家矿山测量规程，建立测量控制网，做好地面控制测量和井上下联系测量，及时对地面村庄进行控制和对井下巷道进行施工定位放线及跟踪测量，并及时填绘各种相关图纸和台账。

（2）听从领导安排，不得迟到早退，坚守工作岗位。

（3）及时做好观测记录，对所有测量成果必须反复核实数据精确计算，测量成果计算时，必须有2人及以上进行对算、核实，结果必须相一致，做到数据准确无误。

（4）测量的所有原始数据，必须及时整理计算并装订成册，并及时绘制成图。

（5）加强对仪器的保养和维护，定期对仪器精度进行检验校核，出具相应鉴定证书，提高测量精度。

（6）要及时填绘储量损失量图，及时、准确地上报各种储量报表，不得盲报和误报，上报储量报表要真实可靠。

（7）探放水作业、探构造时，现场配合探放水技术员对探放水钻孔及构造进行定位测量。

（8）负责大型设备的安装定位测量和地面建筑施工及土地丈量等测量任务。

（9）按时参加技术例会，不断提高技术水平。

7.6.5 地测组长岗位责任制

1. 岗位描述

在科长的领导下，对本组的地质测量业务工作全面负责，组织好全组人员全面完成本专业的各项任务。

2. 职责

(1) 负责做好测量人员的分工，明确责任制，组织好日常测量工作，检查监督各项工作的进展和完成情况。

(2) 负责组织建立井下平面控制网和水准网，实测各类巷道和工业广场平面图，按照基建、生产和设计的要求，正确标定各项工程的几何关系。

(3) 积极与采掘单位协作，做好巷道中腰线管理工作，及时延伸中腰线。

(4) 及时组织实测采掘进度，填绘采掘工程平面图，准确反映生产情况，为基建、生产和设计提供可靠的测量资料。

(5) 负责组织编制贯通测量方案，报上级部门审批后负责实施；实测基本和采区控制导线，确保工程准确无误贯通，满足生产需要。

(6) 负责组织实测井上下各类施工，及时解决基建、生产、安装准备工作所需要的测量资料，保证图纸精度满足工程要求。

(7) 重大井巷工程贯通后，要及时组织联测并做好精度分析和贯通总结工作，对测量事故要认真分析原因，吸取教训，提出整改措施。

(8) 组织做好测量原始资料的编录整理工作，测量资料要成册配套，与图纸资料相符，做到管理档案化。

(9) 组织做好测量仪器和工具的保管、维修和检校工作，仪器和工具要建档立卡、专业保管、定期检查、及时擦拭；若有损坏，要认真追查处理。

(10) 测量图纸资料要妥善保管，组织做好图纸资料的借阅、收发、登记工作。

(11) 组织岩移站的建立、观测、分析和资料整理工作，要经常深入现场调查研究采空区岩移规律，合理留设各种煤柱，确保主要井巷、硐室和地面建筑的安全。

(12) 认真组织好业务技术学习，积极推广先进技术和先进经验，提高业务技术水平。

7.6.6 地质技术员岗位责任制

1. 岗位描述

在分管副科长的领导下，负责做好本矿地质及水文地质技术工作，建立地质评价体系，开展地质预测评价工作。

2. 职责

(1) 认真贯彻执行国家有关技术政策和规定，积极开展全矿地质及水文地质技术管理工作。

(2) 收集整理相关地质资料，查明影响矿井生产的各种地质因素，分析、研究并掌握地层构造规律。

(3) 井巷所揭露的煤层，不论是否可采，都必须进行观测和描述。凡井筒、石门和其他的穿层巷道揭露煤层的地点，均应作为观测点进行观测。

(4) 观测、记录必须在现场进行，并记录在专门的地质观测簿上；记录簿应统一编号，妥善保存。

(5) 描述地质现象，应做到内容完整、数据准确、字迹清晰、表达确切、图文结合、重点突出，客观反映地质现象的真实情况。

(6) 负责矿井地质勘探、地质观测、编录和综合分析，提供矿井生产建设各个阶段所需要的地质资料，解决采掘工作中的地质问题。

(7) 负责做好水文地质勘探和补充勘探工作，对水文地质勘探和补充勘探资料进行科学分析。

(8) 定期对地质资料进行补充，并填绘地质图纸。

(9) 掌握钻孔分布情况和封闭质量情况，及时对封闭质量不达技术要求的钻孔进行重新封闭。

（10）开展矿井地质研究，推广应用地质勘探新技术、新方法，不断提高地质工作水平。

7.6.7　绘图员岗位责任制

1. 岗位描述

在分管副科长的领导下，根据工程进展情况及生产要求绘制各类图纸。

2. 职责

（1）坚守工作岗位，不得迟到早退，有事请假，不准撤离职守。

（2）及时准确地根据工程进展情况及安全生产要求绘制各种相关图纸。

（3）及时进行图纸交换，按时向上级公司生产技术部及本矿有关科室交换图纸。

（4）必须按照下列要求绘制：

①图纸内容、精度必须符合《煤矿测量规程》要求。

②基本矿图的绘制必须符合技术规范要求。

③图上符号、线条、注记等，符合《煤矿地质测量图例》规定。

④图面清洁，线条均匀，色泽准确适度，按图例要求的字体注记，图面表达和注记无矛盾。

⑤采掘工程平面图每1个月更新填绘1次，井上、下对照图每3个月更新填绘1次，其他图种根据规范要求进行更新。

7.6.8　储量员岗位责任制

1. 岗位描述

及时掌握矿井资源储量情况，做好监督和管理工作。

2. 职责

（1）在科长的领导下认真执行国家有关法律、法规、标准、技术规范和各项规章制度。

（2）深入现场，认真调查了解生产情况，做好资源储量的监督、考核与管理工作。

（3）掌握矿井资源储量动态，严格按照《煤矿回采率计算方法及要求》（GB/T 31089—2014）、《矿山储量动态管理要求》《生产矿井储量管理规程》的相关规定及要求，建立健全各类资源储量管理台账。

（4）及时填报各类资源储量报表，编绘各类储量计算图纸。

（5）定期对资源回收率进行计算、分析、总结，对不合理的丢煤提出意见和要求，并如实反映储量损失情况。

（6）对资源储量类别、数量的变化进行估算，对各种损失进行报批。

（7）配合有关部门编写储量报告，做好各项批文、报告的存档工作。

7.6.9　防治水技术员岗位责任制

1. 岗位描述

负责防治水技术的管理、防治水专项设计的编制贯彻执行工作，参与防治水工程质量的验收。贯彻施工措施，确保安全生产。

2. 职责

（1）认真学习贯彻执行《煤矿防治水细则》及其他有关法律、法规。

（2）负责水文基础资料的收集、整理、分析，确保水文资料真实、准确、可靠，按规定做好原始记录和专门报告的编制。

（3）满足生产需要，提供为矿井采掘、开拓、延深所需的水文资料和专门报告。

（4）负责专门的水文补充勘探和防治水工程设计的审查工作，并监督检查施工质量。对工程质量不符合要求的要及时制止，并提出书面整改意见。

（5）负责月度水害水情分析、预测预报和防治水重点监控，编制矿井中长期防治水规划和年度防治水计划。

（6）编制各种防治水台账、卡片、图纸及各类水文资料，并做好入档保存工作。

（7）参加年度防治水计划编制，有针对性地提出防治水工程计划。

（8）做好日常的水害水情预测预报工作，杜绝水害事故。

（9）定期组织防治水隐患排查，并积极落实整改措施。

（10）负责《煤矿安全规程》《煤矿防治水细则》规定的各种水文图纸的编制及填绘工作。健全完善各种水文技术成果台账，并及时补齐更新。

（11）负责编制探放水设计，审批探放水施工安全技术措施，并跟踪督查执行情况。

（12）负责对各水文观测孔每月进行一次全面排查，并做到井下涌水量每月观测三次，特殊情况下加密观测次数。观测的数据要准确、可靠，出现异常及时汇报并提出处理措施，做好记录。

（13）负责定期对各类防治水设施（包括水闸墙、水闸门、防水密闭门）和防治水工作进行检查，出现问题提出整改意见，并认真督促整改意见的落实。

（14）做好矿井雨季“三防”工作。

7.6.10　资料员岗位责任制

1. 岗位描述

在科长的领导下做好图纸、记录、报表等资料的收集、整理、分类、归档工作。

2. 职责

（1）负责收集、整理、保管和统计本科室的档案资料。做好档案标准化工作，加强档案资料及矿图的管理工作。

（2）负责提供档案资料，为生产建设、科研攻关等各项工作服务。

（3）协助本科各专业组做好文件、资料、档案的形成积累和平时立卷、年终立卷、归档工作。

（4）严格执行资料管理的各项制度，以保证档案资料完整无损。对于磨损、断裂、字迹线条不清的档案资料，要及时进行补修和完善，确保资料的完整性。

（5）在编制案卷目录的基础上，编制必要的检查、保管工具。同时努力学习资料管理的有关知识，不断提高资料管理水平，增强业务能力。

（6）严格执行保密制度，做好资料室的防火防盗工作。

（7）完成领导交办的其他工作。

7.7　职工培训科岗位责任制

7.7.1　主任岗位责任制

1. 岗位描述

根据国家政策和公司人才发展战略，负责员工的培训与开发的管理工作，建立有效的培训开发机制，建立公司高素质人力资源队伍，为公司的发展提供人才保障和智力支持。

2. 职责

（1）根据本矿的发展规划，提出培训工作规划和计划。

（2）做好年度培训工作总结和各类培训总结。

（3）组织制定本矿培训管理制度和实施细则，负责培训考核及奖惩，提出培训工作的改进方案。

（4）负责培训工作的具体实施，落实本矿年度培训计划的完成。

（5）组织实施对专兼职教师的考察、聘用、考核。

（6）组织实施全员安全轮训工作，组织实施临时性培训工作。

（7）建立员工培训档案，实施培训档案的规范化管理。

（8）组织实施特殊工种的培训工作和换证工作。

（9）了解部门和员工对培训工作的需求，改进培训方式，提高培训质量。

(10) 负责员工外出培训的管理工作。

(11) 组织实施对新招员工的培训和选拔工作，组织实施对“三违”员工的培训。

(12) 负责员工学历教育和继续教育的管理工作，做好备案审查和批准归档。

(13) 制定本部门的年度、季度、月度工作计划，并组织实施，做好年度工作总结。

(14) 负责技术工人考核聘用工作，配合有关部门管好、用好员工培训经费。

(15) 负责年度统计报表，做到数字准确、清楚。

7.7.2 培训管理员岗位责任制

1. 岗位描述

根据本矿年度培训计划组织培训的实施，做好各类人员的培训管理。

2. 职责

(1) 在科长的领导下，做好培训管理工作。

(2) 负责“三项管理人员”及其他人员培训计划的制定、报名等事宜。

(3) 建立、健全员工培训档案、台账。

(4) 做好相关统计报表，并做到数字准确、清楚。

(5) 积极完成领导临时交办的各项关于培训的事项。

7.8 环保技改科岗位责任制

7.8.1 科长岗位责任制

1. 岗位描述

在矿长和分管矿长的领导下，对基建工作及环保工作全面负责。

2. 职责

(1) 主持召开科室工作会议，安排、布置本科的工作任务，在国家有关法律、法规、技术政策、规定的范围内，组织全科职工全面完成各项工作任务。拟订本矿所有基建工程项目的工作计划，组织相关部门科室进行工程招投标工作，审核签订各类工程建设合同。

(2) 认真执行国家有关工程建设的法律、法规，严格遵守有关法令、规范和标准。严格按资金计划安排建设项目，并按照国家标准和公司标准完成项目建设。

(3) 负责零星工程的规划与设计，审核工程签证单，审核工程竣工决算书，并协调审计本矿完成工程审计。

(4) 组织宣传贯彻国家和地方环境保护的政策、法律法规；制定本矿环境保护工作方针和目标；研究、审定防止污染、改善和提高矿区环境质量的规划、计划、措施等。

(5) 负责协调环保局来矿检查，组织协调、检查、推动全矿环境保护工作的开展，负责监督检查环保项目的执行情况，开展环保新技术的推广交流工作。努力实现经济效益、社会效益和环境效益的统一，努力提高矿区清洁生产水平。

(6) 全过程监督检查工程质量，防止出现劣质工程，严格按照国家有关标准规定和合同规定，组织相关部门进行验收，及时解决施工中遇到的各种问题。

(7) 积极完成矿领导临时交办的其他有关工作。

7.8.2 基建岗位责任制

1. 岗位描述

在科长的领导下负责所分管工程的全面基建工作，并详细记录现场施工情况。

2. 职责

(1) 参与图纸会审、招投标、施工组织会审等工作。

(2) 根据各项工程的初步设计和相关要求绘制没有蓝图的工程图纸，认真做好工程全过程控制，包括质量、隐蔽验收以及各分项工程验收等，随时解决施工中碰到的各类技术问题，如遇到不能解决的问题应及时上报科长。

（3）对进场材料进行质量验收，并作详细记录，杜绝伪劣及与设计要求不符的产品使用到工程中。

（4）认真及时做好施工现场签证，每一项签证都应认真现场测量、审核，实事求是地反映现场情况。

（5）计算各项工程的工程量，完成所负责工程的预算和初步审核。

（6）参与组织工程中间验收及竣工验收。做好工程施工全过程的资料收集、整理及图纸归档工作。

（7）维护和管理分管范围内的各类建构筑物、水、暖及部分用电设施。

（8）完成领导交办的其他任务。

7.8.3 环保岗位责任制

1. 岗位描述

在科长的领导下负责分管环保设施、产生污染的生产设施、污染防治设施及存在的环境安全隐患设施的运转情况。全矿的噪声、烟尘浓度排放、粉尘排放情况的监测、污水排放情况的监测及全矿固废物的排放量、处理量、大气质量和水质情况及监督各环保操作岗位的工作，并详细记录现场情况。

2. 职责

（1）认真学习环境保护的方针、政策、法律、法规，执行各项规章制度。

（2）参与制定本矿的环保工作计划和规章制度。

（3）负责矿区污染减排计划的实施和工作技术的支持，参与污染减排核查工作。

（4）协助开展清洁生产、节能节水等工作。

（5）协助组织编制本矿新建、改建、扩建项目环境影响报告及“三同时”计划并予以督促实施。

（6）协助环境质量监测和报告书的编写。

（7）完成领导交办的其他任务。

7.8.4 维修组组长岗位责任制

1. 岗位描述

负责设备设施的管理及维修工作，确保安全、完好。

2. 职责

（1）在主任的领导下，全面负责本部门的设施设备管理的各项工作。建立设备设施管理台账。

（2）督查设备设施定期维护保养规定的执行情况，并做好考核工作。

（3）定期组织班组员工进行技术和安全生产等业务知识交流。

（4）做好本班组设备设施的技术资料、维修、保养记录和交接班记录等的管理与存档。

（5）及时反馈常用物料、维修零件、工具等材料的品质情况。做好修旧利废工作，降低维修成本。

（6）负责维修设备、材料需求计划的申报工作。

（7）完成领导交办的其他工作。

7.8.5 维修工岗位责任制

1. 岗位描述

在维修组组长的领导下，做好设备的维修及保养工作。

2. 职责

（1）每日对辖区范围内的电器线路、消防器材进行检查，发现问题及时处理。

（2）做好生活区和办公楼区供水管路的维修，确保供水工作安全。

（3）做好冬季办公楼区和生活区供暖管路和供暖设备的维修工作，保证供暖工作安全。

（4）经常检查本岗位工作环境，保证工作环境安全。

7.9 党委办公室岗位责任制

7.9.1 主任岗位责任制

1. 岗位描述

围绕中心工作，开展党建和企业文化建设工作，引导和树立员工积极向上的工作心态，营造安全文明、和谐有序的生产环境，为矿区安全生产和发展鼓动造势。

2. 职责

（1）负责制定年初党建计划、年终总结。

（2）负责制定党员考核标准以及党员培养计划。

（3）负责制定基层党建工作管理制度，完成党委交办的其他任务。

（4）探索企业思想政治工作的新方法、新思路。

（5）负责企业文化的引导和宣传工作，探索和创新企业文化建设，创新性地开展文化建设，负责策划组织各类有意义的员工文化活动。

（6）负责文化建设宣传阵地建设，负责报纸的责任编辑，负责敏感新闻的把关，负责本矿对外宣传工作，负责通讯报道员的培训工作。

（7）负责领导干部队伍作风建设、业务素质的考核，负责后备干部的选拔，负责企业普法工作的组织实施。

（8）负责本部门员工的考核工作，组织对员工的培训。

（9）完成领导交办的其他工作。

7.9.2 组织干事岗位责任制

1. 岗位描述

负责党建、党员发展等组织管理工作。

2. 职责

（1）按标准收缴党费。

（2）负责各党支部党建工作目标考核。

（3）负责党员的管理。

（4）组织开展党员评优工作。

（5）负责党员培训的组织工作。

（6）负责党的组织建设工作，做好入党积极分子及预备党员的教育、培训、考察工作。

（7）负责相关资料信息的收集、汇总和整理，负责定期汇报工作，接受检查和监督。

（8）完成领导交办的其他任务。

7.9.3 宣传干事岗位责任制

1. 岗位描述

协助主任组织实施党建和文化建设宣传工作，发挥导向作用，为本矿发展营造良好的舆论氛围。

2. 职责

（1）负责拟定本矿企业文化（安全文化）建设的年度计划，参与策划、组织企业文化（安全文化）建设的会议、考核、活动，对企业文化（安全文化）建设资料收集、信息整理提出建议。建议对内对外的业务交流工作。

（2）做好对外宣传工作，维护宣传企业形象，扩大企业知名度。

(3) 根据不同时期的工作重点，提出宣传教育安排意见，编发宣传提纲。组织开展形势任务、安全生产、经营管理、科技创新及各类先进典型的宣传工作。

(4) 参与策划宣传阵地建设，参与报纸、广播的编排和审核，负责报纸的校对、初审，全面负责广播的节目策划。

(5) 负责各项活动的摄像摄影工作，妥善保管日常收集的影像资料，根据需要制作宣传资料。

(6) 完成领导交办的其他工作。

7.9.4 秘书岗位责任制

1. 岗位描述

以对待工作的高度责任心和敏锐的判断力，协助主任处理办公室日常事务，负责联系接待，办理文书等方面的工作。

2. 职责

(1) 负责上级党组织公文的收文、登记、送批、传阅工作。

(2) 负责矿党委文件的起草、编号、印发及材料外报工作。

(3) 及时整理会议纪要等，按要求时间检查督促执行。

(4) 负责相关资料信息的收集、汇总和整理，负责定期汇报工作，接受检查和监督。

(5) 完成领导交办的其他任务。

7.10 综合办公室岗位责任制

7.10.1 主任岗位责任制

1. 岗位描述

根据国家有关政策、法规和公司发展规划，协助矿领导做好综合管理事务，协调矿内外关系，为矿领导做好服务保障工作，以实现企业管理水平的全面提高。

2. 职责

(1) 协助矿领导做好日常行政事务工作，履行承办、管理、协调职责；主持办公室全面工作及日常事务；组织本科室人员努力完成所承担的各项工作任务；协调各方面的工作联系。

(2) 准确、迅速地安排制定和处理上级下发的公文工作，把好公文印发和管理关。

(3) 负责督促、检查、落实领导的指示、安排、决议，掌握动态，及时汇报总结执行情况，并做好各项会议记录。

(4) 负责做好上情下达、下情上报、组织协调、信息反馈工作。

(5) 做好迎检和接待、车辆管理工作。

(6) 严格印鉴管理。

(7) 完成领导交办的随机性工作和任务。

7.10.2 副主任岗位责任制

1. 岗位描述

根据国家有关政策、法规和公司发展规划，协助主任做好综合管理事务，协调矿内外关系，为本矿做好服务保障工作。

2. 职责

(1) 协助办公室主任工作，履行承办、参谋、管理、协调四大职责；组织本室人员努力完成所承担的各项工作任务。

(2) 抓好分管范围内的工作，并负责督促、检查、落实。

(3) 准确、迅速地安排制作和处理上报下发的公文工作，把好公文的制发和管理关。

(4) 负责来客接待安排、报刊征订、通信费用管理。

（5）负责会议通知、会场布置、会务服务、会议记录。
（6）负责车辆的管理和司机的安全教育。
（7）完成领导交办的随机性工作任务。

7.10.3　团委书记岗位责任制

1. 岗位描述

负责团委的日常管理工作，发挥好共青团的作用。

2. 职责

（1）在上级团委和矿党委的领导下，主持团委工作，制定团委工作计划，抓好团的思想建设和组织建设，并督促各团支部落实各项工作。

（2）组织团委成员和各支部书记学习理论，熟识团的基本知识，认真学习和领会党的路线、方针、政策。

（3）围绕党政的中心工作，组织动员团员、青年积极参加各项活动，充分发挥共青团在安全生产和各项工作中的突击队作用。

（4）关心团干、团员和青年的思想、学习、工作和生活情况，并根据党委要求有意识地对他们进行培养帮助。

（5）深入基层，调查研究，了解掌握团员和青年的思想动态，将带有倾向性的问题和突出事件向有关部门反映，督促解决。

（6）协助有关部门做好青年人才的培养工作，总结推广团支部、团员和青年的先进典型，加强团员和青年的思想政治工作，努力做好后进青年的转化工作。

（7）完成公司领导和上级组织交办的其他工作。

7.10.4　秘书岗位责任制

1. 岗位描述

负责公司文件起草、会议记录、纪要编发。

2. 职责

（1）负责来文的送批、传阅和文件的落实督办工作。
（2）负责公文文稿校对、公文字号编排等工作。
（3）负责对外材料的起草、修改、报送。
（4）参与文印室工作的管理，审核打印、复印材料。
（5）负责相关会务工作的安排，及时整理会议纪要、文件等，督办会议精神的落实情况。
（6）负责相关资料信息的收集、汇总和整理，负责定期汇报工作，接受检查和监督。
（7）完成领导交办的其他任务。

7.10.5　收发员岗位责任制

1. 岗位描述

负责来往信函等的收发，报纸、杂志的征订和分发，配合办公室其他岗位工作。

2. 职责

（1）根据工作需要，做好公司报纸、杂志的征订工作。
（2）负责信函、包裹、报纸、杂志等的接收、登记、分发。
（3）配合办公室其他岗位工作。
（4）完成领导交办的其他工作。

7.10.6　文印管理员岗位责任制

1. 岗位描述

在主任的领导下，做好各类文件及资料的打印、装订等工作。

2. 职责

（1）加强业务学习，不断提高工作质量，按时、保质、保量完成交办任务。

（2）负责内部文件资料的打印、复印、装帧、保存、送达、登记等。

（3）负责上级来文、传真件、电子邮件、OA系统内文件的接收、登记、打印、送达等。

（4）负责所操作微机、打印机、复印机等设备的管理和维护，有问题或故障及时上报处理，以免造成更大的损失。

（5）认真登记消耗的纸张等耗材，有权拒绝未经主任批准的文件资料的打印、复印。

（6）加强办公用纸及其他易耗品的管理，注意节约，防止浪费，努力降低文印成本。

（7）树立严格的保密观念，严格遵守保密制度，不得随意将打印、复印或传真资料中须保密的事项透露给他人，不得截留任何文件，不得将领导批示须保密的资料内容外传、外泄。

（8）加强文印室日常管理，做好安全防火、防盗工作。下班后关掉电源，锁好门窗，注意卫生，保持清洁。

（9）完成办公室主任交办的随机性事务。

7.10.7 小车司机岗位责任制

1. 岗位描述

认真学习交通法规，遵守交通规则，熟练掌握驾驶技术，保证及时出车，安全行车，认真完成每次出车任务。

2. 职责

（1）爱岗敬业，服从领导，听从安排，未经批准或安排，不得擅自出车。

（2）认真学习并自觉遵守道路交通安全法规，文明行车，安全行车。

（3）认真填写车辆行车行程记录、车辆维修保养记录等。

（4）负责对车辆进行日常保养维护，保持良好安全状态。如发现问题要及时报告，不使车辆带病上路。

（5）不得将车辆给他人驾驶，更不得交给无证人员驾驶。

（6）车辆在不执行公务时，一律停放在指定位置。

（7）要爱护车辆，节约用油，保持车内外清洁。

（8）完成领导交给的其他任务。

7.10.8 大客司机岗位责任制

1. 岗位描述

负责员工上下班准时、安全接送，并做好车辆的维护、保养工作。

2. 职责

（1）认真学习并自觉遵守道路交通安全法规，文明行车，安全行车，按照规定的线路、站点、时间安全接送职工上下班。

（2）搞好车辆卫生，经常保持干净、整洁，努力创造一个舒适的乘车环境。遇有可能影响乘车卫生的行为时，要说服劝阻。

（3）维护乘车秩序，遇有携带危险物品人员乘车，要坚决制止，防止发生意外。

（4）完成各趟班次接送任务，如遇换班需变更行驶路线时，应及时告知乘车员工。

（5）认真填写车辆行车行程记录、车辆维修保养记录、油耗记录等。

（6）负责对车辆进行日常保养维护，保持良好安全状态。如发现问题要及时报告，不使车辆带病上路。

（7）完成上级临时交办的其他工作任务。

7.11 工会办岗位责任制

7.11.1 主任岗位责任制

1. 岗位描述

在工会主席的领导下，抓好工会日常工作，定期召开工会委员会议，督促执行工会委员会的决议和上级工会相关的决议。

2. 职责

（1）认真组织有关人员学习党的路线、方针、政策，学习工会工作的方针、政策，独立自主地开展工会工作。

（2）组织工会会议、工会活动，做好工会工作的决策、布置、检查和落实工作。

（3）依法参与全矿重大决策，支持矿长依法行使职权，搞好企业民主管理，维护企业的利益和职工的合法权益。

（4）协助并监督行政搞好安全生产，会同有关部门，经常向职工进行安全生产教育，参与重大事故的追查和处理。

（5）严格工会财务管理，按时收缴会员会费，合理安排好工会经费，经常检查工会财产的保管使用情况。

（6）负责组织劳动竞赛、技术比武和岗位练兵活动，提高职工整体素质，推动生产的发展。

（7）认真开展企务公开工作，更好地落实职工参与企业民主决策、民主管理、民主监督的权利，激发广大职工的主人翁责任感和参与安全生产的积极性。

（8）协助行政管好、用好福利基金，会同有关部门做好劳动保护工作；按照标准审批困难救济，努力改善职工生活福利条件。

（9）深入基层，调查研究，不断改进工会工作。

（10）负责筹备召开职工代表大会，主持同级职代会的日常工作，组织检查职代会有关决定、决议的执行情况。

（11）组织开展“评选先进、表彰先进”的各类评选工作。

（12）定期向工会主席和上级工会汇报工会工作。

7.11.2 工会干事岗位责任制

1. 岗位描述

协助主席做好工会建设和制度建立工作。

2. 职责

（1）协助主席组织工会各级专兼职干部学习党对工会工作的路线、方针、政策，贯彻学习上级工会相关决议、文件精神，努力提高工会干部思想政治水平和业务工作能力，不断改进工作。

（2）深入基层，调查研究，联系群众，听取和反映员工的合理要求，更好地为员工谋利益。

（3）有计划、有组织地开展矿区文体和青工工作，指导各部门工会结合本单位实际开展群众性活动，增强员工的凝聚力。

（4）负责做好群监员聘任、管理、培训及考核工作，提高群监员素质，提升群众安全生产监督水平。

（5）负责管辖范围内活动场所的管理维护工作。

（6）协助工会主席组织召开职工代表大会和会员代表大会，并做好职工代表大会闭会期间的日常工作。

（7）协助工会领导开展“评选先进、表彰先进”的各类评选工作。

（8）负责开展合理化建议征集活动，积极落实合理化建议内容，真正解决职工在生产、生活中的热点、难点问题。

(9) 完成领导部署的各项工作任务。

7.11.3 女工干事岗位责任制

1. 岗位描述

主持工会女工委员会的全面工作，负责拟定、实施女工工作计划，并完成工作总结。

2. 职责

(1) 维护女工合法权益，贯彻国家有关女工保护的政策、法令和规定，做好女工劳动保护工作。

(2) 每年进行一次女工妇科检查。

(3) 每年召集各部门女工进行座谈，倾听女工心声，提出合理化建议，解决她们的实际困难。

(4) 根据相关政策，每年按时足额发放卫生费。

(5) 每年聘请专家组织一次女工知识讲座，每年组织召开“三八”妇女节纪念活动。

(6) 负责组织开展“女工协管员”工作，让女工在公司安全生产中发挥作用。

(7) 负责女工优秀评选、表彰工作，使女工成为工作岗位上的模范、标兵，发挥“半边天”作用。

(8) 结合本矿实际情况，适时开展女工各类技能竞赛，提高她们的业务素质。

(9) 做好女工的思想教育工作，对女工进行“自尊、自立、自信、自强”教育。

(10) 协助工会领导，完成工会“两会”的召开和各类文体活动，参与组织“两会”的筹备工作，参与组织各类活动。

7.11.4 阅览室管理员岗位责任制

1. 岗位描述

负责本矿的图书、报刊及电脑的管理，负责图书阅览室、电子阅览室的环境卫生和设施安全。

2. 职责

(1) 认真履行岗位职责，遵守图书借阅和上网浏览登记管理制度。

(2) 建立健全图书账册，新购进的图书要及时分类、编号、登记、摆放，并定期清点核对，做到账物相符。

(3) 管理好各类报纸、杂志及分类上架，严格借还手续，并对过期报纸、杂志等进行分类收藏。

(4) 保持图书室清洁卫生、书架整齐、干燥、通风、避光，同时做好阅览室的防火安全工作。

(5) 做好电子阅览室上机登记制度以及阅览室的用电安全工作。

(6) 定期对电子阅览室电脑进行系统维护，确保正常运行。

(7) 协助工会领导顺利完成“两会”筹备、召开工作。

(8) 做好领导交办的其他任务。

7.11.5 宣传员岗位责任制

1. 岗位描述

负责广播、视频播音录制工作，通过对本矿新闻、先进典型事迹等整理进行录制播放，达到营造良好的舆论宣传效果。

2. 职责

(1) 充分利用公司各种宣传渠道，参与策划广播的编排、审核工作，并负责播报。通过宣传及时反映安全生产经营动态、一线员工的工作、生活、学习情况。

(2) 做好企业形象的新闻宣传，以及相关资料、图片、录音、录像等资料的收集、整理和存档。

(3) 不断提高自身专业素养，深入基层挖掘新闻线索，做到及时、标准、准确报道宣传。

(4) 负责制定企业年度宣传计划，报领导批准后组织执行。

(5) 协助工会领导策划和组织寓教于乐的文体活动。

（6）协助工会领导顺利完成“两会”筹备、召开工作。

（7）做好领导交办的其他任务。

7.12 纪检办公室岗位责任制

7.12.1 主任岗位责任制

1. 岗位描述

在纪检书记的领导下，全面负责纪检办综合协调和管理工作。

2. 职责

（1）组织办公室人员按照岗位规范，履行职责，完成公司纪委交办的各项任务和日常工作。

（2）负责拟订、审核纪检办年度工作计划、年度总结报告，安排部署工作任务，并及时向纪检书记汇报。

（3）及时传达矿党委及上级纪委主要精神，掌握全矿纪检工作情况，并及时向纪检书记汇报。

（4）负责组织开展好各类廉政主题宣传活动，抓好干部职工的廉政教育和作风建设。

（5）负责职工群众来信来访的接待工作，做到件件有落实，事事有回音，并写出调查报告。

（6）负责抓好纪检干部的自身建设，提高理论政策水平和业务水平，提升纪检监察干部的综合素质。

（7）积极完成矿领导和上级部门交办的其他任务。

7.12.2 纪检办干事岗位责任制

1. 岗位描述

在主任的领导下履行职责，全面完成公司纪委交办的各项任务和日常工作。

2. 职责

（1）协助主任做好有关文秘工作，当好参谋和助手。

（2）协助主任抓好党风廉政建设以及干部职工的廉政宣传教育工作。

（3）协助主任抓好纪检干部的作风建设，加强业务学习、培训工作，提高自身各方面的素质。

（4）负责做好纪检监察方面文件的收发、登记、传阅、转递、归档，以及有关案卷的整理、归档工作。

（5）配合公司有关部门做好相关工作。

7.13 人事劳资科岗位责任制

7.13.1 科长岗位责任制

1. 岗位描述

在矿长的领导下，负责人事劳资科的全面工作。为本矿拥有稳定良好的人才队伍提供保障。

2. 职责

（1）在矿长的直接领导下，全面行使人事劳资科的工作职责。

（2）全面负责人事劳资科工作，协助矿领导研究制定劳动、人事方面的条款。

（3）对重大人事任免事项提出参考意见，负责拟定机构设置或重组方案，定编、定员方案的上报。

（4）负责编制和修改本矿各项劳动、人事、社保、安全、保险的标准和工作计划，并动态监督，检查其执行情况。

（5）负责拟定每年的工资、奖金、福利等劳资费用的预算和薪酬分配方案，上报矿领导批准后按计划执行。

（6）负责审核员工录用、晋升、调配、奖惩、下岗、辞退、内部退养及退休意见，并提交矿长决定。

（7）负责指导、管理、检查本部门人员的业务工作、改善工作质量和服务态度，做好全矿人员的绩效考核和奖励惩罚工作。

（8）做好各科室间的协调工作，积极完成领导临时交办的其他工作任务。

7.13.2　副科长岗位责任制

1. 岗位描述

根据单位发展战略，拟定并执行本矿的薪酬福利条款，建立绩效管理体系，客观、公正、科学地评判员工的工作绩效，创造内部公正、公平、激励，外部具有竞争力的薪酬福利环境。

2. 职责

（1）负责拟定和完善本矿的薪酬福利制度，负责落实并监督执行，对其运行情况进行评估，提出修改建议并修订完善。

（2）制定并执行工资、津贴、补贴的支付规定和办法，监督检查各单位执行情况，发现问题及时解决。

（3）按照本矿实际情况，每年制订工资挂钩考核管理办法，监督检查各单位绩效考核情况，对工资发放情况不定期进行监督检查，发现问题及时处理。

（4）负责做好员工岗位调整和定级工作。

（5）深入基层，调查研究，及时总结典型经验并逐步推广，薪酬福利重大政策贯彻后要写出总结报告，及时向领导汇报。

（6）坚持以矿发展战略为导向，坚持先进管理理念与公司管理实际相结合，坚持严格管理、加强沟通，坚持公正、公开、公平的原则，建立公司绩效考核体系。

（7）指导和监督矿绩效管理工作，负责制订相关制度。

（8）拟订矿绩效指标、绩效目标及评价标准。

（9）裁定绩效管理异议、制订绩效奖惩办法。

（10）研究绩效管理重大问题，提出完善绩效管理的意见和建议。

（11）组织实施绩效考核计划，及时反馈到各有关单位和人员，听取各单位的意见和建议，加强沟通，指导和帮助员工进行绩效评价、提高自我实现绩效目标的能力，促进绩效管理改进等工作。

（12）把考核结果运用到矿经营管理的有关环节，为薪酬计算、奖金分配、员工晋升、培训提供建议和依据。

（13）认真做好员工年度绩效考核兑现工作，做到计算数据准确、公正。

（14）积极完成领导交办的其他工作任务。

7.13.3　劳动用工管理员岗位责任制

1. 岗位描述

负责劳动用工管理、职称管理、人事档案、劳动合同、职工考勤等工作。

2. 职责

（1）负责认真贯彻《劳动合同法》等有关政策规定，严格执行本矿人事劳动用工管理制度。

（2）负责管理人事档案，建立健全员工个人信息，做到准确无误，建立健全电子人事档案，有效保护和利用档案，为人力规划提供信息支持。

（3）负责职工考勤统计、核实等管理工作，检查考勤制度执行情况，严格按规定办理职工请假手续，收集汇总各类人员业绩考核结果。

（4）负责各类专业人才管理，大、中专毕业生的转正定级，各类资格考核等工作。

（5）负责与在职职工签订、续订、解除、终止劳动合同等。做好劳动合同的管理，规范劳动用工方式，预防和减少劳动纠纷和争议。

（6）负责人员信息及劳动用工等相关资料信息的收集、汇总和整理，定期汇报，接受检查和监督。

（7）负责全矿从业人员的年检、备案工作。

（8）积极完成领导安排的其他工作任务。

7.13.4　社保管理员岗位责任制

1. 岗位描述

在科长的领导下，根据国家相关法律的规定，做好员工的“五险一金”工作。全面负责各类保险及各种福利待遇所涉及的全部工作。

2. 职责

（1）贯彻执行国家有关职工各项社会保险方面的政策、法规，认真做好养老、医疗、工伤、生育、失业等各项社会保险征缴基数的稽核。

（2）贯彻执行关于社保方面的方针、政策、指令、决议，做好每月各项社会保险的扣缴。

（3）贯彻执行国家和山西省有关职工退休、退职的政策法规，做好职工的退休管理工作。

（4）贯彻执行国家和山西省有关工伤保险的政策法规，重点及时地做好职工工伤方面的各项保险的申报、增减、变更，包括工伤补充保险和井下职工意外伤害保险。

（5）职工发生工伤后，负责做好职工工伤认定申请、劳动能力鉴定，以及工伤医疗费用的报销、伤残补助的申请、工伤补充保险及井下意外伤害保险的申请、索赔等事宜。

（6）建立健全各项社会保险台账，每月根据人员劳动关系的变动，负责做好职工各项社会保险的增减、变更。及时将调入、调出本矿人员的养老保险关系进行转移，认真办理住转院、异地医保及慢性病的申报。

（7）积极宣传各项社会保险政策、法规知识，重点宣传工伤保险方面的规定、办理流程，维护每一位职工的合法权益。

（8）积极完成领导交办的随机性工作任务。

7.13.5　劳资管理员岗位责任制

1. 岗位描述

全面负责员工工资所涉及的全部工作及其他临时性工作，负责工资、奖金的核算和打印存档。

2. 职责

（1）负责贯彻《劳动法》《劳动合同法》及薪资发放相关政策规定，严格执行本矿劳资核算管理制度。

（2）负责依据职工代表大会审议通过的年度薪资分配方案，按时核算职工每月薪资并在规定时间内发放。

（3）负责填报人事及薪资月度、季度及年度各类报表及月度考核会相关数据。

（4）负责每月薪资及“五险一金”预算申报工作。

（5）负责上报统计表，做好各类工资表的整理及装订、归档工作。

（6）负责相关资料信息的收集、汇总和整理，负责定期汇报。

（7）负责辞退农协工返乡补偿金的核算。

（8）对工资发放情况进行检查，发现问题及时处理。

（9）积极完成领导交办的其他工作任务。

7.13.6　工伤管理员岗位责任制

1. 岗位描述

认真贯彻执行并积极宣传工伤保险政策规定，做好职工的工伤保险工作。

2. 职责

（1）负责填报工伤保险的有关报表，及时掌握员工的工伤情况，按时上报相关部门。

（2）按工伤等级及时上报有关部门，为工伤员工做好服务工作。

（3）按工伤保险管理部门的相关规定核定员工的工伤保险待遇。

（4）负责本单位工伤员工的档案管理，掌握员工的工伤信息。

（5）完成领导交办的其他工作。

7.14 保卫科岗位责任制

7.14.1 科长岗位责任制

1. 岗位描述

掌握煤矿治安动态和特点，拟订落实治安防范和综合治理措施，加强防范，为矿区安全生产、经营创造良好和谐的治安环境。

2. 职责

（1）认真贯彻党和国家的方针、政策，做好保卫工作人员的思想政治工作，掌握与执行各类有关安全保卫方面的政策和规定。

（2）根据本矿具体工作安排，制定工作计划，组织实施并定期检查和总结。

（3）负责传达本矿和各种文件精神并组织贯彻执行。

（4）建立健全各项管理制度，做到用制度管好人、看好物。

（5）经常检查煤场、井口、铁路、门卫及要害场所、主要部门治安防范情况，发现问题及时处理，确保各项工作正常运行。

（6）负责本科人、财、物的调配、管理和监督检查工作。

（7）负责落实本矿内部治安综合治理工作，给矿党政当好参谋，做好综合治理工作的安排、考核、评比工作。

（8）负责制定治安保卫工作预案和处置各种突发事件预案并组织必要的演练。

（9）负责调解、疏导企业内部纠纷，协助公安机关查处发生在企业的刑事案件和治安案件。

（10）要定期召开会议，征求工作意见和建议，及时改进工作中的不足。

（11）按时完成领导交办的其他任务。

7.14.2 副科长岗位责任制

1. 岗位描述

协助科长做好治安保卫工作，包括矿内治安综合治理，考核、检查巡逻组、护场组、门卫组各组工作，以及消防监督、重点部门的保卫工作环节。

2. 职责

（1）根据上级公安机关和矿领导的工作布置及科长的工作安排，认真开展各项安全保卫工作。

（2）维护矿区内的治安秩序，保护员工的人身安全、合法财产不受侵害；预防制止治安案件和突发性事件，维护矿区内交通秩序，接受处理员工报警，为员工提供救助和服务等。

（3）根据“矿区治安管理细则”检查督促各组工作及交接班记录、接警出警结果，并向矿领导汇报，并提供书面材料。

（4）负责门卫工作、治安秩序、各类案件的查处和外来人口的管理以及消防安全、外事等各项业务工作。

（5）做好分管工作的有关对外协调和联系工作。

（6）做好重要（或大型活动）特殊勤务的方案制作和人员安排以及与有关部门的联系与协调。

（7）认真完成上级领导交办的其他工作。

7.14.3　班长岗位责任制

1. 岗位描述

协助科长做好矿区治安保卫、消防管理、物资出入监管等工作。

2. 职责

（1）负责班组日常工作，严格执行矿内的规章制度，保障矿区内生产、生活秩序顺利进行。

（2）组织好守卫工作，严格执行矿内物资出入管理规定，履行大门守卫职责，认真检查出入人员、车辆，严格执行携物出入规定，严格外来人员出入登记制度。

（3）组织好矿区巡逻，及时发现和制止矿内的各种违法、犯罪行为，抓获和扭送各类犯罪嫌疑人，盘查可疑人员，清理进入矿区内的外来闲杂人员，发现重大情况及时请示报告。

（4）守护重点要害部位，防范盗窃、破坏案件和火灾事故的发生，保护案发现场。

（5）协助科长处理治安事件，参与处置突发事件和事故处理，维护大型活动的治安秩序。

（6）完成科长交办的其他工作。

7.14.4　内勤岗位责任制

1. 岗位描述

负责保卫科内勤工作管理。

2. 职责

（1）在科长的领导下，负责保卫科的内勤管理工作。

（2）参与保卫科各项工作研究，做好文字记录，汇集整理各种信息，掌握动态，适时提供给科长以作为指导安全管理工作的参考。

（3）起草保卫科的工作总结、计划、报告，填写各种报表。

（4）负责科内档案管理工作，所有资料必须保密，未经许可不得向任何人泄露，坚持保密守则。

（5）管理文件、资料、档案，组织文件传阅，掌握各种安全措施的实施情况，适时提供给科长。

（6）沟通信息，上传下达，催办各种事项，做好电话、传真、大事记录等工作，保持保卫科安全管理信息畅通。

（7）处理办公室各种日常行政事务，重要情况及时向科长报告，负责本部门人员考勤以及办公用品的领取、保存和发放。

（8）严格遵守矿内的各项规章制度，听从领导的工作安排，对工作认真负责。

（9）协同科长做好矿区、煤场、井口、门卫的安全保卫工作。

7.14.5　消防巡查员岗位责任制

1. 岗位描述

负责地面消防和消防器材管理工作。

2. 职责

（1）树立高度的消防责任感，如发现火警和接到火灾报警，应立即出警抢救。

（2）认真贯彻执行“以防为主，以消为辅”的消防方针，全面做好安全消防工作。

（3）接受上级公安消防部门人员的业务指导，保卫科要经常性地组织要害部位人员学习消防知识，进行实际演习，提高消防工作能力和实战水平。

（4）熟练掌握防火知识、消防设备技术性能、水源分布状况和道路畅通等情况，对现有消防器材做到“三懂两会”切实形成以防为主。（三懂：懂防御措施，懂物资和设备性能，懂灭火知识。两会：会灭火战术，会使用和排除一般的消防设备器材故障。）

（5）经常对矿区各部位消防设备、电气设备、火种、火源、易发生火灾的部位和各种事故隐患进行检查，发现问题提出改进意见并组织有关人员负责整改。

（6）通过有关领导督促重点防火部位等有关责任人员认真贯彻责任区防火责任制，防患于未然从源头上控制住火灾事故的发生。

(7) 认真总结消防工作经验，不断提高消防工作能力，切实把消防工作落实到实处，确保人身安全和公司财产免遭损失。

7.14.6 保安员岗位责任制

1. 岗位描述

在保卫科长的领导下，负责矿区要害场所各重要部位的生产保卫工作。

2. 职责

(1) 遵守内部安全管理的各项规章制度，认真负责，严格要求，责任心强，遵纪守法，服从管理，接受上级部门和领导的监督检查，严禁混岗、串岗。

(2) 严格执行工作纪律，坚守工作岗位，保证矿区内全天24 h值班巡逻制度，严禁脱岗、睡岗。

(3) 负责对矿区车辆和人员的查询工作，严禁工业原材料及煤炭流出矿区。

(4) 严禁任何火源、火种和其他容易引起燃烧的物品带入矿区内的要害部位及防火部位。

(5) 对发现的安全隐患及重大问题，要敢说敢管，限期整改。严禁对安全隐患熟视无睹、漠不关心。

(6) 执行各种任务时，礼貌待人，尊重领导，一切行动听指挥，不得有违抗命令的行为。

(7) 严格交接班制度，认真填写有关记录，做好登记台账。

(8) 在岗期间必须提高警惕，加强工作责任心，对所保卫的重点区域认真进行巡逻，确保安全。发现重要情况要及时向主管领导及有关部门报告，迅速查明原因并及时处理。

(9) 积极协助上级公安机关和其他部门检查指导工作。

7.14.7 门卫岗位责任制

1. 岗位描述

认真履行门卫管理制度，负责矿区大门安全出入的管理工作。

2. 职责

(1) 严格执行各项规章制度，文明上岗，规范管理。

(2) 严格检查进、出大门的人员、车辆，制止无关人员及车辆进入单位。

(3) 保持大门口及室内清洁卫生；爱护室内各种设施用品；门卫室内不得有闲杂人员停留。

(4) 坚守工作岗位，不得擅自脱岗。对出门物资要认真核实、查证，确认无误后方可放行。

(5) 完成领导交办的其他工作。

7.14.8 车棚管理员岗位责任制

1. 岗位描述

负责车棚的管理，确保安全。

2. 职责

(1) 负责职工自行车、摩托车的存放，保证存放秩序和车辆安全完好。

(2) 负责车棚内的公物维护和环境卫生工作。

(3) 值班期间不准离岗、脱岗、睡岗，严格执行现场交接班制度。

(4) 完成领导交办的其他事项。

7.15 后勤服务中心岗位责任制

7.15.1 主任岗位责任制

1. 岗位描述

全面主持后勤服务中心工作，包括制度建设、生活福利、后勤涉外、矿内接待就餐，保证本矿职工食堂饭菜供应，做好地面绿化环境卫生的管理等工作。

2. 职责

（1）为员工创造优越的生活环境，提高服务质量，保证员工吃饱、吃好，解除员工的后顾之忧。

（2）切实做好“两堂一舍”工作，经常进行督查，对存在的问题督促整改。

（3）负责对炊管人员进行安全教育、食品科学知识教育和卫生常识教育，努力提高服务质量，保证饮食卫生与安全。

（4）加强对炊管人员的安全技术培训，提高操作技能。

（5）严格监督检查食品卫生“五四制”，不让员工吃腐烂变质的饭菜，杜绝一切食物中毒现象。

（6）监督检查全公司员工家属住房维修、管理工作，使员工住房安全卫生、舒适。

（7）加强对本部门员工的安全思想教育。

（8）经常检查本部门员工的工作情况，及时纠正“三违”现象。

7.15.2 副主任岗位责任制

1. 岗位描述

协助主任做好后勤服务中心的日常管理工作。

2. 职责

（1）尊重领导、团结同事，执行上级的命令与指示，协助主任做好后勤服务中心的各项管理工作。

（2）坚持原则、按章办事，发现问题及时处理并汇报。

（3）指导分管部门建立健全各项规章制度，促使工作规范化、制度化。

（4）增强全局工作意识，协助处理分管部门对内对外的工作关系，加强分管工作与其他工作的团结协作。

（5）增强服务意识，及时解决分管工作中出现的矛盾和问题，提高工作效率和服务质量。

（6）负责做好分管区域的安全工作；积极组织分管区域员工学习、培训各项安全知识，杜绝安全隐患及事故。

（7）加强对员工进行思想教育、职业道德教育、纪律教育和岗位业务培训；在管理中，讲究方式方法，充分调动员工工作积极性。

（8）完成其他临时交办的工作。

7.15.3 医务组组长岗位责任制

1. 岗位描述

在主任的领导下，做好员工的医疗、救护、保健服务工作，做好员工职业卫生健康检查档案的管理工作。

2. 职责

（1）在主任的领导下，具体组织实施全矿的医疗、预防、保健、康复、卫生宣传等工作。

（2）负责制定医务人员的业务训练计划和技术考核办法，并组织实施，不断提高业务技术水平。

（3）按照有关规定认真抓好病历书写、处方书写、护理记录、抢救记录、门诊日志和观察日志登记等文档资料工作。做好病案统计和病历档案管理工作。

（4）督促医务人员的政治和业务学习，做好考勤、考绩、考德工作。要经常进行检查，督促各位医务人员的医疗、护理医技并进行质量考核评价。

（5）要抓好传染病疫情登记和报告制度。

（6）完成院领导临时交办的其他工作。

7.15.4 环卫组组长岗位责任制

1. 岗位描述

负责做好全矿的公共环境的清扫、清洁、保持及绿化工作。

2. 职责

（1）组织绿化、保洁工作的实施。

（2）参与制定矿区绿化规划的方案及年度计划，参与有关绿化环卫规章制度的制定。

（3）执行上级下达的有关绿化、环保的方针政策，组织全员义务植树，做好矿区绿化、养护工作。

（4）负责对环卫、绿化工具的使用管理及养护工作。

（5）组织实施矿区重要会议和节假日期间的花卉摆放工作。

（6）监督矿区、办公楼等公共场所的卫生保洁工作完成情况。

（7）完成上级临时交办的其他工作。

7.15.5 澡堂组组长岗位责任制

1. 岗位描述

在后勤分管主任的领导下，抓好班组管理，带好队伍，为职工洗浴创造安全、整洁、适宜的环境，提供热情、周到的服务。

2. 职责

（1）严格执行后勤的各项管理制度，带头遵纪守法，坚守工作岗位。

（2）强化班组成员安全意识，督查水、电、气、管路、设备、设施的安全状况，确保各类安全保护装置、防护设施完好、齐全、有效、可靠。杜绝水、气、管路发生跑、冒、滴、漏现象，杜绝漏电、人员滑跌、伤害事故，杜绝下水道堵塞、积水现象。

（3）强化日常的隐患排查、治理。做好澡堂消毒、更衣箱防盗及浴室的消防工作。做好冬季防寒、防冻、保洁工作，夜晚照明达标、光线明亮。

（4）本班组的财、物按规定做好领用、保管、发放、登记工作，做到账、卡、物相一致。

（5）加强成本管理，降低材料、物资、备品、备件消耗，做到修旧利废、厉行节约，并做好节水、节电、节能工作。

（6）督查责任区域内的环境卫生。做到无污渍、无积水、无积尘、无烟头，窗明几净，空气清新。

（7）积极带头开展各项优质服务。对来宾及领导做到大方、热情、礼貌，对职工做到主动、可亲、周到。

（8）加强班组团结，积极开展政治业务学习，做好职工的思想工作。

7.15.6 洗衣组组长岗位责任制

1. 岗位描述

在后勤分管主任的领导下，对班组人员进行管理，负责本矿职工工作服、胶鞋、床上用品的清洗工作。

2. 职责

（1）督查洗衣房的安全工作，定期对辖区内的水、电等设施进行隐患排查，并及时整改。

（2）严格执行洗衣房的各项管理制度，遵守劳动纪律，坚守工作岗位，及时准确地传达本矿的指示精神和工作安排。

（3）积极带头开展各项优质服务，组织服务人员学政治、学业务、学管理，做好职工的思想工作。

（4）做好服务带头人，主动走进职工，发现问题，处理问题，协调解决。

（5）对自己所管辖范围的卫生、财产情况一清二楚，各种台账记录清晰，并督查洗衣工按本岗位操作规程操作洗衣设备。

（6）各项工作超前思考，超前指挥，做好协调，做好本班组设备、设施的检修、保养工作。

（7）积极组织人员参加各项活动，完成各项工作任务。

7.15.7 公寓组组长岗位责任制

1. 岗位描述

在后勤分管主任的领导下，对公寓楼管理员进行管理，保证职工住宿环境的整洁、卫生、安全。

2. 职责

（1）协助分管领导督查楼内的安全工作，定期对辖区内的水、电、消防等设施进行隐患排查，并及时做好整改工作。

（2）严格执行公寓楼的各项管理制度，遵守劳动纪律，坚守工作岗位。

（3）积极带头开展各项优质服务，组织服务人员学政治、学业务、学管理，做好职工的思想工作。

（4）做好服务带头人，主动走进职工，发现问题，处理问题，协调解决，及时准确地传达本矿的指示精神和工作安排。

（5）对自己所管辖范围的卫生、财产情况一清二楚，各种台账记录清晰，并监督服务员做好各项工作。

（6）各项工作超前思考，超前指挥，并做好协调。

（7）积极组织人员参加各项活动，完成各项工作任务。

（8）配合后勤中心办公室做好人员登记住宿、人员变动等情况，做好工作总结。

7.15.8 餐厅组组长岗位责任制

1. 岗位描述

在后勤分管主任的领导下，做好餐厅组的管理工作，保证饭菜可口、食品安全卫生。

2. 职责

（1）每周不少于两次的食品安全巡查，发现隐患及时处理，处理不了的及时汇报中心领导，并有记录。

（2）组织本班组人员按时参加班组例会和各项安全活动，积极开展班前安全教育工作。坚持班前讲安全，班中检查安全，班后总结安全。

（3）负责对班组人员进行安全教育、食品科学知识教育和卫生常识教育，努力提高服务质量，保证饮食安全。

（4）抓好食品安全卫生关，严把食物进货关，杜绝食品中毒事件。

（5）督促食堂员工使用炊事器械具或用具要严格遵守操作规程，按规定做好日常清洁、消毒工作。防止事故发生，严禁带无关人员进入厨房和保管室；易燃、易爆物品要严格按规定放置，杜绝意外事故。

（6）加强对炊管人员的安全技术培训，提高操作技能，提高服务意识。督促食堂员工穿戴劳动保护服装和做好个人清洁卫生。

（7）严格监督检查食品卫生“五四制”，不让员工吃腐烂变质的饭菜，杜绝一切食物中毒现象。

（8）参加服务中心组织的后勤系统隐患排查活动，并对查出的问题限期整改。

7.15.9 内勤岗位责任制

1. 岗位描述

科室内勤人员在后勤主任的直接领导下，负责后勤范围内的资料信息收集、整理、登记、立卷建档等管理工作。

2. 职责

（1）负责全矿固定财产的登记、排号、打号、交接、损坏、处罚记录及年终核对向财务科上报工作等。

（2）负责对后勤服务及各班组所有的制度、登记等表格和文件的制作，以及电子版打印保存。

（3）负责全矿所有机顶盒、电视卡的分发、续费、回收工作。

（4）负责全矿所有职工的吊篮分配及吊篮的更换、交回登记工作。

（5）负责全矿所有人员的宿舍分配、调整工作。

（6）负责每周爱卫会卫生检查的登记及检查后处罚通报的制作、发放工作。

（7）负责每周后勤例会及后勤大型会议、学习文件活动的登记整理工作。

（8）负责月末后勤服务中心的罚款审批表及考核扣分表统计、制作及审批、上交工作。

（9）负责本部门所有文件的收发工作及其他部门文件要求的各种征文、标语、活动等的书写，传达，收集、整理、上交工作。

（10）负责对全矿所有违反后勤管理规定人员的调查、核对、登记、处罚、通报工作。

7.15.10 采购员岗位责任制

1. 岗位描述

在主任的领导下，做好各类材料物资的采购工作，确保采购产品的质量满足后勤服务中心生产、经营、服务的需求。

2. 职责

（1）自觉遵守本矿的规章制度及服务中心内部管理制度。

（2）按本中心各班组提交的物资需求计划，结合消耗及库存情况编制采购计划，保证及时供应。

（3）根据物资需求计划，办理资金申请、审批手续。

（4）经常与库管员、各班组长沟通，做好编制计划的准备工作。

（5）经常与库管员核对，减少积压，提高物资利用率。

（6）按时完成领导交办的其他工作。

7.15.11 统计员岗位责任制

1. 岗位描述

在主任的领导下，做好本中心的信息管理、统计工作，确保信息畅通。

2. 职责

（1）负责后勤服务中心的统计工作。

（2）按制度及要求及时搞好各种资料、数字统计。

（3）按时上报统计报表。

（4）分析统计资料、提出整改意见，当好参谋。

（5）保守统计机密。

（6）完成领导交办的其他工作。

7.15.12 库管员岗位责任制

1. 岗位描述

在科长的领导下，做好入库食品、原材料管理工作，所有物资按类存放，要求摆放整齐、美观，防水、防潮物资不得露天存放。

2. 职责

（1）按规定做好各类物资、原材料、用品进出库的验收、记账和发放工作，做到账物相符。

（2）随时掌握库存状态，保证物资、原材料及时供应，充分发挥周转效率。

（3）定期对库房进行清理，保持库房的整齐美观，使物资分类排列、存放整齐、数量准确。

（4）不断加强业务学习，熟悉相应物资的品种、规格、型号及性能，努力提高业务及管理水平。

（5）做好库房的安全管理工作，检查库房的防火、防盗设施，及时堵塞漏洞。

（6）对入库物资，保管员必须检验，物品名称规格一定要核对无误，数量一定要清点（包括点数、检斤、计量等）准确，对不符合要求的物品，不得验收入库。

（7）保管人员要坚守岗位，按时上下班，在规定的工作时间内不得擅离职守，班外时间如果有要事、急事必须随叫随到，保证供应及时。

（8）仓库是财物重地，非保管人员不得随意出入停留，不允许代存私人物品，不得私自拿用、外借物品，不得白条抵库。

（9）杜绝食品霉变、过期变质，杜绝鼠害、虫咬。

（10）做到以单位利益为重，爱护财产，不得监守自盗。

7.15.13 医生岗位责任制

1. 岗位描述

在组长的领导下，负责员工的医疗、急救、转诊工作，做到合理用药，为员工的健康提供医疗支持。

2. 职责

（1）工作认真，发扬良好的医德医风，尽职尽责，全心全意为职工服务，做到持证上岗，遵章操作。

（2）负责门诊日常医疗工作，保持医疗室清洁、整齐、安静，坚守工作岗位。

（3）详细询问病史，力求诊断明确，合理用药，做好职工常见病、多发病、职业病的医疗及危、重、急病人的抢救、转诊、护送工作。

（4）做好门诊登记工作，认真执行传染病疫情报告制度和无菌消毒制度。

（5）认真执行处方制度，签署各种医疗证明要坚持原则，按上级有关规定执行。

（6）认真学习专业知识，努力提高自己的医技水平。

（7）工作服从分配，积极按时完成交给的各项任务。

7.15.14 护士岗位责任制

1. 岗位描述

协助医生做好病人的日常护理工作。

2. 职责

（1）凡注射都要凭医生开具的注射单，并认真核对针剂的各类配药，确保符合注射的规定。

（2）严格执行查对制度，认真做好“三查七对”，热情体贴地对待病人。

（3）严格执行无菌操作技术及各项注射操作规程，操作时应戴口罩、帽子，定期消毒和更换器械，并保证消毒液的有效浓度。

（4）对规定应做过敏试验的药品，必须先做过敏试验，皮试阴性者注射后观察 20 min 方可离去，一旦发生过敏反应或意外，应及时采取措施，并立即通知医生，一同进行抢救。凡有可能发生过敏反应的药品，夜间一律不予注射。

（5）准备各项急救所需药品、器材，定量、定点、定位放置，并经常检查补充消毒更换。

（6）严格执行一人一针一管一用制度，防止交叉感染。

（7）对使用过的一次性注射器、输液器，一律剪断、焚烧，数量要登记。

（8）器械药品放置整齐、位置固定，按时更换消毒液，做好交接班，严防差错事故发生。

（9）负责治疗室、观察室的清洁、整理工作，经常保持室内整洁、卫生。

（10）严格执行隔离消毒制度。

7.15.15 环卫工岗位责任制

1. 岗位描述

负责矿区主干道的清扫和对各科室卫生责任区的检查，确保矿区内环境的清洁。

2. 职责

（1）上班准时，按规定着装，保持个人清洁工作，仪容仪表符合本矿要求，服从上级的工作安排。

（2）负责矿区主干道的清扫，随时保持干净、整齐。

（3）按程序对卫生间进行清洁并消毒，保证卫生间无异味，墙面、地面干净、无水迹、无杂物、无污迹。

（4）爱护并正确使用公物、工具、设备，节约水、电，发现设备损坏、丢失、断电、断水等不能正常工作的情况应及时报告，不得延误。

（5）提高警惕，注意防水、防盗、防破坏，发现可疑情况及时上报。

（6）严格遵守劳动纪律、及时清理垃圾、补充清洁物品、清点工具，下班时将清洁工具、用品放回工具房，交接工具房钥匙。

（7）完成上级布置的其他各项工作。

7.15.16　保洁员岗位责任制

1. 岗位描述

认真执行岗位责任制，做好保洁工作。

2. 职责

（1）严格按照规定程序工作，全日保洁。

（2）卫生间随时清扫做到地面清洁，卫生器具无异味。

（3）做好责任区公共设施的损坏记录，及时上报队长。

（4）听取领导和员工对保洁工作的反映与需求，发现问题及时解决。

（5）爱护公物，正确使用并妥善保管清洁用具，最大限度地节约资源。

（6）关注自身和他人安全，严格按照工作程序与标准进行工作。

（7）不断学习环卫知识，提高业务水平，增强整体素质。

7.15.17　澡堂工岗位责任制

1. 岗位描述

负责大澡堂的清洁和气、水的按时开关，确保澡堂的安全正常使用。

2. 职责

（1）认真管好入浴员工的衣物及公共财产，做好安全防范工作。

（2）澡堂内墙壁地面要经常认真清扫，防止因地面湿滑造成的人身伤害事故。

（3）加强责任心，做好防火、防盗、防泄漏、防触电等工作。

（4）经常检查澡堂情况，及时处理安全隐患。

（5）负责每班均有冷、热水供应，确保水温适宜，水质清洁。

7.15.18　洗衣工岗位责任制

1. 岗位描述

牢固树立全心全意为生产一线服务思想，按时交接班，提高服务质量，坚守工作岗位。

2. 职责

（1）严格按照操作规程要求能处理一般机器故障。

（2）员工洗衣随到随洗，当天衣服当天洗，做到一视同仁，清洗干净，叠放整齐，物归原主。

（3）爱护公物及机械设备，做到勤擦洗、勤检查、勤爱护，洗衣机出现问题及时汇报主管人员。

（4）加强学习，互相尊重，全面改进工作作风，提高服务质量。

（5）保持室内外清洁，做到窗明地净，墙壁无灰尘，地板无污水，水道畅通。

（6）遵守劳动纪律，严禁迟到、早退、脱岗、串岗，若发现有类似现象严肃处理和停工处理。

7.15.19　理发员岗位责任制

1. 岗位描述

负责为本矿员工提供良好的理发服务。

2. 职责

（1）理发员要热情接待每位员工，要有合作精神，团结一致、各尽其职，献出真诚服务，使员工高兴而来、满意而去。

（2）坚守工作岗位，要准时上班，不得迟到、早退、旷工，病假、事假应办理请假手续，上班时间衣冠整齐干净，统一穿工作服，工作服要整洁。

（3）工作时间不准随意离开工作岗位，严禁在工作场所内吸烟、喝酒、吃东西、追逐打闹，以及从事其他与工作无关的活动。

（4）参加业务技能培训，提高技能水平。

（5）经常保持环境清洁，搞好室内卫生，为员工创造一个舒服的理发环境，要爱护理发设施，防止发生损坏和丢失现象，工作地点不得摆放与工作无关的物品。

（6）完成领导交办的其他工作。

7.15.20　公寓楼管理员岗位责任制

1. 岗位描述

负责公寓楼的管理及整洁、卫生工作，为员工创造良好、安全、卫生、宜人的环境。

2. 职责

（1）认真填写住宿登记表。

（2）拒绝携带危险品和易燃品的人员住宿。有特殊情况的，需经分管领导批准。

（3）按规定收取各种押金，员工离开前要结清一切账务。

（4）做好单身宿舍楼服务工作，树立全心全意为员工服务思想，热情、礼貌、细心、周到，做到有问必答，急员工所急，想员工所想。

（5）做好卫生工作。每日负责清理楼道、电视房、水房、卫生间等公共场所的卫生，应做到门窗、厕所、楼梯走廊、地板、墙壁干净整洁。同时，监督员工宿舍内的卫生维护情况，每月卫生大检查前敦促员工及时清理各自室内卫生，杜绝宿舍卫生脏乱差现象。

（6）提醒员工不卧床吸烟、人离锁门，做好防火、防盗等安全工作。

（7）经常检查房间电气设备、家具等的完好情况，最大限度地降低公司财产的损耗。对损坏的物品及时维修，如发现人为破坏室内陈设及时上报处理。

（8）做好工作记录，做好交接班工作。

（9）完成上级临时交办的其他工作任务。

7.15.21　餐厅管理员岗位责任制

1. 岗位描述

在科长的领导下，做好餐厅日常管理和餐饮服务工作，服务热情周到，文明礼貌，体检合格，持证上岗。

2. 职责

（1）负责开餐前的准备工作，爱护餐厅设施设备，并对其实施保养、清洁。

（2）搞好就餐前后的卫生工作，保持餐厅环境整洁，确保餐具、部件等清洁完好。

（3）了解接待就餐人员的桌位安排情况，为客人提供周到的服务。严格按餐厅规定的服务程序和服务规格进行服务。

（4）熟悉菜单上所有品种的名称，掌握菜品、饮料知识和服务操作技巧。

（5）及时将客人的要求传递给厨房，能迅速有效地处理各类突发事件。

（6）负责及时补充餐厅内的各种餐具，以备急用。

（7）保持个人身体健康和清洁卫生，督促服务员着装规范。做好节电节水工作；检查门窗、水、电、气开关，空调开关，电视、音响情况。

（8）发扬互助互爱精神，员工之间加强团结，沟通谅解，共同做好服务接待工作。

（9）执行生活科的规章制度。

7.15.22　厨师岗位责任制

1. 岗位描述

负责食品加工及加工工具的消毒工作，确保食品安全卫生。

2. 职责

（1）热爱本职工作，遵守劳动纪律，无条件地配合、协助主任搞好食堂工作，服从安排，并能在工作中提供合理化建议。

（2）遵守、执行本矿的各项管理制度和食堂管理制度，保持环境卫生和个人卫生。

（3）制定每天的菜谱，并对菜谱进行烹调加工。

（4）对成本进行有效控制，做到价廉、物美，员工满意。

（5）烹饪前先检查原料，不准加工不符合要求的各种食物，并对其结果负责。

（6）操作炉灶、电气设备时应遵守相应的操作规程，了解设备的正常操作程序及保养。

（7）负责岗位卫生，对所辖工作区域的卫生负责，并将所有物品摆放整齐。

（8）在操作中注意节约水、电、气及调味品等原料。

7.15.23　洒水车司机岗位责任制

1. 岗位描述

负责矿区道路日常洒水及草坪、树木的浇灌用水。

2. 职责

（1）洒水车司机必须根据本矿的管理规定和天气状况，适当调整洒水频率（原则上雨雪天气不洒，晴热天气多洒），保证夏季地表湿润、不起泥、不起尘、不流淌，冬季不干燥、不结冰。

（2）要爱护保养好洒水车，每月例行对洒水车保养一次。

（3）节约用油，合理用水。

（4）牢固树立安全第一的观念，上车后做到心细、眼亮、不开快车。

（5）树立行人和其他车辆优先的原则，洒水过程中遇行人、车辆应减速，关小喷水阀门，安全礼让，尽量不洒湿车辆和行人。

（6）雨雪天气不洒水时要求洒水人员正常到岗，完成安排的其他工作。

7.16　财务科岗位责任制

7.16.1　科长岗位责任制

1. 岗位描述

在矿长的领导下，完成本矿预算管理、财务管理与核算工作；参与本矿经营决策，统筹解决财务工作中出现的问题，及时向矿领导提出规范预算管理、财务管理和依法经营的意见和建议，为领导决策当好参谋。

2. 职责

（1）负责组织贯彻执行《会计法》等法规和企业财务制度及财经纪律，企业的财务政策和财务管理制度的实施和运转。

（2）建立健全财务管理的各项制度，发现问题及时纠正，重大问题及时报告矿长。

（3）负责组织会计人员做好会计核算工作，及时提供真实、准确的会计核算信息。

（4）组织编制财务成本计划、投资计划、财务预算，并将各项计划指标分解下达落实，督促执行。

（5）加强资金筹措和管理，根据资金状况及时分析、调度，保证生产营运资金正常周转。

（6）审查对外提供的会计资料，负责组织财务状况及经营成果报告的编制、分析及解释，并向矿领导报告。

（7）负责组织财务科员工的思想品德教育、专业技术培训和工作评估考核，不断提高财务人员的业务水平。

（8）完成矿领导交办的其他工作。

7.16.2 副科长岗位责任制

1. 岗位描述

在分工范围内开展好相关工作，对分管范围内的工作负责，掌握有关的煤矿安全生产知识，及时向科长提出规范预算管理、财务管理和依法经营的意见和建议，协助科长做好各项财务工作。

2. 职责

（1）贯彻执行国家财税工作法规、政策和上级公司财务工作管理制度的贯彻落实，并根据本矿财务管理实际，协助科长抓好财务科管理工作，不断完善财务管理制度。

（2）负责审核各种财务会计报告，保证及时、准确上报。

（3）审查财务收支审批手续是否健全，原始收据是否齐全，经济活动是否符合财务制度。

（4）负责审核填报上级有关部门需要的财务各种数据报表。

（5）负责每月的财务收支情况的月报工作。

（6）做好科长和分管领导交办的其他有关工作。

7.16.3 成本费用会计岗位责任制

1. 岗位描述

负责全矿经营指标分解工作及成本核算工作，进行成本费用预测，分析成本费用预算执行情况。

2. 职责

（1）拟定成本核算办法，编制成本费用预算，进行成本费用预测，分析成本费用预算执行情况。

（2）准确计算生产成本，控制各项费用支出，按成本项目合理分配成本费用。

（3）做好年初全矿指标分解工作。做好有关成本资金计划的审核申报工作。

（4）按照有关规定正确、及时地提取各项预提费用并进行清理。

（5）及时准确地传递各种原始凭证及单据。

（6）按月分析成本、费用完成情况，并写出书面报告。编写年度及月度报表分析。

（7）做好各种预测表、统计表的编制工作。

（8）完成领导交办的其他工作。

7.16.4 材料会计岗位责任制

1. 岗位描述

根据《会计法》等相关法规及公司相关制度，审核报销材料发票，进行材料核算；对仓库保管员登账的及时性、物资保管情况进行考核，对应付账款和预付账款进行管理。

2. 职责

（1）严格执行国家财政制度和财经纪律，按照财务制度的要求，认真审核原始凭证。

（2）严格遵守各项规章制度，工作时不擅离职守，业务上精益求精，不断提高业务工作水平。

（3）预付货款、应付货款支出，要根据合同或协议签订的付款方式进行支付，与合同不符的及时向领导汇报。

（4）按照财务制度的要求，准确、及时地编制记账凭证，做到当日完成。

（5）做好材料入账工作，做到“账账”“账物”相符，参与库存材料的清查盘点，若发现不符，必须查明原因并向领导汇报。

（6）完成领导安排的其他各项工作。

7.16.5　固定资产会计岗位责任制

1. 岗位描述

协助科长做好全矿固定资产日常核算管理及清查盘点工作。

2. 职责

（1）协助科长编制固定资产和在建工程核算与管理办法，并监督贯彻实施。

（2）负责固定资产与在建工程日常核算，按季计提房产税并上交。

（3）对新购设备以机电科设备验收单和物资部的调拨单作为原始单据，按其价值入账，建筑工程形成的固定资产按照最终决算价值入账，要附建筑工程竣工验收报告。

（4）健全固定资产台账，参与固定资产清查盘点，摸清家底，参与管理。

（5）定期和机电科对账，确保账账相符。年终和机电科一起进行清查盘点，并对盘盈、盘亏、毁损等情况进行分析处理。每月核对本年固定资产投资计划完成情况。

（6）分析固定资产使用效果。

（7）负责在建工程投资资金计划的申报工作。

（8）完成领导交办的其他工作。

7.16.6　核算会计岗位责任制

1. 岗位描述

负责收集、汇总、整理、分析原煤销售数据。

2. 职责

（1）负责定期编制本矿原煤产、销、存的季、月、旬核算报表，并报相关部门和领导。

（2）负责做好核算台账的管理工作。

（3）负责对销售统计数据进行分析。

（4）负责根据上级领导要求对销售数据、价格进行分析，并提交相应的核算分析报告。

（5）对销售核算分析中反映出来的问题进行调查和分析，并及时反映给有关部门和领导。

（6）依据核算分析结果，提出销售与生产平衡的建议和意见。

（7）负责销售结算的办理工作。收集、整理、汇总各类销售结算凭证和单据，并进行分类保管、登记。

（8）根据集团有关交易结算管理办法定期与有关单位办理销售结算。

（9）负责与上级公司财务部门的工作对接，并按财务要求提供规范的结算凭证。

（10）负责相关资料信息的收集、汇总和整理，负责定期汇报工作，接受检查和监督。

（11）完成领导交办的其他工作。

7.16.7　税务会计岗位责任制

1. 岗位描述

根据《税法》和税务程序的规定，负责本矿所有税务的计算及申报工作，依法按时足额纳税，保障单位的合法权益。

2. 职责

（1）负责增值税发票、普通发票的领购，保管发票领购簿。正确及时地开具增值税发票、普通发票。

（2）严格对各种发票特别是增值税专用发票进行审核，及时进行发票认证。

（3）负责编制国税、地税需要的各种报表，每月按时进行纳税申报，用好税收政策，规避企业涉税风险，依法纳税；负责减免税、退税的申报。

（4）负责主营业务税金及附加、应交税费、所得税科目凭证填制及明细账登记、核对。

（5）负责税务相关资料的装订存档。

（6）每月对纳税申报、税负情况进行综合分析，提出合理化建议。

（7）完成领导交办的其他工作。

7.16.8 出纳岗位责任制

1. 岗位描述

在科长的领导下，负责现金收付和银行结算业务，保管现金、有价证券、印章、空白支票和收据。

2. 职责

（1）办理现金支付和银行结算业务。严格按国家现金管理条例和银行结算办法规定，根据稽核人员审核签章的收付款凭证进行复核，办理款项收付。对于重大开支项目，必须经过会计主管人员、分管领导、矿领导审核批准，并加盖“收讫”“付讫”戳记。收入现金及时存入银行，不得坐支。库存现金不得超过银行核定的金额，超过时应及时存入银行。不得以“白条”或借条抵冲库存现金，更不准挪用现金。

（2）严禁签发空头支票，不得将空白支票交给其他单位或个人签发。对于填写错误的支票应加盖“作废”戳件，与存根一并保存。支票遗失时，要及时办理挂失手续。

（3）登记现金和银行存款日记账。根据办理完毕、审核无误的记账凭证或原始凭证，逐日逐笔登记现金和银行存款日记账，并做到及时、准确、账账相符、账实相符。

（4）保管好库存现金、有价证券、有关印章、空白支票和收据等。严守保险箱密码，保管好钥匙，未经领导批准，不得转交他人。对分管的有关印章应妥善保管，严格按规定用途使用，但签发支票的印章不得有出纳一人保管。发现现金和有价证券短缺或遗失应及时向领导报告查处。

（5）认真做好银行账的对账工作，每月编制“银行存款余额调节表”使账面余额和银行对账余额调节相符。对超过一个月以上的未达账项，要及时查询，尽快解决。

（6）每天或定期编制收支记账凭证，为单位的资金正常运转提供保障。

（7）空白支票必须严格管理，设置专用登记簿登记，并及时办理领用注销手续。

7.17 供应科岗位责任制

7.17.1 科长岗位责任制

1. 岗位描述

贯彻执行国家有关物资供应的法律、方针、政策和上级有关规定，做好物资供应与管理工作。

2. 职责

（1）在矿长的领导下，主持供应科的日常管理工作。

（2）贯彻执行本矿各项规章制度，制定与实施本中心的相关管理制度和管理规定。

（3）组织做好物资供应计划、订货、采购、运输、保管、发放、回收各个环节的管理，降低物资采购费用，经济合理地保证生产、基建等方面的供应。

（4）负责抓好投入产出的经营管理工作。

（5）组织制定或修订物资消耗定额，做好材料投向、使用监督考核工作。

（6）组织落实好本矿下达的物资储备资金计划和超储积压、物资处理工作。

（7）抓好物资节约、废旧物资的回收、加工利用和处理工作。

（8）组织完成物资统计表和统计分析工作。

（9）对所有合同要亲自审定，及时监督业务人员进行登记并及时检查合同执行情况，及时掌握物资流向动态，对发现的问题及时处理。

（10）负责制定本部门工作计划和总结，定期向主管领导请示和汇报工作。

（11）负责组织本部门进行业务学习，不断提高本部门员工素质，加强四防教育。

（12）召开员工会议，总结安排工作。

（13）负责本部门员工的考核工作。

（14）完成领导临时交办的任务。

7.17.2 副科长岗位责任制

1. 岗位描述

在科长的领导下，贯彻执行国家有关物资供应管理方针、政策、法规和上级有关规定。负责物资供应和管理工作。做好物资供应与管理工作。

2. 职责

（1）在科长的领导下，负责分管业务范围内的管理领导工作。

（2）负责组织分管的生产、基建物资货源，做好供应工作，严格把好采购物资的质量关。严防无认证、不合格、假冒伪劣的产品进库。

（3）定期组织对分管物资供应合同的完成情况进行分析并采取相应措施，满足生产、基建的需要。

（4）协助科长做好供应商的考核，做好物资采购价格的控制。

（5）主持各种商务活动。

（6）完成领导交办的其他各项任务。

7.17.3 计划员岗位责任制

1. 岗位描述

在科长的领导下，负责对材料供应的预测、计划申报、指标分解、成本考核与控制等工作。

2. 职责

（1）依据下达的生产计划，负责编制年度、季度、月度材料消耗供应计划。

（2）负责编制供应科各种计划数据报表，做到数字真实、可靠、准确无误。

（3）做好日常材料计划业务管理工作。及时准确地登记明细账及总账。每月核对一次明细账、总账，发现差错及时通知有关人员查找更正，确保账账相符。

（4）加强材料计划管理工作，工作做到快、准、细、全，跟踪检查计划的执行情况。

（5）及时落实上报急用计划，有权拒绝任何人不按程序规定提出修改计划的要求。

（6）配合仓库管理人员做好仓库定额管理工作，对入库的已淘汰的或已淘汰的采购产品负责。

（7）年终将全年的计划资料收集齐全、整理清楚、妥善保管。需归档立卷的资料，按有关规定及时归档立卷。

（8）完成领导交办的其他工作。

7.17.4 合同管理员岗位责任制

1. 岗位描述

制订本矿合同管理规定，开展企业信用建设活动，加强重大合同的事前、事中、事后动态管理；不断提高合同审查质量，做好重大合同的参与及调研、谈判工作，落实有关合同事项的公证、鉴证。

2. 职责

（1）制定本矿合同管理规定，做好合同档案的管理。

（2）参加合同起草，进行主体资格审查和合同审查。

（3）指导基层单位的合同管理及业务咨询工作，加强重大合同的事前、事中、事后动态管理。

（4）提高合同审查质量，参与重大合同的调研、谈判、起草工作。

（5）积极推进企业信用建设，落实“重合同守信用企业”的申报工作，落实合同事项的公证、鉴证。

（6）完成领导交办的其他工作。

7.17.5　采购员岗位责任制

1. 岗位描述

在科长的领导下，做好各类材料物资的采购工作，确保采购产品的质量满足矿生产经营的需求。

2. 职责

（1）自觉遵守本矿的规章制度及供应科内部管理制度。

（2）按本部门提交的物资需求计划，结合消耗及库存情况编制采购计划，保证及时供应。

（3）根据物资需求计划，办理资金申请、审批手续。

（4）经常与保管员、各部门领导沟通，做好编制计划的准备工作，保证物资供应。

（5）经常与保管员核对，保持库存物资量，减少积压，提高物资利用率。

（6）按时完成领导交办的其他工作任务。

7.17.6　材料会计岗位责任制

1. 岗位描述

根据《会计法》等相关法规及公司相关制度要求，审核报销材料发票，进行材料核算；对仓库保管员登账的及时性、物资保管情况进行考核，对应付账款和预付账款进行管理。

2. 职责

（1）负责公司的材料购入、发出和库存业务的核算工作。

（2）负责办理物资入库手续，并及时与保管员核对库存物资，参加物资盘点清查工作。

（3）负责编制相关报表，做到及时、齐全、准确。

（4）及时完成领导交办的其他任务。

7.17.7　库管员岗位责任制

1. 岗位描述

在科长的领导下，做好入库设备、材料管理工作，所有物资按类存放，要求摆放整齐、美观，设备等防水、防潮物资不得露天存放。

2. 职责

（1）按规定做好物资设备进出库的验收、记账和发放工作，做到账物相符。

（2）随时掌握库存状态，保证物资、设备及时供应，充分发挥周转效率。

（3）定期对库房进行清理，保持库房的整齐美观、使物资分类排列、存放整齐、数量准确。

（4）不断加强业务学习，熟悉相应物资的品种、规格、型号及性能。努力提高业务及管理水平。

（5）做好库房的安全管理工作，检查库房的防火、防盗设施，及时堵塞漏洞。

（6）对入库物资，保管员必须亲自检验，物品名称规格一定要核对无误，数量一定要清点（包括点数、检斤、计量等）准确，对不符合要求的物品，不得验收入库。

（7）保管人员要坚守岗位，按时上下班，在规定的工作时间内不得擅离职守，班外时间如果有要事、急事必须随叫随到，保证供应及时。

（8）仓库是物资供应重地，非保管人员不得随意出入停留，不允许代存私人物品，不得私自拿用、外借物品，不得白条抵库。

（9）做到以公司利益为重，爱护公司财产，不得监守自盗。

（10）对库存物资做到：日清、月报、季总结、年总结，所形成的报表一式三份，上报科长。

7.18 销售科岗位责任制

7.18.1 科长岗位责任制

1. 岗位描述

在矿长的领导下，全面负责销售科煤炭销售、煤炭质量管理工作。

2. 职责

（1）在分管领导的带领下，负责销售科的全面工作。

（2）负责年度及月度销售计划的审核工作，监督检查计划的实施。

（3）组织制定本科室各岗位安全生产责任制、岗位责任制和各项管理制度，认真抓好检查、考核工作，不断提高管理水平。

（4）负责本科内部劳动组织、资源合理安排、有序运行，做到全员培训，持证上岗。

（5）负责煤炭销售合同的审核工作，监督合同的履行，控制销售风险。

（6）负责检查日常的煤炭销售、煤炭品种质量检测和考核工作，根据市场行情及时建议单位调整煤炭销售策略。

（7）负责煤炭市场的调研工作，随时掌握煤炭销售政策的变化，促进煤炭销售工作顺利进行。

（8）关心职工生活，听取职工意见，做好职工思想政治工作，调动职工工作积极性，搞好安全生产。

（9）负责协调各方面关系，维护公司利益。

（10）完成领导交办的其他工作。

7.18.2 副科长岗位责任制

1. 岗位描述

协助科长做好销售科煤炭销售、煤炭质量管理工作。

2. 职责

（1）认真贯彻执行本矿的经营方针和各项规章制度，在科长的领导下，负责铁路装煤（销售）工作。

（2）定期向科长汇报工作，并主持召开分管部门班前会，落实作业计划与安全注意事项。

（3）了解掌握与煤炭装车有关的各种专业知识，精通业务，做到决策正确，管理科学。

（4）合理组织人员抓好各项工作，并和铁路部门搞好协作；经常深入现场，检查工作。发现问题及时解决，不断提高装车效率和工作质量。

（5）加强安全管理，经常对职工进行安全教育，确保装车安全无事故。

（6）负责协调煤质，煤炭储、装、运各环节关系。

（7）督查各在用设备、安全保护装置及设施的检修、维护、岗位操作等制度、规程的执行情况。

（8）做好本部门职工思想教育和其他工作。

7.18.3 机械组组长岗位责任制

1. 岗位描述

负责销售科设备的管理及日常检修工作。确保机电设备完好，安全运转。

2. 职责

（1）负责本科机电设备的管理，确保正常的生产能力和安全运转。

（2）参与制定本科机电设备管理制度和机电设备检修计划，并贯彻落实。

（3）熟悉和掌握本科范围内的机电设备的结构性能、工作原理、设备现状、备品配件等情况。

（4）负责机电设备的日常检修和维护保养工作，确保达到完好标准。

（5）协助科长抓好成本管理，降低配件消耗。

（6）协助科长做好本科机、电工的日常管理，以及本队机、电工的技术培训和安全教育工作，提高其业务技能。

（7）不断总结经验，科技创新。提高设备开机率，减少机电事故。

7.18.4 地销组组长岗位责任制

1. 岗位描述

负责地煤销售管理工作，负责地销原煤销售的结算办理工作。

2. 职责

（1）严格执行各项规章制度。

（2）依据年度销售计划及销售合同，编制月度销售计划，并组织实施，确保地销工作按计划进行。

（3）根据地销煤销售计划，制定销售与生产的月、旬、周计划平衡表。

（4）负责与内部业务单位的销售结算办理。

（5）组织收集、整理、汇总有关销售票据和统一过磅单，按销售合同进行结算，确保资金回笼。

（6）负责组织对销售数据进行收集、整理、汇总和分析，并定期向有关部门报送销售统计报表。

（7）抓好当班安全、生产工作，开好班前会及安全例会。

（8）协调与其他单位、部门的业务工作及信息沟通。

7.18.5 铁路组组长岗位责任制

1. 岗位描述

负责煤炭铁路外运的管理工作。

2. 职责

（1）认真贯彻执行各项规章制度，严格遵守铁路相关制度规定，配合科领导做好铁路煤炭装车工作。

（2）负责铁路装车及本组人员的日常管理、合理安排工作，提高工作效率。

（3）装车时与矿有关部门联系协调，按时、按煤的品种、保质、保量完成装车任务。

（4）熟练掌握火车装车流程和有关专业知识，督促、检查铁路装车的各环节工作。

（5）负责本组的考勤、工作总结及相关材料上报工作。

（6）负责监督本组岗位的安全作业，保证安全无事故。

（7）做好本组组员安全教育培训、工作考核分配等工作。

7.18.6 煤场管理员岗位责任制

1. 岗位描述

负责煤场的管理。

2. 职责

（1）负责煤场的作业秩序及管理工作。

（2）认真学习国家有关安全生产的方针，做到靠前指挥，协调好煤场各个工序的工作。确保各工序的作业质量符合标准规定。

（3）组织人员对块煤及碎煤进行分拣，不得漏检，并在指定位置分类存放，不准乱堆乱放。

（4）督查清车工及维护人员的工作质量。严格执行现场交接班制度，班前、班中、班后点名制度。杜绝空岗、睡岗、轮流上岗现象，对清煤车要及时检查验收。

（5）煤场洒水要做到均匀洒水，煤堆不干燥、水分不超量，地面无浮尘，保证洒水设备正常使用。

（6）加强对铲车的管理，每天八点前做好准备工作，并做好铲车的调度。

（7）负责做好煤场的环境整洁及文明卫生。

(8) 安排好临时应急任务，确保矿井正常的安全生产。

7.18.7 库管员岗位责任制

1. 岗位描述

负责库房的管理，确保库存物资不变质、不丢失，满足安全生产的需要。

2. 职责

(1) 按规定做好物资设备进出库的验收、记账和发放工作，做到账物相符。

(2) 随时掌握库存状态，保证物资、设备及时供应，充分发挥周转效率。

(3) 定期对库房进行清理，保持库房的整洁美观，使物资分类排列、存放整齐、数量准确。

(4) 不断加强业务学习，熟悉相应物资的品种、规格、型号、性能，努力提高业务及管理水平。

(5) 做好库房安全管理工作，检查库房的防火、防盗设施，及时堵塞漏洞。

(6) 对入库物资，保管员必须亲自检验，物品名称规格一定要核对无误，数量一定要清点（包括点数、检斤、计量等）准确，对不符合要求的物品，不得验收入库。

(7) 保管人员要坚守岗位，按时上下班，在规定的工作时间内不得擅离职守，班外时间如有要事、急事必须随叫随到，保证供应及时。

(8) 仓库是物资供应重地，非保管人员不得随意出入停留，不允许代存私人物品，不得私自拿用、外借物品，不得白条抵库。

(9) 做到以单位利益为重，爱护公司财产，不得监守自盗。

(10) 对库存物资做到：日清、月报、季总结、年总结，所形成的报表一式三份，上交科长。

7.18.8 票据管理员岗位责任制

1. 岗位描述

负责煤炭销售票据的管理工作。

2. 职责

(1) 认真执行本矿有关煤炭销售业务工作的各项规章制度、规定、指令。忠于职守、尽岗尽责，对本职业务保安工作负责。

(2) 做好计算机的维护、保养工作。确保设备完好、安全运行。

(3) 组织收集、整理、汇总有关销售单据和凭证，并按煤矿有关销售结算管理办法定期进行结算办理。

(4) 负责对销售数据进行收集、整理、汇总和分析，并定期向有关部门报送销售统计报表。

(5) 协调与其他单位、部门的业务工作及信息沟通。

(6) 定期向科长汇报工作，接受监督和检查。

(7) 完成上级领导交办的其他工作。

7.18.9 核算员岗位责任制

1. 岗位描述

负责核签、收集、汇总、整理、分析原煤销售数据。

2. 职责

(1) 负责本矿原煤产、销、存的季、月、旬核算报表，并报相关部门和领导。

(2) 负责做好核算台账的管理工作。

(3) 负责对销售统计数据进行分析。

(4) 负责根据领导要求对销售数据价格进行分析，并提交相应的核算分析报告。

(5) 依据核算分析结果，提出销售与生产平衡的建议和意见。

(6) 负责销售结算的办理工作。收集、整理、汇总各类销售结算凭证和单据，并进行分类保管、登记。

（7）负责与财务部门的工作对接，并按财务要求提供规范的结算凭证。

（8）负责相关资料信息的收集、汇总和整理，定期向科长汇报工作。

（9）完成领导交办的其他工作。

7.18.10　维修工岗位责任制

1. 岗位描述

负责设备及铁路专用线的日常维修工作。

2. 职责

（1）遵纪守法，热爱本职岗位，严格执行矿的各项规章制度和本工种安全操作规程。

（2）必须经过专业技术培训，考试合格，持证上岗，能独立工作，并且熟知《煤矿安全规程》《煤矿机电设备完好标准》《煤矿机电设备检修质量标准》《电业安全工作规程》、电气设备防爆的有关标准、规定及铁路专用线管理制度与相关的技术标准。

（3）熟悉所维护设备的结构、性能、技术特征、工作原理和电气系统原理图及各安全保护装置的作用，掌握电气防灭火知识。

（4）上岗前必须按规定穿戴好相应的劳动保护、装备及相应的电气防护装置。

（5）认真执行电气维修任务，保证维修质量；管好、维护好分管设备和线路，电气设备摆放和电缆吊挂均符合有关规定，保证安全运行。

（6）厉行节约，降低消耗，做好拆除回收、修旧利废工作。

（7）严格执行操作监护制度，按照调度命令，进行停送电操作和事故处理。

（8）收工后要认真检查所用工具是否丢失，备件是否齐全，搞好环境卫生。

（9）完成上级领导交代的其他工作。

7.18.11　开票员岗位责任制

1. 岗位描述

负责煤炭销售票据开票及管理工作。

2. 职责

（1）认真执行矿有关煤炭销售业务工作的各项规章制度、规定、指令，忠于职守、尽岗尽责，对本职业务保安负责。

（2）做好计算机的维护、保养工作。确保设备完好、安全运行。

（3）所开票据项目、内容与销售合同相关内容相符、批次相符、车号相符。

（4）组织收集、整理、汇总有关销售单据和凭证，并按公司有关销售结算管理办法定期进行结算办理。

（5）负责组织对销售数据进行收集、整理、汇总和分析，并定期向有关部门报送销售统计报表。

（6）协调与其他单位、部门的业务工作及信息沟通。

（7）定期向科长汇报工作，接受监督和检查。

（8）完成上级领导交办的其他工作。

7.18.12　司磅员岗位责任制

1. 岗位描述

在科长的领导下，做好车辆计量工作，为销售工作提供优质服务。

2. 职责

（1）遵守机房管理制度，严格按规定程序工作，操作人员必须掌握衡器性能、使用方法、注意事项、技术数据等情况。

（2）严格按操作程序开、停机，检测衡器性能（正常检测），发现问题及时汇报，运行期间出现故障，须立即汇报，否则出现超亏吨问题，按规定严肃处理。

(3) 在科长和地销组长的领导下，负责地销煤炭的过磅计量工作，严格执行有关规章制度，认真工作。

(4) 第一次拉煤空车，必须进行车检，对重车必须车车过磅。

(5) 过磅员要熟练操作，准确计量。

(6) 经常检查磅秤的准确性，发现问题，及时汇报并处理。

(7) 过磅记录应保持完整、整齐。

(8) 过磅员不得收受贿赂，徇私舞弊。

(9) 完成领导交办的其他临时性工作。

7.18.13 合同管理员岗位责任制

1. 岗位描述

制订合同管理规定，开展企业信用建设活动，指导基层单位的合同管理工作，加强重大合同的事前、事中、事后动态管理；不断提高合同审查质量，做好重大合同的参与及调研、谈判工作，落实有关合同事项的公证、鉴证。

2. 职责

(1) 制定合同管理规定，做好合同档案的管理。

(2) 参加合同起草，进行主体资格审查和合同审查。

(3) 加强重大合同的事前、事中、事后动态管理。

(4) 提高合同审查质量，参与重大合同的调研、谈判、起草工作。

(5) 完成领导交办的其他工作。

7.18.14 装载机司机岗位责任制

1. 岗位描述

负责完成煤炭转运、车辆装载、环境卫生清理等作业。

2. 职责

(1) 负责完成领导指派的各项工作任务，做到安全、高效、及时。

(2) 遵守安全生产规章制度，树立安全第一的思想，严格遵守行业作业规程。

(3) 出车前，全面检查仪表指示系统，转向、刹车、转载液压系统是否工作正常。

(4) 作业前，要仔细观察作业场所周边环境和作业条件，明确注意事项，确保作业安全。

(5) 及时掌握各个作业点进度完成情况，不得中途断停作业，影响正常工作。

(6) 发现故障，能自行排除的就自己完成，不能排除的配合修理人员及时处理。

(7) 认真做好装载机的日常维护保养工作，严格每日一次轴销加注润滑油和空滤器的清理。

(8) 完成上级临时交办的其他工作任务。

7.18.15 铁路装车工岗位责任制

1. 岗位描述

负责煤炭装车，确保车皮装车质量。

2. 职责

(1) 严格执行各项规章制度和铁路部门的管理规定。

(2) 对车辆逐节检查，并清扫车底，不得残留杂物。

(3) 认真仔细检查车厢、车门，对出现问题的车厢、车门要严格按照铁路规定进行加固和处理，使用的加固材料要符合铁路规范要求。

(4) 对需要人工平整的车皮要按装车标准及时平整，做到不留死角，不准偏斜。

(5) 装煤完毕后，仔细清点检车设备和工具，并妥善保管。

(6) 操作中要增强自我保护意识，做到互保联保，确保人身安全。

7.18.16　铁路外协员岗位责任制

1. 岗位描述

做好对外协作工作，确保申请车皮计划的完成与管理。

2. 职责

（1）严格执行各项规章制度和铁路部门的管理规定。

（2）严格履行同车站货运员的车辆交接手续。

（3）必须保证车号准确，票据完整无差错。

（4）负责与铁路部门的协调，及时请车、取票，保证请车计划的完成。

（5）认真检查空、重车皮，准确登记车皮号码。

（6）保持矿、站联系畅通，协调处理矿、站业务关系。

7.18.17　吸尘车司机岗位责任制

1. 岗位描述

负责吸尘车的操作，确保吸尘达标。

2. 职责

（1）认真执行销售科的一切规章制度。

（2）搞好文明卫生，保证管辖区域清洁。

（3）服从领导、听从指挥，严格执行操作规程，拒绝违章。

（4）负责吸尘车的使用、保养、清洗。

（5）完成领导交办的临时性工作。

7.18.18　铁路放煤工岗位责任制

1. 岗位描述

负责列车车皮的煤炭放煤工作，按时、按煤类品种放煤，确保装煤质量。

2. 职责

（1）放煤工要随时掌握煤仓出煤和煤仓贮煤情况，做到均衡放煤。

（2）按照标准做好本岗位安全生产标准化工作，争创“精品岗位”。

（3）接班后负责对每节煤车的连接装置、轮、轴等认真检查，有问题要及时向区汇报。

（4）放煤工必须坚守工作岗位，认真做好放煤工作。

（5）放煤工对运输系统的信号集中闭塞装置或通信、信号、行车保护装置等设施要严格管理，正确使用，充分发挥其作用，提高经济效益。

（6）做到自主保安和相互保安，有权制止违章指挥和违章作业。

（7）参加本矿举办的安全教育、技术培训和各项安全活动，不断提高自身素质。

7.18.19　汽车装煤工岗位责任制

1. 岗位描述

负责煤炭装车工作，包括装车作业。

2. 职责

（1）严格执行有关规章制度，服从指挥。

（2）严格按照车辆标准装车，保证装煤量准确，不得少装或超载。

（3）熟悉相关装车设备的性能，合理操作使用。

（4）经常检查设备状况，发现问题立即处理，保证装车工作的正常进行。

（5）保持信号畅通，与相关岗位协调、配合好。

（6）严格执行安全规程和操作规程，保证安全生产无事故。

（7）遵守劳动纪律，按时完成各项工作任务。

7.18.20 防溜工岗位责任制

1. 岗位描述

负责铁路专用线内车皮的稳固，防止车皮自行溜移。

2. 职责

（1）严格执行公司的各项规章制度和铁路部门的管理规定。

（2）严格按照“专用线防溜员岗位责任制”的相关规定操作。

（3）列车进站停稳后和装车完毕后，按照规定和步骤放入铁鞋，并拧紧手闸，呼叫信号站值班员告知防溜完毕等待下一步指示，防溜完毕后对铁鞋加锁防止丢失。

（4）列车挂好车皮后要及时撤出铁鞋、松开手闸，并妥善保管好铁鞋。

（5）按照铁路规定对停留列车做好巡查并准确填写24 h防溜记录。

（6）交接班时，对车辆的防溜措施，防溜器具、数目，应进行交接、检查和清点，并与记录本核对，做到交、接、点三清。

7.18.21 平煤器操作员岗位责任制

1. 岗位描述

负责装煤车皮的平整工作，确保车皮装载质量。

2. 职责

（1）严格执行各项规章制度和铁路部门的管理规定。

（2）熟悉平煤设备的各项性能，认真、正确地操作使用。

（3）严格按照铁路要求平车，不能出现偏载、偏重现象。

（4）经常检查设备运行状况，发现问题立即处理或上报，保证平煤器正常使用。

（5）严格执行安全规程和操作规程，保证安全平煤无事故。

7.18.22 机车引导员岗位责任制

1. 岗位描述

在铁路组组长的领导下，负责机车进、出站的引导工作，确保列车就位准备。

2. 职责

（1）遵守劳动纪律，按时参加班前会，持证上岗。

（2）熟悉机车性能及线路情况。正确指挥引导机车，确保就位准确。

（3）安全线、避难线严禁停留机车、车辆。

（4）听从信号楼值班员的指挥，引导机车进站、装车、出站，做到正确、及时。

（5）做好日常线路的巡查工作。确保轨道、道岔、信号及相关的闭塞设备符合规程规定，发现问题立即向信号楼值班员及科长汇报并处理。

（6）掌握气象信息及季节变化，做好冬、夏及恶劣气象条件下的机车引导工作。

（7）加强业务学习，提高专业技能水平。

7.18.23 销售科护绳工岗位责任制

1. 岗位描述

负责火车进站后及时挂钩，防止溜车等工作。

2. 职责

（1）严格执行有关规章制度，服从指挥。

（2）及时挂钩，防止溜车发生，做到准确、牢固，不得马虎。

（3）经常检查挂钩情况，当装车完成后发现问题，及时报告。

（4）坚守岗位，保证信号通畅，与相关岗位密切配合，确保装车运行中安全无事故。

7.18.24 循环车司机岗位责任制

1. 岗位描述

负责循环车操作及日常维护。

2. 职责

(1) 司机必须持证上岗，并随身携带通信设备。

(2) 检查循环车周围情况，清理妨碍操作的障碍物。

(3) 检查循环车机构，主机无明显漏油、制动刹车正常无松动，工作台各仪表、指示灯正常，各限位开关正常，方可运转作业。

(4) 循环车运转过程中，应集中精力，时刻注意观察设备运转仪表及信号。

(5) 停车时间较长时，应关闭电源。

(6) 当听到紧急停车信号时，司机立即按下紧急停车按钮。

7.19 综采队岗位责任制

7.19.1 队长岗位责任制

1. 岗位描述

负责全队安全生产管理工作，合理进行劳动组织，确保完成本矿下达的月度、季度、年度生产计划和各项技术经济指标、安全指标，推进安全生产标准化建设，实现安全生产。

2. 职责

(1) 负责做好与各部门之间的协调工作，组织完成公司下达的各项计划、指标，并进行分解、落实和考核。

(2) 负责参加本矿召开的各种会议，贯彻落实会议精神，推进精细化管理。

(3) 负责建立健全本队各项管理制度，并组织实施。

(4) 负责落实综采工作面安全生产标准化工作，确保工程质量持续动态达标。

(5) 负责本队材料消耗计划，加强成本管理，降低材料消耗。

(6) 负责组织全队员工、技术人员，做好科技创新工作，降低员工劳动强度，改善劳动条件。

(7) 严格按规程、措施要求组织施工，确保规程、措施现场落实。经常深入现场，及时解决生产过程中存在的问题和安全隐患，为员工创造良好的安全作业环境。

(8) 负责主持召开队组员班会，不断总结经验，研究解决安全生产中存在的问题。

(9) 负责落实管理措施，努力提高煤炭质量和工作面采出率，合理进行资源配置，努力提高回采工效。

(10) 负责全队员工的业务知识学习和安全培训工作。

(11) 负责组织综采队搬家倒面工作。

7.19.2 安全副队长岗位责任制

1. 岗位描述

协助队长做好全队安全生产管理工作，根据本矿下达的安全生产考核控制指标，参与分解落实，确保安全生产。

2. 职责

(1) 负责完成队长交给的各项任务。

(2) 负责分解制定本队安全生产考核控制指标，落实到班组、岗位，并做好监督考核工作。

(3) 参加各类安全办公会议，及时传达、贯彻落实本矿及上级的各项规章制度及会议精神。

(4) 负责推广安全管理新经验、新理念，协助队长制定安全生产激励、约束机制，做到长治久安、本质安全。

（5）负责定期分析本队安全生产形势，经常深入现场狠抓“三违”，掌握安全生产动态，向队长提出加强安全管理工作的建议，及时解决安全生产中出现的问题。

（6）负责监督检查作业现场规程、措施落实情况，确保按规程、措施要求组织施工。

（7）负责对队组的事故追查、分析和处理工作并做好相关记录，严格执行“四不放过”原则。

（8）负责做好“三违”人员的帮教工作，按时组织召开周五安全例会。

（9）负责督查各岗位工种的持证上岗，协助做好职工安全培训、复训工作。

（10）参加本矿组织的各类安全活动。

（11）负责本队隐患处置和整改上报工作。

7.19.3　生产副队长岗位责任制

1. 岗位描述

协助队长做好全队安全生产管理工作。根据本矿下达的生产经营计划，参与分解落实，确保计划完成。队长外出期间行使队长权利。

2. 职责

（1）负责完成队长交给的各项任务，队长外出时，行使队长职权。

（2）协助队长参与各项计划、指标的分解，督促落实考核，确保完成矿下达的生产经营计划。

（3）负责组织综采工作面正规循环作业，抓好工程质量、作业标准，夯实安全生产标准化动态达标基础工作。

（4）负责生产班的带班工作，解决生产过程中存在的问题和安全隐患，为员工创造良好的安全作业环境。

（5）负责监督检查作业现场规程、措施落实情况，确保按规程、措施要求组织施工。

（6）负责对跟班队组的事故追查、分析和处理工作并做好相关记录，严格执行“四不放过”原则。

（7）协助队长做好员工的培训、学习工作，不断提高员工的综合素质。

（8）协助队长做好员工行为达标工作，推进班组建设，推进精细化管理。

7.19.4　机电副队长岗位责任制

1. 岗位描述

在队长的领导下，负责本队机电设备的管理和维护工作，保证设备完好率，控制机电事故率，努力降低配件消耗，为安全生产提供设备动力保障。

2. 职责

（1）协助队长参与各项计划、指标的分解，督促落实考核，确保完成矿下达的生产经营计划。

（2）负责检修班的带班工作，全面掌握所管区域的机电设备的性能、工作原理，强化设备管理，提高检修质量，保证设备正常运转。

（3）负责掌握辖区内设备运行情况，有计划地进行备品配件准备、加工和设备检修，保证设备达到完好标准。

（4）负责监督机电设备检修维护质量，并进行检查验收，保证机电安全生产标准化达标。

（5）负责对机电设备事故进行追查，严格执行“一事故，一追查”制度，制定预防措施，杜绝同类事故。

（6）负责带头学习新技术、推广新工艺，组织好本队机电人员的培训工作，提高职工技术素质。

（7）负责组织本队技术人员参加专业技术比武和岗位练兵活动，提高工作实效，做到人尽其才。

（8）负责做好本队工作区域“一通三防”的相关工作。

（9）负责完成队长交给的各项任务。

7.19.5 技术员岗位责任制

1. 岗位描述

在队长的领导下，负责本队采煤技术管理工作。认真编写作业规程和安全技术措施，抓好职工的技术培训，深入现场，了解生产情况，积极推广新技术和工艺，协助队长抓好全队的安全生产工作。

2. 职责

（1）负责编制作业规程和安全技术措施，并组织贯彻学习和考试落实。

（2）负责检查规程、措施现场执行情况，解决技术难题。

（3）负责组织内部学习，抓好本队职工技术培训工作，提高职工的技术业务水平。

（4）协助队长做好顶板控制工作，加强工作面矿压监测，遇到地质特殊构造时要及时编制补充措施，并经上级批准后负责贯彻实施。

（5）协助队长抓好全队的安全生产标准化工作和工程质量验收工作。

（6）负责各种生产过程中的经验总结，学习新技术、推广新工艺，提高生产技术和管理水平。

（7）负责完成队长交给的各项任务。

7.19.6 生产班长岗位责任制

1. 岗位描述

在队长的领导下，负责本班的安全、生产和标准化工作。做好本班各岗位之间、班组之间的协调工作，协助队长抓好安全生产工作。

2. 职责

（1）遵守各项管理规章制度，严格执行“三大规程”，坚持“四不生产”原则，确保安全生产。

（2）坚持带班到点和班中汇报制度，在接班后、班中及交班前及时将工作面生产情况向区队和调度室汇报。

（3）开好班前会，认真贯彻执行矿调度会会议精神，确保规程、措施的现场落实。

（4）接班时对上一班工程质量进行验收，坚持标准，严格要求，及时处理影响生产安全的各种问题和隐患。

（5）对本班工程质量严格监督和检查验收，规范员工行为，杜绝“三违”现象，努力实现动态达标。

（6）加强班组管理，检查岗位责任制执行情况，协助队长做好班与班之间的协调配合。

（7）严格执行交接班制度，并把当班生产情况向下一班交接清楚。

7.19.7 机电班长岗位责任制

1. 岗位描述

负责本班机电设备的管理及检修工作。

2. 职责

（1）负责本队机电设备的管理，确保正常的生产能力和安全运转。

（2）参与制定本队机电设备管理制度和机电设备检修计划，并贯彻落实。

（3）熟悉和掌握本队范围内的机电设备的结构性能、工作原理、设备现状、备品配件等情况。

（4）负责机电设备的日常检修和维护保养工作，确保达到完好标准。

（5）协助队长抓好成本管理，降低配件消耗。

（6）协助队长做好本队机电工的日常管理，以及本队机电工的技术培训和安全教育工作，提高其业务技能。

（7）不断总结经验，科技创新，提高设备开机率，减少机电事故。

7.19.8 生产副班长岗位责任制

1. 岗位描述

协助班长做好班组建设，完成本班的各项安全生产任务。

2. 职责

（1）熟悉采煤工作面生产情况，在班长的领导下，协助抓好本班的生产工作。

（2）根据上一班的汇报情况明确本班任务及安全措施，严格带头执行各种规章制度，保证本班生产任务的完成。

（3）做好工作现场的组织协调和安全管理工作，明确当班所有人员的工作任务和安全注意事项，督促工人正确使用劳动防护用品，确保所有工人严格按规程、措施、标准作业。

（4）发现安全风险及时组织排除，险情重大的要及时向队长和调度室汇报。

（5）协助班长排好本班的轮休，优化劳动组织，提高工效，保证正常生产。

（6）协助队部做好班内职工的思想工作，认真搞好团结，顾全大局，使职工在工作中思想稳定。

（7）对班内职工的生活疾苦要及时向队内汇报，并积极帮助解决。

（8）保证当班工作达到验收标准。

7.19.9　机电副班长岗位责任制

1. 岗位描述

协助班长抓好分管范围内的机电设备管理工作。

2. 职责

（1）熟悉采煤工作面所有机电设备性能和工作原理，协助机电副队长、当班班长组织好本班的机电检修维护工作。

（2）机电设备出现故障时能够及时分析故障原因，并加以解决，保证机电设备正常运转。

（3）认真落实包机责任制，确保设备安全运转。

（4）协助班长做好本班机电工的日常管理、技术培训和安全教育工作，不断提高其业务技能。

（5）做好机电、运输安全生产标准化动态达标工作。

（6）抓好成本管理，降低配件消耗。

（7）不断总结经验，推动技术创新，提高设备的开机率，减少机电事故。

7.19.10　值班员岗位责任制

1. 岗位描述

协调各岗位安全生产，做好上传下达工作，遇有紧急、重要、特殊情况及时报告。

2. 职责

（1）全天24 h值班，随时了解井下生产情况，记录当天各班安全生产汇报。

（2）在队长授权范围内处理井上下有关工作，安排好安全生产。

（3）及时向调度室汇报井下生产情况，传达上级指示。

（4）及时填写值班日志、电话记录和事故登记。发生事故及时向队长及调度室汇报，并根据领导的指令予以执行。

（5）参加班前会，通报上一班生产情况及存在的问题。

（6）遵守劳动纪律，坚守工作岗位。

7.19.11　核算员岗位责任制

1. 岗位描述

在队长的领导下，做好本队工资、定额、成本、员工福利等核算工作。

2. 职责

（1）坚守工作岗位，严格执行相关规章制度，认真负责工作。

（2）加强业务知识学习，不断提高业务水平，适应工作发展需要。

（3）协助队长做好定岗、定员和定额核算的管理工作。

（4）负责核算本队出勤情况，形成月汇总提供给队长、人力资源科。

（5）及时掌握员工的工伤情况，按时上报相关部门。

（6）做好员工每月各项保险的核算扣缴工作。

（7）负责核算资料的收集、汇总、整理工作，做好定期汇报工作，接受检查和监督。

7.19.12　验收员岗位责任制

1. 岗位描述

按照安全生产标准化的检查验收标准，做好综采工作面的安全、质量、产量验收工作。

2. 职责

（1）认真执行制定的安全生产标准化验收、考核规定，做好验收工作，做到公正、公平、公开。

（2）学习掌握工作面作业规程、施工技术措施，了解正规循环作业、单项工程施工作业的质量标准、工作量、劳动时间，科学测算与验收。达到提高工时利用率，提高全员劳动效率的预期。

（3）听取员工的建议或意见，发现验收工作中的问题有针对性地提出整改措施。

（4）验收员必须认真填写验收表，不缺项、不漏项，按时交表。

（5）工作中如遇到特殊问题或情况，及时汇报队长，并落实队长的指令。

（6）负责相关资料的收集、汇报工作，接受检查、监督。

（7）做好自身的业务保安工作。

（8）完成领导交办的其他任务。

7.19.13　材料员岗位责任制

1. 岗位描述

根据生产需要负责对所需材料的领取、保管和发放，确保生产材料及时供应。

2. 职责

（1）认真贯彻执行党的安全生产方针、政策及有关规定。

（2）负责对所需材料配件的种类、数量以及领取和回收工作负责。

（3）根据生产计划，按时制定材料配件等消耗计划。

（4）对易燃易爆危险品的安全管理和存放负责。

7.19.14　库管员岗位责任制

1. 岗位描述

负责库房管理，确保库存物资不变质、不丢失，满足安全生产的需要。

2. 职责

（1）及时巡查库房门窗有无异常，发现异常要及时汇报，保管员要及时清点库存物资，了解日常物资的库存情况，及时补充编制临时计划。

（2）设备、材料、配件的保管，必须做到“四无”“六化”：库存无差错、无损坏、无丢失、无霉烂变质；管理科学化、货位固定化、存放合理化、库容整洁卫生化、维护保养经常化、四防责任化。

（3）对库房内的材料、配件做到“四懂”：懂物资名称、规格型号，懂器材性能用途，懂设备器材、配件保管保养知识，懂业务流程。

（4）发放物资时要认真核对领用材料名称、规格、数量，认真执行“四不发”：名称规格不符不发，非本单位人员不发，无签字不发，大型材料无相关领导命令不发。严格要求各班组在领用材料、配件时，执行交旧领新制度；否则不予发放。

（5）根据回收范围、回收率建立回收台账，逐日填写。

（6）交回旧材料、配件，经清点后，按规定地点，摆放整齐，登记交旧台账。

（7）材料消耗及时上账，日清日结。

7.19.15　送饭工岗位责任制

1. 岗位描述

负责班中餐的按时送达，做到份额够，饮水足，并做好井上下分管范围内的文明生产工作。

2. 职责

(1) 检修班送饭工负责当班班中餐的运送和队组办公室的卫生打扫，地面装、卸料和搬运拆除后的带式输送机架、托辊、边杆。

(2) 生产班送饭工负责当班班中餐的运送和划定责任区内的文明卫生，“一通三防”设施的维护管理，排水管路的检修维护，油脂硐室的文明卫生。

(3) 送班中餐的过程中保护好餐具，及时清洁饭包。

(4) 保证班中餐不出现短缺，饮水足够。

(5) 按要求打扫办公室卫生和责任范围内的巷道文明卫生。

(6) 及时装卸料车，按时完成指定任务，保证责任区内的文明卫生和设施齐全完好。

(7) 保证班中餐按时送达，确保途中自身安全。

(8) 积极完成队内安排的其他任务。

7.19.16　维修电工岗位责任制

1. 岗位描述

负责工作面供电系统及设备的维修工作，确保安全供电、设备运转正常。

2. 职责

(1) 熟悉《煤矿安全规程》《煤矿机电设备完好标准》《煤矿机电设备检修质量标准》和电气设备防爆的有关规定，掌握工作辖区供电系统、设备性能原理、各种保护运行情况。

(2) 必须经过培训，考试合格后持证上岗。熟知工作面供电系统和设备布置，严格遵守操作规程，严禁违章作业。

(3) 工作面所使用的电气设备，严格做到“三无”“四有”，设备机械连接处班班检查并紧固，每班认真填写设备运转日志。

(4) 熟悉电气设备维修机具、仪表的使用方法，并能正确使用。随时掌握设备负荷情况，在井下检修设备时，必须严格执行停送电制度，严禁带电作业，停电要挂警示牌。

(5) 电气设备不准带电搬迁检修，定期检查井下防爆电气设备，如有问题及时处理或更换设备。

(6) 具有高度的责任感，工作时必须精神集中，并做到自保、互保。

(7) 自觉遵守劳动纪律，严格执行本矿及工区的各种管理制度，维护正常的安全生产秩序。

(8) 积极参加有关安全技术培训和安全活动，刻苦钻研业务，不断提高技术素质和业务能力。

7.19.17　采煤机维修工岗位责任制

1. 岗位描述

负责对工作面采煤机的维护保养工作，确保采煤机在生产期间正常运转。

2. 职责

(1) 必须熟悉采煤机的性能及构造原理，掌握本工种操作规程，能够按完好标准维护和保养采煤机，能够处理一般故障，懂得检修基本知识和工作面作业规程，持证上岗。

(2) 严格执行现场交接班制度，坚守工作岗位。每班开工前，必须对采煤机进行全面检查，发现隐患及时处理，确保安全生产。

(3) 严格按照日检、周检、月检、季检进行认真检查，以免漏项造成设备损坏。

(4) 每天检修完毕后要进行试运转，并且生产班提出设备上的问题必须立即处理，不能耽误生产。

(5) 每次检修采煤机前，必须对采煤机停电闭锁，打开隔离，拔出离合轴，并闭锁刮板输送机，方可进行维修工作。

（6）进入煤墙侧作业必须进行敲帮问顶，并进行有效护帮。

（7）对液压元件检修时，必须进行泄压后方可进行维修工作。

（8）高空作业必须系安全带。

（9）要认真学习设备的操作规程和检修质量标准，对采煤机的每一个部位进行保养，以免造成机电事故。

（10）工作中要牢固树立安全第一的思想，严格按章操作确保安全生产。

（11）升井后认真填写检修记录。

（12）积极完成队内安排的其他任务。

7.19.18 液压支架维修工岗位责任制

1. 岗位描述

负责对工作面液压支架及两顺槽超前支架的维护保养工作，确保液压支架和超前支架在生产期间正常运转。

2. 职责

（1）必须熟悉液压支架及超前支架的性能及构造原理，通晓本工种操作规程，能够按完好标准维护和保养液压支架，能够处理一般故障，懂得检修基本知识和工作面作业规程，持证上岗。

（2）严格执行现场交接班制度，坚守工作岗位。每班开工前，必须对液压支架进行全面检查，发现隐患及时处理，确保安全生产。

（3）严格按照日检、周检、月检、季检进行认真检查，以免漏项造成设备损坏。

（4）每天检修班检修设备要进行试运转，并且生产班提出设备上的问题必须立即处理，不能耽误生产。

（5）对液压元件检修期间，必须关闭进液阀，并进行泄压后方可进行维修工作。

（6）高空作业必须系安全带。

（7）认真学习设备的操作规程和检修质量标准，对液压支架的每一个部位进行保养，以免造成机电事故。

（8）工作中要牢固树立安全第一的思想，严格按章操作确保安全生产。

（9）升井后及时填写检修记录。

（10）积极完成队内安排的其他任务。

7.19.19 刮板输送机维修工岗位责任制

1. 岗位描述

负责按照完好标准对刮板输送机进行维护、保养，确保设备正常运行。

2. 职责

（1）熟悉刮板输送机的性能及构造原理，熟悉本工种操作规程，能够按完好标准维护和保养刮板输送机，懂得回采基本知识和工作面作业规程，经培训考试合格并持证上岗。

（2）严格执行“三大规程”，开机前必须先检查，保证刮板输送机完好，转载点喷雾良好，发现问题及时处理。

（3）使用和保养好刮板输送机，保证设备完好，运转正常，搞好文明生产。

（4）检修前，必须将刮板输送机停电闭锁。

（5）按规定顺序和信号试机开机，注意观察转载机的运行状况，发现异常及时停机处理。

（6）遵章守纪，坚守岗位，集中精力，按章操作，积极完成当班生产任务。

（7）严格执行现场交接班制度，升井后及时填写运转记录。

（8）积极完成队内安排的其他任务。

7.19.20 带式输送机维修工岗位责任制

1. 岗位描述

负责对工作面运输巷带式输送机的维护保养工作，确保带式输送机生产期间正常运转。

2. 职责

（1）必须熟悉带式输送机的性能及构造原理，通晓本工种操作规程，能够按完好标准维护和保养带式输送机，能够处理一般故障，懂得检修基本知识和工作面作业规程，持证上岗。

（2）严格执行现场交接班制度，坚守工作岗位。每班开工前，必须对带式输送机进行全面检查，发现隐患及时处理，确保安全生产。

（3）严格按照日检、周检、月检、季检进行认真检查，以免漏项造成设备损坏。

（4）检修带式输送机前，必须对开关停电闭锁。

（5）每天检修班检修设备要进行试运转，并且生产班提出设备上的问题必须立即处理，不能耽误生产。

（6）认真学习设备的操作规程和检修质量标准，对带式输送机的每一个部位进行保养，及时紧固螺丝和加油以免造成机电事故。

（7）工作中要牢固树立安全第一的思想，严格按章操作确保安全生产。

（8）升井后及时填写检修记录。

（9）积极完成队内安排的其他任务。

7.19.21 采煤机司机岗位责任制

1. 岗位描述

负责维护、操作采煤机，保证采煤机正常运转。

2. 职责

（1）采煤机司机必须严格执行“采煤机司机操作规程”“作业规程”及队内相关制度，持证上岗。

（2）必须严格执行交接班制度，并详细检查采煤机各部位油位、压力及各系统是否完好正常，如有问题必须交接清楚（或处理完）后方可交接班。

（3）正、副司机要密切配合，互相协作，听从班长指挥及队内有关规定。

（4）工作时要时刻观察设备的运行情况，监视采煤机割煤高度，严防割顶、留顶、割顶梁、割底和留底煤。

（5）严格按照“采煤机司机操作规程”规定控制采煤机牵引速度，保持割煤与移架、推溜的距离。

（6）在运行过程中发现设备异常，必须停机检查汇报，严禁带病作业。

（7）采煤机司机必须严格控制水电消耗，停机后必须停水、停电。

（8）采煤机割煤过程中必须保证喷雾正常使用，有效降低煤尘。

（9）做好采煤机日常维护与保养工作。

7.19.22 爆破工岗位责任制

1. 岗位描述

负责当班火工品管理及爆破作业。

2. 职责

（1）爆破工必须经过严格培训取得合格证从事爆破工作，严禁无证人员接触火工品。

（2）炸药雷管必须分箱存放并加锁，严禁混装混放和乱扔乱放火工品，炸药箱必须上锁并放置在安全地点。

（3）爆破前必须严格执行“三人连锁爆破”制度、交接牌手续，设警戒、发信号，严禁人员进入警戒线内。

（4）必须严格执行“一炮三检”制度，未经过瓦斯检查或经检查瓦斯超限的情况下，严禁爆破。

（5）必须按照作业规程规定打眼、装药、充填炮泥、爆破。做好爆破前后的洒水降尘工作。

（6）发爆器的手把、钥匙，爆破工必须随身携带，严禁转交他人。

（7）处理拒爆时，必须按《煤矿安全规程》处理拒爆、残爆的规定执行。

7.19.23　液压支架操作工岗位责任制

1. 岗位描述

负责液压支架操作，杜绝顶板事故，确保安全生产。

2. 职责

（1）严格执行“综采工作面作业规程”“液压支架工技术操作规程”，持证上岗。

（2）严格执行现场交接班制度，坚守工作岗位。每班开工前，必须对采煤工作面进行全面检查，发现隐患及时处理，确保安全生产。

（3）熟练掌握支架的液压系统及工作原理，准确、迅速、无误地操作，保证支护质量。

（4）移支架与推溜达到“三直、二平、一净、二畅通”的要求。

（5）采煤机割煤后必须及时移架，确保支架与采煤机之间的控顶距离符合作业规程的规定。

（6）必须掌握好支架的合理高度，当采煤工作面实际采高不符合作业规程的规定时，应汇报班长，采取相应措施。

（7）必须保证支架接顶严密、护帮及时，初撑力达到规定要求。顶板破碎时，必须超前支护。

（8）做好工作面的洒水、防尘工作，煤机割煤、移架及时打开支架的洒水喷雾装置。

（9）认真观察顶板和工作面片帮变化情况，及时调整支架的支护状态。

7.19.24　刮板输送机司机岗位责任制

1. 岗位描述

负责刮板输送机的操作维护及安全运转工作，并完成本班的运输任务。

2. 职责

（1）司机必须熟悉刮板输送机的性能及构造原理，经过培训考试并取得合格证后，方能持证上岗。

（2）开机前认真检查机器各部分，传动链及刮板链的松紧，机头、机尾的稳固情况等，信号装置应灵敏可靠。开动刮板输送机前必须发出开车信号，确认人员已离开机器转动部位，点动 2 次后，才准正式开动，然后打开喷雾。

（3）运转中应经常检查电动机、减速器等各部分运转声音是否正常，电动机、轴承是否过热，刮板链运行是否平稳无裂损。

（4）经常清扫机头、机尾附近及底槽下的浮煤。

（5）运转中发现有异常要立即停机处理。

（6）刮板输送机运行时，不准人员从机头上部跨越，不准清理机头等转动部分的煤粉或用手调整刮板链。

（7）检修、处理设备故障时，必须闭锁控制开关，挂上停电牌。

（8）进行掐链、接链点动时，人员必须躲离链条受力方向。正常运行时，司机不准面向刮板输送机运行方向，以免断链伤人。

（9）停止出煤时应将刮板输送机内的煤全部运出，清扫机头、机尾附近的浮煤，方可停机，然后关闭洒水龙头并向下一台输送机发出停机信号。

（10）禁止人员蹬乘刮板输送机。

（11）认真执行现场交接班，并做好各项记录。

7.19.25　转载机司机岗位责任制

1. 岗位描述

根据本工种技术操作规程的要求，认真做好设备开机前的检查工作，并能够按完好标准维护和保养转载机，能够处理一般故障，确保设备正常运转，保质、保量地按时完成本岗位生产任务。

2. 职责

（1）负责转载机操作运行，完成本岗位生产任务。

（2）熟悉转载机的性能及构造原理，通晓本工种操作规程，能够按完好标准维护和保养转载机，能够处理一般故障，懂得回采基本知识和工作面作业规程，经培训考试合格并持证上岗。

（3）严格执行“三大规程”，开机前必须先检查，保证转载机完好，转载点喷雾良好，发现问题及时处理。

（4）使用和保养好转载机，保证设备完好，运转正常，搞好文明生产。

（5）按规定顺序和信号开机，注意观察转载机的运行状况，发现异常及时停机处理。

（6）负责该转载机机头前后 10 m 范围内的文明生产工作，停机时及时关闭水阀。

（7）遵章守纪，坚守岗位，集中精力，按章操作，积极完成当班生产任务。

（8）执行现场交接班制度，升井后及时填写运转记录。

7.19.26　绞车司机岗位责任制

1. 岗位描述

负责绞车操作及日常维护，对绞车的安全操作负责。

2. 职责

（1）司机必须持证上岗，并随身携带专用工具。

（2）检查绞车周围情况，清理妨碍操作的障碍物。

（3）检查绞车机构、杠杆系统以及拉杆、栓、闸把等系统完整无误，方可运转作业。

（4）绞车运转过程中，应集中精力，时刻注意观察、倾听设备运转情况及信号。

（5）停车时间较长时，应关闭电动机，此时钢丝绳处于拉紧状态，必须牢牢闸住制动闸。

（6）当听到紧急停车信号，发现情况时，司机应一只手压下制动闸手把，同时另一只手松开工作闸。

（7）绞车停稳并摘钩后，司机先将电源切断，然后松开制动闸手把。

（8）作业完毕，检查绞车固定情况并加固。

（9）清理绞车周围卫生，保持文明生产。

（10）上井向值班人员汇报本班工作情况并填写有关记录。

7.19.27　端头（尾）支护工岗位责任制

1. 岗位描述

负责工作面端头维护和出口顶板控制及两道的超前支护工作。

2. 职责

（1）负责工作面端头维护、两道的超前支护与出口维护工作，与支架工、输送机司机、煤机司机、转载机司机等配合，保证两道出口安全畅通，完成本岗位生产任务。

（2）熟悉工作面顶板控制及支护特性，通晓本工种操作规程，懂得回采基本知识、矿压知识和工作面作业规程，经培训考试合格并持证上岗。

（3）严格执行“三大规程”，作业前必须先检查端头出口的支架和顶板情况，发现问题及时处理。

（4）管好端头出口范围内的管线、电缆，严格执行工程质量标准，做好出口维护、回柱放顶工作。

（5）与支架工配合做好工作面端头、机尾及其抬棚的移设工作。

（6）端头（尾）支护工负责拉移转载机及转载机尾的巷道维护，按规程规定及时回撤工作面回风巷、运输巷放顶线以外的支护，材料运到指定地点。

（7）遵章守纪，服从分配，团结协作，积极完成当班生产任务，严格执行现场交接班制度。

7.19.28 泵站司机岗位责任制

1. 岗位描述

负责泵站安全运行，乳化液浓度、泵站压力符合要求。

2. 职责

（1）乳化液泵司机必须熟悉设备的特征、工作原理、结构性能和操作规程，且持证上岗。

（2）严格执行交接班制度。

（3）现场交接班后，对设备进行全面检查，发现问题及时报告班长，协同处理。

（4）待系统正常后，使泵压力升到规定值，即可向工作面供液，使泵正常工作。

（5）运行中，要经常观察压力表的指示范围、卸载阀的工作状况。

（6）经常查看油箱，油温不超过 70 ℃，乳化液温度不超过 50 ℃。

（7）管路、蓄能器、卸载阀等保护装置失效时，立即停泵检查更换。

（8）严禁随意调整安全阀或卸载阀的整定值。

（9）搞好乳化液泵周围的整洁，保持岗位的文明清洁。

（10）上井后到队部值班室填写运行记录。

7.19.29 无轨胶轮车司机岗位责任制

1. 岗位描述

在队长的领导下，做好车辆管理、保养，以及运送、吊卸设备和材料等工作。

2. 职责

（1）司机要刻苦钻研驾驶业务，严格遵守《煤矿安全规程》的相关规定。

（2）服从调度，按时出车，按月做好出车记录。

（3）爱护车辆，经常保持车辆处于良好状态，车辆整洁，确保行车安全。

（4）车辆需维修、更换配件和保养，司机应先报计划，经同意后方可维修、更换。未经批准或未在指定地点维修不予报销。

（5）司机必须自带防止行车后自溜的设施或工具。

7.19.30 带式输送机司机岗位责任制

1. 岗位描述

负责带式输送机的运转操作及维护工作，并完成本班的运输任务。

2. 职责

（1）负责本岗带式输送机操作运行工作，熟悉现场情况，了解带式输送机性能，能够处理一般性故障。持证上岗。

（2）严格执行“三大规程”，保证带式输送机安全运转。

（3）认真执行带式输送机各项管理制度，开机前认真检查带式输送机是否撒煤、机头及机尾的整洁、输送带托辊的运转情况，发现异常及时汇报并处理。

（4）及时清扫分管范围内的浮煤、矸石，严防输送带因摩擦发生着火事故。

（5）正常使用带式输送机综合保护，密切注意带式输送机的运行情况，发现异常立即停机检查和处理，并及时向领导汇报。

（6）看护和使用好防尘设施，保管好消防器材，搞好岗位文明生产。

（7）严格执行现场交接班制度，及时填写运转记录。

（8）遵守纪律，坚守岗位，集中精力，按章操作，听从指挥，团结协作，积极完成当班生产任务。

7.19.31　水泵工岗位责任制

1. 岗位描述

水泵工必须严格执行交接班制度，坚守工作岗位，不得擅自离开，不得把设备交给非操作人员操作。每班要认真做好设备、管路的检查、维护、保养，以保证其正常运行。

2. 职责

（1）司机应熟知《煤矿安全规程》有关规定，了解排水系统。熟悉、掌握排水设备和启动控制电气设备的构造、性能、技术特点、工作原理并做到会使用、会保养、会排除故障，能独立操作。水泵司机必须经过培训，考试合格取得合格证后，持证上岗操作。

（2）必须保证在操作过程中遵守国家有关安全生产的法律、法规、规章、标准和技术规范。

（3）坚守岗位，不得擅离职守，对所在单位人员与设备安全负责，确保矿井排水安全。

（4）树立安全第一的思想，工作积极，作业规范，责任心强，严格执行“水泵技术操作规程”和《煤矿安全规程》，无违章操作，拒绝违章指挥。

（5）发现问题及时向地面值班人员汇报，并给维修人员提供准确可靠的信息。

（6）严格交接班制度，认真填写各项记录，保持设备与工作环境整洁干净，切实完成当班的排水任务。

（7）管理好机房（硐室）内的设备、设施等物品，积极配合其他工种及时把闲置或损坏待修的设备送出井外。

（8）遵章守纪，按章操作，杜绝“三违”现象，做到“三不伤害”。

7.19.32　搬运工岗位责任制

1. 岗位描述

负责本队一切材料、设备的运送、装卸和其他物料的转运。

2. 职责

（1）参加业务学习和安全技术培训，持证上岗，熟悉运输线路和作业场所。

（2）运输物料要主动、及时、热情，保质、保量地运送到指定位置并码放整齐，不得随意摆放。

（3）物料运输过程中严格执行煤矿“三大规程”，做好自保、互保，不发生运输事故。

（4）运输途中发生问题要主动组织人员处理，重大问题要及时汇报队领导。

（5）运输过程中，要集中精力，不得嬉笑打闹，擅离职守。互创条件，不给生产制造影响。

（6）运输途中，绞车提升运输时，坚持执行“行车不行人，行人不行车”的规定。

（7）装、卸物料时，必须有可靠的稳固车辆的设施，以防跑车。

（8）严禁超长、超重、超高、超宽装车，不偏载，捆绑牢固。

（9）坚持工作汇报制度，做好工作记录，完成领导交办的各项工作。

7.19.33　清煤工岗位责任制

1. 岗位描述

负责清理工作面及回风巷、运输巷浮煤，提高煤炭资源回收率，搞好环境卫生，做到文明生产。

2. 职责

（1）熟悉工作面作业规程，做好自主保安工作，遵纪守法，不违章作业。

（2）清理浮煤时与支架工密切配合，以防发生人身伤亡事故。

（3）清煤前，必须仔细检查顶板、煤帮、支护情况。及时凿掉顶板松动岩块，及时清理煤帮雨檐。及时加强支护，确保工作地点安全。

（4）工作中随时敲帮问顶，及时处理顶板松动岩块，预防顶板事故。

（5）做好个人的防尘工作，使用合适的劳动工具。

（6）积极参加队组织的安全教育活动，参加业务培训，提高技能水平。

7.19.34 轨道工岗位责任制

1. 岗位描述

负责巷道内运输轨道的铺设、维护、回收工作，确保矿车运输畅通。

2. 职责

（1）必须熟悉、掌握轨道线路专业知识，能够正确使用测量工具，严格执行《煤矿安全规程》《煤矿窄轨铁道维修质量标准》及操作规程。

（2）严格按《矿井轨道质量标准》及技术操作规程的规定进行铺设、检查、检修、维护工作，时刻保证轨道质量合格。

（3）轨道工必须熟悉矿井运输系统、轨道铺设地点、巷道布置及轨道结构、铺设和维护质量标准。正确使用各种工具，做到安全生产。

（4）轨道工进入施工地点以前，必须检查巷道的支护情况，在确保安全的前提条件下方可进入施工地点。轨道工所使用的工具严禁碰及电缆、管线以及电气设备。

（5）捣固道床或挖底时，轨道工前后距离不得小于 2 m。

（6）轨道工在斜坡工作时，严格执行“行人不行车，行车不作业”的规定。

（7）施工前必须与信号工联系好，关闭上部车场的挡车器后才可进入工作现场进行施工。

（8）施工过程中清理出来的煤、矸石以及杂物应及时装车运走，确保工作结束时安全行车。

（9）运送轨道时必须和上、下信号工，绞车司机联系好，说明地点、行车速度以及注意事项。

（10）轨道在运送时，必须绑牢固，防止运行过程中脱落或窜出。

（11）装卸轨道、道木时，必须将矿车固定牢固后才可进行工作。

（12）经常清理道床的淤泥、积水，保持干净的环境。

7.19.35 巷道维护工岗位责任制

1. 岗位描述

负责采煤工作面巷道维护工作，确保支护完整，断面符合规定要求。

2. 职责

（1）严格执行“综采工作面作业规程”中有关两巷维护的规定。

（2）巷道的超前支护距离符合规程技术措施，支柱支撑有力，巷道顶帮要接实背严，支柱迎山角、初撑力达到规定要求。

（3）随着工作面的推进及时进行巷道回柱放顶，保持与工作面放顶线齐。

（4）回柱放顶时，做好采空区侧的挡矸工作。

（5）底板松软时，必须穿柱靴，无失效空载支柱。两巷所有支护的单体支柱，需要有可靠的防倒设施。

（6）两巷原是架棚支护时，提前做好替棚工作，替换距离按作业规程要求执行。

（7）两巷原是锚网索支护时，退锚范围符合规程规定。

（8）确保支护质量，确保巷道的有效断面及相关的安全距离，符合作业规程、安全规程的规定。

（9）负责两巷的文明生产工作。

7.20 掘进队岗位责任制

7.20.1 队长岗位责任制

1. 岗位描述

负责本队的日常管理工作，组织本队完成矿井下达的月度、季度、年度生产计划和各项技术经济指标，推进安全生产标准化建设，努力实现安全生产。

2. 职责

（1）贯彻落实国家相关的法律、法规及公司的各项规章制度，推进精细化管理。

（2）负责综掘队全面管理工作。

（3）建立健全本队各项管理制度，并组织实施考核。

（4）根据公司下达的年、月各项计划、指标，进行分解，组织各班组积极落实并考核。

（5）严格执行掘进工作面安全生产标准化，确保工程质量动态达标。

（6）参加公司组织的安全生产标准化检查，积极整改隐患并上报。按时组织召开安全例会，通报近期的安全注意事项、安全事故学习及相关管理规定。不定期组织召开安全例会和队务会，不断总结经验，研究解决安全生产中存在的问题。

（7）合理进行资源配置，努力提高掘进工效。

（8）负责本队材料消耗计划，加强成本管理，降低材料消耗。

（9）经常深入现场，及时解决生产过程中存在的问题和安全隐患，为员工积极创造良好的安全作业环境。

（10）负责主持召开队组员班会，不断总结经验，研究解决安全生产中存在的问题。

（11）负责组织全队员工、技术人员，做好科技创新工作，降低员工劳动强度。

（12）负责全队员工的业务知识学习和安全培训工作。

（13）积极协助矿领导完成交办的各项工作。

7.20.2　安全副队长岗位责任制

1. 岗位描述

协助队长做好全队安全生产管理工作，根据本矿下达的安全生产考核控制指标，参与分解落实，确保安全生产。

2. 职责

（1）贯彻党的安全生产方针和公司的安全生产规章制度，严格执行煤矿“三大规程”，监督检查本队各岗位责任制落实与隐患排查整改，确保安全生产。

（2）负责制定本队安全生产考核控制指标，落实到班组、岗位，并做好监督考核工作。

（3）参与作业规程、施工安全技术措施的审查把关工作，并督查现场落实。

（4）推广应用安全管理新经验、新理念，协助队长研究制定安全生产激励、约束机制。

（5）定期分析本队安全生产形势，经常深入现场，狠反“三违”。掌握安全生产动态，向队长提出加强安全管理工作的建议，及时解决安全生产中的问题。

（6）负责对事故的追查、分析和处理。

（7）制定年度、季度、月度安全工作计划，总结当月工作情况，布置下一个月安全工作。

（8）负责做好“三违”人员的帮教工作，按时召开安全例会，做好阶段性、季节性的安全生产重点工作。

（9）加强现场管理，督查各岗位工种的持证上岗，协助做好职工培训、复训工作。

（10）定期向队长汇报安全工作，完成队长交办的各项工作。

7.20.3　生产副队长岗位责任制

1. 岗位描述

协助队长做好全队安全生产管理工作，根据矿下达的生产经营计划，参与建立激励机制，制定考核细则，并组织落实。

2. 职责

（1）协助队长贯彻落实矿队的各项规章制度，建立激励机制，制定考核细则，并组织落实。

（2）协助队长抓好员工行为达标工作，推进班组建设，推进精细化管理。

（3）组织好综掘工作面正规循环作业，抓各工序、工种的工程质量、作业标准，夯实安全生产标准化动态达标基础工作。

（4）协助队长参加各项计划、指标的分解并督促落实考核，确保完成矿下达的生产经营计划。

（5）经常深入现场，及时解决生产过程中存在的问题和安全隐患，为员工创造良好的安全作业环境。

（6）协助队长做好员工的培训、学习工作，不断提高员工的综合素质。

（7）完成队长交办的各项工作。

7.20.4　机电副队长岗位责任制

1. 岗位描述

协助队长做好本队机电设备的管理和维护工作，保证设备完好率，控制机电事故率，努力降低配件消耗，为安全生产提供设备动力保障。

2. 职责

（1）严格执行煤矿“三大规程”和各项电机管理规章制度，确保安全生产。

（2）全面掌握所管区域的机电设备的性能、工作原理，强化设备管理，提高检修质量，保证设备正常运转。

（3）深入现场，掌握设备运行情况，有计划地进行备品配件准备、加工和设备检修，保证设备达到完好标准。

（4）监督机电设备检修维护质量，并进行检查验收，保证机电安全生产标准化工作动态达标。

（5）对各类机电设备事故，严格执行“一事故，一追查”制度，制定预防措施，杜绝同类事故。

（6）每月按时参加公司机电安全例会，带头学习，推广新技术，组织好本队检修工的安全教育和岗位培训工作，提高职工技术素质。

（7）积极组织专业技术比武和岗位练兵活动，提高工作实效，做到人尽其才。

（8）负责做好涉及机电“一通三防”有关方面的工作。

（9）完成队长交办的各项工作。

7.20.5　技术员岗位责任制

1. 岗位描述

协助队长做好本队的技术管理和员工的培训工作。

2. 职责

（1）贯彻执行国家的安全生产方针和有关安全生产的法律、法规、规章、规程、标准、技术规范，掌握煤炭生产技术发展方向。

（2）负责组织编制作业规程和各项安全技术措施，组织贯彻学习、考试，并做好记录。

（3）经常深入现场，按精细化管理要求监督检查规程、措施现场落实情况，发现问题及时督促整改。

（4）做好顶板动态监测工作，收集、整理相关资料，为巷道支护方式选取提供参考依据。

（5）收集整理生产现场技术资料，研究解决安全生产过程中遇到的技术难题。

（6）参与本队职工安全技术培训，提高职工业务素质。

（7）现场施工条件发生变化时，及时补充、修订技术措施报批。

（8）积极推广应用新技术、新工艺，开展技术革新和技术攻关，改善劳动条件与作业环境。

（9）抓好各类工程质量工作，抓好安全生产标准化动态达标工作。

（10）完成队长交办的各项工作。

7.20.6 生产班长岗位责任制

1. 岗位描述

在队长的领导下，负责本班的安全、生产和标准化工作。做好本班各岗位之间、班组之间的协调工作，协助队长抓好安全生产工作。

2. 职责

（1）遵守各项管理规章制度，严格执行煤矿“三大规程”，确保安全生产。

（2）坚持带班到点和班中汇报制度，在接班后、班中及交班前及时将工作面生产情况向区队汇报。

（3）开好班前会，认真贯彻执行矿调度会议精神，确保规程、措施的现场落实。

（4）接班时对上一班工程质量进行验收，坚持标准，严格要求，及时处理影响生产安全的各种问题和隐患。

（5）对本班工程质量严格监督和检查验收，规范行为，杜绝“三违”现象，努力实现动态达标。

（6）加强班组管理，检查岗位责任制执行情况，协助队长做好班与班之间的生产协调工作。

（7）遵章守纪，团结协作，在按时完成本职工作的同时，积极完成领导交给的其他工作。

（8）严格执行交接班制度，并把当班生产情况向下一班交接清楚。

7.20.7 机电班长岗位责任制

1. 岗位描述

负责本队机电设备的管理及检修工作。

2. 职责

（1）负责本队机电设备的管理，确保正常生产。

（2）参与制定本队机电设备管理制度和机电设备检修计划，并贯彻落实。

（3）熟悉和掌握本队范围内的机电设备的结构性能、工作原理、设备现状、备品配件等情况。

（4）负责机电设备的日常检修和维护保养工作，确保达到完好标准。

（5）协助队长抓好成本管理，降低配件消耗。

（6）协助队长做好本队机电工的日常管理，以及本队机电工的技术培训和安全教育工作，提高其业务技能。

（7）不断总结经验，科技创新，提高设备开机率，减少机电事故。

7.20.8 生产副班长岗位责任制

1. 岗位描述

协助班长搞好班组建设，完成本班的各项生产任务。

2. 职责

（1）熟悉综掘工作面生产情况，在班长的领导下，协助抓好本班的生产工作。

（2）根据上一班的汇报情况明确本班任务及安全措施，严格带头执行各种规章制度，保证本班生产任务的完成。

（3）做好工作现场的组织协调和安全管理工作，明确当班所有人员的工作任务和安全注意事项，督促工人正确使用劳动防护用品，确保所有工人严格按规程、措施、标准作业。

（4）发现不安全因素及时组织排除，险情重大的要及时向队长和调度室汇报。

（5）协助班长排好本班的轮休，优化劳动组织，提高工效，保证正常生产。

（6）协助队长做好班内职工的思想工作，认真搞好团结，顾全大局，使职工在工作中思想稳定。

（7）对班内职工的生活疾苦要及时向队内汇报，并积极帮助解决。

（8）保证当班工作达到验收标准。

7.20.9　机电副班长岗位责任制

1. 岗位描述

协助班长抓好分管范围内的设备管理工作。

2. 职责

（1）熟悉综掘工作面所有机电设备性能和工作原理，协助机电副队长、当班班长组织好本班的机电检修维护工作。

（2）机电设备出现故障时能够及时分析故障原因，并加以解决，保证机电设备正常运转。

（3）认真落实包机责任制，确保设备安全运转。

（4）协助班长做好本班机电工的日常管理、技术培训和安全教育工作，不断提高其业务技能。

（5）做好机电、运输安全生产标准化动态达标工作。

（6）抓好成本管理，降低配件消耗。

（7）不断总结经验，推动技术创新，提高设备的开机率，减少机电事故。

7.20.10　值班员岗位责任制

1. 岗位描述

协调各岗位安全生产和上传下达工作，遇有紧急、重要、特殊情况及时报告。

2. 职责

（1）全天 24 h 值班，随时了解井下生产情况，记录当天各班安全生产汇报。

（2）在队长授权范围内处理井上、下有关工作，安排好安全生产。

（3）及时向上级汇报井下生产情况，传达上级指示。

（4）及时填写值班日志、电话记录和事故登记。发生事故及时向队长及调度室汇报，并根据领导的指令，予以执行。

（5）参加班前会，通报上一班生产情况及存在的问题。

（6）遵守劳动纪律，坚守工作岗位。

7.20.11　核算员岗位责任制

1. 岗位描述

在队长的领导下，做好工资、定额、成本、员工福利等核算工作。

2. 职责

（1）坚守工作岗位，严格执行相关规章制度，认真负责工作。

（2）加强业务知识学习，不断提高业务水平，适应工作发展需要。

（3）协助队长做好定岗、定员和定额核算的管理工作。

（4）负责核算本队出勤情况，并按时上报人事劳资科。

（5）及时掌握员工的工伤情况，按时上报相关部门。

（6）做好员工每月各项保险的核算扣缴工作。

（7）负责核算资料的收集、汇总、整理工作，做好定期汇报工作，接受检查和监督。

7.20.12　验收员岗位责任制

1. 岗位描述

按照安全生产标准化的检查验收标准，做好掘进工作面的工程质量验收工作。

2. 职责

（1）认真执行制定的安全生产标准化验收、考核规定。

（2）同交班验收员一道对项目进行现场验收，并做好记录，及时汇报。

（3）认真验收工作面进尺、支护质量、工程质量，并做好记录。

（4）验收员必须认真填写验收表，不缺项、不漏项。

7.20.13 材料员岗位责任制

1. 岗位描述

根据生产需要负责对所需材料的领取、保管和发放，确保生产材料的及时供应。

2. 职责

（1）认真贯彻执行党的安全生产方针、政策及有关规定。

（2）对本年所需材料配件的种类、数量以及领取和回收工作负责。

（3）负责根据生产计划，按时做出材料配件等消耗计划。

（4）对易燃易爆危险品的安全管理和存放负责。

7.20.14 库管员岗位责任制

1. 岗位描述

负责库房的管理，确保库存物资不变质、不丢失，满足安全生产的需要。

2. 职责

（1）及时巡查库房门窗有无异常，发现异常及时汇报，保管员要及时清点库存物资，了解日常物资的库存情况，及时补充编制临时计划。

（2）设备、材料、配件的保管，必须做到“四无”“六化”：库存无差错、无损坏、无丢失、无霉烂变质；管理科学化、货位固定化、存放合理化、库容整洁卫生化、维护保养经常化、四防责任化。

（3）对库房内的材料、配件做到“四懂”：懂物资名称、规格型号，懂器材性能用途，懂设备器材、配件保管保养知识，懂业务流程。

（4）发放物资时要认真核对领用材料名称、规格、数量，认真执行“四不发”：名称规格不符不发，非本单位人员不发，无签字不发，大型材料无相关领导命令不发。严格要求各班组在领用材料、配件时，执行交旧领新制度；否则不予发放。

（5）根据回收范围、回收率建立回收台账，逐日填写。

（6）交回旧材料、配件，经清点后，按规定地点摆放整齐，登记交旧台账。

（7）保管员要及时日清日结，材料消耗及时上账。

（8）及时完成本队领导交办的临时任务。

7.20.15 送饭工岗位责任制

1. 岗位描述

负责班中餐的按时送达，做到份额足、饮水足、温度适宜、清洁卫生。

2. 职责

（1）严格执行上级有关井下作业场所法律、法规及公司的相关规定。

（2）送饭人员必须保持好个人卫生，衣着整洁，饭包清洁卫生。

（3）及时准确地向调度室报送本班就餐人数。

（4）准时到达班中餐食堂领取当班班中餐，并核对检查数量是否正确。

（5）及时将当班人员的班中餐送至就餐地点，不得在送饭途中长时间逗留。

（6）及时将就餐地点清理干净，确保井下就餐地点的卫生达标。

（7）井下职工就餐完毕后，及时将饭盒、饭包送交班中餐食堂。

（8）必须做好领导、队部值班室交办的其他及临时任务。

7.20.16 维修电工岗位责任制

1. 岗位描述

负责工作面供电系统及设备的维护工作，确保安全供电、设备运转正常。

2. 职责

（1）熟悉《煤矿安全规程》《煤矿机电设备完好标准》《煤矿机电设备检修质量标准》和电气设备防爆的有关规定，掌握工作辖区供电系统、设备性能原理、各种保护运行情况。

（2）必须熟知工作面供电系统和设备布置，严格遵守操作规程，严禁违章作业。

（3）工作面所使用的电气设备，严格做到“三无”“四有”，设备机械连接处班班检查并紧固，每班认真填写设备运转日志。

（4）熟悉电气设备维修机具、仪表的使用方法，并能正确使用。随时掌握设备负荷情况，在井下检修设备时，必须严格执行停送电制度，严禁带电作业，停电要挂警示牌。

（5）电气设备不准带电搬迁检修，定期检查井下防爆电气设备，杜绝失爆。

（6）积极参加有关机电技术培训和安全活动，不断提高技术素质和业务能力。

7.20.17　综掘机维修工岗位责任制

1. 岗位描述

在检修班长的领导下，负责掘进机和桥式转载机的日常维修工作，保证设备正常运行。

2. 职责

（1）必须经过专业技术培训，考试合格，持证上岗。

（2）必须熟悉机器的结构、性能、工作原理，具有一定的机械、电气基础知识，掌握维修技术。

（3）严格按照技术要求对机器进行润滑、维修、保养，按规定注油和换油。

（4）经常检查和试验各系统的保护和监控元件，确保正常工作。

（5）检修时必须将掘进机切割头落地，并断开掘进机上的电源开关和隔离开关。

（6）检修结束后，应对掘进机进行全面检查，并按要求试车，合格后方可交付使用。

（7）严格执行交接班制度，并做好维修记录，存档备查。

7.20.18　刮板输送机维修工岗位责任制

1. 岗位描述

在检修班长的领导下，负责刮板输送机的日常维修工作，保证设备正常运行。

2. 职责

（1）熟悉本岗位工作标准及操作顺序，并严格对照执行，与掘进工作面其余工种团结协作，完成生产任务。

（2）按时上、下班，现场交接班，坚守岗位，不脱岗、不串岗、不睡岗。

（3）严格按规程、措施及操作标准和程序施工，杜绝违章，确保安全。

（4）对责任范围内的安全隐患及时进行排查，积极汇报处理，并做好记录。

（5）按时参加矿及队组织的各种学习活动，确保业务操作技能不断提高。

（6）机头 10 m 范围内，要保持卫生清洁，无杂物、无淤泥、无积水等，清理的杂物要及时运走并保持班班清洁。

（7）接班后认真检查，确保输送机各部位螺栓紧固，无漏油，电动机、减速箱运转正常，信号按钮灵敏可靠。无漂链、落链、跑偏等现象，保证刮板输送机运行过程中正常操作，发现问题及时向班组长或队值班汇报，并及时处理。

（8）负责责任范围内的卫生，熟悉避灾路线和措施，能妥善避灾。

7.20.19　带式输送机维修工岗位责任制

1. 岗位描述

在检修班长的领导下，负责带式输送机的日常维修工作，保证设备正常运行。

2. 职责

（1）必须经过专业培训后持证上岗，并熟练操作设备。

（2）熟悉所操作的带式输送机的结构、性能、工作原理及通信控制一体化系统的原理和检查试验方法，熟悉作业过程和“员工安全技术操作规程”的有关规定，会维护保养带式输送机，能够正确处理一般性故障。

（3）认真执行交接班制度，坚守工作岗位，做到不离岗、不脱岗，不做与工作无关的事情。

（4）严格执行交接班制度，履行“一信二点三开”开机程序，并做到“四不开机”：信号不清不开机，信号不明不开机，设备不完好不开机，安全未确认不开机。

（5）设备停机时应将带式输送机上的原煤拉空，避免设备重载启动。

（6）当设备出现故障时，第一时间向值班室及调度汇报情况，并积极配合维修人员处理故障。

（7）了解岗位现场避灾路线，会正确使用消防器材和自救器，对喷雾等降尘设备能够依据实际情况做到正确使用及管理。

（8）仔细认真做好当班设备运行记录，清理当班区域内卫生，规整材料设备摆放，做到文明生产，并严格执行交接班制度。

（9）服从领导安排，积极完成交办的工作任务，并有权拒绝违章指挥。

7.20.20　综掘机司机岗位责任制

1. 岗位描述

在班长的领导下，负责掘进机的操作、维护工作，安全快速地完成掘进任务。

2. 职责

（1）司机要熟悉设备技术特征、构造、性能及操作规程，且持证上岗。

（2）严格执行交接班制度，双方在静态下对设备进行全面检查，发现问题，及时汇报，协助处理。

（3）运转期间若有异常，要立即停机，查明问题并处理后，再开机。

（4）机组附近有人时严禁开机。

（5）停机后，司机要与机电维修工协同检查，发现问题及时处理。

（6）停机后要负责清理机组上的煤尘、杂物，搞好文明生产。

（7）坚守工作岗位，严禁他人代开。

（8）升井后到队部值班室填写运行记录和台账。

7.20.21　打眼工岗位责任制

1. 岗位描述

在班长的领导下，负责掘进时的钻眼工作。

2. 职责

（1）负责掘进巷道的打眼工作，必须熟悉巷道有关技术数据，严格按设计要求布置钻眼，确保爆破后达到设计断面。

（2）认真开展危险源辨识工作，工作中及时将身边的不安全因素清除。

（3）打眼前，首先检查好设备及管线，并做好“敲帮问顶”工作。

（4）坚持湿式钻眼，无水不得作业。凿岩机工作中出现异常，必须停机处理，严禁带病作业。

（5）打眼前遇到拒爆、残爆时，必须按照《煤矿安全规程》的要求及程序处理完毕后，方可进行打眼作业。

（6）打眼完毕，必须把风钻放到固定地点，整理好风水管路。

（7）加强对凿岩机的维护与保养，保证设备的完好性。

（8）遵章守纪，保证完成当班分配的工作任务。

7.20.22　爆破工岗位责任制

1. 岗位描述

负责当班火工品管理及爆破作业。

2. 职责

（1）爆破工必须经过严格培训取得合格证从事爆破工作，严禁无证人员接触火工品。

（2）炸药雷管必须分箱存放并加锁，严禁混装混放和乱扔乱放火工品，炸药箱必须上锁并放置在安全地点。

（3）爆破前必须严格执行“三人连锁爆破”制度、交接牌手续，设警戒、发信号，严禁人员进入警戒线内。

（4）必须严格执行“一炮三检”制度，未经过瓦斯检查或经检查瓦斯超限的情况下，严禁爆破。

（5）必须按照作业规程规定打眼、爆破、充填炮泥。凡封泥不严，或用其他材料代替封泥的，严禁裸露爆破。

（6）发爆器的手把、钥匙，爆破工必须随身携带，严禁转交他人。

（7）处理拒爆时，必须按《煤矿安全规程》处理拒爆、残爆的规定执行。

7.20.23 支护工岗位责任制

1. 岗位描述

负责掘进工作面的支护工作，杜绝顶板事故。

2. 职责

（1）认真执行作业规程与技术操作规程，持证上岗。

（2）掌握掘进工作面顶板控制及支护的基础知识。

（3）严格执行“敲帮问顶”制度，使用好临时支护，严禁空顶作业。

（4）架好的棚架，立即打好撑木、拉杆与后面的支架形成整体。

（5）架设抬棚、改换棚腿时，严格按施工措施的规定执行，抬棚要联锁。

（6）架棚时现场有专人统一指挥，人员协调作业，确保施工安全。

（7）锚喷支护时，控顶距必须符合作业规程的规定。

（8）锚杆（索）必须用机械或力矩扳手拧紧，托盘紧贴巷帮。

（9）锚杆安装质量必须符合作业规程规定。

（10）喷浆的厚度、强度必须符合作业规程的规定。

（11）严禁使用不合格的支护材料。

7.20.24 绞车司机岗位责任制

1. 岗位描述

负责绞车操作及日常维护，对绞车的安全操作负责。

2. 职责

（1）司机必须持证上岗，并随身携带专用工具。

（2）检查绞车周围情况，清理妨碍操作的障碍物。

（3）检查绞车机构、杠杆系统以及拉杆、栓、闸把等系统完整无误，方可运转作业。

（4）绞车运转过程中，应集中精力，时刻注意观察倾听设备运转情况及信号。

（5）停车时间较长时，应关闭电动机，此时钢丝绳处于拉紧状态，必须牢牢闸住制动闸。

（6）当听到紧急停车信号时，发现情况时，司机应一只手压下制动闸手把，同时另一只手松开工作闸。

（7）绞车停稳并摘钩后，司机先将电源切断，然后松开制动闸手把。

（8）作业完毕，检查绞车固定情况并加固。

（9）清理绞车周围卫生，保持文明生产。

（10）升井向值班人员汇报本班工作情况并填写有关记录。

7.20.25　无轨胶轮车司机岗位责任制

1. 岗位描述

做好车辆管理、保养，以及运送、吊卸设备和材料等工作。

2. 职责

（1）司机要刻苦钻研驾驶业务，严格遵守《煤矿安全规程》的相关规定。

（2）服从调度，按时出车，按月做好出车记录。

（3）爱护车辆，经常保持车辆处于良好状态，车辆整洁，确保行车安全。

（4）车辆需维修、更换配件和保养，司机应先报计划，经同意后方可维修、更换。未经批准或未在指定地点维修不予报销。

（5）司机必须自带防止行车后自溜的设施或工具。

7.20.26　带式输送机司机岗位责任制

1. 岗位描述

负责带式输送机的运转操作及维护工作，并完成本班的运输任务。

2. 职责

（1）带式输送机司机要熟悉设备技术特征、构造、性能及操作规程，且持证上岗。

（2）严格执行交接班制度，双方在静态下对设备进行全面检查，发现问题及时汇报，协助修理。

（3）运转期间若有异常停车，问题处理后再开车。

（4）严禁用带式输送机运送人员和物料。

（5）停机后，司机要与机电维护工协同检查，发现问题及时处理。

（6）清理输送机四周和设备上的杂物、浮煤，保持文明生产。

（7）损坏托辊及时更换，保证设备正常运行。

（8）升井后到队值班室填写运行记录和台账。

7.20.27　刮板输送机司机岗位责任制

1. 岗位描述

负责刮板输送机的操作维护及安全运转工作，并完成本班的运输任务。

2. 职责

（1）司机必须熟悉刮板输送机的性能及构造原理，经过培训考试并取得合格证后，方能持证上岗。

（2）开机前认真检查机器各部分，传动链及刮板链的松紧，机头、机尾的稳固情况等，信号装置应灵敏可靠。开动刮板输送机前必须发出开车信号，确认人员已离开机器转动部位，点动2次后，才准正式开动，然后打开喷雾。

（3）运转中应经常检查电动机、减速器等各部分运转声音是否正常，电动机、轴承是否过热，刮板链运行是否平稳无裂损。

（4）经常清扫机头、机尾附近及底槽下的浮煤。

（5）运转中发现有异常要立即停机处理。

（6）刮板输送机运行时，不准人员从机头上部跨越，不准清理机头等转动部分的煤粉或用手调整刮板链。

（7）检修、处理设备故障时，必须闭锁控制开关，挂上停电牌。

（8）进行掐链、接链点动时，人员必须躲离链条受力方向。正常运行时，司机不准面向刮板输送机运行方向，以免断链伤人。

（9）停止出煤时应将刮板输送机内的煤全部运出，清扫机头、机尾附近的浮煤，方可停机，然后关闭洒水龙头并向下一台输送机发出停机信号。

（10）禁止人员蹬乘刮板输送机。

（11）认真执行现场交接班，并做好各项记录。

7.20.28　水泵工岗位责任制

1. 岗位描述

水泵工必须严格执行交接班制度，坚守工作岗位，不得擅自离开，不得把设备交给非操作人员操作。每班要认真做好设备、管路的检查、维护、保养，以保证其正常运行。

2. 职责

（1）司机应熟知《煤矿安全规程》有关规定，了解排水系统。熟悉、掌握排水设备和启动控制电气设备的构造、性能、技术特点、工作原理并做到会使用、会保养、会排除故障，能独立操作。水泵司机必须经过培训，考试合格取得合格证后，持证上岗操作。

（2）必须保证在操作过程中遵守国家有关安全生产的法律、法规、规章、标准和技术规范。

（3）坚守岗位，不得擅离职守，对所在单位人员与设备安全负责，确保矿井排水安全。

（4）树立安全第一的思想，工作积极，作业规范，责任心强，严格执行“水泵技术操作规程”和《煤矿安全规程》，无违章操作，拒绝违章指挥。

（5）发现问题及时向地面值班人员汇报，并给维修人员提供准确可靠的信息。

（6）严格交接班制度，认真填写各项记录，保持设备与工作环境整洁干净，切实完成当班的排水任务。

（7）管理好机房（硐室）内的设备、设施等物品，积极配合其他工种及时把闲置或损坏待修的设备送出井外。

（8）遵章守纪，按章操作，杜绝“三违”现象，做到“三不伤害”。

7.20.29　搬运工岗位责任制

1. 岗位描述

负责本队材料、设备的运送、装卸和其他物料的转运。

2. 职责

（1）参加业务学习和安全技术培训，持证上岗，熟悉运输线路和作业场所。

（2）运输物料要主动、及时、热情，保质、保量地运送到指定位置并码放整齐，不得随意摆放。

（3）物料运输过程中严格执行煤矿“三大规程”，做好自保、互保，不发生运输事故。

（4）运输途中发生问题要主动组织人员处理，重大问题要及时汇报队领导。

（5）运输过程中，要集中精力，不得嬉笑打闹，擅离职守。互创条件，不给生产制造影响。

（6）运输途中，绞车提升运输时，坚持执行“行车不行人，行人不行车”的规定。

（7）装、卸物料时，必须有可靠的稳固车辆的设施，以防跑车。

（8）严禁超长、超重、超高、超宽装车，不偏载，捆绑牢固。

（9）坚持工作汇报制度，做好工作记录，完成领导交办的各项工作。

7.20.30　浮煤清理工岗位责任制

1. 岗位描述

负责清理工作面巷道浮煤，提高煤炭资源回收率，搞好环境卫生，做到文明生产。

2. 职责

（1）熟悉工作面作业规程，做好自主保安工作，遵纪守法，不违章作业。

（2）清理浮煤时与相应工种、岗位司机事先联系及配合好，以防发生人身、设备伤害事故。

（3）做好个人的防尘工作，使用合适的劳动工具。

（4）积极参加队组织的安全教育活动，参加业务培训，提高技能水平。

7.21 机电机运队岗位责任制

7.21.1 队长岗位责任制

1. 岗位描述

负责本队安全生产管理，合理进行劳动组织，完成安全生产作业计划，抓好队组团结稳定。

2. 职责

（1）认真贯彻落实党和国家的安全生产方针、政策，传达落实上级有关安全生产方面的规定、命令、决定、通知、通报等。

（2）负责本队职工的思想政治及行政业务的全面工作，解决工作中的问题和职工生活中的实际困难。

（3）掌握全队机电设备的运行状况，发动全队职工对设备规范使用、科学管理、计划检修，安全运转、完成安全生产作业计划。

（4）负责本队业务范围内设备、备件、设施的维修、更新、改造、供用电等计划以及上报资料的审定工作。

（5）督促健全机电工作中各项规章制度，并检查执行情况。

（6）负责组织本队机电设备部定期检查，特别是对公司检查出的安全隐患，要及时组织整改，并验收，以确保设备安全运转，杜绝重大事故。

（7）按时参加矿通知和召开的各种会议，会后及时组织落实。

（8）负责职工请假、工资及职工调动的审批，平衡各班组劳动力，掌握好本队劳动与岗位定员的平衡工作。

7.21.2 安全副队长岗位责任制

1. 岗位描述

协助队长做好全队安全生产管理工作，根据本矿下达的安全生产考核控制指标，参与分解落实，确保安全生产。

2. 职责

（1）负责组织日常的安全生产和全队的安全管理工作。

（2）协助队长和技术员制定队组各项安全生产制度，并督促贯彻落实。

（3）和技术员一起做好全队的安全培训工作，开展矿组织的各种安全活动。

（4）参与作业规程、施工安全技术措施的审查把关工作，并督查现场落实。

（5）定期开展队内安全检查和自查自纠，配合上级部门做好全隐患排查工作，督促整改落实。

（6）负责安全生产标准化工作。

（7）负责分析本队安全生产中的薄弱环节，排查设备设施存在的安全隐患，并采取相应措施，创造良好的安全工作环境。

（8）负责本队组各类事故的追查、分析、处理和上报工作。

（9）定期分析本队安全生产形势，经常深入现场，狠反“三违”。掌握安全生产动态，向队长提出加强安全管理工作的建议，及时解决安全生产中的问题。

（10）负责制定年度、季度、月度安全工作计划，总结当月工作情况，布置下一个月安全工作。

（11）加强现场管理，及时汇报当班安全生产情况，深入现场，以便部署下一班安全重点。

（12）完成队长交办的其他工作。

7.21.3 生产副队长岗位责任制

1. 岗位描述

协助队长做好本队的安全生产工作，顺利完成安全生产计划。

2. 职责

（1）负责当班各生产系统正常运行，顺利完成当班安全生产任务。

（2）负责组织班前会，布置本班工作，合理调配人员，充分利用工时。

（3）抓好安全生产，保证安全运行，杜绝重大事故，以身作则，深入现场，率领职工处理解决生产中的问题，按规办事，不违章指挥。

（4）负责向调度室和队长及下一班跟班队长汇报本班安全生产情况、存在问题和不足。

（5）负责本班事故的追查与分析，并对责任者提出处理意见，落实整改措施。

（6）负责本班安全生产标准化工作，并做到动态达标。

（7）负责监督各岗位做好交接班工作。

（8）协助安全队长做好本班的安全隐患排查治理工作。

（9）协助队长贯彻落实矿队的各项规章制度。建立激励机制，制定考核细则，并组织落实。

（10）完成队长交办的其他工作。

7.21.4　运输副队长岗位责任制

1. 岗位描述

协助队长做好辅助运输管理工作，完成运输任务。

2. 职责

（1）负责辅助运输的安全生产管理，顺利完成当班运输任务。

（2）组织当班班前会，布置本班工作，协调各单位所需物料，合理调配车辆和人员。

（3）负责对辅助运输系统及其设备、安全保护装置、安全防护设施、信号通信系统等进行检查。

（4）负责整改辅助运输方面存在的安全隐患。

（5）负责向调度室和队长及下一班跟班队长汇报本班安全生产情况、存在问题和不足。

（6）负责本班事故的追查与分析，并对责任者提出处理意见，落实整改措施。

（7）负责对辅助运输系统进行技术改造，推广新技术、新工艺和先进经验。

（8）协助队长做好运输专业安全生产标准化工作。

（9）协助机电科做好运输设备、连接装置的检测、检验工作。

（10）完成队长交办的其他工作。

7.21.5　机电副队长岗位责任制

1. 岗位描述

协助队长做好机电运输设备检修工作，为安全生产提供保障。

2. 职责

（1）负责本队机电设备的安全和检修管理，确保正常的生产能力和安全运转。

（2）负责掌握本队范围内的供电系统和机电设备的结构性能、工作原理。

（3）负责制定机电设备检修计划，并组织实施。

（4）负责设备检修质量，掌握各类安全保护装置、安全防护设施的完好程度及使用情况。

（5）负责编制本队机电设备、提升运输配件的申请计划，并组织设备的质量验收、调拨、发放和报废设备等申报工作。

（6）负责机电设备的日常检修、强制检查工作。

（7）负责各种机电设备的统计，按时上报各种机电设备统计报表。

（8）负责向队长汇报各系统和机电科设备计划和任务、存在的不足和注意事项。

（9）协助队长抓好机电专业安全生产标准化动态达标工作。

（10）协助机电科做好机电设备相应的监测、试验、测试、测定等工作，并有记录、报告。

（11）协助技术员制定本队机电设备管理制度，并督促落实。

（12）按时参加机电运输例会，向上级反映实际存在的问题。

7.21.6　技术员岗位责任制

1. 岗位描述

在队长的领导下，负责机电、运输的技术管理，做好内部培训工作。

2. 职责

（1）负责编制本队组各项规章制度、技术操作规程、安全措施，并组织贯彻学习和考试落实。

（2）负责本队组安全和技术培训工作，每周定期组织安全技术培训，提高队组整体安全技术业务水平。

（3）负责制定、管理队组各种记录台账，并监督执行。

（4）负责队组工会组织活动，按时完成上级工会安排的各项任务。

（5）负责上传下达各种文件、会议精神，并协助队长组织、落实到位。

（6）负责队内各种技术资料的收集、修订、归档等工作。

（7）参加每周矿组织的安全检查，并督促落实隐患整改。

（8）生产队长、运输队长休班时，负责召开班前会，安排各项工作，完成本班安全生产任务。

（9）负责组织召开本队班组长交流会，整理会议内容，并对提出的合理建议进行分工落实。

（10）协助队长和机电队长制定检修计划，并督促落实。

（11）深入现场，帮助解决有关技术问题，定期检查指导，调试机电设备和安全保护装置，确保灵敏可靠，做到安全运转。

（12）协助队长搞好本队设备管理和安全生产环境，提高设备完好率，使本队设备完好率经常保持在标准以上。

（13）协助队长做好本队组安全生产标准化工作。

（14）协助队长积极推广新技术、新工艺，做好技术革新改造工作。

7.21.7　班组长岗位责任制

1. 岗位描述

负责本班机电设备的管理及检修工作。

2. 职责

（1）负责本班机电设备的管理，确保正常生产。

（2）参与制定本队机电设备管理制度和机电设备检修计划，并贯彻落实。

（3）熟悉和掌握本队范围内机电设备的结构性能、工作原理、设备现状、备品配件等情况。

（4）负责机电设备的日常检修和维护保养工作，确保达到完好标准。

（5）协助队长抓好成本管理，降低配件消耗。

（6）协助队长做好本队机电工的日常管理，以及本队机电工的技术培训和安全教育工作，提高其业务技能。

（7）不断总结经验，科技创新。提高设备开机率，减少机电事故。

7.21.8　值班员岗位责任制

1. 岗位描述

协调各岗位生产安全、做好文件的上传下达，遇有紧急、重要、特殊情况及时报告。

2. 职责

（1）全天24 h值班，随时了解井下生产情况，接听、记录当天各班安全生产汇报。

（2）在队长授权范围内处理井上、下有关工作，安排好安全生产。

（3）及时向上级汇报井下生产情况，传达上级指示。

（4）及时填写值班日志、电话记录和事故登记。发生事故及时向队长及调度室汇报，并根据领导的指令，予以执行。

（5）参加班前会，介绍上一班生产情况及存在的问题，安排当前班次的工作任务。

（6）遵守劳动纪律，坚守工作岗位。

7.21.9　核算员岗位责任制

1. 岗位描述

在队长的领导下，做好工资、定额、成本、员工福利等核算工作。

2. 职责

（1）坚守工作岗位，严格执行相关规章制度，认真负责工作。

（2）加强业务知识学习，不断提高业务水平，适应工作发展需要。

（3）协助队长做好定岗、定员和定额核算的管理工作。

（4）负责核算本队出勤情况，形成月汇总提供给队长、人事劳资科。

（5）及时掌握员工的工伤情况，按时上报相关部门。

（6）做好员工每月各项保险的核算扣缴工作。

（7）负责核算资料的收集、汇总、整理工作，做好定期汇报工作，接受检查和监督。

7.21.10　材料员岗位责任制

1. 岗位描述

根据生产需要负责对所需材料的领取、保管和发放，确保生产材料的及时供应。

2. 职责

（1）认真贯彻执行党的安全生产方针、政策及有关规定。

（2）对本年所需材料配件的种类、数量以及领取和回收工作负责。

（3）负责根据生产计划，按时做出材料配件等消耗计划。

（4）对易燃易爆危险品的安全管理和存放负责。

7.21.11　库管员岗位责任制

1. 岗位描述

负责库房的管理，确保库存物资不变质、不丢失，满足安全生产的需要。

2. 职责

（1）及时巡查库房门窗有无异常，发现异常及时汇报，保管员要及时清点库存物资，了解日常物资的库存情况，及时补充编制临时计划。

（2）设备、材料、配件的保管，必须做到“四无”“六化”：库存无差错、无损坏、无丢失、无霉烂变质；管理科学化、货位固定化、存放合理化、库容整洁卫生化、维护保养经常化、四防责任化。

（3）对库房内的材料、配件做到“四懂”：懂物资名称、规格型号，懂器材性能用途，懂设备器材、配件保管保养知识，懂业务流程。

（4）发放物资时要认真核对领用材料名称、规格、数量，认真执行“四不发”：名称规格不符不发，非本单位人员不发，无签字不发，大型材料无相关领导命令不发。严格要求各班组在领用材料、配件时，执行交旧领新制度；否则不予发放。

（5）根据回收范围、回收率建立回收台账，逐日填写。

（6）交回旧材料、配件，经清点后，按规定地点摆放整齐，登记交旧台账。

（7）保管员要及时日清日结，材料消耗及时上账。

（8）及时完成队长交办的临时任务。

7.21.12　地面变配电工岗位责任制

1. 岗位描述

在队长的领导下，做好矿井的供电工作，确保矿井正常安全供电。

2. 职责

(1) 遵纪守法，热爱本职岗位，严格执行公司的各项规章制度和本工种安全操作规程。

(2) 必须经过专业技术培训，考试合格，持证上岗；服从上级安排，明确当班的任务情况，熟悉本岗位工作。

(3) 上岗前必须按规定穿戴好相应的劳动保护、装具。必须熟悉变电所供电系统和设备分布情况，了解各馈出柜的负荷性质、容量和运行方式。熟知变电所变配电设备的特性、一般构造及工作原理，并掌握操作方法，能独立工作。

(4) 熟悉《煤矿安全规程》《电业安全工作规程》及有关规定，坚持执行“安全第一”的方针，认真查找隐患并及时汇报。

(5) 认真做好交接班工作，必须在工作现场手把手交接班。交班时及时向接班人员介绍当班工作情况，详细说明设备的运行情况以及工具、备件、安全等情况。

(6) 坚守工作岗位，持证上岗，遵守劳动纪律，按值班顺序依次轮换，不得私自调班，不得脱岗、空岗。严格执行要害场所管理制度及来客登记制度，坚决制止无关人员入内，做好保安工作。

(7) 严格执行巡回检查制度，发现异常情况，立即向上级领导汇报并按规定控制事故扩大，及时做好各种记录。雷雨及节日期间加强对设备的巡视，保证设备正常运行。

(8) 保管好各种工具、器具及管辖范围内的所有设施，做好防火工作，搞好环境卫生。

(9) 认真做好各种运行记录、检修记录、隐患故障排查处理记录、设备事故记录等，确保设备档案齐全、正确、无遗漏。

7.21.13 井下变配电工岗位责任制

1. 岗位描述

在队长的领导下，做好井下变电所管理工作，确保井下正常供电。

2. 职责

(1) 遵纪守法，热爱本职岗位，严格执行本矿的各项规章制度和本工种安全操作规程。

(2) 必须经过专业技术培训，考试合格，持证上岗；服从上级安排，明确当班的任务情况，熟悉本岗位工作。

(3) 上岗前必须按规定穿戴好相应的劳动保护、装具。必须熟悉井下变电所供电系统和设备分布情况，了解各设备的负载情况、容量和运行方式。熟知井下变电所变配电设备的特性、一般构造及工作原理，并掌握操作方法，能独立工作。

(4) 熟悉《煤矿安全规程》及有关规定，坚持执行“安全第一”的方针，认真查找隐患并及时汇报。

(5) 认真做好交接班工作，必须在工作现场手把手交接班。交班时及时向接班人员介绍当班工作情况，详细说明设备的运行情况以及工具、备件、安全等情况。

(6) 坚守工作岗位，持证上岗，遵守劳动纪律，严格执行要害场所管理制度及来人登记制度，坚决制止无关人员入内，做好保安工作。

(7) 严格执行巡回检查制度，发现异常情况，立即向上级领导汇报并按规定控制事故扩大，及时做好各种记录，保证设备正常运行。

(8) 保管好各种工具、器具及管辖范围内的所有设施。

(9) 认真做好各种运行记录，确保设备档案齐全、正确、无遗漏。

7.21.14 维修电钳工岗位责任制

1. 岗位描述

负责工作面供电系统及设备维护工作，确保安全供电，设备运转正常。

2. 职责

（1）熟悉《煤矿安全规程》《煤矿机电设备完好标准》《煤矿机电设备检修质量标准》和电气设备防爆的有关规定，掌握工作辖区供电系统、设备性能原理、各种保护运行情况。

（2）必须熟知工作面供电系统和设备布置，严格遵守操作规程，严禁违章作业。

（3）工作面所使用的电气设备，严格做到“三无”“四有”，设备机械连接处班班检查并紧固，每班认真填写设备运转日志。

（4）熟悉电气设备维修机具、仪表的使用方法，并能正确使用。随时掌握设备负荷情况，在井下检修设备时，必须严格执行停送电制度，严禁带电作业，停电要挂警示牌。

（5）电气设备不准带电搬迁检修，定期检查井下防爆电气设备，杜绝失爆。

（6）积极参加有关机电技术培训和安全活动，不断提高技术素质和业务能力。

7.21.15　井筒维修工岗位责任制

1. 岗位描述

负责主副井筒的日常维护及检修工作，确保检修质量。

2. 职责

（1）熟悉《煤矿安全规程》有关规定和标准，具备一定的机械维修、高空作业、起重等基础知识，能独立工作。

（2）熟知所维修的各种井筒装备设施的结构、性能、技术特征与安装、检修、质量要求及安全技术措施，并了解井筒淋水、井壁状况的变化情况。

（3）熟知井筒作业的各种联络信号。

（4）井筒维修作业时不应少于 2 人，多人作业时，要设作业负责人和安全检查员，统一指挥作业及检查安全状况，严禁平行作业。情况特殊时，必须按制定的安全措施执行。

（5）需站在罐笼或箕斗顶上作业时，必须遵守《煤矿安全规程》相关规定。

（6）井筒内有人工作时，井口及井筒内各出口应设警戒，10 m 范围内不准有无关人员；清理干净井口附近的浮煤、杂物等，严禁往井下丢弃杂物。

（7）作业时必须正常使用联络信号，确保信号、通信畅通。

（8）需进行电气焊作业时，必须有专项安全技术措施。

（9）井口必须专人看守或上锁管理，停风、停电时，要立即停止施工。

（10）检修结束后，清理施工现场。提升系统空运行一个提升循环正常后，才能正式提升。

（11）将检修内容及发现的问题如实填写检修记录，并及时向有关领导汇报检修情况及发现的问题。

7.21.16　进网电工岗位责任制

1. 岗位描述

负责所辖区域电气设备、电缆的日常维护及检修工作，做好安装、拆除、抢修的应急工作。

2. 职责

（1）严格按照《电业安全工作规程》进行现场检查巡视，并持证上岗。

（2）作业前，必须认真核对工作项目和电气工作票内容，携带好必要的安全用具和工具、仪表，佩戴好劳保用品。

（3）雷雨天气时，禁止进行倒闸操作。

（4）巡查高、低压架空电缆线路时，必须 2 人进行。发现安全隐患，现场立即采取相应的处置措施，并立即报告队长。

（5）高空作业必须使用保险绳，所有电气器材严禁上抛下甩。

（6）检修电气设备或线路时，必须停电作业，并严格按电气检修工作票内容和停、送电操作票的规定执行。

（7）验电时必须戴绝缘手套，并有专人监护。

（8）装拆接地线必须使用绝缘棒、戴绝缘手套。人身不得碰触接地线，并设有专人监护。

（9）发生电气设备故障或事故，按应急预案处置，及时汇报领导。

（10）工作结束后，将使用的工具、仪表清点好，并擦拭干净，按相应的编号放置在固定地点，防治受潮、脏污和损坏。

（11）清理作业现场，做好环境卫生。

7.21.17 维修电钳工岗位责任制

1. 岗位描述

负责设备日常维修工作及零、配件加工工作。

2. 职责

（1）熟知《煤矿安全规程》《煤矿机电设备完好标准》《煤矿机电设备检修质量标准》和电气设备防爆的有关规定。

（2）必须经过培训，考试合格后持证上岗。熟练掌握各检测量具、器具的使用。

（3）检修工作中，拆卸的零、部件要妥善保管好，以防丢失或损坏。

（4）检修好的设备进行试运转时，与相关岗位工种密切配合好，确保安全。

（5）做好相关的加工、检修及验收记录。

（6）完成当班工作任务后，场地清理干净，工具、检测的量器具清点分类装好。严防遗留在设备内，确认无误后，方可离开。

（7）积极参加有关技术培训和安全活动，不断提高技术素质和业务能力。

7.21.18 主水泵司机岗位责任制

1. 岗位描述

负责主水泵房排水泵的运行操作、泵房管理及文明生产工作，持证上岗。

2. 职责

（1）严格执行《煤矿安全规程》的有关规定和《要害场所管理制度》《岗位操作规程》《交接班制度》。

（2）熟悉本岗位的职责范围和工作程序，负责主水泵房主排水泵的运行操作和对所辖设备、设施进行维护、保养、管理工作。

（3）协助机电维修工做好水泵的检修工作，并做好竣工验收水泵试运转工作。

（4）严格执行巡回检查制度，经常检查水泵、吸水井淤泥、密闭门、排水管路、阀门、盘根等是否符合要求，并做好记录。发现问题及时处理，并向领导汇报。

（5）认真填写水泵运行记录，搞好泵房环境卫生，保持设备整洁。

7.21.19 空压机司机岗位责任制

1. 岗位描述

负责空压机的正常安全运转工作。

2. 职责

（1）熟悉压风机一般构造，空压机的各种管路布置情况、电控原理，本岗位供电系统。

（2）负责压风机房所有设备的安全运转，熟练无误地操作空压机及电控装置，满足生产用风需要。

（3）按时巡检压缩机，检查风包、电控装置、电流表、电压表、压力表及各类安全保护装置、设施是否正常，发现问题及时处理并汇报。

（4）检修后要认真试运行，确认无问题后方可开机。

（5）搞好室内卫生，做到窗明几净，设备清洁。

（6）按期保养压风机，定期校验安全阀、压力表等安全装置。

（7）保管好压风机房的各种工具、备件、材料等。

（8）按时填写各项记录，保管好各种技术资料。

7.21.20 主要通风机司机岗位责任制

1. 岗位描述

负责主要通风机的正常安全运转工作。

2. 职责

（1）负责主要通风机的正常运转工作，熟悉本工种的工作状况，了解设备性能，熟悉操作规程，明确本岗位的工作范围内容，持证上岗。

（2）严格按操作规程进行操作，对所管辖的设备、设施（包括反风设施）负有管理、操作、保养的责任。

（3）严格执行巡回检查制度，发现异常情况及时向矿调度室汇报，并做好检查记录。雷雨及节日期间加强对设备的巡视，保证设备正常运行。

（4）严格执行要害场所管理制度及来人登记制度，禁止无关人员入内。

（5）掌握当班的设备运转情况，发现问题或发生事故应及时处理，并及时汇报。

（6）搞好室内卫生，做到窗明几净，设备清洁，并按期检修。

7.21.21 主提升机司机岗位责任制

1. 岗位描述

负责主提升机的正常安全运转工作。

2. 职责

（1）遵守劳动纪律，坚守工作岗位，不擅自脱岗，玩忽职守。

（2）熟悉机房内所属设备的技术性能、工作原理，做到“三好四会”。

（3）严格执行《要害场所管理制度》、巡回检查制度、设备包机制度、交接班制度、操作规程的规定。

（4）严格执行《矿山安全条例》《煤矿安全规程》《煤矿安全生产标准化管理体系基本要求及评分方法（试行）》中的有关规定，不违章操作。

（5）班中随时监控检查设备的运行状态，发现问题可根据实际情况采取有效措施，并及时汇报处理以避免事故的发生和扩大。

（6）爱护机器设备，爱护公共设施，经常保持设备及工作环境整洁，坚持文明生产。

（7）积极配合设备的检修维护工作，认真钻研技术，提高业务技术水平。

（8）负责日常设备的维护保养工作。

（9）认真、准确、及时地填写记录。

7.21.22 副提升机司机岗位责任制

1. 岗位描述

负责副提升机的正常安全运转工作。

2. 职责

（1）遵守劳动纪律，坚守工作岗位，不擅自脱岗、玩忽职守。

（2）熟悉机房内所属设备的技术性能、工作原理，做到“三好四会”。

（3）严格执行《要害场所管理制度》、巡回检查制度、设备包机制度、交接班制度、操作规程的规定。

（4）严格执行《矿山安全条例》《煤矿安全规程》《煤矿安全生产标准化管理体系基本要求及评

分方法（试行）》中的有关规定，不违章操作。

（5）班中随时监控检查设备的运行状态，发现问题可根据实际情况采取有效措施，并及时汇报处理以避免事故的发生和扩大。

（6）爱护机器设备，爱护公共设施，经常保持设备及工作环境整洁，坚持文明生产。

（7）积极配合设备的检修维护工作，认真钻研技术，提高业务技术水平。

（8）负责日常设备的维护保养工作。

（9）认真、准确、及时地填写记录。

7.21.23 副井口调车工岗位责任制

1. 岗位描述

负责副井口车场调车作业，安全完成当班运输任务。

2. 职责

（1）熟悉煤矿“三大规程”及矿井辅助运输的规章、制度，并在调车作业中，认真贯彻执行。

（2）熟悉副井弯道调车机的性能、工作原理及安全操作注意事项，熟悉副井弯道运输线路布置情况。

（3）巡回检查调车机电气控制系统，发现问题立即处理并向队长汇报。

（4）工作过程中密切检查副井弯道调车机沿线各轮轴转动情况和各阻车器完好情况，严禁设备带病运转。

（5）在运输区间内工作时，应在运输区间两端各20 m处设置警示标志，严格执行“行车不行人，行人不行车”的规定。

（6）保持信号系统畅通，联系可靠。

（7）负责弯道调车机沿线轨道内设备的卫生清理，确保无杂物。

（8）严格执行交接班制度，并认真填写交接班记录。

7.21.24 绞车司机岗位责任制

1. 岗位描述

负责绞车操作及日常维护。

2. 职责

（1）司机必须持证上岗，并随身携带专用工具。

（2）检查绞车周围情况，清理妨碍操作的障碍物。

（3）检查绞车机构、杠杆系统以及拉杆、栓、闸把等系统完整无误，方可运转作业。

（4）绞车运转过程中，应集中精力，时刻注意观察倾听设备运转情况及信号。

（5）停车时间较长时，应关闭电动机，此时钢丝绳处于拉紧状态，必须牢牢闸住制动闸。

（6）当听到紧急停车信号时，发现情况时，司机应一只手压下制动闸手把，同时另一只手松开工作闸。

（7）绞车停稳并摘钩后，司机先将电源切断，然后松开制动闸手把。

（8）作业完毕，检查绞车固定情况并加固。

（9）清理绞车周围卫生，保持文明生产。

（10）升井向值班人员汇报本班工作情况并填写有关记录。

7.21.25 柴油车司机岗位责任制

1. 岗位描述

负责柴油车的驾驶、保养，安全完成当班的运输任务。

2. 职责

（1）遵守劳动纪律，坚守工作岗位，认真执行交接班制度，保证完成当班的送料等任务。

（2）爱护机车，严格执行操作规程，勤检查、保养机车，保持机车的外貌整洁。

（3）认真学习技术，熟悉机车的构造、性能、控制原理。做到四会：会使用、会保养、会检查、会排除一般故障。

（4）随时检查机车的运行情况（温升、声响、气味），遇有可能造成事故的隐患，停止运行，及时处理并报告队长。

（5）坚守岗位，不得擅离职守，不允许他人搭乘机车。

（6）必须按规定数量拉车，不得多拉多载。

（7）严格按章作业，杜绝违章指挥、违章作业，积极排查工作区域的隐患，发现问题及时汇报处理。

（8）按时完成各项临时性任务。

7.21.26 信号工岗位责任制

1. 岗位描述

负责副井上、下信号接发工作，确保准确及时。

2. 职责

（1）遵守劳动纪律，坚守工作岗位，不迟到、不早退，保证信号设备安全完好。

（2）严格执行操作规程的规定，信号必须由专人负责，不得由非信号工发送信号。

（3）负责副井口上、下信号房内安全设施的管理，正确操作，保证发出信号正确无误、及时。

（4）熟悉信号台各操作按钮功能及控制原理、各配电柜供电原理。

（5）保持副井信号房内的清洁卫生，做到文明生产。

（6）做好上、下井物料及运输车辆的登记工作，确保物料运输正常循环。

（7）严格执行副井口各项管理制度，认真填写各种记录。

7.21.27 把钩工岗位责任制

1. 岗位描述

负责副井上、下井口把钩工作，确保副井提升安全顺利运行。

2. 职责

（1）遵守劳动纪律，坚守工作岗位，不迟到、不早退，保证信号设备安全完好。

（2）严格执行操作规程的规定，在工作中严格执行检身制度和乘人制度。

（3）负责副井口上、下各操车设备及安全设施的管理，正确操作，保证操车系统正常运行。

（4）熟悉各操车系统电路及油路工作原理，能处理一般性机械故障。

（5）保持副井井口及井底车场范围内的清洁卫生，做到文明生产。

（6）做好副井口运输车辆及物料的统筹工作，合理安排，确保物料运输正常循环。

（7）严格执行副井口各项管理制度，认真填写各种记录。

7.21.28 搬运工岗位责任制

1. 岗位描述

负责本队材料、设备的运送、装卸和其他物料的转运。

2. 职责

（1）参加业务学习和安全技术培训，持证上岗，熟悉运输线路和作业场所。

（2）运输物料要主动、及时、热情，保质、保量地运送到指定位置并码放整齐，不得随意摆放。

（3）物料运输过程中严格执行煤矿“三大规程”，做好自保、互保，不发生运输事故。

（4）运输途中发生问题要主动组织人员处理，重大问题要及时汇报队领导。

（5）运输过程中，要集中精力，不得嬉笑打闹，擅离职守。互创条件，不给生产制造影响。

（6）运输途中，绞车提升运输时，坚持执行“行车不行人，行人不行车”的规定。

（7）装、卸物料时，必须有可靠的稳固车辆的设施，以防跑车。

（8）严禁超长、超重、超高、超宽装车，不偏载，捆绑牢固。

（9）坚持工作汇报制度，做好工作记录，完成领导交办的各项工作。

7.21.29 带式输送机司机岗位责任制

1. 岗位描述

负责带式输送机的运转操作及维护工作，并完成本班的运输任务。

2. 职责

（1）带式输送机司机要熟悉设备技术特征、构造、性能及操作规程，且持证上岗。

（2）严格执行交接班制度，双方在静态下对设备进行全面检查，发现问题及时汇报，协助修理。

（3）运转期间若有异常停车，问题处理后再开车。

（4）严禁用带式输送机运送人员和物料。

（5）停机后，司机要与机电维护工协同检查，发现问题及时处理。

（6）清理输送机四周和设备上的杂物、浮煤，保持文明生产。

（7）损坏托辊及时更换，保证设备正常运行。

（8）升井后到队值班室填写运行记录和台账。

（9）完成领导交办的其他工作。

7.21.30 带式输送机检修工岗位责任制

1. 岗位描述

负责所管辖段内带式输送机设备的维修保养工作，保持设备完好，确保安全运转。

2. 职责

（1）负责本岗位带式输送机维修工作，按检修标准搞好设备零、部件的安装、维修工作，确保设备达到完好标准。

（2）做好带式输送机的维护检修工作，保证输送带不打滑、不跑偏，无撕裂输送带现象，保证不发生重大机械事故。每天对带式输送机保护装置进行试验，时刻保持保护装置灵敏可靠。做好试验记录。

（3）每天检查带式输送机各滚筒、输送带、张紧部分、清带器等各个部位，发现异常及时处理并报告队长。

（4）熟悉本岗位各种机电设备的原理、性能，不断提高技术素质，会迅速判断并排除故障。

（5）做到“三好、四会”（管好、修好、清洁好、会维护、会保养、会检查、会排除故障），保持设备处于完好状态。

（6）保管好工具、备品、配件。

（7）坚持文明生产，做好所维修设备的清洁工作，严格执行交接班制度，做好相关记录。

7.21.31 给煤机司机岗位责任制

1. 岗位描述

负责给煤机操作、维护、保养工作，确保给煤机安全运行。

2. 职责

（1）认真执行规章制度，坚守岗位，遵守操作规程，确保设备安全运行，杜绝一切违章操作行为。

（2）密切注意给煤机的运转情况，经常检查给煤机的给煤情况，发现问题及时汇报处理。

（3）认真做好班中记录，交接班后应及时向调度汇报交接班情况，并经常汇报给煤机的运转情况。

（4）实时掌握煤仓的煤位和设备的运行情况，听从班长的指挥。

（5）在放煤过程中要打开喷雾，带式输送机停时停喷雾，随时根据煤的干湿程度调节喷雾的大小。

（6）给煤机放不出煤时，应及时检查，防止堵仓。

（7）给煤机运行中发生堵仓时，必须严格执行专项措施。

（8）放煤时，发现水煤或物料卡机时，应及时处理并汇报。

（9）与带式输送机司机有可靠的信号及通信联系。

7.21.32 带式输送机清理工岗位责任制

1. 岗位描述

负责所管辖区域内的带式输送机清理工作，确保带式输送机有良好的运行环境。

2. 职责

（1）上班不迟到、不早退、不擅自离岗。

（2）坚守工作岗位，配合带式输送机司机做好原煤的清运工作。

（3）经常检查带式输送机，负责带式输送机上的落煤清理。

（4）清理带式输送机上的落煤时，必须停机，不可以积压过多，造成带式输送机带负荷运行。

（5）清理带式输送机时，必须按照带式输送机清理工安全操作规程的要求工作。

（6）带式输送机清煤时，与带式输送机司机要联系清楚。

（7）跨越带式输送机，必须走行人过桥。

7.21.33 大巷清理工岗位责任制

1. 岗位描述

遵章守纪，按时、按量地完成大巷清理工作，确保大巷整洁，做到文明作业、安全作业。

2. 职责

（1）熟知并掌握与本业务有关的应知应会知识和操作规程。

（2）开好班前会，明确清巷任务，做好准备工作。

（3）严格执行大巷运输有关规定，杜绝违章作业。

（4）负责在清巷地点前后来车方向 40 m 外，设立警戒指示信号，清理弯道时必须在直道设专人看护，确保清巷安全。

（5）保证清巷质量，使水沟、巷道达到标准要求。

（6）将所清的淤煤、浮煤、杂物及时装车运走，确保巷道整洁文明。

（7）工作结束后，拆除警戒信号，清点工具，并做好井巷标记。

7.21.34 矸石山提升机司机岗位责任制

1. 岗位描述

遵章守纪，尽职、尽责地完成当班矸石提升任务，做到安全生产。

2. 职责

（1）提升机司机必须持证上岗，并严格执行交接班制度和操作规程，安全完成当班的生产任务。

（2）严格执行上岗前的检查制度，做到安全生产。

（3）工作时要集中精力，听清信号并确认无误后方可开车。

（4）密切注视车辆运行情况和提升钢丝绳负荷的变化情况，发现问题应及时停车处理，并向队长汇报。

（5）应熟知设备的性能、构造、各种保护装置以及供电线路。密切注意绞车的运行情况，发现问题应及时停车处理，并正确处理运转中所发生的问题，并做好汇报工作。

（6）对设备要做到会保养、会维护并保持室内清洁卫生。

（7）开车时一定要稳，由慢变快，严禁放飞车。

（8）做好提升机的运行记录。

7.21.35　翻矸工岗位责任制

1. 岗位描述

主要负责排矸任务，确保安全生产。

2. 职责

（1）自觉遵守劳动纪律，严格执行各种管理制度，维护正常的安全生产秩序。

（2）明确分工，坚守工作岗位，不得擅离职守。

（3）熟悉作业规程、操作规程，操作熟练，团结协作。

（4）矸石山翻矸作业时，严格执行“行车不行人，行人不行车”的规定。

（5）积极完成岗位任务，爱护机械设备，严禁违章作业。

（6）现场有醒目的“非工作人员进入”的警示牌，禁止无关人员进入工作现场。

（7）严格执行交接班制度，并做好记录。

7.21.36　司炉工岗位责任制

1. 岗位描述

严格执行锅炉工安全技术操作规程，确保锅炉安全运行。

2. 职责

（1）严格遵守劳动纪律，不得擅自离开岗位，严禁无关人员进入锅炉房。

（2）锅炉房一切监测仪器、仪表、锅炉安全保护装置、设施必须齐全、有效，发现损坏按相应的处置预案，立即调换或调整。

（3）为了确保锅炉正常工作，锅炉上面和四周不得堆置任何易燃杂物，防止意外事故发生。

（4）生火前，必须根据操作规程做好安全检查，长期停炉必须做好一切安全保养工作。锅炉工必须配合修理人员做好每年锅炉保养年检工作。

（5）做好锅炉的运行记录，严格现场交接班制度并做好交接班记录。

（6）加强对锅炉及附属设施的日常巡检工作，并做好记录。

7.21.37　水质化验员岗位责任制

1. 岗位描述

负责锅炉用水规定化验项目的化验分析。

2. 职责

（1）按时、保质完成规定的各项化验分析项目，按规范采样，清洗试样瓶。

（2）掌握水质化验工艺原理、化学基础知识、各类化验项目的含义。懂一般电器知识。会正确使用各类化验仪器设备，会熟练操作规定的化验项目，会正确使用配制化学药品试剂，会排除干扰物对化验结果的影响。

（3）化验原始记录应做到认真、规范、整洁、连续、无涂改，及时、准确地提供化验报告。

（4）严格遵守化验室安全操作规程及化学试剂、化学药品使用保管制度。

（5）熟练掌握本岗位仪器设备的性能、原理，并能熟练操作，试验结束后做好仪器、器材等的保养和清理工作。

（6）软化水生产设备各项化验指标必须执行国家规定的标准，严禁弄虚作假。

（7）出现水质化验异常，查找原因及时汇报领导，并与锅炉房负责人联系，做好日常的工作记录。

（8）坚持业务学习，努力提高化验分析的速度、精度、可靠程度。

7.21.38　水处理工岗位责任制

1. 岗位描述

负责水处理工作，确保达标排放。

2. 职责

(1) 明确本岗位的职责范围，熟悉、掌握有关知识及操作技能。

(2) 执行交接班制度，本班出现的问题应及时处理，交接班时，要详细说明运行情况，交清运行记录，接班人员了解清楚后方可接岗。

(3) 严格按操作规程详细检查每一个操作单元的运行情况。

(4) 定期巡回检查，每 1 h 不少于一次。发现问题及时处理，并做详细记录。

(5) 熟悉工艺流程及各设备操作保证出水达标，分析记录必须准确、真实、齐全。

(6) 加强对设备、仪表、阀门的保养，定期加油，设备严禁带“病”运行。协助检修工，做好设备的维修及故障排除工作，并记录。

(7) 保持室内及室外卫生并负责污水站责任区的清洁卫生。

7.21.39 矿灯管理工岗位责任制

1. 岗位描述

负责矿灯的管理工作，确保矿灯安全使用。

2. 职责

(1) 负责矿灯、便携式瓦检仪、自救器、无线电话的管理工作。

(2) 监督瓦检仪的校验工作以及无线电话的完好情况，并确保充电可靠。

(3) 定期对自救器做气密性检查试验。

(4) 对充电架上的电压表和充电指示器应定期校验和检查，充电架上的电压表每月应使用标准电压表校验一次。

(5) 保持充电架卫生清洁，并监督检查矿灯、自救器卫生情况。

(6) 负责检查矿灯完好情况，发现损坏、亮度不足时需及时修复或更换，并做好记录。

(7) 负责矿灯、自救器领退登记工作，实行专人专柜，集中管理。

(8) 本班工作结束后要将本班工作情况认真记录，并向接班人员交代清楚。

7.21.40 无轨胶轮车司机岗位责任制

1. 岗位描述

在队长的领导下，做好车辆操作、管理、保养，以及运送、吊卸设备和材料等工作。

2. 职责

(1) 司机要刻苦钻研驾驶业务，严格遵守《煤矿安全规程》中的相关规定。

(2) 服从调度，按时出车，按月做好出车记录。

(3) 爱护车辆，经常保持车辆处于良好状态，车辆整洁，确保行车安全。

(4) 车辆需维修、更换配件和保养，司机应先报计划，经同意后方可维修、更换。未经批准或未在指定地点维修不予报销。

(5) 司机必须自带防止行车后自溜的设施或工具。

7.21.41 单轨吊司机岗位责任制

1. 岗位描述

负责单轨吊操作和日常维护工作。

2. 职责

(1) 坚守工作岗位，遵守劳动纪律，精力集中，不做与工作无关的事，严格执行交接班制度，安全完成当班工作任务。

(2) 熟悉单轨机车设备的性能、结构、原理、技术特征及操作方法，并会一般性维修、保养和处理简单故障。

（3）严格执行《煤矿安全规程》和操作规程。操作和检修时精力集中，做到起车稳、行车准，观察各仪表是否正常，如有异常，立即停车处理，如不能处理，向当班班长、跟班队长及值班人员汇报。

（4）坚守工作岗位，服从安排，有权拒绝违章指挥，杜绝违章作业。

（5）严格执行单轨机车保养、维护制度，按检修计划，定时检修机车各部件运转情况，并做好记录。

（6）认真检修设备和维护工作，保持设备完好，做好岗位范围内的卫生工作，对防尘设施和消防设施及时进行检查、维护。

（7）充分利用检修时间，按照检修计划对机车进行检修；机车检修工具及材料的存放整齐有序。

（8）保质、保量完成当班运输任务，负责清理好机车卫生，认真填写各种记录，与下一班交接好当班存在的问题和设备运行情况。

（9）坚持正规操作，保证设备安全运行。

7.22 机修厂岗位责任制

7.22.1 厂长岗位责任制

1. 岗位描述

负责机修厂各项安全生产管理工作，组织员工全面完成本矿下达的各种生产任务和各项指标。

2. 职责

（1）及时贯彻落实党和国家的安全生产方针、政策和上级有关安全生产方面的规定、命令、决定、通知等。

（2）按时参加本矿组织的各类专项检查、会议、活动等工作，做好与领导及其他部门之间的安全生产协调工作。

（3）根据本矿下达的生产经营考核指标，主持好厂务会，负责分解落实到班组、岗位，督促工作按时顺利完成。

（4）组织编制产品加工、设备检修工作计划，并组织实施，且确保检修的设备和制作的产品均达到技术要求和质量标准。

（5）负责机修厂安全生产管理工作，加强现场安全管理，经常深入车间及时了解设备运转情况和存在的安全问题，提出解决办法并安排专人负责落实，确保各项工作安全顺利开展。

（6）加强成本管理，开展“节支降耗、修旧利废”工作，并积极开展“小改小革、技术创新”工作，改善公司安全生产设施。

（7）负责建立健全各项安全生产规章制度，并对其进行不断完善，监督落实各项规章制度的顺利执行。

（8）坚持开展每周三次的安全活动，定期组织检查各工作岗位执行落实制度的情况，发现问题及时解决。

（9）对本厂发生的各类大小事故，及时组织有关人员分析，查明事故原因及责任者，提出处理意见及防范措施，杜绝类似事故。

（10）严抓劳动纪律和规章制度的执行，及时做好员工的工资核算和量化考核工作。

（11）认真听取、采纳职工对安全生产的合理化意见或建议，不断改善职工安全生产劳动条件和作业环境。

（12）组织全厂职工的业务知识学习和安全教育工作，积极开展“安全例会”“内部培训例会”及公司组织的其他活动。

7.22.2　副厂长岗位责任制

1. 岗位描述

协助厂长做好本厂的安全生产管理工作，参与生产经营计划的分解、落实，确保计划的完成，厂长外出期间，行使厂长责权。

2. 职责

（1）在厂长的领导下对所分管工作范围内的安全工作负责，协助厂长做好本厂的安全工作。

（2）协助厂长及时组织贯彻落实上级有关安全生产的指示、指令，值班期间有权代表厂长安排本厂当天各项工作，并对当天的安全生产负责。同时有权处理当天发生的一切问题，并做好相应记录及时向厂长汇报。

（3）深入工作现场，检查各工种岗位安全规章制度和操作规程的执行情况，制止违章操作行为。协助技术员确定复杂工作的作业工艺方案及安全注意事项。

（4）及时掌握厂内工作进度，认真听取职工对安全工作的意见，及时解决工作现场遇到的实际问题。

（5）熟悉、掌握厂内机电设备及其他安全设施的使用情况，并定期进行维护保养；配合厂长制定产品加工及设备维修计划；协助技术人员制定施工技术方案及安全技术措施，确保施工安全。

（6）加强材料管理，积极开展“节支降耗、修旧利废、小改小革、技术创新”工作。

（7）参加本厂各类机电设备及人身事故分析，查明事故原因及责任者，提出处理意见及防范措施，杜绝类似事故。

（8）配合厂长完善各类规章制度的编制工作，协助厂长完成员工工资分配工作。

（9）对分管范围内因违章作业造成的人身事故和非人身事故应负主要现场管理责任。

7.22.3　技术员岗位责任制

1. 岗位描述

负责技术管理工作，完成外来图纸审核、特种作业员工培训、安全措施编制、工作量考核、标准化文件编制等工作。

2. 职责

（1）在厂长的领导下，负责本队的技术管理工作。

（2）负责本单位固定资产投资计划的申报及材料预算的编制工作。

（3）按要求编制相关安全技术措施，协助领导做好安全隐患排查工作。

（4）推广新技术、新材料、新设备、新工艺的应用，负责本厂使用的机电设备更新和技术改造方案的制定和具体实施。

（5）经常深入工作现场及时掌握加工进度，认真听取工人的意见，及时解决现场遇到的技术问题，确保各工序工作顺利进行。

（6）了解掌握机电设备的使用状况及存在的安全隐患，及时安排机电设备日常检修工作，编制设备修理计划、检修施工工艺及安全技术措施，确保检修施工安全。

（7）参加本厂机电设备及人身事故分析，从技术层面查明事故原因，提出技术防范措施，杜绝类似事故。

（8）配合厂长开展好标准化管理工作，确保设备检修质量、产品加工质量符合相关技术标准及设计要求，并做好各类产品、工件技术数据的收集工作。

（9）加强员工培训学习，配合厂长组织开展“安全例会”“内部培训例会”及公司组织的其他活动。

（10）对分管范围内因违章作业造成的人身事故和非人身事故应负主要技术管理责任。

7.22.4 班组长岗位责任制

1. 岗位描述

根据工作安排，把当班的工作量分配到各个岗位人员，并根据工艺要求，协调全班组的工作，及时完成工件生产任务。

2. 职责

（1）在厂长的领导下，认真组织落实本班组安全生产措施，严格执行各项安全规章、制度，确保本班组安全生产，并对其负第一责任。

（2）认真做好现场管理，根据现场情况进行分工，发现安全隐患，及时组织排除，并立即向车间领导汇报。

（3）根据班组成员的安全生产情况，认真做好定额记分，并定期公布。

（4）负责组织本班组的事故追查、分析处理和汇报工作。

（5）按时参加部门有关会议，并组织传达、贯彻和落实。组织好班组安全会和安全活动日，抓好班组安全思想教育，学习先进的班组管理方法。

（6）严格执行质量管理制度，不断提高质量意识。认真学习业务技术知识，不断提高班组专业技术水平。

（7）按机械加工工艺的流程，合理调整劳动组织，协调各岗位的协作关系，提高工时利用率。

（8）按图纸要求监督检查各岗位工件的加工质量，确保符合相关规定。

（9）保持加工场所整洁，做到文明生产。

7.22.5 核算员岗位责任制

1. 岗位描述

在厂长的领导下，做好工资、定额、成本、员工福利等核算工作。

2. 职责

（1）坚守工作岗位，严格财经纪律和现金管理制度及其他有关规章制度，认真负责工作。

（2）加强业务知识学习，不断提高业务水平，适应工作发展需要。

（3）协助厂长做好定岗、定员和定额核算的管理工作。

（4）根据在册人数，核算出勤总天数、劳动天数、平均上班时间、出勤率，形成月汇总提供给厂长、人事劳资科。

（5）负责填报工伤保险的有关报表，及时掌握员工的工伤情况，按时上报相关部门。

（6）负责按相关规定核定员工的工伤保险待遇。

（7）负责做好员工每月各项社会保险的核算扣缴工作。

（8）负责核算资料的收集、汇总、整理工作，做好定期汇报工作，接受检查和监督。

7.22.6 材料员岗位责任制

1. 岗位描述

根据生产需要负责对所需材料的领取、保管和发放，确保生产材料的及时供应。

2. 职责

（1）根据下达的生产任务，结合本厂生产情况，制定材料消耗计划，并及时上报审批和领取，保证生产所需。

（2）做好材料的保管、回收工作，各种材料要分门别类、入册编号，收发有据、账物相符，并保持工具房整洁。

（3）材料按计划领取、发放，执行相关管理制度，积极做好修旧利废，努力降低材料消耗。

（4）材料、配件、工具要摆放整齐，经常检查整理，备足各种工具、配件和材料，满足生产需要。

（5）掌握每月材料计划和消耗情况，要做到心中有数，并定期向全厂公布，以利于节约材料，降低生产成本。

（6）服从分配，遵章守纪，负责保存好材料账目、单据和凭证。

（7）完成厂长交办的其他工作。

7.22.7 库管员岗位责任制

1. 岗位描述

负责库房管理，确保库存物资不变质、不丢失，满足安全生产需要。

2. 职责

（1）按规定做好物资设备进出库的验收、记账和发放工作，做到账物相符。

（2）随时掌握库存状态，保证物资、设备及时供应，充分发挥周转效率。

（3）定期对库房进行清理，保持库房整洁美观，使物资分类排列，存放整齐数量准确。

（4）不断加强业务学习，熟悉相应物资的品种、规格、型号、性能，努力提高业务及管理水平。

（5）做好库房安全管理工作，检查库房的防火、防盗设施，及时堵塞漏洞。

（6）对入库物资，保管员必须亲自检验，物品名称规格一定要核对无误，数量一定要清点（包括点数、检斤、计量等）准确，对不符合要求的物品，不得验收入库。

（7）保管人员要坚守岗位，按时上、下班，在规定的工作时间内不得擅离职守，班外时间如有要事、急事必须随叫随到，保证供应及时。

（8）仓库是物资供应重地，非保管人员不得随意出入停留，不允许代存私人物品，不得私自拿用、外借物品，不得白条抵库。

（9）做到以公司利益为重，爱护财产，不得监守自盗。

（10）对库存物资做到日清、月报、季年总结，所形成的报表一式三份，上报厂长。

7.22.8 机械维修工岗位责任制

1. 岗位描述

负责设备日常维修工作。

2. 职责

（1）遵纪守法，热爱本职岗位，严格执行本矿的各项规章制度和本工种安全技术操作规程。

（2）必须经过专业技术培训，考试合格，持证上岗，能独立工作，并且熟知《煤矿安全规程》《煤矿机电设备完好标准》《煤矿机电设备检修质量标准》《电业安全工作规程》和电气设备防爆的有关标准和规定。

（3）熟悉所维护设备的结构、性能、技术特征、工作原理和电气系统原理图及各安全保护装置的作用，会进行现场设备操作，掌握电气防灭火知识。

（4）上岗前必须按规定穿戴好相应的劳动保护、装具及相应的电气防护装置。

（5）检修工作中，拆卸的零、部件要妥善保管好，以防丢失或损坏。

（6）检修好的设备进行试运转时，与相关岗位工种密切配合好，确保安全。

（7）做好相关的加工、检修及验收记录。

（8）厉行节约，降低消耗，做好拆除回收、修旧利废工作。

（9）收工后要认真检查所用工具是否丢失，备件是否齐全，搞好环境卫生。

（10）完成厂长交代的其他任务。

7.22.9 电气维修工岗位责任制

1. 岗位描述

负责电气设备的检修工作，确保检修质量，杜绝电气设备失爆。

2. 职责

(1) 严格执行行业安全标准、技术规范，遵守本工种各项安全生产规章制度和安全操作规程。负责本厂电气设备的安装检修工作，确保设备安全检修。

(2) 具备一定的电工理论知识，经专业技术培训考试合格后持证上岗。

(3) 检修移挪电气设备时，严禁带电作业，必须遵守停电、验电、放电、装设短路接地线的规定。

(4) 检修高低压防爆开关时，不准任意改动原设备上的端子序号和标记，并要保护好防爆面，对失爆或不合格的防爆面要按规程要求进行修理。

(5) 检修前后的设备均需测试绝缘电阻，受潮或绝缘电阻低于规定要求的均应进行干燥处理。

(6) 设备检修后经检查、试验、送电试运转，合格后填写检修试运转记录并由参加人员签字后方可出厂。

(7) 因违章操作或工作失误造成人身事故和机电设备事故时应负直接责任。

(8) 严格按照规定正确穿戴和使用劳动防护用品。

(9) 用好、管理好所用的工具、仪器、仪表及安全用品，注意维护与保养，提高其使用率。要爱护图纸、资料、文件，保持清洁。

(10) 如有工作不负责任造成各种损失，应负直接责任。

7.22.10 起重机司机岗位责任制

1. 岗位描述

负责行车的正常安全运转工作，确保起吊安全。

2. 职责

(1) 努力学习，熟练掌握起重的基本知识和操作技能，严格遵守“起重工安全操作规程”，确保安全生产，做好本职工作。

(2) 服从指挥，确保起重工作安全完成。

(3) 熟练掌握起吊设备的结构特征和操作方法。

(4) 负责机电设备、大型结构件及其零部件的拖、运、吊、放等工作。

(5) 设备物件起吊前对所用的起吊器具必须进行详细检查，不合格的不使用，并及时进行除锈和加油。发现不安全情况时，立即停止作业。

(6) 高空作业时，应严格遵守“高空作业安全措施”。事先检查自己佩戴的保险带是否安全可靠，手用工具一定要用绳子拴好，确保安全生产。

(7) 起吊大型设备和部件时，在施工现场周围设立警戒和警戒人员，由专人负责，统一指挥，严禁超重起吊作业。

(8) 设备起吊完毕应打扫现场，清理好工具并妥善保管。

(9) 遵守劳动纪律和“交接班制度”，坚守岗位，做到随叫随到。

7.22.11 电气焊工岗位责任制

1. 岗位描述

负责对工件及材料进行切割或焊接工作，持证上岗。

2. 职责

(1) 严格执行行业安全标准、技术规范，遵守本工种各项安全生产规章制度和安全操作规程。

(2) 焊接前认真检查焊机、焊具及防护用品的完好性，以及电源线、焊接线的安全可靠性，排除工作现场存在的不安全因素。

(3) 气焊、气割要专人负责，严格执行操作规程和规章制度，确保安全生产。

(4) 成品及时入库，加工件摆放整齐，妥善保管。

(5) 正确使用劳保用品，严格执行规章制度，保证施工现场整洁，做到文明安全生产。

（6）根据生产计划及时完成铆焊件制修任务，并符合图纸技术要求，确保质量，消灭废品。

（7）认真审阅、熟悉图纸资料。如材料与图纸要求不符，无法解决所要材料时，必须取得技术员同意后，方可选用代用料。

（8）认真学习业务技术知识，加强岗位练兵，提高业务水平。

（9）完工后，要检查现场，将剩余边角料堆放到专设点，消除杂物。

7.22.12 车工岗位责任制

1. 岗位描述

负责车床的维护保养和使用，确保加工质量，完成当班加工任务。

2. 职责

（1）严格执行行业安全标准、技术规范，遵守本工种各项安全生产规章制度和安全操作规程。

（2）熟悉所操作设备的性能、技术参数等，熟练掌握安全操作规程及安全注意事项。

（3）熟悉图纸、工艺流程及产品质量标准，并严格执行图纸、工艺及有关技术要求。

（4）合理利用工件加工工艺与工件变形的关系对工件精度的影响，努力提高工件加工精度。

（5）在运转时不准用棉纱擦拭，不准用手直接清理切屑；保证冷却液正常供给，导轨面和刀架上不准存放工件、工具及刀具等物件。

（6）离开车床时应及时停车并切断电源，防止其他人员误操作。

（7）成品及时入库，加工件摆放整齐，妥善保管。保持车间清洁卫生，做到文明生产。

（8）协助机修工拆除或安装车床零部件，对易混零部件的装配关系或方向应绘制装配关系图，注明安装位置及方向。变速箱开盖后应及时进行遮盖以防异物落入变速箱。

（9）工作完毕，应将待加工件与加工好的工件分类存放，排列整齐，并及时清扫卫生。

（10）严格按规定正确穿戴和使用劳动防护用品。

（11）严格执行质量管理制度，不断提高质量意识。认真学习业务技术知识，不断提高专业技术水平。

（12）如有工作不负责任造成各种损失，应负直接责任。

7.22.13 钻工岗位责任制

1. 岗位描述

负责钻床的日常维护、保养和使用，安全高效地完成厂内下达的工件钻孔工作。

2. 职责

（1）严格执行行业安全标准、技术规范，遵守本工种各项安全生产规章制度和安全操作规程。

（2）熟悉所操作设备的性能、技术参数等，熟练掌握安全操作规程及安全注意事项。

（3）熟悉图纸、工艺流程及产品质量标准，并严格执行图纸、工艺及有关技术要求。

（4）正确操作钻床，严禁违章作业，做到“四不伤害”原则。

（5）作业完毕或离开钻床时应及时停机并切断电源，防止其他人员误操作。

（6）生产成品及时入库，加工件摆放整齐，妥善保管。保持钻床周围清洁卫生，做到文明生产。

（7）严格执行包机制度，定期对钻床进行检修、维护和保养，确保设备安全运行。

（8）如有工作不负责任造成各种损失，应负直接责任。

7.22.14 锯工岗位责任制

1. 岗位描述

负责锯床的使用和日常维护保养，安全高效地完成厂内下达的工件锯切工作。

2. 职责

（1）严格执行锯床行业安全标准、技术规范，遵守本工种各项安全生产规章制度和安全操作规程。

（2）熟悉所操作锯床的性能、技术参数等，熟练掌握安全操作规程及安全注意事项。

（3）正确操作铣床，严禁违章作业，做到“四不伤害”原则。

（4）作业完毕或离开铣床时应落下锯身，并切断电源，防止其他人员误操作。

（5）锯切完成的生产成品及时入库，摆放整齐，妥善保管。及时清洁锯床铁屑，做到文明生产。

（6）严格执行包机制度，定期对锯床进行检修、维护和保养，确保设备安全运行。

（7）如有工作不负责任造成各种损失，应负直接责任。

7.22.15 铣工岗位责任制

1. 岗位描述

负责铣床的日常维护保养和使用，安全高效地完成厂内下达的工件铣削工作。

2. 职责

（1）严格执行行业安全标准、技术规范，遵守本工种各项安全生产规章制度和安全操作规程。

（2）熟悉所操作铣床设备的性能、技术参数等，熟练掌握安全操作规程及安全注意事项。

（3）熟悉图纸、工艺流程及产品质量标准，并严格执行图纸、工艺及有关技术要求。

（4）正确操作铣床，严禁违章作业，做到“四不伤害”原则。

（5）作业完毕或离开铣床时应及时停机并切断电源，防止其他人员误操作。

（6）生产成品及时入库，加工件摆放整齐，妥善保管。保持铣床清洁卫生，做到文明生产。

（7）严格执行包机制度，定期对铣床进行检修、维护和保养，确保设备安全运行。

（8）如有工作不负责任造成各种损失，应负直接责任。

7.22.16 喷漆工岗位责任制

1. 岗位描述

负责厂内设备、产品的打磨、除锈、喷漆、防腐工作，对日常使用的设施进行维护保养。

2. 职责

（1）严格执行除锈防腐行业安全标准、技术规范，遵守本工种各项安全生产规章制度和安全操作规程。

（2）熟悉所操作打磨喷漆设施的性能及工作原理，熟练掌握安全操作规程及安全注意事项。

（3）熟悉所有油漆特性及喷漆技术要求。

（4）注意劳动安全防护，正确穿戴好合格的劳动防护用品。

（5）定期对打磨、喷漆设施进行维护和保养，确保设施安全可靠使用。

（6）积极开展双节活动，厉行节约，充分合理利用材料，降低生产成本。

7.22.17 叉车司机岗位责任制

1. 岗位描述

及时完成货物转运、装卸工作，保证安全装卸。

2. 职责

（1）工作前首先检查叉车轮胎气压刹车系统是否符合要求，方向是否灵活，燃料润滑油是否符合规定要求，装卸部位是否有安全隐患等。

（2）生产过程中根据指令和生产周转需要用叉车将转运、装卸物资安放到所在位置，符合搬运、装卸要求。

（3）设备维护，负责对叉车进行日常维护保养、各种油料添加、故障排除、轮胎充气润滑系统润滑，使叉车处于良好状态。

（4）严格执行叉车安全操作规程，杜绝违章叉运，注意厂区来往车辆、行人，避免发生车辆和人身伤亡事故，不野蛮装、卸，不乱堆、乱放，保证装卸物品完整、无损。

（5）现场工作保持环境整洁，叉车不乱停、乱放，按指定部位停放。

（6）叉车司机人为造成车辆损坏及伤及他人和物件，将根据情节轻重做出相应处罚。

（7）严禁酒后驾驶。不带病出车，不开带病车。爱护车辆，节约用油，保持车内外清洁。

（8）完成厂长交给的其他任务。

7.22.18 液压操作工岗位责任制

1. 岗位描述

负责液压设备的调试、维护保养与操作，确保液压支架、单体液压支柱的检修质量符合规定要求。

2. 职责

（1）液压工必须熟悉液压系统工作原理和液压控制系统，遵守本工种操作规程，能够按照完好标准维修保养液压支架、单体液压支柱。

（2）熟悉液压系统技术，掌握液压系统基本知识及液压元器件、油缸的构造及工作原理。

（3）严格执行液压支架、单体液压支柱的检修质量标准、检修工艺要求、试压、验收标准。

（4）努力学习安全知识和业务技术，工作积极主动，确保检修质量符合规定要求。

（5）牢固树立“安全第一”的思想，严格按“三大规程”作业，增强自主保安意识。

（6）杜绝“三违”和各类人为责任事故，保证安全生产。

（7）完成厂长交办的其他任务。

7.22.19 液压冲剪工岗位责任制

1. 岗位描述

负责液压冲剪机的日常调试、维护保养，及时完成厂内下达板料、型钢剪切或冲孔工作。

2. 职责

（1）严格执行液压冲剪行业安全标准、技术规范，遵守本工种各项安全生产规章制度和安全操作规程，持证上岗。

（2）必须熟悉液压冲剪机的结构、工作原理和液压控制系统，掌握本工种操作规程，能够按照要求完成各种板料、型钢的剪切和冲孔工作。

（3）熟悉冲剪机板料、型钢剪切和冲孔技术特性及数据误差。

（4）对液压冲剪机进行日常维护保养，确保设备安全运行。

（5）积极开展双节活动，充分、合理地利用材料，降低生产成本。

（6）牢固树立“安全第一”的思想，杜绝“三违”现象，保证安全生产。

7.22.20 液压剪板工岗位责任制

1. 岗位描述

负责液压冲剪机的日常调试、维护保养，及时完成厂内下达板料、型钢剪切或冲孔工作。

2. 职责

（1）严格执行液压冲剪行业安全标准、技术规范，遵守本工种各项安全生产规章制度和安全操作规程，持证上岗。

（2）必须熟悉液压剪板机的结构、工作原理和液压控制系统，掌握本工种操作规程，能够按照要求完成各种板料、型钢的剪切工作。

（3）正确操作液压剪板机，严禁违章作业，确保下料的规格精度。

（4）对液压剪板机进行日常维护保养，确保设备安全运行。

（5）积极开展双节活动，充分、合理地利用材料，降低生产成本。

（6）作业完毕或离开液压剪板机时，必须及时停机，切断电源。

（7）完成厂长交办的其他工作。

7.23 选煤厂岗位责任制

7.23.1 厂长岗位责任制

1. 岗位描述

对全厂的安全生产、经营管理和双文明建设全权负责。

2. 职责

（1）负责贯彻党和国家的路线、方针政策、法令、法规，执行上级主管部门的命令、决定和通知，完成上级下达的各项计划任务。

（2）健全本厂各项管理制度，并组织实施。

（3）根据下达的各项计划、指标进行分解，落实到车间、班组；落实目标责任制，监察、指导、考核工作；动态掌握生产经营目标的完成情况。

（4）加强成本控制，降低非生产性支出；做好节能减排工作；实现资源节约型、环境友好型、人与自然的和谐目标。

（5）负责组织全厂员工、技术人员抓好科技创新工作，不断改进选煤工艺及流程，提高煤炭产品的质量，提高产品回收率。

（6）抓好选煤厂安全生产标准化达标升级工作，实现双文明建设目标。

（7）主持召开每月、每周各副职、部门负责人参加的安全会议、生产例会及办公会议，研究解决生产、经营、安全等方面的重大问题。

（8）根据上级有关规定，负责培养、选拔等人事管理工作、劳动组织和工资奖励工作。

（9）组织制定职工安全培训计划，并监督实施。

（10）定期向矿长汇报工作。

7.23.2 安全副厂长岗位责任制

1. 岗位描述

协助厂长做好全厂安全生产管理工作，根据下达的安全生产考核控制指标，参与分解落实，确保安全生产。

2. 职责

（1）严格执行煤矿“三大规程”，带头学习、贯彻党的安全生产方针和本矿的安全生产规章制度。监督检查本厂各岗位安全生产责任制的落实与隐患的排查整改，保证安全生产。

（2）安全副厂长负责分解制定本厂安全生产考核控制指标，落实到班组、岗位，并做好监督考核工作。

（3）参加作业规程、施工安全技术措施的审查把关工作，并督查在现场的落实。

（4）推广应用安全管理新经验、新理念，协助厂长研究制定安全生产激励、约束机制建设的指导意见和实施方案，做到长治久安、本质安全。

（5）定期分析本厂安全生产形势，经常深入现场狠反“三违”。掌握安全生产动态，向厂长提出加强安全管理工作的建议，及时解决安全生产中的问题。

（6）负责对事故的追查、分析和处理，落实事故处理“四不放过”原则。

（7）制定年度、季度、月度安全工作计划，总结当月工作情况，布置下一个月安全工作。

（8）负责做好“三违”人员的帮教工作，按时组织召开安全例会，做好阶段性、季节性的安全生产重点工作。

（9）加强现场管理，督查各岗位工种的持证上岗，协助做好职工培训、复训工作。

（10）参加重大事故的抢救和追查处理，遇紧急情况有权处理安全生产中的问题，并向厂长报告。

（11）定期向厂长汇报工作。

7.23.3 生产副厂长岗位责任制

1. 岗位描述

在厂长的领导下，协助抓好选煤厂管理，完成煤炭运销及洗选加工任务。

2. 职责

（1）根据矿井年、季、月的生产经营计划，组织编制运销、选煤的年度、季度、月度生产计划，并分解落实到班组。

（2）不断改进运销及选煤的劳动组织，督促落实设备检修制度，确保生产运行正常，提高生产效率。

（3）做好系统的隐患排查治理工作，确保安全生产。

（4）协助厂长做好事故应急救援预案和演练工作，提高全厂员工的安全意识。

（5）落实全厂员工的岗位责任制，认真抓好安全生产标准化工作。

（6）按时召开运销及选煤专题会议，安排部署工作。听取合理化建议，解决生产中存在的问题，改进选煤工艺管理，改进操作方法。

（7）经常向厂长汇报分管范围内的工作情况，负责完成厂长交办的其他工作。

7.23.4 机电副厂长岗位责任制

1. 岗位描述

在厂长的领导下，负责全厂机电管理工作。

2. 职责

（1）协助厂长贯彻执行党的路线、方针、政策，执行上级主管部门的指令、决定，完成厂长交办的各项工作。

（2）负责全厂机电设备的维护、检修，保证正常运行。

（3）加强管理，做好安全生产标准化，提高设备完好率和利用率，保障安全生产。

（4）负责全厂供电、供水、供热、通信、材料和备件供应等计划的编制，并组织实施。

（5）负责非标零配件的制作。

（6）负责组织机电设备更新、设备大修计划的编制，并组织实施。

（7）定期召开专业会议，制定和完善机电设备管理制度及安全措施，对运行中存在的问题和隐患，及时采取措施。

（8）定期向厂长报告工作。

7.23.5 技术副厂长岗位责任制

1. 岗位描述

在厂长的领导下分管技术方面工作，并对厂长负责。

2. 职责

（1）负责对全厂技术工作提出计划安排，并向厂长报告工作。

（2）协助厂长工作，贯彻执行上级主管部门的技术政策。

（3）负责全厂工程技术人员及工人的技术培训和教育等工作，培训、复训、持证等符合规定。

（4）负责组织全厂技术革新和技术改造工作，不断优化洗选工艺，提高产品质量与回收率。

（5）深入现场，解决技术难题，做好安全生产标准化工作。

（6）组织编写和审查有关技术方面的文件、资料，并进行总结，以及选煤厂发展的远景规划和各种规程，负责指导技术资料、技术档案的管理工作。

（7）定期向厂长汇报工作，完成厂长临时交办的任务，当好参谋和助手。

7.23.6 班组长岗位责任制

1. 岗位描述

在生产副厂长的领导下，做好选煤厂的生产管理。

2. 职责

（1）负责本组的行政管理、安全生产、文明生产、劳动纪律和生产计划的完成。

（2）负责召开本组工作会议，做到上情下达，下情上报。

（3）贯彻落实上级安全生产的方针、政策，及时汇报本组的生产工作情况。

（4）负责本组人员的请假审批。

（5）对本组的机电检修工作负责，确保设备完好率达95%，降低事故率。

（6）审查本组员工的出勤情况，安排好轮休，为职工创造良好的工作环境。

（7）完成经济技术指标，提高工作质量，做好安全生产标准化工作。

7.23.7 值班员岗位责任制

1. 岗位描述

协调各岗位生产安全、做好上传下达，遇有紧急、重要、特殊情况及时报告。

2. 职责

（1）全天24 h值班，随时了解生产情况，接听、记录当天各班安全生产及生产计划的完成情况。

（2）处理厂长授权范围内的有关工作，安排好安全生产。

（3）及时向上级汇报生产情况，传达上级指示。

（4）及时填写值班日志、电话记录和事故登记，发生事故及时向厂长及公司调度室汇报，并按领导的指令执行。

（5）参加班前会，介绍上一班生产情况及存在的问题，提出当前班次工作任务、完成所要注意的事项。

（6）遵守劳动纪律，坚守工作岗位，认真执行交接班制度。

7.23.8 核算员岗位责任制

1. 岗位描述

负责核签、收集、汇总、整理、分析数据。

2. 职责

（1）坚守工作岗位，严守财经纪律和现金管理制度及其他有关规章制度，认真负责，做好全厂的工资核算。

（2）负责全厂工资、奖金的领发工作，以及劳保福利用品，退休、评残等手续办理。

（3）负责职工的考勤或考勤期间检查、监督管理工作。

（4）负责职工的工作量记录、定额考核和统计报表、整理资料等业务。

（5）做好领导临时安排的其他各项工作。

7.23.9 材料员岗位责任制

1. 岗位描述

根据生产需要负责对所需材料的领取、保管和发放，确保生产材料的及时供应。

2. 职责

（1）根据生产任务，结合厂内生产情况，制定材料消耗计划，并及时上报审批和领取，保证生产所需。

（2）做好材料的保管、回收工作，各种材料要分门别类、入册编号，收发有据、账物相符，并保持工具房整洁。

（3）材料按计划领取、发放，执行相关管理制度，积极做好修旧利废，努力降低材料消耗。

（4）材料、配件、工具要摆放整齐，经常检查整理，备足各种工具、配件和材料，满足生产需要。

（5）掌握每月材料计划和消耗情况，要做到心中有数，并定期向全厂公布，以有利于节约材料，降低生产成本。

（6）服从分配，遵章守纪，负责保存好材料账目、单据和凭证。

（7）完成领导交办的其他工作。

7.23.10 库管员岗位责任制

1. 岗位描述

做好入库设备、材料管理工作，所有物资按类存放，要求摆放整齐、美观，设备等防水、防潮物资不得露天存放。

2. 职责

（1）按规定做好物资设备进出库的验收、记账和发放工作，做到账物相符。

（2）随时掌握库存状态，保证物资、设备及时供应，充分发挥周转效率。

（3）定期对库房进行清理，保持库房整齐美观，使物资分类排列，存放整齐数量准确。

（4）不断加强业务学习，熟悉相应物资的品种、规格、型号及性能，努力提高业务及管理水平。

（5）做好库房的安全管理工作，检查库房的防火、防盗设施，及时堵塞漏洞。

（6）对入库物资，保管员必须亲自检验，物品名称规格一定要核对无误，数量一定要清点（包括点数、检斤、计量等）准确，对不符合要求的物品，不得验收入库。

（7）保管人员要坚守岗位，按时上、下班，在规定的工作时间内不得擅离职守，保证供应及时。

（8）仓库是财物重地，非保管人员不得随意出入停留，不允许代存私人物品，不得私自拿用、外借物品，不得白条抵库。

（9）做到以矿利益为重，爱护财产，不得监守自盗。

（10）对库存物资做到日清、月报、季年总结，所形成的报表一式三份，上报主管领导。

（11）完成领导交办的其他工作。

7.23.11 采制样工岗位责任制

1. 岗位描述

负责采煤取样工作，为化验做好准备。

2. 职责

（1）负责在规定时间、规定地点，按操作规程采取煤样。

（2）负责将煤样在规定的时间内制成标准煤样并分配煤样，及时贴好标签送交化验员。

（3）将煤样按品种、指标进行缩制，要保证粒度和质量符合要求。

（4）接收煤样要检查其是否符合规定标准，符合标准即可登记台账并保持整齐干净。

（5）负责本岗位设备、仪器、工具的保管维护，做好岗位的清洁卫生工作。

（6）接受领导安排的临时制样和煤泥水浓度测定工作，态度诚恳，圆满完成。

7.23.12 化验工岗位责任制

1. 岗位描述

在厂长的领导下，严格履行化验员职责，做好化验工作。

2. 职责

（1）严格执行各项目的操作规程，严禁违章操作。

（2）认真计算各种化验结果，按时、保质、保量完成分析化验任务。

（3）应知应会各种仪器的结构、原理及操作要领，严格执行计量器使用、维护、保养制度。

（4）严格履行手续，妥善保管各种分析化验的原始资料。

（5）爱护公共财物，特别是仪表、仪器等设备，严禁在干燥箱和马弗炉内烘烤易蒸发、易爆物品。

（6）经常保持室内外卫生清洁和各种仪表、仪器的管理卫生。

7.23.13 机械检修工岗位责任制

1. 岗位描述

熟悉各种机械设备的原理、构造、性能，负责各种机械设备的检修、维护、定期保养等工作，处理设备运行中出现的各类故障。

2. 职责

（1）服从领导，听从指挥，严守岗位，提高工时利用率，加强责任心，完成或超额完成计划任务。

（2）严格执行安全操作规程及各项规章制度，保质、保量地完成生产检修任务，按时填写好记录。

（3）严格按照图纸要求进行拆卸和安装。

（4）做好工作场地的清理，保证工房及环境卫生整洁。

（5）起重作业，必须按起重作业规程操作，并有专人负责。

（6）负责保管好本岗位的照明、通信等设施，完成领导交给的任务，搞好团结协助。

7.23.14 电气检修工岗位责任制

1. 岗位描述

负责电气设备的检修工作，确保检修质量，杜绝电气设备失爆。

2. 职责

（1）严格执行行业安全标准、技术规范，遵守本工种各项安全生产规章制度和安全操作规程。负责本厂电气设备的安装检修工作，确保设备安全检修。

（2）具备一定的电工理论知识，经专业技术培训考试合格后持证上岗。

（3）检修移挪电气设备时，严禁带电作业，必须遵守停电、验电、放电、装设短路接地线的规定。

（4）检修高低压防爆开关时，不准任意改动原设备上的端子序号和标记，并要保护好防爆面，对失爆或不合格的防爆面要按规程要求进行修理。

（5）检修前后的设备均需测试绝缘电阻，受潮或绝缘电阻低于规定要求的均应进行干燥处理。

（6）设备检修后经检查、试验、送电试运转，合格后填写检修试运转记录并由参加人员签字后方可出厂。

（7）因违章操作或工作失误造成人身事故和机电设备事故时应负直接责任。

（8）严格按照规定正确穿戴和使用劳动防护用品。

（9）用好、管理好所用的工具、仪器、仪表及安全用品，注意维护与保养，提高其使用率。要爱护图纸、资料、文件，保持清洁。

（10）如有工作不负责任造成各种损失，应负直接责任。

7.23.15 配电工岗位责任制

1. 岗位描述

做好配电室设备的维护、保养，确保厂区安全正常供电。

2. 职责

（1）配电室值班员必须坚守岗位，不得擅自离岗，必须持证上岗。

（2）值班人员要严格执行“选煤厂安全规程”，保证人身、设备安全。

（3）上岗前必须按规定穿戴好相应的劳动保护装置。必须熟悉配电室供电系统和设备布置情况，了解各馈出柜的负荷性质、容量和运行方式。熟知配电设备的性质、一般构造及工作原理，并掌握操作方法，独立操作。

（4）雷雨及节假日期间加强对设备的巡查力度，确保供电安全。

（5）保管好各种工器具、设施，执行要害场所管理制度，做好安保措施。

（6）值班人员根据工作需要，按停送电制度认真做好设备的停送电操作。

（7）值班人员遵守巡回检查制度，对设备仪表规定进行检查。

（8）值班人员要对设备仪表运行情况负责，对检查中发现的隐患、故障要及时汇报，并协助检修工处理。

（9）值班人员要认真填写好运行记录。

（10）值班人员必须每班打扫一次卫生，做到窗明地净，文明生产。

7.23.16 重介旋流器司机岗位责任制

1. 岗位描述

负责重介旋流器的操作、保养，做好相关联设备操作人员的联系，安全完成当班任务。

2. 职责

（1）掌握重介旋流器的基本理论、设备结构及日常维护保养常识，保持设备完好及安全运行且持证上岗。

（2）负责重介旋流器的操作、维护及保养，确保设备正常运转。

（3）严格遵守安全操作规程及本厂各项规章制度，确保设备、人身安全无事故，集中精力做好本职工作。

（4）经常与上、下连接设备取得联系，及时开停车。

（5）经常检查设备，发现问题立即处理或汇报。

（6）负责本岗位区域内的卫生工作，做到设备清洁，地面干净，无积煤，无积水。

（7）坚持交接班制度，认真填写当班设备运转记录，听从班组长和值班人员的领导与指挥。

7.23.17 振动筛司机岗位责任制

1. 岗位描述

负责振动筛的操作、保养，确保安全完成当班任务。

2. 职责

（1）掌握振动筛的构造、性能及维护保养常识，保持设备完好且持证上岗。

（2）按设备完好要求，维护检查振动筛及附属设备，保证设备正常运转和设备完好。

（3）负责看护本岗位设备的正常运行，发现问题立即汇报或处理。

（4）负责本岗位区域内的卫生工作，做到设备清洁，地面干净，无积煤，无积水。

（5）坚持现场交接班制度，认真填写当班设备运转记录，听从班组长和值班人员的领导与指挥。

7.23.18 高频筛司机岗位责任制

1. 岗位描述

负责高频筛的操作、保养及安全运转工作，完成当班的作业任务。

2. 职责

（1）掌握高频筛的构造、性能及维护保养常识，保持设备完好且持证上岗。

（2）按设备完好要求，维护检查高频筛及附属设备，保证设备正常运转和设备完好。

（3）负责看护本岗位设备的正常运行，发现问题立即汇报或处理。

（4）负责本岗位区域内的卫生工作，做到设备清洁，地面干净，无积煤，无积水。

（5）坚持现场交接班制度，认真填写当班设备运转记录，听从班组长和值班人员的领导与指挥。

7.23.19 脱介筛司机岗位责任制

1. 岗位描述

在组长的领导下，负责脱介筛的操作、保养工作。确保产品质量指标符合规定。

2. 职责

（1）掌握脱介筛的构造、性能及维护保养常识，保持设备完好且持证上岗。

（2）在组长的领导下，负责精煤脱水、脱介，水分指标控制在7%及以下。

（3）按设备完好要求，维护检查脱介筛及附属设备，保证正常运转和设备完好，并按信号规定程序启动、停止。

（4）负责调节脱介筛喷水阀门，保证阀门畅通，降低介质消耗。

（5）在生产过程中做到筛子不跑煤、不跑介、不跑水、不漏油、不过负荷、不压筛子，正常运转。

（6）筛子必须每班清理一次，搞好设备卫生，做到安全文明生产。

（7）坚持现场交接并按规定填写交接班记录。

7.23.20 弧形筛司机岗位责任制

1. 岗位描述

负责弧形筛的操作维护，做到安全运转，确保完成当班作业任务。

2. 职责

（1）掌握弧形筛的构造、性能及维护保养常识，保持设备完好且持证上岗。

（2）按设备完好要求，维护检查弧形筛及附属设备，保证正常运转和设备完好，并按信号规定程序启动、停止。

（3）筛子在生产过程中要求做到不跑煤、不跑水、不漏油、不过负荷、不压筛子，正常运转，保证脱水、脱介效果。

（4）筛子必须进行定期检修，搞好设备卫生，做到安全文明生产。

（5）坚持现场交接并按规定填写交接班记录。

7.23.21 动筛集控操作工岗位责任制

1. 岗位描述

负责动筛机集控装置运行操作，执行本岗位调度、管理工作。

2. 职责

（1）准确下达上级领导和厂领导对生产的指示、命令，并督促检查贯彻执行情况。

（2）对生产中出现的各种问题，根据上级命令及时灵活机动地组织各班组配合迅速处理并及时向上级汇报处理结果。

（3）密切监视模拟盘，严格控制操纵台，掌握生产情况，调节平衡生产。

（4）根据煤质情况控制好重介分选技术参数。

（5）及时接转各班组、各岗位的通信联系，听取各岗位的生产情况汇报，并做好记录。

（6）严格执行安全规程，认真填写各种台账及生产报表，掌握生产动态，掌握生产主动权。

（7）搞好岗位卫生，做到窗明地净，物见本色，文明生产。

（8）禁止闲杂人员进入操纵室，确保操纵人员工作秩序。

（9）坚持现场交接班。

7.23.22 重介集控操作工岗位责任制

1. 岗位描述

负责重介集控装置运行操作，执行本岗位调度、管理工作。

2. 职责

(1) 负责动筛机集中控制装置的操作与管理工作，并持证上岗。

(2) 掌握集中控制动筛的程序，了解所负责的煤流系统，合理安排、调度各动筛的运转。

(3) 做好详细的运转记录和事故记录。

(4) 严格遵守各项规章制度，配合班、队长对本班人员的行为规范进行管理，认真执行交接班制度。

(5) 及时向公司调度和队领导汇报动筛事故。

(6) 遵守劳动纪律，坚守工作岗位，工作用语简洁、标准、规范、文明。

(7) 按规定进行巡回检查、试验动筛保护装置，确保其灵敏可靠。

(8) 集控员按照要求和程序操作电脑，做好上岗人员的记录工作。

(9) 集控员协助机电维修工查询设备故障，配合设备故障修理。

7.23.23 刮板输送机司机岗位责任制

1. 岗位描述

负责刮板输送机的操作、维护工作，确保安全完成当班的输送任务。

2. 职责

(1) 掌握刮板输送机的机械性能和维护保养常识，能够处理一般故障，保持设备完好且持证上岗。

(2) 熟悉运输系统工艺流程，严格按照操作规程操作。

(3) 试运行前要观察周围是否有作业人员，输送机中有无妨碍运转的物体。

(4) 现场进行交接班，双方要在静态情况下对设备进行全面检查，发现问题及时解决。

7.23.24 浮选机司机岗位责任制

1. 岗位描述

负责浮选机的操作、调整、保养；确保安全作业；完成各类产品指标计划，搞好文明生产。

2. 职责

(1) 掌握浮选机及其附属设备的构造、工作原理、技术特征、操作调整方法及维护保养常识，确保各部位润滑良好、各管路阀门畅通无阻、灵活好用，保证设备正常运行及设备完好且持证上岗。

(2) 掌握浮选工作的基本知识、药剂的用量配法、煤与药剂的作用原理、影响浮选效果的各种因素等。

(3) 熟悉煤泥水工艺流程及产品指标要求，按计划均衡，稳定完成各类产品指标，不断降低药剂量。

(4) 搞好本岗位设备及环境卫生，做到窗明地净，物见本色。

(5) 认真做好设备运行记录及交接班记录。

7.23.25 振动式给煤机司机岗位责任制

1. 岗位描述

负责振动筛的操作、保养，确保安全运转，完成当班作业任务。

2. 职责

(1) 掌握振动式给煤机的机械性能和维护保养常识，能够处理一般故障，保持设备完好且持证上岗。

(2) 熟悉工艺流程和运输系统，严格按操作规程操作。

(3) 保证给煤量的均匀连续。

(4) 对设备要勤检查，发现一般问题及时排除，如遇特殊情况有权停车并及时汇报集控室。

(5) 认真按岗位标准作业，提高自主保安能力，做到不安全不生产。

(6) 搞好本岗位的设备及环境卫生，做到窗明地净，物见本色。

（7）严格遵守各项规章制度，按时履行交接班手续，认真填写交接班记录。

7.23.26 往复式给煤机司机岗位责任制

1. 岗位描述

负责往复式给煤机的操作、保养工作，确保安全作业，做好作业环境卫生。

2. 职责

（1）掌握给煤机的机械性能和维护保养常识，能够处理一般故障，保持设备完好且持证上岗。

（2）熟悉工艺流程和运输系统，严格按操作规程操作。

（3）保证给煤量的均匀连续，负责煤仓口的清理工作。

（4）对设备要勤检查，发现一般问题及时排除，如遇特殊情况有权停车并及时汇报集控室。

（5）认真按岗位标准作业，提高自主保安能力，做到不安全不生产。

（6）搞好本岗位的设备及环境卫生，做到窗明地净，物见本色。

（7）严格遵守各项规章制度，按时履行交接班手续，认真填写交接班记录。

7.23.27 带式输送机司机岗位责任制

1. 岗位描述

负责带式输送机操作、维护，做到文明生产。

2. 职责

（1）带式输送机司机要熟悉设备的技术特征、构造、性能及操作规程且持证上岗。

（2）严格按照交接班制度，双方在静态下对设备进行全面检查，发现问题及时汇报，协助处理。

（3）运转期间若有异常停车问题，处理后再开车。

（4）严禁用带式输送机运送人员和其他非煤物料。

（5）损坏托辊及时更换，保证设备正常运行。

（6）定期清理输送机四周及设备上的杂物、浮煤，保证文明生产。

（7）搞好设备与环境卫生，做到窗明地净、物见本色。

（8）认真做好交接班记录。

7.23.28 破碎机司机岗位责任制

1. 岗位描述

负责破碎机的操作、维护，做好与相关联设备操作司机的联系，确保安全作业。

2. 职责

（1）负责破碎机的操作、维护与保养，确保破碎机正常运转。

（2）严格遵守安全操作规程及本车间各项制度，确保设备、人身安全无事故，集中精力做好本职工作。

（3）经常与动筛跳汰机司机、带式输送机司机取得联系，及时开停车。

（4）经常检查设备，发现问题立即处理或汇报。

（5）负责本岗位区域内的卫生工作，做到设备清洁，地面干净，无积煤，无积水。

（6）坚持交接班制度，认真填写当班设备运转记录，听从班组长和值班人员的领导与指挥。

7.23.29 动筛跳汰机司机岗位责任制

1. 岗位描述

负责动筛跳汰机的操作、保养，做好与相关联设备操作司机的联系，确保安全作业及煤炭产品质量。

2. 职责

（1）掌握动筛跳汰机的构造、机械性能、日常维护保养常识，能够处理一般故障，保持设备完好及安全运行且持证上岗。

（2）根据原煤性质及动筛的最佳处理能力，调整入选原煤量，完成各项生产技术指标。

（3）熟悉工艺流程，严格按操作规程操作。

（4）根据原煤情况，正确调整振幅及排料速度。

（5）根据生产实际情况，更换动筛清水，清理床层，保证块精质量。

（6）经常与清水泵、原煤带式输送机等岗位联系，做到开停车及时。

（7）做好岗位设备与环境卫生，窗明地净，设备要擦拭干净。

（8）严格遵守各项规章制度，认真填写设备运行记录和交接班记录。

7.23.30　斗提机司机岗位责任制

1. 岗位描述

在班长的领导下，负责斗提机操作、保养，做好与相关联岗位的联系，确保安全作业。

2. 职责

（1）掌握斗提机的构造、机械性能及维护保养常识，保持设备完好且持证上岗。

（2）严格遵守安全操作规程及本车间各项制度，确保设备人身安全无事故，集中精力做好本职工作。

（3）做好与相关岗位的联系工作，发生事故要立即向集控室汇报。

（4）负责本岗位照明、通信、防火设施的看护及工器具的看管。

（5）负责本岗位区域内的卫生工作，做到设备清洁、地面干净、无积煤、无积水。

（6）坚持现场交接班，认真填写设备运行记录，听从班组长和值班人员的领导与指挥。

7.23.31　精煤压滤机司机岗位责任制

1. 岗位描述

负责精煤压滤机的操作、保养工作。确保安全作业，产品指标符合规定，做到文明生产。

2. 职责

（1）掌握压滤机及附属设备的构造及工作原理、机械性能、技术特征及维护保养常识，严格按操作规程正确操作，确保设备正常运转及设备完好，且持证上岗。

（2）熟悉煤泥水工艺流程及产品指标要求。

（3）经常巡回检查滤饼脱落情况，滤布是否破损，是否平整，发现异常情况立即处理或汇报。

（4）搞好岗位设备与环境卫生工作，做到窗明地净、物见本色。

（5）认真做好设备运行记录及交接班记录。

7.23.32　尾煤压滤机司机岗位责任制

1. 岗位描述

负责尾煤压滤机的操作、保养工作。做好与相关联设备操作司机的联系，确保安全作业，确保产品及压滤浓度指标按计划完成。

2. 职责

（1）掌握设备的构造性能、工作原理及维护保养常识，严格按操作规程操作该设备及附属设备，确保安全运行及设备完好且持证上岗。

（2）经常与煤泥带式输送机、压滤入料泵、浓缩底流泵工人取得联系，做到深锥、滤液池不溢、不漏、不堵，按时放空。

（3）经常检查设备，发现问题立即处理或汇报，每周冲洗一次滤布。

（4）按计划均衡完成尾煤水分及压滤浓度指标，为实现洗水闭路循环把好关。

（5）搞好本岗位设备与环境卫生，做到窗明地净、物见本色，安全文明生产。

（6）认真做好各项记录，坚持交接班制度。

7.23.33　浓缩池司机岗位责任制

1. 岗位描述

负责浓缩机的操作、保养，做好与相关岗位的联系，确保安全作业、文明生产。

2. 职责

（1）掌握浓缩机的构造性能、工作原理及维护保养常识，确保设备完好及正常运行。

（2）熟知煤泥水系统工艺流程，掌握浓缩机的操作技术，严格按操作规程正确操作。

（3）经常与相关岗位取得联系，密切配合。

（4）经常检查设备，发现问题立即处理或汇报。

（5）搞好岗位设备及环境卫生，做到文明生产。

（6）认真做好设备运行记录、交接班记录。

7.23.34　离心机司机岗位责任制

1. 岗位描述

负责离心机的操作、维护工作，做好与相关岗位的联系，完成产品的相关指标。

2. 职责

（1）掌握离心机的构造、性能及维修保养常识，保持设备完好且持证上岗。

（2）负责离心机的正常运转、操作、调整、使用，维护保养设备。

（3）经常对设备各部位进行巡回检查，发现异常，及时汇报处理。

（4）保证上入料口畅通。

（5）经常检查筛网及离心液的情况，防止漏煤、跑粗，筛网如有磨损，及时报告有关人员更换。

（6）经常与相关岗位取得联系，及时调整各台负荷，按要求完成产品检查。

（7）搞好设备环境卫生，做到窗明地净。

（8）认真填写本岗位各种记录，坚持现场交接班。

7.23.35　磁选机司机岗位责任制

1. 岗位描述

在班长的领导下，负责磁选机的操作、保养工作，确保安全作业，做到文明生产。

2. 职责

（1）负责磁选机的操作、维护与保养，确保磁选机正常运转。

（2）严格遵守安全操作规程及本车间各项制度，确保设备、人身安全无事故，集中精力做好本职工作。

（3）经常检查设备，发现问题立即处理或汇报。

（4）负责本岗位区域内的卫生工作，做到设备清洁、地面干净、无积煤、无积水。

（5）坚持交接班制度，认真填写当班设备运转记录，听从班组长和值班人员的领导与指挥。

7.23.36　甲带式给煤机司机岗位责任制

1. 岗位描述

负责甲带式给煤机的操作、维护，确保安全运转，完成当班作业任务。

2. 职责

（1）掌握甲带式给煤机的机械性能和维护保养常识，能够处理一般故障，保持设备完好且持证上岗。

（2）熟悉工艺流程和运输系统，严格按操作规程操作。

（3）保证给煤量均匀连续。

（4）对设备要勤检查，发现一般问题及时排除，如遇特殊情况有权停车并及时汇报集控室。

（5）认真按岗位标准作业，提高自主保安能力，做到不安全不生产。

（6）搞好本岗位的设备及环境卫生，做到窗明地净、物见本色。

（7）严格遵守各项规章制度，按时履行交接班手续，认真填写交接班记录。

7.23.37　起重机司机岗位责任制

1. 岗位描述

负责行车的正常安全运转工作，确保起吊作业安全。

2. 职责

（1）努力学习，熟练掌握起重的基本知识和操作技能，严格遵守“起重工安全操作规程”，确保安全生产，做好本职工作，持证上岗。

（2）服从指挥，确保起重作业安全完成。

（3）熟练掌握起吊设备的结构特征和操作方法。

（4）负责机电设备、大型结构件及其零部件的拖、运、吊、放等工作。

（5）设备物件起吊前对所用的起吊器具必须进行详细检查，不合格的不使用，并及时进行除锈和加油。发现不安全情况时，立即停止作业。

（6）高空作业时，应严格遵守“高空作业安全措施”，事先检查自己佩戴的保险带是否安全可靠，手用工具一定要用绳子拴好，确保安全生产。

（7）起吊大型设备和部件时，在施工现场周围设立警戒和警戒人员，由专人负责，统一指挥，严禁超重起吊作业。

（8）设备起吊完毕应打扫现场，清理好工具并妥善保管。

（9）遵守劳动纪律和“交接班制度”，坚守岗位，做到随叫随到。

7.23.38　介质泵司机岗位责任制

1. 岗位描述

负责介质泵的操作、调整、使用、保养工作，做好与密控室的联系，确保安全作业。

2. 职责

（1）掌握电磁铁、介质泵的构造、性能及维修保养常识，保持设备完好且持证上岗。

（2）负责电磁铁、介质泵的正常运转、操作、调整、使用，维护保养设备。

（3）经常对设备各部位进行巡回检查，发现异常，及时汇报处理。

（4）经常与密控室保持联系，做到及时开停车。

（5）做好设备环境卫生，做到窗明地净。

（6）认真填写本岗位各种记录，坚持现场交接班。

7.23.39　空压机司机岗位责任制

1. 岗位描述

负责空压机的操作、保养，确保安全运行。

2. 职责

（1）掌握空压机的构造、机械性能及工作原理，以及维护保养常识，保证设备完好和正常运转且持证上岗。

（2）严格按操作规程正确操作。

（3）经常检查设备的各参数设置是否正常，发现问题立即调整处理或向集控室汇报。

（4）做好岗位环境卫生，设备要擦拭干净。

（5）认真做好设备运行记录和交接班记录。

7.23.40　泵工岗位责任制

1. 岗位描述

负责设备的操作与维护保养，做好与相关岗位的联系，确保安全作业。

2. 职责

（1）掌握本岗位设备的结构、性能及维护保养常识，且持证上岗。

（2）经常与相关岗位取得联系，发现问题立即汇报或处理。

（3）严格遵守安全操作规程及本车间各项制度，确保设备人身安全无事故，集中精力做好本职工作。

（4）负责本岗位区域内的卫生工作，做到设备清洁、地面干净、无积煤、无积水。

（5）坚持现场交接班制度，认真填写当班设备运转记录，听从班组长和值班人员的领导与指挥。

7.23.41　除尘器司机岗位责任制

1. 岗位描述

负责除尘器的操作、保养，确保除尘效果达标。

2. 职责

（1）掌握除尘器的结构、性能及维护保养常识，且持证上岗。

（2）严格遵守安全操作规程及本车间各项制度，确保设备人身安全无事故，集中精力做好本职工作。

（3）负责本岗位区域内的卫生工作，做到设备清洁、地面干净、无积煤、无积水。

（4）坚持现场交接班制度，认真填写当班设备运转记录，听从班组长和值班人员的领导与指挥。

7.23.42　除铁器司机岗位责任制

1. 岗位描述

负责除铁器的操作、维护，确保除铁效果符合规定。

2. 职责

（1）掌握除铁器的结构、性能及维护保养常识，且持证上岗。

（2）经常与相关岗位取得联系，发现问题立即汇报或处理。

（3）严格遵守安全操作规程及本车间各项制度，确保设备、人身安全无事故，集中精力做好本职工作。

（4）负责本岗位区域内的卫生工作，做到设备清洁、地面干净、无积煤、无积水。

（5）坚持现场交接班制度，认真填写当班设备运转记录，听从班组长和值班人员的领导与指挥。

7.23.43　药剂泵司机岗位责任制

1. 岗位描述

负责加药系统的操作，做好与尾煤压滤机司机的联系，确保药剂添加符合规定。

2. 职责

（1）掌握自动加药系统的结构、操作方法及工作原理，确保系统正常运行。

（2）经常检查循环水浓度，发现异常立即处理或汇报。

（3）经常与尾煤压滤司机取得联系，根据打料情况，检查絮凝剂添加是否到位。

（4）搞好岗位设备及环境卫生，做到文明生产。

（5）认真做好设备运行记录，坚持现场交接班制度。

7.23.44　放矸（炭）工岗位责任制

1. 岗位描述

负责放矸（炭）设备的操作，安全完成当班放矸（炭）任务。

2. 职责

（1）掌握放矸（炭）的基本要求及常识，保持放矸（炭）设备完好且持证上岗。

（2）检查、维护放矸（炭）设备的完好情况，并按信号规定程序启动、停止。

（3）保证岗位设备卫生清洁，及时对放矸（炭）现场进行清理。

（4）坚持现场交接并按规定填写交接班记录。

7.23.45　沉降过滤式离心机司机岗位责任制

1. 岗位描述

负责设备的操作、调整、使用与维护，做好与相关岗位的联系，确保安全作业，确保产品水分符合要求。

2. 职责

（1）掌握沉降过滤式离心机的构造、性能及维修保养常识，保持设备完好且持证上岗。

（2）负责离心机的正常运转、操作、调整、使用，维护保养设备。

（3）经常对设备各部位进行巡回检查，发现异常，及时汇报处理。

（4）保证入料口、出料口畅通。

（5）经常检查油压表、电流表、筛网及离心液的情况，防止漏煤、跑粗，筛网如有磨损，及时报告有关人员更换。

（6）经常与相关岗位取得联系，及时调整入料量，按要求完成产品水分，发现异常情况，及时停机处理。

（7）做好设备环境卫生，做到窗明地净。

（8）认真填写本岗位各种记录，坚持现场交接班。

7.23.46　电气焊工岗位责任制

1. 岗位描述

负责对工件及材料进行切割或焊接工作，持证上岗。

2. 职责

（1）持证上岗，坚守工作岗位，不得擅离职守。

（2）严格执行公司的一切规章制度，服从指挥，上班前准备好工具、材料。

（3）负责维护保养好使用设备和配套设施。

（4）班前要对个人所管理使用的设备、工具、量具进行严格检查、调整，做到文明生产。

（5）班中发现问题，向领导汇报处理。

（6）认真审阅、熟悉图纸、资料，如材料与图纸要求不符，无法解决所要求材料时，必须取得加工单位技术员的同意，方能选用代用料。

（7）上班要精力集中，严防火灾，乙炔罐、氧气瓶必须远离火源，两瓶的距离按规定存放，如果不得已在太阳下暴晒要有防范措施，确保人身安全，保证工作顺利进行。

（8）保持工作场所清洁整齐，将剩余边角料堆放到专设点。完工后要检查现场，消除杂物，防止火种复燃。

7.24　瓦斯抽采队岗位责任制

7.24.1　队长岗位责任制

1. 岗位描述

负责本队的全面管理，保证瓦斯抽采作业计划顺利实施，确保瓦斯抽采达标。

2. 职责

（1）负责贯彻执行党和国家的安全生产方针及本矿的规章制度，推进安全生产标准化建设，搞好安全生产、文明生产。

（2）负责落实公司制定的瓦斯抽采计划并分解落实到班组，组织正规循环作业，确保瓦斯抽采各项指标顺利完成。

（3）组织制定本队的各项管理制度，健全相应的记录、报表，并保证落实到位。

（4）负责监督瓦斯管路的安装、拆除、日常检查工作，以及钻机、泵站等设备的检查、维护情况，保证矿井瓦斯抽采系统安全、稳定、高效运行，确保抽采效果。

（5）掌握各地点的钻孔施工动态，审核工程质量的验收工作。

（6）负责本队业务范围内设备、备件、设施的维修、更新、改造等计划及本队各类记录、台账及抽采日报表的审定。

（7）加强现场管理，定期组织本队的隐患排查工作，发现隐患及时督促处理。

（8）掌握全队成本核算、周转材料的管理情况，做好材料节约工作。

（9）负责全队职工的安全思想教育及安全技术培训。

（10）负责规范本队员工的操作行为，加强班组建设，定期组织召开专题会议。

（11）负责组织本队职工参加事故抢险和事故追查，并及时向有关领导汇报。

（12）负责瓦斯抽采新技术、新工艺的推广和应用工作。

（13）完成公司领导交办的其他任务。

7.24.2 副队长岗位责任制

1. 岗位描述

协助队长做好分管范围内的瓦斯抽采管理工作，做好队内分管的各项工作。

2. 职责

（1）贯彻执行“三大规程”以及本矿的各项规章制度，落实好本队的规章制度。

（2）协助队长抓好本队日常事务的管理工作，队长不在时，代行队长职责。

（3）参与作业规程、安全技术措施的编制工作。

（4）负责安排各班组的工作任务，协调班组间各种事务。

（5）负责在现场规范岗位人员的操作行为，发现违章及时制止，并做出相应处罚。

（6）负责组织瓦斯抽采管路的安装、回收、维护及钻孔的布置工作，确保按照抽采设计与安全技术措施施工。

（7）督促本队业务范围内设备、备件、设施的维修、更新、改造等计划的落实。

（8）深入现场查问题、排隐患，发现问题及时处理，处理不了的及时向领导汇报。

（9）参与抽采队发生的各类型事故的追查，并提出整改措施，予以落实。

（10）完成队长和各级领导交办的其他工作。

7.24.3 技术员岗位责任制

1. 岗位描述

协助队长做好抽采队的技术管理工作，做好队内分管的各项工作。

2. 职责

（1）贯彻执行“三大规程”以及公司的各项规章制度。

（2）协助队长建立健全本队的各项规章制度，并认真监督落实。

（3）负责瓦斯抽采系统各种基础资料的收集、分类、整理工作。

（4）负责编制瓦斯抽采达标评价报告，按时绘制抽采系统图，完善各种报表台账。

（5）负责各类安全技术措施的编制，经常深入现场检查措施的落实情况，并根据现场情况予以修订、补充。

（6）负责编制各岗位操作规程，做好本队职工的培训工作。

（7）负责本队各种仪器、仪表的调校检定工作和计量资料的上报。

（8）负责做好自动监测系统与人工检测的相关结合工作，使之相互印证，确保监测精准。

（9）协助队长做好瓦斯抽采的技术管理工作，根据实际抽采效果，及时调整抽采参数，确保抽采达标。

(10) 完成队长和各级领导交办的其他工作。

7.24.4 瓦斯抽采工岗位责任制

1. 岗位描述

在队长的领导下，对瓦斯抽采钻孔施工安全工作负责。

2. 职责

(1) 工作中严格执行瓦斯抽采打钻工安全操作规程，规范操作。

(2) 积极学习防治瓦斯措施，接受防治瓦斯知识的培训，熟悉瓦斯治理基本知识，并参加考核，考核合格后持证上岗。

(3) 爱护设备，保持设备完好，保证机械设备达到完好标准要求。

(4) 熟知钻孔的技术参数、施工安全技术措施并严格在施工现场执行，确保每个施工的钻孔工程质量符合设计规定。

(5) 做到“三知”“四会”。“三知”即知道设备结构、知道设备性能、知道设备安全装置原理，“四会”即会操作、会维护、会保养、会排除故障。

(6) 打钻过程中，随时观察设备运行情况，供水、供油及压力情况，钻孔进度及出渣、出水情况，发现问题及时处理，不能处理的问题，要及时向队长及调度室汇报。

(7) 打钻过程中，认真填写施工记录，做到字体工整，填写及时，表达清楚，发现异常情况及时汇报、处理。

(8) 遵章守纪，不迟到、不早退、不脱岗、不串岗，做好交接班记录。

7.24.5 瓦斯抽采管路工岗位责任制

1. 岗位描述

在队长的领导下，负责抽采管路的运输、安装、维护及拆除工作，确保施工质量。

2. 职责

(1) 工作中严格执行瓦斯抽采管路工安全操作规程及各项规章制度，规范操作。

(2) 积极学习防治瓦斯措施，接受防治瓦斯知识的培训，熟悉瓦斯治理基本知识，并参加考核，考核合格后持证上岗。

(3) 爱护设备，保持设备完好，保证机械设备达到完好标准要求。

(4) 爱护管路设施，保持管路完好，保证管路系统达到标准化要求。

(5) 要做到“三知”“四会”。“三知”即知道设备结构、知道设备性能、知道设备安全装置原理，“四会”即会操作、会维护、会保养、会排除故障。

(6) 严格按照瓦斯抽采管路布置图进行安装工作，并执行管路安装施工安全技术措施，确保管路及设施安装质量。

(7) 井上、下安装的瓦斯管路，不得与带电物体接触，并应当有防止砸坏管路的防护措施。

(8) 认真执行瓦斯抽采管路、设施巡回检查制度。确保管路无破损、无漏气、无积水。抽采管路离地面高度不应低于0.3 m（采煤工作面留管除外）。

(9) 管路维护检查过程中，随时观察管路运行情况，发现问题及时处理，不能处理的问题，要及时向队长与调度室汇报。

(10) 管路施工及检查人员能够正确使用便携式甲烷检测报警仪，严禁瓦斯超限作业。

7.24.6 瓦斯抽采观测工岗位责任制

1. 岗位描述

在队长的领导下，对瓦斯抽采参数测定工作负责。

2. 职责

(1) 工作中严格执行瓦斯抽采观测工操作规程及各项规章制度，规范操作。

(2) 积极学习防治瓦斯措施，接受防治瓦斯知识的培训，熟悉瓦斯治理基本知识，并参加考核，考核合格后持证上岗。

(3) 爱护管路设施，保持管路完好，保证系统参数测定达到规定要求。

(4) 要做到“三知”“四会”。“三知”即知道设备结构、知道设备性能、知道设备安全装置原理，“四会”即会操作、会维护、会保养、会排除故障。

(5) 定期对瓦斯抽采系统瓦斯的浓度、压力、流量等参数进行测定。管路及抽采、钻场每周至少测定一次，并根据实际测定情况对抽采系统及时调节，并有记录。

(6) 定期检查抽采系统，并有检查记录。

(7) 抽采检测装置、仪器、仪表定期校正，台账、记录齐全。

(8) 抽采钻场及钻孔应该设置管理板牌，数据填写必须及时、准确，并有管理台账和记录。

(9) 认真执行交接班制度，并做好交接班记录。

7.25 探放水队岗位责任制

7.25.1 队长岗位责任制

1. 岗位描述

在总工程师的领导下，全面负责本矿探放水操作工作，确保安全生产。

2. 职责

(1) 认真贯彻落实《煤矿安全规程》《煤矿防治水细则》，牢固树立“安全第一”的思想，积极做好所辖区域水害的防治工作。

(2) 严格执行探放水操作工程设计及措施施工，对管理范围内的探放水操作工作负责。

(3) 定期检查探放水设备设施的完好状况，确保设备正常运转。

(4) 根据钻探生产计划，负责编制设备材料使用计划，做好钻探衔接。熟悉本专业的各种施工设备性能和工作程序，协调组织生产，按时完成任务。

(5) 做好施工现场的隐患排查，杜绝重大事故。

7.25.2 副队长岗位责任制

1. 岗位描述

在队长的领导下，负责探放水操作工作的现场管理，确保探放水作业安全。

2. 职责

(1) 认真贯彻执行煤矿“三大规程”及《煤矿探放水规定》，积极做好探放水操作工程的现场管理。

(2) 加强探放水施工现场的隐患排查与治理工作。

(3) 针对施工中出现的异常情况，必须按应急预案规定执行，并立即向队长及矿调度室汇报。

(4) 督查钻孔的施工质量与施工原始记录，确保其符合探放水设计的规定。

(5) 督查施工现场作业环境与条件。

7.25.3 技术员岗位责任制

1. 岗位描述

在地测防治水科长和队长的领导下，负责探放队的技术工作。

2. 职责

(1) 参加定期对各类防治水设施（包括水闸墙、水闸门、防水密闭门）和防治水工作的检查工作，针对出现的问题提出整改意见，并认真督促整改意见的落实。

(2) 做好矿井雨季“三防”工作。

(3) 做好本队职工的专业培训和安全培训工作。

（4）做好事故隐患排查，做好业务保安，防止出现重大工程事故。

7.25.4 班组长岗位责任制

1. 岗位描述

在队长的领导下，负责班组管理，完成探放水作业。

2. 职责

（1）全面负责本班安全生产管理，协助队长做好全队的安全管理工作。

（2）负责本班井下的日常生产管理，做好设备安全运行、安全生产标准化与班组间各项协调事宜。

（3）现场跟班管理，发现井下施工过程中出现的问题，应及时汇报并进行处理。

（4）认真执行煤矿“三大规程”，提高打钻施工效率及钻孔质量，确保符合设计要求。

7.25.5 探放水操作工岗位责任制

1. 岗位描述

在班长的领导下，做好矿井探放水的施工作业。

2. 职责

（1）探放水操作工必须经过专门的安全技术知识培训，考试合格，持证上岗。

（2）必须坚持“预测预报，有疑必探，先探后掘，先治后采”的原则。探放水前要做好探放水的准备工作。备齐配件、抢救事故的材料等。

（3）认真遵守劳动纪律，坚守岗位，严格按照“探放水设计”“钻机技术操作规程”和《煤矿安全规程》规定进行探放水作业。

（4）认真学习探放水、防治水和防治有害气体的知识，以便提高对探放水操作工作中出现事故的应急处理能力。

（5）发现有透水征兆时，及时停止钻探，并采取措施处理，同时即刻报告调度室，如发现情况危急，必须立即停止作业，清点人数，在班长的带领下，沿避灾路线迅速撤离，并向受威胁地区的人员发出警报。

（6）认真检查施工地点的支护和通风情况，发现问题及时处理，确认安全后，方可施工作业。

（7）钻孔接近老窑，预计可能有瓦斯或其他有害气体涌出时，必须有瓦斯检查工或矿山救护队员在现场值班，检查空气成分。如果瓦斯或其他有害气体浓度超过规程规定时，必须立即停止钻进，切断电源，撤出人员，并报告调度中心。

（8）根据矿井排水能力，采取有计划地放水，并提前做好清理杂物、清理水沟等工作。

（9）放水时，必须将所有受到水害威胁的人员全部撤至安全地点。

8 煤矿领导安全生产责任制

8.1 党委书记安全生产责任制

（1）配合矿长组织本矿贯彻执行党和国家的安全生产方针、政策和上级有关安全工作的指令、规定，保证煤矿在生产、建设过程中必须遵守国家有关安全生产的法律、法规、规章、标准和技术规范。

（2）负责组织建立和完善分管业务范围内的安全生产责任制、相关安全生产规章制度，并严格监督，督促执行。

（3）监督检查各副矿长、总工程师、副总工程师和各科室（厂队）的安全生产责任制、业务保安制度的落实情况，并督促其对存在的问题及时进行整改。

（4）按“一岗双职、党政同责”的要求，把安全工作纳入党的建设、精神文明建设和思想政治工作中，为安全工作提供重要的思想和组织保证。

（5）负责本矿企业安全文化建设，积极探索和组织开展适应本矿特点和时代要求的安全文化建设途径，倡导和培育先进的安全生产理念，积极组织营造安全文化氛围，建设和培育安全文化。

（6）充分组织和发动工会、团委等，开展各类安全生产与职业病防治宣传教育工作活动，真正做到安全生产与职业病防治党政工团齐抓共管。

（7）全面负责职工安全思想教育工作，提高从业人员的安全意识。掌握煤矿干部职工的思想动态，及时消除干部职工的不利于安全生产的思想。

（8）参加安全办公会议，参与安全生产重大问题的决策、实施。

（9）经常深入现场，督促、检查本单位的安全生产工作。

（10）参与指挥重大事故的抢救抢险工作，参与事故的调查、分析与处理工作，督导机关领导和部门处理好事故善后工作。

（11）督促安全风险分级管控和隐患排查治理工作的有效开展。

8.2 董事长安全生产责任制

（1）遵守国家有关安全生产的法律、法规，执行上级有关安全生产的指示、决议和政策，坚持安全第一，抓好安全生产，创造安全作业环境，做好劳动保护工作。

（2）负责主持召开公司董事会议研究部署安全工作，同时对会议研究的主要议题做出决定，并在下次会议检查实施执行情况。

（3）部署、指导本单位建立健全各级安全生产责任制和业务保安责任制，并督促检查贯彻执行情况。

（4）督促检查矿长、安全管理部门部署组织和开展安全大检查及隐患排查情况，及时消除重大事故隐患，对暂时不能整改的隐患和问题督促制定预防事故发生的措施，并提示整改计划限期整改。

（5）检查、督促矿长、分管副矿长和所属单位部署对矿井水、火、瓦斯、顶板控制、供电、运输、粉尘危害等重大安全问题的整改，必要时组织实施安全重点项目攻关。

（6）部署、指导矿井重大事故应急救援预案的编制与实施好安全技术措施费用和安全奖励费用的合理使用。

（7）保证安全投入及安全生产所需人力、资金和物资的足够配置，提高矿井抗灾防灾能力。

（8）负责领导重大事故的组织抢救指挥工作，科学分析、果断处理、防止事态扩大；责成主管部门成立事故调查组调查，根据事故调查报告提出的处理意见做出处理决定。

（9）督促矿长、分管副矿长和所属单位抓好员工安全教育培训，抓好各级管理人员、特殊工种人员的安全技术业务培训和考核工作。

（10）对在安全生产方面成绩显著的单位和有功人员做出表彰、奖励的决定。

（11）督促建立健全本矿安全风险分级管控和事故隐患排查治理双重预防性工作机制，促进“双预控”工作更加程序化和系统化，定期检查“双预控”的执行情况。

8.3 总经理安全生产责任制

（1）认真贯彻党和国家的安全生产方针、政策、法令以及上级有关安全生产的指示、规定，并督促检查各单位贯彻落实情况，努力实现二级公司下达的安全奋斗目标。

（2）带领本单位全体人员全面落实本单位各级安全生产责任制，矿长是本矿安全生产和职业病防治的第一责任者，主持本单位安委会工作，对本矿安全生产管理工作负全面责任。

（3）建立健全本单位安全生产和职业病危害防治管理机构，合理分解、分配本单位管理职能和装备。

（4）加强安全生产管理，确保本单位具备安全生产法律、法规和国家标准或者行业标准规定的安全生产条件及职业卫生条件，并不断加强和持续改善。

（5）为员工配备符合标准的劳动防护用品，依法参加工伤社会保险，保障职工的职业卫生与安全方面的合法权益。

（6）建立健全本单位安全生产责任制，并建立相应的机制，加强对安全生产责任制落实情况的监督考核，保证安全生产责任制落实到位。

（7）组织制定本单位的安全生产规章制度和操作规程。

（8）建立本单位安全生产教育培训体系，组织制定并实施本单位安全生产教育和培训计划。加强本单位员工行为管理，减少或消除“三违”。

（9）保证本单位安全生产投入的有效实施。

（10）建立健全和落实本单位安全生产隐患排查治理机制，每月组织开展一次覆盖生产各系统和各岗位的事故隐患排查，并在安全办公会上对一般、重大事故隐患的治理情况进行通报，分析原因并提出治理措施。

（11）建立本单位应急管理体系，组织制定并实施本单位的“生产安全事故应急预案”“矿井灾害预防与处理计划”。

（12）及时、如实地上报本单位生产安全事故。

（13）负责组织每月一次的矿长安全办公会议，听取各分管矿领导及有关部门的安全生产工作汇报，研究解决安全生产过程中存在的安全问题，对重大安全风险管控措施的落实情况和管控效果进行检查分析，针对管控过程中出现的问题及时调整、完善管控措施，并结合年度和专项安全风险辨识评估结果布置月度安全风险管控重点并将责任落实到人。

（14）全面负责推进本矿安全生产标准化体系和“双预控”建设工作，组织制定安全生产标准化工作目标、规划和实施细则等，保证人财物到位，保障安全生产标准化体系建设和“双预控”的不断深入、提高。

（15）积极采取措施进行事故抢救，认真组织事故追查，分析原因，组织制定防范措施。

（16）加强职业危害的防治与管理，做好作业现场的劳动保护工作，按规定安排对相关的从业人员进行健康检查，参加职业卫生培训，确保职业病防治专项经费满足工作需要。

(17) 每年底组织各分管负责人和相关业务科室、队组进行年度安全风险辨识，监督检查年度安全辨识评估报告的制定情况。

8.4 党委副书记安全生产责任制

(1) 认真贯彻落实党的安全生产方针和上级有关安全生产工作的指示、指令，遵守国家有关煤矿安全的法律、法规、安全标准、技术规范，协助党委书记抓好职工的安全教育，直接对党委书记负责。

(2) 协助党委书记制定党委工作意见、规划，召开党委工作会议，检查、考核党委决定、决议贯彻落实情况，抓好党的组织建设、思想建设和作风建设，开好领导班子的民主生活会，加强领导班子建设，维护领导班子团结。

(3) 深入现场督促、检查各区队（厂）的安全生产与职业卫生防治工作情况，及时消除事故隐患。

(4) 围绕矿井安全生产做好干部、职工的思想政治工作，协调好各方面的关系，支持工会、共青团按照法律和各自的章程，独立自主地开展好各自的工作，充分发挥“群众监督员”“青年监督岗员”在安全生产中的作用。

(5) 指导宣传部门充分利用广播、电视、橱窗、黑板报、宣传栏等多种形式，紧紧围绕矿井安全生产，及时宣传报道好人好事推广先进经验。

(6) 负责抓好本矿的治安保卫工作，支持、指导保卫科等部门做好法制教育、矿区治安管理，为矿井发展创造良好的矿区环境。

(7) 指导工会开展各种文体活动，将安全寓教于各种活动之中，努力提高职工的思想政治素质和安全质量意识。

(8) 督促有关单位严格落实劳动保护发放制度，保证从业人员的合法权益不受侵犯。

(9) 经常深入井下、深入基层，参加安全办公会，注重调查研究，抓好薄弱环节的治理整顿，坚决制止“三违”，督促、检查分管单位安全生产责任制和业务保安责任制的执行情况，并及时总结经验，树立典型。

(10) 当矿井发生重大事故时，参加并协助矿长进行事故抢救、事故分析处理及善后工作。

(11) 主动向党委书记请示、汇报工作，及时提出改进或加强党委安全工作的建议。

(12) 必须尽职尽责，杜绝“三违”现象。

(13) 书记外出时代行书记职权。

(14) 对分管部门的“双预控”工作全面负责，协助党委书记做好业务保安和“双预控”开展情况的宣传报道工作。

8.5 纪检书记安全生产责任制

(1) 协助矿党政传达贯彻党和国家的安全生产方针和上级有关安全生产的法规、条例和指令。

(2) 参与矿行政、党委召开的安全办公会议和研究重大安全问题的会议，并督促有关决议的贯彻执行。

(3) 协助党委抓好安全教育，积极组织开展党员安全联保活动，督促党员和党员领导干部做好安全生产工作。

(4) 全面负责本矿的地面消防安全管理和治安保卫工作。

(5) 参与事故调查分析，并对党员事故责任者，提出处理意见。

(6) 经常深入现场检查党的各级组织党员和党员干部的安全生产责任制执行情况。

(7) 受理党员因坚持安全生产按章办事而遭受打击报复的申诉和控告。

（8）加强分管部门员工的安全教育、培训，经常检查分管部门的安全生产和职业病危害防治工作，及时消除隐患，确保分管部门自身安全。

8.6　工会主席安全生产责任制

（1）协助矿长抓好党的安全生产方针和上级有关安全生产法规、政策、规定决定的宣传、贯彻、执行。

（2）负责组织开展各类群众性的安全活动，参与制定职工安全技术培训计划，并组织实施，提高职工安全意识和安全技术素质。

（3）组织开展群众性的安全生产劳动竞赛活动。

（4）参加安全办公会，对重大安全生产问题提出意见和建议。

（5）负责对职业病防治工作进行监督和宣传教育，依法维护本矿员工安全生产和职业病危害防治的合法权益、女子劳动保护等。

（6）监督、检查企业对国家安全生产方针、法律、法规、规程、标准、规范、规定等的执行情况，督促各级各类人员落实本岗位安全生产责任制。

（7）组织工会抓好群监协管网站的工作组织员工对安全生产进行监督，开展群众性的安全监督检查活动。

（8）参加事故抢险救援与善后处理工作。

（9）参与安全事故调查，坚持“四不放过”的原则，提出处分或奖励建议。

（10）做好分管范围内的安全管理工作。

8.7　安全副矿长安全生产责任制

（1）认真贯彻国家的安全生产方针、政策、法令以及上级有关全生产的指示、规定，并督促检查矿所属各单位贯彻落实情况，努力实现二级公司下达的安全奋斗目标。

（2）全面负责监督检查本矿各部门、各级管理人员对方针政策、法律法规和标准的执行情况，协助矿长做好矿井的安全管理，对本矿安全生产管理工作负主要责任。

（3）协助矿长建立本矿的安全生产管理机构、安全生产责任制、安全生产管理制度等，并组织、督促落实，对落实情况进行考核。

（4）每周组织一次全矿安全大检查和安全例会，及时排查各类安全隐患，研究制定生产安全隐患的整改方案，督促相关部门和人员进行处理。

（5）负责组织监督检查各施工地点对安全技术措施的执行情况，及时查处各类“三违”，对不具备安全生产条件或有重大安全隐患的作业地点要责令停工整改整顿。

（6）协助矿长建立完善本单位应急管理体系，并保持正常运行。

（7）协助矿长建立完善本单位安全生产教育培训体系。

（8）负责具体组织本矿安全生产标准化管理体系建设工作，组织编制本矿的年度规划、验收、考核等，并具体分管理念目标和矿长安全承诺、组织机构、安全生产责任制及安全管理制度、安全风险分级管控、事故隐患排查治理、职业病危害防治、从业人员素质等专业的安全生产标准化建设工作。

（9）监督检查安技措资金的使用情况，保证矿井安全投入，不断改善安全生产条件和职业卫生条件。

（10）负责组织本矿安全设施设计、验收等方面的工作。

（11）参与组织预案的编制、审查工作，组织参加本单位事故抢险、抢救，组织对事故的调查、分析和处理。

（12）积极组织推进安全管理模式建设，不断完善本单位的六大体系，强化预控管理措施。

(13) 积极开展企业安全文化建设，努力创特色安全文化。

(14) 负责“双预控”体系执行情况的监督和检查，定期与不定期地检查重大安全风险落实情况并开展全面隐患排查，确保体系各项程度与制度得到落实。

(15) 协助矿长开展职业健康监护工作，负责职业病防治工作的检查督促，依法组织对从业人员进行上岗前、在岗期间、离岗时和应急性职业健康检查，对作业场所和工作岗位存在的危险有害因素及防范措施、事故应急措施、职业病危害及其后果、职业病危害防护措施等履行告知义务。

8.8 生产副矿长安全生产责任制

(1) 认真贯彻执行党和国家的安全生产方针、政策、法律、法规及各级政府部门、集团公司及二级公司制定的安全生产管理制度、规定、标准，结合工作实际，负责组织建立和完善分管业务范围内的安全生产责任制度和相关安全生产管理制度、规定等，并严格监督，督促执行。

(2) 全面负责矿井采、掘、开生产管理工作，按“管生产必须管理安全”的原则，在组织生产指挥过程中，坚持把安全放在首位，并组织抓好采掘活动中的安全工作，生产副矿长是煤矿生产过程中安全生产的主要负责人。

(3) 严格按照“三大规程”和“红线制度”组织煤矿采掘开工作，按正规循环作业，监督采煤、掘进、开拓区队落实作业规程按章施工，并保证工程质量。

(4) 定期组织开展生产系统重大安全生产隐患排查、治理，对生产过程中存在的重大安全隐患，组织有关部门和人员制定措施，进行治理。

(5) 负责组织协调各部门的采掘衔接工作，保障采掘衔接管理，确保稳定的安全生产秩序。

(6) 根据煤矿的长远规划、接续计划，参与制定年度、季度、月度的开拓、掘进、采煤等生产计划，合理组织生产。

(7) 参加有关的安全生产会议，并提出安全技术管理工作意见。

(8) 督促、检查相关部门（人员）的责任制落实情况，做好分管部门的安全工作，杜绝“三违”现象。

(9) 负责本矿“雨季三防”、“冬季三防”方面的工作。

(10) 负责分管调度和应急管理专业和矿井采、掘专业安全生产标准化建设中的采掘开现场管理、工程质量、文明生产等方面的工作。

(11) 督促分管部门抓好职工安全思想教育工作。

(12) 参加审查矿井重大灾害预防与处理计划和重大事故应急救援预案，参与矿井设计方案、安全技术措施的审查工作。

(13) 协助矿长组织事故的抢险救灾工作，参加事故调查、分析与处理。

(14) 坚持“三同时”原则，在计划、布置、检查、总结过程中对安全生产与职业健康管理工作进行评比、表彰。

(15) 新水平、新采区、新工作面设计前，严格按照重大安全风险管控措施指导作业，组织各分管负责人每旬对重大安全风险落实情况进行评估分析，发现存在问题，制定相应的改进措施并将责任落实到人。

8.9 机电副矿长安全生产责任制

(1) 认真贯彻执行党和国家的安全生产方针、政策、法律、法规及各级政府部门、集团公司及二级公司制定的安全生产管理制度、规定、标准，结合工作实际，负责组织建立和完善分管业务范围内的安全生产责任制度和相关安全生产管理制度、规定等，并严格监督、督促执行。

(2) 对全矿机电、提升运输安全管理工作全面负责，负责所分管的单位的安全管理和业务保安工作，加强全矿机电管理，及时排查机电运行中的安全隐患，整改安全生产中存在的问题，杜绝井下防爆电器失爆。

（3）负责组织编制全矿供电、提升与运输设施、设备等的日常检查维修、定期检查和大修理计划并认真组织实施，组织定期对有关设备的性能进行测定工作。

（4）负责组织制定矿井机电、提升与运输安全管理的有关制度和设备的操作规程。

（5）负责全矿机电、运输专业安全生产标准化工作，并组织、实施、落实全矿机电、运输专业安全生产标准化规划。

（6）参加有关的安全生产会议，并提出安全技术管理工作意见。

（7）督促、检查相关部门（人员）的责任制落实情况，做好分管部门的安全工作，杜绝“三违”现象。

（8）从机电设备管理、排水系统设备、防雷电检测等方面负责本矿“雨季三防”的工作。

（9）配合抓好职工安全思想教育工作。

（10）积极组织推广应用新、高、精、尖机电技术，提高安全生产保障水平。

（11）参加审查矿井重大灾害预防与处理计划和重大事故应急救援预案，参与矿井设计方案、安全技术措施的审查工作。

（12）协助矿长组织事故的抢险救灾工作，参加事故调查、分析与处理。

（13）对本专业的“双预控”工作全面负责，监督本专业“双预控”制度措施的落实执行情况，参与年度重大安全风险评估及月度重大风险管控措施落实情况分析，定期进行专项隐患排查，每旬组织开展本专业重大安全风险分析评估，制定相应管控措施，安排下一步安全风险管控重点并将责任落实到人。

（14）协助矿长制定、会审职业健康管理制度、责任制、年度职业病防治计划与实施方案和职业危害事故应急救援预案，并督促贯彻实施。

8.10　总工程师安全生产责任制

（1）总工程师是煤矿安全生产技术管理的第一责任者，全面负责煤矿技术管理工作，在工作中应尽职尽责，切实做好本单位的技术管理工作，保证煤矿在生产建设过程中遵守国家有关安全生产的法律、法规、规章、标准和技术规范。

（2）负责组织编制（修编）矿井地质报告，组织编制矿井长远规划、安全技术发展规划，认真组织研究、制定煤矿的生产布局及接续计划，确保矿井采掘接续正常，并做到合理开发、“四量平衡”，有利于煤矿的安全管理。

（3）主要抓好“一通三防”、地质、顶板及防治水管理工作。对矿井通风机瓦斯、煤尘、自然发火、水、顶板等灾害的安全风险分级管控，隐患排查治理负技术责任，负责组织制定治理上述灾害的方案和安全风险管控措施，从技术层面上为“双预控”提供保障。

（4）组织编制矿井重大事故应急救援预案和矿井年度灾害预防与处理计划。

（5）对煤矿开采设计、改变通风系统设计、采区设计、水平延伸设计、采掘工程设计、作业规程、“一通三防”、防治水安全措施及其他安全技术措施等进行严格审查。

（6）定期组织进行煤矿重大安全隐患排查，制定治理措施。

（7）具体分管采、掘、通风、地质灾害防治与测量 4 个专业的安全生产标准化建设中涉及技术管理部分的工作。

（8）每日对矿井瓦斯检查报表、监控系统报表等进行审阅、签字，发现异常及时处理。

（9）按时参加有关的安全生产会议，并提出安全技术管理工作意见。

（10）督促、检查相关部门（人员）的责任落实和技术管理等工作。

（11）尽职尽责，做好分管部门的安全工作和职工安全思想教育工作，杜绝“三违”现象。

（12）积极在煤矿推广安全生产新技术、新工艺、新材料、新设备，开展安全生产科研攻关，不断提高煤矿安全技术水平。

（13）协助矿长组织事故的抢险救灾工作，参加事故调查、分析与处理。

（14）新水平、新采区、新工作在设计前，负责组织有关业务科室进行安全风险辨识评估，补充完善重大安全风险清单，制定相应管控措施，并将评估结果用于指导生产中。

（15）协助组织制定、会审《职业卫生管理制度》“安全生产责任制”“年度职业病防治计划与实施方案”和“职业病危害事故应急救援预案”，并督促贯彻实施。

8.11 后勤副矿长安全生产责任制

（1）负责组织建立和完善分管业务范围内的安全生产责任制度和相关安全生产管理制度、规定等，并严格监督、督促执行。

（2）在矿长的领导下，分管本矿的后勤服务工作，并对分管范围内的安全管理工作负领导责任。

（3）按照职责要求抓好分管范围内（两堂一舍范围内的液化气、地压用电、食品、供热、供水、供暖、消防、维修、设备操作等）的安全管理工作，保证安全生产和后勤工作顺利进行。

（4）定期组织检查分管部门的安全工作情况，及时消除安全事故隐患。

（5）参与安全生产标准化建设工作，具体负责全矿地面设施专业内的两堂一舍、办公设施等方面的工作，组织落实专业规划的工作内容。

（6）按时参加有关安全生产会议，并提出安全管理意见。

（7）督促、检查分管部门（人员）的责任制落实情况，做好分管部门的安全工作，杜绝“三违”现象。

（8）组织开展好分管部门职工安全思想教育工作。

（9）参加审查矿井重大灾害预防与处理计划和重大事故应急救援预案，参与矿井设计方案、安全技术措施的审查工作。

（10）协助矿长组织事故的抢险救灾工作，参加事故调查、分析与处理。

（11）开展好分管范围内的安全风险分级管控和隐患排查治理工作，为全矿安全生产创造良好的环境提供保障。

（12）负责抓好员工两堂一舍的安全管理，加强对生活福利设施的防火、防盗、防煤气中毒工作，保证员工生活安全和舒适。

（13）负责定期对员工进行健康普查，配备符合条件的医疗救护站，关心员工伤病工作。

8.12 通风助理安全生产责任制

（1）认真贯彻执行党和国家的安全生产方针、政策、法律、法规和各级政府部门、上级公司制定的安全生产管理制度、规定、标准。

（2）具体负责做好“一通三防”工作和业务保安工作。

（3）组织编制矿井“一通三防”工作规划。

（4）负责参加全矿“一通三防”规程措施的审批及监督检查等。

（5）参与编制矿井灾害预防处理计划及监督落实。

（6）经常深入现场，做好安全隐患排查工作，及时解决矿井通风管理方面的隐患问题。

（7）参与编制本矿生产安全事故应急救援预案、矿井灾害预防与处理计划。

（8）参加矿井生产事故抢险、救灾等，参与事故调查与处理。

（9）积极推广应用“一通三防”方面新技术、新工艺、新设备。

（10）做好本部门人员的安全教育、培训工作。

（11）负责本专业的安全生产标准化达标工作。

（12）对本专业的“双预控”工作全面负责，监督本专业“双预控”制度措施的落实执行情况，参与年度重大安全风险评估及月度重大风险管控措施落实情况分析，定期进行专项隐患排查，每旬组织开展本专业重大安全风险分析评估，制定相应管控措施，安排下一步安全风险管控重点并将责任落实到人。

（13）参与矿井职业安全健康监督、考核相关工作，负责监督职业病危害因素检测设备、仪器、仪表、防护器材管理维护工作。

8.13 采煤副总工程师安全生产责任制

（1）采煤副总工程师是采煤专业技术管理的具体负责人，负责采煤工作的技术组织、安全管理等工作。

（2）积极配合总工程师和生产副矿长在采煤工作面回采过程中，落实国家有关煤矿安全生产与职业病危害防治的法律、法规、规章、技术规范、标准等技术管理工作。

（3）协助总工程师组织编制矿井的中长期发展规划，对矿井的生产布局方案及接续计划进行审查，确保矿井接续正常。

（4）协助总工程师组织编制煤矿年度、月度采煤生产计划。

（5）组织有关人员编制采煤专业规程、安全技术措施等；采煤工作面现场条件发生变化时，采煤副总工程师应及时组织制定、补充相关的安全技术措施。

（6）协助总工程师对采煤工作面作业规程进行会审和审批。

（7）协助总工程师进行采煤专业重大隐患排查和治理措施的制定。

（8）研究采煤工作面支护方式和采煤工艺的改进工作，不断提高采煤机械化水平。

（9）对采煤工作面的技术管理工作进行把关，经常检查采煤工作面工程质量和作业规程、安全技术措施执行情况。

（10）尽职尽责，杜绝“三违”现象。

（11）对本专业的“双预控”工作全面负责，监督本专业“双预控”制度措施的落实执行情况，参与年度重大安全风险评估及月度重大风险管控措施落实情况分析，定期进行专项隐患排查，每旬组织开展本专业重大安全风险分析评估，制定相应管控措施，安排下一步安全风险管控重点并将责任落实到人。

（12）认真执行分管区域的职业病危害预防措施，定期开展职业健康日常及专项活动，参加危险作业点、重要部位和设备的专项检查，做好安全生产与职业病危害防治工作和特种设备的职业健康防护装置的检查工作。

8.14 掘进副总工程师安全生产责任制

（1）掘进副总工程师是矿井掘进过程中技术管理的具体负责人，负责掘进工作的技术组织、安全管理等工作。

（2）熟练掌握并认真贯彻执行党的安全生产方针和国家的安全生产法律、法规、规章、技术规范、标准及相关的专业知识，严格遵守上级安全指示、指令和各类规章制度。

（3）积极配合总工程师在矿井掘进过程中落实煤矿技术规范、标准、要求，做好矿井的技术管理工作。在总工程师的领导下，做好分管范围内的技术管理工作，督促检查有关技术管理制度的执行情况。

（4）协助总工程师组织编制和审查采区地质说明书、采区设计方案、矿井掘进方案及施工组织设计。

（5）协助总工程师制定掘进安全生产长远规划和年度、季度、月度计划，提出技术改造、科技进步、设备更新的意见和建议，保证计划完成。

（6）协助总工程师对矿井的生产布局、掘进方案及生产接续计划审查把关，确保矿井采掘接续正常。

（7）协助总工程师进行掘进专业的重大安全隐患排查和治理措施的制定。

（8）组织有关人员编制开拓掘进工作面的作业规程、安全技术措施。现场条件发生变化时，应及时组织制定、补充相关的安全技术措施。

（9）协助总工程师对掘进工作面作业规程和安全技术措施进行审批。

（10）对掘进工作面的技术管理工作进行把关，负责确定掘进巷道支护形式和支护技术参数，并经常检查掘进工作面规程、安全措施的执行情况。

（11）参加掘进巷道工程的竣工验收。

（12）认真执行分管区域的职业病危害预防措施，定期开展职业健康日常及专项活动，参加危险作业点、重要部位和设备的专项检查，做好安全生产与职业病危害防治工作和特种设备的职业健康防护装置的检查工作。

（13）对本专业的“双预控”工作全面负责，监督本专业“双预控”制度措施的落实执行情况，参与年度重大安全风险评估及月度重大风险管控措施落实情况分析，定期进行专项隐患排查，每旬组织开展本专业重大安全风险分析评估，制定相应的管控措施，安排下一步安全风险管控重点并将责任落实到人。

8.15 机电副总工程师安全生产责任制

（1）协助机电矿长，对机电、运输、电力安全生产负技术领导责任。

（2）贯彻执行国家《安全生产法》和有关安全生产的法律、法规、指令条例和技术标准。

（3）参与审查机电、运输、电力等安全工程的安全技术措施。

（4）参与审核机电、运输方面的煤炭生产安全费用计划及重大技改工程的长远规划。

（5）参与主要机电、运输、电力安装工程和重要生产设备大修项目的验收、检查和测定。

（6）加强系统建设，定期、不定期地开展业务范围内的安全隐患排查治理工作。

（7）参与审定业务范围内的安全预案，参与重大及以上机电、运输、电力生产等安全责任事故的追查、分析和处理工作。

（8）组织推广新技术、新工艺、新材料和新装备的应用，提高机电、运输系统安全技术装备水平与抗灾能力。

（9）负责矿井机电、运输专业安全生产标准化达标考核评级的相关工作。

（10）对本专业的“双预控”工作全面负责，监督本专业“双预控”制度措施的落实执行情况，参与年度重大安全风险评估及月度重大风险管控措施落实情况分析，定期进行专项隐患排查，每旬组织开展本专业重大安全风险分析评估，制定相应管控措施，安排下一步安全风险管控重点并将责任落实到人。

（11）定期对职业健康防护设备、设施进行检查和维修保养，确保安全运行，建立设备资料管理台账。

8.16 运输副总工程师安全生产责任制

（1）在机电副矿长的领导下，负责运输技术管理工作。

（2）贯彻执行国家的各项技术政策及上级的有关规定，从技术上保证全矿运输安全运转及安装、回撤任务的完成。

（3）参与编制全矿年度、季度、月度运输工作计划及长远规划，计划下达后，协助机电矿长抓好贯彻实施。

（4）负责组织全矿运输设备的技术鉴定和测试工作，审查本职范围内的运输设计和技术工作。

（5）组织制定、审查运输系统安装、拆除作业的安全技术规程和各项技术管理制度，并检查执行情况。

（6）定期召开运输专业会议，研究分析运输等方面存在的技术问题，并及时采取措施。

（7）负责组织运输设备检查，确保全矿运输设备完好率达到标准。

（8）推广运输方面的新技术，不断提高采、掘、运的机械化、自动化水平。

（9）协助有关部门做好运输工种的技术培训，不断提高职工的技术水平。

（10）深入一线生产现场，了解设备运行情况，提出改进意见，解决技术难题，保证设备的正常运行。

（11）对本专业的“双预控”工作全面负责，监督本专业“双预控”制度措施的落实执行情况，参与年度重大安全风险评估及月度重大风险管控措施落实情况分析，定期进行专项隐患排查，每旬组织开展本专业重大安全风险分析评估，制定相应管控措施，安排下一步安全风险管控重点并将责任落实到人。

（12）认真执行分管区域的职业病危害预防措施，定期开展职业健康日常及专项活动，参加危险作业点、重要部位和设备的专项检查，做好安全生产与职业病危害防治工作和特种设备的职业健康防护装置的检查工作。

8.17 通风副总工程师安全生产责任制

（1）积极配合通风助理在矿井“一通三防”方面落实国家有关煤矿安全的法律、法规、规章、技术规范、标准、要求，做好矿井的通防技术管理工作。

（2）加强对分工业务的技术领导，协调好相关的工作。

（3）协助通风助理组织制定矿井通防技术管理制度。

（4）协助通风助理组织编制矿井的长远规划，对矿井的生产布局、开拓方案及接续计划审查把关，确保矿井采掘接续正常，同时有利于矿井的安全管理。

（5）协助通风助理进行通防重大隐患排查和治理措施的制定。

（6）组织有关人员编制通防专业安全技术措施，组织编制矿井瓦斯等级鉴定方案，并组织实施。

（7）负责组织“一通三防”专项工程、设施的竣工验收，对存在的问题要及时组织复查。

（8）根据采掘工作地点的变动情况，及时监督、批准有关通防安全技术措施。

（9）对“一通三防”的技术管理工作进行把关。

（10）通风系统做重大调整时，通风副总工程师应协助通风助理编制调整方案、安全措施，并进行现场指挥。

（11）反风演习或救灾演习时，应协助通风助理组织编制反风演习或救灾演习计划，并进行现场指挥。

（12）经常深入现场，了解井下有关“一通三防”情况。

（13）对本专业的“双预控”工作全面负责，监督本专业“双预控”制度措施的落实执行情况，参与年度重大安全风险评估及月度重大风险管控措施落实情况分析，定期进行专项隐患排查，每旬组织开展本专业重大安全风险分析评估，制定相应管控措施，安排下一步安全风险管控重点并将责任落实到人。

（14）认真执行分管区域的职业病危害预防措施，定期开展职业健康日常及专项活动，参加危险作业点、重要部位和设备的专项检查，做好安全生产与职业病危害防治工作和特种设备的职业健康防护装置的检查工作。

8.18　防治水副总工程师安全生产责任制

（1）执行党和国家有关安全生产与职业病危害防治的法律、法规、规章、规程、标准和技术规范，及时向矿领导提供决策所需的地质资料。

（2）在总工程师的领导下负责矿井地质及水文地质工作和矿井防治水工作。

（3）负责审查地质与防治水工程方案设计、技术方案和措施，负责组织审查煤矿地质与防治水规划和年度工作计划及资金计划。

（4）负责指导各煤矿完成各类地质、水文地质报告的编制和审批。

（5）经常深入现场，收集和掌握矿井地质及水文地质资料，及时发现问题，解决问题。

（6）做好矿井地质及水害（情）分析预测预报工作，及时报送有关领导、生产安全部门及上级部门，为生产技术部门顶板支护和探放水部门的探放水设计等提供准确信息、资料。

（7）协助总工程师参与地测防治水科研和技术革新，积极推广地质与防治水新技术、新装备、新材料、新经验，不断推广总结好的经验做法。

（8）参与组织地质与防治水灾害的事故应急预案的编制和审查工作。

（9）认真贯彻执行地质与防治水规定,不断组织学习和提高地质与防治水管理技术人员的能力。

（10）参与有关事故的现场抢修救灾工作，参与地质与防治水事故的处理和调查分析，并提出改进措施。

（11）对本专业的“双预控”工作全面负责，监督本专业“双预控”制度措施的落实执行情况，参与年度重大安全风险评估及月度重大风险管控措施落实情况分析，定期进行专项隐患排查，每旬组织开展本专业重大安全风险分析评估，制定相应管控措施，安排下一步安全风险管控重点并将责任落实到人。

（12）完成领导交办的其他安全任务。

9　煤矿各岗位安全生产责任制

9.1　班组长安全生产责任制通则

（1）班组长对当班所管辖范围内的安全工作负直接责任，是所在班组的安全生产和职业病防治第一责任人。

（2）认真组织所管辖的班组贯彻落实安全生产方针，坚持“生产必须安全，不安全不生产”原则。

（3）加强对本班组员工安全思想的教育工作，教育和带领本班组员工自觉遵守安全生产规章制度，不断增强员工的安全意识。

（4）不违章指挥、不违章作业、不强令工人冒险作业，及时制止本班组“三违”行为。

（5）组织班组员工严格执行“三大规程”，干标准活、干放心活，切实解决工程质量、设备质量等问题，及时组织处理隐患。

（6）组织、带领本班组参与“安全生产标准化”建设工作，全面落实本班组的安全生产管理目标。

（7）当矿井发生生产安全事故时，班组长的职责是：

①负责查对留在工作区域内的人数。

②采取措施带领工作区域的人员有组织地撤到安全地点直至地面。

③将在现场所见到的事故性质、范围和发生原因等情况如实、详细地报告给调度室。

④随时接受矿、科（队）命令，完成有关抢救和灾害处理任务。

（8）熟悉所管辖范围内的安全风险和管控措施，每班对这些风险的管控效果进行检查，每班进行范围内全面隐患排查。

9.2　一般员工安全生产责任制通则

（1）认真学习贯彻执行有关安全生产方针、政策、法律、法规、规定、规程，严格遵守安全生产规章制度，持证上岗，服从管理。

（2）牢固树立安全第一的思想，不断增强安全生产和职业病防治意识。

（3）及时辨识作业场所和工作岗位的危险因素，落实防范措施，熟悉各类事故的预防以及避灾自救知识，具备基本的安全生产技能。

（4）不断学习和提高安全操作技能，按章作业，不违章作业和违反劳动纪律，在生产过程中做到四不伤害：不伤害自己、不伤害他人、不被他人伤害、保护他人不受伤害。

（5）爱护安全生产设施设备，正确佩戴和使用劳动防护用品。

（6）及时排除本岗位安全隐患，发现不安全因素及时处理或报告。

（7）积极参加安全生产标准化建设，认真做好作业场所或工作岗位的文明生产。

（8）积极参与安全生产管理，提出有关安全生产的合理建议。

（9）积极参加本矿组织的各类安全活动。

（10）熟悉本岗位的安全风险及管控措施，作业前进行全面隐患排查和处置。

9.3 安全科各岗位安全生产责任制

9.3.1 科长安全生产责任制

（1）在安全副矿长的领导下，贯彻执行国家的安全生产方针、法律、条例等，行使监察权。

（2）负责本矿的安全管理和安全监察工作。深入调查、研究，掌握安全动态情况，对各单位（厂）、部门存在的安全问题和重大事故隐患，提出整改意见并督促限期整改。

（3）监督检查各类安全预案的编制、安全生产条件和作业场所职业卫生情况。监控、管理生产作业场所危险源、安全隐患的排查整改。

（4）负责安全生产责任体系、监管体系和应急救援体系建设，建立健全和不断创新安全监管机制与体制。

（5）负责监察安全生产的源头管理、过程控制、安全费用提取和使用等基础管理工作。对存在的问题及时提出整改意见并负责跟踪整改落实情况。

（6）督促各业务部门和各单位（厂）对员工进行安全生产方针政策教育和有关安全法规的学习，组织安监人员的安全专业技术学习、培训。

（7）参与组织定期和不定期的安全检查、抽查，对查出的问题督促有关单位（厂）、部门制定防范措施，限期整改。

（8）检查安全生产法规、政策、安全生产责任制、安全操作规程、作业规程、安全技术措施的贯彻执行情况，按安全奖罚制度予以考核奖惩。

（9）参与安全生产事故的抢险救援，组织事故追查、分析，并提出处理意见。

（10）参与生产建设工程设计审查，参加新建、改、扩建工程项目投产验收工作，组织建设项目安全设施“三同时”的审查、验收工作。

（11）依靠职工群众做好安全工作，做到专管与群管相结合，支持职工群众安全工作。

（12）组织召开安全办公会议，汇报安全生产情况，提出抓好安全工作的建议，监督落实会议的决议。

（13）监督“双预控”和职业病防治工作的开展情况，参加年度和专项辨识，提出改进措施意见。

9.3.2 副科长安全生产责任制

（1）认真贯彻执安全生产方针，落实上级有关安全生产工作的指示、指令；遵守国家有关煤矿安全的法律、法规、安全标准和煤矿“三大规程”。在科长的领导下，做好分管范围内安全管理工作。

（2）协助科长开展工作，监督检查国家有关煤矿安全生产的法律、法规、规章、技术规范“三大规程”在各单位（厂）、部门的执行情况，并按规定予以考核。

（3）参加作业规程、措施、操作规程的审查，并督查在现场的落实情况。

（4）经常深入现场，及时解决现场存在的安全问题，随时掌握安全生产动态情况，及时向科长汇报。

（5）协助科长制定科室各岗位安全生产责任制和各项安全管理制度，并按规定进行监督考核。

（6）做好现场工程施工安全检查，做好隐患排查和治理措施的执行。

（7）参与制定矿井灾害预防和处理计划、安全技措工程计划，并督促检查实施。

（8）参与职工安全培训计划的审定，并组织培训计划的实施及培训效果的考核。

（9）参加现场事故分析会议，提出防范措施，防止类似事故的发生。

（10）及时向科长提出改进安全管理工作的建议。

（11）尽职尽责，杜绝“三违”现象。

9.3.3 技术员安全生产责任制

（1）认真贯彻国家有关安全生产的方针、法律、法规、规章、规程、标准和技术规范及上级有关各项规定，并监督在本单位的执行情况。

（2）参与矿井灾害预防和处理计划、安全生产事故应急预案及作业规程和安全技术措施的审批，并监督落实。

（3）参与工程设计中安全设施设计、危险危害因素控制技术措施或其他作业专项安全技术措施的审查。

（4）检查生产中存在的安全技术问题，并监督其及时处理。

（5）监督、检查安全技术培训工作和安全教育工作，提高职工的安全技术素质。

（6）参加各种安全活动和有关安全会议，并监督其落实。

（7）参加事故抢救和事故原因调查分析、处理，监督现场恢复生产过程中相关安全技术措施落实及存在的问题整改。

（8）协助科长检查安全技措费用的提取和使用情况。

9.3.4 后备技术员安全生产责任制

（1）在科长的领导下，负责安全生产标准化管理工作，以及事故隐患排查治理工作，对本职安全工作负责。

（2）认真贯彻执行国家有关安全生产的法律、法规、规章、规程、标准、技术规范及上级和本矿有关安全指示和规定，并监督检查落实情况。

（3）深入现场，掌握矿井各专业的安全生产标准化动态达标和安全生产情况。制止“三违”行为，对现场存在的安全隐患及时提出整改意见，限期整改。

（4）发现重大隐患，立即停止作业，撤出人员，并及时向有关领导汇报。

（5）对上级检查的隐患进行监督落实整改，并按期上报整改情况。

（6）负责安全生产标准化考核工作，参加标准化验收和安全大检查，及时公布验收情况，做到公开、公平、公正。

9.3.5 安全检查工安全生产责任制

（1）严格执行巡回检查和汇报制度，不搞形式、走过场，检查结果做好记录，坚持“一班三汇报”。

（2）安全检查员要严格执行现场交接班制度，必须交清当班存在的安全隐患、处理结果及下一班应该注意的安全事项。

（3）负责所辖区域的安全检查工作，对所辖区域各工作场所的检查不能少于2次。对本班查出的安全隐患要责成责任区队立即处理，并跟踪监督整改。

（4）对“三违”行为应坚决予以制止。

（5）有可能造成安全事故危险的隐患应立即停止作业，撤出人员，并及时向矿调度室和跟值班领导汇报，不得瞒报和谎报。

（6）对当班所辖区域内的安全负责，对所辖区域的安全隐患没能及时发现造成事故的，对其追究责任。

（7）对重大或现场人员无法及时处理的安全隐患，必须及时向科长报告，并按接到的处置决定执行。

（8）积极参加安全科组织的各种安全活动。

9.3.6 质标管理员安全生产责任制

（1）在科长的领导下，负责本矿安全生产标准化管理工作，对本职安全工作负责。

（2）认真贯彻执行国家有关安全生产的法律、法规、规章、规程、标准、技术规范及上级和本矿有关安全指示和规定，并监督检查落实情况。

（3）深入现场，掌握矿井各专业的安全生产标准化动态达标和安全生产情况。制止“三违”行为，对现场存在的安全隐患及时提出整改意见，并按规定予以处罚。

（4）对当班无法处理的隐患下发隐患通知书，并有相应的防护措施，限期整改，并跟踪复查。发现重大隐患，立即停止作业，撤出人员，并及时向有关领导汇报。

（5）负责本矿安全生产标准化考核工作，参加安全生产标准化检查、验收和安全大检查，检查安全生产责任制和安全管理制度的执行情况，及时公布验收情况，做到公开、公平、公正。

9.4 生产技术科各岗位安全生产责任制

9.4.1 科长安全生产责任制

（1）全面负责生产技术科安全技术管理工作，科长是本科安全第一责任者，必须掌握煤矿安全生产专业知识并依法经过培训，取得安全资格证。

（2）配合总工程师严格贯彻落实国家有关煤矿安全生产和职业卫生的法律、法规、规章、技术规范、规定，做好本矿的安全技术指导工作，保证安全生产。

（3）保证生产作业计划、采掘接续计划和矿井采掘长远发展规划等中长期规划科学合理、安全高效。

（4）严抓作业规程和安全技术措施编制、实施环节，使安全措施真正落到实处。

（5）主持编制“矿井灾害预防与处理计划”，保证灾害处理科学规范。

（6）确保地质测量数据及时、准确、齐全、可靠，各种图纸、文件按时更新，充分发挥促进安全生产的作用。

（7）严格执行材料考核制度，避免材料浪费，切实做好材料日常安全管理工作。

（8）抓好分管区域的安全管理工作，确保火工品收存、发放，木料加工，统计和档案管理安全。

（9）负责采掘安全生产标准化工作和工程质量检查验收，积极深入现场，了解生产作业情况，制定好合理的技术方案，解决生产中存在的技术问题，全面促进现场安全生产标准化动态达标和工程质量达标。

（10）负责推广安全生产新技术、新材料、新工艺、新设备，开展安全生产科研攻关。

（11）定期组织职工进行安全业务知识学习和培训，积极开展安全教育，提高职工的安全技术水平。

（12）组织好本部门新工人签订师徒合同，并监督执行。

（13）积极参加本矿各种安全会议、活动，对检查出的问题隐患不折不扣地安排整改落实，及时传达各种安全文件、会议精神。

（14）参加年度和专项安全风险辨识，协助总工程师开展“新水平、新采区、新工作面设计前的”专项辨识，参加矿长每月组织的对重大安全风险管控措施落实情况和管控效果的检查分析，每旬对这些重大风险管控措施效果进行跟踪，开展隐患专项排查。

9.4.2 副科长安全生产责任制

（1）积极配合科长在分管范围内开展好相关工作。必须依法经过培训，取得安全资格证，熟练掌握有关安全生产的法律、法规及相关专业知识。

（2）积极配合科长严格贯彻落实国家有关煤矿安全生产和职业病防治法律、法规、规章、技术规范、规定，做好本矿的安全技术指导工作，保证安全生产。

（3）按照分工要求参与编制煤矿的“矿井灾害预防与处理计划”、生产作业计划、采掘接续计划和矿井采掘长远发展规划等中长期规划，按规定报有关领导审批，确保矿井采掘接续正常，促进煤矿安全管理。

（4）协助科长做好作业规程和安全技术措施的审批、贯彻落实工作，深入现场，监督安全措施的现场实施情况，及时向科长反馈，保证工程施工安全。

（5）按照分工要求严格执行材料考核制度，避免材料浪费，切实做好材料日常安全管理工作。

（6）协助科长抓好分管范围内的安全管理工作，确保火工品收存、发放，木料加工，统计和档案管理安全。

（7）按照分工要求狠抓采掘安全生产标准化工作，推动采掘现场安全生产标准化动态达标。

（8）按照分工要求认真做好工程质量验收工作,促进巷道支护质量不断提高,工程质量动态达标。

（9）不断强化自身安全业务知识学习，积极深入现场，学习现场安全管理经验。

（10）积极参加本矿的各种安全会议、活动，认真贯彻落实安全会议、文件精神。

（11）参加年度和专项安全风险辨识，协助总工程师开展“新水平、新采区、新工作面设计前的”专项辨识，参加矿长每月组织的对重大安全风险管控措施落实情况和管控效果的检查分析，协助科长每旬对这些重大风险管控措施效果进行跟踪，开展隐患专项排查。

9.4.3　采掘技术员安全生产责任制

（1）认真贯彻执行国家安全生产和职业病防治方针、政策、法规及煤矿“三大规程”，协助做好采掘安全生产技术管理工作。

（2）参加采掘作业规程、措施审批及复查工作。

（3）经常深入现场，检查规程、措施的执行落实情况，对查出的问题及时提出整改意见及防范措施，参与业务范围内的安全隐患排查工作，对隐患整治提出建议性意见。

（4）加强对基层单位的安全生产技术业务指导，对生产中可能出现的影响安全生产的问题，要提前通知生产单位，协助做好采、掘工作面过断层、过空巷等特殊情况的安全生产技术管理工作。

（5）参加采掘工作面的安全质量检查验收工作，对检查出的安全隐患要监督施工单位限期整改。

（6）参加采掘工作面事故调查分析，从技术上查找原因，吸取教训，并参与研究制定相应的技术防范措施。

9.4.4　质量验收员安全生产责任制

（1）认真贯彻执行工程质量验收制度。

（2）严格按照工程质量验收表和工程质量验收标准进行验收。

（3）对出现的问题、整改情况、材料消耗等项目按要求填写清楚。

（4）有权对现场存在的问题向当班提出整改意见，对重大隐患可责令其停产整改。

（5）必须公正、合理验收，不得徇私舞弊。

（6）升井后，必须向分管科长汇报验收工作情况和存在的问题，发布验收结果。

9.4.5　劳保管理员安全生产责任制

（1）负责编制年、季、月劳保用品的计划，按政策规定和施工需要审批发放劳保用品，做好业务保安工作。

（2）认真贯彻执行企业劳保用品使用标准，严格按照劳保用品管理办法执行，为职工安全、健康提供合格的劳保用品。

（3）负责监督、检查劳保用品质量及使用情况，发现问题及时向有关领导报告。

（4）负责填写、管理劳保用品卡片，随时掌握劳保用品库存情况，确保劳保用品不积压、不过期、不丧失使用效能。

9.4.6　档案管理员安全生产责任制

（1）负责各类档案的收集、整理、归档、保管工作，建立、完善档案管理制度，做到门类齐全、归档完整；防止虫蚀、霉烂、丢失等损坏现象的发生；对档案的归档率、完整率、准确率负责。

（2）严格执行涉密档案的保密管理制度，经常深入基层单位了解兼职档案人员的工作情况，对违反规定的人员提出处罚意见。

（3）严格执行保密制度，不向任何与工作无关的人员泄露档案内容。

（4）负责向有关部门申请配齐防灭火器材，并对灭火设备进行定期检查，使其保持完好。对门、窗采取防盗措施，做好安全保卫工作。

（5）按时参加业务学习和政治学习，不断提高业务素质和管理水平。

9.4.7　统计员安全生产责任制

（1）负责本科室生产指标数据的统计安全工作，对本职业务安全负责。

（2）遵守矿各项安全生产管理制度和统计法规及保密制度，各项数据资料不经科长批准不得对外公布。

（3）做好统计资料的防火、防盗工作。

（4）禁止非工作人员上机操作，确保计算机安全。

（5）禁止携带烟、火、磁性物质、污染物进入机房，保证机房适宜的工作环境。

9.4.8　火工品管理员安全生产责任制

（1）保管员要持证上岗，不得擅离职守。

（2）库房内各种消防、通信、照明设施必须齐全完好，符合规程规定。要定期检查、挂牌。

（3）火工品的一切领退手续，必须在库房门外进行。

（4）爆炸材料科要有公安部门核发的储存许可证，要按定量储存，不得超过本库的核定量。

（5）库内炸药、雷管必须分开储存，之间的安全距离、堆放标准符合规程规定。

（6）爆炸材料科库存数量、品种、规格，要做到班清、旬结、账、卡、物相符。

（7）对交回的变质和过期失效的爆炸材料，要登记造册，要严格遵守《民用爆炸物品安全管理条例》及《煤矿安全规程》规定进行销毁。

（8）炸药、雷管的清退工作，一定要认真负责，手续齐全。

（9）在整个收、发、库房管理过程中，如发现问题，立即向科长及保卫科汇报。

（10）电雷管在使用前，必须逐个进行全电阻检查、编号，并将脚线拧成短路。严禁发放不导通、电阻不合格、不编号的电雷管。

（11）外来人员必须有科领导陪同入库，证件齐全、有效，并办理入库登记手续。

（12）尽岗尽责、遵章守纪，认真执行现场交接班制度。

9.4.9　木工安全生产责任制

（1）牢记“安全生产，人人有责”，树立“安全第一，预防为主”的思想，积极参加活动，接受安全教育，不酒后作业。

（2）认真学习木工安全技术操作规程，熟知安全知识，严格执行矿、科安全管理规章制度，不违章作业，冒险蛮干。

（3）必须熟悉锯床、刨床的结构、性能、原理，严格按操作规程操作。

（4）工具、设备及安全保护装置或安全防护设施，做好检查、维护、保养工作。确保工具合适，设备完好，安全保护齐全。

（5）带钉的木板，应立即取下钉子，不得随地乱扔。

（6）木工厂房需配备消防器材。做到定期检查，确保完好、有效，会正确使用。

（7）木工房的刨花、锯末必须及时清扫，并堆放到指定地点。杜绝烟火，电气设备严防短路。

9.5　机电科各岗位安全生产责任制

9.5.1　科长安全生产责任制

（1）贯彻执行《煤矿安全规程》和职业病防治上级安全指令，以及各项规章制度。

（2）负责全矿机电设备的管理工作，经常研究解决安全中存在的问题，使设备安全运转，具体安排机电检修计划。

（3）抓好机电运输安全生产标准化达标升级工作，做到动态达标。

（4）加强质量管理，大型在用固定设备台台完好，组织实现井下供电的“三无、四有、两齐、三全、三坚持”的要求，杜绝电气设备失爆。

（5）在审批、制订措施和研究布置工作时，要布置安全工作。

（6）参与制定“矿井灾害预防和处理计划”“安全生产事故应急救援预案”，并督促在本部门的落实与演习情况。

（7）组织全矿机电设备的节假日检修、定期检修和预防性检修工作，并负责组织编制检修安全技术措施。

（8）组织对机电主要工种和司机的培训、考核工作，审批换发司机的合格证。

（9）组织对四大件设备的技术测定和压力容器的鉴定工作。

（10）建立健全隐患排查治理制度，并督查、考核执行情况。

（11）经常深入班组解决工作中的关键问题，定期召开安全专业会、事故分析会，组织好职工的安全活动。

（12）遵守规章制度，抓好对职工的安全思想和安全技术、遵章守纪教育。

（13）参加事故的抢救与处理，落实防范措施。

（14）协助矿总工程师、机电副总工程师认真抓好反风演习，以及有关提升容器及供电、排水设备（设施）的安全性能检验，确保安全可靠运作。

（15）参加矿长组织的年度安全风险辨识及各专项辨识，协助机电经理每旬、每月对重大安全风险管控措施落实情况的跟踪，提出改进意见，定期参加机电专项隐患排查。

9.5.2　副科长安全生产责任制

（1）积极配合科长开展机电、运输管理工作，保证其符合国家有关煤矿安全生产的法律、法规、规章、标准和技术规范的要求。

（2）按照分工要求，抓好分工范围内的工作，并落实安全生产责任制。

（3）按照分工要求及时组织进行机电、运输隐患排查，发现使用的设备、安全设施不符合有关规定时，要立即组织整改。

（4）发现有关人员不适宜担任相关岗位的工作时，要及时向科长汇报。

（5）科长未在岗位时，应根据安排承担科长职责，保证相关工作的连续性。

（6）及时向科长提出改进安全工作的具体建议。

（7）必须尽职尽责，杜绝“三违”现象。

（8）参加矿长组织的年度安全风险辨识及各专项辨识，协助机电经理每旬、每月对重大安全风险管控措施落实情况的跟踪，提出改进意见，定期参加机电专项隐患排查。

9.5.3　技术员安全生产责任制

（1）负责本职范围内机电安全生产标准化工作，保证机电设备完好、达标。

（2）负责本职范围内施工技术措施和质量标准的编制和贯彻。

（3）协助队组和管理科室编制设备维修、配件、材料计划。

（4）负责小型电气改造和设计工作。

（5）参加追查机电事故，提出防范措施。

（6）做好设备维护技术管理，保证安全设施齐全、可靠。

（7）配合有关部门做好员工机电安全教育、机电技术培训和职业病防治培训。

（8）参加本矿组织的机电安全质量大检查和安全例会。

（9）负责岗位工安全风险及管控措施的培训。

9.5.4 设备管理员安全生产责任制

（1）在科长的领导下，对所有设备的全过程管理负责。在设备管理中，认真按照上级有关安全生产方针、政策、法律、法规执行。

（2）参与制定完善“设备管理制度”，并结合本矿实际制度出台相应的具体实施办法。

（3）参与制定机电设备的选型、购置、修理、更新、报废计划，参与设备选型论证，确保进矿设备符合国家有关标准，并负责统计全矿机电设备。

（4）根据国家公布淘汰机电设备产品目录，对淘汰、无修复使用价值的设备督促使用单位及时填写报废申请表，并会同有关单位共同鉴定后，付诸实施。

（5）设备到货后，会同有关部门严格把关。认真核对设备型号、规格、性能、配件、说明书等，做好验收记录，并将验收记录有关资料存入设备档案。

（6）负责对检修完的设备进行出厂入库前的检修质量验收，办理设备升入井各种手续。

（7）负责检查、监督、考核各单位的设备使用情况和管理制度的执行情况，经常深入现场核实设备使用单位及地点是否与设备台账相符，检查设备维护和保养是否良好。

（8）定期参与设备的安全检查，会同有关部门检查设备使用中存在的问题，对查出的问题，落实整改单位责任人、时间，并按“安全奖惩细则”中相关规定进行处罚。

（9）负责设备的技术建档工作，积极推广应用计算机管理，应对所有设备建立台账，使台账和实物相符。

（10）及时对需要检测检验的机电设备（包括特种设备）、绝缘工具、油脂等联系资质部门进行检验，并取得检验报告。

（11）严格执行值班制度，防止空岗、脱岗，延误安全生产急需设备的调用。

（12）加强所管辖机电材料和设备库的管理，实行分类排放，清晰标明设备标志牌，保持库房、设备整洁，配齐防灭火装置，经常检查安全状况。

（13）及时、准确地向上级有关部门和领导提供设备管理的各类报表。

（14）认真完成科长交给的各项工作。

9.5.5 防爆检查员安全生产责任制

（1）在科长的领导下，负责地面和井下在用防爆电气设备（包括五小电气）的防爆性能检查，并在检查中认真执行《煤矿安全规程》、国家最新防爆标准和相关规定。

（2）接受上级有关部门的安全技术培训和防爆检查管理的专业培训，经考试合格后，持“防爆设备检查员证”上岗。

（3）对井下供电系统、防爆设备（包括小型电器）、发爆器、电缆及各种电气安全保护设施进行监督检查，发现失爆应立即下达指令，停止使用，限期整改，并依据“安全奖惩细则”相关规定进行处罚。

（4）对防爆电气设备（包括小型电器）、电缆等的防爆性能应进行入井前检查，合格后发放“入井许可证”。

（5）参加机电专业的安全生产标准化检查，检查主要机房硐室的设备、电缆吊挂及司机岗位责任制和文明生产情况。

（6）经常深入井下现场，检查设备运行情况，对检查中发现的事故隐患，及时汇报，并提出处理意见督促解决。

（7）及时汇总机电专业安全生产标准化的检查、验收情况，并及时整理检查、验收资料，以备检查。

（8）全面完成科长交给的各项任务。

（9）熟悉本岗位的安全风险及管控措施，定期跟踪重大安全风险管控措施的落实情况。

9.5.6 资料员安全生产责任制

（1）严格执行国家有关安全生产法律、法规及规章制度，负责对机电系统的技术档案管理工作。

（2）严格遵守劳动纪律和矿井一切规章制度，按时参加本矿部组织的各种安全活动，听取领导传达上级有关安全指示、指令。

（3）熟练掌握档案管理方面的知识、计算机操作，积极应用计算机管理档案。

（4）及时收集新进机电设备的随机原始资料，整理入档，分类存放，并登记清晰明了。

（5）建立、完善和更新机电设备各类资料，尤其是矿井四大件设备和特种设备技术资料和检测检验资料，收集和存档各类机电检修计划、机电安全检查整改五定表、机电方面的文件等。

（6）协助设备管理员和防爆管理员积极做好对机电设备台账、记录、报告和其他等资料的更新、完善。

（7）资料要妥善管理，时刻注重防火、防盗、防虫蛀，保持档案柜清洁卫生。

（8）负责本专业风险分级管控资料的整理存档。

9.6 通风科各岗位安全生产责任制

9.6.1 科长安全生产责任制

（1）认真贯彻执行党的安全生产方针，落实上级有关安全生产工作的指示、指令；执行煤矿“三大规程”。在矿长、总工程师的领导下，协助做“一通三防”等安全技术组织管理工作。

（2）积极配合矿长、总工程师贯彻落实国家有关煤矿安全生产和职业病防治的法律、法规、规章、技术规范及“一通三防”工作方面的有关规定，做好本矿的“一通三防”工作。

（3）组织制定本科室各岗位安全生产责任制和“一通三防”各项管理制度，并按规定进行考核。

（4）经常深入现场，做好安全隐患排查工作，及时解决矿井通风管理方面的隐患问题。

（5）加强局部通风机、风筒的日常管理、维护，及时安排通风设施的检查，保证矿井通风系统的稳定、可靠。

（6）及时按计划安排矿井的通风系统调整、风量测定、瓦斯检查及风量分配工作，按计划开展粉尘、瓦斯等参数测定工作。

（7）做好瓦斯抽采的技术指导、瓦斯抽采达标评判及相关瓦斯防治工作，并监督实施。

（8）负责做好粉尘治理，改善井下作业环境。消灭煤尘堆积，防止煤尘事故的发生。

（9）负责做好井下防灭火管理，经常检查消防器材，组织好每年一次的灭火器检验工作。

（10）负责组织“一通三防”标准化对标、达标及考核工作，做到“一通三防”标准化动态达标。

（11）负责组织做好压风自救系统、供水施救系统、紧急避险系统的技术管理、监督考核工作。

（12）在总工程师的领导下，负责组织有关人员定期进行“一通三防”隐患排查、测风、测尘、反风演习、阻力测定、通风能力核定、瓦斯和二氧化碳涌出量测定，做好通风仪表保养、维修检查和煤层各项参数测定工作。

（13）负责煤矿“一通三防”安全生产标准化的检查、评比，做到动态达标。

（14）配合编制矿井灾害预防和处理计划，督促检查实施。在发生重大事故时，协助矿长指挥抢险救灾工作。

（15）协助矿长、总工程师制定矿井通防、技术改造、长远发展规划、安全工程计划，采取相应措施保证计划完成。

（16）按时组织科室人员进行学习，开展安全教育，提高职工的技术水平。

（17）根据矿井年度生产计划，核定矿井通风能力，做到以风定产，严禁超通风能力生产。

（18）监督分管范围内特种作业人员的持证上岗。

（19）协助总工程师开展“瓦斯、煤尘、火”等重大安全风险专项辨识，定期对重大安全风险管控措施落实情况和管控效果进行跟踪。

9.6.2 副科长安全生产责任制

（1）协助科长做好通风、瓦斯管理工作和本部门的安全工作，认真执行上级有关安全生产的指示，保证各项安全措施的落实。

（2）经常检查通风、瓦斯、防尘、防灭火等工作，发现隐患按照防范措施及时组织处理，经常汇报安全生产动态。

（3）协助科长做好全矿“一通三防”安全生产标准化达标工作。

（4）做好局部通风管理，杜绝循环风及无计划停风现象，检查验收通风设施的工程质量，确保通风设施砌筑符合要求。

（5）负责完善井下测风、瓦斯牌板、警示标志和各种牌板的制定，确保符合规定要求。

（6）加强测风员、通风工及瓦检员的监督管理，杜绝空班漏检，监督、检查各种报表、记录等。

（7）协助科长做好瓦斯抽采的技术指导、瓦斯抽采达标评判及相关瓦斯防治工作。

（8）根据井下开采情况，及时测定矿井煤层瓦斯吸附常数、瓦斯含量，做好通风仪表保养、维修检查和鉴定工作。

（9）协助科长做好压风自救系统、供水施救系统、紧急避险系统的技术管理、监督考核工作。

（10）协助科长做好矿井通风能力的核定，杜绝矿井超通风能力安排生产。

（11）协助科长做好“一通三防”隐患排查治理，参加矿的安全检查及专业检查。

（12）协助科长定期组织进行分管范围内的测风、测尘、反风演习、阻力测定、通风能力核定、瓦斯和二氧化碳涌出量测定工作。

（13）督查规章制度的执行和本部门员工安全技术教育工作。

9.6.3 技术员安全生产责任制

（1）参与审查有关作业规程中“一通三防”部分的安全措施是否全面，并加以完善，确保安全生产。

（2）经常深入现场及时发现和解决“一通三防”隐患，及时向领导汇报提出处理意见。

（3）根据实际情况从技术层面及时分析矿井“一通三防”状况，向领导提出具体意见，并协助领导做好重大隐患排查治理工作。

（4）按时组织科室人员进行学习，开展安全教育工作，提高从业人员的抗灾应变能力。

（5）负责做好“一通三防”技术业务管理和现场管理，并负责“一通三防”设备、设施技术档案、图纸等资料的整理工作。

（6）负责“一通三防”安全生产标准化达标工作。

（7）参加本矿组织的安全大检查和安全例会。

（8）努力学习先进技术，积极推广先进经验，做好技术创新。

（9）参与制定“一通三防”安全技术措施发展规划和通防工程设计工作。

（10）协助科长做好矿井通风阻力、主要通风机性能的测定工作，指导矿井反风演习、矿井瓦斯等级鉴定等工作。

（11）做好矿井通风能力核定及瓦斯抽采达标煤量工作，确保矿井安全生产。

（12）深入现场及时督查安全技措工程进度、质量和解决现场存在的技术业务等有关问题，发现“三违”现象及时制止。

9.6.4 后备技术员安全生产责任制

（1）参与审查有关作业规程中“一通三防”部分的安全措施是否全面，并加以完善，确保安全生产。

（2）经常深入现场及时发现和解决“一通三防”隐患，及时向领导汇报提出处理意见。

（3）根据实际情况从技术层面及时分析矿井“一通三防”状况，向领导提出具体意见，并协助领导做好重大隐患排查治理工作。

（4）按时组织科室人员进行学习，开展安全教育工作，提高从业人员的抗灾应变能力。

（5）负责做好“一通三防”技术业务管理和现场管理，并负责“一通三防”设备、设施技术档案、图纸等资料的整理工作。

（6）参与“一通三防”安全生产标准化达标工作。

（7）参加本矿组织的安全大检查和“一通三防”专项检查。

（8）努力学习先进技术，积极推广先进经验，做好技术创新。

（9）协助科长做好矿井通风阻力、主要通风机性能的测定工作，参与矿井反风演习、矿井瓦斯等级鉴定等工作。

（10）做好矿井通风能力核定及瓦斯抽采达标煤量工作，确保矿井安全生产。

（11）深入现场及时督查安全技措工程进度、质量和解决现场存在的技术业务等有关问题，发现“三违”现象及时制止。

9.6.5　测风工安全生产责任制

（1）严格按照“测风员岗位标准化作业标准”的要求进行作业，定期开展测风工作，对特殊地点随时测风，保证数据准确，以指导矿井通风工作。

（2）掌握矿井通风安全知识，熟悉现场情况及矿井通风系统，发现问题，及时汇报。

（3）监测各用风地点（巷道）的配风量是否符合《煤矿安全规程》规定，及时提出风量调整方案。

（4）在进行瓦斯等级鉴定、反风演习等工作时，测定有关参数和做好资料汇总工作，协助开展矿井通风阻力测定和主要通风机性能测定等工作。

（5）负责对通风设施、巷道及通风系统漏风情况进行检查，及时汇报并提出处理意见，并参加通风设施的质量检查验收。

（6）负责建立各种测风台账、记录及报表，并及时报送有关领导审查；妥善保管有关记录、台账，及时提供有关资料。

9.6.6　测尘工安全生产责任制

（1）严格按照“测尘员岗位标准化作业标准”的要求进行作业，做好矿井测尘工作，正确指导矿井防尘工作。

（2）深入井下，收集、汇总并分析矿井生产过程中粉尘现状，对产尘量大的作业地点要有针对性的强化降尘措施。

（3）定期检查井下各地点防尘管路、设施的使用和完好情况，确保防尘设施齐全、有效。

（4）对工作中存在的重大防尘隐患，要及时督促责任队组进行处理，并及时向领导汇报。

（5）积极查找“一通三防”安全隐患，并提出处理意见。

（6）努力学习防尘先进技术，积极推广先进经验，掌握综合防尘的新技术、新工艺、新设备的推广和应用。

9.6.7　瓦检组安全生产责任制

1. 瓦检组组长安全生产责任制

（1）负责组织并督促瓦斯检查员按照规程、措施、制度的规定，认真检查矿井瓦斯，负责瓦斯检查管理制度的贯彻执行，杜绝空班漏检。

（2）根据采掘衔接和机电设备的变动情况，协助分管副科长及时修改检查瓦斯巡回检查路线，保证检查数量和质量符合规程规定。

（3）监督、检查《煤矿安全规程》中有关瓦斯管理规定和防治瓦斯措施的执行情况，坚决杜绝违章作业。

（4）掌握工作面和临时工作地点的增减以及瓦斯变化情况，负责检查瓦斯治理制度的落实，负责处理瓦斯超限事故。

2. 瓦斯检查工安全生产责任制

（1）负责测定矿井作业地点的瓦斯、二氧化碳等气体浓度、温度，及时、准确地填报瓦斯报表和各种记录，熟悉“一通三防”业务。

（2）认真做好各作业地点的瓦斯检查工作，保证瓦斯检查数据准确及时。填写牌板要清楚，手册、牌板和日报表要一致。杜绝空班漏检、弄虚作假。

（3）井下发生停风时，应将作业人员及时撤到安全地点，并设置栅栏和警标；恢复送风时，严格执行《瓦斯排放管理制度》，做好瓦斯检查与排放工作。

（4）在瓦斯检查过程中发现瓦斯异常必须及时查明原因、组织处理并汇报调度室。

（5）严格执行“一炮三检”和“三人连锁爆破”制度。

（6）负责对巡检区域内的甲烷传感器和通防设施的日常检查，发现问题应及时向调度室汇报，危及安全生产时，有权立即停止生产。

（7）严格执行现场交接班制度和一班三汇报制度，发现异常立即汇报。

（8）认真学习安全知识、遵守各项安全管理规章制度，确保自身安全无事故。

（9）积极协助做好“一通三防”重大灾害事故抢救工作。

9.6.8　通风组安全生产责任制

1. 组长安全生产责任制

（1）认真贯彻执行安全生产方针和“一通三防”指令，负责建立、健全本组各级安全生产责任制，对“一通三防”现场管理负责，组长是本组安全生产第一责任者。

（2）深入现场，掌握现场实际，做好巷道贯通前的准备工作和巷道贯通后调风及通风设施修建工作，确保正常通风。

（3）组织落实通风、防尘、防火等各项具体工作，掌握安全生产动态，及时消除、排查“一通三防”各类隐患，杜绝重大事故。

（4）做好通风设施的合理构筑与维护，保障各工作面、硐室有充足风量供给。监督检查各密闭墙的工程质量，杜绝跑风、漏风。

（5）开展每周的安全日活动，带领本组员工参加培训工作，积极配合通防事故的调查处理，落实整改与防范措施。

2. 通风设施工安全生产责任制

（1）熟悉一般通风知识、井下各类通风构筑物的质量标准，掌握风巷维修质量标准、井下有害气体的性质和《煤矿安全规程》有关规定。

（2）通风设施工在班长的带领下负责风门、风桥、导风硐、密闭墙、调节风窗等通风设施的建筑施工，对其质量负责，严格按质量标准施工。

（3）负责盲巷的及时封闭，严格按时间要求完成施工，否则追究当事人的责任。

（4）学习业务技术，不断提高业务技术水平，坚持正规操作，杜绝“三违”现象。

（5）发现通风设施损坏，应立即维修，并汇报队领导，及时清理设施前后的浮煤、杂物。

（6）熟悉矿井生产系统，掌握生产衔接安排和各工作面结束后设备外撤情况。

（7）负责永久性通风设施编号、登记和有关数据的统计工作。

3. 防尘工安全生产责任制

（1）熟悉矿尘的性质、危害和《煤矿安全规程》有关规定。熟悉各条巷道的矿尘积存情况、冲洗管路、洒水点分布情况。

（2）认真按照煤矿“三大规程”，积极做好本职工作，每班进行防尘工作，确保煤尘不飞扬，无堆积。

（3）凡在防尘作业中，遇到管路故障或其他问题不能正常使用时，必须立即向科长汇报。

（4）负责工作面和主要巷道的防尘、卫生工作，负责水幕和冲洗喷嘴的安装、维护、使用工作。

（5）每天对采掘工作面和各转载点的洒水情况，对巷道的喷雾、洒水和冲洗情况以及煤尘沉积情况进行详细检查。

（6）冲刷积尘作业时，防护好作业区域内的电气设备，并做好防尘记录。

4. 风筒工安全生产责任制

（1）风筒工是矿井局部通风管理工作的第一责任人。

（2）风筒工必须熟练掌握煤矿安全专业知识并依法经过培训，取得安全资格证。

（3）遵守国家有关安全生产的法律、法规、规章、标准和技术规范。

（4）负责所管辖区域内的风筒运送、安装、维修和拆除。

（5）对不能使用的或已经破损的风筒及时回收上井。

（6）及时修补现场破损的风筒。

（7）及时整理、接好脱节的风筒。

（8）必须尽职尽责，杜绝“三违”现象。

9.7 调度室各岗位安全生产责任制

9.7.1 主任安全生产责任制

（1）在生产副矿长的领导下，负责本矿安全生产的调度协调指挥工作。

（2）掌握安全生产动态，处理安全生产过程中出现的问题，及时传达上级安全方面的指令、通知、通报、决议。

（3）组织事故抢险救灾，当接到事故电话时立即向矿领导汇报，并组织和指挥抢救，防止灾害事故扩大，在紧急情况下，有权调动所需人力、物力。

（4）了解矿井安全生产情况，掌握矿井瓦斯、涌水量、巷道贯通、综采安装、工作面初次放顶、收尾等情况，发现安全问题及时处理并向领导汇报。

（5）组织生产准备、工程质量验收和动态检查，抓好“三防”和节假日各部门检修协调工作。

（6）参加安全大检查，参加生产事故调查分析，发现隐患及时组织处理，制止“三违”活动。

9.7.2 副主任安全生产责任制

（1）在主任的领导下，负责分管调度业务的安全工作。

（2）认真执行煤矿安全生产标准化标准，负责矿井生产系统的安全维护和标准化建设工作，发现问题及时处理。

（3）掌握矿井灾害预防和处理计划、应急预案及避灾路线，发生重大事故时协助主任进行处理。

（4）参加安全检查，对跟班领导查出的问题，督促检查落实情况，并向领导汇报。

（5）参与有关的事故调查分析及追查处理。

（6）积极参加和推进安全文化建设活动。

9.7.3 技术副主任安全生产责任制

（1）在主任的领导下，负责调度业务范围内的安全技术管理工作。

（2）认真执行国家有关安全生产的法律、法规，做好本职安全工作。

（3）熟悉矿井灾害预防和处理计划、应急预案及避灾路线，发生重大事故时协助主任、副主任进行处理。

（4）熟悉矿井安全生产的有关规定,深入井下检查了解生产现场的安全情况,发现问题及时处理。

（5）参加有关安全生产规程、措施的会审，并对贯彻落实情况进行监督检查。

（6）及时传达上级安全生产的指示、命令、通知。

9.7.4 后备技术员安全生产责任制

（1）在主任的领导下，配合技术副主任完成调度各系统的安全技术管理工作。

（2）认真执行国家有关安全全产的法律、法规，做好本职安全工作。

（3）熟知矿井灾害预防和井下计划及应急预案，发生重大事故时协助主任参与处理。

（4）协助副主任完成分管单位规程措施的审核和相关图纸的绘制工作。

（5）负责机房设备、地面网络设施的日常检查和维护工作。

9.7.5 调度组组长安全生产责任制

（1）贯彻执行国家有关安全生产的法律、法规、规章、标准、技术规范、指示、指令、“三大规程”和公司各项规章制度，坚持安全生产，按照“三大规程”调度指挥生产。

（2）协助分管主任开展调度指挥工作，落实相关指示和会议决定。

（3）抓好班组建设，搞好协作，合理安排工作，努力提高职工业务素质。

（4）做好上情下达工作，对上级的调度通报、指令，认真组织有关单位传达落实。

（5）做好下情上报工作，对基层单位反映的安全隐患及存在的问题，根据具体情况，及时向领导汇报，并做好记录。

（6）做好雨季三防相关资料的收集工作，按时向上级部门上报各类报表。

（7）按要求组织本班职工参加安全活动、安全培训和业务学习，提高职工安全意识。

9.7.6 调度员安全生产责任制

（1）负责当班调度安全工作，对本职业务保安工作负责。

（2）遵守《煤矿安全规程》和各项安全生产管理制度，做好当班调度工作。

（3）熟悉井下现场情况，对井上、下各方面汇报的安全问题认真做好记录。掌握安全生产动态，重大事故隐患立即向矿领导和矿值班人员汇报。

（4）经常深入现场，发现安全问题及时督促处理，并做好记录。

（5）严格交接班制度，对当班遗留问题向下一班交代清楚。

（6）发生事故后，及时按事故处理程序通知相关领导和救灾人员，协调、安排救灾工作，并对全过程进行真实、详细记录。

（7）做好当班的防火、防盗、卫生和保密工作。

9.7.7 统计员安全生产责任制

（1）负责调度统计和计算机管理方面的安全工作，对本职业务安全负责。

（2）遵守安全生产管理制度和保密制度，各项数据资料不经允许不得对外公布。

（3）做好计算机的维护、保养工作，达到设备完好，安全运转。

（4）做好统计资料档案的防火、防盗工作。

（5）保持机房安全性，禁止非工作人员入内上机，确保计算机安全。

（6）禁止携带烟、火、磁性物质、污染物、易燃品进入机房，保证机房适宜的工作环境。

9.7.8 监控室安全生产责任制

1. 组长安全生产责任制

（1）在调度主任的领导下，负责监控室的管理工作，确保安全监控系统正常运行。

（2）建立健全监控的管理制度与事故应急预案，并组织实施。

（3）加强安全监控系统的巡回检查和隐患排查治理工作。

（4）对监控系统出现故障、监控数据异常等情况立即查明原因，采取相应的处置措施，并立即汇报科和矿调度室。

（5）严格落实责任制，加强对员工的安全教育，有计划地安排员工进行技术业务培训，提高员工的业务技能水平。

（6）收集、整理监控系统相关的记录、报表、统计资料、图纸等，并按规定进行发放、上报及归档。

2. 材料员安全生产责任制

（1）认真做好本部门生产所需材料、配件的计划供应工作。

（2）详细编制、审查月度材料、配件计划，认真核对各类材料、配件的名称、型号、规格、材质、数量是否正确。

（3）随时掌握生产过程中所需材料、配件情况，及时提出领取计划，确保安全生产正常进行。

（4）对所领取的材料、配件进行严格检查，确认符合安全生产要求后，方可入库。

（5）经常深入现场，了解各种材料、配件的使用情况，及时解决使用中出现的问题，做好自主保安工作。

3. 监测监控工安全生产责任制

（1）贯彻执行国家有关煤矿安全生产的法律、法规、标准、技术规范、指示、指令、“三大规程”和各项规章制度。

（2）监测监控工上岗前必须经有关部门培训，培训合格后，方可上岗工作，在岗期间必须持证上岗。

（3）能够熟练进行监测监控设备各种运行方式的操作，做到“三知四会”（熟知设备的结构、性能、安全设施的原理，会操作、会维修、会保养、会排除一般故障），积极参加有关的技术培训，不断学习提高自己的业务水平。

（4）按规定及时认真地填写各种记录，严禁使用非法定计量单位，字迹要清楚、工整，不得出错或漏填。

（5）必须严格执行 24 h 值班制度，发现监测监控系统出现故障时，必须及时处理。

（6）掌握设备的运行情况，对存在的问题及时汇报处理，当出现影响安全的情况时，要及时采取有效的措施，避免事故发生和扩大，并汇报有关部门。

（7）配合维修人员做好设备的日常检修，做好检修后的试运转工作。

（8）负责机房的各种设施、装备的管理及机房卫生，机房及监控室内严禁吸烟。

（9）强化重要场所的安全管理，严禁闲杂人员出入。

（10）尽职尽责，杜绝“三违”现象。

（11）完成领导安排的其他工作。

4. 网络维护工安全生产责任制

（1）加强网络安全建设，确保矿有关保密资料的信息安全，做到万无一失。

（2）加强计算机病毒的防治工作，确保计算机系统不受恶性病毒侵害。

（3）加强网络管理工作，使其发挥为安全生产提供及时准确信息服务的作用，避免用户登入非法及其他不良网站事件的发生。

（4）积极参与安全文化建设活动，做好计算机管理员的安全监督工作，防止安全事故的发生，做好自主保安工作。

9.8　地测防治水科各岗位安全生产责任制

9.8.1　科长安全生产责任制

（1）认真贯彻党的安全生产方针，落实上级有关安全生产工作的指示、指令；遵守国家有关煤矿安全的法律、法规、标准、技术规范和煤矿“三大规程”。在矿长、总工程师、防治水副总工程师的领导下，负责地质防治水管理工作。

（2）制定、贯彻、落实各项规章制度，把好地质测量防治水技术安全关。

（3）审查矿井测量成果和各类防治水资料、报告、图纸资料的准确性，防止发生差错，保证防治水资料的准确性，指导矿井安全生产。

（4）掌握井下地质变化情况，解决矿井安全生产中的地质问题。检查落实安全技术措施执行情况，发现重大问题及时向领导汇报。督查矿井地质及矿井水害预测预报工作的执行情况。组织分析矿井水文地质情况，掌握矿井涌水动态和变化规律，参加解决水害、水患措施的制定。

（5）做好地质防治水工作范围内的隐患排查与治理工作。

（6）制定科室各岗位安全生产责任制和各项管理制度，并按规定进行监督考核。

（7）参加年度和专项安全风险辨识，协助总工程师开展“新水平、新采区、新工作面设计前的”专项辨识，参加矿长每月组织的对重大安全风险管控措施落实情况和管控效果的检查分析，每旬对这些重大风险管控措施效果进行跟踪。

（8）参与编制矿井灾害预防和处理计划，审查本系统应急预案的制定与演习工作。

（9）组织编制全矿地测防治水中长期规划和年度工作计划，并组织落实。

（10）及时组织编制矿井各类探放水设计及安全技术措施。

（11）负责全矿井地面防治水及采空区塌陷管理工作。

（12）组织测量事故分析和处理。参加矿井安全事故抢险救援。

9.8.2 地测副科长安全生产责任制

（1）在科长的领导下，认真贯彻执行安全生产方针，落实上级有关安全生产工作的指示、指令；遵守国家有关煤矿安全的法律、法规、安全标准、技术范围和煤矿“三大规程”。

（2）认真贯彻、落实各项规章制度，把好地质测量技术安全关。

（3）组织检查测量成果的准确性，避免在测量中发生错误，发现问题及时处理。

（4）制定测量工作计划，组织测量事故分析和处理，落实安全责任。

（5）经常深入现场，及时解决现场存在的问题，随时掌握工程进度、生产准备等情况。

（6）协助科长制定科室各岗位安全生产责任制和各项管理制度，并负责落实。

（7）参与各类安全培训教育，定期组织人员参加地测安全办公会议。

9.8.3 防治水副科长安全生产责任制

（1）协助科长做好地质防治水工作和本部门的安全工作，认真执行上级有关安全生产的文件精神，保证各项安全措施的落实。

（2）协助科长做好地质防治水安全生产标准化的达标工作。

（3）协助科长做好“地质防治水”安全大检查工作，并组织好科室专业自查工作。

（4）组织编写探放水设计及措施，并进行审核工作。

（5）组织科室人员定期对地面塌陷区及工业广场进行防治水隐患排查工作。

（6）协助科长做好井下探放水现场管理及探放水验收工作。

（7）组织开展地表水体、降雨量的调查观测工作，负责组织井下各观测点的涌水量观测工作。

（8）协助科长抓好对本系统员工的安全教育与培训工作，提高员工综合素质。

9.8.4 测量组长安全生产责任制

（1）严格执行《煤矿测量规程》的各种规定，及时建立健全井下导线控制图网，并编号标明，测量精度符合规程规定。

（2）认真贯彻测量业务范围内各项工作和规章制度，确保技术成果的安全质量，做好业务保安。

（3）认真做好日常测量工作，满足安全生产需要。

（4）严格执行复测复算和检查，避免出现测量和计算错误。

（5）各项工程开工前，必须协助设计人员认真审查施工设计，发现错误及时联系解决。

（6）严格审查测量成果和图表及时组织导线资料计算，防止测量差错发生，确保井下工程质量。

（7）做好贯通测量的安全工作，及时下达贯通测量通知单。

（8）组织技术业务学习，提高技术素质，推广先进经验，避免井巷工程测量事故的发生。

（9）带领本组人员认真履行职责，杜绝测量事故。

9.8.5　测量员安全生产责任制

（1）在科长和组长的领导下，认真完成测量任务，保证测量数据的真实性和准确性，以正确指导安全生产工作。

（2）认真学习业务知识，提高业务水平，熟练掌握煤矿测量技术，努力做到施工操作规范化、标准化。

（3）严格检查测量控制点情况，发现问题及时向领导汇报，严格按照测量操作规程进行操作，对测量工作的每个细节要认真检查核实。

（4）各项工程开工前，必须协助设计人员认真审查施工设计，发现错误及时更正。

（5）接到开工通知单后，协助技术员做好实测及资料的准备工作，保证资料的准确性，确保安全标定。

（6）深入施工现场，及时掌握工程进度，及时对中腰线进行延线，并及时下达“中腰线通知单”。

（7）掌握好各项贯通工程的进度，及时发放贯通通知单及贯通安全技术措施。

（8）尽职尽责，杜绝“三违”现象和测量事故。

9.8.6　地质技术员安全生产责任制

（1）认真做好日常地质工作，及时收集、整理地质、水文资料。

（2）及时、准确地提供各种生产中所需要的地质成果和图纸资料，做到安全可靠。

（3）确定合理的保安煤柱和井下开采影响地面塌陷范围圈定，使煤矿生产在安全情况下进行。

（4）认真做好矿井水文地质工作，查清矿区水文地质特征和充水条件，负责矿井地质、水文预测预报工作。

（5）认真学习业务知识，提高业务水平，熟练掌握煤矿地质技术，努力做到资料的规范化、标准化。

（6）工作中尽心尽责，对地质资料的准确性负责。

9.8.7　储量员安全生产责任制

（1）贯彻执行国家安全生产的法律、法规、指示、指令、“三大规程”和各项安全管理制度。

（2）深入现场，认真调查了解施工现场情况，做好资源储量的监督、考核与管理工作，为安全生产提供可靠的开采依据。

（3）参与制定防灾计划、应急预案、生产作业计划。

（4）及时填报各类资源储量报表，编绘各类储量计算图纸。

（5）定期对资源回收率进行检查，对不合理的丢煤提出意见和要求，确保储量安全。

9.8.8　绘图员安全生产责任制

（1）严格执行国家有关煤矿安全生产的法律、法规、指示、指令、“三大规程”和各项安全管理制度。

（2）严格按照规范要求做好各种图纸的绘制工作，对图纸的准确性全面负责。

（3）在图纸的绘制过程中，认真对待，仔细绘制，对所有数据要进行核实，发现问题立即找相关人员进行核实，避免出现错误，给安全生产造成安全隐患。

（4）未经科长批准，不得私自对本科室以外和外部的单位绘制或提供图纸。

（5）严格遵守保密制度，为生产提供安全可靠的图纸资料。

9.8.9 防治水技术员安全生产责任制

（1）在科长的领导下，协助科长做好防治水的技术管理工作。

（2）认真贯彻执行矿井防治水安全技术政策、规程、规定和标准，为矿井安全生产服务。

（3）负责建立健全矿井防治水安全生产管理制度，并督促实施。

（4）组织制定矿井中长期防治水规划及年度计划，编制防治水工程设计、施工措施，并督促落实。

（5）组织搜集、整理、更新、保管矿井水文资料、图纸的工作，并及时、准确地提供相关的技术资料，做好矿井水情、水害的预测预报工作，确保矿井安全生产。

（6）掌握井下掘进进尺情况，及时下发“三单”，并组织人员对钻孔进行现场验收。

9.8.10 资料员安全生产责任制

（1）在科长的领导下，做好本职范围内的资料、图纸、技术档案的安全管理工作。

（2）做好资料、图纸、技术档案的收集和整理工作，确保资料的质量与安全。

（3）认真执行档案资料的管理规定，防止档案资料丢失，并做好防火、防盗、防潮、防虫蛀及相关保密工作。

（4）遵章守纪、坚守工作岗位，做好资料的环境卫生，使资料的存放环境符合规定。

9.9 职工培训科各岗位安全生产责任制

9.9.1 主任安全生产责任制

（1）负责建立健全煤矿安全生产教育和培训监督检查制度。

（2）负责本矿按照培训计划对每个职工进行安全教育和技术培训。

（3）负责一般职工的培训，配合安全科对每周四各单位安全教育日学习进行检查和指导。

（4）负责新职工的教育，新职工在上岗前进行72学时安全教育培训，考试合格的持证上岗作业，每年再培训20学时。

（5）负责变换工种教育，工种变换前必须重新进行培训，考试合格，方准上岗。

（6）在新的岗位作业，未经培训不得上岗。

（7）负责建立规范培训记录，并将培训与工资奖金挂钩。

（8）负责培训员工正确佩戴、使用劳保用品的方法和目的，组织全体员工进行职业病防治知识的培训。

（9）组织入井人员和地面关键岗位人员进行年度和专项安全风险辨识评估结果、与本岗位相关的重大安全风险管控措施的培训。

（10）每年至少组织参与安全风险评估工作的人员学习一次安全风险辨识评估技术。

9.9.2 培训管理员安全生产责任制

（1）依照国家有关法律法规，组织新工人、班组长、安全生产管理人员、特种作业人员、外出学习人员、一般人员及全员安全培训工作。

（2）根据上级的培训安排和矿井安全生产实际需求，编制年度培训计划。领导批准后组织实施，做到全员培训持证上岗。

（3）了解各岗位的人员技术需求情况，及时向主任提出相关的培训建议。

（4）对新招工人进行上岗前教育，组织培训学员认真学习有关规章制度和安全注意事项。

（5）负责向上级主管部门报送相关材料和统计数据，办理学员有关资格证书和发放等工作。

（6）完成培训档案的归档及管理工作。

（7）加强自身业务水平，不断完善自我，超越自我。

9.10 环保技改科各岗位安全生产责任制

9.10.1 科长安全生产责任制

（1）贯彻执行党的安全生产方针和国家有关工程建设的法律、法规、条例，做好工程项目建设的安全监管工作，对本科室安全工作全面负责。

（2）严格执行建设工程与安全设施“三同时”。

（3）深入施工现场，了解工程建设安全现状，督促施工单位加强项目建设安全管理，严防安全事故发生。

（4）加强工程质量管理，防止质量及事故发生，组织建设工程质量安全检查。

（5）组织本部门员工学习有关安全法规，提高员工的安全意识。

（6）开展防灾、抗灾教育，提高全员防灾、抗灾和应变能力。

（7）负责本部门业务保安、防火、防盗工作。

9.10.2 副科长安全生产责任制

（1）认真贯彻执行党和国家有关政策和公司的各项规章制度，尊重领导，团结同事，执行上级的命令和指示，做好工程项目建设的安全监管工作，负责协助科长做好本科室各项安全生产管理工作。

（2）负责做好全矿工程区域内的安全工作，积极组织员工学习、培训各项安全知识，杜绝安全隐患及事故，确保工程区域内不出现轻伤以上人身事故。

（3）尊重领导、团结同事，执行上级的命令与指示，协助科长做好环保技改科的各项管理工作。

（4）坚持原则、按章办事，发现问题及时处理并汇报。

（5）指导分管部门建立健全各项规章制度，促使工作规范化、制度化。

（6）增强全局工作意识，协助处理部门对内，对外的工作关系，加强分管工作与其他工作的团结协作。

（7）及时解决分管工作中出现的矛盾和问题,提高工作效率和服务质量。加强对员工进行思想教育、职业道德教育、纪律教育和岗位业务培训;在管理中,讲究方式方法,充分调动员工工作积极性。

9.10.3 土建安全生产责任制

（1）协助科长做好基建人员的安全技术、业务知识培训，提高安全意识。

（2）做好基建工程的安全工作，认真贯彻基建管理制度及有关安全质量监督检查制度，对施工现场的安全生产负全面责任。

（3）建设项目开工前，组织施工人员学习工程设计、作业规程，严格按图纸要求组织施工，未批准的不准开工。

（4）深入施工现场，检查安全隐患，对安全用电、施工机具、脚手架、龙门架、安全网等进行经常性检查，对不符合要求的限期整改，对施工过程中的不安全因素责令停止施工，进行整改。

（5）做好隐蔽工程隐蔽前的验收审查，核实施工记录的各项资料，参加竣工验收及专业性安全、质量检查。

（6）对施工过程中出现的“三违”行为，必须严格追查，落实到人。

（7）对需爆破的工作，负责提出申请，报矿有关领导批准后，制定爆破方案及安全技术措施，经相关领导及部门签阅后，由专人负责。

（8）负责建立基本建设重点工程管理台账和相关记录，并登记安全施工情况。

（9）加强防汛管理工作，保证防汛工程质量符合规定要求。

9.10.4 环保安全生产责任制

（1）宣传和执行环境保护法律法规及有关规定，充分、合理地利用各种资源、能源，控制和消除污染，促进本矿生产发展，创造良好的工作生活环境，尽量减少对周围生态环境的污染。

（2）负责本矿环保管理制度的制定，建立健全各种环保台账。

（3）掌握本矿工业污染物排放情况，并协助科长提出有关污染治理的意见。

（4）掌握本矿工业污染物的综合利用情况，定期向科长和上级主管部门汇报和提出改进工作的建议。

（5）协助相关部门做好水质监测取样工作，完成各种报表的填报工作。

（6）协助科长做好环保工作规划、典型经验总结及其他文字材料的编写整理工作。

（7）做好环保宣传教育及接待来公司参观学习环保工作的外来人员。

（8）做好与上级环保部门的沟通协调，及时上报相关材料。

9.10.5　维修组组长安全生产责任制

（1）认真执行安全生产规章制度及安全操作规程，合理安排班组人员工作，做好本班组的协调工作，并对本班组人员在生产中的安全负责。

（2）定期组织班组成员参加安全教育培训，加强人员安全管理，建立班组安全奖罚制度。

（3）履行班组长的上岗职责，动态巡查岗位、工序、环节，及时解决棘手问题，组织完成当班任务，强化现场管理，严把安全关，坚持正规作业，及时排除安全隐患，发现问题及时解决并上报有关领导，工作实现动态达标。

（4）督促（班组）成员做好所属设备的检查、维护，保证正常运行。

（5）做好安全交底，并做好“三坚持”（上班前坚持讲安全、工作前坚持查安全、工作中坚持抓安全）。

（6）高空作业时必须做好安全防护措施。

（7）组织班组成员多交流、多沟通、多学习，提升班组成员岗位技能。

（8）教育班组成员坚守岗位，严格执行安全规程和制度，做好上下班的交接工作，负责提高班组成员的安全意识，掌握操作规程中的岗位内容，杜绝违章指挥和违章作业。

（9）夜间值班人员，发现问题及时处理（处理不了，立即上报）并做好记录。

9.10.6　维修工安全生产责任制

（1）认真遵守公司的各项安全生产规章制度，严格执行安全技术操作规程。

（2）负责本岗位安全工作，持证上岗，尽心尽责，杜绝“三违”现象，认真执行安全交底。

（3）定期做好安全检查，熟悉水、电、暖维修的安全操作规程，严格按规程进行操作，保证作业安全。

（4）上班期间不睡岗、不脱岗、不酒后上岗、不干私活。

（5）高空作业时，做好防护措施。

（6）保质、保量地完成工作，并保证施工现场工完，料清，现场清。

（7）不违章作业，并劝阻、制止他人违章，对违章作业有权拒绝执行，并及汇报。

（8）在维修中与岗位人员密切配合，做好文明施工。

（9）维修保养设备中，发现问题及时处理并做好记录。

（10）积极参加安全管理部门组织的各项安全活动，并且认真学习有关安全生产的指令、文件，不断提高安全素质和自我保护意识。

9.11　党委办公室各岗位安全生产责任制

9.11.1　主任安全生产责任制

（1）认真贯彻执行党和国家安全生产方针、《安全生产法》《煤矿安全规程》以及有关的法令、规定，掌握和分析本矿安全生产的新情况、新特点；利用网络和报刊等媒体，营造浓厚的安全生产舆论氛围。

（2）对本部门安全工作全面负责，主任是部门安全工作的第一责任者。

（3）深入基层生产一线，调查了解安全生产情况，按要求参与事故追查和分析、处理。

（4）督查督办中层干部、基层党员干部安全生产责任制落实情况，把安全生产责任制落实情况作为干部绩效考核的重要依据，把干部能否贯彻执行安全生产方针作为考察、考核、选拔、任用干部的重要依据。

（5）做好办公设备的安全管理工作，电器保护设施齐全可靠；做好保密和防火、防盗工作。

（6）协助相关部门做好员工安全教育工作。

9.11.2 组织干事安全生产责任制

（1）学习、宣传、贯彻《安全生产法》和党的安全生产方针、政策和法令，做好业务保安工作。

（2）严格遵守安全生产的各项管理制度，增强保密意识，做好保密工作。

（3）加强对干部跟班上岗情况的检查考核，并把安全工作作为评选先进集体和先进个人及入党积极分子的重要依据。

（4）负责党员安全教育工作，了解和分析党员的思想状况，抓好典型，总结经验，宣传共产党员的安全先进事迹。

（5）指导基层党组织开展“创先争优”活动，以“创先争优”活动推动基层安全管理水平的提高。

9.11.3 宣传干事安全生产责任制

（1）认真宣传、贯彻《安全生产法》和党的安全生产方针、政策和法令，了解和掌握本部门业务知识，认真做好本职工作。

（2）会同有关部门，做好党员、干部和职工的“三违”行为教育、帮教和登记工作。

（3）围绕本矿中心任务和安全形势，积极做好安全宣传教育和日常性宣传工作。

（4）深入基层调查研究，掌握职工的思想动态，总结推广安全生产的典型经验。

（5）负责新闻报道工作，对本矿在安全生产管理中好的经验和做法，要积极写稿件并向各级新闻媒体投稿。

9.11.4 秘书安全生产责任制

（1）深入基层及时了解本矿的安全生产和经营管理情况，掌握第一手资料。

（2）负责草拟党委安全宣传教育意见、综合性报告及领导的重要讲话。

（3）做好安全方面的资料收集、整理，参与重要安全会议的筹备。

（4）参与重要安全工作会议纪要的整理和印发。

9.12 综合办公室各岗位安全生产责任制

9.12.1 主任安全生产责任制

（1）负责组织及时批办各类安全生产方面的文件，确保及时处理。

（2）配合做好各类安全生产会议的准备及组织工作。

（3）负责做好安全生产应急救援交通工具的调派等。

（4）负责抓好本矿的印章管理，确保安全使用。

（5）负责抓好本矿的信息管理，保证信息安全不外泄。

（6）统筹组织安排各类大型活动，全面组织做好活动期间的安全。

（7）及时组织换发相关证照，保证本矿生产经营活动合法。

9.12.2 副主任安全生产责任制

（1）协助、配合主任落实本部门安全生产责任制。

（2）抓好分管业务和工作。

（3）负责做好车辆的安全管理和司机的安全教育。

9.12.3　团委书记安全生产责任制

（1）在上级团委和矿党委的领导下，向广大团员、青年积极宣传，贯彻执行党和国家的安全生产方针、政策和上级有关安全工作的指令、规定。

（2）建立健全青年安全监督岗工作制度，加强工作考核和青年安全工作的监督和约束，充分发挥青监岗在安全生产中的助手作用。

（3）深入基层，了解团员、青年的安全情况，向有关部门反映团员和青年提出的关于安全方面的建议和意见。

（4）加强组织领导，健全职能，组织团员、青年参加各项安全竞赛活动，树立典型、表彰安全先进事迹。

（5）负责“青年安全生产示范岗”等各项活动的指导、检查和考核。

（6）按时参加本矿组织的各项安全活动和安全检查。

（7）完成矿领导和上级组织交办的其他工作。

9.12.4　秘书安全生产责任制

（1）负责上级安全方面的来文、来函、批复等公文的登记、呈请领导批办及传阅工作。

（2）对本矿上报的安全方面的文件、纪要和其他材料进行审核。

（3）做好档案文件的管理，确保归档资料完整、准确、安全。

（4）严格执行保密守则，妥善保管好各类文件和记录，禁止向无关人员透露有关保密材料的内容。

（5）对本单位产生的属于机密的文件、资料或其他秘密事项，要按照保密程序，准确标明密级和保密期限，按规定份数印制发放。

9.12.5　收发员安全生产责任制

（1）负责接收、登记、分发报纸、杂志、信件及其他邮件，确保及时完好送达。

（2）负责上级邮寄来文的接收、登记，并及时转交秘书传办。

（3）遵守职业道德，严禁私自拆阅公私信件。

9.12.6　文印管理员安全生产责任制

（1）严格执行打印文件的审批手续，需要打印的各种文件材料，要经过分管领导审稿签发，由办公室主任和秘书安排打印。

（2）打字员在打印前，要认真检查公文拟稿及栏目填写是否符合规定要求；各种打印清样要请拟稿人校对、签字后方可交付印发，确保各种文件材料打印正确无误。

（3）严格执行保密制度，各种文件材料要按照规定数量及要求打印；保密文件要由主任指定专人采取保密措施打印，其他人员不得参与。

（4）严格执行文印中心各项管理制度，按规定佩戴、使用劳动防护用品。

（5）做好文印设备的保养维护，下班时间必须切断电源。

9.12.7　小车司机安全生产责任制

（1）积极认真地学习驾驶、修理及交通规则等方面的业务技术知识，不断提高和增强自身的技术素质。

（2）遵守劳动纪律，增强时间观念，按时出车，文明行车，安全行车，经常保持车辆清洁卫生。

（3）经常检查车况，保持车况完好，定期保养，发现故障及时处理。

（4）认真做好油料消耗、修理费、过路费的登记工作，长时间停车等待要熄火。

（5）外出停放车辆要遵守交通法规，做好防盗、防损工作。

9.12.8 大客司机安全生产责任制

（1）积极认真地学习驾驶、修理及交通规则等方面的业务技术知识，不断提高和增强自身的技术素质。

（2）负责通勤车驾驶和维护工作，确保车况良好，干净卫生。

（3）严格遵守交通规则，确保安全行车。

（4）严格按照规定的时间、路线、站点行车、停车，为职工上下班提供优质服务。

（5）不经请示和批准，不得擅自找人替班，或擅自交换车辆。

9.13 工会办各岗位安全生产责任制

9.13.1 主任安全生产责任制

（1）监督检查各部门贯彻劳动保护和安全生产情况，定期向工会主席报告。

（2）协助完善有关制度措施，发挥员工在生产过程中的联保、互保作用；促使工会会员行使群众安全监督职能，汇报处理各种安全隐患，制止生产过程中的不安全行为。

（3）组织配合员工代表对本矿的安全生产情况进行巡视检查和监督活动，发现、督促和处理安全隐患。

（4）经常深入基层，检查指导班组安全管理工作，把班长的职责、权利有机统一，增强责任心，行使好各项权利。

（5）针对不同时期的安全生产特点，配合组织开展丰富多彩、寓教于乐的安全文化娱乐活动。

（6）负责收集员工对安全生产的合理化意见和建议，及时向有关领导汇报，对本矿安全管理工作提出整改意见。

（7）做好伤亡事故的善后处理工作。

9.13.2 工会干事安全生产责任制

（1）在工会主席的领导下负责工会的日常工作，并在宣传、贯彻、执行党的安全生产方针上实行监督职能。

（2）协助工会主席、副主席努力做好劳动保护、安全生产、民主管理等工作，组织开展各种劳动竞赛、班组建设、群众安全检查，贯彻落实好职代会五项职权，督促检查各专业委员会的工作。

（3）组织好群监网员活动，建立健全信息站各项管理制度，做好群监员培训工作，充分发挥群监网员的作用。

（4）深入基层调查研究，听取和采纳对抓好安全工作的意见，形成材料及时向主席汇报。

（5）协助主席、副主席做好其他方面的工作。

9.13.3 女工干事安全生产责任制

（1）监督、协助行政贯彻执行有关女工保护的政策、法令，健全女工保护制度和女工保护措施，做好妇科病的普查普治工作。

（2）维护女职工的民主权利，关心女职工工作、学习和生活中的实际困难，督促和协助有关部门解决。

（3）组织女职工开展“四自”教育，教育女职工用社会主义思想处理好恋爱、婚姻、家庭和孩子的问题，帮助她们加强对子女的教育。

（4）做好对女劳模、女先进工作者“三八红旗手”的培养，注意总结她们的先进经验和宣传她们的先进事迹。

9.13.4 阅览室管理员安全生产责任制

（1）认真履行岗位职责，严格遵守并执行各项规章制度，热情服务，坚守岗位。

（2）努力学习和熟练掌握图书管理业务，做好图书的分类、编目。新书入库，及时清点、验收、上架；保管好各类报纸、期刊、杂志，定期装订成册并编目归档，保持资料完整无损。努力学习计算机使用知识，熟练掌握电脑操作技能，保证计算机正常运行。

（3）严格借阅、上机手续，按规定时间开放，发现图书遗失、电脑损坏等情况，依据有关规定收取赔偿，做好每日的阅读、上机登记和借阅分类统计，掌握阅览室动态。

（4）负责图书排架、整架，做好各类统计、清点与记录工作，做到书账相符，做好电脑正常维护工作，做好破旧图书和有重要价值资料的修补工作。

（5）保持图书阅览室和电子阅览室的清洁卫生，防火、防盗、防尘、防晒、防虫、防潮，下班离开前，关闭电源、门窗帘，防止事故发生。

9.13.5 宣传员安全生产责任制

（1）认真履行岗位职责，严格遵守并执行各项规章制度，热爱本职工作，坚守岗位。

（2）负责本矿安全管理宣传工作，做到及时、准确地对本矿安全现状进行报道，通过广播向广大员工灌输安全理念。

（3）协调、组织好安全宣传工作，做到周密安排，突出宣传效果。

（4）经常深入基层，有针对性地制定安全宣传计划。

（5）保持好录音室的清洁卫生，保证录音室的用电安全。

9.14 纪检办各岗位安全生产责任制

9.14.1 主任安全生产责任制

（1）认真学习党和国家的安全生产方针、政策及各类安全生产管理制度。

（2）在纪检书记的领导下，抓好廉洁促安全的宣传教育和安全文化建设工作。参与重大安全工作和活动，对安全工作提出合理化建议。

（3）经常深入基层调查研究，及时掌握基层职工思想动态和了解本矿安全现状，强化监督检查，发现情况及时向安委会反映。

（4）按照要求参与事故的调查、分析、处理，并协助做好事故善后工作。对严重违反安全规定的人员，结合纪检监察要求，进行相关处理。

（5）定期深入现场，检查党员和党员干部的安全生产责任制落实情况及安全管理绩效提升情况。

（6）监督党员干部在安全生产方面的履职情况，负责对违章党员和党员干部的安全思想教育、遵纪守法教育和处理。

9.14.2 纪检办干事安全生产责任制

（1）积极宣传贯彻党的安全生产方针，落实有关煤矿安全生产的法律、法规和规章制度。

（2）努力学习安全知识，提高自身的安全知识水平。

（3）从维护矿井稳定的角度出发，积极参与职工的安全宣传教育工作。

（4）积极开展“党员安全先锋岗”活动，严格考核，监督组织基层党支部开展安全宣传教育和安全生产活动，促进企业的安全生产。

（5）积极开展关系本矿职工安全生产、职业健康的活动，维护好企业和职工双方的合法权益。

9.15 人事劳资科各岗位安全生产责任制

9.15.1 科长安全生产责任制

（1）贯彻执行《劳动法》和规章制度，开展遵法守纪教育，增强职工法制观念，提高职工自我保护能力，办理工人奖惩事宜。

（2）在选择管理人员和考察了解工作时，把各级管理人员贯彻执行安全生产方针情况作为一项主要内容，对不重视安全工作的不能提拔重用。已进领导班子经教育不改者，要及时调整。

（3）做好新工人的招收及分配。组织新录用职工进行体格检查；通知安全技术部门教育新职工，经“三级”安全教育后，方可分配上岗。

（4）研究并实施有利于安全生产的工资形式与奖励津贴制度。

（5）增强保险意识，做好职工的劳动保险工作。

（6）认真做好劳动工资计划与统计，建立好原始记录，编制劳动工资统计报表，开展好计划统计分析工作。

（7）把安全工作作为对职工考核的内容之一，列入职工上岗、转正、定级、评奖、晋升的考核条件。

9.15.2　副科长安全生产责任制

（1）贯彻执行党和国家的安全生产方针、《安全生产法》《煤矿安全规程》以及有关的法令、规定，并严格执行本矿安全生产规章制度，协助科长做好本部门的安全管理工作。

（2）具体负责分管范围内各岗位人员的安全生产责任制的落实执行情况。

（3）做好职工的调动、退休、退职和减员补充工作，力求把有技术、有经验、会管理的人放在合适的工作岗位，确保安全生产。

（4）具体负责工资、奖金和各种津贴的核算和发放工作，确保工资按时发放，保障职工安全生产的积极性。

（5）负责日常职工劳动纪律、考勤和奖惩的管理工作，检查劳动纪律和考勤制度的执行情况，切实保障安全生产的纪律性和严肃性。

（6）按时参加本矿各项安全生产工作会议，并及时向本部门职工传达贯彻。

（7）积极组织本部门人员经常进行安全生产及业务知识学习，做好安全教育工作，提高职工安全保护意识和业务工作能力。

（8）及时完成领导交办的其他安全生产工作。

9.15.3　人事档案管理员安全生产责任制

（1）贯彻执行党、国家的安全生产方针、政策和《安全生产法》《劳动合同法》等法律、法规及本矿安全生产制度，既要承担人事档案管理工作方面的责任，又要承担本岗位的安全责任。

（2）确保职工人事档案交接时完整规范，做好保密工作。

（3）负责定期检查档案保管情况并予以记录，保持档案的账物相符。

（4）负责按本矿规定程序审核办理职工人事档案的查阅、借阅、商调等手续，确保人事档案健全。

（5）负责专业技术干部的职称考试报名、评审材料报送等工作，做好专业技术干部的聘任和考核。

（6）负责职工考勤统计、核实等管理工作，检查考勤制度执行情况，严格按规定办理职工请假手续。

9.15.4　劳动用工管理员安全生产责任制

（1）劳动用工管理员既要承担劳动用工工作或业务方面的责任，又要承担本岗位的安全责任。

（2）负责认真宣传贯彻《劳动法》等有关政策规定，严格执行本矿人事劳动用工管理制度，确保合法用工。

（3）负责新增煤矿从业人员资格审核工作及全矿从业人员的年检、备案工作。

（4）负责及时按照《劳动合同法》与在职职工签订、续订、解除、终止劳动合同等。

（5）负责大中专生转正定级的资料搜集、批办工作。

（6）负责收集、统计人员信息及劳动用工数据，并及时填报传递。

（7）按时完成领导交办的其他安全生产工作。

9.15.5　社保管理员安全生产责任制

（1）认真贯彻执行党和国家的安全生产方针、《安全生产法》《煤矿安全规程》以及有关的法令、规定，并严格执行本矿安全生产规章制度，对社保工作的业务保安负责，社保管理员是本岗位业务保安工作的直接责任者。

（2）负责本矿参保员工社会保险档案资料信息库和各项数据库的业务保安工作。

（3）负责参保员工五大基本社会保险和井下意外伤害保险等基金的正常缴纳。

（4）对社保各种台账、报表资料完整归档并安全保管。

（5）做好保密、防火、防盗工作。

9.15.6　劳资管理员安全生产责任制

（1）认真贯彻执行党和国家的安全生产方针、《安全生产法》《煤矿安全规程》以及有关的法令、规定，并严格执行本矿安全生产规章制度，劳资管理员是本岗位业务保安工作的直接责任者。

（2）根据安全生产需要，完善工资计算中的不足。

（3）协同有关部门，完善劳动定额，使之趋于合理，从而更好地为安全生产服务。

（4）核算工资做到公正、客观，尽职尽责。

（5）负责辞退农协工返乡补偿金的核算，解除农协工后顾之忧，安心生产。

（6）积极参加安全教育活动，提高自身的业务保安意识。

9.16　保卫科各岗位安全生产责任制

9.16.1　科长安全生产责任制

（1）在分管领导的带领下开展工作。

（2）做好要害部位、重要场所、火工品的安全监督管理。

（3）按时组织开展“四防”安全大检查，将检查情况及时向领导汇报，并抓好隐患的整改落实。

（4）针对本矿治安形势，及时提出和制定专项治理方案，掌握治安工作的主动权。

（5）抓好全矿人员的法制宣传教育，做好上级相关部门安排的法制教育活动。

（6）摸排全矿重点人员，加强对后进单位和个人的帮教工作。

（7）经常检查本部门员工的工作情况，及时纠正“三违”。

（8）加强和做好地面消防安全管理工作。

（9）加强对矿区内各种车辆的监管。

（10）完成领导交给的各项工作任务。

9.16.2　副科长安全生产责任制

（1）负责维护矿区治安秩序，保证正常的生产、生活秩序。

（2）负责矿区一般案件的处理工作，依法办事，不徇私情，并认真做好记录。对特殊案件要及时向上级汇报，积极协助破案。

（3）负责护矿队巡逻工作，对火药库、变电站、矿区周围等重点区域，要加强巡视，发现问题要及时纠正并报告分管领导，节假日和重大活动期间，应加强夜间巡查。

（4）坚决防范和制止社会上不法违纪人员进矿骚扰、滋事，情节严重者，及时与公安机关联系，给予严肃处理。

（5）积极完成领导交办的其他工作。

9.16.3　班长安全生产责任制

（1）在科长的领导下，负责矿区的安全保卫工作。

（2）定期对矿区各单位所有在住人员、流动人员进行统计，及时办理暂住证、出入证。

（3）负责维护矿区治安秩序，警卫人员进行日常管理。

（4）协助科长负责矿区一般案件的处理工作，依法办事，不徇私情，并认真做好记录。

（5）协助科长做好矿区内巡逻工作，要加强对重点区域巡视，发现问题要及时纠正并报告上级领导。节假日和重大活动期间，应加强夜间巡查。

（6）勇于同不法人员做斗争，情节严重者，及时与公安机关联系，给予严肃处理。

（7）积极完成领导交办的其他工作。

9.16.4 内勤安全生产责任制

（1）科室内勤人员是本岗位的安全直接责任者，在科长的直接领导下做好本岗位范围内的各项工作，并对自身工作安全负责。

（2）严格执行各项规章制度、上级有关安全指示、指令及科室制定的各项规章制度。

（3）加强安全防范意识和安全防范措施，做好安全稳定工作，及时根据上级要求整理修订相关安全制度，促进保卫科的安全保卫工作。

（4）积极提出安全保卫方面的合理化建议。

（5）尽职尽责，杜绝“三违”现象，积极参加各项安全活动。

（6）负责检查值班人员的各种登记记录，认真填写工作日志。严禁徇私舞弊、包庇他人、隐瞒实情。

（7）完成领导交办的其他工作。

9.16.5 消防巡查员安全生产责任制

（1）认真宣传执行国家的安全消防、治安的方针、政策、法律、法规，结合本矿实际情况，配合有关部门抓好地面消防安全工作的宣传教育，制定完善安全措施。对本矿的消防工作和治安保卫业务范围内的安全工作负责。

（2）负责矿重点部位设施、要害场所、重要物资仓库的消防和安全防范工作，坚决打击破坏生产、安全设备、设施，以及盗窃生产材料、爆炸材料等违法犯罪活动，为安全生产创造良好的社会环境。

（3）定期组织全矿的消防灭火检查，对要害建筑、重点防火部位进行巡查，及时消除消防隐患。

（4）加强对易燃、易爆、剧毒物品存贮地点的安全保卫，做好爆炸材料的押运。

（5）做好自我保安工作，协助有关部门做好事故的抢险救灾工作，参与事故的调查工作。

9.16.6 保安员安全生产责任制

（1）坚持“因地制宜、自主管理、积极防范、保障安全”的内保工作方针，对本岗位治安工作的业务保安负责。

（2）贯彻执行企事业单位内部治安保卫管理条例和有关法律法规。

（3）负责做好专项整治工作，做好禁赌、禁毒、盗窃等专项治理工作。

（4）负责了解、掌握有作案动机人员的情况，做到提前教育，防患于未然，创造一个良好的治安环境，促进安全生产。

（5）与违法犯罪做斗争的同时，要注意策略，确保自身安全不受侵犯。

（6）学习防火、防震、防盗知识和避灾方法，掌握消防器材使用方法。

9.16.7 门卫安全生产责任制

（1）门卫值班人员，要有高度的事业心和责任感，服从分配，听从指挥，严守岗位，做到认真负责，发现异常果断处理，遇到重大问题及时向当班负责人和科长报告。

（2）对出入矿区的物资、器材和其他公务、设备，无论是领发、购买、借用或来矿加工等，一律有本矿有关单位的单据和出门证，做到物证相符，数量相符，方可出入，如发生不符，要查明情况，妥善处理。

（3）矿区内所有人员必须持出入证出入矿区，否则不予通行。

（4）机动车辆出入大门时，要令其停车检查登记，并保管好各种手续，防止丢失。班中出现的问题，交接班时要交接清楚，以便核实、核对。

(5) 礼貌待人，态度和蔼，自行车出入大门时，请其下车推行，对带有纸箱、包裹、被褥等物的出门人员，请其自行打开，进行检查，对带有危险品及公物的应予没收，并按偷盗处理。

(6) 值班时不准擅离职守，不准徇私舞弊，不准里勾外连，不准看书报，不准吸烟、喝酒、睡觉、娱乐等。

(7) 监督并做好煤炭外运工作，杜绝一切吃、拿、卡、要现象，确保正常的煤销秩序。

(8) 要爱护公物，损坏公物照价赔偿。经常保持室内外清洁卫生，各种登记簿不准乱涂乱画，做到整洁完好无损。

9.16.8 车棚管理安全生产责任制

(1) 车棚内存放车辆必须摆放整齐，要求车头方向一致，车尾成一线。

(2) 车棚要保持卫生整洁，不得堆放杂物及其他物品。

(3) 自行车、电动车、摩托车必须具有车锁、脚架。车辆进棚后，车辆必须上锁，若有员工因特殊原因无法打开车锁需要撬锁或叫急开锁的，必须要求其出示相关证件验证，并做好登记记录，方可撬锁或开锁。

(4) 值班期间不准离岗、脱岗、睡岗，严格执行交接班制度。

(5) 严禁无关人员在车棚内逗留，发现可疑人员要立即要求其进行身份确认，以防员工车辆丢失。

(6) 不准在值班室私自使用大功率电器，以免引发电路火灾。

(7) 车棚值勤人员要密切注意车棚内外的安全，发现安全隐患要及时上报处理，防患于未然。

9.17 后勤服务中心各岗位安全生产责任制

9.17.1 主任安全生产责任制

(1) 认真贯彻执行党和国家安全生产方针和本矿的各项规章制度，全面负责后勤服务中心安全管理工作，贯彻执行安全生产法规，深化后勤各项管理规定，切实做好后勤保障工作。

(2) 切实做好“两堂一舍”工作，经常进行检查，对存在的问题督促整改。

(3) 负责对炊管人员进行安全教育、食品科学知识教育和卫生常识教育，努力提高服务质量，保证饮食安全。

(4) 加强对炊管人员的安全技术培训，提高操作技能。

(5) 严格监督检查食品卫生“五四制”，不让员工吃腐烂变质的饭菜，杜绝一切食物中毒现象。

(6) 加强对本部门员工的安全思想教育。

(7) 经常检查本部门员工的安全操作情况，及时纠正“三违”。

(8) 组织参加本职范围内的事故调查、分析、处理工作，积极排查本职范围内的安全事故隐患，负责矿井灾害事故抢救过程中的后勤保障工作。

(9) 负责做好本部门的其他安全工作，杜绝安全隐患及事故。

9.17.2 副主任安全生产责任制

(1) 认真贯彻执行党和国家安全生产方针和各项规章制度，执行上级的命令和指示，负责协助主任做好后勤服务中心的各项安全生产管理工作。

(2) 带头执行各项安全生产规章制度，坚守岗位、尽职尽责、坚持原则、按章办事，发现问题及时处理并汇报。

(3) 认真做好所属范围内的安全管理工作，并加强对本部门职工的安全教育和技术培训工作。

(4) 认真做好分管区域内消防、食品、卫生、设备、电器、日常安全及隐患排查工作。

(5) 负责对分管区域员工行为规范、劳动纪律、环境卫生及制度落实并进行监督、检查、指导和考核。

（6）负责做好分管区域的安全工作，积极组织分管区域员工学习、培训各项安全知识，杜绝安全隐患及事故，确保分管区域内人员、岗位安全生产责任制的落实。

9.17.3　医务组组长安全生产责任制

（1）根据上级分解的任务指标或工作安排，制定本班组具体工作计划，合理调配人员，出勤正常，满足工作需要，提高班组整体安全意识、服务意识。

（2）主持开好班前会，掌握人员出勤、精神状态，合理安排岗位人员和分配任务，进行全面安全预防，制定可靠的防范措施，落实责任。

（3）履行安全生产责任制，杜绝医疗事故。

（4）加强医疗设备、设施、器具的管理，确保齐全、完好、可靠，并按规定做好检查或消毒工作。

（5）加强药品、病历档案管理，做好医疗安全管理基础工作。

（6）组织召开本班组安全活动，学习有关安全知识，提高安全操作意识。

9.17.4　环卫组组长安全生产责任制

（1）根据上级分解的任务指标或工作安排，制定本班组具体工作计划，合理调配人员，保证岗位班组力量均衡，出勤正常，满足安全作业需要。

（2）主持开好班前会，掌握人员出勤、精神状态，合理安排岗位人员和分配任务，进行全面安全预防，制定可靠的防范措施，落实责任。

（3）履行跟班上岗职责，动态巡查岗位、工序、环节，及时解决存在的问题，组织完成当班任务，强化操作管理，严把安全关，坚持规范作业，及时排除安全隐患，确保环境美化、整洁、卫生、安全宜人。

（4）加强设备、工具、灭虫药剂的管理，各类安全防护设施、装备齐全有效，做好作业安全工作。

（5）组织召开本班组安全活动，学习有关安全知识，提高劳动保护意识，坚持班前讲安全，班中检查安全，班后总结安全。

9.17.5　澡堂组组长安全生产责任制

（1）根据上级分解的任务指标或工作安排，合理调配人员，保证岗位班组力量均衡，出勤正常，满足岗位安全需要。

（2）主持开好班前会，掌握人员出勤、精神状态，合理安排岗位人员和分配任务，进行全面安全预防，制定可靠的防范措施。

（3）履行跟班上岗职责，动态巡查岗位、工序、环节，及时解决存在的问题，组织完成当班任务，强化现场管理，严把安全关，坚持规范作业，及时排除安全隐患。

（4）加强设备、设施、工具管理，做好检查、保养工作。

（5）做好消防、电气防漏电、浴池消毒、更衣箱防盗等安全工作。

（6）组织召开本班组安全活动，学习有关安全知识，提高劳动保护意识，坚持班前讲安全，班中检查安全，班后总结安全。

9.17.6　洗衣组组长安全生产责任制

（1）根据上级分解的任务指标或工作安排，制定本班组具体工作计划，合理调配人员，保证岗位班组力量均衡，出勤正常，满足岗位安全需要，提高班组整体安全意识、服务意识。

（2）主持开好班前会，掌握人员出勤、精神状态，合理安排岗位人员和分配任务，进行全面安全预防，制定可靠的防范措施。

（3）履行跟班上岗职责，动态巡查岗位、工序、环节，及时解决挡手问题，组织完成当班任务，强化现场管理，严把安全关，坚持规范作业，及时排除安全隐患。

（4）加强洗衣设备管理，确保安全运行，各类安全防护设施、装备齐全有效，各种记录齐全、规范、准确。

（5）组织本班组安全活动，学习有关安全知识。

9.17.7 公寓组组长安全生产责任制

（1）根据上级工作安排，制定本班组具体工作计划，合理调配人员，保证岗位班组力量均衡，出勤正常，满足岗位安全需要，团结工友，协调合作，提高班组整体安全意识、服务意识。

（2）主持开好班前会，掌握人员出勤、精神状态，合理安排岗位人员和分配任务，进行全面安全预防，制定可靠的防范措施，落实责任。

（3）动态巡查岗位安全生产责任执行情况，及时解决问题，强化班组管理，严把安全关，坚持规范作业，及时排除水、电、消防等设施安全隐患，做好公寓楼的安全管理工作。

（4）加强水、电、设施的检查、维修，做到安全用电，节约用水。

（5）加强消防器材、设施的定期检查，确保完好有效，安全疏散通道有标识、无堵塞，确保畅通。

（6）组织召开本班组安全活动，学习有关安全知识，提高劳动保护意识，坚持班前讲安全，班中检查安全，班后总结安全。

9.17.8 餐厅组组长安全生产责任制

（1）根据上级工作安排，制定本班组具体工作计划，合理调配人员，保证岗位班组力量均衡，出勤正常，满足岗位安全需要，提高班组整体安全意识、服务意识。

（2）主持开好班前会，掌握人员出勤，精神状态。合理安排岗位人员和分配任务，进行全面安全预防，制定可靠防范措施。

（3）动态巡查岗位安全生产责任执行情况，及时解决存在问题，强化现场操作，严把安全关，坚持规范作业及操作，及时排除水、电、气、火、消防等设施安全隐患。

（4）督查岗位职工着装规范、个人清洁卫生。

（5）督查炊事器具或用具消毒制度的执行。

（6）组织召开本班组安全活动，学习有关安全知识，提高劳动保护意识，坚持班前讲安全，班中检查安全，班后总结安全。

9.17.9 内勤安全生产责任制

（1）科室内勤人员是本岗位的安全直接责任者，在主任的直接领导下干好本岗位范围内的各项工作，并对自身安全工作负责。

（2）严格执行本矿制定的各项安全管理规章制度。

（3）加强安全防范意识和安全防范措施，做好安全稳定工作，及时根据上级要求整理修订本部门的相关安全管理制度，促进后勤工作安全、有序地开展。

（4）积极提出安全方面的合理化建议。

（5）尽职尽责，杜绝“三违”现象，积极参加各项安全活动。

9.17.10 采购员安全生产责任制

（1）采购员是本岗位的安全直接责任者，在后勤主任的直接领导下干好本岗位范围内的工作，并对自身安全工作负责。

（2）严格执行本矿制定的各项安全管理规章制度。

（3）负责本矿后勤低值易耗品及办公用品的采购工作，对所采购的物资、设备要有申购单并上报主管领导，对所采购材料、品种、质量、规格、数量认真核对，杜绝伪劣物品的采购。

（4）负责办理交验、报账手续，负责保存采购工作的必要原始记录，做好统计，定期上报。

（5）积极提出安全方面的合理化建议。

（6）尽职尽责，杜绝“三违”现象，积极参加各项安全活动。

9.17.11　统计员安全生产责任制

（1）负责本单位的业务统计工作，做好业务保安工作。

（2）认真贯彻执行党的安全生产方针、政策。

（3）认真贯彻执行《统计法》及相关法律法规，及时、准确、全面、系统地完成统计工作，做好统计分析；提供分析报告为安全决策提供数据支持。

（4）做好统计报表及原始资料的整理、归档工作，做好防火、防盗及保密工作，确保统计信息安全。

（5）按照统计制度和规定，做好本专业统计的分类、汇总工作，及时向领导反馈信息。

9.17.12　库管员安全生产责任制

（1）库管员是本岗位的安全直接责任者，在后勤主任的直接领导下干好本岗位范围内的各项工作，并对自身安全工作负责。

（2）严格执行本矿制定的各项安全管理规章制度。

（3）负责物资的入库标识、贮存、发放，确保账、卡、物相符，并及时提出月计划，若发现伪劣物品，要及时退换，保证安全。

（4）做好库存物资的安全防护，有权拒绝非工作人员进入仓库，有权拒绝任何人在仓库吸烟。

（5）每季度对库存产品进行检查，确保在库存期间物资质量、安全属性符合相关标准、规定。

（6）严禁私自挪用和外借仓库物资。

（7）负责库房的安全管理，禁止闲杂人员进入，库房内严禁明火，下班时仔细检查门、窗、电源等处，做好防盗、防水、防火、防潮工作。

（8）尽职尽责，杜绝“三违”现象，积极参加各项安全活动。

9.17.13　医生安全生产责任制

（1）坚决执行消毒制度，做到严格无菌操作，防止交叉感染。

（2）认真负责，保证药品质量，做到安全发放和使用药品。

（3）做好护理工作，对工伤危重病人认真做好记录（生命体征），严密观察情况，做好应急处理及转院前的急救处理。

（4）经常检查本岗位安全情况，发现问题及时处理或报告。

9.17.14　护士安全生产责任制

（1）工作认真，发扬良好的医德医风，尽职尽责，全心全意为职工服务，做到持证上岗，遵章操作。

（2）负责门诊日常医疗工作，保持诊室清洁、整齐、安静，坚守工作岗位。

（3）详细询问病史，严格按处方要求配制针剂或用药，做好职工危、重、急病人的抢救、转诊、护送、护理工作，对工伤危重病人认真做好记录（生命体征），做好应急处理及转院前的急救处理。

（4）坚决执行消毒制度，做到严格无菌操作，防止交叉感染，做好门诊登记工作，认真执行传染病疫情报告制度和无菌消毒制度。

（5）认真执行处方制度，签署各种医疗证明要坚持原则，按上级有关规定执行。

（6）认真学习专业知识，努力提高医技水平，认真负责，保证药品质量，做到安全发放和使用药品，杜绝药品错发、错用的现象。

（7）按时交接班，认真做好各项记录的填写，发现问题及时处理或报告。

9.17.15　环卫工安全生产责任制

（1）负责本工种范围内的安全工作，严格执行各项安全管理规章制度。

（2）上岗前必须穿专用劳保服装，在车道上进行清扫作业必须高度警惕，随时观察来往车辆，增强自我安全防范意识。春、夏季对厕所、垃圾点进行消洒灭害灭菌时，操作人员应做好自我安全防护工作。

（3）厕所等地点的清洗保洁，严禁使用强酸类化学药品，防止灼伤事故发生，清洗操作要穿雨鞋和戴橡胶手套。

（4）所属公厕、垃圾点，要按时、按量地施放各种药品，做好防蝇灭害和消毒工作，杜绝各种病菌传染或传播，并做好记录备查，药品必须有专人保管、专人发放。

（5）使用的各种专用机械或设备及电动工具的运行操作，必须由专人负责，持证上岗，并严格按有关安全操作规程或使用说明执行。

（6）积极参加安全教育训练，提高辨识和处理危险的能力。

（7）检查绿化区域内的公共设施，发现异常情况或隐患及时向上级汇报。

9.17.16 保洁员安全生产责任制

（1）遵守关于安全生产方面的规章制度和操作规程。

（2）接受安全管理人员的管理。

（3）积极参加安全教育训练提高识别和处理危险的能力。

（4）注意检查绿化区域内的公共设施，发现异常情况或隐患及时向上级汇报。

9.17.17 澡堂工安全生产责任制

（1）树立全心全意服务的思想，做到工作态度端正，认真热情，对职工热情礼貌，责任心强，安全意识高。

（2）按规定参加义务卫生知识培训，掌握有关卫生法律法规及操作技能，并通过考核取得业务知识和卫生知识培训合格证明后方可上岗。

（3）工作人员熟悉本岗位的卫生操作规程并严格按操作规程操作，做好澡堂的定期消毒。

（4）工作人员要形成节俭的意识，随时注意节约用水避免浪费。浴室内要班班刷洗换水，保持水温、室温适宜，淋浴通畅，水量充足，空气清新。每天检查洗浴器具的运行，发现问题及时处理。认真保护浴场物品，如有损坏立即上报。

（5）保持室内外、池内外、更衣室，走廊环境卫生整洁，做到窗明地净，墙壁无挂灰，水管、淋浴器保持光洁完整，无污垢、无臭味、水、气、无跑、冒、滴、漏，管道阀门实施无损坏，吊篮设备运转正常。

（6）无人洗浴时，应立即做好浴室内的卫生工作，关好水龙头、照明灯等有关设备的开关，并关好门、窗，认真管好入浴员工的衣物及公共财产，做好安全防范工作。

（7）冷热水供应设备应有明显标志，给排水管道及阀门等设备安全可靠。

（8）坚持交接班制度，交接班时双方对更衣吊篮、淋浴器进行检查，班中要进行巡回检查，发现问题及时处理。

（9）加强责任心，做好防火、防盗、防泄漏、防触电等工作。

（10）严格遵守各项规章制度，经常检查澡堂情况，及时上报或处理安全隐患。

9.17.18 洗衣工安全生产责任制

（1）树立全心全意为职工服务的思想，认真做好本职工作。

（2）掌握洗涤物品性能，严格按照其不同品质合理分洗，并选取适当的洗涤程序和洗涤用品，必须正确掌握洗衣设备的使用方法及保养维护，发现异常要及时汇报。

（3）建立台账，认真仔细收发、清点、检查、存放洗涤物品，接收洗涤物品时必须填写好洗衣单据并按规定签名。

（4）洗涤前后如发现物品有破损要及时缝补，对破损严重的物品要通知服务员进行更换，并做好记录，努力掌握缝补技术，不断提高工作能力，缝纫机由专人操作，非工作人员严禁强行上机操作。

（5）洗涤过程中，工作人员必须随时观察设备运行是否正常，严禁带病运行和无人看守运行。

（6）保证洗涤质量，达到一白、二净、三漂、四平，符合卫生要求，节约用水、用电，并按洗涤物品的多少合理投放洗涤剂，不得浪费。

（7）严格执行交接班制度，做到窗明地净，四壁无尘，空气清新，洗衣设备运行良好。

（8）加强洗衣设备的维护保养，确保设备安全运行，经常检查洗衣房各设施、设备情况，发现问题及时处理或报告，保证本岗位作业环境安全。

9.17.19 理发员安全生产责任制

（1）严格执行各项规章制度，尽职尽责，敬岗乐业。

（2）上班时必须更换统一的工作服，按指定位置佩戴工作牌，不得歪、扭，不得在工作服上佩戴其他饰物，保持仪容整洁。

（3）每天认真清洁室内外的环境卫生（包括洗手间），保持整洁、舒适，备齐必需的用品、用具，并检查、整理消毒器械及用品。

（4）热情周到、细致入微、规范诚恳地接待每一位员工，可亲可敬地沟通，专业而又礼貌地用语。

（5）科学、合理地按照产品要求、流程、性能进行高标准操作。

（6）认真学习、熟练掌握产品知识和业务技术，提高自身素质和专业技能。

（7）勤俭节约、降低成本、提高效率（如水、电、原材料等消耗品）。

（8）尽职尽责，杜绝“三违”现象，积极参加各项安全活动。

9.17.20 公寓楼管理员安全生产责任制

（1）自觉遵守各项规章制度，讲文明、讲礼貌、讲道德、讲纪律，积极进取、爱岗敬业、善于学习、掌握技能。

（2）要着装上岗、挂牌服务，要仪表端庄、举止大方，要规范用语、文明服务、礼貌待客、主动热情。

（3）按作业标准规定清理房间卫生，要认真细致，要管理好房间物品，发现问题及时报告。

（4）认真做好安全防范工作，加强防盗意识，协助保卫科做好防盗工作，确保财产不受损失；加强防火意识，做好消防工作，确保员工生命财产安全。

（5）节约用水、用电，做好节能降耗工作，坚决执行《非生产用电管理制度》，确保用电安全。

（6）在做好卫生工作和优质服务的同时，加强与职工的友爱互助，扎实做好安全帮教工作。

（7）严格执行交接班制度，做好交接班记录和各项工作的详细记录工作。

9.17.21 餐厅管理员安全生产责任制

（1）严格执行《食品卫生法》和食品卫生的“五四制”，负责餐厅日常工作，搞好饮食安全和服务，满足职工需要。

（2）负责食品、炊具、用具、炊事机械的管理和炊具、用具、炊事机械的维护保养、消毒工作，做到合理使用、安全操作。食品、用具、餐具实行“四过关”，即“一洗”“二刷”“三冲”“四消毒”。环境卫生采取“四定”办法，即定人、定物、定时间、定质量，每个环节都实行分工、责任落实到人。

（3）负责食品卫生和操作间、炊具、用具、炊事机械及食堂周围的卫生和环境保护工作，做到每餐一打扫，每天一清洗。

（4）认真做好个人卫生，按规定定期体检，工作人员上班时应穿戴整洁的工作衣帽，并保持个人卫生。个人卫生做到勤洗手，勤剪指甲，勤洗澡，勤理发，勤换、勤洗工作服。

（5）严格把好食物原料进货关，协助管理员做好购回物品的验收工作，杜绝使用腐烂变质的食物及原料，防止食物中毒。

（6）加强食品保管和库房管理，存放的食品要分类、隔墙离地、专人保管、负责人定时检查。保持仓库整洁，加强“四防”设施建设，即“防蝇”“防鼠”“防尘”“防霉”。

（7）做好食堂原料储存与保管，成品（食物）存放实行与半成品隔离；食品与杂物、药物隔离；不用手直接拿食品。生熟食品、成品、半成品的加工和存放要有明显标记，分类存放，不得混放。

9.17.22 厨师安全生产责任制

（1）积极参加安全教育和培训，增强安全意识，提高自我保护能力。

（2）遵守厨房的安全防火、安全卫生制度，防止烹饪期间发生火灾。

（3）进入岗位，先检查岗位灶具是否安全，点燃燃气时必须遵守用火（气）规则。

（4）严格遵守厨房安全管理的各项制度。

（5）熟练使用灭火器（毯）。

（6）离开岗位要关火、断气。

（7）遇有火灾和险情，及时报告和处理。

9.17.23 洒水车司机安全生产责任制

（1）考试合格后，持证上岗，对本岗位安全作业负责。

（2）熟知本岗位业务知识，严格按操作规程操作。

（3）爱护洒水车，负责对车辆的日常维护和保养，保证洒水车完好、清洁卫生。

（4）熟悉行车路线，发现道路上有障碍物要及时处理。

（5）洒水车出现异常和故障要及时向检修人员和分管主任汇报，积极配合维修人员查找和处理故障。

（6）严格执行交接班制度，认真填写洒水记录。

（7）完成领导安排的其他任务。

9.18 财务科各岗位安全生产责任制

9.18.1 科长安全生产责任制

（1）认真贯彻执行国家各项财经法规，加强财务监管，规范财务核算程序，保证财务核算的客观性和及时性。

（2）加强日常财务核算工作的监督和检查，保证公司各项资金和财物的安全性和保值增值性。

（3）认真完成集团公司、二级公司下达的本年度各项财务指标。

（4）负责编制年度财务收支预决算及预算执行情况报告，分析资金运行情况及公司的经营情况，及时为领导提供分析资料及建议，提供真实有效的会计信息。

（5）严格审核原始凭证的合法性、真实性和完整性，保证记账凭证的规范性和准确性。

（6）审查对外提供的会计资料的合法性和准确性。

（7）负责监督检查财务科各岗位的工作情况。

（8）加强财务科员工日常纪律教育，杜绝“吃、拿、卡、要”现象。

（9）与其他部门密切配合完成领导交办的其他工作。

9.18.2 副科长安全生产责任制

（1）协助科长完成财务科各项财务工作。

（2）监督和检查日常各岗位会计核算，保证日常会计核算的真实性和准确性。

（3）按照上级公司要求，认真做好每月底结账对账，仔细审核各项财务报表，并做到报表编制及时、上报按时。

（4）保证入井后认真遵守公司各项安全生产规定，严格排查井下隐患。

（5）与财务科其他人员密切配合，完成财务科的各项工作。

9.18.3　成本费用会计安全生产责任制

（1）严格按照《会计法》、财务管理制度的相关规定，负责本矿各类原辅材料核算业务，并定期与有关部门进行核对，做到账实相符。

（2）负责原辅材料的成本核算，及材料成本差异的分摊工作。

（3）材料入库后，负责增值税专用发票抵扣联的收集，及时将增值税发票抵扣联交税务会计办理进项的抵扣认证工作。

（4）做好相关成本资料的整理、归档等工作。

（5）对各部门的材料计划执行情况进行监督，并就出现的问题及时上报公司领导。

（6）负责工资及其他往来的财务核算工作。

（7）与财务科其他人员密切配合，完成领导交办的其他工作。

9.18.4　材料会计安全生产责任制

（1）及时对本矿的材料购入、发出和库存业务进行核算。

（2）认真办理物资入库手续，并及时与保管员核对库存物资，参加物资盘点清查工作。

（3）编制各类报表，并对因统计数据失真，给领导提供错误决策负责。

（4）及时完成领导交办的其他任务。

9.18.5　固定资产会计安全生产责任制

（1）严格遵守财经纪律和各项规章制度，杜绝违反财经纪律的现象，保证国家财产安全，对本职业务保安工作负责。

（2）掌握和了解本矿所有固定资产的安全使用状况，建立固定资产使用账卡，发生变化时，要及时填入账卡，并向领导和有关单位沟通情况，保证安全使用。

（3）对固定资产中的转移机电设备要跟踪管理，发现问题要及时向科长汇报，以确保安全运行。

（4）认真做好设备报废、鉴定工作，提高设备的使用率。

（5）会同有关部门，定期组织固定资产安全检查，发现问题提出解决办法，并向有关领导反映。

（6）学习防火、防震、防盗等保安知识和避灾方法，掌握消防设施使用方法。

9.18.6　核算会计安全生产责任制

（1）严格按照国家财经法规进行会计核算，保证会计核算的客观性和准确性。

（2）正确运用会计科目，认真做好原始会计凭证。

（3）完成财务科长交办的其他会计核算工作。

9.18.7　税务会计安全生产责任制

（1）每月按时抄报税，按时填制申报表办理国税申报业务。

（2）严格在规定时间内按时交纳各种税费。

（3）负责国税普票、增值税发票及时领取，并严格按照税务发票的管理规定，保管好库存未使用的空白发票。

（4）负责日常开具各种增值税发票、普通发票及其他票据，并保证及时将所开具的发票交到客户手中。

（5）配合完成税务部门安排的各种检查及其他工作。

9.18.8　出纳安全生产责任制

（1）依照财务管理制度的规定，严格对银行存款和现金的收支管理，保管好法人章和会计名章、空白支票和网银 U 盾，确保万无一失。

（2）及时查询本矿的收入并做收入记账，开出收据。

（3）对各种有价证券及相关票据要详细登记台账，定期核对。

（4）设置现金日记账，做到日清月结，准确无误。

（5）每周在监督员和审核员的配合下对现金及银行承兑汇票进行盘点。

（6）认真执行现金管理制度，不坐支现金、库存现金不超过规定的限额。

（7）认真审核每一张支出凭证，做到每一笔支付款项都符合财务管理制度的规定。

（8）与其他财务人员相互配合、相互监督、各司其职。

（9）完成领导交代的其他工作。

9.19 供应科各岗位安全生产责任制

9.19.1 科长安全生产责任制

（1）在矿长的领导下，对本科安全生产负全面责任。

（2）认真学习并执行国家有关安全生产法律、法规和上级、矿安全生产的各项规章制度。

（3）组织业务人员建立和完善本科的安全生产管理制度、操作规程，并做好监督检查。

（4）组织业务人员做好材料质量验收工作，杜绝不合格材料进入库房。

（5）组织有关人员加强所管油品、化学危险品储存和发放的安全管理工作。

（6）组织人员做好安全自查工作。

（7）组织做好本科隐患排查工作，发现隐患及时整改。

（8）保证矿井应急预案材料的储备和供应工作。

（9）积极参加安全活动，接受安全教育。

（10）做好“四防”工作（即防汛、防火、防盗、防破坏）。

9.19.2 副科长安全生产责任制

（1）在科长的直接领导下，按照岗位职责认真做好安全生产工作。

（2）认真执行有关的安全生产管理制度，确保采购物资质量符合标准要求。

（3）熟悉了解采购物资的性能、状态，严格按照作业程序合理组织运输、装卸、搬运工作，保证不发生人身伤害事故和责任事故。

（4）参加本矿安全例会和地面安全检查，汇报安全生产工作中出现的问题，制定措施，予以解决。

（5）负责做好采购员岗位的业务保安工作。

9.19.3 计划员安全生产责任制

（1）及时完成月度采购计划的编制，对编制中出现的产品名称、规格型号、质量标准、数量不符负责。

（2）及时落实上报急用计划，对急用计划没有及时落实上报处理负责。

（3）有权拒绝任何人不按程序规定提出修改计划的要求。

（4）配合仓库管理人员做好仓库定额管理工作，对入库的已淘汰或即将淘汰的采购产品负责。

（5）及时完成领导交办的其他任务。

9.19.4 合同管理员安全生产责任制

（1）按照国家有关法律法规、本矿经济合同管理制度的有关规定，负责拟订本矿具体的物资采购及维修合同实施细则，批准后组织实行。

（2）负责物资采购及维修合同的起草准备，参与谈判和初审工作，严格掌握签约标准和程序，发现问题及时纠正。

（3）负责不断追踪所签订合同履行完成情况，并督促其如期兑现，汇总合同执行总体情况，提出有关报告和统计报表，并就存在的问题提出相应建议。

（4）规范合同文本、条款及相关事项，避免给公司造成合同纠纷。

（5）负责做好合同的登记归档工作，建立合同管理台账。

（6）控制合同副本或者复印件的传送范围，保守商业秘密。

（7）完成领导临时交办的其他任务。

9.19.5 采购员安全生产责任制

（1）做好各类材料的采购工作，确保采购产品的质量满足安全生产要求。

（2）自觉遵守本矿的规章制度及供应科内部管理制度。

（3）按各生产部门提交的物资需求计划、生产、消耗库存情况编制采购计划，保证安全生产需要。

（4）经常与保管员、各部门领导沟通，做好编制计划的准备工作，保证物资供应。

（5）经常与保管员核对，保持库存物资量，减少积压，提高物资利用率。

9.19.6 材料会计安全生产责任制

（1）及时对本矿的材料购入、发出和库存业务进行核算。

（2）认真办理物资入库手续，并及时与保管员核对库存物资，参加物资盘点、清查工作。

（3）编制各类报表，并对因统计数据失真给领导提供错误决策负责。

（4）及时完成领导交办的其他任务。

9.19.7 库管员安全生产责任制

（1）负责物资的入库标识、贮存、发放，确保账、卡、物相符，并及时提出月计划。

（2）做好库存物资的安全防护，有权拒绝非工作人员进入仓库，有权拒绝任何人在仓库吸烟。

（3）每季度对库存产品进行检查，确保在库存期间产品情况不变化。

（4）当发放量和出库凭证不一致时，有权要求领料员更改单据。

（5）对本仓库出现的账、卡、物不相符或由于管理不善、工作失职造成的产品损失、性能变质、丢失超储、积压、浪费负责。

（6）严禁私自挪用和外借仓库物资。

（7）对采购产品品种、规格型号、质量不符合要求的，有权拒绝使用部门领用，事后及时报科长请示。

9.20 销售科各岗位安全生产责任制

9.20.1 科长安全生产责任制

（1）认真贯彻执行党的路线方针、政策、法律、法规，落实上级公司和本矿有关规章制度和政策。

（2）全面负责煤质管理和煤炭销售发运工作，做到按章办事。

（3）负责制定本科室各岗位安全生产责任制、岗位责任制和各项管理制度，并按规定进行检查考核。

（4）负责本科内部劳动组织、资源合理安排、有序运行，做到全面培训，持证上岗。

（5）根据煤质和煤炭发运情况，及时向矿领导和用户提供煤质方面的调整意见，供领导参考。

（6）负责协调煤质、煤炭储、装、运各环节关系，消除各环节安全隐患，确保各环节作业安全。

（7）关心职工生活，听取职工意见，做好职工思想政治工作，调动职工工作积极性，搞好安全生产。

（8）按时、保质、保量完成上级及本矿安排的销售任务，为生产提供先决条件。

9.20.2 副科长安全生产责任制

（1）认真贯彻执行经营方针、政策和各项规章制度，在科长的领导下，负责铁路装煤（销售）工作。

（2）定期向科长汇报工作，并主持召开分管班组的班前会，提出、讨论、落实工作措施及考核奖惩办法。

（3）精通业务，了解、掌握与煤炭装车有关的各种专业知识，做到决策合理，管理科学。

（4）合理组织人员抓好各项工作，并和铁路部门搞好协作；经常检查、监督发现的问题并及时解决，不断提高装车效率和工作质量。

（5）加强安全管理，经常对职工进行安全教育，确保装车安全无事故。

（6）做好本部门职工思想教育和其他临时工作。

9.20.3 机械组组长安全生产责任制

（1）在科长的领导下，严格执行本矿的安全管理规章制度。

（2）组织机械组人员搞好安全生产，确保各种设备处于安全工作状况。

（3）督促本组人员学业务，做好设备维护、保养工作。保证设备运转正常，状况良好，发现机械故障及时汇报，不得隐瞒不报。

（4）及时准备好设备的日常配件，保证设备及时修复工作。

（5）负责督促班前对所有设备在工作前的检查试车工作，及时发现问题。

（6）对设备定期检修、保养，并制定设备检修计划及设备换季工作。

（7）配合本科有关人员协调好其他工作。

9.20.4 地销组组长安全生产责任制

（1）严格执行本矿和科室的安全规章制度。

（2）在科长的领导下，认真负责煤场的管理工作，合理组织生产，提高工作效率，保证销售任务的完成。

（3）积极协调本组各岗位工作，检查安全生产管理制度、安全生产责任制、操作规程的执行情况，确保安全作业。

（4）做好销售的原始记录，做好当班的监督安全管理工作。

（5）积极主动地解决好当班出现的问题，如不能解决，及时向领导汇报。

（6）严格管理、杜绝煤炭流失，维护本矿的经济利益。

（7）抓好当班安全、生产工作，开好班前会及安全例会。

（8）负责做好煤场的隐患排查治理工作，落实执行好安全防范措施。

9.20.5 铁路组组长安全生产责任制

（1）认真贯彻执行安全生产管理的各项规章制度，严格遵守铁路相关制度、规定，做好本组的安全管理工作。

（2）负责本组人员的安全教育，加强本组作业范围内所有设备、设施和安全管理，并做好系统日常的隐患排查、治理工作。

（3）在工作任务安排、绩效考核等管理工作中，加大安全指标的考核力度。通过绩效考核、价格管理手段，推动安全管理工作的进一步提高。

（4）参与本矿的安全生产标准化检查评比工作。

（5）参与安全检查、安全培训、安全事故分析和安全生产经营推广工作。

（6）完成领导交办的其他安全工作。

9.20.6 煤场管理员安全生产责任制

（1）认真贯彻执行安全生产管理规章制度。

（2）贯彻执行“安全第一，预防为主，综合治理”的安全生产方针，把安全工作放在各项工作的首位。

（3）严格按照“储煤场安全管理办法”，监督储煤场的管理工作，杜绝各类事故。

（4）管理好煤场进出车辆的秩序，保证车辆和人员的安全。

（5）负责拉煤车辆的检查和清车工作（空车检查、回皮检查、重车过磅检查等），运煤车辆司机的各种证照齐全、有效。

（6）保证煤场的平整、卫生以及设备摆放有序，做好防尘环保工作，做好消防安全工作。

（7）管理好车辆平煤工作，督查装煤人员的操作规程执行情况。

9.20.7　库管员安全生产责任制

（1）认真学习贯彻上级有关安全方面的指示、规定，坚持“安全第一，预防为主”的方针，自觉遵守安全生产的一切规章制度。

（2）加强对库房的安全管理工作，发现问题及时汇报。

（3）做好设备检修，急需材料、备件保证合理库存，临时材料保证及时领取，杜绝伪劣材料、备品、备件进库。

（4）消防器材要保证会用，消防通道畅通，油料存放要严格执行相关规定。

（5）提高业务水平，熟悉各类配件、材料的质量、规格、型号、用途，做到科学管理。

（6）加强自身的安全教育，认真履行安全职责。

9.20.8　票据管理员安全生产责任制

（1）认真学习贯彻上级有关安全方面的指示、规定，坚持“安全第一，预防为主”的方针，自觉遵守安全生产的一切规章制度。

（2）做好科内票据管理工作，严格按照票据管理条例及时审核有关票据，保证票据的真实性、准确性，避免给公司造成损失。

（3）驾车外出领票或进行销售工作时，应遵守交通规则，谨慎、平稳驾驶，确保避免交通事故的发生。

（4）提高自身的安全意识，认真履行安全职责。

9.20.9　核算员安全生产责任制

（1）负责收集、汇总、整理、分析原煤销售数据，遵守各项安全管理规定。

（2）负责定期编制原煤产、销、存的季、月、旬核算报表，并报相关部门和领导。

（3）负责做好核算台账的管理工作，负责对销售统计数据进行分析。

（4）对销售核算分析中反映的问题进行调查和分析，并及时反映给有关部门和领导。

（5）依据核算分析结果，提出销售与安全生产平衡的建议和意见。

（6）负责销售结算的办理工作，收集、整理、汇总各类销售结算凭证和单据，并进行分类保管、登记。

（7）负责根据本矿有关内部交易结算管理办法定期与有关单位办理销售结算。

（8）负责与财务部门的工作对接，并按财务要求提供规范的结算凭证。

9.20.10　维修工安全生产责任制

（1）严格执行各项安全生产规章制度，服从领导安排。

（2）负责所辖范围内机电设备的检查、维修、保养工作，确保各机电设备安全保护装置与安全防护设施齐全、完好、可靠、有效。

（3）有计划地领取材料、配件、工具等，负责保管，做到分类摆放，保证工房安全，摆放整齐、有序。

9.20.11　开票员安全生产责任制

（1）严格执行本矿的财经制度和其他有关管理制度。

（2）坚持一车一票制度，票据要保存完整。

（3）过磅记录贴在当车票证第一联（存根联）的正确位置上。

（4）严格执行报表制度，每日下午 4 点前必须将本日的地销运量及当日开出调拨单整理后，报统计员以便汇总。

（5）完成科领导安排的临时性工作任务。

9.20.12 司磅员安全生产责任制

（1）在科长和地销组长的领导下，负责地销煤炭的过磅计量工作，严格执行本矿有关规章制度，认真工作。

（2）第一次拉煤空车，必须进行车检。

（3）对重车必须车车过磅。

（4）过磅员要熟练操作，准确计量。

（5）经常检查磅秤的准确性，发现问题，及时汇报并处理。

（6）过磅记录应保持完整、整齐。

（7）过磅员不得收受贿赂，徇私舞弊。

（8）完成领导交办的其他临时性工作。

9.20.13 合同管理员安全生产责任制

（1）执行国家有关安全生产的政策、法律、法规及有关指令、条例、规定。

（2）做好合同管理的业务保安工作。

（3）审查权限范围内的合同，确保合法性、严密性、可行性。

（4）做好合同资料的安全管理工作。

（5）按照本矿签订的合同严格执行，做好合同结余工作，预防合同风险及纠纷。

9.20.14 装载机司机安全生产责任制

（1）认真执行本矿的安全生产规章制度。

（2）在科长和组长的领导下，安全完成装车任务。

（3）装车时严格按照操作规程作业，不得有违章行为，不得接受任何人违章指挥，保持安全生产。

（4）交接班时要共同检查设备状况，发现故障立即查明原因并处理。

（5）负责使用、维修、保养设备，做到定期检修，保证设备完好。

（6）要爱护设备、工具，保持卫生清洁。

9.20.15 铁路装车工安全生产责任制

（1）严格执行本矿有关规章制度，服从指挥。

（2）严格按照车辆标准装车，保证装煤量准确，不得少装或超载。

（3）熟悉相关装车设备的性能，规范操作使用。

（4）经常检查设备状况，发现问题立即处理，保证装车工作的正常进行。

（5）保持信号畅通，与相关岗位协调、配合好。

（6）严格执行安全规程和操作规程，保证安全生产无事故。

（7）遵守劳动纪律，按时完成各项工作任务。

9.20.16 铁路外协员安全生产责任制

（1）认真学习贯彻上级有关安全方面的指示、规定，坚持“安全第一，预防为主”的方针，自觉遵守安全生产的一切规章制度。

（2）在车站股道作业时，要注意过往车辆，确保自身安全。

（3）严格遵守铁路的各项安全规定，作业中不准走道心、枕木头。

（4）在进行对外工作中，有效协调、沟通，确保信息畅通，确保安全生产。

（5）严格按照铁路规定，认真做好各项现场交接工作，保证每项工作无隐患。

（6）加强自身的安全教育，认真履行安全职责。

9.20.17 吸尘车司机安全生产责任制

（1）认真学习贯彻上级有关安全方面的指示、规定，坚持“安全第一，预防为主”的方针，自觉遵守安全生产的一切规章制度。

（2）作业时严格按照安全规程和操作规程作业，不得有违章行为，不得接受任何人违章指挥，做到安全生产。

（3）作业前要对车辆进行细致检查，确保车辆完好。

（4）车辆行驶中，要控制车速，注意仪表参数，保证行车安全。

（5）保持车辆清洁，并按时进行保养。

（6）加强自身的安全教育，认真履行安全职责。

9.20.18　铁路放煤工安全生产责任制

（1）认真学习贯彻上级有关安全方面的指示、规定，坚持“安全第一，预防为主”的方针，自觉遵守安全生产的一切规章制度。

（2）熟悉放煤设备性能，对放煤设备的安全运行负责。

（3）严格按照放煤工安全操作规程操作，保证人身安全和设备安全。

（4）协调好各岗位的工作，保证装车工作安全进行。

（5）加强对放煤设备的日常保养，确保设备安全保护装置及设施齐全、完好、有效。

（6）加强自身的安全教育，认真履行安全职责。

9.20.19　汽车装煤工安全生产责任制

（1）在科长的领导下，做好装车工作，牢固树立安全第一、文明生产的思想。

（2）做好计算机的维护、保养工作，达到设备完好、安全运转。

（3）禁止携带烟、火、磁性物质、污染物、易燃品进入机房。

（4）保持机房的安全性，禁止非工作人员上机，确保数据与计算机安全。

（5）参加部门组织的安全业务学习和会议。

（6）服从领导，听从指挥，积极完成领导交办的其他临时性工作。

9.20.20　防溜工安全生产责任制

（1）认真学习贯彻上级有关安全方面的指示、规定，坚持“安全第一，预防为主”的方针，自觉遵守安全生产的一切规章制度。

（2）严格按照“专用线防溜人员岗位职责”进行作业。

（3）作业中不准走道心、枕木头，提高自主安保能力。

（4）作业过程中要及时和值班员沟通，确保安全生产无隐患。

（5）现场操作中注意防护意识，保证安全作业。

（6）加强自身的安全教育，认真履行安全职责。

9.20.21　平煤器操作员安全生产责任制

（1）认真学习贯彻上级有关安全方面的指示、规定，坚持“安全第一，预防为主”的方针，自觉遵守安全生产的一切规章制度。

（2）熟悉平煤器的性能，对平煤器的运行安全负责。

（3）严格按照标准作业，提高自保能力。

（4）做好平煤设备的日常检修保养工作，各类安全保护装置、安全防护设施齐全、完好、有效。

（5）保持与相关岗位信号畅通，保证平煤工作的安全进行。

（6）加强自身的安全教育，认真履行安全职责。

9.20.22　机车引导员安全生产责任制

（1）认真学习贯彻上级有关安全方面的指示、规定，坚持“安全第一，预防为主”的方针，认真遵守安全生产的一切规章制度。

（2）严格执行安全生产责任制、安全操作规程。

（3）保持信息畅通，必须得到相关岗位安全确认后才能开始作业。

（4）对其他岗位反馈的信息快速、及时地和机车司机沟通，确保装车安全。

（5）严格遵守铁路的各项安全规定，作业中不准走道心、枕木头。

（6）加强自身的安全教育，认真履行安全职责。

9.20.23　销售科护绳工安全生产责任制

（1）严格执行公司有关规章制度，服从指挥。护绳工是本岗位安全生产和职业病防治工作的直接责任者。

（2）及时挂钩，防止发生溜车，做到准确、牢固，保证安全。

（3）经常检查挂钩情况，发现问题，及时报告。

（4）坚守岗位，保证信号通畅，与相关岗位密切配合，确保装车运行中安全无事故。

9.20.24　循环车司机安全生产责任制

（1）依法经过培训，取得安全资格证书，持证上岗，对本岗位安全工作和职业病防治工作负直接责任。

（2）负责循环车的正常操作，确保其安全运行。

（3）牢固树立“安全第一”的思想，严格按“循环车安全操作规程”操作，遵守纪律，听从指挥，工作期间要精力集中。

（4）严格遵守劳动纪律，工作期间不做与工作无关的事，接班时和工作中检查电机温度、轴承温度、钢丝绳排列、钢丝绳磨损和断丝程度、循环车配重、限位开关及各部件是否有损坏等问题，发现问题立即汇报处理。

（5）坚持做到不发信号及信号不准确不开，机器声音不正常不开，安全防护装置不齐全不开，制动不灵活不开。

（6）不得随便脱离岗位，离开时须停电闭锁，开车时听清信号后，方准送电操作，操作时精力集中，手不离开关闭按钮，做到加速均匀，停车准确，循环车没有进入停车位置不准紧急停车。

（7）经常打扫机器各部件清洁卫生，做到会保养、会使用、会排除一般故障。

9.21　综采队各岗位安全生产责任制

9.21.1　队长安全生产责任制

（1）综采队队长是本队安全生产的第一责任者，负责本队的安全生产和职业病防治管理工作。必须掌握煤矿相关安全生产专业知识并依法经过培训，取得安全资格证，方可持证上岗。

（2）组织生产过程中要严格遵守国家有关煤矿的安全生产和职业病防治的法律、法规和本矿相关制度。

（3）负责协调好各班工作，严格按照作业规程和安全技术措施规定组织生产。

（4）参与制定公司各项安全工作标准、质量标准，加强采煤各工序的作业质量，以质量保安全。

（5）负责参加公司各种安全会议，及时传达安全生产的规定、通知、会议精神，并组织落实。

（6）负责定期组织召开队组安全会议，及时研究、解决在生产中遇到的安全问题。

（7）负责组织职工进行安全业务知识学习和培训，积极开展安全教育，组织好本队新工人签订师徒合同，并监督执行。

（8）负责向上级如实、及时地汇报安全事故，积极配合事故调查处理，落实事故防范措施。

（9）组织本队事故案例分析、“三违”分析，切实提高员工按章作业的意识。

（10）执行采煤专业安全生产标准化工作，强化工序质量，确保动态达标。

（11）尽职尽责做好本队安全管理工作，杜绝“三违”现象。

（12）参加矿长组织的年度安全风险辨识和各类专项辨识，提出改进方案，定期参加矿长组织的隐患排查工作。

9.21.2 安全副队长安全生产责任制

（1）协助队长负责综采队安全和职业病防治管理工作。应熟练掌握安全生产和职业病防治的法律、法规及专业知识，是本队安全生产的责任者，督查本队的安全管理工作。必须依法经过培训、取得安全资格证，方可持证上岗。

（2）负责向职工传达、贯彻党和国家有关煤矿的安全生产方针、政策，严格执行本矿关于安全生产的指示、指令，监督检查“三大规程”及安全措施的贯彻执行情况。

（3）负责本队安全生产目标的完成及安保措施的制定落实工作。

（4）负责建立健全本队安全生产管理工作的各项规章制度，按时主持召开安全例会，对安全管理的各项工作进行安排、协调。

（5）负责制定全队安全生产计划，做好安全管理基础工作。

（6）负责对各类安全事故进行追查和分析，严格按照“四不放过”原则，制定防范措施，监督执行。

（7）负责做好安全生产监督、检查和考核工作，积极深入现场，及时掌握各班组人员的安全动态及队组安全状况，狠反“三违”，做好隐患排查、整改的督查工作。

（8）负责组织本队的安全工作会议、职工的安全培训，不断提高全队职工的安全意识和业务水平，并做好“三违”人员的强化教育。

（9）按时参加矿召开的安全工作会议，及时向职工传达会议精神，并组织贯彻落实。

（10）努力学习业务知识，不断提高安全生产管理水平，加强现场安全风险管理，落实好风险管控措施，杜绝重大恶性事故。

9.21.3 生产副队长安全生产责任制

（1）协助队长负责综采队工作面回采工作。必须熟练掌握有关煤矿安全生产的法律、法规，依法经过培训，取得安全资格证，方可持证上岗。

（2）负责配合队长开展生产管理和职业病防治工作，认真组织安全生产和职业病防治，保证遵守国家有关煤矿安全生产的法律、法规和煤矿相关制度规定。

（3）负责抓好关键部位、薄弱环节的安全管理，当工作面发生各类事故或地质条件变化影响安全生产时，必须亲临现场指挥处理。

（4）负责监督检查班组安全工作情况，发现问题，立即采取措施组织处理，并及时向队长汇报。

（5）生产过程中严格执行各种安全技术措施和作业规程，确保作业现场的执行效果。

（6）负责对生产事故进行分析和处理，严格按照“四不放过”原则，制定防范措施，谨防类似事故的发生。

（7）按时参加队组召开的相关会议，经常向队长汇报工作，提出改进工作的意见和建议。

（8）协助公司相关部门检查，配合安监人员工作，对他们提出的问题及时采取措施处理。

（9）负责生产班组劳动组织，发现有关人员不适宜相应岗位时，要及时调换人员，并将情况上报队长。

（10）负责监督检查当班安全风险管控措施的落实情况，做好当班隐患排查。

9.21.4 机电副队长安全生产责任制

（1）协助队长负责综采队机电设备管理工作。必须熟练掌握有关煤矿安全生产的法律、法规，依法经过培训，取得安全资格证，方可持证上岗。

（2）协助队长抓好机电管理工作，认真组织本队的生产、检修，保证遵守国家有关煤矿安全生产的法律、法规和本矿的相关制度规定。

（3）负责检修班的跟班工作，严格执行各种安全技术措施和作业规程，确保作业现场的执行效果。

（4）负责抓好机电设备管理，建立健全设备运行、维护、保养等机电管理制度。

（5）负责抓好机电检修维护工作，杜绝电气设备失爆，杜绝大型机电事故。

（6）负责解决机电设备运行、检修等方面的安全问题，发生机电事故时，必须及时赶到现场，组织人员进行抢修。

（7）负责小改小革和先进设备的推广应用，对技术更新涉及的有关人员进行安全技术培训。

（8）负责机电设备备品、备件的计划和管理，严把质量关，对井下备品、备件做到心中有数，杜绝因缺少备品、备件或质量问题影响生产安全。

（9）负责月度机电设备检修计划的编制及设备检修期间安全技术措施的落实，发现工作面所使用的机电设备不符合有关规定时，要停止使用并及时向有关单位汇报。

（10）负责参加各种机电会议，并及时进行传达、贯彻、监督执行。

（11）负责机电事故分析和处理，严格按照“四不放过”原则，制定防范措施，谨防类似事故的发生。

（12）负责“一通三防”管理工作，杜绝因机电设备引发的“一通三防”重大事故。

（13）负责机电设备的隐患排查，跟踪落实机电设备重大安全风险措施的落实情况。

9.21.5 技术员安全生产责任制

（1）协助队长负责综采队技术管理工作。必须熟练掌握有关煤矿安全生产的法律、法规，依法经过培训，取得安全资格证，方可持证上岗。

（2）负责每项工程开工前规程、措施齐全，坚持一项目、一规程，一变化、一措施。

（3）负责编制采煤工作面作业规程，并负责作业规程的学习、贯彻与落实。

（4）负责定期复查采煤工作面作业规程，根据现场情况及上级有关规定及时修改补充完善。工作面地质条件发生变化时，应及时编制具有针对性的安全技术措施，报批后进行贯彻落实。

（5）做好本队职工的安全培训工作。

（6）协助队长做好安全生产标准化和工程质量的管理工作。

（7）负责掌握工作面顶板来压的规律性，认真抓好工作面的正规循环作业，做好工作面的搬家和接续的准备工作。

（8）负责总结本队安全生产、技术方面的方法和经验，学习新知识，推广新技术和新经验。

（9）做好负责范围内的专项安全风险辨识评估结果整理工作，参加矿组织的年度及专项辨识，提出技术方面的管控改进措施，跟踪负责范围内重大风险管控措施的落实情况。

（10）负责队内隐患排查的组织和记录工作。

9.21.6 后备技术员安全生产责任制

（1）协助技术员负责综采队技术管理工作。必须熟练掌握有关煤矿安全生产的法律、法规，依法经过培训，取得安全资格证，方可持证上岗。

（2）负责每项工程开工前规程、措施齐全，坚持一项目、一规程，一变化、一措施。

（3）负责组织安全学习，抓好本队职工技术培训工作，提高职工的技术业务水平。

（4）负责定期复查采煤工作面作业规程，根据现场情况及上级有关规定及时修改补充完善。工作面地质条件发生变化时，应及时编制具有针对性的安全技术措施，报批后进行贯彻落实。

（5）协助技术员做好安全生产标准化和工程质量的管理工作。

（6）协助技术员负责掌握工作面顶板来压的规律性，认真抓好工作面的正规循环作业，做好工作面的搬家和接续的准备工作。

（7）协助技术员负责总结本队安全生产、技术方面的方法和经验，学习新知识，推广新技术和新经验。

（8）协助队长做好职工的业务培训工作。

9.21.7　生产班长安全生产责任制

（1）在队长的领导下，对当班作业现场的安全生产和职业病防治全面负责，生产班长是当班安全生产的第一责任者。

（2）负责组织开好班前会，做到班中检查落实，班后总结评比。督查规程、规章制度和职业病防治措施的执行情况。

（3）严格执行安全确认法，发现隐患立即组织人员处理，确认安全后，方可作业。

（4）负责抓好当班“一通三防”工作和安全生产标准化工作，督促作业人员严格按标准施工。对生产过程中各作业点的安全、人员操作情况进行监督检查，发现安全隐患，立即处理。消除生产中一切不安全因素。

（5）发现重大隐患，立即停止生产，并向队长、矿调度室汇报。发现重大险情或瓦斯超限，通风不良等情况时，服从安检员、瓦检员的指挥，立即将人员按相应的避灾路线撤到安全地点。

（6）发生事故，组织人员积极抢救，及时向队长、矿调度室汇报，配合事故调查。

（7）尽职尽责做好分管工作，杜绝“三违”现象。

（8）做好本班隐患排查工作和重大安全风险管控措施的跟踪，发现问题及时上报安全科。

9.21.8　机电班长安全生产责任制

（1）认真执行矿、队有关机电管理的规章制度及煤矿的“三大规程”。

（2）负责机电设备检修、安装、验收、交接等工作。按《煤矿安全规程》规定，参与设备周期性试验和检测，确保井下电气设备不失爆。设备的各种保护装置和安全设施必须完好、齐全、可靠、有效。

（3）做好设备的班、日、旬、月检修保养工作。掌握设备动态运行状况，做好机电系统的隐患排查治理工作，做到有制度、有检查、有考核、有记录。

（4）设备的安装，落实施工安全技术措施，把好安装质量关。发生机电运输事故，积极组织人员处理并按程序逐级上报。

（5）抓好“一通三防”相关的机电日常管理工作，杜绝机电方面引发的通防事故。

（6）做好机电方面重大安全风险管控措施的跟踪落实，定期进行机电设备隐患排查。

9.21.9　生产副班长安全生产责任制

（1）落实本队各项安全管理和职业病防治制度，对本班的安全、质量和作业人员的健康负责，生产副班长是本班安全生产的直接责任者。

（2）严格执行现场交接班制度，每班作业前，必须与跟班队长、验收员、班长一起对采煤工作面进行全面的隐患排查及重大安全风险管控措施跟踪落实，发现隐患立即处理，确保作业环境安全。

（3）协助班长，根据当班出勤人员的技能、状态，合理安排人员，组织好本班的工作，确保安全生产。

（4）坚持敲帮问顶等安全检查制度，及时进行安全检查，严禁空顶作业，加强工作面和危险地段的顶板支护，经常巡回检查，发现问题，及时整改。

（5）协助班长抓好当班“一通三防”工作和“安全生产标准化”工作，督促岗位作业人员要严格按照标准施工，确保工程质量，做到动态达标。

（6）加强过程控制，对生产过程中各作业点的安全、人员操作情况进行监督检查，发现安全隐患，立即组织处理，消除生产中的不安全行为。

（7）必须尽职尽责做好分管工作，杜绝“三违”现象。

9.21.10　机电副班长安全生产责任制

（1）协助机电班长，认真组织本班机电人员对设备进行检修、维护、保养、验收、交接等工作，确保检修及安装质量。

（2）保证每项检修工程开工前规程、措施齐全，坚持“一工程、一措施、一标准”。确保井下电气设备不失爆，设备的各种保护装置和安全防护措施齐全、完好、有效、可靠。

（3）积极排查现场隐患和跟踪安全风险管控措施落实情况，提出整改措施，对本班生产系统排查出来的安全、设备隐患，要落实整改措施。

（4）按时参加有关安全生产会议，并提出具体建议。

（5）协助机电班长组织好本班的安全生产标准化工作。

（6）参加机电事故分析，找出事故原因，制定预防措施，杜绝类似事故。

（7）必须尽职尽责，杜绝“三违”现象。

9.21.11　值班员安全生产责任制

（1）依法经过培训，取得安全资格证书，持证上岗，熟悉避灾路线，对本岗位安全工作负直接责任。

（2）必须严格遵守劳动纪律，坚守工作岗位，不得以任何借口擅离工作岗位。

（3）负责各级各类通知、文件、制度的上传下达工作，必须保证信息畅通。

（4）负责班前会记录及安全生产运行记录的填写，针对生产过程中遇到的重大问题，必须第一时间上报队长及公司调度室。

（5）做好队组值班及请示汇报工作。

9.21.12　核算员安全生产责任制

（1）依法经过培训，取得安全资格证书，持证上岗，熟悉避灾路线，对本岗位安全工作负直接责任。

（2）贯彻执行国家的安全生产方针和本矿安全生产的规章制度。

（3）经常深入现场，及时掌握安全生产实际情况，根据安全生产的需要，提出修改和完善定额、工资分配的建议。

（4）严格执行本矿及队组绩效工资分配制度，做到公开、公平、公正。

（5）根据《工伤保险条例》及有关规定申报工伤。

（6）协助办理员工退休手续及相关工作。

（7）负责核算资料、信息的收集、汇报、整理、保管工作。

9.21.13　验收员安全生产责任制

（1）依法经过培训，取得安全资格证书，持证上岗，熟悉避灾路线，对本岗位安全工作和职业病防治工作负直接责任。

（2）认真贯彻执行国家相关的法律法规和本矿的各项规章及制度。

（3）严格按照工程质量验收表和工程质量验收标准进行验收。

（4）严格执行现场交接班制度，把存在的问题、材料消耗等交接清楚，双方验收员签字，验收方可生效。

（5）对本班出现的问题、上一班存在的问题、本班整改情况、材料消耗等项目按要求填写清楚。

（6）有权对现场存在的问题向当班提出整改意见，对重大隐患，可责令其停产整改。

（7）必须公正、合规验收，不得徇私舞弊。

（8）必须向值班队长汇报当班工作情况和存在的问题，及时公布验收结果。

9.21.14　材料员安全生产责任制

（1）依法经过培训，取得安全资格证书，持证上岗，熟悉避灾路线，对本岗位安全工作和职业病防治工作负直接责任。

（2）热爱本职工作，自觉遵守各项规章制度。

（3）认真做好材料、备件的领用、保管、发放工作，做好保管无丢失，发放无差错。

（4）每月向本队分管队长提供材料计划建议。

（5）材料“三账”清楚，做好领用有账、交付有账、自查有账。

（6）认真检查库房门、窗、锁，随手关灯，做好防火、防盗工作。

（7）经常深入井下，了解材料在井下的使用情况，做到超支罚、节约奖。

（8）做好井上下的材料领用、交旧和看护工作。

（9）井下的备用材料，符合作业规程的规定，以备安全所需。

（10）严把材料质量关，及时发现和退换不合格的材料，杜绝伪劣材料入井使用。

9.21.15 库管员安全生产责任制

（1）依法经过培训，取得安全资格证书，持证上岗，对本岗位安全工作负直接责任。

（2）及时清点库存物资，了解日常物资的库存情况，及时补充编制临时计划。

（3）设备、材料、配件的保管，必须做到“四无”“六化”：库存无差错、无损坏、无丢失、无霉烂变质；管理科学化、货位固定化、存放合理化、库容整洁卫生化、维护保养经常化、四防责任化。

（4）发放物资时要认真核对领用材料名称、规格、数量，严格要求各班组在领用材料配件时，执行交旧领新制度，否则不予发放。

（5）根据回收范围、回收率建立回收台账，逐日填写。

（6）交回旧材料、配件，经清点后，按规定地点，摆放整齐，登记交旧台账。

（7）做到及时日清日结，材料消耗及时上账。

9.21.16 送饭工安全生产责任制

（1）依法经过培训，持证上岗，熟悉避灾路线，对本岗位安全工作和职业卫生工作负直接责任。

（2）熟悉入井有关的安全知识，必须是从事井下工作两年以上的人员。

（3）必须按规定的路线行走，严格执行车场行人制度。

（4）及时反映班中餐质量情况，督促食堂经常清洗、消毒盛水和食物的容器。

（5）严格执行安全生产相关规定，杜绝“三违”现象。

9.21.17 维修电工安全生产责任制

（1）依法经过培训，取得安全资格证书，持证上岗，熟悉避灾路线，对本岗位安全工作和职业卫生工作负直接责任。

（2）认真做好本责任区域内各种电气设备及线路的检查、维护和吊挂工作。

（3）熟知“三大规程”中关于“机电维修”的各项规定，严格正规操作。

（4）负责机电设备的完好率达到标准，杜绝失爆现象。

（5）应熟悉本责任区域各种机电设备的构造、性能、工作原理、维护方法，会判断、预防和处理异常事故，保证处理问题及时，不影响生产。

（6）随时检查机电设备运转和安全设施使用情况，及时解决工作中出现的各种问题，严禁机电设备带病工作，保证安全生产。

（7）所有机电设备建档挂牌，做好各种记录，按标准化要求管理，达到文明生产标准。

（8）严禁带电检修电气设备，严格执行停送电、挂牌制度，严格执行“一人操作、一人监护”制度。

（9）严格执行现场交接班制度、巡回检查制度和设备维修保养制度。

（10）熟悉本岗位的安全风险及管控措施并跟踪落实，定期对所管辖范围内的机电设备隐患进行排查。

9.21.18　采煤机维修工安全生产责任制

（1）认真执行好《煤矿安全规程》、作业规程、技术操作规程和本矿各项规章制度，对本岗位安全工作和职业卫生工作负直接责任。

（2）必须培训考试合格，持证上岗。积极参加矿、队组织的安全、技术学习、考试和各种技术比武活动，熟悉设备的型号、结构、性能、工作原理，不断提高业务素质和技术水平。

（3）必须坚守岗位，不准擅离职守，严格执行好现场交接班制度；详细了解上一班设备的工作状况，认真检查存在的问题。

（4）检修设备必须切断电源、闭锁刮板输送机，断开隔离、拔出离合轴，工作面检修设备必须维护好顶板及煤帮，做好自主保安。

（5）严格按“四检”内容对所分管范围内的设备进行检修，对采煤机检修质量负责，保证本人包机范围内设备完好。

（6）因特殊情况，未能处理彻底的问题，必须与下一班交接清楚，防止意外事故的发生。

（7）执行好岗位工序流程，搞好周围环境卫生，保持设备清洁卫生，做好文明生产。

（8）如实、及时地汇报安全事故，协助、积极配合事故调查处理，落实事故防范措施。

（9）佩戴好个人劳动防护用品，尽职尽责，杜绝“三违”现象。

（10）认真填写设备运行和检修日志及各种记录。

（11）熟悉本岗位的安全风险及管控措施并跟踪落实，定期对采煤机隐患进行排查。

9.21.19　液压支架维修工安全生产责任制

（1）认真执行好《煤矿安全规程》、作业规程、技术操作规程和各项规章制度，对本岗位安全工作和职业病防治工作负直接责任。

（2）必须培训考试合格，持证上岗。积极参加矿、队组织的安全、技术学习、考试和各种技术比武活动，熟悉所用设备的型号、结构、性能、工作原理，不断提高业务素质和技术水平。

（3）必须坚守岗位，不准擅离职守，严格执行好现场交接班制度。

（4）接班时，详细了解上一班设备的工作状况，认真检查存在的问题。

（5）检修设备必须关闭支架进液阀，并泄压，检修设备必须维护好顶板及煤帮，做好自主保安。

（6）严格按“四检”内容对所分管范围内的设备进行检修，对支架检修质量负责，保证本人包机范围内设备完好。

（7）高空作业必须系安全带。

（8）执行好岗位工序流程，搞好周围环境卫生，保持设备清洁卫生，做好文明生产。

（9）因特殊情况，未能处理彻底的问题，必须与下一班交接清楚，防止意外事故的发生。

（10）如实、及时地汇报安全事故，协助、积极配合事故调查处理，落实事故防范措施。

（11）佩戴好个人劳动防护，尽职尽责，杜绝“三违”现象。

（12）认真填写设备运行和检修日志及各种记录。

（13）熟悉本岗位的安全风险及管控措施并跟踪落实，定期对液压支架进行隐患排查。

9.21.20　带式输送机维修工安全生产责任制

（1）认真执行好《煤矿安全规程》、作业规程、技术操作规程和各项规章制度，对本岗位安全工作和职业病防治工作负直接责任。

（2）必须培训考试合格，持证上岗。积极参加矿、队组织的安全、技术学习、考试和各种技术比武活动，熟悉所用设备的型号、结构、性能、工作原理，不断提高业务素质和技术水平。

（3）必须坚守岗位，不准擅离职守，严格执行好现场交接班制度。

（4）接班时，详细了解上一班设备的工作状况，认真检查存在的问题。

（5）检修设备必须切断电源、闭锁，检修设备必须维护好顶板及煤帮，做好自主保安。

（6）严格按“四检”内容对所分管范围内的设备进行检修，对刮板输送机检修质量负责，保证本人包机范围内设备的完好。

（7）执行好岗位工序流程，搞好周围环境卫生，保持设备清洁卫生，做好文明生产。

（8）因特殊情况，未能处理彻底的问题，必须与下一班交接清楚，防止意外事故的发生。

（9）如实、及时地汇报安全事故，协助、积极配合事故调查处理，落实事故防范措施。

（10）佩戴好个人劳动防护，尽职尽责，杜绝“三违”现象。

（11）认真填写设备运行和检修日志及各种记录。

（12）熟悉本岗位的安全风险及管控措施并跟踪落实，做好本岗位的隐患排查工作。

9.21.21　带式输送机维修工安全生产责任制

（1）认真执行好《煤矿安全规程》、作业规程、技术操作规程和各项规章制度，对本岗位安全工作和职业病防治工作负直接责任。

（2）必须培训考试合格，持证上岗。积极参加公司、队组织的安全、技术学习、考试和各种技术比武活动，熟悉所用设备的型号、结构、性能、工作原理，不断提高业务素质和技术水平。

（3）必须坚守岗位，不准擅离职守，严格执行好现场交接班制度。

（4）接班时，详细了解上一班设备的工作状况，认真检查存在的问题。

（5）检修设备必须切断电源、闭锁，工作地点必须维护好顶板及煤帮，做好自主保安。

（6）严格按“四检”内容对所分管范围内的设备进行检修，对带式输送机的检修质量负责，保证本人包机范围内设备的完好。

（7）执行好岗位工序流程，搞好周围环境卫生，保持设备清洁卫生，做好文明生产。

（8）因特殊情况，未能处理彻底的问题，必须与下一班交接清楚，防止意外事故的发生。

（9）如实、及时地汇报安全事故，协助、积极配合事故调查处理，落实事故防范措施。

（10）佩戴好个人劳动防护，尽职尽责，杜绝“三违”现象。

（11）认真填写设备运行和检修日志及各种记录。

（12）熟悉本岗位的安全风险及管控措施并跟踪落实，做好本岗位的隐患排查工作。

9.21.22　采煤机司机安全生产责任制

（1）熟知采煤机在操作中的安全注意事项和防止意外发生的预防措施，保证安全采煤。依法经过培训，取得特种作业人员资格证书后，方可持证上岗。熟悉避灾路线，对本岗位安全工作和职业病防治工作负直接责任。

（2）遵纪守法，认真执行《煤矿安全规程》作业规程、操作规程和各项规章制度。

（3）采煤机司机必须坚守岗位，不准擅离职守，严格执行好现场交接班制度。

（4）接班时，做好开机前的检查与准备工作，检查采煤机完好状况，各部位零件是否齐全、完整、坚固，各油位是否符合规定，采煤机内外喷雾是否完好，安全装置及操作按钮是否灵敏可靠。确认无误后试车，进一步检查其动作情况和声音，发现问题必须及时处理。

（5）开机前，首先发出开机信号，待人员躲开后方可开机，采煤机运行期间，滚筒上下 5 m 范围内不准有人，停机后必须摘开滚筒离合器，并插入销子。

（6）开机时，煤机内外喷雾必须效果良好，停机必须及时停水。

（7）发现采煤机紧停失灵、转动部位被卡、温度升高、声音异常、移架跟不上或顶板破碎等紧急情况时要及时停机处理。

（8）掌握好牵引速度，与支架工密切配合，时刻注意顶板变化。保持工作面顶底板平整和采高，做好各工种间的配合和协作，努力做到安全生产。

（9）采煤机割至回风巷、运输巷时，注意超前支护棚及两端头锚杆缠绕滚筒情况，发现异常必须停机处理。

（10）当班出现问题，当班妥善处理，不准留给下一个班，不准隐瞒事故，对处理不了的问题，及时向当班班（组）长或跟班队长汇报，并协助检修人员处理。

（11）交接班时对出现的各类问题和有关注意事项要重点进行交接，及时清扫采煤机机身浮煤杂物，做好文明生产。

（12）如实、及时地汇报安全事故，积极配合事故调查处理，落实事故防范措施。

（13）熟悉本岗位的安全风险及管控措施并跟踪落实，做好本岗位的隐患排查工作。

9.21.23 爆破工安全生产责任制

（1）必须熟悉爆破器材的性能和《煤矿安全规程》有关规定，依法经过培训，考试合格后，获得特种作业人员资格证书后，方可持证上岗。熟悉避灾路线，对本岗位安全工作和职业病防治工作负直接责任。

（2）必须严格执行“一炮三检”制度，实行“三人连锁爆破”制度。

（3）无封泥、封泥不足或不实的炮眼严禁爆破。严禁裸露爆破。爆破母线长度符合规定。

（4）爆破材料运送、存放，装配起爆药卷、封泥、敷设爆破母线、连线方式及接线、警戒等必须符合规程有关安全规定。

（5）处理拒爆、残爆时，严格按照规程规定，必须在班组长的指导下进行，并应在当班处理完毕。如果当班未能处理完毕，当班爆破工必须在现场向下一班爆破工交接清楚。

（6）装药的炮眼必须当班放完，遇有特殊情况时，当班爆破工必须在现场向下一班爆破工交接清楚。

（7）爆破后，应将爆破母线、发爆器等整理好。

（8）清点剩余电雷管、炸药，填好清退单，在核清领取数量与使用及剩余的数量相符后，当班剩余材料要交回爆破材料库，严禁私藏。

（9）熟悉本岗位的安全风险及管控措施并跟踪落实，做好本岗位的隐患排查工作。

9.21.24 液压支架操作工安全生产责任制

（1）熟知支架在操作中的安全注意事项和防止意外发生的预防措施，保证安全作业。依法经过培训，取得安全资格证书，持证上岗，熟悉避灾路线，对本岗位安全工作和职业病防治工作负直接责任。

（2）认真执行好《煤矿安全规程》、作业规程、技术操作规程和各项规章制度。

（3）支架工必须坚守岗位，不准擅离职守，严格执行好现场交接班制度。

（4）接班时，详细了解上一班支架的工作状况，认真检查支架完好状况，发现问题必须及时处理，做好移架前的准备工作。

（5）操作支架时，必须要站在安全地点操作，保证自身安全，并随时观察周围，检查好周围环境安全，附近有人不得操作，及时移架，控制好顶板。

（6）移架操作过程中，要认真观察顶底板情况，保护好各种管路、电缆及其他设备，每一个动作操作完毕，或因外部因素停止供液时，均必须把操作手把打到“零”位，严禁出现歪架、倒架、咬架或死架，一旦发现要及时采取措施处理。

（7）发现移架跟不上或顶板破碎等紧急情况时要及时停止煤机运行，并按措施要求处理。保持支架正确的工作状态，保证工作面支护质量，对因操作不当或初撑力不足所造成事故负直接责任。

（8）更换胶管和阀件等需停泵时，应与泵站工、电工联系好，并指派专人，统一指挥。

（9）当班出现问题，当班妥善处理，不准留给下一个班，不准隐瞒事故，对处理不了的问题，及时向当班班（组）长或跟班队长汇报，并协助检修人员处理。

（10）如实、及时地汇报安全事故，协助、积极配合事故调查处理，落实事故防范措施。

（11）佩戴好个人劳动防护，尽职尽责，杜绝“三违”现象。

（12）熟悉本岗位的安全风险及管控措施并跟踪落实，做好本岗位的隐患排查工作。

9.21.25　刮板输送机司机安全生产责任制

（1）熟知刮板输送机在操作中的安全注意事项和防止意外发生的预防措施，负责刮板输送机的使用、日常保养、维护和事故抢修工作，保证安全运行。依法经过培训，取得安全资格证书，持证上岗，熟悉避灾路线，对本岗位安全工作和职业病防治工作负直接责任。

（2）认真执行好《煤矿安全规程》、作业规程、技术操作规程和各项规章制度。

（3）刮板输送机司机必须坚守岗位，不准擅离职守或让他人代替，严格执行好现场交接班制度。

（4）接班时，详细了解上一班设备的工作状况，认真检查设备完好状况，发现问题必须及时处理，做好开机前的准备工作。

（5）刮板输送机司机必须站在安全地点操作，保证自身安全，并随时观察周围，检查好周围环境安全。有人工作或其他原因需停机闭锁时，要看管好闭锁。

（6）保证各部位油脂油位正常，连接固定部位螺栓齐全牢固，护罩完好，各种保护、安全设施齐全完好，严禁甩掉保护开机。

（7）随时注意开停机信号，在运转中要注意观察电机、减速箱及刮板输送机运行情况，监视各部分运转情况及声音、温度变化，发现问题及时停机处理，保证设备安全运转。

（8）与各工种相互协调好，及时开停机，做到安全生产。

（9）刮板输送机司机要做到开机、开水、开喷雾，停机、停水、停喷雾。

（10）当班出现问题，当班妥善处理，不准留给下一个班，不准隐瞒事故，对处理不了的问题，及时向当班班（组）长或跟班队长汇报，并协助检修人员处理。

（11）交接班时对出现的各类问题和有关注意事项要重点进行交接，搞好周围环境卫生，保持设备清洁卫生，对周围不安全因素要进行处理和汇报，保证环境安全。

（12）采煤机错机头时，要避开滚筒旋转的正前方和滚筒上的缠绕物。

（13）如实、及时地汇报安全事故，协助、积极配合事故调查处理，落实事故防范措施。

（14）熟悉本岗位的安全风险及管控措施并跟踪落实，做好本岗位的隐患排查工作。

9.21.26　转载机司机安全生产责任制

（1）熟知转载机在操作中的安全注意事项和防止意外发生的预防措施，负责转载机的使用、维护和事故抢修工作，保证安全出煤。依法经过培训，取得安全资格证书，熟悉避灾路线，持证上岗，对本岗位安全工作和职业病防治工作负直接责任。

（2）认真执行好《煤矿安全规程》、作业规程、技术操作规程和各项规章制度。

（3）转载机司机必须坚守岗位，不准擅离职守或让他人代替，严格执行好现场交接班制度。

（4）接班时，详细了解上一班设备的工作状况，认真检查设备的完好状况，发现问题必须及时处理，做好开机前的准备工作。

（5）转载机司机必须站在安全地点操作，保证自身安全，并随时观察周围，检查好周围环境安全。他人工作或通过需停机闭锁时，要看管好闭锁。

（6）保证各部位油脂油位正常，连接固定部位螺栓齐全牢固，护罩完好，各种保护、安全设施齐全完好，严禁甩掉保护开机。

（7）随时注意开停机信号，在运转中要注意观察电机、减速箱及转载机运行情况，监视各部分运转情况及声音、温度变化，发现问题及时停机处理，保证设备安全运转。

（8）与各工种相互协调好，及时开停机，做到安全生产。

（9）转载机司机要做到开机、开水、开喷雾，停机、停水、停喷雾。

（10）停机期间及时对设备进行检查和维护，精心维护设备，确保设备处于完好状态。

（11）当班出现问题，当班妥善处理，不准留给下一个班，不准隐瞒事故，对处理不了的问题，及时向当班班（组）长或跟班队长汇报，并协助检修人员处理。

（12）交接班时对出现的各类问题和有关注意事项要重点进行交接，搞好周围环境卫生，保持设备清洁卫生，对周围的不安全因素要进行处理和汇报，保证环境安全。

（13）确保带式输送机机尾架和机尾滚筒、输送带运行正常，不正常时要及时停机处理。

（14）如实、及时地汇报安全事故，协助、积极配合事故调查处理，落实事故防范措施，与带式输送机司机有可靠的信号及通信联络。

（15）佩戴好个人劳动和职业病防护用品，尽职尽责，杜绝“三违”现象。

（16）熟悉本岗位的安全风险及管控措施并跟踪落实，做好本岗位的隐患排查工作。

9.21.27　绞车司机安全生产责任制

（1）依法经过培训，取得安全资格证书，持证上岗，熟悉避灾路线，对本岗位安全工作和职业病防治工作负直接责任。

（2）负责小绞车的正常操作，确保其安全运行。

（3）牢固树立“安全第一”的思想，严格按操作规程操作，遵守纪律，听从指挥，工作期间要精力集中。

（4）严格遵守劳动纪律，按时上下班，工作期间不做与工作无关的事，接班时和工作中经常检查电机温度、轴承温度、钢丝绳排列、钢丝绳磨损和断丝程度，绞车的地锚及各部件是否有损坏等问题，发现问题立即汇报处理。

（5）坚持做到不发信号及信号不准确不开，电机超温及机器声音不正常不开，超挂车不开，安全防护装置不齐全不开，制动不灵活不开。

（6）不得随便脱离岗位，离开时须停电闭锁、刹紧闸把，开车时听清信号后，方准送电操作，余绳不要太长，操作时精力集中，手不离闸把和按钮。做到起钩稳，加速均匀，停车准，车辆没有进入平台不准紧急制动刹车。

（7）经常打扫机器各部件清洁卫生，做到会保养，会使用，会排除一般故障。

（8）熟悉本岗位的安全风险及管控措施并进行跟踪落实情况，做好本岗位的隐患排查工作。

9.21.28　端头（尾）支护工安全生产责任制

（1）熟知在维护工作中的安全注意事项和防止意外发生的预防措施，保证端头（尾）安全。负责上、下出口顶板维护工作，必须依法经过培训，取得安全资格证书，持证上岗，熟悉避灾路线，对本岗位安全工作和职业病防治工作负直接责任。

（2）认真执行好《煤矿安全规程》、作业规程、技术操作规程和各项规章制度。

（3）端头（尾）支护工必须坚守岗位，不准擅离职守，严格执行好现场交接班制度。

（4）接班时，详细了解上一班工作面及超前支护区内的压力状况，认真检查单体支柱、棚、梁、过渡支架完好状况和安全设施使用情况，发现问题必须及时整改处理。

（5）认真执行“敲帮问顶”制度和巡回检查制度，随时检查支柱、顶板、煤帮情况，发现异常立即进行处理。

（6）人工回柱必须2人以上进行，机械回柱必须严格执行作业规程规定。

（7）撤棚必须先支后回，支柱必须支到硬底，迎山有力，达到初撑力，成一条直线，不准拖后或超前回柱；支柱初撑力必须达到规定要求，并且支设的柱子必须拴绳联锁、单体柱阀芯朝向一致，护绳必须固定牢靠。

（8）回撤抬棚柱子要执行先支后回，清理好退路。确保上、下安全出口畅通，高度、宽度均符合《煤矿安全规程》的相关规定，回出的柱、梁要分类存放到安全地点，并采取防倒措施。确保两端头无浮煤、杂物，做到文明生产。

（9）与支架工、采煤机司机、转载机司机等工种配合好，按规程规定回撤柱、梁。

（10）认真观察好周围的工作环境，严禁在顶板压力集中区域长时间逗留，坚持巡检制度，发现失效或损坏的柱、梁，要及时更换，发现受侧向压力的单体支柱要及时改柱，并且及时补打贴帮柱，柱头上用护绳系在顶（帮）网上。

（11）当班出现问题，当班妥善处理，不准留给下一个班，不准隐瞒事故，对处理不了的问题，及时向当班班（组）长或队部汇报，并协助处理人员处理。

（12）交接班时对出现的各类问题和有关注意事项要重点进行交接。

（13）如实、及时地汇报安全事故，协助、积极配合事故调查处理，落实事故防范措施。

（14）佩戴好个人劳动防护，尽职尽责，杜绝“三违”现象。

（15）熟悉本岗位的安全风险及管控措施并跟踪落实，做好本岗位的隐患排查工作。

9.21.29　泵站司机安全生产责任制

（1）负责泵站的日常维护、保养和安全运转，保证泵站安全运转。依法经过培训，取得安全资格证书，持证上岗，熟悉避灾路线，对本岗位安全工作和职业病防治工作负直接责任。

（2）认真遵守国家有关煤矿安全生产的法律、法规、规章、标准、技术规范、指示、指令，执行好《煤矿安全规程》、作业规程、技术操作规程和各项规章制度。

（3）泵站司机必须坚守岗位，不准擅离职守或让他人代替，严格执行好现场交接班制度。

（4）接班时，详细了解上一班设备的工作状况，认真检查设备完好状况，发现问题必须及时处理，做好开机前的准备工作。

（5）泵站司机必须站在安全地点操作，保证自身安全，并随时观察周围，检查好周围环境安全，做好工作范围内对他人的监护工作。

（6）精心维护、精心操作，经常检查乳化液泵的运转情况，检查各部位温度、油位和供液压力是否正常，发现问题，立即处理。确保各零部件及各安全装置、防护设施、检测仪器齐全、有效，使泵站始终在完好状态下运行。

（7）不经批准不许随意停泵，工作中要与其他工种做好协作，“谁停泵，谁确认，谁送泵”制度，每次开泵前要向工作面发出信号，得到许可后方可开泵。

（8）保持泵站周围清洁卫生，泵站周围不准有积水和杂物；如泵站上方有淋水时，必须采取措施，防止电机受潮。

（9）当班出现问题，当班妥善处理，不准留给下一个班，不准隐瞒事故，对处理不了的问题，及时向当班班（组）长或跟班队长汇报，并协助检修人员处理。

（10）交接班时对出现的各类问题和有关注意事项要重点进行交接，搞好周围环境卫生，保持设备清洁卫生，对周围不安全因素要进行处理和汇报，保证环境安全。

（11）如实、及时地汇报安全事故，协助、积极配合事故调查处理，落实事故防范措施。

（12）佩戴好个人劳动和职业病防护用品，尽职尽责，杜绝“三违”现象。

（13）熟悉本岗位的安全风险及管控措施并跟踪落实，做好本岗位的隐患排查工作。

9.21.30　无轨胶轮车司机安全生产责任制

（1）依法经过培训，取得安全资格证书，持证上岗，熟悉避灾路线，对本岗位安全工作和职业病防治工作负直接责任。

（2）认真学习和掌握《煤矿安全规程》《无轨胶轮车运输安全技术管理规程》《煤矿工人技术操作规程》，熟悉运输标准化标准和矿井安全知识。认真贯彻执行安全规章制度和上级的安全指令、指示。

（3）做好本职工作范围内的各项工作，并对本职工作的安全生产负直接责任。做到服从分配，听从指挥。严禁“三违”，有权拒绝违章指挥。

（4）严格执行《煤矿工人技术操作规程》中胶轮车司机操作规程相关规定，文明驾驶，努力提高驾驶技能，保证运输过程安全高效。

（5）司机上岗前要熟悉运行路线范围，了解运行路线中路况、巷道断面、坡度情况及基本安全情况，掌握各种安全标志和信号的有关规定，以便做好出车前的各项准备工作。

（6）司机必须熟悉所驾驶车辆的结构、性能、参数及完好标准，并会一般性的检查、维修、保养及故障处理。

（7）胶轮车启动前后，均要对其进行认真仔细的检查，通过目测、耳听进行判断，确认设备操作系统、安全系统、消防设施等方面完好后方可上车操作。

（8）运行时，胶轮车要严格在所规定的路线范围内行驶，严禁进入非指定区域。

（9）胶轮车运行中，要按规定装载物料设备，不得人、物混装，车速严格控制在规定范围内，严禁开飞车。车辆会车、车与人会车时严格按操作规程要求执行，严禁超速会车。

（10）严禁用胶轮车顶拉其他车辆，当遇特殊情况需用胶轮车做拖车时，胶轮车司机必须向车队汇报后，由队内编制专项措施并安装专用拖车装置后方可进行。

（11）司机上岗后，不得擅自离开岗位，确需暂时离开时必须做好机车制动、脱离离合器、发动机怠速运转、停机、锁车等步骤。严禁无关人员进入驾驶室操作胶轮车。

（12）胶轮车运行完成后，司机必须将车停到指定位置，做好交接班工作。

（13）认真做好车辆的维护，做好车辆的清洁卫生工作。

（14）熟悉本岗位的安全风险及管控措施并跟踪落实，做好本岗位的隐患排查工作。

9.21.31 带式输送机司机安全生产责任制

（1）熟知带式输送机在操作中的安全注意事项和防止意外发生的预防措施，负责带式输送机的使用、日常保养、维护和事故抢修工作，保证煤炭安全运输。依法经过培训，取得安全资格证书，持证上岗，熟悉避灾路线，对本岗位安全工作和职业病防治工作负直接责任。

（2）认真遵守国家有关煤矿安全生产的法律、法规、规章、标准、技术规范、指示、指令，执行好《煤矿安全规程》、作业规程、技术操作规程和各项规章制度。

（3）带式输送机司机必须坚守岗位，不准擅离职守或让他人代替，严格执行好现场交接班制度。

（4）接班时，详细了解上一班设备的工作状况，认真检查设备完好状况，发现问题必须及时处理，做好开机前的准备工作。

（5）带式输送机司机必须站在安全地点操作，保证自身安全，并随时观察周围，检查好周围环境安全。他人工作或通过需停机闭锁时，要看管好闭锁。

（6）保证各部位油脂油位正常，连接固定部位螺栓齐全牢固，护罩完好，各种保护、安全设施齐全完好，严禁甩掉保护开机。

（7）随时注意开停机信号，在运转中要注意观察电机、减速箱及带式输送机运行情况，监视各部分运转情况及声音、温度变化，发现问题及时停机处理，保证设备安全运转。

（8）与上一部带式输送机司机相互协调好，及时开停机，做到安全生产。

（9）带式输送机司机要做到开机、开水、开喷雾，停机、停水、停喷雾。

（10）停机期间及时对设备进行检查和维护，精心维护设备，确保设备处于完好状态。

（11）当班出现问题，当班妥善处理，不准留给下一个班，不准隐瞒事故，对处理不了的问题，及时向当班班（组）长或跟班队长汇报，并协助检修人员处理。

（12）交接班时对出现的各类问题和有关注意事项要重点进行交接，搞好周围环境卫生，保持设备清洁卫生，对周围不安全因素要进行处理和汇报，保证环境安全。

（13）在带式输送机运行期间严格执行“带式输送机运行六条禁令”。

（14）如实、及时地汇报安全事故，协助、积极配合事故调查处理，落实事故防范措施。

（15）熟悉本岗位的安全风险及管控措施并跟踪落实，做好本岗位的隐患排查工作。

9.21.32　水泵工安全生产责任制

（1）依法经过培训，取得安全资格证书，持证上岗，熟悉避灾路线，对本岗位安全工作和职业病防治工作负直接责任。

（2）熟悉设备性能，懂得构造原理，严格执行《煤矿安全规程》和《水泵工技术操作规程》，保证设备正常运转。

（3）严格执行各项规章制度，坚持正规操作，保质、保量地完成领导交办的工作。

（4）认真检查设备完好情况，发现问题应及时汇报。

（5）检查水泵各紧固螺栓是否牢固，对轮及防护罩是否齐全，盘根密封、松紧程度是否适当。

（6）做一般性维护时必须停电闭锁。

（7）司机开泵期间应精力集中，随时检查运行是否正常，发现问题及时汇报处理。

（8）司机严禁班中脱岗、睡岗或做与工作无关的事情，严格执行交接班制度，杜绝责任事故。

（9）熟悉本岗位的安全风险及管控措施并跟踪落实，做好本岗位的隐患排查工作。

9.21.33　搬运工安全生产责任制

（1）必须依法经过培训，取得安全资格证书，持证上岗，熟悉避灾路线，对本岗位安全工作和职业病防治工作负直接责任。

（2）运输过程中严格执行好规程规定，集中精力，不得嬉笑打闹，擅离职守，做好自保互保，不发生运输事故。

（3）熟悉运输线路和工作面情况，运输途中发生问题要主动组织人员处理，重大问题要及时汇报跟班队长。

（4）运输途中使用各种绞车提升运输时，必须按绞车牌板规定的车数挂车，严禁超挂车。

（5）装卸物料时，车辆必须稳固、可靠，以防跑车，现场要有专人协调指挥。

（6）保证装车质量，物料捆绑牢靠，不超高、不超重、不超宽、不超长、不偏载。

（7）坚持工作汇报制度，做好工作记录，完成领导交办的各项工作。

（8）熟悉本岗位的安全风险及管控措施并跟踪落实，做好本岗位的隐患排查工作。

9.21.34　清煤工安全生产责任制

（1）依法经过培训，取得安全资格证书，持证上岗，熟悉避灾路线，对本岗位安全工作和职业病防治工作负直接责任。

（2）认真执行国家的安全生产法律、法规、规章、技术规范、标准等，熟练掌握相关的专业知识，严格遵守煤矿“三大规程”、上级安全指示、指令和各类规章制度。

（3）和上一班清煤工共同对工作地点进行全面检查，确认达到安全规定要求后，方可工作。

（4）严格执行综采工作面清煤作业有关规定。

（5）作业时，人员要在支架立柱和刮板输送机挡煤板之间，面向采煤机运行的方向并保持不小于 15 m 的距离。

（6）作业时，要经常注意刮板输送机溜槽中煤流情况，发现异常时要及时通知采煤机司机停机并协助刮板输送机司机处理。

（7）作业时，要随时注意拖移电缆被卡、压、挤或出电缆槽时，要立即发出信号，协助处理。

（8）做好现场自保、互保、联保工作。

（9）严格执行现场交接班制度，发现事故隐患或其他不安全因素，应立即向当班班长、跟班队长和队值班人员汇报并处理。

（10）熟悉本单位施工地点的避灾路线及灾害防护知识。

（11）按时参加各种技术学习、安全培训和安全活动。

（12）必须尽职尽责、杜绝“三违”现象。

（13）熟悉本岗位的安全风险及管控措施并对落实情况进行跟踪，做好本岗位的隐患排查工作。

9.21.35 轨道工安全生产责任制

（1）依法经过培训，取得安全资格证书，持证上岗，熟悉避灾路线，对本岗位安全工作和职业病防治工作负直接责任。

（2）熟知本系统知识和轨道质量标准，并严格按照安全规程、操作规程、质量标准施工。

（3）负责安装本队管辖内的阻车器、挡车栏、托绳轮、导向轮等，并经常检查维修、保养，确保灵活使用，安全运行。

（4）铺轨和修理轨道时，必须严格设置好施工防护。有碍行车的施工地点，两端要设置岗哨和防护信号。

（5）斜巷铺轨和修理轨道时，必须严格执行“行人不行车，行车不行人”制度，并要设置专人警戒正确使用防跑车安全设施。

（6）对轨道质量做好巡查工作，经常保持轨道质量优良，道床定期清理，保持整洁。

（7）认真填好巡回检查记录、挡车设施检查验收记录、轨道质量检查记录等。

（8）熟悉本岗位的安全风险及管控措施并落实跟踪，做好本岗位的隐患排查工作。

9.21.36 巷道维护工安全生产责任制

（1）依法经过培训，取得安全资格证书，持证上岗，熟悉避灾路线，对本岗位安全工作和职业病防治工作负直接责任。

（2）认真执行国家的安全生产法律、法规、规章、技术规范、标准等，熟练掌握相关的专业知识，严格遵守煤矿“三大规程”、上级安全指示、指令和各类规章制度。

（3）和班（组）长共同对工作地点进行全面检查，确认达到安全规定要求后，方可工作。

（4）严格执行综采工作面巷道维护工作有关规定。

（5）对巷道的支护、管路进行及时维护，并对维护质量负责。

（6）对巷道所需的材料、设备、配件及时运输到位，并分类堆放及为文明生产负责。

（7）明确当班工作量及工作程序，对作业场所的安全环境做到心中有数。

（8）做好现场自保、互保、联保工作。

（9）严格执行现场交接班制度，发现事故隐患或其他不安全因素，应立即向当班班长、跟班队长和队值班人员汇报并处理。

（10）熟悉本单位施工地点的避灾路线及灾害防护知识。

（11）按时参加各种技术学习、安全培训和安全活动。

（12）必须尽职尽责，杜绝“三违”现象。

（13）熟悉本岗位的安全风险及管控措施并落实跟踪，做好本岗位的隐患排查工作。

9.22 掘进队各岗位安全生产责任制

9.22.1 队长安全生产责任制

（1）保证在巷道掘进过程中遵守国家有关安全生产和职业病防治法律、法规、规章、标准和技术规范，严格遵守煤矿“三大规程”、上级安全指示、指令和规章制度，队长是本队安全生产的第一责任者。

（2）督促技术人员编写作业规程和安全技术措施，坚持做到“一工程一措施”，并认真审查、贯彻执行。

（3）负责组织好班前会、班后会，及时安排安全工作，传达安全生产的规定、通知、会议要求。

（4）定期组织、召开安全会议（活动），及时研究、解决施工中遇到的安全问题。

（5）按规定为作业人员配齐工具、安全用品和劳工保护用品等。

（6）负责组织制定掘进工作面各工种岗位责任制和各项管理制度，并按规定进行考核。

（7）定期组织职工进行安全知识和职业病防治学习和培训，开展安全教育，提高职工安全意识。

（8）组织好本队新工人签订师徒合同，并监督执行。

（9）组织进行事故案例分析、“三违”分析，切实提高从业人员按章作业、遵纪守法的法律意识。

（10）要如实、及时地汇报安全事故，积极协助、配合事故调查处理，落实事故防范措施。

（11）组织落实好掘进安全生产标准化工作，做到动态达标。

（12）按照规定组织好本队隐患排查工作，及时排查安全隐患，并及时组织处置。

（13）必须尽职尽责，杜绝“三违”现象。

（14）熟悉本队安全风险及管控措施，跟踪重大安全风险管控措施的落实情况，发现问题及时组织处理。

9.22.2　安全副队长安全生产责任制

（1）协助队长贯彻落实上级有关安全生产和职业病防治的法规、指示、通知，对本队的安全生产工作负有直接领导责任。

（2）经常深入现场督查“三大规程”和有关规章、制度，在施工现场的落实，制止“三违”，严格执行“不安全，不生产”的原则。

（3）及时发现、解决生产过程中存在的事故隐患，对不能立即消除的隐患、问题，必须采取可靠的防范措施加以控制，并限期整改。

（4）协助队长做好职工的安全教育培训工作。

（5）熟悉和掌握本队施工范围内的地质、通风、瓦斯和顶板情况，落实各项安全措施。

（6）深入现场，督促检查工程质量及各种安全管理制度的执行情况。

（7）参加本矿组织的安全检查，及时整改事故隐患，确保安全生产。

（8）负责对本队发生的安全事故进行追查、分析、处理，制定防范措施。

（9）熟知工作面避灾路线与事故应急救援预案。

（10）熟悉工作面安全风险及管控措施，跟踪重大安全风险管控措施落实情况，定期开展隐患排查。

9.22.3　生产副队长安全生产责任制

（1）认真贯彻执行煤矿安全生产和职业病防治的方针、政策、法律、法规、行业标准、技术规范、“三大规程”及相关安全管理制度。

（2）协助队长搞好安全生产和现场管理，搞好现场的安全生产标准化动态达标工作。

（3）加强现场管理，严把安全质量关，对安全隐患要及时组织力量进行处理，做到“不安全不生产”。

（4）认真执行“三大规程”，杜绝违章指挥和违章作业，坚持“安全第一”的方针。

（5）根据本队工人劳动技能，合理分配劳动力，落实师徒合同，确保安全生产。

（6）保证掘进工作面供风、供水、通信设施等六大系统齐全完好，按要求组织好本队人员的避灾演练，提高职工灾害防范意识和避灾能力。

（7）发生事故后，要保持冷静，积极采取措施防止事故扩大，并汇报矿调度室，全力以赴参加事故抢险工作，当事故无法控制时，要组织职工按避灾路线迅速安全撤离危险区域。

（8）必须尽职尽责，杜绝“三违”现象。

（9）熟悉工作面安全风险及管控措施，跟踪重大安全风险管控措施落实情况，定期开展隐患排查。

9.22.4 机电副队长安全生产责任制

（1）认真贯彻执行煤矿安全生产和职业病防治的方针、政策、法律、法规、行业标准、技术规范、“三大规程”及综掘队安全管理制度，是本队机电安全管理工作的直接责任人。

（2）在队长的领导下，全面负责本队的机电运输管理工作。

（3）根据本队实际情况编制机电工作计划。

（4）负责本队的机电设备的维修、检查、保养等管理工作，保证设备完好达标和安全运转。

（5）负责本队机电人员的技术培训和考核工作，不断提高机电人员的技术业务素质，规范机电人员的安全行为。

（6）精通综掘工作面机电设备，熟悉作业规程和设备操作要领，组织机电人员及时排除隐患和不安全因素。

（7）了解、掌握机电设备的运转情况，发现问题及时处理并向队长汇报。

（8）全面掌握新增机电设备的安装、验收等工作。

（9）负责本队机电事故的追查、分析和处理及防范措施的制定工作。

（10）负责本队机电设备安全生产标准化工作，组织制定实施细则、做到动态达标。保证掘进工作面机电设备符合完好要求，杜绝电气设备失爆，确保安全生产。

（11）参加掘进作业规程中机电技术措施的制定、会审工作。

（12）抓好和“一通三防”相关的机电日常管理工作，杜绝机电引发的通防事故。

（13）必须尽职尽责，杜绝“三违”现象。

（14）熟悉机电设备安全风险，跟踪机电设备及工作地点、安全风险管控措施落实情况，定期开展机电设备隐患排查。

9.22.5 技术员安全生产责任制

（1）在队长的领导下，全面负责本队的技术管理工作。

（2）编制作业规程或施工安全技术措施。生产地质条件发生变化时，及时修订、补充。做到审批手续齐全，规程学习、贯彻、考试、复查、签字符合规定，并做到技术上具有先进性、在现场具有针对性、在实施中具有可操作性、指导生产具有科学性、安全防范上具有可靠的保障性。

（3）对过采空区、过地质构造段、巷道开口、贯通等问题及时编制安全技术措施，并贯彻执行。

（4）经常深入现场、检查作业规程及安全技术措施落实情况，发现问题及时解决。收集、整理施工现场围岩变化的原始资料，研究变化规律，合理选择支护形式与支护参数，杜绝顶板事故。

（5）协助队长认真做好掘进安全生产标准化工作。抓好掘进工作面正规循环作业，完善劳动组织，提高劳动生产率，做到安全、高效。

（6）负责对本队员工进行安全技术培训、教育，提高员工的综合素质。

（7）协助队长进行事故的抢险和处理，参加事故的追查、分析，制定防范措施。

（8）组织推广新技术、新工艺、新材料、新装备的应用，开展技术创新活动，为安全生产提供技术支持。

（9）做好队内专项辨识和隐患排查治理资料的整理建档工作，参加年度及专项辨识，对队组涉及的重大风险提出管控措施意见。

9.22.6 后备技术员安全生产责任制

（1）在队长的领导下，协助技术员负责本队的技术管理工作。

（2）协助技术员编制作业规程或施工安全技术措施。生产地质条件发生变化时，及时修订、补充。做到审批手续齐全，规程学习、贯彻、考试、复查、签字符合规定，并做到技术上具有先进性、在现场具有针对性、在实施中具有可操作性、指导生产具有科学性、安全防范上具有可靠的保障性。

（3）对过采空区、过地质构造段、巷道开口、贯通等问题协助技术员及时编制安全技术措施，并贯彻执行。

（4）检查作业规程及安全技术措施落实情况，发现问题及时解决。收集、整理施工现场围岩变化的原始资料，研究变化规律，合理选择支护形式与支护参数，杜绝顶板事故。

（5）协助队长、技术员认真做好掘进安全生产标准化工作。抓好掘进工作面正规循环作业，完善劳动组织，提高劳动生产率，做到安全、高效。

（6）协助技术员对本队员工进行安全技术培训、教育，提高员工的综合素质。

（7）协助队长、技术员进行事故的抢险和处理，参加事故的追查、分析，制定防范措施。

（8）协助技术员负责组织推广新技术、新工艺、新材料、新装备的应用。开展技术创新活动，为安全生产提供技术支持。

9.22.7　生产班长安全生产责任制

（1）严格执行煤矿“三大规程”及队组安全生产管理制度，严格按照规程措施的要求组织施工。

（2）按时组织召开班前会，通报上一班生产中出现的问题与不足，并提出处理与整改意见，布置当班生产任务、安全注意事项及质量要求等重点工作。

（3）坚持做到班前有安排、班中有检查及班后有总结和汇报。

（4）时刻注意作业现场的生产状况及地质条件变化等情况，采取合理有效的应对措施，发现问题及时处理，并向队长汇报。

（5）在跟班队长的领导下，对当班施工现场的安全生产、工程质量负第一责任，组织好正规循环作业。

（6）现场发现安全隐患，及时组织处理，对达不到要求的工程必须予以返工处理，若发现重大灾害预兆必须按“矿井灾害预防处理计划”和“掘进工作面作业规程”组织人员有秩序地撤离到安全地点，并向调度室、队长汇报。

（7）严格执行现场交接班制度，给下一班组交代清顶板、支护、机电设备、作业环境等安全与完好情况，为下一班的安全生产创造条件。

（8）坚持与工人同上同下，做到不违章指挥，本班组不违章作业，确保安全生产。

（9）检查职业病防护设施的完好情况，监督作业人员职业病防护用品佩戴情况。

（10）熟悉工作地点的风险及管控措施，跟踪重大安全风险管控落实情况，作业前进行工作地点的隐患排查。

9.22.8　机电班长安全生产责任制

（1）在机电副队长的带领下，负责本队机电设备、电气设施的维护检修工作。

（2）负责组织实施机电设备的定期检修、日常检修和维护保养工作。

（3）负责新工作面机械设备、电气设施的安装、检查、验收工作；负责生产中新增机械设备、电气设施的领取、运送和安装；负责工作面结束后或工作面闲置机械设备、电气设施的交退库工作。

（4）负责检修工具管理、配件备用、油脂以及消耗性材料的管理，降低消耗，节约材料。

（5）负责经常保持机械设备、电气设施性能完好不失爆，操作灵敏可靠。各类安全保护装置及防护设施完好、齐全。

（6）负责督促检查检修、认真执行各项规章制度、现场交接班制度、工种岗位安全生产责任制、维护保养制度、巡回检查制度、持证上岗制度。

（7）做好掘进工作面安全监测监控、“一通三防”涉及机电方面的工作。

（8）熟悉机电设备相关安全风险及管控措施，定期进行机电设备隐患排查。

9.22.9　生产副班长安全生产责任制

（1）严格执行煤矿“三大规程”及队组安全生产管理制度，严格按照规程措施的要求组织施工。在班长的领导下，负责本班的工程质量及设备的安全运转，并对班长负责。

（2）当班长不在时，按时组织召开班前会，通报上一班生产中出现的问题与不足，并提出处理与整改意见，布置当班生产任务、安全注意事项及质量要求等重点工作。

（3）配合班长督查各岗位操作人员的规范操作状况，坚持做到班前有安排、班中有检查及班后有总结和汇报。

（4）时刻注意作业现场的生产状况及地质条件变化等情况，采取正确有效的应对措施，发现问题及时向班长反映，并协商解决。

（5）在跟班队长及班长的领导下，对当班施工现场的安全生产、工程质量进行检查，严格按规程措施组织生产。

（6）现场发现安全隐患，及时向班长报告并协助班长组织处理，若发现重大灾害预兆必须按“矿井灾害预防处理计划”组织人员有秩序地撤离到安全地点，并及时向公司调度室及队领导汇报。

（7）坚持与工人同上同下，做到不违章指挥，本班组不违章作业，确保安全生产。

（8）熟悉作业区域的安全风险及管控措施并对重大风险管控效果进行跟踪。

9.22.10　机电副班长安全生产责任制

（1）严格按照“三大规程”组织施工，必须掌握相关的专业知识，并依法经过培训，熟悉避灾路线，严格按照机电管理标准组织检修，确保设备检修质量，为安全生产提供可靠的设备保障。

（2）在机电班长的带领下，负责本班的设备质量及设备的安全运转，并对班长负责。在机电设备检修过程中遵守国家有关安全生产法律、法规、规章、标准和技术规范。

（3）严格执行交接班制度，每班开始工作前，必须和班长一起对掘进工作面各检修地点进行全面检查，发现隐患立即进行处理，确保安全。

（4）电气设备的各种保护装置及安全防护设施必须齐全、完好、有效、可靠，杜绝失爆。

（5）协助机电班长组织落实本班机电设备各项检修任务，确保安全生产标准化动态达标。

（6）保证掘进工作面安全监控系统、设备、仪器正常工作，及时移设，发现异常及时处理，不能处理时，及时汇报。

（7）协助班长落实本班内部准军事化管理及精细化管理工作。

（8）当掘进工作面发生险情不适宜进行检修作业时，要及时向班长及队领导汇报，协助班长组织工人按相应的避灾线路撤离，确保安全。

（9）坚持与工人同上同下，做到不违章指挥，本班组不违章作业，确保安全生产。

（10）当机电班长不在时，代替行使班长职权。

（11）协助班长对重大安全风险管控措施落实情况进行跟踪，开展隐患排查治理工作。

9.22.11　值班员安全生产责任制

（1）依法经过培训，取得安全资格证书，持证上岗，熟悉避灾路线，对本岗位安全工作负直接责任。

（2）必须严格遵守劳动纪律，坚守工作岗位，不得以任何借口擅离工作岗位。

（3）负责各级各类通知、文件、制度的上传下达工作，必须保证信息畅通。

（4）负责班前会记录及安全生产运行记录的填写，针对生产过程中遇到的重大问题，必须第一时间上报队长及矿调度室。

（5）做好队组值班及请示汇报工作。

9.22.12　核算员安全生产责任制

（1）依法经过培训，取得安全资格证书，持证上岗，熟悉避灾路线，对本岗位安全工作负直接责任。

（2）贯彻执行国家的安全生产方针和安全生产的规章制度。

（3）及时掌握安全生产实际情况，根据安全生产的需要，提出修改和完善定额、工资分配的建议。

（4）协同有关部门对劳动定额进行测定和完善，使之进一步趋于合理，从而更好地为安全生产服务。

（5）严格执行本矿及队内绩效工资分配制度，做到公开、公平、公正。

（6）根据《工伤保险条例》及有关规定申报工伤。

（7）协助办理职工退休手续及相关工作。

（8）负责核算资料、信息的收集、汇报、整理、保管工作。

9.22.13 验收员安全生产责任制

（1）依法经过培训，取得安全资格证书，持证上岗，熟悉避灾路线，对本岗位安全工作和职业病防治工作负直接责任。

（2）认真贯彻执行国家相关的法律法规和本矿制订的各项规章及制度。

（3）严格按照工程质量验收表和工程质量验收标准进行验收。

（4）严格执行现场交接班制度，把存在的问题、材料消耗等交接清楚，双方验收员签字，验收方可生效。

（5）对本班出现的问题、上一班存在的问题、本班整改情况、材料消耗等项目按要求填写清楚。

（6）有权对现场存在的问题向当班提出整改意见，对重大隐患，可责令其停产整改。

（7）必须公正、合规验收，不得徇私舞弊。

（8）必须向值班队长汇报当班工作情况和存在的问题，及时公布验收结果。

9.22.14 材料员安全生产责任制

（1）依法经过培训，取得安全资格证书，持证上岗，熟悉避灾路线，对本岗位安全工作和职业病防治工作负直接责任。

（2）热爱本职工作，自觉遵守各项规章制度。

（3）认真做好材料、备件的领用、保管、发放工作，做好保管无丢失，发放无差错。

（4）每月向本队分管队长提供材料计划建议。

（5）材料“三账”清楚，做好领用有账、交付有账、自查有账。

（6）认真检查库房门、窗、锁，随手关灯，做好防火、防盗工作。

（7）经常深入井下，了解材料在井下的使用情况，做到超支罚、节约奖。

（8）做好井上下的材料领用、交旧和看护工作。

（9）井下的备用材料符合作业规程的规定，以备安全所需。

（10）严把材料质量关，及时发现和退换不合格的材料，杜绝伪劣材料入井使用。

9.22.15 库管员安全生产责任制

（1）依法经过培训，取得安全资格证书，持证上岗，对本岗位安全工作负直接责任。

（2）及时清点库存物资，了解日常物资的库存情况，及时补充编制临时计划。

（3）设备、材料、配件的保管必须做到“四无”“六化”：库存无差错、无损坏、无丢失、无霉烂变质；管理科学化、货位固定化、存放合理化、库容整洁卫生化、维护保养经常化、四防责任化。

（4）发放物资时要认真核对领用材料的名称、规格、数量，严格要求各班组在领用材料、配件时，执行交旧领新制度，否则不予发放。

（5）根据回收范围、回收率建立回收台账，逐日填写。

（6）交回旧材料、配件，经清点后，按规定地点，摆放整齐，登记交旧台账。

（7）做到及时日清日结，材料消耗及时上账。

9.22.16 送饭工安全生产责任制

（1）依法经过培训，取得安全资格证书，持证上岗，熟悉避灾路线，对本岗位安全工作和职业病防治工作负直接责任。

（2）熟悉入井有关的安全知识，必须是从事井下工作两年以上的人员。

（3）必须按规定的路线行走，严格执行车场行人制度。

（4）及时反映班中餐质量情况，督促食堂经常清洗、消毒盛水和食物的容器。

（5）严格执行安全生产相关规定，杜绝“三违”现象。

9.22.17 维修电工安全生产责任制

（1）依法经过培训，取得特种作业人员资格证书后，方可持证上岗，熟悉避灾路线，对本岗位安全工作和职业病防治工作负直接责任。

（2）认真做好本责任区域内各种电气设备及线路的检查、维护和吊挂工作。

（3）熟知“三大规程”中关于“机电维修”的各项规定，严格正规操作。

（4）负责机电设备的完好率达到标准，杜绝失爆现象。

（5）应熟悉本责任区域各种机电设备的构造、性能、工作原理、维护方法，会判断、预防和处理异常事故，保证处理问题及时，不影响生产。

（6）随时检查机电设备运转和安全设施使用情况，及时解决工作中出现的各种问题，严禁机电设备带病工作，保证安全生产。

（7）所有机电设备建档挂牌，做好各种记录，按标准化要求管理，达到文明生产标准。

（8）严禁带电检修电气设备，严格执行停送电、挂牌制度，严格执行“一人操作、一人监护”制度。

（9）严格执行现场交接班制度、巡回检查制度和设备维修保养制度。

（10）熟悉本区域各种机电设备的安全风险及管控措施，每班区域内机电设备隐患进行排查。

9.22.18 掘锚机维修工安全生产责任制

（1）依法经过培训，取得安全资格证书，持证上岗，熟悉避灾路线，对本岗位安全工作和职业病防治工作负直接责任。

（2）检修时必须将掘锚机截割头落地，并断开掘锚机电源开关和磁力启动器的隔离开关。

（3）严格按照技术要求，对设备进行润滑、维护和保养，不得改变注油规定和周期。

（4）必须每天认真检修，各种保护装置是否起作用，将液压系统各部位的压力调整到规定值。

（5）必须保证冷却水和内外喷雾能正常使用。

（6）检查设备存在的问题及维修情况向司机和有关人员交代清楚，并做好检修记录，存档备案。

（7）熟悉本区域安全风险及管控措施，认真落实重大风险管控措施，跟踪管控效果，进行区域内隐患排查。

9.22.19 掘进机维修工安全生产责任制

（1）必须经过专业技术培训，考试合格后，持证上岗。

（2）检修时必须将掘进机切割头落地，并断开掘进机电源开关和磁力启动器的隔离开关，严禁其他人员在截割臂和桥式转载机下方停留或作业。

（3）严格按照技术要求，对机器进行润滑、维护和保养，不得改变注油规定和周期。

（4）必须每天认真检修，各种保护装置是否起作用，将液压系统各部位的压力调整到规定值。

（5）必须保证冷却水和内外喷雾能正常使用。

（6）检查设备存在的问题及维修情况向司机和有关人员交代清楚，并做好检修记录，存档备案。

9.22.20 刮板输送机维修工安全生产责任制

（1）依法经过培训，取得安全资格证书，持证上岗，熟悉避灾路线，对本岗位安全工作和职业病防治工作负直接责任。

（2）严格遵守操作规程，严格执行岗位交接班制度，严格执行巡回检查制度，严格遵守劳动纪律。

（3）对所操作的刮板输送机的安全运行负第一责任。

（4）对刮板输送机的备用配件管理负监管责任。

（5）对刮板输送机的维护保养负直接责任。

（6）对本岗位的职业病防治工作负直接责任。

（7）坚守工作岗位，持证上岗，不准擅自离岗、睡岗，不得将输送机交给无关人员操作，以免造成不必要的事故。

（8）做到设备清洁完好，设备范围清洁卫生，无杂物，机头机尾固定可靠。

（9）熟悉本岗位的安全风险及管控措施并跟踪落实，做好本岗位的隐患排查工作。

9.22.21　带式输送机维修工安全生产责任制

（1）依法经过培训，取得安全资格证书，持证上岗，熟悉避灾路线，对本岗位安全工作和职业病防治工作负直接责任。

（2）严格遵守操作规程，严格执行岗位交接班制度，严格执行巡回检查制度，严格遵守劳动纪律。

（3）对所操作的带式输送机的安全运行负第一责任。

（4）对带式输送机的备用配件管理负监管责任。

（5）对带式输送机的维护保养负直接责任。

（6）坚守工作岗位，持证上岗，不准擅自离岗、睡岗，不得将输送机交给无关人员操作，以免造成不必要的事故。

（7）做到设备清洁完好，设备范围清洁卫生，无杂物，机头机尾固定可靠。

（8）熟悉本岗位的安全风险及管控措施并跟踪落实，做好本岗位的隐患排查工作。

9.22.22　掘锚机司机安全生产责任制

（1）依法经过培训，取得特种作业人员资格证书后，方可持证上岗，熟悉避灾路线，对本岗位安全工作和职业病防治工作负直接责任。

（2）必须熟练掌握掘锚机的“结构、性能、工作原理”，做到“会使用、会维护、会保养、会处理一般性故障”。依法经过培训，取得特种作业人员资格证书后，方可持证上岗，熟悉避灾路线，对本岗位安全工作和职业病防治工作负直接责任。

（3）严格执行掘锚机的维护保养制度，开机前必须检查各种安全保护是否灵活可靠，如发现异常情况，立即找维修人员进行维修，严禁带病作业。

（4）开机前应发出警示信号，确认安全后，方可开机作业。

（5）掘锚机应保持内、外喷雾良好，水量、水压不足时不得作业。

（6）必须掌握掘锚机作业范围内的管线、设备、巷道断面、支护状况、顶板通防设施等情况的变化，发现问题及时处理，确保综掘机安全运行。

（7）做到本人不违章作业，并拒绝违章指挥。

（8）严格执行交接班制度，对掘锚机的运转情况和存在的问题向接班司机交代清楚。

（9）积极参加安全教育与安全培训，提高安全意识，掌握安全技能。

（10）熟悉本岗位的安全风险及管控措施并跟踪落实，做好本岗位的隐患排查工作。

9.22.23　综掘机司机安全生产责任制

（1）综掘机司机必须熟练掌握掘进机的“结构、性能、工作原理”，做到“会使用、会维护、会保养、会处理一般性故障”。依法经过培训，取得安全资格证书，持证上岗，熟悉避灾路线，对本岗位安全工作负直接责任。

（2）严格执行掘进机的维护保养制度，开机前必须检查各种安全保护是否灵活可靠，如发现异常情况，立即找维修人员进行维修，严禁带病作业。

（3）开机前应发出警示信号，确认铲板前方和截割臂附近无人时，方可开机作业。

（4）综掘机应保持内、外喷雾良好，水量、水压不足时不得作业。

（5）必须掌握掘进机作业范围内的管线、设备、巷道断面、支护状况、顶板通防设施等情况的变化，发现问题及时处理，确保综掘机安全运行。

（6）做到本人不违章作业，并拒绝违章指挥。

（7）严格执行交接班制度，对综掘机的运转情况和存在的问题向接班司机交代清楚。

（8）积极参加安全教育与安全培训，提高安全意识，掌握安全技能。

9.22.24 打眼工安全生产责任制

（1）依法经过培训，取得安全资格证书，持证上岗，熟悉避灾路线，对本岗位安全工作和职业病防治工作负直接责任。

（2）必须认真学习作业规程，熟悉工作面的炮眼布置、爆破说明书、支护方式等有关技术规程，掌握钻眼机具的结构、性能和使用方法，钻眼机具在工作中出现故障时，应能立即检修或更换。

（3）严禁钻眼与装药平行作业，严禁在残眼内钻眼。

（4）钻眼前首先检查钻眼地点的安全情况，加固支护，严禁空顶作业。

（5）钻眼前应准备好所使用的钻具，并保证完好。

（6）钻眼结束，将风、水管阀门关闭，软管盘放整齐，将钻具、设施撤出工作面，存放在安全地点。

（7）熟悉本岗位的安全风险及管控措施并跟踪落实，做好本岗位的隐患排查工作。

9.22.25 爆破工安全生产责任制

（1）必须熟悉爆破器材的性能和《煤矿安全规程》有关规定，依法经过培训，取得特种作业人员资格证书后，方可持证上岗，熟悉避灾路线，对本岗位安全工作和职业病防治工作负直接责任。

（2）必须严格执行“一炮三检”制度，实行“三人连锁爆破”制度。

（3）无封泥、封泥不足或不实的炮眼严禁爆破，严禁裸露爆破。

（4）爆破材料运送、存放，装配起爆药卷、封泥、敷设爆破母线、连线方式及接线、警戒等必须符合规程有关规定。

（5）处理拒爆、残爆时，严格按照规程规定，必须在班组长的指导下进行，并应在当班处理完毕。如果当班未能处理完毕，当班爆破工必须在现场向下一班爆破工交接清楚。

（6）装药的炮眼必须当班放完，遇有特殊情况时，爆破工必须在现场向下一班爆破工交接清楚。

（7）爆破后，应将爆破母线、发爆器等整理好。

（8）清点剩余电雷管、炸药，填好清退单，在核清领取数量与使用及剩余的数量相符后，当班剩余材料要交回爆炸材料库，严禁私藏。

（9）熟悉本岗位的安全风险及管控措施并跟踪落实，做好本岗位的隐患排查工作。

9.22.26 支护工安全生产责任制

（1）依法经过培训，取得安全资格证书，持证上岗，熟悉避灾路线，对本岗位安全工作和职业病防治工作负直接责任。

（2）熟知“三大规程”中关于“支护工”的各项规定，严格按支护操作规程操作。

（3）掌握作业规程和技术措施中对巷道的断面形状、支护方式、质量标准等技术要求，严格按规程施工。

（4）坚持“敲帮问顶”制度，施工前要认真检查施工地点的支架及顶帮围岩情况，并进行必要的处理工作，使用好临时支护，严禁空顶作业。

（5）支护质量要符合作业规程中的技术要求和支护质量标准，严格按中、腰线施工，不合格工程要返工。

（6）所用的材料、工具等要各有其位，严禁乱丢乱放，达到文明生产标准。

（7）巷道架棚支护时必须要有专人监护，并有有效的临时支护。

（8）尽职尽责，杜绝“三违”现象。

（9）熟悉本岗位的安全风险及管控措施并跟踪落实，做好本岗位的隐患排查工作。

9.22.27　绞车司机安全生产责任制

（1）依法经过培训，取得安全资格证书，持证上岗，熟悉避灾路线，对本岗位安全工作和职业病防治工作负直接责任。

（2）负责小绞车的正常操作，确保其安全运行。

（3）牢固树立“安全第一”的思想，严格按操作规程操作，遵守纪律，听从指挥，工作期间要精力集中。

（4）严格遵守劳动纪律，按时上、下班，工作期间不做与工作无关的事，接班时和工作中经常检查电机温度、轴承温度、钢丝绳排列、钢丝绳磨损和断丝程度，绞车的地锚及各部件是否有损坏等问题，发现问题立即汇报处理。

（5）坚持做到不发信号及信号不准确不开，电机超温及机器声音不正常不开，超挂车不开，安全防护装置不齐全不开，制动不灵活不开。

（6）不得随便脱离岗位，离开时须停电闭锁、刹紧闸把，开车时听清信号后，方准送电操作，余绳不要太长，操作时精力集中，手不离闸把和按钮。做到起钩稳，加速均匀，停车准，车辆没有进入平台不准紧急制动刹车。

（7）经常打扫机器各部件清洁卫生，做到会保养、会使用、会排除一般故障。

（8）熟悉本岗位的安全风险及管控措施并跟踪落实，做好本岗位的隐患排查工作。

9.22.28　无轨胶轮车司机安全生产责任制

（1）依法经过培训，取得安全资格证书，持证上岗，熟悉避灾路线，对本岗位安全工作和职业病防治工作负直接责任。

（2）认真学习和掌握《煤矿安全规程》《无轨胶轮车运输安全技术管理规程》《煤矿工人技术操作规程》，熟悉运输标准化和安全知识，认真贯彻执行安全规章制度和上级的安全指令、指示。

（3）做好本职工作范围内的各项工作，做到服从分配，听从指挥。严禁“三违”，有权拒绝违章指挥。

（4）严格执行《煤矿工人技术操作规程》中胶轮车司机操作规程相关规定，文明驾驶，努力提高驾驶技能，保证运输过程安全高效。

（5）司机上岗前要熟悉运行路线范围，了解运行路线中路况、巷道断面、坡度情况及基本安全情况，掌握各种安全标志和信号的有关规定，以便做好出车前的各项准备工作。

（6）司机必须熟悉所驾驶车辆的结构、性能、参数及完好标准，并会一般性的检查、维修、保养及故障处理。

（7）胶轮车启动前后，均要对其进行认真仔细的检查，通过目测、耳听进行判断，确认设备操作系统、安全系统、消防设施等方面完好后方可上车操作。

（8）运行时，胶轮车要严格在所规定的路线范围内行驶，严禁进入非指定区域。

（9）胶轮车运行中，要按规定装载物料设备，不得人、物混装，车速严格控制在规定范围内，严禁开飞车。车辆会车、车与人会车时严格按操作规程要求执行，严禁超速会车。

（10）严禁用胶轮车顶拉其他车辆，当遇特殊情况需用胶轮车做拖车时，胶轮车司机必须向车队汇报后，由队内编制专项措施并安装专用拖车装置后方可进行。

（11）司机上岗后，不得擅自离开岗位，确需暂时离开时必须做好机车制动、脱离离合器、发动机急速运转、停机、锁车等步骤。严禁无关人员进入驾驶室操作胶轮车。

（12）胶轮车运行完成后，司机必须将车停到指定位置，做好交接班工作。

（13）认真做好车辆的维护，做好车辆的清洁卫生工作。

（14）熟悉本岗位的安全风险及管控措施并跟踪落实，做好本岗位的隐患排查工作。

9.22.29 带式输送机司机安全生产责任制

（1）依法经过培训，取得安全资格证书，持证上岗，熟悉避灾路线，对本岗位安全工作和职业病防治工作负直接责任。

（2）熟知带式输送机在操作中的安全注意事项和防止意外发生的预防措施，负责带式输送机的使用、日常保养、维护和事故抢修工作，保证煤炭安全运输。依法经过培训，取得安全资格证书，持证上岗，熟悉避灾路线，对本岗位安全工作和职业病防治工作负直接责任。

（3）认真遵守国家有关煤矿安全生产的法律、法规、规章、标准、技术规范、指示、指令，执行好《煤矿安全规程》、作业规程、技术操作规程和各项规章制度。

（4）带式输送机司机必须坚守岗位，不准擅离职守或让他人代替，严格执行好现场交接班制度。

（5）接班时，详细了解上一班设备的工作状况，认真检查设备完好状况，发现问题必须及时处理，做好开机前的准备工作。

（6）带式输送机司机必须站在安全地点操作，保证自身安全，并随时观察周围，检查好周围环境安全。他人工作或通过需停机闭锁时，要看管好闭锁。

（7）保证各部位油脂油位正常，连接固定部位螺栓齐全牢固，护罩完好，各种保护、安全设施齐全完好，严禁甩掉保护开机。

（8）随时注意开停机信号，在运转中要注意观察电机、减速箱及带式输送机运行情况，监视各部分运转情况及声音、温度变化，发现问题及时停机处理，保证设备安全运转。

（9）与上部带式输送机司机相互协调好，及时开停机，做到安全生产。

（10）带式输送机司机要做到开机、开水、开喷雾，停机、停水、停喷雾。

（11）停机期间及时对设备进行检查和维护，精心维护设备，确保设备处于完好状态。

（12）当班出现问题，当班妥善处理，不准留给下一个班，不准隐瞒事故，对处理不了的问题，及时向当班班（组）长或跟班队长汇报，并协助检修人员处理。

（13）交接班时对出现的各类问题和有关注意事项要重点进行交接，搞好周围环境卫生，保持设备清洁卫生，对周围不安全因素要进行处理和汇报，保证环境安全。

（14）在带式输送机运行期间严格执行“带式输送机运行六条禁令”。

（15）如实、及时地汇报安全事故，协助、积极配合事故调查处理，落实事故防范措施。

（16）熟悉本岗位的安全风险及管控措施并跟踪落实，做好本岗位的隐患排查工作。

9.22.30 刮板输送机司机安全生产责任制

（1）依法经过培训，取得安全资格证书，持证上岗，熟悉避灾路线，对本岗位安全工作和职业病防治工作负直接责任。

（2）必须熟悉刮板输送机的性能及构造原理，通晓操作规程，按照完好标准维护保养刮板输送机，掌握掘进基本知识和作业规程。经过培训考试并取得合格证后方能持证上岗。

（3）作业范围内的顶帮支护有危及人身和设备安全时，必须及时处理后，方准作业。

（4）不允许用刮板输送机运送作业规程规定以外的设施和物料，禁止人员蹬乘刮板输送机。

（5）多台运输设备连续运行，应按逆煤流方向逐台开动，按顺煤流方向逐台停止。

（6）坚守工作岗位，不准擅离职守，不准将设备交给无关人员操作，严格执行操作规程和交接班制度。

（7）集中精力，随时注意信号，设备运转中，要注意监视各部位运转情况，声音和温度发现问题及时处理，保证设备安全运转。

（8）处理大块煤、大块矸时必须按规定执行。

（9）运煤时开启喷雾，做好降尘、防尘工作。

（10）机头、机尾必须固定牢固。

（11）对所用设备真正做到“三懂、四会”。

（12）熟悉本岗位的安全风险及管控措施并跟踪落实，做好本岗位的隐患排查工作。

9.22.31　水泵工安全生产责任制

（1）依法经过培训，取得安全资格证书，持证上岗，熟悉避灾路线，对本岗位安全工作和职业病防治工作负直接责任。

（2）熟悉设备性能，懂得构造原理，严格执行《煤矿安全规程》和《水泵工技术操作规程》保证设备正常运转。

（3）严格执行各项规章制度，坚持正规操作，保质、保量地完成当班工作任务。

（4）认真检查设备完好情况，发现问题应及时汇报。

（5）检查水泵各紧固螺栓是否牢固，对轮及防护罩是否齐全，盘根密封、松紧程度是否适当。

（6）做一般性维护时必须停电闭锁。

（7）司机开泵期间应精力集中，随时检查运行是否正常，发现问题及时汇报处理。

（8）司机严禁班中脱岗、睡岗或做与工作无关的事情，严格执行交接班制度，杜绝责任事故。

（9）熟悉本岗位的安全风险及管控措施并跟踪落实，做好本岗位的隐患排查工作。

9.22.32　搬运工安全生产责任制

（1）必须依法经过培训，取得安全资格证书，持证上岗，熟悉避灾路线，对本岗位安全工作和职业病防治工作负直接责任。

（2）运输过程中严格执行好规程规定，集中精力，不得嬉笑打闹，擅离职守，做好自保、互保，不发生运输事故。

（3）熟悉运输线路和工作面情况，运输途中发生问题要主动组织人员处理，重大问题要及时汇报队领导。

（4）运输途中使用各种绞车提升运输时，必须按绞车牌板规定的车数挂车，严禁超挂车。

（5）装卸物料时，车辆必须稳固、可靠，以防跑车，现场要有专人协调指挥。

（6）保证装车质量，物料捆绑牢靠，不超高、不超重、不超宽、不超长、不偏载。

（7）坚持工作汇报制度，做好工作记录。完成队长交办的各项工作。

（8）熟悉本岗位的安全风险及管控措施并跟踪落实，做好本岗位的隐患排查工作。

9.22.33　浮煤清理工安全生产责任制

（1）依法经过培训，取得安全资格证书，持证上岗，熟悉避灾路线，对本岗位安全工作和职业病防治工作负直接责任。

（2）严格执行清煤作业有关安全规定。

（3）严格执行现场交接班制度，确认达到安全规定要求后，方可工作。发现事故隐患或其他不安全因素，应立即向当班班长、跟班队长和队值班人员汇报并处理。

（4）作业时，人员要在支架立柱和刮板输送机挡煤板之间，面向采煤机运行的方向并保持不小于15m的距离。

（5）作业时，要经常注意刮板输送机溜槽中煤流情况，发现异常时要及时通知停机并协助刮板输送机司机处理。

（6）做好现场自保、互保、联保工作，杜绝“三违”现象。

（7）熟悉本岗位的安全风险及管控措施并跟踪落实，做好本岗位的隐患排查工作。

9.23　机电机运队各岗位安全生产责任制

9.23.1　队长安全生产责任制

（1）负责本队范围内的安全生产管理，在生产管理中，认真执行安全生产方针和煤矿有关安全生产的政策、法律、法规，落实公司安全工作的指标、指令和安全规定，队长是本队安全生产的第一责任者。

（2）负责组织建立健全本队各项安全生产管理制度，监督、检查各岗位人员安全生产制度执行情况。

（3）负责组织编排设备检修计划，并报有关业务主管部门审批，负责组织制定检修施工方案及措施并认真审核，确保检修工作安全进行。

（4）按时参加本矿各种安全会议和检查，认真组织排查处理各类事故隐患。定期组织开展本队安全活动，召开本队安全会议，及时传达上级有关安全工作会议精神。

（5）发生事故时应立即赶赴现场，并迅速组织指挥抢险，严格按“四不放过”原则，负责组织分析事故，杜绝类似事故，落实防范措施。

（6）负责组织本队大型设备停产检修项目的检修工作和大型设备的技术测定工作。

（7）负责本队范围内的机电运输安全生产标准化达标工作，并做到动态达标。

（8）定期召开民主生活会，搞好队内团结；关心职工生活；按时组织安全活动。

（9）负责职工工资、请假及职工调动的审批，平衡各班组的劳动力，掌握好本队劳动与岗位定员的平衡工作。

（10）参加矿长组织的年度安全风险辨识和专项辨识，提出改进方案，定期参加矿长组织的隐患排查工作。

9.23.2　安全副队长安全生产责任制

（1）协助队长负责本队安全管理工作，安全副队长是本队安全生产的责任者，督查本队的安全管理工作。必须依法经过培训、取得安全资格证，方可持证上岗。

（2）负责向职工传达、贯彻党和国家有关煤矿的安全生产方针、政策，严格执行本矿关于安全生产的指示、指令，监督检查“三大规程”及安全措施的贯彻执行情况。

（3）负责建立健全本队安全生产管理工作的各项安全管理制度，按时主持召开本队的安全例会，对安全管理的各项工作进行安排、协调。

（4）协助队长做好全队安全和标准化工作。对所管辖范围内的安全工作负直接领导责任。

（5）负责做好安全生产监督、检查和考核工作，积极深入现场，及时掌握各班组人员的安全动态及队组安全状况，狠反“三违”，做好隐患的排查、整改的督查工作。

（6）加强大型设备管理，确保变电所、压风机、主要通风机、主副提升机等设备正常运行，防止人身事故及重大机电运输事故的发生。

（7）负责对各类安全事故进行追查和分析，严格按照“四不放过”原则，制定防范措施，监督执行。

（8）按时参加本矿的安全工作会议，及时向职工传达会议精神，并组织贯彻落实。

（9）努力学习业务知识，不断提高安全生产管理水平，加强现场安全风险管理，落实好风险管控措施，杜绝重大恶性事故。

9.23.3　生产副队长安全生产责任制

（1）协助队长在分管范围内开展好相关工作，必须依法经过培训，取得安全资格证书，熟练掌握有关安全生产的法律、法规及相关专业知识。

（2）积极配合队长开展生产管理工作，认真组织本队的生产，保证遵守国家有关煤矿安全生产的法律、法规、规章、规程、标准和技术规范。

（3）认真执行各种安全技术措施和作业规程，确保在作业现场的执行效果。

（4）按照分工要求负责做好分工范围内管理制度的编制，保质、保量地完成分管工作。

（5）抓好关键部位、薄弱环节的安全管理。

（6）监督检查班组安全工作情况，发现问题，立即采取措施组织处理并及时向队部汇报。

（7）主动接受公司有关部门检查，配合安监人员工作，对提出的问题及时采取措施处理。

（8）按时参加有关安全生产会议，并及时进行传达、贯彻、监督执行。

（9）发现有关人员不适宜相应岗位时，要及时调换人员，并将情况上报队长。

（10）按时参加队召开的会议，经常向队长汇报工作，提出改进工作的意见和建议。

（11）必须尽职尽责做好分管工作，杜绝“三违”现象。

（12）不断提高安全生产管理水平，加强现场安全风险管理，落实好风险管控措施，杜绝重大恶性事故。

9.23.4　运输副队长安全生产责任制

（1）遵守各项规章制度，协助队长做好辅助运输工作。

（2）按时组织、参加好班前会，安排传达当班辅助运输任务及相关安全注意事项和防范措施。

（3）合理安排人员和车辆，确保运输任务的安全完成。

（4）抓好运输设备与车辆保养与检修工作，保证完好率达到100%。

（5）根据工作需要与相关部门做好沟通和联系，保证运输工作的正常运转。

（6）抓好关键部位、薄弱环节的安全管理。

（7）认真执行各种安全技术措施和作业规程，确保在作业现场的执行效果。

（8）按时参加有关安全生产会议，并及时进行传达、贯彻、监督执行。

（9）按时参加队召开的会议，经常向队长汇报工作，提出改进工作的意见和建议。

（10）必须尽职、尽责地做好分管工作，杜绝“三违”现象。

（11）加强现场安全风险管理，落实好风险管控措施，杜绝重大恶性事故。

9.23.5　机电副队长安全生产责任制

（1）及时了解和掌握井上、下电气设备的运转情况，确保设备安全正常运转，杜绝失爆。

（2）认真抓好机电设备检修工作，确保各种安全保护齐全、灵敏可靠，各种设备信号畅通，符合完好标准。

（3）加强对各岗位操作人员和各班组机电维修工的监督和检查，每天必须掌握井下机电设备的运转情况，确保其可靠性，发现问题及时进行处理。

（4）加强所管区域机电设备的管理，组织相关人员严格按月检修计划检修各机电设备，确保机电设备达标，正常运行，安全可靠，保障生产。

（5）当井下机电设备出现故障时，必须在现场指挥，隐患没有处理，不得进行工作。

（6）参加本队机电事故的追查处理、落实、整改工作。

（7）负责对所辖各工种人员安全生产责任制落实、执行情况的检查考核，认真做好分管工作，及时向队长汇报。

（8）按时参加机电运输工作例会，并及时传达、贯彻、执行。

（9）加强现场安全风险管理，落实好风险管控措施，杜绝重大恶性事故。

9.23.6　技术员安全生产责任制

（1）严格遵守党和国家的“安全第一，预防为主”的方针、政策、法律、法规及质量标准、技术规范，落实各项规章制度、操作规程和安全措施。

（2）在队长的领导下负责本队的全面机电运输安全技术工作，对全队的安全技术管理工作负责，制订、贯彻相关机电运输工程安全技术措施、作业规程并监督检查执行情况。

（3）按时参加各种会议，并积极传达、贯彻、落实。

（4）对本队排查出来的安全隐患，要制定整改措施，并安排予以落实。

（5）协助队长组织好本队的安全生产标准化管理工作。

（6）做好职工安全培训学习工作，学习事故案例，宣传安全技能，提高职工安全意识。

（7）组织推广新技术、新工艺和先进经验，提高设备安全性能，为员工创造良好的安全环境。

9.23.7 后备技术员安全生产责任制

（1）严格遵守党和国家的“安全第一，预防为主”的方针、政策、法律、法规及质量标准、技术规范。

（2）在队长的领导下，协助技术员负责本队的全面机电技术工作，制订、贯彻安全技术措施、作业规程并监督检查执行情况。

（3）落实各项规章制度、操作规程和安全措施，负责本队机电设备的维修、保养、安装等技术指导。

（4）协助技术员编制本队机电设备的安装、拆除、搬迁及节假日检修和预防性试验、维修、检修施工计划、安全技术措施的制定与贯彻执行。

（5）保证每项工程施工前规程、措施齐全，坚持“一工程、一措施”。

（6）负责组织井下自查自纠工作，对排查出的安全隐患要制定整改措施，并予以追踪落实。

（7）负责班前会、每日一题、每周一课、周四安全活动日的培训工作。

9.23.8 班组长安全生产责任制

（1）在队长的领导下，负责本班组安全生产工作，班组长是本班组安全生产和职业病防治第一责任人。

（2）指导本班各岗位职工，认真执行安全生产责任制。

（3）组织班组职工遵守各项规章制度、操作规程和安全技术措施，按章指挥，按章作业。

（4）负责本班隐患排查与处理工作。

（5）做好本班所有设备的完好及正常运转，发现问题及时汇报处理。

（6）做好本班安全生产标准化工作。

（7）配合本队组织班组职工的安全教育工作。

（8）尽职尽责，杜绝“三违”现象。

（9）做好本班隐患排查工作和重大安全风险管控措施的跟踪，发现问题及时上报安全科。

9.23.9 值班员安全生产责任制

（1）依法经过培训，取得安全资格证书，持证上岗，对本岗位安全工作和职业病防治工作负直接责任。

（2）必须严格遵守劳动纪律，坚守工作岗位，不得以任何借口擅离工作岗位。

（3）负责各级各类通知、文件、制度的上传下达工作，必须保证信息畅通。

（4）负责班前会记录及安全生产运行记录的填写，针对生产过程中遇到的重大问题，必须第一时间上报队长及调度室。

（5）做好队组值班及请示汇报工作。

9.23.10 核算员安全生产责任制

（1）依法经过培训，取得安全资格证书，持证上岗，对本岗位安全工作负直接责任。

（2）贯彻执行国家的安全生产方针和安全生产规章制度。

（3）根据安全生产的需要，提出修改和完善定额、工资分配的建议。

（4）协同有关部门对劳动定额进行测定和完善，使之进一步趋于合理，从而更好地为安全生产服务。

（5）严格执行公司及队绩效工资分配制度，做到公开、公平、公正。

（6）根据《工伤保险条例》及有关规定申报工伤。

（7）协助办理员工退休手续及相关工作。

（8）负责核算资料、信息的收集、汇报、整理、保管工作。

9.23.11 材料员安全生产责任制

（1）依法经过培训，取得安全资格证书，持证上岗，熟悉避灾路线，对本岗位安全工作负直接责任。

（2）热爱本职工作，自觉遵守各项规章制度。

（3）认真做好材料、备件的领用、保管、发放工作，做好保管无丢失，发放无差错。

（4）每月向本队分管队长提供材料计划建议。

（5）材料“三账”清楚，做好领用有账、交付有账、自查有账。

（6）认真检查库房门、窗、锁，随手关灯，做好防火、防盗工作。

（7）了解材料在井下的使用情况，做到超支罚、节约奖。

（8）做好井上下的材料领用、交旧和看护工作。

（9）井下的备用材料符合作业规程的规定，以备安全所需。

（10）严把材料质量关，及时发现和退换不合格的材料，杜绝伪劣材料入井使用。

9.23.12 库管员安全生产责任制

（1）依法经过培训，取得安全资格证书，持证上岗，对本岗位安全工作负直接责任。

（2）负责库存物资的收发、保管工作，自觉遵守各项规章制度，努力做到优质服务。

（3）严格执行物资收发管理制度，进库物资，严格检查，妥善保管，做到“四知”（知物资名称、规格，知性能、用途，知保管保养常识，知业务流程），“三会”（会识货、会换算、会使用度量衡）。

（4）仓库物资摆放要整齐，保持室内清洁卫生，及时做账报账，认真核查物资，做到账、卡、物三统一。

（5）加强“四防”管理，保证物资安全，做到无差错、无丢失、无损坏、无锈蚀、无变质。

9.23.13 地面变配电工安全生产责任制

（1）依法经过培训，取得安全资格证书，持证上岗，对本岗位安全工作和职业病防治工作负直接责任。

（2）变电工应坚守岗位，严格执行交接班制度，班中不做与工作无关的事。

（3）随时巡回检查高压、低压的变化情况及高压、低压的用电电流，做好运行记录。特殊情况时及时汇报调度室及队值班室。

（4）停送电操作必须执行变电所的停送电操作规程。一人操作，一人监护，操作时必须穿绝缘胶鞋，戴绝缘手套，并站在绝缘台上。

（5）停产检修时，必须按电气工作票和操作票操作，履行停电、验电、放电、打接地线，悬挂警示牌或设置遮拦等程序，得到检修负责人许可后，方能开始工作。工作结束后，拆除所有安全设施，变电工工作负责人共同检查无误后，才能送电。

（6）现高压接地时，室内不得接近故障点 4 m 以内，室外不得接近故障点 8 m 以内。

（7）正常的停送电工作，必须根据调度及机电负责人电话或口头通知，并对通知内容重复一遍后方可操作。联系停送电必须是同一人，否则变电所有权不予接受。严禁约时停送电，并做好停送电记录。

（8）非工作人员不准进入变电所，更不得进入高压室。变电所内的电气设备、手把严禁乱摸乱动，断开的操作手把应加锁，并悬挂“严禁送电”的警示牌。

（9）认真学习业务知识，不断提高业务水平。凡属于操作失误造成的事故，造成的后果均由本人负责。

（10）搞好变电所室内外的卫生工作，保持室内外清洁整齐。

（11）熟悉本岗位的安全风险及管控措施并跟踪落实，做好本岗位的隐患排查工作。

9.23.14　井下变配电工安全生产责任制

（1）依法经过培训，取得安全资格证书，持证上岗，熟悉避灾路线，对本岗位安全工作和职业病防治工作负直接责任。

（2）必须严格执行变电所的安全规程、操作规程、停送电制度和交接班制度。

（3）井下配电工必须掌握变电所供电系统图，了解变电所电源情况和各负荷的性质、容量、运行方式。

（4）必须熟知变电所主要电气设备的特性、一般构造及工作原理，并掌握操作方法。

（5）认真填写各种记录，坚持巡回检查制度，时刻注意设备运行状况，并按各种仪表读数，时刻注意设备运行状况计读数。

（6）负责变电所内高低压电气设备停送电操作。

（7）值班人员在交班前应清理硐室内的卫生。

（8）凡有可能返送电的开关必须闭锁，开关上悬挂“停电牌”。

（9）坚守工作岗位，杜绝脱岗现象，非工作人员禁止入内。

（10）熟悉本岗位的安全风险及管控措施并跟踪落实，做好本岗位的隐患排查工作。

9.23.15　维修电钳工安全生产责任制

（1）依法经过培训，取得特种作业人员资格证书后，方可持证上岗，熟悉避灾路线，对本岗位安全工作和职业病防治工作负直接责任。

（2）认真做好本责任区域内各种电气设备及线路的检查、维护和吊挂工作。

（3）熟知“三大规程”中关于“机电维修”的各项规定，严格正规操作。

（4）负责机电设备的完好率达到标准，杜绝失爆现象。

（5）应熟悉本责任区域各种机电设备的构造、性能、工作原理、维护方法，会判断、预防和处理异常事故，保证处理问题及时，不影响生产。

（6）随时检查机电设备运转和安全设施使用情况，及时解决工作中出现的各种问题，严禁机电设备带病工作，保证安全生产。

（7）所有机电设备建档挂牌，做好各种记录，按标准化要求管理，达到文明生产标准。

（8）严禁带电检修电气设备，严格执行停送电、挂牌制度，严格执行“一人操作、一人监护”制度。

（9）严格执行现场交接班制度、巡回检查制和设备维修保养制度。

（10）熟悉本岗位的安全风险及管控措施并跟踪落实，做好本岗位的隐患排查工作。

9.23.16　井筒维修工安全生产责任制

（1）依法经过培训，取得安全资格证书，持证上岗，熟悉避灾路线，对本岗位安全工作和职业病防治工作负直接责任。

（2）熟悉《煤矿安全规程》有关规定和标准，具备一定的机械维修、高空作业、起重等基础知识，能独立工作。

（3）井筒检修工必须熟知所维修的井筒各种装备设施的结构、性能、技术特征与安装、检修、质量要求及安全技术措施，并了解井筒淋水、井壁状况的变化情况。

（4）检修前先将各种联络信号、通信器材进行一次实际操作，确认准确无误，否则严禁作业。

（5）检修结束后，应清理施工现场，清点工具、材料、配件等，及时通知并配合司机、信号工、把钩工对提升系统进行空运行一个提升循环，正常后才能正式提升。

（6）井筒检修工应将检修内容及发现的问题如实地填写在检修记录表中，并及时向有关领导汇报所发现的问题。

（7）熟悉本岗位的安全风险及管控措施并跟踪落实，做好本岗位的隐患排查工作。

9.23.17 进网电工安全生产责任制

（1）依法经过培训，取得安全资格证书，持证上岗，对本岗位安全工作和职业病防治工作负直接责任。

（2）严格遵守交接班制度，了解本班工作任务，按章作业，做到“两坚持”（坚守岗位，坚持8 h作业）和“三好四会”，精心维护机械设备，保证安全运转。

（3）严格执行《煤矿安全规程》有关规定和电气工作票、操作票，做好责任范围内的检修、维护和保养。

（4）停送电必须严格执行“停送电作业制度”，专人停送电，严禁带电作业。作业前必须挂“停电作业牌”，并进行验电、放电、接地等作业程序，高空检修作业必须系好保险带，并有专人监护。

（5）检修完毕后，由相关人员验收无误后，方可离开工作现场。

（6）经常进行巡回检查，发现问题及时处理，及时汇报，并做到检修记录。

（7）熟悉本岗位的安全风险及管控措施并跟踪落实，做好本岗位的隐患排查工作。

9.23.18 主水泵司机安全生产责任制

（1）依法经过培训，取得安全资格证书，持证上岗，熟悉避灾路线，对本岗位安全工作和职业病防治工作负直接责任。

（2）严格执行操作规程，遵守各项管理制度，持证上岗。

（3）认真观察水泵运转情况及水位变化，发现异常情况及时处理，并向队长汇报。

（4）对主排水泵房内设备的管理、保养及安全运转负责。

（5）参加主排水泵房内设备的检修和事故处理工作。

（6）做好要害场所的管理工作，严禁无关人员进入主排水泵房。

（7）保持主排水泵房内设备、环境的整洁卫生。

（8）认真填写各种记录，做到及时、完整、齐全、真实。

（9）严格遵守劳动纪律，坚持现场交接班，并交清有关安全问题及注意事项。

（10）熟悉本岗位的安全风险及管控措施并跟踪落实，做好本岗位的隐患排查工作。

9.23.19 空压机司机安全生产责任制

（1）依法经过培训，取得安全资格证书，持证上岗，对本岗位安全工作和职业病防治工作负直接责任。

（2）认真做好交接班工作，接班后应认真了解和掌握台账记录及空压机运行情况。

（3）作业前，必须检查设备的完好状况及设备的各类安全保护装置、设施是否齐全、有效、完好。监测的各类仪表是否灵敏、可靠，数值是否准确。

（4）运行时必须注意，压力达不到要求和仪表失灵时不可开机。

（5）声音不正常不准开机。

（6）停机前必须打开储气罐、排气阀，使空气压力下降到规定的压力值以下时，方可断电停机。

（7）做好设备及机房的清洁卫生，保持干净整洁。

（8）严禁非工作人员乱动设备及违章行为。

（9）熟悉本岗位的安全风险及管控措施并跟踪落实，做好本岗位的隐患排查工作。

9.23.20 主要通风机司机安全生产责任制

（1）依法经过培训，取得安全资格证书，持证上岗，对本岗位安全工作和职业病防治工作负直接责任。

（2）严禁无故停开风机，交接班时要把安全运行情况交接清楚，做到口交口、手交手，不准班中脱岗。

（3）运行中做到四检查（电动机温度、轴承温度、机器震动、跑漏风情况），四观察（电压表、电流表、负压计、温度计等的指示数值），一倾听（随时倾听机器运转声音），一及时（及时糊堵跑漏风），一保证（保证严守工作岗位，精神好）。

（4）故障停机做到4个立即：①立即切断电源；②立即打开防爆门，启动备用风机；③立即报告值班室；④立即填写记录报表。

（5）启动备用风机或电机做到：一清（清除运转系统周围的障碍物），四检查（检查各部件情况、检查风门及闸门情况、检查电气系统是否正常、检查风流方向是否正确）。

（6）保持设备及附件完整，机器、机房清洁卫生，未经领导批准，严禁非工作人员进入机房。

（7）认真填写运行、交接班等记录，并及时上报。

（8）熟悉本岗位的安全风险及管控措施并跟踪落实，做好本岗位的隐患排查工作。

9.23.21 主提升机司机安全生产责任制

（1）依法经过培训，取得特种作业人员资格证书后，方可持证上岗，对本岗位安全工作和职业病防治工作负直接责任。

（2）严格执行《煤矿安全规程》、操作规程，严禁违章作业。

（3）工作前对信号系统、机械、电气传动系统、供电系统、安全保护装置及安全防护设施等进行全面认真检查，发现问题，立即解决，并向队长、调度室汇报。

（4）坚持做到四不开：信号不清不开；安全装置不完好不开；机器声音不正常，电压不稳定不开；制动系统不灵活、不可靠不开。

（5）做到检修、消防用具齐全，保持设备与环境卫生整洁干净。

（6）随时注意设备运转情况，定时按要求对电机、滚筒、减速器等部位进行检查，随时注意温度、声音、仪表等变化，发现异常，立即报告并处理。

（7）严格执行并遵守各项管理规定，认真填写各种记录。

（8）坚守岗位，不得擅离职守，对所在单位的人员与设备安全负责，确保生产安全进行。

（9）熟悉本岗位的安全风险及管控措施并跟踪落实，做好本岗位的隐患排查工作。

9.23.22 副提升机司机安全生产责任制

（1）依法经过培训，取得特种作业人员资格证书后，方可持证上岗，对本岗位安全工作和职业病防治工作负直接责任。

（2）熟悉提升机的各部分结构、性能、工作原理及技术特征，并能做到会操作、会维修、会保养、会排除一般故障。

（3）严格执行《煤矿安全规程》、操作规程及交接班制度，保证提升机安全正常运行。

（4）交接班上、下人员时，必须是主操作工操作，副操作工监护。

（5）当提升机发生不正常情况时，应立即停车检查；当操作工和维护工不能及时处理时，要报告队长和调度室。

（6）提升机检修完毕后，操作工要参加验收并签字。

（7）已调整好的设备，任何人不得随意调其整定值。

（8）严禁携带通信工具上岗。

（9）负责实习操作工培训，并指定专人指导实习操作工操作。

（10）认真填写交接班记录、运转日志、事故记录及巡回检查记录等并妥善保管。

（11）保管好所配发的工具、物品，器具外借须经领导同意。

（12）做好提升机房设备及室内外卫生。

（13）熟悉本岗位的安全风险及管控措施并跟踪落实，做好本岗位的隐患排查工作。

9.23.23 副井口调车工安全生产责任制

（1）依法经过培训，取得安全资格证书，持证上岗，对本岗位安全工作和职业病防治工作负直接责任。

（2）严格按照“三大规程”和有关安全管理制度、规定进行操作调车作业。

（3）井底车场及在调车线路范围内，进行临时施工或信号、通信设备、线路、道岔等检修作业时，必须经调车工同意，并按规定办理手续。

（4）认真执行现场交接班制度，交班要详细交代本班车辆运行状况及机车运行区段有无人工推车或临时施工项目，若交班交代不清接班人应拒绝接班。

（5）认真检查，装车质量，车辆的完好情况及车辆之间的连接，发现问题立即处理并向队长汇报。

（6）监督机车司机进出车及挂接车数是否按规定执行，及时制止不经允许的人工推车。

（7）严格按章作业，杜绝违章指挥，不违章作业，积极排查工作区域的隐患，发现问题及时汇报处理。

（8）坚守工作岗位，不擅自离岗，交班前各空、重车按规定停放在各自相应的空、重车道上，并保持车场整洁。

（9）熟悉本岗位的安全风险及管控措施并跟踪落实，做好本岗位的隐患排查工作。

9.23.24 绞车司机安全生产责任制

（1）依法经过培训，取得安全资格证书，持证上岗，熟悉避灾路线，对本岗位安全工作和职业病防治工作负直接责任。

（2）负责小绞车的正常操作，确保其安全运行。

（3）牢固树立“安全第一”的思想，严格按操作规程操作，遵守纪律，听从指挥，工作期间要精力集中。

（4）接班时和工作中经常检查电机温度、轴承温度、钢丝绳排列、钢丝绳磨损和断丝程度、绞车地锚及各部件是否有损坏等问题，发现问题立即汇报处理。

（5）坚持做到不发信号及信号不准确不开，电机超温及机器声音不正常不开，超挂车不开，安全防护装置不齐全不开，制动不灵活不开。

（6）不得随便脱离岗位，离开时须停电闭锁、刹紧闸把，开车时听清信号后，方准送电操作，余绳不要太长，操作时精力集中，手不离闸把和按钮。做到起钩稳，加速均匀，停车准，车辆没有进入平台不准紧急制动刹车。

（7）经常打扫机器各部件清洁卫生，做到会保养、会使用、会排除一般故障。

（8）熟悉本岗位的安全风险及管控措施并跟踪落实，做好本岗位的隐患排查工作。

9.23.25 柴油牵引车司机安全生产责任制

（1）依法经过培训，取得安全资格证书，持证上岗，熟悉避灾路线，对本岗位安全工作和职业病防治工作负直接责任。

（2）了解煤矿安全法规、熟悉机车运行线路的巷道、轨道、道岔等情况。

（3）严格执行操作规程，服从指挥。

（4）交接班时，要认真检查机车是否完好，机车的闸、灯、喇叭、连接器以及撒砂装置，任何一项不正常，都不得进行操作。

（5）开车时要先发出开车信号，不准跳挡加速，行车中严禁将头或身体探出车外，要注意轨道及巷道情况。停车时，要刹紧车闸，切断电源，将控制手把取下保管好。

（6）行车时，要集中精力，行驶中发现紧急停车信号或紧急情况，要立即刹车制动。

（7）不准擅离工作岗位，严禁站在车外开车。

（8）严格按规定挂车，不得超载，掉道时不准强行复轨。

（9）熟悉本岗位的安全风险及管控措施并跟踪落实，做好本岗位的隐患排查工作。

9.23.26 信号工安全生产责任制

（1）依法经过培训，取得安全资格证书，持证上岗，熟悉避灾路线，对本岗位安全工作和职业病防治工作负直接责任。

（2）严格执行《煤矿安全规程》中的相关规定及有关安全生产的规章制度，严禁违章操作，确保安全运输，完成当班生产任务。

（3）班前认真检查声光信号、电话是否完好、灵敏、畅通。严禁他人使用。

（4）信号房（硐室）严禁他人进入，杜绝烟火。

（5）听从把钩工指挥，遵章操作。发出信号必须及时、准确、无误。根据不同车辆、材料、设备发出相应的信号，并电话通知绞车司机及该运行区域内的信号工、把钩工。

（6）绞车运行时，注意观察钢丝绳的松紧程度和弹动情况，发现异常的不安全情况，必须立即发出停车信号。

（7）保持信号房（硐室）的整洁和卫生。

（8）熟悉本岗位的安全风险及管控措施并跟踪落实，做好本岗位的隐患排查工作。

9.23.27 把钩工安全生产责任制

（1）依法经过培训，取得安全资格证书，持证上岗，熟悉避灾路线，对本岗位安全工作和职业病防治工作负直接责任。

（2）熟悉和掌握“信号把钩工操作规程”，按章操作，严禁违规作业。

（3）工作前要认真检查斜巷的各种安全设施是否齐全可靠，检查轨道面是否有杂物，发现问题及时处理。

（4）把钩工必须认真检查车辆的装载情况是否符合规定，车辆超宽、超载或装车不规范均不得挂车。

（5）对于违规指挥有权拒绝作业，对他人违章行为、蹬钩必须立即传号，停止提车、并通知有关部门加以制止。

（6）要精心操作，不准擅自离开工作岗位，认真观察，发现异常立即打点停车，查明原因排除隐患后才能走钩。

（7）把钩工必须严格按照“信号把钩工操作规程”和斜巷运输有关规定操作，斜巷的各种安全设施必须正常使用。

（8）把钩工必须严格执行斜巷“行人不行车、行车不行人”的规定，负责斜巷上口的警戒工作。

（9）负责各安全装置及设施使用、检查和维修，保证正确使用，确保运输安全。

（10）严格执行交接班制度，做好工作后汇报与记录。

（11）熟悉本岗位的安全风险及管控措施并跟踪落实，做好本岗位的隐患排查工作。

9.23.28 搬运工安全生产责任制

（1）必须依法经过培训，取得安全资格证书，持证上岗，熟悉避灾路线，对本岗位安全工作和职业病防治工作负直接责任。

（2）运输过程中严格执行好规程规定，集中精力，不得嬉笑打闹，擅离职守，做好自保互保，不发生运输事故。

（3）熟悉运输线路和工作面情况，运输途中发生问题要主动组织人员处理，重大问题要及时汇报值班室。

（4）运输途中使用各种绞车提升运输时，必须按绞车牌板规定的车数挂车，严禁超挂车。

（5）装卸物料时，车辆必须稳固、可靠，以防跑车，现场要有专人协调指挥。

（6）保证装车质量，物料捆绑牢靠，不超高、不超重、不超宽、不超长、不偏载。

（7）坚持工作汇报制度，做好工作记录。完成领导交办的各项工作。

（8）熟悉本岗位的安全风险及管控措施并跟踪落实，做好本岗位的隐患排查工作。

9.23.29　带式输送机司机安全生产责任制

（1）熟知带式输送机在操作中的安全注意事项和防止意外发生的预防措施，负责带式输送机的使用、日常保养、维护和事故抢修工作，保证运输安全。依法经过培训，取得安全资格证书，持证上岗，熟悉避灾路线，对本岗位安全工作和职业病防治工作负直接责任。

（2）认真遵守国家有关煤矿安全生产的法律、法规、规章、标准、技术规范、指示、指令，执行好《煤矿安全规程》、作业规程、技术操作规程和公司各项规章制度。

（3）带式输送机司机必须坚守岗位，不准擅离职守或让他人代替，严格执行好现场交接班制度。

（4）接班时，详细了解上一班设备的工作状况，认真检查设备完好状况，发现问题必须及时处理，做好开机前的准备工作。

（5）带式输送机司机必须站在安全地点操作，保证自身安全，并随时观察周围，检查好周围环境安全。

（6）保证连接固定部位螺栓齐全牢固，护罩完好，各种保护、安全设施齐全完好，严禁甩掉保护开机。

（7）随时注意开停机信号，在运转中要注意观察电机、减速箱及带式输送机运行情况，监视各部分运转情况及声音、温度变化，发现问题及时停机处理，保证设备安全运转。

（8）与上部带式输送机司机相互协调好，及时开停机，做到安全生产。

（9）带式输送机司机要做到开机、开水、开喷雾，停机、停水、停喷雾。

（10）停机期间及时对设备进行检查和维护，精心维护设备，确保设备处于完好状态。

（11）当班出现问题，必须妥善处理，不准留给下一个班，对处理不了的问题，及时向当班班（组）长或跟班队长汇报，并协助检修人员处理。

（12）交接班时对出现的各类问题和有关注意事项要重点进行交接，搞好周围环境卫生，保持设备清洁卫生，对周围不安全因素要进行处理和汇报，保证环境安全。

（13）在带式输送机运行期间严格执行“带式输送机运行六条禁令”。

（14）如实、及时地汇报安全事故，协助配合事故调查处理，落实事故防范措施。

（15）熟悉本岗位的安全风险及管控措施并跟踪落实，做好本岗位的隐患排查工作。

9.23.30　带式输送机维修工安全生产责任制

（1）依法经过培训，取得安全资格证书，持证上岗，熟悉避灾路线，对本岗位安全工作和职业病防治工作负直接责任。

（2）遵守本岗位各项安全生产规章制度和安全操作规程，负责带式输送机的检修维护工作，确保检修质量，达到完好标准。

（3）用好、保管好所使用的工具及安全用品，正确穿戴好劳动防护用品。

（4）所用的备品、备件、材料等，其型号、规格、质量符合标准，满足设备使用。确保检修后的设备，其技术性能指标、质量标准、安全性与原设备相符。

（5）检修结束后，清点工具及材料备件，不得丢失。

（6）做好作业现场的整洁工作，做到文明生产，并做好检修、验收记录。

（7）熟悉本岗位的安全风险及管控措施并跟踪落实，做好本岗位的隐患排查工作。

9.23.31 给煤机司机安全生产责任制

（1）依法经过培训，取得安全资格证书，持证上岗，熟悉避灾路线，对本岗位安全工作和职业病防治工作负直接责任。

（2）积极参加安全学习活动，真正把党的安全生产方针和有关安全规定落实到工作中。

（3）熟练掌握设备的性能，严格执行操作规程、安全规程和交接班制度。

（4）坚守工作岗位，严格执行交接班制度。

（5）当发现设备有异常情况，自己和维修工都不能处理时，应及时汇报队领导处理。

（6）维护好给煤机、扇形闸门、漏斗闸门和其他附属设备，及时处理故障。

（7）发送信号要准确、及时，确保提升和运输设备安全。

（8）负责领取和保管本班所需材料配件、工具和油脂，协助修理工进行检修。

（9）爱护设备、精心保养，保持设备和机房的清洁卫生，做到文明生产。

（10）熟悉本岗位的安全风险及管控措施并跟踪落实，做好本岗位的隐患排查工作。

9.23.32 带式输送机清理工安全生产责任制

（1）依法经过培训，取得安全资格证书，持证上岗，熟悉避灾路线，对本岗位安全工作和职业病防治工作负直接责任。

（2）负责清理底带式输送机、带式输送机两侧的浮煤杂物。

（3）负责责任区域内的文明生产。

（4）发现输送带跑偏、掉辊或刮卡等异常情况，及时和带式输送机司机联系停机处理。

（5）保护带式输送机安全装置，带式输送机运行时不得清理。

（6）负责责任区域内的洒水、除尘工作。

（7）熟悉本岗位的安全风险及管控措施并跟踪落实，做好本岗位的隐患排查工作。

9.23.33 大巷清理工安全生产责任制

（1）依法经过培训，取得安全资格证书，持证上岗，熟悉避灾路线，对本岗位安全工作和职业病防治工作负直接责任。

（2）认真学习《煤矿安全规程》和工作地点的作业规程或安全技术措施，熟悉避灾路线，听从班长的指挥，确保完成当班的任务。

（3）掌握文明生产的相关要求，负责施工地点的巷道清理工作，做到巷道无积水、无杂物，保持巷道清洁，做到文明生产。

（4）负责施工现场的材料码放和环境卫生工作。

（5）遵守劳动纪律，做好自主保安，不得擅自离开工作岗位。

（6）作业期间注意观察行车声光信号，运输期间停止作业，躲避到安全地点。

（7）对突发性紧急情况要谨慎处理，处理不了要及时向上级汇报。

（8）工作时要注意观察周围环境，有权制止违章指挥和违章作业，做好自主保安。

（9）工作中要佩戴劳动保护用品，负责做好自身的健康保护工作。

（10）熟悉本岗位的安全风险及管控措施并跟踪落实，做好本岗位的隐患排查工作。

9.23.34 矸石山提升机司机安全生产责任制

（1）依法经过培训，取得安全资格证书，持证上岗，对本岗位安全工作和职业病防治工作负直接责任。

（2）认真学习并执行操作规程、巡回检查制度、交接班制度等各项规章制度。

（3）能够熟练地进行各种运行方式的操作及司机应掌握的检查试验的操作，做到“三知四会”（知设备的结构、知设备的性能、知安全设施的原理，会操作、会维修、会保养、会排除一般故障）。

积极参加有关的技术培训，不断学习、提高自己的业务水平。

（4）按规定及时认真填写各种记录，字迹要清洁工整。

（5）拒绝违章作业，做到不安全不开机，保证提升安全。

（6）掌握提升机的运行状况，对存在的问题及时汇报处理，当出现影响安全的情况时，要及时采取有效措施，避免事故发生和扩大，并汇报有关部门。

（7）配合维修人员做好设备的日常检修工作，做好检修后的试运转。

（8）负责机房的各种设施、装备的管理及机房卫生。

（9）熟悉本岗位的安全风险及管控措施并跟踪落实，做好本岗位的隐患排查工作。

9.23.35　翻矸工安全生产责任制

（1）依法经过培训，取得安全资格证书，持证上岗，对本岗位安全工作和职业病防治工作负直接责任。

（2）在翻矸前要检查翻矸车辆是否就位或储矸场地有无人员、车辆通过。

（3）经常检查翻矸系统的设备、设施运转情况，做到安全翻矸。

（4）保持翻矸台上的清洁卫生，交接班前应打扫干净，搞好文明卫生。

（5）遵守各项规章制度，不得随便离开工作岗位。

（6）严格执行翻矸机的操作规程和有关安全规定。

（7）协助维修工，做好翻矸机的检修与保养工作，消除设备隐患。

（8）熟悉本岗位的安全风险及管控措施并跟踪落实，做好本岗位的隐患排查工作。

9.23.36　司炉工安全生产责任制

（1）依法经过培训，取得安全资格证书，持证上岗，对本岗位安全生产和职业病防治工作负直接责任。

（2）负责本岗设备和所属电气、仪表的操作和管理，严密监视气压、水位变动，保证经济运行。

（3）协助维修工做好设备维修，配合检修后的试运和验收工作。

（4）随时监测锅炉运行各种参数，严格认真地填写报表和记录。

（5）巡检中发现问题应及时处理，不能处理的向值班室汇报，保证安全生产。

（6）设备卫生要班班擦拭，卫生场所要经常清扫做到文明生产。

（7）根据用气量的多少合理调节流量，降低燃料消耗，做好节能、减排工作。

（8）运行中做好“三定时”（定时试验安全阀、定时冲洗水位计、定时排污）、“两保持”（保持水位正常、保持气压稳定）、“两及时”（及时清炉、及时灭火）、“一掌握”（掌握用气规律）。

（9）熟悉本岗位的安全风险及管控措施并跟踪落实，做好本岗位的隐患排查工作。

9.23.37　水质化验员安全生产责任制

（1）依法经过培训，取得安全资格证书，持证上岗，对本岗位安全生产和职业病防治工作负直接责任。

（2）化验室内通道及门窗处不可堆放物品，并按规定配备消防器材，确保消防器材完好，会正确使用。

（3）本岗位所使用的有毒、有害、强腐蚀性的药品要严格管理，严禁流向室外。

（4）洗涤玻璃器皿时，防止割伤。

（5）检查药品，不可直接嗅闻，应用手轻轻扇动。

（6）正确操作与使用电气设备及化验仪器，发生故障时，及时联系维修工。

（7）工作后清水洗手，防止与污水、药品直接接触。

（8）熟悉并掌握本岗位的危险源和安全应急措施，发现问题及时处理，及时汇报。

（9）对化验用的仪器、仪表、量具等按规定要求定期校验，并保存校验报告。

（10）做好化验室的通风和保洁工作。

（11）认真填写水质化验报告和水质处理记录，并保存备查。

（12）熟悉本岗位的安全风险及管控措施并跟踪落实，做好本岗位的隐患排查工作。

9.23.38　水处理工安全生产责任制

（1）依法经过培训，取得安全资格证书，持证上岗，对本岗位安全生产和职业病防治工作负直接责任。

（2）严格遵守安全规章制度，认真执行站内安全操作规程。

（3）工作时间使用酸碱、腐蚀性化学药品时，应采取有效的防护措施。

（4）增强防火意识，严禁在工作区域内吸烟，杜绝火灾隐患。按规定配备、配齐消防器材，学会使用和保管消防器材。

（5）在污水池上工作，严防溺水事故，登高作业要有安全保护措施。

（6）岗位操作人员必须经过技术培训，并经考试合格后方可持证上岗。

（7）电源电压大于或小于额定电压的5%时，不宜启动电机。

（8）操作人员在启闭电器开关时，应按电工操作规程进行。

（9）雨天或冰雪天气，操作人员在构筑物上巡视或操作时，应注意防滑。

（10）清理机电设备及周围环境卫生时，严禁擦拭设备运转部位，冲洗水不得溅到电缆头和电机带电部位及润滑部位。

（11）岗位操作人员正确穿戴齐全劳保用品，做好安全防范工作。

（12）严禁非岗位人员启闭本岗位的机电设备。

（13）配合机电维修工，做好设备的检查、保养工作。

（14）熟悉本岗位的安全风险及管控措施并跟踪落实，做好本岗位的隐患排查工作。

9.23.39　矿灯管理工安全生产责任制

（1）依法经过培训，取得安全资格证书，持证上岗，对本岗位安全生产和职业病防治工作负直接责任。

（2）严格执行“煤矿安全作业规程”。

（3）保证矿灯完好，如果有亮度不够、电线破损、灯锁不良、灯头密封不严、灯头圈松动、玻璃破碎等情况严禁发放。

（4）灯房应严禁烟火，配齐配足各种灭火器材，并会使用。

（5）及时上报损坏矿灯编号，及时更换损坏的不完好矿灯。

（6）矿灯各种台账、记录卡应准确无误。

（7）按矿灯的收发情况及时向调度室汇报出、入井人数。

（8）参加安全技术教育培训，不断提高业务和自主保安能力。

（9）熟悉本岗位的安全风险及管控措施并跟踪落实，做好本岗位的隐患排查工作。

9.23.40　无轨胶轮车司机安全生产责任制

（1）依法经过培训，取得安全资格证书，持证上岗，熟悉避灾路线，对本岗位安全工作和职业病防治工作负直接责任。

（2）认真学习和掌握《煤矿安全规程》《无轨胶轮车运输安全技术管理规程》《煤矿工人技术操作规程》，熟悉运输标准化标准和矿井安全知识。认真贯彻执行安全规章制度和上级的安全指令、指示。

（3）做好本职工作范围内的各项工作，并对本职工作的安全生产负直接责任，严禁“三违”，拒绝违章指挥。

（4）严格执行胶轮车司机操作规程规定，文明驾驶，努力提高驾驶技能，保证运输过程安全高效。

（5）司机上岗前要熟悉运行路线范围，了解运行路线中路况、巷道断面、坡度情况及基本安全情况，掌握各种安全标志和信号的有关规定，以便做好出车前的各项准备工作。

（6）司机必须熟悉所驾驶车辆的结构、性能、参数及完好标准，并会一般性的检查、维修、保养及故障处理。

（7）胶轮车启动前后，均要对其进行认真仔细的检查，通过目测、耳听进行判断，确认设备操作系统、安全系统、消防设施等方面完好后方可上车操作。

（8）运行时，胶轮车要严格在所规定的路线范围内行驶，严禁进入非指定区域。

（9）胶轮车运行中，要按规定装载物料设备，不得人、物混装，车速严格控制在规定范围内，车辆会车、车与人会车时严格按操作规程要求执行，严禁超速会车。

（10）严禁用胶轮车顶拉其他车辆，当遇特殊情况需用胶轮车做拖车时，胶轮车司机必须向跟班队长汇报后，制定专项措施后方可进行。

（11）司机上岗后，不得擅自离开岗位，确需暂时离开时必须做好机车制动、脱离离合器、发动机怠速运转、停机、锁车等步骤。严禁无关人员进入驾驶室操作胶轮车。

（12）胶轮车运行完成后，司机必须将车停到指定位置，做好交接班工作。

（13）认真做好车辆维护，搞好车辆的清洁卫生工作。

（14）熟悉本岗位的安全风险及管控措施，作业前对本岗位进行全面风险管控效果检查及隐患排查。

9.23.41　单轨吊司机安全生产责任制

（1）熟悉单轨吊机车的性能、结构、原理、技术特征及操作方法。

（2）坚守工作岗位，听从正确指挥，遵章作业。

（3）明确当班的工作任务，熟知运输线路情况，运行时心中有数。

（4）坚持班检，接班后，首先对机车进行全面检查，确保质量。

（5）运行中发生故障要及时停车，并协助检修工处理，处理不了应及时向队部汇报。

（6）运行中过道岔、弯道、风门、车场要慢速通过，遇到轨道险情及故障立即停车，排除险情或故障。

（7）严格执行现场交接班制度。

9.24　机修厂各岗位安全生产责任制

9.24.1　厂长安全生产责任制

（1）坚持“安全第一，预防为主”的方针，贯彻执行国家和行业有关安全生产和职业病防治法律、法规、规程，全面落实上级有关安全生产的指令、文件和决定。

（2）厂长是本厂安全生产第一责任者，对本厂安全生产工作全面负责。

（3）组织制定落实各项安全管理制度，措施，并严格考核兑现。

（4）督促落实所用设备、设施维护、检查、管理制度，保证设备安全保护装置、安全防护设施齐全、完好、使用正常。确保设备安全正常运行。

（5）严格执行、督促落实值班制度，按时参加矿有关安全生产会议，负责处理值班当日现场安全生产问题。

（6）主持本厂安全活动，组织召开班前班后会，分析研究存在的安全问题，布置落实有针对性的安全措施；排查安全隐患，落实防范措施。

（7）组织落实职工安全技术培训计划，组织职工安全技术学习，教育职工规范操作，督促特种作业人员持证上岗。

（8）组织本厂事故隐患处理措施的落实。

（9）经常深入现场，督促检查上级安全指令、文件、安全管理制度落实情况和施工措施以及各岗点人员职责落实情况，制止违章行为。

（10）熟悉本厂存在的安全风险及管控措施，定期跟踪检查。

9.24.2　副厂长安全生产责任制

（1）在厂长的领导下，对所分管工作范围内的安全生产和职业病防治负主要责任，协助厂长做好本厂的安全工作。

（2）协助厂长开好班前会，及时组织贯彻落实上级有关安全生产指示、指令，值班期间有权代表厂长安排本厂当天各项工作，并对当天安全生产负责。同时有权处理当天发生的一切问题，并做好记录及时向厂长汇报。

（3）深入工作现场，检查各种岗位安全规章制度和操作规程的执行情况，及时制止违章行为，协助技术人员确定复杂工件加工工艺方案和安全注意事项。

（4）及时掌握安全生产进度，认真听取职工对安全生产工作的意见，及时解决工作现场遇到的实际问题。

（5）了解掌握机电设备的使用状况及存在的安全隐患，及时安排机电设备日常检修工作，合理制定日常工作计划。协助技术员制定施工技术方案和安全技术措施。

（6）参加本厂的事故案例分析,查明事故原因及责任,提出处理意见及防范措施,杜绝类似事故。

9.24.3　技术员安全生产责任制

（1）在厂长的领导下，对所分管工作范围内的安全生产和职业病防治负技术责任。

（2）协助厂长制定本厂长远技术规划及年度技术规划和推广新技术、新材料、新设备、新工艺工作计划；负责本厂使用的机电设备更新和技术改造方案的制定和具体实施。

（3）了解掌握机电设备的使用状况及存在的安全隐患，及时安排机电设备日常检修工作，编制设备修理计划、检修施工工艺及安全技术措施，确保检修施工安全。

（4）负责全厂基础资料工作，配合厂长完善厂内规章制度。

（5）参加本厂机电设备及人身事故的分析，从技术角度入手查明事故原因及责任，提出处理意见及防范措施，杜绝类似事故。

（6）配合厂长及时传达上级文件、会议精神，加强职工专业技能培训工作，增强职工业务技能、安全知识和风险辨识能力，提高职工综合素质。

9.24.4　班组长安全生产责任制

（1）在厂领导的领导下，认真组织落实本班组安全生产措施，严格执行各项安全规章、制度，确保本班组安全生产，并对本班安全负责。

（2）认真做好现场管理，根据现场情况进行分工，发现安全隐患，及时组织排除，并立即向厂领导汇报。

（3）根据班组成员的安全生产情况，认真做好定额记分，并定期公布。

（4）负责组织本班组的事故追查、分析处理和汇报工作。

（5）组织好班组安全会和安全活动日，做好班组安全思想教育和安全技术，学习先进的班组管理方法。

（6）积极向厂领导提出安全合理化建议，并及时完成领导交给的其他安全生产工作和任务。

（7）严格执行质量管理制度，严格执行“三检制度”，确保本班保质、保量、安全地完成当天工作任务。

（8）做好本班隐患排查工作和重大安全风险管控措施的跟踪，发现问题及时上报安全科。

9.24.5 核算员安全生产责任制

（1）贯彻执行国家的安全生产、职业病防治方针和公司安全生产的规章制度。

（2）经常深入现场，及时掌握安全生产实际情况，根据安全生产的需要，提出修改和完善定额、工资分配的建议。

（3）协同有关部门对劳动定额进行测定和完善，使之进一步趋于合理，从而更好地为安全生产服务。

（4）严格执行公司及队绩效工资分配制度，做到公开、公平、公正。

（5）根据《工伤保险条例》及有关规定申报工伤。

（6）协助办理员工退休手续及相关工作。

（7）负责核算资料、信息的收集、汇报、整理、保管工作。

9.24.6 材料员安全生产责任制

（1）热爱本职工作，自觉遵守各项规章制度。

（2）认真做好材料、备件的领用、保管、发放工作，做好保管无丢失，发放无差错。

（3）每月向本队分管领导提供材料计划建议。

（4）材料“三账”清楚，做好领用有账、交付有账、自查有账。

（5）认真检查库房门、窗、锁，随手关灯，做好防火、防盗工作。

（6）经常深入井下，了解材料在井下的使用情况，做到超支罚、节约奖。

（7）做好井上、下的材料领用、交旧和看护工作。

（8）井下的备用材料，符合作业规程的规定，以备安全所需。

（9）严把材料质量关，及时发现和退换不合格的材料，杜绝伪劣材料进入井下。

9.24.7 机械维修工安全生产责任制

（1）依法经过培训，取得安全资格证书，持证上岗，对本岗位安全工作和职业病防治工作负直接责任。

（2）严格执行行业安全标准、技术规范，遵守本工种各项安全生产规章制度和安全操作规程。负责本厂机械设备的安装和检修工作。

（3）具备一定的机修理论知识，掌握设备的构造和技术性能，并能够独立操作。

（4）用好、管理好本工种所用的工具、仪器、仪表及安全用品，注意维护与保养，提高其使用率。严格按照规定正确穿戴和使用劳动防护用品。

（5）按厂生产计划及使用单位的要求，及时完成检修任务，保证所修设备的机械部分达到完好标准。

（6）定期对所使用的机械设备进行检查和维修，做好运转部位的润滑工作。

（7）维修的设备摆放整齐，妥善保管，保证施工现场的整洁，做到文明安全生产。

（8）熟悉本岗位的安全风险及管控措施并跟踪落实，做好本岗位的隐患排查工作。

9.24.8 库管员安全生产责任制

（1）负责库房管理，确保库存物资不变质、不丢失，满足安全生产的需要。

（2）按规定做好物资设备进出库的验收、记账和发放工作，做到账物相符。

（3）随时掌握库存状态，保证物资、设备及时供应，充分发挥周转效率。

（4）定期对库房进行清理，使物资分类排列，存放整齐，数量准确。

（5）做好库房安全管理工作，检查库房的防火、防盗设施，及时堵塞漏洞。

（6）对入库物资，保管员必须亲自检验，物品名称、规格一定要核对无误，数量一定要清点（包括点数、检斤、计量等）准确，对不符合要求的物品，不得验收入库。

（7）非保管人员不得随意出入停留，不允许代存私人物品，不得私自拿用、外借物品。

（8）保管人员要坚守岗位，按时上、下班，在规定的工作时间内不得擅离职守，班外时间如有要事、急事必须随叫随到，保证供应及时。

9.24.9　电气维修工安全生产责任制

（1）依法经过培训，取得安全资格证书，持证上岗，对本岗位安全工作和职业病防治工作负直接责任。

（2）严格执行行业安全标准、技术规范，遵守本工种各项安全生产规章制度和安全操作规程，负责本厂电气设备的维修工作。

（3）严格按照规定正确穿戴和使用劳动防护用品。用好、管理好本工种所用的工具、仪器、仪表及安全用品，注意维护与保养，提高其使用率。

（4）定期对厂内所使用的机电设备电气部分进行检查，负责厂内电气设备的维修工作。

（5）严格按照“电气设备完好标准”检修入厂所需要维修的设备，不准任意改动原设备上的端子序号和标记，并要保护好防爆面，对失爆或不合格的防爆面要按规程要求进行修理。

（6）检查结束后，清点工具、材料等，严防丢失或丢在检修设备内部，留下安全隐患。

（7）设备检修后经检查、试验、送电试运转，合格后填写检修试运转记录并由管理人员签字后方可出厂。施工现场的整洁，做到文明安全生产。

（8）工作中发现安全隐患，先处理安全隐患，做到不安全不作业。

（9）熟悉本岗位的安全风险及管控措施并跟踪落实，做好本岗位的隐患排查工作。

9.24.10　起重机司机安全生产责任制

（1）依法经过培训，取得安全资格证书，持证上岗，对本岗位安全工作和职业病防治工作负直接责任。

（2）熟悉有关设备安装、起重、运输的规定和要求。能够正确使用各种起重工具，会操作吊运机械。身体状况适应起重作业。

（3）认真执行作业内容、程序、统一号令，及安全注意事项，熟悉各主要部件的起重运输和安装要求，明确分工和责任。

（4）认真检查所需的起、吊、运机具、车辆、设备、绳索、吊具和安全带等的质量、强度。安全系数符合规定。

（5）了解作业环境、吊运路线等相关外围作业环境情况，清理工作现场的杂物。

（6）擦净被吊运物件捆绑处的油污，棱角和加工装配面处应加衬垫，用经过检查的绳索和吊具将吊动物体与起重机械连接牢固。

（7）先进行试吊，检查起吊物体应平衡，捆绑应无松动，吊运工具、机械应正常无异响。如有异常应立即停止吊运，将物体放回地面后进行处理。

（8）被吊物体的活动部件必须可靠固定，或卸下分别进行吊运。

（9）试吊1～2次，确认可靠后再正式起吊，将物体吊至指定位置（或车辆内）卸下。

（10）卸下吊运物体时要垫好衬垫物，放置平稳，不得将物件压住管线或堵塞通道。

（11）起重机司机应听从挂钩人员的指挥，但对任何人发出的紧急信号都应立即停车。起重机在开车前要将所有的控制手把置于零位，鸣铃示警后方可开车，吊运作业时，将重物提起、下放，转动起重臂和重物接近人员时，司机均应鸣铃（或按喇叭）示警，注意观察，情况允许后方可继续作业。

（12）当设备（设施）运送到指定地点后，拆除封车用索绳等物件，拆除时要注意，防止捆绑物有余劲伤人，物件卸车按规程的地面起重作业中的有关规定执行。

（13）拆除并清点起重用的所有工具、器具和设备等。

（14）认真清扫工作现场杂物，保持环境卫生整洁。

（15）熟悉本岗位的安全风险及管控措施并跟踪落实，做好本岗位的隐患排查工作。

9.24.11 电气焊工安全生产责任制

（1）依法经过培训，取得安全资格证书，持证上岗，对本岗位安全工作和职业病防治工作负直接责任。

（2）严格执行行业安全标准、技术规范，遵守本工种各项安全生产规章制度和安全操作规程。

（3）坚持班前安全确认，作业前认真检查电气焊工器具、劳动防护用品及周围环境，排除工作现场存在的不安全因素。

（4）正确使用防护用品，要衣着整齐，上岗前戴好安全帽、防护帽、防护眼镜，高处作业要系好安全带，穿好绝缘鞋。

（5）特殊工作场合需要编制专用安全措施，作业现场必须有专人负责，并严格执行该措施，不得违章作业，不得冒险蛮干，有权拒绝违章指挥，确保安全生产。

（6）根据生产计划及时完成铆焊件制作、修复任务，并符合图纸技术要求，消灭废品，确保质量。成品及时入库，加工件摆放整齐，妥善保管，保证施工现场整洁，做到文明安全生产。

（7）认真学习业务技术知识，加强岗位练兵，提高业务水平。

（8）发生工伤事故或隐形事故，立即向班组长或部门负责人汇报，参加事故分析，吸取事故教训，提出防范措施，促进安全生产。

（9）熟悉本岗位的安全风险及管控措施并跟踪落实，做好本岗位的隐患排查工作。

9.24.12 车工安全生产责任制

（1）依法经过培训，取得安全资格证书，持证上岗，对本岗位安全工作和职业病防治工作负直接责任。

（2）严守工作岗位，认真执行操作规程，充分利用工作时间，保证质量完成加工任务。

（3）掌握车工技术及产品质量标准，认真识图，按图施工。应做到四不加工：无图纸或图纸不清不加工，加工余量过大不加工，工件、刀具卡装不牢不加工，润滑系统缺油不加工。

（4）工作前做好一切准备工作，穿戴好劳动保护用品，检查好机床、工具、用具、量具。

（5）切削七注意：注意量具的校对，注意切削速度、进刀量，注意测量工件的尺寸，注意润滑冷却，注意图纸加工型号的技术要求，注意工件质量的检查，注意量件用具存放整齐。

（6）加工完毕，做好自检。

（7）认真检查机床运转情况，认真填写设备运转记录。

（8）做好设备清洁保养，清洁环境。

（9）熟悉本岗位的安全风险及管控措施并跟踪落实，做好本岗位的隐患排查工作。

9.24.13 钻工安全生产责任制

（1）依法经过培训，取得安全资格证书，持证上岗，对本岗位安全工作和职业病防治工作负直接责任。

（2）听从厂长的工作安排、分配；遵章守纪，按章作业。

（3）操作前应穿戴好劳保用品，袖口、裤腿扎实，工作时严禁戴手套。

（4）操作前应先给设备润滑系统注油，准备好工具，空车试转 3 ~5 min。

（5）保持工作区内物品堆放有序，地面干净整齐，无油泥，下班前要擦拭设备，铁屑、杂物及时倾倒。

（6）一旦发生事故，应立即采取措施，保护好现场，及时向厂长汇报。

（7）定期对所使用的机床设备进行检查维护和保养，做好运转部位的润滑工作。

（8）加工好的工件成品摆放整齐，妥善保管，保证施工现场整洁，做到文明安全生产。

（9）熟悉本岗位的安全风险及管控措施并跟踪落实，做好本岗位的隐患排查工作。

9.24.14 锯工安全生产责任制

（1）依法经过培训，取得安全资格证书，持证上岗，对本岗位安全工作和职业病防治工作负直接责任。

（2）严格执行行业安全标准、技术规范，遵守本工种各项安全生产规章制度和安全操作规程，杜绝违章作业。

（3）熟悉设备的构造和技术性能，熟练掌握安全操作规程及安全作业事项，并能够独立操作加工各种工件。

（4）熟悉各种工件机加工的工艺流程及产品质量标准，严格执行图纸、工艺及相关技术要求，努力提高工件加工精度。

（5）严格按照规定正确穿戴和使用劳动防护用品。作业前对机床进行安全确认，确保无安全隐患才可以作业。

（6）定期对所使用的机床设备进行检查维护和保养，做好运转部位的润滑工作。

（7）加工好的工件成品摆放整齐，妥善保管，保证施工现场整洁，做到文明安全生产。

（8）熟悉本岗位的安全风险及管控措施并跟踪落实，做好本岗位的隐患排查工作。

9.24.15 铣工安全生产责任制

（1）依法经过培训，取得安全资格证书，持证上岗，对本岗位安全工作和职业病防治工作负直接责任。

（2）严格执行行业安全标准、技术规范，遵守本工种各项安全生产规章制度和安全操作规程，杜绝违章作业。

（3）熟悉铣床的结构、性能、铣削范围、传动系统和润滑系统原理及维护、保养知识。

（4）严格按照图纸和铣削工艺要求进行零件加工，确保产品质量。

（5）严格按照规定正确穿戴和使用劳动防护用品，作业前对机床进行安全确认，确保无安全隐患才可以作业。

（6）定期对所使用的设备进行检查维护和保养，做好运转部位的润滑工作。

（7）加工好的工件成品摆放整齐，妥善保管，保证施工现场整洁，做到文明安全生产。

（8）熟悉本岗位的安全风险及管控措施并跟踪落实，做好本岗位的隐患排查工作。

9.24.16 喷漆工安全生产责任制

（1）依法经过培训，取得安全资格证书，持证上岗，对本岗位安全工作和职业病防治工作负直接责任。

（2）工作时应穿戴好劳动保护用品，一定要戴口罩。

（3）喷漆室内禁止烟火，以防易爆物品发生危险。

（4）电气开关、照明设备均应采用防爆式。

（5）不可在工作场所内吃饭、喝水，以防中毒。

（6）使用压缩空气管道的压缩空气时，应慢慢地开启气阀，用完后必须关闭气阀。

（7）在喷刷漆时，活件应放稳固，防止滑动伤人。

（8）发现喷漆机和其他工具的堵槽有堵塞或不严密等缺陷时，不准许继续使用。

（9）熟悉本岗位的安全风险及管控措施并跟踪落实，做好本岗位的隐患排查工作。

9.24.17 叉车司机安全生产责任制

（1）依法经过培训，取得安全资格证书，持证上岗，对本岗位安全工作和职业病防治工作负直接责任。

（2）上岗前认真学习“叉车司机安全技术操作规程”，执行行业安全标准、技术规范，遵守本工种各项安全生产规章制度和安全操作规程，负责本厂设备叉运工作。

（3）按规定参加特种作业人员培训，取得操作资格证，能够独立操作，方可持证上岗。

（4）熟悉作业区域，检查作业路线是否有安全隐患。

（5）作业前进行安全确认，检查叉车轮胎气压，刹车系统是否符合要求，方向操纵系统是否灵活，燃料润滑油是否符合规定要求。检查启动、运转及制动系统，熟悉车辆性能、车况状态，严禁带故障出车。

（6）叉运物件时，物件放置牢靠稳当，不得倾斜，严禁违章作业。

（7）定期对叉车进行维护保养，确保叉车安全运行。

（8）熟悉本岗位的安全风险及管控措施并跟踪落实，做好本岗位的隐患排查工作。

9.24.18 液压操作工安全生产责任制

（1）依法经过培训，取得安全资格证书，持证上岗，对本岗位安全工作和职业病防治工作负直接责任。

（2）熟悉有关检修质量标准，熟悉支柱结构性能原理，有一定的钳工、液压基础知识。

（3）会正确使用拆柱机、试验台等专用检修设备。

（4）新到支柱，应按有关规定进行压力试验。

（5）单体支柱不得露天检修、露天存放，存放期超过1年的支柱重新试验。

（6）检修场地应清洁卫生，各类待修支柱、检修合格支柱应分开码放整齐。

（7）冬季，检修车间有取暖设备，车间最低不得低于0 ℃，以保证检修质量。

（8）压力试验机的各种保护设施必须齐全可靠，在压力试验中，操作人员应在防护栏外侧操作，其他人员应远离试验柱体，保证安全。

（9）熟悉本岗位的安全风险及管控措施并跟踪落实，做好本岗位的隐患排查工作。

9.24.19 液压冲剪工安全生产责任制

（1）依法经过培训，取得安全资格证书，持证上岗，对本岗位安全工作和职业病防治工作负直接责任。

（2）严格执行行业安全标准、技术规范，遵守本工种各项安全生产规章制度和安全操作规程，杜绝违章作业，负责本厂液压冲剪机所有剪切和冲孔工作。

（3）熟悉该液压冲剪机结构、工作原理和技术性能，熟练掌握安全操作规程及安全作业注意事项，并能够独立安全地操作液压冲剪机，进行各种板料、型材的剪切和冲孔等工作。

（4）作业前对冲剪机的完好情况、周围环境进行安全确认，保证安全作业。

（5）长料剪切、冲孔时，不能独自1人操作冲剪机，应由2人协调进行送料、控制尺寸精度及取料等，并确定由1人统一指挥，确保作业安全。

（6）负责该液压冲剪机日常检查、维护保养工作，保证设备完好安全运行。

（7）积极开展双节活动，厉行节约，充分合理地利用材料，降低生产成本。

（8）熟悉本岗位的安全风险及管控措施并跟踪落实，做好本岗位的隐患排查工作。

9.24.20 液压剪板工安全生产责任制

（1）依法经过培训，取得安全资格证书，持证上岗，对本岗位安全工作和职业病防治工作负直接责任。

（2）严格执行行业安全标准、技术规范，遵守本工种各项安全生产规章制度和安全操作规程，杜绝违章作业，负责本厂液压剪板机剪料工作。

（3）熟悉液压剪板机的构造原理和技术性能，熟练掌握安全操作规程及安全作业注意事项，并能够独立、安全地操作剪板机进行下料。

（4）作业前对设备完好情况、周围环境进行安全确认，保证安全作业。

（5）大件板料剪切，不得独自1人操作剪板机，应由2人协调进行送料、控制尺寸精度及取料等，并确定由1人统一指挥，确保作业安全。

(6) 负责该液压剪板机日常检查、维护保养工作，保证设备完好安全运行。

(7) 积极开展双节活动，厉行节约，充分合理利用材料，降低生产成本。

(8) 对本岗位安全负直接责任。

(9) 熟悉本岗位的安全风险及管控措施并跟踪落实，做好本岗位的隐患排查工作。

9.25 选煤厂各岗位安全生产责任制

9.25.1 厂长安全生产责任制

(1) 认真贯彻执行安全生产方针，建立健全本厂各级人员的安全生产责任制、岗位责任制及安全生产规章、制度，履行安全生产第一责任者的职责，做好安全生产。

(2) 认真落实安全生产“五同时”。

(3) 主持召开本厂的安全会议，生产例会，研究解决生产、经营、安全等方面的重大问题。

(4) 加强对本厂员工的安全思想和安全生产技能教育培训，提高员工队伍整体素质。

(5) 加强现场安全管理，经常检查本厂安全生产情况，及时组织处理生产安全隐患和落实安全技术措施、事故防范措施。

(6) 积极认真组织开展安全生产标准化工作。

(7) 经常检查本厂员工安全生产责任制、安全操作规程的执行情况，及时纠正“三违”问题。

(8) 积极组织、研究和解决本厂安全生产中存在的问题。

(9) 严格按“三大规程”要求组织生产和作业。

9.25.2 安全副厂长安全生产责任制

(1) 协助厂长贯彻执行党的路线、方针、政策，执行上级主管部门的指令、决定，完成厂长交办的各项工作。

(2) 全面负责所分管的安全生产工作，检查安全生产方针政策及有关安全生产决定的贯彻落实情况。

(3) 负责向厂长报告本厂的安全生产情况。

(4) 积极认真组织选煤厂的安全检查和安全例会，并及时解决存在问题。

(5) 积极认真组织选煤厂的安全活动和安全教育工作。

(6) 负责重大事故的抢救和追查处理，遇紧急情况有权处理安全生产中的问题，并向厂长报告。

(7) 制定安全生产事故应急救援预案，并按规定督查、演练。

(8) 协助培训部门做好员工的培训工作，定期考核各工种的安全技术知识及持证上岗情况。

(9) 监督检查重大危险源、危险化学品安全管理制度各执行情况。

(10) 加强现场安全风险管理，落实好风险管控措施，杜绝重大恶性事故。

9.25.3 生产副厂长安全生产责任制

(1) 协助厂长贯彻执行党和国家的安全生产方针、政策、指令，执行上级主管部门的决定以及厂长交办的各项工作。

(2) 贯彻落实“选煤厂安全生产作业规程”，履行业务保安职责，保障安全生产。

(3) 在计划、布置、检查、总结、评比生产工作的同时，必须计划、布置、检查、总结、评比安全工作。做到管生产必须管安全，生产必须安全。

(4) 协助厂长教育职工严格遵守“三大规程”，认真组织开展反“三违”活动。

(5) 认真执行隐患排查治理制度，定期安全检查和隐患排查，对查出的安全隐患及时落实整改。

(6) 参与制定事故应急预案，协助厂长做好预案演练。对重大安全问题及重大安全隐患必须立即处理，并向厂长汇报。

（7）参加矿、厂安全办公会，落实会议精神。

（8）主持召开分管范围内的专业安全例会，参加新技术、新工艺、新装备的应用，提高本厂安全技术装备水平及防灾、抗灾能力，实现安全、高效生产。

9.25.4　机电副厂长安全生产责任制

（1）协助厂长贯彻执行党的路线、方针、政策，执行上级主管部门的指令、决定，完成厂长交办的各项工作。

（2）负责全厂机电设备的维护、检修，保证安全运行，各类设备的安全保护装置、安全防护设施齐全、完好、可靠。

（3）加强管理，做好安全生产标准化，提高设备的完好率和利用率，保障安全生产。

（4）负责组织机电设备更新，设备大修计划的编制，并组织实施。

（5）负责非标零配件的制作，并满足原设备的技术性能、安全性能的要求。

（6）定期召开专业会议，制定和完善机电设备管理制度及安全措施，对运行中存在的问题和隐患，及时采取措施予以处置。

9.25.5　技术副厂长安全生产责任制

（1）认真做好选煤厂技术工作，并提出计划和安排。

（2）经常组织本厂员工学习安全技术。

（3）经常检查本厂各作业地点安全情况，发现问题及时组织处理或报告。

（4）参与编制选煤厂安全技术措施、设计方案，报批后，组织实施。

（5）深入现场，解决技术难题，针对生产中出现的制约生产的工艺问题，提出技改建议，并制定技改方案、报批、落实。

（6）积极参与研究选煤厂重大安全技术问题和技术革新活动，不断优化洗选工艺，改善作业环境。

（7）组织召开专业安全例会，动态掌握安全生产状况，从技术层面，提出防范措施，为选煤厂的安全生产提供技术保障。

9.25.6　班组长安全生产责任制

（1）根据上级分解的任务指标或工作安排，制定本班组具体工作计划，合理调配人员，保证岗位班组力量均衡，出勤正常，满足安全生产需要，努力提高班组整体安全意识。

（2）主持开好班前会，掌握人员出勤，精神状态。合理安排岗位人员和分配任务，进行安全源头控制，制定可靠防范措施。开好班后会，分析事故和影响任务完成的原因，落实责任，制定措施和接受教训。

（3）履行跟班上岗职责，动态巡查岗位、工序、环节，及时解决存在的问题，组织完成当班任务，强化现场管理，严把安全关，坚持正规作业，及时排除安全隐患，实现动态达标。

（4）加强设备管理，确保安全运行，各类安全防护设施，装备齐全有效，各种记录齐全、规范、准确。

（5）组织召开本班组安全活动，学习有关安全知识，提高劳动保护意识，坚持班前讲安全，班中检查安全，班后总结安全。

（6）做好本班隐患排查工作和重大安全风险管控措施的跟踪，发现问题及时上报安全科。

9.25.7　值班员安全生产责任制

（1）依法经过培训，取得安全资格证书，持证上岗，对本岗位安全工作负直接责任。

（2）值班人员必须严格遵守劳动纪律，严格执行交接班制度，不得擅自离岗。

（3）值班期间做好上传下达工作，重大安全生产问题，第一时间上报值班厂长。

（4）值班期间负责值班室的清洁卫生，并做好当天的值班记录。

（5）完成厂领导交办的临时任务。

9.25.8 核算员安全生产责任制

（1）依法经过培训，取得安全资格证书，持证上岗，对本岗位安全工作负直接责任。

（2）贯彻执行国家的安全生产方针和公司安全生产的规章制度。

（3）经常深入现场，及时掌握安全生产实际情况，根据安全生产的需要，提出修改和完善定额、工资分配的建议。

（4）协同有关部门对劳动定额进行测定和完善，使之进一步趋于合理，从而更好地为安全生产服务。

（5）在绩效工资分配中，建议把安全生产、工程质量和文明生产作为考核的主要内容，利用经济杠杆，促使广大员工提高安全生产意识，确保安全生产。

（6）积极参与安全及劳动纪律检查活动，严肃查处“三违”人员。

（7）根据《工伤保险条例》及有关规定申报工伤，根据工伤人员伤势恢复情况申报劳动能力。

（8）协助办理员工退休手续及相关工作。

（9）负责核算资料、信息的收集、汇报、整理、保管工作，定期向厂长汇报，接受检查与监督。

9.25.9 材料员安全生产责任制

（1）依法经过培训，取得安全资格证书，持证上岗，对本岗位安全工作负直接责任。

（2）热爱本职工作，自觉遵守各项规章制度。

（3）认真做好材料、备件的领用、保管、发放工作，做好保管无丢失，发放无差错。

（4）每月向分管厂长提供材料计划建议。

（5）材料“三账”清楚，做好领用有账、交付有账、自查有账。

（6）认真检查门、窗、锁，随手关灯，做好防火、防盗工作。

（7）做好所用材料的领用、交旧和看护工作，做到超支罚、节约奖，材料员负联责责任。

（8）确保足够的备用材料，其中抢险救灾材料，做到专料、专存、专用，并做好标识。

（9）严把材料质量关，及时发现和退换不合格的材料，杜绝伪劣材料的发放和使用。

9.25.10 库管员安全生产责任制

（1）库管员是本岗位的安全直接责任者，在分管厂长的领导下干好本岗位范围内的各项工作，并对自身工作安全负责。

（2）严格执行各项规章制度，做好库存物资的安全防护，有权拒绝非工作人员进入库房。

（3）负责物资的入库标识、贮存、发放，确保账、卡、物相符，并及时提出月计划，若发现伪劣物品，要及时退换，保证安全。

（4）定期对库房进行检查，确保在库存期间物资质量、安全属性符合相关标准、规定。

（5）设备、材料、配件的保管，必须做到“四无”“六化”：库存无差错、无损坏、无丢失、无霉烂变质；管理科学化、货位固定化、存放合理化、库容整洁卫生化、维护保养经常化、四防责任化。

（6）发放物资时要认真核对领用材料名称、规格、数量，严格要求各班组在领用材料、配件时，执行交旧领新制度；否则不予发放。

（7）负责库房的安全管理，禁止闲杂人员进入，库房内严禁明火，下班时仔细检查门、窗、电源等处，做好防盗、防水、防火、防潮工作。

（8）严禁私自挪用和外借库房物资。

（9）尽职尽责，杜绝“三违”现象，积极参加各项安全活动。

（10）熟悉本岗位的安全风险及管控措施并跟踪落实，做好本岗位的隐患排查工作。

9.25.11 采制样工安全生产责任制

（1）依法经过培训，取得安全资格证书，持证上岗，对本岗位安全工作负直接责任。

（2）负责在规定时间、规定地点，按操作规程采取煤样。

（3）负责将煤样在规定的时间内制成标准煤样并分配煤样，及时贴好标签送交化验员。

（4）负责本岗位设备、仪器、工具的保管维护，做好岗位的清洁卫生工作。

（5）经常检查采制样环境，保证作业环境安全。

（6）认真做好本岗位各项记录。

（7）熟悉本岗位的安全风险及管控措施并跟踪落实，做好本岗位的隐患排查工作。

9.25.12 化验工安全生产责任制

（1）依法经过培训，取得安全资格证书，持证上岗，对本岗位安全工作负直接责任。

（2）严格执行各项目的操作规程，严禁违章操作。

（3）认真计算各种化验结果，按时、保质、保量完成分析化验任务。

（4）掌握各种仪器的结构、原理及操作要领，严格执行计量器使用、维护、保养制度。

（5）严格履行手续，妥善保管各种分析化验的原始资料。

（6）认真做好本岗位各项记录。

（7）熟悉本岗位的安全风险及管控措施并跟踪落实，做好本岗位的隐患排查工作。

9.25.13 机械检修工安全生产责任制

（1）依法经过培训，取得安全资格证书，持证上岗，对本岗位安全工作和职业病防治工作负直接责任。

（2）严格执行行业安全标准、技术规范，遵守本工种各项安全生产规章制度和安全操作规程，负责本厂机械设备的安装和检修工作。

（3）具备一定的机修理论知识，掌握设备的构造和技术性能，并能够独立检修作业。

（4）用好、管理好本工科所用的工具、仪器、仪表及安全用品，注意维护与保养，提高其使用率。严格按照规定正确穿戴和使用劳动防护用品。

（5）及时完成检修任务，保证所修设备的机械部分达到完好标准，各种机械防护装置齐全、完善、可靠。

（6）检修前检查作业地点的安全状况，清理杂物，并事先与该设备司机及电气检修工联系好，设备必须停电、闭锁。

（7）设备检修好后，必须详细进行检查，确认安全完好，再发出信号试车。

（8）维修的设备摆放整齐，妥善保管，保证施工现场的整洁，做到文明安全生产。

（9）熟悉本岗位的安全风险及管控措施并跟踪落实，做好本岗位的隐患排查工作。

9.25.14 电气检修工安全生产责任制

（1）依法经过培训，取得安全资格证书，持证上岗，对本岗位安全工作和职业病防治工作负直接责任。

（2）严格执行行业安全标准、技术规范，遵守本工种各项安全生产规章制度和安全操作规程，负责本厂电气设备的维修工作。

（3）严格按照规定正确穿戴和使用劳动防护用品。用好、管理好本工种所用的工具、仪器、仪表及安全用品，注意维护与保养，提高其使用率。

（4）定期对厂内所使用的机电设备电气部分进行检查，负责厂内电气设备的维修工作。

（5）严格按照“电气设备完好标准”检修入厂所需要维修的设备，不准任意改动原设备上的端子序号和标记，并要保护好防爆面，对失爆或不合格的防爆面要按规程要求进行修理。

（6）设备检修后经检查、试验、送电试运转，合格后填写检修试运转记录并由管理人员签字后方可出厂。保持施工现场的整洁，做到文明安全生产。

（7）熟悉本岗位的安全风险及管控措施并跟踪落实，做好本岗位的隐患排查工作。

9.25.15 配电工安全生产责任制

（1）依法经过培训，取得安全资格证书，持证上岗，对本岗位安全工作负直接责任。熟悉配电室各设备的性能、结构。

（2）必须坚守岗位，不得擅自离岗，持证上岗。

（3）严格执行安全规程，保证人身、设备的安全。

（4）根据工作需要，按停送电制度认真做好设备的停送电操作。

（5）遵守巡回检查制度，对设备仪表按规定进行检查。

（6）对设备仪表运行负责，对检查中发现的隐患、故障要及时汇报。

（7）认真填写运行记录。

（8）熟悉本岗位的安全风险及管控措施并跟踪落实，做好本岗位的隐患排查工作。

9.25.16 重介旋流器司机安全生产责任制

（1）依法经过培训，取得安全资格证书，持证上岗，对本岗位安全工作和职业病防治工作负直接责任。

（2）掌握重介旋流器的基本理论、设备结构及日常维护保养常识，保持设备完好。

（3）严格遵守安全操作规程及本厂各项规章制度，确保设备人身安全无事故，集中精力做好本职工作。

（4）经常与上、下关联设备取得联系，及时开停车。

（5）经常检查设备，发现问题立即处理或汇报。

（6）负责本岗位区域内的卫生工作，做到安全文明生产。

（7）坚持现场交接班制度，认真填写当班设备运转记录。

（8）熟悉本岗位的安全风险及管控措施并跟踪落实，做好本岗位的隐患排查工作。

9.25.17 振动筛司机安全生产责任制

（1）依法经过培训，取得安全资格证书，持证上岗，对本岗位安全工作和职业病防治工作负直接责任。

（2）掌握振动筛的构造、性能及维护保养常识和工艺流程。

（3）经常检查振动筛及其附属设备运转情况，发现情况及时处理或报告。

（4）负责看护本岗位设备的正常运行，发现问题立即汇报或处理。

（5）经常检查本岗位作业环境，保证安全文明生产。

（6）坚持现场交接班制度，认真填写当班设备运转记录。

（7）熟悉本岗位的安全风险及管控措施并跟踪落实，做好本岗位的隐患排查工作。

9.25.18 高频筛司机安全生产责任制

（1）依法经过培训，取得安全资格证书，持证上岗，对本岗位安全工作和职业病防治工作负直接责任。

（2）掌握高频筛的构造性能、工作原理及维护保养常识，保持设备完好且持证上岗。

（3）按设备完好要求，维护检查高频筛及附属设备，保证设备正常运转和设备完好。

（4）负责本岗位区域内的卫生工作，做到安全文明生产。

（5）坚持现场交接班制度，认真填写当班设备运转记录。

（6）熟悉本岗位的安全风险及管控措施并跟踪落实，做好本岗位的隐患排查工作。

9.25.19 脱介筛司机安全生产责任制

（1）依法经过培训，取得安全资格证书，持证上岗，对本岗位安全工作和职业病防治工作负直接责任。

（2）掌握脱介筛的构造、性能及维护保养常识，保持设备完好。

（3）按设备完好要求，维护检查脱介筛及附属设备，保证正常运转和设备完好，并按信号规定程序启动、停止。

（4）生产过程中，做到筛子不跑煤、不跑介、不跑水、不漏油、不过负荷、不压筛子，正常运转。

（5）做好设备卫生，做到安全文明生产。

（6）坚持现场交接并按规定填写交接班记录。

（7）熟悉本岗位的安全风险及管控措施并跟踪落实，做好本岗位的隐患排查工作。

9.25.20　弧形筛司机安全生产责任制

（1）依法经过培训，取得安全资格证书，持证上岗，对本岗位安全工作和职业病防治工作负直接责任。

（2）掌握弧形筛的构造、性能及维护保养常识，保持设备完好。

（3）按设备完好要求，维护检查弧形筛的运行情况，保证正常运转和设备完好，并按信号规定程序启动、停止。

（4）生产过程中，认真检查筛子的完好情况，保证脱水、脱介效果。

（5）搞好设备卫生，做到安全文明生产。

（6）坚持现场交接并按规定填写交接班记录。

（7）熟悉本岗位的安全风险及管控措施并跟踪落实，做好本岗位的隐患排查工作。

9.25.21　动筛集控操作工安全生产责任制

（1）依法经过培训，取得安全资格证书，持证上岗，对本岗位安全工作和职业病防治工作负直接责任。

（2）准确下达上级领导和厂领导对生产的指示、命令，并督促检查贯彻执行情况。

（3）对生产中出现的各种问题，根据上级命令及时灵活机动地组织各班组配合迅速处理并及时向上级汇报处理结果。

（4）掌握生产情况调节平衡生产。

（5）及时接转各班组、各岗位的通信联系，听取各岗位的生产情况汇报，并做好记录。

（6）经常检查集控设备及相关设施情况，发现问题及时处理或汇报。

（7）经常检查本岗位作业环境，保证作业环境安全。

（8）认真做好各项记录，坚持现场交接班。

（9）熟悉本岗位的安全风险及管控措施并跟踪落实，做好本岗位的隐患排查工作。

9.25.22　重介集控操作工安全生产责任制

（1）依法经过培训，取得安全资格证书，持证上岗，对本岗位安全工作和职业病防治工作负直接责任。

（2）准确下达上级领导和厂领导对安全生产的指示、命令，并督促检查贯彻执行情况。

（3）对重介生产中出现的各种问题，根据上级命令及时灵活机动地组织各班组配合迅速处理并及时向上级汇报处理结果。

（4）掌握重介生产情况，调节平衡生产。

（5）及时接转各班组、各岗位的通信联系，听取各岗位的生产情况汇报，并做好记录。

（6）经常检查重介集控设备及相关设施情况，发现问题及时处理或汇报。

（7）经常检查本岗位作业环境，保证作业环境安全。

（8）认真做好各项记录，坚持现场交接班。

（9）熟悉本岗位的安全风险及管控措施并跟踪落实，做好本岗位的隐患排查工作。

9.25.23　刮板输送机司机安全生产责任制

（1）依法经过培训，取得安全资格证书，持证上岗，对本岗位安全工作和职业病防治工作负直接责任。

（2）掌握刮板输送机的机械性能和维护保养常识，能够处理一般故障，保持设备完好。

（3）熟悉运输系统工艺流程，严格按照操作规程操作。

（4）运行前要观察周围是否有作业人员，输送机中有无妨碍运转的物体。

（5）现场进行交接班，认真填写当班设备运转记录。

（6）熟悉本岗位的安全风险及管控措施并跟踪落实，做好本岗位的隐患排查工作。

9.25.24　振动式给煤机司机安全生产责任制

（1）依法经过培训，取得安全资格证书，持证上岗，对本岗位安全工作和职业病防治工作负直接责任。

（2）掌握振动式给煤机设备技术特征、构造、性能及操作要领。

（3）坚持现场交接班，并对设备进行全面检查，发现问题及时汇报，协助处理。

（4）运转期间严格注意设备的运行情况，若有异常，及时停车处理问题。

（5）负责本区域内的卫生工作，搞好设备与环境卫生，做到安全文明生产。

（6）认真做好交接班记录。

（7）熟悉本岗位的安全风险及管控措施并跟踪落实，做好本岗位的隐患排查工作。

9.25.25　往复式给煤机司机安全生产责任制

（1）依法经过培训，取得安全资格证书，持证上岗，对本岗位安全工作和职业病防治工作负直接责任。

（2）掌握给煤机的机械性能和维护保养常识，能够处理一般故障，保持设备完好。

（3）熟悉工艺流程和运输系统。

（4）对设备要勤检查，发现一般问题及时排除，如遇特殊情况有权停车并及时汇报集控室。

（5）认真按岗位标准作业，提高自主保安能力，做到不安全不生产。

（6）坚持现场交接班制度，认真填写当班设备运转记录。

（7）熟悉本岗位的安全风险及管控措施并跟踪落实，做好本岗位的隐患排查工作。

9.25.26　甲带式给煤机司机安全生产责任制

（1）依法经过培训，取得安全资格证书，持证上岗，对本岗位安全工作和职业病防治工作负直接责任。

（2）掌握甲带式给煤机设备的技术特征、构造、性能及操作要领。

（3）严格按照交接班制度，双方在静态下对设备进行全面检查，发现问题及时汇报，协助处理。

（4）运转期间若有异常停车处理问题，处理后再开车。

（5）做好设备与环境卫生，做到安全文明生产。

（6）认真做好交接班记录。

（7）熟悉本岗位的安全风险及管控措施并跟踪落实，做好本岗位的隐患排查工作。

9.25.27　带式输送机司机安全生产责任制

（1）依法经过培训，取得安全资格证书，持证上岗，对本岗位安全工作和职业病防治工作负直接责任。

（2）掌握带式输送机的技术特征、构造、性能及维护保养方式和工艺流程。

（3）经常检查带式输送机及其附属设备运转情况，发现情况及时处理或报告。若有异常停车处理问题，处理后再开车。

（4）定期清理输送机四周及设备上的杂物浮煤，经常检查本岗位作业环境，保证安全文明生产。

（5）严禁用带式输送机运送人员和其他非煤物料。

（6）损坏托辊及时更换，保证设备正常运行。

（7）认真做好交接班记录及本岗位其他记录。

（8）熟悉本岗位的安全风险及管控措施并跟踪落实，做好本岗位的隐患排查工作。

9.25.28 破碎机司机安全生产责任制

（1）依法经过培训，取得安全资格证书，持证上岗，对本岗位安全工作和职业病防治工作负直接责任。

（2）掌握破碎机的构造、性能及维护保养常识和工艺流程。

（3）经常检查破碎机及其附属设备运转情况，发现情况及时处理或报告。

（4）经常检查本岗位作业环境，保证安全文明生产。

（5）坚持现场交接班制度，认真填写当班设备运转记录。

（6）熟悉本岗位的安全风险及管控措施并跟踪落实，做好本岗位的隐患排查工作。

9.25.29 动筛跳汰机司机安全生产责任制

（1）依法经过培训，取得安全资格证书，持证上岗，对本岗位安全工作和职业病防治工作负直接责任。

（2）掌握动筛跳汰机的构造和机械性能，日常维护保养常识，处理一般故障，保持设备完好及安全运行。

（3）根据原煤性质及动筛的最佳处理能力，调整入选原煤量，完成各项生产技术指标。

（4）熟悉工艺流程，严格按操作规程操作。

（5）根据原煤情况，正确调整振幅及排料速度量。

（6）根据生产实际情况，更换动筛清水，清理床层，保证块精煤质量。

（7）经常与相关岗位联系，做到开停车及时。

（8）搞好岗位设备与环境卫生，做到安全文明生产。

（9）坚持现场交接班，认真填写设备运行记录。

（10）熟悉本岗位的安全风险及管控措施并跟踪落实，做好本岗位的隐患排查工作。

9.25.30 斗提机司机安全生产责任制

（1）依法经过培训，取得安全资格证书，持证上岗，对本岗位安全工作和职业病防治工作负直接责任。

（2）掌握斗式提升机的构造、机械性能及维护保养常识，保持设备完好。

（3）严格遵守安全操作规程及本车间各项制度，确保设备人身安全无事故，集中精力做好本职工作。

（4）经常观察斗子排料情况，发现异常情况及时处理或报告。

（5）经常检查本岗位作业环境，保证作业环境安全，负责本岗位的照明、通信、防火设施的看护及工器具的看管。

（6）负责本岗位区域内的卫生工作，做到安全文明生产。

（7）坚持现场交接班，认真填写设备运行记录。

（8）熟悉本岗位的安全风险及管控措施并跟踪落实，做好本岗位的隐患排查工作。

9.25.31 精煤压滤机司机安全生产责任制

（1）依法经过培训，取得安全资格证书，持证上岗，对本岗位安全工作和职业病防治工作负直接责任。

（2）掌握压滤机及附属设备的构造及工作原理、机械性能、技术特征及维护保养常识，严格按操作规程准确操作，确保设备正常运转及设备完好，且持证上岗。

（3）熟悉煤泥水工艺流程及产品指标要求。

（4）经常巡回检查滤饼脱落情况，滤布是否破损，是否平整，发现异常情况立即处理或汇报。

（5）做好岗位设备与环境卫生工作，做到窗明地净，物见本色。

（6）认真做好设备运行记录及交接班记录。

（7）熟悉本岗位的安全风险及管控措施并跟踪落实，做好本岗位的隐患排查工作。

9.25.32　尾煤压滤机司机安全生产责任制

（1）依法经过培训，取得安全资格证书，持证上岗，对本岗位安全工作和职业病防治工作负直接责任。

（2）掌握设备的构造、性能、工作原理及维护保养常识，严格按操作规程操作设备及附属设备，确保安全运行及设备完好。

（3）经常与煤泥刮板、压滤入料泵、浓缩底流泵司机取得联系。做到滤液槽不溢不漏不堵、按时放空。

（4）经常检查设备，发现问题立即处理或汇报。

（5）按计划均衡完成尾煤水分及压滤浓度指标，为实现洗水闭路循环把好关。

（6）做好本岗位设备与环境卫生，做到安全文明生产。

（7）认真做好各项记录，坚持现场交接班。

（8）熟悉本岗位的安全风险及管控措施并跟踪落实，做好本岗位的隐患排查工作。

9.25.33　浓缩池司机安全生产责任制

（1）依法经过培训，取得安全资格证书，持证上岗，对本岗位安全工作和职业病防治工作负直接责任。

（2）掌握浓缩机的构造性能、工作原理及维护保养常识，确保设备正常运行及设备完好。

（3）熟知煤泥水系统工艺流程，掌握浓缩机的操作技术。

（4）经常检查设备，发现问题立即处理或汇报。

（5）做好岗位设备及环境卫生，做到安全文明生产。

（6）认真填写本岗位各种记录，坚持现场交接班。

（7）熟悉本岗位的安全风险及管控措施并跟踪落实，做好本岗位的隐患排查工作。

9.25.34　磁选机司机安全生产责任制

（1）依法经过培训，取得安全资格证书，持证上岗，对本岗位安全工作和职业病防治工作负直接责任。

（2）掌握磁选机的构造、性能及维护保养常识，保持设备完好。

（3）严格遵守安全操作规程及本车间各项制度，确保设备、人身安全无事故，集中精力做好本职工作。

（4）经常检查设备，发现问题立即处理或汇报。

（5）负责本岗位区域内的卫生工作，做到安全文明生产。

（6）坚持交接班制度，认真填写当班设备运转记录。

（7）熟悉本岗位的安全风险及管控措施并跟踪落实，做好本岗位的隐患排查工作。

9.25.35　离心机司机安全生产责任制

（1）依法经过培训，取得安全资格证书，持证上岗，对本岗位安全工作和职业病防治工作负直接责任。

（2）掌握离心机的构造、性能及维修保养常识，保持设备完好。

（3）经常对设备各部位进行巡回检查，发现异常，及时汇报处理。

（4）经常检查筛网及离心液的情况，防止漏煤、跑粗，筛网如有磨损，及时报告有关人员更换。

（5）做好设备环境卫生，做到安全文明生产。

（6）认真填写本岗位各种记录，坚持现场交接班。

（7）熟悉本岗位的安全风险及管控措施并跟踪落实，做好本岗位的隐患排查工作。

9.25.36　浮选机司机安全生产责任制

（1）依法经过培训，取得安全资格证书，持证上岗，对本岗位安全工作和职业病防治工作负直接责任。

（2）掌握浮选机及其附属设备的构造、工作原理、技术特征、操作调整方法及维护保养常识，确保各部位润滑良好，各管路阀门畅通无阻，灵活好用，保证设备正常运行及设备完好。

（3）掌握浮选工作的基本知识，药剂的用量、配法，煤与药剂的作用原理，影响浮选效果的各种因素等。

（4）熟悉煤泥水工艺流程及产品指标要求，按计划均衡，稳定完成各类产品指标，不断降低药剂量。

（5）搞好本岗位设备及环境卫生，做到安全文明生产。

（6）认真做好设备运行记录及交接班记录。

（7）熟悉本岗位的安全风险及管控措施并跟踪落实，做好本岗位的隐患排查工作。

9.25.37　起重机司机安全生产责任制

（1）依法经过培训，取得安全资格证书，持证上岗，对本岗位安全工作和职业病防治工作负直接责任。

（2）熟知起重机的构造和工作原理，严格执行“起重机司机作业规则”与安全操作规程。

（3）遵守劳动纪律、规章制度，服从领导，坚守岗位。

（4）起吊前认真检查起吊用具是否完好，起重机是否乱绳。

（5）做好起重机的日常维护保养工作，定期试机，并做好每次的运行记录。

（6）作业前，按规定检查起重机，作业中随时注意钢丝绳是否脱落滑轮，各部分状态是否作用正常。

（7）操作起重机时，做到密切联系，平稳操纵，确保设备和人身安全。

（8）起重机作业结束后，对起重机应认真检查，各部件应完好，并停电、闭锁。

（9）熟悉本岗位的安全风险及管控措施并跟踪落实，做好本岗位的隐患排查工作。

9.25.38　介质添加司机安全生产责任制

（1）依法经过培训，取得安全资格证书，持证上岗，对本岗位安全工作和职业病防治工作负直接责任。

（2）掌握电磁铁、介质泵的构造、性能及维修保养常识，保持设备完好。

（3）经常对设备各部位进行巡回检查，发现异常，及时汇报处理。

（4）经常与密控室保持联系，做到及时开停车。

（5）搞好设备环境卫生，做到安全文明生产。

（6）认真填写本岗位各种记录，坚持现场交接班。

（7）熟悉本岗位的安全风险及管控措施并跟踪落实，做好本岗位的隐患排查工作。

9.25.39　空压机司机安全生产责任制

（1）依法经过培训，取得安全资格证书，持证上岗，对本岗位安全工作和职业病防治工作负直接责任。

（2）掌握空压机的构造、机械性能、工作原理以及维护保养常识，保证设备完好和正常运转且持证上岗。

（3）严格按操作规程正确操作，开机前，先检查机械油路、风管的运行情况是否正常，方可开机供风。

（4）经常检查设备的各参数设置是否正常，发现问题立即调整处理或向集控室汇报。

（5）搞好本岗位环境卫生，设备要擦拭干净。

（6）认真做好设备运行记录和交接班记录。

（7）熟悉本岗位的安全风险及管控措施并跟踪落实，做好本岗位的隐患排查工作。

9.25.40 泵工安全生产责任制

（1）依法经过培训，取得安全资格证书，持证上岗，对本岗位安全工作和职业病防治工作负直接责任。

（2）掌握水泵的构造、性能、工作原理及维护保养常识和工艺流程。

（3）经常与相关岗位取得联系，发现问题立即汇报或处理。

（4）负责本岗位区域内的卫生工作，做到安全文明生产。

（5）坚持现场交接班制度，认真填写当班设备运转记录。

（6）熟悉本岗位的安全风险及管控措施并跟踪落实，做好本岗位的隐患排查工作。

9.25.41 除尘器司机安全生产责任制

（1）依法经过培训，取得安全资格证书，持证上岗，对本岗位安全工作和职业病防治工作负直接责任。

（2）负责除尘器设备的正常运行，了解本岗位设备性能及场所内存在的危险源和有害因素，知晓安全防范措施。

（3）按照岗位安全规程和操作规程进行作业。

（4）在设备启动过程中，要巡回检查设备运转情况，排灰阀是否打开，流灰筒是否顺畅。

（5）停车后要及时打扫地面卫生及设备卫生，清理落煤，排泄流灰筒。

（6）认真填好设备运转和当班生产情况记录，严格执行现场交接班制度。

（7）熟悉本岗位的安全风险及管控措施并跟踪落实，做好本岗位的隐患排查工作。

9.25.42 除铁器司机安全生产责任制

（1）依法经过培训，取得安全资格证书，持证上岗，对本岗位安全工作和职业病防治工作负直接责任。

（2）掌握除铁器的构造性能、工作原理及维护保养常识，严格按操作规程作业，确保设备正常运行及设备完好，且持证上岗。

（3）经常检查除铁器及附属设备，发现异常立即处理或汇报。

（4）搞好本岗位设备及环境卫生，做到安全文明生产。

（5）认真填写本岗位各种记录，坚持现场交接班。

（6）熟悉本岗位的安全风险及管控措施并跟踪落实，做好本岗位的隐患排查工作。

9.25.43 药剂泵司机安全生产责任制

（1）依法经过培训，取得安全资格证书，持证上岗，对本岗位安全工作和职业病防治工作负直接责任。

（2）掌握药剂泵的构造性能、工作原理及维护保养常识，严格按操作规程作业，确保设备正常运行及设备完好，且持证上岗。

（3）经常检查药剂泵及各阀门的完好情况，发现异常立即处理或汇报。

（4）经常与相关岗位取得联系，及时开停泵。

（5）搞好本岗位设备及环境卫生，做到安全文明生产。

（6）认真填写本岗位各种记录，坚持现场交接班。

（7）熟悉本岗位的安全风险及管控措施并跟踪落实，做好本岗位的隐患排查工作。

9.25.44 放矸（炭）工安全生产责任制

（1）依法经过培训，取得安全资格证书，持证上岗，对本岗位安全工作和职业病防治工作负直接责任。

（2）认真检查放矸（炭）设备是否正常、完好，并认真执行安全操作规程。

（3）在放矸（炭）过程中，对矸（炭）的质量进行观察，如有问题及时汇报并处理。

（4）负责本岗位的设备、仪器、工具的保管维护，做好岗位的清洁卫生工作。

（5）与拉矸（炭）车辆取得联系，保证放矸（炭）工作正常进行。在放矸（炭）过程中，与司机联系好，保证车辆安全顺畅通行，禁止无关人员靠近，以防发生危险。

（6）认真做好放矸（炭）记录。

（7）熟悉本岗位的安全风险及管控措施并跟踪落实，做好本岗位的隐患排查工作。

9.25.45 沉降过滤式离心机司机安全生产责任制

（1）依法经过培训，取得安全资格证书，持证上岗，对本岗位安全工作和职业病防治工作负直接责任。

（2）掌握离心机的构造、性能及维修保养常识，保持设备完好。

（3）经常对设备各部位进行巡回检查，发现异常，及时汇报处理。

（4）经常检查油压表、电流表、筛网及离心液的情况，防止漏煤、跑粗，筛网如有磨损，及时报告有关人员更换。

（5）经常与相关岗位取得联系，及时调整入料量，按要求完成产品水分，发现异常情况，及时停机处理。

（6）做好设备环境卫生，做到安全文明生产。

（7）认真填写本岗位各种记录，坚持现场交接班。

（8）熟悉本岗位的安全风险及管控措施并跟踪落实，做好本岗位的隐患排查工作。

9.25.46 电气焊工安全生产责任制

（1）依法经过培训，取得安全资格证书，持证上岗，对本岗位安全工作和职业病防治工作负直接责任。

（2）严格执行行业安全标准、技术规范，遵守本工种各项安全生产规章制度和安全操作规程。

（3）坚持班前安全确认，作业前认真检查电气焊工器具、劳动防护用品及周围环境，排除工作现场存在的不安全因素。

（4）正确使用防护用品，要衣着整齐，上岗前戴好安全帽、防护帽、防护眼镜，高处作业要系好安全带，穿好绝缘鞋。

（5）特殊工作场合需要编制专项安全措施，作业现场必须有专人负责，并严格执行安全措施，不得违章作业，不得冒险蛮干，有权拒绝违章指挥，确保安全生产。

（6）根据生产计划及时完成铆焊件制作、修复任务，并符合图纸技术要求，消灭废品，确保质量。成品及时入库，加工件摆放整齐，妥善保管，保证施工现场的整洁，做到文明安全生产。

（7）认真学习业务技术知识，加强岗位练兵，提高职工的业务水平。

（8）发生工伤事故或隐形事故，立即向班组长或部门负责人汇报，参加事故分析，吸取事故教训，提出防范措施，促进安全生产。

（9）熟悉本岗位的安全风险及管控措施并跟踪落实，做好本岗位的隐患排查工作。

9.26 瓦斯抽采队各岗位安全生产责任制

9.26.1 队长安全生产责任制

（1）严格遵守国家有关煤矿安全生产的法律法规及本矿的规章制度，队长是全队安全生产和职业病防治工作的第一责任者。

（2）负责建立健全本队的各项规章制度并组织实施，监督本队各岗位安全生产责任制落实情况，保障抽采系统安全、稳定、高效、可靠。

（3）参加本矿安全生产等有关会议，及时传达贯彻上级文件指示精神。

（4）参加本矿组织的各类安全检查，对本队存在的问题，及时予以追踪整改。

（5）负责瓦斯抽采工程的安全生产标准化工作，做到精细化管理。

（6）定期组织现场隐患排查，及时消除各类安全隐患。

（7）每周组织召开本队的安全例会，分析安全生产上存在的问题。

（8）负责本队职工的安全知识学习和培训，积极开展本队安全生产教育。

（9）发生事故时，及时组织力量进行抢救并参与追查处理。

9.26.2　副队长安全生产责任制

（1）协助队长做好瓦斯抽采队的安全生产管理工作，对所分管范围内的瓦斯抽采安全工作负责。

（2）负责现场各种瓦斯抽采作业的安全监督检查工作，做到保质、保量、保安全。

（3）保证现场各类安全设施完好可靠，为现场安全生产创造条件。

（4）深入现场检查、了解安全生产情况，发现隐患及时消除，不能立即处理的，及时向领导汇报。

（5）参加各类安全例会，分析研究生产中出现的问题，做好例会决议的落实工作。

（6）参与事故抢救及事故调查。

（7）协助队长做好其他临时性安全工作。

9.26.3　技术员安全生产责任制

（1）严格执行《煤矿安全规程》和行业技术规范。

（2）协助队长做好瓦斯抽采队的技术管理工作，对瓦斯抽采技术管理工作负责。

（3）负责对本队职工进行安全知识和操作技术培训。

（4）负责本队基础资料的收集、整理，不断完善图纸、技术资料以及相关记录、报表、图纸。

（5）负责按照瓦斯抽采设计，制定完善瓦斯抽采作业的各种安全技术措施。

（6）负责组织进行钻孔瓦斯浓度、流量等相关参数的测定工作，及时分析矿井瓦斯抽采率，并根据实际情况对钻孔的相关参数做出调整，确保抽采达标。

（7）参加各类专题例会，协助队长组织好安全生产，经常深入现场，发现问题及时处理，重大问题及时向领导汇报。

（8）发生事故，积极配合队长组织参加抢救，分析事故原因，从技术操作层面制定防范措施。

（9）协助队长做好其他临时性安全工作。

9.26.4　瓦斯抽采工安全生产责任制

（1）依法经过培训，取得特种作业人员资格证书后，方可持证上岗，对本岗位安全工作和职业病防治工作负直接责任。

（2）在队长的领导下，对瓦斯抽采打钻安全工作负责。

（3）工作中严格执行瓦斯抽采工操作规程及各项规章制度，规范操作。

（4）认真检查施工范围内的支护及通风情况发现问题立即处理，确认安全后方可施工作业。

（5）熟悉作业地点的避灾线路与应急救援预案。

（6）在下列情况下不得开机：①设备带病；②设备故障未处理；③安全装置失灵；④设备失爆；⑤瓦斯超限；⑥违章指挥。

（7）打钻人员能够正确使用便携式甲烷检测报警仪，严禁瓦斯超限作业。

（8）遵章守纪，不迟到早退及脱岗串岗，每班工作完毕后，要检查设备，做好交接班工作。

（9）熟悉本岗位的安全风险及管控措施并跟踪落实，做好本岗位的隐患排查工作。

9.26.5　瓦斯抽采管路工安全生产责任制

（1）依法经过培训，取得安全资格证书，持证上岗，熟悉避灾路线，对本岗位安全工作和职业病防治工作负直接责任。

（2）在队长的领导下，对瓦斯抽采管路安全工作负责。

（3）工作中严格执行瓦斯抽采管路工操作规程上岗操作及各项规章制度，规范操作。

（4）积极学习防治瓦斯措施，接受防治瓦斯知识的培训，熟悉瓦斯治理基本知识，并参加考核，考核合格后持证上岗。

（5）认真检查施工范围内的支护及通风情况发现问题立即处理，确认安全后方可施工作业。

（6）熟悉作业地点的避灾线路与应急救援预案。

（7）在下列情况下不得操作：①设备、设施带病；②设备故障未处理；③安全装置失灵；④设备失爆；⑤瓦斯超限；⑥违章指挥。

（8）施工及检查人员能够正确使用便携式甲烷检测报警仪，严禁瓦斯超限作业。

（9）遵守矿井井巷运输管理规定，确保管路、设备、设施在装、卸、运输过程中的安全作业，确保施工安全技术措施的贯彻执行。

（10）严禁使用破损的车皮，不合格的连接装置、插销。

（11）遵章守纪，不迟到早退及脱岗、串岗，每班工作完毕后，要检查管路连接及运行情况，做好交接班工作。

（12）熟悉本岗位的安全风险及管控措施并跟踪落实，做好本岗位的隐患排查工作。

9.26.6 瓦斯抽采观测工安全生产责任制

（1）依法经过培训，取得安全资格证书，持证上岗，熟悉避灾路线，对本岗位安全工作和职业病防治工作负直接责任。

（2）在队长的领导下，对瓦斯抽采观测安全工作负责。

（3）工作中严格执行瓦斯抽采观测工操作规程上岗操作及各项规章制度，规范操作。

（4）积极学习防治瓦斯措施，接受防治瓦斯知识的培训，熟悉瓦斯治理基本知识，并参加考核，考核合格后持证上岗。

（5）认真检查施工范围内的支护及通风情况发现问题立即处理，确认安全后方可施工作业。

（6）熟悉作业地点的避灾线路与应急救援预案。

（7）在下列情况下不得进行操作：①检测仪器未定期校正；②故障未处理；③设备失爆；④瓦斯超限；⑤违章指挥。

（8）抽采系统测定过程中，随时观察管路运行情况，发现问题及时处理，不能处理的问题，要及时向调度室及队长汇报。

（9）抽采系统的测定人员能够正确使用便携式甲烷检测报警仪，严禁瓦斯超限作业。

（10）遵章守纪，不迟到早退及脱岗、串岗，每班工作完毕后，要检查管路连接及运行情况，做好交接班工作。

（11）熟悉本岗位的安全风险及管控措施并跟踪落实，做好本岗位的隐患排查工作。

9.27 探放水队各岗位安全生产责任制

9.27.1 队长安全生产责任制

（1）在总工程师的领导下，认真贯彻执行“安全第一，预防为主”的方针，主持探放水队的全面工作。

（2）审查各掘进工作面的探放水设计、探放水安全技术措施，并严格按设计、措施施工。

（3）经常深入现场，解决探水过程中出现的各种问题，确保作业安全。

（4）监督检查各掘进工作面的探水情况，做好隐患排查与治理工作。

（5）加强安全管理、现场管理，认真主持本队的各种安全会议、安全教育，杜绝“三违”现象，严格执行安全生产责任制，确保本队的安全文明生产。

（6）抓好队伍建设，做好本队人员的配置，按施工组织设计、组织生产，做到安全高效。

（7）抓好全员安全教育及业务培训工作，提高员工的综合素质。

（8）做好事故应急预案的演习工作。

9.27.2 副队长安全生产责任制

（1）在队长的领导下，抓好具体生产环节，做到安全生产，文明生产。

（2）认真执行安全生产法律、法规和上级指示，落实作业规程、安全措施和安全管理制度。

（3）对职工进行安全教育，出现事故严格按“四不放过”的原则进行分析处理，落实整改及防范措施。

（4）坚持跟班制，抓好现场管理，严格按规程、措施、安全生产标准化组织生产，确保作业安全。

（5）监督质量验收、交接班的执行情况。

（6）协助队长做好应急预案演习及隐患排查、治理。

9.27.3 技术员安全生产责任制

（1）在队长的领导下，做好技术业务管理工作，为探放水工作提供技术保障。

（2）负责编制各掘进工作面的探放水施工安全技术措施，经有关领导审批后，向全队职工贯彻，并做现场落实。

（3）经常深入现场进行探放水工作的技术指导，解决工作中存在技术方面的问题，收集技术资料，提出技术方面的专题报告和探放水记录的管理工作。

（4）做好职工业务技术学习，不断提高全队的业务技术水平，做好安全生产标准化工作。

9.27.4 班组长安全生产责任制

（1）协助队长做好当班的钻进工作，严格按探放水设计及施工安全技术措施组织生产，确保质量与安全。

（2）随时观察钻孔在钻进时的各种变化情况，统计整理钻探过程中每段钻进成果。

（3）做好钻探设备、设施的检查、保养工作，确保设备安全正常运转。

（4）严格执行现场交接班制度，班、组之间互创安全的作业条件与环境，共同做好安全工作。

（5）抓好班组员工的安全学习，提高员工的安全意识。

（6）熟悉作业现场的避灾路线及事故应急救援预案，组织员工定期演习。

（7）加强现场管理，做好施工现场隐患的排查，从源头上清除一切不安全因素。

（8）做好本班隐患排查工作和重大安全风险管控措施的跟踪，发现问题及时上报安全科。

9.27.5 探放水操作工安全生产责任制

（1）熟知探放水钻机性能、结构、工作原理，熟悉并掌握煤矿“三大规程”中的相关规定以及防治水规定、探放水设计中的各项要求，依法经过培训，取得特种作业人员资格证书后，方可持证上岗，对本岗位安全工作和职业病防治工作负直接责任。

（2）熟悉每个钻孔的相关技术参数、安全技术措施，并认真执行。

（3）熟知突水预兆和水灾避灾路线，正确避灾。

（4）严格按照钻机的操作规程进行作业，确保人员及设备安全。

（5）认真填写探放水记录，并进行认真分析，掌握钻孔内的岩性变化情况，确保钻孔质量。

（6）探水期间出现险情时，必须立即上报调度室，并及时通知所有受水害威胁地点人员迅速撤离。

（7）自觉遵守劳动纪律，严格执行本矿的各种管理制度及现场交接班制度。

（8）积极参加有关安全技术培训和安全活动，刻苦钻研业务，不断提高技术素质和业务能力。

（9）熟悉本岗位的安全风险及管控措施并跟踪落实，做好本岗位的隐患排查工作。

晋能集团“136”安全管理模式

（第二册）

李国彪　陈旭忠　主编

应急管理出版社

·北　京·

目　录

第一册

第1篇　总　论

第2篇 “三基”建设

第3篇 组织体系

第4篇 责任体系

第二册

第5篇 制度体系

第 三 册

第5篇　制 度 体 系

第四册

第6篇 技术体系

第7篇 管理体系

第8篇　监督体系

第5篇　制度体系

1 晋能集团安全生产基本制度

1.1 安全生产责任制度

第一章 总 则

第一条 为加强集团公司安全生产管理，明确安全生产责任，依据《中华人民共和国安全生产法》和有关安全生产法律法规要求，结合集团公司安全管理体系的实际，制定本制度。

第二条 集团公司安全生产实行统一领导、分级管理、分工负责、各司其职，自上而下逐级传递压力的责任制。

第二章 安全生产责任

第三条 集团公司统一领导全集团的安全生产工作，履行安全生产监督管理责任。主要履行下列职责：

（1）组织集团各二级公司、集团直管各生产经营单位、集团所属各部门贯彻落实党和国家关于安全生产的法律法规、方针政策及上级有关安全生产的决定、决议和文件会议精神，并对贯彻落实情况进行监督检查。

（2）建立健全安全生产监督管理体系，组织安全生产监督管理部门和其他有关部门依法履行安全生产监督管理职责。

（3）建立健全各级安全生产责任制和各项安全生产管理制度，建立安全生产长效机制。

（4）统一安排部署集团公司安全生产工作，指导、监督、考核所属单位安全生产工作开展情况；按照上级要求和集团安全生产实际，组织安全生产大检查。

（5）组织制定重特大生产安全事故的应急救援预案，建立应急救援体系，组织事故的抢险救灾工作，指导、协调所属单位的抢险救灾工作。

（6）建立健全安全生产激励制约机制，适应安全生产形势的发展，不断改进完善安全生产考核、奖罚等激励制约的方式方法。

（7）制定安全投入计划，督促、检查各单位安全生产投入的落实情况。

（8）制定年度安全生产宣传培训教育计划，监督检查所属单位的安全生产宣传培训工作落实情况。

第四条 各二级公司及板块公司对所属单位的安全生产工作承担直接监督、管理责任，是安全生产的管理主体。履行下列职责：

（1）组织贯彻落实上级和集团公司有关安全生产的决定、决议及文件会议精神，落实集团公司下达的各项安全工作任务，并对贯彻落实情况进行监督检查。

（2）建立健全安全生产监督管理体系，加强安全监督管理工作。

（3）根据有关法律法规和集团公司的规定，建立健全各级安全生产责任制和各项安全生产管理制度。

（4）按照集团公司的要求和安全生产实际，组织开展安全生产大检查，对重要隐患实行挂牌督办。

（5）按照集团公司规定，建立健全安全生产激励制约机制，制定安全投入计划、宣传培训教育计划，进行有效的落实。

（6）组织制定重特大生产安全事故的应急救援预案，建立应急救援体系，组织事故的抢险救灾工作。

第五条　生产经营单位（直属公司、各厂、矿、站）及其他单位承担安全生产管理主体责任，是安全生产的责任主体。履行下列职责：

（1）负责对上级的安全生产方针政策、行业标准、达标规划、预控措施、规章制度以及文件会议精神的具体落实。

（2）制定并严格落实安全生产责任制、安全目标管理、安全奖罚等各项安全管理制度。

（3）严格落实安全生产考核指标计划，保证考核指标的完成。

（4）研究分析本单位安全生产规律，制定实施安全示范矿井建设规划、安全生产标准达标规划。

（5）根据不同时期安全生产的特点，积极开展专项整治，针对性地制定实施安全管理措施。

（6）及时排查治理安全生产中存在的隐患问题，加强安全生产过程的管理和监督。

（7）依法依规提取安全费用，保证安全费用有效、合理使用。

（8）编制年度灾害预防处理计划及重大事故应急救援预案，报集团公司备案，由单位主要负责人每年至少组织一次救灾演练，保证每一个从业人员熟悉避灾路线及抢救、自救措施。

（9）抓好安全培训工作，采取多种形式，完成培训计划，提高员工素质，特别是特种作业人员要全部实现持证上岗。

（10）加强安全生产宣传教育工作，营造良好的安全文化建设氛围。

第六条　所有员工是安全行为的主体，坚决杜绝违章指挥、违章作业、违反劳动纪律的行为，做好自主保安和互助保安。

第七条　各级职能部门、党群部门按照“一岗双责”的原则，履行部门职责范围内的安全责任。

第八条　各业务部门负责提供业务指导和技术服务，制定完善专业技术标准，做好业务保安；管理、督促业务范围内的隐患排查治理工作，帮助基层单位解决实际问题；把好业务安全准入关，创造良好的安全运行条件。

第九条　各单位正职是安全生产第一责任者；各级党委（支部）书记是安全宣传教育第一责任者；各分管副职对分管业务和分管范围的安全生产负责，是生产现场安全管理和监督的第一责任者；干部职工对所在岗位、工作范围和自身的安全负责。

第十条　集团公司和各二级公司要制定执行严格的安全考核办法，确保各级安全生产责任制的落实。

第十一条　集团公司安委会负责组织制定集团机关各部门、岗位安全生产责任制；各二级公司层层制定部门、岗位安全生产责任制，并严格落实。

第三章　附　　则

第十二条　本制度解释权属晋能集团有限公司安全生产委员会。

1.2　安全生产会议制度

第一章　总　　则

第一条　为全面贯彻落实党和国家安全生产的方针、政策、法律、法规及上级有关安全生产的会议精神，及时了解掌握安全生产情况、协调处理生产组织过程中的安全问题、消除事故隐患、确保安全生产，特制定本制度。

第二条 本制度适用于集团公司、各市公司及所属全资、控股企业。

第三条 区（队）及以上安全会议都必须形成会议纪要。会议纪要包括：日期、参加人员、召集单位、主持人、会议主要内容、处理结果、决议执行情况的检查等。安监部门应定期对各种会议记录、纪要、决议执行情况进行检查、指导、考核。

第二章 基本规定

第四条 集团公司安全生产委员会会议

（1）集团公司安全生产委员会会议每季度召开一次，由安委会办公室召集，安委会主任主持，全体委员参加，地点由召集人决定。

（2）会议内容：研究讨论贯彻执行党和国家安全生产方针、政策及上级安全工作部署安排；审定、分解、考核安全目标管理计划执行情况，研究决定重大安全政策；分析安全生产形势，制定解决重大隐患问题的办法和措施；审定通过对安全生产事故的处理决定和通报，安排部署阶段性安全工作。

（3）会议记录由安委会办公室负责，会议所议事项及做出的决定应形成会议纪要，会议纪要发送到与会人员及安排或议定事项所涉及的有关单位。安委会办公室负责督促、检查、考核会议决议执行情况并形成记录。

第五条 集团公司总经理安全办公会议

（1）集团公司总经理安全办公会议每季度召开一次，由安监局局长召集，总经理主持，分管副总经理、副总工程师、机关业务部门负责人、二级公司负责人参加。

（2）会议内容：检查上阶段安全生产工作，部署下阶段安全生产工作，传达上级有关安全生产方面的方针、政策及有关文件，制定贯彻落实措施，对发生的安全生产事故做出处理决定和通报，推广安全生产的先进经验和做法，研究落实解决事故隐患的办法和措施。

（3）会议记录由安监局负责，会议所议事项及做出的决定应形成会议纪要，会议纪要发送到与会人员及安排或议定事项所涉及的有关单位。安监局督促、检查、考核会议纪要执行情况并形成记录。

第六条 集团公司安全生产工作例会

（1）集团公司安全生产工作例会每月召开一次，由安监局局长主持，各板块公司分管安全副经理、集团公司各专业安委会办公室主任、煤炭生产管理公司副总工程师、各部门负责人、集团相关部门负责人、二级公司安全副经理、安监部长参加。

（2）会议内容：总结上阶段安全生产工作，安排部署下阶段安全生产工作。

（3）会议记录由安监局负责，会议所议事项及做出的决定应形成会议纪要，会议纪要发送到与会人员及安排或议定事项所涉及的有关单位；安监局督促、检查、考核会议纪要执行情况并形成记录。

第七条 各板块公司安全生产工作例会

各板块公司安全生产工作例会每月召开一次，会议由各板块公司安全副经理主持，相关部门负责人参加。会议内容：总结上阶段安全生产工作，安排部署下阶段安全生产工作，传达贯彻集团公司安全生产工作会议精神。会议记录、会议纪要及执行、落实情况形成书面材料（报告），由安监部门负责存档备查。

第八条 各板块公司、各市公司、各全资控股企业安全生产委员会会议和经理安全办公会议比照集团公司规定执行。

第九条 各煤矿、非煤矿山及危险化学品生产单位的矿长（经理）安全办公会议每月召开一次，由矿长（经理）主持。安全例会每周召开一次，由安全副矿长主持。会议记录、会议纪要及执行、落实情况形成书面材料（报告），由安监部门负责存档备查。

第十条 各地面生产、非生产单位，每月召开一次安全生产会议，会议由行政负责人主持。做好会议记录、会议纪要，会议执行、落实情况形成书面报告，由安监部门负责存档备查。

第十一条 区（队）安全会议

区（队）安全会议每周召开一次，由区（队）长负责组织，会议内容：传达上级有关安全规定，研究安排安全生产事宜。做好会议记录、会议纪要，会议执行、落实情况形成书面报告，由区（队）负责存档备查。

第十二条 班（组）安全会议

每班提前30 min召开班组安全会议，安排部署当班安全事宜。会议安排要做好记录，存档备查。

第十三条 各专业性安全会议

专业性安全会议由各单位、职能部门领导负责召集，并根据需要召集相关领导和人员参加。召集人负责会议记录，主管职能部门负责对会议决议执行情况进行督促、检查和考核。

第十四条 不定期安全生产会议

不定期安全生产会议由各单位、职能部门根据季节性、突发性安全生产工作需要，随时召开安全生产会议。召集人负责会议记录，主管职能部门对会议决议执行情况进行督促、检查和考核。

第三章 附　　则

第十五条 本制度解释权属晋能集团有限公司安全生产委员会。

1.3 安全目标管理制度

第一章 总　　则

第一条 为进一步明确安全目标，强化安全责任，确保集团公司安全生产持续、稳定、健康发展，特制定本制度。

第二条 安全目标制定以年度为周期，主要依据山西省安委会、应急管理厅、国资委等上级部门与集团公司签订的安全、经济发展等目标责任书，同时结合集团公司安全生产具体条件和职工队伍安全技术素质状况，制定年度安全生产总体目标，总体目标应具有严肃性、科学性和可操作性。年度安全目标应以文件形式下发到集团公司机关各部门，各市公司，各全资、控股企业。

第三条 各单位主要领导是实现本单位安全目标的第一责任人，分管安全工作的领导对本单位安全目标管理负有直接责任；各单位的其他副职具体负责本职权范围内的安全目标管理工作。

第四条 安全目标实行自上而下逐级分解细化制定，层层落实责任，自下而上形成一级对一级负责的安全保证体系，安全目标的分解细化不得低于集团公司总体要求。每年集团公司要与各市公司、各全资、控股企业签订年度安全目标责任书；各市公司、各全资、控股企业要与所属各矿（厂、处、区域性管理公司）签订年度安全目标责任书；各矿（厂、公司）要与基层区队（车间）签订安全目标责任书；职工与单位签订个人安全目标保证书。

第二章 安全目标责任书的内容

第五条 各市公司，各全资、控股企业安全目标责任书的主要内容包括：零死亡、杜绝较大及以上事故、安全费用计划完成指标、安全生产标准化达标指标、职业健康达标指标、安全培训计划完成指标等。

第六条 地面单位安全目标责任书主要内容包括：杜绝重大灾害性损失、杜绝恶性交通及其他事故、消灭工业生产死亡事故等。

第三章 安全目标的实施及考核

第七条 各市公司，各全资、控股企业根据集团公司下达的安全目标，结合本单位实际，制定安全目标实施细则及考核办法，层层定目标、定责任，严格落实、严格考核，全面实现安全目标。

第八条 实行安全生产“一票否决”制。年度安全目标实现与否要作为单位评先评优和个人安全绩效奖励、提职晋级的重要依据。

第九条 根据安全目标责任书内容的要求，每个年度末由集团公司安监局牵头对各市公司，各全资、控股企业进行检查和考核，考核结果报集团公司安委会。

第十条 集团公司要及时总结推广完成目标的经验做法，查找未完成目标的问题和原因，以便采取针对性措施，促进安全目标的完成。

第十一条 集团公司安委会根据考核结果，依据规定对实现安全目标的单位及班子成员进行奖励，对未实现安全目标的单位及班子成员进行处罚。

第四章 附 则

第十二条 本制度解释权属晋能集团有限公司安全生产委员会。

1.4 安全生产费用管理制度

第一条 为了建立集团公司安全生产投入长效机制，规范安全生产费用的提取和使用，不断完善和改进安全生产条件，根据《企业安全生产费用提取和使用管理办法》（财企〔2012〕16号）的规定，制定本制度。

第二条 本制度适用于集团公司所属全资、控股、参股等各类企业。

第三条 安全费用由各级财务部门按标准足额提取，实行专户核算、专款专用，不得挤占挪用。

（1）集团所属生产矿井（煤矿）安全费用提取执行《企业安全生产费用提取和使用管理办法》（财企〔2012〕16号）第五条及晋能财务字〔2015〕313号、晋能计划字〔2016〕323号的规定。生产煤矿依据开采的原煤产量按月提取，煤（岩）与瓦斯（二氧化碳）突出矿井、高瓦斯矿井吨煤30元；其他井工矿吨煤15元；露天矿吨煤5元。

（2）集团所属基建矿井（煤矿）执行《企业安全生产费用提取》（财企〔2012〕16号）第七条相关规定。由建设工程施工企业以建筑安装工程造价为计提依据进行提取。其中：矿山工程为2.5%；房屋建筑工程、铁路工程2.0%；机电安装工程、公路工程1.5%。建设工程施工企业提取的安全费用列入工程造价，在竞标时，不得删减，列入标外管理。总包单位应当将安全费用按比例直接支付分包单位并监督使用，分包单位不再重复提取。

（3）集团所属非煤矿山及其他相关行业，严格按照《企业安全生产费用提取和使用管理办法》（财企〔2012〕16号）规定提取安全费用，具体提取标准见附件：《非煤企业安全生产费用提取标准》。

第四条 安全费用以基层独立成本核算的生产经营单位（法人）提取使用。股份制企业安全费用实行自提自用。二级公司（板块公司）可以对所属全资企业提取的安全费用按一定比例集中管理，统筹使用，具体办法报集团公司计划、财务、安监部门备案。

第五条 安全费用的使用范围执行《企业安全生产费用提取和使用管理办法》（财企〔2012〕16号）及晋能计划字〔2016〕323号的相关规定。

第六条 集团公司安全费用计划编制、审批、执行程序：

（1）安全费用计划由企业计划部门组织相关生产、经营业务部门，以企业年度生产经营计划为依据按年度编制，纳入企业年度成本计划管理。

（2）企业安全费用计划经本单位审查核准后，报所属二级（板块公司）公司（直属全资公司报集团公司）计划部门审批，审批后的安全费用计划由审批单位下发文件执行，并报集团公司计划、财务、安监及相关业务部室。

（3）企业年终根据产量、营业收入指标实际完成情况，由计划、财务部门负责对安全费用提取进行计划调整和会计账务处理。

（4）二级公司（板块公司）审批的安全费用计划，需在计划下达后5日内报集团公司计划、财务、安监部门备案。

第七条　安全费用的监督管理

（1）安全费用提取及使用情况实行财务、计划部门专项统计报表报送制度。企业每月向二级公司（板块公司）报表，二级公司（板块公司）每季度向集团公司报表。报表于每月5日前分别送达财务、计划、安监部门。

（2）各矿（厂）等法人企业单位是计划实施的主体，要对工期、质量、安全、投资控制等全面负责。主体单位行政正职是第一责任者，要明确分管领导、管理责任部门，分解单个项目的进度节点，并落实承办部门。

安全费用工程项目的相关资料建档和程序运作，执行晋能集团有限公司关于印发《专项资金计划管理办法（试行）》的通知（晋能计划字）〔2016〕323号文件规定。

（3）集团公司对安全费用投入实行分级监督管理。费用投入200万~500万元的项目，二级公司（板块公司）实行单项督查监管；费用投入500万元以上的项目，集团公司实行单项督查监管，两级公司相关业务部门建立单项督查监管档案。监管的主要内容包括：项目立项、设计审查、项目竣工验收等。未经验收的项目，财务一律不予结算。

（4）集团公司及二级公司（板块公司）的生产、基建、通风、地质、机电、调度、安监等业务部室，对安全费用的使用履行业务指导、监督、考核、服务职责。

（5）各级安监部门定期组织安全费用提取及使用情况专项检查。集团公司每半年一次，二级公司每季度一次，企业每月自查一次。专项检查形成书面报告，公开通报情况，资料归档备查。

（6）集团公司及二级公司（板块公司）对安全费用投入重点项目进行专项审计，编制专项审计报告，报送主要领导及相关部门。

（7）安全费用提取和使用情况要量化指标，纳入同级领导班子安全绩效考核。具体考核细则分级制定并报送备案。

第八条　本制度解释权属晋能集团有限公司安全生产委员会。

附件：

非煤企业安全生产费用提取标准

1. 非煤矿山开采企业依据开采的原矿产量按月提取。安全费用提取标准如下：

（1）天然气、煤层气（地面开采），每千立方米原气5元。

（2）金属矿山，其中露天矿山每吨5元，地下矿山每吨10元。

（3）非金属矿山，其中露天矿山每吨2元，地下矿山每吨4元。

（4）小型露天采石场，即年采剥总量50万t以下，且最大开采高度不超过50 m，产品用于建筑、铺路的山坡型露天采石场，每吨1元。

（5）尾矿库按入库尾矿量计算，三等及三等以上尾矿库每吨1元，四等及五等尾矿库每吨1.5元。

原矿产量不含金属、非金属矿山尾矿库和废石场中用于综合利用的尾砂和低品位矿石。

2. 建设工程施工企业以建筑安装工程造价为计提依据。各建设工程类别安全费用提取标准如下：

（1）矿山工程为2.5%。

（2）房屋建筑工程、水利水电工程、电力工程、铁路工程为2.0%。

（3）冶炼工程、机电安装工程、公路工程、通信工程为1.5%。

建设工程施工企业提取的安全费用列入工程造价，在竞标时，不得删减，列入标外管理。国家对基本建设投资概算另有规定的，从其规定。

总包单位应当将安全费用按比例直接支付分包单位并监督使用，分包单位不再重复提取。

3. 危险品生产与储存企业以上年度实际营业收入为计提依据，采取超额累退方式按照以下标准平均逐月提取：

（1）营业收入不超过1000万元的，按照4%提取。

（2）营业收入超过1000万元至1亿元的部分，按照2%提取。

（3）营业收入超过1亿元至10亿元的部分，按照0.5%提取。

（4）营业收入超过10亿元的部分，按照0.2%提取。

4. 交通运输企业以上年度实际营业收入为计提依据，按照以下标准平均逐月提取：

（1）普通货运业务按照1%提取。

（2）客运业务、管道运输、危险品等特殊货运业务按照1.5%提取。

5. 冶金企业以上年度实际营业收入为计提依据，采取超额累退方式按照以下标准平均逐月提取：

（1）营业收入不超过1000万元的，按照3%提取。

（2）营业收入超过1000万元至1亿元的部分，按照1.5%提取。

（3）营业收入超过1亿元至10亿元的部分，按照0.5%提取。

（4）营业收入超过10亿元至50亿元的部分，按照0.2%提取。

（5）营业收入超过50亿元至100亿元的部分，按照0.1%提取。

（6）营业收入超过100亿元的部分，按照0.05%提取。

6. 机械制造企业以上年度实际营业收入为计提依据,采取超额累退方式按照以下标准平均逐月提取：

（1）营业收入不超过1000万元的，按照2%提取。

（2）营业收入超过1000万元至1亿元的部分，按照1%提取。

（3）营业收入超过1亿元至10亿元的部分，按照0.2%提取。

（4）营业收入超过10亿元至50亿元的部分，按照0.1%提取。

（5）营业收入超过50亿元的部分，按照0.05%提取。

7. 中小微型企业和大型企业上年末安全费用结余分别达到本企业上年度营业收入的5%和1.5%时，经当地县级以上安全生产监督管理部门、煤矿安全监察机构商财政部门同意，企业本年度可以缓提或者少提安全费用。

企业规模划分标准按照工业和信息化部、国家统计局、国家发展和改革委员会、财政部《关于印发中小企业划型标准规定的通知》（工信部联企业〔2011〕300号）规定执行。

8. 企业在上述标准的基础上，根据安全生产实际需要，可适当提高安全费用提取标准。

9. 新建企业和投产不足一年的企业以当年实际营业收入为提取依据，按月计提安全费用。

混业经营企业，如能按业务类别分别核算的，则以各业务营业收入为计提依据，按上述标准分别提取安全费用;如不能分别核算的,则以全部业务收入为计提依据,按主营业务计提标准提取安全费用。

1.5　安全监督检查制度

第一章　总　　则

第一条　为加强和规范安全监督检查工作，加大安全监督检查力度，及时排查事故隐患，促进各级安全生产责任制落实，有效防范生产安全事故的发生，根据《安全生产法》等法律法规、标准规范及省厅相关规定，结合集团实际，制定本制度。

第二条 本制度适用于集团各级公司、各全资控股企业、各生产经营单位。

第三条 安全监督检查工作坚持监督与管理相结合、综合检查与专项检查相结合、自检与互检相结合、检查与整改相结合的原则，做到规范化、制度化、常态化。

第二章 机 构 与 职 责

第四条 集团公司、二级公司和生产经营单位必须按照《安全生产法》要求，建立健全安全生产管理机构并配备能够满足安全生产需要的专职安全生产管理人员、专业技术人员。

第五条 各单位主要负责人对安全监督检查工作负总责，分管副职对所分管范围安全监督检查工作具体负责。安监部门负责总体协调安排，业务部门具体负责分管业务内安全监督检查工作。

各级安全生产管理机构及安全生产管理人员主要职责有：

（1）组织或者参与制定本单位安全生产规章制度、操作规程和生产安全事故应急预案。

（2）组织或参与本单位安全生产教育和培训，如实记录安全生产教育和培训情况。

（3）督促落实本单位重大危险源的安全管理措施。

（4）组织或者参与本单位应急救援演练。

（5）检查本单位的安全生产状况，及时排查生产安全事故隐患，提出改进安全生产管理的建议。

（6）制止和纠正违章指挥、强令冒险作业、违犯操作规程、违反劳动纪律的行为。

（7）督促落实本单位安全生产整改措施。

第六条 集团公司、二级公司及生产经营单位主要负责人和安全生产管理人员必须具备与本单位所从事的生产经营活动相应的安全生产知识和管理能力，并经相关部门考核合格。

第三章 监督检查内容

第七条 安全监督检查从查思想、查管理、查制度、查现场、查隐患、查事故处理等方面进行，主要包括以下内容：

（1）查安全生产相关法律法规、标准规范的执行，安全生产管理制度及各类规程、措施的制定落实情况。

（2）查全体员工的安全意识和对安全生产工作的重视程度。

（3）查上级安全会议精神及集团公司、二级公司安全文件、安全会议要求、阶段性安全工作等落实情况。

（4）查安全费用的提取和使用情况。

（5）查教育培训开展及持证上岗情况。

（6）查安全生产标准化工作开展情况。

（7）查隐患排查与治理情况。

（8）查应急救援体系建设及应急演练情况。

（9）查生产经营单位的重大灾害治理情况。

（10）其他需要监督检查的内容。

第四章 监督检查实施

第八条 集团公司每季度、二级公司每月、生产经营单位每周组织一次综合性安全大检查；生产经营单位各业务部门每周组织一次专项安全检查；科队车间每天、班组每班组织安全检查；作业人员在作业前和作业中随时检查；安监员 24 h 巡回检查。

二级公司、基层生产经营单位组织的综合性大检查覆盖率达 100%，集团公司综合性大检查的抽查率不少于 30% 。

第九条 综合性安全大检查由各级安监部门组织，相关业务部门参加；专项安全检查由业务部门组织，相关部门参加。

第十条 各级安监部门和业务部门根据年度、季度计划及安全形势、节假日、季节和业务特点组织重点抽查和专项检查。各涉煤二级公司每个月要对停缓建矿井进行一次安全检查。

第十一条 安全检查过程中，发现有危及职工生命安全的重大事故隐患时，必须立即责令停止作业，撤出受威胁区域的所有人员，采取安全技术措施，并及时报告本单位主要负责人。

第十二条 监督检查中发现重大隐患，由二级公司安监部门和业务部门及相关负责人联合挂牌管理，集团公司安监局和业务部门挂牌督办。

第十三条 严格坚持“谁检查、谁签字、谁负责”原则，被检单位主要负责人和现场检查人员共同在检查记录表（或执法文书）上签字，并存档备查。每次检查结果要公开通报，接受广大职工监督。

第十四条 各级安监部门建立事故隐患综合台账，业务部门建立隐患专业台账。一般事故隐患按照“三定”（定责任人、定期限、定措施）原则管理；重大事故隐患由生产经营单位主要负责人组织制定整改方案，按照“五落实”（措施、期限、责任人、预案、资金）原则管理。

第十五条 立足“科技兴安”，利用安全风险预控体系建设或隐患排查信息系统，实现安全检查信息化管理。

第十六条 二级公司安监部门及业务部门协助、督促基层生产经营单位整改隐患，并负责隐患整改的日常监管。

第十七条 生产经营单位各类隐患未按规定时限整改到位，上级单位将根据《生产安全问责制度》等规定对相关责任部门和责任人进行追责和处罚。

第五章 附　　则

第十八条 本制度所称“安监部门”包含承担各级安全生产委员会（专委会）办公室职能的部门。

第十九条 本制度解释权属晋能集团有限公司安全生产委员会。

1.6 危险源管控制度

第一章 总　　则

第一条 为了有效管控生产经营单位存在的危险源，推进本质安全型矿井建设，实现人、机、环、管的本质安全，保障全体职工及国家财产的安全。根据《安全生产法》《山西省安全生产条例》《煤矿安全风险预控管理体系规范》（AQ/T 1093—2011）等法律法规、标准规范，结合集团公司实际制定本制度。

第二条 本制度适用于集团公司所有生产经营单位。

第三条 危险源管控工作坚持“全员参与、全面辨识、全过程控制、突出重点、循序渐进”的原则，严格危险源辨识登记、评估分级、措施制定、责任分解、台账管理、动态检查、效果评价、资金保障、教育培训、考核奖惩等各环节的管理。危险源管控工作是安全风险预控体系建设的核心部分。

第二章 责 任 划 分

第四条 集团公司负责危险源管控工作整体上的规划指导、监督管理。

二级公司履行管理主体责任，负责组织、督促、指导、协调生产经营单位的危险源管控工作；

各生产经营单位是危险源管控的责任主体，负责组织开展危险源管控的各项工作，将危险源的管控任务分解到科队车间、岗位个人，每一个危险源均有部门、人员负责；

科队车间是危险源管控的落实主体，负责责任区域内危险源的辨识、评估、标准措施制定及落实、动态管理等工作；

班组、个人是危险源管控的执行主体，负责当班、本岗位危险源的确认、管控措施的执行，保障危险源时刻处于受控状态。

第三章　危险源辨识登记

第五条　各生产经营单位按照人、机、环、管等类型（或按照物态、行为、观念、制度等方面），采取经验对照分析、系统安全分析等方法，发动全体职工对本单位存在的危险源进行全面、系统的辨识，并对辨识出的所有危险源分类登记。

第四章　危险源风险评估分级

第六条　生产经营单位应采取定性、定量的评价方法，从危险源导致事故的可能性及事故后果的严重度等方面，对辨识出的危险源进行风险评估，依据评估结果将危险源分为重大、较大、一般和低风险四个级别。

第五章　危险源管理标准及措施

第七条　生产经营单位应根据相关法律法规、规程规范等对辨识出的所有危险源逐一制定管理标准，明确危险源在受控状态下应达到的标准。

第八条　遵循消除、预防、减弱、隔离、连锁、警示等原则，分别采取工程、技术、组织、管理等方法对辨识出的所有危险源逐一制定有效的控制措施。

第九条　危险源、风险等级以及制定的管理标准和控制措施应统一对应登记，实行台账式管理。

第六章　重大危险源管控

第十条　生产经营单位依据危险源风险评估结果，将重大危险源（含较大危险源）列为重点管理对象。重大危险源必须做到专人负责，确保控制措施落实到位，时刻处于受控状态。

第十一条　生产经营单位要将重大危险源标注在本单位整体平面图中，在本单位醒目位置统一公示，并在重大危险源存在具体地点设置安全警示标志。

第十二条　对重大危险源实行“一险一档”台账管理。管理台账应至少包含以下13种要素：危险源名称、存在位置、产生原因、危害后果、责任部门、责任人员、管理标准、控制措施、建档时间、状态描述、状态改变情况、应急预案及演练、日常检查记录等。

第七章　危险源动态管理

第十三条　生产经营单位对危险源状态、控制措施到位情况实行动态检查，明确检查频次，不漏查一个危险源，尤其要突出对重大危险源的动态监控。

责任人每班、责任部门（科队车间）每天、生产经营单位每周必须检查危险源状态，以及管控措施落实情况，并做好记录。集团公司、二级公司不定期检查生产经营单位危险源管控工作的开展情况，并将重大危险源管控情况作为每次检查的重点。

第十四条　生产经营单位要时刻关注本单位危险源的变化情况，根据新辨识的危险源、削减的危险源、现有危险源的改变（如位置的改变、量的改变等）等情况及时调整危险源管控。

第八章 保 障 措 施

第十五条 生产经营单位要做好危险源管控所需的各项保障措施，包括组织机构、培训、责任制、资金、信息化管理、考核等方面。

第十六条 生产经营单位要确定一个部门全面统筹危险源的管控工作，具体负责危险源的统一登记管理、分解危险源管控责任、制作岗位危险源知识卡、组织危险源培训、指导考核各责任部门的危险源管控工作以及其他需要开展的工作。

第十七条 生产经营单位要开展危险源管控的宣传教育、培训工作，每一名员工必须熟悉本岗位存在的危险源，懂得危险源管理标准及控制措施，会判断危险源是否处于受控状态，会辨识新危险源。员工上岗应佩戴危险源知识卡。

第十八条 生产经营单位按照职责分工，将危险源的管控纳入各部门、各岗位的安全生产责任制中。

第十九条 生产经营单位要保证危险源辨识、评估、监控、整改、培训等工作所需要的资金。

第二十条 生产经营单位要利用各种先进的信息管理手段，实现危险源管控工作的数字化、信息化管理。

第二十一条 生产经营单位要对危险源管控的责任部门、责任人员的履职情况进行定期考核，并将考核结果与安全工资挂钩。

第九章 附 则

第二十二条 各二级公司、基层生产经营单位根据本制度，结合本单位实际情况分别制定具体实施细则、实施方案。二级公司要将危险源管控工作纳入对基层生产经营单位的安全绩效考核。

第二十三条 本制度解释权属晋能集团有限公司安全生产委员会。

1.7 安全生产事故隐患排查治理制度

第一章 总 则

第一条 为进一步规范集团公司安全生产事故隐患排查治理工作，建立安全生产事故隐患排查治理长效机制，强化安全生产责任制的落实，预防和减少各类事故的发生，根据国家相关法律法规、省级部门的规定，结合集团实际，制定本制度。

第二条 本制度适用于集团各级公司、所有生产经营单位。

第三条 隐患排查治理工作坚持“持续排查、分工负责、全面整改、闭合管理”的原则。

第二章 组 织 职 责

第四条 生产经营单位是隐患排查治理的责任主体；二级公司是隐患排查治理的监管主体，负责排查、督办、验收；集团公司对隐患排查治理进行监督指导。

第五条 集团公司、二级公司、生产经营单位主要负责人对本单位隐患排查治理工作全面负责；各分管副职具体负责分管范围内的隐患排查治理工作；各级业务部门负责本业务内隐患排查与督促整改；科队车间是隐患排查治理的落实主体，班组各岗位是执行主体。

第六条 各生产经营单位要建立健全隐患排查治理制度，采取多种形式、不间断组织隐患大排查，建立隐患台账，定期开展统计分析并按规定上报二级公司。

二级公司定期组织对生产经营单位隐患排查，督促隐患整改，对重大隐患进行挂牌督办、验收销号。

集团公司对二级公司、生产经营单位的隐患排查治理工作进行督查，并进行明察暗访、抽查突查。

第三章　隐患的分级和分类

第七条　隐患的分级。隐患按照危害程度和整改的难易程度分为一般隐患和重大隐患。

一般隐患，是指危害和整改难度较小，发现后能够立即整改排除的隐患。

重大隐患，是指危害和整改难度较大，应当全部或者局部停产停业，并经过一定时间整改治理方能排除的隐患，或者因外部因素影响致使生产经营单位自身难以排除的隐患。

第八条　隐患的分类。集团公司各产业、各生产经营单位根据各自行业特点、生产性质等因素分别进行隐患分类。

第四章　隐患的排查认定

第九条　隐患的排查。按照《安全监督检查制度》要求，依据相关法律法规、标准规范以及集团公司印发的《煤矿安全检查手册》《地面企业安全检查手册》，集团公司、二级公司、各生产经营单位通过综合性安全大检查、周四安全活动及各类专项检查排查出各类隐患。

第十条　隐患的认定。各级各类检查中查出的隐患，由现场检查人员、生产经营单位主要负责人签字认定，安监部门牵头业务部门参加对查出隐患进行分级、分类。发现重大隐患，要责令停工停产整改。

第五章　一般隐患的管理

第十一条　一般隐患的整改。一般隐患按专业分类后，生产经营单位按照“三定”（定期限、定措施、定责任人）要求立即组织整改。

第十二条　一般隐患的验收、销号。生产经营单位自查的隐患，由安监部门组织验收业务科室参加，验收合格及时销号。

集团公司、二级公司查出的一般隐患，由二级公司组织相关人员现场验收、销号。

第十三条　一般隐患的台账管理。各级安监部门要建立综合台账，业务部门建立专业台账，设专人负责，闭合管理，及时将各类电子信息、纸质信息归档保存，并定期开展隐患的统计分析。

第十四条　一般隐患的报告。生产经营单位每周将隐患整改情况上报二级公司，二级公司统一汇总后每周上报集团安监局和各板块相关业务部门。

第六章　重大隐患的管理

第十五条　重大隐患的报告。生产经营单位发现重大隐患，经本单位主要负责人认定后及时上报二级公司安监部门和相关业务部门。

二级公司接到重大隐患报告后，及时报送总经理和分管副经理，由总经理或分管副经理负责召集有关部门研究解决，并明确挂牌督办部门和责任人，同时上报集团公司安监局和业务部门。

集团公司安监局和相关业务部门接到重大隐患报告后，及时报送集团公司分管领导，在总经理安全办公会议或各专业产业会议上专题研究，并明确挂牌责任部门和责任人。

上报的重大隐患基本信息应包括以下内容：

（1）隐患的基本情况及产生原因。

（2）隐患的危害程度和整改难易程度分析。

（3）需要停产或停工的区域。

（4）发现隐患后采取的临时性安全措施。

（5）其他需说明的事项。

第十六条 重大隐患的公示。存在重大隐患的生产经营单位要在告示栏或作业人员较集中的醒目位置张贴公示，接受公众监督，发挥警示作用。公示内容主要包括：重大隐患内容、存在场所、主要危害、停止作业区域、治理期限、应急预案、整改责任人等。

第十七条 重大隐患实行分级挂牌督办。集团公司、二级公司安监部门和相关业务部门对重大隐患实行挂牌督办（包括检查、上报、举报、移交的重大隐患）。认定需由业务部门督办的重大隐患，应及时书面通知，并记录备查。

重大隐患挂牌督办需下达督办通知书（或在执法文书中载明）。督办通知书应包括以下内容：

（1）重大隐患基本情况。

（2）整改方案报送期限。

（3）整改进度定期报告要求。

（4）整改完成期限。

（5）停产停工和整改期间的安全要求。

（6）督办销号程序等。

集团公司、二级公司挂牌责任部门和责任人要指导、协调和督促生产经营单位整改重大隐患，随时掌握整改进展，采取随机抽查等方式进行现场检查。二级公司每周向集团公司汇报重大隐患整改进展情况，出现特殊情况随时汇报。

第十八条 重大隐患的整改。由生产经营单位主要负责人组织召开专题会议，分析重大隐患产生原因，研究制定整改方案，按“五定”（定责任、定措施、定资金、定时限、定预案）要求组织整改。整改方案要上报二级公司审批。

上报的重大隐患整改方案应包括以下内容：

（1）整改的目标和任务。

（2）整改的方案和措施。

（3）整改的期限和施工进度安排。

（4）整改的责任单位、责任人。

（5）整改物资和经费的落实。

（6）整改过程中采取的安全措施和应急预案。

（7）其他需说明的事项。

第十九条 对不能在规定期限内整改完成的重大隐患，生产经营单位需向二级公司申请整改延期，整改完成后履行验收程序。

申请整改延期应说明以下内容：

（1）整改延期的原因。

（2）已完成的整改内容。

（3）申请整改延期的期限和采取的措施。

（4）其他需说明的事项。

第二十条 重大隐患的验收、销号、备案。重大隐患整改完成后，生产经营单位向二级公司申请验收。

二级公司接到验收申请后，由挂牌督办责任部门组织相关人员进行现场联合验收。验收合格后，由现场验收人员、生产经营单位主要负责人签字确认，并形成验收报告（即《重大隐患治理评估报告》），二级公司下发同意复产或复建的批复文件，重大隐患解除挂牌及时销号。

重大隐患销号后，二级公司安监部门将重大隐患整改方案批复文本、现场签字记录、验收报告、复产复建批复文件等相关资料上报集团公司安监局和业务部门备案。

第二十一条 重大隐患实行“一患一档”管理。各级安监部门、业务部门要建立健全重大隐患管理台账，及时将各类电子信息、纸质信息归档保存。

第七章 保障措施

第二十二条 隐患排查治理资金保障。生产经营单位每年在安全生产费用提取中留设资金，用于隐患排查治理。

第二十三条 宣传教育培训。生产经营单位应建立隐患排查治理宣传教育制度，将隐患排查治理能力建设纳入全体员工日常培训范围，根据不同岗位开展针对性培训。各级安监部门要宣传隐患排查治理的各项要求、管理程序等。

第二十四条 信息管理系统建设。生产经营单位要建设具备隐患内容记录、治理过程跟踪、统计分析、逾期警示、信息上报等功能的隐患排查治理信息系统，实现隐患从排查到治理销号全过程的信息化管理，并与生产调度信息管理系统接轨。

第二十五条 各单位要制定安全隐患报告奖励办法、设立举报电话。任何单位和个人发现存在重大隐患，有权向各级安监部门、纪检部门和相关业务部门报告。各部门接到报告后，应当立即组织核实并予以查处。举报重大隐患经调查属实的，受理部门按相关规定给予举报人奖励。

第八章 罚则

第二十六条 生产经营单位存在重大隐患不及时上报、仍组织生产建设，经上级部门检查发现或被举报确认的，按《安全生产问责制度》等规定对生产经营单位和相关责任人进行处罚。

第二十七条 生产经营单位存在重大隐患拒不执行上级部门停产停工指令或不及时整改或整改未经验收合格擅自恢复生产建设的，按《安全生产问责制度》等规定对生产经营单位和相关责任人进行处罚。

第二十八条 生产经营单位因重大隐患整改不及时或整改不到位，导致发生生产安全事故，造成生命和财产损失的，按《安全生产问责制度》《事故报告与调查处理制度》等规定对生产经营单位、二级公司及相关责任人进行处罚。

第二十九条 生产经营单位主动上报重大隐患，并按规定程序进行整顿的不作处罚。

第三十条 集团公司、二级公司对重大隐患有其他补充性处罚规定的，执行其规定。各生产经营单位要加大对重复出现隐患的部门的处罚力度。

第九章 附则

第三十一条 本制度所称“安监部门”包含承担各级安全生产委员会（专委会）办公室职能的部门。

第三十二条 本制度解释权属晋能集团有限公司安全生产委员会。

1.8 安全培训管理制度

第一章 总则

第一条 为切实加强安全培训管理，规范安全培训工作，保证安全培训质量，全面提高从业人员安全素质和安全防范能力，防止和减少“三违”行为，促进集团公司安全生产工作持续稳定发展，根据《中华人民共和国安全生产法》《国务院安委会关于进一步加强安全培训工作的决定》（安委〔2012〕10号）、原国家安全监管总局《生产经营单位安全培训规定》（2015年修订）、《安全生产培训管理办法》（2015年修订）、国家煤矿安监局《煤矿安全培训规定》（2016年修订）、《山西省安全生产条例》(2016 年修订)、《山西省煤炭厅煤矿安全培训管理规定》(晋煤培发〔2013〕1718 号)等法律、行政法规的规定,结合集团公司实际,制定本制度。

第二条 本制度适用于集团各级公司、所有生产经营单位。

第二章 安全培训组织与管理

第三条 各生产经营单位是安全培训工作的责任主体,要对从业人员进行安全生产教育和培训,其主要负责人是本单位安全培训工作的第一责任人,对本单位从业人员安全培训工作全面负责。同时要明确一名班子成员具体负责本单位的安全培训工作,每月至少组织召开一次安全教育培训工作例会,研究和解决本单位在安全教育培训工作中存在的问题,健全落实"一岗双责"的安全培训责任体系。

第四条 各生产经营单位主要负责人要组织制定并实施本单位安全生产教育和培训计划;安全生产管理机构及安全生产管理人员组织或者参与安全生产教育和培训,并如实记录安全生产教育和培训情况。

第五条 各生产经营单位应当设置安全培训管理机构或配备专门的安全培训管理人员,组织实施本单位安全教育培训计划,建立健全安全培训工作制度、从业人员安全教育培训档案并严格落实"三项岗位"人员持证上岗和从业人员先培训后上岗制度。

第六条 具备安全培训条件的生产经营单位应当以自主培训为主,不具备安全培训条件的应当委托具备安全培训条件的安全培训机构进行安全培训。委托安全培训机构进行安全培训的,安全培训的责任仍由本单位负责。

第七条 对从业人员安全教育培训档案实行一人一档,并应长期保存。档案内容包括:

(1)学历、职务、职称、工作经历、技能等级晋升情况。

(2)接受安全培训、考核情况。

(3)违规违章行为记录以及被追究责任,受到处分、处理情况。

(4)其他事项。

第八条 开展自主培训的单位,还要建立专门的安全培训档案,实行一期一档,并应保存 3 年以上。档案内容包括:

(1)培训方案。

(2)培训时间、地点、参加人员。

(3)培训内容、课时及教师。

(4)课程讲义。

(5)学员培训考勤、考核情况。

(6)综合考评报告等。

第九条 开展自主安全培训的单位,安全培训内容要符合国家统一的培训大纲要求,并根据本单位安全生产工作发展需要和实际,规范培训内容,制定或编写针对性、实效性强的适用教材或课件,保证从业人员具备本岗位必要的安全生产知识,熟悉安全生产规章制度和安全操作规程,掌握本岗位的安全操作技能,了解事故应急处理和措施,知悉本身在安全生产方面的权利和义务。未经安全生产教育和培训合格的从业人员,不得上岗作业。

第十条 各专业部门要结合自身专业特点,有计划地开展专项技能培训。

第十一条 各单位要把安全教育培训纳入企业发展规划和年度目标考核计划。

第三章 安全培训的对象和要求

第十二条 集团公司、二级公司、生产经营单位(高危企业)的主要负责人和安全生产管理人员依法接受省级培训监管部门的安全生产知识和管理能力考核，取得《安全生产知识和管理能力考核合格证》；非高危企业的主要负责人和安全生产管理人员要具备与所从事的生产经营活动相适应的安全生产知识和管理能力。

第十三条　特种作业人员必须经专门的安全技术培训，依法接受与其所从事特种作业相关的安全技术理论和实际操作培训。经培训监管部门考核合格，取得《特种作业操作证》，方可上岗作业。

第十四条　特种设备作业人员，包括锅炉、压力容器（气瓶）、压力管道、电梯、起重机械、厂内机动车辆等的操作人员，取得由资质部门颁发的《特种设备作业人员证》，方可上岗作业。

第十五条　其他从业人员的安全培训要求：

（1）高危企业要对新职工进行至少72学时的安全培训，建筑企业要对新职工进行至少32学时的安全培训，每年进行至少20学时的再培训；非高危企业新职工上岗前要经过至少24学时的安全培训，每年进行至少8学时的再培训。企业调整工作岗位或离开本岗位1年以上（含1年）重新上岗前，以及应用新工艺、新技术、新材料、新设备以及转岗前应对其进行相应的安全培训，经培训合格后，方可上岗作业。

（2）其他从业人员的安全生产基础知识培训、考核、发证；班组长的培训、考核、发证；年度再培训工作的组织实施；岗前培训、考核、发证工作由生产经营单位负责。

（3）高危企业新职工经安全培训合格后，要在经验丰富的工人师傅带领下，实习至少2个月后（井下作业至少4个月），经再次考核合格，方可独立上岗。

第四章　安全培训的计划管理

第十六条　安全培训计划的编制要求

（1）集团公司安全生产培训中心负责编制全集团的年度安全培训计划，并指导二级公司安全培训计划的制定；集团公司各职能部门要根据部门培训需求制定年度安全培训计划，并报安全生产培训中心进行统一管理实施。

（2）各二级公司安全培训管理部门负责编制本公司的年度安全培训计划，并指导所属基层生产经营单位年度安全培训计划的制定。

（3）各单位的年度安全培训计划要以文件形式上报至上一级安全培训部门。

（4）安全培训计划要紧贴本单位生产经营实际，具有可操作性，能够落实到位并能指导实际工作。

第十七条　安全培训计划的实施

（1）明确责任、分解落实，保证安全培训计划的顺利实施。

（2）与政府培训监管部门建立信息沟通机制，抓好“三项岗位”人员的培训工作，按照省市县培训监管部门要求，选送符合条件的人员参加培训、考核。

（3）各级安全培训管理部门要在每季度末，对本单位安全培训计划实施情况进行总结，对安全培训工作实施动态管理。

第五章　安全培训的组织实施

第十八条　集团公司、二级公司、各生产经营单位“三项岗位”人员的安全培训，根据属地培训监管部门的培训计划组织实施。按要求参加集团公司组织的各类安全、技术培训活动。

第十九条　其他从业人员的安全培训，由生产经营单位组织实施。按照厂（矿）、车间（工段、区、队）、班组三级安全培训教育流程，保证从业人员具备本岗位安全操作、应急处置等知识和技能。

第二十条　厂（矿）级岗前安全培训主要内容：

（1）本单位安全生产情况及安全生产基本知识。
（2）本单位安全生产规章制度和劳动纪律。
（3）从业人员安全生产权利和义务。
（4）事故应急救援、事故应急预案演练及防范措施。
（5）安全事故警示教育案例等。

第二十一条　车间（工段、区、队）级岗前安全培训主要内容：
（1）工作环境及危险因素。
（2）所从事工种可能遭受的职业伤害和伤亡事故。
（3）所从事工种的安全职责、操作技能及强制性标准。
（4）自救互救、急救方法、疏散和现场紧急情况的处理。
（5）安全设备设施、个人防护用品的使用和维护。
（6）本车间（工段、区、队）安全生产状况及规章制度。
（7）预防事故和职业危害的措施及应注意的安全事项。
（8）有关事故案例。
（9）其他需要培训的内容。

第二十二条　班组级岗前安全培训主要内容：
（1）岗位安全操作规程。
（2）岗位之间工作衔接配合的安全与职业卫生事项。
（3）有关事故案例。
（4）其他需要培训的内容。

第二十三条　高危企业要严格班前安全培训制度，针对性地讲述岗位安全生产与应急救援知识、安全隐患和注意事项等，使班前安全培训成为安全生产第一道防线。充分利用“班前会三个 10 分钟”、区队安全教育培训“三个一”等培训模式，提高现场操作人员的安全风险管控能力。

第二十四条　具备安全培训资质或条件，承担安全培训工作的机构或中心，必须坚持依法培训，按需施教的工作理念，加强、优化教师队伍建设，严格按照国家规定的教学大纲，结合生产经营单位实际组织教学，努力提高安全培训质量。

第六章　安全培训的经费管理

第二十五条　各单位要按照国家和集团公司有关规定，在职工培训经费和安全费用中足额列支安全培训经费，并严格管理，合理使用，确保安全教育培训工作的正常开展。

第七章　安全培训的监督管理与绩效考核

第二十六条　集团公司、二级公司、生产经营单位分别履行督查、检查、自查的安全培训监督管理职责。各单位要建立健全安全培训监督管理制度，要求检查有记录（台账），整改有措施，并跟踪落实。

第二十七条　安全培训监督检查的主要内容包括：
（1）安全培训制度、年度培训计划、安全培训管理档案的制定和实施情况。
（2）安全培训经费投入和使用的情况。
（3）主要负责人、安全生产管理人员接受安全生产知识和管理能力考核的情况。
（4）特种作业人员持证上岗的情况。
（5）应用新工艺、新技术、新材料、新设备以及转岗前对从业人员安全培训的情况。
（6）其他从业人员安全培训的情况。

（7）法律法规规定的其他内容。

第二十八条 各单位要认真实施集团公司《安全教育培训考核办法》（晋能培训字〔2015〕368号），把安全教育培训绩效考核纳入安全生产综合考核内容。

第二十九条 集团公司将定期对监督检查及考核情况进行通报，发现违法违规和违反集团公司相关规定的将采取通报批评、限期改正等措施。

第三十条 严肃追究安全培训责任。对应持证未持证或者未经培训合格就上岗的情况，按照集团公司安全管理红线制度追究相关人员责任。

对各类生产安全责任事故，倒查培训、考试、发证（指自主培训或委托培训）不到位的责任，实行安全培训责任倒查制度，对相关责任人进行相应处罚。

第八章 附　　则

第三十一条 各二级公司、基层生产经营单位要根据本制度规定，结合本单位实际制定具体实施细则。

第三十二条 本制度解释权属晋能集团有限公司安全生产委员会。

1.9 安全操作管理制度

第一章 总　　则

第一条 为规范安全操作规程及标准的管理，维护安全生产良好秩序，使规范操作变为每个从业人员的自觉行为，制定本制度。

第二章 安全操作规程的编制

第二条 编制依据

（1）现行的国家、行业安全技术操作标准和规范，《安全规程》等。

（2）集团公司、二级公司（板块公司）有关安全管理制度、标准和规范。

（3）设备的使用说明书、工作原理资料以及设计、制造资料。

（4）曾经出现过的危险、事故案例及与本项操作有关的其他不安全因素。

（5）作业环境条件、工作制度、安全生产责任制等。

（6）职业卫生等其他相关要求。

第三条 编制内容

（1）适用工种。

（2）行业和工种要求的一般规定。

（3）该工种的安全规定。

（4）操作前的准备及安全确认，包括：操作前做哪些检查、机器设备和环境应该处于什么状态、应该做哪些调整、准备哪些工具等。

（5）劳动防护用品的穿戴要求，包括：应该和禁止穿戴的防护用品种类，以及如何穿戴等。

（6）操作的先后顺序、方式。

（7）正常的操作程序。

（8）操作过程中机器设备的状态。

（9）操作过程需要进行哪些测试和调整，如何调整。

（10）操作人员所处的位置和操作时的规范姿势。

（11）操作过程中有哪些必须禁止的行为。

（12）特殊操作内容。

（13）异常情况处理要求。

（14）收尾工作。

（15）其他要求。

第四条　操作规程的编制、会审、批准

《安全操作规程》由各基层单位组织编制，《安全操作规程》编制完成后，由各基层单位总工程师（技术负责人）组织相关副总工程师、部门技术负责人进行会审，并经总工程师（技术负责人）批准后执行。

第三章　培训及学习

第五条　各单位必须对照行业、工种作业标准，建立健全各工种、各岗位人员操作规程和各工序操作标准。

第六条　各单位要建立专门的安全操作规程学习制度，聘请有经验的老工人和专业技术人员进行讲课，对职工进行安全操作规程培训，同时要在企业的各类安全教育培训中，将安全操作规程列为重点学习内容，保证安全操作规程的全面落实，每次学习结束后，要组织对职工进行考试，考试合格后持证上岗。

第七条　推行所有岗位人员的“手指口述，岗位描述”工作法，不断提高职工安全意识和操作技能水平。

第八条　推行职工持卡上岗管理制度。制作各岗位、各工种岗位危险源辨识卡，辨识卡上注明各岗位、各工种的操作标准和可能发生的危害因素，职工1人1卡，持卡上岗。

第四章　检查及考核

第九条　各单位必须制定安全操作规程考核评价验收办法，实行动态监督检查、班清班结，并做到持卡上岗，使每一位从业人员均能明确自己所从事岗位应当如何做，做什么，怎么做，不应做什么。

第十条　加大对安全操作管理的监督考核力度。对不熟悉操作标准的上岗人员，要立即进行停工培训。

第十一条　特殊工种及各岗位从业人员必须做到持证、持卡上岗，并且熟知本岗位操作标准。对现场抽查应知应会能力较差或违反操作标准作业者，责令其离岗培训，培训合格后方可重新上岗作业。

第十二条　强化对各岗位、各工种人员操作行为的监督考核，形成闭环式持续改进的管理机制，落实各级各类人员监督考核责任制，加大监督考核力度，确保职工规范操作。

第十三条　安全操作规程执行情况的检查内容：

（1）检查违章行为。安全管理人员在检查中根据安全操作规程和常见违反安全操作规程行为范例，对重点设备、重点岗位、重点人员安全操作规程的执行情况进行检查，及时发现和纠正违章行为，同时，对违章行为进行处罚。

（2）检查劳动防护用品和防护设施使用情况。检查是否使用本工种规定的防护用品，穿戴是否正确；安全防护设施是否被拆除或是否被错误使用。

（3）检查特种作业人员持证上岗情况。对特种作业人员检查的重点是特种作业人员的身体条件是否符合要求、教育培训及复审教育是否按规定进行、是否持证上岗、是否有违章行为，同时检查是否有非特种作业人员进行特种作业等。

（4）检查员工对安全操作规程的掌握情况。

第十四条　安全操作制度执行情况的检查采用现场检查和笔答考试两种方法。现场检查的方法是让员工从头开始操作，直到这项工作结束为止，检查人员利用事先制定好的检查表，逐项进行打分，对不符合要求的操作，检查结束后在现场给予纠正。

第五章　附　　则

第十五条　本制度解释权属晋能集团有限公司安全生产委员会。

1.10　职业卫生健康管理制度

第一章　总　　则

第一条　为加强职业卫生健康管理，有效控制职业危害因素，改善现场作业环境，确保作业人员健康，有效防止职业病发生，依据《中华人民共和国职业病防治法》《使用有毒物品作业场所劳动保护条例》（国务院352号令）、《职业健康监护管理办法》《职业病危害项目申报管理办法》《煤矿作业场所职业危害防治规定（试行）》《工作场所有害因素职业接触限值化学有害因素》《工作场所有害因素职业接触限值物理因素》《工业企业设计卫生标准》《职业健康监护技术规范》《煤矿安全规程》《关于做好煤矿作业场所职业危害申报工作的通知》等相关法律、法规、规定，结合集团公司实际制定本制度。

第二条　本制度适用于集团公司所属有职业危害因素的全资、控股企业。

第三条　本制度规定了职业危害因素的识别、防治，监测、职业健康检查、职业危害项目申报、培训等内容。

第四条　集团公司每年进行一次职业卫生健康专项检查，二级公司、基层单位每季度组织一次专项检查。

第二章　职业危害因素辨识

第五条　依据国家相关法律、法规、标准、规程，结合集团公司实际，在生产过程中接触的职业危害因素如下：

（1）煤矿职业危害主要指以下几种：

①粉尘：煤尘、岩尘、水泥尘等。

②化学物质：氮氧化物、碳氧化物、硫化氢等。

③物理因素：噪声、高温等。

（2）地面生产单位职业危害因素主要指以下几种：

①粉尘类：硅尘、煤尘（煤硅尘）、水泥尘、电焊烟尘。

②化学物质：六氟化硫、二氧化碳、二氧化硫、一氧化碳、氮氧化物等。

③物理因素：振动、高温、噪声、工频电磁场、电离辐射等。

④导致职业性皮肤病的危害因素：硫酸、硝酸、盐酸等。

第六条　生产性粉尘的产生及危害：在生产过程中产生、能长时间飘浮在空气中和沉落在生产环境中的固体微粒，有煤尘、硅尘、煤硅混合粉尘。职工长期在超过国家卫生标准的粉尘环境中工作就会产生以肺组织广泛地弥漫性纤维化为主的全身性疾病，即煤工尘肺病。

（1）硅肺病，长期接触岩石粉尘，没有接触煤尘或接触煤尘极短时间，所患尘肺病在病理上有典型的硅结节改变。同时在炼铁业、炼钢业及建筑施工单位生产过程中易产生硅尘（游离二氧化硅含量超过10%的无机性粉尘），同样易患硅肺病。

（2）煤肺病，较长时间接触煤尘（游离二氧化硅含量5%左右的煤尘），病理上有典型的煤尘纤维灶和灶周肺气肿。煤炭生产经营过程中易产生煤尘（煤硅尘），可能导致煤工尘肺病。

（3）煤硅肺，既接触过硅尘也接触过煤尘，所患尘肺兼有硅肺和煤肺改变特征。

第七条 化学危害因素及危害：煤炭开采过程中易产生沼气、二氧化碳、一氧化碳、氮氧化物、硫化氢等有害气体，并造成急性或慢性中毒；煤电企业生产过程中产生氮氧化物、碳氧化物、硫化氢等职业危害因素，可能导致的职业病：氮氧化物、碳氧化物、硫化氢中毒。炼铁业、机械工业也产生一氧化碳。机械工业的电气焊能产生氮氧化合物，可能导致的职业病是氮氧化合物中毒。

第八条 物理因素及危害：生产过程中产生噪声、振动、异常气候条件（高温、高湿、低温）及不良照明等造成的噪声聋、中暑等危害。

第九条 导致职业性皮肤病的危害因素：使用、接触硫酸、硝酸、盐酸等可导致接触性皮炎的危害因素，可能导致接触性皮炎。

第三章 职业危害因素的防治

第十条 各单位成立职业病防治领导组及职业卫生管理机构，配备专职或兼职职业卫生管理人员，建立相关规章制度，进行业务对口管理；各单位安全生产管理部门负责职业卫生的监察、督导工作。

第十一条 新、改、扩建和技术引进项目应按《建设项目安全、工业卫生“三同时”安全管理规定》执行。

第十二条 技术、生产及职业病防治主管部门依靠科技进步，研制、开发、推广应用有利于职业病防治和保护劳动者健康的新技术、新设备、新工艺、新材料，提高职业病防治科学技术水平。

第十三条 各单位应保证有职业病危害因素的作业场所符合下列职业卫生要求：

（1）职业危害因素的强度或者浓度符合国家规定的职业卫生标准。

（2）有与职业病危害防护相适应的设施。

（3）生产布局合理，符合有害与无害作业分开的原则。

（4）有配套的更衣间、洗浴间、孕妇休息间等卫生设施。

（5）设备、工具等设施符合保护劳动者生理、心理健康的要求。

（6）法律、行政法规和国务院卫生行政部门关于保护劳动者健康的其他要求。

第十四条 各单位对可能发生急性职业损伤的有毒、有害工作场所，设置报警装置，配置现场急救用品、冲洗设备、应急撤离通道和必要的泄险区。

第十五条 依据《工业企业设计卫生标准》，保证生产布局合理、有害和无害作业分开。各单位对有尘、毒等职业危害因素的作业场所要及时清理有害物料，保持清洁，防止二次污染。

第十六条 粉尘防治的具体措施

1. 煤矿井下粉尘防治的具体措施

（1）通风排尘和风流净化。合理地选择通风方式和方法是关键，根据矿井的实际情况做好风量、风速、通风设施的布设等。掘进工作面采用压入式通风，风筒的大小、出口的距离、所需风量等在作业规程中要明确规定，在回风侧安装喷雾洒水装置。主井口、井筒、运输大巷进风侧都要安设喷雾洒水从而制造水幕净化风流。

（2）喷雾洒水。喷雾洒水是降低爆破、装岩、装煤及其他工序中产生的矿尘和防止落尘飞扬的重要措施，同时，对采掘工作面爆破还有消除炮烟的作用，可缩短通风时间。为此各装载点、装岩、装煤工作面都要进行喷雾洒水。

（3）采掘工作面采用湿式打眼，爆破必须使用水炮泥。

（4）对井巷洒水冲洗，采掘工作面洒水，装岩、装煤要防止粉尘飞扬。

（5）定期清理井巷沉积的粉尘，每周清理一次。

2. 地面生产单位防尘的具体措施

对长期、连续生产产生粉尘的设施安装除尘设施；对间歇性或短期作业产生粉尘的设施可加强现场通风及洒水湿式作业；对于在受限空间内作业采取强制通风，并形成对流，降低现场粉尘浓度。

第十七条　有毒有害气体预防措施

1. 煤矿有毒有害气体预防措施

（1）加强通风。合理的风量、风速、通风方式及方法才能保障矿井的环境条件。

（2）采掘工作面必须有足够的新鲜风量，各种有害气体必须控制在《煤矿安全规程》规定的数值以内。

（3）停风巷道、盲巷必须设置警标或栅栏，悬挂严禁人员入内的牌板。

（4）恢复盲巷生产时，必须提前安设通风设备进行通风，但要注意通风风量的控制，使回风侧风流中各种气体限制在规程规定的范围内。

（5）采掘工作面爆破后，通风时间不得少于15 min，施工人员必须等工作面无炮烟后方可进入。

（6）严禁无风、微风作业。

2. 地面生产单位有毒有害气体的防治

（1）防止跑、冒、滴、漏，并做好废气回收及综合利用。生产过程的自动化、机械化和管道化采用自动控制技术，自动调节以维持正常操作条件；提高设备的密闭性，防止金属设备腐蚀破裂。

（2）根据生产工艺特点选用合适的通风方法。

（3）加强个人防护，大量接触酸、碱等腐蚀性液体毒物时，应穿戴耐腐蚀的防护用具，如聚氯乙烯、橡皮制品、橡皮手套、防护眼镜、防护胶鞋等；戴防毒口罩或防护面具；涂皮肤防护油膏。

第十八条　物理因素危害的防治

（1）人体的主要散热方式有对流、辐射和蒸发等。在对流过程中，起主导作用的是人体与周围空气的温度差和空气的流动速度。在辐射过程中，人体与周围介质的热交换与两者的绝对温度成正比。蒸发效果主要取决于空气的相对湿度。气温超过25 ℃时，对流及辐射散热将大大降低，达37 ℃时，对流和辐射作用将停止。空气中的相对湿度过高，汗水就不易蒸发，人感到闷热；相对湿度过低，蒸发快，人感到凉爽。防治措施：

①加大作业现场空气流通，避免热量积聚。

②安装空调、风扇等降温设施。

③为作业现场人员发放防暑降温药品、饮料、淡盐水等。

（2）各种大功率、快速运转的设备和各种现代化运输工具的使用，噪声污染已相当严重，主要预防措施有：

①选择低噪声设备，在购置设备时认真研读设备的说明书，根据机械设备的结构传动方式来判断发声大小。

②改革工艺和操作方法。煤矿作业过程中尽量减少冲击性工艺，以焊代铆，以液压代冲压，把锻打改摩擦压力或液压加工。

③对高压、高速气流要降低压差和流速或改变气流喷嘴形状。

④搞好维修和管理，定期加润滑油、维修，使设备处于良好地运转状态。

⑤提高总体规划的合理性。利用屏蔽阻止噪声的传播；利用声源的指向性控制噪声；采用声学控制技术设施：隔间、吸音、消音、隔振。

（3）防振动措施：

①进行工艺过程和生产工具的改革，加强机械化、自动化，取消或减少振动作业，改进风动工具，增加工具减振设备，从根本上减少振动工具对人体的危害。

②合理的劳动作息制度，制定各种振动工具的使用和间歇时间，工种可轮换上岗。

(4) 不良照明预防措施:

①对作业环境采取合理的照明，从卫生角度应满足具有从事该工作所需的照明度，以免发生视力紧张；工作场所照明要均匀恒定，和周围背景之间的亮度不应有显著的差别，没有强烈的阴影，光源不应有眩目作用。

②结合具体情况，可在现有条件的基础上不断地对光源、照明装置、光的物理性质与人体机能之间关系调研、改进，使之既符合生产需要又不影响工人健康。

第十九条 各单位对可能产生有毒、有害因素的工艺设备和管道，要加强维护，定期检修，保持设备完好，杜绝跑、冒、滴、漏。

第二十条 作业人员进场作业必须按要求佩戴防尘口罩、耳塞、隔离式防毒面具等防护用品，按操作规程进行操作。

第二十一条 职业病危害防护设施必须与生产设备同时正常运行。

第四章 职业病危害因素的监测与评价

第二十二条 涉及有职业病危害因素的单位要设立职业危害因素监测管理机构，制定职业病危害因素监测评价计划，进行作业场所职业病危害因素日常监测。

第二十三条 监测人员必须按《职业病危害因素监测评价计划》要求，对作业场所的职业病危害因素进行采样监测。粉尘、毒物每3个月监测一次，噪声每半年至少监测一次。

第二十四条 对作业场所有害因素浓度、强度的测定必须严格执行国家关于职业病危害因素种类、监测方法、监测周期的规定。

第二十五条 粉尘、毒物的监测要按照《工作场所空气中有害物质监测的采样规范》(GBZ159—2004) 进行。

第二十六条 有职业危害因素的单位定期委托具有职业卫生技术服务资质的单位每年对公司职业病危害因素进行检测与评价，并出具《职业病危害因素定期检测与评价报告》，将检测与评价结果及时向卫生行政部门报告。

第二十七条 定期监测工作根据国家职业病危害因素和监测周期的规定进行。

第二十八条 监测中发现职业病危害因素不符合国家职业卫生标准的作业场所，要将监测对象、监测地点、监测结果、监测方法等记录并上报各单位主管部门。

第二十九条 各单位设专人负责职业病危害因素监测结果的审查，接到监测超标报告，必须立即组织相关部门勘察分析超标原因，制定改进方案，并尽快落实。

第五章 职业病危害告知

第三十条 人力资源部门签订各类员工聘用合同时，要将工作过程中可能产生的职业病危害及其后果、职业病防护措施和待遇等如实告知劳动者，并在劳动合同中写明，不得隐瞒或者欺骗。

因工作性质改变等原因造成员工所接触的职业病危害因素与劳动合同中所列明的不一样时，要如实告知员工，必要时变更劳动合同。

第三十一条 各单位在醒目位置设置公告栏，公布有关职业病防治的规章制度、操作规程、职业病危害事故应急救援措施、工作场所职业病危害因素检测评价结果。

第三十二条 存在职业病危害因素的工作场所设置公告栏，公布存在的职业病危害因素及岗位、健康危害、接触限值、应急救援措施，以及工作场所危害因素监测结果、监测日期、监测机构名称等。

第三十三条 使用、生产、经营可能产生职业病危害的化学品，要有中文说明书；有毒物品的包装要有警示标识和中文警示说明。对可能产生职业病危害的设备要有中文说明书，不使用国家明令禁止使用的可能产生职业病危害的设备。

第三十四条 在可能产生职业病危害的设备的醒目位置设置警示标识和中文警示说明。

第三十五条 各单位对警示标识、公告栏要指定专人负责检查、维护，保持其完好可用、整洁卫生。每月检查一次，发现破损及时维修和更换。

第六章 职业健康监护

第三十六条 职业病防治主管部门负责定期或不定期为接触职业病危害因素的职工进行健康检查和职业病诊疗工作。

第三十七条 人力资源部门及时向职业病防治主管部门提供新上岗、离岗、转岗人员名单，由职业病防治主管部门组织职业健康检查，身体合格者，方可办理上岗、离岗、转岗手续。

不得安排未经职业健康检查的劳动者、未成年工、孕妇、哺乳期女职工从事接触职业病危害的作业。

第三十八条 用人单位应如实向劳动者本人告知职业健康检查结果，不得隐瞒、篡改、公示或作他用。

第三十九条 存在职业病危害因素的单位，要与依法取得省卫生行政部门批准的从事职业健康检查资质的医疗卫生机构签订健康检查委托协议，由委托单位定期对职业病危害因素作业人员进行健康检查。

第四十条 职业病防治主管部门必须严格按照《职业健康监护管理办法》《职业健康监护技术规范》规定的周期和范围，组织接触、拟接触职业病危害因素的劳动者进行上岗前、在岗期间、离岗时和应急的职业健康检查（包括民工），建立劳动者健康监护档案并妥善保存；对职业病、疑似职业病与职业禁忌者，由职业病防治主管部门出具《职业病和职业禁忌处置建议》。

第四十一条 经上岗前健康检查，发现有职业禁忌证患者时，不得因任何原因，安排其从事所禁忌的劳动。在岗期间定期健康体检发现有不适宜继续从事原工作的职业病病人，要及时调离原工作岗位，并妥善安排。

第四十二条 接触职业病危害因素的人员，每年进行一次健康检查。

第四十三条 健康检查结果要及时、如实地告知被检查者本人，不得随意泄露给其他人员。

第四十四条 职工健康监护档案为永久性保存的资料，由职业病防治主管部门专人妥善保管，防止丢失。

第七章 职业病防护设施和应急救援设施维护、保养

第四十五条 职业病防护设施、应急救援设施管理和使用做到“三好”（即管好、用好、完好）、“四会”（即会操作、会保养、会检查、会简单维修）、“四定”（即定人保管、定人养护、定点存放、定期校验），保证职业病防护设施和应急救援设施性能安全可靠。

第四十六条 职业病防护设施和应急救援设施安装后严格验收，建立职业病防护设施和应急救援设施技术档案。档案内容包括该机附带的各种资料（说明书、合格证、电路图、装配图、附件清单、装箱单证等）及职业病防护设施和应急救援设施技术卡片（验收报告、维修、校验记录等）。

第四十七条 使用职业病防护设施和应急救援设施，必须严格遵守操作规程及公司有关规章制度。

第四十八条 加强职业病防护设施和应急救援设施的维护工作，定期检修，专人负责。发生故障应及时送修，以确保仪器设备处于完好状态，并做好检查、维修记录。

第四十九条 加强职业病防护设施和应急救援设施的保养工作，定期清扫、清洁、整理，专人负责。

第八章 职业病危害申报

第五十条 各单位负责职业病危害因素的申报，承担职业病危害因素的调查与申报工作。

第五十一条 严格执行《职业病防治法》及职业病危害项目申报管理规定，及时准确统计和上报职业病危害因素。

第五十二条 工作现场职业病危害因素应根据《职业病危害因素分类目录》中所列出的职业病危害因素的种类，结合工作现场实际调查情况，统计确定和申报。

第九章 职业卫生培训

第五十三条 各单位培训部门制定培训计划，安排本单位主要负责人、管理人员接受职业卫生培训；依法组织职工进行上岗前、在岗期间的职业健康知识培训，使员工掌握职业卫生知识，提高自我健康保护意识，自觉遵守职业病防治法律、法规，熟悉操作规程，正确使用职业病防护设备和个人防护用品。

第十章 罚 则

第五十四条 企业违反职业卫生健康防治有关规定时，对企业、单位负责人、直接责任人按照上级部门及集团公司相关规定进行处罚。

第五十五条 职业卫生健康工作纳入各单位安全绩效考核内容

第十一章 附 则

第五十六条 本制度解释权属晋能集团有限公司安全生产委员会。

1.11 安全文化建设管理制度

第一章 总 则

第一条 为加强集团公司安全文化建设实效性和针对性，推动安全文化建设工作规范化、制度化，构建积极推进、持续改进的安全文化建设长效机制，不断提高安全文化建设水平；根据国家、山西省的有关规定和要求，结合集团公司实际，特制定本制度。

第二条 安全文化建设由安全理念、安全行为、安全视觉、安全听觉、安全环境等五部分识别系统组成；其中安全理念识别系统是核心，安全行为识别系统是关键，安全视觉识别系统、安全听觉识别系统、安全环境识别系统是外化结果。

第三条 本制度适用于集团公司、二级公司及全资、控股企业。

第二章 组 织 实 施

第四条 安全文化建设坚持“统筹策划、典型引路、齐抓共管、全面推进”的原则。以集团公司安全文化统筹建设“二级安全文化”和“三级安全文化”，实现集团公司共性安全文化与企业个性安全文化有机相融、特色彰显。

第五条 安全文化建设纳入安全生产管理中，同步研究、同步部署、同步检查、同步考核、同步奖惩，制定实施方案、具体目标、保障措施等。

第六条 安全文化建设活动要设置组织机构和人员，制定各项工作制度，保证活动有序开展。

第七条 安全文化建设经费纳入安全生产宣传培训教育经费中，专款专用，保证投入。

第八条 安全文化建设要培养骨干人才，外培和内培相结合，聘请专家授课和单位领导宣讲相结合，组织开展业务培训，提高企业安全文化建设工作质量水平。

第九条 安全文化建设中的安全理念、安全愿景、安全使命、安全目标等内容要深挖精掘提炼，通俗易懂，切合企业实际，具有感召力，体现积极向上的安全价值观和先进理念。

第十条 各单位要按照国家、山西省、集团公司安全文化建设示范企业评价标准，积极开展创建活动，明确任务，扎实推进。

第十一条 利用多种形式广泛传播安全理念。通过《安全文化手册》、网站、报刊、展板、新兴媒体、安全培训、安全活动等各种途径，不断加以倡导，强化职工对安全核心理念的理解和认同，拥有一致的安全价值理念和行为准则。

第十二条 加强安全文化建设交流合作，吸收借鉴国内外、兄弟单位安全文化建设的先进经验和成果。

第三章 考核奖励

第十三条 各单位每年组织开展安全文化建设绩效评估、考核评价，安全文化建设取得鲜明特色、行业特点和实际成效，企业可以自行表彰奖励。

第十四条 荣获国家、省级、集团公司安全文化建设示范企业的企业，集团公司给予表彰奖励。

第四章 附则

第十五条 本制度解释权属晋能集团有限公司安全生产委员会。

1.12 生产安全事故应急救援管理制度

第一章 总则

第一条 为增强防范生产安全事故风险和应对事故的综合抗灾能力，做到平时及时发现事故隐患，做好预警，一旦发生重大事故时，确保抢险救援工作快速、高效、有序进行，最大限度地减少事故造成人员伤亡和财产损失，防止事故进一步扩大，为贯彻落实《安全生产法》（中华人民共和国主席令第十三号）等有关应急救援管理的法律法规、标准规范，结合集团公司实际，特制定本制度。

第二条 集团公司、各二级公司、各矿、厂、站必须认真落实企业主要负责人是安全生产应急管理第一责任人的工作制度，必须依法设置安全生产应急管理机构，配备专职应急管理人员，建立健全应急管理工作制度。主要包括《工作例会制度》《应急救援职责履行情况检查制度》《重大隐患排查与治理制度》《重大危险源监测监控制度》《应急管理检查制度》《应急培训制度》《应急预案管理工作制度》《应急预案演练与评估制度》《应急演练工作情况报送制度》《应急投入保障制度》《应急救援物资装备管理制度》《应急救援档案管理制度》《应急救援责任追究与奖惩制度》《井下紧急避险系统管理制度》等。

第三条 本制度所指的事故主要是指生产安全事故以及因洪水灾害、地震等自然灾害引发次生事故。本制度适用于集团公司生产安全事故的预防和应急救援管理工作。

第二章 事故应急救援组织管理机构及其职责

第四条 集团公司及各二级公司必须设立应急救援总指挥部，应急救援总指挥部设在集团公司生产指挥中心及二级公司生产指挥中心，各矿、厂、站应建立相应的应急救援指挥部。事故发生后，事故单位的救援指挥部按照事前编制的《生产安全事故应急预案（分为综合预案、专项预案和现场处置方案）》组织抢险救援工作。

第五条 在事故应急救援中，各有关职能部门分工合作，各司其职，密切配合，快速、高效、有序地开展工作。

第六条 集团公司董事长（党委书记）、总经理担任应急救援指挥部总指挥，副总指挥由分管安全的副总经理担任，并根据事故情况，由总指挥根据事故类别指定增加一名分管副总经理担任；成员由集团公司有关部门负责人组成。

各二级公司经理、党委书记担任应急救援指挥部总指挥，分管安全生产的副经理担任副总指挥，成员由相关部门负责人组成。

第七条 各矿、厂、站应急救援指挥部总指挥由董事长（矿长、厂长、经理）、党委书记担任，副总指挥由分管安全的副职担任，并根据事故情况，由总指挥根据事故类别指定增加一名分管副职担任；成员由单位有关部门负责人组成。

第八条 集团公司及二级公司应急救援总指挥部下设应急救援办公室。

集团公司应急救援办公室设在总调度室，其主要职责是：负责接收、处置事故预警信息，及时发布生产安全预警信息；接到重大事故或应急事件报告后立即向集团公司应急指挥中心领导报告，并负责指挥中心指令的传达；负责集团公司 24 h 应急值班工作，保持应急救援行动通信系统畅通，应急交通车辆到位；掌握收集医疗、救护、消防等应急救援力量和资源等信息，及时向指挥中心汇报；负责应急物资管理，组织协调本企业人力、设备、材料、车辆等应急资源；负责核实事故单位事故应急处置工作总结报告；负责应急值班记录和信息的整理归档工作；负责集团公司雨季三防应急预案的编制和修订,参与会审集团公司重特大生产安全事故应急救援预案;负责组织应急预案集中学习和演练。

第九条 集团公司应急管理由集团公司安监局应急救援处负责。

其主要责任：负责审查各板块、各二级公司面临的生产安全事故、危险源与风险因素风险分析评估报告和应急救援能力报告；甄别生产安全预警信息并协同及时发布生产安全预警信息；组织、指导和协调集团公司发生死亡或重大非人身事故的应急救援工作；组织集团公司生产安全事故调查处理工作和责任追究，并向集团公司安全生产委员会报告；负责集团公司生产安全事故应急救援体系建设工作；负责集团公司生产安全事故综合应急救援预案编制并组织会审、批准、下发和修改等管理工作；督促各二级公司及所属矿、厂、站制定本单位生产安全事故应急预案（含综合预案、专项预案和现场处置方案），做到与所在县级以上地方人民政府组织制定的生产安全事故应急预案相衔接；配合集团总调度室定期组织应急预案的学习和演练。

第十条 各二级公司原则上按照集团公司模式，设置安全生产应急管理机构，配备专职安全生产应急管理人员，明确应急管理责任，实现应急机构不可少，人员制度要配套。

第十一条 按照《生产安全事故应急预案》（分为综合预案、专项预案和现场处置方案）要求，设置抢险救援、医疗救护、技术专家、通信信息、物资装备、交通运输、后勤服务、财力保障、治安保卫、善后处置等专业组。

第三章 事故应急救援原则

第十二条 统一指挥。在应急行动中，凡应急救援活动涉及单位的人员，都必须在应急指挥部的统一组织协调下行动，有令则行，有禁则止，统一号令，步调一致。

第十三条 分级响应。发生事故时，依据灾情严重情况，逐级启动应急预案，先启动事故单位事故应急预案，再启动各二级公司及集团公司的事故应急预案，最后请求地方政府或上级增援。

第十四条 属地为主。事故发生后，以事故单位为主，先组织现场抢救，再请求上级增援。

第十五条 公众动员。事故发生后，要充分发动广大员工积极参加事故抢险救灾。

第四章 事故应急报告程序

第十六条 事故发生后，事故现场负责人或有关人员立即报告单位调度室，单位调度室接到事故汇报后，按预案处置程序进行汇报，并以最快的方式，将事故简要情况向上一级总调度室报告，最迟不能超过0.5 h。

同时，事故现场有关人员应当立即向本单位负责人报告；单位负责人接到报告后，应当与1 h内向事故发生地县级以上人民政府安全生产监督管理部门和负有安全监督管理职责的有关部门报告。

第十七条 报告程序

现场报告程序：事故现场人或知情人→单位调度→单位值班领导→矿（厂）长（书记）→属地政府煤矿安全监察机构（安全生产监督部门）→救护队、医院等。

二级公司报告程序：单位调度室→二级公司调度室（应急救援指挥中心）→值班领导→二级公司主管安全生产的领导、总工程师→经理、书记→根据事故情况决定是否启动应急救援预案→通知签订救护协议的救护大队（待命或出险）→签订医治协议医院或相邻大型医院（待命或出险）→集团公司总调度室（应急救援指挥中心）。

集团公司报告程序：集团公司总调度室（应急救援指挥中心）——→值班领导——→公司分管安全生产领导——→董事长（书记）、总经理——→山西煤矿安全监察局、山西省应急管理厅和山西省国资委。

单位负责人接到事故报告后，应当迅速采取有效措施，组织抢救，防止事故扩大，减少人员伤亡和财产损失，不得隐瞒不报、谎报或者迟报，不得故意破坏事故现场、毁灭有关证据。

第十八条 事故报告内容

（1）发生事故的单位及事故发生的时间、地点。

（2）事故的简要经过、伤亡人数（包括下落不明、涉险人数）、直接经济损失的估计。

（3）事故原因、性质的初步判断。

（4）事故抢救处理的情况和采取的措施。

（5）事故报告时要及时填写《生产安全事故调度汇报卡》（附事故现场示意图）。

第十九条 事故快报

对事故具体情况暂时不明的，应先使用电话快报，30 min内补报事故的全面的文字报告（附事故现场示意图）。

电话快报应当包括下列内容：事故发生单位的名称、地址、性质；事故发生的时间、地点；事故已经造成或者可能造成的伤亡人数（包括下落不明、涉险人数）。

事故抢险、救援期间的情况每2 h向集团公司总调度室（应急救援指挥中心）报告一次。

第五章 应急救援的响应和生产安全事故应急处置

第二十条 发生事故单位必须立即向单位调度室汇报，单位领导接警后应立即成立应急指挥部，总指挥迅速做出警情判断，确定、下达启动应急救援预案的命令，组织现场抢救，并按规定向二级公司、集团公司应急救援指挥中心汇报。

第二十一条 加强生产安全事故应急处置工作，最大限度地减少人员伤亡。做到受困人员和应急救援人员安全优先，防止事故扩大优先，保护环境优先。

生产安全事故应急处置是指生产安全事故发生到事故危险状态消除期间，为抢救人员、保护财产和环境而采取的措施、行动。

各二级公司，所属矿、厂、站务必认真落实安全生产主体责任，严格按照相关法律法规和标准规范要求，建立专兼职救援队伍，做好应急物资储备，完善应急预案和现场处置措施，加强从业人员应急培训，组织开展演练，不断提高应急处置能力。

指挥部要充分发挥专家组、企业现场管理人员和专业技术人员以及救援队伍指挥员的作用，实行科学决策。要根据事故救援需要和现场实际需要划定警戒区域，及时疏散和安置事故可能影响的周边居民和群众，疏导劝离与救援无关的人员，维护现场秩序，确保救援工作高效有序。必要时，要对事故现场实行隔离保护，尤其是矿井井口、危险化学品处置区域、火区灾区入口等重要部位要实行专人值守，未经指挥部批准，任何人不准进入。要对现场周边及有关区域实行交通管制，确保应急救援通道畅通。

救援过程中，要严格遵守《安全规程》，及时排除隐患，确保救援人员安全。

对于继续救援直接威胁救援人员生命安全、极易造成次生衍生事故等情况，指挥部要组织专家充分论证，做出暂停救援的决定；在事故现场得以控制、导致次生衍生事故隐患消除后，经指挥部组织研究，确认符合继续施救条件时，再行组织施救，直至救援任务完成。因客观条件导致无法实施救援或救援任务完成后，在经专家组论证并做好相关工作的基础上，指挥部要提出终止救援的意见，报企业主要负责人批准。

事故单位应当总结事故应急处置工作，并上报事故调查组。总结报告包括：

①事故基本情况；②先期处置情况及事故信息接收、流转及报送情况；③应急预案实施情况；④组织指挥情况；⑤现场救援方案制定及执行情况；⑥现场应急救援队伍工作情况；⑦现场管理和信息发布情况；⑧应急资源保障情况；⑨防控环境影响措施的执行情况；⑩救援成效、经验和教训；⑪相关建议。

事故单位应当妥善保存并处理好与应急处置有关的书证和物证。

第六章 应急救援保障体系

第二十二条 通信保障。调度信息中心要保证通信系统畅通，确保应急报警、指挥等活动的信息交流及时准确。

第二十三条 物资装备保障。按照《集团公司应急救援体系建设相关标准》（晋能安监字〔2015〕177 号）等文件要求，煤矿生产管理公司机电部负责应急物资建设协调工作，督促各二级涉煤公司，配备必要应急救援器材、设备和物资，并进行经常性维护、保养，保证正常运转。

重点做好防治水、防瓦斯应急救援物资储备，既要保证有足够的必要应急物资设备，又要保证快速及时供应到位。

第二十四条 人力资源保障。贯彻落实《矿山救护规程》（AQ 1008—2007）要求，按照《集团公司应急救援体系建设相关标准》（晋能安监字〔2015〕177 号）等文件，人力资源部门、安监部门多部门配合积极推进各二级公司、煤矿专兼职矿山应急救援队伍，改善救护装备和条件，建立适应矿山发展需要的人员体质合格、有效持证、训练有素的专兼职队伍，提升矿井应急处置能力。

集团公司、各二级公司应积极组建专业齐全的专兼职应急专家库，并与国家、地方政府各级应急救援专家库相衔接。与集团公司、各二级公司职能部门相配合做好抢险救援技术指导工作。

集团公司、各二级公司应强化应急值守，确保应急车辆、人员及时到位；以人为本，发挥综合办公室、安保等部门作用，积极做好后勤、善后处理、治安保卫等工作。

第二十五条 按照《集团公司应急救援体系建设相关标准》（晋能安监字〔2015〕177 号）等文件要求，各矿井每年都要和附近有资质的地方专业救护队签订救护协议，发挥属地专业矿山救护队作用，定期交换图纸并进行隐患排查治理工作。

集团内部按照区域化协作、资源共享模式，加强兼职救护队的建设。

第二十六条 资金保障。集团公司、各二级公司计财部门要做好应急救援费用计划。要建立专项应急科目，保证应急准备和应急响应行动中的各项开支。

第二十七条 现场急救。发挥社会医疗资源共享机制，与属地医院签订救护协议，构建绿色救护通道。现场创伤急救工作应按《生产安全事故应急预案（含综合预案、专项预案和现场处置方案)》要求组织实施。

第二十八条　集团公司、各二级公司、矿、厂、站年度培训计划中必须有应急培训内容。

加强从业人员应急知识教育和自救互救、避险逃生技能培训和考核。

煤炭生产业以外的厂、站要比照《集团公司应急救援体系建设相关标准》（晋能安监字〔2015〕177号）相应标准，结合自身实际和行业特点，持续搞好应急预案编制、应急救援队伍建设、应急培训演练、应急救援物资储备。

第七章　应急救援预案的管理

第二十九条　应急预案的编制

成立编制领导组和编制小组，制定编制计划。集团公司由安全副总经理任编制领导组组长，安监局、煤炭生产管理公司、电力、清洁能源、多元、公路铁路各板块等单位部门有关人员组成编制小组，制订详细的编制计划。二级公司、矿、厂、站要根据本单位实际情况成立领导组和编制小组。

进行风险评估和应急能力评估。简述本单位存在或可能发生的事故风险种类、发生的可能性以及严重程度及影响范围。在全面调查和客观分析本单位应急队伍、装备、物资等应急资源状况的基础上开展能力评估，并依据评估结果，完善应急保障措施。

编制应急预案。按照 GB/T 29639—2013 规定的格式和要求进行编写。

综合预案编写要做到：必须明确应急指挥部成员及其职责，明确参加抢救成员单位或现场抢救组织机构的职责，必须有应急救援程序和应急处置措施，每一程序必须明确谁负责、怎么干，有何要求，有应急保障措施，包括应急设备、物资、队伍、通信、技术、医疗等方面的内容。

为应对某一类型或几种类型事故或者重要生产设施、重大危险源、重大活动等内容制定的专项预案要明确风险分析、应急指挥机构及职责、处置程序和具体救援措施。

现场处置方案是针对具体场所、装置或设施所制定的应急处置措施，应明确风险分析、应急工作职责、应急处置措施和注意事项等内容。

集团公司综合预案由安监局应急救援处负责制定；专项预案由分管业务部门负责制定；现场处置方案由矿、厂、站制定；抢救方案由现场指挥部负责制定。

第三十条　应急预案实行评审制度和内部审批制度。

形式评审主要是指应急预案备案时的评审。集团公司及各二级公司应急救援预案报所在地同级人民政府安全生产监督管理部门（或煤炭工业管理（厅）局）备案或审批，同时，各二级公司应急救援预案应上报集团公司安监局应急救援处备案；矿、厂、站的应急救援预案上报所属二级公司应急救援办公室备案。

综合应急预案经编制部门和分管领导审核，应急救援总指挥批准；专项预案经编制部门和相关部门审核后，分管领导批准；现场处置方案由基层单位或单位业务部门负责人审核，单位分管领导批准；抢救方案由现场抢救指挥部审核，应急救援总指挥批准。

第三十一条　集团公司及各二级公司，按照内部分工负责事故应急救援预案的管理，对已实施满3年的应急预案或者形势、任务发生了较大变化的，应该立即组织应急救援预案修订工作。见附件一。

第三十二条　集团公司及二级公司必须组织认真宣传贯彻学习事故应急救援预案。集团公司及二级公司要建立应急演练制度和制订应急演练计划，每年至少组织进行一次针对本行业主要特点和易发生事故环节的应急演练；矿、厂、站要建立应急演练制度和制订应急演练计划，根据本单位的事故预防重点，每半年至少应组织一次应急演练或专项应急演练，经常组织区队、班组的应急演练，通过演练检验预案、完善措施、锻炼队伍、磨合机制，提供从业人员的防范意识和事故应对能力。

第三十三条　事故应急救援行动或演练结束后，各单位都必须认真对应急救援行动进行总结评估，针对发现的问题及时修订预案，完善应急措施。

第三十四条　集团公司及各二级公司安监局（分局）或调度信息中心（指挥部）负责监督检查

各部门、各单位贯彻执行应急救援情况，并将应急救援监督检查情况纳入安全监督检查考核之中。

第三十五条　各二级公司及矿、厂、站必须定期（一般分半年和全年两次，具体执行按照上级文件要求）对“一案三制和培训演练”涉及的应急投入、应急准备、应急处置与救援等工作进行总结评估。

第八章　处　　罚

第三十六条　在应急救援体系建设专项检查中发现二级公司、所属煤矿存在下列情形之一的，对责任单位处以罚款3万元：

（1）未建立应急救援指挥机构和工作机构的。

（2）专职人员配备不足，不能有效开展应急管理工作的。

（3）应急救援专业小组设置不完善的。

（4）专、兼职应急救援队伍设置不合理、人员短缺的。

（5）应急救援队伍没有按规定进行管理和培训的。

（6）应急预案内容、结构不符合GB/T 29639—2013，专项预案未覆盖重大危险源，现场处置方案不完整的。

（7）培训计划没有履行审批程序，计划内容没有明确培训时间、对象、目标、方式、方法、内容、师资、场所、管理措施的。

（8）没有编制应急演练规划、计划和实施方案的。

（9）应急演练规划未规定在3年内必须对综合、专项预案全覆盖演练的。

（10）未定期开展预防性安全检查，检查发现的重大隐患整改不到位的。

（11）不能按照规定时限、程序报送突发公共事件信息，确保信息时效性和真实性的。

（12）应急处置决策不正确、处置组织混乱无序。

第三十七条　在应急救援体系建设专项检查中发现二级公司、所属煤矿存在下列情形之一的，对责任单位处以罚款2万元：

（1）应急管理制度和责任不明确的。

（2）应急管理制度和责任落实不到位的。

（3）井下各巷道及交岔口没有清晰和具有反光功能的路标及避灾线路标识的。

（4）采掘工作面未设临时避难硐室、没有配备通信及压风、供水施救系统的。

（5）未按规定从安全费用中列支应急资金的。

（6）应急仓库储存设备、设施、装备、工具、材料等物资不齐全，台账记录不清的。

（7）应急救援物资、装备缺少管理和维护等制度措施的。

（8）未按照规定程序备案、颁发和实施的；应急预案不能及时修订和更新的。

（9）应急值守人员出现脱岗现象的。

（10）应急资料（图纸）和档案没有明确管理部门的。

（11）未建立档案管理制度、明确管理责任人的。

第三十八条　在应急救援体系建设专项检查中发现二级公司、所属煤矿存在下列情形之一的，对责任单位处以罚款1万元：

（1）演练计划中未明确目的、形式、项目、规模、范围、频次、参演人员、组织机构、日程和考核奖惩等内容的。

（2）演练方案中未明确演练目标、场景情形、实施步骤、评估标准、评估方法、培训动员、物资保障、过程控制、评估总结、资料管理等内容的。

（3）发生事故未及时进行应急处置总结并形成报告的。

（4）应急管理资料和档案管理差不便查询的。

第九章　附　　则

第三十九条　本制度解释权属晋能集团有限公司安全生产委员会。

1.13　安全举报制度

第一章　总　　则

第一条　为加强生产安全监督管理，动员集团公司广大干部职工及时发现和整治安全生产重大隐患，制止不安全行为，控制和减少各类事故的发生，根据山西省《安全生产隐患和事故举报奖励制度》及有关法律法规规定，结合集团公司实际，特制定本制度。

第二条　所属各市公司，各全资、控股企业，机关各部门和个人对安全生产重大隐患、安全生产事故和安全生产违法行为，均有权向集团公司及上级有关部门举报。

第二章　安全举报内容

第三条　安全举报内容包括如下十一个方面：

（1）安全生产中的各类违法行为。即各单位及有关人员在生产经营活动中违反国家有关安全生产的法律法规、作业标准、安全操作规程和集团公司有关安全生产规章制度规定的违法违纪行为。

（2）各级管理人员及管理部门在履行职责过程中的失职、渎职行为；管理人员违章指挥或强令工作人员违章、冒险作业的行为。

（3）各级干部包公司包矿、矿级干部跟班带班作业中存在的弄虚作假的行为。

（4）新建、改扩建矿井不按施工组织设计进行施工，安全设施招投标过程中不履行集团公司规定程序、不执行集团公司专业管理职能部门依法依规进行的监督指导意见等行为。

（5）对生产现场存在的重大事故隐患不按照程序认真排查，对存在的事故隐患不采取措施，不及时处理和积极整改的行为。

（6）因存在重大隐患被集团公司责令停产整顿或限期整改的工作面，未经有关部门验收合格，擅自恢复生产的。

（7）对发生的各类事故（伤亡和非伤亡事故），隐瞒不报、谎报、拖延不报或不按集团公司有关规定报告的行为。

（8）生产现场发生问题，各级干部不能及时到场到位的；发生突发事件，各级干部不能认真履行职责的行为。

（9）集团公司、二级公司和矿井安全生产管理部门或人员在执法检查过程中的吃拿卡要、执法不公行为。

（10）殴打、谩骂执法检查人员、打击报复举报人和检举制止违章人的行为。

（11）其他影响安全生产的不良行为。

第三章　安全举报方式及程序

第四条　安全举报方式及程序

（1）任何单位和个人发现存在第二章任一行为，可向本单位有关管理部门举报或直接向集团公司安监局进行举报。所举报的情况应具体明确，包括安全生产重大隐患、安全生产事故或者安全生产违法行为的名称、地点、行为时间和行为人等。举报可采用书信、电子邮件、传真、电话和当面举报等方式，也可以委托他人举报，提倡署名举报。

（2）集团公司安监局受理有关安全生产事故隐患和违法违纪行为的举报。接到有关安全生产隐患、事故或者安全生产违法行为的举报后，要登记编号，属于本部门职责范围内的，负责及时对举报事项的调查、核实，并采取措施及时制止违法行为，消除事故隐患；应由其他部门受理的，移送同级有关部门处理；应由上级部门或者下级部门处理的，应当及时移交上级部门或者批转下级部门。移送、移交、批转的举报材料要严格办理交接手续。

（3）对于群众举报案件，核查属实的要及时查处。对情况重大、紧急、线索清楚的举报要急事急办，涉及多个部门的举报案件，可要求有关部门联合办案，有关部门应积极配合。办结的举报案件，对署名举报人应将案件查处结果及时予以反馈。对上级部门交办的举报案件，要及时将办理结果报告上级部门备案。

（4）对查证属实的群众举报案件，要根据相关的规定，依法追究当事人的责任，及时公布重大问题查处结果。

第五条　集团公司设立举报电话和邮箱

（1）举报电话：

电话：0351－4070369（安监局）

传真：0351－4070979

（2）举报电子邮箱：

sxmxaqjc@163. com

第四章　安全举报的保护和奖励措施

第六条　安全举报的保护和奖励措施：

（1）在办理群众举报案件的过程中，应严格为举报人保密，未经举报人同意，不得公开举报人的姓名、工作单位、照片等。对违反有关规定造成严重后果的，要严格追究有关人员的责任。

（2）任何单位和个人不得限制、刁难、压制群众举报。对群众举报案件推诿、拖延不办或有意隐瞒案件真相的，要追究当事人和有关负责人的责任。对举报人进行打击报复的，要追究当事人的责任，构成犯罪的移送司法机关依法处理；对侵害举报人及其亲属、假想举报人、有关证人和协助办案人员的合法权益的，按打击报复案处理。

（3）举报人应当如实举报。对于借举报故意捏造事实、诬告陷害他人的或者以举报为名制造事端、干扰正常工作的，一经查实，依照有关规定严肃处理，构成犯罪的移送司法机关依法处理。

（4）集团公司对举报的安全生产违法违纪行为或事故隐患调查核实后，根据所举报问题的性质，视情况对举报人员奖励500～10000元。

（5）要充分发挥舆论监督作用，引导和鼓励群众举报，对经群众举报查证属实的典型案件进行公开曝光。

（6）各市公司，全资、控股企业及所属各生产经营单位都要根据有关规定，制定并实施安全举报制度。

第五章　附　　则

第七条　本制度解释权属晋能集团有限公司安全生产委员会。

1.14　安全生产问责制度

第一章　总　　则

第一条　为认真贯彻落实《安全生产法》（国家主席令第十三号）、国务院《关于特大安全事故行政责任追究的规定》(302 号令)、《生产安全事故报告和调查处理条例》(493 号令)等法律法规，规范问责程序，落实各级领导干部安全生产责任，严肃责任追究，有效防止和减少生产安全事故的发生，保障职工生命安全和企业安全生产，制定本制度。

第二条　本制度适用于各市公司，各全资、控股企业（以下统称二级公司）及其所属煤矿。

第三条　本制度所称安全生产问责（以下简称问责），是指安全生产责任单位负责人对本单位安全生产工作不履行或不正确履行职责，以致影响、贻误安全生产工作，导致产生重大安全隐患和发生安全生产事故，造成不良社会影响和后果的行为，对责任单位及其负责人采取行政问责措施。

行政问责措施是指依照本制度，对事故单位给予黄牌警告、经济处罚和一票否决；对单位负责人给予警告、记过、记大过、降职、撤职处分、免职、留用察看、开除（解除劳动合同）等处分或事故约谈。

第四条　各二级公司对重大安全隐患和生产安全事故的过程全面问责，集团公司对重大安全隐患和安全生产事故的处理结果延伸问责。

第五条　凡发生一起死亡 1 人及以上的生产安全死亡责任事故，事故单位主要负责人由其上级主管部门实施责任追究，并按有关规定进行处理。同时集团公司按内部管理制度进行责任追究。

第六条　安全生产问责制度遵循“公开、公平、公正”和“四不放过”（事故原因未查明不放过、责任人未处理不放过、整改措施未落实不放过、有关人员未受到教育不放过）的原则。

第二章　问责范围和对象

第七条　问责范围分为重大安全隐患问责和生产安全事故问责。

第八条　问责的对象包括重大安全隐患产生单位、事故单位班子成员中的相关责任人，其他责任人员由各二级公司依据国家、行业和集团公司的有关规定进行问责。

第三章　重大安全生产隐患问责

第九条　煤矿重大安全生产隐患认定

依据《煤矿重大生产安全事故隐患判定标准》(国家安全生产监督管理总局令第 85 号)：

(1) 超能力、超强度或者超定员组织生产。

(2) 瓦斯超限作业。

(3) 煤与瓦斯突出矿井，未依照规定实施防突出措施。

(4) 高瓦斯矿井未建立瓦斯抽采系统和监控系统，或者不能正常运行。

(5) 通风系统不完善、不可靠。

(6) 有严重水患，未采取有效措施。

(7) 超层越界开采。

(8) 有冲击地压危险，未采取有效措施。

(9) 自然发火严重，未采取有效措施。

(10) 使用明令禁止使用或者淘汰的设备、工艺。

(11) 煤矿没有双回路供电系统。

(12) 新建煤矿边建设边生产，煤矿改扩建期间，在改扩建的区域生产，或者在其他区域的生产超出安全设计规定的范围和规模。

(13) 煤矿实行整体承包生产经营后，未重新取得或者及时变更安全生产许可证而从事生产，或者承包方再次转包，以及将井下采掘工作面和井巷维修作业进行劳务承包。

(14) 煤矿改制期间，未明确安全生产责任人和安全管理机构，或者在完成改制后，未重新取得或者变更采矿许可证、安全生产许可证和营业执照。

（15）其他重大事故隐患，是指有下列情形之一的：

①没有分别配备矿长、总工程师和分管安全、生产、机电的副矿长，以及负责采煤、掘进、机电运输、通风、地质测量工作的专业技术人员的。

②未按规定足额提取和使用安全生产费用的。

③出现瓦斯动力现象，或者相邻矿井开采的同一煤层发生了突出，或者煤层瓦斯压力达到或者超过0.74 MPa的非突出矿井，未立即按照突出煤层管理并在规定时限内进行突出危险性鉴定的（直接认定为突出矿井的除外）。

④图纸作假、隐瞒采掘工作面的。

第十条　重大安全隐患由二级公司、集团公司或地方政府各级安监部门检查中提出，或经查属实的职工举报提出，由各级安监部门按照煤矿重大隐患认定标准界定确认。

第十一条　对存在重大安全隐患煤矿的问责

有下列情况之一的，对责任单位予以黄牌警告：

（1）产生重大安全隐患不及时采取有效措施、不及时向上级主管部门汇报，强行组织生产作业。

（2）在生产经营范围区域内存在省、市等上级单位检查中查出，未列入整改计划的重大安全隐患。

（3）存在集团公司及各二级公司检查中查出，未列入整改计划的重大安全隐患。

（4）存在群众举报经查属实，未列入整改计划的重大安全隐患。

第十二条　对重大安全隐患责任人的问责

（1）对产生重大安全隐患，不及时采取有效措施，强行作业的责任人给予留用察看处分或解除劳动合同。

（2）对产生重大安全隐患，不及时采取有效措施、不及时向上级主管部门汇报，强行组织生产作业的责任人给予免职处理或撤职处分。

（3）对产生重大安全隐患，不及时采取有效措施、不及时向上级主管部门汇报，隐瞒、谎报、迟报的责任人给予行政记过或行政记大过处分。

（4）对重大安全隐患未按“五落实”（治理责任、措施、资金、期限和应急预案）要求整改的责任人给予行政警告或行政记过处分。

第十三条　对重大安全生产隐患的经济处罚，对因重大隐患而被予以黄牌警告的单位给予5万~10万元经济处罚，对主要负责人给予0.5万~1万元经济处罚。其他被认定为重大安全生产隐患未按规定处理的比照执行。

第四章　生产安全事故问责

第十四条　生产安全事故的定义、分类和定性标准

生产安全事故是指在集团公司生产经营区域内发生的事故。

生产安全事故的分类。按照事故是否对人造成伤害的原则，安全生产事故分为伤亡事故和非伤亡事故。伤亡事故是指企业员工在生产活动中或工作中，发生的人身伤害、急性中毒等突然使人体组织损伤或使某些器官失去正常机能，致使人体立即中断工作，甚至终止生命的事故；事故等级分为特别重大事故、重大事故、较大事故和一般事故。非伤亡事故是指企业在生产活动或工作中，由于管理、操作、设备缺陷等原因，造成的中断生产、设备损害等事故；事故等级分为一级非伤亡事故、二级非伤亡事故和三级非伤亡事故。

生产安全事故的性质。按照事故是否由人的责任所致，可定性地分为责任事故和非责任事故。责任事故是指在生产、建设或工作过程中（包括设计、安装、使用、维修等过程），有关人员不执行安全生产有关法律、法规、标准、规范，不履行岗位职责，违反作业程序、规章制度、管理规定而造成的事故。非责任事故是指难以预防、人力不可抗拒的自然灾害，或由于目前国内技术水平和条件尚不

能治理的因素造成的事故。

第十五条 对煤矿发生安全责任事故的问责

(1) 煤矿发生一起死亡1人安全责任事故:

①给予煤矿董事长、党委(或总支)书记、总经理(矿长)撤职处分。

②负有重要领导责任的分管副经理(副矿长)撤职处分。

③安全副经理(安全副矿长)记大过处分。

④给予二级公司煤业经理、分管副经理罚款0.5万元,安全副经理罚款0.3万元。

⑤对党委(或总支)书记的处分,按照党政同责的要求,由上级党组织按相应程序办理(下同)。

⑥给予二级公司罚款100万元,取消煤矿当年度评先评优资格,对煤矿黄牌警告。

⑦集团公司对事故煤矿所在二级公司煤业经理、分管副经理、安全副经理进行约谈。

(2) 煤矿发生一起死亡2人安全责任事故:

①给予事故煤矿董事长、党委书记、总经理(矿长)、负有重要领导责任的分管副经理(副矿长)撤职处分。

②安全副经理(安全副矿长)降职处分。

③给予二级公司煤业经理、分管副经理降职处分,二级公司安全副经理记大过处分,二级公司经理、党委书记记过处分。

④并给予每人罚款1万~1.5万元。

⑤给予二级公司罚款200万元,取消煤矿当年度评先评优资格,对煤矿红牌警告。

⑥集团公司对二级安全副经理、公司经理、党委书记进行约谈。

(3) 煤矿发生一起死亡3人安全责任事故:

①给予事故煤矿董事长、党委书记、总经理(矿长)、负重要领导责任的分管副经理(副矿长)、安全副经理(安全副矿长)撤职处分。

②给予二级公司煤业经理、分管副经理撤职处分,安全副经理降职,二级公司经理、党委书记记大过处分。

③并给予每人罚款1.5万~2万元。

④给予二级公司罚款300万元。取消煤矿及二级公司当年度评先评优资格,煤矿停产整顿。

⑤集团公司对二级公司经理、党委书记进行约谈。

(4) 年度内多次发生死亡事故从重对主要领导和相关责任人的责任追究。

第十六条 除上述问责、约谈外,事故单位所在二级公司主要领导在集团公司总经理安全办公会议上做检查;二级公司分管领导在本公司安全例会上做检查;事故单位党政主要领导在二级公司安全会议上做检查。

第十七条 阻碍、干涉事故调查处理,故意破坏事故现场,拒绝接受调查以及拒绝提供真实情况和资料的单位,根据情节轻重,对相关责任人、主要负责人给予罚款0.3万~0.5万元或记大过、降职、撤职处分。

第十八条 对因生产安全事故给予黄牌、红牌警告的煤矿所在的二级公司及领导班子成员取消年度评先评优资格。

第十九条 凡发生生产安全事故的单位在执行事故责任处罚的同时执行《晋能集团有限公司安全绩效考核办法(试行)》的有关规定。

第二十条 煤矿地面生产系统发生的生产安全事故比照煤矿事故调查处理。

第五章 事故约谈

第二十一条 约谈内容

听取被约谈单位的安全生产管理基本情况陈述，包括安全机构人员、安全生产责任制、安全生产管理规章制度、安全操作规程、安全检查、安全投入、隐患排查治理、安全宣传教育培训等方面基本制度建设和贯彻执行情况。主要听取事故发生经过、事故现场应急救援情况，事故性质、原因分析及教训，重点是采取的措施、强化安全责任等方面的汇报。同时对事故单位主要负责人进行约谈告诫。

被约谈对象应当准备书面材料和必要的图纸。

第二十二条 约谈程序

原则上在事故等级、事故性质确定后10日内进行约谈。

（1）约谈前，由安监部门书面或电话通知约谈对象，告知约谈时间、地点及需要提交的材料。

（2）约谈时，应安排专人记录，形成约谈纪要并及时发送被约谈单位。

（3）约谈后，被约谈单位应在15日内将约谈要求贯彻落实情况以书面形式上报。

第六章 附 则

第二十三条 问责实行回避制度。安全生产委员会成员与问责当事人有利害关系或其他关系可能影响问责公正的，应当回避。

第二十四条 对责任单位和责任人的问责结果，纳入年度安全绩效考核，并在一定范围内通报批评，或通过新闻媒体在集团公司公布。

第二十五条 事故责任人的撤职、免职；取消事故单位当年度评先评优资格；事故责任人所做检查；对事故责任人的约谈；对事故单位的经济处罚以及对事故单位的通报批评由各级组织、纪委、监察、安监、工会、人力资源（劳资）、财务等部门组织并监督执行。

第二十六条 集团公司对二级公司班子成员提出处理意见，并对事故煤矿班子成员、二级公司相关部室负责人提出处理建议；二级公司负责落实以上处理意见和建议，并负责对事故煤矿和二级公司部室及其他相关责任人员进行处理。

第二十七条 集团公司、二级公司、煤矿对同一起事故的处理决定，应合并执行。

第二十八条 有安全生产违法违纪行为的责任人，由纪委监察部门依照有关规定处理；涉嫌犯罪的，移送司法机关依法处理；对中国共产党党员按《中国共产党纪律处分条例》规定执行。

第二十九条 各二级公司要依照本制度，结合本单位的实际，制定相应的执行细则。

第三十条 本制度解释权属晋能集团有限公司安全生产委员会。

1.15 安全生产奖惩制度

第一章 总 则

第一条 为进一步加强集团公司广大干部职工的安全生产责任意识，充分调动全员的工作积极性、主动性、创造性，有效地落实安全生产的各项规章制度，确保年度安全目标实现，特制定本制度。

第二条 安全与经济利益挂钩，按照责、权、利相统一，突出结果，奖惩并重原则执行。

第三条 集团公司安全与经济利益挂钩相关制度由集团公司每年修订一次，经集团公司安全办公会议通过后实施。各单位根据集团公司要求同时结合实际自行制定本单位相关安全与经济利益挂钩制度。

第四条 各级财务部门要建立安全奖惩资金专用账户、专款专用。各级安监部门要建立安全奖惩台账，专人负责管理。

第二章 适 用 范 围

第五条 安全与经济利益挂钩制度适用于集团公司各部门，各市公司，全资、控股企业以及其他涉及安全的单位。

第三章　考核办法

第六条　集团公司与所属各市公司、直属公司，全资、控股企业，都要严格制定安全与经济利益挂钩考核办法，标准量化、岗责相连、奖罚分明。

第七条　坚持公开、公平、公正原则进行考核。各级安监部门负责牵头组织本级单位的安全绩效考核工作。考核原始资料齐全、真实、有效，考核过程严肃认真，考核结果及时公布，一级对一级负责，严格奖惩兑现，维护制度的严肃性和有效性。

第八条　安全与经济利益挂钩的奖惩考核制度由各单位根据实际自行制定，主要包括：

（1）安全生产问责制度。

（2）安全奖惩管理制度。

（3）各级单位安全绩效考核办法。

（4）员工个人安全技能账户管理制度。

（5）安全质量结构工资制度。

（6）其他的有关安全生产奖惩制度。

第九条　按照分级管理的原则，对违章作业、违章指挥、违反劳动纪律和对生产安全事故负有责任的职工及管理人员严格按照集团公司、各二级公司和本单位规定给予处分和处罚。

第十条　集团公司各级安监、纪委、财务部门负责对安全奖罚落实情况进行跟踪督察。

第四章　附　则

第十一条　本制度解释权属晋能集团有限公司安全生产委员会。

1.16　周四安全生产活动日制度

第一章　总　则

第一条　为进一步提高安全认识，强化安全管理，突出现场隐患排查治理，促进干部作风转变，保证安全生产责任落实到位，经集团公司研究决定，将每周四确定为集团公司安全生产活动日（以下简称安全活动日）。

第二条　本制度适用于集团各板块公司、各市公司、各全资控股企业及所属子公司、厂、矿、站点。

第二章　安全活动日组织

第三条　每周四安全生产活动日，集团公司、各板块公司、各市公司、各全资控股企业（以下简称二级公司），特别是各矿、厂、站点除坚持正常安全生产外，原则上不再安排其他会议及活动，集中精力参加安全活动日活动。

第四条　为推动安全活动日制度和安全生产挂牌责任的落实，要求集团公司领导及业务部室挂牌责任人每月至少到挂牌单位参加一次安全日活动，二级公司领导及业务部室挂牌责任人按照包保责任范围每周四必须参加安全活动日活动。

第五条　安全活动日当天，各厂、矿、站点的矿长、厂长及站长亲自组织、亲自带队，并分组对井下、地面现场不留死角、全方位组织安全检查。

第六条　安全活动日上午，参加活动人员下井或到地面生产现场进行检查。下午组织召开被检查单位安全会议，对检查出的问题及时通报，并组织“五定”处理，对上周查出的问题督办落实。

第七条　安全活动日当天，要求各区队、车间或班组利用班前、班后会组织员工开展事故案例学习、安全知识培训、操作技能教育等活动，培训活动时间不少于1个学时。

第八条　各级安全监督管理部门对区队、车间或班组安全培训教育工作开展情况进行监督落实。

第九条　集团公司、各板块公司、各市公司相关人员参加安全活动日活动时，不得影响基层单位安全活动日正常工作秩序。需要陪同时，基层单位安排1~2人陪同即可。矿、厂、站点按正常活动安排开展工作。

第三章　安全活动日主要检查内容

第十条　集团公司、二级公司安全活动日主要检查内容

（1）集团公司安全生产“一落实、双建设、双达标”工作贯彻落实情况。

（2）矿、厂、站点领导班子安全生产责任制落实情况，煤矿领导带班下井制度的执行情况。

（3）安全生产各大系统运行以及存在问题治理情况。

（4）安全生产重大隐患整改、重大危险源监控及隐蔽致灾因素排查治理等安全防范措施的落实情况。

（5）专职安监队伍、专职探放水队伍、专职瓦斯抽放队伍及专职电气防爆检查队伍等管理情况。

（6）委外工程的管理情况。

（7）证照手续办理推进情况。

（8）阶段性安全生产工作安排落实情况。

（9）上一周检查隐患整改和安排工作的落实情况。

（10）其他需要检查的安全生产工作内容。

第十一条　煤矿及非煤矿山安全活动日下井主要检查内容

（1）各级人员安全生产责任制落实情况。

（2）员工“手指口述”实施情况。

（3）井下特殊工种持证上岗情况。

（4）“一通三防”工作情况，特别是通风系统及设施构筑质量，瓦斯检查落实情况。

（5）防治水制度及现场执行情况。

（6）井下电气防爆管理情况。

（7）矿井运输系统现场管理情况。

（8）采掘现场安全生产标准化管理情况。

（9）各项规章制度、规程措施、技术标准在生产现场、区队、班组的执行、落实情况。

（10）其他需要检查的安全生产工作内容。

第十二条　地面厂、站点安全活动日主要检查内容

（1）集团公司“一落实、双建设、双达标”贯彻落实情况。

（2）地面车间、网点走动安全管理制度执行情况。

（3）主要设备、设施安全运行状况。

（4）易燃易爆、有毒有害物品储存、使用情况；压力容器，储油罐、油库等要害场所的防爆、防灭火管理情况。

（5）建筑施工场所、委外工程安全生产管理情况。

（6）本单位管理的车辆运输及道路情况。

（7）上周查出隐患问题整改情况。

（8）各项规章制度、规程措施、技术标准在生产现场的执行、落实情况。

（9）其他需要检查的安全生产工作内容。

第四章　相关规定及要求

第十三条　集团公司，各板块公司、各市公司、各全资控股企业及各厂、矿、站点要把安全活动日作为强化安全管理的一个重要抓手，严密组织，突出效果。各级安监部门对安全活动日开展情况进行督查。

第十四条　各厂、矿每月必须利用周四安全活动日对各大生产系统进行一次全面检查，二级公司领导及专业部室每季度必须对所辖厂、矿的各大系统进行一次检查会诊。

第十五条　各级管理人员下井、到现场要重点检查各厂、矿、站点在安全管理上存在的突出问题，并进行剖析、探究问题产生的根源，协助基层单位制定整改措施。

第十六条　集团公司、各二级公司领导及各业务部室负责人，在当日下井或到地面生产检查后，及时通报厂、矿整体安全生产状况，并对今后安全生产工作提出意见和要求。

第十七条　所有检查人员要认真填写“安全生产检查记录卡”，并交所查厂、矿、站点留档备查。

第十八条　各级管理人员下井检查要严格执行《管理人员下井与带班制度》，不按规定执行或下井安全检查记录弄虚作假者，一经发现严肃处理。

第十九条　二级公司、各厂、矿、站点结合本单位的工作实际，制定相应的安全活动日工作计划、考核办法及活动方案。确保活动日不走形式，不走过场，收到实效。

第二十条　集团公司及二级公司将安全活动日开展情况纳入季度安全绩效考核范围，予以考核。

第五章　附　　则

第二十一条　本制度解释权属晋能集团有限公司安全生产委员会。

1.17　出租厂房、设备安全管理制度

第一章　总　　则

第一条　为规范集团公司各单位出租厂房、设备的安全管理，落实出租方与承租方各自的安全管理责任，特制定本制度。

第二条　本制度适用于集团公司各单位出租厂房、设备的安全管理。本制度中，出租厂房还包括经营场所（酒店、商场）、办公场所等。

第二章　出租厂房、设备满足条件

第三条　集团公司各单位进行厂房、设备出租时必须签订租赁合同。

第四条　出租方和承租方在发生租赁业务前必须签订有效的安全生产管理协议，明确划定出租方与承租方各自的安全责任、权利和义务。或在租赁合同中注明安全生产管理协议应有的内容，出租方和承租方必须严格按合同和安全生产管理协议约定内容履职尽责。

第三章　出租方的责任和权利

第五条　各单位出租的厂房、设备必须满足国家法律、法规、标准规定的安全生产条件。

第六条　各单位厂房、设备出租前，对承租单位的资质进行审查，其资质必须与合同约定的作业活动相符，不准将本单位的厂房、设备出租给不具备相应资质的单位和个人。资质审查包括相应证件、安全生产管理机构、安全生产管理人员、安全生产规章制度（包括责任体系）、应急管理体系等情况。

第七条　当一个区域内有多个承租单位进行生产经营活动时，出租方对此区域各个承租单位的安全管理工作指定专人负责协调，明确各自的安全生产职责和应当采取的安全技术措施，避免出现安全管理盲区，确保区域的整体安全。

第八条　当承租方在承租厂房进行施工与检修时，出租方应当对可能引发事故的周边设施（包括隐蔽工程）、危险物品等情况向承租方说明。

第九条　出租方应定期对出租的厂房、设备进行安全生产监督检查，发现安全生产问题及隐患，书面通知承租单位限期进行整改，并对整改情况跟踪落实。

第十条　出租方可随时到现场了解掌握出租厂房、设备的用途、经营项目范围等。

第十一条　出租的厂房、设备发生事故时，出租方接到报告后应立即采取措施，协助抢险。

第四章　承租方的责任和权利

第十二条　承租方必须具有符合国家法律、法规要求的安全生产管理机构或安全生产管理人员，完善的安全生产管理制度，并严格落实各项安全生产规章制度和安全生产操作规程。

第十三条　承租方应加强承租厂房、设备的现场作业安全管理，定期排查事故隐患并及时治理；不能立即治理的应当采取必要的控制和应急措施。发现重大安全生产隐患时，必须停产、停业，限期进行整改，并及时书面报告出租方协商解决，消除事故隐患。

承租方应积极配合出租方及各级安全生产监督管理部门和行业主管部门的安全生产检查和问题整改监督工作。

第十四条　承租方应当加强对本单位从业人员的安全生产教育和培训，保证从业人员掌握必需的安全生产知识和操作技能。

第十五条　当承租方将租赁厂房、设备的用途、结构发生改变，与租赁合同规定内容不符时，应立即书面通知出租方，并提供相关符合性审批资料和资质，待出租方同意后方可执行。

第十六条　承租方未经出租方书面同意不准将所承租的厂房、设备擅自进行转包或转租。

第十七条　出租的厂房、设备发生事故时，承租方应立即组织应急抢险，并及时、如实地向出租方报告。

第五章　罚　　责

第十八条　存在下列情况之一，出租方必须依照法律程序终止承租合同，收回厂房、设备的经营、使用权。承租方拒不执行的可向上级安全监管部门反映或通过法律程序解决，并配合采取相关措施。

（1）承租方无相应资质或不具备安全生产条件的。

（2）违反合同规定擅自改变生产经营范围、性质的。

（3）因国家法律、法规对承包（租）相关业务规定发生变化而现状不符合规定要求时。

第十九条　发现出租方与承租方未签订安全生产协议，或在租赁合同中未注明安全生产管理协议应有内容的，必须立即停止合同执行，限期进行整改。满足要求后，方可继续履行合同，进行正常的生产经营和使用。

第二十条　承租方存在安全生产隐患未按要求进行整改或拒不整改，出租方下发停产或停业告知书，并可按合同约定进行处罚，直至终止合同。

第六章　附　　则

第二十一条　原有出租厂房、设备不符合本制度要求的，出租方应当立即与承租方协商，对原有租赁合同或安全生产协议进行修改或补充。

第二十二条 集团公司各级安监部门负责监督本制度的执行情况。各单位将本单位出租厂房、设备详细情况报本单位安监部门存档备案，方便监督检查。以后，凡有新出租厂房、设备情况出现或出租情况发生变更时，必须在合同生效三日内报本单位安监部门存档备案。

第二十三条 集团公司各板块公司、各市公司、各全资控股企业根据本制度要求，结合本单位实际制定具体实施办法。

第二十四条 本制度解释权属晋能集团有限公司安全生产委员会。

1.18 地面生产车间、作业网点走动式安全管理制度

第一章 总 则

第一条 为强化地面生产车间、作业网点管理干部、值班人员对生产现场的安全检查指导，规范生产现场各种作业活动，实现干部管理零距离，现场管理无死角的目的，特制定地面生产车间、作业网点走动式安全管理制度。

第二条 本制度适用于集团公司各板块公司、各市公司、各全资控股企业地面生产车间和作业网点的安全管理。

第二章 走动式安全管理工作要求

第三条 地面生产车间、作业网点走动式安全管理的责任人为车间主任、副主任及值班人员等现场管理干部，以上人员每个正常工作日工作期间必须到作业现场走动巡查，把工作重点放在现场。

第四条 实行走动式安全管理的地面生产车间、作业网点的现场管理干部必须按照本单位或本车间制定的走动巡查时间、巡查路线、巡查内容开展走动式安全管理工作。

集团公司各地面生产车间、作业网点必须结合实际制定车间主任、副主任、值班人员等现场管理干部的走动巡查时间、巡查路线、巡查内容。制定走动巡查路线时，要按职责分工，结合车间、作业网点安全管理重点区域及部位，做到全面走动巡查，不留死角。

第五条 实行走动式安全管理的地面生产车间、作业网点的现场管理干部执行走动巡查时携带“走动巡查记录本”及必要的检查、监测工具或仪表。

走动巡查工作结束后，巡查人员应当及时将巡查工作情况及发现的问题或隐患填写在“走动巡查记录本”上，并及时安排解决。“走动巡查记录本”每月一本，填写完毕后交由安监部门存档保管，用于检查、考核。

走动巡查过程中发现隐患问题及时安排现场带班人员或作业人员进行处理；发现重大隐患问题时，应当现场监督处理；发现危及作业人员生命安全的隐患问题时，立即组织现场人员撤离。

第三章 监 督 检 查

第六条 各矿、厂、站等生产经营单位的安监部门对本单位地面生产车间、作业网点走动式安全管理的人员安排、走动巡查时间、走动巡查路线、重点巡查内容进行审查，确保地面生产车间、作业网点管理干部及值班人员每个作业班至少巡查走动一次；确保生产车间、作业网点凡是有人员作业活动的区域、有设备工作的场所巡查到位全覆盖、无死角。

第七条 各矿、厂、站等生产经营单位的安监部门对本单位地面生产车间、作业网点走动式安全管理工作进行监督检查和考核。采用定期检查或随时抽查相结合的方式对地面生产车间、作业网点走动式安全管理工作落实情况、管理人员“走动巡查记录本”进行检查、对隐患问题的整改落实情况进行监督。各矿、厂、站安监部门在每月的安全生产工作例会上对检查考核结果进行通报。

第四章 附 则

第八条 集团各板块公司、各市公司、各全资控股企业根据本单位实际，依照本制度要求，制定本单位《地面生产车间、作业网点走动式安全管理实施办法》，组织开展走动式安全管理工作。

第九条 本制度解释权属晋能集团有限公司安全生产委员会。

1.19 煤矿安全红线管理制度

第一章 总 则

第一条 为有效防范和杜绝重大安全生产事故，规范安全管理和操作行为，确保集团公司安全发展，根据国家、行业相关法律、法规，制定本制度。

第二条 煤矿安全红线分为“安全管理红线”和“安全操作红线”，凡触碰安全管理红线者给予降职或撤职处分，触碰安全操作红线者给予开除留用或解除劳动合同处分。

第三条 集团公司、涉煤二级公司、矿（选煤厂）对执行本制度负主体责任。

第四条 本制度适用于集团公司各涉煤（控股）单位。

第二章 安全管理红线

第五条 凡违反安全管理红线规定的责任者，给予以下处分：

（1）矿井无证照、超证件期限或超层越界组织生产建设，或强行违法违规组织生产建设，给予矿长免职处分。

（2）非法使用外委队伍；存在工程项目分包或转包；不执行集团公司确定的三种生产经营管理模式。有上述情形之一的，给予矿长免职处分。

（3）不执行上级下达的停工停产指令或未经验收而私自复工复产；存在重大隐患未整改、假整改或未验收销号而生产建设的；出现大雨、暴水等灾害性天气，未执行立即停产撤人规定；煤矿私挖滥采或发现矿井以外人员私挖滥采而不制止。有上述情形之一的，给予矿长免职处分。

（4）矿井在采掘设计、规程措施编制等技术活动中不严格执行设计规范、煤矿安全规程、技术管理制度等规定；使用明令禁止使用或淘汰的工艺；存在假密闭、假图纸、假数据、假报告等技术资料造假。有上述情形之一，给予总工程师免职处分。

（5）矿井未按设计形成通风系统；未实现分区通风；通风设施不可靠；风量不足。有上述情形之一的，给予总工程师降职处分。

（6）矿井未进行瓦斯等级及突出危险性鉴定；应建而未建瓦斯抽采系统，或在采掘区域内瓦斯抽采不达标（以抽采达标评判为依据）；在突出煤层进行采掘活动未实施两个“四位一体”措施；未采取有效措施导致煤层自燃造成工作面封闭。有上述情形之一的，给予总工程师降职处分。

（7）矿井未查明采掘区域及周边范围内老空区及其积水等水文地质情况；矿井未进行防治水分区管理；存在带压开采、冲击地压危险，而未采取有效措施；违规开采防隔水煤柱；未制定探放水设计。有上述情形之一的，给予总工程师降职处分。

（8）瓦斯、CO 等有害气体超限或出现透水预兆仍安排组织生产作业，给予生产矿长免职处分。

（9）使用明令禁止使用或淘汰的煤矿机电设备；未取得煤矿矿用产品安全标志的电气设备违规入井；在用电气设备出现严重失爆。有上述情形之一的，给予机电矿长免职处分。

（10）掘进工作面局部通风机未安装“双风机双电源”或不能自动切换；未做到“三专两闭锁”。有上述情形之一的，给予机电矿长降职处分。

（11）矿井采掘工作面未安装安全监控探头或不能实现准确灵敏可靠；违反规定串联通风。有上述情形之一的，给予通风助理免职处分。

（12）未真实开展探放水作业，给予分管探放水队伍的矿领导免职处分。

（13）矿领导入井次数或带班次数不符合制度规定，或不履行入井与带班制度规定要求，发现有一人次给予责任人记过处分，发现有第二人次给予责任人免职处分；发现入井及带班有造假现象，给予责任人免职处分。

（14）对违反安全管理红线及操作红线监管不力，给予安全矿长降职处分（安全矿长履行了监管职责，并按规定进行追责，在单位拒不执行的情况能如实上报上级安监部门的情况除外）。

第三章 安全操作红线

第六条 凡违反安全操作红线规定的责任者，给予以下处分：

（1）酒后或携带烟火、易燃易爆物品入井，或在井下吸烟。

（2）扒、蹬、跳矿车或乘坐物料车，或乘坐带式输送机、刮板输送机。

（3）井下、井口附近20米范围内、地面煤仓上下口、地面瓦斯抽放泵站等地点违规进行电氧焊等动火作业。

（4）违章爆破作业或私藏火工品、私带火工品上井。

（5）故意移动或遮挡瓦斯传感器；瓦斯超限后不按规定断电撤人；矿井或作业地点出现停风后不及时撤离；存在记录造假、数据造假或瓦斯检查空班漏检、假检。

（6）破坏通风、监测监控、瓦斯抽采及安全避险“六大系统”等安全设施设备、仪器仪表；私自打开密闭、私自进入盲巷。

（7）矿井或作业地点发现透水征兆，未立即停止作业、未及时撤离受水患威胁地点。

（8）采掘工作面未按探放水设计进行超前探放水；超出允许掘进距离而进行掘进。

（9）大型设备、特种设备在保护装置失效或甩掉保护装置情况下继续使用；在用电气设备严重失爆；违反规定强行带电检修或挪移电气设备；不执行停送电规定；设备故障未排除强行送电。

（10）不使用超前支护空顶作业；擅自改变支护材料、支护参数、降低支护强度；遇地质构造或巷道开口、贯通等特殊情况时未按规程措施加强支护。

（11）不携带、不使用个体安全装备；不执行安全措施。

（12）其他严重危害安全的行为。

第四章 执行程序

第七条 煤矿安全红线规定经集团职工代表大会审议通过后按程序发布执行。

第八条 集团公司各级各类安全检查，必须严格对照安全红线规定进行检查。

第九条 凡发现违反安全红线规定，检查人员必须现场认定并做出责任追究处理意见。

第十条 对认定的责任追究，由人事（组织）部门具体落实，安监部门督查。

第五章 其他规定

第十一条 违反安全红线规定的情形纳入安全绩效考核范畴。

第十二条 出现多人多次违反安全红线规定，集团公司对二级公司及矿（厂）主要领导进行安全诫勉谈话。

第十三条 安监部门每月对违反安全红线规定的情况进行公开通报，接受广大职工监督。

第六章 附则

第十四条 本制度“安全管理红线”中的处分对象“矿长”包含煤矿的董事长、总经理。

第十五条　本制度解释权归晋能集团有限公司安全生产委员会。

1.20　煤矿复产复建验收制度

第一章　总　　则

第一条　为规范集团公司煤矿复产复建验收程序，强化煤矿安全生产监管和煤矿安全基础管理，促进煤矿安全生产长效机制的建立，根据有关规定制定本制度。

第二条　本制度适用于集团公司各级检查中责令停产停建以及自行安排停产停建3天以上10天以内煤矿（或其他需由办矿主体企业验收的情形）的复产复建验收工作。

第二章　复产复建领导组

第三条　集团公司成立煤矿复产复建领导组

组　　长：集团公司分管安全的副总经理。

副 组 长：集团公司其他分管煤炭产业副总经理、总工程师、副总工程师。

成　　员：安监局、总调度室、人力资源部、生产技术部、机电部、基本建设部、“一通三防”与瓦斯治理中心、地质与防治水中心、技术中心、培训中心等部门负责人。

领导组下设办公室（设在安监局），办公室主任由安监局常务副局长兼任，负责领导组的日常事务，并向领导组汇报复产复建验收工作。

各涉煤二级公司也应成立相应的领导组，并报集团公司复产复建领导组办公室备案，具体负责复产复建验收相关工作。

第四条　集团公司复产复建领导组职责

领导组主要负责煤矿复产复建工作严格按照规定的程序进行，并安排对通过二级公司复产复建验收的矿井进行现场抽验。

领导组各成员单位根据职责分工，按照“专业监管、专业验收、专业签字、专业负责”的原则参与审查二级公司上报的验收资料、参与对已通过验收矿井的现场抽验工作。

第三章　复产复建验收标准

第五条　集团公司煤矿复产复建验收执行山西省煤炭厅制定的煤矿复产复建验收基本条件。

各二级公司可根据工作需要，结合本公司实际，对煤矿复产复建验收条件制定补充性规定。

第四章　复产复建整顿验收程序

第六条　集团公司煤矿复产复建整顿验收程序

（1）需复产复建的煤矿，首先制定复产复建验收整顿实施方案，报请二级公司批复。二级公司同意整顿方案后，必须在批复文件中明确整顿工作量、整顿时限、井下作业人数和作业范围等。

（2）煤矿按照批准的整顿实施方案进行全面整顿，同时严格按照复产复建验收基本条件逐项自检，并开展全面的隐患排查，矿井各项安全条件必须全部符合相关规定。煤矿自检合格后，向二级公司提出复产复建验收申请。

（3）二级公司接到煤矿复产复建验收申请后，组织本级复产复建领导组各成员部门组成验收组对煤矿进行现场验收。验收时严格执行复产复建验收标准，逐项签字把关。验收合格后由二级公司主要负责人审核签字，并下达同意复产复建通知书。煤矿接到复产复建通知书后方可组织生产建设。

（4）二级公司验收结束后，将复产复建验收相关资料（主要包括表5－1－1、表5－1－2、表5－1－3，二级公司同意煤矿整顿方案的批文，煤矿提请的验收申请，二级公司下达的复产复建通知书）报集团公司复产复建领导组办公室备案。

（5）集团公司复产复建领导组负责对二级公司已同意复产复建的矿井进行抽查。抽查中发现有不合格矿井，该二级公司已同意复产复建的煤矿全部停产整顿，重新履行验收程序。

第五章　复产复建验收要求

第七条　复产复建验收工作要严格执行本制度规定的验收标准和验收程序。集团公司复产复建领导组对二级公司验收程序的符合性进行审核。

第八条　二级公司组织复产复建验收、集团公司组织复产复建抽查时依照专业职责分工，坚持“谁验收、谁签字、谁负责”的原则，按照验收标准严格把关。二级公司在验收中发现的隐患问题煤矿必须全部整改完毕，否则不予复产复建批复。集团公司在抽查中发现煤矿有一项不符合验收标准，则该矿抽查不合格。

第六章　附　　则

第九条　本制度解释权归晋能集团有限公司安全生产委员会。

附表：

（1）晋能集团煤矿复产验收审核表（表5-1-1）。

表5-1-1　晋能集团煤矿复产验收审核表

<table>
<tr><td colspan="5">矿井名称：</td></tr>
<tr><td colspan="5">详细地址：</td></tr>
<tr><td rowspan="7">证
件</td><td>名称</td><td>证号</td><td colspan="2">有效期</td></tr>
<tr><td>采矿许可证</td><td></td><td colspan="2">年　月　日　至　年　月　日</td></tr>
<tr><td>安全生产许可证</td><td></td><td colspan="2">年　月　日　至　年　月　日</td></tr>
<tr><td>煤炭生产要素登记</td><td></td><td colspan="2">年　月　日</td></tr>
<tr><td>工商营业执照</td><td></td><td colspan="2">年　月　日　至　年　月　日</td></tr>
<tr><td>矿长资格考核日期</td><td></td><td colspan="2">年　月　日</td></tr>
<tr><td>矿长安全资格证</td><td></td><td colspan="2">年　月　日　至　年　月　日</td></tr>
<tr><td rowspan="5">矿井
基本
情况</td><td>集团公司占股份</td><td></td><td>矿长姓名</td><td></td></tr>
<tr><td>安全生产许可证许可能力</td><td></td><td>核定能力</td><td></td></tr>
<tr><td>采煤方法</td><td></td><td>开拓方式</td><td></td></tr>
<tr><td>通风方式</td><td></td><td>提升方式</td><td></td></tr>
<tr><td>井下运输方式</td><td></td><td>人员入井运输方式</td><td></td></tr>
<tr><td colspan="3">现场验收结论：

现场验收人员签字：

二级公司领导组办公室主任签字：</td><td colspan="2">二级公司领导组组长签字：

二级公司主要负责人签字：

（公　章）
年　月　日</td></tr>
</table>

（2）晋能集团煤矿复建验收审核表（表5－1－2）。

（3）晋能集团煤矿复产复建验收基本条件表（表5－1－3）。

表5－1－2 晋能集团煤矿复建验收审核表

<table>
<tr><td colspan="5">矿井名称：</td></tr>
<tr><td colspan="5">详细地址：</td></tr>
<tr><td rowspan="6">证件手续</td><td>名称</td><td>证号</td><td colspan="2">有效期</td></tr>
<tr><td>采矿许可证</td><td></td><td colspan="2">年 月 日 至 年 月 日</td></tr>
<tr><td>项目开工批准文号</td><td></td><td colspan="2">年 月 日</td></tr>
<tr><td>工商营业执照</td><td></td><td colspan="2">年 月 日</td></tr>
<tr><td>矿长资格考核日期</td><td></td><td colspan="2">年 月 日</td></tr>
<tr><td>矿长安全资格证</td><td></td><td colspan="2">年 月 日 至 年 月 日</td></tr>
<tr><td rowspan="4">矿井基本情况</td><td>集团公司占股份</td><td></td><td>矿长姓名</td><td></td></tr>
<tr><td>掘进方式</td><td></td><td>建设规模</td><td></td></tr>
<tr><td>通风方式</td><td></td><td>开拓方式</td><td></td></tr>
<tr><td>井下运输方式</td><td></td><td>提升方式</td><td></td></tr>
<tr><td colspan="3">现场验收结论：

现场验收人员签字：

二级公司领导组办公室主任签字：</td><td colspan="2">二级公司领导组组长签字：

二级公司主要负责人签字

（公 章）
年 月 日</td></tr>
</table>

表5－1－3 晋能集团煤矿复产复建验收基本条件表

矿井名称： 验收时间：

序号	重大事故隐患类别	重大事故隐患具体情形	验收结果	验收人
一	“超能力、超强度或者超定员组织生产”	1. 矿井全年原煤产量超过矿井核定（设计）生产能力110%的，或者矿井月产量超过矿井核定（设计）生产能力10%的		
		2. 矿井开拓、准备、回采煤量可采期小于有关标准规定的最短时间组织生产、造成接续紧张的，或者采用“剃头下山”开采的		
		3. 采掘工作面瓦斯抽采不达标组织生产的		
		4. 煤矿未制定或者未严格执行井下劳动定员制度的		
二	“瓦斯超限作业”	1. 瓦斯检查存在漏检、假检的		
		2. 井下瓦斯超限后不采取措施继续作业的		

表5-1-3（续）

序号	重大事故隐患类别	重大事故隐患具体情形	验收结果	验收人
三	“煤与瓦斯突出矿井，未依照规定实施防突出措施”	1. 未建立防治突出机构并配备相应专业人员的		
		2. 未装备矿井安全监控系统和地面永久瓦斯抽采系统或者系统不能正常运行的		
		3. 未进行区域或者工作面突出危险性预测的		
		4. 未按规定采取防治突出措施的		
		5. 未进行防治突出措施效果检验或者防突措施效果检验不达标仍然组织生产建设的		
		6. 未采取安全防护措施的		
		7. 使用架线式电机车的		
四	“高瓦斯矿井未建立瓦斯抽放系统和监控系统，或者不能正常运行”	1. 按照《煤矿安全规程》规定应当建立而未建立瓦斯抽采系统的		
		2. 未按规定安设、调校甲烷传感器，人为造成甲烷传感器失效的，瓦斯超限后不能断电或者断电范围不符合规定的		
		3. 安全监控系统出现故障没有及时采取措施予以恢复的，或者对系统记录的瓦斯超限数据进行修改、删除、屏蔽的		
五	“通风系统不完善、不可靠”	1. 矿井总风量不足的		
		2. 没有备用主要通风机或者两台主要通风机工作能力不匹配的		
		3. 违反规定串联通风的		
		4. 没有按设计形成通风系统的，或者生产水平和采区未实现分区通风的		
		5. 高瓦斯、煤与瓦斯突出矿井的任一采区，开采容易自燃煤层、低瓦斯矿井开采煤层群和分层开采采用联合布置的采区，未设置专用回风巷的，或者突出煤层工作面没有独立的回风系统的		
		6. 采掘工作面等主要用风地点风量不足的		
		7. 采区进（回）风巷未贯穿整个采区，或者虽贯穿整个采区但一段进风、一段回风的		
		8. 煤巷、半煤岩巷和有瓦斯涌出的岩巷的掘进工作面未装备甲烷电、风电闭锁装置或者不能正常使用的		
		9. 高瓦斯、煤与瓦斯突出建设矿井局部通风不能实现双风机、双电源且自动切换的		
		10. 高瓦斯、煤与瓦斯突出建设矿井进入二期工程前，其他建设矿井进入三期工程前，没有形成地面主要通风机供风的全风压通风系统的		

表5－1－3（续）

序号	重大事故隐患类别	重大事故隐患具体情形	验收结果	验收人
六	“有严重水患，未采取有效措施”	1. 未查明矿井水文地质条件和井田范围内采空区、废弃老窑积水等情况而组织生产建设的		
		2. 水文地质类型复杂、极复杂的矿井没有设立专门的防治水机构和配备专门的探放水作业队伍、配齐专用探放水设备的		
		3. 在突水威胁区域进行采掘作业未按规定进行探放水的		
		4. 未按规定留设或者擅自开采各种防隔水煤柱的		
		5. 有透水征兆未撤出井下作业人员的		
七	“有严重水患，未采取有效措施”	1. 受地表水倒灌威胁的矿井在强降雨天气或其来水上游发生洪水期间未实施停产撤人的		
		2. 建设矿井进入三期工程前，没有按设计建成永久排水系统的		
八	“超层越界开采”	1. 超出采矿许可证规定开采煤层层位或者标高而进行开采的		
		2. 超出采矿许可证载明的坐标控制范围而开采的		
		3. 擅自开采保安煤柱的		
九	“有冲击地压危险，未采取有效措施”	1. 首次发生过冲击地压动力现象，半年内没有完成冲击地压危险性鉴定的		
		2. 有冲击地压危险的矿井未配备专业人员并编制专门设计的		
		3. 未进行冲击地压预测预报，或者采取的防治措施没有消除冲击地压危险仍组织生产建设的		
十	“自然发火严重，未采取有效措施”	1. 开采容易自燃和自燃的煤层时，未编制防止自然发火设计或者未按设计组织生产建设的		
		2. 高瓦斯矿井采用放顶煤采煤法不能有效防治煤层自然发火的		
		3. 有自然发火征兆没有采取相应的安全防范措施并继续生产建设的		
十一	“使用明令禁止使用或者淘汰的设备、工艺”	1. 使用被列入国家应予淘汰的煤矿机电设备和工艺目录的产品或者工艺的		
		2. 井下电气设备未取得煤矿矿用产品安全标志，或者防爆等级与矿井瓦斯等级不符的		
		3. 未按矿井瓦斯等级选用相应的煤矿许用炸药和雷管、未使用专用发爆器的，或者裸露爆破的		
		4. 采煤工作面不能保证2个畅通的安全出口的		
		5. 高瓦斯矿井、煤与瓦斯突出矿井、开采容易自燃和自燃煤层（薄煤层除外）矿井，采煤工作面采用前进式采煤方法的		

表5-1-3（续）

序号	重大事故隐患类别	重大事故隐患具体情形	验收结果	验收人
十二	“煤矿没有双回路供电系统”	1. 单回路供电的		
		2. 有两个回路但取自一个区域变电所同一母线端的		
		3. 进入二期工程的高瓦斯、煤与瓦斯突出及水害严重的建设矿井，进入三期工程的其他建设矿井，没有形成双回路供电的		
十三	“新建煤矿边建设边生产，煤矿改扩建期间，在改扩建的区域生产，或者在其他区域的生产超出安全设计规定的范围和规模”	1. 建设项目安全设施设计未经审查批准，或者批准后做出重大变更后未经再次审批擅自组织施工的		
		2. 改扩建矿井在改扩建区域生产的		
		3. 改扩建矿井在非改扩建区域超出设计规定范围和规模生产的		
十四	“煤矿实行整体承包生产经营后，未重新取得或者及时变更安全生产许可证从事生产的，或者承包方再次转包，以及将井下采掘工作面和井巷维修作业进行劳务承包”	1. 生产经营单位将煤矿承包或者托管给没有合法有效煤矿生产建设证照的单位或者个人的		
		2. 煤矿实行承包（托管）但未签订安全生产管理协议，或者未约定双方安全生产管理职责合同而进行生产的		
		3. 承包方（承托方）未按规定变更安全生产许可证进行生产的		
		4. 承包方（承托方）再次将煤矿承包（托管）给其他单位或者个人的		
		5. 煤矿将井下采掘工作面或者井巷维修作业作为独立工程承包（托管）给其他企业或者个人的		
十五	“煤矿改制期间，未明确安全生产责任人和安全管理机构，或者在完成改制后，未重新取得或者变更采矿许可证、安全生产许可证和营业执照”	1. 改制期间，未明确安全生产责任人而进行生产建设的		
		2. 改制期间，未健全安全生产管理机构和配备安全管理人员进行生产建设的		
		3. 完成改制后，未重新取得或者变更采矿许可证、安全生产许可证、营业执照而进行生产建设的		
十六	“其他重大事故隐患”	1. 没有分别配备矿长、总工程师和分管安全、生产、机电的副矿长，以及负责采煤、掘进、机电运输、通风、地质测量工作的专业技术人员的		
		2. 未按规定足额提取和使用安全生产费用的		
		3. 出现瓦斯动力现象，或者相邻矿井开采的同一煤层发生了突出，或者煤层瓦斯压力达到或者超过0.74 MPa的非突出矿井，未立即按照突出煤层管理并在规定时限内进行突出危险性鉴定的（直接认定为突出矿井的除外）		
		4. 图纸作假、隐瞒采掘工作面的		

1.21　煤矿主要灾害预防制度

第一章　总　　则

第一条　为严格执行“安全第一、预防为主、综合治理”的安全生产方针，认真贯彻落实国家有关煤矿安全生产的法律法规，防范矿井主要灾害的发生，特制定本制度。

第二条　集团公司、各二级涉煤公司及矿井必须建立矿井主要灾害预防组织机构，对矿井灾害预防进行全面监督、分级管理。

第三条　各矿井必须编制《矿井年度灾害预防和处理计划》，并根据具体情况及时修改。《矿井年度灾害预防和处理计划》经矿设计、生产、机电、通风、地测、调度、安监等业务部门会审签署意见后，由矿总工程师审查批准，报所属二级涉煤公司批复。灾害预防和处理计划由矿长负责组织实施。

第四条　《矿井灾害预防和处理计划》所需要的费用、材料和设备等必须列入矿井财务、供应计划。

第二章　矿井顶板事故预防

第五条　各矿井采、掘工作面及井下所有工程必须按照《煤矿安全规程》及有关规定做好顶板控制工作。采、掘（包括开拓）工作面作业规程中必须编制工作面顶板控制安全技术措施。编制的作业规程必须报矿有关科室和矿总工程师审批后方可执行。

第六条　采煤工作面必须及时回柱放顶或充填，控顶距离超过作业规程规定时，禁止采煤作业。用垮落法控制顶板，回柱后顶板不垮落、悬顶超过作业规程的规定时，必须停止采煤作业，采取人工强制放顶或其他措施进行处理。

第七条　采煤工作面必须按作业规程的规定及时支护，严禁空顶作业。遇到顶底板松软或破碎、过断层、过采空区、过煤柱或冒顶区以及托伪顶开采时，必须制定安全技术措施。

第八条　用垮落法控制顶板时，回柱放顶的方法和安全措施，放顶与爆破、落煤等工序平行作业的安全距离，放顶区内支架、木柱、木垛的回收方法，必须在作业规程中明确规定。

第九条　采煤工作面必须按照作业规程规定存有一定数量的备用支护材料。工作面严禁使用折损的坑木、损坏的金属顶梁、失效的单体液压支柱，单体液压支柱入井前必须逐根进行压力试验。

第十条　采煤工作面初次放顶及收尾，必须制定安全技术措施。放顶人员必须站在支架完整，无崩绳、崩柱、甩钩、断绳抽人等危险的安全地点工作。回柱放顶前，必须对放顶的安全工作进行全面检查，清理好退路。回柱放顶时，必须指定有经验的人员观察顶板。

第十一条　采掘工作面要坚持有组织地进行顶板动态监测和顶板离层监测，并定期对顶板控制和监测情况进行分析和总结。

第十二条　掘进工作面必须使用前探梁等临时支护。严禁空顶作业，严禁超作业循环作业，严格执行敲帮问顶制度。要加强巷道贯通、巷道交叉口、长距离独头巷道等薄弱环节的顶板控制。遇地质构造变化、掘进巷道贯通要及时制定安全技术措施。

第十三条　采用锚网、锚喷等支护时，锚杆必须做拉拔试验，必须对顶板离层进行监测，对喷体必须做厚度和强度检查，并有检查和试验记录。

第十四条　各矿井生产技术部门要定期检查、分析顶板活动规律，制定切实可行的技术措施。

第三章　矿井瓦斯事故预防

第十五条　各矿应按规定对矿井瓦斯等级和二氧化碳涌出量进行鉴定，鉴定结果报所属二级公司审定后上报集团公司，经集团审查批复后上报省煤炭行业管理部门和煤矿安全监察局。

第十六条　每个矿井必须建立瓦斯检查制度。瓦斯检查人员必须执行瓦斯巡回检查制度和请示报告制度，并认真填写瓦斯检查报告。

第十七条　通风瓦斯日报必须送煤矿主要负责人、总工程师审阅、签字。对重大的通风、瓦斯问题必须制定安全技术措施进行处理。

第十八条　矿井必须从设计和采掘生产管理上采取措施，防止瓦斯积聚。遇地质构造导致的瓦斯异常，应采取专项安全技术措施。瓦斯排放按《煤矿安全规程》规定分级进行。

第十九条　矿井要制定瓦斯超限后的应急处置措施。井下各处瓦斯或二氧化碳的允许浓度及超限处理措施必须符合《煤矿安全规程》有关规定。

第二十条　正确选择通风设施的位置，按标准构筑通风设施，确保通风设施稳定、可靠。

严格按照矿井配风计划进行配风，确保各采掘工作面、硐室都有足够的风量，消除无风、微风区域，防止瓦斯集聚、超限。

第二十一条　井下所有的盲巷、报废巷道和采区必须按规定及时封闭并挂上警示牌。

第二十二条　煤层倾角大于12°的采煤工作面，必须采用上行通风，突出矿井采煤工作面严禁采用下行通风。

第二十三条　加强高瓦斯矿井和煤与瓦斯突出矿井的瓦斯治理。煤与瓦斯突出矿井要严格执行区域防突为主、局部防突补充的两个“四位一体”综合防突措施，建立健全防突管理机构，配齐专业技术人员：

（1）采掘抽衔接正常。高瓦斯矿井、煤与瓦斯突出矿井必须编制采掘衔接中长期规划。充分考虑瓦斯抽采因素，做到“四量”平衡；坚决执行“以风定产”和“以抽定产”；严格做到“不掘突出头”“不采突出面”；严禁使用国家明令禁止使用的设备和工艺。

（2）瓦斯抽采量、利用量和抽采进尺要作为年度安全目标考核指标。

（3）高瓦斯、煤（岩）与瓦斯（二氧化碳）突出的基本建设矿井进入二期工程施工前，必须形成由地面主要通风机供风的全风压通风系统；煤（岩）与瓦斯（二氧化碳）突出的矿井揭露突出煤层前，高瓦斯矿井进入三期工程施工前，必须建成地面瓦斯抽采系统并投入运行。

（4）建立健全的瓦斯地质技术体系和区域突出性预测方法、指标体系；预抽防突钻孔等必须全部、均匀地覆盖整个采掘区域的突出煤层；积极开展保护层开采和区域预抽。

第四章　矿井水灾事故预防

第二十四条　煤矿企业要建立健全防治水机构，建立健全水害防治岗位责任制和水害防治技术管理、水害预测预报、水害隐患治理等规章制度，查清矿井水文地质情况，坚持“预测预报、有掘必探、先探后掘、先治后采”的原则，采取“防、堵、疏、排、截”的综合治理措施。

第二十五条　矿井必须配备满足工作需要的防治水管理人员和防治水专业技术人员，配齐专用探放水设备，建立专门的探放水作业队伍。

第二十六条　矿井必须制定防治水中长期规划和年度防治水计划，并上报所属二级公司审批后实施。

第二十七条　矿井必须按规定进行物探。加强可疑区、构造区和采动影响区的物探工作。

第二十八条　矿井必须收集井田范围及周边区域水文地质资料。井田范围及周边区域水文地质资料不清楚的，应当采取有效措施，查明水害情况，在水害情况查明之前，严禁进行采掘活动。

第二十九条　带压开采矿井要建立地下水动态监测系统，实时对地下水进行动态监测。

第三十条　带压开采的矿井必须完成水文地质补充勘探工作，采用物探、钻探方法，对构造陷落柱的导水性进行探查，并采取防治水措施。下组煤开采前，必须对上部采空区积水进行疏放。

第三十一条　发现矿井有透水征兆时，应立即停止受水害威胁区域内的采掘等作业，撤出作业人员，采取有效安全措施，进行处理。

第三十二条　各二级涉煤公司、煤矿每年雨季必须对井上下防治水工程进行全面检查，并依据《煤矿防治水规定》进行安全程度评估。评估不符合要求的应及时整改。

第三十三条　矿井必须坚持以“一定、二查、三专、四探、五保障”为核心防治水工作体系，切实制定和落实好防治水安全技术措施，真正实行“物探先行、化探跟进、钻探验证”的综合探测模式，并严格执行防治水管理“十个严禁”：

（1）必须根据矿井采掘衔接安排，编制和审批防治水中长期规划、年度计划以及水文地质类型划分报告，否则，严禁进行采掘活动。

（2）必须对地表河流沟谷的裂缝、塌陷情况进行调查治理，对井口标高低于历史最高洪水位的必须采取有效措施，否则，严禁进行采掘活动。

（3）采掘活动区域必须采取地面三维地震、瞬变电磁法等物探手段，查明构造、采空区及其积水位置、积水范围、积水量等水害情况，划分出相对安全区、过渡区、危险区，否则，严禁进行采掘活动。

（4）必须实行防治水工作的“三专”管理（专业防治水管理机构、专业技术管理、专业探放水队伍和专用探放水设备），保证对水害进行有效探测，否则，严禁进行采掘活动。

（5）所有开拓、掘进都必须实行井下超前物探加钻探的综合探测，并严格执行“探掘分离”；工作面回采前，必须采取物探、钻探等手段查清并消除水害隐患。否则，严禁进行采掘活动。

（6）探放水施工必须按照经总工程师审批的探放水设计进行。严格执行探放水安全技术措施和作业规程，并进行防治水安全确认签字移交，否则，严禁进行采掘活动。

（7）采掘活动区域受承压水威胁的矿井，必须通过专门的水文地质补充勘探，编制水文地质报告，进行带压开采可行性论证，划定安全开采区域，制定承压水安全开采方案。否则，严禁在承压区进行采掘活动。

（8）矿井有透水征兆时，必须停止作业，立即撤人。水害威胁解除前，严禁进行采掘活动。

（9）矿井排水系统能力不符合要求的严禁进行采掘活动。

（10）严禁“超层越界”和在防隔水煤（岩）柱中从事采掘活动。

第三十四条　地面防治水：

（1）低于当地历年最高洪水位的井口，建筑物必须修筑堤坝、沟渠、疏通水路。

（2）井口附近和塌陷区内外的积水或雨水可能侵入井下时，必须修筑排水工程。

（3）受滑坡威胁的地段，必须采取措施进行治理。

（4）地面报废的钻孔必须及时封闭。

（5）排到地面的矿井水，必须妥善处理，避免再渗入井下。

（6）报废的井筒必须按照《煤矿防治水规定》封填。

（7）每次降大到暴雨时和降雨后，必须派专人检查矿区及其附近地面有无裂缝、老窑陷落和岩溶塌陷、河道沟通等现象，发现漏水情况，必须及时处理。

（8）严格执行暴雨停产撤人制度。

第三十五条　矿井探放水必须做到：

矿井探放水必须坚持预测预报、有掘必探、先探后掘、先治后采的原则：

（1）根据采掘计划，结合矿井水文地质资料，全面分析水害隐患，提出水害分析预测表及水害预测图。

（2）井下探放水工作必须有专人负责。

（3）探水作业必须编制探放水设计和操作规程。

(4) 井下探放水必须使用专用的探放水钻机。

(5) 用钻孔放水时必须设专人监测。

第三十六条　井下防排水必须做到:

(1) 井下主要水仓必须有主仓和副仓，当一个水仓清理时，另外一个水仓能正常使用。新建、改扩建矿井或生产矿井的新水平，正常涌水量在1000 m^3/h 以下时，主要水仓的有效容量应能容纳8 h的正常涌水量。正常用水量大于1000 m^3/h 的矿井，主要水仓有效用量应满足 $V=2(Q+3000)$ 的要求，但主要水仓的总有效容积不得小于4 h的矿井正常涌水量。采区水仓的有效容积应能容纳4 h的采区正常涌水量。

(2) 水泵必须保证工作、备用和检修数量，能力符合设计要求。

(3) 排水管必须保证工作能力和备用数量。

(4) 主要泵房至少有两个出口，一个出口用斜巷通到井筒，并应高于水泵房地面7 m以上;，另一出口通井底车场，且应设既能防火又能防水的密闭门；泵房和水仓的连接通道，应设置可靠的控制闸门。

(5) 水仓沉淀池每年至少清两次淤泥。

(6) 基建和改扩建矿井在永久排水系统形成前，各施工区必须设置临时排水系统，并保证有足够的排水能力。

(7) 有突水危险或水文地质类型复杂以上的基建和改扩建矿井，进入二期工程前必须按设计建成双回路供电系统，必须形成有地面通风机供风的全风压通风系统；进入三期工程前必须形成永久性排水系统。

(8) 带压开采矿井必须考虑非正常涌水量的排放。

(9) 矿井建设和延深中，当开拓到设计水平时，只有在建成新水平的防、排水系统后，方可开拓掘进。

第五章　矿井火灾预防

第三十七条　防灭火工作要坚持“预防为主、防治结合、科学有效”的原则。开采容易自燃和自燃煤层的矿井，要建立火灾监测系统和防灭火系统，严格执行煤层自燃预测预报制度，杜绝煤层自然发火和外因火灾发生。

第三十八条　矿井外因火灾事故的预防:

(1) 井口房和通风机房附近20 m内，不得有烟火或者用火炉取暖。严禁携带烟草、引火物下井，井下严禁吸烟。井下和井口房内不得进行电焊、气焊和喷灯焊接等工作。如果必须在井下主要硐室、主要进风井巷和井口房内进行电焊、气焊和喷灯焊接等工作，每次必须制定安全措施，由矿长批准，并设专人在场检查和监督，做到人走场清。

井下硐室内不准存放汽油、煤油或变压器油。井下使用的润滑油、棉纱和布头等必须集中存放在带盖的铁桶中，并由专人定期送到地面处理。

(2) 煤矿井下不准裸露爆破，严禁用煤块、粉煤、炮药纸等易燃物品代替炮泥，同时严格执行“一炮三检”和“三人连锁爆破”制度。

(3) 井下电气设备必须符合完好标准，掘进工作面必须按规定安装“三专两闭锁”。井下不得带电检修电气设备。严禁带电搬迁非本安型电气设备、电缆（采用电缆供电的移动式用电设备不受此限)。井下必须使用阻燃电缆或不延燃橡套电缆、阻燃输送带。

(4) 井筒与各水平的连接处及井底车场，主要绞车道与主要运输巷、回风巷的连接处，井下机电设备硐室，主要巷道内带式输送机机头前后两端各20 m范围内，都必须用不燃性材料支护。

(5) 对受小煤窑影响的矿井，必须详细掌握小煤窑的开采范围、通风方式及发火情况，采取有效措施，以防止受到小窑灾变威胁。

(6) 地面和井下都要建立消防材料库，储备消防器材。消防器材库储存的消防材料要定期检查和更换。

(7) 进风井口应当装设防火铁门，防火铁门必须严密并已于关闭，打开时不妨碍提升、运输和人员通行，并定期维修。

(8) 在井口和井下各主要工作地点设置声、光兼备的火灾信号。

第三十九条 矿井内因火灾事故的预防：

(1) 在新的煤层开采前，必须对该煤层的煤样进行自燃倾向性鉴定。

(2) 在开采有自燃倾向性的煤层时，盘区（采区）设计应采用后退式。采煤工作面必须采用后退式开采。工作面要选择丢煤少、漏风小、速度快的采煤方法。在开采厚及特厚煤层时，必须有专项防灭火设计。凡是一次不能采全高，必须沿顶开采，不能留顶煤。

(3) 矿井必须有防灭火设计和防灭火专项措施，并开展自燃火灾的预测预报工作。

(4) 矿井要每年（或进行通风系统改造时）要进行矿井压能测定，认真分析矿井压能分布状况，综合分析对火区和可能发火区的影响，并依照矿井压能分布规律正确选择风门、风窗、密闭等通风设施的位置，以尽可能降低采空区、火区和煤柱裂隙处的漏风压差，减小漏风量。

(5) 采煤工作面结束后，必须在45天内对采空区进行防火封闭。对因撤架等原因造成不能及时封闭或停采长期供风的工作面，必须制定相应的防灭火措施报所在二级公司审批，消除采空区自然发火隐患。

(6) 对开采容易自燃和自燃的单一厚煤层或煤层群的矿井，集中运输巷和总回风巷应当布置在岩层内或者不易自燃的煤层内；布置在容易自燃和自燃的煤层内时，必须砌碹或锚喷，碹后的空隙和冒落处必须用不燃性材料充填密实。

(7) 井下消防管路系统要完善（可与防尘管路系统共用），水源总控阀门应接在进风巷，井下各硐室进风口前后10 m范围要设置三通阀门，主要硐室要配备消防器材，并定期检修、维护。

(8) 井下必须使用阻燃输送带，井下硐室及其回风道要采取不燃性支护。变电所、绞车房等主要硐室要实现独立通风。

(9) 根据矿井自然发火等级应建立注氮、黄泥灌浆、喷洒阻化剂、凝胶阻化剂等综合防灭火系统，以增加矿井防灾抗灾能力。

(10) 加强对火区的管理。火区必须按《煤矿安全规程》和集团公司有关规定进行管理，必须按要求建立火区管理资料，绘制火区位置关系图，由通风部门永久保存。在火区的管理过程中，对符合注销或启封条件的火区要先向集团公司提出注销或启封报告，经集团公司批准后方可注销或启封。

第六章 矿井粉尘预防

第四十条 生产矿井必须建立健全综合防尘和煤尘管理责任制。

第四十一条 生产矿井必须建立健全的防尘洒水系统。

矿井防尘用水量至少在每年的四季度末核算一次，并提出核算报告。矿井地面要建立永久性水池，其容量不得小于200 m^3，并有备用水池。每年必须对水池进行一次清理。

矿井防尘用水系统中要有过滤装置或采用其他净化方式保证水质清洁，防尘管路中必须安装管道过滤器，并要定期清理积污。

必须建立健全的防尘洒水系统，采、掘、开工作面防尘管路不到位不准生产。

第四十二条 采掘设备必须安装内、外喷雾装置，截煤时必须喷雾降尘。

综采工作面应安装使用移架喷雾装置，至少每隔6架安装一组喷嘴，综采放顶煤工作面必须在放煤口安装使用喷雾装置，降柱、移架或放煤时同步喷雾。破碎机必须安装防尘罩或除尘器。

第四十三条　掘进工作面必须采用湿式钻眼，采用水炮泥、爆破喷雾，装岩（煤）洒水和净化风流等综合防尘措施，严禁干打眼。

第四十四条　采煤工作面必须按《煤矿安全规程》第六百四十五条规定进行煤层注水，采取架间喷雾、装载点喷雾和净化风流等综合防尘措施。

第四十五条　喷射混凝土工作面应采用潮喷或湿喷，不得干喷。喷射前必须冲洗岩帮，工作人员必须佩戴劳保用品。

第四十六条　有煤尘爆炸性的矿井要推广使用粉尘自动监测监控系统。

第四十七条　矿井要有综合防尘设计，采取综合防尘措施。合理配风，消灭风速超限。

第四十八条　开采有煤尘爆炸危险煤层的矿井，必须制定隔绝煤尘爆炸措施及管理制度，按规定设置隔爆水幕、隔爆水棚（岩粉棚）、自动式隔爆棚等。

第四十九条　井下煤仓、翻罐笼装车和其他转载地点以及地面煤场、翻罐笼等都应进行喷雾洒水或设置捕尘器。井下所有的矿车都应保持完好，防止漏煤、漏岩粉。

第五十条　各二级涉煤公司、矿井必须对粉尘浓度等进行监测。测定时间间隔为：

（1）有粉尘产生的作业地点，井下每月测定两次，井上每月测定一次。

（2）生产性粉尘中游离的 SiO_2 含量每半年测定一次，在变更工作面时，测定一次。

第五十一条　井上、井下所有人员工作地点和人行道的空气中粉尘浓度应符合下列规定：

（1）含10%以上游离 SiO_2 的粉尘，最高允许浓度为 2 mg/m^3。

（2）含10%以下游离 SiO_2 的粉尘和煤尘，最高允许浓度为 10 mg/m^3。

第五十二条　矿井必须建立巷道定期冲洗刷浆制度，防止粉尘堆积。

第七章　附　　则

第五十三条　本制度解释权属晋能集团有限公司安全生产委员会。

1.22　煤矿事故报告和调查处理制度

第一章　总　　则

第一条　为进一步规范生产安全事故的报告和调查处理，严肃事故责任追究，防止和减少生产安全事故，根据国家法律、规范性文件和行业法规、标准，结合集团公司实际，特制定本制度。

第二条　本制度适用于集团公司所属控股煤矿。

第二章　事　故　报　告

第三条　报告程序

（1）事故发生后，事故现场人员要立即报告本单位调度室。

（2）调度室接到通知后，值班人员立即按程序报告值班领导、单位主要负责人和相关人员。

（3）单位主要负责人接到事故报告后，半小时内必须报告二级公司调度室，二级公司调度室当日值班领导接报告后，立即报告集团公司总调度室。报告内容包括事故发生队组、时间、地点（事故现场示意图）、简要经过、伤亡情况（包括下落不明、涉险人数）、初步估算的直接经济损失、初步原因分析、已采取的措施等。

（4）发生事故的单位在报告事故同时由单位主要负责人迅速采取一切必要措施，抢救涉险人员，防止事故扩大，降低财产损失，保护好事故现场。

第三章　事　故　调　查

第四条　调查程序

1. 发生死亡事故，由集团公司成立事故调查组对事故进行调查处理。

（1）事故调查组成员应符合以下条件：

①具有事故调查所需要的某一方面的专长。

②与所发生事故没有直接利害关系。

（2）事故调查组职责：

①查明事故发生的经过、原因和人员伤亡、经济损失等情况。

②认定事故的性质、类型和事故责任。

③提出事故处理意见和防范措施的建议。

④提交事故调查处理报告。

2. 事故报告应包括事故单位概况、事故经过、事故性质、事故类型、事故原因分析、事故责任划分及对责任人的处理建议、事故防范和整改措施建议等内容，并附相关资料（如事故现场示意图、调查组名单、人员伤亡情况表、直接经济损失统一表等）。

3. 事故调查组应当在事故发生之日起 10 日内提交事故调查报告，特殊情况不得超过 30 日。

第四章 事 故 分 析

第五条 事故分析、事故责任认定及责任追究程序

1. 基本原则

（1）实事求是、客观公平原则。

（2）依法办事、规范处罚原则。

（3）惩前毖后、治病救人原则。

（4）科学分析、超前防范原则。

2. 分析步骤

（1）整理和阅读调查材料。

（2）按以下七项内容进行分析：

①事故发生地点。

②人员伤亡（受伤部位、伤亡人数）。

③起因物。

④致害物。

⑤致害原因。

⑥事故类型。

⑦事故原因，分为直接原因和间接原因。

3. 确定事故的直接原因

直接原因是指直接引发事故的因素，包括：人的不安全行为和物的不安全状态：

（1）不安全行为包括：①错误操作、忽视安全、忽视警告；②造成安全装置实效；③使用不安全设备；④手工代替工具操作；⑤物品存放不当；⑥冒险进入危险场所；⑦攀、坐不安全位置；⑧机器运转时加油、修理、检查、调整、焊接、清扫等工作；⑨有分散注意力行为；⑩在起吊物下作业、停留；⑪在必须使用个人防护用品用具的作业或场合中，忽视其使用；⑫不安全装束；⑬对易燃、易爆等危险物品处理错误。

（2）不安全状态包括：①防护、保险、信号等装置缺乏或缺陷；②设备、设施、工具附件有缺陷；③个人防护用品缺少或有缺陷；④生产场所环境不良；⑤其他。

4. 确定事故的间接原因

间接原因主要包括：

（1）技术和设计有缺陷。

（2）没有安全操作规程或不健全。

（3）违反操作规程或劳动纪律。

（4）劳动组织不合理。

（5）对现场缺乏检查或指挥错误。

（6）教育培训不够、缺乏安全操作知识。

（7）施救不当。

（8）其他。

5. 事故责任分析

根据事故调查所确认的事实，通过对直接原因和间接原因分析，确定事故的直接责任、间接责任者。

直接责任：凡是导致事故发生直接原因的人员责任属直接责任。

间接责任：产生人的不安全行为、物的不安全状态、管理缺陷等间接原因的人员责任属间接责任。

事故责任人员一般分为四类责任：直接责任者、主要责任者、重要责任者和一般责任者。

直接责任者主要是指因违章操作或违章指挥直接导致事故发生的人员。主要责任者、重要责任者、一般责任者属于间接责任，主要是指各级管理人员，包括现场班组长、监护人员、区队（车间）管理人员、科室（处室）业务管理人员、矿（厂、处、公司）级领导。

领导责任又分为：主要领导责任者、重要领导责任者和一般领导责任者。

主要领导责任者是指对其直接管理或领导的工作不负责任，不履行或不正确履行职责，对造成的损失负直接管理或主要领导责任者；重要领导责任者是指对应管的工作或者参与决定的工作，不履行或不正确履行职责，对造成的损失负次要管理或领导责任者；一般领导责任者是指对下属单位存在的重大问题失察或发现后纠正不力，导致发生生产安全事故，对造成的损失负一定的管理或领导责任者。

第五章　事　故　处　罚

第六条　事故处罚

（1）煤矿（包括王家岭煤业，以下同）发生一起死亡 1 人安全责任事故，给予煤矿董事长、党委（或总支）书记、总经理（矿长）、负有重要领导责任的分管副经理（副矿长）撤职处分，安全副经理（安全副矿长）记大过行政处分。

给予二级公司煤业经理、分管副经理罚款 0.5 万元，安全副经理罚款 0.3 万元。

对党委（或总支）书记的处分，按照党政同责的要求，由上级党组织按相应程序办理（下同）。

给予二级公司罚款 100 万元。

（2）煤矿发生一起死亡 2 人安全责任事故，给予煤矿董事长、党委书记、总经理（矿长）、负有重要领导责任的分管副经理（副矿长）撤职处分，安全副经理（安全副矿长）降职处分。

给予二级公司煤业经理、分管副经理降职处分，安全副经理记大过处分，二级公司经理、党委书记记过处分。

并给予每人罚款 1 万 ~1.5 万元。

给予二级公司罚款 200 万元。

（3）煤矿发生一起死亡 3 人安全责任事故，给予煤矿董事长、党委书记、总经理（矿长）、负有重要领导责任的分管副经理（副矿长）、安全副经理（安全副矿长）撤职处分。

给予二级公司煤业经理、分管副经理撤职处分，安全副经理降职处分，二级公司经理、党委书记记大过处分。

并给予每人罚款 1.5 万 ~2 万元。

给予二级公司罚款 300 万元。

（4）年度内煤矿多次发生死亡事故从重对主要领导和相关责任人的责任追究。

（5）煤矿发生重伤以下（含重伤）事故，由所在二级公司制定调查处理及处罚办法，上报备案后执行。

（6）阻碍、干涉事故调查处理，故意破坏事故现场，拒绝接受调查以及拒绝提供真实情况和资料的单位，根据情节轻重，对相关责任人、主要负责人给予罚款 0.3 万 ~0.5 万元或记大过、降职、撤职处分。

（7）直接经济损失达到《安全生产法》规定的事故等级标准的，按照对应事故等级进行调查处理。

第六章　附　　则

第七条　各二级公司要依照本制度，结合本单位的实际情况，制定相应的实施细则。

第八条　本制度解释权属晋能集团有限公司安全生产委员会。

第九条　本制度自发布之日起执行，原制度同时废止执行。

附件 1

事故调查流程示意图

附件 2

生产安全事故等级划分标准及统计规定

事故等级分类：

根据事故造成的人员伤亡或者直接经济损失，煤矿事故分为以下等级：

（1）特别重大事故：是指造成 30 人以上死亡，或者 100 人以上重伤（包括急性工业中毒，下同），或者 1 亿元以上直接经济损失的事故。

（2）重大事故：是指造成 10 人以上 30 人以下死亡，或者 50 人以上 100 人以下重伤，或者 5000 万元以上 1 亿元以下直接经济损失的事故。

（3）较大事故：是指造成 3 人以上 10 人以下死亡，或者 10 人以上 50 人以下重伤，或者 1000 万元以上 5000 万元以下直接经济损失的事故。

（4）一般事故：是指造成 3 人以下死亡，或者 10 人以下重伤，或者 1000 万元以下直接经济损失的事故。

本条各款所称的“以上”包括本数，所称的“以下”不包括本数。

按 GB 6441—1986《企业职工伤亡事故分类标准》工

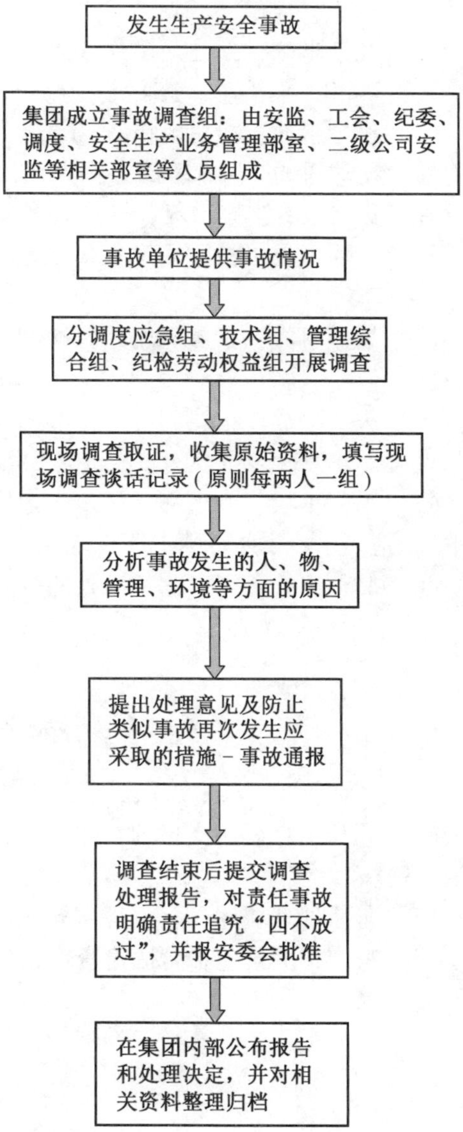

事故调查流程示意图

矿商贸（不含煤矿）事故类型有物体打击、车辆伤害、机械伤害、起重伤害、触电、淹溺、灼烫、火灾、高处坠落、坍塌、冒顶片帮、透水、爆破、火药爆炸、瓦斯爆炸、锅炉爆炸、容器爆炸、其他爆炸、中毒窒息和其他伤害等二十类。

根据《生产安全事故统计报表制度》（安监总统计〔2016〕116号）道路交通运输事故类型有：碰撞、碾压、刮擦、翻车、坠车、爆炸、失火。

根据《生产安全事故统计报表制度》，煤矿事故类型分为：顶板、瓦斯、机电、运输、爆破、水害、火灾、其他等八类。煤矿事故按行业专业特点分为顶板事故、瓦斯事故、机电事故、运输事故、爆破事故、火灾事故、水害事故、其他事故八类；

致害原因主要有：冒顶、片帮、支架伤人、爆破、明电、明火、煤与瓦斯突出、摩擦、撞击、失爆、吸烟、墩罐（坠罐）、跑车、轨道事故、输送事故、触电、设备伤人、跑浆、坠落、触响拒爆材料、地质水、采空水、地面水、煤自燃、设备引燃、煤尘爆炸、CO中毒、窒息。

具体分类含义如下：

（1）顶板事故：指矿井冒顶、片帮、顶板掉矸、支护垮倒（垮落）等事故，和从事支护顶板、维修巷道、维护巷道发生的事故，以及使用中的支护材料不合格引发的事故，底板事故也视为顶板事故。

（2）瓦斯事故：指瓦斯爆炸（燃烧）、煤尘爆炸、煤（岩）与瓦斯突出、瓦斯窒息、有害气体中毒、瓦斯超限等事故，包括洗选厂、储煤场（煤山）、瓦斯发电厂等地面瓦斯事故。

（3）机电事故：指机电设备（设施）导致的事故，包括触电，机械、设备起吊、设备安装、设备检修、设备调试、风水管路等伤人，大型设备损坏，立井坠罐，强力皮带断带，特种设备、大型固定设备、安全监测监控系统、发供电等事故。

（4）运输事故：指运输设备（设施）在运行过程中发生的事故，如车辆撞、挤、轧、斜井（绞车道）跑车等事故。

（5）爆破事故：指爆破崩人、触响拒爆材料伤人，以及火药、雷管在井下发生的爆炸、燃烧等事故。

（6）火灾事故：指煤与矸石自然发火的内因火灾和井下支护材料火灾、电气火灾、输送带火灾、油脂火灾等外因火灾造成的事故（煤层自燃未见明火，逸出有害气体中毒应算作瓦斯事故）。

（7）水害事故：指透采空区水、老空水、地质水（含水层水、断层水、岩溶水、封闭不良的钻孔水）、地表水，洪水灌入井下，充填溃水伤人，冒顶后透黄泥、流沙等事故。

（8）其他事故：以上七类以外的事故。

附件3

事故造成的直接经济损失构成

按照《企业职工伤亡事故经济损失统计标准》（GB 6721—1986）计算有（单位：万元）：

（1）人身伤亡后所支付的费用，含医疗费用（含护理费）、丧葬及抚恤费用、补助及救济费用、歇工工资。

（2）善后处理费用，含处理事故的事务性费用、现场抢救费用、清理现场费用、事故赔偿费用。

（3）财产损失价值，含固定资产损失价值、流动资产损失价值。

附件4

受伤重伤死亡等统计说明

按照《生产安全事故统计报表制度》（安监总统计〔2016〕116号）：

（1）受伤：是指生产安全事故造的肢体伤残，或某些器官功能性或器质性损伤，表现为劳动力受到伤害，经医院诊断，需歇工3个工作日及以上。

（2）重伤（含急性工业中毒）：

重伤是指生产安全事故造成的肢体残缺或视觉、听觉等器官受到严重损伤，甚至丧失，或引起人体长期存在功能障碍，或劳动能力有重大损失的伤害，经医院诊断需歇工105个工作日及以上，不构成死亡的受伤人数。

急性工业中毒是指人体因接触国家规定的工业性毒物、有害气体，一次吸入大量工业有毒物质使人体在短时间内发生病变，导致人体立即中断工作，需歇工3个工作日及以上。

死亡和失踪（含下落不明）人数：是指因生产安全事故造成人员在30天内（道路交通、火灾事故自发生之日起7日内）死亡或失踪（含下落不明）超过30日（道路交通、火灾事故超过7日）的人数。

职业死亡、职业受伤人数：生产安全事故中，在岗职工死亡、受伤人数。

在岗职工是指本单位工作且与本单位签订劳动合同，并由单位支付各项工资或社会保险、住房公积金的人员，以上所述人员中由于学习、病伤、产假等原因暂时未工作仍由单位支付工资的人员。

在岗职工还包括：①应订立劳动合同而未订立劳动合同人员（如使用农村户籍人员）；②处于试用期人员；③编制外招用人员，如临时人员；④派往外单位工作，但工资仍由本单位发放的人员（如挂职锻炼、外派工作等情况）。

在岗职工不包括：①本单位使用的且由本单位直接支付工资的劳务派遣人员，应统计在本单位“劳务派遣人员”指标中；②本单位因劳务外包而使用的人员，由承包劳务的单位统计为在岗职工。

附件5

与事故调查处理有关的六个报告的内容说明

1. 现场勘察的内容

（1）什么人、什么事：受害者姓名、年龄、工种、级别、事故性质分类、受伤部位、伤害程度；其他与受害者有关人员的情况，当班出勤人数、分工情况等。

（2）什么时间：发生事故的年、月、日、点班、时、分。

（3）什么场所：事故发生的具体地点，其周围环境情况与事故有关的环境因素的状况、位置等。

（4）干什么工作：弄清伤者正在干什么活，人和物是怎样接触的等。

（5）什么物致伤：弄清导致事故发生的起因物、致害物、环境等。

（6）不安全状态：弄清事故起因物的不安全状态。

（7）不安全行为：弄清事故原因的人的不安全行为，包括与事故有关的所有人员的不安全行为。

（8）事故是怎样发生的：人和物是怎样接触而发生事故的。

（9）原则：事故现场勘察必须做到客观、公正。

2. 技术鉴定报告一般包括的内容

（1）事故发生时间。

（2）事故发生地点。

（3）事故类别的认定和事故性质的认定：事故性质分为责任事故、非责任事故。

（4）事故现场概况。

（5）事故原因分析。

（6）事故直接原因分析。

（7）技术防范措施建议。

（8）附件：

①事故现场勘察报告。

②事故抢救（抢险）报告。

③事故现场示意图。

④尸检报告。

⑤受伤人员伤害程度鉴定或医疗证明。

⑥现场提取物检验报告。

⑦技术检测（或技术鉴定）报告及专家咨询意见。

⑧技术鉴定组人员的签字名单。

3. 管理调查报告一般包括的内容

（1）企业基本概况。包括企业经济性质、产权制度、法人治理结构、事故前开采或生产的合法性认定。

（2）企业经营管理方式。包括企业组织结构、经营管理方式、安全管理机制等。

（3）办证情况。包括采矿许可证、企业法人营业执照、安全生产许可证、安全资格证等办证持证情况。

（4）事故被调查人员情况。包括被调查人员姓名、性别、年龄、政治面貌、职务。

（5）事故发生的简要经过及抢救过程。

（6）事故间接原因分析。分为主要原因、重要原因、一般原因等。

（7）事故责任划分建议。包括责任人姓名、政治面貌、职务、分管工作、错误（或犯罪）事实、责任。

（8）管理防范措施建议。

4. 生产安全事故详细情况（即事故调查处理报告）

1）概述

事故发生的时间、企业名称、地点、事故类别、伤亡情况和直接经济损失等；事故调查组的组成。

2）事故单位概况

（1）企业概况。企业性质及隶属关系；持证情况；建矿时间；核定能力；地质储量和可采储量；开拓方式；通风方式和矿井通风情况；瓦斯鉴定情况和水文地质情况等其他与事故有关的基础资料。

（2）事故区队及地点概况。事故发生前的生产和劳动组织情况。

（3）事故发生经过及抢救、善后情况。

事故经过；事故报告情况；事故抢救情况（抢险救灾指挥情况、矿山救护队抢救情况、抢救结果）；事故发生后对工亡家属的安抚和赔偿情况，对受伤人员的治疗情况。

（4）事故性质及原因：

①事故性质。

②事故直接原因。

③事故间接原因。

（5）责任认定及处理建议：包括责任认定事实及法律依据；事故责任追究的法律依据和处理建议。

①对事故有关责任人员的处理决定或建议：行政处罚（含经济处罚）；刑事处罚；党纪政纪处分。

②对事故责任单位实施行政处罚建议。

（6）防范措施和建议。

（7）附件：

①事故现场平面图。

②调查组名单及签字。

③直接经济损失计算及统计表。

④其他需要载明的事项。

5. 事故事实材料的收集包括的内容

1）与事故鉴别、记录有关的材料

（1）生产安全事故情况：发生地点、日期、时间、所属行业、事故类型、直接经济损失（万元）。

（2）人员情况：所有生产安全事故伤亡人员的姓名、身份证号、性别、年龄、文化程度、职业、技术等级、工种、工龄、支付工资形式。

（3）文化程度分为文盲、小学、初中、高中（中专）、大学、硕士及以上。

（4）出事当天，受害人和肇事者什么时间开始工作，工作内容、工作量、作业程度、操作时的动作（或位置）。

（5）受害人和肇事者过去的事故记录。

2）事故发生的有关事实

（1）事故发生前设备、设施等的性能和运行状况。

（2）使用的材料情况，必要时进行物理性能或化学性能实验与分析。

（3）有关设计和工艺方面的技术文件、工作指令和规章制度方面的资料及执行情况。

（4）关于工作环境方面的状况：包括照明、湿度、温度、通风、声响、色彩度、道路、工作面状况以及工作环境中的有毒有害物质取样分析记录。

（5）个人防护措施状况：应注意它的有效性、质量、使用范围。

（6）出事前受害人或肇事者的健康状况。

（7）其他可能与事故致因有关的细节或因素。

3）生产安全事故概况（事故通报内容说明）

（1）事故单位基本情况。

（2）生产安全事故发生经过及伤亡者情况。

（3）事故初步原因、事故类型、性质。

（4）防范措施和要求。

1.23　煤矿安全设施、设备管理制度

第一章　总　　则

第一条　为规范集团公司煤矿生产现场安全设施、设备的管理，依据国家相关安全设施、设备相关标准和要求，制定本制度。

第二条　本制度适用于集团公司所属煤矿安全设施、设备的管理。涉煤二级公司及煤矿要根据集团公司煤矿安全设施、设备管理制度制定切合实际的相关制度。

第二章　安全设施、设备概念及范围

第三条　安全设施是指企业在生产经营活动中，将危险、有害因素控制在安全范围内，以及减少、预防和消除危害所配备的装置（设备）和采取的措施。煤矿开拓与开采过程中顶板控制、矿井

通风、瓦斯防治、粉尘防治、防灭火、防治水、电气提升运输、安全监控、矿山救护保健和紧急避险六大系统等相关的安全设施、设备。

第三章　安全设施、设备管理办法

第四条　安全设施、设备的设计必须符合国家有关法律法规、行业规范技术标准、煤矿安全规程。

第五条　安全设施、设备必须与主体工程同时设计、同时施工、同时交付使用。

第六条　煤矿井下安全设施、设备凡属矿用安全标志产品的必须具有矿用产品安全标志。

第七条　安全设施投运前，结合实际制定相关安全设施、设备的安全操作规程，及时贯彻到位，操作人员要掌握安全设施、设备的工作原理、操作方法、安全注意事项、维护保养知识等，按规定经考试合格持证后，方可上岗。

第八条　应制定安全设施、设备维护、保养责任制，指定专人负责管理，明确职责部门，按规定检查和维护保养，并做好记录，建立“安全设施、设备登记台账”。

第九条　安全设施、设备必须组织验收，符合设计要求，验收人员签字确认后方可投入使用。

第十条　应建立安全设施、设备维护、保养、检查制度，由相关负责人具体落实；建立设备的运行、维护、养护档案，对检修、校验、变更等情况详细记录，便于日后维护保养。

第十一条　按照行业规定需要定期监测检验的安全设施、设备必须定期检测，检验合格方可继续使用。并将检查、校验情况载入档案。

第十二条　安全设施、设备经过大修后必须经过检查验收，验收合格方可继续使用。

第十三条　安全设施、设备严禁带病使用。发现问题必须停止使用，处理合格后方可投运。不准随意拆除、挪用或弃置不用，因检修拆除的，检修完毕后必须立即复原。

第十四条　存在下列情形之一的，可申请报废或更换，安全设施、设备更换、维修、报废或停用，应及时做好记录。

（1）超过使用年限，主要结构和零部件磨损严重，设备效能达不到安全要求。

（2）意外灾害和重大事故而严重损坏无法修复的。

（3）国家明令淘汰的或由于技改等原因淘汰的。

（4）维修后经检测达不到安全使用要求的。

第四章　罚　　则

第十五条　必须坚持“四不放过”的原则，严格追查每一起安全设施、设备事故。

第十六条　安全设施、设备逾期未按规定定期进行监测检验，继续使用追究相关负责人的责任，因此导致发生事故的按照事故追查加重处理。

第十七条　安全设施、设备操作和使用人员发现安全设施、设备存在故障不停用不汇报继续使用的按照《煤矿安全红线管理制度》处理。

第五章　附　　则

第十八条　本制度解释权属晋能集团有限公司安全生产委员会。

1.24　煤矿管理人员下井与带班制度

第一章　总　　则

第一条　为切实加强煤矿安全基础工作，充分发挥各级管理人员在安全生产工作中的关键作用，落实各级管理人员安全责任，根据《国务院关于进一步加强企业安全生产工作的通知》（国发〔2010〕23号）和《煤矿领导带班下井及安全监督检查的规定》（国家安全生产监督管理总局令第33号）等法律、法规，制定本制度。

第二条　本制度适用于集团公司、机关各煤炭产业部室、各二级涉煤公司、各煤矿。

第三条　本制度所称煤矿领导，是指煤矿的主要负责人（董事长、矿长、总经理）、领导班子成员和副总工程师，应按相关规定取得A类资格证书。

建设矿井的领导还应包括施工单位的主要负责人、领导班子成员和副总工程师。

第四条　煤矿、施工单位（以下统称煤矿）是落实领导带班下井制度的责任主体，每班必须有煤矿领导带班下井，并与工人同时下井、同时升井。煤矿的主要负责人对落实领导带班下井及管理人员下井制度全面负责。

各二级涉煤公司是落实管理人员下井和煤矿领导带班下井制度的管理主体，负责督促煤矿建立和落实有关制度。集团公司不定期督查。

第二章　各级管理人员下井次数规定

第五条　各级管理人员下井次数不得低于以下规定：

1. 集团公司

（1）集团公司领导下井次数：正职领导1次/月，与煤炭产业相关的副职领导及副总工程师4次/月，其他副职领导2次/月。

（2）煤炭产业各部室：正职领导4次/月，副职6次/月。

2. 二级涉煤公司

（1）公司领导：正职领导4次/月，与煤炭产业相关的副职领导及副总工程师8次/月，其他副职领导4次/月；

（2）煤炭产业各部门：正职8次/月，副职10次/月，非生产口副职以上其他管理人员5次/月。

3. 煤矿

（1）党委书记和董事长5次/月，矿长或总经理8次/月，分管生产、机电、安全、通风、防治水等方面的副职领导12次/月，其他副职领导8次/月。

（2）各专业副总工程师、生产业务科室的正、副科长、采区正、副区长16次/月，非生产口科室正、副科长6次/月，生产、辅助队的队长、支部书记18次/月。

（3）矿井管理人员二班、夜班次数要达到总下井次数的1/2。

第三章　管理人员下井职责及要求

第六条　管理人员下井要把保证安全生产作为首要责任，切实掌握当班井下的安全生产状况，加强对重点部位、关键环节、薄弱区段的巡视检查，及时发现和组织消除事故隐患，制止违章违纪行为，严禁违章指挥。

第七条　管理人员下井发现作业现场存在危及职工生命安全的重大事故隐患和严重问题时，必须立即采取停产、撤人、排除事故隐患等紧急处置措施。

第八条　各级管理人员下井后要填写干部下井信息表，包括下井的时间、地点、经过路线、发现问题及处理意见等。

第九条　各二级涉煤公司和煤矿调度室要建立各级管理人员下井记录台账，并对各类人员下井情况逐月统计汇总，存档备查。

第十条　各二级涉煤公司安监部门负责对本公司各级管理人员下井情况进行考核。

第四章　煤矿领导带班下井规定

第十一条　煤矿应当建立健全领导带班下井制度，并严格考核。带班下井制度应当明确带班下井人员范围、每月带班下井的次数、在井下工作时间、带班下井的任务、职责权限、群众监督和考核奖惩等内容。煤矿领导带班下井制度应当报二级公司安监部门备案。

煤矿的主要负责人每月带班下井不得少于4次。

基建矿井应实行建设和施工单位领导双带班制度。

第十二条　煤矿领导带班下井时，其姓名应当在井口明显位置公示。煤矿领导每月带班下井工作计划的完成情况，应当公示，接受群众监督。

第十三条　煤矿领导带班下井时，应当履行下列职责：

（1）加强对重点部位、关键环节及临时性和零星工程、零散作业场所的检查巡视，全面掌握当班井下的安全生产状况。

（2）及时发现和组织消除事故隐患和险情，及时制止违章违纪行为，严禁违章指挥，严禁超能力组织生产。

（3）遇到险情时，立即下达停产撤人命令，组织涉险区域人员及时、有序撤离到安全地点。

第十四条　煤矿领导带班下井实行井下交接班制度。

上一班的带班领导应当在井下向接班的领导详细说明井下安全状况、存在的问题及原因、需要注意的事项等，并认真填写交接班记录簿。

第十五条　煤矿应当建立领导带班下井档案管理制度。

煤矿领导升井后，应当及时将下井的时间、地点、经过路线、发现的问题及处理情况、意见等有关情况进行登记，并由专人负责整理和存档备查。

煤矿领导带班下井的相关记录和煤矿井下人员定位系统存储信息保存期不少于一年。

第十六条　煤矿领导未带班下井，煤矿从业人员有权拒绝下井作业；带班领导提前升井，从业人员有权提前升井。煤矿不得因此降低从业人员工资、福利等待遇或者解除劳动合同。

第五章　监　督　检　查

第十七条　集团公司安监局将各级管理干部下井、煤矿领导带班下井制度执行情况纳入年度监察计划，每年至少进行两次专项监察或重点监察。

二级涉煤公司安全部门将煤矿管理人员下井及领导带班下井执行情况作为日常管理和督促检查的重要内容，每季度至少进行一次检查。

第十八条　各级安监部门对煤矿领导带班下井情况进行监督检查，可以采取现场随机询问煤矿从业人员、查阅井下交接班及下井档案记录、调阅煤矿井下人员定位系统监控记录等方式。

第十九条　各级安监部门对煤矿领导带班下井情况进行监督检查时，重点检查下列内容：

（1）是否建立健全煤矿领导带班下井制度，包括井下交接班制度和带班下井档案管理制度。

（2）煤矿领导井下交接班记录、带班下井档案等情况。

（3）煤矿领导特别是煤矿主要负责人带班下井情况。

（4）是否制定煤矿领导每月轮流带班下井计划以及计划执行、公示、考核和奖惩等情况。

（5）煤矿领导带班下井在井下履行职责情况，特别是重大事故隐患和险情的排查与处置情况。

（6）群众举报有关问题的查处情况。

第二十条　任何单位和个人均有权对集团公司、二级涉煤公司、煤矿干部下井及煤矿领导带班下井情况进行监督，对弄虚作假的有权向各级安监部门举报。集团公司安监局举报电话0351－4070369，传真0351－4070979，举报电子信箱：gljaqjcb@126.com。二级公司安监部门应当建立举报制度，公开举报电话、信箱或者电子邮件地址，受理有关举报；对于受理的举报，应当认真调查核实；经查证属实的，依规从重处罚。

第六章 处 罚

第二十一条 煤矿有下列情形之一的，给予警告，并处3万元罚款；对煤矿主要负责人处1万元罚款：

（1）未建立健全煤矿领导带班下井制度，或者未按规定报二级公司安监部门备案的。

（2）未建立煤矿领导井下交接班制度的。

（3）未建立煤矿领导带班下井档案管理制度的。

（4）煤矿领导每月带班下井情况未按照规定公示的。

（5）未按规定填写煤矿领导下井交接班记录簿、带班下井记录或者未保存带班下井相关记录档案的。

第二十二条 煤矿领导未按规定带班下井或弄虚作假的，给予撤职处分，并对该煤矿处以5万元的罚款，对煤矿主要负责人处以1万元的罚款。

第二十三条 本制度的行政处罚、经济处罚，由集团公司相关部门执行，安监局监督。

第七章 附 则

第二十四条 各二级涉煤公司依照本制度制定实施细则，并报集团公司安监局备案。

第二十五条 本制度解释权属晋能集团有限公司安全生产委员会。

1.25 煤矿入井检身与出入井清点制度

第一章 总 则

第一条 为保证井下生产安全，强化对入井人员的管理，随时掌握和控制实际入井人数，根据《煤矿安全规程》的规定，制定本制度。

第二条 本制度适用于集团公司各全资、控股煤矿。

第三条 各矿井必须使用入井人员考勤系统和井下人员定位系统，制定《井口检身制度》和《出入井人员清点考勤制度》，配备检身员和考勤员。

第二章 入井前规定

第四条 煤矿所有入井人员必须接受安全教育培训，取得安全资格证方准入井，新工人要签订“师徒合同”。

第五条 临时人员入井，要明确审批程序，进行入井培训，佩戴临时入井证，并由本矿人员陪同。外来人员无本矿人员陪同，不得入井。

第六条 各区队、班组必须召开入井班前会，做好会议记录。

第七条 入井人员必须按规定穿戴劳保用品，并配用矿灯、自救器、人员定位卡等。

第三章 入 井 登 记

第八条 所有入井人员必须考勤、登记。

第九条 煤矿要严格执行上级有关入井人数的规定，并在井口公示当班入井人数。

第十条 考勤人员坚守岗位，认真履职，做好出、入井人员登记、清点、统计工作。

第四章　出 入 井 检 身

第十一条　有下列情形的人员不得入井：

(1) 未戴安全帽、自救器、人员定位卡和矿灯者。

(2) 携带烟草、点火物品者。

(3) 穿化纤衣物者。

(4) 被测试饮酒者。

(5) 休息不好，精神恍惚、疲劳上岗者。

(6) 因工作、家庭及其他原因造成精力不集中、情绪不稳定者。

(7) 携带禁止下井的物品、材料者。

(8) 生产作业人员未持有关安全资格证者。

(9) 患有不宜进行井下作业的疾病者（《煤矿安全规程》第六百六十六～六百六十八条所列病症）。

第十二条　检身员有权对入井人员进行检查，对不符合要求的人员坚决不许入井；检身员有权维持井口乘车秩序以及井口其他安全事项；检身员应将当班检身情况及时报告有关部门，并做好记录。

第五章　入 井 后 规 定

第十三条　安全管理人员要认真执行《安全监督检查制度》和《领导干部带班下井制度》，遇有重大安全隐患及时撤出危险区域内的所有人员。

第十四条　所有入井人员要严格执行煤矿三大规程，做到不违章指挥、不违章作业、不违反劳动纪律。作业人员要虚心接受安检人员的检查。

第六章　其　他　规　定

第十五条　煤矿要支持考勤员、检身员、安检员的工作，严格入井人员管理。

第十六条　煤矿要做好头灯、自救器、人员定位卡的发放、回收统计工作，出现意外及时汇报。

第十七条　矿调度室根据相关意外汇报立即通知值班领导，同时要组织队组、考勤部门、矿灯发放室进行核查，确定具体的人员、所属单位、去向及工作任务，以便迅速查找。

第十八条　各二级公司、煤矿根据本制度制定实施细则和处罚办法。

第七章　附　　则

第十九条　本制度解释权属晋能集团有限公司安全生产委员会。

1.26　煤矿临时性作业安全管理制度

第一章　总　　则

第一条　为进一步加强煤矿临时性作业的安全管理，确保安全生产，细化过程、跟踪控制，全方位堵漏洞、保安全，结合集团工作实际，特制定临时性作业安全管理制度。

第二条　煤矿临时性作业是指煤矿各单位主体生产任务以外的服务于安全生产的零星工程和零散作业工作。

第三条　本制度适用集团公司所属煤矿。

第二章　职　　责

第四条　煤矿零星工程和零散作业工作遵守“谁安排、谁管理、谁负责”的原则。

第五条　零星工程由分管副矿长牵头、调度室组织相关部门、相关施工、协作单位负责人亲临现场，考究施工作业风险，确定施工组织，责成施工单位制定安全技术措施。

第六条　各煤矿调度室统一调度本矿零星工程，掌握施工地点、施工内容、安全技术措施、作业时间、作业进度、现场负责人及作业人员数量。

第七条　煤矿零星工程作业必须确定一名班组长作为安全第一责任者；作业时间较长或多人作业的零星工程必须由施工单位安排本单位干部为安全第一责任者并跟班作业，带班矿领导要到零星作业现场巡查安全工作。

第八条　零散作业是指作业人员较少、分布范围较广的辅助性、临时性工作。其安全工作由所在单位负责，不得单人工作，必须明确一名安全工作负责人。

第九条　零星工程作业或零散作业期间，由矿安监、瓦检及相关部门负责施工过程的安全监督。

第三章　施　工　组　织

第十条　各单位零星工程必须制定安全技术措施，并按规定进行会审和审批，组织专业人员贯彻学习，考试合格后方可开始施工作业。

第十一条　零星工程执行施工审批程序。开工前，施工单位向调度室提出零星工程施工申请，内容包括：①施工单位；②施工地点；③工程内容；④开工时间；⑤结束时间；⑥安全技术措施审批情况；⑦施工负责人；⑧劳动组织措施；⑨干部跟班计划；⑩其他相关内容。经调度、安检及相关部门和领导确认审批后，方可开工。如施工期间施工内容有所变更，施工单位必须重新申请。

第十二条　专业性、技术性强的临时性作业，必须执行工作票制度，并且有专门的安全技术措施和现场应急处置措施，不得用一般措施或其他措施替代。

第十三条　各施工单位必须建立《临时性作业安全责任制度》和临时性工作记录台账，做到任务明确、责任明晰、有据可查。

第十四条　交叉性、跨区越、多单位人员的临时性作业，调度室统一安排，组织单位、施工单位专人跟班，矿领导现场指挥作业。

第十五条　调度室负责全面掌控零星工程的施工进度、人员分布以及紧急情况下的协调和调度。

第十六条　零星工程结束后，分管矿长牵头、调度室组织相关部门对零星工程审核验收。

第十七条　严禁夜班组织零星工程施工和零散作业工作。

第十八条　各二级公司和煤矿根据本制度结合实际制定各单位临时性作业安全管理制度。

第四章　附　　则

第十九条　本制度解释权属晋能集团有限公司安全生产委员会。

1.27　煤矿建设项目安全设施竣工验收管理规定

为了规范集团公司煤矿建设项目安全设施竣工验收工作，根据《安全生产法》《煤矿建设项目安全设施竣工验收监督核查暂行办法》（安监总煤监〔2015〕34 号）及《山西煤矿安全监察局关于煤矿建设项目安全设施竣工验收有关事项的通知》（晋煤监安〔2014〕222 号）要求，特制定如下规定。

1. 一般规定

（1）集团公司成立煤矿建设项目安全设施竣工验收领导组，领导组下设办公室在集团公司安监局，领导组办公室负责组织指导煤矿建设项目安全设施竣工验收工作。二级公司相应成立预验收领导组，负责组织协调相关工作。

（2）二级公司组织预验收和集团公司组织专家组验收实行专业人员和组长签字负责制。

（3）煤矿建设项目符合以下条件后，方可组织安全设施竣工验收：

①按批准的安全设施设计建设完成。

②单项工程经过工程质量机构认证，并取得质量合格认证书。

③经过联合试运转运行正常，并提交联合试运转报告。

④提交进一步查清包含采空区积水、积气、火区等有关隐蔽致灾因素的建井地质报告。

⑤安全验收评价合格。

⑥取得采矿许可证，矿长和安全管理人员取得安全资格证，特种作业人员经培训取得资格证书，从业人员经安全培训并考试合格。

⑦提交矿井瓦斯等级、各煤层煤尘爆炸性和自燃倾向性鉴定报告，按突出矿井设计的还应提交已揭露煤层的突出危险性鉴定报告；提交矿井主要电器和机械设备检测检验合格报告。

2. 煤矿建设项目安全设施竣工验收程序

（1）煤矿按照国家相关规定具备煤矿建设项目安全设施竣工验收条件后，向二级公司书面上报申请验收。

（2）二级公司要严格遵照《煤矿建设项目安全设施监察规定》（国家局令第6号）的条件和程序，组织相关部门对照“煤矿建设项目安全设施竣工验收表”内容进行预验收。

（3）二级公司预验收提出的隐患问题整改合格后，向集团公司提出所属煤矿建设项目安全设施竣工验收申请。附煤矿建设项目安全设施竣工预验收检查报告（包括煤矿建设项目安全设施竣工预验收表）、申请表、煤矿安全设施及条件竣工验收所需资料清单表并签字盖章。

（4）煤矿在验收前负责上报煤矿安全设施汇报材料（包括建设、设计、施工、监理及安全评价机构五部分汇报材料）。

（5）集团公司煤矿建设项目安全设施竣工验收办公室收到二级公司上报的煤矿建设项目安全设施竣工验收申请材料后，组织有关人员进行审核，确认合格后，及时组织开展验收工作。

（6）集团公司煤矿建设项目安全设施竣工验收办公室要协调二级公司及煤矿，按照规定选聘专家，通过同专家组组长认真沟通编制验收方案。

（7）二级公司及煤矿在验收活动开始之前，按照要求提前将验收方案抄送相关各级煤矿安全监察局、煤矿安全监管部门、煤炭行业管理部门，接受监督。

（8）集团公司煤矿建设项目安全设施竣工验收办公室要按照编制的验收方案认真组织验收。

（9）选聘验收专家组严格依照国家有关法律法规，根据《煤矿安全规程》《煤矿建设项目安全设施设计审查和竣工验收规范》（AQ 1055）等相关规章和标准，以及经批准的安全设施设计进行验收。验收专家组验收结束后应形成验收意见。

（10）二级公司对专家组验收提出的问题负责监督，煤矿负责落实整改，经验收专家组或二级公司进行复验，出具复验意见，上报集团公司煤矿建设项目安全设施竣工验收办公室。

（11）集团公司煤矿建设项目安全设施竣工验收办公室根据验收专家组或二级公司复验合格的意见，拟定煤矿安全设施通过验收的批复，经领导批准后下发二级公司，二级公司及煤矿收到批复后及时报所在市煤矿安全监察分局备案。

3. 其他规定

（1）煤矿建设项目安全设施竣工预验收表执行（煤安监监察〔2009〕9号、〔2012〕32号）的要求。

（2）应从企业外部聘请技术专家组成验收专家组（与建设、设计、施工单位有利害关系的专家应回避），对煤矿建设项目安全设施进行竣工验收。验收专家组应由地质、采矿、“一通三防”（露天边坡）、机电运输、职业病危害防治等专业的技术专家组成，各专业技术专家人数不少于2人（大型矿井应根据实际情况适当增加），其中应有监测监控管理工作经验的人员。技术专家应满足以下条件：

①在煤矿企业、施工、监理等单位从事煤矿现场管理，或在设计、评价、科研院所等单位从事煤矿设计、评价、教学、研究工作5年以上，或在其他单位从事煤矿安全生产监督管理工作满3年以上。

②原则上具有副高级及以上职称，特殊情况下可以聘请部分中级职称人员，但其人数不得超出专家总人数的30%。

③与被验收单位及承担验收项目的设计、评价、施工、监理等单位不存在隶属或利益关系。

（3）集团公司煤矿安全设施竣工验收领导组办公室负责煤矿竣工验收的资料收集整理和归档保存工作，做到“一矿一档”。

1.28　地面生产经营单位安全生产管理办法

第一章　总　　则

第一条　为贯彻落实“安全第一，预防为主，综合治理”的安全生产方针，进一步理顺各单位安全管理机制体制，建立健全各项安全管理制度，强化现场及人员管理，规范集团公司各单位安全管理，依据国家安全生产方面法律法规及标准，结合集团公司实际特制定本办法。

第二条　本办法适用于集团公司、二级公司、各全资控股企业及所属地面生产经营单位。

第二章　安全生产管理

第三条　集团公司、二级公司、各全资控股企业成立安全生产委员会，负责研究、制定、部署本单位的安全生产工作，安委会下设日常工作的办公室，负责落实、督促安全生产工作。

第四条　集团公司、二级公司、各全资控股企业设立安全管理机构，并配备安全管理人员，人员数量及技术水平满足安全管理工作的需要。

第五条　矿山、金属冶炼、建筑施工、道路运输单位和危险物品的生产、经营、储存单位，设置安全生产管理机构或者配备专职安全生产管理人员。

第六条　第五条规定以外的其他生产经营单位，从业人员超过一百人的，必须设置安全生产管理机构或者配备专职安全生产管理人员；从业人员在一百人以下的，配备专职或者兼职的安全生产管理人员。

第七条　各单位的主要负责人对本单位的安全生产工作全面负责，对本单位安全生产工作负有以下主要职责：

（1）组织建立、健全本单位安全生产责任制。

（2）组织制定本单位安全生产规章制度和操作规程。

（3）组织制定并实施本单位安全生产教育和培训计划。

（4）保证本单位安全生产人力、财力投入的有效实施。

（5）督促、检查本单位的安全生产工作，及时消除生产安全事故隐患。

（6）组织制定并实施本单位的生产安全事故应急救援预案。

（7）及时、如实报告生产安全事故。

第八条　生产经营单位的安全生产管理机构以及安全生产管理人员履行下列职责：

（1）组织或者参与拟订本单位安全生产规章制度、操作规程和生产安全事故应急救援预案。

（2）组织或者参与本单位安全生产教育和培训，如实记录安全生产教育和培训情况。

（3）督促落实本单位危险源辨识及危险因素控制，重大危险源的安全管理措施。

（4）组织或者参与本单位应急救援演练。

（5）检查本单位的安全生产状况，及时排查生产安全事故隐患，提出改进安全生产管理的建议。

（6）制止和纠正违章指挥、强令冒险作业、违反操作规程的行为。

（7）督促落实本单位安全生产整改措施。

第九条 建立健全的安全生产责任体系，制定各级人员、部门安全生产责任制，做到“横向到边、纵向到底”，实现安全管理的层级网络，自上而下层层传递压力，自下而上一级对一级负责。

第十条 为确保年度安全目标的顺利实现，各单位要层层签订年度目标责任书，充分落实各级人员安全管理责任。

第十一条 各单位要建立健全各项安全生产管理制度，不断完善、修订安全管理基本制度：

（1）事故报告和调查处理制度。

（2）安全设施、设备及防护用品管理制度。

（3）安全生产标准化管理制度。

（4）危险化学品管理制度。

（5）消防安全管理规定。

（6）电气安全管理规定。

（7）特种设备安全管理制度。

（8）施工与检修安全管理制度。

（9）安全、卫生设施“三同时”安全管理制度。

（10）交通安全管理制度。

（11）安全文化建设管理制度。

（12）危险化学品重大危险源管理制度。

（13）动火作业安全管理规定。

（14）高处作业安全管理规定。

（15）有（受）限空间作业安全管理规定。

（16）出租厂房、设备安全管理制度。

（17）周四安全活动日制度。

（18）地面生产车间、作业网点走动式安全管理制度。

第十二条 各生产经营单位主要负责人和安全生产管理人员应当接受安全培训，具备与所从事的生产经营活动相适应的安全生产知识和管理能力。危险化学品、机械制造、建筑施工、非煤矿山等高危行业单位主要负责人和安全生产管理人员任职后在必须由安全生产监管监察部门认定的具备相应资质的安全培训机构实施培训，具备相应的安全生产知识和管理能力并考核合格取得安全资格证书。

第十三条 各单位制定年度安全培训计划，结合产业特点制定安全培训内容，按规定学时进行培训、考核。

第十四条 规范安全检查活动，明确各级人员安全检查频次、检查内容，开展定期、不定期及专项安全检查，并对查出隐患进行整改、验证，形成闭环管理。

第十五条 各单位要严格执行国家安全生产费用提取与使用的有关规定，安全费用坚持“应投尽投、应保必保，提足用好”的原则，财务上建立专账，专款专用，各单位要合理安排，有效实施，切实做到安全投入优先，保证安全费用足额到位。

第十六条 对新建、改建、扩建项目按相关法律、法规要求，安全设施、职业卫生防护设施与主体工程做到“三同时”，即同时设计、同时施工、同时投入使用。建立在用安全设施台账，加大安全设施的检查、维护及管理，确保安全设施处于正常适用状态。制定特种设备管理制度，建立特种设备技术档案，并按规定期限对特种设备进行检测检验。

第十七条 两个以上生产经营单位在同一作业区域内进行生产经营活动，可能危及对方生产安全的，应当签订安全生产管理协议，明确各自的安全生产管理职责和应当采取的安全措施，并指定专职安全生产管理人员进行安全检查与协调。

第十八条　生产经营单位不得将生产经营项目、场所、设备发包或者出租给不具备安全生产条件或者相应资质的单位或者个人。生产经营项目、场所发包或者出租给其他单位的，生产经营单位应当与承包单位、承租单位签订专门的安全生产管理协议，或者在承包合同、租赁合同中约定各自的安全生产管理职责；生产经营单位对承包单位、承租单位的安全生产工作统一协调、管理，定期进行安全检查，发现安全问题的，应当及时督促整改。

第十九条　进一步完善各级、各类应急救援预案和应急救援体系，明确事故或紧急状态下的避险救灾措施及处理程序，配备必要的应急救援器材和设备，定期组织培训、演练，提高各级人员的应急响应能力和综合协调能力。

第二十条　各生产经营单位按行业安全规程要求，结合本单位岗位设置及工艺特点，制定本单位《安全规程》。

第二十一条　生产经营单位必须依法参加工伤保险，为从业人员缴纳保险费。编制《职业健康检查计划》，为员工进行岗前、在岗期间和离岗时的体检，岗位员工配备必要的个人劳动防护用品，建立职业卫生档案和职业健康监护档案。

第二十二条　生产、使用、储存、经营危险化学品的单位，完善防火、防爆各项管理制度，建立危险化学品档案，安全、消防设施齐全可靠，运输车辆及相关人员证件符合要求。

第二十三条　各生产经营单位按行业要求为员工提供合格的劳动保护用品，进入作业现场必须正确穿戴防护用品，高危作业必须佩戴防护用具。需定期检验的防护用品、安全工具按规定期限进行检测检验。

第二十四条　规范检修作业的管理，对设备大、中修及施工过程中涉及动火、进入受限空间、吊装、登高作业等要编制施工方案，对涉及存在重大危险作业要制定专项安全措施。

第二十五条　严格事故管理，发生事故必须按程序进行上报，现场处理措施得力，不得隐报、瞒报和谎报，一律按“四不放过”原则进行调查处理。

第二十六条　各单位在节假日期间做好领导干部值班、带班工作，节假日期间要有领导在现场值守，解决现场重大安全问题或突发事件。

第二十七条　强化班组管理，班前会要有安全内容，对当班注意安全事项进行安排部署，并定期开展班组活动，学习相关安全知识和技能。

第二十八条　定期组织开展安委会、总经理安全办公会议及月度、周安全例会，传达安全信息，安排部署安全工作，解决影响安全生产的重大安全问题。

第二十九条　安全工作做到有计划、有总结，并按时完成计划、总结及安全信息报送工作。

第三章　奖　　惩

第三十条　安全奖惩是搞好安全生产的重要保障措施，对安全工作实行重奖重罚。

第三十一条　安全奖惩分为季度安全绩效奖、事故处罚和日常安全检查考核。

第三十二条　奖励内容及办法

（1）及时发现重大事故隐患，采取有效措施，避免重大火灾、爆炸、人身伤亡、主要设备损坏的，根据可能造成后果的严重程度，对单位奖励 1 万～3 万元，对发现者奖励 2000～3000 元；及时制止违章行为避免一般及以上事故发生的，对制止者奖励 3000～5000 元。

（2）在安全生产方面积极应用新技术、新工艺并且效果明显，安全专项活动及安全宣传教育成绩显著的单位及个人，在集团公司评优、评先时优先考虑。

第三十三条　惩罚内容及办法

（1）生产经营单位无证或主要负责人无资格证，限期进行整改，未按期进行整改的，对生产经营单位无证的罚款3万~5万元，对主要负责人无资格证罚款3000~5000元。

（2）对存在重大安全隐患不能确保安全生产的，停产限期进行整改，并处罚款1万~2万元。对检查发现的一般隐患不能按期进行整改或多次重复出现的，对责任单位罚款1000~3000元。

（3）违章行为严重，可导致发生一般及以上事故的，对违章人员罚款1000~3000元，其他轻微违章行为可视情节罚款500~1000元，或免于处罚。

（4）对集团紧急安全工作会议安排传达不及时，行动滞后的单位罚款3000~5000。未按规定组织召开各种安全工作会议缺一次罚款1000元。

（5）节假日期间值班领导不按规定到岗值守，发现一次对值班领导罚款1000元。

（6）安全设施、职业卫生防护设施未按“三同时”进行，按危险性大小对责任单位罚款1万~3万元，关键岗位安全设施失效罚款1000~3000元。

第四章 附 则

第三十四条 本制度解释权属晋能集团有限公司安全生产委员会。

1.29 事故报告和调查处理制度

第一章 总 则

第一条 为了进一步规范生产安全事故的调查处理和报告工作，严肃追究安全生产事故责任，积极采取防范措施，减少各类事故发生，保障企业财产和职工生命安全，依据国家《生产安全事故报告和调查处理条例》（国务院令第493号）、《生产安全事故罚款处罚规定（试行）》（安监总局令第13号）、《火灾统计管理规定》（公通字〔1996〕82号）等有关法律、法规和规定，结合公司实际情况，特制定本制度。

第二条 本制度适用于集团公司所属地面生产经营企业。

第三条 公司工会依法参加事故调查处理，有权向有关部门提出处理意见。

第四条 任何单位和个人不得阻挠和干涉对事故的上报和依法调查处理的工作。

第五条 事故报告和调查处理中存在的违法行为或虚假事件，任何单位和个人有权向公司或上级安监部门举报，也可直接向上级有关部门举报。

第二章 职 责 划 分

第六条 集团公司负责地面生产经营单位的死亡事故、较大及以上非伤亡事故调查分析与处理。发生事故集团安监局组织工会、纪检、人力及相关业务部室组成事故调查组进行事故调查。

第七条 各二级公司、全资及控股企业公司负责本单位范围内的各类事故的管理，由主管领导组织生产、安全、机电等科室成立调查组进行调查、处理，对事故组织抢修、恢复生产，落实防范措施。由安全主管部门负责事故的统计报告工作。

第八条 事故调查组职责

（1）负责调查事故单位基本情况。

（2）负责调查人员伤亡情况及直接经济损失情况。

（3）分析事故发生的经过、原因。

（4）认定事故的性质和相关人员的责任。

（5）提出对事故有关责任人员和单位的处理建议。

（6）总结事故教训，制定防止类似事故重复发生的防范措施和建议。

（7）提交事故报告。

第九条 由上级政府部门进行调查处理的事故，集团及各二级公司做好配合工作。

第三章 事 故 分 类

第十条 生产（工艺）事故：违反生产工艺指标、岗位责任制、岗位操作规程或操作失误、违章指挥等，造成原料、半成品或成品损失、产品不合格、设备或设施损坏、减产或大系统非计划停车等事故。

第十一条 设备事故：指设备或装置因非正常损坏造成停产、产量损失或修复费用达到规定数额的事故。

第十二条 爆炸事故：指由于爆炸，造成企业财产损失或人员伤亡的事故。

第十三条 伤亡事故：指在生产劳动过程中发生的人身伤害、急性中毒。

第十四条 火灾事故：凡在时间或空间上失去控制的燃烧所造成的灾害。

第十五条 环境污染事故：违反环境保护法律法规的经济、社会活动与行为，以及意外因素的影响或不可抗拒的自然灾害等原因致使环境受到破坏，人体健康受到危害，社会经济与人民财产受到损失，造成不良社会影响的突发事件。

第四章 事 故 分 级

第十六条 按照生产经营活动中发生的造成人员伤亡或者直接经济损失对事故定性及分级。

（1）特别重大事故：是指造成 30 人以上死亡，或者 100 人以上重伤（包括急性工业中毒，下同），或者 1 亿元以上直接经济损失的事故。

（2）重大事故：是指造成 10 人以上 30 人以下死亡，或者 50 人以上 100 人以下重伤，或者 5000 万元以上 1 亿元以下直接经济损失的事故。

（3）较大事故：是指造成 3 人以上 10 人以下死亡，或者 10 人以上 50 人以下重伤，或者 1000 万元以上 5000 万元以下直接经济损失的事故。

（4）一般事故：是指造成 3 人以下死亡，或者 10 人以下重伤，或 200 万元以上 1000 万元以下直接经济损失的事故。

（5）微小事故：指无重伤，或造成 50 万元以上 200 万元以下直接经济损失的事故。

本条所称的“以上”包括本数，所称的“以下”不包括本数。

第十七条 责任认定

事故责任人员一般分为四类责任：直接责任者、主要责任者、重要责任者、一般责任者。

直接责任者主要是因违章行为或管理不到位引发物的不安全状态导致事故发生的人员。主要责任者、重要责任者、一般责任者属于间接责任者，主要是指各级管理人员。

领导责任又分为：主要领导责任者、重要领导责任者和一般领导责任者。

主要领导责任者是指对其直接管理或领导的工作不负责任，不履行或不正确履行职责，对造成的损失负直接管理或主要领导责任者；重要领导责任者是指对应管的工作或者参与决定的工作，不履行或不正确履行职责，对造成的损失负次要管理或领导责任者；一般领导责任者是指对下属单位存在的重大问题失察或发现后纠正不力，以至于发生生产安全事故，对造成的损失负一定的管理或领导责任者。

第五章 事 故 报 告

第十八条 事故报告应及时、准确，任何单位和个人对事故不得迟报、漏报、谎报或者瞒报。

第十九条 事故最先发现者除立即做出应急处理外，还应用最快捷的方法（包括电话、口头或电传）向本单位领导和调度报告，事态较严重本单位处理有困难时可直接向上级公司调度报告。

第二十条 事故单位负责人接到报告后应及时采取有效措施，立即启动相应事故应急救援预案，组织抢救，防止事态扩大，保护事故现场，减少人员伤亡和财产损失。同时向上级公司调度报告，如果事态无法控制由上级公司调度决定启动厂级、公司级应急预案。

第二十一条　发生一般及以上事故时，公司负责人接到报告后1 h内向集团公司调度、属地安监部门和有关部门报告。

第二十二条　事故报告程序

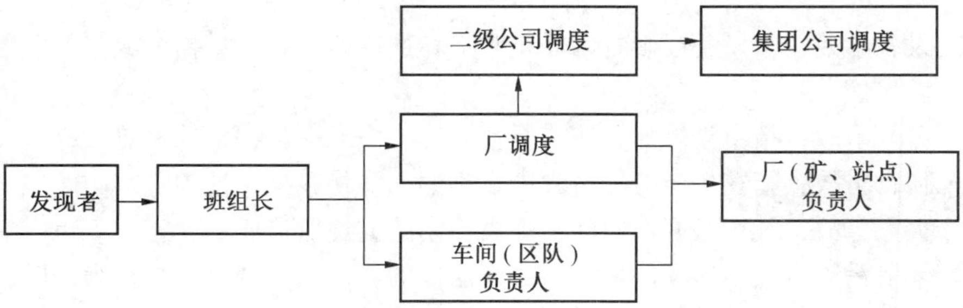

事故报告程序

第二十三条　紧急情况下事故现场负责人在向本单位负责人报告后，向厂、二级公司、集团调度报告；情况特别紧急时，同时可以直接向事故发生地县级以上人民政府安全生产监督管理部门报告。

第二十四条　报告者要说清事故单位，事故发生的时间、地点，事故性质，危险程度，有无人员伤亡等。

第二十五条　事故抢险时不能破坏事故现场，影响事故的调查取证工作，如影响抢险工作时，对现场进行标识、照相、录像。

第六章　事故调查处理

第二十六条　事故调查执行"四不放过"的原则，即事故原因分析不清不放过，事故责任者和职工没有受到教育不放过，没有防范措施不放过，事故责任者没有受到处理不放过。

第二十七条　在事故有效控制后，由各厂、矿、站点主管领导、主管部门组织内部相关单位，并通知二级公司、全资控股企业生产、机电、安全监督管理部、工会及其他事故相应的主管部门参与，对事故直接经济损失进行统计，根据直接经济损失认定事故的类别组成调查组进行调查：

(1) 发生伤亡（重伤及死亡）事故及较大以上非伤亡事故由集团公司组成调查组进行调查处理。一般死亡事故（包括涉险事故）由二级公司、全资控股企业组织调查组配合县、市事故调查组进行事故调查，较大及以上死亡事故（包括涉险事故）由集团公司调查组配合省、国家事故调查组进行调查。

(2) 发生一般非伤亡事故由二级公司、全资控股企业组织各部门成立事故调查组对事故进行调查。发生微小事故由厂、矿、站组织进行调查。调查报告逐级上报至集团公司安监局。

(3) 发生3人及以上轻伤由集团公司组成事故调查组进行调查，各二级公司配合；发生3人以下轻伤或直接经济损失200万元以下事故由各二级公司、全资控股企业组织事故调查。

(4) 事故调查组召集事故相关责任单位负责人、当事人进行事故调查、原因分析，按照责任划分对事故相关责任人进行责任认定，并对责任人提出处理意见，针对事故引发的原因制定纠正及预防措施；组织对事故进行抢修、恢复性生产工作。

(5) 各单位配合各类事故的调查分析，吸取事故教训，开展事故设备维修及系统的开、停车工作。

(6) 事故调查组成员应当具有事故调查所需要的知识和专长，并与所调查的事故没有直接利害关系。

第二十八条　事故报告填写规范，包括以下内容：事故发生单位的情况，事故发生经过、报告、救援情况，造成人员伤亡及直接经济损失，事故发生的原因及事故性质，事故责任认定及对事故责任人的处理建议，事故的纠正及预防措施。

（1）事故责任单位应在原因调查清楚、责任明确后24 h内写出事故报告，但最迟不得超过48 h，经单位领导审批并加盖公章后报集团公司业务主管部门（各专委会）及安全监督管理部。

（2）事故调查组出具报告后报集团安委会办公会议或党政联席会议审定。

（3）各类事故台账档案的建立：各单位建立本单位事故台账；各业务主管部门建立本部门主管事故台账、档案；安监局（科）建立各类“事故统计台账”。

第七章　责　任　划　分

第二十九条　公司安全管理实行首长负责制同分管副职分工负责相结合的责任制。按照“谁主管、谁负责”的原则，公司高级管理人员分别对本岗位职责范围内的安全负责。

第三十条　各级各部门对下属单位报告审批不及时造成事故者，发生在哪一级部门则哪一级部门领导负责。实施过程中在哪一级得不到落实造成事故，由该级部门领导负责。

第三十一条　因安全投入不足，操作规程、规章制度及应急救援体系不完善造成的，根据事故级别追究主要负责人、主管副职、业务主管部门、安监部门的领导责任：造成重大及以上伤亡事故的，追究各级主要负责人、主管副总经理、业务主管部门、安监部门的领导责任，发生一般及较大伤亡事故的追究二级公司及所属单位主要负责人及主管副职领导责任；造成微小事故的，追究生产经营单位主要负责人、主管副总经理、主管部门、安监部门领导的领导责任；生产工艺技术方面、技改方面存在缺陷造成事故的要追究各级总工程师的相关责任，发生微小事故的追究事故单位主要负责人的领导责任。

第三十二条　设计有缺陷或不符合设计规范造成事故的，追究设计者、审批者或负责部门领导的责任；在施工和生产过程中发现有缺陷，不报告也不采取补救措施造成事故的，由施工单位或生产经营单位领导负主要责任；已制定措施，却不执行而酿成事故的，追究主管部门的领导责任和执行人的直接责任。

第三十三条　制造、施工单位未严格按图制造、施工，未经设计或修订设计、未经批准而施工者，施工没有施工方案，未落实安全措施发生事故的，不按规定施工造成事故的，除追究直接责任者的责任外，还要追究施工单位负责人及上级主管部门的领导责任。

第三十四条　因违章作业（操作）引发事故，追究违章者的直接责任；因违章指挥引发事故的追究违章指挥者的直接责任。对发现违章没有及时制止的追究相应责任，因宣传、培训教育不到位则由单位领导负主要责任，主管部门领导负领导责任。

第三十五条　因管理不善、纪律涣散、违章违纪严重发生较大及以上事故时，事故当事人负直接责任，还要追究事故单位领导的主要责任及主管部门领导的领导责任；发生一般事故、微小事故的追究当事人的直接责任及事故单位主要领导的领导责任。

第三十六条　对检查不到位，因各种隐患造成微小事故的，追究事故单位的主要负责人的领导责任；发生一般事故的还要追究主管部门的领导责任；发生较大及较大以上事故的还要追究公司主管副总经理的领导责任。

第三十七条　学徒工未听师傅指导，擅自操作造成事故的，由学徒工负责。在师傅指导下操作发生事故的，由师傅负责。

第三十八条　对新进设备、材料本身存在缺陷，在正常工艺指标下运行导致事故，采购部门有能力检验而没有检验的负全责，主要领导负领导责任，承办人负直接责任；造成严重后果的应由公司法律事务部负责追诉设备、材料供应商或厂家的法律责任；在异常工艺指标下运行导致事故的，采购部门、使用单位负同等责任，对部门领导及相关责任人进行责任认定。

第三十九条　有权向事故发生单位、有关部门及有关人员了解事故的有关情况、查阅有关资料并收集有关证据，任何单位和个人不得谎报、漏报、瞒报相关情况，不得提供伪证。

第八章　罚　　则

第四十条　死亡事故

（1）厂（厂级公司）、矿、站点发生1人死亡事故，根据责任分析责任认定给予厂（厂级公司总经理）、矿、站长，党委（或总支）书记，负有领导责任的分管副职降职、撤职处分。

给予二级公司、全资控股企业（设厂、公司、站点）经理、党委书记、分管安全副职警告、记过处分，分管副职记大过处分。

给予二级公司、全资控股企业经理、党委书记罚款0.5万元，分管经理罚款0.4万元，安全经理罚款0.3万元。

给予二级公司、全资控股企业罚款100万元。

（2）厂（厂级公司）、矿、站点发生2人死亡事故，根据责任分析给予厂（厂级公司总经理）、矿、站长，党委（或总支）书记，负有领导责任的分管副职撤职处分。

厂（厂级公司）、矿、站点发生2人死亡事故给予二级公司、全资控股企业（设厂、公司、站点）经理、党委书记大过处分、分管副职降职、分管安全副职记大过处分。

给予二级公司、全资控股企业经理、党委书记罚款1万元，分管经理罚款0.8万元，安全经理罚款0.6万元。

给予二级公司、全资控股企业罚款200万元。

（3）厂（厂级公司）、矿、站点发生3人死亡事故给予二级公司、全资控股企业（设厂、公司、站点）经理、党委书记降职处分、分管副职撤职、分管安全副职降职处分。

给予二级公司、全资控股企业经理、党委书记罚款1.5万元，分管经理罚款1.2万元，安全经理罚款0.9万元。

给予二级公司、全资控股企业罚款300万元。

（4）发生2人及以下重伤事故，由所在二级公司、全资控股企业制定调查处理及处罚办法，上报备案后执行。3~9人及10人以上（含10人）由集团公司比照1~2人死亡事故规定追责处罚。

第四十一条　非伤亡责任事故（一般及以上事故由集团公司进行处罚）

（1）发生一起一般事故，对事故直接责任人罚款3000~10000元，负连带责任的罚款2000~5000元，厂（矿、站）负管理责任的领导及管理人员按责任大小处罚5000~20000元。给予二级公司、全资控股企业罚款20万~50万元罚款。

（2）发生一起较大事故，对事故直接责任人罚款1万~2万元，并调离原岗位，负连带责任的罚款5000~10000元；厂（矿、站）负管理责任的领导及管理人员按责任大小处上年年收入20%~40%的罚款；二级公司负管理责任的领导及管理人员按责任大小处上年年收入10%~20%的罚款。给予二级公司、全资控股企业罚款50万~100万元罚款。

（3）发生一起重大事故，对事故直接责任人罚款2万~5万元，并调离原岗位，负连带责任的罚款1万~3万元；厂（矿、站）负管理责任的领导及管理人员按责任大小处上年年收入50%~60%的罚款，并处以警告、记过、降职、撤职等行政处罚；二级公司负管理责任的领导及管理人员按责任大小处上年年收入30%~40%的罚款，并处以警告、记过、降职等行政处罚。给予二级公司、全资控股企业罚款100万~200万元罚款。

（4）发生一起特别重大事故，对事故直接责任人罚款2万~5万元，解除劳动合同，负连带责任的罚款1万~3万元，调离原岗位；厂（矿、站）负管理责任的领导及管理人员按责任大小处上年年收入70%~80%的罚款，并处以降职、撤职等行政处罚；二级公司负管理责任的领导及管理人员按责任大小处上年年收入50%~60%的罚款，并处以记过、降职等行政处罚。给予二级公司、全资控股企业罚款200万~500万元罚款。

第四十二条　事故单位有下列行为之一的一般及以上事故处5万～10万元的罚款。

(1) 迟报、谎报、漏报、瞒报事故的。

(2) 阻碍、干涉事故调查工作的。

(3) 作伪证或指示他人作伪证的。

(4) 未及时组织事故抢救的。

同时可根据情节轻重，对相关责任人从重处理，给予主要领导行政警告直至撤职处分。

第四十三条　事故发生单位按照事故调查结论和处理意见，对本单位负有事故责任的人员进行处理，罚款处罚一律由集团公司安委会决定，由安监局监督实施。

第四十四条　事故责任人涉嫌犯罪的，依法追究刑事责任。

第四十五条　事故发生单位要认真吸取事故教训，落实防范和整改措施，安全、工会部门进行监督检查。

第九章　附　　则

第四十六条　本制度解释权属晋能集团有限公司安全生产委员会。

1.30　安全设施、设备及防护用品管理制度

第一章　总　　则

第一条　为规范集团公司各单位生产现场安全设施、设备的安全管理及正确配备、使用防护用品，依据国家相关安全设施、设备及《用人单位劳动防护用品管理规范》相关标准和要求，制定本制度。

第二条　本制度规定了安全设施、设备及防护用品的管理内容与方法。

第三条　本制度适用于集团公司地面生产经营单位现场配备安全设施、设备及劳动防护用品的管理。

第二章　定　　义

第四条　安全设施、设备：在生产经营活动中，将危险、有害因素控制在安全范围内，以及减少、预防和消除危害所配备的装置（设备）和采取的措施。分类如下：

1. 预防事故设施

(1) 检测、报警设施：压力、温度、液位、流量、组分等报警设施，可燃气体、有毒有害气体、氧气等检测和报警设施，用于安全检查和安全数据分析等检验检测设备、仪器。

(2) 设备安全防护设施：防护罩、防护屏、负荷限制器、行程限制器，制动、限速、防雷、防潮、防晒、防冻、防腐、防渗漏等设施，传动设备安全锁闭设施，电器过载保护设施，静电接地设施。

(3) 防爆设施：各种电气、仪表的防爆设施，抑制助燃物品混入（如氮封）、易燃易爆气体和粉尘形成等设施，阻隔防爆器材，防爆工器具。

(4) 作业场所防护设施：作业场所的防辐射、防静电、防噪声、通风（除尘、排毒）、防护栏（网）、防滑、防灼烫等设施。

(5) 安全警示标志：包括各种指示、警示作业安全和逃生避难及风向等警示标志。

2. 控制事故设施

(1) 泄压和止逆设施：用于泄压的阀门、爆破片、放空管等设施，用于止逆的阀门等设施，真空系统的密封设施。

（2）紧急处理设施：紧急备用电源，紧急切断、分流、排放（火炬）、吸收、中和、冷却等设施，通入或者加入惰性气体、反应抑制剂等设施，紧急停车、仪表连锁等设施。

3. 减少与消除事故影响设施

（1）防止火灾蔓延设施：阻火器、安全水封、回火防止器、防油（火）堤，防爆墙、防爆门等隔爆设施，防火墙、防火门、蒸汽幕、水幕等设施，防火材料涂层。

（2）灭火设施：水喷淋、惰性气体、蒸汽、泡沫释放等灭火设施，消火栓、高压水枪（炮）、消防车、消防水管网、消防站等。

（3）紧急个体处置设施：洗眼器、喷淋器、逃生器、逃生索、应急照明等设施。

（4）应急救援设施：堵漏、工程抢险装备和现场受伤人员医疗抢救装备。

（5）逃生避难设施：逃生和避难的安全通道（梯）、安全避难所（带空气呼吸系统）、避难信号等。

（6）劳动防护用品和装备：包括头部，面部，视觉、呼吸、听觉器官，四肢，躯干防火、防毒、防灼烫、防腐蚀、防噪声、防光射、防高处坠落、防砸击、防刺伤等免受作业场所物理、化学因素伤害的劳动防护用品和装备。

第五条　劳动防护用品：指由生产经营单位为从业人员配备的，使其在生产过程中免遭或者减轻事故伤害及职业危害的个人防护装备，包括：工作服、安全帽、安全带、防毒护具、防尘口罩、眼护具、绝缘靴、雨衣、防寒服、劳动防护手套、工作鞋等。

第三章　安全设施、设备管理办法

第六条　机械、设备上的安全设施设备（压力容器上的安全阀、压力表、各种机械上的负荷、行程限制器等装置）、电气方面的安全保护装置（如各种继电保护装置和避雷装置等）、自控方面安全保护装置（如各种温度、压力、液面超限报警装置和安全联锁装置）、消防安全设施（报警、灭火设施）要明确维护、管理部门职责。

第七条　在用的安全设施、设备必须符合国家有关法律法规及技术标准。

第八条　安全设施设备使用单位应建立安全设施设备管理制度，建立“安全设施、设备登记台账”。

第九条　使用单位对安全设施设备应指定专人负责管理，按规定检查和维护保养，并做好记录，安全设施设备损坏时，应及时向主管部门报告，并通知有关单位及时修复。

第十条　安全设施设备的主管部门要按有关规程，定期进行专业检查和组织检验，并将检查、校验情况载入档案。

第十一条　安全设施设备使用单位应建立安全设施设备档案，对检修、校验、变更等情况详细记录。

第十二条　安全设施设备应纳入正常检修计划，定期检修保养，确保完好。

第十三条　安全设施设备不准随意拆除、挪用或弃置不用，因检修拆除的，检修完毕后必须立即复原。如确需拆除等必须由总工程师或主管副总经理批准，在主管部门登记后方可拆除。

第四章　劳动防护用品管理

第十四条　劳动防护用品是由用人单位提供的，保障劳动者安全与健康的辅助性、预防性措施，不得以劳动防护用品替代工程防护设施和其他技术、管理措施。

第十五条　用人单位应当健全管理制度，加强劳动防护用品配备、发放、使用等管理工作。

第十六条　用人单位应当安排专项经费用于配备劳动防护用品，不得以货币或者其他物品替代。

第十七条　用人单位应当为劳动者提供符合国家标准或者行业标准的劳动防护用品，并具有

《产品鉴定证》《产品合格证》和省级安全生产监督管理局认可的生产许可证的劳动防护用品。使用进口的劳动防护用品，其防护性能不得低于我国相关标准。

第十八条 劳动者在作业过程中，应当按照规章制度和劳动防护用品使用规则，正确佩戴和使用劳动防护用品。

第十九条 用人单位使用的劳务派遣工、接纳的实习学生应当纳入本单位人员统一管理，并配备相应的劳动防护用品。对处于作业地点的其他外来人员，必须按照与进行作业的劳动者相同的标准，正确佩戴和使用劳动防护用品。

第五章 劳动防护用品选择

第二十条 劳动防护用品分为以下十大类：

（1）防御物理、化学和生物危险、有害因素对头部伤害的头部防护用品。

（2）防御缺氧空气和空气污染物进入呼吸道的呼吸防护用品。

（3）防御物理和化学危险、有害因素对眼面部伤害的眼面部防护用品。

（4）防噪声危害及防水、防寒等的听力防护用品。

（5）防御物理、化学和生物危险、有害因素对手部伤害的手部防护用品。

（6）防御物理和化学危险、有害因素对足部伤害的足部防护用品。

（7）防御物理、化学和生物危险、有害因素对躯干伤害的躯干防护用品。

（8）防御物理、化学和生物危险、有害因素损伤皮肤或引起皮肤疾病的护肤用品。

（9）防止高处作业劳动者坠落或者高处落物伤害的坠落防护用品。

（10）其他防御危险、有害因素的劳动防护用品。

第二十一条 用人单位应按照识别、评价、选择的程序，结合劳动者作业方式和工作条件，并考虑其个人特点及劳动强度，选择防护功能和效果适用的劳动防护用品。

（1）接触粉尘、有毒、有害物质的劳动者应当根据不同粉尘种类、粉尘浓度及游离二氧化硅含量和毒物的种类及浓度配备相应的呼吸器、防护服、防护手套和防护鞋等。具体可参照《呼吸防护用品自吸过滤式防颗粒物呼吸器》（GB 2626）、《呼吸防护用品的选择、使用及维护》（GB/T 18664）、《防护服装化学防护服的选择、使用和维护》（GB/T 24536）、《手部防护手套的选择、使用和维护指南》（GB/T 29512）和《个体防护装备足部防护鞋（靴）的选择、使用和维护指南》（GB/T 28409）等标准。

工作场所存在高毒物品目录中的确定人类致癌物质，当浓度达到其 1/2 职业接触限值（PC－TWA 或 MAC）时，用人单位应为劳动者配备相应的劳动防护用品，并指导劳动者正确佩戴和使用。

（2）接触噪声的劳动者，当暴露于 $80\ dB \leq L_{EX,8h} < 85\ dB$ 的工作场所时，用人单位应当根据劳动者需求为其配备适用的护听器；当暴露于 $L_{EX,8h} \geq 85\ dB$ 的工作场所时，用人单位必须为劳动者配备适用的护听器，并指导劳动者正确佩戴和使用。具体可参照《护听器的选择指南》（GB/T 23466）。

（3）工作场所中存在电离辐射危害的，经危害评价确认劳动者需佩戴劳动防护用品的，用人单位可参照电离辐射的相关标准及《个体防护装备配备基本要求》（GB/T 29510）为劳动者配备劳动防护用品，并指导劳动者正确佩戴和使用。

（4）从事存在物体坠落、碎屑飞溅、转动机械和锋利器具等作业的劳动者，用人单位还可参照《个体防护装备选用规范》（GB/T 11651）、《头部防护安全帽选用规范》（GB/T 30041）和《坠落防护装备安全使用规范》（GB/T 23468）等标准，为劳动者配备适用的劳动防护用品。

第二十二条 同一工作地点存在不同种类的危险、有害因素的，应当为劳动者同时提供防御各类危害的劳动防护用品。需要同时配备的劳动防护用品，还应考虑其可兼容性。

劳动者在不同地点工作，并接触不同的危险、有害因素，或接触不同的危害程度的有害因素的，为其选配的劳动防护用品应满足不同工作地点的防护需求。

第二十三条 劳动防护用品的选择还应当考虑其佩戴的合适性和基本舒适性，根据个人特点和需求选择适合号型、式样。

第二十四条 用人单位应当在可能发生急性职业损伤的有毒、有害工作场所配备应急劳动防护用品，放置于现场临近位置并有醒目标识。

用人单位应当为巡检等流动性作业的劳动者配备随身携带的个人应急防护用品。

第六章 劳动防护用品采购、发放、培训及使用

第二十五条 用人单位应当根据劳动者工作场所中存在的危险、有害因素种类及危害程度、劳动环境条件、劳动防护用品有效使用时间制定适合本单位的劳动防护用品配备标准。

第二十六条 用人单位应当根据劳动防护用品配备标准制定采购计划，购买符合标准的合格产品。

第二十七条 用人单位应当查验并保存劳动防护用品检验报告等质量证明文件的原件或复印件。

第二十八条 用人单位应当确保已采购劳动防护用品的存储条件，并保证其在有效期内。

第二十九条 用人单位应当按照本单位制定的配备标准发放劳动防护用品，并做好登记。

第三十条 用人单位应当对劳动者进行劳动防护用品的使用、维护等专业知识的培训。

第三十一条 用人单位应当督促劳动者在使用劳动防护用品前，对劳动防护用品进行检查，确保外观完好、部件齐全、功能正常。

第三十二条 用人单位应当定期对劳动防护用品的使用情况进行检查，确保劳动者正确使用。

第七章 劳动防护用品维护、更换及报废

第三十三条 劳动防护用品应当按照要求妥善保存，及时更换。公用的劳动防护用品应当由车间或班组统一保管，定期维护。

第三十四条 用人单位应当对应急劳动防护用品进行经常性的维护、检修，定期检测劳动防护用品的性能和效果，保证其完好有效。

第三十五条 用人单位应当按照劳动防护用品发放周期定期发放，对工作过程中损坏的，用人单位应及时更换。

第三十六条 安全帽、呼吸器、绝缘手套等安全性能要求高、易损耗的劳动防护用品，应当按照有效防护功能最低指标和有效使用期，到期强制报废。

第八章 附 则

第三十七条 本制度解释权属晋能集团有限公司安全生产委员会。

1.31 安全生产标准化管理制度

第一章 总 则

第一条 为全面推进集团公司所属企业安全生产标准化建设，规范安全生产标准化建设管理，强化安全基础管理，改善安全生产条件，确保安全生产标准化持续改进和不断提高，根据国家、行业的有关规定，结合集团公司实际，特制定本制度。

第二条 通过开展安全生产标准化建设，进一步健全安全生产责任制、安全生产管理规章制度，提高生产装置、设施、设备的技术水平，全面促进企业安全生产保障水平。

第三条 本制度适用于集团公司所属地面生产经营企业。

第二章 职 责

第四条 集团公司、二级公司参照《企业安全生产标准化基本规范》（GB/T 3300—2016）结合行业、企业实际，制定《安全生产标准化达标规划》和《安全生产标准化标准及考核评分细则》，并组织评级验收。

第五条 生产经营企业制定安全生产标准化实施方案，积极开展安全生产标准化创建，并动态管理。

第六条 集团公司每半年对二级公司安全生产标准化工作进行一次指导、考核；二级公司每季度对所属生产经营企业安全生产标准化工作进行一次指导、检查、考核；生产经营企业每月进行一次自查自纠。

第三章 实 施

第七条 各单位做好宣传教育工作，使全体干部职工充分认识实施安全生产标准化的重要性，熟知各要素及相关内容要求，做到全面参与。

第八条 实施过程中要编制工作计划，保证人力、物力、财力，并对阶段性工作定期进行分析、总结，确保各项工作有序开展，完成标准化建设工作。

第九条 创建工作，要抓规范、抓过程、抓实效；对达到标准化一级的单位要重点抓巩固、二级的单位着力抓提升、三级的单位督促抓改进；对未开展标准化创建工作的单位，抓指导、抓促进、抓达标。

第四章 考 核

第十条 集团公司、二级公司、全资及控股企业建立健全安全生产标准化考核机制，定期开展安全生产标准化考核、评比工作；对积极开展安全生产标准化建设、按时达标的单位可自行奖励。

第十一条 考核评比要严肃、认真，不走形式、不走过场，树典型，进行奖优罚劣。

第五章 附 则

第十二条 本制度解释权属晋能集团有限公司安全生产委员会。

1.32 危险化学品管理制度

第一章 总 则

第一条 为规范集团公司危险化学品的管理，杜绝危险化学品事故的发生，依据《安全生产法》《危险化学品安全管理条例》《易制毒化学品管理条例》《危险货物运输规则》《道路危险货物运输管理规定》《汽车危险货物运输规则》《危险货物包装标志》《危险货物运输包装通用技术条件》等法律法规及标准，结合集团公司实际制定本制度。

第二条 本制度规定了危险化学品从业单位的危险化学品及易制毒化学品的采购、运输、使用、储存、废弃等环节的安全管理。

第三条 凡生产、储存、使用、销售、运输和处置废弃危险化学品的从业单位，必须严格依照有关法律法规和国家标准或行业标准，建立危险化学品管理制度。

第四条 危险化学品的运输必须严格执行《危险货物运输规则》《道路危险货物运输管理规定》《汽车危险货物运输规则》及《工业企业厂内铁路、道路运输安全规程》等有关规定。

第五条 危险物品的包装容器必须执行《危险货物包装标志》《危险货物运输包装通用技术条

件》中的规定。

第六条 危险化学品生产企业进行生产前，应当取得《危险化学品安全生产许可证》；生产列入国家实行生产许可证制度的工业产品目录的危险化学品的企业，应当取得《工业产品生产许可证》；经营危险化学品的应当取得《危险化学品经营许可证》；使用危险化学品从事生产并且使用量达到规定数量的化工企业（属于危险化学品生产企业的除外），应当取得《危险化学品安全使用许可证》；从事危险化学品道路运输的，取得《危险货物道路运输许可证》。

第七条 从事危险化学品的采购、生产、使用、运输、销售危险化学品的人员要进行有关法律、法规、规章和危险化学品知识、专业技术、职业卫生防护、应急救援知识的培训，经考核合格后方可上岗作业。

第八条 采购、生产、使用、运输、销售危险化学品的单位要辨识本单位的危险化学品，建立本单位《危险化学品分类清单》及档案。同时各单位要按《易制毒化学品的分类和品种目录》及时对本单位的剧毒、易制毒化学品进行辨识、管理。

第九条 对生产经营的剧毒、易制毒化学品向市、县安监局进行备案，并索取相关证明及资料。在采购剧毒、易制毒化学品时在公安部门办理公司购买、销售、运输剧毒、易制毒化学品的资质及审批手续。

第十条 生产、经营、储存、使用危险物品的车间、商店、仓库不得与员工宿舍在同一座建筑物内，并应当与员工宿舍保持安全距离。

第十一条 本制度适用于集团公司所属危险化学品从业单位。

第二章 危险化学品的采购

第十二条 在采购危险化学品时要向供方索取《危险化学品安全技术说明书》，并及时传达到各贮存、使用、装卸、运输单位及其相关人员。

第十三条 使用剧毒、易制毒化学品的单位在购买前，在公安部门办理剧毒、易制毒化学品购、销、运的资质及审批手续，审批后选择合格供方购买。

第十四条 剧毒、易制毒化学品到货后，对采购的剧毒、易制毒化学品的数量（重量）、种类与剧毒、易制毒化学品购买备案证明核实无误后方可入库，并建立台账。

第三章 生产、储存和使用

第十五条 危险化学品的生产和储存实行审批制度。未经审批任何单位和个人不得生产和储存危险化学品。

第十六条 使用气瓶充装危险化学品的单位，应当依法取得质检部门颁发的气瓶充装登记证后，方可从事充装活动。

第十七条 各生产车间应严格按照相应操作技术规程生产危险化学品，生产和使用危险化学品的场所要设置通信、报警装置，并确保通信、报警装置处于正常使用状态。

第十八条 生产和使用危险化学品的单位应当根据危险化学品的种类、性能，设置相应的通风、防火、防爆、防毒、防静电、报警、降温、防潮、避雷、监测、隔离操作等安全措施。剧毒、易制毒化学品储存设置专门的仓库（化学试剂），物理、化学性质相互抵触的剧毒、易制毒化学品应分类、分堆、分室存放，并确保仓库通风良好、防晒、防潮，并按库存剧毒、易制毒化学品的种类，为保管人员配备防护用品和器具；生产上用量较大的剧毒、易制毒化学品（硫酸、盐酸）储存要有专用储罐，各使用单位剧毒、易制毒化学品（化学试剂）的储存应专柜存放。

第十九条 具有氧化性酸类不能与易燃液体、易燃固体、自燃物品和遇湿燃烧物品混装；酸类物品严禁与氰化物相遇。

第二十条　各单位易燃物品的加热严禁使用明火。在高温反应或蒸馏等操作过程中，如必须采用烟道气、有机热载体、电热等加热时，应采取严密隔绝措施。

第二十一条　各单位生产使用危险物品的场所，应根据生产过程中的火灾危险和毒害程度，采用必要的排气、通风、泄压、防爆、阻止回火、导除静电、紧急放料、自动连锁和自动报警等设施。

第二十二条　各单位容易发生泄漏的易燃、易爆、剧毒物品的装置，应设有能迅速停止进料，防止泄漏的安全设施，并应具有捕集、中和和打捞流失危险物品的方法，避免事态扩大。

第二十三条　各单位凡用于生产水煤气等有毒有害气体的蒸汽（水）管道，必须与生活用气（水）管道分开，用途不同的工作气体（液体）管道不准连通。

第二十四条　剧毒、易制毒化学品发放量按各使用单位所报计划量进行发放，发放时对剧毒、易制毒化学品的流向、领用量和用途如实记录。

第二十五条　发放剧毒、易制毒化学品时收、发人严格履行签字手续。发放剧毒品时必须由两人领取方可发放，加强五双管理。

第二十六条　使用单位在生产过程中正常使用的剧毒、易制毒化学品每次用多少发多少，严禁少用多领，由发放人做好记录。各单位因临时性工作需要领用的剧毒品尽量用多少领多少，如有剩余要及时退回，并做好相关记录。

第二十七条　使用剧毒、易制毒化学品的各单位要对所用剧毒、易制毒化学品的使用量和用途如实记录，并签字。

第二十八条　剧毒、易制毒化学品的使用岗位要限量存放，各使用剧毒、易制毒化学品的单位指定专人保管；若配制好的试剂溶液有剩余，应在化验室内专柜储存，专柜实行双锁。

第二十九条　各单位要对本单位的剧毒、易制毒化学品采取保安措施，防止剧毒、易制毒化学品被盗、丢失、误用，如发现被盗，应立即向上级主管部门和公安机关报告。

第三十条　从事剧毒、易制毒化学品的采购、储存、发放、使用、废弃回收等过程的人员要熟知本单位内剧毒、易制毒化学品的理化性质、防护方法及相关的规章制度，并严格执行。

第四章　销　　售

第三十一条　销售部门在销售危险化学品时要求顾客提供《危险化学品经营许可证》，并向顾客提供《危险化学品安全技术说明书》，建立《危险化学品销售用户台账》。检查购买资质证件、购买经办人员身份证明。

第三十二条　在销售易制毒化学品时，如实填写报表，实际运输重量、发货地、途经路线等，由保卫部门向公安部门办理相关审批手续后，选择符合《易制毒化学品管理条例》规定的用户合法销售。

第五章　运　　输

第三十三条　运输危险化学品，托运人只能委托有危险化学品运输资质的运输单位承运。销售、购置危险化学品单位对车辆危险化学品运输资质及证号、押运员资质、槽（罐）车年检证明、核定装载量进行确认。

第三十四条　运输危险化学品的车辆必须向铁路、交通等部门办理相关手续，运输危险化学品的槽罐以及其他容器的车辆，必须配备相应的应急处理器材、防护用品和明显标识，要求运输车辆采取静置、释放静电等措施。

第三十五条　运输危险化学品的槽罐以及其他容器必须封口严密，能够承受正常运输条件下产生的内部压力和外部压力，保证危险化学品在运输条件中不因温度、湿度或者压力的变化而发生渗漏、爆炸等危险事故。

第三十六条 危险化学品的装卸在装卸管理人员的现场指挥下进行，配备必要的应急处理器材和防护用品，装卸、运输危险化学品人员应按照装运危险物品的性质，佩戴相应的防护用品，做到轻拿轻放，防撞击、拖拉和倾倒，严禁客货混装，严禁违反配装限制规定，必要时采取隔热、防潮措施，不得损坏包装容器，并注意标志，堆放稳妥。

第三十七条 危险物品装货前和卸货后，应对运输车辆进行必要的通风与清洗，不得留有残渣。

第三十八条 装运爆炸品、易燃液体、可燃气体等物，运输工具要符合以下规定：

（1）禁止使用电瓶车、翻斗车、铲车、自行车等运输爆炸物品。运输强氧化剂、爆炸品及铁桶包装的一级易燃液体时，未采取可靠的安全措施，不得用铁底板车及汽车挂车。

（2）禁止用叉车、铲车、翻斗车搬运易燃、易爆、液化气体等危险物品。

（3）装运液化气体和易燃液体等危险物品的槽罐要有防晒设施。

（4）严禁使用移动式槽罐运输液化气和易燃液体。

第三十九条 运输爆炸品应指派专人押运，押运人员不得少于两人，运输过程中必须由有资质的人员押运。

第四十条 运输危险化学品的车辆，必须保持安全车速、车距，严禁超车和超速强行会车。运输危险化学品，必须事先经当地公安交通部门批准，按指定的时间、路线行驶，严禁在繁华街道和人口稠密区停留。

第四十一条 运输易燃、易爆物品的车船必须悬挂“危险品”标志，机动车的排气管应装阻火器。

第四十二条 铁路机车在调车作业中，对装载易燃、易爆物品的车辆，必须挂不少于两节的隔离车，并严禁溜放。

第四十三条 运输散装固体危险物品，应根据性质，采取防火、防爆、防水、防粉尘飞扬和遮阳措施。

第四十四条 装运危险化学品时，严禁客货混装，禁止无关人员搭乘运输危险化学物品的车辆。

第四十五条 禁止雨、雪、雾天露天装卸或倒运遇水起化学反应的物品。

第六章 应急救援

第四十六条 危险化学品采购、生产、储存、使用、运输、销售各单位制定本单位的应急救援预案，发生事故时按应急救援预案进行急救。

第七章 废弃、回收处理

第四十七条 危险化学物品的废物处置必须执行国家有关规定，避免造成危险或二次危害。

第四十八条 凡拆除的容器、设备和管道内带有危险化学品，必须先清洗干净，经验收合格后方可报废。

第八章 罚 则

第四十九条 企业违反危险化学品管理有关规定时，对企业、单位负责人、直接责任人按照上级部门及集团公司相关规定进行处罚。

第五十条 危险化学品管理工作纳入各单位领导班子及月度安全绩效进行考核，考核细则由各单位制定，各级安监部门负责监督检查。

第九章 附 则

第五十一条 本制度解释权属晋能集团有限公司安全生产委员会。

1.33　消防安全管理规定

第一章　总　　则

第一条　为规范集团公司防火安全管理，消除火灾隐患，确保地面生产经营单位消防安全，特制定本制度。

第二条　本规定依据国家《中华人民共和国消防法》《机关、团体、企业、事业单位消防安全管理规定》等法律法规及相关标准，明确了消防安全管理职责、消防工作方针、消防安全宣传、教育、培训、防火巡查、检查、安全疏散设施管理、消防设施、器材、维护管理、火灾隐患整改管理、用火、用电安全管理、易燃易爆危险物品和场所防火防爆管理、灭火和应急疏散预案演练管理等内容。

第三条　本规定适用于集团公司地面生产经营单位消防安全管理。

第二章　职　　责

第四条　各单位一把手是单位的消防安全责任人，对本单位的消防安全工作全面负责。

（1）贯彻执行消防法规，保障单位消防安全符合规定，掌握本单位的消防安全情况。

（2）将消防工作与本单位的生产、科研、经营、管理等活动统筹安排，批准年度消防工作计划。

（3）为本单位的消防安全提供必要的经费和组织保障。

（4）确定逐级消防安全责任，批准、实施消防安全制度和保障消防安全的操作规程。

（5）组织防火检查，督促落实火灾隐患整改，及时处理涉及消防安全的重大问题。

（6）根据消防法规的规定建立专职消防队、志愿消防队。

（7）组织制定符合本单位实际的灭火和应急疏散预案，并实施演练。

第五条　各单位生产、安全副职是本单位的消防安全管理人，实施和组织落实消防安全管理工作。

（1）审核年度消防工作计划，组织实施日常消防安全管理工作。

（2）组织审核消防安全制度和保障消防安全的操作规程并检查督促其落实。

（3）审核消防工作的资金投入和组织保障方案。

（4）组织实施防火检查和火灾隐患整改工作。

（5）组织实施对本单位消防设施、灭火器材和消防安全标志的维护保养，确保其完好有效，确保疏散通道和安全出口畅通。

（6）组织管理专职消防队和志愿消防队。

（7）在员工中组织开展消防知识、技能的宣传和培训，组织灭火和应急疏散预案的实施和演练。

第六条　消防安全主管部门在单位消防安全管理负责人领导下开展具体的消防安全工作。

（1）认真贯彻执行消防法律、法规和集团及本单位消防安全管理规定，遵循“预防为主、防消结合”的消防工作方针，拟订年度消防工作计划并贯彻执行。

（2）定期或不定期向公司主管领导汇报消防工作情况，定期分析消防工作形势，找出问题，拿出办法，指导工作。

（3）负责本单位的消防安全管理负责人交办的日常工作；督促落实逐级防火责任制和岗位责任制，监督检查本单位所制定各项消防安全管理制度的贯彻落实；监督检查本单位消防器材、设施的使用维护管理情况。开展经常性的防火监督检查、宣传、普及消防知识；建立防火档案；负责指导义务消防队训练。

（4）组织有关部门调查本单位发生的火灾事故，并上报处理意见。

（5）向公安消防部门呈报本单位建筑工程的防火设计和审核公司工艺流程的安全措施，严格用火、用电的安全管理。

（6）熟悉本单位的平面布置、贮存物资、生活设备和工艺流程及其火灾危险性、建筑结构和交通道路、水源设施。

（7）制定本单位灭火和应急疏散预案、重点单位灭火和应急疏散预案，组织实施演练，充分做好灭火准备。

（8）认真贯彻执行内务、纪律、执勤、灭火战斗条令规定、有组织、有计划地开展消防业务管理，进行灭火技术、战术训练和体育锻炼。

（9）管理和保养好消防车辆和器材，发现火警或接到报警，迅速出动，积极扑救。

第三章　消防方针及管理内容

第七条　认真执行“预防为主、防消结合”的消防工作方针，贯彻《中华人民共和国消防法》《机关、团体、企业、事业单位消防安全管理规定》，落实逐级消防安全责任制，统管消防安全管理工作，确保集团公司的消防安全。

第八条　消防安全管理内容：消防安全宣传、教育、培训；防火巡查、检查；安全疏散设施管理；消防（控制室）值班管理；消防设施、器材、维护管理；火灾隐患整改管理；用火、用电安全管理；易燃易爆危险物品和场所防火防爆管理；专职和志愿消防队的组织管理；灭火和应急疏散预案演练管理；燃气和电气设备的检查和管理（包括防雷、防静电）；建筑防火审批管理；消火栓管理；设备安装、检修、维护与使用中油品防火管理；其他必要的消防安全内容。

第四章　消　防　培　训

第九条　各单位定期开展消防安全宣传、教育、培训工作，制定安全培训计划并组织实施。

第五章　防火巡查、检查

第十条　各单位在重大节假日、安全生产月、“119”消防宣传日和每季度进行一次消防安全大检查。

第十一条　消防安全专项监督检查，集团公司每季度组织一次，各二级公司每月一次，由消防或安全主管部门组织。各二级公司防火员每月对每个单位进行一次防火安全日常监督检查。

第十二条　各生产经营单位防火检查，有一名主管领导参加每月进行一次，车间班组防火巡回检查，按当班工艺巡回检查制度次数进行。防火巡回检查必须要有检查记录。

第十三条　宾馆、商场、旅游景点、职工文化活动中心等公众聚集场所在营业期间的防火巡查应至少每2 h进行一次，营业结束时应当对营业现场进行清查，消除遗留火种。

第十四条　职工公寓、办公场所等人员密集场所应加强夜间防火巡查，防火巡查人员要认真填写巡查记录，巡查人员及其主管人员要在巡查记录上签名。

第十五条　防火巡查、检查人员在巡回检查时，及时纠正违章、违规行为，发现火险隐患立即整改，无法立即整改的，要采取临时性的防范措施，对隐患要立案、登记，逐级上报，限期整改复查。

第十六条　防火安全检查内容

（1）火灾隐患的整改情况以及防范措施的落实情况。

（2）安全疏散通道、疏散指示标志，应急照明和安全出口情况。

（3）消防通道、消防水源情况。

（4）灭火器材配置及有效情况。

（5）用火、用电有无违章情况。

（6）重点工种人员以及其他员工消防知识的掌握情况。

（7）消防安全重点部位的管理情况。

（8）易燃易爆危险物品和场所防火防爆措施的落实情况以及其他重要物资的防火安全情况。

（9）消防（控制室）值班情况和设施运行、记录情况。

（10）防火巡查情况。

（11）消防安全标志的设置情况和完好、有效情况。

（12）其他需要检查的内容。

第六章　安全疏散设施管理

第十七条　安全疏散设施、疏散标识、标志、应急疏散照明、安全防火门应完整好用。

第十八条　教育员工爱护疏散设施，不得随意启动、损坏疏散设施。

第十九条　单位每半年组织一次检查疏散设施，启动疏散装置，发现问题立即解决。

第七章　消防（控制室）值班管理

第二十条　消防（控制室）值班实行每日 24 h 专人值班制度。

第二十一条　消防控制室值班人员持消防行业特有工种职业资格证上岗，要按时上岗、交接，并坚守岗位，尽职尽责，不得脱岗，严禁值班前饮酒或在值班时进行娱乐活动。

第二十二条　消防控制室值班人员应掌握消防设施的运行、误报警、故障等有关情况，严格遵守消防控制室的各项安全操作规程和各项消防安全管理制度。

第二十三条　每天值班人员在交接时，对消防设施进行检查、交接，确保火灾自动报警系统和灭火系统处于正常工作状态，并认真填写值班记录；严禁无关人员进入消防控制室，随意触动设备。

第二十四条　消防控制室内严禁存放易燃易爆危险物品和堆放与设备运行无关的杂物；严禁吸烟或动用明火。

第二十五条　当消防控制室值班人员接到火灾自动报警系统发出的火灾报警信号时，应通过电话或无线对讲系统等通信工具立即通知巡查人员或报警区域的值班、工作人员赶往现场实地核查。

第二十六条　消防控制室值班人员接到核查人员确认的火灾（或单位员工发现的火灾）报告后应同时做到：拨打报警电话，向单位值班领导报告，通知本单位当班工作人员和员工赶赴火灾现场进行灭火。

第八章　消防设施、器材、维护管理

第二十七条　生产经营单位建立、健全消防设施、器材、台账。

第二十八条　消防设施、器材不准非消防使用，否则根据情节轻重给予处罚，直至追究责任。

第二十九条　对损坏、丢失消防器材、设施的单位或个人，根据情节轻重给予处罚，直至追究责任。

第三十条　对使用、检查中气压不足的灭火器要立即更换。

第三十一条　对非法挪用消防设施、器材的单位和个人，要追究责任并给予严厉的经济处罚，情节严重的追究法律责任。

第三十二条　消防设施、器材由各生产经营单位负责维护管理。

第三十三条　火灾探测器在投入运行两年后，应进行一次全面清洗，对于使用环境条件较差的火灾探测器应每年进行一次全面清洗。火灾探测器的清洗应送专业清洗维护部门进行，清洗维护后要对火灾探测器逐个进行响应值试验。

第九章　用火、用电安全管理

第三十四条　易燃易爆生产区域

（1）生产区域用火、用电等都要严格办理动火审批手续。

（2）使用电钻、砂轮等可能产生火焰、火花及炽热表面的临时性作业必须申请办理动火作业证。

（3）长期作业使用的电炉、电热器、酒精炉、茶炉等必须由消防主管部门审批同意后方可使用，审批有效期为一年。

（4）危险化学品生产、储存、输送单位动火严格按“三级”动火管理，严格审批制度，设备、管道内及附近置换分析合格后方可动火。

第十章 易燃易爆危险物品和场所防火防爆管理

第三十五条 认真贯彻执行中华人民共和国国务院《危险化学品安全管理条例》及公司相关的管理规定。

第三十六条 在易燃、易爆危险物品和场所，必须设置明显的标识。

第三十七条 生产易燃、易爆危险物品的操作人员，应按其生产性质、特点佩戴相应的防护用品和制定预防措施，严禁穿戴易产生静电的衣物、带钉皮鞋等物品进入易燃、易爆危险场所。

第三十八条 在装卸易燃、易爆危险物品时，应缓慢操作，轻拿轻放，防止泄漏对环境的污染和撞击摩擦产生静电引起的火灾、爆炸事故。

第三十九条 进入易燃、易爆危险物品场所，禁止穿带铁钉的鞋入内，禁止携带小灵通、手机和易产生火花的物件。

第四十条 储存易燃易爆危险物品，要按其产品的性质、特点分类存放，标识清楚，专人负责。

第十一章 专职和志愿消防队的组织管理

第四十一条 各单位按照国家《中华人民共和国消防法》《机关、团体、企业、事业单位消防安全管理规定》及有关规定，建立、健全专职和义务消防队组织机构。

第四十二条 专职消防队的管理执行国家《企业、事业单位专职消防队组织条例》及有关规定。

第四十三条 志愿消防队人员的确定，应采取本人志愿，单位消防安全责任人批准，消防主管部门备案方可。志愿消防队由单位消防安全管理人领导，业务上受消防主管部门指导。

第四十四条 志愿消防队应经过消防安全培训、教育，熟悉本单位的生产性质、特点以及危险性。

第四十五条 志愿消防队队员，能熟练掌握使用消防器材，会铺设消防水带、开启消火栓，会扑救初期火灾。

第四十六条 志愿消防队员必须掌握消防“四懂四会”内容。

第四十七条 志愿消防队在发生火灾后，积极扑救初期火灾，抢救伤员，协助消防部门扑救火灾，并保护现场。

第十二章 燃气和电气设备的检查和管理制度

（包括防雷、防静电）

第四十八条 生产系统的燃气设备及各种高低压缩机、管道、容器，要定期进行巡回检查，发现“跑、冒、滴、漏”现象要立即处理。

第四十九条 各单位在交接班时，必须把当班巡检情况详细记录在案，再进行交接。

第五十条 对各种生活、茶炉等使用煤气的场所，应严格遵守燃气使用的安全管理规定。

第五十一条 按电气安全作业规程要求，每年春季对电气设备、防雷接地设施进行检查测试。

第五十二条 值班电工每2 h对现场所有运行电气设备巡回检查，发现问题及时处理。各单位每天对供电所属设施巡检一次。

第五十三条 对移动电气设备，在使用前要测量其绝缘性能，保证使用过程中的安全性。

第十三章 建筑防火审批管理

第五十四条 对新建、改建、扩建、装潢等工程项目，要严格执行消防工作“三同时”规定。

第五十五条 凡临时性建筑占用消防通道的各种设施、设备、车辆等，必须经单位消防主管部门批准。

第十四章 消 火 栓 管 理

第五十六条 消火栓必须设立明显标志，各单位负责本单位消火栓的维护管理。

第五十七条 消火栓管线必须保证足够的水压，消防管线供水的水源不允许停供，特殊情况停供水时，需立即通知消防主管部门。

第五十八条 不允许在消防管道上接非消防用水管线，特殊情况必须经过主管领导批准。

第十五章 设备安装、检修、维护与使用中油品防火管理

第五十九条 设备油系统（包括燃油、润滑油、液压油、变压器油系统）管道的敷设应远离蒸汽管道等高温灼热物体，且不得在其上方。条件不具备时，要采取可靠的隔离、绝热措施。防止油管过热或油液泄漏到高温灼热物体上。

第六十条 设备油系统附近的高温管道的保温必须符合下列要求：

（1）保温层的表面温度不应超过 70 ℃。

（2）必须采用阻燃性的保温材料。

（3）要保证保温层的严密性，不允许有破损、裂缝，不准裸露金属。

第六十一条 油箱的油标不准采用玻璃管式液位计，事故排油阀门要有操作通道，在紧急情况时便于操作。

第六十二条 油路系统不准使用铸铁、铜芯阀门。

第六十三条 要严格按照设备使用说明书的要求使用相应种类、规格的燃油和润滑油等油品。

第六十四条 设备加油或换油时，必须隔绝周围的火源或高温物体。在对产生静电的设备加、换油时，必须放掉静电或采取其他安全措施。加、换油时现场要配备适宜的灭火器材。

第六十五条 设备使用过程中，要及时消除油系统的跑、冒、滴、漏，将附着油污擦拭干净。

第六十六条 经常检查穿线管、分线盒、配电箱等电气设施上是否有油垢。如有要及时清理，并分析存在油垢的原因，采取有效措施。

第六十七条 不准使用汽油、苯等易燃、易挥发的液体擦拭设备或地面的油污。

第六十八条 设备的工作介质为可燃气时，设备上的所有通气装置要畅通好用，以防可燃气滞留在油系统发生着火爆炸事故。

第六十九条 油品不允许在高温处存放，以防油品氧化起火。

第七十条 对设备系统进行检修时，必须停油泵，不准带压作业。油料要排放到容器内，不准直接排放到地面或设备上。要采取有效措施，严防油品喷洒、泄漏到蒸汽管道、高温化工介质管道、电气仪表控制电缆及高温设备等高温灼热区域。

第七十一条 动火作业前必须清除现场周围的油污等易燃物，采取防火隔绝措施，以防火花溅落引起火灾；要派专人监护，并配备足够适用的消防器材。

第七十二条 动火作业前，应检查电、气焊工具，保证安全可靠，不准带病使用。电焊机的一、二次线不得有裸露现象。不允许利用油管路或油箱做地线，防止电气接地不良产生火花引起油品着火。

第七十三条 在设备油系统动火时，将动火部位的油料排净。置换合格方可动火。同时将动火部位与非动火油系统采用加盲板隔离等有效措施。

第七十四条 在油系统管路上动火时，若管道可拆，可将其拆下后清洗干净，到固定动火区动火作业。

第七十五条 在油冷却器的水侧动火时，首先检查油冷却器是否泄漏，如有泄漏将油管路的法兰拆开，排净油料，置换合格，方可进行动火作业。

第七十六条 在油冷却器的油侧动火时，要排净油料，并用酸钠水或其他安全有效清洗液清洗干净。

第七十七条 在油箱、油槽上动火，须将容器内油料排净，盛润滑油的油箱或油槽内壁用油循环清洗，再用水清洗。可燃气体化验合格方可动火；盛其他油的油箱或油槽，采用蒸气等方法置换，可燃气体分析合格方可动火。

第七十八条 油系统设备的安装检修，必须保证密封无泄漏。阀门、法兰等的结合面要采用耐油、耐高温的密封垫。

第七十九条 设备检修完毕，要彻底清理油污、油棉纱等易燃物。废油要及时回收入库，不得排入地沟，不得放在生产现场。

第十六章 附　　则

第八十条 本制度解释权属晋能集团有限公司安全生产委员会。

1.34 电气安全管理规定

第一章 总　　则

第一条 为了规范集团公司各单位电气设备设施的运行及检修作业，确保电气系统安全，特制定本制度。

第二条 依据《电力安全工作规程》《电业安全工作规程》《施工现场临时用电安全技术规范》《爆炸性气体环境用电气设备》及《化工企业静电安全检查规程》等技术标准和规程，制定了电气管理、电气运行、电气检修的规则。

第三条 本规定适用于集团公司各单位电气安全管理。

第二章 电气管理

第四条 各单位电气方面主管部门负责电气设备设施安全管理。

第五条 各级安监部门负责电气安全监督检查工作，各单位电气设备主管部门负责组织专项安全检查。

第六条 各生产经营单位负责管辖范围内的电气设备设施运行、检修、维护及电气作业人员的安全管理。

第三章 电气运行

第七条 电气施工、操作人员必须严格执行《电力安全工作规程》《电业安全工作规程》。

第八条 各单位根据电气运行情况和季节特点，做好预防工作和安全检查，发现隐患及时整改。

第九条 变、配电所必须备好安全应急用具、防护器具和消防器材等，并定期进行检查试验。

第十条 易燃、易爆场所的电气设备和线路的运行及检修，必须按《爆炸性环境用防爆电气设备通用要求》和《中华人民共和国爆炸危险场所电气安全规程》执行。

第十一条 电气设备必须有可靠的接地（接零）装置。防雷和防静电设施必须保持完好。化工设备接地应同时遵守《化工企业静电安全检查规程》。

第十二条 电气作业人员必须由经过专业培训、考试合格，持有电工特种作业资格证的人员进行；上岗人员应按规定穿戴好劳动防护用品并正确使用符合安全要求的电气工具。

第十三条 变、配电所必须制定运行规程、巡回检查制度，明确巡回检查路线，明确值班人员的职责。

第十四条 作业人员必须严格执行工作票、操作票制度，工作许可证制度，工作监护制度，工作间断、转移和终结制度。

第十五条 高压设备无论带电与否，值班人员不得单人移开或越过护栏进行工作。若必须移开护栏时，必须有监护人在场，并符合设备不停电检修安全距离要求。

第十六条 如遇雷雨天气需巡视室外设备时，巡视人员必须穿绝缘靴，并远离避雷装置。

第十七条 在高压设备或大容量低压总盘上倒闸操作及在带电设备附近工作时，必须由两人进行，且由经验丰富的人员担任监护。

第十八条 进行电气倒闸操作时，现场操作人员必须与调度联系，操作人员复诵核对无误后方可操作，并将联系内容、时间及联系人姓名记录在案。

第十九条 在低压配电系统中，必须对各类保护装置进行定期试验检测，保证其灵敏可靠有效。

第四章 电 气 检 修

第二十条 各单位必须制定《电气设备检修制度》和《电气设备维护保养制度》，并严格执行。

第二十一条 各单位应制定电气设备设施大、中修计划，设备设施检修技术方案，设备设施大、中修后，必须进行安全质量检查验收。

第二十二条 带电检修安全要求：

（1）必须带电作业时应在良好的天气进行。如遇雷、雨、雪、雾等恶劣天气不得进行带电作业。在特殊情况下，必须在恶劣天气条件下作业，应组织有关人员制定并采取必要的安全措施，经单位主管领导批准后方可进行。

（2）500 V 以下可按一般带电工作要求进行。500 V 以上必须是受过高压带电作业专门训练经考试合格的人员进行操作。操作时应使用专用的工具和穿戴规定的防护用具，并严格执行操作规程。

（3）严禁利用事故停电间隙进行检修工作。在同一线路设备上进行不同项目工作时，应分别挂停电牌。

第二十三条 在停电线路或设备上装接地线前，必须放电、验电，确认无电后在工作地段两侧挂接地线，并在可能送电到停电设备和工作地段线路的分支线挂接地线。

第二十四条 停电、验电、放电、悬挂安全标志牌和检修作业，必须由负责人指派有经验的人员担任监护，否则不准进行作业。

第二十五条 对外线杆、塔、电缆检修时，作业前必须进行全面检查，确认符合规定后方可作业。

（1）变、配电所出入口处或线路中间某一段有两条以上线路临近平行时，应验明检修的线路确已停电，挂好接地线，在停电线路的杆、塔下做好标志，设专人监护，防止误登杆、塔。

（2）对于有两个以上供电电源的线路检修时，必须采取可靠的技术措施，防止误送电。

（3）对于地下直埋或隧道电缆检修时，应切实采取措施，防止伤及临近电缆。

（4）五级以上大风时，严禁在杆、塔多回路线中进行部分线路停电检修作业。

（5）在立、撤杆和修正杆及在杆、塔上作业前，必须认真检查，防止倒杆和滑杆等事故。接地线拆除后应认为线路带电，严禁任何人再登杆、塔，并按工作结束办理汇报手续。

(6) 在同杆共架的多回路线路中，部分线路停电检修，安全距离不应小于在带电线路杆、塔上工作的安全距离，线路要有线路名称及上、下、左、右的称号。登杆、塔检修作业时，每根杆、塔都应设专人监护。

第二十六条 检修变压器及油开关时禁止使用火炉、喷灯等工具，其他部位使用明火与带电部分的距离应符合以下要求：10 kV 以下不小于 1.5 m；10 kV 以上不小于 3 m。

第二十七条 不准随意拉设临时线路。确定因需要拉临时线路的，必须办理“临时用电申请手续”。其导线应用橡胶套绝缘电缆，线路应架空敷设，并采取防机械损伤的保护措施。380 V 绝缘良好的临时线悬空架设距地面：室内不少于 2.5 m，室外不少于 3 m。其他临时用电具体规定遵照《施工现场临时用电安全技术规范》执行。

第二十八条 更换熔断器，要严格按照规定选用熔丝，不得任意用其他金属丝代替。

第二十九条 电气试验应由两人进行，并按照带电作业有关要求采取安全措施。

第三十条 在有腐蚀、易燃、易爆等场所应采用适当的线缆及采取相应的敷设方式，禁止明敷设。

第三十一条 电缆在下列地点敷设应采取穿管保护措施。

(1) 电缆引入、引出建筑物，穿过楼板。

(2) 从沟道引出自电杆或墙面敷设的电缆，距地面高度 2 m 以下部分。

(3) 其他可能受到机械损伤的地方。

(4) 每根电力电缆应单独穿在一根管内，但交流单芯电力电缆不得单独穿入钢管内。

第三十二条 由各单位组织检查所有电气设备的接地情况，包括防雷接地、防静电接地、工作接地等，每年至少一次；每年按规定对防雷接地由气象部门进行检查。

第三十三条 所有电气作业人员必须熟练掌握触电急救方法。

第五章 附　　则

第三十四条 本制度解释权属晋能集团有限公司安全生产委员会。

1.35 特种设备安全管理制度

第一章 总　　则

第一条 为加强集团公司各单位对特种设备的安全管理，确保设备安全运行，依据《安全生产法》《特种设备安全法》等法规、规范的要求，结合集团公司实际，特制定本制度。

第二条 本制度适用于集团公司各全资、控股企业地面生产经营单位特种设备经营、使用、检验、检测的安全管理。

第三条 特种设备是指对人身和财产安全有较大危险性的锅炉、压力容器（含气瓶，下同）、压力管道、电梯、起重机械、客运索道、大型游乐设施和场（厂）内专用机动车辆。

第二章 职　　责

第四条 各单位一把手为本单位特种设备安全管理第一责任人，全面负责本单位特种设备安全管理工作。各分管设备副职及安全副职按职责分工开展工作。

第五条 各单位设备管理部门负责本单位特种设备管理工作，贯彻国家有关特种设备的法律法规，监督特种设备安全管理制度和操作规程的落实情况，组织特种设备包括安全附件的定期检验，监督检查特种设备日常维护保养、定期自行检查执行情况、安全教育及特种设备档案资料的整理归档工作，并定期组织各种安全检查。

第六条 安全部门负责对特种设备管理进行安全督查，并组织各种安全检查。

第七条 特种设备操作人员应取得《特种设备作业人员证》，持有效期内的特种设备作业人员证书上岗作业，并按照操作规程进行使用、操作特种设备。

第三章 特种设备选购、验收

第八条 购买特种设备应当选择具有相应特种设备制造许可证资质的单位制造的合格特种设备。

第九条 应当根据本单位生产工艺要求选购特种设备，严禁超过特种设备规定参数使用。

第十条 特种设备购进后入厂前，必须进行开箱检查特种设备的外部情况和出厂资料。本单位设备、安全、档案、采购部门人员参加验收，验收时有关人员应逐项认真检查验收，并对验收质量负责。

第十一条 购置的特种设备必须附有安全技术规范要求的设计文件，产品质量证明书、安装及使用维护说明、监督检验证明等文件。

第十二条 验收完毕，特种设备安全管理员应将特种设备附有的相关文件收集、归档。

第四章 特种设备安装改造维修

第十三条 特种设备的安装、改造、维修活动应委托取得相应安装、改造、维修许可证的单位进行。

第十四条 签订安装、改造、维修合同前，安全管理部门必须审查安装、改造、维修单位的资质和相关人员的资质是否符合。

第十五条 施工前，配合特种设备安装、改造、维修的施工单位将拟进行的特种设备安装，改造、维修情况书面告知当地特种设备安全监督管理部门，施工单位未履行书面告知义务不准进行安装、改造、维修。

第十六条 督促特种设备安装、改造、维修的施工单位向国务院特种设备安全监督管理部门核准的检验检测机构，按照相关安全技术规范的要求，申报安装、改造、维修活动的监督检验。

第五章 特种设备使用登记制度

第十七条 特种设备在投入使用前或者投入使用后30日内，办理使用登记。

第十八条 办理使用登记时应按照特种设备的使用登记要求备齐以下资料、文件：

（1）安全技术规范要求的设计文件、产品质量合格证明、安装及使用维护说明、制造过程监督检测证明。

（2）安装过程的安装告知书、安装质量证明书和安装监督检验报告。

（3）特种设备使用安全管理的有关规章制度，预防事故方案，管理和操作人员名单。

（4）相关安全技术规范要求的其他文件资料。

第十九条 使用单位将使用登记证或安全合格证登记标志置于或者附着于特种设备的显著位置。

第六章 特种设备定期检验

第二十条 各单位特种设备管理部门根据特种设备定期检测情况，结合自身的特点制定定期检验检测计划，确保检验检测工作如期实施。

第二十一条 按照安全技术规范的定期检测要求在上次检测有效期满前1个月提出定期检测要求。

第二十二条 检测前应当备齐以下特种设备的相关资料：

（1）设备出厂资料：设计文件、安装使用说明、产品合格质量证明。

（2）设备安装资料：安装告知书、安装质量证明、安装监督检验报告。

（3）使用登记文件。

（4）上次定期检验报告。

（5）运行记录、维护保养记录、运行中出现异常情况的记录等。

第二十三条　检测时，使用单位要做到按计划的时间停车检验，并向检验机构和检验人员提供检验所需的条件，配合作好检验检测工作。

第二十四条　检测后，对检验合格的特种设备，或存在问题的设备，已经采取相应措施进行处理并满足使用要求的，及时办理有关注册、变更手续。

第二十五条　凡未经定期检验或者检验不合格的特种设备，不得继续使用。

第二十六条　特种设备发现故障或者发生异常情况，使用单位，应当对其进行全面检查，消除安全隐患后，方可投入使用。

第二十七条　对确因需要延长检验周期的特种设备，必须依法办理延期检验手续。

第七章　特种设备安全检查

第二十八条　安全检查要做到经常性，充分发动群众，坚持专职检查与群众检查相结合，日常检查与定期检查相结合，普遍检查与重点检查相结合。

第二十九条　定期安全检查由特种设备管理及安全管理部门组织实施，生产经营单位每月一次，二级公司每季一次，集团公司每半年一次。在“五一、十一、元旦、春节”等重大节日前组织有关人员有针对性地进行节前安全检查。

第三十条　操作者在工作前必须进行安全检查，在生产操作过程中要集中精力，随时注意安全状况，发现问题要立即报告。

第三十一条　检查中发现重大安全隐患，必须及时报告单位主管领导，隐患未排除，严禁进行生产。

第八章　特种设备维护保养

第三十二条　各单位严格执行日常维护保养制度和定期保养制度。日常维护保养：操作者每班照例进行保养，包括班前 10 ~ 15 min 的巡回检查；班中责任制，注意设备运转、液标液位、各种温度仪表、压力指示信号、保险装置是否正常。定期维护保养：每月进行一次全面的设备检查保养，维护要有相关记录。

第三十三条　正确使用设备，严格遵守操作规程，启动前认真准备，启动中反复检查，停车后妥善处理，运行中搞好调整，认真执行操作规程，不准超温、超压、超速、超负荷运行。

第三十四条　精心维护、严格执行巡回检查制，定时按巡回检查路线，对设备进行仔细检查，发现问题，及时解决，排除隐患。搞好设备清洁、润滑、紧固、调整和防腐，保持零件、附件及工具完整无缺。

第三十五条　设备检修人员对所包修的设备，应按时进行巡回检查，发现问题及时处理。

第三十六条　所有特种设备维护工作，必须有明确分工，并及时做好防冻、防凝、保温、保冷、防腐、堵漏等工作。

第九章　特种设备档案管理

第三十七条　特种设备使用单位应当建立特种设备安全技术档案。安全技术档案应当包括以下内容：

（1）特种设备的设计文件、产品质量合格证明、安装及使用维护保养说明、监督检验证明等相关技术资料和文件。

（2）特种设备的定期检验和定期自行检查记录。

（3）特种设备的日常使用状况记录。

（4）特种设备及其附属仪器仪表的维护保养记录。

（5）特种设备的运行故障和事故记录。

第十章　特种设备作业人员从业资格

第三十八条　从事特种设备作业的相关管理人员和操作人员，必须经特种设备安全监督管理部门考核合格，取得《特种设备作业人员证》后，方可上岗作业。

第三十九条　持证人员应当在复审期满3个月前，向发证部门提出复审，逾期未复审，或复审不合格的，将不得继续从事相应的特种设备作业工作。

第四十条　加强对特种设备作业人员安全教育和培训，保证特种设备作业人员具备必要的特种设备安全作业知识，作业技能和及时地进行知识更新。

第四十一条　特种设备作业人员培训教育内容应包括

（1）国家有关安全生产法律、法规和规定，特种设备法规及有关安全技术规范。

（2）本单位安全管理规章制度和事故案例。

（3）在用特种设备的性能、结构工艺特点和安全装置、安全设施、安全监测监控仪器的作用，防护用品的使用和保养方法。

（4）特种设备操作规程和急救措施。

第十一章　附　　则

第四十二条　本制度解释权属晋能集团有限公司安全生产委员会。

1.36　施工与检修安全管理制度

第一章　总　　则

第一条　为进一步规范各单位施工与检修作业，依据《高处作业分级标准》《起重吊运指挥信号》《起重机械安全规程》《手持式电动工具的管理使用检查和维修安全技术规程》《化工企业厂区作业安全规程》《化工检修现场安全管理检查标准》及安全带、安全网、梯子检查标准等标准、规程制定本制度。

第二条　本制度规定了施工与检修安全管理职责、施工的组织、现场管理、机械和电气设备、安全通则、检修准备、拆除作业、检修作业、动火作业、设备内作业、高处作业、起重吊装、动土作业、完工后处理等安全管理内容。

第三条　本制度适用于集团公司所属地面生产经营单位施工与检修的安全组织与管理。

第二章　职　　责

第四条　各单位施工与检修主管部门负责施工与检修中施工项目、施工方案和安全措施的落实及过程管理。

第五条　各级安监部门负责施工与检修的安全监督管理。

第六条　施工与检修单位负责施工与检修方案的编制、施工过程中安全措施的执行和施工人员的安全培训。

第七条　检修所在单位负责检修前对参检人员安全教育培训、工艺处理和检修后的确认。

第八条　各生产经营单位负责本单位辖区内施工与检修活动的监督管理及施工与检修过程的安全管理。

第九条　外来施工单位必须严格执行生产经营单位内部施工与检修方面的各种规章制度，并接受检查。

第三章　施　工　组　织

第十条　各单位新建、改建、扩建、技措、大修、更新等工程施工，必须加强施工管理，按审核批准的施工图纸和现场生产工艺条件，由施工单位编制施工方案（施工组织设计），经项目组或主管部门审核批准。

第十一条　在厂区、生活区及其他已建工程区内动土施工，必须由单位主管地下管网、电缆部门的审批。

第十二条　所有的施工、检修方案（施工组织设计）中，都必须有安全施工技术措施内容。大型吊装、深坑作业、拆除等特殊工程，都要编制单项安全施工技术方案，经项目主管部门和安全监管部门批准后方可开工。

第十三条　凡在厂区及已建工程区域内进行动火、进入受限空间、动土等作业必须有安全措施。

第十四条　每项工程施工前，施工部门的负责人、工程技术人员、安全负责人、施工员等，在逐级布置检修任务和技术交底的同时，必须逐级进行安全指令和安全技术交底，不经安全措施交底的工程项目不得施工，工人有权拒绝施工。

各单位必须与外委施工方签订《施工安全管理协议》，明确承包方安全责任，在承包项目施工过程中应严格执行法律法规、标准要求及安全管理制度。

第十五条　有两个以上单位联合施工时，生产经营单位和总承包单位统一组织管理现场安全工作，并明确安全管理负责人，检查协调管理安全工作。对不具备安全施工条件的施工单位，不得对其发包工程。

第十六条　施工、检修单位必须遵守有关安全管理制度，并接受监督。施工人员必须经安全培训熟知本系统、本工种、本岗位、本次检修施工方案、安全技术要求。

第四章　施工现场管理

第十七条　检修时使用的备品配件、机具、材料，应按指定地点存放，堆放整齐，以不影响安全和交通为原则。水、电、气（汽）管网等，都要符合安全、防火和工业卫生要求。

第十八条　在易燃易爆和有毒物品输送管道附近不得设置临时检修办公室、休息室、仓库、施工棚等建筑物。

第十九条　影响检修安全的坑、井、洼、沟、陡坡、悬崖等地方均应填平或铺设与地面平齐的盖板，高压电气设备、易燃易爆场所设置围栏和警告标志，夜间应设警告信号灯。必要时指定专人负责看守，各种防护设施、安全标志，未经施工安全负责人批准，不得移动或拆除。

第二十条　施工现场的道路必须保持通畅，路面平整，路基牢固，道路宽度、转弯半径必须保证行车安全要求，场地狭小、行人来往和运输频繁地点，应设临时交通指挥和交通标志。阴暗场所和夜间施工现场应有足够的照明。

第二十一条　易燃易爆生产区、贮罐区、仓库区内或附近的路段，应设立明显的标志，限制或禁止某类车辆通行。

第二十二条　施工现场不得存放易燃、易爆、有毒物质。

第二十三条　施工现场要按规定设立相应的安全标志、消防器材等。

第五章 施工机械和电气设备管理

第二十四条 各类机械检修（防护装置、制动装置），必须专人管理，按安全规程操作，定期维护检修，确保完好。各种施工机械的转动和危险部位，都要装设防护装置。

第二十五条 起重机具：各种起重机械在检修前必须按规定进行详细检查。电（手）动葫芦、滑车、钢丝绳、千斤顶、索具等应无损伤、腐蚀，并符合规定要求。

第二十六条 气焊使用的各类气瓶应配有瓶帽和防震圈。

第二十七条 焊接设备上的各种安全装置必须齐全完好。

第二十八条 登高用具：安全带、安全网、梯子等在使用前必须分别按要求进行检查，不合格的不得使用。

第二十九条 施工现场的电器设备、工具、线路必须配有专职电工维护管理。

第三十条 所有电气设备、电气线路的绝缘必须良好。电气设备金属外壳及其相连的金属构件，必须采用保护接地或保护接零，其接地电阻不得超过4 Ω。

第三十一条 架设的高、低压线路必须符合电气工作安全规程要求。

第三十二条 塔吊、龙门吊及铆焊平台等必须保持接地良好，其接地电阻< 10 Ω。

第三十三条 手持式电动工具和移动式电气设备，必须绝缘良好，并按规定配备相应的漏电保护装置。

第三十四条 对手持式电动工具、移动式电气设备的使用、保管维修人员，要进行用电安全教育。

第三十五条 对手持式电动工具、移动式电气设备，漏电保护器按规定实行定期检测。经检测不合格的不准使用。

第三十六条 手持式电动工具严格执行《手持式电动工具的管理、使用检查和维修安全技术规程》。

第三十七条 漏电保护器的使用范围、安装管理等要严格执行有关国家标准。

第六章 检修、施工准备

第三十八条 检修前安全教育，参加大检修的人员，必须进行检修前的安全教育。检修、施工前的安全教育包括下列内容：

（1）需检修的现场的生产特点、应注意的安全事项以及检修时的安全措施。

（2）根据检修的实际情况，着重提出动火、进入受限空间、高处作业等具体安全措施。

（3）检修中经常遇到的重大事故案例和经验教训。

（4）检修各工种所使用的个体防护器具的使用要求和佩戴方法。

（5）检修、施工人员必须遵守相关的安全规定，严禁乱动生产现场不需检修的生产设备、管道、阀门、电气仪器开关等。

第三十九条 教育的形式可根据具体情况采用现场教育、安全录像、幻灯片教育、课堂讲课等形式，同时可利用黑板报、图片、广播进行宣传教育。

第四十条 检修传动设备以及传动设备上的电气设备时，必须切断电源（拔掉电源熔断器），并经两次起动复查无误后，在电源开关处挂上禁止启动牌或上安全锁。

第四十一条 检修、施工单位对检修用的工器具等必须进行详细检查，保证完好、安全可靠。

第四十二条 检修、施工现场的易燃易爆物品、障碍物、油污、冰雪、积水、废弃物等影响检修安全的杂物清理干净。

第四十三条 检查、清理检修、施工现场的消防通道、行车通道，保证畅通无阻。

第七章　检修、施工过程控制

第四十四条　检修、施工区域责任单位对施工（检修、施工）人员施工过程中派专人监护（工艺操作人员），管理人员对检修现场进行不定期检查。

第四十五条　各级管理部门对施工单位进行监督检查，发现问题要求进行整改，并有权停止其施工。

第八章　完工后现场恢复

第四十六条　一切安全、防护设施由拆除单位恢复到正常状态。

第四十七条　设备、屋顶、地面上的杂物、垃圾等由施工单位进行清理，做到工完、料净、场地清。

第四十八条　检修、施工所用的工器具应搬走，脚手架、临时电源、临时照明设备等应及时拆除。

第四十九条　检修、施工单位会同设备所属单位及主管部门检查检修项目是否有遗漏，对检修的运转设备进行单机和联动试车，验收后办理交接手续。

第五十条　生产岗位交接班时，操作人员必须将检修中变动的设备、管道、阀门、电气、仪表等情况相互交接清楚。

第九章　附　　则

第五十一条　本制度解释权属晋能集团有限公司安全生产委员会。

1.37　“三同时”安全管理制度

第一章　总　　则

第一条　为规范集团公司建设项目安全设施“三同时”管理，依据《中华人民共和国安全生产法》《国务院关于进一步加强企业安全生产工作的通知》《建设项目安全设施“三同时”监督管理办法》及《建设项目职业卫生“三同时”监督管理办法》（安监总局），结合集团公司实际，制定本制度。

第二条　本制度规定了新建、改建、扩建和技术改造项目安全和职业卫生“三同时”安全管理职责、管理内容与方法。

第三条　“三同时”：指新建、改建、扩建和技术改造等建设项目的劳动安全和职业卫生设施与主体项目同时设计、同时施工、同时投入生产和使用。

第四条　建设项目：指新建、改建、扩建和技术改造等建设项目的简称。

第五条　本制度适用于集团公司各地面生产经营单位新建、改建、扩建和技术改造项目安全管理。

第二章　职　　责

第六条　各生产经营单位安全监管部门负责对新、改、扩建项目安全设施的设计、施工、验收监督管理和组织安全评价工作。

第七条　职业病防治主管部门负责对新、改、扩建项目卫生防护设施的设计、施工、验收监督管理和组织安全评价工作。

第八条　消防部门负责对新、改、扩建项目设计、施工、验收消防设施的监督管理和组织消防评价工作。

第九条　工程管理部门负责组织建设项目可行性研究报告中职业安全卫生、消防设施内容的编制，组织对建设项目的职业安全卫生设施、消防设施的设计。

第十条　计划管理部门负责编制建设项目投资计划及预结算的审核。

第十一条　财务管理部负责建设项目的财务管理，落实建设项目资金。

第十二条　各生产经营单位负责新建、扩建、改建和技术改造项目“三同时”的投入生产和使用工作。

第三章　建设项目安全条件安全论证及预评价

第十三条　各单位新建、改建、扩建和技术改造项目涉及以下建设项目在进行可行性研究时，生产经营单位应当选择有资质的安全评价机构，分别对其安全生产条件进行论证和安全预评价：

（1）非煤矿山建设项目。

（2）生产、储存危险化学品（包括使用长输管道输送危险化学品，下同）的建设项目。

（3）生产、储存烟花爆竹的建设项目。

（4）金属冶炼建设项目。

（5）使用危险化学品从事生产并且使用量达到规定数量的化工建设项目（属于危险化学品生产的除外，下同）。

（6）法律、行政法规和国务院规定的其他建设项目。

第十四条　生产、储存危险化学品的建设项目安全预评价报告还应当符合有关危险化学品建设项目的规定。本制度第十三条规定以外的其他建设项目，生产经营单位应当对其安全生产条件和设施进行综合分析，形成书面报告备查。

第十五条　对可能产生职业病危害的建设项目，建设单位应当在建设项目可行性论证阶段委托具有相应资质的职业卫生技术服务机构进行职业病危害预评价，编制预评价报告，并完成备案工作。

第四章　建设项目安全设施设计审查与职业病防护设施设计

第十六条　生产经营单位在建设项目初步设计时，应当委托有相应资质的设计单位对建设项目安全设施进行设计，编制安全设施设计。本制度第十三条规定的建设项目安全设施设计还应当充分考虑建设项目安全预评价报告提出的安全对策措施。本制度第十三条第（1）项、第（2）项、第（3）项规定的建设项目安全设施设计完成后，生产经营单位应当按规定向安全生产监督管理部门提出审查申请，并提交相关文件资料。

本制度第十三条第（4）项规定的建设项目安全设施设计完成后，生产经营单位应当按规定向安全生产监督管理部门备案，并提交相关文件资料。

第十七条　已经批准的建设项目及其安全设施设计有下列情形之一的，生产经营单位应当报原批准部门审查同意；未经审查同意的，不得开工建设：

（1）建设项目的规模、生产工艺、原料、设备发生重大变更的。

（2）改变安全设施设计且可能降低安全性能的。

（3）在施工期间重新设计的。

第十八条　本制度第十三条规定以外的建设项目安全设施设计，由生产经营单位组织审查，形成书面报告备查。

第十九条　存在职业病危害的建设项目，建设单位应当委托具有相应资质的设计单位编制职业病防护设施设计专篇。

第二十条　建设单位在职业病防护设施设计专篇编制完成后，组织有关职业卫生专家，对职业病防护设施设计专篇进行评审。

第二十一条　对职业病危害一般和职业病危害较重的建设项目，建设单位应当在完成职业病防护设施设计专篇评审后，按照有关规定组织职业病防护设施的施工。

第二十二条　对职业病危害严重的建设项目，建设单位在完成职业病防护设施设计专篇评审后，按规定向安全生产监督管理部门提出建设项目职业病防护设施设计审查的申请，并提交相关文件、资料。

第五章　竣工验收及职业病危险控制效果评价

第二十三条　建设项目安全设施及职业病防护设施的施工应当由取得相应资质的施工单位进行，并与建设项目主体工程同时进行。

第二十四条　施工单位应当在施工组织设计中编制安全技术措施和施工现场临时用电方案，同时对危险性较大的分部分项工程依法编制专项施工方案，并附具安全验算结果，经施工单位技术负责人、总监理工程师签字后实施。

第二十五条　工程监理单位、监理人员应当按照法律法规和工程建设强制性标准，对安全设施和职业病防护设施施工工程实施监理，并对安全设施、职业病防护设施的工程质量承担监理责任。

第二十六条　建设项目安全设施建成后，生产经营单位应当对安全设施进行检查，对发现的问题及时整改。建设项目职业病防护设施建设期间，建设单位应当对其进行经常性的检查，对发现的问题及时进行整改。

第二十七条　本制度第十三条规定的建设项目竣工后，根据规定建设项目需要试运行（包括生产、使用，下同）的，安全设施及配套建设的职业病防护设施应当在正式投入生产或者使用前进行试运行。试运行时间应当不少于30日，最长不得超过180日，国家有关部门有规定或者特殊要求的行业除外。

生产、储存危险化学品的建设项目，应当在建设项目试运行前将试运行方案报负责建设项目安全许可的安全生产监督管理部门备案。

第二十八条　建设项目试运行期间，建设单位应当对职业病防护设施运行的情况和工作场所的职业病危害因素进行监测，并委托具有相应资质的职业卫生技术服务机构进行职业病危害控制效果评价。建设项目没有进行试运行的，应当在其完工后委托具有相应资质的职业卫生技术服务机构进行职业病危害控制效果评价。建设单位应当为评价活动提供符合检测、评价标准和要求的受检场所、设备和设施。

第二十九条　建设项目安全设施竣工或者试运行完成后，生产经营单位应当委托具有相应资质的安全评价机构对安全设施进行验收评价，并编制建设项目安全验收评价报告。建设单位在职业病危害控制效果评价报告编制完成后，应当组织有关职业卫生专家对职业病危害控制效果评价报告进行评审。生产、储存危险化学品的建设项目安全评价报告还应当符合有关危险化学品建设项目的规定。

第三十条　新建、改建、扩建项目竣工投入生产或者使用前，生产经营单位应当组织本单位相关部门进行验收，合格后方可投入生产和使用。使用单位必须对安全设施进行经常性维护、保养，并定期检测，维护、保养、检测做好记录，并由有关人员签字。

第三十一条　职业病危害一般的建设项目竣工验收时，由建设单位自行组织职业病防护设施的竣工验收，并自验收完成之日起30日内按规定向安全生产监督管理部门申请职业病防护设施竣工备案；职业病危害较重、严重的建设项目竣工验收时，建设单位应当按规定向安全生产监督管理部门申请建设项目职业病防护设施竣工验收，以上三种情况分别按要求提交相关文件、资料。

第三十二条　建设项目的安全设施有下列情形之一的，竣工验收不合格，并不得投入生产或者使用：

（1）未选择具有相应资质的施工单位施工的。

（2）未按照建设项目安全设施设计文件施工或者施工质量未达到建设项目安全设施设计文件要求的。

（3）建设项目安全设施的施工不符合国家有关施工技术标准的。

（4）未选择具有相应资质的安全评价机构进行安全验收评价或者安全验收评价不合格的。

（5）安全设施和安全生产条件不符合有关安全生产法律、法规、规章和国家标准或者行业标准、技术规范规定的。

（6）发现建设项目试运行期间存在事故隐患未整改的。

（7）未依法设置安全生产管理机构或者配备安全生产管理人员的。

（8）从业人员未经过安全教育培训或者不具备相应资格的。

（9）不符合法律、行政法规规定的其他条件的。

第三十三条 分期建设、分期投入生产或者使用的建设项目，其配套的职业病防护设施应当分期与建设项目同步进行验收。

第三十四条 建设项目职业病防护设施竣工后未经安全生产监督管理部门备案同意或者验收合格的，不得投入生产或者使用。

第六章 附 则

第三十五条 本制度解释权属晋能集团有限公司安全生产委员会。

1.38 交通安全管理制度

第一章 总 则

第一条 为规范集团公司各单位交通安全管理，减少交通安全事故，依据《中华人民共和国道路交通安全法》《工业企业厂内铁路、道路运输安全规程》《安全色》《安全标志》等法规及标准，结合集团公司实际制定本制度。

第二条 本制度规定了公务车、通勤车、生产区交通的管理组织、信号标志、交通道路、车辆、车辆驾驶、车辆装载、非机动车、个人车辆、行人等安全管理内容。

第三条 术语和定义

（1）公务车：指国有企业为了完成单位公务而专门配备的车辆。

（2）通勤车：指企业接送员工上下班的班车车辆，不以营利为目的，通常有固定的时间和行驶路线。

（3）厂内铁路运输：在工业企业厂内铁路上以机车或动车牵引车列的方式，从事货物运输活动的总称。

（4）厂内道路运输：在工业企业厂内道路上使用汽车或其他运输工具，从事货物运输或客运活动的总称。

（5）铁路道口：铁路上铺面宽度在 2.5 m 及以上，直接与道路贯通的平面交叉，按看守情况分为有人看守道口和无人看守道口。

（6）厂内道口：工业企业铁路与厂内道路平面交叉的铁路道口。

（7）驾驶员（含厂内机动车驾驶员）：指公司各单位持有中华人民共和国机动车辆有效驾驶证件，驾驶本公司所管理车辆的从业人员。

（8）车辆：公司单位所有的各种机动车辆（含生产区域内厂内机动车辆）。

第四条 本制度适用于集团公司各地面生产经营单位公务车、通勤车、物流运输车辆以及厂内铁路、道路交通安全管理工作。

第二章　职　　责

第五条　各单位交通管理部门负责公务车、通勤车交通安全管理和生产区道路交通道路信号标识、道路交通管理。

第六条　各单位特种设备管理部门负责对公司内小型机动车辆（电瓶车、小型翻斗车）和特种车辆的管理。

第七条　各单位厂区内工程施工部门负责生产区交通道路的检修与维护。

第八条　各级安全监督管理部门负责生产区道路的划分，并对生产区交通的安全管理工作进行监督管理。

第九条　铁路运输部门负责厂内铁路交通线路的维护、信号标识及铁路运输作业的安全管理。

第十条　各单位负责本单位机动车的安全管理。

第三章　铁路运输设施

第十一条　铁路线路应按设计标准铺设，并保持路基坚实稳固、道床密实、排水设施完整畅通。

第十二条　厂内铁路线路路基在路堤护道边线外、路堑天沟边线外和平地侧沟边线 1 m 以内，严禁挖沟、蓄水、取土，并不得向铁路线路上排弃废水和倒垃圾。

第十三条　站场最外侧的线路中心线至路基面边缘的宽度不得小于 3 m。现有不符合上述规定的站场，当改、扩建站场条件困难时不得小于 2. 8 m。

第十四条　尽头线的终端应设置车挡和车挡表示器，车挡后面的安全距离，露天不小于是 15 m，车间内不小于 6 m。上述距离内，严禁修建建（构）筑物或安装设备。

第十五条　机车投入运行前，必须达到机车运行状态，主要部件必须作用良好并符合要求。运行的普通车辆、特种车辆，其主要部件应保持技术状态良好。

第十六条　站场、道岔区、料场、渣场、装卸线以及建筑物的进出口等处，应有良好的照明设施。

第十七条　电力线路与铁路接近或交叉时的距离应符合下列规定：

（1）接近或平行时，电杆（塔）外缘至线路中心线的水平距离：10 kV 以下架空电力线路，不小于 3 m；35 kV 架空电力线路，不小于电杆（塔）高加 3 m。

（2）电力线路跨越铁路（非电力牵引区段）时，电杆内侧距铁路中心线的水平距离不得小于 5 m，其导线最大弛度的最低点距钢轨顶面的距离：110 kV 及以下电力线路不得小于 7. 5 m；154 ~ 220 kV 的电力线路不得小于 8. 5 m；330 kV 的电力线路不得小于 9. 5 m。

（3）为避免低压电力线路跨越高压电力线路，便于设备维修管理，10 kV 及以下的电力线路，尽量由地下穿过铁路。

第十八条　厂内正线、联络线直线地段以及站场两侧边缘栽植灌木时，其中心距铁路中心线不得小于 4 m；栽植乔木不得小于 5 m；当树冠影响行车时，应及时剪枝；曲线地段应栽植于行车视线以外。

第十九条　铁路运输单位应参照铁道部《铁路技术管理规程》有关规定设置信号标志，按规定在生产区铁路线路上安装信号灯、道岔灯、警铃及各种警告路标，铁路站台、装卸货位、罐车洗刷区域和跨越路轨、搬运物资区域等，要在来车方向设置警告标志，夜间要有信号灯。

第二十条　铁路信号、通信光电（缆）埋设铺设地点，铁路运输企业应按标准设置易于识别的警示保护标志。

第二十一条　要加强对道口防护设施的维修，保持轮缘槽深度不小于 4. 5 cm，建立巡回检查制度，确保防护设施齐全有效。

第二十二条 道口应按《工业企业厂内铁路、道路运输安全规程》的规定进行分级，根据级别按规定对道口配备安全设施和看守。

第二十三条 有人看守的道口应建道口房，其位置不宜妨碍看守员瞭望接近道口的车辆和便于防护道口，并且不影响机动车驾驶员侧向视距和机车车辆调乘人员对道口的视距．如果道口较长，管理不便，可在道口两端各设一个道口房。道口房内宜配备防护信号用具，钟表和扩音器及通信设施等。

第二十四条 通过电力机车的厂外道口，在道口通路两面应设限界架，其净高为4.5 m。厂内道口可设限界架，行驶电力机车的厂内道口未设限界架时，应在道口两端，机动车驶向道口方向的右侧适当地点，设置道口限高标志，限高为4.5 m。

第四章 列车运行和调车作业

第二十五条 运输调度工作应集中领导、统一指挥。调度人员应随时了解现场情况，危及安全时应及时采取措施，确保行车安全。

第二十六条 列车运行和调车作业必须限制速度：厂内正线运行不得超过40 km/h，出入厂房、仓库不得超过5 km/h，接近线路尽头取送车不得超过3 km/h。

第二十七条 调车人员上、下车时，应遵守以下规定：

（1）脚蹬不在两侧、脚蹬不良和无把手的车辆不准上车。

（2）场地不平、有积水、结冰和障碍物处不准上车。

（3）上车时速不得超过5 km/h，下车时速不得超过10 km/h。

（4）跟班学习的调车人员，应在列车停稳后上、下车。

第二十八条 调车人员车辆移动时，禁止进行下列作业：

（1）摘风管和提钩销（驼峰解体摘钩除外）。

（2）在棚车顶上站立或行走。

（3）调整钩位或用脚蹬钩。

（4）两人同攀一个车梯。

（5）手扒篷布、绳索、车门、链条和脚蹬轴箱上。

（6）站立或蹬坐在连接器上。

（7）跨越车辆及在货物上行走。

（8）徒手掩撤铁鞋或止轮器。

第二十九条 在装卸线上取送车辆时，调车人员应检查线路上有无障碍和车辆装载、连挂状态以及装卸机械定位情况，如有危及安全时不得调车。

第三十条 机车经常进出的厂房应设置带音响的信号。机车驶入有信号设备的厂房前，应确认开通信号显示后方可鸣笛，按规定速度进入，如无信号设备，应在厂房门外停车确认厂内线路无障碍后，按规定速度进入。

第三十一条 扳道员应遵守下列规定：

（1）正确及时地准备进路。

（2）认真执行“一看、二扳、三确认、四显示”和“要道、还道”制度。

（3）扳动道岔和显示信号，由同一个人进行。

（4）准确掌握溜放车组的间距，间距小于15 m时不得抢扳道岔。

第五章 道 路 交 通

第三十二条 各单位负责厂内交通安全管理部门在生产区内各处按《安全色》《安全标志》《安

全标志使用导则》等标准规定设置相应的安全色、安全标志；在生产区交通路、厂门、弯道、坡道、单行道、交叉道以及禁止各种车辆停放场所等设置信号标志。

第三十三条　易燃、易爆物品的生产区域或贮存仓库区，应根据安全生产的需要，将道路划分为限制车辆通行或禁止车辆通行的路段，并设置标志。各单位安全管理部门根据生产现场实际将道路划分为：

（1）自由路：允许各种车辆通行。

（2）限制路：允许“安全车辆”通行，其他车辆须经单位主管部门批准方可通行。

（3）管制路：为消防车、救护车专用的通道路线，禁止其他车辆通行。

第三十四条　各单位严禁在厂通道上堆积物资、设备，禁止在路面上进行阻碍交通的作业。凡是由于生产需要必须临时占用或破土施工时，必须经公司主管部门批准方可占用，并按要求采取交通安全措施和按期恢复道路通行。

第三十五条　跨越道路上空架设管线距路面的最小净高不得小于5 m，跨越道路上空的建（构）筑物（含桥梁、隧道等）距路面的最小净高，应按行驶车辆的最大高度或车辆装载物料后的最大高度另加0.5～1 m的安全间距采用，并不宜小于5 m。如足够安全通行时，净空高度可小于5 m，但不得小于4.5 m。跨越道路上空的建（构）筑物（含桥梁、隧道等）以及管线，应增设限高标志和限高设施。

第三十六条　生产区交通道路由各单位工程管理部门负责检修与维护，道路要平坦畅通，路侧要设下水道（明沟应加盖）。

第三十七条　破路施工以及跨越道路拉设绳架，要经主管部门同意，还必须有明显标志，夜间要有红灯。对施工场地狭小、车辆行人来往频繁的区域，应设临时交通指挥。

第三十八条　各单位保证生产区交通道路有足够的照明。

第六章　车　　辆

第三十九条　车辆必须经过车辆管理机关检验合格，领取号牌和行驶证，方准行驶。限于厂内行驶的车辆，应由单位交通安全主管部门核发号牌和行驶证，号牌和行驶证不准转借、涂改或伪造、车辆必须按车辆管理机关规定的期限接受检验。未按规定检验或检验不合格的，不准行驶。

第四十条　机动车的制动器、转向器、喇叭、灯光、雨刷和后视镜必须保持齐全有效。行驶途中，如制动器、转向器、喇叭、灯光发生故障或雨雪天雨刷发生故障时，应停车，并在醒目处设置“注意危险”标志后进行修复。

第四十一条　建立机动车辆、保养维修制度，定期进行小修、中修，实行三级保养，严格车辆的质量检查，杜绝失修和漏修，凡不符合安全行驶的车辆，不得使用。机动车辆的车况必须良好。

第四十二条　各车辆单位应开展经常性的通勤车辆交通安全专项检查。对发现的问题应开具整改通知单，并对整改落实情况进行检查。

第四十三条　各车辆所属公司应建立通勤车辆GPS监控管理系统，加强对通勤车辆运行监控管理，并在通勤车上安装行车记录仪和监控摄像头。在GPS监控系统中准确完整地录入通勤车辆的基础资料、维修信息、车速限制等基础信息。

第四十四条　对通勤车辆实行全程监控，对车辆超员、超速、疲劳驾驶等行为进行实时监控，特别要加强夜班车辆、异地车辆的监控和管理。

第七章　驾　驶　员

第四十五条　各单位铁路及道路交通管理部门组织机车、机动车辆驾驶员的专门培训，经公安交通部门考核检审，发给驾驶执照方可驾驶。

第四十六条 通勤车驾驶员聘用条件：取得相应的机动车驾驶证和从业资格证件；年龄不超过55周岁；3年内无一般以上交通责任事故；5年以上驾龄并安全行驶20万千米以上；接受相关法规、安全知识、专业技术和应急救援知识的培训，了解危险路况性质、危害特征、急救装置的使用方法和发生意外时的应急措施等。

第四十七条 严格遵守公司用车规定，拒绝乘车员工利用公车办理私事。

第四十八条 驾驶员必须遵守《道路交通安全法》和单位的安全管理规定，要具有良好的职业道德，熟练的驾驶操作技术和预防事故的应变能力。驾驶员要根据不同季节，不同的行车规律，掌握春、夏、秋、冬驾驶车辆的安全操作要领。

第四十九条 驾驶员严禁将车交给无证人员或与驾驶证准驾车型不相符合的人驾驶。驾驶车辆时要携带有效证件，系好安全带，不准有任何妨碍安全驾驶的行为。

第五十条 驾驶员驾驶车辆时，连续行驶3 h，间隔休息时间不得少于20 min，24 h内实际驾驶时间累计不得超过8 h，单程行驶在400 km以上（高速公路600 km以上）的通勤车辆必须配备2名以上驾驶员，并按规定按时交接。

第五十一条 驾驶员在执行任务中发生交通事故，应当立即停车、抢救伤员和财产、保护现场，立即向公安交通管理机关和所在单位报告，要如实报告事故真实情况，并配合处理。

第五十二条 驾驶员在工作期间严禁喝酒，一经发现严肃处理。

第八章 车 辆 驾 驶

第五十三条 各单位安排通勤车辆任务时，应对车辆、驾驶员、天气、道路和任务等进行风险识别分析，合理调派车辆和驾驶员，不得因工作任务造成驾驶员疲劳开车、超速行驶。加强冬季“三防”期间交通安全管理，及时了解天气变化情况，保证防滑物资充足齐全，路面积雪结冰时要及时安装防滑链，遇有极端恶劣天气，所有交通运输车辆一律禁止上路。

第五十四条 由主管部门组织本单位小型机动车辆（电瓶车、小型翻斗车）和特种车辆驾驶员的专门培训，经主管部门考核合格取得驾驶执照方可行驶。

第五十五条 公司小型机动车辆（电瓶车、小型翻斗车）和特种车辆未经批准禁止在厂区外随意行驶。

第五十六条 生产区内各种车辆要执行生产区限速规定。

（1）机动车辆进出厂门及拐弯处为5 km/h，直路为（10～15）km/h。

（2）机车在正线行驶为20 km/h，支线为15 km/h，路轨末端、连接作业及轨道衡为3 km/h。

（3）机车挂有易燃、易爆、腐蚀性等危险物品的罐车时为10 km/h。

第九章 车 辆 装 载

第五十七条 车辆载货、人员要符合下列规定：

（1）不准超过行驶证上核定的载重量。所载货物不得超长、超宽、超高。

（2）装载散货、粉状或易滴漏的物品，不能散落、飞扬或滴漏车外，须封盖严密。

（3）从事危险品运输，装卸、押运人员，应持有相关主管部门颁发的危险货物运输从业资格证，必须定期进行安全教育，每年在厂内进行一次训练和考试，经考试合格，方准继续操作。

（4）运输、装卸作业人员作业时应按规定穿戴劳动防护用品。

（5）有害物料的运输，应使用经专业资质机构检测检验合格的设备或容器。运输超限货物时，必须满足超限货物装载和加固要求，并采取必要的安全措施，在超限货物的运输影响到厂内铁路、道路的行车安全时，必须事先经本单位铁路、道路运输管理部门的批准。

（6）货运机动车不准人、货混载。大型货运机动车除驾驶室和车厢内可乘坐的人员外，其他部位（驾驶室顶、脚踏板、叶子板等）不准载人。电瓶车、叉车、铲车不准载人。

第十章 非机动车、个人车辆、行人

第五十八条 自行车、三轮车不准牵引其他非机动车辆或被机动车辆牵引，转弯前必须慢行，并伸手示意，不准突然猛拐。

第五十九条 生产区内行人必须走人行道，或靠路右边行走，不准突然横穿马路。

第六十条 行走时注意脚下有无沟、坑、井，头顶上部有无管线、架子、电缆、电线等障碍物。

第十一章 附 则

第六十一条 本制度解释权属晋能集团有限公司安全生产委员会。

1.39 危险化学品重大危险源管理制度

第一章 总 则

第一条 为规范集团公司危险化学品重大危险源辨识及管理，依据《重大危险源辨识》（GB 18218—2018）、《危险货物品名表》（GB 12268—2012）等相关法规及标准，制定本制度。

第二条 本制度规定了集团公司危险化学品重大危险源管理职责、重大危险源辨识、危险源管理等内容。

第三条 重大危险源：是指长期地或临时地生产、加工、搬运、使用或贮存危险物质，且危险物质的数量等于或超过临界量的单元（包括场所和设施）。单元指一个（套）生产装置、设施或场所，或同属一个工厂的且边缘距离小于500 m的几个（套）生产装置、设施或场所。

第四条 本制度适用于集团公司范围内危险化学品重大危险源的管理。

第二章 职 责

第五条 各单位按规定对生产、加工、搬运、使用或储存的危险化学品进行辨识，构成重大危险源的按本制度进行管理。

第六条 集团公司、产业公司、各市公司负责安全、生产、设备、仪表、电气等业务管理部门对重大危险源安全管理、操作规程及工艺指标、设施（包括监控设施、电气等）等方面进行安全督查。

第三章 重大危险源辨识

第七条 危险化学品重大危险源的辨识依据是危险化学品的危险特性及其数量，具体见表5-1-4和表5-1-5。危险化学品临界量的确定方法如下：

（1）在表5-1-4范围内的危险化学品，其临界量按表5-1-4确定。

（2）未在表5-1-4范围内的危险化学品，依据其危险性，按表5-1-5确定临界量；若一种危险化学品具有多种危险性，按其中最低的临界量确定。

第八条 重大危险源的辨识指标

单元内存在危险化学品的数量等于或超过表5-1-4、表5-1-5规定的临界量，即被定为重大危险源。单元内存在的危险化学品的数量根据处理危险化学品种类的多少区分为以下两种情况：

（1）单元内存在的危险化学品为单一品种，则该危险化学品的数量即为单元内危险化学品的总量，若等于或超过相应的临界量，则定为重大危险源。

（2）单元内存在的危险化学品为多品种时，则按式（5-1-1）计算，若满足式（5-1-1），则定为重大危险源：

$$q_1/Q_1+q_2/Q_2+\cdots+q_n/Q_n\geqslant 1 \quad (5-1-1)$$

式中 q_1，q_2，…，q_n——每种危险化学品实际存在量，t；

Q_1，Q_2，…，Q_n——与各危险化学品相对应的临界量，t。

第九条 各单位组织人员对辖区内生产、贮存物质按上述方法进行重大危险源辨识。

第四章 重大危险源管理

第十条 有重大危险源的生产经营单位要建立重大危险源档案，包括数量、贮存方式、监控设施、安全设施、岗位人员、应急预案等。

第十一条 对辨识的重大危险源应编制重大危险源应急救援预案，并在重大危险源现场设置重大危险源公告栏。

第十二条 各级生产管理部门定期组织对操作规程、工艺指标的执行情况进行督查督导。

第十三条 设备管理（包括仪表、电气）部门定期组织对设备运行、监控设施、连锁报警装置、电气设施等进行督查督导。

第十四条 安全管理部门定期组织各相关部门进行安全检查，对设备、工艺、操作进行全面安全检查，确保重大危险源的安全。

第五章 附 则

第十五条 本制度解释权属晋能集团有限公司安全生产委员会。

表5-1-4 危险化学品名称及其临界量

序号	类别	危险化学品名称和说明	临界量（T）
1	爆炸品	叠氮化钡	0.5
2		叠氮化铅	0.5
3		雷酸汞	0.5
4		三硝基苯甲醚	5
5		三硝基甲苯	5
6		硝化甘油	1
7		硝化纤维素	10
8		硝酸铵（含可燃物>0.5%）	5
9		丁二烯	5
10		二甲醚	50
11		甲烷，天然气	50
12		氯乙烯	50
13	易燃气体	氢	5
14		液化石油气（含丙烷、丁烷及其混合物）	50
15		一甲胺	5
16		乙炔	1
17		乙烯	50

表5-1-4（续）

序号	类别	危险化学品名称和说明	临界量（T）
18	毒性气体	氨	10
19		二氟化氧	1
20		二氧化氮	1
21		二氧化硫	20
22		氟	1
23		光气	0.3
24		环氧乙烷	10
25		甲醛（含量>90%）	5
26		磷化氢	1
27		硫化氢	5
28		氯化氢	20
29		氯	5
30		煤气（CO、CO 和 H_2、CH_4 的混合物等）	20
31		砷化三氢（胂）	12
32		锑化氢	1
33		硒化氢	1
34		溴甲烷	10
35	易燃液体	苯	50
36		苯乙烯	500
37		丙酮	500
38		丙烯腈	50
39		二硫化碳	50
40		环己烷	500
41		环氧丙烷	10
42		甲苯	500
43		甲醇	500
44		汽油	200
45		乙醇	500
46		乙醚	10
47		乙酸乙酯	500
48		正己烷	500
49	易于自燃的物质	黄磷	50
50		烷基铝	1
51		戊硼烷	1

表 5-1-4（续）

序号	类别	危险化学品名称和说明	临界量（T）
52	遇水放出易燃气体的物质	电石	100
53		钾	1
54		钠	10
55	氧化性物质	发烟硫酸	100
56		过氧化钾	20
57		过氧化钠	20
58		氯酸钾	100
59		氯酸钠	100
60		硝酸（发红烟的）	20
61		硝酸（发红烟的除外，含硝酸>70%）	100
62		硝酸铵（含可燃物≤0.2%）	300
63		硝酸铵基化肥	1000
64	有机过氧化物	过氧乙酸（含量≥60%）	10
65	毒性物质	过氧化甲乙酮（含量≥60%）	10
66	毒性物质	丙酮合氰化氢	20
67		丙烯醛	20
68		氟化氢	1
69		环氧氯丙烷（3 氯 1，2 环氧丙烷）	20
70		环氧溴丙烷（表溴醇）	20
71		甲苯二异氰酸酯	100
72		氯化硫	1
73		氰化氢	1
74		三氧化硫	75
75		烯丙胺	20
76		溴	20
77		乙撑亚胺	20
78		异氰酸甲酯	0.75

表 5-1-5　未在表 5-1-4 中列举的危险化学品类别及其临界量

类别	危险性分类及说明	临界量（T）
爆炸品	1.1A 项爆炸品	1
	除 1.1A 项外的其他 1.1 项爆炸品	10
	除 1.1 项外的其他爆炸品	50
气体	易燃气体：危险性属于 2.1 项的气体	10

表5-1-5（续）

类别	危险性分类及说明	临界量（T）
气体	氧化性气体：危险性属于2.2项非易燃无毒气体且次要危险性为5类的气体	200
	剧毒气体：危险性属于2.3项且急性毒性为类别1的毒性气体	5
	有毒气体：危险性属于2.3项的其他毒性气体	50
易燃液体	极易燃液体：沸点≤35 ℃且闪点<0 ℃的液体；或保存温度一直在其沸点以上的易燃液体	10
	高度易燃液体：闪点<23 ℃的液体（不包括极易燃液体）；液态退敏爆炸品	1000
	易燃液体：23 ℃≤闪点<61 ℃的液体	5000
易燃固体	危险性属于4.1项且包装为Ⅰ类的物质	200
易于自燃的物质	危险性属于4.2项且包装为Ⅰ或Ⅱ类的物质	200
遇水放出易燃气体的物质	危险性属于4.3项且包装为Ⅰ或Ⅱ的物质	200
氧化性物质	危险性属于5.1项且包装为Ⅰ类的物质	50
	危险性属于5.1项且包装为Ⅱ或Ⅲ类的物质	200
有机过氧化物	危险性属于5.2项的物质	50
毒性物质	危险性属于6.1项且急性毒性为类别1的物质	50
	危险性属于6.1项且急性毒性为类别2的物质	500

注：以上危险化学品危险性类别及包装类别依据GB 12268确定，急性毒性类别依据GB 20592确定。

1.40 动火作业安全管理规定

第一章 总 则

第一条 为规范集团公司各地面生产经营单位现场动火管理，依照国家相关标准及《化学品生产单位动火作业安全规范》（AQ 3022—2008），结合集团公司实际特制定本制度。

第二条 动火作业：能直接或间接产生明火的工艺设置以外的非常规作业，如使用电焊、气焊（割）、喷灯、电钻、砂轮等进行可能产生火焰、火花和炽热表面的非常规作业。

易燃易爆场所：是指生产和储存物品的场所符合《建筑设计防火规范》（GB 50016—2014）中火灾危险分类为甲、乙类的区域。

第三条 本制度规定了集团公司各单位动火作业安全防火要求、易燃易爆场所动火分析及合格标准、职责要求及动火安全作业证的管理等内容。

第四条 本制度适用于集团公司各地面生产经营单位的动火作业。

第二章 动火作业安全防火基本要求

第五条 动火作业应办理动火安全作业证（以下简称作业证）见附件1。各单位已制定动火票，相关内容满足动火管理的可执行原动火票。

第六条 动火作业应有专人监护，动火作业前应清除动火现场及周围的易燃物品，或采取其他有效的安全防火措施，配备足够适用的消防器材。

第七条 凡在盛有或盛过危险化学品的容器、设备、管道等生产、储存装置及处于《建筑设计防火规范》（GB 50016—2006）规定的甲、乙类区域的生产设备上动火作业，应将其与生产系统彻底隔离，并进行清洗、置换，取样分析合格后方可动火作业；因条件限制无法进行清洗、置换而确需动火作业时按第六条规定执行。

第八条　凡处于《建筑设计防火规范》（GB 50016—2006）规定的甲、乙类区域的动火作业，地面如有可燃物、空洞、窨井、地沟、水封等，应检查分析，距动火点 15 m 以内的，应采取清理或封盖等措施；对于动火点周围有可能泄漏易燃、可燃物料的设备，应采取有效的空间隔离措施。

第九条　拆除管线的动火作业，应先查明其内部介质及其走向，并制定相应的安全防火措施。

第十条　在生产、使用、储存氧气的设备上进行动火作业，氧含量不得超过 21%。

第十一条　五级风以上（含五级风）天气，原则上禁止露天动火作业。因生产需要确需动火作业时，动火作业应升级管理。

第十二条　在铁路沿线（25 m 以内）进行动火作业时，遇装有危险化学品的火车通过或停留时，应立即停止作业。

第十三条　凡在有可燃物构件的塔、罐等内部进行动火作业时，应采取防火隔绝措施。

第十四条　动火期间距动火点 30 m 内不得排放各类可燃气体；距动火点 15 m 内不得排放各类可燃液体；不得在动火点 10 m 范围内及动火点下方同时进行可燃溶剂清洗或喷漆等作业。

第十五条　动火作业前，应检查电焊、气焊、手持电动工具等动火工器具本质安全程度，保证安全可靠。

第十六条　使用气焊、气割动火作业时，乙炔瓶应直立放置；氧气瓶与乙炔气瓶间距不应小于 5 m，二者与动火作业地点不应小于 10 m，并不得在烈日下曝晒。

第十七条　动火作业完毕，动火人和监护人以及参与动火作业的人员应清理现场，监护人确认无残留火种后方可离开。

第三章　易燃易爆场所动火作业安全要求

第十八条　易燃易爆场所动火是指在有易燃易爆危险化学品输送、储存设施上或附近的动火作业。

第十九条　设施上动火作业前应用蒸汽或氮气对设施内介质进行置换。

第二十条　置换结束后取样进行安全分析（或用便携式检测仪检测），动火分析的取样点要有代表性。在较大的设备内动火作业，应采取上、中、下取样；在较长的物料管线上动火，应在彻底隔绝区域内分段取样；在设备外部动火作业，应进行环境分析，且分析范围距动火点不小于 10 m。

第二十一条　取样与动火间隔不得超过 30 min，如超过此间隔或动火作业中断时间超过 30 min，应重新取样分析。

第二十二条　使用便携式可燃气体检测仪或其他类似手段进行分析时，检测设备应经标准气体样品标定合格。

第二十三条　动火分析合格判定：当被测气体或蒸汽的爆炸下限大于或等于 4% 时，其被测浓度应不大于 0.5%（体积百分数）；当被测气体或蒸气的爆炸下限小于 4% 时，其被测浓度应不大于 0.2%（体积百分数）。在生产不稳定的情况下不得进行带压不置换动火作业。

第二十四条　动火前应事先制定安全施工方案，落实安全防火措施。

第二十五条　动火作业前，动火设备使用单位应通知调度、生产、设备管理等有关部门，确保在异常情况下能及时采取相应的应急措施。

第二十六条　动火作业过程中，应使系统保持正压，严禁负压动火作业。

第二十七条　动火作业现场的通排风应良好，以便使泄漏的气体能顺畅排走。

第二十八条　动火作业分三级：特殊动火作业、一级动火作业和二级动火作业。

1. 特殊动火作业

在生产运行状态下的易燃易爆生产装置、输送管道、储罐、容器等部位上及其他特殊危险场所进行的动火作业。带压不置换动火作业按特殊动火作业管理。

2. 一级动火作业

在易燃易爆场所进行的除特殊动火作业以外的动火作业。储存、输送易燃易爆介质容器附近、管廊上的动火作业按一级动火作业管理。

3. 二级动火作业

（1）除特殊动火作业和一级动火作业以外的禁火区的动火作业。

（2）凡生产、输送、储存装置或系统全部停车，装置经清洗、置换、取样分析合格并采取安全隔离措施后，可根据其火灾、爆炸危险性大小，经安全部门批准，动火作业可按二级动火作业管理。

4. 遇节日、假日或其他特殊情况时，动火作业应升级管理。

第四章 职 责 划 分

第二十九条 动火作业负责人：负责办理作业证并对动火作业负全面责任；应在动火作业前详细了解作业内容和动火部位及周围情况，参与动火安全措施的制定、落实，向作业人员交代作业任务和防火安全注意事项；作业完成后，组织检查现场，确认无遗留火种后方可离开现场。

第三十条 动火人：应参与风险危害因素辨识和安全措施的制定；应逐项确认相关安全措施的落实情况；应确认动火地点和时间；若发现不具备安全条件时不得进行动火作业；应随身携带作业证。

第三十一条 监护人：负责动火现场的监护与检查，发现异常情况应立即通知动火人停止动火作业，及时联系有关人员采取措施；应坚守岗位，不准脱岗；在动火期间，不准兼做其他工作；当发现动火人违章作业时应立即制止；在动火作业完成后，应会同有关人员清理现场，清除残火，确认无遗留火种后方可离开现场。

第三十二条 动火设备使用单位或作业地点负责人：对所属生产系统在动火过程中的安全负责。参与制定、负责落实动火安全措施，负责生产与动火作业的衔接；检查、确认作业证审批手续，对手续不完备的作业证应及时制止动火作业；在动火作业中，生产系统如有紧急或异常情况，应立即通知停止动火作业；对作业过程中作业单位识别的危险因素进行补充、完善。

第三十三条 动火分析人：动火分析（检测）人对动火分析方法和分析结果负责。应根据动火点到现场取样分析，在作业证上填写取样时间和分析数据并签字。不得用合格等字样代替分析数据。

第三十四条 动火作业的审批人：动火作业的审批人是动火作业安全措施落实情况的最终确认人，对自己的批准签字负责；审查作业证的办理是否符合要求；到现场了解动火部位及周围情况，检查、完善防火安全措施。

第五章 动火安全作业证的管理

第三十五条 作业证的区分：特殊动火、一级动火、二级动火，在办理作业证时在注明为动火级别。

第三十六条 作业证的办理和使用要求：

（1）施工单位负责办理动火证，办证人须按作业证的项目逐项填写，不得空项；根据动火等级，按第四十五条规定的审批权限进行办理。危害辨识和安全措施由作业单位负责填写，各级审核人员进行补充、完善。

（2）办理好作业证后，动火作业负责人应到现场检查动火作业安全措施落实情况，确认安全措施可靠并向动火人和监护人交代安全注意事项后，方可批准开始作业。

（3）作业证实行一个动火点一张动火证的动火作业管理。

（4）作业证不得随意涂改和转让，不得异地使用或扩大使用范围。

（5）作业证一式三联，二级动火由审批人、动火人和动火点所在厂、矿、站点操作岗位各持一份存查；一级和特殊动火作业证由动火点所在厂、矿、站点安全员、动火人和上级安全管理部门各持一份存查。

第三十七条　作业证的审批权限：

（1）特殊动火由施工单位逐级审批后，动火作业的作业证由所在厂、矿、站点安全员、分管安全负责人、主要负责人及上一级安全部门、主管领导审批后方可动火。

（2）一级、二级动火由施工单位逐级审批后，动火作业的作业证由所在厂、矿、站点安全员、分管安全负责人审批。

第三十八条　作业证的有效期限

（1）特殊动火作业和一级动火作业的作业证有效期不超过 8 h。

（2）二级动火作业的作业证有效期不超过 72 h，每日动火前应进行动火分析。

（3）动火作业超过有效期限，应重新办理作业证。

第六章　附　　则

第三十九条　本制度解释权属晋能集团有限公司安全生产委员会。

附件 1

动火安全作业证

单位：　　　　　　　　编号：　　　　　　　　级别：

<table>
<tr><td>动火地点</td><td colspan="3"></td><td rowspan="3">动火人：</td></tr>
<tr><td>动火方式</td><td colspan="3"></td></tr>
<tr><td>动火时间</td><td colspan="3">年　月　日
时　分　始
至　年　月　日
时　分　止</td></tr>
<tr><td>动火作业负责人</td><td colspan="4"></td></tr>
<tr><td>动火分析时间</td><td>年　月　日　时</td><td colspan="2">年　月　日　时</td><td>年　月　日　时</td></tr>
<tr><td>采样地点</td><td></td><td colspan="2"></td><td></td></tr>
<tr><td>分析数据</td><td></td><td colspan="2"></td><td></td></tr>
<tr><td>分析人</td><td></td><td colspan="2"></td><td></td></tr>
<tr><td>危害识别</td><td colspan="4"></td></tr>
<tr><td>安全措施</td><td colspan="4"></td></tr>
</table>

施工单位		动火设备使用单位或作业地点	
动火安全措施编制人		安全员	
监火人		负责人	
安全员		上级安全部门	
安全负责人		上级安全负责人	

动火前，岗位当班班长验票签字：

班长签字：　　年　月　日　时

1.41　高处作业安全管理制度

第一章　总　　则

第一条　为规范集团公司各地面生产经营单位现场登高作业管理，依照国家相关标准及《化学品生产单位高处作业安全规范》（AQ 3025—2008），结合集团公司实际特制定本制度。

第二条　高处作业：凡距坠落高度基准面 2 m 及其以上，有可能坠落的高处进行的作业，称为高处作业。

第三条　本制度规定了集团公司各单位高处作业安全要求与防护要求。

第四条　本标准适用于集团公司各地面生产经营单位的高处作业安全管理。

第二章　管理内容与方法

第五条　高处作业分级：

高处作业分为一级、二级、三级和特级高处作业，符合 GB/T 3608 的规定。

（1）作业高度在 2 m $\leqslant h<$ 5 m 时，称为一级高处作业。

（2）作业高度在 5 m $\leqslant h<$ 15 m 时，称为二级高处作业。

（3）作业高度在 15 m $\leqslant h<$ 30 m 时，称为三级高处作业。

（4）作业高度在 $h\geqslant$ 30 m 以上时，称为特级高处作业。

第六条　进行高处作业前，施工单位及设备使用单位应针对作业内容共同进行危险辨识，制定相应的作业程序及安全措施。

第七条　进行高处作业时，除执行本规程外，应符合国家现行的有关高处作业及安全技术标准的规定。

第八条　施工单位项目负责人应对高处作业安全技术负责并建立相应的责任制。

第九条　高处作业人员及搭设高处作业安全设施的人员，应经过专业技术培训及专业考试合格，持证上岗，并应定期进行体格检查。对患有职业禁忌证（如高血压、心脏病、贫血病、癫痫病、精神疾病等）、年老体弱、疲劳过度、视力不佳及其他不适于高处作业的人员，不得进行高处作业。

第十条　高处作业中的安全标志、工具、仪表、电气设施和各种设备，应在作业前进行检查，确认其完好后投入使用。

第十一条　三级及以上高处作业前要制定高处作业应急预案，内容包括：作业人员紧急状况时的逃生路线和救护方法，现场应配备的救生设施和灭火器材等。有关人员应熟知应急预案的内容。

第十二条　在紧急状态下（有下列情况下进行的高处作业）应执行施工单位及项目辖区单位的应急预案：

（1）遇有 6 级以上强风、浓雾等恶劣气候下的露天攀登与悬空高处作业。

（2）在临近有排放有毒、有害气体、粉尘的放空管线或烟囱的场所进行高处作业时，作业点的有毒物浓度不明。

第十三条　高处作业前，施工单位负责人应对高处作业人员进行必要的安全教育，交代现场环境和作业安全要求以及作业中可能遇到意外时的处理和救护方法。

第十四条　高处作业人员应按照规定穿戴符合国家标准的劳动保护用品，安全带、安全帽分别符合《安全带》（GB 6095）、《安全帽》（GB 2811）的要求。

第十五条　高处作业使用的材料、器具、设备应符合有关安全标准要求。

第十六条　高处作业用的脚手架的搭设应符合国家有关标准。高处作业应根据实际要求配备符合安全要求的吊笼、梯子、防护围栏、挡脚板等。跳板搭设应符合安全要求，两端应捆绑牢固。作业前，应检查所用的安全设施是否坚固、牢靠。夜间高处作业应有充足的照明。

第十七条　供高处作业人员上下用的梯道、电梯、吊笼等要符合有关标准要求；作业人员上下时要有可靠的安全措施。固定式钢直梯和钢斜梯应符合《固定式钢梯及平台安全要求》（GB 4053.1）和《固定式钢梯及平台安全要求》（GB 4053.2）的要求，便携式木梯和便携式金属梯，应符合《便携式木折梯安全要求》（GB 7059—2007）和《便携式金属梯安全要求》（GB 12142—2007）的要求。

第十八条　便携式木梯和便携式金属梯梯脚底部应坚实，不得垫高使用。踏板不得有缺档。梯子的上端应有固定措施。立梯工作角度以75°±5°为宜。梯子如需接长使用，应有可靠的连接措施，且接头不得超过1处。连接后梯梁的强度，不应低于单梯梯梁的强度。折梯使用时上部夹角以35°~45°为宜，铰链应牢固，并应有可靠的拉撑措施。

第十九条　施工单位应设监护人对高处作业人员进行监护，监护人必须坚守岗位。

第二十条　作业中应正确使用防坠落用品与登高器具、设备。高处作业人员应系用与作业内容相适应的安全带，安全带应系挂在作业处上方的牢固构件上或专为挂安全带用的钢架或钢丝绳上，不得系挂在移动或不牢固的物件上；不得系挂在有尖锐棱角的部位。安全带不得低挂高用。系安全带后应检查扣环是否扣牢。

第二十一条　作业场所有坠落可能的物件，应一律先行撤除或加以固定。高处作业所使用的工具、材料、零件等应装入工具袋，上下时手中不得持物。工具在使用时应系安全绳，不用时放入工具袋中。不得投掷工具、材料及其他物品。易滑动、易滚动的工具、材料堆放在脚手架上时，应采取防止坠落措施。高处作业中所用的物料，应堆放平稳，不妨碍通行和装卸。作业中的走道、通道板和登高用具，应随时清扫干净；拆卸下的物件及余料和废料均应及时清理运走，不得任意乱置或向下丢弃。

第二十二条　雨天和雪天进行高处作业时，应采取可靠的防滑、防寒和防冻措施。凡水、冰、霜、雪均应及时清除。在高耸建筑物上进行高处作业时，应事先设置避雷设施。遇有6级以上强风、浓雾等恶劣气候，不得进行特级高处作业、露天攀登与悬空高处作业。暴风雪及暴雨后，应对高处作业安全设施逐一加以检查，发现有松动、变形、损坏或脱落等现象，应立即修理完善。

第二十三条　在临近有排放有毒、有害气体、粉尘的放空管线或烟囱的场所进行高处作业时，作业点的有毒物浓度应在允许浓度范围内，并采取有效的防护措施。在应急状态下，按应急预案执行。

第二十四条　带电高处作业应符合《用电安全导则》（GB/T 13869—2017）的有关要求。高处作业涉及临时用电时应符合《施工临时用电规范》（JCJ 46）的有关要求，办理临时用电票，由持证电工进行接线、送电、拆线。

第二十五条　高处作业应与地面保持联系，根据现场配备必要的联络工具，并指定专人负责联系。尤其是在危险化学品生产、储存场所或附近有放空管线的位置高处作业时，应为作业人员配备必要的防护器材（如空气呼吸器、过滤式防毒面具或口罩等），应事先与单位负责人或班组长取得联系，确定联络方式。

第二十六条　不得在不坚固的结构（如彩钢板屋顶、石棉瓦、瓦棱板等轻型材料等）上作业，蹬不坚固的结构（如彩钢板屋顶、石棉瓦、瓦棱板等轻型材料）作业前，应保证其承重的立柱、梁、框架的受力能满足所承载的负荷，应铺设牢固的脚手板，并加以固定，脚手板上要有防滑措施。

第二十七条　作业人员不得在高处作业处休息。

第二十八条　高处作业与其他作业交叉进行时，应按指定的路线上下，不得上下垂直作业，如果需要垂直作业时应采取可靠的隔离措施。

第二十九条　在采取地（零）电位或等（同）电位作业方式进行带电高处作业时。应使用绝缘工具或穿均压服。

第三十条　作业人员及监护人发现高处作业的安全技术设施有缺陷和隐患时，应及时排除；危及人身安全时，应停止作业。

第三十一条 因作业需要临时拆除或变动安全防护设施时，应经作业负责人同意，并采取相应的措施，作业后应立即恢复。

第三十二条 防护棚搭设时，应设警戒区，并派专人监护。

第三十三条 作业人员在作业中如果发现情况异常，应发出信号，并迅速撤离现场。

第三十四条 高处作业完工后，作业现场清扫干净，作业用的工具、拆卸下的物件及余料和废料应清理运走。

第三十五条 脚手架、防护棚拆除时，应设警戒区，并派专人监护。拆除脚手架、防护棚时不得上部和下部同时施工。

第三十六条 高处作业完工后，临时用电的线路应由具有特种作业操作证书的电工拆除。

第三章 附 则

第三十七条 本制度解释权属晋能集团有限公司安全生产委员会。

1.42 有（受）限空间作业安全管理制度

第一章 总 则

第一条 为了加强对集团公司所属单位有限空间作业的安全管理与监督，预防和减少生产安全事故，保障作业人员的安全与健康，根据《有限空间安全作业五条规定》（国家安全生产监督管理总局令第69号）、《工贸企业有限空间作业安全管理与监督暂行规定》（国家安全生产监督管理总局令第59号）等法律、法规及相关标准，制定本制度。

第二条 本制度适用于集团公司所属地面生产经营单位有限空间作业的安全管理与监督。

本制度所称有限空间，是指封闭或者部分封闭，与外界相对隔离，出入口较为狭窄，作业人员不能长时间在内工作，自然通风不良，易造成有毒有害、易燃易爆物质积聚或者氧含量不足的空间。

第三条 各生产经营单位是本单位有限空间作业安全的责任主体，其主要负责人对本单位有限空间作业安全全面负责，相关负责人在各自职责范围内对本单位有限空间作业安全负责。

第二章 有限空间作业的安全保障

第四条 存在有限空间作业的生产经营单位应当建立下列安全生产制度和规程：

（1）有限空间作业安全责任制度。

（2）有限空间作业审批制度。

（3）有限空间作业现场安全管理制度。

（4）有限空间作业现场负责人、监护人员、作业人员、应急救援人员安全培训教育制度。

（5）有限空间作业应急管理制度。

（6）有限空间作业安全操作规程。

第五条 生产经营单位应当对从事有限空间作业的现场负责人、监护人员、作业人员、应急救援人员进行专项安全培训。专项安全培训应当包括下列内容：

（1）有限空间作业的危险有害因素和安全防范措施。

（2）有限空间作业的安全操作规程。

（3）检测仪器、劳动防护用品的正确使用。

（4）紧急情况下的应急处置措施。

安全培训应当有专门记录，并由参加培训的人员签字确认。

第六条 生产经营单位应当对本企业的有限空间进行辨识，确定有限空间的数量、位置以及危险有害因素等基本情况，建立有限空间管理台账，并及时更新。

第七条 生产经营单位实施有限空间作业前，应当对作业环境进行评估，分析存在的危险有害因素，提出消除、控制危害的措施，制定有限空间作业方案，并经本企业负责人批准。

第八条 生产经营单位应当按照有限空间作业方案，明确作业现场负责人、监护人员、作业人员及其安全职责。

第九条 生产经营单位实施有限空间作业前，应当将有限空间作业方案和作业现场可能存在的危险有害因素、防控措施告知作业人员。现场负责人应当监督作业人员按照方案进行作业准备。

第十条 生产经营单位应当采取可靠的隔断（隔离）措施，将可能危及作业安全的设施设备、存在有毒有害物质的空间与作业地点隔开。

第十一条 有限空间作业应当严格遵守“先通风、再检测、后作业”的原则。检测指标包括氧浓度、易燃易爆物质（可燃性气体、爆炸性粉尘）浓度、有毒有害气体浓度。检测应当符合相关国家标准或者行业标准的规定。

未经通风和检测合格，任何人员不得进入有限空间作业。检测的时间不得早于作业开始前 30 min。

第十二条 检测人员进行检测时，应当记录检测的时间、地点、气体种类、浓度等信息。检测记录经检测人员签字后存档。

检测人员应当采取相应的安全防护措施，防止中毒窒息等事故发生。

第十三条 有限空间内盛装或者残留的物料对作业存在危害时，作业人员应当在作业前对物料进行清洗、清空或者置换。经检测，有限空间的危险有害因素符合《工作场所有害因素职业接触限值 第一部分化学有害因素》（GBZ 2.1）的要求后，方可进入有限空间作业。

第十四条 在有限空间作业过程中，生产经营单位应当采取通风措施，保持空气流通，禁止采用纯氧通风换气。

发现通风设备停止运转、有限空间内氧含量浓度低于或者有毒有害气体浓度高于国家标准或者行业标准规定的限值时，生产经营单位必须立即停止有限空间作业，清点作业人员，撤离作业现场。

第十五条 在有限空间作业过程中，生产经营单位应当对作业场所中的危险有害因素进行定时检测或者连续监测。

作业中断超过 30 min，作业人员再次进入有限空间作业前，应当重新通风、检测合格后方可进入。

第十六条 有限空间作业场所的照明灯具电压应当符合《特低电压限值》（GB/T 3805）等国家标准或者行业标准的规定；作业场所存在可燃性气体、粉尘的，其电气设施设备及照明灯具的防爆安全要求应当符合《爆炸性环境第一部分：设备通用要求》（GB 3836.1）等国家标准或者行业标准的规定。

第十七条 各生产经营单位应当根据有限空间存在危险有害因素的种类和危害程度，为作业人员提供符合国家标准或者行业标准规定的劳动防护用品，并教育监督作业人员正确佩戴与使用。

第十八条 生产经营单位有限空间作业还应当符合下列要求：

（1）保持有限空间出入口畅通。

（2）设置明显的安全警示标志和警示说明。

（3）作业前后清点作业人员和工器具。

（4）作业人员与外部有可靠的通信联络。

（5）监护人员不得离开作业现场，并与作业人员保持联系。

（6）存在交叉作业时，采取避免互相伤害的措施。

第十九条 有限空间作业结束后，作业现场负责人、监护人员应当对作业现场进行清理，撤离作业人员。

第二十条　生产经营单位应当根据本企业有限空间作业的特点，制定应急预案，并配备相关的呼吸器、防毒面罩、通信设备、安全绳索等应急装备和器材。有限空间作业的现场负责人、监护人员、作业人员和应急救援人员应当掌握相关应急预案内容，定期进行演练，提高应急处置能力。

第二十一条　生产经营单位将有限空间作业发包给其他单位实施的，应当发包给具备国家规定资质或者安全生产条件的承包方，并与承包方签订专门的安全生产管理协议或者在承包合同中明确各自的安全生产职责。存在多个承包方时，生产经营单位应当对承包方的安全生产工作进行统一协调、管理。

生产经营单位对其发包的有限空间作业安全承担主体责任。承包方对其承包的有限空间作业安全承担直接责任。

第二十二条　有限空间作业中发生事故后，现场有关人员应当立即报警，禁止盲目施救。应急救援人员实施救援时，应当做好自身防护，佩戴必要的呼吸器具、救援器材。

第三章　有限空间作业的安全监督管理

第二十三条　负有安全监督检查的管理部门应当加强对企业有限空间作业的监督检查，应当重点抽查有限空间作业安全管理制度、有限空间管理台账、检测记录、劳动防护用品配备、应急救援演练、专项安全培训等情况。

第二十四条　检查发现有限空间作业存在重大事故隐患的，应当责令立即或者限期整改；重大事故隐患排除前或者排除过程中无法保证安全的，应当责令暂时停止作业，撤出作业人员；重大事故隐患排除后，经审查同意，方可恢复作业。

第四章　附　　则

第二十五条　本制度解释权属晋能集团有限公司安全生产委员会。

2 晋能集团煤矿专业安全管理制度

2.1 晋能集团有限公司“一通三防”管理工作标准（试行）

2.1.1 “一通三防”机构设置及人员配备标准

1. 机构设置的基本要求

（1）各市公司及直属公司（涉煤）都要成立瓦斯防治领导组。

（2）各市公司及直属公司（涉煤）要建立健全以总工程师为首的各级技术管理体系。

（3）各市公司及直属公司（涉煤）要设立一通三防部（负责通风、瓦斯、抽采、防突、防灭火、综合防尘等工作）。

（4）煤业公司（煤矿）要设立通风科（区）。

（5）煤业公司（煤矿）通风科（区）应成立通风（通风工程、局部通风）、风量管理、瓦斯检查、监测监控、矿井防灭火、综合防尘、通风实验室、“一通三防”监督等机构、队伍；高瓦斯矿井应成立瓦斯抽采队伍；煤与瓦斯突出矿井应成立防突机构和防突队伍。

2. 人员配备的管理要求

（1）各市公司及直属公司（涉煤）除配备一名总工程师外，辖有高瓦斯、煤与瓦斯突出矿井、自然发火较严重的矿井的公司，要配备通风副总工程师一名。

（2）各市公司及直属公司要配备由一名一通三防部部长兼任的公司经理助理。

（3）辖有高瓦斯、煤与瓦斯突出矿井的各层级公司，一通三防部工程技术人员配备要符合瓦斯防治能力评估标准及集团公司要求，见附件1。

（4）高瓦斯、煤与瓦斯突出矿井、自然发火较严重矿井，要配备通风副总工程师一名。

（5）煤业公司（煤矿）要配备由科（区）长兼任经理助理一名。

（6）煤业公司（煤矿）通风科（区）应配备足够的工程技术人员，配备要求见附件2。

（7）辖有高瓦斯、煤与瓦斯突出矿井的二级公司和高瓦斯、煤与瓦斯突出矿井从业人员任职资格除必备条件外，矿长、各级总工程师、通风副总工程师、通风科、区长（助理）还要满足具有5年以上高瓦斯、煤与瓦斯突出矿井的管理工作经历，或具有5年以上高瓦斯、煤与瓦斯突出矿井的煤矿企业管理工作经历的要求。

附件1

各层级公司“一通三防”技术人员配备基本要求表

所属矿井个数	技术岗位人员配备						
	通风	抽采	防突	安全监控	防尘	防火	地测（有高、突矿井）
2～5	2	1	1	1	1	1	1
6～10	3	2	2	1	1	1	2
10个以上	4	3	3	2	1	2（1）	3

注：1. 没有应抽采矿井的煤矿企业可不配备抽采专业技术人员，没有煤与瓦斯突出矿井的煤矿企业可不配备防突专业技术人员。

2. 开采自燃和容易自燃煤层的矿井在10座以上的二级公司，配备防灭火工程技术人员2名，其他为1名。

附件2

各煤业公司（煤矿）的“一通三防”技术人员配备基本要求表

生产能力/（Mt·a^{-1}）	技术岗位人员配备						
	通风	抽采	防突	安全监控	防尘	防火	地测（高、突矿井）
0.3	1	1	1	1	1	1	1
0.3以上	2	2	2	2	1	1	2

注：非应抽采矿井可不配备抽采专业技术人员，非煤与瓦斯突出矿井可不配备防突专业技术人员。

2.1.2　矿井通风管理工作标准

1. 矿井主扇管理工作标准

1）基本要求

（1）矿井必须采用机械通风；主要通风机必须安装在地面；装有通风机的井口必须封闭严密，其外部漏风率在无提升设备时不得超过5%，有提升设备时不得超过15%。

（2）必须保证主要通风机的连续运转。主要通风机应有两回路直接由变电所馈出的供电线路；主要通风机的控制回路和辅助设备，必须有与主要通风机同等可靠的备用电源。

（3）必须安装2套同等能力的主要通风机装置，其中1套做备用，备用通风机必须能在10 min内启动。

（4）生产矿井严禁采用局部通风机或风机群作为主要通风机使用。

（5）井下严禁安设辅助通风机。

（6）严禁主要通风机房兼做他用。主要通风机房内必须安装水柱计、电流表、电压表、轴承温度计等仪表，装备在线监测系统，实现联网上传。还必须有直通矿调度室电话，并有反风操作系统图、司机岗位责任制和操作规程。

（7）每个主要通风机房内，主要通风机的噪音不得超过90 dB（A）。通风机房内噪音不应超过85 dB（A），值班室应隔音。通风机装置对附近的住宅区、办公室的噪声值不得超过55 dB（A），当达不到要求时，通风装置必须采取消除噪声措施。

（8）通风机房周围20 m内，不得有烟火或用火炉取暖。

2）主要通风机的选型、安装要求

（1）矿井必须选用技术力量雄厚、技术工艺先进、质量可靠、行业内处于领先的大型通风机生产厂家的主要通风机，优先选用变频控制、体外调节式叶片、不停机注排油装置的产品。

（2）矿井主要通风机与出风井连接的风硐，风速最大不得超过15 m/s。风硐转弯部分要呈圆弧形，内墙光滑，拐弯平缓，并保持无堆积物；风硐及闸门等装置，结构要严密不漏风；风硐和主要通风机相连接的一段巷道的长度应不小于10～12倍的风机动轮直径。

（3）主要通风机必须要有两回直接由变（配）电所不同母线段馈出的供电线路，且线路上不能分接任何负荷。

（4）主要通风机电机必须设置过流、漏电、失压、欠压、断相、温度等基本保护。

（5）主要通风机控制系统应实现自动控制，具备远程控制和在线监测。

（6）扩散器应用混凝土砌筑或金属板焊接，扩散器的设计、构筑原则是阻力小、出口速压低。暖风道和压入式通风的风硐必须用不燃性材料砌筑，并应至少设2道防火门。

（7）反风装置、防爆门、风硐和扩散器等附属设施规格质量符合相关技术规范标准要求。

3）主要通风机管理要求

（1）矿井应建立主要通风机定期检修制度，至少每月检查1次主要通风机。

（2）改变主要通风机转数或叶片角度时，必须编制改变主要通风机运行状态的请示报告，并制定施工安全措施和主要通风机单机运行安全措施，报矿技术负责人批准后执行。

（3）主要通风机运转应有专职司机负责，司机应每小时将通风机运转情况记入运转记录簿内；发现异常，立即报告。

（4）因检修、停电或其他原因停止主要通风机运转时，必须制定停风措施。主要通风机停止运转时，受停风影响的地点，必须立即停止工作、切断电源、撤出人员。

（5）矿井主要通风机因故单机运行期间，必须制定专项措施。主要通风机单机运行一周以上专项措施必须二级公司审批，并要求一个月内消除故障，实现一用一备。

（6）高瓦斯矿井、突出矿井、风叶直径1.8 m以下的主要通风机每年必须进行性能测定，其他每3年至少进行1次性能测定，新安装或改造后的主要通风机投入使用前，必须进行1次通风机性能测定和试运转工作。矿井主要通风机性能测定前，必须编制主要通风机性能测定安全技术组织措施，经矿总工程师批准后实施。主要通风机性能测定必须委托有资质的单位进行，测定后要及时绘制主要通风机性能曲线，编制矿井主要通风机性能测定报告。

（7）主要通风机的通风井口防爆门要求每6个月检查维修1次。

（8）主要通风机及附属装置必须有反风功能，设施要保证完好可靠，能在10 min内改变巷道中的风流方向；当风流方向改变后，主要通风机的供给风量应不小于正常风量的40%。矿井每季度应至少检查1次反风设施，每年应进行1次反风演习，矿井通风系统有较大变化时应进行1次反风演习。

（9）停用、启用主要通风机时，必须编制方案，报二级公司初审，报集团公司审批。

4）新投运主要通风机管理要求

（1）联合验收。矿井主要通风机及附属设施安装工程完成后，由二级公司总工程师牵头，机电副总经理配合，一通三防部、安全生产监督管理部、机电设备部、工程管理部等部门参加，对主要通风机及其附属设施进行联合验收，并出具验收单。

（2）主要通风机试运转。

①单台风机试运转时间不得少于72 h；

②试运转期间进行反风操作，检验主风机能否在规定时间内实现反风；

③主风机试运转结束后，必须编制试运转报告，建档备查。

（3）主要通风机性能测试。

①主要通风机在投入运行前，必须委托有资质的单位对主风机性能进行测定；

②主备风机应按照拟运行角度及比拟运行角度高、低一档次的角度分别进行测试；采用变频控制的，还要在同一角度不同频率下进行性能测试；

③测试工作完毕，测试单位提交主风机性能测试报告。

（4）主要通风机投运通风阻力测定。生产（技改）矿井、具备测定条件的基建矿井，在主风机投运前必须进行矿井通风阻力测定，为矿井模拟风网解算、确定主风机运行工况提供准确可靠的依据。

（5）主要通风机投运方案编制。需编制主要通风机运行方案，方案内容详见晋煤销通防字〔2013〕167号《山西煤炭运销集团有限公司关于矿井主要通风机投入运行的指导意见》。

（6）主要通风机投运方案的审查管理。

①主要通风机投运前，矿井必须编制主要通风机投运方案，并由二级公司组织审查；

②矿井主要通风机投运前一个月，二级公司以文件形式上报矿井主要通风机投运方案至集团公

司；

③集团公司要及时安排会议组织复审，必要时组织相关部门人员到现场进行核实；

④集团公司要在接到方案文件审查申请之日起，7个工作日内组织完成矿井主风机投运方案的复审，并出具批复意见。

2. 矿井通风系统管理工作标准

1）煤矿通风系统基本要求

（1）矿井必须有完整独立的通风系统。

（2）矿井的通风系统必须根据矿井瓦斯涌出量、矿井设计生产能力、煤层赋存条件、表土层厚度、井田面积、地温、煤层自燃倾向性等条件，通过优化或技术经济比较后确定。

（3）矿井通风系统必须能够将足够的新鲜空气有效地送到井下工作场所，保证安全生产和良好的劳动条件；井下通风巷道必须风流稳定可靠，井下环境符合规定；发生事故时，风流易于控制，人员便于撤出。

（4）新建矿井投产前必须进行1次矿井通风阻力测定，以后每3年至少进行1次。高瓦斯、突出矿井每年必须测定1次，矿井转入新水平生产或改变一翼通风系统后，必须重新进行矿井通风阻力测定。

（5）要保持矿井主要通风机能力与风网风阻相匹配，工况点处于合理工作范围。矿井主要通风机的通风阻力应符合如下要求：

$Q_{扇} < 3000\ m^3/min$　　$h_{阻} < 1500\ Pa$

$Q_{扇} = 3000 \sim 5000\ m^3/min$　　$h_{阻} < 2000\ Pa$

$Q_{扇} = 5000 \sim 10000\ m^3/min$　　$h_{阻} < 2500\ Pa$

$Q_{扇} = 10000 \sim 20000\ m^3/min$　　$h_{阻} < 2940\ Pa$

$Q_{扇} > 20000\ m^3/min$　　$h_{阻} < 3920\ Pa$

（6）矿井必须按季度绘制通风系统图，图中必须标明风流方向、风量和通风设施的安装地点。通风系统图必须按月补充修改。多煤层开采的矿井必须绘制分煤层通风系统图。矿井应绘制通风系统立体示意图和矿井通风网络图。矿井生产水平和采区必须实行分区通风。

（7）任何准备采区，必须在采区构成通风系统后，方可开掘其他巷道。采用倾斜长壁布置的，大巷必须至少超前2个区段，并构成通风后，方可开掘其他巷道。采煤工作面必须在采区构成完整的通风、排水系统后，方可回采。

（8）开拓采区巷道的掘进工作面应形成分区通风系统，不允许3条或3条以上巷道共用同一回风绕道回风。专用回风巷的掘进要超前其他巷道。对于采区巷道掘进，除保留最靠近工作面的一个横贯进行辅助运输、通风外，其余横贯必须封闭。

（9）采区皮带巷、轨道巷、专用回风巷道必须同时超前工作面顺槽巷道开口位置，并形成合理的通风系统后，方可开掘该顺槽巷道。采区进回风巷必须贯穿整个采区，严禁一段为进风巷，一段为回风巷。

（10）在两个并联通风支路之间，应严格控制开掘连通巷道，避免形成角联支路。

（11）采掘工作面必须实行分区通风，严禁2个采煤工作面之间串联通风。同一采区内1个采煤工作面与其相连接的1个掘进工作面、相邻的2个掘进工作面，布置独立通风有困难时，在制定措施后，可采用串联通风，但串联通风的次数不得超过1次。

（12）各采掘工作面和井下爆炸材料库、充电室、采区变电所、井下瓦斯抽采泵站等必须有独立的通风系统。掘进巷道开口掘到距回风口40 m之前必须形成分区通风系统。回采工作面必须在构成全风压通风系统以后，方可进行准备和回采，不准在掘进或停掘供风期间进行准备回采工作。

（13）采区内为构成新区段通风系统的开拓巷道或采煤工作面遇地质构造而重新掘进的巷道，布置独立通风确有困难时，其回风可以串入采煤工作面，但应制定安全措施，构成独立通风系统后，应立即改为独立通风。

（14）开拓新水平或准备新采区的掘进巷道，在未构成通风系统前，可将回风引入生产水平的进风流中。

（15）开采有瓦斯喷出或有煤（岩）与瓦斯（二氧化碳）突出危险的煤层或在据突出煤层垂距小于10 m的区域掘进施工时，严禁任何2个工作面之间串联通风。

（16）采掘工作面的进风和回风不得经过采空区或冒顶区。

（17）采空区必须及时封闭，必须随采煤工作面推进逐个封闭与采空区连通的巷道。采区开采结束后45天内，必须在所有与已采区相连通的巷道中设置防火墙，全部封闭采区。

2）煤矿通风系统管理要求

（1）矿井、采区及采掘工作面设计时，必须保证通风系统完善、合理，审查设计时必须有通风部门参加。

（2）各矿井在安排生产计划时，必须依照核定的通风能力安排采、掘数量，保证矿井不超通风能力生产，严格执行以风定产。

（3）采区内部调整通风系统时，必须编制调整通风系统安全技术组织措施报矿井总工程师审批。进行采区通风系统改造时，必须编制改变通风系统方案设计，报二级公司审批，报集团公司备案。

（4）矿井总工程师定期组织有关人员全面分析矿井通风网络结构及阻力分布状况，发现通风阻力分布不合理、火区及采空区压差较大时，应制定改进方案，采取安全措施进行处理。

（5）允许串联通风的，串联通风的次数不应超过1次。

（6）采用串联通风时，在进入被串联工作面的进风流中应装设甲烷传感器并实现闭锁，且瓦斯和二氧化碳浓度都不得超过0.5%，氧气浓度不低于20%，有害气体的浓度不超过《煤矿安全规程》规定。

（7）采用串联通风时，被串联的工作面进风流巷道中要设置风流净化设施。

（8）严禁3个以上工作面串联通风。

（9）井下所有使用的煤仓和溜煤眼都必须保持一定的存煤，不得放空。溜煤眼不得兼作风眼使用，不准使用穿层溜煤眼。

（10）已经报废或无用的井巷、风眼、溜煤眼必须及时充填、封闭，以简化通风系统，保持通风系统的稳定性和合理性。

3. 局部通风管理工作标准

1）基本要求

（1）局部通风基本要求。

①掘进巷道必须采用矿井全风压通风或局部通风机供风。

②煤巷、半煤岩巷和有瓦斯涌出的岩巷的掘进通风方式应采用压入式，不得采用抽出式，若采用混合式时，必须制定安全措施。

③瓦斯喷出区域和煤（岩）与瓦斯（二氧化碳）突出煤层的掘进通风方式必须采用压入式。

（2）局部通风机安装基本要求。

①局部通风机入井前应取得防爆电气设备检验合格证和煤安标志等证件，并应经过地面试验风机性能完好后方可下井。

②局部通风机应保证集流器、风罩、叶轮、机壳、电动机、消音器等齐全完好。

③局部通风机功率大小与风筒直径应匹配。

④井下用局部通风机应全部选用低噪声风机或安装消音器，噪声应小于85 dB（A）。

⑤局部通风机严禁发生循环风，除尘风机和混合式通风的抽出式风机应遵守《巷道掘进混合式

通风技术规范》（MT/T 441—1995）等有关规定。

⑥严禁使用3台以上（含3台）的局部通风机同时向1个掘进工作面供风。

⑦不得使用1台局部通风机同时向2个用风地点供风。

⑧使用局部通风机通风的掘进工作面，不应停风，因检修、停电、故障等原因停风时，应将人员全部撤至全风压进风流处，并切断电源。

⑨压入式局部通风机全风压供给该处的风量必须大于局部通风机的吸入风量，局部通风机安装地点到回风口间的巷道中的最低风速不低于0.15 m/s。

2）局部通风机的安装

（1）局部通风机一般应水平安装。

（2）压入式局部通风机和启动装置，应安装在进风巷道中，距掘进巷道回风口不应小于10 m。

（3）局部通风机安装前，应测定安装地点的风量，全风压供给该处的风量应大于局部通风机的吸入风量，且局部通风机安装地点到回风口间的巷道中的最低风速应符合《煤矿安全规程》的有关规定，采用混合式局部通风的巷道，其风速也应符合《煤矿安全规程》的有关规定。

（4）局部通风机应吊挂或垫高，离地面高度大于0.3 m。采用吊挂方式时，吊挂不能利用巷道原有支护锚杆（索），应施工专用的锚具（不能用铁丝），且锚固力要达到局部通风机的动载荷；采用垫高方式时，要制作局部通风机专用支架。

（5）压风机的入风口、抽风机的出风口应加装固定的保护栅，防止粒径大于50 mm的异物进入通风机内。

（6）局部通风机安装时，应注意主备局部通风机的前后顺序及上下、左右之间的空间关系，防止局部通风机的风筒吸附到另一台局部通风机的吸风口而影响通风。

3）局部通风机的闭锁

（1）使用局部通风机供风的地点必须实行风电闭锁和甲烷电闭锁。

（2）使用2台局部通风机给掘进工作面供风的，2台局部通风机应同时实现风电闭锁。

（3）使用混合式通风时，安设在掘进巷道中的抽出式局部通风机应与压入式局部通风机联动闭锁。即当压入式通风机停止运转时，掘进巷道中的抽出式局部通风机自动停止运转；压入式局部通风机未启动时，掘进巷道中的抽出式局部通风机不能启动。

（4）掘进工作面的局部通风机应实现双风机（同型号或同能力）、双电源自动切换。局部通风机必须采用“三专”供电。

（5）正常工作和备用局部通风机均失电停止运转后，当电源恢复时，正常工作的局部通风机和备用局部通风机均不应自行启动，应人工启动局部通风机。

4）局部通风管理

（1）局部通风管理的通风设计。

①掘进巷道在施工前必须编制掘进通风设计，并经技术、机电、安监、通风相关部门及通风助理、机电副总审查后报矿总工程师批准。

②巷道通风设计应包括以下内容：巷道概况；巷道施工顺序；巷道的通风方式、风量计算、风机、风筒的选型；局部通风机的安装和使用；除尘器或除尘风机的选型、安装和使用；监测装置的布置；供电系统设计（由机电部门提供）；安全技术措施及其他；附通风系统平面图。

③掘进工作面要保证施工连续，要坚持正常的掘进顺序，严禁反掘进、一巷多头掘进作业。

（2）局部通风机管理。

①井下局部通风机由使用单位负责管理。使用单位应建立局部通风机管理台账，台账要明确记录各台局部通风机的下井日期，周期性检修及日常检修、停用日期和升井检修日期，并有负责人签字。

②井下局部通风机应由指定人员负责管理，并实行现场挂牌制，保证风机正常运转、备用风机能

正常切换，不得出现无计划停风，有计划停风的必须有专项通风安全措施。

③正常工作的局部通风机与备用局部通风机每天应至少进行 1 次自动切换试验，并且应每 15 天进行一次风电闭锁试验，并做好记录。

④风机管理牌板应悬挂在风机前后 5 m 范围。

⑤局部通风机自下井之日起，不应超过半年，否则应升井检修。

⑥停用的局部通风机不得长期搁置井下，应在 1 个月内升井检修。

⑦局部通风机吸风口 10 m 范围内不应有障碍物。

⑧局部通风机下严禁行人。

⑨在距压入式局部通风机 30 m 范围内的风筒上宜安装调风装置。

⑩掘进工作面宜使用附壁风筒。

⑪工作面宜设置风筒传感器。机掘工作面的风筒传感器应安装在风筒末端 30 m 范围内，炮掘工作面的风筒传感器应安装在风筒末端 100 m 范围内。

4. 煤矿巷道贯通管理工作标准

1）巷道贯通的技术要求

（1）机掘巷道距贯通点 50 m 前，其他掘进巷道距贯通点 20 m 前，突出煤层距贯通点 60 m 前，必须停止一个工作面作业，做好调整通风系统的准备工作。地测科负责向相关部门及领导下达贯通通知单。

（2）贯通前，停掘的工作面必须保持正常的通风，除进行瓦斯检查、排水工作外，不准做其他工作；停掘巷道进行瓦斯检查时，对方巷道不得进行装药和爆破。

（3）掘进巷道贯通时，必须由专人现场指挥，掘进的工作面每次爆破前，必须派专人和瓦斯检查员共同到停掘的工作面检查工作面和回风流瓦斯浓度，瓦斯超限时，必须先停止在掘进面的工作，然后处理瓦斯，只有在两个工作面及回风流中的瓦斯浓度都在 1.0% 以下时，掘进的工作面方可爆破。每次爆破前，两个工作面入口必须有专人警戒。

（4）施工单位在距贯通前 10 m 时，要长探短掘，每次爆破前瓦斯检查员都要检查被贯通侧的瓦斯及有害气体情况，巷道探通后有施工单位提出允许巷道贯通申请单，经矿值班领导、施工单位区长、通风科长签字批准后方可贯通。

（5）掘进巷道贯通后，必须停止采区内的一切工作，立即调整通风系统，风流稳定后，方可恢复工作。

2）巷道贯通的相关管理要求

（1）掘进巷道同其他各类巷道贯通前，由施工单位编制专项安全技术组织措施，通风科编制贯通时调整通风系统的安全技术措施，并由矿总工程师组织生产、技术、通风、调度、安监、机电、地质等有关部门会审。

（2）巷道贯通调整通风系统措施应包括以下内容：概况；贯通时的组织机构及人员分工；贯通前的准备工作；调整通风系统的具体步骤；对影响区域的风量、瓦斯检查安排；贯通时的安全措施；贯通前后的通风系统图等。

（3）在预计巷道贯通前 5 天，施工单位技术主管每班都要绘制进度图表，及时掌握巷道贯通的具体时间，并通知有关人员。

（4）巷道贯通全过程由分管生产的副经理统一指挥。贯通前要向参加贯通所有工作人员贯彻安全技术措施。贯通时，通风科长、施工单位负责人、安全科主任工程师必须到现场指挥。

（5）对于贯通影响范围广，造成矿井风量变化大，以及出现旧巷、采空区、老窑和其他情况不明地点等，矿井生产副经理、总工程师、安全副经理、通风助理要亲临现场。贯通后由总工程师统一指挥，立即调整通风系统。调整通风系统期间，受影响的区域必须断电撤人。

（6）每次贯通，通风科做好记录。

5. 矿井专用回风巷设置及维修管理工作标准

1）矿井专用回风巷道设置

（1）高瓦斯矿井、煤（岩）与瓦斯（二氧化碳）突出矿井所有采区必须设置专用回风巷。

（2）容易自然发火的煤层采区必须设置专用回风巷。

（3）低瓦斯矿井开采煤层群和分层开采采用联合布置的采区，必须设置专用回风巷。

（4）新建矿井所有采区应设专用回风巷。

2）矿井专用回风巷维修管理

（1）加强对采区及以上回风巷的管理与维护，保持井巷完好状况，矿井风巷失修率不高于7%，严重失修率不高于3%。失修程度的划分见表5－2－1。

表5－2－1 失修程度的划分

程度划分	断面/m^2	支护	顶板下沉量/mm	积水深度/mm	浮煤淤泥等杂物/mm
失修	小于原设计的90%	支架失修，砌碹变形，锚喷脱皮冒落	＞100	＞300	＞100
严重失修	小于原设计的80%	支架变形，弯扭5架以上，砌碹明显变形长度超过10 m，锚喷脱落厚度超过100 mm，连续面积超过10m^2	＞200或冒落	＞400	＞300

（2）对于失修和严重失修的回风巷应列入年度或月度计划，安排施工队伍组织实施。对回风巷内存在的杂物和片帮煤要定期进行清理。

（3）专用回风巷中不应敷设电缆（本安电缆除外）。

（4）专用回风巷不得运输物料设备及行驶无轨胶轮车。

（5）煤（岩）与瓦斯（二氧化碳）突出矿井连通至专用回风巷的地点应设“禁止行人”的明显标志，专用回风巷检查时应征得通风部门同意。

（6）专用回风巷进行维修作业时应制定专门措施。

（7）专用回风巷内不得有煤尘堆积、飞扬；做到防尘洒水系统完善，防尘设施齐全完好。坚持定期冲洗。

（8）矿井每月至少组织1次专用回风巷检查，做好检查记录，并按时填报台账和专用回风巷维修月报。

6. 盲巷、窒息区的封闭和启封管理工作标准

1）基本要求

（1）矿井必须杜绝盲巷和窒息区，不得人为造成盲巷和窒息区。矿井一旦出现盲巷和窒息区必须及时予以封闭。

（2）矿井应制定盲巷管理制度。

2）盲巷、窒息区封闭和启封管理要求

（1）盲巷、窒息区必须进行封闭管理，封闭时必须将密闭处的管路、铁轨、电缆等导电体断开，巷内吊挂的管路要放下，封闭时间较长，应撤出所有导电设备再进行封闭。封闭盲巷的密闭必须设置观测孔，并在墙前距巷口2 m处设全断面栅栏、警标和牌板。墙体建筑质量按《通风设施建筑质量标准》施工。

（2）盲巷、窒息区启封时，必须由通风科制定安全措施，由救护队实施。实现正常通风后，各

种气体符合《煤矿安全规程》规定，其他人员方可进入。

7. 矿井风量管理工作标准

1）矿井风量管理基本要求

（1）矿井主要通风机的能力应满足矿井生产的需求，通风部门应建立测风制度，定期、不定期对矿井各区域配风量进行核定，以准确掌握矿井所需风量，对供风能力不足的区域，必须及时调整采、掘工作面个数或对通风系统进行优化改造，坚决做到“以风定产”。

（2）矿井每年安排采掘作业计划时必须核定矿井生产和通风能力，必须按实际供风量核定矿井产量，严禁超通风能力生产，核定结果经二级公司审查后报集团公司备案。

2）矿井配风及风量计算要求

（1）矿井采、掘工作面、硐室及其他用风地点的配风，必须符合国家《煤矿通风能力核定标准》（AQ 1056—2008）和《煤矿安全规程》要求，保证各用风地点风流中瓦斯、二氧化碳等其他有害气体浓度、风速以及温度符合《煤矿安全规程》规定。

（2）通风科每月要根据矿井采掘衔接安排，编制下月配风计划，报矿技术负责人批准。所有独立供风地点的风量都要在月度计划中明确规定，执行过程中根据用风地点瓦斯、二氧化碳气体涌出、温度变化等情况及时调整。

（3）在作业规程中，要详细计算采掘工作面的供风量。

3）矿井风量管理

（1）矿井至少每 10 天进行一次全面测风，同一区域或风网的风量测定必须在一班内完成，当日编制出测风报表，测定结果应按采区分别填写，并报通风科长、矿总工程师审阅。测风后要进行通风系统和风量分析，发现问题，及时进行处理。矿井外部漏风每月测定 1 次，遇到特殊情况随时进行测定。

（2）测风点的设置应齐全，所布置的测点要求能够准确反映所测区域所有用风点及进回风分支的实际风量。

（3）测风点应相对固定，并设有明显的标志。测风点的布置要符合以下要求：

①采煤工作面布在进风顺槽距离工作面 10 m 以外符合规定的地点；回风顺槽回风绕道口以里 30 m（如本面有外切眼供风，在外切眼以里 10 m 处增加一个测点）；下分层工作面测风点布在回风顺槽距工作面 20 ~ 50 m 处。

②掘进工作面布置在回风绕道内或局部通风机所在巷道的进风侧、局部通风机吸风口、风筒末端出风口。

③采区末端皮带、轨道巷各支路。

④其他供风点根据实际情况确定。

（4）矿井主要进（回）风巷、采区进（回）风巷必须设立正规的测风站。

（5）每次测风结果必须填写在测风站点牌板上，测风牌版内容应有：测风站地点名称、断面、平均风速、应配风量、实测风量、大气压力、空气温度、瓦斯、二氧化碳、测定日期以及测定人员等项目。

（6）抽出式通风矿井有效风量率不得低于 87%，压入式通风矿井有效风量率不得低于 80%，配风合格率达到 100%。抽出式主要通风机外部漏风率在无提升任务时不得超过 5%，有提升任务时不得超过 15%；压入式主要通风机外部漏风率在无提升任务时不得超过 10%，有提升任务时不得超过 15%。

（7）矿井主要通风机的检修门、反风道、反风门及井口附近的其他漏风通道均应封堵严密。每季度进行一次详细检查，发现问题及时处理，以减少外部漏风。

8. 通风设施构筑管理工作标准

1）基本要求

（1）矿井通风设施的建筑必须严格按照矿井《通风设施建筑标准》和《通风设施施工质量标准》的规定执行，不得使用木杠墙、木板墙、挡风帘（处理事故或处理瓦斯超限不在此限），见表5-2-2、表5-2-3。

表5-2-2 通风设施建筑标准

<table>
<tr><th rowspan="3">密闭性质</th><th rowspan="3" colspan="2">密闭结构</th><th colspan="6">规 格</th><th colspan="2" rowspan="2">密闭两侧抹面</th><th rowspan="3">适用范围</th></tr>
<tr><th colspan="3">巷 高/m</th><th colspan="3">见硬帮硬底后掏槽/m</th></tr>
<tr><th>3.0以下</th><th>3.0~3.5</th><th>3.5以上</th><th>帮</th><th>顶</th><th>底</th><th>材料</th><th>次数/次</th></tr>
<tr><td rowspan="6">防火两侧片石（砖）中间夹黄土（砂浆）</td><td colspan="2">里</td><td>1.0（0.7）</td><td>1.5（1.0）</td><td>2.0（1.5）</td><td rowspan="6">0.5</td><td rowspan="6">0.3</td><td rowspan="6">0.2</td><td rowspan="6">水泥砂浆</td><td rowspan="6">2</td><td rowspan="6">封闭采空区、火区</td></tr>
<tr><td colspan="2">外</td><td>1.0（0.7）</td><td>1.5（1.0）</td><td>2.0（1.5）</td></tr>
<tr><td rowspan="2">中</td><td>土</td><td>0.5</td><td>1.0</td><td>1.0</td></tr>
<tr><td>砂浆</td><td>0.3</td><td>0.5</td><td>1.0</td></tr>
<tr><td rowspan="2">全厚</td><td>土</td><td>2.5（1.9）</td><td>4.0（3.0）</td><td>5.0（4.0）</td></tr>
<tr><td>砂浆</td><td>2.3（1.7）</td><td>3.5（2.5）</td><td>5.0（4.0）</td></tr>
<tr><td>永久片石（砖）</td><td colspan="2">全厚</td><td>1.0（0.7）</td><td>1.5（1.0）</td><td>2.0（1.5）</td><td>0.5</td><td>0.3</td><td>0.2</td><td>水泥砂浆</td><td>2</td><td>封闭进、回风巷之间的横硐，封闭废巷</td></tr>
<tr><td rowspan="2">临时</td><td colspan="2">片石（砖）</td><td>0.7（0.37）</td><td>1.0（0.5）</td><td>1.2（0.75）</td><td colspan="3">四周见实煤（岩）</td><td>水泥砂浆</td><td>2</td><td>封闭存在两年以下的盲巷、窒息区</td></tr>
<tr><td colspan="2">木板（木杠）</td><td></td><td></td><td></td><td colspan="3">四周见实煤（岩）</td><td>土或水泥砂浆</td><td>1</td><td>处理事故和调整系统的临时设施</td></tr>
<tr><td rowspan="4">防爆两侧片石（砖）中间夹混凝土和工字钢</td><td colspan="2">里</td><td>1.0（0.7）</td><td>1.5（1.0）</td><td>2.0（1.5）</td><td rowspan="4">0.5</td><td rowspan="4">0.3</td><td rowspan="4">0.2</td><td rowspan="4">水泥砂浆</td><td rowspan="4">2</td><td rowspan="4">隔绝矿井与其他井和小煤窑</td></tr>
<tr><td colspan="2">外</td><td>1.0（0.7）</td><td>1.5（1.0）</td><td>2.0（1.5）</td></tr>
<tr><td colspan="2">中</td><td>0.5</td><td>1.0</td><td>1.0</td></tr>
<tr><td colspan="2">全厚</td><td>2.5（2.2）</td><td>4.0（3.0）</td><td>5.0（4.0）</td></tr>
<tr><td>封堵溜煤眼（风眼）</td><td colspan="2"></td><td colspan="3">下口：混凝土充填厚度高于锁口点0.5 m，再用黄土或石膏充填高于锁口点5 m；上口：用工字钢、背板盖严，水泥浇筑严实</td><td colspan="3">0.5</td><td>混凝土浇筑</td><td></td><td>封闭废弃溜煤眼和风眼</td></tr>
</table>

表5-2-3 通风设施施工质量标准

设施类别	适用范围	施工质量标准
防火密闭两侧片石（砖）中夹黄土（或水泥砂浆）	封闭采空区、火区	1. 片石（砖）水泥砂浆墙，每砌一层片石（砖）必须用水泥砂浆灌注一次，要严密不留空洞。黄土每增0.2 m夯砸一次，黄土或水泥砂浆必须接顶严实 2. 过水巷道的密闭底部夹水泥砂浆并设置反水池或反水管。封闭采空区的密闭要设三管一柱（灌浆管、观测管、反水管、水柱计） 3. 抹面要求平直（1 m长度内凸凹不大于10 mm），光滑不漏风 4. 墙前5 m内支护完好，无片帮、冒顶，无杂物、积水和淤泥 5. 在顶板压力较大区域，要在密闭内外分别支设一排带帽点柱

表 5-2-3（续）

设施类别	适用范围	施工质量标准
永久密闭	封闭进、回风巷之间的横硐、封闭废巷	1. 片石（砖）水泥砂浆墙，每砌一层片石（砖）必须用水泥砂浆灌注一次，要严密不留空洞 2. 过水巷道的密闭底部要设置反水池或反水管 3. 抹面要求平直（1 m 长度内凸凹不大于 10 mm），光滑不漏风 4. 墙前 5 m 内支护完好，无片帮、冒顶，无杂物、积水和淤泥
临时密闭	封闭盲巷、窒息区；处理事故和调整系统的临时设施	1. 密闭设在顶帮良好处，见硬底硬帮与煤岩接实 2. 木板闭要求鱼鳞搭接钉牢。木杠墙要柱与柱接触紧密，用黄泥勾缝抹平
防爆密闭中夹混凝土和工字钢	隔绝矿井与其他矿井和小煤窑	1. 混凝土标号为 140 号，即水泥、粗砂、粗碎石体积配合比为 1∶3∶4.5。混凝土浇筑要致密不留空洞 2. 工字钢为 11 号，构成网孔 60 cm×60 cm 骨架，骨架深入到槽内与实体接实，竖梁置于横梁内侧，交接点用铅丝绑紧 3. 墙体留有措施管、观测管、反水管，孔口要有阀门 4. 里墙要有弧度
溜煤眼（风眼）	封闭废弃溜煤眼、风眼	1. 下口用不燃性材料封口，眼内有水的充填混凝土，并制定详细的防水措施。无水的可充填黄土或石膏 2. 上口煤体掏槽后搭接钢梁，梁上用水泥背板篷盖混凝土浇筑 3. 封闭的溜煤眼内不得留有存煤
风桥	矿井（水平）总进风、回风；采区进风、回风；工作面进风、回风及其他地点	1. 桥腿（耳）用片石（砖）建筑，水泥砂浆抹面，要求平整光滑，墙体要边砌边灌注水泥砂浆，桥顶架设钢梁，用背板铺顶，上面灌注不小于 0.1 m 的水泥砂浆 2. 墙体与巷帮接口及坡面建成流线型，坡面坡度小于 30°，风桥通风断面不小于原断面的$\frac{4}{5}$ 3. 桥腿厚度按永久墙规定建筑，桥耳厚度砖为 0.37 m，片石为 0.6 m 4. 风桥两端接口严密，四周见实帮、实底，要填实、结实
永久风门	采区或采区以上的进、回风巷之间	1. 用铁板或双层木板中夹隔风材料，每层木板厚度不小于 2 cm，铁板厚度不小于 3 mm。压入式通风矿井大巷或斜井坑底的通车风门必须用铁板制作 2. 墙垛用不燃性材料建筑，质量要求同永久密闭 3. 门框用不小于 0.15 m×0.15 m 方木，过车底框用 0.15 m×0.10 m 木材制作。门框安装倾角 3°～5° 4. 门与框的接触部分，要加钉衬垫，要严密不透光；门上要加钉门带，要设置把手 5. 每处风门不少于两道，通车门间距不小于一列车长度，行人门不小于 5 m 6. 采区以上的进、回风的风门还要设反向门

表5-2-3（续）

设施类别	适用范围	施工质量标准
临时风门	采掘工作面和服务期限不超过两年的其他地点	1. 风门墙垛建筑与临时密闭相同 2. 其他同永久风门
调节风窗	用于采区、采掘工作面、其他地点的风流控制	1. 必须设置两道，墙垛用不燃性材料构筑 2. 调节风窗的调节位置一般应设在上方 3. 墙体建筑同临时密闭，风窗能任意调节风量，采用插板调风，木制、铁制等硬质材料均可 4. 调节风窗的行人门建筑同临时风门
测风站	矿井总进、回风及采区进、回风巷	1. 用片石（砖）建筑，或利用断面规整的巷道抹面 2. 测风站建成后的断面应不小于原断面的95% 3. 测风站直线段长度不小于4 m，形状、断面一致；墙面平直，站耳成流线型 4. 测风站前后10 m内无风流分支、汇合点，巷道无拐弯、无障碍 5. 测风站设置记录牌板

（2）矿井永久性通风设施必须要有施工设计，报矿总工程师审批。其内容包括：设施位置、规格、施工顺序、辅助性设施和装置，并绘制设施位置和周边巷道的局部关系平面示意图、设施的主视图和侧视图。

（3）矿要成立通风工程质量验收组，整个工程由通风（安全）副总组织矿有关部门对通风设施质量进行验收把关。通风科负责进行施工设计，矿总工程师负责组织有关部门对施工设计进行审定，工程验收组负责对掏槽、用料、墙体砌筑、充填砂浆或黄土、里墙封口前后的内外抹面和外墙封口后的墙体抹面及包边等施工全过程进行质量监督考核。不符合设计的工程要坚决推倒重建，验收合格的工程要填写验收记录，存档管理。没有验收记录的工程视为不合格。

（4）矿井通风设施分采区进行统一编号。

（5）井下通风设施的增加、减少必须在24 h内反映在通风系统图上。

（6）矿通风科每月对井下通风设施进行1次全面检查，及时填写通风设施检查记录，并建立通风设施管理台账。对永久性通风设施，要在管理台账上标注其与附近有效参照物的准确距离。

（7）通风设施的拆除必须办理申请单，经矿通风部门和通风副总审批同意后方可执行。拆除时必须有通风干部在现场统一指挥。对私自拆除、破坏设施的责任人必须严肃查处。

（8）各矿通风队伍必须稳定，人数要充足，确保通风设施构筑及时，质量符合标准要求。

2）风门构筑管理标准

（1）通车频繁的巷道应设置自动风门。

（2）服务于采（盘）区以上巷道的风门宜设置平衡风门。

（3）风门门扇面积大于3 m^2 且风门两端压力差大于500 Pa，不宜使用木质风门。

（4）不宜在倾斜运输巷道中设置风门，如需设置风门，应有防止矿车撞坏风门的安全措施。

（5）严禁强行同时打开两道风门进出物料。对于重要地点的风门，要设专人看管。

（6）巷道断面积应满足风门及墙垛的施工要求。

(7) 每组风门不少于两道，通车风门间距不少于一列车长度，行人风门间距不小于5 m，永久风门墙垛用不燃性材料建筑，厚度应不小于0.5 m。

(8) 进、回风井和主要进、回风巷之间的风门应安设反向风门（设置了平衡风门时，不再设置反向风门）。

(9) 服务于采（盘）区以上风门应设置风门开关传感器和防止两道风门同时被打开的连锁装置，当一道风门打开时能发出声光报警信号。

(10) 风门距巷道交叉口一般不小于5 m。

(11) 风门自动闭锁装置发生故障时能自动解锁或手动解锁。

(12) 开启阻力超过50 kg时风门应设置辅助启动装置或卸压装置。

(13) 所有风门前应加装防撞装置，并正常使用。

(14) 风门前后各5 m范围内要求：巷道顶、帮完好，支护完整，避开集中应力区和动压区，无杂物、积水、淤泥。

(15) 调节风窗应插板调节或自动调节，设置在调节风门墙垛上方。

(16) 墙体有电缆、管路穿过时应设穿墙护套，并封堵严密。

(17) 风门水沟要设反水池或挡风帘，反水池深度满足大于墙体两侧风压差的要求。

(18) 永久风门下部不宜安设溜槽或其他运输设备，否则应采取防漏风措施。

(19) 有风筒穿过风门墙体时，应在墙上安装与风筒直径匹配的硬质风筒。

3) 风桥构筑管理标准

(1) 应采用不燃性材料建筑。

(2) 平面交叉时应挑顶不应起底。下部巷道断面不小于原断面，顶部与原巷道平直，上部巷道不小于原巷道断面的$\frac{4}{5}$，呈流线型，坡度小于30°。

(3) 风桥两端接口严密，四周见实帮、实底，且用混凝土浇灌、填实。

(4) 桥面平整不漏风（手触感觉不到漏风为标准）。

(5) 风桥前后各5 m范围内巷道支护良好，无杂物、积水、淤泥。

(6) 风桥上下不准设风门或调节风窗等。

4) 密闭构筑管理标准

(1) 矿井主要进、回风巷之间的横硐和采空区密闭必须建筑防火密闭。

(2) 采区进、回风巷之间不使用的横硐必须在横硐两侧建筑永久密闭。

(3) 矿井与其他矿井贯通的地点必须构筑防爆密闭。

(4) 废弃的溜煤眼、风眼必须对上下口进行封闭。被封闭的溜煤眼、风眼深度低于5 m时，必须用不燃性材料予以全部充填；被封闭的溜煤眼、风眼深度大于5 m时，要求用不燃性材料充填，厚度不低于5 m。

(5) 施工防火密闭时，墙体必须留设观测孔、措施孔和反水管（反水池），观测孔管直径在25～50 mm，措施孔直径在108～159 mm，孔口应设置阀门。

(6) 防火密闭位置距巷口超过6 m时，要在巷口增设永久密闭并将“三管”引到永久密闭墙外。相邻工作面顺槽之间的横硐两侧用永久墙密闭，中间全部充填黄土或粉煤灰等。

(7) 永久密闭应设在距巷口小于6 m、顶板完整、煤帮坚硬的地点。墙前5 m内巷道支护良好、无片帮、漏顶、杂物、积水、淤泥。

(8) 构筑永久密闭前，对构筑地点进行断导电体，即断轨道、断电缆、断风水管路、断金属网等，导电体距墙体内外各不小于1 m。

(9) 在施工防火密闭时，必须将密闭到巷口处的浮煤、浮矸清理干净并运走，以见到硬底为准。

在顶板压力较大区域，要在密闭内外分别支设一排带帽点柱，有条件可以使用锚索加锚杆支护顶板。

（10）采煤工作面开采结束前一个月，由生产技术科填写停采通知单，报通风、安监等单位和矿领导签批。停采线的划定位置要求能满足采空区封闭要求，封闭有发火危险的采空区，必须留有足够的距离砌筑气室密闭。

（11）临时密闭设置符合永久密闭的有关规定。

（12）密闭前设有统一规格的瓦斯检查牌板、施工说明牌板、栅栏和警标。

（13）密闭施工说明牌板内容包括：密闭所在巷道名称、建筑材料、墙体厚度、修建日期、责任人，密闭瓦斯检查牌板内容符合瓦斯检查的有关规定。在自然发火的矿井，瓦斯检查牌内容还应包括密闭内外瓦斯浓度、一氧化碳浓度、二氧化碳浓度、气体温度，密闭内涌水温度，密闭内外空气压差、空气流向和观测人及观测时间等。

（14）密闭施工后，7天内不得在墙体附近100 m范围内进行爆破作业。

（15）使用新型材料，经试验合格，集团公司批准，方可投入使用。

9. 测风站设置管理工作标准

1）设置要求

（1）矿井的进、回风井筒，主要进、回风巷，采区进、回风巷应设置永久测风站。斜井（平硐）测风站一般设置在距井口30～50 m范围内，立井设置在井底能准确测定风量的平直巷道内，其他测风站设置在能准确测定风量的平直巷道内。

（2）采掘工作面及其他地点应设置临时测风站。

①采煤工作面应在所有的进、回风巷口以里30～50 m范围内设测风站，通过工作面风量的测风站应设在回风巷距工作面10～50 m范围内，有尾部回风的还应在进风巷距工作面10～50 m范围内设测风站。

②掘进工作面应在压入式通风的风机前10～50 m范围内、距回风巷口30～50 m范围内设测风站。准确测定工作面风量时，采用压入式通风的应在距工作面30～50 m范围内设测风站，采用混合式通风时应在抽风机出口下风侧10～30 m范围内设测风站。采用多巷掘进时还应在区域回风巷中设置测风站。

（3）测风站应设在平直的巷道中，其长度不应小于4 m，前后10 m内无风流分支点和汇合点，巷道无拐弯，无障碍物，断面无变化。

（4）测风站要悬挂测风记录牌板，牌板上填明测风站的地点、断面积、风速、风量、空气温度、瓦斯和二氧化碳浓度值，测定日期及测定人等项目。

2）构筑标准

（1）永久测风站应用木板或其他材料衬帮或用灰砂抹光。

（2）锚喷巷道和砌碹巷道宜用水泥砂浆抹面建永久测风站。

（3）在矩形、拱形巷道内构筑测风站时，巷道顶、帮要全部用合适的材料构筑。

（4）测风站长度不应小于4 m，墙耳呈流线型。

（5）测风站一般应为白色，两端沿巷道周边涂宽度为0.1 m的红色条带。

（6）用装饰材料构筑测风站时达到本规定有关要求即可。测风站内无杂物、无积水、无淤泥。

10. 栅栏构筑管理工作标准

1）设置地点

（1）瓦斯超限区。

（2）无人工作巷道。

（3）采煤工作面专用排瓦斯巷巷口。

（4）井下临时抽放瓦斯泵排瓦斯管道出口上风侧5 m，下风侧30 m处。

（5）所有的挡风墙、密闭前。

（6）其他需要设置栅栏的地点。

2）构筑要求

（1）在建栅栏前，要在巷道中部打设固定栅栏的立柱，立柱要用木楔背紧背牢。

（2）栅栏采用木条构筑时，木条宽度不小于 4 cm，厚度不小于 2 cm，木条横竖间距不超过 20 cm，要留设供人员进出的栅栏门，栅栏门处于常闭状态并用铁丝与栅栏捆绑。

（3）栅栏也可用规整的金属网固定在立柱上形成栅栏或用钢筋焊接而成。

（4）栅栏要平整牢固，严禁用木板构筑栅栏。

（5）栅栏高度不小于 1.8 m，宽度不小于巷道宽度。

3）其他要求

（1）栅栏中上部应悬挂禁止人员入内的警示牌。

（2）未经通风部门允许，任何人不得拆除栅栏。

11. 矿井反风演习管理工作标准

1）矿井反风方式及其适用条件

（1）矿井反风方式。主要分为全矿性反风、区域性反风和局部反风。

（2）矿井反风适用条件。

①全矿性反风适用于矿井进风口附近、进风井筒、井底车场、石门、主要运输大巷等处发生的火灾。

②区域性反风适用于多进风井、多回风井的矿井一翼或某一独立通风系统中的进风大巷。发生火灾时，通过调节 1 台或几台主要通风机的反风设施，实现部分区域的风流反向。

③局部反风适用于采区内发生火灾时，通过调整采区内部部分巷道中的通风设施，使火灾地点风流反向。这种反风方式不改变主要通风机的工作方式和主要进回风巷道的风流方向，而只是利用采区内部的通风设施来实现局部地点反风。

2）矿井反风方法分类

（1）反风道反风。利用主要通风机装置设置的专用反风道和控制风门，使主要通风机的排风口与反风道相连，风流由风硐压入总回风道，从而使风流反向的方法，称为反风道反风。

（2）风机反转反风。利用主要通风机反转，使风流反向的方法，称为反转反风。

（3）调节风叶角度反风。在不改变主要通风机运转方向的条件下，通过调节风叶角度而实现反风的方法，称为调节风叶角度反风。

3）矿井反风技术要求

（1）基本要求。

①在新建或改扩建矿井设计时，必须同时做出矿井反风技术设计，说明采用的反风方式与反风方法及其适用条件。

②生产矿井在编制矿井灾害预防与处理计划时，必须根据火灾可能发生的地点，制定反风预案。对采用的反风方式、方法及人员的避灾路线做出明确规定。

③矿井的每个主要通风机房内，应在明显位置挂有反风操作系统图、反风操作规程，详细规定反风方法、操作顺序及注意事项，并附有反风设施布置图。

④每个主要通风机房应装有与矿调度室直通的电话，并确保畅通。

⑤按规定的路线实现反风。根据火灾地点的位置和灭火救灾的要求，把确定有人的地点变成火区的进风侧，把确定的无人或已撤人的地点变成火区回风侧。

⑥按规定的时间实现反风。从发生火灾到实现反风的总时间应小于从发生火灾到人员所在地点有害气体上升到危险浓度的时间。

⑦制定反风期间发生瓦斯爆炸等次生灾害的安全措施。

（2）矿井反风设施技术要求。

①生产矿井主要通风机应装有反风装置，并满足以下要求：

（a）结构简单，坚固可靠。

（b）所有操作开关集中安设，便于司机一人独自操作。

（c）能在10 min内改变巷道内的风流方向。

（d）当风流方向改变后，主要通风机的供给风量不应小于正常供风量的40%。

（e）反风风门的起重量大于1 t时，应采用电动、手摇两用风门绞车，并集中安装。

②每季度应至少检查1次反风设施，检查项目包括主要通风机和启动电气设备、进风井口房、反风道、所有地面闸门和风门、电控设备绞车和钢丝绳、防爆门、反风设备的防冻设施以及进、回风井之间和主要进、回风巷道之间的正、反向风门等。

4）矿井反风演习管理要求

（1）由矿井主要负责人每年组织有关部门进行一次全矿井反风及避灾演习；矿井通风系统有较大变化时，应进行一次反风演习。每季度组织通风、机电部门对反风设施进行一次全面检查并做好记录。如遇特殊原因不能进行矿井反风演习，必须报二级公司批准，不反风的矿井也必须进行避灾演习。

（2）矿井反风前，由矿技术负责人负责组织编制反风演习措施，报二级公司审批。反风演习措施主要内容包括：

①按照矿井灾害应急预案的要求假设灾害发生地点。

②确定反风演习开始时间和持续时间。

③明确反风设备的操作顺序。

④确定反风演习的观测项目及其方法。

⑤预计反风后的通风网路、风量和瓦斯情况。

⑥制定反风演习的安全措施。

⑦明确恢复正常通风的操作顺序和制定排除瓦斯的安全措施。

⑧规定参加反风演习的人员分工和培训工作。

（3）矿井反风演习后，必须在一周内由矿井技术负责人组织总结并填写反风演习报告，并报二级公司技术负责人审查。矿井反风演习报告通风部门和矿山救护队各备一份，保存一年。对反风演习中发现的在设备、操作以及其他方面的各种问题，必须限期解决。反风演习报告书应包括下列内容：

①矿井名称及反风时间。

②矿井通风情况。

③主要通风机运转情况。

④井巷中风量和瓦斯情况。

⑤反风演习时空气中瓦斯或二氧化碳浓度达到2%的井巷及火区气体情况。

⑥反风操作时间和恢复正常通风的操作时间。

⑦矿井通风系统图（包括反风前和反风时的通风系统）。

⑧反风演习参加人数。

⑨经验与教训。

⑩存在的问题、解决办法和日期。

12. 煤矿废弃井筒封闭管理工作标准

1）废弃井筒封闭的管理要求

（1）为了堵塞废弃井口向生产矿井的漏风通道，消除潜在的自燃火灾隐患，各矿井田范围内及周边区域的废弃井口必须进行永久性封闭。

（2）报废井筒在封闭前，必须确认井下和井筒内所有设备已全部撤出，且井下无任何人员停留。

（3）报废井筒在封闭前，必须编制施工设计和专项安全技术组织措施，报矿总工程师审批。

（4）报废井筒封闭工程由二级公司安全生产监督管理部、一通三防部等部门负责验收。

（5）报废井筒在封闭时，必须做好隐蔽工程记录，并填图归档，档案由矿档案室保存，同时报二级公司一通三防部、安全生产监督管理部备案，并按规定报当地政府相关部门。

（6）报废井筒封闭后，相关矿井管理部门应定期对封闭工程进行检查，发现问题必须及时处理。

2）废弃井筒封闭标准

（1）立井的封堵标准。

①立井井筒垂深≤50 m，则全井筒用黄土填平夯实，并在井口浇注一个大于井筒断面的坚实的钢筋混凝土盖板。

②立井井筒垂深>50 m，则在井口浇注一个大于井筒断面的坚实的钢筋混凝土盖板。钢筋混凝土盖板的直径应大于井筒直径 1 m，浇注混凝土厚度必须大于 1 m。

立井封堵结束后，应在混凝土盖板四周设置钢筋栅栏和标志，严禁人员靠近。

（2）斜井的封堵标准。

①斜井井筒斜长≤50 m，则全井筒用黄土填实，并在井口砌筑永久密闭。

②斜井井筒斜长>50 m，则在井口水平垂深 20 m 以下基岩段内砌筑一座砖、石或混凝土永久密闭，再用黄土填满夯实至井口，并在井口加砌永久密闭。

③砌碹支护的井筒封闭前必须先进行破碹处理。

（3）平硐的封堵标准。

①在硐口 20 m 以里基岩段内砌筑一座砖、石或混凝土永久密闭，然后用黄土填满夯实至硐口，最后在井口加砌永久密闭。

②砌碹支护的平硐井筒封闭前必须先进行破碹处理。

（4）封闭废弃井口所砌密闭规格和质量，必须符合《通风设施管理规定》要求。

2.1.3 矿井瓦斯管理工作标准

1. 矿井瓦斯检查地点设置管理工作标准

1）设置要求

（1）矿井按照《煤矿安全规程》要求，根据矿井井上、下地点确定。

（2）每月由矿通风部门编制瓦斯检查地点设置计划，制定瓦斯检查地点巡回检查线路，报矿总工程师审查签字后执行。

（3）月间瓦斯检查地点如有变动，应修改后在日报表中标明，并经矿总工程师审签执行。

2）设置地点

（1）矿井主要回风巷，包括一翼回风巷、分水平回风巷。

（2）采区（盘区）回风巷。

（3）采煤工作面（含备用工作面）进风巷、工作面、上隅角、回风巷（绕道口以里 15 m 处）。

（4）掘进工作面（含停工不停风的工作面）局部通风机及其开关附近、工作面及回风巷（绕道口以里 15 m 处）。

（5）矿井井下中央变电所、主水泵房、采区变电所、充电硐室、瓦斯抽采泵站（含井下移动、固定泵站和地面永久瓦斯抽采泵站）、井下爆炸材料库或发放硐室、采区水仓、电机车检修硐室、胶轮车加油硐室、避难硐室、机电设备配电点、临时排水点等。

（6）瓦斯抽采钻场及施工瓦斯抽采钻孔的地点。

（7）井上、下煤矸仓，井上下放煤（矸）点上、下口，地面封闭式储煤场，皮带走廊，返煤地道。

(8) 密闭墙前、停风地点栅栏外。

(9) 设置在回风流的机电设备处。

(10) 易发生瓦斯积聚的巷道高冒区或超挖区。

(11) 其他有人员作业需要检查的地点。

(12) 其他巷道或地点。

2. 矿井瓦斯检查管理工作标准

1) 瓦斯检查器具要求

(1) 瓦斯检查工应使用经过检定合格的光干涉型甲烷测定器。

(2) 瓦斯检查工应配备不少于2 m长的吸气胶管和检查杆。

(3) 瓦斯检查工应携带便携式甲烷检测报警仪、瓦斯检查计划图表、瓦斯检查手册、记录笔、棉纱、粉笔、温度计和机械式计时器等。

2) 矿井瓦斯检查项目及内容

(1) 日常瓦斯检查的主要内容为瓦斯浓度、二氧化碳浓度、风流温度等。

(2) 在有自然发火危险矿井，应检查一氧化碳浓度、空气温度、出水温度等。

(3) 对检查区域内所有安全监控系统的甲烷传感器进行对照检查，发现误差超标、故障应及时汇报，并采取相应措施。

(4) 瓦斯浓度超过《煤矿安全规程》有关条文规定时，瓦斯检查工有权责令现场人员停止工作，并撤到安全地点。

(5) 对检查区域内的通风、防尘、防灭火、瓦斯抽采、防突等方面存在的问题应及时汇报。

3) 瓦斯检查次数要求

(1) 煤与瓦斯突出矿井，高瓦斯矿井的采煤工作面、煤巷与半煤岩巷掘进工作面、瓦斯涌出量较大或地质异常区域及其他有人工作地点，每班应设专人检查，记录牌板填写不得少于3次。

(2) 低瓦斯矿井采掘工作面、其他有人工作地点，每班应至少检查2次瓦斯和二氧化碳，每个瓦斯检查员最多检查采、掘面不得超过两个（可就近带1~2个硐室或其他地点）。

(3) 煤与瓦斯突出矿井、高瓦斯、瓦斯矿井机电硐室、无人工作的工作面每班应至少检查1次瓦斯和二氧化碳。

(4) 矿井主要回风巷，包括一翼回风巷、分水平回风巷和采区（盘区）回风巷，每班应至少检查1次瓦斯和二氧化碳。

(5) 井上、下煤仓每班应至少检查1次瓦斯和二氧化碳。

(6) 受动压影响区的密闭、封闭火区的密闭、有自燃倾向性煤层封闭采空区的密闭、临时密闭，每班应检查1次。

(7) 井下停风地点栅栏外风流中的瓦斯浓度每天至少检查1次。

(8) 已采区永久密闭墙、盲巷永久密闭墙，每周应至少检查1次。

(9) 高冒区、水仓等其他检查点的设置、检查次数根据有关规定由矿总工程师确定。

4) 瓦斯检查时间要求

(1) 低瓦斯矿井“三八制”作业时，采掘工作面的每次巡回检查的时间间隔不应超过4 h，“四六制”时不应超过3 h，检查时间误差不应超过20 min。

(2) 高瓦斯矿井“三八制”作业时，采掘工作面的每次巡回检查的时间间隔不应超过3 h，“四六制”时不应超过2 h，检查时间误差不应超过20 min。

(3) 瓦斯检查工在检查过程中发生特殊情况不能按规定时间到达下一检查地点时，应及时汇报通风值班干部，由值班干部根据时间长短和情况采取必要措施。

（4）其他地点的检查时间按瓦斯检查计划规定次数和时间执行。

5）矿井瓦斯检查

（1）按标准完成对检查区域内检查地点的巡回检查或专人检查。

（2）每完成一个检查地点的检查内容后，应及时将有关内容记入瓦斯检查手册和现场瓦斯检查牌，瓦斯检查手册应经作业地点安全负责人员（班长或跟班干部、安检工）签字。

（3）每次检查结束后要及时将检查结果向通风值班室（调度室）进行汇报，出现异常情况时，应立即汇报。

（4）瓦斯检查手册要填写规范，内容齐全准确，字迹清楚，保存完好，不得随意涂改。

（5）瓦斯检查工应在现场或指定地点进行交接班，并在瓦斯检查手册上相互签字认可，不应代签字。

（6）瓦斯检查工班后对重大的通风、瓦斯问题向接班人员、通风值班干部和调度员进行专门汇报。

（7）瓦斯检查工汇报内容由相关人员形成瓦斯检查台账及瓦斯检查日报并按程序进行审批签字。

3. 局部地点瓦斯积聚管理工作标准

1）煤矿井上下易于发生瓦斯积聚的局部地点

（a）采煤工作面回风隅角。

（b）采煤工作面采煤机组附近。

（c）综采放顶煤工作面后部溜子附近。

（d）巷道高冒空洞。

（e）煤与瓦斯突出或瓦斯喷出后形成的空洞。

（f）挡风墙（密闭墙）、调节墙前。

（g）钻场。

（h）钻孔附近。

（i）低风速巷道。

（j）盲巷或停风巷道栅栏处。

（k）井上下煤仓（溜煤眼）上、下口。

（l）其他可能积聚的地点。

2）瓦斯积聚预防技术措施

（1）合理生产布局，避免盲巷。

（2）优化矿井及采掘工作面通风系统，合理配风，杜绝无计划停风。

（3）采用合理先进采掘工艺，减少可能造成瓦斯积聚的空间。

（4）及时进行瓦斯地质预测预报，掌握瓦斯涌出动态。

3）瓦斯积聚处理技术

（1）局部通风机通风法。

①采取在全风压通风巷道安装适当功率的局部通风机，利用风筒将新鲜风流引至积聚地点进行稀释处理（回采工作面除外）。

②本方法适用瓦斯涌出量大且连续涌出的地点，可用于对本章中（d）、（e）、（f）、（g）、（h）、（i）、（j）、（k）、（l）等项的瓦斯积聚处理。

（2）全风压通风法。

①利用增加巷道风量对局部瓦斯积聚进行处理。

②本方法适用全风压通风地点，可用于对本章中（b）、（i）、（l）等项的瓦斯积聚处理。

（3）导风法。

①利用一定的器材将全风压新鲜风流导致局部通风不良地点的方法。可分为风筒风障导风法、硬质风筒导风法。

②该法适用于积聚的瓦斯范围不大和浓度不高（低于3%）情况，可用于对本章中（a）、（c）、（f）、（g）、（h）、（k）、（l）等项的瓦斯积聚处理。

③该方法处理高冒区瓦斯积聚时，冒高应小于2 m、体积不应超过6 m^3，巷道风速应大于0.5 m/s。

（4）机械引风法。

①利用水射流、压风射流及其他机械装置产生的负压，将新鲜风流引至局部地点进行处理的方法。

②本方法适用于积聚的瓦斯范围不大和浓度不高（低于3%）情况，可用于对本章中（a）、（b）、（c）、（k）、（l）等项的瓦斯积聚处理。

（5）充填法。

①利用安全、不燃性材料将瓦斯涌出积聚的空间充填的方法。

②本方法适用于空间不大的局部地点，可用于对本章中（a）、（d）、（e）等项的瓦斯积聚处理。

（6）封堵法。

①利用安全、不燃性材料将瓦斯涌出的通道或巷道封闭、堵实的方法。

②本方法适用于瓦斯涌出连续的地点，可用于对本章中（a）、（e）、（h）、（j）等项的瓦斯积聚处理。

（7）抽采法。

①利用瓦斯抽采系统对局部地点瓦斯的处理方法。

②本方法适用于瓦斯涌出连续的地点，可用于对本章中（a）、（e）、（h）、（j）、（l）等项的瓦斯积聚处理。

（8）改变通风系统法。

①通过改变采掘工作面通风系统的方法处理。

②本方法适用于瓦斯涌出量大的地点，可分为Y型通风法、多巷通风法等，可用于对（a）项的瓦斯积聚处理。

（9）可采用其他经试验证明安全有效的方法。

4. 瓦斯排放管理工作标准

1）一般要求

（1）矿井主要通风机因故停止运转，受该通风机影响的停风区域必须全部断电撤人，并安排专人在通向影响区的各巷（井）口设警拦人。

（2）利用主要通风机排放矿井瓦斯时，必须编制专项安全技术措施，报二级公司总工程师审批。

（3）排放瓦斯时要严格控制风硐中瓦斯浓度不得超过1.5%，否则必须采取加大短路风量的措施。在恢复矿井或采区通风系统时，当主要通风机出口处的瓦斯浓度不超过1.0%时，通风瓦斯检查人员方可入井检查通风瓦斯情况。矿井总回风流瓦斯浓度不超过0.75%时，其他人员方可入井。

（4）井下中央变（配）电所、盘区变电所，在恢复送电前应由瓦斯检查工全面检查瓦斯（或通过监测监控瓦斯传感器观察），只有瓦斯浓度在0.5%以下时，方可由上级变电所向本级变电所送电。

（5）任何局部排放瓦斯都应坚持低浓度排放的原则，使排放出的风流同全风压风流混合后的瓦斯浓度不得超过1.5%，严禁"一风吹"。

（6）排放瓦斯工作要由外向里依次进行，一个采区内严禁两个瓦斯超限地点同时排放瓦斯。排除串联通风区域的瓦斯时，必须严格遵守排放次序，首先从进风方向第一台局部通风机处开始排放，只有第一台局部通风机排放瓦斯结束后，第二台局部通风机前风流中瓦斯浓度降到0.5%以下时，方可送电排放瓦斯。如排放瓦斯巷道为对旋风机，严禁直接启动两级同时进行排放。

2）瓦斯分级排放要求

（1）因停风导致掘进巷道瓦斯超限后，当掘进巷道回风绕道以里 20 m 范围瓦斯浓度在 2.0% 以下，由通风值班人员安排瓦斯检查员就地排放。当掘进巷道回风绕道以里 20 m 范围瓦斯浓度在 3.0% 以下，由通风科长提出解决措施，指定通风干部或班组长按照要求进行排放。当掘进巷道回风绕道以里 20 m 范围瓦斯浓度超过 3.0% 时，由矿通风部门编制专项措施，报矿总工程师审批后，由矿山救护队按措施进行排放。

（2）采区及以上范围瓦斯积聚且浓度超过 3.0% 时，排放瓦斯措施必须由矿总工程师组织会审签字后，报二级公司审批，报集团公司业务部门备案。

（3）贯通已封闭的采空区、古窑及其他情况不明的区域时，由矿总工程师组织制定专项措施，经矿总工程师组织会审签字后，报二级公司初审，报集团公司业务部门审批。

3）瓦斯排放的方法

（1）主要通风机直接排放。对于全风压通风巷道，可通过主要通风机运行直接进行排放。

（2）引入全风压通风排放。具有形成全风压通风系统条件的区域，通过控制相关通风设施，调节该区域的风量，逐渐排放该区域的瓦斯，达到消除瓦斯超限，恢复正常通风的目的。

（3）局部通风机通风排放。

①风机前加板排放瓦斯方法为：通过硬质挡板调整风机吸风口的面积来控制风量进行排放工作，使排出的瓦斯和全风压风流混合后浓度不超过规定。

②采用风筒错口排放的方法：在全风压进风流风筒处将被排放瓦斯巷道的风筒拆断，通过调节错口的大小，控制进入巷道的风量，使排出的瓦斯和全风压风流混合后浓度不超过规定。

③采用风筒加装控风装置排放的方法：在全风压进风流风筒处加装控风装置，通过控风口的大小，调节进入巷道的风量，使排出的瓦斯和全风压风流混合后浓度不超过规定。

4）瓦斯排放措施内容及要求

（1）瓦斯排放措施内容。

①造成瓦斯超限的原因、浓度、范围、积存量，采取控制排放瓦斯浓度的措施，供风量和排放时间，计划排放日期。

②制定排放瓦斯的方法，要确保排出的风流在同全风压风流混合处的瓦斯浓度和二氧化碳浓度不超过 1.5%，在与全风压风流混合处安设声光瓦斯报警断电仪或便携式瓦斯报警检测仪，严禁一风吹。

③确定排放瓦斯的流经路线和方向，风流控制设施的位置，各种电气设备的位置，通讯电话位置，瓦斯传感器的监测位置，明确停电撤人范围，凡是受到排放风流影响的硐室、巷道以及被排放瓦斯风流切断安全出口的采掘工作面，必须撤人断电，停止作业，指定警戒人员的位置，禁止其他人员进入，必须做到文图齐全，并在图上注明。

④排放瓦斯流经的巷道内的电气设备必须指定专人在采区变电所和配电点两处同时切断电源，并设警示牌和设专人看管。

⑤瓦斯排放完后，指定专人检查瓦斯，供电系统和电气设备必须完好，只有排放瓦斯巷道的瓦斯浓度不超过 0.5%，方准指定专人恢复供电，并填写排放瓦斯记录。

⑥加强排放瓦斯的组织领导和明确排放瓦斯人员名单，落实责任。

（2）排放瓦斯要求。排放瓦斯的安全措施，由矿总工程师或通风（安全）副总工程师负责贯彻并组织实施。安监人员必须现场监督检查，现场至少有一名机电工负责对局部通风机的停、送电和电气设备的完好检查。严格按照安全措施的规定和《煤矿安全规程》要求进行排放。

（3）独头巷道排放瓦斯的方法和要求。

①临时停电停风的掘进工作面（或将要启封的盲巷内未拆出风筒的）排放瓦斯时，在本面局部

通风机至回风绕道口之间的风筒上加“三通”进行风量调节，利用该面风筒将风流直接送入工作面，供风量以排出的瓦斯与全风压风流汇合后不超过1.5%为限。

②无风筒的巷道（盲巷）排放瓦斯时，采用局部通风机从外向里接风筒的方法逐段排放，用风筒延接的快慢来控制排出的瓦斯浓度。在排放时必须控制好风量，严禁一风吹。

③当巷道有积水时，应先排积水区域瓦斯后排水，然后再向前排瓦斯，交替作业，逐段进行，严禁同时作业。排水时风筒出风口要超前水泵20 m，排水期间水泵处要设瓦斯监测传感器，并与水泵实现瓦斯电闭锁。

（4）采煤工作面排放瓦斯的方法和要求。

①当上隅角瓦斯浓度达到1.0%以上时，通过调整风量、挂风障等方法解决。

②当采煤工作面由于冒顶造成瓦斯积聚时，可采用充填空硐法或风流吹散法处理积聚的瓦斯。

2.1.4　矿井瓦斯抽采管理工作标准

1. 矿井瓦斯抽采系统管理工作标准

1）建立矿井瓦斯抽采系统的条件

凡符合下列情况之一的矿井，必须建立地面永久瓦斯抽采系统。

（1）一个采煤工作面绝对瓦斯涌出量大于5 m^3/min或一个掘进工作面绝对瓦斯涌出量大于3 m^3/min的。

（2）矿井绝对瓦斯涌出量达到下列条件的：

——大于或等于40 m^3/min；

——年产量1.0~1.5 Mt的矿井，大于30 m^3/min；

——年产量0.6~1.0 Mt的矿井，大于25 m^3/min；

——年产量0.4~0.6 Mt的矿井，大于20 m^3/min；

——年产量等于或小于0.4 Mt的矿井，大于15 m^3/min。

（3）高瓦斯和煤与瓦斯突出矿井必须建立地面瓦斯抽采系统。

2）地面永久瓦斯抽采系统管理标准

（1）抽采瓦斯泵及其附属设备，至少应当有1套备用，备用泵能力不能小于运行泵中最大一台单泵的能力。

（2）地面瓦斯抽采泵站设置。

①泵站应设在不受洪涝威胁且工程地质条件可靠地带，应避开滑坡、溶洞、断层破碎带及塌陷区等。

②泵站宜设在回风井工业场地内，站房距井口和主要建筑物及居住区不得小于50 m。

③地面泵房和泵房周围20 m范围内，禁止堆积易燃物和有明火。

④泵房应建在靠近公路和有水源的地方。

⑤泵房应考虑进出管敷设方便；有利瓦斯输送，并尽可能留有扩能的余地。

（3）地面瓦斯抽采泵站的建筑。

①泵房建筑必须采用不燃性材料，耐火等级为二级。

②泵房周围必须设置栅栏或围墙。

③泵站应有防雷电、防火灾、防洪涝、防冻等附属设施。

④泵站房附近管道应设置放水器及防爆、防回火、防回水装置。

⑤泵站应设置放空管及压力、流量、浓度测量装置，并应设置采样孔、阀门等附属装置。

⑥放空管设置在泵站进、出口，管径应大于或等于泵的进、出口管径，放空管的管口要高出泵房房顶3 m以上。

（4）地面瓦斯抽采泵站的供电、电气和通讯。

①泵站必须实现双回供电线路。

②泵房内电气设备、照明和其他电气、检测仪表均应采用矿用防爆型；否则必须采用安全措施。

③泵站电气设备要有合格接地系统，当变压器供电时，其中性点不得接地。

④泵站必须有直通矿井调度室的电话。

（5）地面瓦斯抽采泵站给排水及通风。

①泵站应有供水系统，站房设备冷却水宜采用开路循环，站内应设置消防水池，且应与循环水池分建。

②泵站循环水必须进行软化，要定期向水池或软化水质处理器内投放软化水药剂，并要及时清理水池，更换水源，保证用水质量。

③泵站通风应符合现行国家标准《煤炭工业矿井设计规范》GB 50215的有关规定。

（6）地面瓦斯抽采泵站消防。

①抽采泵站必须按规定配备灭火器、沙箱、消防水管等消防材料。

②泵站及周围20 m范围内，严禁堆积易燃物和有明火作业。

③瓦斯泵站所安设设备必须符合防火性能要求。

④擦机器用过的棉丝、油布必须清理到安全地点，进行处理。

（7）地面瓦斯抽采泵站计量。

①瓦斯抽采泵站必须安装抽采、利用计量监控系统，能随时反映矿井抽采系统的抽采参数，并能打印抽采报表。

②矿井应配备瓦斯计量监控系统维护人员，定期对系统进行检查与维修，保证计量监控系统运行正常、数据准确可靠。

③泵站要建立抽采参数、瓦斯利用参数值班记录，抽采泵司机每间隔2 h必须认真填写瓦斯抽采有关记录，如有异常情况及时逐级汇报。

④利用瓦斯发电的矿井，发电站必须安装瓦斯供气量、发电量计量仪器仪表，供电处要保证计量系统正常运行，数据准确，资料记录齐全。

⑤瓦斯抽采泵站必须加装孔板流量计等人工计量装置。

⑥抽采泵运转时，必须对泵水流量、水温度、泵轴温度等进行监测、监控。

（8）地面瓦斯抽采泵站监控系统设置。

①地面永久抽采系统必须建立瓦斯抽采参数监控系统。

②矿井瓦斯抽采系统必须监测抽放管道中的瓦斯浓度、流量、负压、温度、一氧化碳等参数，同时监测抽采泵站内瓦斯泄漏等。当出现瓦斯抽采浓度过低、一氧化碳超限、泵站内有瓦斯泄漏等情况时，应能报警并使抽采泵主电源断电。

③瓦斯抽采泵站传感器设置标准：

（a）抽采泵站内必须在室内设置甲烷传感器，报警浓度为≥0.5% CH_4，吊挂位置为室内瓦斯容易聚集的地方，并且能实现断电功能。

（b）抽采泵输入管路中应设置甲烷传感器。利用瓦斯时，应在输出管路中设置甲烷传感器，不利用瓦斯、采用干式抽放瓦斯设备时，输出管路中也应设置甲烷传感器。

（c）抽采泵输入管路中宜设置流量传感器、温度传感器和压力传感器，利用瓦斯时，应在输出管路中设置流量传感器、温度传感器和压力传感器。防回火安全装置上宜设置压差传感器。

（d）抽采泵站内应配置专用检测瓦斯抽放参数的仪器仪表。

（9）地面瓦斯抽采泵站的维护。

①瓦斯抽采泵站必须建立设备定期检修维护制度，保证抽采泵及其附属设施完好。瓦斯抽采泵的供水量要合理，汽水分离器必须安装水位计，做到汽水分离充分，防止水量不足或溢出，杜绝回水管

串气。

②瓦斯抽采泵站必须建立司机岗位责任制和设备操作规程，司机必须持证上岗，熟练掌握瓦斯泵操作。

③瓦斯抽采泵站司机严格执行交接班制度，并认真填写交接班记录本。

④非工作人员严禁入内，外单位参观必须经矿值班领导批准，并进行登记后按规定参观的项目依顺序参观，参观人员不得绘图，不准摄影，不准私自开动机器，不得影响工作，不准携带易燃易爆等物品进入要害部位。

⑤设备管路停电维护，必须严格执行停送电制度，并制定措施审批执行。

2. 瓦斯抽采设计管理工作标准

1）一般要求

高瓦斯和煤与瓦斯突出矿井、新水平、新采区、采掘工作面必须编制瓦斯抽采设计。矿井、新水平、新采区瓦斯抽采工程设计必须报集团公司审批；矿井采掘工作面抽采方法和抽采工艺变化时，必须报集团公司审批。

2）瓦斯抽采工程设计内容

（1）概况：煤层赋存条件、煤炭储量、生产能力、巷道布置、采煤方法及通风状况等。

（2）瓦斯基础参数：煤层瓦斯压力、瓦斯含量、瓦斯储量及绝对瓦斯涌出量、相对瓦斯涌出量、煤层透气性系数与百米钻孔瓦斯流量及其衰减系数等。

（3）抽采方法：钻孔（巷道）布置与抽采工艺参数。

（4）抽采设备：抽采泵、管路系统、抽采监测监控系统及安全装置。

（5）泵站建筑：泵房、供水、供电、采暖、避雷及其他。

（6）瓦斯利用：利用方案、利用方式和利用量。

（7）技术经济指标：投资概算及工期。

（8）设计文件：设计说明书，平、剖面图，设备与器材清册，资金概算及图纸等。

3）采掘工作面瓦斯抽采设计标准

（1）设计说明书。

①工作面概况。

（a）工作面要素：走向长、倾斜长、煤厚、容重、煤炭储量、标高、倾角、埋深等。

（b）地质构造情况：断层、褶曲、夹矸情况、软分层厚度、薄煤带等分布情况。

（c）通风、瓦斯、自燃倾向性等情况：工作面配风量、瓦斯浓度、瓦斯涌出量、原始瓦斯含量或原始瓦斯压力，瓦斯储量，煤层透气性系数、百米钻孔流量等。

（d）四邻开采情况。

（e）支护情况：支护形式、支护材料、设计断面等。

②瓦斯抽采方法。

瓦斯抽采方法可选择：穿层钻孔或顺层钻孔预抽区段煤层瓦斯、穿层钻孔预抽煤巷条带煤层瓦斯、顺层钻孔或穿层钻孔预抽回采区域煤层瓦斯、顺层钻孔预抽煤巷条带煤层瓦斯、浅孔卸压抽采、上隅角埋管抽采、高位抽采等。

③工作面瓦斯抽采间距确定。

瓦斯抽采钻孔的间距根据本矿井考察的瓦斯抽采有效半径确定，设计孔间距不得大于抽采有效半径。没有进行瓦斯抽采有效半径考察的矿井应进行考察测定。

④钻孔设计参数：钻孔布置方式、钻孔开孔位置、钻孔终孔位置、钻孔倾角、方位角、孔径、孔长、孔间距、总孔数、总孔长、钻孔施工工期、吨煤钻孔量等。

⑤钻孔施工组织管理、施工设备与进度计划，有效抽采时间、抽采量、抽采率、预期效果、抽采

达标时间等。

⑥抽采管路的选择及铺设。

(a) 管路的选择及铺设。

(b) 抽采管路放水、除渣、阀门等附属装置的设置及安装要求。

(c) 计量测点布置：应满足瓦斯抽采达标评价的需要。

⑦钻孔的封孔与连接。

(a) 封孔工艺：封孔方式、封孔结构、封孔设备、封孔材料、封孔长度、材料配比、封孔管直径、封孔技术要求等。封孔深度根据巷道卸压带宽度确定。

(b) 钻孔连接方式、观测孔、阀门安设位置等。

⑧钻孔施工要求及安全技术措施。

(2) 抽采钻孔设计图。

①钻孔设计图以地测部门提供的采掘工程平面图为底图，标明地质构造带、突出点等内容。

②钻孔设计图，包括钻孔平面布置图，不同断面处的剖面图。

③抽采钻孔标明设计参数，附钻孔参数表（钻孔排距、间距、直径、开孔位置、钻孔方位角、倾角、深度等）。突出矿井还必须有钻孔施工后的测斜要求等内容。

(3) 采掘工作面瓦斯抽采设计编制要求。

①采掘工作面瓦斯抽采设计必须符合《防治煤与瓦斯突出细则》《煤矿安全规程》《煤矿瓦斯抽采达标暂行规定》等要求。

②采掘工作面抽采专项设计应充分考虑打钻区域内的地质构造，并提出针对性的打钻技术措施，保证钻孔施工到位，不留空白带。技术部门要提供准确的打钻区域巷道布置图，地测部门要提供清晰的地质构造资料。

③矿井要及时测定瓦斯抽采基础参数，即不同地区煤层巷道卸压带宽度；不同地点、不同抽采时间的钻孔抽采影响半径；瓦斯含量、瓦斯压力等，为抽采钻孔设计提供技术依据。

④采掘工作面瓦斯抽采设计编制完成后，矿总工程师应组织防突、技术、安监、抽采、地测、通风等部门进行会审，并经矿总工程师签字审批后，报二级公司会审，经二级公司批准后，方可执行。

⑤钻孔必须严格按设计施工，如遇特殊情况需要修改设计时，必须经矿总工程师批准。

(4) 采掘工作面瓦斯抽采工程竣工图绘制要求。

①瓦斯抽采工程必须按设计施工，抽采钻孔施工后必须绘制钻孔竣工图，竣工图应以地测部门提供的采掘工程平面图为底图，比例1∶500，标明地质构造带、突出点位置等内容。

②竣工图除必须有与设计对应的内容外，还要包括钻孔开孔时间、竣工时间及钻孔施工过程中的异常现象（见矸情况、瓦斯喷孔、顶钻、卡钻以及钻杆丢失等情况）等内容。

③采掘工作面瓦斯抽采工程竣工图及其他竣工验收资料（钻孔实钻参数、封孔等），相关责任人要签字。

④工作面抽采钻孔施工结束后，要对有无地质构造、空白带、是否见矸、有无喷孔、卡钻、瓦斯异常等情况进行分析，并有分析报告。

3. 煤矿井下瓦斯抽采管路管理工作标准

1) 抽采管路管径计算及管材选择

(1) 瓦斯抽采管径应按抽采流量分段选型，可参照式（5-2-1）进行计算：

$$R=0.1457\sqrt{\frac{Q}{V}} \qquad (5-2-1)$$

式中　R——抽采管内径，m；

Q——管路内的混合瓦斯流量（m^3/min），各类管路的流量应按照其使用年限或服务区域内的最大值确定，并应有2～3倍富裕系数；

V——经济流速，取5～12 m/s，m/s。

同时必须满足下列规定：采掘工作面抽采管径不得小于DN300 mm；采用高负压、高浓度抽采时，必须采用双管路布置，下排排水管路管径不得小于DN150 mm；钻孔封孔管、连接管管径不得小于DN37.5 mm。

（2）抽采管路管材应符合抗静电、耐腐蚀、阻燃、抗冲击、安装维护方便等要求。严禁选用玻璃钢管、PE管、PVC管等非金属管路。

2）抽采主管路敷设标准

（1）抽采管路宜安装在回风巷道或矿车不经常通过的巷道内，管路敷设要做到“平、直、牢”，离地高度不小于0.3 m。若设于主要运输巷内，其架设高度不应小于1.8 m，并固定在巷道壁上，瓦斯抽采管件的外缘距巷道壁不宜小于0.1 m。

（2）抽采管路应选用专用支架支撑或吊挂，同一巷道内支撑或吊挂方式必须一致。管路敷设采用支架支撑时，必须使用规格相同的专用支架，每节至少设两个支点，同一巷道支架间距必须相等，离地高度不小于0.3 m。管路敷设采用吊挂方式时，锚喷巷道应选用不小于ϕ25 mm圆钢做吊挂点，支架巷道可利用支架做吊挂点，要采用直径不小于ϕ10 mm钢丝绳吊挂，每个吊挂绳头不少于两个绳卡，吊挂间距一致。采用其他方法时，固定方式、材料、高度、间距要一致。在倾斜巷道中，管路应设防滑卡，防滑卡间距15～20 m。

（3）同一巷道内抽采管路的管径要统一，拐弯处必须设弯头。

（4）抽采管路一律涂成黑色，并从外向里逐节进行编号管理，每5节管路要打上白色的标志：“抽采管”“ϕ×××mm”（管径）、“→”（瓦斯流向）。

（5）抽采管路要采用法兰盘连接，螺栓、密封垫要齐全，螺栓规格一致，拧紧后丝扣外漏3～5丝，螺栓安装方向与气流方向一致。

（6）井下敷设的瓦斯抽采管路不得与电缆（包括通讯、信号电缆）悬挂在巷道的同一侧，抽采管路与电缆必须交叉时，电缆必须悬挂在抽采管路上部，距离管路不得小于0.3 m以上。

3）采掘工作面支管路敷设标准

（1）采掘工作面实施分源抽采时，应分别单独敷设管路。

（2）采掘工作面敷设管路时要根据采掘工作面抽采达标评判需求预留三通，便于安装计量装置。

（3）管路吊挂采用不小于ϕ8 mm钢丝绳，每节至少设两个吊挂点，每个绳头不少于两个绳卡，吊挂点间距一致。

（4）采掘工作面巷道上下帮需要同时进行高负压抽采时，必须在上下帮同时敷设双排管。

4）附属设施安设标准

（1）主抽采管路的低洼及容易积水处必须安设自动排渣放水装置。采掘工作面支管路应根据水量情况合理安装自动排渣放水装置，同时要求直管段每500 m应设自动排渣放水装置。自动排渣放水装置必须编号管理，底座应硬化或采用专用底座，确保放水器放出的水自动流入水沟，严禁巷道积水。

（2）抽采主管路出现分支时，每个分支必须设阀门，并在距分支10～15 m处设置观测点，其他地段每隔300～400 m设置观测点，以便测定管路抽采负压和浓度。

（3）每个抽采钻场应设集气箱，在集气箱底部加装自动排渣放水装置，同一巷道内规格要一致，安设位置应低于抽采孔孔口水平（下向孔钻场除外），每个抽采孔均与集气箱相连。

（4）抽采钻场内集气箱与抽采支管之间，要安设计量导流管或标准孔板。抽采单孔均要设置阀门、观测点。观测点要设在直线段，不得设在拐弯或弯头处。

5）抽采管路检查要求

井上下敷设的瓦斯管路，不得与带电物体接触并应当有防止砸坏管路的措施。每10天至少检查一次瓦斯抽采系统，并有记录。抽采管路无破损、无漏气、无积水；抽采管路离地面高度不小于0.3 m（采空区留管除外）。

4. 打钻及封孔连孔管理工作标准

1）施工前准备

（1）抽采钻孔施工现场必须悬挂施工管理牌板，内容包括钻孔设计平面图、剖面图、设计参数等，并能够指导钻孔施工定位。操作管理牌板、司机岗位责任制等各类牌板齐全。

（2）检查准备工作。要检查打钻地点及附近巷道顶板支护完好情况；检查钻机、钻具、机电设备完好情况；检查钻机立柱、戗柱稳固情况；检查紧固件是否紧固；检查液压管路连接是否畅通、正确，检查油量、油压是否符合规定；检查各类操作手把是否到位；检查打钻供水、压风系统是否满足打钻需求；检查打钻配套防灭火、防尘、装置是否齐全；检验合格后，钻机接通水源、电源进行试转。

2）打钻及封孔连孔管理标准

（1）矿井要建立钻孔验收和封孔管理制度，验收人员对验收工作负责，封孔人员对封孔质量负责，验收人员及封孔人员的姓名必须记入钻孔施工台账和钻孔“身份证”。

（2）施工抽采钻孔时要严格执行下列规定：

①施工抽采钻孔时，必须制定专项措施。措施内容包括：钻机操作、打钻防灭火、防喷、防尘、异常情况处理、避灾路线等。

②打钻地点必须悬挂钻孔施工牌板，钻孔施工前必须挂线，定孔位，确保钻孔成排成行。钻孔定位时，必须由专人标出方向线，打钻人员必须配备半圆、皮尺等量具，并按设计要求的孔位、方向、角度、孔径、深度等施工，如遇地质构造、煤层赋存条件变化等情况需改变钻孔施工参数时，必须及时修改设计，并经矿总工程师批准后实施。

③所有施工抽采钻孔的地点，供水管路必须安装到位，供水压力不小于0.5 MPa，采用风力排渣时，供风压力不小于0.5 MPa。钻机必须配置风水切换装置，现场备有不少于0.075 m^3 潮湿的黄土和不少于2台8 kg泡沫灭火器；钻孔回风流3 m范围内必须悬挂甲烷和一氧化碳便携仪，一旦发现着火预兆，立即停止钻进，切换风水转换装置注水灭火。

④在打钻过程中，发现喷钻、卡钻、顶钻、钻杆脱节、钻头脱落等异常情况时，应立即停止钻进，查明原因进行处理，并向调度室汇报。

⑤在易发生喷孔区域施工抽采钻孔时，必须使用打钻防喷装置，将钻孔喷出的瓦斯直接引入抽采管路，防止瓦斯超限。

⑥打钻过程中发生喷钻、瓦斯超限时，应立即撤人停电，并向调度室汇报。

（3）打钻人员必须做好施工记录，详细记录钻进过程中发生的塌孔、顶钻、卡钻、喷孔、穿岩、钻杆丢失等情况，并及时填绘到钻孔竣工图上。

（4）每个钻孔施工结束后要及时封孔连抽，包括报废钻孔或未达到设计要求的钻孔。

（5）矿井必须采用带压封孔技术，并不断研究新工艺、新方法，提高封孔效果。

（6）抽采钻孔连接必须有联孔设计，确保质量。原则上采用软管连接，连接处必须采用管卡固定，并吊挂整齐。

（7）所有抽采管路上未使用的连接管口，以及抽采管路、抽采钻孔上的观测孔，必须采用标准件封堵。

（8）单孔应在孔口固定过塑的钻孔“身份证”标识牌，规格95 mm×65 mm，标识牌内容包括孔号、孔深、水平角、倾角、打钻日期、打钻人员、验收人员、封孔人员。样式见表5-2-4。

表5-2-4　钻孔"身份证"标识牌

孔号	孔深	水平角/(°)	倾角/(°)	打钻日期	封孔日期
打钻人员		封孔人员		验收人员	

(9) 在线监测计量测点、孔板计量测点、管路及钻场计量测点要设置抽采参数测定牌板，牌板规格一致，内容包括编号、负压、浓度、混合流量、温度、测定日期、测定人等，样式见表5-2-5。

表5-2-5　抽采参数测定牌板

测点号	负压/kPa	浓度/%	温度/℃	流量/ $(m^3 \cdot min^{-1})$
测定人员			测定日期	

每10~20个抽采孔或每个抽采钻场应设置1个观测牌板，内容包括孔号、负压、浓度、测定日期、测定人等。具体格式见表5-2-6。

表5-2-6　抽采钻孔观测牌板

孔号	连抽时间	孔深/m	负压/kPa	浓度/%	孔号	连抽时间	孔深/m	负压/kPa	浓度/%
测定人员					测定日期				

5. 瓦斯抽采参数测定及在线监测管理工作标准

1）计量装置安装的基本要求

(1) 抽采参数主要指抽采管路内的流量、浓度、负压、温度、压力等。

(2) 矿井应安设瓦斯抽采计量装置，安设地点包括：

①抽采泵站的进气侧；

②井下干管、支管、主要钻场，采区抽采干管汇集处布置1个计量监测点；

③顶（底）板抽采巷入口处抽采管路至少布置1个计量监测点；有抽采钻孔的煤巷、采煤工作面的进回风巷抽采管路，除在巷道口布置测点外，还需根据抽采达标评判单元划分布置测点。

(3) 自动计量装置使用必须符合下列条件：

①经计量检定合格；

②具有正常工作所需要求的环境条件；

③具有专职的维护、管理人员；

④具有完善的管理制度。

(4) 安装抽采计量装置地点必须安装人工计量装置，便于比较。

2）计量装置编号

（1）采掘工作面进（回）风巷道单趟管路巷道外安装的监测点，编为“×××工作面进（回）风巷道外”；沿巷道安装的监测点，编为“×××工作面进（回）风巷道中×号”；

（2）采掘工作面进（回）风巷道上下两帮都设有抽采管路同时抽采的，编为×××工作面进（回）风巷道外上（下）帮外；沿巷道安装的监测点，编为×××工作面进（回）风巷道上下帮×号；

（3）各顶（底）板抽采巷安装的监测点，编为×××顶（底）板抽采巷；

（4）各井下抽采泵站安装的监测点，编为×××井下抽采泵站。

3）抽采自动计量要求

（1）矿井抽采量采取自动计量装置进行计量，抽采流量必须换算成标准状态下流量。抽采自动计量装置安设在直管段，装置进气侧直线段不少于安设处管径的10倍距离，出气侧直线段不少于安设处管径的6倍距离。

（2）所有自动计量数据必须全部进入矿井安全监测监控系统。

（3）自动计量装置每月维护1次。检定不合格的计量装置，不得使用。

（4）矿负责安排专人每5~10 d对自动计量装置进行调校，并建立抽采自动计量装置台账，确保自动计量装置与人工计量误差不超过5%。（当天的人工计量数据与自动计量数据进行对比）

（5）各二级公司、矿井必须制定和完善抽采自动计量管理办法，明确自动计量管理的责任单位，调校单位和监管单位。

（6）采用孔板流量计对自动计量装置进行调校时，孔板流量计必须挂牌管理。自动计量装置的流量数据必须保持与孔板流量计的流量数据基本一致。必须定期清理孔板前后的积水和污物，每半年对采掘工作面使用中的孔板流量计检查1次，每年对地面及井下干管安设的孔板拆卸清洗。

（7）自动计量装置和孔板流量计进气侧前必须安设放水除渣装置。孔板流量计必须安设旁通，并安装旁通阀，旁通阀的开关必须由专业计量人员按要求操作。

4）抽采点参数检查及次数规定

（1）抽采泵站必须每2 h人工记录1次抽采参数。

（2）井下抽采干管、采掘工作面支管、顶、底板抽采巷道及揭煤地点支管以及预计的消突评价单元定期测定抽采参数，每周至少测定1次。

（3）井下抽采钻场及钻孔每周至少测定1次抽采参数。

5）孔口负压及抽采浓度规定

（1）各矿井考察符合矿井实际的孔口负压，但预抽钻孔的孔口负压不得小于13 kPa，卸压钻孔的孔口负压不得小于5 kPa。

（2）钻孔要及时封孔连管抽采，预抽钻孔抽采过程中孔口瓦斯浓度不应小于40%，临近层抽采钻孔抽采过程中孔口瓦斯浓度不应小于30%。达不到上述要求时，应该改进封孔工艺，加大封孔长度，原则上封孔长度不得小于12 m。

6. 煤矿井下瓦斯抽采效果评价管理工作标准

1）抽采评价单元划分要求

（1）有效控制范围内预抽钻孔均匀程度基本相同，钻孔间距不得大于设计间距。

（2）有效控制范围内预抽钻孔预抽时间基本一致，预抽时间差异系数小于30%。

预抽时间差异系数计算方法：

预抽时间差异系数为预抽时间最长的钻孔抽采天数减去预抽时间最短的钻孔抽采天数的差值与预抽时间最长的钻孔抽采天数之比。预抽时间差异系数按式（5-2-2）计算：

$$\eta = \frac{T_{max} - T_{min}}{T_{max}} \times 100\% \qquad (5-2-2)$$

式中　η——预抽时间差异系数,%；

T_{max}——预抽时间最长的钻孔抽采天数，d;

T_{min}——预抽时间最短的钻孔抽采天数，d。

(3) 煤与瓦斯突出矿井采取预抽煤层瓦斯区域防突措施时，钻孔控制回采巷道外侧煤层的范围大小要符合《防治煤与瓦斯突出细则》第六十四条规定要求。

2) 抽采效果评价

(1) 计算法。

对同一评价单元预抽瓦斯效果评价时，首先应根据抽采计量等参数按《煤矿瓦斯抽采达标暂行规定》附录 A2、A3 计算抽采后的残余瓦斯含量或残余瓦斯压力，按《煤矿瓦斯抽采达标暂行规定》附录 A4 计算可解吸瓦斯量，当其满足《煤矿瓦斯抽采达标暂行规定》第二十七条规定的预期达标指标要求后，再进行现场实测预抽瓦斯效果指标。

(2) 实测法。

按《煤层瓦斯含量井下直接测定方法》（GB/T23250，以下简称《含量测定方法》）现场测定煤层的残余瓦斯含量，按《煤矿井下煤层瓦斯压力的直接测定方法》（AQ/T 1047，以下简称《压力测定方法》）现场测定煤层的残余瓦斯压力，依据现场测定的煤层残余瓦斯含量，按《煤矿瓦斯抽采达标暂行规定》附录 A4 计算现场测定的煤层可解吸瓦斯量。

(3) 瓦斯抽采评价效果测定点布置。

煤与瓦斯突出矿井瓦斯抽采评价效果测点布置要符合《煤矿瓦斯抽采达标暂行规定》第二十六条规定要求；高瓦斯矿井测点布置借鉴《煤矿瓦斯抽采达标暂行规定》第二十六条规定要求。

2.1.5　防治煤与瓦斯突出管理工作标准

1. 防治煤与瓦斯突出基础管理工作标准

1) 基本要求

(1) 有突出矿井的煤矿企业、突出矿井应当设置防突机构、建立健全防突管理制度和各级岗位责任制。企业主要负责人、矿长是本单位防突工作的第一责任人。

有突出危险的新建（改扩建）矿井及突出矿井的新水平、新采区，必须编制防突专项设计。设计应当包括开拓方式、煤层开采顺序、采区巷道布置、采煤方法、通风系统、防突设施（设备）、区域综合防突措施和局部综合防突措施等内容。

(2) 突出矿井新水平、新采区移交生产前，必须经当地人民政府煤矿安全监管部门按管理权限组织防突专项验收；未通过验收的不得移交生产。

(3) 突出矿井必须建立满足防突工作要求的地面永久瓦斯抽采系统。

(4) 矿井有下列情况之一的，应当立即进行突出煤层鉴定；鉴定未完成前，应当按照突出煤层管理：煤层有瓦斯动力现象的；相邻矿井开采的同一煤层发生突出的；煤层瓦斯压力达到或者超过 0.74 MPa 的。

(5) 防突工作坚持区域防突措施先行、局部防突措施补充的原则。突出矿井采掘工作做到不掘突出头、不采突出面。未按要求采取区域综合防突措施的，严禁进行采掘活动。

2) 突出矿井地质测量工作必须遵守的规定

(1) 地质测量部门与防突机构、通风部门共同编制矿井瓦斯地质图，图中标明采掘进度、被保护范围、煤层赋存条件、地质构造、突出点的位置、突出强度、瓦斯基本参数及绝对瓦斯涌出量和相对瓦斯涌出量等资料，作为区域突出危险性预测和制定防突措施的依据；

(2) 地质测量部门在采掘工作面距离未保护区边缘 50 m 前，编制临近未保护区通知单，并报矿技术负责人审批后交有关采掘区（队）；

(3) 突出煤层顶、底板岩巷掘进时，地质测量部门提前进行地质预测，掌握施工动态和围岩变化情况，及时验证提供的地质资料，并定期通报给煤矿防突机构和采掘区（队）；遇有较大变化时，随时通报。

3）瓦斯参数测定要求

（1）矿井新煤层、新水平、新盘区在布置前，必须及时测定煤层原始瓦斯含量和压力等参数，随着矿井开采范围的扩大，要对不同煤层、不同区域以及揭露的大型地质构造带进行补充或重新测定。

（2）高瓦斯、煤与瓦斯突出矿井每个盘区垂深每增加 50 m 应测定煤层原始瓦斯含量、瓦斯压力、煤的透气性系数及其他与突出危险性相关的参数。

（3）测定数据作为矿井采掘设计、部署和调整的技术依据。

（4）深部水平、新采区必须考察瓦斯基本参数。主要有瓦斯压力、瓦斯含量、煤的透气性系数、排放半径、抽采效果参数、突出敏感指标及其临界值。突出敏感指标及其临界值没有考察出来时执行防突规定的要求。未完成基本参数测定的，不允许揭煤。

（5）高瓦斯矿井各煤层和突出矿井的非突出煤层在新水平开拓工程的所有煤巷掘进过程中，应当密切观察突出预兆，并在开拓工程首次揭穿这些煤层时执行石门和立井、斜井揭煤工作面的局部综合防突措施。

4）突出矿井的通风系统应当符合的要求：

（1）井巷揭穿突出煤层前，具有独立的、可靠的通风系统。

（2）突出矿井、有突出煤层的采区、突出煤层工作面都有独立的回风系统。采区回风巷是专用回风巷。

（3）在突出煤层中，严禁任何两个采掘工作面之间串联通风。

（4）煤（岩）与瓦斯突出煤层采区回风巷及总回风巷安设高低浓度甲烷传感器。

（5）突出煤层采掘工作面回风侧不得设置调节风量的设施。易自燃煤层的回采工作面确需设置调节设施的，须经煤矿企业技术负责人批准。

（6）严禁在井下安设辅助通风机；突出煤层掘进工作面的通风方式应采用压入式。

（7）有突出危险的采煤工作面严禁采用下行通风。

5）防突措施的编制、审批、贯彻、执行、监督检查工作必须遵守的规定

（1）防治突出专门机构负责编制防治突出措施，矿总工程师负责组织生产、通风、地测、机电、安监等部门审查。

（2）防突工作坚持区域防突措施先行、局部防突措施补充的原则。突出矿井采掘工作做到不掘突出头、不采突出面。未按要求采取区域综合防突措施的，严禁进行采掘活动。

（3）防治突出措施的内容，必须有瓦斯地质资料、突出危险性预测方法、防治突出技术措施及其效果检测方法、指标以及预测、效果检验钻孔布置等，安全防护措施以及贯彻执行防突措施的组织措施，并附区域预测图（与作业头面采掘布置动态图合用）、保护关系图，防突技术措施设计图、通风安全系统图。

（4）在施工前，批准的防突措施第一次由矿防突管理人员向施工队管理人员、职工贯彻，经考试合格后方可上岗作业。

（5）采、掘作业必须严格执行二级公司、矿审定的防突措施，对某项内容执行确有困难的，由矿总工程师组织修改或补充措施，并按原措施审批程序报批。

（6）在突出煤层内掘进，遇地质构造等情况引起前方无煤时，必须保证施工不少于 10 m 的探测钻孔，必须探明前方地质情况，补充过构造的专门防突措施。

（7）矿严格执行防突施工督查制度。建立专门的防突预抽孔验孔记录台账，防突头面措施孔、安全措施执行情况抽查记录台账。

（8）根据不同的防突措施，矿制定专门的组织措施，逐条落实有关人员职责。突出危险严重地点管理人员现场跟班。

6）防突措施审批权限

（1）突出矿井和突出煤层应当委托具有突出危险性鉴定资质的单位进行鉴定，报集团公司审批。

（2）突出矿井新水平、新采区的防突专项设计，由集团公司审批。

（3）区域突出危险性划分，由集团公司审批。

（4）保护层有效保护范围划定方法及有关参数的实测结果，由集团公司审批。

（5）开采保护层特殊情况下留设煤柱及煤柱影响范围内采掘防突措施，制定防范措施由各矿报二级公司审批。

（6）揭突出层防突措施，由二级公司审批。

（7）地质条件复杂，突出危险性大的重点采掘工作面防突措施，科研项目的防突措施，由各矿报二级公司审批，重大项目报集团公司备案。

（8）防突参数考察报告，由企业主要负责人、矿长审批。

（9）打孔出现屏障超标（含喷孔、卡钻等现象），必须立即停止打孔制定防范措施，由各矿报二级公司审批。

（10）其他采掘防突措施，以及不属于二级公司审批的所有措施均由矿总工审批，并报二级公司备案。

7）其他要求

（1）各二级公司每季、各矿每月至少召开一次防突办公会，公司总经理、矿长组织，总工程师和有关人员参加。矿总工程师每月复审一次防突措施，掌握动态，分析问题，做到心中有数。

（2）二级公司、矿要认真抓好防治煤与瓦斯突出技术管理的基础工作。要建立和完善四个图板、四个台账、一个卡片、一个案例。

四图板：瓦斯地质图；突出煤层采、掘工作面动态图；保护关系图；现场防突施工图板。

四台账：突出煤层考察基本参数台账；煤柱台账；瓦斯抽放台账；防突设备仪表使用及完好台账。

一卡片：煤与瓦斯突出卡片。

一个案例：突出后的案例分析。

（3）突出矿井的管理人员和井下工作人员必须接受防治突出知识的培训，熟悉突出的预兆和防治突出的基本知识，经考试合格后方准上岗。

对各类人员的培训要求：

①突出矿井的井下工作人员的培训包括防治突出的基本知识和规章制度，（突出预兆、防治突出措施和安全防护措施等）。

②在突出煤层中工作的队长应由从事突出煤层采掘工作不少于3年的人员担任。

③对突出矿井工作的队长、班组长和有关职能部门的工作人员，培训的主要内容应包括有关突出的危害及突出发生的规律，区域和局部的突出危险性预测、防治突出措施、防治突出措施效果检验方法和安全防护措施，防突的规章制度等内容。

④突出矿井的防突员是特殊工种人员，必须每年接受一次煤矿三级及以上安全培训机构组织的防突知识、操作技能的专项培训；培训的主要内容为防突的理论知识、突出发生的规律、区域和局部综合防突措施以及有关防突的规章制度等。

⑤有突出矿井的煤矿企业和突出矿井的主要负责人、技术负责人应当接受煤矿二级及以上培训机构组织的防突专项培训。专项培训的主要内容为防突的理论知识和实践知识、突出发生的规律、区域和局部综合防突措施以及防突的规章制度等内容。

⑥矿井采、掘工程技术人员，采掘区、队长由二级公司负责进行“防突知识”培训。

⑦采、掘、机、通、运工人“防突知识”培训由矿组织培训，经考试合格后方可上岗工作。

⑧凡未经培训取得合格证者，不得担任相应职务。

（4）突出矿井在编制年度、季度、月生产计划的同时，必须编制年度、季度、月的防治突出措施计划，保证抽、掘、采平衡。

2. 区域综合防突措施管理工作标准

1）基本要求

（1）突出矿井应做好防突工程的计划和实施，将预抽煤层瓦斯、保护层开采等工程与矿井采掘部署、工程接替等统一安排，合理布置，确保在突出煤层采掘前实施区域防突措施。

（2）对已确切掌握煤层突出危险区域的分布规律，并有可靠的预测资料的，区域预测工作可由矿技术负责人组织实施；否则，应当委托有煤与瓦斯突出危险性鉴定资质的单位进行区域预测。区域预测结果应当由集团公司技术负责人批准确认。

2）区域预测

瓦斯压力、瓦斯含量等参数的测定点应根据具体情况和条件分别布置；每一采区、每一区段以石门为界一翼为一地质单元，同一地质单元内沿煤层走向不少于2个，沿倾向不少于3个测试点。且最大埋深位置必须有测试点。

煤层瓦斯压力、瓦斯含量预测临界值见表5－2－7。

表5－2－7　煤层瓦斯压力、瓦斯含量预测临界值

瓦斯压力 P/MPa	瓦斯含量 W/($m^3 \cdot t^{-1}$)	区域类别
＜0.74	＜8	无突出危险区
除上述情况以外的其他情况		突出危险区

3）区域防突措施

（1）保护层开采。

①坚持保护层开采，保护层开采必须到位，采空区内不得留设煤柱，确需留设煤柱必须经集团公司总工程师批准，并做好记录，并标在采掘工程及瓦斯地质图上，每个被保护层的瓦斯地质图应标出煤（岩）柱的影响范围，在这个范围内进行采掘工作前，首先采取预抽煤层瓦斯区域防突措施。

②正在开采的保护层工作面必须超前于被保护层的掘进工作面，其超前距离不得小于保护层与被保护层层间垂距的3倍，并且不得小于100 m。

③保护层和被保护层开采设计依据的保护层有效保护范围等有关参数应根据试验考察确定，并报集团公司技术负责人批准后执行。

（2）预抽煤层瓦斯。

①穿层钻孔或顺层钻孔预抽区段煤层瓦斯，钻孔必须控制区段内的整个开采块段、两侧回采巷道及其外侧一定范围内的煤层。钻孔控制回采巷道外侧的范围是：倾斜、急倾斜煤层上帮轮廓线外至少20 m、下帮至少10 m，其他为巷道两侧轮廓线外至少各15 m。

②穿层钻孔预抽煤巷条带煤层瓦斯，钻孔应控制整条煤层巷道及其两侧一定范围内的煤层，钻孔控制巷道外侧的范围是：倾斜、急倾斜煤层上帮轮廓线外至少20 m、下帮至少10 m，其他为巷道两侧轮廓线外至少各15 m。符合《煤矿安全规程》第二百一十条要求，能够施工顺层钻孔预抽煤巷条带瓦斯作为区域消突措施的，钻孔应控制的条带长度不小于60 m。

③顺层钻孔或穿层钻孔预抽回采区域煤层瓦斯区域防突措施的钻孔应当控制整个开采块段的煤

层。

④穿层钻孔预抽石门应当在揭煤工作面距煤层的最小法向距离 7 m 以前实施，（在构造破坏带应适当加大距离）。钻孔的最小控制范围是：石门揭煤处巷道轮廓线外 12 m、底部或下帮 6 m，同时还应保证控制范围的外边缘到巷道轮廓线的最小距离不小于 5 m。

⑤煤巷掘进和回采工作面在预抽防突效果有效的区域内作业时，工作面距未预抽或预抽防突效果无效范围的边界不得小于 20 m。

⑥预抽煤层瓦斯钻孔应在整个预抽区域内均匀布置，钻孔间距应根据实际考察的煤层有效抽放半径确定。

⑦施工顺层钻孔预抽煤巷条带瓦斯作为区域防突措施的严格执行《煤矿安全规程》第二百一十条的规定要求。

⑧预抽瓦斯钻孔封堵必须严密。穿层钻孔的封孔长度不得小于 12 m，顺层钻孔的封孔长度不得小于 12 m。

4）区域措施效果检验

（1）开采保护层、预抽煤层瓦斯的区域效果检验主要采用残余瓦斯压力、残余瓦斯含量进行判断，若被保护区域实测的最大残余瓦斯压力（P）小于 0.74 MPa、瓦斯含量（W）小于 8 m^3/t，为无突出危险区。否则，仍为突出危险区，保护效果、预抽防突效果无效。

（2）采用预抽煤层瓦斯区域防突措施时，采用残余瓦斯压力、残余瓦斯含量指标对穿层钻孔、顺层钻孔预抽煤巷条带煤层、穿层钻孔预抽石门揭煤区域煤层瓦斯区域防突措施进行检验时，必须依据实际的直接测定值。

（3）当采用钻屑瓦斯解吸指标对穿层钻孔预抽石门揭煤区域煤层瓦斯区域防突措施进行检验时，必须实测 K_1 或 Δh_2 值，严格执行《防治煤与瓦斯突出细则》第八十八条规定进行效果检验，实测值全部小于临界值，且未发现其他异常情况，则为无突出危险区，否则，即为突出危险区，预抽防突效果无效。

（4）采用直接测定煤层残余瓦斯压力或残余瓦斯含量等参数进行预抽煤层瓦斯区域措施效果检验时，应当符合《防治煤与瓦斯突出细则》第七十二条规定要求。

5）区域验证

（1）在石门揭煤工作面对无突出危险区进行的区域验证，采用石门揭煤工作面突出危险性预测方法进行。

（2）在煤巷掘进和回采工作面采用工作面预测方法对无突出危险区进行区域验证时，应按照下列要求进行：

①在工作面进入该区域时应立即连续进行至少两次区域验证；

②工作面每推进 10～50 m 至少进行两次区域验证；

③在构造破坏带连续进行区域验证；

④煤巷掘进工作面应至少打 1 个超前距不小于 10 m 的超前钻孔探测地质构造和观察突出预兆。

（3）当区域验证为无突出危险时，采取安全防护措施后进行采掘作业。

（4）只要有 1 次区域验证为有突出危险或超前钻孔等发现了突出预兆，则该区域以后的采掘作业均应当执行局部综合防突措施。

3. 局部综合防突措施管理工作标准

1）基本要求

（1）局部综合防突措施的施工、预测、防突措施、效果检验、安全防护设施的安装等均由各矿井专业防突队伍执行。

（2）突出危险工作面必须采取工作面防突措施，并进行措施效果检验。经检验证实措施有效后，即判定为无突出危险工作面；当措施无效时，仍为突出危险工作面，必须采取补充防突措施，并再次进行措施效果检验，直到措施有效。

（3）无突出危险工作面必须在采取安全防护措施并保留足够的突出预测超前距或防突措施超前距的条件下进行采掘作业。

①煤巷掘进和回采工作面应保留的最小预测超前距均为 2 m。

②工作面应保留的最小措施超前距为：煤巷掘进工作面 5 m，采煤工作面 3 m；在地质构造破坏严重地带应适当增加超前距，但煤巷掘进工作面不小于 7 m，采煤工作面不小于 5 m。

2）石门揭煤工作面

（1）石门揭穿突出煤层前，必须准确控制煤层层位，掌握煤层的赋存位置、形态。

（2）在揭煤工作面掘进至距煤层最小法向距离 10 m 之前，应当至少打两个穿透煤层全厚且进入顶（底）板不小于 0.5 m 的前探钻孔，并详细记录岩芯资料。

（3）在地质构造复杂、岩石破碎的区域，揭煤工作面掘进至距煤层最小法向距离 20 m 之前必须布置一定数量的前探钻孔，以保证能确切掌握煤层厚度、倾角变化、地质构造和瓦斯情况。

（4）石门工作面从距突出煤层底（顶）板的最小法向距离 5 m 开始到穿过煤层进入顶（底）板 2 m（最小法向距离）的过程均属于揭煤作业。揭煤作业前应编制石门揭煤的专项防突设计，报二级公司技术负责人批准。

（5）石门揭煤工作面的突出危险性预测必须在距突出煤层最小法向距离 5 m 前进行。

（6）石门采用远距离爆破揭开突出煤层时，揭煤工作面与煤层间的最小法向距离为 2 m。

（7）当石门揭穿厚度小于 0.3 m 的突出煤层时，可直接用远距离爆破方式揭穿煤层。

（8）采用钻屑瓦斯解吸指标法预测石门揭煤工作面突出危险性时，由工作面向煤层的适当位置至少打 3 个钻孔，测定瓦斯解吸指标 K_1 或 Δh_2 值。

（9）石门揭煤工作面的防突措施可采取预抽瓦斯、排放钻孔、金属骨架等措施。

（10）石门揭煤工作面进行防突措施效果检验时，采用钻屑瓦斯解吸指标法，检验孔数不得少于 5 个，分别位于石门的上部、中部、下部和两侧。

3）煤巷掘进工作面

（1）煤巷掘进工作面必须进行预测，未进行预测，不允许作业。

（2）工作面预测时，在近水平、缓倾斜煤层工作面应向前方煤体至少施工 3 个、在倾斜或急倾斜煤层至少施工 2 个直径 42 mm、孔深 8～10 m 的钻孔，测定钻屑瓦斯解吸指标和钻屑量。钻孔应尽可能布置在软分层中，一个钻孔位于掘进巷道断面中部，并平行于掘进方向，其他钻孔的终孔点应位于巷道断面两侧轮廓线外 2～4 m 处。

（3）当预测值超过突出临界值或最大钻屑量大于 5.4 L/m（6 kg · m^{-1}）时，必须按照该工作面的防突《设计》或《措施》施工钻孔进行排放或抽放，预抽或排放钻孔孔数、孔底间距等，应根据钻孔的有效预抽或排放半径确定。

（4）实施防突措施后，煤巷掘进工作面应保留的最小措施超前距为 5 m，在地质构造破坏严重地带应适当增加超前距，不小于 7 m。当效果检验孔的投影长度小于防突措施孔时，同时保留不小于 2 m 投影长度的效果检验超前距。

（5）效检孔应不少于 3 个，深度应小于或等于防突措施钻孔，并应布置于所在部位钻孔密度相对较小、孔间距相对较大的位置。

（6）效果检验指标必须是 Δh_2（200）小于临界值指标和最大钻屑量不大于 5.4 L/m（6 kg · m^{-1}），且未发现其他异常情况，则措施有效；否则，还需实施防突措施，直至效果检验符合要求方可安排掘进作业。

4）采煤工作面

（1）采煤工作面预测，沿采煤工作面每隔 10～15 m 布置一个预测钻孔，深度 5～10 m。

（2）实施防突措施后，回采工作面应保留的最小措施超前距为 3 m，在地质构造破坏严重地带应适当增加超前距，不小于 5 m，当效果检验孔的投影长度小于防突措施孔时，同时保留不小于 2 m 投影长度的效果检验超前距。

（3）防突措施效果的检验，应沿采煤工作面每隔 10～15 m 布置一个检验钻孔，并且应布置于所在措施钻孔密度相对较小、孔间距相对较大的位置，检验孔深度应小于或等于防突措施钻孔。

（4）实施防突措施后，采煤工作面应保留的最小措施超前距为 3 m，在地质构造破坏严重地带应适当增加超前距，不小于 5 m，当效果检验孔的投影长度小于防突措施孔时，同时保留不小于 2 m 投影长度的效果检验超前距。

（5）采煤工作面防突措施效果的检验应当参照采煤工作面突出危险性预测的方法和指标实施。但应当闫采煤工作面每隔 10～15 m 布置一个检验钻孔，深度应当小于或等于防突效果钻孔。

（6）效果检验指标必须是 Δh_2（200）小于临界值指标和最大钻屑量不大于 5.4 L/m（6 kg · m^{-1}），且未发现其他异常情况，则措施有效；否则，还需实施防突措施，直至效果检验符合要求方可安排回采作业。

5）安全防护设施

（1）安全防护设施包括：避难硐室、反向风门、压风自救等。

（2）每一采区、每一区段至少设置一个避灾硐室，硐室设置向外开启的隔离门，室内净高不得低于 2 m，至少应能满足 15 人避难，且每人使用面积不得少于 0.5 m^2。并设有与矿（井）调度室直通的电话；安设供水管、安设供给空气的设施，每人供风量不得少于 0.3 m^3/min。根据设计的最多避难人数配备足够数量的隔离式自救器。掘进工作面距离超过 500 m 的巷道内必须设置工作面设置避难所。

（3）突出煤层的石门揭煤和煤巷掘进工作面进风侧，必须设置至少 2 道牢固可靠的反向风门，风门之间的距离不得小于 4 m。反向风门距工作面回风巷不得小于 10 m。与工作面的最近距离不得小于 70 m，如小于 70 m 时应设置至少 3 道反向风门。

（4）煤巷掘进工作面采用远距离爆破时，爆破地点必须设在进风侧反向风门之外的全风压通风的新鲜风流中或避灾硐室内，爆破地点距工作面的距离由矿总工程师根据具体情况确定，煤巷掘进工作面不得小于 300 m；采煤工作面不得小于 100 m。

远距离爆破时，回风系统必须停电、撤人。爆破后进入工作面检查的时间由矿总工程师根据情况确定，但不得少于 30 min。

（5）压风自救装置安装距采掘工作面 25～40 m 的巷道内、爆破地点、撤离人员与警戒人员所在的位置以及回风道有人作业处等至少设置一组压风自救装置。在长距离的掘进巷道中，应根据实际情况增加设置。压风自救装置安装离地高度 1.2～1.5 m，总阀门必须打开，分阀门关闭。

2.1.6　矿井防灭火管理工作标准

1. 煤层自燃倾向性鉴定采样方法管理工作标准

1）一般要求

（1）本采样方法适用于色谱吸氧鉴定法煤样的采取。

（2）矿井设计、延深新水平之前，必须对所有开采煤层采取有代表性的原始煤样进行自燃倾向性鉴定。

2）技术要求

（1）新采煤层首次采样进行自燃倾向性鉴定时，必须在同一煤层的不同地点采取 2～3 个煤样进行鉴定。

（2）采样地点符合下述情况之一时应分别加采煤样，并描述采样地点的具体情况：

①地质构造复杂、破坏严重（如有褶曲、断层等造成破坏带及岩浆侵入等情况）的地带；

②煤岩成分在煤层中分布状态明显，如镜煤和亮煤集中存在，并含有丝炭的地点；

③煤层中富含黄铁矿的地点。

（3）采取矸石堆样品或在露天矿采样时，应按有关规定布置采样点，采取有代表性的煤样，开采台阶较高时要在有代表性的区段上采样。

（4）采样时，先把煤层表面受氧化的部分剥去，再将采样点前面的底板清理干净，铺上帆布或塑料布，然后沿工作面垂直方向划两条线，两线之间宽度为100～150 mm，在两线之间采下厚度为50 mm的煤作为初采煤样。

（5）把采下的初采煤样打碎到20～30 mm大的粒度，混合均匀，依次按圆锥缩分法，缩分到2 kg左右，作为原煤样装入铁筒（或较厚的塑料袋）中，封严后送试验室或寄运。

（6）地质勘探钻孔取煤芯样时：

①从钻孔中取出煤芯，立即将夹石、泥皮和煤芯研磨烧焦部分等清除，必要时将煤芯用水清洗，但不要泡在水中。

②将清理好的煤芯立即装入铁筒（或厚塑料袋）中，封严送试验室或寄运。

③所取煤芯同样应具有代表性，并注明煤层、厚度和倾角等条件。

（7）每个煤样必须备有两张标签，分别放在装煤样的容器（务必用塑料袋包好，以防受潮）中和贴在容器外，标签按要求填写，字迹要清楚。

（8）标签：

①煤样编号（送样单位样品号）；

②矿井名称；

③煤层名称；

④煤种（按国家分类标准）；

⑤煤层厚度；

⑥煤层倾角；

⑦采煤方法；

⑧自然发火期（经验发火期）；

⑨采样地点；

⑩采样日期、采样人。

2. 火灾预测预报管理工作标准

1）一般要求

（1）开采容易自燃和自燃煤层的矿井，必须进行火灾人工预测预报和束管监测预报。

（2）井下易发生自燃火灾的地点包括：采煤工作面采空区、封闭的采空区、停采线、开切眼、进回风巷的煤柱内或帮处、构造带、通风设施附近、溜煤眼、瓦斯抽放钻孔、高温地点等地点区域。

（3）对采煤工作面、采区回风巷及其他可能发火的地点的温度和一氧化碳等其他气体成分每班检查一次。

（4）根据开采设计对可能发火的地点设置自然发火观测站或观测点，每周至少取样分析一次。

（5）对异常地点随时检查、取样化验分析，及时掌握异常点的气体变化情况。

2）束管监测系统技术要求

（1）束管监测系统应连续稳定运行。

（2）束管监测系统可对检测点气样的综合气体成分进行分析，包括一氧化碳（CO）、甲烷（CH_4）、二氧化碳（CO_2）、氧气（O_2）、氢气（H_2）、乙炔（C_2H_2）、乙烯（C_2H_4）、乙烷（C_2H_6）、氮气（N_2），并可自动输出每路束管气体的分析结果。

（3）束管监测点的布置应满足以下原则：

①采、掘工作面有明显升温征兆的区域必须设监测点；

②火区、采空区密闭必须设监测点；

③其他开采设计中规定的发火地点；

④测点应布置在高负压区，从全负压角度考虑，只要漏风风流经过易自然发火处，则负压最高处最容易反映煤自然发火隐患处的真实情况；

⑤测点处应能够有效排除炮烟的影响，井下爆破产生的炮烟中含有大量的CO，若其流经测点，则会对监测结果造成很大的影响；

⑥测点处应具有恒定的漏风量，防止风流变化对气体的分析造成影响。

（4）束管敷设应满足以下原则：

①巷道内的束管敷设高度一般不低于1.8 m，束管用挂钩吊挂；

②束管的敷设应平、直、稳；

③束管管线与动力电缆线路之间的距离一般应不小于0.5 m，同时要避免同其他管线交叉；

④束管入口处必须安设滤尘器，应悬挂固定。高度、位置由各单位根据实际情况自定；

⑤整条束管一般至少要安设3个贮/放水器。

（5）束管的维护。

①堵塞的主要原因：矿尘和冷凝水的积聚；解决方法：应在井下取样点进气口、传感器或分析器气样入口等处安设粉尘过滤器。从吸气口至井底的束管管路中还需设置吸湿器，安装数量应根据吸气口和束管沿途的温度差而定，一般不能少于3个。

②漏气的主要原因：束管接头和抽气负压的影响；解决方法：束管与束管间可用直径为10 mm的铜管连接，所有接口均用环氧树脂封闭。

③防冻：还应采取措施防止从钻孔到分析室的束管因冬季地面气温低造成结露冻结。

（6）束管监测系统连续运行可将监测数据以日报、月报和趋势曲线的形式显示或打印。

（7）当检测点的有毒有害气体成分超过《煤矿安全规程》的规定时，要自动报警提示。

（8）束管监测系统要随时对检测地点的自然发火危险性和气体爆炸性进行分析和判别。

3）其他要求

（1）每周监测点束管监测报表与人工取样分析数据进行比较，数据误差不得超过10%。

（2）束管监测分析室必须专人值班，并当日将束管系统监测日报送相关部门科室。

（3）束管监测报表和化验报表要由通风科长或技术主管签字审核。

（4）矿井要根据易发生自然火灾的地点人工检查结果和监测结果进行分析，每月要有一份火情分析报告。发现问题及时向值班领导汇报，确定有发火征兆时，必须立即向矿有关领导汇报，以便及时采取有效措施处理。

3. 预防矿井外因火灾管理工作标准

1）一般要求

矿井外因火灾一般发生在井下机电硐室、采掘工作面和有电缆的木支架及井口附近等地方。

2）技术要求

（1）木料场、矸石山等堆放场距离进风井不得小于80 m；木料场距离矸石山不得小于50 m。

（2）矿井的永久井架和井口房，以井口为中心的联合建筑，必须用不燃性材料建筑。在井下和井口房，严禁采用可燃性材料搭设临时操作间或休息间。

进风井口应当装设防火铁门，如果不设防火铁门，必须有防止烟火进入矿井的安全措施。

（3）井筒、各水平的连接处及井底车场、主要绞车道与主要进回风巷的连接处、井下机电硐室，主要巷道内的带式输送机的机头前后两端各20 m范围内，都必须用不燃性材料支护。

（4）暖风道和压入式通风的风硐必须用不燃性材料砌筑，并应至少装设 2 道防火门。

（5）井口、主扇房及瓦斯抽放泵房附近 20 m 内不得有烟火或火炉取暖，严格入井检查制度，严禁携带烟草和引火物入井。

（6）井下和井口房不得从事电、气焊和喷灯焊。井口房、井下硐室及主要进风巷需进行焊接工作时，必须制定安全措施并严格按措施要求进行。

（7）矿井必须设地面消防水池和井下消防管路系统，井下消防管路系统应当敷设到采掘工作面，每隔 100 m 设置支管和三通阀门，但在带式输送机巷道中应当每隔 50 m 设置支管和三通阀门。回采工作面进、回风巷的消防水管末端距工作面煤壁不得超过 20 m，末端用胶管接至采面，并保证上下胶管能在采面中部、相交。

（8）井下使用的电缆、皮带必须阻燃，风筒、塑料管必须抗静电和阻燃，否则严禁入井。

（9）井下严禁存放汽油、煤油和变压器油。井下使用的润滑油、棉纱、布头和纸等必须存放在盖严的铁桶内，并由专人定期送地面处理。井下清洗电动工具时，必须在专用硐室进行，并必须使用不燃性和无毒性洗涤剂。

（10）严禁向地面裂缝、废弃的井口或其他通向井下的通道口倾倒炉灰、棉纱、布头和油类等可燃物。

（11）井下爆破，应当采用正向装药，正向起爆，采用反向爆破必须制定安全技术措施。炮眼深度要符合规程，最小抵抗线要满足，坚持按规定使用水炮泥，炮眼剩余部分用黄泥填满，一次装药，一次起爆，严禁爆破母线出现明接头，严禁使用爆破器以外的其他装置进行爆破，严禁放糊炮、明炮和利用残眼、钻孔装药爆破。

（12）半煤岩巷、煤巷的爆破母线与雷管脚线以及雷管脚线之间连接处必须用绝缘电工胶布包扎，杜绝明接头。

（13）必须对井下电气设备定期进行检查，保证完好，避免其出现电火花引燃物而产生火灾。井下电气设备必须有防雷电和防短路的保护装置，严禁带电检修、搬迁电气设备。

（14）采煤工作面在开采过程中，尽可能做到不留顶煤，不丢浮煤。

（15）井下爆炸材料库、机电设备硐室、检修硐室、材料库、井底车场、使用带式输送机或液力耦合器的巷道、采掘工作面附近的巷道中，必须配备灭火器材，其数量、规格和存放地点，应在灾害预防和处理计划中明确规定。

（16）井下爆炸材料库、机电设备硐室、检修硐室、材料库的支护和风门、风窗必须采用不燃性材料。

（17）矿井使用的凝胶、阻化剂及进行填充、堵漏、加固用的高分子材料，应当对其安全性和环保性进行评估，并制定安全监测制度和防范措施。

3）其他要求

（1）每季度应当对井上、下消防管路系统、防火门、消防材料库和消防器材的设置情况进行 1 次检查，发现问题，及时解决。

（2）矿井所有工作人员都要贯彻学习防灭火的有关知识，掌握灭火器材的使用方法和自己工作区域内灭火器材的存放地点，发生火灾时的避灾路线等。

4. 预防矿井内因火灾管理工作标准

1）一般要求

（1）矿井设计、延深新水平之前，必须对所有煤层的煤样进行自燃倾向性鉴定。

（2）开采容易自燃和自燃煤层的矿井，必须编制矿井防灭火专项设计，采取综合预防煤层自然发火的措施。

（3）开采容易自燃和自燃煤层的矿井，必须开展自然发火监测工作，建立自然发火系统，确定煤层自然发火标志气体及临界值，健全自然发火预测预报及管理制度。

2）技术要求

(1) 开采容易自燃和自燃煤层时，采区设计应采用后退式，采煤工作面必须采用后退式开采，采煤工作面要选择丢煤少、漏风小、回采速度快的采煤方法。一般应采用后退式长壁一次采全高采煤方法。

(2) 开采容易自燃和自燃煤层时，在采（盘）区开采设计中，必须预先选定构筑防火门的位置。当采煤工作面通风系统形成后，必须按设计构筑防火门墙，并储备足够数量的封闭防火门的材料。

(3) 在容易自燃和自燃煤层中掘进的巷道，禁止空帮、空顶，禁止堆积浮煤。较大的冒落空洞（冒高超过 2 m 或空洞体积超过 6 m^3 者）和突出空洞均要进行防火处理。

(4) 开采容易自燃和自燃煤层必须选择有利于防止自然发火的巷道布置和支护形式。回风井、采区运输大巷、回风大巷必须进行砌碹或锚喷。

(5) 已经报废或无用的井巷均应及时充填或封闭，尽可能减少角联通风系统巷道的存在，以简化通风系统和保持通风系统风流的稳定性。

(6) 开采容易自燃和自燃煤层所有采、掘工作面都必须仔细统计煤层的自然发火期。

(7) 井下消防管路系统要完善（可与防尘管路系统共用），水源总控阀门应接在进风巷，井下大巷消防管路必须每隔 100 m 设置支管和三通阀门（阀门必须能开关），带式输送机巷道中必须每隔 50 m 支管和三通阀门，在井下各硐室进风口前后 10 m 范围设置三通阀门，主要硐室要配备消防器材，并定期检修、维护。

(8) 要定期对矿井压能分布状况进行分析，消除高阻区对火区和采空区的影响。采区内阻力损失不宜超过 600 Pa，回采工作面阻力损失不宜超过 200 Pa。

(9) 依照矿井压能分布规律正确选择风门、风窗、密闭等通风设施的位置，以尽可能降低采空区、火区和煤柱裂隙处的漏风压差，减小漏风量。各种设施的阻力不宜超过 100 Pa。

(10) 采煤工作面结束后，必须在 45 天内全部撤出设备、材料，对采空区进行永久防火封闭。

(11) 对因撤架等原因造成不能按时封闭或停采长期供风的工作面，必须制定相应的防灭火措施报二级公司审批。

(12) 封闭火区时，应当合理确定封闭范围，必须指定专人检查甲烷、氧气、一氧化碳、煤尘以及其他有害气体浓度和风向、风量的变化，并采取防止瓦斯、煤尘爆炸和人员中毒的安全措施。

3）其他要求

(1) 对受原小煤窑影响的矿井，各矿必须详细掌握小煤窑的开采范围、通风方式及发火情况，以便及早在本矿井受影响区域采取有效的预防措施，防止突然受到原小窑灾变威胁，影响矿井安全生产。

(2) 各矿对废弃的溜煤眼、暗斜井和风眼必须进行层间永久性封堵和充填，以防止自身发火及层间火灾气体的扩散。

(3) 采用放顶煤采煤法开采容易自燃和自燃的厚及特厚煤层时，必须编制专项防止采空区自然发火措施，报矿总工程师审批。

(4) 开采自燃火灾严重的采区或工作面，应考虑建立局部反风系统，并每年由矿长组织进行一次局部反风演习。

(5) 加强对现有防灭火系统的管理，要充分发挥其防灭火作用，并要及时填写记录。当防灭火系统需要报废时，必须报二级公司审定，经现场核实认可后，方可拆除。

(6) 矿井井下工作人员都要贯彻学习防灭火的有关知识，熟悉煤炭自然发火预兆，掌握灭火器材的使用方法和自己工作区域内灭火器材的存放地点，发生火灾时的避灾路线等。

5. 实施防灭火措施管理工作标准

1）一般要求

（1）在矿井、采区、工作面设计中，必须按照预防自然发火和应急灾害处理时的需要进行防灭火系统设计。矿井防灭火设计由集团公司组织审批。

（2）防灭火系统的数量、能力必须满足矿井防灭火工作的需要，并能覆盖矿井所有可能发火的区域。

（3）灌浆系统、注氮系统、供水系统等防灭火系统必须可靠，并符合设计要求。

（4）防灭火系统和设施应建立台账，并绘制矿井防灭火系统图（包括供水管路系统、灌浆管路系统、注氮管路系统、束管监测布置系统等），并在系统图上标注防灭火设施的位置。

（5）指定专人定期对防灭火系统和设施进行检查，发现问题，及时进行处理。

（6）现场的防灭火系统和设施应设有醒目的标志，并备有足够的防灭火材料，如促凝剂、凝胶、粉煤灰、土源、水源、阻化剂及各种管路等。

（7）建立一套完善的防灭火系统和设施管理制度及奖罚办法。

2）灌浆防灭火技术要求

（1）灌浆材料的来源必须广泛，能够满足防灭火需要。

（2）编制专门的灌浆防灭火方案设计，其中包括矿井概况、火区或采空区发火隐患分析、灌浆系统设计（灌浆方式、预计灌浆量、供水能力、输浆能力、设备选型）、组织机构及安全措施等。

（3）防灭火灌浆作业方式必须在作业规程中明确规定。落实灌浆地点、时间、进度、灌浆量和灌浆浓度必须满足防灭火需要。

（4）对于采区始采线、终采线、上下煤柱线内的采空区，应当加强防火灌浆。

（5）应当有灌浆前疏水和灌浆后防止溃浆、透水的措施。

（6）灌浆系统要尽可能采用集中式灌浆，采用钻孔灌浆时要对钻孔的布置进行设计，保证钻孔的精度。

（7）对一氧化碳涌出区域灌浆时，必须保证灌浆的连续性（包括冬季），严禁灌灌停停。

（8）加强对灌浆防灭火系统的维护管理，要充分发挥其防灭火作用，认真填写灌浆记录。

（9）在灌浆区下部进行采掘前，必须查明灌浆区内的浆水积存情况。发现积存浆水，必须在采掘之前放出；在未放出前，严禁在灌浆区下部进行采掘作业。

3）注氮防灭火技术要求

（1）编制专门的注氮防灭火方案设计，其中包括：矿井概况、火区或采空区发火隐患分析、注氮系统设计（注氮工艺和方法、预计注氮量、氮气浓度、供氮压力、输氮管路选取和铺设、设备选型）、组织机构及安全措施等。

（2）根据具体条件，可采用埋管注氮、拖管注氮、钻孔注氮、插管注氮和密闭注氮等。

（3）工作面采空区注氮防火的注氮管口应处于采空区氧化带内。防灭火注氮地点应尽可能选择在进风侧或靠近火源。

（4）注氮防灭火必须做到：

①氮气源稳定可靠。

②注入的氮气浓度不小于97%。

③至少有1套专用的氮气输送管路系统及其附属安全设施。

④有能连续监测采空区气体成分变化的监测系统。

⑤有固定或者移动的温度观测站（点）和监测手段。

⑥采空区的上、下隅角必须及时封堵。

⑦采空区注入氮气后，采空区窒息带的氧气浓度不高于7%。

⑧有专人定期进行检测、分析和整理有关记录、发现问题及时报告处理等规章制度。

（5）注氮过程中，工作场所要提供足够的风量保证氧气浓度不得低于19%，否则应立即停止作业撤除人员，同时降低注氮流量或停止注氮。

（6）建立注氮防灭火记录。包括：注氮地点、注氮时间、注氮量、注氮扩散半径、注氮口移动步距等内容。同时注意考察注氮前、后采空区三带的变化情况。

（7）为了保证注氮防灭火的效果，宜对注氮的区域采取均压措施，并采取严格的堵漏措施以及有效的火灾监测，使防灭火区域的漏风量降到最低限度。

（8）采空区惰化防火氧气浓度指标不大于煤自燃临界氧浓度，其值由气相色谱吸氧法测定；惰化灭火氧浓度指标不大于3%；惰化抑制瓦斯爆炸氧浓度指标应小于12%。

（9）扑灭瓦斯积聚区的火灾，需建立防爆墙。注氮的同时，取样分析灾区气体成分变化，并根据甲烷浓度、氧气浓度进行失爆性的判断。

4）阻化剂防灭火技术要求

（1）选用的阻化剂材料不得污染井下空气和危害人体健康。

（2）编制专门的阻化剂防灭火设计，对阻化剂的种类和数量、阻化效果等主要参数做出明确规定。

（3）应当采取防止阻化剂腐蚀机械设备、支架等金属构件的措施。

（4）认真做好喷洒阻化剂记录。

6. 井下电焊、气焊和喷灯焊接等作业管理工作标准

（1）原则上井下和井口房内不得进行电焊、气焊和喷灯焊接等作业，如果必须在井下主要硐室、主要进风井巷和井口房内进行电气焊作业，每次必须制定专门的安全技术措施，报二级公司总工程师批准后执行。

（2）矿井主要回风井巷及回采、掘进工作面严禁进行电焊、气焊和喷灯焊接等作业。

（3）必须指定专人在现场检查和监督。

（4）电焊、气焊和喷灯焊接等施工地点前后两端10 m井巷范围内应是不燃性材料支护，并必须有供水管路，有专人负责喷水，焊接前应当清理或者隔离焊渣飞溅区域内的可燃物。

（5）施工现场至少备有2个灭火器。

（6）在井口房、井筒和倾斜巷道内进行电焊、气焊和喷灯焊接等工作时，必须在工作地点的下方用不燃性材料设施接受火星。

（7）工作前必须由瓦斯检查工检查工作地点风流中的瓦斯浓度，瓦斯浓度不得超过0.5%，只有在检查证明作业地点附近20 m范围内巷道顶部和支护背板后无瓦斯积存时，方可进行作业。

（8）施工中瓦斯检查工应每30 min检查一次工作地点风流中的瓦斯浓度，当瓦斯浓度达到0.5%时，应立即停止作业，并用水迅速将焊渣及熔渣冷却。

（9）电焊、气焊和喷灯焊接等施工完毕后，工作地点应再次用水喷洒，并应有专人在工作地点检查1h，发现异常，立即处理。

（10）突出矿井井下进行电焊、气焊和喷灯焊接时，必须停止突出煤层的掘进、回采、钻孔、支护以及其他所有扰动突出煤层的作业。

（11）煤层中未采用砌碹或喷浆封闭的主要硐室和主要进风大巷中，不得进行电焊、气焊和喷灯焊接等工作。

7. 井上、下消防材料库消防材料配备标准

一般要求如下：

（1）井上、下必须设置消防材料库。

（2）井上消防材料库应设在井口附近，并有轨道直达井口，但不得设在井口房内。

（3）井下消防材料库设在每一个生产水平的井底车场或主要运输大巷中，并应装备消防列车。

（4）消防材料库储存的材料、工具的品种和数量应符合表5－2－8、表5－2－9的要求，并且每季度进行检查和更换。消防材料和工具不得挪作他用。

表5－2－8　井上消防材料库主要器材配置

序号	器材名称	规格	配置数量				备注
			单位＼井型	小型	中型	大型	
1	清水泵	流量≥10 m^3/h	台	1	1	1	或存放于设备库中
2	泥水泵	流量≥10 m^3/h	台	1	2	2	
3	消火水龙带	接口与井下消火阀门立柱出口匹配	m	600	700	800	
4	多用消火水枪	接口与消火水龙头口径匹配	支	7	8	9	直流＋喷雾
5	高倍数泡沫发生装置	发泡量≥200 m^3/min	套	1	1	1	或存放于设备库中
6	消防泡沫喷枪	发泡量≥1.5 m^3/min	套	1	2	2	
7	高倍数泡沫剂	发泡倍数≥500	t	0.3	0.4	0.5	
8	消防泡沫剂	发泡倍数≥15	t	0.1	0.2	0.2	
9	风流管	与井下洒水管快速接头匹配	个	2	3	4	
10	集流管	与井下洒水管快速接头匹配	个	1	2	2	
11	消火三通		个	2	3	4	根据井下不同管径分别配备
12	阀门		个	2	3	4	
13	快速接头及盖帽垫圈	与井下洒水管快速接头匹配	套	70	80	90	
14	管钳子	适用于井下各种消防管路	把	4	6	8	
15	折叠式帆布水箱	≥15 L	个	2	2	2	
16	救生绳	长20 m	根	2	3	4	
17	伸缩梯	高度4 m	副	1	1	1	
18	普通剃	绝缘	副	1	2	2	
19	泡沫灭火器	9 L	个	15	20	25	
20	CO_2 灭火器	7 kg	个	6	8	10	
21	干粉灭火器	8 kg	个	6	8	10	
22	喷雾喷嘴	与井下洒水管快速接头匹配	个	2	3	4	
23	泡沫灭火器气泡药瓶	500 mL	个	15	20	25	硫酸铝溶液
		500 mL	个	15	20	25	碳酸氢钠溶液
24	灭火岩粉	粒度＜0.3 mm	kg	300	400	500	
25	石棉毯	≥1 m×1 m	块	3	4	5	
26	风筒布	矿用阻燃	m	300	400	500	
27	水泥	强度等级≥42.5	t	3	4	5	
28	水玻璃	工业级	t	1	1	1	

表5－2－8（续）

序号	器材名称	规格	单位\井型	小型	中型	大型	备注
				配置数量			
29	石灰	普通石灰	t	2	3	4	
30	速接钢管	根据井下不同管径分别配备	节	100	120	150	每节10 m
31	胶管		m	1000	1200	1500	根据井下不同管径分别配备
32	局扇	28 kW	台	2	3	3	
		11 kW	台	2	3	3	
33	接管工具	KJ－20－46	套	2	3	4	
34	单项变压器	容量≥10 kV·A	台	2	3	3	
35	电力开关	QBZ	台	2	3	3	
36	电缆	矿用阻燃	m	300	400	500	
37	玻璃棉		kg	500	800	1000	
38	风镐		台	1	2	2	
39	安全带	承载500 kg	条	3	4	5	
40	镀锌钢丝绳	ϕ12 mm	m	100	150	200	
41	潜水泵		台	1	2	2	或存放于设备库中

表5－2－9　井下消防材料库主要器材配置

序号	器材名称	规格	单位\井型	小型	中型	大型	备注
				配置数量			
1	消火阀门立柱	接口与井下洒水管快速接头匹配	个	2	3	4	
2	消火水龙头	接口与井下洒水管快速接头匹配	m	600	700	800	
3	多用消火水枪	接口与井下洒水管快速接头匹配	支	4	4	4	直流＋喷雾
4	变径管节		个	10	12	14	根据井下不同管径分别配备
5	喷嘴	与井下洒水管快速接头匹配	个	28	28	28	
6	分流管	与井下洒水管快速接头匹配	个	3	3	3	
7	集流管	与井下洒水管快速接头匹配	个	2	2	2	
8	垫圈		套	50	60	70	根据井下不同管径分别配备
9	钢管		m	600	700	800	
10	胶管		m	600	700	800	
11	管钳子	适用于井下各种消防管路	把	2	4	6	管件维修安装

表 5－2－9（续）

序号	器材名称	规格	配置数量				备注
			单位＼井型	小型	中型	大型	
12	接管工具	KJ－20－46	套	2	2	2	
13	救生绳	长 20 m	根	2	3	4	
14	伸缩梯	高度≥4 m	副	1	1	1	
15	泡沫灭火器	9 L	个	15	20	25	
16	CO_2 灭火器	7 kg	个	6	8	10	
17	干粉灭火器	8 kg	个	6	8	10	
18	喷雾喷嘴	与井下洒水管快速接头匹配	个	2	3	4	
19	泡沫灭火器气泡药瓶	500 mL	个	15	20	25	硫酸铝溶液
		500 mL	个	15	20	25	碳酸氢钠溶液
20	灭火岩粉	粒度<0.3 mm	kg	300	400	500	
21	石棉毯	≥1 m×1 m	块	2	3	4	
22	风筒布	矿用阻燃	m	300	400	500	
23	水泥	强度等级≥42.5	t	3	4	5	
24	石灰	普通石灰	t	1	1.5	2	
25	安全带	承载 500 kg	条	3	4	5	
26	绳梯	承载 100 kg	副	2	2	2	
27	镀锌钢丝绳	ϕ12 mm	m	100	150	200	
28	麻袋或塑料编织袋	107 cm×74 cm	条	300	400	500	
29	砖	240 mm×115 mm×53 mm	块	2000	3000	4500	
30	沙子	细沙	m^3	2	2	3	
31	圆木	长 3 m，ϕ10 cm	m^3	1.5	1.5	2	
32	木板	厚 15～30 mm	m^3	3	4	5	
33	铁钉	2″、3″、4″	kg	15	15	20	
34	斧头	防爆铜斧	把	2	2	2	
35	平板锹	铜质	把	3	4	5	
36	手动水泵	流量≥10 m^3/h	台	1	1	1	
37	水桶	50 L	个	3	4	5	
38	矿车	1 t 或 1.5 t 标准矿车	辆	8	8	8	采用轨道运输的矿井配备

8. 火区管理工作标准

1）一般要求

（1）井下火灾无法直接扑灭而予以封闭的区域，称为火区。

（2）每一火区都要按《煤矿安全规程》要求建立火区管理卡片，要按时间顺序予以编号，并绘制火区位置关系图。火区管理卡片和火区位置关系图必须永久保存。

（3）火区管理卡片内容：

①火区基本情况登记（如火区地质、开采情况、火区范围及所采取的灭火措施）。

②防火墙及其观测记录（如密闭墙内外压差、气体浓度、温度、密闭墙完好情况、定期分析判断结果）。

③火区注惰或灌浆及其他灭火记录表。

④火区位置示意图。

（4）火区位置图以通风系统图为基础绘制，即在通风系统图上标明所有火区的边界，防火墙的位置，火源点，漏风路线及防灭火系统布置。在图上标明火区编号、名称、发火时间及性质等。

（5）火区封闭后应积极采取措施加速火区熄灭进程。

（6）火区启封必须由救护队进行，发现有复燃现象必须立即停止启封，重新封闭。

（7）不得在火区的同一煤层的周围进行采掘工作。

2）火区启封技术要求

（1）火区启封的条件。

①火区内的空气温度下降到30 ℃以下，或与火灾发生前该区的日常空气温度相同。

②火区内空气中的氧气浓度降到5.0%以下。

③火区内空气中乙烯、乙炔、一氧化碳浓度在封闭期间内逐渐下降，并稳定在0.001%以下。

④火区的出水温度低于25 ℃或与火灾发生前该区的日常出水温度相同。

上述4项指标持续稳定的时间在1个月以上。

（2）火区启封前侦查，侦查时应遵循的原则。

①侦查工作必须有救护队员严格按照《煤矿救护规程》和《煤矿安全规程》的要求进行。

②具体侦查前，必须重新全面检查一遍火区密闭墙的严密性，并在侦查入口密闭墙外的合适位置建造一道风门。若闭墙严密性不好时，必须处理达标，至少稳定3天后再进行。

③侦查期间，应尽可能地维持火区系统原状，且火区附近的并联分支的通风系统应保持稳定，以防止火灾系统发生大的改变。

④侦查路线应选择最短的、畅通的。并且侦查地点选择内外压差相对较小的密闭处。侦查后确认火区相对安全，具体的启封方法应根据侦查结果选定。

3）常用的火区启封方法应采取锁风启封火区，由救护队员进行启封

（1）锁风启封火区法：是沿着原封闭区的巷道，由外向火源处逐段移动密闭位置，逐渐缩小火区范围，最后在封闭状况下进入着火带而实现火区全部启封的方法。锁风启封时，应按照以下步骤操作：

①在距锁风密闭附近的新鲜风流巷道中设置指挥及应急基地，并按审批措施的要求做好人员的具体分工。

②建造留设便于进出风门的密闭时，应尽可能地预留5～6 m空间，以便于储备应急用的材料和提供较好的人员作业环境。

③救护队员进入新建的临时密闭，关好风门后，在原防火墙上打开便于人员通过的一个缺口，并悬挂好风帘遮住缺口，形成锁风室。防火墙扒下的材料必须靠帮堆放整齐，确保道路畅通。

④救火队员进入原防火墙内，根据救火队员作业时间、作业内容与井下火墙附近基地保持联系的能力和火区内的状况等因素，合理地进行侦查和选择下一道锁风密闭的建造位置。侦查的内容包括：巷道支护安全有效状况、巷道环境、气体成分、温度、压力并取定气样，确定下一道临时密闭的建造位置和构筑材料，有效地处理可能的可燃物，以及用安全合理快速的方法封闭未侦查区域。侦查工作

必须谨慎全面，严禁单人行动，且火区内的各条巷道都必须进行侦查。

⑤救护队员在下一道锁风密闭处构建好新的带风门密闭后，可撤除两道锁风密闭间的原防火墙。打开原锁风密闭风门、开始向里逐渐接风筒适量供风，缓慢排放进行启封。启封排放时，必须先分析火区回风系统是否需要调整及其调整后的安全程度等。若启封区内有多条相通的巷道时，应考虑新鲜风流能够经过相应区域。

（2）启封区排放后，应立即组织力量实施全面洒水等预防降温措施。如此反复，直至火区全部启封完毕。在整个过程中，必须保持下一段被封闭的火区始终处于封闭隔离状态。

（3）火区启封后的3天内，必须由救护队每班进行检查通风工作，并测定水温、空气温度和空气成分。只有在确认火区完成熄灭、通风等情况良好后，方可恢复正常生产工作。

4）火区注销的要求

（1）火区经连续取样分析符合《煤矿安全规程》规定的火区熄灭条件时，由矿总工程师组织有关部门鉴定确认火区已经熄灭，提出火区注销报告，报二级公司审批，报集团公司备案。

（2）火区注销报告内容：

①火区的基本情况；

②灭火总结（包括灭火过程，灭火费用和灭火效果等）；

③火区注销依据与鉴定结果；

（3）火区注销后，要绘制注销火区图，并符合以下要求：

①在1∶5000的井上下对照图上绘制；

②标明治理火区方案或措施的规格、参数；

③注明火区注销范围、时间。

5）其他要求

（1）启封已注销的火区必须编制启封火区安全措施，报二级公司审批。启封已注销火区安全措施应包括以下内容：

①火区基本情况、灭火与注销情况；

②火区侦察顺序与防火墙启封顺序；

③启封时防止人员中毒，防止火区复燃和防止爆炸的通风安全措施。

（2）井田范围内遗留的老火区和小煤窑火区均应予以封闭，按火区加以管理。

2.1.7 矿井防尘管理工作标准

1. 煤尘爆炸性危险性鉴定管理工作标准

（1）新建矿井或生产矿井每延深一个新水平，必须对所开采煤层进行1次煤尘爆炸性鉴定工作，确定其爆炸指数。

（2）煤尘爆炸性危险性鉴定必须由国家授权单位进行鉴定，鉴定结果必须报省级煤炭行业管理部门和煤矿安全监察机构备案。煤矿企业应根据鉴定结果采取相应的安全措施。

（3）高瓦斯、突出矿井所开采煤层每年至少测1次，其余2年至少测1次。

2. 防尘洒水系统管理工作标准

1）井工矿井总体要求

（1）矿井必须建立完善的防尘供水系统，其水质、水压、水量、供水设施及管径符合规定要求。

（2）所有施工单位不得随意拆除或更换供水管路，各施工生产单位要定期按规定加强对供水管路、三通阀门的检查与维护，杜绝漏水现象，确保所有施工地点供水管路有足够的水量、水压。

2）露天矿井总体要求

矿井必须建立完善的防尘供水系统并采取综合防尘措施对各产尘工序进行治理。

（1）设置加水站（池），加水能力满足洒水降尘的最大供给量。

（2）穿孔作业采取捕尘或除尘器除尘等措施。

（3）运输道路采取洒水等降尘措施。

（4）破碎站、转载点等采用喷雾降尘或除尘器除尘。

3）水质

（1）矿井防尘供水系统中应设置过滤装置或采用其他净化方式保证水质清洁。水中悬浮物的含量不得超过30 mg/L，粒径不大于0.3 mm，水的pH值应在6～9范围内。矿井使用井下水源，且水质属严重酸性水，应设立中性化处理设施，水质应符合《煤矿井下消防、洒水设计规范》（GB 50383—2006）的要求。

（2）矿井至少每年必须对防尘水源的水质化验1次，以确保水质符合要求。

4）静压水池

（1）矿井地面建设的永久性水池其容量不得小于200 m^3，且贮水量必须能够满足全矿井防尘供水系统连续2 h的用水量，并设有备用水池，其容量不得小于永久性防尘水池的一半。

（2）水池应安装防冻设施。水池必须有明显的标志，并悬挂水池管理牌。

（3）水池为防尘用水和生活用水共用时，必须制定保证防尘用水量的安全技术措施。

5）管路

（1）矿井必须建立完善的防尘供水系统。主要运输巷、带式输送机斜井与平巷、上山与下山、采区运输巷与回风巷、采煤工作面运输巷与回风巷、掘进巷道、煤仓放煤口、溜煤眼放煤口、卸载点等产生粉尘和有可能粉尘堆积的地点都必须敷设防尘供水管路，并安设支管和阀门。巷道间距小于50 m的联络巷可以不设防尘供水管路。

（2）矿井管路管径根据防尘用水量和用水压力确定：井筒及大巷、采区、采掘工作面的管径不得小于150 mm、100 mm、50 mm。

（3）防尘管路必须安设平直，吊挂牢固（吊挂间距不得大于5 m），小于或等于90度的拐弯要设弯头，不得拐死弯，接头严密不漏水（滴水成线即为漏水）。

（4）采掘巷道管路安设距工作面不得大于50 m，任何洒水管路不得兼作排水管、压风管。

（5）采掘工作面巷口20 m范围内应在防尘管路上设置水质过滤装置，采掘工作面防尘管路末端应安装压力表。

（6）防尘管路应统一刷绿色漆，并标识清楚。

（7）运输巷内应设置自动控制风流净化水幕。

6）阀门

（1）带式输送机、刮板输送机巷道中的管路每隔50 m设一个三通及阀门，其他巷道管路每隔100 m设一个三通及阀门，盘区及以上胶带输送机巷道管路阀门应加装不少于25 m的软胶管。所有带式输送机、链板机转载点处，均要在供水管路上设三通阀门，以便安置转载喷雾。

（2）阀门必须完好、灵活、不冒水，在巷道行人侧安设，并进行编号挂牌管理。

7）压力

防尘供水系统供水压力应满足《煤矿安全规程》对采掘工作面的要求，否则应安设加压装置。

8）其他

（1）消防洒水和防尘供水共用一个系统时，应同时满足两个系统的要求。

（2）矿井要建立健全综合防尘管理制度，必须制定年度综合防尘措施，建立防尘管路台账，绘制矿井防尘系统图。

防尘系统图基本要求：

①在1∶2000通风系统平面图上绘制。

②在图上表明主要通风设施及风流方向。

③标明静压水池的位置、防尘管路布置及管径、长度。

④标明各主要防尘设施的位置、隔爆设施的布置及规格数量。

⑤标明洒水点的布置、动压设备的型号及台数。

⑥标明煤层注水情况。

3. 采煤工作面综合防尘管理工作标准

1）总体要求

（1）采煤工作面应采取煤层注水、采煤机内外喷雾、液压支架喷雾、破碎机喷雾、转载点喷雾、风流净化、清扫冲洗、个人防护等综合防尘措施。工作面宜推广使用粉尘浓度超标自动喷雾系统、红外线追机自动喷雾、采煤机割煤自动加压喷雾系统、机载二次喷雾降尘装置等防尘新技术。

（2）采煤工作面降尘效果应符合以下要求：

①落煤时产尘点下风侧 10 ~ 15 m 处总粉尘降尘效率应大于等于 85%；

②支护时产尘点下风侧 10 ~ 15 m 处总粉尘降尘效率应大于等于 75%；

③放顶煤时产尘点下风侧 10 ~ 15 m 处总粉尘降尘效率应大于等于 75%；

④回风巷距工作面 10 ~ 15 m 处的总粉尘降尘效率应大于等于 75%。

2）煤体注水

（1）采煤工作面必须采取煤层注水防尘措施。有下列情况之一的除外：

①围岩有严重的吸水膨胀性质，注水后易造成顶板垮塌或地板变形；或地质情况复杂、顶板破坏严重，注水后影响采煤安全的煤层。

②注水后会影响采煤安全或造成劳动条件恶化的薄煤层。

③原有自然水分或防灭火灌浆后煤层水分大于 4% 的煤层。

④孔隙率小于 4% 的煤层。

⑤煤层松软、破碎，打钻孔时易塌孔、难成孔的煤层。

⑥采用下行垮落法开采近距离煤层群或分层开采厚煤层，上层或上分层的采空区采取灌水措施时的下一层或下一分层。

（2）工作面注水前要编制注水设计，由矿总工程师审批后纳入工作面作业规程中执行。

（3）注水时要在孔口安设压力计和流量表，注水后要取样分析水分含量，单孔注水总量应使该钻孔预湿煤体的平均水分含量增量大于或等于 1.5%。打钻及注水情况要及时填入“工作面注水管理台账”，经常分析注水效果。

3）采煤机内外喷雾

（1）采煤机必须安装内外喷雾装置，割煤时必须进行喷雾降尘；内喷雾工作压力不得小于 2.0 MPa，外喷雾工作压力不得小于 4.0 MPa。无水或喷雾装置不能正常使用时必须停机。

（2）喷雾系统应与采煤机联动，当喷雾系统工作正常情况下，采煤机方可割煤作业。工作面的高压胶管应有安全防护措施。高压胶管的耐压强度应大于喷雾泵站额定压力的 1.5 倍。

（3）泵站应设置两台喷雾泵，一台使用，一台备用。

4）液压支架喷雾

（1）液压支架和放顶煤采煤工作面的放煤口，必须安装喷雾装置，降柱、移架或放煤时同步喷雾。喷雾系统各部件的设置应有可靠的防止砸坏的措施，并便于从工作面一侧进行安装和维护。

（2）液压支架的喷雾系统，应安设向相邻支架之间进行喷雾的喷嘴；采用放顶煤工艺时应安设向落煤窗口方向喷雾的喷嘴；喷嘴性能应符合《煤矿降尘用喷嘴通用技术条件》（MT/T 240—1997）的规定。

（3）液压支架喷雾系统喷雾压力均不得小于 1.5 MPa。在静压供水的水压达不到喷雾要求时，应设置加压泵站，其供水压力及流量应与液压支架喷嘴参数相匹配。

5）风流净化水幕

采煤工作面进、回风顺槽距工作面30 m内必须设置两道净化水幕，距回风绕道30～50 m安设一道净化水幕；净化水幕要雾化好、灵敏可靠、封闭全断面；采煤工作面回风巷距净化水幕下风侧宜设捕尘网，捕尘网目数应在40～60目范围内。推广使用自动喷雾洒水降尘装置。

6）破碎机喷雾、转载点喷雾

破碎机必须安装防尘罩和喷雾装置或除尘器。破碎机原喷雾不能使用的，应在入料口和出料口各安装一组喷雾，每道喷嘴数量不应小于3个。破碎机的入料口和出料口应用挡帘封闭，减少粉尘扩散。

转载点应设防尘罩，罩内设喷雾装置，应钢化固定，喷雾能覆盖落煤点。转载点落差宜小于或等于0.5 m，若超过0.5 m时，应安装溜槽或导向板。喷雾阀门距司机位置不大于5 m，且在人行道侧。

7）爆破喷雾

工作面爆破作业时，必须湿式打眼，使用水炮泥，炮前、后冲洗等措施，爆破喷雾采用自动喷雾装置。

8）个人防护

工作面作业人员必须佩戴个体防尘用具。

4. 掘进工作面综合防尘管理工作标准

1）总体要求

（1）掘进工作面应采取机组内外喷雾、湿式钻眼、冲洗巷道、水炮泥、爆破自动喷雾、装岩（煤）洒水、净化风流和个人防护等综合防尘措施。巷道风速应符合《煤矿安全规程》规定。

（2）掘进工作面应采取粉尘综合治理措施，并应符合以下要求：

①高瓦斯、突出矿井的掘进机司机工作地点和机组后回风侧总粉尘降尘效率应大于等于85%，呼吸性粉尘降尘效率应大于等于70%；

②低瓦斯矿井的掘进机司机工作地点和机组后回风侧总粉尘降尘效率应大于等于90%，呼吸性粉尘降尘效率应大于等于75%；

③钻眼工作地点的总粉尘降尘效率应大于等于85%，呼吸性粉尘降尘效率应大于等于80%；

④爆破15 min后工作地点的总粉尘降尘效率应大于或等于95%，呼吸性粉尘降尘效率应大于或等于80%。

2）掘进机内外喷雾

（1）掘进机作业时，应当使用内、外喷雾装置，内喷雾装置的工作压力不得小于2.0 MPa，外喷雾装置的工作压力不得小于4.0 MPa。无水或喷雾装置不能正常使用时必须停机。

（2）掘进机上喷雾系统的降尘效果达不到本标准“总体要求”规定时，应采用除尘器抽尘净化等高效防尘措施。采用除尘器抽尘净化措施时，应符合《巷道掘进混合式通风技术规范》（MT/T 441—1995）规定。

3）湿式钻眼和爆破

（1）打眼应采取湿式作业，并符合《打眼作业防尘技术标准》（Q/JMJ 1.0040—2013）。打眼工作地点的总粉尘降尘效率应大于等于85%，呼吸性粉尘降尘效率应大于等于80%。

（2）炮眼内应填塞自封式水炮泥，水炮泥的水量应在1节级以上。

（3）爆破时应在距离工作面迎头10～15 m地点安装压气喷雾器或高压喷雾降尘系统实行爆破自动喷雾。雾幕应覆盖全断面并在爆破后连续喷雾5 min以上。当采用高压喷雾降尘时，喷雾压力不得小于8.0 MPa。

（4）爆破后，装煤（矸）前应对距离工作面迎头30 m范围内的巷道周边和装煤（矸）堆洒水。在装煤（矸）过程中，边装边洒水。

（5）锚喷作业：打锚杆眼采用湿式钻孔或孔口除尘措施；喷射混凝土时，采用潮喷或湿喷工艺，并装设降尘装置；在回风侧 100 m 范围内至少安设 2 道净化风流水幕。

4）净化风流水幕

掘进工作面回风流距工作面 30 m 内必须设置两道净化水幕，间距至少为 10 m；距回风绕道 30～50 m 内安设一道净化水幕；净化水幕要雾化好、灵敏可靠、封闭全断面。推广使用帘式降尘水幕、风水联动自动喷雾装置。

5）转载点喷雾

转载点应设防尘罩，罩内设喷雾装置，应钢化固定，喷雾能覆盖落煤点。转载点落差宜小于或等于 0.5 m，若超过 0.5 m 时，应安装溜槽或导向板。喷雾阀门距司机位置不大于 5 m，且在人行道侧。

6）个人防护

工作面作业人员必须佩戴个体防尘用具。

5. 转（装）载点、煤仓、破碎机处防尘设施设置管理工作标准

1）总体要求

（1）井下破碎机、转载点和卸载点、井下煤仓放煤口、溜煤眼放煤口都必须安设喷雾装置或除尘器；喷雾装置要求雾化好、灵敏可靠、使用正常，宜采用自动控制。

（2）井下破碎机、转载点和卸载点、井下煤仓放煤口、溜煤眼放煤口均应采取综合防尘措施，总粉尘降尘效率应大于或等于 85%。

2）破碎机

（1）破碎机应安装防尘罩。破碎机原喷雾不能使用的，应在入料口和出料口各安装一组喷雾，每道喷嘴数量不应小于 3 个。

（2）破碎机的入料口和出料口应用挡帘封闭，减少粉尘扩散。

3）转载点

（1）井下所有转载点应设防尘罩，罩内设喷雾装置，应钢化固定，喷雾能覆盖落煤点。

（2）转载点落差宜小于或等于 0.5 m，若超过 0.5 m 时，应安装溜槽或导向板。喷雾阀门距司机位置不大于 5 m，且在人行道侧。

4）溜煤眼、煤仓放煤口

（1）井下所有煤仓和溜煤眼都应保持一定的存煤，不得放空；有瓦斯涌出及涌水的煤仓和溜煤眼可以放空，但放空后放煤口闸板应关闭，并设置引水管；溜煤眼不得兼作风眼使用。

（2）井下机车运煤装载点放煤口应设喷雾装置，喷雾应覆盖煤流；放煤口距矿车边缘不得大于 0.4 m；装卸载点下风侧 20 m 内应安设净化水幕。

（3）井下煤仓放煤口、溜煤眼放煤口应设喷雾装置，喷雾应覆盖煤流；放煤口距带式输送机落差宜小于或等于 0.5 m，若超过 0.5 m 时，应安装溜槽或导向板；放煤口下风侧 20 m 内应安设净化水幕。

6. 巷道刷白冲洗管理工作标准

1）总体要求

矿井必须建立定期冲洗刷浆制度，确保井下巷道不得有厚度超过 2 mm、连续长度超过 5 m 的煤尘堆积。

2）刷浆

电机（胶轮）车大巷、皮带大巷、主皮带斜井、采区石门每年至少刷浆一次，做到巷帮清洁无粉尘沉积。

3）冲洗

（1）电机（胶轮）车大巷、采区石门、材料暗斜井每月至少冲洗 1 次。

（2）主皮带斜井、皮带大巷、采区大巷（运输、轨道、回风）每月至少冲洗2次。

（3）采煤工作面上、下顺槽及掘进巷道每周至少冲洗1次。

（4）溜煤眼、带式输送机机头、转载点及易产生粉尘飞扬的地点，随产尘工序及时清扫冲洗。

（5）锚喷作业地点每天冲洗1次，喷射前应冲洗1次。

4）清扫

井下运输机巷道、转载点附近、翻罐笼附近和装车站附近等地点的沉积煤尘应定期进行清扫，清扫周期由各矿总工程师制定，并将堆积的煤尘和浮煤清除。人工清扫沉积煤尘应先洒水，宜采用湿式清扫。

7. 隔爆设施安设管理工作标准

1）总体要求

（1）开采有煤尘爆炸危险煤层的矿井，必须有预防和隔绝煤尘爆炸的措施。

（2）高瓦斯、煤与瓦斯突出矿井，煤巷与半煤岩巷掘进工作面应安设隔（抑）爆设施。

（3）设置地点：矿井的两翼、相邻的采区、相邻的煤层、相邻的采煤工作面间，煤层掘进巷道同与其相连的巷道间，煤仓同与其相连通的巷道间，采用独立通风并有煤尘爆炸危险的其他地点同与其相连通的巷道间，必须用水棚或岩粉棚隔开。

2）隔爆水棚的分类

（1）水棚分为水槽式和水袋式，水袋式宜作为辅助隔爆水棚。

（2）水棚分为主要隔爆棚和辅助隔爆棚，均按集中式布置。

3）规格要求

（1）隔爆水槽（袋）的选取应符合《煤矿用隔爆水槽和隔爆水袋通用技术条件》（MT 157—1996）的规定。

（2）隔爆水槽（袋）的规格尺寸应符合表5-2-10要求，实际容水量不得小于公称容水量。

表5-2-10　隔爆水槽（袋）的规格尺寸

名称	型号	项目					
		公称容积/L	长度/mm	宽度/mm	高度/mm	尺寸偏差/mm	吊环间距（如果有）/mm
水槽	GCS40	40	上平面570 下平面510	上平面390 下平面350	210	±10	—
	GCP40		上平面610 下平面563	上平面386 下平面340			—
	GCS60	60	上平面700 下平面650	上平面410 下平面380	240		—
	GCS80	80	上平面760 下平面690	上平面470 下平面410	260		—
水袋	GD30	30	450	400	250	±10	≤250
	GD40	40	600	400	250		
	GD60	60	900	400	250		
	GD80	80	800	500	300		

4）设置地点要求

（1）下列巷道应设置主要隔爆棚：

①矿井两翼与井筒相连通的主要大巷；

②相邻采区之间的集中运输巷和回风巷；

③相邻煤层之间的运输石门和回风石门。

（2）下列巷道应设置辅助隔爆棚：

①在采煤工作面进、回风巷道；

②采区内的煤和半煤巷掘进巷道；

③采用独立通风并有煤尘爆炸危险的其他巷道。

5）水棚用水量

集中式水棚的用水量按巷道断面计算：主要隔爆棚的水量不应少于 400 L/m^2，辅助隔爆水棚的水量不应少于 200 L/m^2。

6）水棚在巷道设置位置

（1）水棚应设置在直线巷道内。

（2）水棚与巷道交叉口、转弯处的距离应保持 50 ~ 75 m，与风门的距离大于 25 m。

（3）在应设隔爆棚的掘进巷道开口时，应在距巷口 60 ~ 200 m 的进、回风风流中各设一组。

（4）有煤尘爆炸性的矿井，在应设辅助隔爆棚的巷道内，第一排集中水棚与工作面的距离应保持 60 ~ 200 m，并设多组水棚，每组距离不大于 200 m。

（5）高瓦斯、煤与瓦斯突出矿井双巷或多巷掘进工作面距每条巷道巷口 60 ~ 200 m 各设置一组、距每条巷道迎头 60 ~ 200 m 各设置一组，单巷掘进（绕掘或拐弯掘进）工作面距巷口 60 ~ 200 m 设置一组、距巷道迎头 60 ~ 200 m 设置一组。

7）水棚排间距与水棚棚区长度

集中式水棚排间距为 1.2 ~ 3.0 m；集中式主要水棚的棚区长度不小于 30 m，集中式辅助水棚的棚区长度不得小于 20 m。

8）水棚的安装方式

（1）水槽棚的安装方式，既可采用吊挂式或上托式，也可采用混合式。

（2）水袋棚的安装方式采用吊挂式。

（3）水槽（袋）的布置必须符合以下规定：

①断面 $S < 10\ m^2$ 时，$nB/l \times 100\% \geqslant 35\%$；

②断面 $S < 12\ m^2$ 时，$nB/l \times 100\% \geqslant 60\%$；

③断面 $S > 12\ m^2$ 时，$nB/l \times 100\% \geqslant 65\%$。

以上各式中，n 为排棚上的水槽（袋）个数；B 为水槽（袋）迎风断面宽度（cm）；l 为水棚所在水平巷道宽度，m。

（4）水槽（袋）之间的间隙与水槽（袋）同支架或巷道壁之间的间隙之和不大于 1.5 m，特殊情况下不超过 1.8 m，两个水槽（袋）之间的间隙不得大于 1.2 m。

（5）水槽（袋）边与巷道、支架、顶板、构物架之间的距离不应小于 0.1 m，水槽（袋）底部到顶梁（顶板）的距离不应大于 1.6 m；若大于 1.6 m，应在该水槽（袋）上方增设一个水槽（袋）。

（6）水棚应保持同一高度，距轨道面的高度不小于 1.8 m；需要挑顶时，水棚区内的巷道断面应与其前后各 20 m 长的巷道断面一致。

（7）当巷道内布置有风筒时，风筒宜吊挂在水槽（袋）棚的上方或下方，确因条件限制，需与水槽（袋）棚吊挂在同一水平面时，水槽（袋）边与风筒之间的距离不应小于 0.1 m。

（8）当水袋采用易脱钩的布置方式时，挂钩与挂架成一体，挂架要固定牢靠不摆动，挂钩位置要对正，每对挂钩的方向要相向布置（钩尖与钩尖相对），挂钩为直径4～8 mm的圆钢，挂钩角度为60°±5°，弯钩长度为25 mm。

（9）隔爆水槽（袋）前不应有支柱或其他设施阻挡，水槽（袋）应横向安装（即长边垂直于巷道轴线）。

9）水棚的管理

（1）矿井防尘系统图上，应标明隔爆棚的准确位置，棚区长度、隔爆棚的安装形式及用水量。

（2）隔爆棚的安装地点应设置说明牌。管理牌须标明安装地点名称、巷道断面、棚区参数、使用水槽（袋）的规格型号及数量、用水量、管理责任人。

（3）棚区应设有三通阀门和供水软管，随时补充水槽（袋）中的水量，保持水槽（袋）规定水量。

（4）应至少每周检查一次隔爆水棚的安装位置、数量、水量及安装质量，要保持水槽（袋）的完好，损坏的水槽（袋）应及时更换。

8. 粉尘测定管理工作标准

1）总体要求

（1）煤矿企业应制定并采取有效抑尘、控尘措施，保证作业场所符合国家职业卫生标准。

（2）矿井在生产或建设期间均要配备专职或兼职监测人员，装备相应的监测仪器、设备。监测人员应经培训合格，持证上岗。未经培训的人员，不得安排上岗作业。

（3）监测人员应按计划定期在生产正常的情况下，对井上下作业场所的粉尘浓度进行监测，并填写粉尘监测记录。

（4）作业场所空气中粉尘（总粉尘、呼吸性粉尘）浓度应符合表5－2－11要求。

表5－2－11　作业场所粉尘浓度要求

粉尘种类	游离 SiO_2 含量/%	时间加权平均容许浓度/($mg \cdot m^{-3}$)	
		总尘	呼尘
煤尘	<10	4	2.5
矽尘	10～50	1	0.7
	50～80	0.7	0.3
	≥80	0.5	0.2
水泥尘	<10	4	1.5

2）粉尘监测要求

煤矿企业必须按国家规定对生产性粉尘进行监测，并应遵守下列规定：

（1）总粉尘。

①作业场所的粉尘浓度，井下每月测定2次；地面及露天煤矿每月测定1次。

②粉尘分散度，每6个月测定1次。

（2）呼吸性粉尘。

①工班个体呼吸性粉尘浓度监测，采、掘（剥）工作面每3个月测定1次，其他作业场所每6个月测定1次；每个采样工种分2个班次连续采样，1个班次内至少采集2个有效样品，先后采集的有效样品不得少于4个。

②定点呼吸性粉尘监测每月测定1次。

（3）粉尘中游离 SiO_2 含量，每6个月测定1次，在变更工作面时也必须测定1次。

（4）开采深度大于200 m的露天煤矿，在气压较低的季节应适当增加测定次数。

3）粉尘监测采样点设置要求

煤矿企业进行粉尘监测时，其监测点的选择和布置符合表5－2－12要求。

表5－2－12　煤矿作业场所测尘点的选择和布置要求

类别	生产工艺	测尘点布置
采煤工作面	司机操作采煤机、打眼、人工落煤及攉煤	工人作业地点
	多工序同时作业	回风巷距工作面10～15 m处
掘进工作面	司机操作掘进机、打眼、装岩（煤）、锚喷支护	工人作业地点
	多工序同时作业（爆破作业除外）	距掘进头10～15 m回风侧
其他场所	翻罐笼作业、巷道维修、转载点	工人作业地点
露天煤矿	穿孔机作业、挖掘机作业	下风侧3～5 m处
	司机操作穿孔机、司机操作挖掘机、汽车运输	操作室内
地面作业场所	地面煤仓、储煤场、输送机运输等处进行生产作业	作业人员活动范围内

2.2　晋能有限责任公司矿井瓦斯抽采达标评判细则（试行）

第一章　总　　则

第一条　为进一步推进煤矿瓦斯先抽后采，综合治理，强化瓦斯抽采管理，实现瓦斯抽采达标，根据《防治煤与瓦斯突出细则》《煤矿瓦斯抽采达标暂行规定》《煤矿安全监察条例》等法规、规程的相关规定，制定本细则。

第二条　矿井瓦斯抽采达标评判细则规定适用于晋能公司所属应进行瓦斯抽采的矿井。

第三条　应当进行瓦斯抽采的煤层必须先抽后采，抽采效果达到标准要求后，方可安排采掘作业。

第四条　瓦斯抽采应当坚持“应抽尽抽、多措并举、抽掘采平衡”的原则，确保工程超前、能力充足、设施完备、计量准确，确保瓦斯抽采管理机构健全、制度完善、执行到位、监督有效，并加强抽采瓦斯的利用。

第五条　应当进行瓦斯抽采的煤业公司（矿井）及各二级公司为落实瓦斯抽采的责任主体，推进矿井瓦斯抽采达标工作；集团公司负责瓦斯抽采达标评判的指导、监督工作。

第六条　各单位必须严格落实瓦斯抽采达标评判工作，建立瓦斯抽采达标工作体系，制定矿井瓦斯抽采达标评判细则和技术管理制度，建立瓦斯抽采达标技术档案。

第二章　瓦斯抽采达标评价工作体系

第七条　建立晋能公司、二级公司、应进行瓦斯抽采矿井的三级瓦斯抽采达标评价小组的工作体系：

晋能公司成立瓦斯抽采达标评价领导小组

组　长：公司总工程师

副组长：公司通风、地测副总工程师

成　员：“一通三防”与瓦斯治理中心、生产技术部、地测与防治水中心、安全监察局等部门负责人。

应进行瓦斯抽采的矿井、二级公司相应成立瓦斯抽采达标评价领导小组。

第八条　各层级评价小组职责划分：

（1）应进行瓦斯抽采的矿井在采煤工作面回采前，掘进工作面开口前对工作面进行评价，同时严格按照评价单元进行评价，评价结果报各二级公司通风部备案，每月28日前负责对月内所做的评价进行一次审定。

（2）二级公司负责对所辖高、突矿井区域抽采和回采工作面的首采评判单元进行评判，将评价结果报集团公司备案，并对各矿井的评价工作每季度至少进行一次检查。

（3）晋能公司负责对应进行瓦斯抽采矿井的抽采达标评价工作进行监督、指导。

第九条　评价程序：

（1）应进行瓦斯抽采的矿井应首先对基础条件进行评判，基础条件符合要求后，方可对抽采效果是否达标进行评判。

（2）矿井采掘作业前，应根据实测煤层原始瓦斯含量、瓦斯抽采量进行综合计算，经计算瓦斯抽采达到预期效果时，矿井瓦斯评价小组对区域抽采、采掘工作面进行抽采效果评价，并出具评价报告，经矿井经理（矿长）、总工程师签字确认；评价不达标的，要采取措施继续抽采直至达标；评价为达标的区域、回采工作面的首采评判单元向二级公司评价小组提交评价报告和二次评价的申请。突出矿井采掘工作面由矿井评价小组进行评判，评判达标的采掘工作面评判报告经矿井经理（矿长）、总工程师签字确认，下发允许掘进的通知；评判不达标的采掘工作面采取措施继续抽采。

（3）二级公司评价小组接到申请后,3日内必须到现场开展二次抽采达标评价,做出评价结论,经二级公司总工程师签字确认后,下达允许掘进的通知;同时将二级公司评价小组的评价结论上报集团公司评价小组备案。采掘工作面日常推进评判单元的评判二级公司进行不定期抽查,发现问题及时纠正。

（4）晋能公司评价小组对抽采达标评判工作进行不定期抽查。

第十条　晋能公司所属煤与瓦斯突出矿井、按突出煤层管理的矿井、采掘区域煤层原始瓦斯含量在8 m^3/t（瓦斯压力在0.74 MPa）以上的高瓦斯矿井严格按照《防治煤与瓦斯突出细则》及《煤矿瓦斯抽采达标暂行规定》评价指标执行；采掘区域煤层原始瓦斯含量在8 m^3/t（或瓦斯压力在0.74 MPa）以下应进行瓦斯抽采的矿井，严格按照《煤矿瓦斯抽采达标暂行规定》评价指标执行。

第三章　基本条件评判

第十一条　瓦斯抽采矿井必须符合以下八项基本条件，不符合下列情况之一的，应当判定为抽采基础条件不达标。

（1）经矿井瓦斯涌出量预测或者矿井瓦斯等级鉴定应当建立瓦斯抽采系统的矿井必须按规定要求建立瓦斯抽采系统，并保证正常、连续运行。

（2）泵站的装机能力和管网能力应当满足瓦斯抽采达标的要求。备用泵能力不得小于运行泵中最大一台单泵的能力；运行泵的装机能力不得小于瓦斯抽采达标时应抽采瓦斯量对应工况流量的2倍，即：

$$2\times\frac{100\times\text{抽采达标时抽采量}\times\text{标准大气压力}}{\text{抽采瓦斯浓度}\times(\text{当地大气压力}-\text{泵运行负压})}$$

（3）矿井在编制生产发展规划和年度生产计划时，必须同时编制相应的瓦斯抽采达标规划和年度实施计划，必须达到《煤矿瓦斯抽采达标暂行规定》第十一条要求，确保“抽掘采平衡”。

（4）矿井瓦斯抽采达标工艺方案设计、采掘工作面瓦斯抽采设计应当符合《煤矿瓦斯抽采达标暂行规定》第十八条相关规定。矿井必须编制采掘工作面抽采专项设计，经矿总工程师审核后，报二级公司总工程师批准。

（5）瓦斯抽采工程必须严格按设计施工，并应当进行验收，瓦斯抽采工程竣工图及其他竣工验收资料（参数表等）应当由相关负责人签字。

瓦斯抽采工程竣工资料（图）除应有与设计对应的内容外，还应包括各工程开工时间、竣工时间以及工程施工过程中的异常现象（如喷孔、顶钻、卡钻等）等内容。

（6）瓦斯抽采矿井必须建立瓦斯抽采达标自评价体系和瓦斯抽采管理制度。

（7）建立、完善瓦斯抽采监控系统，实时监控管网瓦斯浓度、压力或压差、流量、温度及设备的开停状态进行监控。计量测点应布置在泵站、主管、分（支）管、采区支管及需要单独评价的区域分支、钻场等测点，抽采瓦斯计量装置应当符合相关计量标准要求，定期检测。每个钻孔的接抽管上应留设钻孔抽采负压和瓦斯浓度（必要时还应观察一氧化碳浓度）的观察孔。

（8）建立瓦斯抽采效果评判测试技术分析实验室，且仪器、仪表、操作人员配置齐全，建立相应的管理制度。

第四章　区域预抽达标评价

第十二条　区域预抽达标评价步骤与方法

采用预抽煤层瓦斯的区域防突措施时必须对抽采瓦斯防突效果进行评价，区域预抽防突抽采达标评价包括以下四个步骤：

1. 抽采钻孔有效控制范围界定

预抽煤层瓦斯的抽采钻孔施工完毕后，应当首先在钻孔施工竣工图上采用控制范围取小的原则，界定区域抽采钻孔有效控制范围。

（1）对于顺层钻孔，则取相邻有效孔中较短孔作为相邻孔的有效孔深，连线所构成的不规则阶梯作为钻孔长度方向的控制边缘线。预抽钻孔的有效控制范围由钻孔长度方向的控制边缘线、最边缘两个钻孔位置及钻孔施工工作面位置确定。

（2）对于穿层钻孔，则取有效边缘孔的见煤点之间的连线所组成的图形为其有效控制范围边界线。

区域抽采钻孔有效控制范围界定后，应检查、核实抽采钻孔的控制范围是否满足最小控制范围要求。晋能公司所属矿井采取抽采煤层瓦斯区域防突措施时，抽采钻孔最小控制范围应当符合《防治煤与瓦斯突出细则》第六十四条要求。

若实际施工的抽采钻孔控制范围达到《防治煤与瓦斯突出细则》中第六十四条的最小控制范围要求，则区域防突抽采钻孔控制范围达标；否则，未达标。区域防突抽采钻孔控制范围未达标，则必须采取补打钻孔的措施，直至达到要求。

只有实际施工的抽采钻孔控制范围达到《防治煤与瓦斯突出细则》中的最小控制范围要求，方可进行下一步区域预抽防突效果达标的评价。

2. 抽采钻孔布孔均匀程度

抽采钻孔有效控制范围达标后，应当分析、检查抽采区域内钻孔的分布均匀程度是否满足规范和设计要求。

（1）当采用顺层钻孔抽采时，抽采钻孔布孔间距和均匀程度应满足式（5－2－3）要求：

$$\begin{cases} Z_{max} \leqslant 2.5R \\ Z_{ave} \leqslant 2R \\ \eta = \dfrac{N}{n-1} \times 100\% \leqslant 5\% \\ \Delta L \geqslant n/4(n-1)R^2 \cdot \gamma \end{cases} \quad (5-2-3)$$

式中　Z_{max}——相邻两钻孔最大间距，m；

Z_{ave}——钻孔控制范围内钻孔平均间距，m，$Z_{ave} = \dfrac{1}{n-1}\sum_{i=1}^{n} Z_i$；

R——钻孔有效抽采半径，m；

η——钻孔间距大于$2R$所占百分率，%；

N——钻孔间距大于$2R$孔间距个数，个；

ΔL——钻孔控制范围内吨煤钻孔量，m/t；

n——钻孔控制范围内有效钻孔数量，个；

γ——抽采区域煤的容重（假比重），t/m^3。

顺层钻孔预抽时，吨煤钻孔工程量可取0.04～0.1 m/t。

（2）当采用穿层钻孔抽采时，钻孔见煤点的间距应根据实际考察确定，未考察前，穿层钻孔间距可参照表5－2－13取值。

表5－2－13　穿层抽采钻孔见煤点间距参考表

煤层可抽类别	容易抽采	可以抽采	较难抽采
相邻穿层孔见煤点最大间距/m	10	8	5

若顺层抽采钻孔布孔满足式（5－2－3）要求，穿层抽采钻孔布孔满足表5－2－15的要求，则区域抽采钻孔布孔均匀，符合规范和设计要求。否则，应重新补孔或采取其他补充措施。

只有在钻孔布孔均匀程度达标的情况下，方可进行下一步区域抽采防突效果达标的评价。

3. 抽采时间及均衡性

评价区域内的抽采钻孔必须经过合理的预抽期，同一评价区域内最后接抽的抽采钻孔抽采时间应满足式（5－2－4）的要求。

$$T=\frac{(W_0-W_{预期})\times S\times m\times\gamma}{1440\times q} \tag{5-2-4}$$

式中　T——合理的预抽期，d；

W_0——煤层原始瓦斯含量，m^3/t；

$W_{预期}$——抽采后预期的煤层残余瓦斯含量，m^3/t；

S——钻孔实际控制范围，按取大的原则，m^2；

m——煤层厚度，m；

γ——煤层密度，t/m^3；

q——评价单元内钻孔平均抽采瓦斯纯流量，m^3/min。

将预抽时间大致相同的区域划为一个评价单元，并对同一评价单元的瓦斯抽采量进行单独计量，统计钻孔累计抽采瓦斯纯量。

若评价区域（单元）内预抽钻孔的抽采时间及抽采时间均衡性同时满足式（5－2－4）的要求，则评价区域（单元）抽采时间及均衡性达标，否则应继续抽采或采取其他补充措施。

只有评价区域（单元）内抽采钻孔抽采时间及其均衡性达标，方可进行下一步区域抽采防突效果达标的评价。

4. 抽采评价参数测定指标

区域抽采防突评价参数测定指标主要有煤层残余瓦斯压力、煤层残余瓦斯含量和钻屑瓦斯解吸指标等。检验期间还应当观察、记录在煤层中进行钻孔等作业时发生的喷孔、顶钻及其他突出预兆。

在采用残余瓦斯压力或者残余瓦斯含量指标对穿层钻孔、顺层钻孔预抽煤巷条带煤层瓦斯区域防突措施和穿层钻孔预抽石门（含立、斜井等）揭煤区域煤层瓦斯防突抽采效果达标评价时，必须依据实际的直接测定值，其他方式的预抽区域煤层瓦斯防突抽采效果达标评价也可以采用间接法计算的残余瓦斯含量值。对穿层钻孔预抽石门（含立、斜井等）揭煤区域煤层瓦斯防突抽采效果评价也可采用钻屑瓦斯解吸指标。

（1）残余瓦斯压力及残余瓦斯含量：

采用残余瓦斯压力或残余瓦斯含量指标进行区域抽采抽采效果评价时，其临界值应当由具有突出危险性鉴定资质的单位进行试验考察确定。在未考察前，暂参照表5－2－14中的指标临界值，待考察之后应立即进行修正。

表5－2－14　煤层残余瓦斯压力和残余瓦斯含量进行抽采效果评价指标临界值

残余瓦斯压力 P/MPa	残余瓦斯含量 $W/(m^3 \cdot t)$	抽采评价结论
$P<0.74$	$W<8$	抽采达标
除上述情况以外的其他情况		抽采未达标

（2）钻屑瓦斯解吸指标评价：

钻屑瓦斯解吸指标的临界值应根据试验考察确定，在确定前可暂时按照表5－2－15中所列的指标临界值，待考察确定之后应立即修正。

表5－2－15　钻屑瓦斯解吸指标法参考临界值

煤样	Δh_2 指标临界值/Pa	K_1 指标临界值/$(mL/g \cdot min^{\frac{1}{2}})$
干煤样	200	0.5
湿煤样	160	0.4

第十三条　区域预抽防突抽采达标评价

当评价单元内所有测试点实测煤层残余瓦斯压力，或残余瓦斯含量低于表5－2－15中的临界值，或钻屑瓦斯解吸指标低于表5－2－16中的临界值且无其他明显动力现象发生时，则评价单元区域防突抽采达标。

若任何一个测试点的指标测定值达到或超过了表5－2－15或表5－2－16中的评价指标临界值，或测定期间在煤层中进行钻孔等作业时发生了喷孔、顶钻及其他突出预兆，则此测试点周围半径100 m内的抽采区域均判定区域防突抽采未达标，抽采防突措施无效。

在对石门揭煤区域防突措施进行防突抽采达标评价时，只要有一个测定值达到或超过了临界值，则该石门揭煤区域防突抽采未达标，区域防突措施无效。

评价区域（单元）抽采防突效果未达标，则应继续抽采或采取其他补充防突措施。区域防突抽采防突效果未达标前，严禁进行任何采掘活动。

第五章　局部防突抽采达标评价

区域防突措施有效后方可进行采掘作业，但在进入该区域后每采掘10～50 m至少进行两次区域验证。只要有一次区域验证为有突出危险或超前钻孔等发现了突出预兆，则该区域以后的采掘作业均应当执行局部综合防突措施。

当突出危险工作面采用抽采工作面煤体瓦斯的局部防突措施时，则必须有对应一套局部防突抽采达标评价体系。

第十四条　局部防突抽采达标评价指标

1. 抽采钻孔布置合理性

对局部防突抽采效果进行评价时，抽采钻孔的控制范围必须满足《防突细则》中的最小要求，且抽采钻孔必须严格按有关标准的设计要求施工。

局部防突措施抽采钻孔最小控制范围包括煤巷掘进、采煤工作面和石门揭煤工作面三个方面。晋能公司所属各矿采取抽采煤层瓦斯局部防突措施时，抽采钻孔控制最小范围应当符合《防突细则》第九十七条、第九十八条、第一百零九条件要求。

2. 检验指标测定规范性

在抽采钻孔布孔合理的情况下，经过一定时间的抽采后，采用测定工作面局部煤体的预测指标，对局部抽采防突效果进行评价。检验钻孔的布置、施工必须符合《防突细则》中第八十五条至第九十三条的有关规定，且预测仪器完好、精度可靠，测定人员的操作规范、熟练。若检验指标测定过程不规范，则重新检验。

只有在局部抽采防突效果检验参数指标测试规范，测定数据可靠的情况下，方可进行下一步局部抽采防突效果的评价。

3. 效果检验参数指标

局部抽采效果检验指标包括钻屑瓦斯解吸指标、复合指标法、R 值指标法和综合指标法等，根据检验工作面的不同采用不同的指标，其具体操作参见《防突细则》第八十五条~第九十三条。

检验敏感指标及其临界值应根据实际考察确定，在未考察前应参考《防突细则》的推荐值或根据晋能公司所属矿井目前实际使用的敏感指标及其临界值。建议矿方尽早对各煤层的采掘及石门揭煤工作面的预测敏感指标及其临界值进行考察，以便更好指导矿井安全生产。

在局部抽采钻孔布孔合理和检验指标参数测定规范、数据可靠的前提下，对检验测试结果与规定指标临界值进行对比，若所有检验指标均小于指标临界值且无明显的动力现象发生，则局部抽采防突效果达标；否则，抽采未达标。

局部防突抽采未达标，则必须采取补充防突措施或继续抽采。在局部防突抽采未达标前，工作面严禁进行采掘活动。

第十五条　局部防突抽采达标评价

局部防突抽采达标评价指标有：

（1）抽采钻孔布孔合理性；

（2）检验指标测定规范性；

（3）效果检验参数指标。

其中，（1）和（2）是局部防突抽采达标评价的前提条件，只有同时满足（1）和（2）两个指标，局部抽采钻孔经过一定的抽采时间后，当测定的各评价参数值均达到规定值且在评价参数测定时无明显瓦斯动力现象发生，则局部防突抽采达标；否则，抽采未达标。

第六章　评价单元的划分

第十六条　突出煤层采掘工作面评价单元划分要求

1. 回采工作面评价单元严格按照以下规定进行划分。

（1）回采工作面实行分单元评价，将钻孔间距基本相同和预抽时间基本一致（预抽时间差异系数小于 30%）的区域划为一个评价单元。

（2）逐个对每个评价单元进行抽采达标评价，评价单元内符合抽采达标指标要求的，判定此评价单元抽采达标。

（3）回采工作面每个评价单元达标后，方可视为整个工作面达标，具备回采条件；只要有一个评价单元不达标，则视整个工作面不达标，不得生产。

（4）回采工作面初次来压前，要把工作面初次来压前后 20 m 区域作为一个评价单元进行一次评价。

（5）工作面遇构造、物探区，要把影响区域或不明区域作为一个特殊评价单元进行一次评价。

2. 掘进工作面评价单元严格按照以下规定进行划分

（1）顺层长钻孔预抽煤巷条带煤层瓦斯评价单元划分要求。

①以掘进工作面开口处正前深度不小于钻孔深度，两侧不小于 15 m 作为一个评价单元进行抽采效果评价，评价单元内符合抽采达标指标要求的，判定掘进工作面可以掘进。突出矿井急倾斜煤层评价单元的控制范围严格按照《防突细则》执行。

②掘进工作面掘进至距离抽采钻孔孔底 20 m 处，重新划定评价单元，以正前深度不小于抽采钻孔深度，两侧不小于 15 m 作为一个评价单元继续进行抽采效果评价，评价单元内符合抽采达标指标要求的，判定掘进工作面可以继续施工，以此类推。

③工作面遇构造、物探区，要对影响区域或不明区域作为一个特殊评价单元进行一次评价。

（2）穿层钻孔预抽煤巷条带煤层瓦斯评价单元划分要求。

①以穿层钻孔控制煤层巷道长度不小于 60 m，两侧不小于 15 m 作为一个评价单元进行抽采效果评价，评价单元内符合抽采达标评价指标要求的，判定掘进工作面可以掘进。突出矿井急倾斜煤层评价单元的控制范围严格按照《防突细则》执行。

②工作面掘进至距上一评价单元前方边界 20 m 处，重新划定评价单元，以穿层钻孔控制煤层巷道长度不小于 60 m，两侧不小于 15 m 作为一个评价单元继续进行抽采效果评价，评价单元内符合抽采达标指标要求的，判定掘进工作面可以继续施工，以此类推。

③工作面遇构造、物探区，要对影响区域或不明区域作为一个特殊评价单元进行一次评价。

（3）区域递进式预抽煤层瓦斯评价单元划分要求

①以千米钻机区域递进式预抽煤层瓦斯时，以千米钻机抽采模块作为一个评价单元进行抽采效果评价，评价单元内符合抽采达标指标要求的，判定千米钻机抽采模块抽采达标，掩护接替工作面顺槽巷道可以掘进。

②工作面掘进至距上一评价单元前方边界 20 m 处，重新划定评价单元，以千米钻机抽采下一个模块作为一个评价单元进行抽采效果评价，评价单元内符合抽采达标指标要求的，判定千米钻机抽采模块抽采达标，掩护接替工作面顺槽巷道可以继续掘进，以此类推。

③工作面遇构造、物探区，要对影响区域或不明区域作为一个特殊评价单元进行一次评价。

第七章 矿井及回采工作面抽采达标评价

第十七条 所有矿井回采工作面抽采达标评价指标

（1）采面瓦斯抽采率。

瓦斯涌出量主要来自源于邻近层或围岩的采煤工作面瓦斯抽采率应满足表 5－2－16 的规定。

表 5－2－16 采煤工作面瓦斯抽采率应达到的指标

工作面绝对瓦斯涌出量 $Q/(m^3 \cdot min^{-1})$	工作面抽采率/%	备注
$5 \leqslant Q < 10$	≥20	
$10 \leqslant Q < 20$	≥30	
$20 \leqslant Q < 40$	≥40	
$40 \leqslant Q < 70$	≥50	
$70 \leqslant Q < 100$	≥60	
$100 \leqslant Q$	≥70	

（2）采面煤层可解析瓦斯量。

瓦斯涌出量主要来自开采层的采煤工作面前方20 m以上范围内煤的可解析瓦斯量应满足表5－2－17的规定。

表5－2－17 采煤工作面回采前煤的可解吸瓦斯量应达到的指标

可解吸瓦斯量 $W_j/(m^3 \cdot t^{-1})$	工作面日产量/t	备注
≤8	≤1000	
≤7	1001～2500	
≤6	2501～4000	
≤5.5	4001～6000	
≤5	6001～8000	
≤4.5	8001～10000	
≤4	＞10000	

（3）采掘工作面同时满足风速不超过4 m/s，回风流中瓦斯浓度低于1%时，判定采掘工作面抽采效果达标。

（4）矿井瓦斯抽采率。

矿井瓦斯抽采率根据其绝对瓦斯涌出量的大小而有不同的要求，矿井瓦斯抽采率应满足表5－2－18的规定。

表5－2－18 矿井瓦斯抽采率应达到的指标

矿井绝对瓦斯涌出量 $Q/(m^3 \cdot min^{-1})$	矿井抽采率/%	备注
$Q<20$	≥25	
$20\leq Q<40$	≥35	
$40\leq Q<80$	≥40	
$80\leq Q<160$	≥45	
$160\leq Q<300$	≥50	
$300\leq Q<500$	≥55	
$500\leq Q$	≥60	

第十八条 对同一评价单元预抽煤层瓦斯效果评价时，首先应根据抽采计量等参数计算抽采后的残余瓦斯含量或残余瓦斯压力，再计算可解析瓦斯量，当其满足规定第十七条规定的预期达标指标要求后，再进行现场实测预抽瓦斯效果指标。

第八章 评价测点的布置

第十九条 突出煤层现场测点应当符合下列要求：

（1）用穿层钻孔或顺层钻孔预抽区段或回采区域煤层瓦斯时，沿采煤工作面推进方向每间隔30～50 m至少布置1组测定点。当预抽区段宽度（两侧回采巷道间距加回采巷道外侧控制范围）或预抽回采区域采煤工作面长度未超过120 m时，每组测点沿工作面方向至少布置1个测定点，否则至少布置 2 个测点；

（2）用穿层钻孔预抽煤巷条带煤层瓦斯时，在煤巷条带每间隔 30 ~ 50 m 至少布置 1 个测定点；

（3）用穿层钻孔预抽石门（含立、斜井等）揭煤区域煤层瓦斯时，至少布置 4 个测定点，分别位于要求预抽区域内的上部、中部和两侧，并且至少有 1 个测定点位于要求预抽区域内距边缘不大于 2 m 的范围；

（4）用顺层钻孔预抽煤巷条带煤层瓦斯时，在煤巷条带每间隔 20 ~ 30 m 至少布置 1 个测定点，且每个评判区域不得少于 3 个测定点；

（5）各测定点应布置在原始瓦斯含量较高、钻孔间距较大、预抽时间较短的位置，并尽可能远离预抽钻孔或与周围预抽钻孔保持等距离，且避开采掘巷道的排放范围和工作面的预抽超前距。在地质构造复杂区域适当增加测定点。测定点实际位置和实际测定参数应标注在瓦斯抽采钻孔竣工图上。

第九章 抽采达标责任

第二十条 矿井应建立瓦斯抽采达标技术档案，并每季度将达标情况向二级公司及地方煤矿安全监管监察部门报告。

第二十一条 核定矿井生产能力时应当把矿井抽采达标能力作为约束指标；矿井其他能力均大于瓦斯抽采达标能力的，按瓦斯抽采达标能力确定矿井生产能力。

第二十二条 煤矿建设项目设计和竣工验收时，要同时审查验收瓦斯抽采系统。首采区的首采煤层瓦斯抽采未达标的矿井，不得通过竣工验收。

第二十三条 二级公司相关部门应定期或者不定期检查煤矿瓦斯抽采达标情况，每半年至少进行一次瓦斯抽采达标专项检查。

晋能公司相关部门应当每年至少进行一次煤矿瓦斯抽采达标情况的专项监察。

第二十四条 煤矿瓦斯抽采情况报告和专项检查的主要内容包括抽采系统建设、抽采制度建设、设备设施配备、机构队伍建立、工程规划与计划编制、工程设计与施工、瓦斯抽采、计量和指标测定、参数测定与抽采效果评判等情况和资料。

专项检查的重点包括“抽掘采平衡”能力，抽采系统能力、工作面瓦斯抽采效果评判。

第二十五条 瓦斯抽采不达标的煤矿，不得组织采掘作业。擅自组织生产作业的晋能公司及二级公司，安全监管监察部门应当责令其限期整改，逾期未整改完成的，责令停产整顿。

第二十六条 有下列情况之一的二级公司、集团公司，安全监管监察部门应当责令矿井所有井巷揭煤、煤巷（半煤岩巷）掘进和采煤工作面停产：

（1）未进行瓦斯抽采达标评判仍组织生产的；

（2）在瓦斯抽采达标评判中弄虚作假，提供虚假评判报告的。

第二十七条 矿井瓦斯抽采未达标，擅自组织生产造成事故的二级公司、集团公司，安全监管监察部门应当责令其停产整顿，并依法严肃追究责任。

2.3 晋能集团煤矿技术文件审批制度

（1）本制度依据《煤矿安全规程》《防治煤与瓦斯突出细则》《山西省煤矿“一通三防”管理规定》《煤矿防治水规定》《煤矿地质工作规定》《建筑物、水体、铁路及主要井巷煤住留设与压煤开采规程》等规定、标准制定。

（2）本制度目的是明确各级技术文件审批权限和审批时限，规范集团公司、二级公司、矿井生产、“一通三防”、防治水等技术文件上报审批及备案工作。

（3）集团公司、二级公司、矿井技术文件上报审批及备案权限划分，见附表。

规定由煤业公司（煤矿）审批的技术文件由煤业公司（煤矿）总工程师组织审批；规定二级公

司审批的技术文件，经煤业公司（煤矿）初审后，由二级公司总工程师组织审查批准。规定集团公司审批的技术文件，二级公司审查后正式行文上报告集团公司，集团公司根据技术文件内容组织有关部门进行审查，进行批复。

（4）需上报煤炭行业管理部门、煤矿安全监管部门、煤矿安全监察机构审查批准的技术文件（如矿井瓦斯抽采设计等），必须先由集团公司内部组织审查，并根据审查意见修改后，按程序上报。

（5）未列入本制度的执行有关规定。

（6）二级公司可以另行制定煤矿技术文件审批制度，要结合各自实际情况在本规定的基础上增加审批项目。

（7）本制度自下发之日起执行。

附件1

晋能集团生产技术（采掘）审批及备案表

序号	矿井生产技术项目	集团		二级公司		矿井		备注
		审批	备案	审批	备案	审批	备案	政府部门审批
1	采煤工作面设计（不含首采面）				√	√		
2	采掘作业规程（不含首采面）				√	√		
3	安全技术措施				√	√		
4	采煤工作面安装、回撤、收尾作业规程（安全技术措施）				√	√		
5	采区设计		√	√				
6	首采工作面设计			√				
7	首采工作面作业规程			√				
8	矿井难以解决的重大技术方案、重大安全技术措施		√	√				
9	采煤工艺变更	√						
10	图纸资料		√		√	√		
11	生产能力核定		√		√			√

附件2

晋能集团“一通三防”技术文件审批及备案表

序号	方案设计及措施内容	审批时限	审批权限	备案
1	二级公司、高突出矿井的瓦斯治理规划	及时上报，接文后7个工作日内批复	集团公司	
2	矿井瓦斯抽采设计	同上	集团公司	上报上级行业部门部门

（续）

序号	方案设计及措施内容	审批时限	审批权限	备案
3	防突方案设计	同上	集团公司	同上
4	综合防灭火系统、防尘洒水系统设计	及时上报，接文后7个工作日内批复	集团公司	同上
5	通风系统、抽采系统改造（优化）方案设计（含主要通风机、抽采泵启用停用）	实施15个工作日前上报，接文后7个工作日内批复	集团公司	
6	安全监测监控系统及联网方案设计	及时上报，接文后7个工作日内批复	集团公司	
7	地面煤层气瓦斯治理工程方案设计	接文后15个工作日内联合审查	集团公司	
8	瓦斯涌出量预测报告	及时上报，接文后7个工作日内批复	集团公司	
9	突出矿井区域预测结果	同上	集团公司	
10	保护层开采区域效果检验、有效保护范围考察结果	同上	集团公司	
11	采用区域预测新方法、新临界指标	同上	集团公司	
12	工作面预测新方法、工作面预测采用的敏感指标和临界值	同上	集团公司	
13	矿井通风系统生产能力和抽采达标生产能力核定	报告于每年10月1日前上报，接文后7个工作日内完成审查	二级公司	上报上级行业监管部门审查确认
14	启封、贯通采空区、其他矿井及不明区域措施	方案实施前3个工作日前备案	二级公司	集团公司
15	采区通风系统改造	实施前10个工作日前上报，接文后7个工作日内批复	二级公司	
16	主要通风机、永久抽采泵单机运行措施（一周以上）	方案实施前3个工作日前备案	二级公司	集团公司
17	串联通风措施（采面开切眼、巷道开口除外）	实施前10个工作日前上报，接文后7个工作日内批复	二级公司	
18	主要通风机、永久抽采泵检修停止运行的方案	同上	二级公司	
19	矿井反风演习措施	同上	二级公司	
20	矿井不反风报告	同上	二级公司	
21	石门、立井、斜井揭煤防突专项设计	实施前15个工作日前上报，接文后7个工作日内批复	二级公司	
22	回采工作面抽采与通风方式设计（含高抽巷的布置）	方案实施3个工作日前备案	二级公司	集团公司

（续）

序号	方案设计及措施内容	审批时限	审批权限	备案
23	采掘工作面第一单元抽采达标评判	实施前10个工作日前上报，接文后7个工作日内批复	二级公司	
24	瓦斯排放措施（采区及以上范围>3%）	接文后立即组织批复	二级公司	
25	火区下或临近火区开采的安全技术措施（含均压开采措施）	实施前15个工作日前上报，接文后7个工作日内批复并备案	二级公司	集团公司
26	放顶煤开采防火措施	同上	二级公司	集团公司
27	注销火区报告和启封火区措施	方案实施7个工作日前备案	二级公司	集团公司
28	井下焊接、气割、喷灯烘烤措施	接文后立即组织批复	二级公司	
29	采区内部调整通风系统	方案实施3个工作日前备案	煤矿	二级公司
30	主要通风机性能测定措施	同上	煤矿	二级公司
31	主要通风机单机运行措施（一周之内）	同上	煤矿	二级公司
32	瓦斯排放措施（采、掘面>3%或启封盲巷）	及时上报审批、备案	煤矿	二级公司
33	局部通风设计		煤矿	
34	通风设施设计与施工安全技术措施		煤矿	
35	采掘工作面分单元抽采达标评判报告		煤矿	

附件3

晋能集团地测防治水专业技术类报告审批权限表

报告名称	组织评审单位	参加评审单位	批复责任人	备注
建矿地质报告	集团公司	集团公司、二级公司、矿井	集团公司总工程师	
生产地质报告	集团公司	集团公司、二级公司、矿井	集团公司总工程师	
地质类型划分报告	集团公司	集团公司、二级公司、矿井	集团公司总工程师	
补充勘探设计	集团公司	集团公司、二级公司、矿井	集团公司总工程师	
补充勘探地质报告	集团公司	集团公司、二级公司、矿井	集团公司总工程师	
水平延深地质报告	集团公司	集团公司、二级公司、矿井	集团公司总工程师	
采区地质说明书	集团公司	集团公司、二级公司、矿井	集团公司总工程师	
闭坑地质报告	集团公司	集团公司、二级公司、矿井	集团公司总工程师	
矿井（田）水文地质类型划分报告	集团公司	集团公司、二级公司、矿井	集团公司总工程师	
煤矿隐蔽致灾地质因素普查报告	集团公司	集团公司、二级公司、矿井	集团公司总工程师	
矿井水文地质报告	集团公司	集团公司、二级公司、矿井	集团公司总工程师	
水文地质补充勘探设计	集团公司	集团公司、二级公司、矿井	集团公司总工程师	
水文地质补充勘探报告	集团公司	集团公司、二级公司、矿井	集团公司总工程师	

（续）

报告名称	组织评审单位	参加评审单位	批复责任人	备注
带压开采安全技术措施	集团公司	集团公司、二级公司、矿井	集团公司总工程师	
带压开采专项设计	集团公司	集团公司、二级公司、矿井	集团公司总工程师	
地面物探报告	二级公司	集团公司、二级公司、矿井	二级公司总工程师	
矿井防治水中长期规划	二级公司	集团公司、二级公司、矿井	二级公司总工程师	
矿井年度防治水工作计划	二级公司	二级公司、矿井	二级公司总工程师	
建筑物、水体、铁路及主要井巷煤柱留设	煤炭行业主管部门	由煤炭行业主管部门确定	煤炭行业主管部门	
矿井防隔水煤（岩）柱留设	矿井	二级公司、矿井	矿井总工程师	
井下放水设计	二级公司	二级公司、矿井	二级公司	
井下超前物探设计（成果）	矿井	矿井	矿井总工程师	
井下超前钻探设计（成果）	矿井	矿井	矿井总工程师	
掘进工作面地质说明书	矿井	矿井	矿井总工程师	
回采工作面地质说明书	矿井	矿井	矿井总工程师	

2.4　晋能有限责任公司关于瓦斯超限事故追查的规定（晋能通防字〔2013〕305号）

各市公司、晋神公司、王家岭公司、能源投资公司、集团机关各相关部门：

为了认真落实《国务院办公厅转发发展改革委安全监管总局关于进一步加强煤矿瓦斯防治工作若干意见的通知》（国办发〔2011〕26号）要求，着力构建“通风可靠，抽采达标，监控有效、管理到位”的瓦斯治理工作体系，牢固确立“瓦斯超限就是事故”的理念，加强管理，控制瓦斯超限，防止瓦斯事故，结合晋能公司实际情况，制定瓦斯超限事故追查的规定，要求认真贯彻执行。

1. 瓦斯超限事故的分级

（1）一般超限事故：矿井各地点风流中瓦斯浓度达到或超过《煤矿安全规程》规定的报警浓度；

（2）较大超限事故：矿井各地点风流中甲烷浓度超限达到2%～3%；或造成局部积聚的；一氧化碳浓度超限达到50～100 ppm；

（3）重大超限事故：矿井各地点风流中甲烷浓度超限超过3%；一氧化碳浓度超限超过100 ppm；

（4）发生煤与瓦斯突出事故（判定标准执行《煤与瓦斯突出矿井鉴定规范》（AQ1024—2006）5.1和5.2条款）；

详细见附件1；

（5）矿井反风演习停风、因雷雨等不可控的外因造成矿井停电停风或有计划检修掘进工作面停电停风，造成的瓦斯超限，制定预案措施，有效管理并安全排放的情况除外。

2. 瓦斯超限的预警、应急反应与管控

对于煤矿井下瓦斯超限，实行以矿井为主，二级公司、晋能公司瓦斯监控中心分级预警、应急反应与管控，严格执行《煤矿安全规程》等相关规定，按照各级灾害预防处理计划、事故应急预案做出反应，采取立即停止作业、切断电源、撤出人员等措施，并电话或短信通知有关领导和部门负责人，进一步采取措施。瓦斯超限电话、手机短信通知的条件范围见附件2。

3. 瓦斯超限事故的追查

对瓦斯超限严格按照超限就是事故的要求，实行分级追查管理。

（1）一般瓦斯超限事故，由各煤业公司（煤矿）组织分析追查。由董事长或经理主持，安全副经理、矿总工程师必须参加；因机电原因造成的瓦斯超限事故，机电副经理必须参加。矿井通风、安检、调度、生产技术等相关部门参加进行追查分析。

（2）发生较大瓦斯超限事故及二级公司认为性质严重或有必要追查的瓦斯超限事故，由二级公司经理主持，安全副经理、总工程师、通风、安监、调度、生产、机电等相关部门参加，必要时分管生产、基建、机电的副经理参加，组成事故调查组，进行分析追查。

（3）发生重大瓦斯超限事故及晋能公司认为性质严重或有必要追查的瓦斯超限事故，由晋能公司总工程师、安全副经理组织，“一通三防”与瓦斯中心、安监局、总调度室、生产、机电等相关部门组成事故调查组，进行追查分析。

4. 瓦斯超限事故的责任追究

（1）各二级公司要制定瓦斯超限事故追查具体规定，并认真追查落实。

（2）高瓦斯矿井发生较大瓦斯超限事故，瓦斯矿井发生一般瓦斯超限事故，当月内发生1次瓦斯超限的，事故矿井的主要负责人（董事长或经理）在次日二级公司早调度会上作检查，并在二级公司召开的安全讲评会议上，剖析瓦斯超限事故的原因、教训，并汇报采取的措施。

（3）高瓦斯矿井发生重大瓦斯超限事故，瓦斯矿井发生较大瓦斯超限事故，当月内发生1次瓦斯超限的，矿井的主要负责人（董事长或经理）和所在二级公司经理或董事长，在晋能公司召开的周经济运行分析会议上剖析瓦斯超限事故的原因、教训，并汇报采取的措施。总工程师在集团公司召开的安全会议上做出检查，并剖析瓦斯超限事故的原因、教训，并汇报采取的措施。

（4）矿井一个月发生2次瓦斯超限，必须由二级公司责令停产（工），制定整改措施，认真进行整改。

（5）矿井1个月内发生3次以上瓦斯超限未追查处理，或因瓦斯超限被责令停产整顿期间仍组织生产的矿井，按国办发〔2011〕26号文件要求执行。

5. 瓦斯超限事故的处罚

（1）由二级公司对矿井进行责任追究，每季度二级公司将处罚结果上报晋能公司安监局、“一通三防”与瓦斯治理中心、总调度室备案。

（2）季度内二级公司所属矿井每发生1次重大瓦斯超限事故，对二级公司领导班子成员每人扣除本季度安全抵押金奖励10000元，根据瓦斯超限事故追查结论，经分管领导批示，由晋能公司安监局负责执行。

（3）凡发生1次煤与瓦斯突出事故，但无人员伤亡，给予二级公司经理（董事长）警告处分，给予主管煤矿的副经理、安全副经理记过处分，总工程师记大过处分，扣除班子成员当季度全部安全抵押金奖励。

（4）当发生瓦斯超限事故，矿井必须立即向二级公司安全监测中心汇报，二级公司及时向晋能公司总调度室汇报。对故意不上传监测监控信息及瓦斯超限事故故意瞒报者，一经查明，对有职务的责任人就地免职，其他人员开除留用。

6. 有关要求

（1）进一步建立和完善矿井、二级公司、晋能公司安全监测监控三级联网平台，为实现瓦斯超限有效监管创造条件。

（2）明确各级安全监测监控工作分工和管理职责，建立健全责任制。

（3）加强瓦斯监控系统管理、保证连续、正常运行，监测数据准确、可靠，监控有效。凡因故障引起监控系统不能正常运行或联网信号中断 30 min 以上的，必须在 2 h 内调查清楚，由二级公司总工程师签字确认后上报晋能公司总调度室，否则按重大瓦斯超限对待并处理。

（4）各级监控值机人员（调度人员）要经过培训上岗，明确岗位职责，熟悉掌握各地点的瓦斯超限值，做好监控系统运行日志。发生瓦斯超限报警时，监控系统值机人员（调度人员）要立即向下级单位追问超想原因，做好记录，并向调度主任及相关部室人员汇报。

（5）标校探头及瓦斯断电闭锁试验，必须提前 2 h，由二级公司主要领导签字确认后上报晋能公司总调度室，否则按瓦斯超限对待并处理。

（6）瓦斯超限事故必须在超限后的 24 h 内追查完毕（特殊情况由安监局确定），并及时向二级公司和晋能公司安监、调度、通风部门报送追查分析报告。

（7）二级公司和晋能公司的调度室，每天要将前一天的瓦斯超限情况汇总成表，提请相关领导审阅，并报送安监局、“一通三防”与瓦斯治理中心等部门备案。

（8）由晋能公司安监局、“一通三防”与瓦斯治理中心、总调度室根据有关文件规定，对各二级公司进行考核。

（9）本规定自下发之日起执行。

附件 1

瓦斯超限划分明细表

地点	报警浓度/% CH_4	断电浓度/% CH_4	断电范围
采掘工作面、采面上隅角	≥1.0	≥1.5	工作面及其回风巷内全部非本质安全型电气设备
采掘工作面回风巷、有专用排瓦斯巷的采煤工作面混合回风流处	≥1.0	≥1.0	工作面及其回风巷内全部非本质安全型电气设备
串联通风的被串工作面进风巷、煤与瓦斯突出矿井采煤工作面进风巷	≥0.5	≥0.5	进风巷内全部非本质安全型电气设备
专用排瓦斯巷	≥2.5	≥2.5	工作面及其回风巷内全部非本质安全型电气设备
高瓦斯矿井双巷掘进工作面混合回风流处	≥1.5	≥1.5	包括局部通风机在内的双巷掘进巷道内全部非本质安全电源
采区回风巷	≥1.0	≥1.0	采区回风巷内全部非本质安全型电气设备
回风流中的机电硐室的进风侧	≥0.5	≥0.5	机电硐室内全部非本质安全型电气设备
用架线电机车的主要运输巷道内装煤点处；瓦斯矿井进风的主要运输巷道内使用架线电机车时，涌出巷道的下风流处	≥0.5	≥0.5	装煤点处、瓦斯涌出巷道上风流 100 m 内及其下风流的架空线电源和全部非本质安全型电气设备
一翼回风巷及总回风巷道内	≥0.70	≥0.70	采区回风巷、一翼回风巷及总回风巷道内全部非本质安全型电气设备

（续）

地点	报警浓度/% CH_4	断电浓度/% CH_4	断电范围
井下煤仓上方	≥1.5	≥1.5	储煤仓运煤的各类运输设备及其他非本质安全型电源
井下临时瓦斯抽放泵站内下风侧栅栏外	≥0.5	≥1.0	瓦斯抽放泵站电源

附件2

瓦斯超限、主扇停风电话通知或手机短信发送条件和范围

<table>
<tr><th rowspan="2">序号</th><th colspan="3">瓦斯超限浓度条件/%</th><th rowspan="2">一氧化碳超限发送浓度条件/ppm</th><th rowspan="2">主扇停止运转时间超限发送条件/min</th><th rowspan="2">电话通知或手机短信发送范围</th></tr>
<tr><th>采掘工作面、上隅角、采掘面回风流</th><th>被串工作面局扇前、煤与瓦斯突出矿井采煤工作面的进风巷等</th><th>一翼回风巷、总回风巷</th></tr>
<tr><td>1</td><td>≥1.0</td><td>≥0.5</td><td>≥0.70</td><td>≥24</td><td>≥10</td><td>1. 矿井通风助理兼区（科）长、机电科长、安全监察站长、调度主任、通风副总、矿总工程师、安全、生产、机电副经理
2. 二级公司调度分管主任、一通三防部、生产、机电部分管副部长，安全生产监督管理部主任工程师</td></tr>
<tr><td>2</td><td>≥1.5</td><td>≥0.7</td><td>≥0.9</td><td>≥50</td><td rowspan="2">≥30</td><td>1. 矿井董事长、经理
2. 二级公司一通三防部、安全生产监督管理部、生产技术部、机电设备部的部长、调度主任、通风副总工程师
3. 晋能公司总调度室、“一通三防”与瓦斯治理中心分管主任、安监局总工程师</td></tr>
<tr><td>3</td><td>≥2.0</td><td>≥0.9</td><td>≥1.0</td><td>≥75</td><td>1. 二级公司总工程师、生产、机电、安全副经理、常务经理
2. 晋能公司总调度室、“一通三防”与瓦斯治理中心主任，生产技术部、机电设备部、安全生产监督管理部的部长</td></tr>
<tr><td>4</td><td>≥2.5</td><td>≥1.0</td><td rowspan="2">≥1.5</td><td>≥100</td><td rowspan="2">≥60</td><td>1. 二级公司经理或董事长
2. 晋能公司通风副总工程师</td></tr>
<tr><td>5</td><td>≥3.0</td><td>≥1.5</td><td>≥150</td><td>晋能公司总工程师、分管煤炭的副总经理、总经理</td></tr>
</table>

2.5 晋能集团有限公司关于进一步加强盲巷、窒息区管理预防窒息中毒事故的通知（晋能煤管字〔2019〕157号）

各市公司、晋神公司、能投公司、王家岭公司：

近期，全国发生多起人员违规进入盲巷、窒息区内，导致缺氧窒息死亡的事故，为了进一步加强我集团煤矿盲巷、窒息区的管控工作，有效防范类似事故发生，保障煤矿安全生产，制定进一步加强盲巷、窒息区管理的规定。

1. 落实规定，完善制度

（1）各二级公司、各矿井要严格贯彻执行省厅下发了《山西省煤炭工业厅关于印发加强煤矿盲巷管控预防窒息事故十项措施的通知》晋煤瓦发〔2018〕146号文件要求。

（2）各二级公司、矿井要结合自身实际情况，根据集团公司下发《矿井“一通三防”技术管理标准》，制定本公司、矿井的盲巷、窒息区管理制度，强化盲巷、窒息区管理。盲巷及窒息区是指井下长度超过6 m的独头巷道、硐室，不通风或通风不良及无风微风的巷道。

（3）各矿井要全面查清矿井地质资料，查明井田范围内盲巷、空巷，并填绘在通风系统图上。矿井必须建立盲巷管理台账，注明造成盲巷的原因、时间、长度、管理方式等。矿井必须建立通风设施台账，其中密闭的情况包括：构筑的地点、规格、材质、构筑时间、维修等。

2. 源头管控，杜绝盲巷

（1）严格井巷设计管理，优先考虑通风系统的合理性，从设计源头上避免造成盲巷。严格按照设计施工井巷，合理安排施工顺序，严禁违规留设盲巷，防止因施工不当造成盲巷。

（2）严格通风系统管理，做到通风设施可靠，风量充足，井巷风速符合《煤矿安全规程》要求，杜绝无计划停风，严禁无风微风作业。严禁擅自拆除风门、密闭、风桥、注氮（二氧化碳）防灭火管路、瓦斯抽采管路等设施，确需拆除的必须制定安全措施，经矿总工程师批准后实施。

（3）加强排水点、积水点、巷道失修处的管理，要及时进行通风状况和气体浓度检查，对可能因积水、冒顶、停风等原因形成盲巷及无风微风的，巷道口要揭示警标，采取有效措施，及时排除积水，加强巷道支护或维修等工作，防止形成盲巷或无风微风区。

3. 封闭及时，严格管理

（1）井下严禁出现盲巷，凡出现盲巷必须及时进行封闭，当瓦斯或二氧化碳达到3%时，必须在24 h完成封闭。

（2）封闭盲巷必须严格按照集团公司下发的《通风设施质量标准》要求进行构筑。密闭施工前必须切断金属支护网、管路、轨道、线缆等导体，并设置栅栏（距盲巷口不超过1 m），悬挂施工说明牌、瓦斯检查牌、严禁入内牌。盲巷密闭、栅栏附近5 m范围内严禁堆放杂物、材料等。盲巷密闭前的瓦斯检查每班至少检查一次，并将检查结果填写在检查牌上。

（3）定期对盲巷密闭质量进行检查、维修，确保完好。同时任何人未经批准，严禁擅自启封或损坏密闭，否则相关人员将按照触碰“红线”，严肃处理。

4. 严格瓦斯排放管理，确保安全

（1）启封盲巷必须制定专项措施，并由于矿总工程师批准。

（2）启封巷道和排放大于3%以上的瓦斯时，必须由矿山救护队实施。

5. 强化关键区域管理，保障人员安全

（1）角联巷道是通风管理的重点，要求将角联巷道纳入日常测风范畴，同时悬挂测风牌板，标明风速风量大小、风流方向、瓦斯浓度等情况，并建议安设瓦斯传感器，动态监测该处瓦斯情况。高瓦斯、突出矿井回风侧严禁存在角联巷道。

（2）不得将采区巷道之间联络巷道封闭两个出口作为库房或其他用途。

（3）严格矿井巷道贯通管理，贯通前必须编制通风系统调整方案及安全技术措施，提前做好准备，构筑可靠的通风设施，严禁设置风帘、木板等临时通风设施。

（4）对于工作面回撤期间的通风，矿井必须提前制定回撤中的安全技术措施。保证工作面回撤中的通风，瓦斯不超限。

（5）对于回采工作面采取注氮等防灭火措施可能影响工作面氧气浓度的，必须加强该区域的通风状况及氧气、瓦斯、一氧化碳、二氧化碳等气体浓度的检测工作，气体浓度超过规定要求，立即撤人，采取措施。

（6）停缓建矿井必须坚持“一停四不停”,禁止主扇开开停停。加强井口日常巡检,做好记录,封闭前尽量撤出井下全部电气设备。临时封闭的井口要严格按照临时密闭墙要求建造,保证闭墙质量。

6. 摸清底数，掌握动态

（1）为了切实掌握各矿井盲巷、密闭情况，各矿井要将井下所有盲巷、密闭的情况形成台账，定期上报二级公司。各二级公司每个月30日前，将各矿本月盲巷、密闭情况（包括变化情况）汇总审查后，上报集团一通三防部。邮箱：gljytsfb@163. com。

（2）矿井启封盲巷密闭前，必须请示二级公司，二级公司总工程师同意后，由二级公司向集团公司一通三防部报备。

2.6 山西煤炭运销集团有限公司关于加强煤矿井下各类硐室“一通三防”管理的通知（晋煤销通防字〔2012〕400号）

各市公司、晋神公司、王家岭公司、能源投资公司、集团公司有关部门：

为了进一步加强“一通三防”管理，消灭矿井通风、瓦斯管理上的死角，根据相关标准规定要求，集团公司对煤矿井下各类硐室（爆炸材料库、充电室、变电所、绞车房、避难硐室、井下瓦斯抽放泵站等）设置、支护、装修、通风、瓦斯管理等工作提出以下管理要求，望各单位严格执行。

1. 井下各类硐室的设置

井下各类硐室的设计必须符合相关标准、规定，由各二级公司总工程师组织有关部门（通风、机电、生产、安全等）进行审查后，按批准的设计组织施工。同时，必须满足下列要求：

（1）井下爆炸材料库必须有独立的通风系统，回风风流必须直接引入矿井的总回风巷或主要回风巷中。

（2）井下充电硐室必须有独立的通风系统，回风风流应引入回风巷。

（3）井下机电设备硐室应设在进风风流中；采区变电所必须有独立的通风系统。

（4）井下瓦斯抽放泵站硐室应安设在抽放瓦斯地点附近的新鲜风流中，回风风流应引入回风巷。

（5）避难硐室应有独立的通风系统，回风风流应引入回风巷（灾变应急投入使用除外）。

（6）井底中央变电所、泵房等因受条件限制无法形成独立回风系统、设置在进风流的硐室，必须保证配风量符合国家《煤矿通风能力核定标准》（AQ 1056—2008）要求，保证各用风地点风流中的瓦斯、二氧化碳等其他有害气体浓度、风速以及温度符合《煤矿安全规程》规定。

（7）井下禁止设置燃油库、移动压风机硐室。

2. 井下各类硐室支护、装修

（1）井下各硐室应采用砌碹、混凝土浇筑或锚喷等不燃性材料支护，并充填严实，不得有空洞、空隙和易造成瓦斯积聚的空间，做到干净、整洁。

（2）严禁对井下各类硐室用装潢材料进行二次装修，以防在顶帮与装潢材料间形成空隙、空洞，造成瓦斯积聚。

3. 井下各类硐室的通风管理

（1）井下各硐室的配风,必须符合国家《煤矿通风能力核定标准》(AQ 1056—2008)要求,保证各用风地点风流中的瓦斯、二氧化碳等其他有害气体浓度、风速以及温度符合《煤矿安全规程》规定。

（2）矿井要制定矿井各硐室的配风量计划（与矿井配风计划一并编制），并按规定及时调配。

（3）矿井每旬要对各硐室进行一次全面测风，编制测风报表，报通风科长、矿总工程师审阅（可与矿井测风一并进行）。测风后要进行通风系统和风量分析，对不符合要求的地点要及时调整。

（4）各硐室的风量实行挂牌管理，内容填写要齐全完善，牌板要挂在醒目的位置。

（5）各硐室的调风设施要符合标准，便于调节，做到稳定可靠。调风设施除专职测风员外，其他任何人员不得调整。

（6）各矿井要加强各硐室日常通风检查，防止随意调节或堵塞通风调节窗口造成瓦斯积聚。

4. 井下各类硐室的瓦斯及有害气体检查管理

（1）高瓦斯和煤与瓦斯突出矿井的硐室要求每班检查不少于3次，瓦斯矿井硐室要求每班检查不少于两次。

（2）硐室瓦斯检查点设置两个点：硐室内和回风口处。

（3）硐室内的检查要全面、详细，高处、各角落等容易积聚瓦斯的地点，均要详细检查。

（4）每个硐室内均要设置瓦斯检查牌板，瓦检员要将检查数据（瓦斯、二氧化碳、温度等）如实填写在瓦检牌上，并挂在醒目位置。

（5）在有自然发火危险的矿井，必须定期检查各硐室一氧化碳浓度、气体温度等变化情况。

（6）井下充电硐室风流中以及局部积聚处的氢气浓度，不得超过0.5%。

（7）井下瓦斯抽放泵站内必须设置甲烷传感器。

（8）避难硐室必须按规定设置各类传感器。

5. 几点要求

（1）加强硐室内电气设备管理，坚决杜绝失爆和电气着火的现象。

（2）井下消防洒水管路要接至各硐室，并配备水龙带。

（3）井下各类硐室要按照规定配齐消防灭火器材。

（4）硐室内禁止存放其他设备和物料。

（5）井下严禁采用可燃性材料搭建临时操作间、休息间，严禁采用灯泡取暖。

（6）严禁非防爆电气设备、胶轮车、工具入井作业。

（7）井下使用摄像、照相器材，必须制定专项措施，报二级公司审批。

（8）井下和井口房内不得从事电焊、气焊和喷灯焊接等工作。如果必须在井下主要硐室、主要进风井巷和井口房内进行电焊、气焊和喷灯焊接等工作，必须制定安全措施，严格遵守《煤矿安全规程》第二百五十四条规定，并报二级公司批准。

（9）各二级公司在接到通知后，由总工程师牵头，组织通风、机电、运输、生产、调度、安全等相关部门，立即对下属所属矿井的各类硐室对照标准要求进行一次全面检查。对不符合标准管理要求的，要制定措施拿出整改方案，限期改正。

（10）各二级公司要将检查情况、存在问题以及整改落实情况上报集团公司“一通三防”与瓦斯治理中心，集团公司“一通三防”与瓦斯治理中心组织抽查、督办。

（11）凡今后在硐室管理方面不符合管理要求的，要对相关责任人进行考核和问责。

2.7　晋能集团有限公司瓦斯抽采钻孔管理指导意见

为了进一步推动集团瓦斯治理水平提升，规范集团公司瓦斯抽采钻孔施工和验收管理，切实提高瓦斯抽采效果，保证矿井安全生产，根据集团的实际情况，制定晋能集团有限公司瓦斯抽采钻孔管理指导意见，下发试行。

1. 瓦斯抽采施工管理

（1）所有瓦斯抽采钻孔的施工，必须严格按照审批的瓦斯抽采设计，及钻孔施工措施组织施工。

（2）所有钻场、钻孔地点必须保持良好的通风，防止瓦斯超限或积聚。

（3）所有钻场、钻孔地点的巷道保证支护齐全、完好，钻场及钻机周围必须整洁有序。

（4）所有钻场、钻孔地点必须按照相关规定配齐防灭火设施、甲烷传感器、照明等安全设施。

（5）钻孔施工期间钻工必须携带便携式瓦检仪，随时观察周围瓦斯浓度及孔内瓦斯动力现象，如发现瓦斯超限或有瓦斯喷孔预兆时，应立即停止作业，停电，闭锁开关，并通知矿井有关部门进行处理。

（6）钻孔施工期间钻工要记录好钻孔煤层和围岩岩性的变化情况，为采掘工作面采掘作业提供基础数据。

（7）钻孔施工地点必须由施工队组悬挂牌板。牌板分为钻孔设计参数牌板和钻孔施工记录牌板。牌板内容为钻孔类别、孔号、孔深、孔径、方位角、倾角、孔深等技术参数。

2. 验收管理

1）验收原则

（1）坚持以矿井验收为主，二级公司、集团公司监督验收相结合的原则。矿井随钻孔完成进度随时进行验收；二级公司每月组织进行抽检验收；集团公司随时进行抽检验收。

（2）瓦斯抽采钻孔坚持施工和验收分离的原则。验收工作由钻孔施工单位、通风、安监、劳动定额等部门联合组织开展。

2）钻孔验收标准

（1）所有瓦斯抽采钻孔的施工，必须严格按照审批的瓦斯抽采设计，及钻孔施工措施组织施工。如遇构造或其他特殊情况，要及时制定专项设计和施工措施，并严格按照专项设计和施工措施进行施工。

（2）瓦斯抽采钻孔施工深度的验收标准由二级公司和矿井根据实际情况进行制定。要求必须明确定向钻机和普通钻机抽采钻孔深度达到设计要求的百分之几以上可计入钻孔工程量，予以验收。否则，不得计入钻孔工程量，不予验收。同时，要制定遇构造和其他特殊情况的验收标准。所有未达到钻孔设计深度的钻孔，必须按照设计要求，重新补打钻孔。

3）验收方式

（1）普通钻机钻孔的验收：

高瓦斯矿井由验收人员查验钻杆数，进行验收，并填写验收记录卡，建议装备能测定钻孔轨迹的机具，施工钻孔。

煤与瓦斯突出矿井必须装备能测定钻孔轨迹的机具，记录和测量钻孔相关资料，由验收单位根据钻孔轨迹进行验收。

推广应用“一孔一视频”的视频验收方式。

（2）定向钻机钻孔的验收：

由验收单位根据 DGS 数据进行验收。

矿井随钻孔完成进度随时进行验收，并将相关验收材料留存备查，所有瓦斯抽采钻孔验收完成后，要及时在竣工验收图上进行绘制；二级公司每月组织进行抽检验收；集团公司随时进行抽检验收。

3. 其他要求

（1）由于集团所辖矿井煤层地质赋存情况的差异性，为了科学、合理、客观地对钻孔进行验收，各二级公司、矿井要在集团公司指导意见的基础上，结合本公司的实际情况，制定出适合本公司的钻孔管理办法，并在本文件下发之日起 10 个工作日内，以正式文件上报集团相关部门进行备案。

（2）各二级公司、矿井要严格按照管理办法进行钻孔的施工和验收，集团公司将不定期对钻孔的施工和验收情况进行抽检考核。

（3）本指导意见自下发之日起执行。

2.8　晋能集团有限公司关于进一步加强瓦斯抽采钻孔施工安全管理的通知（晋能煤管字〔2019〕269号）

晋中公司、阳泉公司、太原公司、临汾公司、二级公司、晋城公司、王家岭公司、集团公司相关部门：

2019年6月3日8时10分左右，山西保利平山煤业股份有限公司井下31016运输顺槽掘进工作面施工瓦斯抽采钻孔过程中发生火灾事故，产生的一氧化碳气体致11名工人不同程度中毒，其中2人伤势较重。为了深刻汲取事故教训，防范类似事故发生，确保钻孔施工安全，集团公司提出以下工作要求：

（1）各相关二级公司、矿井收文后立即对抽采钻孔的施工过程及专项安全技术措施进行详细排查，排查情况由二级公司汇总后，于8月15日前上报集团一通三防部。

（2）各矿井要严格按照《晋能集团有限公司"一通三防"管理工作标准（试行）》（晋能煤管字〔2018〕64号）文件中"打钻及封孔连孔管理工作标准"要求施工瓦斯抽采钻孔。

（3）瓦斯抽采钻孔施工必须编制专项安全技术措施，主要内容包括：钻机如何安设，施工人员如何操作，传感器安设种类和位置，打钻过程中如何防灭火、防喷孔、防煤尘等，以及出现瓦斯异常和出现一氧化碳等情况的应急处理措施，避灾路线等。

（4）矿井使用风力排渣方式施工瓦斯抽采钻孔的，要对施工钻孔的专项安全技术措施进行重新编制、审查，并由二级公司总工程师批准后实施；使用其他排渣方式施工瓦斯抽采钻孔的专项安全技术措施，由矿总工程师批准后实施。

（5）瓦斯抽采钻孔的施工地点，供水管路必须安装到位，水压、水量满足施工要求。采用风力排渣时，钻机应配置风水切换装置，现场备有不少于0.075 m^3 潮湿的沙子、黄土和不少于2台8 kg泡沫灭火器；沙箱、黄土应放置在钻机的上风侧5 m范围以内。

（6）所有瓦斯抽采钻孔施工地点钻孔回风流3 m范围内必须悬挂甲烷和一氧化碳传感器，实时监测。同时，现场施工人员要佩戴便携式瓦斯检测仪。

（7）所有钻孔施工完后，必须使用高压水进行水力冲孔。含取芯钻孔。

（8）在易发生喷孔的区域施工抽采钻孔时，必须使用打钻防喷装置，将钻孔喷出的瓦斯直接引入抽采管路，防止瓦斯超限。

打钻过程中发生喷钻、瓦斯超限时，应立即撤人停电，并向调度室汇报。

钻孔施工完毕，要及时封孔，联管抽采；不能及时封孔的，要采用黄泥等材料进行临时封堵。

（9）在瓦斯抽采钻孔施工过程中一旦发现有CO冒烟（着火）等现象时，要立即停钻，切断电源，必须按照专项安全技术措施中要求，进行处理，并及时汇报。

使用风力排渣施工瓦斯钻孔的，还要关闭孔内压风，切换风水转换装置注水灭火，或者孔口采用黄泥等阻燃材料临时进行封堵。

2.9　晋能集团有限公司关于进一步做好煤矿专用排瓦斯巷整改工作的通知（晋能通防字〔2017〕69号）

各市公司、晋神公司、王家岭公司、能源投资公司、集团相关部室：

为了贯彻落实《煤矿安全规程》（国家安全生产监督管理总局令第87号），《山西省人民政府关于做好2017年安全工作的通知》（晋政发〔2017〕1号）提出的"2017年6月底前完成全省所有使用尾巷的高瓦斯、煤与瓦斯突出矿井回采工作面的整改"，以及山西省煤炭工业厅《关于进一步加快专用排瓦斯巷整改工作的通知》（晋煤瓦发〔2017〕40号）要求，结合集团公司实际，现就集团公司煤矿做好取消专用排瓦斯巷工作做如下安排：

1. 切实加强煤矿专用排瓦斯巷整改工作的领导

为了加强领导，集团公司成立煤矿取消专用排瓦斯巷工作领导组。

组　　长：董事长　总经理

常务副组长：总工程师

副 组 长：分管生产、安全、机电等副总经理

成　　员：生产技术部、基本建设部、机电供应部、安全监察局、总调度室、地质与防治水中心、"一通三防"与瓦斯治理中心等相关部室负责人。

领导组下设办公室，办公室设在"一通三防"与瓦斯治理中心，由"一通三防"与瓦斯治理中心主任兼任办公室主任。

办公室负责传达领导组决议、要求，收集整理专用排瓦斯尾巷整改的方案、整改进度、完成情况以及领导组安排的其他工作。

涉及专用排瓦斯巷的二级公司及矿井均要成立相应领导组及办公室，负责具体的整改工作。

2. 整改方法及步骤

(1) 科学制定整改方案。

瓦斯治理要坚持"先抽后采"原则。集团所有高瓦斯、煤与瓦斯突出矿井对回采工作面通风系统要全面进行摸底排查，对于采用外错、双U、U+U、内错、多回风等布置方式的，要根据矿井的采掘部署、采煤工艺、煤层瓦斯赋存及涌出来源等实际情况，坚持"一矿一策""一面一策"，逐一研究整改方案，选择合理有效的抽采工艺和工作面通风系统，科学制定取消专用排瓦斯巷的整改方案。对涉及使用专用排瓦斯巷的建设矿井，要立即与设计单位取得联系，变更抽采设计、初步设计、安全专篇，提出整改方案。二级公司要对相关矿井的取消专用排瓦斯巷的整改方案进行审查确认，经主要负责人、技术负责人签字，于2月底前报集团公司。

(2) 合理安排组织实施。

相关二级公司及矿井要按照整改方案，抓好落实，做到整改责任、措施、资金、时限和预案"五落实"，要责任到人，要多方筹措资金，确保资金到位，在计划时限内安全完成整改。

在生产矿井中对于已布置专用排瓦斯巷正在回采的工作面，6月底以前可以采完的，要采取措施将专用排瓦斯巷风流中瓦斯浓度降到1%以下；6月底以前仍采不完的，在整改期间要采取措施将专用排瓦斯巷风流中瓦斯浓度降到1%以下并同步制定方案落实整改；对于已掘出布置专用排瓦斯巷备用工作面，制定取消专用排瓦斯巷的方案落实整改，确保工作面开采前完成整改工程；已设计未掘进的要及时修改设计，从设计源头上整改，并按照修改设计施工，满足工作面安全生产需要。

对于涉及使用专用排瓦斯巷的建设矿井，要及时变更初步设计、抽采设计、安全专篇等相关技术文件，严格按照变更后的设计建设矿井。

(3) 解决整改过程中遇到的难题。

各二级公司及矿井针对专用排瓦斯巷整改遇到的难题，要积极与科研院所进行合作，开展技术攻关，研究取消专用排瓦斯巷后工作面瓦斯治理的新途径、新技术、新工艺，并通过学习借鉴先进单位的瓦斯治理经验，完善瓦斯治理措施，有效解决瓦斯治理难题，达到真正取消专用排瓦斯巷的目的。

(4) 明确整改进度，严格整改验收。

相关矿井要严格落实整改方案，对整改工作面安全治理工程，要明确工作量，逐个排出工期，组织队伍，购置设备，加快实施进度。整改完成后，上报相关二级公司，由二级公司按照"谁验收、谁签字、谁负责"的原则，组织相关人员逐矿逐面开展验收。凡是整改不到位、整改效果不达标的，一律不准通过验收。二级公司要将整改完成验收情况上报集团公司，上报内容包括：整改方案与实

施、整改效果评价、验收情况等。

3. 有关要求

（1）统一思想，提高认识。

涉及取消专用排瓦斯巷的二级公司和矿井要从思想上高度重视这项工作，要充分认识到专用排瓦斯巷存在着通风不稳定、瓦斯浓度波动、人员操作不安全等不利因素，要进一步转变瓦斯治理理念，要树立煤矿瓦斯治理由“风排”进一步向“抽采”转变的理念，要彻底摒弃“舍弃尾巷不能生产”的传统思维，要将思想统一到《煤矿安全规程》、晋政发〔2017〕1 号文件及晋煤瓦发〔2017〕40 号文件的要求上来，立即着手研究并加快实施矿井专用排瓦斯巷整改工作，不断提升矿井瓦斯防治能力水平。

（2）加强领导，明确责任。

切实加强对专用排瓦斯巷整改工作的统一领导，涉及取消专用排瓦斯巷的二级公司和矿井均要成立以主要负责人为组长的领导组，要明确分工、落实责任，精心组织、科学决策、周密安排、加强协调，保证安全。煤矿主要负责人是专用排瓦斯巷整改工作的第一责任人，对专用排瓦斯巷整改全面负责。领导组要及时安排部署专用排瓦斯巷整改工作，协调研究解决整改工作中遇到的问题，确保整改工作顺利推进，并取得成效。

（3）措施得力，确保整改工作安全推进。

取消专用排瓦斯巷的整改工作，是一项系统工程，牵一发而动全身，稍有不慎，极易造成瓦斯超限事故。所以各二级公司矿井要制定专门的安全技术措施，整改期间重点加强整改工作面瓦斯检查和瓦斯监测监控工作，要充分发挥安全监控系统的监测监控作用，做到瓦斯监控数据准确、报警及时、断电可靠。发生瓦斯超限要立即停止工作，撤出人员，采取措施及时处理。对于开采自燃和容易自燃的煤层，在强化抽采的同时，要采取有效的防灭火措施，确保整改期间的安全。

（4）科学决策，定期开展效果评价。

各二级公司及矿井要严格落实整改方案，定期对专用排瓦斯巷整改工作面的瓦斯来源、风排瓦斯量、瓦斯抽采量、上隅角瓦斯浓度以及工作面瓦斯涌出和产量的关系等方面进行分析，对工作面整改情况进行效果评价，整改达不到预期效果的，要及时修改设计，并核减工作面产量，相应调整整改措施，确保整改效果达标。

（5）加强监督考核，促进整改工作落实到位。

集团公司要将取消专用排瓦斯巷工作进展情况，纳入涉及取消专用排瓦斯巷的二级公司年度企业经营业绩考核。涉及取消专用排瓦斯巷的二级公司也要将取消专用排瓦斯巷工作列入今年的重点工作，并制定相应的考核机制，切实促进矿井采取措施，落实好专用排瓦斯巷取消工作。到今年 6 月底未完成整改工作的工作面，一律不得组织生产，并对相应矿井和二级公司的主要负责人进行约谈，并追究责任。对专用排瓦斯巷整改工作措施落实不到位，导致重大隐患的矿井，一律停产整顿，并追究相关人员责任。

各二级公司接到本通知后，要立即组织安排部署整改，并将专用排瓦斯巷整改安排部署情况（含省厅附表）及整改完成情况，分别于 2017 年 2 月底、7 月 5 日前以正式文件上报集团公司。

联系人：刘更旺

联系电话：0351－4079997

2.10　晋能集团有限公司关于加强矿井“一通三防”和井下爆破管理工作的通知（晋能煤管字〔2019〕116 号）

各市公司、晋神能源公司、能源投资公司、王家岭公司、集团公司相关部门：

2019 年 3 月 14 日，晋中市介休义棠煤业公司发生一起较大爆破事故，2019 年 3 月 15 日，阳泉市山西平定古州东升阳胜煤业有限公司井下发生一起火灾事故。为深刻汲取事故教训，切实做好矿井安全生产工作，根据山西省人民政府安委办对两起事故的通报要求，结合集团公司矿井实际情况，对进一步加强集团“一通三防”和井下爆破管理工作提出以下要求：

1. 提高认识，强化责任落实

（1）各级公司要充分认识到当前煤矿安全生产工作的严峻性，认真剖析事故原因，吸取事故教训，举一反三，坚决杜绝同类事故的发生。

（2）各级公司必须深刻认识到多数灾害、事故的发生不仅仅是单一原因造成的，往往涉及方方面面，是相互联系，相互影响的。因此要注重抓系统，系统抓。要规范员工个人行为，狠抓“三违”。

（3）要认真履行安全主体职责，认真开展隐患排查治理工作，深入查找矿井存在的系统问题和薄弱环节，研究制定解决方案措施，狠抓落实，确保矿井安全生产。

2. 加强矿井通风管理工作

（1）矿井必须保证有两台同等能力的主要通风机（一用一备）。如果有一台主要通风机不能正常运行，必须立即停止井下活动，制定安全技术措施，上报集团公司。

（2）矿井掘进工作面要根据工作面瓦斯涌出情况，配备两台相应的同等能力的局部通风机（一用一备），如果有一台局部通风机不能正常运行，必须立即停止掘进，撤出作业人员，设置警戒，制定安全技术措施。

（3）井下局部通风机必须实现“双风机双电源自动切换”和“三专两闭锁”功能。严禁2台以上（含2台）局扇同时向1个掘进面供风。严禁1台局扇分风向2各个掘进工作面供风。

（4）矿井必须保证通风系统完善、合理。井下所有巷道、硐室、排水点等地点通风良好，风速、风量满足要求，不存在无风、微风地点。

（5）矿井必须保证井下通风设施的可靠。根据运输、行人、风量调节、防火、防爆等需求构筑各类通风设施。通风设施严格按照《通风设施建筑标准》进行构建。

（6）井下各采、掘工作面、采区变电所、爆破材料库等应实现分区独立通风系统。相邻两个作业地点需要串联的，必须制定串联通风的安全技术措施。

（7）矿井通风系统调整、巷道贯通等必须制定方案或安全技术措施，按规定进行审批。措施中必须明确一名矿级领导负责现场统一指挥，并严格落实。

（8）井下的盲巷、窒息区必须进行封闭管理。封闭时必须将密闭处的金属网、管路、轨道、电缆等导电体断开。

3. 加强矿井瓦斯防治工作

（1）干部职工要充分认识到瓦斯超限就是事故，努力实现“瓦斯零超限”管理目标。矿井发生瓦斯超限必须按规定要求，分级追查、严肃问责。

（2）矿井要按规定时间完成安全监控系统的升级改造工作，确保安全监控系统的功能齐全、动作灵敏、运行稳定。井下使用的各类传感器数量、吊挂位置、调校、闭锁等符合规定要求。严禁出现人为设定传感器值、人为设置故障等，弄虚作假现象。

（3）矿井必须配足瓦斯检查人员，严格执行瓦斯检查制度。认真做好瓦斯检查、填表（牌）、汇报工作。瓦斯检查员除了检查工作面、巷道正常风流中的瓦斯外，还应对高冒区、破碎煤壁、支架间、上隅角、角联巷道等易积聚瓦斯地点的瓦斯检查。井下爆破作业、机电设备检修作业等特殊作业地点，瓦检员必须对作业地点附近20 m范围内的瓦斯进行检查。

（4）瓦检员发现有瓦斯积聚或风流中的甲烷浓度达到规定的报警、断电浓度时，必须立即制止作业，切断电源，撤出人员。爆破作业地点附近20 m以内风流中检查的甲烷浓度达到1%时，严禁爆破。

（5）矿井开拓、开采、水平延伸等发生变化时，瓦斯涌出情况也会发生相应的改变。如果发现瓦斯涌出量增大，必须及时进行瓦斯涌出量测定和瓦斯等级鉴定工作。经鉴定达到高瓦斯矿井、煤与瓦斯突出矿井条件的，要按相应瓦斯等级进行管理。

（6）高、突矿井要加大瓦斯抽采力度，通过本煤层预抽、高位钻孔抽等综合措施，有效降低工作面瓦斯涌出量。掘进工作面回风流，采煤工作面上隅角或回风流瓦斯处于临界值或超限，必须立即停产整顿。

（7）要确保矿井通风能力、瓦斯抽采能力能满足矿井瓦斯治理、安全生产的需求。高、突矿井采煤工作面取消尾巷后，必须落实替代方案和措施，有效治理瓦斯。

（8）高、突矿井严格开展抽采达标评判工作。矿井要积极通过各种技术、手段提升瓦斯抽采效果，要把吨煤残余瓦斯含量小于 6 m^3/t 以下作为抽采达标的一个硬指标。采、掘工作面瓦斯抽采不达标，严禁组织生产。

（9）煤与瓦斯突出矿井及按突出管理的矿井必须严格落实两个“四位一体”综合防突措施。在石门揭煤、过地质构造区、应力集中区等薄弱环节必须制定有针对性的方案或安全技术措施，并严格执行。矿井应按防突规定采用岩石底抽巷穿层钻孔预抽条带瓦斯和千米定向钻机递进式区域措施作为掘进区域防突措施。

（10）矿井在恢复全矿井供风，启封盲巷、火区，贯通老巷、古窑、采空区等不明区域时，必须制定排放瓦斯的安全技术措施。措施中必须明确一名矿级领导负责现场统一指挥，严格落实。确保排出风流在同全风压风流混合处的瓦斯浓度和二氧化碳浓度不超过 1.5%，严禁“一风吹”。

4. 加强矿井防灭火工作

（1）矿井要按规定鉴定开采范围内所有煤层的自燃倾向性，尤其是开采不易自燃煤层发现一氧化碳等自燃特征气体时，必须重新开展煤层自然倾向性鉴定。

（2）矿井要加强自然发火管理。开采容易自燃和自燃煤层的矿井，必须编制矿井防灭火设计。按照设计要求，认真开展自然发火束管监测及预测预报工作，按规定建立防火门墙，黄泥灌浆、注氮、喷洒阻化剂等综合防灭火措施必须现场落实到位。

（3）矿井加强外因火灾的管理。井下采掘工作面附近巷道，带式输送机机头，机电设备、油脂存放点，爆破材料库及其他各类硐室等有火灾隐患严重的地点必须设置相应的烟雾、温度、一氧化碳传感器，并配备足够数量的灭火器材。

（4）井上、下均须设置消防材料库，消防材料库设备器材的种类、数量符合要求，井下消防材料库不得兼作他用。

（5）采煤工作面回采结束后，必须在 45 天内采用防火密闭进行永久性封闭。

（6）当井下人员发现自然发火征兆时，必须停止作业，立即采取有效措施处理。在发火征兆不能得到有效控制时，必须撤出人员，封闭危险区域。进行封闭施工作业时，其他区域所有人员必须全部撤出。

（7）当井下人员发现火灾时，积极采取措施，就近直接灭火，控制火势，并迅速报告矿调度室。如果发现无法处置，必须立即迅速撤退。

（8）井下电焊、气焊、喷灯焊，火区启封，采煤工作面供风长时间（大于 30 天）不能正常推采等特殊情况，必须制定专门的安全技术措施，按规定程序进行审批，并严格执行。

5. 加强矿井综合防尘工作

（1）矿井必须建立完善的防尘洒水系统。采、掘工作面防尘管路离工作面不得大于 50 m，否则严禁生产。

（2）矿井必须建立定期冲洗、刷浆制度，要坚持使用好各类综合防尘设施，确保任何地点不得出现连续长度大于 5 m，厚度超过 2 mm 的煤尘堆积。

（3）矿井必须按规定安装巷道风流净化水幕和隔爆设施。采煤机、掘进机、连采机、综采支架等喷雾压力符合要求。如果喷雾不能正常使用，必须停机。

（4）采煤工作面符合注水条件的必须采取煤层注水的防尘措施。机掘工作面应安设除尘风机。施工抽采钻孔、探放水钻孔、支护钻孔、爆破钻孔等应采用湿式钻眼或有相应的捕尘办法。

（5）加强个体防护，井下直接接触粉尘的作业人员必须佩戴防尘口罩。

6. 加强井下爆破管理工作

（1）矿井必须指定专门的部门对爆破工作专门管理，配有专业的管理人员。

（2）井下爆破工作由专职爆破工担任。突出煤层采掘工作面爆破作业爆破工作必须由固定的专职爆破工担任。

（3）井下爆破作业前必须认真制定并严格落实爆破作业规程和操作规程。

（4）井下爆破作业，必须使用煤矿许用炸药和煤矿许用电雷管。一次爆破必须使用同一厂家、同一品种的煤矿许用炸药和电雷管。根据矿井瓦斯等级不同，煤矿许用炸药选用符合《煤矿安全规程》第三百五十条的规定要求。

（5）在高瓦斯矿井采掘工作面采用毫秒爆破时，不得采用反向爆破，若采用必须制定安全技术措施。

（6）炮眼封泥必须使用水炮泥，水炮泥外剩余部分应用黏土炮泥或不燃材料封实。无封泥或封泥不足（不实）的炮眼，严禁爆破。严禁裸露爆破。

（7）井下爆破作业严格执行“一炮三检”和“三人连锁爆破”制度。

（8）井下爆破前、后，爆破作业地点附件20 m巷道内必须洒水降尘。

（9）井下爆破后，待工作面的炮烟被吹散，爆破工、瓦检工和班组长必须首先巡视爆破作业地点，检查通风、瓦斯、煤尘、顶板、支护、拒爆、残爆等情况。发现危险情况，必须立即处理。

（10）井下在处理溜煤眼、煤仓堵塞，强制放顶，煤层松动、增透，处理工作面断层、陷落柱等构造时，必须制定专门的爆破作业安全技术措施。防止因爆破作业造成的煤仓垮落，煤泥涌出，采空区大面积垮塌，大量瓦斯等有毒有害气体涌出，造成窒息，瓦斯燃烧着火，瓦斯、煤尘爆炸等事故的发生。

（11）加强井下各种机电设备管理，杜绝电气失爆，严禁非防爆设备入井。消除电火花等各类引燃引爆火源。

2.11　晋能集团有限公司关于进一步加强停缓建矿井和井下局部通风巷道管理的通知（晋能煤管字〔2018〕411号）

各市公司、晋神公司、能源投资公司、王家岭公司、集团公司相关部门：

为了进一步加强对停缓建矿井和井下局部通风巷道的管理，深刻汲取“8·26”王台铺矿窒息事故和“10·15”梨园坝煤矿瓦斯爆炸事故教训，切实加强对停产缓建矿井的安全管理工作，确保停产缓建矿井安全，根据集团公司总经理安全办公会要求，现对停产缓建矿井和井下局部通风巷道提出如下管理要求：

1. 加强停缓建矿井管理

（1）各二级公司要由主要负责人亲自安排，组织对现有生产、联合试运转、正在施工建设以外的停缓建矿井执行“一停四不停”情况和封闭矿井（包括整合包内整合之前，所有井筒封闭情况）的密闭状况，进行一次全面排查。

“一停四不停”矿井从主扇（风机）正产运行、井下的排水、瓦斯检查、安全监测监控系统运行、矿领导跟班、巡查记录台账等方面；

封闭矿井从密闭质量是否符合井筒永久密闭或临时密闭的要求：是否切断轨道、管路、线缆等导电材料；是否采用片（料）石、砖等不燃性材料构筑；是否进行抹面；密闭前是否设置栅栏警标；是否存在闭墙裂缝变形等方面进行全面排查。

（2）各二级公司要召开专题会议，对停缓建矿井进行梳理、分析、研究停工矿井存在的主要问题，对于暂不能进行复工建设或列入关闭退出的矿井要果断决策进行封闭，坚决制止任何形式私挖乱采。

（3）对于暂不封闭井筒的矿井，要制定专项安全技术措施，强化管理，并坚决严格执行以下要求：

①必须确保主要通风机连续运行，并做好运行记录；严禁主要通风机时停时开，定期对矿井通风设施进行检查维护，保证设施完好；井下局部通风井巷必须保证连续运转。按规定进行矿井风量测定工作，确保各地点风量满足要求，并填写报表备查。

②必须确保矿井安全监测监控系统正常运行。对监控系统及各类传感器定期进行检定和调校，定期进行各种闭锁试验，做好相关记录备查，确保监控有效。

③必须按规定配置所需瓦斯检查员，按规定检查瓦斯，同时对井下各地点通风、顶板、密闭等情况进行检查，并建立台账。

④必须做好正常排水，防止积水淹没巷道，影响行人通风。

⑤必须严格矿领导带班制度，加强安全巡查，矿领导必须会同安全员、瓦斯员对矿井井下各个地点进行全面安全巡查，发现问题及时处理。

⑥必须做好防灭火工作，对可能出现自然发火的部位，要按照规定做好预测预报，及时发现问题消除隐患。

⑦必须对瓦斯检查员使用的仪器仪表按规定进行定期校检，确保仪器准确、可靠、有效，并严格瓦斯检查日报制度。

⑧必须保障安全管理所需要的人员和费用。

（4）对于准备实施封闭的停缓建矿井，各二级公司及矿井，要科学制定具体的关闭井筒的安全技术措施，并严格执行，确保安全。

（5）封闭的矿井要指定专人定期巡查，建立健全隐患排查记录台账，出现密闭损坏及时维修，防止出现私自打开密闭盗窃或盗采。

（6）各二级公司要将所属矿井的排查检查情况于 12 月 30 日前上报集团公司安监局和煤炭生产管理局相关部门。

2. 加强井下局部通风巷道管理

（1）矿井必须严格按照设计施工井巷工程，严禁无计划或超出设计范围施工。矿井要合理安排采掘衔接部署，合理安排井巷施工顺序，优先实现全风压通风，严禁违规留设盲巷防止因施工不当造成盲巷。

（2）煤矿井下的局部通风的巷道，必须进行局部通风设计，根据设计选型，确定巷道的施工顺序、通风方式、局部通风机、风筒、监测监控系统布置等。设计时必须优先考虑通风系统的合理性，从源头上避免盲巷。

（3）出现盲巷时必须及时进行封闭。密闭时要严格按照《晋能集团有限公司关于印发“一通三防”管理工作标准（试行）的通知》和《通风设施建筑质量标准》要求进行构筑。

（4）掘进工作面要保证施工连续，掘进工作要坚持正常的掘进顺序，严禁反掘进、一巷多头掘进作业。

（5）掘进工作面局部通风机必须配备安装同等能力的备用局部通风机，能自动切换，并实现三专两闭锁。

（6）当掘进工作面主局部通风机停止运转，备用局部通风机启用期间，工作面必须停止作业，撤出人员。

（7）停风地点恢复局部通风机运转前必须先检查瓦斯，只有停风区最高瓦斯浓度不超过1.0%和二氧化碳浓度不超过1.5%，局部通风机和开关地点附近10 m范围内风流中的瓦斯浓度都不超过0.5%，方可人工给局部通风机送电。

（8）临时停工地点，不得停风，否则必须切断电源、设置栅栏、揭示警标，派专人把守巷口，禁止人员入内，并向调度室汇报。停工区内瓦斯或二氧化碳浓度达到3.0%，或其他有害气体浓度超过规定不能立即处理时，必须在24 h内封闭完毕。在巷道未正产通风前，严禁人员私自打开栅栏、密闭，进入巷道，否则按照严重"三违"处理。

3. 要求

（1）各二级公司必须安排专人逐矿对《山西省煤炭工业厅关于印发加强煤矿盲巷管控预防窒息事故十项措施的通知》（晋煤瓦发〔2018〕146号）、《"一通三防"管理规定》和《晋能集团有限公司关于印发"一通三防"管理工作标准（试行）的通知》（晋能煤管字〔2018〕64号）进行宣贯，全面提升矿井的"一通三防"管理水平。

（2）各二级公司必须在1个月内完成宣贯，并将宣贯情况于12月30日之前上报集团公司一通三防部。宣贯时要做好记录，集团公司将对此项工作进行督查。

2.12 晋能集团煤矿"一通三防"管理"十个严禁"

（1）严禁通风系统不完善、不可靠组织采掘活动。

通风系统不完善、不可靠是指下列情形之一。存在下列情形之一的责令矿井停产（工）整顿：

①建设矿井二期工程开工前没有形成全风压的机械式通风系统；

②矿井单主要通风机运行或两台主要通风机能力不匹配；

③矿井总风量不足；

④矿井没有专用回风井、专用回风巷；

⑤采掘工作面没有实现分区独立通风。

（2）严禁无风、微风进行作业。

矿井任何地点的风量风速符合《煤矿安全规程》规定，无有害气体积聚超限；局部扇风机配风充足，不发生循环风，风筒末端出口风量符合规定要求；矿井不存在违反规定的串联通风。否则，责令矿井停止建设，停产整顿。

（3）严禁在通风设施质量不符合标准要求、不可靠的情况下进行采掘活动。

矿井通风设施质量必须符合矿井通风质量标准要求，保证系统稳定、通风可靠，坚决取消风障、皮带帘、木板（杠）密闭等临时不可靠的通风设施（救灾应急除外）。否则，责令矿井停止建设，停产整顿。

（4）严禁降低矿井瓦斯等级的矿井进行采掘活动。

矿井要严格执行《煤矿瓦斯等级鉴定暂行办法》（安监总煤装〔2011〕162号），发生瓦斯动力现象、符合瓦斯等级升级条件的矿井应及时进行瓦斯等级鉴定或突出危险性鉴定，落实瓦斯防治措施，否则一律停产整顿。

（5）严禁应进行瓦斯抽采的矿井在瓦斯抽采未达标区域进行采掘活动。

煤矿要严格执行《煤矿瓦斯抽采达标暂行规定》（安监总煤装〔2011〕163号），应进行瓦斯抽采的矿井必须建立瓦斯抽采系统（建设中的高瓦斯矿井必须在三期工程开工前，建设中的突出矿井必须在揭煤前建成并投入使用抽采系统），并进行抽采效果评判，实现瓦斯抽采效果达标，否则一律停产整顿。

（6）严禁在综合防突措施效果不达标的突出煤层进行采掘活动。

突出矿井要严格执行《防治煤与瓦斯突出细则》，建立防突机构和队伍，落实区域和局部“两个四位一体”综合防突措施，实现防突效果达标，否则一律停产整顿，并严厉处罚。

（7）严禁矿井瓦斯超限作业、隐瞒瓦斯超限现象。

矿井要严格落实《国务院办公厅转发发展改革委安全监管总局关于进一步加强煤矿瓦斯防治工作若干意见的通知》（国办发〔2011〕26号）关于“瓦斯超限，立即停产撤人，并比照事故处理查明瓦斯超限原因，落实防范措施”的要求。凡是瓦斯防治措施不到位，1个月内发生2次瓦斯超限的，一律依法停产整顿；凡是1个月内发生3次瓦斯超限未追查处理，或被责令停产整顿期间仍组织生产的，一律依法关闭。

（8）严禁安全监测监控系统安装不到位或运行不正常、各类传感器应设而未设进行采掘活动。

生产矿井、基建矿井揭露基岩之前必须安装矿井安全监测监控系统，并保证系统运行正常，装备齐全、数据准确、断电可靠、处置迅速，否则一律停产（工）整顿。

（9）严禁开采容易自燃和自燃煤层的矿井未按设计方案建立完善的防灭火系统或未开展火灾预测预报工作，进行采掘活动。

矿井要根据初步设计、安全专篇的方案，建立完善的防灭火系统（不少于两种措施），并能实际运行；按规定开展防灭火预测预报工作；矿井已有火区采取得力措施治理，无一氧化碳、浓度、温度超标。否则，一律停产整顿。

（10）严禁防尘洒水系统不完备的矿井进行采掘活动。

矿井要按照集团公司六大阶段性目标要求，建立地面静压水系统，各采掘工作面、专用回风等地点管路、设施要安设到位，并保证水压符合规定，矿井无煤尘堆积。否则一律停产整顿。

2.13　晋能集团煤矿防治水管理“十个严禁”

（1）必须编制煤矿防治水分区管理论证报告、矿井水文地质类型报告。根据采掘衔接计划，编制并组织实施煤矿防治水中长期规划、煤矿防治水年度计划。否则，严禁进行采掘活动。

（2）必须对地表河流沟谷的裂缝、塌陷、废弃老窑等进行调查并有效治理，井口标高低于历史最高洪水位的必须采取有效措施。否则，严禁进行采掘活动。

（3）必须实行防治水工作的“三专”管理（防治水专业技术人员、专用的探放水设备、专门的探放水作业队伍）。否则，严禁进行采掘活动。

（4）资源整合矿井，必须采取地面三维地震、瞬变电磁法等手段，查明计划采掘活动区域的构造、老空区及其积水位置、积水范围、积水量等水害情况，并采取有效治理措施。否则严禁进行采掘活动。

（5）所有开拓、掘进都必须采用井下超前物探、超前钻探进行综合探测；工作面回采前，必须采取物探、钻探等手段，查清并消除水害隐患。否则，严禁进行采掘活动。

（6）探放水施工必须按照经总工程师审批的探放水设计进行，并进行探放水安全确认签字移交。否则，严禁进行采掘活动。

（7）采掘活动进入承压区前，必须查明承压水水文地质条件，进行承压开采安全性评价，制订承压开采安全技术措施。否则，严禁在承压区进行采掘活动。

（8）矿井有透水征兆时，必须立即停止作业，撤出所有受水害威胁地点的人员，在原因未查清、隐患未排除之前，严禁进行采掘活动。

（9）矿井排水系统能力不符合要求的严禁进行采掘活动。

（10）严禁“超层越界”和在防隔水煤（岩）柱中进行采掘活动。

2.14　晋能集团有限公司矿山企业井下运送人员“十条严禁”

（1）严禁使用国家明令淘汰、禁止使用的设备。设备（设施）必须取得“三证一标志”；无轨胶轮车工作制动使用的干式制动器必须立即淘汰使用，排气标准在国Ⅱ以下或2缸以下的车辆必须在规定期限予以淘汰；架空乘人装置使用蜗轮蜗杆减速器、使用铸造抱索器的必须在规定期限予以淘汰。

（2）严禁设备甩保护和带病运行。设备设施各项保护措施、信号装置必须齐全，必须按规定周期、规定项目进行检测、检验和试验，并有完整合格的测试记录和试验报告。无轨胶轮车必须按规定进行年检和大修，大修后必须经有资质单位检验合格后方可投入使用；架空乘人装置驱动系统必须设置失效安全型工作制动装置并有断轴保护措施。

（3）严禁设备在超员、超载、超速情况下运行。设备必须在规定载荷范围内运行；操作人员必须经过相关培训考核合格，取得要求的资格证后持证上岗。

（4）严禁立井提人系统在同一层罐笼内人员和物料混合提升、无轨胶轮车人货混装以及交接班期间运送火工品及架空乘人装置同时运送携带爆炸物品的人员。必须严格执行人员和车辆入井前检查制度和井口检查登记制度。

（5）严禁非防爆机动车辆、失去防爆性能的车辆、带病车辆入井。车辆必须配备防止停车后自溜的工具或设施；必须配备防灭火及瓦斯自动报警仪；井下行驶时，必须执行“行人不行车、行车不行人”规定；必须使用专用人车运送井下作业人员。

（6）严禁乘坐人员将身体任何部位或随身工具伸出运人设备外。架空乘人装置运送物品必须配备专用货物吊篮；倾斜巷道中架空乘人装置与轨道提升系统或带式输送机同巷布置时，必须采取可靠的隔离措施或设置电气闭锁；架空乘人装置停运期间上下人必须走行人道。

（7）严禁无轨胶轮车进入总回风巷、专用回风巷和微风、无风区域。无轨胶轮车运输爆破器材，必须使用专用车辆，并制定专项技术措施。

（8）严禁无轨胶轮车熄火空挡滑行。驾驶人员必须在车辆停稳后方可离开司机室；无轨胶轮车斜坡运输时，必须有失速安全措施。

（9）严禁无轨胶轮车在陡坡、弯道处掉头，在转弯处或非指定地点随意停车上下人员。

（10）严禁使用矿车、材料车和平板车等运送人员。

2.15　晋能集团回采工作面顶板管理特别规定

（1）综采工作面必须依据经矿总工程师批准的地质说明书、有资质单位检测并出具的开采煤层围岩物理特性及岩石力学性质报告、相邻工作面的矿压观测及地质预测预报等资料进行支护设计、支架选型（中间架、过渡架、端头架），有效支护高度需满足煤层厚度变化要求。

（2）综采工作面必须依据矿压观测资料、支护设计、支架选型、地质预测预报、地质构造的影响范围及程度、小窑老空范围积水及积气等资料编制作业规程并组织会审。遇到地质条件发生变化时，必须及时修改作业规程或制定相应的安全技术措施。

（3）综采工作面两端头必须采用端头支架，严禁使用基本架、过渡架代替端头架，三类支架的型号、支护形式必须符合作业规程的规定。基本架必须选用同一型号液压支架。

（4）乳化液泵站选型必须与支架配套，必须采用自动配比装置，泵站压力不小于30 MPa，乳化液配比浓度必须符合作业规程规定，工作面液压系统严禁出现3处以上漏液、窜液。

（5）综采工作面必须配备数字采集式连续监测矿压仪器，对支架工作阻力进行自动监测记录，并制定矿压监测巡检预报制度，相关记录完善并有专人对数据进行采集分析处理，并建档。

（6）综采工作面必须保持至少2个畅通的安全出口，人行道宽度不得小于0.8 m，高度不得低于1.8 m，所有安全出口与巷道连接处超前压力影响范围内必须加强支护、必须设专人维护，且加强支护段巷道长度不得小于20 m。

（7）工作面支护必须及时有效，严禁空顶作业。液压支架必须接顶严实，初撑力不小于额定值的80%，严禁出现连续三架初撑力不合格。工作面悬顶面积大于10 m^2，必须停止采煤，采取强制放顶或其他措施处理。

（8）当采高超过3 m或者煤壁片帮严重时必须采取防片帮伤人措施。采煤工作面倾角大于15°时，液压支架必须采取防倒、防滑措施；倾角大于25°时，必须有防止煤（矸）窜出刮板输送机伤人的措施。

（9）严禁擅自开采保安煤柱。存在“上行”“残采”“复采”开采的，必须请有资质的单位进行可行性研究论证，并经集团公司批复后方可实施。在无冲击地压煤层中的三面或四面被采空区所包围的区域开采或回收煤柱时，必须进行冲击危险性评价、制定防冲专项措施，并组织专家论证通过后方可开采。

（10）综采工作面过构造严格执行《晋能集团有限公司关于采煤工作面遇构造安全生产管理的指导意见》（晋能煤管字〔2020〕43号）文件规定。

2.16 晋能集团掘进工作面顶板管理特别规定

（1）掘进工作面必须依据经矿总工程师批准的地质说明书、有资质单位检测并出具的开采煤层围岩物理特性及岩石力学性质报告、相邻工作面的矿压观测及地质预测预报等资料合理确定巷道参数、支护参数、支护形式和支护材料等支护设计。

（2）掘进工作面必须依据矿压观测资料、巷道参数、支护参数、支护形式、支护材料、打眼机具、地质预测预报等编制作业规程并组织会审。

（3）掘进工作面巷道参数、支护参数、支护形式、支护材料、打眼机具必须符合作业规程规定。煤矿所用支护材料必须取得产品质量合格证，其中纳入安全标志管理的产品，必须取得煤矿矿用产品安全标志和强度检验报告。

（4）煤巷掘进必须采用综合机械化掘进，综掘机必须装备机载前探支护。工作面最小、最大控顶距必须符合作业规程规定。炮掘工作面必须使用可靠有效的前探支护，严禁空顶作业。

（5）掘进工作面必须进行顶板离层、顶底和两帮移近量监测。锚杆、锚索、锚喷、锚网喷等支护巷道必须安设顶板离层仪和锚杆锚索压力表，进行顶板离层日常监测，并制定矿压监测巡检预报制度。相关记录齐全，并有专人对数据进行采集分析处理并建档。顶板离层值在超过50 mm时要停止掘进，采取措施进行处理；离层值大于100 mm时，必须立即撤出人员，及时汇报矿总工程师进行处理。

（6）矿井必须配备与支护设计相匹配的拉拔机具（锚杆拉力机、锚杆预紧力矩扳手、锚索张拉机），按照作业规程规定对锚杆、锚索进行锚固力拉拔试验，并建立台账，对不符合要求的要采取措施加以解决。

（7）矿井主要井巷工程（井底车场巷道、机电硐室、主要运输大巷、总回风道）、综采工作面开切眼等大断面工程掘进必须有经矿总工程师批准的支护设计、生产组织方案，编制专项安全技术措施。大断面、仰斜等掘进工作面必须制定防片帮措施并严格执行。

（8）对应力集中、压力大、变形严重的巷道（底鼓量＞50 cm，两帮移近量＞50 cm），必须编制防止锚索、锚杆破断伤人的专项安全技术措施并严格执行。

（9）掘进近距离煤层（煤层间距0～5 m）的巷道，必须根据相邻工作面的矿压观测、地质预测预报、顶板破碎情况编制专项支护设计和安全技术措施并严格执行。

（10）巷道掘进遇地质构造（断层、陷落柱、破碎带等）、空巷、揭煤、开口、分岔、拐弯段、三角区及松软煤（岩）层等特殊情况，必须编制专项支护设计、生产组织方案和安全技术措施并严格执行。

2.17　晋能集团煤矿顶板管理规定

第一章　总　　则

第一条　为贯彻落实“安全第一，预防为主，综合治理”的安全生产方针，提高集团公司所属煤矿顶板管理水平，有效预防顶板事故发生，保障煤矿安全生产，同时明确各部门职责和各层级责任，特制定《煤矿顶板管理规定》。

第二条　本规定根据《矿山安全法》《安全生产法》《煤矿安全规程》(2016)、《煤矿巷道锚杆支护技术规范》(GB/T 35056—2018)、《关于进一步加强煤矿顶板管理工作的通知》(晋煤行发〔2018〕178)、《山西省煤矿顶板安全管理规定》(晋应急发〔2019〕299) 等安全生产相关法律、法规、技术规范和国家、省、部、厅（局）下发的有关规定制定本规定。

第三条　本规定适用于晋能集团（以下简称集团)、晋能集团所属二级涉煤公司（以下简称二级公司)、晋能集团所属井工开采煤矿（以下简称煤矿)。

基建煤矿（或技术改造煤矿）中标的施工单位可参照本规定。

第二章　基本规定

第四条　集团各级顶板管理责任

集团是煤矿顶板管理工作的监督主体，依据有关法律法规和集团实际情况，制定集团煤矿顶板管理规定。对二级公司、煤矿的顶板管理工作进行监督。

二级公司是煤矿顶板管理工作的管理主体，依据有关法律法规和集团顶板管理规定，结合自身实际，制定本公司顶板管理实施细则，并对所辖煤矿的顶板管理负全面管理责任。

煤矿是顶板管理工作的责任主体，各矿应依据有关法律法规和集团、二级公司的规定，结合自身实际，制定本矿顶板管理年度工作计划和实施细则，将顶板管理目标、责任进行分解，并落实到现场。

第五条　二级公司每季度、煤矿（包括基建煤矿的施工单位）每月度召开一次顶板管理专题会议，专题研究顶板管理工作中存在的问题，总结顶板管理工作经验，针对存在的问题制定对应的处置方案和措施，并形成会议纪要。

第六条　采煤工作面构成后，由二级公司组织进行工程质量验收；煤矿每月对采掘工作面进行一次工程质量验收；各采掘队每班必须进行工程质量验收和安全评估，对现场出现的问题及时进行整改，工程质量验收记录必须真实齐全，并建档管理。

第七条　资金保障制度

煤矿每年都要编制年度顶板管理安措资金计划，二级公司要对所属煤矿年度顶板管理安措资金计划进行审查，并监督煤矿做到专款专用。

第八条　煤矿地质部门要做好地质勘查保障工作，加强地质预测预报，掌握地质构造、围岩性质及顶底板含水情况，查明矿井本煤层、上覆煤层及周边老空积水情况。根据不同地质条件，超前采取不同的地质探测方法，为合理确定采掘工作面布局、层位、方位及编制支护设计提供科学依据。

第九条　采掘作业前，必须进行支护设计，设计要遵循以下原则：

(1) 设计必须遵循国家法律、法规、行业规范、集团有关规定，并结合矿井实际，既要保证安全，又要经济合理。

(2) 设计要坚持工作面布置有利于顶板管理、有利于提高回采率原则，尽可能避开地质构造带和压力影响区域，要根据矿压显现分布规律及研究观测结果合理留设煤柱。

(3) 综采工作面必须依据经矿总工程师批准的地质说明书、有资质单位检测并出具的开采煤层围岩物理特性及岩石力学性质报告、相邻工作面的矿压观测及地质预测预报等资料进行支护设计、支架选型（中间架、过渡架、端头架），有效支护高度需满足煤层厚度变化要求。

（4）掘进工作面必须依据经矿总工程师批准的地质说明书、有资质单位检测并出具的煤层围岩物理特性及岩石力学性质报告、相邻工作面的矿压观测及地质预测预报等资料进行支护设计，合理确定巷道参数、支护参数、支护形式和支护材料等。

（5）遇有地质条件发生变化，原有支护设计不能满足安全要求时，必须及时组织技术业务部门，认真分析现场具体情况，调整支护形式和支护参数，有针对性地做出补充支护设计。

第十条 采掘作业前，必须编制作业规程，作业规程要遵循以下原则：

（1）采掘作业规程编制前，地质部门应提供经矿总工程师批准的地质说明书，说明煤层赋存情况、顶底板岩性以及影响巷道施工的地质构造，上下层对照关系及四周开采情况，水、火、瓦斯、煤尘等情况。

（2）综采工作面必须依据矿压观测资料、支护设计、支架选型、地质预测预报、地质构造的影响范围及程度、小窑老空范围积水及积气等资料编制作业规程并组织会审。遇到地质条件发生变化时，必须及时修改作业规程或制定相应的安全技术措施。

（3）掘进工作面必须依据矿压观测资料、巷道参数、支护参数、支护形式、支护材料、打眼机具、地质预测预报等编制作业规程并组织会审。遇到地质条件发生变化时，必须及时修改作业规程或制定相应的安全技术措施。

（4）严格采掘作业规程和专项安全技术措施的编制、审批、贯彻、执行程序，每个单项工程必须根据《煤矿安全规程》和“作业规程管理规定”等有关规定，编制符合实际的作业规程和专项安全技术措施，严禁无规程和无专项安全技术措施作业。如遇情况变化时，要及时修改作业规程或补充专项安全技术措施。

（5）基建煤矿施工单位的作业规程按照基本建设程序要求的同时，按此规定完善，并报备建设单位。

第十一条 矿井必须加强雨季期间顶板管理。

（1）建立健全雨季期间顶板管理机构，完善雨季顶板管理制度。

（2）各二级公司对所辖煤矿雨季期间至少进行一次全覆盖检查、煤矿至少每月进行一次检查，并做好检查记录。

（3）认真了解历年水情水害分析报告，结合矿井实际，在雨季来临前对煤矿顶板做全面的隐患排查。

（4）加强对采煤、掘进工作面迎头支护等重点区域顶板管理。

（5）对煤层埋藏较浅的顶板破碎区、构造区、淋头水区、大采高区、坚硬悬顶区、巷道失修区、巷道交岔区、喷层离层区等顶板及片帮事故多发区域，必须采用有效地加强支护措施。特别是锚网索支护巷道顶帮拖盘松动失效、顶板离层的区段，容易发生冒顶事故，必须采取套棚、补打锚索、补喷、打帽柱等有效支护措施。

第十二条 严禁擅自开采保安煤柱。存在“上行”“残采”“复采”开采的，必须请有资质的单位进行可行性研究论证，并经集团公司批复后方可实施。在无冲击地压煤层中的三面或四面被采空区所包围的区域开采或回收煤柱时，必须进行冲击危险性评价，制定防冲专项措施，并组织专家论证通过后方可开采。

第十三条 注重并借鉴对支护困难的特殊顶板研究和成功经验的收集、积累、选择和应用工作。例如三软煤层、黄泥顶板、流沙层顶板，或其他难以管理的顶板，要善于借鉴选择地质条件相同或类似的成功的经验成果，运用自身并加以推广。对难以解决的顶板支护问题，要加强同国内有经验的煤矿企业、科研院所合作，共同研究探讨，制定合理有效的支护方式和专项安全技术措施，由二级公司总工程师批准后执行。

第三章　采煤工作面顶板管理规定

第一节　基 本 规 定

第十四条　采煤工作面支护形式、支护参数应与顶板条件相适应，并在作业规程中做出明确规定。

第十五条　采煤工作面保护煤柱宽度要根据工作面矿压显现规律情况留设，保证顺槽巷道回采期间矿压显现较小。严禁任意扩大和缩小设计确定的煤柱。采空区内不得遗留未经设计确定的煤柱。

第十六条　采煤工作面每班开工前要严格执行当班班（队）长、安全员、验收员和瓦检员的“四位一体”检查制度，对安全隐患及时处理。

第十七条　采煤工作面所有安全出口与巷道连接处超前压力影响范围内必须加强支护，且加强支护段巷道长度不得小于 20 m。

第十八条　综采工作面必须保持至少 2 个畅通的安全出口，综采工作面此范围内的巷道高度不得低于 1.8 m，安全出口人行道宽度不少于 0.8 m，其他采煤工作面此范围内的巷道高度不得低于 1.6 m。安全出口和与之相连接的巷道必须设专人维护，发生支架断梁折柱、巷道底鼓变形时，必须制定由矿长和矿总工程师批准的专项安全技术措施来进行处理。

第十九条　不同煤层或同一煤层的邻近区域内同时进行采掘作业，必须保持一定的安全距离，避免造成应力叠加。

相邻矿井、相邻采区之间应当避免开采相互影响。

第二十条　采煤工作面“三机配套”必须合理，液压支架的选型须经集团机电部审核，符合以下规定：

（1）采煤工作面基本支护必须采用液压支架，架间隙不得超过 200 mm。

（2）工作面严禁使用与工作面采高不相适应（超高或超低）的支架。各种支架必须按照要求正确安装。

（3）综采工作面端头支架、基本支架、过渡支架的型号、支护形式必须符合作业规程的规定。基本支架必须选用同一型号液压支架。

（4）有条件的矿井超前支护积极推广采用超前液压支架。

第二节　采煤工作面顶板管理

第二十一条　采煤工作面支护质量要求：

（1）移架要及时到位，移架后立即支撑顶板，并及时伸出前探梁、护帮板支护顶板。移架滞后采煤机的距离应根据顶板的具体情况在作业规程中明确规定。

（2）工作面不得随意留设顶底煤，特殊情况需要留设，必须制定安全措施。

（3）乳化液泵站选型必须与支架配套，必须采用自动配比装置，泵站压力不小于 30 MPa，乳化液配比浓度必须符合作业规程规定，工作面液压系统严禁出现三处以上漏液、窜液。

（4）工作面工程质量要做到“三直两平两畅通”，即煤壁、刮板输送机、支架均要成一条线；顶板要接实，底板要平整；上下安全出口要畅通。

（5）使用木垛、密集支柱等特殊支护时，在作业规程和安全技术措施中必须有明确的规定，并按规定作业。

（6）严禁使用折损的坑木、损坏的金属顶梁、失效的单体液压支柱。在同一采煤工作面中，不得使用不同类型和不同性能的支柱。在地质条件复杂的采煤工作面中使用不同类型的支柱时，必须制定安全措施。

（7）采煤工作面因片帮造成最大控顶距超过规定距离时，必须制定由矿长和矿总工程师批准的专项安全技术措施，加强顶板支护，防止工作面片帮。

（8）工作面支护必须及时有效，严禁空顶作业。液压支架必须接顶严实，初撑力符合作业规程规定，严禁出现连续三架初撑力不合格。工作面及上下隅角悬顶面积大于10 m^2，必须停止采煤，采取强制放顶或其他措施处理。

采煤工作面有下述情形之一进行作业者，视为空顶作业：

①回采工作面在机道作业时无临时支护。

②端面距超过作业规程规定的。

③端头、超前支护不符合规定者。

④相邻两架（柱）以上支护不合格者。

⑤采煤工作面及上下隅角悬顶面积超过10 m^2。

（9）加强煤壁区顶板管理，任何人不得在没有支护的煤壁区作业和行走，需要进入煤壁区作业时，应支好贴帮煤柱或临时支柱后方可作业。

（10）工作面因故停工停产前，必须将液压支架移至最小控顶距，并采取有效的防止支架自降措施。端面距超过规定时，要支设贴帮柱。停产期间安排专人巡检，发现问题及时处理。

第二十二条　采用综合机械化采煤时，必须遵守下列规定：

（1）采煤机采煤时必须及时移架。移架滞后采煤机的距离，应当根据顶板的具体情况在作业规程中明确规定；超过规定距离或者发生冒顶、片帮时，必须停止采煤。

（2）液压支架必须接顶严实，顶板破碎时必须超前支护。在处理液压支架上方冒顶时，必须制定由矿长和矿总工程师批准的安全技术措施。

（3）当采高超过3 m或者煤壁片帮严重时，液压支架必须设护帮板，应有防片帮措施；当采高超过4.5 m时，必须采取防片帮伤人措施。

（4）工作面支架间的煤矸必须清理干净。倾角大于15°时，液压支架必须采取防倒、防滑措施；倾角大于25°时，必须有防止煤（矸）窜出刮板输送机伤人的措施。

（5）处理倒架、歪架、压架，更换支架，以及拆修顶梁、支柱、座箱等大型部件时，必须制定矿总工程师批准的安全技术措施。

（6）在工作面内进行爆破作业时，必须制定矿总工程师批准的爆破作业安全技术措施，必须有保护液压支架和其他设备的措施。

（7）加强工作面顶板支护管理和顶板压力观测，制定预防架前冒落的措施，周期来压期间加强对煤壁的支护，防止煤壁片帮冒落。

（8）运送、安装和拆除综采设备时，必须制定包括顶板管理内容的作业规程或安全技术措施。

第二十三条　采用放顶煤开采时，必须遵守下列规定：

（1）有下列情形之一的，严禁采用放顶煤开采：煤层有突出危险性；缓倾斜、倾斜厚煤层的采放比大于1∶3，且未经行业专家论证的；急倾斜水平分段放顶煤采放比大于1∶8的；坚硬顶板、坚硬顶煤不易冒落，且采取措施后冒放性仍然较差，顶板垮落充填采空区的高度不大于采放煤高度的；采区或者工作面采出率达不到矿井设计规范规定的；矿井水文地质条件复杂，放顶煤开采后有可能与地表水、老窑积水和强含水层导通的；放顶煤开采后有可能导通火区的。

（2）矿井第一次采用放顶煤开采，或者在煤层（瓦斯）赋存条件变化较大的区域采用放顶煤开采时，必须根据顶板、冲击地压等地质特征和灾害危险性进行可行性论证和设计，并由煤矿企业组织行业专家论证。

（3）针对煤层开采技术条件和放顶煤开采工艺特点，必须制定顶板支护、初采和工作面收尾等安全技术措施。放顶煤工作面初采期间应当根据需要采取强制放顶措施，使顶煤和直接顶充分垮落。

(4) 采用预裂爆破处理坚硬顶板或者坚硬顶煤时，应当在工作面未采动区进行，并制定专门的安全技术措施。严禁在工作面内采用炸药爆破方法处理未冒落顶煤、顶板及大块煤（矸）。

(5) 严禁单体支柱放顶煤开采。

第二十四条　采用高档普采采煤时，必须遵守下列规定：

(1) 工作面悬（滑）移支架必须接顶严实，初撑力必须符合作业规程规定。

(2) 工作面初采、过断层、周期来压、初次来压期间，或煤层倾角变陡的地段，使用金属链将支架连接起来，使工作面支架在倾斜方向上形成一体，并在支架之间的空档里，加打一梁二柱的走向抬棚，以防倒架，还要沿后柱支设抬棚，以防推架。

(3) 工作面初采时，开切眼靠采空区侧反挂金属网垂到底板，以防采空区煤矸溢出，使采空区内有足够的充填物，提高支架的稳定性。

(4) 若工作面压力较大，支架变形严重时，必须将支架及时改正，并使用单体液压支柱，支柱要有3～5 cm的柱窝，斜撑悬移支架，确保悬移支架的稳定性，防止倒架。

(5) 工作面上使用的所有单体支柱都必须使用防倒设施，损坏柱梁及时外运，多余支柱必须竖放整齐牢固。

(6) 因二次注液支柱变形的，在改柱前先在被改支柱支架顶梁中间支设一颗单体支柱，升实支牢，再将变形支柱改正升实支牢，而后再将中间支柱撤掉。

第二十五条　采用分层开采管理顶板时，必须遵守下列规定：

(1) 分层开采的工作面必须要保障上分层底网的铺设质量，并把分层煤厚、铺网情况和人工顶板上冒落的大块岩石（$>2.0\ m^2$）记载在图上（1∶500）。

(2) 采用人工顶板分层垮落法开采的采煤工作面，人工顶板必须铺设完好并搭接严密。采用分层垮落法开采时，必须向上分层采空区注水或注浆，以便形成再生顶板。注水或注浆的具体要求，应在作业规程中明确规定。

(3) 只有矿压显现稳定后，方可进行分层开采，人工顶板下进行采煤时必须采取及时支护、超前支护；两巷超前支护采用超前支架或架棚、钢梁等被动支护，及时补网，防止漏顶伤人。

(4) 分层开采工作面必须合理确定分层高度，严禁超高回采。

(5) 厚煤层工作面禁止采用分层同采；近距离煤层上下同采时必须保持一定的安全距离，避开应力集中区，并制定控制顶板的安全技术措施。

(6) 采用分层垮落法回采时，下一分层的采煤工作面必须在上一分层顶板垮落的稳定区域内进行回采。

(7) 近距离煤层下层煤开采顶板破碎时，可参考本条款。

第二十六条　回柱放顶时，必须遵守下列规定：

(1) 工作面上下端头隅角区应在切顶线支设密集支柱，支柱数量要齐全，支柱有力，挡矸有效，严禁超前回柱。采煤工作面两端头无密集支柱切顶时，必须有防止工作面冒顶和矸石窜入工作面的措施。

(2) 采煤工作面采用密集支柱切顶时，两段密集支柱之间必须留有宽0.5 m以上的出口，出口间的距离和新密集支柱超前的距离必须在作业规程中明确规定。

(3) 回柱放顶前，必须对放顶的安全工作进行全面检查，清理好退路。

(4) 回柱放顶作业，人员必须站在安全区域进行作业，并安排专人观察顶板动态。严禁放顶人员进入冒顶区内取柱或进行其他工作。

(5) 回柱工必须在有支护的安全区域进行作业，回撤最后一根（或一组）支柱时，要打好护身柱子后再进行回撤。

第二十七条 加强重点地段顶板管理：

(1) 端头支护。

①要保证端头支护顶板接顶严实，端头控顶距离不得超过作业规程要求。

②工作面端头支架与进回风巷出现错差、缺架（超过0.5 m）或架间距离超过规定时，要制定针对性的支护措施，防止顶板破碎矸石流入作业区域。

③综采工作面两端头必须采用端头支架，严禁使用基本架、过渡架代替端头架，支架的型号、支护形式必须符合作业规程规定。

(2) 超前支护。

①超前应力影响范围内必须加强支护，有条件的尽量使用超前支架支护。

②采煤工作面超前支护使用单体柱支护时，支护密度必须符合作业规程规定。液压支柱必须打设牢固，并采取防倒措施。倾斜巷道中要掌握好支柱迎山角。顶底板松软时支柱必须穿鞋戴帽，单体支柱钻底量必须小于100 mm。作业过程中严格执行“先支后回”的原则。

③严禁采用木支护、摩擦式金属支柱等落后支护设备。

④超前支护的支柱（架）初撑力必须符合作业规程规定。

⑤单体液压支柱入井前必须逐根进行压力试验。

⑥对金属顶梁和单体液压支柱，在采煤工作面回采结束后或者使用时间超过8个月后，必须进行检修。检修好的支柱，还必须进行压力试验，合格后方可使用。

⑦单体液压支柱初撑力，柱径为110 mm的不得小于140 kN，柱径为100 mm的不得小于90 kN。对于软岩条件下初撑力确实达不到要求的，必须制定由矿总工程师批准的安全技术措施。

⑧严禁在空顶区域内提前摘柱，碰倒或者损坏、失效的支柱，必须立即恢复或更换。

⑨移动输送机机头、机尾需要拆除附近的支架（柱）时，必须先架好临时支架（柱）。

⑩加强破碎机附近的支护，破碎机侧必须留有安全的人行通道。

⑪单体液压支柱支设必须迎山有力，有可靠的防倒、防滑措施，使用钢梁参与支护的要有防坠梁措施。

第三节 特殊条件下的顶板管理

第二十八条 工作面初采、末采、回撤时，应遵守下列规定：

(1) 必须对开切眼的顶板情况进行监测、分析，顶板异常的必须采取有效措施后方可作业。

(2) 采煤工作面初采、初放时要制定由矿总工程师批准的专项安全技术措施，并成立以生产矿长为组长的初采、初放领导小组。初采、初放前，要组织有关人员现场会审，在确认现场条件符合要求时，方可按措施进行初采、初放。初采、初放期间必须做好全过程的顶板动态监测。下分层工作面、大断面开切眼的工作面、大倾角等特殊条件工作面初次放顶前要制定针对性的安全技术措施。

工作面初次放顶期间，每班都必须有矿级领导现场跟班，检查初次放顶措施的执行情况，发现不安全因素立即采取果断措施进行处理。

(3) 采煤工作面用垮落法管理顶板时，必须及时放顶。顶板不垮落、悬顶距离超过作业规程规定的，必须停止采煤，制定由矿长和矿总工程师批准的安全技术措施，采取人工强制放顶或者其他措施进行处理。

放顶的方法和安全技术措施，放顶与爆破、机械落煤等工序平行作业的安全距离，放顶区内支柱等的回收方法，必须在作业规程中明确规定。

(4) 采煤工作面末采时，必须制定安全技术措施，经煤矿总工程师审批后贯彻执行。要合理选择工作面终采线，尽量避开周期来压位置；综采工作面末采时必须铺网，铺网的距离、网片的规格、搭接及机道内的支护方式、撤架方法要在专项措施中明确规定；要随时根据支架回撤的实际情况及时补充和完善措施；工作面回撤结束后要及时封闭。

末采期间要提前调整好工作面采高和支架状态。人员进入机道作业时，必须闭锁工作面设备，禁止操作液压支架，采取防片帮措施，设专人观察顶帮，严格执行“敲帮问顶”制度。停采时的煤壁必须平直，拆架巷的高度及宽度不低于设计规定。

(5) 采煤工作面回撤（安装）时必须编制专项施工安全技术措施，报煤矿总工程师批准。

工作面回撤（安装）前，应对工作面质量和设备状态进行一次全面检查验收，验收合格后方可进行回撤（安）装作业。在回撤（安装）过程中应加强临时支护；在回撤（安装）设备过程中要始终保持行人通道畅通。

第二十九条 采煤工作面过断层、陷落柱等地质构造时，应遵守下列规定：

(1) 采煤工作面过断层、陷落柱等地质构造前，必须根据地质资料，查明断层、陷落柱等构造的性质及产状要素、影响范围和程度，制定矿总工程师批准的过构造专项安全技术措施。

(2) 回采过程中根据构造产状及变化情况及时采取措施加固顶板。

(3) 根据所掌握的构造情况，结合矿井实际，确定是否通过（建议预计过构造超过3个月时间，或者对安全生产影响较大时，应采取绕过搬家的方式处理），如通过，要制定矿总工程师批准的安全技术措施，提前采取打锚杆、锚索、铺金属网、注浆等方式加固煤体，并且应提前考虑调整采煤方法，适当降低过构造段的采高，减少岩石开采量。

(4) 采煤工作面在过构造期间，必须安排专业技术人员和矿领导现场跟班，跟班人员要随时掌握工作面过构造的动态情况，当工作面现场情况发生变化时，要及时修改、完善施工技术措施，经煤矿总工程师批准后，贯彻实施。

第三十条 采煤工作面过空巷时，应遵守下列规定：

(1) 采煤工作面在回采前必须探清本工作面内空巷与工作面的关系，根据实际情况制定由矿长和矿总工程师批准的安全技术措施，对空巷采取补强支护措施，有效控制变形量，空巷的相关情况不清不得进行回采作业。

(2) 采煤工作面过空巷期间必须有矿级领导现场跟班，要随时掌握工作面过空巷的动态情况，当工作面现场情况发生变化时，要及时进行处理。

(3) 过空巷前，应根据采煤工作面与空巷的位置关系，提前调整工作面伪斜方向，使工作面与空巷形成一定夹角，缩小空巷顶板在工作面内同时暴露的面积，从而减小空顶范围。但调斜后工作面两端头必须加强支护，要补充液压支架或采用其他可靠的支护形式加强支护。

(4) 过空巷期间，要加强工作面的生产组织和工序管理，强化支架初撑力、端面距、歪斜度、仰俯角等方面的管理工作，严格执行工程质量班评估制度，做到支架接顶严实、护帮有效，确保工作面顺利通过空巷。

(5) 当空巷内局部顶板垮落，人员无法进入，且采取降低采高、带压拉架等方式无效时，应采取注浆加固的方法，对碎矸及破碎围岩胶结加固，确保安全后，方可通过。

(6) 针对已经探明的空巷在条件允许的情况下，鼓励采用高水材料等新工艺、新材料进行空巷完全充填，有效控制空巷变形，保证安全快速通过。

第三十一条 严禁在采空区、超前压力影响范围等应力集中区进行预裂爆破顶板工作，顶板预裂爆破必须避开顶板初次来压、周期来压。

第三十二条 周期来压及顶板破碎时必须紧跟采煤机超前拉架，移架采用带压移架方式，超过规定距离或发生冒顶、片帮时，必须停止采煤，及时采取措施支护顶板，需进入煤壁区作业时，必须制定矿总工程师批准的安全技术措施，先做好临时支护，并有专人看护顶板。工作面出现倒架、歪架、死架时，必须制定专项安全技术措施，及时处理。

第三十三条 随工作面割煤随时垮落的破碎顶板、黄泥岩顶板、松散物顶板，要及时制定矿总工程师批准的安全技术措施，采用注浆等手段固定顶板，然后方可作业。

第三十四条　倾斜、急倾斜煤层开采前必须制定防止煤壁片帮的安全技术措施。

第四章　掘进巷道顶板管理规定

第一节　基　本　规　定

第三十五条　掘进工作面巷道参数、支护参数、支护形式、支护材料、打眼机具必须符合作业规程规定。

第三十六条　煤巷掘进必须采用综合机械化掘进，综掘机必须装备机载前探支护。工作面最小、最大控顶距必须符合作业规程规定。炮掘工作面必须使用可靠有效的前探支护，严禁空顶作业。

第三十七条　矿井主要井巷工程（井底车场巷道、机电硐室、主要运输大巷、总回风大巷）、巷道开口、交岔点、综采工作面开切眼等大断面工程掘进必须有经矿总工程师批准的支护设计、生产组织方案，编制专项安全技术措施。大断面、仰斜等掘进工作面必须制定防片帮措施并严格执行。

第三十八条　掘进近距离煤层（煤层间距 0 ~ 5 m）的巷道，必须根据相邻工作面的矿压观测、地质预测预报、顶板破碎情况编制专项支护设计和安全技术措施并严格执行。

第三十九条　对应力集中、压力大、变形严重的巷道（底鼓量> 50 cm，两帮移近量> 50 cm），必须编制防止锚索、锚杆破断伤人的专项安全技术措施并严格执行。

第四十条　加强掘进现场监督检查，开工前当班班（队）长、安全员、验收员和瓦检员进行“四位一体”检查，对安全隐患及时处理。各工种必须严格执行“敲帮问顶”制度。

第四十一条　岩石巷道或半煤岩巷道优先采用综掘或光面爆破，巷道要成形规整，轮廓尺寸符合设计要求。

第四十二条　巷道开口、分岔、拐弯段、三角区及贯通处应避开构造及应力集中区，并加强支护措施。

第四十三条　巷道掘进施工中，应每隔 50 ~ 100 m（顶板变化较大时减小距离）或在构造区域进行顶底板岩性探测工作，并将探测结果及时反馈地质部门并填绘到工作图上，在巷道掘进结束后由地质部门提供整体工作区域顶底板岩性柱状图，为相邻工作面的支护设计提供依据。

第四十四条　严格按正规循环作业，禁止超循环作业。

第四十五条　顶板坚硬的掘进工作面，优先采用锚网索、锚网索喷等主动支护；巷道顶板破碎、难以维护时，要采用架棚支护，必要时采用注浆方式固定顶板。巷道岩性发生变化，要相应修改支护设计，及时调整支护方式。

第四十六条　掘进工作面必须有可靠有效的临时支护，严禁空顶作业。临时和永久支护距掘进工作面的距离，必须根据地质、水文地质条件和施工工艺在作业规程中明确，并制定防止冒顶、片帮的安全技术措施。

第四十七条　掘进工作面有下述情形之一进行作业，视为空顶作业。

（1）掘进工作面无临时支护作业的。

（2）临时支护与掘进工作面迎头距离超过作业规程规定的。

（3）在最大控顶距内未及时按规程、措施规定完成永久支护，继续向前施工作业的。

（4）永久支护失效，未采取措施的。

（5）相邻两架（柱）及两根锚杆以上支护不合格者。

（6）巷道片帮深度超过 0.5 m，长度超过 10 m 而未支护者。

第四十八条　掘进工作面迎头在落煤（岩）后必须及时进行临时支护，临时支护要遵守以下要求：

(1) 临时支护方式、技术要求、操作程序等应在作业规程中明确规定。

(2) 临时支护符合作业规程规定，前探梁采用金属制作，必须有足够强度，严禁采用木支护。

(3) 坡度大于15°的斜巷不能采用前探梁支护。

(4) 顶板出现局部冒落，导致顶板不平整时，前探梁必须用背木垫实，背木要紧贴迎头顶板；顶板较大范围冒落，前探梁不能有效支撑顶板时，要采取其他安全措施。

第四十九条　巷道永久支护严禁采用木棚或木支柱支护，特殊区段在锚网索支护的基础上，可采用金属棚或带帽木点柱进行临时补强支护。严禁使用国家明令禁止使用或淘汰的技术、工艺、材料和设备。

第五十条　在松软的煤（岩）层、流沙性地层或者破碎带中掘进巷道时，必须采取超前支护或者其他有针对性的安全技术措施。

第五十一条　大断面巷道、硐室、交岔点应尽可能布置在稳定煤岩层中，同时要尽可能避开地质构造、应力集中等区域。

第五十二条　煤矿要建立支护材料管理制度，成立支护材料管理机构，做好材料采购、验收工作。二级公司负责支护材料的检查督导工作。

第五十三条　煤矿要把好支护材料质量关，所用支护材料必须取得产品质量合格证，其中纳入安全标志管理的支护材料，必须取得煤矿矿用产品安全标志和强度检验报告，严禁使用不符合设计要求的支护材料。

第五十四条　掘进工作面须备有一定数量的支护材料，其数量、规格、存放地点和管理办法要在作业规程中明确规定。

第二节　锚 网 索 支 护

第五十五条　锚杆（索）和网的形式、规格、材质、间排距、安设角度，锚固剂型号、搭接方式、联网形式、锚固力要求，必须在施工组织设计和作业规程中明确。

第五十六条　锚杆（索）必须根据设计进行施工，其施工工艺必须按锚杆支护技术规范进行，施工结束，由当班的验收员进行验收。

第五十七条　锚索长度应根据巷道顶板煤岩层情况确定，必须把锚索锚固到稳定的顶板岩层中。当稳定岩层与巷道顶板距离过大时，锚索长度应超过自然平衡拱2 m以上，锚固段长度不小于1 m。

第五十八条　钻孔、锚杆、锚固剂直径要“三径”匹配合理，保证锚固力达到设计要求。

第五十九条　锚杆（索）的安装必须按要求进行，锚固剂、锚杆（索）、托盘和螺母等构件的性能、强度、结构必须与设计锚固力相匹配。

第六十条　锚网索支护工作面要有足够长度、强度的临时支护，临时支护必须在锚杆达到规定初锚力后才能拆除。

第六十一条　支护时必须在完好有效的临时支护下进行，条件允许时顶帮同时进行支护，否则，按先顶板，后两帮，先上帮后下帮的顺序进行支护。使用掘锚一体机等设备快掘施工时，顶帮可同时支护。

第六十二条　严格按照作业规程对锚杆（索）进行逐根预紧，对于炮掘巷道，爆破前必须对工作面10 m范围内的锚杆（索）进行加固，爆破后必须对工作面10 m范围内的锚杆（索）进行查验，确保达标。发现有松动现象时进行二次预紧。

第六十三条　煤矿必须按要求进行锚杆拉拔力试验，并做好记录，锚杆的拉拔力试验必须有安全技术措施并在永久支护下进行，且应设置安全距离，人员撤退到安全范围内，防止因锚杆杆体断裂或失效造成伤人。

第六十四条　巷道出现失效的锚杆（索）时，要及时进行补打。

第六十五条 高空作业时必须设有牢固可靠的工作台，并有防止坠落的安全措施，施工人员作业前必须确认安全后方可作业。

第三节 锚网索喷支护

第六十六条 锚杆（索）的形式、规格、间排距、安设角度，锚固剂型号、挂网规格、搭接方式、联网形式、喷射材料、设备、工艺、喷体厚度，以及围岩涌水的处理等，必须在施工组织设计和作业规程中明确。

第六十七条 锚网索喷支护对锚杆（索）、网的要求参照第二节锚网索支护。

第六十八条 锚杆锚固力、锚索预紧力必须符合设计。对喷体必须做厚度和强度检查并形成检查记录。

第六十九条 向井下输送混凝土时，必须制定矿总工程师批准的安全技术措施。混凝土强度等级大于 C40 时或者输送深度大于 400 m 时，严禁采用溜灰管输送。

第七十条 严格按作业规程和操作规程的规定进行作业，确保及时进行初喷封闭。复喷距迎头距离不应超过 30 m，喷层厚度符合设计要求。

第七十一条 锚喷巷道喷射混凝土前应检查帮顶，撬掉浮石，并用水冲洗煤（岩）面，严格掌握混凝土配比和速凝剂掺入量，喷层厚度必须符合设计要求。

第七十二条 锚喷巷道混凝土的强度不低于 C20，厚度不低于 50 mm。

第四节 锚网索架棚联合支护

第七十三条 锚杆（索）的形式、规格、间排距、安设角度，锚固剂型号、挂网规格、搭接方式、联网形式、临时支护距迎头的距离、架棚的材料与规格、锚网索支护与架棚支护的先后顺序、间排距等，必须在施工组织设计和作业规程中明确。

第七十四条 锚网索架棚联合支护对锚杆（索）、网的要求参照第二节锚网索支护的要求。

第七十五条 锚网索架棚联合支护中对架棚的要求参照第五节架棚支护中对架棚的要求。

第五节 架 棚 支 护

第七十六条 掘进巷道架棚及接顶材料的数量、质量、排列、材料规格尺寸、临时支护、架棚最大控顶距和最小控顶距、棚距必须在作业规程或施工安全技术措施中明确规定。

第七十七条 施工中不得使用下列支护材料及支架：不符合作业规程规定的支护材料；腐朽、劈裂、折断、过度弯曲的支护材料；严重锈蚀或者变形的金属支架。

第七十八条 严禁使用木支柱支护，背板和充填材料的材质规格必须符合设计要求和有关规定。

第七十九条 巷道架棚时，支架腿应当落在实底上，严禁将棚腿架设在浮煤、浮矸上；支架与顶帮之间的空隙必须塞紧、背实。支架间应当设置牢固的撑杆或者拉杆，可缩性金属支架应当采用金属支拉杆，并用机械或者力矩扳手拧紧卡缆。倾斜井巷支架应当设迎山角；可缩性金属支架可待受压变形稳定后喷射混凝土覆盖。

第八十条 支架腿窝深度在作业规程中要明确，施工时遇特殊情况必须采取防止支架腿滑移的措施。

第八十一条 设有永久水沟的巷道，掘砌水沟时，必须有防止棚腿失效的措施。

第八十二条 爆破前，靠近掘进工作面 10 m 长度内的支架必须有防倒装置。爆破后，必须对爆破崩倒、崩坏的支架先行修复，修复支架时必须先检查顶帮，并由外向里逐架进行；迎头作业必须在超前支护或临时支护下作业。

第八十三条 掘进工作面临时停工时，巷道支架必须架设到迎头，实现封帮接顶，复工前必须制定专项安全技术措施。

第八十四条　巷道架棚回撤时，必须有保证冒顶堵塞巷道时人员撤退的安全出口，失修的架棚巷道回收架棚前，必须先对回收巷道由外向里加强支护，施工时必须先检查后工作，严格执行“敲帮问顶”制度，严格检查巷道顶板岩石破裂情况和支架损坏程度。修护架棚必须先支设临时支护，在临时支护安全可靠的情况下，由外向里开始修护，修护安全后方可由里向外回收架棚，回收架棚时作业人员不得少于3人。

第八十五条　巷道支架更换时必须撤出迎头里所有人员，严禁与迎头施工平行作业，施工前要将作业地点前后10 m范围内的支架，全部进行加固，并做好临时支护。

第八十六条　架棚巷道新开口时必须使用临时抬棚，将开口范围内及其两侧用各不少于一架棚梁托住，然后开宽巷道再使用永久抬棚。

第六节　砌　碹　支　护

第八十七条　砌体厚度、灰缝、砌筑砂浆配比、壁后充填要求、临时支护的形式和材质、最大控顶距和最小控顶距必须在作业规程中做出明确规定。

第八十八条　砌体基础必须落到实底上且基础深度不得少于单层砌体的高度。砌体工程不能一次施工完毕的，在施工技术措施中必须明确砌体交接部分的具体施工方法。

第八十九条　巷道砌碹时，碹体与顶帮之间必须用不燃物充满填实，巷道冒顶空顶部分，可用支护材料接顶，但在碹拱上部必须充填不燃物垫层，其厚度不得小于0.5 m。

第九十条　若顶部出现高顶冒落，碹顶应先充填至顶，打紧背牢，严禁空帮空顶。处理高顶冒落要事先准备好不燃性充填材料，处理前应选好撤离路线。

第九十一条　顶板破碎时应先挑掉危石并加前探支护。

第九十二条　开凿平硐、斜井和立井时，应避开可能发生围岩崩塌、滑坡等地质灾害的区域，井口与坚硬岩层之间的井巷必须砌碹或者用混凝土砌（浇）筑，并向坚硬岩层内至少延深5 m。在山坡下开凿斜井和平硐时，应避开可能发生围岩崩塌、滑坡等地质灾害区域，井口顶侧必须构筑挡墙和防洪水沟。

第九十三条　位于地震烈度为7度及以上地区，或处于表土段不稳定岩层时，风硐及安全出口和井筒上段30 m以内井壁，必须采用钢筋混凝土结构。

第九十四条　新掘的立井井筒，当井筒直径大于3.5 m时，基岩段初次支护优先采用锚喷支护，永久支护采用混凝土砌碹或钢筋混凝土砌碹的支护方式，混凝土砌碹厚度不得小于300 mm。

第七节　特殊条件下的顶板支护

第九十五条　掘进工作面过断层、陷落柱等地质构造时，应遵守下列规定：

（1）掘进工作面过断层、裂隙带、陷落柱等地质构造段前，必须加强掘进地段的地质调查工作，根据所掌握的地质资料，决定是否通过，如通过必须制定掘进组织的方案和安全技术措施，经矿长和矿总工程师批准后执行。

（2）在破碎带中掘进，尽可能缩短围岩暴露时间，减小顶板出露后的挠曲离层，提高顶板的稳定性。

（3）过构造时，必须根据实际补强支护，通过减小锚杆锚索间排距、架棚棚距，加大支护材料型号，加长锚杆锚索长度，必要时采用多种形式联合支护。

（4）含水构造区、顶板破碎的褶曲、煤层节理发育和松软煤层要提前采取注浆措施。顶板为黄泥岩、流沙层等顶板，巷道顶板难以维护时，必须提前采用注浆、铺网、架棚等方式支护顶板。

（5）在顶板岩性突变地段，要及时采取可靠措施支护突变带顶板，对离层伞檐状围岩要及时敲掉。

（6）掘进工作面过断层期间，施工人员必须仔细检查顶板和帮部围岩支护情况，严格执行“敲帮问顶”制度，及时凿掉顶帮的危矸、活岩，严禁空顶作业。

第九十六条 掘进工作面过空巷时，应遵守下列规定：

（1）掘进工作面过空巷时必须确定空巷位置、范围、积水、积气、支护冒落情况，制定掘进组织方案和安全技术措施，经矿长和矿总工程师批准后执行。

（2）在过空巷以及与空巷贯通前（后）10～15 m 范围内必须采取加强支护措施，缩小循环进度，减小控顶距，降低顶板垮落和煤壁片帮的危险。

（3）掘进工作面过空巷期间，要切实采取安全、可靠、有针对性的临时支护方式，并在安全技术措施中详细规定。

（4）掘进工作面从空巷下方通过时，若空巷底板与掘进巷道顶板之间煤岩体较薄，不能满足正常锚网支护时，必须采用架金属棚或浇筑混凝土等其他安全可靠的支护方式通过。

（5）掘进巷道沿着空巷掘进时，能提前恢复通风的，必须提前维护到位，不能提前恢复通风进行维护的必须制定矿总工程师批准的安全技术措施，确保巷道安全通过。若掘进巷道与空巷小角度相交贯通，应对空巷和掘进巷道贯通点附近变薄的煤壁进行刷扩并加固处理，避免薄煤壁压力增大引起支护失效。

（6）掘进工作面跨过下层空巷时，若掘进巷道底板与空巷顶板之间煤岩体较薄，没有足够底板承压强度，必须加强支护或采用合理的方式填满、填实，保证底板强度满足掘进机组等设备安全通过。

第九十七条 两个同时作业的掘进巷道贯通前必须制定贯通专项措施，综合机械化掘进巷道在相距 50 m 前（突出煤层相距 60 m）、其他巷道在相距 20 m 前，必须停止一个工作面作业，实行单头作业，保持停掘工作面支护完好和通风正常。贯通时，必须由专人现场统一指挥。贯通后必须停止采区内一切工作，立即调整通风系统，风流稳定后，对贯通点进行支护。

第九十八条 掘进巷道穿越采空区，必须制定由矿长和矿总工程师批准的掘进组织方案和安全技术措施，或者委托有资质的工程地质勘探部门作进一步的勘探工作，查明采空区范围、积水积气状况，以及采空区冒落和塌陷情况，采空区情况不明不得作业。必须坚持有掘必探、先探后掘的原则，发现异常必须停止掘进，采取措施进行处理。探透后，要根据掘进巷道遇到的实际情况，制定相应的、有效的措施。

第九十九条 分层开采或近距离开采下层煤巷道支护时，掘进巷道上方有采空区，巷道布置要避开上层煤柱应力区，要制订有针对性的安全技术措施，采用铺金属网、架棚、锚杆锚索等联合支护保证顶板完整性。

第一百条 大断面、大开切眼巷道、巷道交岔口的支护要求：

（1）要根据顶底板岩性由矿总工程师负责或委托科研院所编制专项支护设计，并制定安全技术措施和施工组织措施。

（2）要根据巷道用途尽量减小巷道跨度、高度。

（3）顶板完整、岩性较好的可采取一次成巷，采用导硐法施工，要通过加大支护密度，增大支护材料规格、长度等支护顶板，加强巷道顶板力学薄弱地点支护。

（4）巷道顶板破碎时采用小断面成巷二次扩刷的办法施工，巷道可采用锚杆锚索、金属网、架棚等多种形式联合支护，保证巷道安全。

（5）上山掘进巷道迎头必须有防止煤壁垮落伤人的安全技术措施。

第一百零一条 掘进巷道开口前，必须由地测人员根据巷道设计确定开口位置，作业前必须对开口位置附近至少 10m 内巷道加强支护，并制定矿总工程师批准的专项安全技术措施。

第一百零二条　矿压较大的巷道要制定矿总工程师批准的安全技术措施，将锚杆锚索托盘、锁扣捆绑固定在金属网上，对锚杆锚索的外露部分采取带防护套的措施，防止锚杆锚索“射箭”伤人。

第一百零三条　工作面需起吊设备或重物时应制定专门的措施，严禁利用锚杆、锚索等原有巷道支护进行起吊。

第一百零四条　处理冒顶时，必须由矿长组织人员现场办公，确定施工组织方案，明确由相关矿级领导负责，并制定由矿长和矿总工程师批准的专项安全技术措施。处理冒顶前首先由外向里对支护进行加固，并在专人观察顶板情况下进行，严格执行“敲帮问顶”制度，做好临时支护，处理时必须带班领导或相关业务部门领导现场盯守，由成建制专业化队伍处理。

第五章　冲击地压管理规定

第一百零五条　有下列情况之一的，应当进行煤岩冲击倾向性鉴定：

（1）有强烈震动、瞬间底（帮）鼓、煤岩弹射等动力现象的。

（2）埋深超过400 m的煤层，且煤层上方100 m范围内存在单层厚度超10 m的坚硬岩层。

（3）相邻矿井开采的同一煤层发生过冲击地压的。

（4）冲击地压煤矿开采新水平、新煤层。

第一百零六条　开采具有冲击倾向性的煤层必须进行冲击危险性评价，冲击地压煤矿必须进行区域危险性预测和局部危险性预测。区域和局部预测可根据地质与开采技术条件等，优先采用综合指数法确定冲击危险性。

第一百零七条　新建煤矿和冲击地压煤矿的新水平、新采区、新煤层有冲击地压危险的，必须编制防冲专项设计。防冲专项设计包括开拓方式、保护层选择、采区巷道布置、工作面开采顺序、采煤方法、生产能力、支护形式、冲击危险性预测方法、冲击地压监测预警方法、防冲措施及效果检验方法、安全防护措施等内容。采取综合防冲措施后不能消除冲击地压灾害的煤矿，不得进行采掘作业。

第一百零八条　煤矿防治冲击地压工作应当遵守下列规定：

（1）有冲击地压危险的煤矿必须建立专职的冲击地压防治机构和专业队伍。

（2）坚持“区域先行、局部跟进”的防冲原则。

（3）煤矿和二级公司必须编制中长期防冲规划与年度防冲计划，采掘工作面作业规程中必须包括防冲专项措施。

（4）开采冲击地压煤层时必须采取冲击危险性预测、监测预警、防范治理、效果检验、安全防护等综合性防治措施。

（5）必须建立防冲培训制度。

第一百零九条　冲击地压煤矿巷道布置与采掘作业面应当遵守下列规定：

（1）开采有冲击地压煤层时，在应力集中区不得布置2个工作面同时进行采掘作业，2个掘进工作面之间的距离不小于150 m，采煤工作面与掘进工作面之间的距离小于350 m时，2个采煤工作面之间的距离小于500 m时，必须停止其中一个工作面。

（2）相邻煤矿、相邻采区之间应当避免开采相互影响。

（3）开拓巷道不得布置在严重冲击地压煤层中，永久硐室不得布置在冲击地压煤层中，煤层巷道与硐室布置不应留底煤，如果留有底煤必须采取底板预卸压措施。

（4）严重冲击地压厚煤层中的巷道应当布置在应力集中区外，双巷掘进时2条平行巷道在时间、空间上应当避免相互影响。

（5）冲击地压煤层应当严格按顺序开采，不得留孤岛煤柱，在采空区内不得留有煤柱，如果必须在采空区内留煤柱，应当委托有资质的单位进行论证，报二级公司总工程师审批，并将煤柱的位置、尺寸以及影响范围标在采掘工程平面图上。开采孤岛煤柱的，应当进行防冲安全开采论证；严重冲击地压矿井不得开采孤岛煤柱。

(6) 对冲击地压煤层，应当根据顶底板岩性适当加大掘进巷道宽度，应当优先选择无煤柱护巷工艺，采用大煤柱护巷时应当避开应力集中区，严禁留大煤柱影响邻近层开采。巷道严禁采用刚性支护。

(7) 采用垮落法管理顶板时，支架（柱）应当有足够的支护强度，采空区中所有支柱必须回净。

(8) 冲击地压煤层掘进工作面邻近大型地质构造、采空区、其他应力集中区时，必须制定由二级公司总工程师批准的专项安全技术措施；应当在作业规程中明确规定初次来压、周期来压、采空区“见方”等期间的防冲措施。

第六章 矿压监测管理规定

第一百一十条 煤矿应建立矿压监测专门机构，配置专业技术人员和专用监测设备，制定矿压监测分析制度。

第一百一十一条 煤矿应装备矿压监测仪器仪表，按回采、掘进分类分面建立矿压监测档案，保存期不少于两年，并对监测结果进行分析，掌握矿压显现规律，做好矿压预测预报，为安全生产提供科学的理论依据。

第一百一十二条 煤矿每月都要编制采掘工作面和巷道顶板矿压监测情况分析报告，每个采掘工作面结束后都要编制总结报告，为科学管理顶板提供依据。

第一百一十三条 作业规程必须对顶板离层仪、锚杆锚索压力表、采煤工作面压力观察仪等仪器仪表的安装、监测进行明确规定。

第一百一十四条 对监测中发现的顶底板移近量突然大面积增加等紧急情况，监测人员要立即通知跟班干部或当班班组长，及时撤出危险区所有人员，并向矿调度室报告。

第一百一十五条 矿井应根据井田地质构造的复杂程度开展采煤工作面无线电波坑透工作和掘进工作面超前物探工作，提前采取预防性保护措施。

第一百一十六条 冲击地压煤矿必须有专项监测冲击地压方法，开采有冲击地压煤层的矿井，应装备地音监测系统和微震监测定位系统，其数量应根据矿井冲击地压的严重程度，各按 1 ~ 2 套配备。

第一百一十七条 采煤工作面矿压监测应遵守下列原则：

(1) 矿井必须配备各类矿压观测仪器仪表，对采煤工作面及顺槽巷道进行矿压监测。

(2) 综采工作面必须配备数字采集式连续监测矿压仪器，对支架工作阻力进行自动监测记录，相关记录完善并有专人对数据进行采集分析处理，并建档。

(3) 工作面顺槽巷道要对掘进期间安装的顶板离层仪、锚杆（索）压力表进行观测，在回采压力波及区域（约 100 m）每天观测一次，其他区域每周观测一次，并定期将工作面压力数据及分析报送矿总工程师。

(4) 采煤工作面必须每天进行支护质量及顶板监测，工作面回采结束后，一个月内必须完成工作面矿压监测总结报告。

第一百一十八条 掘进工作面矿压监测应遵守下列原则：

(1) 掘进工作面必须进行顶板离层、顶底和两帮移近量监测。锚网索、锚网索喷等支护巷道必须安设顶板离层仪和锚杆锚索压力表，进行顶板离层日常监测，并制定矿压监测巡检预报制度。相关记录齐全，并有专人对数据进行采集分析处理并建档。顶板离层值超过 50 mm 时要停止掘进，采取措施进行处理；离层值大于 100 mm 时，必须立即撤出人员，及时汇报矿总工程师进行处理。

(2) 煤及半煤岩巷道顶板离层仪安设间距不大于 50 m，岩巷不大于 100 m，巷道开口及交岔处应增设顶板离层仪。顶板离层仪深部基点必须安设在稳定岩层，当稳定岩层与巷道顶板距离过大时，离层仪深部基点应超出锚索锚固端 1 m 以上。

（3）煤巷、半煤岩巷顶板离层仪距工作面50 m内、岩巷距工作面100 m内每天观察次数不少于1次，超出此范围观察频度可为每周1次。如离层有明显增大，则视情况增加观察次数。对长时间没有位移量的顶板离层仪应加强检查，避免顶板离层仪失效。

（4）矿井必须配备与支护设计相匹配的拉拔机具（锚杆拉力机、锚杆预紧力矩扳手、锚索张拉机），按照作业规程规定对锚杆、锚索进行锚固力拉拔试验，并建立台账，对不符合要求的要采取措施加以解决。

（5）对受动压影响范围内的硐室，必须安设顶板离层仪，按规定进行观测、分析、处理。

第七章　巷道巡查管理规定

第一百一十九条　各涉煤二级公司、煤矿必须成立巷道巡查领导组，设置机构、配备人员，制定巷道巡查制度，明确巡查范围、巡查周期、巡查内容、巡查责任人和巡查安全注意事项，并严格按制度组织实施，各部门职责分工明确，并制定奖罚制度，认真向职工进行贯彻传达，并做好学习记录。

第一百二十条　煤矿巷道巡查分为集中巡查和日常巡查，二级公司必须每季度对所属煤矿进行至少一次集中巡查，煤矿每月由矿长牵头组织一次集中巡查。日常巷道巡查各煤矿根据具体情况制定，必须做到每旬至少巡查一次，对工作面进回风巷、掘进巷道、主要回风巷等重点区域必须每班至少巡查一次。

第一百二十一条　煤矿巷道巡查必须全覆盖，不留死角，巡查人员必须熟悉井下所有巷道位置、支护、断面、井下现场情况、行走路线等。

第一百二十二条　巷道巡查人员入井时必须带好便携式瓦斯检查仪、隔离式自救器、敲帮问顶工具、检查记录表，多人或三人组队进行巡查，不得单人进行巡查，巡查人员要保持一定的安全距离。

第一百二十三条　巡查人员必须认真负责，反映问题实事求是，对影响生产的巷道、受动压影响的巷道、顶板破碎巷道要重点巡查。

第一百二十四条　巷道巡查期间，巡查人员要随时观察工作地点及周围顶帮的安全状况，对现场能处理的隐患必须立即处理，并严格执行“敲帮问顶”制度，确认现场安全方可作业，若发现异常，必须立即停止作业迅速撤到安全地点。

第一百二十五条　巷道巡查期间，发现支护失效现场又不能立即处理的隐患，必须记录具体巷道名称、现场支护情况、失修位置，升井后汇报相关负责人，由相关负责人召开专题会议，制定维修方案和由矿总工程师批准的安全技术措施，安排专业维修队伍施工，矿级领导现场跟班进行处理。

第一百二十六条　煤矿要建立专门的巷道巡查记录台账，每次检查情况要详细记录，对问题要有整改、有落实、有复查，做到闭合管理，做到“谁巡查、谁签字、谁负责”并存档备查。

第一百二十七条　对巷道巡查人员未按规定进行巡查的或巡查不全不细致的，按煤矿相关规定进行严肃处理。

第一百二十八条　采煤工作面巷道日常巡查时，发现顶板破碎、支护失效、底鼓、两帮回缩等影响设备正常运转和安全生产，以及影响行人、设备安全间距的，必须立即停止生产，由矿总工程师现场办公，制定专项安全技术措施，有成建制专业化队伍进行处理。

第八章　巷道维修管理规定

第一百二十九条　各煤矿必须成立巷道维修领导组，设置机构、配备人员，制定巷道维修制度和单项维修工程的安全技术措施。认真向职工进行贯彻传达，并做好学习记录，二级公司负责巷道维修的检查督导工作。

第一百三十条　所有巷道维修工程都必须按“三专管理”，作业时必须有相关矿级领导负责，带班领导或相关业务部门领导现场盯守的专人负责；有经矿总工程师批准的专项安全技术措施；有成建制作业专业化队伍组织实施。

第一百三十一条　井下巷道维修在构成永久支护前，对新暴露的顶板必须进行临时支护，临时支护的形式、规格、要求等应在作业规程（措施）中明确规定。

第一百三十二条　巷道必须保持满足矿井通风要求的设计断面，保证通风、运输畅通和行人安全。对于失修或严重失修的巷道要列入月度或年度工作计划，实施维修。主要行人巷道严禁出现失修状况。

第一百三十三条　修护巷道宜优先采用锚网索喷修护技术，修护前必须制定有针对性的经矿总工程师批准的安全技术措施，修护时严格按措施施工以防伤人，修护后的巷道工程质量必须符合规程措施要求及安全生产标准化考核标准。若巷道围岩变形量较大时，应进行刷大断面，重打锚杆，对重新补打的锚杆必须进行拉拔力试验，拉拔力试验值必须达到规定要求。

第一百三十四条　巷道维修应由外向里进行，严格执行“敲帮问顶”制度，及时清理浮石伞檐，并及时支护，严禁空顶作业。巷道出现和发现喷体开裂时，必须将所有裂开和离层的浆块全部撬掉。

第一百三十五条　架棚巷道修护及扩巷时，必须严格执行先支后回、由外向里逐架（棚）施工的原则，严禁人员进入无支护（失修）区工作。

第一百三十六条　架棚巷道修护和扩巷时，撤掉支架前，应当先加固邻近作业地点的支架。架设和拆除支架时，在一架未完工之前，不得中止作业。撤换支架的工作应当连续进行，不连续施工时，每次工作结束前，必须接顶封帮。

第一百三十七条　巷道修护和扩巷时，必须保证在发生冒顶堵塞巷道时有人员撤退的安全出口。

第一百三十八条　倾斜巷道维修时，应当停止行车，需要通车作业时，必须制定行车安全措施。要先上后下，严禁上下段同时作业，对于倾角在15°以上时，必须有防止矸石、物料滚落和支架歪倒的安全措施。

第一百三十九条　独头巷道维修时，必须保证通风安全并由外向里逐架（排）进行，严禁人员进入维修地点以里，严禁分段同时作业。

第九章　附　　则

第一百四十条　本规定中引用的相关标准、规程、规范，随其更新自动替换执行。

第一百四十一条　本规定自下发之日起生效，《晋能集团有限公司煤矿顶板管理规定》（晋能产技字〔2016〕82号）文件同时废止，本规定中未作规定的其他内容，按国家、省和有关部、厅（局）下发的规定执行。

2.18　晋能集团煤矿采区设计管理规定

1. 编制范围

（1）生产煤矿开拓新采区，开工前必须编制采区设计，上报所属二级公司（以下简称公司）审批。否则，不准开拓或准备新采区。

（2）按批准的煤矿设计文件中的首采区设计开拓或准备首采区时，不需另外编制采区设计。但首采区地质条件或开采方案发生重大变化时，必须重新编制采区设计。

2. 编制原则

（1）采区设计由矿总工程师组织编制，必须符合《矿产资源法》《矿山安全法》《煤矿安全规程》《煤炭工业矿井设计规范》等国家有关安全生产的法律法规、技术标准和规范的要求。

（2）采区设计的编制应密切结合煤矿实际，体现集团一系列办矿理念，推行科学管理，提高经济效益。

（3）采区设计的编制必须以政府、集团、二级公司批准的设计文件（煤矿设计、改扩建设计、水平延深设计、区域设计等）和经审批的采区地质说明书为依据。

（4）采区布局必须执行集团一井一面的规定。

（5）采掘工作面应推广现代化技术装备，采煤工作面实现综采、煤巷掘进实现综掘；条件适宜的采区，采煤工作面长度应布置在200～300 m。

3. 审批流程

（1）采区设计编制完成后，由矿总工程师组织有关业务部门初审；初审通过后，于开工前2个月上报二级公司审批。

（2）二级公司总工程师负责组织相关部门和专业技术人员，对采区设计进行会审，并提出详细具体的审查意见；矿对照审查意见进行修改完善，并经参审人员签字确认后，1个月内由二级公司总工程师批准，并行文批复。同时，报集团公司备案。

因特殊原因，暂时不能确定设计方案，需进一步查清或修改时，应以会议纪要形式形成审查意见，待条件查清或修改后及时给予批复。

4. 执行与变更

（1）准备新采区必须严格按照批准的采区设计施工。采区施工和采掘过程中严禁任意扩大和缩小设计规定的煤柱，严禁破坏工业场地、矿界、防水和井巷的安全煤柱，采空区内不得遗留未经设计规定的煤柱。

（2）采区设计一经签字批准，即不准在设计原版上进行改动。如遇下列情况，必须编制采区设计变更方案，报二级公司审批，审批流程同上。

①由于地质条件发生重大变化或其他原因，采区开采范围与原设计有较大变化（开采面积扩大或缩小，开采煤层数增加或减少等）。

②巷道布置、主要巷道支护形式、开采程序、采煤方法或采煤工艺等有重大变更的。

③主要生产系统有重大改变的。

④安全技术措施有重大改变的。

（3）采区设计变更方案主要应包括变更原因、变更技术方案、安全技术措施，并附图。

（4）建立采区设计执行情况月度检查制度，矿井每月、二级公司每季分别由总工程师牵头组织相关部门对所有生产采区（含开拓准备采区）进行检查，检查结果要存档备查。

5. 采区设计存档

（1）批准的采区设计必须存档备查，同时上报二级公司、集团备案（电子版）。

（2）批准的采区地质说明书、二级公司批复文件、采区设计变更方案及批复文件，必须及时同采区设计一起存档。

6. 其他

（1）建（构）筑物下、铁路下、水体下（上）开采，及跨井筒、大巷、井底车场硐室开采，采区设计必须依据批复的可行性研究报告。

（2）编制采区设计的各专业负责人的技术职称必须为工程师及以上。

（3）采区名称一般包括3部分：第一部分为水平编号（各水平的采区统一排序时，可省略），第二部分为煤层组别，第三部分为采区顺序。

（4）采区设计应按照《晋能集团煤矿采区设计提纲》的格式和要求进行规范化编制。

（5）本规定包括采区设计和盘区设计，为简便起见，统称为采区设计。

2.19 晋能集团采掘工作面作业规程管理规定

（1）采掘工作面作业前必须编制采掘作业规程，并做好煤矿作业规程的编制、审批、复审、贯彻、落实、管理等各个环节的工作；严禁无规程作业。

（2）采掘工作面作业规程由采掘队的工程技术人员负责编制，编制依据要充分，内容要齐全，并切合工作面实际。

（3）作业规程编制完成后，由矿总工程师组织生产技术、地测防治水、安全、通风、机电、运输、调度、煤质、劳资、供应等相关部门进行集体会审，各部门提出审查意见并签字，最后由矿总工程师提出审批意见。

新矿井、新水平、变更煤层的首采工作面作业规程经矿初审完成后，由二级公司总工程师组织有关部门审批。

（4）作业规程的贯彻学习，必须在工作面开工前完成，由采掘队负责人组织学习，由编制规程的技术人员负责贯彻。

（5）作业规程应由矿长签字并组织执行，采掘队主要领导负责实施。

（6）煤矿由总工程师每月组织一次作业规程复审（当工作面条件出现重大变化时，应及时复审），每季度重新组织一次作业规程的学习贯彻。二级公司由总工程师每季度组织一次作业规程复审。

（7）作业规程在执行过程中，因地质条件或生产条件发生变化与规程不符时，应及时修改作业规程，并重新进行审批和学习贯彻。

2.20 晋能集团科技创新项目管理办法

第一章 总 则

第一条 为规范晋能有限责任公司（以下简称集团公司）科技创新项目（以下简称项目）的管理，提升项目管理水平，根据国家、省的有关法律、法规，结合集团公司的实际情况，制定本办法。

第二条 项目是指为解决集团公司在建设、生产、运营、发展过程中遇到的技术难题，有计划、有目的、系统地在一定时间内进行的技术开发、工业性试验、高新技术产业化、软科学研究和成果转化、推广应用等活动。

第三条 项目分为集团公司直接管理的项目和委托二级公司管理的项目。

第四条 项目按职责权限实行分级管理，集团统一归口。项目管理内容包括：项目立项、项目实施、项目验收、项目资金管理、项目知识产权和成果管理等。

第五条 项目资金来源：按照《晋能有限责任公司研究开发费用管理办法》（晋能技术字〔2013〕36 号）执行。

第二章 项目立项管理

第六条 集团公司于每年 9—10 月发布下一年度立项通知，明确项目申报条件和有关要求。

第七条 项目应符合如下要求：

（1）项目应服从、服务于集团公司整体发展计划。

（2）项目应具有创新性、先进性。

（3）项目有利于企业降低成本、提高效益和增强核心竞争力。

（4）项目研究思路清晰，项目目标和经费预算明确具体，主要技术经济指标可考核，研发团队人员结构合理。

（5）项目应做必要的查新，并明确项目相关的专利申请等知识产权目标。

（6）要对项目进行应用前景预测和风险分析。

第八条 项目的申报和审批：

（1）集团公司各职能部门、各二级公司，结合企业自身建设、生产、经营中的技术需求，研究确定需要申报的项目,明确项目实施方式和项目负责人,组织所属单位编制“立项建议书”,上报集团。

(2) 集团技术中心对申报项目初审后，组织集团相关专业部门进行会审，并形成会审意见；对于重大项目要专门组织专家进行评议或论证。

(3) 会审或专家论证通过的项目，经集团党政联席会批复立项，列入集团年度计划。

第九条 项目“立项建议书”内容包括：

(1) 项目的意义和必要性（项目研究的重要性和紧迫性、国内外同类研究进展情况、本项目对促进企业技术进步的作用和意义）。

(2) 现有工作基础和条件（与本项目相关的前期研究情况、技术基础和工作基础、具备的设施条件等）。

(3) 主要研究内容与进度安排（研究内容和需解决的关键技术问题、研究周期、年度计划及年度目标等）。

(4) 主要技术经济指标（本项目的预期目标、项目完成后的技术水平、应用前景和经济、社会效益情况）。

(5) 经费预算。

(6) 项目实施方式（独立开发、合作开发、委托开发）。

(7) 项目主要研究人员。

(8) 项目申报单位意见。

(9) 集团公司审核意见。

第十条 申报时间

各项目申报单位一般应在每年9月初开始到10月底之前将下一年度项目“立项建议书”报集团公司，具体要求以当年的通知为准。

第三章 项目实施管理

第十一条 经集团批准列入计划的项目，项目管理单位应尽快按以下程序办理项目实施启动手续：

(1) 签订“项目责任书”。在集团项目计划下达后，各项目管理单位要在1个月之内，由各二级公司与集团公司签订“项目责任书”。“项目责任书”应包括以下主要内容：

①责任书编号、名称。

②单位名称、负责人。

③本单位全部项目的年度完成目标和计划安排。

④考核和奖惩有关事项。

(2) 制定“项目计划任务书”。列入集团计划的项目，属集团公司管理的，由集团负责组织编制和审核“项目计划任务书”；属委托二级公司管理的，由二级公司负责组织编制和审核“项目计划任务书”，并报集团公司备案。

“项目计划任务书”应包括以下内容：

①项目编号、项目名称。

②项目实施单位、项目负责人。

③国内外相关技术概况、水平、发展趋势及专利情况。

④主要研究内容、目标、技术关键及主要技术经济指标。

⑤项目完成后达到的技术水平、经济社会效益及推广应用前景。

⑥采用的研究方法、技术手段、技术路线。

⑦现有技术基础、设备条件。

⑧项目实施进度计划及年度目标。

⑨项目承担单位和主要协作单位的任务分工。

⑩项目经费预算（总预算、分年度预算）。

⑪项目负责人及研究工作人员概况。

⑫项目管理单位（部门）审查意见。

（3）签订“项目技术合同”。如需与外部合作项目，要按集团有关程序依法合规地确定项目合作单位，签订“项目技术合同”，并报集团公司备案。“项目技术合同”应包括以下内容：

①项目合同名称和编号。

②项目各方责任。

③项目技术目标、技术内容。

④项目进度计划。

⑤项目研究成果及提交方式。

⑥项目经费用途及支付方式。

⑦科技成果及知识产权的归属和管理。

⑧保密、违约责任、争议解决方法等。

第十二条　项目实行月报统计制度。项目在实施过程中，项目承担单位要在每月底前向集团公司填报“项目月度报表”，汇报项目本月完成情况和下一个月工作计划安排。

第十三条　实行项目中期检查和评估制度。集团公司负责组织集团有关业务部门对项目执行情况进行中期检查或评估，对项目执行情况、经费管理、预期前景等进行评估监督，可采用会议或现场勘查等形式。评估意见可作为项目调整或撤销的重要依据。

第十四条　实行项目重大事项报告制度。项目在实施期间出现目标调整、内容更改、项目负责人变更、关键技术方案变更、不可抗拒因素等对项目执行产生重大影响的情况，必须按项目管理权限及时报告，并根据有关批复予以执行。

第十五条　项目在实施过程中出现下列情况的，应及时调整或撤销：

（1）市场、技术等情况发生重大变化，造成项目原定目标及技术路线需要修改的。

（2）项目所依托的工程已不能继续实施的。

（3）项目的技术骨干发生重大变化，致使研究工作无法正常进行的。

（4）项目批复后长时间未能实施的。

（5）由于不可抗拒的因素，致使研究工作不能正常进行的。

（6）其他对项目执行产生重大影响的原因。

第十六条　需要调整或撤销的项目，由项目承担单位按管理权限逐级提出书面意见上报集团公司，经核准后方可执行。

第十七条　对由于技术原因和不可抗拒因素造成项目调整或撤销的，要及时结清财务、中止项目；对由于主观原因造成项目调整或撤销的，要追究项目负责人的责任，项目负责人3年内不得再担任集团科技创新项目的负责人。

第十八条　加强项目实施过程中的知识产权管理。对阶段性科研成果要及时申报专利；加强对项目合作方及研发人员的管理，防止知识产权流失。

第四章　项目验收管理

第十九条　科技创新项目完成后，按照“谁管理、谁验收”的原则，进行验收。集团公司管理的项目由集团组织验收；委托二级公司管理的项目由二级公司组织验收，集团监督管理。

第二十条　项目承担单位申请验收时应提交以下资料及相关成果（样品、样机等）：

（1）验收申请表。

（2）批准立项文件。

（3）项目技术合同。

（4）项目计划任务书。

（5）中间批复文件。

（6）研究报告。

（7）研制样机、样品、软件的技术资料、图片及数据。

（8）测试、试验报告及用户使用报告。

（9）建设的中试线、试验基地、示范点的技术资料、一览表、图片及数据。

（10）项目经费使用决算报告或相关审计报告。

（11）项目所获专利、制定技术标准情况一览表。

（12）购置的仪器、设备等固定资产清单。

第二十一条 项目验收以“项目技术合同”“项目计划任务书”约定的内容和确定的考核目标为基本依据，对项目完成情况、取得的技术成果、实际应用效果及产生的社会和经济效益、获得的知识产权、经费使用情况等做出客观、实事求是的评价。

第二十二条 项目验收程序，一般应符合下列要求：

（1）项目预验收。

①项目负责人和承担单位，在按“项目技术合同”“项目计划任务书”要求完成技术研发任务的基础上，在规定的时间内，按照项目管理权限，向项目管理单位（集团公司或二级公司）提出“项目预验收申请”，并提交验收资料。

②项目管理单位负责对项目完成情况及提交的验收材料进行初步审查，批复“项目预验收申请”，并组织内部专业技术人员进行预验收，并提出预验收意见。

（2）项目正式验收。

①项目组和承担单位，按照项目预验收意见，对项目研究报告、研究成果进一步完善后，在规定的时间内，按照项目管理权限，向项目管理单位提出“项目验收申请”，并提交完整的验收资料。

②项目管理单位负责对项目完成情况及提交的验收材料进行审查，批复“项目验收申请”，并组织专家组进行正式验收，并提出验收意见。

③项目管理单位审核下达项目验收报告，项目终结。

第五章 项目资金管理

第二十三条 科技创新项目资金的管理和使用，按照《晋能有限责任公司研究开发费用管理办法》（晋能技术字〔2013〕36号）执行。

第六章 项目知识产权和成果管理

第二十四条 项目的知识产权和成果管理按照集团公司有关管理办法执行。

第二十五条 项目在签订技术合同中要明确知识产权和成果的归属。使用集团科研资金完成的项目，其知识产权和成果归集团及项目承担单位共同享有。

第二十六条 知识产权和成果管理应始终贯穿于项目立项、实施、验收等工作中。项目立项时，要明确对创新点的知识产权保护及专利申请计划；项目实施过程中，要及时进行专利申报，做好知识产权管理工作；项目验收时，要对项目知识产权目标完成情况、知识产权管理和保护情况等进行考核。

第二十七条 项目的知识产权和成果对外进行许可实施、转让、推广等工作，应获得集团公司的批准。

第七章　附　　则

第二十八条　本办法由晋能有限责任公司负责解释。

第二十九条　本办法自发布之日起施行。

2.21　晋能集团民用爆炸物品管理规定

第一章　总　　则

第一条　为了加强对民用爆炸物品的安全管理，预防爆炸事故发生，保障企业和公民生命、财产安全和公共安全，根据《民用爆炸物品安全管理条例》《民用爆破器材工程设计安全规范》《爆破安全规程》《煤矿安全规程》《统配民用爆破器材购销管理规定》等有关法律、法规，结合集团公司实际，制定本规定。

第二条　国家对民用爆炸物品的生产、销售、购买、运输和爆破作业实行许可证制度。

未经许可，任何单位或者个人不得生产、销售、购买、运输民用爆炸物品，不得从事爆破作业。

严禁转让、出借、转借、抵押、赠送、私藏或者非法持有民用爆炸物品。

民用爆炸物品的购买、储存、发放、运输、爆破、退库、销毁适用本规定。

第三条　本规定所称民用爆炸物品，是指用于非军事目的，列入民用爆炸物品品名表的各类火药、炸药及其制品和雷管、导火索等点火起爆器材。

第四条　使用企业的主要负责人是本单位民用爆炸物品安全管理责任人，对本企业的民用爆炸物品安全管理工作全面负责。

第五条　使用企业是治安保卫工作的重点单位，应当依法设置治安保卫机构或者配备治安保卫人员，设置技术防范设施，防止民用爆炸物品丢失、被盗、被抢。

第六条　使用企业应当建立以下管理制度：

（1）民用爆炸物品安全管理规定。

（2）民用爆炸物品管理岗位安全责任制。

（3）民用爆炸物品监督检查制度。

（4）民用爆炸物品安全管理例会制度。

（5）民用爆炸物品购买申请制度。

（6）民用爆炸物品使用审批制度。

（7）民用爆炸物品出入库检查、领退、保管、登记制度。

（8）涉爆人员培训、考核制度。

（9）民用爆炸物品管理防范措施和事故应急预案。

（10）民用爆炸物品购买、储存及运送管理制度。

（11）爆破材料丢失的处理办法。

（12）爆破工工作制度。

（13）煤矿井下爆破作业安全规程。

（14）民用爆炸物品销毁制度和民用爆炸物品丢失处理办法。

（15）雷管编号制度。

（16）雷管捡除、保管、上交、奖罚制度。

第七条　使用企业应加强对本单位从业人员的安全教育、法制教育，从业人员经考核合格，方可上岗作业。要对爆破作业人员、安全管理人员、仓库管理人员等进行专业技术培训，对有资格要求的岗位，应按相应资格配备人员。爆破作业等涉爆人员，应经设区的市级人民政府公安机关考核合格，并取得“资格证”后，方可从事相应的涉爆工作。

第八条　使用企业必须使用民用爆炸物品公安信息管理系统，如实将本单位购买、储存、使用、上缴的民用爆炸物品的品种、数量和流向等输入公安信息系统，以利于监控民用爆炸物品流向。

第九条　任何单位或者个人都有权举报违反民用爆炸物品安全管理规定的行为；接到举报的主管部门、公安机关应当立即查处，并为举报人员保密，对举报有功人员给予奖励。

第十条　出现危险情况立即采取必要的应急处置措施，并报告当地公安机关。

第十一条　爆破作业单位应当将领取、发放民用爆炸物品的原始记录保存2年备查。

第十二条　国家鼓励发展民用爆炸物品生产、配送、爆破作业一体化的经营模式。

第二章　购　　买

第十三条　使用企业申请购买民用爆炸物品，应当向所在地县级人民政府公安机关提出购买申请，并提交下列有关材料：

（1）工商营业执照或者事业单位法人证书。

（2）“爆破作业单位许可证”或者其他合法使用的证明。

（3）购买单位的名称、地址、银行账户。

（4）购买的品种、数量和用途说明。

（5）所属二级公司民用爆炸物品管理领导组同意购买的批复文件。

以上材料经公安机关审查合格，核发“民用爆炸物品购买许可证”。

“民用爆炸物品购买许可证”应当载明许可购买的品种、数量、购买单位以及许可的有效期限。

第十四条　使用企业凭“民用爆炸物品购买许可证”购买民用爆炸物品，还应当提供经办人的身份证明。

第十五条　使用企业购买民用爆炸物品，应通过银行账户进行交易，不得使用现金或者实物进行交易。

第十六条　购买民用爆炸物品的企业，应当自民用爆炸物品买卖成交之日起3日内，将购买的品种、数量向所在地县级公安机关备案。

第十七条　使用企业必须到市县公安机关指定的厂家购买，任何人不得私自变更供应渠道。

第三章　储　　存

第十八条　民用爆炸物品应储存在专用仓库内，并按照国家规定设置技术防范设施。

炸药、雷管必须按规定分别存放。

第十九条　储存民用爆炸物品应当遵守下列规定：

（1）应建立民用爆炸物品出入库检查、登记制度，收存和发放民用爆炸物品必须进行登记，做到爆破器材库存数量、规格、品种日清旬结，账、卡、物三相符。

（2）储存的民用爆炸物品数量不得超过核定容量，对性质相抵触的民用爆炸物品必须分库储存，严禁在库房内存放其他物品。

（3）专用仓库应当指定专人管理、看护，严禁无关人员进入仓库区内，严禁在仓库区内吸烟和用火，严禁把其他容易引起燃烧、爆炸的物品带入仓库区内，严禁在库房内住宿和进行其他活动，严禁携带矿灯进入仓库。

（4）民用爆炸物品丢失、被盗、被抢，应当立即报告当地公安机关，并同时报告集团公司。

第二十条　仓库保管员应持证上岗，严格执行交接班制度，严禁脱岗、串岗、离岗。

第二十一条　库房内应悬挂有公安部门核发的“爆炸物品储存许可证”和爆破器材管理有关制

度。

第二十二条 民用爆炸物品变质和过期失效的，应当及时清理出库、登记造册、上缴公安机关，严禁私自销毁。

第二十三条 在地面临时保管当天使用的民用爆炸物品时，可存放在棚子、帐篷、洞穴内或其他地点，但应遵守下列规定：

（1）民用爆炸物品箱上必须覆盖帆布，防止雨淋日晒，物品箱下必须垫有厚度200 mm以上的垫木。

（2）炸药不得超过3 t，雷管不得超过1万发，不成箱的雷管必须放置在加锁的专用箱子内。雷管必须放在距离炸药25 m以外的地点。

（3）保管民用爆炸物品的地点距有人的建筑物、公路、铁路等的安全距离，必须符合规定。

（4）保管民用爆炸物品的地点必须围有栅栏或铁刺网，其高度不得低于2 m，围墙或铁刺网距库房的距离不应小于5 m，并有警卫昼夜看守。

（5）不得在不具备安全存放条件的场所存放民用爆炸物品。

第二十四条 地面临时性民用爆炸物品库的内外部安全距离、照明、防火和防雷电措施、管理制度与永久性地面民用爆炸物品库相同。

地面临时性民用爆炸物品库周围，必须设围墙或铁刺网，其高度不得低于2 m，围墙或铁刺网距库房的距离不应小于5 m。

第二十五条 有符合雷管导通要求的设备设施，加强雷管发放前和退库雷管二次导通工作。导通后必须将雷管脚线扭结成短路。

第二十六条 民用爆炸物品堆放严格按照有关标准规范执行。仓库管理人员应了解产品的安全性能，掌握防火、防爆等知识，熟悉仓库的各项安全规定。

第四章 发 放

第二十七条 民用爆炸物品的发放，要严格执行对号发放制度。所有雷管必须在专用的导通室内导通编号，没有导通编号的雷管严禁发放。

第二十八条 爆破工根据当班生产任务选用雷管、炸药，并填写专用的民用爆炸物品领料单，经区队长和矿有关部门签字审批。

第二十九条 爆破工持爆破工上岗证、便携瓦斯检测仪和审批过的领料单到井下火药库领取民用爆炸物品，否则火药库发放员严禁发放。

库房保管员严格按照审批数量，如数发放，不得超发或少发。爆破工领取民用爆炸物品后必须当面核查领取的品种、数量。

第三十条 领到的民用爆炸物品应按《煤矿安全规程》规定运往工作地点，并分别存放在专用的炸药箱及雷管盒内。火药箱必须放在顶板完好、支护完整、避开电气设备的地方，每次爆破都必须把火药箱放在警戒线以外的安全地点。

第三十一条 仓库保管员坚持“八不发放制度”。

（1）没有合格证不发放。

（2）爆破工不持爆破合格证、不带便携式瓦斯检测仪、不对号不发放。

（3）不是专用领料单，没有履行审批手续不发放。

（4）不是双人领料不发放。

（5）没有雷管盒不发放。

（6）雷管盒没有锁不发放。

（7）雷管不导通、不编号不发放。

(8) 质量有问题不发放。

第三十二条 认真执行民用爆炸物品领发、清退制度。民用爆炸物品清领、实发、实耗、退库等各环节必须登记、造册、签字、盖章。

第三十三条 各单位民用爆炸物品现场用量，由当班班长在下班之前进行核对，并在清退单上签字。由爆破工亲自携带剩余的火药、雷管并持清退单到火药库退库。火药库保管员要按清退单进行查收、签字。凡无清退单或清退单填写不符合要求的，火药库值班员必须及时上报民用爆炸物品管理领导组和有关部门，按规定对责任人予以处理。

第三十四条 任何人捡拾到雷管、炸药，必须立即联系上缴使用单位，领导组应立即组织追查处理。

第三十五条 对私自携带雷管、炸药上井的，要按规定进行处理，造成后果的，要依法追究其刑事责任。对搜、捡到的雷管、炸药不主动上交的，一律按私处理。

第三十六条 使用企业要加强坑口检身，凡发现携带雷管、炸药出井的，一律交公安机关处理。

第三十七条 民用爆炸物品的发放应有专用套间或单独房间。雷管发放必须在铺有导电的软质垫层并有边缘突起的桌子上进行。

第五章 运 输

第三十八条 炸药、雷管接货地点必须选择在安全、可靠、有防护措施、便于运输的固定地点。

第三十九条 在井筒内运送民用爆炸物品时，应遵守下列规定：

(1) 雷管和炸药必须分开运送；但在开凿或延深井筒时，符合《煤矿安全规程》第三百四十五条规定的，不受此限。

(2) 必须事先通知绞车司机和井上下把钩工。

(3) 运送硝化甘油类炸药或雷管时，罐笼内只准放1层民用爆炸物品箱，不得滑动。运送其他类炸药时，民用爆炸物品箱堆放高度不得超过罐笼高度的2/3。如果将装有炸药或雷管的车辆直接推入罐笼内运送时，车辆必须符合《煤矿安全规程》规定。

(4) 在装有民用爆炸物品的罐笼或吊桶内，除爆破工或护送人员外，不得有其他人员。

(5) 罐笼升降速度，运送硝化甘油类炸药或雷管时，不得超过2 m/s；运送其他类民用爆炸物品时，不得超过4 m/s。吊桶升降速度，不论运送何种民用爆炸物品，都不得超过1 m/s。司机在启动和停绞车时，应保证罐笼或吊桶不震动。

(6) 交接班等人员集中上下井的时间内，严禁运送民用爆炸物品。

(7) 禁止将民用爆炸物品存放在井口房、井底车场或其他巷道内。

第四十条 井下用机车运送民用爆炸物品时，应遵守下列规定：

(1) 炸药和雷管不得在同一列车内运输。如用同一列车运输，装有炸药与装有雷管的车辆之间，以及装有炸药或雷管的车辆与机车之间，必须用空车分别隔开，隔开长度不得小于3 m。

(2) 硝化甘油类炸药和雷管必须装在专用的、带盖的有木质隔板的车厢内，车厢内部应铺有胶皮或麻袋等软质垫层，并只准放1层民用爆炸物品箱。其他类炸药箱可以装在矿车内，但堆放高度不得超过矿车上缘。

(3) 民用爆炸物品必须由井下民用爆炸物品库负责人或经过专门训练的专人护送。跟车人员、护送人员和装卸人员应坐在尾车内，严禁其他人员乘车。

(4) 列车的行驶速度不得超过2 m/s。

(5) 装有民用爆炸物品的列车不得同时运送其他物品或工具。

第四十一条 水平巷道和倾斜巷道内有可靠的信号装置时，可用钢丝绳牵引的车辆运送民用爆炸物品，但炸药和雷管必须分开运输，运输速度不得超过1m/s。运输雷管的车辆必须加盖、加垫，车厢内以软质垫物塞紧，防止震动和撞击。

严禁用刮板输送机、带式输送机等运输民用爆炸物品。

第四十二条 由民用爆炸物品库直接向工作地点用人力运送民用爆炸物品时，应遵守下列规定：

（1）雷管必须由爆破工亲自运送，炸药应由爆破工或在爆破工监护下由其他人员运送。

（2）民用爆炸物品必须装在耐压和抗撞冲、防震、防静电的非金属容器内。雷管和炸药严禁装在同一容器内。严禁将民用爆炸物品装在衣袋内。领到民用爆炸物品后，应直接送到工作地点，严禁中途逗留。

（3）携带民用爆炸物品上下井时，在每层罐笼内搭乘的携带民用爆炸物品的人员不得超过 4 人，其他人员不得同罐上下。

（4）在交接班等人员集中上下井的时间，严禁携带民用爆炸物品人员沿井筒上下。

第四十三条 民用爆炸物品要由专人按有关规定进行装、运、卸，炸药、雷管不得在同一地点、同一时间装卸，做到轻拿轻放，严禁乱扔乱放。

第六章 爆 破 作 业

第四十四条 爆破工作必须由经过专门培训，并取得爆破合格证的专职爆破工担任，无爆破证和不携带便携式瓦斯检测仪的人员严禁爆破，任何人无权指派或强迫没有爆破合格证的人员爆破。

第四十五条 爆破工应严格按照作业规程或措施以及《煤矿安全规程》的有关规定进行爆破作业。

第四十六条 所有爆破人员，包括爆破、送药、装药人员，必须熟悉民用爆炸物品性能和《煤矿安全规程》的规定。

第四十七条 井下爆破工作必须由专职爆破工担任。在煤（岩）与瓦斯（二氧化碳）突出煤层中，专职爆破工必须固定在同一工作面工作。

第四十八条 爆破作业必须编制爆破作业说明书，说明书必须符合下列要求：

（1）炮眼布置图必须标明工作面的高度和打眼范围或掘进工作面的巷道断面尺寸，炮眼的位置、个数、深度、角度及炮眼编号，并用正面图、平面图和剖面图表示。

（2）炮眼说明表必须说明炮眼的名称、深度、角度，使用炸药、雷管的品种，装药量，封泥长度，连线方法和起爆顺序。

（3）必须编入采掘作业规程，并及时修改补充。爆破工必须依照说明书进行爆破作业。

第四十九条 不得使用过期或变质的民用爆炸物品。不能使用的民用爆炸物品必须交回民用爆炸物品库。

第五十条 民用爆炸物品新产品，必须经国家授权的检验机构检验合格，并取得煤矿矿用产品安全标志后，方可在井下试用。

第五十一条 煤矿井下爆破作业，必须使用煤矿许用炸药和煤矿许用雷管。煤矿许用炸药的选用应遵守下列规定：

（1）低瓦斯矿井的岩石掘进工作面必须使用安全等级不低于一级的煤矿许用炸药。

（2）低瓦斯矿井的煤层采掘工作面、半煤岩掘进工作面必须使用安全等级不低于二级的煤矿许用炸药。

（3）高瓦斯矿井、低瓦斯矿井的高瓦斯区域，必须使用安全等级不低于三级的煤矿许用炸药。有煤（岩）与瓦斯突出危险的工作面，必须使用安全等级不低于三级的煤矿许用含水炸药。

严禁使用黑火药和冻结或半冻结的硝化甘油类炸药。同一工作面不得使用 2 种不同品种的炸药。

在煤矿采掘工作面，必须使用煤矿许用瞬发雷管或煤矿许用毫秒延期雷管。使用煤矿许用毫秒延期雷管时，最后一段的延期时间不得超过 130 ms。不同厂家生产的或不同品种的雷管，不得掺混使用。不得使用导爆管或普通导爆索，严禁使用火雷管。

第五十二条　在有瓦斯或有煤尘爆炸危险的采掘工作面，应采用毫秒爆破。在掘进工作面应全断面一次起爆，不能全断面一次起爆的，必须采取安全措施；在采煤工作面，可分组装药，但一组装药必须一次起爆。

严禁在1个采煤工作面使用2台发爆器同时进行爆破。

第五十三条　在高瓦斯矿井、低瓦斯矿井的高瓦斯区域的采掘工作面采用毫秒爆破时，若采用反向起爆，必须制定安全技术措施。

第五十四条　在高瓦斯矿井和有煤（岩）与瓦斯突出危险的采掘工作面的实体煤中，为增加煤体裂隙、松动煤体而进行的10 m以上的深孔预裂控制爆破，可使用二级煤矿许用炸药，但必须制定安全措施。

第五十五条　爆破工必须把炸药、雷管分开存放在专用的民用爆炸物品箱内，并加锁；严禁乱扔、乱放。民用爆炸物品箱必须放在顶板完好、支架完整，避开机械、电气设备的地点。爆破时必须把民用爆炸物品箱放到警戒线以外的安全地点。

第五十六条　从成束的雷管中抽取单个雷管时，不得手拉脚线硬拽管体，也不得手拉管体硬拽脚线，应将成束的雷管顺好，拉住前端脚线将雷管抽出。抽出单个雷管后，必须立即将其脚线扭结成短路。

第五十七条　装配起爆药卷时，必须遵守下列规定：

（1）必须在顶板完好、支架完整、避开电气设备和导电体的爆破工作地点附近进行。严禁坐在民用爆炸物品箱上装配起爆药卷。装配起爆药卷数量，以当时当地需要的数量为限。

（2）装配起爆药卷必须防止雷管受震动、冲击，以免折断脚线和损坏脚线绝缘层。

（3）雷管必须由药卷的顶部装入，严禁用雷管代替竹、木棍扎眼。雷管必须全部插入药卷内。严禁将雷管斜插在药卷的中部或捆在药卷上。

（4）雷管插入药卷后，必须用脚线将药卷缠住，并将雷管脚线扭结成短路。

第五十八条　装药前，首先必须清除炮眼内的煤粉或岩粉，再用木质或竹质炮棍将药卷轻轻推入，不得冲撞或捣实。炮眼内的各药卷必须彼此密接。

有水的炮眼，应使用抗水型炸药。

装药后，必须把雷管脚线悬空，严禁雷管脚线、爆破母线与运输设备、电气设备以及采掘机械等导电体相接触。

第五十九条　炮眼封泥应用水炮泥，水炮泥外剩余的炮眼部分应用黏土炮泥或用不燃性的、可塑性松散材料制成的炮泥封实。严禁用煤粉、块状材料或其他可燃性材料作炮眼封泥。

无封泥、封泥不足或不实的炮眼严禁爆破。

严禁裸露爆破。

第六十条　炮眼深度和炮眼的封泥长度应符合下列要求：

（1）炮眼深度小于0.6 m时，不得装药、爆破；特殊条件下，如挖底、刷帮、挑顶确需浅眼爆破时，必须制定安全措施，炮眼深度可以小于0.6 m，但必须封满炮泥。

（2）炮眼深度为0.6～1 m时，封泥长度不得小于炮眼深度的1/2。

（3）炮眼深度超过1 m时，封泥长度不得小于0.5 m。

（4）炮眼深度超过2.5 m时，封泥长度不得小于1 m。

（5）光面爆破时，周边光爆炮眼应用炮泥封实，且封泥长度不得小于0.3 m。

（6）工作面有2个或2个以上自由面时，在煤层中最小抵抗线不得小于0.5 m，在岩层中最小抵抗线不得小于0.3 m。浅眼装药爆破大岩块时，最小抵抗线和封泥长度都不得小于0.3 m。

第六十一条　处理卡在溜煤（矸）眼中的煤矸时，如果确无爆破以外的办法，可爆破处理，但必须遵守下列规定：

（1）必须采用取得煤矿矿用产品安全标志的用于溜煤（矸）眼的煤矿许用刚性被筒炸药或不低于该安全等级的煤矿许用炸药。

（2）每次爆破只准使用1个煤矿许用雷管，最大装药量不得超过450 g。

（3）爆破前必须检查溜煤（矸）眼内堵塞部位的上部和下部空间的瓦斯。

（4）爆破前必须洒水。

第六十二条　装药前和爆破前有下列情况之一的，严禁装药、爆破：

（1）采掘工作面的控顶距离不符合作业规程的规定，或者支架有损坏，或者伞檐超过规定。

（2）爆破地点附近20 m以内风流中瓦斯浓度达到1.0%。

（3）在爆破地点20 m以内，矿车、未清除的煤矸或其他物体堵塞巷道断面1/3以上。

（4）炮眼内发现异状、温度骤高骤低、有显著瓦斯涌出、煤岩松散、透老空等情况。

（5）采掘工作面风量不足。

第六十三条　在有煤尘爆炸危险的煤层中，掘进工作面爆破前后，附近20 m的巷道内，必须洒水降尘。

第六十四条　爆破前，必须加强对机器、液压支架和电缆等的保护或将其移出工作面。

爆破前，班组长必须亲自布置专人在警戒线和可能进入爆破地点的所有通路上担任警戒工作。警戒人员必须在安全地点警戒。警戒线处应设置警戒牌、栏杆或拉绳。

第六十五条　爆破母线和连接线应符合下列要求：

（1）煤矿井下爆破母线必须符合有关标准要求。

（2）爆破母线和连接线、雷管脚线和连接线、脚线和脚线之间的接头必须相互扭紧并悬挂，不得与轨道、金属管、金属网、钢丝绳、刮板输送机等导电体相接触。

（3）巷道掘进时，爆破母线应随用随挂。不得使用固定爆破母线，特殊情况下，在采取安全措施后，可不受此限。

（4）爆破母线与电缆、电线、信号线应分别挂在巷道的两侧。如果必须挂在同一侧，爆破母线必须挂在电缆的下方，并应保持0.3 m以上的距离。

（5）只准采用绝缘母线单回路爆破，严禁用轨道、金属管、金属网、水或大地等当作回路。

（6）爆破前，爆破母线必须扭结成短路。

第六十六条　井下爆破必须使用发爆器。开凿或延深通达地面的井筒时，无瓦斯的井底工作面中可使用其他电源起爆，但电压不得超过380 V，并必须有电力起爆接线盒。

发爆器或电力起爆接线盒必须采用矿用防爆型（矿用增安型除外）。

第六十七条　每次爆破作业前，爆破工必须做电爆网路全电阻检查。严禁用发爆器打火放电检测电爆网路是否导通。

发爆器必须统一管理、发放。必须定期校验发爆器的各项性能参数，并进行防爆性能检查，不符合规定的严禁使用。

第六十八条　爆破工必须最后离开爆破地点，并必须在安全地点起爆。起爆地点到爆破地点的距离必须在作业规程中具体规定。

第六十九条　发爆器的把手、钥匙或电力起爆接线盒的钥匙，必须由爆破工随身携带，严禁转交他人。不到爆破通电时，不得将把手或钥匙插入发爆器或电力起爆接线盒内。爆破后，必须立即将把手或钥匙拔出，摘掉母线并扭结成短路。

第七十条　爆破前，脚线的连接工作可由经过专门训练的班组长协助爆破工进行。爆破母线连接脚线、检查线路和通电工作，只准爆破工一人操作。

爆破前，班组长必须清点人数，确认无误后，方准下达起爆命令。

爆破工接到起爆命令后，必须先发出爆破警号，至少再等5s，方可起爆。爆破信号必须在作业规程中明确规定并向全体人员贯彻。

装药的炮眼应当班爆破完毕。特殊情况下，当班留有尚未爆破的装药炮眼时，当班爆破工必须在现场向下一班爆破工交接清楚。

第七十一条　爆破后，待工作面的炮烟被吹散，爆破工、瓦斯检查工和班组长必须首先巡视爆破地点，检查通风、瓦斯、煤尘、顶板、支架、拒爆、残爆等情况。如有危险情况，必须立即处理。

第七十二条　通电以后拒爆时，爆破工必须先取下把手或钥匙，并将爆破母线从电源上摘下，扭结成短路，再等一定时间（使用瞬发雷管时，至少等5 min；使用延期雷管时，至少等15 min），才可沿线路检查，找出拒爆的原因。

第七十三条　处理拒爆、残爆时，必须在班组长的指导下进行，并应在当班处理完毕。如果当班未能处理完毕，当班爆破工必须在现场向下一班爆破工交接清楚。

处理拒爆时，必须遵守下列规定：

（1）由于连线不良造成的拒爆，可重新连线起爆。

（2）在距拒爆炮眼0.3 m以外另打与拒爆炮眼平行的新炮眼，重新装药起爆。

（3）严禁用镐刨或从炮眼中取出原放置的起爆药卷或从起爆药卷中拉出雷管。不论有无残余炸药严禁将炮眼残底继续加深；严禁用打眼的方法往外掏药；严禁用压风吹拒爆（残爆）炮眼。

（4）处理拒爆的炮眼爆炸后，爆破工必须详细检查炸落的煤矸，收集未爆的雷管。

（5）在拒爆处理完毕以前，严禁在该地点进行与处理拒爆无关的工作。

第七十四条　民用爆炸物品库和民用爆炸物品发放硐室附近30 m范围内，严禁爆破。

第七十五条　开凿或延深立井井筒向井底工作面运送民用爆炸物品和在井筒内装药时，除负责装药爆破的人员、信号工、看盘工和水泵司机外，其他人员必须撤到地面或上水平巷道中。

第七十六条　开凿或延深立井井筒的装配起爆药卷工作，可在地面专用的房间内进行。

专用房间距井筒、厂房、建筑物和主要通路的安全距离必须符合国家有关规定，且距离井筒不得小于50 m。

严禁将起爆药卷与炸药装在同一民用爆炸物品容器内运往井底工作面。

第七十七条　在开凿或延深立井井筒时，必须在地面或在生产水平巷道内进行爆破。

在爆破母线与电力起爆接线盒引线接通之前，井筒内所有电气设备必须断电。

只有在爆破人员完成装药和连线工作，将所有井盖门打开，井筒、井口房内的人员全部撤出，设备、工具提升到安全高度以后，方可爆破。

爆破通风后，必须仔细检查井筒，清除崩落在井圈上、吊盘上或其他设备上的矸石。

爆破后乘吊桶检查井底工作面时，吊桶不得蹾撞工作面。

第七十八条　地面作业现场：

（1）水泥厂及地面其他爆破作业必须使用正规渠道采购的民用爆炸物品；爆破说明书及爆破作业设计要严格按程序进行审批，装药方式和装药量要严格按照爆破说明书要求进行。

（2）地面爆破作业必须采取有效的安全措施，确定危险区边界并设定明显的标志。爆破过程必须按规定要求发出预警、起爆、解除警戒的音响和视觉信号，使危险区内的人员都能清楚地听到和看到，确保危险区内人员的安全疏散、撤离和周边区域人身、财产安全。

（3）地面爆破作业过程中在爆破前、爆破后必须对作业现场认真检查，排除隐患，确保作业安全。

第七十九条　十不装药制度：

（1）装药前，要在装药地点20 m范围内检查瓦斯，瓦斯含量达到1%时，不得装药。

（2）装药前，要在装药地点20 m范围内检查煤尘情况，如认为有危险时，未经清扫或洒水处理，不得装药。

(3) 装药前，要检查工作面通风情况，如发现风量不足，在未改善通风前，不得装药。

(4) 检查工作面顶板、支架、上下出口的情况，如不安全，未经妥善处理时，不得装药。

(5) 检查工作炮眼深度、角度、位置和方向，有不符合作业规程的，不得装药。

(6) 发现炮眼缩小、坍塌或有裂缝时，不得装药。

(7) 炮眼内煤粉或岩粉没有清除干净，没有符合质量和满足数量要求的炮泥时，不得装药。

(8) 发现炮眼打在断层上，有出水异状，炮眼温度突然增高或降低时，不得装药。

(9) 回采工作面有伞檐，煤面突出 0.5 m，炮道宽度小于 0.4 m 时，不得装药。

(10) 规定湿式打眼而改为干打眼的岩石和半煤岩掘进工作面，煤岩尘超过规定时，不得装药。

第八十条 十不爆破制度：

(1) 工具不收拾好，不得爆破。

(2) 不检查瓦斯和煤尘，不得爆破。

(3) 爆破母线长度不够，不得爆破。

(4) 发爆器不防爆或带故障时，不得爆破。

(5) 工作面作业人员不撤离警戒线外，不得爆破。

(6) 各路警戒线岗哨不设置好，不得爆破。

(7) 不铺设好爆破母线线路，不得爆破。

(8) 不发出三次信号，不得爆破。

(9) 工作面作业人员不点清楚，不得爆破。

(10) 局部通风机停止运转时，不得爆破。

第八十一条 “一炮三检”

装药前、爆破前、爆破后要认真检查工作面爆破地点通风、瓦斯、煤尘、工作面顶板、支护等有无异常情况。

第八十二条 “三人连锁爆破”制

爆破前，爆破工将警戒牌交给班组长，由班组长检查工作面煤壁、顶板与支护等情况，确认安全后，指派人员警戒，下达爆破命令，并将自己携带的爆破命令牌交给瓦斯检查员，瓦斯检查员经检查工作面通风、瓦斯、煤尘等情况，确认安全后，将自己携带的爆破牌交给爆破工，爆破工发出爆破口哨进行爆破，爆破后三牌各归其原主。

第七章 回收 收缴 上缴

第八十三条 使用单位在作业过程中，回收、捡出、失效、过期的炸药、雷管，要按照回收、存放、上缴的管理制度进行；炸药、雷管因质量问题或其他原因需成批量退库的，由使用单位出具书面报告，经属地公安部门批准后，按规定办理相关手续方可退回。

第八十四条 对于过期、失效和捡出的雷管、炸药进行回收，达到规定数量后上缴公安机关。

炸药不超过 25 kg；雷管不超过 100 发；雷管炸药已存 3 个月，即使不超过定量，也必须上缴公安机关。

第八十五条 各单位查获、收缴的非法民用爆炸物品以及个人上缴的民用爆炸物品，应及时报属地公安机关上缴处理。

第八章 矿区民用爆炸物品治安防范管理

第八十六条 集团公司各单位要高度重视民用爆炸物品管理工作，要站在“促安全、保稳定”的高度认真宣传、贯彻、落实党的安全生产方针和国家有关法律和法规。充分调动广大干部职工的主动性和积极性，使民用爆炸物品管理工作做到群防群治、齐抓共管，保证矿区安全和社会稳定。

第八十七条　集团公司各级保卫部门是治安防范的重要部门，对民用爆炸物品安全管理负有监督兼治安防范职能。

第八十八条　鉴于摩尔探测仪对民用爆炸物品探测距离远、效率高、抗污染、穿透力强、抗干扰能力强等特点，在涉爆安全检查工作中屡立奇功，涉爆企业应根据实际情况适量配置，进一步加强民用爆炸物品安全管理。

第九章　管 理 及 考 核

第八十九条　在考核年度内，有下列情形者，对责任企业进行处罚。

（1）非客观因素，查出的隐患问题未在规定时间内整改的，有一条一般隐患问题未整改处罚1万元，有一条重大隐患问题未整改处罚2万～5万元。

（2）发生涉爆事故或案件的单位，一次处罚10万～50万元。

（3）规章制度不健全、管理混乱的单位，一次处罚10万元。

（4）证件过期、无证上岗的，一人次处罚1万元。

（5）当班剩余民用爆炸物品不执行退库管理的，处罚10万元。

第十章　附　　则

第九十条　各涉爆单位要按照本规定制定相应的管理规定和实施细则。

第九十一条　本规定如与法律、法规、规章相抵触，以法律、法规、规章为准。

第九十二条　本规定自下发之日起施行，由集团民爆物品管理领导组负责解释。

3 二级公司安全生产基本制度

3.1 安全生产责任制度

（1）为加强公司安全生产管理，明确安全生产责任，根据《中华人民共和国安全生产法》等及晋能集团有限公司的安全生产管理制度的要求，结合公司安全生产管理体系的实际情况，制定本制度。

（2）公司安全生产实行统一领导、分级管理，公司各级领导、职能部门、各岗位人员均应对相应的安全生产工作负相应的责任。

（3）公司是所属单位或控股企业安全生产的监督管理主体，对所属单位的安全生产工作承担直接监督、管理责任，主要职责为：

①严格遵守和执行国家安全生产法律、法规、规范和标准、规定等。确保本单位具备安全生产法律、法规、规范和标准等规定的安全生产条件。

②组织贯彻落实上级和集团公司有关安全生产的决定、决议及文件会议精神，落实集团公司下达的各项安全工作任务，并对贯彻落实情况进行监督检查。

③建立健全安全生产监督管理体系、机构，不断加强安全监督管理工作。

④建立健全完善各级安全生产责任制和各项安全生产管理制度。

⑤建立健全完善安全生产隐患排查治理机制，实现安全隐患排查不断线，不断督促、检查本单位的安全生产工作，及时消除生产安全事故隐患。

⑥不断改善或督促所属单位、控股企业不断改善劳动或作业场所的职业卫生与安全条件，为职工创造良好的工作条件，督促所属企业、控股企业为员工配备符合标准的劳动防护用品，依法参加工伤社会保险，保障职工的职业卫生与安全方面的合法权益。

⑦保证本单位所属企业或控股企业安全投入的有效实施。

⑧建立完善本单位的生产安全事故应急体系。

⑨建立健全本单位安全生产教育、培训体系，不断提高本单位员工的安全思想意识、安全生产技能。

⑩及时如实地上报本单位的生产安全事故。

⑪积极推广应用安全生产方面的新技术、新工艺、新材料、新设备等，积极推进安全生产技术进步。

（4）公司所属独立法人企业是本单位安全生产的责任主体，对本单位的安全生产工作承担管理主体责任，主要职责有：

①严格遵守和执行国家安全生产法律、法规、规范和标准、规定等，具体落实各级有关安全生产的决定、决议及文件会议精神。

②确保本单位具备安全生产法律、法规、规范和标准等规定的安全生产条件，并不断加强和改善。

③建立健全本单位的安全生产管理机构，不断加强安全管理工作。

④建立健全和落实本单位安全生产责任制和各项安全生产管理制度。

⑤建立健全和落实本单位安全生产隐患排查治理机制，不断检查本单位的安全生产工作，实现安

全隐患排查不断线，及时消除生产安全事故隐患。

⑥为员工配备符合标准的劳动防护用品，依法参加工伤社会保险，保障职工的职业卫生与安全生产方面的合法权益。

⑦保证本单位安全投入的有效实施。

⑧建立完善本单位的生产安全事故应急体系，并保证正常运行。

⑨建立健全本单位安全生产教育、培训体系，不断提高本单位员工的安全思想意识，安全生产技能，不得安排未经培训合格的人员上岗作业。

⑩加强本单位员工行为管理，减少或消除“三违”。

⑪及时如实地上报本单位的生产安全事故。

⑫积极推广应用安全生产方面的新技术、新工艺、新材料、新设备等，积极推进安全生产技术进步。

（5）各级管理人员及所有岗位操作人员是安全行为的主体，应严格遵守安全生产法律、法规、规范、标准和各级安全生产规章制度，对本岗位的管理行为或操作行为的安全负责，不得违章指挥、违章作业、违反劳动纪律，做到自主保安、互助保安。

①各单位正职是本单位安全生产第一责任者，全面负责组织落实本单位安全生产职责。

②各级党委（支部）书记是安全宣传教育第一责任者。

③各分管副职对分管业务和分管范围内的安全生产负主要领导责任，是生产现场安全管理和监督的第一责任者。

④各部门正职是本部门安全生产第一责任者，负责全面组织落实本部门安全生产职责。

⑤所有职工对所在岗位、工作范围和自身的安全负责。

（6）各业务部门负责提供业务指导和技术服务，制定完善专业技术标准，管理、督促业务范围内的隐患排查治理工作，帮助基层单位解决实际问题，承担业务保安责任。

（7）各级领导、各岗位、各部门安全生产方面的具体责任由相应的安全生产责任制确定。

（8）公司安委会负责组织制定公司各专业委员会职责、公司领导的安全生产责任制；机关各部门负责制定本部门（包括岗位人员）的安全生产责任制；各单位及其他非煤单位负责制定本单位的安全生产责任制；公路、铁路、多元经营三个公司负责制定本单位各级安全生产责任制。

（9）公司应制定执行严格的安全考核办法，确保各级安全生产责任制的落实。

3.2 煤矿安全生产管理制度基本规定

第一条 编制目的

为规范公司安全管理、确保公司各类制度健全、完善，适应公司内外管理环境的变化，根据《煤矿企业安全生产管理制度规定》，特制定本规定。

第二条 适用范围

本规定适用于公司各部门、各下属矿井。

第三条 编制原则

各单位、各部门应按下列原则编制各部门或各单位的安全生产管理制度：

（1）遵循相关法律、法规、规章、国家标准或行业标准的基本要求，所编制度不得违反法律、法规、规章、国家或行业标准等，或与之相抵触。制定相关制度前应先学习和研究相关法律、法规、规章、标准等。

（2）各单位的各类制度不应与公司的相关制度相抵触，或违背公司的相关制度及有关原则。

（3）应利于执行和方便操作。

（4）应将制度与法律、法规、技术规范或技术标准、措施等区别开来，不应将制度与相关法律、法规、技术规范或标准等混编或合而为一，或将技术标准、技术规范或措施等内容简化为制度。

（5）制度不宜过繁、过简，满足国家法律、法规、规章、国家标准或行业标准、地方相关要求和实际工作即可。

第四条 制度分类

本规定将安全管理制度分为基本安全管理制度和一般安全管理制度两大类。

（1）基本安全管理制度是指有关安全生产法律、法规、规章、标准等要求的必须建立的制度。

（2）一般安全生产制度是指基本安全管理制度以外的，根据本企业特点或工作需要而编制或形成的制度。

（3）部分制度应有技术规范或技术标准作支撑，如“一通三防”、机电、提升运输、地测防治水等方面。

（4）岗位作业标准或作业规范是落实制度的基本形式，各工种操作规程是执行制度的基本保障方式。

第五条 各单位必须建立、健全如下基本安全管理制度：

（1）根据《安全生产法》第17条、《煤矿企业安全生产管理制度规定》第3条、《煤矿安全规程》第4、13、17条等必须建立健全以下制度：

①安全生产责任制度（各级安全生产责任制、各职能部门安全生产责任制）。

②安全办公会议制度。

③安全目标管理制度。

④安全投入保障制度。

⑤安全生产标准化管理制度。

⑥安全教育与培训制度。

⑦事故隐患排查制度。

⑧安全监督检查制度。

⑨安全技术审批制度。

⑩矿用设备、器材使用管理制度。

⑪矿井主要灾害预防管理制度。

⑫煤矿事故应急救援制度。

⑬安全奖罚制度。

⑭入井检身与出入井人员清点制度。

⑮安全操作规程管理制度等。

⑯安全检查制度。

⑰各种设备、设施检查维修制度。

⑱井巷维修制度。

⑲测风制度。

⑳瓦斯（含二氧化碳和其他有害气体）检查制度。

㉑瓦斯巡回检查制度、瓦斯检查员请示报告制度。

㉒综合防尘管理制度。

㉓安全仪表计量检查制度。

㉔矿井防灭火管理制度。

㉕自然发火预测预报制度（指有自燃倾向的煤层）。

㉖爆炸材料领退制度、电雷管编号制度、爆炸材料丢失处理制度、爆炸材料销毁制度。

（2）《消防法》要求必须建立的制度：

消防安全制度。

(3)《劳动法》要求必须建立的制度：

①职业培训制度。

②伤亡事故和职业病统计报告制度。

(4) 职业病防治法要求必须建立的制度：

①职业病防治责任制。

②职业卫生管理制度。

第六条　一般安全管理制度

1. 煤矿安全生产标准化标准要求必须具备的制度

(1) 机电管理：电气试验制度，停送电管理制度，钢丝绳管理制度，设备定期检修制度，机电干部上岗查岗制度，设备管理制度，事故分析追查制度，机电设备包机制度，防爆设备入井安装、验收制度，电缆管理制度，小型电器管理制度，油脂管理制度，配件管理制度，阻燃胶带管理制度，杂散电流管理制度。

(2) 提升与运输：斜巷运输管理制度，立井提升安全管理制度。

(3) 地测防治水：巷道开门、贯通、停头、复工、综采及工程进度等通知单制度。

(4)“一通三防”：“一通三防”管理责任制，矿井通风管理制度，矿井瓦斯管理制度，矿井综合防尘管理制度，矿井防灭火管理制度，“一通三防”安全装备管理制度。

2. 其他必备制度

(1) 伤亡事故统计报告制度。

(2) 伤亡事故和重大非伤亡事故调查处理制度。

(3) 领导干部及相关人员入井跟班制度。

(4) 各类高压气瓶（主要指氧气、乙炔气及试验用瓦斯气瓶等）。

(5) 特种设备管理制度；特种作业人员管理制度。

(6) 安全监控系统管理制度。

(7) 仪器仪表及其他计量器具管理制度。

第七条　标准或规范

各单位应编制各岗位作业标准或作业规范，各单位必须编制各工种操作规程。

第八条　安全管理制度的贯彻、维护与更新

(1) 各单位、各部门应将本单位、本部门编制的安全生产管理制度及时并经常向本单位员工贯彻。

(2) 各单位、各部门应经常对安全管理制度进行维护、更新，对已有的管理制度在相关法律、法规有更新变化时应及时进行制度评审，不符合法律、法规或标准等要求的应及时修订或补充完善。

(3)《煤矿企业安全生产管理制度规定》中所要求必须具备的十五类管理制度应根据该规定要求编写，并满足其第四、第五条的规定。

3.3　安全目标管理制度

第一条　编制目的

为了认真贯彻执行“安全第一，预防为主，综合治理”的安全生产方针，加强和规范煤矿安全基础工作，进一步理顺安全与生产的关系，切实落实各级安全生产责任制，杜绝重大事故的发生，促进公司煤矿安全状况持续稳定好转，制定本制度。

第二条　安全目标的树立

以安全法规和宏观安全目标为指导，以安全预测为基础采取上下结合、群策群议的方法，建立安

全目标。

（1）安全目标按时间划分为年度安全目标和季度安全目标。

（2）安全目标按体系划分为二级公司安全目标和所属煤矿、区队安全目标。

（3）二级公司经理对安全目标的制定、落实等负总责；各主管副职对分管范围内的安全目标管理负全面责任；安全生产管理部对安全目标的实施负具体责任。

所属各单位也要对照二级公司的责任分工，层层明确各主管领导和部门的责任，落实到人。二级公司在考核安全目标完成情况时，依照责任分工严格考核。

第三条　安全目标的内容

1. 安全质量指标

（1）重伤事故。

（2）轻伤事故。

（3）非伤亡事故。

（4）应急体系建设。

（5）安全生产标准化建设。

2. 安全管理指标

（1）安全生产管理机构与人员配置，安全生产管理人员和特种作业人员配置等管理要求。

（2）安全生产规章制度管理。

（3）安全风险抵押管理。

（4）职业卫生管理。

（5）安全会议。

（6）基本社会保险管理。

（7）安全费用管理与安全投入。

（8）隐患管理。

（9）安全质量目标责任书管理。

（10）事故管理。

（11）跟班、入井带班指标。

（12）反“三违”指标。

（13）报表及上报安全资料、材料。

（14）机电管理。

3. 安全活动指标

（1）安全检查活动和队组的自查自纠活动。

（2）专业性、季节性和专项安全检查活动。

（3）“六月安全生产月”活动、“百日安全无事故”活动及自主组织开展安全活动。

（4）各类安全生产专项整治活动。

（5）安全生产标准化达标活动和其他安全活动。

4. 安全教育指标

（1）培训机构的建设与日常的内部培训工作。

（2）参加公司组织的定期培训、考核情况。

（3）全员参培率、持证上岗率；安全生产管理人员、十大特种作业人员持证上岗率。

（4）规程和安全技术措施贯彻。

第四条　安全目标指标

（1）安全目标管理以年为周期，在确定安全目标时，既要充分依据山西煤炭运销集团下达（或签订）的安全指标（或目标书）和本公司的实际条件，又要考虑历年来有关目标、指标的统计，对目标加以预测。随着科学技术、工艺流程、管理水平的进步和职工素质的不断提高，安全状况会好转，安全目标应不断有所提高，以体现公司的安全进步及公司的发展。

（2）每年年初，公司要与各单位签订年度“安全目标责任书”。

（3）各单位每年年初要根据和公司签订的年度“安全目标责任书”，结合本矿实际，制定安全目标管理制度及考核办法，层层分解，定目标、定责任，严格落实、严格考核，全面实现安全目标。即矿与部门、部门与班组、班组与个人均应签订目标责任书。

（4）安全目标要具有全面性，克服局限性，既要有绝对指标又要有相对指标，既要规定人身事故指标，又要规定非伤亡事故（如重大、特大机电事故）的目标，既要考虑工程质量指标，又要考虑安全生产标准化达标要求，以及“三违”指标等。要从全面安全管理角度，进行全面的安全目标管理和责任指标分解。

（5）年度安全指标确立时，要突出主要安全指标，尤其是三项否决指标，必须执行否决制度，一项不达标即为责任单位安全工作不达标单位。三项否决指标为：①井下消除死亡事故，地面消灭重伤事故；②杜绝水、火、瓦斯、煤尘、顶板等重大事故；③杜绝一级非伤亡事故和特大机电事故等。

（6）安全目标保障指标主要内容包括：安全生产标准化达标指标、安全管理示范矿井建设达标指标、安全费用提取及使用指标、瓦斯抽采利用指标、安全培训计划完成指标等。

（7）年度安全目标的起草要充分考虑一、二、三线的关系、各队组的生产条件、作业环境等实际因素，进行科学的综合分析确定。安全目标的分解要自上而下，层层展开，分解落实到科、队、厂、班组和个人，使每个职工都明确自己的目标和责任，形成个人保班（组），班（组）保科、队（厂），科、队（厂）保全公司，层层互保、全方位覆盖的系统安全目标网络。

第五条　实现安全目标的保障措施

（1）围绕安全生产责任追究、安全奖惩、经营者效绩考核、安全技术培训考核上岗、安全自律、安全竞赛和达标评级运转等方面，建立和完善企业安全生产长效机制体系，提高安全生产的可控度。

（2）建立和完善安全组织领导、专业安全管理、安全监督保证、综合监督检查、安全教育培训、应急救援组织等六大安全责任保障体系，形成横到边、纵到底，责任落实到人的安全管理网络。

（3）研究探索企业安全文化理念，大力推进安全管理创新，深入开展职业安全健康管理体系认证工作，运用先进的安全管理理念指导各级管理人员，强化以人为中心的安全理念，改进传统的安全管理模式。

（4）深入开展安全生产标准化达标活动、提升安全技术装备水平、创造安全生产的条件，增强安全生产工作的主动性，使安全管理工作由经验管理走向科学管理，由结果追究变成过程控制，实现本质型安全管理。

（5）深入开展安全生产专项治理整顿，逐步消除历史遗留的不符合安全规程要求的矿井安全隐患，提高矿井对控制重特大事故的可控程度。加大安全投入，改善矿井的安全装备水平，提高矿井的防灾抗灾能力。

（6）努力推进安全管理制度化、规范化、科学化，研究开发安全管理软件，运用安全评价程序和科学的安全检查评价方法，实施安全工作的全面监控；严格责任落实，全面落实下井考勤、干部值班制度；明确职能，转变机关作风，树立服务意识；强化考核兑现，严肃安全责任追究，坚持强化事故后的责任追究和过程中的责任落实、责任考核和责任追究并重的原则，促进安全管理到岗到位。

（7）加强安全思想教育和培训工作，提高员工的整体安全技术素质。建立和完善安全培训上岗运作机制，全面落实员工上岗安全准入制度，做到先培训后上岗制度。

（8）加强隐患排查治理管理工作，严格执行“二级公司煤矿事故隐患排查治理管控体系实施考核办法”。

（5）负责对带班过程中经常出现的问题及时进行反馈，并通过制定措施，完善制度，落实人、财、物等予以解决。

（6）要把深入井下作为调查研究过程，有条件时，通过各种方式，了解和倾听各类人员的安全生产思想状况与呼声，正面做好安全宣传、教育、引导工作。

2. 区队管理人员下井带班作业的主要职责

（1）负责二级公司、矿安全办公会议、“一通三防”例会和各项安全管理制度的贯彻执行。

（2）负责检查并督促规程、规定、标准、措施的贯彻落实情况。

（3）负责监督检查本区队班组长、带班队长、跟班情况和特殊工种人员持证上岗情况。

（4）负责监督检查本队当班重大安全隐患的整改处理情况，并将整改落实情况及时向下一班交接清楚。

（5）负责本队当班机电设备完好状况检查，及时消除设备隐患和缺陷。

（6）负责并监督检查本队职工的安全技术培训工作落实情况。

（7）负责本队在安全生产方面人、财、物的调配和供应情况。

（8）监督检查当班“三违”现象及处理情况。

（9）负责当班安全生产岗位责任制的落实情况。

第四条　考核办法

1. 严格内部管理和考核

（1）管理人员下井登记由调度室统一管理；下井前后要在井口进行填写入井登记表，月底以前由调度室会同安全监察处、人事劳资科进行审查、统计，人事劳资科将下井次数与工资进行挂钩考核。各单位每月末将班子成员入井情况向二级公司安全生产管理部报告。

（2）管理人员下井要切实解决实际问题。发现工程质量不合格、“三违”现象和安全隐患，必须当场指出或制止，并提出处理意见。对事故隐患要及时通知业务主管部门或汇报主管领导，根据等级和类别，按照“五定”（定项目、定措施、定资金、定责任人、定时间）的原则，落实解决。

（3）管理人员虚报下井次数或冒填登记表的、下井未到生产现场的，要追究有关人员及相关部门领导的责任；因下井不到现场、不制止“三违”、不解决问题的而导致事故发生的，要严肃追究当事人责任。

（4）若下井次数未达到规定数目，每少一个罚款×××元，按比例折扣安全奖。是否完成二级公司下井次数作为年终干部考核的一项内容。

2. 加大监督检查力度

（1）安全监察处要认真履行职责，抓好制度的落实、监督、考核，要按照职责分工加强监督检查，把管技人员下井带班制度的执行情况作为监督检查的重要内容。

（2）安全监察处要把管技人员下井带班的主要情况，及时向工资部门和人事管理部门通报，作为干部考核的重要依据。

3. 加强群众监督

（1）安全监察处会同调度室要把管技人员下井带班制度的落实情况定期向全体职工通报，接受职工监督。

（2）二级公司和煤矿要设立举报电话和举报信箱，对职工举报的问题要及时核查处理。

（3）加强对舆论监督的指导，对作风扎实、经常深入井下解决安全生产实际问题、表现突出的下井带班人员要大力宣传表扬；对不负责任，甚至弄虚作假的，要予以公开曝光。

3.12　劳动防护用品发放、管理制度

第一条　为了落实国家和各级政府关于劳动防护用发放和管理规定，进一步加强二级公司内部劳

动防护用品管理工作，规范劳动防护用品的发放和正确使用劳动防护用品，保障劳动者在劳动过程中的安全和健康，确保安全生产，根据国家有关法律法规，制定本制度。

第二条　二级公司成立劳动防护用品监督管理委员会

主任：二级公司经理

副主任：二级公司各分管副经理

委员单位：综合管理部、生产技术部、安全生产管理部、机电部、通风部、人力资源部、质量中心等。

劳动防护用品监督管理委员会为二级公司常设机构，办公室设在人力资源部。

第三条　劳动防护用品监督管理委员会职责和权力

（1）负责对二级公司内部职工使用的劳动防护用品进货渠道、质量、认证标志、保管等工作进行监督检查。

（2）负责对二级公司所属单位职工劳动防护用品发放范围工作进行监督检查。

（3）负责定期组织劳动防护用品管理监督检查，每半年至少组织检查一次。

（4）有权对违反国家有关职工劳动防护用品管理规定、标准行为的单位提出批评教育，对教育后仍不改进的要提出责任追究处理意见。

第四条　二级公司所属各单位要成立相应劳动防护用品的监督管理机构，负责本单位的劳动防护用品监督管理工作，并明确一名副职领导负责劳动防护用品的监督管理工作。

第五条　二级公司所属各单位的劳动防护用品监督管理机构，要认真履行监督管理职责，积极开展监督检查工作，对监督检查中发现的劳动防护用品发放管理问题要及时总结，并监督整改。对监督检查工作中发现的劳动防护用品严重质量问题，要及时向单位主管领导汇报，同时向二级公司劳动防护用品监督管理委员会送交报告。

第六条　二级公司劳动防护用品监督管理委员会在接到基层单位反映问题的报告后，要认真履行职责，及时组织调查、分析，认真查找问题原因。对因劳动用品的质量问题引起的伤亡事故，要严肃追究有关人员责任。

第七条　二级公司各单位在采购劳动防护用品时，必须严格按照有关文件规定和原国家安全生产监督总局令第 1 号《劳动防护用品监督管理规定》、原国家安全生产监督管理总局关于印发《特种劳动防护用品安全标志实施细则》（安监规划字〔2005〕149 号）、原国家经贸委关于印发《劳动防护用品配备标准（试行）》（国经贸安全〔2000〕189 号）、《煤矿职业安全卫生个体防护用品配备标准》（AQ 1051—2008）等的规定，把好劳动防护用品的进货质量关，制定严格的劳动防护用品采购、验收、保管制度，加强对所有购置的劳动防护用品的验收、保管工作，确保为从业人员提供合格的劳动防护用品。

第八条　采购的特种劳动防护用品必须是取得特种劳动防护用品安全标志的产品，严禁采购无安全标志的特种劳动防护用品，采购时必须向生产或经营劳动防护用品的单位索要工商营业执照、安全标志证书、有资质的监测机构出具的产品监测报告和产品合格证等，并建立管理档案备查。

第九条　凡是准备使用新型劳动防护用品，在做采购计划之前，劳动防护用品采购部门必须将新型劳动防护用品的有关各项资料报二级公司劳动防护用品监督管理委员会，经审核批准后，方可进入采购运作程序，否则视为违反相关规定，并进行责任追究。

新型劳动防护用品的采购，经二级公司劳动防护用品监督管理委员会审核批准后，二级公司劳动防护用品管理委员会办事机构——综合管理部必须建立管理档案备查。

第十条　人力资源部为劳动防护用品管理部门，必须按照国家有关部门、各级政府及二级公司有关劳动防护用品管理规定和标准，制定严格的职工劳动防护用品验收、保管、发放、使用等管理制度并严格按照国家标准进行验收。

第十一条　劳动防护用品发放管理部门，要严格按照原国家安全生产监督管理总局令第 1 号

《劳动防护用品监督管理规定》、原国家安全生产监督管理总局关于印发《特种劳动防护用品安全标志实施细则》（安监规划字〔2005〕149号）、原国家经贸委关于印发《劳动防护用品配备标准（试行）》（国经贸安全〔2000〕189号）、《二级公司劳动防护用品管理手册》等有关规定进行劳动防护用品发放管理工作，发放管理部门必须永久公示发放标准，以供所有从业人员的监督。

第十二条　二级公司所属单位劳动防护用品保管和发放部门，如果在劳动防护用品发放管理工作中发生不符合有关文件要求或不符合有关规定行为的，二级公司将追究有关人员责任，并参照国家、地方政府、二级公司有关规定进行严肃处罚。

第十三条　严格按照本单位现有的从业人员工作岗位性质，对照有关规定，进行职工劳动防护用品发放。

第十四条　从业人员的劳动防护用品发放要建立规范的统计管理台账，统计各工种名称和从业人员数量。对每个从业人员的劳动防护用品发放情况要建立发放劳动防护用品台账，台账应包括品种、数量、发放周期等内容。

第十五条　劳动防护用品保管部门必须严格按照有关规定对劳动防护用品进行保管，在保管过程中要严格防止保管中的劳动防护用品，因保管措施不当而出现变质、腐烂、质量发生变化等问题；出现问题的，要对责任人进行严肃处理。

第十六条　二级公司安全生产管理部、综合管理部以及各单位的安全监察处和劳保管理部门要严格按照有关规定进行劳动防护用品的产品验收工作，定期对本单位的劳动防护用品发放工作进行专项检查，各单位所进行的专项检查必须留有详细记录，备查。

第十七条　本制度适用于二级公司所属各单位。

第十八条　本制度自印发之日执行。

3.13　安全设施管理和使用、维护、检修制度

第一节　总　　则

第一条　为适应二级公司煤炭工业的发展，加强安全设施管理，提高安全设施装备水平，保证生产经营活动正常进行，防止事故发生，保证职工人身安全与健康，规范安全设施管理部门的责权和安全设施的管理程序，根据《安全生产法》《矿山安全法》《矿山安全法实施条例》《煤矿安全监察条例》有关规定，特制定本制度。

第二条　本制度适用于二级公司所属各单位的安全设施（作为矿井安全出口的立井梯子间；立井提升交通罐；立井提升系统防撞和托罐；立井提升系统井口、井底安全门；井底车场防水闸门；主排水系统密闭门；倾斜巷道内安设的跑车防护设施；主通风机防爆门或防爆盖；主通风机反风设施；主提升带式输送机卸煤口防止人员坠入设施等）管理。

第二节　安全设施管理部门职责

第三条　严格贯彻执行国家有关安全设施管理和使用、维护、检修的方针、政策、法规和规定，制定和审批本单位安全设施管理和使用、维护、检修制度。

第四条　负责本单位安全设施管理和使用、维护、检修工作的组织领导、监督检查和协调服务。

第五条　负责组织推广、交流安全设施管理和使用、维护、检修的先进经验和新技术，为使用单位提供信息和咨询服务。

第三节　安全设施的前期管理

第六条　各单位必须做好安全设施规划、设计、购置、安装、调试和验收工作。矿井安全设施必

须和主体工程同时设计、同时施工、同时投入生产和使用。

第七条　矿井安全设施的设计要经过充分论证，必须符合国家有关安全生产的法律、法规、规范和标准的要求。安全设施选型应通用化、标准化。矿井安全设施的设计必须经煤矿安全监察机构审查同意方可施工。

第八条　建立健全安全设施的验收交接、建档管理与考核制度。将图纸、使用维护说明书、安全质量检查、性能试验验收报告等技术资料进行整理、建档、登记保管。

第九条　安装完毕的安全设施，应由安装、使用、安全监察、设备管理等部门有关人员进行验收，进行试运转并办理移交手续后，才能投入使用。

第四节　安全设施使用、维护、检修

第十条　使用单位应结合本单位具体情况建立、健全安全设施全过程的管理和检修制度，所有安全设施必须严格按照操作（使用）维护规程和完好标准进行使用和维护。

第十一条　安全设施投入使用前要组织制定操作规程（使用维护规程），并组织操作工、维护工和单位负责人认真学习熟知安全设施结构、安全技术特性和要求，保证安全使用。

第十二条　安全设施操作工、维护工必须经过培训，具备应有的安全素质，具备对不安全因素和事故隐患、突发事故的预防、处理能力和经验，并经考试合格，持证上岗。

第十三条　使用中的安全设施必须保持完好状态，并定期检查、试验，做好记录，安全设施的安全评价、检测、检验应由具备相应资质条件的机构承担。

第十四条　安全设施要严格执行日常保养（维护）和定期保养（维护）制度，要落实责任制，保养（维护）必须有记录，有关人员要签字，确保安全设施处于完好状态。

第十五条　安全设施的检修必须报安全生产管理部备案，必须由有检修资质和检修许可证的单位承担。

第十六条　检修后的安全设施必须做安全技术性能测定，安全技术性能测定要由具备相应资质条件的机构承担。必须按检修质量标准严格验收，验收合格后方可投入使用，并将检修内容、检验结果详细记入档案。

第十七条　安全设施要组织好备品、配件的储备，并做好备品、配件的保管工作。

第五节　附　　则

第十八条　本管理制度解释权属二级公司。

第十九条　本管理制度从下发之日起执行。

3.14　煤矿主要灾害预防制度

第一节　总　　则

第一条　为保障煤矿的生产安全和职工人身安全，做好灾害预防，特制定本制度。

第二节　水害预防制度

第二条　为了进一步搞好煤矿防治水工作，预防水害事故的发生，保障煤矿的生产安全和职工人身安全，依据《煤矿安全规程》、原国家安全生产监督管理总局第28号令《煤矿防治水规定》《地测防治水安全生产标准化标准及考核评级办法》等国家有关法律、法规和行业规范，制定水害预防制度。

第三条　各单位矿长是矿井防治水工作第一责任人，对本单位的水害防治工作全面负责。组织落

实重大水害防治安全技术措施，定期研究解决工作中出现的具体问题，并在人力、物力、资金等方面给予保证。各单位总工程师对矿井防治水技术管理工作负直接责任。

第四条　各单位要建立健全矿井防治水组织机构，根据《地测防治水安全生产标准化标准及考核评级办法》的要求，配备足够数量的专职地质及水文地质专业技术人员。水文地质条件复杂或水害隐患严重的矿井，必须设立专门的防治水机构和水害防治队伍，配备专职水文地质或地质工作的技术负责人。

第五条　完善和落实各项规章制度，制定矿井水灾应急预案。各单位要根据《煤矿安全规程》、原国家安全生产监督管理总局第 28 号令《煤矿防治水规定》《地测防治水安全生产标准化标准及考核评级办法》等有关法律、法规和标准的规定，制定防治水方面的有关劳动组织、技术管理及岗位责任制等规章制度，并加以贯彻落实；同时要根据本企业水害威胁程度制定矿井水灾应急预案，将责任落实到相关部门和人员，并根据相关条件的变化适时加以修改、补充和完善。

第六条　要建立完善的防排水系统，矿井各水平应根据批准的精查地质报告、矿井地质报告或采区地质说明书所提供的矿井或水平（采区）涌水量数据，建立完善的矿井防排水系统，并保证正常运转。矿井、水平排水系统应符合《煤矿安全规程》和有关规定的要求。

第七条　对防治水及有关人员应进行定期培训，加强防治水知识学习，提高防治水人员的业务素质和管理水平。

第八条　防治水工作应严格执行“预测预报，有掘必探，先探后掘，先治后采”的十六字方针，落实“防、堵、疏、排、截”五项综合治理措施。遵守国家和山西省政府的各项规定，遇有特殊情况规程未能包括者，应提出具体意见报二级公司审批。

第九条　加强矿井日常水文地质基础工作和水文地质调查，做好矿井水害预防工作。按照《地测防治水安全生产标准化标准及考核评级办法》的要求认真及时填绘各种水文基础台账，定期修编《矿井综合水文地质图》《矿井充水性图》等水文基础图纸。水文地质条件发生较大变化时必须及时进行补充勘探。对开采历史久远，特别是周边小矿众多的矿井，尤其要注意查清已关闭矿井、老采空区同现有开采作业场所的关系，查清其积水范围和积水数量，并将其标至生产指挥图和采掘工程平面图上。

第十条　按照《地测防治水安全生产标准化标准及考核评级办法》要求，定期进行矿井水害因素分析和预测，认真编制并组织实施矿井中长期防治水规划和年度防治水计划。做好周分析、月预报、季预报和年预报等水情水害分析预测预报工作。大力推广和使用先进成熟的矿井防治水技术，提高矿井水害预测、预报水平，提出水害防治规划和工作重点，并认真组织实施，以切实提高矿井抵御水害的能力。

第十一条　各单位井必须建立各主要含水层水位的动态观测、监测网络，并按有关规定的要求进行观测，为矿井安全生产提供必要的水文地质基础资料。

第十二条　加强雨季水害防治工作。各单位必须在雨季前对“雨季三防”（即防洪、防雷电、防排水）和防治水工作进行布置并对主要水害因素进行一次全面排查，确保各项防治水安全设施的完好、可靠和对主要水害因素的有效控制、准确预报，雨季期间定期和不定期进行巡查，发现问题及时采取措施。

第十三条　采掘工作面遇有下列情况之一者，必须制定专门的防治水设计及措施。

（1）穿越流沙层、冲积层、风化带、含水层、积水的新老采空区、陷落柱、断层、小窑井筒、封孔资料不清的老钻孔或其他有水害威胁的探水线前。

（2）在积水区下面进行采掘工作，积水区与采煤工作面的垂距小于该煤层采高的 25 倍，与掘进巷道的垂距小于巷道高度的 10 倍时。

（3）采掘地区受底板承压水的威胁，其实际隔水层厚度小于计算安全隔水层厚度时。

（4）采掘工作面预计会发现其他出水因素时。

第十四条 采掘工作面遇到下列情况之一时，必须确定探水线进行探水，探水线按有关规定确定：

（1）接近水淹或可能积水的井巷、采空区或相邻煤矿时。

（2）接近含水层、导水断层、溶洞和导水陷落柱时。

（3）打开隔离煤柱放水时。

（4）接近可能与河流、水库、蓄水池、水井等相通的断层破碎带时。

（5）接近有出水可能的钻孔时。

（6）接近有水或稀泥的灌浆区时。

（7）采动影响范围内有承压含水层或含水构造，或煤层与含水层间的隔水岩柱厚度不清，可能突水时。

（8）接近矿井水文地质条件复杂的地段，采掘工作有涌（突）水预兆或情况不明时。

（9）采掘工程接近其他可能涌（突）水地段时。经探水确认无突水危险后，方可前进。

第十五条 探水前必须做好下列准备工作：

（1）加固钻场支架，并在工作面迎头打好坚固的立柱和拦板，如果场所狭小，要按规定扩修场地。

（2）探放水施工地点，必须将流水巷道内的活渣等障碍物清理干净，风筒挂起，支架牢固。

（3）由施工单位向受水威胁地区的施工人员贯彻安全技术措施、避灾路线及出水征兆等相关水害预防、防治措施。

（4）钻窝应避免做在断层带或松软岩层内。

（5）测定探水地点的有害气体，超限时要采取措施。

（6）根据防探水设计预计涌水量，准备好排泄水设施，并保证运行正常，水沟应满足探水设计预计的涌水量。

（7）测量和防探水人员必须亲临现场，依据设计确定主要探水孔的位置、方位、角度、深度以及钻孔数目。

（8）在打钻地点或附近安设专用电话，并保证通信畅通。

第十六条 预计水压（>0.1 MPa）较大的地区，探水钻进之前，必须安好孔口管和控制闸阀，进行耐压试验，达到设计承受的水压后，方准继续钻进。特别危险的地区，应有躲避场所，并规定避灾路线。

第十七条 钻孔内水压过大（水压大于1.0 MPa）时，应采用反压和有防喷装置的方法钻进，并有防止孔口管和煤（岩）壁突然鼓出的措施。

第十八条 钻进时，发现煤岩松软、片帮、来压或钻孔中的水压、水量突然增大，以及有顶钻等异状时，必须停止钻进，但不得拨出钻杆，现场负责人员应立即向矿调度室报告，并派人监测水情。如果发现情况危急时，必须立即撤出所有受水威胁地区的人员，然后采取措施，进行处理。

第十九条 探放采空区水前，首先要分析查明采空区水体的空间位置、积水量和水压。采空区积水区高于探放水点位置时，只准打钻孔探放水；探放水时，必须撤出探放水点以下部位受水害威胁区域内的所有人员。探放水孔必须打中采空区水体，并要监视放水全过程，核对放水量，直到采空区水放完为止。

钻孔接近采空区，预计可能有瓦斯或其他有害气体涌出时，必须有瓦斯检查工或矿山救护队员在现场值班，检查空气成分。如果瓦斯或其他有害气体浓度超过规程规定时，必须立即停止钻进，切断电源，撤出人员，并报告矿调度室，及时处理。

第二十条 钻孔放水前，必须估计积水量，根据矿井排水能力和水仓容量，控制放水流量；放水时，必须设专人监测钻孔出水情况，测定流量、水压，做好记录。若水量突然变化，必须及时处理，并立即报告矿调度室。

第二十一条 水淹区积水面以下的煤岩层中的采掘工作，应在排除积水以后进行；如果无法排除积水，必须编制设计，由矿主要负责人审批后，方可进行。

第二十二条 凡矿自行采掘的老巷、填碴眼、水窝等积水体，具备安泵条件的必须安泵将积水和污泥排净，不具备安泵条件的，应超前进行探放。排水设计措施均应经防探水人员同意，其他情况的探水应符合有关规定。

第二十三条 巷道距积水区小于探水规定的超前距，或有出水征兆时，应将掘进头正前方或两帮支架加固，刹紧背严，加以封闭，另选安全地点探放水。

第二十四条 在探水区域内掘进时，严格执行“三不装炮制度”，①炮眼或掘进头有出水征兆时；②探水孔超前距离不够时；③掘进头支架不牢固或空顶超过规定时。

第二十五条 有水害威胁及探小窑采空区水地区。独头上山掘进不准随意出现下山，下山掘进不准随意出现上山。平巷掘进腰线与设计腰线的高低差不得大于0.7 m。

上水平采掘及探放水等活动必须保证下水平工作人员的人身安全，无法保证时，则两者不得同时进行。

第二十六条 探水前进的巷道必须在钻孔有效控制范围之内掘进。每次探水后掘进开始前，应在起点处设置标志，并建立挂牌制度。

第二十七条 防探水通知单是防探水业务管理单位、采掘施工单位、探水单位进行联系防止水害事故的重要方法之一，必须严格执行。

第二十八条 采掘工作面或其他地点遇下列现象之一时，是出水危险预兆，应立即停止作业，报告矿调度室，发出警报，撤出所有受水威胁地点的人员。

（1）煤壁或顶板突然渗出水珠，或者煤层突然松软发潮。

（2）顶板淋水增大或底板突然涌水。

（3）煤层内出现暗红色水锈、挂汗。

（4）工作面空气变冷，或因水蒸气大而产生雾气。

（5）有“嘶嘶”水叫声。

（6）底板鼓起，产生裂隙，裂隙向外渗水、水色变浑，或顶板压力增大。

矿总工程师接到上述现象汇报时，应立即组织调度室、安全监察处、防治水、采掘生产等有关专业人员认真分析采取措施进行处理。

第二十九条 受水威胁地区所有掘进巷道，必须按设计施工，并列入月、季度生产计划，由防治水技术人员提出防治水计划，凡计划外增开巷道，或巷道位置变更时，必须事先与主管防治水技术人员联系。

第三十条 合理留设各类防水煤（岩）柱，断层防水煤柱按有关规定进行留设，并报二级公司审批。

第三十一条 严禁在防水煤柱内采掘，已进入防水煤柱的巷道必须进行充填，保证煤柱的完整和强度。如确实需要穿越或进入煤柱线时，必须事先向二级公司生产技术部提出申请，办理审批手续。

第三十二条 受水威胁严重的矿井和靠近高压水威胁区开采，严格按“开采评价→二级公司批复或集团公司批复→掘进工作面防治水设计→矿审批及二级公司审批→开掘工作面施工过程中的地质异常体的超前探测和治理工程→采煤工作面综合水文地质勘探→采煤工作面防治水设计→矿审批及二级公司审批→采煤工作面防治水工程施工（放水试验、疏水降压、底板注浆加固和防水煤柱留设等）→开采评价→专家评审→二级公司批复或集团公司批复→制定开采过程中的防治水措施和防灾预案→开采过程中的水害检测与预报→采后总结”的管理程序执行。

第三十三条　各单位新水平新采区在开拓前，根据具体条件应进行以综合物探为主要手段的水文地质勘探，超前查清开采范围内5 m以上断层的分布和空间形态及导水情况、导水构造、导水裂隙、导水陷落柱等导水、含水通道，对3～5 m的断层做出解释。对经探测存在含、导水构造和含、导水裂隙等地层薄弱地段，在未揭露之前，对其进行超前处理，杜绝盲目开采和重大突水事故。凡遇下列情况必须进行探测，查明水情，安全停止距离按上级部门有关文件规定计算：

（1）采掘工作面前方或附近有含（导）水断层存在，但具体位置不清或控制不够严密时。

（2）采掘工作面前方或附近预测有断层存在，但其位置和含（导）水性不清，可能突水时。

（3）采掘工作面底板隔水层厚度与实际承受的水压都处于临界状态（即等于安全隔水层厚度和安全水压的临界值），在掘进工作面前方和采面影响范围内，是否有断层情况不清，一旦遭遇很可能发生突水时。

（4）断层已被巷道揭露或穿过，暂时没有出水迹象，但由于隔水层厚度和实际水压已接近临界状态，在采动影响下，有可能引起突水，需要探明其深部是否已和强含水层连通，或有底板水的导升高度时。

（5）井巷工程接近或计划穿过的断层浅部不含（导）水，但在深部有可能突水时。

（6）根据井巷工程和预留断层防水煤柱等的特殊要求，必须探明断层时。

第三十四条　在受水威胁的地区延深水平，当开拓到设计水平后，必须首先按设计建成排水能力，方可继续向两翼开拓掘进。

第三十五条　凡井下受水威胁地区，施工前必须编制防治水设计，并贯彻执行，否则不准施工。

第三十六条　编制受水威胁地区开采设计时，必须同时编制防治水设计，否则不予审批。编制受水威胁采掘作业规程时，必须同时编制防治水措施，否则不准施工。

第三十七条　各单位必须按照批准的防治水设计施工。没有被批准的防治水设计不准施工。不经批准单位同意不得改变防治水设计。

第三十八条　开采煤层的底板实际隔水层厚度（m）及底板实际承受的水压力（P）必须符合有关文件规定要求。

第三十九条　在采掘范围内，煤层底板隔水层承受的含水层水头值不符合有关规定要求时，应及时采取放水降压措施，使水头值降到安全水头值以下，并编制安全技术措施，报二级公司审批，方可开采。

第四十条　降压的方法，可采用集中或分散打放水孔的方法，还可以用巷道放水的方法。应以开采范围内的放水条件及技术、经济、安全等因素统筹考虑来选择。

第四十一条　开采之前，应对开采影响的主要含水层的水文地质资料进行整理、分析，必要时应进行专门水文地质勘探和放水试验，查清含水层的补给地段和补给水量，做出对开采条件的评价，制定开采的具体防治水措施。

第四十二条　矿井必须编制专门的防治水设计，（其中包括降压或疏干设计，防排水设施、安全出口）报二级公司审批。

第四十三条　“带压采煤”应有相应的排水能力做后盾。排水能力根据含水层的水文地质条件具体确定，原则上要保证不淹矿井。

第四十四条　在无上层煤采掘地质资料的地区，其下部受水威胁煤层的掘进，必须采取边探边掘措施。防止突然揭露较大断层或导水陷落柱等含、导水构造，裂隙，避免造成突水事故。

第四十五条　受水患威胁工作面开采前，做好水文地质探查工作，选用无线电坑道透视仪、音频电透视仪、直流电法仪、瞬变电磁仪、高密度电法仪等物探手段以及钻探、化探和水文地质实验等手段，查明工作面内构造、隐伏构造和陷落柱发育情况及其导水性，含水层厚度、岩性、水质、水压以及隔水层岩性和厚度等，并编制专门防治水设计报二级公司审批。

第四十六条　深部矿井开采之前，必须查明含水层水文地质条件，必要时应进行专门水文地质勘探和放水试验。水文地质条件复杂的，按带压开采进行管理，采用无线电坑道透视仪、音频电透视仪、直流电法仪、瞬变电磁仪、高密度电法仪等目前先进综合物探手段以及钻探、化探和水文地质实验等手段，查清矿井水文地质条件，根据具体条件采取疏水降压和底板注浆加固甚或两者综合的治理措施，编制专门防治水设计和开采评价并报二级公司审批。

第四十七条　深部矿井开采，按有关规定执行。

第三节　煤炭自然发火灾害预防制度

第四十八条　为了加强矿井煤炭自然发火治理工作，防止煤炭自然发火事故发生，保障矿井安全生产，特制定煤炭自然发火灾害事故预防制度。

第四十九条　要建立健全各级人员煤炭自然发火灾害预防管理责任制，并认真落实。

第五十条　各单位必须制定煤炭自然发火隐患排查制度，每旬至少进行一次煤炭自然发火隐患排查，并留有记录。对排查发现的问题要按“五定”（定项目、定措施、定资金、定责任人、定时间）原则进行处理。

第五十一条　设计矿井前和生产矿井延深新水平时，必须按《煤矿安全规程》规定，对所有煤层的自燃倾向性进行鉴定。生产矿井首次采用放顶煤工艺、放顶煤工作面转入新水平和不同地质条件的区域时，必须进行煤层的自燃倾向性鉴定，鉴定结果要报二级公司备案。有自燃倾向的严禁放顶煤开采。

第五十二条　开采有自然发火煤层的矿井必须建立防灭火系统，制定预防煤层自然发火的措施。采掘工作面作业规程必须有防治自然发火的专门措施并严格执行。

第五十三条　开采有自然发火煤层的矿井必须开展自然发火预测预报工作，每周至少预测预报一次。

第五十四条　开采自燃倾向煤层的矿井，所有采掘工作面、煤层巷道都必须统计煤层自然发火期。

第五十五条　采煤工作面结束后，必须在45天（轻放工作面35天）内撤出一切设备、材料，并进行永久性封闭。

第五十六条　矿井采用均压技术进行防灭火时，必须绘制通风系统图、通风立体图、通风网络图和通风压能图；要查明均压区域、风流压能分布和漏风状况，制定均压灭火方案和安全技术措施。在实施过程中必须进行均压效果实测，发现不符合均压技术要求时，要采取风压调节措施。

第五十七条　放顶煤工作面必须执行以下规定：

（1）放顶煤开采设计工作必须有通风专业技术人员参加审核，采用合理的巷道布置、开采方法、回采工艺、通风系统等行之有效的综合措施，如：煤体注水、灌浆、喷注阻化剂、注惰性气体、均压技术等专项措施防止煤层自然发火。

（2）坚持合理的开采程序，工作面的开采顺序要本着减少漏风，尽可能减少煤层自燃可能性的原则进行。

（3）放顶煤采区设计应报二级公司审批。放顶煤采区设计或独立的放顶煤工作面设计必须有防治自然发火专项安全技术措施，情况发生变化需修改、补充设计和安全技术措施内容时应及时报批。

（4）放顶煤采区设计应布置局部反风系统，其布置应符合下列要求：

①采区的局部反风系统应包括局部反风联络巷道和反向风门，通过调整这些预设的反向风门开关状态，在主要通风机正常运行条件下实现采区内部巷道或放顶煤工作面风流反向；

②采区内设置的局部反向风门，包括常开风门（即正常生产条件下处于启开状态）和常闭风门（即正常生产条件下处于关闭状态），每组各应设置两道，一旦需要反风，即关闭常开风门，同时打

开常闭风门。

(5) 放顶煤工作面设计中应明确规定各种煤柱尺寸、终采线位置、通风系统、通风构筑物位置、采出率、防治自然发火方法等，分析可能产生漏风的地点并制定相应的安全技术措施。

(6) 放顶煤工作面的巷道布置应综合考虑，应满足最小的煤层暴露面、最小的漏风率、最高的采出率、最快的推进度、易于隔绝的采空区等要求：

①尽量减少外围巷道的条数和交叉次数，并采取足够的岩柱、不燃性支护材料、壁后充填或注浆等综合技术措施防治巷道之间的漏风。

②分层巷道的分叉尽量选在岩巷内。

③有条件的放顶煤工作面应将结束线设计在顶层巷道内，使工作面在支架摸顶状态下结束。

④工作面的上下两巷尽量保持平行。采用沿空送巷时，必须采取防止采空区漏风的措施。

⑤尽量减少施工通路，防止工作面回采期间采空区漏风。

⑥执行《煤矿安全规程》中有关对放顶煤的要求。

(7) 放顶煤工作面进、回风巷支架的壁后、顶部的超挖冒顶、片帮等部位不得留有活煤，高冒区必须进行防漏风和防火处理。

预建密闭墙的一段摸底巷道应采用可靠的支护，保证煤体完整。

(8) 工作面初采期间各单位应根据瓦斯、顶板压力、顶煤破碎性等实际情况，采取适当措施放顶煤，尽可能减少初采期间的丢煤，防止初采期间煤炭自燃。

(9) 放顶煤工作面的采掘作业规程中必须制定专门的防治煤层自然发火的安全技术措施并认真贯彻执行，没有防治煤层自然发火安全技术措施的放顶煤工作面不得开工。

(10) 放顶煤工作面的设备布置，上下端头应尽量取消单体柱支护段，上头放顶煤支架应尽量布置到回风道上帮，下头应使用端头支架和过渡支架，尽可能放出上下端头的顶煤。刮板输送机道运输设备应布置在下帮。

(11) 放顶煤工作面正常生产过程中，严禁留底煤、丢顶煤开采。凡放顶煤工作面，必须配套铺设工作面后部刮板输送机和截煤器，未经二级公司批准严禁在生产过程中拆除后部刮板输送机和截煤器。

(12) 必须加强对放顶煤工作面煤炭采出率的监督检查工作。放顶煤工作面的煤炭采出率不得低于作业规程规定，凡采出率达不到要求的应及时组织分析、采取措施。

(13) 工作面初采期间各单位应根据瓦斯、顶板压力、顶煤破碎性等实际情况，采取适当措施放顶煤，尽可能减少初采期间的丢煤，防止初采期间自然发火。

(14) 放顶煤工作面投产后，必须为其创造良好的生产条件，工作面月推进度不得低于60 m，生产期间不得停采。遇有特殊情况需要停采时，必须征得二级公司同意，并制定防治自然发火措施报二级公司备案。

(15) 放顶煤工作面结束放顶回撤支架过程中，发现一氧化碳时应及时进行反风，使回撤支架工作处于新鲜风流中，防止因回撤支架过程中采空区自然发火引发事故。

(16) 放顶煤工作面结束前一个月必须制定结束放顶措施。加强对放顶煤工作面结束撤架工作的组织和管理，从停采到完成永久密闭不得超过35天。

(17) 放顶煤工作面投产前必须对“一通三防”系统和措施进行专项验收，条件不具备或措施不到位的不得生产。

(18) 放顶煤工作面回采过程中必须采取注水、注阻化剂、埋管注浆或注氮气、二氧化碳等防治自然发火措施，必要时要采取均压防灭火技术。

必须定期取气样分析一氧化碳含量，如发现一氧化碳或高温火点，应及时分析原因并采取有针对性的防灭火措施，防止事故的扩大。

（19）重点加强放顶煤工作面初采及结束放顶期间防治自然发火管理，初采及结束放顶期间必须连续向采空区注阻化剂、黄泥浆或注氮气、二氧化碳等惰性气体，工作面结束线必须留设假风道，假风道断面不得小于 $2/m^2$。

（20）放顶煤煤工作面回采期间严禁利用各施工通路抽放采空区瓦斯，特别是工作面开切眼处的施工通路，在工作面回采前必须密闭并砌筑永久防火墙，其他施工通路必须随工作面回采及时密闭并砌筑永久防火墙。

（21）放顶煤工作面必须有可靠的通风系统，保持风量的稳定，减少漏风。

（22）放顶煤工作面结束后，与工作面采空区相连通的各通路都必须砌筑永久防火墙。防火墙位置应选在岩巷或顶层巷道中，如因条件限制需在底层巷道中砌筑防火墙时，必须从巷道支护、防火墙结构和灌浆等方面采取综合措施，以防止因防火墙漏风造成的自然发火事故。

（23）放顶煤工作面结束密闭后应采取均压措施防止四周墙体漏风，已封闭的放顶煤工作面附近地区特别是火区附近地区需进行调改风时，必须认真研究，防止因调改风造成火区负压改变，从而引起封闭区域自燃或火区复燃。

（24）永久防火墙砌筑标准：

①采用砖、料石或混凝土砌筑；地压大的地点可用木段墙，木段墙里面应建砖、料石或混凝土墙，两墙之间用黄土充填，与火区相隔。

②防火墙的墙体厚度一般不小于 0.6 m，墙高超过 5 m 或宽度大于 8 m 及承受灌浆压力时，强体厚度不得小于 1 m。

③掏槽深度：煤层不小于 0.5 m，岩层不小于 0.2 m，必须见实顶、实帮、实底。

④防火墙上部留设观测孔，中部留设注浆孔，底部应留设放水管或反水沟。

⑤防火墙前后各 5 m 范围内巷道支护必须完好。

⑥防火墙内必须注浆、墙外应喷浆。

⑦封闭已经发生自然发火区域的密闭墙必须是双层结构，墙体应使用砖或料石砌筑，两墙中间夹 0.5 m 厚黄土，黄土必须夯实。

（25）放顶煤工作面瓦斯员每班至少对工作面回风流、上隅角、架间等各处一氧化碳和温度进行一次检查，如发现有一氧化碳气体或有高温点出现时每班至少应检查三次，并将检查结果详细记录。放顶煤工作面必须定期进行气样分析。

（26）已发生过自然发火的矿井，无论煤层鉴定结果是否有自燃倾向性，放顶煤均应按有自然发火倾向进行设计和管理。

（27）对已发生自然发火的放顶煤工作面，封闭后必须采取行之有效的防灭火措施，在火区附近进行采掘工作必须严格按照《煤矿安全规程》和《矿井防灭火规范》有关规定执行，并留设足够的隔离煤柱。启封火区密闭必须经二级公司研究批准，并必须严格按有关规定执行。

第五十八条　要建立防火墙普查制度，瓦斯员每班必须对各处防火墙进行一次详细检查，检查内容主要有：CH_4、CO_2、CO、温度及漏风情况等，检查结果应详细记录，“一通三防”科值班人员必须认真审核，发现问题必须及时研究解决。

第五十九条　各单位井上下都必须建立消防器材库，并按《矿井防灭火规范》配备足够数量的消防器材。

第六十条　在开采有自燃倾向煤层的矿井中，自燃煤层巷道发生冒顶形成的空洞（凡发生冒高超过 2 m 或空洞体积超过 6 m^3 以及突出空洞），都必须进行防火处理，并应符合下列要求：

（1）冒顶或突出空洞清（处）理后 10 天内进行。

（2）防火处理的材料，必须是不燃性材料。

（3）处理前应将空洞内的浮煤放出。

（4）处理前应预先将温度探头、气体采集管和充填、灌浆管埋好，做到定期观测温度和采集空气试样进行分析。

第六十一条　煤层在开采过程中出现下列情况之一者，可定为自然发火煤层：

（1）煤炭自燃引起明火。

（2）煤炭自燃产生烟雾。

（3）煤炭自燃产生煤焦油味。

（4）在采空区或巷道风流中测取的一氧化碳浓度超过矿井统计的自然发火临界值指标，或其他自然发火预测指标超过自然发火临界值。

第六十二条　火区管理卡片应包括下列三种表格

（1）火区登记表。注明火区名称，发火时间、地点及标高，发火原因，发火当时的情况（如火灾处理方法、火灾处理延续时间、火灾波及范围、封闭巷道总长度、封闭工作面个数、临时、永久工作面个数、注入水量、注入泥浆量、注入惰性气体量等），火灾造成的损失（如影响生产时间、影响产量、冻结煤量、设备损失、烧毁、封闭设备等），煤层厚度、倾角，煤层自然发火等级，自然发火期，采煤方法，采、掘起止日期。

（2）火区灌浆、注沙或注惰性气体记录表。注明火区名称、编号、钻孔、防火墙编号、钻孔地面或井下位置、钻孔编号、打钻起止日期、套管直径、孔深、注浆日期、注浆量、泥水比等。

（3）防火墙登记表。注明防火墙编号、地点、封闭日期、厚度、断面、建筑材料、施工负责人、注浆量，以及防火墙内外瓦斯、二氧化碳、一氧化碳、氮气、出水温度、和防火墙内外的气压差的观测分析资料。

火区登记表中所附火区位置示意图应标明火源位置、防火墙类型、位置与编号、灌浆钻孔布置以及火区外围风流方向等内容，并绘制必要的剖面图。火区管理卡片由矿“一通三防”科负责填写，并装订成册，永久保存。

第六十三条　矿井火区启封前，火区内空气温度、氧气、二氧化碳和水温指标的测取，必须符合下列要求：

（1）火区内的空气温度、氧气和一氧化碳的浓度，都应在大气压力稳定或下降期间于回风侧的防火墙内或钻孔中测取，并以最大值为准。

（2）火区的出水温度，应以火区所有出水的防火墙或钻孔的出水中测取的最大值为准。

（3）所测得的指标，必须保持连续测定时间不少于30天，每天不少于3次。

火区启封后，原火源点的回风侧的气温、水温和一氧化碳浓度必须在连续3天以上均无上升趋势，方可认定火区熄灭。

第四节　煤尘灾害预防制度

第六十四条　为了加强矿井煤尘治理工作，防止煤尘事故发生，保障矿井安全生产，特制定煤尘灾害事故预防制度。

第六十五条　要建立健全各级人员综合防尘管理责任制，并认真落实。

第六十六条　各单位必须制定煤尘隐患排查制度，每旬至少进行一次煤尘隐患排查，并留有记录。对排查发现的问题要按“五定”原则进行处理。

第六十七条　二级公司通风部、矿“一通三防”科必须按有关规定配齐人员，建立健全防尘各项管理制度，落实防尘措施，搞好职业病的防治工作。

第六十八条　矿井必须建立健全综合防尘的各项管理制度。矿井采掘、机电、运输、通风等有关部门必须明确部门的综合防尘责任制。矿有关综合防尘工要建立岗位责任制，并建立严格的奖惩制度和考核办法。

第六十九条　矿井在建井前必须对所有煤层进行煤尘爆炸性鉴定工作。生产矿井每延深一个新水平，都必须进行一次煤尘爆炸性鉴定工作。

第七十条　矿井必须建立完善的防尘洒水系统，开采有煤尘爆炸危险煤层的矿井，必须有预防和隔绝煤尘爆炸的措施。

矿井新采区、新水平的设计、施工、投产验收时，必须要同时设计、施工、验收防尘系统和防尘设施，否则不得投入生产。

第七十一条　矿井生产作业点必须按《煤矿安全规程》规定，进行粉尘分散度、粉尘游离二氧化硅含量的测定及粉尘采样器的检定工作。

1. 粉尘分散度的测定

（1）粉尘分散度每季测定一次。

（2）各单位负责采集粉尘试样于每季末的上旬送交检验检测部门测定。

（3）矿井生产作业地点粉尘试样必须用粉尘采样器采集，其采集量（滤膜纸上粉尘增量）不少于0.5 mg，不得多于10 mg。

（4）粉尘试样采集后，要放入粉尘试样袋内。每一试样袋只许装一个试样，并在试样袋表面注明：矿（处）别、采样地点、时间、粉尘性质、采样人、还要注明分散度试样。

（5）粉尘试样的数量与本矿生产作业点的数量一致。

2. 粉尘二氧化硅的测定

（1）粉尘中游离二氧化硅含量每半年测定一次，变更生产作业地点也应测定一次。

（2）各单位负责采集粉尘试样于每年的上半年和下半年分别送交有粉尘检验资质的检验检测部门测定；变更生产作业点时，可在生产正常后取样送有粉尘检验资质的检验检测中心测定。

（3）粉尘试样可采集生产作业地点的浮尘，采集量为5～10 g。

（4）粉尘试样采集后，要放入粉尘试样袋内。每一试样袋内只许装一个试样，并在试样袋表面注明：矿别、采样地点、时间、粉尘性质、采样人，还要注明二氧化硅试样。

（5）粉尘试样的数量与本矿生产作业点的数量一致。

3. 粉尘采样器的检定

（1）粉尘采样器每半年检定一次。

（2）送检的粉尘采样器必须随机携带本机的充电器。

（3）粉尘采样器属标准计量器具，各单位严禁擅自拆开修理，凡需更换主机、零配件或修理的，必须送有检修资质的单位检修。

第七十二条　矿井必须逢采必注，矿井具备《煤矿安全规程》中的有关规定，不进行煤体注水时，必须采取其他措施，并经二级公司批准。

第七十三条　矿井防尘洒水系统应符合下列要求：

（1）防尘水源的水质要求：

①悬浮物含量不得超过150 mg/L。

②悬浮物的粒子直径不得大于0.3 mm。

③水的pH值应在6～9.5范围内。

（2）水源可采用地面水源或井下水源。使用井下水源时，应设置过滤池和过滤装置。如果井下的水源属严重的酸性水，必须设立中性化的处理设施。

（3）供水方式优先采用静压，采用动压供水时，必须有备用水泵。

（4）地面建有永久性的静压水池，应符合下列要求：

①水池的容量不得小于200 m^3 并有备用水池。

②能够满足井下防尘洒水系统连续2 h以上的用水量。

③冬季时，地面水池必须有防冻设施。

（5）敷设防尘洒水管路系统时，应符合下列规定：

①防尘洒水管路应达到所有采、掘工作面，溜煤眼，翻罐笼，转载、装载点及运输的重载系统，采煤工作面的回风巷和中间输送机巷。

②供水管路的管径与强度，应能满足该区段负载的水压和水量。

③水幕、喷雾洒水的喷嘴的主要部件，应采用铜质等不锈材料制作。

④在井下所有的主要运输巷、主要回风巷、上下山中所敷设的防尘管路中，每隔100 m都应安设一个三通阀门；胶带巷和胶带斜井、掘进巷道、采煤工作面上下顺槽、每隔50 m都应设一个三通阀门，以供冲洗巷道使用。

（6）喷雾洒水降尘装置的水压、流量，应符合下列要求：

①采煤机或掘进机的喷雾装置，水压不得低于9.8×10^5 Pa，每个喷嘴流量不得少于15 L/min。

②凿岩机（湿式风镐及煤、岩电钻）供水压力不低于2.9×10^5 Pa（中心式供水时应低于压缩空气的压力），每台供水量不得少于2 L/min。

③转载及装载点的喷雾装置，水压不低于3.9×10^5 Pa，每个喷嘴流量不得少于1～2 L/min。

④炮掘工作面爆破时的高压喷雾装置，水压不低于7.35×10^5 Pa，每个喷嘴流量不少于15 L/min。

⑤净化空气降尘水幕喷雾装置，水压不低3.9×10^5 Pa，每处的流量不少于4.5 L/min。

⑥冲洗巷道的供水，水压不得低于3.9×10^5 Pa，流量不少于18 L/min；单位巷道表面积的用水量不少于1.5 L/m^2。

（7）井下每个水平、一翼、采区、工作面的防尘管路均应按照其服务范围安设水质净化器，并定期清理净化器中过滤的杂质，净化防尘水源，保障各种防尘设施的正常使用。

第七十四条　开采有煤尘爆炸危险煤层的矿井，矿井的两翼、相邻的采区、相邻的煤层和相邻的工作面，都必须用永久隔爆设施隔开。采煤工作面进、回风巷道，掘进工作面（煤与半煤岩巷）回风巷道及采用独立通风的其他巷道应采用辅助隔爆设施。煤尘无爆炸危险的高瓦斯矿井和低瓦斯矿井的高瓦斯区域的煤巷、半煤岩巷掘进工作面也应安设隔爆设施。

隔爆水棚的设置要求：

（1）水棚包括水槽棚和水袋棚。小于40 L的水袋所组成的水袋棚只能作为辅助隔爆水棚。

（2）使用的水袋和水槽都必须符合部颁标准，并经国家质检部门检验合格。

（3）水棚组的用水量按巷道的断面积计算，不得少于如下值：永久隔爆棚400 L/m^2：辅助隔爆棚200 L/m^2。

（4）水棚的排间距离应为1.2～1.3 m，永久隔爆棚的棚区长度不得小于30 m，辅助隔爆棚的棚区长度不得小于20 m。

（5）首列水棚与工作面的距离，必须保持在60～200 m范围内。

（6）水槽棚的水槽应采用横向（长边垂直于巷道走向方向）嵌入式安装。

（7）水棚距离顶梁（无支架时为顶板）、两帮（支柱）的间隙（纵向投影）不得小于100 mm，距巷道轨面不小于1.8 m；棚组内的各排水棚的安装高度应保持一致；棚区处的巷道需要挑顶时，其断面积和形状应与其前后各20 m长度的巷道保持一致。

（8）水棚应设置在巷道的直线段内。

（9）水棚与巷道的交岔口、转弯处、变坡处之间的距离，不得小于50 m。

（10）水棚应有专人检查，水棚内的水混入5%的煤尘时，应及时换水。

第七十五条　矿井必须按规定配备测尘人员及仪器。井下采、掘工作面和其他产生煤尘的地点，每旬至少测定一次空气中的煤尘浓度，要测全尘和呼吸性粉尘。测尘旬、月报必须按时报矿长、总工程师、安监处等矿有关领导和部门及二级公司通风部。

第七十六条　井下作业必须实行湿式打眼，爆破前后，必须对爆破地点 30 m 范围内进行洒水灭尘。

第七十七条　井下所有运煤转载点必须有完善的喷雾装置；采煤工作面进回风巷、矿井主要进风巷及进风斜井、掘进工作面都必须安装不少于两道的净化水幕。其中第一道安装位置为：采煤工作面距上下出口不超过 30 m、掘进工作面距迎头不超过 50 m，水幕应封闭全断面，灵敏可靠，雾化好，使用正常。

第七十八条　炮掘工作面在距迎头 20 m 内必须使用爆破水幕。煤及半煤岩的掘进工作面、采煤工作面的回风巷道必须安装至少两道挡尘帘（可代替净化水幕）。综采工作面、放顶煤工作面必须实现移支架的同时自动进行喷雾降尘，放顶煤工作面必须设置放煤自动喷雾。

第七十九条　采煤机、综掘机必须安装风水喷雾的机组降尘装置。采煤工作面上隅角也要安设风水喷雾装置，并保证正常使用。

第八十条　定期冲刷巷道积尘

井下巷道冲刷周期由矿总工程师确定，主要大巷每年至少刷白一次，主要进回风巷至少每月冲刷一次积尘，采区内巷道每天至少冲刷一次。井下巷道不得有厚度超过 2 mm，连续长度超过 5 m 的煤尘堆积。

第五节　瓦斯灾害预防制度

第八十一条　为了加强矿井瓦斯治理工作，防止绝瓦斯事故发生，实现从源头上治理瓦斯，保障矿井安全生产，特制定瓦斯灾害事故预防制度。

第八十二条　要建立健全各级人员瓦斯治理责任制，并认真落实。

第八十三条　每一矿井必须严格遵守《煤矿安全规程》规定的瓦斯含量限度，严禁瓦斯超限作业。瓦斯超限就是事故，必须按事故追查、处理。各单位必须制定瓦斯隐患排查制度，每旬至少进行一次瓦斯隐患排查，并留有记录。对排查发现的问题要定时间、定人员进行落实、处理。

第八十四条　矿井必须有完整独立的通风系统，各用风地点必须配足风量。改变全矿井通风系统时，必须制定措施报二级公司审批；改变一翼、一个水平、一个采区的通风系统时，必须制定安全技术措施，报矿总工程师批准。

矿井改风或调风的计划措施应包括以下主要内容：

（1）改风或调风的原因、时间、负责人。

（2）改风前、后的通风系统。

（3）调整风量地区的原有风量、要求达到的风量和瓦斯含量前后变化。

（4）通风设施的增减及施工顺序。

（5）改风顺序。

（6）人员分工。

（7）采取的主要技术安全技术措施。

第八十五条　矿井在每一旬末必须进行一次全面测风，采掘工作面根据实际需要随时进行测风。每次测风结果都应写在测风地点的记录牌上。如有问题，矿“一通三防”科要立即采取措施，进行风量调节。

第八十六条　掘进工作面开口前必须安装好局部通风机，风筒接至掘进开口位置，并保证局部通风机能够正常运转，掘进过程中严禁采用扩散通风。井下所有局部通风地点必须实行“双风机、双电源”并实现自动切换。

第八十七条　所有掘进巷道贯通时，必须制定专门的贯通安全技术措施，报矿总工程师批准，并严格执行。

第八十八条　采掘进工作面与老巷（贯通前不能排除其中瓦斯）、采空区、老窑和情况不明的巷道贯通时，必须严格遵守以下规定：

（1）矿井“一通三防”科必须制定安全技术措施，报矿总工程师批准。

（2）采掘工作面接近这些地点时，必须提前 15 m 打钻探放瓦斯，必须坚持“有掘必探，先探后掘”的原则。

（3）探放瓦斯，探眼超前距离要大于一次爆破的深度，并要保证超前 2 m 以上的探距。

（4）采掘工作面接近贯通的老巷时，必须先用钻机长钻杆探透，距贯通 2 m 时不许爆破，只能用镐逐渐刨透。贯通巷道被揭露后，首先接风筒排除其中的瓦斯，然后方可继续工作。

（5）探放瓦斯的过程中，瓦斯员必须在现场，随时检查探眼及工作面的瓦斯情况，如果发现瓦斯或其他有害气体浓度超过《煤矿安全规程》规定时，必须立即停止一切工作，切断掘进工作面一切电源，立即查明原因，采取措施进行处理，确认瓦斯或其他有害气体均不超过规程规定时，方可继续进行工作。

贯通期间，矿总工程师或安全副总、矿“一通三防”科长必须在现场跟班指挥，必要时由救护队在现场值班。

第八十九条　矿井每年必须至少组织一次反风演习。从下达反风命令开始，必须在 10 min 内改变井下巷道中的风流方向，反风率达到 40% 以上。

第九十条　矿井每年必须组织瓦斯等级和二氧化碳等级鉴定工作，鉴定时间和地点选择必须符合《煤矿安全规程》规定。

第九十一条　矿井每月月末编制瓦斯检查点设置计划，并明确各瓦斯检查地区的交接班地点，由矿总工程师审查，签字，瓦斯检查点计划要保存一年以上。

第九十二条　每一矿井必须从采、掘工作，生产管理上采取措施防止瓦斯积聚。要加强盲巷管理，实现源头治理，杜绝瓦斯事故隐患。

1. 控制盲巷的产生

（1）从矿井设计环节上要控制盲巷的产生，尽量不掘探巷。必须掘进探巷时，要经过矿生产技术科、安全监察处、“一通三防”科等部门共同研究，并由矿主管领导、总工程师签字批准。

（2）已经产生的探巷，必须在及时回收巷道设备和支架后，对巷道进行永久密闭，支架未进行回收，必须保持正常通风。

（3）使用局部通风机通风的地点必须实行“双风机、双电源”，实现“两闭锁”，风机实现自动切换，开掘工作面施工到预定位置，不再进行掘进时，仍必须进行正常通风。

（4）采煤工作面结束后，必须在规定时间内对工作面设备、支架进行回收，并进行永久密闭。严禁先对巷道进行密闭，随后再排放瓦斯回收设备及支架。

（5）盲巷实施密闭时，必须实行永久密闭，密闭墙质量必须符合《矿井通风安全生产标准化标准》及有关规定。

2. 盲巷的管理

1）密闭盲巷管理

（1）“一通三防”科必须建立盲巷管理台账，矿井所有的密闭盲巷都必须纳入管理台账，盲巷管理台账要包括盲巷产生的原因、长度、断面、瓦斯浓度、是否进行支架回收、留设的批复手续、管理及处理措施、责任人、密闭时间等内容。

（2）可能发生自然发火地点的盲巷密闭墙必须留有注浆孔和观测孔，密闭墙建好后，必须安排管理人员按照标准对密闭墙的施工情况进行验收。确保施工质量符合标准要求，同时对密闭墙应编号建档管理。

（3）瓦斯员每班必须对所辖地区的密闭墙进行一次全面检查：瓦斯员检查时，在检查密闭墙附近瓦斯、一氧化碳浓度的同时，必须通过观测孔对盲巷内部瓦斯、一氧化碳、温度进行检查并将检查结果填写在瓦斯检查原始记录和检查手册上。

（4）矿井“一通三防”科的班组长和科室管理人员至少每旬对矿井密闭墙的质量、密闭墙内外的瓦斯、一氧化碳浓度、温度等有关参数变化情况，瓦斯员巡回检查情况进行一次全面检查、考核，并留有记录备查。

“一通三防”科每月要组织有关人员对盲巷管理情况进行全面检查，对矿井密闭墙的管理、瓦斯、一氧化碳浓度、温度等有关参数变化情况进行全面的分析，并针对存在的问题制定相应整改措施。

（5）任何人严禁私自打开或破坏密闭墙。

（6）矿井通风系统图、瓦斯地质图必须标明盲巷及密闭墙的情况，每旬进行修改。

（7）每月研究作业计划时，必须结合通风系统图、瓦斯地质图对可能贯通的盲巷进行专门分析。对计划贯通的盲巷，必须提前排放密闭内瓦斯，保持正常通风。确实无法排放瓦斯时，总工程师要组织生产技术科、安全监察处、调度室、“一通三防”科、生产单位有关人员进行研究，制定保障安全贯通的方案，逐级审批后认真落实和执行。

（8）采掘工作面与盲巷进行贯通，综合机械化掘进巷道在相距 100 m 前，其他巷道及回采工作面在相距 50 m 前，矿井地测部门必须向生产、通风、安监、调度等有关部门下达通知单，并向总工程师、安全副总汇报。由总工程师组织有关单位制定排放瓦斯措施，经二级公司审批后由专业救护队实施瓦斯排放。

综合机械化掘进巷道在相距 50 m 前，其他巷道及采煤工作面在相距 20 m 前，盲巷瓦斯仍未进行排放，采掘工作面严禁进行采掘生产。

2）停电停风产生盲巷的管理

（1）矿井要杜绝无计划停电停风，对有计划停电停风要进行限制。确需停电停风时，有关单位提前提出申请，由调度室组织相关单位和人员召开平衡会，制定安全技术措施后方可实施。

（2）在计划停电前，受停电影响范围内局部通风工作地点班组长和瓦斯员要及时将停风巷道内全部人员撤至全风压新鲜风流中，班长负责组织人员切断停风巷道内全部电源，在独头巷道口设置栅栏，揭示警标，禁止人员进入，并向调度室、“一通三防”科进行汇报。停电负责人在停电前要向调度室进行请示，确认上述工作完成后方可下达停电命令。停电期间，班长要明确人员在栅栏外全风压新鲜风流中进行站岗，防止人员进入。如果停风影响范围内无人工作，停电单位值班人员必须安排人员提前入井，在停电前切断局部通风工作地点电源、设置栅栏，并负责停电期间的站岗工作。

（3）因无计划停电或其他原因造成掘进工作面局部通风机停止运转，受影响范围内掘进工作面班长和瓦斯员要及时将局部巷道内全部人员撤至全风压新鲜风流中，班长负责组织人员检查、切断局部通风巷道内全部电源，在独头巷道口设置栅栏，禁止人员进入，并向调度室、“一通三防”科进行汇报。停电期间，班长要明确人员在栅栏外全风压新鲜风流中进行站岗、警戒，防止人员进入。如果停电影响范围内无人工作，瓦斯员负责落实切断电源、设置栅栏、揭示警标等工作，并立即向调度室、“一通三防”科进行汇报。

（4）有计划停风时，矿值班领导要提前安排通风、机电、生产部门管理人员到该地区负责停风期间的瓦斯管理，发生无计划停电停风时，在接到汇报后，矿值班人员要立即安排通风、机电、生产部门管理人员到该地区负责停风期间的瓦斯管理。

3. 盲巷瓦斯排放

（1）停电停风造成的盲巷瓦斯排放矿井要制定大范围停电停风事故处理预案和掘进工作面停电停风安全管理及排放瓦斯措施，并贯彻到每一名上岗人员。因停电停风或其他原因，局部通风机停止运转，在恢复通风前，首先必须由瓦斯员检查瓦斯。

①停风区中瓦斯浓度不超过1%，且二氧化碳浓度不超过1.5%，局部通风机及其开关附近10 m以内风流中瓦斯浓度都不超过0.5%时，可由瓦斯员或爆破工直接开动局部通风机，恢复正常通风。

②停风区中瓦斯或二氧化碳都不超过3%时，经矿值班人员同意后，必须采取措施控制风流排放瓦斯，“一通三防科”和生产单位值班人员必须在现场组织排放。

③停风区瓦斯或二氧化碳浓度不明或已超过3%，停风时间超过8 h，均必须制定专门排放瓦斯安全技术措施，经矿长、总工程师批准，由矿领导组织进行排放。

（2）密闭瓦斯排放。

①由矿领导组织相关生产管理人员及生产单位有关人员对需排放瓦斯地点进行现场调查，检查密闭墙内外瓦斯、一氧化碳浓度、温度等有关参数，确定撤人、切电范围、站岗警戒位置，制定排放瓦斯安全技术措施。

②对排放瓦斯措施（附地区调查报告、措施认证报告）由矿长、总工程师组织进行会审后，报二级公司进行审批。

③排放密闭区瓦斯，一律由救护队实施排放。

④排放瓦斯时，矿要明确一名矿领导负责现场指挥。

第九十三条 矿井必须建立瓦斯、二氧化碳和其他有害气体检查制度。瓦斯检查人员必须按《煤矿安全规程》规定的检查次数进行检查，严禁假检、误检、漏检。必须严格执行瓦斯巡回检查和请示报告制度。

可能涌出或积聚瓦斯、二氧化碳的硐室和巷道以及有人工作的其他地点，每班必须至少检查一次。检查结果要记入检查地点的记录牌，并告知工作人员。

“一通三防”科的值班人员，必须审查瓦斯班报和瓦斯检查日志，掌握井下瓦斯变化情况，发现问题，及时处理，每班必须向矿调度室汇报。每日还必须向二级公司生产指挥中心汇报。

第九十四条 搞好矿井防突管理工作

（1）所有突出矿井必须开展区域突出危险性预测工作，根据预测结果和矿井平时积累掌握的瓦斯、地质资料绘制矿井瓦斯地质图，对突出区域实行重点管理，提高防突工作的针对性和实效性。

（2）突出矿井的所有防突掘进工作面必须在矿井瓦斯地质图和工作面设计图的基础上绘制“防突预测图”，以指导本工作面的防突工作，否则不得掘进。

（3）高瓦斯、煤与瓦斯突出矿井具备开采保护层条件的必须优先开采保护层，做到“可保尽保、应抽尽抽”。要规范保护层工作面的抽采设计，抽采钻场的间距沿工作面走向不得大于30 m，每个钻场的钻孔数量不得少于5个，钻孔的终孔位置要穿过煤层全厚，进入顶板2 m以上，不得漏打和少打。保护层工作面的设计必须报二级公司审批。

（4）突出矿井必须坚持突出危险性预测、防治突出措施、防治突出措施的效果检验、安全防护措施“四位一体”的综合防突措施，预测孔深度不得小于10 m，每个作业循环必须保证留有不小于2 m预测超前距。

第九十五条 加强矿井瓦斯抽采工作

（1）高瓦斯、煤与瓦斯突出矿井必须成立专门的钻机队，钻机队要按每个工作面至少配备两台抽采钻机的标准配齐所需设备和人员。

（2）高瓦斯、煤与瓦斯突出矿井必须建立地面永久瓦斯抽采系统和井下移动式抽采系统，以便根据瓦斯的不同来源和储存性质实行分源抽采，不断提高瓦斯的抽采效果。要严格瓦斯抽采泵站的管理，保持24 h不间断抽采，没有特殊原因，抽采泵不得停止运转。凡无故停止抽采的要按事故进行分析和处理。

（3）高瓦斯、煤与瓦斯突出矿井煤层未开采保护层的区域必须进行瓦斯预抽。采煤工作面本煤层抽采时，进回风巷要同时布置钻孔，孔距不大于 5 m，钻孔深度不小于工作面长度的 1/2。工作面生产前，必须按照设计要求布置好钻孔。要做到“深钻孔、严封闭、高负压”抽采瓦斯，预抽时间不得少于 6 个月。

（4）凡未开采保护层或者瓦斯绝对涌出量大于 5 m^3/min，用通风方法解决瓦斯问题不合理的采煤工作面，必须布置高顶抽采岩巷（或高位顶板走向钻孔），进行瓦斯抽采。抽采控制区域为运料巷以下 30 m。要积极推行工作面浅孔抽采、上隅角抽采和采空区抽采。

（5）掘进工作面瓦斯涌出量大于 3 m^3/min，或突出煤层未采取相应措施消突的情况下，必须布置巷帮孔，进行边抽边掘。

（6）突出矿井石门揭煤前 5 m 必须进行瓦斯抽采。

突出矿井石门揭煤前，必须由“一通三防”科编制瓦斯抽采设计。揭煤前 5 m，必须停止工作，按设计要求实施瓦斯抽采，经过效果检验，证明措施有效后，方可进行掘进、揭煤。

第九十六条 加强采煤工作面排放瓦斯尾巷的管理

1. 设计

（1）采煤工作面留设排放瓦斯尾巷必须编制设计，并有“一通三防”科参加审核，报二级公司审批。

（2）开采保护层工作面应采用“外错式”排放瓦斯尾巷。尾巷与运料巷间距应为 5 ~ 20 m，并每隔 30 ~ 50 m 掘一联络眼与工作面运料巷相通。

（3）轻放采煤工作面必须采用“内错式”高顶排放瓦斯尾巷，不得采用“外错式”尾巷。尾巷与运料巷间距应为 10 ~ 20 m，与工作面顶板之间的煤（岩）柱不得小于 1. 5 m。

（4）排放瓦斯尾巷回风流必须经专用风道直接引入采区回风道或矿井总回风道，不得与工作面运料系统共用一段回风巷道。

（5）排放瓦斯尾巷必须贯穿整个工作面推进长度。

（6）排放瓦斯尾巷必须平直，不得有低洼积水处，巷使用时积水影响通风，必要时应破顶掘进。

（7）排放瓦斯尾巷要有与工作面运料巷相通的联络眼，以便配风稀释尾巷瓦斯。

（8）排放瓦斯尾巷的断面应不小于 5 m^2，遇顶板破碎处要加强支护，防止塌冒影响瓦斯排放。

（9）排放瓦斯尾巷内必须用不燃性材料支护，并应有防止静电、摩擦和撞击火花的安全技术措施。

（10）使用排放瓦斯尾巷的采煤工作面，应同时进行瓦斯抽放，开采保护层工作面必须同时抽放被保护层工作面的卸压瓦斯，抽放率应为 30% ~60% 。

2. 现场管理

（1）使用排放瓦斯尾巷的采煤工作面必须制定安全技术措施，内容包括：通风系统、瓦斯、爆破、综合防尘和安全监控等安全和技术管理措施。

（2）使用排放瓦斯尾巷的采煤工作面风流控制必须可靠、稳定。

（3）排放瓦斯尾巷回风流中的瓦斯浓度不得超过 2. 5% 。

（4）排放瓦斯尾巷内不得进行生产作业，如需要进行巷道维修、抽放瓦斯管路维护等工作时，必须制定安全技术措施，且尾巷内风流瓦斯浓度必须低于 1% 。

（5）排放瓦斯尾巷及其回风口附近 20 m 内，严禁设置电气设备。尾巷内的抽放瓦斯管路等所有导电物体必须与尾巷外导电物体绝缘。

（6）排放瓦斯尾巷内必须安设甲烷传感器，甲烷传感器应悬挂在排放瓦斯尾巷内距回风口 15m 处，当甲烷浓度达到 2. 5% 时，能发出报警信号并切断工作面电源，工作面必须停止工作，进行处理。

（7）通往排放瓦斯尾巷的所有联络眼等通路，必须砌筑永久挡风墙，需要配风的联络眼必须砌筑永久调节风墙，挡风墙和调节风墙外必须设置栅栏和警标；人员需要或可能进入的联络眼必须设置正规的硬质栅栏并上锁，保证人员不能轻易进入。

(8) 未经通风部门同意任何人不得随意进入尾巷。瓦斯员检查瓦斯应在尾巷封闭区（挡风墙及栅栏隔离的尾巷内的区域）外的挡风墙或栅栏附近用胶管接至尾巷内检查。进入尾巷内检查或需进行其他工作时必须首先经通风部门值班人员同意并至少有2人以上，其中至少有一名通风管理人员或瓦斯检查员。进入尾巷检查必须携带光学瓦斯检定器和便携式氧气和一氧化碳检测仪，应同时检查CH_4、CO_2、O_2、CO等有害气体的浓度。尾巷内瓦斯浓度达到1.5%以上、氧气浓度低于17%或一氧化碳等其他有害气体浓度超限时，严禁入内。

(9) 尾巷内的瓦斯和一氧化碳浓度由瓦斯员负责检查，每班至少3次，并定期取样分析其中的一氧化碳情况。

(10) 尾巷内的抽放瓦斯管路应安设自动放水器。

(11) 必须采取措施防止尾巷内的煤尘堆积。

第九十七条　采煤工作面和掘进工作面都应采用独立通风。采掘工作面之间布置独立通风有困难时，可以采用串联通风，但必须严格遵守《煤矿安全规程》的规定，必须制定安全技术措施，措施必须包括以下要求：

(1) 安设甲烷断电仪。

(2) 必须执行“一炮三检制”和“三人连锁爆破制”。

(3) 开掘工作面必须使用“三专两闭锁”、双风机、双电源，能自动切换。

(4) 开掘工作面必须使用爆破自动喷雾或“水炮弹”喷雾降尘。

(5) 爆破时，切断独巷内的电源。

(6) 必须使用风动钻机。

(7) 装炮时，必须使用水炮泥和软硬适中的炮泥。

第九十八条　强化瓦斯超限事故分析力度

发生瓦斯超限后，矿总工程师、通风副总或“一通三防”科长必须于当天亲自组织分析，做到超限分析不过天。参加分析人员为“一通三防”科、生产单位、安全监察处的行政正职及值班人员、现场施工人员。通过分析找出瓦斯超限报警的原因、应吸取的教训，制定今后采取的措施。

第六节　顶板灾害预防制度

第九十九条　为了贯彻执行党和国家的安全生产方针，坚持安全第一，保障煤矿职工的安全和健康，保证煤炭生产的正常进行，进一步规范采掘顶板控制，在总结和吸取近年来采煤顶板控制经验和教训的基础上，特制定本制度。

第一百条　要建立健全各级人员顶板控制责任制，并认真落实。

第一百零一条　各单位都要成立包括矿长、区（队）长、工程技术人员、安全监察处、调度室人员、班组长和老工人在内的矿、区两级顶板控制小组。要针对采掘工作面推进不同时期的煤层顶底板及其他地质变化情况，定期或不定期地进行活动并做好记录。及时分析研究顶板控制工作情况，制定合理的顶板控制方法和措施，监督、检查各项具体措施的贯彻执行。

第一百零二条　要加强对生产管理人员、工程技术人员和作业人员在顶板控制、矿压与支护技术等方面的技术培训工作。

第一百零三条　新组建的采掘区队要进行脱产培训；补充人员时，也必须进行培训，经考试合格后，方可上岗工作。

第一百零四条　采掘作业更新设备后，要根据新设备特点，由矿组织培训，特殊工种要参加上级有关部门组织的培训，经考试合格后方可上岗。

第一百零五条　安全生产标准化是顶板控制工作的基础，各单位必须认真执行《采煤安全生产标准化标准及考核评级办法》和《掘进安全生产标准化标准及考核评级办法》，严格工程质量管理。坚持开展对工作面工程质量、顶板控制、规程兑现及安全隐患整改情况的班评估工作并进行考核。

第一百零六条　定期对生产地区进行隐患排查，及时消除顶板控制中存在的隐患。

第一百零七条　严格执行风险预控和安全确认工作程序，确保顶板安全。

第一百零八条　矿井采用新的采掘工艺和新设备、新材料试验，应编制可行性研究报告，报二级公司批准。

第一百零九条　要认真执行二级公司安全技术审批制度的有关规定。

第一百一十条　工作面初次开采、收尾及过地质构造带，掘进工作面开口、过地质变化带、贯通、改变支护方式应有专项措施，措施要体现风险预控的内容。

第一百一十一条　开切眼掘进时，必须详细记录开切眼内顶板离层、局部冒顶等变化情况，提交采煤队制定有针对性的初采措施。

第一百一十二条　地测科在采掘工作面生产前必须提供可靠的地质资料，并每月提供一次矿总工程师批准的地质预报单。

第一百一十三条　轻放工作面端头推广过渡支架，改善顶板控制状况。

第一百一十四条　采煤工作面和煤巷锚杆支护巷道必须进行支护质量与顶板动态监测，并有健全的信息反馈、分析和处理责任制。

第一百一十五条　锚杆支护必须严格执行《二级公司煤巷树脂锚杆支护技术规范》。

第一百一十六条　各单位要成立以主管矿长为首的综合管理小组，主要研究制定施工组织科学管理体系、施工质量保证体系、支护材料质量保证体系、锚杆支护监测体系，理顺施工、质量、材料、监测各个环节，认真组织落实好各项制度，保证安全生产。

第一百一十七条　各单位必须建立和完善锚杆支护技术管理制度、安全技术监测、反馈管理制度、质量管理保证制度、支护材料质量保证制度，并认真贯彻执行。

第一百一十八条　使用锚杆支护的巷道必须有专项支护设计，支护设计要科学、严密、安全可靠、可操作性强。支护设计必须遵循“初始设计→施工→日常安全技术监测→信息反馈及分析→修改设计”的动态设计原则，并作为日常的技术工作来抓。

第一百一十九条　锚杆支护监测分为综合监测和日常监测，其主要目的是验证支护设计、评估支护效果、支护的安全性能，及时发现异常并采取措施，确保巷道的正常使用。

第一百二十条　锚杆锚索材质，要符合有关规定。

第一百二十一条　所有支架巷道及锚杆、锚索、锚网所支护的巷道施工，都必须按规定使用前探梁，严禁空顶作业。巷道开口，掘进巷道的变坡点、拐弯处，上下山巷道坡度过大及其他特殊地段，不能使用前探梁时，在作业规程中必须明确规定其他临时支护措施。

第一百二十二条　工字钢支架巷道，迎头支架必须使用防倒器，使支架形成一个联合体，防止爆破崩倒支架及顶板来压时推倒支架。U 型钢支架应使用插入式拉杆。

第一百二十三条　支架防倒器使用距离靠近掘进工作面不少于 10 m。防倒器必须连续使用，中间严禁断缺。岔口及曲线巷道防倒器使用距离可适当增大，并在作业规程中明确规定。

第一百二十四条　采煤工作面要实现支架、支柱全承载，不得出现失效支柱，底板松软支柱要穿铁鞋，支柱要有防倒装置。

第一百二十五条　采掘工作面要有一定数量的备用支护点柱和木料，其具体数据要在作业规程中说明。

第一百二十六条　巷道施工完成后，矿井要组织有关单位验收移交，并办理移交手续，顶板监测设施、设备接收单位要继续按规定监测使用。

第七节　附　　则

第一百二十七条　本制度由二级公司负责解释。

第一百二十八条　本制度自印发之日起执行。

3.15　生产安全事故报告和调查处理制度

第一节　总　　则

第一条　为进一步加强二级公司生产安全管理，做到事故处理及时，救援到位，达到惩前毖后、总结经验、吸取教训的工作目的，做到及时掌握各类事故情况，查明事故原因，分清事故责任，拟定改进措施，防止事故重复发生，制定本制度。

第二节　事故调查分析工作的一般规定

第二条　事故调查分析必须坚持实事求是，尊重科学的原则。以事故生产现场为基础，以国家有关法律、法规、《煤矿安全规程》《操作规程》《作业规程》《安全技术措施》《安全生产责任制》《安全行政责任追究处罚规定》和《安全奖惩规定》为准绳，按照“四不放过”的原则进行分析和处理。

第三条　事故调查分析规定

（1）各类事故发生后，事故单位要积极组织事故救援，按本规定要求进行调查分析，及时向二级公司安全生产管理部和集团公司煤炭安全生产管理局提交分析报告。

（2）轻伤、二级及以下非伤亡事故或一般机电、运输等非伤亡事故。由事故单位组织安全监察处、调度室、机电设备科、生产技术科和人事劳资科等部门进行分析，并将事故分析报告报二级公司安全生产管理部和人力资源部。

（3）发生一级非伤亡事故，或重特大机电、运输非伤亡事故，重伤事故，死亡事故，在事故单位组织安全科、调度室、生产技术科、机电设备科和人事劳资科等部门进行调查分析的同时，二级公司组织安全生产监督管理部、生产技术部、一通三防部、机电设备部、生产指挥中心等有关部门成立事故调查组，共同对事故进行调查分析，事故调查组一方面要积极配合政府安全监督监察部门进行事故调查分析，另一方面要独立开展企业内部事故分析处理。

事故调查分析完毕后，安全生产管理部或相关部门要分别提交事故分析报告和业务技术分析报告，其中事故分析报告由事故单位业务主管负责人或主要负责人向二级公司安全办公会汇报。

第四条　事故调查分析时限规定

（1）轻伤、二级以下非伤亡事故或一般机电、运输非伤亡事故调查分析时间不得超过3个工作日。

（2）重伤、一级非伤亡事故或重特大机电、运输非伤亡事故调查分析时间不得超过5个工作日。

（3）发生死亡事故，事故调查组要积极协助政府安全监督监察部门工作，争取尽快结案，缩短分析时间。

第五条　发生重伤及以上伤亡事故、一级非伤亡事故或重特大机电、运输非伤亡事故，业务保安部门要按规定参加或组织事故技术业务调查分析，在不超过7个工作日内拿出专业技术分析报告，提交二级公司安全办公会讨论，并采取相应的业务保安技措施，避免类似事故发生。

第六条　事故单位应积极配合事故调查组的工作，不得阻碍、干涉事故调查组的正常工作。

第七条　任何单位和部门不得以任何理由瞒报、虚报和迟报事故。凡是出现安全生产事故隐瞒不报、谎报或推延不报的，不按规定报告事故、分析事故的，对直接负责的主管人员和其他直接责任人员按照有关规定严肃处理，追究责任。

第三节 事故汇报工作程序

第八条 发生事故的单位，应按事故汇报规定要求，立即向二级公司生产指挥中心和安全生产监督管理部汇报，及时上报事故，传真报表。

第九条 二级公司调度中心接到事故报告后，应立即向值班领导汇报，并通知有关业务保安部门和救援队伍。

第十条 各级业务保安部门、救援队伍应立即派人赶赴事故现场，进行事故抢救、调查，并参加事故分析。

第四节 事故调查分析工作程序

第十一条 （现场处理）各类事故发生后，事故单位应及时救护受伤害者，采取措施控制事故蔓延，防止损失扩大，认真做好事故现场保护工作，积极做好事故调查准备。

第十二条 （物证搜集）为方便事故调查掌握第一手现场资料，不得人为改变事发现场的工作环境、各类设施、设备状态及事故发生的各类痕迹，不得进行恢复性作业。

第十三条 （物证搜集）在事故现场进行调查时，尽量利用摄影或录像，以提供较完善的现场证据。

第十四条 （事故图）重伤及以上伤亡事故、一级非伤亡事故或重特大机电、运输非伤亡事故必须绘制事故图，事故图应包括了解事故情况所必需的信息。

第十五条 （调查分析会）组织事故单位相关人员召开事故调查会议，了解事发时间、地点、受害人或当事人的姓名、性别、年龄、文化程度、用工性质、技术等级、工龄、培训教育情况、个人防护使用情况等；调阅事故单位有关设计和工艺方面的技术文件、工作指令、规章制度和作业规程方面的资料，对其时效性及落实情况进行检查分析，查找安全管理缺陷；询问现场操作过程、事故经过，调查分析事故现场管理、劳动组织与个人操作方面的不安全因素。

第十六条 在充分调查分析的基础上，确定事故的直接原因和间接原因，确定事故的责任者；依据二级公司有关制度，提出对事故责任者的经济处罚和行政处分意见，并针对事故暴露的问题提出防止类似事故发生的整改措施，写出事故分析报告，提交安全办公会。

第五节 事故调查分析材料归档

第十七条 在事故调查分析处理结案后，应将事故资料归档保留并及时上报二级公司安全生产监督管理部、集团公司煤炭安全生产管理局备案。

第六节 附 则

第十八条 本制度自印发之日起执行。

3.16 生产安全事故应急救援制度

按照《安全生产法》和国家安全生产法律法规要求，建立二级公司生产安全事故应急救援管理制度。

第一条 组织保证体系

1. 二级公司设立生产安全事故应急救援指挥中心

总指挥：经理

副总指挥：各副经理

成　员：各部室负责人

指挥部设在二级公司生产指挥中心。

2. 二级公司应急救援指挥中心下设三个应急救援专业指挥小组

（1）事故现场救护指挥小组。

组长：生产副经理

副组长：生产技术部和一通三防部部长

成员：生产技术部和一通三防部成员

（2）地面火灾、危险品、运输事故抢救指挥小组。

组长：后勤副经理

副组长：综合办公室、机电设备部负责人

成员：综合办公室和机电设备部成员

（3）工伤医疗抢救指挥小组。

组长：经营副经理

副组长：综合办公室、人力资源部、财务管理部等负责人

成员：综合办公室、人力资源部、财务管理部成员

所属各单位，都要层层建立生产安全事故应急救援组织；没有救护队的单位要与邻近救援组织签订救援协议，并组建辅助救护队。

第二条 责任保障体系

二级公司生产安全事故应急救援体系，按照“谁主管、谁负责”和层次管理、区域分工负责制的原则，确定各级责任分工。

二级公司应急救援指挥中心是二级公司生产安全事故应急救援的指挥部，主要负责依法协调指挥二级公司范围内的重特大生产安全事故、企业死亡事故、危重工伤事故的抢救；有权调动指挥各专业应急救援小组和有关专业人员，及时赶赴现场，参加抢险救灾；有权调度二级公司内部抢险救灾物资、设备，保证抢险救灾所需资金、物资、设备、人员到位。

二级公司生产指挥中心作为二级公司生产安全事故应急救援指挥中心的指挥部，负责按指挥中心指令和规定程序，具体组织通知有关专业应急救援小组、主管领导、专业人员，迅速开展救援工作；同时要随时掌握事故救援工作进展情况，及时向上级主管部门和二级公司主管领导和上级主管部门汇报。

各专业应急救援指挥小组责任分工如下：

（1）现场救护指挥小组：和救护队时刻保持密切联系，保持临战状态，接到任务命令后，及时赶赴事故现场，组织事故现场侦察，探明灾区情况，制定抢救方案，抢救遇险人员。现场救护指挥小组除负责煤矿生产安全事故应急救援外，同时负责地面生产经营单位（火灾事故除外）重大生产事故、伤亡事故的现场救护工作。

（2）地面事故抢救指挥小组：负责指挥二级公司地面各类事故的救援工作。

（3）危重工伤医疗抢救指挥小组：负责协调相关单位、医疗部门，进行工伤抢救；有权调度集抢救工伤所需要的物资、人员等；指导各单位健全完善工伤抢救机构，配备齐全的工伤抢救设施。

二级公司所属煤矿都要与当地就近的救护、医疗机构签订救援协议，组建井口保健站。

第三条 生产安全事故应急救援程序

（1）生产现场发生重大灾害性事故以及员工伤亡、重大非伤、火灾等事故后，现场有关人员应立即报告所在单位调度室或值班室，报告人应尽量说清事故发生时间、地点、伤害或危害程度、发生灾变的直接原因以及灾变现场情况，以便及时、正确组织事故救援。

（2）事故单位调度室或值班领导接到事故报告后，一方面要组织现场人员及时采取抢救措施，另一方面要根据事故性质，立即依次通知救护队、保健站、医院、单位领导、安全监察处、主管业务

保安部门、物资供应部门、保卫部门、办公室、车队、运输区等做好救援准备，及时赶赴现场组织事故抢救。同时立即向二级公司生产指挥中心和安全生产管理部报告事故情况，最迟不得超过事故后30 min。

（3）救护队接到事故警报后必须在1 min内出动，并根据事故类别性质，携带齐全救援装备。医疗单位接到事故通知后，要立即组织好医务人员，做好急救检查装备、药品、血浆等抢救准备工作；同时根据调度命令，随时应召赴现场参加抢救。

（4）二级公司生产指挥中心接到事故单位报告后，要立即向值班领导汇报，根据事故类别、性质，依次通知救护队、医院、安监部门、二级公司领导、主管业务保安部门、车队、工会等，做好事故救援准备，及时赶赴事故单位，协助事故救援工作。

（5）当矿井或地面发生重大灾害事故时，要立即在事故单位成立事故抢救指挥部，统一领导指挥事故抢救工作。二级公司经理、总工程师，事故单位行政负责人、总工程师要立即赶到现场，组织制定事故抢救方案，调度指挥抢救工作。

第四条　相关规定

（1）所属各单位必须按照有关规定，制定出本矿生产安全事故应急救援预案。

（2）各单位生产安全事故应急救援预案，按照“谁主管、谁负责”和层次管理、分工负责的原则，由煤矿的安全第一责任者负责组织制定，由煤矿安全领导小组，负责对生产安全事故应急救援预案进行审定后实施。

（3）关于生产安全事故救援协议的签订，原则上每年签订一次，协议内容要按照有关安全法律、法规的规定，由双方协商确定，明确双方的责任和义务，一旦发生违约行为时，要依法追究有关单位或人员责任。协议中负有责任、义务的各方，各一份，并上报二级公司安全生产管理部备案。

（4）对未按规定制定生产安全事故应急救援预案的单位，二级公司将按该单位存在重大安全隐患考核，由二级公司安全生产管理部，按照有关重大隐患的管理规定进行管理和查处。

3.17　安全生产奖惩制度

第一节　总　　则

第一条　为认真贯彻落实党和国家的安全生产方针，适应市场经济需要，增强职工搞好安全工作的自觉性和责任感，保障职工的安全与健康，保护国家资源和财产不受损失，促进二级公司（以下简称二级公司）各项事业的发展，根据《安全生产法》《劳动法》《矿山安全法》《煤炭法》《企业职工奖惩条例》《煤矿安全规程》、晋能安监字〔2017〕60号等有关规定，制定本制度。

第二条　公司和所属各单位的主要负责人，对贯彻本制度全面负责，公司安全生产管理部和各单位安全管理部门负责对本制度贯彻落实情况进行监督、检查。

第三条　本制度执行范围为公司各部门及各单位管理层，包括：公司安全生产相关业务部门人员、煤矿领导班子成员及“七长”。

各单位应根据本制度制定具体的安全生产奖惩制度，全面覆盖本单位从矿长到作业人员的所有层级、所有人员、所有岗位。

第四条　奖励条件

公司员工有以下情形之一的，公司将给予一定的奖励：

（1）模范遵守国家有关方针、政策、法令，认真执行“三大规程”及上级颁发的条例、指令、通知和指示等，积极贯彻执行公司相关的制度、各项安全措施等，在安全工作方面做出显著成绩的。

（2）防止事故有功的。

（3）抢险救灾有功的。

（4）在安全工作中有发明创造或技术上有重大成果及推广新技术有卓越成绩的。

（5）在安全生产标准化工作中成绩显著的。

第五条　处罚条件

公司员工有以下情形之一的，公司将给予一定的处罚：

（1）违反公司安全管理制度的。

（2）影响安全生产秩序、工作秩序和社会秩序的。

（3）玩忽职守，违反技术作业规程、技术操作规程和安全规程，或者违章指挥造成事故，使职工生命、财产遭受损失的。

（4）工作不负责任，损坏设备工具，浪费原材料、能源，造成安全问题和隐患的。

（5）不及时解决安全或尘、毒危害因素等方面存在的问题，造成重大生产事故或尘、毒等危害严重的。

（6）安全工作不到位，致使安全管理混乱，造成事故隐患或造成事故的。

（7）培训教育工作组织不力，致职工安全意识淡薄、安全生产技能低下的。

（8）违章作业，违章指挥的。反“三违”不力，对“三违”视而不见，不加制止的。

（9）发现事故征兆和险情，不采取防止事故的措施，又不及时报告的。

（10）事故发生后，隐瞒事故真相，对肇事者进行包庇或弄虚作假，甚至嫁祸于人的。

（11）对所属矿井吃拿卡要的，除按本规定处罚外，按公司相关规定处理。

（12）被检举在安全生产管理上存在较大问题的。

第六条　奖惩种类

1. 奖励的种类

（1）物质奖励，如给予奖金、奖品及给予其他物质奖励、提高工资待遇等。可以通过给予或发放专项（或专门）奖金（如安全工作先进个人奖励、安全目标管理奖励、安全绩效管理奖励、安全风险抵押奖励、安全生产标准化工作奖励等）方式进行。

（2）精神奖励，如优先评先、给予荣誉，通报表扬、晋级等。

2. 惩罚的种类

（1）罚款、降低待遇等。可以直接下达罚款通知（交纳罚款或从工资中扣除）或各类安全考核扣除奖励等形式进行。

（2）其他处罚，如思想教育、停工、行政处分（通报批评、警告、严重警告、降职、撤职、开除留用察看、开除）等。

第二节　考 核 机 构

第七条　对于公司相对固定的专项奖励（安全目标管理责任奖励、安全生产标准化奖励、安全绩效奖励、安全风险抵押奖励等），公司成立安全考核领导小组，进行考核并核算奖励金额。

安全考核小组组长：安全副经理。

安全考核小组成员：安全生产监督管理部、生产技术部、一通三防部、机电设备部、生产指挥中心、地测与防治水中心、工程管理公司、环保节能部、财务管理部、人力资源部等部门负责人。

职责：按规定对各类安全专项奖励进行考核。

办公室设在安全生产监督管理部。

第八条　专项奖励之外的其他奖励由党政联席会议决定，安全生产监督管理部执行。

各类处罚根据情况，由相关部门提出，安全生产监督管理部汇总，报公司领导批准后执行。

第九条　对于各类专项奖励的办法及考核办法，由安全生产监督管理部会同相关部门另行制定和及时修订。

第三节　处　罚　细　则

凡在安全生产管理中发现以下情况之一的，对煤矿领导班子成员及“七长”人员按以下标准进行处罚：

第十条　日常安全管理方面

（1）七长入井带班制度执行不严，入井时间、交接班等与规定严重不符，或经常不符，处××××元/次。带班记录不完整或未认真填写的，处××××元/次。矿值班领导值班期间脱岗者罚款××××元/次，未对安全生产情况或岗位进行巡查，起不到值班作用的，罚款××××元/次。

（2）七长入井带班弄虚作假或空班的，处××××元/次。

（3）公司下达的临时工作任务，未认真完成、不达要求或未完成的，处××××元/次。

（4）不执行公司的安全生产指令的，处××××元/次。

（5）公司召开的各类安全生产会议迟到者，罚款××××元/次，无故不到的罚款××××元/次。

（6）对公司相关制度不落实、不执行，或落实、执行与要求相差较大的，处××××元/次。

（7）对各类严重“三违”行为，熟视无睹，不加制止的，处××××元/次。

（8）煤矿领导层有违章指挥、违章作业等，或强令工人冒险作业，被现场发现或被职工举报并查证属实的，处××××元/次。

（9）因重大安全问题被各级政府管理部门，煤矿监察部门处罚，勒令停工、停产整顿的，处××××元/次。

（10）有重大安全问题未及时向公司领导、相关部门汇报的，处××××元/次。

（11）不配合公司安全检查的，处××××元/次；对公司或相关上级部门检查出的问题不积极整改或相关类似问题屡次出现的，处××××元/次。

（12）对发生的生产安全事故或重大安全险情未及时向公司领导、相关部门等汇报的，处××××元/次。隐瞒事故被举报查证属实的，处×××××元/次。

（13）对重大安全隐患、险情未及时采取有效措施进行处理的，处×××××元/次。

（14）法律、法规、条例等规定的主要制度不完善健全的，处××××元/项次。

（15）自救器管理不到位、失效情形较多的，处××××元/台次。

（16）有入井人员穿化纤衣服情形的，处××××元/次。

（17）有职工酒后入井或上岗情形的，处××××元/次。

（18）有入井人员携带烟草、点火物品等违禁物品情形的，处×××××元/次。

（19）采掘作业点等重点接尘岗位防尘口罩等个体防护用品配备不到位的，处××××元/次。

（20）其他劳动防护用品配备不到位的，处××××元/次。

（21）安全检查的相关记录、隐患整改闭合管理台账等缺乏或混乱的，处××××元/次。

（22）各类安全会议的相关记录不全或缺失混乱的，处××××元/次。

（23）各类安全设施不完好，一次检查达5处以上的，处××××元/次。

（24）配发不合格劳动防护用品、安全器具的，处××××元/次。

（25）公司检查，现场管理混乱，文明卫生较差的，罚款××××元/次。

（26）岗位作业人员未持证上岗，一次检查达5人及以上的，处××××元/次。

（27）特种作业人员未持证上岗，处××××元/次。

（28）规程、措施、预案、灾防计划等未向员工贯彻的，处××××元/次。

（29）各类培训未有效开展，处××××元/次，培训记录管理混乱或短缺较大，处××××元/次。

(30) 安全管理部门相关记录、台账等短缺较多或管理混乱的，处××××元/次。

第十一条　“一通三防”管理

(1) 矿井总风量不足，仍继续作业的，处×××××元/次。

(2) 生产采区、生产水平未实现分区通风的；采掘工作面未实现独立通风的；采区进（回）风巷存在一段进风一段回风等情况的，处×××××元/次。

(3) 主要通风机没有按要求每月至少检查一次的，处××××元/次。

(4) 停风后，没有及时将人员撤至全风压通风巷道的；处××××元/次。

(5) 未按规定检测井下有害气体，并及时向作业地点人员公示的，处××××元/次。

(6) 炸药库、井下瓦斯抽放泵站和采区变电所（硐室）未实行分区通风的，处××××元/次。

(7) 使用3台以上（含3台）局部通风机同时向1个掘进工作面供风，或使用1台局部通风机同时向2个作业的掘进工作面供风的，处××××元/次。

(8) 盲巷、窒息区未按规定进行及时封闭管理的，无防止人员误入措施的，处××××元/次；有擅自进入盲巷、窒息区的，处×××××元/次。

(9) 在综合防突措施效果不达标的突出煤层进行采掘活动的，处×××××元/次。

(10) 高突矿井爆破未执行停电制度的，处×××××元/次。

(11) 有自然发火征兆没有采取相应的安全防范措施并继续生产的，处×××××元/次。

(12) 未设大巷主隔爆设施与其他巷道的辅助隔爆设施的，处××××元/次。

(13) 采煤机、掘进机割煤时不开启内、外喷雾和内、外喷雾压力达不到要求及每个截割头有3个及以上内喷雾头堵塞强行生产的，处××××元/次。

(14) 井下多处存在煤尘堆积（连续长度大于5 m，厚度超过2 mm）的，处××××元/次。

(15) 综采、综放工作面移架时架间喷雾多处不能正常使用的，处××××元/次。

(16) 从事产尘作业时，未打开回风侧防尘水幕或相应的防尘设施的，处××××元/次。

(17) 未按矿井瓦斯等级选用相应的煤矿许用炸药和雷管、未使用专业发爆器的，处××××元/次。

(18) 瓦斯超限未采取有效措施进行处理的，处×××××元/次。

(19) 瓦斯超限未按要求断电撤人的，处×××××元/次。

(20) 有风量分配不合理，无风、微风作业情形的，处××××元/次。

(21) 有未按规定周期测风的，或测风地点、数据等与规定出入较大情况的，处××××元/次。

(22) 检测瓦斯的次数与时间与规定出入较大的，处××××元/次。

(23) 各类传感器校验和更新与规定出入较大的，处××××元/次。

(24) 局部通风机未实现双风机双电源自动切换的，无定期对局部通风机自动切换试验的，处××××元/次。

(25) 火区或高瓦斯区的密闭未实现“三断”的，处××××元/次。

(26) 启封密闭无措施，或未按措施进行的，处××××元/次。临时停工地点未按规定进行管理的，罚款××××元/次。

(27) 排放瓦斯无组织、无措施的或未按措施进行的，处×××××元/次。

(28) 瓦斯矿井停风超过30 min，送风复电前未组织瓦斯检查或排放的，处××××元/次；高瓦斯矿井或高瓦斯区无计划停风，送风复电前未组织检查瓦斯或排放瓦斯的，处×××××元/次。

(29) 有随意开停通风机情形的，处××××元/次。

(30) 距井口20 m范围内有明火的，处××××元/次。

(31) 井下主要用风地点风速风量不符合要求的，处××××元/次。

(32) 巷道贯通前未制定相应措施的或未执行措施的，处××××元/次。

（33）主要进回风巷之间的风门未闭锁的，或闭锁失效的，处××××元/次。

（34）所有掘进工程，未先形成完整的通风系统的（有回风联络巷），造成串联通风，一段进风一段回风等情形的，处××××元/次。

（35）违反规程规定串联通风的，处××××元/次。

（36）高瓦斯矿井，包括高瓦斯区（××、××、××、××、××矿井）采煤面不得使用下行通风，否则处××××元/次。

（37）高瓦斯矿井，包括高瓦斯区（××、××、××、××、××矿井）严禁出现串联通风，否则处××××元/次。

（38）出现通风设施严重失修，或严重的质量问题情形的，处××××元/次。

（39）有突出倾向矿井采煤工作面回风侧不应设置风窗，否则处××××元/次。

（40）生产矿井主要通风机反风设施不完善或不能正常投运的，处××××元/次。

（41）反风设施半年及以上未检查维护的，处××××元/次。

（42）独头掘进巷道大于6 m仍采用扩散通风的，处××××元/次。

（43）局部通风机出现循环风的，处××××元/次。风筒出风口距离工作面超过10 m以上的处××××元/次。将风筒口变向或捆扎的，处××××元/次。

（44）局部通风机未实现“三专两闭锁”或断电范围不符合规定的，处××××元/次。未按规定周期进行风电、瓦斯电闭锁试验的，或无试验记录及记录不全不完善的，罚款××××元/次。

（45）一年内未进行反风演习和没有反风演习报告的，处××××元/次。本年度未完成瓦斯等级鉴定的，罚款××××元。

（46）采煤工作面结束后，未在规定时间内封闭的，处××××元/次。

（47）采掘工作面回风流中未安装水幕，或水幕不能覆盖巷道断面的，处××××元/次。

（48）主要进风巷进行焊接作业，无安全措施或未按规定执行的，处××××元/次。

（49）消防材料未定期检查和更换的，处××××元/次。

（50）开采容易自燃和自燃的煤层时，未编制防灭火设计的，在自然发火期内未能采完，未对采空区采取注浆等措施的，处××××元/次。

（51）入井人员未按规定佩戴自救器的，处××××元/次。

（52）高瓦斯矿井或高瓦斯区抽放系统未正常运行的或抽放量严重不达标致巷道内瓦斯浓度较高的，罚款×××××元/次。

（53）瓦斯日报表未经审阅签字，一次未审阅签字，罚××××元。

（54）瓦斯检查不能“三对照”的，罚款××××元/次。

（55）瓦斯检查出现空班、漏检或假检的、监测数据严重失实的，处××××元/次。

（56）管理中违反公司“瓦斯管理十条禁令”之一的，视情况罚款××××～×××××元/次。

（57）开采自燃煤层和易自燃煤层的矿井，未编制防止自然发火设计或未按设计组织生产的及未设置采区专用回风巷的，处××××元/次。

第十二条　采掘井管理

（1）采掘作业无作业规程的，采煤面回撤、安装无作业规程的，处××××元/次。

（2）采煤面两安全出口不畅通，不能保证人员通行又不采取有效措施的，处××××元/次。

（3）巷道支护效果差，影响安全使用的，处××××元/次。

（4）采掘工作面顶板条件不良，空帮空顶严重未采取相应措施的，处××××元/次。

（5）巷道部分支护破坏、损坏，未及时采取措施加固或修复的，处××××元/次。

（6）采掘作业中违反施工顺序，对生产安全造成威胁的，处××××元/次。

（7）一个采区内采掘工作面数量超过规定的，处××××元/次。

（8）采掘面遇特殊构造未制定专项措施，导致工作面出现安全问题的，处××××元/次。

（9）主井井口、煤仓口等未设立防止坠落的安全设施等，处××××元/次。

（10）掘进巷道支护出现失效有堵人危险的，处××××元/次。

（11）采掘作业规程不符合公司要求，缺项、漏项或针对性较差等较严重的，处××××元/次。

（12）地面煤场堆煤高度超过 5 m，未采取有效措施的，处××××元/次。

（13）出现采煤面液压支柱等失修率较高情形的（一次检查出现 5 架次及以上的），处××××元/次。

（14）同一采区相邻面在开采的采煤工作面沿空送巷时，严禁同时作业，否则，处××××元/次。

（15）采煤工作面超前支护未按规定支设或超前支护距离不足 20 m 的，处××××元/次。

（16）掘进工作面未使用前探梁临时支护的，处××××元/次。

第十三条　机电提升运输方面

（1）使用淘汰或明令禁止使用的机电产品的，处××××元/台次。

（2）主要倾斜井巷轨道运输时，阻车器、挡车栏及防止运行中断绳、脱钩车辆的跑车防护装置必须可靠，动作灵敏，挡车栏和防跑车装置应当实现自动化控制，否则罚款，处××××元/次。运输任务较少的非主要巷道一坡三挡可使用相对简易的装置，但强度、灵敏度等必须保证，否则处××××元/次。

（3）运输信号必须齐全，运输距离大于 30 m 时必须设置信号装置，不得使用敲击管路、喊话等代替，否则，处××××元/次。

（4）主要倾斜井巷轨道运输的上下车场变坡点附近应有信号硐室（躲避硐），否则，处××××元/次。

（5）小绞车运输必须符合公司相关要求，如：小绞车十一条禁令等。否则，处××××元/次。

（6）小绞车连接必须使用专门的连接锁，否则，处××××元/次。

（7）矿车大面积失修的（一次检查发现超过 10 辆以上矿车不完好），处××××元/次。

（8）倾斜井巷轨道运输必须明确一次最大牵引重量、车辆数量，并设置明显的提示牌板，否则，处××××元/次。

（9）滚筒驱动的带式输送机的保护（5 种）必须齐全、完好，否则，处××××元/次。机头大架部分和机尾部分必须有防护网，否则，处××××元/次。

（10）立井提升机各类保险装置必须齐全完好，否则，处××××元/次。

（11）提升人员的罐笼每层内一次最多提升人数必须明确规定，并设立明显的提示牌板，否则处××××元/次。

（12）主要提升装置的最大载重量和最大载重差，应在井口公布，否则，处××××元/次。

（13）立井罐笼提升时，井口、井底安全门必须与罐位和提升信号连锁，否则，处××××元/次。

（14）立井提升系统存在较大隐患未处理，带病运行的处罚款××××元/次。

（15）立井提升同一层罐笼内人、物混提的，处××××元/次。

（16）立井提升时井底信号越过井口信号工直接发至绞车房的，处××××元/次（紧急信号、检修信号规定除外），立井提升信号未与提升机控制回路相闭锁的，处××××元/次。

（17）立井提升钢丝绳使用和检验不符合规定的，处××××元/次。

（18）立井提升系统的检查维护试验的各类记录缺项较多的（3 项及以上）处罚款××××元，填写不规范严重的处罚款××××元。

（19）主要提升装置相关资料（规程第 436 条）缺 3 项及以上的，处××××元/次罚款。

(20) 空压机等压力容器无压力表、安全阀或表、阀不完好的，处××××元/次。

(21) 井下使用非防爆产品和非矿用产品的，处××××元/次。

(22) 投入使用的主要通风机、立井人员提升机、抽放瓦斯泵、主排水泵房、采区排水、变（配）电所馈出的供电线路等主要设备房，必须有双回路直接供电，否则处××××元/次。

(23) 发现有带电检修、搬迁电气设备、电缆等时，处×××××元/次。

(24) 应保证监控系统独立供电，并满足瓦斯超限时的断电和报警功能用电，否则，对矿井处××××元/次。

(25) 高瓦斯矿井井下及井口房出现失爆的，处××××元/次。

(26) 电气设备超额定值运行的，处××××元/次。

(27) 各类电气设备的保护整定值与公司要求不符，且出入较大的，处××××元/次。

(28) 电气设备甩保护运行的，处××××元/台次。

(29) 各类开关等配电设备的保护熔断器应与其额定值相符，严禁用铜铁丝等代替，否则，处××××元/台次。

(30) 地面储运装系统按井下要求选用电气设备，否则处罚款5000元；日常监测有瓦斯的区域出现失爆（如煤仓口等），处罚款××××元/台次。

(31) 井下采、掘工作面或其他瓦斯偏高地点出现电气设备失爆的，处×××××元/台次。

(32) 检修供电线路及设备时，不闭锁开关和未悬挂“有人工作，禁止送电”警告牌的，处××××元/次。

(33) 带电电缆（除采掘机组用电缆外）不得盘圈或盘“8”字形，否则处罚款××××元。

(34) 电缆接线盒未吊挂或未使用托架，使接头承力的，处××××元/台次。

(35) 不同型号的电缆未使用接线盒或母线盒连接，而直接连接，处××××元/台次。

(36) 铠装电缆未做处理前直接使用接线盒连接，按失爆处理处××××元/台次。

(37) 电气设备、电缆、提升系统的检查、调整等严重不符合规程的处××××元/次。

(38) 停送电工作操作票不完善或未认真执行的，处××××元/次。

(39) 运输管理中违反公司“小绞车安全管理十一条禁令”“带式输送机运行安全管理六条禁令”“斜巷（井）运输十一禁令”之一的，视情况罚款××××~×××××元/次。

第十四条　地质防治水方面

(1) 水害威胁较严重矿井未按规定进行探放水工作，或探放水工作与要求相差较大，处××××元/次。

(2) 允许掘进通知单未履行相关签批手续，或手续不完整，处××××元/次。未履行或未执行允许掘进通知单制度，处××××元/次。

(3) 防治水相关资料管理混乱的，缺项较多或差错较多的，处××××元/次。

(4) 探水钻机及钻杆不能紧随掘进面前移的，钻杆数量严重不足的，处××××元/次。

(5) 发现有水患或突水征兆时，未采取有效措施的，处××××元/次。

(6) 矿井涌水较大的地点，排水设施明显不能满足排水要求的，或未完成主排水泵、主排水系统联合试运行的，处××××元/次。预计涌水量大或有水患威胁的，排水设施能力明显不足的，处××××元/次。

(7) 每年5月底前未完成水仓、沉淀池、水沟清淤工作的，处××××元/次。

(8) 现场探放水牌板设置、填写等不符合要求较严重的，处××××元/次。

(9) 主排水泵未按规定进行检查的，处××××元/次。

第十五条　爆破及爆炸材料管理

(1) 爆破工未持证上岗的，处××××元/次。

（2）炸药箱、雷管箱未分开存放或未用专用箱运送、未加锁管理的，处××××元/次。

（3）未执行“一炮三检”制度爆破，处××××元/次。

（4）出现爆破作业现场无警戒设施、爆破母线长度严重不足、破损，爆破母线未悬挂，爆破器严重不完好等情形的，处××××元/次。

（5）炸药、雷管等未直接运送到作业地点，有到其他地点情形的（如宿舍等），处××××元/次。

（6）有职工宿舍等非炸药库存放炸药、雷管情形的，处××××元/次。

（7）用剩的炸药、雷管未交回炸药库，在作业地方或他处存放的，处××××元/次。

（8）一次性领取和运送炸药、雷管数量超过当班使用量 120% 及以上的，处××××元/次。

（9）现场发现有一次装药多次起爆、爆破母线与导体接触、封泥不足、封孔不严、封孔材料使用煤粉等情况，处×××××元/次。

（10）现场发现有裸露爆破或残眼爆破情形的，处×××××元/次。

（11）处理残爆、拒爆时严重违反规程或对残爆、拒爆等未处理继续其他作业的，处×××××元/次。

（12）瓦斯异常时仍继续装药、爆破等作业的，处×××××元/次。

（13）井筒内运送爆炸材料时混运其他人员的，或未与绞车司机等联系好的，处××××元/次。

（14）失效的爆炸材料未按规定销毁的，处××××元/次。

（15）丢失爆炸材料，按重大事故处理，未汇报的处×××××元/次。

（16）有爆炸材料台账管理出现账、物、卡不符等情形的，按丢失处理，处××××元/次。

（17）有爆炸材料看守员脱岗等情形的，处××××元/次。

（18）有爆破作业现场管理混乱、爆破材料乱扔乱放情形的，处××××元/次。

（19）高瓦斯矿井或高瓦斯区内采用反向爆破的，处××××元/次。

（20）长时间未组织对爆破材料库或爆破材料管理进行检查的（一个月及以上），处××××元/次。

第十六条 各类较大工程、作业管理

本条所指较大工程、作业包括：启封密闭、排放瓦斯、改变矿井通风系统或局部通风系统、过构造区域，大型设施设备安装投运、改变矿井其他系统、新技术、新工艺试验等。

（1）未编制专项安全技术措施的，处××××元/次。

（2）对各类较大及以上工程、作业未及时向公司领导或相关部门汇报的，处××××元/次。

（3）未按专项措施组织进行的，处××××元/次。

（4）专项措施编制不完善、缺陷较多，不能满足实际要求的，处××××元/次。

（5）对较大工程、作业中出现的安全问题，未及时解决或采取措施，且未汇报的，处××××元/次。

（6）安全专项措施未经程序审批的，处××××元/次。

第十七条 事故管理

凡员工在生产劳动过程中发生各类事故（包括委外施工队伍）的，一律对所在单位进行重罚，具体处罚标准为：

（1）原煤生产单位工亡 1 人，罚款××万元。

（2）其他单位工亡 1 人，罚款××万元。

（3）意外死亡 1 人，罚款×万元。

（4）发生一起重大人身未遂事故罚款×万元，公司及以上部门检查发现一次重大隐患罚款×万元。

（5）发生一起一级非伤亡事故罚款××万元，发生一起二级非伤亡事故罚款×万元。

（6）对企业发生的路外和企业外作业场所人员死亡事故，主要责任在企业的，按表外死亡罚款。

（7）发生一起重伤事故罚款×万元。

（8）发生本制度中所考核的各类事故，事故单位必须按照有关规定按时、按程序上报，及时组织调查分析，并将结果报公司安全生产委员会。事故的调查、报告、定性，执行中华人民共和国《生产安全事故报告和调查处理条例》（国务院493号令）和集团公司及二级公司的有关规定，凡事故单位在事故发生后20 min内未按程序报告的，一律视为隐瞒事故，将追究有关人员的责任，并对事故单位按每起事故处以×××××元罚款。

（9）对上述未包括的重特大事故，按上级有关规定进行严厉处罚。

第十八条　其他管理

（1）相关矿井未执行公司处罚通知，未通相关人员进行相应处罚或虚假处罚的，罚矿长×××××元/次。

（2）凡细则中未涉及的内容，视情节给予××××~×××××元罚款。

（3）二级公司将执行安全质量黄牌警告制度。在二级公司级或以上的大检查中发现重大安全隐患（单位没有排查出来）或单位内部虽已发现但未在要求的期限内整改完毕的单位，出示黄牌警告，黄牌警告期间罚款××××元/天。对各单位罚款，纳入二级公司安全奖励基金。

第四节　安　全　问　责

第十九条　除处罚以外，公司实行安全问责制度，责任追究制度另行制定，但应坚持以下原则。

（1）按照“谁主管谁负责、谁责任谁承担”的原则，进一步健全完善安全生产责任体系，把安全管理责任范围拓展到各单位领导班子成员、基层科区和公司机关业务部门，严格实行问责。

（2）因分管范围内安全技术管理不到位造成事故的，或指定分工范围内发生责任事故的，给予免职或降职、撤职处理。对基层科区，发生重伤事故的，给予责任科区分管科科长、跟班干部免职处理；发生致命性重伤事故的，给予责任科区正职免职或撤职处理，发生1人次工亡事故的，给予主管矿长免职或撤职处理；发生2人次及以上工亡事故的，给予矿长和主管矿长免职或撤职处理。

（3）一次发生多人事故或一个考核期内连续出现事故的，参照如下原则进行问责：三人次轻伤按一次重伤问责，两人次重伤按一次死亡问责。

（4）对事故责任人员，采用“就高不就低”原则进行问责。

第五节　相关程序或其他要求

第二十条　奖罚程序

（1）公司对煤矿及煤矿安全管理部室人员在安全管理方面的奖罚由安全生产管理部统一管理，具体扣发由工资核算部门执行。

（2）遇有需要对有关人员和矿井进行处罚的，视情况按以下两种情况执行：

①现场下达处罚通知单。

②现场不能下达的，当日或次日报公司分管领导审核签字后送安全生产管理部，由安全生产管理部下达处罚通知单。

（3）每月底，安全生产管理部将对各单位或相关管理人员的安全奖罚进行统计，报公司领导审核批准后送工资核算部门和相关矿井。

（4）安全生产管理部、工资核算部门均应建立完善有可追溯性的安全奖罚台账。

（5）根据公司当前实际情况，奖罚暂按以下规定执行：

①工资在公司核算的，由工资核算部门在该月工资中扣除并出具罚款收据，奖励核算在当月工资

中。

②工资不在公司核算的，但相关抵押等在公司核算的，视情况在抵押等兑现中扣除，一次兑现中不能扣除全部罚款时，在下月或下次兑现中扣除，直至全部扣完罚款。奖励时各单位根据公司奖励通知由本矿进行奖励。

③工资、抵押兑现等均不在公司核算的，各单位根据公司奖罚通知，由本矿执行，但必须将奖罚执行结果（处罚通知单和工资单）报公司。公司将对奖罚结果进行核实，防止虚假处罚。

第二十一条 罚款收据必须使用财务管理部印制、编号的单据，印章齐全。

第二十二条 本规定由公司安委会及全体员工监督安全生产管理部执行。

第二十三条 本奖惩细则解释权归公司安全生产委员会。

第二十四条 本规定自2017年5月1日起执行。如与国家、上级有关规定相抵触时，按国家、上级规定执行。

3.18 安全管理责任追究处罚暂行办法

第一节 总 则

第一条 目的

为督促各级领导和管技人员认真履行岗位安全管理职责，依法组织安全生产，确保企业安全管理到岗到位，促进安全生产的持续稳定发展，依据《中华人民共和国安全生产法》及国务院、原国家安全生产监督管理总局、国家煤矿安全监察局、山西省有关安全生产法律、行政法规的规定，特制定本暂行办法。

第二条 原则

本办法按照安全生产“谁主管，谁负责”“谁受益、谁负责”和“安全生产责权利相统一”的原则，依据有关法律法规对安全生产管理人员不认真履行安全职责，造成国家和人民生命财产损失，应承担行政（经济）责任的规定；坚持“从实际出发、客观公正、责任与利益对等、行政处分与经济处罚相结合”的原则，进行行政（经济）责任追究处罚。

第三条 适用范围

本办法适用于二级公司所属各单位。

第四条 二级公司各级安全监督管理部门依照本办法对企业安全管理实施行政（经济）责任追究与处罚。各级人力资源、财务部门依照管理权限负责行政处分下达与罚款收缴。当月罚款超过月最低工资标准时，可由下月或分期扣缴罚款。本办法涉及企业高管人员的罚款，一律由被处罚者本人到二级公司财务管理部一次性足额交纳罚款。

第五条 本办法与国家、政府有关法律、行政法规有抵触时，从其规定。

第二节 安全管理责任追究与行政（经济）处罚

第六条 二级公司所属单位或部门，有下列行为之一的，依据国家安全生产监督管理总局《安全生产违法行为行政处罚办法》规定，对有关责任人员处以×××至××××元罚款；情节严重的同时给予行政记过及以下处分。

（1）安全生产责任制不健全、安全责任保障体系不完善，追究责任单位主要领导及主管领导、安全监察处和区（科）行政正职的责任。

（2）安全生产规章制度和各工种安全技术操作规程不健全，追究主管安全生产的行政、技术领导的责任。

（3）不按规定提取安全费用或不按期完成资金计划，造成安全投入不到位，被上级安全生产管理部门责令限期改正的，追究主管领导及项目实施负责人的责任。

（4）未按规定定期组织安全检查或隐患排查，或对安全检查、隐患排查出来的问题未在规定期限内完成整改的，追究单位主要领导、主管安全或本专业的领导、隐患整改负责人责任。

（5）未按规定组织制定并实施本单位生产安全事故应急救援预案或重大灾害预防处理计划的，追究主管安全技术的领导和分管安全技术的领导的责任。

（6）生产经营单位与承包、承租单位之间未签订专门的、规范合法的安全管理协议，或未在承包、租赁合同中明确各自的安全管理职责，或未对承包、承租单位的安全生产实施统一协调管理的，追究主管领导与业务管理部门领导的责任。

（7）两个以上生产经营单位在同一作业区域内进行可能危及对方安全生产的生产经营活动，未签订安全管理协议或未指定专职安全管理人员进行安全检查与协调的，追究双方主管领导、业务管理部门和上一级安全管理部门领导的责任。

（8）生产、经营、储存、使用危险物品的车间、商店、仓库与员工宿舍在同一座建筑物内，或者与员工宿舍的距离不符合规定的，追究主管领导与安全监察处领导的责任。

（9）生产经营场所和员工宿舍未设有符合紧急疏散需要、标志明显、保持畅通的出口，或者封闭、堵塞安全出口的，追究该单位主管领导及安全监察处领导的责任。

（10）其他因安全生产违法违规行为，被国家或政府安全监督管理部门责令限期改正或被停产停业整顿的，追究该单位主要负责人或主管领导、业务保安部门领导的责任。

第七条　二级公司及其所属生产经营单位，有下列行为之一的，依据原国家安全生产监督管理总局《煤矿安全监察行政处罚办法》规定，对有关责任人员处以××××至××××元罚款；情节严重的同时给予行政记过处分。

（1）未按照规定设立安全生产管理机构或者配备安全生产管理人员的，追究主要领导、主管领导与业务主管部门领导的责任。

（2）发现所属煤矿在规定时间内没有高管人员和生产经营管理人员带班下井或在下井登记档案中有弄虚作假行为的，追究主要领导、当天带班领导的责任。

（3）危险物品的生产、经营、储存单位以及矿山、建筑施工单位的主要负责人和安全生产管理人员未按照规定经考核合格的，追究主管领导与业务主管部门领导的责任。

（4）未按照规定对所有职工进行安全教育和培训的，追究该单位主管领导和安全监察处领导的责任。

（5）特种作业人员未按照规定经专门安全技术培训并取得特种作业操作资格证书，而安排上岗作业的，追究施工单位主要领导、主管领导及其主管部门领导的责任。

（6）未按照规定如实向职工告知作业场所和工作岗位存在的危险因素、防范措施以及事故应急措施的，追究施工单位主要领导和主管领导的责任。

（7）煤矿生产单位未定期对机电设备及其防护装置、安全检测仪器检查、维修和建立技术档案的，追究主管领导的责任。

（8）非负责设备运行人员操作设备或非值班电气人员进行电气作业的，追究直接责任人及主管领导的责任。

（9）操作电气设备的人员，没有可靠的绝缘保护或带电进行电气设备检修的，追究直接操作人及主管领导的责任。

（10）矿山企业对作业场所空气中的有毒有害物质浓度，未按照规定定期进行检测的，追究负责检测部门及主管领导的责任。

（11）井下采掘作业未按作业规程的规定管理顶帮，或在通过地质构造带、陷落柱、顶帮破碎带时，未采取加强支护措施的，追究施工单位主要领导、主管领导、技术负责人、主管业务保安部门领导的责任。

（12）井下采掘作业遇有下列情形之一，未采取探水前进的，追究施工单位主要领导、主管领导、技术负责人、主管业务保安部门领导的责任。

①接近承压含水层或含水的断层、流沙层、砾石层、溶洞、陷落柱的。

②接近与地表水体相通的地质破碎带或接近连通承压层的未封孔的。

③接近积水的老窖、旧窖或灌过泥浆的采空区的。

④发现有出水征兆的。

⑤掘开隔离矿柱或岩柱放水的。

（13）煤矿井下作业遇有下列情形之一的，追究施工单位主要领导、主管领导、技术负责人、主管业务保安部门领导的责任。

①未严格执行入井人员检查、出入井清点人员制度和严禁携带烟草和点火物品、穿化纤衣服下井制度的。

②不严格执行瓦斯检查制度，作业场所的瓦斯、粉尘或其他有毒有害气体浓度超过国家或行业安全标准，拒不停止作业的。

③有自然发火可能性的矿井，未按规定采取并实施有效的预防自然发火措施的。

④井下风量、风质、风速和作业环境的气温，不符合煤矿安全规程规定的。

⑤对井下产尘作业点，未采取综合防尘措施的。

⑥未使用专用防爆电气设备的。

⑦未使用专用起爆器的。

⑧使用明火明电照明的。

（14）其他安全生产违法违规行为，被安全监督管理部门处以×万元以上行政处罚的，对照安全生产责任分工，追究主要领导、主管领导及业务保安部门领导的责任。

第八条　二级公司及其所属生产经营单位，因有下列行为之一的，依据原国家安全生产监督管理总局《安全生产违法行为行政处罚办法》规定，对有关责任人员处以××××至××××元罚款；情节严重的同时给予行政记大过及以下处分。

（1）拒绝、阻碍安全监督管理部门及其安全监察员监督检查或提供虚假情况的，追究直接责任人及其主管领导的责任。

（2）对上级主管部门隐瞒存在的事故隐患以及其他重大安全问题的，追究直接责任人及其主管领导的责任。

（3）拒不执行安全监督管理部门及其安全监察员安全监察指令的，追究直接责任人及其主管领导的责任。

（4）对被查封或扣押的设施、设备、器材，擅自启封或使用的，追究直接责任人及其主管领导的责任。

（5）危险物品的生产、经营、储存单位以及矿山、建筑施工单位未建立应急救援组织，或未配备必要的应急救援器材、设备，并保证其正常运转的，追究单位主要领导、主管领导和主管部门领导的责任。

（6）其他安全生产违法违规行为，被安全监督管理部门处以×万元以下行政处罚的，对照安全生产责任分工，追究主管领导及业务保安部门领导的责任。

第九条　二级公司及其所属生产经营单位，因有下列行为之一的，依据原国家安全生产监督管理总局《安全生产违法行为行政处罚办法》规定，责令限期改正；逾期未改正的，对有关责任人员处以××××至××××元罚款；情节严重的同时给予行政记大过及以下处分。

（1）矿山企业、建筑施工企业和危险化学品、民用爆破器材生产企业，未依法取得安全生产许可证，擅自进行生产；或在安全生产许可证有效期满未办理延期手续，继续进行生产的，追究责任单位主要领导、主管领导及其业务主管部门领导的责任。

（2）矿山建设项目或者用于生产、储存危险物品的建设项目未经安全预评价，安全设施设计未按“三同时”规定报经有关部门审查同意，或者施工单位未按批准的安全设施设计施工的，追究责任单位主要领导、主管领导、设计部门、安全监察处领导的责任。

（3）前款规定的建设项目竣工投入生产或使用前，安全设施未经验收合格的，追究施工单位、生产使用单位主要领导、主管领导及其主管部门领导的责任。

（4）未在有较大危险因素的生产经营场所和有关设施、设备上设置明显安全警示标志的，追究单位主管领导、业务主管部门领导的责任。

（5）安全设备的采购、安装、使用、检测、改造和报废不符合国家或行业标准的，追究单位主管领导、业务主管和使用部门领导的责任。

（6）未为职工提供符合国家或行业标准的劳动防护用品的，追究单位主管领导、物资采购部门和主管部门的责任。

（7）特种设备以及危险物品的容器、运输工具未经取得专业资质的机构检测、检验合格，取得安全使用证或安全标志而投入使用的，追究使用单位主要领导、主管领导及主管部门领导的责任。

（8）使用国家明令淘汰、禁止使用的危及生产安全的工艺、设备的，追究主管领导和主管业务保安部门领导的责任。

（9）生产、经营、储存、使用危险物品，未建立专门安全管理制度、未采取可靠的安全措施或者不接受主管部门依法实施监督管理的，追究单位主要领导、主管领导和主管部门领导的责任。

（10）对重大危险源未登记建档，或未进行安全评估、监控或未制定应急预案的，追究单位主要领导、主管业务保安部门领导的责任。

（11）进行爆破、吊装与危险作业，未安排专门管理人员进行现场安全管理的，追究施工单位主管领导的责任。

（12）生产经营单位将生产经营项目、场所、设备发包或出租给不具备安全生产条件或相应资质的单位或者个人的，追究单位主要领导和主管部门领导的责任。

第十条　生产经营单位主要领导和其他主管人员有下列行为之一的，依据原国家安全生产监督管理总局《安全生产违法行为行政处罚办法》规定，可处一万元以下的罚款；情节较严重的同时给予行政记大过及以下处分，情节严重的免去或建议免去本人担任的党政领导职务。

（1）违章指挥或者强令工人违章、冒险作业的。

（2）对工人屡次违章作业熟视无睹、不加制止的。

（3）对重大事故预兆或者已发现的重大事故隐患不及时采取措施的。

（4）伪造、故意破坏事故现场的。

（5）发生事故隐瞒不报或阻碍、干涉事故调查工作，拒绝接受调查取证、提供有关情况和资料或出具虚假资料的。

（6）生产经营单位与从业人员订立协议，免除或者减轻单位对从业人员因生产安全事故伤亡依法应承担的责任的。

（7）其他应由个人承担责任的安全生产违法违规行为。

第三节　重大事故隐患责任追究

第十一条　重大事故隐患是指在企业生产建设经营活动过程中，不具备有关法律、法规、国家或行业标准规定的安全生产条件，存在可能导致重大人身伤亡或重大经济损失的危险性因素。

第十二条　依据国务院第446号令《关于预防煤矿生产安全事故的特别规定》，凡被上级检查或群众举报发现下列重大事故隐患问题之一的，必须立即停止生产，排除隐患；同时对有关管理人员给予行政记大过及以下处分，并根据责任大小处以××××元至××××元罚款；拒不停产整顿，继续进行生产的，对责任单位处以××××××元罚款，对责任单位主要负责人处以×××××元罚款。

（1）超能力、超强度或者超定员组织生产；有下列情形之一的：

①矿井全年产量超过矿井核定生产能力的。

②矿井月产量超过当月产量计划10%的。

③一个采区内同一煤层布置2个（含2个）以上采煤工作面或3个（含3个）以上掘进工作面同时作业而未经集团公司批准的。

④未按规定制定主要采掘设备、提升运输设备检修计划或者未按计划检修的。

⑤煤矿企业未制定井下劳动定员或者实际入井人数超过规定人数的。

（2）瓦斯超限作业；有下列情形之一的：

①瓦斯检查员配备数量不足的。

②不按规定检查瓦斯，存在漏检、假检的。

③井下瓦斯超限后不采取措施继续作业的。

（3）煤与瓦斯突出矿井，未依照规定实施防突出措施；有下列情形之一的：

①未建立防治突出机构并配备相应专业人员的。

②未装备井下安全监控系统和抽放瓦斯系统，未设置采区专用回风巷的。

③未进行区域突出危险性预测的。

④未采取防治突出措施的。

⑤未进行防治突出措施效果检验的。

⑥未采取安全防护措施的。

⑦未按规定配备防治突出装备和仪器的。

（4）高瓦斯矿井未建立瓦斯抽放系统和监控系统，或者瓦斯监控系统不能正常运行；有下列情形之一的：

①1个采煤工作面的瓦斯涌出量大于5 m^3/min或1个掘进工作面瓦斯涌出量大于3 m^3/min，用通风方法解决瓦斯问题不合理而未建立抽放瓦斯系统的。

②矿井绝对瓦斯涌出量达到《煤矿安全规程》规定而未建立抽放瓦斯系统的。

③未配备专职人员对矿井安全监控系统进行管理、使用和维护的。

④传感器设置数量不足、安设位置不当、调校不及时，瓦斯超限后不能断电并发出声光报警的。

（5）通风系统不完善、不可靠；有下列情形之一的：

①矿井总风量不足的。

②主井、回风井同时出煤的。

③没有备用主要通风机或者两台主要通风机能力不匹配的。

④违反规定串联通风的。

⑤没有按正规设计形成通风系统的。

⑥采掘工作面等主要用风地点风量不足的。

⑦采区进（回）风巷未贯穿整个采区，或者虽贯穿整个采区但一段进风、一段回风的。

⑧风门、风桥、密闭等通风设施构筑质量不符合标准、设置不能满足通风安全需要的。

⑨煤巷、半煤岩巷和有瓦斯涌出的岩巷的掘进工作面未装备甲烷风电闭锁装置或者甲烷断电仪和风电闭锁装置的。

（6）有严重水患，未采取有效措施；有下列情形之一的：

①未查明矿井水文地质条件和采空区、相邻矿井及废弃老窑积水等情况而组织生产的。

②矿井水文地质条件复杂没有配备防治水机构或人员，未按规定设置防治水设施和配备有关技术装备、仪器的。

③在有突水威胁区域进行采掘作业未按规定进行探放水的。

④擅自开采各种防隔水煤柱的。

⑤有明显透水征兆未撤出井下作业人员的。

（7）超层越界开采；有下列情形之一的：

①国土资源部门认定为超层越界的。

②超出采矿许可证规定开采煤层层位进行开采的。

③超出采矿许可证载明的坐标控制范围开采的。

④擅自开采保安煤柱的。

（8）有冲击地压危险，未采取有效措施；有下列情形之一的：

①有冲击地压危险的矿井未配备专业人员并编制专门设计的。

②未进行冲击地压预测预报、未采取有效防治措施的。

（9）自然发火严重，未采取有效措施；有下列情形之一的：

①开采容易自燃和自燃的煤层时，未编制防止自然发火设计或者未按设计组织生产的。

②高瓦斯矿井采用放顶煤采煤法采取措施后仍不能有效防止煤层自然发火的。

③开采容易自燃和自燃煤层的矿井，未选定自然发火观测站或者观测点位置并建立监测系统、未建立自然发火预测预报制度，未按规定采取预防性灌浆或者全部充填、注惰性气体等措施的。

④有自然发火征兆没有采取相应的安全防范措施并继续生产的。

⑤开采容易自燃煤层未设置采区专用回风巷的。

（10）使用国家明令禁止使用或者淘汰的设备、工艺；有下列情形之一的：

①被列入国家应予淘汰的煤矿机电设备和工艺目录的产品或工艺，超过规定期限仍在使用的。

②矿井提升人员的绞车、钢丝绳、提升容器、斜井人车等未取得煤矿矿用产品安全标志，未按规定进行定期检验的。

③使用非阻燃输送带、非阻燃电缆，采区内电气设备未取得煤矿矿用产品安全标志的。

④未按矿井瓦斯等级选用相应的煤矿许用炸药和雷管、未使用专用发爆器的。

⑤采用不能保证2个以上畅通安全出口采煤工艺开采的。

⑥高瓦斯矿井、煤与瓦斯突出矿井、开采容易自燃和自燃煤层（薄煤层除外）矿井采用前进式采煤方法的。

（11）煤矿没有双回路供电系统；有下列情形之一的：

①单回路供电的。

②有两个回路但取自一个区域变电所同一母线端的。

（12）新建煤矿边建设边生产，煤矿改扩建期间，在改扩建的区域生产，或者在其他区域的生产超出安全设计规定的范围和规模；有下列情形之一的：

①建设项目安全设施设计未经安全预评价和“三同时”、安全专篇审查批准擅自组织施工的。

②对批准的安全设施设计做出重大变更后未经再次审批并组织施工的。

③改扩建矿井在改扩建区域生产的。

④改扩建矿井在非改扩建区域超出安全设计规定范围和规模生产的。

⑤建设项目安全设施未经竣工验收并批准而擅自组织生产的。

（13）煤矿实行整体承包生产经营后，未重新取得煤炭生产许可证和安全生产许可证，从事生产的，或者承包方再次转包的，以及煤矿将井下采掘工作面和井巷维修作业进行劳务承包；有下列情形之一的：

①生产经营单位将煤矿（矿井）承包或者出租给不具备安全生产条件或者相应资质的单位或者个人的。

②煤矿（矿井）实行承包（托管）但未签订安全生产管理协议或者没有明确双方安全责任与权力内容的承包合同进行生产的。

③承包方（承托方）未重新取得煤炭生产许可证和安全生产许可证进行生产的。

④承包方（承托方）再次转包的。

⑤煤矿将井下采掘工作面或者井巷维修作业对外承包的。

（14）煤矿改制期间，未明确安全生产责任人和安全管理机构，或者在完成改制后，未重新取得或者变更采矿许可证、安全生产许可证、煤炭生产许可证和营业执照；有下列情形之一的：

①煤矿改制期间，未明确安全生产责任人进行生产的。

②煤矿改制期间，未明确安全生产管理机构及其管理人员进行生产的。

③完成改制后，未重新取得或者变更采矿许可证、安全生产许可证、煤炭生产许可证、营业执照以及矿长资格证、矿长安全资格证进行生产的。

（15）有其他重大安全生产隐患的。

第四节　生产责任事故的追究与处罚

第十三条　当企业发生重伤、重大未遂、二级及以上重大非伤亡，意外死亡、重伤责任事故，对有关管理人员给予下列行政经济处罚：

（1）对事故负有直接责任的，给予行政记大过以上处分；同时连带罚款××××元。

（2）对事故负有间接责任的，给予行政记大过或记过处分；同时连带罚款××××元。

（3）对事故负有安全教育不到位或领导责任的，给予行政记过或警告处分，同时连带罚款××××元。

（4）对事故区科主管领导免职；（免职后，一年内不得安排担任同级职务）。

第十四条　当企业发生一次重伤2人或一次死亡1人责任事故时，对有关管理人员给予下列行政经济处罚：

（1）对事故负有直接责任的，给予行政撤职及以上处分；同时连带罚款××××元。

（2）对事故负有间接责任的，给予行政记大过及以上处分；同时连带罚款××××元。

（3）对事故负有领导责任的，给予行政记过及以上处分；同时连带罚款××××元。

（4）给予事故区科党政正职免职（免职后，一年内不得安排担任同级职务）。

第十五条　在1个年度内，1个地面生产经营单位发生2人次死亡或一次死亡2人及以上责任事故的，责任单位主管领导要引咎辞职、责令辞职或予以免职；（辞、免职后，一年内不得安排担任同级职务）同时连带追加罚款××××元。主要领导及二级公司主管领导给予行政记过及以上处分；同时连带罚款××××元。发生3人次死亡或一次死亡3人重大责任事故的，责任单位党政主要领导要引咎辞职、责令辞职或予以免职；（辞、免职后，一年内不得安排担任同级职务）同时连带追加罚款××××元。二级公司主管领导及业务保安部门负责人给予行政记大过及以上处分，同时连带罚款××××元。

第十六条　二级公司所属生产单位，在一个年度内连续发生3人次死亡或一次死亡3人重大责任事故时，责任单位主管领导要引咎辞职、责令辞职或予以免职；（辞、免职后，一年内不得安排担任同级职务）同时连带追加罚款××××元。党政主要领导、二级公司的主管领导给予行政记过及以上处分；同时连带罚款××××元。发生重大以上死亡责任事故的，责任单位党政主要领导要引咎辞职、责令辞职或予以免职；（辞、免职后，一年内不得安排担任同级职务）同时连带追加罚款××××元。二级公司主管领导及业务保安部门负责人给予行政记大过及以上处分，同时连带罚款××××

元。

第十七条　当企业发生一次死亡3人及以上重大伤亡责任事故时，对有关领导的行政处分，由国家或省市事故调查组确定。涉及责任单位主要领导、主管领导，二级公司主管领导、业务保安部门领导及相关责任人的经济处罚，按事故死亡人数加倍罚款。

第五节　附　　则

第十八条　本办法所指对事故“负直接责任的”是指在法定职责范围内，对其直接主管的工作不负责任，不履行或不正确履行自己的职责，对造成的损失负主要责任的人员；“负间接责任的”是指在法定职责范围内，对自己应管的工作或应由其参与决定的工作，不履行或不正确履行自己的职责，对造成的损失负次要责任的人员；“负领导责任的”是指对下属单位的员工教育培训、现场管理、规程贯彻落实等安全工作管理领导不到位，以致发生伤亡事故或对造成的损失负有一定领导责任的人员。

第十九条　本办法所称“主要领导”系指单位董事长、党政正职领导，“主管领导”系指分管发生事故专业的单位行政副职或总工程师等技术负责人。

第二十条　安全生产行政经济处罚的罚款一律纳入二级公司的安全奖励基金，用于安全奖励，不得挪用。

第二十一条　二级公司成立企业安全管理行政（经济）责任追究与处罚仲裁小组，由主管领导和人力资源部、综合管理部、通风部、生产技术部、安全生产管理部、机电部等部门人员组成。安全监督管理部门对责任部门或人员实施行政（经济）责任追究与处罚引起纠纷的，可由上一级安全监督管理部门裁决；对裁决不服的，可逐级向上级安全监管部门上诉。

第二十二条　本办法解释权归二级公司安全生产管理部。由于兼并重组工作尚未结束，部分体制机制尚不健全、完善，公司应根据实际情况对本制度进行适时修订。

第二十三条　本办法自下发之日起执行。

3.19　入井人员检身及出入井人员清点制度

第一条　为动态掌握公司所属煤矿井下作业员工情况，保证下井员工的生命安全，根据《煤矿安全规程》等有关规定，特制定本制度。

第二条　入井检身制度

（1）被检身人员范围：所有入井人员。

（2）检身办法：各单位设立专职检身人员，在井口行使检身权利。每一入井人员必须自觉排队接受检查，不准刁难或以任何借口拒绝检身。对妨碍安全检查人员进行检身工作的，根据有关规定严肃处理。

（3）检身内容：检查《煤矿安全规程》规定的“三必须”“三严禁”。“三必须”即每一下井人员，必须随身携带自救器，必须携带矿灯，必须戴好安全帽；“三严禁”即入井人员严禁携带烟草和点火物品（烧焊人员带火凭经签批的点火票），严禁穿化纤衣服（包括戴电子手表和手机），严禁喝酒。凡有违反其中之一规定的，除严禁入井外，各单位还要按规定对其进行安全教育培训，情节严重的给予行政或经济处罚。

第三条　出入井人员清点制度

1. 严格入井考勤

为确保入井人员的清点工作及时准确，各单位要结合实际，设立专门的考勤站或配备考勤机，明确专职人员进行清点和管理，负责协调管理出入井人员的考勤，对全矿出入井人员人数进行清点、统计。各考勤机构要设专项登记簿，负责登统。

2. 严格现场清点

工作现场的开、收工人员清点，由施工单位负责。各施工单位区（科）队、班组长，负责本点班班组人员的清点工作，清点完后，在开工前和收工后向本单位值班人员汇报，由值班人员汇总向矿调度室汇报。

3. 调度管理

各单位调度室值班调度员，负责调度掌握每班人员的出入井情况。发现出入井人员异常情况，及时汇报矿值班领导。煤矿值班领导负责查明情况。

4. 矿灯房管理

各单位矿灯房要对矿灯灯架、矿灯进行编号造册，熟知每个灯架或矿灯的具体使用单位、使用人员及姓名，出现问题时及时查找。每班收发的矿灯数量及时向调度室报告，超过 2 h 未交矿灯的，调度室要立即组织力量查明原因。

各单位要结合自身实际，结合人员定位系统，加强两项制度的落实，做到全面、准确、详细掌握入井人员的整体情况。

3.20　操作规程管理制度

第一节　总　　则

第一条　操作规程要对职工操作要领提出基本规则，涵盖从进入操作现场、操作准备到操作结束和离开操作现场全过程的各个操作环节。

第二条　为了保护职工的安全健康、企业财产和提高劳动生产率，二级公司主要负责人应定期组织修编操作规程，从业人员必须严格遵守操作规程。

第二节　操作规程的学习和贯彻

第三条　生产经营单位必须拥有覆盖本单位所有工种的操作规程，经常组织员工以多种形式进行学习贯彻操作规程。

第四条　基层区科管理技术人员应利用班前会、作业现场至少每季度对本单位所有员工进行一次操作规程的教学，进行相应的考试。担负多工种的作业人员，要进行相应多工种操作规程的学习和考试。

第五条　新工人上岗前一定要学习和掌握本岗位的操作规程并进行考试，操作规程考试合格（对本工种操作规程基本掌握）者方可上岗。成绩不合格的人员要进行补考，补考成绩仍不合格，不得上岗。

第六条　员工季度考试操作规程，成绩不合格时不得上岗并进行补考，补考复课期间按无资假对待，但不应超过三天。补考成绩仍不合格，不得上岗作业。

第七条　员工考试卷应装订成册，员工考试成绩登统表附在试卷册上面。基层单位员工的考试试卷要建档并保存四个季度，以备查询和检查。

第三节　操作规程的修编和管理

第八条　新工艺、新装备、新技术在应用前由生产经营单位技术负责人负责组织编制与之相对应的操作规程，经由现场员工，区、班队长，技术人员参加的审查会议通过后进行贯彻实施。

第九条　操作规程应根据生产技术水平，由企业技术负责人组织工程技术人员适时进行全面修订和补充，编印成册下发各生产经营单位并对其学习贯彻提出具体要求。

第四节 检查与考核

第十条 对新版操作规程，各单位要组织员工认真学习，尤其对新增内容，还要在作业过程中进行现场示范教学，使之达到熟练掌握。

第十一条 各级生产技术管理部门负责管理覆盖本单位所有工种的操作规程，并负责监督检查辖区本管理制度的落实。一级管一级，层层考核。

第十二条 基层区科或成建制生产经营单位操作规程不健全时，追究本单位主要负责人和上一级部门主管人员的责任。

第十三条 发现违反第三、四、五条款，追究区科或成建制生产经营单位主要负责人的责任。

第十四条 违反第六、七条款时，对区科管技人员进行相应的处罚并追究上一级主管部门负责人的责任。

3.21 煤矿安全生产标准化管理制度

第一条 目的

为规范和完善公司基础管理，推进公司煤矿安全生产标准化建设工作，提升公司煤矿安全生产管理水平，特制定本制度。

第二条 组织机构

（1）为促进公司煤矿安全生产标准化建设工作，强化对此项工作的领导、协调，公司特成立煤矿安全生产标准化建设领导组。

组长 ×××

副组长 ×××

主要成员 ××× ××× ×××

（2）领导组下设安全生产标准化办公室，由安全生产监督管理部部长兼任办公室主任，办公地点设在公司安全生产监督管理部。

（3）安全生产标准化办公室下设七个专业组：

安全风险分级管控及隐患排查治理专业组长

主要成员：安全生产监督管理部工作人员

采掘专业组长

主要成员：生产技术部、安全生产监督管理部工作人员

机电运输专业组长

主要成员：机电部工作人员

通风专业组长

主要成员：一通三防部工作人员

地质灾害防治与测量专业组长

主要成员：地测与防治水中心工作人员

调度与应急管理专业组长

主要成员：生产指挥中心工作人员

职业卫生专业组长

主要成员：安全生产监督管理部工作人员

其他专业组

主要成员：人力资源部、安全生产监督管理部工作人员

（4）各单位均应成立安全生产标准化管理机构，组织协调本矿安全生产标准化工作。各单位矿

长为本矿安全生产标准化第一责任人，并指定一名副矿长主抓安全生产标准化工作。专业组可根据本矿实际需要设置，相近专业可合并为一个专业组，以方便工作开展和协调为原则。各专业组要配足人员，并至少有一名专职人员，具体负责标准化工作。

第三条　相关职责

（1）领导组：负责全面的领导工作，负责研究安全生产标准化方面的措施、计划等，负责定期向公司报告标准化建设情况，研究确定重大项目、重大举措和发展规划。负责审核标准化办公室的评定、考核结果。

（2）安全生产标准化办公室：负责牵头组织开展标准化工作，协调有关事宜，组织公司内部安全生产标准化规划、考核、评定工作。负责编制、修订和完善公司安全生产标准化管理制度和相关标准等。负责收集、汇总、整理各单位安全生产标准化有关资料，做好档案管理。负责上传、下达等工作。

（3）各专业组：在公司安全生产标准化办公室的组织下，编制、修订和完善公司安全生产标准化管理制度和相关标准等，参加公司内部验收考核工作和专业达标规划。

（4）各单位：认真按照本制度和公司安全生产标准化及本矿安全生产标准化管理制度等组织安全生产标准化矿井建设。

第四条　安全生产标准化工作的组织开展

（1）公司安全生产标准化办公室每年应根据公司总体工作安排，制定年度安全生产标准化达标规划，包括各专业达标规划，对年度公司安全生产标准化建设工作进行总体安排部署。

（2）各单位应根据公司年度规划，制定本单位年度达标规划和月度建设计划，明确建设重点和相关工作措施。

（3）各单位必须强化对安全生产标准化的培训力度，提高全员对安全生产标准化标准的理解，尤其要解决具体岗位对其岗位的操作标准的熟练掌握问题。

第五条　检查与验收

（1）检查验收标准：①原国家安监总局《煤矿安全生产标准化基本要求及考核评级办法》和《关于深入持久开展煤矿安全生产标准化工作的指导意见》；②公司《安全生产标准化执行要求》。

（2）各单位要每月组织至少一次的安全生产标准化检查验收，原则每月末组织一次全面验收，内部评定矿井安全生产标准化等级。安全生产标准化日常管理，要求各单位每旬抽验一次。

（3）公司各部室在安全检查的同时对各单位安全生产标准化工作进行监督检查，及时发现和积极指导、督促各单位处理存在问题。

（4）公司每半年对所属各单位组织一次全面验收。验收结果作为全面安全工作考核和安全目标责任书考核的依据之一。

（5）公司对各单位的验收检查由公司安全生产管理部具体组织，各专业组参加。专业组之间应在专业分工的同时，加强相互配合，不得擅自行动。验收必须坚持客观公正、实事求是的原则，严禁弄虚作假。

（6）检查活动应提前做好计划，提前一天通知矿方。

（7）各单位应采取和坚持动态达标验收方法。矿每月动态抽查不少于一次。公司各专业组应在各次检查中进行动态抽查。

（8）公司考核评级分数组成权重：矿每月自查占 10%，公司抽查占 10%，公司验收结果占 80%。

（9）上级部门对公司进行安全质量检查或验收时，各单位必须做好现场安全生产标准化管理工作，按要求及时上报必备的技术资料和质量管理资料备查。

（10）对各级检查验收中存在问题，各单位必须认真对待，积极整改，按要求及时上报整改结果或改进方案等。公司内部组织验收的，查出的问题整改完毕前或上报整改结果前不予最后定级，逾期未能按时完成整改或整改不达要求的取消该次评级资格。

第六条　资料管理

（1）各单位安全生产标准化相关资料应规范，验收表格应统一为 A3 横表。

（2）为适应内外环境的不同要求，各单位应有两种标准化表格，即按山西省标准制定的验收表格和按公司标准制定的验收表格。公司组织内部验收时使用公司印制的统一样式与标准表格。

（3）验收、评级资料必须齐全、完整，检查人员必须签字。验收、评级资料应装订整齐，保存完好、方便备查。每月五日前，各单位应将上月验收资料报公司安全生产标准化办公室备案。资料上报情况将作为月度安全考核内容和安全目标责任书考核内容进行考核。

（4）安全生产标准化办公室应将各单位标准化验收或上报的资料完整保存一年。

（5）公司验收资料应按以上要求执行，做到规范、标准。同时，各专业组在验收后次日将验收资料汇总、完善后报安全生产标准化办公室，由安全生产标准化办公室留存备查。

第七条　考核与奖惩

（1）安全生产标准化奖励分两部分：①安全目标管理责任书规定的奖励；②安全生产标准化达标奖励。以上两项奖励分别考核，分别计算发放。

（2）凡完成安全目标管理责任书指标，达到规划等级的，按安全目标管理责任书予以兑现。否则，不予以兑现。

（3）公司对各单位安全生产标准化达标工作实行等级奖励制度，奖励金额及考核办法另行制定。公司依据综合考评结果和上级部门验收结果综合考虑。安全生产标准化办公室将考核结果报公司考核领导小组审定后，报公司领导批准执行。

（4）对各单位日常安全生产标准化工作的组织开展情况，公司在安全检查、抽查或其他形式的检查中发现，存在组织不力、进度较慢等现象或存在较多安全生产标准化问题，视情况对矿井或相关负责人处×××～×××××元罚款并通报批评。

第八条　附则

（1）本制度解释权归公司安全生产标准化办公室。

（2）本制度与有关法律、法规及其他上级有关标准、规定等抵触的，以法律、法规、上级标准、规定等为准。

（3）本制度印发之日起执行。

3.22　煤矿企业重大危险源检测、评估、监控制度

第一条　为全面及时掌握公司各单位管辖范围重大危险源的数量、状况及分布，加强对重大危险源的监控管理，建立重大危险源早期预控机制，有效防范重特大事故发生，实现煤矿安全生产持续、稳定、健康发展，根据《安全生产法》《国务院关于进一步加强企业安全生产工作的通知》（国发〔2010〕23 号）及国家安监总局《关于开展重大危险源监督管理工作的指导意见》（安监管调字〔2004〕56 号）等有关法律、法规规定，结合煤矿安全生产实际，特制定本制度。

第二条　重大危险源是指长期地或者临时地生产、搬运、使用或者储存危险品，且危险品的数量等于或者超过临界量的单元（包括场所和设施），以及其他存在危险能量等于或者超过临界量的场所和设施。根据国家标准《重大危险源辨识》（GB 1821—2000）的规定，以及实际工作的需要，集团公司对煤矿重大危险源申报登记、监控管理的主要范围有：高瓦斯矿井、煤与瓦斯突出矿井、有煤尘爆炸危险的矿井、水文地质条件复杂的矿井、煤层自然发火期小于等于 6 个月的矿井、煤层冲击倾向为中等及以上的矿井；煤矿的瓦斯抽放系统、供排水系统、地面防洪系统、可能发生的地质灾害、地面生产场所、储罐区（储罐）、库区（库）、锅炉、压力容器、压力管道等。

第三条　为确实加强重大危险源监管工作的领导，公司决定成立以常务副经理为组长，其他副职领导、总工程师为副组长，以及协助管理生产、机电、安全、通风、调度、工程公司等部门主要负责

人为成员的重大危险源监管领导小组，并成立重大危险源综合监管办公室，办公室设在安全生产管理部，负责对重大危险源的综合监管工作。各单位也应成立相应的重大危险源监管领导小组和重大危险源综合监管办公室。

第四条　各单位必须加强对重大危险源实施监管，对本单位业务管理范围的重大危险源负有业务保安监管责任。

（1）各级安监部门是煤矿重大危险源的综合监管机构，分别对煤矿的重大危险源负有综合监管责任。

（2）生产技术管理部门是顶板、水患、矸石山等重大危险源的专门监管机构，分别对煤矿的顶板、水患、矸石山等重大危险源负有专门监管责任。

（3）通风管理部门是瓦斯、煤与瓦斯突出、煤尘及煤炭自燃等重大危险源的专门监管机构，分别对煤矿的瓦斯、煤与瓦斯突出、煤尘及煤炭自燃等重大危险源负有专门监管责任。

（4）机电管理部门是电气火灾、提升设备、民爆器材、油脂储库及其他易燃物资储备库等重大危险源的专门监管机构，分别对煤矿的电气火灾、提升设备、民爆器材、油脂储库及其他易燃物资储备库等重大危险源负有专门监管责任。

（5）安监部门是对地质灾害、锅炉、压力管道、压力容器、危险化学品、有毒物品及放射性物品等重大危险源的专门监管机构，分别对煤矿的地质灾害、锅炉、压力管道、压力容器、危险化学品、有毒物品及放射性物品等重大危险源负有专门监管责任。

（6）工程公司是煤矿建设工程、民用建筑工程中各类重大危险源的专门监管机构，分别对煤矿的建设工程、民用建筑工程中各类重大危险源负有专门监管责任。

（7）调度部门负责重大危险源监控系统的建立、完善、调试和维护工作，保证监控设备、监控网络正常运转；负责对煤矿各类重大危险源的建档管理工作。

第五条　重大危险源监管、监控是一项系统工程，需要合理设计、统筹规划、强化监管、科学治理。

（1）煤矿安监部门要定期组织开展重大危险源的普查登记，摸清底数，掌握各单位重大危险源的数量、状况和分布情况，建立重大危险源数据库和定期报告制度。各单位每年初要按照《重大危险源辨识》（GB 18218—2000）标准和《关于开展重大危险源监督管理工作的指导意见》（安监管调字〔2004〕56 号）规定，如实填报登记《重大危险源申报表》，并于每年 12 月底前将有关资料报送二级公司安监部，由安监部负责审查、汇总并报送当地安全生产监督管理部门，同时上报集团公司安监部备案。

（2）煤矿要定期组织开展重大危险源的检测和安全评估，对构成重大危险源的生产作业场所、设备、设施、系统以及生产过程中的工艺参数、危险物质进行实时检测或定期检测，建立健全重大危险源检测、评估、监控的日常管理体系。各单位每两年至少要对本单位的重大危险源委托具备安全评价资质的机构进行一次安全评估，要落实安全评估报告提出的治理整改对策措施。

（3）重大危险源的生产过程以及工艺、材料、设备、防护措施和环境因素发生重大变化，或者国家有关法规、标准发生变化时，各单位要委托具备安全评价资质的机构重新进行安全评估，每次的安全评估报告均要报送上级安监部门和当地安全生产监管部门（或煤矿安全监察机构）备案。

（4）各单位要针对本单位存在的各类重大危险源，明确专门管理机构监管、配备专门人员检测监控、健全完善管理制度、开展动态检测监控、分析检测监控参数、及时处理存在的安全隐患。

（5）各二级公司、煤矿必须组织有关部门对各类重大危险源开展专项安全检查，对存在缺陷和事故隐患的重大危险源要及时采取有效措施进行治理整改，消除危险危害因素、确保安全生产。

第六条　煤矿主要负责人必须保证重大危险源检测监控和隐患治理整改所需的资金投入，要组织制定重大危险源安全管理与检测监控技术管理措施，逐级落实重大危险源安全管理与检测监控责任制。

第七条　煤矿的主要负责人必须组织制定重大危险源安全应急预案，并要根据重大危险源的变化情况及时修订完善；要对职工及家属进行重大危险源安全应急预案宣传教育、定期组织开展应急预案演练，让职工及家属了解、掌握重大危险源事故的应急救援程序、自救互救知识。

第八条　煤矿要严格按照备案的危险源的种类及其能量在意外状态下可能发生事故的最严重后果，实行分级管理与监控：一级、二级重大危险源是可能造成特别重大、重大事故的危险源，必须作为安全管理和检测监控的重点对象；三级、四级重大危险源是可能造成较大、一般事故的危险源，也应加强管理和监控、不留死角。

第九条　各单位必须对各类重大危险源进行分类、分级建档管理，建立健全各类重大危险源基本情况电子版本及检测监控参数、技术图纸及治理整改措施资料。

第十条　对各类重大危险源的监控、治理必须坚持"预防为主、综合治理、重在治本"的原则，要采用先进的检查监控手段和治理技术装备，提高监控、治理的本质安全水平。

第十一条　一级、二级重大危险源存在的缺陷和安全隐患由本单位的安全第一责任人负责组织制定治理整改方案措施，落实治理整改时限、责任和质量要求，并将治理整改方案措施报集团公司备案，由集团公司有关部门负责督促检查、验收治理整改质量。对三级、四级重大危险源存在的缺陷和安全隐患由本单位的分管副职负责组织制定治理整改方案措施，落实治理整改时限、责任和质量要求，由二级公司的有关部门负责督促检查、验收治理整改质量，并将治理、整改结果报集团公司备案。

第十二条　公司和煤矿的各业务保安部门作为重大危险源专业监管部门，在监督检查中发现存在的缺陷和安全隐患，必须下达书面治理整改通知单责令有关单位或部门立整改；在整改前或整改中无法保证安全的，必须责令有关单位从危险区域内撤出作业人员，停止生产作业或停止使用运行，制定切实有效的防范、监控、整改措施后要限期整改完成。

第十三条　各级重大危险源专业监管部门，必须加大对重大危险源检测、监控、治理整改质量的跟踪监督力度，对因重大危险源管理监控不到位、治理整改不及时、治理整改质量不好的，不论发生事故与否，均要严肃追究有关人员整改不力、监管不力的责任。

第十四条　公司各级安全教育培训部门必须加强职工对重大危险源检测、监控、治理、防灾、避灾及《重大危险源申报与管理》知识的教育培训，提高职工对重大危险源事故的防控能力；安全教育培训部门要把重大危险源管理的有关法规、标准及防控、治理知识纳入年度安全培训工作计划组织设施、进行考核。

第十五条　从事重大危险源检测、监控作业的特种作业人员必须经过具有安全培训资质的机构进行专门培训，经考核合格取得特种操作资格证后，方可从事重大危险源检测、监控作业。

第十六条　为了统筹重大危险源监管，各级调度部门应逐步使用国家总局组织开发的重大危险源信息管理系统软件，建立各单位、二级公司和集团公司重大危险源数据库，并按重大危险源的分布情况及危险等级，制定和采取有针对性的措施加强日常监管和防范工作。

第十七条　各单位对存在重大危险源的场所、设备、设施，要按国家标准《安全标志》（GB 2894 — 1996）、《安全标志使用导则》（GB 16179 — 1996）、《安全色光通用规则》（GB 14778 — 1993）等要求，在其醒目的安全位置标注安全标志和设置安全防护设施，以警示职工重视重大危险源部位的安全生产。

第十八条　各单位要加强在重大危险源环境、设备、设施作业人员的劳动保护和安全防护，要严格按照国家劳动保护和安全防护有关规定为作业人员配齐合格的劳动保护用品和安全防护用品；对特殊用途的劳动保护用品和安全防护用品必须按有关规定进行检测试验，经检测试验合格后方可继续使用。

第十九条　对地面存在重大危险源、一旦发生事故可能危及周边单位、居民人身和财产安全的重大危险源管辖单位，要加强与重大危险源毗邻单位和人员的沟通联系，及时告知他们重大危险源可能发生事故时的危害后果和应当采取的应急安全措施。

第二十条　加强重大危险源预警监控系统和管理信息系统建设，凡可采用远程视频监控系统的重大危险源均要制定规划，逐步建立远程视频预警监控系统，实现动态、实时监控；要利用信息网络技术建立起作业班组→区队（车间）→煤矿监控室直线式的、快捷畅通的重大危险源管理信息系统，班组、区队（车间）、监控室均要明确专人，负责重大危险源相关信息的定时采集、整理归档和上报工作。

第二十一条　本制度自 2017 年 5 月 1 日起执行，本制度如与上级重大危险源管理有关规定相抵触的，从其规定。

3.23　特种作业人员管理制度

第一条　为全面加强对特种作业人员管理，规范特种作业人员的安全技术培训、考核和发证工作，做到人人持证上岗，保证安全生产，根据国家《安全生产法》《安全生产培训管理办法》（国家安全生产监督管理局、国家煤矿安全监察局令第 20 号）、《生产经营单位安全培训规定》（国家安全生产监督管理总局令第 3 号）和有关法律、行政法规，特制定本制度。

第二条　二级公司所属各单位特种作业人员的培训、考核、发证、持证及其监督管理工作适用本制度。

第三条　本制度所称特种作业人员是指直接从事特种作业的人员。

第四条　特种作业是指在生产劳动过程中，容易发生伤亡事故，对操作者本人、他人和周围设施的安全有重大危害的作业。特种作业的范围主要包括：

①电工作业：②金属焊接与热切割作业；③起重机械作业；④企业内机动车辆驾驶；⑤高处作业；⑥锅炉作业（含水质化验）；⑦压力容器操作；⑧制冷作业；⑨爆破作业；⑩矿山安全作业（含井下电钳工、爆破工、瓦斯检查工、监测监控工、井下爆破工、安全检查工、井下电钳工、采（掘）煤机司机、主提升机操作和矿山应急救护、瓦斯抽采工、防突工）以及国家或有关行业部门所列的特种作业等。

第五条　特种作业人员必须具备下列基本条件：

（1）工作认真负责，遵章守纪。

（2）年满 18 周岁。

（3）身体健康，无妨碍从事本工种作业的疾病和生理缺陷。

（4）初中以上文化程度，具备相应工种的安全技术知识，参加国家规定的安全技术理论和实际操作考核并成绩合格。

（5）符合相应工种作业特点需要的其他条件。

第六条　特种作业人员在上岗作业前，必须按照国家有关规定进行与本工种相适应的、专门的安全技术理论学习和实际操作训练。经有资质的专业培训机构培训与考核合格后，持有相关行政管理机构核发的有效操作证件方能上岗作业。

第七条　二级公司所有特种作业人员培训、考核、发证、复审工作由人力资源部（培训中心）实行统一监管、归口负责、分级实施。

第八条　二级公司人力资源部（培训中心）负责二级公司所属各单位的特种作业人员具体培训工作计划安排。

第九条　每年年底各单位向二级公司人力资源部（培训中心）上报第二年特种作业人员初训和复训计划，人力资源部（培训中心）根据各单位培训计划编制二级公司培训计划，各单位要严格按照二级公司计划送培。特殊情况需要增加培训人员，要提前向人力资源部（培训中心）提交书面申请，人力资源部（培训中心）根据各单位申请情况编制追加培训计划，经主管领导批准后实施。

第十条　特种作业人员培训必须依照国家安全监管总局制定的培训大纲进行。煤矿特种作业人员培训必须依照国家煤矿安全监察局制定的培训大纲进行。

第十一条　人力资源部（培训中心）在每次培训前要严格对培训人员进行资格审查，不符合条件的不得培训。

第十二条　各单位必须建立特种作业人员培训档案，档案要集中分类管理，档案内容主要有职工基本情况、学历证明、身份证明、培训复训考核情况等。

第十三条　特种作业人员考核分为安全技术理论考核和实际操作考核，考核标准执行国家安全监管总局制定的标准。

第十四条　特种作业人员考核、发证工作，由有资格的行政部门组织实施。

第十五条　人力资源部（培训中心）负责和培训发证部门积极联系，在培训考核后15个工作日内向考核合格人员颁发特种作业人员操作资格证书，考核不合格的，允许补考一次，补考仍不及格的，必须重新培训。

第十六条　特种作业操作资格证书每2年复审一次，复审培训考核按照国家有关规定执行。

第十七条　特种作业操作资格证书遗失、损毁的，由单位向原考核、发证机关书面申报并说明原因，经原考核、发证机关审查认可后，登报声明作废，由原考核、发证机关补发新证。

第十八条　二级公司人力资源部、各单位安全科和各级安全管理人员应当加强对特种作业人员培训、发证和持证上岗的监督管理。

第十九条　各单位应当加强对特种作业人员的管理，建立特种作业人员档案，做好申报、培训、考核、发证、复审的组织工作和日常检查工作。确保特种作业人员数量满足岗位的需要。

第二十条　离开特种作业岗位6个月以上的特种作业人员，应当重新进行实际操作考核，经确认合格后方可上岗作业。

第二十一条　特种作业操作资格证书是特种作业人员从事特种作业唯一有效证件，特种作业人员从事特种作业时须随身携带。特种作业人员从业环境特殊，容易造成特种作业操作资格证书损毁的，可随身携带加盖本单位印章的其持有特种作业操作资格证书的复印件。

第二十二条　特种作业人员在其特种作业操作资格证书有限期内不得更换工种，证书有效期满变换工种必须经人力资源部门有关领导批准方可。每年末各单位要将本年度本单位特种作业人员变换情况进行汇总，上报人力资源部。

第二十三条　对单位和个人有下列情形之一的，责令其限期改正；逾期未改正的，给予警告，并处以××××~××××元罚款：

（1）未取得相应作业类别的安全培训资质证书擅自从事特种作业人员培训的。

（2）将安全培训资质证书转借、出租给其他机构或者个人的。

（3）未按照有关规定制定培训计划组织培训的。

（4）培训管理制度不健全、制度不落实，培训人员不认真培训，各单位参加培训人员不合格率达到30%以上。

第二十四条　对有下列情形之一的单位或个人，处以××××~×××××元罚款：

（1）特种作业人员无证上岗的。

（2）特种作业人员没有按照二级公司有关规定培训管理的。

（3）特种作业人员培训档案资料弄虚作假的。

（4）特种作业人员操作资格证书管理混乱，证件不清，资料不全的。

（5）特种作业人员自行使用非法印制、伪造、倒卖的特种作业操作资格证书。

(6) 出租、出借、涂改特种作业操作资格证书的。

第二十五条 本制度自下发日起施行。

第二十六条 本制度由二级公司负责解释。

3.24 项目建设安全管理制度

第一节 总 则

第一条 为加强二级公司项目建设安全生产管理，保障作业人员在生产中的安全，根据国务院《建设工程安全管理条例》等有关法规的规定，结合二级公司实际，特制定本制度。

第二条 二级公司所属各单位的项目建设必须遵守本制度。

第三条 本制度所称项目建设是指各类房屋建筑、地面线路、地面管道和设备安全工程、各类房屋装修工程（不含家庭装修工程）、道路、桥梁、井下各种委外工程等设施工程。

第四条 二级公司及建设施工单位的安全监察处，负责建设工程安全生产监督工作。

第二节 组织机构及人员管理

第五条 建设单位应有主要负责人分管项目建设安全生产工作。设固定人员负责施工现场安全生产管理。

第六条 在二级公司所属各单位从事项目建设的施工单位必须具有国家有关部门颁发的《安全生产许可证》。

第七条 施工单位项目负责人和专职安全管理人员应取得有关部门考核合格后颁发的安全管理人员证件。

第八条 施工单位应当建立健全安全保障体系、安全生产责任制和岗位安全操作规程。

第九条 从事垂直运输和机械作业人员安装拆卸工、爆破作业人员、起重信号工、登高架设人员、电焊工等特殊作业人员必须取得特种作业人员资格证。工地食堂炊事员必须具有健康证。

第三节 施工设备及用电

第十条 施工单位在施工现场使用的自有或租赁的机械设备必须具有生产（制造）许可证和检验检测合格证。

第十一条 大型起重设施安装完毕，必须经组织验收合格并取得特种设备管理部门的“使用许可证”后，方可交付使用。禁止无资质单位从事大型起重设施的拆装作业。

第十二条 施工用电应有施工组织设计方案，用电负荷由计算确定。

第十三条 施工机械用电应执行“一机、一闸、一漏、一保护”的规定。禁止一闸多机。

第十四条 施工现场临时用电线路必须具有可靠绝缘，严格按施工组织设计敷设。

第四节 安 全 活 动

第十五条 建设单位与施工单位应签订项目建设的安全协议，明确双方责任与权利，并报安全生产管理部备案。

第十六条 建设单位应定期对项目建设安全生产进行安全检查。对发现的安全隐患责令整改，对危及人员安全和对财产造成严重损失的重大隐患要立即整改，防止伤亡事故的发生。

第十七条 施工单位应定期召开安全办公会，分析安全形势，部署安全工作，对危险源进行识别和采取预控。

第十八条 施工单位应定期开展安全检查和专项安全检查，做好安全检查记录，明确处理措施，消除安全隐患。

第十九条 施工单位应对新进场人员和进入新岗位人员进行安全教育培训，培训合格后，发合格证书，持证上岗。

第二十条 各工种作业前应进行安全交底，按照岗位安全操作规程施工。

第二十一条 对于危险性较大的分部、分项工程，应按照专项施工方案，在专职安全生产管理人员现场监督下进行。

第二十二条 施工单位应按照安全设施设置方案对施工现场进行防护，并设置警示标志。

第二十三条 项目建设单位、施工单位定期组织应急救援预案的演练，丰富预案的内容，使之具备更高的可操作性和针对性。

第二十四条 施工单位应加强文明工地的创建活动，外树形象，内抓管理，创造良好的工作环境，促进施工现场各项工作的提高。

第五节 监 督 检 查

第二十五条 建设单位在项目建设施工前，到安全生产管理部办理安全备案，并将安全备案表所列明细资料同时报送。

第二十六条 安全生产管理部依照法律、法规规定对项目建设进行日常监督，对发现的安全事故隐患或重大安全事故隐患，立即下达《事故隐患整改通知单》或《停工指令书》，限期整改。

第二十七条 建设单位建立施工单位安全业绩记录，施工单位在项目建设中的安全生产业绩和不良行为全部录入档案。

第二十八条 事故的报告及处理

1. 事故的报告

施工单位要按照事故的分类，根据规定报告。重伤以上的事故应立即向有关部门报告；对于重大事故发生后，施工单位按规定的时限，口头报告的同时，书面快报建设单位及有关部门。

2. 调查报告

（1）轻伤、重伤事故，由施工单位负责人组织有关人员进行调查，将调查报告报二级公司安全生产管理部。

（2）重大事故按照有关规定由有关部门组成调查组。

（3）伤亡事故处理结案，公布处理结果，发生事故单位尽快写出详细的事故处理报告，逐级上报。

第六节 附 则

第二十九条 临时性建筑及抢险救灾项目，不适用本制度。

第三十条 本制度自下发之日起执行。

3.25 职业病防治管理制度

第一节 总 则

第一条 为预防、控制和消除职业病危害，保障职工在生产劳动过程中不受职业病危害因素的影响，预防职业病的发生，提高劳动生产效率，保护接触职业危害因素作业职工和职业病患者的合法权益，促进二级公司持续、健康与和谐发展。根据《职业病防治法》及其相关法律法规，特制定本制度。

第二条 职业病防治工作坚持预防为主、防治结合的方针，实行分类管理、综合治理。

第三条　劳动者依法享有职业卫生保护的权利。各单位应当为劳动者创造符合国家职业卫生标准和卫生要求的工作环境和条件，并采取措施保障劳动者获得职业卫生保护。

第四条　各单位应当建立、健全职业病防治责任制，加强对职业病防治的管理，提高职业病防治水平，对本单位产生的职业病危害承担责任。

第五条　各单位应当加强职业卫生宣传教育和培训，普及职业病防治的知识，增强职业病防治观念，提高劳动者的自我健康保护意识。

第六条　本制度适用于二级公司所属各单位。

第二节　组织机构及其职责

第七条　二级公司成立职业病防治领导小组：

组　长：二级公司经理

副组长：二级公司各副经理

成　员：安全生产监督管理部、生产技术部、一通三防部、机电设备部、人力资源部、工会、生产指挥中心、地测与防治水中心、环保节能部、工会、后勤管理中心、招标管理办公室等部门负责人组成。

办公室设在安全生产监督管理部，负责日常职业卫生监督管理工作。

安全生产监督管理部职业卫生科负责二级公司的职业卫生管理工作，负责二级公司职业健康监护管理，做好企业职业卫生档案和接触职业危害因素职工健康监护档案的建立与管理，按照规定开展接触职业危害因素职工职业健康检查、职业病筛选、职业病报告、职业病患者治疗与疗养等管理工作。

安全生产监督管理部负责二级公司作业场所职业卫生监督检查、职业危害事故调查、职业病危害项目申报或变更管理工作，制定工作管理标准和考核办法，积极配合有关部门对有害作业场所进行监测与卫生学评价，并明确专人负责此项工作。

一通三防部负责检查指导粉尘作业场所的监督检查工作。

环保节能部负责督促检查各单位排放的作业环境的噪声、粉尘及其他有毒有害物质等浓度等。

其他相关部门负责督促、指导各单位落实职业危害防护措施。

人力资源部负责落实诊断患有尘肺病职工待遇，保障职工的权益。

二级公司工会依法对公司职业卫生工作进行监督，提出意见和建议，切实保护职工的合法权益。

第八条　所属各单位成立职业病防治领导小组和相应的组织机构，明确各成员的职责，单位负责人是本单位职业卫生管理工作的第一责任者。

第三节　职 业 危 害 预 防

第九条　各单位产生职业病危害的工作场所应当符合下列职业卫生要求：

（1）职业病危害因素的强度或者浓度符合国家职业卫生标准。

（2）有与职业病危害防护相适应的设施。

（3）生产布局合理，符合有害与无害作业分开的原则。

（4）有配套的更衣间、洗浴间等卫生设施。

（5）设备、工具、用具等设施符合保护劳动者生理、心理健康的要求。

第十条　建立职业病危害项目的申报制度。各单位依法公布职业病目录所列职业病的危害项目，应当及时、如实向二级公司安全生产管理部职业卫生科申报，接受监督。

职业病危害项目申报按照国务院卫生行政部门的规定执行。

第十一条　新建、扩建、改建建设项目和技术改造、技术引进项目可能产生职业病危害的，建设单位在可行性论证阶段应当向有关部门提交职业病危害预评价报告，经批准后才可实施建设项目。职业病危害预评价报告应当对建设项目可能产生的职业病危害因素及其对工作场所和劳动者健康的影响做出评价，确定危害类别和职业病防护措施。

第十二条 建设项目的职业病防护设施所需费用应当纳入建设项目工程预算，并与主体工程同时设计，同时施工，同时投入生产和使用。

第十三条 放射、高毒等作业实行特殊管理，按照国家有关规定执行。

第四节 劳动过程中的防护与管理

第十四条 各单位应当采取下列职业病防治管理措施：

（1）配备专职或者兼职的职业卫生专业人员，负责本单位的职业病防治工作。

（2）制定职业病防治计划和实施方案。

（3）建立、健全职业卫生管理制度和操作规程。

（4）建立、健全职业卫生档案和劳动者健康监护档案。

（5）建立、健全工作场所职业病危害因素监测及评价制度。

（6）建立、健全职业病危害事故应急救援预案。

第十五条 各单位必须采用有效的职业病防护设施，并为劳动者提供个人使用的职业病防护用品。各单位为劳动者个人提供的职业病防护用品必须符合国家标准和防治职业病的要求；不符合要求的，不得使用。

第十六条 各单位应当优先采用有利于防治职业病和保护劳动者健康的新技术、新工艺、新材料，逐步替代职业病危害严重的技术、工艺、材料。

第十七条 对产生严重职业病危害的作业岗位，应当在其醒目位置，设置警示标识和警示说明。

第十八条 对放射工作场所和放射性同位素的运输、贮存，各单位必须配置防护设备和报警装置，保证接触放射线的工作人员佩戴个人剂量计。

第十九条 对职业病防护设备、应急救援设施和个人使用的职业病防护用品，各单位应当进行经常性的维护、检修，定期检测其性能和效果，确保其处于正常状态，不得擅自拆除或者停止使用。

第二十条 各单位应当按照规定，接受由取得省级以上人民政府卫生行政部门资质认证的职业卫生技术服务机构对工作场所进行职业病危害因素检测、评价。

第二十一条 贮存可能产生职业病危害的化学品、放射性同位素和含有放射性物质材料的场所应当在规定的部位设置危险物品标识或者放射性警示标识。

第二十二条 各单位与劳动者订立劳动合同（含聘用合同）时，应当将工作过程中可能产生的职业病危害及其后果、职业病防护措施和待遇等如实告知劳动者，并在劳动合同中写明，不得隐瞒或者欺骗。

第二十三条 各单位的负责人应当接受职业卫生培训，遵守职业病防治法律、法规，依法组织本单位的职业病防治工作。

各单位应当对劳动者进行上岗前的职业卫生培训和在岗期间的定期职业卫生培训，普及职业卫生知识，指导劳动者正确使用职业病防护设备和个人使用的职业病防护用品。

第二十四条 对从事接触职业病危害的作业的劳动者，各单位应当按照国务院卫生行政部门的规定组织上岗前、在岗期间和离岗时的职业健康检查，并将检查结果如实告知劳动者。职业健康检查费用由各单位承担。各单位不得安排未经上岗前职业健康检查的劳动者从事接触职业病危害的作业；不得安排有职业禁忌的劳动者从事其所禁忌的作业；对在职业健康检查中发现有与所从事的职业相关的健康损害的劳动者，应当调离原工作岗位，并妥善安置。

第二十五条 各单位为劳动者建立的职业健康监护档案按照规定的期限妥善保存。

劳动者离开各单位时，有权索取本人职业健康监护档案复印件，各单位应当如实、无偿提供，并在所提供的复印件上签章。

第二十六条　发生或者可能发生急性职业病危害事故时，各单位应当立即采取应急救援和控制措施，并及时报告二级公司安全生产管理部和综合管理部，主管部门接到报告后，应当及时会同有关部门组织调查处理；必要时，可以采取临时控制措施。

对遭受或者可能遭受急性职业病危害的劳动者，各单位应当及时组织救治、进行健康检查和医学观察，所需费用由各单位承担。

第二十七条　各单位不得安排未成年工从事接触职业病危害的作业；不得安排孕期、哺乳期的女职工从事对本人和胎儿、婴儿有危害的作业。

第二十八条　各单位按照职业病防治要求，用于预防和治理职业病危害、工作场所卫生检测、健康监护和职业卫生培训等费用，按照国家有关规定，在生产成本中据实列支。

第二十九条　二级公司成立职业病筛选小组，对接触职业危害职工的健康检查结果进行筛选，对筛选出的疑似病例上报市职业病诊断小组进一步诊断。

第三十条　各单位和医疗机构发现职业病病人或者疑似职业病病人或确诊为职业病时，应当及时向人力资源部报告，依法进行处理。

第三十一条　按规定进行职业病统计报告工作。

第三十二条　发现疑似职业病人时，各单位应当及时安排对疑似职业病病人进行诊断；在疑似职业病病人诊断或者医学观察期间，不得解除或者终止与其订立的劳动合同。

疑似职业病病人在诊断、医学观察期间的费用，由各单位承担。

第三十三条　职业病病人依法享受国家规定的职业病待遇。

各单位应当按照国家有关规定，安排职业病病人进行治疗、康复和定期检查。

各单位对不适宜继续从事原工作的职业病病人，应当调离原位，并妥善安置。

第三十四条　职业病病人的诊疗、康复费用，伤残以及丧失劳动能力的职业病病人的社会保障，按照国家有关工伤社会保险的规定执行。

第三十五条　职业病病人变动工作单位，其依法享有的待遇不变。

第五节　健　康　管　理

第三十六条　对接触职业危害因素作业的职工实行上岗前、在岗期间、离岗时健康检查；各单位发生分立、合并、解散、破产等情形的，应当对从事接触职业病危害因素的作业的劳动者进行健康检查；对职业病人进行定期复查。检查结果如实记录到职工健康监护档案中。

第三十七条　健康检查由取得职业健康检查资质的医疗机构负责具体实施。

第三十八条　职业健康体检人员名单由各单位人事资源部门和职业病防治工作人员填报，经二级公司审核后，方可组织健康检查。

第三十九条　根据《职业病防治法》及《煤矿安全规程》规定，按照如下时间要求进行健康检查：

（1）在岗接触粉尘作业工人，岩石掘进工种每 2 ~ 3 年拍片检查 1 次；混合工种每 3 ~ 4 年拍片检查 1 次；纯采煤工种每 4 ~ 5 年拍片检查 1 次。

（2）接触毒物、电离辐射、高温、噪声、振动人员每年检查 1 次。

（3）疑似尘肺患者与尘肺患者按照市疾病控制中心的安排开展健康检查。

第四十条　各单位要积极组织职业病患者到取得资质的医疗机构开展治疗及疗养。

Ⅰ期尘肺患者每年治疗 1 个月，Ⅱ期尘肺每年入院治疗或疗养 2 个月，Ⅲ期尘肺按病情随时入院治疗。

第六节　监　督　检　查

第四十一条　公司安全生产管理部职业卫生科应当定期或不定期组织对各单位职业病防治工作进

行监督检查，定期检查原则上每半年开展1次。

第四十二条　发生职业病危害事故或者有证据证明危害状态可能导致职业病危害事故发生时，应责成有关部门或有关单位可以采取下列临时控制措施：

（1）责令暂停导致职业病危害事故的作业。

（2）封存造成职业病危害事故或者可能导致职业病危害事故发生的材料和设备。

（3）组织控制职业病危害事故现场。在职业病危害事故或者危害状态得到有效控制后，及时解除控制措施。

第七节　附　　则

第四十三条　本制度自印发之日起执行。

3.26　零星工程安全管理规定

由于近年来二级公司零星工程事故较多，给员工健康和煤矿企业带来较大的损失，为确保安全，公司决定，各单位要根据公司要求，结合自身实际，制定零星工程管理办法。

1. 零星工程的概念

零星工程是指具有作业人员分散、岗点不固定、作业内容多样等多个特点的施工作业工程，井下除正常的采掘活动和固定岗位工作以外的其他工程，均为零星工程。如：安装、回撤、扩修、扶棚、运送物料、运输“四超”物件、垒台阶、清理卫生、清挖水仓、更换或抢修设备及其他特殊工程等。

2. 零星工程管理要求

（1）所有零星工程必须明确现场安全负责人，区队班前会对作业过程中的安全风险进行重点部署，每班安排干部对每个作业地点进行实地勘察。

（2）零星工程班组长或跟班干部在场的，班组长或跟班干部即为安全负责人。

（3）现场安全技术措施落实不到位不允许作业。

（4）安全科负责对零星工程作业人员特殊工种证、岗位手指口述、正规操作规定、应知应会等进行不定期的检查，确保作业人员持证上岗，岗位危险源及时排查，岗位操作规范有序。

（5）三人及以上单独作业且无班组长在场的，必须明确一名群监员作为安全第一责任者，负责施工现场的安全工作。

（6）各单位必须建立“零星工程施工作业安全负责人”登记制度，在班前会上进行记录登记，详细记录施工地点、施工内容、安全负责人姓名等内容，做到责任明晰、有据可查。

（7）安全科要强化对“零星工程施工作业安全负责人”登记制度执行情况的考核，组织定期、不定期监督检查，严格考核兑现。

3. 零星工程的具体分类

1）采掘区队

（1）除正常的采掘活动外，安排其他工作时，必须安排安全负责人。

（2）抢修或更换设备时，现场必须有区队干部、安监员，负责现场的安全工作。

（3）需要装运（吊装）物件时，必须严格执行运输管理的有关规定，必须安排安全负责人、小绞车司机、上下车场把钩工三人必须到位。安全设施必须齐全有效，运输量较大及大型设备、物料、特殊地点运输时，区队、生产科室干部现场盯班。

2）搬家倒面

（1）安装、回撤、起吊大件，煤矿必须组织有关人员召开现场会并编制安全技术施工措施。

（2）工作面安装现场必须有跟班副队长、安监员，特殊安装如起吊大件，现场必须有区队干部和科室干部双职盯班。工作面回撤现场除有跟班副队长、安监员外，区队干部和科室干部必须盯班。

（3）特殊时期给采掘区队装运大件时，除严格执行运输“四超”物件的管理规定外，必须安排安全负责人和安监员现场盯运。

3）巷修

（1）扩修巷道时，矿必须组织有关人员现场会审，并编制安全技术施工措施。无论是扩修还是零星架棚的修复，现场必须有副队长或区队干部盯班，现场的监督检查，采取属地管理的办法，由安全科安排就近的安监员负责兼管。

（2）安排垒台阶、清理卫生、清挖水仓等工作时，现场必须安排安全负责人，具体负责安全工作。

4）机电机运队

（1）给采煤区队装运物料时，必须严格执行运输管理规定，必须安排安全负责人、小绞车司机、上下车场把钩工至少三人必须到位，安全设施必须齐全有效。

（2）运输“四超”物件时，必须严格执行公司运输“四超”物件的有关规定。现场必须有跟班干部和安监员盯运。

（3）更换或抢修设备时，必须有专门的安全技术措施，科室专业人员必须盯现场，必要时分管领导要在现场盯班。

（4）运送物件和起吊大件时，必须编制专门的安全技术措施，安排安全负责人，科室专业干部现场盯班。

5）通防

（1）运输风机、密闭用材料等物件时，必须安排安全负责人，具体负责安全工作。

（2）施工密闭、挡风墙等时，现场必须有区队干部盯班。

（3）启密闭必须有专项安全技术措施，干部盯班。

（4）处理瓦斯异常区局部瓦斯超限时必须有专项安全措施，专业科室干部、区队正职现场盯班。

4. 零星工程考核规定

1）零星工程施工管理规定

（1）所有零星工程安排必须由调度会议研究确定，按专业分工，由一名分管领导重点负责组织，明确管理部门负责工程的管理和验收。

（2）所有零星工程必须制定相应的安全技术措施，由执行单位编写，管理部门初审，分管领导把关，总工程师审签。工程较复杂、施工时间较长、专业性强的工程必须组织安全技术措施会审。

（3）各单位要按时召开班前会，班前会先安排零星工程，然后再强调针对性的安全事项。

（4）各单位在安排零星工程施工前，要认真填写“井下零星工程施工许可证”。“井下零星工程施工许可证”填写应严肃认真，依次注明单位、施工地点、班次、盯班干部、安全负责人、施工人数、措施情况、施工目的等。

（5）各单位零星工程施工前必须有专项施工安全技术措施并组织学习。施工时要明确施工负责人和安全负责人，搞好互保、联保和自主保安。无措施施工、不按措施施工或不明确施工负责人和安全负责人的，记责任者严重违章。

（6）各单位零星岗点安全负责人，必须是群监员或班组长以上管理人员，且每个作业地点施工人员不得少于2人，否则，立即停止施工。

（7）参加工作不满半年的新工人，不得独立作业，更不得参与风险性较大的工程施工。对于新工人独立作业、人为将师徒分开工作的责任单位和责任人作通报处理。

2）零星工程运输管理规定

必须严格执行二级公司制定的小绞车11条禁令、斜巷运输10条禁令和带式输送机6条禁令。

（1）各单位安排运输物料及设备的，一律填写“运输许可证”，做到持证运输。“运输许可证”

填写应严肃认真，依次注明单位、值班干部、班次、盯班干部、安全负责人、措施情况、物品名称、起运地点、运输终点、四超类型等内容，要字迹清晰。

（2）所有物料运输必须做到“持证运输”，施工负责人要随身携带运输措施及许可证，安监员必须现场进行核对，发现措施失效或运送物料、许可证不符的按无措施施工论处，责任者记严重违章。

（3）各单位运料组不得随意增减和变动成员，运料组长（负责人）必须由群监员或班组长以上人员担任。

（4）区队有两组及以上人员进行运输作业的，该单位必须安排盯班干部现场负责，配合安监员搞好当班安全运输。

（5）安全科值班人员必须落实安监员在运输现场进行监督检查，确保运输安全。否则，因工作失误造成现场出现空岗给予处罚。

（6）现场安全设施不齐全、不合格，信号不灵敏可靠，运输设备不完好、运输线路存在安全隐患进行强行运输的，给予处罚。

（7）区队安装回撤必须有专业人员会审，并有会审纪要，交安全科备查，否则不能施工，责任者记严重违章。

（8）各单位严禁用矿车运送超长、超高、超宽物件。如：铁棚、钢管、铁路等。用花车装运时，两端头的长度和重量要均衡，高度不得超过花车高度。否则，记责任者一般违章。

（9）区队运送“四超”物料要提前考虑，做到心中有数。要安排专人每天全面检查运输线路、巷道高度、绞车、打点信号、钢丝绳（包括保险绳）、轨道质量、安全设施等完好情况，并做好各类记录，发现问题及时处理，确保运输线路畅通、安全。

（10）凡是井上向井下运料、井下向井上运料、井下各地点相互转运料，安排工作时除强调安全、工作量等外，安排人员不得少于3人。

（11）人员在大巷行走时，必须走人行道，遇电机车通过时，必须停止行走，待列车通过后，方可行走。

3）“四超”物件运输特殊管理规定

（1）“四超”物料的界定。

超长：所装物件宽度超过车辆长度。

超宽：所装物件宽度超过车辆宽度。

超高：所装物件高度超出矿车车沿0.2 m。

超重：运送物件的载重量超过绞车（胶轮车、支架车、循环车、机车）或钢丝绳允许载荷量。

（2）“四超”物料运输管理规定。

①各单位必须根据计划和会议安排及时编制措施，做到“一施工一措施”。

胶轮车、支架车运输要有更具针对性的安全技术措施。

②运输“四超”物件前，必须对所要运输的“四超”物件装车、封车情况进行仔细检查，必须封绑牢固不得偏载，检查确认后在车上贴上运输单。各种物件装车时必须要保证矿车销子能正常提起使用。待确认装车、封车无问题，运输单贴上后方可按措施进行运输。

③运输“四超”物件时，要使用标准的连接钩环。对特殊情况下确需使用非标准连接装置时，必须提前制定安全技术措施，并验算其强度，经矿总工程师审批后方可使用，在每次使用前要检查连车工具的完好情况，确保完好。其措施保存备查。

④“四超”大件运输时必须使用大平板车，尤其超高超重件。对超长件如铁棚、铁路、管子等用小花车装必须按规定数量及要求装车，严禁超高超重超宽件用小平板车装运。高压电缆必须放到大花车上运输，严禁用大花车装运回收的废旧物料。

⑤设备运输（尤其胶轮车、支架车整体运输支架）前，有关人员对运输路线的巷道、轨道及沿线的管道、电缆、风门等设施进行检查，保证要求的高度和宽度。

(3) 装封车要求（尽可能采用××煤业的封车方法）。

①设备装车时，要安放平稳，设备底部与车盘平面之间放置木料或皮子，加大防滑效果，封车牢固可靠、无滑动部件，各机件的外露配合面，突出棱角及轴头精密件要加以包装保护，防止运输中碰损或出现意外。

②设备装车后，要在满足沿途运输尺寸的前提下，要使重物的重心尽量与车盘的中心相吻合。若重心和中心无法调整重合时，尽量调整重心和中心在车盘纵轴线上，斜巷运输时，钩头必须挂在重心侧。

③装车时，当物料的长度不同时，长的物料装在底部，短的物料装在上面，并必须留有插连接销子的位置。

④封车要前、中、后尽量均匀布置，封绳要固定在部件前、后不易窜动的部位。用钢丝绳封车时要“八”字或“米”字使用。

⑤大型设备封车时，链条与链条之间的连接，必须使用连接环，禁止使用螺栓连接。

⑥超长部件（超过车盘）运输时，要防止车辆相撞，两头要加垫木，以防撞坏设备。

⑦超大外形和超重部件（5 t 以上）封车时，封绳不少于3道，封绳要尽量使用40 T 以上的链条。

3.27 安全风险分级管控制度

第一章 总 则

第一条 为了有效管控煤矿存在的安全风险，推进本质安全型矿井建设，实现人、机、环、管的本质安全，保障全体职工及国家财产的安全。根据《煤矿安全风险预控管理体系规范》（AQT 1093—2011）等法律法规、标准规范，结合公司实际制定本制度。

第二条 本制度适用于公司所有煤矿。

第三条 安全风险分级管控工作坚持“全员参与、全面辨识、全过程控制、突出重点、循序渐进”的原则，严格危险源辨识登记、风险评估、分级措施制定、责任分解、台账管理、动态检查、效果评价、资金保障、教育培训、考核奖惩等各环节的管理。

第二章 责任划分

第四条 公司负责安全风险分级管控工作整体上的规划指导、监督管理，履行管理主体责任，负责组织、督促、指导、协调煤矿的危险源管控工作。

各煤矿是安全风险分级管控的责任主体，负责组织开展安全风险管控的各项工作，将安全风险管控任务分解到科队车间、岗位个人，每一个危险源均有部门、人员负责。

科队车间是安全风险管控的落实主体，负责责任区域内危险源的辨识、评估、标准措施制定及落实、动态管理等工作。

班组、个人是安全风险管控的执行主体，负责当班、本岗位危险源的确认、管控措施的执行，保障危险源时刻处于受控状态。

第三章 危险源辨识登记

第五条 各煤矿按照人、机、环、管等类型（或按照物态、行为、观念、制度等方面），采取经验对照分析、系统安全分析等方法，发动全体职工对本单位存在的危险源进行全面、系统的辨识，并对辨识出的所有危险源分类登记。

第四章　安全风险评估分级

第六条　煤矿应采取定性、定量的评价方法，从危险源导致事故的可能性及事故后果的严重度等方面，对辨识出的危险源进行风险评估，依据评估结果将危险源分为重大、较大、一般和低风险四个级别。

第五章　危险源管理标准及措施

第七条　煤矿应根据相关法律法规、规程规范等对辨识出的所有危险源逐一制定管理标准，明确危险源在受控状态下应达到的标准。

第八条　遵循消除、预防、减弱、隔离、连锁、警示等原则，分别采取工程、技术、组织、管理等方法对辨识出的所有危险源逐一制定有效的控制措施。

第九条　危险源、风险等级以及制定的管理标准和控制措施应统一对应登记，实行台账式管理。

第六章　重大危险源管控

第十条　煤矿依据安全风险评估结果，将较大危险源、重大危险源列为重点管理对象。重大危险源必须做到专人负责，确保控制措施落实到位，时刻处于受控状态。

第十一条　煤矿要将重大危险源标注在本单位整体平面图中，在本单位醒目位置统一公示，并在重大危险源存在具体地点设置安全警示标志。

第十二条　对重大危险源实行“一险一档”台账管理。管理台账应至少包含以下 13 种要素：危险源名称、存在位置、产生原因、危害后果、责任部门、责任人员、管理标准、控制措施、建档时间、状态描述、状态改变情况、应急预案及演练、日常检查记录等。

第七章　危险源动态管理

第十三条　煤矿对危险源状态、控制措施到位情况实行动态检查，明确检查频次，不漏查一个危险源，尤其要突出对重大危险源的动态监控。

责任人每班、责任部门（科队车间）每天、煤矿每周必须检查危险源状态，以及管控措施落实情况，并做好记录。公司不定期检查煤矿安全风险管控工作的开展情况，并将重大危险源管控情况作为每次检查的重点。

第十四条　煤矿要时刻关注本单位危险源的变化情况，根据新辨识的危险源、削减的危险源、现有危险源的改变（如位置的改变、量的改变等）等情况及时调整危险源管控。

第八章　保　障　措　施

第十五条　煤矿要做好安全风险管控所需的各项保障措施，包括组织机构、培训、责任制、资金、信息化管理、考核等方面。

第十六条　煤矿要确定一个部门全面统筹安全风险分级管控工作，具体负责危险源的统一登记管理、分解危险源管控责任、制作岗位危险源知识卡、组织危险源培训、指导考核各责任部门的危险源管控工作以及其他需要开展的工作。

第十七条　煤矿要开展安全风险管控的宣传教育、培训工作，每一名员工必须熟悉本岗位存在的危险源，懂得危险源管理标准及控制措施，会判断危险源是否处于受控状态，会辨识新危险源。员工上岗应佩戴危险源知识卡。

第十八条　煤矿按照职责分工，将安全风险分级管控纳入各部门、各岗位的安全生产责任制中。

第十九条　煤矿要保证危险源辨识、评估、监控、整改培训等工作所需要的资金。

第二十条　煤矿要利用各种先进的信息管理手段，实现安全风险管控工作的数字化、信息化管理。

第二十一条　煤矿要对安全风险管控的责任部门、责任人员的履职情况进行定期考核，并将考核结果与安全工资挂钩。

第九章　附　　则

第二十二条　各基层煤矿根据本制度，结合本单位实际情况分别制定具体实施细则、实施方案。

第二十三条　公司将安全风险分级管控工作纳入对煤矿的安全绩效考核，对此项工作进行月度考核。

第二十四条　本制度解释权归山西煤销集团二级公司安全生产委员。

3.28　煤矿井下劳动定员制度

第一条　为进一步加强煤矿安全生产工作，规范本公司劳动定员管理，防止超强度、超能力、超定员生产，依据山西省煤矿劳动定员管理和核定办法及煤矿矿井入井人员数量的若干规定，结合公司实际制定本制度。

第二条　煤矿井下劳动定员管理原则

坚持保证安全生产的原则。劳动定员管理和劳动定员编制必须符合《安全生产法》《劳动法》和《煤矿安全规程》等法律、法规、规章的要求，符合煤矿客观实际，反映出合理和相对稳定的生产劳动组织结构及其变化，减人提效，保证安全生产工作的需要。

坚持“以人为本”的原则。劳动定员管理和劳动定员编制必须立足于努力提高职工队伍素质，优化劳动力配置，挖掘各工种内部潜力、提高工时利用率，合理减少工人作业时间和降低工人劳动强度。

坚持实事求是的原则。劳动定员管理和劳动定员编制必须根据煤矿企业自身实际，在国家和省确定的框架内科学合理地确定。

坚持严格按定额定员管理的原则。劳动定员管理和劳动定员编制对凡有定额标准的作业项目都要按劳动定额核定定员，合理节约劳动生产力。

坚持安全高效的原则。劳动定员管理和劳动定员编制必须坚持既要满足安全的要求，又要满足减人提效的要求，确保安全高效地组织生产。

第三条　相关职责

公司煤矿人员配备由人力资源部归口管理。人力资源部应优先保证各煤矿安全生产用人需求。

公司煤矿井下劳动定员核定工作由安全生产管理部归口管理。

第四条　煤矿井下劳动定员应每年核定一次。

第五条　煤矿井下劳动定员核定应充分考虑各煤矿以下因素：①矿井井型，即矿井的生产能力；②矿井的地质、构造、瓦斯、水害等实际制约矿井生产用人的需要；③矿井的生产工艺、系统、环节等对岗位设置及用人的实际需求；④法律法规对煤矿管理岗位的用人要求。

当煤矿的上述条件发生明显变化时，必须重新核定井下劳动定员。

第六条　煤矿井下劳动定员核定程序：

每年，由矿井向公司提出劳动定员核定申请。公司安全生产管理部接到煤矿劳动定员核定申请后，组织调度、生产技术、机电、运输、地质防治水、“一通三防”、人力资源等部门，对煤矿设置的井下岗位和岗位定员进行逐一审查，审查后对井下岗位和岗位定员提出意见。安全生产管理部汇总各相关部门的意见，对煤矿井下劳动定员提出核定建议，报公司领导审核。审核通过后，向煤矿下达井下劳动定员核定通知书。

当煤矿的上述条件发生明显变化时，重新核定井下劳动定员的，依上述程序办理。

第七条　煤矿向公司申请井下劳动定员时应提交以下资料：

（1）井下劳动定员核定申请。

（2）本矿采掘工程平面图。

（3）井下生产系统及作业头面、设备配备（含型号）清单。

（4）本矿涉及井下的管理部门和生产作业队组及其岗位、岗位定员设置详表。

第八条　煤矿必须严格按核定后的井下定员组织生产作业，不得随意增加井下定员。

煤矿必须制定入井人员管理制度，严格控制生产头面个数，要加强正规作业循环管理，严禁两班交叉作业，保持均衡组织生产，严格控制入井人数，特别是临时入井人员，严禁超定员组织生产。

第九条　煤矿必须严格执行出入井人员清点制度，每班及时统计实际入井人数和出井人数，及时掌握井下作业人数，确保不超定员组织生产。

第十条　其他未尽事宜按上级有关规定执行。

3.29　消防安全管理制度

第一条　建立一把手负责的逐级防火责任制。

二级公司所属单位的主要负责人是单位的消防安全责任人，对本单位的消防安全工作全面负责，并建立以主要负责人为核心的防火领导小组，确定一名领导为消防安全管理人。

二级公司消防管理的职能部门是安保部，监督部门是安全生产管理部。

各单位确定的消防安全管理人、逐级消防安全管理人员，具体负责本单位的消防安全管理工作，与当地消防部门建立联系，确保消防安全。

第二条　建立逐级消防安全责任制和岗位消防安全制度，组建义务消防组织，上报二级公司安保部备案。

各单位应建立逐级消防安全责任制和岗位消防安全制度，明确逐级和岗位消防安全职责，确定各岗位消防安全责任人。

单位应根据场所、部位特点建立以下消防安全制度：消防安全教育、培训；防火巡查、检查；安全疏散设施管理；消防（控制室）值班；消防设施、器材维护管理；火灾隐患整改；用火、用电安全管理；易燃易爆危险物品和场所防火防爆；专职和义务消防队的组织管理；灭火和应急疏散预案演练；燃气和电气设备的检查和管理（包括防雷、防静电）；消防安全工作考评和奖惩；其他必要的消防安全内容。

组织与生产班次相结合的义务消防组织，并进行明确分工，比例达到20%，义务消防组织每半年至少进行一次消防业务学习训练和实地演练。

第三条　各单位应设置或者确定消防管理部门，并确定专职或兼职消防员。

根据公安部〔61〕号令和有关规定，各消防重点单位应设置或确定消防工作管理部门。依照《山西省消防安全标志设计、施工、验收及维护规程》确定专职或兼职消防员，单位员工满千人的应配置两位专职防火员；其超过千人的部分均按千分之零点七的比例配备，但根据实际情况，易燃易爆单位应加大专职消防员的配备数量，并报二级公司综合管理部备案。

专、兼职消防员要依据公安部〔61〕号令及本制度，认真履行自己的职责，抓好日常消防安全管理工作，并按时参加二级公司消防工作例会，上报各种报表材料。

第四条　确定防火重点部位，配置灭火器材，加强消防器材的日常管理和维修保养。

依照山西省消防安全重点单位界定标准，结合本单位防火实际情况，确定防火重点部位，并按照重点单位、部位的要求，严格管理。

根据《建筑灭火器配置规范》和单位防火部位实际需要配置消防器材、设备、设施、消防标志，确保完整好用，消防资金投入到位。

灭火器应贴挂标签，注明启用日期、药剂换装时间，加盖印章，落实各部位消防器材负责人。

第五条　开展防火检查、消除火灾隐患、加强隐患整改。

各单位要开展不同形式的逐级防火检查、自查，做到单位消防安全管理人组织的检查每月不少于 1 次，负责消防管理的部门组织的检查每月不少于 2 次。对重点部位、车间的日常巡查，要认真按照巡查制度要求填写记录。

单位自查、负责消防的部门检查提出的火灾隐患问题应当立即消除，火灾隐患整改完毕后，要写出火灾隐患整改回执，报送二级公司安保部。

对不能当场整改的火灾隐患，要在火灾隐患整改通知书限定的日期内整改，对确实整改困难的隐患，单位要确定整改方案、防范措施，并报二级公司安保部。

第六条　加强消防安全宣传教育和培训。

单位要通过多种形式开展经常性的消防安全宣传教育，建立消防宣传教育专栏，定时更换消防宣传内容。

对重点工种、从事易燃易爆化学危险物品管理和公众聚集场所工作人员至少半年进行一次消防知识和本岗位的消防技能培训。新上岗的特种工种人员要进行岗前培训。上级主管部门统一考核发证，并对发证人员要进行年审核，保证持证上岗的工作质量。

通过消防安全教育培训，使员工能够达到应知应会要求。

第七条　建立健全防火档案，制定灭火、应急疏散预案，并组织演练。

各单位应建立健全消防档案。消防档案应当翔实、全面反映单位消防工作的基本情况，并附有必要的图表，根据情况变化及时更新。

单位要对其重点部位制定灭火和应急疏散预案，至少每半年进行一次演练。

第八条　及时报审具有火灾危险性的大型群众活动及单位内外改建装修工程。

凡举办集会、焰火晚会、文艺演出、灯会等具有火灾危险的大型活动，主办或者承办单位，要向二级公司安全生产管理部和安保部申报，申报内容：防火措施预案、活动场所平面示意图、群众文体活动审批表等相关内容，经消防安全管理部门审批检查合格后方可举办。

单位对内外改建装修工程要依法办理建筑工程消防设计审批手续并申报二级公司安保部、上级消防主管部门批准后，方可施工。工程竣工后，由二级公司安保部会同上级消防主管部门验收合格后方可使用。

第九条　单位发生火灾应立即报警，不得隐瞒、掩饰起火原因、推卸责任、故意破坏现场或者伪造现场。

单位发生火灾时，应当立即实施灭火和应急疏散预案，务必做到及时报警、迅速扑救火灾、及时疏散人员，不得阻拦报警。

火灾扑灭后，起火单位应当保护现场，接受事故调查，如实提供火灾事故的情况，协助消防管理部门调查火灾原因，核定火灾损失，查明火灾事故责任，接受消防部门的处理。

第十条　消防安全管理考核、评比

单位要将消防安全工作纳入内部检查、考核、评比内容，并有明确的评比内容、条件和方法。

单位每年年终要对被评为二级公司、市消防工作先进集体、个人和日常在消防安全管理工作中以及扑救火灾事故中做出突出贡献的集体与个人给予表彰奖励。

第十一条　本制度由二级公司负责解释。

第十二条　本制度自印发之日起执行。

3.30　安全文件贯彻落实管理规定（试行）

第一节　总　　则

第一条　为保证各类安全文件能得到及时全面的贯彻、落实，特制定本规定。

第二条　各单位主要负责人是本单位安全文件贯彻、落实的第一责任人；各单位安全负责人是本单位安全文件贯彻、落实的主要负责人；各单位职能安全管理机构是安全文件贯彻、落实的主要组织机构，其他部门或队组是执行、落实或配合贯彻执行、落实的主体。

第二节　公司层面安全文件处理要求

第三条　安监部部长收到由分管领导签署处理意见的安全文件后，应在 24 h 内签字接收，同时对文件的处理提出具体意见（包括协办意见，指定具体办理人员等），如为书面文件，可直接在文件上签署处理意见，指定具体办理人员，并转发办理人员。

第四条　协办人应在当日或次日按协办意见将文件电子版或书面文件交于具体办理人员。遇休息日时，最迟应于下周一交于具体办理人员。如为需紧急处理的情况，必须通过可靠方式联系办理人员立即或尽快处理，并在规定时限内完成。

第五条　安监部安全文件管理员对文件的处理进行全程监督，负责接收和统计各单位、各部门对相关安全文件的报送、接收、贯彻、落实的反馈信息。

第六条　公司各部门必须对接收到的各类安全文件进行贯彻，需要本部门执行的应按文件要求严格落实、执行，并及时反馈贯彻、执行情况。

第三节　各所属单位层面

第七条　各单位接收到各类安全文件后，应在 24 h 内予以签收，特别是本单位主要负责人，应在 24 h 内签署对该文件贯彻、落实的指导意见，指定组织贯彻、落实的分管领导（一般为分管安全负责人）。

第八条　各单位分管安全负责人接到各类安全文件后，应在 24 h 内予以签收，并签署该文件贯彻、落实的具体意见，指定组织贯彻、落实的具体部门（一般为专职安全生产管理部门）。

第九条　各单位专职安全生产管理部门收到安全文件后，应在 24 h 内予以签收，并按本单位主要负责人、分管领导的意见结合文件要求贯彻的事项按专业分门别类，指定相应部门予以贯彻、落实或执行。

第十条　各单位专职安全生产管理部门应指定一名人员负责安全文件的管理工作，包括归档、记录传达、贯彻或文件处理情况和反馈处理结果等信息。当此人员变更时，必须及时向公司安监部变更联系人及人员信息。

第十一条　各单位从综合办接收文件到具体组织办理部门接收文件的时间不得超过 48 h。

第十二条　对于需要向广大员工传达贯彻的安全类文件，各单位必须通过“五会”或专题会议等形式逐层予以贯彻，各级各层贯彻必须有详细的记录。

第十三条　对于以执行或办理为主的安全类文件，各单位执行办理部门、队组等应按规定或要求及时执行或办理。

第四节　安全文件管理档案及信息反馈

第十四条　公司安监部及所属各单位安全管理部门均应建立安全文件管理档案。

第十五条　各单位必须对各类安全文件按接收时间进行编号建档管理，并做好传达、贯彻记录。

记录要明确文件接收时间、贯彻方式和时间、文件主要精神、贯彻人员名单等。

第十六条　各级安监部门安全文件管理档案包括：

(1) 各级各类的安全文件登记表。

(2) 各级各类的安全会议纪要、领导讲话及相关传达记录。

(3) 与贯彻安全文件相关的方案、措施、制度、记录等资料。

(4) 各安监部门对相关文件贯彻情况的督促记录。

第十七条　各类安全文件的传达贯彻、执行或办理情况必须向公司反馈，每周五各单位将本周接收的安全文件贯彻、落实情况发送至公司安监部邮箱。公司安监部将责成专人督促各单位对安全文件的贯彻落实，每周五将电话联系各矿相关责任人，询查本周文件贯彻落实情况，询查范围是各单位所有人员。

第五节　考 核 与 处 罚

第十八条　为保证本规定的执行，公司实行安全文件传达贯彻、执行、处理考核制度，纳入公司安全绩效考核等范围。各单位安全文件的贯彻落实情况也必须纳入本单位月度安全绩效考核范围。

第十九条　安全文件传达、贯彻、执行、办理等方面的考核标准如下：

未按规定在 24 h 内签收文件的，扣 0.5 分/次。

签收文件后，未在 24 h 内传达至下级的，扣 0.5 分/次。

文件接收后，未按要求执行或贯彻不到位的，扣 0.2 分/次。

信息反馈滞后或未反馈信息的，扣 0.2 分/次。

检查发现安全文件贯彻、落实有弄虚作假的，扣 0.5 分/次。

第二十条　对于安全文件接收、办理或贯彻严重不到位，延误工作造成较严重后果的，除考核外，对该文件接收、贯彻、办理等方面的责任人予以处罚。

第六节　附　　则

第二十一条　本规定从印发之日起执行。

第二十二条　本规定解释权归二级公司安委会办公室。

3.31　安全隐患排查预控管理基本方法——五查五会一闭合

3.31.1　安全五查

1. 自查

检查类型	岗位自查
检查范围	本岗位及与本岗位紧密关联的上下工序衔接顾及的范围内的安全
检查主要内容	1. 自查劳动保护、防护用品是否齐全有效 2. 自查反思在工作过程当中是否遵章守纪、遵守安全规定，安全意识是否树立得牢固，有无麻痹、侥幸、图省事的心理 3. 查本岗位涉及的设备、设施、材料等物品的安全状态 4. 查本岗位作业环境是否存在危险、危害的因素，并进行辨识 5. 对操作作业安全、作业流程、应知应会进行现场对标、安全确认

（续）

检查方法	1. 自检的方法：主要是自我约束，自觉进行入井前、上岗前、作业前、作业过程中、作业后全过程不断的动态安全确认 2. 常用方法："岗位描述、手指口述"，进行岗位对标 3. 对主要重点岗位，除按常规的自查方法外，还要辅以安全检查表法（即采用菜单式管理，对项确认记录）和仪器检查法 4. 对关键岗位，如班组长、验收员、泵站工、采掘司机、带式输送机司机、绞车司机等，还应进行相关记录的填写（如：运行专门记录、交接班记录等）
检查时间	工作全过程，就是要时时、事事、处处，动态安全确认，贯穿于整个工作过程当中
检查工作程序、步骤	1. 开好班前会，明白自己的责任、任务、工作特点 2. 学习掌握工作标准，规程规定，操作要求 3. 上岗前、上岗作业前、作业中、作业后进行自查安全确认 4. 班后总结反思： 要注意在工作中，对发现的问题、隐患必须按要求及时整改，达到安全条件，严禁违章作业、违反劳动纪律、违反规程。做到小问题不过班（不留班），大问题不能处理的按程序汇报；对影响安全生产的问题，必须停工采取措施；当班处理不了的问题要交接清楚，必须保证在作业过程中，始终处于安全状态
预期效果、作用	通过自查、自纠、自律、自主保安全，相互保安全，岗位之间联合保安全，建立起有效的自查自纠保安全的保障系统，做到不安全不生产

检查类型	单位自查
检查范围	本单位职责范围内所辖区域，工作场所人、机、物、环、管理的安全状况。侧重生产队、厂，尤其是采、掘、开、机电、运输队和地面机修、选煤厂等重点单位、地点
检查内容	1. 查本单位员工的安全意识，安全教育状况 2. 查贯彻制度，规章、规程到位情况 3. 查各级、各类人员安全生产责任制度落实执行到位情况 4. 查自主保安、互保联保现场落实情况 5. 查现场设备、设施安全运行状态 6. 查作业环境有无危害、危险因素，进行辨识 7. 查对上级和本单位查出的安全隐患整改是否到位 8. 查班组建设、安全管理方面是否存在漏洞、管理盲区、薄弱环节 9. 查各岗位有无违章行为，以及时纠正 10. 查对重大隐患治理防范措施是否落实到位 11. 查本单位安全生产标准化工作落实到位情况

（续）

检查方法	1. 以班组为单位，以班组长为第一责任人，组织好生产过程中动态检查，重点做好班前安全确认检查，填写好“四位一体”管理牌，做到不安全不开工，由班组长安排组织当班验收员、安全员及副班长进行全面检查，并接收主要岗位交接班汇报，对当班开工生产前的安全状态（人、机、环、管）进行确认。要推行班组长安全工作“七步法” 2. 以区队和部门为单位，对本单位、本部门的安全状况，定期组织排查活动，并做好分析总结，对重大问题要认真研究对策 3. 班组长、跟班队干要坚持班前确认、班中巡查、班后总结，要认真做好交接班 4. 执行好班汇报制度：班前确认后向区队汇报；班中生产状况及时汇报；班后交班汇报，升井后并填写好记录
检查时间	1. 班组长以班为单位，执行本班生产全过程的检查，做到突出重点，抓住重点岗位，及时发现问题、处理问题 2. 区队原则上每周要定期组织一次内部检查活动，由区队第一责任人负责，安全副职负责落实此项工作（一般每周的自查时间为周三或周六）
检查工作程序、步骤	1. 开好班前会，安排好当班工作和安全重点 2. 进行好岗前、下井前、作业前的安全检查，由班组长负责，对人员上岗条件、工器具携带、现场环境等状况进行安全确认 3. 掌握安全标准，在班中由跟班队长、班组长负责巡查，及时纠正不规范行为，及时发现不安全因素，组织解决 4. 区队长组织检查后，对查出的问题要安排落实，抓整改闭环，并做好隐患排查整改记录
预期效果、作用	通过各单位班组自查和区队组织的定期自查，使公司的规章制度和安全规定得到有效落实，做到不安全不生产，促使各岗位人员能够不断规范作业，按章办事，避免事故的发生

2. 部门检查

检查类型	业务保安检查。组织方式为部门自行组织检查
检查范围	1. 本部门业务范围内的业务保安工作 2. 侧重业务技术保安 3. 包括现场硬件环境，从技术上考量是否合理、先进；从安全上考量是否安全可靠有保障；从大系统和环节上考量是否符合安全生产要求；软件主要查相关记录、台账等依据 4. 涉及本部门专业的安全生产标准化管理内容
检查内容	1. 查本部门、本专业业务范围内已划定的规章制度、规定、技术要求是否落实到位 2. 查管理程序、流程是否符合要求 3. 查硬件系统，主要是生产安全设备、辅助设备、安全设施、作业环境，对照本部门业务要求，是否达标，是否安全运行 4. 查岗位人员上岗条件和状态是否符合要求 5. 查强制性的标准规定的贯彻落实情况 6. 查业务管理环节上是否存在漏洞、偏差 7. 查生产环节和系统上是否存在不足和需要提升改进的地方

（续）

检查类型	业务保安检查。组织方式为部门自行组织检查
检查方法	1. 由部门负责人组织本部门相关管理技术人员进行定期与不定期的排查活动 2. 由部门专业人员在日常工作中，实行常规检查 3. 针对专业性强的问题，实行专门检查、落实 4. 部门检查优先采用检查表法进行对项填单式检查方法，防止漏项。在检查中，针对专业性强的项目，必须辅以必要的仪器仪表检查 5. 所有检查必须做好记录，并落实闭合，建立管理台账
检查时间	由本部门确定检查时间 1. 原则上本部门每周不少于一次业务保安检查 2. 部门各类专业人员要实施日常的常规检查
检查工作程序、步骤	1. 做好检查准备 ①确定检查的对象、目的、任务 ②查阅掌握相关法规标准、规程规定要求 ③了解检查对象的工艺流程、当前状况、预计的影响安全生产的因素等 ④制定检查计划，安排具体的检查内容、方法、步骤 ⑤认真填写检查表（要相对固定下来） ⑥准备必要的检测工具、仪器、检查用表、记录本 ⑦进行好分工 2. 实施检查（生产现场） 3. 进行分析总结评判 4. 做出分析反馈，督促整改 5. 进行复查闭合
预期效果、作用	通过部门的业务保安检查，夯实基础管理和专业安全生产标准化工作，提高部门职能作用的发挥，保证大系统、主要环节的安全，保证业务技术管理部门的业务工作有效开展，技术支撑体系有效建立，为安全生产保驾护航

3. 矿级检查

检查类型	1. 定期检查： ①每周一次安全例行综合检查（井下） ②每周一次地面安全综合检查 ③每月一次安全隐患大排查活动 ④每月一次安全生产标准化检查验收 以上由安全管理部门牵头组织，矿长、分管安全矿长、相关领导、部门参与的综合性检查 2. 不定期检查（经常）：由安全部门负责，相关领导部门、相关人员参加，对一些突出问题、隐患的整改情况等进行突击性排查活动
检查范围	主要涉及各专业、各方面的全面性、综合性检查：包括人员、设备、环境、管理方面；包括井上下生产、后勤、辅助服务矿井范围内的所有工作场所；包括软件和硬件；包括部门安全管理，业务保安责任落实情况等

（续）

检查内容	1. 硬件系统： ①主要查生产设备、辅助设施、安全设施、作业环境、岗位作业点等的安全状态 ②查安全生产各系统的运行安全保障状况（如：提升、运输、通风、防灭火、防尘、压风、通信、监控、供水、排水、注浆等系统） ③查主要安全隐患和灾害的防治情况：是否执行相关规定，采取有效措施，使安全处于可控稳定状态，尤其是瓦斯防治、探放水、顶板控制、提升运输、供用电管理 ④查上一次查出的安全隐患整改情况，查对事故处理情况 2. 软件系统： ①主要查岗位人员的安全思想、安全意识是否到位；查制度建设与贯彻情况；查现场管理是否到位；是否严格执行公司的安全规定，严格按程序办；查风险预控管理体系的运行状况 ②查相关的依据：即各种记录、台账、报表的安全符合性
检查方法	1. 矿级安全检查，原则由矿长亲自领导，分管安全副矿长具体牵头负责，安全科牵头组织，各相关部门与相关专业技术管理人员参加，组成检查组，采取统一安排、部署，统一组织、统一行动的方法。检查组根据检查的范围、区域、队别、专业的不同，可分为小组，分别设一名小组长，分区进行现场检查，对查出的问题，由组长汇总，集中报告，安全管理部门负责全面汇总问题和进行分析，确定整改意见，下发整改通知单 2. 安全检查全过程，各涉及的单位（队、组），必须由第一责任人、安全副职等相关人员参加，以便在检查中进行有效的沟通，并做好现场记录 3. 检查的方法根据实际一般采用以下方法： ①常规检查：通常由安全管理人员和相关专业技术人员作为检查工作的主体，到作业现场，通过感观或辅助一定的简单工具、仪表等，对作业人员的行为、作业环境条件、生产设备设施、安全防护设施、标准化管理内容等进行定性检查。及时发现现场存在的安全隐患并采取措施（现场解决，限期解决）予以消除，纠正作业人员的不安全行为 ②检查表法：本方法主要是为使检查工作更加规范，将个人的行为对检查结果的影响减少到最小而采取的方法。由矿根据专业分工分别编制检查表，列出检查的项目、要求、标准，检查中与实际对照评判，非常直观，不易漏项，要推广 ③对专业性强的设备设施等，用常规方法无法断定的，必须采用仪器检查方法（如电流、电压、电阻、油温、浓度等参数），以准确判断系统和设备的运行安全可靠性，是否符合要求
检查时间	1. 定期检查的时间： ①每周一次的安全综合大检查，一般为每周一 ②每周一次的地面安全检查，一般为每周三 ③每月一次安全隐患大排查活动，一般为每月末两天 ④每月一次安全生产标准化检查验收工作，一般与大排查活动可结合在一起进行，如果工作量大，必须分开，一般安排在下个月初的 1 ~ 3 日进行 2. 不定期抽查、突查的次数和时间由各矿自己根据实际情况而定 3. 复查时间： ①每周一检查，每周五由安全部门组织有关人员复查；每周三的地面检查，原则在下周三例检时复查，这样形成一周一循环一闭合 ②每月的月度检查按整改意见执行复查，复查时由安全部门责成相关人员进行专项复查，当月检查时要对上月的问题进行全面复查验证 ③对一些重点问题，影响安全生产的隐患问题，必须按整改时间要求，由安全管理部门协调组织相关人员专项督促落实

（续）

检查工作程序、步骤	1. 做好充分准备： ①确定检查的对象、目的、任务、阶段安全重点 ②检查人员要针对性查阅、掌握相关法规、标准、规程规定要求，做到心中有数，有的放矢 ③了解掌握检查对象的劳动组织、工艺流程、生产情况，已掌握或可能预测容易出现危险、危害的情况，重点关注的问题、地点、工序和系统 ④由安全管理部门统筹制定检查计划，安排重点检查内容、方法、步骤、确定本次检查的重点要求 ⑤明确分组情况（可在某一阶段相对固定）和责任，确保检查和复查循环闭合 ⑥编制统一的检查表和记录本，确定每个专业的检查项目 ⑦做好具体安排统筹，由安全管理部门负责分组责任，由各部门负责具体落实检查责任人 ⑧准备必要的检测工具、仪器、书面表格和记录本 2. 实施安全检查： 主要通过访谈、查阅文件和记录、现场全面检查（现场询问和观察）、仪器测量和必需的安全试验等方式获取信息。 ①访谈：即通过问询有关人员来查安全意识、规章制度执行情况，查安全技能掌握情况等 ②查阅文件和记录：即检查设计文件、作业规程、安全措施、责任制度、操作规程，安全质量标准等是否齐全、有效，查阅相应记录，判断上述要求是否被执行 ③现场检查观察：即对作业现场的设备器材、安全防护设施、作业环境、人员操作行为等进行现场观察，寻找不安全因素、事故隐患、事故征兆等 ④仪器测量：对不能用观察解决的问题，利用一定的检测检验仪器设备，对在用的设备、设施器材状况及作业环境条件进行测量，以发现隐患 3. 分析做出判断： 掌握情况（获取信息）之后，要进行分析、判断和验证。一般凭经验、技能、检查人员的素质进行分析判断，必要时需对做出的判断进行验证，以保证得出正确结论 4. 及时做出决定进行处理： 做出分析判断后，现场能处理的，现场责令整改；现场不能及时处理的，必须提出隐患整改意见和要求，于当日下发隐患整改通知单（相关人员签字） 5. 整改落实： 存在隐患的单位，部门必须按检查组（人员）提出的整改意见和要求落实整改。检查组（人员）对整改落实情况要进行复查，获得整改效果的信息，以实现安全检查工作的闭环 6. 责任单位、部门和安全管理的部门、相关专业部门，都必须建立相应的隐患闭合管理台账，专人管理（执行二级公司统一台账格式和要求）
预期效果、作用	通过检查，通过各部门的协调配合，确实督促解决安全生产中的主要安全问题（包括安全生产标准化问题，安全管理存在的问题等），确保安全生产系统运行正常，安全生产环节、设备运行正常，安全生产人员操作安全，安全生产环境安全良好，并且促使系统、工艺、流程、管理等不断优化，提高安全管理水平，做到减少小隐患，杜绝大隐患，防范大事故，实现煤矿安全生产

4. 专项检查

检查类型	1. 季节性安全检查（由安全部门统一安排，相关部门、人员参加） 2. 节假日前后安全生产检查（组织方式同上） 3. 重要会议和活动期间安全检查（含矿内重要活动、会议，由安全部门统一组织安排） 4. 专业（项）安全检查（由专业、责任部门组织安排）

（续）

检查范围	1. 季节性检查，由各矿、相关部门根据季节变化、气候条件的变化对安全生产影响程度可能产生一些影响安全的因素，必须进行专项检查。检查的范围主要针对季节的不同、各矿的条件有所不同，但重点主要有雨季三防、冬季防冻、保温、防火、防煤气中毒、燃烧爆炸、夏季防暑降温、防雷电等 2. 节假日前后检查包括重大节日，如元旦、春节、国庆节前后，检查的范围主要是针对性要强，重点检查职工注意力在过节上，产生节日病，容易引起的安全问题和停产、恢复生产、设备、环境的安全状况 3. 重要会议和活动期间检查，包括矿每年召开的总结表彰大会、工会代表大会等；上级部门、政府、集团公司在矿召开的观摩会、现场会议等 4. 专业（项）安全检查，包括某一专业（项）问题检查，主要有安全、环保、消防、通防安全技改专篇项目工程的检查和验收工作；危险较大的专用设备、特种设备、设施、作业环境条件的合理性、定量检测检验检查等
检查内容	1. 季节性检查，要根据季节的不同，确定不同的较为全面的检查内容。如：雨季三防，重点落实三防内容，包括地面防汛、建筑物防渗漏，地面沟渠是否畅通，防汛物资准备情况，井口标高及防洪措施，防水工程情况，地面防雷电设施、设备情况，用电安全，防滑坡（边坡治理），矿区小煤窑影响情况，矿区排水系统是否正常等等。井下主要是防排水系统是否完善，排水能力是否富足，是否有老窑影响，是否有地质构造的影响，是否有防灌井措施 2. 节假日检查，重点针对人的不安全因素和生产设备、环境的安全状态，还有消防，供用电，液化气（煤气）使用，组织活动涉及的临时工程、设施，人员密集场所安全，交通安全等 3. 重要会议和活动期间的安全检查：重点是会议的安全保障，包括会议涉及范围的安全保障，如：住宿、饮食安排、会议用电、消防、道路疏通、车辆管理等。重要活动期间要根据活动的重要性、规模，确定重点的安全检查内容 4. 专业（项）检查内容，要根据不同专业（项）的情况，确定安全检查内容，如安技工程：重点是工程施工过程中存在的安全质量问题进行定量分析、检查。要对照设计、专篇涉及的安全内容进行现场检查和记录，确认符合性。对危险性大的和影响安全生产的在用设备、装备、设施，要定期检查检验，如：主副提升绞车、主要通风机、变电所设备、压风机、锅炉房、井下主要排水泵、主要带式输送机、特种设备等，必须进行定期检查，重点进行安全性能检查、检测，确保其运行的安全性，并能在有效的安全期内运行
检查方法	1. 季节性及节假日前后，重要会议、活动期间的安全检查方法，一般要用常规检查的方法辅以必要的检查检测工器具，对专业性强的检测，需要委外请有资质的专业部门进行，如防雷电设施的测试等 2. 专业（项）安全检查方法应采用检查表法和仪器检查法，因为专业（项）安全检查、专业情况，易于通过数据定量分析，尤其是主要的大型固定运转设备的安全性能测定，对机器设备内部的缺陷及作业环境条件的真实信息或定量数据，只能通过仪器检查来进行定量化的检验与测量，才能发现安全隐患，从而为后续整改提供信息 3. 对主要的安全技术项目工程也一样，必须通过必要的工器具、仪器检测，才能确定其内在质量。如：井巷工程，用钢尺量测净高、净宽等技术参数，才能确认是否符合设计要求、安全规定。壁厚通过钻探才能探测真实厚度，强度通过专用仪器才能确认强度是否符合要求，钢结构、钢丝绳通过探伤仪才能确认内部结构有无损伤等

（续）

检查时间	1. 季节性安全生产检查，一般安排在季节变化之前进行提前预防性检查；季节中定期（周检、旬检）检查；季节末检查。大的检查活动执行上级政府部门和公司的规定 2. 节假日前后检查，主要突出前和后两个关键节点，要根据节假日假期期间安排，各矿自行确定 3. 重要会议和活动期间的安全检查，也要突出两头，即会议、活动准备前的安排部署（安全）、开会前（会议活动前1～2天）的全面安全检查，但在会议和活动中间，必须安排由专人安全专项巡查 4. 专业（项）安全检查： ①对安全技改工程，安全设施，安全专篇的安全检查，要突出三步安全确认检查：第一步，设计计划审查关必须严格，按程序办。安全检查要查设计的编审、审批程序，对重要项目要把关（由专业部门、分管领导负责）；第二步，建设中的分项分部工程检查验收，由专业部门组织把关检查验收，采取定期和不定期的安全质量检查；第三步，工程竣工检查验收，由专业部门组织，相关部门、专业人员参加，分管领导亲自抓，必须成立专业（项）检查验收组，开展此项工作，并填写好相关验收记录、报告，建立专项档案，属上级部门验收的工程，要协同组织好，确保效果 ②对危险性大的主要在用设备的安全检查要根据国家、集团、公司要求，定期进行，如五大运转设备，除安全规程规定的定期性能测定外，各矿内部要建立月、季度定期专项安全检查和安全生产标准化检查验收工作，以保证始终处于良好安全状态
检查工作程序、步骤	1. 专题研究，会议确定检查项目、时间、牵头组织部门、配合部门、相关参与人员成立检查组（原则上要进行好分工，明确职责，做到“谁负责，谁管理，谁检查”） 2. 做好检查准备： ①确定检查对象、目的、任务 ②查阅资料、相关法规、标准、规程等要求 ③了解检查对象的现状和可能出现的问题、危害情况 ④制定检查计划，安排检查内容，方法、步骤 ⑤编写检查表、提纲，对专业（项）工程要使用已统一的检查表格式 ⑥准备必要的检测工具仪器、书写表格、现场记录本 ⑦进行必要的分工、安排 3. 实施安全检查，如通过查阅资料和现场对项检查相结合的方式进行 4. 分析做出判断。现场检查和查阅资料结束后，将收集到的大量信息整理分类，进行定性、定量分析，做出判断 5. 做出处理意见 6. 督促整改
预期效果、作用	1. 通过检查及时发现存在的各类安全质量问题督促整改落实，确保节假日、重要活动、重点时期的安全生产 2. 通过对专业（项）的安全生产检查，尤其对危险性大的在用设备、主要安措工程、安全设施的检查，发现潜在问题，研究整改对策，及时消除隐患，提出技术改造的意见，促进装备和技术的提升，推进安全装备水平上台阶，提高装备技术本质安全化水平

5. 专兼人员协防检查

检查类型	指专职安全员和协防人员相结合的检查活动 1. 专职安全员跟班动态过程监督检查（由安全部门专管） 2. 群监网员的协防检查（由工会负责组织） 3. 青年监督岗的协防检查（由青年团组织） 4. 领导带班、跟班检查 5. 开展党员身边无事故活动（党员带头搞好安全，搞好自主保安，互保联保）

（续）

检查范围	1. 专职安全员，按划定的责任范围进行全面综合检查 2. 群监网员、青年监督岗按划定的区片和单位，积极开展活动，按公司（矿）安排，定期组织开展一些安全活动 3. 领导带班、跟班检查，重点是当班跟班区队的安全
检查内容	1. 专职安全员要全面排查，但要突出重点： ①查人员上岗情况 ②查“三违”、反“三违” ③开工前按“四位一体”要求，进行安全确认，做到不安全不生产，制止违章违规行为 ④班中对重点岗位、重点地点和部位、当班重点关注的问题，进行好重点监督检查 ⑤对当班出现的安全隐患执行盯守制度，直至整改 ⑥查设备、查安全设施的运行状态有无隐患 ⑦查矿级安全检查出的问题，是否整改到位 ⑧查作业环境显性安全隐患防范措施是否采取到位，隐性的安全隐患是否预防到位 ⑨进行好交接班 ⑩进行好安全整改汇报、记录 2. 群监网员，青年监督岗要按计划的检查活动要求进行，如侧重“查三违”和要突出重大隐患的治理及在安全管理方面的合理建议等 3. 带班领导跟班检查内容：重点查公司、矿等安全制度贯彻执行情况、主要安全防范措施落实情况、人员持证上岗情况、是否存在“三违”现象、大的系统运行情况、主要环节安全状态、安全生产标准化动态达标情况、主要设备设施安全状态，作业环境安全状态等
检查方法	1. 专职安全员跟班动态全过程检查，实行走动式和重点盯守监督的方法，要求本班内必须对责任范围所有作业地点和存在隐患的地点，进行全面巡查，巡查的次数依各矿的不同情况而定，对安全问题的现场处理要进行安全监督，对当班临时任务要执行规定，遵照安排监督检查 2. 群监员、青年监督岗员，要按矿统一安排，定期开展活动，日常工作中，要尽好自己的义务，及时反馈信息 3. 领导带班跟班检查要实行与工人同上同下，全面掌握当班的安全生产情况，采取重点抽查和全面检查相结合的方法。重点注意人的行为方面和主要安全问题，隐患的排查、治理监督检查。注意大系统环节的现场调研分析，能够不断提出改进意见，注意结合自己分管业务范围的工作，进行现场调研，不断进行优化，注意协助生产单位现场协调解决安全生产问题
检查时间	1. 专职安全员 24 h 全天候全过程进行检查活动，实行井下现场交接班 2. 群监员、青年监督岗定期组织活动，一般一月不少于一次集体活动 3. 领导带班、跟班按排定的时间严格交接班和执行井下跟班、带班制度
检查工作程序、步骤	按各矿规定要求的工作程序办
预期效果、作用	通过专兼结合的协防检查活动，实现专兼结合、群防群治的安全局面，努力推动大安全格局的形成

3.31.2　安全五会

1. 班前会

组织形式	班前会由各生产单位自行组织，每班班前组织召开，生产单位（队、厂）负责具体管理
参加人员	厂（队）长、值班厂（队）长、当班班组长、当班所有作业上岗人员及厂（队）部相关人员参加
主要任务	安排布置当班安全生产工作和任务、落实相关事宜

（续）

会议内容要求	1. 执行二级公司××煤业班前会议统一模式中要求的程序和内容 2. 会议必须明确当班安全重点和落实的措施 3. 必须贯彻矿调度会、安全例会等会议关于安全生产方面的相关精神 4. 利用班前会贯彻安全制度和进行安全教育，不断强化安全意识
会议时间确定	每班班前各矿根据劳动组织形式和工作制度，自行确定会议时间。但必须班班召开班前会，实现常态化管理
应起到的作用效果	1. 要通过班前会议把安全生产任务落实到岗位，落实到每个人，做到不留盲区，不留死角 2. 落实好安全责任和安全措施 3. 通过班前会议，对上岗人员精神状态、安全态度，进行安全确认，做到不安全不上岗

2. 调度会议

组织形式	调度会议由调度室组织召开（属矿级会议）由调度室负责具体管理
参加人员	矿领导、各部门（尤其各安全生产管理部门）正职、各生产单位（队、厂）负责人参加
主要任务	1. 总结前一天的安全生产工作，安排当日的安全生产工作 2. 协调安全生产工作中各类安全生产问题 3. 安排与安全生产有关的临时任务
会议内容要求	1. 矿调度会议一般由调度主任主持，矿长，安全、生产、机电等副矿长，总工程师，通风助理，科室负责人，生产单位负责人必须参加，并实行签到制度，进行严格管理 2. 主要内容： ①由各单位汇报当前安全生产情况以及存在的问题，并提出处理意见（建议） ②对于生产单位自己无法协调解决安全生产问题，要在会议上提出请示或要求 ③调度主任负责进行统一平衡，落实安全生产相关责任、措施，做出相关安排 ④分管领导和部门领导做出相关解读和重点指导 ⑤当日值班领导要作安全生产情况重点问题强调 ⑥最后由矿长强调重点，提出工作要求 ⑦调度会议前，调度重点负责收集整理并提供安全生产相关信息，确定当日调度会议重点内容，初步形成重点工作安排意见。以做好充分准备 ⑧对待安全问题和隐患，一定要谨慎、严肃对待，在调度会议上，要责成相关部门、人员专题汇报，安排落实，并在次日调度会议上进行闭合管理 ⑨调度会议，以每日的早调度会议为主，认真落实好当日的安全生产工作，其他生产班次的调度协调，可采取调度碰头会的方式进行。由调度值班主任负责组织，相关生产单位值班，带班领导参加，按早调会的精神和当班具体情况进行，组织安全生产协调工作 ⑩调度会议必须形成专门的会议记录，由调度室负责，执行二级公司的规定，并妥善保存，安排的重点工作的完成情况要在当日调度值班记录中真实反映，以便查询

（续）

会议时间确定	1. 早调度会议时间根据各矿的工作制度来确定，一般应在生产队组班前会议之前进行，并且不能影响各生产队组班前会议工作安排，保证会议的时效性 2. 其他班次的调度碰头会必简化程序提高效率，要充分利用好信息手段，原则上必须在每班班前会召开前进行碰头、沟通，要做到针对性强、重点明确、重点协调。调度室必须掌握好，要把重心放在生产一线单位的安全生产工作落实上 3. 调度会议要注意会议效率，各单位汇报原则，有需要协调则汇报，若正常无须协调的情况，自己职责范围能解决，无须放在调度会议上作解释 4. 部门和领导安排工作，一定要简明扼要，直切主题，突出重点，原则上调度会议控制在 20 min 左右为宜，避免开长会，影响各生产单位班前会
应起到的作用效果	通过调度会议，及时掌握当前的安全生产动态，明确当前安全生产的重点和责任，明白当日安全生产问题、隐患单位整改要求和部门监督的重点、责任，解决好重点安全问题和措施的落实

3. 安全办公会议

组织形式	安全办公会议是由矿长（安委会主任）负责主持，安全生产委员会成员参加的专题会议。具体由安委会下设办公室组织召开，一般由安全管理部门负责（安委会办公室要设在安全管理部门），并做好会议准备工作
参加人员	矿长（安委会主任）、安全生产等副矿长、总工程师、通风助理、安指主任、副总工程师、各部门、各单位（各非生产单位）负责人及安全生产安委会所有成员、派驻矿安全管理人员列席。必要情况下，除以上人员外，有关会议研究事项的相关安全生产技术人员等须列席会议（具体可临时通知）
主要任务	1. 总结前一段生产工作 2. 研究安排部署下一阶段安全工作 3. 研究当前重大安全事项
会议内容要求	一般由矿长主持，如矿长不在则由矿长委托安全副矿长负责主持会议。研究的主要内容有： 1. 学习贯彻上级政府部门、集团公司和二级公司等的相关安全文件、会议精神等，学习贯彻新的规定、指令，并研究制定相应落实措施 2. 听取各部门、各单位关于执行“三大规程”及落实安全技术措施、隐患排查、安全管理工作和安全生产标准化工作的情况汇报，分析存在的问题和事故隐患，研究制定解决的办法和措施，并落实到相关部门和单位 3. 分析研究有关安全的重大事项，并形成意见或决定，包括安全技改项目、安全费用提取使用、重大安全隐患事故的处理、安全整改、“三违”人员处理、事故责任人处理等。尤其对发生的重大事故和未遂事故进行分析、研究、讨论，按“四不放过”的原则，提出处理意见，总结经验和应当汲取的教训，并制定防范措施，防止同类事故再次发生 4. 检查上次安全办公会议研究事项的落实情况，对完成好的单位要表扬，对完成不好的单位，要分析原因和追究责任 5. 根据矿现阶段安全生产状况和下一阶段的生产安排，部署阶段性的安全工作重点和重大举措 6. 每次安全办公会议之前，参会人员要做好相关准备，对需要在会议上讨论研究的重大问题、事项和必须实施的措施，要提前将相关资料报安全管理部门，安全管理部门要进行分类汇总，并提出初步的解决方案，提前两天向安全副矿长、总工程师汇报，安全副矿长、总工程师要提前一天向矿长汇报，做到有的放矢、突出重点、有议有决、注重实效 7. 每次安全办公会议要根据掌握的情况，确定议题，认真组织，确保会议不走形式，不要搞虚的东西，真正成为安全工作的一个决策会 8. 每次办公会议后，对所研究的事项，要形成会议纪要，上报、下发，由安全管理部门负责整理 9. 每次会议必须由行政办公室、安全部门、调度室三个部门同时做好会议记录存档备案

（续）

会议时间确定	会议时间：要求每月一次，原则在每月月初5日以前召开，如果当月研究事项不多，可与月初的安全例会一天同时召开，但会议内容和程序不能减少
应起到的作用效果	通过会议落实年度、季度安全工作目标、计划；落实重大安技工程的投资计划；研究通过事故处理等重大事项；研究完善管理制度和创新机制等问题。通过会议强化安全管理的重要性，提高管理人员，尤其是管理层和各级第一责任人的安全意识和安全责任心，促成安全执行力提高

4. 安全例会

组织形式	安全例会是与安全例检同步配套运作的一个重要会议。一般采取定期组织的形式进行，是针对安全检查完毕后进行的针对性例会，由安全管理部门负责组织
参加人员	参与安全检查的所有检查人员，包括部门、生产单位负责人、相关的安全生产管理人员等
主要任务	针对检查出的安全问题和隐患，以会议的形式分析研究，提出整改方案和意见，进行全面落实，并下发整改通知书，对有关问题提出处理意见
会议内容要求	安全例会研究的主要内容： 1. 由安全检查组小组长分别汇报小组检查情况，重点是发现的安全问题和隐患 2. 研究整改方案、措施、落实责任单位和责任人 3. 确定监督的业务、技术管理部门，落实监督责任 4. 根据会议确定的意见，安全管理部门整理检查信息，分类汇总，以五定表的形式下发整改通知书，通知书由被检单位、检查人员确认签字后生效 5. 对照奖惩办法等安全规定，对有关单位和责任人进行奖惩处理 6. 会议要建立专门的例会记录，会后安全部门和相关责任单位要建立专门的隐患排查治理动态闭合管理台账（台账执行统一规定） 7. 会议一般由安全矿长主持，会议记录由安管部门负责，专人记录
会议时间确定	一般每周一次。每周一上午现场检查，下午抽查资料和召开安全例会。各矿要根据实际可做适当调整，但必须与检查同天，不得隔日进行，以确保时效性
应起到的作用效果	安全例会是一个常态化、周期化的例会，通过例会处理解决日常安全工作中各类安全问题和隐患，使安全生产始终处于可控状态。通过例会经常强化安全生产管理人员的安全意识，同时通过督促解决安全问题，不断提高各类人员的安全技能和处置能力，提高安全防范预控水平

5. 隐患和事故分析会

组织形式	根据隐患和事故分级分为两个层面的会议： 1. 影响范围小、涉及本单位的安全生产，未涉及其他生产单位、未造成全矿性停产等影响的，由本单位自行组织召开分析会议 2. 影响范围涉及其他生产单位、造成单位或全矿停产的、带来影响极大或可能造成较大的负面影响的，由矿安全管理部门组织召开，相关部门、单位人员参加进行分析，并形成纪要下发各单位贯彻
参加人员	相关领导、部门、单位及相关人员参加。一般生产单位在事故分析时，全体人员均要参加，要分别组织进行

（续）

主要任务	找出原因，总结经验，汲取教训，提出整改措施，防止类似情况再发生
会议内容要求	1. 摸清重大隐患和事故发生的过程 2. 通过发生过程的每一个细节，查找原因，包括内因和外因方面，主观和客观方面，人、机、环、管方面 3. 通过分析，分清责任，落实责任 4. 总结应汲取的教训和避免事故的经验 5. 研究制定相应对策和防范措施 6. 针对本单位存在的人的方面问题，拟定培训教育计划，针对设备、技术、环境、管理方面不足和缺陷，提出整改提高的措施 7. 对隐患的分析，主要针对一再出现的较大隐患（包括人、机、环、管方面），一直得不到有效的解决，已给安全生产造成潜在危险，必须及时进行专题分析和研究预控对策 8. 对事故的分析，必须本着"一事故一分析，一事故一处理"的原则，事故不论大小（包括人身伤害、机电、机械等事故）都要重视
会议时间确定	需根据各矿的具体情况而定
应起到的作用效果	通过隐患和事故分析，起到警示、提醒、教育的作用，尽可能避免同类事故再发生，使员工受到教育，提高防范意识，保证安全生产

3.31.3 一闭合

一闭合即隐患排查、闭合管理。就是要把"五查五会"的管理过程，进行循环闭合，从小循环闭合管理到大循环闭合管理，形成环环相扣、不断提高的安全隐患排查管理系统。在安全隐患排查预控管理过程中，针对"五查五会"，我们要推广"戴明循环"管理法，简称戴明环法，将其融入"五查五会"工作当中，进行好闭合管理，使每一次检查、每一次会议，都能有效地进行闭合管理。戴明环法也叫 PDCA 循环法，分四个阶段、八个步骤。总结如下：

四个阶段	八个步骤	管理任务、目标
制定措施（P）	①查找隐患	现场检查，分析现状，找出问题、隐患
	②分析原因	查资料和会议结合，分析隐患问题产生的原因
	③找出关键	通过问题分析，找出影响安全生产的主要因素
	④制定措施	针对存在问题，制定整改计划、方案和措施
实施计划和措施（D）	⑤安排落实措施，组织实施	①通过安全会议，落实安全责任；②下发安全隐患整改书；③责任单位进行整改；④相关部门、人员进行监督，督促落实到位
检查效果（C）	⑥组织检查实施效果，进行效果评价	由安全管理部门组织协调进行验收和复查，检验隐患整改情况，是否达到预期效果。如：周一检查周五复查、每日的专职安全生产管理人员的目标性复查、检查，按整改期限要求的检查验证，要及时反馈信息，安管部门统一进行信息管理（收集、整理、汇报、处理）
总结经验（A）	⑦重总结	通过检查找问题，分析原因，找关键、定措施，抓实施整改、进行效果评价。完成三个阶段还不够，必须进行总结，既要巩固成果，还要进一步认真找漏洞和不足
	⑧转下－循环	把总结的经验、找出的漏洞不足和需要加强的安全管理工作、重大遗留问题转入下期处理。即在下次的安全检查和安全会议上，要重点关注，但要注意一点，影响安全生产的重大隐患，必须采取硬手段及时研究对策，必要时停产处理，不得延误整改时机

3.32　二级公司煤矿班子及安监队伍安全管理考核办法（试行）

为认真贯彻落实晋能集团有限公司《关于做好2019年安全生产工作的通知》（晋能安监字〔2019〕1号）要求，进一步加强公司煤矿班子及安监队伍建设，改进安全管理，建立职责明确、办事高效、运转协调、行为规范的安全管理机制，根据晋能集团有限公司关于印发《晋能集团有限公司矿山企业两级班子、两级安监队伍安全管理考核办法（试行）》的通知（晋能安监字〔2019〕28号），结合公司实际，特制定本办法。

1. 组织领导

公司成立煤矿班子及安监队伍考核领导组，负责对煤矿班子及安监队伍考核工作的领导。

组　长：总经理

副组长：相关工作副经理

成　员：公司安全生产管理部及人力资源部培训科工作人员

领导组下设办公室，办公室设在安全生产管理部，办公室主任由安全生产管理部负责人兼任，负责考核工作的协调、信息收集、考核等。

公司所属各煤矿也要相应成立由主要负责人任组长的考核机构，并与公司考核领导组办公室建立联系机制，及时落实相关考核要求。

2. 考核周期及范围

1）考核周期

每月考核一次，每季度考核取各月考核的平均值。

2）考核范围

（1）所属各正常生产建设矿井矿级班子及矿级安监队伍的考核执行本办法。

（2）停缓建矿井仍按公司关于印发《停缓建矿井月度综合管理考核标准及评分办法（试行）》的通知要求执行。

3. 考核内容

考核内容对照集团公司考核内容要求，并结合公司实际进行了细化。详见附表1、附表2。

4. 考核方法

（1）以各矿每月报送的每项考核内容涉及的相关资料以及日常安全监管发现的信息为依据，分别对照《煤矿安监队伍安全管理考核评分表》《煤矿班子安全管理考核评分表》进行考核扣分。

（2）对煤矿班子及安监队伍的考核均实行百分制和“安全一票否决”，即当月发生较大及以上安全事故的煤矿，当月考核分为“零”。

（3）对煤矿安监队伍的考核得分，作为煤矿班子考核中“业务管理”考核内容的一项，按照0.10的权重进行核算，通过班子考核与班子工资挂钩。

（4）在加强安全基础工作，如“四化”“一优三减”“双预防体系”，特别是集团公司136安全管理模式、333安全举措、8+7安全管理思路方面具有发明创造创新工作、主动作为的，由考核办公室请示领导组酌情考虑给予相应加分。

5. 考核步骤

（1）每月各矿先进行自评，并将考核相关资料电子版报公司。

（2）公司安全管理考核办公室参照各矿自评情况，先对煤矿安监队伍进行考核，再对煤矿班子进行考核。

（3）公司安全管理考核办公室对煤矿班子考核结束后报分管领导审批。

6. 考核结果与收入挂钩的办法

（1）煤矿班子考核结果经分管领导审批后报公司综合考核领导组审核，并按照相关要求与工资挂钩。

（2）对煤矿班子的考核结果与煤矿班子季度安全风险抵押考核兑现挂钩。

7. 考核信息报送

（1）每月各矿考核领导组办公室要于次月3日前，将每项考核内容涉及的相关资料，按照附件格式，以电子版的形式报公司安全生产管理部邮箱。

（2）每季度初10日以前,由公司考核领导组办公室将上季度考核结果报集团公司考核办公室备案。

8. 奖惩

（1）按每月考核得分从高到低进行排名，并在公司每月安全工作例会上通报。

（2）奖罚兑现：

①季度考核得分前三名的给予通报表扬，后三名的进行通报批评。

②季度考核得分最后一名的进行集体约谈。由考核领导组组织约谈矿井班子成员，矿井安全副经理（副矿长）在公司下季度一月度安全工作例会上做检查。

③季度考核得分后两名的，给予矿井班子成员及安监队伍班子成员每人罚款人民币叁仟元。

④连续两次季度考核得分后三名的，矿井班子成员每人罚款人民币叁仟元，矿井安监队伍班子成员每人罚款壹仟元。

⑤季度考核得分连续三次位列倒数第一的，公司考核办公室出具任职安全评价报告，建议对矿井负责安全生产的班子成员和安监队伍的班子成员进行职务调整或者免除相应职务。

9. 其他要求

（1）考核结果以文件形式在安全工作例会上通报。

（2）涉及罚款事项的矿井要在15个工作日内统一上缴集团公司或公司财务管理部。同时，将罚款缴纳情况报公司考核办公室备查，不及时上缴的加重处罚。

（3）公司对煤矿班子安全管理考核以此为准，原来的安全管理考核制度暂不执行。各级安全管理考核办公室应按规定将考核结果及时报送综合考核办公室，纳入各级安全综合考核。

（4）各正常生产建设矿井要严格执行本办法。可以根据本单位实际，细化本矿班子、安监队伍安全管理考核内容，并报公司安全考核办公室备案。

附表1《晋能集团二级公司煤矿安监队伍安全管理考核评分表》

附表2《晋能集团二级公司煤矿班子安全管理考核评分表》

附表3《晋能集团二级公司煤矿安监队安全管理（季度）考核汇总表》

附表4《晋能集团二级公司煤矿班子安全管理（季度）考核评分汇总表》

附表5《晋能集团二级公司煤炭板块　月份安全管理考核汇总表》

附件 煤矿班子及安监队伍考核资料汇编（格式）

附表1　晋能集团二级公司煤矿安监队伍安全管理考核评分表

考核内容	考核标准要求	标准分	考核计分办法	扣分及原因	得分
1贯彻落实上级会议等精神	1. 贯彻各级会议在安全方面的要求。要对国家、省、市、集团公司以及公司在各类会议上对安全方面的要求进行逐项及时贯彻落实，相关学习、落实资料齐全	5分	1. 少一次扣1分 2. 没有及时传达的，一次扣0.5分 3. 传达不全的，一次扣0.5分 4. 没有制定相应方案或措施的，一次扣1分 5. 贯彻落实差的，一次扣0.5分		
	2. 贯彻各类文件在安全方面的要求。要对国家、省、市、集团公司以及公司在各类文件上对安全方面的要求进行逐项及时贯彻落实，相关学习、落实资料齐全				

（续）

考核内容	考核标准要求	标准分	考核计分办法	扣分及原因	得分
1贯彻落实上级会议等精神	3. 贯彻在安全方面的其他要求。要对本矿相关部门、人员等在安全方面的相关要求，进行逐项及时落实，相关落实资料齐全	5分	6. 其他不符合要求的情况，每次视情况扣0.5～1分，直至本项分值扣完为止		
	4. 监察职能落实。要对相关部门、人员对各级会议、文件等精神的落实情况进行安全监察，相关监察资料齐全				
2持证上岗	1. 安监部门专职安全管理人员及安全检查员持证上岗。相关人员持有有效证件，上岗期间持有资格证复印件，并加盖本矿培训部门公章	8分	1. 专职安全管理人员、安全检查员发现一人无证或证件失效上岗的，扣0.5分/次 2. 专职安全管理人员、安全检查员配备数量不符合要求，扣1分/人 3. 跟班安全检查员缺一人的，扣2分/次 4. 相关台账、证件不符合要求，视情况扣0.1～1分/次 5. 持假证上岗的，发现一人，本项不得分		
	2. 安监部门专职安全管理人员及安全检查员数量满足安全生产要求。专职安全管理人员必须配备5名以上，特殊工种安全检查员数量符合矿井实际安全生产及轮休需要，可以保证矿井井下各环节实际巡查要求				
	3. 相关台账、证件等齐全有效				
3安全教育培训	1. 安监部门定期组织部内人员培训学习，相关资料齐全	8分	1. 没有参加相应安全技术培训1人次扣1分；参加相应培训考核不合格的扣1分/人 2. 部内未定期组织部内人员学习的扣1分/次 3. 培训资料不符合要求，视情况扣0.2～1分。因公务出差，随后补充学习记录不扣分		
	2. 安监部门相应人员按规定参加提高业务素质，积极参加岗位、法规、安全知识、生产安全事故警示教育培训等，相关资料齐全				
4作风建设	1. 部门岗位安全生产责任制齐全。责任制与实际工作情况相符，相关落实资料齐全	6分	1. 涉及安监部门的各项工作不符合要求，视情况扣0.5～2分/次 2. 安全生产责任制制定或落实差的，一人次扣1分 3. 发现1人次没有认真检查的扣0.5分		
	2. 部门牵头组织的各类安全检查到位。检查时间、范围、人员等符合要求，相关资料齐全				
	3. 部门牵头组织的安全考核工作到位。考核周期、范围、程序、审批等符合要求，相关资料齐全				
	4. 部门牵头组织的安全活动开展到位。活动开展时间、项目、信息报送等符合要求，相关资料齐全				
	5. 相关安全监察、安全问责等工作到位。安全监察、安全问责等时间、范围符合要求，相关资料齐全				

（续）

考核内容	考核标准要求	标准分	考核计分办法	扣分及原因	得分
5 安监部门会议、班前安全会议召开	1. 安监部门会议、班前安全会制度完善，明确召开的程序和内容、严格履行班评估和班中、班后汇报当班安全生产情况，相关制度落实资料齐全 2. 按要求组织警示教育等活动	10分	1. 安监部门会议、班前会制度不完善的，扣2分 2. 没有按照程序召开班前会的，发现一次扣1分 3. 班前会安全事项内容不全的或每班安检员没有具体任务的，发现1人次扣1分 4. 班评估记录、会议记录不规范的，扣1分 5. 1人未按要求参加警示教育，扣1分 6. 签字等资料发现有造假的，发现一次扣2分		
6 反"三违"	1. 有反"三违"工作方案，内容符合公司要求，并与反"三违"实际开展情况相符 2. 每月对"三违"情况进行总结 3. "三违"（培训）台账（档案）完善 4. 安监部门入井人员每人每月至少完成抓3个"三违"行为 5. 每月在本矿月度安全会会上通报等	10分	1. 制定方案不完善、不及时、执行差的发现一处，扣2分 2. "三违"（培训）数据造假或"三违"呈增加趋势，扣2分 3. "三违"（培训）台账有缺项的 4. 没有完成反三违任务的，发现一人，扣1分 5. 没有通报发现一次，扣2分		
7 隐患排查治理	1. 严格执行隐患跟踪、处理、闭合全过程，相关台账等资料齐全 2. 及时对隐患治理的相关部门进行督促，相关资料齐全 3. 隐患跟踪、处理、闭合工作责任到人	10分	1. 没有严格执行相应制度的，出现1次扣2分 2. 未及时对隐患治理的相关部门进行督促的，出现1次扣2分 3. 没有专人负责的，一条扣2分		
8 安全信息分析	1. 有安全信息报表制度，制度内容完善 2. 建立常态化、正规化、系列化报表系统	10分	1. 报表制度不完善、不规范的一处扣0.5分 2. 出现一次没有报的，扣2分 3. 未建立常态化报表系统的，不得分		
9 非自有队伍安全管理	1. 安全管理实现"五统一"。即统一发布用工信息、组织报名和资格审查；统一培训；统一签订劳动合同和煤矿用工备案；统一参加社会保险和派遣；统一管理 2. 矿级、科级、队级分别逐级指定专人（经考核合格）负责非自有队伍的安全管理，并对非自有队伍的奖罚及工资发放进行审批 3. 每班配备专职安全检查人员对非自有队伍作业区域进行巡查	3分	1. 发现未指定专人或专人不合格的，扣2分 2. 没有配备专职安全检查员的，一次扣2分 3. 非自有队伍"五统一"存在不足的，视情况扣1～2分，缺一项不得分		

（续）

<table>
<tr><th>考核内容</th><th>考核标准要求</th><th>标准分</th><th>考核计分办法</th><th>扣分及原因</th><th>得分</th></tr>
<tr><td rowspan="3">10 值班制度</td><td>1. 有安监部门内部值班制度，制度内容符合实际</td><td rowspan="3">10 分</td><td rowspan="3">1. 无制度或没有值班、空班的，一人次扣 0.5 分
2. 记录填写不及时、不规范的，扣 0.5 分/次
3. 值班期间对矿井重点区域未进行巡查、对重要环节未进行督促，扣 0.5 分/次
4. 值班办公室文明卫生差，扣 0.5 分/次</td><td rowspan="3"></td><td rowspan="3"></td></tr>
<tr><td>2. 安监部门值班记录填写及时、规范</td></tr>
<tr><td>3. 值班期间对矿井重点区域进行巡查、对重要环节进行督促，并保持值班办公室环境清洁</td></tr>
<tr><td rowspan="4">11 入井管理及周四活动</td><td>1. 井口安监工统一着装、井口检身、宣誓等环节规范</td><td rowspan="4">10 分</td><td rowspan="4">1. 1 人次缺一项的，扣 0.5 分
2. 现场检查或安全会议原始记录不签字或代签字 1 人次扣 0.5 分，每月少 1 人次步行入井扣 0.75 分</td><td rowspan="4"></td><td rowspan="4"></td></tr>
<tr><td>2. 井下安监工配备专用衣服、统一着装</td></tr>
<tr><td>3. 安监人员按照本单位周四安全活动制度参加周四活动，相关检查、签到等记录资料齐全</td></tr>
<tr><td>4. 周四入井安全检查的领导，按照通风、排水、供电、运输、防灭火等系统线路及分管范围，每月至少开展一次步行全面检查，相关记录齐全</td></tr>
<tr><td>12 安全责任事件（事故）问责落实</td><td>对“三违”“五假五超”，触碰红线、严重隐患等安全事件主动问责、对上级发现的安全事件，追责落实是否到位</td><td>10 分</td><td>1. 二级公司、矿没有主动问责的，出现一次扣 2 分
2. 上级检查（突查）发现追责不到位的，譬如上缴集团罚款等事项落实差的，发现一次扣 2 分
3. 被上级检查（突出）追责一次的，扣 2 分</td><td></td><td></td></tr>
<tr><td>13 扣分项</td><td colspan="4">考核期内发生生产安全亡人事故（按照《安全生产法》分级）一次，一般事故扣 15 分、较大及以上扣 100 分</td><td></td></tr>
<tr><td>14 加分项</td><td colspan="4">按“双红线”主动问责 1 起加 3 分，有标准化升级规划，并在期限内升级的，二级加 1 分，一级及以上加 2 分；“一优三减”等方面成绩突出的，加 2 分</td><td></td></tr>
<tr><td>15 综合得分</td><td colspan="4">合　计</td><td></td></tr>
</table>

附表2　晋能集团二级公司煤矿班子安全管理考核评分表

考核内容	考核标准要求	标准分	考核计分办法	扣分及原因	得分
1贯彻落实上级会议精神（5分）	1. 贯彻各级会议在安全方面的要求。要对国家、省、市、集团公司以及公司在各类会议上对安全方面的要求进行逐项及时贯彻落实，相关学习、落实资料齐全	5分	1. 没有按相关要求制定落实方案的，扣1.5分/次；方案缺一项扣0.3分/次；没有按时间节点推进扣0.3分/项 2. 传达少一次扣1分；“以文传文”式传达的扣1分/次；没有及时传达扣0.3分/项；有安排不落实扣0.3分/项 3. 现场抽查未按要求传达到岗位职工的扣0.2分/次 4. 存在其他贯彻落实不符合要求的，视情况扣0.2～1分/次		
	2. 贯彻各类文件在安全方面的要求。要对国家、省、市、集团公司以及公司在各类文件上对安全方面的要求进行逐项及时贯彻落实，相关学习、落实资料齐全				
	3. 贯彻在安全方面的其他要求。要对本矿相关部门、人员等在安全方面的相关要求，进行逐项及时落实，相关落实资料齐全				
2班子成员资质和履职（25分）	1. 资质 ①班子成员（涉及非自有队伍的班子成员，均一并考核，下同）必须经资质部门培训，具备煤矿安全生产知识和管理能力，并经考核合格 ②集团公司、公司及地方政府对班子成员的抽考，一对一结对子、呼吸器专项培训等安全培训考核合格	5分	一次不符合条件的，扣0.5分/人		
	2. 值班 ①有外出请假制度，有视频跟踪制度，制度内容符合实际，便于执行 ②值班期间按规定对地面重要场所进行巡查，及时处理发现的问题，认真填写相关记录，相关资料归档备查	5分	1. 无制度每项扣1分，制度内容不符合要求视情况扣0.2～1分 2. 值班不签到或者代签字1人次扣0.5分；脱岗、空班1人次扣0.75分；不填写值班记录1人次扣0.5分；顶班不履行手续扣0.5分 3. 记录填写不认真或相关资料未归档管理视情况扣0.2～1分		
	3. 带班下井 ①有下井与带班制度，制度内容符合实际，便于执行 ②按规定进行下井和带班	5分	1. 无制度每项扣1分，制度内容不符合要求视情况扣0.2～1分 2. 少一次扣0.75分，弄虚作假一次扣2.5分，入井不填写入井信息表1人1次扣0.5分 3. 未认真查找问题，出现重大漏洞和有失责行为，扣1分/次 4. 记录不认真，资料、记录存在代填、代签或有明显错误、失误、失真等，视情况扣0.1～0.5分/处		

（续）

考核内容	考核标准要求	标准分	考核计分办法	扣分及原因	得分
2 班子成员资质和履职（25 分）	4. 周四安全活动日和地面走动式安全管理 ①建立矿领导包队（片）、周四安全活动日和地面走动式安全管理制度，其内容、流程、要素符合集团和二级公司要求 ②矿领导、部门负责人按规定参加所包队组周四班前会，按要求组织、参加周四安全大检查和周四安全活动专题会议 ③周四安全大检查应做到现场、资料，井上、井下全覆盖，不留死角，并建立隐患台账，实行隐患闭合管理 ④对集团公司、公司挂牌检查提出问题或要求进行及时治理落实，相关资料齐全并归档备查	5 分	1. 无制度每项扣 1 分，制度内容不符合要求视情况扣 0.2～1 分 2. 每月活动少 1 次扣 0.75 分，弄虚作假 1 次扣 2.5 分 3. 现场检查或安全会议原始记录不签字或代签字 1 人次扣 0.5 分 4. 每月少 1 人次步行入井扣 0.75 分 5. 挂牌领导召开的专题安全会议未形成纪要扣 1 分，少一次检查或专题会议纪要资料扣 0.5 分 6. 相关资料不齐视情况扣 0.2～1 分		
	5. 会议组织 ①相关制度齐全，内容符合实际 ②按规定组织或参加相关会议，相关记录、纪要齐全，内容符合公司“五查五会”等相关会议要求，相关资料齐全并归档备查	5 分	1. 无制度每项扣 1 分，制度内容不符合要求视情况扣 0.2～1 分 2. 未及时组织召开会议 1 次扣 0.75 分，未亲自主持 1 次扣 0.5 分 3. 无会议记录、纪要 1 次扣 0.5 分 4. 未落实会议决议 1 项扣 2 分 5. 相关资料不齐视情况扣 0.2～1 分		
3 业务管理（40 分）	1. 安全风险分级管控 ①制定安全风险分级管控工作制度，明确安全风险辨识的辨识范围、方法和安全风险的辨识、评估、管控工作流程，并严格落实 ②主要致灾因素安全风险辨识到位、预控有力 ③作业条件发生重大变化，及时停工停产进行风险辨识并上报公司 ④建立安全风险辨识评估、管控、检查、公告、培训等档案，相关资料符合标准化管理要求	5 分	1. 无制度扣 1 分，制度内容或相关落实不符合要求视情况扣 0.2～1 分 2. 因安全风险辨识不到位或管控措施落实不到位，造成监测监控传感器报警等后果扣 1 分/次，造成现场安全风险增大，视情况扣 1～2 分/次 3. 条件发生变化，未及时停工停产进行安全风险辨识，并上报公司或瞒报，扣 1 分/次 4. 相关资料不符合要求，视情况扣 0.2～1 分		

（续）

考核内容	考核标准要求	标准分	考核计分办法	扣分及原因	得分
3 业务管理（40 分）	2. 隐患排查治理 ①制定完善的隐患排查治理制度，明确职责分工及隐患排查、治理、报告、督办、验收等工作流程，并严格落实 ②结合“五查五会一闭合”要求，认真开展“五查五会一闭合”活动，对上级检查出的隐患问题要认真按要求限期整改，并按要求上报公司整改情况 ③建立完整的隐患综合管理台账和专业管理台账，并定期开展统计分析，相关隐患排查治理资料齐全，治理方案、整改报告、分级管理等相关工作符合要求 ④制定重大隐患管理制度，明确重大隐患检查、登记、上报、建档、督办、销号等环节要求。（可以单独制定，也可以作为隐患排查治理制度的一部分） ⑤对重大隐患责任人进行追责处理	5 分	1. 无制度扣 1 分，制度内容或相关落实不符合要求视情况扣 0.2～1 分 2. 未按要求上报公司整改情况的扣 0.5 分/次 3. 未认真组织排查或及时安排整改，致部分环节失控或隐患长期得不到解决，影响安全生产的，视情况扣 1～2 分 4. 因存在事故隐患，被省、市政府部门、集团责令全矿性停产整顿扣 5 分、责令局部停工整顿扣 3 分；被公司责令全矿性停产整顿扣 3 分、责令局部停工整顿扣 2 分 5. 未建立综合台账扣 1 分，未定期开展统计分析扣 0.5 分，调度、通风、防治水、生产、机电运输等一个部门未建立专业隐患管理台账扣 0.5 分；台账填写不符合要求的视情况扣 0.2～1 分 6. 未制定重大隐患管理制度扣 2 分，相关内容或落实不符合要求视情况扣 0.2～1 分		
	3. 安全投入 ①制定安全费用管理制度，按时制定、审批安全费用计划 ②按规定正常提取和使用安全费用 ③实行专账专户管理 ④必须实行计划管理，有年度计划，执行公司统一的要求 ⑤重大安全措施工程计划和管理到位 ⑥安全费用管理台账、记录等资料齐全	2 分	1. 无制度、计划或未执行计划扣 2 分，制度内容不符合规定扣 0.5 分；费用计划未及时按规定报批或备案扣 1 分，计划中存在不符合规定的项目扣 0.2 分/项 2. 未按规定提取和使用或未设安全费用专用账户扣 0.5 分，有专用账户但未使用扣 0.2 分 3. 现场检查发现报送信息与实际不符、管理不到位、未组织专项验收、重大安全工程未按计划完成或实施、专项管理台账和管理过程不规范、不完整，视情况扣 0.1～0.5 分/次 4. 重大、重点安全费用投资没有按规定经过安监部门审批或验收，扣 1 分/项 5. 未建立安全费用管理台账和监管台账扣 0.5 分，台账记录不规范扣 0.2 分/项		

（续）

考核内容	考核标准要求	标准分	考核计分办法	扣分及原因	得分
3 业务管理（40分）	4. 安监队伍建设 ①有安监队伍建设或整顿方案、考核办法 ②按规定对安监队伍进行考核	10分	1. 按照对安监队伍的专项考核得分进行折算计分 2. 有其他不支持安监队伍建设，不配合安监队伍开展工作的情况，视情况加扣1~3分		
	5. 安全培训 ①明确分管领导、部门，配备专职管理人员 ②按计划组织年度培训，全员掌握应知应会知识 ③全员实现持证上岗 ④培训资料、记录齐全，实行档案化管理	5分	1. 按照公司培训管理部门的专项考核得分进行折算计分 2. 根据日常安全监察发现的问题进行加扣得分		
	6. 反“三违” ①制定本单位反“三违”活动方案或实施细则 ②按方案要求开展反“三违”活动，并对开展情况进行检查、考核 ③建立“三违”统计（登记）台账，相关记录、资料齐全、真实，并按时上报活动情况	2分	1. 未制定方案或实施细则扣2分，内容不符合要求视情况扣0.2~1分 2. 未按方案要求开展反“三违”活动，未对开展情况进行检查、考核的视情况扣0.2~1分 3. 未建立台账扣0.5分，未按规定上报统计情况扣0.5分，台账登记内容及资料每缺一项（“三违”类型、处罚情况、帮扶培训情况及罚款原始凭据等）扣0.2分；如存在统计报表或资料作假，一条扣0.5分；未完成抓“三违”指标或对未完成抓“三违”指标人员未进行追责的，一人次扣0.01分		
	7. 标准化建设 ①明确分管领导、部门、人员 ②建立安全生产标准化检查验收制度，定期进行检查、考核、讲评 ③每月至少组织开展一次全面的自查，并有完整的验收资料，建立完整的标准化档案，自查或上级（包括政府、集团及公司）验收达规划等级 ④持续开展动态达标工作，开展班组现场动态管理，有举措、有方法，能够保持常态化管理	3分	1. 未明确分管领导、部门、人员扣1分/项 2. 未制定相关制度扣2分，内容不符合要求视情况扣0.2~1分 3. 未开展自查扣1分，自查资料不全视情况扣0.2~1分，上级验收不达规划等级，扣3分 4. 不能保持常态化管理，现场动态管理存在漏洞、现场标准化管理混乱，视情况扣1~2分		

（续）

考核内容	考核标准要求	标准分	考核计分办法	扣分及原因	得分
3 业务管理（40 分）	8. 安全考核 ①制定安全管理考核办法和安全风险抵押考核办法，并及时进行修订、考核 ②各作业、各层级安全考核要结合日常安全工作实际进行考核，并逐级审核把关 ③考核体系完善，考核、审核、兑现等资料齐全	3 分	1. 未明确分管领导、部门、人员扣 1 分/项 2. 未制定相关办法扣 2 分，内容不符合要求视情况扣 0.2 ~1 分 3. 未按办法要求开展相关工作，视情况扣 0.2 ~2 分		
	9. “136” 安全管理模式建设 ①“三基”及“六大体系”建设持续推进 ②各级管理机构健全，人员配备满足要求 ③责任制、制度、方案、预案、措施等的编制、审批、印发符合公司要求，内容与实际相符，现场落实到位，相关落实资料齐全	3 分	1. 未建立“三基”及“六大体系”建设推进方案，扣 1 分；推进方案可行性差或推进不力，视情况扣 0.2 ~1 分 2. 机构不健全扣 0.5 分，人员配备不足扣 0.3 分/人 3. 责任制、制度、方案、预案、措施等的编制、审批、印发不符合公司要求，内容缺项或与实际不相符，现场落实不到位，视情况扣 0.2 ~1 分 4. 煤矿重大技术方案未审批，1 项扣 2 分		
	10. 其他重点工作落实 ①按规定完成上级及公司要求报送的总结、报表等临时任务 ②积极配合上级及公司的执法检查，不得提供假依据、假资料，不得隐瞒事实真相等 ③积极参加上级及公司召开的各类会议、活动 ④党政工团齐抓共管的相关工作开展有序，相关规定有落实、有效果。如：群众监督网工作、青年监督岗的工作等 ⑤季节性、阶段性工作按要求完成。如两节两会、冬季防火、搬家倒面等	2 分	1. 未报扣 0.5 分/次，迟报扣 0.2 分/次，报送质量差，有错误，扣 0.1 分/处 2. 迎接检查提供假依据、假资料，隐瞒事实真相的，视情况扣 0.2 ~1 分 3. 未按要求开展各类会议、活动，视情况扣 0.2 ~1 分 4. 党政工团未按要求开展相关工作，视情况扣 0.2 ~1 分 5. 季节性、阶段性工作未按要求完成，视情况扣 0.2 ~1 分 6. 1 项工作未安排扣 2 分，不及时安排的 1 项扣 1 分，有安排不落实 1 项扣 1 分		
4. 检查（突查）发现问题（20 分）	1. 重大事故隐患	3 分	发现重大事故隐患或未进行挂牌督办、验收销号扣 1 分/条，假整改此项归零		
	2. 安全管理红线	3 分	发现安全管理红线或未及时整改扣 1 分/条，假整改、未认定或未做出处理此项归零		

（续）

考核内容	考核标准要求	标准分	考核计分办法	扣分及原因	得分
4. 检查（突查）发现问题（20分）	3. 安全操作红线	3分	发现安全操作红线或未及时整改扣1分/条，假整改、未认定或未做出处理此项归零		
	4. 五假五超	3分	发现或未及时整改扣1分/条，假整改、未认定或未做出处理此项归零		
	5. 严重“三违”	3分	发现或未及时整改扣1分/条，假整改、未认定或未做出处理此项归零		
	6. 一般隐患	5分	发现1条扣0.3分，未及时整改1条扣0.3分，假整改1条扣0.6分		
5. 生产安全问责（10分）	1. 矿井问责制度落实	5分	制度不健全扣1分；不按规定问责1次扣0.5分		
	2. 上级、集团公司或公司问责执行情况	5分	被问责1次扣1分，执行不到位1条扣0.5分，弄虚作假1条扣2分		
6. 扣分项	考核期内发生生产安全亡人事故（按照《安全生产法》分级）一次，一般事故扣15分、较大及以上扣100分				
7. 加分项	按“双红线”主动问责1起加3分，有标准化升级规划，并在期限内升级的，二级加1分，一级及以上加2分；“一优三减”等方面成绩突出的，加2分				
8. 综合得分	合　计				

附表3　晋能集团二级公司煤矿安监队安全管理（季度）考核汇总表

考核小组　　　　　　　　　　　　　　　　　　　　年　　月　　日

考核内容，单位：分															综合得分（分）
考核项目（分）										加分项目（分）					
贯彻落实上级会议	持证上岗	安全教育培训	作风建设	非自有队伍管理	入井管理	班前会	反“三违”	隐患排查	值班	安监部（站）务会	安全信息分析	安全问责	发明	创造	创新	发表安全论文	

附表4　晋能集团二级公司煤矿班子安全管理（季度）考核评分汇总表

考核小组：　　　　　　　　　　　　　　　　　　　　　　　　年　第　季度

考核时段	综合排名	矿井名称	总得分（分）（考核得分＋加分－安全指标扣分）	奖罚情况	备注

附表5　晋能集团二级公司煤炭板块月份安全管理考核汇总表

序号	煤矿名称	扣分原因	扣分	得分	系数	最终得分
1	××煤业				0.30	
2	××煤业				0.30	
3	××煤业				0.30	
4	××煤业				0.30	
5	××煤业				0.30	
6	××煤业				0.30	
7	××煤业				0.30	
8	××煤业				0.30	
9	××煤业				0.30	
10	××煤业				0.30	
11	××煤业				0.30	
12	××煤业				0.30	

组长：　　　　审核：　　　　考核人：　　　　考核日期：　年　月　日

附件　煤矿班子及安监队伍考核资料汇编（格式）

第一部分：××煤矿安监队伍××月份安全考核资料汇编

一、贯彻落实上级会议等精神

1. 贯彻各级会议在安全方面的要求

（1）　月　日，对　　会议上的　　要求进行了贯彻落实，相关学习、落实资料见附件×。

（2）　月　日，对　　会议上的　　要求进行了贯彻落实，相关学习、落实资料见附件×。

（3）……

2. 贯彻各类文件在安全方面的要求

（1）　月　日，对　　文件上的　　要求进行了贯彻落实，相关学习、落实资料见附件×。

（2）　月　日，对　　文件上的　　要求进行了贯彻落实，相关学习、落实资料见附件×。

（3）……

3. 贯彻在安全方面的其他要求

（1）　月　日，对　　的安全要求进行了贯彻落实，相关学习、落实资料见附件×。

（2）　月　日，对　　的安全要求进行了贯彻落实，相关学习、落实资料见附件×。

（3）……

4. 监察职能落实

（1）　月　日，对　　部门（人员）对　会议（文件）精神的落实情况进行了安全监察，相关监察资料见附件×。

（2）　月　日，对　　部门（人员）对　会议（文件）精神的落实情况进行了安全监察，相关监察资料见附件×。

（3）……

二、持证上岗

……

第二部分：××煤矿班子××月份安全考核资料汇编

一、贯彻落实上级会议等精神

1. ……

二、班子成员资质和履职

……

三、……

编写说明：要针对考核表中的每一项进行叙述，其中当月涉及的每项工作则写，未涉及的则不写，直接写下一项。

3.33　安全生产问责制度

第一章　总　　则

第一条　为切实促进各级安全生产责任落实，确保公司安全生产重大决策、决定、计划及规章制度执行到位，杜绝各类安全生产渎职、失职行为，健全内部安全生产约束和责任追究机制，根据《生产安全事故报告和调查处理条例》《晋能集团有限公司安全生产问责制度》等，结合公司实际，特制定本制度。

第二条　安全生产问责制度，是针对公司各级安全生产管理人员不落实安全生产责任或者不正确落实安全生产责任，以致在其管辖的单位、部门和在生产经营过程中安全致灾因素管理失控，出现较大或重大安全隐患，甚至造成安全事故或导致公司合法权益、社会形象受损等，进行责任追究的制度。

第三条 安全生产问责制度遵循“公开、公正”和“四不放过”（事故原因未查明不放过、责任人未处理不放过、整改措施未落实不放过、有关人员未受到教育不放过）的原则。

第二章 问责范围和对象

第四条 问责范围主要包括以下因管理不到位或责任不落实导致的情形之一：

（1）发生生产安全事故。

（2）对安全致灾致害因素管理失控，产生较大或重大安全隐患。

（3）不执行上级和集团公司及公司安全会议或文件精神和决定。

（4）重点安全工作及举措推进或落实不力。

（5）触犯各级“安全红线”或禁令。

（6）致公司合法权益、社会形象受损等以及其他公司认为需要问责的情形或行为。

第五条 安全生产问责对象，包括：

（1）公司所属的发生问题的单位及其领导班子成员、副总工程师、经理（或矿长）助理、管理部门的负责人等。

（2）公司相关部门的负责人及管理人员。

公司根据对不同事件的分析结果，对认定此范围内有责任的人员进行追责、问责。

以上范围之外的有关责任人员的问责权归所在各单位负责。

第三章 问 责 形 式

第六条 安全生产问责的形式有：约谈、经济处罚、行政处分。

约谈，就是召集相关部门到指定的地点对责任单位和相关人员进行责任分析、认定，做出处理意见，进行诫勉谈话，督促责任单位强化工作措施的处理形式。

经济处罚，就是对失职、渎职行为进行罚款、扣除安全绩效奖励等各类安全奖励的处理形式。

行政处分，就是对失职、渎职行为给予警告、严重警告、记过、记大过、降级降职、解除劳动合同或留用察看等的处理形式。

第四章 生产安全事故问责

第七条 生产安全事故分人身伤亡事故和非伤亡事故两大类。

本制度所称的生产安全事故是指在公司生产经营区域发生的责任事故，经认定属于非责任事故的不在本问责制度范围。

生产安全事故的分类、分级，按照国家《生产安全事故报告和调查处理条例》执行。

工程质量事故按非伤亡事故对待。

第八条 对煤矿发生死亡事故的问责，除执行集团公司和公司的相关问责规定外，同时执行以下规定。

（1）一起死亡 1 人的安全责任事故，按以下条款问责：

①给予事故单位罚款×××万元，黄牌警告，取消事故单位当年度评先评优资格。

②对事故单位董事长、党委（或总支）书记、总经理、分管副经理、安全副经理进行约谈。

③对公司负有重要监督责任的对口职能部门负责人罚款××××元。

（2）一起死亡 2 人的安全责任事故，按以下条款进行问责：

①给予事故单位罚款×××万元，黄牌警告，取消事故单位当年度评先评优资格。

②对事故单位董事长、党委（或总支）书记、总经理、分管副经理、安全副经理进行约谈。

③对公司负有重要监督责任的对口职能部门负责人罚款×万元。

（3）同一煤矿年度内累计发生两次1人死亡安全责任事故的，按以下进行问责：

①给予事故单位罚款×××万元，取消事故单位当年度评先评优资格，并实行停产整顿。

②对事故单位领导班子成员进行集体约谈。

③对公司负有重要监督责任的对口职能部门负责人罚款×万元。

第九条　对非煤矿生产经营单位发生死亡事故的问责，除严格执行集团公司和公司的相关问责规定外，同时执行以下规定。

（1）发生一起死亡1人的安全责任事故的，按以下条款进行问责：

①给予事故单位罚款×××万元，黄牌警告，取消事故单位当年度评先评优资格。

②对事故单位董事长、党委（或总支）书记、总经理（厂长）、分管副经理、安全副经理进行约谈。

③对公司负有重要监督责任的对口职能部门负责人罚款××××元。

（2）发生一起死亡2人的安全责任事故的，按以下条款进行问责：

①给予事故单位罚款×××万元，黄牌警告，取消事故单位当年度评先评优资格。

②对事故单位董事长、党委（或总支）书记、总经理（厂长）、分管副经理、安全副经理进行约谈。

③对公司负有重要监督责任的对口职能部门负责人罚款×万元。

（3）同一单位年度内累计发生两次及两次以上一般死亡安全责任事故的，按以下条款进行问责：

①给予事故单位罚款×××万元，取消事故单位当年度评先评优资格，并实行停产整顿。

②对事故单位领导班子成员进行集体约谈。

③对公司负有重要监督责任的对口职能部门负责人罚款×万元。

第十条　对煤矿发生重伤或造成较大直接经济损失的问责。

（1）煤矿发生一起1人重伤事故，或造成直接经济损失×××万～×××万元的一般事故的，按以下条款进行问责：

①给予事故单位董事长、党委（或总支）书记、总经理（矿长）分别罚款××××元。

②给予安全副经理（安全副矿长）罚款××××元。

③给予负有重要领导责任的分管业务、分管队伍副经理（副矿长）分别罚款××××～××××元。

④给予事故单位罚款××万元，黄牌警告，取消事故单位当年度评先评优资格。

⑤公司对事故单位董事长、党委（或总支）书记、总经理（矿长）、安全副经理及分管副经理进行约谈。

（2）煤矿发生一起2人重伤事故，或造成直接经济损失×××万～×××万元的一般事故的，按以下条款进行问责：

①给予事故单位董事长、党委（或总支）书记、总经理（矿长）分别罚款××××元。

②给予安全副经理（安全副矿长）罚款××××元。

③给予负有重要领导责任的分管业务、分管队伍副经理（副矿长）分别罚款××××～×××××元。

④给予事故单位罚款××万元，黄牌警告，取消事故单位当年度评先评优资格。

⑤公司对事故单位董事长、党委（或总支）书记、总经理（矿长）、安全副经理及分管副经理进行约谈。

（3）煤矿发生一起3人重伤事故，或造成直接经济损失×××万～×××万元的一般事故的，按以下条款进行问责：

①给予事故单位董事长、党委（或总支）书记、总经理（矿长）分别罚款×万元。

②给予安全副经理（安全副矿长）罚款×万元。

③给予负有重要领导责任的分管业务、分管队伍副经理（副矿长）分别罚款×万~×万元。

④给予事故单位罚款××万元，黄牌警告，取消事故单位当年度评先评优资格。

⑤公司对事故单位董事长、党委（或总支）书记、总经理（矿长）、安全副经理及分管副经理进行约谈。

（4）煤矿发生一起3人以上重伤，或造成直接经济损失×××万元以上的责任事故，按照政府及集团公司事故调查组处理意见进行问责。

第十一条　非煤矿生产经营单位发生一起重伤或造成较大直接经济损失的，参照第十条加重处罚。

第十二条　同一单位年度内累计发生两起及两起以上重伤责任事故的，除按照以上发生一起分别进行处罚外，同时执行以下规定：

（1）给予事故单位再罚款××万元，取消事故单位当年度评先评优资格，并实行停产整顿。

（2）对事故单位领导班子成员进行集体约谈。

（3）对公司负有重要监督责任的对口职能部门负责人罚款××××元。

第十三条　对煤矿发生非伤亡事故的问责。

（1）煤矿发生一起三级非伤亡事故的，给予负有重要领导责任的分管业务、分管队伍副经理（副矿长）分别罚款××××元。

（2）煤矿发生一起二级非伤亡事故的，按以下条款进行问责：

①给予事故单位董事长、党委（或总支）书记、总经理（矿长）分别罚款××××元。

②给予安全副经理（安全副矿长）罚款××××元。

③给予负有重要领导责任的分管业务、分管队伍副经理（副矿长）分别罚款××××~××××元。

④给予事故单位罚款××万元，黄牌警告，取消事故单位当年度评先评优资格。

（3）煤矿发生一起一级非伤亡事故的，按以下条款进行问责：

①给予事故单位董事长、党委（或总支）书记、总经理（矿长）分别罚款××××元。

②给予安全副经理（安全副矿长）罚款××××元。

③给予负有重要领导责任的分管业务、分管队伍副经理（副矿长）分别罚款××××~×××××元。

④给予事故单位罚款××万元，黄牌警告，取消事故单位当年度评先评优资格。

⑤公司对事故单位董事长、党委（或总支）书记、总经理（矿长）、安全副经理及分管副经理进行约谈。

第十四条　对非煤矿生产经营单位发生非伤亡事故的问责。

非煤矿生产经营单位发生一起非伤亡事故的问责，参照以上处罚视情况加重进行处罚。

第十五条　同一单位年度内累计发生两起及两起以上非伤亡事故的问责，除按照以上发生一起分别进行处罚外，同时执行以下规定：

（1）对事故单位主要负责人进行约谈。

（2）对公司负有重要监督责任的对口职能部门负责人罚款××××元。

第五章　重大安全隐患问责

第十六条　重大安全隐患的认定按以下规定执行：

（1）煤矿重大安全隐患的认定依据为《煤矿重大生产安全事故隐患判定标准》（原国家安全生产监督管理总局令第85号）执行。

（2）非煤矿生产经营单位重大安全隐患的认定按原国家安全生产监督管理总局出台的相关行业重大生产安全事故隐患判定标准执行。

第十七条　重大安全隐患由地方政府、集团公司及公司各级监管部门检查中查实，或经查属实的职工举报。

第十八条　对存在重大安全隐患不及时采取有效措施、不及时向上级主管部门汇报或未列入整改计划，强行组织生产作业的，除集团公司处罚外，公司对责任单位加罚×万元到×万元。

第十九条　对涉及重大安全隐患的相关责任人的，除严格执行集团公司的相关问责规定外，按以下条款进行问责：

（1）发现重大安全隐患，责任单位未按“五落实”要求采取措施，强行组织生产作业的，如果公司未履行监督督促责任，任其发展，不及时制止，给予公司负有重要监督责任的对口职能部门负责人罚款0.3万~0.5万元。

（2）发现重大安全隐患，公司和责任单位已做出部署安排，但执行落实的基层单位或个人未严格按“五落实”要求整改，强行作业的，给予现场跟班领导和队干罚款0.3~0.5万元。

第六章　不执行安全会议、文件精神、决定及违反“红线”或其他失职、渎职的问责

第二十条　有下列情况之一的，对责任单位通报批评、给予×万元到×万元经济处罚、主要领导约谈、问责等：

（1）不及时传达贯彻落实上级、集团公司及公司有关安全生产的会议、文件精神和决定（包括整改通知书）的。

（2）不落实集团公司〔2017〕60号文件中“煤矿管理人员下井与带班制度”和不落实〔2017〕306号文件所列“六个一律”的。

（3）不落实集团公司煤矿“一通三防”管理“十个严禁”和防治水管理“十个严禁”的。

第二十一条　触犯集团公司“红线制度”的，按照相关规定进行问责。

第二十二条　触犯公司《安全生产红线制度禁令手册》中的《二级公司安全生产刚性措施》和《煤矿顶板控制二十条措施》的，按照相关处罚规定进行处罚。

第二十三条　触犯公司《安全生产红线制度禁令手册》第三部分二级公司规定中《二级公司安全生产刚性措施》和《煤矿顶板控制二十条措施》以外其他规定的，将对相关责任人处罚××××~×××××元；对造成重大安全威胁的，将对相关责任人处以不少于×××××元的处罚，直至免职。

第二十四条　对由于预控管理不到位、安全风险辨识不到位、安全措施落实不到位等原因造成致灾致害因素管理失控、安全风险增高、公司合法权益受损（采掘失衡、设备损坏等）或者造成其他不良影响或后果的问责。

（1）对责任单位董事长、党委（或总支）书记、总经理、分管副经理、安全副经理进行约谈。

（2）对负有重要领导责任的责任单位董事长、党委（或总支）书记、总经理、分管副经理给予0.2万元到1万元经济处罚。

第二十五条　有下列情况之一的，对责任单位主要负责人和相关责任人约谈、问责、给予×万元到×万元经济处罚等：

（1）类似问题反复出现的。

（2）拒不执行整改指令的。

（3）预控措施采取不到位，造成安全风险增加的。

（4）安全风险辨识不认真，危险因素出现漏项的。

（5）出现安全致灾因素管控指标失控的。

（6）因故意或过失造成公司合法权益受损或者在社会上造成不良影响或后果的。

第二十六条 各种制度处罚问责涉及同类同级的安全责任事故，按照“就重不就轻，不重复处罚”的原则处罚。

第二十七条 除问责、约谈外，事故单位党政主要领导、公司职能部门负责人、公司分管领导要在公司安全会议上作检查。

第二十八条 凡在事故查处及执行过程中，事故单位弄虚作假、瞒报、谎报、迟报，阻碍、干涉事故调查处理，故意破坏事故现场，拒绝接受调查以及拒绝提供真实情况和资料的单位，根据情节轻重，除按照集团公司规定对相关责任人、主要负责人给予处罚外，加罚0.5万~1万元。

第二十九条 被问责的单位及领导班子成员取消年度评先评优资格。

第三十条 被问责的单位在执行事故责任处罚的同时，执行公司的《安全绩效考核办法》《安全风险抵押金考核办法》《安全目标考核办法》等的有关规定。

第三十一条 事故追责时，公司按相关制度对有责任的各级责任人员进行内部追责查处，如有与政府、集团事故调查组处理意见不一致的情形，呈报公司党政联席会议研究决定。

第七章 约 谈

第三十二条 约谈内容

（1）主要听取被约谈单位对相关问题的情况汇报，包括基本情况、原因分析及教训，重点是采取的措施。

（2）对被约谈单位主要负责人进行诫勉谈话。

（3）被约谈对象应当准备书面材料和必要的图纸、措施等资料。

第三十三条 约谈程序

（1）由安监部门书面或电话通知约谈对象，告知约谈时间、地点及需要提交的材料。

（2）约谈时，应安排专人记录，形成约谈纪要并及时发送被约谈单位。

（3）约谈后，被约谈单位应在15日内将约谈要求贯彻落实情况以书面形式上报。

（4）公司安监部要将约谈的相关资料建立档案备查。

（5）公司参加约谈的人员，由安监部根据约谈问题涉及的专业确定参加的公司领导及业务部门负责人。

第八章 附 则

第三十四条 问责实行回避制度。问责组成员与问责当事人有利害关系或其他关系可能影响问责公正的，应当回避。

第三十五条 对责任单位和责任人的问责结果，纳入年度安全绩效考核，并在一定范围内通报批评。

第三十六条 公司对事故单位及责任人的降级、撤职、经济处罚、取消事故单位当年度评先评优资格及通报批评等由安监部及时报送公司组织人事、纪委、人力资源、企管、财务、工会、新闻中心、综合办等部门并监督执行。

第三十七条 公司负责落实集团公司问责时对公司及所属单位提出的各种处理意见和建议。

第三十八条 公司对同一起事故的处理决定合并执行，不重复处罚。

第三十九条 本制度与国家有关法律法规有相抵触的情况，执行国家有关法律法规规定。

第四十条 本制度自印发之日执行。

3.34　三个“七步法”管理办法

1. 范围

所有正常生产矿井均应全面推广三个“七步法”。

2. 三个“七步法”及具体内容

公司在××煤业、××煤业试行的三个“七步法”的基础上，进一步总结提炼，规范其名称，补充完善其内容，三个“七步法”分别为：班前会“七步法”、入井前准备“七步法”和井下安全作业“七步法”。三个“七步法”的步骤、具体内容及执行标准如下：

1）班前会“七步法”

（1）点名：

①由本队当日值班人员点名，点名完毕向值班队长、跟班队长报告当班出勤情况。

②所有参加班前会人员着装整齐，坐姿端正，点名人员吐字清晰、声音洪亮，被点到人员要起立答“到”，声音洪亮。

（2）安全确认：

①当班班组长起立，认真确认当班人员以下情况：着装是否整齐，坐姿是否端正；有无饮酒者；有无带病上岗者；有无精神不振者；有无情绪不稳定者。

②确认完毕向值班队长、跟班队长报告确认结果。

（3）工作安排：

①值班人员汇报前一班安全工作总体情况、工程质量、生产任务完成情况，进行简要小结，分析不足，总结经验。

②当班跟班队干或班组长安排布置当班工作。

（4）安全主讲：

①跟（值）班队长传达贯彻政府、集团、二级公司、矿有关会议和文件精神。

②跟（值）班队长对关键岗位、关键工序的安全进行重点强调，提示作业地点及作业过程中的主要危险源及控制措施。

（5）互保联保工作确认：

①当班班组长对当班员工岗位变化情况进行确认。

②对岗位变化的人员要组织、督促补签互保联保工作协议。

（6）学习培训：

①技术员对已学习的每日一题随机抽考（每次可抽查2~3人）。回答者起立回答，声音洪亮。

②组织当班员工学习当天的每日一题，必要时由技术员进行讲解。

③如有新的作业规程、措施或作业规程变更、补充等，技术员要组织员工学习贯彻作业规程、措施，并组织签字。

④组织相关的安全教育，包括煤矿安全生产事故案例专题教育、安全知识小课件、发生在身边的事故案例、远程教育网的相关课件、模拟岗位操作达标演练等，要不拘一格，总结教训，传授防范措施。

（7）安全宣誓：

跟班队长或班长领誓，全班员工要统一举起右手，握拳，高举至耳，集体宣誓，态度要端正，声音要洪亮，精神要振奋。

2）入井前准备“七步法”

（1）更衣：

①班前会结束后，跟班队长（或当班班组长）带领员工列队进入更衣室，步伐动作整齐。

②入井人员着统一工作服，戴好安全帽，佩戴（带）好劳动防护用品。

（2）领灯：

①更衣后到灯房领灯。领灯时要遵守灯房管理规定，随身携带好上岗证、矿灯、自救器、人员定位卡及其他作业工具，并进行安全确认；特种作业人员应持相应的特种作业操作资格证，携带相应的劳保用品。

②矿长、矿技术负责人、爆破工、采掘区队长、通风区队长、工程技术人员、班长、流动电钳工下井时，必须携带便携式甲烷检测仪。

③需办理有关工作票和入井证的，应提前办好，并注意随身携带。

（3）照镜子：

入井人员进入等候室要照镜子，正衣冠，查看安全帽是否戴好，着装是否整齐，领口、袖口是否扣好扎紧，劳动防护用品是否佩戴（带）齐全等。

（4）入井考试：

入井人员排队进入考试室依次进行入井前的考试，考试合格后入井（考试数量和制度执行各矿的具体规定）。

（5）检身测酒：

①入井人员接受检身工的安全检身，发现携带违禁物品的严禁入井。

②入井人员应主动接受测酒。

（6）等候：

①入井人员进入等候室后进行等候期间的安全学习，如观看警示教育短片。

②从等候室进入井口房时，应在检身工的带领下进行统一的手指口述，对个人防护用品及工具进行最后的安全确认。

③其他安全事项提示、提醒等。

（7）考勤入井：

入井人员依次进行考勤，考勤后进入井口房按把钩工的指挥、指令等待乘罐乘车。

入井前准备“七步法”，各矿可以根据本矿的情况，在顺序上进行适当调整。

3）井下安全作业“七步法”

（1）乘罐坐车：

①所有乘车人员到达乘车地点后要听从指挥，有序上下车。

②乘车（罐）人员必须遵守乘车相关规定。

（2）井下行走：

①人员要靠右侧行走，对面相遇按照升井人员优先的原则礼让，并靠右侧站立；有运输等设备时，要走人行道，与运输设备等保持安全距离。

②在有轨道运输的井巷内（含无极绳运输巷道）行走，执行“行车不行人、行人不行车”制度，并随时注意路面和巷道支护情况。

③通过弯道、交叉口等时，都应“一停、二看、三通过”，随时注意来往车辆。

④在采区巷道行走，通过风门后，必须随手关闭，严禁同时打开两道风门。

⑤工作人员行走过程中遇到胶轮车驶来，必须背靠巷帮站立，面向车辆安全躲避，或及时进入躲避硐室。

⑥严禁乘坐带式输送机，严禁在刮板输送机上行走，严禁扒乘矿车。横跨带式输送机或刮板输送机时，必须从行人过桥通过。

（3）交接班：

①交班人和接班人对照“交接班记录表”逐项进行交接确认。

②岗位存在的问题要交接清楚，并填写在交接班记录表中。

③交接完毕后，交班人和接班人在交接班记录表上进行签字确认。

④交接班后，交班人升井后将“交接班记录表”交回队部存档。

（4）隐患处理：

①员工上岗后，对所在岗位范围进行巡回检查，对上一班所留隐患和本班出现的隐患及时处理，影响安全生产的要及时向班组长或跟班队干汇报。

②交接班完成和隐患处理结束后，必须向当班班组长或跟班队干及时报告，进入待命状态。

（5）规范操作：

①操作前应对本岗位安全环境、设备等情况进行安全确认。确认完毕和隐患处理完毕，接到班组长发出开工的指令后，方可进入正常作业。

②作业过程中按操作规程、作业规程作业。

③作业过程中，使用劳动防护用品，严格执行安全措施，发现安全隐患要立即整改。

④保证工程质量达标。

（6）收工：

①工作结束后，按照物品定置标准要求，将所用工器具妥善存放。

②整理本岗位责任范围的文明卫生。

③将本班工程量向相关人员进行汇报。

（7）班后会：

①根据实际情况选择班后会召开地点，可在井下，也可在队部会议室。

②对当班安全工作总体情况、工程质量、生产任务完成情况进行简要小结，分析不足，总结经验。

③由班组长或跟班队干汇总，报值班人员。

4　二级公司“一通三防”管理制度

4.1　主要通风机停风及恢复通风管理制度

第一条　主要通风机突然停止运转时，调度室应急处理措施。

（1）矿井因发生突然停电，或其他原因造成主要通风机突然停止运转时，调度室值班人员必须启动录音电话，立即通知井下所有工作地点的人员（井下所有生产区队和各业务部室也要积极协助调度室通知井下各地点的工作人员），立即停止工作、切断工作面电源，工作人员全部撤到停风前全风压供风巷道中，并统计好现场作业人数及跟班管理人员姓名，由值班矿领导组织全矿井工作人员全部撤出。

（2）调度室迅速将停电及主要通风机停止运转的情况向当天值班矿长汇报，同时通知矿长、总工程师、机电矿长、通风助理，以及安全科、通风科、机电科等井下所有与生产有关的单位，并按规定履行各自职责。

（3）矿长、总工程师、机电矿长、通风助理必须迅速赶到调度室集合，查明停电和主要通风机停止运转的原因，并立即采取措施进行处理。

（4）相关单位值班领导必须在值班室待命，根据调度命令，再次确认本区队井下工作人员是否撤至本制度规定地点，并核准人数向调度室汇报。

（5）调度室迅速通知调度值班车辆，随时待命。

第二条　主要通风机停止运转时，井下人员应急处理措施。

（1）井下任何人员，在得知主要通风机停风时，都必须立即向调度室汇报。井下所有工作地点的工作人员必须在跟班队长或班组长的带领下，立即撤到本制度规定地点，并向调度室和单位值班领导汇报现场情况和人员撤出后所在的位置和人数。撤出过程中，要将所管辖生产范围的电气开关，从里往外逐一将把手打到“零”位，人员撤出后，掘进工作面要切断局部通风机电源和巷道内的一切非本质安全型电气设备的电源，独头巷道口设置栅栏、挂明显的警标牌或派专人在巷道口新鲜风流中看守，严禁人员入内。

（2）当班瓦检员及安监员发现主要通风机停风后，要迅速汇报调度室、安全科和通风科，协助和监督生产区队跟班区长或班组长，完成停电撤人工作，并在规定的指定地点待命。掘进工作面的瓦斯检查员在接到矿井主要通风机停风撤人命令后，迅速将迎头瓦斯再检查一遍，监督迎头人员停电及全部撤出工作面后，立即督促当班电工停掉局部通风机，把风机开关打到“零”位，独头巷道门口设置栅栏，揭示警标，严禁人员入内。并向调度室和通风科值班人员汇报现场情况，然后就近撤到指定待命地点。

第三条　如果是供电系统出现问题，机电科值班领导必须立即安排人员到达停电现场，立即进行处理，恢复供电。如果是上级电网（某一回路）出现问题，应立即启动另一回路，恢复供电。

第四条　如果是主要通风机出现故障，必须在10 min之内启动备用风机，恢复全矿井的正常通风。同时，机电科值班领导必须立即安排人员赶赴风机房，进行应急处理。

第五条　若主要通风机停止运转，并证实无法立即开启，而井下供电系统仍然有电时，经矿长或总工程师批准，可以直接由35 kV变电所切断向井下的所有供电。

第六条　如果10 min内无法恢复主要通风机正常通风，应迅速采取以下措施。

(1) 由调度室通知机电科负责打开风井防爆盖（门）或井上其他风门，利用自然风压通风。

(2) 调度室立即通知井下所有工作人员撤到主井或副井底候车（罐）室待命。

(3) 水泵工接到停电通知后，立即停掉水泵，将电源开关打到“零”位，迅速撤到指定地点。

(4) 变电所电工严格按照调度室指令，进行低压停电操作，并做好记录和汇报。当接到撤人通知后，停掉高压电源后，撤到指定地点。

第七条 当主要通风机停风 10 min 以上，仍在短时间内无法恢复矿井通风时，应迅速采取以下措施。

(1) 由矿长或总工程师下命令，调度室具体指挥，各部门值班人员协助，将井下所有工作人员全部有组织按秩序撤到地面，由当班班组长，向调度室和各部门值班人员汇报人员升井人数，调度室负责汇总人员撤出情况，及时报告值班领导和总工程师及矿长。

(2) 撤离路线：井下各地点作业人员听到升井命令时，分别从待命地点按照避灾路线撤至地面。

(3) 瓦斯检查员检查所在地点瓦斯情况后，最后离开待命地点按避灾路线撤到地面。

第八条 开启主要通风机恢复通风的安全措施。

(1) 主要通风机启动时，采用风流短路的方法排放瓦斯，排放瓦斯时要严格控制风硐中瓦斯浓度不得超过 1.5%，否则必须加大风流短路的措施，在主要通风机出风口瓦斯浓度不超过 1.2% 时，逐渐将防爆盖（门）或井上其他风门关闭。

(2) 在恢复矿井通风系统后，当主要通风机出口处的瓦斯浓度不超过 0.8% 时，通风瓦斯检查人员方可入井检查通风瓦斯情况。矿井总回风流瓦斯浓度不超过 0.6% 时，其他人员方可入井。

(3) 井下中央变电所、采区变电所以及井下所有配电点，恢复送电前，应由瓦斯检查工全面检查，只有瓦斯浓度在 0.4% 以下时，方可由外向里逐级送电。

(4) 井下所有安装电动机及其开关的地点附近 20 m 的巷道内，都必须检查瓦斯，只有瓦斯浓度符合《煤矿安全规程》规定时，方可开启。

(5) 地面监控室必须 24 小时值班，及时将出现的停电情况汇报通风科值班人员及调度室，恢复供电后迅速配合井下解除监控系统的闭锁装置。

第九条 恢复局部通风机通风的安全措施。

(1) 恢复通风，开启局部通风机之前，瓦斯检查员及时和监控值班员联系获取该局部通风机作业地点的瓦斯浓度情况，并和掘进电工一前一后进入停风区检查，证实停风区中最高瓦斯浓度不超过 0.8%，最高二氧化碳浓度不超过 1.2%，且局部通风机及其开关地点附近 10 m 以内风流中瓦斯浓度都不超过 0.4% 时，方可人工开启局部通风机，恢复正常通风。

(2) 因停风导致掘进巷道瓦斯超限后，当掘进巷道回风绕道以里 20 m 范围瓦斯浓度在 1.6% 以下，由通风值班干部安排瓦斯检查员按常规排放瓦斯措施就地排放。当掘进巷道回风绕道 20 m 范围瓦斯浓度在 2.4% 及以下，由通风科长提出解决措施，指定通风干部或班组长按照常规排放瓦斯措施进行排放。当掘进巷道回风绕道以里 20 m 范围瓦斯浓度超过 2.4% 时，由矿通风科编制专项排放瓦斯措施，报矿总工程师审批后，由矿山救护队按措施进行排放。

(3) 排放瓦斯时应注意以下几点：

①排放瓦斯时，其回风系统内必须切断电源、撤出人员。

②设警戒。指定人员在可能进入排放瓦斯的地点站岗。

③向独头巷道内限制送入风量，逐步排放积聚的瓦斯，使排出的瓦斯与全风压风流混合处的瓦斯和二氧化碳浓度都不得超过 1.5%。

④严禁局部通风机发生循环风。

(4) 如果停风区中最高瓦斯浓度或二氧化碳浓度达到或超过 2.4% 不能立即处理时，必须在 24 h 内封闭完毕。

(5) 独头巷道恢复正常通风后，必须由电工对独头巷道内的电气设备进行检查，证实电气设备完好后，方可人工恢复局部通风机供风巷道内一切电气设备的电源。

（6）排放瓦斯工作要由外向里依次进行，一个采区内严禁两个瓦斯超限地点同时排放瓦斯。排除串联通风区域的瓦斯时，必须严格遵守排放次序，首先从进风方向第一台局部通风机处开始排放，只有第一台局部通风机排放瓦斯结束后，第二台局部通风机前风流中瓦斯浓度降到0.4%以下时，方可送电排放瓦斯。如排放瓦斯巷道为对旋风机，严禁直接启动两级同时进行排放。

4.2　局部通风机停风及恢复通风管理制度

第一条　局部通风机停止运转时，调度室应急处理措施。

（1）当主局部通风机因停电或其他原因突然停止运转时，无论备用局部通风机能否自动启动，调度室（施工单位的值班领导也要协助调度室通知现场人员）都要立即通知该工作面工作人员停止作业，并在跟班队长或现场班组长的指挥带领下，撤到全风压通风的主要进风巷道中。

（2）矿调度室值班人员同时要将停电及局部通风机停止运转的情况向矿当天值班领导汇报，并迅速通知机电矿长和通风助理以及安全科、机电科、通风科和井下受停风影响的施工单位。

（3）通知机电科、通风科和受停电影响的施工单位的值班领导必须在值班室待命，并调集人员随时准备进行应急处理。

第二条　主局部通风机停止运转后，风电闭锁装置必须立即切断局部通风机供风巷道内的一切非本质安全型电器设备的电源，同时自动切换开关必须立即启动备用局部通风机。现场班组长和机电修理工要迅速向调度室汇报，同时查明停电原因，及时恢复局部通风机的正常供电。

第三条　在备用局部通风机供风期间或无法启动备用局部通风机期间，工作面必须停止作业，现场跟班队长或班组长要迅速将全部人员撤至全风压通风的进风巷道中。瓦检员要监督现场班组长及跟班队长完成撤人工作及设置栅栏的工作。

第四条　严禁私自拆换瓦斯及风电闭锁装置以便强行给迎头和巷道内的电器设备送电。

第五条　在主局部通风机停止运转期间，施工单位要在巷道口设置栅栏、挂明显的警标牌并派专人在巷道口新鲜风流中看守，现场安监（全）员、瓦检员要检查栅栏和警标的设置情况，在主局部通风机恢复正常通风以前，严禁人员进入独头巷道。

第六条　瓦检员要注意检查栅栏处的气体情况，将瓦斯浓度变化情况及时向通风科有关领导汇报。

第七条　当备用局部通风机也不能开启时，停风的掘进工作面，未得到调度室通知，任何人不准开启局部通风机。

第八条　开启局部通风机恢复通风的安全措施。

（1）恢复局部通风机通风前，瓦斯检查员及时和监控值班员联系获取该局部通风机作业地点的瓦斯浓度情况，并和掘进电工一前一后进入停风区检查，证实停风区中最高瓦斯浓度不超过0.8%，最高二氧化碳浓度不超过1.2%，且局部通风机及其开关地点附近10 m以内风流中瓦斯浓度都不超过0.4%时，方可人工开启局部通风机，恢复正常通风。

（2）因停风导致掘进巷道瓦斯超限后，当掘进巷道回风绕道以里20 m范围瓦斯浓度在1.6%以下，由通风值班干部安排瓦斯检查员按照常规排放瓦斯措施就地排放。当掘进巷道回风绕道20 m范围瓦斯浓度在2.4%及以下，由通风科长提出解决措施，指定通风干部或班组长按照常规排放瓦斯措施进行排放。当掘进巷道回风绕道以里20 m范围瓦斯浓度超过2.4%时，由矿通风科编制专项排放瓦斯措施，报矿总工程师审批后，由矿山救护队按照措施进行排放。

（3）排放瓦斯时应注意以下几点：

①排放瓦斯时，其回风系统内必须切断电源、撤出人员。

②设警戒。指定人员在可能进入排放瓦斯的地点站岗。

③向独头巷道内限制送入风量，逐步排放积聚的瓦斯，使排出的瓦斯与全风压风流混合处的瓦斯

和二氧化碳浓度都不得超过1.2%。

④严禁局部通风机发生循环风。

（4）如果停风区中最高瓦斯浓度或二氧化碳浓度达到或超过2.4%不能立即处理时，必须在24 h内封闭完毕。

（5）独头巷道恢复正常通风后，必须由电工对独头巷道内的电气设备进行检查，证实电气设备完好时，方可人工恢复局部通风机供风巷道内一切电气设备的电源。

4.3　通风设施管理制度

第一条　矿井通风设施的建筑必须严格按照矿井"一通三防"安全质量标准和矿井通风设施建筑标准的规定执行，不得用木杠墙、木板墙、挡风帘（临时应急处理事故除外）。

第二条　永久性通风设施与临时性通风设施一般按服务期限划分。服务期限超过6个月（包括6个月）的为永久性设施，不足6个月的为临时性设施。

第三条　矿井永久性通风设施必须要有施工设计，报矿总工程师审批。其内容包括：设施位置、规格、施工顺序、辅助性设施和装置（包括通车风门防撞装置），并绘制设施位置和周边巷道的局部关系平面示意图、设施的主视图和侧视图（设计重点要考虑防灭火及防治瓦斯，通风设施位置要选在围岩较稳定、漏风小的地点，否则，必须采取措施处理漏风）。

第四条　风门标准化施工验收标准：

1. 风门墙

（1）用不燃性材料构筑，严密不漏风，墙体厚度不小于500 mm。

（2）墙面用水泥抹面并刷白色墙面漆；墙面平整，1 m^2 内墙面凸凹不超过10 mm。

（3）墙周边反抹边宽度100 mm、厚度10 mm，用水泥抹面刷红色漆。红色线条整齐划一，1 m长度内偏差不超过10 mm。

2. 风门板

（1）风门门扇面积大于3 m^2 且风门两端压力差大于500 Pa，不宜使用木质风门。

（2）门面平整不透风，1 m^2 内门面凸凹不超过10 mm。

3. 风门闭锁

风门能自动关闭，并进行连锁，保证两道风门不能同时打开，主要进、回风之间的风门应对其开关情况进行监测联网。

4. 风门底坎

风门（自动风门除外）底坎一般采用水泥抹面构筑。通车风门底坎高度与轨面一致，底坎沟与轨道距离30 mm，一般行人风门底坎高度100 mm，底坎的宽度与墙体一致。

5. 水沟、运输沟槽

风门墙的水沟、运输沟槽尺寸与墙体两侧的水沟、运输沟槽尺寸一致，沟槽上缘高度与巷道底板平齐，沟槽两侧设挡风帘，挡风帘长宽尺寸超过沟槽断面30 mm。风压差较大的风门水沟、运输沟槽处应设反水池。

6. 电缆孔、风筒过墙孔

（1）电缆穿墙设置电缆孔套管，位置平行于巷道底板，与风门两侧电缆走向一致。

（2）电缆孔套管长度超过墙体平面20 mm，用黄泥封堵，黄泥两端与墙面平齐并刷白。

（3）局部通风风筒穿过风门墙体时，应在墙上安装与胶质风筒直径匹配的硬质风筒。

7. 包边沿口

（1）风门包边宽度一般为40 mm，门面与门框（底坎）挤压包边宽度30 mm。（自动风门或使用产品自带密封装置的除外）。

（2）风门包边与边框平行，1 m 长度内包边凸凹不超过 10 mm。

（3）风门包边采用同长度的金属压条和螺钉固定，压条宽度 10 mm。

（4）采用新型密封材料包边的，设置方式参照以上条款布置。

8. 调节窗

（1）调节窗垂直位于门框正上部，距离门框边缘 200 mm；水平位于风门中心（如上部不具备条件则设置在风门两侧的上部，不得在风门门扇上设置调节风窗）。

（2）调节窗大小根据需要调节风量的大小计算确定。

（3）调节窗上下平行窗边设调节槽，槽内设硬质插板调节风量。调节槽直接铆钉到墙面上，槽深不小于 20 mm。插板宽度 100 mm、厚度 10 mm。

（4）上调节槽顶部设调节插孔，插孔间距 100 mm，插孔和铁钉用于锁定调节插板。

（5）调节槽刷白色，调节插板刷红色漆。

第五条　施工防火密闭时，墙体必须装设检测孔、措施孔和放水孔。检测孔设在离底板高度为墙高的三分之二处。措施孔设在密闭的三分之二的高处。放水孔设在距离管路底边沿距底板 300 mm 处，“U”形管高度不小于 200 mm，外管要比内管高 10 mm 左右。

第六条　密闭墙前栅栏：高度 1.8 m，除木板外材料不限，网孔 200 mm×200 mm；栅栏上留检查人员通过的小门，铰链连接，上锁。

第七条　所有密闭墙两侧必须抹面（封口里侧及墙面喷浆的除外），且不少于两次，墙面要平整。防火密闭墙墙面及墙前巷道必须喷浆，喷浆厚度不得低于 50 mm，墙前巷道喷浆到巷道外口。

第八条　密闭说明牌、检查牌固定在密闭墙上，禁止入内牌板固定于栅栏上。

第九条　矿要成立通风工程质量验收组，整个工程由通风助理组织矿有关部门对通风设施质量进行验收把关。通风科负责进行施工设计，矿总工程师负责组织有关部门对施工设计进行审定，工程验收组负责对掏槽、用料、墙体砌筑、充填砂浆或黄土、里墙封口前后的内外抹面和外墙封口后的墙体抹面及包边等施工全过程进行质量监督考核。不符合设计的工程要坚决推倒重建，验收合格的工程要填写验收记录，管理存档备查。没有验收记录的工程视为不合格。矿井通风设施要分采区进行统一编号。

第十条　采掘区队施工区域内的通风设施本着“谁受益、谁使用、谁管理、谁负责”的原则，采用“分片包干、就近挂钩”联责方式管理，由通风科与施工单位办理通风设施交接手续，将通风设施的管理使用纳入施工单位的日常生产管理中去。通风科、安全科负责对使用单位进行监督、检查与考核。

第十一条　密闭的使用和要求：

（1）矿井主要进、回风巷之间的横硐和采区进、回风巷之间不使用的横硐必须在横硐两侧建筑永久挡风密闭。

（2）进、回风巷之间需要使用的联络巷，必须安设两道连锁的风压平衡风门或两道正向风门和两道反向风门。

（3）与采空区连通的巷道必须构筑永久防火密闭。

（4）矿井与其他矿井贯通的地点必须构筑防爆密闭。

（5）废弃的溜煤眼、风眼必须对上下口进行封闭。被封闭的溜煤眼、风眼深度低于 5 m 时，必须用不燃性材料予以全部充填；被封闭的溜煤眼、风眼深度大于 5 m 时，要求用不燃性材料充填，厚度不低于 5 m。

（6）防火密闭位置距巷口超过 6 m 时，要在巷口增设永久密闭并将“三管”引到永久密闭墙外。相邻工作面顺槽之间的横硐两侧用永久墙密闭，中间全部充填黄土或粉煤灰等。

（7）密闭内的钢轨、电缆、各种管线等导电体必须在巷道入口处断开。

第十二条　测风站施工验收标准：

1. 永久测风站。

（1）测风站选在锚喷巷道或料石砌碹的巷道，均要用水泥抹面，刷白色墙面漆。抹面厚度 10 mm，抹面面积规整，线条整齐划一，测风站两侧（巷道走向方向）抹面边缘线凸凹不超过 10 mm。墙面（平面或圆弧面）规整，1 m^2 内墙面凸凹不超过 10 mm。

（2）测风站要求平直，直线段 4 m，并要求形状一致，断面相等，测风站前后 10 m 内巷道没有分叉、拐弯、障碍物和巷道断面无变化无积水和淤泥。

（3）测风站两侧（巷道走向方向）沿抹面边缘用红色漆刷警戒条，警戒条宽度 100 mm，线条整齐划一，凸凹不超过 5 mm。

（4）每个测风站都要求附设记录牌板。记录牌的设置要避开电缆、管线等障碍物。把牌板铆钉到墙面上，水平位于测风站中央，记录牌底边距巷道底板 1.2 m。

2. 临时测风站。

（1）测风站位置选在无冒顶、无杂物且支护良好的巷道段，采煤工作面设在停采线向里 50 米为宜。

（2）记录牌固定在巷道帮上，距巷道底板 1.2 m，水平方位在测风站中心。

第十三条　密闭、风门、风桥等通风设施的位置应选择在帮顶坚硬的煤岩巷道内；在有管线处施工时，要妥善保护管线；掏槽只能用大锤，钎子、手镐、风镐施工，不准采用爆破方法；在立眼或急斜巷道施工时，必须佩戴保险带；砌墙高度超过 2 m 时，要搭脚手架，保证安全。

第十四条　通风设施的拆除必须办理申请单，经矿通风部门和通风助理审批同意后方可执行。拆除时必须有通风部门负责人在现场统一指挥。对私自拆除、破坏设施的责任人必须严肃查处。

第十五条　矿通风科定期对井下通风设施进行一次全面检查，及时填写通风设施检查记录，并建立通风设施管理台账。对永久性通风设施，要在管理台账上标注其与附近有效参照物的准确距离。

第十六条　井下通风设施的增加、减少必须在 24 h 内反映在通风系统图上。

第十七条　采煤工作面开采结束前一个月，由生产技术科填写停采通知单，报通风、安监等单位和矿领导签批。停采线的划定位置要求能满足采空区封闭要求，封闭有发火危险的采空区，必须留有足够的距离砌筑气室密闭。

第十八条　在施工防火密闭时，必须将密闭到巷口处的浮煤、浮矸清理干净并运走，以见到硬底为准。在顶板压力较大区域，要在密闭内外分别支设一排带帽点柱或打井字木垛，有条件可以使用锚索加锚杆支护顶板。

第十九条　严禁同时打开两道风门进出物料。对于重要地点的风门，要设专人看管。

第二十条　各矿通风队伍必须稳定，人数要充足，确保通风设施构筑及时，质量符合标准要求（表 5－4－1、表 5－4－2）。

表 5－4－1　通风设施建筑标准

<table>
<tr><th rowspan="3">密闭性质</th><th rowspan="3" colspan="2">密闭结构</th><th colspan="6">规　　格</th><th colspan="2" rowspan="2">密闭两侧抹面</th><th rowspan="3">适用范围</th></tr>
<tr><th colspan="3">巷高/m</th><th colspan="3">掏槽深度（见硬帮硬底后）/m</th></tr>
<tr><th><3.0</th><th>3.0～3.5</th><th>>3.5</th><th>帮</th><th>顶</th><th>底</th><th>材料</th><th>次数</th></tr>
<tr><td rowspan="6">防火密闭［结构为两侧片石(砖)，中间夹黄土（砂浆）］</td><td colspan="2">里</td><td>1.0（0.7）</td><td>1.5（1.0）</td><td>2.0（1.5）</td><td rowspan="6">0.5</td><td rowspan="6">0.3</td><td rowspan="6">0.2</td><td rowspan="6">水泥砂浆</td><td rowspan="6">2</td><td rowspan="6">封闭采空区、火区</td></tr>
<tr><td colspan="2">外</td><td>1.0（0.7）</td><td>1.5（1.0）</td><td>2.0（1.5）</td></tr>
<tr><td rowspan="2">中</td><td>土</td><td>0.5</td><td>1.0</td><td>1.0</td></tr>
<tr><td>砂浆</td><td>0.3</td><td>0.5</td><td>1.0</td></tr>
<tr><td rowspan="2">全厚</td><td>土</td><td>2.5（1.9）</td><td>4.0（3.0）</td><td>5.0（4.0）</td></tr>
<tr><td>砂浆</td><td>2.3（1.7）</td><td>3.5（2.5）</td><td>5.0（4.0）</td></tr>
</table>

表5-4-1（续）

密闭性质	密闭结构	规格						密闭两侧抹面		适用范围
		巷高/m			掏槽深度（见硬帮硬底后）/m					
		<3.0	3.0~3.5	>3.5	帮	顶	底	材料	次数	
永久密闭［结构为片石（砖）］	全厚	1.0（0.7）	1.5（1.0）	2.0（1.5）	0.5	0.3	0.2	水泥砂浆	2	封闭进、回风巷之间的横硐，封闭废巷
临时密闭	片石（砖）	0.7（0.37）	1.0（0.5）	1.2（0.75）	四周见实煤（岩）			水泥砂浆	2	封闭存在半年以下的盲巷、窒息区
防爆密闭［结构为两侧片石(砖)，中间夹混凝土和工字钢］	里	1.0（0.7）	1.5（1.0）	2.0（1.5）	0.5	0.3	0.2	水泥砂浆	2	隔绝矿井井与其他井和小煤窑
	外	1.0（0.7）	1.5（1.0）	2.0（1.5）						
防爆密闭［结构为两侧片石(砖)，中间夹混凝土和工字钢］	中	0.5	1.0	1.0	0.5	0.3	0.2	水泥砂浆	2	隔绝矿井井与其他井和小煤窑
	全厚	2.5（2.2）	4.0（3.0）	5.0（4.0）						
封堵溜煤眼（风眼）		下口：混凝土充填厚度高于锁口点0.5 m，再用黄土或石膏充填高于锁口点5 m；上口：用工字钢、背板盖严，水泥浇筑严实			0.5			砼浇铸		封闭废弃溜煤眼和风眼

表5-4-2　通风设施施工质量标准

设施类别	适用范围	施工质量标准
防火密闭	封闭采空区、火区	1. 片石（砖）水泥砂浆墙，每砌一层片石（砖）必须用水泥砂浆灌注一次，要严密不留空洞。黄土每增0.2 m夯砸一次，黄土或水泥砂浆必须接顶严实 2. 过水巷道的密闭底部夹水泥砂浆并设置反水池或反水管 3. 封闭采空区的密闭要设观测孔、措施孔和放水孔 4. 抹面要求平直（1 m长度内凸凹不大于10 mm喷浆的除外），光滑不漏风 5. 墙前5 m内支护完好，无片帮、冒顶，无杂物、积水和淤泥 6. 在顶板压力较大区域，要在密闭内外分别支设一排带帽点柱

表5-4-2（续）

设施类别	适用范围	施工质量标准
永久密闭	封闭进、回风巷之间的横硐、封闭废巷	1. 片石（砖）水泥砂浆墙，每砌一层片石（砖）必须用水泥砂浆灌注一次，要严密不留空洞 2. 过水巷道的密闭底部要设置反水池或反水管 3. 抹面要求平直（1 m 长度内凸凹不大于 10 mm），光滑不漏风 4. 墙前 5 m 内支护完好，无片帮、冒顶，无杂物、积水和淤泥
临时密闭	封闭盲巷、窒息区；处理事故和调整系统的临时设施	密闭设在顶帮良好处，见硬底硬帮与煤岩接实
防爆密闭	隔隔绝矿井与其他矿井和小煤窑	1. 混凝土标号为 140 号，即：水泥、粗砂、粗碎石体积配合比为 1∶3∶4.5。混凝土浇筑要致密不留空洞 2. 工字钢为 11 号，构成网孔 60 cm×60 cm 骨架，骨架深入到槽内与实体接实，竖梁置于横梁内侧，交接点用铅丝绑紧 3. 墙体留有措施管、观测管、反水管、孔口要有阀门 4. 里墙要有弧度
封堵溜眼（风眼）	封闭废弃溜煤眼、风眼	1. 下口用不燃性材料封口，眼内有水的充填混凝土，并制定详细的防水措施。无水的可充填黄土或石膏 2. 上口煤体掏槽后搭接钢梁，梁上用水泥背板篷盖混凝土浇筑 3. 封闭的溜煤眼内不得留有存煤
设施类别	适用范围	施工质量标准
风桥	矿井（水平）总进风、回风；采区进风、回风；工作面进风、回风及其他地点	1. 桥腿（耳）用片石（砖）建筑，水泥砂浆抹面，要求平整光滑，墙体要边砌边灌注水泥砂浆，桥顶架设钢梁，用背板铺顶，上面灌注不小于 0.1 m 的水泥砂浆 2. 墙体与巷帮接口及坡面建成流线型，坡面坡度小于 30°，风桥通风断面不小于原断面的 4/5 3. 桥腿厚度按永久墙规定建筑，桥耳厚度砖为 0.37 m，片石为 0.6 m 4. 风桥两端接口严密，四周见实帮、实底，要填实、结实
永久风门	服务期限超过 6 个月（包括 6 个月）	1. 用铁板或双层木板中夹隔风材料，每层木板厚度不小于 2 cm，铁板厚度不小于 3 mm。压入式通风矿井大巷或斜井坑底的通车风门必须用铁板制作 2. 墙垛用不燃性材料建筑，质量要求同永久密闭
永久风门	服务期限超过 6 个月（包括 6 个月）	3. 门框用不小于 0.15 m×0.15 m 方木，过车底框用 0.15 m×0.10 m 木材制作。门框安装倾角为 3°～5° 4. 门与框的接触部分，要加钉衬垫，要严密不透光；门上要加钉门带，设置把手 5. 每处风门不少于两道，通车门间距不小于一列车长度，行人门不小于 5 m 6. 采区以上的进、回风的风门还要设反向门

表 5－4－2（续）

设施类别	适用范围	施工质量标准
临时风门	服务期限小于 6 个月	1. 风门墙垛建筑与临时密闭相同 2. 其他同永久风门
调节风窗	用于采区、采掘工作面、其他地点的风流控制	1. 必须设置两道，墙垛用不燃性材料构筑 2. 调节风窗的调节位置一般应设在上方 3. 墙体建筑同临时密闭，风窗能任意调节风量，采用插板调风，木制、铁制等硬质材料均可 4. 调节风窗的行人门建筑同临时风门
测风站	矿井总进、回风及采区进、回风巷	1. 用片石（砖）建筑，或利用断面规整的巷道抹面 2. 测风站建成后的断面应不小于原断面的 95% 3. 测风站直线段长度不小于 4 m，形状、断面一致；墙面平直，站耳成流线型 4. 测风站前后 10 m 内无风流分支、汇合点，巷道无拐弯、无障碍 5. 测风站设置记录牌板

4.4　矿井反风演习制度

第一条　每年由矿长组织有关部门进行一次全矿井反风演习；矿井通风系统有较大变化时，应进行一次反风演习。每季度由矿总工程师组织通风科、机电部门对反风设施进行一次全面检查并做好记录。如遇特殊原因不能进行反风演习，必须报公司批准，不反风的矿井也必须进行避灾演习。

第二条　反风演习持续时间原则上不少于从矿井最远地点撤人到地面所需的时间，但不得少于 2 h。

第三条　反风演习时必须遵守下列规定：

（1）反风演习期间停止井下一切生产和反风演习无关的工作，但井筒提升必须派值班绞车司机及信号工保持正常工作。

（2）反风演习前应切断井下电源。

（3）在反风演习前，井下工作人员必须全部升井；否则，不得进行反风演习。

（4）排水能力及水仓容积能够满足反风期间储水的矿井，可在反风前排空水仓积水，切断井下中央变电所的一切电源。

（5）反风演习期间，井下测定人员不得单独行动。

（6）打开井下消防材料库，备足消防器材和工具。

（7）反风演习期间，在出风井口 20 m 范围内及与出风井口相连通的井口房等建筑物内，都必须切断电源，禁止一切火源存在。

第四条　矿井反风前，由矿总工程师负责组织编制反风演习措施，报公司审批。反风演习措施主要内容包括：

（1）按照矿井灾害应急预案的要求假设灾害发生地点。

（2）确定反风演习开始时间和持续时间。

（3）明确反风设备的操作顺序。

（4）确定反风演习的观测项目及其方法。

（5）预计反风后的通风网络、风量和瓦斯情况。

（6）制定反风演习的安全措施。

（7）明确恢复正常通风的操作顺序和制定排除瓦斯的安全措施。

（8）规定参加反风演习的人员分工和培训工作。

第五条　反风演习期间应观测记录以下内容：

（1）观测主要通风机运转状态，包括电机负荷、轴承温升、风量、风压。电机不得超负荷运转。

（2）测定全矿井、一翼、区域、水平、采区进回风流的瓦斯及二氧化碳的浓度和风量。瓦斯、二氧化碳每十分钟测定一次。观测风流方向，每半小时测定一次风量。

（3）选择瓦斯、二氧化碳涌出量大的或瓦斯涌出不正常的工作面，测定瓦斯或二氧化碳的浓度、涌出量，并记录其浓度达到2%的时间。

第六条　矿井反风演习后，必须在一周内完成反风演习报告的编制，并报二级公司一通三防部备案。反风演习报告应包括：

（1）矿井通风情况。

（2）主要通风机运转情况。

（3）井巷中风量和瓦斯浓度。

（4）矿井自然风压状况。

（5）反风演习时空气中瓦斯或二氧化碳达到2%的井巷及火区气体情况。

（6）反风操作时间和恢复正常通风的操作时间。

（7）矿井通风系统图（包括反风前和反风时的通风系统）。

（8）反风演习参加人数。

（9）存在问题，解决办法和日期。

4.5　回风巷管理制度

第一条　加强对采区及以上回风巷的管理与维护，保持井巷完好状况，矿井回风巷道（包括采面风巷出口50 m以外）失修率不得大于7%，巷道严重失修率不得大于3%。主要进回风巷道实际断面不小于设计断面的2/3。回采工作面上、下出口及动压区通风断面要保持设计断面的70%以上。失修程度的划分见表5－4－3。

表5－4－3　巷道失修程度划分

程度划分	断面/m^2	支护	顶板下沉量/mm	积水深度/mm	浮煤淤泥等杂物/mm
失修	小于原设计的90%	井巷支架发生弯曲、倾斜、腐朽、折断和破裂；砌碹巷道变形；锚喷巷道脱皮冒落	＞100	＞300	＞100
严重失修	小于原设计的80%	支架变形，弯扭5架以上，背帮、背顶残缺、腐朽、折断等连续超过5 m；砌碹巷道严重变形，碹顶压坏塌落，碹墙挤压歪斜，发生明显变形，裂缝超过20 mm，长度超过10 m以上；锚喷巷道严重脱皮冒落，脱落高度超过100 mm，连续脱落面积超过2 m^2	＞200或冒落	＞400	＞300

第二条　回风巷道风速和瓦斯浓度均符合《煤矿安全规程》的规定。无提升设备的风井和风硐的风速不得超过15 m/s，矿井主要风巷的风速不得超过 8 m/s，采区风巷的风速不超过 6 m/s 且不小于0.25 m/s。

第三条　回风巷内测风站构筑规范，牌板内容齐全、清晰。

第四条　回风巷内报废的风桥必须及时拆除、回填，保持巷道平整。风巷内应设置避灾路线、岔路标识等安全标志牌。

第五条　作为避灾路线的回风巷必须做到安全畅通，便于行人避灾。

第六条　对于失修和严重失修的风巷应列入年度或月度计划，安排施工队伍组织实施。对回风巷内存在的杂物和炸帮煤要定期进行清理。

第七条　回风巷内不得有煤尘堆积、飞扬。做到防尘洒水系统完善，防尘设施齐全、完好，洒水管路三通阀门能正常使用，数量符合要求，坚持定期冲洗巷道。

第八条　矿每周至少组织一次专用回风巷检查,做好检查记录,并按时填报台账和风巷维修月报。

4.6　瓦斯检查管理制度

第一条　新建矿井或生产矿井新水平，都必须进行瓦斯涌出量预测，以确定新矿井、新水平、新采区投产后瓦斯涌出量大小，作为矿井和采区通风设计、瓦斯抽采及瓦斯管理的依据。

第二条　各矿要按规定配齐瓦斯检查员。瓦斯检查员必须有技校或中专以上文化程度，从事井下工作两年以上，熟悉通风瓦斯管理的基本知识和要求，经专门培训和实习，做到持证上岗。

第三条　高瓦斯矿井及突出矿井所有采煤、掘进、准备、回撤工作面都必须设专职瓦斯检查员，每班至少检查 3 次，同时根据需要随时检查瓦斯涌出情况。

第四条　低瓦斯矿井中瓦斯涌出量较大，变化异常的采掘工作面也应设专职瓦斯检查员，每班至少检查 3 次。低瓦斯矿井的其他采掘工作面执行巡回检查制，每班至少检查 2 次，每个瓦斯检查员每班检查采、掘面不得超过两个（可就近带 1～2 个硐室或其他地点）。

第五条　高瓦斯矿井的机电硐室、变电所、炸药库、装载硐室、避难硐室等硐室每班至少检查 3 次，低瓦斯矿井每班至少检查 2 次。

第六条　井下停风地点栅栏外风流中的瓦斯浓度每天至少检查 1 次；封闭的盲巷、采空区密闭墙外的瓦斯、二氧化碳浓度每班至少检查 1 次，墙内瓦斯、二氧化碳、一氧化碳、氧气浓度、空气温度每班至少检查 1 次；有自然发火煤层的采空区密闭墙内外压差每班至少测定 1 次。

第七条　无人作业的采掘工作面，每班至少检查 1 次；矿井的主要回风巷、采区回风巷，井底清撒斜巷等容易积聚瓦斯的巷道每班至少 1 次。

第八条　其他特殊地点（如高冒区）的瓦斯检查及其检查次数和方法由矿总工程师决定。

第九条　每班检查 3 次地点的相邻检查间隔时间不得超过 3 小时，不得小于 2 小时；每班检查 2 次的地点，本班内检查间隔时间不得超过 4 小时，不得小于 3 小时。

第十条　瓦斯检查员必须检查自己所使用的仪器是否完好，不完好的仪器严禁使用。

第十一条　通风科要根据矿井通风系统，划分瓦斯检查区域，确定检查人员，规定巡回检查路线，每月制定巡回检查计划图表。瓦斯检查员要按图表路线进行检查，每巡检一次向通风调度汇报，发现问题及时汇报。

第十二条　瓦斯检查点的设置：

（1）采煤工作面（含备用工作面）：进风流、工作面、上隅角、回风流（绕道口以里 15 m 处）。

（2）掘进工作面（含停工不停风的工作面）：局部通风机及其开关附近、工作面、回风流（绕道口以里 15 m 处）。

（3）矿井井下中央变电所、主水泵房、采区变电所、充电硐室、瓦斯抽采泵站（含井下移动、固定泵站和地面永久瓦斯抽采泵站）、井下爆炸材料库或发放硐室、采区水仓、电机车检修硐室、胶轮车加油硐室、避难硐室、机电设备配电点、临时排水点等。

（4）密闭墙前、停风地点栅栏外。

（5）矿井主要回风巷，包括一翼回风巷、分水平回风巷，采区（盘区）回风巷。

（6）回风井：回风斜井内井筒与风硐交点以下 15 m 处。回风立井可在井底联络巷内距井筒与联络巷 10～15 m 处。

（7）瓦斯抽采钻场及施工瓦斯抽采钻孔的地点。

（8）井上、下煤矸仓，井上下放煤（矸）点上、下口，地面封闭式储煤场，皮带走廊，返煤地道。

（9）设置在回风流的机电设备处。

（10）易发生瓦斯积聚的巷道高冒区或超挖区及其他有人员作业需要检查的地点。

第十三条 瓦斯检查员在检查每个检查点风流中的瓦斯、二氧化碳浓度等参数时，还应对如密闭内外压差等“一通三防”的其他项目进行全面的检查。

第十四条 每个瓦斯检查员要配备胶管和检查杖、温度计。采掘工作面、硐室及其他检查地点都要设瓦斯检查牌板。牌板设置的位置：采煤工作面设在回风巷距工作面 30～50 m 处，掘进工作面设在距工作面 50～70 m 处，其他地点设在检查点处。瓦斯检查牌板要挂在醒目位置，牌板底边距巷道底板 1.2 m。瓦斯检查牌板除瓦斯检查员进行改动外，其他人员一律不准随意涂改。

第十五条 瓦斯检查员每检查一个地点，都要将检查的时间和内容填写在检查手册和牌板上（采煤工作面填工作面、上隅角、回风流三个测点，掘进工作面填回风流、工作面两个测点），并将检查结果通知该作业点负责人并签字。

第十六条 严格执行瓦斯检查“三对口”制度，做到瓦斯检查手册、牌板、台账内容相符。

第十七条 瓦斯检查员在检查各检查点的过程中，发现有害气体浓度超限以及“一通三防”重大问题时，必须按照相关规定通知危险区域的作业人员立即停止作业，切断电源，撤到安全地点，并及时汇报通风科、矿调度。

第十八条 瓦斯检查员在井下遇到特殊情况（病、灯熄灭等）需要离岗时，必须经通风科调度室同意后方可离岗，同时通风科安排离岗后的瓦斯检查工作，并跟踪落实。

第十九条 通风科值班人员每班必须审查瓦斯班报，亲自填写当日存在的主要问题及处理结果。通风科每日必须填报瓦斯检查日报和超限报表，报通风科长、总工程师、矿长审查签字。瓦斯日报分别报送通风科、矿调度室留存。

第二十条 通风科是矿井瓦斯管理的主管业务部门。通风科不定期在井下现场抽查 2～3 名瓦斯检查员，对其现场工作进行全面考核，责令不合格的瓦斯检查员下岗培训，连续两次以上抽查不合格的瓦斯检查员调离瓦斯检查岗位。

4.7 瓦斯检查员交接班制度

第一条 瓦斯检查员在下井前必须参加科（组）召开的班前会，服从科（组）长在班前会上的安排。

第二条 瓦斯检查员必须提前按规定时间地点进行交接班，并及时开展瓦斯检查工作。

第三条 瓦斯检查员交接班必须做到“手拉手”“口对口”，严禁空班、漏检现象的发生。

第四条 填写“交接班记录”要字迹清晰，交接时间、地点、交接人等要填写清楚。

第五条 交接内容：交清分工区域内的通风、瓦斯和生产情况有无异常，若有异常是如何处理的，是否需要进一步处理和应采取何种措施；交清分工区域内各种设施，包括通风、防尘、防突、防灭火、局部通风以及监测系统等有关设备和装置的状态，是否需要维修、增设、拆除；交清分工区域内原有和新发生的各种隐患，当班处理情况和需要如何继续处理；交清有关领导对某项工作指示的落实情况和需要请示的问题；其他应交接的内容。

第六条　上个班存在未处理完的特殊作业，接班人员没有完全掌握现场情况时，当班瓦斯检查员应继续处理完成后方可交班。

第七条　巡回瓦斯检查员必须在井下指定地点进行交接班，各工作面专职瓦斯检查员必须在工作面悬挂瓦斯牌板处交接班。

第八条　瓦斯检查员交接班时，必须交清当班所负责区域通风系统、瓦斯检查、监控系统及“一通三防”其他方面存在的问题，相互在瓦斯检查手册上签字。交接班时，双方用同一部电话向通风调度汇报交接班情况。

4.8　瓦斯超限追查管理制度

第一条　瓦斯超限事故的分级

（1）一般超限事故：矿井各地点风流中甲烷浓度达到或超过《煤矿安全规程》规定的报警浓度；

（2）较大超限事故：矿井各地点风流中甲烷浓度超限达到 1.5% ~2.5%；或造成局部积聚的；一氧化碳浓度超限达到 40 ~75 ppm；

（3）重大超限事故：矿井各地点风流中甲烷浓度超限超过 2.5%；一氧化碳浓度超限超过 75 ppm；

（4）发生突出事故（判定标准执行《煤与瓦斯突出矿井鉴定规范》（AQ 1024—2006 标准 5.1 和 5.2 条款））；

（5）矿井反风演习停风、因雷雨等不可控的外因造成矿井停电停风或有计划检修掘进工作面停电停风，造成的瓦斯超限，制定预案措施，有效管理并安全排放的情况除外。

第二条　瓦斯超限的预警、应急反应与管控

对于煤矿井下瓦斯超限，实行以矿井为主，二级公司瓦斯监控中心分级预警、应急反应与管控，严格执行《煤矿安全规程》等相关规定，按照各级灾害预防处理计划、事故应急预案做出反应，采取立即停止作业、切断电源、撤出人员等措施，并电话或短信通知有关领导和部门负责人，进一步采取措施。瓦斯超限电话、手机短信通知的条件范围见附件 2。

第三条　瓦斯超限事故的追查

对瓦斯超限严格按照超限就是事故的要求，实行分级追查管理。

（1）一般瓦斯超限事故，由各煤矿组织分析追查。由矿长主持，安全副矿长、矿总工程师必须参加；因机电原因造成的瓦斯超限事故，机电副矿长必须参加。矿井通风、安监、调度、生产技术等相关部门参加进行追查分析。

（2）发生较大瓦斯超限事故及二级公司认为性质严重或有必要追查的瓦斯超限事故，由二级公司常务副经理主持，安全副经理、总工程师、通风、安监、调度、生产、机电等相关部门参加，必要时分管生产、基建、机电的副经理参加，组成事故调查组，进行分析追查。

（3）发生重大瓦斯超限事故的，将由二级公司会同集团公司组成事故调查组，进行追查分析。

第四条　瓦斯超限事故的责任追究

（1）高瓦斯矿井发生较大及重大瓦斯超限事故，低瓦斯矿井发生瓦斯超限事故的，当月内发生 1 次瓦斯超限的，事故矿井的矿长写出书面检查，两日内把检查上报二级公司，并在二级公司月度安全例会上剖析瓦斯超限事故的原因、教训，并汇报采取的措施。

（2）矿井一个月发生 2 次瓦斯超限，由二级公司责令停产（工），制定整改措施，认真进行整改。

（3）矿井 1 个月内发生 3 次以上瓦斯超限未追查处理，或因瓦斯超限被责令停产整顿期间仍组

织生产的矿井，按国办发〔2011〕26号文件要求执行。

第五条　瓦斯超限事故的处罚

（1）由矿井进行责任追究的，两日内由矿井将处罚结果上报二级公司安全生产监督管理部、一通三防部、生产指挥中心备案。

（2）较大瓦斯超限事故，每次对矿领导班子有关责任人员按责任大小分别处以0.5万~1.0万元的罚款；重大瓦斯超限事故，每次对矿领导班子有关责任人员按责任大小分别处以1.0万~2.0万元的罚款。

（3）季度内矿井每发生1次重大瓦斯超限事故，除上述罚款外，对该矿领导班子成员每人扣除本季度安全抵押金奖励10000元，根据瓦斯超限事故追查结论，经分管领导批示，由二级公司安全生产监督管理部负责执行。

（4）凡发生1次突出事故的但无人员伤亡的，给予矿长警告处分，给予安全副矿长记过处分，总工程师和通风助理记大过处分，扣除班子成员当季度全部安全抵押金奖励。

（5）发生瓦斯超限事故，矿井必须立即向二级公司生产指挥中心、一通三防部汇报。对故意不上传监测监控信息的及瓦斯超限事故故意瞒报者，一经查明，对有职务的责任人就地免职，其他责任人员解除劳动合同。

第六条　其他要求

（1）进一步建立和完善矿井、二级公司、集团公司安全监测监控三级联网平台，为实现瓦斯超限有效监管创造条件。

（2）明确各级安全监测监控工作分工和管理职责，建立健全责任制。

（3）加强瓦斯监控系统管理、保证连续、正常运行，监测数据准确、可靠，监控有效。凡因故障引起监控系统不能正常运行或联网信号中断30 min以上的，必须在1 h内调查清楚，由矿总工程师签字确认后上报二级公司生产指挥中心，否则按重大瓦斯超限对待并处理。

（4）各级监控值班人员（调度人员）要经过培训上岗，明确岗位职责，熟悉掌握各地点的瓦斯超限值，做好监控系统运行日志。发生瓦斯超限报警时，监控系统值班人员（调度人员）要立即追问超限原因，做好记录，并向调度主任及相关部室人员汇报。

（5）标校传感器及瓦斯断电闭锁试验，必须提前2 h由矿主要领导签字确认后上报二级公司生产指挥中心，否则按瓦斯超限对待并处理。

（6）瓦斯超限事故必须在超限后的24 h内追查完毕（特殊情况由安全生产监督管理部确定），并及时向二级公司安监、调度、通风部门报送追查分析报告。

（7）二级公司生产指挥中心每天要将前一天的瓦斯超限情况汇总成表，提请相关领导审阅，并报送安全生产监督管理部、一通三防部等部门备案。

（8）由二级公司安全生产监督管理部、一通三防部、生产指挥中心根据有关文件规定，对各矿井进行考核。

（9）各矿井必须制定相应的瓦斯超限事故追查具体规定，并认真追查落实。

附件1

瓦斯超限详细划分表

地点	报警浓度/% CH_4	断电浓度/% CH_4	断电范围
采掘工作面、采面上隅角	≥1.0	≥1.5	工作面及其回风巷内全部非本质安全型电气设备

（续）

地点	报警浓度/% CH_4	断电浓度/% CH_4	断电范围
采掘工作面回风巷、有专用排瓦斯巷的采煤工作面混合回风流处	≥1.0	≥1.0	工作面及其回风巷内全部非本质安全型电气设备
串联通风的被串工作面进风巷、突出矿井采煤工作面进风巷	≥0.5	≥0.5	进风巷内全部非本质安全型电气设备
高瓦斯矿井双巷掘进工作面混合回风流处	≥1.5	≥1.5	包括局部通风机在内的双巷掘进巷道内全部非本质安全电源
采区回风巷	≥1.0	≥1.0	采区回风巷内全部非本质安全型电气设备
回风流中的机电硐室的进风侧	≥0.5	≥0.5	机电硐室内全部非本质安全型电气设备
用架线电机车的主要运输巷道内装煤点处；低瓦斯矿井进风的主要运输巷道内使用架线电机车时，涌出巷道的下风流处	≥0.5	≥0.5	装煤点处、瓦斯涌出巷道上风流100 m内及其下风流的架空线电源和全部非本质安全型电气设备
一翼回风巷及总回风巷道内	≥0.70	≥0.70	采区回风巷、一翼回风巷及总回风巷道内全部非本质安全型电气设备
井下煤仓上方	≥1.5	≥1.5	贮煤仓运煤的各类运输设备及其他非本质安全型电源
井下临时瓦斯抽放泵站内下风侧栅栏外	≥0.5	≥1.0	瓦斯抽放泵站电源

附件2

瓦斯超限、主扇停风电话通知或手机短信发送条件和范围

序号	瓦斯超限浓度条件/%			一氧化碳超限发送浓度条件/ppm	主扇停止运转时间超限发送条件/min	电话通知或手机短信发送范围
	采掘工作面、上隅角、采掘面回风流	被串工作面局扇前、突出矿井采煤工作面的进风巷等	一翼回风巷、总回风巷			
1	≥1.0	≥0.5	≥0.70	≥24	≥10	1. 矿井通风助理兼科长，机电科长，安全科长，调度主任，通风副总，矿总工程师，安全、生产、机电副经理 2. 二级公司生产指挥中心、一通三防部、安全生产监督管理部、生产技术部、机电部部长

（续）

<table>
<tr><th rowspan="2">序号</th><th colspan="3">瓦斯超限浓度条件/%</th><th rowspan="2">一氧化碳超限发送浓度条件/ppm</th><th rowspan="2">主扇停止运转时间超限发送条件/min</th><th rowspan="2">电话通知或手机短信发送范围</th></tr>
<tr><th>采掘工作面、上隅角、采掘面回风流</th><th>被串工作面局扇前、突出矿井采煤工作面的进风巷等</th><th>一翼回风巷、总回风巷</th></tr>
<tr><td>2</td><td>≥1.5</td><td>≥0.7</td><td>≥0.9</td><td>≥50</td><td rowspan="2">≥30</td><td>1. 矿井董事长、经理
2. 二级公司“一通三防”、安监、生产技术、机电部的部长、调度主任、通风副总工程师
3. 集团公司总调度室、“一通三防”与瓦斯治理中心分管主任，安监局总工程师</td></tr>
<tr><td>3</td><td>≥2.0</td><td>≥0.9</td><td>≥1.0</td><td>≥75</td><td>1. 二级公司总工程师，生产、机电、安全副经理、常务经理
2. 集团公司总调度室、“一通三防”与瓦斯治理中心主任，生产、机电部、安监部的部长</td></tr>
<tr><td>4</td><td>≥2.5</td><td>≥1.0</td><td rowspan="2">≥1.5</td><td>≥100</td><td rowspan="2">≥60</td><td>1. 二级公司经理或常务副经理
2. 集团公司通风副总工程师</td></tr>
<tr><td>5</td><td>≥3.0</td><td>≥1.5</td><td>≥150</td><td>集团公司总工程师，分管煤炭的副总经理、总经理</td></tr>
</table>

4.9 瓦斯抽采一般管理制度

第一条 矿井要加强瓦斯抽采技术管理，提高抽采瓦斯效果，防止瓦斯事故，保证矿井安全生产，保护环境和开发利用瓦斯资源。

第二条 煤矿瓦斯抽采应当坚持“应抽尽抽、多措并举、抽掘采平衡”的原则。

瓦斯抽采系统应当确保工程超前、能力充足、设施完备、计量准确；瓦斯抽采管理应当确保机构健全、制度完善、执行到位、监督有效。

煤矿应当加强抽采瓦斯的利用，有效控制向大气排放瓦斯。

第三条 矿总工程师或者技术负责人（以下统称技术负责人）对瓦斯抽采工作负技术责任，负责组织编制、审批、检查瓦斯抽采规划、计划、设计、安全技术措施和抽采达标评判报告等；煤矿企业、矿井的分管负责人负责分管范围内瓦斯抽采工作的组织和落实。矿井的各职能部门负责人在其职责范围内对瓦斯抽采达标工作负责。

第四条 煤矿应当建立瓦斯抽采达标评价工作体系，制定矿井瓦斯抽采达标评判细则，建立瓦斯抽采管理和考核奖惩制度、抽采工程检查验收制度、先抽后采例会制度、技术档案管理制度等。

第五条 矿井应当建立负责瓦斯抽采的科、区（队），并配备足够数量的专业工程技术人员。

第六条 凡符合下列情况之一的矿井必须建立瓦斯抽采系统，开展瓦斯抽采达标工作：

（1）一个采煤工作面绝对瓦斯涌出量大于 5 m^3/min 或一个掘进工作面绝对瓦斯涌出量大于 3 m^3/min 的。

（2）矿井绝对瓦斯涌出量达到下列条件时：

——大于或等于40 m^3/min；
——年产量1.0～1.5 Mt，大于30 m^3/min；
——年产量0.6～1.0 Mt，大于25 m^3/min；
——年产量0.4～0.6 Mt，大于20 m^3/min；
——年产量等于或小于0.4 Mt的矿井，大于15 m^3/min。

（3）高瓦斯和煤与瓦斯突出矿井。

第七条　符合上条制度，并具备下列两个条件之一的矿井，应建立地面永久瓦斯抽采系统：

（1）瓦斯抽采系统的抽采量可稳定在2 m^3/min以上，服务年限在10年以上；瓦斯资源可靠、储量丰富，预计瓦斯抽采系统服务年限在5年以上。

（2）突出矿井或高瓦斯矿井。

第八条　抽采矿井应建立以下管理制度：

（1）抽采瓦斯设备检修制度。

（2）抽采设备停、运审批制度。

（3）抽采工程质量验收制度。

（4）抽采瓦斯基础参数定期检测制度。

（5）泵房人员交接班制度。

（6）抽采瓦斯效果检验制度。

（7）瓦斯抽采钻场施工管理制度。

（8）瓦斯抽采管路安装、巡检、维护制度。

第九条　抽采矿井应建立瓦斯抽采技术资料包括：

（1）图纸资料。

①瓦斯抽采系统图。

②泵站平面与管网布置图（包括阀门、安全装置、检测仪表、放水器等）布置图。

③抽采钻场及钻孔布置图。

④泵站供电系统图。

（2）报表。

①抽采工程年、季、月报表。

②抽采量年、季、月、旬、日报表。

（3）记录。

①钻孔施工记录和抽采工程质量验收记录。

②抽采参数测定记录。

③泵房（站）值班记录（巡回检查记录）。

（4）台账。

①抽采设备、仪表管理台账。

②抽采工程管理台账。

③瓦斯抽采系统和抽采参数、抽采量管理台账。

（5）牌板。

①抽采钻孔（钻场）施工管理牌板。内容包括：钻孔设计平面图、钻孔设计参数、钻孔施工负责人等，悬挂在施工钻场内。

②抽采钻孔（钻场）观测牌板。内容包括：钻孔（场）编号、钻孔（场）终孔日期、钻孔参数、验收人，以及钻孔的抽采负压、流量、瓦斯浓度、观测日期、观测人姓名等，悬挂在抽采钻场内。

（6）报告。

①矿井和采区抽采工程设计文件及竣工报告。

②矿井瓦斯抽采和区域瓦斯抽采总结和分析报告。

③抽采达标评价报告。

第十条　矿井瓦斯抽采率应达到的指标，应同时满足以下标准：

（1）对突出煤层，当所有测点测定的煤层残余瓦斯含量都小于煤层始突深度的瓦斯含量，或测定的煤层残余瓦斯压力都小于煤层始突深度的煤层瓦斯压力，以及在没有考察出煤层始突深度的煤层瓦斯含量或压力情况下，测定的煤层残余瓦斯含量都小于 8 m^3/t 或测定的煤层残余瓦斯压力都小于 0.74 MPa（表压），同时，在施工测定钻孔时没有喷孔、顶钻或其他动力现象，则认为已达到了工作面可以进行采掘作业的基本要求；否则，测定点为超标点，认定以超标点为圆心、半径 100 m 范围未达到基本要求。预期的防突效果达标瓦斯压力或瓦斯含量，按煤层始突深度处的瓦斯压力或瓦斯含量取值；没有考察出煤层始突深度处的煤层瓦斯压力或含量时，分别按照 0.74 MPa、8 m^3/t 取值。

（2）对瓦斯涌出量主要来自于开采层的采煤工作面，工作面前方 20 m 以上范围内煤的可解吸瓦斯量与工作面煤炭产量满足表 5－4－4 规定的，采煤工作面瓦斯抽采效果视为达标；否则，认定抽采未达标。

表 5－4－4　采煤工作面回采前煤的可解吸瓦斯量应达到的指标

工作面日产量/t	可解吸瓦斯量/(W_j·m^{-3}·t^{-1})
≤1000	≤8
1001～2500	≤7
2501～4000	≤6
4001～6000	≤5.5
6001～8000	≤5
8001～10000	≤4.5
＞10000	≤4

（3）对瓦斯涌出量主要来自于邻近层或围岩的采煤工作面，计算的瓦斯抽采率满足表 5－4－5 规定的，采煤工作面瓦斯抽采效果视为达标；否则，认定抽采未达标。

表 5－4－5　采煤工作面瓦斯抽采率应达到的指标

工作面绝对瓦斯涌出量 Q/(m^3·min^{-1})	工作面抽采率/%
$5 \leq Q < 10$	≥20
$10 \leq Q < 20$	≥30
$20 \leq Q < 40$	≥40
$40 \leq Q < 70$	≥50
$70 \leq Q < 100$	≥60
$100 \leq Q$	≥70

（4）矿井瓦斯抽采率满足表 5－4－6 规定的，矿井瓦斯抽采效果视为达标；否则，认定抽采未达标。

表5-4-6　矿井瓦斯抽采率应达到的指标

矿井绝对瓦斯涌出量 $Q/(m^3 \cdot min^{-1})$	矿井抽采率/%
$Q<20$	≥25
$20 \leqslant Q<40$	≥35
$40 \leqslant Q<80$	≥40
$80 \leqslant Q<160$	≥45
$160 \leqslant Q<300$	≥50
$300 \leqslant Q<500$	≥55
$500 \leqslant Q$	≥60

(5) 采掘工作面同时满足风速不超过4 m/s，回风流中瓦斯浓度不超过0.8%时，工作面瓦斯抽采效果视为达标；否则，认定抽采未达标。

第十一条　矿井瓦斯抽采系统必须由矿总工程师组织有相应资质的单位进行论证、编制。经二级公司预审，按规定程序上报审批后，报集团公司备案。抽采系统竣工后，由抽采单位向二级公司提出申请，经集团等相关部门组织验收合格后方可投运。

第十二条　矿总工程师全面负责矿井瓦斯抽采技术工作。负责组织编制、审批、检查抽采瓦斯工作的3~5年长远规划，年度计划和安全技术措施，矿井年度生产衔接计划与年度瓦斯抽采计划要统一编制通盘考虑，保证抽采瓦斯工作的正常接替，做到"抽、掘、采"平衡。

第十三条　矿井在编制生产发展规划和年度生产计划时，必须同时组织编制相应的瓦斯抽采达标规划和年度实施计划，确保"抽掘采"平衡。矿井生产规划和计划的编制应当以预期的矿井瓦斯抽采达标煤量为限制条件。二级公司根据各矿生产接替和瓦斯治理计划，研究、编制公司全年、季度瓦斯抽采计划，并分解落实到各瓦斯抽采矿井。抽采矿井要将下达的抽采计划逐月分解落实到具体地点，并上报二级公司（包括简要文字说明和抽采系统图）。

抽采达标规划包括：抽采达标工程（表）、抽采量（表）、抽采设备设施（表）、资金计划（表），抽采达标范围可规划产量（表）、采面接替（表）、巷道掘进（表）等。

年度实施计划包括：年度瓦斯抽采达标的煤层范围及相对应的年度产量安排（表）、采面接替（表）、巷道掘进（表），年度抽采工程（表）、抽采设备设施（表）、施工队伍、抽采时间、抽采量（表）、抽采指标、资金计划（表）以及其他保障措施。

矿井应当积极试验和考察不同抽采方式和参数条件下的煤层瓦斯抽采规律，根据抽采参数、抽采时间和抽采效果之间的关系，确定矿井合理抽采方式下的抽采超前时间，并结合抽采工程施工周期，安排抽采、掘进、回采三者之间的接替关系。

煤矿企业对矿井瓦斯抽采规划、计划、设计、工程施工、设备设施以及抽采计量、效果等每年应当至少进行一次审查。

第十四条　矿井通风部门应根据本矿生产衔接，至少提前一个月对即将开口掘进的工作面进行瓦斯预测，对该工作面是否实施瓦斯抽采提出书面报告，以便有关部门提前做好准备。对在瓦斯预测当中弄虚作假者，要追究责任。地质部门对即将开口掘进的巷道进行地质情况预测，提供地质报告。

第十五条　瓦斯抽采的矿井在进行采区、采掘工作面设计时，对符合瓦斯抽采条件的采掘工作面必须同时进行瓦斯抽采设计；投产验收时，必须同时对瓦斯抽采工程验收，瓦斯抽采工程不合格不得投产。

第十六条　煤矿应当根据矿井井上（下）条件、煤层赋存、地质构造、开拓开采部署、瓦斯来源和涌出特点等情况选择先进、适用的瓦斯抽采方法和工艺，设计瓦斯抽采达标的工艺方案，实现瓦斯抽采达标。

抽采达标工艺方案设计应当包括为抽采达标服务的各项工程（井巷工程、抽采钻场和钻孔工程、管网工程、监测计量工程、放水除尘排渣等管路管理工程）的布局、工程量、施工设备、主要器材、进度计划、资金计划、接续关系、有效服务时间、组织管理、安全技术措施及预期抽瓦斯量和效果等。抽采达标的工艺方案设计应当由煤矿技术负责人和主要负责人批准。

第十七条　钻孔施工完毕后应当及时封孔、连接抽采，并确保钻孔封孔严实和准确记录钻孔接抽时间。

第十八条　抽采工程施工结束时，由施工单位提出申请，通风科组织有关人员对工程质量进行验收。验收合格的要提交验收报告。凡未验收，未提交验收报告的工作面，按不具备回采条件处理。

第十九条　坚持预抽、边掘边抽、边采边抽和采空区抽采等多种综合抽采技术手段相结合的原则，积极推广应用新技术、新装备。

第二十条　矿井应当建立瓦斯抽采达标技术档案。核定矿井生产能力时应当把矿井瓦斯抽采达标能力作为约束指标；矿井其他能力均大于瓦斯抽采达标能力的，按瓦斯抽采达标能力确定矿井生产能力。

第二十一条　凡进行瓦斯抽采的矿井，必须建立专门的瓦斯抽采队伍，负责打钻、管路安装回收等工程的施工和瓦斯抽采参数测定等工作。人员配备必须满足抽采瓦斯的要求，由通风科统一管理，必须配备专职专业技术人员一名，负责瓦斯抽采技术工作，总结分析抽采瓦斯效果，研究和改进抽采技术方案，组织新技术推广等。

第二十二条　煤矿瓦斯抽采情况报告和专项检查的主要内容包括抽采系统建设、抽采制度建设、设备设施配备、机构队伍建立、工程规划与计划编制、工程设计与施工、瓦斯抽采、计量和指标测定、参数测定与抽采效果评判等情况和资料。

第二十三条　瓦斯抽采不达标的煤矿，不得组织采掘作业；擅自组织生产作业的，煤矿安全监管监察部门应当责令其限期整改，逾期未整改完成的，责令停产整顿。

第二十四条　对抽采工作人员要进行业务技术培训，经考核合格后方可上岗。凡因抽采队伍不健全和人员不足影响抽采瓦斯的，要追查安全第一责任者的责任。

4.10　地面固定瓦斯抽采系统管理制度

第一条　突出矿井和高瓦斯矿井必须建立地面固定抽采瓦斯系统，其他应当抽采瓦斯的矿井可以建立井下临时抽采瓦斯系统；同时具有煤层瓦斯预抽和采空区瓦斯抽采方式的矿井，根据需要分别建立高、低负压抽采瓦斯系统。

第二条　地面固定瓦斯抽采泵站设施要求：

（1）泵站应设置在不受洪涝威胁且工程地质条件可靠地带，并应避开滑坡、溶洞、断层、破碎带、塌陷区及高压线等。

（2）泵站宜建在回风工业场地内，泵站距井口和主要建筑物不得小于 50 m，必须用不燃性材料建筑，耐火等级为二级，要用栅栏或围墙保护。

（3）必须有防雷电、防火灾、防洪涝、防冻等附属设施。

（4）泵站周围 20 m 范围内，禁止堆积易燃物和有明火。

（5）抽采瓦斯泵及其附属设备，至少有一套备用。两套或两套以上工作时，其备用量可按工作数量的 60% 计算。

（6）泵站内所有电气设备、照明和其他电气仪表都应采用矿用防爆型。

（7）泵站必须有直通矿调度室的电话和检测管道瓦斯浓度、流量、压力等参数的仪表，并与矿井安全监控系统联网，能随时反映各抽采系统的抽采参数，并能打印抽采报表。泵站要建立抽采台账，台账记录数据要准确。

(8) 抽采瓦斯泵吸气侧管路系统中，必须装设有防回火和防爆炸安全装置，并定期检查，保持性能良好。抽采瓦斯泵站放空管的高度应超过泵房房顶3 m。

低浓度瓦斯管道输送安全保障系统应遵循“阻火泄爆、抑爆阻爆、多级保护、确保安全”的原则。

(9) 利用瓦斯时在利用瓦斯的系统中必须装设有防回火、防回气和防爆炸作用的安全装置。

瓦斯发电用低浓度瓦斯管道输送安全保障设施应安设阻火泄爆、抑爆、阻爆三种不同原理的阻火防爆装置。阻火泄爆装置应选择水封阻火泄爆装置，抑爆装置课选择自动喷粉抑爆装置、细水雾输送抑爆装置和气水两相流输送抑爆装置中的一种，阻爆装置应选择自动阻爆装置。

(10) 抽采泵房和泵房附近的放空管必须安装避雷装置，避雷装置的高度应超过泵房、放空管5 m以上，并将避雷导线埋入地下3 m以下。

(11) 泵房内必须设置干粉灭火器和沙箱等灭火器材，不得存放与抽采工作无关的设备和材料。泵房内无积水。

(12) 瓦斯抽采泵站必须具有双回路供电。

(13) 地面抽采泵站院内及外部消防通道必须保持畅通无阻。

(14) 泵站应建在靠近公路和水源的地方；应考虑进出管敷设方便，有利瓦斯输送，并尽可能留有扩能余地。

(15) 抽采泵站应有供水系统。泵站设备冷却水一般采用闭路循环，给水管路及水池容积均应考虑消防水量。污水应设置地沟排放。抽采泵运行时，必须对泵水流量、水温度、泵轴温度等进行监测、监控。

第三条 泵站附近应设置采样孔、阀门等附属装置。放空管设置在泵的进、出口，管径应大于或等于泵的进、出口直径。

第四条 抽采系统的能力应满足矿井最大抽采量需要，抽采管径应按抽采流量分段选配。泵站的装机能力和管网能力应当满足瓦斯抽采达标的要求。备用泵能力不得小于运行泵中最大一台单泵的能力；运行泵的装机能力不得小于瓦斯抽采达标时应抽采瓦斯量对应工况流量的2倍，即：

$$2\times\frac{100\times\text{抽采达标时抽采量}\times\text{标准大气压力}}{\text{抽采瓦斯浓度}\times(\text{当地大气压力}-\text{泵运行负压})}$$

预抽瓦斯钻孔的孔口负压不得低于13 kPa，卸压瓦斯抽采钻孔的孔口负压不得低于5 kPa。

第五条 地面永久瓦斯抽采系统必须建立瓦斯抽采参数监控系统。实时监控管网瓦斯浓度、压力或压差、流量、温度参数及设备的开停状态等。

第六条 在各干管和支管上要安装计量装置（孔板流量计应设旁路），抽采瓦斯计量仪器应当符合相关计量标准要求；计量测点布置应当满足瓦斯抽采达标评价的需要，在泵站、主管、干管、支管及需要单独评价的区域分支、钻场等布置测点。

第七条 对抽采瓦斯泵的参数（抽采泵进出口的瓦斯浓度、压力、流量、电机温度、电流、电压、观测时间等）每2 h记录1次。

第八条 泵房必须有专人值班，经常检查各参数，做好记录。当抽采瓦斯泵停止运转时，必须立即向矿调度室报告。进行利用的瓦斯泵停止运转后和恢复运转前，必须通知使用瓦斯的单位，取得同意后，方可供应瓦斯。

第九条 矿井永久瓦斯抽采系统报废申请报告，由煤矿技术负责人组织编制，经具有相关资质的专门机构论证。

4.11 瓦斯抽采泵站安全管理规定

(1) 瓦斯抽采矿井的井上下瓦斯抽采泵站一律实行封闭式管理，并在泵站入口处的显著位置悬挂“非工作人员严禁入内”等警示牌板。

（2）外来人员需进入泵站内检查、参观等，须经矿瓦斯抽采主管部门批准后方可进入。

（3）地面永久泵站工作人员以及其他进入泵站的人员，严禁携带香烟、火种、手机及其他易燃易爆物品进入泵站。泵站工作人员有权对进入泵站的任何人所携带的物品进行检查。

（4）所有进入瓦斯泵站的人员必须进行登记，登记内容包括进出泵站时间、进入泵站原因、陪同人员、批准部门等。

（5）瓦斯抽采矿井必须建立健全瓦斯泵站检查管理制度，对瓦斯泵站的检查纳入日常检查活动当中。每周由矿安检部门牵头，组织抽采、安全、机电、通风、监控、消防等相关部门对瓦斯泵站进行检查。重点检查泵站各种安全装置是否有效、电气设备是否符合规定要求、各种传感器及仪器是否灵敏可靠、消防设施是否齐全、安全出口是否畅通以及工作人员上岗情况等，对检查出的问题必须限期整改，矿安检部门组织复查。

（6）各抽采矿井应将瓦斯抽采泵停运应急预案作为独立章节纳入矿井年度灾害预防处理计划中。当瓦斯泵发生无计划停运时，立即向矿调度室和通风部门汇报，由调度室启动应急响应，按照既定的停产撤人、停送电程序迅速处置。因瓦斯泵停运造成井下瓦斯超限时，按瓦斯排放安全措施进行排放瓦斯。

（7）各矿必须建立健全瓦斯泵开、停审批制度，坚决杜绝瓦斯泵无计划停运事故发生。未经总工程师批准，任何人不得随意开停瓦斯泵。

（8）必须切实保证瓦斯泵站内的防回火、防回气、防爆炸的“三防”安全装置的齐全有效，低浓度瓦斯管道输送安全保障系统应遵循“阻火泄爆、抑爆阻爆、多级保护、确保安全”的原则。切实保证监测泵站环境的瓦斯传感器、管道排气出口瓦斯传感器的断电可靠，矿监测监控部门定期对泵站内的各类传感器进行调校，按规定周期进行断电试验。

（9）泵站内的负压进气端及正压出气端必须安装水封式阻火器，并能自动控制水位，确保其有效阻火的水封高度。水封式阻火器需加装水位自动报警装置，实现阻火器缺水自动报警功能，出现报警时，由矿机电副矿长组织相关部门采取措施进行处理。

（10）泵站内的沙箱、灭火器、消防管路等消防设施齐全有效，安全出口畅通无杂物，泵站内无积水。

（11）泵站内所有电气设备的防爆检查一律执行井下电气设备的防爆要求。电气设备安放整齐、位置合理，电气设备外壳干净整洁，无水珠、煤尘附着现象。

（12）各矿必须制定瓦斯抽采泵站电气设备定期维护、检查制度，每日有一名机电工对泵站内的电气设备运行情况进行巡查，发现问题及时汇报处理。

（13）瓦斯抽采泵站负压、流量、浓度等参数发生异常变化，及时向矿通风部门及调度室汇报，说明原因并采取措施。

（14）瓦斯泵运行时，必须对瓦斯泵水流量、水温、轴温进行监测、监控，保证瓦斯泵缺水保护、温度保护等保护装置的灵敏可靠。

（15）加强对泵站循环冷却水系统的检查，水量、水质符合设备要求，保证冷却水系统的正常运行。

（16）定期对瓦斯泵站正压出气段管路进行漏气检查，保证泵站瓦斯放空管防雷设施齐全、有效。

（17）井上、下瓦斯泵站内的人工瓦斯检查每班至少一次。

（18）瓦斯抽采泵站工作室内应悬挂瓦斯抽采泵司机岗位责任制、操作规程、抽采泵站设备维修保养制度、瓦斯抽采泵站交接班制度、干部上岗检查制度、设备包机制度、瓦斯抽采泵站巡回检查制度、要害场所管理制度以及泵站事故应急预案等图牌板。图牌板内容翔实齐全，要求抽采泵站工作人员必须熟练掌握。

（19）本规定自发布之日起执行。

4.12 瓦斯发电站安全管理规定

（1）瓦斯发电站实行封闭式管理，电站入口处显著位置悬挂警示标志，禁止闲杂人员进入重要工作场所。

（2）外来人员必须经矿瓦斯抽采主管部门批准，由本单位负责人陪同带领，方可登记入内。

（3）各种发电设备、仪表仪器、线路管道和阀门开关要定期进行保养，班前班后检查，保证安全、正常运作；各种发电设备的配件更换必须报主管部门审批后方可进行。

（4）发电站内不准乱拉电线，严禁带入和存放易燃、易爆等危险物品，严禁吸烟。

（5）消防设施和器材齐全完好，严禁移作他用；工作人员熟知安全消防知识并能熟练使用消防器材。

（6）瓦斯发电站开停或出现故障时，要及时向矿主管部门汇报，同时向矿通风部门及调度室汇报并说明情况。

（7）瓦斯泵站向瓦斯发电站的输气管路中应加装阻火器、细水雾、涡街流量计等装置，每班进行巡查，保证各安全装置的正常使用，并每班填写巡查记录。

（8）发电机组冷却系统每班进行一次检查。检查冷却液储存器的液位是否符合规定液位刻度，及时补加冷却液；冷却液性能指标应符合使用维护说明书规定。

（9）发电机组正常运行时，应对发电机、发动机、控制屏等进行监视，做好状态记录；随时注意电压、频率、功率及发电机监控仪表指标的变化及时进行参数调整；若运行安全装置发出故障报警，操作者应立即卸负荷停车检查排除。

（10）加强瓦斯发电机组运行工况状态的监视、检查，严禁超负荷运行。

（11）每周由矿安检部门牵头，组织通风、安全、机电、消防及发电站管理部门等相关人员对瓦斯发电站进行全面检查，发现问题要及时予以整改。

（12）各矿应制定瓦斯发电站发生紧急情况应急预案，报公司生产指挥中心、安全生产监督管理部门备案。

（13）发电站所有设备必须保持干净整洁，每周对电站设备进行一次检修维护。对电站设备进行检修维护时，要对设备的运转件、死角进行擦洗，保证所有设备无油污、无尘土、设备露原色。

（14）保证发电站工作场所环境卫生、整洁，工作场地内无灰尘、垃圾、油污，杂草。

（15）瓦斯发电站工作室内应悬挂各工种岗位责任制、发电站电气设备运行操作规程、发电站日常管理制度以及发电站事故应急预案等图牌板。图牌板内容翔实齐全，要求发电站工作人员必须熟练掌握。

（16）矿瓦斯抽采主管部门负责编制发电站工作人员学习培训大纲，每周组织一次学习培训，并每月组织一次业务知识考试，考试不合格者严禁上岗作业。

（17）发电机组厂房内必须保持通风良好、空气流通。根据厂房内实际情况，在空气流通死角位置安设环境瓦斯监测传感器，保证瓦斯传感器报警断电功能灵敏可靠。

（18）发电站内所有瓦斯传感器的更换、调校、检查工作纳入矿统一管理，管理标准执行井下瓦斯传感器的管理标准。

（19）矿调度部门每日向二级公司生产指挥中心汇报当日瓦斯发电量、瓦斯利用量等数据。发电机组因故停运，必须向二级公司说明原因。

（20）本规定自发布之日起执行。

4.13 瓦斯管理“十条红线”及执行说明

1. 瓦斯超限作业，隐瞒瓦斯超限情况的

执行说明：瓦斯超限作业是指：在作业范围内，监控探头记录或瓦斯检查员检查瓦斯超限时，仍进行作业。

2. 排放瓦斯无措施、一风吹或排放瓦斯流经区域不停电、不撤人的

执行说明：

（1）瓦斯排放无措施是指：未编制瓦斯排放措施或者编制了瓦斯排放措施，但是未进行审批或未贯彻学习。

（2）一风吹是指：未调节风筒出口风量造成第一汇风点瓦斯超限。

3. 擅自高定监控断电值或缩小断电范围；擅自调整监控数据，造成监控数据失真；擅自中断数据传输的

执行说明：

（1）擅自高定监控断电值或缩小断电范围是指：作业规程或措施规定断电值、断电范围而没有按规定达到（断电值执行在 AQ 1029—2019 标准的基础上，下调 20%）。

（2）擅自调整监控数据，造成监控数据失真是指：通过改动、删除等手段调整监控数据，使之与实际不符，造成监控数据失真。

（3）擅自中断数据传输是指：未经上级部门许可，在监控系统正常工作状态下中断数据的传输。

4. 擅自甩掉风电、瓦斯电闭锁、风机自动切换等安全控制保护功能的

执行说明：擅自甩掉安全控制保护功能是指：不安设闭锁、破坏传感器使之不能闭锁、改变接线方式或不接线使闭锁失灵。

5. 瓦斯参数测定、效果检验数据弄虚作假的

执行说明：

（1）未进行瓦斯参数测定、效果检验，而编造假数据。

（2）进行了瓦斯参数测定、效果检验，但是数据经过了篡改，已失真。

6. 虚报、假报瓦斯抽采钻孔量和瓦斯抽采量

执行说明：

（1）虚报、假报是指所报瓦斯抽采钻孔深度、钻孔量或瓦斯抽采量一次超过实际数值 20% 及以上；

（2）施工消突、抽采钻孔未经验收而直接投入使用。

7. 采掘工作面无风、微风、循环风冒险作业，超通风能力组织生产的

执行说明：

（1）采掘工作面无风、微风、循环风冒险作业是指：在采掘工作面风量不足或者局部通风机发生循环风的情况下组织生产；

（2）超通风能力生产是指：矿井全年产量超过矿井核定生产能力或者矿井月产量超过当月产量计划 10% 的。

8. 故意破坏抽采设施、通风设施、监控设施的

执行说明：故意破坏抽采设施、通风设施、监控设施是指：人为的故意破坏抽采设施、通风设施、监控设施及其附属设施，使其丧失应有功能。

9. 在未抽采达标区域内组织采掘活动的

执行说明：在未抽采达标区域内组织采掘活动是指在未进行抽采、正在抽采、抽采完成未进行抽采达标检验或经检验不达标的区域内进行采掘活动。

10. 使用非阻燃风筒、皮带、瓦斯抽放管、封孔材料及国家明令淘汰禁止使用的一通三防设备、工艺的

执行说明：

（1）矿井使用的风筒、皮带、瓦斯抽放管、封孔材料必须有阻燃报告，否则视为不阻燃。

（2）瓦斯抽放管路禁止使用玻璃钢管、PE管、PVC管等高分子材料。

（3）国家明令淘汰禁止使用的“一通三防”设备有：ZH15隔绝式化学氧自救器、CO过滤式自救器、干式混凝土喷射机、JBT局部通风机等。

（4）国家明令淘汰禁止使用的“一通三防”工艺有：局部通风机解决上隅角瓦斯问题等工艺。

4.14 煤矿瓦斯防治工作“十二条红线”实施办法

为了贯彻落实《晋能有限责任公司关于转发〈煤矿瓦斯防治工作“十二条红线”的通知〉的通知》（晋能通防函〔2014〕134号）的文件精神，切实做好矿井的瓦斯防治工作，确保矿井安全生产，结合二级公司实际情况制订了瓦斯防治工作“十二条红线”实施办法。

1. 实施细则

1）矿井风量不足、采掘工作面无风微风作业的

（1）矿井总风量充足，井下各作业地点和其他用风地点风量、风速等符合《煤矿安全规程》规定，不存在无风、微风区，无有害气体积聚超限。

（2）生产矿井每年进行通风能力核定，严禁超通风能力生产。

（3）局扇前全风压配风量充足，不发生循环风，工作面风量符合规程规定。

（4）掘进工作面有计划或者无计划停风时，要立即停止作业，撤出人员，待恢复正常通风后方可进入进行作业。

2）矿井通风系统不合理不可靠、盲巷管理措施不到位的

通风系统不完善、不可靠是指下列情形之一的：

（1）建设矿井二期工程开工前没有形成全风压机械式通风系统的；

（2）矿井没有备用主要通风机或两台主要通风机能力不匹配的；

（3）矿井没有专用回风井、专用回风巷的；

（4）采用不符合规定的串联通风、扩散通风、采空区通风和采煤工作面利用局部通风机通风（均压通风除外）的；

（5）没有按正规设计形成通风系统的；

（6）采掘工作面没有实现独立通风的；

（7）采区进（回）风巷未贯穿整个采区，或者虽贯穿整个采区但一段进风、一段回风的；

（8）风门、风桥、密闭等通风设施构筑质量不符合标准、设置不能满足通风安全需要的；

（9）掘进工作面未装备风电闭锁装置的；

（10）矿井任何地点不得出现深度超过6 m、入口宽度小于1.5 m独头巷道，不得出现瓦斯积聚；凡出现盲巷必须在24 h内用不燃性材料封闭。

3）瓦斯超限作业，瓦斯超限、停电停风不撤人或矿井1个月内发生2次及以上瓦斯超限的

（1）矿井要严格落实《国务院办公厅转发发展改革委安全监管总局关于进一步加强煤矿瓦斯防治工作若干意见的通知》（国办发〔2011〕26号）关于“瓦斯超限，立即停产撤人，并比照事故处理查明瓦斯超限原因，落实防范措施”的要求。凡是瓦斯防治措施不到位，1个月内发生2次瓦斯超限的，一律依法停产整顿；凡是1个月内发生3次瓦斯超限未追查处理，或被责令停产整顿期间仍组织生产的，一律依法关闭。

（2）瓦斯超限作业是指：在作业范围内，监控探头记录或瓦斯检查员检查瓦斯超限时，仍进行作业，包括以下情形：一是瓦斯检查员配备数量不足的；二是不按规定检查瓦斯，存在漏检、假检的；三是井下瓦斯超限后不采取措施继续作业的。

（3）凡出现瓦斯超限事故，要严格按照二级公司瓦斯超限事故追查处理规定执行。

4）应进行瓦斯抽采矿井未按规定相应建立地面固定瓦斯抽采系统、井下临时瓦斯抽采系统的

（1）煤矿要严格执行《煤矿瓦斯抽采达标暂行规定》（安监总煤装〔2011〕163号），应进行瓦斯抽采的矿井必须建立瓦斯抽采系统（建设中的高瓦斯矿井必须在三期工程开工前，建设中的突出矿井必须在揭煤前建成并投入使用抽采系统）。

（2）“应进行瓦斯抽采矿井未按规定相应建立地面固定瓦斯抽采系统、井下临时瓦斯抽采系统的。”是指有下列情形之一的：

①1个采煤工作面的瓦斯涌出量大于5 m^3/min或1个掘进工作面瓦斯涌出量大于3 m^3/min，用通风方法解决瓦斯问题不合理而未建立瓦斯抽采系统的。

②矿井绝对瓦斯涌出量达到《煤矿安全规程》第181条第（二）项规定而未建立瓦斯抽采系统的。

5）瓦斯抽采不达标仍进行采掘活动的

（1）按照《煤矿瓦斯抽采达标暂行规定》（安监总煤装〔2011〕163号）规定，应进行瓦斯抽采的矿井，必须进行抽采效果评判，实现瓦斯抽采效果达标。

（2）瓦斯抽采不达标是指有下列情形之一的：

①应抽采而未进行抽采；

②抽采未完成已经开始生产；

③抽采完成未进行抽采达标评判或者经评判未达标的。

6）突出矿井未制定区域和局部综合防突措施或虽有措施但不落实的

（1）突出矿井要严格执行《防治煤与瓦斯突出细则》，建立防突机构和队伍，落实区域和局部两个“四位一体”综合防突措施，实现防突效果达标。

（2）“突出矿井未制定区域和局部综合防突措施或虽有措施但不落实的”指有下列情形之一的：

①未进行突出危险性预测的；

②未制定区域和局部综合防突措施的；

③未采取防治突出措施的；

④未进行防治突出措施效果检验的；

⑤未按规定配备防治突出装备和仪器的。

7）矿井在生产建设过程中瓦斯等级发生变化或超出煤层鉴定范围，未按规定及时进行瓦斯等级鉴定（突出煤层鉴定）或认定，降低矿井瓦斯等级的

矿井要严格执行《煤矿瓦斯等级鉴定暂行办法》，发生瓦斯动力现象、符合瓦斯等级升级条件的矿井应及时进行瓦斯等级鉴定或突出危险性鉴定，落实瓦斯防治措施。

8）矿井安全监测监控系统不能正常运行的

（1）生产矿井、基建矿井揭露基岩之前必须安装矿井安全监测监控系统，并保证系统运行正常，装备齐全、数据准确、断电可靠、处置迅速。

（2）“安全监测监控系统不能正常运行”是指有下列情形之一：

①未配备足够的专职人员对矿井安全监控系统进行管理、使用和维护的；

②传感器数量不足、安设位置不当、调校不及时，瓦斯超限后能不能断电并发出声光报警的；

③擅自高定监控断电值或缩小断电范围、擅自调整监控数据，造成监控数据失真、擅自中断数据传输的；

④擅自甩掉风电、瓦斯电闭锁、风机自动切换等安全控制保护功能的。

9）未进行瓦斯防治能力评估或经评估不具备瓦斯防治能力的煤矿企业，其所属高瓦斯、突出矿井仍进行生产建设的

各矿井必须按照《国家能源局关于印发煤矿企业瓦斯防治能力评估管理办法和基本标准的通知》（国能煤炭〔2011〕414号）要求，建设完善企业的瓦斯防治能力。

10）矿井未按规定实现双回路供电、使用淘汰不合格电气设备以及电气设备失爆的

（1）生产矿井供电电源应取自电力网中两个不同区域的变电所或发电厂，确有困难则必须分别取自同一区域变电所或发电厂的不同母线段；当任何一回发生故障停止供电时，另一回路应能担负矿井全部负荷。两回路电源线路上都不得分接任何负荷；正常情况下，矿井电源应采用分列运行方式。若一回路运行，另一回路必须带电备用，以保证供电的连续性和可靠性。

（2）建设矿井供电电源必须符合《煤矿建设安全规定》要求。其中"高瓦斯、煤与瓦斯突出、有突出危险或水文地质条件复杂以上的矿井进入二期工程前，其他矿井进入三期前，必须建成可靠的双回路供电"。

（3）矿井主要通风机、提升人员的立井绞车、抽放瓦斯泵等主要设备房，应有两回路直接由变电所馈出的供电线路。

（4）煤矿企业禁止使用国家明令禁止使用或者淘汰的设备、工艺。

（5）煤矿企业必须严格井下电气设备的失爆管理，杜绝井下电气设备失爆。

11）超能力生产、高瓦斯及突出矿井月产量超过矿井核定生产能力1/12的

（1）矿井超能力生产指矿井全年产量超过矿井核定生产能力的。

（2）瓦斯矿井月产量超过当月产量计划的10%，高、突矿井月产量超过矿井能力1/12的。

（3）一个采区内同一煤层布置3个（含3个）以上回采工作面或5个（含5个）以上掘进工作面同时作业的。

12）未按规定提取使用安全费用，导致瓦斯治理工程亏欠的

矿井必须按照《晋能财务字函》〔2013〕173号，和《企业安全生产费用提取和使用管理办法》（财企〔2012〕16号），保证足额提取使用矿井的安全费用。同时，瓦斯防治的专项资金要在安全费用中重点保证，提取费用不低于安全费用的50%，且必须做到专款专用，严禁挤占挪用。

2. 考核及责任追查

（1）二级公司各类检查过程中，凡发现矿井在生产建设过程中触碰"十二条红线"规定的，矿井一律停工停产整顿。

（2）凡发现触碰"十二条红线"的，由各矿矿长负责组织相关部门人员，对发现的问题按照"五定"原则，制定具体的整改方案和措施，认真整改，并将整改方案报二级公司一通三防部；同时，各矿必须按照"四不放过"的原则组织追查处理，将追查处理结果上报二级公司安全生产监督管理部和一通三防部。

（3）凡发现触碰"十二条红线"的，由矿长在下月安全例会上说明情况，汇报整改措施。

（4）凡发现触碰"十二条红线"的矿井，每发现一次，扣减"一通三防"月度考核5分，并对矿长、安全矿长、总工程师、通风助理季度安全风险抵押考核扣罚10000元。

3. 各矿井要结合本单位实际情况制定具体的实施办法

4. 本办法自印发之日起执行

4.15　安全监测监控系统装备管理制度

第一条　各矿井必须装备矿井安全监控系统并实现联网运行，监测监控系统必须通过《煤矿安全监测监控系统通用技术要求（AQ 6201—2019）》认证。

第二条　煤矿安全监测监控系统配接的各类传感器必须符合相关标准（AQ 6201—2019）的规定要求，其稳定性不小于15天。

第三条　煤矿必须按监控系统矿用产品安全标志证书规定的内容选择传感器、断电控制器等关联设备，改变系统配接产品型号时，必须有国家授权的安全生产检测检验机构出具的安全联检证明。否则，严禁对不同系统间的设备进行置换。

第四条　安全监测监控系统入井的所有设备必须取得“安全仪表检验合格证”“产品（计量器具）合格证”“产品（计量器具）生产许可证”“防爆合格证”和“MA 标志证”。

第五条　矿井应配备传感器、分站等安全监控设备备件，备用数量不少于应配备数量的 20%。

第六条　安全监测监控设备必须具有故障闭锁功能。即当与闭锁控制有关的监控设备未投入正常运行或发生故障时，必须切断监测监控设备所监控的全部非本质安全型电器设备的电源；当与闭锁控制有关的监控设备工作正常并稳定运行后，自动解锁。

第七条　矿井安全监测监控系统必须具备甲烷断电仪和甲烷风电闭锁装置的全部功能。即当主机或系统电缆发生故障时，井下监测监控设备仍然能够进行正常地监测和控制，仍然能够实现风电闭锁和瓦电闭锁。

第八条　矿井安全监测监控系统中心站必须实时监控全部采掘工作面及其他地点瓦斯浓度变化及被控设备的通、断电状态，并能实现瓦斯超限就地断电和异地断电功能。

第九条　安全监测监控系统必须安设防雷电保护装置；安全监测监控系统必须具备自动报警、各等级电压断电、故障闭锁、断电状态的监测、报警、显示、存储和打印报表等功能。

第十条　矿井监控系统的主机必须双机热备，24 h 不间断运行。当工作主机发生故障时，备用主机应在 60 s 内投入工作。实现联网的主机必须装备硬件防火墙。系统必须具有断电、馈电状态监测和报警功能。

第十一条　中心站应双回路供电，中心站计算机电源应经在线式不间断电源供给，在动力电网停电后，备用电源必须保证系统正常工作 4 h 以上。

第十二条　中心站机房必须设有防雷接地设施，采用防静电地板，在室内环境温度保持在 15 ~ 30 ℃，设有声光报警装置和录音电话。

4.16　矿井安全监控系统安装管理制度

第一条　矿井监测监控系统的安装使用，必须符合安全生产行业标准（AQ1029—2019）的规定要求。

第二条　所有矿井的采、掘工作面，必须在工作面和回风流设置甲烷传感器。

第三条　所有矿井的掘进工作面及采煤工作面回风巷长度大于 1000 m 时，必须在回风巷中部增设甲烷传感器。

第四条　井工矿井的采煤工作面上隅角，必须安装甲烷传感器。

（1）回采工作面甲烷传感器设在工作面回风巷距煤壁 10 m 范围内，工作面上隅角甲烷传感器安设在切顶线对应的煤帮处。甲烷报警浓度为≥0. 8%，断电浓度为≥1. 2%，断电范围是工作面及回风巷中全部非本质安全型电气设备，复电浓度为<0. 8%。

（2）采、掘工作面回风流的甲烷传感器安设在距回风绕道口 10 ~ 15 m 的回风流中。参数设定（包括增设的甲烷传感器）：甲烷报警浓度为≥0. 8%，断电浓度为≥0. 8%，断电范围是工作面及回风巷或掘进巷中全部非本质安全型电气设备，复电浓度为<0. 8%。

（3）掘进工作面甲烷传感器安设在距工作面不大于 5 m 处，且无风筒一侧。甲烷报警浓度为≥0. 8%，断电浓度为≥1. 2%，断电范围是掘进巷中全部非本质安全型电气设备，复电浓度为<0. 8%。

（4）高瓦斯矿井、突出矿井施工抽采钻场打钻时必须设置甲烷传感器，报警浓度为≥0. 8%，断电浓度为≥0. 8%，断电范围是抽采钻场内全部非本质安全型电气设备，复电浓度为<0. 8%。

第五条　采煤工作面采用串联通风时，被串联工作面进风巷口以里 10 ~ 15 m 范围必须装设甲烷传感器，甲烷报警浓度为≥0. 4%、断电点浓度为≥0. 4%，断电范围是进风巷、工作面及回风巷中全部非本质安全型电气设备，复电浓度为<0. 4%。

第六条　掘进工作面采用串联通风时，被串联的掘进工作面局部通风机前 3 ~ 5 m 范围必须安设甲烷传感器，甲烷报警为≥0. 4%、断电浓度为≥0. 4%，断电范围是被串掘进巷道内全部非本质安全型电气设备，复电浓度为<0. 4%。当瓦斯浓度≥1. 2%时，同时还要切断局部通风机的电源，复电浓度为<0. 4%。

第七条　局部通风机停止运转后，掘进工作面或回风流中甲烷浓度大于 2. 4%，必须对局部通风机实施闭锁使之不能启动。在必要时，只有通过密码操作软件解锁或使用专用工具人工解锁；当掘进工作面及巷道中甲烷浓度低于 1. 2%时，自动解锁。

第八条　在总回风巷、一翼回风巷和采区回风巷临时施工的电气设备上风侧 10 ~ 15 m 处必须设置甲烷传感器；总回风巷、一翼回风巷甲烷传感器报警浓度为≥0. 4%、断电浓度为≥0. 6%、复电浓度为<0. 6%；采区回风巷甲烷传感器报警浓度为≥0. 8%、断电浓度为≥0. 8%、复电浓度为<0. 8%。

第九条　井下个别机电设备设在回风流中的，必须安装甲烷传感器并具备甲烷超限断电功能。

第十条　采区回风巷、一翼回风巷及总回风巷的测风站应设置甲烷和风速传感器。

第十一条　矿井主要通风机必须设置设备开停传感器，并与井下生产用电实现风电闭锁。矿井主要通风机的风硐内必须安设风速和风压传感器。

第十二条　采煤机和掘进机必须设置机载式甲烷断电仪或便携式甲烷检测报警仪，甲烷报警浓度为≥0. 8%，断电浓度为≥1. 2%，断电范围是采煤机、掘进机及工作面刮板输送机电源，复电浓度为<0. 8%。

第十三条　高瓦斯矿井的主要运输巷道内架线电机车运输装煤点，必须在给煤机下风流 3 ~ 5 m 范围设置甲烷传感器，甲烷报警浓度为≥0. 4%，断电浓度为≥0. 4%，断电范围是装煤点处上风流 100 m 至下风流的架空线电源及全部非本质安全型电气设备，复电浓度为<0. 4%。

第十四条　高瓦斯矿井主要电机车运输大巷，在瓦斯涌出巷道的下风流 3 ~ 5 m 处必须安设甲烷传感器。甲烷报警浓度为≥0. 4%，断电浓度为≥0. 4%，断电范围是瓦斯涌出巷道上风流 100 m 及其下风流的架空线电源和全部非本质安全型电气设备，复电浓度为<0. 4%。

第十五条　在装有带式输送机的回风井筒内必须设置甲烷传感器，甲烷报警浓度为≥0. 4%，断电浓度为≥0. 6%，断电范围是井筒内全部非本质安全型电气设备，复电浓度为<0. 6%。

第十六条　突出矿井在下列地点设置的传感器必须是全量程或高低浓度甲烷传感器：

（1）采煤工作面进、回风巷和风巷。

（2）煤巷、半煤岩巷和有瓦斯涌出的岩巷掘进工作面回风流中。

（3）采区回风巷。

（4）总回风巷。

第十七条　井下下列设备必须设置甲烷断电仪或者便携式甲烷检测报警仪：

（1）采煤机、掘进机、掘锚一体机、连续采煤机。

（2）梭车、锚杆钻车。

（3）采用防爆蓄电池或者防爆柴油机为动力装置的运输设备。

（4）其他需要安装的移动设备。

第十八条　地面及井下瓦斯抽采泵站内必须在室内设置甲烷传感器，井下临时瓦斯抽采泵站排放口下风侧栅栏外必须设置甲烷传感器，瓦斯抽采泵输入管路中应设置甲烷传感器。

（1）瓦斯抽采泵站室内距房顶不大于 300 mm 处设置甲烷传感器，甲烷报警浓度为≥0. 4%。

（2）采用干式泵抽采瓦斯时，抽采泵的输出管路中也应设置甲烷传感器，甲烷报警浓度均为≤25%。

（3）可利用的瓦斯，抽采泵输出管路必须设置甲烷传感器，甲烷报警浓度为≤30%。

（4）井下临时瓦斯抽采泵站排放口下风侧 3 ~ 5 m 的范围内设置甲烷传感器，甲烷报警浓度为≥0. 8%，断电浓度为≥0. 8%，断电范围是瓦斯抽采泵，复电浓度为<0. 8%。

第十九条 开采容易自燃、自燃煤层的矿井，在矿井总回风巷、一翼回风巷、采区回风巷、采煤工作面上隅角、采掘工作面回风流必须设置一氧化碳传感器，报警浓度为≥0.0024%。

第二十条 带式输送机滚筒下风侧10~15 m处必须设置CO传感器，报警浓度为≥0.0024%。

第二十一条 采用均压开采的工作面上隅角和有自然发火隐患的地点必须安设一氧化碳传感器，报警浓度为≥0.0024%。

第二十二条 开采容易自燃、自燃煤层的矿井，采煤工作面或回风口应设置温度传感器。温度传感器的报警值为≥30 ℃。

第二十三条 掘进工作面主、备局部通风机必须设置开停传感器，掘进工作面局部通风机的风筒末端宜设置风筒传感器。

第二十四条 井下所有地点的风门必须设置风门开关传感器，当两道风门同时打开时能发出声光报警信号。

第二十五条 被控设备开关的负荷侧必须设置馈电状态传感器。

第二十六条 矿用防爆型蓄电池机车和矿用防爆型柴油机车必须设置便携式甲烷检测报警仪。

第二十七条 井下煤仓上方、地面选煤厂煤仓上方应增设甲烷传感器。

第二十八条 封闭式带式输送机走廊上方及封闭的选煤厂机房上方应增设甲烷传感器。

第二十九条 监测监控系统井下设备的安设要求：

（1）甲烷、一氧化碳传感器应垂直悬挂，扩散口距顶板或顶梁不得大于300 mm，距巷道侧壁不小于200 mm。

（2）风速传感器应设置在巷道前后10 m范围内无分支风流、无拐弯、无障碍、断面无变化、能准确计算测风断面和风量的地点。当风速低于或超过《煤矿安全规程》的规定值时，应发出声、光报警信号。

（3）甲烷、一氧化碳及风速传感器以外的其他传感器应悬挂在能正确反映该点实际测值的位置。声光报警器应设置在经常有人工作便于观察的地点。

（4）井下分站及电源箱应安设在便于人员观察、调试、检验及支护良好、无滴水、无杂物的进风巷道或硐室中，安设时应加垫支架，使其距巷道底板不小于300 mm或吊挂在巷道中。电网停电后，备用电源不能保证设备连续工作2 h的，应及时更换。

第三十条 采区设计、采掘作业规程和安全技术措施，必须对安全监控设备的种类、数量和位置，信号电缆和电源电缆的敷设，控制区域等做出明确规定，并绘制布置图和断电控制图并及时更新。

第三十一条 井下各设备之间必须使用专用阻燃电缆或光缆连接，电缆或光缆必须悬挂。电缆或光缆每隔100 m作一黄色标志，标志长度为100 mm。电缆的敷设、连接方式，必须符合《煤矿安全规程》有关规定。

第三十二条 矿用有线调度通信电缆必须专用。严禁安全监控系统与图像监视系统共用同一芯光纤。矿井安全监控系统主干线缆应分设两条，从不同的井筒或一个井筒保持一定间距的不同位置进入井下。

第三十三条 甲烷传感器的报警浓度、断电浓度、复电浓度、断电范围及便携式甲烷检测报警仪的设置地点见表5-4-7。

表5-4-7 甲烷传感器（便携仪）的设置地点，报警浓度、断电浓度、复电浓度和断电范围

设置地点	报警浓度/%	断电浓度/%	复电浓度/%	断电范围
采煤工作面回风隅角	≥0.8	≥1.2	<0.8	工作面及其回风巷内全部非本质安全型电气设备

表 5-4-7（续）

设置地点	报警浓度/%	断电浓度/%	复电浓度/%	断电范围
低瓦斯和高瓦斯矿井的采煤工作面	≥0.8	≥1.2	<0.8	工作面及其回风巷内全部非本质安全型电气设备
突出矿井的采煤工作面	≥0.8	≥1.2	<0.8	工作面及其进、回风巷内全部非本质安全型电气设备
采煤工作面回风巷	≥0.8	≥0.8	<0.8	工作面及其回风巷内全部非本质安全型电气设备
突出矿井采煤工作面进风巷	≥0.4	≥0.4	<0.4	工作面及其进、回风巷内全部非本质安全型电气设备
采用串联通风的被串采煤工作面进风巷	≥0.4	≥0.4	<0.4	被串采煤工作面及其进、回风巷内全部非本质安全型电气设备
高瓦斯、突出矿井采煤工作面回风巷中部	≥0.8	≥0.8	<0.8	工作面及其回风巷内全部非本质安全型电气设备
采煤机	≥0.8	≥1.2	<0.8	采煤机电源
煤巷、半煤岩巷和有瓦斯涌出岩巷的掘进工作面	≥0.8	≥1.2	<0.8	掘进巷道内全部非本质安全型电气设备
煤巷、半煤岩巷和有瓦斯涌出岩巷的掘进工作面回风流中	≥0.8	≥0.8	<0.8	掘进巷道内全部非本质安全型电气设备
突出矿井的煤巷、半煤岩巷和有瓦斯涌出岩巷的掘进工作面的进风分风口处	≥0.4	≥0.4	<0.4	掘进巷道内全部非本质安全型电气设备
采用串联通风的被串掘进工作面局部通风机前	≥0.4	≥0.4	<0.4	被串掘进巷道内全部非本质安全型电气设备
	≥0.4	≥1.2	<0.4	被串掘进工作面局部通风机
高瓦斯矿井双巷掘进工作面混合回风流处	≥0.8	≥0.8	<0.8	除全风压供风的进风巷外，双掘进巷道内全部非本质安全型电气设备
高瓦斯和突出矿井掘进巷道中部	≥0.8	≥0.8	<0.8	掘进巷道内全部非本质安全型电气设备
掘进机、连续采煤机、锚杆钻车、梭车	≥0.8	≥1.2	<0.8	掘进机、连续采煤机、锚杆钻车、梭车电源
采区回风巷	≥0.8	≥0.8	<0.8	采区回风巷内全部非本质安全型电气设备
一翼回风巷及总回风巷	≥0.6	—	—	
使用架线电机车的主要运输巷道内装煤点处	≥0.4	≥0.4	<0.4	装煤点处上风流 100 m 内及其下风流的架空线电源和全部非本质安全型电气设备

表5-4-7（续）

设置地点	报警浓度/%	断电浓度/%	复电浓度/%	断电范围
矿用防爆型蓄电池电机车	≥0.4	≥0.4	<0.4	机车电源
矿用防爆型柴油机车、无轨胶轮车	≥0.4	≥0.4	<0.4	车辆动力
井下煤仓	≥1.2	≥1.2	<1.2	煤仓附近的各类运输设备及其他非本质安全型电气设备
封闭的带式输送机地面走廊内，带式输送机滚筒上方	≥1.2	≥1.2	<1.2	带式输送机地面走廊内全部非本质安全型电气设备
地面瓦斯抽采泵房内	≥0.4			
井下临时瓦斯抽采泵站下风侧栅栏外	≥0.8	≥0.8	<0.8	瓦斯抽采泵站电源

4.17　超限手机短信报警系统管理制度

第一条　监测监控调度室监测到井下瓦斯、一氧化碳超限、主要通风机停风时，监测系统通过公共信息网，按设定条件及时将瓦斯、一氧化碳超限、主要通风机停风信息发送到有关管理人员的手机上。

第二条　瓦斯、一氧化碳超限信息内容包括：矿井名称、超限地点、超限值和瓦斯超限时间、超限曲线等。以表格的形式，较为详细的通报情况。

第三条　超限信息发送条件和范围见表5-4-8。

表5-4-8　超限手机短信发送条件和范围

序号	瓦斯超限发送浓度条件/%			一氧化碳超限发送浓度条件/ppm	主要通风机停止运转时间超限发送条件/min	发送范围
	采掘工作面、上隅角、采掘面回风流	被串工作面局部通风机前、突出矿井采煤工作面的进风巷等	一翼回风巷、总回风巷			
1	≥0.8	≥0.4	≥0.6	≥20	≥10	1. 矿监测负责人、瓦斯队长，矿分管瓦斯与监测的副科（区）长、技术主管 2. 机电科分管电气副科长、安全科分管通风副科长
2	≥0.8	≥0.5	≥0.6	≥24		1. 通风科（区）长、机电科长、安全科长、调度主任、（通风副总）、（安全副总）、（采掘副总）（机电副总）、矿总工程师及安全、生产、机电副经理 2. 二级公司一通三防部、生产技术部、机电设备部、安全生产监督管理部主任工程师和副部长

表5－4－8（续）

<table>
<tr><th rowspan="2">序号</th><th colspan="3">瓦斯超限发送浓度条件/%</th><th rowspan="2">一氧化碳超限发送浓度条件/ppm</th><th rowspan="2">主要通风机停止运转时间超限发送条件/min</th><th rowspan="2">发送范围</th></tr>
<tr><th>采掘工作面、上隅角、采掘面回风流</th><th>被串工作面局部通风机前、突出矿井采煤工作面的进风巷等</th><th>一翼回风巷、总回风巷</th></tr>
<tr><td>3</td><td>≥1.2</td><td>≥0.6</td><td>≥0.7</td><td>≥50</td><td rowspan="2">≥30</td><td>1. 煤矿矿长
2. 二级公司一通三防部、安全生产监督管理部、生产技术部、机电设备部的部长、通风安全副总工程师
3. 集团“一通三防”及瓦斯治理中心、机电设备部、安全生产监督管理部的主任工程师和副部长</td></tr>
<tr><td>4</td><td>≥1.6</td><td>≥0.7</td><td>≥0.8</td><td>≥75</td><td>1. 二级公司总工程师、生产副经理、机电副经理、安全副经理
2. 集团公司“一通三防”及瓦斯治理中心、机电设备部、安全生产监督管理部的部长，通风、安全、机电副总工程师</td></tr>
<tr><td>5</td><td>≥2.0</td><td>≥1.0</td><td rowspan="2">≥1.2</td><td>≥100</td><td rowspan="2">≥60</td><td>1. 二级公司董事长、经理
2. 集团公司总工程师</td></tr>
<tr><td>6</td><td>≥2.5</td><td>≥1.2</td><td>≥150</td><td>集团公司分管基建的副总经理兼管理局副局长、集团公司分管安全的副总经理、集团公司总工程师兼副局长、集团公司分管副总经理兼管理局局长</td></tr>
</table>

第四条　矿通风科分管瓦斯、监测的副科长、监测队长和技术主管、瓦斯队长在收到超限短信时，必须立即联合组织安排专人到现场进行核实，查明超限原因和瓦斯检查员现场检查情况，并进行处理，将处理情况及时汇报安全监控调度室和矿调度室，并向二级公司生产调度指挥中心汇报，同时做好详细记录。

在达到断电浓度时，系统自动切断工作面电源后，要核实现场断电情况，并指示瓦斯检查员和安监员将超限地点工作人员撤出，直至问题处理。

第五条　矿机电科副科长、安全科副科长在收到超限短信时，应分别通知各自的值班人员，落实变电所值守人员和当班安监员做好停电、撤人及工作面停止生产的各项工作。

第六条　矿安全副经理、总工程师、通风（安全）副总工、通风科（区）长在收到超限短信时，必须立即安排专人在通风科调度室和矿调度室守候，专门负责协调处理超限的各项事宜。

第七条　矿机电供应科长、安全科长、调度主任在收到超限短信时，应按照各自的分管职责和范围，核实现场断电、撤人及停产情况。

第八条　矿生产副经理、采掘副总工在收到超限短信时，应立即指示超限区域停止生产，撤出人员，并随时向矿调度室过问停产撤人及处理情况。

第九条　矿机电副经理、机电副总工在收到超限短信时，应立即指示切断超限区域（除局部通风机和监测系统以外）的其他所有电源，并随时向矿调度室过问停电等有关情况。

第十条　矿经理、董事长在收到超限短信时，应亲自到矿调度室协调指挥，以最快的速度处理超限，杜绝事故的发生。

第十一条　二级公司一通三防部主任工程师和副部长在收到超限短信时，必须立即向超限矿监测监控调度室落实现场断电撤人情况、超限原因及处理措施。

第十二条　二级公司生产技术部主任工程师和副部长在收到超限短信时，必须立即向超限矿调度室落实超限区域停产、撤出人员情况，随时掌握情况的变化，并做好记录。

第十三条　二级公司机电设备部主任工程师和副部长在收到超限短信时，必须立即向超限矿调度室落实超限区域断电情况，并要求矿机电科派专人负责落实。

第十四条　二级公司安全生产监督管理部主任工程师、分管通风的副职在收到超限短信时，必须立即向超限矿调度室落实具体情况，并指示矿安全科派专人监督上述各项措施的落实情况。

第十五条　二级公司一通三防部正职在收到超限短信时，应立即向本部门调度和公司调度落实超限原因及现场处理措施，并安排专人负责跟踪落实。

第十六条　二级公司安全生产监督管理部长、生产技术部长、机电设备部长在收到超限短信时，应立即向二级公司调度室落实超限原因及现场处理措施，并分别指示矿分管安全、生产和机电的副矿长到矿调度室落实各自分管范围内的应尽职责。

第十七条　二级公司经理、董事长、总工程师、生产副经理、机电副经理、安全副经理、通风副总工程师在收到超限短信时，必须向二级公司调度室落实超限原因和处理进展情况。

第十八条　矿、二级公司监测监控值班人员必须 24 h 坚守岗位，随时浏览分管范围监测系统运行情况，发现瓦斯、一氧化碳等气体浓度超过规定时，及时向超限矿井落实超限原因及现场处理措施，并做详细记录。

第十九条　矿通风科（区）必须提前一天将有计划停电停风地点、时间报至二级公司一通三防部及生产指挥中心。

第二十条　矿通风科（区）必须提前一天将调试甲烷传感器的地点和时间报二级公司一通三防部及生产指挥中心。

第二十一条　各级监测监控调度室都要设立专门的台账，用来记录超限处理的详细过程。

第二十二条　本制度涉及的所有安全管理岗位，如有手机号码变更，由各单位行政办公室负责及时将变更的手机号码上报到所属通风部门监测调度室及生产指挥中心。

4.18　便携式瓦斯检测仪使用管理制度

第一条　装备与管理

（1）便携式瓦斯检查仪应符合 AQ 6207—2019 标准的要求。

（2）经理、总工程师、采掘队长、通风科长、工程技术人员、班（组）长、爆破工、流动电钳工、瓦斯检查员、安监员和兼职安全员及外来检查人员下井时，必须携带便携式甲烷检测仪（简称便携仪）。各矿应按照上述人员的在册数量进行装备便携仪，并有不少于 20% 的备用量。便携式瓦斯检查仪瓦斯报警浓度设置为 0.8% 。

（3）各矿应有便携仪充电、发放、维修调校等工作场所，由专职人员进行集中管理，统一发放。维修人员按在籍数量每 100 台配 1 人，专职发放人员应不少于 4 人。

（4）各矿必需建立发放、维修人员岗位责任制，发放登记表、管理台账和维修调校记录。

（5）仪器配备工作由矿指定单位负责，使用单位负责提供需配备仪器人员名单。

(6) 各使用单位新增人员、工种变动或调离人员时由本单位及时报矿指定发放单位记录备案。

(7) 佩戴仪器人员下井后，不得随意关闭开关，要保持常开状态，严禁在井下拆卸便携仪。

(8) 发放仪器前必须检查其功能是否正常，仪器是否完好，凡电压低于规定值或仪器不能正常工作的不得发放。出井后，使用人员必须及时返还，发放人员要对仪器进行外观检查，清理隔爆罩上的煤尘，及时充电，以保证性能和完好。

(9) 因损坏无修理价值或经计量检定后认为应报废的仪器要及时办理报废手续。如因报废使装备数量减少，应及时进行补充。

(10) 便携仪应统一编号，固定专人使用，如因使用操作不当造成损坏丢失的，要按情节追究使用者的责任。

(11) 所有应佩戴瓦斯便携仪的人员下井不佩戴或不使用的按违章论处。

第二条 维修与调校

(1) 各矿每年根据仪器使用状况必须保证仪器维修零配件、调校标准气的投入。

(2) 维修调校人员每隔15天应使用标准气样对仪器的零点、精度（满度）和报警点进行调校，使之在说明书规定的误差范围内。仪器发生故障应及时进行修理，有故障的仪器不得使用。

(3) 各矿应按煤矿安全计量检定规定定期将仪器、仪表送有资质的部门检定。采用载体催化元件的甲烷传感器必须使用校准气样和空气气样在设备设置地点调校，便携式甲烷检测报警仪在仪器维修室调校，每15天至少1次。

4.19 防止煤矿井下柴油机车尾气浓度超限管理规定

为了防止进入煤矿井下柴油机车（包括进入煤矿井下的无轨胶轮车、皮卡车等以燃烧柴油为动力的特种车辆，以下简称入井机车）尾气排放造成井下风流中一氧化碳等氮氧化合物超限，危害职工身心健康，影响矿井的安全生产，特制定本规定。

(1) 必须取得国家颁发的煤安标志和防爆许可证，每年由资质部门检验合格，并取得检验合格报告。严禁非防爆、检验不合格的柴油机车下井运行。

(2) 尾气排放必须达到国家相关标准。在正常运行条件下，在标定输出功率的范围内，吸入空气成分中CH_4含量为零时，未经稀释排气中CO的排放浓度不得超过1000 ppm、NO_2排放浓度不得超过800 ppm；排气中CO、NO_2的排放浓度被巷道中风流稀释后，井下空气中的CO不得超过24 ppm、NO_2不得超过2.5 ppm。

(3) 具有发动机排气超温、冷却水超温、尾气水箱水位等保护装置。排气口的排气温度不得超过77 ℃，其表面温度不得超过150 ℃，保证燃油合格。

(4) 机车内应配备便携式甲烷及一氧化碳检测报警仪，对甲烷及一氧化碳进行实时检查，当甲烷浓度≥1.0%或一氧化碳浓度≥24 ppm时，必须停止运行并熄火。

(5) 进入井下机车在遇红灯停车、通过风门等候、卸料等停止行走期间必须停车熄火。

(6) 机车内至少配备2台4 kg灭火器。

(7) 加强日常检修、维护和保养，每班必须清洗空气过滤器、防爆栅栏，保证机车处于完好状态；维修部门每天在车辆使用前检测车辆尾气排放指标，并有检测记录。尾气排放不合格的车辆严禁使用。

(8) 严禁车辆超载，严格控制车辆行车速度，减少尾气排放量，各矿井根据实际情况制定不同巷道、不同车辆的行驶速度，严禁超速行驶。

(9) 对入井和进入工作面机车数量要严格控制。机车在进入采掘工作面前，必须确认工作面无车辆后方可进入，确保各采掘工作面同一时间段只能运行一辆柴油机车。

(10) 入井机车严禁进入专用回风巷和微风、无风区域。

（11）合理配风。各矿井要根据《煤矿安全规程》要求合理配风，行驶车辆巷道的供风量应当按同时运行的最多车辆数增加巷道配风量，配风量不小于4 $m^3/(min \cdot kW)$。

（12）加强一氧化碳传感器维护与校验，确保监控设备完好。

（13）严格考核。一氧化碳等有害气体超限，严格执行二级公司《瓦斯超限事故追查处理规定》相关规定。

（14）其他严格执行《煤矿安全规程》、上级有关规定及行业标准等相关内容。

（15）本规定自下发之日起执行。

4.20　灌浆系统管理制度

第一条　凡开采自燃或易自燃煤层的矿井，宜建立适合本矿实际的防灭火灌浆系统，并成立专门的防灭火队伍。

第二条　建立灌浆系统时，必须有详细的灌浆方案设计，其中包括：矿井概况、火区或采空区发火隐患分析、灌浆系统设计（灌浆方式、预计灌浆量、供水能力、输浆能力、设备选型、选用的注浆材料种类及其性能分析资料、主要注浆参数、浆液的制备方法、输送浆液的管路系统及计算、注浆方法、矿井注浆防灭火效果考察、矿井注浆防灭火安全措施）、组织机构及安全措施等。

第三条　预防性灌浆系统要尽可能采用集中式灌浆，钻孔的布置要进行技术性分析。

第四条　加强对灌浆防灭火系统的维护管理，要充分发挥其防灭火作用，认真填写灌浆记录。

第五条　对一氧化碳涌出区域灌浆时，必须保证灌浆的连续性（包括冬季），严禁灌灌停停。

第六条　防灭火系统需要拆除和报废时，必须报二级公司审批。

4.21　注氮系统管理制度

第一条　凡开采自燃或易自燃煤层的矿井，宜建立适合本矿实际的防灭火注氮系统，并成立专门的防灭火队伍。

第二条　建立注氮系统时，必须有详细的注氮方案设计，其中包括：矿井概况、火区或采空区发火隐患分析、注氮系统设计（注氮工艺和方法、预计注氮量、氮气浓度、供氮压力、输氮管路选取和铺设、设备选型）、组织机构及安全措施等。

第三条　在采空区进行注氮防火或在火区进行注氮灭火时，必须编制相应的安全技术措施，并经矿总工程师审批后，方可实施。

第四条　根据具体条件，可采用埋管注氮、拖管注氮、钻孔注氮、插管注氮和密闭注氮等。

第五条　工作面采空区注氮防火的注氮管口应处于采空区氧化带内。防灭火注氮地点应尽可能选择在进风侧或靠近火源。

第六条　扑灭瓦斯积聚区的火灾，需建立防爆墙。注氮的同时，取样分析灾区气体成分变化，并根据甲烷浓度、氧气浓度进行失爆性的判断。

第七条　为了保证注氮防灭火的效果，宜对注氮的区域采取均压措施，并采取严格的堵漏措施以及有效的火灾监测，使防灭火区域的漏风量降到最低限度。

第八条　采空区惰化防火氧气浓度指标不大于煤自燃临界氧浓度，其值由气相色谱吸氧法测定；惰化灭火氧浓度指标不大于3%；惰化抑制瓦斯爆炸氧浓度指标应小于12%。

第九条　管路的铺设应尽量减少拐弯，要求平、直、稳，接头不漏气。每节钢管的支点不少于两点，每节软管的吊挂不少于4点，不允许在管路上堆放他物。低洼处可设置放水阀。

第十条　输氮管路的分岔处应设置三通、截止阀和压力表。

第十一条　定期对输氮管路进行试压检漏。

第十二条　建立注氮防灭火台账，包括：注氮地点、注氮时间、注氮量、注氮扩散半径、注氮口移动步距等内容。同时注意考察注氮前、后采空区三带的变化情况。

第十三条 注氮过程中，工作场所要提供足够的风量，保证氧气浓度不低于18.5%，否则应立即停止作业撤出人员，同时降低注氮流量或停止注氮。

第十四条 制氮设备的管理人员和操作人员必须经培训、考试合格，并取得结业证和上岗证后，方可上岗。

第十五条 必须建立制氮设备的操作规程、工种岗位责任制、机电设备维护检修规程、注氮防灭火管理暂行规定等规章制度。

4.22 束管监测系统管理制度

第一条 束管系统应保持连续、稳定运行。

第二条 束管系统可对检测点气样的综合气体成分进行分析，包括一氧化碳（CO）、甲烷（CH_4）、二氧化碳（CO_2）、氧气（O_2）、氢气（H_2）、乙炔（C_2H_2）、乙烯（C_2H_4）、乙烷（C_2H_6）、氮气（N_2），并可自动输出每路束管气体的分析结果。

第三条 系统可将监测数据以日报、月报和趋势曲线的形式显示或打印。

第四条 当检测点的有毒有害气体成分超过《煤矿安全规程》的规定时，要自动报警提示。

第五条 系统要随时对检测地点的自然发火危险性和气体爆炸性进行分析和判别。

第六条 每周与监测点的人工取样分析数据进行比较，数据误差不得超过10%。

第七条 束管监测分析室必须专人值班，并每日将束管系统监测日报送通风科长审阅。

4.23 防治自燃火灾三十条刚性措施

为了进一步加强矿井自燃火灾防治，有效遏制煤层自然发火，根据《煤矿安全规程》《矿井防灭火规范》等相关文件、规定，结合二级公司实际，制定《防治自燃火灾三十条刚性措施》。

（1）矿长（总经理）是矿井防灭火工作的第一责任者，对防灭火工作负领导责任，保证防灭火工作所需的人、财、物；矿总工程师对矿井防灭火工作负技术领导责任，每月至少组织召开一次防灭火专题会议；生产副矿长、机电副矿长负责分管所辖范围内的防灭火工作；安全副矿长监管防灭火工作是否落实到位；通防部门负责日常防火监测及防治工作，其他部门落实所辖范围内的防灭火工作。各矿要根据以上原则要求，进一步细化责任，明确分工，做到管控无死角。

（2）煤矿所有开采煤层都必须经有资质的鉴定机构进行自燃倾向性鉴定。高瓦斯矿井每年至少鉴定一次，其余矿井每2年至少鉴定一次。

开采容易自燃和自燃煤层的矿井还应测定煤层的最短自然发火期，根据煤层赋存条件、回采工艺，测定工作面采空区自然发火“三带”（散热带、氧化带、窒息带）范围。

（3）各矿井采区设计必须由资质部门编制并报二级公司审批。采煤工作面采用“U”形通风，杜绝随意乱开各种联络巷道，保证系统简单，便于防灭火措施的实施。开采容易自燃和自燃煤层时，在采区开采设计中，必须预先选定构筑防火门的位置。当采煤工作面通风系统形成后，必须按设计构筑防火门墙，并储备足够数量的封闭防火门的材料。防火门墙的构筑应符合下列要求：

①防火门墙必须采用不燃性材料建筑。

②墙体厚度不小于600 mm。

③墙体四周应与巷壁接实，掏槽深度不得小于300 mm。

④墙体无重缝、干缝、灰浆饱满，不漏风。

⑤防火门采用“内插拆口”结构。

⑥防火门门口断面符合行人、通风和运输要求。

（4）开采容易自燃和自燃煤层的矿井，必须编制矿井防灭火专项设计，采取综合预防煤层自然发火的措施，并经矿总工程师组织会审后报二级公司审批。矿井防灭火专项设计应包括以下内容：

①防止地面火灾危害井下安全的措施。

②各种外因火灾的防灭火措施。

③容易自燃、自燃煤层开采的防灭火措施。

④防止煤田火区危害井下安全的措施。

⑤现有火区的管理和灭火措施。

⑥在火区周围进行生产活动的安全措施。

⑦发生火灾时的通风应变措施。

⑧发生火灾时防止瓦斯、煤尘爆炸和防止灾情扩大的措施。

⑨发生火灾时的矿工自救和救灾措施。

矿井无火区可不编制上述第④、⑤、⑥项内容。

（5）开采容易自燃和自燃的矿井，集中运输大巷和总回风巷应当布置在岩层内或者不易自燃的煤层内；布置在容易自燃和自燃的煤层内时，必须在该煤层最短自然发火期内锚喷或者砌碹，碹后的空隙和冒落处必须用不燃性材料充填密实，或者用无腐蚀性、无毒性的材料进行处理。

（6）开采容易自燃和自燃煤层时，采煤工作面必须采用后退式开采。回采过程中不得任意留设设计外煤柱和顶煤。采煤工作面采到终采线时，必须采取措施使顶板冒落严实。

（7）开采容易自燃和自燃煤层的矿井，必须对采空区、突出和冒落孔洞等空隙（特别是工作面始采线、终采线、上下煤柱线和三角点）采取预防性灌浆为主或全部充填、喷洒阻化剂、注阻化泥浆、注凝胶、均压等三种以上综合防灭火措施，遇到断层、陷落柱等地质构造复杂、易丢煤区域应强化措施的落实。

（8）采用放顶煤开采时，高瓦斯矿井的易自燃煤层，应当采取以预抽方式为主的综合抽采瓦斯措施和综合防灭火措施，保证本煤层瓦斯含量不大于5 m^3/t和工作面最高风速不大于3.0 m/s。

（9）采煤工作面要合理确定回采工作面的推进速度和回采期，开采过程中要减少或不留煤柱、不丢浮煤，努力提高回采率；不得将坑木、油棉纱等易燃物品遗留在采空区，风、运两巷的工字钢、轨道、管子等材料必须全部回收干净，确保冒落严实。

（10）当采煤工作面停采或生产不正常时要制定防灭火技术措施。

工作面停产超过5天时工作面风量应按备用工作面供风；上下隅角必须进行封堵，减少向采空区漏风。同时加强灌浆、喷洒阻化剂等措施，加强自燃火灾的预测预报。

（11）采用灌浆防灭火时，应当遵守下列规定：

①采区设计应当明确规定巷道布置方式、隔离煤柱尺寸、灌浆系统、疏水系统、预筑防火墙的位置以及采掘顺序。

②安排生产计划时，应当同时安排防火灌浆计划，落实灌浆地点、时间、进度、灌浆浓度和灌浆量。

③对采区始采线、终采线、上下煤柱线内的采空区，应当加强防火灌浆。

④应当有灌浆前疏水和灌浆后防止溃浆、透水的措施。

⑤灌浆材料以黄土为主时，灌浆浆液的土水比在1∶2～1∶5之间为宜。对使用有含沙的黄土灌浆时，应适当添加悬浮剂，防止堵塞注浆系统。

（12）采用阻化剂防灭火时，应当遵守下列规定：

①选用的阻化剂材料不得污染井下空气和危害人体健康。

②必须在设计中对阻化剂的种类和数量、阻化效果等主要参数做出明确规定。

③应当采取防止阻化剂腐蚀机械设备、支架等金属构件的措施。

（13）采用凝胶防灭火时，编制的设计中应当明确规定凝胶的配方、促凝时间和压注量等参数。

压注的凝胶必须充填满全部空间，其外表面应当喷浆封闭，并定期观测，发现老化、干裂时重新压注。

（14）容易自燃、自燃煤层的采煤工作面回采结束后，必须在45天内进行永久封闭。

（15）封闭采空区密闭位置应选在采场压力稳定地点，且要留出以后密闭加固的空间，密闭前后10 m内巷道支护不得拆除，密闭质量必须符合通风设施建筑安全生产标准化标准要求，墙体四周要掏槽，见硬帮、硬底，与煤岩体接实；密闭墙、墙前10 m内巷道必须喷浆堵漏风，且喷浆厚度不低于100 mm。

（16）容易自燃、自燃的煤层中掘进巷道时，禁止空帮、空顶，堆积浮煤。如果出现冒顶，必须对冒顶区进行接顶、充填，并进行喷浆、压注凝胶防火处理。在旧发火区附近开掘巷道时，要留足够的保护煤柱，防止漏风引起煤层自燃。巷道揭老空处，按照防火墙标准砌墙封闭并定期检查。

（17）永久性密闭墙的管理应当遵守下列规定：

①每个密闭墙附近必须设置栅栏、警标，禁止人员入内，并悬挂说明牌。

②每周至少一次测定和分析密闭墙内的气体成分（主要包括CH_4、CO_2、CO、O_2浓度）和空气温度。

③每周至少一次检查密闭墙外的空气温度、瓦斯浓度，密闭墙内外空气压差以及密闭墙墙体。发现封闭不严、有其他缺陷或者火区有异常变化时，必须采取措施及时处理。

④所有测定和检查结果，必须记入防火记录簿。

⑤矿井做大幅度风量调整时，应当测定密闭墙内的气体成分和空气温度。

⑥井下所有永久性密闭墙都应当编号，并在火区位置关系图中注明。

（18）矿井要控制主要通风机压力，通风阻力不得超过2500 Pa。

（19）开采浅煤层的矿井，每月至少普查一次地表塌陷裂缝，对产生的裂缝及时进行充填，防止因地表裂缝漏风导致采空区自燃。

（20）各矿对废弃的溜煤眼、暗斜井和风眼必须进行层间永久性封堵和充填，防止自身发火及层间火灾气体的扩散。

（21）矿井内旧巷、不通风的盲巷、报废巷道必须及时封闭，防止巷道内煤的自燃。

（22）对受原小煤窑影响的矿井，各矿必须详细掌握小煤窑的开采范围、通风方式及发火情况，以便及早在本矿井受影响的区域采取有效的预防措施，防止突然受到原小窑灾变威胁，影响矿井安全生产。

（23）开采有自燃倾向性煤层的矿井，必须开展自燃火灾的预测预报工作。确定煤层自然发火标志气体及临界值，健全自然发火预测预报及管理制度。

①对采煤工作面、回风隅角、回风巷以及高温地点和可能发火地点的气体成分每班至少检查2次。

②对火区、采空区、采区回风巷、采煤工作面及可能发火的地点每周至少取样分析一次。

③对异常点随时检查、取样化验分析，及时掌握异常点的变化动态。

④化验报表要由通风助理进行签字审核，每月要对预测预报地点总结分析，发现有发火征兆时，必须立即向矿总工程师汇报，及时采取有效措施进行处理。

（24）矿井安全监控系统要配齐和正确安设CO、温度、烟雾等传感器，确保其正常运行；发现自然发火指标超过或达到临界值等异常变化时，及时采取措施进行处理。

（25）开采容易自燃和自燃煤层的矿井，必须安设束管监测系统，束管监测点布置满足以下要求：

①回采工作面采空区、封闭的采空区或其他有可能发生自然发火的地点应设置监测点。

②束管监测点在工作面回风顺槽内布置不低于2束，采用埋管敷设，且带有保护装置，两个束管

采样点间距至少为50m。

③埋入采空区最远采样点在氧化带范围内。

④监测数据应包括O_2、N_2、CO、CO_2、CH_4、C_2H_4、C_2H_6、C_2H_2等相关参数。

⑤束管监测系统必须保证每天24小时连续监测运行，监测人员对获得的气体监测信息进行分析，填写工作日志，编制气体监测日报表报通风助理和总工程师审阅。

（26）防灭火器材及仪器配备要求：

①容易自燃、自燃矿井井下消防材料库器材在二级公司《防灭火管理制度》规定材料配备基础上，再增设表5－4－9的材料。

表5－4－9　容易自燃、自燃矿井井下消防材料库器材增设材料

序号	名称	规格	单位	数量	备注
1	插管	1吋×2米	根	20	一端带尖，便于插入煤体；另一端为丝状，周边钻5～10 mm的圆孔
2	套管	1吋×2米	根	80	两端均为丝状，便于连接
3	插管与套管连接	1吋	个	100	
4	套管与胶皮管快速接头		个	20	
5	凝胶机	ZHJ－80/1.2－G	台	1	
6	凝胶		吨	2	碳酸氢钠、水玻璃等
7	快速密闭喷涂材料		箱	10	矿用阻燃型

②容易自燃、自燃矿井采煤工作面配备喷洒阻化剂专用泵1台，备用阻化剂不低于0.5 t。

③采煤工作面液压支架每20 m配备8 kg干粉灭火器1台；采煤机、掘进机处配备至少2台8 kg干粉灭火器。

④容易自燃、自燃矿井要确保黄泥灌浆系统正常运行，备用黄泥充足（不少于100 m^3）。

⑤容易自燃、自燃矿井还应增设表5－4－10的仪器及材料。

（27）当井下发现自然发火征兆时，必须停止作业，立即采取有效措施处理。当采煤工作面发生初期自燃火灾时，如果火源范围小，且周围没有瓦斯积聚和超限时，要利用水、灭火器或挖出火源直接灭火。

表5－4－10　容易自燃、自燃矿井增设仪器及材料

序号	名称	规格	单位	数量
1	CO便携仪		台	5
2	比长式CO检定管	50 ppm	盒	10
		100 ppm	盒	10
		500 ppm	盒	10
3	气体采样器（抽气筒）	CZY－50型	台	5
4	O_2便携仪		台	5
5	红外线测温仪		台	5
6	温度计		支	30
7	采样气囊		个	20
8	采样充气球		个	5

（28）当自然发火征兆不能有效控制，必须撤出人员，切断电源，封闭危险区域。进行封闭施工作业时，其他区域所有人员必须全部撤出。封闭采煤工作面时，如确认瓦斯不超限，要先封闭进风侧，后封闭回风侧；当有瓦斯危险时，要进回风侧同时封闭。

（29）矿井每月进行一次防灭火安全培训教育，每周进行一次防灭火隐患排查，编制、完善和定期演练矿井火灾应急预案；入井人员随身携带隔离式自救器并能熟练使用。

（30）以上规定，各矿要认真贯彻执行。并根据自身实际制定具体的防治自燃火灾措施和安全责任追究奖励制度，以保证措施落实到位。二级公司加强监督，对执行不到位或存在技术措施重大缺陷的，将对相关责任人处以5000～10000元的罚款，对造成重大隐患、重大安全威胁的，将处以不少于10000元的处罚，造成事故的按事故责任追究办法严肃追究责任。

4.24　煤矿井下电气焊安全管理办法

为了保证矿井安全生产，防止电焊、气焊、气割和喷灯焊接（以下简称电气焊）作业引发火灾和瓦斯、煤尘爆炸事故，根据《煤矿安全规程》及集团公司相关规定，特制定本办法。

第一条　井下不得从事电焊、气焊和喷灯焊接等工作。瓦斯矿井如果确实需要在井下进行电气焊，仅限在以下地点：井下主要硐室（中央水泵房、中央变电所）、主要进风井巷。高瓦斯及突出矿井严禁在井下进行电气焊作业。

第二条　设备拆装不得采用在井下使用电气焊作业的方式进行，不得动用电气焊进行维修。如需动用电气焊时，必须运输出井。

第三条　井下每次电气焊作业必须专门制定安全措施，每次编制的措施只针对一个地点一次有效，严禁一个措施重复使用。

第四条　电气焊安全技术措施必须由矿机电、生产、通风、安监、调度等部门审查，由煤矿矿长（经理）审批，方可作业。

第五条　井下电气焊作业必须严格按照安全技术措施执行。

电气焊作业前，现场负责人应组织有关作业人员贯彻学习已审批过的安全技术措施并签字。

电气焊作业前，施工单位在调度室进行登记，调度值班领导应对电气焊作业统一协调安排，以保证作业安全。电气焊作业结束后，汇报调度室，调度人员要做好记录。

作业人员必须随身携带审批后的安全技术措施，现场负责人、瓦斯检查员、安监员、施焊人员、喷洒水人员、焊后留守人员、携带火种人员、作业时间、地点、工作内容要与安全技术措施一一对应，以上任何一项发生变化时，必须重新审批措施。

第六条　严禁在有压力液体或压力气体的容器、管道，带电设备以及正在运转的机械上进行电气焊。

第七条　对储存、输送可燃、易爆介质的设备、容器、管道等施焊作业，必须先采取相关措施，清理介质，在确保安全的条件下，方可作业。进入设备或容器内部作业时，施焊人员要穿干燥工作服和绝缘鞋，并配备专门的监测报警仪器，设专人监护。禁止将泄露乙炔气的焊炬、割炬携带到设备内和容器内，以防混合气体遇明火爆炸。

第八条　电气焊设备及工具必须完好、绝缘良好。焊机外壳必须接地，必须双线作业。

第九条　电气焊工作完毕或暂停时，施焊人员必须及时切断电源、气源。

电气焊作业完毕后，作业人员必须对施工现场进行彻底清理，喷洒水人员再次用水喷洒，并由焊后留守人员在工作地点检查1h，确认无起火危险或其他异常后，汇报调度室后，方可离开作业现场。相关设备、工具等必须全部回收并及时运至地面存放，不得在井下存放。

第十条　井口房，地面煤仓内，煤仓上、下口，皮带走廊，洗煤厂筛分破碎车间等可能有粉尘或瓦斯积聚的地方进行电气焊作业，视同于井下作业（执行瓦斯矿井井下电气焊相关措施）。

第十一条 电气焊作业安全技术措施，要按照附件的统一格式和要求进行编写，作业完成后措施必须交由施焊地点所在单位安全管理部门统一存档。

第十二条 违反本办法进行电气焊作业时，一经发现，要立即制止，并视重大隐患进行处罚。

第十三条 本办法适用于二级公司所属各煤矿。

第十四条 本办法从下发之日起执行。

附件1

二级公司________煤矿电气焊作业审批单

审 批 栏		
施焊地点		
作业内容		
计划作业时间	年 月 日 时 分 — 年 月 日 时 分	
编制人		
作业负责人		
审批部门/领导	审批人签字	审批意见
通 风		
机 电		
安 监		
调 度		
总 工		
矿长（经理）		

附件2

二级公司__________煤矿电气焊作业安全技术措施样本

电气焊作业安全技术措施：

1. 作业人员必须经过专业培训，并且持证上岗。

2. 现场作业人员必须具备一定消防安全知识，能熟练使用消防灭火器材。

3. 作业时跟班领导一定要进行现场统一指挥，在现场将措施落实到位，并指定专人在场检查和监督，发现问题及时汇报。

4. 焊、割等设备的运输执行有关运输安全措施。氧气瓶、乙炔瓶在装卸、运输时不得同油脂、易燃、易爆物品同车，必须轻装轻放、绑扎牢固，防止滚动。氧气瓶上应装设防震胶圈，搬运前检查安全帽是否拧紧。

5. 工作场所必须选择在安全地点，顶板鳞皮、片帮必须处理彻底，必要时设临时支护。

6. 电焊、气割和喷灯焊接等工作地点的前后两端各10 m的井巷范围内，不能有液压油、机油、棉纱、风筒等易燃易爆物品，应是不燃性材料支护，并应有供水管路，有专人负责喷水。上述工作地点应至少备有2个干粉灭火器和0.2 m^3 灭火沙。

7. 作业之前利用清水对作业地点10 m内煤尘、浮煤进行冲洗清理，气割、焊接结束后再次冲洗。

8. 在井口房、井筒和倾斜巷道内进行电焊、气割和喷灯焊接等工作时，必须在工作地点的下方用不燃性材料设施接受火星。

9. 电焊、气割和喷灯焊接等工作地点，作业过程中要求安监员和瓦检员在现场监督检查，并且瓦检员每隔1h测1次瓦斯浓度，作业地点风流中瓦斯浓度大于0.5%时不得作业。

10. 瓦斯浓度不得超过0.5%，只有在检查证明作业地点附近20 m范围内巷道顶部和支护背板后无瓦斯积存时，方可进行作业。

11. 电焊和气割操作人员必须佩戴专用手套、焊帽或专用防护眼镜，衣领袖口必须全部扎紧。

12. 所有使用电焊设备必须完好，接线符合完好标准。气割用具必须完好，气带接头连接处使用专用卡子固定可靠，不得用铁丝代替。

13. 气割使用的氧气、乙炔瓶，间距必须保持在7 m以上，并且乙炔瓶必须放置在焊接地点的下风侧。

14. 使用电焊、气割时一定注意不得损坏设备其他部分，电缆管线等易燃物品，要用不燃性材料保护好。

15. 在设备上焊接时，必须小心注意，防止损坏轴承、衬套、齿轮箱、铰接点和电机等。

16. 在设备、开关等物体上焊接时，必须停电后方可焊接。

17. 在带式输送机上方焊接时，带面必须用不燃性材料进行保护。

18. 焊接时一定要把接地点设在尽量靠近焊接的地点，这样可以防止这些地方的润滑剂在焊接电流的作用下发生分解，并防止轴承过热。同时防止电流通过轴承或齿轮在焊接中产生电弧，从而点焊在一起。

19. 焊机接地点绝对不要接在液压油缸的活塞杆上，因为电弧会在活塞杆上造成点蚀坑。

20. 电焊、气割和喷灯焊接等工作完毕后，工作地点应再次用水喷洒，并应有专人在工作地点检查1 h，发现异状，立即处理。

21. 电焊、气割和喷灯焊接等工作完毕后，相关设备、工具等不得存放在施工现场，必须全部回收。

说明：本样本中的电气焊措施所列内容为一般通用条款，各单位应根据作业内容和作业环境制定详细的具有针对性和可操作性的电气焊措施。

措施现场贯彻签字：

组织贯彻人：__________________

作业负责人：__________________

施焊人员：__________________

喷洒水人员：__________________

瓦斯检查员：__________________

安监员：__________________

携带火种人：__________________

焊后留守人：__________________

（续）

焊前及焊接过程检查： 瓦检员（签字）：＿＿＿＿＿＿，CH_4 浓度：＿＿%（检测时间：　时　分）； 安监员（签字）：＿＿＿＿＿＿，安全措施现场落实情况： 其他安全情况：＿＿＿＿＿＿＿＿＿＿＿＿＿＿＿＿＿＿＿＿。 作业开始时间：＿＿＿年＿＿月＿＿日＿＿时＿＿分。（安监员填写） 作业结束时间：＿＿＿年＿＿月＿＿日＿＿时＿＿分。（焊后留守人填写） 焊后检查： 通风情况： 作业场所现场清理完毕，焊后留守人（签字）＿＿＿＿＿＿观测 1 h 后，确认无遗留火种及其他隐患，电气焊作业结束。结束后，作业负责人（签字）＿＿＿＿＿＿应在 1 h 内向施焊地点所属调度室汇报。

4.25　防尘洒水系统管理制度

第一条　每个矿井必须建立完善的防尘洒水系统，矿井防尘用水量，各矿至少在每年的四季度末核算一次，并提出核算报告。矿井地面要建立永久性水池，其容量不得小于 200 m^3，且储水量不得小于井下连续 2 h 的用水量，并设有备用水池，其容量不得小于永久性防尘水池的一半。每年必须对水池进行一次清理。

第二条　防尘用水系统中要有过滤装置或采用其他净化方式保证水质清洁，水中悬浮物含量不超过 30 mg/L、粒径不大于 0.3 mm，水的 pH 值应在 6.0～9.0 范围内，水的碳酸盐硬度不超过 3 mmol/L。水质每年至少化验 1 次，如果水源改变要重新化验。防尘管路中必须安装管道过滤器，并要定期清理积污。

第三条　各矿井必须建立完善的防尘洒水系统，采掘工作面防尘管路不到位不准生产。矿井主要进回风大巷、矿井主要运输巷、带式输送机巷、采区进回风巷，采掘工作面及巷道、煤仓与溜煤眼放煤口、翻煤点、转载点等产生粉尘和有可能粉尘堆积的地点必须敷设管路，带式输送机井巷的管路每隔 50 m 设一个三通阀门，其他巷道每隔 100 m 设一个三通阀门，阀门要完好、灵活、不冒水，设在巷道行人侧，并编号管理。

第四条　防尘水管每隔 100 m 安设一个洒水盘，洒水盘软管长度不得低于 50 m，软管不用时收放到盘内；洒水盘安装在便于使用、开启的巷道一侧。三通阀门采用 6 分或 4 分球阀；三通阀门必须完好、手把齐全，保证正常使用。选煤楼、洗煤厂也要设防尘管路及洒水盘，保证定期冲洗。

第五条　井下所有煤仓和溜煤眼都应保持一定的存煤，不得放空；有涌水的煤仓和溜煤眼可以放空，但放空后放煤口闸板必须关闭，并设置引水管。

第六条　井下消防、洒水管道宜采用钢管，最大静水压力大于 1.6 MPa 的管段应采用无缝钢管；计算水压小于或等于 1.6 MPa 的管段可采用焊接钢管。矿井供水管路管径根据防尘用水量和用水压力确定。井筒及大巷不低于 159 mm；采区不低于 108 mm；综掘工作面、综采工作面机巷不低于 75 mm；其他地点防尘洒水管径不低于 50 mm。供水管路直径大小统一，不得用软管连接。

第七条　采掘巷道管路安设距工作面不得大于 50 m，任何洒水管路不得兼作排水管、压风管。

第八条　防尘管路敷设要求：①管路必须使用专用托架配专用管卡固定，严禁铁丝捆绑；②井筒及大巷按有关设计要求敷设。在行人侧距巷道底板大于 1.8 m；不在行人侧的管路或高度小于 1.8 m 的巷道内的管路，可以在 1.8 m 以下设置，但距底不得小于 0.3 m；③一般巷道及顺槽内管路吊挂高度要求管路底部距巷道底板 1.2 m；④大巷主供水管路托架原则间距不大于 5 m，在有阀门和特殊地点要加密托架或采取特殊措施；⑤管路敷设要平直成线，拐弯设弯头没有死弯。防尘系统无漏水，无煤尘堆积，有专人及时维护，管路外部要进行防锈处理。

第九条　必须绘制矿井防尘系统图，建立防尘管路台账。

第十条　防尘系统图基本要求：

（1）在1:2000通风系统平面图上绘制。

（2）在图上表明主要通风设施及风流方向。

（3）标明静压水池的位置、防尘管路布置及管径、长度。

（4）标明各主要防尘设施的位置、隔爆设施的布置及规格数量。

（5）标明洒水点的布置、动压设备的型号及台数。

（6）标明煤层注水情况。

4.26　采掘工作面综合防尘管理制度

第一条　工作面作业规程中必须详细制定出本工作面的综合防尘措施，画出本工作面的综合防尘系统图，标出防尘设施、设备的相对位置。

第二条　工作面供水管路系统中必须按要求安设过滤器、增压装置。

第三条　采煤工作面必须采取煤层注水防尘措施。如有下列情况之一者暂不进行煤体注水：

（1）围岩有严重的吸水膨胀性质，注水后易造成顶板垮塌或底板变形。

（2）地质情况复杂、顶板破坏严重、劳动条件恶化，注水后影响采煤安全。

（3）原有自然水分或防灭火灌浆后煤层水分大于4%。

（4）孔隙率小于4%的煤层。

（5）煤层松软、破碎，打钻孔时易塌孔、难成孔的煤层。

（6）采用下行垮落法开采近距离煤层群或分层开采厚煤层，上层或上分层的采空区采取灌水措施。

第四条　工作面注水前要制定注水设计，由矿总工程师审批后纳入工作面作业规程中执行。注水后要取样分析水分含量。打钻注水情况要及时填入“注水台账”，经常分析注水效果。

第五条　煤层注水：①注水孔应安装流量表及高压水表；②单孔注水总量应使该钻孔预湿煤体的平均水分含量增量大于或等于1.5%；③封孔深度应保证注水过程中煤壁及钻孔不渗水、漏水或跑水。

第六条　采煤机必须安装内、外喷雾装置，割煤时必须喷雾降尘，内喷雾压力不得小于2 MPa，外喷雾压力不得小于4 MPa，喷雾流量应与机型相匹配。无水或喷雾装置损坏时必须停机。掘进机作业时应使用内、外喷雾装置及通风除尘等综合措施，内喷雾装置的工作压力不得小于2 MPa，外喷雾装置的工作压力不得小于4 MPa。掘进机无水或者喷雾装置不能正常使用时，必须停机。外喷雾必须用雾化喷嘴，喷雾流量每个滚筒不得低于15 L/min，雾化要覆盖滚筒。

第七条　综采工作面应安装使用移架自动喷雾装置，降架、移架或落煤时能实现喷雾降尘，综采放顶煤工作面必须在放煤口安装使用喷雾装置，降柱、移架或放煤时同步喷雾。破碎机必须安装防尘罩和喷雾装置或除尘器。

第八条　机掘工作面应安装使用防尘装置或除尘风机，并设专人管理，保证正常使用，除尘风机或防尘装置未开时掘进机不得作业。

第九条　采、掘爆破作业时必须湿式打眼，炮掘工作面应当安设移动喷雾装置。使用水炮泥，炮掘作业时要在距工作面15 m范围内安装使用高压喷雾等高效降尘措施，采用高压喷雾降尘措施时，喷雾压力不得小于8.0 MPa，爆破时连续喷雾不少于10 min，并封闭巷道全断面。爆破前后必须对30 m范围内的巷道周边进行冲洗。

第十条　水炮泥采用自封式水炮泥，水炮泥的充水容量应为200～250 mL。

第十一条　采煤工作面、工作面回风巷距工作面30 m内必须设置两道净化水幕，距回风绕道30～50 m安装一道净化水幕；掘进工作面回风流距工作面30 m内必须设置两道净化水幕，间距至少为10 m，距回风绕道30～50 m内安设一道净化水幕。

第十二条　防尘部门要对采掘工作面综合防尘情况每月进行检查，并按规定填写记录表。

4.27　巷道冲洗管理制度

第一条　各矿井必须建立巷道定期冲洗制度，确保各产尘点没有连续长度大于5 m、厚度超过2 mm的粉尘堆积。

第二条　电机车大巷、采区石门、材料暗斜井每月至少冲洗1次。

第三条　矿井主皮带斜井、皮带大巷、采区皮带巷、轨道巷、回风巷每15天至少冲洗1次。

第四条　采煤工作面上、下顺槽及掘进巷道每周至少冲洗1次。

第五条　溜煤眼、皮带头、转载点及易产生粉尘飞扬的地点，应根据实际情况随时冲洗。

第六条　主要进风大巷、进风斜井及平硐每年至少刷白1次，做到巷帮清洁无粉尘沉积。

第七条　井下运输机巷道、转载点附近、翻罐笼附近和装车站附近等地点的沉积煤尘应定期进行清扫，清扫周期由矿总工程师制定，并将堆积的煤尘和浮煤清除。

第八条　对煤尘沉积强度较大的巷道，可采取水冲洗的方法，冲洗周期应根据煤尘的沉积强度确定，在距离尘源30 m的范围内，沉积强度大的地点，应每班或者每日冲洗一次，工作面巷道必须定期清扫或冲洗煤尘，并清除堆积的浮煤，清扫或具体冲洗周期由矿总工程师决定。

4.28　综合防尘检查验收制度

第一条　每月检查时，被检查单位必须由各单位的防尘负责人参加，月验收被检单位必须由队长或书记参加。

第二条　各单位每天在检修机电设备的同时，必须检查维修防尘设施及仪器仪表，并对容易积尘的地点进行冲洗。

第三条　新开掘的巷道，必须同时完善防尘设施，否则不准开工。

第四条　井下、井上运煤线必须及时清理巷道及皮带走廊的浮煤，对煤尘大的地段进行冲洗。

第五条　每年汛期来临之际，要对地面及井下的供水管路进行专门检查，做好防洪工作。

第六条　冬季要做好防尘管路的防冻工作。

第七条　回采工作面在投产验收时，必须同时按标准验收防尘设施、设备、隔爆设施的完好情况，否则不准投产。

4.29　通风调度管理制度

第一条　各矿要选拔经过业务培训并且考试合格的人员担任通风调度员，负责每日的通风调度工作。调度人员必须经常深入井下掌握现场“一通三防”情况，并熟悉矿井通风系统、瓦斯抽采系统、防尘系统、防灭火系统、安全监控系统和矿井避灾路线。

第二条　通风调度每日必须掌握如下调度内容：

（1）本班瓦检员是否配齐，瓦斯检查有无空班、漏检，瓦斯检查是否做到“三对口”（即井下瓦斯检查记录牌、瓦斯检查手册和瓦斯台账对口）；

（2）采掘工作面和其他地点瓦斯浓度变化情况，有无瓦斯积聚和超限作业的现象，“一炮三检”“三人连锁爆破”制度执行情况；

（3）井下停工地点和盲巷的管理情况，瓦斯积聚的原因和处理情况；

(4) 巷道贯通的通风管理、瓦斯排放措施以及“一通三防”工程的安全措施的执行情况；

(5) 主要通风机和局部通风机的运转情况和“一通三防”设施的使用情况；

(6) 瓦斯抽采系统运行情况，包括瓦斯抽采泵运行参数、抽采瓦斯浓度以及抽采工程进展情况；

(7) 内因、外因火灾情况，火区启封与封闭情况；

(8) 通风安全监控系统运行情况；

(9) 局部通风机的“双风机、双电源”“三专两闭锁”的使用情况；

(10)“一通三防”工程进展情况、“一通三防”隐患落实情况和“一通三防”事故处理情况；

(11) 井田范围内小煤窑分布和井下小煤窑漏风情况。

第三条　在通风调度过程中发现“一通三防”隐患问题必须及时向有关领导和部门汇报处理。矿井主要通风机或局部通风机发生停电、停风（包括有计划和无计划），并因停风造成瓦斯超限时，矿通风部门负责人要及时向二级公司一通三防部负责人汇报相关情况（包括瓦斯超限地点、超限原因及处理情况等）。

第四条　通风调度人员要认真填写有关的记录和台账，整理、收集和保存“一通三防”工作调度资料，每日及时编制和报送通风、瓦斯日报表，报矿技术负责人和矿长审阅签字。

第五条　通风调度要认真贯彻执行上级有关安全生产的规定、决定、指示、通报、通知和文件等，并及时准确做到信息的上传和下达。

第六条　矿通风调度每日下午4时至5时必须向二级公司通风调度汇报1次当天“一通三防”情况；特殊情况随时汇报。

第七条　通风调度汇报内容：

(1) 人工检测瓦斯、二氧化碳浓度，有自然发火危险矿井还要汇报 CO 浓度，其中瓦斯和二氧化碳浓度在0.5%以下值时各汇报一个最大值，浓度在0.5%以上时汇报两个最大值；具有自然发火危险的矿井汇报一个 CO 浓度最大值；

(2) 通风系统运行情况：包括主、局部通风机发生无计划停风及原因、系统调整、巷道贯通情况、启封密闭情况；

(3) 瓦斯抽采系统运行情况：包括瓦斯抽采量（当日、年累计）、钻孔进尺（当日、年累计）、钻孔数（当日、年累计），泵站运行参数（包括流量、浓度和负压）；

(4) 瓦斯超限及报警原因（包括人工检查瓦斯和监控系统检测）、监控系统瓦斯传感器断电试验情况等。

4.30　新建、改扩建矿井“一通三防”管理制度

第一条　新建矿井必须设立总工程师和专门的“一通三防”管理机构，配备足够的“一通三防”技术管理人员。“一通三防”管理机构由总工程师直接领导，负责矿井建设期间的“一通三防”管理工作。

第二条　新建、改扩建矿井施工单位（项目部）必须设通风负责人，要求由通风安全、矿建或采煤专业毕业且具有相应资质的人员担任，负责本单位“一通三防”管理工作。

第三条　矿井建设单位是新建、改扩建矿井“一通三防”工作的责任主体，对本单位矿井建设过程中的“一通三防”工作全面负责。

第四条　矿建施工单位（项目部）负责施工作业区域“一通三防”现场管理，且必须服从建设单位的统一管理。

第五条　二级公司各业务部门按照业务职责范围对新建、改扩建矿井实施管理。

第六条　矿井建设单位负责制定本单位矿井建设过程中的“一通三防”管理办法，对矿建施工单位（项目部）进行统一管理。

第七条　新建、改扩建矿井必须采用机械通风，按《煤矿安全规程》《山西省煤矿建设安全规定》和《山西省煤矿“一通三防”管理规定》及本规定的有关要求，建立完善可靠的通风系统。

第八条　矿井建设单位负责安排井巷工程或其他单项工程的施工顺序，矿建施工单位（项目部）必须严格按建设单位审定的顺序组织施工，确保通风系统合理。

第九条　矿建施工单位（项目部）施工过程中，凡涉及矿井通风系统改变的巷道贯通，由建设单位制定专项通风安全技术措施，报二级公司主管部门组织会审，其他巷道贯通由建设单位总工程师组织会审。

第十条　新建、改扩建矿井揭露煤层前50 m时，必须制定专项安全技术措施。

第十一条　新建、改扩建矿井“一通三防”设施，必须按设计和质量标准要求组织施工，由建设单位负责对工程质量、进度进行监督和验收。

第十二条　新建、改扩建矿井建设过程中，由建设单位编制局部通风设计，矿建施工单位（项目部）负责对建井风机、局部通风机、风筒等设施进行日常管理和维护。

第十三条　新建、改扩建矿井的停掘供风巷道统一由建设单位负责管理。

第十四条　新建、改扩建矿井的风量测定、通风系统调整等工作统一由建设单位负责。

第十五条　新建、改扩建矿井瓦斯检查工作由建设单位统一管理，瓦检工必须经培训合格，持证上岗，严格执行有关瓦斯检查汇报制度。

第十六条　新建、改扩建矿井建设单位必须建立通风调度制度，对井下所有地点实施24 h“一通三防”调度管理。

第十七条　新建、改扩建矿井由建设单位组织安装瓦斯监控系统，建立完善的监控系统管理制度，并设专人进行维护、调校，矿建施工单位按有关规定确保传感器位置合理。

第十八条　新建、改扩建矿井建设单位、矿建施工单位（项目部）的入井人员必须按有关规定佩戴使用便携仪和自救器，由建设单位统一发放、调校、检验、管理。

第十九条　新建、改扩建矿井井巷揭露开采煤层时，必须由建设单位组织进行矿井瓦斯等级鉴定工作，按鉴定瓦斯等级进行矿井通风管理。

第二十条　综合防尘、职业卫生工作由矿建施工单位（项目部）具体实施。

第二十一条　新建、改扩建矿井建设单位必须依据二级公司“一通三防”管理规定建立健全“一通三防”制度、台账、记录等，按时上报相关图纸资料和报表。

第二十二条　二级公司每季度对所辖新建、改扩建矿井的“一通三防”管理进行1次检查或不定期进行抽查，实行季度考核。

第二十三条　新建、改扩建矿井建设单位负责制定对矿建施工单位（项目部）的“一通三防”管理考核办法，对矿建施工单位（项目部）“一通三防”管理每月进行1次考核。

4.31　井下外委队组“一通三防”管理制度

井下外委队组（项目部）必须设通风负责人，对所辖队组进行“一通三防”管理。

第一条　井下外委队组（项目部）从进驻生产矿井之日起，其“一通三防”安全工作必须纳入生产矿井的统一管理。

第二条　生产矿井为“一通三防”工作的责任主体，负责对井下外委队组（项目部）“一通三防”工作进行管理；外委队组（项目部）按照生产矿井管理要求负责本队组作业地点（工作面）的“一通三防”管理。

第三条　井下外委队组（项目部）掘进巷道开口前，必须提出书面开口申请，编制开口施工安全技术措施，报矿通风科、总工程师审批同意后，方可开工。

第四条　井下外委队组（项目部）作业工作面的“一通三防”设施安装齐全后，必须经矿通风科验收合格，否则，工作面不得作业。

第五条 井下外委队组（项目部）掘进巷道同其他巷道贯通时，由矿通风科和施工队分别编制贯通安全技术措施，矿通风部门负责编制贯通通风系统调整专项安全措施，施工队负责编制贯通施工安全措施，双方的贯通措施由矿总工程师组织有关单位进行会审，一并贯彻落实。外委队组（项目部）掘进巷道局部通风机的安设位置由矿通风科长指定。

第六条 井下外委队组（项目部）的瓦斯检查人员必须由矿通风科统一管理，瓦斯检查点设置由矿通风科确定，瓦斯检查数据必须向矿通风调度汇报，严格执行所在矿井的瓦斯检查制度。

第七条 井下外委队组（项目部）作业工作面的安全监控系统由矿方统一安装，并负责调校、断电测试，外委队组（项目部）负责按规定移动传感器和线路等设施，维护设施不得损坏。发生监测系统故障由矿方处理，损坏设施由责任方照价赔偿。

第八条 井下外委队组（项目部）施工的工作面因局部通风机停电或其他原因发生瓦斯超限时，不得自行排放，由矿救护队负责按照措施进行排放。

第九条 井下外委队组（项目部）所有入井人员必须携带自救器，其爆破员、电钳工及班组长以上干部必须佩戴便携仪，自救器和便携仪由矿方统一管理，并严格执行矿方的管理制度。自救器、便携仪不合格，不得佩戴下井。

第十条 井下外委队组（项目部）所在施工区域的通风设施原则上由矿方通风部门构筑，如矿方无力担负由施工队组自行构筑时，矿通风部门必须派专人在现场指导并进行验收。

第十一条 井下外委队组在井下从事除掘巷以外的其他工程，制定施工安全措施也必须经矿通风部门审批同意。

第十二条 井下外委队组（项目部）在生产矿井作业期间，不得擅自拆除"一通三防"设施，确需拆除的，必须提出书面申请，经矿通风副总及有关部门批准同意后，方可在专人监督下进行。

第十三条 井下外委队组（项目部）在生产矿井内作业，必须执行该矿的"一通三防"管理制度和安全措施，服从该矿的整体"一通三防"管理。

第十四条 井下外委队组（项目部）在正式开工前，由所在生产矿井对其所有作业人员进行以"一通三防"为重点的安全培训，未经培训的不得上岗作业。

第十五条 井下外委队组（项目部）的日常"一通三防"考核由生产矿井负责，每月进行一次考核，与本矿队组执行同一标准。

第十六条 二级公司每季度对所辖矿井及其井下外委队组（项目部）的"一通三防"管理进行一次检查或不定期进行抽查，实行季度考核。

4.32 "一通三防"安全培训管理制度

第一条 从事煤矿生产和建设的干部和职工，在上岗前必须接受"一通三防"安全知识培训，未经培训的不得上岗作业。

第二条 煤矿董事长、矿长必须具备安全基本知识，具有领导安全生产和处理煤矿事故的能力，并经培训合格，依法取得安全任职资格证书。

第三条 安全监测工、瓦斯检查工、瓦斯抽采工、爆破工、主要通风机司机等特殊工种人员必须按有关规定进行培训，并取得相应的合格证、操作资格证，做到持证上岗，并按规定定期进行复训，做到证件有效。

第四条 各矿要制定年度"一通三防"培训计划，定期组织开展全员"一通三防"知识的培训，并进行考试，对考试不合格的，要停职学习。同时要不定期的组织"一通三防"应知应会知识普及和事故案例的宣讲。

4.33 “一通三防”安全仪器管理规定

第一条 煤矿安全计量检定仪器包括：光干涉瓦斯测定仪、光干涉瓦斯校正仪、热催化甲烷检测报警仪、风表、粉尘采样器、一氧化碳检测报警仪、甲烷一氧化碳两用报警仪、甲烷二氧化碳两用报警仪氧气检测报警仪、甲烷氧气两用报警仪等（表5-4-11）。

表5-4-11 强制检定仪器、校准周期表

仪器名称	检定周期/月	校准周期/天
光干涉瓦斯测定仪	6	
光干涉瓦斯校正仪	6	
便携式甲烷检测报警定仪	6	15
风　表	6	
粉尘测定仪	12	
一氧化碳检测报警仪	12	15
氧气检测报警仪	12	15
甲烷、一氧化碳两用报警仪	12	15
甲烷、二氧化碳两用报警仪	12	15
甲烷、氧气检测报警仪	12	15

第二条 煤矿安全计量检定仪器均属国家规定的强制检定计量仪器，必须执行强制检定计划。各矿必须按照周期计划强检，超检定周期、未经检定（包括新购置仪器）或检定不合格的计量器具均不准使用。

第三条 各单位主管部门要设专人负责煤矿安全计量仪器仪表，并按规定每100台仪器配备1~2名修理和调校人员。

第四条 仪器仪表维修人员必须经培训考核合格后，方可持证上岗。

第五条 在使用过程中的各种安全计量仪器，按规定校准周期调校，并有调校记录，确保仪器的准确度。

第六条 建立、健全各种安全仪器的管理制度、人员管理制度、岗位责任制，保证矿井安全仪器正常使用。

第七条 各矿通风科负责粉尘浓度测定、矿井气体成分分析（分析气体成分一般指：一氧化碳、二氧化碳、硫化氢、氧气、甲烷等）。

第八条 突出矿井、高瓦斯矿井、自然发火的矿井要建立相应的化验室，化验室内的仪器包括：防突参数测定仪、瓦斯含量测定仪、气相色谱仪、粉尘测定仪等仪器仪表以及其他必备的物品。

第九条 化验室要有专人管理，要建立相应的化验室管理制度，对化验室环境、设备、人员、化验过程、记录、结果及有毒物品等都要制定相应的规章制度。

第十条 化验、分析人员必须经培训考试合格后，方可持证上岗。

第十一条 二级公司所属矿井使用的标准气、标准混合气、校准气及煤矿安全化验分析用气，均由二级公司统一管理购置，严禁各单位自行采购。

4.34 “一通三防”专项资金使用管理规定

第一条 根据《山西省煤矿“一通三防”管理规定》要求，二级公司及各矿必须保证“一通三防”必要的资金投入。

第二条 “一通三防”专项资金主要用于矿井通风系统、瓦斯治理、防灭火、综合防尘、监测监控等系统完善、维护所需设备、材料和配件等，专项资金必须做到专款专用。

第三条 “一通三防”专项资金的使用和管理必须有严格规范的审批程序，由各矿通风部门提出项目和资金预算，经矿总工程师审核后报二级公司一通三防部。

第四条 “一通三防”专项资金采购营建内容：

(1) 通风系统工程，包括主要通风机的更新和安装、通风系统优化和完善、降阻工程及通风安全装备、导风筒、通风设施建材。

(2) 瓦斯治理工程，包括瓦斯抽放系统、抽排瓦斯装备、走向高抽巷、底板岩石瓦斯抽采巷、气体检测仪器仪表及配件、自救器装备与维修。

(3) 防灭火工程，包括灌浆系统（制浆输浆系统、供水系统、供电系统、租地取土等，不包括人工费用）、均压系统、注氮系统、束管监测系统、气雾阻化系统、堵漏工程、火灾预测预报检测仪器及气体分析设备。

(4) 综合防尘工程，包括静压洒水系统更新和改造、防尘设施及装备、煤体注水装备、测尘仪器仪表。

(5) 监测监控系统工程，包括监测监控联网工程的建立和维护、监测监控系统的更新和改造、监测监控系统的维护和调校（不包括生产监控和人员定位）。

(6) “一通三防”新工艺、新材料和新设备的推广应用。

第五条 二级公司所属矿“一通三防”专项资金分集中统一管理和各矿自行管理两部分。

第六条 各矿自行管理的“一通三防”专项资金采购营建明细：

(1) 工程类：通风降阻工程的扩帮、清理和支护。

(2) 设备类：局部通风机消音器。

(3) 通风仪器、仪表和监测监控系统购置需提前向二级公司一通三防部申报，经二级公司一通三防部审核批准后方可购置。

(4) 其他“一通三防”材料配件类：水泥、片石、河沙、背板、坑木及配件、封孔器、隔爆设施、钻杆、钻头、流量表、水压表、石膏。

第七条 各矿编报“一通三防”专项资金计划时，通风系统改造、瓦斯抽放系统、防灭火系统、监测监控系统更新或改造、防尘洒水管路系统改造等工程项目，必须附详细的方案设计及工程明显材料，并需经二级公司一通三防部批准，否则不予立项。

4.35 自救器使用管理制度

第一条 各矿是自救器使用管理的责任主体，二级公司一通三防部是自救器业务管理部门，安全生产监督管理部负责监督检查。

第二条 自救器由通风科统一配备专职人员管理。

第三条 各矿必须建立自救器管理制度，包括收发、检验、保管、使用和培训等制度。

第四条 必须为入井人员配备额定防护时间不低于 30 min 的自救器。选用自救器必须符合行业标准，并且是经国家煤矿防爆安全产品质量监督检验部门授权生产的隔绝式自救器。

第五条 矿井自救器的配备数量应按入井人员每人一台计算，并保持不低于 10% 的备用量。

第六条 自救器的管理一般规定、使用与维护。

(1) 井下人员出井后必须及时将自救器交回发放室，不准把自救器私自留用或转借给他人。

(2) 人员入井时必须佩带自救器，各矿安监部门负责把关检查，严禁不佩戴自救器人员入井。

(3) 各矿必须建立自救器发放室（包括维修、检查、更衣室、仓库），发放室温度保持在 0 ℃以上，通风良好，环境整洁，无易燃、易爆和腐蚀性物品，腐蚀性气体或蒸汽。自救器统一由发放室管理，发放室面积按照各矿应配备的自救器台数计算，满足每台 0.08 m^2 的要求。

(4) 自救器发放室工作人员，按千分之七配备，必须按规定进行培训，持证上岗，专门从事自救器发放、维修、检验和保管工作。

(5) 必须建立 5 本台账，即发放领用、进出库、使用更换、逐月管理统计、检验台账，实行规范化管理。

(6) 携带自救器应避免碰撞、掉落，防止碰瘪外壳及引起外壳漏气，影响产品的使用性能。收发自救器时必须当班检查自救器的完好性，如出现损坏、破损等现象，必须进行维修，无法修复的要及时注销报废。

(7) 自救器数量不足必须及时补充，严禁使用已损坏和过期报废的自救器。

(8) 各矿培训部门，负责对入井人员每年至少组织一次自救器基本知识的培训，入井人员要求在 30 s 内熟练完成自救器的操作使用。

(9) 其他在矿井内作业单位自救器日常管理划归所服务矿井，并严格按照相关规定执行。

(10) 各矿必须配备自救器校验、维修、检查等专用设备、工具和材料等。

第七条　自救器使用与维护。

1. 压缩氧自救器

(1) 压缩氧自救器应按说明书进行保管和使用，凡开启使用过的压缩氧自救器，必须由发放室进行刷洗、消毒、充气和更换二氧化碳吸收剂，无论使用时间长短，二氧化碳吸收剂必须全部更换。

(2) 压缩氧自救器存放和携带过程中应定期检查其结构的完整性和完好性，一旦发现问题立即维修，否则不能携带下井。

(3) 压缩氧自救器每半年检查一次气密性和氧气压力，二氧化碳吸收剂每半年更换一次，自救器存在橡胶老化的必须及时更换。

(4) 库存的二氧化碳吸收剂每季必须化验一次，对二氧化碳吸收率低于 30% 的、二氧化碳含量大于 4% 的、水分不能保持在 15% ~21% 的，一律不准使用。

2. 化学氧自救器

(1) 化学氧自救器应按说明书进行保管和使用，应尽量避免碰撞。严禁将自救器当坐垫使用。

(2) 自救器不使用时严禁随意打开。

(3) 在携带自救器前，应检查外观有无损坏和碰撞凹痕，若发现不正常现象，应及时送交有关部门检查。

(4) 自救器只能佩戴使用一次，使用过的自救器已经报废，不得再次使用。

(5) 自救器应定期检查气密性是否良好。

4.36　化学加固、充填材料使用暂行规定

1. 煤矿化学加固、充填材料种类

目前市场有多种化学加固、充填材料，在二级公司各矿应用过的有马丽散 N、罗克休泡沫等材料，主要用于煤岩体加固和局部空洞充填。化学加固、充填材料均采用双组分配方，应用时按照 1∶1 比例，用电动或风动双液泵进行注射或喷射。

2. 煤矿化学加固、充填材料共同特点

(1) 双组分材料产生放热化学反应，反应时间为 110 ~300 s;

（2）双液泵注浆压力为 2 ~ 6 MPa；

（3）最高反应温度达 140 ℃；

（4）双组分材料化合物点燃温度：化学加固、充填材料反应后形成的固体物分为可燃和高难燃两种，点燃温度约在 380 ~ 450 ℃。燃点越低的强度越高。

3. 化学加固、充填材料使用暂行规定

（1）凡是有自然发火倾向的煤层严禁采用化学加固、充填的方法。

（2）凡是高瓦斯矿井，严禁采用化学加固、充填的方法。

（3）有产生明火可能的地段严禁采用化学加固、充填的方法。

（4）化学材料一律不得用于火区封闭。

（5）使用化学加固、充填材料时，必须是常规方法不能解决的特别破碎地段、冒空区。但必须保证一次加固量不得造成化学反应温度积聚。

（6）凡具有充填性质的作业，严禁使用有机化学材料。如高冒区、采空区、钻场、报废硐室、巷道两帮充填等。

（7）凡涉及“一通三防”材料使用时，暂停有机化学材料的使用。

（8）各矿在使用化学材料时，要制定安全措施，明确责任，从选料、施工、抽检、验收等全过程进行监控，保证加固、充填的质量，使用完工后要对材料使用效果进行总结分析。

（9）化学注浆加固工艺及方法。

①孔位的设计。针对不同的注浆需要，认真合理设计注浆参数，包括注浆孔深、方位角、孔径、封孔深度等参数；钻孔要按照注浆钻孔孔位设计参数进行。

②注浆管路连接好后必须进行压浆实验，以检查和确定注浆设备及管路的有效性和可靠性。并在压浆实验中注意观察材料混合比例，保证注浆效果，注浆设备必须具有煤矿安全标志。

③注浆过程中要密切观察注浆区域煤岩体变化，出现漏料、串浆现象要及时处理。

④注浆完毕后，必须及时将剩余化学材料升井妥善保管。

5　二级公司地测防治水管理制度

5.1　地质灾害防治技术管理制度

（1）要严格按照《煤矿安全规程》《煤矿防治水细则》《煤矿地质工作规定》内容，开展矿井地质及水文地质工作。

（2）矿井应当设立地质灾害防治与测量工作机构，不断完善工作体系，建立健全各项管理制度，配备满足工作需要的地质、水文地质等专业技术人员，配齐专用探放水设备，建立专门的探放水作业队伍，加强地质灾害防治的技术管理的有效性和持续性。

（3）矿井应当编制防治水中长期规划和年度计划，并组织实施。

（4）矿井应当编制下列地质、水文地质相关报告，并按期修编：

①建矿地质报告（基建矿井移交生产前6个月内编制）；

②生产地质报告（基建矿井移交生产3年内编制，并每5年修编1次）；

③地质类型划分报告（基建矿井移交生产1年内编制，并每5年重新确定）；

④隐蔽致灾地质因素普查报告；

⑤水文地质类型划分报告（每3年确定一次或发生较大突水事故造成采掘区域、矿井被淹恢复生产前确定水文地质类型）。

（5）当矿井现有地质、水文地质资料不能满足生产建设需要时，应当针对存在的问题进行补充调查与勘探，通过钻探、物探等方式，开展地质、水文地质补充调查工作，并且编制相应报告。

（6）矿井必须按规定编制下列地质、水文地质图件，要建立数字化图件，内容真实可靠，并且每半年对图纸内容进行修正完善。

①地质类。构造纲要图；地形地质图；地层综合柱状图；地质剖面图；煤岩层对比图；可采煤层底板等高线图；资源/储量估算图；勘探钻孔柱状图；瓦斯地质图；井上下对照图；采掘工程平面图。

②水文地质类。矿井充水性图；涌水量与各种相关因素动态曲线图；综合水文地质图；综合水文地质柱状图；水文地质剖面图。

（7）矿井必须建立下列地质、水文地质资料台账，内容应当认真收集、整理，实行计算机数据库管理，长期保存，并且每半年修正1次。

①地质类。钻孔成果台账；地质构造台账；矿井瓦斯资料台账；煤质资料台账；井筒、石门见煤点台账；工程地质资料台账；资源/储量台账；井田及周边采空区、老窑地质资料台账；井下火区地质资料台账；封闭不良钻孔台账。

②水文地质类。矿井涌水量观测成果台账；气象资料台账；地表水文观测成果台账；钻孔水位、井泉动态观测成果及河流渗漏台账；物探成果台账；抽（放）水试验成果台账；矿井突水点台账；井田地质钻孔综合成果台账；井下水文地质钻孔成果台账；水质分析成果台账；水源水质受污染观测资料台账；水源井（孔）资料台账；封孔不良钻孔资料台账；矿井和周边煤矿采空区相关资料台账；防水闸门（墙）观测资料台账；其他专门项目的资料台账。

（8）矿井雨季前必须对防治水工作进行全面检查，排查内容主要包括：矿区及其附近边坡稳定情况；地面水流系统的汇水、疏水、渗漏情况；地表塌陷、裂隙情况；排水河道、沟渠淤塞情况；与井下或含水层相通的各类钻孔封堵情况；关闭小窑井筒封闭情况等，发现问题，及时处理。要建立灾害性天气预警和预防机制；井口及工业场地内建筑物地面标高必须高于当地历年洪水位，还应避开可能发生的泥石流、滑坡等地质灾害的影响。

(9) 矿井应当配备与矿井涌水量相匹配的水泵、排水管路、配电设备和水仓等，并满足矿井排水的需要；水泵、水管、闸阀、配电设备和线路，必须经常检查和维护。在每年雨季之前，必须全面检修 1 次，并对全部工作水泵和备用水泵进行 1 次联合排水试验，提交联合排水试验报告。水仓、沉淀池和水沟中的淤泥，应当及时清理，每年雨季前必须清理 1 次，相关记录齐全。

(10) 要严格执行“预测预报，探掘分离，有掘必探、先探后掘、先治后采”的防治水原则、“物探先行、化探跟进、钻探验证”的综合探测手段，采取“探、防、堵、疏、排、截、监”的综合治理措施。

(11) 矿井采掘活动区域必须采用走访调查、三维地震勘探、地面瞬变电法勘探等手段，切实查明构造、老空区、小窑的积水位置、范围、水量等水害情况，并划定“三线”。

(12) 矿井地面和井下的防治水或探放水工程应制定专项的设计及安全技术措施，有专职队伍严格按照规定流程进行施工作业，并认真做好相关资料的分析、整理、存档等工作。

(13) 矿井要建立健全水害隐患排查治理制度，定期开展防治水隐患专项排查工作，对查出的隐患要及时提出整改措施。

(14) 矿井生产期间应及时开展地质及水文地质观测。地质观测内容包括揭露岩（煤）性特征、厚度、产状、巷道变形、冒顶、片帮、底鼓、井筒、石门和穿层巷道揭煤点、构造等；水文地质观测内容包括气象、地表水、井下水、含水层、裂隙、构造、涌水量、突水点、水质、水压等。

井下观测成果记录，必须于升井后 2 天内整理完毕，并反映在相关图件或台账、素描等地质、水文地质文档中，并将对采掘工程布置有影响或可能导致安全问题的信息，及时报告总工程师。

(15) 应根据掌握的地质、水文地质资料信息，及时开展年度、月度临时水情水害及地质预测预报工作。

(16) 应当根据矿井的地质构造、水文地质条件、煤层赋存条件、围岩物理力学性质、开采方法及岩层移动规律等因素确定相应的防隔水煤（岩）柱的尺寸。防隔水煤（岩）柱应当组织编制专门设计，经总工程师组织有关单位审查批准后实施。防隔水煤（岩）柱一经确定，不得随意变动。严禁在各类防隔水煤（岩）柱中进行采掘活动。

(17) 矿井应当根据本单位的主要水害类型和可能发生的水害事故，制定水害专项应急预案和现场处置方案，每年都应当对应急预案修订完善并进行 1 次救灾演练。

(18) 若矿井采掘区域受承压水威胁，必须通过专门的水文地质补充勘探，编制水文地质报告，进行带压开采可行性论证，制定承压安全开采方案，方可进行采掘活动。

(19) 根据生产需要，开拓新采区或新工作面在采掘前必须查明煤层发育情况、顶底板岩性及力学性质、地质构造、陷落柱、岩浆岩、冲刷带、瓦斯赋存规律及水文地质特征等地质条件，要系统地收集、编录所揭露井巷的地质、水文地质资料，及时编制各种地质、水文地质资料报告、地质说明书等相关资料，并保障资料及时提供。

地质说明书：①采区设计前 3 个月内应提出采区地质说明书；②掘进工作面设计前 1 个月，应提出掘进工作面地质说明书；③回采工作面形成后，应开展相关物探、钻探等补充地质工作，查明工作面内部地质构造情况，并在 10 日内提出回采工作面地质说明书；各项地质说明书需由总工程师审批。

采后总结：工作面回采结束后，要根据实际揭露的地质、水文地质条件、资源储量及回采率等进行对比分析，30 日内提出采后地质总结报告，报矿井总工程师审核。

水文地质情况分析报告：在矿井受水害威胁的区域，进行巷道掘进前，应当采用钻探、物探和化探等方法查清水文地质条件。提出水文地质情况分析报告，并提出水害防治措施，经矿井总工程师组织生产、安监和地测等有关单位审查批准后，方可进行施工。

（20）工作面开始回采后，重点对开采影响区范围内的村庄进行巡查。对采矿塌陷造成的地面塌陷裂隙、塌陷坑、地表崩塌滑坡及积水等地质灾害进行调查和拍照、观测及治理。

（21）发现地质灾害隐患后，要划定危险区，书面通知相关管理部门及受威胁区域人员，并设置警示标志，不得随意进入危险区。

（22）在危险区边缘显著的位置要设置避险告知卡，注明危险区域、可能出现的隐患及引起的后果。

（23）当日值班矿长为地质灾害隐患接受、协调处理工作的负责人。调度室当班调度员为地质灾害隐患值班员，实行 24 h 值班。

（24）当班调度员接到矿区任何地方的地质灾害汇报（出现建筑裂缝、地表崩塌滑坡等），要及时通知地测防治水科长并同时汇报矿长、总工程师，由地测防治水科及时组织有关部门进行核查情况。12 h 内向有关部门汇报。

（25）地测防治水科根据核查的情况，确定是否可能立即发生险情，对于可能立即发生险情的地区，调度室要立即通知危险区的所有人员撤离险区，妥善安置，并同时向上级主管部门及政府有关部门汇报。

（26）对于日常的巡查及监测，地测防治水科要将新增隐患、原地质灾害隐患的变化、危险区的警示标志情况、受危险区的人群掌握避险情况等进行总结，书面汇报总工程师，并发放至相关涉及单位。

（27）对于因采矿引起的可能威胁群众生命财产安全的严重地质灾害，由矿长办公室负责牵头，协调进行立即治理，不得影响群众的生产生活。

（28）地测防治水科要按照《矿山地质环境保护与恢复治理方案》，按照边生产、边治理的原则，组织开展地质环境恢复治理，并按规定向国土部门进行上报。

（29）对重大地质灾害技术问题要组织相关技术人员进行讨论，制定实施方案报请公司批准。

（30）定期开展隐蔽致灾因素排查工作，对可能诱发地质灾害的隐蔽致灾因素制定针对性治理措施，并组织落实。

（31）建立健全矿井测量及资源储量管理的统计建档工作。严格按照规定要求，开展“四量”（开拓煤量、准备煤量、回采煤量、抽采煤量）管理，为矿井的有序接替提供保障。

（32）建立健全矿井地质灾害防治与测量技术管理体系。通过区域性的地质测量技术指导和煤矿地质测量专业管理相结合的原则，扎实做好矿井采掘布局、开拓延伸、矿井设计、矿井测量等技术管理工作，为矿井科学合理建设提供可靠的地测资料。

（33）开采活动结束的前 1 年，矿井应按照规定编制煤矿闭坑地质报告，并报所在地煤炭行业管理部门、煤矿安全监管监察部门备案。

（34）积极推广地质灾害防治新技术、新方法，不断提高地质灾害防治科学技术水平。

5.2　预测预报制度

（1）每年初由地测防治水科根据年度采掘接续计划，结合矿井地质、水文地质资料，全面分析采掘过程中存在的地质灾害隐患，编制年度地质预报和水情水害预报。

（2）每月根据生产作业计划，及时对采掘工作面进行实地排查，对地质灾害类型进行认真分析、预测，并于月底 28 日编制完成下月度的地质预报、水情水害预报，下发各生产单位及相关科室领导，并上报公司地测与防治水中心。

（3）每月月底要根据井下实际揭露的地质、水文地质情况及时对上月的地质、水情水害预报内容进行分析总结，进一步提高预测预报的准确性。

（4）地测防治水科要严格进行井上下测量工作，做到井上下对照图要及时准确，对村庄、工业广场、公路等要留有足够保安煤柱，确保井上地面建筑的安全。

（5）地测防治水科在雨季来临前做好矿井范围内的地表水，山洪、塌陷区、山体滑坡、井上下联通的钻孔、泥石流等地质灾害排查，对可能发生事故的地点进行分析、预测、预报。

（6）加强对地表情况的实地排查，尤其是在雨季期间，要对对地质灾害类型进行认真分析，分析每一种地质灾害发生的可能性，并开展针对性的排查与治理工作，并对预计可能会发生的情况进行提前分析预判。

（7）对预报内容，需经工程师签字审批同意，并要做到积极组织治理，对于可能立即发生险情的地区，要在第一时间通知危险区的所有人员撤离险区，妥善安置。

（8）地质预报和水情水害预报要紧密结合采掘衔接计划，充分利用矿井地质、水文地质以及地面排查情况资料，全面分析矿井地质灾害隐患，提出有针对性的防范措施。

（9）预报内容应包括地点、范围、对生产的影响程度和应采取的措施等，预报工作应要做到及时准确，有专项的水情水害预报表和文字、图纸说明。

（10）当生产计划变更、工作面地质、水文地质条件发生变化或当月掘进超过预报范围内时，要编制下发临时性预报。

（11）预报要进行总结，并按年装订成册，做到图表相符，内容齐全，描述准确，定性，定量，措施有针对性，签字齐全。

（12）预测预报要做到真实可靠，预判到位，积极治理，预测预报结果应确保对矿井采掘生产起到指导性作用，不得因预报不及时或错误而造成矿井地质灾害事故。

5.3　地测防治水隐患排查治理制度

（1）严格执行《煤矿安全规程》《煤矿防治水细则》《煤矿地质工作规定》等规程、规定要求，全面开展煤矿各类地质灾害、水害隐患排查与治理工作。

（2）各类地质灾害、水害隐患主要有：

①地面：废弃老窑（井筒）、封闭不良钻孔，滑坡、地表水体，地面塌陷区、积水区。

②井下：采空区，断层、裂隙、褶曲，陷落柱、地质异常体，瓦斯富集区，导水裂隙带，地下含水体，井下火区，古河床冲刷带、天窗等不良地质体。

（3）各矿要成立地质灾害、水害隐患排查领导小组，组长由矿总工程师担任，明确责任与职责。

（4）对矿井水文地质条件进行经常性的研判与分析，并开展年、月预报和周分析，及时排查各类地质灾害、水害隐患；编制地质预报、水情水害预报，必要时补充临时预报，预报及时下发各队组，为生产提供技术依据。

（5）每季度对矿井周边小窑开采情况进行走访调查，与周边矿井交换资料，条件准许时对其开采范围，积水情况及越界等进行实测；对采掘工作面及其周边的钻孔进行排查，查清钻孔位置，终孔层位及封闭情况；对采动塌陷区域进行调查，分析对村庄的影响和对矿井的危害。

（6）各矿要建立定期巡查制度，建立以矿总工程师为组长的巡查小组，雨季期间，执行至少每周一次的定期检查；在大雨、暴雨时，坚持雨中巡查（1~2 h 巡视 1 次）。每次雨后由地测技术人员负责对地表塌陷裂缝、塌陷区、积水区进行专项检查，对地表塌陷及时测量，并建立详细的巡查记录。

（7）要密切关注井田范围及周边的小窑、地面小坑口、已封闭老井的封堵填埋情况，对地表水、地表塌陷裂隙区和泄洪通道的汇水情况、导水能力和渗漏情况进行排查，发现地表塌陷裂缝等问题应立即填平夯实，防止雨季地面水溃入井下造成事故；对地表塌陷裂缝、塌陷区及时进行填埋处理。

（8）地表塌陷裂缝、塌陷区、积水区必须悬挂相应的警示标志牌，必要时围上护栏，做到标识明显，警示到位，提醒过往人员与车辆注意，积水区警示牌，要注明积水深度，禁止垂钓、游泳等。

（9）每月各矿要对该矿各采掘工作面及其周边采空区域进行详细调查分析，分析预测地质构造、裂隙、陷落柱、火区及水害等影响采掘生产和其他威胁矿井安全的事故隐患；分析地表水，含水层和灰岩水、断层水等对各工作面的影响程度，并提出防范措施。

（10）各矿必须按照“物探先行、化探跟进、钻探验证”的综合探测手段查明断层、陷落柱、地质异常体的富导水性，疏放威胁采掘安全的采空区积水，查明采掘区域的水文地质情况，制定治理措施。

（11）每旬对矿井各观测点进行涌水量观测，并填绘《涌水量观测台帐》，变化大时分析并查明原因；对各出水点进行跟踪观测、建立台账，分析其水源、水量、导水通道。

（12）各矿水泵、水管、闸阀、排水的配电设备和输电线路，必须经常检查和维护。在每年雨季之前，必须全面检修一次，并对全部工作水泵和备用水泵进行一次联合排水试验，发现问题，及时处理，提交联合排水试验报告。

水仓、沉淀池和水沟中的淤泥，应及时清理，每年雨季前必须清理一次。

（13）各矿对日常检查中发现的水文地质隐患问题要分类，矿井自身能够整改的问题，分项向有关科室、队组下发事故隐患通知单、工作面存在问题通知单等提出整改措施并限期落实处理，领导小组安排对落实情况进行监督检查；矿井本身能力不足以整改的问题应向上级公司汇报，协同整改或者委托外围单位、科研院校进行整改。

（14）领导小组办公室要做好每月隐患排查的工作安排和内业资料管理，对整个过程要建立完整的记录，要求内容齐全、规范（包括检查人员签字、人员分工情况、存在问题、整改情况、复查情况等做详细记录）。

（15）隐患排查执行“谁检查、谁签字、谁负责”制，由于检查不认真出现影响地测防治水安全工作，将追究相关人员的责任。

（16）领导小组成员要认真对待隐患排查与治理工作，确保矿井防治水工作安全，季度防治水工作开展有效，无水害事故发生，给予领导小组成员适当奖励。

5.4　地测安全办公会议制度

为加强地测防治水专业技术管理，做好地测防治水工作，保证各项工作正常有序地开展，及时解决存在问题，促进安全生产，特制定本制度。

1. 会议时间

由部门负责人每周组织一次地测防治水专业会议。

2. 参加人员

部门所有人员。

3. 主要内容

（1）贯彻落实上级有关地测防治水的指令、指示、精神和要求。

（2）学习政府、上级机构下发的有关地测防治水工作的新规定。

（3）分析当前地测防治水管理工作中存在的问题，解决防治水管理中的技术难题。

（4）总结和分析上一阶段（月或周）完成的地测防治水主要工作及其质量，分析排查下一阶段（月或周）份地测防治水重点工作。

（5）学习国内外防治水方面的新技术、新工艺、新方法和先进管理经验；防治水事故案例分析。

4. 会议要求

（1）档案员作好会议记录，会议结束整理会议纪要，分发有关领导及人员。

（2）会议期间，所有人员必须将手机调至振动状态，不得接打手机。

（3）会议期间，不得随意走动或中途退场。

5.5 安全生产联席制度

为进一步强化地测防治水管理工作，规范生产部门之间业务联系行为，特制定本制度。

(1) 与技术、安全等单位应相互协作、相互配合、相互监督，有关业务联系必须通过通知单、联系单、会议等形式进行。

(2) 积极配合安监部对所属矿井各类安全检查。

(3) 每月3号前对各矿进行绩效考核，并将考核结果报生产指挥中心。

(4) 每月与生产技术部配合对各矿采掘工程平面图进行会审。

(5) 联系生产技术部，组织对矿井采区设计及各类地质报告的会审。

(6) 当所属矿井遇到地质变化时，及时会同生产技术部、安全生产监督管理部等相关部门现场会诊，并提出指导意见。

5.6 技术资料、技术报告审批制度

为了建立正常的工作秩序，保证地质测量图纸资料的高质量，使地测成果更好地为煤矿安全生产服务，特制定本制度。

(1) 地质测量资料是矿井设计、计划、生产的重要基础资料，均应力求做到内容完整、数据准确、格式规范，凡对所属矿井上报的一切图纸、台账、文字资料、报告均须经有关人员审核，并经有关领导批准后方可提交或报出。

(2) 下列资料由地质或水文地质技术人员初审后，部门负责人审核后提交、归档。

①重要报告和技术总结的会审。

②地面建筑物、水体及主要井巷保护煤柱设计。

③月报、季报、年报末储量动态报表。

④年度防治水工作计划。

⑤矿井防隔水煤柱设计及探放水设计。

⑥日常防治水各类报表。

⑦各类井上下物探报告。

⑧所属矿井各采掘工作面“三书”。

⑨每月各矿井“地质预报”和“水情水害预报”。

5.7 技术档案管理制度

(1) 所有资料应统一归档整理保存，不得损坏、乱拿乱放，同类资料应集中摆放，要有专项的保管台账对资料的存放地点、存放时间、存放数量等情况进行详细登记。

(2) 交由档案室集中管理各项资料，档案室要根据其属性分类保管，并有详细的目录清单，以方便查阅，并做到保密。

(3) 技术档案要做到防潮、防火、防虫、防鼠等管理。

(4) 归档资料任何人不得私自外借，要妥善保管，确需外借的要有领导签字的资料外借单，并进行登记，必须将借方手机号码、身份证号码、姓名、单位名称等相关信息登记清楚，借方必须按时归还，不得损坏。

(5) 用于追查事故的资料档案室要对资料进行复印，并将原件收回。本矿内部使用需要提供的资料，档案室要及时提供，提供资料时一定要按照上述程序进行。

(6) 未经审核的资料，不能提供生产使用，如果因为地测资料提供不及时或资料丢失不能提供，而影响矿井生产或造成损失的，要追究其责任。

（7）外单位索取、转抄、复制图纸资料时，实行有偿使用，其保密责任由索取单位负责。

5.8　图纸的审批、发放、回收、销毁制度

（1）严格按照《煤矿防治水细则》《煤矿地质工作规定》审查矿井地质、水文地质类相关图件，符合国家相关法律、法规、条例规定以及《煤矿地质测量图例》、集团公司相关图纸绘制规定。

（2）及时对所属煤矿所有图纸根据矿井实际情况进行更新填绘，确保内容翔实。

（3）各类图纸资料将组织有关人员对不同性质的图纸进行定期审查，不断充实积累完善各类图纸和资料，以提高其使用价值，发现问题及时整改。

（4）索取或借阅图纸资料必须首先向部门负责人联系，然后由部长通知图纸资料保管人员，才可提供资料。所有图纸及资料严禁私自转借他人，更不能以个人名义对外借阅，否则后果自负，所有外借的图纸资料必须按时收回。

（5）矿图必须设专人保管，统一编号，分类登记，有目录索引，查找方便，达到档案化管理要求，图纸存放在金属橱柜内保管，防止资料受潮发霉。

（6）矿图、技术报告附图、科研项目附图等需要归档的资料，应与相关报告资料一同移交矿档案室管理，并办理移交手续。

（7）经常使用图纸的单位采取以旧换新的方法及时回收图纸，应当收回的图纸一律收回，不能收回的做好登记，注明原因。收回的图纸确实没有利用价值的，经部门负责人同有关技术人员共同仔细校对核实后，方可销毁。

5.9　图纸资料交换制度

根据《煤矿安全规程》《煤矿防治水细则》的有关要求，制定本制度。

（1）接收各矿上报的月度采掘工程平面图，季度充水性图和井上下对照图，及时了解各矿地质及水文地质情况。

（2）每月督促所属矿井至少实施一次相邻矿井资料交换工作。

（3）资料交换的内容由文字和图纸两部分组成。

①文字部分要求：

（a）相邻边界附近采掘（包括开采煤层、开采方式）情况叙述；

（b）相邻区域地质构造情况叙述；

（c）相邻区域水文地质（包括井下出水点、积水区、主要含水层观测孔水位等）情况叙述；

（d）涉及安全的其他地质及开采情况叙述；

（e）提交单位名称齐全，由总工程师签字并加盖公章。

②图纸要求：

（a）图种为井上下对照图或采掘工程平面图；

（b）提供的图纸范围为井田以及距边界200 m之内；

（c）比例尺为1∶2000、1∶5000，图签责任栏签字齐全并加盖单位公章；

（d）图纸范围内应有相邻边界附近的采掘工程情况；

（e）图纸范围内应有所有地质、水文地质钻孔，地质构造、积水区范围、出水点等资料；

（f）图纸范围内应有涉及安全的其他开采地质资料。

5.10　技术资料定期整理、分析、保管、使用制度

（1）技术人员要及时收集整理相关基础资料，按照类别分类整理并装订成册。

（2）地质、测量、防治水资料及图纸必须设有专人进行管理，凡提交各单位使用的图纸资料，

必须经过部门负责人审核签字，报总工程师批准后，方可提供使用，任何人不得擅自提供。

(3) 技术人员定期对所收集的地质、水文地质、测量、探放水、井上下水文观测等所有资料进行一次全面系统分析，针对一些重点疑难问题和可疑问题展开讨论，要集思广益，听取多方意见，并形成统一意见。

(4) 定期分析后，根据分析结论及时对原有资料进行修改和补充。

(5) 每次分析资料都要装订成册，经部门负责人审核签字后，交技术档案室集中管理，档案室要根据其属性分类保管，并有详细的目录清单，以方便查阅，并做到保密。

(6) 技术档案室要有专人管理，有防潮、放火、防鼠设施。

(7) 归档资料任何人不得外借，要妥善保管，确需外借的要有领导签字的资料外借单，并进行登记，必须将借方手机号码、身份证号码、姓名、单位名称等相关信息登记清楚，所有资料借出时间不得超过3天，借方必须按时归还，不得损坏。

(8) 用于追查事故的资料档案室要对资料进行复印，并将原件收回。本矿内部使用需要提供的资料，档案室要及时提供，提供资料时一定要按照上述程序进行。

(9) 未经审核的资料，不能提供生产使用，如果因为地测资料提供不及时或资料丢失不能提供，而影响矿井生产或造成损失的，要追究其责任。

(10) 外单位索取、转抄、复制地测图纸资料时，实行有偿使用，其保密责任由索取单位负责。

5.11　设备、仪器、工具的使用、管理、维护、检校、发放和报废制度

(1) 各矿的设备、仪器、工具必须妥善保管，建立技术档案，实行台账管理，按照类型分别登记，内容包括：设备、仪器名称、生产单位、规格型号、性能、附件、购买日期，服务时间、所服务的工程项目、精度鉴定、损伤和修理记录等。

(2) 仪器、工具必须由专人保管，定期进行校验，并填写校验记录卡片。仪器应编号，不得随意拆卸重装，不得私自外借，每次使用都必须对其所服务的工程项目、操作人和使用时间进行登记、记录。在使用中一定要精心爱护，不得损坏，使用完毕后交回。

(3) 仪器、工具必须存放在清洁、干燥、通风良好安全的地点，不得靠近暖气和火炉。在夏天野外使用仪器时，不得在阳光下暴晒或雨淋，要用雨伞遮挡，存放时要有防潮设施。

(4) 仪器设备使用前，操作者必须掌握仪器设备的构造、性能原理和使用方法，不熟悉的不得操作。搬运时要轻拿轻放，不许强力震动和发生碰撞，不准坐压仪器设备箱架，以免变形和损坏。

(5) 仪器设备应严格按操作规程使用。对所有设备、工具、仪器要严格使用过程中保护管理，确保设备、工具、仪器使用安全。

(6) 仪器要经常保养和维护，确保使用精度，使用完后必须用专用软布将仪器上的灰尘、水气擦净、晾干，并上油保存，使仪器设备处于良好的工作状态。

(7) 贵重设备应配备有一定技术水平的人员管理使用。并且每年对仪器设备检定一次，合格的方可继续使用，需要修理的要及时修理，需要报废的每年底要及时办理报废手续。

(8) 对测量仪器要定期进行校验和检测，并要求仪器的精度符合国家相关标准。严禁仪器、设备带病作业，确保仪器、设备的稳定性和精确性。

(9) 仪器工具发生丢失或损坏时，必须及时追查原因，进行处理。

(10) 仪器工具外借时，必须经分管领导同意批准后，方可办理借出手续。借出的仪器要及时返还，均应当面进行检查，如返还时有损坏，应照价赔偿。

(11) 仪器实行专人专机，承包到人。严格发放制度，凭卡片发放，领取人员没有卡片的保管人员不得发放，否则要追究保管人员的责任。

5.12　地测信息管理系统使用、维护管理制度

第一条　为规范山西煤炭运销集团地测管理信息网络系统管理，保障系统安全、高效运行，推动公司信息化进程，特制定本办法。

第二条　公司地测与防治水中心负责系统服务器和数据库等软硬件的维护管理，确保服务器安全运行和数据传输通畅，保障各使用单位和各矿井与系统服务器的网络畅通。

第三条　地测信息管理系统网络地址：

移动网络　http：//221. 180. 51. 134：13382

联通网络　http：//60. 220. 226. 182：13380

第四条　各矿地测防治水科长是地测信息系统直接管理责任人，负责监督检查各专业上传的图纸资料，确保各专业填报图纸、报表等资料的正确与完整。

第五条　各矿地测防治水科负责本矿井地测信息系统的日常运行、维护等管理工作，对各部门的系统运行、维护工作进行监督，保证地测信息系统的安全运行。

第六条　地质资料具体要求：

（1）上传地质各图件时必须选择相对应的文档目录，确保上传资料为最新数据，并且能够正常浏览、查询与下载。

（2）地质专业基础图纸每季度要更新上传。

（3）“地质三书”及其附图：采区地质说明书及其附图要在审批后及时上传，掘进和回采地质说明书要求在规定的时间内提交上传，具体上传时间如下：

①采区地质说明书：在采区设计前 3 个月由煤矿生产技术部门委托地测部门在 30 天内提交采区地质说明书，经相关负责人审批后，其文字说明和有关附图及时上传系统。

②工作面掘进地质说明书：掘进工作面设计前 1 个月，地测部门要提出掘进工作面地质说明书，经相关负责人审批后，其文字说明和有关附图在 5 个工作日内必须上传系统。

③工作面回采地质说明书：回采工作面形成，开展相关物探、钻探等补充地质工作后，要在 10 日内提出回采工作面地质说明书，经相关负责人审批后，其文字说明和有关附图在 5 个工作日内必须上传系统。

第七条　测量资料具体要求：

（1）要求根据矿井生产过程中采掘动态变化情况，采掘工程平面图，每月更新上传。

（2）根据采掘动态、井田范围中地物地貌变化情况，每半年更新上传井上下对照图（每年 1 月 5 日前和 7 月 5 日前更新）。其他测量图件发生变化，随时更新上传。

（3）各类测量通知单、台账及时进行更新。

第八条　水文图纸资料具体要求：

（1）上传资料时必须选择相对应的目录，并且确保上传为最新资料。

（2）矿井充水性图要求每季度首月 5 日前对上季度相关内容进行更新上传。

（3）水文地质预报于每月 5 日前上传；年报于每年 1 月 10 日前上传；临时预报随时上传。

（4）防治水计划、施工设计文档要求当天完成更新上传。

（5）其他水文图形、台账根据实际工作进展情况审核完毕后，于当天更新系统。

第九条　储量管理员负责水文地质图纸资料，具体要求：

（1）上传各个图件时必须选择相对应的目录，确保上传最新资料，并可正常浏览、查询、下载。

（2）矿井损失量图、矿井分煤层储量计算图分别于每年 1 月 10 日前和 7 月 10 日前各修改一次；采区损失量图、采区分煤层储量计算图每季度更新上传一次；工作面损失量图每月更新上传一次。

5.13 地质专业管理制度

(1) 要严格按照《煤矿安全规程》《煤矿防治水细则》《煤矿地质工作规定》内容，开展矿井地质及水文地质工作。

(2) 矿井应当建立健全各项地质管理制度，配备满足工作需要的地质、水文地质专业技术人员。

(3) 矿井应当编制下列地质、水文地质相关报告，并按期修编：

①建矿地质报告（基建矿井移交生产前6个月内编制）；

②生产地质报告（基建矿井移交生产3年内编制，并每5年修编1次）；

③地质类型划分报告（基建矿井移交生产1年内编制，并每5年重新确定）；

④隐蔽致灾地质因素普查报告；

⑤水文地质类型划分报告（每3年确定一次或发生重大突水事故1年内需重新确定）。

(4) 当矿井现有地质、水文地质资料不能满足生产建设需要时，应当针对存在的问题进行补充调查与勘探，通过钻探、物探等方式，开展地质、水文地质补充调查工作，并编制相应报告。

(5) 矿井必须按规定编制地质、水文地质图件，要建立数字化图件，内容真实可靠，并每半年对图纸内容进行修正完善。

(6) 矿井必须建立地质、水文地质资料台账，内容应当认真收集、整理，实行计算机数据库管理，长期保存，并每半年修正1次。

(7) 矿井生产期间应及时开展地质及水文地质观测，主要内容有：

地质观测包括揭露岩（煤）性特征、厚度、产状、巷道变形、冒顶、片帮、底鼓、井筒、石门和穿层巷道揭煤点、构造等；

水文地质观测包括气象、地表水、井下水、含水层、裂隙、构造、涌水量、突水点、水质、水压等；

井下观测成果记录，必须于升井后2天内整理完毕，并反映在相关图件或台账、素描等地质、水文地质文档中，并将对采掘工程布置有影响或可能导致安全问题的信息，及时报告总工程师。

(8) 应根据掌握的地质、水文地质资料信息，及时开展年度、月度地质预测预报工作。

(9) 根据生产需要，开拓新采区或新工作面在采掘前必须查明煤层发育情况、顶底板岩性及力学性质、地质构造、陷落柱、岩浆岩、冲刷带、瓦斯赋存规律、水文地质特征等地质条件，要系统地收集、编录所揭露井巷的地质、水文地质资料，及时编制各种地质、水文地质资料报告，地质说明书等相关资料，并保障资料及时提供。

(10) 工作面开始回采后，重点对开采影响区范围内的村庄进行巡查。对采矿塌陷造成的地面塌陷裂隙、塌陷坑、地表崩塌滑坡及积水等地质灾害进行调查和拍照、观测及治理。

(11) 发现地质灾害隐患后，要划定危险区，书面通知相关管理部门及受威胁区域人员，并设置警示标志，不得随意进入危险区。

(12) 定期开展隐蔽致灾因素排查工作，对可能诱发地质灾害的隐蔽致灾因素制定针对性治理措施，并组织落实。

(13) 建立健全矿井地质灾害防治技术管理体系。做好矿井采掘布局、开拓延伸、矿井设计等技术管理工作，为矿井科学合理建设提供可靠的地测资料。

(14) 开采活动结束的前1年，矿井应按照规定编制煤矿闭坑地质报告，并报所在地煤炭行业管理部门、煤矿安全监管监察部门备案。

(15) 积极推广地质灾害防治新技术、新方法，不断提高地质灾害防治科学技术水平。

5.14 地质灾害普查制度

第一条 为了全面、准确掌握地质灾害易发区、隐患点的发展变化情况，完善地质灾害群测群防网络体系，充分掌握井田内地质灾害隐患点的分布、发生、发展规律，切实做好地质灾害防治各项工作，为编制年度地质灾害防治方案提供准确依据，为地质灾害防治提供基础资料，制定本制度。

第二条　全面贯彻执行党和国家安全生产方针，以上级关于生态建设、防灾减灾决策部署和全国地质灾害防治工作会议精神为依托，着眼普及地灾防治法规常识，传授科学防灾理念，推广先进经验做法，动员全矿力量，开展多层次、全方位的宣传培训活动，进一步提高本矿地质灾害防治能力，巩固地质灾害防治基础。

第三条　本制度所称地质灾害调查排查，是指职能管理部门在上一年度排查的基础上，对辖区内地质灾害隐患点的分布、类型、规模、特征、威胁范围和对象、稳定性和危害性及防治措施落实情况等进行的全面调查排查分析，为编制年度地质灾害防治方案提供依据。

第四条　地质灾害普查领导机构

组长：公司经理

副组长：公司总工程师

成员：公司地测防治水中心工作人员　各矿总工程师和地质防治水副总工程师及科长

领导组下设办公室，办公室设在地测防治水中心，公司地测防治水中心主任兼办公室主任，负责地质灾害排查日常工作。

领导组职责：组长全面负责地质灾害及普查工作的指挥及安排，负责整改所需资金的落实。

副组长协助组长工作，协调指挥各科室普查工作，负责组织制定整改方案、安全技术措施，重点负责隐蔽致灾因素调查工作的跟踪及监督。

成员在组长、副组长的领导下主要根据各专业结合矿井实际，切实认真地进行本专业的地质灾害隐蔽致灾因素调查，共同开展完成地质灾害（隐蔽致灾地质因素）普查工作。

矿技术负责人要负责组织相关部门具体开展地质灾害调查摸底工作，并负责编制专业内的安全技术措施和整改方案工作，区队技术员负责本区队内的隐蔽致灾专业知识培训，科室技术人员负责督促帮扶区队人员共同提高专业知识，收集现场资料并分析可能存在的隐患，真正做到消除隐患，确保矿井安全生产。

第五条　各单位每年应至少组织开展一次地质灾害普查工作，且应在汛期前完成。

第六条　地质灾害普查工作具体由各单位总工程师组织完成。

开展地质灾害普查工作前必须制定相应的工作计划或方案，由本单位总工程师批准后实施。

第七条　排查的结果必须报矿总工程师审查，对排查出的重大地质灾害要及时报公司。

第八条　地质灾害排查及防治的重点：

人员居住区地质灾害防治重点：根据几年全矿地质灾害普查情况和地质灾害发生的情况分析，地质灾害活动区域主要在工程建设活动对地质环境扰动较大的区域。本矿防治重点：由于受地质环境的影响，雨季发生滑坡、崩塌、泥石流灾害可能性较大。

主要排土交通干线地质灾害防治重点：排土交通道路的地质灾害主要是道路两侧的边坡，由于边坡过陡导致稳定性差，汛期明显加剧边坡的失稳，导致崩塌、滑坡。相关责任部门要加强监管，要严格按照地质灾害危险性评估结果，做好地质灾害防治工作。

重点矿区地质灾害防治重点：矿区、工业区主要表现为排土场滑坡、崩塌、泥石流等灾害。矿区地质灾害的防治十分重要。领导组要切实加强对地质灾害防治工作的监测检查管理，督促相关科室开展好地质灾害防治工作，规范不合理工程行为，及时组织有关人员对矿区周围存在的问题进行排查，特别重视岩土和废渣堆放点的监测，防止暴雨引发矿渣滑坡或泥石流灾害。

河流及水利设施地质灾害防治重点：对外排土场范围要加强防范因强降雨影响可能发生不同程度的滑坡、泥石流等灾害。相关科室、部门要加强预测防范，落实责任，及时采取措施，必要时进行合理避让，最大限度减少人民生命财产损失。

重点排查期：地质灾害表现形式主要是雨季型，主要发生在主汛期 5 月至 9 月，以突发性的滑坡、崩塌、地面塌陷和地裂缝为主，集中强降雨是主要诱发因素。排查主要是为防范工作做好准备，并充分考虑地质灾害发生的滞后性。地质灾害防治以汛期 5 月至 9 月作为重点防范期。要求有关部门要提前做好各项准备工作，及早进入重点防范工作状态，认真落实汛期地质灾害防治各项工作制度，确保安全度汛，最大限度地减少地质灾害造成的损失。

第九条　防治措施

(1) 加强组织领导。为加强对全矿地质灾害防治工作的组织领导，成立矿雨季“三防”工作领导组，组长由矿长担任，副组长由各分管副矿长担任，成员由各科室负责人组成。领导组下设办公室设在矿调度室，办公室主任由调度室主任担任。发生地质灾害后的指挥机构为矿地质灾害专项应急指挥部，按《地质灾害专项应急预案》执行。

要建立地质灾害防治工作领导小组，做到机构健全、人员落实；

要组织编制和及时发布辖区地质灾害防治方案、突发性地质灾害应急预案。

(2) 编制本年度地质灾害防治方案，编制好地质灾害专项应急预案，成立或调整充实地质灾害防治工作领导机构，拟订汛期地质灾害防治带班领导、值班人员、值班电话。

(3) 要按照国务院《地质灾害防治条例》的规定，将地质灾害防治纳入日常工作，加强领导，落实责任。落实领导责任制，做到层层负责，分级管理；把地质灾害防治工作经费纳入年度计划，建立地质灾害防治专项资金，用于对因自然因素造成的地质灾害调查、监测和防治；制定重要隐患点防灾预案。

(4) 组织开展地质灾害防治知识宣传，增强职工的地质灾害防治意识和自救、互救能力，有条件时要组织开展突发性地质灾害事件应急演练。

(5) 组织相关部门开展地质灾害的检查，督促责任部门采取措施，切实把地质灾害防治工作落到实处。

(6) 强化协调配合。各部门要按照各自职责，组织开展地质灾害险情巡查、排查、检查；积极协助办公室做好人为活动引发地质灾害治理责任认定和责任事故的调查与处理。存在地质灾害隐患的建筑物、设施、场地等落实防灾措施，确保人员生命财产安全。

(7) 建立群测群防网络体系，每处灾害点必须逐级落实具体责任人及监测人，按规定要求做好监测预报工作。

(8) 加强监测预报。要密切关注气象台发布的强降水天气过程预报和地质灾害气象预警预报信息，认真分析本矿区地质灾害的发生发展趋势，对地质灾害隐患点加强监测预报，制定有针对性的防范措施。

(9) 落实防灾措施：①实行 24 h 值班制度和汇报制度，做好值班记录。②保证地面河道等排水系统的畅通，对已有排水设施河道等进行清理、疏通，保证雨季排水设施完好、畅通。③组织全矿开展汛期险情和地质灾害方面的知识学习，提高职工对汛期险情和山体滑坡等地质灾害事故的了解和认识，掌握山体滑坡、泥石流、塌方等地质灾害的形成、特征和预防的基本知识，提高预防抢险救援的基本技能。④强化防汛管理，制定各项汛期管理考核制度，对失职或不落实者进行处罚或追究责任。⑤对本矿及周边矿井的采空区、塌陷区进行彻底清查，疏通排水涵洞，回填低凹处。灌浆堵塞各种裂隙，对受水害威胁的地点进行分级分区式监控，对各要害场所的排水设备和供电设备定期检查，做到全部完好，管、阀、引水装置等设施齐全完善，供电保护系统和各种电缆、防避雷装置可靠有效，确保安全生产。⑥对行政福利区、工业场地、采坑出入口要进行逐一排查，对有可能导入洪水的上缘相关地带挖凿截洪沟，防止汛期洪水淹没事故发生。⑦对矿区内的破旧房屋进行排查。对墙体破裂、有被淹坍塌危险的房屋进行拆除、封闭，防止汛期人员进入发生事故。⑧特别抓好水泵检修、供电线路检修、保护预防性整定试验等工作，确保排水顺畅和供电设备完好、系统可靠，备用能力充足。对排水系统能力进行认真测定，合理匹配水泵管路，保证系统排水能力达到规定要求，确保高质量完成水泵的联合试运转；努力抓好防治水工作，确保实现雨季安全生产。⑨严格各项管理制度，因制度不落实或失职行为造成事故的，根据情节严重程度，严格追究责任。⑩开展地质灾害险情巡查、排查、检查，切实把地质灾害防治工作落到实处。在出现地质灾害前兆、可能造成人员伤亡或重大财产损失的地质灾害危险区，要设置明显警示标志，予以公告，在地质灾害危险区内禁止进行工程建设及从事其他可能引发地质灾害的活动，并采取工程应急治理或者搬迁避让措施，保证地质灾害危险区内人员的生命及财产安全。四是开展危险性评估。地质灾害危险性评估是贯彻落实预防为主，从源头上遏制地质灾害发生的重要举措。

第十条　加大地质灾害防治宣传力度。制定地质灾害防治宣传计划，充分采取各种形式，将地质灾害的性质、危害以及防御的基本措施向职工宣传到位，增强职工的地质灾害防灾意识和自救、互救能力。

第十一条　做好应急抢险救灾准备工作。一旦发生险情，要及时组织力量、筹集资金，采取有力措施，排除险情。一方面要按照地质灾害报告制度的要求，及时将灾情险情向当地人民政府主管部门和上级公司报告；另一方面要迅速组织人员撤离到安全地带，并进行妥善安置。有必要启动应急预案的，应按照《地质灾害专项应急预案》的要求，立即启动地质灾害应急预案，组织抢险救灾工作。对于险情发生区域，要及时组织专业技术人员开展地质灾害应急调查，科学分析灾、险情的发展变化，为抢险救灾工作提供可靠依据，确保救灾防灾工作有效有序开展。

5.15　隐蔽致灾地质因素普查制度

（1）为切实做好矿井隐蔽致灾地质因素普查工作，做到矿井隐蔽致灾地质因素清晰明确，预测预报准确有效，防范措施全面可行，确保矿井安全持续发展，杜绝隐蔽致灾地质事故发生，根据《煤矿地质工作规定》要求制定本制度。

（2）为确保矿井隐蔽致灾地质因素普查工作顺利开展，特成立隐蔽致灾地质因素普查工作领导小组：

组　长：总工程师

副组长：防治水副总、通风助理

成　员：地测防治水科科长、通风科科长、安全科科长、生产技术科科长及其他相关技术人员

隐蔽致灾地质因素普查领导小组职责包括：

组　长：全面负责组织隐蔽致灾因素普查工作的开展，保证隐蔽致灾因素普查工作开展过程中所需资金、设备、仪器仪表落实到位。

副组长：协助组长工作，负责组织制定整改方案、安全技术措施，重点负责隐蔽性调查工作的跟踪、督促检查，负责自己专业内隐蔽致灾工作日常业务安排落实。

成　员：在组长副组长的领导下共同开展完成隐蔽致灾地质因素普查工作并负责编制专业内的安全技术措施，和整改方案工作，区队技术员负责本区队内的隐蔽致灾专业知识培训科室技术人员负责督促帮扶区队人员共同提高专业知识。

（3）普查内容。

矿井隐蔽致灾地质因素主要包括：采空区、废弃老窑（井筒）、封闭不良钻孔，断层、裂隙、褶曲，陷落柱，瓦斯富集区，导水裂缝带，地下含水体，井下火区，古河床冲刷带、天窗等不良地质体。

（4）普查实施细则。

①采空区普查：应采用调查访问、物探、化探和钻探等方法进行，雨季前与雨季后应调查两次采空区分布、形成时间、范围、积水状况、自然发火情况和有害气体等。应将采空区相关信息标绘在采掘（剥）工程平面图和矿井充水性图上，建立煤矿和周边采空区相关资料台账。

②废弃老窑（井筒）和封闭不良钻孔普查：应收集废弃老窑（井筒）闭坑时间、开采煤层、范围，是否开采煤柱和充填情况等资料。井田内及周边施工的所有钻孔都要标注在图上，分析每个钻孔封孔的质量。建立井田内废弃老窑（井筒）、水源井、封闭不良钻孔的台账。每年不少于两次。

③断层、裂隙和褶曲普查：应对采掘规划布置范围内，提前查明矿井边界断层和井田内落差大于5m的断层，查明矿井内主要褶曲形态，收集矿井裂隙发育资料、总结规律，编制煤矿构造纲要图。其中，断层普查主要包括断层性质、走向、倾角、断距，断层带宽度及岩性，断层两盘伴生裂隙发育程度，断层富水性等，并在年初的预测预报中提出防范意见。

④陷落柱普查：应查明矿井内直径大于30 m的陷落柱，主要包括陷落柱发育形态、岩性、周边裂隙发育程度、导水性等，并提出防范措施和建议，并在年初的预测预报中提出防范意见。

⑤瓦斯富集区普查：每月应收集资料，调查煤层厚度、变化规律、煤质和瓦斯含量及赋存状况，系统收集矿井所有的瓦斯资料和地质资料，编制瓦斯地质图，对矿井瓦斯赋存情况进行分区，开展瓦斯防突预测预报工作。

⑥导水裂缝带普查：应采用物探、钻探实测和理论计算等方法确定矿井导水裂缝带高度，合理留设防隔水煤（岩）柱。如果煤层顶板受开采破坏，其导水裂缝带波及范围内存在富水性强的含水层（体）的，在掘进、回采前，应当对含水层（体）进行疏干。

⑦地下含水体普查：应查明影响矿井安全开采的水文地质条件，各种含水体的水源、水量、水位、水质和导水通道等，预测煤矿正常和最大涌水量，提出防排水建议。

⑧井下火区普查：应查明火区范围、密闭、气体成分等情况，提出防灭火措施建议。

⑨古河床冲刷带、天窗等不良地质体普查：应采用物探、钻探等方法查明岩浆岩侵入体、古河床冲刷带、古隆起、天窗等不良地质体。

（5）具体要求。

①参与矿井隐蔽致灾地质因素普查工作的科室及技术人员应对本专业涉及的内容及资料认真审查，确保内容翔实，严禁弄虚作假，重点分析隐蔽致灾地质因素对井田采掘区域开采的影响及危害程度，并提出相应的防范措施及建议。

②矿井隐蔽致灾地质因素普查工作应在充分收集井田范围内各个勘探阶段的地质、水文地质、物探等资料和矿井建设生产过程中的各类补充地质勘探、矿井地质、矿井水文地质、井上下物探、化探等成果资料的基础上，经过全面对比整理、综合分析，并结合野外踏勘、工程测绘及调查走访等手段，对井田范围内的隐蔽致灾地质因素进行全面普查，并提出普查报告，由煤矿企业总工程师组织审定。

5.16　井下标定测量管理制度

（1）新开工的井巷工程，测量人员必须对设计的几何要素及相邻关系进行验算、校准，然后实施标定测量工作，并下发巷道开口通知单。

（2）测量人员现场标定中、腰线后，需以《中腰线通知单》形式，提交施工单位。中腰线通知单应包括施工单位、施工地点、放线依据、放线日期和示意图等，示意图中必须标明巷道名称、方位，工作面位置，测量导线点的位置、编号等，注明中线（激光指向仪）至两帮距离，腰线注明至顶、底板距离，以及巷道掘进坡度。

（3）综掘巷道直巷掘进超过30 m，普掘巷道直巷掘进超过70 m时，必须安设激光指向仪。

（4）施工单位在使用过程中要加强激光指向仪管理，每次使用前应检查激光光束，使其正确指示巷道掘进方向。巷道每掘进50 m时，测量人员应至少对中、腰线进行一次检查测量，并根据检查结果调整激光指向仪。当激光指向仪距离工作面超过500 m或激光光斑较大不能清晰辨认时应及时前移激光指向仪。

（5）不使用激光指向仪的掘进工程，如炮掘巷道，测量人员需根据生产情况及时延伸中、腰线。

（6）中线设置要保证与迎头通视，以方便仪器放线，每次必须悬挂至少三根中线，以便激光指向仪验证中线的偏差，并正确指示巷道掘进方向；爆破方式掘进的岩巷悬挂中线时，需距离工作面3 m以外，以免爆破破坏；岩巷腰线以倒三角标志标定至掘进机后，在巷道复喷后标定好连续条带腰线，以保证腰线延伸至迎头；倾斜巷道的上、下变坡点，必须设置腰线点，为避免喷浆等原因破坏，要求施工单位在巷帮打眼，设置外露木桩，并在木桩上钉设钉子，以便准确恢复腰线位置。

（7）最前面一个中线点至掘进工作面的距离不得超过30 m，腰线点不超过20 m，测量人员应及时延设中腰线。中腰线的延设应认真检查，确认无误后方可延设下一组中腰线点。

（8）导线点距离工作面最大不超过100 m时，必须测一次导线，并校核中腰线。

（9）测量人员在工作面迎头进行测量工作时，应主动与施工人员沟通，暂停掘进工作，以避免人员、仪器受到碰撞干扰，保证观测精度及人身、仪器安全。

（10）各施工单位应保护好巷道的各类中、腰线标志，进行妥善管理和正常交接，遇有损坏和怀疑时，应及时通知生产技术科检校。

（11）安装工程，如皮带安装、提升设备安装等工程，设计部门需提前将有关设计图纸送交生产技术科，施工单位必须以书面形式写明所需要标定的各项内容，由测量人员严格按设计和书面要求尺寸标定，并在现场加注必要的文字符号说明（如箭头、皮中、皮边、架边、滚筒中、溜煤眼中等）。

（12）正常掘进工作面以外施工的各类硐室，在工程结束后，测量人员应及时进行碎部测量工作，保证硐室填图的正确性和及时性。

（13）测量人员应经常与施工单位联系，全面、详细地掌握现场施工情况，及时解决生产中的测量问题。

5.17　井下测量标志的管理制度

（1）井下测量标志点是指导井下采掘工程及机械设备安装工程的重要依据，测量标志管理的好坏，直接影响着矿井工程质量，任何人严禁改动、破坏测量标志。

（2）中腰线点的设置。测量导线点全部设置为永久导线点，井下基本控制导线全部敷设7″级导线点，采区控制导线敷设为30″级导线点。7″级导线点在条件允许的情况下全部设在底板上，采区导线点设置在顶板上。导线点用牌板标示，井下每一个导线点都用牌板标示出点号、等级、坐标、高程等。所有主要巷道的腰线设为1.3 m，并在拱基线处每隔5 m设一腰线基点。连续条带腰线全部用宽0.02 m的模型描制。

井下临时测量标志点，由测量人员以红色油漆标注清楚。

（3）因公司安全生产需要对巷道进行改造、修复等工作时，对可能破坏的测量标志，由测量人员将测量标志进行保护或移设到不受破坏的地点。

（4）施工单位要加强对中、腰线及激光指向仪保护，在喷浆前应对中、腰线采取保护措施，喷浆后立即进行恢复。

（5）施工单位在进行井下有关标记时，严禁使用红色油漆，以避免与巷道中的测量标志混淆。施工单位特殊情况下确实需用红漆时，必须经总工程师批准。对于破坏、修改测量标志和未经批准而使用红色油漆涂记标志的，每次处罚200元。

5.18　贯通测量管理制度

巷道贯通工程关系到矿井的建设和安全生产，必须保证贯通测量的精度。

根据巷道的工程量和巷道的用途，确定合理的贯通测量方法。对于大型重要贯通，贯通长度大于3000 m的巷道工程，应根据《煤矿测量规程》的要求提出贯通测量设计书。贯通测量设计书要求文字清晰，表达准确，图件齐全，经总工程师审查同意后，上报上级部门审批。贯通测量设计书的内容应当包括：①工程概况；②测量方案的选择。包括水平角的观测方法和限差、导线边长的丈量和限差、高程测量、中线腰线的标定、控制导线的延设、测量仪器工具等；③贯通误差预计；④贯通测量误差预计图，比例尺不小于1∶2000；⑤安全措施等。

（1）测量人员应按照巷道的设计要求，及时检查验算设计巷道的各种几何关系，在标定数据确认正确无误后，方可进行贯通测量标定工作。

（2）在贯通测量过程中，必须严格执行《煤矿测量规程》有关规定，结合贯通测量的设计要求及时分析测量精度，全面保证测量成果的准确性，以确保贯通工程满足生产要求。

（3）贯通测量工作中使用的各种测量仪器必须经过检验合格。外业观测中，严格按照各等级测量的操作规范进行操作，各类限差必须符合《煤矿测量规程》规定。内业计算时，应及时整理和检查导线记录簿，检查所有计算是否正确，观测成果是否满足各项限差要求等。计算必须二人独立进行，相互校核。

（4）提前下达《贯通通知单》。根据巷道施工进度，掘进巷道贯通前，综掘巷道相距50 m前，其他巷道相距20 m前，生产技术科必须以书面形式，分别向施工单位、通风科、安全科、调度室、安全经理、总工程师等发出贯通通知单。贯通通知单中内容要齐全，贯通数据要准确、翔实。

（5）巷道贯通后，应立即进行联测，对贯通巷道的中、腰线实际偏差进行测定，认真做好贯通测量资料的计算，及时编制贯通总结。

（6）贯通测量完成后，应将设计书、内外业资料和贯通总结保存归档。

5.19 测量数据记录、计算与整理制度

（1）各种观测必须有专人负责记录，严禁自测自记。

（2）在记录过程中，要耐心、认真、细致、精力集中。采用复述方法记录，能及时发现观测中的错误和超限情况。达不到限差要求时，必须进行重测。

（3）每次观测必须记录工作地点、观测日期、仪器型号、观测者、记录者等。

（4）作业观测结束后，应对观测手簿进行全面检查，保证记录、计算正确无误，各项限差及检验项目均符合规范的要求后方可迁站。

（5）一切原始观测值必须在现场记录，严禁凭记忆补记。手簿中每一页都须编号，任何情况下都不能撕毁手簿中的记录纸。

（6）一切数字、文字记录应正确、清楚、整齐、美观。凡更正错误，均应将错字整齐划去，在其上方填写正确的文字或数字，严禁涂改、擦改、转抄。对超限划去的成果，需注明原因和重测结果所在的页数。测点名称必须记录正确，同一点名在各种资料中需严格一致。

（7）计算和对算者必须及时独立整理和检查外业观测手簿，确认无误及各项限差符合要求后方可进行内业计算。观测数据不全或限差超限必须进行补测或重测。

（8）任何计算资料必须有对算。计算、对算或检查者都应在计算成果表上签字。资料的计算、复算或对算必须从起始数据和观测数据原始记录本开始，不得互相转抄。

（9）各种计算资料应按规定要求进行平差并计算测量精度。

（10）计算资料、成果台账要按工作地点整理，装订成册。封面要有名称、编号、单位、日期。要有目录、页码、示意图及必要的说明，计算成果表上都要有草图。计算后的最终成果必须及时建立台账并归档。

（11）计算资料字体要工整、干净，所需项目填写正确、齐全。

5.20 地测资料整理、保管制度

1. 资料归档范围

（1）上级机关颁发的有关技术方面的方针、政策、文件及技术规程、规定和规范。

(2) 向上级领导机关汇报的有关技术、业务和请示报告及批示文件。

(3) 工程设计、作业规程、施工措施等。

(4) 地面三角、水准和导线各级控制测量成果，控制网图及技术设计总结。地面岩移观测资料。

(5) 各种地质、测量、储量管理台账、图纸。各种上传、下达的报表及通知单。

(6) 矿井大型贯通设计、贯通测量资料及总结。

(7) 钢尺比长、各种测量仪器鉴定数据、使用说明书等资料。

(8) 建矿移交生产的各种地测资料。

(9) 各种地质说明书及总结报告。

2. 资料归档

(1) 对各种地测资料应及时进行整理、分类、编号、统计、装订和登记，建立索引和目录，并装盒入柜。

(2) 地测资料的管理由测量组长负责，并派专人管理。地测资料属机密资料，必须妥善保管，防止丢失和外泄。

(3) 应建立资料发放登记台账。

3. 资料提供

(1) 设计、施工单位需要地测资料时，必须事先联系，并经总工程师批准。

(2) 生产技术科接到任务后，应尽快进行编写或计算，按时提交。提交的资料必须有审核，签字要齐全。

(3) 向上级部门提供的一切资料、报告、报表、图纸、设计等，需经科长把关，并签字后方可按规定日期报出。

(4) 煤矿各业务科室借阅资料时，经科长同意、总工程师批准后，方可长期使用。

(5) 外单位或业务上直接有关的单位需要借阅资料时，必须经总工程师批准。

(6) 由生产技术科提供的图纸资料，一律不准复制或转借他人复制。

(7) 使用人员要严格保管好所用的地测资料，若将资料丢失应及时向生产技术科声明，并书面写出丢失经过，报请解决。

(8) 根据规定《采掘工程平面图》每月填绘一次，《井上下对照图》每季度填绘一次，其他图纸根据需要随时填绘，所有图纸年底均集中填绘一次。

(9) 根据规定的矿图使用人员名单，每年二月份将新填矿图集中发入到使用人员手中，并签字登记，同时将旧图收回。收回的旧图和不用的废图纸，经请示总工程师同意后，由二人以上在场，会同有关科室点明数量，集中销毁。

5.21　资源储量专业管理制度

(1) 矿井地测部门负责矿井井田的储量管理工作掌握矿井储量变化动态。使开拓和回采衔接配合，以保证生产计划顺利完成。

(2) 矿井根据地质条件、合理布局，严禁盲目施工，吃肥丢瘦。地质人员应对面积、厚度和边角煤的损失定期检查，以便提高资源回收率，延长矿井寿命。

(3) 对设计阶段、开拓阶段、回采阶段的储量管理、资源回收率，储量管理人员应进行全过程监督、检查，如发现不符合规程要求或可能丢煤时，应及时指出，并填写《预防丢煤通知书》报有关领导科室。

(4) 及时填报“回采率”和有关“三量”管理的年、季度报表及全矿井产量、损失量的报表，报表台账明细如下：

①分月分工作面损失量分析及回采率计算基础台账；

②分月分采区分煤层损失量分析及回采率计算基础台账；

③年全矿井分煤层损失量分析及回采率计算基础台账；

④矿井期末保有储量计算基础台账；

⑤矿井“三下”压煤统计表；

⑥各种永久煤柱储量及摊销损失量台账；

⑦矿井储量审批变动审批情况统计表；

⑧矿井储量动态数字台账；

⑨生产矿井“四量”动态统计台账；

⑩地质及水文地质损失台账；

⑪报损煤量统计表；

⑫探煤厚台账。

（5）对矿井煤炭损失量进行统计分析，掌握储量变化动态，切实掌握开拓煤量、准备煤量和回采煤量的比例关系，使矿井保持采掘平衡。

（6）每年、季末都应在采掘工程平面图上进行储量计算核实，并根据最新资料修改煤层底板等高线，使储量计算工作建立在确切可行的基础上。

（7）定期对采煤工作面和掘进巷道进行验收测量，计算实际产量，以便观察“三量”比例关系。

（8）准确统计煤炭损失量，分析原因，提出合理意见，尽量减少各种不必要的损失。

（9）严格采煤队组控制采高，加强顶、底板管理，以防采高不够，造成煤炭损失。

（10）做好储量动态统计工作除准确掌握矿井采出，损失煤量外，严格管理储量的转出和注销，及时进行井田边界变更等，搞好储量动态报表，为下年度生产计划提供依据。

（11）查明煤炭损失原因，搞好回采率的统计工作。

（12）按照要求每月必须填报储量相关台账。

（13）准确掌握开拓煤量、准备煤量和回采煤量“三量”的情况，做到“三量”能保持平衡。

①每季、每月都要计算出三个煤量的准确值，再根据年计划产量和月平均计划产量计算三个煤量的可采期。每季末要向总工程师和总经理报“三量”表和可采情况。

②为满足采掘平稳和保有储量，使“三量”可采期合理化，根据本公司的实际情况，计算“三量”的可采期。

③做好“三量”的动态分析，年末根据矿井生产实际情况，逐渐合理“三量”可采期；上报总工程师和总经理，以便达到采掘平衡。

④合理分布“三量”，以免造成过度集中或过度分散，而使接替紧张。

⑤根据情况，及时解决呆滞煤量，使之转变为动态煤量。

5.22　物探专业管理制度

（1）井下采掘必须执行“物探先行、钻探验证”的综合探测方法，根据矿井实际情况选用合适的物探方法进行物探，严格按井下物探设计进行超前探测，对有物探异常区的地方要进行钻探验证，做到物探与钻探相结合。

（2）物探操作人员必须经过培训学习，并取得上岗资格证，熟悉物探仪器的工作原理和技术性能，掌握仪器操作规程和物探施工工艺。

（3）物探仪器必须按照使用说明书和操作规程进行使用、保管和维护，指定专人负责，做到各种仪器附机（件）齐全、完好无损，保证物探工作能够正常开展。

（4）矿井回采工作面形成后，必须采用两种物探方法相互验证，并进行钻探验证，查明工作面的地质构造。

（5）矿井采掘区域必须进行地面瞬变电磁勘探，按照设计的规划，将地面瞬变电磁以物探工程纳入年度防治水计划，并报市公司审批进行由具备物探资质的单位施工。

（6）操作人员必须随身携带便携式瓦检仪或由专门的安全员（瓦检员）陪同，随时检查现场瓦斯浓度。

（7）操作过程中发现仪器有问题，应及时反馈，禁止仪器带病作业。

（8）井下探测完毕后及时向有关单位提供探测成果报告和指导性建议，保证井下开采安全正常的进行。

（9）探测成果中的物探异常区应结合该区域的地形及水文地质情况进行认真研究和分析，提出指导性预防措施建议。

（10）建立物探成果台账，对每一个物探异常区必须做到认真收集资料，进行对比验证，生产结束后编写物探验证报告或总结。

（11）建立物探工作奖罚制度。对在工作中有突出贡献的个人给予奖励。因工作失误（不及时汇报）而造成事故的，视情节轻重给予处罚。

（12）加强物探技术人员的学习培训，提高物探技术的理论及应用水平。

5.23　防治冲击地压管理制度

第一条　健全完善冲击地压防治责任体系，严格制定并落实各项综合防冲措施。冲击地压矿井必须设立专门的防冲机构和专职的防冲副总工程师和专职防冲队伍，进一步健全防冲责任制、防冲技术管理、预测预报等制度。

第二条　降低开采强度，强化源头控制。优化矿井采掘布局，降低开采强度，严格控制冲击地压矿井条带开采和孤岛开采，从源头上减少冲击地压事故的发生几率。

第三条　严格一面一评估制度。冲击地压矿井各采掘工作面的冲击危险程度必须坚持一面一评估，特殊地点，必须按规定程序报批。

第四条　进一步加强防冲技术安全管理。制定加强防冲技术和安全管理的具体措施。

第五条　合理的开拓布置和开采方式。冲击地压矿井应当选择合理的开拓方式、采掘部署、开采顺序、采煤工艺及开采保护层等区域冲措施。

第六条　加强冲击地压危险分析预测预报。冲击地压矿井必须综合利用微震监测系统、应力在线监测系统和钻屑法检测等手段，综合开展区域危险性预测和局部危险性预应进行区域监测和局部监测预警；钻屑法必须班班监先检测后施工；结合每班钻屑法等现场监测数据，加强微震监测系统和应力在线监测数据分析，掌握采掘活动与压力的变化关系，确定冲击危险预警临界指标，用于指导现场生产。

第七条　冲击地压煤层必须坚持“预测预报、综合防治”“先解危后生产”原则。按照“监测→落实防冲措施→效果检验→再治理”的基本程序，及时消除冲击危险隐患，做到冲击危险区不落实解危措施不得生产，冲击危险不消除不得生产。

第八条　必须坚持区域与局部综合防范治理。防范治理必须坚“区域性范措施先行，局部防冲措施补充”的原则。应及时采取煤体钻孔卸压、煤层注水、煤层爆破、底板卸压、顶板预裂、水力压裂等局部防冲措施，及时消除局部冲击地压危险。

第九条　加强冲击地压防护措施。冲击危险严重区域必须挂牌管理，严格限制冲击地压危险区域内施工人员数量，进入冲击地压危险区域的人员必须采取个体防护措施。采用钻孔卸压时必须制定防止诱发孔内冲击伤人的专项安全措施。

第十条　采取物料防冲固定措施。有冲击地压危险的采掘工作面，须制定物料防冲固定措施。

第十一条　冲击地压监测严重超标段逐步实现“机械化减人，自动化换人”。

第十二条 提高应急处置能力。矿井必须编制冲击地压事故专项应急预案和现场处置方案，并定期组织演练；冲击危险区域所有作业人员必须熟悉冲击地压发生的征兆及应急措施，一旦发现异常立即撤出或躲到安全地点避灾。

第十三条 加大科研攻关力度。加快矿井冲击机理及预测预报科研攻关，探索矿井冲击地压发生规律，取得理论和防治技术双突破。

5.24 防治水专业管理制度

（1）按照《煤矿安全规程》《煤矿防治水细则》要求，建立健全防治水管理制度、岗位责任制、技术管理体系，建立防治水工作的管理机构和探放水专业队伍，根据水情类型配备一定的专业技术人员，明确责任，并制定应急处置预案，全力开展防治水工作。

（2）成立防治水领导组，由总经理（矿长）协调各职能科室的工作，配置设备，落实资金，使防治水工作能够顺利开展。

（3）加强防治水管理力度，严格各项措施的落实，制定切实可行的防治水治理方案，使防治水工作长期化、制度化、程序化。

（4）防治水工作要有组织、有分工、有责任，层层把关，人人监督，真正把防治水工作运行好、管理好。

（5）建立探放水作业优先机制。把探放水工作纳入整体生产组织中，在安排生产计划的同时首先安排探放水计划，使探放水工作达到优先介入、优先施工的目的。

（6）抓好防治水机构运行管理，促进防治水工作健康有序发展。

5.25 防治水定期会议制度

（1）每月月初由总工程师主持，特殊情况由本单位经理主持，地测防治水部门召开防治水会。

（2）防治水会议每月 25 日至下月 5 日前召开一次，不得出现未召开会议情况。

（3）会议内容应讨论研究矿井防治水工作中出现的安全、质量、施工技术等方面的问题，制定行之有效的地测防治水安全技术管理办法，使之得到及时解决。

（4）主要会议内容：

①传达矿和上级有关安全生产的指示要求；

②总结分析本月以来矿井安全生产情况，分析防治水工作形势，找出存在问题，确定防治水工作重点；

③研究确定下月防治水工作重点及措施；

④研究加强防治水安全管理的制度及办法；

⑤防治水负责人对当月及下月防治水工作的建议及意见；

⑥矿领导对防治水工作提出针对性意见、总结。

（5）每次会议召开期间，地测防治水科要对会议内容进行记录。

5.26 专业探放水制度

（1）在采掘工程开工之前要依据水文地质条件编制探放水设计，做到探放水作业优先进行。

（2）探放水设计的编制要科学、客观、合理，要具有针对性和可操作性。探放水设计与安全措施编制完成后，总工程师要组织相关业务部门进行会审，并提出相应意见。在探放水设计及安全技术措施未审批前，不得进行探放水作业。

（3）钻探、掘进要协调配合，掘进施工中必须严格按照要求留足 30 m 的安全超前距、20 m 帮距。

（4）掘进工作面探放水钻孔设计参数应满足以下要求：

①在3号或15号厚煤层进行掘进作业时，当通过走访调查和物探勘查，如能判定施工区域不存在采空积水区或异常区，巷道沿煤层顶板正常掘进时，垂直方向的前进方向上应至少布置1个钻孔探至煤层底板，煤层赋存方向布置3个煤层孔；巷道沿煤层底板正常掘进时，垂直方向的前进方向上应至少布置1个钻孔探至煤层顶板，煤层赋存方向布置3个煤层孔。

②在3号或15号厚煤层进行掘进作业时，当通过走访调查和物探勘查，如能判定施工区域存在采空积水区或异常区，应至少布置8个探放水钻孔，煤层赋存方向布置5个孔，垂直方向的前进方向布置3个孔。巷道沿煤层顶板正常掘进时，3个垂直方向钻孔应探至煤层底板；巷道沿煤层底板正常掘进时，3个垂直方向钻孔应探至煤层顶板。

③在8号煤层进行掘进作业时，当通过走访调查或物探勘查，如能判定施工区域不存在采空积水区或异常区时，应在煤层赋存方向布置3个探放水钻孔。如存在采空积水区或异常区时，煤层赋存方向应至少应布置5个探放水钻孔。

以上所述情形可以根据各矿实际情况进行相应的调整，但应至少保证以上所要求的钻孔数量和钻孔布置的方式。

（5）回采工作面探放水钻孔设计参数应满足以下要求：

①按照相关文件及规定的要求，工作面回采之前，应在两顺槽每隔50 m布置一个探放水钻孔，顺槽两侧钻孔深度必须实现交叉，厚煤层应向煤层顶板方向增加一个探放水钻孔。对电法勘探、井下无线电波透视勘探查明工作面存在异常区域或地质构造，应对异常区域、构造位置进行针对性的钻孔验证。

②针对资源整合重组矿井，当通过走访调查和物探勘查，如能判定回采工作面存在采空破坏区时，除增加采空破坏区探放水验证孔密度外，还应在两顺槽每隔30 m布置一个探放水验证孔，同样，厚煤层应向煤层顶板方向增加一个探放水钻孔。

③如果工作面上方防隔水煤（岩）柱范围内存在富含水层水或上层煤采空区积水，必须提前对含水层富水区、上层煤采空积水区进行探放，确认安全后再进行回采作业。工作面防隔水煤（岩）柱上部存在有上层煤的采空积水区，倘若不对该积水区进行疏放，工作面回采前要委托水文科研院所进行论证，论证结论安全可靠后方可回采。

（6）针对影响采掘区域的物探异常区、本煤层及上覆煤层采空积水区、异常出水位置等区域要编制专项防治水工程设计及安全技术措施，由矿总工程师组织初审，报送公司进行批复备案。

（7）防治水科技术人员需随时掌握掘进进度情况，及时向探放水队下达探放水通知单，经总工程师签字确认下发后，方可进行探水作业。

（8）探放水钻孔施工必须满足设计要求，角度不得存在明显偏差，探测深度必须到位。

（9）在探水作业前，必须遵守以下规定：

①加强钻孔附近的巷道支护，确保巷道永久支护完成后方可施工；

②清理巷道浮煤，挖好排水沟；

③在打钻地点或其附近安设通信联络装置；

④施工现场要保证排水系统完善，有备用水泵；

⑤瓦检员在钻探前应检查现场瓦斯浓度及风量，确保通风环境可靠。

（10）在探放水过程中，如发现煤质松软、钻孔水量水压突然增大，并有顶钻现象，要立即停止钻探，但不得拔出钻杆，尽可能地关闭管口闸阀，通知附近人员撤离，并立即向矿调度室汇报。

（11）煤矿要严格执行探放水验收制度和探放水钻孔工程量计件制度，保证每孔必验，使探放水孔质量满足探放水设计规定。探放水孔验收必须由防治水科技术人员、安全员、探放水队班组长、掘进队班组长在现场签字确认并填写钻孔验收表，要严格做到谁签字、谁负责。验收人员要认真负责，保证每孔必验。专项探放水工程要实行单孔验收制度。

（12）探放水工作结束经验收合格确认安全后，由防治水科填写允许掘进通知单，待总工程师确认签字后下发给采掘队组，方可掘进施工。

5.27 有掘必探、探掘分离制度

（1）在采掘活动中，必须实现探掘分离作业，严禁以掘带探作业。

（2）在掘进前，必须先进行探放水作业，并对钻孔检查验收，确认安全后方可进行掘进作业，在地测防治水科没有下达允许掘进通知单前，任何施工单位不得从事掘进活动。要严格掘进进尺验收管理，严格控制掘进距离。

（3）探掘作业不得同时进行，要先钻探后掘进，探水作业前，由地测防治水科下发探水通知单，探放水队接到通知单后组织探水作业。探放水作业必须由专业的探放水队伍进行，并做到持证上岗。

（4）严格探掘管理相关制度，探放水作业经过安全质量验收，确认安全后由地测防治水科向掘进队下发允许掘进通知单，通知单必须明确掘进时间、掘进距离，任何人不得更改或超距离掘进。

（5）掘进过程中由当班的掘进队班组长、安全员对剩余允许掘进进尺进行确认，并填写现场的探放水钻孔验收、掘进进度公示牌，同时负责向调度室进行汇报，由矿调度室进行记录。

（6）地测防治水科根据调度室掌握的探掘班报情况，填写探掘日报表并上报地测防治水科长进行签字。

（7）地测防治水科根据探掘日报情况及时对掘进队下达停止掘进通知单、探水通知单，进行下一轮探水作业，依次循环。

（8）严格探掘分离作业程序，并经过安全质量验收，确认安全后由防治水科向掘进队下发允许掘进通知单，通知单必须明确掘进时间、掘进距离，任何人不得更改或超距离掘进。

5.28 防治水作业优先制度

（1）为了严格执行“预测预报、探掘分离、有掘必探、先探后掘、先治后采”原则，根据煤矿实际情况采取“探、防、堵、疏、排、截、监”的综合治理措施，真正把煤矿防治水工作放到首位，树立提前优先介入理念，切实做好矿井水害防治工作，特制定本制度。

（2）在新建、改建、延伸和日常采掘活动中，必须提前对区域内的水文地质情况、周边小煤窑采空区积水情况及各含水层进行调查和补充勘探工作，并采取物探、钻探等技术手段进行优先探测。

（3）建立探放水优先机制，把防治水工作纳入煤矿整体生产组织中，在安排安全、生产计划的同时首先安排探放水计划，使防治水工作优先化。

（4）在开拓、掘进、回采及采区封闭等设计编制及实施过程中，要有防治水机构的审查意见，以达到防治水工作的优先介入、优先施工的目的。

（5）在采掘活动中，要优先对采掘工作面周边情况进行预测预报，并结合井下瞬变电法超前探测，制定相应安全措施。在制定安全措施时，要优先制定防治水措施。

（6）在安全生产管理中，首先落实防治水的安全管理责任，优先建立防治水体系。在进行各项安全检查时，首先要检查防治水工作，把防治水工作列入日常安全活动中。

（7）在设备更新、提升技术装备、技术升级时，首先考虑防治水设备的更新和升级改造，使防治水工作在装备上得以保证，在技术上先进化。

（8）在制定单位各项计划时，要优先制定防治水计划，使防治水工程优先实施、优先投入、优先竣工验收。

（9）在采掘活动中，要严格遵守“有掘必探、先探后掘、不探不掘”的探放水工作程序，在没有进行探放水作业前不得从事采掘活动，真正把探放水工作放到第一位，实现防治水工作优先化。

5.29 物探先行、化探跟进、钻探验证工作制度

（1）采区设计之前必须完成地面物探（瞬变电磁或三维地震勘探），成果报告需经集团公司组织专家审查后批复，否则不得进行采区设计。

（2）有以下情况必须进行井下物探：

①井下各开拓、掘进工作面必须进行超前物探，并确保物探有效距离对钻探距离进行全覆盖，每次物探超前距不得少于20 m；

②井下回采工作面圈定后，必须进行坑透物探，并全覆盖；

③接近采空区、地面三维地震勘探成果解释的断层、陷落柱等构造段时，必须进行井下瞬变电磁勘探；

④接近地面、井下瞬变电磁勘探成果解释的富水区域必须进行井下瞬变电磁勘探；

⑤对掘进过程中出现的水文地质明显异常区域等必须进行井下瞬变电磁勘探。

（3）如物探成果与地质勘探报告存在分歧，安排进行再次物探验证。

（4）根据综合分析成果编制超前探放水设计，合理确定探放水钻孔布置工艺，严格按设计进行探放水及巷道超前钻探，进行钻探验证。

（5）钻探施工前，必须根据物探资料编制钻探施工安全技术措施。

（6）根据物探成果中的异常区域（富水区、采空区、陷落柱、断层等），具体确定钻探专项施工方案。

（7）及时将钻探结果组织技术人员进行化探分析，与物探成果相对比。如果结论一致，应按探放水作业相关规定，进行下一步工作。如果结论有差距，要联系物探施工单位重新对数据进行处理，分析论证误差产生的原因，直至搞清水害情况。

（8）不断改进单一的探测方法，将勘探与物探（水文地质调查）相结合、将物探与钻探相结合、将水平探与立体探相结合、将水样化探（验）与征兆预探（测）相结合，有效提高探水的可靠性和验证率。

（9）严格执行探掘分离制度，把“探水”作为掘进作业的前提条件，加强探放水进尺考核，确保“有掘必探”的有效实施。

（10）各相关科室要配合做好探掘施工的检查监督验收工作。

5.30 探放水效果验证工作制度

（1）钻探施工之前，必须提前取得物探成果报告，结合物探成果确定探放水钻孔位置、方位、倾角、深度及钻孔数目时，地测防治水技术人员要亲临现场，根据已批准的设计给予确定，确保钻孔标定准确。

（2）所有巷道施工前必须进行超前探放水，经对探放水施工评价验收合格后方可开始掘进，对探放水施工验收不合格时，不允许掘进。

（3）在每次探放水期间，地测防治水科应指派一名专业技术人员对探放水工作进行技术指导。

（4）每个钻孔结束后，由地测科专业人员、探放水队长（当班负责人）、采掘工作面安全员、驻矿安监站、调度室、掘进队长（当班负责人）共同对每个探水钻孔现场验收，记录每个钻孔的相关参数，为探放水结果综合评定提供基础性技术依据。

（5）探放水原始记录由探放水队当班填写（要记录钻孔方位、倾角、深度、钻孔出水情况、有害气体涌出情况）后交地测防治水科归档管理，作为验证探放水钻孔原始依据。

（6）每次探放水作业必须在同一位置达到探放水设计的要求，并进行探水效果安全确认。探水效果安全确认由地测防治水副总、地测防治水科和探放水人员，根据物探、钻探结果综合分析评定确

定探水效果，并有是否允许采掘及允许采掘距离的结论性意见。

（7）对于专项疏放水工程，疏放水工程结束后，必须在钻探工程前后进行物探施工，对结果进行对比分析，并施工验证钻孔对放水效果进行效果验证，确保积水疏放干净。并编制总结及施工效果评价报告，报经总工程师审批后存档。

5.31　重大水患停产撤人制度

（1）公司各矿必须根据本矿井的主要水害类型和可能发生水害事故，制定水害专项应急预案和现场处置方案。且每年都应当对应急预案修订并进行 1 次演练。煤矿管理人员和调度室人员必须熟悉水害应急预案和现场处置方案。

（2）在工作面回采以及巷道的开拓、掘进过程中，必须坚持“预测预报、探掘分离、有掘必探、先探后掘、先治后采”的防治水原则，采取“探、防、堵、疏、排、截、监”的综合防治措施。

（3）矿井设置的安全出口标识牌及避水灾路线，应清晰可见。井下现场所有人员必须熟悉掌握透水征兆和避水灾路线。

（4）采掘工作面或者其他地点发现有煤层变湿、挂红、挂汗、空气变冷、出现雾气、水叫、顶板来压、片帮、淋水加大、底板鼓起或者裂隙渗水、钻孔喷水、煤壁溃水、水色发浑、有臭味等透水征兆时，作业地点班组长应当立即停止作业，撤出所有受水害威胁地点的人员，报告调度室，并发出警报。在原因未查清、隐患未排除之前，不得进行任何采掘活动。

（5）当遇到暴雨天气时，生产指挥中心和信息科要及时预警，并采取相应应对措施，发现洪水灾害严重，可能引发淹井时，必须立即停产撤出井下所有作业人员。

（6）要严格执行“有掘必探、有疑必停、有险必撤”的紧急撤人原则，必须保证撤退路线安全畅通，且要严格执行“先撤人，后汇报”的制度。

（7）矿井调度室接到水情报告后，应当立即启动水害专项应急预案，根据来水方向、地点、水量等因素，确定人员的撤离路径，通知井下受水患影响地点的人员马上撤离，向值班负责人和矿井主要负责人汇报，并向公司汇报详细情况，同时将水患情况通知周边矿井。公司所属各矿要根据本矿井实际，制定翔实的采掘作业点出现透水征兆时的停产撤人制度，并在采掘作业中严格落实。

5.32　水患事故应急救援制度

（1）按照《煤矿防治水细则》的要求，各矿每年初要制定本年度《水害应急救援预案和现场处置方案》，分析本年度矿井水害类型及危害程度，明确应急指挥机构及职责、预防与预警、信息报告、应急处置、应急物资储备及恢复正常状态的原则和程序等内容。

（2）每年雨季前至少组织开展 1 次水害应急救援演练。

（3）领导小组成员接到水害事故报告后，必须在 5 min 内赶到调度室。领导小组根据事故性质和受害程度决定是否启动年度《水害应急救援预案和现场处置方案》，并指挥应急救援工作。

（4）预案启动时，领导小组成员必须成立以矿长为总指挥的抢险救灾指挥部，迅速开展事故抢救工作，采取措施确保抢险工作顺利进行和矿区稳定。有关救援小组立即赶赴事故现场，进行事故的抢险救援工作。

（5）预案启动时，必须由领导小组组长在矿调度室指挥，并及时了解更新内容，包括：

①发生事故的区队、时间、地点；

②发生事故类型；

③事故波及范围，人员遇险情况；

④事故原因初步判断；

⑤已采取的应急救援措施；

⑥发生事故前事故地点通风、供电、有害气体等情况。

事故情况一时难以弄清时，首先报告事故简要情况。24 h 内拿出书面事故详细情况。

（6）领导小组下设的各小组，要各司其职，相关单位恪尽职守。坚持执行 24 h 值班制度，保证电话 24 h 畅通。

（7）现场应急救援人员根据需要佩带专业防护装备，采取安全防护措施，严格执行应急救援人员进入和离开现场规定。领导小组根据需要具体协调，调集相应的安全防护装备。要及时观测井下水仓水位、水量增减，保证水仓内的水及时排出，必须保证水仓有效容量，防止积水过多，造成排水不及时而淹设备。

（8）灾害事故现场得以控制，事故危害消除和遇险人员获救后，环境符合有关标准，导致次生、衍生事故隐患消除后，经事故现场领导小组批准后，由总指挥下达终止行动命令。

（9）应急救援行动结束后，由领导小组组织有关人员对整个救援行动进行评估，写出报告，并对救援行动进行总结，形成书面材料上报公司。

（10）在《水害应急救援预案和现场处置方案》的实施过程中，公司依据考核情况，组织进行奖评，奖励贡献突出人员；通报批评在预案实施期间，由于某些相关单位工作疏忽、监督不力，导致人为因素造成水灾损失，对相关单位处以相应罚款。

5.33　防治水安全确认签字移交制度

（1）严格落实“预测预报、探掘分离、有掘必探，先探后掘、先治后采”的防治水原则，落实公司提出的“探掘分离、有掘必探、钻探留痕、见痕掘进、班班确认”的钻探管理要求。

（2）矿井进行采掘活动时，防治水科必须根据现场及水文地质条件编制合理的探放水设计及安全技术措施。探放水设计要符合《煤矿防治水细则》的要求，并经各部门领导审批批准后，方可进行施工。

（3）探放水队必须严格按照设计的方位、角度、孔深进行施工，防治水科技术人员进行现场监督。钻探施工中，防治水技术人员、跟班安全员要随时观察现场情况，若发现有水情异常情况，要终止钻探工作，撤离人员并进行汇报。

（4）探放水队负责人必须认真填写“探放水钻孔验收、掘进进度记录牌板”“探放水钻孔现场验收、安全确认移交表”，移交表中必须对钻探情况与结论进行描述，填写采掘工作中应注意的防治水事项，必须明确允许掘进距离。

（5）钻探结束后要由总工程师组织安排人员对探放水钻孔施工质量进行验收。验收组由总工程师（或地测副总工程师）、防治水科、安全科、探水队、掘进队、驻矿安监员组成。

（6）验收人员签字前要查明探放水钻孔施工是否符合设计要求，是否合格。若不合格，可拒在移交单上签字，对探放水队做出罚款处罚，并责令探放水队重新施工。作业完成后，等待再次验收；若合格，只有所有验收人员签字允许采掘，方可进行采掘作业。

（7）若未经过所有验收人员签字允许采掘，私自进行采掘作业的，责令立即停止采掘活动，并对采掘队组负责人处以处罚。

（8）掘进队组在掘进过程中发现有水害情况，探放水队负责人在交接单上未填写安全技术措施的必须立即停止作业，责令探放水队重新补打钻孔，探明前方实际情况。

（9）防治水科必须根据探水结果下发允许掘进通知单。

（10）探水队负责人和工作面采掘施工负责人必须在现场进行交接班，不得在其他地点进行交接班或口头交接班。

（11）“探放水钻孔现场验收、安全确认移交表”需移交于防治水科，由防治水科分巷道、采面按照时间顺序进行整理归档，以备时时查询。

5.34　煤矿防治水“三专两探一撤”制度

第一章　总　　则

第一条　为进一步提升煤矿防治水工作水平，有效防范化解煤矿重大水害风险，防止和减少水害事故发生，保障职工生命安全和健康，根据《安全生产法》《煤矿安全规程》《煤矿防治水细则》等，结合山西省煤矿水害防治工作实际，制定本规定。

第二条　煤矿防治水工作必须坚持“预测预报、探掘分离、有掘必探、先探后掘、先治后采”的原则，根据不同的水文地质条件，采取探、防、堵、疏、排、截、监等综合防治措施。

第三条　煤矿防治水“三专两探一撤”是指煤矿按要求配备防治水专业技术人员、建立专门的探放水队伍、配齐专用的探放水设备，采用物探、钻探等方法进行探放水，且在遇到重大险情时必须立即停产撤人等工作的统称。

第四条　煤炭企业、煤矿必须落实防治水的主体责任，建立健全防治水责任体系。煤矿主要负责人（法定代表人、实际控制人，下同）是本单位防治水工作的第一责任人，必须采取工程措施、技术措施和管理措施防治各种水害，特别要保证“三专两探一撤”规定的落实。煤矿总工程师（技术负责人，下同）是防治水技术管理总负责人，负责组织制定“三专两探一撤”各项规章制度、规划和计划、专项设计和安全技术措施，提出实施“三专两探一撤”工作的专项资金使用建议。定期组织开展水患排查活动，研究制定和落实治理措施。煤炭企业、煤矿应当设立防治水机构，配备防治水副总工程师和专业技术（管理）人员。防治水机构必须明确主要负责人、机构职能配置和人员编制。防治水副总工程师必须具有地质或水文地质相关专业学历及中级以上技术职称，主要协助总工程师做好防治水技术管理各项工作。

第五条　煤矿除建立健全《煤矿防治水细则》第六条规定的7项制度外，还应当建立探放水作业优先制度、探掘分离制度、探放水作业质量验收（含单孔和循环验收）及安全确认移交制度、探放水作业现场图牌板管理制度、探放水日常巡检及绩效考核制度。

第六条　本规定适用于井工煤矿防治水工作。露天煤矿防治水工作执行《煤矿防治水细则》有关规定。

第二章　专业技术人员　专门探放水队伍　专用探放水设备

第七条　煤炭企业、煤矿必须配备满足工作需要的防治水专业技术人员，每个煤矿至少配备1名地质类专业技术人员（全日制院校毕业）；水文地质类型复杂、极复杂的煤矿至少配备2名地质类专业技术人员（全日制院校毕业）。专业技术人员应掌握矿井水文地质、防治水专业知识，掌握相关岗位职责、管理制度、技术措施，熟悉本专业操作技能。煤炭企业、煤矿应当定期对防治水专业技术人员进行新技术、新知识、新方法的再培训教育，不断提高防治水工作的理论水平和实际操作能力。

第八条　煤矿必须建立满足工作需要的专门探放水队伍。探放水队伍专职负责探放水工作，由防治水机构统一管理。煤矿专职探放水作业人员的数量应不少于该矿开掘工作面数量的3倍。探放水作业人员必须经专门的安全技术培训和考核合格并取得《特种作业操作证》后，方可上岗作业。

第九条　煤矿必须配备满足探放水作业需要的专用探放水设备，必须保证每个开掘工作面配备一台探放水钻机，要有相应的备品备件。采煤工作面根据工作面防治水的实际情况适当配备。鼓励使用三维地震勘探等地表物探手段、水源快速检测识别、定向钻探、钻孔窥视分析仪等探放水新技术、新装备，提高探放水科技水平。探放水设备由专业技术人员和专职探放水队伍施工使用，由专人负责保管、及时维护保养，确保其正常使用。严禁使用非专用探放水钻机进行探放水作业。

第三章 物 探 钻 探

第十条 煤矿防治水首先要以物探、钻探等手段进行综合勘探，并辅以水文地质实验（化探）、长期动态观（监）测等方法查明井田水文地质条件。

第十一条 在采掘前应采用物探、钻探等方法，执行“物探先行，钻探验证”程序，做到相互验证，查清采掘工作面及周边老空水、含水层富水性以及地质构造等情况。在水害隐患未查明或者未消除之前，严禁进行采掘活动。

第十二条 井下物探作业前，应当根据采掘工作面的实际情况和工作目的等编写设计，设计由煤矿总工程师组织审批。采煤工作面应当选择两种以上物探方法，相互验证。物探施工结束后，应当提交成果报告，由煤矿总工程师组织验收。

第十三条 采掘工作面在探水前必须由专业技术人员按照“一矿一策”、“一面一策”的原则，结合物探成果，分析水文地质情况，确定探水线和警戒线，并绘制在采掘工程平面图和矿井充水性图上。在此基础上编制相应的探放水设计及安全技术措施，由煤矿总工程师组织生产、安检、地测等有关部门会审后严格落实。

第十四条 严格执行探放水作业优先、探掘分离制度，探放水前要及时下发停止采掘通知单。严禁在探放水区域安排各类生产活动。

第十五条 采用钻探方法进行探放水，必须由专职探放水队伍严格按照探放水设计及安全技术措施使用专用钻机进行探放水施工。

第十六条 煤矿领导带班下井人员、煤矿防治水机构和安检部门人员应当加强探放水作业的检查巡视，及时掌握当班探放水作业状况，随机抽查钻探情况。对未按规程、措施和探放水设计的技术要求进行探放水施工的，要严肃考核问责。鼓励煤矿建立钻探作业现场的视频监控系统，实现“一钻一视频”，在地面通过视频对打钻现场的钻进、退杆进行实时监督。

第十七条 加强钻探效果评估，应当将施工的探放水钻孔及时如实填绘至探放水施工效果评价图，分析评估探放水施工成效。

第十八条 探放水作业要做好现场记录、图牌板填制、施工总结、效果分析评价等，并提交探放水总结报告，做到资料准确完整、内容相互支撑、技术数据相对可靠。

第十九条 严格执行探放水验收制度，探放水后要由煤矿防治水机构和安检等部门共同组织对探放水作业工程进行验收考核。验收合格并确认探放水作业工程控制的区域安全后下发允许采掘通知单，且必须严格在允许采掘通知单明确的范围内进行采掘作业。

第四章 重大险情停产撤人

第二十条 煤矿应当开展水害风险评估，建立重大险情停产撤人制度以及应急处置制度，制定水害应急专项预案和现场处置方案。煤矿主要负责人要签订授权书，必须赋予调度员、安检员、井下带班人员、班组长等相关人员紧急撤人的权力，发现突水征兆、极端天气可能导致淹井等重大险情果断处置，第一时间下达撤人命令。

第二十一条 煤矿应当制定培训、演练计划和方案，组织开展防治水知识、水害风险和隐患识别、应急制度和预案、应急知识、自救互救、避险逃生技能的教育培训和应急演练，使煤矿管理人员、调度人员和其他相关作业人员熟悉作业场所和工作岗位存在的危险因素、防范措施以及预案内容、应急职责、应急处置程序和措施。

第二十二条 煤矿必须规定避水灾路线，按有关要求在采区巷道、主要巷道、巷道交叉口设置清晰可见的避水灾标识，并让井下职工熟知，一旦遇有险情，能够安全撤离。

第二十三条 探放水钻进时，发现煤岩松软、片帮、来压或者钻孔中水压、水量突然增大和顶钻等突水征兆时，立即停止钻进，但不得拔出钻杆，立即撤出所有受水威胁区域的人员到安全地点，并报告煤矿调度室，向其他作业区域报警。

第二十四条　要加强探放水钻孔施工期间瓦斯及有毒有害气体异常涌出的安全防范。探放老空水时，预计可能发生瓦斯或者其他有害气体涌出，应当安排瓦检员或矿山救护队在现场监测监护。当瓦斯或者其他有毒有害气体浓度超过有关规定，必须立即停止钻进，切断电源，撤出人员，并报告煤矿调度室，查明原因，安全处置。

第二十五条　采掘作业过程中或其他地点发现有水害征兆时，应当立即停止作业，撤出所有受水威胁地点的人员，并立即报告煤矿调度室，向其他作业区域报警。

第二十六条　煤矿调度室接到水情报告后，立即向井下受水威胁地点的人员发出警报信号组织紧急撤离，并向值班负责人和煤矿主要负责人汇报。

第二十七条　煤矿总工程师、防治水副总工程师和防治水机构接到水情报告后，立即组织专业技术人员监测水情并分析，研究制定科学安全有效的治理措施，妥善处理事故隐患。

5.35　井下探放水作业及日常防治水工作管控制度

为加强煤矿的探放水作业以及地测防治水技术管理基础工作，消除水害隐患，实现矿井安全生产，依据《中华人民共和国安全生产法》《煤矿安全规程》《煤矿防治水细则》《煤矿地质工作规定》等国家有关安全生产的法律、法规、标准、规章、规程和相关技术规范以及公司有关文件和会议精神，特制定井下探放水作业及日常防治水工作管控制度。

第一章　井下探放水作业管控

第一节　总　　则

（1）矿井应当配备满足工作需要的地质、水文地质等专业技术人员，配齐专用探放水设备，建立专门的探放水作业队伍，加强防治水技术管理的有效性和持续性。

（2）严格落实“预测预报、探掘分离、有掘必探，先探后掘、先治后采”的防治水原则，落实公司领导提出的“探掘分离、有掘必探、钻探留痕、有痕掘进、班班确认”的钻探管理要求。

（3）建立探放水作业优先机制。把探放水工作纳入整体生产组织中，在安排生产计划的同时首先安排探放水计划，使探放水工作达到优先介入、优先施工的目的。

（4）矿井采掘活动区域必须采用走访调查、三维地震勘探、地面瞬变电法勘探等手段，切实查明构造、老空区、小窑的积水位置、范围水量等水害情况，并划定“三线”。

第二节　设　　计

（5）矿井进行采掘活动时，防治水科必须根据现场及水文地质条件编制合理的探放水设计及安全技术措施。

（6）探放水设计要符合《煤矿防治水细则》《山西省煤矿老空水害防治工作规定》的要求，并经各部门领导批准后，方可进行施工。

（7）所有防治水工程必须编制专项设计和施工安全技术措施，设计和措施由矿总工程师审定后报公司审批、备案后，方可进行钻探施工。

（8）探放水队施工人员以及钻孔验收人员必须对探放水设计以及施工安全技术措施进行学习，并有相关学习记录。

第三节　施　　工

（9）钻机安装前，要安排专人负责，组织地测防治水、安监、调度、瓦斯、机电等部门有关人员以及探水队、采掘队负责人对钻探现场的支护、通讯、排水等进行检查验收，确认安全、合格后，方可安装钻机、进行设计钻孔标定、允许探水队开钻施工。

（10）探放水队必须严格按照设计的方位、角度、孔深进行施工，防治水科技术人员进行现场监督。钻探施工中，防治水技术人员、跟班安全员要随时观察现场情况，若发现有水情异常情况，要终止钻探工作，撤离人员并进行汇报。

（11）专项钻探工程。

①按设计钻进的钻孔未能钻进到采（古）空区、含水层或已钻进到设计层位但未出现涌水等情况，要及时报告地测防治水和调度等部门，分析原因，采取相应措施。

②在探放水钻进时，发现煤岩松软、片帮、来压或者钻孔中水压、水量突然增大和顶钻等突（透）水征兆时，应当立即停止钻进，现场负责人立即向矿井调度室汇报，撤出所有受水威胁区域的人员；钻进过程中，如果发现已到设计层位或钻进至采（古）空区，且钻孔中出现水压、水量增大等情况，必须立即报告调度、地测防治水部门，由地测防治水部门做出继续钻进或停止钻进指令。上述两种情况，探水队都要做好记录备查。

③放水过程中，地测防治水部门要及时观测放水水量、水压，并做好记录备查。

④放水钻孔按设计施工完毕后，必须采用物探、钻探等方法进行放水效果验证，确认施钻目的区段的水放完、放净。

⑤放水结束后，地测防治水部门应及时分析放水量和预计积水量的误差，查明原因。如果实际放水量远小于预计积水量，要及时补钻，继续探放。

第四节　验　　收

（12）日常钻探工程验收。

①单孔验收：要安排专人负责，组织地测防治水科、当班钻探负责人、当班安全员等进行验收。

钻孔施工全部结束后，要安排专人负责，组织防治水科、安监科、调度室和探水队等联合验收。

②现场验收钻探进尺、钻孔方位、钻孔倾角等参数。

③钻孔进尺、钻孔方位、钻孔倾角等没有达到设计要求（遇老空或构造除外）都视为废孔，并通知地测防治水部门重新现场定孔、补探。

④钻探验收合格后，由防治水技术人员填写钻探验收单，验收单内容包括探水位置、探水时间、班次、钻孔方位、倾角、孔深和钻探情况等内容，由验收人员签字后存档保存。

（13）专门探放水工程验收。

①放水工程结束后，必须由二级公司总工程师牵头，二级公司和矿井的地测防治水、安监、调度、通风、探水队、采掘等部门人员共同验收，现场检查钻探施工记录，物探、钻探验证记录或报告以及钻孔出水量、水压记录等相关资料，确认放水工程符合设计要求，且不影响安全生产和采掘作业，签署验收意见，并做好签字记录。

矿井地测防治水部门要编制探放水竣工报告，上报矿井总工程师和二级公司管理部门。

②为预防探放老空水过程中有毒有害气体涌出，应由专职瓦斯检查员随时检查放水区域内瓦斯、氧气、硫化氢、一氧化碳、二氧化碳等气体成分，出现异常时，及时采取措施进行处理。

有毒有害气体检查要做好专门记录。

③放水工程经验收合格后，由矿井地测防治水部门编制允许掘进（回采）通知单，经矿井总工程师审查同意后发送采掘队，方可恢复采掘作业。

（14）探放水队负责人必须认真填写“探放水钻孔验收、掘进进度记录牌板”“探放水钻孔现场验收、安全确认移交表”，移交表中必须对钻探情况与结论进行描述，填写采掘工作中应注意的防治水事项，必须明确允许掘进距离。

（15）若未经过所有验收人员签字允许采掘，私自进行采掘作业的，责令立即停止采掘活动，并对采掘队组负责人处以经济处罚。

（16）防治水科必须根据探水结果下发允许掘进通知单。

（17）每次钻探工程结束后，总工程师组织安全确认签字移交，确认移交后，由地测防治水部门编制允许掘进通知单，经矿井总工程师审查后，发送掘进队恢复掘进施工。

（18）“探放水钻孔现场验收、安全确认移交表”需移交于防治水科，由防治水科分巷道、采面按照时间顺序进行整理归档，以备时时查询。

第五节　现　场　管　理

（19）为了强化探放水现场的标准化管理，统一探放水表格及通知单的管理，严格落实“一图、一板、一牌、三单、两表”的管理模式。

①“图、牌、板”管理。“一图”就是探放水钻孔设计图，“一板”就是探放水钻孔施工验收记录牌板，“一牌”就是探放水位置牌。

探放水钻孔设计图和探放水钻孔验收、掘进进度记录牌板参照公司下发的格式进行制作，悬挂地点为距离迎头30m范围内。要求牌板悬挂平直，内容填写字迹清晰、准确，符合现场实际情况；探放水位置牌要固定在探水位置，不能随意移动。

②“三单”管理。

“探放水通知单”，由防治水科下发给探放水队，探放水队接到通知单后，要在通知单指定位置按照探放水设计进行探放水作业。

“允许掘进通知单”，由防治水科下发给掘进队，掘进队接到通知单后方可组织掘进施工。

“掘进停止通知单”，由防治水科下发给掘进队，掘进队接到通知单后，必须在通知单限定位置前停止掘进施工。

“三单”应至少提前一个工作日下发，下发前由防治水科科长、矿总工程师签字确认，探放水队队长、掘进队队长签字接收。“三单”原件由防治水科装订保管，探放水队、掘进队保管复印件待查。

③“两表”管理。

（a）“探放水钻孔现场验收、安全确认移交表”。

探放水钻孔施工过程中，探放水队技术人员要对钻探现场的实时情况进行描述记录，原始记录本执行班移交制度。探放水钻孔的参数要满足探放水设计要求，钻孔施工结束后，至少要有防治水科技术员、当班安全员、探放水队班组长、掘进队班组长对所施工钻孔共同参与验收，现场填写探放水钻孔验收、移交表，并现场签字确认。探放水钻孔现场验收、安全确认移交表由防治水科装订保管。

（b）“探掘日报表”。

探掘日报表是掌控探放水钻孔施工与掘进进度衔接的综合性报表，是有效控制探放水队钻孔施工与掘进队掘进施工的一个报表。要求各矿每日下午5：30之前电子版上报防治水中心，对重点放水工程要电话上报；各煤矿调度会要对当日“探掘日报表”进行通报。

（20）探放水队对所使用的钻探设备、设施要进行规范化管理，钻机、钻杆、钻头、油泵及探测杆要整齐摆放在距迎头100 m范围内，并悬挂管理牌板，对设施的名称及技术参数进行标识。

（21）掘进工作面要安设满足排水需要的排水系统，必须保证排水管路及水泵一用一备。水泵及排水管路要实现挂牌管理，水泵管理牌应标识水泵基本参数，排水管标识牌应保证至少每50 m悬挂一组。排水管路及水泵必须随着掘进及时跟进，每次探水前必须保证系统完善。

（22）钻孔留痕管理。

①各煤矿要健全钻孔确认制度，掘进队要对钻孔可视化进行班移交管理，实行现场签字确认程

序。掘进施工前，由当班安全员和掘进队当班队干共同对超前钻孔进行核实与确认，并填写《掘进工作面钻孔可视化确认单》（此确认单由防治水科统一编号，留档保存）。现场看不到孔眼时，要立即进行补探，确保“见痕掘进、班班确认”执行到位。

②巷道两侧帮孔也要实行留痕管理，要对帮孔进行标识管理，如采用喷漆、钉木橛或悬挂号牌等方式。

③特别要求：凡是在公司突查、检查中发现对“钻探留痕、见痕掘进、班班确认”执行不到位的，将对现场做出停工处理，在全公司进行通报，并在矿井月度考核中进行考核。

第二章　防治水日常事务管理

（23）矿井应当编制防治水中长期规划（5～10年）和年度计划，并组织实施。每年年初编制防治水工作年度计划、水害应急专项预案和现场处置方案，并组织评审。

（24）矿井受水害威胁的区域，巷道掘进前，地测部门应当提出水文地质情况分析报告和水害防治措施，由煤矿总工程师组织生产、安检、地测等有关单位审批。

（25）工作面回采前，应当查清采煤工作面及周边老空水、含水层富水性和断层、陷落柱含（导）水性等情况。地测部门应当提出专门水文地质情况评价报告和水害隐患治理情况分析报告，经煤矿总工程师组织生产、安检、地测等有关单位审批后，方可回采。发现断层、裂隙或者陷落柱等构造充水的，应当采取注浆加固或者留设防隔水煤（岩）柱等安全措施；否则，不得回采。

（26）煤矿应当查清矿区、井田及其周边对矿井开采有影响的河流、湖泊、水库等地表水系和有关水利工程的汇水、疏水、渗漏情况，掌握当地历年降水量和历史最高洪水位资料，建立疏水、防水和排水系统。

煤矿应当查明采矿塌陷区、地裂缝区分布情况及其地表汇水情况。

（27）每年雨季前，必须对煤矿防治水工作进行全面检查，制定雨季防治水措施，建立雨季巡视制度，组织抢险队伍并进行演练，储备足够的防洪抢险物资。对检查出的事故隐患，应当制定措施，落实资金，责任到人，并限定在汛期前完成整改。需要施工防治水工程的应当有专门设计，工程竣工后由煤矿总工程师组织验收。

（28）煤矿应当开展老空分布范围及积水情况调查工作，查清矿井和周边老空及积水情况，调查内容包括老空位置、形成时间、范围、层位、积水情况、补给来源等。老空范围不清、积水情况不明的区域，必须采取井上下结合的钻探、物探、化探等综合技术手段进行探查，编制矿井老空水害评价报告，制定老空水防治方案。

（29）根据生产需要，开拓新采区或新工作面在采掘前必须查明煤层发育情况、顶底板岩性及力学性质、地质构造、陷落柱、岩浆岩、冲刷带、瓦斯赋存规律及水文地质特征等地质条件，要系统地收集、编录所揭露井巷的地质、水文地质资料，及时编制各种地质、水文地质资料报告、地质说明书等相关资料，并保障资料及时提供。

①地质说明书：采区设计前3个月内应提出采区地质说明书；掘进工作面设计前1个月，应提出掘进工作面地质说明书；回采工作面形成后，应开展相关物探、钻探等补充地质工作，查明工作面内部地质构造情况，并在10日内提出回采工作面地质说明书；各项地质说明书需由总工程师审批。

②采后总结：工作面回采结束后，要根据实际揭露的地质、水文地质条件、资源储量及回采率等进行对比分析，30日内提出采后地质总结报告，报矿井总工程师审核。

（30）每年年初，根据年度采掘计划，结合矿井水文地质资料，全面分析水害隐患，提出水害预测表及水害预测图。在采掘过程中，对预测图、表逐月进行检查，不断补充和修正。

（31）每月根据下月采掘计划编制月度水情水害预报和地质预报，经总工程师审批后，于28日前报公司地测与防治水中心邮箱，同时将预报发放有关科室及队组。

(32) 当掘进、回采前方区域地质、水文地质条件发生变化或与预报情况不一致时，应及时补充临时性预报，总工审核后下发相关队组。

(33) 每月 3 日之前上报储量月报表和年度钻探、物探计划完成情况表，做到数据可靠且与生产、调度等部门一致。

(34) 每月末上报月度工作总结，做好月度完成主要工作、钻探、物探、放水、上级检查、下月工作安排等总结计划工作。

(35) 每周四 12 点之前将周报上报公司地测与防治水中心，确保钻探、物探进尺，涌水量等数据准确可靠。

(36) 矿井必须按规定编制地质、水文地质图件，要建立数字化图件，内容真实可靠，并每半年对图纸内容进行修正完善。

(37) 所有防治水工程都要进行专项设计，编制安全技术措施，并由总工程师组织审批，报公司备案。

(38) 省厅、市局、集团公司等上级部门检查时，矿方应及时与公司对应部室汇报，有较大、重大隐患时应及时与公司领导沟通；地测防治水科应时刻跟踪隐患整改情况，整改完成后报公司地测与防治水中心。

(39) 探放水钻探信息上报。

①由防治水科现场验收人员负责探放水钻探信息上报工作，信息上报要准确及时，包括钻探时间、地点、钻探进尺、钻孔方位、钻孔倾角等参数、有无返水异常、钻探遇空（瓦斯、一氧化碳等有害气体浓度）。

②防治水科给矿调度上报的探放水钻探信息必须与上报至公司地测与防治水中心的信息一致，不得存在虚报瞒报、信息不一致的情况。

③每日上报的《探掘日报表》必须如实填写，信息准确、全面，有需要解释说明的情况在备注一栏中注明。

④钻探有异常时（如：出水、遇空、返水异常等）矿方必须及时通过电话、短信等方式上报公司相关业务部门，重要情况向分管领导汇报。

(40) 掘进、回采时揭露异常时信息上报。

①掘进、回采时揭露断层、陷落柱、旧巷等地质异常时，需立即上报至公司地测与防治水中心，不得虚报瞒报，要做到上报信息及时、准确、完整。

②掘进、回采时揭露断层、陷落柱、旧巷等地质异常时，地测人员需进行地质观测，进行地质素描。

③断层观测包括：断层面的形态、擦痕和阶步特征，断层面的产状要素和擦痕的侧伏角；断层带中构造岩的成分和分布特征，断层带的宽度和充填、胶结情况及充水性等；断层两盘煤、岩层的层位、岩性、产状、错位和牵引特征、伴生和派生小构造、断层类型；断层附近煤层厚度、煤体结构、围岩破碎程度、出水和瓦斯涌出情况等。

④陷落柱观测包括：形状、大小和陷落角；柱面形态；充填物的岩性、层位、密实程度和含水性；陷落柱附近煤、岩层的产状要素等；陷落柱的伴生构造。

⑤旧巷观测包括：巷道延伸方向、长度；巷道高度、宽度、支护方式；顶底板情况、有害气体浓度等。

⑥揭露其他地质异常时，根据《地质工作规定》进行观测、素描及综合分析。

(41) 疏放水工程信息上报。

①专项疏放水工程，必须编制专项探放水设计和施工安全技术措施，设计和措施由矿总工程师审定后报公司审批、备案后，方可进行钻探施工。

②施工钻孔放水前，应当估计积水量，并根据排水能力和水仓容量，控制放水流量，防止淹井淹面；放水时，应当设有专人监测钻孔出水情况，测定水量和水压，做好记录。如果水量突然变化，应当分析原因，及时处理，并立即报告矿井调度室。

③地测防治水科技术人员必须跟踪掌握专项疏放水工程进度，时刻掌握水压、涌水量、累计疏放水量、剩余水量以及时间等信息。

④防治水科必须每天将疏放水相关信息上报至公司地测与防治水中心。

第三章　处　罚　办　法

（42）钻探处罚规定。

为加强采掘工作面钻探场施工和验收管理，牢固确立“有掘必探、钻探留痕、见痕掘进、班班确认”的十六字方针，结合公司实际情况，特制订本处罚规定。

①探放水设计钻孔布置不合理、设计未按程序进行审核，对矿总工程师、防治水副总、防治水科长处以300~500元罚款。

②掘进工作面未配备钻孔轨迹测量仪、探测杆，对矿总工程师、防治水副总处以300元罚款。

③钻孔施工质量差，钻孔方位、倾角、孔深与设计存在偏差，视具体情况对矿探放水队负责人，当班班组长、作业人员处以300~500元罚款。钻孔施工质量差且通过验收的，对参与验收的所有人员各处以100~200元罚款。

④钻孔现场验收过程中，存在未使用轨迹仪或探测杆进行逐孔验收、验收表存在代签、定位轨迹与现场不符等造假情形的，对当事人每次各处以100~200元罚款。

⑤无钻探原始记录、记录内容缺失或记录造假，对记录人员每次处以100元罚款。

⑥专项放水工程无放水量、水压（水位）观测记录或记录造假，对矿防治水科长及观测记录人员处以100~300元罚款。

⑦专项探放水工程结束后，未报公司组织现场验收的，对矿总工程师处以500元罚款。

（43）物探处罚规定。

①没有专用物探设备、物探技术人员或未与物探资质单位签署合作协议，使物探工作不能正常开展的，对矿总工程师、防治水副总工程师处以1000元罚款。

②超前物探设计、物探成果报告未经矿总工程师组织审核确认的，对矿总工程师处以500元罚款。

③井下超前物探未能连续跟踪的，对防治水副总工程师、防治水科长分别处以300元罚款。

④针对超前物探探测到的异常区，应在超前钻探中调整钻孔布置，并对异常区进行钻探验证，钻探验证工作不到位，视情况对矿防治水副总、防治水科长处以200~300元罚款。

⑤物探成果与钻探探测、掘进揭露情况存在较大偏差的，对矿物探作业人员处以100~300元罚款；对于物探工作委外矿井，物探成果多次与实际出入较大，应终止合作协议，更换资质单位。

（44）日常资料上报、信息反馈处罚规定。

①对钻探信息、采掘活动揭露地质异常、专项疏放水工程、日常报表、临时任务等反馈执行不到位的矿井，将在月度考核中进行扣分处理，严重者予以经济处罚，并在季度总工程师例会上通报。

②采掘工作无计划揭露构造（断层为3 m以上）、陷落柱（5 m以上）、老空、旧巷等时，月度考核中扣分5~20分处理，造成严重后果的，予以矿总工程师、防治水副总工程师、防治水科经济处罚。

③钻探信息、采掘活动揭露地质异常、专项疏放水工程等信息未上报或瞒报的矿井，将在月度考核中扣分5分以上处理，并予以防治水科经济处罚。

④对于信息迟报或者上报信息有误的矿井，处以防治水科1000元以下罚款，月度考核中扣5分

以下处理。

⑤对于信息反馈不完整的，根据月度考核办法酌情在月度考核中体现。

⑥对于日常上报报表、临时性任务完成不到位的，根据造成的后果，予以经济处罚或者在月度考核中扣分处理。

5.36　探放水作业现场图牌板管理制度

(1) 公司各煤矿必须严格执行“有掘必探、钻探留痕、见痕掘进、班班确认”的十六字要求，并作为防治水工作亮点进行推广。

(2) 井下掘进面必须执行有掘必探工作，严格按照探放水设计施工探放水钻孔，钻孔深度及角度不得存在明显偏差。

(3) 掘进队班组要对钻孔可视化进行班移交管理，必须将钻孔可见作为一项交接班内容。掘进队组当班作业前，由当班安全员和掘进队当班队干共同对超前钻孔进行核实与确认，填写《掘进工作面钻孔可视化确认单》；现场看不到孔眼或经探测后钻孔深度明显不够安全距离的，严禁掘进作业。

(4) 巷道出露帮孔要实行留痕管理，要对帮孔进行标识管理，悬挂编号牌、钉木塞管理帮孔。

(5)“有掘必探、钻探留痕、见痕掘进、班班确认”工作考核办法：

①现场抽检钻孔不合格的（包括钻孔数量不够、钻孔深度不足、角度存在明显偏差等情形），发现一次，扣除当月考核分数1~2分。

②现场未见钻孔，发现一次，扣除当月考核分数5分。

③公司每季度总工程师技术例会上对各煤矿“钻探留痕”工作执行情况进行通报。

(6) 矿井探放水工作的完成情况直接关系到井下采掘活动是否安全可靠，对于积极探索高效钻探方式、改进钻探工艺和方法、进行合理创新的矿井，经公司考核认定后，将给予相应考核加分，并申报公司领导进行奖励。

(7) 严格落实公司“一图、一牌、一板”的管理要求，其中：“一图”指探放水钻孔设计图，“一牌”指探放水位置牌，“一板”指探放水钻孔验收、掘进进度记录牌板。

(8) 探放水钻孔设计图和探放水钻孔验收、掘进进度记录牌板悬挂地点为距离迎头30 m范围内。要求牌板悬挂平直，内容填写字迹清晰、准确，符合现场实际情况；探放水位置牌要固定在探水位置，不能随意移动。

(9) 图牌板规格尺寸：

探放水钻孔设计图规格尺寸：800 mm×500 mm；探放水钻孔验收、掘进进度记录牌板规格尺寸：800 mm×500 mm；探放水钻探位置牌板规格尺寸：400 mm×300 mm。

5.37　钻孔轨迹测量仪使用管理制度

(1) 钻孔轨迹仪要与井下探放水工作配合进行。在井下钻探工作中，要使用钻孔轨迹仪对钻孔进行单孔验收。

(2) 使用钻孔轨迹仪验收后，钻孔若出现与设计角度偏差较大的情况时，要重新钻探。重新钻探后，仍需用钻孔轨迹仪对补打钻孔进行验收。

(3) 对每一循环钻探验收情况要如实记录，并由相关人员签字确认。

(4) 钻孔轨迹仪为精密电子仪器设备，使用过程中一定要注意防护，轻拿轻放，否则容易损坏，影响正常使用。

(5) 电池有记忆效应，电池在一次满充后大约能连续使用8 h左右，要每次能使用到低于最低工作电压（11.2 V）时再进行充电，这样能减小电池记忆效应的影响，延长电池的正常使用寿命。

(6) 所有的连接线，在使用时必须先连接好后再开机，在要断开连接线时，必须先关机，然后再断开连接线。

(7) 仪器应能在温度为 -10 ~ +40 ℃，相对湿度不大于90%的环境中储存。

(8) 仪器在长期存放不用时，每间隔60天要检查一次仪器的电池电量，电量不足需立即充电。电池禁止在无电状态下长时间存放，否则严重影响电池的使用寿命。

(9) 使用过程中有问题时请及时联系经销商或生产厂家，严禁自行拆开修理。

5.38 地测防治水事故和隐患分析、责任追究制度

第一条 对于地质、测量、防治水专业事故，必须按照“四不放过”的原则，认真执行好一事故、一分析、一处理。

第二条 发生地质、测量、防治水专业轻伤、重伤事故，在抢险救灾结束后，由矿当班值班领导牵头，安全科负责，事故相关人员参与进行事故调查、分析、处理，事故发生一周内必须形成事故调查处理报告并通报，否则按不执行安全生产指令进行处罚。

第三条 对重大人身死亡事故，必须及时上报公司及政府相关部门。

第四条 责任事故的要查清事故原因和责任人；自然事故的要说明原因，吸取教训，引以为戒。事故发生后不论事故大小，必须进行事故分析，并将分析结果上报到上级主管部门备案。

第五条 事故分析应当按照实事求是、尊重科学的原则、及时准确地查清事故原因、性质和责任，总结事故教训，提出整改措施，防止此类事故的再次发生。

第六条 对于上级煤炭管理部门、上级公司和科室各类检查、专家会诊、调研等提出的隐患，地测防治水科当日必须进行登记、分析，并以“五定表”形式下发给责任部门，督促整改，及时组织复查验收等。对未及时登记分析、下发隐患和组织复查验收的，对煤矿对相关责任人进行处罚。

第七条 测量技术人员必须熟悉《煤矿测量规程》等规程规范要求，严格按照有关规定进行工作。各项测量成果应有审核、检查，测量成果必须计算。发现成果精度超限或错误时，必须立即检查、分析，直至找出原因并及时改正，并由煤矿对相关人员进行处罚。

第八条 当发现地测成果，资料和图纸存在质量问题时，科长应立即组织技术人员和当事人及有关人员开会分析，追查原因并写出书面材料。对存在错误的资料、图纸应及时修改；对已发出的资料、图纸应及立即追回或书面改正通知接收方及时改正，追究相关人员责任。

第九条 因地测工作疏忽造成工程方向、坡度或层位错误，一经发现科长应立即向主管领导汇报并立即通知施工单位，以尽量减少损失，同时要分析原因，追查责任，写出分析报告。当事人要写出书面检查，由煤矿做出处理，并将处理意见上报公司。

第十条 每月定期召开地测防治水例会。回顾、检查当月工作质量和防治水排查情况，分析、研究存在问题，提出严格的防范措施，坚决杜绝质量事故发生。

5.39 地测防治水工作绩效考核制度

1. 考核周期

每月对各煤矿考核一次，每季度为一个周期。

2. 考核内容

(1) 地质灾害防治与测量基础管理：图纸、地质三书、预测预报、制度台账、原始记录本、储量和测量等。

(2) 探放水管理：探放水设计、钻探施工、现场验收、专项探放水工程、三单、图牌板、原始记录、设备管理等。

(3) 日常工作：周报表、日报表、文件落实等。

(4) 防治水工程：地面物探、回采工作面物探、掘进工作面井下超前物探等。

3. 考核细则：《晋能集团公司煤矿综合管理考核地质灾害防治与测量考核标准及评分办法》(表5－5－1)

表5－5－1 晋能集团公司煤矿综合管理考核地质灾害防治与测量考核标准及评分办法

考核项目	考核内容	部门解读	具体标准要求	分值	评分办法
指标管理(15分)	1. 采出率(1分)	工作面采出率	薄煤层（小于1.3 m）不低于97%；中厚煤层（1.3～3.5 m）不低于95%；厚煤层（大于3.5 m）不低于93%。	1	工作面采出率未达标的，扣1分
	2. 物探实施（3分）	(1) 地面物探	地面物探有两种：三维地震勘探、电法勘探。采掘活动必须在地面物探的范围内进行	1	采掘活动超出地面物探范围的，扣1分
		(2) 回采工作面坑道透视探测、电法勘探	回采工作面圈定后必须进行无线电坑道透视探测，资源整合矿井及带压开采矿井除无线电坑道透视外，还必须进行电法勘探。对已回采区域的地质及水文地质情况与物探成果报告进行对比分析，提高工作面物探的准确性	1	回采工作面未进行无线电坑道透视探测的，扣1分；资源整合矿井及带压开采矿井未进行电法勘探的，扣1分；物探成果报告与实际偏差较大的，一处扣0.2分
		(3) 掘进工作面超前物探	所有掘进工作面的超前物探应连续跟踪，保证超前钻探位于物探范围内；物探施工前应做好现场的准备工作，掘进迎头10 m内无带电设备，无大的导电体与积水；物探成果报告应真实反映掘进工作面水文地质情况；物探结束3天内，要将物探成果报告以电子版形式发送至地测与防治水中心邮箱	1	掘进工作面的超前钻探超出物探范围的，一次扣0.2分；物探结束三天内未上报物探成果的，扣0.5分；物探成果与实际揭露偏差较大的，酌情扣0.5～1分
	3. 钻探施工（8分）	(1) 掘进工作面超前钻探	掘进工作要严格执行“有掘必探、先探后掘”的探放水原则，严格按照探放水设计进行钻探施工，并保证30 m的有效安全距离	2	未进行超前钻探的，扣2分；未按探放水设计进行钻探的，扣0.5～2分；钻探施工每15 m偏离超过1 m的，扣0.5分
		(2) 回采工作面钻探	工作面内存在有小窑采掘活动的区域，至少每10 m钻探一次。	2	钻孔数量不足或应当加密钻探而未加密的，酌情扣0.5～2分

表 5-5-1（续）

考核项目	考核内容	部门解读	具体标准要求	分值	评分办法
指标管理（15 分）	3. 钻探施工（8 分）	（3）异常区钻探验证	对物探（地面物探、井下超前物探、回采工作面坑透或电法）存在的异常区必须进行钻探验证	2	没有对异常区进行钻探验证的，1 处扣 1 分；验证不全面的，扣 0.2～1 分；无验证总结的，扣 0.5 分
		（4）专项探放水	专项探放水工程要严格按照设计施工	2	没有按照设计施工的，酌情扣 0.5～2 分；无验证总结的，扣 0.5 分
	4. 测量指标（3 分）	测量精度	测量仪器必须定期到资质单位进行校验，校验合格后方可使用；必须使用测回法施测，半测回及测回间限差满足规程要求；贯通精度满足巷道设计要求	3	测量仪器未校验或精度不达标，一次扣 1 分；未用测回法施测，扣 2 分；测回数不满足要求，一次扣 0.5 分；各限差超出规程要求，一次扣 0.2 分；贯通精度不达标，视严重程度扣 1～3 分
基础管理（45 分）	1. 机构、设备（3 分）	（1）机构及人员	成立地测防治水机构，专业技术人员满足工作需要	1	测量专业归生产科管理的，扣 0.5 分；地测、防治水未统一管理的，扣 0.2 分；人员不能满足工作需要的，扣 0.2～0.5 分
		（2）探放水队伍	成立专职的探放水队伍，每个掘进工作面单班不少于 3 名专职探放水人员，并做到持证上岗	1-	未成立专职的探放水队伍，扣 0.5 分；每个掘进面单班探放水人员不足 3 人的，少 1 人扣 0.5 分；未持证上岗或证件过期的，1 人扣 0.3 分；现场抽查存在不清楚探放水设计，或不熟知透水征兆的，1 人扣 0.2 分
		（3）设备配备	配备满足需要的专用探放水钻机和钻孔测量杆。探放水钻机及配件、钻孔测量杆应定期维护，确保能够正常使用	1	探放水钻机配备数量不足的，扣 1 分；钻机老化、效率低下，不能满足工作需要的，扣 0.5 分；探测杆不能正常使用的，扣 0.2 分
	2. 制度建设（2 分）	地测防治水制度	建立健全安全生产标准化及各级部门要求的地测防治水专业各项制度，并认真落实	2	缺一项制度扣 0.5 分；制度与矿井实际不符的，一处扣 0.2 分；制度未及时更新或未认真落实的，一次扣 0.2 分

表5－5－1（续）

考核项目	考核内容	部门解读	具体标准要求	分值	评分办法
基础管理（45分）	3. 日常报表（5分）	（1）日报表	探掘日报表反映前一天4点班开始至当日8点班结束的掘进、探水、放水等信息，于每日16：00～17：30以电子版形式上报。填报内容要真实、可靠；钻探遇空、出水，或探至地质异常（断层、陷落柱等）要以电话形式上报至地测与防治水中心	2	当天未上报日报表的，一天扣0.2分；未于指定时间段内报送的，视为数据作假，酌情扣0.1～0.5分；日报表内容不全或内容有误的，一处扣0.1分；掘进遇空、遇水等异常情况未以电话形式及时上报的，一次扣0.5分；地测科未装订成册保存的，扣0.5分
		（2）周报表	防治水工作周报表的数据周期为上周四至本周三，每周四中午12：00前以电子版形式上报地测与防治水中心邮箱；周报表应真实反应本周的掘进进尺、物探进尺、钻孔数量及进尺、本周放水及累计放水情况等	2	上报不及时，酌情扣0.2～0.5分；数据填写错误或信息反映不全的，一处扣0.1分
		（3）月度总结	每月25日上报当月的月度工作总结，月度总结应如实反映矿井当月情况。主要内容包括当月重点工作，掘进、钻探、物探、放水量等基础数据，各级检查及其隐患闭合情况，下月工作安排等	1	25日前未上报的，扣0.5分；当月底前仍未上报的，扣1分；内容不全、数据有误或与本矿实际不符的，一处扣0.2分
	4. 基础图纸（4分）	（1）采掘工程平面图	图纸绘制要符合要求；每月3日前报送纸质版	1	图纸迟报的，晚一天扣0.5分；图纸绘制不符合要求的，一处扣0.2分；未采用龙软软件绘制的，每张图纸扣0.5分；其他图纸未及时更新的，一次扣0.5分
		（2）充水性图	图纸绘制要符合要求；每季度结束后5日内报送	1	
		（3）井上下对照图	图纸绘制要符合要求；每季度结束后5日内报送	1	
		（4）其他图纸	安全生产标准化要求的其他图纸并及时更新	1	
	5. 地质“三书”及预报（8分）	（1）地质“三书”	①采区地质说明书：采区设计前3个月应提出采区地质说明书，由矿总工程师组织会审后，报公司审批。 ②掘进地质说明书：掘进工作面设计前1个月，地测部门应提交掘进地质说明书，由矿总工程师审批	4	采区地质说明书未按规定时间编制并上报的，扣2分；掘进工作面、回采工作面地质说明书未按时编制的，扣1分；地质说明书反映信息不全、编制质量不高的，酌情扣0.2～1分；未按要求附图，缺1种扣0.5分；

表5－5－1（续）

考核项目	考核内容	部门解读	具体标准要求	分值	评分办法
基础管理（45分）	5. 地质“三书”及预报（8分）	（1）地质“三书”	后，交生产部门和掘进队（组）使用； ③回采地质说明书：回采工作面形成后，开展相关物探、钻探工作，查明工作面内部地质及水文地质条件后，提交回采工作面地质说明书，由矿总工程师审批后，交生产部门使用。 掘进地质说明书、回采地质说明书在矿总工程师审批完成后，要报送电子版至公司地测与防治水中心邮箱	4	图件绘制不符合要求的，1处扣0.1分；地质说明书未与委托书一起存档的，扣0.5分；对物探、钻探查明的地质构造，说明书中未提及或与实际出入较大的，酌情扣0.5～1分
		（2）预测预报	预测预报分为地质预报、水情水害预报。预报应准确反映预测范围的地质、水文地质情况。月度预报要在每月28日18：00前以电子版形式上报至公司地测与防治水中心邮箱，以每月26日进尺为标准，生产计划调整后或采掘活动变化后要及时编制并提交临时性预报	4	地质预报对采掘范围内的地质情况、老巷、空区等内容描述不全或描述不准确的，扣0.2～0.5分；水情水害预报对采掘范围内的涌水、淋水、渗水、老空区积水等叙述不全或不准确的，扣0.2～0.5分；未按时上报的，晚1天扣0.5分；附图不清晰、不准确的，酌情扣0.2～1分；应当编制临时性预报但未编制的，1次扣1分；预报未签字、未及时交付相关科室队组的，1次扣1分；预报内容与实际情况出入较大，影响采掘工作顺利开展的，酌情扣0.2～1分；未填写验证总结的，扣0.5分
	6. 探放水设计（6分）	（1）超前钻探设计	参照公司制定的模板编制探放水设计，编制时要利用调查结果与物探成果，钻孔设计要有针对性和可操作性。电子版要上报地测与防治水中心邮箱	3	钻孔布置、文字表述、附图存在不合理、不恰当的，酌情扣0.2～2分；超前钻探设计未上报电子版的，扣1分
		（2）专项探放水设计	专项探放水设计由矿总工程师组织会审后，报公司地质防治水中心审批、备案	3	专项探放水设计未上报公司审批、备案的扣2分；设计编制、附图绘制存在质量问题的，酌情扣0.2～2分

表5-5-1（续）

考核项目	考核内容	部门解读	具体标准要求	分值	评分办法
基础管理（45分）	7.“三单”管理（3分）	（1）探放水通知单	“三单”要使用公司下发的统一格式，“三单”下发前由地测科科长、矿总工程师签字确认，探放水队队长、掘进队队长签字接收，“三单”在防治水科及接收单位都要留存归档	1	通知单下发不及时或执行不到位的，每次扣1分；留存归档混乱、缺失的，扣0.2~0.5分；通知单有造假或代签的，1次扣1分
		（2）允许掘进通知单		1	
		（3）掘进停止通知单		1	
	8. 技术台账（4分）	（1）地质台账	各类台账（9种地质台账、8种测量台账、17种防治水台账）要按公司下发的统一格式填写，台账种类齐全，填写及时、规范	1	台账不全，缺一种扣0.2分；台账造假、未签字的，一次扣1分；未按规定填写的，酌情扣0.2~1分
		（2）测量台账		1	
		（3）防治水台账		2	
	9. 各类报告（2分）	地质及水文类报告	及时编制、修编各类地质及水文地质报告	2	编制报告不及时或存在缺失的，每种扣1分；编制质量不高的，扣0.2~0.5分
	10. 测量管理（5分）	（1）测量各类通知单	贯通、开掘、放线变更、停掘停产、过相邻巷道等测量工作要按公司模板下发通知单，地测科及接收科队组要保存归档，管理有序	3	通知单未按规定下发的，一次扣1分；下发不及时的，一次扣0.5分；附图绘制质量差的，酌情扣0.2~0.5分；归档管理混乱或存在缺失的，扣0.5~1分
		（2）地表沉陷监测	工作面回采过程中，要对影响范围内的建（构）筑物进行定期监测，发现异常及时汇报；条件具备的工作面要建立地表岩移观测站，以取得本矿的岩移参数，定期开展沉陷测量工作	2	影响范围内有建（构）筑物而未监测的，扣0.5~1分；未设置简易地表岩移观测站进行监测或不能提供本矿岩移参数的，扣1分
	11. 储量管理（3分）	储量台账	储量13种台账计算、填报及时准确，并按公司要求分月度、年度上报。每月3日前上报月度报表	2	少报一种台账扣0.2分，扣完为止；迟报一天，扣0.3分；数据缺失、计算错误一处的，一处扣0.2分，扣完为止；台账数据与图纸不相符的，每处扣0.5分，扣完为止。台账签字不全或代签的，发现一次扣0.3分
		探煤厚工作	掘进、回采工作面每30~50 m探测煤厚一次；遇到地质异常、煤层厚度变化情况时，应增加探测密度。地测人员必须到现场参与探测并做好记录	1	无原始探测记录的，扣1分；密度不足的，酌情扣0.2~0.5分；签字不全或代签的，每次扣0.1分

表5-5-1（续）

考核项目	考核内容	部门解读	具体标准要求	分值	评分办法
现场管理（30分）	1. 地面防治水（4分）	（1）雨季三防	雨季前应配齐配足“雨季三防”物资，对地表塌陷积水区设置警示警戒标志。严格执行雨中、雨后巡查并做好记录，对发现的问题要及时处理	2	“雨季三防”物资储备不足、不全的，酌情扣0.2~1分；雨季巡查制度落实不到位、巡查记录缺失的，扣0.5~1分；对巡查中发现的问题没有处理或处理不到位的，扣0.5~1分
		（2）小窑排查与治理	对井田内及周边关闭的小窑每季度排查一次，雨季增加排查次数，重点对小窑封闭井口、地面裂缝、塌陷区进行排查并做好排查记录，发现问题要及时处理	2	未进行排查或无排查总结的，排查次数不够、覆盖不全的，一次扣0.5~1分；发现问题未及时处理的，一处扣1分。未形成台账、记录、治理方案和结果等文字材料的，扣1分
	2. 排水系统（3分）	工作面排水系统、采区排水系统、中央排水系统	掘进工作面要配备安装至少2台水泵、2趟4寸水管，保证热备且要及时跟进；回采工作面要配备满足需要的水泵及水管；采区排水系统、中央排水系统要符合规程规定的相关条款、满足需要；对各处积水及时抽排，做到文明生产	3	排水系统不全或能力不够的，扣0.5~1分；没有热备或没有及时跟进的，扣0.5分；排水点未及时清理或有积水未及时抽排的，1处扣0.5分
	3. 钻孔验收（5分）	包括超前钻探、异常区钻探、专项探放水验收	超前钻探施工结束后，安全员、探放水队、地测科、掘进队等人员到现场进行确认并签字验收；异常区钻探、专项探放水验收要符合规定；钻孔验收参照公司制定的钻孔验收流程，钻孔现场验收表交由地测防治水科归档保存	5	通过轨迹抽查，存在未入井却签字验收的，一次扣3分；地测防治水科保存验收表不全或保存混乱的，扣1~3分
	4. 原始记录（4分）	（1）地质原始记录	地测科技术人员要将地质现象、测量观测、钻探施工情况、涌水量测定数据填写到原始记录本。原始记录的填写要清晰、规范，内容反映真实、全面，所有原始记录本由地测防治水科统一保存	1	记录不全、不规范的，酌情扣0.2~1分；原始记录缺失的，每缺1种扣1分
		（2）测量原始记录		1	
		（3）钻探原始记录		1	
		（4）涌水量观测原始记录		1	
	5. 图牌板（参照公司统一格式制作）（5分）	（1）探放水钻孔设计图	要与掘进工作面的探放水设计一致，内容全面。悬挂于距迎头30 m范围内	1	牌板格式不正确或悬挂位置超出范围的，扣0.5分

表5-5-1（续）

考核项目	考核内容	部门解读	具体标准要求	分值	评分办法
现场管理（30分）	5. 图牌板（参照公司统一格式制作）（5分）	（2）探放水钻孔验收、掘进进度记录牌板	探放水钻孔验收、掘进进度记录牌板悬挂位置在迎头30 m范围内。数据更新及时、填写准确	2	探放水钻孔验收、掘进进度记录牌板悬挂位置超出范围的，扣0.5分；填写模糊、未签字的，扣0.2分；填写弄虚作假的，扣1分
		（3）探放水位置牌、物探位置管理牌	探放水位置牌、物探位置管理牌要施工后当班悬挂，悬挂位置准确，信息填写准确	1	牌板格式不正确或悬挂位置不对的，扣0.5分；内容填写有误，或未及时悬挂的，扣0.2~0.5分
		（4）涌水量观测记录牌板、排水点综合管理牌板	管理牌板反映信息全面，悬挂位置准确，每旬更新一次	1	未悬挂牌板的，1处扣0.5分；牌板破损、未及时更换的，扣0.2分；格式不正确的，扣0.2分；未按时更新数据的，扣0.2分
	6. 钻孔可视化（5分）	钻探留痕、班班确认	严格执行“有掘必探、钻探留痕、见痕掘进、班班确认”的管理制度。掘进工作面必须保证迎头及巷道两帮的钻孔清晰可见，帮孔要及时悬挂钻孔标识牌。掘进队组接班后要对迎头钻孔的深度进行探测确认，并在钻孔可视化确认单上签字	5	钻孔现场探测不足10 m的，1个孔扣0.5分；未及时填写钻孔可视化确认单的，1次扣0.5分；签字造假，发现1次扣1分；帮孔未及时悬挂钻孔标识牌的，1个孔扣0.2分；“班班确认单”保存混乱的，扣0.5分
	7. 探放水设备（4分）	探放水设备管理	探放水钻机、钻杆、探测杆及配套设备，统一规范放置，并进行挂牌管理	4	钻机及配套设备的数量不够，少1种扣1分；放置混乱的，扣0.5分；不能正常使用的，1台扣0.5分；管理牌板未按要求悬挂的，1处扣0.5分
重点工作及其他（10分）	1. 重点工作（3分）	公司领导及地测与防治水中心强调安排事项	公司领导及地测与防治水中心强调安排的重点防治水工作必须落实到位，及时汇报工作进度	3	对公司领导及地测与防治水中心强调安排事项落实不到位的，1次扣1分；汇报不及时的，1次扣0.5分
	2. 隐患闭合（2分）		对各类检查所发现的问题责任到人，进行闭合管理，并建立相关台账；要及时将检查的问题及整改情况要上报公司地测与防治水中心	2	未实行闭合管理或未建立隐患排查台账的，扣1分；问题整改不及时，1次扣0.5分；整改情况未上报公司的，1次扣0.5分

表 5－5－1（续）

考核项目	考核内容	部门解读	具体标准要求	分值	评分办法
重点工作及其他（10 分）	3. 地质预判不到位(3 分)		采掘工作无计划揭露 3 m 以上断层、20 m 以上陷落柱以及老空、旧巷等情况	3	发现 1 次，酌情扣 1～2 分
	4. 临时任务（2 分）		文件落实到位	2	对公司下发的各类文件处理不及时或未落实，1 次扣 1 分
合计				100	
否决指标	重大安全隐患反馈		地测防治水专业存在重大隐患没有上报或隐瞒不报、没有及时采取措施或措施不当；对采空区积水漏探，造成异常出水等情形	否决项	发现有 1 项违反规定的，扣 5～20 分
	专业风险预判工作不足		工作面涌水突然增大、排水系统能力不足造成无法及时疏排水，给生产造成影响、对人员造成伤害等情形		
总计				100	

6　二级公司机电运输管理制度

6.1　机电运输设备管理制度

第一章　总　　则

第一条　为进一步提高矿井机电设备管理水平，保证设备安全经济运行，特制定本办法。

第二条　设备管理的范围：凡二级公司管辖的所有设备。设备分为有偿使用和无偿使用两种。

第三条　机电部是二级公司机电设备管理的职能部门，主要负责各单位机电设备、大型部件（设备材料）管理的业务指导、监督、检查考核工作。其主要职责：

（1）贯彻落实国家、地方、行业的有关设备管理方针、政策、法规、条例和规定，并监督执行。

（2）负责组织机电、运输专业管理和中长期规划编制工作。

（3）负责设备全寿命管理（即：前期管理、使用管理、事故管理、维修管理、改造管理、报废管理以及专业化服务管理）的业务指导工作。

（4）负责组织解决生产中存在的重大机电技术问题。

（5）负责组织新技术、新工艺、新产品、新材料推广应用和技术交流工作。

（6）参与重特大机电设备事故的追查处理工作。

（7）负责无偿使用设备的监督管理。

（8）负责节能、计量专业管理。

（9）负责全系统设备购置计划汇总、审核及设备招标文件报批等。

（10）负责指导设备的状态监测和检查故障精密诊断工作。

（11）负责设备大型部件管理工作。

（12）负责搬家倒面、大修出厂后设备的验收，以及参与新到货设备的验收工作。

（13）负责设备技术交流和设备技术资料管理工作。

（14）组织新型设备操作规程等的编写工作。

（15）负责一般机电设备事故的追查处理工作。

（16）负责索赔事件的技术谈判工作。

（17）负责设备售后服务的管理和技术支持工作。

（18）负责各设备租赁中心、设备维修中心业务管理工作。

（19）设备使用单位负责设备现场运行管理，做好日常维护保养和预防性检修工作。

第二章　设备前期管理

第四条　设备购置计划编制

（1）各单位的设备管理部门根据二级公司年度规划和下一年度采掘接续计划，结合设备使用、库存、大修情况，编制上报设备更新、购置、大修建议计划，经机电部审核，报二级公司审批。

（2）下属各单位扩建、技改和科技项目购置设备计划，由各项目机电科向机电部提供设备清单及设备选型设计的相关资料，机电部提供技术支持。项目建设者组织相关部门和单位的专业人员进行会审，会审结果报二级公司审批。

第五条 设备的选型

有委托设计的项目，其设备选型由设计单位负责，各单位机电科会同有关单位审核后，报二级公司机电部审批。

第六条 设备的购置

机电部负责组织设备的技术交底和技术协议的审核签订工作。

第七条 设备资料管理

随机技术资料由机电部门统一建档管理。

第三章 设备运行管理

第八条 新型设备使用前，各单位的机电部门组织相关部门的专业人员根据国家、行业规定和技术资料编制操作规程，经机电部和安监部等相关部门审批后执行。

第九条 使用单位要建立健全设备运行管理制度，并严格执行操作规程，保证设备处于良好的运行状态，备用设备要完好。

第十条 使用单位必须执行设备日常检修和预防性（计划）检修制度，按照均衡生产规定保证设备每天有足够的检修时间。

第十一条 设备操作工上岗前要经过专业技术培训，考试合格后持证上岗。特殊工种的培训、考核、审核、发证、验证由培训中心负责。

第十二条 机电部每月组织一次机电设备现场运行管理检查，并对检查结果进行通报。

第四章 设备事故管理

第十三条 各单位出现机电设备事故按程序及时汇报，对于隐瞒不报或弄虚作假的除通报批评外，予以处罚。

第十四条 事故追查要坚持“四不放过”的原则，即：

（1）事故原因未查清不放过。

（2）事故责任人未受到处理不放过。

（3）事故责任人和周围群众没有受到教育不放过。

（4）事故没有制定切实可行的整改措施不放过。

6.2 供电管理制度

为加强供电管理，提高供电质量，规范供电职能，杜绝供电事故，确保供电设备安全运行，特制定供电管理制度。

（1）各单位机电管理部门作为本单位供电管理的业务部门，负责本单位高、低压供电的管理和检查、维护工作。

（2）各单位供电系统必须合理可靠。有双回路要求的单位和有双回路要求的设备必须形成双回路供电，供电系统不合理或双回路建设不符合要求的，对单位和本单位机电负责人进行处罚，情况严重者采取停产整顿措施。

（3）各单位电气设备保护装置必须按规定投入运行。如出现甩保护情况，对单位和本单位机电负责人进行严厉处罚，情况严重者采取停产整顿措施。

（4）各单位有防爆要求的场所，如矿井井下、地面瓦斯泵站、风机房、选煤厂煤尘比较集中的地点和瓦斯量大的煤仓（原煤仓、精煤仓和缓冲仓）及与其相通的房间和走廊，电气设备必须防爆。发现一处失爆对单位和本单位机电负责人进行处罚，情况严重者采取停产整顿措施。

（5）各单位机电管理部门负责本单位供电设计工作。电缆、开关等设备选型应合理，高压开关必须满足“五防”要求。高压供电系统需要变更时，机电管理部门负责组织编制绘制供电系统图，每季度最末一个月30日前，机电管理部门应根据供电实际负荷情况进行图纸调整，并上报二级公司机电部（纸质版和电子版）。未按规定进行图纸绘制或修改的，不定期上报图纸的，月底进行考核。

（6）各单位机电管理部门负责全矿井供电设备的整定计算工作。在矿井高压供电系统变更前，机电管理部门应向高压供电设备使用部门或使用部门下达电气保护整定书（或整定单）。供电设备无电气保护整定书或整定单的，发现一处处罚一处。

（7）各单位机电管理部门负责组织矿井供电设备预防性试验工作（每年雨季前组织矿井地面变电站春检和矿井防雷检测工作，按安全工器具及绝缘用具试验周期进行各类试验）。试验周期过期和未按时进行春检均进行处罚。

（8）各单位机电管理部门负责组织对供电设备进行检查，组织相关单位对矿井供电系统和设备进行安全和标准化的检查，对发现的隐患提出整改要求。供电管理部门必须采取措施，限期整改并认真落实。

（9）各单位机电管理部门负责组织分析供电方面事故。对供电事故组织召开事故分析会，查找事故原因并提出处理意见。

（10）各单位机电管理部门负责供电设备检查与维护。定期或不定期对供电电缆进线绝缘遥测，对井下供电设备进行检查维修，对地面高、低压开关柜和其他供电设备进行检查维修。检修高压设备时必须编制专项检修措施并报有关部门和领导审批。

（11）各单位机电管理部门必须执行停送电规定。严格按照《煤矿安全规程》中电气专业的规定和《电业安全工作规程》中的相关规定执行。严格履行“电气两票”制度。

（12）所有变电所、配电点都要配备高、低压供电系统图，电气设备布置图，并与实际相符；按安全生产标准化要求配齐管理制度和记录本。要有和本场所相适应的操作规程，符合本场所实际情况。

（13）各配变电所必须配齐绝缘用具、防护用具和足够的灭火器材。岗位值班人员必须持证上岗，严格按操作规程进行操作。

（14）各单位不具备无人值守的机房硐室、值班室必须配备足够的岗位人员。

（15）各单位供电设备必须完好、运行正常。

（16）各单位应严格按照电气设备的日检、周检、月检、季检、年检进行相关设备检测工作。

（17）各单位供电设备标识、标志牌、各类指示牌板必须准确。

（18）各矿井下设备必须具备“两证一标”。

（19）各单位在地面有防爆要求的场所范围内应严格遵守防爆要求。

（20）各矿井井下磁力起动器闭锁杆必须执行打眼上锁管理。

（21）各单位用电应执行“避峰填谷”措施。

6.3　机电设备安装、改造工程管理制度

为进一步强化并规范机电设备安装、改造工程的管理，优化设计，搞好现场设备设施的安装、监督及验收，提高工程质量，特制定本管理制度。

1. 机电设备安装、改造工程范围

（1）供配电系统装备：井上下供电线路、变压器、地面35 kV变电所、10 kV开闭所、井下中央变配电所设备、在线监测等。

（2）提升系统装备：主副立井提升机、井筒装备、操车设备、自动装卸载设备及电控等；主副斜井提升机、井筒装备及电控等；主提升带式输送机、井筒装备及电控等；暗斜井提升装备及电控等。

（3）主通风系统装备：主通风机、电控、调速设备及在线监测等。

（4）压风系统装备：空压机、风包、安全附属件、电控及在线监测等。

（5）井下主排水系统装备：主排水泵、管路、电控及在线监测等。

（6）综采工作面装备：采煤机、液压支架、刮板输送机、转载机、破碎机、乳化液泵、喷雾泵及电气设备等。

2. 工程设计、设备选型及审批

（1）机电设备安装、改造工程的设计，设备的选型遵循安全可靠、技术先进、经济合理、旧系统技术改造、新系统一步到位的原则，尽量考虑设备的通用性、互换性，结合矿井实际，参照集团公司下发《现代化矿井装备配置标准》进行配置。

（2）机电设备安装、改造工程的设计，设备选型由矿主管领导、机电负责人及工程技术人员对工程的先进性和适用性进行考查、调研，并进行论证，形成可行性意见。

（3）机电设备的选型、设计、施工方案必须要求有资质的设计单位设计，设计单位在方案确定和设备选型时必须考虑矿方所提供的合理化建议，并结合矿井实际进行设计和选型，做到方案确定和选型符合矿井生产的特殊性。

（4）矿主管领导、机电负责人及工程技术人员对设计院的工程设计、设备选型结果进行会审和完善，并形成会审报告，而后报二级公司机电部审核，如有重大异议，机电部将组织矿、设计单位及相关部门进行复审，确定最终方案。

（5）方案确定后，报请二级公司机电部，并经分管领导同意签字，严格按照程序报送供应部门进行招标或采购。

（6）二级公司按程序招标或议标后确定设备厂家，由矿方与厂家根据技术要求及现场条件签订技术协议，报请机电部审核同意后交供应部门，严格按照技术要求或配置进行商务合同的签订，并采购。

（7）设备生产完工交货前，矿方组织相关技术人员进行设备验收，验收合格后方可提货。

3. 安装、监督及审批

（1）施工前，矿方应组织对施工方案具体进行分工，并编制安全作业措施，经矿相关领导和部门审核并报上级机电管理部门进行审核，同时组织相关人员进行学习，并签字。

（2）设备到矿后，由矿方会同施工单位、监理单位、设备厂家及相关部门对设备进行现场验收移交，对到货设备是否符合要求，设备及附件、备件和工具、技术资料是否齐全进行验收，各方签字后方可开工安装，并将验收结果存档。

（3）施工过程中，矿方应安排专人进行动态监督，按照相关标准及图纸技术要求进行施工，确保施工质量。

（4）对安装施工进度进行排序，并制定施工图标和排序表，实际进度分阶段报二级公司机电部。

（5）矿方应对各种图纸、资料进行收集，特别是空、重载运行记录，为正式验收提供依据，并存档。

（6）施工过程中，二级公司机电部、相关部室及矿机电负责人要深入现场对施工质量，特别是对重大环节及隐蔽工程进行动态监督检查，如发现有影响安全和重大工程质量的隐患，则要求矿方协助施工单位采取有效措施，落实整改后，方可继续施工。

4. 验收

（1）机电设备安装、改造完毕后进行调试、试运转，矿分管领导组织相关技术人员、设备厂家、施工单位及监理单位进行初验。

（2）初验合格后，报请二级公司机电部，由二级公司机电部组织相关单位对工程正式验收。

（3）验收合格后，方可投入运行，同时将验收报告备份报送二级公司机电部进行备案。

（4）机电设备安装、改造完工后，不进行质量验收的，严禁投入使用。

6.4　设备的维护和检修制度

1. 设备的维护和检修工作的原则

（1）在组织检修工作中，要认真贯彻“预防为主，计划检修”的方针，维护与检修并重，坚持先维护后生产的原则，合理安排生产和维护工作。

（2）要掌握设备运转、零部件磨损规律，加强日常维护保养和检查，及时消除设备的隐患，把设备的事故消灭在萌芽状态，防患于未然。

（3）在维护工作中要做到大型固定设备和采掘运设备兼顾，大型固定设备是关键设备，关系到矿井的安全和生产，必须搞好维护和检修工作，保证台台完好。

（4）正确处理好维护同生产的关系，严禁设备带病运转，不坏不修的做法。

2. 设备的预防性计划检修要求

1）设备的日常维护检查

（1）要经常观察设备的使用和运转情况，爱护设备，经常擦洗设备，去掉灰尘和油垢，按照规定周期注入规定的润滑油脂，进行合理润滑，不发生过度磨损，要使设备不漏油，不漏电，不漏气，不漏风，严格检查各部位是否正常紧固，运转是否灵活，有无缺陷等。

（2）对于采掘运设备，执行班检和日检制度，综合机械化采掘设备必须进行好班检，原则上安排在八点班作为检修班进行，日检时间必须保证不小于 5 h，要按照设备使用说明书要求规定的内容和质量要求等做好日常维护检查工作。

（3）对于大型固定设备、输配电设备、洗选设备等，每天要有足够的维护检查时间，此外，在设备运转时，还应加强巡回检查，根据不同设备要制定详细的日常维护检查内容及质量要求。

（4）日常维护检查工作，应有明确的责任制和要求，要推行包机制和实行个人岗位责任制的办法进行，以提高维修专业水平，严禁主要设备维修人员一职多岗。

2）设备的定期检查

（1）除日常检查之外，还要定期对设备的运转情况，零部件的精度、磨损程度及其他情况进行检查和校验。

（2）要根据不同设备的性能、结构、维修经验，制定不同的检查间隔及检查内容、方法和要求。

（3）一般情况下，定期检查实行日、周、旬、月检制度，每周、每旬或每月定期检查，由各作业队组自行组织进行，日检除队组自行组织外，机电部门要组织对重点设备进行抽查，抽查的重点应放在大型固定设备和主要采掘运设备上，尤其是主要提升、供电设备。

（4）日常检查检修和定期检查检修，各队组必须建立专门的检查检修记录，要认真填写，做到记录详细，内容齐全准确。机电部门组织的定期检查，机电部门应建立专门的检查记录，定期分析研究问题，制定主要设备的检修计划。

3. 设备的计划性修理

（1）设备计划性修理，分为小修、中修、大修。小修主要是对设备进行的局部修理，通常只更换和修复少量磨损零件，排除一般故障，工作量较小，要求利用生产间隙进行，一般应利用好日检、周检、旬检、月检进行。

（2）中修是根据设备的技术状态，对设备精度、性能达不到技术要求的项目按需要进行针对性检修。一般要部分解体，更换或修复较多的磨损零部件，要更换油脂，恢复设备的精度、功率和生产效率、性能，达到规定的技术标准并保证正常运转到下次计划修理。

（3）大修要对设备进行全面修理，使设备完全恢复精度和额定能力。需要对设备全面拆解，对所有零部件进行清洗、检查，更换和修复全部磨损零件，恢复设备应有的精度和性能，调整机械和电器操作系统，处理或更换设备壳，配齐安全装置和必要的附件，重新喷漆或电镀，按设备出厂或部分大修标准进行验收。

6.5　机电设备防爆检查管理制度

（1）各矿必须有专门的防爆管理机构和专责防爆检查员，且有任命的红头文件，专责防爆检查员必须熟悉电气设备的防爆性能和检查标准。

（2）机电设备入井必须经矿井机电管理部门进行审批，必须检查其“产品合格证”“煤矿矿用产品安全标志”“防爆合格证”及安全性能，并签发“入井许可证”后方可入井。

（3）防爆电气设备和电缆入井前，还必须经过专职防爆检查员的防爆检查，要严格按照《电气设备防爆完好标准》《煤矿安全规程》的规定进行。检查合格并签发“防爆合格证”后，方准入井，失爆设备严禁入井。

（4）各单位的电气设备入井前，必须开具入井许可证和防爆合格证，入井前，把钩工必须严格按照入井许可设备数量进行核实，无证或者证物不一致者严禁入井。

（5）煤矿井下、地面选煤厂原煤系统、筒仓上下、返煤地道、动筛车间、燃气房和液化气房等特殊场所都必须使用防爆电气设备，严禁有失爆现象。

（6）防爆电气设备在安装完毕后，都应符合《煤矿机电安装质量标准》和《电气设备防爆完好标准》。应组织有关人员进行全面检查验收，验收合格后方可投入使用。防爆电气设备无论在井下任何地方安装使用，均按防爆设备检查和维护。

（7）出井大修、中修和小修后的防爆电气设备，必须符合《煤矿机电设备检修质量标准》和《电气设备防爆完好标准》，经专责防爆检查员检查验收，粘贴入井合格证方可下井。

（8）使用中的防爆电气设备的防爆性能，由本单位的机电管理部门组织每月至少检查一次。配电系统继电保护装置检查整定，每半年进行一次，负荷变化时必须及时整定。

（9）各单位的机电管理部门负责对井下供电系统、防爆设备、三大保护、电缆、局部通风机、风电闭锁、瓦斯电闭锁等实行监督检查，查出的问题要以五定表的形式下达所属责任队组限期整改，发现失爆设备必须立即停产整改，否则不得生产。

（10）各采区、工作面必须有合格的供电系统设计及保护整定计算和校验。

（11）所有馈电开关、磁力起动器应用真空断路器。信号照明系统应使用综合保护装置。所有低压馈电开关、磁力起动器均应装设接地和漏电或选择性漏电保护。矿灯应装有短路保护装置。

（12）矿井大型设备定期进行技术测定和探伤，定期进行远方漏电试验，接地电阻测试。在井下进行各种电气测试或电气设备开盖前，应先测瓦斯。

（13）各类开关设备及单独保护器，在入井前应由专职的、经考试合格的电气设备防爆检查员检查其电气保护及防爆安全性能，取得合格证后方可入井。开关在井下使用超过6个月时，应对其过流保护装置进行一次检验和调整。

（14）高压隔爆开关应有：①欠压保护；②短路保护；③过负荷保护；④选择性接地保护；⑤过压保护。

6.6　电气试验管理制度

第一条　为了加强电气试验工作，正确判断设备能否投入运行，预防设备损坏，保障电气设备安全运行，特制定本规定。各单位的变电所（站）及主要电气设备的绝缘、特性试验和电工仪表、继电保护装置检验，按本规定要求进行。

第二条　为贯彻本规定，各矿必须建立相应试验组，由机电科直接领导。

第三条　各试验组必须配备专业电气工程技术人员，负责技术指导。

第四条 从事电气试验人员必须具备下列条件：

(1) 经医师鉴定，无妨碍工作的病症，神志清醒、智力正常。

(2) 必须经过培训，具有一定的电气知识及业务能力，熟悉《煤矿电气试验规程》《煤矿安全规程》《电业安全工作规程》有关条款，从事电气工作必须有三年以上的电工工龄，并经考试合格，持证上岗。

(3) 学会紧急救护法，首先学会触电急救法和人工呼吸法。

第五条 各矿分管机电的副矿长和机电副总工程师是电气试验工作主要责任者，各矿机电科还要明确一名副科长和一名电气工程技术人员具体负责。

第六条 各矿应在每年年初主持编制出本单位的电气试验年度计划，经机电副矿长主持审批后执行。各矿机电副总工程师应定期对试验执行情况和试验结果进行检查。

第七条 编制电气设备试验计划的依据原则是：

(1) 本规定要求的试验项目和试验周期。

(2) 历年设备试验变化趋势及近期运行状态。

(3) 电网运行方式和负荷的变更。

(4) 日常运行，维护人员的意见。

(5) 季节性要求。

(6) 其他特殊情况。

第八条 试验组的工作范围

(1) 配合电力部门对地面主要变电所高压设备的绝缘和特性以及电气测量仪表、继电保护装置的试验和整定工作。

(2) 逐步掌握电气计量标准，校对和修理主要电气测量仪表及电子仪器。

(3) 大型电气设备大修后试验。

(4) 基建临时电气设备的试验。

(5) 新安装的电气设备试验。

(6) 节能技改项目实施前后技术测试。

(7) 主要提升机、水泵、主通风机、压风机及主带式输送机和锅炉的技术测定。

(8) 由上级管理部门主导进行的主要设备或技术难度较大的试验工作。

(9) 组织推广电气试验工作新技术。

(10) 有条件时负责电气设备绝缘油的化验和分析。

第九条 电气试验组可分：①高压组；②仪表组；③继电保护组。

有条件时还可设油质分析组。

第十条 各矿试验组工作范围

(1) 本单位运行中电气设备的绝缘、特性试验以及继电保护装置整定和矿用电工仪表的检验。

(2) 电气设备检修后试验。

(3) 各矿自行新装中小型设备的验收试验。

(4) 协助电气试验组在本单位所进行的电气试验工作。

(5) 有条件时可以进行本单位主要设备的技术测定。

第十一条 加强技术管理，建立和健全主要设备的历年试验资料和档案，对试验结果必须全面地、历史地、科学地进行综合分析，掌握设备性能变化的规律和趋势，不断提高试验技术水平。

第十二条 电气设备试验项目、周期、标准，执行《煤矿电气试验规程》《煤矿安全规程》《矿井保护接地装置的安装、检查、测定工作细则》《煤矿井下检漏继电器安装运行，维护与检修细则》《矿井低压电网短路保护装置的整定细则》。

第十三条 电气设备预防性试验必须按规定的时间完成，并认真填写试验报告和试验卡片。

（1）避雷器和接地电阻测定，要求在雨季以前完成，井下接地电阻测定每季至少一次，在有瓦斯及煤尘爆炸危险的矿井内进行接地电阻测定时，应采用安全火花型测量仪表，如采用普通型仪器时只准在瓦斯浓度为1%以下的地点使用，并采用一定的安全措施，报有关部门审批。

（2）电动机、变压器、电缆、开关等高压电气设备要求在5月底前完成。

（3）继电保护装置的检验。

地面供电系统继电保护装置定期检验周期为：

①各矿主变电所、其他变（配）电所及主要设备的继电保护装置全部项目的定期检验周期为一年。

②运行条件较差、易受振动和动作较为频繁的继电保护装置，可根据实际情况适当缩短检验周期。

③各种类型的互感器，要定期全部项目检验。

④变压器保护装置：

a. 在吊芯大修时全部项目检验。

b. 每年一次不打开气体继电器，而用打入空气法进行部分项目检验。

⑤保护装置的绝缘耐压试验，要定期进行。

煤矿井下电气设备保护装置检验的规定：

①井下高压设备继电保护装置每季应根据短路电流和负荷变化进行一次整定值检查，每年进行一次定期检验，有负荷变化则应及时改变整定值。保护装置的全部项目检验一般应结合开关大修时在地面进行。

②在井下检验继电保护装置时应严格遵守《煤矿安全规程》和本规定中的有关规定，在现场维修需在瓦斯检查人员的配合下进行检验工作。

③普通型携带式电气测量仪表，只准在瓦斯浓度为1%以下的地点使用。

④井下严禁带电检验继电保护装置。

⑤当高低压开关在机修厂检修时，对其保护装置应同时进行校对，使之符合要求，以便在下井使用时，可以根据其刻度能正确地调整。

⑥低压开关在井下使用超过6个月时，应对过流保护装置进行一次检验和调整。

⑦每天必须对低压检漏装置运行情况进行一次跳闸试验并做记录，在瓦斯检查员的配合下每月至少对检漏继电器进行一次远方漏电试验，并做好记录。

第十四条 矿井高压电网的单相接地电容电流每年测量一次，电容电流不得超过20A，否则必须采取限制措施。

第十五条 电动机综合保护装置、带式输送机综合保护装置、照明信号综合保护装置、移动站低压侧各种保护及绞车、水泵、主通风机、压风机、锅炉等各种电气保护应按有关规定标准及厂标定期检验和调整。

第十六条 电气设备使用的绝缘油的物理、化学性能和电气耐压试验，每年应进行一次，但对其中操作频繁的电气设备使用的绝缘油，每半年应进行一次电气耐压试验。不合标准的绝缘油，必须及时处理或更换。油浸电气设备的绝缘油量应定期检查，并保持规定油量。向电气设备内充的绝缘油，应同原运行中的绝缘油有相符的物理、化学性能和电气耐压强度。

矿用电气设备绝缘油的更换和试验，应有专用的记录簿，并应保存在矿机电科。

第十七条 各单位的高压试验和继电保护整定工作，原则上由各单位自己负责，一些单位确因仪器、仪表不全或其他原因，以及难度较大的试验项目，自己无力做到，可申报试验计划、供电系统图纸、运行方式、计算整定资料，由电气试验组配合完成。

第十八条 在执行本规定中，遇有特殊情况，需要改变试验周期、试验标准时，应组织有关人员进行综合分析提出建议。经二级公司或矿机电副矿长批准后方可执行。

第十九条 在试验前应制定安全技术措施，井下试验的安全措施应按《煤矿安全规程》的规定执行。安全措施必须报矿机电副矿长，并严格审核批准后方可实施。

第二十条 长期（井下超过三个月、井上超过六个月）停止运行和移动后的设备投入运行前，必须按运行中设备的试验项目和标准进行试验。

第二十一条 当电气设备的额定电压与实际使用的额定工作电压不同时，应根据下列原则确定试验电压标准。

（1）当采用额定电压较高的电气设备加强绝缘时，应按照设备额定电压标准进行试验。

（2）当用于满足产品通用性的要求时，可以按照设备实际使用的额定工作电压进行耐压试验。

第二十二条 新装和大修后充油设备进行交流耐压试验时，油质必须试验合格，否则不能进行。

第二十三条 运行中主要大型设备、主要电缆等进行耐压试验时应具备的条件是：

（1）设备的绝缘电阻、泄漏电流、介质损失角正切值等所试项目综合判断合格。

（2）有严密的操作措施。

第二十四条 在进行与温度有关的各种电气试验时（如测量直流电阻、绝缘电阻、介质损失角、泄漏电流等），应同时测量被试物和周围环境温度。绝缘试验应在良好天气条件下进行。

第二十五条 绝缘电阻测量，规定用60 s的绝缘电阻值R60；吸收比的测量，规定用60 s与15 s绝缘电阻的比值R60/R15。交流耐压试验加至试验标准电压后的持续时间，凡无特殊说明者均为1 min。耐压试验电压值以额定电压的倍数运算时，电动机是按铭牌电压计算。电缆是按标准电压等级计算。非标准电压等级的电气设备的交流耐压试验电压值，可根据本规定的相邻电压等级按插入法计算。

第二十六条 千伏级设备试验标准另行制定，在制定前，国产千伏级设备试验参照制造厂标准自行规定，引进设备的验收试验标准按设备引进国现行试验标准和厂家规定执行。

第二十七条 继电保护方案，每年要依据电网系统方案、运行方式和负荷情况进行一次整定方案计算，并报主管部门审批后执行。

第二十八条 试验性质的解释

1. 新装

（1）新品验收及新设备的鉴定。

（2）新品安装工程竣工后移交生产的交接试验。

（3）新安装的继电保护装置、仪表及二次回路。

2. 大修

（1）设备大修工程竣工后试验。

（2）二次回路全部或部分更换。

3. 运行中

（1）定期试验。

（2）事故后检查试验。

（3）长期停运和移动后的设备投入运行前试验。

4. 二次回路包括的内容

电气设备的操作、信号、保护、测量等回路和这些回路中的电气操作线圈、接触器、继电器、测量仪表电压及电流互感器的二次线圈等。

第二十九条 老旧设备试验后的数据经综合判断达不到规程要求时，须逐步改造，以提高其绝缘水平。运行中高压设备如发现绝缘已劣化或在不正常状态运行时，可增加试验项目或缩短试验周期。

第三十条　与电网直接连接的电气设备按电力公司试验标准执行。

第三十一条　由变电站馈出的线路进行检修试验等工作，需要送电时，工作票必须由负责人审核签字。停送电工作双方专人联系，清楚后方可执行。

第三十二条　各单位根据“晋能集团二级公司电气试验规定”，结合本单位实际情况，制定本单位电气试验实施细则。

第三十三条　每年 6 月底前将预防性试验汇总表及年底试验总结分别报二级公司机电部。

第三十四条　本规定自下达之日起生效。

6.7　机电事故、故障管理制度

为进一步加强设备事故和故障管理，提高事故处理效率，缩短影响生产时间，吸取事故教训，避免同类事故的再次发生，特制定本规定。

第一条　事故汇报

出现设备事故后，使用单位应首先判断清楚故障特征、发生地点、危害程度、初步的排除方法和时间，然后报二级公司生产指挥中心和机电设备部，并提出技术和物资需求。调度室要根据事故性质及可能影响生产的时间，一方面安排运行管理员到现场协助处理，另一方面要汇报中心值班领导和其他分管领导。

第二条　事故处理

根据事故性质和可能影响生产的时间，设备使用单位要充分调动本单位的人力和物质资源，以最快的速度处理。机电设备部根据事故发生原因（使用问题、产品和大修），以及事故单位提出的技术、物资等需求，组织相关人员配合处理，以最快的速度恢复生产，缩短影响生产时间。

第三条　事故追查报告

事故单位除组织安排抢修外，同时要进行事故分析，待事故处理完毕后按照“四不放过”的原则在 24 h 内进行追查，并形成事故追查报告。

（1）事故追查报告。

标题为“关于×××的事故追查报告”，内容为：

①事故时间。

②事故地点。

③事故经过。

④原因分析。

⑤责任划分及处罚。

⑥预防措施。

附：参加事故追查人员名单。

（2）一般以下事故由设备使用单位组织追查，形成事故追查报告，并报机电部备案。

（3）一般事故由机电部组织追查，形成事故追查报告。

（4）重特大机电事故由安监部组织追查，机电部、供应部等相关部门和单位参加，形成事故追查报告。

（5）一般及以上机电事故由机电部负责及时通报所属各煤矿，以供其他单位引以为戒，避免同类事故的发生。

第四条　措施落实

事故追查处理完毕后，要组织相关区队进行学习，严格按照事故追查所指定的预防措施落实，并定期检查措施的执行情况。

第五条　事故预防

（1）设备使用单位要根据单位实际情况，针对影响生产的主要设备制定事故处理预案，定期组织学习，并检查预案中所需的备件、工具和其他物资情况。

（2）设备使用单位要每旬组织区队分析设备运行规律，核查关键设备大型部件的使用、储备状况，制订合理的预防性检修计划，将事故消灭在萌芽状态。

（3）各单位要及时组织学习机电部通报的机电事故，贯彻落实相应措施，从同类事故中吸取教训。

第六条　对重大机电事故的控制，实行风险抵押的办法。

第七条　其他

（1）各单位出现设备故障事故后必须按程序及时汇报，对于隐瞒不报、弄虚作假的，除通报批评外，予以处罚。

（2）各单位要杜绝重特大机电事故的发生。发生重大事故的单位除按照追查进行处罚外，取消半年度所有机电奖励及各种评比；发生特大事故的单位除按照追查进行处罚外，取消全年度所有机电奖励及各种评比。

6.8　特殊场所电气焊作业安全管理制度

根据《煤矿安全规程》《电气焊安全操作规程》等相关要求，结合二级公司管理实际制定本规定。

第一条　本规定适用于二级公司所属矿井下（含井上下瓦斯泵房）和地面机房、仓库及存放易燃易爆物品等特殊场所内进行的电气焊作业。

第二条　本规定所述电气焊作业包括：电焊、气焊和气割作业，以下简称“电气焊”。

第三条　井下和地面机房、仓库及存放易燃易爆物品等特殊场所内不得从事电气焊作业，如果必须进行，每次必须制定专门的安全技术措施，经审批签字后执行，并遵守《煤矿安全规程》相关规定。

第四条　各矿要遵照以下要求严格控制电气焊作业：

（1）能在地面进行的电气焊作业严禁在井下作业。

（2）井下可以使用其他方法解决的，严禁使用电气焊作业。

（3）有条件拆装、运输的设备部件，需要动用电气焊维修时，必须升井进行电气焊作业。

（4）设备安装需要电气焊作业时，应在设备入井前完成，不得在井下进行电气焊作业（设备焊接后超宽、超长、超重不能入井的或必须在井下进行电气焊才能解决的除外）。

（5）能在专用电气焊场所进行作业的，严禁在特殊场所外进行作业。

第五条　电气焊作业可能影响到关联单位的设备、设施或场所安全时，调度室必须在作业前以书面形式通知关联单位做好防范措施，正式作业前进行确认。

第六条　严禁在带压设备、带电设备、正在运转的设备、带压管路上、油箱及具有易燃易爆物场所进行电气焊作业。

第七条　对有预应力的构件实施电气焊作业时，必须提前采取可靠技术措施进行处理，避免在作业过程中因应力释放造成事故。

第八条　进入有限空间及通风阻力大等场所进行电气焊作业时，必须制定专门的通风措施及设置可靠的通风设施。

第九条　高空电气焊作业时，必须佩戴合格的安全带或采取其他可靠的安全防护措施。

第十条　电气焊作业地点必须备有灭火器、水桶、沙箱、铁锹等防灭火器材，消防设施必须置于工作地点上风侧。

第十一条　电焊机及其作业工器具在运输过程中、停放地点及工作地点必须有防水淋、防潮措施。

第十二条　电气焊作业地点附近应有可靠的通信联系。

第十三条　电气焊工必须经过培训考试合格并持证上岗。

第十四条　电气焊作业必须遵守下列规定，并且在现场安全措施的执行、监督、检查过程中，每执行一道工序必须由相关检查人员签字确认安全后方可进入下道工序。

(1) 作业负责人和电气焊工必须对电焊机、电缆、电焊钳、气瓶、减压阀、回火阀、气压表、氧气管、乙炔管、割炬等器具进行详细的安全检查，并进行试验，确保完好；不完好严禁使用。

(2) 氧气瓶、乙炔瓶、电焊机必须轻装轻放、固定牢靠，防止滚动。气瓶防震胶圈必须齐全完好，搬运前确认安全帽已拧紧。氧气瓶、乙炔瓶严禁气瓶头部朝下放置。

(3) 电气焊作业时必须有安全检查员、作业负责人、值班领导同时在现场，任何一个人不到场，不得施工。

(4) 作业负责人必须将审批签字后的措施带到作业现场，在相关人员到齐后，由安全检查员对现场是否符合电气焊的条件进行确认，确认符合条件后向矿调度室汇报现场情况，经调度室同意后，方可按措施开始作业。

(5) 电气焊工必须穿戴好防护用品，检查绝缘器具完好情况，并设专人监护，作业时要严格按照规程和措施的要求作业，严禁违章作业。

(6) 进行电气焊作业时，作业地点要设置警戒线。

(7) 使用气割（或气焊）作业时，气瓶必须直立放置、固定牢靠，气瓶距工作地点不得小于10 m，气瓶间距不得小于5 m，气瓶位置必须在措施中明确规定。

(8) 电焊机接电源和拆除电源时，必须由专职电工操作，电源电缆不得拖地。安装拆除电源严禁带电作业，并保证供电设备完好。电焊机外壳必须有可靠的保护接地。

(9) 当作业人员临时离开电气焊作业现场时，必须切断电焊机电源并关闭气瓶阀门，并指定专人在现场看护。

(10) 电气焊作业完工后，必须及时切断电焊机电源并关闭气瓶阀门，由作业负责人向调度室汇报工作完毕。作业人员要对作业现场进行彻底清理，工作地点应再次用水喷洒。

第十五条　严格执行电气焊作业现场向调度室汇报制度，即电气焊作业前、结束后，调度室值班人员要做好记录。

第十六条　专职安全检查员必须全程监督检查电气焊作业地点周围的安全状况及安全技术措施的落实情况。

第十七条　具有瓦斯等易燃易爆气体的特殊场所将按照相关规定要求执行，严格执行瓦斯检测等相关规定。

第十八条　本规定从下发之日起执行。

6.9　停送电及两票管理制度

第一章　总　　则

(1) 停送电工作是直接关系着各单位安全生产和职工生命安全的重大问题，做好停送电安全工作是一项科学的技术管理工作。根据《煤矿安全规程》和《电业安全工作规程》及二级公司的实际情况制定本《停送电安全工作规定》。一切电气工作人员，在执行停送电工作时，必须严格遵守本规定。

(2) 发布停送电命令或执行停送电工作以及从事电气工作的人员，必须由按规定经过安全规程考试合格的人员担任。没有资格证的人员不得单独执行停送电工作。

(3) 井上下一切电气设备，凡在进行停送电工作时，除遵守《煤矿安全规程》和《电业安全工作规程》外，还必须执行本规定。若本规定与国家有关规定有抵触时，以国家规定为准。

（4）停送电操作人员在工作中，对违反本规定的命令有权拒绝执行，同时，向发令人申述理由，提出更正，符合规定要求时，才能执行。

（5）对认真执行规定避免造成事故者，应给予表扬或奖励；对违反本规定造成事故者，严肃处理，直至追究刑事责任。

（6）任何电气设备（包括电缆和电线），在检查、修理、安装、迁移、拆除、接电、解脱电源等工作时，都要严格禁止带电作业。

（7）本规定所谓“带电”按其危险程度规定如下：

①任何电气设备（包括电缆和电线），其电压在36 V及以上的导电部分，以及失去绝缘性能的电缆电线均认为是“带电”。

②任何电气设备（包括电缆和电线），虽已切断电源，但未妥善地完成验电、放电、接地、短路之前仍认为是“带电”。

③一切电气设备的外壳、配电设备的构架、电缆的附件和电缆的金属外皮等的接地装置遭到破坏时，即认为是“带电”部分。

（8）本规定所谓“停送电工作”系指在井上下变电所（台）输配电线路上，动力和照明等设备的开关上，进行停送电操作及在被停电部分的一切电气设备上进行工作，不论全部的或局部的，凡有以上工作，均称为“停送电工作”。

（9）本规定适用于二级公司各单位供电范围内的停送电工作，作为贯彻《电业安全工作规程》的具体规定。各单位在执行中如遇特殊情况，可根据现场具体要求，另制定补充措施，但不得与本规定相抵触。

（10）各单位在执行中，要广泛听取群众意见，随时报各单位机电管理部门，以便不断总结经验和教训，使本规定逐步完善。

第二章　一　般　规　定

（1）各单位变电所（包括井上下变电所），必须挂有该供电范围的供电系统图，当系统变动时应予随之修改，必须做到与实际相符，所有开关上应设标示牌，标明开关编号、供电地点或供电线路和设备名称等，以供操作人员识别，防止发生误操作。

（2）在备用和停用的设备、线路上进行工作时，也应履行停送电手续，事前与有关单位和人员联系清楚，并妥善地完成验电、放电并装设接地线，证明确实无电时才能开始工作，否则认为“带电”，不得进行工作。

（3）在进行停送电工作之前，必须准备好合格的安全用具（绝缘手套、绝缘鞋、绝缘台等），登高工作必须系安全带。

（4）如遇漏电开关突然跳闸，可按照下列规定：

①供井下的分路开关柜跳闸，没有查明原因不准强送。

②供井上的分路开关柜因过流动作跳闸（继电器有动作指示），允许强送一次（慎用），一次强送不上必须通知有关单位查明原因，待切断事故点后进行送电。

③确系由于操作机构失灵，或受到某种原因的碰触和震动而造成的跳闸，可以强送。

④由于系统短路，电压突然降低，使装有无压释放器的井下分路开关柜动作跳闸，又查时确非本开关柜馈出系统的事故（过流继电器无动作指示时），也可强送。

（5）已经停电的设备和线路，随时都有突然来电的可能，所以在未完成安全措施之前，不得触及设备各线路或进入遮护栏内。

第三章　对停送电工作人员的要求及职责范围

(1) 有下列情况者，不得令其参加停送电的有关工作：

①精神病患者。

②有影响工作的残废者。

③工作前饮酒或因其他原因导致精神不振者。

④未经安全规程考试合格没有发给“电工证”者。

⑤如需登杆爬高，不得患有高血压病症致头晕者。

(2) 一切电气工作人员应学会触电紧急救法。

(3) 对停送电工作人员的要求：

①全厂（矿）性的停送电负责人，应由负责全厂（矿）的输配电技术人员担任。局部性的停送电负责人，应由该专责范围内的技术人员担任。停送电负责人不在时，可由能胜任的当班调度员负责代理。

②检修工程的停送电工作，应由该项工程的负责人或由该工程负责人委派一名能胜任的人员担任。

③停送电操作，由变电室专责值班人员担任，在高压（1 kV 及以上）设备上进行操作时，一般应有两人来执行，其中一人对设备较为熟悉者做监护，单人值班的配电室停送电操作可由一人执行。无人值班的配电室和局部地区的开关停送电操作，应由工作负责人指派能胜任工作的人员一人担任，中途不得随便更换人员。

(4) 停送电工作人员职责范围：

①停送电负责人，负责安排安全停电的有关工作，审查停电申请，签发工作票，发布停送电命令，对外联系停送电事项，办理停送电手续，监督检查工作人员遵守本规定。

②工作负责人负责本范围内停送电工作的全部责任，正确指挥全部工作和发布停送电命令。工作前，对工作人员交代清楚工作任务和安全措施，督促、监督工作人员遵守规定。

③工作负责人在送电前后，负责检查一切安全措施是否完备妥善，有关开关的合闸是否正确可靠。

④停送电操作人，必须严格按照合闸与拉闸的操作顺序进行操作，并负责完成保证安全的技术措施，不经本范围工作负责人许可，不准任何人代替。如遇漏电、火灾等特殊情况可不受此限，但没有电气常识和对电气设备及线路系统不熟悉的人，也不得进行操作。

⑤凡变电室进行停送电操作时，必须有监护人认真监护，及时纠正错误的操作，监护人的技术水平一般不得低于操作人。

(5) 停送电工作，必须熟悉本范围内的输配电系统。

第四章　停 送 电 制 度

1. 操作程序

(1) 检修高低压线路、高低压设备或其他情况需要停电或送电时，必须严格执行停送电制度，做到谁停电、谁送电。

(2) 各用电单位需要停电检修时，首先向调度室提出停电申请，并填写工作票，工作票由机电科负责人填写，一式两份，一份交矿调度值班人（工作许可人），另一份交检修单位实施负责人（工作负责人），工作票上所列人员分别签名。

(3) 工作许可人对工作票进行审查，确认无误后即可与变电所联系进行倒闸操作命令（口头、电话），变电所值班人员可根据命令填写倒闸操作票，受令人将命令内容向发令人复诵，核对无误，然后操作员和监护员在操作票上分别签名。

（4）操作员和监护员可根据操作票的顺序进行逐项操作，每操作完一项，相应打一个“√”，操作完毕把接地及时挂上，并挂停电牌和有关安全标志牌,这时可向调度值班人员(工作许可人)报告。

（5）工作许可人向工作负责人发出工作命令（口头、电话），这时工作负责人可根据工作票要求和有关安全措施，实施工作负责人必须始终在工作场所，对工作人员的安全认真监护，及时纠正不安全的动作，工作完成后，清理现场由工作负责人亲自向工作许可人汇报工作结果，并将工作票交给工作票签发人保管。

（6）工作许可人向变电所操作人员命令恢复送电，操作人员按规程要求送电，送电后由操作人员向调度值班员汇报，送电正常则本次停电检修结束。

（7）只有授权的矿调度值班员才有权向变电所值班员发出停送电命令，其他任何人都不得直接命令变电所停送电。

2. 管理办法

（1）各用电单位在申请停电前必须由工作负责人提前与单位联系好，安排好单位之间的配合事项及生产安排情况，并商定停电时间。

（2）停送电操作之前，操作人员必须认真查清所要停关的设备、线路是否与工作要求一致，经查清核对确定无误时，方可进行操作。

（3）在带电设备的非导电部分进行工作时，必须考虑到工作过程中，一旦操作不当或其他原因，容易使工具、人体等触及导电部分，必须切断电源再进行工作。

（4）在井下进行停电工作时，切断电源后必须将导体接地放电，接地放电前，对可能积聚瓦斯的地方，必须进行检查，当瓦斯浓度在 1% 以下时，才准放电。

（5）工作完成后，必须得到工作负责人的命令后才能进行合闸送电，严禁用信号、摆灯喊话等不可靠的做法指挥送电，杜绝约时送电。

（6）工作全部完成后要求送电前，工作负责人必须对现场进行详细检查，接线是否正确、合格；螺丝、垫圈、卡爪等是否坚固，有无毛刺，有无障碍物，以免送电后发生短路、冒火花等其他事故，特别是井下检修后安装必须把防爆盖盖好。

（7）工作完成后，工作负责人应命令全部现场人员撤离工作地点至一定距离。清点人员和工具，并监护工作人员不准再接近导电部分。申请送电人一经离开工作现场，去办理送电手续时，即认为设备或线路上已经带电，绝对禁止靠近或继续工作。

（8）在同一线路或同一电源供电的若干分支线路上，同时进行数项工作时，各项工作负责人必须分别办理各自的停送电工作票，不准趁别人申请停电的机会私自进行线路工作。停送电许可人必须在各项工作全部完成，得到该线路上所有的工作负责人送电通知后方可命令线路送电。

（9）在井下同一线路或一个开关控制范围内有数项工作时，各项负责人必须在这趟线路的总开关上分别挂各自的停电牌或填有电工姓名的电工停电牌，只有等全部停电牌拆除以后方可给该线路送电，停送电牌上要有停送电人的姓名，停电时必须对开关停电闭锁，并在闭锁杆上上锁管理，只有停电人本人方可送电操作。

（10）生活区变台（箱变）、机修厂、食堂、辅助生产区变台（箱变）需高压停电工作时，必须严格执行本制度，并参照停送电制度执行由各单位停送电签发人填写工作票，并指定工作负责人，按制度程序执行停送电和检修工作。

第五章　供用电两票管理

1. 两票

本规定所称的“两票”，是指电气作业必需的工作票和操作票。

（1）停（送）电联系票。是停（送）电单位与被影响单位协调确认的书面依据。在停送电工作之前，由停送电单位填写，经被影响单位机电负责人签字确认，并与电气工作票一同，报机电科及矿领导审批后执行。由机电科对格式进行统一，印制后发放。停（送）电联系票执行时，必须将停电票与送电票分开进行审批。

（2）工作票是准许在电气设备上工作的书面命令，也是明确安全职责，向工作人员进行安全交底，以及履行工作许可手续，工作间断、转移和终结手续，还是安全措施实施情况的书面依据。因此，在电气设备上工作时，必须填用工作票。

（3）操作票是操作人员为避免误操作而进行操作顺序预想的书面记录，值班人员（维修人员）正常进行的各项倒闸操作必须填写操作票，并按操作票所列内容和顺序进行操作。

凡在高压电气设备上作业需要将设备停电，或其他在电气设备上的工作需要采取安全措施的，必须填写工作票。

2. 工作票所列三种人员的安全职责

1）工作票签发人的安全责任

工作票签发人应由熟悉矿井供电情况、作业人员技术水平、《电业安全工作规程》的生产领导人、技术人员或经矿批准的人员担任，并书面公布，未经书面公布的任何人员均无权签发工作票。工作票签发人不得兼任工作负责人。

工作票签发人签发工作票时应注意：

（1）审查工作的必要性，对安全工作进行“宏观”把握。

（2）根据工作安全要求，保证使工作票上所填安全措施正确完备。

（3）确定工作人员数量和合适的工作负责人，对他们的精神状态、情绪是否良好谨慎把握。

2）工作负责人的安全责任

工作负责人是现场安全作业的管理人，具体地进行工作组织，实施检修方案，对工作和全体人员的安全负责。因而，他所做的一切都应从实际出发，强调以下内容。

（1）工作负责人应认真负责地检查票上的安全措施，工作现场布置的安全措施是否正确完备，与实际条件是否相符。

（2）工作之前应详细地向工作班成员交代清楚安全事项，特别是应提醒现场周围设备的带电部位，可能误登、误接近的设备。

（3）根据现场实际，制定可靠的保证工作顺利完成的方案和解决重点问题的对策。

（4）结合现场情况，进行安全思想教育，督促工作人员遵守安全规程，注意做好监护工作。

3）工作许可人的安全责任

（1）据工作票内容对工作安全进行审查，保证工作票所列安全措施和工作现场布置的安全措施正确完善，符合实际条件。

（2）对停电检修设备仔细检查，防止一切可能使该设备带电的危险，切实证明工作现场安全。

（3）对查验安全措施中发现的问题予以澄清，必要时向工作票签发人提出，要求做安全事项方面的补充。

4）其他规定

（1）涉及多变电所协作的检修，必须按照规定编制专项措施，并在各协作变电所安排熟练的联系人员，负责停送电的联系（现场办理联系票）及倒闸操作、采取安全措施、处置应急突发事件等的协助和监护工作。

（2）采掘单位及地面单位对高压设备、高压电缆及高压连接器等检修或需要采取安全措施时，需按照规定编制措施，并安排专业人员负责停送电的联系及在变电所（配电点）协助和监护倒闸操作、采取安全措施、处置应急突发事件等工作。

（3）停送电联系票、工作票必须提前1天办理并审批完毕，现场提前30 min送达变电所（配电点）。事故处理或应急处置除外。

（4）根据二级公司要求，停送电联系票、电气工作票及操作票必须严格规范执行。

（5）具体细节参照《电业安全工作规程》《煤矿安全规程》等规定。

6.10　带式输送机安全管理制度

（1）带式输送机司机、维护工、检修人员，工龄不得低于三年，具备初中及以上文化程度，必须经专业技术培训考试合格，取得相关的操作资格证后，方可持证上岗作业。要熟知自己的职责范围，熟练掌握带式输送机的技术性能、结构原理、操作方法、检修工艺、完好标准和安全注意事项，并了解作业环境及相关设备的配合关系。

（2）带式输送机司机、维护工、检修人员，必须身体健康，有良好的精神状态和较为敏锐的反应能力，严禁安排老弱病残人员和精神状态不佳人员上岗。对于不符合要求的作业人员不得从事该工作，各矿应立即进行调整，二级公司将进行考核。

（3）带式输送机司机、维护工、检修人员在操作或巡检过程中，必须穿戴规定的劳动保护用品，必须衣装整齐，袖口衣襟扎紧，地面岗位的女司机必须将头发盘在安全帽内。

（4）带式输送机机头处必须悬挂有输送机司机、维护工、检修工的操作规程、岗位职责、安全承诺互保责任书，责任书由输送机司机、维护工、检修工、分管班组长、跟班队长共同签订，真正做到安全互保联保。护网上每隔10 m还要挂一个规格为500 mm×700 mm、内容为“带式输送机运行期间，严禁打开护网”的警示性标志牌。

（5）带式输送机机头、机尾段必须照明充足，人行道一侧机头大架范围内，必须至少每隔15 m安设一盏照明灯，确保有足够的亮度。

（6）带式输送机检修维护前，必须将控制开关及张紧绞车开关停电闭锁，在停电手柄处悬挂“有人工作，严禁送电”的停电警示牌，同时在输送机控制按钮处封箱加锁，执行授权开启装置相关规定，钥匙由司机交接班时进行交接。检修、维护人员进行检修维护作业时，必须将控制装置上锁，自身携带钥匙，确保他人不能误操作或开启带式输送机。

（7）带式输送机检修时必须严格执行“检修申报制度”和“班组长监护”制度，进行检修维护前必须向当班队干、班组长申报，人员进入机头大架或机尾检修或作业时，必须在当班班组长或队干专门的监护下进行，否则不得进行。

（8）带式输送机在对卸载滚筒、主动滚筒、机尾滚筒、电机、减速器等进行更换，或者综采队进行裁输送带、卷输送带等涉及拖、拉、吊、装、运的大型项目时，必须有专项措施并按要求严格执行，除“四位一体”人员进行监护外，机电科也必须设专人进行监护。

（9）带式输送机检修前，必须准备好所用工器具，并对其进行检查，确保其完好可靠符合要求后方可使用。检修完毕后，必须对所用工器具进行清点核实，以防遗漏在设备内或者作业现场，留下安全隐患。

（10）带式输送机各外露旋转部位必须有完善可靠的机械防护网或者防护罩。机头大架两侧和张紧车后侧必须进行全防护，护网网格不得大于50 mm×50 mm，并时刻保持完好可靠，不得随意拆除。

（11）带式输送机处于运转状态时严禁拆开防护网进入机头、机尾进行作业，防护网必须具有摘网闭锁开关的功能，即只要防护网被打开就能实现自动停机，闭锁装置在防护网上安装接近开关，实现与带式输送机控制系统联机闭锁，也可采用其他更先进的保护装置。

（12）带式输送机机头部位须加装挡煤板及缓冲装置，且固定牢靠，不撒煤不漏矸，耐磨抗冲击，人员不得在机头正对处站立和逗留。当带式输送机卸料口正对着煤仓时，周围防护装置必须牢固可靠，高度不得低于1.2 m，现场必须配备有安全带，现场作业时必须按带式输送机管理要求及煤仓管理要求执行。

（13）主斜井提升带式输送机行人侧须实现全防护，10°以上的大倾角带式输送机须采取撒煤及滚落煤矸防护措施，必须有可靠的断带抓捕装置，机尾处要有可靠的防止断带后淤煤堆积伤人的防护措施。

（14）在输送机横越行人处必须安设防护设施，行人从输送机上方跨越时，必须设置行人过桥和扶手，带式输送机下方的过人地段必须设置安全保护设施。倾斜带式输送机人行通道地面应防滑，并设置扶手栏杆。严禁人员在运行的输送带上方跨越、下方爬钻。

（15）带式输送机必须有完善可靠的安全保护装置，其安装位置必须合理，严禁随意甩掉不用。除专业管理人员、检修和维护人员外，其他人员不得随意调整保护的安装位置、数量和整定数值。必须按时对相关保护装置进行试验，认真填写试验记录并亲笔签名，维修人员是保护装置的维护人，须配合输送机司机做好试验工作，机电科须不定期对带式输送机保护装置进行检查和试验，并认真检查各记录填写情况。

（16）带式输送机正常开机前，必须严格执行安全确认制度，开机前必须进行巡视检查，尤其是机头大架部分，确认完好可靠、无人员作业后方可开机。要同时使用通信电话和信号联系，用喊话系统进行确认和提示。严格执行“一声停、两声开”的开停机制度。司机开机前必须发三次开机信号即两声点（每次间隔时间不得小于3 s），在接到不少于两次的开机信号，进行安全确认，等待时间不得小于7 s后方可开机。

（17）带式输送机正常停机时，必须按停机顺序将输送带开空，向机尾发停机信号，接到回复信号后方可停机。司机必须坚守岗位，不得离开启停装置3 m以外，更不得安排司机兼职抽水等工作。

（18）非正常停机：当遇到紧急情况须停机时，任一地点都可通过拉线开关和急停按钮进行停机，或者向司机发紧急停机信号停机，停机后须向司机说明原因、地点以及停机要求，在司机配合下，对带式输送机开关进行停电闭锁，挂牌管理。非正常停机后，在开机前，必须对停机处理情况等进行严格的安全检查，确认无安全隐患后方可开机。

（19）每班正常运行前，应由司机由外向里，维护巡视人员由里向外会面式地对带式输送机进行安全巡查确认，要先空运转一周，检查输送机各部位运转是否正常，经现场安全确认后，方可投入正常运行。

（20）在带式输送机沿线应设置急停信号装置。沿输送机行人侧，相隔至少50 m安设一个急停按钮和喊话装置，急停开关应有自锁和复位功能。

（21）装有集控的带式输送机，在输送机中间地方更换部件时，除机头司机停电闭锁输送机开关外，还必须按下急停闭锁装置上的闭锁按钮，按下的闭锁按钮也必须挂牌管理，作业完毕，及时拔出闭锁按钮。

（22）采用集中控制的带式输送机，在正常运行时，必须配备专职维护巡视人员定期进行巡视，规定检查巡视路线、时间、重点检查部位等，发现问题及时汇报处理，并应有记录。

（23）在巡视查检过程中，遇到下列情况之一时，必须紧急停车：

①人身安全遇到威胁时。

②接到紧急停车信号、不明信号或下一台输送机停机时。

③电气、机械部件温升超限或运转声音不正常时。

④保护装置失效或事故状态下保护动作时。

⑤液力偶合器的易熔塞融化或耦合器内的工作介质喷出时。

⑥驱动滚筒处发生冒烟或巷道中发现不明烟雾时。

⑦发现其他紧急异常情况。

紧急停车后，必须及时向控制室和跟值班领导汇报，并积极参与查明原因，做必要的应急处理。

待事故处理完毕后，方可联系重新开机。

(24) 带式输送机运行时，严禁在机头、机尾进行调偏或清理作业。发现隐患、卡物等，应停机停电将物料取出，排除隐患后再重新开机。严禁操作人员身体探入输送机内部进行处理卡块事故等的操作，处理胶带与转动部位卡入异物时，必须保证该部位上下层胶带全部处于松弛状态，操作人员必须借助合理的工具在胶带与转动部位区域的外侧进行处理，并设专人监护。

(25) 允许带式输送机运料的掘进工作面，必须有专项措施，进行底皮带运料时，装卸料人员必须由班组长指挥，首先要检查装卸料台是否完好正常，信号是否灵敏畅通，司机检查胶带的完好情况，互相取得联系，并确认运料品种和数量后方可运输，卸料人员必须认真负责，及时卸下料台上的物料并核对，发现问题及时发出停机信号。

(26) 带式输送机的机头、机尾、转载点和配电室必须按规定的数量和要求配备灭火器、沙箱、消防锹等灭火器材。防尘灭火供水管支管和阀门需安设的数量和长度，应满足在输送机各个部位能喷洒的要求，一般要求每 50 m，装设一个洒水装置。对封闭走廊的输送机，应在输送机走廊中间部位安装不少于一处、具有远方控制功能的洒水灭火喷头。

(27) 严格执行二级公司出台的《煤矿安全生产标准化执行要求》中册机电、运输专业部分。

(28) 严格执行二级公司出台的《带式输送机运行期间安全管理六条禁令》。

(29) 严格参照二级公司机电部下发的《带式输送机保护装置管理》要求进行管理。

(30) 未尽事宜均按《煤矿安全规程》《煤矿用带式输送机安全规范》《煤矿用带式输送机技术条件》(MT 820—2006) 执行。

注：本规定适用于二级公司所属各煤矿井上下所有带式输送机，包括带式输送机从机头到机尾完整的管理。

6.11 矿井辅助运输管理规定

第一条 编制目的

为了贯彻执行党和国家的安全生产方针，严格遵守《煤矿安全规程》，保证二级公司所属煤矿辅助运输环节的安全，特对矿用绞车（包括双速绞车、无极绳绞车）的安装、车房（硐室）、操作、连接装置，斜坡防跑车装置的选型、安装、斜坡运输管理等做出具体的统一规定。

第二条 适用范围

二级公司各级管理人员和各单位全体职工都必须认真贯彻执行，严格遵守矿井辅助运输管理规定。

第三条 绞车完好

(1) 滚筒无裂隙、破损、变形，固定螺栓和油塞不得高出滚筒表面。

(2) 闸把及杠杆系统动作灵活可靠，施闸后闸把位置角度合适，制动装置动作灵活、可靠。拉杆螺丝、轴销无损坏变形。拉杆螺栓有背帽，无显著弯曲，不准使用焊接方式修复的拉杆。

(3) 闸带无断裂，闸带磨损余厚不小于 3 mm，铆接可靠不松动，闸座螺丝紧固有效。闸轮磨损不大于 2 mm，闸轮表面无油渍。

(4) 底座无裂纹，基座螺栓紧固，护板完整、无变形。

(5) 使用双速绞车和无极绳绞车要有专门的操作规程。

第四条 绞车房

(1) 车房应设在顶板完整、支架完好、通风良好的地点。

(2) 车房的高度：支架巷道不低于 1.8 m，矩形裸体巷外侧高度不低于 1.8 m。

车房的深度：绞车的外侧最突出部分（包括点柱）距邻近轨道 0.5 m 以上，内侧距帮 0.3 m 以上。

车房的长度：保证车前绳不磨帮，车后压点柱距帮不小于1.0 m。

（3）上山正拉车，任意一侧距帮必须留出0.8 m以上的司机通道。其他要求执行第7条。

（4）上山开口，临时安在坡底的倒拉车，必须安在坡底弯道的外侧，绞车最突出部位（包括点柱）距上山邻近直道延长线0.8 m以上，其他要求执行第7条。该车应随上山掘进及时上移到直道一侧。

（5）上山倒拉车，车房内必须设司机躲避硐，安在斜坡一侧接力运输的正拉车，车后上方必须设坚固的遮挡（垒墙垛或打防护点柱，其宽度距轨道0.5 m至巷帮）。

躲避硐内严禁堆放设备及物料，保持顶板完整和支架完好：裱好迎头、背好顶帮。

躲避硐规格：宽1.2 m，深0.7 m，高1.8 m。

第五条　绞车安装

（1）绞车安装必须保证平稳、牢固，并在实底上。固定绞车应采用水泥基础。移动绞车实现四压两戗、拉条齐全。大巷、采区集中巷、采煤工作面顺槽（靠近工作面最后一部绞车除外），均按照固定绞车管理。绞车轴线应尽量与牵引方向垂直，以利于有序排绳。

（2）采用地锚固定绞车：锚杆不少于4根，锚杆长度1.5 m以上、直径20 mm以上，水泥膨胀药卷或树脂药卷锚固长度1.0 m以上，砂浆锚杆要充填实。锚固力要达到每根5 t以上，并必须进行拉拔测试，测试报告存档管理。锚杆布置在绞车前后的两根底座上，锚杆眼与底座的夹角为75°～90°，锚杆与底座必须连接牢固、可靠。地锚固定绞车在初次使用前必须经过重车试验，并形成验收单。

（3）点柱固定绞车：四根压点柱不得缺少、不得倾斜，两根戗点柱必须倾斜、倾角控制在45°～70°。

点柱必须打在底座焊接的柱窝内，严禁穿鞋，点柱的顶端严禁使用重叠盘头。柱头窝深：岩石顶板0.2 m以上。

岩石顶板下戗柱可打防滑橛或打反戗柱。防滑橛眼深0.3 m以上、外露长度0.1 m以上，铁橛直径不小于40 mm；正、反戗柱夹角90°左右。

（4）点柱采用木柱时，必须使用直径不小于18 cm的优质圆木，严禁使用桦木、杨木等一些脆弱木质做点柱。点柱长度在2.5 m以上时，必须采用直径20 cm及以上的优质圆木。

（5）绞车底座必须是钢、铁材料制成，长度不小于1.8 m（地锚绞车底座长度保持1.5 m即可）。底座前端焊接两个柱窝、后端焊接一个，安装时要保证绞车闸轮与后压点柱之间留有0.4 m以上间隙，便于司机操作手柄。

（6）倒链吊运安装绞车，应注意倒链的连接部分是否可靠，倒链本身是否超负荷。带电移车，应制定安全措施。

（7）大于20°的上山掘进跟头倒拉车的上方3～5 m处必须设防护排柱或防护板，防止滚碴伤人。

（8）跟头倒拉车在巷道发生变坡、拐弯时应及时前移或加车，以防磨绳，严禁双绳相互摩擦。

（9）绞车周围噪声超过85 dB，影响司机听信号，应采取消音措施或移车。

（10）绞车牵引钢丝绳拐角接近90°时，必须加车、移车或安装导绳轮。

（11）一台绞车正拉，倒拉兼运时，在滑轮处必须设一段平道，其长度便于安全倒绳头和安装阻车器。严禁兜车尾运输。

（12）因坡度不一致，钢丝绳在运行过程中挑起磨顶板、磨帮时，必须移车或安装天轮、挡绳滚。

（13）设回头道岔的正拉车，车前必须留有2 m以上的过卷距离，并设防过卷设施。

（14）平车场阻车器与绞车或导向滑轮之间的距离必须大于所拉车辆总长度2.0 m以上。

第六条　钢丝绳及连接装置

(1) 新绳应有厂家的技术试验证书，严禁使用锈蚀、变形的钢丝绳。使用的钢丝绳和保险绳断丝不得超过 10%，断股或直径缩小 10% 必须更换。7% 以下平巷使用的钢丝绳，其钢丝绳的断丝限制，可在规程、措施中另行规定。

(2) 插接的钢丝绳绳套严禁使用。钢丝绳与滚筒的连接必须采用穿入绳眼再用双压板压紧的方式连接，严禁剁股连接。钢丝绳在滚筒上固定牢固，绳卡不少于两副，绳尾在滚筒上缠绕不少于 3 圈。

(3) 钢丝绳在滚筒上应按顺序分层排列，钢丝绳在滚筒上的容量是最外层距滚筒边缘的高度不小于该钢丝绳直径的 2.5 倍。

内层钢丝绳起圈时应停止运输进行重新排列。

钢丝绳在滚筒上缠绕严重跑偏时，必须停止运行进行调整。

钢丝绳执行定期涂油，一周不少于一次，应实现自动加油。

(4) 斜坡运输所选用的钢丝绳规格、型号必须符合《煤矿安全规程》规定；具有 6.5 以上的安全系数；无极绳绞车钢丝绳必须具有 5 倍以上的安全系数。

(5) 绳头必须套鸡心型绳皮，钢丝绳不打结，绳头完好。绳头卡子不少于 4 副，每副间隔 100 mm，且相邻两个卡子方向分左右布置，卡绳长度自第一卡子至第四卡子不小于 400 mm。

(6) 保险绳头采用 3 副卡子卡紧。保险绳绕过矿车的上面插入矿车碰头或用安全钩连在尾环上。

(7) 矿车之间、矿车与钩头之间的连接必须使用刚性罐橛，严禁采用其他代用品。磨损超限或有明显弯曲的罐橛严禁使用。

(8) 斜坡运输必须加装保险绳。

第七条　操作及注意事项

(1) 司机必须是从事井下工作半年以上，经专门培训，理论和实际操作考试合格，方可持证上岗。

司机要按规定参加复训，考试不合格者，调离工作岗位。

(2) 司机工作思想要集中，衣帽整齐、腰带扎紧。严格按照操作规程操作，严格遵守本单位制定的有关规章制度，严格按信号开车。开车信号要声光兼备，并接有回头铃，信号不清时应通过回头铃发送反问信号，得到准确信号后方可开车。

(3) 司机有权拒绝任何人违章指挥，严禁盲目开车。

司机应负因操作失误或违章操作造成的事故责任。

(4) 司机上岗前，应先检查车房支架、绞车点柱、绞车各部件等是否牢固、齐全、完好，检查信号按钮是否灵活，检查钢丝绳断丝磨损情况，检查钢丝绳的连接装置是否牢固，出现问题必须及时处理，严禁带病运转。

(5) 司机操作程序：

提升时；先给电，放松制动闸，再逐步压紧离合器。

停车时；松开离合器，压紧制动闸，最后停电。

微动牵引时；制动闸和离合器交替提起或压下使滚筒一转一停，严禁同时压紧，以防损坏电机和齿轮。

(6) 运行中，注意前方有无障碍物和人员走动，注意绞车的转动声音、电机温度，注意钢丝绳的运行和排列情况，发现异常及时停车。运行中严禁手动排绳，严禁旁侧开车。

(7) 无异常情况严禁急刹车。需要紧急停车时，制动不要太猛，以防发生落道、断绳、翻车等事故。再次启动，务必检查绞车和钢丝绳的情况。

(8) 矿车运行必须挂红灯，灯光朝行车前方。

(9) 司机离开车房，必须切断绞车电源。吊挂矿车停车，司机严禁离开工作岗位，手不准离开手柄。

（10）下放矿车时绞车必须带电运行，并适当控制速度，严禁不带电放车。

（11）绞车运输必须有语音、灯光字幕兼备的行车警示信号。所有人员能够进入车道的地点都必须装设。

第八条　防跑车装置一般规定

（1）目前使用的防跑车装置：

①手动操作式挡车器。

②趴道式简易阻车器。

③钢丝绳柔性挡车栏。

④联动常闭式挡车器。

⑤气动挡车梁。

⑥坡头自动复位阻车器。

各单位应积极研究开发结构简单、操作方便、自动化程度高、性能可靠、适应二级公司矿井实际情况的防跑车装置。

（2）在上部平车场接近变坡点处，安设能够阻止未连挂的车辆滑入斜巷的阻车器；在变坡点下方不大于 10 m 长度的地点，安设能够防止未连挂的车辆继续向下跑的挡车栏。安装有绞车的上坡头车场与变坡点下方 20 m 内的上下挡实现联动。

（3）斜坡防跑车装置数量规定：

①斜坡必须设“三挡”。

②斜坡长度超过 100 m 时，坡中必须增设“一挡”。

③斜坡各中间行人片口，片口上方 10 ~ 15 m 处必须设“一挡”。

④存车平车场、车场两端各设一道自动复位挡。

（4）质量标准：

①操作灵活可靠、各转动部位定期涂油脂。

②检查联动钢丝绳的断丝情况，断丝超规定应及时更换。

③手动操作式挡车器，车挡与转轴之间的连接要有足够的强度。

④固定上连环的锚杆位置在对应的变坡点处的正上方。

⑤联动钢丝绳沿巷道顶部不能与金属网、顶板支护材料出现刮、磨现象。

⑥挡抬起后，挡距车沿能保证装有大件的矿车通过。

⑦钢丝绳、托绳轮、连环道挡在轨道中央，左右误差不超过 50 mm 为限。

（5）斜坡防跑车装置的位置规定：

①坡头自动复位挡是配合连环挡工作的设施，安设地点位于连环挡车场方向，距连环挡一般不大于 1 m。

②坡底挡设在起坡点上方，距变坡点 10 m 左右。坡底为甩车场时，挡距道岔摆尖 10 m 左右。

第九条　防跑车装置选型要求

（1）下山掘进、跟头必须选用手动操作常闭式挡车器，挡车器距施工地点不超过 20 m，挡车器必须具有足够强度。下山掘进人工装车时，向上开车必须使用车叉子（能阻止矿车往下滑行的装置）。

（2）平坡头阻车器必须保证自动复位。

（3）手动操作挡车器适用于坡底、斜坡各中间片口有把钩工的地点。

（4）多台绞车接力运输，接力点在坡上时，倒车道岔端头挡应用可靠的戗点柱或垒挡车墙或利用巷帮挡车，严禁利用巷道支架挡车。

（5）换车平车场、车场两端可采用简易挡，严禁用盘头、板皮、横木挡车。

第十条　防跑车装置的安装要求

（1）钢丝绳捕车器要牢固地卡接成套，固定在轨道底部，要保持提起或下放后基本不变形、不扭转。

挡车部位落下后，其高度不得大于 900 mm。

（2）简易趴道式阻车器，挡轴用夹板固定在枕木上，保证转动灵活、动作可靠。

（3）拉绳式手动操作挡车器的拉绳长度应保持把钩工在把钩硐内操作，保持拉绳操作灵活。手动操作式挡车器，车挡抬起后与其上坡方向的轨道角度不得大于 80°。

第十一条　滑轮、绳滚的设置

（1）钢丝绳的导向必须采用导向滑轮，交叉巷道必须安装架绳轮，磨帮、磨底时必须加绳滚，以不磨绳为原则。

（2）在拐弯巷道弯道处，加装合格的抗绳滚。抗绳滚框架埋入底板 100 mm，并保证钢丝绳不磨抗绳滚转轴。

托绳滚的安装。必须在绞车绳运行一周后进行，托绳滚安装在绳中间，并保证绳不磨托绳滚框架。

导向滑轮的轮轴及框轴必须有保险销。轮与框的间隙超过 8 mm 时要进行检修或更换，防止夹绳。

固定滑轮的钢丝绳套或链条，必须保证有足够的安全系数。钢丝绳套的接头只许续接或卡接，链条的接头必须采用卸扣加螺栓连接。

绳（链）套与滑轮点柱、绳（链）套与滑轮之间只许套接，严禁用挂钩连接。

（3）滑轮点柱采用直径不小于 18 cm 的优质圆木“人字形”滑轮点柱，要求接口严密、夹角在 115°左右，受力一致。

“人字形”点柱采用金属摩擦支柱时，要焊接专门接口，保证接口严密。

“人字形”点柱、柱窝必须在实帮上，柱窝深度：煤 0.3 m 以上、岩石 0.2 m 以上。

“人字形”点柱接口必须在实底上。点柱窝位置，要求高出接口位置 0.5 m 以上（以底板面为基础）。否则，必须在接口处打压柱。

单根滑轮点柱应与底板呈 70°～75°夹角。上、下柱窝深：煤 0.3 m 以上；岩石 0.2 m 以上，岩石顶板的上柱窝也可打两个戗柱铁橛，铁橛符合规定。

严禁采用横木作滑轮点柱。

第十二条　轨道铺设

（1）主要轨道运输线路质量达到以下要求：

①接头平整度：轨面高低和内侧错差不大于 2 mm；

②轨距：直线段和加宽后的曲线段允许偏差为 -2～5 mm（其他轨道线路 -2～6 mm）；

③水平：直线段及曲线段加高后两股钢轨偏差不大于 5 mm（其他轨道线路 8 mm）；

④轨缝不大于 5 mm；

⑤扣件齐全、牢固，与轨型相符；

⑥轨枕规格及数量应符合标准要求，间距偏差不超过 50 mm；

⑦道碴粒度及铺设厚度符合标准要求，轨枕下应捣实；

⑧曲线段设置轨距拉杆。

（2）同一线路不得有杂拌道（异型轨道长度小于 50 m 为杂拌道），不同型号轨道对接时，只许外错。运送综机设备的轨型不得低于 24 kg/m。

（3）局部地段轨枕埋深不足其厚度的 2/3 时，应重新埋设。轨枕悬空的地段应停止运输进行充填。

（4）轨道铺设要求直线段平直，曲线段圆顺。坡头、坡底变坡道的上、下弯，必须使用专用工具弯曲，轨道接头避开弯点0.5 m以上。临时轨道的曲线半径最小不得小于矿车轴距的7倍。

（5）任何形式的开口、巷道拐线，在条件允许的情况下均应铺设回头道岔。

（6）巷道内铺设通车场时，中间或一侧留出0.8 m的人行通道。

（7）多台绞车接力运输时，接力处必须铺设倒车道岔进行换车。

第十三条　把钩安全硐

（1）把钩安全硐应设在顶板完整、支架完好、通风良好的地点，硐内严禁堆放杂物。

（2）把钩安全硐规格：高1.8 m、宽1.4 m、深1.4 m。

（3）斜坡轨道运输，坡底必须设把钩安全硐。把钩安全硐的位置应设在弯道的外侧、坡底变坡点上方。

（4）下山掘进跟头把钩安全硐可利用设在巷道一帮的0.6 m宽的防护排柱。

把钩安全硐随巷道掘进应及时下移。

（5）斜坡中间片口运输，把钩安全硐必须设在片口的对侧。斜坡上换车场，把钩安全硐必须设在倒车道岔的对侧。

（6）下山掘进，每50 m必须做一躲避硐，开车时工作面上人员进入硐内。躲避硐规格以躲进工作面上所有人员为标准。

第十四条　把钩工操作及注意事项

（1）把钩工必须是经过专门培训，考试合格持证上岗。定期对把钩工进行复训。

（2）把钩工上岗后要严守工作岗位，对行车安全负有一定责任。

（3）把钩工负责检查轨道、道岔的质量和安全状况；钢丝绳磨损、断丝情况；车挡及连接装置是否安全可靠；信号装置是否正常；无问题后方可发信号开车。

（4）把钩工必须按规定的数量挂车，严禁超过规定数量挂车。超宽、超重、超高、超长的物料运送，应有专门措施。对于不明重量的料车，把钩工必须请示本单位值班人员，紧急情况下有权拒绝挂车。

挂车数量应经计算后在相关地点挂牌公示。

用矿车运送物料，严禁戗茬装料。

用矿车运送物料时，必须摆放整齐、捆绑牢固，摆放在矿车上的长物料（管子、铁道、工字钢、圆木等）严禁与矿车沿直接接触，必须加垫方木。

把钩工在开车前必须对所运送物料的摆放、捆绑情况进行认真检查。

（5）停车摘钩时；先打停车铃，等车停稳后开始摘红灯、保险绳、钩头。

（6）开车时：先挂绳头，然后依次挂保险绳、红灯，检查连接装置，准备工作完毕后进入把钩安全硐内发信号开车，目送矿车通过道岔。

（7）平坡头车挡和其他手动操作式车挡只有在矿车通过时打开，其他时间要处于常闭状态。

（8）斜坡运输必须严格执行“行人不开车，开车不行人”的规定；并在所有把钩点挂牌警示。

（9）把钩信号统一执行“一声停止，二声上提，三声下放，四声慢提，五声慢放”的规定；所有把钩点必须挂牌明确。

（10）斜坡运输各中间片口必须设有行车指示信号或制定专门安全措施。

（11）矿车掉道后立即停车。首先考虑使用上道工具上道，然后考虑微牵引上道。在斜坡复轨时不准将上挡车器打开、不准用向下放车的方法进行矿车复轨。

斜坡上掉道后，严禁摘掉绳头进行上道。不准用支撑的方法进行复轨。上道前必须支垫好，严禁强拉硬拖。

上道使用的专用器具（包括木料等物）应在存放点挂牌管理。

（12）微动牵引上道，必须有准确、可靠的传递信号。开车信号发出前，现场人员必须撤到离矿车斜上方至少3 m处的安全地点或躲进躲避硐内。

观察上道情况发送信号的人员也必须站在矿车斜上方安全地点。

第十五条 其他管理

（1）绞车车房内、把钩各地点，必须悬挂司机、把钩工岗位安全责任制牌板。车挡安装地点，必须悬挂负责维护、检修的责任牌板。

（2）绞车、钢丝绳、车挡、连接装置、轨道、道岔、信号、滑轮及点柱等应由使用单位维护和保养，定期检修，使用期间每一个小班都要有专人检查。

（3）使用绞车的单位，应有一名领导负责此项管理工作，并对司机、把钩工、维修工等人员的安排负领导责任。

（4）使用单位要建立绞车、车挡、滑轮、绳滚等运输设备的管理卡片、技术台账及相关的检查表，当班责任者升井后及时填写卡片。做到责任明确，账卡物准确对口，各单位要按规定及时进行设备设施的检查和维护，按时报表。

（5）各单位自己制作的车挡，要有技术说明，并进行强度核算。

新研制的车挡型式要及时上报备案。

（6）自动防跑车装置的安装，应有实验报告。

（7）一般规定，井下绞车连续使用的时间满一年时，应升井大修。

（8）本规定与上级有关文件（规定）相抵之处，以上级文件（规定）为准。

（9）各单位在执行过程中，如遇到问题及时向二级公司反映，以便修订。

（10）本规定的修改、解释权属二级公司。

6.12 大斜坡运输安全管理制度

为切实加强斜巷运输管理，完善斜巷运输安全设施，提高斜巷运输标准化水平，保障矿井斜巷运输安全、优质、高效，根据《煤矿安全规程》《煤矿安全生产标准化标准及考核评级办法》和相关规定，结合各矿斜巷运输工作的实际，特制定本规定。

1. 斜巷运输基础管理

（1）各矿应建立斜巷运输设备、设施管理部门，掌握和保存全矿井各斜巷技术参数和装备状态，包括采区和掘进斜巷的长度、倾角、提升布置方式，斜巷保险装置的规格和布置，绞车型号，钢丝绳规格，控制开关型号，供电系统图等资料。重点做好动态监督检查和制度建设。

（2）斜巷运输设备和设施的选型由机电、运输管理部门负责，选用的设备、设施必须是性能先进的合格品，必须具有“两证一标”。任何单位和个人都不得采购或使用不合格的设备、设施和零部件等。

（3）新购置和经大修后的设备和设施，投入使用前由机电部门和运输管理部门组织相关人员进行验收，合格后方准投入使用。

（4）建立和实施小绞车管理制度：

①选型设计制度：作业规程中应有小绞车的选型设计内容。

②安装验收制度：绞车安装完毕后，必须由矿调度或安检部门组织机电科等有关单位现场验收并试运转，合格后方准移交生产单位使用。

③使用、维护制度：矿井小绞车使用实行“申请制”和“上锁管理”，各单位使用设备时，必须执行“申请制”。小绞车的维修必须明确单位，责任到人，并有详细检修记录。

④交接制度：设备交接时必须填写移交单，由管理单位牵头，双方签字验收。

⑤牌板管理制度：要做到绞车型号及相关参数、轨道参数、使用地点、使用管理单位、包机人明确，并现场悬挂。绞车现场还应悬挂绞车操作规程、管理制度、技术特征牌、小绞车运输安全管理十一条禁令牌。

⑥监督检查制度：矿每月必须组织不少于2次的小绞车和斜巷安全设施的检查。

（5）实施斜巷安全设施定期检查制度：斜井跑车防护装置定期检查，并形成检查记录。

（6）严格执行岗位培训制度：各矿运输专业要制定员工外部和内部培训计划。包括信号工、把钩工、跟车工、各类绞车司机，都必须培训考核合格，持证上岗，并按期限及时进行复训。

2. 斜井轨道

（1）斜井轨道的铺设质量应符合《煤矿安全规程》《煤矿窄轨铁路维修质量标准及检查评级办法》等有关规定。

（2）轨道定期巡查维护，维护质量符合规定，不得有杂拌道。主要运输倾斜井巷要采取轨道防滑措施。

（3）使用运送液压支架的线路应铺设20 kg/m以上的钢轨，采掘内部其他运输系统铺设线路轨型不低于18 kg/m，具体轨型根据设备重量确定。

（4）倾斜井巷运输必须设置地辊，要求齐全，转动灵活；地辊规格、间距符合设计规范要求，以不磨轨枕为准；变坡点处应增加地辊。

（5）采区车场变坡点使用的拱弯道、底弯道要圆滑过渡，禁止采用截道搭接。

（6）小斜巷轨枕间距不得大于1 m，并与钢轨垂直，接头处无失效，道砟捣固坚实，无空板、吊板。

3. 安全设施及信号

（1）倾斜井巷串车提升要严格按照《煤矿安全规程》要求安装各类挡车装置。在倾斜井巷内安设能够将运行中断绳、脱钩的车辆阻止住的跑车防护装置，设置距离根据有关要求安装。在各车场安设防止带绳车辆误入非运行车场或区段的阻车器和甩车时能发出警号的信号装置。上部为平车场时，在平车场的入口处安设能够控制车辆进入摘挂钩地点的常闭式阻车器；在上部平车场接近变坡点处，安设能够阻止未连挂的车辆滑入斜巷的常闭式阻车器；在变坡点下方略大于一列车的地点，设置能够防止未连挂的车辆继续向下跑的挡车栏。在下部车场起坡点上方设置挡车栏。各类挡车装置必须经常关闭，放车时方准打开。凡装备机械式自动防跑车装置的斜巷，必须指定专人按期检修和试验，确保自动防跑车装置处于灵敏可靠状态。下部车场起坡点上方挡车栏必须装备可在信号硐室操作的操纵装置，推广使用压风作为操纵装置动力源。斜巷禁止使用单吊梁式挡车器。

（2）1.2 m及以上绞车串车提升斜巷必须装备自动跑车防护装置；1.2 m以下固定为采区服务的串车提升斜巷变坡点以下略大于一列车长度处的挡车装置应与绞车实现联动。

（3）严禁使用斜井人车装置。

（4）各类内齿轮绞车运行前方都必须安设可靠的防过卷装置。

（5）主要斜井各车场应设信号硐室，其宽度不小于1.5 m，深度不小于1.5 m，高度不小于2 m。

（6）斜巷上下车场及中间通道口应安装警示灯，悬挂在显著地点。绞车开车时红灯亮，停止时红灯灭。

（7）主要斜巷上下车场及中间通道口必须使用声光行车报警装置，并有“正在行车，不准行人”的醒目标志。绞车房应设有与各车场的对讲电话。车房及各车场之间还应设置联系信号，信号要求声光兼备，集中上板管理。信号、电话等严禁设在车场“牛鼻子”处，要设在信号室内，人员在信号室内操作。

（8）多水平提升的倾斜井巷必须采用多水平提升信号装置。双钩提升的要设置有错码信号。

（9）非运行乘人装置的提升兼行人倾斜井巷，在斜巷中每隔40 m设置躲避硐，并装设红灯，严格执行“行车不行人、行人不行车”管理制度。

(10) 在轨道上下山各车场的信号附近安设局部通风机时，局部通风机距信号不得小于10 m，且必须装有消音器。

(11) 斜巷上车场为平车场时，要装设顶车信号和机车停车终点位置标志。

(12) 双钩提升斜井，信号的使用要符合逐级传递的原则，上车场信号工收齐上下信号后，方可向车房发送开车信号，同时要明确信号以一钩为准。

(13) 小绞车的操作按钮和声光信号应集中上板管理，固定在司机便于操作的地方。

4. 绞车安装要求

(1) 绞车安装地点应设置机电硐室，硐室应同时满足设备摆放、检修和绞车安全操作的要求。内齿轮绞车安装在轨道一侧时，距轨道的安全距离不得小于0.4 m，控制开关不得摆放于绞车运行方向前方，距轨道安全距离不小于0.7 m，并满足开关检修要求。

(2) 25 kW及以上内齿轮绞车（含慢速绞车）安装必须采用基础固定，要求绞车稳固、牢靠，满足提升安全要求。25 kW以下内齿轮绞车应采用基础固定，经常移动及临时绞车可采用压戗柱固定，采用压戗柱固定时，必须使用木支柱。压戗柱直径不小于150 mm。支柱时，前面两根压戗柱应朝前方倾斜15°~20°，后面两根压戗柱应垂直于绞车底盘。压戗柱不得打在棚梁上。对坚硬的顶板，柱头处应挖柱窝，将柱头放在柱窝内。对确不宜挖柱窝而采用其他方法固定的，要确保绞车稳固、牢靠，压戗柱不得妨碍司机操作和视线。严禁使用金属支柱固定。

(3) 内齿轮绞车固定后，必须有可靠的生根绳，固定在生根绳柱或地锚上，严禁固定在棚腿上，生根绳接头用不少于3副绳卡卡紧。

(4) 钢丝绳在绞车滚筒上的固定要用压板压牢。钢丝绳的总长度在正常工作时，卷筒上至少要保留3圈余绳。长度不得超过绞车铭牌规定最大容绳量，绳径与绞车铭牌规定钢丝绳直径相适应。滚筒边缘的高度高出最外一层钢丝绳20 mm。严禁采用加高滚筒边缘的做法增加容绳量。严禁有打结、挤压、扭绕、变形等现象。

(5) 内齿轮绞车的司机侧应装有不小于2 mm厚合格的金属护身挡板。

(6) 40 kW以上内齿轮绞车前方应设置排绳装置。11.4 kW、25 kW绞车安装使用地点具备条件的，提倡安装排绳装置。

5. 连接装置

(1) 斜巷提升必须使用合格的连接器。使用前各矿要向检验机构提供使用地点提升区段的最大静荷重的数据，进行两倍于其最大静荷重的拉力试验。对于试验合格的连接器要有永久标志，试验等资料要求集中管理并建档存放。当该连接装置使用在其他不同的提升地点时，必须按照该使用地点的最大静荷重进行两倍于其最大静荷重的拉力试验（对于现使用地点小于原使用地点最大静荷重的可不做试验）。试验不合格的应有特殊标志，不得继续在斜巷中使用。

(2) 绞车钢丝绳、链环和插销的试验、使用审批和报废处理应有专人负责。

(3) 斜巷串车提升必须使用合格的防脱销装置，钩头都必须配有合格的保险绳。

(4) 内齿轮小绞车钢丝绳连接装置必须使用护绳环，绳头卡接不得少于3副绳卡，绳卡卡接必须牢固；卡接时，绳卡的U形环方向应相同（朝主绳），间距设置为100~150 mm。

(5) 斜巷连接装置必须定期检查，由专人每半个月对斜巷连接装置进行一次全面检查。主要检查磨损、焊缝、裂纹、锈蚀、变形、变音等并有检查记录。

(6) 把钩工（链环工）交接班时必须对连接装置外观全面检查一次。每钩在发送开车信号前，把钩工必须检查连接情况。发现不符合强度要求的连接装置，必须停止使用，立即更换。

(7) 严禁超挂车、超载和使用不合格连接器。

6. 乘人装置及规定

（1）井下主要斜巷垂深超过 50 m 时，必须采用符合规定要求的机械装置运送人员。

（2）倾斜井巷采用架空乘人装置运送人员时，巷道倾角不得超过设计规定的数值。架空乘人装置的驱动部分必须有制动器；在下人地点的前方，必须设有能自动停车的安全装置；吊杆和钢丝绳之间的连接不得自动脱扣；蹬座中心至巷道的距离不得小于 0.7 m，运行速度不得超过规程规定，乘坐间距不得小于 6 m。严禁使用含油钢丝绳，张紧力必须达到设计要求。当系统运行中出现故障时，应通过沿线保护装置或绞车开关及时停车，防止事故扩大。

（3）采用活动座椅时，用完后需将其放在指定位置，不得乱放。

（4）各托绳轮支架要编号挂牌管理。

（5）各乘人地点设乘人规定和站名标志，乘车规定要用牌板现场悬挂。

（6）使用架空乘人装置运送人员时，严禁同时运送爆炸物品和重型加长材料、设备。

（7）架空乘人装置每天必须实行日检，发现问题及时处理，维修质量达到《煤矿矿井机电设备完好标准》规定要求。

（8）轨道提升和架空乘人装置合一的巷道，提升绞车和架空乘人装置设电气闭锁装置。

7. 斜井提升规定

（1）倾斜井巷的净高、净宽、断面和安全间隙必须符合《煤矿安全规程》规定。斜井和主要上下山设永久水沟，水沟畅通。

（2）运人倾斜巷道内要有照明，照明灯的间距不得大于 30 m，上下人地点要有充分照明，留有宽 1 m 以上的人行道，并设置台阶。

（3）司机、信号工、把钩工要严格执行操作规程，每班开车前要对绞车的稳固情况和制动装置、信号等部件进行认真检查。提升过程中发现提升钢丝绳、连接装置、驱动部件等出现异常应立即停车处理。严禁放飞车，严禁在有余绳时开车，严禁排绳乱时开车，严禁信号不通时开车，严禁设备不完好时开车，严禁固定不合格时开车。

（4）绞车的提升负荷、钢丝绳的选择必须经过设计计算，写入作业规程，并保存设计计算书。

（5）绞车提升作业时，提升区段内严禁有行人和其他作业；严禁摘掉钩头和连接装置装卸车或推车。在斜巷内处理车辆掉道时，现场必须有队干、班组长跟班。车辆下方严禁站人，绳要保持拉紧状态，严禁脱钩处理。

（6）在斜巷运输线路中进行作业施工和运输时，应编制施工作业规程，其内容应包括基本状况、施工时间和地点、施工方法与步骤、施工作业内容和质量要求、施工作业负责人和劳动组织、主要危险源、安全措施、验收要求等内容。从事零星施工时，必须编制零星施工任务书。

（7）倾斜井巷悬钩作业时，必须制定严格的安全措施。

（8）原则上禁止在同一斜巷内多单位或作业组同时施工，确需在同一斜巷内多单位或作业组同时施工时，需经矿总工程师批准并签字。斜巷施工时必须有可靠的防跑物料、矸石等措施。

（9）运行乘人装置的倾斜井巷严禁行人，严格按照封闭式巷道管理。斜巷中确需安装工程及检修、检查等特殊作业时，必须制定作业安全技术措施，停止斜巷运输。封闭式管理巷道各通道口挂禁止行人牌板。机轨合一巷道及其他难以保证行人安全的地点，必须实行封闭管理，确实无法封闭管理的，要制定行人安全措施。

（10）倾斜井巷设计时，必须按照设计规范要求留有停（存）车场。任何情况下都不准把斜坡作为停（存）车场。

（11）严格执行“行人不行车，行车不行人”制度，并于斜巷上下口和各车场悬挂明显标志。

（12）严禁使用同一部绞车双向提升。

（13）使用绞车转弯提升时，应制定安全技术措施，弯道内侧不得兼作人行道，并在转弯巷道内侧装设能转动的滑轮，钢丝绳不得磨棚腿和巷道。

（14）尽量避免在一条斜巷内采用接力提升，确需接力提升时，需制定安全技术措施报矿总工程师批准。

（15）绞车停用时，绞车电源控制开关手把必须处于分断位置。

（16）上山掘进使用滑轮导向提升时，严禁使用开口滑轮，滑轮直径应大于22倍钢丝绳的直径。严禁将滑轮固定在扒矸机和棚腿上，固定导向滑轮的连接装置的强度应大于提升钢丝绳的强度。导向滑轮及固定，其安全系数不得小于10。导向轮选型、固定、检查维修及提升载荷和车数必须在掘进作业规程中明确规定。

（17）上山掘进工作时，在矿车停止位置下方必须设置合格的临时挡车装置；下山掘进工作时，矿车停止位置上方必须设置合格的临时挡车装置。在掘进作业规程中应明确挡车装置的动态位置。

（18）开凿或延深斜井、下山时，必须在斜井、下山的上口设置防止跑车装置，在掘进工作面的上方设置坚固的跑车防护装置。跑车防护装置与掘进工作面的距离必须在施工组织设计或作业规程中规定。

（19）上、下山禁止用空钩头拖拉钢轨等，上山掘进禁止采用自拉自的方式上移内齿轮绞车和扒装机。

（20）在斜巷中布置绞车时，必须采取安全有效的防护装置保护绞车司机，安全防护装置不得影响绞车的正常运行。绞车安装地点必须满足设备摆放、方便检修和便于安全操作的要求，绞车后部距巷帮距离应大于0.8 m，并在设计和规程中明确规定。

8. 斜巷运料安全管理

（1）各矿必须按照有关要求，严格制定斜巷运料安全技术措施、业务流程和管理制度。

（2）各运料系统巷道断面、高度、宽度、安全距离和安全设施必须符合煤矿安全生产标准化标准。

（3）各运料系统都必须有独立的安全技术措施和管理制度。系统变化必须根据作业现场实际需要制定补充技术措施，安全技术措施中必须严格规定一次拉车数及提升载荷。

（4）对超高、超宽、超长、超重等车辆运输时，必须有队干、班组长跟班。现场安全负责人必须提前察看运输路线，清楚现场安全隐患。

（5）新运料系统投入使用前，必须优化下料流程，合理确定下料路线和单位交料地点。确定后，下料系统必须严格按照规定进行整理、验收、签字，系统符合安全技术要求后方可投入运行。

（6）各下料系统下料人员应相对固定。每次现场作业时，必须指定当班安全负责人，严格执行斜巷运输安全技术措施和管理制度、严禁任何人员蹬钩头。

（7）运送特殊物料时必须配套使用合格的专用车辆和连接装置。

（8）运送综采支架等大型设备或材料时必须制定安全技术措施，使用合格的专用车辆和连接装置。运送前首先要对运输沿线巷道的安全间隙、高度、支护情况、轨道线路、曲线半径、绞车、信号、钢丝绳和连接装置等进行一次全面认真的检查，符合规定要求后方可运送。

6.13 架空乘人装置管理制度

为切实加强矿井架空乘人装置的安全管理，提高其运行效率，消除不安全因素，确保安全生产，特制定本制度。

1. 总体要求

（1）架空乘人装置要按照《煤矿用架空乘人装置安全检验规范》（AQ 1038—2007），《煤矿固定抱索器架空乘人装置技术条件》（MT/T 873—2000）要求进行完善，动态达标，每年由具有相关资质的单位进行检验。

（2）架空乘人装置司机必须经过培训，取得安全资格证及上岗证后，方可上岗作业。

2. 管理要求

（1）架空乘人装置必须严格执行《煤矿安全规程》有关规定和要求。

①巷道倾角不得超过设计规定的最大值28°（固定抱索器最大运行坡度不得超过28°，可摘挂抱索器最大运行坡度不得超过25°）。

②吊椅中心至巷道一侧突出部分的距离、运行速度、乘坐间距必须符合《煤矿安全规程》有关规定及相关标准。

③驱动系统应当设置失效安全型工作制动装置和安全制动装置，安全制动装置必须设置在驱动轮上。

④吊杆和牵引钢丝绳之间的连接不得自动脱扣。

⑤架空乘人装置必须有专项设计。

（2）架空乘人装置必须具备以下保护设施，且动作灵敏可靠。

①超速保护。

②打滑保护。

③张紧力下降保护。

④变坡点防掉绳保护。

⑤全程急停保护。

⑥防脱绳保护。

⑦机头、机尾下车点乘人越位保护。

⑧液压驱动式架空乘人装置还应具有驱动油压过压保护、驱动油压欠压保护和液压油温超温保护。减速器设油位、油温自动检测报警保护。

⑨在机头、机尾下车点处应安装语音提示器。

⑩应当有断轴的保护措施。

⑪安全保护装置发生保护动作后，需人工复位后方可重新启动。

（3）倾斜巷道中架空乘人装置与轨道提升系统同巷布置时，必须设置电气闭锁，两种设备不得同时运行。

（4）倾斜巷道中架空乘人装置与带式输送机同巷布置时，必须采取可靠的隔离措施或设置电气闭锁。

（5）巷道应当设置照明。

（6）严禁同时运送携带爆炸物品的人员。

（7）每日至少对整个装置进行1次检查，每年至少对整个装置进行1次安全检测检验。

（8）架空乘人装置的钢丝绳部分应符合《煤矿安全规程》有关规定。

（9）架空乘人装置机头悬挂管理牌板及记录执行二级公司“763311”。

七种记录：设备运行记录、巡回检查记录、进出要害场所登记记录、设备设施检修记录、事故记录、干部上岗记录、交接班记录。

六种制度：要害场所管理制度、岗位责任制、交接班制度、干部上岗制度、巡回检查制度、操作规程。

三图一表：电气原理图、自动控制系统图、巡回检查线路图、技术特征表。

三全：安全防护全，安全保护全，安全标识、标志全。

一整洁：机房硐室整洁。

一规范：人员规范上岗。

3. 运行要求

（1）司机在开车前应对架空乘人装置进行全面检查：检查各部位螺栓是否紧固；减速器或液压站油量是否充足；制动闸是否灵活可靠；各项保护是否动作灵敏；张紧装置是否符合要求；详细检查

钢丝绳及接头状况；检查巷道是否存在影响运行的因素。发现问题及时处理，如危及运行安全，严禁开车，并立即向矿井安全管理有关部门和负责人报告。

（2）司机接到开车指令后，首先按下“开车预警”按钮，警示后方可开车。

（3）司机严格执行操作规程，精心操作。

（4）在运行过程中，司机要随时注意设备运行状况，发现运行状态突然不稳定或其他意外情况时，必须立即停止运行，待查明原因，并恢复正常后，方可继续启动运行。

（5）操作人员因查找故障必须离开岗位时，必须按下控制台上的“急停禁启”按钮，并挂上“故障检修、禁止启动”警示牌。当对系统全面检修时，必须断开总电源开关，挂上“有人工作，禁止合闸”警示牌，并派专人监护。

（6）除配备专用货物吊篮外，严禁使用吊椅吊挂运送物品。

（7）乘坐人员必须一人一座，不得超员。

（8）严禁携带超长物品的人员乘坐。乘坐时所带物品必须顺巷道方向携带，不得横放，以免碰撞逆向人员或巷帮，并且前后均应留出至少一个座位不乘人，避免上、下人时伤及他人。

（9）在设备运行中，乘坐人员要坐稳，脚蹬稳，手扶吊杆，不得手扶牵引钢丝绳或触摸绳轮及邻近的任何物体。乘坐人员不得嬉戏打闹，不得引起吊椅左右摆动，不得超过警戒线。

（10）乘坐人员严禁乘坐中睡觉，不准将灯带、衣物等挂在吊座椅上。

（11）上下车场人员集中时，不得拥挤，应按顺序上下，所有乘坐人员必须听从司机指挥。

（12）运行中一旦发生紧急情况立即拉紧急停车拉线。

（13）停运期间上下人严禁走在钢丝绳下方，应走人行道。

4. 其他要求

（1）检修时严格执行《矿井设备检修管理制度》。

（2）设备检修后的质量验收执行《煤矿矿井机电设备检修技术规范》要求。

（3）检修完毕后要保证试运转时间。

6.14 矿用防爆柴油机无轨胶轮车运输管理制度

1. 范围

本制度适用于二级公司范围内煤矿用防爆柴油机无轨胶轮车的管理、使用、维护、维修、运输标志设置等工作。

2. 规范性引用文件

下列文件中的条款通过本制度的引用而成为本制度的条款，本制度未涉及的内容按照以下规范、标准中适用条款执行。凡是注日期的引用文件，其随后所有的修改单（不包括勘误的内容）或修订版均不适用于本制度。

《爆炸性气体环境用电气设备》（GB 3836）

《道路交通标志和标线》（GB 5768）

《煤矿用防爆柴油机排气中一氧化碳，氮氧化物检验规范》（MT 220）

《矿用防爆柴油机无轨胶轮车通用技术条件》（MT/T 989）

《矿用防爆柴油机通用技术条件》（MT 990）

《煤矿安全规程》

《煤矿用防爆柴油机无轨胶轮车安全使用规范》

《煤矿企业安全标志》

3. 基本要求

（1）煤矿用防爆柴油机无轨胶轮车的管理、使用、维护、维修、标志设置应符合《煤矿安全规程》《煤矿用防爆柴油机无轨胶轮车安全使用规范》《道路交通标志和标线》（国家标准 GB5768）、《煤矿企业安全标志》和本制度的规定。要认真按照《产品使用说明书》进行操作、维护和保养。

（2）车辆的结构设计、基本参数、技术要求及性能要求等应符合 MT/T 989 的有关规定，并应取得矿用产品安全标志。

（3）车辆所用防爆柴油机应符合 MT 990 的有关规定，并应取得矿用产品安全标志，排气中一氧化碳、氮氧化物等有害气体浓度，应符合 MT 220 的有关规定。

（4）车辆所用电气部件，应符合 GB 3836 的有关要求，并应取得矿用产品安全标志。

（5）车辆外表面，应涂有反光材料标记。

（6）车辆使用的柴油、润滑油、液压油等应按照使用说明书要求选用。

（7）车辆下井应配备瓦斯检测报警仪，报警值符合《煤矿安全规程》的有关规定；安全保护装置温度、压力等报警值应符合 MT/T 989 的有关规定。

（8）不应擅自对车辆进行改动和拆除部分零部件。

（9）严禁在井下检修、加油、保养车辆和储存柴油。

（10）在各巷道、硐室入口处应设置限高、限宽的标志。运输路线行进方向应有明显标志，不得进入的巷道、硐室在入口处应悬挂明显标志。各矿应根据本矿具体情况量化具体参数和确定标志安装位置，制定本矿《煤矿用防爆柴油机无轨胶轮车运输标志设置方案》，绘制详细的运输路线图和运输警示标志布设图，经矿井技术负责人审核批准后实施。在煤矿用防爆柴油机无轨胶轮车（以下简称无轨胶轮车）投入运行前完成无轨胶轮车运输标志的安装，并对全体人员进行相关内容的培训。

（11）涉及消防及其他内容标示的设置应参照相关标准执行。对《无轨胶轮车运输标志设置基本要求》中未提供标志图样的运输标志设置按照 GB5768 的规定增加。

（12）各矿应根据在用的煤矿用防爆柴油机无轨胶轮车型号相对应的产品使用说明、《煤矿安全规程》《煤矿用防爆柴油机无轨胶轮车安全使用规范》和本制度编制操作规程。

（13）标志尺寸按照《煤矿企业安全标志》规定执行。

4. 巷道与配风

1）巷道

（1）巷道宽度应满足车辆安全行驶的需要。车辆单向行驶的巷道，巷道宽度应满足车辆两侧至巷道壁或排水沟的间距不少 300 mm；车辆双向行驶的巷道，巷道宽度应满足两车错车间距不低于 500 mm，或设置必要的车辆躲避硐室．转弯处巷道半径大于 5.8 m，坡度不大于 8°。

（2）巷道高度应满足当车辆行驶时，车辆最高点至巷道顶板或顶部管道、电缆线的间距不少于 300 mm。

（3）行驶车辆的巷道中每隔 300 m 应设置一个人员躲避硐室。

（4）行驶车辆的巷道中，应设置加水点。

（5）在巷道弯道或驾驶员视线受阻的区段，应设限速、鸣笛标志。人员躲避硐室、车辆躲避硐室附近应设置提示标志。各类标志应符合本制度的要求，当本制度制定的运输标志不能满足现场运输标志设置需要时按照 GB 5768 的规定设置。

（6）行驶车辆的巷道平面交叉时，宜设置自动交通信号装置。

2）配风

行驶车辆的巷道，应按同时运行的最多车辆数增加巷道配风，配风量应不小于 4 $m^3/(min \cdot kW)$。

5. 车辆的使用

1）使用前的检查

（1）车辆外观应完好，无开焊、开裂、变形等。灭火器、瓦斯检测报警仪等附件配置齐全，状态良好。

（2）显示仪表齐全，工作稳定、显示准确。

（3）车辆电气系统应工作正常，照明、信号等应满足要求。

（4）车辆防爆柴油机工作正常，无异常噪声、温升和尾气排放。

（5）车辆传动系统、制动系统、操纵系统、液压系统、气动系统等应工作稳定可靠，无异常现象。

（6）安全保护装置应工作稳定可靠。

（7）各管路连接可靠，无漏油、漏水、漏气等现象。

2）驾驶人员

（1）驾驶员应有与所驾驶车辆相适应的“中华人民共和国机动车驾驶证”。

（2）驾驶员应经过煤矿井下安全培训和车辆驾驶人员应知、应会的相关知识培训并考试合格，持证上岗。

（3）驾驶员应熟悉矿井运输路线和井下避灾路线，具备自救、互救和现场急救相关技能。

（4）驾驶员应按下井人员要求佩戴劳动保护用品，随身携带矿灯、自救器。

（5）驾驶员发现瓦斯浓度超过《煤矿安全规程》相关规定值时，应立即停车关闭发动机，撤出人员并及时报告。

3）运输

（1）车辆不允许超载运输。

（2）车辆的运输应遵循分类原则。不应客货混装，易燃、易爆和腐蚀性物品不应混合运送。

（3）车辆运输设备、工具或材料时，一般不应超宽或超高。如需超宽或超高运送，应制定安全措施和应急预案，按规定程序批准后方可实施。

（4）运送特殊材料，应使用专用车辆。

（5）运送火工品入井时，应使用专用车辆，预先制定安全措施，规定具体时间和运行路线，按规定程序批准后实施。运送路线不应有任何车辆和人员作业。

（6）车辆运送松散物料时，应采取必要的紧固措施。

（7）具有自卸功能的车辆运行时，应采用不能自行脱钩的连接装置。

（8）运送人员应使用专用人车运输。开车前应关好车门、防护栏，人体及所携带的工具、材料不应露出车外，车辆起动时，司机应向乘车人员发出警示。

（9）车辆行进中和尚未停稳时，人员不应上、下车或在车内站立。行进中乘坐人员发现异常情况时，应立即向驾驶员发出信号。

（10）各种运人车辆应明确定员，不应超员运输。

4）行驶

（1）车辆在巷道中行驶的最高速度：运送物料 40 km/h；运送人员 25 km/h，运输危险品时须制定专项措施明确限速，但不得超过 25 km/h。

（2）车辆在弯道或坡道上应以低速行驶。车辆下坡不应空挡滑行。

（3）车辆行驶至巷道平面交叉口、转弯处，应减速鸣号。

（4）同向行驶的车辆应保持不低于 50 m 的安全运行距离。

（5）车辆行驶中，应密切注意车辆各系统的工作状况，发现异常，应停车检查，排除故障，排除过程中，应有相应的安全措施。

（6）严格遵守“行车不行人，行人不行车，行车让行人”的规定。遇到巷道内有工作人员或等车人员时，必须提前 50 m 减速鸣笛，距离人员 10 m 以上必须停车，确认人员躲到安全地点时，方可再次行车。

5）停放

（1）车辆停放时，应检查油、水、气管路。如有泄漏，应及时处理。

（2）车辆停放时，应实施驻车制动。

（3）车辆一般不应在坡道上停放，如需停放，应实施驻车制动并采取必要的防滑措施。

6）检验

（1）新车每运行 500 h，大修后的车辆每运行 300 h 应检测柴油机的尾气排放，一氧化碳和氮氧化物应满足 MT 220 的规定。

（2）车辆每年应进行年检，各项安全性能应符合 MT/T 989 和 MT 990 的要求。

（3）大修后的车辆和防爆柴油机，应经国家安全生产监督管理总局授权的检测检验机构检验合格后投入使用。

6. 车辆的维护、保养及修理

（1）车辆及防爆柴油机，应按使用说明书的要求进行定期维护、保养。维护、保养工作应由具备专业技能的人员担任。

（2）除日常的维护、保养外，车辆及防爆柴油机，每两年时间内至少应进行 1 次大修。

（3）车辆的维护、保养、修理、加油，应在地面进行。

7. 标志

1）禁止类标识标志（表 5－6－1）

表 5－6－1　禁止类标识标志

图形符号	名　称	设置地点
	低污染车禁止入内	禁止低污染车驶入的巷道口（规格：600 × 400 mm，白底黑字，外框红边宽度 7 mm，内部禁止标识按照禁止类尺寸制作）
	禁止车辆长时停放	禁止车辆长时停放的地方，如井口等处
	停车检查	用于车辆检查时
	禁止驶入	禁止驶入的路段入口或单行路的出口处
	减速让行	交叉道路的次要道路路口，井下巷道交叉路口的支巷口前适当位置
	限宽 3 m	最大容许宽度受限制的地方， 注：限宽可根据实际需要设定

表 5－6－1（续）

图形符号	名　称	设置地点
	限高 3. 5 m	最大容许高度受限制的地方 注：限高可根据实际需要设定
	限速 40 km/h	公路或井下辅运巷道需要限制车辆速度的路段的起点 注：限速根据实际需要设定。限速标志上方不安装辅助标志时为该路段最高限速，上方安装辅助标志时为该类型车辆最高限速
	禁止入内	禁止人员进入的路段、场所入口处
	禁止通行	禁止人员通行的路段入口处
	停车让行	需要停车让行的路口、路段适当位置
	禁止向左转弯	禁止向左转弯路口以前适当位置
	禁止向右转弯	禁止向右转弯路口以前适当位置
	禁止向左右转弯	禁止向左右转弯路口以前适当位置
	禁止向前行驶	禁止向前行驶路口以前适当位置
	禁止掉头	禁止掉头的路段起点以前适当位置

表 5－6－1（续）

图形符号	名　称	设置地点
	禁止超车	禁止超车的路段起点以前适当位置
	禁止直行和向左转弯	禁止直行和向左转弯的路口以前适当位置
	禁止直行和向右转弯	禁止直行和向右转弯的路口以前适当位置

2）警告类标识标志（表 5－6－2）

表 5－6－2　警告类标识标志

图形符号	名称	设置地点
	路滑	易出现路滑的路段
	上陡坡	进入道路（巷道）陡坡向上地段前的适当位置
	下陡坡	进入道路（巷道）陡坡向下地段前的适当位置
	车辆慢行	前方需要减速慢行的路段以前 10 m 处
	施工	临时施工路段前 30 m
	注意信号灯	信号灯安装位置以前适当位置

表5－6－2（续）

图形符号	名称	设置地点
	注意落石	提示地点以前适当位置
	注意危险	提示地点以前适当位置
	事故易发路段	安装在事故易发路段入口前适当位置

3）指令类标识标志（表5－6－3）

表5－6－3　指令类标识标志

图形符号	名称	设置地点
	必须鸣喇叭	道路的急弯、陡坡、视线不良路段及井下行车巷道交叉点前10 m处
	向左转弯	车辆必须向左转弯的路口或行车巷道口之前10 m处
	向右转弯	车辆必须向右转弯的路口或行车巷道口之前10 m处
	巷道指向标志	巷道交叉口前10 m处

表 5-6-3（续）

图形符号	名称	设置地点
	井下倒车硐室标志牌	井下主要辅运巷道各倒车硐室出口前，距硐室出口一侧帮 1 m 处
	允许掉头	表示允许掉头。此标志设在允许机动车掉头路段的起点和路口以前适当位置
	车辆躲避硐	车辆躲避硐以前适当位置
	直行	车辆必须直行路口或行车巷道口之前 10 m 处
	直行和向左转弯	车辆必须直行和向左转弯路口或行车巷道口之前 10 m 处
	直行和向右转弯	车辆必须直行和向右转弯路口或行车巷道口之前 10 m 处
	向左和向右转弯	车辆必须向左和向右转弯路口或行车巷道口之前 10 m 处
	靠右侧道路行驶	车辆必须靠右侧道路行驶路口或行车巷道口之前 10 m 处
	靠左侧道路行驶	车辆必须靠左侧道路行驶路口或行车巷道口之前 10 m 处

表 5－6－3（续）

图形符号	名称	设置地点
	单行路向左或向右	车辆必须单向行驶路口或行车巷道口之前 10 m 处
	单行路直行	车辆必须单向行驶路口或行车巷道口之前 10 m 处
	人行横道	设有人行横道路口之前 10 m 处

4）提示类标识标志（表 5－6－4）

表 5－6－4　提示类标识标志

图形符号	名称	设置地点	说明
	入井车辆检验标签	检查合格后贴在被检入井车辆驾驶室玻璃或其他醒目的地方	$D=100$ mm 注：标识在《安健环标识/标志设置标准（第Ⅰ版）》基础上进行了修改，以该图样为准
	人员躲避硐室	人员躲避硐室适当位置	

5）辅助标志（表 5－6－5）

表 5－6－5　辅助标志

图形符号	名称	设置地点	说明
	载货汽车	安装在需要标明车辆类型的禁止标志上方（不同车型的限速）	图案行驶表示车辆类型，根据车辆类型更换图案
	载人车辆	安装在需要标明车辆类型的禁止标志上方（如不同载货类型车辆的限速）	以文字表示车辆类型

6）道路标识

（1）画线（表5-6-6）

表5-6-6　画线

名称	图例	画线范围	线条规格
黄色分界线		双向行驶的机动车道，在车道分界线	宽度100～150 mm，每段线长600 mm，间隔900 mm

（2）反光道钉/贴

a. 井下混凝土路面设置反光道钉标志时，间隔距离为10 m（图5-6-1）。

b. 井下两帮设置反光标志时，间隔距离为10 m（图5-6-2）。

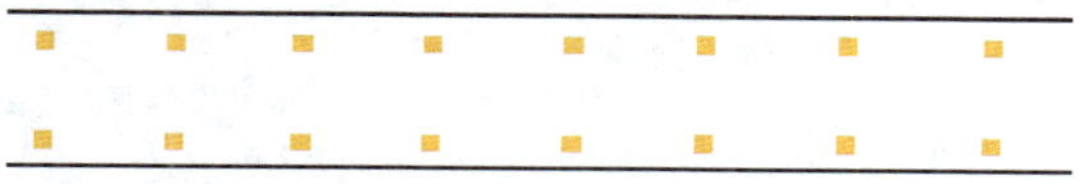

图5-6-1　路面反光道钉

图5-6-2　两帮反光标志

c. 综采、综掘区段行车巷道管路托架上贴设红色反光标志，间隔距离为5～6 m（图5-6-3）。

d. 人行横道正交、人行横道斜交（图5-6-4）。

图5-6-3　管路托架上的反光标志

图5-6-4　人行横道

e. 指示标线（图5-6-5）。

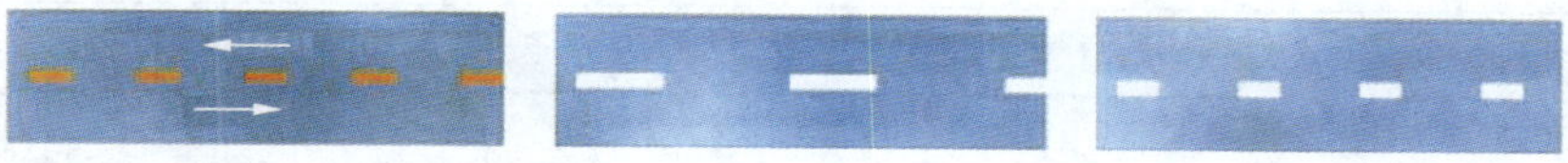

(a) 双向两车道路面中心线　(b) 车行道分界线　(c) 车行道分界线

图5-6-5　指示标线

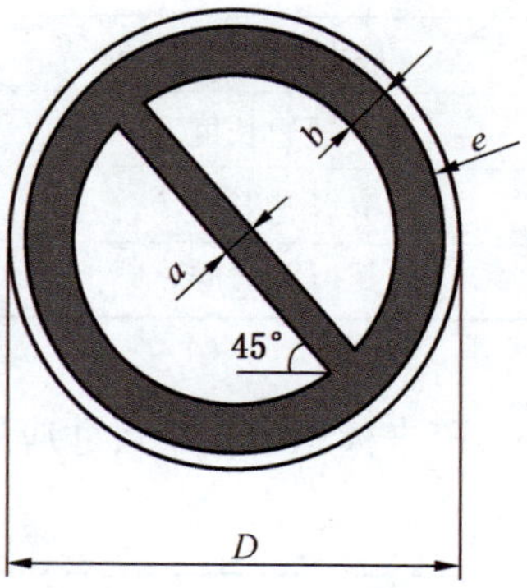

图5-6-6　禁止标志

7）标志尺寸

标志尺寸按照《煤矿企业安全标志》规定执行。

（1）禁止标志（图5-6-6）。禁止标志的基本尺寸应根据最大观察距离确定，按表5-6-7选取。

表 5－6－7　禁止标志尺寸与最大观察距离的关系　mm

种类	逆向反射标志		自发光标志	
最大观察距离/m	10	15	10	15
标志外径 *D*	250	375	250	320
杠宽度 *a*	20	30	20	26
环宽度 *b*	25	38	25	32
边宽度 *e*	5	7	5	7

（2）路标、指示牌、提示标志

a. 路标、指示牌、提示标志的基本形状为长方形，如图 5－6－7 所示。

b. 路标、指示牌、提示标志的颜色为绿底、白图案，白字亦可用黑字。

路标、指示牌、提示标志的基本尺寸应根据最大观察距离确定，按表 5－6－8 选取路标牌的尺寸，根据实际需要可按比例放大。

（3）警告标志（图 5－6－8）

图 5－6－7　路标、指示牌、提示标志

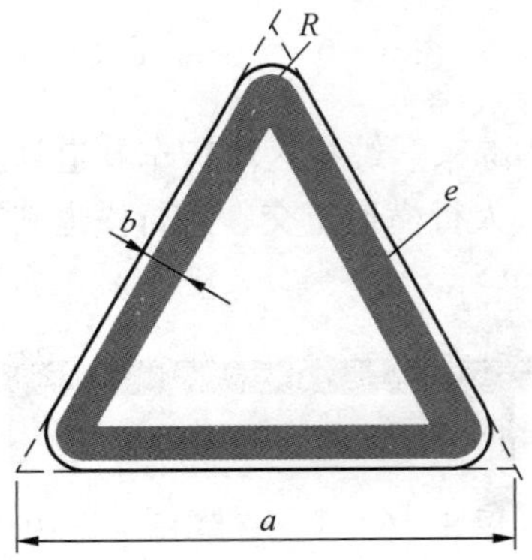

图 5－6－8　警告标志

表 5－6－8　提示标志尺寸与最大观察距离的关系　mm

种　类	逆向反射标志		自发光标志	
最大观察距离/m	10	15	10	15
短边长度 *b*	220	320	200	300
长边长度 *l*	330	480	300	450
白边宽度 *e*	5	7	5	7

警告标志的基本尺寸应根据最大观察距离确定，按表 5－6－9 选取。

表 5－6－9　警告标志尺寸与最大观察距离的关系　mm

种　类	逆向反射标志		自发光标志	
最大观察距离/m	10	15	10	15
三角形边长 *a*	340	510	300	450
黑边宽度 *b*	30	30	25	25
黑边圆角半径 *R*	17	26	15	23
黄边宽度 *e*	5	7	5	7

6.15　单轨吊管理制度

1. 井下投用需达到的条件及设备安装标准

1）需达到的条件

（1）巷道宽度：

单轨巷道不小于3.0 m，双轨巷道不小于3.3 m。

（2）巷道高度：

巷道高度不小于2.5 m，梁下高度不小于2.2 m。

（3）吊挂结构要求：

①用于吊挂轨道的锚杆露出顶板最短长度为12 cm。

吊挂轨道座的锚杆至少两根，规格为不小于ϕ18 ×2000 mm螺纹钢锚杆，锚固力不小于80 kN/根。

②轨道两边水平宽500 mm内，从轨道顶部以上100 mm不能有障碍物。

2）安装标准

（1）直轨线路：

①接头平整度，水平、垂直偏差均不得大于2 mm。

②方向接头摆角允许偏差：水平3°垂直6°。

③下轨面接头轨缝不得大于5 mm。

④轨道悬吊链铅垂偏角不得大于45°。

⑤连接螺栓必须采用不小于ϕ20专用高强度螺栓。

⑥双轨间距偏差，不得大于50 mm。

⑦方向应符合要求，目视直顺，轨道无明显变形和明显折点。

（2）弯轨线路：

①接头平整度，水平、垂直偏差均不得大于2 mm。

②接头摆角允许偏差：水平、垂直均为0°。

③下轨面接头轨缝，不得大于3 mm。

④轨道悬吊链铅垂偏角不得大于45°。

⑤连接螺栓必须采用专用高强度螺栓。

⑥运行单轨吊线路各拐弯处巷道曲率半径符合规定，不低于6 m，巷道坡度不大于12°。

⑦方向应符合要求，目视直顺，轨道无明显变形。

（3）单轨吊道岔质量标准：

①每组道岔悬吊点应不少于7个，悬吊链铅垂偏角不得大于45°。

②轨道接头处转角，不大于3°。

③下轨面接头轨缝，不大于3 mm。

④连接螺栓采用专用高强度螺栓，各部连接必须紧固。

⑤道岔轨道无明显变形，活动轨动作灵敏，准确到位，锁定可靠。

2. 设备运输过程中的管理规定

1）起吊物料（将机车起吊工作手把推到起吊工作位置）

（1）操作起吊梁操作阀，使起吊梁工作链上升，下落吊装物料，严禁使用单链起吊，每起吊臂要使用良好链条双链起吊。起吊时要先试吊，人员要避开起吊臂下方及设备周围，起吊人员要躲开起吊链条脱钩后的作用力方向。

（2）使用机车专用集装箱起吊时，集装箱应用专门挂钩挂牢固，长物料使用专用吊装链或绳套吊装、捆绑必须牢靠、平稳起吊，不得使用单链吊装矿车或其他车辆。

（3）起吊物料的高度、宽度、长度、重量不得超过规定。运送大件时，要先实地测量单轨吊中心线至两侧障碍物的实际距离，必须保证吊送大件的摆幅 5°的空间距离。否则不准运送。如需运送，必须将大件解体或开拓巷壁、清理障碍物后方可运送。

（4）起吊物料必须使起吊梁两钩载荷均匀，吊起后要保持物料中心平衡并且高低水平一致，起吊时，人员要避开起吊臂下方及设备周围。

（5）起吊载荷要符合起吊梁吨位要求，拒绝超载起吊。

（6）起吊梁上的工作链不起吊物料，在机车运行时，必须将链固定（收回），以防机车运行时摆动撞击巷道内的设施造成事故；出现拧道时，一定要在管理人员的现场指挥下进行施工。

（7）起吊大型设备（采煤机、掘进机等零部件时）：

①吊大型设备必须悬挂专用起吊梁架。

②大型部件及大件设备吊运时必须吊挂牢固。

③起吊大件设备不得超高、超宽，起吊后物料底面与巷道底板平行，以防刮底板。

④承载起吊臂必须均匀分配负荷，设备中心要保持平衡。

⑤在正常运行时，速度应控制在 1 m/s 内。

⑥卸放物料时，必须在换装站或平巷段且要平稳可靠，防止倾倒伤人，损坏物料，做到轻放易卸。

⑦特殊情况需在斜坡内装运物料，物料必须有良好的防滑措施，斜坡下方严禁站人，并且要有管理人员现场指挥，不准在斜坡上装运物料。

2）单轨吊机车运行相关要求

（1）单轨吊机车在运行前，必须由安全负责人和司机联系，确保机道内无人且轨道设施完好后方可进车，处理可靠后方可运行。

（2）在过风门时，要先将第一道风门打开并固定好，待机车安全进入两道风门之间后，关闭第一道风门后，方可打开第二道风门，严禁将两道风门同时打开。

（3）在运输大件和长料时，速度应保持在 1 m/s 之内。

（4）机车在过弯道时，应提前 20 m 减速运行、鸣笛示警，速度限制在 0.5 m/s 内。

（5）单轨吊运行时，严格执行“行人不行车、行车不行人”制度。

（6）吊大件运行途中，如发现物料刮底板情况，应立即停车处理。在大件不能重新起吊高度的情况下，要处理底板、清理障碍物后方可运送物料，严禁硬闯障碍物运送；司机随时观察机车轨道情况，发现情况立即停车汇报处理；处理掉道、拧轨事故时，要在管理人员现场指挥下进行施工。

3. 设备的维护和保养

液压、机械、电气部分的维护保养：

（1）清除单轨吊机车表面积尘、煤粉、水渍、油污等。

（2）检查各转接件的紧固情况，活动部件定期注润滑油。

（3）检查油路是否畅通，有无渗漏现象，油箱液量是否充足，液量不足，及时补充；检查液压站显示仪表是否完好，压力检测元件是否正常。

（4）检查连接电线、电缆、插头是否完好，有无破损、松动等情况，检查仪表、指示灯信号是否正常。

（5）检查离心限速器是否处于正常状态。

（6）检查防爆电控箱内，电气元器件紧固螺栓、插头连接及接线螺栓是否有松动，或其他异常情况。

（7）对液压系统过滤器进行清洗或更换。

（8）对驱动部减速箱更换齿轮油。

（9）当摩擦驱动轮的轮径磨损超限时，应及时更换驱动轮。

（10）制动闸块总长磨损超限时，应及时更换闸块。

（11）单轨吊机车按时进行中修、大修。

（12）液压系统中的蓄能器在正常工作过程中如发现保压期间明显缩短，且在排除其他元件故障的前提下，应着重检查蓄能器内氮气的压力是否正常，否则应及时充气。

4. 司机的岗位责任制及操作规程

1）岗位责任制

（1）坚守岗位，遵守劳动纪律，精力集中，不干与工作无关的事，严格执行交接班制度，安全完成当班任务。

（2）熟悉设备性能，严格执行《煤矿安全操作规程》和《检修质量标准》，操作和检修时精力集中，做到起车稳、行车准，观察各仪表是否正常，如有异常，立即停车处理，如不能处理时，向值班人汇报。

（3）严格执行设备管理制度，按照检修路线定时检查机车各组件运转是否正常，并做好记录。

（4）参加设备检修和验收工作，保持设备完好，搞好岗位范围内的卫生、防尘工作，维护保养好防尘设施和消防设施。

（5）充分利用检修时间，对机车进行检修，机车检修工具及材料的存放整齐有序。

2）单轨吊机车司机操作规程

（1）一般规定：

①单轨吊司机必须经过专门技术培训，经考试合格持有效合格证上岗作业。

②单轨吊司机必须熟悉掌握本业务，熟知应知应会知识及安全操作规范，确保安全运行。

③杜绝任何违章指挥，杜绝违章作业。

（2）一般要求：

①单轨吊司机必须熟悉掌握本设备的性能、结构、原理，并应会一般的维修，保养和故障处理。

②单轨吊司机熟悉有关安全规程，准确使用信号、通信设施，有一定的应变能力。

③操作时，司机保持正常自然姿势，坐在座位上，目视前方，注意观察轨道、道岔及轨道连接情况，手握控制操作手把，脚踏安全阀，严禁将头或身体探出车外。

④司机不得擅自离开工作岗位，严禁在机车行驶中或尚未停稳车前离开司机室。过道岔时注意道岔闭合情况，防止机车脱轨造成事故。

⑤起吊物料时，必须吊稳，吊平衡，货载不得超过规定，否则不能开车。

（3）开车前的准备：

①检查各部位的润滑情况，各承载轮及轴承有无损坏，是否必须更换。

②检查各部位机械连接销是否完好。

③检查各马达驱动轮及制动闸的磨损情况，磨损超限时应及时更换，否则司机不得启动机车。

④检查单轨吊各种指示仪表及电气设备是否正常。

⑤检查各种液压管路、控制线路有无损坏、变形，接头是否漏液等。

（4）启动机车：

①按下控制箱启动按钮，液压站打压。

②观察液压站压力。

③检查各仪表显示，速度检测显示是否灵敏可靠。

④检查通信喇叭、照明、尾灯及操作机构动作执行情况。

⑤检查各承载梁、配套设备、液压起吊马达、各操作阀的工作情况，空载反复升降几次，查看马

达链轮吊钩是否灵活。

⑥主副司机配合操作试验机车运转是否良好，制动闸工作压力是否符合要求、能否有效制动。

（5）运行：

①每台机车必须有两名工作司机，主司机在前进方向操作室负责观察机车进行情况，防止物料碰撞造成故障。

②用哨子或鸣笛联系开车准备情况，打开机车前灯和尾灯，用电笛鸣号发开车警号。

③推动操作手把，司机注意观察驾驶室内仪表的指示，确认指示正常。

④机车过弯道、风门、道岔、交岔点、换装站等特殊地点时，应提前减速运行，鸣笛示警。

⑤同向机车运行时，两车间距不得小于 100 m。

⑥机车在运行中非紧急情况下，严禁使用紧急制动停车。

⑦单道运行，遇人员行走时，机车必须减速鸣笛，确定行人处于安全位置，方可向前低速运行，严禁机车运行时人员从机车下通过。

（6）起吊物料：

①将机车控制系统打到起吊工作位置。

②操作起吊梁操作阀，使起吊梁工作链上升、下落吊装物料。

（7）停车：

①机车正常到位停车时，操作控制手柄自然减速停车，位置准确。

②紧急情况应按下急停按钮停车。

5. 其他需补充的规定

1）单轨吊机车检修工操作规程

（1）一般规定：

①单轨吊机车检修工必须经过专门技术培训，考试合格后，持有效维修工合格证上岗，并能够熟知和掌握本业务有关的应知应会知识和安全操作规程。

②检修工必须熟悉本设备的工作性能、结构与原理和各个部件的故障处理方法，并能够正确进行操作。

③检修工必须按有关规定认真详细检查和试验机车，发现机车故障及时检修，并确保机车能够正常运行。

④检修机车时对所用的工具、备件，要事先检查，符合要求时方可使用。

⑤检修工作必须在机车停止运行状态时进行，一般检修在机车硐室或检修车间进行，临时小故障处理可在运行线路上进行，但应采取安全措施，防止溜车或其他事故发生。

（2）检修前的准备：

①检修工必须穿戴与配用规定的劳动保护用品进入岗位，并做好工作前的各项准备。

②了解上班机车运行情况，查阅机车运行记录等。

③听取司机介绍机车故障要点，判断机车的故障部位。

④由当班司机负责将机车开到指定的检修位置，停车待修。

⑤进行各项动态测试，找出故障环节。

⑥针对故障层层分解，找出导致事故的直接原因。

⑦根据故障部件和损坏程度做出检修或更换的决定。

（3）检修、排查故障：

①检修开始前，必须将检修设备及工作场地打扫干净，洒水灭尘，根据实际情况配备工作台，以便放置拆卸下来的零配件。

②拆卸前，必须了解该部件的性能及连接方法，拆卸下来的零配件一定要有秩序地存放，并加以

标记，清洗干净后，应用细白布擦干；清洗轴承箱和齿轮箱时，必须注意不使其中留有任何杂物。

③更换驱动轮时，先泄掉夹紧压力，松动夹紧油缸，去掉夹紧油缸侧的定位销及销轴，向外移动驱动轮。卸掉驱动轮，换上新的驱动轮并固定安装好。

④液压管路维修，打开机器外罩，仔细检查各处管路的完好情况，发现有接头、管路弯曲变形滴漏油时，及时更换或检修。

⑤定期做好日检、周检、月检、年检保养维护工作。

⑥检查各系统有无渗油，电气部分、仪表、传感器、报警仪等是否完好。

⑦检修时必须注意保护防爆电气设备的防爆面不受损伤。

⑧机车检修后，必须经过试验，质量符合《煤矿机电设备检修质量标准》。发现不合格要求的部位要重新检修或更换，直到合格为止。

⑨试运行前要对机车各个部件进行全面的清点、检查，确认无问题后，方可起车试运行。

⑩启动机车必须按操作规程进行，试运行时观察整个机车的外表和所检修的部件及各仪表动作灵活可靠完好，确认无问题后方可交付使用。

（4）检修结束：

①检修好的机车经试运转合格后应填写检修记录，写明检修部位、名称、检修日期、检修人、验收人等有关内容。

②工作结束后要清理现场，做到文明整洁，向值班人汇报，做好记录。

2）单轨吊机车包机制度

（1）设备管理包机到个人。

（2）相关人员必须严格执行设备检修制度，落实检修计划，避免运行过程中发生事故。

（3）单轨吊机车各类保护、安全设施齐全可靠，动态达标。

6.16　液压系统管理制度

本制度所指液压系统包括：液压支架和乳化液泵站，以及相关的管路，接头、各种阀类等。

（1）液压支架和泵站操作，检修维护人员必须经过培训，熟悉液压系统的基本常识，掌握设备的性能、工作原理、操作使用、检修方法，经考试合格后方可操持证上岗，坚守岗位。

（2）检修支架液压管路和液压元件前，必须对泵站开关停电闭锁，并释放管路压力，待压力回零后方可进行，严禁带压检修。拆拔管路时，严禁将液管接头对着自己或他人，更不得利用高压液管冲洗支架等。

（3）支架检修时要严格执行监护制度，跟班队干或者班组长必须现场确认检修设备已经泄压完成，具备检修条件后，方可安排检修，并做好现场巡查监护。

（4）支架检修需要停泵时，检修人员必须和泵站司机联系，进行停送泵的请示和确认，严禁利用他人停泵检修时间进行大的检修，如需进行，也必须同时通知泵站司机；泵站司机在接到停送泵的指令后，必须通知到位，得到所有要求停泵人员许可后，方可进行开泵。开泵前要先进行点动开启，并注意观察压力变化情况，无异常情况方可启动运行，如发现异常情况必须立即停机，查明原因进行处理。

（5）作业人员必须牢记各操作手柄、按钮等的控制对象，以及升降方向，并严格进行现场检查，搞好操作前的现场安全确认工作。

（6）液压系统的零部件、管路系统及其辅助设备等，必须符合原设计要求，包括阀类的固定位置、固定方式，管路的直径、形式、钢丝层数、耐压强度，安全阀的开启压力等，严禁随意更改或调整。对于大修或者搬家倒面前的安全阀、压力表必须进行全面检查，确保其完好可靠、泄压值合理，压力显示准确。

(7) 所有紧固件必须紧固齐全，完好可靠，管路长短适宜，布局合理，悬挂整齐，不得有砸碰、掩埋、挤压、扭曲、拉紧、急弯等非正常受力现象，也不得有破皮露网、断裂、漏液等现象。

(8) 液压阀组密封良好，不得有窜、漏液现象，操作手把要齐全完好、操作灵活可靠、连接顺序和操作方向准确一致，不用时必须置于中间复零位置。

(9) 各连接部位销轴要齐全完好，尺寸合适、强度满足、安放到位，不得有弯曲变形、断裂等现象，销轴两端必须带帽或者上有合格的开尾销。

(10) 开尾销必须合理选用，打到位并开口，严禁使用铁丝代替开尾销；各液压连接部位必须使用合格的 U 型销，U 型销必须按规定选用，严格区分 DN 接头和 KJ 接头，并打到位，严禁以大代小或者以小代大，不得使用铁丝代替 U 型销，更不得出现单腿销等。

(11) 作业人员必须认真执行检修维护制度，保证液压系统完好，对损坏部件和漏液、窜液、自落等影响供液压力现象要及时处理，严禁带病使用。

(12) 乳化液的配制、水质、配比等，必须符合有关要求。乳化液泵的压力要保证不小于 30 MPa，乳化液浓度控制在 3% ~5%，现场必须配备合格的浓度检测装置。

(13) 喷雾灭尘装置必须齐全可靠，安装位置合理，控制灵活，雾化效果良好，喷射角度合理，覆盖范围广，水量、水质、输出压力满足要求，进出管路要有过滤器。

(14) 液压支架的各结构件必须齐全完好，固定牢靠，没有开焊、撕裂、严重变形等现象，否则必须处理好后方可操作使用。

(15) 处理倒架、歪架、压架，以及更换支架和拆修顶梁、支柱、底座等大型部件，处理液压支架上方冒顶时，必须制定安全措施。

(16) 安装、回撤和运输液压支架时，必须有专项安全措施，明确规定运送方式、安装质量、拆装工艺、顶板控制方式等，并组织所有作业人员进行学习、签字，熟练掌握。

(17) 操作支架前，必须对支架周围的设备连接情况、管路、电缆吊挂、尾梁、插板等进行检查，尤其要对周围人员的站位等进行检查，确认安全可靠后方可操作。

(18) 支架管路和电缆敷设时，必须分开布置，以防由于震动而磨损电缆发生意外，条件允许的情况下，主要管路外面要加装防护套。对于老化变质的管路和液压元件要及时进行更换。

6.17　油脂管理制度

1. 油脂计划采购管理

(1) 每月由各单位根据本单位的生产需要编制油脂使用计划，经机电科和供应科审核，分管领导批准后，由供应部门按计划予以供给。

(2) 井上柴油储存量不超过 3 天用量、井下不超过 8 h 用量。其他油脂存量不超过 30 天用量。

(3) 编制油脂使用计划必须严格按照本单位所辖设备使用维护说明所规定的油脂品种、牌号和日常维护保养所需用量进行编制，审核部门也必须据此审核。

2. 油脂入库验收管理

(1) 新油脂到矿后由物资供应部门负责向供货单位索取合格证、化验检测报告等相关证件，归档管理，并清点验货，分类存放。

(2) 要严格执行“两不收”原则：无合格证的油不收，质量不合格的油不收。

(3) 油脂的包装容器应保持完好、清洁、不渗漏。

(4) 润滑脂到货入库前，应严格检查润滑脂包装是否合格，产品名称、牌号、毛重、净重、出厂日期、制造厂家等标志是否清晰，并根据产品合格证，进行外观检测，评定润滑脂的质量情况，或者对主要性能指标进行分析评定，合格时，方可入库。

3. 油脂存放管理

1）存放原则

（1）井下严禁存放汽油、煤油和绝缘用油及其他非生产性用油，井下使用以上油脂时必须编制专项安全技术措施。

（2）有胶轮车的矿井，应把柴油放在加油硐室，柴油的储存量不应超过井下所有车辆 8 h 的用量。

（3）要贯彻先进先出的原则，避免长期存放（原则上不超过一个月）。

（4）加油容器必须干净，抽油器和手摇注油器专器专用，应采取有效措施防止灰尘污染。

（5）液体油品的运输存放必须使用专用容器，并保证容器内外清洁、封盖严密，铁质容器上必须注明内装油脂品种、牌号及用途。

（6）油品储存必须实行专桶专用，严禁使用装过不同牌号的油品或其他物品的容器储存油品。

2）存放要求

（1）油脂存放必须分类、分区，并且必须标识明显清楚，油桶必须直立。严禁随意混存共放，严禁油桶倒放、横放。

（2）按定量灌装，桶盖拧紧，无渗漏。

（3）对不同品种、规格包装的油品，建立货堆卡片，逐月盘点数量，定期检验质量，货、卡相符。

3）库内堆垛方法

（1）一律立放，双行并列，桶身紧靠，桶口向外。

油品闪点 28 ℃以下的，不超过 2 层；

油品闪点 28 ~45 ℃之间的，不超过 3 层；

油品闪点 45 ℃以上的，不超过 4 层。

（2）堆放要牢固、稳妥、整齐。防止倒垛，便于搬运。

（3）装卸搬运时，必须轻装轻放，严禁摔、滚、翻、抛以及拖拉、摩擦、撞击，以防爆炸。

4. 地面油脂库管理

（1）存放油脂必须设专门的油脂存储库或存储间，严禁油脂与其他物品同室混放，严禁露天或开放式存放油脂。

（2）储存柴油应设专库，严禁与其他润滑油脂混存共储。

（3）要建立“油脂库油品库存明细”牌板和“油脂库油品出入库台账”，进入库房要建立“要害场所外来人员登记台账”。

（4）油脂存储库必须使用不燃性材料。库内应设有醒目的“严禁烟火”警示牌，严禁无关人员进入库内，严禁带火柴、打火机等火种入库，严禁在库内堆放易燃物品，油脂库 20 m 范围内严禁明火和电气焊接作业等。

（5）柴油库应与其他设施隔离或保持 20 m 以上距离，严禁柴油库与其他重要设施直接连接。

（6）严格执行油脂“五专”（即专用油抽子、专用油桶、专用过滤器、专用防尘罩、专人管理）和“五双”［双人验收、双人保管、双人发货、双本账（电子版和纸质版）、双把锁］管理（双人发货指库管员和领用单位负责人同时在场发货）。

（7）油脂库要采取必要的通风措施或者安装通风设备。

（8）油脂库内用电设备、设施必须按照防爆标准严格管理，若采用手电筒照明，必须使用防爆型手电筒。严禁库内敷设临时电缆。

（9）要在油脂库门口设置“油脂库危险源告知卡”和“进入油库安全须知”等相关牌板。

（10）油库必须安装避雷和防静电装置。

①油库周围和油库自身要有避雷设施，并且每半年对避雷设施进行一次检测。

②油脂库管理人员必须穿棉质工作服，严禁穿化纤类衣服。严禁穿带铁钉的鞋和易产生静电的服装进入禁火区及易燃易爆装置区工作。

③在油脂库门口要设置防静电门帘。

④金属油罐按周长每30 m设一组静电接地装置，电阻值不大于10 Ω。其他部位与防雷共同接地，应用铜质扳手、木槌、塑料电筒。

5. 井下油脂管理

（1）各队组必须指定专人负责本单位井下油脂的存放管理，负责油脂的每日检查、工具维护和卫生打扫等，发现油桶漏油必须及时处理和汇报，漏油油桶在修复完好前不得继续使用。

（2）井下油脂存放在一个长度不大于6 m、宽度不大于2 m的硐室、防尘架内或者巷道车场内。

（3）采煤面应存放在回风巷距工作面300 m以外顶板良好，避开各类设备、配备件等的适当位置；掘进工作面应存放在巷道口附近，原则上位于回风巷侧，距进风口50 m以上的顶板良好，尽量避开各类设备、配件备品等影响，便于行人的适当位置。

（4）采掘工作面长度不超500 m，严禁在顺槽、巷道内存放油脂。采掘面一处存放的各类油脂总量应保持在3天的用量以内，且综采面不超过6桶、综掘面不超过3桶，标识清楚，有可靠的防尘防水护罩（上盖下垫），不跑、冒、漏、滴，有专用的抽油器或可靠的取油方式，严禁随意选择地点存放，严禁跑、冒、漏、滴和超量存放，严禁无标识存放。

（5）油桶上贴统一制作的管理牌，上面必须标志明确所装油品名称、型号、容量、用油设备、管理单位、责任人等。

（6）油桶存放处，必须按规定配备足够的消防灭火器材和工具（至少配备2个干粉灭火器、一个0.5 m^3沙箱和两把铁锹）。

（7）井下油脂领用时，要用专用的铁质油桶，严禁使用皮壶等其他容器。

（8）抽油器每次使用完毕，要用干净棉纱擦洗干净，抽取和加注时必须保证现场干净，不能到处洒漏。

（9）油桶在加注完油脂后，必须及时升井，不能放在井下。

（10）油桶除加注油脂时外，其他任何时候必须保证密封管理，以防冲洗巷道和进行其他作业时进入水渍、杂物污染油脂。

（11）管理队组必须保证油桶周围巷道文明卫生达标，油桶和地面上无残留油脂。

6. 油脂回收管理

（1）废油回收应分类盛装，废油回收后及时上交供应科进行统一管理，用过的废油和废棉纱等应用容器收纳和专门回收处理。

（2）严禁将废油随意倾倒地上，严禁将废棉纱丢弃在作业现场和各类设施、设备上。

（3）下井检修设备使用的油脂必须由检修单位按规定油量进行加注，上井待修设备的油品由检修单位予以回收。

7. 油脂库消防管理

（1）地面油脂库至少要配置8 kg灭火器4台、35 kg干粉灭火器1台、1 m^3沙箱1个、铁锹5把、灭火毯5块和消防栓等消防设施、器材。消防栓水带的长度要能覆盖油脂库内的最远距离。

（2）要在油脂库的醒目位置设置消防器材管理牌。

（3）油库值班人员要熟悉消防设施分布情况和灭火预案，掌握消防设备、器材的操作技术和灭火要领，做好防火、灭火工作。

（4）值班人员每天巡回检查消火栓，每月做一次消火栓出水试验。

（5）装卸、收发、输送油作业及明火作业要有消防员执勤。

（6）消防通道要保持畅通，严禁在通道上堆放各种物料。

（7）必须有油库失火应急演练预案、渗漏预案。

（8）严禁用汽油、易挥发溶剂等擦洗货架、衣物、工具及地面等。

6.18　地面日常用电安全管理制度

第一章　总　　则

第一条　为贯彻国家安全生产的法律和法规，加强二级公司所属单位地面用电管理，使其规范化、制度化、程序化，确保地面用电安全，依据晋能集团公司的相关规定，结合二级公司实际，特制定本制度。

第二条　本制度适用于二级公司所属各单位。

第三条　机电管理部门人员负责统管地面供、用电管理工作，负责供、用电的分配工作。供、用电的日常管理工作由机电管理部门负责，各单位用电线路和设备的日常管理由各单位自行负责。

第四条　本制度所指的地面供、用电包括地面办公楼、车间、宿舍楼、公寓、食堂、澡堂、培训楼、机修厂、库房、锅炉房、地面施工场所、施工单位生活区及其他地面供、用电场所。各单位机电管理部门每半月应组织各相关单位对地面用电场所进行一次全面检查。在有重大节日（中秋节、元旦、春节、元宵节、国庆节、五一劳动节、国家召开重要会议等）前各单位机电管理部门应组织各相关单位对地面用电场所进行一次全面检查，并做好相关记录。

第五条　无论是生活、施工、照明、长期用电或临时用电的单位、个人，必须先绘制出本单位的供电系统图、用电设备明细表等，到机电管理部门办理审批手续，经批准后方可实施。

第六条　各用电单位负荷增减或电气设备搬迁，必须提前提出书面申请，并提供相应的供电系统图；申请要填写增减原因、负荷容量、使用地点及所用电缆、设备等，并报至本单位机电管理部门。

第七条　机电管理部门审批人员根据申请书要求，经审查认为合理的方可予以安排。

第八条　用电单位施工的线路、安装的电气设备必须符合国家标准和有关规定。

第九条　用电单位必须安装电表，不能装电表的用电单位签订供电协议，协议上应写明用电容量、用电时间、用电指标、收费方式等事项。

第十条　用电单位变更表位、转移用户地址、停止用电等均应向供电单位办理手续。

第十一条　没有履行审批手续的任何单位和个人，禁止接电。

第二章　用电组织设计

第一条　地面用电设备在5台以上和设备总容量在50 kW以上者，用电使用单位填写用电申请，编制用电组织设计。

第二条　地面用电组织设计应包括以下内容：

（1）现场勘查。

（2）确定电源进线、变电所或配电室、配电装置、用电设备位置及线路走向。

（3）负荷计算。

（4）变压器选择。

（5）配电系统设计。

（6）防雷装置设计。

（7）确定防护措施。

（8）制定安全用电措施和电气防火措施。

（9）供电电源应采用TN－S供电标准。

第三条　用电组织设计及变更时，必须履行“编制、审核、批准”程序，经机电管理部门及相关部门领导批准后实施。

第四条　地面用电单位必须经编制、审核、批准部门和使用单位共同验收,合格后方可投入使用。

第五条　地面用电单位用电设备在5台以下和设备总容量在50kW以下者，可以不编制用电组织设计，但必须制定安全用电和电气防火措施。

第三章　电工及用电人员

第一条　各单位地面配电工必须经过按国家现行标准考核合格后，持证上岗工作；其他用电人员必须通过相关安全教育培训和技术交底，考核合格后方可上岗。

第二条　安装、巡检、维修或拆除临时用电设备和线路，必须由电工完成，并应有人监护。

第三条　各类用电人员应掌握安全用电基本知识和所用设备的性能，并符合以下规定：

(1) 使用电气设备前必须按规定穿戴和配备好相应的劳动防护用品，并检查电气装置和保护设施，发现问题及时报告解决，严禁设备带缺陷运转。

(2) 暂时停用设备的开关箱必须分断电源隔离开关，并关门上锁。

(3) 移动电气设备时，必须经电工切断电源，并妥善处理后进行。

第四章　安全技术档案

第一条　地面用电单位临时用电必须建立安全技术档案，由主管该单位用电设备的电气技术人员负责建立管理，在临时用电工程拆除后统一归档，安全技术档案应包括用电组织设计的全部资料及电工安装、巡检、维修、拆除工作记录。

第二条　用电工程应定期检查，检查时应复查接地电阻值和绝缘电阻值。

第三条　用电工程定期检查应按分部、分项工程进行，对安全隐患必须及时处理，履行复查验收手续。

第四条　在建工程不得在外电架空线正下方施工、搭设作业棚、建造生活设施或堆放构件、架具、材料及其他杂物等。

第五条　在建工程（含脚手架）的周边与外电架空线路的边线之间的最小安全操作距离应符合表5-6-10的规定。

表5-6-10　在建工程（含脚手架）的周边与外电架空线路的边线之间的最小安全操作距离

外电线路电压等级/kV	<1	1~10	35
最小安全操作距离/m	4.0	7.0	8.0

第六条　施工现场的机动车道与外电架空线路交叉时，架空线路的最低点与路面的最小垂直距离应符合表5-6-11的规定。

表5-6-11　施工现场机动车道与架空线路交叉时的最小垂直距离

外电线路电压等级/kV	<1	1~10	35
最小垂直距离/m	7.0	7.0	7.0

第七条　起重机严禁越过无防护措施的外电架空线路作业。在外电架空线路附近吊装时，起重机的任何部位或被吊物边缘在最大偏斜时与架空线路边线的最小安全距离应符合表5-6-12的规定。

表 5－6－12　起重机与架空线路边线的最小安全距离

电压/kV	<1	10	35
沿垂直方向/m	1.5	3.0	4.0
沿水平方向/m	1.5	2.0	3.5

第八条　施工现场开挖沟槽边缘与外电埋地电缆沟槽边缘之间的距离不得小于 0.5 m。

第九条　当达不到第五到第八条规定时，必须采取绝缘隔离防护措施，并应悬挂醒目的警告标志。防护设施与外电线路之间的安全距离不小于表 5－6－13 中所列值，防护设施应坚固、稳定，且对外电线路隔离防护应达到 IP30 级。

表 5－6－13　防护设施与外电线路之间的最小安全距离

外电线路电压等级/kV	≤10	35
最小安全距离/m	1.7	2.0

第十条　在第九条无法实现时，必须与有关部门协商，采取停电、迁移外电线路或改变工程位置等措施，未采取措施的严禁施工。

第十一条　在外电架空线路附近开挖沟槽时，必须会同有关部门采取加固措施，防止外电架空线路电杆倾斜、悬倒。

第十二条　电气设备现场周围不得存放易燃易爆物、污染和腐蚀介质，否则应予清除或做防护措施，其防护等级必须与环境条件相适应。

第十三条　电气设备设置场所应能避免物体打击和机械损伤（或做防护处置）。

第十四条　配电室应靠近电源，设在能自然通风、灰尘少、潮气少、振动小、无腐蚀介质、无易燃易爆物及道路通畅的地方，并采取防雨雪和防动物侵入的措施；保持配电室整洁，不得堆放任何妨碍操作、维修的杂物。

第十五条　配电柜应装设电源隔离开关及短路、过载、漏电保护电器，电度表，并应装设电流、电压表，电源隔离开关分断时应有明显可断分断点，电流表与计费电度表不得共用一组电流互感器，否则限期整改。

第十六条　配电柜应编号，有用途标记；配电柜或配电线路停电维修时，应挂接地线，悬挂“禁止合闸，有人工作”标志牌，停送电必须由专人负责。配电柜应有标识标牌，配电柜总进线必须装设漏电保护，漏电保护定期试验并做好记录（现场记录，检查记录）。室外配电柜或配电箱必须有防雨水设施。

第十七条　架空线必须采用绝缘导线，必须架设在专用电杆上，严禁架设在树木、脚手架及其他设施上。线缆吊挂应成直线、多股线缆同时吊挂应平行吊挂。接线时严禁出现绝缘老化、破口、明接头、截面不够等情况。如有问题必须在问题处理经复查后方可继续施工。在有移动类用电设备，如电焊机时必须保持电缆接头处保护设施完好、移动设备固定好、接地良好。

第十八条　电缆线路应采用埋地或架空敷设，严禁地面明设，并应避免机械损伤和介质腐蚀。

第十九条　室内配线必须采用绝缘导线或电缆，且应根据配线类型敷设。

第二十条　架空线、电缆线路、室内配线都必须有短路保护和过载保护。

第二十一条　配电系统设置总配电箱、分配电箱、开关箱，实行三级配电。总配电箱应装设电流表、电度表及其他需要仪表；分配电箱应装设总隔离开关、分路隔离开关以及总断路器、分断路器；

开关箱必须装设隔离开关、断路器以及漏电保护器。

第二十二条 配电箱、开关箱电源进线端严禁采用插头和插座做活动连接。

第二十三条 每台用电设备必须有各自专用的开关箱，严禁用同一个开关箱直接控制 2 台及 2 台以上设备（含插座）。

第二十四条 配电箱、开关箱应装设端正牢固，箱内电器应先安装在金属或非木质阻燃绝缘电器安装板上，然后再固定在箱内，金属电器安装板和金属箱体要做电气连接。配电箱或配电柜内应保持干净整洁，严禁有其他杂物。

第二十五条 配电箱的电器安装板上必须分设 N 线端子板和 PE 线端子板。N 线端子板必须与金属电器安装板绝缘；PE 线端子板必须与金属电器安装板做电气连接。进出线中的 N 线必须通过 N 线端子板连接；PE 线必须通过 PE 线端子板连接。

第二十六条 配电箱、开关箱的金属箱体、金属电器安装板以及电器正常不带电的金属底座、外壳等必须通过 PE 线端子板与 PE 线做电气连接；箱内连接线不得有外露带电部分。

第二十七条 配电箱、开关箱要进行定期维护，检查时必须将前一级相应电源隔离开关分闸断电，悬挂“禁止合闸、有人工作”停电标志牌，严禁带电作业。

第二十八条 地面或施工现场专用变压器供电的 TN－S 接零保护系统中，电气设备的金属外壳必须与保护零线连接；施工现场与外电线路共用同一供电系统时，电气设备的接地、接零保护应与原系统保持一致。

第二十九条 在 TN－S 接零保护系统中，通过总漏电保护器的工作零线与保护零线之间不得再做电气连接；PE 线要单独敷设，重复接地必须与 PE 线相连，严禁与 N 线连接。

第三十条 保护零线必须采用绝缘导线，PE 线上严禁装设开关或熔断器，严禁通过工作电流，严禁断线。

第三十一条 相线、N 线、PE 线的颜色标记一般应符合以下规定：相线 L1（A）、L2（B）、L3（C）相序的绝缘颜色依次为黄、绿、红色；N 线绝缘颜色为淡绿色；PE 线绝缘颜色为绿黄双色；严禁混用代用。

第三十二条 机械设备的防雷引下线可利用该设备或设施的金属结构体，但应保证电气连接。

第三十三条 机械设备的避雷针（接闪器）长度应为 1～2 m，塔式起重机可不另设避雷针（接闪器），安装避雷针（接闪器）的机械设备，所有固定的动力、控制、照明、信号及通信线路，宜采用钢管敷设，钢管和该设备金属结构体应做电气连接。

第三十四条 施工现场内所有防雷装置的接地电阻不得大于 10 Ω。

第三十五条 做防雷接地机械上的电气设备，所连接的 PE 线必须同时做重复接地。

第五章 其 他 要 求

第一条 本制度自下发日起开始执行，执行事项纳入各单位月度考核。

第二条 各单位必须建立本单位地面用电安全管理制度。必须明确地面供用电检查周期、具体检查时间并建立台账，有地面低压供用电系统图，必须明确本单位专责负责人。

6.19 机房硐室管理制度

1. 地面机房

（1）机房配置符合内部设备相关标准，墙壁无裂纹漏水现象。

（2）内部整洁卫生，窗明几净，无杂物、无油垢、无积水，禁止机房作其他用途。

（3）机房门口挂有“要害场所，闲人免进”牌。

（4）室内管线排列整齐，无锈蚀，无跑、冒、滴、漏现象。

（5）设备性能良好，合理使用，经济运行。

（6）工具、防护用具齐全，绝缘靴、手套、试电笔、接地线、停电牌数量充足有效，并检验合格。

（7）灭火器材齐全，放置整齐，数量充足。

（8）照明适度，光线充足，并按要求配备有应急照明。

（9）有适当的采暖降温设施（暖气、电扇或空调）。

（10）带电及转动部分有防护措施和警示牌。接地系统完善，接地电阻符合规定。

（11）供电电源符合《煤矿安全规程》要求。

（12）高、低压开关柜防护齐全，设备过流、欠压保护装置整定合格、动作灵敏可靠。

（13）设备零部件齐全完好，管理标牌齐全准确（包括名称、型号、主要技术参数、完好状况、包机人等）。

（14）各种仪表（电压表、电流表、压力表、温度表等）指标正常，并定期进行校验。

（15）信号声光具备、动作灵敏。

2. 井下硐室

（1）机电硐室必须是不燃性材料支护或砌（锚喷），并设在新鲜风流内，硐室无变形，中央变电所地面标高高于大巷底板标高 0.5 m。

（2）中央变电所、主排水泵房必须有向外开、合格的防火铁门和栅栏门，门槛高度不得小于 100 mm，铁门关闭时的间隙不超过 10 mm。

（3）由防火铁门起，5 m 内巷道应用不燃性材料支护。

（4）硐室长度超过 6 m 时，必须在两端各设一出口。

（5）引出、引入电缆有穿墙套管，套管固定牢固，并采用不燃性材料严密封堵。

（6）硐室内的高度和宽度应能满足搬运最大设备外形尺寸要求。

（7）室内设备、小型电器合格、完好，管理标牌齐全。防爆电气设备（包括小型电器和电缆）无失爆。

（8）设备与电缆标志牌齐全，填写正确，标志牌有型号、规格、容量（有长度）、整定值、用途、维护人，设备有编号。

（9）设备（电缆）布置排列整齐，设备距墙不得小于 0.5 m，设备之间应留出 0.8 m 的通道，如设备不需从两侧及后面工作的，可以不留间距。

（10）过流保护整定必须符合实际要求，并及时进行检查校对。

（11）接地系统、接地装置材质、断面、连接以及接地电阻合乎规定，并每季度测试一次。

（12）硐室两头分别设置 2～4 个灭火器和不少于 0.2 m^3 的灭火沙，单个沙箱或沙袋重量不超过 10 kg。

（13）变电所和高压配电点还必须有合格的高压绝缘手套、绝缘台或绝缘靴、试电笔、接地线，停电牌数量充足有效并检验合格。

（14）供配电系统图必须与实际配置相符，并有短路电流计算值、过流整定值，图物相符。

（15）硐室内清洁，无积水、无杂物，淋水不得淋到设备上。

（16）停电作业牌数量充足，硐室入口有明显“非工作人员禁止入内”警示牌。

（17）室内温度不超过 30 ℃。

（18）室内应有照明灯，灯的间距为 3～6 m。

（19）室内管线排列整齐，无锈蚀，无跑、冒、滴、漏现象。

（20）设备性能良好，合理使用，经济运行。

3. 管理制度

井上下机电主要机房硐室（变电所、采区变电所、提升机房、主要通风机房、空压机房、瓦斯抽放站、主排水泵房、锅炉房等）按二级公司“763311”标准要求执行，管理牌板统一规格悬挂上墙，记录统一存放。“763311”标准即：七种记录（设备运行记录、巡回检查记录、进出要害场所登记记录、检修记录、钢丝绳检查记录、干部上岗记录、交接班记录）；六种制度（要害场所管理制度、岗位责任制、交接班制度、全体上岗制度、巡回检查制度、操作规程）；三图一表（根据实际设置，电气原理图、自动控制系统图、巡回检查线路图、技术特征表）；三全（安全防护全，含安全用具；安全保护全；安全标识、标志全）；一整洁（机房硐室要整洁）；一规范（人员要规范上岗）。

4. 操作人员

（1）责任心强，做到五严（严格执行交接班制，严格执行操作规程，严格执行要害场所管理制度，严格执行巡回检查制度，严格执行岗位责任制）。

（2）经有资质的培训机构培训，考试合格，持证上岗。

（3）要做到“三知四会”（知设备的结构、性能、安全设施的原理，会操作、会维修、会保养、会排除一般故障）。

（4）讲究文明，精心操作，不发生责任事故。

6.20　带式输送机运行期间安全管理六条禁令

（1）带式输送机运行期间严禁在机头架、大架及机尾拆开防护网进行任何检修维护作业。

（2）带式输送机运行期间严禁到带式输送机架外侧进行清煤等作业，带式输送机行人侧可以进行人工清煤，但必须使用完好的清煤工具，并要使肢体与带式输送机运动部分的安全距离不少于 300 mm，机头及大架部分严禁清煤。

（3）带式输送机运行期间，严禁横跨带式输送机，行人必须走人行道，不得靠近带式输送机架行走，要保持 300 mm 安全距离。

（4）带式输送机运行期间，严禁在机头架储带部分进行调整滚筒导向辊、分层托辊、游动车等，需调整必须停车进行。

（5）带式输送机运行期间，中间输送带托辊可以进行调整，但必须保证 2 人进行，一人调偏，一人监护，严禁无监护下单人操作。

（6）带式输送机运行期间，严禁对托辊、滚筒进行加油和注油。

6.21　小绞车安全管理十一条禁令

（适用于 1.2 m 以下绞车）

（1）小绞车运行前必须检查设备完好情况，尤其是防护装置，包括护绳板、护罩、离合手柄、制动手柄的位置、闸板间隙、闸皮磨损以及绞车固定是否可靠，地锚螺栓是否松脱，信号是否灵敏（对打）等，不完好严禁开车。

（2）小绞车运行前要检查绞车绳头、绳卡和护绳状况，不符合要求必须处理，严禁不完好使用，严禁在坡道不使用护绳。

（3）小绞车运行期间，密切注意运行情况，尤其是钢丝绳缠绕状况，严禁钢丝绳在滚筒上缠绕时起圈、起空、打扭、打折等不正常现象，否则必须停车分析原因进行处理。

（4）小绞车运行时，严禁超负荷运行，严禁放飞车和不带电放车。

（5）绞车运行必须按作业规程限定的重量和车数运输，必须按作业规程规定，保证车与车安全间距，严禁多拉、超量、超重、超规定拉车。

（6）每班运行结束后，必须收回钢丝绳，若无车辆带绳必须由专人配合拉绳，严禁钢丝绳绳头就地拖拉，损坏路面和绳头。钢丝绳要顺地滚收回，退回绳后必须保证主绳头距绞车滚筒不超过3 m，严禁留长绳和将绳头放置在轨道上，必须靠巷侧理顺，避开水沟、电气设备，不要随地放置。

（7）小绞车运行期间，工作人员要注意工作地点的安全设施包括风门、阻车器、防跑车装置、道岔盖板等，严禁车辆和钢丝绳挂、碰、撞、砸安全设施尤其是严禁随意将车辆掉道、推翻。

（8）循环车每次准备正式开车使用前必须先试车检查，检查钢丝绳完好情况，尤其是绞车地脚螺丝是否完好，固定是否符合要求，防护装置是否可靠，断丝、钢丝绳接头完好情况，信号系统是否可靠等，然后进行空试车、听声音，判断绳的松紧度，要适度，不要太紧，进行安全确认。严禁不检查、不试车、不进行安全确认开车。

（9）所有小绞车运行期间要注意观察运行情况，有异常情况必须停车，严禁盲目违规开车。

（10）所有矿车连接必须使用二级公司统一的专用三链环、插销及循环车专用绳钩，严禁私自用小链、绳套等代替，特殊情况必须提出申请，写出安全措施进行审批。所有插销插入矿车碰头后，必须锁紧，防止跳销，严禁使用不合格的插销。

（11）绞车司机必须持证上岗，严禁无证上岗。

6.22　斜井（巷）轨道运输安全管理十一条禁令

（1）所有轨道运输斜巷的上下平段入口处，必须划定警戒区，必须设置明显的“行人不行车、行车不行人”的安全警示标识，或具备信号、防跑车装置、LED 显示的一体化的安全防范系统。车辆运输前后和运行期间必须进行安全确认，当班运输负责人负总责。运输期间，严禁任何人员进入坡巷内和警戒区内。

（2）运输信号必须完好，声光俱全。轨道运输斜巷长度超过 50 m 时，中部必须加声光信号指示，开车前信号工、把钩工首先进行信号试打进行确认。严禁信号不完好、未信号联系或无信号情况下运输。

（3）所有运输全过程必须有专门的信号工、把钩工和绞车司机在场，必须经培训持证上岗。信号工、把钩工等作业人员必须站在信号硐室或安全地点进行工作。严禁无信号工、把钩工和专门的绞车司机运输，严禁随意替岗和无证上岗，严禁在坡上下无人值守看护把关的情况下进行运输。

（4）所有斜巷轨道运输必须根据坡度、绞车的技术特征、安全系数科学地计算本巷道内实际能够安全牵引的最大重量和车辆数，必须设置明显的提示、提醒标识。原则上所有斜巷提放材料一钩不得超过两辆车。大件材料、设备（包括支架、采煤机等），或其他重量超过 5 t 的车辆，只允许一钩一车，特殊情况必须制定专门安全技术措施。严禁超重、超数、超长、超宽、超高运输。

（5）所有运输绞车及安全设施、连接装置等的安装或使用必须符合《煤矿安全规程》要求，必须符合小绞车管理规定。绞车制动必须灵敏、可靠。必须定期检查、检验钢丝绳。一坡三挡等防跑车装置必须齐全、完好，灵敏、可靠。每班运输前，当班运输负责人和岗位工必须进行全面安全确认后方可使用。严禁不检查、不确认，简化程序，违反规定、规程操作。

（6）所有斜巷轨道运输必须使用可靠的保险绳，使用合格的三链环（或五链环）连接环和带锁紧装置的插销，应做到“一车两销，随车专链专用”，不得乱用。严禁使用不合格插销和不进行锁紧，严禁使用钢丝绳套等进行连接，严禁不使用保险绳。

（7）所有绞车的绳头必须符合要求，绳头长度不得低于 600 mm，固绳绳卡不得少于三道，绳卡不得正反交错设置。绳皮必须符合要求，不能夹绳，保险绳必须打回头绳，不得加绳使用，保险绳绳头按主绳头的要求管理。严禁不按正确的方法做绳头和保险绳头，严禁在绳头、保险绳、绳皮不完好、不可靠的情况下运输作业（插接法绳头不受此限）。

（8）斜巷运输中，必须带电操作。严禁甩保护和电源采用机械制动放车。运输过程中发现有问题，应及时采取措施进行处理。严禁绞车带病运行。

（9）所有小绞车包括无极绳绞车的护绳板必须牢靠，防护安全和防护范围必须达到要求，操作信号按钮必须专门固定在操作人员的可控范围内。严禁在无护绳板和操作按钮信号设置不当的情况下进行操作。

（10）斜巷内不得停放运输车辆，确需停放时必须采取可靠的停放措施，严防车辆跑车。严禁无可靠措施停放车辆。

（11）所有运输作业人员必须由责任单位认真组织学习三大规程相关要求内容和本矿制定的专门的运输安全措施并严格执行安全和机电运输管理规定，负责运输全过程的监督检查指导工作。严禁未经培训、学习和不熟悉安全要求上岗作业，严禁在运输大件上未经调度统一安排，未制定贯彻专门安全措施擅自组织运输作业。

6.23 井下人力推车的注意事项

（1）人推车时，要特别注意安全。不论车辆大小，一人只准推一车，严禁放飞车。在坡度较大的地段向下推车，尤其要很好地把握速度，防止速度过快。

（2）人推车时，要时刻注视前方，接近岔道、拐弯道、巷道口、风门等处都应大声喊叫或吹口哨发出警告，以防发生事故。推车进入车场后，应该将推车速度降低，发现红色信号灯或前面有障碍物时，应立即停车。矿车停车时，应使用木楔将车辆阻住，有挡车器则用挡车器，以免跑车。

（3）矿车掉道时，应立即在前后方设置标志，并迅速复轨。

（4）多人推车，前后两车应有一定距离。坡度不大于千分之五，两车距离不得小于10 m；坡度大于千分之五不得小于30 m；坡度大于千分之七严禁人力推车。推车时，推车工的手不应放在车帮上，而应握住固定在车上的把手，人不要站在轨道正中，应偏向一侧，以便后面来车能及时躲避。

6.24 特种设备管理制度

第一章 总 则

第一条 为认真贯彻执行国务院373号令《特种设备安全监察条例》等法规、规定，规范特种设备安全管理，搞好特种设备的使用运行，保障人民生命及财产安全，特制定本办法。

第二条 本办法中所称特种设备是采用《特种设备安全监察条例》中的定义，是指涉及生命与财产安全、危险性较大的锅炉、压力容器（含气瓶）、压力管道、电梯、起重机械、大型游乐设施。

第三条 公司机电设备部为特种设备业务管理部门，负责特种设备的安全管理。安全生产管理部为安全监督部门，负责对公司特种设备的安全监督。

第四条 公司辖属范围内特种设备使用单位和安装、维护修理等施工单位必须执行本办法。

第二章 特种设备的更新、改造、大修、维护及保养

第一节 施工单位应具备的条件

第五条 特种设备更新、改造、大修、维护及保养（含锅炉化学清洗）的施工单位必须持有质量技术监督部门颁发的有效资质证和注册的质量保证体系手册及相关的资料、证件。

第六条 特种设备更新、改造、大修、维护及保养的施工单位还必须具备以下条件：

（1）有与特种设备更新、改造、大修、维护及保养相适应的专业技术人员和有资质的技术工人。

（2）有与特种设备安装、改造、大修、维护及保养相适应的生产条件和检测手段。

（3）有健全的质量管理制度和责任制度等。

第七条 安装、改造、大修（含锅炉化学清洗）特种设备，必须在施工前10个工作日内持下列资料到机电部办理告知手续。

（1）质量技术监督部门颁发的有效资格证书及注册的质保手册和相关资料。

（2）施工队伍及人员资质、资料。

（3）安全技术规范要求的技术文件、设备图纸等。

（4）施工工艺方案及安全技术措施和施工合同。

（5）产品质量合格证明。

（6）安装及使用、维修和保养说明。

（7）监督检验证明书。

（8）特种设备制造单位合同委托书或同意施工意见书。

（9）开工报告书及相应验收标准。

（10）使用单位同意施工意见书及企划、财务部门批准的预算书。

第八条　机电部审批同意后，施工单位必须在施工前10个工作日内按本办法第七条规定持资料和主管部门意见书，书面告知省（市）特种设备安全监督管理部门并办理开工告知。

第九条　机电部接到施工单位告知意见后，应当从受理之日起做出许可或不予许可的决定，不予许可的决定应当书面向申请人说明理由，10个工作日内未提出意见，视为准许施工。

第二节　施工检查、验收

第十条　施工单位履行告知程序后，应及时到机电部报告。机电部接报告后应在一周内进行施工前检查。检查内容按以下原则进行：

（1）更新（新安装）的特种设备：

设备基础、厂房是否符合设计及建筑工程质量和消防安全要求；是否符合施工工艺方案和安全措施等要求。

（2）改造、大修（含锅炉化学清洗）的特种设备：

改造、大修方案与使用单位要求是否一致；是否按检验检测部门出具的检验报告或技术测试报告要求项目进行施工；是否符合技术规范、工艺方案、安全技术措施等要求。

第十一条　施工单位在施工结束后，提出书面报告，机电部按照条例、规程等有关规定进行工程质量检查。检查合格后报省或市质量技术监督部门进行验收，不合格不准投入使用。

第十二条　验收工作结束后，施工单位应当在验收后30日内将上述资料全部移交给使用单位，使用单位应当按照规定将其存入特种设备安全技术档案。

第十三条　特种设备在投入使用前或者投入使用后30日内，使用单位必须到有关部门进行注册登记。办理注册登记时，应提供以下资料：特种设备注册登记表一式两份；验收检验报告；操作人员资格证；维修保养合同；安全规章制度。登记标志应当置于或者附着该特种设备的显著位置。

第三章　特种设备的使用管理

第一节　特种设备的使用

第十四条　特种设备使用单位必须使用有国家相关部门颁发的设计、制造生产许可证单位设计、制造的符合安全技术规范要求的产品。

第十五条　特种设备使用单位必须建立特种设备安全技术档案。安全技术档案应包括以下5个方面的内容：

（1）特种设备的设计文件、制造单位的有效资质证、产品质量合格证明、使用维护说明等文件以及安装技术文件和资料。

（2）特种设备的定期检验及测试和检查记录。

（3）特种设备日常运行记录。

（4）特种设备及其安全附件、安全保护装置、测量调控装置及有关附属仪器的日常维护、保养记录。

（5）特种设备运行故障及事故记录。

第十六条 特种设备停用3个月以上，持有省（市）颁发的特种设备使用证的，再次使用前，使用单位应当对其进行全面检查，消除安全隐患后方可使用。停止使用一年以上的特种设备，有省（市）颁发的特种设备使用证，再次使用前，必须经监督检验机构检验合格，方可投入使用。

第十七条 标准或者技术规范、规程标定有使用期限要求的特种设备或零部件，应当按照相应要求到期予以报废，并办理报废登记手续。

第十八条 特种设备存在严重事故隐患，无改造、大修价值，或超过安全技术规范、规程标定的使用期限，应填报《特种设备报废申请表》一式三份，分别经使用单位、公司、省（市）质量技术安全监督管理部门分别签章同意后，存档备案。之后，向公司有关部门办理资产转移手续。

第二节 特种设备的管理

第十九条 特种设备使用单位必须按规定成立特种设备安全管理机构，并配备专职的特种设备安全监督管理人员，并履行以下职责：

（1）检查、纠正特种设备使用中的违章行为。

（2）管理特种设备，并向上级及时上报有关管理资料。

（3）编制常规检查计划并具体落实。

（4）落实定检事宜，参加事故抢险。

（5）组织特种设备作业人员培训工作。

第二十条 特种设备操作、维护保养人员及相关管理人员，经特种设备安全监督管理部门考核合格，取得特种设备作业人员证书，方可从事作业和管理工作。

第二十一条 特种设备使用单位必须制定特种设备（分类）的事故应急措施和救援预案。

第二十二条 特种设备使用单位、安全管理人员必须对特种设备使用状况进行经常性检查，发现问题立即处理，并做好详细的记录，经分管领导签字后存档备查。消除事故隐患后，方可投入使用。

第二十三条 特种设备使用单位必须在每班投入使用前进行设备试运行和例行安全检查，并对安全装置、监控仪器、仪表进行确认。半月进行一次大检查，并做出记录；每月召开一次会议，督促检查安全使用工作。机电部每季度进行一次安全检查和不定期抽查，并将检查（抽查）结果通报。

第二十四条 特种设备使用单位要保证特种设备作业人员及管理人员具备必要的特种设备安全作业知识和管理技能，持证上岗。

第二十五条 特种设备使用单位必须严格执行安全技术档案管理、安全操作规程、常规检查、维护、保养、应急预案、培训、考核在内的特种设备安全运行的管理制度；统一执行并认真填写各类特种设备运行记录。

第二十六条 发现重大事故隐患，在采取处罚、下达停用通知书时，应及时向主管领导汇报及时处理。

第二十七条 机电部或安全生产管理部对使用单位检查时，每次检查内容、发现问题及处理情况要做出记录，并经双方有关负责人签字后归档。被检单位对检查做出的决定拒绝或变相拒绝执行时，检查人员应当将情况记录在案，向本部门领导汇报后，按照规定进行处理。

第四章 处　罚

第二十八条 特种设备使用中发现有下列情况之一的，应停止使用：

（1）未经检查验收，擅自投入使用的。

（2）未建立特种设备安全技术档案的。

（3）特种设备操作、维护及相关人员无证上岗作业的。

（4）使用无生产许可证、无安全认可证件设备以及配件的。

（5）使用未经检验或检验不合格的特种设备的。

（6）使用未登记注册的特种设备的。

（7）无资格证书或有资格证书但无相应项目资质，私自从事特种设备安装、大修、维护、保养、化学清洗的。

（8）存在事故隐患，无改造、维护、大修价值，设备及零部件超过安全技术规范的规定年限继续运行的。

（9）特种设备出现故障或发生异常情况，未对其进行全面检查并消除事故隐患，仍然继续使用的。

（10）未制定事故应急措施救援方案的。

第二十九条　特种设备使用单位负责人出现事故不立即组织抢救或擅离职守，给予降职直至撤职处分。

第三十条　特种设备使用单位的作业人员违反操作规程和有关的规章制度，在作业中发现事故隐患及其他不安全因素，未立即报告现场管理人员或单位负责人，由使用单位给予批评、处罚。

第五章　附　　则

第三十一条　各二级单位、各特种设备使用单位在执行本办法时应制定适合本单位特点的实施细则。

第三十二条　本办法配套的规范性文件、规程可参照统一下发的《特种设备法规汇编》。

第三十三条　本管理办法自下发之日起执行。

6.25　特种设备设施检测检验管理制度

（1）特种设备的管理，应当严格执行《特种设备安全法》及国务院颁发的《特种设备安全监察规定》的要求。

（2）特种设备使用单位要设立责任管理制度。

①各单位机电负责人为特种设备第一责任人。

②各单位要建立特种设备管理小组，并指定一名专职管理员负责。

③小组成员的岗位职责要明确。

④每台特种设备必须有专人负责。

⑤特种设备必须建立管理台账。

⑥特种设备上要挂有安全责任牌、设备标识牌、检测报告（复印件）。

（3）特种设备必须由专人维护、保养，并按规定日期对特种设备进行试验。

（4）特种设备使用单位必须至少每一个月进行一次内部检查，并做好记录。发现问题及时处理，本单位不能处理的，要及时向机电管理部门汇报。

（5）机电管理部门要做好特种设备文件资料的管理。

①保存设计文件、制造单位、产品质量合格证等相关文件。

②对各特种设备检测报告要装订成册统一管理。

③建立相关资料台账，并注明各类设备检测时间及下次检测时间等相关内容。

④要建立不合格设备台账，要停用并重点关注。

（6）特种设备操作工要严格遵守各项规章制度，遵守劳动纪律，不擅离职守。

（7）认真执行工艺操作规程和岗位操作规程。严密监视设备各参数的变化，保持最佳运行状态，并做好各项记录，内容须真实。

（8）特种设备安全管理机构和管理人员要熟练掌握特种设备定期检测情况，制定检验检测计划，确保检验检测工作如期实施。

（9）按照安全技术规范的定期检测要求在上次检测有效期满前1个月提出定期检测要求。

（10）检测前应当备齐以下特种设备的相关资料：

①设备出厂资料：设计文件、安装使用说明、产品合格质量证明。

②设备安装资料：安装告知书、安装质量证明、安装监督检验报告。

③使用登记文件。

④上次定期检验报告。

⑤实际使用情况及各类参数。

⑥运行记录、维护保养记录、运行中出现异常情况的记录等及特种设备作业人员证书。

（11）检测时，要做到按计划的时间进行检验，并向检验机构和检验人员提供检验所需的条件，配合他们做好检验检测工作。

（12）检测后，对检验合格的特种设备，或存在问题的设备，已采取相应措施进行处理并达到使用要求的，要及时办理有关手续及检测报告。

（13）使用单位必须按期对特种设备进行检测，不得擅自延长检测检验时间，否则对该设备负责人及第一责任人进行处罚。

（14）对未检测设备一律停止使用，进行全面检测后，并取得检测合格证后方可投入运行。

（15）特种设备设施检测检验报告归类存档。

6.26 防止触电伤害的八项基本安全操作要求

根据安全用电“装得安全、拆得彻底、用得正确、修得及时”的基本要求，防止触电伤害的操作要求有：

（1）非电工严禁私拆乱接电气线路、开关、接线盒、信号、电气设备等。

（2）使用电气设备前必须要检查线路、开关、电气设备、漏电保护装置是否完好。

（3）电气线路或电气设备发生故障时，必须由专职电工处理，非专职电工不得自行修理或排除故障。对配电柜、开关进行检查、维修时，必须将其前一级相应的电源开关分闸断电闭锁，并悬挂停电标志牌，严禁带电作业（执行程序：一停电，二闭锁，三挂牌警示，四确认。如果检修开关，必须进行验放电确认，再检修，检修后要上盖、完好、试验）。

（4）使用手持式电动机械和其他电动机械从事潮湿作业时（井下），操作者必须戴好专用手套、穿好绝缘靴后再进行作业。

（5）搬迁或移动电气设备前必须先切断电源。

（6）搬运水管、道轨、工字钢及其他金属物时，严禁触碰到电缆线（含电线）。

（7）禁止在电缆、电气设备上挂、靠物料。

（8）严禁使用照明器烘烤、取暖，严禁擅自使用电炉等大功率电器和其他电加热器。

6.27 立井提升系统“111234”安全管理要求

“1”：一个良好的工作状态。即每个上岗人员必须身体健康，要休息好，保持一个非常好的精神状态，持证上岗，坚守岗位，从自身方面保障操作安全。

“1”：一项规程。有立井提升的矿井必须结合实际编制具有针对性、可操作性的作业规程，明确每个岗位工种的职责及操作流程，以及相互间的配合协调关系。

“1”：一项措施。每一立井提升系统制定详细的安全管理技术措施，针对每一环节、每一岗位制定可行性的安全管理要求，以及应对可能出现的问题，编制应对技术措施，组织提升机司机、信号工、把钩工、检修工及相关管理人员集中学习签字，并定期或不定期地进行修订，确保措施完善、执行到位。

“2”：两项责任制。针对立井提升系统提升机司机、信号工、把钩工和检修工岗位实际，制定《岗位责任制》和《安全生产责任制》，日常工作中须及时填写相关记录、台账，做到“谁在岗、谁执行、谁签字、谁确认、谁负责”，并制定安全考核管理办法，实现“在岗有责任、操作有规程、执行有措施、管理有章法、考核有奖罚”。

“3”：三同步（即一听、二看）。提升机司机操作时必须做到三同步：第一步听清信号，信号不清晰、不明确不开车；第二步看清显示装置，开车前先对操控台进行查看，各项仪表、指示、数据显示是否准确无误，有问题必须停机汇报检修；第三步看清视频，开车前必须通过视频监视器看清井底、井口具体情况，人员是否撤离到 5 m 安全线以外，安全门和摇台是否到位。在确保三步同步到位，准确无误时方可开车运行。

“4”：四到位。立井提升系统安全管理提升机司机、信号工、把钩工和检修工四个工种岗位人员必须经过培训考核合格、持证上岗，做到立井提升系统“人员配备到位、检修维护到位、规程措施到位、操作流程到位”。

6.28　五小电器安装、吊挂和集中上架管理要求

（1）五小电器包括高低压接线盒、声光信号、控制按钮、照明灯具等，五小电器必须设置完好责任牌和防爆合格证，完好责任牌要设于其外壳易于观察的部位，所有标识牌字面必须朝外、字迹清晰。

（2）矿井井下使用的五小电器必须有产品合格证、矿用产品安全标志和防爆合格证。

（3）矿井井下使用的五小电器防爆率、合格率均要达到 100%。

（4）所有高低压接线盒、声光信号悬挂要与连接电缆线钩的高度一致，吊挂要牢靠，可用专用钩进行悬挂，用钢丝连接专用钩孔，严禁用铁丝捆绑，其两侧各 1m 内的电缆应有一定的下垂度，但不超过 5 cm，以防水顺电缆渗入电器腔内。

（5）所有高低压接线盒、声光信号悬挂时，二通喇叭嘴要置平，三通以上的接线盒分线口喇叭嘴必须朝下，在淋水或潮气大的地点，还应加盖防水布进行包裹，或采取其他必要的防水防潮措施。五小电器隔爆腔盖要置于行人侧。

（6）炮掘工作面 75 m 内所有五小电器必须采取防炮崩措施。

（7）所有五小电器表面要清洁卫生、完好无损，对锈蚀严重、破损不完好的五小电器，必须及时更换。

（8）五小电器上架要求：

①使用 10 mm 厚的钢板制作成带有螺孔的固定架，在巷帮布设地点打设一根短锚杆，通过固定架上预留的锚杆孔进行固定吊挂。

②若多个五小电器集中吊挂时需制作操作板。操作板要固定于便于司机操作的巷道一侧，操作板均横向固定，各种操作按钮用螺栓固定于操作板上，悬挂时必须保持水平度和垂直度。

③操作板规格：要满足使用要求，不易过大，电器置于板上四边留有一定余地即可，（电器距板边不小于 40 mm）按钮、信号可固定在同一板上，电话也可同按钮信号固定在同一板上。同一操作板固定两个操作按钮时，板的规格为 500 mm × 400 mm，且在板上均布两组固定孔和穿线孔；固定三个操作按钮时，板的规格为 600 mm × 500 mm，且在板上均布三组固定孔及穿线孔；固定四个及以上的

按钮时，板的规格为600 mm×600 mm。

④操作板安装：可用短锚杆固定在相应设备处，巷帮距巷道底部不小于1.4 m，便于操作的地方。或固定在专用操作架上，操作架用20 mm×20 mm的角钢制作，尺寸根据操作牌板规格确定。

⑤采掘工作面主要操作点操作按钮，因受条件限制，安装可不靠巷帮，可采用专用操作架固定。为防尘防水，可制作为箱式，采取嵌入式固定按钮。

⑥小绞车信号装置、操作按钮等要安装在操作方向右前方便于绞车司机伸手即可触及的位置，应制作专用操作板架固定，操作板架必须固定牢靠，保证司机单手操作不晃动。操作板架规格依据本条③制作。摘挂钩地点信号装置、操作按钮的操作板用短锚杆固定安装在人员操作一侧的巷帮，距底板不小于1.4 m，且便于操作的地方。

⑦巷道内的单件急停信号等按钮也应上板，要用短锚杆固定在巷道行人侧帮，距底板1.2～1.5 m便于操作的位置，进线喇叭嘴必须朝下，固定必须牢靠。

⑧声光电笛信号未与操作板按钮同处布置时，要求声光信号的发声发光面必须正对司机，并且距离不能超过5 m。

6.29　煤矿电工安全工器具配备管理要求

第一条　煤矿电工必须持证上岗，使用符合国家、行业、企业规定要求的各类安全工器具和劳动防护用品，熟练掌握工器具使用方法，并依据相关标准、规范、规程、安全管理制度和本要求开展工作。

第二条　煤矿机电部门负责矿山企业电工安全工器具的监督管理工作。二级公司机电部门负责审定并监督实施。煤矿机电部门负责根据电工类别及作业任务制定电工安全工器具配备细则，配备细则包含不同类别电工必须随身携带的工具种类及规格，电工组应该配备的工具种类及规格，变（配）电场所配备的工具种类及规格。

第三条　凡配备专职电工的区队，均应合理配备电工安全工器具，各区队应设电工安全工器具专（兼）职管理人员，负责电工安全工器具的日常管理工作。

第四条　电工下井时或在井口、地面皮带走廊、储煤仓、地面瓦斯抽放泵站、洗选中心等使用防爆设备的区域作业时必须携带便携式甲烷检测报警仪，严格按照有关规定使用，严禁关闭不用。

第五条　各类电工安全工器具必须按规定进行试验、检验并做好记录。周期性试验及检验周期、标准及要求应符合《电力安全工器具预防性试验规程（试行）》（国电发〔2002〕777号）规定，试验、检验不合格或损坏的电工安全工器具严禁使用。

第六条　煤矿培训部门每年应统一组织电工安全工器具的使用方法培训。

6.30　仪表标注工艺指标区间要求

为规范公司各单位现场生产、生活设施工艺指标的控制管理，便于岗位巡检及检查人员直观、便捷查看工艺指标是否控制在规定的安全工艺指标区间范围，特对仪表标注工艺指标区间要求如下：

（1）本制度适用于各单位就地及远传各种压力表、温度计表、电流电压表、现场液（油）位计等监控仪表。

（2）各单位根据工艺规程规定设备正常运行时工艺指标允许波动范围来确定上下限，确定安全工艺指标区间范围，在最上限和最下限位置粘贴红色胶带条。

（3）中控监控仪表及现场压力表、温度计表等，红色胶带条粘贴在仪表盘的外玻璃边缘位置，粘贴方向与内表盘刻度平行；液位计要粘贴在液位计外框上，方向与液位计水柱垂直。

（4）红色胶带条的长度为20 mm，宽度为5 mm。

（5）压力表、温度计表等圆盘式仪表要确保外玻璃紧固，避免出现仪表盘外玻璃转动导致错误指示。

7　二级公司生产技术管理制度

7.1　煤矿设计管理制度

第一条　严格矿井设计管理。设计要严格对照山西省煤矿建设五个标准，认真执行集团公司提出的相关规定和要求，并严格按照《采矿工程设计手册》要求做好采区和工作面的设计工作。安全设施与主体工程要严格执行同时设计、同时施工、同时投入使用的“三同时”具体要求。地测防治水中心必须在原有勘探部门提交的矿井精查地质报告的基础上，根据矿井建设生产实践和补勘地质资料，按工程的不同要求，及时编报相关地质说明书。矿井安全改造及重大工程项目必须由有资质的专业设计单位编制初步设计及安全专篇，报请二级公司分管领导及相关部门审核批准后方可实施。同时矿方要认真做好工程技术档案的建立及管理工作。

第二条　始终坚持先进的设计理念。方案设计既要充分结合矿井实际，又要重点突出现代化矿井的建设标准。重大开拓开采设计要注重联合开采，避免生产系统重复建设。井下巷道设计要充分考虑井上下关系，减少压煤及村庄搬迁成本。要严格按照“一井一面”的要求布置采掘工作面；进一步优化矿井水平和采区设计，合理加大水平、采区和工作面参数，做到集中高效生产。优化系统设计，为岩巷、煤巷快速掘进和工作面安全高效生产创造条件。

第三条　要合理选择巷道施工和支护工艺与手段，降低施工费用。满足岩巷综掘施工条件的巷道，要积极采用岩巷综掘快速施工；要坚持装备“先进、适用、集成、经济”的原则，科学选型，力争做到系列化、通用化、标准化。

第四条　矿井设计应选择适用的技术与装备，坚持技术与经济统一的原则，做好采、掘、机、运、通综合配套。

（1）应采用综合机械化采煤的新工艺、新装备。设备选型应坚持技术先进、性能可靠、环节配套的原则。

（2）煤巷、半煤巷掘进设计，应坚持掘进机械化与采煤机械化相配套的原则，积极采用机械化作业线。

（3）矿井运输设计应采用连续化运输方式。矿井的大巷运输应优先采用带式输送机和胶轮车运输。对采区、大巷运输生产系统的设计，尽量实现自动化集中控制，配备先进可靠的安全保护装置及安全监测装置。

（4）采区的大型固定设备，在设计选型时，应选用高效、节能、运行可靠、自动化程度高的适应矿井采区设计能力的新装备。

第五条　矿井设计审批程序

（1）矿井改扩建必须按基建程序办理，矿井改扩建设计由矿井组织生产、地质、回采、掘进、开拓、机电、运输、通风、环保、安全、调度、财务等各方面技术经济专业人员进行可行性研究并提出报告，经二级公司总工程师组织有关职能部室审查立项，报请集团公司主管部门批准后，由具备相应资质的设计部门承担设计。

（2）矿井系统技术改造必须在生产能力核定的基础上进行，针对局部环节能力不适应的情况进行可行性研究，并由矿总工程师对现有系统进行调查分析，提出可行性报告，经二级公司总工程师批准后，由有资质的设计单位进行设计，经公司审批备案后执行；生产环节改造设计由矿总工程师组织设计和审查，报二级公司总工程师审核批准。

（3）矿井开拓延深设计，由所在矿的设计部门提出设计方案，经矿总工程师审批后上报至二级公司总工程师审查批复，并由有资质的设计单位进行专项设计。

（4）准备新采区必须由总工程师负责组织编制采区设计方案，经矿有关部门会审并经矿总工程师签字后，报请二级公司总工程师审批，再由矿设计部门进行采区初步设计后报二级公司备案。

（5）回采工作面设计由矿主管技术部门编制，会审后报矿总工程师审批。特殊采掘工作面设计，如重点综采工作面、受水害威胁的采掘工作面、采用新采煤方法（或新技术、新材料）的工作面和“三下采煤”的工作面等，必须经有资质的部门设计并经矿相关专业人员审核后报请二级公司总工程师审批备案。

第六条 采区设计的编制、会审及报批程序

（1）编制范围及要求。

①生产矿井开拓新采区，开工前必须编制采区设计，并上报二级公司审批，否则，不准开拓或准备新采区。

②按已批准备案的矿井设计进行采区开拓布置时，不需另外编制采区设计。

③如首采区地质条件或开采方案发生重大变化时，必须重新编制采区设计。

④编制采区设计方案时，必须具备下列条件：

a. 矿总工程师签批下达的设计任务书。

b. 经矿总工程师审批，二级公司地测与防治水中心备案的采区地质说明书。

c. 矿井设计的相关文件，包括矿井设计、矿井改扩建设计等相关资料及相关政策性及技术性文件。

d. 矿井中长期规划、矿井采区衔接或回采工作面接续表。

e. 邻近采区同组煤或同一煤层的矿压观测资料以及有关矿井瓦斯涌出情况、老空分布情况、积水情况等详细地质资料。

（2）编制原则。

①采区设计必须由矿总工程师组织编制，必须符合《矿产资源法》《矿山安全法》《煤矿安全规程》《煤炭工业矿井设计规范》《采矿工程设计手册》等国家有关安全生产的法律法规、技术标准和规范的要求。

②采区设计的编制应密切结合矿井实际，充分体现集团一系列的办矿理念和原则；要因地制宜地采用新技术、新工艺、新设备、新材料，并积极推行科学管理，提高经济效益。

③采区设计的编制必须以经有关部门批准的设计文件（矿井设计、矿井改扩建设计、水平延伸设计、区域设计）和经审批的采区地质说明书为依据。

（3）审批流程。

①采区设计编制完成后，由矿总工程师组织矿相关业务部门和专业技术人员审查；审查修改并经矿总工程师、矿长签字后，拟定报审文件，汇同会审意见于开工前 2 个月报请二级公司审批。

②公司总工程师或副总工程师于十个工作日内，负责组织相关职能部门和专业技术人员，对采区设计进行会审，并提出详细具体的审查意见。

③矿方要责成专人负责，在五个工作日内严格按照审查意见修改完毕，经公司相关职能部门及公司总工程师或副总工程师等参审人员签字后，行文批复备案。

（4）执行与变更。

①准备新采区必须严格按照批准的采区设计组织施工。

②采区设计一经签字批准备案，严禁擅自在设计原版上进行改动。如遇下列情况，必须编制采区设计变更方案，报请二级公司审核批准，审批程序同上。

a. 由于地质条件发生重大变化或其他原因，采区开采范围与原设计有较大变化的（开采面积扩大或缩小，开采煤层数增加或减少等）。

b. 巷道布置、主要巷道支护形式、开采顺序、采煤方法或采煤工艺等有重大变更的。

c. 主要生产系统有重大改变的。

d. 安全技术措施有重大改变的。

第七条 采区设计应建立工程技术档案。其内容包括：

（1）永久性水准点坐标位置，建筑物、构筑物测量定位记录。

（2）施工图纸会审记录、设计变更记录。

（3）材料、构件和设备的质量合格证明。

（4）矿建、土建、安装工程施工写实和隐蔽工程验收记录。

（5）工程质量评定及质量事故处理资料。

（6）设备管线调试、调压、试运转记录。

（7）主体结构和重要部位的试件、试块、焊接、材料试验等检查记录。

（8）其他有关规定归档的技术文件等。

第八条 所有井巷设计均由矿生产技术科负责组织编制，矿地质防治水科、通风科、机电科、安全科等单位必须密切配合。

地质防治水科应在采区设计任务书下达后一个月内编制完成采区地质说明书，并报请矿总工程师审批签发；采掘地质说明书应在工作面设计联系单下发后十个工作日内编制完成并报请总工程师批准下发至相关单位；采区设计中涉及的通风、监控、机电、供排水等相关资料，相关部门必须于联系书下达后两周内提交至生产技术科；采掘工作面设计所涉及的通风、监控、机电、供排水等相关资料，相关部门必须于联系书下达后一周内提交至生产技术科。

第九条 施工图必须符合采区设计、工作面设计及相关标准、规范等规定，由矿总工程师批准。执行中如遇地质变化等原因，需要改变原方案设计时，施工单位或职能部门必须事先写出设计变更，经矿总工程师批准后执行。维简、技改工程的设计变更，由矿主管部门负责编制，按管理权限及程序及时报批。

第十条 开工前应对设计图纸进行交底、会审、贯彻并做好记录。

第十一条 建立图纸收、发、送登记制度和图纸归档制度，以备查阅。

7.2 煤矿规程措施管理制度

第一章 总 则

第一条 为进一步加强煤矿作业规程及安全技术措施的技术管理，提高规程、措施的编制质量，促进生产技术管理水平进一步提高，根据《安全生产法》《矿山安全法》《煤矿安全规程》等相关法律、法规及行业标准、规程以及相关技术规范规定，特制定本管理办法。

第二条 作业规程及安全技术措施是矿井生产技术管理的重要技术文件，是现场技术管理的基础工作，必须严格按照“一项目一规程，一变化一措施”的要求认真编制，并由矿总工程师组织相关技术管理人员会审签字后方可生效。

第三条 作业规程及安全技术措施必须符合《煤矿安全规程》《煤矿工人技术操作规程》和上级各级主管部门安全生产技术的有关规定。作业规程和安全技术措施编写的格式，必须符合文件下发的格式要求，包括规程的章节架构及文字排版等内容。已安装煤矿作业规程信息管理系统的矿井，必须采用规程管理系统进行编制，实现网络会签并保留相关记录。

第二章　作业规程及措施的编制

第四条　作业规程、安全技术措施的编制由施工队技术员负责。矿生产技术科、通风科、安全科、机电科等职能部门负责提供业务范围内的相关资料。其中作业规程必须在计划开工前一个月开始编制工作，编制前一周必须下发通知书并提供相关技术资料。

第五条　作业规程及措施的编制内容必须符合“五性”要求，即：

（1）符合性：规程、措施必须符合《煤矿安全规程》《煤矿工人技术操作规程》和上级技术管理的有关规定及样本格式要求。

（2）针对性：规程、措施必须具有针对性，严禁出现赘述、表达不清和遗漏。《煤矿安全规程》《煤矿工人技术操作规程》中有明文规定的，必须明确规定，属必须执行的条文，可标明该规定的条款，但在贯彻时必须贯彻其条文的具体内容；上级无任何规定但又需指明的必须明确规定，并体现安全可靠、技术先进、经济合理的原则。

（3）准确性：规程、措施中使用的数据必须准确，计算正确。所有数字只要上级没有特殊规定，必须精确到毫米，有效数字表示要准确，比例尺必须达到精度要求。

（4）正规性：规程、措施必须正规，文字排版、图纸绘制规范，必须用微机处理。其内容要纲目清楚、简明扼要、层次分明、文字通顺、字迹清楚、图表正规、图文并茂、清晰美观、装订整齐。

（5）规范性：所有规程及安全技术措施，必须严格按照下发的模板格式进行编制。已安装作业规程编制软件的矿井，使用软件进行编制，并努力实现网上会签及复审。

第六条　现场情况发生变化时，必须及时修改作业规程或补充安全技术措施，并需总工程师及主要生产技术负责人签字审批。

第七条　规程、措施必须按期完成，以保证矿井正常生产。工作面作业规程必须在开工前十天编制审批完毕并贯彻学习和考试；各种安全技术措施必须在施工前三天编制完毕并贯彻学习，急需使用的措施在施工前编制完毕。

第八条　需编制施工安全技术措施的工程项目：

（1）采掘工作面的停产或开工。

（2）采掘工作面过陷落柱、断层、冲刷带、冒顶区、薄煤区、空巷等特殊构造。

（3）处理煤仓堵塞。

（4）采掘及其他巷道维修、改造、刷扩、贯通、起底、挑顶、补棚、回棚等。

（5）构筑风桥、密闭施工、掘进硐室、巷道开口及交岔点施工。

（6）掘进工作面的安装与回收。

（7）非专业队组安装或回收运输设备；专业队组安装、回收大型设备或“四超”设备（超长、超宽、超高、超重）。

（8）地质钻探。

（9）瓦斯排放。

（10）电氧焊等特殊工程。

（11）采煤、掘进、机电、运输、通风、地测等其他零星工程。

第九条　作业规程及安全技术措施的具体编制步骤，严格执行二级公司下发的“采掘作业规程编制指南”中的相关规定要求。

第三章　作业规程及措施的审批

第十条　作业规程或安全技术措施由施工单位技术员编制完成后，先经施工单位队长组织队内相关人员初审后，报请矿业务主管科室技术负责人审核。

第十一条　业务科室技术负责人，要严格对照技术交底、水文及地质资料等对作业规程或安全技术措施进行初审，提出初审意见，并督促施工单位整改后报请矿总工程师。

第十二条　由矿总工程师组织各业务科室对作业规程或安全技术措施进行会审，提出会审意见。会审通过后参加会审人员审核签字，施工单位技术员要按照会审意见进行修订补充完善，经业务科室核实后，报矿总工程师签发。

第十三条　施工单位技术员将作业规程或措施报给初审人员的时间必须提前于会审时间三天（紧急工程措施除外）。否则造成不能按时开工，由施工单位负责。

第十四条　初审人要本着认真负责的态度，对作业规程或技术措施及其配套的其他基础资料进行仔细对照，严格审查，提出初审意见和建议。

第十五条　作业规程或技术措施的会审及每月的复审由矿总工程师负责，业务主管科室要做好原始记录。利用规程编制软件进行审批的要有审批痕迹。

第十六条　作业规程或技术措施的审批实行集中会审制度。安装有作业规程编制软件的单位，要积极执行网络会签审查制度。

第四章　作业规程及措施的贯彻、执行、复查

第十七条　作业规程及安全技术措施的贯彻由施工队技术员负责向本单位全体干部职工传达贯彻。作业规程在工作面开工前必须由施工单位负责人组织，技术员向本施工队全体施工人员和管理人员贯彻学习，贯彻时间不得少于4 h；如果施工人员属于新工人，现场作业经验少，还未完全掌握本规程的施工技术、方法和作业要求，贯彻时间不得少于10 h，并必须进行现场指导，执行有关规定；规程学习、贯彻后要签字、考试。安全技术措施在施工前进行传达贯彻、签字；轮休或请假的职工上班前必须补课、签字、考试。采掘作业规程每季度进行一次重新传达贯彻、签字、考试。一般性措施可只进行学习签字；重要措施要进行学习签字并且进行考试，其学习时间不得少于1 h。

第十八条　作业规程贯彻、签字后，经考试合格方可下井工作。考试不及格者严禁下井工作，必须立即停工学习，直至补考及格后方可上岗。

第十九条　所有施工人员必须严格按批准的规程措施进行施工，严禁违章作业。情况发生变化时，必须及时由施工队技术员根据现场实际补充完善技术措施。

第二十条　每月由矿井总工程师或技术负责人组织生产技术科、调度室、通风科、安全科、机电队、地测防治水科等职能部门，对作业规程进行复审，复审意见由生产技术科负责填写，并经矿技术负责人及相关会审人员签字后批准生效。

第五章　作业规程及措施的存档保管

第二十一条　各业务科室、施工队要对作业规程和措施，以及传达贯彻、考试、复查等记录实行档案化管理。生产技术科负责对全矿回采、掘进、收尾、安装作业规程或措施以及有关规程或措施学习贯彻的各种记录进行分类存档保存。

第二十二条　作业规程或安全技术措施的分发，要严格按照文件管理的要求，由施工队负责分发到矿相关单位，并建立分发记录。

第二十三条　作业规程或安全技术措施作为矿井内部的执行性文件，分别由施工队、生产技术科、调度室、通风科、安全科等业务部室或相关人员妥善保管使用，严禁擅自外借。特殊情况必须经矿总工程师批准后，严格执行矿技术资料借阅登记制度。

第二十四条　工作面施工结束后，队技术员要在一个月内及时编制技术工作总结，积极完善工作面技术档案，并按标准要求整理装订成册，经生产技术科审核后，交矿资料室存档。

7.3 规程措施复审会议制度

第一章 总 则

第一条 为了进一步夯实煤矿生产技术管理基础工作，提高作业规程和安全技术措施的编制质量，保证规程措施的针对性、科学性和精准性，确保煤矿井下各类作业安全，根据《煤矿安全规程》、集团公司《煤矿采掘作业规程评比活动情况的通报》和二级公司《煤矿主要技术管理规定汇编》等的相关要求，特制定本制度。

第二条 本制度适用于公司及所属全部生产建设矿井。

第三条 公司及矿井的规程措施复审会议都要形成会议纪要，并保存原始的会议记录。生产技术部每月要对矿井的规程措施复（会）审纪要进行存档，并定期检查会议记录、纪要的建立和执行情况。

第二章 基本规定

第四条 二级公司层面的规程措施复审会议每季度召开一次，由生产技术部召集，公司总工程师主持，各涉煤部室负责人参加，时间、地点在会议召开前由召集人另行通知。

第五条 复审会议的会议记录由生产技术部负责，并根据会议记录形成会议纪要，经公司总工程师批准后下发。

第六条 公司层面需要复审的规程措施包括：各矿井当月新编制的重点采煤和掘进作业规程、工作面收尾和设备回撤作业规程、工作面安装作业规程、采掘工作面过地质构造和老空旧巷的专项技术措施，以及其他对采掘工作面作业安全影响较大的技术措施。

第七条 各矿井每月新编制的规程措施，应于会审结束后三日内将电子版文档及附图发送到生产技术部邮箱以备审查。

第八条 矿井层面的规程措施复审会议由矿总工程师组织各分管副矿长、生产技术科、调度室、地测防治水科、通风科、安全科、机电科和采掘队组的负责人每月召开一次，并由生产技术科负责会议记录和整理会议纪要，经矿总工程师及会审人员签字后批准生效。

第九条 各矿井规程措施的月度复审纪要（包括新规程的会审纪要）的复印件于月底前报送至公司生产技术部存档备案。

第三章 附 则

第十条 每次会议的时长可根据当月新编制规程措施的数量酌情增减。

第十一条 本规定自下发之日起施行。

7.4 煤矿图纸管理制度

第一条 煤矿所有绘制的矿图，必须符合国家相关法律、法规、条例、规定以及《煤矿安全规程》《煤炭矿井制图标准》、集团公司及二级公司相关矿图绘制管理规定。

第二条 煤矿必须严格按照《煤矿安全规程》规定，及时绘制煤矿必备的常用图纸。

第三条 矿图上的内容、标注、符号、图幅及编号要严格执行二级公司下发的“煤矿采掘工程平面图制图标准”及相关专业图纸绘制要求。

第四条 所有矿图必须根据实际变化及时填绘和标注。

第五条 所有矿图必须使用统一的坐标系统。

第六条 各煤矿每季度必须对所有必备矿图进行一次更新、收集和整理,并由生产技术科保存归档。

第七条　所有图纸及资料严禁私自转借他人，更不能以个人名义对外借阅，如需提供时，必须经部门负责人或分管领导同意后方可提供，否则后果自负；所有外借的图纸资料必须按时收回。

第八条　所有图纸必须严格按照公司规定要求进行编号管理，并经相关人员签字确认并留备查。

第九条　复审图纸时，要先看大样图、剖面图、总平面图，有关尺寸有无出入，平面图与剖面图尺寸有无出入，并要考虑与土建、矿建的关系。

第十条　需要销毁的图纸必须由图纸管理人员整理，分管科室主要负责人同有关技术人员一起仔细校对核实，然后将销毁理由及图纸目录报送总工程师批准后，方可销毁。

7.5　煤矿规程措施编制及图纸管理处罚细则

第一章　目　　的

第一条　为强化二级公司所属各矿井规程措施编制及矿图填绘的落实监管，提高规程措施编制水平和矿井图纸的绘制质量，扎实做好矿井生产技术管理的各项工作，特制定本细则。

第二章　处　罚　依　据

第二条　《煤矿安全规程》及《煤矿地质测量图例》。

第三条　《煤矿主要技术管理规定（试行)》。

第四条　《采掘作业规程编制指南》。

第五条　《关于采掘作业规程评比结果的通报》。

第六条　《关于下发〈煤矿采掘工程平面图制图标准〉的通知》。

第七条　上级各级部门及二级公司各类检查中所发现在规程措施编制及矿图绘制方面存在的明显错误或问题。

第八条　针对上级各级部门及二级公司检查出的各类问题整改落实情况，以及对相关规定及要求的整改落实情况。

第九条　国家及行业有关煤矿规程措施及矿图绘制的相关规定及要求。

第三章　细　则　内　容

1. 规程措施

第十条　井下所有开工的采掘作业点、面或项目，包括采煤工作面的收尾、回撤及安装，必须根据规定及时编制完成相关的作业规程或措施，否则，对矿生产矿长及总工程师处以每人不少于×××元/次的处罚。

第十一条　煤矿采掘工作面遇特殊构造未及时制定专项措施，导致工作面出现安全问题的，对矿生产矿长、总工程师及安全矿长处以每人不少于××元/次的处罚。

第十二条　采掘作业规程不符合公司要求，未严格按照二级公司下发的规程模板进行编制，存在缺项、漏项或针对性较差等较严重情况的，对矿总工程师处以不少于××元/次的罚款，同时对矿生产技术科科长或技术负责人、队组技术人员处以不少于××元/次的罚款。

第十三条　各类较大工程，作业前未编制专项安全技术措施的，对矿生产矿长、总工程师及安全矿长处以每人不少于××元/次的处罚。

第十四条　各类较大工程，作业前的专项措施编制不完善、缺陷较多，不能满足实际要求的，对矿总工程师处以不少于××元/次的处罚，同时对矿生产技术科负责人处以不少于××元/次的处罚。

第十五条　安全专项措施未经程序审批而投入使用的，对矿总工程师处以不少于××元/次的罚款，对矿生产矿长及安全矿长处以不少于××元/次的罚款。

第十六条　作业规程编制审批贯彻学习考试制度执行不严密，时间节点错误，存在弄虚作假的，对矿总工程师处以不少于××元/次的罚款。

第十七条　采掘工作面遇变化未严格按照“一变化一措施”的规定编制专项安全技术措施的，对矿总工程师处以不少于××元/次的罚款。

第十八条　采掘工作面各类专项措施未经总工程师组织会审的，处以矿总工程师××元/次的处罚；对施工单位学习贯彻不及时、不到位而擅自组织生产的，对矿生产矿长处以××元/次的罚款，同时对生产技术科科长及施工队主要负责人处以不少于××元/次的罚款。

2. 图纸

第十九条　采掘工程平面图填绘存在弄虚作假、隐瞒采掘工作面等情况的，处以矿方不少于××元/次的罚款，同时对矿总工程师处以不少于××元/次的罚款。

第二十条　矿井其他相关矿图的绘制未以最新的采掘工程平面图为底图进行修改的，对矿总工程师处以不少于××元/次的处罚。

第二十一条　采掘工程平面图的更新必须严格执行公司下发的矿图绘制相关规定要求，若发现图纸内容与现场不一致，对矿总工程师处以××元/条的处罚。

第二十二条　采掘工程平面图绘制不全面，未严格按照二级公司制图标准绘制各类矿图要素的；或图中各类线型、字体、图例等绘制不规范的，视情节对矿总工程师处以不少于××元/次的处罚，同时对矿生产技术科室负责人及图纸测绘人员处以××元/次的处罚。

3. 其他

第二十三条　凡上级部门检查时，发现规程措施和矿图方面存在明显问题的，视情节处以矿总工程师××~3000元/次；若查出的问题为上级部门或公司已查出并明确要求整改而未及时整改的，对矿总工程师处以××元/次的罚款，同时对矿生产技术管理部门负责人及相关专业技术人员处以××元/次的罚款。

第二十四条　凡二级公司依据上述规定对相关矿井进行处罚后，矿方未执行公司处罚通知或虚假处罚的，罚矿长××元/次。

第二十五条　凡本细则中未涉及的相关生产技术管理规定内容，一经发现，视情节严重，给予相关技术管理人员××元/次罚款。

第四章　处　罚　程　序

第二十六条　对各矿井规程措施和图纸的处罚严格按照“安全生产奖惩细则”第七条的要求，同时各矿要将相应的处罚收据及时上报二级公司生产技术部备案。

第二十七条　本处罚细则最终解释权归二级公司生产技术部。

第二十八条　本处罚细则自2016年4月1日起执行，如与国家、上级有关规定相抵触时，按国家、上级规定执行。

7.6　煤矿矿压监测管理制度

第一条　建立完善的矿压监测组织机构，并明确责任。

各矿要在总工程师的领导下，积极成立矿压观测组，矿压观测组应设在煤矿生产技术科，并在采掘副总或生产技术科科长的直接领导下，负责落实有关矿压监测的各项工作任务。其主要职责有：

（1）制定矿压监测所用仪器仪表、设备配备数量和维修检测资金计划。

（2）组织实施采掘工作面矿压观测监测工作，利用科学有效的方法，对监测数据进行定期的分析和处理，对存在的问题提出整改意见并监督实施。

（3）当采掘工作面过断层、陷落柱、旧巷、富水区、破碎带、交岔点、采空区等特殊地段时，矿压观测组深入现场考察实际情况制定专项监测方案，报请矿总工程师审批。

（4）对矿压监测仪器仪表，严格按照国家计量器具管理制度进行强检。杜绝各类不合格品的使用，有条件的矿井应使用顶板离层在线监测系统。

（5）所有采掘工作面结束后，都必须及时编制矿压观测总结报告，为科学管理顶板提供依据。

第二条　采煤工作面顶板矿压监测内容及方法

（1）支架阻力：直接读取或采集压力表读数。

（2）顶板动态：在各测线处对顶板状态作统计观测，记录采高、端面距、片帮深度等。

（3）支架几何参数：采用目测普查，超标明显处用工具进行测记，包括顶梁走向角及倾角、顶梁错差。

（4）两巷超前：测量两顺槽超前支护区域内单体液压支柱或超前液压支架的初撑力或工作阻力。

（5）特殊时期的顶板矿压监测：主要包括初采、末采撤面、工作面顶板初次垮落和初次来压时的相关矿压数据，该阶段对每台支架均要进行动态监测，其初撑力必须符合规定，两巷超前支护初撑力必须达到作业规程规定的要求。

（6）在采煤过程中，每班移架作业完成后，支架必须升紧、升实，以确保支架的初撑力。

第三条　采煤工作面顶板矿压监测数据收集、分析、处理

（1）采煤队负责进行现场支护质量与动态监测数据收集工作，每班由验收员监测三次，如实填写压力观测记录表，严禁弄虚作假。

（2）现场验收员每班将井下测取的各种原始数据按记录表格填写清楚，并在升井后及时填入相关记录台账内。

（3）每周对观测数据进行分析处理，每月编制分析总结报告，并对矿压监测查出的问题提出整改措施和建议，经矿总工程师及生产副经理审核签发后，由矿采煤队负责落实整改。

（4）工作面安装、撤面必须对液压支架初撑力进行动态监测，对液压系统完好情况进行统计观测，并将监测记录存档保存。

第四条　顶板离层仪监测内容及要求

（1）掘进巷道顶板动态监测主要仪器为顶板离层仪，所有采用锚网支护的煤巷从施工到报废都必须在矿压观测组的协调指导下实行全过程监测与维护。巷道掘进期间顶板离层仪的安装、观测及维护工作，由掘进施工单位在矿压观测组的指导下负责实施；巷道竣工交接后直至采煤工作面回采结束期间顶板离层仪的观测及维护工作由采煤队负责，观测后的所有数据必须及时上报至矿压观测组备案。

（2）顶板离层仪安装深基点、浅基点的深度，由矿压观测组根据现场地质资料，顶锚杆、锚索长度，顶板厚度等情况确定，安装人员必须按照要求深度打设，并由验收组验收。

（3）巷道顶板离层仪的观测采用定人、定岗、定时观测。煤巷锚网支护巷道的监测责任单位都必须建立巷道监测与维护档案，在巷道交接时，其巷道监测与维护档案一并交接。

（4）所有锚网支护巷道要严格按照掘进规程的相关规定，及时安设顶板离层指示仪，煤矿及相关施工单位不得以任何理由拒绝和推迟安装。

（5）顶板离层仪至少每间隔 50 m 安设一组，并实行挂牌管理。巷道交岔点、过地质构造带等应力集中区域，应根据现场实际情况适当调整顶板离层仪的安设密度。

（6）采煤、掘进以及所有涉及使用锚网支护巷道的单位，必须认真呵护所有矿压观测仪器，严禁随意损坏，否则将按仪器原价至少三倍以上的金额进行处罚。

（7）采煤队必须对该范围内安设的顶板离层仪、巷道位移测量仪等矿压观测点，安排专人每周

测读一次；超前支护区内，每天测读一次，并对观测数据进行详细记录。

第五条　顶板离层仪监测的数据收集、分析、处理

（1）巷道掘进期间距迎头 50 m 以内的顶板离层仪，测量读数每天不少于 1 次，距迎头 50 m 以外的范围测量读数每周不少于 1 次。

（2）巷道竣工交接后直至采煤工作面回采完毕期间，测量读数每周不少于 1 次。

（3）当现场读数变化范围超过 100 mm 或日下沉量超过 40 mm 时，现场施工的跟班人员必须立即采取应急措施进行补强支护，以保证现场施工安全，并迅速报请矿有关领导及职能科室进行分析研究后，严格按照既定的有效措施及时进行处理。

（4）观测期间还应对巷道支护状态进行观测统计，如有矿压显现剧烈、巷道变形严重时，应视情况适当增加观测次数，对变形、网兜、片冒等现象要做出统计记录，并对观测数据进行总结分析，情况严重时应及时报请矿总工程师及生产副经理批示，并根据批示要求及时采取必要的安全技术措施。

（5）矿压观测组必须设专人对回采工作面监测数据及时进行分析处理，每周至少对观测数据分析总结一次，并做出预测预判。及时掌握顶板离层、围岩变形量等数据随工作面推进的变化规律，发现异常及时向矿有关领导进行汇报处理，并提前采取措施。

第六条　特殊地点矿压监测管理

（1）当采掘工作面过断层、陷落柱、旧巷、富水区、破碎带、交岔点、采空区等特殊地段时，必须加强矿压观测。区队技术员要及时根据井下现场条件，详细记录矿压观测相关内容并及时上报矿压观测组，矿压观测组要对汇报情况及时进行分析处理并提出综合评价及建议，报请矿总工程师审批后，由生产技术科将矿压分析处理意见及时反馈到施工单位及相关职能部室，施工单位要严格按照建议及时进行处理。

（2）新水平、新采区、新煤层新开掘巷道及首采工作面，必须加强矿压观测。要根据实际需要，适当增加矿压观测点及观测频次，做好数据分析处理工作并及时存档，以便为后期巷道支护设计及采掘工作安排提供可靠的技术支撑。

（3）对受压变形巷道，除应加强对顶板离层监测外，还应对巷道两帮位移量和底鼓等情况进行设点观测变化，超过范围及时采取措施。

第七条　所有井工开采的煤矿，必须根据本矿矿压观测工作落实的需要，积极建立健全矿压观测奖惩机制，对未按照制度执行或执行不到位的人员进行惩处；对矿压观测、分析工作做出改进等优秀人员进行奖励，以确保矿压观测、分析和处理各项工作落实到位。

7.7　关于巷道围岩观测技术的指导意见

《煤矿安全规程》第一百零四条：严格执行敲帮问顶及围岩观测制度。为规范各矿围岩观测工作，参考《采矿工程设计手册》相关巷道矿压观测技术的规范要求，生产技术部进行了详细的归纳梳理，各矿要根据以下内容，认真制定、修改、完善本矿围岩观测制度及相关规定，认真遵照执行。

1. 围岩观测制度的落实

围岩观测的目的是掌握巷道围岩动态、围岩结构和巷道支护结构的效果，以谋求设计、施工的经济性，反馈于设计、施工，提供井巷施工的原始资料。

围岩观测制度是对矿压观测制度的补充，各矿矿压观测领导小组要认真落实围岩观测工作。

围岩观测制度应由矿压领导小组负责落实，生产技术科配备专业人员，负责日常矿压及围岩观测资料的收集、整理和分析。

采掘队至少配备专职或兼职矿压监测专业人员 1 人，负责本区队矿压及围岩监测资料的收集、整理和分析。

2. 围岩观测的具体要求

巷道围岩观测主要包括巷道围岩节理发育情况观测、锚杆锚索受力情况监测、顶板离层监测、巷道围岩位移监测、巷道顶板岩性窥视等。

1）巷道围岩裂隙节理发育情况观测

巷道开掘后，及时观测巷道顶板裂隙节理发育情况，统计节理发育的数量、密度和间距，根据裂隙节理的发育程度判断顶板的完整性程度，分析支护强度是否能够满足要求。

2）锚杆锚索受力情况监测

有条件的矿井要对锚网索支护巷道的锚杆、锚索的受力情况进行监测，评判支护强度和支护效果。

锚杆受力状况采用测力锚杆或锚杆液压枕监测。巷道每隔 300～500 m 布置一组监测点对锚杆受力状况进行监测，特殊地段可适当加密，每组监测点至少监测 4 个部位（顶板 2 个、两帮各 1 个）。

（1）安装位置选择：在所施工的煤巷中选择巷道变形较快、巷道压力较大的地点进行安装锚杆测力计。

（2）安装步骤：依次为打锚杆孔、安装锚杆、将液压枕及锚杆托盘套入锚杆、用螺母上紧露出的锚杆、调节螺母紧固程度，确保扭矩不小于设计值、记录初始值。

（3）监测要求：每周要求读数不少于 1 次，并将初始值及每次读数填入台账，发现数值变化异常及时汇报技术部矿压小组。

（4）使用注意事项：

①使用前检查压力表指示是否归零，如不归零应停止使用，并交于矿压小组。

②锚杆测力计工作面应与岩（煤）面充分接触。

③紧固螺母使锚杆测力计达到一定预应力。

（5）数据处理及分析。施工单位技术员对每次观测的数据进行汇总，并做出动态观测曲线，发现异常及时上报矿压小组，并和矿压小组人员一起对监测数据进行分析，发现异常现象以及原因、危害应及时汇报掘进副矿长（副总工程师），由掘进副矿长（副总工程师）主持分析，并根据分析结果提出整改措施并落实，由生产技术部门下发整改措施联系单。

3）顶板岩性窥视

有条件的矿井可以对巷道围岩进行钻孔窥视，探查顶板及两帮围岩的岩性、裂隙发育情况，施工队组按指定地点负责打探查孔眼，然后由队组技术人员协助矿压小组用顶板窥视仪对顶板岩性进行窥视，同时队组技术员在现场必须及时记录打眼过程中顶板的岩性情况并按规定及时上报顶板岩性观测孔资料，要求对顶板岩性探查孔进行编号管理。

矿压小组对顶板岩性进行窥视后，要及时将探查的资料进行认真分析并存档备案，对顶板岩性探查孔资料进行分类、编号、管理。

按规定每次需要打顶板探查孔时，矿压小组应提前一天通知队组及技术人员，队组接到通知后应提前备齐打眼工具做好相关准备工作，不得以任何理由推诿、扯皮。否则，矿压观察小组将对施工队组进行处罚。

施工队组每次应及时将当天收集的顶板探查岩性资料上交于技术科矿压小组，以便于矿压小组对资料的整理，同时结合钻孔内影像资料，质量抽查情况等进行汇总，报送矿领导。

4）巷道围岩位移观测

（1）巷道围岩移近量采用测枪、测杆或其他测量工具量测。根据巷道的变形情况布置若干观测站，每个观测站布置 3 个测点，其间距为 1～2 m，观测站布置方式如图 5－7－1 所示。

（2）测点布置时，首先确定 4 点（即顶底板和两帮各一个），测取围岩相对位移量：顶底量测 AC（$y+y'$），两帮量测 BD（$x+x'$），测取顶板下沉、底鼓及上（左）帮、下（右）帮移动量，可测

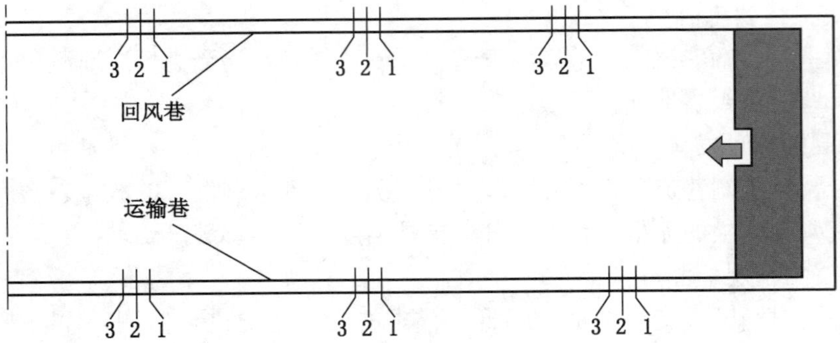

图5-7-1　观测站布置方式

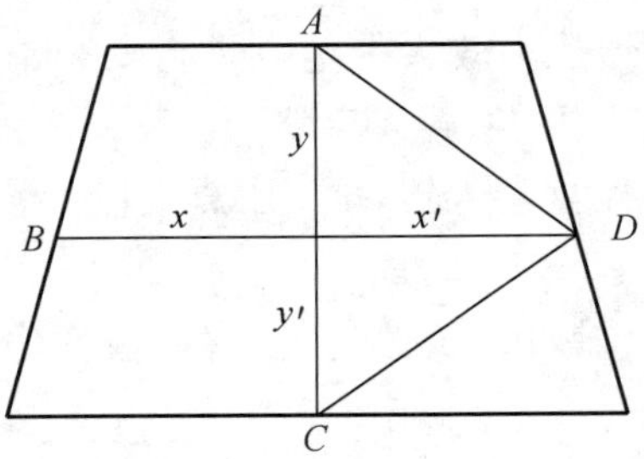

图5-7-2　测点布置方式

量AC、AB、BC及BD或AC、AB、BD及AD，如图5-7-2所示。

巷道刚掘成后，立即布置测点。测点应设在围岩表面比较稳固的部位，若测点被破坏应立即补上。

安设测点时，先在预定位置钻一个深200~400 mm的钻孔，具体深度视围岩强度而定。孔内打入一个相应长度的木桩。木桩露出的顶部打入一个长度为40 mm的特制铁钉，其头部有一个凹坑，以便支设测杆。如果用测枪时，每对基点中应有一个基点为弯勾钉，如图5-7-3所示。

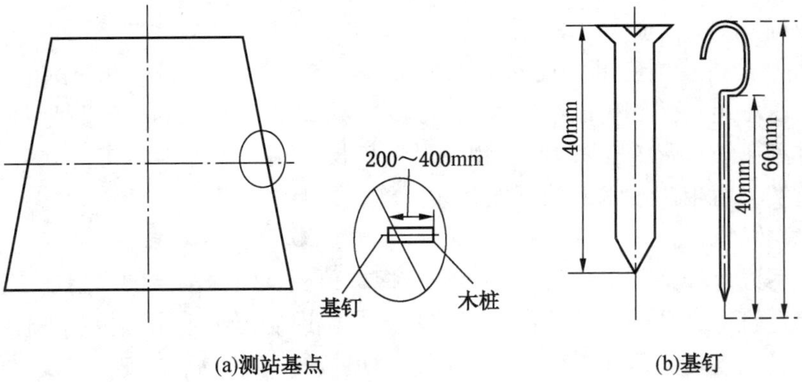

图5-7-3　测点安设示意图

（3）测读方法：测读时，先自顶板挂垂线至底板，再用一松紧绳连接两帮测点，取两线交点为中心点。然后分四段测量，并建立台账，通过比较各次记录数据来得到巷道变形特征。采用钢卷尺作为测量工具。

（4）测定受回采影响的巷道时，一般应在工作面前方100 m以外设置测点；当工作面推过测点100 m以后或围岩移动稳定时才停止观测。

施工单位技术负责人或技术员负责测站的布置、观测和记录，按照观测周期的要求将观测数据结果记录在现场记录牌板和巷道位移观测表内。现场观测牌板记录内容要与记录台账保持一致，记录数据严禁造假。两次测读数据变化超过规定值时，具体变化警戒值要在矿井围岩观测制度实施细则中明确，情况严重时要采取相应措施。

（5）生产技术科技术人员定期将收集的监测数据进行汇总，并做出动态观测曲线，发现异常及时汇报总工程师主持分析，并根据分析结果提出整改措施并落实，由技术科下发整改措施联系单。

（6）巷道进行移交时，连同记录牌板一并移交给采煤区（接收单位），采煤区（接收单位）技术员立即对接受的移近变形站完好情况进行核查，确认无误后办理交接手续，继续做好巷道移近变形监测管理工作，并如实填好记录。

7.8　煤矿储量管理制度

第一条　认真做好矿井资源储量管理，提高资源回收率，是与地质、设计、生产技术和生产管理等有直接关系的一项重要工作。所属煤矿各有关部门必须密切配合，共同做好，并由主管生产的矿长、总工程师具体负责协调、监督落实。

第二条　煤矿地测防治水科要负责了解、掌握矿井储量的数量、质量、分布、损失等变化情况，并对资源的合理开采实行业务监督。

第三条　煤矿要安排专人负责储量管理工作，杜绝超层越界、乱采滥挖、采富弃贫、采易弃难、厚层薄采，破坏浪费资源现象。

第四条　采取合理的开采顺序和开采方法；严格“三率”指标考核制度；建立“三率”指标考核台账，按月进行考核并与生产责任制挂钩，资源回采率实际指标达到或超过考核指标，储量增减要按规定程序及时报批。

第五条　矿技术管理部门每旬必须对采掘工作面进行一次全面检查，主要检查采掘工程进展情况；采掘工作面施工是否在采矿许可证批准的矿区范围内进行；采煤工作面是否存在浮煤不清、留设顶底煤现象，检查情况形成检查记录，归入巡查档案。

第六条　矿地测防治水科要根据观测和计算的记录，及时填绘各种储量计算图、回采工作面损失量计算图；填写各种储量台账、四量统计表，并编写资源回收率分析报告。

第七条　严格储量增减制度，储量变动要按要求提出申报，未经二级公司主管部门批准，不得随意改动。

第八条　采煤工作面的储量管理，应由矿地测防治水科组织相关技术人员进行验收，以便及时掌握其地质储量、动用储量、剩余储量和采出量，核算回采率，确定是否关闭采煤工作面，编写工作面结束验收报告。采区结束后由矿生产技术科组织有关技术人员进行验收，核算整个采区的地质储量、动用储量、各类煤柱损失、全区采出量，计算采区回采率，编写采区结果验收报告。

第九条　矿总工程师要定期组织有关部门对储量动态、损失量及回采率指标完成情况进行全面的检查、分析，找出问题，不断改进。

第十条　矿地测防治水科要认真做好资源储量管理工作及周边矿井越层越界开采调查工作，发现问题及时上报矿领导进行研究。

7.9　矿用支护材料管理制度

第一条　煤矿井下所用所有支护材料必须从正规厂家购进，购进时必须有合格证或产品检验合格证书，矿方自行加工的支护材料必须经相关资质部门检验合格后方可使用。

第二条　支护材料进场前，生产技术科和供应科必须督促使用单位规范存放场地，并有必要的防雨、防冻等措施。

第三条　支护材料进场后，供应科要及时通知生产技术科和使用单位进行验收，相关检验报告齐全、规格尺寸与计划无误后，经相关人员签字确认后方可使用。

第四条　支护材料规格尺寸与计划不同时，生产技术科和供应科有权不予验收，并由供应科负责协调更换。

第五条　严禁各施工单位擅自购进各种矿用支护材料。

第六条　进场后的支护材料，必须按照要求按批次到有资质的单位进行抽检，抽检报告要实行档案化留存保管。

第七条　每月所需支护材料，必须认真制定材料计划，使用单位要严格按计划领取材料，不得浪费。

第八条　所有到矿的液压单体支柱进场后，必须全部进行终身制编号，做到“一柱一号”，并建立入井登记台账。

第九条　井下支护材料运输、摆放必须按照二级公司运输管理规定和文明生产要求进行管理，做到定置管理。

第十条　井下支护材料必须按要求回收，不得随意丢弃，回收支护材料由机修厂修复利用。

7.10　煤矿单体液压支柱管理制度

1. 总则

1）目的

为进一步规范二级公司所属各矿井单体液压支柱的管理，提高单体液压支柱的利用率，降低损耗，节约成本，保证矿井安全生产，结合公司相关规定，特制定本管理制度。

2）适用范围

本制度适用于公司所属各矿井井下使用的单体液压支柱从购买、入库、编号、申领、压力试验、入井、出井、检修至报废各个环节的管理。

2. 管理内容

1）购买

各矿单体液压支柱的购买，需由采掘一线队组提出书面申请，详细说明申请购置的原因、使用地点、规格型号及数量，报请矿生产技术科审核，再经矿分管生产的副矿长签字确认后，报请矿物资供应部门统一购买。到矿后的单体液压支柱，物资供应部门必须妥善保管，并留存相关合格证等质保资料。

2）入库

到矿后的单体液压支柱，必须经矿物资供应部门、生产技术科及使用单位对所购置单体液压支柱及相关证件进行联合验收，并经三方在联合验收单上签字认可后方可入库。入库时，联合验收组要根据矿方既定的物资验收程序并按规定的比例认真抽检。

3）压力试验

经联合验收合格后的单体液压支柱，在经矿生产技术科领取并实行编号管理前，必须严格按照《煤矿安全规程》第一百条的规定，对所有单体液压支柱逐根进行压力试验，并经检测合格后方可入井使用。对单体液压支柱的压力试验由矿生产技术科负责组织实施，同时要将试验结果详细记录在单体液压支柱管理台账上，并由矿生产技术科统一妥善保管留存。

4）编号

经验收并检验合格后的单体液压支柱，必须严格按照“终身制”和“唯一性”的要求实行统一编号管理。单体液压支柱的编号工作由矿生产技术科负责落实，并要严格按照规定在使用单位申领前完成，同时要认真做好登记造册的相关工作。

5）申领

（1）单体液压支柱完成编号工作后，矿生产技术科要立即通知申请使用单位及时领取，并严格按照矿方规定的物资领用程序办理相关手续。

（2）矿生产技术科负责新进和维修后单体液压支柱的发放管理工作，并建立单体液压支柱储存领用台账，详细记录单体液压支柱的规格型号、进货（或升井检修）日期、领用日期、领用单位、使用地点、领用人、发放人等信息。

6）入井

（1）入井及运输单体液压支柱应由专人负责，使用专用车辆，轻装轻卸，不准随意摔砸，并认真清点核对数量，以免支柱损坏和丢失。

（2）使用单位必须建立单体液压支柱的使用台账，详细记录使用单体液压支柱的型号规格、领用数量、使用地点、入井日期、升井检修日期等内容，并由专人负责领取和移交。

7）使用

（1）使用单位在领取并将需使用的单体液压支柱运送到井下使用地点后，要严格按照公司安全生产标准化现场管理的相关规定，在指定地点整齐存放。

（2）单体液压支柱使用单位，必须制定严格的日常使用管理办法，详细说明使用的方法、日常管理的细节，并要对损坏或丢失等情况，做出一定的处罚规定。

（3）单体液压支柱使用单位，必须责成专人负责本单位管辖范围内单体液压支柱的日常管理工作。一般情况下，建议使用单位每班验收员，必须对当班单体液压支柱的使用情况至少进行一次全面检查，详细记录在用单体液压支柱的完好情况，并要根据矿压观测的相关规定，足额抽检在用单体液压支柱的压力情况，发现问题及时处理。

（4）每班验收员要将当班单体液压支柱的巡检情况，详细记录在当班验收表上，并及时汇报至队部值班室记录备案。如发现损坏、丢失或由于某种原因而造成的无法回撤等情况，一定要详细记录清楚，并严格按照队组的相关规定，在验收表上做出明确的处罚记录。

（5）凡在现场不能正常使用的单体液压支柱，使用单位要根据不同情况分类存放在指定地点并详细标明原因，严禁乱扔乱放。验收员要将现场存放使用情况在交接班时详细汇报至队部值班人员，使用单位要定期组织专人将不能正常使用的单体液压支柱集中升井进行维修或报废。

（6）矿生产技术科材料管理员，每月末要对使用单位在用、备用或报废的单体液压支柱进行盘点核实，并报请相关管理部门或分管领导。如发现无故丢失或损坏等情况，要严格按照矿方制定的相关规定，给予使用单位一定的处罚。

8）升井

（1）凡井下使用单体液压支柱需升井的，使用单位必须使用专用运输车辆捆绑牢靠，并及时统一移交至矿生产技术科材料库，由生产技术科材料库统一处置。

（2）升井后的单体液压支柱，必须经矿生产技术科材料管理人员确认，并按指定的地点分类存放。

（3）交回的单体液压支柱必须零件齐全，缺少零件的一律按不完好或损坏进行处理。

（4）为了统一管理交回的单体液压支柱必须卸阀、卸压，否则不予收回入库。

9）检修

（1）按照《煤矿安全规程》第一百条的规定，采煤工作面回采结束后或使用时间超过8个月后，必须对单体液压支柱进行检修，支柱的定期维护、保养和检修工作，由矿生产技术科负责，制定专职维修单位进行维护。

（2）除因三用阀损坏需在井下更换外，单体液压支柱的其他检修维护工作必须在地面进行。

（3）检修后的单体液压支柱，必须在矿生产技术科专职材料管理员的监督下，按规定逐根进行压力试验，经试验合格并经生产技术科材料管理员及维修单位相关人员联合验收后，由生产技术科材料管理员做出维修检验合格的标识后，由维修单位负责，统一移交至生产技术科材料库，并按规定存放至指定地点。

（4）检修维护好后的单体液压支柱，使用单位需领用时，要按规定办理完相关材料领用手续后，统一运输入井使用。

（5）对使用单位暂时不用且不需升井进行维修保养的单体液压支柱，使用单位要按照生产技术科的要求，存放在井下指定地点由生产技术科统一管理。

10）报废

（1）单体液压支柱报废条件：超出支柱使用寿命的；使用期内不能修复、改制或经修复、改制后仍达不到使用标准的；支柱维修成本较高的。

（2）单体液压支柱的报废，必须经生产技术科鉴定后，报请矿分管领导签字确认方可执行，生产技术科材料管理员及使用单位材料管理员要分别将报废信息及时登记在单体液压支柱专项管理台账中。

3. 考核

（1）各矿要根据自身制定的有关要求进行严格考核。

（2）单体液压支柱的日常考核和管理工作，由矿生产技术科负责。生产技术科材料管理员要将经相关领导签字确认后的每月考核结果妥善留存保管，并分别报送至使用单位、生产技术科、分管领导及矿财务科。

4. 附则

（1）本制度未尽事宜，要严格执行《煤矿安全规程》、矿生产材料管理办法及相关行业规定。

（2）本制度由二级公司生产技术部负责解释。

（3）本制度自下发之日起执行。

7.11　“煤矿灾害预防与处理计划”管理制度

第一条　按照《煤矿安全规程》第九条规定，矿井每年要根据矿井采掘衔接安排，结合矿井实际编制“矿井年度灾害预防和处理计划”（以下简称计划）。

第二条　计划应由总工程师负责，生产技术部门牵头，矿相关科室参与，结合矿井当年采掘衔接安排，认真编制。

第三条　计划编制完成后，由矿井联合会审，由矿长审批后贯彻执行。

第四条　计划要按时上报二级公司及当地煤矿管理部门进行批复备案。

第五条　按照计划安排时间及要求，煤矿企业每年至少组织1次矿井救灾演习，演习完毕后，要将演习报告及时上报二级公司及相关地方安全监管部门。

第六条　计划由矿长负责组织实施。

第七条　计划要根据矿井具体情况及时进行修改。

7.12　煤矿井巷维修管理制度

第一条　井巷断面不能满足正常通风、运输要求或不符合《煤矿安全规程》第九十条和第九十一条时，要及时制定专项安全技术措施并积极进行处理维修。

第二条　每次巷道维修，矿生产技术科必须责成施工单位，根据实际情况及时编制专项安全技术措施，并报矿领导进行会审签字确认后，贯彻到施工队所有参与作业人员。

第三条　各矿井要对井巷维修工作做到月初有计划，月末有总结，并把巷道失修、维修等情况逐月上报。

第四条　在维修井巷时，必须遵循从外向里、从上向下的维修原则逐架进行维修。

第五条　严禁上、下段同时进行维修作业。

第六条　架棚支护巷道连续出现3架或3架以上断梁折柱视为安全隐患，必须及时安排人员进行维修、更换。

第七条　当巷道出现底鼓、片帮时，必须及时安排人员进行挖底、扩帮，若进行降底会导致原支架的脚露出时，必须进行巷道改扩，更换支架，以保证通风、行人、运输等安全。

第八条　修复旧井巷，必须首先检查瓦斯，只有在回风流中瓦斯浓度不超过1.0%、二氧化碳浓度不超过1.5%时，才能作业。

第九条　对失修巷道的维修工作，必须加强维修质量，并符合相关规定，达到标准要求。

第十条　巷道失修率规定：全矿井巷道失修率不高于7%，严重失修率不高于3%。

7.13　煤矿零星工程管理制度

第一条　零星工程零散作业主要是指除采、掘、开以及安装撤架等正规头面作业和固定岗位工作以外的具有作业人员分散、岗点不固定、作业内容多样等特点的施工作业。

第二条　零星工程零散作业标准执行二级公司“煤矿零星工程零散作业安全管理规定”。

第三条　施工前，对于需要制定专门安全技术措施的零星工程零散作业，施工单位必须结合作业地点、环境情况，充分考虑安全注意事项，认真制定常规或专用安全技术措施，并报相关业务科室审批。

第四条　施工单位施工前必须明确施工责任人和安全责任人的职责，每班指定专门的带班人和安全负责人负责现场安全管理工作，班组长在场的，班组长即为安全负责人，3人及以上单独作业且无班组长在场的，必须指定一名有经验的群监员或老工人作为安全负责人。

第五条　施工单位施工前必须先组织作业人员认真学习安全技术措施并经考试合格后方可开工作业。

第六条　开工前，现场作业环境须经相关业务主管部室安全确认，并出具安全确认单后方可开工作业。

第七条　派工业务科室要严格掌握零星工程零散作业的施工时间、工程进度，并对施工质量进行监督检查；必须根据情况安排有关业务人员深入施工现场盯班，了解情况，掌握动态，对作业过程中存在的问题及时提出整改意见，并在工程完工后，负责对工程完成情况及施工质量进行检查、验收和考核并留存记录。

第八条　零星工程施工中必须设置好警示牌、路障等安全技术措施。

第九条　施工过程中，施工人员严格按照《煤矿安全规程》《煤矿工人技术操作规程》零星工程施工安全技术措施要求进行作业，杜绝“三违”现象。

7.14　煤矿科技创新管理制度

为加强公司科技创新项目的研发投入及水平，进一步规范公司科技创新管理工作，激励公司所有工程及各专业技术人员积极开展科技创新工作，不断提高技术经济指标，促进公司技术进步，特制定本制度。

第一条　科技创新工作是以技术革新、工艺优化、节能降耗、质量改进、技术经济指标提高、设备效能提升以及解决生产中技术难题为内容开展的各种专项技术活动。

第二条　为确保公司及所属各单位科技创新项目的有序开展，公司特成立科技创新领导组及专家评审委员会。

（1）科技创新领导组：

组　　长：公司主要负责人

副 组 长：公司技术负责人及各专业技术副总

成　　员：公司各专业职能部门及所属单位负责人

为便于开展科技创新各项工作，领导组下设办公室，办公室设在公司生产技术部。

职　　责：负责制定和落实公司科技创新管理制度，并负责公司科技创新项目的立项、考核、审批及奖励等工作。

(2) 科技创新评审委员会：

组　　长：公司主要负责人

副 组 长：公司技术负责人及各专业技术副总

委员会成员：公司各职能部门主要负责人、具有中级以上职称及相关专业丰富经验的专业技术人员。

第三条 公司及所属各煤矿均要积极建立健全与矿井自身发展相结合，以矿总工程师为核心，各专业技术人员相互协助配合，层次清晰的科技创新体系。

第四条 科技创新工作重点

(1) 科技创新工作必须有前瞻性，以解决制约煤矿发展的瓶颈问题。

(2) 科技创新必须结合矿井生产规划，在矿井瓦斯综合治理、特殊地质条件下的井巷支护、优化采掘工艺及减轻职工劳动强度等煤矿生产技术方面进行重点攻关。

第五条 “五小”科技竞赛

(1) 鼓励公司所有职工积极参与以“小发明、小改革、小革新、小设计、小建议”为主题的“五小”科技竞赛活动，其成果要具有新颖、实用、直观、实效的特点，并充分体现职工技能水平、理论水平，是对重大科研项目的补充，是矿井技术创新的重要内容之一。

(2) 各专业组要鼓励和引导各专业技术人员、业务技术骨干在生产实践过程中及时发现问题，研究解决问题的办法，把“小发明、小改革、小革新、小设计、小建议”体现在生产过程中，随时发掘“五小”项目的来源，随时解决遇到的实际问题。

(3) 公司所属各单位要高度重视“五小”科技成果的应用及推广工作，使“五小”科技成果迅速转化为生产力，充分发挥其安全、经济和技术效益。

第六条 科技创新项目管理

(1) 公司总工程师是公司各类科研项目的负责人。各专业副总工程师、各相关职能部门负责人对本专业科研项目进行审核把关并监督其落实推进情况；生产技术部负责对所有科技创新项目进行收集、整理并进行日常监督管理。

(2) 各矿总工程师是煤矿各类科研项目的负责人。矿各专业副总工程师、各相关职能部门负责人分管专业科研项目的具体落实工作，矿生产技术科负责各科研项目的实施、协调日常管理工作。

(3) 各专业负责工程师要组织相关单位工程技术人员，严格按照集团公司要求，对各类申报项目认真填写项目申报书。

(4) 各专业负责工程师要积极组织相关单位工程技术人员，对所有申报项目进行初审，并对申请书内容的真实性、方案的可行性和预算的合理性以及经费筹措的落实情况、基本科研条件的能力保证和预期目标的完成和实现等签署具体意见，经总工程师例会审定，立项上报。

(5) 科研项目必须签订符合相关法律法规的合同，并严格执行。合同的商谈由总工程师牵头，项目负责人、矿纪检办、法律顾问、财务科、生产技术科及相关职能部门参加，报矿长（或矿长授权指定人员）签订。

(6) 科研项目立项后，各专业副总工程师及相关职能部门要积极组织实施。实施过程中要动态跟踪，及时在科研生产、应用中发现和解决问题，及时总结、提炼，形成科研报告，进行项目鉴定。鉴定费用从科研项目经费中列支。

(7) 科研项目要严格遵守保密规定，研究成果及专利要妥善保管。对泄密的项目负责人和直接责任人，视情节轻重给予相应的纪律处分。

(8) 经费严格按“合同、计划、进展”拨款，实行专款专用，专账管理。纪检办对项目经费开支行使监督权，确保项目经费合理、有效使用。

（9）二级公司对科技创新项目实行月报统计制度。项目在实施过程中，各项目承担单位要在每月3日前对上月项目进展情况、经费支出和当月工作计划进行梳理，填写“二级公司科技创新计划项目月度进展情况汇总表”报送生产技术部；如项目当月发生费用支付，还要提供当月科技项目支付费用的明细表。生产技术部对各单位的项目进展情况进行汇总后，于每月5日前报送集团公司技术中心。

（10）实行项目中期检查和评估制度。二级公司将组织相关业务部室对项目执行情况进行中期检查和评估，对项目执行情况、经费管理、预期前景等进行评估监督，可采用会议或现场勘查等形式。评估意见可作为项目调整或撤销的重要依据。

（11）实行项目重大事项报告制度。项目在实施期间出现目标调整、内容更改、项目负责人变更、关键技术方案变更、不可抗拒因素等对项目执行产生重大影响的情况，必须按项目管理权限及时汇报二级公司生产技术部，并根据集团公司和二级公司的有关批复予以执行。

（12）科技创新项目在实施过程中出现下列情况的，应及时调整或撤销：

①市场、技术等情况发生重大变化，造成项目原定目标及技术路线需要修改的。

②项目所依托的工程已不能继续实施的。

③项目的技术骨干发生重大变化，致使研究工作无法正常进行的。

④项目批复后长时间未能实施的。

⑤由于不可抗拒因素，致使研究工作不能正常进行的。

⑥其他对项目执行产生重大影响的原因。

（13）需要调整或撤销的项目，由项目承担单位按管理权限逐级提出书面意见上报二级公司生产技术部，二级公司审查后报送集团公司技术中心，经集团公司核准后方可执行。

（14）对由于技术原因和不可抗拒因素造成项目调整或撤销的，要及时结清财务、中止项目；对由于主观原因造成项目调整或撤销的，要追究项目负责人的责任，项目负责人3年内不得再担任科技创新项目的负责人。

（15）科技创新项目完成后，按照“谁管理、谁验收”的原则，进行验收。集团公司管理的项目由集团公司组织验收；二级公司管理的项目由二级公司组织验收，集团公司监督管理。

（16）项目验收的程序和所需要的技术资料按照《山西煤炭运销有限责任公司科技创新项目管理办法》（山西煤炭运销技术字〔2013〕363号）执行。

（17）科技创新项目资金的来源、管理和使用，按照《山西煤炭运销有限责任公司研究开发费用管理办法》（山西煤炭运销技术字〔2013〕36号）执行。

（18）项目的知识产权和成果管理按照集团公司和二级公司的有关管理办法执行。

（19）项目在签订技术合同中要明确知识产权和成果的归属。

（20）各项目承担单位要加强知识产权和成果的管理工作，并贯穿于项目立项、实施、验收等工作中。项目立项时，要明确对创新点的知识产权保护及专利申请计划；项目实施过程中，要及时进行专利申报，做好知识产权管理工作；项目验收时，要对项目知识产权目标完成情况、知识产权管理和保护情况等进行考核。此外，各项目承担单位还要加强对项目合作方及研发人员的管理，防止知识产权流失。

（21）对于科技创新项目中通过鉴定的科学技术成果和获得的专利证书，各项目承担单位应按照“关于报送科学技术成果和专利证书扫描件或复印件的通知”的要求，于取得证书后两周内，将证书的扫描件或复印件报送至二级公司生产技术部。

（22）项目的知识产权和成果对外进行许可实施、转让、推广等工作，应获得集团公司和二级公司的批准。

第七条　每年度各矿科技创新及小改小革项目申报规定：原则上，生产能力在120 t/a以上的矿井，科技创新项目每年申报不得少于两项，小改小革项目申报数量每年不得少于 5 项；其余正常生产矿井，科技创新项目每年申报不得少于一项；小改小革项目每年申报不得少于 3 项。

第八条 申报时间及评审时间规定：各矿要根据自身生产实际，严格按照公司既定的申报流程及时汇总并审核上报。二级公司每年 11 月组织评审委员会相关专家集中评审一次，经评审通过后在公司范围内予以公示，然后在年终技术总结大会上集中予以表彰奖励。

第九条 项目申报流程：

(1) 二级公司机关各部室和下属各生产经营单位，应结合企业自身建设、生产、经营中的技术需求，研究确定需要申报的项目，明确项目实施方式、项目负责人和联系人，编制项目“立项建议书”，上报二级公司生产技术部。

(2) 二级公司将对各单位申报的项目进行认真审查，并出具审查意见，评选出符合要求的项目报送集团公司技术中心。

(3) 通过集团公司会审或论证的项目，集团党政联席会将批复立项，并列入集团年度计划，至此，项目申报工作结束。

第十条 经集团批准列入计划的项目，二级公司作为项目的管理单位，将按以下程序办理项目实施启动手续：

(1) 签订“项目责任书”。

在集团项目计划下达后，二级公司应在 1 个月之内与集团公司签订“项目责任书”。“项目责任书”应包括以下主要内容：

①责任书编号、名称。

②单位名称、负责人。

③本单位全部项目的年度完成目标和计划安排。

④考核和奖惩有关事项。

(2) 制定“项目计划任务书”。

列入集团计划的项目，属二级公司管理的，二级公司将组织编制和审核“项目计划任务书”，并报集团公司技术中心备案。

“项目计划任务书”应包括以下内容：

①项目编号、项目名称。

②项目实施单位、项目负责人。

③国内外相关技术概况、水平、发展趋势及专利情况。

④主要研究内容、目标、技术关键及主要技术经济指标。

⑤项目完成后达到的技术水平、经济社会效益及推广应用前景。

⑥采用的研究方法、技术手段、技术路线。

⑦现有技术基础、设备条件。

⑧项目实施进度计划及年度目标。

⑨项目承担单位和主要协作单位的任务分工。

⑩项目经费预算（总预算、分年度预算）。

⑪项目负责人及研究工作人员概况。

⑫项目管理单位（部门）审查意见。

(3) 签订“项目技术合同”。

需与外部合作的项目，项目承担单位要按集团公司和二级公司有关程序依法合规地确定项目合作单位，签订“项目技术合同”，并报集团公司与二级公司备案。

(4) 编制“项目实施发展规划方案”。

各项目承担单位要制定科技创新项目的具体实施发展规划方案，要将项目投资、工程进度按项目推进情况分解到月，并进一步明确责任。各项目承担单位的《项目实施发展规划方案》编制完成后，将电子版和纸质版（申报单位盖章，一式两份）报送至二级公司生产技术部备案。

第十一条　激励机制。公司每年要严格按照规定，对各矿按程序组织上报的科技创新或小改小革成果至少评审一次，并对年度创新工作中有突出贡献的人员、集体等进行一次奖励，以鼓励全员积极创新。

7.15　煤矿顶板管理制度

第一条　矿井必须成立矿级顶板管理领导机构，并根据矿井机构设置的特点，明确顶板管理领导机构管理职责，确保顶板管理领导机构的有效运行。

第二条　二级公司及各矿必须建立健全顶板管理责任体系。

第三条　二级公司各矿井顶板管理工作要做到年初有计划、年末有总结。

第四条　二级公司每半年要召开一次顶板管理工作会议，矿井每季、科（队）每月要召开一次顶板管理工作会议，专题研究公司及煤矿井下顶板管理工作。

第五条　采掘工作面在组织生产时，必须严格执行公司下发的“顶板管理若干规定”“顶板管理二十条规定”及“顶板管理十条红线”等有关规定，严禁空顶作业。

第六条　二级公司所属各煤矿，要积极开展采掘工作面矿压观测工作。要严格按照“顶板管理二十条规定”的要求，积极成立矿压观测小组，定期收集一线数据，并及时做出分析处理报告，以便随时掌握采掘工作面顶板变化规律。

第七条　要严格矿井支护设计。所有支护设计，必须由矿生产技术管理部门统一管理并组织设计，支护设计必须经过严密的计算、验收，并进行安全可靠性、稳固性、适用性分析后，确定采掘支护方式、方法、支护材料及参数，确保支护设计科学、合理、安全可靠。支护设计由矿总工程师负责组织审查把关，他是设计工作的第一责任人。

第八条　当遇地质构造带、应力变化区、特殊条件顶底板和煤壁变化不稳定区域、大断面、交岔点等状况时，要由矿总工程师负责组织，通过认真地分析研究，并根据实际变化情况，深入研究支护加固补强方案，进行专项设计，确保安全可靠。

第九条　严格落实采掘工作面工程质量的管理工作，确保采掘工作面支护工程质量符合要求。

第十条　岩巷施工优先使用综掘，必须进行爆破掘进时，必须进行光面爆破，以保证巷道成形完整。

第十一条　维修独头巷道时，必须由外向里逐架进行，并设置专人监护，严禁人员进入里边工作。

第十二条　加强对井下巷道支护质量的巡查，发现隐患及时消除。对地质构造带、应力集中区、过老巷及老空的巷道要进行补强支护，并要经常观察巷道变化情况，确保巷道支护安全。

第十三条　加强对各种新购、修复和加工改造的支护材料的管理，完善管理制度和检测手段，加大入井支护用品的检查验收力度，不符合要求的严禁下井使用。

第十四条　积极开展科技攻关技术研究，进一步提高顶板管理水平，消除顶板管理方面的安全隐患，促进安全生产。

7.16　矿井顶板管理的若干规定

为进一步提高矿井顶板管理水平，有效预防采掘工作面及矿井巷道冒顶、片帮等事故发生，促进安全生产，特制定二级公司顶板管理的若干规定。

第一条　顶板管理工作的组织领导

为加强顶板管理工作的组织领导，二级公司成立顶板管理工作领导组。

组　长：总经理

副组长：各分管副经理、总工、副总工

成　员：生产技术部、安全生产监督管理部、工程管理部、生产指挥中心、机电设备部、招标管理办公室相关负责人及各煤矿矿长（经理）

顶板管理领导组下设办公室，办公室设在公司生产技术部，办公室主任由生产技术部部长兼任。

第二条　公司、矿井顶板管理职责划分

（1）公司是顶板工作的督导主体。负责制定顶板管理规定，为公司各矿的顶板管理工作提供服务和技术指导，并对各矿顶板管理工作进行检查、督促、考核。

（2）公司各矿是顶板管理工作的责任主体。按照公司的要求，制定矿井顶板管理工作规划，将顶板管理目标、责任进行分解，责任到人，将顶板管理工作的各项规定落实到基层，落实到现场，并对顶板管理工作进行班评估、旬检查、月考核。

（3）各生产区（科）、队是顶板管理工作的执行主体，要认真贯彻顶板管理的有关规定和要求，制定顶板管理措施和管理考核细则，落实顶板管理责任，责任到人。

（4）公司、矿井各职能部门要加强顶板管理工作，实现顶板专业化管理。

①公司生产技术部，负责对采掘顶板管理现状进行统计分析，及时收集整理、研究国内外顶板管理新技术、新工艺，并在总结归纳的基础上，进行推广应用。

②公司各矿生产技术部门要设 1 ~ 3 人专门负责采掘工作面现场顶板管理工作，其职能如下：

a. 建立采掘工作面顶板管理统计分析表和顶板事故（包括非伤亡事故）档案，实行日常事故分析。

b. 检查采掘工作面支护质量，进行顶板动态监测数据处理，定期分析支护质量、支护方式中存在的问题，从技术上、材质上提出改进的措施和建议。

c. 推广顶板管理新技术，支护新工艺、新材料。

d. 制定顶板管理制度，建立顶板管理考核体系。

e. 组织区（科）、队开展顶板管理竞赛活动，组织召开顶板管理工作专题会议。

f. 根据年度生产计划，对新开采煤层、工作面进行矿压观测，分析顶板活动规律，为制定顶板管理措施提供依据。

③矿井的地测部门，要加强采掘工作面的地质勘测工作，掌握地质构造及变化情况，及时填图分析、提供资料，进行地质预报。

a. 工作面设计前，必须进行地面勘查，并结合相邻工作面的地质情况，分析推断所设计工作面的地质构造。

b. 在回采工作面开采前，地质部门要向规程编制部门提交工作面地质说明书，作为编制工作面作业规程的依据。回采工作面在设备安装前要进行物探，发现构造时必须及时打钻探明情况。

c. 回采工作面上覆为采空区或处于小窑边界时，开采前必须探清其上覆采空区或小窑积水的水位、水量，并采取有效措施，防止水害和水害引起的冒顶事故发生。

④矿井的生产技术、调度等部门要及时掌握顶板管理情况，建立台账，实行牌板管理。及时掌握回采工作面初采、初放、收尾和掘进工作面巷道贯通的实时情况。

⑤公司生产技术部及相关部室要积极与科研部门合作，将顶板管理作为一项重要科研课题，进行开采、支护新工艺、新技术试验，探寻解决顶板管理难题的途径和办法。

⑥公司各矿井技术部门要严把设计关口。坚持采面和巷道布置要有利于顶板管理、端头维护、超前维护的原则，并满足工作面过断层、空巷等特殊构造的要求。

a. 矿井采区、工作面在开工前必须要有设计，并以地测部门提供、经审批的地质说明书为依据。

b. 工作面布置必须避开对顶板管理、维护有较大影响的地质构造。

c. 巷道断面、设备、管（线）路等布置要有利于两巷端头维护和超前维护。

⑦供应部门要严把支护材料的质量关，及时向采掘工作面提供质量合格、数量充足的支护材料。

⑧职工教育、培训部门，要有计划地对井下职工进行顶板管理方面的知识培训。

第三条　建立健全顶板管理责任体系

（1）公司分管副经理、矿长、区（科）队长是本级顶板管理工作的第一责任人，对本单位的顶板管理工作负主要领导责任。负责健全本单位顶板管理的机构，制定顶板管理岗位责任制，配备顶板管理工作人员，落实顶板管理所需材料、资金。

（2）公司各矿井总工程师、分管采掘副总工程师、区（科）主管工程师、技术队长对本单位的顶板管理工作负技术责任。

①组织制定顶板管理工作计划和安全技术措施。

②负责组织推广和应用顶板管理新技术。

（3）各矿分管采、掘生产的副职是本单位顶板管理的直接责任者，对顶板管理工作负直接领导责任。

①负责组织和实施顶板管理工作计划。

②负责组织实施各项顶板管理措施。

（4）安全生产监督管理部门对监管范围顶板管理工作负监察责任。

第四条　建立、健全顶板管理相关工作制度

（1）公司各矿井顶板管理工作要做到年初有计划、年末有总结。

（2）公司各矿要编制年度顶板管理工作计划、顶板管理专项资金计划和安全技术措施。顶板管理专项资金主要用于：

①推广新技术、新工艺的试验费。

②购置、更新顶板动态监测、矿压观测仪器和仪表，进行矿压观测。

③开展顶板管理竞赛活动。

（3）公司每半年召开一次顶板管理工作专项会议。根据安全生产实际，分析顶板管理中存在的问题，提出顶板管理改进意见，并对顶板管理新技术、支护新工艺的推广工作进行安排部署；矿井每季、科（队）每月要召开一次顶板管理工作会议，专题研究顶板管理工作，检查分析顶板管理工作计划、规章制度、资金计划的执行落实情况，对顶板管理工作进行讲评，对下一步工作进行安排、部署。

第五条　严格采掘作业规程的编制、审批、贯彻、执行程序

（1）每个采掘工作面必须根据《煤矿安全规程》和“作业规程管理规定”等有关规定，编制符合本工作面实际的作业规程，严禁无规程作业。作业规程必须由矿总工程师组织会审，不得传阅批示。

（2）矿井总工程师每月要对所辖专业的规程组织相关专业人员进行一次全面复查、复审。

（3）如遇情况变化时，要及时修改作业规程或补充安全技术措施，并经矿总工程师批准后，方可贯彻执行。

（4）采煤工作面作业规程中必须有下列顶板管理内容、资料、支护设计；工作面（包括上下端头、超前支护）支护形式、规格；根据矿压观测资料进行的支护密度计算；支护质量动态监测的具体说明；工作面初次放顶、周期来压、坚硬或复合顶板、软底板、分层开采人工顶板、过空巷或地质构造带、回柱放顶、工作面收尾等情况的顶板管理措施。

（5）掘进工作面作业规程中必须有下列顶板管理内容：巷道永久支护和临时支护的形式、规格、尺寸；处理冒顶事故以及巷道开口、贯通、开帮、挑顶、巷修、过地质构造带等情况的顶板管理措

施。

(6) 巷修和通风设施的施工必须制定专项安全技术措施，明确支护形式、先支后撤顺序和处理局部漏顶、片帮事故的管理办法、安全技术措施，并由矿总工程师批准后执行。

第六条　积极完善和革新采掘工作面支护工艺

(1) 改革采煤方法和采煤工艺，推广使用先进的大功率电牵引智能化采煤机等采煤设备。

(2) 在有条件的煤层，优先推广使用综采一次采全高采煤工艺。

(3) 加强采掘工作面顶板管理，不断完善、提高支护手段和支护形式，进一步提高顶板支护质量监测工作水平。综采工作面实行矿压在线监测，煤巷掘进工作面采用锚杆、锚喷等支护形式时，必须设置综合测站，对顶板离层、顶底板移近量进行实时检测，随时掌握巷道表面和深部位移、顶板离层、锚索锚杆受力状况，实现顶板管理科学化。综合测站的设置和观测频次要根据实际情况确定，并在作业规程中予以明确。

第七条　严禁空顶作业。

第八条　严格执行煤矿《采煤、掘进安全生产标准化标准及考核评级办法》等有关规定。

(1) 坚持公司每季度检查、矿井每旬检月验制度。

(2) 坚持开展工作面工程质量、顶板管理及规程落实的班评估工作。

(3) 班评估执行检查验收人员现场填写验收单，根据检查情况计算得分、定级制度。

(4) 检查中发现的问题要逐条落实整改。

第九条　认真执行支架（支柱）定期检修和使用单位验收管理制度，严格检修、验收标准。

(1) 入井的支架（柱），入井前必须经矿井的生产、机电、供应部门的有关人员根据验收标准和要求进行验收，验收不合格的支架（柱）不得入井。

(2) 支架（柱）检修单位，必须根据检修标准进行检修，确保检修质量。

(3) 公司的生产技术、安监、机电、供应等职能部室，要根据支架（支柱）使用情况，对检修单位进行检查、监督，发现问题要及时纠正、处理。

第十条　严格采煤工作面的支护管理，保证采煤工作面支护质量。

(1) 综采工作面支架选型合理，顶梁接顶严实，无死架和不接顶架。综采工作面的液压支架要排成一条直线，其偏差不得超过 ±50 mm，支架中心距偏差不超过 ±100 mm；相邻支架不能有明显的交错。液压支架与顶板平行支设，最大仰俯角不大于 7°，液压泵站压力不低于 30 MPa，液压支架的初撑力不低于规定值的 80% 。

(2) 单体支柱支设要牢固，不准打在浮矸、浮煤上。支柱的排距、柱距、迎山角要符合规程要求。底板松软时，支柱必须穿铁鞋，钻底不大于 100 mm。同一采煤工作面中，不得使用不同类型和不同性能的支柱。金属顶梁和单体液压支柱，在工作面回采结束后或使用时间超过 8 个月后，必须进行检修，检修后的支柱必须经压力试验合格后方可使用。

(3) 回采工作面必须配备观测仪器、仪表，坚持顶板动态观测，开展矿压观测预测预报工作。

(4) 木垛、丛柱、戗柱、戗棚、密集支柱、“四对八梁”等特殊支护，必须在作业规程中明确规定，并严格按要求支设，确保质量。

(5) 液压支架（滑移支架）、单体液压支柱支撑范围内必须与采高相符，不得超高使用。工作面出现倒架、歪架、死架时，必须制定专项安全技术措施，予以及时处理。

(6) 采煤工作面必须经常存有一定数量的备用支护材料。其数量、规格和存放地点要在作业规程中明确规定。

(7) 回采工作面因故停产前，必须将液压支架移至最小控顶距，并采取有效的防止支架自降的措施。端面距超规定时，要支设贴帮柱。工作面停产期间应安排专人进行巡回检查，发现隐患时，应及时汇报、处理。

第十一条　回采工作面顶板事故多发地点的技术管理

1. 两巷超前支护

回采工作面回风巷、运输巷应超前20 m进行加强支护。超前支柱必须使用单体液压支柱或超前液压支架（推广使用自移液压支架），所有支柱必须架设牢固，并有防倒柱措施。

（1）两巷超前支护所用单体支柱必须进行监测，初撑力要达到规程规定要求，否则，要进行二次注液。

（2）回采工作面两巷超前的支护形式、支护强度、排距、柱距、迎山角以及工作面的防片帮措施等，均应在作业规程中明确规定。

（3）沿空留巷的巷道要及时维护。明确采后巷道维护责任，确保采后巷道的维护质量。

（4）工作面回风巷、运输巷超前支护，必须完整无缺，两巷的高度、宽度以及支护质量符合规定要求。

2. 工作面上下端头支护

工作面上下端头优先使用端头支架支护，没有使用端头支架的，作业规程必须合理制定端头支护的形式，确保满足现场支护的要求。

第十二条　回采工作面初次放顶、周期来压和采面收尾期间的顶板管理。

1. 初次放顶时的顶板管理

（1）由生产矿长、采煤副总、生产科、安监科和有关科（区）队干部组成初次放顶管理小组。回采工作面初次放顶前要制定专门的技术措施；初次放顶期间，每班都要有初次放顶管理小组成员跟班指挥，监督初次放顶措施的执行落实，发现安全隐患，要立即采取措施予以处理，以防重大冒顶事故发生。

（2）顶板坚硬的工作面初次放顶有困难时，要采用人工强制放顶。采用人工强制放顶时，其炮眼布置、数量、深度、角度、间距、装药量等参数要在作业规程或初放技术措施中予以明确规定，并必须经矿长、总工师签字批准后实施。

（3）工作面初次放顶工作，只有经初放管理小组确认，回采工作面的顶板确实放下时，初次放顶工作方可结束。

2. 周期来压时的顶板管理

（1）及时掌握周期来压规律，严格周期来压时的支护设计和现场管理。按规程规定严把基本柱、特殊支护的支设质量，并严格按规程规定进行回柱放顶。

（2）工作面采空区最大悬顶面积、控制措施必须在作业规程中予以明确规定。

3. 收尾时的顶板管理

（1）采面收尾的安全回撤措施要在作业规程中明确规定，回撤完毕后，要及时对该工作面进行封闭。

（2）综采工作面收尾必须有专门的收尾及拆除措施，并按措施进行顶板管理和维护。积极推广使用锚网等支护形式，为撤架工作创造良好条件。

（3）加强工作面收尾切割眼的支护管理。使用锚杆支护时，必须配合锚索、金属网等进行联合支护，切割眼两帮必须打点柱进行顶板支护。

第十三条　采面过陷落柱、采空区时的顶板管理

（1）陷落柱直径大于工作面长度的1/3时，原则上采取绕、甩的方法，不得强过、硬过。

（2）硬过陷落柱时，必须制定详细的安全施工组织措施和分装分运措施，经矿总工程师批准后执行。

（3）采面过构造爆破时，必须事先采取防护措施，以防崩坏支架（柱）、阀组、管线等。

（4）工作面过陷落柱遇顶板破碎时，要采取有效措施，以防止冒顶事故发生。

（5）过陷落柱开挖岩帮时，要严格掌握开挖方向和倾角，岩石面和煤壁要保持一致，不准过多地挑顶、拉底。

（6）采面过采空区时，根据采空区实际情况，要优先对采空区进行注浆，使顶板接实后，方可回采，并制定过采空区的安全技术措施。

第十四条　优化设计，合理选择巷道位置、巷道几何尺寸和巷道支护方式。

（1）巷道设计时，要根据巷道用途、服务年限以及巷道及周围地质情况等，合理确定巷道位置，尽量选择岩性较好、煤层围岩稳定的位置开凿巷道。

（2）正确选择巷道断面形状。顶板压力大、服务年限长的巷道断面，应优先采用半圆拱形。

第十五条　严格掘进工作面的支护质量管理

（1）支护材料必须符合设计要求，架设棚子时，要按规程规定顺序逐架支设，工程质量必须符合作业规程要求。掘进工作面严禁空顶作业，靠近掘进工作面 10 m 内的支护，在爆破前必须加固，爆破崩倒、崩坏的支架必须先行修复；修复支架时必须先检查顶帮，并由外向里逐架进行。打锚杆眼前，必须首先敲帮问顶，将活石处理掉。

（2）锚杆、锚喷支护的端头与掘进工作面的距离，必须在作业规程或施工组织设计中加以明确。在松软的煤岩层或流沙性地层中及地质破碎带掘进巷道时，必须采取前探支护或其他措施。

（3）采用钻爆法掘进的岩石巷道必须采用光面爆破，光面爆破必须采用全断面一次起爆的爆破方式。

（4）掘进巷道使用锚杆支护应满足以下要求：

①根据施工巷道的围岩分类确定锚杆型号、规格及技术性能参数。

②锚杆支护的端头与掘进工作面的距离，锚杆的形式、规格、安装角度、间排距、安装方式、使用机具以及施工工艺要求，挂网所采用金属网的规格以及围岩涌水的处理等必须在施工组织措施或作业规程予以明确规定。

③锚杆的施工工艺必须按作业规程的规定进行，施工结束后，由当班验收员使用力矩扳手检验所打锚杆的初锚力是否达到规定要求。锚杆支护工作面必须按规定进行锚固力测试，但在井下做锚固力试验时，必须有安全措施。

④使用锚固剂固定锚杆时，必须将孔壁冲洗干净。

⑤软岩使用锚杆支护时，必须全长锚固。

⑥发现地质条件变化，顶板挂汗、淋水渗水、破碎、局部出现离层等情况时，要及时采取加强支护措施。

a. 加密或加长锚杆。

b. 在地质构造带，采取锚杆、套棚等联合支护。

c. 加钢带（推广使用 M5 或 M8 锰钢钢带）和锚索。

d. 挂网联合支护。

e. 改用其他支护形式。

⑦锚杆的拉拔试验要有专门措施。必须在顶板完整或有临时支护的地点进行，以防因锚杆杆体断裂、失效、落石、落机等伤人事故发生。

（5）锚喷巷道的顶板管理。

①锚喷巷道喷射混凝土前，要检查帮顶，撬掉浮石，并用水冲洗受喷面。喷射混凝土所用的水泥、水、骨料、外加剂的质量及喷射混凝土的配合比、外加剂掺入量必须符合规程和设计要求。喷层厚度不得小于设计要求，喷后 2 ~4 h 要洒水养护。锚喷支护巷道，锚杆与初喷必须紧跟掘进工作面，必须采用金属前探梁或临时支护护顶。顶板破碎区段必要时可挂金属网复喷，局部冒落的区段要及时进行复喷。喷射混凝土必须进行湿喷。

对岩帮的涌水地点，应采取措施，防止喷体在有涌水的岩帮处脱落。

②喷射混凝土支护的巷道每40 m或长度小于40 m的单位工程（包括主要硐室工程）以及喷射混凝土的骨料或配比变更时，要取喷浆或喷射混凝土试块1～3组，每组试块在施工现场取样品养护28天后，送质检部门做抗压强度试验。

③锚喷支护巷道初喷厚度必须达30～50 mm；采用快速掘进方式掘进时，必须使用钢筋网作为临时支护；耙斗机后部巷道必须成巷；岩巷上山掘进巷道，要有专门的安全技术措施。

（6）综掘巷道必须采取一掘一锚的支护工艺，顶帮锚杆必须紧跟迎头。架棚巷道必须有临时支护及防倒装置。

（7）掘进巷道采用架棚支护时，支架间应设牢固的撑木或拉杆。可缩金属支架应用金属支拉杆，并用机械或力矩扳手拧紧卡缆。支架与顶板之间必须塞紧、背实。巷道砌碹时，碹体与顶帮之间必须用不燃物充满填实；巷道冒顶空顶部分，可用支护材料接顶，但在碹拱上部必须充填不燃物垫层，其厚度不得小于0.5 m。

（8）倾斜巷道掘进时，必须有防止矸石、物料滚落和支架歪倒的安全措施。

（9）所有进入井下的支护用品，必须由有资质的部门签发的生产许可证和质检部门的检验报告，严禁不合格的支护用品进入井下。任何单位不得使用非定点或无资质厂家生产的支护用品，否则追究相关责任部门及有关领导的责任。

（10）煤巷、半煤岩锚杆支护巷道必须进行顶板离层检测，检测站、仪应根据煤层顶板条件，并在作业规程中予以明确规定。

（11）在受动压影响较大的采面顺槽、尾巷（锚杆支护巷道）施工时，要合理选择锚杆支护的材质、形式和参数，以强化动压巷道的支护。

（12）掘进工作面遇陷落柱或顶板破碎时，要采取增加钢筋网支护等防止漏顶、漏矸的措施。

（13）使用锚索支护时,锚索长度应根据巷道顶板煤岩层情况确定,应把锚索锚固到稳定的岩层中。

（14）巷道开口采用架棚支护时，要采用双抬棚，且棚腿不得占巷道宽度；采用锚杆支护时要增加锚索，必要时，在两帮加打点柱，但点柱不得占巷道宽度。

（15）对复合顶板的支护，要有专项的支护设计，并对支护材料提出具体要求。

（16）巷道掘进中遇采空区时，根据采空区实际情况，对采空区进行注浆，使顶板接实后，方可架棚通过，并编制安全技术措施。

（17）巷道掘进中，临时支护方式可采用金属前探梁或带帽点柱进行支护。

①采用前探梁支护时，金属前探梁可采用不小于3英寸的钢管、11号工字钢或不小于22 kg/m的轨道，长度不得小于4 m，采用3个卡子进行固定，确保固定结实稳定；前探梁前探部分与巷道顶板要用大板结实；上山、下山掘进时，在作业规程中应明确前探梁的防窜措施；巷道最小控顶距不大于300 mm，前探梁间距及控顶距应根据巷道岩性实际情况在作业规程中明确规定。

②采用带帽点柱支护时，点柱可采用圆木进行支护，圆木直径不小于200 mm，帽的厚度不小于70 mm，宽度200 mm，长度根据现场情况而定，点柱要打设在坚硬的底板上，若不能打设在实底上，要在作业规程中明确点柱防钻底措施，同时应根据巷道实际情况明确点柱布置方式。

③积极推广和使用新型的临时支护方式。

第十六条　交岔口、硐室和存车场巷道的顶板控制

（1）交岔口、硐室和存车场应布置在稳定的岩层中。

（2）尽量采用光爆锚喷支护，锚杆的间排距、规格、眼位方向、喷层厚度要在作业规程中明确规定。采用铁棚（或木棚）支护时，材料规格要经强度计算后确定。交岔口必须采用双抬棚，插梁必须做口，且接触严密。

（3）立体交叉巷道要有经矿总工程师批准的专门措施。

第十七条 巷道支护维修时的顶板管理

（1）巷道维修时，要制定切实可行的安全措施，确定合理的施工方法和可靠的支护形式（包括巷修时的临时支护形式）。

（2）巷修或更换巷道支护时，必须由外向里进行。在拆除原支护前，应先加固邻近支护，拆除原支护后，必须及时除掉顶帮活矸和架设永久支护，必要时还应采取临时支护措施。架设和拆除支架时，在一架未完之前不得终止工作。

（3）补打锚杆眼时，必须先处理危岩、浮石，再进行作业。复喷、补喷巷道时，必须先清除浮石和冲洗岩帮。

第十八条 掘进巷道过断层、破碎带、陷落柱时的顶板控制

（1）要依据地质构造、围岩产状、性质等，决定是否强过。

（2）强行通过时，必须编制安全技术措施，确定掘进和支护形式，经矿总工程师批准后执行。

第十九条 掘进巷道贯通时的顶板管理

（1）掘进巷道贯通时，必须制定专项安全技术措施，由矿总工程师审批后实施，并由专人负责监督。

（2）当两个掘进工作面贯通相距：炮掘20 m、综掘50 m时，必须停止一个工作面掘进，实施单头作业，并加固、加强被停工作面支护，保证通风正常。

（3）掘进巷道在揭露老空前，必须制定探查老空、旧巷的安全措施，预先绘制测量图，查清采空区和旧巷内的水、火、瓦斯情况，根据探明的情况制定专项措施，经矿总工程师批准后实施。

在揭露老空时，必须将人员撤至安全地点。

第二十条 矿压观测工作

（1）各矿要成立矿压观测组，根据矿压观测工作的实际需要，配备矿压观测人员。

（2）采用新的支护手段和使用新的支护材料时，必须进行矿压观测。

（3）要加强回采工作面支护质量和顶板动态监测管理，保证矿压观测、顶板动态观测的正常开展，有效防止顶板事故发生。回采工作面要按规定配备、安装测试液压支架（柱）初撑力、工作阻力的仪器、仪表，及时检查支架（柱）的初撑力和工作阻力。

第二十一条 现场管理

（1）接班时，当班的班（队）长进入工作面必须先对顶板进行全面检查，然后根据工作面情况，安排当班工作。

（2）各工种在开工、作业前，必须先敲帮问顶，确认安全后，方可作业。

（3）工作面一旦发生冒顶事故（伤亡和非伤亡），必须立即向调度汇报，组织抢救和维护，以防止事故扩大。

（4）各采、掘、开队每班必须配备一名质量检查验收员，进行质量验收和安全评估，对现场出现的问题进行及时督促整改。检查验收工程质量的情况必须真实齐全。

第二十二条 有关规定

（1）各矿要把顶板管理工作作为安全管理的一项重要内容，完善制度、明确责任、严格落实。

（2）要按照“顶板管理规定”，安排好年度顶板管理工作，并将年度主要顶板管理工作计划和新技术、新工艺、新装备、新材料的推广使用计划报公司顶板管理领导组办公室。

（3）公司每半年对矿井的顶板管理工作进行一次检查、督导、通报。

第二十三条 本规定自下发之日起执行。

7.17 顶板管理“十条红线”及执行说明

（1）严格按照规定，必须成立矿级顶板管理领导机构。

执行说明：

①为确保煤矿顶板管理的有效性，各煤矿必须成立专门的煤矿顶板管理领导小组，并严格按照相关资质要求，配备专职的总工程师、生产矿长及采掘副总工程师。

②顶板管理领导小组必须以公司正式文件下发，并要根据煤矿自身的机构设置特点，制定行之有效的顶板管理职责，以确保管理领导机构的有效运行。

（2）严禁安排无安全保障的采掘活动。

执行说明：

①井下所有采掘活动，必须严格按照批准备案的矿井“采区设计”组织生产，严禁擅自变更采区开拓布置方案及回采工艺。

②当煤矿回采边角煤或采空区煤柱等资源时，必须报请公司批准并制定专门的安全技术措施后方可组织施工。

（3）严禁煤矿在无专项方案及安全技术措施的前提下组织工作面收尾及设备回撤。

执行说明：

①当回采工作面邻近终采线时，必须制定专门的收尾及设备回撤措施，并要明确各时段的顶板管理专项安全技术措施。

②专项方案及安全技术措施，必须由矿总工程师组织相关职能部门进行会审批复，并通过贯彻学习及考试合格后方可安排组织相关工作。

（4）严格执行“一项目一规程，一变化一措施”制度。

执行说明：

①井下所有工程项目开工前，必须严格按照《煤矿安全规程》要求，认真编写“作业规程”或“安全技术措施”，并由矿总工程师组织相关技术管理人员会审签字后方可生效。

②“作业规程”或“安全技术措施”的编写，必须符合公司下发的文本格式要求。在有条件的前提下，要优先选用“作业规程编制软件”中规定的统一模板，并实现网络会签。

③当条件发生变化时，必须及时编制有针对性的补充措施，并需总工程师及主要生产技术负责人签字审批。

（5）严禁采用非正规采掘方法。

执行说明：

①煤矿井下所有采掘活动，要优先采用国内国际最先进的综合机械化技术，并严格按照“作业规程”中规定的正规循环组织生产。

②回采工作面必须实现长壁开采；掘进工作面要根据掘进断面的大小，优先采用“一次成巷”或“光面爆破”技术。

③当地质条件复杂，不能采用正规采掘方法时，必须报请上级煤炭主管部门审批备案后方可实施。

（6）严禁破坏工业场地、矿界、防水和井巷的保安煤柱。

执行说明：

①煤矿开工建设和准备开拓布局前，必须根据矿井地质报告所提供的围岩特性及相关技术参数，由有资质的设计单位对矿井的工业场地、矿界、防水和井巷等的保安煤柱进行认真核算，并经地方煤炭主管部门审批备案。

②在煤矿施工建设及正常组织生产期间，必须严格按照批复的“设计”要求，严格留设各类保护煤柱，任何施工单位和个人均不得随意变更。

③严禁煤矿正常的生产及掘进活动，随意开采和破坏各种保安煤柱。

（7）采掘工作面必须配备专职安全检查员，否则严禁组织生产。

执行说明：

①煤矿井下所有开工的回采及掘进工作面，必须配备专职的安全检查员，严禁“一人多面”流动式监管。

②所有安全检查员，必须具有至少五年以上的井下工作经验，同时要按照山西省现代化矿井的建设标准。

③井下所有采掘工作面，开工前必须严格执行“四位一体”的安全确认制度。现场必须悬挂“四位一体”管理牌板，并经跟班队干、班组长、专职安全检查员和验收员安全确认签字后方可开工组织生产。

（8）严禁擅自开采“孤岛”或条带煤柱。

执行说明：

①“孤岛”或条带煤柱的形成，多数是由于资源整合煤矿在原有旧采时遗留下来的，而这些矿井大部分资源几近枯竭。受周边以往采动的影响，该区域往往应力分布较集中，无论是巷道掘进，还是组织回采，其围岩压力大，强度减弱，为后期的生产带来许多不确定的因素，故严禁擅自组织生产。

②当煤矿资源枯竭，或矿井生产接续紧张，确需布置“孤岛”或条带煤柱工作面时，必须经过认真的围岩压力分析，并经矿主要生产技术负责人制定翔实的顶板管理方法和措施以及安全有效的工作面设计，经矿总工程师组织相关工程技术人员认真会审，报请公司审批备案后方可实施。

（9）严禁采用单一的锚网（索）支护方式通过断层、煤柱等应力集中区顶板破碎带。

执行说明：

①受地质构造及以往采动的影响，断层、陷落柱及煤柱的围岩特性已受到严重破坏，其围岩硬度及强度均已明显下降，根据围岩原应力而设计的单一锚网（索）支护方式已达不到原有的设计要求，其锚固力及锚固强度将明显下降，从而进一步降低了支护的安全性及可靠性。因此，在巷道掘进时，一定要及时了解和掌握巷道前方的围岩特性，当预测到掘进巷道前方存在断层、陷落柱及煤柱等围岩破坏区时，必须立即停止掘进，经矿技术人员认真研究分析，尽量改变原有的设计方向，采用左右绕行或钻底的方式通过，以确保施工及后期巷道的安全。

②当受工作面设计及地质条件等因素的限制，掘进巷道必须经过断层、陷落柱及煤柱等应力集中区顶板破碎带时，必须对原有的支护设计重新进行验算，并积极采取架设金属棚、料石砌碹、喷浆补强或浇筑混凝土等方式对巷道进行补强支护。同时支护的锚杆或锚索要适当加长或进行全锚支护。

（10）严禁以任何形式干预总工程师技术责任的落实。

执行说明：

①煤矿的顶板技术管理，是煤矿总工程师的主要职责之一，其技术措施的制定、方案的确定、作业规程及安全技术措施的会审必须由总工程师组织实施，但必须经过其他工程技术人员会审签字后实施。

②当煤矿生产与安全技术措施的落实发生冲突时，一定要尊重科学，并以确保生产安全为前提，任何部门及个人，不得以任何理由及形式干预总工程师的技术责任落实。

7.18 关于进一步加强煤矿顶板管理二十条措施

（1）各煤矿要进一步明确顶板管理的责任。各煤矿矿长是矿井顶板管理的第一责任人，对顶板安全管理负总责；矿总工程师负责支护设计、作业规程、安技措施、变化措施的制定；生产副矿长负责现场生产组织落实，规程措施执行是否到位；机电副矿长负责泵站压力的调整、液压元件的安全使用、支架的日常维护及保养、三机配套的合理选择；安全副矿长负责规程措施贯彻落实是否到位的全面监管；各作业单位负责人和作业人员对作业安全负直接安全责任。要求各矿要根据以上的原则要求，进一步细化责任，明确分工，做到管控无死角。

（2）所有支护设计，必须根据本矿实际的煤岩情况及其稳定性分类。按照支护设计的要求，经过严格严密的计算、验算，并进行安全可靠性、稳固性、适用性分析，确定采掘支护方式、方法、支护材料及参数，确保支护设计科学、合理、安全可靠。

（3）所有支护设计，必须由矿生产技术部门统一管理，组织设计，并在作业规程中做出详细认真的阐述。支护设计由矿总工程师负责组织审查把关，他是设计工作的第一责任人。

（4）原则上规定，所有生产矿井必须做到：

①开掘巷宽在4.5 m及以下，巷高在3.5 m及以下时，由各矿自行设计；超过以上规定的巷道，无论地质条件如何，均须委托有资质的设计科研院所进行专项设计，设计完成后，矿方要组织工程技术人员进行研讨论证，待确定方案后，报请二级公司审批、备案。

②首采工作面或遇特殊地质变化需重新组织支护设计的，必须委托有资质的科研院所进行设计，设计完成后，经矿总工程师组织工程技术人员审核论证后，报请二级公司审批备案，重点工程的设计还需报请集团公司进行论证把关和审批。

③当遇地质构造带、应力变化区、特殊条件顶底板和煤壁变化不稳定区域、大断面、交岔点等状况时，要由矿总工程师负责组织，通过认真地分析研究，并根据实际变化情况，深入研究支护加固补强方案，进行专项设计，确保安全可靠。在无把握的情况下，必须先停止生产作业，聘请科研院所，协助分析研究和编制设计，不得盲目从事，设计完成后经矿总工程师组织初审后报请二级公司审定。

（5）针对所有支护设计，各矿必须根据断面大小、施工装备水平、现场施工条件、地质条件等因素，确定安全的施工工艺和方法，并采取有效的安全技术措施，确保施工作业安全。

（6）根据设计，必须选用符合设计要求的合格的支护材料，包括水泥、石子、砂、各种砌筑用材、各种型材、锚杆、锚索、金属网、锚固剂等，保证使用合格的、不过期的材料，并同时要注意，除供应商提供的出厂质量检验合格证等质保资料外，各煤矿要根据实际用量、时间长短，由矿生产技术及物资供应部门负责，定期进行批次材料的送检确认工作。

（7）必须注重施工质量和特殊条件下的支护补强加固质量。要根据国家出台的施工技术验收规范和标准，严格严肃质量验收制度和程序，认真做实班检验工作，确保施工质量。

（8）必须注意巷道和采面应力变化区、变形区、采动影响区、片帮、冒顶、变形破坏造成的关键地点、部位的安全管控和安全防护。

①对锚杆、锚索等支护的巷道，要加强顶板离层及煤壁变形程度的监测监控，要根据顶板下沉和变形的速度和量，分析危害程度，在危险区域设置明显的提醒标识，必要时要设置安全隔离带，禁止人员擅自进入危险区，并及时采取防范治理措施。

②回采工作面必须建立矿压观测制度。要定期分析矿压显现情况，详细掌握基本顶初次来压和周期来压的规律及周边采空区等影响规律，并遵循规律，有针对性地采取安全防范措施。

③对所有采、掘、开井巷工程，必须建立定期的支护情况检查制度和观测制度。要与每周的安全大检查充分结合起来，尤其是对设有顶板离层仪和重点观测站、重点观测部位，必须严格建立记录台账，并制定严密的分析研究制度，严禁弄虚作假的行为。

④针对防止锚索拉断弹出伤人的情况，原则要求：在压力大、回采工作面两巷超前区域、端头尾区域、较大断面、交岔点及作业人员比较集中区域等有拉断危险、有采动变形和地质构造带影响的重点区域，必须对锚索采取预防性的防断伤人措施，并制定作业安全保护措施，执行作业人员站位时不面对锚索、锚杆的措施。

⑤针对其他支护形式（如工字钢棚、料石砌碹、U型钢支护等），当有巷道变形而导致的压力增大时，必须根据实际情况，及时采取补强和安全防护措施。

（9）对变形大、断面缩小、影响安全生产需要挑顶、扩帮、挖底时，必须认真分析煤层或围岩特性，科学制定挑顶、片帮、挖底的技术方案、方法和专项安全技术措施，由总工程师负责组织制定，特殊情况报二级公司批准。原则要求：刷扩、挑顶前，必须先对顶板、煤壁一定的范围内进行加固，加固的方法有深、浅孔结合的注浆加固，补打锚索、锚杆、套棚补强，加强逼帮，增设点柱，增设木垛等。要根据具体情况确定补强加固的范围、强度，在采取加固措施后，方可再进行挑顶、扩帮、挖底。待刷扩完成达到安全使用断面后，再根据实际情况进行二次加固，直至达到安全使用要求。对变形刷扩加固区域，必须建立专门的观测点，并认真进行观测记录，要作为安全管理的重点，严格日常的动态监测和检查，及时发现问题，采取对策，确保人身安全。

(10) 对压力大的区域，为防止锚索、锚杆破断伤人，要采取防护措施。原则要求，大采高工作面超前50 m以内、其他工作面超前20 m以内必须采取防护措施，并推荐以下3种方式，供各矿借鉴(以锚索防护为例)：

一是采用专用的金属网片，通过套绑进行防护，目前中能煤业已使用。

二是采用10号铅丝双丝十字形捆绑固定的方法进行防护，目前多数矿井已采用单丝防护，需进一步改进。

三是采用专用防护管套吊扣的方法进行防护，目前三元、王庄已使用。

要求对锚索的防护不宜吊绑过紧，要留有一定的弹性量（松弛度），以利于锚索拉断瞬间能有效释放能量。

(11) 所有巷道的维护，必须由外向里进行，防止关门。制定安全技术措施后，除在班前会贯彻，还必须到现场，结合实际安排工作（由作业队负责），让作业人员清楚明白、熟练掌握安全作业的要求，做到自主保安。安管技术人员要做好监管和指导工作，及时纠正不正确、不安全的作业方法，做到安全监管有效，杜绝违章指挥、违章作业，确保安全生产。

(12) 各矿要高度重视，所有工作面在用支架及单体液压支柱的初撑力必须达到标准要求。一是要保证泵站的压力不小于30 MPa；二是保证支架及单体液压支柱安全阀的整定值达到出厂时的设计要求，以确保支架及单体液压支柱的工作阻力；三是必须保证支架接顶严密，尤其是放顶煤工作面放煤后的接顶管理，当由于局部空顶支架支撑力达不到设计工作阻力时，必须制定针对性的安全技术措施，并在规程中做出明确说明。

(13) 采掘过程中，对已探明的老空巷道或在布置工作面时掘进的措施巷、硐室等，必须在未受工作面采动影响前，提前制定强化加固的方案和措施，要根据类似矿井和本矿已有的经验教训和矿山压力变化规律，提前制定安全技术措施，以减少回采及掘进接近或揭露后，造成的安全威胁和加重治理的难度，原则上要求在空巷、采空区前后左右至少10 m范围内必须采取加固措施。

(14) 对揭露未提前探明的老空巷道及老空，必须立即停止生产，由矿总工程师组织相关工程技术人员，经现场勘查后研究制定科学合理的安全技术措施和实施方案，并按照方案进行处理，达到安全生产效果并经相关部门组织联合验收确认后方可恢复生产。

(15) 要严格优化矿井设计。在回采工作面布置遭遇地质构造等情况时，要在详细探明构造情况并研究确定施工方案及制定补充措施后，方可继续施工，严禁随意布置措施巷或联络巷。在进行巷道断面设计时，要充分结合煤矿设计规范和巷道的用途，合理选择巷道富余系数，严禁随意变更巷道断面尺寸，人为造成大断面、大交岔点，为顶板管理带来隐患。

(16) 为减少回采工作面端头尾区域和超前支护区域内的锚索、锚杆对顶板支护管理的影响，避免破断伤人事故的发生，必须制定超前退锚的办法。锚杆直接退丝解压，锚索因为有锁具存在，要使用专用工具进行解锁，具体退锚的距离和范围，一般要求在进入端头尾架前必须进行，各矿要根据顶板压力变化大小具体确定。

(17) 经过分析，回采工作面端头尾区域、超前支护区域顶板压力显现最为明显，是煤矿顶板管理的重要区域。为进一步提高上述区域的支护强度，减少顶板下沉量和位移量，提高顶板支护的效果和稳定性，要突出研究顶板管理，尽量提高支护强度。所以提倡所有矿井，在工作面端头尾使用端头支架，在超前支护区域使用超前自移式液压支架，以提高对顶板的支护能力和支护效果，尤其是一次采全高的煤层，回采15号煤层、8号煤层（包括马堡、福达、新村、晋永泰等煤矿）矿井最适宜，各矿要制定改造计划，要考虑新安装投产的工作面一步到位。

（18）要进一步强化监测手段。要积极与科研院所、厂家联系，充分利用先进的矿压监测新技术、新设备、新仪表，提高监测预警防范能力。目前，大部分矿井已使用顶板离层仪，但使用的不好、不理想，有些监测仪器已经逐步淘汰，对重点区域的顶板观测，要尽量使用在线监测，建立定期监测取数制度（包括回采工作面），实现“一周一观测一分析”的制度，对重点部位要增加观测点的密度和观测次数，并配以其他观测手段，积极探索人机合一的管理机制。对锚索的监测，要积极推广应用锚索锚固力、变形量专用监测仪表，确定预警值，预警后，要及时采取邻近补打锚索或采取解压的办法进行处理，防止顶板事故发生。

（19）对高度低于2.2 m的锚网索支护巷道，为确保行人安全，要对锚索进行防护或粘贴明显的反光警示条，以提醒人员行走时注意安全，或合理避开锚索支护的范围，规定人员行走线路，并有明显的引导路线指示标志和提醒。但最好能从根本上解决问题，就是要从设计上一步到位，保证巷道高度，对煤层薄的巷道，掘进时可采取沿顶挖底的方法解决，既增加了巷道高度，又解决了矿井通风和运输等问题。

（20）以上规定，各矿要认真贯彻执行，并根据自身实际制定具体的技术规定和安全责任追究奖励制度，以保证措施落实到位。二级公司将加强监督，对执行不到位或存在技术措施重大缺陷的，将对相关责任人处以××××~×××××元的罚款，对造成重大隐患、重大安全威胁的，将处以不少于×××××元的处罚，造成事故的按事故责任追究办法严肃追究责任。

7.19　关于巷道掘进遇特殊区域支护的管理规定

巷道掘进特殊区域支护是顶板管理容易忽视的环节，现场发现不及时、支护强度不足往往会引起顶板冒落事故，为加强巷道掘进过特殊区域的支护管理，有效遏制顶板事故发生，特制定特殊区域支护管理规定。

特殊区域是指巷道的断面、所在层位、地质条件、坡度等发生变化及顶板淋水和瓦斯涌出突然增大的区域，以上区域按原支护设计已不能满足支护要求，遇到此情况必须及时排查，认真分析研判，及时变更支护方案，确保巷道支护安全。针对以上特殊区域具体说明如下：

（1）巷道断面变化区：是指巷道断面的宽度和高度发生变化的区域，包括配电点、调车错车硐室、带式输送机机头、巷道交岔点、遇老窑旧巷交岔区、伪顶破碎巷道超高段等巷道的断面尺寸及形状发生变化的区域，原巷道正常段的支护设计不能满足该区域的支护要求，需要重新计算支护强度，设计科学合理的支护方案，保证该区域巷道的支护效果。

（2）褶曲构造变坡点和巷道低洼处：无论是向斜构造或背斜构造，其岩层在该区域的变坡点和低洼处受到地质构造作用的挤压或张力作用，岩性脆弱，易被侵蚀，节理裂隙比较发育，锚杆、锚索锚固力会受到较大影响，往往达不到设计的支护强度，需要加强支护，同时做好预紧力和锚固力检测，必要时采取架棚措施。

（3）过断层和陷落柱区域：断层附近的岩层有裂隙，岩层层位错动，断层两侧地应力集中，节理裂隙发育，岩性脆弱，易被侵蚀；陷落柱多为镶嵌在煤系中的杂乱碎石堆集体，锚网索支护无法锚固，需要架棚支护。

（4）老窑破坏区：老窑破坏区多为巷采或高落式回采，老窑破坏区域旧巷密集，局部高落式回采形成冒落区域，巷道在老窑破坏区掘进会造成旧巷交岔点局部超宽、采空区边缘应力集中、煤帮酥软、巷道变形量大，甚至有局部冒落的情况，巷道正常的支护不能满足该区域支护的要求，需要对该区域进行专项支护设计。

（5）淋水及瓦斯涌出异常区：巷道遇到顶板淋水或瓦斯涌出突然增大时，说明巷道围岩裂隙节理发育，能导通深部含水岩层内的水或煤岩体内的瓦斯，需要重新对该区域进行巷道围岩稳定性评价，做出相应的支护设计变更。

（6）黄泥夹层或软弱夹层顶板：所谓软弱夹层，是指岩体中性质软弱、有一定厚度的软弱结构面或软弱带，部分节理裂隙里夹杂着黄泥，这些软弱夹层在巷道开掘后易风化，遇水易崩解，打设锚杆、锚索钻孔时遇到软弱夹层时，锚杆、锚索锚固端严禁打设在软弱夹层里，起不到相应的支护作用，巷道顶板浅部有夹层时，顶板的整体性受到影响，该区域支护时，锚杆、锚索锚固端需要打设在坚硬完整的顶板内，并配合W钢带或工字钢支护，使巷道顶板形成整体结构，保证支护的整体效果，如果夹层在顶板深处发育较深或顶板完整性破坏严重，需要采取架棚支护措施。

（7）受采动影响严重区域：回采工作面采场周围的支承压力峰值一般为原岩应力的2~4倍，在回采工作面附近掘进的顺采巷道将会受到强烈的采动影响，尤其是留小煤柱掘进的巷道，往往会出现巷道两帮收缩，顶板产生坠包、底板底鼓等情况，如果支护强度低，就会导致顶煤离层破碎、支护失效和两帮收缩等。受动压影响区域的巷道需要做专项支护设计，增大主动支护强度，控制顶板离层量和两帮收缩量，同时考虑巷道的最大变形量，按照预变形原则设计巷道断面尺寸，给巷道预留出变形空间，保证受采动影响收缩后巷道断面尺寸也能够满足安全使用的需要。

巷道掘进过程中遇到以上情况时，队组要及时向总工程师反馈，矿总工程师要组织相关技术人员对现场情况进行核实研判，根据现场实际情况制定支护变更方案，巷道特殊区域要建立矿压综合监测站，监测内容包括锚杆锚索受力情况、顶板离层及下沉量、两帮收缩量等监测项目，发现支护强度不能满足要求时，应再次补强支护。特殊区域的专项支护方案由总工程师审批，重大的支护设计变更方案报二级公司生产部备案，生产科对特殊区域的支护质量进行专项验收把关，保证支护质量符合设计要求。矿各级管理人员如果对巷道特殊区域排查不彻底，支护变更不及时，若造成不良影响，将对相关责任人严肃追责。

7.20　关于煤矿采掘工作面过采空区及特殊地质条件区顶板管理经验做法及相关措施的指导意见

1. 编制采掘工作面过采空区及特殊地质构造区工作面设计及安全技术措施应遵循的原则

（1）采掘工作面设计前必须进行地质勘探工作，根据勘探成果，结合井下钻探资料、相邻工作面揭露的地质情况以及采区地质报告和工作面地质说明书等资料，认真分析工作面布置区域地质情况，必须全面摸清煤层赋存情况、是否存在采空区及采空区范围、是否存在地质构造及构造赋存情况，以及煤层顶底板岩性等地质情况，在此前提下，再有针对性地进行工作面设计，从而使工作面设计更加科学合理。

（2）在采煤工作面回采前，要根据地质勘探成果及工作面两顺槽和开切眼掘进过程中实际揭露地质情况，对已揭露的采空区及地质构造区进一步进行钻探验证，根据验证结果重新确定工作面布置方案、过采空区或地质构造区的方案及措施，对工作面前方已探明的采空区或地质构造区，必须提前采取有效的处理措施，加强工作面主动预控管理，增强工作面回采过程中的安全性。

（3）在采掘工作面过采空区或特殊地质条件区时，必须加强矿压观测工作，加强采掘工作面过采空区及地质构造区的矿压预测预报，重点要从以下两个方面进行管理：

①采煤工作面过采空区或构造区时，必须保证工作面支架及超前支护压力符合要求，同时要对工作面支架压力变化情况进行整理分析，从而总结顶板变化规律。

②掘进工作面过采空区或构造区时，必须加强巷道顶板离层及围岩变形观测，尤其是在掘进巷道通过采空区后，要在巷道与采空区的交岔点处，重点进行顶板离层观测，全面掌握顶板变化情况，发

现有变化，及时采取安全有效的措施，确保顶板安全。

2. 采掘工作面过采空区及特殊地质条件区顶板管理经验做法及相关措施

根据近年来尤其是煤矿资源整合以来，各矿井遇采空区及构造区顶板处理的各种方法及措施，生产技术部系统地总结了一些经验做法和相关措施，根据采取措施的类别，分别从采煤工作面和掘进工作面两个方面，对工作面遇采空区及地质构造区顶板管理的一些经验做法及相关措施进行了分析总结，具体内容如下。

1）采煤工作面遇采空区及特殊地质条件区顶板管理经验做法及相关措施

（1）采煤工作面有较大倾角落差时，工作面伪倾斜调整方法。

当采煤工作面运输巷和回风巷存在较大落差时，经常会出现工作面支架、大溜向工作面较低的一侧下窜，导致出现溜槽与转载机搭接不到位、机组割不透煤墙、端头尾支架挤向巷帮等问题，出现类似情况，在生产实际中常常会出现工作面扩帮、拆溜作业行为，这样既严重影响工作面的正常生产，又给工作面生产管理带来一定的安全隐患。为了从根本上杜绝这种现象，将防止工作面支架和大溜下窜的伪倾斜调整原理和方法介绍如下。

采煤工作面防止支架和溜槽下窜主要依靠工作面伪倾斜调整来实现，工作面伪倾斜调整情况示意如图5－7－4所示。

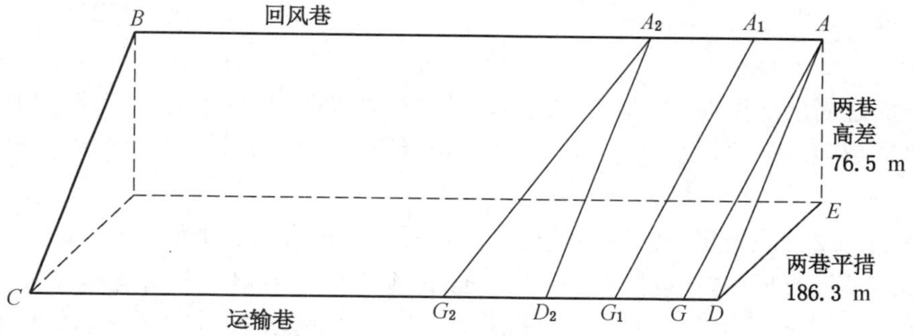

图5－7－4　工作面伪倾斜调整情况示意图

图5－7－4中 $ABCD$ 为煤层，AD 为工作面采长201.4 m，AE 为工作面两巷高差76.5 m，$\angle ADE$ 为工作面方向煤层倾角 $a=25°$，开切眼 AG 长203 m，目前工作面是 A_1G_1，A_2G_2 为工作面调整后的状态，G_2D_2 为工作面伪倾斜超前距离。

采用经验公式求得伪倾斜超前距离 G_2D_2：

$$G_2D_2 = AD\tan(0.11a + 0.016a^2) = 45.6\ \text{m}$$

按照上述公式工作面伪倾斜超前距离调整到45.6 m后，从下端头推移一次前溜（600 mm）能带动溜槽上窜量 $S=600\ \text{mm}\times\sin(\angle G_2A_2D_2)=600\ \text{mm}\times\sin12.7°=132\ \text{mm}$，用溜槽的上窜量 S 来抵消其下滑量，从而确保溜槽与装载机正常搭接，防止支架和大溜下滑。

当采煤工作面布置方向存在明显倾角，回风巷、运输巷存在较大落差，支架、溜槽出现向一侧下窜趋势时，要提前做好工作面伪倾斜调整措施，制定调斜方案，工作面两端调斜长度参考上面的计算公式，根据现场实际情况确定伪调斜的最终长度，找到保证工作面支架、大溜不会出现上窜和下滑的临界调斜距离，工作面按照最终确定的伪倾斜方案推进。

（2）采煤工作面仰采或遇断层、褶曲构造煤壁片帮、顶板破碎处理方法。

①采煤工作面尤其是大采高工作面仰采情况下，极易出现煤壁片帮、顶板冒落情况，给工作面顶板管理带来极大难度。下面以5 m厚煤层一次采全高工作面为例，分析工作面顶板情况。

工作面煤层厚度为 5 m，仰采角度为 6°时，煤壁上端面竖直方向超出煤壁下端面 0.523 m；工作面仰采角度为 12°时，煤壁上端面竖直方向超出煤壁下端面达到 1.04 m（图 5－7－5 和图 5－7－6）。煤壁受工作面超前支承压力的影响，产生节理裂隙，煤壁突出部分受重力作用具有一定的下滑力，容易出现片帮现象，片帮后，造成片帮区域空顶范围大，支架不能及时有效支护，易引起顶板冒落，造成顶板管理的恶性循环。

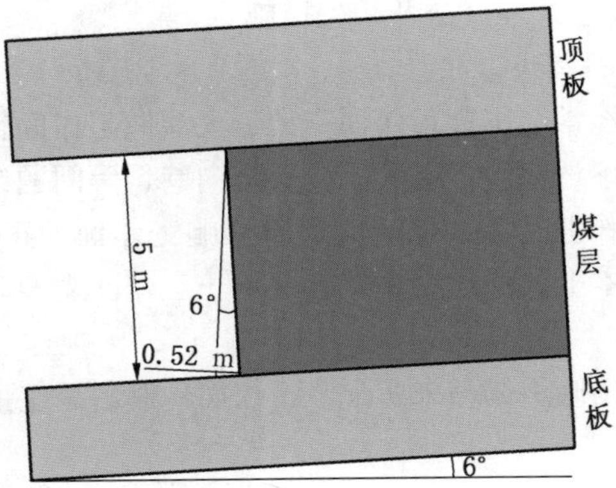

图 5－7－5　工作面 6°仰采示意图

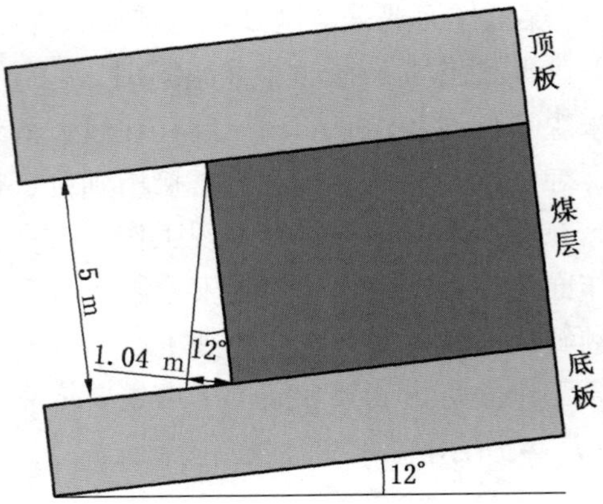

图 5－7－6　工作面 12°仰采示意图

②采煤工作面过断层或褶曲时，煤层的走向、倾向、厚度往往发生明显变化，顶底板不平整，岩石松散破碎、煤层裂隙多、煤质变软，部分在断层带伴有出水和瓦斯涌出量增多等现象，给顶板管理带来很大困难。

针对以上情况，现将采煤工作面顶板破碎、片帮冒顶处理方法总结如下：

①当机道梁端至煤壁顶板冒落高度小于 300 mm，连续长度不超过 3 组支架，且支架高度能够接顶时，可以直接通过顶板破碎段，通过冒落区时应采取超前拉架减小支架梁端距并加大支架初撑力的措施。

②当机道梁端至煤壁顶板冒落高度大于 300 mm，且连续长度超过 3 组支架，或支架高度不能接顶时，应及时对冒落区采取注浆、架棚支护、充填处理等方法。具体方法有注浆加固、架棚处理冒顶（撞楔法）、支架上方充填接顶法、开小巷法、开绕道法等，现将具体方法总结如下。

a. 注浆加固防止煤壁片帮、冒顶。

采煤工作面仰采或遇褶曲断层构造时，如果出现煤壁顶板节理裂隙发育，煤壁顶板破碎工作面出现片帮冒顶征兆时，应提前采取注浆加固措施，煤壁注浆加固如图 5－7－7 所示。常用的煤壁顶板加固材料为无机类、有机类和有机无机复合类化学注浆材料，无机类多为水泥类注浆材料。常用的化学材料多为聚氨酯类材料，如马丽散、有机化学浆黏结强度大，但易引起自然发火，使用有机化学浆时，必须确保材料有足够的阻燃性能，且通过国家安全性能认证，才能够在井下使用。

工作面发生片帮区域一般集中在煤壁上部，因此煤壁注浆加固孔主要布置在煤壁上半部分，或者注浆孔从煤壁中间以一定的仰角向上打设，深入破碎的伪顶或直接顶中，注浆孔深一般以 6～8 m 为宜，注浆孔扩散半径 3 m 左右，根据煤壁和顶板裂隙的发育程度注浆孔间距根据现场实际情况确定，一般设计在 5～10 m 之间。

b. 架前架棚处理冒顶（撞楔法）。

当回采工作面架前片帮，顶板破碎漏冒，漏冒高度超过支架最大高度，且连续漏冒范围超过 3 组支架时，必须对冒顶区域进行支护处理，防止冒顶区域顶板进一步恶化，小范围冒顶可采取架前架棚护顶措施，如图 5－7－8 所示。

处理小范围冒顶，首先应对冒顶区域两侧煤壁顶板进行注浆加固，然后从冒顶区域两端顶板完整处逐步向冒顶区域架棚维护，架棚一般采用工字钢或圆木，在支架顶梁高度的煤壁上打一深约 1 m 的棚窝，棚梁的一端支在棚窝里，另一端支在支架顶梁上面，棚距 0.3 m 左右，每组支架架设 2～3 根棚梁，梁腿深入支架顶梁不少于 0.3 m，棚梁上部使用金属网、撑木、大板等背实，防止上部矸碴冒落，棚梁与撑木、大板和金属网之间用双股铁丝捆绑固定。架棚作业时必须做好敲帮问顶、临时支护措施，不得空顶冒险作业。若棚梁跨度大，可在靠煤帮侧棚梁下打设木点柱或木垛加强支护，确保棚梁不被压垮。冒顶区域架棚完成后，支架带压移架通过架棚区域，拉架时尽量一次到位，避免反复升降支架，防止频繁扰动顶板导致顶板进一步恶化。

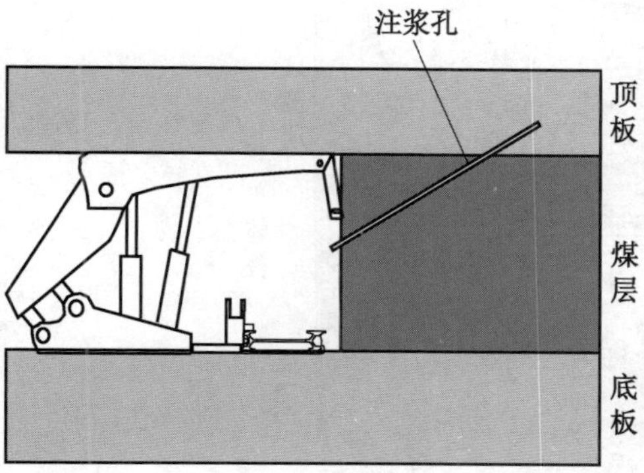

图 5－7－7　煤壁注浆加固示意图

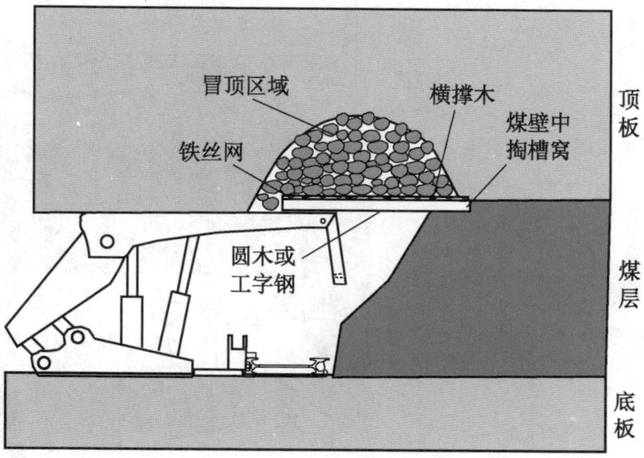

图 5－7－8　架前架棚示意图

c. 支架上方充填接顶。

采煤工作面冒顶范围较大时，支架上方冒空高度较大，支架大面积无法接顶，需对支架上方采用充填法接顶，形成再生顶板，防止出现高冒区基本顶突然大面积折断垮落，冲垮支架导致伤人事故，如图 5－7－9 所示。

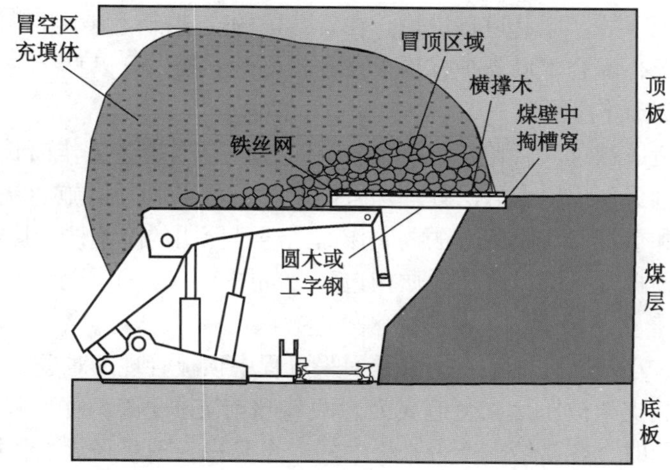

图 5－7－9　支架上方冒空区充填示意图

支架上方冒空区充填时，首先在支架前梁与片帮区域的煤壁上架棚铺网，形成人工顶板。如煤壁无片帮现象，支架前梁可顶到煤壁，可以在支架上直接充填。充填时先用木板背实支架间隙，再用棉纱、碎布、编织袋等材料对棚顶进行密闭，防止充填浆液流出。充填材料多采用固安特、罗克休等，充填体与支架上方活矸形成再生人工顶板后，能使空载支架接顶，进而钻入实体煤墙。与此同时也要对冒顶区域前方破碎的煤壁、顶板进行注浆加固，增加承载力，阻止冒顶区域进一步扩展。

d. 工作面前开小断面巷道提前维护顶板。

采煤工作面遇褶曲、陷落柱等地质构造时，当伪顶特别破碎，基本顶比较完整，顶板注浆加固也未能防止顶板冒落时，可采取在工作面前方预开小断面巷道提前维护顶板方法通过顶板破碎区域，如图5－7－10所示。

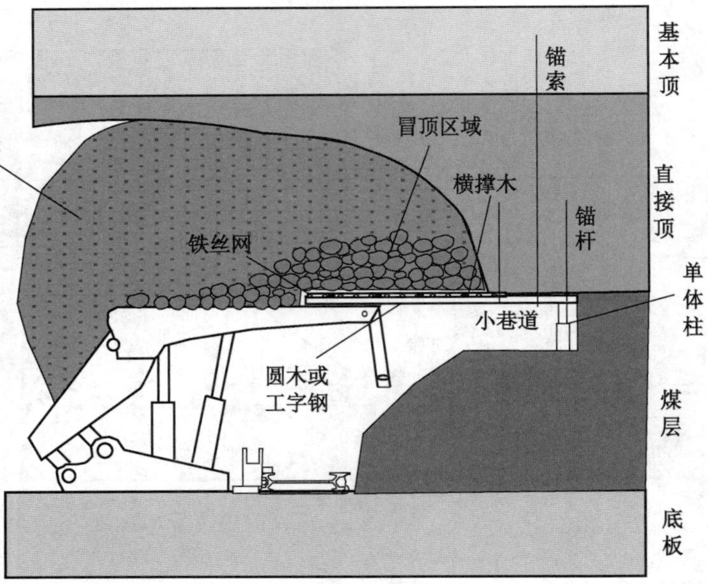

图5－7－10　支架前预掘巷道示意图

工作面前预掘小巷道在对冒空区架棚充填维护的同时，在煤壁上部分沿工作面平行方向掘进断面宽度为2.5 m左右的小巷道，巷道采取锚网索支护，巷道煤帮侧距支架顶板前梁跨度不宜超过4 m，跨度太大易造成支架压死事故。小巷道掘进后，在冒落段的支架前梁和小巷道的顶板上架棚支护，同时根据现场顶板实际情况，配合木垛支护，顶板条件较好时支架也可以直接进入小巷道。

e. 工作面开绕道过地质构造区。

当采煤工作面遇构造区域过大（陷落柱直径伸入工作面范围超过工作面长度1/3时），工作面冒顶范围过大，无法继续推进，用以上方法处理均有困难时，可采取开措施巷绕过地质构造区的方法，也称为部分重掘开切眼和重掘开切眼的方法。工作面内遇已探明的陷落柱、局部落差较大的断层等构造区时，可以采取提前预掘开切眼，绕过地质构造区，如图5－7－11所示。

（3）采煤工作面过老空、旧巷或小窑破坏区处理方法。

采煤工作面过空巷、小窑破坏区一直以来是回采过程中顶板管理的难题，过空区期间往往会出现工作面煤壁片帮、冒顶、支架被压死、巷道底鼓、两巷超前支护顶板下沉等问题，严重影响推进速度，如处理不得当、不及时，容易给生产带来极大的安全隐患，现将采煤工作面过老空、旧巷常用的经验做法及相关措施总结如下。

采煤工作面过老空、旧巷前，必须认真探查采空区分布情况，同时做好防治水及瓦斯探放工作，根据采空区位置、断面大小、支护及顶板冒落情况不同，制定相应的专项安全技术措施。

采煤工作面常用的过老空、旧巷方法主要有：工作面调斜开采、架棚支护、老空充填、旧巷内提

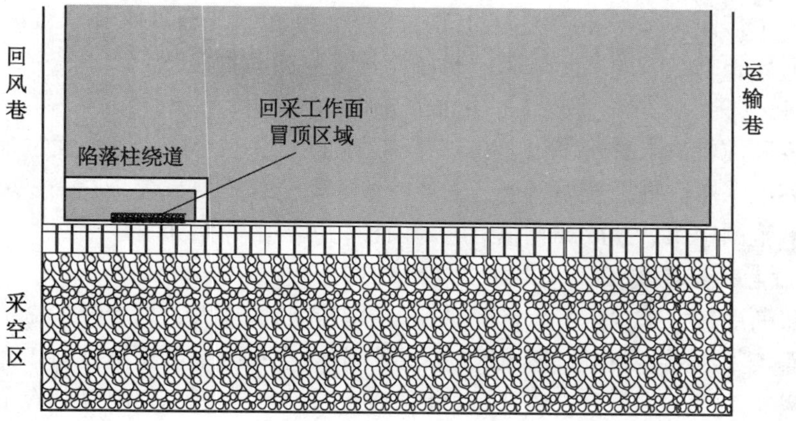

图 5-7-11 开绕道过地质构造区示意图

前加强支护、打设木垛、撞楔法和开绕道法等方法，下面对各种常用方法进行逐一介绍：

①调斜过平行旧巷。

采煤工作面回采过程中遇到与开切眼方向平行的旧巷时，要预先对工作面进行伪倾斜调整，工作面与旧巷间的夹角一般呈15°以上，使工作面斜切进入旧巷，同时保证工作面与旧巷间煤柱不足5 m段的工作面长度控制在20 m范围内，保持工作面与老巷以斜交（形成一个三角带）的方式逐步通过。工作面斜交过旧巷方法如图5-7-12所示。

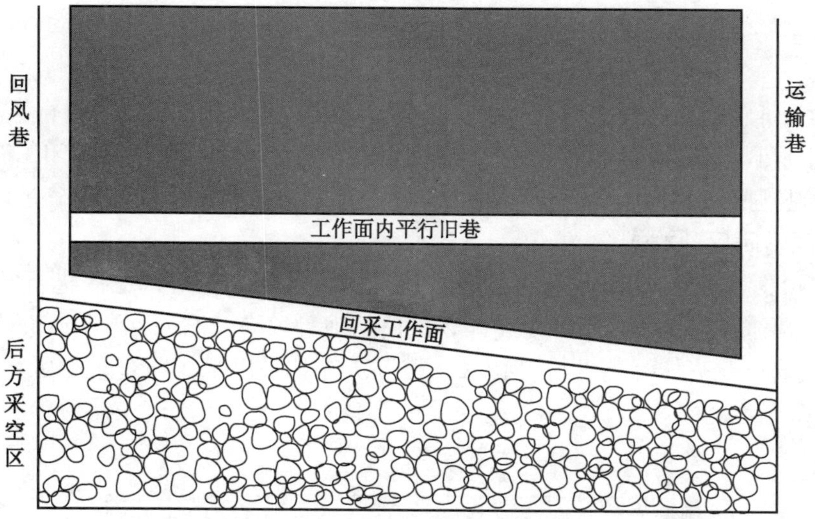

图 5-7-12 采煤工作面斜交过平行旧巷示意图

旧巷因受回采工作面超前压力的影响，巷道围岩会有不同程度的破坏，因此要在距工作面超前50 m范围时，对旧巷提前进行补强支护，根据旧巷具体断面和支护情况制定加强支护措施，如旧巷断面跨度不大，可在旧巷内补打锚索加强支护；如旧巷断面跨度较大，在补打锚网索支护的同时，要打设一定数量的木垛进行补强支护。工作面与旧巷斜交揭露旧巷时，由于工作面顶板空顶面积大，顶板压力集中，必须在三角区增加支护强度，必要时补打木垛。工作面过旧巷时要加快推进速度，减少顶板来压影响时间，同时要边回采边支护，减少空顶时间和空顶面积。

当工作面接近旧巷5 m左右时，如出现工作面与旧巷之间的煤柱被压塑、顶板下沉、支架活柱被明显压缩现象时，工作面必须停止推进，对煤柱进行注浆加固，增加煤柱承载能力，防止支架被压死。采面过老巷时要根据当时的实际情况，制订补充安全技术措施。

②老空充填开采。

回采工作面内断面较大未冒落平行老巷或冒落采空区，为减小采煤工作面过采空区难度，一般采取提前对平行老巷或采空区进行充填，平行老巷一般采取全部充填或者分段式充填措施，冒落采空区一般采取对采空区范围密闭后开放式充填措施，两种充填方法介绍如下。

a. 未冒落平行老巷充填。

采煤工作面过断面较大未冒落平行老巷时，如果老巷断面较大，采取补强支护、架设木垛及工作面调斜措施后仍有支架压死、顶板冒落风险时，要提前对空巷内采取充填措施，充填方法一般有全部充填、袋式和阻隔式、分段式充填。全部充填是对平行老巷内全部不留间隔一次全部充填到位，分段式充填是在平行空巷内采取充填一段留一段间隔式充填，如充填5 m留5 m，分段式充填能够有效减少充填材料使用量和劳动强度，分段式充填如图5－7－13所示。

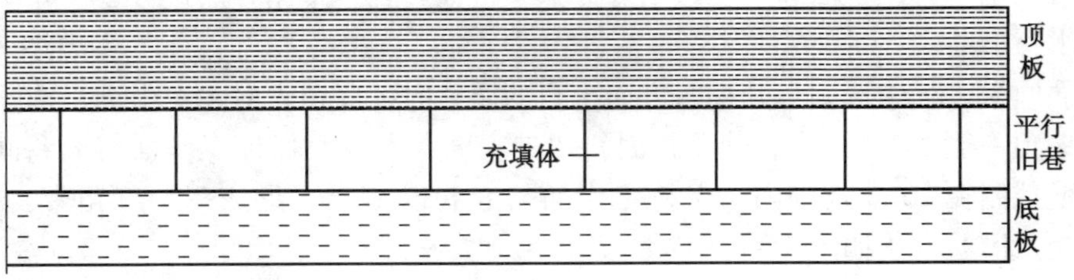

图5－7－13　采煤工作面平行老巷内分段式充填示意图

如图5－7－13所示，分段式充填可使用砌筑煤矸石袋、粉煤灰或高水材料，隔一段距离充填一段，粉煤灰或高水材料充填体可用袋装密闭接顶，也可在充填段两侧用模板密闭，充填段和间隔段长度要根据充填体抗压强度、采高、老巷断面大小、采场矿压显现剧烈程度综合确定。

b. 冒落采空区密闭后开放式充填。

采煤工作面遇老空，无法提前进入巷道内修巷时，可采取对冒落采空区进行开放式注浆充填处理，注浆前要对冒落采空区范围进行圈定密闭，然后从地势较高一侧进行开放式充填，常用的充填材料有水泥浆＋水玻璃、罗克休、高水材料和水泥粉煤灰等。采煤工作面过采空区充填如图5－7－14所示。

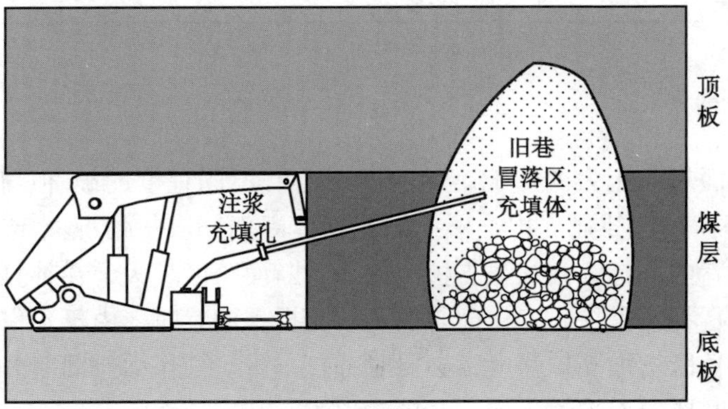

图5－7－14　采煤工作面过采空区充填示意图

当工作面接近前方老空时，应提前对采空区进行分段注浆充填，同时对前方煤柱进行注浆加固，保证充填体能够充满巷道冒落的空间，能够充分接顶，保证工作面安全推过采空区。

③撞楔法过冒落旧巷或采空区。

当采煤工作面遇旧巷或采空区顶板冒落矸石块度小，冒落范围不大时，冒顶区顶板碎矸在支架移架过程中容易冒落时，可以采取撞楔法来处理，如图5－7－15所示。

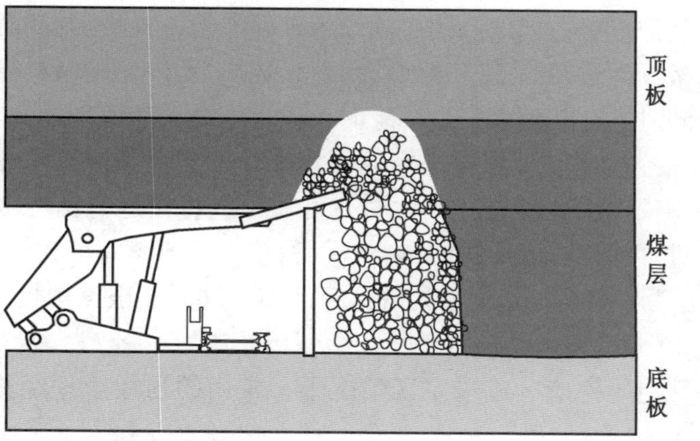

图5－7－15 采煤工作面撞楔法处理冒落区示意图

具体操作：先在支架前冒顶区架设撞楔棚梁，架棚方向应与撞楔方向垂直；把撞楔放在棚架上，尖端指向顶板冒落处，末端垫一方木块；然后用大锤或气动锤将撞楔以一定的仰角打入冒顶区，紧紧托住冒落碎矸石。待清理完撞楔梁下面的冒落矸石，由支架顶梁托着撞楔梁向前移架。撞楔材料可采用木料、钢管、钢轨等。

④过旧巷处理支架压死方法。

采煤工作面在顶板压力集中区时，经常出现支架被压死的现象，处理压死架的方法常用爆破崩落法。具体方法为：当支架被压死时，在支架顶梁前方1.5 m范围内打设浅眼，装少量药进行爆破，爆破后对顶板进行锚网（索）配合钢筋托梁支护，然后在支架顶梁上部打设浅眼，放小炮，掏出碎岩块，使支架顶部掏空有一定的空间，支架立柱就会有少量行程，便可移架。

⑤开绕道开切眼法。

采煤工作面遇较大采空冒落区，维护充填采空区经济不合理，技术上存在风险时，可采取重开开切眼绕过冒落采空区的方法，但要根据采空区实际范围，留设合理的保护煤柱，如图5－7－16所示。

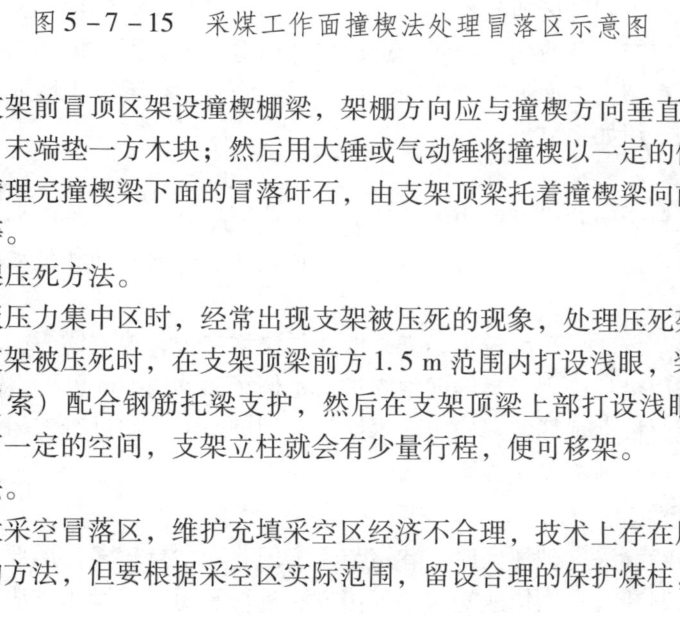

图5－7－16 新开开切眼绕道过采空区示意图

2）掘进工作面遇采空区及特殊地质条件区顶板管理经验做法及相关措施

掘进巷道过断层、陷落柱、褶曲构造或老窑破坏区时，往往会出现巷道围岩破碎，顶板跨度大，给巷道支护带来一定难度。根据近几年各矿掘进遇采空区及地质构造区的顶板处理经验，现对掘进工作面遇地质构造或采空区情况下，总的处理原则总结如下：

（1）掘进工作面遇特殊地质构造区时，工作面要及时变更支护形式，缩短循环进尺，采取短掘短支，加强锚杆、锚索支护密度。如遇构造带围岩松散破碎，锚杆、锚索无法达到设计锚固力时，要采取锚网索+架棚联合支护措施；如地质构造段顶板破碎严重，顶板随掘随冒，要对工作面迎头进行预注浆加固，加固后，架棚通过；如遇特殊地质构造，地质条件十分恶劣，通过地质构造区经济上不合理，技术上难度大，同时又存在较大安全隐患时，应采取另掘巷道绕过的方法。

（2）掘进工作面遇采空区时，要根据采空区面积大小、冒落情况采取不同的处理方法。如工作面揭露的采空区面积较小，顶板冒落高度不大时，可对顶板直接进行锚网（索）支护、打设木垛或采用注浆充填接顶后通过；如工作面揭露的采空区面积较大（冒落宽度大于10 m，冒落高度大于5 m时），强行通过采空区治理难度大，安全系数低，经济不合理时，根据现场实际情况，采取另掘巷道绕过采空区的方法。

现将掘进巷道遇特殊地质构造区或采空区情况下，常用的顶板管理经验做法及相关措施总结如下。

①与旧巷、老空交岔点超宽区域支护

巷道掘进过程中遇斜交旧巷或老空边缘，造成局部超宽的大断面，单一的锚网索支护不能有效防止顶板下沉，可以采取在超宽断面处巷道中间打设木垛、浇筑柔模混凝土墙或混凝土墩柱的方法辅助支护，现将这3种方法介绍如下。

a. 木垛加强支护。

巷道掘进过程中遇斜交旧巷或老空边缘，造成巷道局部超宽、巷道跨度大时，要采取特殊的支护方法，防止因超宽处顶板下沉，而引起冒顶事故，超宽处一般采取主动和被动联合补强支护措施，如图5－7－17所示。

巷道超宽处顶板冒落自然拱高度较大，需采取加长锚索支护，锚索锚固端深度应大于顶板最大跨度自然拱高度，并宜采用全长锚固，且锚网索支护需延伸至旧巷内5 m以上。同时应在巷道超宽处打设一排木垛，木垛间距要根据现场实际确定，木垛外采用砌筑料石墙进行密闭。巷道超宽处交岔点应设置一组顶板离层仪，加强顶板变化观测。

b. 柔模承重墙密闭。

掘进巷道过老窑旧巷、采空破坏区时，巷道与老窑旧巷交岔点较多，局部造成巷道断面超宽，巷道密闭工程量大，密闭旧巷可采用快速浇筑柔模墙方法进行密闭，其操作方法为：在原巷道与旧巷的交叉处先挂设柔模，然后在柔模内灌注高水材料或混凝土，使其凝固后成为密闭旧巷的墙体，采用高水材料墙体抗压强度能够超过5 MPa，采用C35水泥的混凝土墙体抗压强度超过35 MPa，使用这两种材料浇筑的柔模墙体除了起到密闭作用外，还具有支撑超宽区域巷道顶板的作用，防止顶板下沉，如图5－7－18所示。

c. 巷道超宽区域混凝土墩柱支护。

掘进巷道过老窑旧巷、小窑破坏区，巷道与旧巷斜交或通过小窑破坏采空区边缘时，造成巷道局部超宽、悬顶面积超大。巷道超宽、悬顶面积超大区域（宽度超过9 m、巷道掘进方向跨度超过7 m）如果只采用普通锚网索支护，巷道顶板不能保持长期稳定，易造成巷道中间区域直接顶顶板离层弯曲下沉，引起冒顶事故。为了避免超宽、超大区域巷道顶板能够保持长期稳定，除需要在超宽区域采用超长锚索加强支护外，还需要采取在超宽区域顶板的中央浇筑混凝土墩柱辅助支护措施，顶板初期出现轻微下沉时能够起到支撑作用，防止顶板弯曲下沉失稳，混凝土墩柱支护如图5－7－19所示。

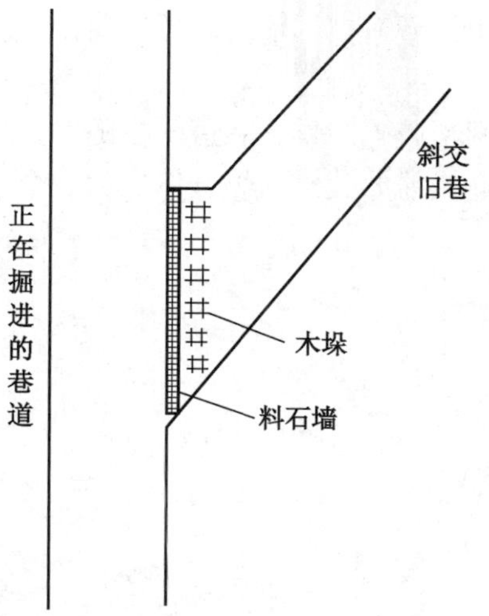

图5－7－17　超宽处补强支护示意图

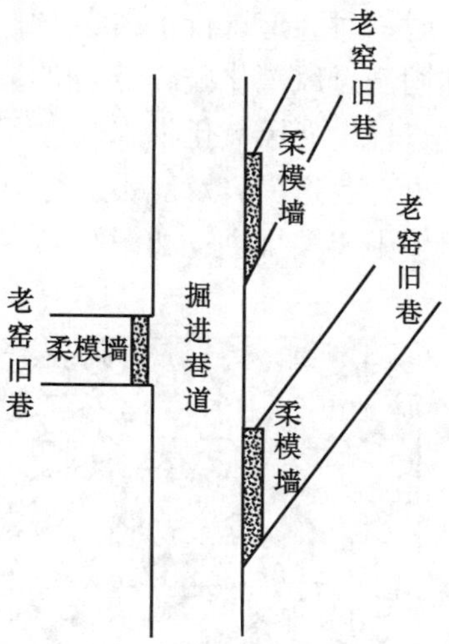

图5－7－18　柔模墙体密闭示意图

混凝土墩柱可以设计成方形或圆形，墩柱边长或直径一般以0.5～2 m为宜，混凝土墩柱的设计强度和总承载能力应不小于超宽区域顶板最大自然拱冒落岩石的总重量，设计混凝土强度等级一般不小于C30，抗压强度不小于30 MPa，混凝土墩柱内可以用废旧锚杆、锚索作为钢筋骨架，增加墩柱的承载力和抗变形能力。

②撞楔法过围岩破碎或冒落段。

掘进工作面遇地质构造区、围岩破碎或老空冒落段时，破碎煤岩体块度较小，易出现随掘随冒现象，可采用撞楔法处理迎头顶板，如图5－7－20所示。

撞楔法又称插板法、板桩法，是指复杂地层掘进井筒或平巷时，用一定规格的木楔或金属楔强行超前插入破碎带、流沙层或含水砂层，以控制其移动，也可以用来处理严重垮落或者被破碎岩石充满的老空或旧巷。

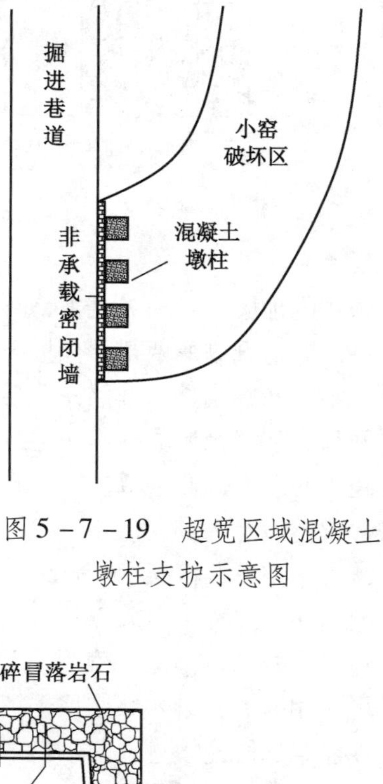

图5－7－19　超宽区域混凝土墩柱支护示意图

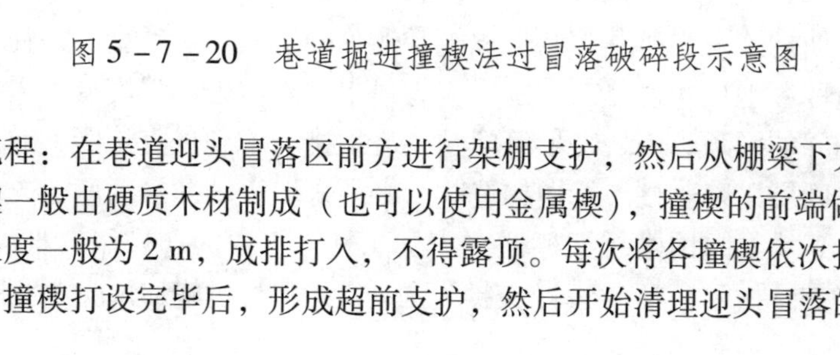

图5－7－20　巷道掘进撞楔法过冒落破碎段示意图

撞楔法的工艺流程：在巷道迎头冒落区前方进行架棚支护，然后从棚梁下方向前方顶板按照一定角度打入撞楔，撞楔一般由硬质木材制成（也可以使用金属楔），撞楔的前端做成扁平尖头，以减少打入的阻力。撞楔长度一般为2 m，成排打入，不得露顶。每次将各撞楔依次打入100～200 mm，直至最终预定的深度。撞楔打设完毕后，形成超前支护，然后开始清理迎头冒落的煤岩。当清理至满足一架棚的距离时，对巷道进行永久支护，然后开始打设第二排撞楔，依此循环向前推进。

③注浆加固法过风氧化破碎带或老空冒落段。

巷道掘进过程中遇风氧化带、老空冒落段时，顶板两帮破碎严重，巷道随掘随冒，正常支护巷道无法通过时，可对巷道围岩及迎头进行预注浆加固，使迎头前方破碎的煤岩体成为一个整体，在注浆加固后的煤岩体中架棚掘进，如图5－7－21所示。

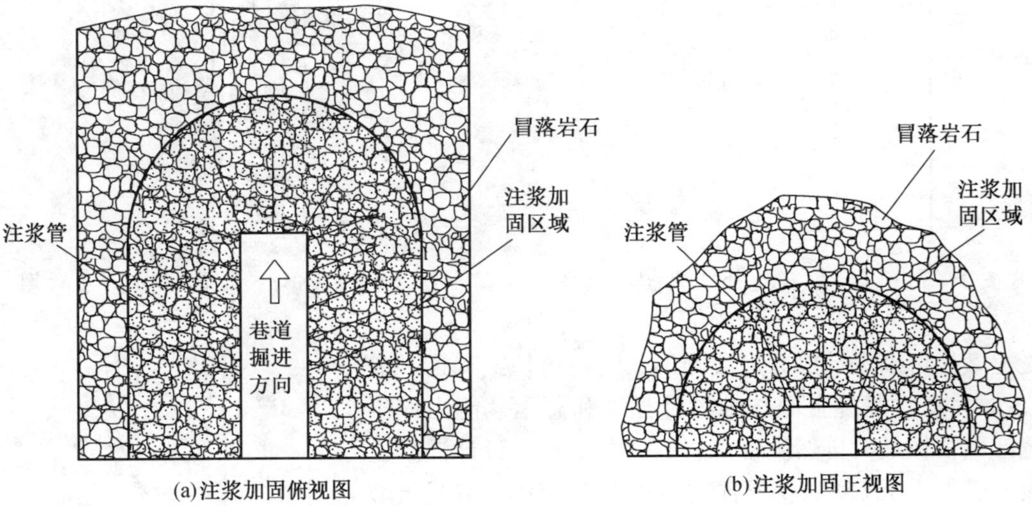

图5－7－21　巷道破碎段注浆加固掘进示意图

常用的加固材料为无机类、有机类，无机类主要为水泥、水泥水玻璃；有机类主要为聚氨酯及相关产品。巷道掘进的两帮及顶板向迎头打设一定数量的注浆孔，注浆孔深入迎头前方一定距离，两帮注浆孔落在轮廓线外，按照先两帮后顶板的注浆顺序，确保巷道轮廓周围能够充分加固。注浆加固一段时间后，注浆区域凝固到一定强度时，迎头进行掘进开挖架棚支护，开挖支护循环步距滞后注浆循环步距1 m左右，迎头留设一定厚度的终止浆墙，然后进行第二次注浆加固、开挖支护，直至通过围岩破碎冒落段。

④过采空冒落区架棚、打设木垛接顶支护。

巷道掘进过程中遇采空冒落区时，当顶板冒落高度不大时，可在冒落矸石上做好临时支护的前提下，先对顶板进行锚网（索）支护，然后清碴支护巷帮；当顶板冒落高度较大，不能直接锚网支护时，可采用架棚打设木垛接顶支护，但在架棚打设木垛前必须做好临时支护，如图5－7－22所示。

⑤注浆加固充填过冒落采空区。

巷道掘进遇较大冒落采空区，且顶板冒落高度较大，采取木垛支护有困难时，可对冒空区采用注浆充填接顶支护，应先采用预注浆加固巷道周边冒落围岩，再采用架棚或撞楔法掘进，同时对冒空区进行注浆充填接顶。注浆充填材料可采用高水材料、水泥砂浆、罗克休等，如图5－7－23所示。

⑥过断层或陷落柱等顶板破碎段锚网索＋架棚联合支护。

断层、陷落柱或褶曲构造是煤矿井下巷道掘进常遇见的地质构造类型，往往会成为巷道围岩控制的不稳定区域。该构造区域地质条件复杂，围岩应力集中，岩体破碎强度低，采用常规的支护方式往往难以克服巷道掘进期间的冒顶、围岩变形等问题，支护措施不到位直接影响巷道的支护质量及掘进效率。因此，巷道通过断层、陷落柱、褶曲构造时，必须采取主动和被动联合支护方式。

常用的联合支护方式为：锚网索＋架棚联合支护。具体方法为：采用锚杆（索）配合金属网和钢带对巷道进行一次支护，由于锚杆（索）支护为主动支护，通过施加预应力发挥其挤压加固的作用，

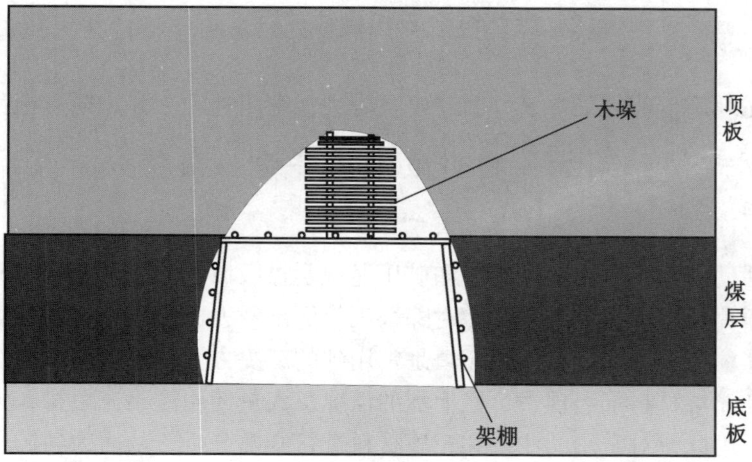

图 5－7－22　巷道过冒落旧巷架木垛接顶示意图

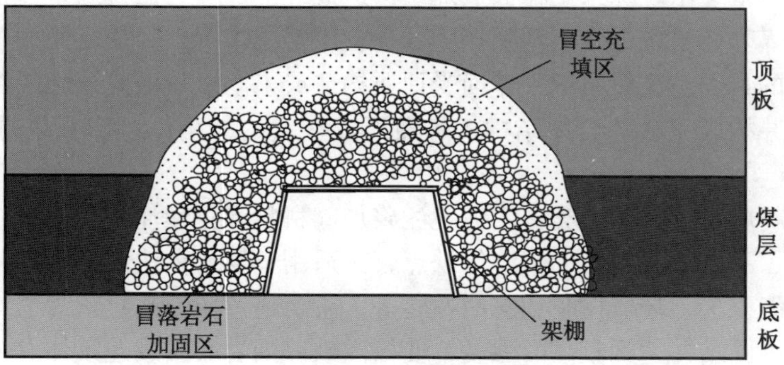

图 5－7－23　巷道过冒落采空区注浆充填示意图

可以改善围岩的应力分布状态，在巷道围岩周围形成预应力承载壳。锚杆（索）支护完毕后，按照与锚杆相同的排距进行架棚支护，支架安设在每两排锚杆的中间，矩形巷使用工字钢棚支护，半圆拱形巷道使用 U 型钢棚支护，每架棚的顶部、两帮和肩窝处应背紧背牢，壁后充填密实，严禁出现空顶、空帮现象。

7.21　煤矿过采空区、旧巷管理制度

第一条　揭露老空、旧巷前必须对其进行专项钻探，详细查明老空、旧巷的位置、积水等分布情况，并制定专项安全技术措施。

第二条　矿井要通过实地调查了解、地面三维物探、井下钻探、井下采掘实际揭露等手段，详细摸排清楚井田范围内的老空及旧巷分布情况。

第三条　在井下分布有采空区、老窑及废旧巷道区域内进行采掘活动时，必须严格执行“井下瞬变电超前探测”“有掘必探、有采必探”及二级公司“有掘必探、钻探留痕、见痕掘进、班班确认”的探放水规定。

第四条　对已揭露的采空区、老窑及废旧巷道等，要及时与预报内容进行比对，对先前探测工作进行验证，并将实际揭露情况及时填绘在矿采掘工程平面图上。

第五条　维护老巷或在老巷内进行作业，必须确保风流畅通，由外向里逐段进行主动加固维护，在未采取行之有效的顶板维护措施前，严禁进入采空区作业。

第六条 掘进巷道通过采空区、老巷时，必须重新进行支护设计，并经总工程师审批后严格执行。

第七条 对于无利用价值的采空区、旧巷要及时进行密闭处理，并定期进行瓦斯监测工作。

7.22 关于煤矿常用注浆加固材料技术经济适应条件分析及注浆加固和充填工程技术的指导意见

煤矿井下采掘活动中经常遇到地质构造和矿压显现明显区域的煤岩体破碎带或整合矿井老窑破坏区，出现采掘工作面片帮冒顶，过老空区域时综采工作面出现大面积压架、冒顶等情况，严重影响矿井安全秩序。煤岩体注浆加固或老空旧巷充填是常用到的解决方法，但随着国家对环保督查力度的加强，注浆加固材料和充填材料都出现了价格上涨的情况，大量使用注浆充填材料给煤炭生产企业带来了巨大的成本压力，为此，对常用的注浆和充填材料进行归类分析，从而为各矿合理选择、使用加固充填材料及工艺提供科学依据，有效降低煤矿生产成本。

1. 煤岩体注浆加固材料及技术经济适用性分析

煤矿采掘活动中经常会出现综采工作面过地质构造或老空旧巷时出现煤壁片帮、顶板漏冒，或掘进巷道通过地质构造煤岩体松散地带出现随掘随冒支护困难的情况，目前常用的解决办法是对煤岩体进行注浆加固。注浆的目的是充填采掘工作面受地质构造或采动影响破碎开裂的煤岩体，将破碎的煤岩体重新组合，恢复并构成完整的岩体结构，进而形成连续的结构体，防止采掘工作面出现片帮冒顶。

常用的注浆加固材料可分为两大类：水泥类注浆加固材料和化学注浆加固材料。水泥类注浆加固材料由于固化时间长、不能注入细小的裂缝等缺点，不适用于煤岩体快速加固。化学注浆加固材料属于高分子材料，包括聚氨酯、环氧树脂、脲醛树脂等，主要通过压力或化学渗透作用灌入煤岩体裂隙中，能在较短的时间内固结并达到较高的强度，使松散破碎围岩胶结成连续体。但水泥类加固材料价格低廉，材料来源广泛，化学注浆材料注浆效果好，但价格高昂，下面分别对两大类注浆加固材料的性能和适合使用的条件进行分析总结。

1）水泥类注浆加固材料

水泥类注浆加固材料又分为普通硅酸盐水泥和超细水泥两种加固材料，超细水泥是在普通水泥的基础上发展而来的高性能超微粒水泥基灌浆材料。

（1）普通水泥注浆材料。普通水泥粒径较大，粗颗粒多，最大粒径可达 90 ~ 100 μm。水灰比较大时，浆液的稳定性差，易析水回浓，不能有效灌入细微裂隙；且硬化时伴有析水，固相体积收缩，使硬化结石与被灌基体的黏结强度降低，形成新的渗水通道。

煤壁及煤柱加固通常注浆使用 525 号（42.5 MPa）普通硅酸盐水泥，配合水泥注浆添加剂 XPM（减水、增强、促凝的添加剂）配制浆液。大范围漏浆时间歇注浆或压注水泥水玻璃双液浆堵漏。

（2）超细水泥注浆材料。超细水泥是高性能超微粒水泥基灌浆材料，是平均颗粒为 3 ~ 6 μm 的水泥。其粒径远小于普通硅酸盐水泥，它具有与有机化学灌浆液相似的良好渗透性和可灌性，可以容易渗入裂隙并不发育的煤壁之中，具有更高的强度和耐久性，从而实现煤壁加固。它适用于各类建筑物地基加固工程、防水堵漏灌浆工程、设备基础加固工程等，2015 年在晋煤集团赵庄矿 3305 回采工作面煤层松软、破碎地段使用超细水泥浆加固，取得了良好效果。

2）化学类加固材料

常用的化学煤岩体加固剂主要有聚氨酯类、环氧树脂类、丙烯酰胺类、丙烯酸盐类、脲醛树脂类等。其中，环氧树脂类加固材料具有良好的黏结性，固化收缩率小，在固化过程中不产生气体，耐热性、耐药品性、耐久性优良，但浆体僵硬，柔韧不足；丙烯酰胺类加固剂，浆液黏度小，可灌性好，胶凝时间可控，透水性低，但价格昂贵，抗压强度低，耐久性较差，具有腐蚀性，浆液有毒性，会造成环境污染；丙烯酸盐类加固剂可灌性好，浆液胶凝时间可控，但抗压强度较低。在所有类型的加固剂中聚氨酯类加固剂因具有黏度适中、凝结时间可调，固结后质量轻、导热系数低、耐化学腐蚀等优点，在很多大中型煤矿中得到了广泛的推广和应用。

目前煤矿常用的煤岩体加固材料多为聚氨酯类加固材料，根据加工配料不同，性能也有一定差异，常用的加固材料多为马丽散、固安特、“凝固力”FSS、固力佳等加固材料成品，下面对这几种常用的加固产品性能及经济试用性逐一介绍。

（1）马丽散。马丽散是一种低黏度、双组分合成高分子聚亚胺胶脂材料，采用高压灌注进行堵水时，当树脂和催化剂掺在一起反应或遇水膨胀，本身反应或发泡生成多元网状密弹性体的特征，当它被高压推挤，注入煤岩层或混凝土裂缝（在高压作用下可以使煤岩层的闭合裂隙张开），可沿煤岩层或混凝土裂缝延展直到将所有裂隙（包括肉眼难以觉察的裂隙及在高压作用下重新张开的裂隙）充填。在封堵裂隙加固煤岩层时，煤岩层不含水时产品膨胀率也相应变小（膨胀倍数为2～4倍），高压推力将马丽散压入并充满所有缝隙，达到止漏的目的，成品抗压介于25～38 MPa之间；在遇水后（掺水）产生关联反应，发生膨胀，在膨胀压力的作用下产生二次渗压（膨胀倍数为20～25倍），高压推力与二次渗压将马丽散压入并充满所有缝隙，从而达到止漏的目的，成品抗压介于15～25 MPa之间。

马丽散因为化学反应强烈，所以有专门的注浆泵，有专门的封口袋与注浆泵配合。

（2）固安特。固安特是低黏度、双组分合成高分子聚亚胺脂材料，用高压灌注进行加固时，树脂和催化剂混合发生反应，注入煤岩层或混凝土裂缝（在高压作用下可以使煤岩层的闭合裂隙张开），可沿煤岩层或混凝土裂缝延展直到将所有裂隙（包括肉眼难以觉察的裂隙及在高压作用下重新张开的裂隙）充填满。产品具有高度的黏合力和很好的机械性能，且寿命长。产品注射进地层后，低黏度混合物保持液体状态几秒，渗透进细小的裂缝后膨胀，使松散破碎的围岩黏结成一体。产品具有良好的柔韧性，能承受岩体采动的影响；膨胀后，达到原来体积的2倍左右，将破碎松软煤体黏结成树脂胶结体，短时间内其黏合力达到1 MPa，3～4 h后抗压强度大于25 MPa，使整个煤体强度增强，有效地降低煤帮的损伤程度，保证安全生产。固安特已大量应用于井下破碎松散煤岩体注浆加固，可快速有效地解决片帮、冒顶和渗水等技术难题。此外，固安特材料已实现高度成品化，运输使用方便，对施工条件要求低，能打孔即可。它可以在地质破碎带、断层、底鼓等地段施工，也可以在漏水处直接堵漏。该材料与水反应后，生成惰性泡沫体，不与酸碱反应，不受季节变化的影响。

（3）“凝固力”FSS无机加固材料。“凝固力”FSS是一种低黏度、双组分合成高分子聚亚胺胶脂材料，用于松散煤体的加固和水流入口的封闭。其黏合力和机械性能极好，易与松散煤体产生高度黏合，能有效地加固和密封处理区域，提高松散煤体的整体性和受力性能。

力学试验表明：松散岩体被“凝固力”FSS充填后平均单向抗压强度为65.8 MPa，塑性变形开始载荷值在150 kN以上，平均凝聚力为10.2 MPa。

“凝固力”FSS的使用范围：加固裂隙发育和不稳定地层；封闭水流入口；密实地层；岩石加固；锚杆密封。

3）注浆材料的选择及经济技术分析

（1）水泥注浆材料价格低廉，来源广泛，但固化时间长，不能渗入较小的裂隙，早期黏结效果差，不适合快速处理综采工作面片帮冒顶事故。掘进巷道过松散构造带、煤岩体较松散、层理裂隙较大、回采巷道受采动影响严重、煤柱变形较大、煤柱内节理裂隙较大、注浆量使用较大时可采用注射水泥浆＋水玻璃材料加固，成本相对较低，长期固化效果较好。

（2）超细水泥性能较普通硅酸盐水泥优异，具有良好的渗透性和可灌性，配合添加剂能够加快凝结速度，使用成本较低，适用于综采工作面顶板破碎不严重区域的煤壁及顶板加固和巷道围岩加固。

（3）化学注浆加固材料多为聚氨酯类化学材料，根据配料和工艺不同，加固材料成品性能也有差异，性能较好的材料价格也相对昂贵。固安特、“凝固力”FSS无机加固材料性能较好，价格相对较贵，正常价格为1.8万元/t左右。破碎煤柱每孔注浆量约3 t，每米巷道注浆加固费用超过2万元，破碎煤柱不适合大量注化学浆，大量使用容易导致集聚、发热、起火等情况。而且原则上化学注浆量，不允许每孔超过一定的量，注浆工艺不合适，导致成本过高，因此化学浆不适合大面积松散煤岩体加固，适合小范围快速治理局部大采高工作面煤壁片帮冒顶，根据片帮冒顶程度不同，采用不同性能及价格的化学注浆材料。

（4）综采工作面破碎顶板预注水泥浆加固技术，理论完善、工艺成熟、安全可靠、经济有效，可进行深孔（孔深可达80 m）大范围注浆加固，应用较少的根本原因在于综采工作面顶板破碎程度的不确定性，如断层构造带对煤层顶板的破坏程度有多高、地压显现如何、横向纵向影响范围多大，以及破碎带的节理裂隙发育情况等在被揭露前，利用目前的勘测手段都难以查明。

随着目前化学注浆材料加固价格的上涨，大面积使用化学浆使得煤炭企业生产成本难以承受，今后的煤炭生产过程中要充分利用各种科技手段和地质资料（例如，一条断层同时贯穿相邻的两个回采工作面，后一个工作面可以依据前一个工作面对断层破碎带的揭露情况来选择注浆方法），尽可能查明回采工作面内断层破碎带的各种特征参数，应用预注水泥浆加固技术，有效降低煤炭生产成本。

2. 充填材料及技术经济适用性分析

煤矿井下采掘工作面发生大面积冒顶事故或者遇老窑破坏区，需要对支架上方冒顶区域或前方冒落采空区或平行旧巷进行充填，然后采掘工作面才能够正常推进。目前常用的充填材料有罗克休泡沫、粉煤灰、高水速凝材料、膏体充填材料、煤矸石充填材料等，现对常用的充填材料的性能特点和技术经济适用性进行分析。

1）罗克休

罗克休泡沫由树脂和催化剂两种成分组成，具有高膨胀性，膨胀后体积为原体积的25～30倍，泡沫反应迅速，常温下20～30 s即可反应完毕，10～15 ℃时，3～5 min内膨胀结束，并在20 min内硬化，不需要防漏支架，有一定的抗压能力（0.2 MPa左右）。成型后性能稳定，具有良好的柔韧性，在受压时，可以变形但不开裂，经得起岩层的运动；不蔓延火焰，用于高冒充填及加固破碎程度较高的地层，具有充填速度快、施工安全性好、长期稳定性好等优点。

该泡沫材料性能明显优于酚醛树脂、脲醛树脂泡沫，这两种泡沫材料脱水后会形成裂纹，从而形成漏风通道。罗克休泡沫的性能也优于水玻璃凝胶和高分子吸水树脂，这两种材料需定期补充注浆或注水，才能保持其充填和封阻裂隙的功能。罗克休泡沫施工方便，施工时利用一台泵和一支混合枪，以4∶1的体积混合树脂和催化剂，发生快速反应生成泡沫。

2）粉煤灰

粉煤灰是用于充填采空区中的土壤、砂、石、块石、工业废渣和水泥等胶凝物质组成的固体材料。工业废渣包括尾砂、炉渣和粉煤灰等。

3）高水速凝材料

高水速凝材料是一种能在高水灰比中水体积份额可达95%～97%（水灰比为6.5∶1～11∶1）的水硬性材料。该材料以硫铝酸盐水泥熟料为基料，加入石膏、石灰、复合缓凝剂、悬浮剂、复合速凝剂等配制而成。为了使用方便，高水速凝材料分甲料、乙料两部分，按1：1的比例配合使用。甲料、乙料单独与水混合24 h不凝结，为避免管路堵塞和一定条件下不冲洗管路创造了条件，而甲料和乙料一旦相互混合则快速凝结硬化，7天后通常凝固强度为2～3 MPa。高水速凝材料广泛应用于煤炭行业巷旁充填支护，采空区充填、井巷壁后充填支护等。

目前用于高水材料的采空区充填方法主要有开放式、袋式、混合式和分段阻隔式4种。

4）膏体充填材料

膏体充填材料是将煤矿附近的煤矸石、粉煤灰、炉渣、劣质土、城市固体垃圾等加工成一定级配的骨料，并按一定比例与胶结材料、水混合成为无临界流速、不需脱水的膏状浆液（膏体），在外加力（充填泵泵压）及膏体自身重力作用下通过管道输送到井下，充填采空区或老窑破坏区。膏体充填设备投入大，充填系统复杂，前期投入较高，适合“三下一上”采空区充填开采，不适合采掘工作面过空巷局部充填。

5）煤矸石充填材料

煤矸石充填是采用人工砌筑煤矸石袋支撑顶板，支撑强度要求较低时，可采用编织袋装煤矸石，使用矸石袋在未冒落的空巷内堆砌成垛，煤矸石垛两帮用钢带+铁丝网+锚杆对拉捆绑，防止来压时煤矸石垛压塑压塌，有效增大支承强度和抗变形能力。纯煤矸石袋支承强度较低，约1 MPa，如果煤矸石中添加水泥、粉煤灰、河沙、外掺剂等材料能够有效提高矸石垛强度，添加水泥的矸石垛抗压强度能够达到5 MPa，并且能够适应一定的变形。煤矸石垛充填材料在井下就地取材，材料成本十分低廉，使用纯煤矸石袋充填对工作面煤质影响较小，但矸石充填存在人工劳动强度大，适合充填采煤工作面前方未冒落的平行空巷和薄煤层沿空留墙巷旁充填。

6）充填材料的选择及技术经济适用性分析

（1）化学发泡充填材料小范围充填速度快，施工方便，膨胀后密度较小，易于密封，但材料成本较高，目前罗克休单价7000元/t，适合处理小范围综采工作面支架上方冒顶事故。

（2）高水材料和粉煤灰充填效果相近，高水材料充填设备、管路铺设相对简单，施工便捷，性能较好，但最近生产材料厂家面临着较大的环保压力，两种材料价格都有较大幅度上涨，目前粉煤灰充填成本为280元/m^3，高水材料充填成本为380元/m^3。其适合小范围工作面过空充填，或对回采工作面局部冒落采空区进行充填，充填后对回采工作面煤质影响较大。

（3）膏体充填前期设备投入较大，膏体材料制备工艺要求高，充填系统复杂，不适合小范围内充填，适合大规模“三下一上”工作面后方采空区充填，控制地表变形。

（4）煤矸石袋干式充填工艺简单，取材方面，成本较低，适应性强，适合充填回采工作面未冒落的空巷。

3. 二级公司注浆充填材料使用指导原则

公司各生产矿井采掘工作面均不同程度地面临顶板管理压力，如采掘工作面过地质构造、老窑破坏区等，采掘工作面处理片帮、冒顶、修巷等不可避免地要使用加固充填材料，盲目使用加固充填材料会增大生产成本，得不到预期效果，因此要科学合理地选择加固充填材料，优化加固充填工艺和方法，提高加固充填的技术经济适用性，提高煤炭生产效益。为有效降低注浆加固和充填成本，确保安全生产，现将加固充填材料的选择和加固充填工艺方法的指导原则要求如下：

（1）受动压影响明显变形严重的巷道修巷和掘进工作面过松散构造带时，优先采用水泥类注浆加固材料对巷道围岩进行加固，为保证注浆充填效果，需对要注浆的巷帮煤壁进行提前喷浆密闭，喷层厚度以不大于100 mm为宜。

（2）对于可预测的回采工作面过地质构造松散地带，如有规律的断层、褶曲构造等，应提前采取深孔注射水泥浆大范围加固，如果构造附近节理裂隙发育较小，可使用超细水泥注浆加固，有效降低注浆成本。

（3）回采工作面出现严重的片帮冒顶事故，采用水泥类加固材料不能满足要求时，根据片帮冒顶情况选择不同的化学注浆材料，选择的化学加固材料具有不易发热、阻燃性能，支架上冒空区充填可采用罗克休发泡充填材料，阻止顶板冒落进一步恶化。

（4）回采工作面内存在的未冒落的平行空巷或小窑破坏区时，可采用矸石袋、高水材料或粉煤灰进行袋式、分段式充填，充填段长度和间隔根据空巷大小、采高和矿压显现情况确定。与回采工作面垂直或斜交未冒落的巷道根据情况确定是否需要充填，不需要充填的巷道要提前采取锚网索配合木垛补强支护，确保巷道支护有效。

（5）回采工作面内存在冒落采空区或巷道时，对冒落区要提前进行圈定密闭，然后使用高水材料或粉煤灰进行开放式充填，充填高度要保证支架能够正常推过。

（6）回采工作面内如果老窑破坏区较大，空巷或冒落采空区较多，剩余实体煤较少，回采的煤炭效益不大时，应考虑局部绕过小窑破坏区域。

（7）煤壁注浆加固和空巷充填要合理选择时机，做到提前预控预防，降低治理难度。

7.23　煤矿现场管理制度

第一条　采掘工作面投产或开工前，必须严格按照二级公司下发的“作业规程编制指南要求”，及时编制完成相关作业规程并经审核批准及贯彻考试合格。重要工程，如大硐室开掘、超大断面掘进（包括大断面的交岔点）、巷道维护、大型设备安装及检修或更换、巷道掘进过特殊地段或贯通等，必须有专项安全技术措施。

第二条　井下所有采掘工作面投产或开工前，必须由矿安全科组织相关职能部门对作业现场进行联合安全确认，发现安全隐患必须及时整改。工作面经联合验收并经相关职能部门负责人签字确认，符合煤矿规定的安全生产条件时，施工单位方可开始作业。

第三条　有自然发火、水害、老空、废旧巷道威胁的采掘工作面，必须有专项防灾安全技术措施。每个采掘工作面都应根据本煤层和邻近采区的地质和矿压观测资料，确定采掘工作面的顶板管理方法、支护方式，作为编制采掘工作面作业规程的依据。

第四条　所有采掘工作面均应严格执行正规循环作业，努力提高工作面单产单进水平。采掘作业规程的劳动组织和循环作业图表，应采用先进的工艺流程和合理的劳动定额，并要根据工作面条件的变化及时进行修改，经矿总工程师组织审批后严格执行。

第五条　井下所有采掘工程必须严格按照煤矿安全生产标准化的要求，由矿生产技术科组织相关技术人员逐月进行工程质量验收，且每月不少于1次。生产技术科要根据本矿的实际情况，制定严格的工程质量检查验收制度和明确的奖罚机制，以确保采掘工程质量动态达标。

第六条　对施工现场出现影响工程质量及施工安全的新情况、新问题，施工单位必须立即停止作业并及时通知矿调度室或有关职能科室，矿相关负责人要及时组织相关工程技术人员，采取或制定有针对性的安全技术措施后方可恢复生产。

8 二级公司职业卫生管理制度

8.1 用人单位职业病危害告知与警示标识管理规范

第一章 总 则

第一条 为规范用人单位职业病危害告知与警示标识管理工作，预防和控制职业病危害，保障劳动者职业健康，根据《职业病防治法》《工作场所职业卫生监督管理规定》（国家安全监管总局令第47号）、《工作场所职业病危害警示标识》（GBZ 158—2003）、《高毒物品作业岗位职业病危害告知规范》（GBZ/T 203—2007）等法律、规章和标准，制定本规范。

第二条 职业病危害告知是指用人单位通过与劳动者签订劳动合同、公告、培训等方式，使劳动者知晓工作场所产生或存在的职业病危害因素、防护措施、对健康的影响以及健康检查结果等的行为。职业病危害警示标识是指在工作场所中设置的可以提醒劳动者对职业病危害产生警觉并采取相应防护措施的图形标识、警示线、警示语句和文字说明，以及组合使用的标识等。

本规范所指的劳动者包括用人单位的合同制、聘用制、劳务派遣等性质的劳动者。

第三条 用人单位应当依法开展工作场所职业病危害因素检测评价，识别分析工作过程中可能产生或存在的职业病危害因素。

第四条 用人单位应将工作场所可能产生的职业病危害如实告知劳动者，在醒目位置设置职业病防治公告栏，并在可能产生严重职业病危害的作业岗位以及产生职业病危害的设备、材料、贮存场所等设置警示标识。

第五条 用人单位应当依法开展职业卫生培训，使劳动者了解警示标识的含义，并针对警示的职业病危害因素采取有效的防护措施。

第二章 职业病危害告知

第六条 产生职业病危害的用人单位应将工作过程中可能接触的职业病危害因素的种类、危害程度、危害后果、提供的职业病防护设施、个人使用的职业病防护用品、职业健康检查和相关待遇等如实告知劳动者，不得隐瞒或者欺骗。

第七条 用人单位与劳动者订立劳动合同（含聘用合同，下同）时，应当在劳动合同中写明工作过程中可能产生的职业病危害及其后果、职业病危害防护措施和待遇（岗位津贴、工伤保险等）等内容。同时，以书面形式告知劳务派遣人员。

格式合同文本内容不完善的，应以合同附件形式签署职业病危害告知书。

第八条 劳动者在履行劳动合同期间因工作岗位或者工作内容变更，从事与所订立劳动合同中未告知的存在职业病危害的作业时，用人单位应当依照本规范第七条的规定，向劳动者履行如实告知的义务，并协商变更原劳动合同相关条款。

第九条 用人单位应对劳动者进行上岗前的职业卫生培训和在岗期间的定期职业卫生培训，使劳动者知悉工作场所存在的职业病危害，掌握有关职业病防治的规章制度、操作规程、应急救援措施、职业病防护设施和个人防护用品的正确使用维护方法及相关警示标识的含义，并经书面和实际操作考试合格后方可上岗作业。

第十条　产生职业病危害的用人单位应当设置公告栏，公布本单位职业病防治的规章制度等内容。

设置在办公区域的公告栏，主要公布本单位的职业卫生管理制度和操作规程等；设置在工作场所的公告栏，主要公布存在的职业病危害因素及岗位、健康危害、接触限值、应急救援措施，以及工作场所职业病危害因素检测结果、检测日期、检测机构名称等。

第十一条　用人单位要按照规定组织从事接触职业病危害作业的劳动者进行上岗前、在岗期间和离岗时的职业健康检查，并将检查结果书面告知劳动者本人。用人单位书面告知文件要留档备查。

第三章　职业病危害警示标识

第十二条　用人单位应在产生或存在职业病危害因素的工作场所、作业岗位、设备、材料（产品）包装、贮存场所设置相应的警示标识。

第十三条　产生职业病危害的工作场所，应当在工作场所入口处及产生职业病危害的作业岗位或设备附近的醒目位置设置警示标识：

（1）产生粉尘的工作场所设置“注意防尘”“戴防尘口罩”“注意通风”等警示标识，对皮肤有刺激性或经皮肤吸收的粉尘工作场所还应设置“穿防护服”“戴防护手套”“戴防护眼镜”，产生含有有毒物质的混合性粉（烟）尘的工作场所应设置“戴防尘毒口罩”。

（2）放射工作场所设置“当心电离辐射”等警示标识，在开放性同位素工作场所设置“当心裂变物质”。

（3）有毒物品工作场所设置“禁止入内”“当心中毒”“当心有毒气体”“必须洗手”“穿防护服”“戴防毒面具”“戴防护手套”“戴防护眼镜”“注意通风”等警示标识，并标明“紧急出口”“救援电话”等警示标识。

（4）能引起职业性灼伤或腐蚀的化学品工作场所，设置“当心腐蚀”“腐蚀性”“遇湿具有腐蚀性”“当心灼伤”“穿防护服”“戴防护手套”“穿防护鞋”“戴防护眼镜”“戴防毒口罩”等警示标识。

（5）产生噪声的工作场所设置“噪声有害”“戴护耳器”等警示标识。

（6）高温工作场所设置“当心中暑”“注意高温”“注意通风”等警示标识。

（7）能引起电光性眼炎的工作场所设置“当心弧光”“戴防护镜”等警示标识。

（8）生物因素所致职业病的工作场所设置“当心感染”等警示标识。

（9）存在低温作业的工作场所设置“注意低温”“当心冻伤”等警示标识。

（10）密闭空间作业场所出入口设置“密闭空间作业危险”“进入需许可”等警示标识。

（11）产生手传振动的工作场所设置“振动有害”“使用设备时必须戴防振手套”等警示标识。

（12）能引起其他职业病危害的工作场所设置“注意××危害”等警示标识。

第十四条　生产、使用有毒物品工作场所应当设置黄色区域警示线。生产、使用高毒、剧毒物品工作场所应当设置红色区域警示线。警示线设在生产、使用有毒物品的车间周围外缘不少于 30 cm 处，警示线宽度不少于 10 cm。

第十五条　开放性放射工作场所监督区设置黄色区域警示线，控制区设置红色区域警示线；室外、野外放射工作场所及室外、野外放射性同位素及其贮存场所应设置相应警示线。

第十六条　对产生严重职业病危害的作业岗位，除按本规范第十三条的要求设置警示标识外，还应当在其醒目位置设置职业病危害告知卡（以下简称告知卡）。

告知卡应当标明职业病危害因素名称、理化特性、健康危害、接触限值、防护措施、应急处理及急救电话、职业病危害因素检测结果及检测时间等。

符合以下条件之一，即为产生严重职业病危害的作业岗位：

（1）存在硅尘或石棉粉尘的作业岗位。

（2）存在“致癌”“致畸”等有害物质或者可能导致急性职业性中毒的作业岗位。

（3）放射性危害作业岗位。

第十七条　使用可能产生职业病危害的化学品、放射性同位素和含有放射性物质的材料的，必须在使用岗位设置醒目的警示标识和中文警示说明，警示说明应当载明产品特性、主要成分、存在的有害因素、可能产生的危害后果、安全使用注意事项、职业病防护以及应急救治措施等内容。

第十八条　贮存可能产生职业病危害的化学品、放射性同位素和含有放射性物质材料的场所，应当在入口处和存放处设置“当心中毒”“当心电离辐射”“非工作人员禁止入内”等警示标识。

第十九条　使用可能产生职业病危害的设备的，除按本规范第十三条的要求设置警示标识外，还应当在设备醒目位置设置中文警示说明。警示说明应当载明设备性能、可能产生的职业病危害、安全操作和维护注意事项、职业病防护以及应急救治措施等内容。

第二十条　为用人单位提供可能产生职业病危害的设备或可能产生职业病危害的化学品、放射性同位素和含有放射性物质材料的，应当依法在设备或者材料的包装上设置警示标识和中文警示说明。

第二十一条　高毒、剧毒物品工作场所应急撤离通道设置“紧急出口”，泄险区启用时应设置“禁止入内”“禁止停留”等警示标识。

第二十二条　维护和检修装置时产生或可能产生职业病危害的，应在工作区域设置相应的职业病危害警示标识。

第四章　公告栏与警示标识的设置

第二十三条　公告栏应设置在用人单位办公区域、工作场所入口处等方便劳动者观看的醒目位置。告知卡应设置在产生或存在严重职业病危害的作业岗位附近的醒目位置。

第二十四条　公告栏和告知卡应使用坚固材料制成，尺寸大小应满足内容需要，高度应适合劳动者阅读，内容应字迹清楚、颜色醒目。

第二十五条　用人单位多处场所都涉及同一职业病危害因素的，应在各工作场所入口处均设置相应的警示标识。

第二十六条　工作场所内存在多个产生相同职业病危害因素的作业岗位的，邻近的作业岗位可以共用警示标识、中文警示说明和告知卡。

第二十七条　警示标识（不包括警示线）采用坚固耐用、不易变形变质、阻燃的材料制作。有触电危险的工作场所使用绝缘材料。可能产生职业病危害的设备及化学品、放射性同位素和含放射性物质的材料（产品）包装上，可直接粘贴、印刷或者喷涂警示标识。

第二十八条　警示标识设置的位置应具有良好的照明条件。井下警示标识应用反光材料制作。

第二十九条　公告栏、告知卡和警示标识不应设在门窗或可移动的物体上，其前面不得放置妨碍认读的障碍物。

第三十条　多个警示标识在一起设置时，应按禁止、警告、指令、提示类型的顺序，先左后右、先上后下排列。

第三十一条　警示标识的规格要求等按照《工作场所职业病危害警示标识》（GBZ 158—2003）执行。

第五章　公告栏与警示标识的维护更换

第三十二条　公告栏中公告内容发生变动后应及时更新，职业病危害因素检测结果应在收到检测报告之日起7日内更新。

生产工艺发生变更时，应在工艺变更完成后7日内补充完善相应的公告内容与警示标识。

第三十三条　告知卡和警示标识应至少每半年检查一次，发现有破损、变形、变色、图形符号脱落、亮度老化等影响使用的问题时应及时修整或更换。

第三十四条　用人单位应按照《国家安全监管总局办公厅关于印发职业卫生档案管理规范的通知》（安监总厅安健〔2013〕171号）的要求，完善职业病危害告知与警示标识档案材料，并将其存放于本单位的职业卫生档案。

第六章　附　　则

第三十五条　用人单位违反本规范的行为，应当依据《职业病防治法》《工作场所职业卫生监督管理规定》等法律法规及规章的规定予以处罚。

第三十六条　本规范未规定的其他有关事项，依照《职业病防治法》和其他有关法律法规规章及职业卫生标准的规定执行。

8.2　煤矿作业场所职业病危害防治规定

第一章　总　　则

第一条　为加强煤矿作业场所职业病危害的防治工作，强化煤矿企业职业病危害防治主体责任，预防、控制职业病危害，保护煤矿劳动者健康，依据《职业病防治法》《安全生产法》《煤矿安全监察条例》等法律、行政法规，制定本规定。

第二条　本规定适用于中华人民共和国领域内各类煤矿及其所属为煤矿服务的矿井建设施工、洗煤厂、选煤厂等存在职业病危害的作业场所职业病危害预防和治理活动。

第三条　本规定所称煤矿作业场所职业病危害（以下简称职业病危害），是指由粉尘、噪声、热害、有毒有害物质等因素导致煤矿劳动者职业病的危害。

第四条　煤矿是本企业职业病危害防治的责任主体。

职业病危害防治坚持以人为本、预防为主、综合治理的方针，按照源头治理、科学防治、严格管理、依法监督的要求开展工作。

第二章　职业病危害防治管理

第五条　煤矿主要负责人（法定代表人、实际控制人，下同）是本单位职业病危害防治工作的第一责任人，对本单位职业病危害防治工作全面负责。

第六条　煤矿应当建立健全职业病危害防治领导机构，制定职业病危害防治规划，明确职责分工和落实工作经费，加强职业病危害防治工作。

第七条　煤矿应当设置或者指定职业病危害防治的管理机构，配备专职职业卫生管理人员，负责职业病危害防治日常管理工作。

第八条　煤矿应当制定职业病危害防治年度计划和实施方案，并建立健全下列制度：

（1）职业病危害防治责任制度。

（2）职业病危害警示与告知制度。

（3）职业病危害项目申报制度。

（4）职业病防治宣传、教育和培训制度。

（5）职业病防护设施管理制度。

（6）职业病个体防护用品管理制度。

（7）职业病危害日常监测及检测、评价管理制度。

（8）建设项目职业病防护设施与主体工程同时设计、同时施工、同时投入生产和使用（以下简称建设项目职业卫生“三同时”）制度。

（9）劳动者职业健康监护及其档案管理制度。

（10）职业病诊断、鉴定及报告制度。

（11）职业病危害防治经费保障及使用管理制度。

（12）职业卫生档案管理制度。

（13）职业病危害事故应急管理制度。

（14）法律、法规、规章规定的其他职业病危害防治制度。

第九条　煤矿应当配备专职或者兼职的职业病危害因素监测人员，装备相应的监测仪器设备。监测人员应当经培训合格；未经培训合格的，不得上岗作业。

第十条　煤矿应当以矿井为单位开展职业病危害因素日常监测，并委托具有资质的职业卫生技术服务机构，每年进行一次作业场所职业病危害因素检测，每三年进行一次职业病危害现状评价。根据监测、检测、评价结果，落实整改措施，同时将日常监测、检测、评价、落实整改情况存入本单位职业卫生档案。检测、评价结果向所在地安全生产监督管理部门和驻地煤矿安全监察机构报告，并向劳动者公布。

第十一条　煤矿不得使用国家明令禁止使用的可能产生职业病危害的技术、工艺、设备和材料，限制使用或者淘汰职业病危害严重的技术、工艺、设备和材料。

第十二条　煤矿应当优化生产布局和工艺流程，使有害作业和无害作业分开，减少接触职业病危害的人数和接触时间。

第十三条　煤矿应当按照《煤矿职业安全卫生个体防护用品配备标准》（AQ 1051—2008）规定，为接触职业病危害的劳动者提供符合标准的个体防护用品，并指导和督促其正确使用。

第十四条　煤矿应当履行职业病危害告知义务，与劳动者订立或者变更劳动合同时，应当将作业过程中可能产生的职业病危害及其后果、防护措施和相关待遇等如实告知劳动者，并在劳动合同中载明，不得隐瞒或者欺骗。

第十五条　煤矿应当在醒目位置设置公告栏，公布有关职业病危害防治的规章制度、操作规程和作业场所职业病危害因素检测结果；对产生严重职业病危害的作业岗位，应当在醒目位置设置警示标识和中文警示说明。

第十六条　煤矿主要负责人、职业卫生管理人员应当具备煤矿职业卫生知识和管理能力，接受职业病危害防治培训。培训内容应当包括职业卫生相关法律、法规、规章和标准，职业病危害预防和控制的基本知识，职业卫生管理相关知识等内容。

煤矿应当对劳动者进行上岗前、在岗期间的定期职业病危害防治知识培训，督促劳动者遵守职业病防治法律、法规、规章、标准和操作规程，指导劳动者正确使用职业病防护设备和个体防护用品。上岗前培训时间不少于4学时，在岗期间的定期培训时间每年不少于2学时。

第十七条　煤矿应当建立健全企业职业卫生档案。企业职业卫生档案应当包括下列内容：

（1）职业病防治责任制文件。

（2）职业卫生管理规章制度。

（3）作业场所职业病危害因素种类清单、岗位分布以及作业人员接触情况等资料。

（4）职业病防护设施、应急救援设施基本信息及其配置、使用、维护、检修与更换等记录。

（5）作业场所职业病危害因素检测、评价报告与记录。

（6）职业病个体防护用品配备、发放、维护与更换等记录。

（7）煤矿企业主要负责人、职业卫生管理人员和劳动者的职业卫生培训资料。

（8）职业病危害事故报告与应急处置记录。

（9）劳动者职业健康检查结果汇总资料，存在职业禁忌证、职业健康损害或者职业病的劳动者处理和安置情况记录。

(10) 建设项目职业卫生“三同时”有关技术资料。

(11) 职业病危害项目申报情况记录。

(12) 其他有关职业卫生管理的资料或者文件。

第十八条 煤矿应当保障职业病危害防治专项经费，经费在财政部、国家安全监管总局《关于印发〈企业安全生产费用提取和使用管理办法〉的通知》(财企〔2012〕16 号) 第十七条“(十) 其他与安全生产直接相关的支出”中列支。

第十九条 煤矿发生职业病危害事故，应当及时向所在地安全生产监督管理部门和驻地煤矿安全监察机构报告，同时积极采取有效措施，减少或者消除职业病危害因素，防止事故扩大。对遭受或者可能遭受急性职业病危害的劳动者，应当及时组织救治，并承担所需费用。

煤矿不得迟报、漏报、谎报或者瞒报煤矿职业病危害事故。

第三章 建设项目职业病防护设施“三同时”管理

第二十条 煤矿建设项目职业病防护设施必须与主体工程同时设计、同时施工、同时投入生产和使用。职业病防护设施所需费用应当纳入建设项目工程预算。

第二十一条 煤矿建设项目在可行性论证阶段，建设单位应当委托具有资质的职业卫生技术服务机构进行职业病危害预评价，编制预评价报告。

第二十二条 煤矿建设项目在初步设计阶段，应当委托具有资质的设计单位编制职业病防护设施设计专篇。

第二十三条 煤矿建设项目完工后，在试运行期内，应当委托具有资质的职业卫生技术服务机构进行职业病危害控制效果评价，编制控制效果评价报告。

第四章 职业病危害项目申报

第二十四条 煤矿在申领、换发煤矿安全生产许可证时，应当如实向驻地煤矿安全监察机构申报职业病危害项目，同时抄报所在地安全生产监督管理部门。

第二十五条 煤矿申报职业病危害项目时，应当提交下列文件、资料：

(1) 煤矿的基本情况。

(2) 煤矿职业病危害防治领导机构、管理机构情况。

(3) 煤矿建立职业病危害防治制度情况。

(4) 职业病危害因素名称、监测人员及仪器设备配备情况。

(5) 职业病防护设施及个体防护用品配备情况。

(6) 煤矿主要负责人、职业卫生管理人员及劳动者职业卫生培训情况证明材料。

(7) 劳动者职业健康检查结果汇总资料，存在职业禁忌证、职业健康损害或者职业病的劳动者处理和安置情况记录。

(8) 职业病危害警示标识设置与告知情况。

(9) 煤矿职业卫生档案管理情况。

(10) 法律、法规和规章规定的其他资料。

第二十六条 安全生产监督管理部门和煤矿安全监察机构及其工作人员应当对煤矿企业职业病危害项目申报材料中涉及的商业和技术等秘密保密。违反有关保密义务的，应当承担相应的法律责任。

第五章 职业健康监护

第二十七条 对接触职业病危害的劳动者，煤矿应当按照国家有关规定组织上岗前、在岗期间和离岗时的职业健康检查，并将检查结果书面告知劳动者。职业健康检查费用由煤矿承担。职业健康检查由省级以上人民政府卫生行政部门批准的医疗卫生机构承担。

第二十八条　煤矿不得安排未经上岗前职业健康检查的人员从事接触职业病危害的作业；不得安排有职业禁忌的人员从事其所禁忌的作业；不得安排未成年工从事接触职业病危害的作业；不得安排孕期、哺乳期的女职工从事对本人和胎儿、婴儿有危害的作业。

第二十九条　劳动者接受职业健康检查应当视同正常出勤，煤矿企业不得以常规健康检查代替职业健康检查。接触职业病危害作业的劳动者的职业健康检查周期按照表5－8－1执行。

表5－8－1　接触职业病危害作业的劳动者的职业健康检查周期

<table>
<tr><th>接触有害物质</th><th>体检对象</th><th>检查周期</th></tr>
<tr><td rowspan="2">煤尘（以煤尘为主）</td><td>在岗人员</td><td>1年1次</td></tr>
<tr><td>观察对象、Ⅰ期煤工尘肺患者</td><td rowspan="4">每年1次</td></tr>
<tr><td>岩尘（以岩尘为主）</td><td>在岗人员、观察对象、Ⅰ期硅肺患者</td></tr>
<tr><td>噪声</td><td>在岗人员</td></tr>
<tr><td>高温</td><td>在岗人员</td></tr>
<tr><td>化学毒物</td><td>在岗人员</td><td>根据所接触的化学毒物确定检查周期</td></tr>
<tr><td colspan="3">接触粉尘危害作业退休人员的职业健康检查周期按有关规定执行</td></tr>
</table>

第三十条　煤矿不得以劳动者上岗前职业健康检查代替在岗期间定期的职业健康检查，也不得以劳动者在岗期间职业健康检查代替离岗时职业健康检查，但最后一次在岗期间的职业健康检查在离岗前的90日内的，可以视为离岗时检查。对未进行离岗前职业健康检查的劳动者，煤矿不得解除或者终止与其订立的劳动合同。

第三十一条　煤矿应当根据职业健康检查报告，采取下列措施：

（1）对有职业禁忌的劳动者，调离或者暂时脱离原工作岗位。

（2）对健康损害可能与所从事的职业相关的劳动者，进行妥善安置。

（3）对需要复查的劳动者，按照职业健康检查机构要求的时间安排复查和医学观察。

（4）对疑似职业病病人，按照职业健康检查机构的建议安排其进行医学观察或者职业病诊断。

（5）对存在职业病危害的岗位，改善劳动条件，完善职业病防护设施。

第三十二条　煤矿应当为劳动者个人建立职业健康监护档案，并按照有关规定的期限妥善保存。

职业健康监护档案应当包括劳动者个人基本情况、劳动者职业史和职业病危害接触史、历次职业健康检查结果及处理情况、职业病诊疗等资料。

劳动者离开煤矿时，有权索取本人职业健康监护档案复印件，煤矿必须如实、无偿提供，并在所提供的复印件上签章。

第三十三条　劳动者健康出现损害需要进行职业病诊断、鉴定的，煤矿企业应当如实提供职业病诊断、鉴定所需的劳动者职业史和职业病危害接触史、作业场所职业病危害因素检测结果等资料。

第六章　粉尘危害防治

第三十四条　煤矿应当在正常生产情况下对作业场所的粉尘浓度进行监测。粉尘浓度应当符合表5－8－2的要求；不符合要求的，应当采取有效措施。

表5－8－2　煤矿作业场所粉尘浓度要求

粉尘种类	游离 SiO_2 含量/%	时间加权平均容许浓度/($mg \cdot m^{-3}$)	
		总粉尘	呼吸性粉尘
煤尘	<10	4	2.5
硅尘	10≤～≤50	1	0.7
	50<～≤80	0.7	0.3
	>80	0.5	0.2
水泥尘	<10	4	1.5

第三十五条　煤矿进行粉尘监测时，其监测点的选择和布置应当符合表5－8－3的要求。

表5－8－3　煤矿作业场所测尘点的选择和布置要求

类别	生产工艺	测尘点布置
采煤工作面	司机操作采煤机、打眼、人工落煤及攉煤	工人作业地点
	多工序同时作业	回风巷距工作面10～15 m处
掘进工作面	司机操作掘进机、打眼、装岩（煤）、锚喷支护	工人作业地点
	多工序同时作业（爆破作业除外）	距掘进头10～15 m回风侧
其他场所	翻罐笼作业、巷道维修、转载点	工人作业地点
露天煤矿	穿孔机作业、挖掘机作业	下风侧3～5 m处
	司机操作穿孔机、司机操作挖掘机、汽车运输	操作室内
地面作业场所	地面煤仓、储煤场、输送机运输等处生产作业	作业人员活动范围内

第三十六条　粉尘监测采用定点或者个体方法进行，推广实时在线监测系统。粉尘监测应当符合下列要求：

（1）总粉尘浓度，煤矿井下每月测定2次或者采用实时在线监测，地面及露天煤矿每月测定1次或者采用实时在线监测。

（2）呼吸性粉尘浓度每月测定1次。

（3）粉尘分散度每6个月监测1次。

（4）粉尘中游离 SiO_2 含量，每6个月测定1次，在变更工作面时也应当测定1次。

第三十七条　煤矿应当使用粉尘采样器、直读式粉尘浓度测定仪等仪器设备进行粉尘浓度测定。井工煤矿的采煤工作面回风巷、掘进工作面回风侧应当设置粉尘浓度传感器，并接入安全监测监控系统。

第三十八条　井工煤矿必须建立防尘洒水系统。永久性防尘水池容量不得小于200 m^3，且贮水量不得小于井下连续2 h的用水量，备用水池贮水量不得小于永久性防尘水池的50%。

防尘管路应当敷设到所有能产生粉尘和沉积粉尘的地点，没有防尘供水管路的采掘工作面不得生产。静压供水管路管径应当满足矿井防尘用水量的要求，强度应当满足静压水压力的要求。

防尘用水水质悬浮物的含量不得超过30 mg/L，粒径不大于0.3 mm，水的pH值应当在6~9范围内，水的碳酸盐硬度不超过3 mmol/L。使用降尘剂时，降尘剂应当无毒、无腐蚀、不污染环境。

第三十九条　井工煤矿掘进井巷和硐室时，必须采用湿式钻眼，使用水炮泥，爆破前后冲洗井壁巷帮，爆破过程中采用高压喷雾（喷雾压力不低于8 MPa）或者压气喷雾降尘、装岩（煤）洒水和净化风流等综合防尘措施。

第四十条　井工煤矿在煤、岩层中钻孔，应当采取湿式作业。煤（岩）与瓦斯突出煤层或者软煤层中难以采取湿式钻孔时，可以采取干式钻孔，但必须采取除尘器捕尘、除尘，除尘器的呼吸性粉尘除尘效率不得低于90%。

第四十一条　井工煤矿炮采工作面应当采取湿式钻眼，使用水炮泥，爆破前后应当冲洗煤壁，爆破时应当采用高压喷雾（喷雾压力不低于8 MPa）或者压气喷雾降尘，出煤时应当洒水降尘。

第四十二条　井工煤矿采煤机作业时，必须使用内外喷雾装置。内喷雾压力不得低于2 MPa，外喷雾压力不得低于4 MPa。内喷雾装置不能正常使用时，外喷雾压力不得低于8 MPa，否则采煤机必须停机。液压支架必须安装自动喷雾降尘装置，实现降柱、移架同步喷雾。破碎机必须安装防尘罩，并加装喷雾装置或者除尘器。放顶煤采煤工作面的放煤口，必须安装高压喷雾装置（喷雾压力不低于8 MPa）或者采取压气喷雾降尘。

第四十三条　井工煤矿掘进机作业时，应当使用内外喷雾装置和控尘装置、除尘器等构成的综合防尘系统。掘进机内喷雾压力不得低于2 MPa，外喷雾压力不得低于4 MPa。内喷雾装置不能正常使用时，外喷雾压力不得低于8 MPa；除尘器的呼吸性粉尘除尘效率不得低于90%。

第四十四条　井工煤矿的采煤工作面回风巷、掘进工作面回风侧应当分别安设至少2道自动控制风流净化水幕。

第四十五条　煤矿井下煤仓放煤口、溜煤眼放煤口以及地面带式输送机走廊必须安设喷雾装置或者除尘器，作业时进行喷雾降尘或者用除尘器除尘。煤仓放煤口、溜煤眼放煤口采用喷雾降尘时，喷雾压力不得低于8 MPa。

第四十六条　井工煤矿的所有煤层必须进行煤层注水可注性测试。对于可注水煤层必须进行煤层注水。煤层注水过程中应当对注水流量、注水量及压力等参数进行监测和控制，单孔注水总量应当使该钻孔预湿煤体的平均水分含量增量不得低于1.5%，封孔深度应当保证注水过程中煤壁及钻孔不漏水、不跑水。在厚煤层分层开采时，在确保安全的前提下，应当采取在上一分层的采空区内灌水，对下一分层的煤体进行湿润。

第四十七条　井工煤矿打锚杆眼应当实施湿式钻孔，喷射混凝土时应当采用潮喷或者湿喷工艺，喷射机、喷浆点应当配备捕尘、除尘装置，距离锚喷作业点下风向100 m内，应当设置2道以上自动控制风流净化水幕。

第四十八条　井工煤矿转载点应当采用自动喷雾降尘（喷雾压力应当大于0.7 MPa）或者密闭尘源除尘器抽尘净化等措施。转载点落差超过0.5 m，必须安装溜槽或者导向板。装煤点下风侧20 m内，必须设置一道自动控制风流净化水幕。运输巷道内应当设置自动控制风流净化水幕。

第四十九条　露天煤矿粉尘防治应当符合下列要求：

（1）设置有专门稳定可靠供水水源的加水站（池），加水能力满足洒水降尘所需的最大供给量。

（2）采取湿式钻孔；不能实现湿式钻孔时，设置有效的孔口捕尘装置。

（3）破碎作业时，密闭作业区域并采用喷雾降尘或者除尘器除尘。

（4）加强对穿孔机、挖掘机、汽车等司机操作室的防护。

（5）挖掘机装车前，对煤（岩）洒水，卸煤（岩）时喷雾降尘。

(6) 对运输路面经常清理浮尘、洒水，加强维护，保持路面平整。

第五十条　洗选煤厂原煤准备（给煤、破碎、筛分、转载）过程中宜密闭尘源，并采取喷雾降尘或者除尘器除尘。

第五十一条　储煤场厂区应当定期洒水抑尘，储煤场四周应当设抑尘网，装卸煤炭应当喷雾降尘或者洒水车降尘，煤炭外运时应当采取密闭措施。

第七章　噪声危害防治

第五十二条　煤矿作业场所噪声危害依照下列标准判定：

(1) 劳动者每天连续接触噪声时间达到或者超过 8 h 的，噪声声级限值为 85 dB（A）。

(2) 劳动者每天接触噪声时间不足 8 h 的，可以根据实际接触噪声的时间，按照接触噪声时间减半、噪声声级限值增加 3 dB（A）的原则确定其声级限值。

第五十三条　煤矿应当配备 2 台以上噪声测定仪器，并对作业场所噪声每 6 个月监测 1 次。

第五十四条　煤矿作业场所噪声的监测地点主要包括：

(1) 井工煤矿的主要通风机、提升机、空气压缩机、局部通风机、采煤机、掘进机、风动凿岩机、风钻、乳化液泵、水泵等地点。

(2) 露天煤矿的挖掘机、穿孔机、矿用汽车、输送机、排土机和爆破作业等地点。

(3) 选煤厂破碎机、筛分机、空压机等地点。

煤矿进行监测时，应当在每个监测地点选择 3 个测点，监测结果以 3 个监测点的平均值为准。

第五十五条　煤矿应当优先选用低噪声设备，通过隔声、消声、吸声、减振、减少接触时间、佩戴防护耳塞（罩）等措施降低噪声危害。

第八章　热 害 防 治

第五十六条　井工煤矿采掘工作面的空气温度不得超过 26 ℃，机电设备硐室的空气温度不得超过 30 ℃。当空气温度超过上述要求时，煤矿必须缩短超温地点工作人员的工作时间，并给予劳动者高温保健待遇。采掘工作面的空气温度超过 30 ℃、机电设备硐室的空气温度超过 34 ℃时，必须停止作业。

第五十七条　井工煤矿采掘工作面和机电设备硐室应当设置温度传感器。

第五十八条　井工煤矿应当采取通风降温、采用分区式开拓方式缩短入风线路长度等措施，降低工作面的温度；当采用上述措施仍然无法达到作业环境标准温度的，应当采用制冷等降温措施。

第五十九条　井工煤矿地面辅助生产系统和露天煤矿应当合理安排劳动者工作时间，减少高温时段室外作业。

第九章　职业中毒防治

第六十条　煤矿作业场所主要化学毒物浓度不得超过表 5－8－4 的要求。

表 5－8－4　主要化学毒物最高允许浓度

化学毒物名称	最高允许浓度/%
CO	0.0024
H_2S	0.00066
NO（换算成 NO_2）	0.00025
SO_2	0.0005

第六十一条　煤矿进行化学毒物监测时，应当选择有代表性的作业地点，其中包括空气中有害物质浓度最高、作业人员接触时间最长的作业地点。采样应当在正常生产状态下进行。

第六十二条　煤矿应当对 NO（换算成 NO_2）、CO、SO_2 每 3 个月至少监测 1 次，对 H_2S 每月至少监测 1 次。煤层有自燃倾向的，应当根据需要随时监测。

第六十三条　煤矿作业场所应当加强通风降低有害气体的浓度，在采用通风措施无法达到表 5－8－4 的规定时，应当采用净化、化学吸收等措施降低有害气体的浓度。

第十章　法　律　责　任

第六十四条　煤矿违反本规定，有下列行为之一的，给予警告，责令限期改正；逾期不改正的，处十万元以下的罚款。

（1）作业场所职业病危害因素检测、评价结果没有存档、上报、公布的。

（2）未设置职业病防治管理机构或者配备专职职业卫生管理人员的。

（3）未制定职业病防治计划或者实施方案的。

（4）未建立健全职业病危害防治制度的。

（5）未建立健全企业职业卫生档案或者劳动者职业健康监护档案的。

（6）未公布有关职业病防治的规章制度、操作规程、职业病危害事故应急救援措施的。

（7）未组织劳动者进行职业卫生培训，或者未对劳动者个人职业病防护采取指导、督促措施的。

第六十五条　煤矿违反本规定，有下列行为之一的，给予警告，可以并处五万元以上十万元以下的罚款：

（1）未如实申报产生职业病危害的项目的。

（2）未实施由专人负责的职业病危害因素日常监测，或者监测系统不能正常监测的。

（3）订立或者变更劳动合同时，未告知劳动者职业病危害真实情况的。

（4）未组织职业健康检查、建立职业健康监护档案，或者未将检查结果书面告知劳动者的。

（5）未在劳动者离开煤矿企业时提供职业健康监护档案复印件的。

第六十六条　煤矿违反本规定，有下列行为之一的，责令限期改正，逾期不改正的，处五万元以上二十万元以下的罚款；情节严重的，责令停止产生职业病危害的作业，或者提请有关人民政府按照国务院规定的权限责令关闭：

（1）作业场所职业病危害因素的强度或者浓度超过本规定要求的。

（2）未提供职业病防护设施和个人使用的职业病防护用品，或者提供的职业病防护设施和个人使用的职业病防护用品不符合本规定要求的。

（3）未对作业场所职业病危害因素进行检测、评价的。

（4）作业场所职业病危害因素经治理仍然达不到本规定要求时，未停止存在职业病危害因素的作业的。

（5）发生或者可能发生急性职业病危害事故时，未立即采取应急救援和控制措施，或者未按照规定及时报告的。

（6）未按照规定在产生严重职业病危害的作业岗位醒目位置设置警示标识和中文警示说明的。

第六十七条　煤矿违反本规定，有下列情形之一的，责令限期治理，并处五万元以上三十万元以下的罚款；情节严重的，责令停止产生职业病危害的作业，或者暂扣、吊销煤矿安全生产许可证：

（1）隐瞒本单位职业卫生真实情况的。

（2）使用国家明令禁止使用的可能产生职业病危害的设备或者材料的。

（3）安排未经职业健康检查的劳动者、有职业禁忌的劳动者、未成年工或者孕期、哺乳期女职工从事接触职业病危害的作业或者禁忌作业的。

第六十八条　煤矿违反本规定，有下列行为之一的，给予警告，责令限期改正，逾期不改正的，处三万元以下的罚款：

（1）未投入职业病防治经费的。

（2）未建立职业病防治领导机构的。

（3）煤矿企业主要负责人、职业卫生管理人员和职业病危害因素监测人员未接受职业卫生培训的。

第六十九条　煤矿违反本规定，造成重大职业病危害事故或者其他严重后果，构成犯罪的，对直接负责的主管人员和其他直接责任人员，依法追究刑事责任。

第七十条　煤矿违反本规定的其他违法行为，依照《职业病防治法》和其他行政法规、规章的规定给予行政处罚。

第七十一条　本规定设定的行政处罚，由煤矿安全监察机构实施。

第十一章　附　　则

第七十二条　本规定中未涉及的其他职业病危害因素，按照国家有关规定执行。

第七十三条　本规定自2015年4月1日起施行。

8.3　建设项目职业病防护设施“三同时”监督管理办法

第一章　总　　则

第一条　为了预防、控制和消除建设项目可能产生的职业病危害，加强和规范建设项目职业病防护设施建设的监督管理，根据《职业病防治法》，制定本办法。

第二条　安全生产监督管理部门职责范围内、可能产生职业病危害的新建、改建、扩建和技术改造、技术引进建设项目（以下统称建设项目）职业病防护设施建设及其监督管理，适用本办法。

本办法所称的可能产生职业病危害的建设项目，是指存在或者产生职业病危害因素分类目录所列职业病危害因素的建设项目。

本办法所称的职业病防护设施，是指消除或者降低工作场所的职业病危害因素的浓度或者强度，预防和减少职业病危害因素对劳动者健康的损害或者影响，保护劳动者健康的设备、设施、装置、构（建）筑物等的总称。

第三条　负责本办法第二条规定建设项目投资、管理的单位（以下简称建设单位）是建设项目职业病防护设施建设的责任主体。

建设项目职业病防护设施必须与主体工程同时设计、同时施工、同时投入生产和使用（以下统称建设项目职业病防护设施“三同时”）。建设单位应当优先采用有利于保护劳动者健康的新技术、新工艺、新设备和新材料，职业病防护设施所需费用应当纳入建设项目工程预算。

第四条　建设单位对可能产生职业病危害的建设项目，应当依照本办法进行职业病危害预评价、职业病防护设施设计、职业病危害控制效果评价及相应的评审，组织职业病防护设施验收，建立健全建设项目职业卫生管理制度与档案。

建设项目职业病防护设施“三同时”工作可以与安全设施“三同时”工作一并进行。建设单位可以将建设项目职业病危害预评价和安全预评价、职业病防护设施设计和安全设施设计、职业病危害控制效果评价和安全验收评价合并出具报告或者设计，并对职业病防护设施与安全设施一并组织验收。

第五条　原国家安全生产监督管理总局在国务院规定的职责范围内对全国建设项目职业病防护设施“三同时”实施监督管理。

县级以上地方各级人民政府安全生产监督管理部门依法在本级人民政府规定的职责范围内对本行政区域内的建设项目职业病防护设施“三同时”实施分类分级监督管理，具体办法由省级安全生产监督管理部门制定，并报原国家安全生产监督管理总局备案。

跨两个及两个以上行政区域的建设项目职业病防护设施“三同时”由其共同的上一级人民政府安全生产监督管理部门实施监督管理。

上一级人民政府安全生产监督管理部门根据工作需要，可以将其负责的建设项目职业病防护设施“三同时”监督管理工作委托下一级人民政府安全生产监督管理部门实施；接受委托的安全生产监督管理部门不得再委托。

第六条　国家根据建设项目可能产生职业病危害的风险程度，将建设项目分为职业病危害一般、较重和严重 3 个类别，并对职业病危害严重建设项目实施重点监督检查。

建设项目职业病危害分类管理目录由原国家安全生产监督管理总局制定并公布。省级安全生产监督管理部门可以根据本地区实际情况，对建设项目职业病危害分类管理目录做出补充规定，但不得低于原国家安全生产监督管理总局规定的管理层级。

第七条　安全生产监督管理部门应当建立职业卫生专家库（以下简称专家库），并根据需要聘请专家库专家参与建设项目职业病防护设施“三同时”的监督检查工作。

专家库专家应当熟悉职业病危害防治有关法律、法规、规章、标准，具有较高的专业技术水平、实践经验和有关业务背景及良好的职业道德，按照客观、公正的原则，对所参与的工作提出技术意见，并对该意见负责。

专家库专家实行回避制度，参加监督检查的专家库专家不得参与该建设项目职业病防护设施“三同时”的评审及验收等相应工作，不得与该建设项目建设单位、评价单位、设计单位、施工单位或者监理单位等相关单位存在直接利害关系。

第八条　除国家保密的建设项目外，产生职业病危害的建设单位应当通过公告栏、网站等方式及时公布建设项目职业病危害预评价、职业病防护设施设计、职业病危害控制效果评价的承担单位、评价结论、评审时间及评审意见，以及职业病防护设施验收时间、验收方案和验收意见等信息，供本单位劳动者和安全生产监督管理部门查询。

第二章　职业病危害预评价

第九条　对可能产生职业病危害的建设项目，建设单位应当在建设项目可行性论证阶段进行职业病危害预评价，编制预评价报告。

第十条　建设项目职业病危害预评价报告应当符合职业病防治有关法律、法规、规章和标准的要求，并包括下列主要内容：

（1）建设项目概况，主要包括项目名称、建设地点、建设内容、工作制度、岗位设置及人员数量等。

（2）建设项目可能产生的职业病危害因素及其对工作场所、劳动者健康影响与危害程度的分析与评价。

（3）对建设项目拟采取的职业病防护设施和防护措施进行分析、评价，并提出对策与建议。

（4）评价结论，明确建设项目的职业病危害风险类别及拟采取的职业病防护设施和防护措施是否符合职业病防治有关法律、法规、规章和标准的要求。

第十一条　建设单位进行职业病危害预评价时，对建设项目可能产生的职业病危害因素及其对工作场所、劳动者健康影响与危害程度的分析与评价，可以运用工程分析、类比调查等方法。其中，类比调查数据应当采用获得资质认可的职业卫生技术服务机构出具的、与建设项目规模和工艺类似的用人单位职业病危害因素检测结果。

第十二条　职业病危害预评价报告编制完成后，属于职业病危害一般或者较重的建设项目，其建设单位主要负责人或其指定的负责人应当组织具有职业卫生相关专业背景的中级及中级以上专业技术职称人员或者具有职业卫生相关专业背景的注册安全工程师（以下统称职业卫生专业技术人员）对职业病危害预评价报告进行评审，并形成是否符合职业病防治有关法律、法规、规章和标准要求的评审意见；属于职业病危害严重的建设项目，其建设单位主要负责人或其指定的负责人应当组织外单位职业卫生专业技术人员参加评审工作，并形成评审意见。

建设单位应当按照评审意见对职业病危害预评价报告进行修改完善，并对最终的职业病危害预评价报告的真实性、客观性和合规性负责。职业病危害预评价工作过程应当形成书面报告备查。书面报告的具体格式由原国家安全生产监督管理总局另行制定。

第十三条　建设项目职业病危害预评价报告有下列情形之一的，建设单位不得通过评审：

（1）对建设项目可能产生的职业病危害因素识别不全，未对工作场所职业病危害对劳动者健康影响与危害程度进行分析与评价的，或者评价不符合要求的。

（2）未对建设项目拟采取的职业病防护设施和防护措施进行分析、评价，对存在的问题未提出对策措施的。

（3）建设项目职业病危害风险分析与评价不正确的。

（4）评价结论和对策措施不正确的。

（5）不符合职业病防治有关法律、法规、规章和标准规定的其他情形的。

第十四条　建设项目职业病危害预评价报告通过评审后，建设项目的生产规模、工艺等发生变更导致职业病危害风险发生重大变化的，建设单位应当对变更内容重新进行职业病危害预评价和评审。

第十五条　存在职业病危害的建设项目，建设单位应当在施工前按照职业病防治有关法律、法规、规章和标准的要求，进行职业病防护设施设计。

第十六条　建设项目职业病防护设施设计应当包括下列内容：

（1）设计依据。

（2）建设项目概况及工程分析。

（3）职业病危害因素分析及危害程度预测。

（4）拟采取的职业病防护设施和应急救援设施的名称、规格、型号、数量、分布，并对防控性能进行分析。

（5）辅助用室及卫生设施的设置情况。

（6）对预评价报告中拟采取的职业病防护设施、防护措施及对策措施采纳情况的说明。

（7）职业病防护设施和应急救援设施投资预算明细表。

（8）职业病防护设施和应急救援设施可以达到的预期效果及评价。

第十七条　职业病防护设施设计完成后，属于职业病危害一般或者较重的建设项目，其建设单位主要负责人或其指定的负责人应当组织职业卫生专业技术人员对职业病防护设施设计进行评审，并形成是否符合职业病防治有关法律、法规、规章和标准要求的评审意见；属于职业病危害严重的建设项目，其建设单位主要负责人或其指定的负责人应当组织外单位职业卫生专业技术人员参加评审工作，并形成评审意见。

建设单位应当按照评审意见对职业病防护设施设计进行修改完善，并对最终的职业病防护设施设计的真实性、客观性和合规性负责。职业病防护设施设计工作过程应当形成书面报告备查。书面报告的具体格式由原国家安全生产监督管理总局另行制定。

第十八条　建设项目职业病防护设施设计有下列情形之一的，建设单位不得通过评审和开工建设：

（1）未对建设项目主要职业病危害进行防护设施设计或者设计内容不全的。

（2）职业病防护设施设计未按照评审意见进行修改完善的。

（3）未采纳职业病危害预评价报告中的对策措施，且未作充分论证说明的。

（4）未对职业病防护设施和应急救援设施的预期效果进行评价的。

（5）不符合职业病防治有关法律、法规、规章和标准规定的其他情形的。

第十九条　建设单位应当按照评审通过的设计和有关规定组织职业病防护设施的采购和施工。

第二十条　建设项目职业病防护设施设计在完成评审后，建设项目的生产规模、工艺等发生变更导致职业病危害风险发生重大变化的，建设单位应当对变更的内容重新进行职业病防护设施设计和评审。

第三章　职业病危害控制效果评价与防护设施验收

第二十一条　建设项目职业病防护设施建设期间，建设单位应当对其进行经常性的检查，对发现的问题及时进行整改。

第二十二条　建设项目投入生产或者使用前，建设单位应当依照职业病防治有关法律、法规、规章和标准要求，采取下列职业病危害防治管理措施：

（1）设置或者指定职业卫生管理机构，配备专职或者兼职的职业卫生管理人员。

（2）制定职业病防治计划和实施方案。

（3）建立、健全职业卫生管理制度和操作规程。

（4）建立、健全职业卫生档案和劳动者健康监护档案。

（5）实施由专人负责的职业病危害因素日常监测，并确保监测系统处于正常运行状态。

（6）对工作场所进行职业病危害因素检测、评价。

（7）建设单位的主要负责人和职业卫生管理人员应当接受职业卫生培训，并组织劳动者进行上岗前的职业卫生培训。

（8）按照规定组织从事接触职业病危害作业的劳动者进行上岗前职业健康检查，并将检查结果书面告知劳动者。

（9）在醒目位置设置公告栏，公布有关职业病危害防治的规章制度、操作规程、职业病危害事故应急救援措施和工作场所职业病危害因素检测结果。对产生严重职业病危害的作业岗位，应当在其醒目位置，设置警示标识和中文警示说明。

（10）为劳动者个人提供符合要求的职业病防护用品。

（11）建立、健全职业病危害事故应急救援预案。

（12）职业病防治有关法律、法规、规章和标准要求的其他管理措施。

第二十三条　建设项目完工后，需要进行试运行的，其配套建设的职业病防护设施必须与主体工程同时投入试运行。

试运行时间应当不少于30日，最长不得超过180日，国家有关部门另有规定或者特殊要求的行业除外。

第二十四条　建设项目在竣工验收前或者试运行期间，建设单位应当进行职业病危害控制效果评价，编制评价报告。建设项目职业病危害控制效果评价报告应当符合职业病防治有关法律、法规、规章和标准的要求，包括下列主要内容：

（1）建设项目概况。

（2）职业病防护设施设计执行情况分析、评价。

（3）职业病防护设施检测和运行情况分析、评价。

（4）工作场所职业病危害因素检测分析、评价。

（5）工作场所职业病危害因素日常监测情况分析、评价。

（6）职业病危害因素对劳动者健康危害程度分析、评价。

（7）职业病危害防治管理措施分析、评价。

（8）职业健康监护状况分析、评价。

（9）职业病危害事故应急救援和控制措施分析、评价。

（10）正常生产后建设项目职业病防治效果预期分析、评价。

（11）职业病危害防护补充措施及建议。

（12）评价结论，明确建设项目的职业病危害风险类别，以及采取控制效果评价报告所提对策建议后，职业病防护设施和防护措施是否符合职业病防治有关法律、法规、规章和标准的要求。

第二十五条　建设单位在职业病防护设施验收前，应当编制验收方案。验收方案应当包括下列内容：

（1）建设项目概况和风险类别，以及职业病危害预评价、职业病防护设施设计执行情况。

（2）参与验收的人员及其工作内容、责任。

（3）验收工作时间安排、程序等。

建设单位应当在职业病防护设施验收前20日将验收方案向管辖该建设项目的安全生产监督管理部门进行书面报告。

第二十六条　属于职业病危害一般或者较重的建设项目，其建设单位主要负责人或其指定的负责人应当组织职业卫生专业技术人员对职业病危害控制效果评价报告进行评审以及对职业病防护设施进行验收，并形成是否符合职业病防治有关法律、法规、规章和标准要求的评审意见和验收意见。属于职业病危害严重的建设项目，其建设单位主要负责人或其指定的负责人应当组织外单位职业卫生专业技术人员参加评审和验收工作，并形成评审和验收意见。

建设单位应当按照评审与验收意见对职业病危害控制效果评价报告和职业病防护设施进行整改完善，并对最终的职业病危害控制效果评价报告和职业病防护设施验收结果的真实性、合规性和有效性负责。

建设单位应当将职业病危害控制效果评价和职业病防护设施验收工作过程形成书面报告备查，其中职业病危害严重的建设项目应当在验收完成之日起20日内向管辖该建设项目的安全生产监督管理部门提交书面报告。书面报告的具体格式由原国家安全生产监督管理总局另行制定。

第二十七条　有下列情形之一的，建设项目职业病危害控制效果评价报告不得通过评审、职业病防护设施不得通过验收：

（1）评价报告内容不符合本办法第二十四条要求的。

（2）评价报告未按照评审意见整改的。

（3）未按照建设项目职业病防护设施设计组织施工，且未充分论证说明的。

（4）职业病危害防治管理措施不符合本办法第二十二条要求的。

（5）职业病防护设施未按照验收意见整改的。

（6）不符合职业病防治有关法律、法规、规章和标准规定的其他情形的。

第二十八条　分期建设、分期投入生产或者使用的建设项目，其配套的职业病防护设施应当分期与建设项目同步进行验收。

第二十九条　建设项目职业病防护设施未按照规定验收合格的，不得投入生产或者使用。

第四章　监督检查

第三十条　安全生产监督管理部门应当在职责范围内按照分类分级监管的原则，将建设单位开展建设项目职业病防护设施“三同时”情况的监督检查纳入安全生产年度监督检查计划，并按照监督检查计划与安全设施“三同时”实施一体化监督检查，对发现的违法行为应当依法予以处理；对违法行为情节严重的，应当按照规定纳入安全生产不良记录“黑名单”管理。

第三十一条 安全生产监督管理部门应当依法对建设单位开展建设项目职业病危害预评价情况进行监督检查，重点监督检查下列事项：

（1）是否进行建设项目职业病危害预评价。

（2）是否对建设项目可能产生的职业病危害因素及其对工作场所、劳动者健康影响与危害程度进行分析、评价。

（3）是否对建设项目拟采取的职业病防护设施和防护措施进行评价，是否提出对策与建议。

（4）是否明确建设项目职业病危害风险类别。

（5）主要负责人或其指定的负责人是否组织职业卫生专业技术人员对职业病危害预评价报告进行评审，职业病危害预评价报告是否按照评审意见进行修改完善。

（6）职业病危害预评价工作过程是否形成书面报告备查。

（7）是否按照本办法规定公布建设项目职业病危害预评价情况。

（8）依法应当监督检查的其他事项。

第三十二条 安全生产监督管理部门应当依法对建设单位开展建设项目职业病防护设施设计情况进行监督检查，重点监督检查下列事项：

（1）是否进行职业病防护设施设计。

（2）是否采纳职业病危害预评价报告中的对策与建议，如未采纳是否进行充分论证说明。

（3）是否明确职业病防护设施和应急救援设施的名称、规格、型号、数量、分布，并对防控性能进行分析。

（4）是否明确辅助用室及卫生设施的设置情况。

（5）是否明确职业病防护设施和应急救援设施投资预算。

（6）主要负责人或其指定的负责人是否组织职业卫生专业技术人员对职业病防护设施设计进行评审，职业病防护设施设计是否按照评审意见进行修改完善。

（7）职业病防护设施设计工作过程是否形成书面报告备查。

（8）是否按照本办法规定公布建设项目职业病防护设施设计情况。

（9）依法应当监督检查的其他事项。

第三十三条 安全生产监督管理部门应当依法对建设单位开展建设项目职业病危害控制效果评价及职业病防护设施验收情况进行监督检查，重点监督检查下列事项：

（1）是否进行职业病危害控制效果评价及职业病防护设施验收。

（2）职业病危害防治管理措施是否齐全。

（3）主要负责人或其指定的负责人是否组织职业卫生专业技术人员对建设项目职业病危害控制效果评价报告进行评审和对职业病防护设施进行验收，是否按照评审意见和验收意见对职业病危害控制效果评价报告和职业病防护设施进行整改完善。

（4）建设项目职业病危害控制效果评价及职业病防护设施验收工作过程是否形成书面报告备查。

（5）建设项目职业病防护设施验收方案、职业病危害严重建设项目职业病危害控制效果评价与职业病防护设施验收工作报告是否按照规定向安全生产监督管理部门进行报告。

（6）是否按照本办法规定公布建设项目职业病危害控制效果评价和职业病防护设施验收情况。

（7）依法应当监督检查的其他事项。

第三十四条 安全生产监督管理部门应当按照下列规定对建设单位组织的验收活动和验收结果进行监督核查，并纳入安全生产年度监督检查计划：

（1）对职业病危害严重建设项目的职业病防护设施的验收方案和验收工作报告，全部进行监督核查。

（2）对职业病危害较重和一般的建设项目职业病防护设施的验收方案和验收工作报告，按照原国家安全生产监督管理总局规定的“双随机”方式实施抽查。

第三十五条 安全生产监督管理部门应当加强监督检查人员建设项目职业病防护设施“三同时”知识的培训，提高业务素质。

第三十六条 安全生产监督管理部门及其工作人员不得有下列行为：

（1）强制要求建设单位接受指定的机构、职业卫生专业技术人员开展建设项目职业病防护设施“三同时”有关工作。

（2）以任何理由或者方式向建设单位和有关机构收取或者变相收取费用。

（3）向建设单位摊派财物、推销产品。

（4）在建设单位和有关机构报销任何费用。

第三十七条 任何单位或者个人发现建设单位、安全生产监督管理部门及其工作人员、有关机构和人员违反职业病防治有关法律、法规、标准和本办法规定的行为，均有权向安全生产监督管理部门或者有关部门举报。

受理举报的安全生产监督管理部门应当为举报人保密，并依法对举报内容进行核查和处理。

第三十八条 上级安全生产监督管理部门应当加强对下级安全生产监督管理部门建设项目职业病防护设施“三同时”监督执法工作的检查、指导。

地方各级安全生产监督管理部门应当定期汇总分析有关监督执法情况，并按照要求逐级上报。

第五章 法 律 责 任

第三十九条 建设单位有下列行为之一的，由安全生产监督管理部门给予警告，责令限期改正；逾期不改正的，处 10 万元以上 50 万元以下的罚款；情节严重的，责令停止产生职业病危害的作业，或者提请有关人民政府按照国务院规定的权限责令停建、关闭：

（1）未按照本办法规定进行职业病危害预评价的。

（2）建设项目的职业病防护设施未按照规定与主体工程同时设计、同时施工、同时投入生产和使用的。

（3）建设项目的职业病防护设施设计不符合国家职业卫生标准和卫生要求的。

（4）未按照本办法规定对职业病防护设施进行职业病危害控制效果评价的。

（5）建设项目竣工投入生产和使用前，职业病防护设施未按照本办法规定验收合格的。

第四十条 建设单位有下列行为之一的，由安全生产监督管理部门给予警告，责令限期改正；逾期不改正的，处 5000 元以上 3 万元以下的罚款：

（1）未按照本办法规定，对职业病危害预评价报告、职业病防护设施设计、职业病危害控制效果评价报告进行评审或者组织职业病防护设施验收的。

（2）职业病危害预评价、职业病防护设施设计、职业病危害控制效果评价或者职业病防护设施验收工作过程未形成书面报告备查的。

（3）建设项目的生产规模、工艺等发生变更导致职业病危害风险发生重大变化的，建设单位对变更内容未重新进行职业病危害预评价和评审，或者未重新进行职业病防护设施设计和评审的。

（4）需要试运行的职业病防护设施未与主体工程同时试运行的。

（5）建设单位未按照本办法第八条规定公布有关信息的。

第四十一条 建设单位在职业病危害预评价报告、职业病防护设施设计、职业病危害控制效果评价报告编制、评审以及职业病防护设施验收等过程中弄虚作假的，由安全生产监督管理部门责令限期改正，给予警告，可以并处 5000 元以上 3 万元以下的罚款。

第四十二条 建设单位未按照规定及时、如实报告建设项目职业病防护设施验收方案，或者职业病危害严重建设项目未提交职业病危害控制效果评价与职业病防护设施验收的书面报告的，由安全生产监督管理部门责令限期改正，给予警告，可以并处5000元以上3万元以下的罚款。

第四十三条 参与建设项目职业病防护设施“三同时”监督检查工作的专家库专家违反职业道德或者行为规范，降低标准、弄虚作假、牟取私利，做出显失公正或者虚假意见的，由安全生产监督管理部门将其从专家库除名，终身不得再担任专家库专家。职业卫生专业技术人员在建设项目职业病防护设施“三同时”评审、验收等活动中涉嫌犯罪的，移送司法机关依法追究刑事责任。

第四十四条 违反本办法规定的其他行为，依照《职业病防治法》有关规定给予处理。

第六章 附 则

第四十五条 煤矿建设项目职业病防护设施“三同时”的监督检查工作按照新修订发布的《煤矿和煤层气地面开采建设项目安全设施监察规定》执行，煤矿安全监察机构按照规定履行国家监察职责。

第四十六条 本办法自2017年5月1日起施行。原国家安全生产监督管理总局2012年4月27日公布的《建设项目职业卫生“三同时”监督管理暂行办法》同时废止。

8.4 职业病防治组织机构与职责

第一条 为了更好地保障公司广大职工的职业健康权益，进一步促进职业病防治工作持续健康发展。公司及所属各煤矿必须严格按照《职业病防治法》《用人单位职业病防治指南》（GBZ/T 225—2010）要求成立职业病防治领导机构和专职管理机构。

第二条 市公司成立职业病防治领导组和职业卫生管理科。公司总经理、党委书记任组长，是公司职业病防治工作第一责任人，公司其他领导班子成员任副组长，经理助理、副总工程师、副总会计师及各部门负责人为领导组成员。

第三条 公司设职业卫生管理科，是市公司职业病防治工作的牵头部门，设科长1人，管理人员2人。各职能部室应指定专人协助职业卫生管理科完成本部门业务范围内职业病防治相关工作。

第四条 公司各部室职业病防治工作责任制。

（1）职业病防治领导组责任制。

①设置职业卫生管理机构，配备专兼职的职业卫生管理人员，提供必需的职业卫生管理经费，保证职业病防治工作正常开展。

②直接领导本公司职业病防治工作，对职业病危害防治工作重大问题做出决策。

③组织对在职业病防治工作中有贡献者进行表扬、奖励，对违章者、不履行职责者进行批评教育和处罚。

④监督公司及所属各煤矿职业病防治工作开展情况，督促公司及所属各矿对存在的问题及时整改。

⑤领导组织对本公司范围内发生的职业病危害事故及时进行处理并采取相应措施。

（2）职业病防治领导组组长责任制。

①职业病防治领导组组长由公司总经理担任，是职业危害防治工作的第一责任人。

②全面负责组织落实公司职业危害防治工作并对重大问题进行决策，对职业病危害防治工作负主要领导责任。

③定期听取职业病防治工作情况汇报，研究解决职业健康工作中存在的问题。

④督促各级领导和各相关部门做好本职范围内的职业病危害防治工作。

⑤参加本公司职业危害事故的调查分析，提出改进措施。

（3）职业病防治领导组副组长责任制。

①协助组长工作，指导并监督公司职业病危害防治具体措施的落实，对职业危害防治工作负指挥、协调和监督责任。

②组织职业危害事故的调查工作，提出处理意见和改进措施。

③负责领导职业卫生管理科开展职业卫生检查工作。

④监督检查本公司职业卫生工作各项措施落实及职业危害防治经费使用执行情况。

（4）领导组成员责任制。

①组织实施职责范围内职业危害防治工作的各项措施。

②负责监督检查职业健康的宣传教育培训工作、职业危害防护设施和个体防护用品的使用情况等。

③协助职业病防治领导组副组长做好职业病的防治工作。

④定期研究生产过程中存在的职业危害问题，提出改善措施，并组织实施。

（5）职业卫生管理科责任制。

①在公司职业病防治领导组的领导下，负责职业危害防治日常事务性工作。

②检查公司所属各煤矿职业病危害防治管理工作情况。

③负责协调上级主管部门与公司所属各矿之间相关的工作。

④组织召开、参加职业病危害防治相关工作会议。

⑤参与职业危害事故及职业危害突发事件应急工作的组织协调与处理。

⑥负责公司职业危害防治的考核工作。

⑦参与公司所属各煤矿作业场所职业危害防治工作的监督与检查，充分发挥监督作用，维护员工职业健康正当权益。

（6）职业卫生科科长责任制。

①在公司职业病防治领导组的直接领导下，认真贯彻执行国家相关的方针、政策、法规及集团公司的相关规章制度。

②结合公司实际，制定贯彻实施职业病防治工作的具体措施，认真执行上级下达的各项任务，全面负责公司职业病防治的具体工作。

③参与公司所属各煤矿新建项目职业病防护设施“三同时”工作的评审验收，并督促各单位落实整改措施。

④配合协助公司安全培训中心做好本公司所属各矿职工职业健康教育培训工作。

⑤组织相关职能部门对公司所属各煤矿进行职业病防治检查工作。

（7）职业卫生管理科工作人员责任制。

①认真贯彻执行国家职业病防治的法律、法规及集团公司、二级公司有关职业病防治的相关规定及要求，在科长的带领下做好本职工作。

②具体负责管理公司职业病防治的日常业务工作，并负责监督检查。

③负责公司职业危害事故及突发性事件的处置工作。

④督促公司所属各单位完善相关职业病防治管理制度、健全各级、各岗位职业病防治责任制。

⑤督促、收集职业卫生工作资料，更新完善各类台账记录，分类存档，实现规范化管理。

⑥负责与上级管理部门的工作联系，并按要求汇报或报告工作完成情况。

（8）安全生产监察管理部责任制。

①认真贯彻执行国家职业病防治的法律、法规及集团公司、二级公司有关职业病防治的相关规定及要求，督促、指导职业卫生管理科做好职业病防治工作。

②负责对各煤矿作业场所职业危害状况进行检查，排查职业危害事故隐患，及时会同有关部门提出防治措施，制定整改方案，确保工作场所作业人员的身体健康。

③负责对各煤矿作业场所职业危害防护设施运行情况及作业人员佩戴使用劳动防护用品情况进行监督检查。

④督促并指导职业危害防治知识的宣传教育和培训。

⑤当发生职业危害事故时，有权要求各单位采取应急措施，有权参入职业危害事故的调查处理。

（9）人力资源部责任制。

①在公司职业病防治领导组的领导下，积极配合协助职业卫生管理科完成本部门范围内职业危害防治工作。

②负责对接触职业病危害因素作业的用工情况进行监督管理。

③负责对接触职业病危害作业的人员职业健康检查的监督管理。

④负责对有职业禁忌人员、疑似职业病人岗位调动的监督管理。

⑤负责对接触职业病危害作业职工的劳动合同告知的监督管理。

⑥负责监督、督促各煤矿职工工伤保险及其他社会保险的缴纳工作。

⑦参与公司组织的职业危害防治工作的监督检查。

（10）培训部责任制。

①负责监督公司所属各煤矿从业人员上岗前和在岗期间的职业健康培训工作。

②监督各煤矿对职业病危害严重岗位的从业人员职业健康培训工作。

③负责监督各煤矿对因变更工艺、技术、设备、材料，或者岗位调整导致劳动者接触的职业危害因素发生变化的，对劳动者重新进行上岗前的职业健康培训工作。

④监督各煤矿职业健康培训内容是否符合国家相关规定。

⑤参与公司组织的职业危害防治工作的监督检查。

（11）财务管理部责任制。

①在公司职业病防治领导组的领导下，监督管理公司各煤矿职业病防治经费投入使用情况。

②负责审核各煤矿年度职业危害防治资金使用计划，定期检查职业危害防治计划资金的使用情况。

③监督并保证各煤矿职业病患者职业病诊断、鉴定、医疗、生活保障等费用的使用。

④督促各煤矿建立职业危害专项经费账户，建立经费使用明细台账，对使用经费情况及时进行登记。

⑤督促各煤矿财务部门制定本单位职业病防治经费使用相关制度，贯彻执行并定期进行考核。

（12）工会责任制。

①监督各煤矿是否贯彻执行国家职业卫生法律法规、职业病防治工作责任制、规章制度是否执行到位。

②监督各煤矿新建、改建、扩建和技术改造工程项目的职业病防护设施“三同时”工作。

③充分利用群监组织对各煤矿职业病防治工作、隐患整改情况进行督查。

④监督检查各煤矿劳动防护用品的配备、发放和使用情况。

⑤监督检查各煤矿职业病病人权益的落实情况。

⑥全面监督公司职业病危害防治工作开展情况，参与职业病危害事故处理及善后工作。

（13）生产技术部责任制。

①指导各煤矿编制先进生产工艺、技术革新方案，规范职业病防治措施等，改善职工劳动环境。

②督促各煤矿生产技术部门依据职业病危害因素种类、来源、产生部位等技术资料编制生产过程中的技术规范、操作规程。

③对各煤矿的职业病防治工作负技术指导责任。

④参与公司组织的职业危害防治工作的监督检查。

⑤参与职业危害事故的调查及处理。

（14）生产指挥中心责任制。

①督促指导各煤矿编制职业危害事故应急预案编制、应急物资储备等工作。

②指导各煤矿发生职业危害事故时采取应急措施，并向集团和地方煤矿监管部门进行事故报告。

③参与职业危害防治工作的监督检查。

④参与职业危害事故的调查及处理。

（15）一通三防部责任制。

①监督并确保各矿井通风系统正常，供给井下足够的新鲜空气，冲淡和排除有毒有害气体和粉尘，确保达到符合国家职业卫生标准的工作环境。

②督促各矿建立完善的防尘供水系统，落实防尘设施、制度及专项工作措施。

③督促各煤矿配备与监职业危害因素监测设备，保证设备的完好使用，并由专人负责保管。

④督促各矿做好作业场所职业危害因素粉尘监测工作，准确记录并上报监测结果。

⑤监督各矿粉尘防治措施是否执行并落实到位。

⑥参与职业危害防治工作的监督检查。

⑦参与职业危害事故的调查及处理。

（16）机电设备部责任制。

①监督检查各煤矿是否还在使用《禁止井工煤矿使用的设备及工艺目录（第一、二、三批）》中明令禁止使用或淘汰的机电设备、材料和工艺。

②监督检查各煤矿职业病防护设施的运行情况。

③监督检查各煤矿是否建立职业病防护设施设备管理台账，各种检修记录是否齐全、规范。

④参与职业病危害防治工作的监督检查。

⑤参与职业危害事故的调查及处理。

（17）工程管理部责任制。

①督促各煤矿加强对新建项目职业病防护设施施工进度、质量、现场管理的监督检查。

②负责督查各煤矿新建项目职业病防护设施是否与主体工程同时设计、同时施工、同时投入生产和使用。

③在新建项目施工过程中负责检查职业病防护设施安装使用情况。

④参与建设项目完工后相关职能部门组织的职业病防护设施竣工验收工作。

⑤参与职业危害事故的调查及处理。

（18）招标管理办公室责任制。

①监督各煤矿规范个体防护用品进货渠道，购买符合国家职业卫生标准或行业标准的防护用品。

②与公司职业卫生管理科联合加强对个体防护用品质量的监督检查。

③发生职业危害事故时保证充足的物资供应。

（19）其他部门责任制。

①认真贯彻执行国家相关法律、法规的相关规定及公司制定的职业病防治有关规章制度。

②协助公司职业卫生管理科做好职业病危害防治的相关工作。

③若发生职业危害事故时，协助进行善后处理工作。

第五条　公司所属各煤矿必须设置职业病防治领导机构和专职管理机构，明确煤矿主要负责人是本单位职业病防治工作第一责任人，明确分管职业卫生工作负责人（原则上由分管安全生产的领导分管此项工作），成立职业卫生管理科（科长 1 人）、配备专职人员（不少于 2 人），不得兼职。如暂无条件成立专职科室时，也必须在安全生产监督管理部设内设机构，明确一名副部长具体分管此项工作，并指定专职管理人员（不少于 2 人），做到分工明确、各负其责。

第六条　公司所属各煤矿应建立的职业病防治责任制：

（1）职业卫生工作领导组责任制。

（2）职业卫生工作领导组组长责任制。

（3）职业卫生工作领导组副组长责任制。

（4）职业卫生工作领导组成员责任制。

（5）职业卫生管理科责任制。

（6）职业卫生管理科科长责任制。

（7）职业卫生管理科工作人员责任制。

（8）煤矿各相关职能部门也必须建立职业病防治责任制。

（9）各岗位职业病防治责任制。

第七条　各煤矿应建立以下职业病危害防治管理制度：

（1）职业病危害防治责任制度。

（2）职业病危害警示与告知制度。

（3）职业病危害项目申报制度。

（4）职业病防治宣传、教育和培训制度。

（5）职业病防护设施管理制度。

（6）职业病个体防护用品管理制度。

（7）职业病危害日常监测及检测、评价管理制度。

（8）建设项目职业病防护设施与主体工程同时设计、同时施工、同时投入生产和使用（以下简称建设项目职业卫生“三同时”）制度。

（9）劳动者职业健康监护及其档案管理制度。

（10）职业病诊断、鉴定及报告制度。

（11）职业病危害防治经费保障及使用管理制度。

（12）职业卫生档案管理制度。

（13）职业病危害事故应急管理制度。

（14）法律、法规、规章规定的其他职业病危害防治制度。

在此基础上，各煤矿还应依据《关于进一步加强全省煤矿职业健康工作的通知》（晋煤劳发〔2017〕81号）要求建立健全以下制度：

（1）职业危害警示标识及中文警示说明的设置管理制度。

（2）职业健康工作情况统计报表制度。

（3）职业病防治专项基金制度。

（4）职业病危害作业场所工作时间制度。

第八条　制度要结合单位实际进行制定，要具有可操作性，并确保制度有效落实。

8.5　职业病危害因素防治措施

第一条　为保障公司职工在生产过程中的职业健康安全，提高经济效益，根据《职业病防治法》《工作场所职业卫生监督管理规定》《煤矿作业场所职业病危害防治规定》等法规，结合公司所属各矿实际情况，特制定本措施。

第二条　适用范围

公司所属各煤矿生产作业时均应执行本措施。

第三条　职业危害因素种类

根据公司所属各煤矿现场生产具体情况确定存在的职业危害主要有四大类：①生产性粉尘的危

害；②生产性噪声；③高温作业；④氮氧化物、碳氧化物、硫化氢等有毒有害气体。

第四条 职业危害因素防治措施

各煤矿要坚持以预防为主、综合治理的方针，加强职业病危害因素源头治理，加强职业病防治工作宣传教育，提高全员职业危害防治意识，普及防治知识，及时发现危害因素。

1. 粉尘

(1) 各煤矿应当在正常生产情况下对作业场所的粉尘浓度进行监测。粉尘浓度应当符合表5-8-5的要求，不符合要求的，应当采取有效措施。

表5-8-5 粉尘浓度

粉尘种类	游离 SiO_2 含量/%	时间加权平均容许浓度/($mg \cdot m^{-3}$)	
		总粉尘	呼吸性粉尘
煤尘	<10	4	2.5
硅尘	10≤~≤50	1	0.7
	50<~≤80	0.7	0.3
	>80	0.5	0.2
水泥尘	<10	4	1.5

(2) 煤矿进行粉尘监测时，其监测点的选择和布置应当符合表5-8-6的要求。

表5-8-6 监测点的选择和布置

类别	生产工艺	测尘点布置
采煤工作面	司机操作采煤机、打眼、人工落煤及攉煤	工人作业地点
	多工序同时作业	回风巷距工作面10~15m处
掘进工作面	司机操作掘进机、打眼、装岩（煤）、锚喷支护	工人作业地点
	多工序同时作业（爆破作业除外）	距掘进头10~15 m回风侧
其他场所	翻罐笼作业、巷道维修、转载点	工人作业地点
露天煤矿	穿孔机作业、挖掘机作业	下风侧3~5 m处
	司机操作穿孔机、司机操作挖掘机、汽车运输	操作室内
地面作业场所	地面煤仓、储煤场、输送机运输等处生产作业	作业人员活动范围内

(3) 粉尘监测采用定点或者个体方法进行，推广实时在线监测系统。粉尘监测应当符合下列要求：总粉尘浓度，煤矿井下每月测定2次或者采用实时在线监测，地面及露天煤矿每月测定1次或者采用实时在线监测；呼吸性粉尘浓度每月测定1次；粉尘分散度每6个月监测1次；粉尘中游离 SiO_2 含量，每6个月测定1次，在变更工作面时也应当测定1次。

(4) 各煤矿应当配备2台粉尘采样器、直读式粉尘浓度测定仪等仪器进行粉尘浓度测定。井工煤矿的采煤工作面回风巷、掘进工作面回风侧应当设置粉尘浓度传感器，并接入安全监测监控系统。

(5) 各煤矿必须建立防尘洒水系统。永久性防尘水池容量不得小于200 m^3，且贮水量不得小于井下连续2 h的用水量，备用水池贮水量不得小于永久性防尘水池的50%。防尘管路应当敷设到所有能产生粉尘和沉积粉尘的地点，没有防尘供水管路的采掘工作面不得生产。静压供水管路管径应当满足矿井防尘用水量的要求，强度应当满足静压水压力的要求。防尘用水水质悬浮物的含量不得超过30 mg/L，粒径不大于0.3 mm，水的pH值应当在6～9范围内，水的碳酸盐硬度不超过3 mmol/L。使用降尘剂时，降尘剂应当无毒、无腐蚀、不污染环境。

（6）各煤矿掘进井巷和硐室时，必须采用湿式钻眼，使用水炮泥，爆破前后冲洗井壁巷帮，爆破过程中采用高压喷雾（喷雾压力不低于8 MPa）或者压气喷雾降尘、装岩（煤）洒水和净化风流等综合防尘措施。

（7）各煤矿在煤、岩层中钻孔，应当采取湿式作业。煤（岩）与瓦斯突出煤层或者软煤层中难以采取湿式钻孔时，可以采取干式钻孔，但必须采取除尘器捕尘、除尘，除尘器的呼吸性粉尘除尘效率不得低于90%。

（8）各煤矿采煤机作业时，必须使用内、外喷雾装置。内喷雾压力不得低于2 MPa，外喷雾压力不得低于4 MPa。内喷雾装置不能正常使用时，外喷雾压力不得低于8 MPa，否则采煤机必须停机。液压支架必须安装自动喷雾降尘装置，实现降柱、移架同步喷雾。破碎机必须安装防尘罩，并加装喷雾装置或者除尘器。放顶煤采煤工作面的放煤口，必须安装高压喷雾装置（喷雾压力不低于8 MPa）或者采取压气喷雾降尘。

（9）各煤矿掘进机作业时，应当使用内外喷雾装置和控尘装置、除尘器等构成的综合防尘系统。掘进机内喷雾压力不得低于2 MPa，外喷雾压力不得低于4 MPa。内喷雾装置不能正常使用时，外喷雾压力不得低于8 MPa；除尘器的呼吸性粉尘除尘效率不得低于90%。

（10）各煤矿的采煤工作面回风巷、掘进工作面回风侧应当分别安设至少2道自动控制风流净化水幕。

（11）各煤矿井下煤仓放煤口、溜煤眼放煤口以及地面带式输送机走廊必须安设喷雾装置或者除尘器，作业时进行喷雾降尘或者用除尘器除尘。煤仓放煤口、溜煤眼放煤口采用喷雾降尘时，喷雾压力不得低于8 MPa。

（12）各煤矿的所有煤层必须进行煤层注水可注性测试。对于可注水煤层必须进行煤层注水。煤层注水过程中应当对注水流量、注水量及压力等参数进行监测和控制，单孔注水总量应当使该钻孔预湿煤体的平均水分含量增量不得低于1.5%，封孔深度应当保证注水过程中煤壁及钻孔不漏水、不跑水。在厚煤层分层开采时，在确保安全的前提下，应当采取在上一分层的采空区内灌水，对下一分层的煤体进行湿润。

（13）各煤矿打锚杆眼应当实施湿式钻孔，喷射混凝土时应当采用潮喷或者湿喷工艺，喷射机、喷浆点应当配备捕尘、除尘装置，距离锚喷作业点下风向100 m内，应当设置2道以上自动控制风流净化水幕。

（14）各煤矿转载点应当采用自动喷雾降尘（喷雾压力应当大于0.7 MPa）或者密闭尘源除尘器抽尘净化等措施。转载点落差超过0.5 m，必须安装溜槽或者导向板。装煤点下风侧20 m内，必须设置一道自动控制风流净化水幕。运输巷道内应当设置自动控制风流净化水幕。

2. 噪声

（1）劳动者每天连续接触噪声时间达到或者超过8 h的，噪声声级限值为85 dB（A）。

（2）劳动者每天接触噪声时间不足8 h的，可以根据实际接触噪声的时间，按照接触噪声时间减半、噪声声级限值增加3 dB（A）的原则确定其声级限值。

（3）煤矿应当配备2台以上噪声测定仪器，并对作业场所噪声每6个月监测1次。

（4）煤矿作业场所噪声的监测地点主要包括：①井工煤矿的主要通风机、提升机、空气压缩机、局部通风机、采煤机、掘进机、风动凿岩机、风钻、乳化液泵、水泵等地点；②选煤厂破碎机、筛分机、空压机等地点；③煤矿进行监测时，应当在每个监测地点选择3个测点，监测结果以3个监测点的平均值为准。

3. 化学毒物浓度（有毒有害气体）

（1）煤矿作业场所应当加强通风降低有害气体的浓度，在采用通风措施无法达到表 5-8-7 的规定时，应当采用净化、化学吸收等措施降低有害气体的浓度。

表 5-8-7　煤矿主要化学毒物最高允许浓度

化学毒物名称	最高允许浓度/%
CO	0.0024
H_2S	0.00066
NO（换算成 NO_2）	0.00025
SO_2	0.0005

（2）煤矿进行化学毒物监测时，应当选择有代表性的作业地点，其中包括空气中有害物质浓度最高、作业人员接触时间最长的作业地点。采样应当在正常生产状态下进行。

（3）煤矿应当对 NO（换算成 NO_2）、CO、SO_2 每 3 个月至少监测 1 次，对 H_2S 每月至少监测 1 次。煤层有自燃倾向的，应当根据需要随时监测。

（4）各煤矿作业场所应当加强通风降低有害气体的浓度，在采用通风措施无法达到表 5-8-7 的规定时，应当采用净化、化学吸收等措施降低有害气体的浓度。

4. 高温防治

（1）各煤矿采掘工作面的空气温度不得超过 26 ℃，机电设备硐室的空气温度不得超过 30℃。当空气温度超过上述要求时，煤矿必须缩短超温地点工作人员的工作时间，并给予劳动者高温保健待遇。采掘工作面的空气温度超过 30℃、机电设备硐室的空气温度超过 34 ℃时，必须停止作业。

（2）各煤矿采掘工作面和机电设备硐室应当设置温度传感器。

（3）各煤矿应当采取通风降温、采用分区式开拓方式缩短入风线路长度等措施，降低工作面的温度；当采用上述措施仍然无法达到作业环境标准温度的，应当采用制冷等降温措施。

（4）各煤矿地面辅助生产系统和露天煤矿应当合理安排劳动者工作时间，减少高温时段室外作业。

第五条　各煤矿作业人员必须按要求佩戴个体防护用品，并按照操作规程进行作业。

第六条　各煤矿必须保证职业病防护设施正常运行。

第七条　各煤矿要依照此措施制定具体的实施办法，根据现场实际情况随时进行修改。

第八条　对未执行本措施而造成的职业病危害事故，将追究主要负责人和直接责任人的责任并做出相关处罚。

8.6　职业健康宣传教育与培训制度

第一条　为提高职工职业病危害防治意识和自我保护能力，根据《职业病防治法》《关于加强用人单位职业卫生培训工作的通知》等有关规定，结合公司实际，特制定本制度。

第二条　公司职业病防治教育和培训工作由公司培训中心和职业卫生管理科共同组织进行。

第三条　各煤矿要根据本单位岗位特点，对从业人员制定职业卫生培训计划，确定培训内容和培训学时，充分利用"职业病防治宣传周""六月安全活动月"、班前会、公告栏、告知牌等多种渠道进行宣传培训，确保培训取得实效。

第四条　培训内容及时间

（1）各煤矿主要负责人培训内容：国家职业病防治法律、行政法规和规章，职业病危害防治基础知识及结合自己行业特点的职业卫生管理要求和措施等。初次培训不得少于16学时，继续教育不得少于8学时。

（2）职业卫生管理人员主要培训内容：国家职业病防治法律、行政法规、规章以及标准，职业病危害防治知识，主要职业病危害因素及防控措施，职业病防护设施的维护及管理，职业卫生管理要求和措施等。初次培训不得少于16学时，继续教育不得少于8学时。

（3）接触职业病危害因素的从业人员主要培训内容：国家职业病防治法规基本知识，本单位职业卫生管理制度和岗位操作规程，所在岗位的主要职业病危害因素和防范措施，个人劳动防护用品的使用和维护，劳动者的职业卫生保护权利与义务等。初次培训时间不得少于8学时，继续教育不得少于4学时。

第五条　各煤矿在应用新工艺、新设备或者转岗导致劳动者接触职业病危害因素发生变化时，也应对从业人员进行职业健康培训，可以视作继续教育。

第六条　职业健康培训可以和安全培训一体化，提高培训效率。

第七条　以上三类人员继续教育周期为一年，煤矿主要负责人及职业卫生管理人员由集团公司组织培训。接触职业病危害的从业人员（包括上岗前培训人员）由各煤矿自行组织培训，并将相关培训通知、教材、培训签到记录、试卷、考试成绩等培训资料归档管理。

第八条　各煤矿管理人员除接受集团公司、市公司组织的培训外，应积极参加地方煤矿监管部门组织的职业健康培训。

8.7　职业病危害项目申报制度

第一条　为保障职工的安全和职业健康，防治职业危害，依据《职业病防治法》《煤矿作业场所职业危害防治管理办法》《职业病危害项目申报办法》等法律、法规和相关规定，公司特制定职业病危害项目申报制度。

第二条　各煤矿职业卫生管理科负责职业危害项目申报工作，每年11月30日前，将工作场所存在的职业病危害因素，按要求向市级煤矿安全生产监督管理部门进行职业病危害项目申报。

第三条　各煤矿申报职业危害因素项目种类必须齐全，不得缺项，并对职业危害因素监测结果的真实性、合法性负责。

第四条　各煤矿进行职业病危害项目申报时所需资料清单：

（1）职业病危害防治领导机构、管理机构（任职文件复印件）。

（2）职业病危害防治制度（复印件）。

（3）职业病危害因素、监测人员及仪器设备汇总表。

（4）职业病防护设施及个体防护用品配备汇总表。

（5）煤矿企业主要负责人、职业卫生管理人员及劳动者职业卫生培训情况证明材料（复印件）。

（6）劳动者职业健康检查结果汇总资料，存在职业禁忌证、职业健康损害或者职业病的劳动者处理和安置情况（复印件）。

（7）职业病危害警示标识汇总表与告知情况。

（8）煤矿企业职业卫生档案管理情况。

（9）法律、法规和规章规定的其他材料。

第五条　各煤矿如有下列情形之一的，应当按照《职业病危害项目申报办法》向市级煤矿安全生产监督管理部门申报变更职业病危害项目内容：

（1）进行新建、改建、扩建、技术改造或者技术引进建设项目的，自建设项目竣工验收之日起30日内进行申报。

（2）因技术、工艺、设备或者材料等发生变化导致原申报的职业病危害因素及其相关内容发生重大变化的，自发生变化之日起 15 日内进行申报。

（3）用人单位工作场所、名称、法定代表人或者主要负责人发生变化的，自发生变化之日起 15 日内进行申报。

（4）经过职业病危害因素检测、评价，发现原申报内容发生变化的，自收到有关检测、评价结果之日起 15 日内进行申报。

第六条　领取申报回执后，将申报资料及回执复印件报市公司职业卫生管理科备案。

第七条　公司职业卫生管理科将不定期对各煤矿职业危害申报工作情况进行检查，对未及时申报或申报项目不全的单位按照相关规定进行处罚。

8.8　职业病危害警示与告知制度

第一条　为了保护公司员工健康及其相关权益，根据《职业病防治法》《煤矿作业场所职业病危害防治规定》等法律法规要求，特制定本制度。

第二条　公司所属各煤矿应当为员工创造符合国家职业卫生标准和卫生要求的工作环境和条件，并采取有效措施保障劳动者获得职业卫生保护的权利。

第三条　告知内容主要包括：

（1）国家职业病防治的法律、法规、本单位职业病危害防治制度和岗位职业卫生操作规程。

（2）作业过程中可能接触职业病危害因素的种类，对身体所造成的危害后果。

（3）职业病危害防护设施的运行情况、个体防护用品配备情况及使用方法。

（4）作业场所职业病危害因素检测与评价结果。

（5）其他的职业卫生知识。

第四条　告知方式主要包括：

（1）上岗前签订劳动合同时，职业危害因素告知书告知。

（2）在作业场所、办公区域醒目位置设置公告栏，在产生严重职业危害的作业岗位，设置警示标识、告知卡。

（3）定期进行职业危害因素检测、评价，并将检测、评价结果再在醒目位置进行公布。

（4）按照国家有关规定组织职工进行上岗前、在岗期间和离岗时的职业健康检查，并将检查结果以书面形式如实告知职工本人。

第五条　职工职业健康体检结果必须在单位取得职业健康体检报告一周时间内以书面形式告知本人。

第六条　公司职业卫生管理科定期或不定期对各煤矿职业病危害警示与告知制度的执行情况进行监督、检查、指导，确保告知制度落实到位。

8.9　职业危害事故报告及处置制度

第一条　为了规范职业病危害事故的调查处理，及时有效地控制职业病危害事故扩大，减轻职业病危害事故造成的损害，根据《职业病防治法》《职业病危害事故调查处理办法》等有关规定，结合公司实际，制定本制度。

第二条　按一次职业病危害事故所造成的危害严重程度，职业病危害事故分为三类：

（1）一般事故：发生急性职业病 10 人以下的。

（2）重大事故：发生急性职业病 10 人以上 50 人以下或者死亡 5 人以下的，或者发生职业性炭疽 5 人以下的。

（3）特大事故：发生急性职业病 50 人以上或者死亡 5 人以上，或者发生职业性炭疽 5 人以上的。

第三条　一般职业病危害事故由市公司安全生产监督管理部牵头协助集团公司及地方煤矿监管部

门进行调查处理，重大及特大事故由集团公司牵头协助省级煤矿监管部门进行调查处理。

第四条　事故报告

(1) 发生职业病危害事故时，发生事故的单位应当立即向公司安全生产监督管理部及生产指挥中心报告。

(2) 公司接到职业病危害事故报告后，必须及时上报集团公司及地方煤矿监管部门。

(3) 一般事故，应当于1 h内向集团公司和地方煤矿监管部门报告。

(4) 特大和重大事故，应当立即向集团公司及省级煤矿安监部门报告。

第五条　职业病危害事故报告的内容应当包括事故发生的地点、时间、发病情况、死亡人数、可能发生原因、已采取措施和发展趋势等。

第六条　任何单位和个人不得以任何借口对职业病危害事故瞒报、虚报、漏报和迟报。

第七条　发生职业病危害事故时，事故单位应当根据实际情况立即启动职业危害事故应急预案。

第八条　事故发生后，应积极协助、配合职业病危害事故调查小组，进行事故调查。

第九条　事故调查组进行现场调查取证时，有权向用人单位、有关部门、有关人员了解相关情况，任何单位和个人不得拒绝、隐瞒或提供虚假证据或资料，不得阻碍、干涉事故调查组的现场调查和取证工作。

第十条　公司安全生产监督管理部根据事故调查组提出的事故处理意见，按照“四不放过”原则对发生事故的用人单位责任人进行处罚，并责令事故单位及其主管部门负责落实改进措施。

第十一条　对各煤矿因不采取职业病危害预防措施而导致发生职业病危害事故并且构成犯罪的，对直接责任人和其他直接责任人员依法追究刑事责任。

8.10　职业病危害防治经费保障及使用管理制度

第一条　为保障公司各矿职业危害防治工作正常开展，保证经费使用规范到位，实现专款专用，根据《职业病防治法》《煤矿作业场所职业病危害防治规定》等有关规定，特制定本制度。

第二条　职业病防治工作经费使用范围

职业病危害预防和治理、建设项目职业病危害预评价和效果控制评价、职业病防护设施配置与维护、个人防护用品配置与维护、职业病危害因素检测与评价、职业健康监护、职业卫生培训、职业病病人诊断与治疗、赔偿与康复、工伤保险等方面。

第三条　各煤矿职业卫生管理科应在每年11月底前制定下年度职业卫生工作经费使用计划，经职业病危害防治领导组审批后，报单位财务科。

第四条　对职业病防治经费使用情况应建立明细台账。

第五条　各煤矿职业病防治经费应按照《企业安全生产费用提取和使用管理办法》（财企〔2012〕16号）第十七条“（十）其他与安全生产直接相关的支出”中列支。

第六条　各煤矿要定期评估职业病防治经费投入是否与本单位职业危害控制需求现适应。

第七条　各煤矿财务科要规范管理职业病防治经费的使用情况，并建立健全相关制度。

8.11　新建项目职业病防护设施“三同时”管理制度

第一条　为从源头上预防、控制和消除职业病危害，真正落实贯彻“预防为主、防治结合”的方针，保障广大职工职业健康权益，根据《职业病防治法》《建设项目职业病防护设施“三同时”监督管理办法》（安监总局令第90号）及《关于进一步加强全省煤矿建设项目职业病防护设施“三同时”工作的通知》（晋煤劳发〔2017〕242号）有关规定，结合公司实际，制定本制度。

第二条　各煤矿新建项目职业病防护设施必须与主体工程同时设计、同时施工、同时投入使用。职业病防护设施费用应当纳入建设项目工程预算。

第三条　各煤矿对新建项目职业病防护设施建设负主体责任，对建设项目职业病防护设施“三同时”实施监督管理。

第四条　各煤矿在新建项目可行性论证阶段，必须委托具备资质的技术服务机构（省煤监局备案的机构）编制职业病危害预评价报告。编制完成后，由市公司和建设单位共同组织职业卫生专家进行评审，形成符合职业病防治有关法律、法规和标准要求的评审意见，如存在问题进行整改完善，并经评审组专家进行复核和签字确认。预评价工作过程应形成书面报告备查并进行公示，相关资料存入本单位职业卫生档案，并向市公司职业卫生管理科上报相关资料。

第五条　在建设项目施工前，建设单位应委托具备资质的技术服务机构（省煤监局备案的机构）按照有关规定编制建设项目职业病防护设施设计。编制完成后，由市公司和建设单位共同组织职业卫生专家进行评审，形成符合职业病防治有关法律、法规和标准要求的评审意见。如存在问题进行整改完善，并经评审组专家进行复核和签字确认。职业病防护设施设计工作过程应形成书面报告备查并进行公示，相关资料存入本单位职业卫生档案，并向公司职业卫生管理科上报相关资料。

第六条　在新建项目职业病防护设施建设期间，各建设单位应组织职业卫生管理科、环保技改科、生产技术科等职能部门联合对施工过程中相关职业病防护设施进行经常性检查，对发现或存在的问题及时进行整改，相关资料存入本单位的职业卫生档案。

第七条　建设项目在竣工验收前或者试运行期间，建设单位应当委托具备资质的技术服务机构（省煤监局备案的机构）进行职业病危害控制效果评价，并编制评价报告。

（1）在职业病防护设施验收前制定验收方案，并上报市公司职业卫生管理科，并在职业病防护设施验收前20日将验收方案向市煤监局报告。

（2）由市公司和建设单位共同组织煤矿职业卫生专家进行控制效果评价和防护设施验收，出具是否符合职业病防治有关法律、法规要求的评审和验收意见，建设单位依据评审与验收意见对职业病危害控制效果评价报告进行修改完善，对职业病防护设施存在的问题制定整改方案，进行整改。整改完成后应当经评审组成员进行复核和签字确认。由市公司组织对整改结果进行现场复核，并出具验收合格文件。

（3）在验收工作完成后20日之内，将评审和验收工作过程形成书面报告，向市煤监局、市公司进行书面报告，相关材料存入本单位的职业卫生档案。

第八条　新建项目职业病防护设施“三同时”工作可以与安全设施“三同时”一并进行及组织验收。

第九条　分期建设、分期投入生产或者使用的建设项目，其配套的职业病防护设施也应当与建设项目同步验收。否则，不得投入生产和使用。

8.12　职业病危害日常监测及检测、评价管理制度

第一条　为进一步加强和规范各煤矿职业病危害因素日常监测、定期检测、评价工作，依据《职业病防治法》《工作场所职业卫生监督管理规定》《煤矿作业场所职业病危害防治规定》《用人单位职业病危害因素定期检测管理规范》等，特制定本制度。

第二条　各煤矿必须指定专人（取得职业危害因素检测证书）、配备职业危害因素监测仪器，负责职业病危害日常检测工作，建立监测结果台账，存入本单位职业卫生工作档案，并妥善保存。

第三条　职业危害因素种类、日常监测周期、检测地点必须符合《煤矿作业场所职业病危害防治规定》的有关规定。

第四条　各煤矿必须委托具备资质的技术服务机构（在山西省煤矿安全监察局备案）对本单位存在职业病危害因素的作业场所进行监测，主要包括：日常监测、每年一次作业场所职业病危害因素的全面检测，每三年进行一次职业病危害现状评价，并出具相关检测结果和报告。

第五条　各煤矿应将委托的职业卫生技术服务机构、计量认证范围、监测人员相关资质（复印件）报公司职业卫生管理科，经审核符合要求后开展相关工作，并将相关资质（复印件）存入本单位职业卫生档案备查。

第六条　各煤矿应当将职业病危害因素定期检测工作纳入年度职业病防治计划和实施方案中，明确责任部门或责任人，所需检测费用纳入年度经费预算中予以保障。

第七条　定期检测范围应当包括煤矿产生职业病危害的所有工作场所，用人单位不得要求职业卫生技术服务机构仅对部分职业病危害因素或部分工作场所进行指定检测。

第八条　各煤矿应当在确保正常生产的状况下，配合职业卫生技术服务机构做好采样前的现场调查和工作日写实工作，并由陪同人员在技术服务机构现场记录表上签字确认。

第九条　各煤矿应当对技术服务机构所有现场采样检测过程进行拍照或摄像留证，采样地点必须严格按照《煤矿作业场所职业病危害防治规定》要求执行，并将相关影像资料存档。

第十条　各煤矿不得委托不具备相应资质的职业卫生技术服务机构检测，不得要求职业卫生技术服务机构更改采样检测数据，不得要求职业卫生技术服务机构对指定地点或指定职业病危害因素进行采样检测。

第十一条　各煤矿应当要求职业卫生技术服务机构及时提供定期检测报告，定期检测报告经煤矿主要负责人审阅签字后归档。在收到定期检测报告后一个月之内，各煤矿应将定期检测结果上报所在地方煤矿安全监督管理部门。

第十二条　定期检测结果中职业病危害因素浓度或强度超过职业接触限值的，职业卫生技术服务机构应提出整改建议。各煤矿应根据整改建议，制定切实有效的整改方案，立即进行整改。整改后达到国家职业卫生标准和卫生要求，方可作业。整改落实情况要有明确的记录并存入职业卫生档案备查。

第十三条　各煤矿应当及时在工作场所醒目位置向劳动者公布日常监测、定期检测、评价结果和相应的防护措施。

8.13　职业病危害个体防护用品管理制度

第一条　为保障员工生命健康安全，加强劳动防护用品管理，强化员工劳动防护意识，认真贯彻落实《安全生产法》《职业病防治法》《劳动防护用品监督管理规定》等有关法律、法规管理规定。结合公司实际，特制定劳动防护用品管理制度。

第二条　各煤矿个体防护用品发放标准应根据本单位作业场所存在的职业危害因素及危害程度、劳动环境等条件，依照《煤矿职业安全卫生个体防护用品配备标准》（AQ 1501—2008）进行制定，并随工作条件变化而随时进行调整，发放标准应经职业病防治领导组审议通过。

第三条　各煤矿必须明确科室负责个体劳动防护用品的采购和发放，购买符合国家标准或行业标准的防护用品，严禁购买假冒、伪劣产品。

第四条　各煤矿必须保存防护用品的质量证明文件（三证一标志），并保存原件及复印件。

第五条　各煤矿必须制定防护用品管理制度，严格验货、入库管理程序，对证件不全、不符合国家标准要求、过期产品禁止入库。

第六条　各煤矿保管人员必须认真学习劳动防护用品说明书，按说明书要求进行储存和管理，并加强劳动防护用品在储存过程中的检查，防止劳动防护用品过期或变质，发现问题及时处理。

第七条　煤矿各部门应设专人，定期领取和发放劳动防护用品，并建立本部门劳动防护用品发放台账。

第八条　各煤矿职业卫生管理科、工会、安全科等部门要定期对劳动防护用品的质量、发放使用情况进行监督检查。

第九条　各煤矿应加强员工正确佩戴、使用劳动防护用品的教育培训工作。

第十条　各煤矿应对库存及正在使用的劳动防护用品按照说明书要求，及时更换、报废。强制报废的劳动防护用品必须回收，建立报废、回收台账，由主管部门统一处理。

第十一条　劳动防护用品由于正常使用造成的损坏时，由本部门出具证明，到主管部门办理更换手续。

第十二条　公司职业卫生管理科、招标管理办公室联合将不定期对各矿防护用品质量是否符合国家标准、行业标准、员工正确佩戴、使用劳动防护用品情况进行检查，发现购买不符合国家标准、行业标准的单位，对负责人进行处罚，对不按规定佩戴、使用劳动防护用品的员工，除进行教育外，按轻微“三违”论处，进行处罚。

8.14　职业病诊断、鉴定及报告制度

第一条　为了规范职业病诊断与鉴定工作，加强职业病诊断与鉴定管理，根据《职业病防治法》《职业病诊断与鉴定管理办法》，制定本制度。

第二条　煤矿职工职业病诊断、鉴定及报告等有关事宜应由本单位职业卫生管理科负责办理。

第三条　申请职业病诊断鉴定时，煤矿职业卫生管理科应当按照诊断机构要求，如实提供以下资料：

（1）职业史、既往史。

（2）职业健康监护档案复印件。

（3）职业健康检查结果。

（4）工作场所历年职业病危害因素检测、评价资料。

（5）诊断机构要求提供的其他必需的有关材料。

第四条　各矿应当及时安排对疑似职业病病人进行诊断，在疑似职业病病人诊断或者医学观察期间，不得解除或者终止与其订立的劳动合同。疑似职业病病人在诊断、医学观察期间的费用，由本单位承担。

第五条　确诊为职业病的患者，单位应当按照职业病诊断证明书上注明的复查时间安排复查。省级职业病诊断鉴定委员会的鉴定为最终鉴定。

第六条　各煤矿应当保障职业病病人依法享受国家规定的职业病待遇，安排职业病病人进行治疗、康复和定期检查，对不适宜继续从事原工作的职业病病人，应当调离原岗位，并妥善安置。

第七条　职业病诊断机构做出职业病诊断后，职业卫生管理科应当向当事人出具职业病诊断证明书。职业病诊断证明书一式三份，劳动者、用人单位各执一份，诊断机构存档一份。

第八条　对确诊的职业病患者，由诊断机构向地方卫生行政部门进行报告。各煤矿只需将诊断书复印件、处置情况说明报市公司职业卫生管理科。

8.15　职业病危害防护设施管理制度

第一条　为了加强对职业病防护设施的监督管理，使职业病防护设施在使用时更好地控制或者消除职业病危害因素，保障劳动者的健康，根据《职业病防治法》的有关规定，制定本制度。

第二条　各煤矿职业卫生管理科及相关职能科室负责监督管理职业病防护设施的运行情况。

第三条　职业防护设施应严格按照职业卫生技术服务机构做出的“职业病防护设施设计”的相关要求进行购置，购置的防护用品应符合以下要求：

（1）产品名称、型号。

（2）生产企业名称及地址。

（3）合格证和使用说明书，使用说明书应当同时载明防护性能、适应对象、使用方法及注意事项。

（4）检测单位应当具有职业卫生技术服务资质，检测的内容应当有检测依据及对某种职业病危害因素控制的效果结论。

（5）不得使用没有生产企业、没有产品名称、没有职业卫生技术服务机构检测报告的防护设施产品。

第四条　各矿相关职能部门应制定职业病危害防护设施管理制度，建立防护设施责任制，制定定期对防护设施运行和防护效果检查制度。

第五条　建立健全职业病防护设施检查和日常维修记录和台账，存入职业卫生档案。

第六条　各矿对职工要进行职业病防护设施性能、操作、使用要求等相关知识的培训，指导职工正确使用职业病防护设施。

8.16　职业卫生档案管理制度

第一条　为了保护职工健康和维护公司权益，根据《职业病防治法》《煤矿作业场所职业危害防治规定》等法律、法规的规定，特制定本制度。

第二条　职业卫生档案是在职业病危害防治和职业卫生管理活动中形成的，能够准确、完整地反映本单位职业卫生工作全过程的文字、图纸、照片、报表、音像资料、电子文档等文件资料，是职业病危害预防、控制、治理、研究的重要依据，也是职业卫生检查的重要依据。

第三条　各煤矿应当建立健全企业职业卫生档案和职工职业健康监护档案，俗称“两档”，并设专人进行保管。

（1）煤矿职业卫生档案应当包括下列内容：

①职业病防治责任制文件。

②职业病防治管理规章制度。

③作业场所职业病危害因素种类清单、岗位分布以及作业人员接触情况等资料。

④职业病防护设施、应急救援设施基本信息及其配置、使用、维护、检修与更换等记录。

⑤作业场所职业病危害因素检测、评价报告与记录。

⑥职业病个体防护用品配备、发放、维护与更换等记录。

⑦煤矿企业主要负责人、职业卫生管理人员和劳动者的职业卫生培训资料。

⑧职业病危害事故报告与应急处置记录。

⑨劳动者职业健康检查结果汇总资料，存在职业禁忌证、职业健康损害或者职业病的劳动者处理和安置情况记录。

⑩建设项目职业卫生“三同时”有关技术资料。

⑪职业病危害项目申报情况记录。

⑫其他有关职业卫生管理的资料或者文件。

（2）煤矿应为劳动者个人建立职业健康监护档案，并按照有关规定的期限妥善保存，主要包括以下内容：

①职业健康监护档案应当包括劳动者个人基本情况、劳动者职业史和职业病危害接触史。

②历次职业健康检查结果及处理情况，职业病诊疗等资料。

第四条　各煤矿“两档”资料按档案管理的要求建立目录、统一编号、专册登记。“两档”资料应字迹清楚、图表清晰、文字准确可靠，并管好和用好“两档”。

第五条　各煤矿应根据公司人员的变动，及时调整和补充“两档”，至少每年要系统地调整一次。

第七条　员工离开单位时，有权索取个人健康档案资料并复印，档案室应如实地、无偿地提供，并在所提供的个人复印件上签章。

第八条　对员工进行职业病诊断、鉴定需单位提供有关“两档”资料时，应如实地提供。

第九条　严禁对职业卫生档案拆卷、涂改、污损、转借和擅自翻印。

8.17　职业危害事故隐患排查制度

第一条　为建立职业危害事故隐患排查治理长效机制，强化职业病防治主体责任，加强事故隐患监督管理，防止和减少职业危害事故发生，保障职工生命和财产安全，根据《安全生产事故隐患排查治理暂行规定》等法规要求，制定本制度。

第二条　公司所属各矿必须建立健全职业危害事故隐患排查制度，开展职业病危害事故隐患排查相关工作。

第三条　各煤矿第一责任人对职业危害事故隐患排查治理工作全面负责。

第四条　各矿职业卫生管理科要组织相关职能科室定期对产生职业病危害因素的工作场所进行定期排查。

（1）粉尘防治方面。

对防尘系统、防尘管路、防尘水源及采掘工作面等有粉尘危害的作业场所的综合防尘设施、措施，必须每半月排查一次，并按照有关规定定期对作业场所的总粉尘浓度、工班个体和定点呼吸性粉尘浓度、粉尘中游离二氧化硅含量、粉尘分散度等进行检测，保证作业场所空气中粉尘浓度符合国家煤矿职业危害标准，并达到《煤矿安全规程》的要求

（2）噪声防治方面。

各煤矿在对主要通风机、压风机、局部通风机等噪声设备选型时，应优先选用低噪声设备，并符合《煤矿安全规程》的规定。对各煤矿目前在用的主要通风机、压风机、局部通风机等噪声设备，每月进行一次隐患和噪声危害排查，每半年进行一次噪声检测。作业场所噪声不得超过 85 dB（A）。当大于 85 dB（A）时，必须为职工配备个人防护用品，当大于或等于 90 dB（A）时，必须采取降低作业场所噪声的有效措施，确保噪声符合国家煤矿职业卫生标准。

（3）有毒有害气体防治方面。

对作业场所中的一氧化碳、硫化氢、二氧化硫、二氧化碳等有毒有害气体，必须按照《煤矿安全规程》等规定采取防治措施，保证检测次数和检测时间符合相关规定。各煤矿要保证每周进行一次有毒有害气体排查，确保有毒有害气体浓度符合国家职业卫生标准。

（4）高温防治方面。

各煤矿采掘工作面空气温度、机电设备硐室的空气温度必须符合《煤矿安全规程》的规定，并按照《煤矿安全规程》有关规定的要求进行检测，同时，各煤矿每月要进行一次对高温作业场所的隐患排查。

第五条　各煤矿所有职工一经发现职业危害事故隐患，均有权向矿长、分管矿长、安全科、职业卫生管理科和所在班组报告。

第六条　各级负责人接到事故隐患报告后，必须制定相应的整改措施，列出整改计划，同时，要落实整改资金、落实整改时限、落实责任单位和整改责任人，并严格进行考核。

第七条　各煤矿职业卫生管理科对排查发现的事故隐患，及时责成有关部门和人员按整改期限及时进行整改。

第八条　事故隐患整改责任人在整改过程中，要及时向矿主要负责人报告整改进度、整改存在的问题等情况，矿主要负责人要及时指挥、协调、解决隐患整改中存在的问题，确保事故隐患按期限完成整改，对未按期完成整改的进行处罚。

8.18　职业健康监护与档案管理制度

第一条　加强劳动者的职业健康管理，保证职业健康监护工作的落实，根据《职业病防治法》

《职业健康监护管理办法》《煤矿作业场所职业病危害防治规定》等法律、法规相关规定，特制定本制度。

第二条　公司所属各矿职业卫生管理科必须指定专职人员负责单位的职业健康体检工作。

第三条　职业卫生管理科每年要制定本单位职业健康检查年度计划。

第四条　各矿要根据劳动者所接触的职业病危害因素，进行上岗前、在岗期间和离岗时的职业健康检查，以及离岗后医学随访和应急健康检查。

第五条　职工接受职业健康检查视同正常出勤，职业健康检查费用由用人单位承担。

第六条　对从事接触职业病危害因素作业的新录用人员，包括转岗到有职业危害岗位的作业人员，重新进行上岗前职业健康检查。劳动者在上岗前未经职业健康检查或职业健康检查发现有职业禁忌不得安排从事接触职业病危害或禁忌的作业。

第七条　各煤矿要定期组织职工在岗期间的职业健康检查，并依据职业健康检查结果进行处理：

（1）对有职业禁忌证的劳动者调离或暂时脱离原工作岗位。

（2）对健康损害可能与所从事的职业相关的劳动者，妥善安置。

（3）对需要复查的劳动者，按照职业健康检查机构要求的时间安排其复查和医学观察。

（4）对疑似职业病病人按照职业健康检查机构的建议安排其进行医学观察或职业病诊断。

第八条　劳动者在离岗时必须进行职业健康检查。在30日内对准备脱离所从事的职业病危害的作业或岗位的劳动者进行离岗时职业健康检查；离岗前90日内的在岗期间职业健康检查可视为离岗时职业健康检查。用人单位对未进行离岗时职业健康检查的劳动者，不得解除或终止与其订立的劳动合同。

第九条　生产过程中发生急性职业病危害事故可能导致劳动者急性健康损害时，用人单位及时组织劳动者进行应急职业健康检查。

第十条　各煤矿必须委托有资质的职业健康检查机构（在省级卫生行政部门备案）承担职业健康检查工作。职业健康检查严格按《职业健康监护技术规范》规定的检查项目每年进行一次职业健康体检。

第十一条　各煤矿职业卫生管理科在接到职业健康体检报告后两周内必须将职业健康检查结果及职业健康检查机构的建议以书面的形式告知劳动者。

第十二条　用人单位不得安排未成年工从事接触职业病危害的作业；不得安排孕期、哺乳期的女职工从事对本人和胎儿、婴儿有危害的作业。

第十三条　各煤矿必须按照有关规定建立、健全职业健康监护档案，并长期妥善保存。

第十四条　如煤矿发生分立、合并、解散、破产等情形时，对从事接触职业病危害作业的劳动者进行健康检查，并按照国家有关规定妥善安置职业病病人。职业健康监护档案按照国家档案法律法规的规定移交保管。

8.19　职业病防治工作资料报备制度

第一条　为进一步推动公司职业卫生工作开展，全面了解、掌握各煤矿职业卫生工作情况及相关信息，更好地督促各煤矿落实职业卫生工作的主体责任，特制定本制度。

第二条　需上报公司职业卫生管理科的相关资料内容：

（1）为本单位进行职业危害因素定期检测的技术服务机构及检测人员资质复印件、定期监测、现状评价报告。

（2）各单位职业病病人及职业禁忌证患者名单、处置情况及职业病病人赔偿、住院、疗养等情况。

（3）上级部门对各单位进行职业卫生专项检查及其他检查提出职业卫生方面的问题整改情况。

(4) 各单位职业卫生管理部门要及时上报本单位职业卫生工作月度、半年、全年工作总结。

(5) 各单位职业病防治计划和实施方案，编制职业病防治年度计划和实施方案必须符合以下要求：年度计划要包括目标、指标、进度安排、保障措施、考核评价办法内容；实施方案应包括时间、进度、实施步骤、技术要求、考核内容、验收方案等内容，编写时各要素要全，不可缺项。

(6) 建设项目职业病防护设施“三同时”工作进展情况（职业病危害预评价、职业病防护设施设计、职业病危害控制效果评价及相应的评审资料、职业病防护设施是否与主体工程同时设计、同时施工、同时投入使用等）。

(7) 职业病危害项目申报表及回执复印件，每年11月底前进行本单位年度职业病危害项目申报，内容要按照实际情况进行填写，职业危害因素不可漏项。进行变更申报时也应将相关资料报公司职业卫生管理科。

(8) 职业卫生工作情况统计表（半年报、年报）。

第三条 报备时间：

(1) 对上述第二条 (1)、(2)、(3) 项，根据实际工作完成情况及时上报。

(2) 对上述第二条 (4)、(5) 项，月度工作总结在月末最后两天上报、半年工作总结在6月30日前、年度工作总结及职业病防治计划和实施方案于12月30日前上报。

(3) 对上述第二条 (6) 项，视建设项目工程进度及时上报。

(4) 对上述第二条 (7) 项，申报工作结束取得回执后上报。

(5) 对上述第二条 (8) 项，以纸质及电子版方式，每年6月30日前上报职业卫生工作情况统计表（半年报），12月30日前上报职业卫生工作情况统计表（年报）。

第四条 各煤矿必须明确上报职业卫生工作相关资料联系人。

第五条 对定期上报资料要及时上报，逾期不报者纳入月度安全考核并按照有关规定处罚。

第六条 如需上报其他资料时，另行通知。

8.20 职业病防治办公会议制度

第一条 为加强职业病防治工作管理，协调解决职业病防治工作中存在的问题，不断完善相关工作，依据《煤矿安全规程》等有关规定，根据公司实际，特制定本制度。

第二条 公司每季度末召开一次职业病防治工作办公会议，及时学习和贯彻上级有关职业健康的管理方针、政策。

第三条 公司职业病防治工作办公会议由分管职业卫生管理工作的经理主持，所属煤矿分管领导、职业卫生科科长列席。

第四条 公司每年初要召开年度职业病防治工作会议，公司相关职能部门负责人、各煤矿主要领导及分管领导参加，对上一年度职业病防治工作进行总结，对在职业病防治工作中表现好的单位给予奖励；对于表现较差的单位，给予批评和处罚。

第五条 职业病防治工作办公会议主要研究分析当前职业卫生工作中存在的问题和不足，提出解决的措施办法，并落实到有关部门、人员。

第六条 各煤矿要认真落实公司职业病防治工作办公会议的各项决议，对没有落实的单位，追究分管负责人的责任。

第七条 各煤矿必须按照公司要求每季度召开一次职业病防治工作会议，年初召开一次年度会议。年度会议要在总结上一年度职业卫生工作经验的基础上，制定本单位本年度职业卫生工作目标，制定本年度职业卫生工作计划和实施方案。

第八条 公司及所属各矿要认真做好职业卫生办公会议记录，存档备案，并下发会议纪要。

8.21　职业病防治工作监督检查制度

第一条　为使公司职业卫生工作做到实处，及时解决工作中存在的问题，依据《煤矿作业场所职业危害防治规定》《煤矿安全规程》的规定，特制定本制度。

第二条　职业卫生监督检查是安全监督检查的重要内容，必须纳入日常管理和安全监督检查过程中。

第三条　公司职业卫生管理科对各煤矿每季度进行一次职业卫生专项监督检查。各煤矿分管领导组织本单位职业卫生管理科及相关部门每月进行一次职业卫生工作检查。

第四条　职业卫生监督检查主要包括以下内容：

（1）职业卫生法律法规、标准及其他要求执行情况。

（2）职业卫生款育培训、宣传教育情况、持证上岗情况。

（3）职业病防护设备完好及运行情况。

（4）应急救援设施配备情况。

（5）职业卫生操作规程执行情况。

（6）工作场所职业卫生基本要求符合情况，包括防尘、防毒、噪声与振动防护、工频超高压电场的检测仪器配备、检测记录台账等。

（7）职业病危害告知情况。

（8）个体职业病防护用品配备、使用、发放、管理情况等。

第五条　在监督检查过程中，如发现作业现场有不符合国家职业卫生标准的作业环境、设备设施，应立即停止作业，撤出人员，限期整改。

第六条　各煤矿对各级政府部门、集团公司、市公司进行的职业卫生专项检查做好记录，建立专项检查问题台账，对存在的问题按照“五定原则”进行整改，整改结果上报公司职业卫生管理科。

8.22　职业病防治工作考核细则

第一条　为进一步规范公司职业病防治管理工作，增强各煤矿主体责任意识，更好地保障职工职业健康权益，结合实际，制定本细则。

第二条　职业卫生工作考核细则是对公司所属各煤矿职业病防治工作先进评比的依据，总分 100 分。达 90 分以上为优，80 分以上为达标，低于 80 分为不达标，发生职业危害事故时一票否决。

第三条　组织机构及管理，共 10 分，每项 2 分。

（1）公司所属各矿是否设有职业卫生专职管理机构，定期开展职业卫生检查工作。

（2）建立健全职业卫生工作管理制度及各相关职能部门、岗位责任制。

（3）满足开展职业卫生工作需要的经费。

（4）编制职业病危害事故应急预案。

（5）制订职业卫生工作规划及年度计划和实施方案。

第四条　新建项目职业病防护“三同时”，共 6 分，每项 2 分。

（1）职业卫生管理部门及相关职能部门是否对建设项目职业病防护设施“三同时”进行全过程监督。

（2）是否建立职业病防护设施“三同时”工作档案。

（3）职业病防护设施是否与主体工程同时设计、同时施工、同时投入使用。

第五条　职业危害因素申报，共 4 分，每项 2 分。

（1）每年 11 月 30 日前是否进行职业危害因素申报，并取得回执。

（2）煤矿有关事项发生变化，是否进行变更申报。

第六条　个体防护方面，共 10 分，分项 2.5 分。

（1）可能发生急性职业病伤害的工作场所，是否配备符合国家职业卫生标准要求的防护设施或用品。

（2）防护用品定期维修校验，并有维护检验记录。

（3）防护用品是否定期及时进行发放、更换。

（4）从业人员是否能正确、熟练使用个体防护用品。

第七条　作业场所职业危害因素监测方面，共 20 分，每项 2 分。

（1）是否将职业病危害因素定期检测工作纳入年度职业病防治计划和实施方案，是否明确责任部门或责任人，所需检测费用是否纳入年度经费预算予以保障。

（2）是否按照国家有关规定定期进行检测、评价。

（3）职业卫生技术服务机构是否在山西省煤矿安全监察局备案。

（4）日常监测仪器、检测地点是否按照《煤矿作业场所职业病危害防治规定》进行配备、检测。

（5）产生职业病危害的作业岗位、设备，是否设置警示标识和中文警示说明。

（6）职业病危害因素日常检测周期是否符合国家法规有关规定。

（7）对定期职业病危害因素检测、职业病危害现状评价报告中存在的问题是否制定整改措施。

（8）是否建立职业病危害因素定期检测档案。

（9）用人单位应当对技术服务机构现场采样检测过程进行拍照或摄像留证。

（10）在收到定期检测报告后，是否将定期检测结果进行公告及向所在地煤矿安全监督管理部门报告。

第八条　职业健康监护方面，共 20 分，每项 4 分。

（1）接触职业病危害的作业人员岗前体检率是否 100%；从事职业病危害作业人员在岗期间体检率是否 100%；离岗前体检率是否 100%。

（2）接触各类职业病危害因素职工的体检周期及检查项目是否达到要求。

（3）职业健康监护档案内容是否齐全，符合要求。

（4）对患有职业禁忌证、疑似职业病和职业病病人是否按有关规定安置。

（5）体检结果分析评价报告，是否报公司职业卫生管理科。

第九条　职业卫生档案方面，共 10 分，每项 5 分。

（1）建立健全职业卫生档案，设立专人（或兼职）管理。

（2）对员工进行职业病诊断、鉴定需单位提供有关“两档”资料时，是否如实提供。

第十条　职业健康培训教育，共 10 分，每项 2 分。

（1）是否制订年度职业健康教育培训计划并建立档案。

（2）是否开展多种形式的职业健康教育，是否有影像、有记录等资料。

（3）从事职业病危害作业人员岗前职业健康知识培训教育是否达 100%。

（4）自救互救技能培训率是否达 100%。

（5）是否按照培训计划定期组织职业健康知识培训。

第十一条　其他方面，共 10 分，每项 2.5 分。

（1）职业病年发病控制在职工总数的 0.5‰以下。

（2）安全生产标准化得分不达标。

（3）严格执行职业危害事故报告制度，发生职业危害事故是否 1 h 内上报市公司及地方煤矿监管部门。

（4）其他情况。

第十二条　职业病防治工作考核得分按比例换算后所得分数将纳入公司每月对各煤矿的安全绩效考核中。

9　二级公司调度信息管理制度

9.1　领导干部值班制度

公司及各煤矿，实行领导干部值班制度。每天须有一名主要领导干部和至少一名业务部门负责人实行24 h调度值班制。主要任务是：

（1）负责组织、协调、指挥本单位当日的安全生产工作。

（2）随时掌握本单位安全生产动态，发现一般问题及时处置；重大问题必须在第一时间赶赴现场指挥，并及时报告上级领导、上一级调度部门或集团公司总调度室。

（3）发生重大伤亡和非伤亡严重事故时，在第一时间按事故救援预案组织抢险救援，并按规定程序向上级报告，向属地人民政府有关安全生产监管部门报告。

（4）及时阅办传达上级领导下达的安全生产调度指令，组织有关部门检查贯彻落实情况。

（5）按照组织分工，协调处理基层请求解决的问题。

（6）研究分析安全生产情况，做好有关安全生产经营工作的协调、组织和准备。

（7）主持召开临时性的安全生产调度会议。

（8）严格执行交接班制度，做好值班记录，对本值班日未办以及待办的事宜都要向接班人员交代清楚。

9.2　调度人员值班制度

（1）调度人员实行24 h值班制度，从0时开始每8 h一个班，进行三班轮换制。调度员必须经部长同意后方可调班，否则按旷工处理。

（2）调度工作人员必须衣着整洁，精神饱满，态度亲和，文明礼貌，工作严细认真。

（3）调度员必须保持严肃、严谨，禁忌在工作场所大声喧哗，不得嬉闹。

（4）调度大厅、视频会议室随时保持文明卫生，整齐干净。

（5）调度及信息人员要认真坚守岗位，吃饭要轮替，不得脱岗。

（6）当班各矿的信息必须了解和掌握清楚，记录翔实准确，字迹工整。

（7）调度台电脑要保持完好，禁止在电脑上聊天和从事与本职工作无关的事宜。

（8）交接班记录必须认真填写，并交接清楚，各种台账记录填写规范、完整。

（9）对发生重大事故或影响生产的事件必须追踪，全面细致了解清楚，并及时向值班调度主任汇报。

（10）调度报表汇总要严谨细致，认真审核，表述得当，出现错误要严格问责。

（11）对照每天的信息发布台，认真落实好每班重点工作进展情况。

（12）认真做好各类文件、通知的收集和发放，并记录清楚。

（13）认真查询各矿的领导值班、带班和出勤情况。

（14）做好领导安排的其他临时性工作。

9.3　调度交接班制度

调度值班人员，在下班前必须按照下列规定办好交接班手续：

（1）在交班前对当班生产情况进行认真分析总结，填写好调度日志或交接班簿。

（2）当班发生的主要问题应将处理结果做好记录，待办事宜和未解决的问题要进行详细交班。具体要做到“五交清”：

①交清当班任务完成情况，并说明产量超欠原因。

②交清安全情况及各类事故、重点工程和关键部位的变化情况。

③交清有关领导指示、上级通知、通报的贯彻执行情况。

④交清正在处理和待处理的详细工作内容。

⑤交清下一班生产任务预计和可能出现的问题。

（3）接班调度员要认真听取交班调度员所交的情况，仔细查看调度日志和其他方面的记录，并在交接班簿上签字。

9.4 调度汇报制度

1. 班、日生产汇报制度

（1）矿调度室每班向二级公司生产指挥中心汇报一次。汇报内容为：本矿及各区队本班作业计划、出勤人数和生产中出现的问题及上一小班产量、总进尺、开拓进尺完成情况；汇报时间为当班结束2 h内。

（2）每日的产量、销售、基建报表应按照公司规定的统一格式，必须于当日下午 5：30 以前将前一日的报表上报公司调度，当日销售报表无销售要写明原因。

（3）各矿井要对当班发生的巷道贯通、矿井无计划停风停电、瓦斯超限报警、采掘工作面出现冒顶或重大地质变化、采掘工作面过老空及重大涌水变化、主要机械设备故障及其他安全生产重大事故要及时汇报，超出 30 min 不汇报，要追究当日值班长及调度工作人员的责任。

（4）各矿井要对遇有重大极端天气（暴风雨）需停产撤人等情况及时汇报，对停电限电、重大检修停工停产、重大隐患处置停工停产要及时汇报，并附具体应对措施和计划安排。

（5）公司生产指挥中心要在第一时间将下属矿井的重大隐患和影响安全生产的因素汇报当班值班调度主任及当日值班长，对影响正常生产超过 2 h 的事故要通过信息平台及时通知公司主要领导和各职能部门。

（6）公司生产指挥中心要认真汇总当日影响安全生产的主要因素，详细掌握重大隐患的处置情况，并在调度会上通报。造成后果的，追究相关责任人的责任。

（7）产量需调整时，统一在每月最后一日（30 日或 31 日）的报表中调整，并写明原因。

（8）所属各矿必须使用公司统一印制的各种台账、报表。

（9）公司向集团汇报制度。生产指挥中心每日 12 时以前向集团公司总调度汇报前一日的安全生产情况、基本建设情况，包括各生产矿井原煤产量、精煤产量、掘进总进尺、开拓进尺、煤炭外运情况及当天生产任务完成情况简要分析。

2. 旬（周）、月生产汇报制度

（1）每月 1 日、11 日、21 日，各级调度室要逐级向上级调度室汇报旬、月、季的生产任务完成情况和停工误时的非伤亡事故，影响生产原因以及将要采取的措施；下一旬、月、季的产量预报，增、欠产原因；上一旬、月、季所做的主要工作与效果；下一旬、月、季的工作安排。

（2）“工作面进度旬报表”上传时间为：每旬次日 8 ~ 12 时。

（3）每月 29 日 8 ~ 16 时上传本矿下一个月领导值班跟班排班表，各种值班跟班表要附所有跟值班人员的联系电话。

（4）每月 3 日 8 ~ 16 时上传上一个月的“领导值班跟班总结”。

（5）各级调度部门每月底前向上级调度汇报下月生产作业计划和工作安排。

9.5　事故、突发事件信息处理报告制度

（1）各单位按照事故类别及危害程度，要按规定的时间和内容（包括格式）逐级上报。另外，日常发生的一般非伤亡事故也要定期上报。其中：

①伤亡事故：各单位发生轻伤、重伤和死亡事故以及正在事故地点抢救尚不能确定伤害程度的人身事故时要立即报上级公司调度部门。如发生死亡事故时，还要上报属地政府有关部门。

②重大非伤亡事故：凡发生重大非伤亡事故，矿调度室要立即报公司生产指挥中心。如发生一级重大事故，如透水、火灾、瓦斯煤尘爆炸、大面积冒顶、全矿井停风、停电和提升事故等严重危害生产的事故，公司调度不仅要向有关领导汇报，还要向上级调度及时汇报。

③日常发生的一般非伤亡事故：矿调度室当班向生产指挥中心汇报；生产指挥中心每日向集团公司总调度室报告一次。

（2）事故汇报的内容及要求。

①事故发生的单位、时间、地点、性质、报告人、联系人、联系电话。

②事故的简要经过、影响情况、波及范围、伤亡人员、受伤情况及简历等。

③事故发生原因的初步判断。

④事故发生后采取的措施及事故控制情况。

⑤值班人员按领导批示，实际跟踪事故相关处置情况，并做好记录。

（3）发生故障和事故超过规定时间1 h未上报的视为延误，发生故障和事故24 h未上报的视为瞒报。因延报或瞒报造成严重影响，将严肃追究责任。

9.6　调度文档管理制度

（1）班、日调度记录（包括调度综合台账、调度员交接班记录、领导值班记录）保存期限为5年以上。

（2）旬及月综合分析汇报、专题报告、逐日瓦斯汇报、调度快报，保存期限为2年以上。

（3）二级机关调度通知、通报、传真电文和原稿，保存期限为2年以上。

（4）生产日报、瓦斯日报、计划统计快报，保存期限为3年以上。

（5）死亡事故记录、重大非伤亡事故记录，为永久保存资料。

（6）调度人员必须遵守保密制度，妥善保存好有关文件资料，按规定分类立卷，按月归档。

（7）生产日报表要按规定复印、发送，不得随意外传给其他个人或单位。矿井图纸和计划、财务、运销部门的统计资料，不准随意外传外借。

（8）对集团公司、本公司调度网址，网络硬盘地址、邮箱地址以及相应的密码不准随意外传给个人或单位。

（9）对矿、本公司、集团公司领导的办公、住宅、手机号码以及工作活动安排不得随意外传。

（10）集团公司、公司及所属单位的生产、安全、经营、销售情况和煤炭资源状况，不准擅自外传。如需上报有关部门，必须经公司分管领导审核同意，并且不准随意扩大通知范围。

（11）各级领导在生产指挥中心座谈、讨论的问题，未经同意不得参与、旁听和外传。

（12）按有关规定定期处理各种过期资料。

9.7　调度会议制度

为贯彻落实好煤炭行业的安全生产方针、政策，杜绝重特大恶性事故，确保公司实现月度、季度、年度生产目标，必须按时召开早调度会议、生产工作例会、调度专题会议，及时总结前一个生产周期内安全生产情况，发现存在的问题，组织协调煤矿、单位按计划生产、销售。调度会议组织程

序、内容要求等规定如下。

1. 早调度会议

早调度会议是公司领导及时掌握安全生产动态，组织协调指挥生产的主要方式和载体。生产指挥中心必须按时召开早调度会议，要通报前一个早调度会议后生产、销售、安全情况及存在的问题，研究、分析并布置当期安全生产工作重点和需解决的问题。早调度会议由生产指挥中心部长主持，值班部长汇报。生产指挥中心负责会议内容的记录和督促落实工作。

2. 生产工作例会

生产工作例会是研究分析当期各矿安全生产状况，安排部署下期安全生产工作的专业会议。生产工作例会一般由生产副经理主持，各生产单位分管安全、机电、技术、通风领导及公司各业务部门负责人参加。会议议程和内容主要有：生产调度部门通报上期生产完成情况，分析存在的问题，提出下期工作重点；安全部门通报上期安全隐患治理情况，提出下期安全治理工作重点；计划部门安排下期生产计划；其他部门根据情况通报分析分管业务完成情况和存在的问题，安排下期工作。每月5日前召开公司月度生产例会。

3. 调度专题会议

当出现一些特殊情况而影响生产时或生产副经理、调度主任认为必要时可召开调度专题会议。会议一般由调度主任主持，视会议内容决定参加会议人员和参加单位。会议决议一般以会议纪要形式发至相关单位和部门执行。

9.8　季节性汇报专项制度

各级调度对本单位的安全生产情况除定期总结分析并专题报告本单位领导外，还要向上一级调度汇报。当遇有特殊情况、临时性工作、重大安技措工程项目或上一级调度有要求的，必须做专题调度。汇报内容有特殊要求的，由上一级调度下达汇报提纲，由下一级调度室主任亲自汇报或指定专人汇报；无特别要求的，按前述要求汇报。汇报形式分口头汇报和书面汇报两种。口头汇报内容由上级值班调度员记录；书面汇报内容由汇报单位以电子文档形式报至指定邮箱。

每年4月1日至9月30日每旬汇报本矿“雨季三防”工作进展情况，10月1日至次年3月31每旬汇报本矿“冬季三防”工作进展情况，旬汇报上传时间为：每旬次日8~16时。

9.9　“雨季三防”管理制度

（1）“雨季三防”的内容是指防汛、防排水和防雷电，是公司和各矿一项重要的季节性管理工作。为了确保公司各矿安全度汛、安全生产，特制定本制度。

（2）每年4月，公司和各矿要组织生产技术、地质、安全监察和生活后勤部门对管辖范围进行现场检查，研究制定当年的“雨季三防”计划，及早进行防汛、防排水、防雷电、防泥石流、防滑坡、防暑降温等前期准备工作。

（3）每年5月，公司和各矿要成立“雨季三防”指挥部，下设办公室，负责检查施工进度、筹备抢险物资，若“雨季三防”任务特别繁重，要设专人管理这项工作。

（4）公司和各矿要尽早安排“三下”采区的下沉测量、河堤维护、下沉处加固覆土，疏通矿区排洪道和地面排水沟等工作。各矿如发现与“雨季三防”有关的河道中存在障碍物或堤坝破损时，要及时清除或修复，并报告当地政府的相关部门。

（5）使用中的钻孔，应当安装孔口盖；报废的钻孔应当及时封孔。要将封孔资料和实施负责人的情况记录在案，存档备查。

（6）井下水泵、水管、闸阀、排水用的配电设备和输电线路，必须经常检查和维护，在每年雨季之前，必须全面检修一次，并对全部工作水泵和备用水泵进行一次联合排水试验，发现问题，及时处理。水仓、沉淀池和水沟中的淤泥，应及时清理，每年雨季前必须清理一次。

（7）每年雨季到来之前，公司和各矿要由“雨季三防”办公室再组织一次全面检查，找出不足，堵塞漏洞。

（8）每年雨季各矿要制定防治水措施，建立雨季巡视制度，组织抢险队伍，储备防洪物资。当暴雨威胁矿井安全时，必须立即停产，撤出井下全部人员，只有在确认暴雨洪水隐患彻底消除后方可恢复生产。

（9）每年7月、8月，气候条件对井上、下生产均不利，是“雨季三防”工作的主要关注期。一要保证井工矿不淹井、露天矿不滑坡；二要督察防暑降温工作，为员工创造一个良好的生活环境；三要关注流行病、多发病的预防工作，以免影响员工出勤，影响正常生产。

（10）每次降大到暴雨时和降雨后，各矿有关专业人员要观测井上积水情况、洪水情况、井下涌水量等相关水文变化情况以及矿区附近地面有无裂缝、老窑陷落和岩溶塌陷等现象，并及时向矿“雨季三防”领导组及有关负责人报告。要将上述情况记录在案，存档备查。

（11）各煤矿要查清矿区地面有关水利工程等情况，掌握当地历年降水量和最高水位资料，建立疏水、防水和排水系统。

（12）各矿要加强与周边相邻矿井的信息沟通，发现矿井水害相互有影响时，要及时进行预警。

（13）各煤矿井口和地面工业场地内建筑物要避开可能发生泥石流、滑坡等地质灾害危险的地段，要采取切实可行的防范措施。

（14）各级“雨季三防”办公室在汛期要做好以下工作：

①熟悉本单位的“雨季三防”计划和任务，掌握“雨季三防”工程进度，及时解决工程中出现的问题。

②从4月开始，每旬调度一次“雨季三防”工程完成情况，督促在6月底前全部竣工；

③“雨季三防”方案、领导组、工程进度等情况要定期向上一级汇报。

④检查防汛器材准备情况和交通车辆、通信设施状况。

⑤每天收听收看天气预报，做好气候突变的应急准备。

（15）本制度解释权归公司生产指挥中心。

（16）本制度从下发之日起执行。

9.10 调度业务学习培训制度

为了不断提高调度人员的业务素质，提升工作能力，适应工作需要，特制定本制度。

（1）学习培训的内容主要是：党和国家有关煤矿工作的方针、政策、法律、法规和标准，上级和公司的有关文件、规定，煤矿安全知识，煤矿专业知识，调度专业知识等应知应会内容。

（2）学习培训方式：以自学为主，以参加上级和内部培训为辅。

①每月进行测试。利用每周内部会议的时间，对所安排业余学习的内容进行测试，试卷通过记分后归档保存。

②分阶段根据调度员、信息员、业务员等不同专业进行分组评分排名，对每组成绩较好和较差按比例选出的人员，将灵活采取不同方式进行奖惩。

③测试时不得作弊，要遵守测试纪律。

④在认真组织好内部培训测试工作的同时，积极参加上级组织的各项培训活动。

（3）注重理论与实践相结合，经常深入矿井学习与检查，或进行其他观摩活动。

（4）要灵活采用请进来、走出去以及音像制品等方式进行学习与培训活动，有效提高学习培训工作的效率。

（5）学习培训工作还要遵循因地制宜、循序渐进、不贪多求快、不搞形式主义等原则。

10　二级公司培训管理制度

10.1　安全培训机构设置管理制度

第一条　公司所属矿必须明确主要负责人是安全培训工作的第一责任人，明确负责安全培训管理工作的机构和职责，明确安全培训工作由分管安全工作的分管领导直接负责。

第二条　各矿必须根据有关法律法规、标准要求，结合公司制度要求，制定完善安全培训管理制度，并严格执行。

第三条　各矿结合工作实际，健全安全培训管理机构（部门），配备专职或兼职的安全培训管理人员。

第四条　各矿安全培训管理机构（部门）负责编制本单位年度培训计划，并根据计划安排组织落实，确保计划执行到位。

第五条　各矿安全培训管理机构（部门）负责本单位的安全培训管理工作，强化安全培训工作的组织、落实、指导、监督和考核。

10.2　主要负责人、安全生产管理人员培训管理制度

第一条　主要负责人和安全生产管理人员考核工作按照原国家安全生产监督管理总局和省厅相关规定执行。

第二条　主要负责人和安全生产管理人员应当自任职之日起30日内，按照规定向考核部门提出考核申请，并提交其任职文件、学历、工作经历等相关材料。

主要负责人和安全生产管理人员应当自任职之日起6个月内通过考核部门组织的安全生产知识和管理能力考核，并持续保持相应的水平和能力。

第三条　公司及各矿培训管理部门要加强主要负责人、安全生产管理人员资格证件有效期的监督及管理工作，未能按照要求通过安全生产知识和管理能力考核的人员，及时督促其进行工作岗位调整。

第四条　二级公司培训管理部门负责公司主要负责人和安全生产管理人员培训取证、延期换证申请工作。各矿主要负责人和安全生产管理人员培训取证、延期换证申请工作由所在单位安全培训管理部门负责。

第五条　二级公司负责组织公司各矿主要负责人及安全生产管理人员进行新法律法规、新标准、新规程、新技术、新工艺、新设备和新材料等方面的年度素质提升培训。

10.3　特种作业人员培训管理制度

第一条　公司所属矿井必须严格按照规定要求，配足特种作业人员，且资格证件有效，持证上岗。

特种作业人员是指从事煤矿危险行业的特种作业人员。特种作业包括十大工种，即煤矿井下电气作业、煤矿井下爆破作业、煤矿安全监测监控作业、煤矿瓦斯检查作业、煤矿安全检查作业、煤矿提升机操作作业、煤矿采煤机（掘进机）操作作业、煤矿瓦斯抽采作业、煤矿防突作业、煤矿探放水作业。

第二条　各矿新增特种作业人员必须符合申报特种作业资格审查要求，经专门的安全技术培训和考核合格，持省级煤矿安全培训主管部门颁发的“中华人民共和国特种作业操作证”（以下简称特种作业操作证）后，方可上岗作业。

第三条　各矿培训管理部门必须加强特种作业人员档案管理，及时组织开展初训、延期换证工作。

第四条　非当地培训取得的特种作业操作证，必须在上岗前到所在单位安全培训管理部门进行备案管理，由所在单位安全培训管理部门负责审核，经确认符合要求，可以上岗。同时，向二级公司安全培训管理部门进行报备。

第五条　公司所属矿井特种作业人员的初训和延期换证由二级公司培训中心具体组织实施，也可视情况按照行政管理部门培训计划，参加行政管理部门组织的培训。

第六条　已经取得特种作业操作证的人员，必须严格按操作规程操作，不得随意调岗。

第七条　二级公司培训中心依据有关规定、要求建立健全特种作业人员办班培训档案及台账。

第八条　二级公司负责组织公司各矿特种作业人员进行新法律法规、新标准、新规程、新技术、新工艺、新设备和新材料等方面的年度素质提升培训。

10.4　班组长培训管理制度

第一条　公司各矿班组长必须经培训、考核合格，持合格证后方可任命上岗。

第二条　二级公司培训中心负责公司所属各矿班组长的培训和办证工作。

第三条　班组长培训和复训办班前要提前制定培训计划和方案，培训内容及课时等内容符合有关规定。

第四条　各矿按照二级公司班组长初训取证和复训办班要求，选派符合要求的班组长参加班组长培训取证工作。

第五条　二级公司培训中心依据有关规定要求建立好班组长培训档案并存档。

10.5　新工人岗前培训管理制度

第一条　新工人必须接受严格的岗前培训。

第二条　新工人培训按照教学大纲严细组织，岗前培训时间不少于72学时。培训合格后，颁发“培训合格证书”。

第三条　新工人必须持人力资源管理部门出具的培训证明，方可到培训管理部门接受严格的岗前培训。

第四条　新工人的教育培训分三级进行：公司级、厂队级和班组级。各矿负责公司级培训，所在厂队具体负责二级、三级培训（二级具体指厂队级、三级具体指班组级）。

第五条　三级培训完毕后，培训管理部门负责归档整理一级培训资料，建立完善的培训档案，二级、三级培训资料由所在厂队具体负责整理，归档保存。

第六条　所有培训考核结束后，由各矿派专人到二级公司培训中心办理上岗证。

第七条　新员工必须严格执行见习制度、师带徒制度、互保联保制度，并且在有经验的工人师傅带领下，实习满四个月，地面岗位实习满三个月，取得工人师傅签名的实习合格证明后，方可独立工作。

第八条　工人师傅一般应当具备中级工以上技能等级、三年以上相应工作经历和没有发生过违章指挥、违章作业、违反劳动纪律等条件。

10.6　全员安全培训管理制度

第一条　二级公司负责对公司各矿的全员安全培训进行指导、监督、检查。

第二条　全员安全培训包括春节复产全员安全知识培训、安全月全员安全知识培训以及其他全员安全知识培训。

第三条　全员安全培训时间不少于20学时。

第四条　全员安全培训的组织由公司各矿根据实际情况，按照培训要求，自行组织开展。不具备培训条件的单位，要主动与有资质的培训机构，签订培训协议，委托开展培训工作。

第五条　全员安全培训要严格执行煤矿培训大纲，严细管理，建立规范的培训档案。

第六条　公司各矿必须保证参培率100%，合格率100%。培训考核合格后，及时换发培训合格证书。

第七条　凡考试不合格者，必须进行补考，考试合格，方可上岗作业。补考仍不合格者，必须重新接受培训。

10.7　调岗培训管理制度

第一条　二级公司负责对公司各矿的调岗工作进行指导、监督、检查。

第二条　各矿培训管理部门具体承担本矿的调岗培训工作，根据有关规定，建立翔实的调岗培训档案。

第三条　公司原则上不允许随意调岗，确因工作需要调岗的必须经本矿主要负责人和分管领导签字后进行调岗培训。

第四条　调岗培训时间不得少于42学时，培训合格后需重新签订互保联保协议，并到监管部门进行备案。

未满实习期的岗位人员调岗培训后，重新执行实习制度。

第五条　各矿必须建立规范的调岗人员培训档案及台账。

第六条　调岗培训考核合格后，可办理临时上岗证，但必须及时向二级公司培训中心申报，办理正式上岗证件。

10.8　"三违"人员培训管理制度

第一条　二级公司负责对各矿"三违"人员培训进行监督、检查。各矿应根据公司规定，制定"三违"人员培训管理帮教流程。

第二条　各矿自行组织"三违"人员强制脱产培训，并明确工作职责，强化日常监督，创新帮教模式，促使全员牢固树立"三违"行为是"可耻"行为的意识。

第三条　"三违"人员是指违章指挥、违章操作、违反劳动纪律的人员。"三违"行为根据情节严重程度分为：轻微"三违"、一般"三违"和严重"三违"。

轻微"三违"培训时间不低于3天；一般"三违"培训时间不低于5天；严重"三违"培训时间不低于7天。公司有特别规定时，执行公司特别规定。

第四条　公司各矿"三违"人员培训要严格按照下列程序进行：

（1）"三违"人员必须持安全部门出具的"三违"人员培训通知单，并经分管安全副矿长签字后，到教育培训部门接受培训。

（2）"三违"人员要认真填写"三违"人员检查书、"三违"人员保证书后，接受培训。

（3）对严重"三违"人员为使其深刻认识违章行为的错误，必须邀请其家属（亲属）到矿进行帮教，与公司共同帮其提高认识，强化对违章人员的安全教育。

（4）"三违"人员培训内容要按照违章性质及"三违"人员所在岗位确定。

（5）培训结束进行闭卷考试，考试不合格者，延长停工学习时间，直至考试合格。

（6）"三违"人员接受培训期间原则上不准请假。确需请假者，销假后继续接受帮教流程。

（7）“三违”人员经培训部门培训合格后，出具复工单，方可复工。

第五条　公司各矿必须建立规范的“三违”人员培训档案，并将相关接受的惩处情况及时补充完善到“一人一档”。

10.9　“四新”培训管理制度

第一条　二级公司负责对各矿的“四新”工作进行指导、监督、检查。各矿具体承担本矿的“四新”培训工作，并建立翔实的“四新”培训档案。

第二条　“四新”培训是指引进新工艺、新技术、新设备、新材料方面的培训。凡是引进新工艺、新技术、新设备、新材料时所有涉及的技术人员和职工必须接受培训。

第三条　培训组织管理工作由各矿具体负责，必须组织集中培训和考核，各矿相关业务单位必须积极配合，负责联系、协调工作，做好业务上的指导。

第四条　培训分厂家驻矿讲授、指导，各矿派人到厂家实习、学习等方法。

第五条　所有参与新工艺、新技术、新设备、新材料推广应用的人员必须本着为公司高度负责的态度，耐心学、苦心钻，确保尽快熟练掌握本技术。

第六条　培训结束后，各矿培训管理部门要对参加新工艺、新技术、新设备、新材料培训的人员，按照培训的要求进行考核评价，作为此项培训的依据。

10.10　专项培训管理制度

第一条　专项培训是指瓦斯防治、防治水、顶板管理、机电运输、应急救援、职业健康等方面的培训。

第二条　专项培训采取二级公司牵头组织或各矿自行组织等方式进行。

第三条　要紧贴安全生产实际，能够落实到位并指导实际工作。开展专项培训工作要提前制定专项培训工作方案，明确开展形式、参加人员、完善讲授内容课件等。

第四条　专项培训工作结束后，要及时进行总结，发现不足进行改进。同时要收集整理相应资料，保留存档。

第五条　二级公司负责对各矿专项培训工作开展情况进行监督检查。

10.11　“干部上讲台、培训到现场”培训管理制度

第一条　为进一步落实“干部上讲台，培训到现场”工作，推进此项工作有序化、规范化开展，制定“干部上讲台、培训到现场”管理制度。

第二条　“干部上讲台”实行一级带动一级，上至矿领导下至中层干部、技术能手，主要采取集中授课、理论讲解、现场指导的方式进行，开展事故案例和岗位操作知识宣讲，言传身教，将自身的专业技术和宝贵经验传授给员工，为员工传道授业解惑，构建“人人登台，人人为师”的培训格局，扎实推进各矿培训工作。

第三条　“培训到现场”按照对井上下操作岗位人员全部包保的原则，将包保对象分解落实到班组长以上责任人，确保操作岗位人员一个不落地落实到人头，横向到边，纵向到底，做到没有一个没有包保培训任务的干部，没有一个不被包保培训的职工。

第四条　现场培训以“手指口述”安全确认工作法为重点，以各工种应知应会、操作技能、标准化建设、事故案例培训为主要内容，突出现场实训，让每个员工掌握本岗位操作标准要求，掌握岗位安全风险辨识、隐患排查、事故防范本领，做到人人过关。

第五条　二级公司通过各矿资料报送、专门检查和现场抽查的方式对公司各矿“干部上讲台、培训到现场”工作进行考核。

10.12　远程教育培训管理制度

第一条　为充分发挥公司远程教育网络平台资源，全面提高公司广大干部职工队伍整体素质，推进公司安全培训工作，制定本制度。

第二条　远程教育培训采取自主学习、网络监督的方式进行。员工通过电脑和手机等工具平台登录学习，各单位管理员对员工的学习情况进行实时监控及统计考核等。

第三条　二级公司及各矿培训管理部门加强日常学习课程的安排和督导，强化服务意识，及时处理技术问题。

第四条　二级公司每月定期对各矿的登录情况进行检查，未完成学习任务的单位或个人，将按公司相关规定进行考核。

10.13　培训档案管理制度

第一条　档案建设是安全培训管理工作的重要组成部分，各矿必须设专人整理，分类保管。

第二条　各矿从业人员安全培训档案应按照《企业文件材料归档范围和档案保管期限规定》（国家档案局令第 10 号）保存。

第三条　各矿应当建立健全从业人员安全培训档案，实行一人一档。各矿从业人员安全培训档案的内容包括：

（1）学员登记表，包括学员的文化程度、职务、职称、工作经历、技能等级晋升等情况。

（2）身份证复印件、学历证书复印件。

（3）历次接受安全培训、考核的情况。

（4）安全生产违规违章行为记录，以及被追究责任，受到处分、处理的情况。

（5）其他有关情况。

第四条　各矿除建立从业人员安全培训档案外，还应当建立各矿安全培训档案，实行一期一档。各矿安全培训档案的内容包括：

（1）培训计划。

（2）培训时间、地点。

（3）培训课时及授课教师。

（4）课程讲义。

（5）学员名册、考勤、考核情况。

（6）综合考评报告等。

（7）其他有关情况。

第五条　煤矿企业从业人员的安全培训档案记录了煤矿从业人员接受安全培训考核、安全生产违规行为等重要信息，是证明煤矿从业人员参加安全培训的重要材料，应按照《企业文件材料归档范围和档案保管期限规定》中“企业职工培训工作文件材料重要的要保管 30 年”的规定执行，安全培训档案可为书面档案，也可为电子档案。

第六条　各类培训档案资料的收集应做到及时准确，内容齐全，实事求是。

第七条　档案的销毁必须经各矿分管领导签字同意，各矿培训管理部门留销毁登记记录。

第八条　二级公司安全培训管理部门负责对各矿档案情况进行指导检查、督促考核。

第九条　各矿应积极创造条件，创新安全培训档案管理方式，完善档案管理设施、设备，做到档案管理科学化、规范化、完整化。

10.14　持证上岗管理制度

第一条　二级公司培训管理部门负责对公司各矿所有从业人员持证情况进行监督、检查，实行上岗证统一管理。

第二条　二级公司培训管理部门除参加公司相关部门组织的安全检查外，要不定期对公司各矿持证情况进行专项检查。

第三条　凡发现公司存在岗证不符、一岗多证、证件过期、无证上岗等情况之一时，将按公司规定对主要负责人、分管培训领导、培训负责人进行责任追究。

第四条　上岗证有效期为3年，每3年进行一次换证管理。证件到期60日前由二级公司培训管理部门牵头重新进行考核发证。

第五条　凡出现上岗证损坏、丢失补办的人员，须由所在矿出具相关申请（证明），及时到二级公司培训中心进行补办。

第六条　办理上岗证流程：提交培训档案（培训签到表、课程表、考试卷、考试成绩单、毕业证复印件、身份证复印件、师徒合同、互保联保协议）→培训中心审核→审核合格→制证。

10.15　职业技能鉴定管理制度

第一条　公司各矿必须严格按照《山西省煤炭工业厅推进煤矿从业“人本安全、培训教育、素质提升”工程实施方案》的要求，积极开展职业技能鉴定工作。

第二条　二级公司培训中心是晋能集团有限责任公司职业技能鉴定站设立的分站，负责公司各矿煤炭特有工种职业技能鉴定工作。

第三条　根据省煤炭厅要求，公司各矿所有特有工种技能鉴定初级工达成率100%。

第四条　职业技能鉴定的申报条件：

参加初级工鉴定的人员必须是见习期满的在职职工；

参加中级工鉴定的人员必须是取得初级职业资格证书并连续工作5年以上；

参加高级工鉴定的人员必须是取得中级职业资格证书7年以上；

参加技师鉴定的人员必须是取得高级职业资格证书连续从事本职业（工种）8年以上，具有丰富的生产实践经验和操作技能特长、能解决本工种关键操作技术和生产工艺难题，具有传授技艺能力和培养中级技能人员能力的人员；

参加高级技师鉴定的人员必须是任技师5年以上，具有高超精湛技艺和综合操作技能，能解决本工种专业高难度生产工艺问题，在技术改造、技术革新以及排除事故隐患等方面有显著成绩，而且具有培养高级工和组织带领技师进行技术革新和技术攻关能力的人员。

第五条　职业技能鉴定申报材料

（1）按规定内容填写“煤炭行业特有工种职业技能鉴定申请表”，一式两份。

（2）本人身份证、毕业证或原持有的“职业资格证书”复印件，一式两份。

（3）提交近期免冠照：蓝底二寸4张，蓝底一寸2张，背面写上名字。

（4）申报高级技师资格的人员，还须出具本人的技术成果和工作业绩证明，并提交本人的技术总结和论文资料等。技术总结主要包括：本人从事过何种工作，在技师聘任期间解决过哪些复杂技术问题，有何革新成果，培养人才实例等。

第六条　职业技能鉴定内容

（1）初、中、高级工职业技能鉴定的主要内容：职业技能、相关知识和职业道德3个方面。这些内容是根据国家职业标准、职业技能鉴定规范（考试大纲）和相应教材确定的，并通过统一命题进行鉴定考核，考核分理论和操作技能两部分。

(2) 技师、高级技师的鉴定内容，以技师、高级技师任职条件和煤炭行业提出的考核要求为依据，重点考核工作业绩、实践经验、技术革新、发明创造、技术理论知识和实际操作技能，以及潜在能力。

第七条 职业技能鉴定方法

(1) 初、中、高级工鉴定方式：技术（业务）理论考核，采取闭卷考试，时间为120 min；技能考核，采取实际操作或模拟生产的方式进行，也可以结合生产作业项目或选择典型工件加工进行考核。

(2) 技师、高级技师鉴定方式：工作业绩考核，以日常生产工作业绩考核记录和技术成果证明为依据，结合单位对其解决生产工作中的关键难题及传授技艺、开展技术攻关、技术革新等方面所取得的成果评议进行。

技术（业务）理论知识考核，采取笔试、答辩，并结合个人总结或论文评定进行。

技能考核，采取结合生产、现场分析、判断、排除、解决、处理生产疑难问题的形式进行。

第八条 公司各矿职业资格证书须由二级公司培训中心统一领取、发放。

第九条 公司各矿须指定专人负责，并建立职业技能鉴定台账等档案资料。

10.16 从业人员学历提升管理制度

第一条 二级公司负责各矿所有从业人员学历提升工作，学历提升主要采用自考、函授、委培等形式。

第二条 公司各矿主要负责人、安全生产管理人员必须具备煤炭主体专业大专以上学历；特种作业人员、班组长、关键岗位从业人员都必须具备煤炭主体专业中专以上学历。

第三条 公司各矿必须指定部门专人负责学历提升工作，积极与二级公司安全培训管理部门加强联系与沟通，确保学历提升报名、准考证领取、考试、报到、教学和证件发放等方面工作顺利开展。

10.17 素质提升培训管理制度

第一条 为进一步提升公司广大干部职工的综合素质，通过教育培训和进修，不断学习知识，开拓思路，提高能力，从而更好地服务于公司，制定本制度。

第二条 培训方式

(1) 办培训班。公司培训管理部门要定期对广大干部职工进行集中培训，每次培训时间不少于3天，每次培训要结合实际，突出一个或几个方面的内容，体现培训的针对性。

(2) 观看电教片。结合学习目的，要有计划、有针对性地组织全体职工观看一些电教片。

(3) 外派培训。由公司外各类培训机构举办的培训，包括公开课、专业课、交流座谈会等。鼓励有条件的单位有计划地组织中高层管理干部到管理先进、标准较高的企业学习参观。

(4) 网上培训。网上培训是指由远程教育网、网上大学等网络培训单位组织的培训。

第三条 中高层管理人员培训内容包括管理学、心理学、领导能力、沟通能力等内容，广大职工培训内容应侧重岗位操作、技能提升、执行力等内容。

第四条 素质提升培训由各矿培训管理部门及相关部门组织实施。

10.18 职业健康宣传、教育和培训管理制度

第一条 为提高职工职业病危害防治意识和自我保护能力，根据《职业病防治法》和《关于加强用人单位职业卫生培训工作的通知》等有关规定，结合公司实际，制定本制度。

第二条 公司职业病防治教育和培训工作由公司培训中心和职业卫生管理科组织进行。各矿职业病防治教育和培训工作由各单位培训管理部门和职业卫生管理部门组织进行。

第三条　公司各单位要充分利用“职业病防治宣传周”，通过板报、公示栏、微信、培训、张贴标语、发放宣传单等多种形式开展职业健康宣传教育活动。

第四条　培训内容及时间

（1）主要负责人主要培训内容：国家职业病防治法律、行政法规和规章，职业病危害防治基础知识，结合行业特点的职业卫生管理要求和措施等。初次培训不得少于16学时，继续教育不得少于8学时。

（2）职业卫生管理人员主要培训内容：国家职业病防治法律、行政法规、规章以及标准，职业病危害防治知识，主要职业病危害因素及防控措施，职业病防护设施维护与管理，职业卫生管理要求和措施等。初次培训不得少于16学时，继续教育不得少于8学时。职业病危害监测人员的培训，可以参照职业卫生管理人员的要求执行。

（3）接触职业病危害的劳动者主要培训内容：国家职业病防治法规基本知识，本单位职业卫生管理制度和岗位操作规程，所从事岗位的主要职业病危害因素和防范措施，个人劳动防护用品的使用和维护，劳动者的职业卫生保护权利与义务等。岗前培训时间不得少于8学时，继续教育不得少于4学时。

（4）以上三类人员继续教育的周期为一年。因应用新工艺、新技术、新材料、新设备，或者转岗导致劳动者接触职业病危害因素发生变化时，要对劳动者重新进行职业卫生培训，视作继续教育。

第五条　职业健康培训可以和安全培训一体化，提高培训效率。

第六条　加强培训档案管理，按照一人一档的规定，建立健全职业健康培训档案，将培训通知、方案、考勤、试卷、成绩单、培训时间和地点、培训内容、课时及培训老师等资料归档管理。

10.19　教师管理制度

为了提高教师队伍整体素质，加强教师管理，二级公司对教师实行选聘、考核、奖惩及淘汰制度，规定如下。

第一条　选聘

（1）专兼职教师任职要求：

①具有良好的职业道德和较高的敬业精神，为人师表，教书育人。

②具有教师资格证书，本科以上学历，中级以上职称，专业理论扎实，实践操作技能娴熟。

③具有5年以上工作实践经验且熟悉培训教学规律，能胜任所讲授的课程。

④身体健康，适应本职工作要求。

（2）教师聘用：

①由于培训工作需要，需要外聘教师时，由组织部门提出申请，分管培训领导批准，经主要负责人同意，方可外聘。

②内聘教师根据实际情况，适时进行，要阶段性确定各专业相对固定的专职和兼职教师教学。

③内外聘教师的授课费执行公司相关规定。

④内外聘教师的讲义或教案，由二级公司培训中心存档备查，内聘教师要按制定的教学大纲进行认真备课，备课内容由二级公司培训中心审验。

第二条　考核

教师聘用后采取学员评教、组织听课、调研报告评比等活动对教师进行考核，对考核存在的问题要及时予以纠正。

第三条　奖惩

对专兼职教师每年进行评比，表现突出者予以表彰。

第四条　淘汰

对教学和考核中不能胜任工作的教师予以解聘。

第五条 提高教师授课水平的措施

（1）要为全体教师的成长发展、创新提高提供一切机会和条件，充分激励教师工作的积极性和创造性；要定期组织开展教学竞赛、评先评优活动、对师德高尚、业务精湛、勇于奉献的优秀教师进行表彰，以此带动全体教师努力工作，共同发展。

（2）加强师资队伍建设，有效开发师资资源。要建立长效的专职教师培养机制，高度重视教师职称晋升、发展提高工作。要定期组织教师进行教学业务、专业技术职称培训；积极组织教师开展教学研究、实践调研、撰写发表论文、参与教材编写等，努力提高教师队伍整体素质。

10.20 培训经费提取和使用管理制度

第一条 为进一步规范公司职工教育培训经费的提取、使用、报销等管理，根据相关要求，结合公司实际，制定本制度。

第二条 本制度适用于公司依法开展职工教育安全培训的相关单位。

第三条 依据国家相关规定，按照工资总额的1.5%～2.5%，足额提取职工教育培训经费，并在公司财务设立专户管理。

为保障对企业一线职工的安全培训和技能培训，根据国家有关规定，职工教育培训经费的40%用于安全培训，60%以上用于企业一线职工的教育培训。

第四条 培训经费的预算

公司各矿要根据培训费用标准和员工培训量认真规划培训经费的预算工作，综合考虑上一年经费使用和结余情况，将培训经费预算纳入年度培训计划。培训经费预算的编制要与培训计划相对应，结合实际经费支出各项比例科学合理制定。

第五条 培训经费要严格按照“专款专用、合理支出、用管分离”的原则进行管理。按照国家相关规定，其使用和支出范围包括：

（1）上岗和转岗培训。

（2）各类岗位适应性培训。

（3）岗位培训、职业技术等级培训、高技能人才培训。

（4）专业技术人员继续教育。

（5）特种作业人员培训。

（6）企业组织的职工外送培训经费支出。

（7）职工参加的职业技能鉴定、职业资格认证等经费支出。

（8）购置教学设备与设施。

（9）职工教育培训管理费用。

（10）职工技能比赛等考试、考核工作的命题、评卷、监考的考务酬金。

（11）各类培训中发生的兼课教师津贴、带徒费、教材稿酬、外聘教师的考务酬金、食宿费。

（12）培训发生的培训费、教材费、资料费、实习指导费。

（13）不属于固定资产的教具和教学设备购置费，教学设备维修费，职工教育理论研究费等。

（14）有关职工教育的其他开支。

第六条 职教费用使用和报销程序

（1）凡涉及职教费用的支出项目，必须经公司分管培训领导或公司总经理批准后方可履行有关手续。职教费用的使用坚持先审批后支出再报销的原则。

（2）经批准参加的各种委外培训发生的培训费、资料费等，予以报销，但无故中止学习和未取得培训合格证书者，上述费用自理。委外培训取得的相应证件须交回各矿培训管理部门原（复印）

件一份。

（3）凡各矿涉外培训（含技术比武、取证培训、考察学习）工作结束后，必须提交相关证明材料以及有关领导批示，报经公司培训管理部门审验后，方可逐级履行报销程序。

（4）教师讲课费用，如是内聘教师，按公司内部培训教师管理规定授课课时标准费用执行，如是外聘教师，需报经公司主管培训领导或公司总经理审核批准后，方可支付或结转。

第七条　职教经费的监督、考核

（1）各矿要统筹考虑，要按照各矿人事劳资部门核算的月度工资总额预算控制经费支出，培训经费支出要严格把关审核。

（2）各矿财务管理部门要严格经费报销程序和列支范围，并建立月、季、年（含半年）职工培训教育经费提取使用台账，每月对培训经费月度提取数额和月度发生数额进行核实。

（3）未经公司批准或备案的各级各类培训，一律不予报销和结转费用。

（4）公司将按照员工培训考核办法的相关规定，不定期对培训经费提取、使用情况进行考核。凡发现违规操作、弄虚作假，擅自使用培训经费者，责令退回所支部分，予以公开通报批评。情节严重的，将严肃追究单位和当事人的责任。

10.21　培训经费管理制度

第一章　总　　则

第一条　为进一步规范山西煤炭运销集团二级公司的培训工作，提高培训质量和效率，加强培训费用管理，保证各项培训工作顺利推进，特制定本制度。

第二条　本制度所称培训，是指经二级公司批准的各级各类外出培训和内部培训。

第三条　本制度的适用范围包括二级公司所属各煤矿、县（市、区）公司、直属公司、机关各部（室）。

第四条　各单位举办培训应当坚持厉行节约、反对浪费的原则，增强培训的针对性和实效性，保证培训质量，节约培训资源，提高培训经费使用效益。

第二章　培训费用范围和标准

第五条　本办法所称培训费用，是指单次培训直接发生的各项费用支出，包括师资费、住宿费、餐饮费、培训场地费、培训资料费、交通费以及其他费用。其中：

（1）师资费是指聘请或到异地参加培训师资授课发生的费用，包括授课老师讲课费、住宿费、伙食费、城市间交通费等。

（2）住宿费是指参训人员及工作人员培训期间发生的租住房间的费用。

（3）伙食费是指参训人员及工作人员培训期间发生的用餐费用。

（4）培训场地费是指用于培训的会议室或教室租金。

（5）培训资料费是指培训期间必要的资料及办公用品费。

（6）交通费是指用于培训期间所需的人员接送以及与培训有关的考察、调研、参观等发生的交通支出。

（7）其他费用是指现场教学费、设备租赁费、文体活动费、医药费等与培训有关的其他支出。

参训人员参加培训往返及异地教学发生的城市间交通费及伙食补助，只计发往返途中天数的费用，按照二级公司及各单位差旅费有关规定报销。

第六条　外出培训人员的培训费，按照上级部门下发的培训通知或经公司分管培训领导、主要负责人批准的培训方案执行，且不得超过培训所需经费上限。

第七条　根据财政部、中共中央组织部、国家公务员局制定的《中央和国家机关培训管理办法》和山西省财政厅、中共山西省委组织部、山西省人力资源和社会保障厅《关于调整省直机关培训费中师资费有关事项的通知》（晋财行〔2018〕49号）以及集团公司有关煤矿培训的管理办法，公司内外聘教师授课费（税后）标准如下（表5－10－1）。

表5－10－1　公司内外聘教师授课费标准明细

<table>
<tr><th colspan="2">类别</th><th>职　级</th><th>标准</th></tr>
<tr><td rowspan="8">外聘教师授课费</td><td rowspan="5">市辖区外</td><td>获得国家特殊津贴全国知名专家学者</td><td>根据聘请方情况协商解决</td></tr>
<tr><td>院士、全国知名专家、部级领导干部</td><td>1500元/学时</td></tr>
<tr><td>正高级技术职称专业人员、局级干部</td><td>1000元/学时</td></tr>
<tr><td>副高级技术职称专业人员、处级干部</td><td>500元/学时</td></tr>
<tr><td>优秀党员代表、先进模范人员</td><td>500元/学时</td></tr>
<tr><td rowspan="3">市辖区内</td><td>正高级职称专业技术人员（教授、特级教师等）</td><td>150元/学时</td></tr>
<tr><td>副高级职称专业技术人员（副教授、高级讲师、高级工程师、高级技师等）</td><td>100元/学时</td></tr>
<tr><td>中级职称专业技术人员（讲师、工程师、技师等）</td><td>80元/学时</td></tr>
<tr><td colspan="2" rowspan="3">内聘教师授课费</td><td>正高级技术职称专业人员、公司领导班子</td><td>100元/学时</td></tr>
<tr><td>副高级技术职称专业人员、中级以上（含中级）、部门负责人</td><td>80元/学时</td></tr>
<tr><td>中级以下、其他人员</td><td>60元/学时</td></tr>
</table>

第三章　培训组织管理

第八条　培训实行二级公司统一管理，有关部室、各单位有关部门具体实施。

第九条　内部培训要选用正规高校专家教授、知名专家或具备相应能力的人员进行授课。外出培训应当在开支范围和标准内优先选择正规、规范的培训机构、院校承办。

第十条　组织培训的工作人员控制在参训人员数量的10%以内，最多不超过10人。

第十一条　严禁借培训名义安排公款旅游；严禁借培训名义组织会餐或安排宴请；严禁组织高消费娱乐健身活动；严禁使用培训费购置电脑、复印机、打印机、传真机等固定资产以及开支与培训无关的其他费用；严禁在培训费中列支公务接待费、会议费；严禁套取培训费设立“小金库”。

第十二条　培训住宿严格按预算审批标准执行，不得安排高档套房，不得额外配发洗漱用品；培训用餐不得上高档菜肴，不得提供烟酒。

第十三条　各单位组织培训应尽量利用网络、视频等信息化手段，大力推行干部选学、在职自学等方式，降低培训成本，提高培训效率。

第四章　报销结算

第十四条　报销培训费，应当提供培训通知、上级培训机构及有关部门出具的原始明细单据、电子结算单等凭证。

第十五条　教师授课费支付程序

公司各职能部门外聘教师授课需提前填写“公司职能部门外聘教师申请表”，经分管领导、分管培训的领导、主要负责人逐级审批后方可执行。外聘教师的授课费从公司的教育经费中提取支出，授课费支付采用银行转账和现金支付两种形式，银行转账需外聘教师提供授课协议和账号，现金支付需经受邀参加授课活动者签字后方可支取。

公司各职能部门内聘教师授课，需提前填写“公司职能部门内聘教师申请表”，经分管领导、分管培训的领导逐级审批后方可执行。内聘教师的授课费以补助形式并入当月工资计发，由所在单位支付。

第十六条　培训费由培训举办单位承担，纳入培训预算管理，在各单位培训经费中列支。

第十七条　各单位可以参照本制度，结合工作实际，制定具体管理细则。

10.22　教考分离管理制度

为了加强教风、学风建设，严格考试管理，客观、公平、公正地评价教学效果，提高教学质量，特制定本制度。

第一条　教考分离制度适用于各矿新工人培训、“三违”人员培训、班组长培训、特种作业人员培训、全员培训等各级各类培训。

第二条　为保证教考分离工作顺利推进，应做到五个统一的基本要求，即统一教学大纲、统一教材、统一命题、统一试卷、统一阅卷评分。

第三条　教考分离的实施过程

（1）命题与组卷。

二级公司组织的全员培训、大型培训等由二级公司培训管理部门依据教学大纲和二级公司编印的“煤矿员工应知应会题库”为依据统一组织命题。

各矿培训管理部门组织的各类培训，由各矿培训管理部门依据本矿的实际情况、教材、培训大纲以及二级公司编印的“煤矿员工应知应会题库”为依据统一命题。

组卷工作应做到难易适中、语句通顺；试卷的题型不少于3种，一般为单选、多选、判断、简答等类型；试题总量应为50～100题；满分为100分，80分及格。

（2）考试组织。

①教考分离工作由二级公司培训管理部门和各矿培训管理部门负责组织和安排。

②各矿培训管理部门可以向职工公布考试范围、命题思想、试题形式等内容。严禁以复习题的形式，公开试题。

③考试结束，试卷要全部回收，装入密封袋密封，严禁学员将试卷带出考场。

10.23　安全培训监督检查考核制度

第一条　为了加强对各矿安全教育培训工作的监督检查，促进各矿安全生产教育和培训责任的落实，依据《安全生产法》《煤矿安全培训规定》《煤矿安全培训监督检查办法》等有关法律法规，制定本制度。

第二条　二级公司安全培训管理部门负责对各矿安全培训的下列情况进行监督检查。具体检查项目如下：

（1）明确负责安全培训管理工作的机构情况；配备专职或兼职的安全培训管理人员情况；建立安全培训管理制度情况；制定年度培训计划及执行情况。

（2）安全培训档案建设情况，包括从业人员一人一档、安全培训档案一期一档。

（3）主要负责人和安全生产管理人员培训及持证情况。

（4）特种作业人员培训及持证情况。

（5）煤矿六大班组长培训及持证情况。

（6）全员培训工作开展情况。

(7) 全员持证上岗情况。

(8) 新工人、调岗、“三违” 人员培训情况。

(9) 远程教育培训登录情况。

(10) 技能鉴定工作开展情况。

(11) 学历提升工作开展情况。

(12) 培训经费的提取与使用情况。

(13) 其他培训工作开展情况。

第三条 上述监督检查作为对公司各矿安全培训实施日常性监督检查的重要内容。并依据考核评分细则，逐月进行考核评分。

第四条 发现培训不规范或不合格的，根据培训考核细则予以扣除相应的培训考核分，并将评分结果报送公司综合考核组予以扣除。

11　二级公司应急救援管理制度

11.1　应急演练与评估工作制度

第一条　为提高应对风险和防范事故的能力，发现并及时修改应急预案和执行程序中的缺陷和不足，强化相关机构、单位和人员的职责，改善不同机构、单位和人员之间的协调关系，检验应急响应人员对应急预案、执行程序的了解程度和实际操作技能，特制定本工作制度。

第二条　各单位根据已经批准的综合应急预案，编制本单位的“生产安全事故应急演练规划”和“年度应急演练计划”，并根据年度演练计划编制具体的应急演练方案。演习方案至少包括演练组织机构、演练类型、时间、目标与要求、演练范围、安全措施等，演练方案必须经过本单位总工程师和有关业务部门会审批准。

第三条　各单位应每半年至少进行一次生产安全事故应急预案演练。事故应急演练由矿长组织。通过演练验证事故应急预案的合理性，发现与实际不符合的情况，及时进行修订和完善。

第四条　进行事故应急演练之前要求做到以下几方面准备：

（1）事故应急演练方案编制完成后，应向所有相关员工进行贯彻学习，使参加演练的员工熟知本岗位应急知识和应急演练安全措施；

（2）参加演练的人员中，应让熟悉危险设施的员工、有关的安全管理人员一起参与；

（3）应急演练应邀请专职应急救护队伍参加，通知与本单位签有医疗救护协议的医院参加。并通知二级公司生产指挥中心或相关部室监督整个演练过程；

（4）演练应通知当地煤炭主管部门和相关安全管理部门；

（5）准备好应急演练需要的图纸、各种表格、记录本等。

第五条　应急演练的基本内容应根据演练的任务要求和规模而定，应有如下几个方面的内容：

（1）事故区清点人数及人员控制，人员应熟悉避灾路线并迅速升井；做好升井人员的记录与统计；

（2）做好受伤人员的现场急救与医治；急救器材和药品应满足需要；人员能够正确使用；

（3）检验各演练单位（部门）相互配合、支援及协调程度；各部门要按总指挥的安排统一行动；

（4）通信及报警讯号（应急广播系统）联络情况；

（5）避灾路线及标识清晰准确；能够正确使用自救器，补给站设置符合规定；入井人员熟悉井下紧急避险系统，掌握紧急避险设施的使用方法，具备安全避险基本知识；

（6）应急抢险情况，能够按应急演练方案进行抢险救灾；检查煤矿生产系统（包含通风、供电、供水、压风、运输等）运行情况；

（7）预防次生灾害的发生；对有毒有害气体监测与化验，专业人员的个人防护及员工对有毒有害气体的防护要到位；

（8）做好地面交通控制及交通道口的管理，做好演练区域的治安保卫工作；

（9）新闻发布情况；能够按程序向上级报告情况及向友邻单位通报情况。

第六条　演练人员应至少由以下两部分人员组成：

（1）事故应急演练的员工，占演练人员的绝大多数，从指挥员起到参加应急救援的每一个专业队成员都应该是现职人员；

(2) 事故应急救援专家库的专家，负责对演练的每一个程序进行考核评价，演练后同演练人员共同进行讲评和总结。

第七条 应急演练事故情景设置应根据演练的目的而定，在设置演练情景时要考虑下列几方面问题：

(1) 根据演练需要设置事故等级，并分别进行详细描述；

(2) 演练的序列要强调时间性，演练顺序符合逻辑性。根据演练规模应预先编写演练运行手册；

(3) 有关情况的数据设置符合实际情况，演练时要求测得的数据要从实战出发；

(4) 演练用的讯号、标志和指令要统一，使每个演练者都能立即明白迅速执行；

(5) 演练模拟条件要有一定的广度，以便于各应急救援专业分队有各自的灵活性。

第八条 演练时间安排基本应按真实事故条件下进行。可根据演练的需要安排合适的时间，演练日程安排后一般要提前通知有关部门和参加演练的个人，以便做好充分的准备。

第九条 每一次演练后，应核对事故应急预案规定的内容，找出不足与缺点。检查主要包括以下内容：

(1) 事故期间通信系统是否正常运行；人员是否及时接听电话；调度室接到事故报告后是否按程序向应急救援总指挥和相关部门汇报；是否及时启动应急预案；

(2) 伤员是否能够得到急救，其他人员是否安全、迅速地按照避灾路线进行撤离；

(3) 应急救护队员能否按规定及时参与事故抢救；

(4) 应急救援物资的储备是否满足要求，是否充分发挥作用；

(5) 其他方面需要检查的内容。

第十条 演练后要求演练者参加演练后的讲评。应急救援演练指挥部应根据救援专业队和演练者的讲评，汇总写成综合报告并上报上级部门。报告内容包括：

(1) 应急演练的概况；

(2) 演练的总结和评估，包括对演练情景设置的意见；演练的最佳顺序和时间的建议；对演习指挥机构的意见；对预案有关程序、内容的建议和改进意见等；

(3) 通过演练主要发现的问题，并针对演练中存在的问题、意见和建议，制定整改方案与措施；

(4) 演练过程的影像资料、有关记录等。

第十一条 所有应急演练的文件、规划、计划、方案措施、总结、原始记录、会议纪要、影像资料等，最后收集整理齐全，按档案管理制度归档管理，保存期限不少于2年。

第十二条 二级公司组织相关部门对各单位应急管理工作进行检查，对于违反本工作制度的单位和个人，追究责任，按二级公司有关规定进行考核与处罚。

11.2 事故监测与预警管理制度

为认真落实"安全第一、预防为主、综合治理"的方针，进一步完善本公司事故监测监控和预警工作机制，切实加强安全管理，防范重大事故的发生，依据《煤矿安全规程》和"煤矿安全生产标准化"等有关要求，特制定本制度。

1. 管理机构及职责

为确保对各类事故隐患进行监测、监控以及及时进行事故预警，成立事故监测、监控、预警管理领导小组：

组长：矿长（总经理）

副组长：党委书记、生产、安全、机电副矿长、工会主席及各专业分管副总工。

成员单位：安全、调度、技术、机电、综合办、财务、工会、后勤、医院、保卫等科室负责人及队负责人。

2. 各类事故监测监控方法及事故预警的条件

根据《煤矿安全规程》的要求和相关技术标准，结合本矿的实际情况具体制定：矿井瓦斯、煤尘、防灭火、矿井防治水、顶板、火工品管理、供电提升运输、灾害性天气等事故隐患的监测监控方法和事故预警的条件。

3. 预警方式

采用报警器报警和电话报警方式。建立完善的电话通信系统，由调度室监控中心完善各作业现场及有固定值班人员的岗位电话通信系统，上级有关部门的电话通信系统，保证通讯畅通；完善报警器报警系统。

4. 预警信息的发布

（1）当值班调度员接到井下事故预警条件的信息时，调度员要发布紧急调度指令，通过电话、语音广播系统立即通知到井下所有施工地点，通知带班矿领导，安排各施工地点带班队长、班长、安全员清点现场施工人员，并组织人员按照拟定避灾路线撤人升井。副井口做好准备随时上、下人员，维持好上、下井秩序。

（2）同时调度员记录事故发生地点的基本情况，向值班矿领导、矿长进行汇报，通知其他指挥部成员到调度室集合，规定到达时限；立刻安排安全科统计出所有下井人员数据，立即赶赴副井口记录好上、下井人员名单；根据事故的严重程度，按预案规定的应急级别发出警报，上报上级公司。

（3）与参与应急救援工作的其他单位取得联系，并向他们通报情况；根据情况的危及程度，或按预案规定通知各应急救援组织做好出动准备。

5. 责任追究及奖惩

生产安全事故预警工作实行责任追究制。对迟报、瞒报、谎报和漏报生产安全事故征兆的重要情况或者在生产安全事故预警工作中有其他失职、渎职行为，对有关责任人给予处分、罚款或解除劳动合同；构成犯罪的，依法追究刑事责任。

对在生产安全事故预警工作中做出突出贡献的先进集体和先进个人，应根据有关规定给予表彰和奖励。

11.3　应急值守制度

应急值守是应急管理工作的基本职责，各单位各部门要把应急值守纳入单位应急管理工作范畴，完善制度，明确责任，妥善做好值守安排，保障日常工作正常有序运转。

应急值守工作原则：严谨高效、有情必报、快速反应、安全保密。

1. 应急值守基本要求

（1）各单位坚持领导值班和矿领导下井带班制度，随时掌握应急管理动态，强化应急值守工作的领导。

（2）值班员严格坚守岗位，实行 24 h 值班和现场交接班制度，不得擅自离岗、脱岗，遇有特殊情况需临时离开时，须请示领导同意，妥善安排。

（3）值班领导、值守工作人员及值班司机实行值班签到制度，并保证 24 h 通讯畅通。

（4）值班人员应熟悉各应急队伍、各处应急设备和装备、应急避难场所、应急疏散路线，确保突发事件发生时能够正确做出先期应急处置。

（5）熟悉信息收集、发布、汇总、报送的内容和程序要求，及时发布预警信息，确保各类突发信息报告及时、处置及时，不得误报、迟报、瞒报、漏报。

2. 应急值守人员职责

（1）认真履行应急值守基本要求，坚守岗位，遵守值班纪律。

（2）及时填写值班情况记录，做到字迹清晰、内容详细、妥善保存。做好来文来电的收发、处置工作，注意收集掌握重要动态信息，及时向领导和有关部门报告。

（3）发生或收到突发事件情况信息，根据规定程序，及时向领导和有关部门报告，并在第一时间做出反应，采取必要的应对措施。

（4）紧急情况发生时，落实各单位总经理授权的“调度员遇险处置权和紧急避险权”，立即通知到井下所有人员。井下的跟班队长、班组长、瓦斯检查工须立即组织人员进行撤离。

（5）定期参加应急管理培训，掌握综合应急处置预案。

（6）遵守保密纪律，严格保密措施，严防失泄密事故。

（7）认真承办领导交办的其他事项。

公司将不定期对各单位的领导跟值班情况进行突击检查，如发现不按照公司规定跟值班的人员进行严惩并通报批评。

11.4 应急信息报告和传递制度

为规范生产安全事故信息的报告和处理工作，建立快速反应、运行有序的信息处置工作机制，根据有关法律法规和规定，结合公司生产安全管理实际，制定本制度。

（1）凡在矿区范围内发生的生产安全事故信息的报告和处理工作，适用于本制度。

（2）事故信息报告应及时、准确和完善，任何科室和个人不得迟报、漏报、谎报或者瞒报事故；信息处置应当遵循快速、协同配合、分级负责的原则。

（3）调度室为事故信息调度机构，实行24 h不间断调度值班，在收到事故信息报告的同时汇报矿领导。

（4）事故信息报告范围包括已经发生的煤矿生产安全事故（特别重大、重大、较大、一般生产安全事故）和较大涉险事故的信息。

较大涉险事故的信息是指：

①涉险10人以上的事故。

②造成3人以上被困或者下落不明的事故。

③其他较大涉险事故。

（5）信息的接收及通报。

凡在矿区范围内发生各类事故，现场人员应立即向矿调度室汇报并积极展开救助行动，调度室接到各单位事故、事件或灾情报告，应初步确定响应级别，请示总指挥启动应急救援预案，按照通知顺序逐个通知相关人员。

（6）信息传递。

①调度室在接到事故信息时，应当立即启动应急预案规定的应急响应，立即向矿长及领导班子成员汇报，组织开展应急救援工作，并按照程序向上级主管部门汇报，同时通知安全科，由调度室和安全科共同做好事故信息的核查、跟踪、处置、督导等工作。

②发生事故后，总指挥接到事故报告应立即授权调度值班人员，向事故可能影响到的单位和作业场所通报并作出相应处置和采取相应措施。

③发生事故后，事故现场有关人员应当立即向本部门负责人及调度室报告，单位负责人接到报告后，应当于1h内向上级公司及上级主管部门报告。报告事故应当包括下列内容：事故发生单位的概况；事故发生的时间、地点及事故现场情况；事故的简要经过；事故已经造成或者可能造成的伤亡人数（包括下落不明的人数）和初步估计的直接经济损失；已经采取的措施；其他应当报告的情况。

④事故具体情况暂时不清楚的，先报事故概况，随后补报事故全面情况。对事故性质暂时界定不清的，也要及时报告。

⑤发生重大、特别重大生产安全事故的，在依照以上规定报告的同时，根据矿领导指示向市矿山

救护大队汇报，请求救援。

⑥事故信息报告后出现新情况的，应当按规定及时续报。较大涉险事故、一般事故、较大事故每日至少续报1次；重大事故、特别重大事故每日至少续报2次，续报工作直至事故抢险救援工作结束。

（7）信息公开。

执行国家《矿山事故灾害应急预案》关于信息发布的规定。信息发布在总指挥授权下，由专门机构或专人依据事故级别大小，配合上级有关部门按照事故信息发布原则对外进行信息发布。

（8）事故信息发布原则。

①真实原则。对突发事故情况、人员伤亡、财产损失、应急处理方法、环境污染等情况，如实向外界公布，事故信息应真实、准确。

②及时原则。根据事故发展态势和抢险救灾进展情况，及时向新闻媒体通报。

③正面引导原则。在发布事故真实信息的基础上，重点对事故抢险救灾进展情况进行通报。

（9）事故责任分析。

①根据事故调查所确认的事实，通过对直接原因和间接原因分析，确定事故的直接责任者、间接责任者。

直接责任：凡是导致事故发生直接原因的人员责任属直接责任。

间接责任：产生人的不安全行为、物的不安全状态、管理缺陷的间接原因的人员责任属间接责任。

②事故责任人员一般分为四类：直接责任者、主要责任者、重要责任者、一般责任者。

直接责任者主要是指因违章操作或违章指挥直接导致事故发生的人员。

主要责任者、重要责任者、一般责任者属于间接责任，主要是指各级管理人员、矿级领导。其中领导责任又分为：主要领导者责任、重要领导责任者责任、一般领导责任者责任。

（10）事故责任追究及处罚

按照《事故调查报告》做出具体的处罚决定。

（11）对事故隐瞒不报、谎报或拖延不报，阻碍、干涉事故调查处理，故意破坏事故现场，拒绝接受调查以及拒绝提供真实情况和资料的部室和个人，根据情节轻重，做出处理。

（12）《事故调查报告》下达后由安全部按标准进行落实，罚款纳入矿安全基金。

（13）对于事故调查组提出的事故调查处理意见和防范措施，由安全部负责跟踪落实。

11.5　应急投入及资源保障制度

1. 目的和适用范围

（1）为了预防和控制潜在的事故或紧急情况发生时，做出应急准备和响应，最大限度地减轻可能产生的事故后果，特制定本制度。

（2）本程序适用于各单位生产经营中潜在事故（灾害）等紧急情况的预防和处理。

2. 应急管理原则

（1）实行行政领导负责制和责任追究制。

（2）以人为本，安全第一。

把保障员工的生命安全和身体健康、最大程度地预防和减少事故造成的人员伤亡和财产损失作为首要任务。切实加强应急救援人员的安全防护。

（3）预防为主，强化基础，快速反应。

（4）科学实用。

（5）分级响应。

3. 各单位应急管理机构领导机构

总指挥：各单位总经理。

副总指挥：各单位常务副经理或总工程师。

成　　员：副总经理及各科室（队）负责人。

4. 应急保障

各有关部门要按照职责分工和相关预案做好突发事故的应对工作，同时根据总体预案切实做好应对突发事故的人力、物力、财力、运输、医疗卫生及通信保障等工作，保证应急救援工作的需要。

（1）矿调度室和非煤办公室要做好应急救援队伍的业务培训和应急演练，建立联动协调机制，动员全员有组织的参与应急救援工作。

（2）财务科要保证所需突发事故应急准备和救援工作资金。

（3）供应科要建立健全应急物资监测网络、预警体系和应急物资生产、储备、调拨及紧急配送体系，完善应急工作程序，确保应急所需物资和生活用品的及时供应，并加强对物资储备的监督管理，及时予以补充和更新。

（4）医疗卫生保障，一旦发生紧急情况第一时间出动矿应急医疗组，同时立刻与签订应急救援预案的医院取得联系，请求救援。

（5）交通运输保障，要保证紧急情况下应急交通工具的优先安排、优先调度，确保运输安全畅通；要建立紧急情况交通运输工具的调用程序，确保抢险救灾物资和人员能够及时、安全送达。

（6）人员防护要指定或建立与人员相适应的应急避险场所，完善紧急疏散管理办法，明确各级责任人，确保在紧急情况下员工安全、有序的疏散。要采取必要的防护措施，严格按照程序开展应急救援工作，确保作业人员和应急救援人员的安全。

5. 监督管理

（1）预案演练。

各部门要结合实际，有计划、有重点地组织对相关预案的演练。每年至少进行一次，并作好演练过程的原始记录。

（2）培训教育。

由培训部门牵头，安全科负责协助组织有关部门，进行应急法律法规和预防、避险、自救、互救、减灾等常识的培训，增强员工的忧患意识、社会责任意识和自救、互救能力。对应急救援和管理人员进行专业培训，提高其应急专业技能。保持培训记录。

（3）责任与奖惩。

突发事故应急处置工作实行责任追究制。二级公司对突发事故应急管理工作中做出突出贡献的先进集体和个人要给予表彰和奖励。对迟报、谎报和瞒报突发事故重要情况或者应急管理工作中有其他失职、渎职行为而丧失应急的最佳机会造成人员伤亡或重大经济损失的，对有关责任人给予处罚，构成犯罪的，送司法机关处理。

（4）各单位突发事故应急预案由负责安全科室进行监督管理。

（5）生产指挥中心将和其他职能部室对各单位的各种投入进行监督检查。

11.6　应急预案管理制度

为充分发挥应急管理机构的职能作用，完善工作机制，创新工作方式，更加规范、有序、高效地开展应急管理各项工作，提高应对和处置突发事件的能力和水平，特制定应急预案管理制度。

（1）应急预案体系动态管理。根据“横向到边，纵向到底”的总体要求和部门机构调整变化情况，对应急预案适当进行类别、结构调整，使应急预案体系适应本单位安全形势和实际工作需要。

（2）应急预案修订完善。针对应急管理工作中情况的变化和应急预案实施过程中发现的问题，组织有关部门和应急管理专家对本单位综合应急预案、专项应急预案、部门应急预案进行修订和完善。发生重大、特别重大突发事件后，要总结实战经验及时修订完善相关应急预案。修订和完善后的应急预案按规定及时备案。

（3）应急预案审核、印发和发布。对应急预案及时进行会审、会审通过后组织印发、公布。

（4）预案培训。将各类应急预案有关内容列入每年应急知识宣教培训计划，以涉及本单位安全保障的部分为重点开展宣传培训，增强职工的公共安全意识，提高职工自救互救能力。

（5）应急预案演练。建立健全应急预案演练制度，制定应急预案演练计划。原则上每年至少组织一次应急预案演练，三年全覆盖。二级公司将以调度牵头，安监部、生产部、办公室等配合对各单位预案进行全部检查，对预案管理好的单位按相关规定进行奖励，不好的进行处罚并通报批评。

11.7　应急救援队伍管理制度

（1）应急救援队伍的人员职责包括：

①遵守国家法律、法规和规章制度。

②听从命令，服从指挥，尽心尽力，密切配合。

③树立高度的工作责任感。

④自觉参加教育培训和演练，不断提高业务水平。

⑤加强应急救援装备、器材和物资的维护、保养，保证性能良好。

⑥完成各项应急救援任务。

（2）应急救援队伍应建立健全各项管理制度，包括值班制度、岗位责任制、学习演练制度、装备维护保养制度、安全保密制度。

（3）应急救援单位应划拨专项经费，用于增加、更新应急救援的各种装备、器材、物资，以及安排技术人员参加各类教育培训，不断提高应急救援的能力。

（4）应急救援队伍应针对参与救援的具体情况，定期组织应急救援演练。

（5）生产指挥中心对应急救援管理队伍进行监督检查。

11.8　应急物资装备管理制度

1. 目的

确保物资装备状态良好，为发生突发事故救援时提供物质保障，制定本制度。

2. 范围

应急救援物资包括井下各种应急救援器材、设备和应急药品；各单位物资由三元、马堡统一调配。

3. 职责

（1）各单位供应科负责各种应急救援器材、设备的日常管理。

（2）各单位后勤服务中心医务室负责药品的日常监督管理。

（3）矿通风科、非煤保卫科负责消防器材的日常监督管理。

4. 检查与维护管理

（1）应急救援物资装备为应对突发事件而准备，在应急救援救护中具有举足轻重的作用，所以必须保证应急救援物资装备在日常的完备有效，不得随意使用或挪作他用。

（2）各部门对现有的应急救援物资装备负有储存和妥善保管的责任，对救援物资装备应定人、定点、定期管理。

（3）各个救援物资装备责任人应按规定定期对物资装备进行检查、维护、清洁，及时更新有效期以外或状态不良的物资装备，补充缺失的物资装备，定期进行清洁擦拭，如发现较为严重的问题时，应及时上报。并将检查、维护、清洁情况记录在案。

(4) 加强对员工的培训教育，使员工掌握应急救援物资装备的正确使用和维护保养方法，确保应急救援物资装备在日常情况下的完备有效。

(5) 供应科会同其他职能科室定期对应急救援物资装备存储、检查、维护、擦拭、记录情况进行督导，促进救援物资装备管理水平的持续提高。检查中发现应急救援物资毁损、丢失的要严格追究相关人员的责任，并及时补充。

(6) 对于工作不到位现象，供应科有权根据相关管理规定对责任人进行处罚，对于由于工作失误而造成的后果按公司相关管理规定执行。

(7) 不得随意对应急救援物资装备进行拆解维修。

(8) 二级公司将以调度牵头，安监部、生产部、办公室等配合对各单位物资管理进行抽检，对管理好的单位进行奖励，不好的进行处罚并通报批评。

11.9 安全避险设施管理和使用制度

1. 总则

(1) 为规范和促进煤矿井下紧急避险系统的建设、完善和管理工作，制定本规定。

(2) 本规定适用于煤矿井下紧急避险系统的设计、建设、使用、维护和管理。

(3) 各矿必须按照规定要求建设完善煤矿井下紧急避险系统，并符合“系统可靠、设施完善、管理到位、运转有序”的要求。

2. 紧急避险系统

(1) 煤矿井下紧急避险系统是在井下发生紧急情况下，为遇险人员安全避险提供生命保障的设施、设备、措施组成的有机整体。紧急避险系统建设包括为入井人员提供自救器、建设井下紧急避险设施、合理设置避灾路线、科学制定应急预案等。

(2) 紧急避险设施是指在井下发生火灾、爆炸等灾害事故时，为无法及时撤离的避险人员提供的一个安全避险密闭空间，对外能够抵御高温烟气，隔绝有毒有害气体，对内提供氧气、食物、水，去除有毒有害气体，创造生存基本条件，并为应急救援创造条件、赢得时间。紧急避险设施主要包括永久避难硐室、临时避难硐室、可移动式救生舱。

永久避难硐室是指设置在井底车场、水平大巷、采区避灾路线上，服务于整个矿井、水平或采区，服务年限一般不低于5年的避难硐室。

临时避难硐室是指设置在采掘区域或采区避灾路线上，主要服务于采掘工作面及其附近区域，服务年限一般不大于5年的避难硐室。

(3) 所有煤矿应为入井人员配备额定防护时间不低于30 min的自救器，入井人员应随身携带自救器。

(4) 紧急避险设施的建设应综合考虑所服务区域的特征和巷道布置、可能发生的灾害类型及特点、人员分布等因素，以满足突发紧急情况下所服务区域人员紧急避险需要为原则。优先采用避难硐室，也可采用避难硐室与可移动式救生舱有机结合的方式。

(5) 紧急避险设施应具备安全防护、氧气供给保障、空气净化与温湿度调节、环境监测、通讯、照明、动力供应、人员生存保障等基本功能，额定防护时间不低于96 h。

紧急避险设施容量应满足突发紧急情况下所服务区域人员紧急避险的需要，包括生产人员、管理人员、检查监察人员及可能出现的其他临时人员。

(6) 井下紧急避险系统应由煤炭企业委托有资质的设计单位进行整体设计。设计方案应符合国家有关规定要求，经过评审和企业技术负责人批准，报煤矿安全监管部门和煤矿安全监察机构备案。

(7) 井下紧急避险系统应与矿井安全监测监控、人员定位、压风自救、供水施救、通讯联络等系统有机联系，形成井下整体安全避险系统。矿井安全监测监控系统应对紧急避险设施的环境参数进行监测。矿井人员定位系统应能实时监测井下人员分布和进出紧急避险设施的情况。矿井压风自救系统应能为紧急避险设施供给足量氧气。矿井供水施救系统应能在紧急情况下为避险人员供水，并为在紧急情况下输送液态营养物质创造条件。矿井通信联络系统应延伸至井下紧急避险设施，紧急避险设施内应设置直通矿调度室的电话。

（8）紧急避险设施的设置要与矿井避灾路线相结合，紧急避险设施应有清晰、醒目的标识。矿井避灾路线图中应明确标注紧急避险设施的位置和规格、种类，井巷中应有紧急避险设施方位的明显标示，以方便灾变时遇险人员迅速到达紧急避险设施。

（9）紧急避险系统应随井下采掘系统的变化及时调整和补充完善，包括紧急避险设施、配套系统、避灾路线和应急预案等。

（10）井下紧急避险设施的配套设备应符合相关标准的规定，纳入安全标志管理的应取得煤矿矿用产品安全标志。可移动式救生舱应符合相关规定，并取得煤矿矿用产品安全标志。

3. 永久避难硐室

（1）永久避难硐室应布置在稳定的岩层中，避开地质构造带、高温带、应力异常区以及透水威胁区，确保在服务期间不受采动影响。前后20 m范围内巷道应采用不燃性材料支护，且顶板完整、支护完好，符合安全出口的要求。特殊情况下布置在煤层中时应有控制瓦斯涌出和防止瓦斯集聚、煤层自燃的措施。

（2）永久避难硐室应由过渡室和生存室等构成，采用向外开启的两道隔离门结构。两道隔离门之间为过渡室，第二道隔离门以内为生存室。

生存室净高不低于2.0 m，长度、宽度根据设计的额定避险人数以及内配装备情况确定。每人应有不低于0.75 m^2 的使用面积，设计额定避险人数不少于50人，不宜多于100人。靠近底板附近设置不少于两趟的单向排水管和单向排气管。

（3）隔离门、墙应按不低于井下水泵房密闭门的标准建造，密封可靠，开闭灵活。隔离门墙周边掏槽，深度不小于0.2 m，或见硬顶、硬帮，墙体用强度不低于C25的混凝土浇筑，并与岩体接实，保证足够的气密性。

（4）采用锚喷、砌碹等方式支护，支护材料应阻燃、抗静电、耐高温、耐腐蚀，顶板和墙壁的颜色宜为浅色。硐室地面高于巷道底板0.2 m。

（5）有条件的矿井宜布置直达地表的大直径钻孔，钻孔直径不小于150 mm；通过钻孔设置水管和电缆时，水管应有减压装置；钻孔地表出口应有必要的保护装置并储备自带动力压风机，数量不少于2台。

（6）永久避难硐室接入矿井压风、供水、监测监控、人员定位、通讯和供电系统。压风、供水、监测监控、人员定位、通讯、供电等管线在接入硐室前应采取保护措施。

接入的矿井压风管路，应设减压、消音、过滤装置和带有阀门控制的呼吸嘴，压风出口压力在0.1～0.3 MPa之间，连续噪声不大于70 dB，过滤装置具备油水分离功能。

接入的矿井供水管路，应有专用接口和供水阀，水量和水压满足额定避险人员避险时的需要。

硐室内部和外部应分别设置安全监测监控系统传感器，对硐室内外的 O_2、CH_4、CO_2、CO、温度等进行实时监测。

硐室入、出口处应设人员定位基站，实时监测人员进出紧急避险设施情况。

硐室入口处和内部应分别安设直通矿调度室的固定电话，硐室内宜加配无线电话或应急通信设施。

（7）永久避难硐室应配备独立的内外环境参数检测或监测仪器，实现突发紧急情况下人员避险时对硐室内的 O_2、CH_4、CO_2、CO、温度、湿度和硐室外的 O_2、CH_4、CO_2、CO的检测或监测。

（8）永久避难硐室应按设计的额定避险人数配备供氧和有害气体去除设施、食品和饮用水，以及自救器、急救箱、照明、工具箱、灭火器、人体排泄物收集处理装置等辅助设施，备用系数不低于20% 的。

自备氧供气系统供氧量不低于 0.3 m^3/(分·人)。布置有直达地表大直径钻孔的永久避难硐室应保证 24h 连续供氧；其他永久避难硐室应保证额定防护时间内的供氧量。采用高压气瓶供气系统时应有减压措施，以保证安全使用。

配备的自救器应为隔离式，连续使用时间不低于 30 min。

（9）永久避难硐室施工时，应有专门的施工设计，报企业技术负责人批准后方可实施。施工中应加强工程管理和过程控制，确保施工质量。施工完成后应组织工程验收。

（10）永久避难硐室施工、安装完成后，应进行各种功能测试和联合试运行，并严格按设计要求组织验收，满足规定要求后方可投入使用。

4. 临时避难硐室

（1）临时避难硐室应布置在稳定的岩（煤）层中，避开地质构造带、高温带、应力异常区，确保服务期间受采动影响小。前后 20 m 范围内巷道应采用不燃性材料支护，顶板完整、支护完好，符合安全出口的要求。布置在煤层中时应有控制瓦斯涌入和防止瓦斯集聚、煤层自燃等措施。

（2）临时避难硐室应由过渡室和生存室等构成，采用向外开启的两道隔离门结构。

过渡室净面积应不小于 2.0 m^2，内设压缩空气幕和压气喷淋装置，第一道隔离门上设观察窗，靠近底板附近设单向排水管和单向排气管。

生存室净高应不低于 1.8 m，长度、宽度根据设计的额定避险人数以及内配装备情况确定。每人应有不小于 0.6 m^2 的使用面积，设计的额定避险人数应不少于 10 人，不宜多于 50 人。靠近底板附近设置不少于两趟的单向排水管和单向排气管。

（3）隔离门应不低于井下密闭门的标准，密封可靠，开闭灵活。隔离门墙周边掏槽，或见硬顶、硬帮，墙体用强度不低于 C25 的混凝土浇筑，并与岩（煤）体接实，保证足够的气密性。利用可移动式救生舱的过渡舱作为过渡室时，过渡舱外侧门框宽度应不小于 300 mm，安装时在门框上整体灌注混凝土墙体。硐室四周掏槽深度、墙体强度及密封性能要求不低于隔离门安装要求。

（4）临时避难硐室应采用锚网、锚喷、砌碹等方式支护，支护材料应阻燃，硐室地面应高于巷道底板 0.2 m。

（5）临时避难硐室应接入矿井压风、供水、监测监控、人员定位、通讯和供电系统。接入的矿井压风管路，应设减压、消音、过滤装置和带有阀门控制的呼吸嘴，压风出口压力在 0.1～0.3 MPa 之间，连续噪声不大于 70 dB，过滤装置具备油水分离功能。接入的矿井供水管路，应有接口和供水阀。接入的安全监测监控系统应能对硐室内的 O_2、CH_4、CO_2、CO、温度等进行实时监测。硐室入、出口处应设人员定位基站，实时监测人员进出紧急避险设施情况。硐室内应设置直通矿调度室的固定电话。

（6）临时避难硐室应配备独立的内外环境参数检测或监测仪器，实现突发紧急情况下人员避险时对硐室内的 O_2、CH_4、CO_2、CO、温度和湿度和硐室外的 O_2、CH_4、CO_2、CO 检测或监测。

（7）临时避难硐室应按设计的额定避险人数配备供氧和有害气体去除设施、食品和饮用水以及自救器、急救箱、照明、工具箱、灭火器、人体排泄物收集处理装置等辅助设施，备用系数不小于 10% 。

（8）硐室建设应有设计和作业规程。临时避难硐室硐室建设完成后，应进行各种功能测试和联合试运行，并按要求组织验收，满足规定要求后方可投入使用。

5. 维护与管理

（1）建立紧急避险系统管理制度，指派专门机构和人员对紧急避险系统进行维护和管理，保证其始终处于正常待用状态。

（2）紧急避险设施应有简明、易懂的使用说明，指导避险矿工正确使用。

（3）定期对避险设施及配套设备进行维护和检查，并按期更换产品说明书规定的需要定期更换的部件及设备。

保证储存的食品、水、药品等始终处于保质期内，外包装应明确标示保质日期和下次更换时间。

每 3 个月对配备的气瓶进行 1 次余量检查及系统调试，气瓶内压力低于 8 MPa 时，应及时补气。

每 10 天对设备电源（包括备用电源）进行 1 次检查和测试。

每年对避险设施进行 1 次系统性的功能测试，包括气密性、电源、供氧、有害气体处理等。

（4）经检查发现避险设施不能正常使用时，应及时维护处理。采掘区域的避险设施不能正常使用时，应停止采掘作业。

（5）建立紧急避险设施的技术档案，准确记录紧急避险设施安装、使用、维护、配件配品更换等相关信息。

（6）每年应将紧急避险系统建设和运行情况，向县级以上煤矿安全监管部门书面报告一次。

6. 培训与应急演练

（1）将正确使用紧急避险设施作为入井人员安全培训的重要内容，确保所有入井人员熟悉井下紧急避险系统，掌握紧急避险设施的使用方法，具备安全避险基本知识。

（2）对紧急避险系统进行调整后，应及时对入井人员进行再培训，确保所有入井人员准确掌握紧急避险系统的实际状况。

（3）每年开展一次紧急避险应急演练，建立应急演练档案。

（4）生产指挥中心将不定期对各矿“六大系统”管理进行抽检、监督检查。

11.10　应急档案管理制度

1. 总则

（1）档案管理是企业规范化管理的重要内容，也是企业发展过程中的重要见证，它记录了一个企业的发展历程，为企业的发展壮大提供了文字依据，档案的规范化管理是企业走向规范和成熟的重要条件，为加速企业规范化管理进程，进一步完善文书档案管理工作，特制定本制度。

（2）归档的档案应字迹清晰、完整有效。

2. 应急档案管理

（1）各部门应将文字资料的收集归档工作列入各部门科员的职责范围。

（2）应急救援档案归档范围。

凡是企业经营管理活动中形成的具有保存价值的文件材料均应归档，主要包括：

①具有保存价值的本单位正式收文、发文，除文件的正件外，还应包括它的附件。

②本单位在应急救援活动中产生的与上级领导部门间的往来文件，包括请示、报告、项目立项、重要函件、应急救援合同等。

③本单位在应急救援活动中产生的各种文件材料（即内部文件）：如规章制度、调研材料、计划、总结、条例、会议纪要、机构调整、人事任免、部门管理职能性文件、部门岗位职责等。

（3）应急档案归档要求。

①已经办理完毕并有保存价值的文件都应及时归档，任何人不得随意留存。

②归档的文件材料要收集齐全（包括附件，附图），按照文件形成的先后次序排列清楚，并剔出其中的废稿、重复稿和不重要的便条等。

③存档文件必须为原件。

④文件归档时要有交接手续。

⑤每年 6 月之前，各部门兼职档案员向矿档案室移交已归档完毕的上一年的文件材料并办理移交手续。

⑥各部门兼职档案员和具体办公人员有责任协助档案管理人员共同做好文件的收集和保管工作。

（4）应急救援档案的借阅。

①根据《档案借阅管理制度》办理相关手续方可借阅。

②借阅文书档案使用后应及时归还。

（5）应急救援档案的保管及销毁。

①专职档案员有责任对矿各部门文书档案的归档进行监督指导。

②各单位综合档案室负责集中统一管理所有文书档案。

③专职档案员对各部门移交的文书档案按标准进行整理，分类，编目、统计、保管，并进行数据化管理，方便快捷提供利用。

④档案保管期限分为永久、长期、定期三种，定期开展档案鉴定工作，对保管期满的档案经相关手续后可以销毁，并建立文书档案销毁清册。

二级公司将以调度牵头，安监部、生产部、办公室、人力资源部等配合对各单位档案管理抽检，对管理好的单位进行奖励，不好的进行处罚并通报批评。

11.11 紧急情况撤人制度

为遏制煤矿重特大事故发生，根据《安全生产法》《煤矿安全规程》等有关法律法规、规程和规范性文件，二级公司印发《关于强化煤矿紧急情况停产撤人措施的通知》（以下简称《通知》），对煤矿紧急情况停产撤人措施提出明确要求。

下达紧急情况停产撤人的人员：

在遇到险情时第一时间下达停产撤人命令的人员有：生产现场带班人员、班组长、调度员和企业员工发现直接危及人身安全紧急情况的人员。

下达停产撤人命令的人员的权利有采取先撤人再汇报的措施；有直接决策权和指挥权；立即停止作业，撤到安全地点。撤到安全地点后再向上级导汇报。

以上人员发现有下列紧急情况之一的必须下达停产撤人命令。

（1）遇有井下瓦斯涌出异常或井下有害气体浓度超过《煤矿安全规程》规定，必须立即停产撤人。

（2）现场出现煤（岩）与瓦斯（二氧化碳）突出征兆，必须立即停产撤人。

（3）主要通风机或局部通风机因故停止运转，或通风系统遭到破坏，不能保证矿井正常通风，必须立即停产撤人。

（4）发生火灾，依靠现场力量无法有效扑灭，必须立即停产撤人。

（5）安全监测监控不到位，必须立即停产撤人。

（6）采掘工作面出现大面积冒顶征兆，来不及支护或采取措施不能及时有效控制，必须立即停产撤人。

（7）井下出现透水征兆：

遇有井下采掘工作面及回风系统瓦斯超限、煤壁挂汗、挂红、水叫声、工作面空气变冷、采掘工作面支护变形严重、电气设备失爆、安全保护失效等情况时，全体井下人员必须无条件升至地面。

（8）雨季受水威胁矿井在当地遇洪水或 24 h 降雨量达 50 mm 且没有雨停迹象，必须立即停产撤人。

（9）供电系统发生故障，不能保证矿井安全供电的，必须立即停产撤人。

（10）各驻矿值班人员必须在调度室值守，并监督矿井瓦斯、水、火等灾害状况，出现情况紧急时，立即决定停产撤人。

（11）汛期期间，凡是地处水库、河道、湖湖泊、低洼地带、泄洪区范围内的煤矿，必须在绝对确保安全情况下才能生产，否则必须停产撤人。

（12）出现危及现场作业人员人身安全的其他紧急情况，必须停产撤人。

（13）遇有以上紧急情况，煤矿瓦检员、安监员、班组长等有权指挥停产撤人。煤矿矿长、带班矿长、矿调度等必须服从第一决定人的决定。作业人员有权拒绝作业，不得因此处理作业人员。

（14）各科室要严格落实紧急情况停产撤人制度，加强组织领导，落实安全责任，明确应急措施和报告程序，强化调度值班。

（15）明确值班人员及井下各级管理干部、作业工人在接到危险报告或发现可能出现的灾害时，必须采取先撤人再汇报的措施；赋予生产现场带班员、班组长和调度人员在遇到险情时第一时间下达停产撤人命令的直接决策权和指挥权；赋予企业员工发现直接危及人身安全的紧急情况时，立即停止作业，撤至安全地点的权利。

11.12 应急培训制度

1. 培训宗旨

根据二级公司136安全管理模式，将培训的目标与公司发展的目标紧密结合，围绕公司发展开展应急培训，不断探索创新培训形式。

2. 培训目的

（1）掌握公司应急管理规章制度、岗位职责、工作要领，使员工尽快适应和能胜任本职工作。

（2）改进员工工作表现，强化责任意识、安全意识和应急意识，树立效率原则、效益原则。

（3）提升员工履行职责的能力和主人翁的责任感，端正工作态度，提高工作热情，培养团队合作精神，形成良好的工作习惯。

（4）提高员工学习应急标准化的能力和知识水平，提升员工应急作业能力，为公司发展创造良好环境和条件。

3. 应急培训的组织

（1）员工应急培训工作在公司统一部署下由人力资源部归口管理、统一规划，所属各矿培训中心各司其职组织实施，员工个人主动配合。

（2）培训中心根据公司培训计划，制定年度应急培训课程大纲，明确培训的目的、内容、时间、授课人、课程要求和验收标准，经公司领导批准后组织实施。

4. 培训内容

（1）应急基础理论知识学习，主要包括《煤矿安全规程》内容；“应急管理标准化”内容；二级公司应急管理有关文件资料等。

（2）岗位培训，对与应急管理、应急救护有关的所有员工进行专业培训，使其熟悉岗位职责、业务知识、日常工作流程、工作要求及操作要领。

（3）案例研究及模拟演练。以案例形式讲解本公司在经营活动中的经验和教训，使员工掌握一些基本原则和工作要求，然后可进行有针对性的模拟演练。通过运用和演练，巩固提高专业技能。

5. 培训要求

（1）应急培训工作要准备充分，注重过程，讲求效果，防止形式主义。

（2）授课方法要理论联系实际，通俗易懂，深入浅出。

（3）参加培训的员工要严格遵守培训纪律，准时参加培训，认真听课，细作笔记。实习时要尊重老员工，严格按规程操作。

（4）培训后进行考核，分为理论考核和实践考核，结合平时的学习态度、学习纪律和学习成绩综合进行。考核结果与员工工资挂钩。

(5) 培训考试成绩记入个人档案，作为转正、升（降）级、晋（降）职、转岗的重要依据之一。参加培训的员工未经批准无故不参加考试者，视为自动放弃考试，扣除培训期间的工资、奖金和补助，并作降级、降薪或辞退处理。

(6) 参加培训的员工培训过程中所获得和积累的技术、资料等要做好保密工作，不得私自拷贝、传授或转交给其他公司和个人。

(7) 各单位认真做好培训记录，将所有培训资料归档管理。

12　二级公司其他管理制度

12.1　选煤厂安全管理制度

为规范选煤厂安全生产，保障从业人员的人身安全与健康，防止和减少各类事故的发生及职业病危害，根据“选煤厂安全规程”“煤炭洗选工程设计规范”“二级公司选煤厂安全生产标准化实施细则”，特制定本制度。

第一条　选煤企业主要负责人是安全生产的第一责任人，矿井安全生产第一责任人是所辖矿井型选煤厂安全生产的第一责任人。

第二条　选煤厂厂长是本厂安全生产的第一责任者。

第三条　各单位必须遵守国家有关安全生产的法律、法规、规章、规程以及国家标准、行业标准和技术规范，落实安全第一，预防为主的安全生产方针。

第四条　必须设置安全生产管理机构，配备适应工作需求的安全生产管理人员和设备。

第五条　制定选煤厂安全生产的各种规程、规定和制度，并认真贯彻实施。

第六条　制定并落实选煤厂各级安全生产责任制。

第七条　必须编制年度防洪、防火、防雷、防爆、防冻等灾害预防和处理计划，并组织实施。

第八条　必须实行安全目标管理，层层分解指标。

第九条　发生事故后，矿长（矿井型选煤厂）和选煤厂厂长必须立即采取措施组织抢救，并按有关规定及时、如实上报。

第十条　针对动火、进入受限空间、高空作业、起重作业、停送电作业等高风险的施工作业环节，必须有保证安全的技术措施，并严格执行安全确认制度。

第十一条　生产所需的坑、井、壕、池必须设置固定盖板或围栏，升降口大小孔洞、楼梯、平台、走桥必须加设栏杆。

第十二条　各种设备的转动部分必须安设可靠的防护装置。

第十三条　厂区、生产厂房及仓库必须配备必要的消防器材和设施，选煤厂原煤、干燥产品（矸石除外）的储存、运输、生产、干燥部位和车间应设室内消防给水，原煤和干煤产品输送栈桥与其相连建（构）筑的连接处应设消防水幕。

第十四条　瓦斯量大的煤仓（原煤仓、精煤仓、缓冲仓）及与其相通的房间和走廊必须遵守下列规定：

（1）建立三班巡回检查制度，制定检查图表。

（2）煤仓设置高出房顶的瓦斯排放口。

（3）使用符合防爆要求的机电设备和照明。

（4）煤仓瓦斯浓度达到1.5%时，附近20 m范围内的电气设备立即停止运转。

（5）房间和走廊内瓦斯浓度达到0.5%时，立即切断全部非本质安全型电源（含照明电源）。

第十五条　各种电气设备、电力和通信系统的设计、安装、验收、运行、维修、试验和安全维护等工作，必须符合“选煤厂安全规程”“煤炭洗选工程设计规范”要求。

第十六条　独立选煤厂完善应急救援体系，矿井型选煤厂制定现场处置方案，处置方案必须与矿井应急预案有效衔接。

第十七条　经常组织安全检查、隐患排查，确定隐患等级，按等级建档，逐一整改，实现隐患闭合管理。

第十八条　按规定发放劳动保护用品，接触粉尘和有害物质的作业人员，定期进行健康体检，并建立个人健康档案，严格执行工业噪声标准。

第十九条　选煤厂从业人员经安全培训且考试合格后方可上岗作业。

12.2　二级公司选煤厂机电设备管理制度

为了使选煤厂机电设备的设计、选型、安装、验收、使用、报废进一步规范化、充分发挥设备效能，提高运行质量，特制定本制度。

第一条　选煤企业的机电管理执行集团公司和二级公司有关规定，矿井型选煤厂的机电管理纳入矿井机电设备管理体系。

第二条　选煤厂需健全机电管理机构，配备专业管理人员，完善各项管理制度，并组织落实。

第三条　二级公司环保节能部参与选煤厂大型成套设备的选型、安装和验收。

第四条　选煤厂必须制定设备年度大、中修计划，并报二级公司环保节能部。

第五条　机电设备完好率大于 95%，大型主要设备完好率 100%，设备待修率小于 5%，事故率小于 1%，失爆率为 0，事故追查率 100%。

第六条　设备实行档案化管理，主要设备要求一台一档。档案资料包括：①技术检验文件、合格证、技术说明书；②设备大、中修施工记录，竣工验收单，修理检测记录；③设备改装、更新技术资料；④设备缺陷记录及事故报告单；⑤安装基础图及土建图；⑥其他资料。

第七条　所有设备必须编码管理。

第八条　各种电气设备设施的设计、安装、验收图纸齐全，运行和检修记录资料完整。

第九条　电气设备接地满足“选煤厂安全规程”要求。

第十条　高层建筑必须安设避雷装置，避雷装置必须定期检查和测定。

第十一条　编制选煤厂设备完好标准，建立健全各种设备检修、安装的验收制度。

第十二条　报废设备和残体根据上级部门要求执行。

12.3　二级公司选煤厂技术管理制度

为分析、评定、总结某阶段选煤生产情况和主要技术经济指标完成情况，充分挖掘内部潜力，进一步提高产品质量和降低生产成本，达到设备工况运行最佳，经济效益最大化，特制定本制度。

第一条　在煤矿总工程师的领导下，公司所属各选煤厂必须成立生产技术管理部门，由生产技术管理部门全面负责选煤厂的技术管理工作。

第二条　生产技术管理部门必须认真贯彻执行国家有关洗选技术法律法规，根据二级公司整体生产计划部署，结合本矿实际生产情况，制订选煤生产计划，原则上不得低于公司计划，并报二级公司环保节能部备案，通过计划的编制、执行和分析，对选煤厂的生产技术活动进行协调和控制，以便有效充分地利用人力、物力和财力，年生产计划完成率不得小于 90%。

第三条　选煤厂每月定期将月综合煤样送至中心化验室做筛分浮沉试验，根据原煤的可选性，及时调整洗选各项技术参数，确保洗选效率大于 92%，使洗选经济效益最大化。

第四条　根据二级公司选煤厂洗选工艺情况，主要技术经济指标必须满足如下要求：①数量效率大于 92%；②全员效率：矿井型选煤厂大于 40 t/工，中心型选煤厂大于 30 t/工，矸石带煤小于 3%，批合格率达 100%，批稳定率大于 95%；③电耗：矿井型选煤厂小于 7 kW · h/t 原煤，中心型选煤厂小于 10 kW · h/t 原煤；④介耗小于 1.5 kg/t 原煤，浮选油耗小于 1.6 kg/t 干煤泥，絮凝剂耗小于 5 g/t 原煤。

第五条　选煤厂要建立技术经济指标体系，借助于技术经济指标体系编制月度生产运行分析报告，并报二级公司环保节能部。

第六条　认真开展月综合实验，通过实验数据的统计和分析，结合主要技术经济指标完成情况，按规定内容编制月综合报告，报告内容必须真实、准确。

第七条　建立指标考核机制，根据各选煤厂实际情况，制定数量指标、质量指标、效率指标月度、年度计划，结合当月各项指标完成情况，进行严格考核，考核结果将纳入公司大考核体系，予以通报。

第八条　根据国家或行业标准认真编制单机检查计划书，开展环节工艺效果评定，出具设备评定报告表，判断其性能和技术水平，掌握选煤生产过程的数质量平衡，分析各工艺环节存在的问题，并有针对性地进行调整，提高各系统环节的可靠性和稳定性。

第九条　选煤厂必须基于最大产率原则和最大经济效益原则，积极了解和吸收国内外同行业的先进技术，不断进行技术创新，加强和改善内部管理，优化生产系统，提高产品质量和降低生产成本。

第十条　建立质量管理体系，全厂参加 QC 小组人数达 35% 以上。完善产品数质量监督考核机制，实现全面质量管理。根据合同指标要求组织生产，确保产品质量合格、稳定，不得出现产品质量严重过剩现象。

第十一条　按要求填写各类报表，月度、季度报表填写完成后，经部门主管审核，加盖单位公章后报二级公司环保节能部，各单位留存纸质版报表存档，备案。

第十二条　根据工种及工作具体要求，不定期组织技术培训。

12.4　二级公司新、扩建选煤厂管理制度

为规范选煤建设过程管理，有效规避投资风险，保证洗选工艺先进可靠，高效低能，绿色环保，实现二级公司洗选作业安全、适用、经济运行，特制定本制度。

第一条　新、扩建选煤项目必须明确投资主体，与矿井投资主体一致的选煤建设项目应出具选煤建设项目的董事会决议，与矿井投资主体不一致的选煤建设项目应出具选煤建设项目投资主体的法人治理结构及相关的董事会或股东会决议，国有独资投资主体应出具党政联席会决议。

第二条　洗选主导产品为炼焦用煤，高炉喷吹用煤时，分选深度为 0 mm，主导产品为化工及动力用煤时，分选深度可根据煤质情况、用户需求和综合效益论证后确定。

第三条　各建设单位必须认真收集整理可行性研究报告所需的入选矿井的基本资料和支撑性文件。严格按《煤炭工业选煤厂工程建设项目可行性研究报告编制标准》（MT/T 1153—2011）编制“选煤厂可行性研究报告”，并报二级公司预审，通过后报集团公司。

第四条　入选矿井的基本资料应包括矿井规模、投产时间、开拓部署、采掘衔接、地质报告、煤质煤源及生产大样资料。

第五条　提供的所有基础数据必须准确可靠，经过检验。

第六条　招标文件中的技术要求部分，必须经二级公司环保节能部审核。

第七条　建设项目中标之后 2 个月，必须完成项目的初步设计，经二级公司组织有关部门评审、核准，报集团公司备案。

第八条　建设单位必须认真履行业主职责，严格按照设计和施工组织设计主动做好勘探单位、设计单位、监理单位、施工单位的协调工作，抓好项目的安全、质量、投资、进度及现场管理。

第九条　必须做好施工设计的优化审查及上报备案工作。

第十条　二级公司对建设过程全面监督、指导、服务，定期或不定期组织相关专业人员现场检查。

第十一条　在集团公司的指导和监督下，由二级公司组织项目预验收和后评价工作。

12.5　二级公司选煤厂带式输送机安全管理规定

第一章　总　　则

第一条　为了加强带式输送机及栈桥的安全管理，保证带式输送机高效、安全运行，依照国家相关安全规定，结合二级公司实际情况，特制定本规定。

第二条　本规定适用于二级公司范围内所有选煤厂管辖的带式输送机及栈桥。

第三条　本规定低于公司相关规定时，执行公司标准。

第二章　栈桥的一般规定

第四条　输送机栈桥的结构安全等级为二级，建筑抗震设防应为丙类，耐火等级为二级。

第五条　受煤坑、落煤筒的返煤地道应设置不少于两个安全出口，当设两个安全出口时，应设于地道的两端，且安全疏散距离不大于 75 m。

第六条　输送机栈桥纵向安全疏散距离不应大于 75 m。

第七条　输送机栈桥及输送机地道的检修宽度应大于 0.5 m，人行道宽度距设备固定部分应大于 1 m。

第八条　输送机栈桥中的拉紧装置洞孔周边应采取安全防护措施。

第九条　输送机栈桥、地道中垂直于输送机栈桥楼板斜面的净高不应小于 2.2 m，人行道和检修道的坡度大于 5°时应设防滑条，坡度大于 8°时应设置踏步。

第三章　运输、储存、装车系统安全管理

第一节　瓦　斯　管　理

第十条　选煤厂储运装系统应积极利用自然通风的方式防止瓦斯积聚，煤仓下方带式输送机走廊（返煤暗道）必须设置通风和除尘设施。

第十一条　筒仓上部必须安装抽风机，风机一用一备。局部通风机为防爆抽出式风机。

第十二条　筒仓上方及其建筑物顶、封闭的地面煤仓下方、封闭的带式输送机地面走廊上方等瓦斯浓度较高的地点设置甲烷传感器。甲烷传感器的设置要求：筒仓口往下 1 ~ 2 m 处；筒仓建筑物顶部往下 0.3 m 处；封闭式储煤场距仓顶中心往下 3 m 范围内；输送机机头上方 5 m 范围内。

第十三条　传感器与上仓带式输送机等往仓内运输煤流的设备实现闭锁，其报警值、断电值小于 0.8%，传感器须定期校验。

第十四条　封闭的带式输送机地下走廊内，带式输送机滚筒上方的报警浓度大于或等于 0.5%，断电浓度大于或等于 0.5%，复电浓度小于 0.5%。

第十五条　矿井型选煤厂瓦斯传感器必须与矿井安全监控系统联网，并实现数据上传；恒盛选煤厂检测数据必须上传至集中控制系统。

第十六条　选煤厂配备专职瓦检员和巡检人员，定期检查瓦斯区域内瓦斯浓度，并填写瓦斯检测记录。

第十七条　瓦斯量大的煤仓及其相通的房间和走廊必须遵守下列规定：

（1）建立三班巡回检查制度，制作检查图表。

（2）煤仓设置高出房顶的瓦斯排放口。

（3）使用符合防爆要求的机电设备和照明。

（4）煤仓内瓦斯浓度达到 1.5% 时，附近 20 m 范围内的电气设备立即停止运转。

（5）房间和走廊内瓦斯浓度达到0.5%时，立即切断全部非本质电源。

第十八条　高硫煤的储存必须安设一氧化碳检测设施，并将检测数据上传矿井安全监测系统和选煤厂集中控制系统。

第二节　防　爆　管　理

第十九条　原煤准备、动筛车间、装车系统的电气设备必须防爆。

第二十条　原煤仓、精煤仓、封闭式储煤场的上方、下方所有机电设备和照明必须防爆。

第二十一条　原煤运输系统电气设备必须防爆或采取防爆措施。

第二十二条　与煤仓相通的走廊内必须使用防爆设备和照明。

第三节　粉　尘　管　理

第二十三条　带式输送机走廊、转载点必须安设喷雾装置或除尘器，作业时进行喷雾降尘或用除尘器除尘。

第二十四条　带式输送机必须安装清扫器，且清扫效果良好。

第二十五条　带式输送机受料处需安设导煤槽，导煤槽前端设有挡帘，防止煤尘飞扬，尾部密封，以减少煤尘的跑、冒。

第二十六条　倾斜角度大于8°的炭块带式输送机实现介质流线全封闭，防止炭块滚落。

第二十七条　带式输送机走廊须定期清理地面和设备，防止煤尘积压。

第二十八条　清扫作业场所时，不得用水冲洗电气设备、电缆、照明、信号线路。

第二十九条　每月对带式输送机转载点及易产尘点的粉尘测定一次。

第三十条　作业场所空气中煤尘含量不得超过10 mg/m^3。

第四节　带式输送机安全保护装置管理

第三十一条　选煤厂带式输送机至少应安设堆煤保护、速度保护、跑偏保护、拉绳开关，倾斜带式输送机有逆止装置。

第三十二条　手选带式输送机的带速不得超过0.3 m/s，且必须安装紧急停车按钮。

第三十三条　带式输送机输送系统的所有安全保护装置必须保证可靠、灵敏。

第三十四条　定期对安全保护装置进行测试，并做好测试记录。测试周期最长不应超过一周。

第五节　倾斜带式输送机拉紧装置管理

第三十五条　选煤厂带式输送机拉紧装置的调节余量不小于行程的1/5。

第三十六条　带式输送机栈桥中的拉紧装置洞孔周边须封闭管理。

第三十七条　不得随意增加或减少拉紧装置配重块数量。

第三十八条　带式输送机栈桥下方的拉紧装置房间内严禁储存任何物品。

第三十九条　定期清除拉紧装置房间内和配重块上的积煤和积尘，防止煤尘堆积，保持房间清洁。

第四十条　带式输送机运行期间应定期观察拉紧装置的运行情况，严禁因带式输送机跑偏磨损机架。

第六节　消　防　管　理

第四十一条　选煤厂原煤、干燥产品（除矸石外）的储存、运输、生产、干燥部位和车间应设室内消防给水；原煤和干煤产品输送栈桥与其相连建（构）筑的连接处应设消防水幕。

第四十二条　不得明火作业和吸烟（特殊情况必须办理有关手续）。

第四十三条　输送机的机头和机尾必须设消防沙箱和灭火器，沙箱容积和消防沙的储存量须满足公司相关规定；输送带长度超过50 m时，机头、机尾分别配备4 kg装灭火器1组（2具）。原煤输送机走廊必须安设消防给水，并配备相应消防栓。

第四十四条　输送机走廊内禁止存放易燃易爆物品。

第四十五条　因维修或其他工作需要进行电气焊接时必须经过防火部门批准，并采取必要的防范措施后方能实施。

第四十六条　针对选煤厂带式输送机输送沿线动火作业，各厂必须制定专项安全技术措施，动火作业现场必须满足“选煤厂安全规程”有关电焊、气焊和气割相关要求，作业完成后必须经安全确认方可收工，严格执行审批的动火作业规程。

第四十七条　高硫煤存储必须采取防自燃的措施。

第七节　附　　则

第四十八条　本规定由二级公司环保节能部负责解释。

第四十九条　本规定自下发之日起执行。

12.6　环境保护管理制度

第一章　总　　则

第一条　为加强公司环境保护工作力度，预防环境事件发生，根据《环境保护法》《突发环境事件应急管理办法》等环境保护政策、法律法规，结合公司实际情况，特制定本制度。

第二条　坚持“保护优先、预防为主、综合治理、公众参与、损害担责”，坚持污染物达标排放和污染物总量控制的原则，实现清洁生产。

第三条　鼓励企业推行ISO 14001环境管理体系建设，通过对环境管理的规划、实施、检查和改进，使环境管理贯穿企业生产经营的全过程，促使企业自觉遵守环境法律、法规，促进企业环保管理水平稳步提高。

第四条　积极开展环境保护知识宣传教育培训工作，增强全员环境保护意识与责任感，夯实环境保护基础管理工作。

第五条　加强环境保护管理科技研究，积极推广使用环境保护新技术、新工艺、新材料、新装备，努力提高环境保护科技水平。

第六条　积极推进企业环境保护信息公开，定期公开企业污染物排放、治理设施运行情况等，主动接受公众监督。

第二章　组织管理体系与职责

第七条　组织管理体系

（1）二级公司、直属公司、生产单位和建设项目单位必须健全环境保护管理组织体系。

（2）公司环境保护实行经理负责制，各单位行政正职对本单位环境保护工作负总责。

（3）二级公司主要负责人是二级公司环境保护工作的第一责任人，对本单位的环境保护管理负全面责任。下设一名副经理具体负责环境保护管理工作，是二级公司环境保护工作的主要责任人，环保节能部在环保分管经理的领导下，负责全公司环保的日常管理和技术工作。

（4）直属公司及各基层单位的行政正职是本单位环境保护的第一责任者。对本单位的环境保护管理负全面责任，分管领导是本单位环境保护工作的主要负责人，具体负责环境保护日常管理工作。

各单位应设立专（兼）职环保机构，配备环保工作岗位管理人员，负责落实有关环境保护管理政策，制定切实可行的管理制度，并组织落实本单位的环境保护工作。

第八条　职责

（1）二级公司环保责任人职责。

①贯彻执行国家关于环境保护管理的法律、法规、标准、办法。

②负责环保组织机构和环境管理体系的建设。

③负责组织编制公司中长期环境保护规划、污染减排规划，制定二级公司环境保护管理的目标与工作内容。

④审定和下达年度环境保护考核指标及年度环境保护目标责任书，对各单位的环境保护管理工作进行考核。

⑤负责建立公司环境应急响应机制，负责公司权限范围内环境保护事件的调查及责任追究。

（2）环保节能部职责。

①认真执行国家、环境行政主管部门的有关环境保护方针政策、法律法规和上级部门颁布的有关环境保护管理政策。

②根据公司中长期环境保护规划制定公司年度工作计划并组织实施。

③制定和完善本公司各种环境保护管理规章制度、岗位责任制。推进公司环境保护管理标准化工作的实施。

④督促所属基层企业建立环境保护组织体系，指导所属基层企业的环境保护专业技术管理工作；督促所属基层单位建立主要污染物监测监控体系。

⑤负责所属基层单位环境保护管理工作的监督检查，督促所属基层单位做好隐患排查治理工作，并进行考核。

⑥督促所属基层单位及时办理环境保护相关手续，确保企业依法依规生产建设；并对相关业务进行审查。

⑦编制本公司环境突发事件应急救援预案，积极响应公司环境突发事件应急机制。

⑧做好环境保护教育培训和环境保护知识宣传工作。

⑨执行环境保护信息公开制度，主动接受公众监督。

⑩做好环境保护新技术的推广应用工作。

⑪组织落实上级交办的重点工作。

（3）各基层单位环境保护工作的主要职责。

①认真执行国家、环境行政主管部门的有关环境保护方针政策、法律法规和上级部门颁布的有关环境保护管理政策，制定切实可行的方案措施，并组织落实。

②编制、修订本单位各项环境保护管理规章制度、环境保护岗位责任制度、环境保护设施操作规程、建立健全环境保护设施运行的各项数据资料、台账和档案。

③负责办理环境保护相关手续，确保企业依法依规建设生产，实施环境保护管理标准化工作。

④定期组织环境保护检查，及时督促处理发现的隐患，确保环境保护设施运行正常，污染物排放达标。

⑤编制环境事件应急救援预案，并组织培训与演练。

⑥做好环境保护教育培训和环境保护知识宣传工作，定期执行环境保护信息公开，主动接受公众监督。

⑦做好环境保护新技术的推广应用工作。

第三章 项目环境管理

第九条 新、改、扩建项目必须在开工建设前取得有审批权的环保行政主管部门的环境影响评价批复文件。严禁环境影响评价文件未经批准即擅自开工建设、建设过程中擅自做出重大变更等违法行为。

第十条 项目建设单位应将需要编制环境影响评价书（表）的项目报环保节能部进行审查批准，由环保节能部委托具备资质的机构，编制环境影响评价书（表）。依据规定程序报环境保护行政主管部门审批。

第十一条 项目建设过程中，环境保护工程设施必须与主体工程同时设计、同时施工、同时投产使用。

第十二条 项目投产前，必须在联合试运转期间通过有审批权的环保行政主管部门的环保验收，取得环保竣工验收批复文件。严禁未经环保验收即擅自投产的违法行为。

第十三条 历史遗留的、尚未取得环评批复的在建项目，建设单位必须组织人员负责环评手续办理，并明确办理期限，在环评手续未批复之前不得建设。

第十四条 历史遗留的、未通过环保验收的生产单位必须由本单位限期完善环保设施，补充办理环保竣工验收手续，取得有审批权的环保行政主管部门的环保验收批复。

第十五条 通过能力核定提升产能的矿井应按环保部门相关要求，及时补充办理环保手续。

第十六条 开工报告的审批须以建设项目通过环评审批为前提。

第四章 环保设施的建设与运行

第十七条 环保设施的建设应当按经批准的环境影响评价文件和设计文件的要求建设，若建设过程中发生变更的，必须取得批复环评文件的环保行政主管部门的书面同意。

第十八条 各单位的环保治理项目要编制治理方案，对技术工艺方案进行比选。治理方案编制完成后，上报公司环保节能部审批。

第十九条 建设单位根据公司环保节能部的审核意见修改方案后，报公司环保节能部确认后，按招投标程序组织招标。招标结果报公司环保节能部备案。

第二十条 项目投产前环保设施必须经过负荷试车检测合格，治污能力满足需要，安装质量符合专业工程验收规范、规程和检验评定标准，具备稳定正常运转的条件。

第二十一条 环保治理项目建成投产后，应在30天内申请公司环保节能部组织内部竣工验收。竣工验收达不到设计指标要求的，应及时进行整改，并查清问题和责任主体，依法追索项目承建单位的责任。内部竣工验收合格后建设单位方可申请环保局等相关政府单位进行验收。竣工验收报告上报公司环保节能部备案。

第二十二条 转入正常运行的环保设施是本单位生产体系的重要组成部分，运行管理要纳入本单位的生产调度管理、技术工艺管理、机电设备管理、安全管理、物资供应等职能管理体系。

第二十三条 各生产企业要建立和完善各项管理制度，明确各有关部门（单位）的环保设施运行管理责任，设备运行、检修、维护管理、材料供应、备品备件、岗位培训、监督检查等都要制定相应的管理制度，有人负责管理，确保环保设施正常运行，并建立设备台账，记录设备运行状况。

第二十四条 环保设施正常运行后，不得擅自或无故停止运行。环保设施因故障需要停止运行的，应及时向环保主管部门汇报实际情况。在环保设施停止运行时，要立即停止或减少污染物的产生与排放，防止对环境造成突发性的严重污染。

第二十五条 环保设施因检修停止运行的，应提前向环保行政主管部门和上级单位备案，未经备案停车的，按擅自停车认定。环保设施停运，应获得环保行政主管部门书面批准，未经环保行政主管部门批准，不得拆除、闲置。

第五章　污染物的防治与排放

第二十六条　水污染物

（1）采煤废水（矿井水、露天煤矿疏干水）根据环评要求执行《煤炭工业污染物排放标准》（GB 20426—2006）中采煤废水排放限值和控制要求或《地表水环境质量标准》（GB 3838—2002）中相关排放限值。

（2）选煤废水实现水路闭路循环、偶发排放根据环评要求执行《煤炭工业污染物排放标准》（GB 20426—2006）中选煤废水污染物排放限值和控制或要求《地表水环境质量标准》（GB 3838—2002）中相关排放限值。

（3）生活污水根据环评要求执行《污水综合排放标准》（GB 8978—1996）或《地表水环境质量标准》（GB 3838—2002）中相关排放限值。

（4）努力提高矿井水的循环利用率，逐步实现矿井水“零”排放。

（5）鼓励生产企业按《山西省推行环境污染第三方治理实施方案》文件要求，采用与第三方污水收集处理单位合作的模式，解决本单位污水处理问题，在合作过程中应签订具有法律效力的合同，明确各方环保责任、履行的权利与义务。

（6）严禁使用渗坑、渗井、裂缝、私设暗管和稀释办法等偷排漏排行为。

（7）建设项目在施工期间应建设临时污水处理设施，产生的生产、生活污水要按环保要求进行处理，涉及外排的要达标排放。

第二十七条　大气污染物

（1）锅炉烟气排放执行《锅炉大气污染物排放标准》（GB 13271—2014）中相关排放限值及特别排放限值。

（2）原煤破碎、筛分、转载点及煤炭洗选设备通风管道、筛面、转载点等除尘设备执行《煤炭工业污染物排放标准》（GB 20426—2006）中煤炭工业地面生产系统大气污染物排放限值和控制要求。

（3）煤炭装卸、储存场所，煤矸石堆场等无组织排放执行《煤炭工业污染物排放标准》（GB 20426—2006）中煤炭工业无组织排放限值和控制要求。

（4）现有燃煤锅炉要全部安装脱硫除尘设备，积极推广使用清洁能源，减轻燃煤对大气造成的污染。

（5）鼓励生产、建设企业加强与当地政府与周边企业的合作，积极推行集中供热，联合供热，减少大气污染。

（6）原煤储存场所应实行封闭式储存，煤（矸石）临时堆场应建设防风抑尘设施，并采取防自燃措施；运煤车辆要加盖蓬布，并在矿区所辖路面定时洒水降尘，防止扬尘污染。

（7）严禁在矿（厂）区内焚烧沥青、油毡、橡胶、塑料、皮革、垃圾以及其他产生有毒有害和恶臭气体的物质。

（8）施工工地出口设置冲洗装置，施工现场设置全封闭围挡墙，施工现场道路进行地面硬化，渣土运输车采取密闭措施等。

第二十八条　固体废弃物

（1）煤炭生产及洗选过程中产生的固体废弃物（煤矸石、锅炉炉渣、脱硫渣、矿井水处理站污泥、生活污水处理站污泥、生活垃圾等）必须分类处置，不得随意倾倒与堆置。

（2）煤矿企业对矸石场（山）的环保负责，对新建矸石场（山）选址、设计、运行管理过程中严格执行《一般工业固体废物贮存、处置场污染控制标准》（GB 18599—2001）及《煤炭工业污染物排放标准》（GB 20426—2006）相关规定，必须采取防渗漏、防扬散、防挥发、防自燃等措施；对现有矸石场（山）应制定治理方案，明确整改期限，经过逐步治理后进行复垦与生态恢复。

（3）根据《煤矸石综合利用管理办法》文件要求，积极开展煤矸石综合利用，并结合单位实际情况，制定煤矸石综合利用管理规划，从根本上解决煤矸石处置问题。

（4）新建（改、扩建）煤矿及选煤厂禁止建设永久性矸石场（山）。确需建设临时性堆放场的，其占地规模应当与煤炭生产和洗选加工能力相匹配，原则上占地规模按不超过 3 年储矸量设计，且必须有后续综合利用方案。

（5）煤矿产生的炉渣及脱硫渣应另外单独处置；生活垃圾应逐步做到分类收集、集中处置。

（6）委托第三方处置固废的，必须按照《山西省推行环境污染第三方治理实施方案》文件要求执行，从运输到处置全过程做好环境管理工作，不得造成二次污染。

第二十九条 对废机油、废变压器油等危险废弃物，应制定专门的环保管理制度。对废弃物产生的时间、数量必须有准确的登记，做到账物相符；必须设专门的库房贮存，专人看管，防止任何不正常方式的流失；贮存场所要在醒目位置张贴危险废物标识；不得随意处置，必须交由具有危险废物生产经营资格证的单位进行处置；实行危险废物转移联单制度，不得随意转移。

第三十条 噪声防治应采取综合防治措施，从项目设计、设备选型、降噪措施、个体防护等方面进行全方位控制。厂界噪声执行《工业企业厂界环境噪声排放标准》（GB 12348—2008）中规定，建筑施工噪声执行《建筑施工场界环境噪声排放标准》（GB 12523—2011）中规定。

第三十一条 放射源的储存、使用、运输、处置等各个环节都要符合《放射性污染防治法》等关于放射性污染控制的相关规定，且必须有专人负责。

第六章 环境监测管理

第三十二条 环境监测是环保管理工作的重要内容，是生产企业污染源达标控制、杜绝环境事件、实现污染物达标排放的重要措施。

第三十三条 生产单位必须明确环境监测职能部门，负责日常监测管理工作，并设置管理人员和监测岗位操作人员，建立监测岗位责任制，履行监测职责。

第三十四条 生产单位必须配置能够满足日常监测需求的监测设备与监测仪器，专人负责监测设备（仪器）的使用、维护和检修工作，建立监测设备（仪器）运行台账。大型、贵重监测设备（仪器）由上级公司配置，按照内部服务的机制开展数据监测。

第三十五条 环保管理部门必须制定环境监测制度，定期开展对所排放污染物的监测工作，根据有关规定合理确定监测项目、点位及频率等，并建立污染物排放监测数据台账，确保污染物达标排放。

第三十六条 监测内容

（1）矿井水、露天矿矿坑水和工业场地生产生活污水处理设施进、出口水污染物浓度监测，总排口水污染物浓度监测。

（2）锅炉房除尘脱硫设施进出口烟尘、二氧化硫、氮氧化物浓度监测，锅炉烟气流量监测；原煤筛分破碎、转载点除尘系统进出口粉尘浓度监测；露天储煤场、排矸场、排土场粉尘无组织排放浓度监测。

第三十七条 鼓励煤矿和选煤厂推行矿井水、生活污水在线监测、锅炉烟气在线监测，实现与环保部门联网。

第七章 环保教育与培训

第三十八条 为确保公司各环保相关人员具备环境意识和所需能力，胜任其所担任的工作，满足管理活动的需要。所有员工具备一定的环境意识和知识，需开展环保教育与培训。

第三十九条　公司层面环保教育与培训计划由环保节能部制定，报公司培训中心，培训中心要将环保方面的培训纳入公司年度培训计划，并实施公司员工环保培训教育工作。

第四十条　各单位按本单位工作需求编制本单位年度和临时环保培训计划，组织本单位员工的岗位技能培训，并书面报经环保节能部备案。

第四十一条　培训计划的内容包括：

（1）培训项目、内容及时间。

（2）培训项目的执行部门、协助部门。

（3）师资和教育的解决方法。

第四十二条　培训部门应建立职工培训档案和登记台账，相关记录、资料应完善齐全、保存完整。

第四十三条　公司各单位每年通过专题活动，如4月22日地球日、6月5日世界环境日主题活动、公司网站报等多种媒体加强对员工环境意识的培训。

第四十四条　环保教育培训工作可根据实际情况，与安全质量教育培训工作同时进行。

第八章　突发环境事件应急管理

第四十五条　突发环境事件应急管理坚持预防为主、预防与应急相结合的原则。

第四十六条　生产单位必须按照相关法律法规、标准规范和环境行政主管部门文件的要求，开展突发环境事件风险评估，完善突发环境事件风险防控措施，定期排查环境安全隐患，建立隐患排查档案，预防环境突发事件发生，及时消除隐患。

第四十七条　生产单位必须制定突发环境事件应急预案并报环境行政主管部门备案。

第四十八条　建立环境突发事件应急响应机制、完善应急管理责任体系、落实应急措施，定期开展应急演练，撰写演练评估报告，分析存在的问题，并根据演练情况及时修改完善应急预案。

第四十九条　发生污染事故后，生产单位应按照《突发环境事件应急预案》要求，妥善做好事故的善后工作，并协助环保部门做好事故原因的调查和处理，制定防范事故再发生的措施。

第五十条　二级公司、基层企业要明确环保新闻发言人，发言人由本单位宣传部门和环保管理部门共同商定，相对固定，代表本单位统一对外发布环保信息、消息，加强对外沟通与宣传，坚持正确的舆论导向。

第五十一条　将突发环境事件应急培训纳入单位培训计划，对从业人员每年至少组织一次突发环境事件应急知识和技能培训，了解应急预案内容，熟悉应急职责、应急程序和岗位应急处置，建立培训档案，如实记录培训时间、内容、参加人员等。

第五十二条　加强突发环境事件应急管理的宣传教育，鼓励公众参与、增强防范和应对突发环境事件的知识和意识。

第五十三条　发生突发环境事件时，单位应立即启动突发环境应急预案，并及时上报公司。

第五十四条　企业应定期通报环保信息，主动邀请社区参与企业环保工作，加强和媒体的沟通，树立企业正面形象。

第九章　检 查 与 处 罚

第五十五条　公司和基层单位应认真贯彻执行国家、省及环境行政主管部门颁布的有关环保方针政策和法律法规，根据本单位环保法律法规执行情况和环保工作落实情况（机构设置、人员配置、制度建设、环保设施、环境监测、宣传培训等）制定环保管理考核制度。

第五十六条　基层单位建立环保工作周检制度，每周对本单位环保设施建设（运行）情况、环境监测情况、污染物排放情况及可能存在的环境风险和安全隐患进行全面排查，发现问题及时整改。

第五十七条　公司建立环保工作季度检查制度，对本公司所属基层单位每季进行一次全覆盖检查，重点检查各基层单位依法依规生产建设情况、环保管理体系建立完善情况、环保管理工作落实情况、报表制度执行情况、环保设施建设（运行）情况和环境监测情况、周检制度开展及隐患问题整改情况等。

第五十八条　各单位杜绝发生环境污染事件，一旦发生，按照事件性质和造成影响程度，对单位及相关人员实施处罚。

（1）公司建立责任追究制度，对相关责任进行追究。出现如下行为的，追究单位主要负责人的责任：

①未明确环保管理机构、未设环保管理人员和配备岗位人员的。

②未批先建、环保设施未通过验收擅自投入运行，并受到环保部门通报处罚的。

（2）出现如下行为的，追究单位主管环保领导和环保部门负责人的责任：

①环保设施不正常运行、污染物超标超总量排放的。

②存在私设暗管、偷排漏排等行为的。

③固体废物随意堆放未按规定处置的。

④伪造环境监测数据的。

⑤非法排放有毒有害污染物、非法处置危险废物等违反《环境保护法》规定的。

（3）对发生环境污染事件的单位，根据情节不同，予以通报批评、限期整改、停产整顿等处罚，由二级公司跟踪落实。

第五十九条　任何单位或个人，都有权对违反环保法律法规的行为进行监督、举报。

第六十条　对于存在环境违法行为造成重大环境事件的单位，取消该单位及相关责任人评先评优资格，并在年度绩效考核中对班子成员绩效薪酬给以降台阶处理。

第十章　附　　则

第六十一条　本办法条款如与国家、省或环境行政主管部门颁布的有关法律法规冲突时，以国家、省及环境行政主管部门颁布的法律法规为准，引用的相关标准更新时，执行相应的新版标准。

第六十二条　公司所有建设项目和生产企业的环境保护工作，适用本办法。

第六十三条　各基层单位应依据本办法，制定符合本单位实际的环保管理工作细则。

第六十四条　本办法自下发之日起开始实施。

第六十五条　本办法最终解释权归二级公司。

12.7　环境监测管理制度

第一章　总　　则

第一条　为加强公司环境监测管理，根据《环境保护法》等有关法律法规，特制定本制度。环境监测是环保管理工作的重要内容，是生产企业污染源达标控制、杜绝环境事件、实现污染物达标排放的重要措施。

第二条　本制度规定了环保工作的监测项目、监测地点、监测频率等内容。

第三条　本标准适用于公司所有单位的环保监测。

第二章　监　测　实　施

第四条　生产单位必须明确环境监测职能部门，负责日常监测管理工作，并设置管理人员和监测岗位操作人员，建立监测岗位责任制，履行监测职责。

第五条　生产单位必须配置能够满足日常监测需求的监测设备与监测仪器，专人负责监测设备（仪器）的使用、维护和检修工作，建立监测设备（仪器）运行台账。大型、贵重监测设备（仪器）由上级公司配置，按照内部服务的机制开展数据监测。

第六条　各单位环保管理部门必须制定环境监测制度，定期开展对所排放污染物的监测工作，根据有关规定合理确定监测项目、点位及频率等。

第七条　如果出现监测项目指标超标应立即报告环保管理科室并加大监测频率，查找造成超标的原因立即组织整改，并建立污染物排放监测数据台账，确保污染物达标排放。

第八条　监测内容。

（1）矿井水、露天矿矿坑水和工业场地生产生活污水处理设施进、出口水污染物浓度监测，总排口水污染物浓度监测。

（2）锅炉房除尘脱硫设施进出口烟尘、二氧化硫、氮氧化物浓度监测，锅炉烟气流量监测；原煤筛分破碎、转载点除尘系统进出口粉尘浓度监测；露天储煤场、排矸场、排土场粉尘无组织排放浓度监测。

（3）鼓励煤矿和选煤厂推行矿井水、生活污水在线监测、锅炉烟气在线监测，实现与环保部门联网。

第九条　监测内容及频率。

（1）废水的监测：对每个污水出口进行定期监测，分析项目主要为废水中的pH、COD、SS、石油类等，监测频率为每日一次。

（2）废气的监测：废气的监测项目为氯化氢、氯气，监测频率为每月一次。

（3）噪声的监测：在厂界四周设4～10个监测点（人员密集方向设2～3个点），监测频率为每月一次。

第十条　监测数据管理。

（1）监测数据要具备原始记录、台账、报告单。

（2）监测报告根据监测频次每月报二级公司一份。

（3）上级环保部门检测数据及内部监测原始记录、台账、报表等资料要存档，保存三年。

第三章　附　　则

第十一条　各基层单位应依据本制度，制定符合本单位实际的环保监测管理制度及细则。

第十二条　本制度自下发之日起实施。

第十三条　本制度最终解释权归二级公司。

12.8　排污口设置及规范化管理办法

第一章　总　　则

第一条　为规范和整治污染物排放单位（污）废水排放口、废气排放筒、固定噪声污染源和固体废物贮存（处置）场所（以下简称排污口）的设置管理，根据国家环境保护相关法律法规和《污水综合排放标准》（GB 8978—1996）、《大气污染物综合排放标准》（GB 16297—1996）、《环境保护图形标志排放口（源）》（GB 15562.1—1995）、《环境保护图形标志、固体废物贮存（处置）场》（GB 15562.2—1995）等标准的有关规定，制定本办法。

第二条　本办法适用于二级公司基层企业（含新建、改建和扩建的基本建设项目的建设单位）向环境排放污染物的行为。

第三条　排污单位必须按国家有关法律、法规的规定，如实向环境保护行政管理部门申报登记本企业排污口数量、位置以及所排放的主要污染物的种类、数量、浓度、排放去向等情况。

第四条　二级公司环保节能部是排污口设置管理的业务归口部门，负责监督管理排污口设置及报备情况。各排污单位应将排污口设置情况在项目环境保护竣工验收前，报送二级公司环保节能部备案。

第五条　排污口设置应符合“一明显，二合理，三便于”的要求，即环保标志明显；排污口设置合理，排污去向合理；便于采集样品，便于监测计算，便于公众参与监督。

第六条　排污口必须按照国家环保部制定的《环境保护图形标志实施细则》（国家环境保护局环监〔1996〕463 号）的规定，设置与排污口相应的环境保护图形标志牌。

第七条　建设项目设置排污口，必须经负责审批项目环境影响报告书（表）的环境保护管理部门审查批准，并作为环境保护设施竣工验收的重要内容之一。

第八条　未经环境保护管理部门批准，任何单位和个人不得擅自设置、移动和扩大排污口。有下列情况之一必须变更时，须履行排污变更申报登记手续。

（1）排放主要污染物种类发生变化的。

（2）位置发生变化的。

（3）须拆除或闲置的。

（4）须增加、调整、改造或更新的。

第九条　排污单位要根据国家和省环境保护档案管理的有关规定，建立排污口基础资料档案和监督检查档案。

第十条　排污口有关建筑物及其监测计量装置、仪器设备和环保图形标志牌等属于环境保护设施，排污单位应将其纳入企业生产经营管理体系中，建立维护保养制度，加强现场和日常管理维护。

第二章　污（废）水排放口设置

第十一条　合理确定污（废）水排放口位置。城镇集中式生活用水地表水源一二级保护区、国家和省划定的自然保护区和风景名胜区内的水体等环境风险敏感区域，不得设置排污口。

第十二条　生产经营场所集中在一个地点的，原则上只允许设污水和“雨水”排污口各一个；生产经营场所不在同一地点的，每个地点原则上只允许设一个排污口。确因特殊原因需要，其排污口设置超过允许数量的，须报请环境保护管理部门审核同意。

排污单位已设有多个排污口的，必须结合清污分流和污水合理的流向进行管网归并和整治。

第十三条　凡排放含《污水综合排放标准》（GB 8978—1996）一类污染物的单位，应对产生该污染物的车间或废水处理设施专门设置规范的排污口和采样点。对二类污染物的监测，在排污单位的总排污口设置采样点。

第十四条　采样点应能满足采样要求。符合规定用暗管或暗渠排污的，要设置能满足采样条件的阴井或修建一段明渠。污水面在地面以下超过 1 m 的，应配建取样台阶或梯架。压力管道式排污口，应安装取样阀门等。

第十五条　排放一类污染物或日排放废水达 100 t 以上的排污单位以及新建、扩建、改建项目的单位，必须在专门设置的一类污染物的排污口和单位总排污口上游能对全部污水束流的位置，修建一段特殊渠（管）道（测流段），以满足流量测量的要求。

第十六条　污水排放口应安装污染物在线监测仪。污水流量计和污染物在线监测仪必须持有计量部门的质量认证证书和国家、省环保厅推荐的证书。污水流量计投入运行后，排污单位每年应向当地计量部门申请检定，领取计量检定证书。

第十七条　污水排放环境保护图形标志牌，原则上应设在排污口附近醒目处。若排污口隐蔽或距厂界较远的，则标志牌也可设在监测采样点附近醒目处。

第三章　废气排气筒（烟囱）

第十八条　排放同类污染物的两个或两个以上的排气筒（烟囱）（不论其是否属同一生产设备），在不影响生产、技术上可行的条件下，应尽可能合并成一个排气筒（烟囱）。

第十九条　有组织排放废气的排气筒（烟囱）高度应符合国家大气污染物排放标准的有关规定。

第二十条　对有破损、漏风的排气筒（烟囱）必须及时进行修复。

第二十一条　无组织排放有毒有害气体的，均应加装引风装置，进行收集、处理，改为有组织排放。

第二十二条　排气筒（烟囱）应设置便于采样、监测的采样监测平台。净化设施的进出口，分别设置采样口。

第二十三条　采样孔、点数目和位置应按《固定污染源排气中颗粒物测定与气态污染物采样方法》（GB/T 16157—1996）的规定设置。

第二十四条　污染气体排放监测仪，必须持有计量部门的质量认证证书和国家、省环保厅推荐的证书。

第二十五条　环境保护图形标志牌应设在排气筒（烟囱）附近地面醒目处。

第四章　固定噪声污染源

第二十六条　噪声超过国家规定标准，须按《工业企业厂界环境噪声排放标准》（GB 12348—2008）的规定，设置环境噪声监测点，并在附近醒目处设置环境保护图形标志牌。

第二十七条　边界上有若干个在声环境中相对独立的固定噪声污染源，应分别设置环境噪声监测点、环境保护图形标志牌。

第五章　固体废物贮存（处置）场所

第二十八条　露天贮存燃煤灰渣、煤矸石、尾矿和其他工业固体废物的，应当设置经批准的专用贮存设施或堆放场地。易造成二次扬尘污染的，应采取不定时喷洒水等防治扬尘的措施。

第二十九条　经监测分析确认无危险、无利用价值的一般工业固体废物和生活垃圾，应送有关行政主管部门指定的场所填埋。

第三十条　危险废物必须送有关行政主管部门规定的设施、专用堆放场所集中处置或贮存。

第三十一条　各种固体废物处置设施、堆放场所和填埋场，必须有防火、防扬散、防流失、防渗漏或者其他防止污染环境的措施。

第三十二条　固体废物贮存（处置）场所的渗滤污（废）水达不到国家和地方规定的排放标准的，必须进行处理后达标排放。

第三十三条　固体废物贮存（处置）场所有可能对地下水造成污染的，须在其周围设置监测井（孔），用于监测地下水的水质变化。

第三十四条　一般性固体废物贮存（处置）场所占用土地面积超过 1 km^2 的，应在其边界各进出路口设置标志牌；面积大于 100 m^2、小于 1 km^2 的，应在其边界主要路口设置标志牌；面积小于 100 m^2 的，应在醒目处设 1 个标志牌。危险固体废物贮存（处置）场所，无论面积大小，其边界都应采用墙体或铁丝网封闭，并在其边界各进出路口设置标志牌。

第六章　排污口环境保护图形标志牌

第三十五条　环境保护图形标志牌分警告和提示标志牌两类。

对《污水综合排放标准》（GB 8978—1996）中第一类污染物等剧毒大气污染物以及其他有毒、有害污染物排放口或危险废物贮存（处置）场所，竖立固定式警告标志牌；对一般性污染物排放或固体废物贮存（处置）场所，挂平面固定式提示标志牌，或竖立式固定提示标志牌。

第三十六条　环境保护图形标志牌应按照《环境保护图形标志排放口（源）》（GB 15562. 1—1995）、《环境保护图形标志　固体废物贮存（处置）场》（GB 15562. 2—1995）标准要求定制并竖立。

第七章　附　　则

第三十七条　本办法由二级公司负责解释。

第三十八条　本办法自印发之日起实施。

12.9　污染物排放自行监测管理办法

第一章　总　　则

第一条　为规范二级公司污染物排放单位开展污染物排放自行监测工作，建立和完善污染源监测计划，采取有效措施防范环境污染事故发生，根据《环境保护法》《大气污染防治法》《水污染防治法》及自行监测相关技术规范、指南等，制定本办法。

第二条　本办法所称污染物排放单位是指二级公司内直接或间接向环境排放污染物的单位。自行监测是指污染物排放单位为掌握本单位污染物排放状况及对周边环境质量的影响等情况，完善污染物治理设施建设和运营管理，按照相关法律、法规和技术规范要求，自行组织开展的环境监测活动。

第三条　污染物排放单位在生产运行阶段应对其排放的大气、水、固体废物、噪声等污染物及对周边环境质量影响状况开展监测。

第四条　自行监测包括污染物排放单位自设监测机构监测和委托监测机构监测两种方式。污染物排放单位可结合本单位自行监测工作需求，评估自身监测所必备的设施、条件和能力，确定是否自设监测机构开展自行监测工作；委托监测机构开展自行监测的，应对被委托的监测机构进行资格认定，并签订委托合同。

第五条　二级公司环保节能部是污染物排放单位自行监测工作的业务归口管理部门，负责接收污染物排放单位自行监测方案备案、数据汇总、季度及年度工作情况报告的管理等。

第六条　本办法适用于二级公司各基层企业。

各单位可根据本办法规定，结合自身行业特点，制定实施细则。

第二章　监测计划方案的制定

第七条　污染物排放单位应全面排查本单位所有生产、生活设施的污染源，按照规定设置满足开展监测工作必要的监测设施。

废水排放口、废气（采样）监测平台、监测断面和监测孔的设置应符合相关监测规范要求。检测平台应便于开展检测活动，保证监测人员安全。废水排放量大于 100 t/d 的，应安装自动测流设施，并开展流量自动检测。

第八条　污染物排放单位应按照国家或地方污染物排放（控制）标准、《排污单位自行监测技术指南总则》（HJ 819—2017）、行业监测技术指南、环境影响评价报告书（表）及其批复和环境保护管理部门的要求等，制定本单位年度污染物自行监测工作方案。

新建污染物排放单位应在装置投入生产或使用并产生实际排污行为之前，完成自行监测方案的编制及其相关准备工作。

监测工作计划方案应明确监测点位、监测项目、监测频次、监测时间、负责人或委托监测单位监测等内容，并于每年1月10日前，报二级公司环保节能部备案后实施。

发生下列情况时，污染物排放单位应及时调整监测工作方案：

（1）执行标准发生变化。

（2）排放口位置、监测点位、指标、频次、技术等任何一项发生变化。

（3）污染源、生产工艺或处理设施发生变化。

第九条 污染物排放单位开展自行监测内容主要包括：

（1）界区内废气污染物（无组织和有组织排放）、废水污染物（直接排入环境或排入公共污水处理系统）及噪声污染等。

（2）环境评价文件及批复或政府环境保护管理部门要求的周边环境空气、地表水、地下水、土壤等。

（3）污染物排放单位认为有必要进行监测的其他事项。

第三章 监测方法与频次

第十条 排污单位开展的自行监测应当遵守国家环境监测技术规范和方法。自行监测活动可以采用人工监测、自动监测或者人工监测与自动监测相结合的技术手段。

第十一条 采用自动监测的，需全天连续监测，实时记录、公布监测结果；采用人工监测的，应当按以下要求频次开展监测（国家或地方发布的标准、规范有明确规定的，按照国家标准规定执行）：

（1）废水化学需氧量、氨氮每日开展监测，其他污染物每月至少开展一次监测。

（2）厂界噪声每季度至少开展一次监测。

（3）企业周边环境质量监测，按照环境影响评价报告书（表）及其批复和环境保护管理部门要求监测。

第十二条 以人工监测方式开展自行监测的，应当具备以下条件：

（1）具有固定的工作场所和必要的工作条件。

（2）具有与监测本单位排放污染物相适应的采样、分析等专业设备、设施。

（3）具有两名以上持有省级环境保护主管部门组织培训的，并与监测事项相符的培训证书的人员。

（4）具有健全的环境监测工作和质量管理制度。

（5）符合环境保护主管部门规定的其他条件。

第十三条 以自动监测方式开展自行监测的，应当具备以下条件：

（1）按照环境监测技术规范和自动监控技术规范的要求安装自动监测设备，与环境保护主管部门联网，并通过环境保护主管部门验收。

（2）具有两名以上持有省级环境保护主管部门颁发的污染源自动监测数据有效性审核培训证书的人员，并对自动监测设备进行日常运行维护。

（3）具有健全的自动监测设备运行管理工作和质量管理制度。

（4）符合环境保护主管部门规定的其他条件。

第四章 监测的实施

第十四条 污染物排放单位应按照年度自行监测工作计划方案组织实施监测，监测结果及实施情况纳入年度企业环境信息公开报告中。

第十五条 污染物排放单位要对自行监测过程中发现的异常情况进行原因分析，及时整改，并将整改情况及时报送二级公司环保节能部。

第十六条　二级公司环保节能部对污染物排放单位自行监测结果、异常情况整改效果及年度监测计划方案的落实情况进行考核。

第十七条　自行监测记录包括监测各环节的原始记录、委托监测相关记录、自动监测设备及污染治理设施运维记录等。各类原始记录内容应做到项目数据真实可靠，无涂改、杜绝一切造假行为，并有相关人员和负责人签字，资料保存时限为自监测行为发生之日起四年。

第五章　信息处理和报告

第十八条　污染物排放单位对生产工艺过程中产生的煤矸石、粉煤灰、矿渣、炉渣、脱硫石膏等一般固体废物的产生量、综合利用量、处置量、贮存量、倾倒丢弃量要做好台账记录；对危险废物具体去向应重点详细载明。

第十九条　污染物排放单位应自行编写季度、年度自行监测工作报告。内容包括但不限于：

（1）监测方案的调整变化情况。

（2）企业各主要生产及治理污染设施全年运行天数，各监测点监测指标和监测次数、超标情况、浓度分布情况。

（3）实现达标排放采取的主要措施。

（4）其他情况说明。

第二十条　监测结果出现超标或发生突发事件时，污染物排放单位应加密监测和立即消除危害，并检查超标原因，制定整改方案，尽快修正，并及时向环境保护主管部门报告，同时报送二级公司环保节能部。

第二十一条　排污单位应按相关要求对自行监测信息进行公开，对监测结果及信息公开内容的真实性、准确性、完整性负责。

第六章　附　　则

第二十二条　各污染物排放单位应积极配合并接受政府环境保护主管部门的日常监督管理。

第二十三条　本办法自印发之日起实施，由二级公司负责解释。

12.10　煤质管理制度

第一章　总　　则

第一条　按照集团公司要求和公司“提高产品质量，优化产品结构，应对市场变化”的总体要求，结合生产、洗选加工、储装运各环节的实际情况，特制定本煤质管理制度。

第二条　环保节能部要坚持“以质量求生存，以质量求发展，以质量求效益”的原则，加强煤炭生产全过程的煤质监督检查和管理工作，确保煤质合格。

第三条　公司所属各矿、各选煤厂、各县（市、区）公司、公铁路销售公司在煤炭生产、洗选加工、储装等各环节的质量控制活动，必须遵守本制度。依照本制度规定承担相应的煤炭质量责任。

第四条　环保节能部依据煤质管理委员会年初制定的煤质考核指标，结合公司各生产矿、厂的实际情况，制定年度考核指标，并将年度考核指标逐月分解进行考核、奖罚。每季度进行一次综合检查，检查结果作为季度考核奖罚依据。

第五条　建立全面的煤质管理体系，即煤质行政管理体系、煤质监督检查体系和煤质管理实施体系，形成生产、洗选加工、储装运全过程的煤质管理网络。健全公司、矿（厂）及发煤站三级煤质管理机构，进一步完善煤质管理制度。

第六条　加大煤质科研工作力度，积极推广先进的生产工艺、设备和监测手段。在地质、工程设计、采掘及洗选加工、煤质预测、配煤等方面研究保证和提高煤质的措施。制订公司中长期煤质规划，指导矿井生产与接续。通过矿内不同煤层配采、矿外配煤、优化工艺流程等技术措施和手段，改善煤炭产品质量，满足用户需求。

第七条　充分利用广播、电视、报纸、板报、网络等一切宣传手段，坚持不懈地开展煤炭质量的宣传教育，不断提高全员质量意识。

第八条　建立煤炭质量管理的“事前预测预报，事中过程控制，事后信息反馈”的运行机制，进一步完善质量管理体系。

第九条　在日常检查中，煤质管理人员有权对存在严重煤质问题或隐患的作业点停止其作业，并责令整改。

第十条　月度生产工作例会要分析总结上一个月煤质指标完成情况和煤质管理工作中的成绩与问题，安排布置下一个月煤质管理重点工作。

第二章　煤质管理体系

第十一条　成立公司煤质管理委员会，是二级公司煤炭产品质量管理的最高机构。

主　任：总经理

副主任：分管煤质副总经理

成　员：各煤矿负责人、各选煤厂负责人、各销售部门负责人、公司相关总经理助理、副总工程师、公司相关部室负责人

第十二条　煤质管理委员会下设煤质管理办公室，办公室设在环保节能部，具体负责煤质管理的日常工作。办公室主任：环保节能部部长（兼）。

第十三条　煤质管理委员会职责

（1）负责制定本公司煤炭产品质量管理的基本方针、目标、制度、办法，并组织实施。

（2）贯彻执行国家关于质量管理的法律、法规、标准、办法。

（3）负责公司煤质管理工作，建立煤质行政管理体系、煤质监督检查体系及煤质管理实施体系，形成煤质管理网络。

（4）监督、检查公司所属的各级质检机构，促进企业煤炭产品质量持续改进和质量管理水平不断提高。

（5）协调解决生产、洗选加工、储装运及煤炭物流贸易各环节及销售部门反馈的煤质问题，对重大问题向公司汇报。

（6）负责提出公司煤炭资源合理开发利用方向及煤炭产品定位的建议。

（7）组织审定煤源煤质方案以及稳定和提高煤质的措施，保证煤质管理工作在人力、财力、物力方面的需要。

（8）负责审定煤质管理办公室管理职责及奖罚、考评办法和各矿、厂煤质考核指标。

（9）对造成重大煤质事故单位的负责人及相关责任人，给予处罚；对煤质有重大贡献的单位或个人给予奖励。

第十四条　环保节能部职责

（1）负责贯彻落实国家、行业、地区及上级部门关于煤炭开采、洗选加工及煤质运销方面的政策、法规、标准、办法。

（2）负责公司煤炭生产、洗选加工、储装运全过程的煤质管理工作。对公司所属各矿、厂、站煤质进行确认、监督检查和考核。

（3）负责公司煤炭生产矿区煤质运销管理，确定矿区煤炭产品的类别、品质和等级，制定相关的煤质运销管理制度并组织实施。

（4）负责制定商品煤数、质量计划，负责配合相关部门做好售后服务及商务纠纷的核实、处理工作；及时准确地提报公司的煤炭产品数、质量情况及各类检验数据。

（5）负责筹建、管理、运营中心化验室，对各所属矿、出省站、发煤站的商品煤、备查煤样及煤质化验技术和安全工作监督检查。

（6）参与在煤炭开采、洗选加工工艺、设备选型等方面的技术方案论证、审查。

（7）组织对煤质事故的追查与处理，重大问题向煤质管理委员会汇报。

（8）审核各生产单位制定的煤质管理专项措施，并监督执行；针对用户对煤质的要求和环保节能部在煤质管理过程中遇到的煤质问题，适时开展煤质专项活动。

（9）组织公司煤质管理、煤质技术及采制化人员的培训工作。

（10）随时掌握各矿、各选煤厂、公路、铁路运销公司各煤站的煤质情况，发现问题及时协调解决，并向有关领导和单位反馈。

（11）按时进行煤质检查与考评工作，每月6日前向公司领导及相关处室提交各单位月度煤质指标完成及奖罚情况。

第十五条　生产技术部职责

（1）负责在工程设计、工艺流程、煤层配采、采掘和洗选工艺等方案设计时，应充分考虑保证煤质的相关措施。

（2）参与有关煤质方面的设计、技术改造、工艺革新以及设备选型的审查。

（3）当月15日前向生产矿井和环保节能部提供下一个月煤质管理所需地质资料：①地质说明书及相关图纸；②月度地质及水文地质预报和交换图；③特殊地质构造写实剖面及相关资料；④与煤质相关的钻探资料。

（4）负责在技术设计、工艺流程及生产技术管理的同时，从稳定和提高煤质的角度出发，做好相关的煤质管理工作。

（5）参加各季度煤质检查。

（6）协调解决生产过程中出现的煤质问题。

第十六条　生产指挥中心职责

（1）合理安排月度作业计划，按规定做好多煤层、多工作面矿井的均衡生产，积极与上级和销售部门沟通、协调相关煤质问题。

（2）及时准确地下达并落实好煤质管理委员会有关煤质管理方面的指示、指令。

（3）随时掌握产品流向及各矿、厂、站的煤质指标，合理安排外运。如遇特殊情况，及时协调有关单位采取相应措施，并合理调整外运流向。

（4）参加各季度煤质检查。

第十七条　各矿、洗选中心、销售公司职责

（1）对本单位的原煤（商品煤）质量负责。

（2）认真贯彻执行公司有关煤质管理的方针、政策和规章制度，并结合本单位的生产、管理实际，制定本单位的煤质管理实施细则。

（3）各单位行政负责人为本单位煤质管理的第一责任者；生产副职对本单位煤炭质量负有直接领导责任；总工程师对本单位的煤质管理负技术责任。

（4）各单位在煤质管理方面所实施的煤质方案、科研项目、技术改造，要及时报环保节能部审查后，报煤质管理委员会审定。

（5）负责本单位生产全过程的煤质监督检查与考核。按业务职责对煤质管理过程负相应责任，并接受上级主管部门的指导。

（6）矿、选煤厂、销售公司各级煤质管理机构必须设置专职煤质管理人员，经业务主管部门培

训合格后方可上岗。

（7）各单位煤质监督检查人员要深入现场，加强日常监督检查，对影响煤质的问题，及时提出整改措施并监督实施。对处理不及时或处理不当的区队（或班组）及个人有权进行经济处罚。质量事故要及时向上级煤质管理部门汇报，同时追究相关人员的责任，重大问题及时向公司环保节能部汇报。

（8）各矿、选煤厂和各销售公司要在每日生产调度会议上通报煤质指标完成情况和存在的煤质问题，并制定提高煤质的具体措施；采掘区队（采剥段）、选煤厂、装车（受煤）站在每日班前会要强调煤质管理工作。

（9）各单位负责编制本单位中长期煤质规划及煤质预测预报工作。根据环保节能部下达的煤质考核指标，逐级分解落实，并制定相应的煤质考核办法，严格监督检查与考核兑现。

（10）各矿采掘队长、选煤厂厂长、各装车站站长对所辖范围内的煤质管理工作负直接责任。在日常生产管理过程中严格贯彻落实各项煤质管理制度和煤质措施，对煤质检查中出现的问题，及时组织整改。

第三章　煤质管理规定

第十八条　按照二级煤炭实验室标准建立煤质中心化验室，配齐必备的煤质管理、技术人员及足够的采、制、化操作人员。能够具备对本公司生产、加工及经营的煤炭产品特性进行系统分析。

第十九条　按区域布局，在本公司所属矿（厂）、配煤场、煤炭发运站等设立具有常规化验能力，可满足质量控制要求的小型化验室。

第二十条　中心化验室负责全公司各矿（厂）、公铁路销售公司商品煤样、生产煤样、月综合煤样的煤质全工业分析，为公司煤质管理委员会和环保节能部提供煤质计划编制数据。各单位化验室负责所在单位的毛煤、原煤、商品煤、副产品的日常检测化验工作，对产品质量检测结果负直接责任，并接受中心化验室的技术指导和监督。

第二十一条　公司中心化验室是各矿煤炭产品质量检测和仲裁中心，有权对各矿的商品煤及备查煤样进行定期或不定期监督检查，每季度不得少于两次。

第二十二条　中心化验室每季度对各矿（厂）、发煤站煤质进行不定期抽检。

（1）中心化验室定期或不定期随机对各矿（厂）、发煤站商品煤进行现场实地取样，检验商品煤的实际质量，并与各矿上报数据进行对比，并抽查留存煤样与化验原始记录，核对原始记录与上报结果是否相符。

（2）抽查发往客户的商品煤是否留取仲裁煤样。

（3）定期或不定期抽查各矿分析煤样采样、制备、化验是否合格和规范。

（4）检查煤层预测预报来源资料、数据、存档情况。检查化验各项记录、台账是否齐全。

第二十三条　中心化验室做好化验员的技术培训以及相关业务指导，做好公司及各矿化验设备仪器的标准化管理工作。

第二十四条　中心化验室负责对各矿化验员的工作业绩进行考核，制订有关考核细则，提出人员调配意见。

第二十五条　中心化验室负责对各矿有争议煤质的复检和仲裁。

第二十六条　建立煤质培训管理制度，每年由环保节能部组织对管理干部及专职煤炭质量管理人员进行质量意识教育及煤炭基础知识培训。开展全员质量教育培训，不断提高职工队伍素质，努力实现全员有质量责任要求。

第二十七条　各相关单位必须加强信息管理，确保信息及时、畅通。

各单位及部门建立健全煤质信息管理制度及信息反馈系统，并明确各相关单位及主要负责人的责任，保存相关信息记录，以备核查。当井下工作面受地质构造、设备等原因影响时，及时反馈环保节能部，否则处以1000元罚款。

因信息反馈不及时或不准确而造成质量事故，视具体情况对责任单位处1000元以上罚款。

第二十八条 环保节能部加强采制化业务培训，不断提高采制化人员的业务素质，且采制化人员需具备相应业务技能，按国家或有关标准独立操作，必须持证上岗。

12.11 中心化验室管理制度

第一章 原始记录填写制度

第一条 数据要保持完整性。

第二条 化验人员要在化验记录上记录整个化验过程，并按此记录出具化验结果报告单，所有记录要求字迹清晰、工整。

第三条 化验人员必须在化验记录和化验结果报告单上签字，由部门主管审核，并对记录结果负责。

第四条 对化验记录和化验结果报告单要求及时填写，内容真实、完整，字迹清晰，能准确识别，签名齐全，不得随意更改涂改。

第二章 化验室药品、玻璃器皿、仪器管理制度

第五条 对常用药品和玻璃器皿,使用过程中及使用完毕后,要摆放整齐,试剂瓶上标签要清晰。

第六条 各种药品及试剂要按有关要求进行分类保管。

第七条 仪器发生故障或损坏等事故立即报告仪器管理人员。

第八条 化验室法定的计量器具，按要求定期进行检定校准，严禁使用未检定校准的计量器具，检测设备按操作规程要求进行检查、维护和自校。

第三章 化验制度

第九条 样品按标准方法取样，取样后立即做样，防止样品成分发生变化。

第十条 在化验过程中，样品由化验人员保管，化验人员要保持样品不被污染直至化验结束。

第十一条 配制试剂应注明日期、配制人、浓度大小。

第十二条 属于保密范围内的技术资料和文件，由有关人员传阅和处理，不得擅自复制或私自转借外单位人员。

第四章 安全卫生制度

第十三条 每天要清扫化验室，保持化验室整洁卫生，仪器设备要布局合理，保持清洁。

第十四条 化验用的样品要摆放整齐，不可乱堆乱放。

第十五条 化验员工作时劳保用品必须穿戴齐全。

第十六条 严禁个人物品乱存乱放，严禁室内饮食、吸烟，严禁无关人员进入化验室。

第十七条 化验室工作完毕后，详细检查化验室的门、窗、水、电安全后方可锁门。

12.12 基本建设工程管理办法

第一章 总 则

第一条 为了强化公司的基本建设工程管理，实现基本建设工程质量、进度和造价的有效控制，确保施工安全，根据国家、省、市基本建设管理的有关法律、法规和规定及《山西煤销集团煤炭基

本建设工程管理办法》（试行），结合二级公司具体情况，制定本办法。

第二条　基本建设管理指导思想：认真贯彻执行国家建设政策法规和集团公司有关规定，以二级公司长远发展战略为导向，通过全面实行项目法人责任制（项目负责制）、招标投标制、承包合同制、工程监理制、质量监督制，实现项目建设管理统一、规范、有序高效。

第三条　基本建设工程管理的内容是指对工程项目计划立项、勘查设计、市场准入、预算审核、工程招标、合同签订、建设施工、竣工验收、工程结算、质量监督认证及工程移交的全过程管理。

本办法中所称基本建设工程泛指二级公司所属各单位投资的新建、扩建、改建、迁建、修缮等基本建设和技术改造工程。

第四条　基本建设工程管理实行二级公司和建设单位两级管理模式。

第二章　工程管理职责划分

第五条　山西煤销集团二级公司负责制定二级公司基本建设发展规划及管理制度；对各建设项目从前期准备、施工建设到竣工验收进行全过程的检查、监督、指导、协调；按照管理权限负责组织建设项目的规划设计、计划编制、市场准入、公开招标、造价审核等工作；负责协调项目施工监督管理、竣工验收、质量认证、档案管理等工作。

二级公司相关部门是二级公司基本建设工程管理的业务主管部门，按照职能分工代表二级公司行使监督、指导、协调、服务职能，各建设单位是基本建设工程的管理主体，监理单位是基本建设工程的监理主体，施工单位是基本建设工程的责任主体。

各建设单位要设立基建管理部门，或在相关部门设置基建管理职能，配备相应的专业技术人员。

第三章　建设项目申报

第六条　建设项目实行申报制度。各建设项目需编制项目建议书或可行性报告，报二级公司，经党政联席会议批准后，各建设单位负责按山西省基本建设相关规定履行项目立项审批手续，二级公司负责总体协调。

第四章　工程项目设计

第七条　建设项目应由各建设单位委托具有相应资质的设计单位编制初步设计与施工图设计。

第八条　单项工程应委托具有相应资质的设计单位编制施工图设计，涉及工程主体和承重结构变动的装修工程、修缮工程，开工前必须委托具有相应资质的设计单位编制设计方案，不得擅自开工。

第五章　单项工程报建与设计审核

第九条　各全资公司、控股公司自主投资建设以及二级公司投资建设投资额50万元（含50万元）以上工程必须实行报建审批，各建设单位要将工程建设申请（股份制公司必须首先经股东方认可）同施工图或设计方案报二级公司。

第十条　报建申请经常务副经理、分管副经理批示后，由对口职能部室对施工图或设计方案进行审核，提出审核意见，由各建设单位按照审核意见修改完善后方可实施。

第六章　工程开工准备

第十一条　基本建设工程开工前，各建设单位负责办理“一书三证”（即选址意见书、建筑用地规划许可证、建筑工程规划许可证及建筑工程施工许可证）和开工报告，二级公司协助。

第十二条　各建设单位负责建设项目新用土地的征购工作。

第十三条　基本建设工程的放线、验线，除在城市规划范围内由城市规划管理部门放线、验线外，其余工程由建设单位自行组织完成。

第七章　施工图预算审核

第十四条　单位工程施工图预算由各建设单位自行编制或委托工程造价咨询公司编制。

第十五条　重大设计变更、重要施工技术措施变更导致增加施工图预算外费用较大的，要及时上报二级公司职能部门，并会同设计、监理、施工、造价咨询等单位共同审定。

第十六条　预算定额、取费标准、人工工资、材料价格调整统一执行集团公司和二级公司的相关规定，任何单位不得自行制定标准。二级公司工程管理部负责年度人工工资、材料价格调整的报批工作。

第八章　发 包 与 承 包

第十七条　各建设单位的基本建设工程必须严格执行集团公司和二级公司招投标管理办法的有关规定，办理申请、登记、备案、报送等工作。二级公司各职能部室是二级公司工程招标的业务管理部门，负责公司工程招投标工作的审核、服务与监督管理。

单项合同估算价在 20 万元以下的建设工程，报建审批后由建设单位自行选定单位直接委托完成。

单项合同估算价在 20 万～200 万元（含 20 万元）的建设工程，报建审批后由建设单位采用竞争性谈判的形式，确定中标单位。

单项合同估算价在 200 万元（含 200 万元）以上的建设工程，报建审批后采用公开招标的形式，确定中标单位。

第十八条　二级公司职能部室是工程服务类项目（勘探、设计、监理、评估、咨询等中介服务）招标的业务管理部门，负责公司工程服务类项目招标工作的审核、服务和监督管理。

单项合同估算价在 20 万元以下的中介服务，报建审批后由建设单位自行选定单位直接委托完成。

单项合同估算价在 20 万～50 万元（含 20 万元）之间的中介服务，报建审批后采用竞争性谈判的形式，确定中标单位。

单项合同估算价在 50 万元（含 50 万元）以上的中介服务，报建审批后采用公开招标的形式，确定中标单位。

（详见“建设工程招标实施细则”）

第十九条　根据国家和集团公司有关规定，对公司范围内所有设计、施工、监理等单位实行严格的市场准入与清退制度。承揽二级公司范围内工程的设计、施工、监理等单位，必须具备相应的资质，符合相应市场准入条件。二级公司将根据年度计划安排，定期或不定期对其进行检查，实施动态考核，对于不符合准入要求的单位一律清退。

第二十条　各建设单位应根据实际情况，控制施工单位数量，优选施工资质合格、安全、质量、进度管理水平高、施工管理机构健全、施工人员素质高、信誉好的施工单位；原则上地面建筑工程施工单位不超过两家，井巷工程施工单位严禁超过两家。

各建设单位不得随意指定基建工程施工单位，不得擅自安排未经申报备案或审核不合格的施工单位进入工地施工。对应招标但未履行招投标程序、未申报备案的工程，工程管理部不予审核造价，不得进行工程验收。

第九章　合 同 管 理

第二十一条　建设项目要严格执行承包合同制，认真落实《合同法》等法律法规和集团公司相关规定。

第二十二条　工程勘查设计合同及监理合同必须明确委托设计、委托监理的范围及职责。

第二十三条　招标工程施工合同应该与招标文件中的合同要求一致，对专用条款要准确约定。

第二十四条　合同的审批与签订程序执行“二级公司合同管理办法”（股份制公司需经股东方认可）。

第十章　基建计划及验工月报

第二十五条　各建设单位每年按照通知规定时间编制完成年度基建计划，并上报至公司职能部室，职能部室审核后由工程管理部汇总编制二级公司年度基建计划。

第二十六条　基本建设项目要在规定日期前编制次月建设工程计划，同时将计划纸质版和电子版报送职能部室，职能部室审核后由工程管理部汇总编制公司月度基建工程计划，并按月度计划对工程完成情况进行监督考核。

第二十七条　单位工程的月进度验收由建设单位组织，监理单位和施工单位参加。单位工程进度报表由施工单位编制，监理单位和建设单位审批。

验工月报由建设单位编制，并按规定时间报二级公司工程管理部，工程管理部负责汇总整理报集团公司。

第二十八条　质量不合格工程和无计划工程，不得填入验工月报内，无验工月报的工程不得支付工程款。

第十一章　施　工　管　理

第二十九条　各建设单位是基本建设工程的管理主体，负责本单位基建工程的安全、质量、进度、安全文明等管理。

二级公司生产技术部、工程管理部、机电设备部是二级公司基建三类工程监管执行部门，负责公司所有基建工程的安全、质量、进度的监督管理（生产技术部负责井巷工程施工监管，工程管理部负责地面土建工程施工监管，机电设备部负责机电安装工程施工监管）。

第三十条　二级公司生产技术部、工程管理部、机电设备部应定期或不定期对在建工程进行监督检查，指导、协调、解决工程建设中出现的问题。对违规建设、违章施工以及监督失职的建设单位、施工单位、监理单位有权进行处理。

第三十一条　建设项目施工组织设计由总包单位或建设单位负责组织编制，并报二级公司相关部室会审，总工程师批准。

第三十二条　单位工程施工组织设计、作业规程、安全技术措施由施工单位编制，报建设单位、监理单位批准；列入年度重点工程的单位工程施工组织设计必须报二级公司备案，无施工组织设计的不允许开工。

第十二章　监理与质量监督

第三十三条　基本建设工程由各建设单位委托具有相应资质的工程监理公司实施监理。

第三十四条　基本建设工程由各建设单位按国家质量监督相关规定委托相应的质量监督机构监管。

第十三章　设计变更与工程签证

第三十五条　施工单位必须严格按照审批的施工图组织施工，凡设计变更，须经设计单位、监理单位、建设单位同意并下达设计变更卡（重大的设计变更必须由二级公司相关部室、总工程师批准）方可施工。否则，所发生的安全、质量事故及一切费用均由施工单位自负，并向建设单位赔偿工期损失和其他损失费用。

第三十六条　施工中发生的工程签证，由建设单位、监理单位负责审核签证工程量并签署签证单。签证单必须有建设、监理、施工三方工程负责人、分管领导签字，加盖公章方可生效，签证不符合要求或无签证单不得进行结算。

各建设单位必须严格规范和控制工程签证，避免因此增加工程造价，原则上结算金额不得超过合同价的20%，且不得超过200万元。否则要经本单位党政联席会议审批。

第十四章　工程验收及质量认证

第三十七条　单项工程的竣工验收由各建设单位负责组织，设计单位、施工单位、监理单位以及二级公司职能部室参加，竣工验收后7日内报二级公司相关部室备案。

第三十八条　各建设单位、施工单位、监理单位和设计单位必须参加重要隐蔽工程、主体工程及重要结构的中间验收。

第三十九条　工程竣工后，各建设单位报请煤炭质量监督部门或行业及县、市质量监督部门对建设项目单位工程、单项工程进行质量认证。

第四十条　建设项目竣工验收按照《山西省建设项目竣工验收管理办法》或所属行业的管理规定执行。

第十五章　工　程　档　案

第四十一条　各建设单位要严格执行《关于加强档案管理工作意见》的规定，应按单位工程的竣工资料统一编号归档。

第四十二条　竣工资料按照现行竣工验收国家标准和地方标准准备，施工技术档案资料必须齐全，经相关部门审核合格后，方可统一组卷归档。

第四十三条　施工单位的施工技术档案资料，在工程竣工初验时作为竣工资料交监理单位审查；竣工验收完成后，同监理单位资料、建设单位资料统一编号归档保存。

第十六章　工程竣工结算与审计

第四十四条　基本建设工程竣工后，由各施工单位编制竣工结算，各建设单位、监理单位负责相关竣工工程量，变更签证等结算资料真实性、完整性的确认审定，并报二级公司相关部室进行初审。

相关部室审核后，按集团公司关于工程竣工结算审计的相关规定，报审计机构组织结算审计。审计报告的定案金额为工程款最终支付依据。施工合同、中标通知书、施工图、工程造价资料不齐全的不予结算。

第十七章　工 程 价 款 支 付

第四十五条　各建设单位、监理单位负责审核工程进度报表及验工月报，审核结果作为工程进度款支付依据，单位工程进度款支付总额不得超过已完工工程总价款的75%。各建设单位要结合实际情况制定相应的管理措施，确保工程款中农民工工资发放到位。

第四十六条　全资公司、控股公司自主投资建设的工程由建设单位设定流程自行支付。二级公司投资建设的工程须经公司职能部室、分管副经理、常务副经理签字，方可支付。

第十八章　质　量　保　修

第四十七条　建设单位必须按合同扣留施工单位工程质量保证金。若按期竣工、质量达标、保修期内未发生质量问题，期满后履约保证金退还施工单位。否则，按照施工合同规定进行处理。

第十九章　罚　　　则

第四十八条　二级公司所属各建设单位、各基本建设职能管理部室均须遵守本办法。各建设单位第一责任者，对贯彻本办法全面负责；二级公司职能部室负责对本办法的贯彻落实和监督，对违反本办法规定的责任单位或责任人进行处罚。

第四十九条　各建设单位对上级安全指令、决定、文件、会议精神未按照规定进行传达贯彻或未做出具体安排的，对建设单位通报批评，对主要责任人进行相应处罚。

第五十条　建设单位接到公司职能部室的基建工程质量问题整改通知书后，未按规定要求及时进行整改，且无正当理由的，并在公司基建考核中扣分、通报，处罚分管基建负责人300元/次；未按规定要求及时进行整改造成工程质量事故的，根据情节处罚分管基建负责人3000～5000元，处罚第一责任人2000～4000元。对该工程施工单位和监理单位的处罚按照合同约定，结合国家相关规定进行。

第五十一条　违反本办法第七条、第八条规定，委托无资质或资质不符合的设计单位的，处罚建设单位5000～10000元，处罚分管基建负责人1000～3000元，处罚第一责任人1000～2000元。

第五十二条　违反本办法第九条规定，不履行报建审批的，视情节处罚建设单位2000～20000元，处罚第一责任人500～3000元，并在公司基建考核中扣分、通报。

第五十三条　违反本办法第十四条、第十五条、第十六条关于预算管理规定的，视情节轻重处罚建设单位2000～10000元，并在公司基建考核中扣分、通报。

第五十四条　违反本办法第十七条、第十八条规定，不严格履行发包的，按照“二级公司招投标管理办法”对建设单位及责任人进行严肃处理，并在公司基建考核中扣分、通报，取消年度基建考核评优评先资格。

第五十五条　违反本办法第二十条规定的，视情节处罚建设单位2000～10000元，处罚第一责任人1000～2000元，并在公司基建考核中扣分、通报。

第五十六条　违反本办法第二十二条、第二十三条、第二十四条规定，签订合同不规范的，视情节处罚建设单位1000～3000元，造成法律后果的，报请公司给予相应的行政处罚。

第五十七条　违反本办法第二十五条、第二十六条、第二十七条规定，未按时报送工程计划统计报表，报表出现较大错误或不符合规定的，处罚建设单位分管基建负责人300元，处罚科室报表负责人500元，并在公司基建考核中扣分、通报。

第五十八条　违反本办法第二十九条规定，各建设单位及职能部室未认真履行职责，造成工程安全、质量、进度出现较大问题的，视情节处罚建设单位1000～50000元，对责任人进行相应处罚，取消年度基建考核评优评先资格。

第五十九条　违反本办法第三十七条、第三十八条、第三十九条规定，不按程序组织验收、认证的，视情节处罚建设单位2000～10000元，并在公司基建考核中扣分、通报。

第六十条　违反本办法第四十四条规定，各建设单位未认真履行职责，工程结算审定、审核把关不严，视情节处罚责任人500～2000元，对弄虚作假、故意高估冒算，造成较大经济损失的，报请公司给予相应的行政处罚。

第六十一条　违反本办法第四十五条规定，工程进度款支付超过限额，造成施工单位拖延或不予结算的，在公司基建考核中扣分、通报批评。

第六十二条　二级公司职能部门未按以上规定认真履行检查、监督、指导、服务职能的，视情节处罚业务主管300～2000元，处罚部室责任人500～3000元。

第六十三条　违反本办法其他条款的，视情节参照相关条款执行。

第二十章　其　　他

第六十四条　本办法适用于二级公司所属各企业。

第六十五条　本办法解释权归二级公司。

第六十六条　本办法自印发之日起施行。

晋能集团“136”安全管理模式

（第三册）

李国彪　陈旭忠　主编

应急管理出版社

·北　京·

目　录

第一册

第1篇　总　论

第 2 篇 “三基”建设

第 3 篇 组织体系

第4篇　责任体系

第二册

第5篇 制度体系

第 三 册

第5篇 制 度 体 系

第四册

第6篇　技术体系

第7篇　管理体系

第8篇　监 督 体 系

第5篇　制度体系

13 矿井安全管理基本制度

13.1 安全办公会议制度

第一条 为全面贯彻落实党和国家安全生产的方针、政策、法律、法规，及时了解掌握安全生产情况，协调处理生产组织过程中的安全问题，消除事故隐患，确保安全生产，特制定本制度。

第二条 本制度适用于××矿及各部门。

第三条 安全办公会具体要求

(1) 安全办公会每月召开一次，由矿长主持。

参会人员包括安委会主任、全体委员、安委会办公室主任、领导班子成员、副总工程师、各部门负责人、各科（队）负责人等安全生产管理人员（值班、带班除外）。会议时间、地点由矿长决定。

(2) 会议内容：

①传达贯彻国家、省、市和集团公司有关安全生产的方针、政策、规定、指令及法律法规，尤其要侧重贯彻煤矿安全生产方面的规定、会议精神和文件要求，总结分析安全生产形势，并结合本单位实际情况及时安排部署。

②对矿属各部门近期发生的各类安全事故进行通报，分析事故发生的原因和需要汲取的教训，并对安全工作中长期规划及安全考核指标的分解落实。

③对各部门反“三违”质量、效果和问责情况进行通报，分析本单位“三违”的倾向并提出对策，“三违”人员处理、事故责任人处理等。尤其对发生的重大事故和涉险事故进行分析、研究、讨论，按“四不放过”的原则，提出处理意见，总结经验和应当汲取的教训，并制定防范措施，防止同类事故发生。

④对二级公司的挂牌责任人包矿检查、周四安全活动日开展和矿领导班子带班完成情况进行通报。

⑤对各部门近期的值班值守情况进行通报，对违反相关规定的人员提出处理意见。

⑥对各部门近期在各类检查中发现的重大隐患进行通报，严格按照“五定”要求进行处理。隐患未整改前提出针对性防范措施。

⑦对上次安全办公会及安全工作例会安排的隐患整改和其他安全工作的落实情况进行通报、分析原因和追究责任。

⑧对各部门生产、机电、通风、运输、防治水等大系统方面存在的重大隐患进行摸排，研究制定安全专项措施。

⑨对各部门的安全生产标准化建设情况进行通报。

⑩开展多种形式的安全警示教育。通过举办安全讲座、播放事故案例专题片、安全现身说法等形式，提高员工安全意识。

⑪听取各部门关于执行“三大规程”及落实安全技术措施、隐患排查、安全管理工作和安全生产标准化工作的情况汇报，分析存在的问题和事故隐患，研究制定解决的办法和措施，并落实到相关部门。

⑫分析研究有关安全的重大事项，并形成意见或决定，包括安全技改项目、安全费用提取和使用、重大安全事故隐患的处理、安全整改。

⑬安全矿长安排本矿各部门近期安全工作。

⑭矿长进行总结，根据本矿现阶段安全生产状况和下一阶段的安全生产工作，安排部署阶段性的安全工作重点和重大举措。

⑮每次会议具体内容和议程根据本矿实际情况进行确定。

第四条 会议由安委会办公室记录，会议所议事项及做出的决定应形成会议纪要，会议纪要发送到与会人员及安排或议定事项所涉及的有关部门。安委会办公室负责督促、检查、考核会议纪要执行情况并形成记录。

第五条 每次会议具体会议议程可根据实际情况酌情增减。

13.2 安全生产承诺制度

第一章 总 则

第一条 为强化全员安全意识，深入落实安全责任，提高遵章守纪的自觉性，确保安全生产，结合实际，制定本制度。

第二条 认真落实安全承诺制度，是职工履行岗位安全职责的基本保证，个人应向单位进行书面承诺，即签订安全承诺书。

第三条 安全承诺书由矿统一制作，承诺人必须在安全承诺书上亲笔签字，并认真履行安全承诺。

第四条 各级领导要以岗位安全职责为主要内容，带头落实安全承诺制度。

第二章 安全承诺内容

第五条 认真执行“安全第一、预防为主，全员参与、综合管理”的安全生产方针，遵守各项安全生产制度和规定，做到“四不伤害”。

第六条 不违章指挥，不违章作业，不违反劳动纪律，抵制违章指挥，纠正违章行为。

第七条 严格执行安全作业票证制度，用火进入受限空间，临时用电、高处作业、破土作业时，按规定程序办理作业许可证，不得无证作业。

第八条 按规定着装上岗，穿戴好劳动保护用品，严格遵守防火防爆与车辆安全等禁令和规定。

第九条 主动接受安全教育培训和考核，持证上岗。会报警、会自救、会互救，会熟练使用防护面具、呼吸器、灭火器等设施和器材。

第十条 严格履行岗位安全职责，即安全生产“一岗双责制”是承诺人的重要承诺内容之一。

第三章 安全承诺的范围和程序

第十一条 与矿签订劳动合同的所有人员都应进行安全承诺。

第十二条 新入厂职工在完成“三级”教育后签订安全承诺书，转岗职工在完成新岗位的安全教育后重新签订安全承诺书，如未按规定进行安全教育，职工不应在承诺书上签字。

第十三条 承诺人必须熟悉安全承诺内容，并在安全承诺书上亲笔签字，不允许他人代签。安全承诺一式两份，一份由承诺人保存，一份由安全科存档。

第十四条 安全承诺书每年年初签订，有效期为1年。

第四章 安全承诺的要求

第十五条 矿主要领导是实施安全承诺签字的总负责人，安全科是组织实施和考核安全承诺的责任部门，应定期对承诺书的落实情况进行检查考核。

第十六条　安全承诺主题词：我已接受过本岗位的安全教育，并熟知安全承诺书内容，保证认真执行，如违反本承诺，愿承担相应责任。

第五章　安全承诺的责任与要求

第十七条　承诺人违反承诺，造成责任事故或情节严重的按照矿安全管理奖惩办法等有关条款进行处罚，并承担相应责任。

第十八条　安全承诺的要求：班组长是实施安全承诺签订的责任人，组织实施和考核安全承诺的责任人，应定期对承诺书的落实情况进行检查考核，职工进场必须携带有效的安全承诺书，无安全承诺书者不准入内。

第六章　附　　则

第十九条　非自有队伍参照此制度执行安全承诺。

第二十条　各科室、队厂要将安全承诺制度纳入安全生产责任制，进行检查考核。

13.3　安全目标管理制度

为认真贯彻“安全第一、预防为主、综合治理”的安全生产方针，明确各级安全责任，实行严格的考核与奖惩，以激励职工积极参与全面全员全过程的安全生产管理，强化安全意识，结合实际，特制定本制度。

第一条　安全目标管理指标是企业安全活动的核心，在确定安全目标时，既要充分依据上级下达（或签订）的安全指标（或目标书）和本矿的实际生产条件，又要以历年来有关目标、指标的统计基础，对目标加以预测。

第二条　每年年初要根据二级公司下达安全目标进行目标分解，与各部门签订《安全质量目标管理责任书》，并由矿工会监督执行，由安全科进行考核。

第三条　年度安全目标的起草由安全科负责，层层签订，做到千斤重担人人挑，人人头上有指标。安全目标指标的分解由安全科在全面调查的基础上，充分考虑一、二、三线的关系、各队组厂的生产条件、作业环境、安全隐患的治理难度等因素，进行科学的综合分析确定。

第四条　安全目标要具有全面性，克服局限性，既要有绝对指标又要有相对指标，既要规定人身事故指标，又要规定非伤亡事故（如重大、特大机电事故）的目标，既要考虑工程质量指标，又要考虑安全生产标准化达标要求，以及“三违”指标等。要从全面安全管理的角度，进行全面的安全目标管理和责任指标分解。

第五条　安全目标确立时根据实际情况，要突出主要安全指标，尤其是三项否决指标，必须执行否决制度，一项不达即为责任单位安全工作不达标单位。

三项否决指标为：

（1）井下发生死亡事故，地面发生重伤事故；

（2）出现透水、火灾、瓦斯、煤尘、顶板、机电运输等重大事故；

（3）出现一级非伤亡事故和特大机电事故。

第六条　具体管理要求

（1）提高认识落实责任，实施依法治安。

①全矿各级领导干部必须坚持“各级管理层对各自的安全直接负责”的理念，正确处理好安全与生产、效益、稳定之间的关系，坚持依法治安，努力构建高效务实、职责明确、规范有序、激励与约束相互协调的安全管理长效机制。

②矿党政工团各部门要坚持齐抓共管，围绕“崇尚安全，敬畏生命，行为规范，自主保安”这

个安全核心理念，充分发挥各自优势开展深入细致的安全思想教育活动，广泛宣传国家安全生产方面的法律、法规、规章、规程、标准及矿安全管理制度，教育广大干部职工切实转变观念牢固树立“以遵章守纪为荣，以违章违纪为耻”的思想，在实际工作中自觉克服习惯性违章行为，努力营造遵纪守法、按章操作的浓厚的安全文化氛围。

③进一步强化安全生产责任制落实。按照“管生产必须管安全”和“谁分管谁负责”的原则，坚持干部下井跟班带班制度，加大考核处罚力度，对违章决策、违章指挥、违章作业、违反劳动纪律和工作失职、渎职造成事故的直接责任者及相关人员要严格按照《安全奖惩细则》进行严肃处理。

（2）强化现场管理和技术管理，杜绝重大事故发生。

①加强机电运输管理。机电科要严格落实责任制，加强对矿井主要提升、排水、运输、通风等大型设备的检查维护，确保设备运转正常，同时要加强对机电设备防爆性能检查、胶轮车运输及机电设备转动部位安全防护装置的管理和检查，坚决杜绝机电运输事故发生。

②加强顶板管理。生产技术科和各施工单位必须严格按照《煤矿安全规程》组织施工，重点抓好工作面初采、过地质构造、巷道贯通和穿层地点等关键环节的顶板管理。凡未经矿务会批准，违反《煤矿安全规程》作业的，要严肃追究有关人员的责任。

（3）保障安全投入，提升矿井安全水平。按照规定提取安全费用，重点用于改造和完善不符合原国家安监总局《煤矿重大生产安全事故隐患判定标准》（〔2015〕85号令）要求内容和《煤矿安全规程》等方面。各专业口要按照“突出重点、分轻重缓急”原则，拟定施工和设备更新计划，报矿务会批准后，由责任科室下达，各专业口负责组织实施，必须保质保量按期完成。

（4）强化安全培训，提高职工素质。

①各级管理部门要坚持“职工必须接受严格的科学培训”和“安全是被聘用的条件”的理念，职教科要充分发挥“三级”安全培训的优势，指定专人负责，选聘优秀教师，以提高职工文化素质和岗位安全技能知识为重点，以采掘一线职工为主要对象，采用多媒体教学、教师授课和实操培训相结合的方式，深入开展全方位、多层次的岗位培训。同时要严把培训质量关，凡经职教科培训并发放合格证的职工，经抽查核实实际水平达不到培训要求的，要追究职教科科长和有关责任人的责任。

②各单位要严格落实“班前、班后会讲安全”“周四安全活动日学习”制度，要建立翔实的学习记录，严格执行“每日一题、每周一测、每月一考”制度，对考试不及格的人员，一律进行待岗培训，复训仍不及格者，一律清退。

③人事劳资科在招工前必须设定最低文化程度线，必须通过文化基础知识考试，方可招聘入矿参加岗前培训。从招工源头严把素质关。新工人必须与老师傅签订《师徒合同》，在老师傅带领下实习三个月后，方可单独上岗作业。

④特殊工种岗位人员必须经过上级主管部门组织的特种作业人员培训合格，并取得《特种作业人员操作资格证》后方后可上岗作业。

（5）抓好“三基”建设，加强基础管理。三基建设是指基础管理、基层队伍、基本素质管理。坚持“量化考核、定量跟踪、奖罚到每个人，落实到每个现场”的理念，把安全工作的重心下移到基层厂队，促进基层厂队安全管理自治；把安全防线前移到班组，推进班组安全管理自主；把安全培训教育落实到个人，强化职工自主保安意识，提高职工安全技能，规范个人的安全行为，约束个人安全自律；逐步建立矿井安全信息数字化管理系统，完善和规范厂队、班组安全管理制度。

第七条　每年年度安全目标责任书对各单位的主要安全指标进行确定时，要注意两个方面：一是控制指标，即必须实现的安全目标，要求制定时要科学合理，不能放宽；二是要制定奋斗目标，要按照“跳起来摘桃子”的思路进行确定。

第八条　每年安全目标的分解要自上而下层层展开、分解落实到队、厂、班组和个人，做到“横向到边，纵向到底”，使每个职工都明确自己的目标和责任，形成个人保班（组），班（组）保科、队（厂），科、队（厂）保全矿，层层互保、全方位覆盖的系统安全目标网络。

第九条　在实施安全目标管理的过程中，必须注意人的因素，要充分发挥各级组织和每个职工的积极性。提倡民主协商，强调自我管理、自我控制、相互监督检查以及信息交流等。

第十条　每年末要对安全目标完成情况进行分析总结与评价，根据签订的《安全目标责任书》实施目标管理奖罚。由安全科按要求进行考核兑现，对超出控制指标的单位实行一票否决。

第十一条　在安全目标管理控制过程中，要注意月度、季度考核总结，及时针对控制情况，存在问题进行综合分析，制定纠正预防措施。

第十二条　每年要根据矿安全目标的实现情况进行评价，制定下年度的目标计划。

第十三条　对安全目标管理的奖罚额度要根据每年工资水平、发展变化等具体情况，动态管理，合理确定。安全目标考核要利用月度、季度、年度的安全生产标准化验收检查，充分结合工资实际利益，严格考核。

13.4　安全投入保障制度

为进一步加强安全费用的管理，切实落实《安全生产法》，不断依靠科技进步，提升安全管理水平，现结合实际，制定本制度。

第一条　指导思想：认真贯彻《企业安全生产费用提取和使用管理办法》（财政部、安全监管总局以财企〔2012〕16 号印发）文件精神，确保本矿安全生产投入资金，实现矿井的安全生产。

第二条　根据国家、集团公司规定，按月从煤炭生产成本中提取安全费用 30 元/t。

第三条　煤矿安全费用是指企业按原煤实际产量从成本中提取，专门用于煤矿安全生产设施投入的资金。具体范围包括：

（1）煤与瓦斯突出及高瓦斯矿井落实“两个四位一体”综合防突措施支出，包括瓦斯域预抽、保护层开采区域防突措施、开展突出区域和局部预测、实施局部补充防突措施、更新改造防突设备和设施、建立突出防治实验室等支出。

（2）煤矿安全生产改造和重大隐患治理支出，包括“一通三防”、防治水、供电、运输等系统设备改造和灾害治理工程，实施煤矿机械化改造，实施矿压（冲击地压）、热害、露天矿边坡治理、采空区治理等支出。

（3）完善煤矿井下监测监控、人员定位、紧急避险、压风自救、供水施救和通信联络安全避险“六大系统”支出，应急救援技术设备、设施配置和维护保养支出，事故逃生和紧急避难设施设备的配置和应急演练支出。

（4）开展重大危险源和事故隐患评估、监控和整改支出。

（5）安全生产检查、评价（不包括新建、改建、扩建项目安全评价）、咨询、标准化建设支出。

（6）配备和更新现场作业人员安全防护用品支出。

（7）安全生产宣传、教育、培训支出。

（8）安全生产适用新技术、新工艺、新装备的推广应用支出。

（9）安全设施及特种设备检测检验支出。

（10）其他与安全生产直接相关的支出。

第四条　安全投入资金的管理

（1）煤矿安全生产投入专项资金坚持先提取、后使用，以收定支、量入为出的原则，必须做到“单独核算、专户存储、专款专用、不得挪用或挤占”，年度结余的允许结转下年。

（2）建立管理资金的申请、使用、检查、验收制度，以确保安全投入资金的正常使用和有效地发挥作用。

（3）安全费用实行会计类管理，符合国家统一的会计制度及规定。

（4）每年年末制定下年度的《年度安全费用使用计划》，并纳入全面预算管理。

（5）安全费用提取和使用情况报送上级有关财政、税务、审计机关、煤炭管理部门和煤矿安全监察机构备案，并接受上级有关部门监管。

（6）当年计提安全费用不足时，超支部分按正常成本费用渠道列支。

13.5　安全检查制度

第一条　经常性安全检查

（1）采、掘、开工作面必须有安全检查工不间断进行动态检查，由安全科管理。一般情况下采取巡回检查制度，特殊时期，重点区域、地点和高瓦斯区域要采取盯岗制。动态检查过程中，要及时发现隐患、问题，及时组织采取措施纠正，对重大问题要及时汇报。

（2）除专、兼职安全检查工班班随时检查外，各厂、队至少每周要组织自查自纠一次，要组织经常性的检查，及时发现隐患，及时处理。

（3）生产岗位的带班领导、跟班队干、班（组）长及岗位工要严格履行交接班检查和班中巡回检查的职责，及时解决生产中的安全问题。

（4）各级领导干部、安全检查人员和生产技术人员要在各自业务范围内，经常深入现场进行安全检查和指导，发现事故隐患及时督促有关部门或单位进行整改。

第二条　定期综合性安全检查。每周一由职能科室进行专项行安全督查，每周四由职能科室进行综合安全检查、矿领导进行安全督查；每周一组织对周四检查问题进行复查、安全检查。

第三条　专（项）业性检查

（1）针对特殊作业、特殊设备、特殊场所、专业系统必须进行专业性检查。

（2）专业性检查要采取定期与不定期相结合的检查方法进行，由相关业务部门组织，严格执行《煤矿安全规程》《行业规范》和矿相关规定，认真组织执行。

（3）对提升、运输系统、主要机电设备、火工品管理、一通三防重要安全设施要求每月必须由相关部门组织定期进行一次全面检查、剖析、分析安全状况，进行综合评估，提出整改意见，并督促解决。

第四条　季节性及节假日前后安全检查。针对季节性及节假日前后的特点要针对性开展季节性和节假日前后的专业检查，以保障安全生产的特殊要求，如春节等中国传统节假日前后；雨季三防；冬季防寒、防冻等。各有关业务部门要有计划、有安排、有重点地进行。安全部门要根据季节要求及时督促落实。

第五条　职工代表或群监网员不定期安全检查。职工代表或群监网员要经常检查作业现场的安全情况，发现作业现场出现通风、瓦斯、煤尘、水、火、火药、爆破、工程质量、顶板及运输设备等方面不安全因素时，及时向现场指挥人员汇报；协助队干、班组长宣传安全技术规程、技术措施；监督本班、组的安全情况，并向安全部门汇报；对安全生产提出的合理化建议，可直接向分工会、工会反映。

第六条　安全生产检查验收

（1）安全生产标准化检查采取每月验收制度，每月由各专业组组织相关人员进行抽查，要对全矿各采、掘工作面进行一次标准化检查。

（2）月末验收评级由安全生产标准化领导组协调办公室组织各专业组相关人员进行全面查验评级。

（3）每月验收评级要召开专门标准化会议，对当月存在问题和现状进行一次解剖分析，由安全科整理存在问题并下发整改通知，各部门要针对标准要求确定整改方案和措施。

第七条　每月月底开展拉网式排查。

13.6　事故隐患排查处理制度

为了认真贯彻落实“安全第一、预防为主、综合治理”方针，进一步做好隐患排查治理工作的规范化、制度化、程序化管理，有效预防和控制各类事故的发生，特制定本制度。

1. 事故隐患的概念

隐患是指生产经营单位违反安全生产法律、法规、规章、标准、规程和安全生产管理制度的规定，或者因其他因素在生产经营活动中存在可能导致事故发生的物的危险状态、人的不安全行为和管理上的缺陷。

2. 事故隐患的分级

（1）安全事故隐患按照危害程度分为一般事故隐患和重大事故隐患。

一般事故隐患，是指危害和整改难度较小，发现后能够立即整改排除的隐患。

重大事故隐患，是指危害和整改难度较大，应当全部或者局部停产停业，并经过一定时间整改治理方能排除的隐患，或者因外部因素影响致使生产经营单位自身难以排除的隐患。判定标准以原国家安全监管总局下发的《煤矿重大生产安全事故隐患判定标准》（总局令第85号）为准。

（2）安全事故隐患按照整改难易程度分为A级、B级、C级三级。

A级：难度大，本矿解决不了，必须由上级主管部门或集团公司协调解决的安全隐患。

B级：难度较大，基层队组、厂解决不了，必须由本矿级领导出面协调解决的安全隐患。

C级：由队、厂、业务部门可以解决的安全隐患。

3. 事故隐患排查

按照日常排查和定期排查相结合的原则进行事故隐患排查。

（1）每周四由安全矿长组织对井下各作业点事故隐患排查、每周三由矿领导带队对地面各系统各岗位、生活区全面排查。每月月底由矿长组织各专业分管副矿长、副总工程师以及安全、生产、机电、通风、防治水等业务科室、队（厂）开展一次覆盖生产各系统和各岗位的事故隐患排查，排查前制定工作方案，明确排查时间、方式、范围、内容和参加人员，有记录。

（2）各专业分管负责人根据各自分管专业的管理规定每周一组织相关人员对分管领域进行全面的事故隐患排查。

（3）生产期间，跟班领导、跟班队长、当班班组长、验收员、安全员进行巡检，按照职责划分对作业区域开展事故隐患排查。

（4）各岗位作业人员在交接班时对本岗位作业区域或责任区域事故隐患进行排查，并在作业过程中随时排查事故隐患。

（5）发现重大事故隐患时，要立即停止受威胁区域内所有作业活动、撤出作业人员。

4. 事故隐患治理

（1）分级治理。

①队（厂）、班组、岗位人员所排查事故隐患，由责任队（厂）、班组、岗位人员按照事故隐患治理要求进行治理。

②各业务科室排查出的事故隐患，由各业务科室负责落实，通知责任部门进行治理。

③本单位要统一组织的事故隐患排查，由安全科通知责任部门进行治理。

④上级部门（二级公司、集团公司、能源局、煤监局）检查的事故隐患，由事故隐患排查治理领导组办公室统一组织制定治理方案（能够即时整改的和整改措施简单的一般隐患除外）并按照治理方案进行治理。

（2）能够即时治理完成的事故隐患，当班采取措施，及时治理消除，并做好记录。

①不能即时治理完成的事故隐患，由治理责任部门及时制定治理方案并按照治理方案限期治理。

②对排查出的事故隐患，本级无法进行治理的，按照岗位人员、班组、科队、矿级依次报告。上一层级接到报告后，要立即组织制定治理方案进行治理。

③重大事故隐患由矿长组织制定专项治理方案并组织实施，治理方案要报二级公司审批。上报的重大事故隐患治理方案应包括以下内容：治理的目标和任务，治理的方法和措施，落实的经费和物资，治理的责任部门和责任人员，治理的时限、进度安排和停产区域，采取的安全防护措施和制定相应的现场处置方案。

（3）对治理过程中危险性较大的事故隐患，必须制定专项安全技术措施并贯彻到相关人员，治理过程中现场要有专人指挥，并设置警示标识，安全员现场监督。

①对治理一般事故隐患，必须由现场安全管理人员对现场相关作业人员进行安全注意事项提醒并监督落实。

②对于短期内无法彻底治理的事故隐患，应当及时组织对其危险程度和影响范围进行评估，根据评估结果采取相应的安全监控和防护措施，确保安全。

（4）以下情况可申请延期整改：

①由于需要重新制作或等待厂家发货等原因导致各单位没有材料或配件的。

②断锚索（锚杆）多，可申请延期并集中补打（不得超过三天）。

③整改周期长，在整改期限内确实不能整改完毕的。

④需升井维修的。

⑤由于其他特殊情况导致不能及时整改的（必须报安全科同意）。

⑥每次延期时间原则上不得超过3天，若有特殊情况需报安全科同意。

⑦除以上情况以外不得申请延期整改，且申请延期时必须注明理由。

⑧重大事故隐患治理期限需延期的，由安全科组织编制延期申请并报本矿批准。延期申请应包括以下内容：申请延期的原因，已完成的治理工作情况，申请延期期限及采取的安全措施。

5. 事故隐患督办验收

（1）治理督办。

①班组及岗位人员排查出的事故隐患，由当班跟班队干或班组长进行督办。

②队（厂）排查出的事故隐患由本队（厂）的队（厂）长或分管安全的副队（厂）长进行督办。

③业务科室开展的专业事故隐患排查，由业务科室科长或副科长进行督办。

④本矿统一开展的事故隐患排查，由安全科管理人员进行督办。

⑤上级部门检查的事故隐患，由各分管业务科室科长或副科长负责督办。

⑥对未按规定完成治理的事故隐患，按照岗位、班组、科队、矿级依次提级督办。

⑦重大事故隐患由矿长负责督办，安全科负责记录治理情况和工作进展，并按规定上报。

（2）挂牌督办。

①一般隐患管理：所有新排查出的一般隐患，需在排查认定后的24 h内录入信息系统。按照系统运行模式，进行督办、预警、消警和考核管理。

②重大隐患（系统性安全隐患）挂牌管理：必须对本单位已认定的所有重大隐患（系统性安全隐患）实施挂牌管理。对挂牌督办的重大隐患，必须在井口或显著位置进行挂牌，接受公众监督，发挥警示作用。标牌内容包括：隐患内容、产生地点、主要危害、治理措施、应急预案、治理责任部门、督办责任部门、治理进展情况等。

③隐患治理。隐患治理要严格按照整改意见、措施或方案执行，当条件发生变化时，责任单位或

部门要及时跟进新的措施。重大隐患（系统性安全隐患）治理要严格按照每月专题会议要求执行，重大隐患需延期整改的，要经矿主要负责人和相关专业组组长审定。

④重大隐患治理方案的主要内容：

治理目标和任务；采取的方法和措施；经费和物资的落实；负责治理的机构和人员；治理时限和要求；安全措施和应急预案；跟踪督办单位或部门；单位业务分管领导。

（3）提级督办。

①一般隐患要及时整改闭合，不能按规定时限完成治理的隐患进行提级督办，对提级时间、提级督办单位进行登记。没有完成的隐患转到提级督办台账上进行督办闭合。

②对没有按规定时限完成治理的隐患，由验收责任单位（部门）及时发出“提级督办报告”（由下向上发出，应称报告；由上向下发出，应该称通知）及时提级督办事故隐患治理清单。

③上一层级单位（部门）接到提高督办层级报告后，要查清未整改完成原因，制定专项措施，按“五落实”要求实施督办，并建立督办记录。

④矿、科、队级建立登记表，分别用来登记科、队、班组级需要提级督办的隐患；提升一级到期仍未整改完成的隐患，继续进行提高一级督办，直至到矿级。

（4）验收销号。

①队（厂）、班组、岗位人员排查的事故隐患由队（厂）的负责人、安全负责人、跟班队长、班组长、验收员负责验收，验收合格后予以销号。

②各业务科室开展的专项事故隐患排查，由各业务科室负责验收，验收合格后予以销号。

③统一开展的事故隐患排查，由安全科组织各业务科室进行验收，验收合格后予以销号。

④上级部门检查发现的事故隐患，完成治理后，按照执法文书要求报请相关部门进行验收，验收合格后予以销号。

⑤本级无法治理而报告上一层级的事故隐患，本级应进行销号。

⑥重大事故隐患治理完成后，要向二级公司申请验收，验收合格后予以销号。

6. 事故隐患登记和报告

（1）事故隐患登记。对排查出的事故隐患，各部门要建立专门台账，逐项登记排查出的事故隐患。事故隐患台账按照二级公司规定，各业务科室必须按各级政府部门、集团及二级公司、自查分别建立（一般/重大）共六类事故隐患排查治理台账；各队（厂）必须建立本队（厂）自查（一般/重大）和岗位排查三类事故隐患排查治理台账。台账格式统一按照二级公司《事故隐患排查治理执行要求》规定的格式建立。

跟班领导查出的隐患由调度室登记建档。每次排查结束后，必须于次日内将排查出的事故隐患登记完成。岗位人员、班组排查出的事故隐患，必须于下班后到队（厂）值班室进行登记。

（2）事故隐患报告。安全科按照二级公司周四汇报和月度汇报制度，每周四和每月 25 日以二级公司统一报告形式向二级公司报送本矿事故隐患排查治理情况。上级专项事故隐患排查治理情况，应按照上级文件要求和规定进行报告。

重大隐患实行“一患一档”，排查发现重大事故隐患后，及时向二级公司、地方能源局、地方煤矿安全监察分局书面报告，并建立重大事故隐患信息档案。重大事故隐患未整改之前，每月坚持报告，直至整改完毕。重大事故隐患报告内容应当包括：隐患的基本情况和产生原因；隐患的危害程度、波及范围和整改难易程度；需要停产治理的区域；隐患的治理方案。

13.7 主要灾害预防制度

为了更好地执行“安全第一，预防为主，综合治理”的安全生产方针，加强重大危险源的观察和控制，防止灾害的发生，结合矿井实际，特制定本制度。

第一章　总　　则

第一条　根据矿井实际，确定火灾、水灾、煤尘爆炸、瓦斯爆炸事故、顶板事故、提升运输、职业危害事故为主要灾害。

第二条　制定《矿井灾害预防与处理计划》时，把矿井主要灾害预防措施纳入《矿井灾害预防与处理计划》内容。矿总工程师根据矿井自然条件和采掘工程的变动情况，及时组织有关部门进行修改和补充。

第三条　矿井各种安全技术措施不得违反矿井主要灾害预防管理的规定。各职能部门负责进行监督检查，发现不按矿井主要灾害预防管理制度执行的情况，应对主要责任人进行处罚。酿成事故的，从严处理。

第二章　瓦斯爆炸事故的预防管理

第四条　每年必须进行矿井瓦斯和二氧化碳涌出量的测定工作，并按瓦斯测定结果对矿井瓦斯进行管理。

第五条　矿井每月初对瓦斯管理重点区进行排查，对排查出的瓦斯管理重点区必须制定专门防治措施，并严格按措施执行。

第六条　矿井总回风巷或一翼回风巷中瓦斯或二氧化碳浓度超过0.6%时，必须查明原因，进行处理。

第七条　采区回风巷、采掘工作面回风巷风流中瓦斯浓度超过0.8%或二氧化碳浓度超过1.5%时，必须停止工作，撤出人员，并由通风科立即查明原因进行处理。

第八条　采掘工作面及其他作业地点风流中瓦斯浓度达到0.8%时，必须停止用电钻打眼；爆破地点附近20 m以内风流中瓦斯浓度达到0.8%时，严禁爆破。

第九条　矿井必须从采掘生产管理上采取措施，防止瓦斯积聚。

第十条　矿井必须有因停电和检修主要通风机停止运转或通风系统遭到破坏以后恢复通风、排除瓦斯和送电的安全措施。

第十一条　发生瓦斯积聚现象或瓦斯超限时可采取以下措施进行处理：

（1）当瓦斯涌出异常系由通风系统或通风参数变动引起时，应首先考虑去除诱发异常的事件，以恢复正常；无效果时，应考虑换用大功率局部通风机、调压、堵漏等措施。

（2）当瓦斯源范围小，且由较集中的裂隙通道漏出时，可采用包帮埋管方法抽出。

（3）当瓦斯来自小型储瓦斯空间时，可用注高水材料等方法填充空洞，隔绝瓦斯源。

（4）当瓦斯来源与采空区无直接的联系时，可用风筒等导风吹散。

（5）当掘进面瓦斯涌出量较大，用通风方法不能将瓦斯稀释到允许浓度时，必须采用瓦斯抽放的方法。

（6）采煤面回风隅角瓦斯超限时，应首先采用加大工作面风量的措施，并配合引射器等措施进行治理；在加大风量仍不能杜绝工作面回风隅角瓦斯超限时，就应使用瓦斯抽放系统抽排回风隅角瓦斯。

（7）采区的瓦斯管理严格执行双风机、双电源，每班检查不少于三次，风机实行专人管理，通风系统合理，监控系统可靠，导排管路严密。

第十二条　当发生有害气体突然涌出时，可采用调整通风系统的措施，消除有害气体。但在通风系统调整过程中，必须严格检测影响区域内风量和有害气体变化情况，若有害气体涌出异常时，应立即停止调整，并采取相应措施处理。

第十三条　对有高温、自燃的区域，必须严格监视瓦斯变化，防止瓦斯燃烧或爆炸。

第十四条　瓦斯爆炸事故的预防管理工作由通风科负责组织实施，并监督检查。

第十五条　贯彻“先抽后掘，监测监控，以风定产”的瓦斯治理方针，建立通风可靠，抽采达标，监控有效，管理到位，多举并措的瓦斯治理体系，保证瓦斯抽、放使用正常，抽、掘、采平衡。

第三章　外因火灾事故的预防管理

第十六条　矿井必须制定井上、下防火措施。矿井的所有地面建筑物、煤（炭）堆、木料场等处的防火措施和制度，必须符合国家有关防火的各项规定，并符合消防部门的要求。

第十七条　木料场与进风井的距离不得小于 80 m。

第十八条　矿井必须设地面消防水池和井下消防管路系统。井下消防管路系统应每隔 100 m 设置支管和阀门，但在带式输送机巷道中应每隔 50 m 设置支管和阀门。地面的消防水池必须经常保持不少于 200 m^3 的水量。如果消防用水同生产、生活用水的水池共用，应有确保消防用水的措施。

第十九条　进风井口应装设防火铁门，防火铁门必须严密并易于关闭，打开时不妨碍提升、运输和人员通行，并应定期维修；如果不设防火铁门，必须有防止烟火进入矿井的安全措施。

第二十条　井口房和通风机房附近 20 m 内，不得有烟火或用火炉取暖。

第二十一条　井筒及井底车场、主要绞车道与主要运输巷、回风巷的连接处、井下机电设备硐室、主要巷道内带式输送机机头前后两端各 20 m 范围内，都必须用不燃性材料支护。

第二十二条　井下严禁使用灯泡取暖和使用电炉。

第二十三条　井下和井口房内不得从事电焊、气焊和喷灯焊接等工作。地面接尘单位及爆炸性场所电气焊严格遵照二级煤矿有关规定执行。

第二十四条　井下使用的汽油、煤油和变压器油必须装入盖严的铁桶内，由专人运送至使用地点，剩余的汽油、煤油和变压器油必须运回地面，严禁在井下存放。

第二十五条　矿井必须在井上下设置消防材料库。

第二十六条　井下爆炸材料库、机电设备硐室、检修硐室、材料库、井底车场、使用带式输送机或液力偶合器的巷道以及采掘工作面附近的巷道中，都应备有灭火器材，其数量、规格和存放地点，应在“矿井灾害预防和处理计划”中确定。所有井下工作人员都必须熟悉灭火器材的使用方法，并熟悉本职工作区域内灭火器材的存放地点。

第二十七条　外因火灾事故的预防管理工作由通风科负责组织实施，并监督检查。

第四章　内因火灾事故的预防管理

第二十八条　根据矿井全年接续情况制定防灭火计划，并按计划实施防灭火措施，当矿井接续改变或现场情况发生变化时，应及时调整防灭火工程计划。

第二十九条　必须采用正规开采顺序，依次开采，避免在一个采区形成两个以上孤岛采面。杜绝同一区段（条带）采空区两侧同时回采。

第三十条　优化采煤工作面接替顺序，避免尾随采煤工作面沿空掘进，以防掘进头与采面间漏风。不得已出现该情况时，掘进头与采面间距应不少于 500 m。

第三十一条　沿空掘进应留设不小于 5 m 的小煤柱，减少向邻近采空区漏风。

第三十二条　沿空掘进巷道，正常情况下，每周一次测定采空区温度并取气样分析。若出现异常，必须每班至少进行一次温度测定，进行一次钻孔气样分析。根据钻孔的温度和气体浓度，分别绘制出与时间的变化曲线。

第三十三条　沿空掘进揭露联络巷、溜煤眼、废弃巷道时，要及时采用措施，进行防灭火处理。

第三十四条　对于巷道冒顶、煤柱破碎区域或巷道揭露的断层、废弃巷道的首先进行背帮、用不燃材料充填、喷浆和注浆处理，并根据现场条件设置测温、取气钻孔，孔底距表面距离必须大于 2

m，用水泥等材料进行密封。

第三十五条　对相邻采空区的切眼和停采线附近50 m内应加强观测，并进行防火预处理，发现隐患必须进行处理。

第三十六条　对巷道自燃危险区域采用喷浆和注凝胶等技术，对采空区自燃危险区域应采用加快推进速度、注氮、灌浆或气雾阻化剂等防治自然发火措施。

第三十七条　对采过的溜煤眼、联络巷等与采空区相通的巷道，必须采取可靠的封堵措施。

第三十八条　采煤工作面停采、回撤期间，应及时调整工作面风量，并进行自燃危险性预测，有危险时应采取预防措施。

第三十九条　采煤工作面回采结束后，应及时组织回撤，并进行永久性密闭，从停采之日起最迟不得超过45天，并预留注浆管和观测孔。

第四十条　内因火灾事故的预防管理工作由通风科、生产技术科负责组织实施，并监督检查。

第五章　煤尘爆炸事故的预防管理

第四十一条　矿井必须制定综合防尘齐抓共管责任制，实行工程质量验收综合防尘一票否决制度。

第四十二条　矿井主要进风大巷、采区进风巷、采煤工作面进回风巷必须安装气水两相水幕和全断面喷雾，水幕、喷雾要能覆盖全断面，使用正常。

第四十三条　按冲尘制度定期对矿井及采区巷道、采掘工作面等地点进行冲尘，杜绝煤尘堆积现象。

第四十四条　采煤工作面必须在支架间设置架间喷雾，并使用粉尘抑制剂进行有效降尘。

第四十五条　掘进工作面巷道汽水两相水幕必须使用粉尘抑制剂进行降尘，工作面必须采用湿式打眼，钻眼排出的煤（岩）粉呈糊状。

第四十六条　炮掘工作面必须安设爆破全断面喷雾装置，爆破喷雾距迎头距离不超过30 m。

第四十七条　合理调整风量，避免扬尘。

第四十八条　爆破作业前后对爆破地点前后20 m范围洒水降尘。

第四十九条　井下所有转载点（含装载点和卸载点）必须进行有效封闭，防止粉尘飞扬，并安装喷雾装置。

第五十条　隔爆设施的安装地点、数量、水量、安装质量符合《煤矿安全规程》的规定，并悬挂隔爆设施牌板。

第五十一条　煤尘爆炸事故的预防管理工作由通风科负责组织实施，并监督检查。

第六章　矿井水灾事故的预防管理

第五十二条　每月初根据生产接续及矿井水文地质条件对矿井水害进行分析，编制水害分析报告，并将主要内容纳入矿井灾害预防及处理计划。

第五十三条　每月初对采掘工作面水害（情）进行预测预报，并根据生产情况，对水害地点提前5～6天发出水害通知单。水情预报和水害通知单要发放到有关队组、科室及分管领导。

第五十四条　矿井、采区排水能力必须符合《煤矿安全规程》有关规定。

第五十五条　采掘工作面排水能力不小于该工作面预计最大涌水量的1.5倍。排水系统必须完好，要有专人负责，确保排水能力。

第五十六条　凡水文地质条件不清的采掘工作面，必须采取措施，查明原因。

第五十七条　坚持“有疑必探、有掘必探、先探后掘、先探后采”的原则，认真搞好探放水工作。

第五十八条　采空区密闭墙必须留设泄水装置，以防人为造成采空区大量积水。

第五十九条　封闭不良钻孔，必须超前启封处理。

第六十条　各项防治水工程列入安全技术措施计划，由矿长组织按期保质保量完成。

第六十一条　健全地下水动态观测系统，按《矿井水文地质规程》要求做好观测及资料整理工作。

第六十二条　各种防水隔离设施要有专人负责，确保完好。

第六十三条　各类防（隔）水煤柱不得随意破坏。已破坏的要采取措施，恢复其防水能力。

第六十四条　每半年对相邻矿井采掘情况及积水情况进行一次调查，发现问题及时处理。

第六十五条　矿井水灾事故的预防管理工作由地测防治水科负责组织实施，并监督检查。

第七章　顶板事故的预防管理

第六十六条　掘进工作面严禁空顶作业。在松软的煤、岩层或流砂性地层中及地质破碎带掘进巷道时，必须采取前探支护或其他措施。

第六十七条　采煤工作面必须按作业规程的规定及时支护，严禁空顶作业，所有支架必须架设牢固，并有防倒措施。遇顶底板松软或破碎、过断层、过陷落柱或冒顶区开采时，必须制定安全措施。

第六十八条　采煤工作面初次放顶及收尾时，必须制定安全措施。

第六十九条　维修巷道支护时，必须有安全措施。严防顶板冒落伤人、堵人和支架歪倒。

第七十条　下列情况应列为顶板管理隐患，必须编制专门安全技术措施进行处理：

（1）掘进工作面贯通各类废弃巷道及硐室，接近各种采矿安全边界（受水、火、瓦斯威胁地点）及重要技术边界。

（2）采煤工作面过落差大于采高的断层以及矿山压力显现剧烈等地质构造复杂区。

（3）工作面安全出口与巷道衔接处 20 m 范围内巷道严重变形、高度小于 1.8 m。

（4）采煤工作面过废弃巷道及内错布置的联络巷。

（5）工作面切眼、巷道交叉点、穿层巷道、断层区及围岩破碎带、沿空巷道、有范围较大的顶板淋水巷道、各类硐室等未采用经专门设计的联合支护。

（6）煤巷锚网支护大断面硐室、交叉点出现显著离层。

（7）在动压影响区进行巷道掘进或维修。

（8）在高应力集中和有冲击倾向性区域掘进施工巷道。

第七十一条　煤矿顶板事故的预防管理工作由生产技术科负责组织实施，并监督检查。

第八章　职业危害事故的预防管理

第七十二条　凡有粉尘作业的单位应采取综合防尘措施和无尘或低尘的新技术、新工艺、新设备，使作业场所的粉尘浓度不超过国家卫生标准。

第七十三条　职工使用的防止粉尘危害的防护用品，必须符合国家的有关标准。

第七十四条　建立严格的管理制度，并教育职工按规定和要求使用劳动防护用品。对初次从事粉尘作业的职工，由其所在单位进行防尘知识教育和考核，考试合格后方可从事粉尘作业。

第七十五条　作业场所的粉尘浓度超过国家卫生标准，又未积极治理，严重影响职工安全健康时，职工有权拒绝操作。

第七十六条　对新从事粉尘作业的职工，必须进行健康检查。对在职的、离职的从事粉尘作业的职工，必须定期进行健康检查。检查的内容、期限和尘肺病诊断标准，按卫生行政部门有关职业病管理的规定执行。

第七十七条　对已确诊为尘肺病的职工，必须调离粉尘作业岗位，并给予治疗或疗养。尘肺病患者的社会保险待遇，按国家有关规定办理。

第七十八条　下列病症之一者，不得从事接尘作业：

（1）活动性肺结核及肺外结核病。

（2）慢性肺疾病，严重的慢性上呼吸道或支气管疾病。

（3）显著影响肺功能的胸膜，胸廓疾病。

（4）严重的心血管系统疾病。

（5）经医疗鉴定，不适合从事粉尘作业的其他疾病。

第七十九条　作业场所的噪声，不应超过 85 dB（A）。大于 85 dB（A）时，需配备个人防护用品；大于或等于 90 dB（A）时，还应采取降低作业场所噪声的措施。

第八十条　矿区水源和供水工程应保证矿区工业用水量，其水质应符合国家卫生标准。

第八十一条　对检查出的职业病患者，各单位必须按国家有关规定及时给以治疗、疗养和调离有害作业岗位，进行劳动能力鉴定，并做好健康监护及职业病报告工作。

第八十二条　职业卫生管理部门要建立健全职工健康档案，妥善保存职工上岗前、离岗及退休前和定期职业性健康检查资料，并及时将检查结果通知本人。

第八十三条　职业危害事故的预防管理工作由职业卫生管理部门、通风科负责组织实施，并监督检查。

第九章　附　　则

第八十四条　本制度与上级规定相抵触的，按上级规定执行。

第八十五条　各有关单位严格按照本制度抓好各自范围内的工作，确保各预防管理制度顺利实施，性质严重危及安全生产的，追究单位主要负责人的责任。

13.8　风险预控管理制度

为进一步规范煤矿安全管理工作，全面体现预防为主的思想，实现对风险的超前预控，以预防事故的发生，结合实际，特制定本制度。

第一章　风险预控管理

第一条　建立并保持安全风险预控管理程序，以全面辨识煤矿生产系统和作业活动中的各种危险源，明确危险源可能产生的风险及其后果，并对危险源进行分级、分类、监测、预警、控制，预防事故的发生。

第二条　危险源辨识、风险评估。组织职工对危险源进行全面、系统的辨识和风险评估，并确保：

（1）危险源辨识前要进行相关知识的培训。

（2）辨识范围覆盖本单位的所有活动及区域。

（3）对所有工作任务建立清册并逐一进行危险源辨识和风险评估，并对危险源辨识和风险评估资料进行统计、分析、整理、归档。

①危险源辨识、风险评估应采用适宜的方法和程序，且与现场实际相符。

②对辨识出的危险源进行分级分类。

③危险源辨识时考虑正常、异常和紧急三种状态及过去、现在和将来三种时态。

④采用事故树分析法对系统（采掘系统、机电运输系统、“一通三防”系统）中存在的危险源进行辨识。

（4）工作程序或标准改变、生产工艺发生变化以及工作区域的设备和设施有重大改变时，能及时进行危险源辨识和风险评估。

（5）发生事故、出现重大不符合项时能及时进行危险源辨识和风险评估。

第三条　风险管理对象提炼、管理标准和管理措施制定。在对危险源进行辨识、分析的基础上，应提炼出相应的风险管理对象，并符合下列要求：

（1）风险管理对象的提炼要具体、明确，一般应按照人、机、环、管四种风险类型来确定。

（2）针对风险管理对象制定相应的管理标准和措施并形成程序。

（3）管理标准和措施的制定应遵从全面性原则、可操作性原则和全过程原则。

（4）管理标准和措施的制定应符合相关法律法规、技术标准和管理制度的要求。

（5）组织相关专业人员定期或不定期对管理标准和措施进行修订和完善。

第四条　危险源监测。采取措施对危险源进行监测，以确定其是否处于受控状态。并确保：

（1）危险源监测方法适宜，并在风险管理程序中予以明确。

（2）危险源监测设备灵敏、可靠。

（3）危险源监测信息传递畅通、及时，相关信息能及时录入管理系统。

第五条　风险预警。采取措施对危险源产生的风险进行预警，使管理层和责任人能够及时获取并采取措施加以控制。风险预警应：

（1）针对不同级别、类别的危险源和不同程度的风险，制定相应的预警方法。

（2）建立完备的信息流通渠道，使预警信息传递畅通、及时。

第六条　风险控制。建立程序以确保风险管理标准、风险管理措施及相关法律、法规、制度的贯彻与执行，以实现对风险的控制，并符合：

（1）对危险源及其风险的控制遵循消除、预防、减弱、隔离、连锁、警示的原则。

（2）危险源辨识、风险评估、风险管理标准与措施制定及隐患消除、控制效果评价等环节符合PDCA的运行模式。

（3）制定年度生产作业计划时应以上年度风险评估报告为依据，充分考虑本年度计划实施时潜在风险。

（4）根据危险源辨识、风险评估结果和相关规定，编制《作业规程》《操作规程》《安全技术措施计划》《应急预案》及其他专项安全技术措施。

（5）在进行重大以上风险任务时，必须编制专门的安全措施，并明确安全工作程序。

第七条　信息与沟通。建立并保持程序，以确保职工与相关方能够及时获取风险预控管理信息，并可相互沟通、告知，应确保：

（1）职工参与风险预控管理方针和程序的制定、评审。

（2）职工参与危险源辨识、风险评估及管理标准、管理措施的制定。

（3）职工了解谁是现场或当班急救人员。

（4）组织职工进行班前、作业前风险评估，并留有记录。

第二章　保　障　管　理

从组织保障、制度保障、文化保障等方面建立并保持程序，以保障煤矿安全风险预控管理体系能够得到有效的实施和运行。

第十条　组织保障。建立健全安全风险预控管理组织机构，以组织、协调、指导、监督风险预控管理工作，组织机构应：

（1）职责明确、分工合理，负责风险管理全过程。

（2）由不同层次的有代表性的人员组成。安全风险预控管理的最终责任由本矿负责人承担。管理层应为实施、控制和改进安全风险预控管理体系提供必要的资源。

注：资源包括人力资源、专项技能、技术和财力资源。

第十一条 制度保障

(1) 建立健全与安全风险预控管理相关的目标、责任、奖惩、举报、投入保障、风险控制、职工行为、文化建设、安全会议、教育培训、技术审批、安全监测、人员操作、设备使用、应急救援、监督检查、考核评审、灾害预防、人员入井、跟班带班、班组建设、卫生健康、环境保护等管理制度，并确保：

①各项规章制度贯彻到全体职工。

②有相应机构、部门负责上述规章制度的制定、修订、培训、监督检查与考核。

(2) 建立并保持程序，以识别适用的法律、法规、标准和相关要求，并确保：

①相关活动遵守适时的法律、法规、标准和相关要求。

②每年至少评价一次本单位对在用的法律、法规、标准和相关要求的遵守情况，并形成评价报告。

③及时更新有关法律、法规、标准和相关要求的信息，并将这些信息传达给职工和其他有关的相关方。

④资料齐全完善，有目录清单。

(3) 建立并保持程序，以规范体系文件、记录的管理，保证在体系运行的各个场所、岗位都能得到相关有效的文件、记录，并确保：

①有专门机构或人员负责文件收发、传达、归档。

②文件收发、归档要有记录，并形成目录清单。

③作废文件有标识，销毁文件有记录，无在用的无效、失效文件。

④与风险预控管理体系相关的各种记录应字迹清楚、标识明确，并可追溯相关的活动。

⑤记录保存和管理应便于查阅，避免损坏、变质或遗失，并明确记录保存期限。

第十二条 安全文化保障。建立并保持企业安全文化建设管理程序，以发挥安全文化的导向、激励、凝聚和规范功能。安全文化建设应：

(1) 明确安全文化内涵、目标、内容、模式、建设流程，并最终形成实施方案。

(2) 以实现职工自我管理为目标。

(3) 全员、全过程、全方位地贯穿于煤矿的各项管理。

第三章 人员不安全行为管理

建立并保持人员不安全行为控制程序，对人员不安全行为进行识别和梳理，并制定职工岗位规范和控制措施，以实现人员准入、培训、监督全过程的流程管理。

第十三条 人员准入管理。建立并保持职工准入管理标准，人员准入管理标准应：

(1) 明确岗位设置要求和岗位需求计划。

(2) 明确职工准入条件（包括职工身体条件、专业技能、文化水平等）。

第十四条 人员不安全行为识别与梳理。在危险源辨识的基础上，对识别出的人员不安全行为进行梳理，总结分析不安全行为的发生规律，为不安全行为控制提供依据。人员不安全行为梳理应：

(1) 全面、具体、准确、有针对性。

(2) 按照风险等级进行分类。

第十五条 职工岗位规范。在人员不安全行为识别与梳理的基础上，应制定职工岗位规范：

(1) 种类齐全。

(2) 明确各岗位工作任务。

(3) 规定各岗位所需个人防护用品和工器具。

(4) 明确各岗位安全管理职责。

（5）明确各岗位安全行为标准。

（6）确保在完成预定任务存在多工种交叉作业时，必须制定书面安全工作程序。

第十六条　不安全行为控制措施制定。制定职工不安全行为控制措施，以确保职工岗位规范的有效执行，措施应：

（1）结合自身的特点和职工不安全行为特征。

（2）涵盖影响煤矿人员不安全行为的各类因素。

（3）针对不同类型的不安全行为分别制定。

第十七条　职工培训教育。建立职工培训教育机制，以提高职工安全知识、意识和技能，职工培训教育应：

（1）明确职工培训与绩效考核的职能部门及人员，并有绩效考核制度。

（2）有足够的培训资源（师资、教材、资金、场所、设施等）。

（3）每年至少对全员进行一次以危险源辨识、风险评估为主的体系培训。

（4）每年末进行一次基于风险管理和事故分析统计的培训需求调查。

（5）每年末对上年度培训计划的可行性和培训效果进行评估。

（6）每年末根据上述两个报告，编制下年度培训计划，并以文件形式下发。

（7）明确职工分层和分类培训内容与周期。

（8）对人员不安全行为进行针对性的矫正培训。

（9）建立职工培训信息档案。

（10）每次培训结束，形成单项《培训绩效评估报告》。

（11）确保培训机构和师资，有相关资质证书。

（12）对参加培训的人员必须进行考核或考试，并有完整的培训台账。

（13）采用新技术、新工艺、新设备前对职工进行培训并有记录。

（14）新入矿职工要接受不少于72 h的安全培训和岗位技能培训。

第十八条　职工行为监督。建立完善的职工行为监督制度，及时对人员不安全行为进行监督和控制，并应：

（1）确定监督机构，配备相应的管理、监督、考核人员。

（2）明确监督范围、方式、频次。

（3）对监督结果进行分类统计、分析，并制定改进计划。

第十九条　职工档案。建立健全职工档案，全面掌握职工信息，以实现分类管理，并确保：

（1）所有在岗职工的档案齐全。

（2）每个职工档案的信息内容完整（内容应包括：姓名、性别、年龄、籍贯、文化程度、身体状况、职业技能等级或职称、参加工作时间、简历、培训情况、违章情况、受奖情况、受处分情况、职务或工种变动情况记录）。

（3）对档案内容进行分析、评估，明确需重点监控对象。

第四章　生产系统安全要素管理

第二十条　采掘管理。建立并实施采煤、掘进管理程序，消除和控制采掘系统和作业中的危险源，且符合下列要求：

（1）采掘设计要体现安全高效的原则，并保证采掘关系正常。

（2）采煤工作面长度、推进长度、采掘工作面巷道布置、断面和煤柱留设尺寸的设计应考虑潜在的风险。

（3）作业规程的编制应考虑最大限度地降低作业中的风险，且具有针对性和可操作性。

（4）巷道施工应符合设计要求，各类尺寸在允许误差范围内；施工及地质条件变化时应有补充措施；采煤工作面初次放顶、收尾、搬家倒面、过构造、过冲刷带、过富水区、过空巷等要制定专项措施。

（5）支护设计应合理选择支护方式、支护参数，各类支护设施可靠有效。

（6）对采掘工作面顶板实施监测，并阶段性做出趋势分析和判断。

（7）确保生产矿井、水平、采区和采煤工作面安全出口畅通。

第二十一条 地测管理。建立并保持地质测量控制程序，确保采掘作业遇有地质构造或其他异常情况时，及时采取预控措施，以保障采掘作业的正常进行，并确保：

（1）矿井各类地质报告齐全、规范。

（2）在生产过程中各项地质预测预报及时。

（3）掘进给向及时、准确，贯通测量精度符合规程规定或工程要求。

（4）基本矿图齐全，内容、精度符合《煤矿测量规程》的要求，更新及时。

（5）对开采沉陷区进行有效治理，防水（沙）、建（构）筑物保护煤柱设计合理。

第二十二条 防治水管理。准确掌握井田及其周边地表水系、地下水和采空区积水等分布情况，掌握当地历年降水量和最高洪水水位情况，评估地表水和各地下水系的风险，防治水管理应符合下列要求：

（1）坚持“预测预报、有掘必探、先探后掘、先治后采”的十六字方针，组织编制中长期防治水规划和年度防治水计划，制定综合防治措施。

（2）井下防水、排水系统设计合理，能力满足实际需要。

（3）水文地质条件复杂的矿井，针对主要含水层建立地下水动态观测系统，进行地下水动态观测、水害预报。

（4）每年雨季前对防治水工作进行全面检查。

（5）防治水设施完善、设备齐全。

（6）防治水专项应急预案完善。

第二十三条 供用电管理。建立并实施供用电管理程序，以控制和降低供电、用电风险。供用电管理应符合下列要求：

（1）供电系统应安全可靠，矿井供电必须为双电源、双回路供电，任一回路都能担负矿井全部负荷。严禁两个回路取自同一变电所的同一母线段。

（2）井下各水平中央变电所、井下主排水泵房、主要通风机、地面永久抽放泵站、固定式压风机、矿井立井提升人员系统全部实现双回路供电。

（3）矿井设备、电缆的选型与安装及机房硐室的设置符合设计及相关规范、规程的要求，并应充分考虑其安全性与潜在的风险。

（4）供电系统及设备相关保护应齐全、灵敏、可靠。

注：上述保护一般指：欠压保护、失压保护、短路保护、过流保护、过电压保护、过负荷保护、接地保护、单相断线保护、漏电保护、急停保护、闭锁保护、无压释放保护等。

（5）大型设备检修要制定专项措施。

（6）停送电严格执行工作票管理制度。

（7）确保供用电主要场所通信畅通、并有足够的照明。

（8）设备监测、检修、维护到位，确保设备完好、运行可靠，防爆性能符合要求。

（9）设备基础管理规范，各种图纸资料齐全，且应分类存档，便于查阅。

第二十四条 运输提升管理。建立并保持运输提升管理程序，以控制和降低运输、提升过程中的风险。并确保：

（1）各种运输、提升设备运行正常，设施安全、保护齐全、灵敏、可靠。

（2）各种运输、提升装置完好、连接件紧固，并定期检验。

（3）运输巷道、运输胶带（轨道）、运输设备相对空间应满足安装、检修、维护及人、车通行的要求。

（4）运输线路、路面质量符合相关标准要求，并定期进行检查、维护。

（5）车库、车场、硐室设置和环境符合相关规程要求。

（6）运输提升设备技术档案、资料齐全、符合规范。

（7）运输提升设备检修记录齐全。

第二十五条　压气、输送和压力容器管理

（1）压气及输送系统设计应科学合理，并确保：

①压气设备配备齐全，设备数量、能力满足要求。

②定期对压气设备进行检修，安全阀和放水阀动作可靠。

③新安装和检修后进行打压试验。

④输送管路设施布置符合《煤矿安全规程》的规定。

⑤有空气压缩机操作规程和使用管理办法。

（2）压力容器管理应符合下列要求：

①建立压力容器管理办法。

②有压力容器完好和存储标准。

③压力容器有出厂检验合格证。

④建立压力容器管理台账。

⑤定期对压力容器进行打压试验。

⑥移动式气罐有便于区分类别的颜色和代码。

⑦不同气体的气罐分类存放，有防倒装置。

⑧气瓶有防震胶圈、安全帽、减压器、回火防止器。

第二十六条　通风管理。建立并保持通风管理控制程序，以控制和消除通风系统中潜在的风险。通风管理应符合下列要求：

（1）矿井和工作面必须具备独立完善的通风系统，采区应实行分区通风，高瓦斯矿井、煤与瓦斯突出矿井、自然发火严重矿井的采区等，要设专用回风巷。

（2）风机、风门、风桥、风筒、密闭等井上下通风设施保持完好无损，通风巷道保证有足够的断面并保证不失修。

（3）矿井总风量、采掘工作面和各种供风场所的配风量，必须满足安全生产的要求。

（4）风速、有害气体浓度等，必须符合《煤矿安全规程》要求。

（5）按规定及时测风、调风，保证采掘工作面及其他供风地点风量、风速持续均衡，并按规定的周期进行矿井通风阻力测定。

（6）局部通风机通风要符合《煤矿安全规程》的要求，采用双风机、双电源，能自动切换，保持连续均衡供风。

（7）生产矿井主要通风机必须装有反风设施，各种参数符合规定，并定期进行反风演习。

（8）通风基础测试报告、记录齐全。

第二十七条　监测监控管理。建立健全安全监测监控系统，对矿井各重要场所“一通三防”相关数据进行实时监测，以及时掌握各种数据变化情况，并可实现对矿井相关设备的自动化控制。监测监控管理应符合下列要求：

（1）监测监控系统的中心站、分站、传感器等设备齐全，安装设置要符合规定要求，系统运作不间断、不漏报。

（2）瓦斯传感器必须按期调校，其报警值、断电值、复电值要准确，监控中心能适时反映监控场所瓦斯的真实状态。

（3）当瓦斯超限时，能够及时切断工作场所的电源，迫使停止采掘等生产活动，并及时按程序进行汇报。

（4）定期对各种监测数据进行分析，并做出趋势判断。

（5）相关记录、报表内容应与实际相符。

第二十八条　瓦斯管理。建立并保持瓦斯管理程序，通过瓦斯检测，及时掌握瓦斯浓度变化情况并采取措施，确保瓦斯得到有效控制。瓦斯管理应符合下列要求：

（1）建立完善瓦斯管理制度，并应：

①明确瓦斯防治责任，并细化分解落实到各个岗位。

②根据井下条件的变化，不断改进和加强瓦斯治理的各项措施。

③严格制度的贯彻与落实，实行群防群治。

（2）强化瓦斯检测，并应确保：

①有瓦斯检测专门机构，且人员配备满足要求。

②每年对矿井瓦斯等级和二氧化碳涌出量进行鉴定。

③相关入井人员按规程规定携带便携式或光学甲烷检测仪。

④瓦斯检查员严格执行瓦斯巡回检查制度，瓦斯检查记录做到井下牌板、检查记录手册、瓦斯台账三对口。

⑤瓦斯检查人员严格按程序进行交接班。

⑥瓦斯检查地点的设置及检查次数符合《煤矿安全规程》规定。

⑦每日按程序规范进行瓦斯情况汇报。

（3）制订瓦斯隐患处理措施，并应确保：

①有瓦斯积聚排放安全技术措施，并严格按措施进行排放。

②排放瓦斯前必须先确认回风系统的人员已撤退完毕，电源已全部切断，并已设置警戒栅栏、警标和停电牌。

③每次排放瓦斯都应做好记录，建册登记。

④临时停风地点，要立即断电撤人，设置栅栏、警示标志。

⑤长期停风区必须在规定时间内进行封闭。

（4）采取瓦斯隔爆措施，并应：

①在矿井两翼与井筒相连通的主要运输大巷和回风大巷、相邻采区之间的集中运输巷道和回风巷道、相邻煤层之间的运输石门和回风石门间设置主要隔爆水棚。

②在采煤工作面进风巷和回风巷、煤层掘进巷道采用独立通风的其他巷道设置辅助隔爆水棚。

③对隔爆设施实行挂牌管理，定期检查隔爆设施的安装地点、数量、水量及安装质量。

（5）高瓦斯矿井应建立瓦斯抽放系统，瓦斯抽放管理应符合下列要求：

①瓦斯抽放系统符合《煤矿安全规程》规定和《煤矿瓦斯抽放规范》，并按周期对抽放系统进行测定，确保系统参数合理、运行有效。

②地面抽采与地下抽采相结合，根据实际情况，应综合采取投产前的预抽采、采动层抽采、边开采边抽采、采空区抽采等措施。

③凡是应当抽采的煤层，都必须最大限度地抽采。

④矿井生产计划与瓦斯抽采达标煤量相匹配，采掘生产活动应始终在抽采达标区域内进行。

⑤掌握瓦斯基础参数，吨煤瓦斯含量、煤层的瓦斯压力、矿井和工作面瓦斯抽采率、采煤工作面回采前的瓦斯含量，达到《煤矿瓦斯抽采基本指标》规定的标准。

第二十九条　防灭火管理。建立并保持防灭火管理程序，以消除和控制矿井火灾风险，并确保：

（1）防灭火设计符合《煤矿安全规程》规定。

（2）新建矿井、生产矿井延深新水平时，必须对所有煤层的自燃倾向性进行鉴定，煤与瓦斯突出矿井每年对煤层最短发火期和自燃倾向性进行鉴定。

（3）内外因发火管理和火区管理符合《煤矿安全规程》规定。

（4）防灭火基础管理符合下列规定：

①有防灭火管理制度、矿井防灭火系统图。

②及时对地表塌陷裂隙进行回填。

③有防火密闭管理台账、火灾预测预报管理台账、采空区技术管理档案。

④有井上、下防火措施。所有地面建筑物、煤堆、矸石山、木材厂等处的防火措施和度，必须符合国家有关防火的规定。

⑤有黄泥灌浆、均压、注氮等防灭火技术措施。

第三十条　防尘管理。建立健全防尘系统，有效降低各作业地点的粉尘浓度，并满足：

（1）矿井下列巷道应设置防尘洒水管道：

①主要进风大巷。

②主要回风大巷。

③主要运输巷。

④带式输送机斜井与平巷、采区进、回风巷。

⑤采掘工作面所属各巷道。

⑥煤仓与溜煤眼放煤口。

⑦转载点。

（2）所有水幕灵敏可靠，封闭全断面，使用正常，在下列地点应设置净化水幕：

①采煤工作面进回风巷。

②掘进巷道。

③多巷掘进在回风巷风流汇合处下风侧。

④运输顺槽的转载点、溜煤眼上口及破碎机处。

⑤采区及采区回风巷在与其相连的采掘工作面回风巷口下风侧。

⑥主要进风大巷、主要回风大巷。

（3）下列设备应设置喷雾装置或者除尘器，并确保喷雾装置和除尘器正常使用：

①采煤机。

②液压支架。

③综掘机、掘锚机。

（4）防尘基础管理完善：

①及时清扫巷道洒落的煤矸、浮煤，巷道积尘按冲洗周期定期冲洗。

②按规定的周期测定全尘和呼吸性粉尘浓度，且不超标。

③预防和隔绝煤尘爆炸措施完善。

④综合防尘管理制度完善，技术资料齐全。

第三十一条　爆破管理。建立并保持爆破管理程序，以控制爆破材料储存、运输和爆破作业过程中的风险，并确保：

（1）爆破材料和爆破设备购置渠道正规，有合格证和说明书，并进行入库检验和登记。

（2）有专门的爆破器材存放地点，存放点周围环境、存放分类符合《煤矿安全规程》相关规定；存放地点有明显标志。

（3）发爆器及发爆器的钥匙由爆破工随身携带。

（4）爆破材料运输方式符合《煤矿安全规程》相关规定。

（5）爆破前按照《煤矿安全规程》编制爆破作业说明书，爆破材料按照爆破作业说明书的内容选取，按照说明书进行爆破作业，并执行“一炮三检制”和“三人连锁爆破”制度。

第五章　综　合　管　理

应在应急与事故、消防、职业健康、环境保护、手工工具、计量器具、登高作业、起重作业、标识标志、施工单位等方面规范管理，使风险预控管理体系覆盖本矿安全管理的全过程和全方位。

第三十二条　准入管理

（1）在可行性研究和设计阶段应进行安全评价，以最大限度地消除或控制危险源、降低风险，设计应：

①符合国家现行《煤炭工业矿井设计规范》及国家、行业有关标准、规定和要求。

②委托有资质的设计单位进行设计。

（2）应严格按照设计要求施工，并应：

①符合国家相关技术标准规范。

②确保本矿安全、环保设施严格遵守“三同时”原则。

③确保施工建设单位具备施工建设资质。

④保证质量合格，有国家相关部门验收记录。

⑤本矿必须保证采矿许可证、安全生产许可证、营业执照、矿长资质证、矿长安全资格证等齐全有效。

第三十三条　应急与事故管理。制定并保持事故应急控制程序，以提高应对风险和防范事故的能力，保证职工安全健康和生命安全，最大限度地减少财产损失、环境损害和负面影响。

（1）应建立完善应急管理体系，并应：

①根据《生产经营单位安全生产事故应急预案编制导则》要求，编制有针对性和可操作性的《应急预案》。

②严格按程序对预案进行审批，并每年至少进行一次修订。

③确保所有职工都经过应急相关能力培训。

④确保保安体系完备，通信报警系统有效，所有人员熟悉事故汇报程序。

⑤至少每年组织一次救灾演习，有演习计划、演习方案及总结报告。

⑥设立矿山救护队，保障安全生产应急救援需求。

⑦应按相关规定和要求建立应急救援管理平台。

（2）应规范急救管理，并应确保：

①职工接受急救培训。

②所有重点作业场所应配置急救箱，急救箱应放置在合适的位置并进行标识。

③急救箱内保存一份《急救用品清单》，有专人定期检查，保证医疗器械、药品的完好齐全。

④有急救箱配置分布图及急救用品明细表。

⑤井下设置的急救箱、隔离式自救器等设置位置有明显的标识。

⑥有急救用品使用记录，并定期对使用记录进行分析，以查找受伤害原因。

（3）规范事故管理，做好事故汇报、统计和总结工作，事故管理应符合下列要求：

①在事故发生后按照相关规定逐级上报，并做好相关记录。

②事故现场应急处置结束后，应及时搜集、整理有关资料，并对现场抢救工作情况进行汇总分析，形成现场抢救工作总结。

③根据事故类别成立事故调查组对事故进行调查，事故调查结束后，形成《事故追查记录》《事故调查报告》。

④对所有事故进行统计，建立事故和事件统计数据档案，并及时向职工公布。

⑤定期对事故进行回顾，以强化风险意识与预控能力。

第三十四条　消防管理。建立并保持消防管理控制程序，以提高应对火灾风险和防范事故的能力，最大限度地减少财产损失。

（1）根据实际需要配备消防器材及设施，并应确保：

①依据《建筑灭火器配置设计规范》编制本单位的《灭火器配置标准》，现场配置与标准相符。

②消防器材放置处有反光功能的标志牌，放置位置不得它用。

③消防器材设在明显、便于取用的地点，周围无阻塞；不应设置在潮湿或强腐蚀性以及超出其使用温度范围的地点。

④消火栓的设置符合《建筑设计防火规范》的要求。

⑤有消防设施分布图和消防器材明细表。

⑥对所有的消防器材进行编号。

⑦建立了消防设施定期检查制度。

⑧灭火器按规定周期经专业部门检验、维护。

⑨消防设施维护、检验期间需配备相应替换器材。

⑩有《消防设施维护和保养制度》。

⑪建筑物公共场所安全出口、消防通道等始终保持畅通。

（2）定期组织进行消防演练，并应：

①制定《年度消防演习计划》，并按计划实施。

②成立消防组织，消防队员名单要张贴公布。

③所有专兼职消防队员都按《消防管理条例》规定进行培训和训练。

（3）定期向职工宣传消防知识，并应：

①利用多种形式进行消防安全宣传。

②定期对职工进行消防知识培训。

③确保消防急救电话和消防队员联系方式向全体职工公示。

第三十五条　职业健康管理。建立并保持职工职业健康控制程序，及时识别和控制职业健康方面的有害因素，保障职工职业健康。

（1）为职工创造安全、健康的作业环境，并应确保：

①作业人员周围环境（温度、噪声、煤尘、烟尘等）满足健康要求。

②各作业环境及餐饮、洗浴等公共场所卫生符合国家相关标准。

③职工个体防护及各作业场所健康安全防护设施齐全有效，提示标志醒目。

④医疗机构健全，设置能满足职工日常健康检查和紧急救护需要。

（2）建立职工健康检查监护制度，及时掌握职工安全健康状况，做好职工职业病预防工作，并应：

①对在岗从业人员的健康检查和健康监护符合《煤矿安全规程》规定。

②有符合《职业病防治法》的职业病防治计划，并按计划开展职业病防治工作。

③定期对职工进行健康体检，并建立《职工健康档案》。

④每次体检结束后，对职工提供预防疾病和职业病的医学建议。

⑤对发现患有职业病的职工，立即通知并提供治疗及康复条件并妥善安置。

⑥职工上岗、转岗、离岗前，进行健康检查。

⑦定期对职工进行健康宣传、培训。

第三十六条　环境保护管理。建立并保持环境管理程序，及时识别和控制环境有害因素，预防环境破坏和污染事故，保持本矿环境良好。环境保护应：

（1）制定完备的环境综合治理计划和目标，有专门机构检查。

（2）规范废油脂的回收管理，设置防止油脂泄漏和废油回收的设施或装置，并对废弃油品进行标识。

（3）严格落实废气或粉尘物质监测和控制措施。

（4）对污水排放和净化进行监测，确保污水通过管路排放到地面集中处理，符合相关技术要求。

（5）确保噪声防护完善，对作业场所噪声进行监测，噪音超标地点应有降噪措施。

（6）对固体废弃物进行分类管理，交由有资质的单位和人员进行处理。

（7）规范放射性设施管理，废弃放射性物质交由有资质的单位处置。

第三十七条　手工工具管理。有手工工具完好标准、使用规程和管理制度，并符合下列要求：

（1）有手工工具检查清单。

（2）自制手工工具、非标制作的手工工具要预先制定标准，并经批准。

（3）不使用时，要将工具整齐摆放在指定的工具箱（包、袋、套）或库内，利刃工具有专门的护套。

（4）集体手工工具由专人管理。

（5）有手工工具使用管理台账，损坏的工具应及时更换。

（6）在高架平台使用手工工具时，手工工具必须加装固定的手腕带。

（7）用于井下作业的手工工具，应考虑防爆要求。

（8）对气动工具使用前进行风险评估。

（9）有使用的气动工具的登记台账、管理办法和定期检查记录。

第三十八条　计量器具管理。建立计量器具管理制度和台账，并确保：

（1）定期对计量器具进行校准和鉴定，并有记录。

（2）计量器具维护及时和保养记录齐全。

（3）计量器具存储在适宜环境下，做到防水、防火、防锈、防变质（现场）、防损坏。

第三十九条　登高作业管理。建立登高作业管理制度，并符合下列要求：

（1）登高或高空作业防护设施符合《建筑施工高空作业安全技术规范》。

（2）高架作业平台的设计、制作和安装符合《固定式工业钢平台》的要求。

（3）梯子的制作和安装符合《移动式轻金属折梯安全标准》《固定式钢斜梯安全技术条件》《固定式钢直梯安全技术条件》的要求。

（4）行人台阶的设计和施工符合《行人台阶设计要求》规定。

（5）爬梯有编号，并有《爬梯使用管理台账》。

（6）固定梯至少每季度检查一次，移动式爬梯、脚手架除使用前要检查外，至少每旬检查一次。

（7）高空作业人员经过培训，并持证上岗。

第四十条　起重作业管理。建立起重管理制度和《起重设备操作规程》，并符合下列要求：

（1）新购或维修的所有起吊机具均经检验，有出厂合格证。

（2）所有起吊机具均应编号，建档登记。

（3）按国家相关规定定期对起重机械进行检验。

（4）所有起吊机具上均标明了最大起重载荷。

（5）吊钩安全闩应完好。

（6）定期对起重设备及吊具按《起重机具和吊具完好标准》进行检查。

（7）起重作业人员持证上岗。

(8) 高空起重作业时，安全通道畅通，无非作业人员进入现场。
(9) 固定起重作业场所张贴起重指挥手势示意图。

第四十一条　标识标志管理。建立并保持标识标志管理程序，以规范标识标志的使用、设置、检查与维护。标识标志的管理应符合下列要求：

(1) 对全体职工培训标识标志的含义，并建立标识标志公示牌板。
(2) 井巷标识牌板的安装不应妨碍人车通行。
(3) 工作和作业场所标识标志的设置应便于作业人员观看。
(4) 消防器材和急救设施存放点有明显的指示标志。
(5) 噪音超标区、有毒有害区域、危险区域及受污染区域应有警示标识，并保持完好。
(6) 所有工业管路均有介质色标和介质流向标识。
(7) 危险化学品的运输车辆和储存场所有符合标准要求的标志。
(8) 固定管路和有害介质管路上的阀门有标签，并在管路布置图上有识别标识。
(9) 地面公共场所和井下巷道有避灾路线指示标志。
(10) 仓库、车间、道路、露天场地按功能要求进行画线分区管理，并有功能分区标识。
(11) 设备有标有最大载荷（负荷）的标签，大容量的储罐要加标签说明介质和危险性。

第四十二条　施工单位管理

(1) 对施工单位进行管理，规范施工单位准入，预防施工单位生产事故，并应：
①制订施工单位管理制度和办法。
②在选择和确定施工单位时，须确认其符合安全健康管理要求，具备相关施工资质。
③要求施工单位对可能发生的赔偿责任进行投保，并实行风险抵押。
④在承包合同中明确安全健康管理方面的条款。
⑤确保施工单位有安全管理负责人，并具有相应的资质。
⑥确保施工单位有内部安全健康管理制度，并有针对具体项目的作业规程。
⑦保证开工前所有施工人员接受安全健康知识培训，经考试合格后，持证上岗。
(2) 对施工单位现场施工进行安全监督和管理，并应：
①对施工单位进场人员、材料、施工机具、施工组织设计进行审查。
②确保现场有具备安全资质的管理人员跟班作业。
③定期、不定期对施工单位施工现场进行检查。
④确保施工单位每班召开班前会，组织职工进行班前、作业前风险评估。

第六章　检查、审核与评审

第四十三条　检查

(1) 制定反映企业全面风险预控管理绩效的考核评价标准。评价标准应：
①涵盖并满足本规范的要求。
②结合本矿自身特点。
③符合促进风险预控管理的方针和目标的实现。
(2) 定期或不定期对照评价标准进行监督检查，检查应：
①系统、全面。
②重点关注可能产生不可承受风险的危险源。
③记录真实、准确、可追溯。
(3) 对检查发现的不符合项：
①分析其产生的原因。

②按照不符合的处理程序予以纠正。

③重新审核或制定相应防范措施，防止再次发生。

第四十四条 审核。制定并保持体系审核程序，定期开展风险预控管理体系审核。以审核实施情况与体系的符合性，评价是否能有效满足企业的方针和目标。体系审核应：

（1）覆盖体系范围内的所有运行活动。

（2）由能够胜任审核工作的人员进行。

（3）对审核结果进行记录，并定期向管理者报告，管理者应对审核结果进行评审，必要时采取有效的纠正措施。

（4）及时将审核结果反馈给所有相关方，以便采取纠正措施。

（5）对已批准的纠正措施制定行动计划，并作出跟踪监测安排，以确保各项建议的有效落实。如果可能，审核应由与所审核活动无直接责任的人员进行。注：这里“无直接责任的人员”并不意味着必须来自企业外部。

第四十五条 管理评审。按规定的时间间隔对体系进行评审，以确保体系的持续适宜性、充分性和有效性。管理评审应：

（1）确保收集到必要的信息以供管理者进行评价；

（2）根据风险预控管理体系审核的结果，环境的变化和对持续改进的承诺，指出可能需要修改的风险预控管理体系方针、目标和其他要素。

（3）评审结果应予公布，并应跟踪监测其改进情况。

（4）将评审结果形成文件。

13.9 作业规程及安全技术措施审批制度

为加强生产技术基础管理工作，规范作业规程及安全技术措施审批行为，实现作业规程及安全技术措施的编制、审批、贯彻流程化、规范化、标准化，依据国家安全生产方针和有关法律、法规，结合实际情况，特制定本制度。

第一章 管理机构及职责

第一条 矿成立作业规程及立安全技术措施审批管理领导组。

组长：总工程师

副组长：生产副矿长、安全副矿长、机电副矿长及各专业副总工程师

成员：生产技术科、通风科、机电科、安全科、调度室等有关科室负责人及技术员

第二条 总工程师为作业规程及安全技术措施审批管理分管负责人，日常审批管理工作由各职能科室具体负责。

第三条 领导小组职责

（1）负责作业规程及安全技术措施的日常审批管理工作，如组织会审、审批工作等。

（2）负责对作业规程及安全技术措施的贯彻学习与执行情况进行监督、检查。

（3）负责作业规程及安全技术措施审批制度的修改完善工作。

第二章 作业规程及安全技术措施审批程序

第四条 以下作业规程及安全技术措施必须由矿总工程师牵头组织会审

（1）采煤规程、掘进规程等。

（2）采煤工作面爆破、采煤工作面过断层、过陷落柱安全技术措施等。

（3）主要巷道交叉点施工、大型硐室施工、巷道贯通、巷道穿层、探放水等。

（4）启封密闭，排放瓦斯，采区及以上范围的通风系统调整等。

（5）巷道拉底、挑顶、刷扩、喷浆浇筑、注浆等零星工程等。

第五条 作业规程及安全技术措施会审时，以下人员必须参加：分管副矿长、各专业副总工程师、施工单位的队长和技术负责人，生产技术科科长或分管技术负责人、通风科科长或分管技术负责人、机电科科长或分管技术负责人、安全科科长或分管技术负责人、调度室主任或分管技术负责人等。

第三章 安全技术措施审批权限

第六条 参加作业规程及安全技术措施会审的人员必须具备技术员以上技术职称或担任副科级以上行政职务并有在井下工作两年以上工作经验。

第七条 安全副矿长负责审批以下安全技术措施：井下录像、拍照、高空作业安全技术措施。

第八条 矿总工程师负责审批以下安全技术措施：

（1）回采。

①采煤工作面支架防倒安全技术措施。

②处理倒架、歪架、压架以及更换支架的安全技术措施。

③工作面支架上方处理冒顶的安全技术措施。

④工作面（过断层或遇坚硬夹矸）爆破作业安全技术措施。

⑤采煤工作面过断层安全技术措施。

⑥采煤工作面过陷落柱安全技术措施。

⑦改变两巷超前支护形式、加强支护、退锚等安全技术措施。

（2）开拓、掘进。

①巷道开口、贯通、交叉点施工、大断面巷道施工措施。

②开掘巷道过断层施工补充安全技术措施。

③开掘巷道瓦斯排放安全技术措施。

④开掘巷道穿层安全技术措施。

⑤开掘巷道探放水安全技术措施。

⑥泵房、煤仓、火药库、机头硐室等大型硐室施工安全技术措施。

⑦开掘巷道设计变更及其补充措施。

⑧开掘巷道施工工艺变更安全技术措施。

⑨推广新设备、新技术、新工艺、新材料等安全技术措施。

（3）“一通三防”。

①改变矿井通风系统的安全技术措施。

②改变采区通风系统的安全技术措施。

③主要通风机性能测定安全技术措施。

④主要通风机检修停风、改变转数或叶片角度安全技术措施。

⑤矿井阻力测定方案及安全技术措施。

⑥排放瓦斯安全技术措施。

⑦矿井反风演习计划及报告。

⑧矿井综合防尘安全技术措施。

⑨矿井井上、下防火等安全技术措施。

（4）地质测量。

①矿井水平、采区、采掘工作面地质报告或说明书。

②井上、下水文地质钻孔设计。

③探放水设计等。

第九条　机电副矿长负责审批机电与运输专业的安全技术措施

（1）矿井主要通风机单回路供电、单机运转、检修安全技术措施。

（2）中央变电所、采区变电所检修安全技术措施。

（3）大型机电设备检修（自检、事故性检修、停产检修）、保养、更换、回收、安装、解体、起吊、运输安全技术措施。

（4）乘人、运输装置安装与运行安全技术措施。

（5）材料及设备的运输安全技术措施。

（6）机电运输设备及特殊检修等安全技术措施。

第四章　作业规程及安全技术措施会审管理办法

第十条　会审办法

（1）准备会审的作业规程及安全技术措施，编制单位必须至少提前 2 天通知相关人员进行预审。

（2）责任科室至少提前 1 天通知相关科室人员按时参加会审。

（3）参加会审人员应为已对作业规程及安全技术措施进行预审的人员。

（4）有关人员对作业规程及安全技术措施进行预审时，应自行详细记录预审时发现的问题及预审意见。

（5）会审时，预审人员将预审时发现的问题及预审意见，在会审会议上逐一提出，参加会审人员讨论，编制人员进行整改。

（6）会审时，责任科室必须做好记录，收集参加会审人员的意见形成“会审意见”，安全技术措施编制人员必须根据会审意见，落实整改。

（7）参加会审人员必须对作业规程及安全技术措施中分管专业无异议的内容签字认可。

（8）参加会审人员必须在《作业规程及安全技术措施会审人员签名表》中签名。

第十一条　审批分工。安全技术措施审批时，各业务科室针对不同专业内容，分工负责。

（1）生产技术科负责。

文字部分：概况、地质、水文情况、巷道布置、支护、矿压观测、质量标准、工艺、排水、供风、供水、掘进支护工艺、施工方法、采煤工作面顶板控制、爆破作业、循环作业、安全技术措施中的采煤、顶板管理、防治水、爆破与火工品管理等相关内容。

图表部分：综合柱状图、巷道平面布置图、剖面目、断面图、掘进工作面临时支护图、排水系统图、采煤工作面支护图、巷道开口图、供风供水图、炮眼布置三视图、爆破说明表、循环作业表。

（2）机电科负责。

文字部分：装载运输、管线敷设、供电、运输、照明、通信与信号、油脂管理、安全技术措施中的各类机电设备管理、巷道运输管理、供配电管理等相关内容。

图表部分：设备布置图、设备与工具配备表、供电系统图、运输系统图。

（3）安全科负责安全技术措施章中的所有内容。

（4）通风科负责。

文字部分：通风计算与验算、风机选型与安装、风筒吊挂、局部通风机管理、瓦斯管理、综合防尘、防灭火、安全技术措施中的通风与瓦斯管理等相关章节内容。

图表部分：通风系统图、防尘防火系统图。

（5）调度室负责安全监测监控部分、瓦斯监控系统图、煤质管理、灾害预防与安全避灾部分、避灾路线图。

第五章 其他管理规定

第十二条 作业规程及安全技术措施的编制与审批，实行从下向上的审批程序。首先由作业单位的主管技术人员进行编制，然后上报对口业务部门主管技术员进行初审修改完善，提交业务部门科长审查，审查后报请总工程师组织会审，会审签字后生效。

第十三条 采、掘、开等主要作业规程及安全技术措施，必须执行会审制度。由作业单位技术员编制、三管业务部门初审修改完善后，由对口业务部门提出计划，报请总工程师确定会审日期，由总工程师组织召开专门会审会议会审，会审后由主管业务部门汇总会审意见后，全部会审人员签字后生效执行。采、掘、开等工程设计的审批程序，一般由业务部门进行设计，按照煤矿有关技术管理规定进行，由总工程师签批。重要项目方案设计、矿井主要矿图的编制必须由总经理最后签批生效。一般临时措施和检修作业规程，由作业队、厂技术员编制，总工程师签批生效。

第十四条 各单位主管技术的专职人员对本单位的安全技术管理工作负责，在编制技术措施和规程中，必须严格执行煤矿有关规定和标准，严格按要求规范进行编制。要不断提高质量，对签审生效的措施、规程、设计要认真组织贯彻执行。杜绝无规程、措施作业。

第十五条 所有安全技术措施、规程应于开工前十天审批结束，下发有关单位、部门贯彻执行。

采掘开设计必须提前一个月完成，以有足够的施工准备期。

第十六条 重大安全技术措施计划、措施由总工程师组织相关业务部门进行编制。有关采区、水平的方案设计、重要项目的设计等审批，必须执行国家相关规定，按规定执行委托和报批制度。

13.10 安全信息管理制度

为了加强安全监督管理，使安全信息管理工作更加制度化和规范化，保证安全信息的及时性、准确性、完整性，结合实际，特制定本制度。

第一条 安全信息的种类

（1）国家有关安全生产的法律、法规、政策、标准及规程。

（2）同行业安全管理方面的经验、办法。

（3）本矿安全生产状况。

①安全工作完成情况。

②安全教育培训开展情况。

（4）各类安全事故（或事件）、事故隐患、事故定性的报表以及有关安全工作的动态信息：

①安全隐患排查、治理、整改落实情况。

②事故调查、处理、分析、防范措施的落实情况。

（5）各种安全会议（纪要）、文件、安全活动要求的相关信息。

（6）其他应报告的安全信息。

第二条 安全信息应本着分级报送、归口管理、资源共享的原则，在收集、统计、报告过程中要切实做到实事求是，报告内容准确完整，为持续改进安全生产管理工作提供科学依据，严禁漏报、虚报、瞒报。

第三条 本制度涉及的事故的定义、等级划分、责任归属和事故调查处理程序和责任追究严格按照相关制度执行。

第四条 安全科是安全信息的归口管理部门，负责审核、汇总、分析和公布各类安全信息，综合分析和预测本矿的安全形势，编写安全情况报告（主要包括安全生产情况的通报、简报和快报）。

第五条 各职能部门是安全信息主要管理部门，负责收集、汇总、分析各类安全信息并经分管领导审核上报。

第六条 各职能部门应结合实际情况设置专职或兼职的安全信息管理员，并为安全信息管理员收集、编辑报送的安全信息提供必要的硬件条件。

第七条 安全信息的来源

（1）国家有关安全生产的法律、法规以及有关同行业兄弟单位安全管理经验，可以通过多种媒体形式获得，必要的情况下还可以通过考察学习，参加有关安全工作会议的方式获得。

（2）安全生产信息的获取来源于各科队岗位工、班组长、群监网员、安全员、瓦检员、调度员以及副科级领导以上的安全管理人员在作业现场发现的安全隐患及问题等。

（3）各级各部门安全检查问题汇总。

第八条 安全信息汇报及反馈的渠道

（1）各种安全信息的收集可以通过安全量化管理系统录入、手持仪录入、电话汇报、井口安全信息站报表及职能部门的定期汇总上报。

（2）有关安全生产相关管理规定可以通过本矿 OA 系统下载。

（3）各种安全生产的会议精神应及时组织学习并落实。

（4）安全信息的报告可以填写各类信息台账的方式进行上报。

第九条 安全信息的管理

（1）任何安全信息均可以通过手工录入及自动上传至本矿安全量化管理系统中，安全科应建立相应的管理台账。

（2）所有安全隐患信息都要抓好整改落实，重大隐患必须及时报告有关领导及职能部门，安全科对各类隐患要抓好闭环管理，进行“三定”后下发至责任单位进行整改。

（3）工会负责群监员，团委负责青年岗员安全信息的收集、整理、上报及整改落实的监督，并应建立相应的管理台账，调度室对各级各部门汇报的安全生产信息应及时记录，建立相应的管理台账，对危及人身安全的重大问题应立即下令停产撤人。

（4）其他各部门应做好本部门安全信息的归类、整理及筛选工作。

（5）各部门对本部门内发生的安全生产突发事件以及各类安全事故应按照本矿相关管理规定及时上报。

（6）建立安全生产信息定期报告制度，各部门必须于每周三将本部门一周内的安全生产信息报至安全科，安全科应安排专人负责收集、汇总，按规定要求上报上级有关部门。

（7）上级部门及本矿各类安全大检查，安全科需在检查结束后按规定期限上报安全整改情况。

（8）必须建立安全举报制度，自觉接受职工及上级有关部门的监督检查。

13.11 建设项目安全设施“三同时”管理制度

为加强建设项目安全管理，预防和减少生产安全事故，保障煤矿职工的生命和财产安全，根据《建设项目安全设施“三同时”监督管理暂行办法》的规定，结合矿实际，特制定本制度。

第一条 经县级以上人民政府及其有关主管部门依法审批、核准或者备案的煤矿新建、改建、扩建工程项目（以下统称建设项目）安全设施的建设及其监督管理，适用本制度。

第二条 本制度所称的建设项目安全设施，是生产经营单位在生产经营活动中用于预防生产安全事故的设备、设施、装置、构（建）筑物和其他技术措施的总称。

第三条 建设项目安全设施必须与主体工程同时设计、同时施工、同时投入生产和使用（以下简称“三同时”）。安全设施投资应当纳入建设项目概算。

第四条 建设项目在进行可行性研究时，负责项目的牵头部门应当委托具有相应资质的安全评价单位分别对其安全生产条件进行论证和安全预评价。

第五条 安全条件论证报告应当包括下列内容：

（1）建设项目内在的危险和有害因素及对安全生产的影响。

（2）建设项目与周边设施（单位）生产、经营活动和居民生活在安全方面的相互影响。

（3）当地自然条件对建设项目安全生产的影响。

（4）其他需要论证的内容。

第六条 对于不需要相应资质的安全评价单位进行论证和预评价的，牵头部门应组织对其安全生产条件和设施进行综合分析，并进行备案。

第七条 建设项目初步设计时，牵头部门应当委托有相应资质的设计单位对建设项目安全设施进行设计，编制安全专篇。

第八条 建设项目安全专篇应当包括下列内容：

（1）设计依据。

（2）建设项目概述。

（3）建设项目涉及的危险、有害因素和危险、有害程度及周边环境安全分析。

（4）建筑及场地布置。

（5）重大危险源分析及检测监控。

（6）安全设施设计采取的防范措施。

（7）安全生产管理机构设置或者安全生产管理人员配备情况。

（8）从业人员教育培训情况。

（9）工艺、技术和设备、设施的先进性和可靠性分析。

（10）安全设施专项投资概算。

（11）安全预评价报告中的安全对策及建议采纳情况。

（12）预期效果以及存在的问题与建议。

（13）可能出现的事故预防及应急救援措施。

（14）法律、法规、规章、标准规定需要说明的其他事项。

第九条 建设项目安全设施设计完成后，牵头部门需按规定向安全生产监督管理部门提出审查申请，并提交下列相关资料：

（1）建设项目审批、核准或者备案的文件。

（2）建设项目安全设施设计审查申请。

（3）设计单位的设计资质证明文件。

（4）建设项目初步设计报告及安全专篇。

（5）建设项目安全预评价报告及相关文件资料。

（6）法律、行政法规、规章规定的其他文件资料。

第十条 建设项目安全设施的施工应当由取得相应资质的施工单位进行，并与建设项目主体工程同时施工。

第十一条 施工单位发现安全设施设计文件有错漏的，应当及时向煤矿相关部门提出。相关部门应当及时处理。

第十二条 建设项目安全设施建成后，煤矿牵头部门应当组织对安全设施进行检查，对发现的问题及时整改。

第十三条 建设项目安全设施竣工或者试运行完成后，牵头部门应当委托具有相应资质的安全评价机构对安全设施进行验收评价，并编制建设项目安全验收评价报告。

第十四条 建设项目竣工投入生产或者使用前，由煤矿组织验收合格后，向安全生产监督管理部门审核备案，并提交相关资料。

（1）安全设施竣工验收申请。

（2）安全设施设计审查意见书（复印件）。

（3）施工单位的资质证明文件（复印件）。

（4）建设项目安全验收评价报告及其存在问题的整改确认材料。

（5）安全生产管理机构设置或者安全生产管理人员配备情况。

（6）从业人员安全培训教育及资格情况。

（7）法律、行政法规、规章规定的其他文件资料。

第十五条　本矿因建设项目安全设施“三同时”违反规定受到行政处分的，牵头部门连带行政处分的 20%，相关部门连带行政处分的 10%。

13.12　入井人员管理制度

为保证出入井人员的安全，动态掌握和控制出入井人员的数量，准确提供井下人员作业名单，从源头预防各种不安全因素进入井下和防止各类犯罪行为，达到安全生产标准化管理的目的，结合矿实际，制定本制度。

第一条　矿必须建立和使用出入井人员考勤系统和井下作业人员定位系统，制定并严格执行井口检身制度和出入井人员清点考核制度，并按规定配备检身员和考勤机。

第二条　严格执行上级有关规定，控制井下作业人员，严禁超定员，井口要全天 24 h 及时动态公示井下作业人数。

第三条　所有入井人员必须亲自按规定到考勤地点登记考勤，杜绝考勤不下井，下井不考勤的现象，违者按照《××矿安全奖惩细则》有关规定进行处罚。

第四条　有下列情况不得入井：

（1）未戴安全帽、自救器和矿灯者，携带烟草、点火物品者。

（2）穿化纤衣物者。

（3）酒精度超标者（语音报警仪显示）。

（4）休息不好、精神恍惚、疲劳上岗者。

（5）携带禁止下井物品、材料者。

（6）未按规定培训取得上岗资格证者。

（7）患有不宜进行井下作业的疾病者。

第五条　入井人员必须穿戴整齐，按规定佩戴矿灯、自救器，排队入井，并出示证件，自觉接受检身工检身后，打卡入井。

第六条　严格外来人员入井管理，明确审批程序和审批责任。外来检查、服务和参观学习人员，强调安全注意事项并登记后，由矿有关人员陪同方可下井。

第七条　入井人员升井后必须立即打卡、交灯和自救器，严禁升井后不打卡或延迟交灯、自救器。

第八条　检身人员要尽职尽责，严格执行检身制度，检身人员有权对任何入井人员进行检身，对不能按规定接受检身的人员有权禁止其入井。

第九条　检身人员要衣着整齐，保持工作环境的文明卫生，24 h 不间断开展检身工作。

第十条　对所有入井人员都要进行严格检身，按有关规定严把入井关。发现有违章入井者要立即汇报矿调度室和安全科。

第十一条　认真做好检身记录，发现异常情况立即汇报。

第十二条　任何人员不得故意刁难、威胁、打击报复检身人员，违者视情节报“三违”，情节严重者开除并报保卫科进行处理。

13.13　外来人员入井管理制度

为加强外来入井人员的安全管理，确保外来入井人员及矿井的安全，结合实际，特制定本制度。

第一条　外来人员的范围。外来人员指在册人员以外的团体和个人，包括集团公司及上级政府部门的检查人员、来矿参观及技术经验交流的团体和个人、厂家技术服务和维修人员等。

第二条　外来人员的入井、接待及陪同程序

（1）凡到本矿参观和工作的人员，都必须由对口业务部门负责接待和陪同，接到外单位人员到本矿下井的通知后，根据下井人数，提前做好接待准备工作，确定下井陪同人员后到调度室办理《外来人员入井申请审批通知书》，经调度室主任、安全矿长签字后生效。

（2）外来人员入井前由职工培训科负责进行一般的入井安全常识培训，并出具相关证明。

（3）牵头科室根据下井时间和路线，及时通知有关队组做好现场准备工作。

（4）陪同下井人员按预定的下井时间提前换好衣服在等候室等候，外来人员在澡堂更衣后，由负责陪同的安全科管理人员在等候室观看安全警示教育片，接受入井前的安全教育。

（5）陪同人员及外来人员必须在检身处如实填写外来人员入井登记表，并在灯房领取临时矿灯和人员定位卡。

（6）接待部门办理外来人员入井程序如下：矿领导（办公室）安排或外来人员通知入井→请示分管领导→通知调度室→办理入井申请审批手续→更衣→井口房培训→检身处登记→全程陪同至升井。

第三条　所有外来人员入井前必须接受安全培训，安全培训主要内容为矿井概况、井下避灾路线、瓦斯基本知识、自救器使用方法、入井须知、乘坐胶轮车注意事项、其他应注意的安全事项等。每位外来入井人员必须亲自登记签字。

第四条　外来参观、检查人员到矿确定下井时间后，由对口业务科室安排足够数量的人员陪同下井，并指定1名中层以上的负责人负责入井安全培训和办理入井申请审批手续，先签证后培训。

第五条　所有陪同人员必须熟悉矿井概况，了解综采、综掘、监测监控、瓦斯抽放等基本情况，讲话表达能力强、语言流畅。

第六条　被参观或检查的队组接到通知后，必须积极做好现场准备工作，达到有关标准的要求。

第七条　井口检身工要对参观人员进行入井、出井检身，使用礼貌用语。

第八条　参观人员乘坐罐笼或胶轮车时，矿陪同人员负责全程监护，确保参观人员的乘车安全。

第九条　有关队组必须派1名副队长及以上管理人员在现场陪同参观或工作，负责解答有关设备设施、生产工艺等方面的问题。

第十条　其他规定

（1）带队人员必须是技术员以上的管理干部，且熟悉本单位的安全环境，责任心强，安全意识强。

（2）所有外来人员入井，必须取得接待部门负责人、调度室主任和安全矿长的同意，由接待部门负责办理入井手续。

（3）没有调度室主任和安全矿长签字，澡堂不予提供更衣服务。

（4）带队人员未对外来人员培训合格，外来人员不得签字。

（5）带队人员和外来人员未到检身房登记，或未接受检身工检身，检身工均不得放行入井。

（6）带队人员和外来人员都必须亲自到检身房登记签字，不得代签，否则，后果由带队人员和检身工负责。

第十一条　接待及陪同职责分工

（1）来矿参观、检查人员的接待工作由办公室或领导指定的部门负责，主要职责是组织参观、

检查前后的反馈会、参观人员的就餐和休息、派车接送等工作。下井陪同工作由接待部门负责，主要职责是安排陪同人员、入井前的安全培训、入井登记、出入井检身、乘坐罐笼和胶轮车安全监护、召集会议、就餐休息等。

（2）厂家技术服务人员下井的接待和陪同工作由对口业务科室负责。

（3）后勤科负责为外来人员下井提供劳保用品和洗澡用品，机电队负责为外来人员下井提供矿灯和自救器，安全科负责发放便携式瓦斯检测仪。

（4）调度室负责外来人员井下乘坐罐笼和胶轮车的调度工作。

第十二条 接待及陪同责任追究

（1）外来人员的入井人身安全、出入井登记，由接待部门全面负责。

（2）外来人员入井管理制度的落实与考核由安全科负责。

（3）所有单位和个人无权私自带领外来人员入井，出现一次处罚单位负责人×××元，造成事故的另行追究有关人员的责任。

（4）检身工在未收到《外来人员入井申请审批通知书》的情况下，严禁一切外来人员入井，否则按严重“三违”处理。

（5）所有外来人员必须严格遵守矿上的规章制度和安全管理制度，出现违背制度的情况，追究带队人员的责任，视情节轻重处罚×××元。

13.14 涉爆人员井口检身制度

为了防止事故发生，避免雷管乱扔乱放，被盗丢失，保障人民生命安全和集体财产不受损失，维护社会治安，确保安全生产工作的顺利进行，结合实际，特制定本制度。

第一条 涉爆人员主要包括：爆破材料押运员、火药库管理员、运药工、装药员、爆破工、安全员及其他爆破材料的运送人员。

第二条 检身工要对涉爆人员的持证情况进行检查，严禁无证上岗；副井口把钩工要使用专用仪器检测涉爆人员是否携带雷管等爆破材料。

第三条 副井口把钩工在井口要严格按规定检查涉爆人员是否携带易燃易爆物品，火工品是否按规定运输入井。

第四条 检身工、副井口把钩工要及时制止火工品在交接班、人员集中上下井期间入井。

第五条 副井口把钩工要认真监督检查，除爆破工或护送人员外，任何人不得与火工品同时入井。

第六条 所有涉爆人员要积极主动配合检身工的检查。

第七条 所有涉爆人员必须持证上岗，在井口要自觉接受证件检查，严禁无证上岗。

第八条 所有涉爆人员必须佩戴安全帽、携带矿灯、自救器等安全防护用品。

第九条 所有涉爆人员入井前和升井后必须在井口检身处填写涉爆人员检身台账。

13.15 安全生产奖惩制度

为推动矿井安全生产，促进安全技术进步，防止重大伤亡和非伤亡事故，保护职工生命安全和身体健康及国家财产不受损失，现结合实际，特制定本制度。

第一章 奖 励 原 则

第一条 奖励对象

（1）规范遵守国家有关政策、法令，认真执行“三大规程”及上级颁发的条例、指令、通知和指示等，规范执行本矿相关的制度、各项安全措施等，在安全工作方面做出显著成绩的职工。

(2) 防止事故发生的有功人员，特别奖励那些能及时发现事故征兆，立即采取果断措施或立即报告上级，因而避免了事故或减轻事故的危害程度的职工。

(3) 重奖抢险救灾有功人员，重奖抢救人员和设备免受伤害和损失的职工。

(4) 在安全工作中发明创造或技术上有重大成果及推广新技术有卓越成绩的职工。

(5) 敢于制止违章指挥和违章作业，敢于向危及安全生产方面的不良人和事做斗争的职工。

(6) 在安全生产标准化工作建设中，做出显著成绩的职工。

(7) 善于学习和钻研安全技术，在技术大练兵中取得优异成绩的职工。

(8) 认真学习安全知识和规程，在安全知识考试和竞赛中成绩优秀的职工。

第二条 资金的来源

(1) 上级颁发的安全目标奖。

(2) 用“三违”和责任事故等安全罚款对职工进行奖励。

(3) 拿出一部分奖金作为一些专项奖励，如：安全知识竞赛奖奖等。

第三条 采取的奖励形式和奖励规定

(1) 精神奖励。每年评选安全生产先进集体和先进个人，并分别在年初工作会上进行表彰和奖励，对在安全生产中做出特殊贡献的职工，根据成绩大小给予立一、二、三等功，装入档案，作为评选先进、工资晋级和提干的先决条件，鼓励职工努力争创立功。

(2) 物质奖励。通常奖给防止事故和抢险救灾有功人员，原则奖励×××元，若成绩突出奖×××元。年终表彰安全先进集体和安全先进个人及安全知识竞赛、技术比武的优胜者，所奖的物质价值根据当年度实际情况而定。对抢险救灾中有显著作用的，防止损失价值大事故的个别职工，经本矿党委会议研究，可进行其他重奖。

第四条 奖励的执行

(1) 一般安全奖励由安全科负责执行，按月由安全科汇总，由分管领导审核，总经理审批生效。

(2) 重大奖励和专项安全活动的奖励，要经专门会议决定，本矿领导批准，由安全科具体执行。

第二章 处 罚 原 则

第五条 处罚依据。依据《安全生产法》《矿山安全法》《煤矿安全监察条例》《煤矿安全规程》《企业职工奖惩条例》等国家有关法律、法规、规定；依据制定的有关规章制度、文件、规程、安全技术措施、《煤矿安全生产标准化管理体系基本要求及评分方法（试行）》及有关规定。

第六条 处罚条件

(1) 违反劳动纪律，经常迟到、早退、消极怠工，脱岗、串岗，没有认真执行安全管理制度的。

(2) 无正当理由，不服从工作分配和调动、指挥，或者无理取闹、聚众闹事、打架斗殴，影响安全生产秩序、工作秩序和社会秩序的。

(3) 玩忽职守，违反技术作业规程、技术操作规程和安全规程，或者违章指挥，造成事故，使人民生命、财产遭受损失的。

(4) 工作不负责任，损坏设备工具，浪费原材料、能源，造成安全问题和隐患的。

(5) 不及时解决安全或防止尘、毒等方面存在的问题，造成重大生产事故或尘、毒等危害严重的。

(6) 放松对安全工作的领导，致使安全管理混乱，而造成事故隐患或造成事故的。

(7) 对职工不按规定进行安全教育和培训或职工不按时按规定进行安全教育和培训的，由于缺乏安全技术知识，操作错误造成事故的。

(8) 由于设备不完善或工作环境不安全发生事故的。

(9) 违章作业，违章指挥的。

（10）忽视安全工作，玩忽职守的。

（11）发现事故征兆和险情，不采取防止事故的措施，又不及时报告的。

（12）对制止违章作业、违章指挥、违反劳动纪律的人员，对揭发隐瞒事故和坚持事实真相的人员，对安全监督检查人员进行谩骂、殴打及借故进行打击报复的。

（13）事故发生后，隐瞒事故真相，对肇事者进行包庇或弄虚作假，甚至嫁祸于人的。

（14）由于设备超过检修期运行或设备有缺陷或由于作业环境不安全造成事故的。

（15）由于地质报告或设计错误，工程质量低劣致使在安全生产或防范职业病发生方面经常受到威胁，甚至因此造成事故的。

（16）因采购不合格原材料、设备和劳动保护用品等，造成事故隐患和事故的。

第七条 处罚程序

（1）对造成非伤害特级和一级事故责任者的惩罚程序要依据国家有关精神、规定的程序进行处理，执行相关规定。

（2）对重伤、轻伤事故和非伤害二、三级事故的责任者及相关人员，由安全科和有关业务部门及责任单位，按照《事故调查分析处理制度》及有关规定进行分析、调查处罚。

（3）对“三违”人员的处罚程序。

①凡是被检查出违章指挥、违章作业和违反劳动纪律的人员不论干部和工人一律按照制定的处罚条例进行处罚，其具体程序是：检查人员将发现的“三违”人员的工作单位、工作岗位、“三违”时间、地点、违反规定条文都填写在“查违章申报表”上。

②将信息反馈卡当日内交安全科登记。

③安全科与“三违”人员的单位核实有关情况，落实后，通知“三违”人员到安全科报到，先停工处理，并通知培训部门接收“三违”人员，进行再教育。

④安全科根据处罚条例，下达“三违”处罚单到责任单位，通知责任单位转告“三违”人员。

⑤“三违”人员单位核实罚款单，发现不符合规定的，可以到安全科复核，确实符合事实，将在当月工资中直接扣罚，安全科与责任单位办理有关手续。

⑥“三违”人员经安全科和培训部门再教育，认识提高，经有关领导审批，可通知其复工，并通知所在单位安排复工。

第三章 处 罚 意 见

第八条 对一般违规行为的人和事，要以教育为主，分析其违规的原因和动机，通过适当处罚与教育相结合的办法，促使其提高安全认识。

处理意见：原则按安全奖惩细则进行处罚，挂钩当月工资的10%～15%，取消年终安全先进个人评奖资格。若年内二次违章，则按严重“三违”论处。凡一般“三违”，必须至少停工一天，接收安全教育（由安全科、培训部门负责）。

第九条 严重“三违”要采取强制手段进行处罚和教育，查明原因、动机，通过接受教育，必须充分认识到错误的严重性和不良影响，促使其提高认识。

处罚意见：原则按安全奖惩细则进行处罚，挂钩当月工资10%～15%，取消年终安全目标评奖资格和评选安全先进个人资格及执行有关规定。

凡严重“三违”人员，必须至少停工七天，接受教育，经说服教育后，使其真正认识到“三违”的危害、严重性，解决思想认识问题，可采取帮教、家属教育等多种形式，写出书面检查和保证书并经过有关领导审批后方可复工。若年内有二次严重“三违”者，则对其做出下岗处理决定，进行再教育，根据教育情况做出是否开除的决定。

第十条 对单位集体处罚，各单位要充分认识处罚的必要性，吸取教训，召开会议，总结经验，落实责任，制定防范措施，按通知要求，认真整改。若未及时限期整改，复检未改要按规定加倍处罚。

第十一条　对集体的处罚，原则不少于×××元，不同类处罚累加计算。

第四章　处　罚　要　求

第十二条　惩罚原则

（1）坚持实事求是，不准弄虚作假。

（2）坚持严明的纪律，做到一视同仁。

（3）坚持定性准确，不准打击报复。

（4）坚持公开处罚，做到大公无私。

第十三条　在处罚的同时注意的几个问题

（1）处罚要与思想教育紧密结合。思想教育是内因，要以说服教育、启发引导、深入反复为主，通过讲深刻道理、摆典型事例，使其自觉地进行比较、对照，从而吸收那些正确的、先进的、积极的因素，抛弃那些错误的消极的后进因素，自觉地增强安全意识，在以后的安全生产工作中，做到“我要安全”“我会安全”“我保安全”。

（2）特别情况要区别对待。职工由于家庭等原因，如夫妻感情等，造成心理和精神上的负担，背着包袱上岗，致使在工作岗位精力不集中、分神、非故意行为造成的违章行为而又未造成严重后果的，要妥善处理，采取科、队、组领导帮教措施，酌情处理。

（3）对“三违”人员认识态度较好，家属帮教效果较好的，年内表现良好，工作积极，未发现二次违章，可根据情况考虑年末减免部分罚款，以促进其在安全生产工作中的典型示范作用。

（4）凡“三违”处罚均由安全科统一按规定进行处罚，严禁各单位进行二次处罚和无原则采取不当的处理方法给“三违”人员额外加重负担。

13.16　安全生产奖惩细则

各单位要根据本矿实际情况，制定本单位的《安全生产奖惩细则》。

第一章　总　　则

第一条　为了贯彻执行党和国家的安全生产方针，体现激励与惩戒并重的原则，做到依法依规，从严治企。按照集团公司确立的“1366”发展战略，秉承安全发展理念，深入推进“136”安全管理模式和“333”安全举措，进一步提高干部职工的安全意识，做到令行禁止，杜绝“三违”，确保职工的生命安全与健康，预防职业病，保护国家财产不受损失，实现安全生产，特制定本规定。

第二条　本规定涉及采煤、掘进、机电、运输、“一通三防”、地测防治水、地面和调度、安全管理等方面，对违反煤矿三大规程和本矿各项管理制度的单位或个人做出了具体处罚规定，全本矿领导干部和职工，都必须遵守本规定。

第三条　按照违章性质分为轻微违章、一般违章和严重违章，轻微违章按本矿管理制度执行罚款和面对面教育，一般违章和严重违章执行过“六关”程序。

第二章　一　般　规　定

第四条　凡入井人员必须经过安全培训并取得入井安全资格证持证上岗，随身携带矿灯、自救器，抽检自救器佩戴必须合格，入井前做“手指口述”安全确认，一项不合格罚款×××元，属于轻微违章。

第五条　凡入井人员必须戴安全帽、穿工作服、水鞋，严禁穿化纤衣服，严禁携带手机、电子表等非防爆电子设备入井，违者罚款×××元。属于轻微违章。

第六条　井上作业人员上班时间必须穿工作服，厂房、机房工作人员必须戴安全帽或工作帽，违者罚款×××元，属于轻微违章。地下走廊、密闭空间、煤仓等处必须携带矿灯自救器，否则罚款×××元，私自带手机上岗罚款×××元，属于一般违章。

第七条　井口检身工必须严格执行检身制度，违者罚款×××元，属于轻微违章。

第八条　凡入井人员必须自觉进行岗前考试，并进行吹气测酒检测，违者罚款×××元；属于轻微违章。检身工监督不到位罚款×××元，属于轻微违章。不经过检身房进入副井口房下井者罚款×××元，属于一般违章。

第九条　出入井人员违反等候制度和虹膜考勤制度及人员清点制度，罚款×××元，属于轻微违章。

第十条　出入井人员不听从把钩工统一指挥罚款×××元，属于轻微违章。入井人员起哄、谩骂把钩工者罚款×××元，殴打把钩工者罚款×××元，属于严重违章。

第十一条　罐笼停稳后由把钩工打开护链，进行安全确认，并发出指令后，方可进出罐笼，违者罚款×××元，属于轻微违章。

第十二条　超员乘罐罚把钩工×××元，属于轻微违章。

第十三条　严禁携带烟草、未经批准携带点火物品，违者罚款×××元，属于严重违章。

第十四条　严禁井下吸烟，违者解除劳动合同。

第十五条　严禁酒后入井或上岗，违者罚本人×××元，属于严重违章。值班队干、当班班长、跟班队干各罚×××元。酒后入井未遂，罚款×××元，属于轻微违章。

第十六条　新工人不经培训不准入井，违者罚责任者×××元，属于一般违章。

第十七条　井上、井下特殊工种要持特种作业操作资格证，否则，发现一次罚款×××元，属于轻微违章。持旧证、假证者按无证论处，罚款×××元，属于轻微违章。拒绝对检查人员出示资格证者，罚款×××元，属于轻微违章。

第十八条　擅自让他人代替本人岗位工作，按脱岗处理，罚款×××元，属于一般违章。所持证件与实际岗位工作不符合的，罚款×××元，属于轻微违章。

第十九条　不按规定要求规范佩戴矿灯、自救器、戴安全帽者罚款×××元，不扣紧安全帽带者罚款×××元，以上均属于轻微违章。

第二十条　在井下随意摘掉安全帽，罚款×××元，属于轻微违章。

第二十一条　在井下擅自拆开矿灯、自救器者，罚款×××元，损坏矿灯、自救器者每盏（台）罚款×××元，故意敲打、撞击矿灯者罚款×××元。均属一般违章。

第二十二条　地面和井下高空作业及煤仓、井筒施工，工作人员必须佩戴安全带，否则罚款×××元，并处严重违章。作业人员所带工具必须采取防坠落措施，违者罚款×××元。但井下站脚位高度超过2m的作业平台或脚手架上作业时，诸如不系安全带、护网不全、脚踏板不全的情况视情节轻重给予×××元罚款，属于轻微违章。

第二十三条　地面进入有限空间作业必须制定安全措施，并经技术负责人批准；必须检查瓦斯和有毒有害气体浓度，符合有关安全法规和行业标准规定；必须进行有效通风，并经有关安全和技术人员安全确认后；作业人员学习规程措施考试合格，现场专人负责安全，方可作业。否则停止作业，并对作业负责人罚款×××元，属于一般违章。

第二十四条　相关人员无故不参加安全生产大检查罚款×××元；不参加安全例会罚款×××元，迟到者罚款×××元。

第二十五条　无作业规程、无安全技术措施或规程措施未经审批的禁止开工作业，违者罚责任单位负责人×××元，造成事故的重处；有规程不贯彻而开工作业的，罚施工单位队长和技术员各××

×元。

第二十六条 各单位安排施工队进行挖沟、拉底、挑道、硬化、穿巷、浇筑构筑物等零星工程施工前，必须制定安全技术措施，经相关领导和部门负责人批准，涉及使用钢板，梯子，必须经相关领导和部门负责人批准，钢板必须配合钢梁使用，且须固定平整牢固，任何铺设物表面禁止用皮带覆盖，否则，属于一般违章。

第二十七条 井上下打架斗殴双方各罚款×××元，属于一般违章；井上下打人者罚款×××元，属于严重违章；交由保卫科处理。

第二十八条 工作岗位上躺卧、睡觉罚款×××元，属于一般违章，打盹罚款×××元，属于轻微违章。擅自打连班罚款×××元，属于轻微违章。脱岗罚款×××元，属于严重违章，造成事故追究责任，并给予行政处分。

第二十九条 岗位工工作时间干私活、看书，罚款×××元，属于轻微违章；造成事故者视情节轻重给予行政处分，直到追究刑事责任。

第三十条 岗位工要熟记“手指口述”，否则，罚款×××元，属于轻微违章。

第三十一条 下井实习和参观人员，在下井前，需办理临时入井手续，在检身处进行登记，方可入井，否则，罚接待负责人×××元，属于轻微违章。

第三十二条 破坏井上、下消防、通风、防尘监测、监控、通信等安全设施者罚款×××元，属于严重违章，情节严重者给予行政处分直到解除劳动合同。

第三十三条 严禁乘坐皮带、煤溜，违者解除劳动合同。

第三十四条 偷盗井上、井下机械、电器设备配件、偷割皮带、风筒、电缆等罚款×××元，情节严重者移送司法机关处理。

第三十五条 偷盗爆炸材料者解除劳动合同，并送司法机关追究刑事责任。

第三十六条 未经许可从主副井人梯出、入井者，罚款×××元。井上、下把钩工不制止，罚款×××元，属于一般违章。擅自从新副井出入，罚款×××元，属于一般违章。

第三十七条 进入机房硐室、火药库等要害部门必须进行登记，擅自进入罚款×××元，当班工作人员并处。

第三十八条 在墙壁上乱写乱画，拍打手脚印罚款×××元。

第三十九条 “四位一体牌”未填写或填写与实际不符，罚款×××元；填写不认真罚款×××元。

第四十条 安监人员向“三违”人员索要钱物或“三违”人员拿钱物贿赂安监人员罚款×××元，并给予行政处分。

第四十一条 各级领导、队干、班组长违章指挥罚款×××元，造成事故给予行政处分直至辞退，构成犯罪的由司法机关追究刑事责任。

第四十二条 班组长、跟班队干脱岗罚款×××元，属于一般违章。

第四十三条 为提高商品煤质量，增加经济效益，采掘运各环节都要为提高商品煤质量尽职尽力，直径25 cm以上的矸石和刹杆、道木及其他杂物不准混装入原煤内，开机开水，停机停水降低原煤含水率，否则对队干、班组长及岗位作业人员各罚款×××元。采煤工作面放出0.5 m^3 以上的大石头，必须及时处理，否则，罚当班责任人×××元；采掘工作面出水煤，罚责任人×××元。

第四十四条 所有机房、厂房、硐室、火药库或其他重要场所不得悬挂、放置与生产、安全无关物品，违者罚款×××元。

第四十五条 向井筒内投掷物体的罚款×××元，属于严重违章。

第四十六条 井下不得随意大小便，违者罚款×××元，找不出责任者，罚责任单位×××元。

第四十七条 毁损安全标志牌或其他标志牌者罚款×××元，属于一般违章。主管单位接整改通知后24 h内未恢复罚款×××元。

第四十八条　不按规定要求填写相关记录或记录不完善、不整洁，罚款×××元；领导跟班不到位，罚款×××元，情节严重给予行政处罚；领导跟班、值班记录不填写，罚款×××元。

第四十九条　瓦检员、安全员不坚守岗位、脱岗一次罚款×××元，属于严重违章。

第五十条　纵容包庇违章与违章者同处。

第五十一条　检查煤仓、溜煤眼和处理堵塞时，必须制定安全措施，严禁人员从下方进入，违者罚有关责任者×××元，属于严重违章。

第五十二条　瓦检员必须及时按规定填写瓦斯检查记录牌版和记录手册、台账，否则发现一次罚款×××元，属于一般违章。

第五十三条　岗位人员因病离岗，当班值班队干必须安排人员替岗，否则对当班队干罚款×××元。离岗人员应办理相关手续，否则按脱岗论处。

第五十四条　跟班队干、班组长要对岗位人员进行不定期检查，发现睡岗、脱岗者，除按有关规定对本人处罚外，罚当班跟班队干、班组长各×××元。

第五十五条　岗位人员迟到、早退按本部门规定处理，属于轻微违章。除本矿联合查岗以外，不得跨部门上报。

第五十六条　进行机械操作或电气操作，工作前不按规定穿（戴）好或工作中不使用劳动保护用品罚款×××元，属于轻微违章。

第五十七条　各地面机房内严禁存放各种车辆，否则罚款×××元。

第五十八条　井下送餐车在坡道停车必须支设木楔，防止意外溜车，否则，罚款×××元，属于轻微违章；用餐时不排队或拥挤者罚款×××元，属于轻微违章。

第五十九条　井上下任何人员不得同时兼职操作两部运行的设备，违者罚款×××元；当班负责人负有连带责任，罚款×××元；属于一般违章。

第六十条　在井下电焊、气割作业必须严格按规程执行，未经瓦检员检测瓦斯浓度，安全员未安全确认不得擅自作业，违者罚款×××元，属于一般违章。

第六十一条　对安全生产大检查所查出的各类事故隐患，相关部门要用五定表的形式落实到各单位尽快处理，并对责任问题每条罚款×××元，如下次再查出同类问题或经复查未整改的，每条罚款×××元。上级部门查的责任问题每条×××元。

第六十二条　各施工作业地点没有“四位一体牌”罚责任单位责任人×××元。

第六十三条　井上、下各作业场所必须坚持文明生产，保持良好的工作环境，不准乱放杂物，符合文明生产标准。否则发现一次罚款×××元。

第六十四条　煤仓、溜煤眼、地面皮带走廊必须有防止人员、物料坠落的护栏、遮拦等设施，否则罚责任单位责任人、安全责任人各×××元。

第六十五条　地面绞车房、配电室、中央变电站、主要通风机机房、水处理等大中型设备电气开关柜、转动部位的卫生清理前，必须制定安全措施，经相关部门或领导签字后，方可按措施进行作业，否则，处罚责任人×××元。

第三章　采　　煤

第六十六条　综采工作面设备安装前和联合试运转前必须有批准的相应的作业规程和安全技术措施，该工程所有作业人员必须学习考试合格后方可作业，否则罚责任单位×××元。

第六十七条　综采工作面末采和设备回撤必须有批准的作业规程和安全技术措施，否则罚责任单位×××元。违反此规程措施作业的按违章作业处理。

第六十八条　采掘工作面地质条件发生变化，作业规程中无相应的补充安全技术措施或专项措施进行施工，罚队长、技术员各×××元。

第六十九条 修复旧巷和巷道支架更新，撤换支架时，必须先支后撤，从外向里逐架更换，违者罚款×××元，属于一般违章。如巷道在5 m内支架连续三架失效，罚责任单位×××元。

第七十条 煤溜与采煤机的闭锁装置，必须灵敏可靠，否则不准生产，违者罚机电队长、当班队长及班组长各×××元。

第七十一条 综采设备上有损坏、变形或失效的零部件，必须及时更换，否则发现一次罚责任者×××元。

第七十二条 因特殊情况综采工作面需要爆破处理时，必须有批准的安全措施，现场作业人员学习并考试合格后方可作业，否则停止作业，罚队长、技术员各×××元。

第七十三条 回收工作面必须按规程铺联网，违者每发现一处罚款×××元，累计计算。

第七十四条 严禁使用不符合要求的支护材料，违者罚款×××元/处。

第七十五条 特殊型支架有一处不符合规范要求，罚责任者×××元/处。

第七十六条 采掘工作面巷道中装卸电缆无安全措施，罚责任单位×××元，人员站在移动的车上，边开边卸，罚款×××元，属于轻微违章。

第七十七条 起吊物件时，严禁使用铁丝做起吊索或受力件，必须按规程规定作业，否则罚款×××元，属于轻微违章。

第七十八条 设备拖运、装卸车不按规定使用链环罚款×××元，属于轻微违章。

第七十九条 两巷回收工字钢必须按作业规程规定作业，否则每人次罚款×××元，属于轻微违章。

第八十条 使用的马蹄环、U型环不上螺丝罚款×××元，属于轻微违章。

第八十一条 使用大链、千斤顶拉转载机或使用绞车拉其他大件物品时，必须通知该作业区域内所有作业人员，撤至安全地点，方可作业，违者罚款×××元，属于一般违章。

第八十二条 收尾工艺中少上一趟大板或钢丝绳对验收员、班组长罚款×××元。

第八十三条 在用单体液压支柱，必须保持完好，每根不完好罚责任单位×××元。

第八十四条 单体柱必须按规定使用，滑柱超高罚款×××元，无滑柱时罚款×××元。

第八十五条 工作面上下出口及两巷超前支护不按规定使用防护链，拉杆防护，一处罚款×××元，属于轻微违章。

第八十六条 严禁将超前支护单体柱挪作他用，否则罚款×××元，属于轻微违章。

第八十七条 支架间的煤矸应清理干净，否则每架罚责任者×××元。

第八十八条 往老塘攉煤罚款×××元。

第八十九条 检修机组、煤溜时，必须有安全措施，坚持敲帮问顶，并将机组开关手把打到零位，并打开离合器，闭锁煤溜，否则对责任者罚款×××元，属于一般违章。

第九十条 接后溜链时，用支架后尾梁及插板蹬链，罚款×××元，属于一般违章。支架后尾梁自落，不及时处理，罚款×××元，属于轻微违章。

第九十一条 开动采煤机时，必须喷雾降尘，无水或喷雾装置损坏时不准开机，否则对责任者罚款×××元，属于轻微违章。

第九十二条 采煤机割煤后，必须及时移架，并打紧防片帮板，每发现一架次空顶距离大于作业规程规定，罚支架工×××元，属于轻微违章。

第九十三条 工作面端头尾支架间距不允许超过200 mm，否则对责任者罚款×××元，属于轻微违章。

第九十四条 在回收机头机尾锚杆时，必须使用专用液压倒链拉拔，严禁机组强行截割，违者罚款×××元，属于一般违章。

第九十五条　所有液压系统高压管接头必须用 U 型销连接，插单腿销或用铁丝的，罚款×××元。

第九十六条　操作支架操纵阀手把时，严禁用脚蹬踩手把，违者罚款×××元，必须使用防误操作闭锁装置，违者罚款×××元，以上均属于轻微违章。

第九十七条　工作面使用破损液管不及时更换，对责任者罚款×××元。

第九十八条　采煤工作面打炭不停机并在运行的溜子上、皮带上打炭罚款×××元；用支架逼帮板挤压大炭，罚款×××元，均属于一般违章。

第九十九条　通过转载机、皮带时要走行人过桥，特殊情况时要执行停机过人制度，否则罚款×××元，属于一般违章。

第一百条　无安全措施或不执行安全措施规定用煤溜、皮带机运送物料者，罚款×××元，属于一般违章。

第一百零一条　掘进工作面采用底皮带运输物料时，卸料必须停机闭锁，否则罚款×××元，属于一般违章。

第一百零二条　为了提高商品煤质量，采煤机严禁割顶、底板，违者罚款×××元，采高超过规定范围，罚款×××元。

第一百零三条　严禁使用损坏、变形的支柱、梁，违者罚款×××元/处。

第一百零四条　支柱不按规定垫鞋板或在浮煤、浮矸上支设，罚款×××元，多处时累计处罚，属于轻微违章。

第一百零五条　巷道清煤必须敲帮问顶，不准将大碳、大矸、木料及其他杂物装入煤溜、皮带，违者罚款×××元。

第一百零六条　开机前必须对设备进行安全确认，再发警号通知工作面有关人员，严禁盲目开动，否则罚责任者×××元，属于一般违章。

第一百零七条　随意调整乳化液泵站工作压力和支架安全阀的卸载压力者罚款×××元。

第一百零八条　泵站压力达不到规定标准罚款×××元。

第一百零九条　乳化液配比要符合规程规定，否则罚责任单位×××元；汽水喷雾要加粉尘抑制剂，保证汽水喷雾正常使用，否则罚款×××元。

第一百一十条　工作面端头尾采空区严禁超过 6 m，否则处罚当班队干、班组长每人×××元；端头尾煤帮未按规定退锚，处罚相关责任人每人×××元。

第一百一十一条　两个安全出口不符合《煤矿安全规程》及《作业规程》要求，罚当班队干、班组长各×××元。运巷人行道宽度不够，罚责任单位×××元。

第一百一十二条　两巷超前支护，必须符合规程要求，且超前支护距离保持 20 m 以上，且支架完好，否则，罚责任单位×××元。

第一百一十三条　超前支护范围内有单腿棚，一处罚款×××元。

第一百一十四条　工作面不得任意留设顶煤或底煤，伞檐不得超过规程规定，否则每发现一处，罚责任者×××元。

第一百一十五条　两巷电缆未按规定悬挂或悬挂不整齐、电缆淹在水中或拖在地上、埋在煤里，对责任者罚款×××元。

第一百一十六条　回收、安装工作面起吊点，没有按规定要求支护，对施工单位罚款×××元。

第一百一十七条　液压支架不接顶，未伸出护帮板，每发现一架次罚责任者×××元，累计处罚。

第一百一十八条　使用单体柱超前支护时，每根单体柱必须达到规程规定初撑力，否则每根罚款×××元。

第一百一十九条 回采工作面两巷必须保持支架完整，不得空帮空顶，否则按每架×××元，多处时累计处罚。

第一百二十条 端头尾外帮无逼帮柱或者关门柱罚款×××元。

第一百二十一条 端头尾三角区空顶大于500 mm而不进行有效管理罚款×××元。

第一百二十二条 工作面出现倒架、错架、咬架，每架罚款×××元。

第一百二十三条 采煤工作面巷道积水长5 m、深0.2 m而不处理每处罚款×××元。

第一百二十四条 无故出现死架罚款×××元，且追究单位负责人的责任。

第一百二十五条 因操作不当，发生冒顶事故造成停产对责任者罚款×××元。

第一百二十六条 支架窜液、漏液每发现一处罚款×××元，多处时累计计算。

第一百二十七条 工作面上下顺槽必须经常保持畅通，符合规程规定，巷道整洁，材料堆放整齐，否则罚款×××元。

第一百二十八条 工作面端头尾超前支架必须按规程规定管理，否则，一处不合格罚款×××元。

第一百二十九条 采用破碎机时，入口必须加保护帘，两侧有挡煤板，上面加护栏，防止人员进入，如无保护又无措施，罚款×××元。

第一百三十条 运输巷中皮带机，必须设置行人过桥，有指示标志，否则罚责任单位×××元。

第一百三十一条 转载机未设行人过桥、未挂安全警示牌各罚款×××元。

第一百三十二条 输送机、转载机、刮板输送机螺丝不齐全完好罚款×××元。采煤机司机未按规定配齐、跟机移架滞后5架、站在减速机上作业不系安全带等不安全行为者罚款×××元，属于轻微违章。

第一百三十三条 设备、安装、拆除等无规程或措施，强行作业罚款×××元。

第一百三十四条 综采工作面两巷超前支护打设单体柱时，人员站在柱子间的撑杆上或无人扶持的梯子上，罚款×××元，属于轻微违章。

第一百三十五条 更换液管时严禁带压操作，必须关闭本架总阀门，本架总阀门关不严时，必须停止泵站供液，否则，罚款×××元，属于轻微违章。

第四章 开拓与掘进

第一百三十六条 掘进巷道积水长5 m、深0.2 m而不处理每处罚款×××元。

第一百三十七条 掘进、开拓巷道严格按设计中腰线方向前进。如中腰线不符合规定要求连续5 m以上者，每米罚款×××元，多处时累计计算。

第一百三十八条 开拓、掘进工作面因地质条件变化而无补充措施，冒险作业和蛮干，随意改变作业方式、支护形式，罚施工单位队长和技术员各×××元。

第一百三十九条 综掘工作面，必须保证掘进机以及配套设施完好，灵敏可靠，否则，罚当班责任者×××元。

第一百四十条 掘进机启动前，必须进行安全确认，并提前3 min发出启动警报，确认无误后方准开机，否则罚机组司机×××元，属于一般违章。

第一百四十一条 铲板或截割臂附近有人时，随意开动机组的，罚款×××元，属于严重违章，造成事故追究责任。

第一百四十二条 掘进机工作时，必须洒水降尘，无水或喷雾装置损坏时不准开机，否则罚当班班长及机组司机各×××元，属于轻微违章。

第一百四十三条 掘进机停止工作或检修及交接班时，未按规定加设防护罩，罚款×××元，属于轻微违章。

第一百四十四条　掘进机停止工作或检修及交接班时，必须将掘进机退出迎头 5 m 以外，将掘进机切割头落地，切断电源，否则罚当班责任者×××元，属于一般违章。

第一百四十五条　掘进工作面必须坚持使用前探梁临时支护（掘锚一体机除外），否则罚款×××元，属于一般违章。

第一百四十六条　掘进工作面必须坚持敲帮问顶，及时处理活矸煤，违者罚款×××元，属于一般违章。

第一百四十七条　敲帮问顶时，必须站在支架完整，顶板完好的地点，清理好退路，进行安全确认后方可进行，否则罚款×××元，属于轻微违章。

第一百四十八条　巷道掘进空顶及空帮距离不得超过规程规定，否则罚当班责任者×××元，属于一般违章。

第一百四十九条　严禁站在掘进机截割臂上作业，否则罚款×××元，属于一般违章。

第一百五十条　锚杆排距必须符合作业规程规定，不得随意扩大或缩小，否则罚款×××元；锚杆锚固力必须达到作业规程规定，每根不达标罚款×××元；锚杆角度不合格，每根罚款×××元；锚杆外露长度不合格，每根罚款×××元；锚索必须按作业规程打设锁紧，外露长度必须达标，否则每根罚款×××元。

第一百五十一条　砌碹巷道时，不得使用不符合规定要求的料石，违者罚款×××元。

第一百五十二条　砌碹巷道基础，必须按规定要求拉够深度，否则立即停止作业返工处理，违者罚当班责任者×××元/m。

第一百五十三条　砌碹时拆除原有临时支护前，必须先采取临时支护措施，否则罚款×××元，属于轻微违章。

第一百五十四条　用工字钢作支架的，支架间必须上拉杆连接，背后刹杆背紧；否则按每架×××元对责任单位累计处罚。

第一百五十五条　炮掘工作面必须严格执行规程作业，必须进行临时支护，严禁空顶作业，否则罚当班班长×××元，属于一般违章。

第一百五十六条　掘进工作面由于措施不到位，违反规程作业出现片帮冒顶对责任人罚款×××元。

第一百五十七条　工作面刮板输送机或皮带输送机不得运送物料，违者罚款×××元，属于一般违章。特殊情况使用皮带运送物料时，无措施或不按规定措施运料，违者罚款×××元，属于一般违章。

第一百五十八条　皮带输送机必须设行人过桥，否则对单位责任者罚款×××元，违章跨越者罚款×××元，属于一般违章。

第一百五十九条　开口巷道、贯通巷道、交叉点以及特殊地带的巷道掘进必须有队干跟班，否则对单位罚×××元，队长×××元。

第一百六十条　巷道掘进，必须坚持“有掘必探、先探后掘”的原则，否则对单位罚款×××元，责任人×××元。造成事故另究。

第一百六十一条　掘进施工严禁干打眼，违者罚款×××元，属于轻微违章。

第一百六十二条　钢型支架构件不齐全，每架罚责任单位×××元。

第一百六十三条　工作面施工必须严格按照施工组织设计和作业规程的规定作业，保证工程质量，不符合要求停止作业，返工处理，对单位罚款×××元。

第一百六十四条　凡锚喷巷道出现赤脚每米罚款×××元。

第一百六十五条　锚喷巷道混凝土配比不当，造成喷层脱落每米罚款×××元。

第一百六十六条　砌碹巷道壁后充填不实或不符合《煤矿安全规程》或《作业规程》要求，每发现一处罚款×××元。灰缝、干缝、瞎缝超标，除返工处理外，每处罚款×××元，累计计算。

第一百六十七条　架棚后出现帮顶刹杆松动或不接顶罚款×××元。

第一百六十八条　背板棚不按规定上够背板而向前作业罚款×××元。

第一百六十九条　架棚斜巷掘进迎山角不符合规定，每架罚款×××元。

第一百七十条　巷道内出现滚梁、脱口、棚腿吊空或出现断刹杆等，必须立即更换，否则每处罚款×××元。

第一百七十一条　锚网支护巷道锚杆松动且未及时补打，每根罚款×××元。

第一百七十二条　掘进机割煤过程中，人员贸然进入摇臂作业半径内，罚款×××元，属于一般违章。

第一百七十三条　使用掘锚联合掘进机掘进时，掘锚机两侧及机后方5 m范围内严禁在巷道内站人，否则，罚款×××元，属于一般违章。

第一百七十四条　锚杆托板与岩面接触不实，一处罚款×××元。

第一百七十五条　金属网与锚杆联合支护，锚杆松动每根罚款×××元，网与网连接不符合要求每处罚款×××元。

第一百七十六条　锚杆预紧力检查、锚索张拉试验、锚杆拉拔试验必须达《作业规程》规定数值要求，一根不达标罚款×××元。

第一百七十七条　操作钢丝切断器时，方圆2 m不得有人，否则，罚款×××元，属于轻微违章。切钢绞线时不用专用套管，罚款×××元，属于轻微违章。

第一百七十八条　打锚杆人员必须站在支护完好的顶板下作业，不得背向裸露的煤墙，否则罚款×××元，属于轻微违章。

第一百七十九条　支护材质不符合要求，对材料提供部门罚款×××元，使用过期锚固剂，处罚责任单位×××元，累计计算。

第一百八十条　拉基础或在煤墙作业时防片帮戗柱不符合要求对责任单位罚款×××元。

第一百八十一条　掘进巷道连续出现两架危棚，继续作业罚款×××元，属于一般违章。

第一百八十二条　超过规定距离未及时安装顶板离层监测仪，对责任单位罚款×××元。

第一百八十三条　掘进巷道距窝头50 m外，背帮、背顶严重失效罚款×××元。

第一百八十四条　掘进工作面刮板输送机刮板不齐全或无声光信号，罚款×××元。

第一百八十五条　掘进工作面材料码放必须符合安全生产标准化要求，挂牌定置管理，每发现一处不合格，对责任单位罚款×××元。

第一百八十六条　巷内距窝头20 m以外，浮煤、矸石、杂物不清理，积水未及时处理，罚款×××元。

第一百八十七条　巷道积渣超过巷道断面1/3，未及时处理罚款×××元。

第一百八十八条　凡使用的水沟盖板烂、断、缺等罚责任单位×××元/块。

第一百八十九条　站在综掘机上喷雾洒水人员必须系安全带，否则罚款×××元，属于轻微违章；紧固顶部和两帮上部锚杆时，必须使用梯子、脚手架等稳定支撑，并有人监护，否则，罚款×××元，属于轻微违章。

第五章　机　　电

第一百九十条　不完好机电设备每台处罚包机人×××元。

第一百九十一条　无入井许可证将电器设备带入井下，罚单位×××元，把钩工×××元。

第一百九十二条　井下打开开关时，不放电、不验电、不按规定先检查瓦斯浓度，罚款×××元，属于一般违章。

第一百九十三条 井下供电严禁私拉乱接，违者罚款×××元，属于一般违章。

第一百九十四条 停送电作业必须开操作票，擅自进行停送电作业，罚款×××元，属于一般违章. 停电作业不挂停电牌或擅自拿掉停电牌，罚×××元，属于轻微违章。

第一百九十五条 各种保护装置必须齐全，灵敏可靠，严禁甩掉不用，否则每台罚责任单位×××元，直接责任者×××元，属于严重违章。

第一百九十六条 绞车、皮带、煤溜司机坐在减速器或电机上操作罚款×××元，属于一般违章。其他人员坐靠电器设备罚款×××元，属于轻微违章。

第一百九十七条 井下所有防爆设备、五小电器不准开盖运行，否则罚直接责任者×××元，属于严重违章。

第一百九十八条 严禁带电检修、搬迁电气设备、违者罚款×××元，属于一般违章。明接头、裸露电缆、明火操作，罚款×××元，均属于严重违章。

第一百九十九条 停电后控制器手把不打到零位罚款×××元。

第二百条 不按操作规程操作高压电器设备罚款×××元，属于一般违章。

第二百零一条 井下所有电气设备（包括五小电气）不得失爆，出现一台次失爆罚责任单位×××元，罚直接责任者×××元。

第二百零二条 严禁非防爆电器设备入井，否则罚责任科室×××元，井口把钩工×××元、运送设备人员各×××元，并追究责任。

第二百零三条 停送电一律严格执行工作票制度，违者罚责任单位×××元，罚直接责任者×××元。

第二百零四条 不准携带失爆矿灯，否则罚责任者×××元，属于一般违章。

第二百零五条 擅自调整电气设备额定值罚款×××元，属于一般违章。

第二百零六条 井下用灯泡、电阻、电热器取暖罚责任者×××元，属于严重违章。

第二百零七条 信号工不执行“手指口述”，每次罚款×××元，属于轻微违章。

第二百零八条 启动或停止机械设备必须按操作规程规定进行，否则罚责任者×××元，属于轻微违章。

第二百零九条 高压电气设备的修理和调整工作，无工作票和施工措施不得作业，违者罚款×××元，属于一般违章。

第二百一十条 操作高压设备主回路时，操作人员必须戴绝缘手套，并穿电工绝缘靴或站在绝缘台上，违者罚款×××元，属于一般违章。

第二百一十一条 设备发现有异常情况，要切断电源，停机检查。原因未查清盲目开动，罚当班班长×××元，责任者×××元，造成事故另究。

第二百一十二条 各种设备的液力联轴器，必须使用易熔合金螺塞，发现有螺栓代替易熔合金螺塞，罚责任者×××元。

第二百一十三条 故意破坏信号，造成失灵罚×××元，属于严重违章。

第二百一十四条 电缆和电气设备（包括电缆）的连接，必须使用同电气设备性能相符的接线盒、连接器或母线盒进行连接，否则，查出一处罚责任单位×××元，罚责任者×××元。

第二百一十五条 非专职人员和值班电气人员，不得擅自操作电气设备，违者罚款×××元，属于严重违章。

第二百一十六条 轻型刮板输送机必须在机头尾打设牢固的地锚，否则罚款×××元，属于轻微违章。

第二百一十七条 机电硐室灭火器材不齐全或不合格罚款×××元。

第二百一十八条 各种电器（包括五小电器），不完好，罚责任人×××元。

第二百一十九条 井下照明每有一盏灯不亮未按时整改罚款×××元。

第二百二十条 井下所有电缆、线必须按标准悬挂，否则发现一处不符合要求罚×××元。

第二百二十一条 井下各主要巷道，作业地点的开关必须上架管理，否则罚款×××元/台。

第二百二十二条 各种机械必须定期加（注）油，否则罚责任单位×××元，罚直接责任者×××元。

第二百二十三条 高低压开关、磁力起动器无开关整定标准或标志牌内容不全，一台罚包机人×××元。

第二百二十四条 开关熔断器必须符合规定，不得以大代小，否则，罚责任单位×××元，直接责任者×××元，属于一般违章，用铝、铜、铁等金属丝代替，处罚×××元，属于严重违章。

第二百二十五条 三台以上的开关未做局部接地装置，罚款×××元。

第二百二十六条 机械运转的外露部分，防护装置必须齐全完好，否则一处罚×××元。

第二百二十七条 矿灯房红灯率每超标准（0.5%）一台罚款×××元。

第二百二十八条 井下变电硐室必须有合格的防爆门及栅栏门，否则罚责任单位×××元。

第二百二十九条 主要排水地点的备用泵，必须经常保持完好，否则罚责任单位×××元。

第二百三十条 无人值班的变电硐室必须关门加锁，否则罚责任单位×××元。

第二百三十一条 井下电缆、电器设备漏电每处罚×××元。

第二百三十二条 变电所防护用具不全，每缺一项罚款×××元。

第二百三十三条 接地装置不符合要求每处罚款×××元。

第二百三十四条 机电硐室必须悬挂各类警示标志牌，否则罚责任单位×××元。

第二百三十五条 变电所内高压开关、变压器、电缆有管理牌、标志牌和指向牌，每发现缺一处罚责任单位×××元。

第二百三十六条 地面各用电地点的开关必须完好有效，不得有缺丝短帽等现象，否则发现一次罚款×××元。必须有防雨设施，否则，罚款×××元。

第二百三十七条 用大功率电器（电炉、电暖气等）必须写出书面申请报经分管领导批准，否则发现一次罚款×××元，属于一般违章。

第二百三十八条 不按规定在采掘面及井下指定地点安装防爆电话或电话不及时修理罚款×××元。

第二百三十九条 采煤机各部缺油，每处罚款×××元；滚筒截齿不齐全，完好率不达规定要求，罚款×××元；检修采煤机时，必须停电闭锁，否则罚款×××元，属于一般违章；进入煤溜检修，必须背帮护顶，并对输送机实行闭锁，否则，罚款×××元，属于一般违章。

第二百四十条 新安装的供电线路和电气设备，未经机电科验收或验收不合格而接电送电，对安装单位罚款×××元，责任者罚款×××元。

第二百四十一条 损坏供配电设施，撬门撬锁破坏正常供电秩序罚单位×××元，责任者×××元，属于严重违章。

第六章 提 升 与 运 输

第二百四十二条 皮带机头必须挂设《皮带运行期间禁令》，皮带运行期间严禁在机头架、大架及机尾拆开防护网进行任何检修维护工作，违者罚款×××元，属于严重违章。

第二百四十三条 皮带运行期间严禁到皮带架外侧进行清煤等工作，皮带人行侧可以进行人工清煤，但必须使用完好的清煤工具并要使肢体与皮带运动部分的安全距离不少于×××mm，机头及大架部分严禁清煤，违者罚款×××元，属于一般违章。

第二百四十四条 皮带运行期间，严禁横跨皮带，否则，罚款×××元，属于一般违章；行人必须走行人道，不得靠近皮带架行走，要保持×××mm安全距离，违者罚款×××元，属于轻微违章。

第二百四十五条 皮带运行期间，严禁在机头架储带部分进行调整滚筒导向辊、分层托辊、游动车等，需调整必须停车进行，违者罚款×××元，属于严重违章。

第二百四十六条 皮带运行期间，中间皮带托辊可以进行调整，但必须保证2人进行，一人调偏，一人监护，严禁无监护下单人操作，否则，罚款×××元，属于轻微违章。

第二百四十七条 皮带运行期间，严禁对托辊、滚筒进行加油和注油，否则，罚款×××元，属于一般违章。

第二百四十八条 不用信号联系，随意开停运输设备者，罚责任者×××元，属于一般违章。

第二百四十九条 未采取安全措施在皮带上行走，罚款×××元，属于轻微违章。

第二百五十条 皮带运行时依靠边杆站立，罚款×××元，属于轻微违章。

第二百五十一条 皮带机头大架防护网未上全开机运行罚款×××元，属于轻微违章。

第二百五十二条 由于检修不到位或开皮带不负责任造成撕皮带事故者罚款×××元，属于严重违章。

第二百五十三条 不按规定使用皮带运输物料者，罚款×××元。

第二百五十四条 用矿车运送物料严禁超高超宽，违者罚责任单位×××元，罚责任者×××元。

第二百五十五条 各种绞车运输不按规定挂车，每超一个罚挂钩工×××元，属于一般违章，没有明确规定挂车数量，罚责任单位×××元。

第二百五十六条 斜巷下放运输车辆时绞车必须带电运转，违者罚款×××元，属于一般违章。

第二百五十七条 严禁冒险蹬车、跳车、扒车，违者罚款×××元，正式工开除留用，其他用工解除劳动合同。

第二百五十八条 在井下有意放野车、飞车者罚款×××元，解除劳动合同。

第二百五十九条 斜巷停车，未使用阻车器有效支设罚款×××元，属于一般违章，查不出责任者罚单位×××元。

第二百六十条 因不负责任造成跑车事故者，罚款×××元，在场运输责任人按严重违章处理。

第二百六十一条 井上、下主要车场，应有专职信号把钩工负责车辆运行，他人不得擅自操作，违者罚款×××元，属于一般违章。

第二百六十二条 矿车的连接装置应使用规定的链环、插销，不得用其他材料代替，违者罚责任者×××元，属于轻微违章。

第二百六十三条 小绞车卡闸失效，禁止使用，否则罚责任单位×××元。直接责任者×××元。

第二百六十四条 循环绞车运输必须一车两钩，否则罚款×××元，属于一般违章。

第二百六十五条 人力推车应遵守《煤矿安全规程》规定，违者罚责任者×××元，属于轻微违章。

第二百六十六条 车辆掉道时严禁用绞车强拉上道，否则罚款×××元，属于一般违章。

第二百六十七条 运送人员时，严禁同时运送爆炸性的、易燃烧性的或腐蚀性的物品或附挂物料车，违者罚司机、乘务员各×××元，属于严重违章。

第二百六十八条 站在运行中的车辆上装卸物料罚责任者×××元，属于一般违章。

第二百六十九条 清撒斜巷翻笼翻车时，必须挂好护链，违者罚款×××元。

第二百七十条 一坡三挡必须正常投入使用，违者罚款×××元，属于轻微违章。

第二百七十一条 斜巷运输时，应遵守“行人不行车，行车不行人”的规定，违者罚款×××

元，属于一般违章。

第二百七十二条　在用的各种车辆（包括花车、矿车、平板车等）两端必须装置碰头，且突出长度不小于100mm，否则罚责任单位×××元，罚责任者×××元。

第二百七十三条　挡车装置不符合规定要求每处罚款×××元。

第二百七十四条　皮带托辊不转动、不灵活或未定期注油每串罚款×××元。

第二百七十五条　车辆停放在道岔上，罚款×××元

第二百七十六条　斜巷运输时，"一坡三挡"装置必须齐全、灵敏、可靠，否则发现一处罚责任单位×××元。

第二百七十七条　各巷道运送支架等大型设备时，禁止行人，强行行走者罚款×××元，属于一般违章。

第二百七十八条　所有轨道、道岔必须符合安全生产标准化要求，每发现一处不符合要求罚责任单位×××元，直接责任者×××元。

第二百七十九条　绞车钢丝绳磨损、断丝超限不及时更换，罚款×××元。

第二百八十条　小绞车安装未经验收而投入使用罚款×××元。

第二百八十一条　凡使用钢丝绳的单位，必须加强钢丝绳的维护保养，存在有缺变向轮、断股打结、绳卡不按规定打设、缺心形环、需加装保险绳而未加装等情况的一处罚款×××元。

第二百八十二条　装卸大件、长料或大型设备不制定安全措施罚款×××元。

第二百八十三条　所有绞车张紧装置、尾轮、栅栏及其他防护装置必须经常检查，发现问题及时处理，否则罚责任单位×××元，直接责任者×××元，造成事故另究。

第二百八十四条　严禁人员和物料混合提升，违者罚款×××元，把钩工不制止，罚款×××元，属于一般违章。

第二百八十五条　主、副绞车提升过卷一次罚责任者×××元。

第二百八十六条　主、副绞车运行时，主司机不在岗位，罚责任者×××元。

第二百八十七条　主、副井绞车保护装置不齐全或不可靠，每处罚责任单位×××元，罚分管队长×××元。

第二百八十八条　绞车无护绳板，或护绳板不合要求罚责任单位×××元。

第二百八十九条　绞车、钢丝绳不按规定时间检查，对责任者罚款×××元。

第二百九十条　井下皮带、煤溜、绞车等必须设有声光齐全的信号装置，并保证灵敏可靠，不合格者不准运行，违者罚责任单位×××元。

第二百九十一条　材料堆放不符合标准罚款×××元。

第二百九十二条　所有在用绞车必须按规定挂设设备参数和小绞车11条禁令等管理牌板，否则罚责任单位×××元。

第二百九十三条　罐笼护链必须保持完好，发现一次不完好罚款×××元。

第二百九十四条　小绞车安装必须用水泥固定底座或锚杆固定，保证牢固可靠，否则罚责任单位×××元。

第二百九十五条　临时小绞车必须用四压两戗一将军柱固定牢固，且压戗柱必须用木柱，否则罚款×××元。

第二百九十六条　轨道坡度在8°以上未安设阻车装置或不符合要求罚款×××元，不按规定使用罚款×××元。

第二百九十七条　设备开停要按规定使用信号，不得使用灯光、传话、敲击器物等代替信号，违者罚款×××元，属于一般违章。

第二百九十八条　胶轮车人车司机必须经过培训，并持有中华人民共和国机动车驾驶证A3类及

以上的证件方可驾驶，货车司机持B类以上证件，否则罚款×××元，属于轻微违章。

第二百九十九条 驾驶胶轮车前必须进行安全确认，前照明灯、后尾灯、喇叭、车门闭锁装置、制动系统、冷却系统等一项不合格，开车行驶的罚款×××元，属于轻微违章。

第三百条 驾驶胶轮车发生碰撞，罚款×××元，并按事故处理。

第三百零一条 私自拆卸并偷盗零部件，如喇叭、按钮、照明灯、监测监控等有损车辆使用安全的，罚款×××元，属于一般违章。

第三百零二条 驾驶胶轮车超速行驶一次罚款×××元，属于轻微违章。造成事故的按照相关规定处罚。

第三百零三条 胶轮车行驶至弯道、岔路口、坡道、通过风门及会车时必须鸣笛预警，否则一次罚款×××元，属于轻微违章。

第三百零四条 胶轮车不按规定用途使用、未对沿途道路情况进行检查或强行通过危险区域的处罚司机×××元，处罚违章指挥者×××元，造成事故的或设备设施损坏的另行调查处理。

第三百零五条 人为损坏、玷污井下交通标志、广角镜、警示牌或指示灯等设施的罚款×××元，属于一般违章。

第三百零六条 行人行走方向与车辆行驶方向相同时，相距20 m前，车辆减速，停止行进，人员站在安全位置，等待车辆通过后方可行走，否则罚款×××元，属于轻微违章。

第三百零七条 行人行走方向与车辆行驶方向相反时，相距20 m前，车辆减速，停止行进，等人员通过，车辆方可启动，否则处罚司机×××元，属于轻微违章。

遇到运输大件等特殊情况时，按专项技术措施中规定的优先通行方执行。违者罚款×××元，属于轻微违章。

第三百零八条 胶轮车在驾驶中，其他人员对司机进行挑逗、恐吓、威胁、用灯照司机眼睛等行为导致司机误操作，对该行为人罚款×××元，属于一般违章。造成事故的按事故处理。

第三百零九条 胶轮车在斜巷停车时必须安设阻车器，否则，罚款×××元，属于轻微违章。

第三百一十条 胶轮车空挡滑行，罚款×××元，属于轻微违章。但在坡段禁止空挡滑行，否则罚款×××元，属于一般违章。造成事故追究事故责任。

第三百一十一条 胶轮车运送人员必须使用专用人车，严禁超员，违者处罚司机×××元，属于轻微违章。

第三百一十二条 胶轮车人车运送人员时，乘坐人员必须在胶轮车停稳后按秩序上下车，违者罚款×××元，属于轻微违章。

第三百一十三条 胶轮车司机驾驶人车起步和停车时必须发出信号，得到回应后方可起步和停车，否则，对司机罚款×××元，属于轻微违章。

第三百一十四条 胶轮车司机在巷道中发现水沟盖板缺失、断裂处要停车汇报调度室，严禁碾压或驾驶胶轮车强行通过，违者处罚×××元。

第三百一十五条 胶轮车在有积水坑的巷道行驶时，发现封口的工字钢缺失，缝隙较大时，严禁强行通过，违者处罚×××元，造成事故的另究。

第三百一十六条 两车同向行驶时应保持不低于50 m的安全运行距离，否则处罚后车司机×××元，属于轻微违章。

第三百一十七条 胶轮车必须在规定地点掉头，否则处罚司机×××元，属于轻微违章。

第三百一十八条 驾驶单轨吊司机必须持证上岗，否则，罚款×××元，属于一般违章。

第三百一十九条 单轨吊司机开车前必须安全确认，起始端、终止端必须设置轨端阻车器，否则，不准运行，违者罚款×××元，车厢乘坐人员不挂护链罚款×××元，属于轻微违章。

第三百二十条 单轨吊车前后照明灯必须完好，照明灯不亮开车运行处罚司机×××元，属于轻微违章。

第三百二十一条　单轨吊车运行中发现顶板、车辆各部位有异响，必须停车处理，否则处罚司机×××元。

第三百二十二条　单轨吊运行期间躺在驾驶室或乘人车厢座位上睡觉罚款×××元，属于一般违章。

第三百二十三条　破坏单轨吊车部件、单轨吊梁及连接部件罚款×××元，属于严重违章。

第三百二十四条　携带易燃易爆物品严禁乘坐单轨吊车，否则罚款×××元，属于一般违章。

第三百二十五条　乘坐单轨吊车人员严禁将肢体及携带的工具伸出车外，否则，罚款×××元，属于轻微违章。

第三百二十六条　单轨吊车在行驶中发现前方有人，必须在×××m前减速鸣笛，慢行通过行人处，否则处罚司机×××元，属于轻微违章。遇到运输大件等特殊情况时，按专项技术措施中规定的优先通行方执行。违者罚款×××元，属于轻微违章。

第三百二十七条　单轨吊车行驶至弯道、岔路口、坡道、通过风门等情况时必须鸣笛预警，否则一次罚款×××元，属于轻微违章。

第三百二十八条　单轨吊车司机在开车前和停车时必须发出信号，得到回应后方可开车和停车，否则，对司机罚款×××元，属于轻微违章。

第三百二十九条　人员上下车时，必须待车停稳方可上下，否则，罚款×××元，属于轻微违章。

第七章　爆炸物品和井下爆破

第三百三十条　爆破工必须持证上岗，违者罚款×××元，领退爆破材料相关人员必须在视频下进行工作，否则，属于轻微违章；进入爆炸材料库检查人员必须先除静电，解除矿灯，并登记记录，进入储藏室必须用专用灯，否则，属于轻微违章。

第三百三十一条　停风、瓦斯超限严禁爆破作业，违者罚款×××元，所有责任人属于严重违章。

第三百三十二条　爆破作业必须严格执行“一炮三检”和“三人连锁爆破”制度，否则罚爆破工、瓦检工、当班班组长各×××元，属于一般违章。

第三百三十三条　爆破前爆破地点20 m范围内必须检查瓦斯，否则爆破工有权不进行爆破作业，并处瓦斯员×××元，属于一般违章。

第三百三十四条　严禁打眼和装药平行作业，违者罚款×××元，属于严重违章。

第三百三十五条　严禁多人爆破作业，违者处罚班组长×××元，安全员×××元，责任单位罚款×××元。

第三百三十六条　爆破作业操作地点必须在安全地点，必须符合作业规程规定，否则罚爆破工×××元，属于一般违章。

第三百三十七条　严禁裸露爆破，违者罚款×××元，属于严重违章。

第三百三十八条　综采面未按规定批准擅自爆破作业，罚款×××元，属于严重违章。

第三百三十九条　必须使用专用发爆器，违者罚款×××元，属于严重违章。

第三百四十条　爆破作业不设警戒，罚当班班组长、安全员各×××元，属于一般违章，造成事故的追究事故责任。

第三百四十一条　爆破作业不执行清点人员和发警号制度，违者罚款×××元，属于一般违章。

第三百四十二条　警戒人员不负责任，致使他人误入爆破区，罚警戒人员×××元，属于严重违章。造成事故另究。

第三百四十三条　爆破工必须随身携带发爆器的把手或钥匙，违者罚款×××元，属于一般违章。

第三百四十四条　装药前，必须用掏勺或压缩空气清除炮眼内的煤、岩粉，否则罚款×××元。

第三百四十五条　严禁在 1 个工作面使用两台发爆器同时进行爆破，违者罚款×××元，属于一般违章。

第三百四十六条　井上下接触爆炸材料的人员，必须穿棉布或抗静电衣服，且不准戴电子表，违者罚款×××元，属于轻微违章。

第三百四十七条　不执行爆炸材料领退制度，罚款×××元，属于一般违章。不执行电雷管编号制度罚款×××元。

第三百四十八条　电雷管和清退入库后再次发放的电雷管在发给爆破工前必须用电雷管检测仪逐个做全电阻检查，并将脚线扭结成短路，任一项未做罚款×××元。严禁发放电阻不合格的电雷管，否则罚款×××元，属于一般违章。

第三百四十九条　井筒内运送爆炸材料时，电雷管和炸药必须分开运送，违者罚款×××元，属于严重违章。必须事先通知绞车司机和井上下把钩工，违者罚责任者×××元，属于严重违章。

第三百五十条　在装有爆炸材料的罐笼内除爆破工或护送人员外，不得有其他人员，违者罚款×××元，属于严重违章，且同罐内搭乘的携带爆炸材料的人员不得超过 2 人，违者罚款×××元，属于严重违章。

第三百五十一条　罐笼升降速度在运送电雷管或乳化炸药时不得超过 2 m/s。运送其他类爆炸材料时不超过 4 m/s，否则罚当班司机×××元。

第三百五十二条　炸药和电雷管不得在同一列车内运输，违者罚有关责任人×××元，属于严重违章。

第三百五十三条　严禁用刮板输送机、带式输送机运输爆炸材料，违者罚款×××元，属于严重违章。

第三百五十四条　电雷管必须由爆破工亲自运送，炸药应由爆破工或在其监护下由其他人员运送，否则罚款×××元，属于严重违章。

第三百五十五条　人力运送爆炸材料时必须装在防震、防静电的非金属容器内，违者罚款×××元；严禁将爆炸材料装在衣袋内，否则罚款×××元；领到爆炸材料后应直接送到工作地点，严禁中途逗留或另做他事，否则罚款×××元，属于严重违章。

第三百五十六条　不得发放或掺混使用不同厂家生产的或不同品种的电雷管，否则罚责任者×××元。

第三百五十七条　从成束的电雷管中抽取电雷管时，手拉脚线硬拽管体或手拉管体、硬拽脚线的罚款×××元，属于一般违章。

第三百五十八条　抽出的单个电雷管必须将其脚线扭结成短路，违者罚款×××元，属于轻微违章。

第三百五十九条　爆破前必须对机器、支架、电缆等进行保护或将其移至安全地点，违者罚款×××元，属于轻微违章。损坏设备另究。

第三百六十条　爆破母线、连接线、脚线之间的所有接头必须相互扭紧，并悬空，不得与电气设备其他导电体（轨道、金属管网、钢丝绳等）相接触，否则罚款×××元，属于轻微违章。

第三百六十一条　严禁用轨道、金属管网、水或大地作爆破回路，违者罚款×××元，属于严重违章。

第三百六十二条　爆破前，脚线的连接工作可由经过训练的班组长协助爆破工进行，严禁其他人员进行连线，违者罚款×××元。爆破母线连接线脚线、检查线路和通电工作只准爆破工一人操作，违者罚款×××元，属于一般违章。

第三百六十三条 装药时，工作面内不得超过2人，不得从事与此无关的其他工作，违者罚款×××元，属于一般违章。

第三百六十四条 爆破作业后，摘掉母线，并扭接短路，违者罚款×××元，属于轻微违章。

第三百六十五条 爆破后未待炮烟被吹散进入工作面者罚款×××元，属于轻微违章。

第三百六十六条 通电后出现拒爆时，爆破工必须先取下把手或钥匙，并将爆破母线从电源上摘下，扭结成短路，再等一定的时间（使用瞬发电雷管时至少5 min，使用延期电雷管时至少15 min）方可沿线路检查，违者罚款×××元，属于一般违章。

第三百六十七条 在拒爆、残爆处理完毕前，严禁在该地点进行与处理拒爆、残爆无关的工作，违者罚款×××元，属于一般违章。

第三百六十八条 爆破母线不达规定长度，罚爆破工×××元，且必须现场整改达标，否则，不准爆破作业，属于轻微违章。

第三百六十九条 爆炸材料的每次领用量必须与领料单审批的数据一致，否则，罚有关责任者×××元，属于一般违章。

第三百七十条 失效的电雷管、炸药要按规定由生产科和保卫科共同处理或销毁，违者罚款×××元。

第三百七十一条 每次爆破作业时，都必须把火药箱放在警戒线以外的安全地点，否则罚当班爆破工×××元。

第三百七十二条 火药箱和雷管箱必须加锁，否则各罚款×××元。

第三百七十三条 火药、雷管不准混装一个箱内违者罚款×××元，属于严重违章。

第三百七十四条 火药、雷管不准乱扔乱放，违者罚款雷管×××元/枚，火药×××元/卷，属于一般违章。

第三百七十五条 藏匿火药、雷管，发现一个罚款×××元，属于严重违章。

第三百七十六条 爆破线不得永久布设，违者罚款×××元，属于一般违章。

第三百七十七条 发爆器不完好罚款×××元，属于一般违章。

第三百七十八条 凡采掘工作面采用爆破方式进行相关作业，炮眼封泥必须使用水炮泥，否则罚款×××元，属于一般违章。

第三百七十九条 不使用炮棍装药者，罚款×××元，属于轻微违章。

第三百八十条 加工引药时，电雷管只许由药卷的顶部装入，不得用电雷管代替竹、木棍扎眼，违者罚款×××元；雷管必须全部插入药卷内，严禁将电雷管斜插在药卷的中部或捆在药卷上，违者罚款×××元，均属于一般违章。

第三百八十一条 加工引药不准坐在火药箱上，应避开电器设备，在支架完整的安全地点进行，否则罚款×××元，属于轻微违章。

第三百八十二条 打眼时严禁继续加深残眼和瞎炮炮眼，违者罚款×××元，属于一般违章。

第三百八十三条 不按规定处理残炮、瞎炮罚款×××元，属于一般违章。

第三百八十四条 爆破母线与其他电源线混杂在一起罚款×××元，属于一般违章。

第三百八十五条 空顶距超过规定距离，严禁打眼爆破，违者罚款×××元，属于严重违章。

第三百八十六条 裸露爆破崩倒支架或留有伞檐未处理，而进行其他作业罚款×××元，属于一般违章。

第三百八十七条 由于裸露爆破崩坏机电设备、支架，巷道等，对责任者罚款×××元，按事故责任处理相关责任人。

第三百八十八条 炮眼封泥长度不符合《煤矿安全规程》规定不准爆破，否则罚款×××元。

第三百八十九条　用煤粉、纸或其他可燃性材料等充填炮眼罚款×××元，属于一般违章。

第三百九十条　没收、收缴不符合爆炸物品管理制度的炸药雷管必须立即送到爆炸材料库保管，严禁随身携带或升井，违者罚款×××元；爆炸材料库管理人员必须接收并清点核实数量，出示收据，违者罚款×××元。

第三百九十一条　炸药、雷管严禁混装在同一容器内，违者罚领取人及爆炸物品管理员各×××元，属于一般违章。

第三百九十二条　爆炸物品的运输、保管必须执行爆炸物品管理的所有规定，违者罚款×××元，情节严重者罚款×××元，属于严重违章。

第三百九十三条　爆破母线有明接头，每处罚款×××元，如有两个破口，必须更换爆破母线，否则罚款×××元。

第三百九十四条　爆炸材料库内必须备有足够数量的消防器材，否则罚款×××元。

第三百九十五条　井下爆炸材料库的炸药和电雷管必须分开贮存，否则罚款×××元，属于一般违章。

第八章　一　通　三　防

第三百九十六条　掘进工作面局部通风机存在循环风现象，罚责任单位通风科×××元。

第三百九十七条　主要通风机必须保证正常运转。因检修、停电或其他原因需要停风时，必须制定停风措施，报总工程师批准，否则，罚责任者×××元，属于一般违章。

第三百九十八条　主要通风机无计划停运的罚有关责任单位或责任者×××元。

第三百九十九条　井下所有风门要随开随关，严禁支开不关或同时打开两道风门，违者罚责任者×××元，属于一般违章，同时罚责任单位×××元。

第四百条　运料车碰撞风门等罚款×××元，撞坏风门等通风设施罚款×××元。

第四百零一条　随意进入栅栏内罚款×××元，属于轻微违章。

第四百零二条　不得随意拆除、损坏通风设施，违者据其原因和损坏程度，罚责任者×××元。查不出责任者罚责任单位×××元。擅自拆开风筒罚款×××元，未经通风科同意擅自增加通风设施罚责任单位×××元。

第四百零三条　所有机组及转载点、破碎机出入口等的有洒水喷雾设施但不正常使用者罚款×××元，属于轻微违章。

第四百零四条　净化水幕要灵敏、可靠，使用正常，如有使用不正常罚责任者×××元，属于轻微违章，损坏或丢失一道罚责任单位×××元。

第四百零五条　净化风流水幕距工作面距离不符合规定，罚责任单位×××元。

第四百零六条　采掘机械的内外喷雾洒水装置必须齐全完好正常使用，否则不准开机，违者罚款×××元。不使用或喷头堵塞不处理罚款×××元。

第四百零七条　综合防尘水幕无故停止使用罚款×××元，属于轻微违章。

第四百零八条　煤巷掘进爆破作业前后不洒水罚款×××元，属于轻微违章。

第四百零九条　局部通风机必须保持连续运转，不准随意关闭，否则罚责任者×××元，属于严重违章。

第四百一十条　凡损坏风筒者，每节罚款×××元，查不出具体责任者，由施工单位负责。凡盗窃风筒者，要追加原物并照价赔偿，视情节轻重给予行政处分。

第四百一十一条　瓦检员未按巡回图表检查罚款×××元。

第四百一十二条　瓦检员没在指定地点交接班罚款×××元。

第四百一十三条　瓦检员未按本矿要求配足岗位罚款×××元。

第四百一十四条　凡按规定携带便携式瓦检仪的人员未携带不得入井，否则对责任者罚款×××元，损坏或丢失便携式瓦检仪照价赔偿。发放失效或坏瓦检仪罚款×××元。

第四百一十五条　瓦检员空班、漏班或假报瓦斯数据者，罚款×××元，属于严重违章。

第四百一十六条　瓦检员在井下睡觉罚款×××元，属于一般违章，情节严重者加重处罚，并视情节轻重给予行政处分直到开除矿籍。

第四百一十七条　瓦检员必须熟练掌握光学瓦检仪的使用方法并妥善保管，否则罚款×××元；在井下使用坏仪器罚款×××元。

第四百一十八条　瓦斯超过《煤矿安全规程》有关规定时，瓦检员有权责令现场人员停止工作，并撤到安全地点，失职或不服从者各罚款×××元，属于严重违章。

第四百一十九条　局部通风机停风不撤人，继续作业罚款×××元，属于严重违章。

第四百二十条　开掘面无计划停风，不汇报、不撤人，继续作业罚款×××元，主要责任者属于严重违章。

第四百二十一条　明知瓦斯超限不及时处理继续作业者罚款×××元，按瓦斯超限事故处理。

第四百二十二条　风筒出风口距迎头不得超过5 m，否则罚款×××元；故意折叠风筒或拆开风筒造成工作面供风不足，罚款×××元，属于严重违章。

第四百二十三条　消防材料必须齐全完好、不得挪作他用，违者罚款×××元。

第四百二十四条　贯通巷道无专门安全措施不准作业，否则罚施工单位队长、技术员各×××元，罚单位×××元。

第四百二十五条　井口房和通风机房附近20 m以内不得有烟火或用火炉取暖，井口房和信号房不准吸烟，违者罚款×××元，属于严重违章。

第四百二十六条　木料场、仓库重地、火药库等地严禁烟火，选矸楼、皮带走廊、煤仓等煤尘较大的地方，以及主、副井绞车房、变电所、风机房等重要场地严禁吸烟，违者罚款×××元，属于严重违章。

第四百二十七条　井下用剩的汽油、煤油、变压器油等必须运回地面，严禁在井下存放，违者罚款×××元。严禁将剩油、废油泼洒在井巷或硐室内，违者罚款×××元，并按严重违章处理。

第四百二十八条　凡是损坏“一通三防”设备、设施或违反“一通三防”有关规定造成重大隐患，情节严重者，对责任者给予×××元以上罚款，属于严重违章。情节较轻者按一般违章处理，因此造成事故的按事故处理。

第四百二十九条　已发放配齐井下小灵通的人员未按规定携带，发现一次罚×××元。

第四百三十条　排放瓦斯时，严禁一风吹、不按顺序进行或排放瓦斯时所规定的领导不在现场指挥的，罚相关人员×××元，属于严重违章。

第四百三十一条　凡严禁烟火地点，发现有烟头无责任者，罚单位×××元/个，累计计算。

第四百三十二条　携带自救器的人员必须熟悉自救器的构造、性能，正确掌握自救器的使用方法，凡在检查中发现不会佩戴使用自救器的职工一次罚本人×××元，单位第一负责人×××元，技术员×××元。

第四百三十三条　应定期对自救器进行气密性检查和称重实验，并做好记录，否则罚责任单位每次×××元。

第四百三十四条　采掘工作面停电、停风，恢复时未经检查瓦斯擅自送电的罚送电者×××元，属于一般违章。

第四百三十五条　高尘工序中，采掘机司机、移架工、顶溜工必须按要求佩戴个体防尘用具，否则每发现一次罚款×××元。

第四百三十六条　矿井风量不按有关规定及时测定，每次罚测定人×××元。

第四百三十七条　不能使用的风筒上井后作为修补风门包边沿口等用途，不准在井下乱扔，否则发现一节罚款×××元。

第四百三十八条　密闭启封要有专项措施，私自拆除或损坏对责任单位罚款×××元，现场作业人员每人罚款×××元，属于一般违章。

第四百三十九条　测尘人员不按规定及时测定粉尘浓度，每次罚测定人员×××元。

第四百四十条　对通风仪器、仪表不爱护造成损坏或任意拆卸要按原价赔偿；对通风仪器、仪表维修校正不及时，每次责任者×××元，罚责任单位×××元。

第四百四十一条　对临时停风地点没有撤出人员，切断电源，设置栅栏的罚跟班队干×××元，安全员、瓦检员不监督的，罚款×××元，不听从指挥的罚款×××元，属于一般违章。

第四百四十二条　瓦斯日报表不按规定报送的每次罚报送单位×××元，对责任人罚款×××元。

第四百四十三条　回风巷道的失修率不符合规定时，每超1%罚维护单位×××元。

第四百四十四条　通风设施要按标准设置各种牌板，少一处对责任单位罚款×××元。

第四百四十五条　瓦斯管理设施不全，缺一项罚款×××元，不及时移动采掘工作面的瓦斯检查牌，按缺少设施处理。

第四百四十六条　永久密闭、风门周边要掏槽，见硬帮、硬底，与煤岩接实，并抹有0.1 m的裙边，否则每处对施工单位罚款×××元。

第四百四十七条　构筑通风设施必须采用不燃性材料，否则对施工单位罚款×××元，发现墙体漏风，罚款×××元/处。

第四百四十八条　人为造成盲巷的，罚责任单位50元/m，发现盲巷不及时管理对通风科罚款×××元。

第四百四十九条　严禁一台局部通风机向两个掘进头供风，否则罚通风科×××元。

第四百五十条　采煤工作面上下端头，安全出口不按规定支护和巷道中堆放物料过多严重影响通风的，罚责任单位×××元。

第四百五十一条　局部通风机没有专人管理，罚责任单位×××元。

第四百五十二条　不执行巷道贯通措施或没有经通风科审查的安全措施随意贯通的，罚责任单位×××元。

第四百五十三条　盲目掘透高浓度瓦斯巷道和采空区的，对责任单位罚款×××元。

第四百五十四条　自救器必须按使用说明书规定按期报废，发放单位不能以任何理由发放超期自救器，发现一次罚发放单位×××元。

第四百五十五条　各作业单位必须爱护井下瓦斯探头等瓦斯监测设备，必须随工作面推进及时移动，吊挂位置必须符合规定，否则每次罚款×××元。

第四百五十六条　瓦斯探头必须定期校正，正常使用，否则每次罚责任者×××元。

第四百五十七条　综采工作面由于生产不均衡、落煤量大或者上下隅角管理不善、抽采不到位、造成瓦斯超限的处罚责任单位×××元，其他部门相关责任人罚款×××元。

第四百五十八条　井下电（氧）焊、气割等作业必须经有关领导审查批准后方可进行，否则罚款×××元。氧气瓶、乙炔气瓶要放在作业点上风侧，瓶间距要符合规程规定，并采取防倒措施，否则罚款×××元；作业完毕后电焊机、氧气瓶、乙炔气瓶等必须立即运回地面，严禁在井下存放，违者罚有关责任者×××元。

第四百五十九条　在通风设施前后5 m内堆放材料、设备和杂物或有淤泥积水罚责任单位×××元。

第四百六十条　所有机组及转载点、破碎机出入口等的洒水喷雾设施，必须保证齐全完好，否则每发现一处罚责任单位×××元。

第四百六十一条　采、掘、开工作面投产前，必须有完善的洒水系统和设施，否则罚责任单位队长×××元。

第四百六十二条　井下主要进回风巷、采煤面、风运两巷、开掘巷未定期冲洗罚责任单位×××元。

第四百六十三条　隔爆水袋设置距离不符合规定、挂钩不规范或水袋缺短、无水每次罚责任者×××元，罚责任单位×××元。无说明牌罚责任单位×××元。

第四百六十四条　井下所有工作面、巷道及地面选矸系统皮带走廊、皮带输送机机头机尾、刮板输送机机头机尾，必须定期冲洗煤尘，发现一处在连续5 m内煤尘超过1 mm，罚责任单位×××元。

第四百六十五条　各单位责任范围内的隔爆水袋，必须经常保持完好，水量充足，否则，罚责任者50元/个，有意损坏者罚款×××元/个，属于一般违章，罚责任单位×××元。

第四百六十六条　开、掘巷道开工时，必须安装局部通风机，否则不准施工，违者罚责任单位×××元。开工前必须由职能部门进行安全确认，施工单位必须整改安全确认提出的问题或隐患，完成后方可施工。每有一条问题或隐患未闭合罚施工单位×××元。

第四百六十七条　局部通风机必须安设风电闭锁装置，否则罚责任单位责任人×××元。

第四百六十八条　风筒口落地，对施工单位罚款×××元。

第四百六十九条　掘进工作面风筒口距窝头距离必须符合规程规定（不超过5 m），否则罚责任者×××元。

第四百七十条　回采工作面在回风巷距工作面10～15 m内、上隅角、距回风口10～15 m内、采煤机处及掘进工作面、掘进回风流等处未按要求悬挂甲烷报警断电仪，每少一处对责任单位处罚×××元。

第四百七十一条　局部通风机供电线路没有选择性漏电保护装置或应实现“三专两闭锁”而未实现的罚责任单位×××元。

第四百七十二条　新建永久密闭墙漏风每处罚款×××元。

第四百七十三条　采掘工作面风量未达到本矿供风要求罚责任单位×××元。

第四百七十四条　盲巷不按规定管理每处罚款×××元。

第四百七十五条　消防设施必须齐全，每缺一处罚责任单位×××元。

第四百七十六条　凡需设置消防设施、消防器材而未设置的罚款×××元，设置不合理或数量不够，每缺一项罚×××元，损坏或失效不及时更换每项罚责任者×××元。

第四百七十七条　井下所有巷道的静压管路、阀门等不准随意关闭、损坏和拆除，违者罚责任单位×××元，罚责任者×××元。造成事故追究责任。

第四百七十八条　井下消防和防尘管路要求：皮带巷每50 m设置支管和阀门，采掘工作面每×××m设置支管和阀门，否则少一处罚款×××元。

第四百七十九条　出现风筒吊挂不符合标准要求，每处对责任人罚款×××元。

第四百八十条　人为破坏风筒，造成风筒破口者处罚×××元，属于一般违章。

第九章　铁　路　运　输

第四百八十一条　认真细致检查每节车厢连接完好情况及闸瓦间隙情况，并及时将检查情况上报，有检查记录。未经检查而发信号启动罚款×××元，属于一般违章。

第四百八十二条　机械设备启动前，要详细检查设备整体情况和各部件的完好情况，发现问题及时处理，违者罚款×××元。

第四百八十三条　要定期检查钢丝绳，如有断丝及时处理或更换，违者罚款×××元。

第四百八十四条 前方线路有存车或其他障碍物时，不准挂绳牵引，违者罚款×××元，属于轻微违章。

第四百八十五条 挂钩必须检查绳钩是否坚固，有无断裂现象，在车厢侧有大钩的严禁挂在护绳上，违者罚款×××元，属于轻微违章。

第四百八十六条 挂钩后，钢丝绳附近有人，严禁发出开车信号，否则罚款×××元，属于一般违章，由此造成钢丝绳脱落伤人，按事故处理。

第四百八十七条 牵引车停止工作后，必须将钢丝绳拖离轨道，如绳被车压伤罚款×××元。

第四百八十八条 列车到装车站后，要及时按规定设置防溜设施，违者罚款×××元，由此造成事故追究责任。

第四百八十九条 定期对防跑车装置做可靠性鉴定，否则对责任单位罚款×××元。

第四百九十条 保证行车信号齐全，指示准确无误，违者罚款×××元，属于轻微违章。

第四百九十一条 扳道岔操作要一看、二扳、三确认做到准确无误，违者罚款×××元，属于轻微违章。

第四百九十二条 车厢经过道口时，要及时放下栏杆，指示过往行人、车辆停止行进，否则对执勤人员罚款×××元。

第四百九十三条 销售科有专人负责防溜手闸的设置与解保，检查手闸的坚固力是否符合要求，否则罚款×××元。

第四百九十四条 所有车厢必须关闭牢固、严密，否则一个车门关闭不达要求对责任者罚款×××元。

第四百九十五条 需要在车厢上端工作时，不得少于两人作业，否则罚款×××元，属于轻微违章。

第四百九十六条 上下车利用车梯，不准跳车，违者罚款×××元，属于轻微违章。

第四百九十七条 不准站在车厢上部边缘平车，以防失足，违者罚款×××元，属于轻微违章。

第四百九十八条 车厢装满溢在轨道上的浮煤要随时清理，违者一次罚款×××元。

第四百九十九条 铁路照明，标志灯要经常保持完好，若发现一处不完好罚款×××元。

第五百条 及时清理道岔周围的各种杂物，保证行车安全，违者罚款×××元。

第五百零一条 平车后表面高差不得大于30 cm，不准出现偏重现象，否则罚款×××元。

第十章 地 面

第五百零二条 （地面区域，以下同）氧气瓶、乙炔气瓶不按规定放置罚款×××元。

第五百零三条 电焊地点周围10 m范围内有可燃物品罚款×××元。

第五百零四条 车工、气割、气焊工工作时必须穿工装、戴防护镜，否则每次罚款×××元。

第五百零五条 在所有禁止抽烟区域抽烟，罚款×××元，在允许抽烟区抽烟，但超出2 m范围属于轻微违章。

第五百零六条 皮带走廊、机房等地点不准电焊、气割作业，特殊情况必须有批准的措施，否则罚款×××元，属于严重违章。

第五百零七条 从选矸楼向下扔物料罚款×××元。

第五百零八条 胶轮车夜间无照明运行罚款×××元。

第五百零九条 离开操作运转的设备时不切断电源罚款×××元。

第五百一十条 指使他人私自操作电气设备各罚款×××元，属于一般违章。

第五百一十一条 非电工操作电气设备，罚款×××元，属于严重违章。

第五百一十二条　电焊工工作中不穿工作服、绝缘胶鞋、戴护目镜（罩）、戴护足、皮手套罚款×××元，属于轻微违章。

第五百一十三条　工件未停稳进行测量罚款×××元，属于轻微违章。

第五百一十四条　设备外露的旋转部位未加防护罩罚款×××元。隔着车床传递物品和工具罚款×××元，属于轻微违章。

第五百一十五条　机加工上、下工件必须切断电源，违者罚款×××元，属于轻微违章。

第五百一十六条　不应戴手套操作的机械，人员戴手套操作罚款×××元，属于轻微违章。

第五百一十七条　在砂轮上磨刀身体正对着砂轮罚款×××元，属于轻微违章。

第五百一十八条　验电时未戴绝缘手套罚款×××元，属于一般违章。

第五百一十九条　起重机吊运物件无专人指挥罚款×××元，属于一般违章。

第五百二十条　起吊时吊起物件上有人或从人头上通过罚款×××元，属于一般违章。

第五百二十一条　起重运输设备及钢丝绳超载起吊或歪拉斜挂，罚款×××元，属于严重违章。

第五百二十二条　用麻绳或铁丝起吊物体、起吊物重量不明、起吊信号不明或控制失灵、光线不足看不清重物、锋利楞刃无衬垫等起吊作业，罚款×××元，属于一般违章。

第五百二十三条　室外起吊时，重物埋在地下、六级以上大风、安全装置失灵、起吊钢丝绳磨损严重等严禁起吊，否则，罚款×××元，属于一般违章。

第五百二十四条　木料场无消防设施或设施不全罚单位、分管责任人×××元。

第五百二十五条　未经批准在不允许生火的地点生火取暖罚款×××元。

第五百二十六条　选矸楼各转载点无洒水装置每处罚款×××元。

第五百二十七条　选矸楼不定期冲洗煤尘或煤尘堆积罚款×××元。

第五百二十八条　储存危险品或易触电处未设遮拦和危险标志罚款×××元。

第五百二十九条　科室人员不按规定时间而提前或班中就餐的，罚款×××元，属于轻微违章。

第五百三十条　井下胶轮车必须有位置检测仪，否则罚款×××元/台，入井人员位置检测仪缺电超过3天以上而未更换电池罚款×××元，属于轻微违章。

第十一章　矿区道路车辆行驶及汽运煤场

第五百三十一条　所有职工群众开车进出矿区各停车场必须遵守××煤业《车辆交通管理规定》否则由保卫科、安全科处理。

第五百三十二条　所有在矿区道路行驶车辆车速必须按规定限速行驶，否则，由保卫科处罚。

第五百三十三条　地面封闭储煤场洒水喷淋设施不得人为损坏，否则处罚责任人×××元/次，属于一般违章。

第五百三十四条　发生煤体滑坡处罚销售科×××元，发生事故按事故责任处理。

第五百三十五条　溜煤口堵塞处罚责任单位×××元，责任者×××元。处理井上、下煤仓溜煤口、各种溜煤眼的堵塞必须制定安全技术措施，经技术负责人和相关部门批准并有作业人员学习考试合格后，方可进行施工，否则，对责任单位罚款×××元，违章作业者罚款×××元，属于一般违章。

第五百三十六条　人为破坏消防设施罚款×××元，属于一般违章。

第十二章　伤亡及重大事故

第五百三十七条　对各类事故瞒报、谎报、故意延迟不报，对单位负责人罚款×××元，故意破坏事故现场或者无正当理由拒绝接受调查以及拒绝提供有关情况和资料的罚款×××元。按事故进行处理。

第五百三十八条　对集体违章从严处理，罚款×××元。

第五百三十九条　对各类事故责任者，或由于严重违章造成事故者，根据事故责任进行处理，分别给予×××元罚款或并处行政处分。

第五百四十条　因违章或其他原因造成本人或他人轻伤者，罚责任者×××元，并按事故责任处理。

第五百四十一条　因违章或其他原因造成本人或他人重伤的直接责任者，罚款×××元，并对照工伤事故处罚规定处理。

第五百四十二条　因违章造成他人死亡的直接责任者，开除矿籍或追究刑事责任。

第五百四十三条　单位发生一次轻伤事故，对事故单位罚款×××元。

第五百四十四条　单位发生一次重伤事故，对事故单位罚款×××元。

第五百四十五条　单位发生一次死亡事故，对事故单位罚款×××元。

第五百四十六条　凡发生重伤事故，罚事故单位队长、书记各×××元，其他队干各×××元。

第五百四十七条　凡发生死亡事故的当班班长、跟班队干、安全队长、队长、书记、罚款×××元，并各降一级工资一年，其他队干罚款×××元。

第五百四十八条　凡发生一次死亡事故，对本矿主要负责人、当天值班领导、总工程师、生产副矿长、安全副矿长、机电副矿长各罚款×××元；工会主席罚款×××元；经营副总经理、后勤副总经理、总经理助理及副总工程师各罚款×××元；业务保安部门负责人罚款×××元；生产性科室科长、党支部书记各罚款×××元；当班事故区域安全检查员罚款×××元；青年监督岗员、群监网成员各罚款×××元。

第五百四十九条　凡发生重大事故或重大恶性事故，由国家司法机关追究刑事责任。

第五百五十条　因违章发生重大未遂事故，经济损失在 50 万元以上者开除矿籍，经济损失在 10 万~15 万元者开除留用；经济损失在 3 万~5 万元降一级。

第五百五十一条　凡发生各类重大生产、机电事故、人身伤亡事故，事故单位必须在两日内提交事故报告，查明原因分清责任，制定防范措施，提出处理意见上报本矿安全生产委员会，按规定上报有关部门，否则罚责任单位×××元。

第十三章　奖　　励

第五百五十二条　日常检查出的隐患，通过量化系统，上传到调度室，按市场化定价进行奖励。井下捡到火药雷管及时主动交到火药库的奖励×××元。

第五百五十三条　查违章奖款按违章人员罚款部分的 30% 进行奖励。

第五百五十四条　积极参加安全科组织的突击查岗活动，每次奖款×××元。

第五百五十五条　各生产队（厂）兼职安全员，每月补助责任奖×××元。

第五百五十六条　每月底考核，安全生产无事故的队（厂），奖负责安全的副队（厂）长×××元。

第五百五十七条　对在安全工作中有突出贡献者，经安全生产委员会研究决定，奖×××元。

第五百五十八条　安全安全生产标准化工作优秀者，奖×××元；奖分管领导×××元。

第五百五十九条　在安全文化建设中做出突出贡献者，奖×××元。

第五百六十条　科技创新、改革发明、对安全工作有促进以及领导决定的其他奖励。

第十四章　其　　他

第五百六十一条　安监员工作不负责任，发现事故隐患，不制止、不汇报者，罚款×××元，造成事故重处。

第五百六十二条　因揭发、制止违章行为，遭到殴打、谩骂，罚肇事者×××元。致伤者重处。

第五百六十三条　刁难、打骂安监人员罚款×××元，按严重违章论处，并给予行政处分。

第五百六十四条　严禁偷盗和私自拆除井下各地点的机电、通风、通信、监测、监控、照明、运输、消防、防尘等设备、设施和材料，违者除照价赔偿外罚款×××元，按严重违章处理，视情节轻重给予行政处分，直至追究刑事责任。

第五百六十五条　安监人员和岗、网、纪检员发生“三违”者，加重处罚。

第十五章　附　　则

第五百六十六条　凡规定中未涉及的内容，违反三大规程及矿规、矿纪者，视情节轻重给予×××元的罚款，情节严重者给予行政处分。

第五百六十七条　隐患实行分类处罚的原则，对查出的一般隐患按照本《细则》处罚，对重大隐患及重复出现的隐患执行相关的责任追究规定。所有对隐患的罚款尽可能地落实到相关责任人，否则由各单位第一责任者承担。对于上级部门查出的属于安全生产标准化问题和一般隐患，在专题分析会上认定为责任问题的每条罚款×××元，对于重大安全隐患要立即停产整顿，对责任单位或责任人罚款×××元，执行硬性化管理规定。

第五百六十八条　年度内发生死亡或重大事故的单位，取消年终评比先进个人的资格和其他有关安全方面的奖励

第五百六十九条　凡受伤医治和享受伤假者，必须到安全科办理有关手续。

第五百七十条　对于触碰红线管理规定的和属于重大安全生产隐患（国务院第446号规定），按国家、省、市、集团公司的相关规定对责任者进行处罚。

第五百七十一条　本规定由本矿安全科具体负责执行，凡属罚款须报安全副矿长审批，凡属行政处分须提交专题报告，经总经理办公会议研究决定。

第五百七十二条　罚款必须使用财务科印制、编号的统一单据，印章齐全。安全科务于每月底将罚款交财务科，由财务科统一从工资中扣除。“三违”人员不及时到安全科接受处理者，加倍处罚。

第五百七十三条　本规定自2020年2月1日起执行，如与国家、上级有关规定相抵触时，按国家、上级规定执行。

第五百七十四条　本规定由本矿全体员工监督，安全科执行。

第五百七十五条　本规定解释权属本矿安全生产委员会。

13.17　伤亡事故统计报告制度

为认真贯彻执行国务院及煤矿安全监察局有关职工伤亡事故报告、处理、统计的法规，加强事故管理，及时准确报告、处理、统计所发生的伤亡事故，保障职工的合法权益，并接受事故教训，杜绝类似事故的发生，结合实际，特制定本制度。

第一章　事故报告的程序和时限

第一条　发生事故后，事故现场人员应立即汇报矿调度室，矿调度室值班人员向矿长报告；矿长在接到重伤、死亡或直接经济损失100万元及以上事故（包括井下突水虽无人员伤亡但采区或生产水平被淹事故，突水、冒顶或其他原因有人员被困事故，井下发生各类火灾事故）报告后，须在1 h内将事故伤亡人数、发生事故的事件、地点、原因、抢救情况等迅速报告主管部门和本矿所在地的煤矿安全生产监督管理部门、公安部门和工会。

第二条　事故应逐级汇报。

第二章 事故统计范围

第三条 发生造成人员死亡、重伤（包括急性工业中毒）或者直接经济损失在100万元以上的各类生产安全事故，都要按规定报告和统计。事故报告和统计范围由原来的“伤亡事故”扩展为包括急性工业中毒和直接经济损失在内的“生产安全事故”。

第四条 直接从事生产和工作发生的事故，或由于本矿的设备和劳动条件不良而引起的职工伤亡事故。

第五条 凡从事煤矿生产活动的人员包括正式工和非正式工，如合同工、外包工、协议工、实习生以及来矿调研、参观、学习或检查工作的人员等所发生的伤亡事故。

第六条 凡执行公务或为了上、下班而乘坐本企业的车辆所发生的伤亡事故。

第七条 职工在负伤后一个月以内死亡的，应作为死亡事故统计（如在上月报表已报出后死亡的，可统计在死亡月内）。

第八条 施工单位承包矿井内的基建、安装工程，发生生产安全事故，按照属地管理的原则，一律由工程发包单位负责报告和统计。

第九条 发生事故及在救灾过程中造成人员伤亡或非本单位的人员伤亡都应统计报告。

第十条 职工在劳动过程中因病导致死亡，必须先按规定时限和程序报告安全监察分局。经安全监察分局调查确认系由职工本人疾病造成的，不按事故统计。

第十一条 事故直接经济损失在100万元以下，没有造成人员伤亡的事故不列入统计范围。

第三章 事 故 统 计

第十二条 严格按照《山西煤矿企业职工伤亡事故报告和统计办法》规定要求进行统计上报。上报工作主要由安全科、调度室具体负责。

（1）伤亡事故由本矿安全科负责建立台账，按规定统计上报。

（2）影响生产的各类非伤亡事故由本矿调度室负责建立台账，并按规定统计、上报、分析、找出事故发生规律，采取得力措施杜绝事故发生。

第十三条 事故按国家煤矿原煤生产事故或非原煤生产事故以及基本建设事故统计上报。

（1）原煤生产事故：所有井下生产和技术管理人员在煤炭生产过程中发生的事故；开拓延深发生的事故；地面工业广场原煤生产系统（指原煤外运装车前和原材料第一次卸车后的生产服务系统，如矿井压风、通风、排水、选煤、供电、调度通信、矸石山、支架（柱）检修、矿灯房、自救器房）等发生的事故；救护队处理矿井隐患发生的事故。

（2）非原煤生产事故：从事原煤生产以外工业生产过程中发生的事故。如矿直属基建、机修厂、选煤厂等从事非原煤生产发生的事故；煤质化验、环保、救护队、抢救事故过程中发生的事故。

第十四条 非伤亡事故统计上报：按事故等级分为一级非伤亡事故、二级非伤亡事故、三级非伤亡事故。

第十五条 按伤亡人数和经济损失程度统计上报：分为一般事故、较大事故、重大事故、特大事故。

第十六条 工伤后1个月内死亡的，计入事故总死亡人数；上月报表报出后死亡的，只在死亡的月份报一次死亡，上月报的负伤事故不再修改，到年底一次性更正。

第十七条 下列事故不统计到本企业伤亡事故总数中，列表统计上报备案。

（1）本企业支援或承包外单位工程发生伤亡事故由外单位统计报告。

（2）企业外组织的安全检查、培训、科研、学习、参观等活动发生的伤亡事故。

（3）职工在生产岗位因突发疾病造成的伤亡事故。

（4）发生不可抗拒的自然灾害造成的伤亡事故。如冰雹、地震、龙卷风等。

第十八条　外单位承包矿井内的生产、安装，发生死亡事故由发包单位按本企业伤亡事故统计报告。

第四章　事故报告及其他要求

第十九条　发生事故后，事故现场人员要立即向调度室汇报，并迅速在安全的情况下采取措施抢救人员和财产，防止事故扩大，同时应当尽量保护事故现场原始面貌。

第二十条　调度室在接到事故报告后，要立即按事故报告程序报告矿长、有关矿领导、安全科、救护队、医院等有关部门。

第二十一条　矿长在接到事故报告后，必须立即派人赶到事故现场组织抢救及事故的现场勘查，并按规定上报本矿所在地的安全生产监督管理部门和负有安全生产监督职责的有关部门。

第二十二条　发生伤亡事故必须填写“伤亡事故登记表”，登记表要写明事故名称、伤亡人员姓名、年龄、性别、工种及级别、本工种工龄、受过何种教育、伤亡类别等内容，必须反映真实情况，为事故原因的分析、调查处理提供依据。

第二十三条　事故抢救工作结束后，应根据事故实际情况组成事故调查组，及时组织调查分析。

（1）轻伤事故及三级非伤亡事故由主管业务部门组成事故调查组。

（2）重伤及一、二级非伤亡事故由分管矿长主持组成事故调查组。

（3）死亡事故的调查，按照《企业职工伤亡事故分类标准》（GB 6441—1986）、《生产安全事故报告和调查处理条例》的有关规定，根据事故级别和对应级别的政府组成事故调查组进行事故调查。

第二十四条　事故调查组的职责

（1）查明事故发生的原因、过程和人员伤亡、经济损失情况。

（2）确定事故责任者。

（3）提出事故处理意见和防范措施的建议。

（4）写出事故调查报告上报集团公司和当地煤矿安全监察局。

第二十五条　事故调查组的权利

（1）事故调查组有权向发生事故单位及有关人员了解有关情况和索取有关资料，任何单位和个人不得拒绝。

（2）任何单位和个人不得阻碍、干涉事故调查组的正常工作。

第二十六条　参加事故调查分析的人员包括：所有现场目击者、事故当班负责人、科队带班人员、事故单位的党政及技术负责人和值班领导、向调度室汇报者、参加事故抢救和处理的职能部门人员、分管科长、分管副总、有关矿领导等。

第二十七条　事故调查分析程序

（1）事故现场人员及厂队领导汇报从生产安排到正式生产直至事故发生全过程。

（2）参加抢救及现场勘查人员汇报现场实际情况。

（3）事故经过调查清楚后，开始分析事故发生的原因，经调查小组集体讨论通过，明确责任。

（4）责任明确后，认真总结事故教训并提出具体的防范措施。

（5）矿长或主持事故调查负责人作定性总结，并对事故善后事宜作安排。

第二十八条　事故调查分析清楚后，事故调查组应根据矿及上级有关规定及时研究对事故的处理意见，并作出事故处理决定，同时做好上级事故调查组来矿进行事故调查前的各项准备工作。

第二十九条　事故报告和现场示意图由事故单位技术人员编绘后报事故调查组，等调查组确认符合实际后，属发生重伤及以上事故的，事故发生后 2 h 内迅速电传快报当地煤矿安全监察局、集团公司和二级公司。

第三十条　事故防范措施必须由事故单位或涉及单位按规定时间具体实施，安全科负责监督落实。

第三十一条　事故的调查分析，本矿工会、安全科要做好记录，按照事故统计有关规定进行事故统计、存档、上报工作。

第三十二条　伤亡事故调查报告要签注事故时间、调查时间、呈报时间。

第三十三条　发生一、二、三级非伤亡事故，必须立即将事故的时间、地点、经过、简要原因、初步经济损失，用快速的办法分别报集团公司和二级公司。井下发生非伤亡事故要通过调查处理后做终结报告。

第三十四条　本规定与上级规定相抵触的，按上级有关规定执行。上级下发新规定时，相关部分按新规定执行。

13.18　伤亡事故和重大非伤亡事故分析处理制度

为进一步加强安全管理，强化事故管理工作，全面掌握事故情况，查明事故原因，认真吸取事故教训，研究分析事故发生规律，防止同类事故发生，减少企业财产损失，保证职工生命安全，及时采取针对性措施，依据国家法律、法规及有关规定，结合实际，特制定本制度。

第一条　事故等级分类说明：根据中华人民共和国国家标准（GB 6441—86）《企业职工伤亡事故分类标准》和中国统配煤矿总公司《关于加强非伤亡事故管理的通知》两文件中分别把伤亡事故分为特别重大事故、重大事故、较大事故、一般事故四类，非伤亡事故划分为一级非伤亡事故、二级非伤亡事故和三级非伤亡事故三类。

（1）伤亡事故等级分类。

特别重大事故：是指造成 30 人以上死亡，或者 100 人以上重伤（包括急性工业中毒，下同），或者 1 亿元以上直接经济损失的事故。

重大事故：是指造成 10 人以上 30 人以下死亡，或者 50 人以上 100 人以下重伤，或者 5000 万元以上 1 亿元以下直接经济损失的事故。

较大事故：是指造成 3 人以上 10 人以下死亡，或者 10 人以上 50 人以下重伤，或者 1000 万元以上 5000 万元以下直接经济损失的事故。

一般事故：是指造成 3 人以下死亡，或者 10 人以下重伤，或者 1000 万元以下直接经济损失的事故。

重伤事故和轻伤事故按国家和上级相关文件规定进行核定。

（2）非伤亡事故等级分类。

一级非伤亡事故：凡出现下列情况之一的为一级非伤亡事故。发生的事故使全矿井停工 8 h 以上或采区停工 3 昼夜以上。

①瓦斯煤尘燃烧、爆炸。

②煤与瓦斯突出，其突出煤量超过 50 t（含 50 t）。

③井下发火封闭采区或影响安全生产。

④水灾使矿井全部或一翼停止生产。

⑤采区通风不良，风流瓦斯超限或瓦斯积聚，造成停产。采煤工作面冒顶长 10 m（含 10 m）以上。

⑥掘进工作面冒顶 5 m（含 5 m）以上。

⑦巷道冒顶 10 m（含 10 m）以上。

⑧其他认定为性质恶劣的，情节特别严重的非伤亡事故。

二级非伤亡事故：凡出现下列情况之一的为二级非伤亡事故。

①发生的事故使全矿井停工 2 h 以上，但不足 8 h 或采区停工 8 h 以上，但不足 3 昼夜。
②井下发火封闭采掘工作面。
③煤与瓦斯突出，其突出煤量超过 10 t（含 10 t）。
④因水灾使采区停产。
⑤采掘工作面通风不良，风流中瓦斯超限或瓦斯积聚，造成停产。
⑥采煤工作面冒顶长度超过 5 m（含 5 m）。
⑦掘进工作面冒顶超过 3 m（含 3 m）。
⑧巷道冒顶长度超过 5 m（含 5 m）。
⑨其他认定性质达到二级非伤亡事故的。
三级非伤亡事故：凡出现下列情况之一的为三级非伤亡事故。
①凡所发生的事故使全矿井停工 30 min 至 2 h 或使采区停工 2 ~ 8 h。
②通风不良或局部通风机无计划停电，使风流中局部瓦斯聚集，瓦斯浓度超过 3%。
③煤与瓦斯突出，其突出煤量在 10 t 以下。
④范围不大的井下发火。
⑤因水灾使一个采掘面停止生产。
⑥采煤工作面冒顶长度超过 3 m（含 3 m）。
⑦掘进工作面冒顶 3 m 以下。
⑧巷道冒顶长度 5 m 以下。
⑨其他认定性质达到三级非伤亡事故的。

第二条　事故汇报程序

（1）发生生产安全事故，现场人员都必须立即向调度室汇报，当日值班领导、调度室值班主任、安全部门负责人（包括安全矿长、安全科科长等）要立即赶赴现场。

（2）不论矿井还是地面，只要发生伤亡事故，现场人员必须及时将事故情况（事故时间、地点、经过、伤亡情况、采取措施）上报矿调度室，并立即采取有效措施，组织抢救，防止事故扩大。因抢救不及时或处置不当，造成事故扩大者，要追究单位负责人及相关人员的责任。

（3）事故发生后，应本着“四不放过”的原则调查分析，找出原因，分清责任，确定处理意见，吸取教训，制定措施，防止类似事故的发生。

（4）调度室接到事故报告后，要及时汇报有关单位。由安全科组织，分管领导及相关人员到事故现场进行调查。事故单位必须设法保护好现场，并做好事故调查、取证、分析的准备工作，对故意破坏现场，拒绝接受调查或拒绝提供相关情况和资料的单位负责人或直接责任者给予行政处分。

（5）对事故的处理要做到“一事故一分析、一事故一处理”。对轻微事故（尤其是一般的机电事故），由相关业务科室组织进行分析处理，分析处理意见要上报安全科。

（6）发生轻伤事故，在 24 h 之内由所在单位的第一责任人组织相关人员，初步调查分析事故原因，研究防范措施，并且在 48 h 内填写“职工伤亡事故登记表”和情况汇报本矿安全部门，由安全部门核实，提出处理意见和上报。

（7）发生重伤事故，责任单位必须立即向本矿调度室和安全科汇报，并在 24 h 内由安全科负责组织相关部门和人员（生产技术科、人事劳资科、工会等）组成调查组，展开调查，分析事故原因，分清责任，制定防范措施，填写“职工伤亡事故调查报告”，并提出处理意见，经安全生产委员会讨论通过。

（8）发生死亡事故，必须立即向当地煤矿安全生产监督管理部门和上级主管部门汇报。本矿相关部门和人员必须积极配合上级部门的调查，如实汇报情况。

第三条　事故调查

（1）轻伤、重伤事故由本矿安全科组织，生产、调度、机电、工会等相关业务部门的有关人员组成调查组进行调查。

（2）凡发生二、三级非伤亡事故而影响正常生产的，由本矿调度室组织生产、机电、通风、地测、安全等部门参加进行事故调查。

（3）凡发生一般及以上非伤亡事故，根据事故调查权限由上级单位组织事故调查分析，本矿各部门全力配合事故调查。

第四条　事故调查组成员条件

（1）具有事故调查所需要的某一方面的专长。

（2）与所发生事故没有直接利害关系。

（3）相关业务科室负责人、分管领导。

第五条　事故调查组职责

（1）查明事故发生的经历、原因和人员伤亡、经济损失等情况。

（2）确定事故的性质和责任者。

（3）提出事故处理意见和防范措施的建议。

（4）编制事故调查报告。

第六条　事故调查组有权向发生事故单位的有关人员了解情况和调阅有关资料，任何单位和个人不得阻碍、拒绝、干涉事故调查组的正常工作。

第七条　事故分析。事故调查结束后进入事故分析和事故责任认定及责任追究程序，具体执行以下规定：

（1）基本原则：

①实事求是、客观公平原则。

②依法办事、规范处罚原则。

③惩前毖后，治病救人原则。

④科学分析、超前防范原则。

（2）事故调查分析步骤：整理和阅读内容进行分析。按以下七项内容进行分析：受伤部位、受伤性质、起因物、致害物、伤害方式、不安全状态、不安全行为。

（3）确定事故的直接原因。直接原因是直接引发事故的因素，包括：人的不安全行为，如：误操作、违章作业、违章指挥、违反劳动纪律等。物的不安全状态，如：机械、物质、环境等方面的事故隐患等。

（4）确定事故的间接原因。间接原因是指管理上出现纰漏，或没有有效预防事故，或在一定程度上促进了事故发生，或造成事故后果扩大的因素，包括：

①设计、技术、管理机制或制度上的缺陷。

②劳动组织不合理。

③未经培训或教育培训不够，缺乏或不懂安全操作技术。

④没有操作规程及安全技术措施或不健全、不完善。

⑤对现场工作缺乏应有的检查、指导或指导错误。

⑥对事故隐患没有及时整改或整改不力。

⑦没有或不认真实施事故防范措施。

⑧其他方面。

（5）事故责任分析。根据事故调查所确认的事实，通过对直接原因和间接原因分析，确定事故的直接责任、间接责任者。

直接责任：凡是导致事故发生直接原因的人员责任属直接责任。

间接责任：产生人的不安全行为、物的不安全状态、管理缺陷的间接原因的人员责任属间接责任。

事故责任人员一般分为四类责任：直接责任者、主要责任者、重要责任者、一般责任者。

直接责任者主要是指因违章操作或违章指挥直接导致事故发生的人员。主要责任者、重要责任者、一般责任者属于间接责任，主要是指各级管理人员、矿（厂）级领导。其中领导责任又分为：主要领导者、重要领导责任者、一般领导责任者。

第八条 事故责任追究及处罚依据二级公司《事故报告和调查处理制度》，对事故追究处理作如下规定：

（1）发生重伤事故：对事故单位分管生产、安全的领导处×××元罚款；对责任科室科长、副科长处×××元罚款，对事故队长、跟班队干处×××元罚款，对当班班长或组长处×××元罚款，当班安全员（一通三防类事故处罚瓦检员）处×××元罚款。

（2）发生轻伤事故：对事故单位分管生产、安全的领导处×××元罚款；对责任科室科长、副科长处×××元罚款，对事故队长、跟班队干处×××元罚款，对当班班长或组长处×××元罚款，当班安全员（一通三防类事故处罚瓦检员）处×××元罚款。

（3）发生一起二级非伤亡事故：对事故单位分管生产、安全的领导处×××元罚款，对责任科室科长、副科长处×××元罚款，对事故队长、跟班队干、班长或组长处×××元罚款。

（4）发生一起三级非伤亡事故：对事故单位分管生产、安全的领导处×××元罚款，对责任科室科长、副科长处×××元罚款，对事故队长、跟班队干、班长或组长处×××元罚款。

（5）其他方面的事故视具体情况对照以上规定，结合安全质量奖、全员风险抵押金考核的相关规定进行考核追究。

（6）重伤以上及一级非伤亡事故执行二级公司《事故报告和调查处理制度》的相关规定。

第九条 对事故隐瞒不报、谎报或拖延不报，阻碍、干涉事故调查处理，故意破坏事故现场，拒绝接受调查以及拒绝提供真实情况和资料的单位，根据情节轻重，对相关责任人进行责任追究，给予主要领导行政警告直至撤职处分。

第十条 凡发生三级以上非人身事故、各类机电事故及幸免事故等不在规定时间进行上报的，每拖延 30 min 对责任单位罚款×××元。隐瞒不报或误报的单位，一经查出，按事故轻重对责任单位罚款×××元，对单位负责人罚款×××元，造成重大影响的从重追究相关责任人的责任。

第十一条 以上事故处理涉及的罚款由安全科按标准进行落实。

第十二条 对于事故调查组提出的事故调查处理意见和防范措施，由安全科负责跟踪落实。

第十三条 工伤证件办理

（1）工伤事故是指职工在企业生产活动所涉及的区域内，因生产过程中存在的主观因素影响，致使作业人员损伤或某些器官丧失正常机能，造成工作中断的一切事故。符合以上条件者均可申报工伤。

（2）职工负伤申报工伤时，需经医院诊断确定，可办理工伤审批。工伤证件办理由事故基层单位填报工伤申请登记表后，交安全部门统一办理。办理工伤证件时必须有事故追查分析报告，医院诊断证明和有关证件。

（3）工伤证件必须在发生事故当月办理，下旬发生的事故可推到下月办理，但必须在 15 日内办理完毕。否则，责任自负。

（4）职工在企业生产活动所涉及的区域内发生工伤，事故单位必须按程序向矿调度室和安全科进行汇报，否则追究责任人的责任。

第十四条 本制度的解释权归矿安全生产委员会。

13.19 矿领导安全督查制度

为加大隐患排查力度，落实各业务科室安全生产责任，强化安全管理人员责任意识，矿领导主动深入井下作业现场及时了解矿井安全生产状况，及时发现和消除事故隐患，结合实际，制定本制度。

第一条　矿领导安全督查组成员由矿长、安全副矿长、生产副矿长、机电副矿长、总工程师、通风助理组成。

第二条　矿领导安全督查内容为安全检查情况及相关隐患整改落实情况。

第三条　每周四矿领导安全督查组对矿井的一个采区进行安全督查，原则上所有督查组成员要全部参加督查行动，但考虑到矿领导受其他业务工作影响，可根据当日工作安排适当调整。

第四条　不能参加当日安全督查的矿领导要向矿长请假，无故不参加者，对矿领导罚款×××元/次。

第五条　矿领导安全督查每周的检查区域和路线由安全副矿长进行现场安排。

第六条　安全督查中发现的问题要逐条分析，落实监督责任和整改责任，其中主管业务科室监督责任不到位的要对其罚款×××元/条，生产队组整改责任不到位的对其罚款×××元/条。

第七条　矿领导每周安全督查所有问题必须于次日下午下班前下发到各责任单位，各责任单位在接到整改通知后必须立即组织整改落实，安全科要安排专人进行收集存档，并负责逐条落实整改情况。

13.20　厂队干部现场跟班盯岗制度

为切实加强现场安全管理，促进厂队干部深入现场掌握安全生产信息，及时发现和处置事故隐患，确保井下生产安全，结合实际，制定本制度。

第一条　下井跟班人员范围综采队、综掘队、机电队、机运队、瓦斯抽采队，队长、副队长、技术员为本队下井跟班人员。

第二条　下井跟班天数

（1）副队长、技术员下井跟班每人每月不少于18天，其中四点班、零点班各不少于4天。

（2）队长每旬下井跟班最少3次。

第三条　下井跟班人员职责及要求

（1）全面检查掌握作业环境，当班发现事故隐患及时组织处理，坚持先安全后生产的原则，对当班安全生产全面负责，组织协调好当班的安全生产工作。

（2）下井前必须到本队队部签到，主持班前会并与职工同上同下，下井时间必须达规定要求，认真组织好当班的人力和物力，在安全的前提下完成当班的各项任务指标，严禁班中脱岗。

（3）必须到本队所有相关作业地点，切实掌握本队当班井下安全生产状况，加强对重点部位、薄弱环节的现场管理及指挥工作，制止“三违”行为，严禁违章指挥、超能力组织生产。

（4）认真查处各种安全隐患，当班能解决的安全隐患必须全部整改完成，当班不能解决的必须与下一班跟班人员交接清楚，如需相关部门配合解决的要及时上报安全科、调度室等部门并用携带的手持仪录入安全量化管理系统。

（5）严格执行现场交接班制度，建立本队交接班记录簿，并填写好交接班日志，升井后到本队队部将跟班地点、本班安全生产状况，遗留问题及需解决的问题写入工作日志中。

（6）对当班发生的各类人身事故要及时汇报领导并负责事故抢救和班后追查。

（7）对现场安全检查人员或有关领导的意见，根据生产情况，责成有关人员及时处理。

（8）发现重大事故隐患，必须按照《煤矿安全规程》的规定和矿井灾害预防与处理计划，应急预案的规定处理，并及时组织人员撤离。

第四条　下井跟班考核

（1）对各队干部现场跟班情况进行监督和考核，考核由调度室牵头，成员单位是安全科、人事劳资科并接受纪检办和工会的监督。

（2）跟班考核。跟班过程中出现轻伤及轻伤以上事故、二级及以上非伤亡事故的，处罚当班跟班队干不少于×××元/次，出现一次擦碰伤事故的，处罚当班跟班队干不少于×××元/次，同时追究相关责任者责任并处罚×××元/次。跟班人员未与工人同上同下的，视情况处罚×××元/次，弄虚作假的处罚×××元/次，并停工培训一周。跟班人员未到本队所有相关作业地点的一次处罚×××元/次。跟班人员在跟班过程中重生产轻安全，处罚×××元/次。跟班人员对当班安全隐患能处理但未及时处理的，处罚×××元/次；对较大安全隐患既未及时处理也未向有关部门上报的处罚×××元/次。跟班人员在跟班过程中，因工程质量差、存在较大安全隐患等被停产进行整顿的处罚当班跟班人员不少于×××元/次，并根据情况另追究队长、副队长、技术员的责任，并进行处罚。各队必须保证每班都有队干跟班，出现空班现象，一次处罚队长不少于×××元/次。跟班人员未认真填写交接班记录、工作日志及相关登记台账的处罚×××元/次。

第五条　每月跟班人员的下井时间由调度室提供，下井轨迹及上下时间由调度室监控提供，于每月3日前交人事劳资科和相关部门。

第六条　矿领导、安全科、调度室对下井跟班情况进行监督检查和抽查。

13.21　领导包片及月底拉网排查制度

为严格落实煤矿各级安全生产责任制，强化安全生产责任意识，形成各司其职、各尽其责、齐抓共管的安全生产工作格局，促进安全生产形势的稳定发展，按照“分级管理、分片负责”的原则，结合实际，制定本制度。

第一条　矿长（主要负责人）是矿安全生产工作的第一责任人，全面负责全矿的安全生产工作。

第二条　安全副矿长具体负责全矿的安全生产工作，是全矿安全生产工作的直接责任人，对分管的安全生产工作负直接领导责任。

第三条　其他分管矿长应当抓好分管工作范围的业务工作，同时要对其分管业务范围内的安全生产工作负直接领导责任。

第四条　各生产系统职能管理部门的正职领导（或者主持工作的行政负责人）是本部门安全生产工作的第一责任人，对本部门的安全生产工作负全面领导责任；在完成本业务范围内的工作时，还要做好业务范围内的业务保安责任。

第五条　按照分片负责的原则，各领导除做好自己分管范围内的工作外，还要实行包片管理，对包保范围内的工作有所侧重。建立矿领导包片，科室人员包区域，基层厂队建立队干“包保”班组制度和职工互保、联保制度。从而形成纵向成线，横向成网的安全管理体系。

第六条　各作业地点、管理死角、巷道边缘地区都要指定负责人，消除安全管理盲（区）点。

第七条　各科室、厂队也要根据职责分工情况建立自己的内部管理制度。

第八条　领导包片责任划分将由安全科根据井下采掘变化及生产重点不定期进行调整。

第九条　调度室、安全科具体负责安全生产责任分工的落实情况，调度室考核临时任务完成情况及所包区域内生产事故考核，其中，临时工作要有临时任务通知单，谁安排谁落实，由安全科专员录入安全量化管理系统，按计划完成时间进行考核。完工结束后，要组织进行验收，验收不合格不能结算工资。安全科负责考核安全管理工作，对存在的事故隐患责令整改并通报。

第十条　完善安全生产包片责任考核制度。每月对责任分工落实情况进行考核，对考核不合格的，第一次提出警告，第二次诫勉谈话，连续三次考核不合格，对责任人处罚×××元，情节严重者调离原岗位。

第十一条　“包保”领导对所“包保”单位重大安全问题承担连带管理责任，凡包保责任人区域内发现重大安全隐患或发生事故时，除对责任人按照规定进行处罚外，对分管矿长、分管业务科长、包片责任矿长、包片科长挂钩罚款总额的30%，包片管理人员挂钩30%。

第十二条　每月月底三天由安全科组织矿领导、副总工程师、各职能部门科长及业务骨干对井下的机房、硐室、总回风巷等边缘巷道进行一次拉网式安全检查。由安全科连续收集整理三天的检查结果，并将所有隐患问题进行汇总，下发至责任单位。

第十三条　被包保区域当月未发生任何安全生产事故、隐患整改彻底、无出现重大隐患，对参与包保领导（矿领导、科长）奖励×××元/月。

第十四条　各包片领导要对每月拉网排查的隐患及问题及时协调安排整改，月底除检查外还将对上月遗留问题进行复查验收，对于整改不及时或未整改的问题对包片领导罚款×××元。对本月检查情况及工作完成情况进行打分排名，第一名奖励×××元；第二名奖励×××元；最后一名做出书面情况说明。

第十五条　发生各类事故时，各分管领导及业务科室要进行分析，经分析不属于责任事故，属于自然事故者，包片责任人从轻处罚或不予处罚，若属于责任事故要与包片责任人挂钩考核30%处罚。发生安全事故由安全科分析处理，其他生产事故由各专业科室分析处理，发生事故后的次日，各相关业务部门必须先拿出事故分析报告，定性事故的类别与责任。（通风科负责“一通三防”方面的事故分析；机电科负责机电事故的调查分析；调度室负责生产事故影响时间的处理；生产技术科负责顶板、防治水、地质测量等事故的分析；安全科负责地面安全事故的调查处理。）

第十六条　发生变化时（如：管理人员岗位变化或井下工程搬家倒面等），应及时向管理部门提出书面申请，并由管理部门及时对包片责任人员及区域进行相应调整。

13.22　安全活动日制度

为落实集团公司安全生产活动日制度，规范安全生产活动日行为，结合实际，制定本制度。

第一章　总　　则

第一条　每周周四为矿所属各部门的安全生产活动日（以下简称安全活动日）。

第二条　为突出周四安全活动日的主题，原周五开展的检查活动并入周四进行，与原每周四组织的安全大检查合并进行，周一各职能部门组织专项安全检查，周三的地面安全检查。

第二章　安全活动日的组织

第三条　安全活动日当天，原则上不得安排其他会议及活动，集中精力、集中时间组织开展安全检查和培训教育等安全活动。

第四条　安全活动日当天，由矿长总体组织，各分管领导参加所包单位的安全日活动，后勤系统分管领导也要根据实际情况参加所分管单位安全专题会议，强调分管范围内的安全生产工作，并监督所包单位开展好当日的安全活动。

第五条　安全活动日当天，要求各厂、队以自主学习为主，召开安全专题会议，组织职工开展安全生产事故警示教育、安全知识、安全制度、标准等学习和培训，时间不少于1 h。要把培训学习和事故案例教育作为周四安全活动的主要内容来抓，通过每周一次的强化学习，不断提升职工的安全意识、安全素质、安全技能，进而提高职工的自主安保能力。

第六条　安全活动日次日，安全科对生产厂队开展的培训、教育活动进行监督检查，督导各部门科学安排，保证效果。

第三章　安全活动日的主要内容

第七条　各部门必须认真开好安全专题会，要把握以下几点。

（1）专题会的方式。以科、室、队、厂为基础部门，采取集中组织的方式进行，突出活动内容，强化活动效果。原则上不打乱原有生产组织形式，尽量集中培训，减少培训次数，但必须保证全部人员得到培训。

（2）必须科学安排培训学习内容，要至少保证五项内容：

①进行安全生产事故案例教育，要选用与本部门紧密结合的事故案例，选用本部门及周边部门的有代表性的案例，通过每周强化，周而复始，不断地进行教育，强化职工安全意识，内化于心，提高自主保安意识。

②对一周矿级检查、自查出或所辖的业务区域存在的安全问题、隐患整改情况进行专题总结、分析及效果评价，查找不足，落实责任。

③组织学习规章制度、作业规程、安全技术操作规程、作业标准等，重点进行讲解，深刻理解把握，一定要结合工作实践，采取灵活的形式，促进工作交流，提高效果。

④对一周的每日一题（科室可参照二级公司《煤矿职工安全知识培训题集》）进行一次重温回顾、总结和考核，并进行抽查提问，对一些模糊不清的问题，必要时作详细解读、纠正错误的理解，进一步加深印象和记忆。同时，结合一周的工作，针对性选择一个安全生产技术的知识点、难点进行学习、探讨、交流。

⑤强化岗位操作达标标准的模拟训练和示范，并进行必要的总结（这项培训可延伸至现场，一周进行一个现场或一个工种、一个岗位）。

（3）以上五项内容总时间不得少于 1 h，第一项用时约 20 min；其他四项内容分别用时约 10 min。各单位要根据自己的情况，适度掌握，具体内容可依据实际作适当调整。

第八条 必须明确责任，搞好责任分解

（1）安全专题培训学习五项内容必须分解到具体责任人身上，矿长负总责。

（2）安全副矿长负责××部门。

（3）总工程师、生产副矿长负责××部门。

（4）机电副矿长负责××部门。

（5）通风助理负责××部门。

（6）各厂、队负责人对部门安全活动负总责，但具体内容要由各分管副职分别负责，并制定专门的管理制度，做到科学计划、科学安排、科学组织，认真落实，建立长效机制，形成新常态。分管安全的干部负责五项内容中的第（1）、（2）项内容的监督指导、落实，分管技术、机电等专业的干部负责第（3）、（4）项内容的监督指导落实，分管生产的干部负责第（5）项内容的监督指导落实。同时，各单位也要结合实际，分工协作安排好。

第九条 必须组织好安全活动日隐患排查活动（以自查为主）。

（1）周四上午由安全科组织对井下进行综合安全大检查。坚持“谁检查、谁签字、谁负责”的原则，当日检查表要写清检查人员名单，科长要签字确认，检查的问题于当日下午下发整改“五定”通知单至各责任部门。

检查记录按二级公司制定的五定整改通知单进行下发，整改验收按二级公司制定的隐患验收报告单填写。周一对各科室所查上周的问题及整改情况由安全科安排复查，复查完毕后，各分管科室与责任部门负责填写整改验收报告单。检查、验收五定表签字后交安全科一份，由安全科统一做手工台账备查。周四下午各科室组织安全专题会学习（与队组形式一样）。

（2）后勤科室周四上午由科室负责人组织对所辖范围进行隐患排查，排查记录和验收记录执行二级公司要求，并做好记录，记录内容和格式参照生产职能科室。检查、验收五定表签完字随后交安全科一份，由安全科统一做手工台账备查（周三安全科根据台账组织对安全活动日隐患检查、整改情况进行督查）。周四下午组织本部门的安全专题会学习。（与生产系统形式一样）

第十条 安全检查要强化以下内容。

（1）主要安全管理工作内容：

①二级公司《安全生产红线制度禁令手册》执行情况。

②安全生产责任制落实情况，矿领导带班下井制度的执行情况。

③安全生产各大系统运行，以及存在问题治理情况。

④安全生产重大隐患整改、重大危险源监控及隐蔽致灾因素排查治理等安全防范措施的落实情况。

⑤专职安监队伍、专职探放水队伍、专职瓦斯抽放队伍及专职电气防爆检查队伍等管理情况。

⑥证照手续办理推进情况。

⑦阶段性安全生产工作安排落实情况。

⑧检查隐患整改和安排工作的落实情况。

⑨其他需要检查的安全生产工作内容。

（2）煤矿井下现场检查的主要内容：

①各级人员安全生产责任制落实情况。

②职工“手指口述、岗位描述”执行情况。

③井下特殊工种持证上岗情况。

④“一通三防”工作情况，特别是通风系统及设施构筑质量，瓦斯检查情况。

⑤防治水制度现场执行情况。

⑥井下电气防爆管理情况。

⑦储装运系统现场管理情况。

⑧采掘现场安全生产标准化管理情况。

⑨各项规章制度、规程措施、技术标准在生产现场、厂队、班组的执行和落实情况。

⑩其他需要检查的内容及重点检查项目。

第十一条　除以上内容外，各科室和厂队还要根据本单位实际情况做好自查自纠工作，进一步丰富或完善本部门的检查内容。

第四章　安全活动日的相关规定及要求

第十二条　安全活动日的检查、学习、培训教育等方面的记录、档案等要执行煤矿安全生产标准化标准，并妥善保存备查。

第十三条　各部门开展安全活动日的记录要按照二级公司发放的记录本统一记录，各检查表按照二级公司安全生产标准化要求记录（包括矿级检查和厂队、车间等自查活动等）。安全科负责对隐患整改、整改结果查验及报告、安全培训教育进行督促检查，对二级公司到矿参加安全活动的记录等。各单位应将上级检查培训教育的具体材料建立档案，保存备查。

13.23　群众安全检查活动制度

为全面落实“企业负责、行业管理、国家监察、群众（工会组织）监督”的安全生产管理体制，广泛深入地开展工会劳动保护监督检查活动，保护职工在生产过程中的安全与健康，促进安全生产管理工作顺利开展，结合单位实际，特制定本制度。

第一章　总　　则

第一条　全单位各级工会组织和领导干部，要认真履行职责，坚决贯彻落实“安全第一、预防为主、综合治理”的安全生产方针，切实保障职工在生产过程中的安全与健康。

第二条　本制度适用于全单位各级工会组织。

第二章　机　构　设　置

第三条　根据工会劳动保护监督检查工作要求，单位工会设立群众安全监督检查委员会。单位工会主席任主任，安全矿长、工会主任任副主任，6个生产技术科室（安全科、调度室、机电科、生产技术科、通风科、地测防治水科）的主要负责人和各厂队的工会主席为群众安全监督检查委员会委员，群监会的日常工作由工会负责。

第四条　各厂队工会设立群众安全监督检查分会，一般由3~5人组成。

第五条　各厂队工会群众安全监督检查分会成员应由坚持原则、能独立工作、具有较高的安全生产技术水平和工业安全卫生知识，以及热心于工会劳动保护工作的，有3年以上本工种工龄的职工担任。

第六条　班组必须按照规定配备群众安全监督检查员1人，班组长不得兼任。

第七条　群众安全监督检查委员会的日常工作由主任或副主任主持组织开展活动并负责布置、检查、落实等。

第三章　群监会工作职责

第八条　向职工群众宣传党和国家的劳动保护政策法令和矿安全生产规章制度，监督检查贯彻执行情况，并对职工进行遵章守纪和安全知识教育。

第九条　监督检查新建、扩建、改建或全矿性的技术改造工程项目劳动保护设施，严格按照"三同时"的规定执行。

第十条　监督和参与单位贯彻执行各项劳动保护法令、规程条例和规定，及时解决生产中出现的有关安全卫生方面的问题，不断改善劳动条件。

第十一条　发现违章指挥强令职工冒险工作，不经岗前培训或生产过程中发现明显重大事故隐患和职业危害，危及职工生命安全和造成国家财产损失时，有权代表职工向现场指挥人员提出停产解决的建议，支持或组织职工停止作业，撤离危险现场。

第十二条　参加职工伤亡事故和职业危害的调查处理，协助查清事故原因，总结经验教训，采取防范措施，提出处理意见。

第十三条　参加制定并审查劳动保护措施经费的提取、使用和劳动保护措施计划的执行情况，检查生产、劳动保护安全设施，发现问题提出意见，限期解决。

第十四条　加强对井口群监接待站的工作指导，督促行政部门及时治理事故隐患，加强安全工作管理。

第十五条　会同女职工协管员做好女工家属安全协管工作，保护女职工的合法权益。

第十六条　对安全生产提出的合理化建议进行收集、整理、登记并建立记录档案。

第十七条　群监站站长工作职责

（1）在单位工会的领导和安全生产委员会的指导下，主持群监站的全面工作。

（2）宣传、贯彻党和国家的安全生产方针和各项劳动保护政策、法令，抓好全员的遵章守纪和安全技术知识的教育工作。

（3）经常深入现场，调查了解情况，听取职工群众的意见和建议，及时向单位工会汇报群众安全生产劳动保护工作情况，提出改进工作的建议。

（4）协助并指导各厂队工会群监分会搞好群众安全生产，帮助教育群监员严格执行安全规程，搞好自主保安和现场安全监督，实现安全生产。

（5）协助单位工会群监会组织好群众安全生产大检查，做好安全隐患的整改落实和信息反馈工作。

（6）搞好“三违”人员的帮教和走访谈心工作，牢固树立“安全第一”的思想和安全生产意识。

（7）协助单位工会群监会搞好群众安全工作竞赛的总结、评比和表彰工作。

（8）按时参加安全生产会议及单位工会群监会组织的各项活动，团结带领全体群监员圆满完成工会交给的各项工作任务。

第四章　群监会工作制度

第十八条　定期召开群监工作会议。单位工会每月召开1次群监工作例会，每季度召开1次工会主席安全办公会议，每半年召开1次群监工作竞赛总结表彰会议，每年召开1次群众安全工作总体安排动员大会。

第十九条　做好群众性的安全生产监督检查工作，并同安全管理部门组织开展安全大检查。各厂队工会群监分会每旬组织1次群众安全生产检查，班组群监员每班都要进行现场安全监督检查。

第二十条　各厂队工会群众安全监督检查分会，应随时向单位工会委员会和工会劳动保护部门反映情况、汇报工作，对工作成绩显著的群监组织和群监员给予表彰奖励。

第二十一条　组织职工群众积极开展反“三违”、反事故、查隐患活动并经常监督检查各种安全生产设施设备状况，督促解决存在的问题。

第二十二条　群众安全监督检查委员会成员在执行监督检查任务时，各单位必须提供工作方便，不得以任何借口和理由拒绝他们进入生产（工作）现场和部门了解情况，听取意见。

第五章　群众安全监督检查责任制

第二十三条　工会主席安全生产责任制

（1）工会主席是群众安全工作第一责任者，对群众安全工作全面负责。

（2）认真贯彻执行党和国家安全生产方针、政策、法规，把群众安全工作列入工会工作重要日程。

（3）监督和协助单位贯彻执行国家劳动保护政策和法律、法规，对重大决策、措施的制定提出意见、建议。

（4）监督检查单位安全生产工作，对安全生产状况进行分析，对危害职工安全健康的问题进行调查，反映需要解决的问题。

（5）宣传党和国家劳动保护政策和法律法规，对职工进行劳动安全卫生教育。

（6）监督和协助单位严格执行国家劳动安全卫生规程和标准，监督检查劳动安全卫生设施和技术措施的执行及经费投入、使用情况。

（7）代表职工群众群体，就安全生产、劳动保护条款的内容、条件与单位行政进行集体协商，签订集体合同、劳动合同、女工特殊保护合同，遵守安全生产管理规章制度和国家的有关法律、法规、标准、条例。

（8）参加新建、改建、扩建和技术改造工程项目的劳动安全卫生设施与主体工程同时设计、同时施工、同时投产使用的审查验收。

（9）监督检查有关职工伤亡事故报告和处理规定的执行，参加伤亡事故的调查处理。查明原因和责任，监督单位防范措施的实施情况。

（10）定期组织群众安全生产大检查，制止违章指挥、违章作业，发现违反国家劳动保护法律法规的问题，提出整改或处理意见。

（11）在生产过程中，发现明显重大事故隐患和严重职业危害，危及职工生命安全的紧急情况时，要求单位行政或现场指挥人员采取紧急措施，立即从危险区内撤出作业人员。

（12）支持基层工会群众安全监督检查组织开展工作，在劳动保护业务方面给予指导。

第二十四条 工会主任安全责任制

（1）宣传党和国家安全生产方针和劳动保护政策、法律、法规及矿的各项规章制度，开展安全生产宣传教育活动，教育职工遵章守纪，提高职工安全生产意识和技能，开展劳动安全卫生的技术协作和职工合理化建议活动，帮助并指导厂队创建安全生产班组。

（2）监督和协助有关部门贯彻执行国家劳动保护法律、法规，落实安全生产责任制，督促解决劳动安全卫生方面存在的问题，提出改善劳动条件和工作环境的意见和建议。

（3）定期召开群众安全工作会议，分析研究安全生产状况，组织好群众安全生产大检查，制止违章指挥、违章作业，维护职工安全“十项权利”的落实。

（4）参加重大事故的调查处理，查清事故原因和责任，提出书面处理意见，并监督协助有关部门采取防范措施。

（5）在生产过程中，发现明显重大事故隐患和严重危害，危及职工生命安全的紧急情况时，向现场领导要求采取紧急措施，撤出作业人员。

（6）参与单位集体合同、劳动合同中有关劳动安全卫生条款的协商与制定，定期组织职工代表对执行情况进行监督检查，听取和收集职工在安全生产方面的意见、建议和要求，向有关部门反映情况。

（7）监督检查新建、改建、扩建和技术改造工程项目的劳动安全卫生设施与主体工程“三同时”规定的执行情况。

（8）帮助指导基层工会开展群众安全工作，总结推广群众安全工作先进经验，树立典型，把工会群众安全工作纳入生产经营管理活动的各个环节，实现全员、全面、全过程的群众安全工作管理，保证安全生产。

第二十五条 单位工会安全生产责任制

（1）领导群众安全监督检查委员会和下级工会的群众安全监督检查工作。

（2）通过职工代表大会和其他民主管理形式监督有关部门和各级管理人员的安全生产工作情况，建议和监督改善生产劳动条件。

（3）组织职工代表进行安全生产大检查，检查事故隐患和职业危害重点部位，检查情况及时反映给有关管理部门，并建档跟踪监督检查整改情况。

（4）进行调查研究，建立劳动保护工作档案，代表职工群众就劳动保护条款的内容、条件，与单位进行集体协商，签订集体合同，参加各项规章制度的制定工作，并对集体合同、劳动合同、安全生产管理规章制度和国家的有关法律、法规、标准、条例的执行进行监督。

（5）做好“三同时”审查验收工作，坚持安全技术标准，对安全不合格的，要进行改正补救。

（6）发生重大事故和职业危害时，及时向上级工会组织报告情况，并参加调查处理。

（7）在职工的劳动安全卫生权利受到侵犯时，与有关方面进行交涉，并进行协商调解，因此发生劳动争议时，支持、代表职工进行行政仲裁法律诉讼。

（8）总结推广劳动保护安全生产工作先进经验，表彰先进职工，将安全工作纳入劳动竞赛，在先进集体、先进生产工作者、生产标兵、劳动模范的评选中，实行“安全生产一票否决”。

（9）做好劳动保护、安全生产的宣传教育工作。

第二十六条 矿群监会安全生产责任制

（1）群众安全监督检查委员会在矿工会领导下，代表职工群众依据《宪法》《劳动法》《煤矿安全规程》和有关法律对劳动保护、安全生产工作进行监督检查，切实维护职工劳动安全卫生方面的合法权益。

（2）参与有关劳动保护和安全生产工作的标准、条例的制定修改活动，并监督贯彻实施。

（3）调查研究安全生产工作的重大问题，统计分析各类事故情况，提出事故隐患的整改意见和建议。

（4）检查指导下级工会群监分会的群众安全生产工作，审查、培训、管理班组群监网员，指导班组群监小组建设。

（5）定期进行群众安全生产大检查，督促对重大事故隐患和严重职业危害的整改落实，按照规定向上级工会报告各类事故情况，参与调查处理伤亡事故。

（6）按照有关规定参加相应规模的新建、改建、扩建工程的“三同时”审查验收工作。

（7）组织群众安全生产教育和业务技术培训工作，定期开展群众安全生产工作检查、评比、总结、交流活动。

（8）指导井口群监员接待站开展工作。

第二十七条 群监员安全生产责任制

（1）认真学习和遵守各项安全生产规章制度、劳动纪律，现场精心操作，不违章作业。

（2）负责本班组的安全生产工作，协助班组长贯彻执行安全生产各项规章制度和上级指示，并监督执行。

（3）认真进行本班组现场安全生产监督检查，大胆行使现场工人安全生产“十项权利”，制止违章指挥、违章作业，正确分析、判断和处理各种事故苗头，把事故消灭在萌芽状态。

（4）参与本班组制定、修改有关安全生产的规章制度，协助班组长搞好本班组的安全教育和安全考核工作，积极参加各种安全活动。

（5）经常检查作业现场的安全情况，发现作业现场出现通风、瓦斯、煤尘、水、火、火药、爆破、工程质量、顶板及运输设备等方面不安全因素，及时向现场指挥人员汇报。

（6）对本班组的安全设施、器材和事故隐患等管理情况提出改进意见和建议，并参加本班组各类事故的调查、处理和协助领导落实好安全措施。

（7）在现场遇有要发生事故的危险时，有权立即停止作业，撤离人员，并及时向现场指挥人员汇报，防止事故发生。

（8）严格执行群监员填卡汇报制度，认真填写现场安全隐患，填卡汇报率达到 100%。

（9）职工有好的合理化建议和意见，可通过班组长、基层领导向上反映，也可把群监网作为一个沟通的渠道，向上反映和提出好建议意见。单位在副井口等候室设立专门建议箱，收集群监网员和职工对安全方面的建议和意见。

第六章 群监工作考核

第二十八条 群监组织健全、管理规范化（35 分）

（1）厂队设群监分会，班设群监小组，各项活动正常开展（2 分），班组群监记录齐全（3 分），群监活动实行图表化管理，重点查看群监组织状况表，竞赛考核表，季度群众安全工作规划表，重大事故隐患排查表，群监组织职责范围，例会检查制度等管理图表（5 分）。

（2）各分工会主席每月按时参加单位工会组织的群众安全检查活动和季节性的群众安全小分队活动（10 分），少 1 次扣 5 分，各分工会主席每月到井口群监站了解本单位群监员填卡汇报情况（10 分），每少 1 次扣 5 分，凡连续 2 个月达不到要求的，取消单位群监组织的评比资格，每半年评选一个群监工作典型，并有总结经验材料（5 分），否则不得分。

第二十九条 宣传教育经常化（20 分）

（1）群监小组采写的稿件被单位广播、报纸采用的，每篇加 2 分，安全生产专栏、“三违”曝光台每月各 1 期（5 分），组织职工利用班前会、班后会，认真学习《安全生产法》《劳动法》、三大规程、《煤矿安全检查表》《工会劳动保护三个条例》和单位安全生产管理制度及单位党政有关安全生产的指示精神，记录齐全（5分）。

（2）按照单位工会的要求，重点抓好每年六月的“安全生产月”活动及其他安全活动（4分）。对“三违”人员及时进行帮助教育（2分），每月组织1次群监员会议（2分），厂队每半年组织1次安全知识竞赛，不断进行党的安全生产方针、政策、法规和安全知识教育（2分）。

第三十条　安全活动制度化（20分）

（1）群监网员必须班班严格执行安全检查制度，坚持升井后的填卡汇报制度，汇报率必须达到95%以上（辅助单位按实际下井个数计算），每低1%扣1分，低于90%的厂队工会取消评选资格，对分工会主席进行通报批评，并纳入单位量化考核（10分）。

（2）群监分会每月组织2次群监检查，全面落实安全检查活动，每少1次扣2分；群监组每周组织1次群监检查，每少1次扣1分，并将查出的隐患及整改情况于次月五日前报单位工会（10分）。

第三十一条　竞赛效果好（25分）

（1）安全生产好，无重伤和重大机电事故，轻伤率分别控制在1%和0.5%以内，按当月在册人数考核，出现一名重伤扣8分，轻伤率超过1%和0.5%扣2分，出现死亡事故取消评比资格（20分）。

（2）完成当月下达的生产计划，工程质量消灭不合格，优良率达95%以上，设备完好率达到95%以上，综合防尘、气水喷雾、湿式喷浆，洒水降尘等设施使用正常（5分）。

第三十二条　群监员管理考核与奖励

（1）群众安全检查员的选用由单位工会进行考察，按照有关规定的比例选择熟悉业务，工作积极，有实际操作经验，能够坚持原则，善于联系群众的老工人和安全生产积极分子担任，负责对安全生产管理进行监督。

（2）群监员升井后必须到群监站填写安全隐患汇报卡并详细汇报当班安全生产情况。

（3）按照工作范围，对本班组的生产设备和各种安全装置进行检查，发现问题及时向班长反映，督促整改。

（4）坚决制止“三违”，发现安全隐患积极采取措施，立即整改，保证现场安全生产。

（5）发生重伤以上人身事故和重大非人身事故应立即向安全科及工会汇报，并积极参加抢救、排险工作。

（6）群监员每月出勤保证在20个以上（正常休息、休假，班组必须指派临时群监员顶替），汇报填卡符合规定要求。

（7）对消除重大事故隐患，避免了事故发生的优秀群监员，矿工会群监会将给予表彰奖励。

（8）对隐瞒事故、汇报情况不真实，弄虚作假的群监员给予通报批评，情节严重的免去群监员资格。

（9）群监员汇报时，群监站接待员要认真询问，详细记录，并下井核实，发现问题及时纠正处理。

（10）对年度内好的建议被采纳的群监员和职工、表现突出的群监人员，将给予一定的奖励。对及时发现重大隐患，及时汇报并采取措施，杜绝重大事故的群监员和职工将给予重奖。

13.24　队组交叉作业管理规定

为贯彻“安全第一，预防为主、综合治理”的安全生产方针，明确各施工单位在交叉作业中的安全责任，提高施工现场安全文明施工管理水平，避免因交叉作业引发事故或机械、设备收到损坏，保证工程项目和施工人员的安全与健康，特制定本规定。

第一条　本规定适用于矿各单位、其他施工单位及协作单位。

第二条 术语和定义

(1) 凡一项作业可能对其他作业造成危害、不良影响或对其他作业人员造成伤害的作业均构成交叉作业。

(2) 交叉作业的范围是指在同一作业区域内进行的有关工作，可能危及对方生产安全和干扰其工作的。主要表现在喷浆、硬化、浇筑、爆破作业、设备（检修）安装、起重吊装、高处作业、多头开掘作业、生产用电、运输、其他可能危及对方生产安全作业等。

第三条 交叉作业的分类：

A 类交叉作业：相同或相近经（轴）线不同位置处的同时施工作业。

B 类交叉作业：同一作业区域不同类型的专业队伍同时施工。

C 类交叉作业：同一作业区域不同施工单位同时施工。

D 类交叉作业：同一项目由不同施工单位同时施工。

第四条 交叉作业的特点和危害。两个以上作业活动在同一作业区域内进行作业，因作业空间受限制，人员多，工序多，机械设备复杂，联络不畅等，所以作业干扰多，需要配合、协调的作业多，现场的隐患多、造成的后果严重。可能发生高处坠落、物体打击、机械伤害，车辆伤害、触电、火灾等。

第五条 交叉作业的管理要求。为保证双方或多方的施工安全，避免安全生产事故的发生。根据《安全生产法》第四十五条之规定："两个以上生产经营单位在同一作业区域内进行生产经营活动，可能危及对方生产安全的，应当签订安全生产管理协议，明确各自的安全生产管理职责和应当采取的安全措施，并指定专职安全生产管理人员进行安全检查与协调"。通过区域联保协议互相告知本单位生产的特点、作业场所存在的危险因素、防范措施以及事故应急措施，以使各个单位对该作业区域的安全生产状况有一个整体上的把握。

第六条 交叉作业的管理原则

(1) 同一区域内各施工方，应互相理解，互相配合，建立联系机制，及时解决可能发生的安全问题，并尽可能为对方创造安全工作条件和作业环境。

(2) 在同一作业区域内施工应尽量避免交叉作业，在无法避免交叉作业时，应尽量避免立体交叉作业。双方在交叉作业或发生相互干扰时，应根据该作业面的具体情况共同商讨制定具体安全措施，明确各自的职责。

(3) 因工作需要进入他人作业场所，必须以书面形式向对方告知，说明作业性质、时间、人数、动用设备、作业区域范围、需要配合事项。其中必须进行告知的作业有：喷浆、硬化、浇筑、爆破作业、设备（检修）安装、起重吊装、高处作业、多头开掘作业、生产用电、运输、其他可能危及对方生产安全作业等。

(4) 双方应加强从业人员的安全教育和培训，提高从业人员作业的技能，自我保护意识，预防事故发生的应急措施和综合应变能力，做到"四不伤害"。

(5) 交叉作业双方施工前，应当互相通知或告知本方施工作业的内容、安全注意事项。当施工过程中发生冲突和影响施工作业时，各方要先停止作业，保护相关方现场设施的安全，由各自的负责人或安全管理负责人进行协商处理。施工作业中各方应加强安全检查，对发现的隐患和可预见的问题要及时协调解决，消除安全隐患，确保施工安全和质量。

第七条 交叉作业的安全措施

(1) 双方在同一作业区域内进行高处作业时，应在作业前对施工区域采取隔离措施、设置安全警示标识、警戒线或派专人警戒指挥，防止高空落物、施工用具、用电危及下方人员和设备的安全。

(2) 爆破作业区内多单位、多部门时，爆破作业单位必须提前 24 h 书面通知邻近组织、相关单位和人员。被干扰方应积极配合做好人员撤离、设备防护等工作，在被干扰方未做好防护措施前，不准进行爆破作业，并在爆破前30 min内进行口头通知，确认人员撤离完成，然后确定爆破指挥人员、爆破警戒范围和人员、爆破时间。

(3) 在同一作业区域内进行起重吊装作业时，应充分考虑对各方工作的安全影响，制定起重吊装方案和安全措施。指派专业人员负责统一指挥，检查现场安全和措施符合要求后，方可进行起重吊装作业。与起重作业无关的人员不准进入作业现场，吊物运行路线下方所有人员应无条件撤离。指挥人员站位应便于指挥和观察，不得与起吊路线交叉，作业人员与被吊物体必须保持有效的安全距离。索具与吊物应捆绑牢固，采取防滑措施，吊钩应有安全装置。吊装作业前，起重指挥人通知有关人员撤离，确认吊物下方及吊物行走路线范围无人员及障碍物，方可起吊。

(4) 各方应自觉保障施工道路通道畅通，不得随意占道。运输超宽、超长物料时必须确定运行路线，确认影响区域和范围，采取防范措施（警示标识、引导人员监护），防止碰撞其他物件与人员。车辆进入施工区域，须减速慢行，确认安全后通行。

(5) 同一区域内的施工用电，应统一到机电科提出用电申请。施工用电必须做好接地（零）和漏电保护措施，防止触电事故的发生。敷设的线路必须通过对方工作地点时，应事先征得对方同意。同时，应经常对用电设备和线路进行检查维护，发现问题及时处理。

(6) 施工各方应共同维护好同一区域作业环境，必须做到施工现场文明整洁，材料堆放整齐、稳固、安全可靠，确保设备运行、维修安全。设备维修时，按规定设置警示标志，必要时采取相应的安全措施（派专人看守、停电挂牌、切断电源、设置栅栏等），谨防误操作引发事故。

第八条　各类交叉作业安全责任规定

(1) A类交叉作业中，所有施工单位均为责任方，其施工人员应为其他施工人员提供可靠的安全隔离防护措施，确保其他施工人员的安全，其他施工人员在隔离设施未完善之前不得施工。

(2) B类交叉作业，由施工单位负责人、安全副职在施工前对各方做明确的安全交底，着重明确各方责任、安全责任区，确定防护设施的维护与完善，各方必须严格按交底执行。

(3) C、D类交叉作业由安全副矿长划分安全责任区，明确各方安全责任。

(4) 交叉作业中的隔离防护设施及其他安全设施由责任方提供。当责任方因故无法提供时，本矿将指定由另一方提供，其费用及日常维护费用由责任方承担。

(5) 交叉作业责任方必须确保隔离设施及其他安全设施的完整、可靠。由于此设施缺陷而导致人身伤亡事故及设备、设施、料具损坏责任由责任方承担。

(6) 某处出现交叉作业安全责任不清时，各方应暂停施工，报矿安全副矿长，由矿方明确安全责任，待责任方完善安全措施后方可施工。

(7) 交叉作业的各施工队伍在作业前必须对工人进行交叉作业的安全教育，并做有针对性的分项、分工种、分工序的安全技术交底。各单位负责人要经常检查、指导工人工作，及时纠正工人的违章行为。

(8) 矿各部门、人员有权对各类交叉作业安全责任落实情况进行监督、检查，发现问题及时报告安全科，由安全科向其下发《安全隐患整改“五定”通知单》，对于接到通知书后仍然不按期落实的施工单位，矿方将责令其停工整顿，并对该单位按严重违章论处。

第九条　考核。对因违反本规定不负责任、玩忽职守造成事故的，将按照相关制度严格考核，直至追究刑事责任。

13.25　夜查、突查检查制度

第一条　夜间安全检查

(1) 每月月初由安全科根据领导值班、跟班情况，结合领导工作实际，排定当月的夜查日期、班次。

（2）每月夜查不少于两次。

（3）井下夜查组组长为跟班矿领导（或副总工程师），成员由跟班科队长组成，根据月初排定的夜查日期、班次由当日跟班矿领导组织本组成员井下岗位进行夜查。

（4）井上夜查组组长为值班领导，成员由各部门值班领导组成，根据月初排定的夜查日期、班次由当日值班领导组织本组成员进行地面岗位夜查。

（5）次日早调度会议上跟班、值班领导要对夜查情况进行通报。

第二条　突击安全检查

（1）每月由安全科组织一次突击安全检查，检查组组长为矿领导，检查时间由组织突击安全检查的检查组组长临时通知，不做提前计划。检查组成员为各副总工程师、业务科室科长、科室业务骨干等。

（2）突击安全检查的方式采用不发通知、不打招呼、直插现场。

（3）检查问题要在次日调度会议上进行通报，责任问题将对相关责任单位或责任人进行处罚。

第三条　夜查、突查的范围。主要包括涉及安全生产作业的所有场所和岗位，主要包括：井下生产作业的采掘工作面、中央变电所等主要机房硐室、火药库、零散作业地点、地面生产作业的厂房和车间、洗选煤流水线、瓦斯抽放泵站等地面要害地点等。

第四条　夜查、突查的主要内容

（1）各岗位上岗情况检查，是否存在睡岗、脱岗、漏岗、串岗以及是否存在空班漏检等现象。

（2）各岗位在岗人员持证上岗情况检查，安全资格证及特种作业操作资格证是否与其从事的岗位相适应，证件是否在有效期内等。

（3）各岗位在岗人员掌握安全知识情况检查，检查岗位工对《安全操作规程》、安全生产责任制、岗位责任制、应急避险知识、岗位描述、手指口述等岗位安全知识的掌握情况，可对其进行现场抽查或提问。

（4）各岗位在岗人员使用劳动保护用品及专用工器具情况，是否规范使用劳动防护用品，岗位专用安全工器具、仪器仪表、绝缘用品等是否定期检测合格。

（5）各岗位安全作业环境检查，岗位作业环境是否满足安全生产需要，不安全的作业环境是否采取了有效的安全措施，并执行到位。

第五条　考核

以下三种将对检查组组长及成员进行处罚，罚款不低于×××元/次，可视情况适当增加罚款数额。

（1）未按时组织夜查、突查的。

（2）检查组领导没有参与，检查人员走马观花、流于形式的。

（3）检查问题不真实，不能正确反映检查井上下安全生产状况的。

13.26　专业安全检查制度

为了规范专业安全检查，充分发挥专业领导和技术人员的专业特长，弥补综合安全检查专业力量不足的缺陷，对隐患进行排查和治理，建立安全隐患排查治理长效机制，结合实际，特制定本制度。

第一条　使用范围：本制度适用于煤矿各类专业安全检查和隐患排查。

第二条　术语与定义。专业（或专项）安全检查是指针对瓦斯、顶板、煤尘、机电运输、防治水、锅炉、压力容器、火工品、油料（油脂）等生产管理环节组织开展的专业（或专项）安全检查，该检查主要针对事故易发、多发的安全管理薄弱环节或管理难度较大的专业，更加突出专业管理的落实。

第三条　各部门职责及分工

（1）通风科：负责瓦斯、煤尘、通风系统、通风设施等专业检查，对所查隐患及问题要提出合理可行的整改措施，并监督整改落实。

（2）机电科：负责机电运输环节、提升系统、设备完好等专业检查，对所查隐患及问题要提出合理可行的整改措施，并监督整改落实。

（3）安全科：负责安全防护设置、职业危害防范措施、现场作业环境安全、地面锅炉、液化气、压力容器、油料（油脂）、机床、洗选煤药剂、食品安全等专业检查，对所查隐患及问题要提出合理可行的整改措施，并监督整改落实。

（4）生产技术科：负责顶板、爆破、大断面巷道、火工品等专业检查，对所查隐患及问题要提出合理可行的整改措施，并监督整改落实。

（5）地测防治水科：负责各工作面执行探放水情况，对探放水设施配备齐全及完好情况进行排查，对所查隐患及问题要提出合理可行的整改措施，并监督整改落实。

（6）调度室：负责胶轮车运输、监测监控系统等专业检查，对所查隐患及问题要提出合理可行的整改措施，并监督整改落实。

第四条　专项安全检查计划和范围。各单位应编制专业安全检查工作计划，明确专业检查的目的、范围、方法和要求等内容，按照工作计划开展专业性安全检查。专业安全检查的范围应包括所有生产经营相关的场所、环节、人员、设备设施、作业环境和作业活动。

第五条　专项安全检查要求

（1）专业安全检查均应编制填写安全检查表，安全检查表中必须详细记录检查时间、参加人员、检查项目或内容、检查标准或依据、检查结果等内容。

（2）生产系统厂队要定期自行组织本单位涉及薄弱环节或管理难度较大的专业安全检查，并将检查情况以部门自查自纠报告的形势报安全科，接受安全部门的监督和管理。

第六条　其他要求

（1）被检查单位负责人必须全程陪同专业安全检查组进行检查，特殊原因可指定专人参加。

（2）对于检查出的一般安全隐患，检查单位要按照隐患整改“五定”通知单的形式下发至责任单位，限期整改。

（3）对于检查出的重大安全隐患，检查单位应立即上报安全科，安全科要按照××煤业《隐患排查治理制度》之规定，及时上报至山西煤矿安全监察局上级监察分局挂牌督办。

（4）检查单位要对所查隐患整改落实情况进行跟踪和复查，并根据跟踪和复查结果制定考核意见。

第七条　考核办法

（1）各部门专业安全检查记录不全，罚款×××元。

（2）未按要求定期组织或组织不力的处罚责任部门负责人×××元/次；

（3）专业安全检查中发现的问题和隐患下发至责任单位后，责任单位推诿或拖拉造成该隐患没有在规定的时间节点整改完毕的处罚责任单位×××元/条，挂钩处罚部门负责人30%。

13.27　重要岗位管理制度

第一条　矿重要岗位包括：主绞、副绞、变电站、主要通风机机房、空压机房等要害场所。

第二条　重要岗位人员必须具备相关业务知识，取得相关资格证。

第三条　重要岗位人员在工作区域内不得从事与工作无关的事。

第四条　重要岗位人员必须严格遵守交接班制度、巡回检查制度、要害场所管理制度，工作时不能擅离职守。

第五条　非重要岗位人员不得随意进入重要岗位。

第六条　非重要岗位人员因工作需要进入重要岗位时，必须符合重要岗位进入的相关条件，如按规定放电、佩带相应的防护用品等。需要进入特殊要害场所（如：地面瓦斯抽放泵站）时，严禁携带手机等电子或通信设备。

第七条　非重要岗位人员进入重要岗位必须到机电管理部门办理批准手续，进入重要岗位前必须进行登记。

（1）上级部门检查人员及各级领导调研需进入重要岗位场所的，必须由矿级以上领导陪同，并进行详细登记。

（2）其他人员进入场所必须有机电部门签章，持批准手续方可登记进入。

（3）外来人员参观学习时，每次进入要害场所的人数不得超过 10 人，在交接班和处理事故时，不得进入参观学习。

（4）进入要害场所的所有人员不得拍照。

（5）要害场所要在门口悬挂“闲人免进”的提示牌板，无关人员不得随意进入重要岗位。

第八条　要害场所设备安装、检修的项目、内容、时间、参加人员及施工安全措施等，必须经矿领导批准。参加检修人员必须落实施工安全措施、技术要求。

第九条　要害场所发生事故时，值班人员应及时汇报上级部门，根据发生事故性质情况要切实保护好现场，采取措施避免事故扩大，做好记录。

第十条　要害场所不经批准不得摄影、绘图、抄录技术数据。

第十一条　重要岗位值班人员必须认真学习，熟悉设备性能，掌握操作方法，执行规章制度，提高警惕，防止人为破坏。值班期间不得擅自离开工作岗位和擅自带入非工作人员等。

第十二条　要害场所不得带入或放置与设备无关的物品等。

第十三条　要害场所按照安全生产标准化要求完善各种管理制度、安全生产责任制和《操作规程》，并建板上墙。

第十四条　必须按规定健全记录簿，在场所内进行检查、维修、试验等均应按照格式要求认真填写内容。

第十五条　要害场所必须存放足量的合格的消防器材。

第十六条　对重要岗位必须严格管理，对不负责任导致事故的必须严肃追究，造成重大事故的追究法律责任。

13. 28　副井口管理制度

为了加强对副井出入人员的管理，防止各类有害物品和不安全人员进入井下，按照《安全生产法》及《煤矿安全规程》的有关规定，结合矿实际，特制定本制度。

第一条　副井口房两侧大门应紧闭加锁，只有当进出物料时副井口把钩工方可开启，所有下井物料必须通过进口门进入副井口，升井物料必须通过出口门推离副井口进入生产库，工作完毕后应及时关闭。

第二条　所有入井人员必须遵守等候纪律，不得在等候室大声喧哗、吵闹或无理取闹。

第三条　入井人员必须穿戴整齐在等候室接受检身后打卡集中入井。

第四条　在人员集中的交接班时间一次入井最多人数根据本矿实际予以明确，其他时间不得少于 6 人。特殊情况经调度通知或向安全科说明后可以放行。

第五条　交接班时间不得升降物料，以保证人员及时入井，所有入井人员不得在副井口房内逗留。副井口把钩工在每开动一罐后及时与检身处联系，下一罐人员方可进入井口房，等候人员应在等候室观看安全警示教育片，接受入井前的安全教育。

第六条　入井人员到达副井口后根据副井口把钩工手示，同把钩工一起做入井前的“手指口述”

安全确认。

第七条 升井人员到达井底等候硐室后必须依次坐在排椅上等候把钩工的乘罐信号，把钩工没有发出乘罐信号以前不得离开座位进入副井口警戒线内；把钩工发出乘罐信号后，升井人员依次按动等候硐室的人数清点装置（一人按一次，不得多按、代按）有序进入罐笼，升井后罐笼停稳，乘罐人员依次出罐笼并接受把钩工的（检身仪器）检身。

第八条 乘坐罐笼上下井的人员必须有本班班长带队，打小红旗统一上下井，本班人数不够时不允许上下井。

第九条 上下井人员进出罐笼时必须将自己携带的小型工器具束紧、抓牢，防止意外掉入井筒中，必要时还应做防脱落措施。

第十条 检身工应在等候室值班，防止其他人员从此穿行，入井前应逐个认真检查，不得漏检不检。

第十一条 所有入井人员不得以任何理由拒绝接受检身，强行通过检身处。

第十二条 严禁入井人员携带烟草、点火物品及电子产品（其中包括移动电话、收录机、随身听等），严禁酒后入井，禁止穿化纤衣服。

第十三条 等候室门要保持经常关闭，出入井人员实行单向通行。

第十四条 检身工每班要做好入井人员登记、清扫垃圾等工作，搞好交接班。

第十五条 受伤人员升井后必须亲自或由他人代替到检身处汇报登记。

第十六条 外来参观或学习人员必须有陪同入井人员，并且在检身处进行登记，在等候室观看安全警示教育片，接受入井前的安全教育，否则不得入井。

第十七条 凡违反本制度的，根据《安全生产奖惩细则》的有关规定进行处罚。

13.29 跟班队干、班组长、专职验收员、当班巡回安全检查员联保责任追究制度

为进一步明确联保责任，防止跟班队干、班组长、专职验收员、当班巡回安全检查员等结对检查人员在井下出现联保盲区，促进安全生产，现结合矿实际，特制定本制度。

第一条 当班巡回安全检查员进入井下采掘活动区域后进行安全检查，必须由跟班队干、班组长、验收员相陪同，检查期间跟班队干、班组长、验收员自然与当班巡回安全员结成“联保对子”。

第二条 安全互保联保共同目标

（1）不发生轻伤及以上事故。

（2）杜绝“三违”，做到“四不伤害”。

（3）不发生人为责任事故。

第三条 安全互保联保责任

（1）互保联保成员应做到：清楚任务，熟悉路线，熟知互保中自己的工作责任，掌握应遵守的规程制度。

（2）互保人员之间互相提示，互同责任，保证安全。

第四条 安全互保联保要求

（1）互保联保对子之间要对对方人员的安全负责，做到“四个互相”。

①互相提醒：发现对方有不安全行为与不安全因素，可能发生意外情况时，要及时提醒纠正，工作中要呼唤应答。

②互相照顾：工作中互相关心，互创条件。

③互相监督：工作中要互相监督、互相检查，严格执行劳动保护标准，严格执行安全规章制度和技术措施，共同做到遵章守纪。

④互相保证：保证对方安全，不发生各类大小事故。

（2）互保联保主要形式。

①跟班队干、班组长、专职验收员、当班巡回安全检查员进入作业现场后必须立即填写“四位一体”牌。

②进入作业区域前必须共同进行危险源辨识，并相互告知可能存在的不安全因素以及相应的防范措施。

第五条　在工作中的一定区域范围内，作业人员除有明确的安全互保联保对子外，其他在场人员均为临时安全互保联保“搭档”，工作中应相互监督、提示，确保作业中安全措施齐全，安全监督有效，从而在杜绝“三违”、确保“四不伤害”的前提下，圆满完成各项任务。

第六条　因互保、联保不到位，发生严重三违或造成事故的，除按《××矿安全奖惩细则》追究责任者外，同时追究互保联保对象责任，给予互保联保对象经济处罚，对不制止他人违章冒险作业的，追究其连带责任。

13.30　全员安全风险抵押制度

为了进一步强化安全管理，增强职工的责任意识，切实使全员牢固树立“安全第一”的思想，时刻把安全工作放在一切工作的首位，从而保障矿安全发展。根据集团公司《山西煤销集团岗位安全风险抵押考核办法》（晋煤销安监字〔2012〕586号文件）有关要求，结合矿实际情况，制定本制度。

第一条　安全抵押范围

（1）凡矿在册人员（含矿职工返聘人员）参加抵押。离岗人员、内退人员、试用期内人员、临时人员、外借、外调（包括借入、借出两类）不在抵押范围。

（2）矿领导班子参加二级公司抵押，由二级公司统一管理。除领导班子成员和七长之外的其他人员，参加矿安全抵押。

第二条　安全抵押原则

（1）实施煤炭安全风险抵押坚持“责任与利益相统一”的原则，即安全风险高低、安全工作效果与安全收益的高低相统一，高风险岗位高标准抵押。实现或完成安全目标、指标，获得相应的安全收益。

（2）一人只能参加一次或一个岗位抵押，不得多重抵押。即，参加二级公司抵押的，不再参加矿抵押。

（3）实行分类、分岗位进行抵押。

①安全风险抵押标准要求：只与岗位对应，与行政级别无关。副职主持工作承担正职责任的，按正职抵押。返聘人员按降一级待遇标准抵押。

②工资关系（工资发放处）与实际岗位不相统一的，在所在岗位参加抵押。

第三条　安全风险抵押金交纳标准

（1）生产系统副总工程师	×××元
（2）非生产系统类经理助理	×××元
（3）采掘开一线行政正职、安全科正职	×××元
副职	×××元
（4）生产性科室正职、机电机运队正职	×××元
副职	×××元
（5）地面厂队行政正职、非生产性科科室正职	×××元
副职	×××元

（以上不含机修厂、洗煤厂、销售科）

机修厂正职×××元，副职×××元

洗煤厂、销售科正职×××元，副职×××元。

（6）采掘一线班长	×××元
采掘一线副班长	×××元
采掘一线组长	×××元
（7）采掘开一线工人	×××元

安全员、瓦检员、瓦斯抽采队执行一线标准

（8）二线班长	×××元
二线副班长	×××元
二线组长	×××元

（9）井下二线工人、生产性工程技术人员（入井）、安全生产管理人员（入井）、地面厂队班长　×××元

地面厂队副班长	×××元
地面厂队组长	×××元
（10）地面工人、非生产性部门班长	×××元
非生产性部门副班长	×××元
非生产性部门组长	×××元
（11）非入井一般管理人员	×××元

第四条　安全风险抵押兑现方式与计算办法

（1）抵押金兑现是指除保留本金外，另外按规定比例给予的奖励。

（2）安全风险抵押实行一季度一考核兑现方式。

（3）季度兑现比例分别为：第一季度发基数的0.4倍、第二季度发基数的0.5倍、第三季度发基数的0.5倍、第四季度发基数的0.6倍。

（4）计算兑现金额时，要根据当月考核结果计算。

（5）扣除部分本金的，应在下季度前将本金补齐至原始本金数额。否则，按扣除后的本金考核兑现。

第五条　安全风险抵押考核办法

（1）工亡超过控制指标时，全矿发生事故的当季及后续季度均不再兑现；部门超过矿与部门签订的安全目标责任书指标的本部门当季度及当季度后续各季度均不再兑现。

（2）发生事故的科（室、队、厂）及业务保安部门的考核：

①发生轻伤事故，未突破控制指标时，只考核该班组和相关人员，一次多人事故时，同时考核业务保安部门。

除事故主要责任者不兑现并扣本金15%外，对当班人员实行连带，各扣当季兑现金额的10%，对该班班组长扣当季兑现金额的15%，对本队非分管业务副队长扣当季兑现金额的10%，对本队（科室）队长、分管业务队长和分管业务副队长各扣当季兑现金额的15%。

全队（科室）累计轻伤突破控制指标时，除事故主要责任者不兑现并扣本金20%外，连带全队人员，扣当季兑现金额的15%，扣全队班组长当季兑现金额的20%，扣其他非分管业务副队长当季兑现额的15%，扣分管业务副队长、安全副队长、队长当季兑现额的30%。

一次多人轻伤事故，未突破控制指标时按事故人数乘单人事故的扣罚比例执行；突破控制指标时在突破指标计算法基础上加扣兑现金额的10%；发生一次多人事故时，对业务保安部门扣当季兑现金额的15%，每增加一人加扣兑现金额的10%。

②发生重伤事故，未突破控制指标时，只考核事故班组和相关人员、业务保安部门。当班当季不予兑现，扣主要责任人员本金的30%，非分管业务副队长连带各扣当季兑现金额的15%，各分管业务副队长、当班跟班副队长、安全副队长、队长当季兑现额的20%，扣业务保安部门负责人兑现金额的15%。当季或累计重伤事故超过控制指标时，当班人员和当班队干当季不兑现，本年后续季度不再抵押。扣主要责任人员本金的30%，扣当班其他人员本金的10%，扣互保联保对象的兑现金额的15%，当班组长、当班队干，连带扣全队（室、队、厂）其他班组人员当季兑现金额的15%，各扣全队非分管业务副队长当季兑现金额的20%，扣分管理业务副队长、当班跟班队长、安全副队长、队长当季兑现金额的30%，扣业务保安部门负责人兑现金额的25%。

一次两人重伤事故，全队不兑现，事故主要责任人员、当班班长、当班跟班队长、分管业务副队长、安全副队长、队长在累计突破指标计算法基础上加扣本金10%，从下季度重新抵押，扣业务保安部门负责人兑现金额的50%。

一次三人及以上重伤事故，扣以上相关人员全部本金，本年度本队（科）不再抵押，业务保安部门本季度不兑现。

③发生工亡事故，全矿当季及本年度后续季度不再兑现，扣事故班组非责任人员本金的20%，扣除主要责任人员本金，扣除事故班组的班长本金，扣除非分管业务的其他副队长及非当班跟班队长本金的60%，扣除分管业务副队长、当班跟班队长、安全副队长、队长本金，业务保安部门当季不兑现并扣除本金的20%。

④发生非伤亡事故。

发生三级非伤亡事故，只考核事故班组和相关人员，扣主要责任人员兑现金额的15%，扣当班班长、分管业务的副队长、当班跟班副队长、安全副队长兑现金额的10%，扣非分管业务副队长、队长兑现金额的5%。

发生二级非伤亡事故，只考核事故班组和相关人员、业务保安部门，扣主要责任人员兑现金额的25%，扣除当班班长、分管业务的副队长、当班跟班副队长、安全副队长兑现金额的15%，扣非分管业务副队长、队长兑现金额的10%，扣除业务保安部门负责人兑现金额的10%。超出二级非伤亡事故控制指标时，在以上基础上加扣10%。

发生一级非伤亡事故，当班当季不予兑现，扣除主要责任人员本金的40%～50%，扣当班班长本金的30%，扣当班其他非责任人员本金的10%，连带扣本队其他班组人员兑现金额的20%，扣分管业务的副队长、当班跟班副队长、安全副队长兑现金额的60%，扣非分管业务的副队长、队长兑现金额的50%，扣业务保安部门当季兑现金额的40%。

（3）部门考核。

①部门未完成相应安全工作任务或完成不达要求的，或不配合安全部门开展相应的工作的，每次或每项扣当季兑现金额的3%～5%。

②安全费用提取使用情况、计划和完成情况等，发生迟报、未报、不认真、不符合实际、数据错误等情形的，每次或每项扣当季兑现金额的3%～5%。

（4）个人考核。

①仅一次一般“三违”时扣当季兑现金额的50%；个人有一次严重“三违”时，或累计两次一般“三违”时，当季不兑现，一次性扣除本金的20%；年内累计达三次违章者，从当季起到本年末均不再予以兑现，并一次性扣除本金的30%。

②伤亡事故的责任者按本条第（2）款第②、③小项抵扣。

③非伤亡事故按本条第（2）款第④小项抵扣。

④不交纳抵押金者除不受奖外，安全指标超标时，执行本单位同等处罚。

⑤对班里有严重“三违”者，其互联保对象和当班班组长、跟班队长承担连带责任，扣互联保

对象当季兑现额的10%，扣班组长和跟班队长当季兑现金额的5%。

⑥各类事故的其他责任人员，如值班领导、业务保安部门等根据性质和责任大小，扣除相应的兑现金额。轻伤事故扣兑现金额的10%～20%，重伤事故扣兑现金额的15%～50%，工亡事故扣兑现金额的40%～100%，二级非伤亡扣兑现金额的15%～40%，一级非伤亡事故扣兑现金额的30%～100%。

第六条 安全风险抵押金的管理

（1）安全风险抵押金的交纳与清退。

①交纳或调整程序：根据《山西煤炭运销集团××矿关于印发〈煤矿安全生产管理岗位风险抵押办法〉的通知》，人事劳资科必须出具人员岗位核准意见。当部门人员（包括借调人员）需交纳或调整安全风险抵押金时，由所在部门向人事劳资科书面申请进行安全风险抵押岗位核准。人事劳资科对其是否在抵押范围及具体岗位情况进行核准（新工人必须标明具体实习时间），经人事劳资部门负责人签字盖章后，申请人持人事劳资科核准的申请意见到安全科办理交纳安全风险抵押金。安全科核准其岗位交纳标准，经安全负责人签字后出具交费通知单。申请人持交费通知单到财务部门交费。交费单一式三份（个人、财务、安全科各保存一份），安全科凭财务收据记账、存档。

②离岗人员抵押金的清退程序：离岗人员持原始交费凭证由原所在部门向安全科提出书面申请。由安全科对原岗位交费标准审核并经安全负责人签字后，持申请（申请一式两份，安全科销账一份，财务科清退一份）和原始收据到安全科、财务科清退，属于安全科的一份，安全负责人签字后，留安全科即刻销账，另持属于财务科的一份，到财务科办理清退。

（2）矿各部门安全风险抵押兑现计算、核发程序。

①各部门要按考核结果计算抵押兑现金额，严格按安全部门规定的出勤进行核算，当季出勤必须经部门领导、分管领导签字，在核算时一并报安全科进行审核。

②纪检部门出具机关各部门人员违规、违纪等情况。

③安全科对违章、违纪及对各部门考核情况汇总。

④各部门核算后，经部门负责人预审，分管领导签字后，报安全部门汇总，安全部门汇总后，报安全矿长审阅、矿长批示，送相关部门按程序发放。

（3）根据本办法和以上两款原则，建立和规范本矿安全风险抵押制度及管理程序，保证标准合理、考核严格、计算准确、发放及时、奖罚到位。

本制度是在二级公司《煤矿安全生产管理岗位安全风险抵押办法》的基础上结合矿的实际情况制定的，当二级公司《煤矿安全生产管理岗位安全风险抵押办法》有新的变动时，本矿要及时进行调整变更本办法。遇有其他或特殊情况时，必须经矿安全生产委员会研究同意，上报二级公司审批。在执行过程中，必须严格考核和检查，确保执行到位。通过抵押，真正使职工不断提高安全意识、自主保安的能力，确保安全生产。

第七条 安全抵押金的兑现由各部门核算员严格按照文件精神及补充说明认真核算，并按规定格式造表，经部门负责人、分管领导签字后，随同当季考勤表（经分管领导签字，调度室或人事劳资科审核，加盖审核部门公章）按规定时间报送安全科审核汇总。

第八条 本着“安全抵押金跟着工资手续走”的原则，人员调走，即安全抵押金随着清退，劳资部门要及时以书面形式通知安全科。

第九条 安全风险抵押金是针对所在岗位责任进行的抵押，与工资待遇无关；由于矿任免，安全风险抵押金发生变化的，调整时必须递交任免文件，无文件者一律不予办理。

第十条 因岗位发生变化，不及时变更抵押金基数而出现的问题，责任由部门负责人承担。岗位变动人员抵押金计算办法。当季调整的岗位工作时间（有文件者，以文件下发之日执行）达二月及以上者，当季按新岗位标准补交或清退。在调整的岗位上不达二个月者，按原标准计算，但应在本季内办理完毕补交或清退手续，从下一季度开始执行新岗位标准行。新增人员交纳抵押金必须在当季第一个月28日前完成，超过规定期限未能交纳者，财务科将不予办理交款手续。

第十一条 不论因何原因，上季度未兑现者，下季度仍按上季度比例进行兑现；新增人员不论从哪一季度上岗，一律从第一季度比例开始逐季兑现。

第十二条 出勤按季度汇总。出勤考核：生产系统倒班人员季度总出勤不达正常出勤（除去国家法定假日）的80%，不予兑现；生产系统科室、后勤人员季度总出勤不达正常出勤（除去国家法定假日）的85%，不予兑现。婚、丧、产假不计入安全风险抵押金出勤考核。确因单位放假或其他特殊情况，大部分职工不能达到规定出勤时，须经安全办公会议研究决定，适当降低出勤考核标准。

第十三条 各部门核算员要本着公平、公开、公正的原则，严格按规定标准核算，部门负责人要认真审查，如有漏算、少算，多算，责任自负。

13.31 职工自保、互保、联保的相关规定

为深入贯彻落实"安全第一、预防为主"的安全生产方针，充分发挥职工在作业过程中的互相监督作用，不断提高职工的自主保安、相互保安和联合保安能力，使每一名职工都能够互相关心、互相保护、互相监督、真正做到"不伤害自己、不伤害他人、不被他人伤害、保护他人不让伤害"，结合矿实际，特制定本制度。

第一条 成立领导小组

组　　长：矿　　长

常务副组长：安全副矿长

副 组 长：其他各分管副矿长

成　员：各专业副总及部门行政正职

第二条 安全自保要求

（1）熟知本工种岗位应知应会内容。

（2）掌握安全防护基本知识及各种灾害发生时的应急措施和避灾方法。

（3）严格按规程措施施工（操作），杜绝"三违"现象发生。

第三条 安全互保联保目标

（1）全矿实现"双零"目标，即队组无轻伤及以上人身事故或三级以上非人身事故。

（2）个人无事故、无"三违"行为。

（3）杜绝"三违"，做到"四不伤害"。

第四条 安全互保联保职责

（1）互相关心和帮助，时刻了解互保联保成员的详细情况，包括家庭情况、身体健康状况及性格、技术能力和操作水平、主要特长等，尤其是当班的身体状况和精神状态情况，发现异常，及时汇报，不允许其上班。

（2）互相监督和帮助，按照规定穿好戴好劳动保护用品，按照本岗位安全技术操作规程操作，严格遵守矿上的矿规、矿纪及各种规章制度。

（3）发现事故隐患，互相提醒，采取防范措施或者及时处理防止伤害事故发生。

（4）互相检查设备是否完好，备件、工具、物料码放是否符合安全规定，环境是否符合安全要求。

（5）各成员之间有责任对任何违章作业者进行警示和制止，严禁冒险作业，有权拒绝违章指挥，并向上级有关部门或领导汇报。

（6）互相进行思想教育，及时沟通和交流，集思广益，增强自保、互保和联保意识，共同完成安全生产任务。

第五条 安全互保联保要求

(1) 班组必须实行安全互保联保制，即每两人（或三人）之间结成互保联保对子，建立互保联保档案，班组人员变动时要及时调整。

(2) 结成互保联保对子应遵循原则：

①能力互补（如师傅与徒弟、技术水平高的人与技术水平低的人、老工人与新工人等）。

②性格互补（如粗心人与细心人、胆大人与胆小人、鲁莽人与谨慎人等搭配）。

③与岗位作业内容密切联系。

④形成事实上的互保联保工作人员，应认真履行互保联保职责。

(3) 工作中互保联保对子之间要对对方人员的安全负责，做到“四个”互相。

①互相提醒：发现对方有不安全行为与不安全因素，可能发生意外情况时，要及时提醒纠正，工作中要呼唤应答。

②互相照顾：工作中要根据工作任务、操作对象合理分工，互相关心，互创条件。

③互相监督：工作中要互相监督、互相检查，严格执行劳动保护标准，严格执行安全规章制度和技术措施，共同做到遵章守纪。

④互相保证：保证对方安全生产作业，不发生各类大小事故。

(4) 班组各互保对象之间，班组与班组之间，在作业过程中要实行联保。主要内容有：

①发现互保对象以外的人员有不安全行为及不安全因素，要及时提醒纠正。

②对互保对象以外的人员要互相监督、互相照顾、互相关心、互创条件，共同严格执行安全规程、技术措施和有关制度。

第六条 安全互保联保形式。互保联保形式为横向到边和纵向到底的保护网络，队长、副队长（跟班队干）、班长、组长、职工之间，形成自上而下的层层联保和同班组职工之间互保管理体制，签订安全互保联保责任书，班组中相同岗位的职工、相同生产环节中的不同岗位职工均可以结成“互保联保对子”。

第七条 队组按照班组签订互保联保协议书，一同作业人员为“互保联保对子”。

第八条 单独作业的，必须与班长签订互保联保协议书，对于从事单独作业的工种，如：刮板机司机、皮带司机、提升司机、电气维修工、副井上下把钩工、配电工、瓦斯员、水泵站工、通风工等，可以按小组进行互保，也可以自由结伙伴进行互保联保，但必须在科队长或班组长的同意下方可签订安全互保联保责任承诺书。

第九条 队组可以根据本单位各工种岗位实际情况组织安排进行。

第十条 如因工作原因调整班组、班次或工种时，更换“互保联保对子”的，必须经队长同意，及时签订安全互保联保责任承诺书。

第十一条 如因休班、脱产学习等临时原因，没有“互保联保对子”的，由跟班队干或班组长负责安排临时“搭档”结为临时“互保联保对子”，也必须遵守安全互保联保责任承诺书。

第十二条 本制度针对井上、下全体一线作业人员及辅助岗位，原则上按照在同一作业地点进行作业的人员，组成互保联保小组结成“互保联保对子”，确定互保或者联保关系，不论是何种作业，必须签订安全互保联保责任承诺书。工作中应相互监督、提示，确保作业中安全措施齐全，安全监督有效，从而在杜绝“三违”、确保“四不伤害”的前提下，圆满完成各项任务。

13.32 反“三违”活动实施方案

1. 指导思想

为进一步夯实安全生产基础，以安全生产法律、法规和行业标准为依据，根据《××煤业反“三违”活动实施方案》，以反“三违”为手段，以提高安全管理水平为目的，有效遏制各类事故发生，为持续创造良好的安全作业环境奠定基础。

2. 组织领导

为确保反“三违”活动顺利开展，成立反“三违”活动工作领导组。

组　　长：矿　长（总经理）

常务副组长：安全矿长

副 组 长：生产矿长、机电矿长、总工程师、通风助理

成　　员：副总工程师、总经理助理及各科室及厂、队负责人

领导组下设办公室，办公室设在安全科，主任由安全科科长担任，负责反“三违”活动开展情况的监督和考核工作。

3. 职责

（1）领导组职责：

①负责对本单位反“三违”活动的组织领导。

②负责对本单位反“三违”活动开展情况进行监督检查。

③负责协调解决反“三违”活动开展过程中出现的问题。

（2）办公室职责：

①负责制定反“三违”活动实施方案，并监督落实。

②负责制定反“三违”活动实施方案并上报二级公司审核、备案。

③负责建立“三违”统一台账，每月对“三违”情况进行登记汇总，次月2日前上报二级公司反“三违”领导组，并在当月安全例会上进行通报，并存档、备查。

④负责对各级人员抓“三违”情况进行统计、考核。

（3）成员职责：

①综合办、工会负责通过报纸、广播、微信、LED大屏等对反“三违”活动进行大力宣传。

②纪检办负责对反“三违”活动开展情况进行廉政监督。

③其他成员单位协助反“三违”活动办公室对活动开展情况进行监督、检查、考核。

4. 反“三违”活动实施方法

（1）动员部署。按照集团公司和二级公司要求制定本单位《反“三违”活动实施方案》，进一步细化三类“三违”行为的判定标准，于3月底之前上报二级公司。

（2）组织实施。各单位按照本方案，认真组织实施，确保反“三违”效果。反“三违”办公室将在此阶段组织监督检查、考核，并将反“三违”情况上报二级公司反“三违”活动领导组。

（3）经验总结。总结反“三违”活动成果、经验以及改进方法，并在安全例会上通报。

5. “三违”行为分类及界定

（1）“三违”行为类型：“三违”，是“违章指挥、违章作业和违反劳动纪律”的简称。

①违章指挥，主要是指违反安全生产方针、政策、法律、条例、规程、制度和有关规定指挥生产的行为。违章指挥主要包括：

（a）不遵守安全生产规程、制度和安全技术措施或擅自变更安全工艺和操作程序，指挥者使用未经安全培训的劳动者或无专门资质认证的人员。

（b）指挥工人在安全防护设施或设备有缺陷、隐患未解决的条件下冒险作业。

（c）发现违章不制止等。

②违章作业，主要是指违反劳动生产岗位的安全规章和制度（如安全生产责任制、安全操作规程等）的作业行为。违章作业主要包括：

（a）不使用或正确使用个人劳动保护用品。

（b）不遵守工作场所安全管理制度。

（c）不按安全操作规程操作设备。

（d）在安全设施或设备不完善或不完好的情况下操作，或隐患未处理的情况下冒险作业。

（e）擅自操作本岗位之外的设备，擅自拆改、挪用设施、设备等。

（f）违反生产作业工艺，或擅自改变生产工艺，施工中或作业中偷工减料，偷减工序，致使工程质量或工作质量不达标，给其他工序或其他人员的作业带来安全隐患。

（g）不执行安全生产指令等。

③违反劳动纪律，主要是指违反劳动规则和劳动秩序的行为。即为形成和维持生产秩序、保证劳动合同的得以履行，以及与劳动、工作紧密相关的其他过程中必须共同遵守的规则。违反劳动纪律主要包括：

（a）不履行劳动合同及违约承担的责任。

（b）不遵守考勤与休假纪律、生产与工作纪律、奖惩制度及其他纪律等，如迟到、早退，不按单位规章签到签退，脱岗，串岗，工作期间娱乐、吵闹、打架，禁止喧哗场所大声喧哗，禁止抽烟区域抽烟等。

（2）“三违”行为分类。将“三违”行为按照可能造成人身伤害或财产损失的严重程度分为轻微、一般、严重“三违”三类。

①轻微“三违”，是指一般情况下不会造成人身伤害或财产损失的，但不符合本矿相关规定、要求或会造成不安全、不良影响等情况的“三违”行为。

主要表现有：交接班不认真的；井下岗位未正常使用喷雾洒水装置的；不能背诵作业卡内容的；损坏记录、牌板或其他价值较小的设备、配件、防护用品的；使用不完好的安全带作业的；酒后欲入井被把钩工制止的；井下不穿工作衣或工作衣穿戴不整齐、胶靴严重破损的；井下不系帽带或不戴安全帽的；乘坐罐笼时不排队的；不听从把钩工指挥，拥挤打闹的；驾驶胶轮车时，未开车灯的；顺槽内胶轮车司机不执行停车避让行人的；大巷内遇胶轮车通过不及时避让的；高处作业时未将梯子支稳的；未按标准正确置放和使用设备保护装置和防护设施的；井上、下特殊岗点晚到岗、早离岗或不现场对口交接班的等。

②一般“三违”，是指有可能造成人身伤害、财产损失或不良影响等情况的，但目前并未造成较重后果或影响较小的“三违”行为。

主要表现有：凡不接受安全检身私自入井的；主要岗位不现场交接班的；未按规定停电闭锁的；支护工背对迎头作业的，戴手套扶钻的；未执行“敲帮问顶”制度的；绞顶作业不执行安全措施的；瓦斯检查员巡查时，未随身携带瓦检仪的；特种作业人员未持证上岗的；司机离开胶轮车未熄火的；乘坐在胶轮车车头上的；未按规定进行摘挂钩的；牵引车顶矿车时，未使用连接环的；司机离开掘进机未停电闭锁的；未执行“行车不行人，行人不行车”制度的；操作前未对本岗位安全环境、设备等情况进行安全确认的；本岗位存在安全隐患未进行整改就开始作业的；不按规程、措施施工的指挥人员和作业人员的；大型设备开合口过程中，未采取安全防护措施而将身体任何部位探入其间的；起吊大型物件时，没有打设专用起吊站或用铁丝代替小链、钢丝绳套等的；损坏安全设施的；安全防护设施失效而继续作业的；无证上岗及特种作业岗位岗证不符的；井下睡觉的；未按要求设置禁止入内等禁令标志牌的；高空作业不系保险带的；吊运物体时，从下面穿过的等。

③严重“三违”，是指违反集团及本矿红线、禁令制度，违反《煤矿安全规程》《安全生产法》或国家、省、市在煤矿瓦斯、水害、机电运输、民爆等方面的红线、禁令等，或其他极有可能和已经造成人身伤害、重大财产损失等情况的“三违”行为。

主要表现有：酒后或携带烟火、易燃易爆物品入井，或在井下吸烟的；扒、蹬、跳矿车或乘坐物料车，或乘坐皮带、溜子的；故意移动或遮挡瓦斯传感器的；破坏通风、监测监控、瓦斯抽采及安全避险“六大系统”等安全设施设备、仪器仪表的；私自打开密闭、私自进入盲巷的；大型设备、特种设备在保护装置失效或甩掉保护装置情况下继续使用的；在用电气设备严重失爆的；违反规定强行带电检修或挪移电气设备的；不执行停送电规定的；设备故障未排除强行送电的；不使用超前支护空顶作业的；擅自改变支护材料、支护参数、降低支护强度的；未采取逼帮措施私自进入大溜作业的；无规程、措施施工的指挥人员和作业人员；在易燃、易爆物品附近进行焊接、气割工作或吸烟、动用明火的人员；工作现场出现险情，未将人员撤到安全地点，继续组织作业的现场指挥人员的等。

（3）“三违”性质界定：

①违章性质界定原则上依据《安全生产奖惩细则》中“三违”界定标准进行界定，不在所列的违章行为，视违章情节决定。

②违章性质界定必须在申报完成后三天内完成，有安全矿长、安全科长、申报人参与下完成；出现一般违章、严重违章或者情节恶劣，后果严重的违章行为，三天内报反“三违”领导组研究决定。

③现场存在班组长、队干违章作业和违章指挥的情形加重处罚。

④违章行为造成人身伤害事故时，原则上定性为严重违章行为。

⑤违反集团公司、二级公司、本单位红线禁令的行为，原则上定性为严重违章。

6. 各级人员反“三违”指标

（1）生产系统本矿领导及副总工程师每人每月完成“三违”指标不少于 1 个，每季度完成的指标中至少包括 1 个一般或严重“三违”。

（2）后勤系统助理以上领导每人每季度完成“三违”指标不少于 1 个。

（3）安全矿长、安全科副科以上人员和安全员每人每月完成“三违”指标不少于 1 个，每两个月内完成的指标中至少包括 1 个一般或严重“三违”。

（4）生产科室副科以上人员（机电机运队队长、技术员、检修副队长以及运输副队长、瓦斯抽采队、探放水队队长纳入科室管理），每人每月完成“三违”指标不少于 1 个，每季度完成的指标中至少包括 1 个一般或严重“三违”。

（5）非生产部门副科以上人员，每人每季度完成“三违”指标不少于 1 个。

（6）机修厂、洗煤厂副科以上人员，每人每季度完成“三违”指标不少于 1 个，每半年完成的指标中至少包括 1 个一般或严重“三违”。

（7）生产区、队副科人员：每人每月完成“三违”指标不少于 1 个，每季度完成的指标中至少包括 1 个一般或严重“三违”。

（8）安全员每人每月完成“三违”指标不少于 1 个。

（9）考核说明：

①生产系统本矿领导和科室中规定有“三违”指标人员每半年完成的“三违”指标中至少包括 3 个人员，且至少包括 1 个的一般或严重“三违”；安全系统人员每年完成一般或严重“三违”指标中至少包括 3 个。

②机修厂副科以上人员每半年完成的“三违”指标中至少包括 1 个，且每年完成的“三违”指标中 1 个一般或严重“三违”。

③洗煤厂、生产队组副科以上人员“三违”指标仅限在本单位内完成。

④数人共同抓“三违”的，考核时，考核指标按人均计。

7. “三违”申报流程

（1）所有安全管理人员申报违章时必须客观、真实、公正、合理。

（2）安全管理人员发现违章行为时必须及时制止，并对违章人员现场批评教育，告知正确的做法。

（3）安全管理人员需要对违章人员进行申报时，必须现场收取违章人员资格证，经双方确认后，上报安全科；如果发现违章行为后，违章人员拒绝提供资格证者，将取消违章人员申诉资格，情节恶劣者将加倍处罚。违章人员不得以无证为由拒绝完成本班工作任务，否则，从重处罚。

（4）到安全科申报违章时，从发现“三违”人员时起 24 h 内为限，不得拖延，否则不予上报，且本人填写“三违”台账记录，并将资格证一并上交，待安全科审核，并与违章人员确认后方可有效。

（5）出现谎报、假报、错报“三违”行为的情况，一经核实，取消“三违”指标，并对申报人员处以此违章同等额度的罚款，并由安全科在调度会上予以通报。

（6）安全管理人员申报“三违”后，必须在本人最近所参加的调度会上进行通报，通报内容包括时间、地点、队组、人员、违章事实等，特殊情况可由安全科代为通报。

8. “三违”人员处理程序

（1）安全管理人员申报违章后，经安全科何时登记后，根据违章事实，向违章人员所在单位下达停工通知书和处罚单，所在单位负责通知本人到安全科报到。安全科要进一步了解事实，以联系单的形式通知培训部门，安排进行针对性的再培训再教育。

（2）违章人员处理过程执行“过六关”步骤。

①第一关：审查核实登记关。凡“三违”人员必须接收安全部门审查确认，并进行登记建立“三违”档案，作为对违章人员年内考核依据。

②第二关：停工检查关。凡“三违”人员经确认无误后，必须立即做出停工处理，违章人员必须无条件接受处理。

③第三关：接收再培训再教育关。在认识错误后，按本矿规定接受再培训再教育。

④第四关：亲属帮教关。对一般、严重“三违”人员为使其深刻认识违章行为的错误，必须邀请其家属（亲属）到矿进行帮教，安全科、工会、团委以座谈的形式与其间交流，参与帮教活动，共同帮其提高认识，强化对违章人员的安全教育。

⑤第五关：思想教育关。一般、严重“三违”上岗前由其分管经理、安全经理思想教育。

⑥第六关：考核确认复工关。培训结束或帮教结束后，要对违章人员进行综合考核，考核合格后，将以上资料汇总、整理。安全科接到培训考核联系单后，通知工作单位可安排复工。但复工前违章人员必须在本单位班前会议上做出深刻检讨，并由本单位第一责任人和分管安全副职签字确认。安全科接到认可签字通知后，方可准许正式复工，返还安全操作资格证，正式通知工作单位安排返岗复工。至此，对“三违”人员的处理形成闭合，结束处理程序。

（3）培训部门接安全科通知后，必须按照“三违”人员培训制度，针对性进行培训教育，使其认识到自己违章的错误和危害，并写出检查和保证书（一式两份，职工培训科和安全科各一份）。再教育结束后，要进行综合考核，合格后，由培训部门开具联系单送安全科。

（4）由安全科、工会、职工培训科共同组织，每半年召开一次“三违”座谈会，进一步提升安全培训的效果，并对违章行为进行“回头看”。

9. “三违”处罚规定

对轻微“三违”人员的罚款不低于其同岗位当月工资总额的 5%（从其工资中扣除），对一般“三违”人员的罚款不低于其同岗位当月工资总额的 10%（从其工资中扣除），对严重“三违”行为罚款不低于其同岗位当月工资总额的 30%（当月罚款超过工资总额的 20% 的，可以分次分月从其工资中扣除）。

（1）对于轻微“三违”人员处罚后，不再与其他安全奖、抵押兑现挂钩。

（2）对于一般“三违”人员，要同时扣当季兑现金额的 50% 及月度安全奖（已领取的从下一月度中扣除）。

（3）对于严重“三违”人员，要同时取消本人当季度安全风险抵押金及各类安全奖（已领取的从下一季度中扣除）。

（4）每季度内出现两次一般违章的，第二次追加为严重违章，每季度内出现一次严重违章和一次一般违章的，一般工人留矿查看半年，班组长、队干免职。

（5）一般或严重“三违”人员一律取消年底评优、提拔任用等资格，取消入党积极分子资格。

（6）对性质恶劣，严重影响违反集团红线或二级公司“三违”人员，原则上要解除劳动合同。

（7）轻微“三违”至少脱产培训1天；一般“三违”至少脱产培训3天；严重“三违”至少脱产培训7天。

10. 考核办法

（1）每季度完成的“三违”指标中，一般或严重“三违”数量不足者罚款×××元，轻微“三违”数量不足者，缺一人次罚款×××元，下一考核周期仍完不成规定指标者，罚款加倍，以此类推；

（2）队组副科以上管理人员（瓦斯抽采队、探放水队副科纳入队组考核），不执行罚款连续翻倍制度。若本人所在班组当季度未出现一般或严重“三违”现象，且本人未完成一般或严重“三违”指标者均按照×××元罚款；如果本人所在班组出现一般或严重“三违”现象，但本人未完成一般或严重“三违”指标，罚款加倍按×××元罚款。如果所在班组全年内无一般或严重“三违”现象，且未出现安全生产事故者，年底将全年所有罚款全部返还，且为班组人员每人×××元奖励，本班组直接当选为年度先进班组；

（3）奖励说明：每季度完成3个以上一般或严重“三违”指标，奖励×××元；完成5个，奖励×××元；领导班子成员不纳入奖励考核之列。（完成人数超过以上规定时，本矿召开会议研究决定奖励额度）。

（4）每月按以下办法扣除“三违”人员部门考核分：

①出现轻微“三违”1人次，扣除部门考核分0.02分。

②出现一般“三违”1人次，扣除部门考核分0.1分。

③出现严重“三违”1人次，扣除部门考核分0.3分。

本单位申报的“三违”不在考核范围之内。

11. 其他要求

（1）严禁对同一人、同一时间、同一事进行二次处罚。

（2）将管理人员的违章指标完成情况纳入年度考核当中，对于指标完成较多人员，直接推荐为年度先进个人。

（3）单位要鼓励普通员工参与反“三违”行动，举报“三违”行为，反“三违”活动工作领导组将根据举报违章的情况给予举报人×××元的奖励，并在年终评优时优先推荐。

（4）对安全管理人员在检查时发现明显违章行为不制止的，将追究管理人员责任。

（5）对于申报违章行为过程中，说情阻挠、威胁利诱、不予配合者给予通报批评，并严肃处理。

（6）“三违”人员在矿培训学习期间工资，执行工资分配方案。

（7）每月初对上一月的“三违”情况在井口醒目位置进行公示。

13.33　违章人员处理程序及相关规定

第一条　违章人员处理程序：填表上报→核实登记→停工检查→接受再教育→亲属帮教→考核→返岗复工。

第二条　对违章人员的处理必须按上述要求程序进行。对严重“三违”人员要通知其亲属到矿进行面对面的帮教。

第三条　违章人员处理过程执行“过六关”步骤。

第一关审查核实登记关。凡“三违”人员必须接收安全部门审查确认，并进行登记建立“三违”

档案，作为对违章人员年内考核依据。

第二关停工检查关。凡“三违”人员经确认无误后，必须立即做出停工处理，违章人员必须无条件接受处理。

第三关接受再培训再教育关。在认识错误后，按矿规定接受再培训再教育。

第四关亲属帮教关。对严重“三违”人员为使其深刻认识违章行为的错误，必须邀请其家属（亲属）到矿进行帮教，共同帮其提高认识，强化对违章人员的安全教育。

第五关考核确认复工关。帮教结束后，要对违章人员进行综合考核，考核合格后，将以上资料汇总、整理后，由安全科开具复工单，等待领导审批。

第六关领导审批关。领导审批关。轻微“违章”人员上岗前由查处其违章的安全管理人员、安全科科长、安全矿长审批；一般、严重“违章”人员上岗前要经过安全副矿长、矿长（总经理）审批后，方可复工。

第四条　凡发现“三违”人员，必须现场及时纠正其违章行为，并由检查人员告知本人违章事实，说明情况，没收安全资格证。违章人员不得以无证为由拒绝完成本班工作任务，否则，从重处罚。

第五条　检查人员上报期限。从发现“三违”人员时起 24 h 内为限，不得拖延，否则不予上报。

第六条　对“三违”人员上报时，必须以书面形式将有关情况，包括时间、地点、违章事实等和安全资格证一并报送安全科（要使用统一的登记表格式）。经安全科长（或副科长）调查核实确认签字，报分管领导审核，审核后由安全科进行正式登记建档。安全科必须设专职人员进行管理。

第七条　安全科进行登记后，根据违章事实，向违章人员所在单位下达停工通知书和处罚单，所在单位负责通知本人到安全科报到。

第八条　违章人员报到后，安全科要进一步了解事实，讲明违章处罚的原因和依据及违章的危害性，并以联系单的形式通知培训部门，安排进行针对性的再培训再教育。

第九条　培训部门接安全科通知后，必须按照“三违”人员培训制度，针对性进行培训教育，使其认识到自己违章的错误和危害，并写出检查和保证书（一式两份，职工培训科和安全科各一份）。培训时间依据安全生产管理制度规定执行，但最小不得少于制度规定的底线，再教育结束后，要进行综合考核，合格后，由培训部门开具联系单送交安全科。

第十条　对严重“三违”人员，在培训结束前，由培训部门通知违章人员的亲属来矿进行帮教活动。安全科、工会以座谈的形式与其交流，参与帮教活动，并组织违章人员探望过去已工伤人员，使其接受再教育。帮教结束后，方可进入下道程序，进行综合考核。

第十一条　安全科接到培训考核联系单后，通知工作单位可安排复工。但复工前违章人员必须在本单位班前会议上做出深刻检讨，并由本单位第一责任人和分管安全的副职签字认可。安全科接到认可签字通知后，方可准许正式复工，返还安全操作资格证，正式通知工作单位安排返岗复工。至此，对“三违”人员的处理形成闭合，结束处理程序。

第十二条　若对“三违”人员进行再教育后，通过从认知能力、应会能力考核确认，本人已不适应原岗位工作，由培训部门和安全科提出建议书，经分管领导和总经理批准，责成工作单位对其进行调岗，并根据调岗培训程序进行调岗培训，重新核发安全操作资格证。调岗原则调低不调高，即新调岗位只能调至比原岗位劳动条件差、工资待遇低、技术要求低的地方。

第十三条　若“三违”人员的违章行为对安全生产造成了较大影响和事故的，除按相关制度进行处理外，仍需执行再教育。若“三违”人员的违章行为，对安全生产造成重大影响和事故的，除处罚外，将建议对其解聘、辞退，由责任单位将其上交劳资部门，履行相关程序。

第十四条　根据《挂账式安全管理办法》的相关规定，只对轻微违章人员进行现场口头安全教育，不再执行“三违人员过六关”程序。

13.34　安全举报制度

为了充分调动广大干部职工依法监督安全生产工作的积极性，严肃处理违规、违章生产行为，使企业生产经营活动得以有效监督，进一步规范本矿安全生产管理工作，结合实际，特制定本制度。

第一条　作业场所各级领导违章指挥的，职工提出后不改正的可以向安全科、安全生产委员会或上级部门举报。

第二条　达不到安全生产条件，有瓦斯超限，其他事故预兆不处理而强行组织生产的，可以拒绝违章指挥，向相应部门举报。

第三条　安全资金不能足额提取，不能保证安全投入的可以向上级部门举报。

第四条　发现隐患，不加以观测、控制或进行处理的可以向安全科、安全生产委员会或上级部门举报。

第五条　对拒绝违章指挥，打击报复的可以向安全科、保卫科或安委会甚至上级部门举报。

第六条　对向安全部门、领导反映本部门安全问题被打击报复的，可以向安全部门、领导举报。

第七条　举报必须应用正当途径，采用正当方式。

第八条　举报必须真实地反映事实，信息接收单位要立即对举报的安全信息进行调查落实，做到“有报必查，核实处理”。

第九条　举报可以采用实名或匿名的方式，信息接收单位要对举报人保密。

第十条　其他重大安全隐患及行为需要接收职工监督，出现违规行为时需要举报的内容还包括：

（1）超能力、超强度或者超定员组织生产的。

（2）瓦斯超限作业的。

（3）煤与瓦斯突出矿井，未依照规定实施防突措施的。

（4）高瓦斯矿井未建立瓦斯抽放系统监控系统，或者瓦斯监控系统不能正常运行的。

（5）通风系统不完善不可靠的。

（6）有严重水患，未采取措施的。

（7）超层越界开采的。

（8）有冲击地压，未采取有效措施的。

（9）自然发火严重，未采取措施的。

（10）使用明令禁止使用或者淘汰的设备、工艺的。

（11）年产 6 万 t 以上的煤矿没用双回路供电系统的。

（12）新建煤矿边建边生产，煤矿改扩建生产期间，在改扩建的区域生产，或者在其他的矿超出安全设计规定的范围和规模的。

（13）煤实行整体承包生产经营后未重新取得安全生产许可证和煤炭生许可证，从事生产的或者承包方再次转包的，以及煤矿将井下采掘工作面和井巷维修作业进行劳务承包的。

（14）煤矿改制期间，未明确安全生产责任人和安全管理机构的或者完成改制后，未重新取得或变更采矿许可证、安全生产许可证、煤炭生产许可证和营业执照的。

（15）有其他重大安全隐患。

14 “一通三防”专业

14.1 矿井通风系统管理制度

第一条 通风系统必须独立完整、合理可靠。进行矿井、采区及采掘工作面设计时，通风科必须参加审查，并保证通风系统完善、合理。

第二条 每年必须进行矿井通风能力核定，核定结果经本矿审查后报上级部门备案。通风能力核定方法严格执行《矿井通风能力核定标准》（AQ 1056—2008）和《煤矿井工开采通用技术条件》（AQ 1028—2006）。

第三条 安排矿井生产计划时，必须依照核定的通风能力安排采掘工作面等用风地点数量，保证矿井不超于通风能力生产，严格以风定面，以风定产。

第四条 改变采区、采掘工作面通风系统以及调整主要通风机转数或叶片角度时，应制定专门的安全技术措施，并报总工程师审批；改变全矿井、一翼或一个水平的通风系统时，应由总工程师组织编制通风设计及安全技术措施，并报上级部门审批后执行。

第五条 矿井必须有专用回风井，每一生产水平和采区都必须布置专用回风巷。专用回风巷必须贯穿整个水平和采区的长度，采区专用回风巷不得兼做运输、放置电气设备和行人等其他用途，严禁一巷两用。每月至少对专用回风巷进行一次检查，发现问题及时处理。采区进、回风巷应贯穿整个采区，不应一段为进风巷、一段为回风巷。

第六条 新井投产前必须进行 1 次矿井通风阻力测定，高瓦斯矿井每年至少进行 1 次。矿井转入新水平生产或改变一翼通风系统后，必须重新进行矿井通风阻力测定，以后每 3 年至少测定 1 次。

第七条 总工程师应每季度组织有关人员对矿井通风系统进行分析，发现问题及时制定措施并进行处理。

第八条 必须装备 2 套同等能力的主要通风机，其中 1 套备用，备用通风机必须能在 10 min 内启动。要保持矿井主要通风机能力与风网风阻相匹配，工况点处于合理工作范围内。主要通风机的通风阻力应符合以下要求，否则要制定通风降阻工程方案。

$Q_{主要通风机} < 3000\ m^3/min$　　$h_{阻} < 1500\ Pa$

$Q_{主要通风机} = 3000 \sim 5000\ m^3/min$　　$h_{阻} < 2000\ Pa$

$Q_{主要通风机} = 5000 \sim 10000\ m^3/min$　　$h_{阻} < 2500\ Pa$

$Q_{主要通风机} = 10000 \sim 20000\ m^3/min$　　$h_{阻} < 2940\ Pa$

$Q_{主要通风机} > 20000\ m^3/min$　　$h_{阻} < 3920\ Pa$

第九条 新安装或改造后的主要通风机投入使用前，必须进行 1 次通风机性能测定和试运转工作，以后每 5 年至少进行 1 次性能测定。矿井主要通风机性能测定前，必须编制主要通风机性能测定安全技术措施，经矿技术负责人批准后实施。主要通风机性能测定必须委托有测定资质的单位进行，测定后要及时绘制主要通风机性能曲线，编制矿井主要通风机性能测定报告。

第十条 主要通风机每月至少倒换、检查 1 次，每次倒换运转前，机电队要下达倒运转申请，经机电副矿长和矿技术负责人审阅签字后，由通风科、机电科、调度室、安全科监督执行。

第十一条 主要通风机及其附属装置必须具备反风功能，每季度应至少检查 1 次反风设施，每年应进行 1 次矿井反风演习，并在 10 min 内改变巷道中的风流方向，反风风量不低于矿井风量的 40%。

矿井反风演习方案和措施报上级部门备案。

第十二条　主要通风机房、井下主要进回风大巷必须实现在线监控，能实时监测矿井主要通风机、主要进回风大巷风量情况。

第十三条　矿井每年必须进行1次外部漏风率测定，遇到特殊情况随时进行测定。

第十四条　矿井有效风量率不得低于85%；装有通风机的井口必须封闭严密，其外部漏风率在无提升设备时不得超过5%，有提升设备时不得超过15%。

第十五条　矿井主要通风机因故在一周内无法正常运行时，必须制定专项措施，并报矿技术负责人批准；超过一周时，必须报上级部门审批。

第十六条　在设计采区巷道布置时，首先考虑建立完善、合理的全风压通风系统，要由矿技术负责人组织审定，无法形成独立系统的巷道不准开掘。

第十七条　生产水平和采区必须实行分区通风，采、掘工作面应实行独立通风，严禁2个采煤工作面之间串联通风。如实现独立通风确有困难时，可采用串联通风，串联通风的次数不得超过1次。对于串联通风，必须制定专项安全技术措施，经矿技术负责人批准后报上级部门备案。

第十八条　开拓采区巷道的掘进工作面应形成独立通风系统，不允许三条或三条以

上巷道共用同一回风绕道回风。专用回风巷的掘进要超前其他巷道。对于采区巷道掘进，除保留最靠近工作面的一个横贯进行辅助运输、通风外，其余横贯必须封闭。

第十九条　采区皮带巷、辅助运输巷、专用回风巷道必须同时超前工作面巷道开口位置，并形成全风压通风系统后，方可开掘采煤工作面巷道。

第二十条　采掘工作面、井下火药库、胶轮车检修硐室和采区变电所必须实行独立通风。掘进巷道开口掘到距回风口40 m之前必须形成独立通风系统。

第二十一条　在两个并联通风支路之间，严格控制开掘联络巷，避免形成角联支路。矿井、采区主要进、回风之间需要使用的联络巷，必须砌筑永久性挡风墙。需要使用的联络巷必须设置2道联锁的正向风门和2道反向风门。

第二十二条　井下所有使用的煤仓和溜煤眼都必须保持一定的存煤，不得放空。溜煤眼不得兼作通风眼使用，严禁使用穿层煤眼。因检修或其他特殊情况需放空时，必须制定专项安全技术措施。

第二十三条　已经报废或无用的井巷、风眼、溜煤眼必须及时填充、封闭，以简化通风系统，保持通风系统的稳定性和合理性。

第二十四条　调节风量的设施设置要合理，要尽可能减少密闭、风桥、风门等通风设施漏风。

第二十五条　一般掘进巷道贯通前，必须编制巷道贯通的安全技术措施，并由矿技术负责人审批，通风科科长现场指挥。

第二十六条　掘进工作面开口时，必须由矿技术负责人组织有关部门对掘进工作面的局部通风装备进行验收。

第二十七条　矿井井下空气成分、空气温度、巷道风速应符合《煤矿安全规程》规定。

第二十八条　必须建立测风制度，每10天至少进行1次全面测风，每次测风结果应记录并写在测风地点的记录牌上。矿井通风系统发生重大变化时，要及时进行测风；对采掘工作面和其他用风地点，应根据实际需要随时测风。根据测风结果采取措施，进行风量调节。

第二十九条　通风科要根据矿井产量、瓦斯涌出量、采掘部署等情况，制定月度风量分配计划。

第三十条　每月必须及时更新矿井通风系统图、通风立体示意图、通风网络图等，并标明巷道风流方向、巷道风量、局部通风机安置位置、主要通风机性能、通风设施等，季度图纸由矿技术负责人及矿长进行审签后报上级部门备案。

第三十一条　采掘工作面的进风和回风不得经过采空区或冒顶区。

第三十二条　采煤工作面回采结束后，采空区必须在45天之内进行永久封闭。

14.2 局部通风管理制度

第一条 掘进巷道在施工前必须由通风科依据《生产矿井配风量技术标准》编制掘进通风设计。经生产、机电、安全、通风、调度等业务科室审查后报总工程师批准。掘进通风设计应包含以下内容：

（1）巷道概况。

（2）巷道的施工顺序。

（3）巷道的通风方式、风量计算、风机、风筒的选型。

（4）局部通风机的安装和使用。

（5）监测装置的布置（由调度室设计）。

（6）供电系统的设计（由机电科提供）。

（7）安全技术措施及其他。

（8）通风系统平面图。

第二条 井下所有局部通风均应采用压入式通风方式。

第三条 局部通风机的安装（或迁移），由通风、机电科等部门审签。安装（或迁移）具体位置由通风科负责人指定。

第四条 施工单位必须提前3天将预计巷道开口时间通知通风科，通风科根据矿井通风系统作好系统调整和风量分配工作。开掘巷道或硐室，必须采用局部通风机通风，在开口前，必须安设好局部通风机，挂好风筒且保证局部通风机正常运转。

第五条 局部通风机的安设由施工单位负责，风筒的吊挂由通风科和施工单位负责。

第六条 掘进工作面供风量必须充足，能够满足稀释CH_4、CO_2及《煤矿安全规程》第一百三十五条规定的有害气体和《煤矿安全规程》第一百三十六条规定的最低风速要求。

第七条 局部通风机入井前，必须经机电科检查验收，合格后方可入井。运转的局部通风机每半年至少安排1次检修。机修厂需及时对回收升井的局部通风机进行检修，以备其他巷道掘进使用。

第八条 局部通风机必须由专人负责管理，保证正常运转。在运转过程中，每班由瓦斯检查工巡查其运转状况，若发现局部通风机发生循环风必须立即将其供风巷道内的人员撤出，查明原因，并汇报调度室，进行处理。

第九条 局部通风机实行挂牌管理。牌板上应填明局部通风机的型号、功率、安装时间、供风地点、供风距离、风筒直径、局部通风机吸风量、风筒末端风量、局部通风机管理人等内容。

第十条 掘进工作面必须在其巷道回风口附近，备有栅栏和“禁止入内”警标。

第十一条 安装和使用局部通风机和风筒应遵守下列规定：

（1）压入式局部通风机和启动装置，必须安装在进风巷道中，距掘进巷道回风口不得小于10 m；全风压供给该处的风量必须大于局部通风机的吸入风量，局部通风机安装地点到回风口之间巷道中的最低风速必须符合《煤矿安全规程》第一百三十六条的有关规定。局部通风机前后10 m范围内不得有杂物。

（2）掘进工作面正常工作的局部通风机必须配备安装同等能力的备用局部通风机，并能自动切换。正常工作的局部通风机必须采用三专（专用开关、专用电缆、专用变压器）供电，专用变压器最多可向4套不同掘进工作面的局部通风机供电；备用局部通风机电源必须取自同时带电的另一电源，当正常工作的局部通风机故障时，备用局部通风机能自动启动，保持掘进工作面正常通风。

（3）局部通风机安装高度必须大于0.3 m，距巷道帮及顶板不得小于0.3 m。

(4) 必须采用抗静电、阻燃风筒。风筒出口到掘进工作面的距离、局部通风机和风筒的安设、正常工作的局部通风机和备用局部通风机自动切换的风筒分风器，规格和安设标准，应在《作业规程》及掘进通风设计中明确规定。

(5) 风筒必须编号管理且吊挂平直、逢环必挂、环环吃劲，无破口、无死弯、无挤压、不漏风，风筒出口距掘进工作面迎头的距离不大于5 m。

(6) 正常工作和备用局部通风机均失电停止运转后，当电源恢复时，正常工作的局部通风机和备用局部通风机均不得自行启动，必须人工开启局部通风机。

(7) 使用局部通风机供风的地点必须实行风电闭锁和甲烷电闭锁，保证当正常工作的局部通风机停止运转或停风后能切断停风区内全部非本质安全型电气设备的电源。正常工作的局部通风机故障，切换到备用局部通风机工作时，该局部通风机通风范围内应停止工作，排除故障；待故障被排除，恢复到正常工作的局部通风后方可恢复工作。使用2台局部通风机同时供风的，2台局部通风机必须同时实现风电闭锁和甲烷电闭锁。

(8) 每15天至少进行1次风电闭锁和甲烷电闭锁试验，施工队组每天应进行1次正常工作的局部通风机与备用局部通风机自动切换试验，试验期间不得影响局部通风，且施工队组每月月初将上月局部通风机试验记录交通风科存档备查。

(9) 严禁使用3台以上（含3台）局部通风机同时向2个及以上作业的掘进工作面供风。不得使用1台局部通风机同时向2个作业的掘进工作面供风。

(10) 掘进工作面局部通风机的风筒末端倒数第2节应设置风筒传感器。

第十二条 严格工作面供电管理，消灭无计划停电停风。如出现无计划停电停风，必须切断电源，撤出人员，查明原因，立即进行处理。对于无计划停电停风，由安全科、通风科作为事故进行追查处理。

第十三条 有计划检修或其他原因必须停止局部通风机运转时，要提前向通风科申请，并提前制定停电、停风，送电、恢复通风以及排放瓦斯安全措施，报矿技术负责人批准。

第十四条 停风地点恢复局部通风机运转前必须先检查甲烷，只有停风区最高甲烷浓度不超过0.8%和最高二氧化碳浓度不超过1.5%，局部通风机及其开关地点附近10 m范围内风流中的甲烷浓度不超过0.4%，方可人工给局部通风机送电。

第十五条 临时停工地点，不得停风，否则必须切断电源、设置栅栏、揭示警标，派专人把守巷口，禁止人员入内，并向调度室汇报。停工区内甲烷或二氧化碳浓度达到2.4%或其他有害气体浓度超过规程规定不能立即处理时，必须在24 h内封闭完毕。

第十六条 进行串联通风的掘进工作面，必须有矿技术负责人批准的专项措施。被串联工作面的局部通风机前3~5 m，必须安设甲烷传感器，当甲烷浓度达到0.4%时，立即自动切断被串联巷道内全部非本质安全型电气设备。

14.3 矿井风量管理制度

第一条 坚持“以风定产”，矿井、采区、工作面、硐室以及其他工作地点的供风量及风速必须符合《煤矿安全规程》及《矿井风量计算细则》的规定要求，各用风地点配风量不得小于规定，严禁风量不足、无风、微风和局部通风机循环风作业。

第二条 根据每月的生产作业计划和矿井通风状况，按《矿井风量计算细则》规定，编制合理的矿井配风计划，并报总工程师审批后执行。

第三条 必须建立测风制度。每10天至少进行1次全面测风，及时编制通风旬报表，报矿技术负责人审阅，保证通风系统合理、稳定、可靠。

第四条 每年必须进行1次通风能力核定，保证矿井均衡生产。矿井新水平投产或通风系统发生重大变化时，要进行1次通风能力核定。

第五条 每年必须进行1次矿井外部漏风率测定，保证矿井风量充足，矿井有效风量率不得低于87%。

第六条 风量计算细则

（一）供风的基本原则

（1）矿井必须做到“以风定产”，各用风地点瓦斯及其他有害气体的浓度符合《煤矿安全规程》规定。

（2）矿井各用风地点的风速及其温度符合《煤矿安全规程》规定。

（3）每人供风量不少于4 m^3/min。

（4）局部通风机无循环风。

（二）矿井风量计算

1. 严格按照《生产矿井配风量技术标准》及《风量分配细则》等计算采掘工作面、硐室及其他巷道的需风量。

2. 矿井需要总进风量计算

矿井需要总进风量按各采煤工作面、掘进工作面、硐室、备用工作面及其他巷道等用风地点实际需要风量分别进行计算（各地点的风量计算值遇小数点向上进位取整数）。

$$Q_{矿} = \left(\sum Q_{采} + \sum Q_{掘全} + \sum Q_{硐} + \sum Q_{备} + \sum Q_{其他}\right) \times K_{矿通}$$

式中 $Q_{矿}$——矿井需要总进风量，m^3/min；

$\sum Q_{采}$——矿井独立通风采煤工作面需要风量之和，m^3/min；

$\sum Q_{掘全}$——矿井独立通风掘进工作面局部通风机安装处全风压需要风量之和，m^3/min；

$\sum Q_{硐}$——矿井独立通风硐室需要风量之和，m^3/min；

$\sum Q_{备}$——矿井独立通风备用工作面需要风量之和，m^3/min；

$\sum Q_{其他}$——矿井除了采、掘、硐室和备用工作面以外的其他用风巷道需要风量之和，m^3/min；

$K_{矿通}$——矿井通风系数，包括矿井内部漏风和配风不均衡等因素，抽出式取1.15～1.2。各矿根据本矿井通风路线、通风设施数量、通风系统等因素选取，一般情况矿井投产时间短、新开拓采区、通风路线短、设施数量少漏风小或矿井投产时间长但漏风总量小取小值，反之取大值；也可根据以上因素程度不同在合适范围内选。

3. 采煤工作面需要风量计算

每个采煤工作面需要风量，应按工作面气象条件、瓦斯、二氧化碳绝对涌出量、人数和爆破后有害气体产生量以及工作面气温、风速和人数等规定分别进行计算，然后取 $Q_{采1}$ ～ $Q_{采5}$ 的最大值作为该采煤工作面需要风量。

采煤工作面按气象条件确定需要风量，其计算公式为

$$Q_{采1} = 60 \times 70\% \times V_{cf} \times S_{cf} \times K_{采高} \times K_{采面长}$$

式中 $Q_{采1}$——采煤工作面需要风量，m^3/min；

V_{cf}——采煤工作面风速，按采煤工作面进风流的温度从表5－14－1中选取，m/s；

S_{cf}——采煤工作面平均有效断面积，按最大和最小控制断面的平均值计算，m^2；

$K_{采高}$——采煤工作面采高调整系数（表5－14－2）；

$K_{采面长}$——采煤工作面长度调整系数（表5－14－3）。

表5-14-1　采煤工作面进风流气温与对应风速

采煤工作面进风流气温/℃	采煤工作面风速/($m \cdot s^{-1}$)
<20	1.0
20~23	1.0~1.5
23~26	1.5~1.8
26~28	1.8~2.5
28~30	2.5~3.0

表5-14-2　采煤工作面采高调整系数 $K_{采高}$

采高/m	<2.0	2.0~2.5	>2.5及放顶煤工作面
系数($K_{采高}$)	1.0	1.1	1.2

表5-14-3　采煤工作面长度调整系数 $K_{采面长}$

采煤工作面长度/m	长度风量调整系数 $K_{采面长}$
<15	0.8
15~80	0.8~0.9
80~120	1.0
120~150	1.1
150~180	1.2
>180	1.30~1.40

(1) 按照瓦斯绝对涌出量计算需要风量:

根据《煤矿安全规程》规定,按采煤工作面回风流中甲烷浓度不超过0.8%的要求计算,其计算公式为

$$Q_{采2} = 125 \times q_{采CH_4} \times K_{采CH_4}$$

式中　$Q_{采2}$——采煤工作面实际需要风量,m^3/min;

$q_{采CH_4}$——采煤工作面回风巷风流中瓦斯平均绝对涌出量,m^3/min(抽放矿井的瓦斯涌出量应扣除抽放量进行计算);

$K_{采CH_4}$——采煤工作面瓦斯涌出不均衡系数,瓦斯矿井取1.5~2.0,高瓦斯矿井取2.0~2.5;

125——采煤工作面回风流中甲烷浓度不超过0.8%所换算的常数。

按二氧化碳或其他有害气体的绝对涌出量计算需要风量,根据《煤矿安全规程》规定,按采煤工作面回风流中不同有害气体的允许浓度并参照按瓦斯绝对涌出量的计算方法执行。

(2) 按二氧化碳涌出量计算需要风量,其计算公式为

$$Q_{采3} = 67 \times q_{采CO_2} \times K_{采CO_2}$$

式中　$Q_{采3}$——采煤工作面实际需要风量,m^3/min;

$q_{采CO_2}$——采煤工作面回风巷风流中平均绝对二氧化碳涌出量,m^3/min;

$K_{采CO_2}$——采煤工作面二氧化碳涌出不均衡系数,取1.5;

67——按采煤工作面回风流中二氧化碳浓度不超过1.5%的换算系数。

(3) 按工作人员数量计算需要风量，其计算公式为：按每人供风量不低于4 m^3/min计算需要风量：

$$Q_{采4} \geq 4N$$

式中 N——采煤工作面同时工作的最多人数。

(4) 按采煤工作面风速进行验算，其计算公式为

$$15S_{max} \leq Q_{采} \leq 240S_{min}$$

$$S_{max} = 采煤工作面最大控顶距 \times 实际采高 \times 70\%$$

$$S_{min} = 采煤工作面最小控顶距 \times 实际采高 \times 70\%$$

式中 S_{max}——采煤工作面最大控顶断面积，m^2；

S_{min}——采煤工作面最小控顶断面积，m^2。

4. 备用采煤工作面需要风量计算

备用工作面亦应满足按瓦斯、二氧化碳、气温等规定计算的风量，且最少不得低于同一采煤方式相同的采煤工作面实际需要风量的50%，即 $Q_{备} \geq 0.5 \times Q_{采}$。

5. 掘进工作面的需要风量

每个掘进工作面需要风量应按瓦斯、二氧化碳绝对涌出量以及工作面气温、风速和人数等规定分别进行计算，然后取 $Q_{掘1} \sim Q_{掘4}$ 的最大值作为该掘进工作面需要风量。

(1) 按照瓦斯绝对涌出量计算，其计算公式为

$$Q_{掘1} = 100 \times q_{掘} \times K_{掘}$$

式中 $Q_{掘1}$——单个掘进工作面需要风量，m^3/min；

$q_{掘}$——掘进工作面回风流中瓦斯平均绝对涌出量，m^3/min；

$K_{掘}$——掘进工作面瓦斯涌出不均衡系数，取1.5；

100——掘进工作面回风流中甲烷浓度不超过1%时换算的常数。

(2) 按二氧化碳绝对涌出量计算需要风量时，可参照瓦斯绝对涌出量计算方法进行。

(3) 按照风速计算掘进工作面需要风量，其计算公式为

$$Q_{掘2} = 60 \times V_{掘} \times S_{掘max}$$

式中 $V_{掘}$——局部通风机供风巷道内最低允许风速，m/s；岩巷 $V_{掘} \geq 0.15$ m/s；煤巷和半煤岩巷 $V_{掘} \geq 0.25$ m/s；

$S_{掘max}$——局部通风机供风巷道的最大净断面积，m^2。

(4) 按掘进工作面同时作业人数计算需要风量，按每人供风量≥4 m^3/min计算需要风量：

$$Q_{掘3} \geq 4N$$

式中 N——掘进工作面最多人数。

(5) 按炸药量计算需要风量，其计算公式为

①$Q_{掘4} \geq 25A_{药}$：一级煤矿许用炸药。

②$Q_{掘4} \geq 10A_{药}$：二、三级煤矿许用炸药。

式中 25——一级煤矿许用炸药每克爆炸后需要供给的风量，m^3（min·kg）；

10——二、三级煤矿许用炸药每克爆炸后需要供给的风量，m^3（min·kg）；

$A_{药}$——一次爆破炸药最大用量，kg。

此公式仅适用于使用硝酸铵炸药的矿井计算需要风量，使用水胶炸药的矿井不进行此步计算，但要有相关说明。

(6) 按风速进行验算：

①岩巷掘进最低风量：$Q_{岩掘} \geq 9S_{掘max}$。

②煤巷、半煤岩巷掘进最低风量：$Q_{煤掘} \geq 15S_{掘max}$。

③煤巷、半煤岩巷、岩巷掘进最高风量：$Q_{掘} \leq 240S_{掘min}$

式中　$S_{掘max}$——局部通风机供风巷道的最大净断面积，m^2；

$S_{掘min}$——局部通风机供风巷道的最小净断面积，m^2。

（7）局部通风机选型：

①局部通风机工作风量计算，计算公式为

$$Q_{部通风机} \geq Q_{掘}/(1 - L \times P/100)$$

L——风筒长度，m；

P——局部通风机供风巷道风筒漏风系数。

柔性风筒应按下式计算：

$$P = 1/(1 - NL_{接})$$

N——风筒接头数。

$L_{接}$——一个接头漏风率。反压边连接时，$L_{接} = 0.002 \sim 0.006$（煤巷取小值，岩巷取大值）。

②局部通风机工作风压计算：

根据掘进工作面设计长度、局部通风机需要工作风量、掘进工作面需要风量、风筒风阻，计算掘进工作面局部通风机工作风压值，其计算公式为

$$h_t \geq R_p \times Q_{局部通风机} \times Q_{掘}$$

式中　R_p——压入式风筒的总风阻，$N \cdot S^2/m^8$；

h_t——压入式局部通风机全风压，Pa。

$$R_p = 6.5\alpha \times Ld + \zeta (N \cdot S^2/m^8)$$

α——风筒摩擦阻力系数（无实测资料时可参用表 4），$N \cdot S^2/m^4$；

L——风筒长度，m；

d——风筒直径，m；

ζ——供风距离调整系数，按表 5-14-4 选取。

表 5-14-4　胶质风筒 α、ζ 选用范围参考表

风筒直径/mm	摩擦阻力系数 α/（N · S² · m⁻⁴）	供风距离/m	ζ
300	0.0053	≤500	0.5
400	0.0049		
500	0.0045	500 ~ 1000	1
600	0.0041		
700	0.0038	1000 ~ 1500	3
800	0.0032		
1000	0.0029	1500 ~ 2000	6

③选择合适局部通风机。根据工作风压、风量和局部通风机的性能曲线，选择合适的局部通风机。根据所选用局部通风机型号，确定局部通风机的工作风量。

④局部通风机安装处巷道全风压供风量的计算，其计算公式为

$$Q_{掘全} = \sum Q_{部通风机实} + 60 \times V_{安} \times S_{安}$$

式中 $Q_{掘全}$——局部通风机安装处巷道的全风压供风量，m^3/min；

$\sum Q_{部通风机实}$——安装在同一地点并联通风的各局部通风机工频运转实际工作风量之和，m^3/min；可现场实测根据风机出厂性能曲线选取，供风长度小时取大值，反之取小值；

$V_{安}$——局部通风机吸入口至局部通风机供风井巷回风口之间的风速，m/s；安装局部通风机的巷道中的风量，除了满足局部通风机的吸风量以外，还应保证局部通风机吸入口至局部通风机供风井巷回风口之间的风速，以防止局部通风机吸入循环风或该段巷道内风流停滞，造成瓦斯积聚。风速岩巷取值不小于0.15 m/s、煤巷和半煤巷取值不小于0.25 m/s；

$S_{安}$——局部通风机吸入口至局部通风机供风巷道回风口之间的巷道断面的最大值。

6. 井下硐室需要风量计算

（1）按矿井各个独立通风硐室需要风量的总和确定，其计算公式为

$$\sum Q_{硐} = Q_{硐1} + Q_{硐2} + Q_{硐3} + \cdots + Q_{硐n}$$

式中 $\sum Q_{硐}$——所有独立通风硐室需要风量总和，m^3/min；

$Q_{硐1}$、$Q_{硐2}$、$Q_{硐3}$、…、$Q_{硐n}$——不同独立通风硐室需要风量，按硐室配风原则计算，并与本矿实际配风情况相比，取其最大值，m^3/min。

（2）井下不同硐室配风原则：

①井下爆炸材料库配风必须保证每小时4次换气量

$$Q_{库} = 4V/60 = 0.07V$$

式中 $Q_{库}$——井下爆炸材料库需要风量，m^3/min。

V——井下爆炸材料库的体积（包括联络巷在内的爆炸材料库的空间总体积），m^3；但大型爆破材料库不得小于100 m^3/min，中小型爆破材料不得小于60 m^3/min。

②井下充电室，应按其回风流中氢气浓度小于0.4%计算风量。

③机电硐室需要风量应根据不同硐室内设备的降温要求进行配风。

④选取硐室风量，须保证机电硐室温度不超过30 ℃，其他硐室温度不超过26 ℃。

⑤根据经验值确定井下硐室给定供风量：充电硐室和爆炸材料库按100～150 m^3/min供风；井下临时瓦斯抽采泵站配风量不小于150 m^3/min；其他硐室按60～90 m^3/min供风。

7. 其他巷道需要风量计算

（1）按矿井各个其他巷道需要风量的总和确定：

$$\sum Q_{其他} = Q_{其1} + Q_{其2} + Q_{其3} + \cdots + Q_{其n}$$

式中 $Q_{其1}$、$Q_{其2}$、$Q_{其3}$、…、$Q_{其n}$——其他巷道需要风量，m^3/min。

（2）按瓦斯涌出量计算：

$$Q_{其i} = 100 \times q_{iCH_4} \times K_{其通}$$

式中 $Q_{其i}$——第i个其他巷道需要风量，m^3/min；

q_{iCH_4}——第i个其他巷道最大瓦斯绝对涌出量，m^3/min；

$K_{其通}$——其他巷道瓦斯涌出不均衡系数，$K_{其通}$取1.2～1.3；

100——其他巷道中风流甲烷浓度不超过1%所换算的常数。

（3）按风速验算：

$$Q_{其他i} \geqslant 9 \times S_{其i}$$

8. 无轨胶轮车需要风量计算

$$Q_{胶轮车} = P_{胶轮车总} \times 4$$

式中　$Q_{胶轮车}$——第 i 个地点胶轮车尾气排放稀释需要的风量，m^3/min；

4——每 kW 每分钟应供给的最低风量，m^3/min；

$P_{胶轮车总}$——同时运行的胶轮车总功率。

第七条　风量管理

(1) 主要通风机的检修门、反风道、反风门及井口附近的其他漏风通道均应封堵严密。每季度至少检查一次，发现问题及时处理，以减少外部漏风。

(2) 每月由矿技术负责人组织相关部门对矿井主要通风机运行频率、巷道风阻、矿井漏风等方面进行分析，降低矿井通风能耗，提高经济效益。

(3) 材料码放不得超过巷道断面的 1/3。

(4) 井下风量调整或主要通风机工况变化等原因，使井下风量发生较大变化时，必须及时进行全面测定。

(5) 严格矿井主要通风机及局部通风机管理，严禁无计划停电、停风现象发生。

(6) 每月由矿技术负责人组织有关人员对矿井通风系统进行审查。

(7) 每 15 天对矿井通风设施进行全面检查，风门及采空区密闭每周检查一次，保证通风设施灵活、可靠。

14.4　测风管理制度

为了进一步规范煤矿矿井测风管理，提高通风安全生产标准化工作，确保矿井通风系统的稳定、可靠、安全，根据《煤矿安全规程》及《煤矿井工开采通风技术条件》有关要求，特制定本制度。

第一章　测 风 员 要 求

第一条　必须配备足够数量的测风员，满足每旬矿井全面测风的需要。

第二条　测风员必须具备大、中专以上文化水平、掌握“一通三防”及通风安全仪表专业知识、经过安全培训并取得上岗资格证的人员担任。

第二章　测风仪器仪表要求

第三条　必须配备足够数量的测风仪器仪表。

第四条　测风仪器仪表必须经过国家授权的检验部门进行检定。在用风表每 6 个月必须检定 1 次。

第三章　测风站及测风点要求

第五条　矿井总进风巷、总回风巷、采区进风巷、采区回风巷需要建立永久测风站。

第六条　采煤工作面进风巷及回风巷，掘进工作面回风，独立通风硐室、爆炸材料库以及其他需要测风的巷道均需设立测风点。

第七条　测风点应选在巷道断面规整、支护良好、无空帮空顶、无淋水、前后 10 m 无杂物、无拐弯、无分叉的地点，且测风站长度不小于 4 m。测风地点的断面，每季度要核定一次。

第八条　所有测风站必须挂牌管理。

第四章　测 风 时 间 要 求

第九条　定期测风要求：必须定期（每 10 天 1 次）对矿井风量进行全面测定。每轮测风必须在 1 班内完成全矿井的测风。

第十条 特殊情况时测风要求

(1) 巷道贯通、通风系统调整时必须及时进行风量测定。

(2) 改变主要通风机风叶角度或通风系统发生重大变化时必须及时进行风量测定。

(3) 因临时工作安排，井下某个区域恢复供风、安装或更换局部通风机、矿井部分风路风量不稳定等必须及时进行风量测定。

第五章 测风有关要求

第十一条 测风员严格按照测风工技术操作规程进行测风。

第十二条 每个测风地点每次至少进行3次测风，并且3次的测量数据的最大误差不超过5%，否则必须重新测定。

第十三条 测风人员在进入测风点时，要对测风点的巷道断面进行复核，根据风速情况选择合适的风表，并根据巷道断面选择合适的测风方法测定风量。

第十四条 测风过程中要求无其他人员通行，测风断面按巷道实际断面减去障碍物断面，有关计算可参考表5-14-5。

第十五条 计算风速数据按照四舍五入法保留小数点后两位数字；计算风量数据按照四舍五入法保留整数。

第十六条 风量测定完毕后，将测定数据记录在测风手册及测风牌板上。

表5-14-5 障碍物加权扣除面积

障碍物分类		面积/m^2
带宽1.4 m带式输送机	(H架高度1.2 m)	1.34
带宽1.2 m带式输送机	(H架高度1.2 m)	1.15
带宽1.0 m带式输送机	(H架高度1.2 m)	0.86
带宽0.8 m带式输送机	(H架高度1.0 m)	0.64
带宽0.65 m带式输送机	(H架高度0.8 m)	0.42
带宽0.5 m带式输送机	(H架高度0.8 m)	0.32
直径0.4 m风筒		0.12
直径0.6 m风筒		0.28
直径0.8 m风筒		0.50
直径1.0 m风筒		0.78
侧身法测风人员		0.40

第十七条 掘进工作面需测定正常工作局部通风机的供风量、吸入风量、工作面风量及掘进工作面回风量。正常工作局部通风机供风量为通风机吸风口前10 m处测定的风量；以供风量减去在正常工作局部通风机后5 m（以正常工作局部通风机外壳末端计算）测定的风量作为吸入风量；工作面风量为倒数第三节风筒处测定的风量（距离风筒末端出风口不大于30 m）；回风量为距掘进工作面回风口以内10 m的地点测定的风量。其中供风量、吸入风量、工作面风量要求在局部通风管理牌板上填写，掘进工作面回风量要求在回风测风牌板上填写。炮掘工作面巷道长度（自巷道开口位置）小于30 m，综掘工作面巷道长度（自巷道开口位置）小于50 m，以吸入风量作为回风量。

第十八条 设有调节风窗的联络巷，巷道风速大于风表启动风速，可直接测定，如巷道风速低于风表启动风速，可选择直接测风窗过风量或在进风侧距离联络巷口前、后 10 ~ 20 m 符合测风要求处分别测出风量，两者相减差值为联络巷风量。井下爆炸材料库、独立通风硐室在进风侧测定风量，如进风侧没有测风条件的可在回风侧测风，如风速低于风表启动风速，可采用上述方法。

第十九条 测风地点内如有车辆通行，必须做好警戒。有车辆通过时，要停止测风，测风人员要躲到安全地点，待车辆通过、风流稳定后再开始测风。

第二十条 测风人员必须在规定的范围内、规定的时间内进行测风，不得空班漏测，严禁填报虚假数据。

第六章 测风牌板管理要求

第二十一条 测风牌板须悬挂、固定在巷道行人侧巷道壁上，牌板底端离巷道底板高度为 1. 5 m。

第二十二条 测风站的测风牌板设置在测风站内。

第二十三条 采煤工作面设置 2 块测风牌板（存在并联进风、回风，相应增加），分别设在进风巷、回风巷对应测风点处。

第二十四条 掘进工作面设置 2 块测风牌板（其中 1 块为局部通风管理牌板），局部通风管理牌板设在正常工作局部通风机附近 5 m 范围内，回风处测风牌板设在对应测风点处。炮掘工作面巷道长度（自巷道开口位置）小于 30 m，综掘工作面巷道长度（自巷道开口位置）小于 50 m，回风处测风牌板悬挂在距巷道开口 5 m 范围内。

第二十五条 带有调节风窗的风墙、风门设置 1 块调节风窗说明牌，相应测风数据填入风窗说明牌。

第二十六条 爆炸材料库、独立通风硐室内设置 1 块测风牌板，设在进风侧 5 ~ 10 m 范围内对应测风点处。如进风侧没有测风条件可在回风侧测风，测风牌悬挂在对应测风点处。

第二十七条 其他需要测风地点的测风牌板设置在对应测风点处。

第二十八条 测风牌板数据、文字必须字体端正、清晰、内容填写齐全，数据必须与测风手册一致。

第七章 测风档案管理

第二十九条 测风原始记录（测风手册）、测风台账及旬报表数据必须真实、一致。

第三十条 每次风量测定完成后，测风员要及时计算、整理测定数据，对风速、风量进行检查，确定全矿井总进风量与各作业地点的进风量是否满足需要，检查各主要巷道的风速是否符合《煤矿安全规程》规定，检查漏风情况，确定漏风地点或漏风区段。

第三十一条 测风员在测风过程中或在数据整理、审查中发现井下通风出现重大问题（如出现风量不足或较多、漏风严重、循环风、风速严重超标）应立即向有关领导汇报，并查明原因、采取措施、提出改进意见。

第三十二条 每旬全矿井测风结果应在井下测风结束后 2 天内报送通风科长、通风助理及总工程师审阅。

14. 5 无计划停风与处理管理制度

第一章 无计划停风管理制度

第一条 凡是事先未经批准随意停主要通风机、局部通风机或由于高低压供电系统无计划突然停电和主要通风机、局部通风机本身电气事故以及机械事故而引起停电停风的，不论时间长短都属于无计划停风，均须登记到调度室并上报有关单位及负责人。

第二条 矿井要从机电设备、日常管理方面加强管理，严禁主要通风机和局部通风机出现无计划停风。主要通风机或局部通风机一旦出现无计划停电停风，必须由安全科、通风科组织事故追查，并做好记录。

第三条 因检修、停电、倒换或其他原因停止主要通风机运转时，必须制定停风安全措施，主要通风机停止运转时，受停风影响的地点，必须立即停止工作、切断电源，工作人员先撤到进风巷道中，由值班领导迅速决定矿井是否停止生产、工作人员是否全部撤出。

第四条 建立以总工程师为首的矿井通风管理工作。

(1) 总工程师对矿井通风管理负全面责任，每月要召开专门会议，对无计划停电停风事故原因进行专题分析，对存在问题责成专人进行解决，并提出整改措施，同时应将问题内容详细记录，做好备查工作。

(2) 生产队组应对所辖范围的通风设施（包括主要通风机、局部通风机、风筒等）作为一项重要日常管理内容，妥善保护，严禁损坏，并要对局部通风设施所在地点的环境安全管理全面负责，会同通风科、机电科等部门搞好矿井主要通风机、局部通风管理工作。

(3) 通风科在做好通风管理的同时，要监督生产队组的矿井主要通风和局部通风管理工作，并对主要通风机、局部通风机无计划停电停风的事故及时进行登记、上报。

(4) 各生产队组及调度维修等部门必须建立矿井主要通风机和局部通风机的有关管理制度，对主要通风机的双回路供电、局部通风机“三专两闭锁”的安装、检修、维护全面负责，并不准随意停电拆装，保证局部通风机连续运转，闭锁灵敏可靠。对局部通风机无计划停电停风事故的原因进行分析，采取措施，加以解决，并上报分管领导、总工程师及矿主要负责人。

(5) 安全科对上述工作要进行全面监督检查，并对事故进行分析，落实责任者，并做严肃处理。

第五条 每台局部通风机必须指定专人负责，实行挂牌管理。

(1) 任何人员不得随意停开局部通风机，如需停开局部通风机，必须经矿有关领导及通风科同意，同时在调度室要有文字记录。

(2) 因检修、检查等原因要停局部通风机时，须提前办理报批手续，并制定相应停电、停风、排放瓦斯措施，报矿技术负责人批准。

(3) 局部通风机安装前必须测定安装地点风量，只有在全风压供给风量大于局部通风机所需风量时，方可安装，否则不得开口送风。

(4) 井下每个掘进工作面都必须实行“双风机”供风系统，每台风机都必须实现“三专”供电。

(5) 加强对风筒管理。掘进面风筒由通风科负责管理，避免风筒脱节、破损，做到修补及时，严禁微风作业，如因此发生工作面瓦斯超限，以事故论处。由安全科负责追查处理，并上报通风科、矿井技术负责人。

第六条 加强对地面主要通风机、井下供电电缆的专职维护。

第七条 局部通风机在井下运转时间规定：累计运转时间超过半年，必须升井检修。运转的局部通风机每月要安排检修时间。

第八条 因故需要紧急停电停风时，应立即撤出人员切断电源，并及时向调度室汇报。

(1) 矿井主要通风机突然发生无计划停电停风，调度室立即通知井下各作业点，跟班队长、班长立即组织人员撤出，到指定地点后电话汇报调度室，听从调度室安排。

(2) 突然发生局部通风机无计划停电停风的掘进头，班组长、跟班队长要立即撤出人员、切断电源，组织人员将停风工作面设好栅栏，或安排专人警戒，禁止一切人员进入。

(3) 通风科、机电科必须立即查明突然停电停风原因，进行处理，并联系对主要通风机、局部通风机开关电源侧送电。局部通风机实行送风时瓦斯检查员必须检查甲烷情况，按甲烷排放有关规定进行处理。当甲烷积聚浓度超过2.4%时，要制定专项排放甲烷措施，进行安全排放。

第九条 主要通风机司机和井下瓦斯检查员，无计划停电停风要及时向调度室汇报，并记入无计划停电停风台账。

第十条 凡发生无计划停电停风事故，矿技术负责人要责成通风科、机电科进行分析。

第十一条 全矿各部门必须充分利用班前会、周四安全活动日或其他学习培训等方式加强对本部门职工有关安全、通风、瓦斯知识的培训，并做好培训记录。

第二章 无计划停风预处理管理制度

第十二条 主要通风机停风预处理管理制度

（1）主要通风机突然停止运转时，调度室应急处理措施。

矿井因发生突然停电或其他原因造成主要通风机突然停止运转时，调度室值班人员必须启动录音电话，立即通知井下所有工作地点的人员（井下所有生产队组和各业务科室也要积极协助调度室通知井下各地点的工作人员），立即停止工作、切断工作面电源，工作人员全部撤到停风前全风压供风巷道中，并统计好现场作业人数及跟班管理人员姓名。根据事故的处理时间和结果，由矿长、总工程师或值班矿长决定井下工作人员是否撤至地面。调度室同时迅速将停电及主要通风机停止运转的情况向当天值班领导汇报，同时通知矿长、总工程师、机电矿长、通风助理以及安全科、通风科、机电科等井下所有与生产有关的单位，按规定履行各自职责。

矿长、总工程师、机电矿长、通风助理必须迅速赶到调度室集合，查明停电和主要通风机停止运转的原因，立即采取措施进行处理。

相关单位值班领导必须在值班室待命，根据调度命令，再次确认本部门井下工作人员是否撤至本预案规定地点，并核准人数向调度室汇报。调度室迅速通知调度值班车辆，随时待命。

（2）主要通风机停止运转时，井下人员应急处理措施。

井下任何人员，在得知主要通风机停风时，都必须立即向调度室汇报。井下所有工作地点的工作人员必须在跟班队长或班组长的带领下，立即撤到本预案规定地点，并向调度室和单位值班领导汇报现场情况和人员撤出后所在的位置和人数。撤出过程中，要将所管辖生产范围的电气开关，从里往外逐一将把手打到“零”位。人员撤出后，掘进工作面要切断局部通风机电源和巷道内的一切非本质安全型电气设备的电源，独头巷道口设置栅栏、悬挂明显的警标牌或派专人在巷道口新鲜风流中看守，严禁人员入内。

当班瓦斯检查员及安全员发现主要通风机停风后，要迅速汇报调度室、安全科和通风科，协助和监督生产队跟班队长或班组长完成停电撤人工作，并在规定的指定地点待命。掘进工作面的瓦斯检查员在接到矿井主要通风机停风撤人命令后，迅速将迎头瓦斯再检查一遍，监督迎头人员停电及全部撤出工作面后立即督促当班电工停掉局部通风机，把风机开关打到“零”位，独头巷道门口设置栅栏，揭示警标，严禁人员入内，并向调度室和通风科值班人员汇报现场情况，然后就近撤到指定待命地点。

（3）如果是供电系统出现问题，机电科领导必须立即安排人员到达停电现场，立即进行处理，恢复供电。如果是上级电网（某一回路）出现问题，应立即启动另一回路，恢复供电。

（4）如果是主要通风机出现故障，必须在10 min之内启动备用主通风机，恢复全矿井的正常通风，同时机电科领导必须立即安排人员赶赴风机房，进行应急处理。

（5）若主要通风机停止运转，并证实无法立即开启，而井下供电系统仍然有电时，经矿长或矿技术负责人批准，可以直接由35 kV变电所或10 kV变电所切断向井下的所有供电。

（6）如果10 min内无法恢复主要通风机正常通风，应迅速采取以下措施：由调度室通知机电队负责打开风井防爆盖（门）或井上其他风门，利用自然风压通风；调度室立即通知井下所有工作人员撤到主井或副井底等候室待命，同时切断各自岗位电气设备电源；变电所电工严格按照生产调度室指令，进行低压停电操作，并做好记录和汇报，当接到撤人通知后，停掉高压电源后，撤到指定地点。

（7）当主要通风机停风 10 min 以上，仍在短时间内无法恢复矿井通风时，应迅速采取以下措施：

由矿长或总工程师下命令，调度室具体指挥，各部门值班人员协助，将井下所有工作人员全部有组织按秩序撤到地面，由当班安全员向调度室汇报人员升井人数，调度室负责汇总人员撤出情况，及时报告值班领导和总工程师及矿长。

撤离路线：井下各地点作业人员听到升井命令时，分别从待命地点按照避灾路线撤至地面。

瓦斯检查员检查所在地点瓦斯情况后，最后离开待命地点按避灾路线撤到地面。

（8）开启主要通风机恢复通风的安全措施。

主要通风机启动时，采用风流短路的方法排放瓦斯，排放瓦斯时要严格控制风硐中甲烷浓度不得超过 1.2%，否则必须加大风流短路的措施，在主要通风机出风口甲烷浓度不超过 1.2% 时，逐渐将防爆盖（门）或井上其他风门关闭。

在恢复矿井通风系统后，当主要通风机出口处的甲烷浓度不超过 0.8% 时，瓦斯检查人员方可入井检查通风、甲烷情况。矿井总回风流甲烷浓度不超过 0.6% 时，其他人员方可入井。

井下中央变电所、采区变电所以及井下所有配电点，恢复送电前，应由瓦斯检查工全面检查，只有甲烷浓度在 0.4% 以下时，方可由外向里逐级送电。

井下所有安装电动机及其开关的地点附近 10 m 的巷道内，都必须检查甲烷，只有甲烷浓度符合《煤矿安全规程》规定时，方可开启。地面监控室必须 24 h 值班，及时将出现的停电情况汇报调度室，恢复供电后迅速配合井下解除监控系统的闭锁装置。

第十三条 局部通风机停风预处理管理制度

（1）局部通风机停止运转时，调度室应急处理措施。

当局部通风机因停电或其他原因突然停止运转时，无论备用局部通风机能否自动启动，调度室（施工单位的值班领导也要协助调度室通知现场人员）都要立即通知该工作面工作人员停止作业，并在跟班队长或现场班组长的指挥带领下，撤到全风压通风的主要进风巷道中。

矿调度室值班人员同时要将停电及局部通风机停止运转的情况向矿当天值班领导汇报，并迅速通知矿技术负责人、机电矿长和通风助理以及安全科、机电科、通风科和井下受停风影响的施工单位。

通知机电科、通风科和受停电影响的施工单位的值班领导必须在值班室待命，并调集人员随时准备进行应急处理。

（2）局部通风机停止运转后，风电闭锁装置必须立即切断局部通风机供风巷道内的一切非本质安全型电气设备的电源，同时自动切换开关必须立即启动备用局部通风机；现场班组长和电工要迅速向调度室汇报，同时查明停电原因，及时恢复局部通风机的正常供电。

（3）在备用局部通风机供风期间或无法启动备用局部通风机期间，工作面必须停止作业，现场跟班队长或班组长要迅速将全部人员撤至全风压通风的进风巷道中。瓦斯检查员和安全员要监督现场班组长及跟班队长完成撤人工作及设置栅栏的工作。

（4）严禁私自拆换甲烷及风电闭锁装置以便强行给迎头和巷道内的电气设备送电。

（5）在局部通风机停止运转期间，施工单位要在巷道口设置栅栏、悬挂明显的警标牌并派专人在巷道口新鲜风流中看守；现场安全员、瓦斯检查员，要检查栅栏和警标的设置情况，在局部通风机恢复正常通风以前，严禁人员进入独头巷道。

（6）瓦斯检查员要注意检查栅栏处的气体情况，将甲烷浓度变化情况及时向通风科、调度室汇报。

（7）当备用局部通风机也不能开启时，停风的掘进工作面，未得到调度室通知，任何人不准开启局部通风机。

（8）开启局部通风机恢复通风的安全措施：

①恢复局部通风机通风前，瓦斯检查员及时和监控值班员联系获取该局部通风机作业地点的瓦斯浓度情况，并和掘进电工及安全员一前一后进入停风区检查，证实停风区中最高甲烷浓度不超过 0. 8% ，最高二氧化碳浓度不超过 1. 5% ，且局部通风机及其开关地点附近 10 m 以内风流中甲烷浓度都不超过 0. 4% 时，方可人工开启局部通风机，恢复正常通风。

②因停风导致掘进巷道瓦斯超限后，当停风区中甲烷浓度超过 0. 8% 不超 1. 2% 时，由通风值班干部安排瓦斯检查员按常规排放瓦斯措施就地排放。当停风区中甲烷浓度超过 1. 2% 不超 2. 4% 时，由通风科长提出解决措施，指定通风干部或班组长按照常规排放瓦斯措施进行排放。当停风区中甲烷浓度超过 2. 4% 时，由矿通风科编制专项排放瓦斯措施，报总工程师审批后，由矿山救护队按措施进行排放。

③排放瓦斯时应注意以下几点：

a. 排放瓦斯时，其回风系统内必须切断电源、撤出人员，设置警戒。指定人员在可能进入排放瓦斯的地点站岗。

b. 向独头巷道内限制送入风量，逐步排放积聚的瓦斯，使排出的瓦斯与全风压风流混合处的甲烷不得超过 1. 2% 。

c. 严禁局部通风机发生循环风。

④如果停风区中最高甲烷浓度达到或超过 2. 4% ，或二氧化碳浓度达到或超过 3. 0% 不能立即处理时，必须在 24 h 内封闭完毕。

⑤独头巷道恢复正常通风后，必须由电工对独头巷道内的电气设备进行检查，证实电气设备完好后，方可人工恢复局部通风机供风巷道内一切电气设备的电源。

14. 6　矿井反风管理制度

第一条　执行《煤矿安全规程》第一百二十二条“生产矿井主要通风机必须装有反风设施，并能在 10 min 内改变巷道中的风流方向；当风流方向改变后，主要通风机的供风量不应小于正常供风量的 40% 。每季度应至少检查 1 次反风设施，每年进行 1 次反风演习；矿井通风系统有较大变化时，应进行 1 次反风演习”的规定。

第二条　矿井反风演习的目的

（1）为保证矿井一旦发生灾变，能及时利用提前打设的反风设施改变风流方向，控制灾区范围，安全撤退受灾害威胁的人员，提高矿井防灾、抗灾能力。

（2）通过反风演习，检查和发现矿井的通风系统、设备及设施存在的问题，以便及时调整、维修，保持其完好的性能，保证矿井的生产安全。

（3）检查主要通风机及矿井反风设施是否符合《煤矿安全规程》的要求。

（4）检查反风期间矿井主要风道的风量变化情况及其规律；检查反风期间矿井主要巷道有害气体的变化及其规律。

（5）检查和提高矿井领导、机电管理、通风管理及技术人员在灾变期间进行反风的指挥应变能力，考核主要通风机司机等有关人员的基本操作技能。

第三条　反风时由矿长负责组织指挥，总工程师、安全副矿长、通风助理、通风副总、通风科长协助工作。

第四条　反风演习必须按下列要求编写反风演习计划和安全措施，报二级公司备案。

（1）按矿井灾害预防处理计划的要求，规定火灾发生的假设地点、参加演习的主要通风机台数。

（2）确定反风演习的起止时间。

（3）明确反风设备的操作顺序。

（4）确定反风演习的观测项目及其方法。

（5）预计反风后的通风网络、风量和瓦斯情况。

（6）制定反风演习的安全措施。

（7）明确恢复正常通风的操作顺序和制定排除瓦斯的安全措施。

（8）规定参加反风演习人员的分工和培训。

第五条 因故不能实行反风演习时，应向上级部门报告不能反风的原因，制定救灾的补救措施，并落实到位。

第六条 每年编制灾害预防和处理计划时，必须根据火灾发生的地点，对采用的反风方式、方法及人员避灾路线做出明确规定。

第七条 矿井主要通风机房内，必须挂有反风操作系统图、反风操作规程，详细规定反风方法、操作顺序及注意事项，并附有反风设施布置图。主要通风机司机应经过培训，持证上岗，熟悉反风操作规程、操作步骤，并能独立、正确、熟练地进行反风操作，考核不合格者不能上岗，每个主要通风机房必须装有与调度所直通的电话，并确保畅通。

第八条 反风设施的控制系统必须灵活可靠。所有操作开关应集中安设，便于主要通风机司机一个人操作。

第九条 当矿井涌水量大，因反风停电时间长、有淹井危险、水泵房及其进风流甲烷浓度低于0.8%时，可送电排水。在进风流中，距泵房20 m处必须派人连续监测甲烷浓度，设甲烷自动监测报警断电装置。

第十条 反风演习时必须遵守下列规定：

（1）反风演习期间，停止井下一切生产和与反风演习无关的工作。但井筒提升必须派值班绞车司机及信号工保持正常工作。

（2）反风演习前应切断井下电源。

（3）在反风演习前，井下工作人员必须全部升井，否则不得进行反风。

（4）当排水能力及水仓容积能够满足反风期间储水需要时，可在反风前排空水仓积水，切断井下中央变电所的一切电源。

（5）反风演习期间，井下测风人员不得单独行动。

（6）打开井下消防材料库，备足消防器材和工具。

第十一条 反风演习期间，必须严格管理火源，并遵守下列规定：

（1）反风演习前应切断井下电源，演习结束，风流恢复正常后，检查井下各地点甲烷浓度不超过0.8%时，方可恢复送电。

（2）反风演习期间，在出风井口20 m范围内及与出风井口相连通的井口房等建筑物内，都必须切断电源，禁止一切火源存在。

第十二条 多进风井和多回风井应根据各台主要通风机的服务范围和风网的结构特点，通过实验或计算机模拟，制定出火灾时期的反风技术方案，并在矿井灾害预防处理计划中做出明确规定。要有计划地安排一台主要通风机反风、不同主要通风机组合的反风演习，试验反风时井下风流规律。

第十三条 反风演习期间应观测记录以下内容：

（1）观测主通风机运转状态，包括电机负荷、轴承温升、风量、风压。电机不得超负荷运转。

（2）测定全矿井各采区进回风流的甲烷、二氧化碳的浓度和风量。甲烷、二氧化碳每10 min测定一次。观测风流方向，每0.5 h测定一次风量。

（3）选择甲烷、二氧化碳涌出大的或甲烷涌出不正常的工作面，测定甲烷或二氧化碳的浓度、涌出量。

第十四条 反风演习结束后，及时编写反风演习报告，并报上级部门备案。通风科保留一份备查。演习报告的内容包括矿井通风情况、主要通风机运行情况、井巷风流及瓦斯情况、反风时间、反风前后的通风系统图、反风演习的经验教训及存在的问题及改进的措施。

第十五条 使用局部反风系统，风门应用不燃或阻燃材料，风门设置两道，以防止漏风。系统应经常检查维修，保持完好。

14.7 主要通风机管理制度

第一条 主要通风机必须安装在地面，装有通风机的井口必须封闭严密，其外部漏风率在无提升设备时不得超过5%，有提升设备时不得超过15%。超过规定时，必须采取措施，把漏风率降到规定指标以下。

第二条 主要通风机运转平稳，无异声，无喘振现象，能力足够，运转工况的排风量应大于等于矿井需要风量加内部漏风量和外部漏风量之和。

第三条 必须保证主要通风机连续运转。主要通风机及其供电系统的日常管理和月检查由机电科和机电队共同负责。

第四条 必须装配2套同等能力的主要通风机装置，其中1套作备用，备用通风机必须能在10 min内开动。

第五条 严禁采用局部通风机或风机群作为主要通风机使用。

第六条 装有主通风机的出风井口应安装防爆门，防爆门每季度至少检查维修1次。

第七条 反风设施由通风科和机电科管理，由总工程师组织相关部门每季度检查反风设施，并有记录可查，发现问题要及时处理。

第八条 至少每月检查1次主要通风机。改变通风机转数或叶片角度时，必须经矿技术负责人批准。

第九条 新安装的主要通风机投入使用前，必须进行1次通风机性能测定和试运转工作，并绘制特性曲线，以便和生产厂家给定的曲线相比较指导矿井的通风工作。以后每5年至少进行1次性能测定，并及时对主要通风机的特性曲线进行修正。

（1）主要通风机性能测定由机电科负责。测定整理的技术资料除机电科、通风科保留外，还必须报上级部门备案。

（2）主要通风机性能测试安全技术措施。要先写出测试方案报告，内容包括：

①测试时间。

②测试指挥及参加人员：应由机电、通风人员组成若干工作组。

③测试方法：包括测压位置，风量测定方法。

④位置：工况调节位置及方法、机电参数转数测定方法及位置。

⑤数据记录。

⑥使用仪器仪表及校验情况。

⑦通信联系等。

⑧绘制测量示意图。

⑨采取的安全措施。

（3）测定时，通风机应在低负荷工况下启动，随时注意电机的负荷及各轴承的温升，尤其是轴流风机在驼峰点附近，如发现超负荷等异常现象，应立即关闭电动机，停止测量，进行处理。同一工况的各参数应同时测定。

第十条 有计划停或倒开主要通风机时，必须制定专项安全技术措施，报矿技术负责人批准。

第十一条 矿井应设定好井下发生瓦斯、煤尘爆炸、火灾（可假设事故地点）时主要通风机的运转状态，以利救灾。多通风系统应考虑主要通风机之间的关系及相互影响，并列入《矿井灾害预防处理计划》。

第十二条 主要通风机因故停止运转，主要通风机司机必须立即查明原因，如果可行应立即启动备用风机，并向调度室报告；调度室要立即通知矿长、总工程师、机电矿长等有关领导，以便采取应急措施。

（1）调度室要将主要通风机停风的时间、原因及恢复的时间报告上级部门。

（2）事故后，要由总工程师组织相关部门组织分析，并将分析结果报上级部门备案。

第十三条 矿井主要通风机停风时，受停风影响的地点必须立即停止工作，切断电源，工作人员先撤到进风巷道中，并向调度室报告。矿长、矿技术负责人应根据停风后的具体情况和《矿井灾害预防和处理计划》所规定的行动原则，迅速决定全矿井是否停止生产，工作人员是否全部撤出。

第十四条 装有主要通风机的出风口，应安装防爆盖（门），并应符合下述要求：

（1）防爆门应布置在出风井同一轴线上，其断面积应不小于出风井的断面积。

（2）出风井与风硐的交点到防爆门的距离，比该点到主要通风机吸风口的距离至少要短 10 m。

（3）防爆门应靠主通风机的负压保持关闭状态，并安设平衡重物或其他措施，以便防爆门易于开启。

（4）防爆门的结构，必须有足够的强度，并有防腐和防抛出的措施。

（5）防爆门应严密封闭不漏风。

第十五条 主要通风机的运转应由专职司机负责。主要通风机每个班次必须安排 2 名专职司机同时值班。值班司机必须由业务好、责任心强的人员担任。值班司机必须经过岗位培训并考试合格，持证上岗，熟悉风机的性能、控制系统和反风系统，并能熟练操作。

第十六条 主要通风机房内指示风机工作性能参数的水柱计、电流表、电压表、功率因数表、轴承温度计等仪器仪表必须完好，并有直通矿调度室的电话。机房内要有主要通风机的供电系统图，反风操作系统图和停、开风机及反风的操作规程、司机岗位责任制。风机运行及检修、事故记录等资料齐全。

第十七条 主要通风机司机应经常检查风机的运行情况，并要每小时记录一次运行参数，如果发现异常，必须立即报告调度室。

14.8 通风设施管理制度

第一章 通风设施的设置

第一条 严格按照《煤矿安全规程》和本矿有关规定，本着通风系统正规、稳定、合理、简单的原则设置通风设施，做到“设计规范化、施工标准化、管理科学化”。

第二条 按照《煤矿安全规程》规定：“进、回风井之间和主要进、回风巷之间的每个联络巷中，必须砌筑永久性风墙，需要使用的联络巷，必须安设 2 道联锁的正向风门和 2 道反向风门”。

第三条 按照《煤矿安全规程》规定：“控制风流的风门、风桥、风墙、风窗等设施必须可靠”。不应在倾斜运输巷中设置风门，如果必须设置风门，应安设自动风门或设专人管理，并有防止矿车和风门碰撞人员以及矿车碰坏风门的安全措施。

第四条 矿井一翼回风巷、主要回风巷、采区回风巷道内不得设置调节风门。要合理安排生产布局和采掘接替，最大限度减少通风设施数量。

第五条 矿井应尽量减少临时性通风设施设置。

第二章 永久、临时风门管理规定

第六条 永久、临时风门建造的技术标准

（1）风门包括永久风门、永久调节风窗、临时风门 3 种。服务时间在 6 个月以上的为永久风门，在 6 个月以下的为临时风门。

（2）永久风门墙垛必须用不燃性材料建筑，机电硐室的防火门、墙垛、门扇必须采用不燃性材料制作，临时风门可用木板建筑。

（3）控制风流的风门每组不少于两道正、反向风门，并装有闭锁装置。通车风门间距不少于一列车长度，行人风门间距不小于 5 m。

（4）通行机车风门的安设位置由矿技术负责人组织通风科、机电科、生产技术科等部门有关人员现场共同确定。机车突出部分至风门框的距离要符合《煤矿安全规程》规定。

（5）永久、临时风门能自动关闭。

（6）永久调节风窗的调节位置必须设在墙垛的上方，墙垛上方无空位时，可设在墙垛的两侧。调节风窗的规格应根据配风需要来确定，但必须满足设计要求。调节风窗必须成矩形，挡板长度要能封闭整个调节窗口。

第七条 永久、临时风门建造的质量标准

（1）建造风门时，墙体四周要掏槽（砌碹巷道破碹后掏槽，锚网巷道破网后掏槽），并与煤（岩石）接实。掏槽深度不小于 0.3 m，墙垛厚度不小于 0.5 m。墙体表面用水泥砂浆抹面，确保严密不漏气。

（2）永久风门门框要包边沿口，有垫衬，四周接触严密，门扇平整不漏风，门扇与门框不歪扭。墙垛必须平整（1 m 内凸凹不大于 10 mm，料石勾缝除外），无裂缝、重缝和空缝，严密不漏风（手触无感觉、耳听无声音）。

（3）永久、临时风门建造必须选在巷道支护完好，无片帮、冒顶的位置，墙垛周边要掏槽，见硬顶、硬帮，与煤（岩）体接实。

（4）永久、临时风门前后各 5 m 内巷道支护良好，无杂物、积水、淤泥。永久风门水沟要设反水池，通车风门要设底坎，穿过墙体的管、线必须从穿线管中穿过并堵严。

（5）采用木板建造的临时风门，门框立柱规格（净宽 × 净厚）为 150 mm × 150 mm 方木，木板厚度不少于 20 mm。立柱要掏不少于 200 mm 柱窝，门框木板鱼鳞板搭接。墙面勾缝或水泥砂浆抹面，确保严密不漏气。

第八条 永久、临时风门的日常管理标准

（1）所有建造的风门，必须按照建造的质量标准，做到一门一设计。风门的施工按矿技术负责人审查批准的设计执行。

（2）为了确保风门的建造质量，施工中，必须坚持三验收（掏槽验收、施工中检查验收、竣工验收）。由通风科组织相关部门验收。发现不按设计施工，必须及时推倒重建，对弄虚作假者，必须严肃追查处理。

（3）建造的风门必须建立管理台账，并与图纸、风门设施管理牌板、现场实际相符。

（4）矿井风门的日常管理。当班瓦斯检查员负责所在区域的风门设施检查，发现问题及时汇报处理。通风科每周组织相关人员对全矿井风门及采空区密闭进行一次全面检查，其他通风设施每月至少检查一次。

第三章 矿井永久、临时密闭安全管理规定

第九条 永久、临时密闭建造技术标准

（1）永久密闭必须用不燃性材料建筑。开采无发火危险煤层建造的临时密闭，可用木板材料建筑。

（2）密闭墙与煤（岩）体接实。永久密闭墙表面必须用水泥砂浆抹面或者喷浆，确保严密不漏

气，墙面与巷道周边要分别有不少于0.1 m的裙边。

（3）永久、临时密闭位置距巷道口的距离为3～5 m。密闭内的水管、风管、电缆、钢轨等材料必须全部撤出。

（4）永久、临时密闭墙体必须平整（1 m内凸凹不大于10 mm，料石勾缝除外），无裂缝、重缝和空缝，严密不漏气（手触无感觉、耳听无声音）。

（5）永久密闭必须设“U”形放水管、观测取样管。放水管径不小于ϕ108 mm，离地高度为0.3 m。观测取样管离底不小于1.5 m，放水管、取样管等材料必须具有阻燃、抗静电的性能。

第十条 永久、临时密闭建造质量标准

（1）采区、工作面回采结束后，在进、回风巷，工作面以外相通的进、回风巷、联络巷建造的永久密闭：必须用不燃性材料建筑，墙体厚度为1.0 m，墙体四周要掏槽，掏槽深度不小于0.3 m，见硬底、硬帮，并与岩石接实，严密不漏气。

（2）临时密闭：墙体四周要掏槽，掏槽深度不小于0.3 m，见硬底、硬帮，并与煤（岩）体接实不漏气，木板密闭要鱼鳞搭接，表面要用灰、泥满抹或勾缝，严密不漏气。

第十一条 永久、临时密闭的日常管理标准

（1）永久、临时密闭，必须按照建造的质量标准，做到一墙一设计。密闭墙的施工设计，由总工程师审查批准执行。

（2）为了确保永久、临时密闭的建造质量，施工中，必须坚持“三验收”（掏槽验收、施工中检查验收、竣工验收）。由通风科组织相关部门验收。发现不按设计施工，必须及时推倒重建，对弄虚作假者，必须严肃追查处理。

（3）永久、临时密闭必须建立管理台账，做到一墙一卡片，并与图纸、通风设施管理牌板、现场实际相符。

（4）密闭前要设栅栏、警标、瓦斯检查牌并设说明牌和检查箱。

（5）永久、临时密闭的位置距巷道口距离为2～5 m，栅栏设置的高度不低于1.5 m，栅栏必须牢固可靠。

（6）永久、临时密闭前5 m内巷道支护完好、无片帮、冒顶，无杂物、积水、淤泥、无瓦斯积聚。

（7）永久、临时密闭的日常管理：瓦斯检查员每班负责检查1次所在区域的永久、临时密闭；通风科每7天组织相关人员负责检查1次矿井永久、临时密闭，检查结果记入通风设施检查记录台账。

14.9 通风质量检查验收管理制度

为了提高自身素质，加快调度管理，进一步提升矿井一通三防管理水平，结合实际，制定本制度。

第一条 “一通三防”安全生产标准化按省一级标准执行实行百分制考核，要求每项在90分以上，管理制度健全，业务水平过硬，一通三防设施设备齐全并符合规定要求，资料齐全。

第二条 验收标准

（1）检查验收标准：执行山西省煤炭厅《煤矿安全生产标准化标准及考核评级办法》新版标准，并结合本矿《安全生产标准化标准及细则》等规定。

（2）“一通三防”安全生产标准化验收方式分为矿自检、上级检查。

（3）每月由通风科组织各队组开展一次“一通三防”安全生产标准化检查验收，评定矿井安全生产标准化等级。

第三条 具体内容如下：

（1）“一通三防”管理机构、职责、人员配备以及人员任职资格是否符合要求。

（2）“一通三防”管理制度及相关记录、台账是否建立齐全。

（3）矿井、采区及采掘工作面通风系统是否合理，通风设施设置是否满足要求。

（4）局部通风机安装、使用是否符合规定，工作面风筒吊挂是否满足标准要求。

（5）瓦斯管理建立完善的治理工作体系，瓦斯检查是否满足规程规定要求，瓦斯检查员是否做到持证上岗。

（6）瓦斯抽采及防突管理是否到位，瓦斯抽采泵站及其他相关资料是否齐全。

（7）矿井通风安全监测监控系统是否做到系统可靠、断电有效、处置迅速的基本要求，监控运行报表、账卡、图纸资料是否齐全。

（8）矿井防灭火管理工作是否到位，各地点消防器材配备是否满足要求，矿井消防洒水系统是否齐全完好。

（9）矿井综合防尘治理工作是否满足标准要求，所有产尘作业地点综合防尘设施设置是否齐全、完好。

（10）井下爆破作业是否满足规程要求。

第四条　其他要求

（1）二级公司各部门在安全检查的同时对“一通三防”安全生产标准化工作进行监督检查，及时发现和督促处理存在的问题。

（2）每月 3 日之前将各专业标准化实际得分报送安全生产标准化办公室，打分资料于 5 号前交至安全生产标准化办公室。

（3）二级公司对矿井进行安全生产标准化检查或验收时，矿井必须做好现场安全生产标准化管理工作，按要求准备技术资料和质量管理资料。

（4）发生“一通三防”类安全生产事故的一票否决。

（5）日常抽查问题整改，不按要求整改的，扣本项得分的 5%；未整改的除扣本项得分，另加罚款×××~×××元。

（6）上级部门检查出重大问题的，加大处罚×××元。

（7）验收、评级考核资料必须齐全、完整，检查人员必须签字。验收、评级资料应装订整齐，保存完好、方便备查。每月自检一次，不按规定时间完成自检的小组，每次罚组长×××元。

（8）安全生产标准化办公室应将自检结果妥善管理，并至少保存资料一年。

（9）对日常考核中的先进者按考评分奖励。

14.10　通风工程质量验收管理制度

为进一步加强本矿“一通三防”设施管理，加强“一通三防”设施的现场施工工程质量及完工后的工程质量验收工作，严格执行“通风瓦斯治理十六字工作体系”的相关规定，结合实际，制定本制度。

第一条　成立通风工程质量验收组

（1）组长：总工程师。

（2）副组长：通风科长。

（3）成员：通风科、安全科、调度室、施工队组等相关单位技术员以上人员。

第二条　职责分工

（1）组长：负责组织“一通三防”设施的设计、施工和安全技术措施的制定、审核、审批，监督“一通三防”设施的设计和措施的实施，组织工程竣工后的工程质量验收。

（2）副组长：协助组长负责“一通三防”设施的设计、施工和安全技术措施的制定、审核、审批；监督“一通三防”设施的设计和措施的实施；组织工程竣工后的工程质量验收。

（3）通风科：负责“一通三防”设施的设计、施工和安全技术措施的制定；监督“一通三防”设施的设计和措施的实施；参与工程竣工后的工程质量验收。

（4）安全科：负责监督“一通三防”设施的设计和措施的实施，参与工程竣工后的工程质量验收。

（5）调度室：负责统一协调安排“一通三防”设施的施工。

（6）通风科技术人员：负责每班对“一通三防”设施是否完好进行巡查，并对发现的问题及时汇报调度室。

（7）施工队组：负责“一通三防”设施的施工，并保证工程按设计施工。

第三条 “一通三防”设施界定范围

“一通三防”设施包括井下密闭、风门、风桥、风窗、测风站、局部通风机、风筒、防尘设施、隔爆抑爆设施、瓦斯抽采设施等。

第四条 “一通三防”设施施工标准

按照《煤矿安全生产标准化管理体系基本要求及评分方法（试行）》《煤矿安全规程》及“一通三防”设施设计要求等施工。

第五条 验收管理办法

（1）参加人员。总工程师牵头，通风科、安全科、调度室、施工队组等相关单位技术员以上人员参加。

（2）手续办理流程。

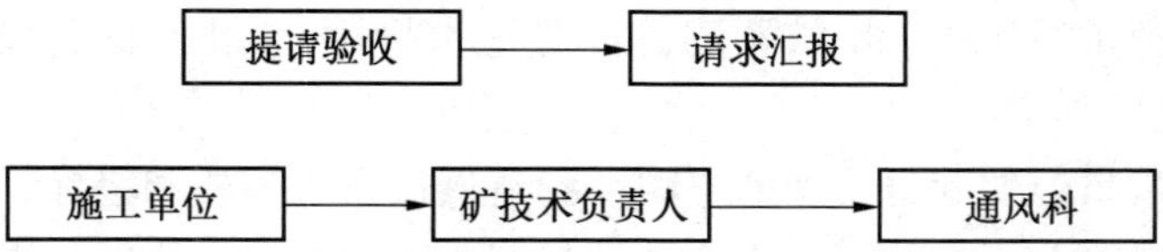

总工程师批准后，通风科确定验收时间，由调度室组织有关单位按时参加验收。

（3）组织分工。

“一通三防”工程必须符合《煤矿安全规程》及矿井通风安全生产标准化标准的规定要求，并编制施工安全技术措施。

①通风科负责对“一通三防”工程质量的监督检查。“一通三防”一般工程设计及施工安全技术措施，由通风科审核后报总工程师批准。

②矿井通风系统改造、矿井防尘系统的改造、矿井防灭火等重大工程的设计及相应安全技术措施，经总工程师审核后，必须经总工程师批准。

③“一通三防”工程施工与原设计有较大出入时，修改后的设计必须按报批程序重新报批。

④采煤工作面投产前，必须经总工程师组织相关部门对采煤工作面的通风、防尘、瓦斯抽采、监控等系统进行验收，不符合规定不准生产。“一通三防”工程竣工后，没有经过竣工验收或者不合格的工程不得投入使用。“一通三防”工程设计、施工、验收要建立技术资料档案。

（4）验收方法。

①施工队组首先进行自查自验，验收合格后，向通风科提出申请，填写通风工程完工申请单。

②通风科验收人员协同参与验收部门现场对通风工程进行验收，验收合格后，填写工程验收合格单，上报矿技术负责人，签署意见，存入档案。

第六条 验收资料的整理、归档。

通风科设专人负责“一通三防”设施施工验收资料的整理归档。资料包括“一通三防”设施施工的设计、方案及措施；通风工程完工申请单；工程验收合格单等。

第七条　考核办法。

（1）根据“一通三防”设施施工标准考核。验收合格的，列入算账工程，否则坚决不予验收，责令其返工，由此造成的费工、费时、费料等损失，由施工方承担。

（2）对不合格工程或因矿压压损的工程，坚决推倒返工或加强修复。

14.11　巷道贯通管理制度

第一条　综掘巷道在贯通相距 50 m 前，其他巷道相距 20 m 前，生产技术科必须按要求向调度室、通风科、安全科、机电科等部门下发贯通通知单。

第二条　贯通前，有关单位按要求停止一个工作面作业，且切断该工作面电源，设置栅栏及警标，保持正常通风和正常的甲烷检查。

第三条　巷道贯通调整通风系统措施内容应包括如下内容：

（1）概况。

（2）贯通时的组织机构及人员分工。

（3）贯通前的准备工作。

（4）调整通风系统的具体步骤。

（5）对影响区域的风量、瓦斯检查安排。

（6）贯通时的安全措施。

（7）贯通前、后的通风系统图。

第四条　贯通前，通风科要进行系统分析，分析贯通前后的通风网络变化，特别要对存在角联支路和邻近有封闭区的巷道进行风量、甲烷预测，对贯通过程中可能出现的无风、微风及甲烷超限等问题提前做好预处理准备。

第五条　贯通前，被贯通的巷道要切断电源，巷道入口设置栅栏和警标，保持正常通风，正常检查甲烷，每班必须检查风筒的完好状况和工作面及其回风流中的甲烷浓度，甲烷超限时先停止在掘工作面的工作，进行处理。被贯通的巷道除进行甲烷检查、排水工作外，不准做其他工作；停掘巷道进行甲烷等气体检查时，对方巷道不得进行装药和爆破。

第六条　贯通前，施工单位每班都要绘制进度图表，及时掌握巷道贯通的具体时间并通知有关人员，并由调度室通知暂停该采区的一切工作。贯通后通风科立即调整通风系统，风流稳定后，方可恢复工作。

第七条　贯通过程必须有通风科的干部现场跟班指挥，负责组织贯通点两侧通风甲烷管理及贯通后当班通风系统的调整工作，并督促生产队组执行贯通措施中规定的有关“一通三防”事项。

第八条　巷道贯通结束后，要编制巷道贯通总结，建立巷道贯通档案。

14.12　瓦斯“零超限”目标管理制度

为了认真落实国家安全生产监督管理总局第 82 号《强化煤矿瓦斯防治十条规定》的文件精神，切实加强本矿“一通三防”管理，控制瓦斯超限，以实现瓦斯“零超限”为目标，特制定本制度。

第一章　指　导　思　想

第一条　从两个方面落实安全生产工作要求。一是围绕建立“通风可靠、抽采达标、监控有效，管理到位”的十六字工作体系这个重要核心，着力解决通风系统、瓦斯抽采、监测监控、现场管理等方面存在的重大问题和突出问题。二是强化矿井瓦斯治理，严格瓦斯超限分析处理制度，有效控制和减少瓦斯超限，杜绝矿井瓦斯事故的发生。

第二章 工 作 目 标

第二条 建立健全瓦斯治理工作十六字体系。在“通风可靠、抽采达标、监控有效、管理到位”四个方面下功夫。通风管理要达到系统合理、风量配置满足安全生产要求；瓦斯管理要做到各生产环节瓦斯管理符合《煤矿安全规程》规定；抽采系统要严格按照设计要求规范建设，抽采率符合《煤矿安全规程》要求；确保监控系统有效，断电可靠、处置迅速；管理方面要形成责任明确、制度健全、奖罚严明、督查到位的长效机制。

第三条 牢固树立瓦斯超限“可防、可控”、瓦斯事故可以杜绝、瓦斯超限就是事故的理念，坚持以瓦斯“零超限”为目标，对瓦斯超限，要严格按事故进行分析追查，对责任单位和责任人进行严肃处理，并通报处理结果，制定防范措施，有效控制瓦斯超限。

第三章 组 织 机 构

第四条 为了确实加强本矿“一通三防”管理和将严厉查处瓦斯超限事故工作措施落到实处，特成立“瓦斯零超限”领导组。

（1）组长：矿长（总经理）。

（2）副组长：矿总工程师、安全矿长、生产矿长、机电矿长、通风助理。

（3）成员：各专业副总工程师、各部门科队长

领导组下设办公室，办公室设在通风科，主任由通风科科长担任。

第四章 治 理 内 容

第五条 建立健全通风瓦斯管理机构，具体负责“一通三防”管理的业务工作。设立专门的通风科、瓦斯抽采队，配备足够的通风、抽采专业技术人员，建立完善的瓦斯监测监控系统。

第六条 规范建立基本管理制度。

（1）建立健全“一通三防”管理和瓦斯治理工作责任制。

（2）建立健全“一通三防”管理和瓦斯治理工作规划、目标、任务、措施及完成情况处罚制度。

（3）建立健全“一通三防”管理和瓦斯灾害等隐患排查、治理和报告制度。

（4）建立健全重大隐患问题督办制度。

第七条 规范工作体系

（1）按照“通风可靠”的标准，严格落实“系统合理、设施完好、风量充足、风流稳定”措施。

所有采区和工作面必须具备独立完善、可靠稳定的通风系统，必须实行分区通风，设立专用回风巷，严禁无风、微风和串联通风；要按规定进行通风阻力测定，掌握通风阻力分布情况，分析和优化通风系统的合理性。

要保持风门、密闭、风窗等井下通风设施的完好，加强通风设施质量管理，明确通风设施设置、施工、标准和验收程序，建立检查和维护制度，定期检查其完好情况；要根据采掘进度及时构筑永久通风设施，确保通风系统稳定可靠。

矿井总风量、采掘工作面和各供风场所的风量必须满足生产安全的需要；风速、有害气体浓度等必须符合《煤矿安全规程》的要求。严禁超通风能力组织生产。

主要通风机和局部通风机要按规定定期检测、检修和维护，实行专人负责，挂牌管理。严格执行每10天定期测风制度，并根据采掘变化及时对通风系统和供风量进行调整。施工生产作业时必须保证系统和各用风地点风流稳定可靠。

（2）按照“抽采达标”的标准，严格落实“多措并举、应抽尽抽、抽采平衡、效果达标”措施。

严格按照设计要求实现煤层瓦斯抽采工程与采掘工程的同步设计、超前施工、超前抽采，做到瓦

斯抽采能力与采掘布局相协调、相平衡，使采掘生产活动始终在抽采达标的区域内进行。

要坚持采前预抽采与边开采边抽采、采空区抽采相结合，因地制宜，利用一切可能的空间和条件，最大限度地充分抽采抽放煤层瓦斯。

（3）按照“监控有效”的标准，严格落实“装备齐全、数据准确、断电可靠、处置迅速”措施。

瓦斯监测监控系统中心站、分站的传感器等设备必须齐全，安装设置必须符合《煤矿安全监控系统及检测仪使用管理规范》（AQ 1029—2019）行业标准，系统运作必须不间断、不漏报。

建立瓦斯监控系统，健全完善监控系统管理规章制度，制定安全监控岗位责任制、操作规程、值班制度、维护调校等规章制度，完善图纸台账，配备足够的管理、维护、检修、值班人员，并经培训合格，持证上岗；传感器必须按期调校，其报警值、断电值要准确，真正起到报警、断电功能；监控主机能显示所有传感器的真实信息；传感器必须按照规定的报警、断电和复电值进行设置，及时维护、定期调校，保证系统运行稳定、数据准确可靠。

监控设备的供电电源和连线方式必须保证瓦斯超限断电、停风断电功能和断电范围的准确可靠。中心站必须正确显示报警断电及馈电的时间和地点，当采、掘等作业地点瓦斯超限时，传感器声光同时报警，自动切断监控区域内全部非本质安全型电气设备电源并保持闭锁状态。

严格落实监控中心 24 h 值班值守制度，明确值班人员的责任。当瓦斯超限或异常时，要迅速反应，做好记录，正确应对，及时上报和处置，形成闭合式管理体系。建立、完善和落实瓦斯事故应急预案措施，完善监控网络中心和服务机构非正常处置程序及应急预案，确保网络和系统正常运行并发挥其监测、控制和预警作用。

（4）按照“管理到位”的标准，严格落实“责任明确、制度完善、执行有力、监督严格”措施。要细化、分解和落实各科室、生产厂队、作业班组和每个职工的瓦斯治理和安全生产职责。

要根据井下条件变化和新情况、新问题，及时修改、充实、完善瓦斯防治规章制度，不断改进和加强瓦斯治理各项措施，使瓦斯管理工作常抓不懈，科学有效。

要坚持和落实矿级领导现场跟班带班作业制度，严格落实各项瓦斯治理规章制度，认真规范指挥行为、作业行为，确保管理到位。

要持续开展“一通三防”管理隐患排查治理和专项检查活动，确保国家安全生产法律法规和各级“一通三防”管理及瓦斯治理的有关规定得到全面贯彻和认真落实。

14.13 瓦斯检查管理制度

第一条 必须按规定每年进行矿井瓦斯涌出量测定，报上级部门进行备案。

第二条 延伸新水平，必须进行瓦斯涌出量预测，以确定新水平、新采区投产后瓦斯涌出量大小，作为矿井和采区通风设计、瓦斯抽采及瓦斯管理的依据。

第三条 瓦斯检查员必须有中专以上文化程度，从事井下工作两年以上，熟悉通风瓦斯管理的基本知识和要求，经专门培训和实习，考试合格后方可上岗作业，做到持证上岗。

第四条 所有采掘工作面必须设专职瓦斯检查员，每班至少检查 3 次；无人作业的采掘工作面，盲巷、窒息区、瓦斯和二氧化碳涌出有变化或可能积聚有害气体的巷道执行巡回检查制度，每班至少一次；主要回风巷、采区回风巷、各类硐室瓦斯检查每班至少 1 次；其他特殊地点（如高冒区）的瓦斯检查及其检查次数由矿技术负责人决定。

第五条 井下爆破作业必须执行“一炮三检制”（装药前、爆破前和爆破后进行瓦斯检查）和“三人连锁爆破”（爆破工、班组长和瓦斯检查工）制度。爆破后，待工作面的炮烟被吹散，爆破工、瓦斯检查工和班组长必须首先巡视爆破地点，检查通风、瓦斯、煤尘、顶板、支架和拒爆情况，如发现有异常情况，应立即处理。

第六条 瓦斯检查工必须执行瓦斯巡回检查制度和请示报告制度。

（1）通风科根据矿井通风系统和采掘计划，负责制定瓦斯巡回检查计划，划分瓦斯检查区域、地点，确定检查人员，规定巡回检查路线、检查时间和内容，报矿总工程师审批。瓦斯检查区域有变动的，计划图表要及时修改，报矿总工程师审批。

（2）检查内容包括甲烷浓度、二氧化碳浓度、“一通三防”设施、抽放管路外观、监测监控设备运行情况。

（3）瓦斯检查员要求每次巡回检查时间间隔不超过3 h，各检查点瓦斯检查间隔时间要均匀，误差不超过15 min，因处理问题等特殊情况下，当班瓦斯检查员不能按规定时间到达巡回检查地点时，必须向调度室进行汇报，要根据调度室指示执行，采取相应措施，并有记录可查。

（4）瓦斯检查工必须执行瓦斯巡回检查制度和请示报告制度，严格按巡回检查计划图表规定的地点、时间、内容认真检查，每次检查结果必须记入瓦斯巡回检查手册和检查地点的记录牌上，并将检查情况通知现场工作人员，经该工作地点班组长签字确认。

第七条 瓦斯检查工在入井前必须对所携带仪器进行认真检查，发现问题立即更换，保证下井光学瓦斯检查仪器的完好，并带齐瓦斯杖、检查手册、记录工具、皮管等必须用品。瓦斯检查员应随身携带便携式瓦检仪，起到预警作用。

第八条 瓦斯、二氧化碳检查地点的设置和要求。

（1）采煤工作面：工作面进风流（距工作面10～15 m处进风流中）、下隅角（进风巷与工作面交叉部分至采空区约2 m的空间）、工作面（回风巷距煤壁10 m范围内，距顶板不大于300 mm，距帮不小于200 mm，支护完好处）、上隅角（工作面端尾支架顶梁与掩护梁连接往下0.2 m，距回风巷外帮1 m处）、上隅角未冒落区（切顶线往采空区1 m处）、回风巷电气设备处（电气设备上风侧5 m范围内）、回风巷（回风联络巷口以里15 m处）。

（2）掘进工作面：掘进面风流（掘进头至风筒出口处，距顶不大于300 mm，距帮不小于200 mm，非风筒侧）、掘进面回风流（风筒出口往外10～15 m范围内）、局部高冒处、电气设备处（电气设备上风侧5 m范围内）、回风流（绕道口以里15 m处）、局部通风机吸风口处（风机吸风口上风侧10 m范围内）。

（3）回撤工作面：回风巷（回风巷与回风道交叉点往回风道方向15 m处）、回撤面风流（工作面作业范围）、进风流。

（4）安装工作面：工作面进风流（范围同采煤工作面）、安装工作面（工作面作业范围）、工作面回风巷（绕道口以里15 m处）。

（5）硐室设一个点：回风口处。

（6）检查密闭时，必须使用瓦斯杖对密闭栅栏内和密闭四周有害气体进行检查，并以最高数据记录汇报。

（7）矿井主要回风、采区回风检查点设在该巷道下风侧。

（8）回风井设一个点：井筒与风硐交点以下15 m处。回风立井可在井底联络巷内距井筒10～15 m处。

（9）对有异常涌出、变化较大的地点及角联区域，回风流、高冒区及串联风中的电气设备设置处，要根据实际情况增设瓦斯检查点，要做到能够全面掌握各地点的瓦斯情况。

（10）采掘工作面、硐室及其他检查地点都要设瓦斯检查牌板。牌板设置的位置：采煤工作面设在回风巷甲烷传感器下方5 m范围内，掘进工作面设在距掘进工作面迎头50 m范围内，其他地点设在检查点处。瓦斯检查牌板除瓦斯检查员进行改动外，其他人员一律不准随意涂改。

（11）在设有各类支架的巷道中，巷道风流是指距支架和巷道底板各50 mm的巷道空间的风流。

（12）测定巷道风流瓦斯和二氧化碳浓度时，应在巷道空间风流中进行。具体方法是：测定甲烷浓度时，应在巷道风流的上部进行抽气，连续测定三次，取平均值。测定二氧化碳浓度时，应在巷道风流的下部进行抽气，首先测出该处的甲烷浓度，然后去掉二氧化碳吸收管，测出该处瓦斯和二氧化碳混合气体浓度，后者减去前者，再乘以 0.955，连续测定 3 次，取平均值。

第九条 检查井上、下煤（矸）仓瓦斯时，检查煤仓上口以用胶管伸入煤仓 2 m 为准，检查下口以放煤口附近最高处为准，当甲烷浓度达到 1.2% 时，停止附近 20 m 范围内电气设备运转，立即采取措施处理，只有甲烷浓度降到 0.8% 以下，方可开动电气设备运转。

第十条 瓦斯检查员每检查完一个地点，都要将对该地点甲烷传感器显示的数据进行对照，并将检查的时间和内容填写在检查手册和牌板上。每检查完一个采掘工作面，向调度室汇报一次检查结果，发现问题要及时请示汇报，做到瓦斯检查手册、瓦斯检查记录牌板、瓦斯台账“三对口”。

第十一条 瓦斯检查员对各地点的检查中，发现有害气体浓度有超限现象，以及“一通三防”重大问题时，必须通知危险区域的作业人员立即停止作业，切断电源，撤到安全地点，并及时汇报通风科、调度室。凡不配合瓦斯检查员处理瓦斯或恢复盲巷供风导致事态恶化者，按严重“三违”处理。

第十二条 瓦斯检查员在井下遇到特殊情况（病、灯熄灭）需要离岗时，必须经通风科、调度室同意后方可离岗，同时通风科安排离岗后的瓦斯检查工作，并跟踪落实。

第十三条 瓦斯检查工必须在指定地点交接班，交接班时必须交清本班情况及下班需注意的问题，并在对方的手册上签字。如当班瓦斯检查员发现瓦斯超限、无计划停开局部通风机或未处理完瓦斯事故，必须在工作地点交接班。

第十四条 矿长、矿总工程师、爆破工、采掘区队长、通风区队长、工程技术人员、班组长、流动电钳工、安全监测工、瓦斯检查工下井时，必须携带便携式瓦斯检测报警仪。

第十五条 瓦斯检查组组长上岗应认真落实瓦斯检查员巡回检查瓦斯的工作质量，分析审查瓦斯手册、台账，协助处理问题；组长在班后必须及时汇总情况，并向通风科长汇报。

第十六条 严格执行瓦斯手册、台账审查制。

（1）通风科管理人员下井遇到瓦斯检查员，必须抽查手册和仪器，发现隐患问题必须提出处理意见或协助瓦斯检查员进行处理。

（2）瓦斯检查组组长要在班后审查当班全部手册并签名，且要与调度瓦斯台账相对照，注明审查意见并签名，发现问题及时处理。

第十七条 瓦斯检查员下班后填写“瓦斯台账”，通风科值班人员每日录入“矿井瓦斯日报表”等记录报表，经通风科长审阅签字后，报矿总工程师审阅。

第十八条 所有纳入瓦斯巡回检查地点的瓦斯数据都必须如实记入瓦斯台账和录入瓦斯日报表（瓦斯日报表中瓦斯数据以各检查地点当班最高甲烷浓度为准）。

第十九条 通风科值班人员每班必须审查瓦斯台账，亲自填写当日存在的主要问题及处理结果。

第二十条 通风科长要认真审阅当日瓦斯检查中发现的主要问题，并做出处理意见。

第二十一条 矿长、矿总工程师必须当日审阅瓦斯日报表，对反映出的主要问题要明确批示处理意见。

第二十二条 瓦斯检查工应认真、严格履行职责，严禁脱岗、虚报、假报、漏检、假检等情况，否则要给予严肃处理。

第二十三条 洗煤厂区域内的瓦斯检查由通风科负责安排检查。

14.14 矿井通风瓦斯分析制度

第一条 通风、瓦斯异常是指在正常情况下，井下采、掘工作面出现的突然停风，风量不稳定、忽大忽小；甲烷浓度较大，经常处于临界状态；甲烷浓度较小，但变化幅度较大；甲烷浓度逐渐增大；打钻时喷孔、顶钻、卡钻等现象。

第二条 采掘工作面无风、风量减小或出现风量忽大忽小变化异常时，现场瓦斯检查员或带班人员要立即汇报。调度室值班人员立即通知通风科、机电科、矿总工程师，由矿总工程师安排相关人员到现场查明情况及原因。

第三条 矿井安全监控系统监测到瓦斯异常时，调度室值班人员必须立即向通风科和值班领导汇报，同时，继续观察瓦斯异常变化情况，并做好瓦斯异常情况记录。

第四条 值班领导接到调度室值班人员瓦斯异常汇报后，必须立即通知井下跟班领导、现场专职瓦斯检查员或就近瓦斯巡回检查人员赶赴现场，查明原因，并采取以下处置措施：

(1) 当甲烷浓度达到或超过预警值0.6%、不超过0.8%时，现场瓦斯检查员要迅速查明原因，及时汇报现场管理人员及跟班领导，并发出预警信息。同时协同现场施工单位采取措施进行处理，防止甲烷超限。

(2) 当甲烷浓度达到或超过预警值0.8%、不超过1.2%时，现场必须停止工作，切断电源。现场瓦斯检查员要迅速查明原因，及时向矿调度值班人员及跟班领导汇报，并发出报警信息。同时立即查明原因，进行处理。

(3) 当甲烷浓度达到或超过1.2%时，现场必须停止作业，撤出人员、发出警告，切断电源、设置警戒，同时向矿调度值班人员汇报。接到汇报后，调度值班人员必须立即向调度室主任、通风科长、安全科长、矿总工程师汇报。矿总工程师负责组织查明原因，制定措施，并由现场跟班矿领导、通风科长组织实施，立即进行处理。

(4) 采、掘过程中出现煤体位移或钻孔施工过程中喷孔、顶钻、卡钻等瓦斯动力现象时，现场必须立即停止作业，发出警告、撤出人员、切断电源、设置警戒，同时向矿调度室汇报。矿调度室值班人员接到汇报后，必须立即向矿调度室主任、通风科长、矿通风助理、矿总工程师、矿长汇报。矿总工程师负责组织查明原因，制定措施，并由现场跟班矿领导、通风科领导组织实施，立即进行处理，防止瓦斯事故发生。

第五条 通风、瓦斯异常分析范围。

(1) 出现通风异常。

(2) 瓦斯监测数据异常。

(3) 瓦斯基础参数超标的采掘工作面、采区回风巷、矿井总回风巷及其他通风地点。

第六条 通风、瓦斯异常分析重点。

(1) 采掘工作面发生无风、微风、循环风时。

(2) 正常情况下，风量突然减小或出现风量忽大忽小变化异常时。

(3) 采、掘工作面突然出现瓦斯涌出变化，幅度较大时。

(4) 采煤工作面回风流中甲烷浓度经常处于临界值时。

(5) 采掘过程中出现煤体发生位移及钻孔施工过程中发生喷孔、顶钻、卡钻等瓦斯动力现象。

(6) 采煤工作面绝对瓦斯涌出量大于5 m^3/min，掘进工作面绝对瓦斯涌出量大于3 m^3/min。

(7) 存在其他瓦斯涌出异常情况。

第七条 通风、瓦斯异常分析内容。

经人工检测与安全监测系统数据比对，确定通风、瓦斯异常时，分析以下内容：

(1) 通风系统情况：矿井独立回风系统、风量变化、通风设施、主（局）要通风机运行情况等。

(2) 地质构造情况：煤层赋存、地层产状、构造形态等。

(3) 采掘工艺情况：采掘方法、循环进度、落煤量等。

(4) 瓦斯抽采情况：抽采工艺、抽采系统运行状况。

第八条 通风、瓦斯异常分析方法。

（1）成立以矿总工程师为组长，通风科、生产技术科、安全科、各队组负责人及其他相关人员组成分析小组，对瓦斯异常情况进行分析，查找出问题原因，制定预防、整改措施，并做好分析记录，建立瓦斯异常涌出分析台账。

（2）瓦斯数据分析方法采取即时分析和定期分析两种。

①即时分析法：人员检查或监测数据出现瓦斯异常时，要由矿总工程师组织，分析小组成员参加，对瓦斯数据异常进行分析，找出问题原因，并制定针对性措施进行整改。

②定期分析法：由矿总工程师组织，每月开展一次分析会议，对一周内出现的瓦斯动力现象和瓦斯异常情况进行分析总结，制定防范措施。

（3）在矿井瓦斯地质图上标注瓦斯异常点，标明甲烷浓度、瓦斯涌出量，在分析台账上记录异常原因、发生异常时的生产活动情况及处理措施等。

第九条 其他要求。

（1）每月底制定瓦斯检查点计划时，根据具体情况确定各采掘工作面、采区回风巷、矿井总回风巷及其他需要分析地点的瓦斯检查次数。条件变化时，及时调整瓦斯检查次数。

（2）地测防治水科要做好超前地质预测预报工作，为预测瓦斯变化趋势提供参考。

（3）通风科要经常对瓦斯调度台账的数据进行分析，调度室值班人员要时时观察监控系统各种信息，发现瓦斯监测数据超过预警值或处于快速上升等异常情况时，要立即向通风科及相关领导汇报，并做好记录。

（4）采掘工作面作业规程必须严格遵守作业规程会审流程进行会审。

14.15 瓦斯超限追查管理制度

第一章 瓦斯治理管理职责划分

第一条 矿长是瓦斯治理工作的第一责任人，对瓦斯治理工作负全面责任。负责组织定期检查本单位瓦斯治理工作进展情况，及时解决瓦斯治理工作所需人力、物力和资金，在采煤工作面通风方式、矿井瓦斯综合抽放及瓦斯治理工作时间、空间上给予充分保证。

第二条 安全副矿长对瓦斯治理工作的执行情况负监督检查责任。负责安排瓦斯治理的安全监督检查工作。

第三条 矿总工程师对本单位瓦斯治理工作负直接领导责任。负责组织编制、审批、实施、检查瓦斯治理工作规划、计划和措施，对瓦斯治理工作急需解决的问题，有权安排使用人力、物力和资金。

第四条 通风助理对本单位瓦斯治理工作负直接负责，负责编制、审批瓦斯治理工作规划、计划和措施并负责实施，负责处理瓦斯治理工作中存在的问题。

第五条 主管生产、掘进、机电等工作的副职，对其职责范围内的瓦斯治理工作负有直接领导责任。负责安排瓦斯治理工程所需时间和空间，平衡、解决瓦斯治理工作中的问题。

第二章 生产过程中瓦斯超限责任划分

第六条 因供电管理、设备故障、爆破作业等造成的瓦斯超限事故，由分管矿长、业务科室科长和责任单位队长负全部责任。

第七条 因风量不足、瓦斯治理不到位导致瓦斯超限的，由通风助理和通风科长负全部责任。

第三章 瓦斯超限浓度的界定

第八条 属下列情况之一的都应按照瓦斯超限统计：

（1）采掘工作面风流中甲烷浓度≥0.8%。

（2）采区回风巷、采掘工作面回风流甲烷浓度≥0.8%。

（3）采煤工作面上隅角甲烷浓度≥0.8%。

（4）被串工作面进风流甲烷浓度≥0.4%。

（5）矿井总回风巷或一翼回风巷中甲烷浓度≥0.6%。

（6）有计划排放瓦斯，第一回风点甲烷浓度≥1.2%。

（7）其他地点甲烷浓度达到或超过《煤矿安全规程》规定的范围。

第四章　瓦斯超限次数的界定

第九条　一次停电、停风造成多处超限的按一次超限统计，一处瓦斯源涌出瓦斯（如喷孔等）造成多处超限的按一次超限统计，同一地点多次瓦斯超限要分别统计。

第十条　因故障或调试造成甲烷传感器显示的瓦斯异常假值，不作为瓦斯超限统计，但必须查明原因，采取措施，保证正常运行。

第十一条　有计划停电停风、造成的瓦斯超限为计划内超限，不作为事故追查处理，

但必须有记录在案。停电停风等工作必须制定安全技术措施、瓦斯排放措施。

第五章　瓦斯超限追查处理

第十二条　瓦斯超限就是事故，必须制定防范措施，从严、从快对责任者进行追查处理。

第十三条　发生计划外瓦斯超限事故实行分级追查制度。采掘工作面及其他作业地点风流中甲烷浓度超限在预警值和报警值之间，长期处于临界状态时，由当班值班领导组织处理；甲烷浓度达到报警值在2.0%以下时，由矿长组织追查处理；甲烷浓度达到2.0%以上的，上报二级公司由二级公司组织追查处理。追查必须有记录、有处理结果、有防范措施。

第十四条　浓度在2.0%以下，每次对矿领导及部门有关责任人按责任大小分别处以0.5万～1.0万元罚款。浓度在2.0%及以上，每次对矿领导及部门有关责任人按责任大小分别处以1.0万～2.0万元的罚款。

第十五条　凡计划外瓦斯超限，由矿总工程师在每月通风安全例会上分析说明瓦斯超限的原因、应采取的措施。

第十六条　因瓦斯防治措施不到位，1个月内发生2次及以上瓦斯超限的，执行二级公司要求：矿井必须进行停产整顿，同时要约谈并追究主要负责人及分管负责人的责任。

第十七条　发生瓦斯超限事故，调度室必须及时向当日值班领导汇报。

第十八条　发生瓦斯超限后，调度室值班人员未及时发现并上报，对调度室值班人员处罚×××元/次。

第六章　其他瓦斯管理处罚制度

第十九条　职工有以下违反瓦斯管理规定情形的，解除直接责任人劳动合同：

（1）瓦斯超限作业。

（2）擅自高定安全监控断电值或缩小断电范围。

（3）甲烷传感器安设地点错误或应设置甲烷传感器的地点而未设置。

（4）“一风吹”排放瓦斯。

（5）瓦斯检查员、安全监控员及其他人员弄虚作假、虚报检查数据。

（6）严重违章爆破。

（7）人为破坏风门、甲烷传感器。

(8)“三专两闭锁”不按规程规定安装或人为造成闭锁失效。

(9)井口20 m范围内、井下违规电焊及使用明火。

(10)采煤、掘进、开拓工作面、回风巷及回风流中，电气设备失爆（五类）。

(11)因脱岗发生钻孔着火或瓦斯高值超限等事故的。

第二十条 “处罚制度”执行说明。

(1)“瓦斯超限作业”系指：在作业范围内，监控探头记录、瓦斯检查员及其他人员检查瓦斯超限时，仍进行作业。

(2)“擅自高定监控断电值”系指：没有按本矿规定断电值设置。“缩小断电范围”系指：规程规定断电范围而没有按规定达到。

(3)“甲烷传感器安设地点错误”系指：明显超过规程安设地点或范围。

(4)“‘一风吹’排放瓦斯”系指：未使用风量控制调节，造成第一回风点甲烷浓度达到1.2%及以上。

(5)“瓦斯检查员、安全监控员及其他人员弄虚作假、虚报检查数据”，系指：瓦斯检查员、安全监控员及其他人员，班中空班漏检，造假作弊；实测相关数据造假。

(6)“严重违章爆破”系指：爆破未装填炮泥或炮泥充填长度达不到应封孔长度的二分之一，不执行“一炮三检”，不按作业规程或安全技术措施规定设置警戒，不用发爆器爆破，违章处理拒爆、残炮，采煤工作面同时使用两个及以上发爆器爆破（特殊情况下编制专门措施并经审批后爆破不属此范围）。

(7)“人为破坏风门、甲烷传感器”系指：运输物料过风门不按规定开启而直接撞击，造成风门损坏失去作用或漏风量超过正常使用时的30%，人为造成甲烷传感器失去监控作用。

(8)“井口20 m范围内、井下违规电焊及使用明火”。“井口20 m范围内”系指：从井口边沿线外延20 m范围。

(9)“电气设备失爆（五类）”，是指以下其中之一：

①接线出现“鸡爪子”“羊尾巴”、明接头。

②外壳裂纹或开焊贯穿腔体。

③防爆结合面的间隙不符合完好标准要求。

④闲置喇叭嘴未进行封堵。

⑤密封圈割开使用，电缆护套与密封圈结合部位经刀削或包扎加工处理。

第七章 其 他 要 求

第二十一条 矿井安全监控系统的甲烷传感器报警、断电、复电浓度一律执行在《煤矿安全监控系统及检测仪器使用管理规范》（AQ 1029—2019）标准的基础上下调20%。凡达到报警或断电浓度的，调度监控值班员必须及时填写书面材料说明报警或断电的原因及采取的相应措施，并传真至上级部门。

第二十二条 严格按照通风能力组织生产，严禁超能力生产。否则，追究单位行政正职的责任。根据风量合理安排采掘工作面个数和产量，配足采掘工作面风量。

第二十三条 安全监控系统必须保持正常运行，传感器位置设置合理、灵敏可靠，其报警点、断电点及断电范围符合要求，数据传输准确。

14.16 瓦斯排放管理制度

第一条 矿井因故造成瓦斯超限时，必须严格按排放瓦斯规定进行排放。

第二条 全矿性的停电停风检修前，必须制定通风瓦斯专项安全技术措施，报二级公司审批。主要通风机或局部通风机在有计划停止运转前，必须对其所担负的通风区域采取撤人、断电措施；并在通向影响区域的各巷道口设置全断面栅栏（掘进巷道栅栏设在回风绕道口以里 3 ~5 m 处）。

第三条 矿井主要通风机因故停止运转，受该通风机影响的停风区域必须全部断电撤人，并安排专人在通向影响区的各巷（井）口设置警戒，禁止人员入内。

第四条 利用主要通风机排放矿井瓦斯时，必须编制专项措施报二级公司审批，排放瓦斯时要严格控制风硐中甲烷浓度不得超过 1.2%，否则必须采取加大短路风量的措施。在恢复矿井或采区通风系统时，当主要通风机出口处的甲烷浓度不超过 0.8% 时，通风瓦斯检查人员方可入井检查通风瓦斯情况。矿井总回风流甲烷浓度不超过 0.6% 时，其他人员方可入井。

第五条 井下变（配）电所，在恢复送电前应由瓦斯检查员检查电缆所经过的巷道及变电所内的瓦斯，只有甲烷浓度在 0.4% 以下时，方可由上级变电所向本级变电所送电。

第六条 局部通风机因故停止运转，在恢复通风前，必须首先检查甲烷浓度。当掘进巷道回风绕道以里 20 m 范围甲烷浓度在 1.2% 以下，由通风值班人员安排瓦斯检查员就地排放。当掘进巷道回风绕道以里 20 m 范围甲烷浓度在 2.4% 以下，由通风科制定排放措施，指定通风副科长以上通风管理人员按照要求进行排放，安全科现场监督执行。当掘进巷道回风绕道以里 20 m 范围甲烷浓度超过 2.4% 时，由通风科编制专项措施，报矿技术负责人审批后，由矿山救护队按措施进行排放。

第七条 采区及以上范围瓦斯积聚且浓度超过 2.4% 时，排放瓦斯措施必须由矿总工程师组织会审签字后，报二级公司审批。

第八条 排放瓦斯工作要由外向里依次进行，一个采区内严禁两个瓦斯超限地点同时排放瓦斯。排除串联通风区域的瓦斯时，必须严格遵守排放次序，首先从进风方向第一台局部通风机处开始排放，只有第一台局部通风机排放瓦斯结束后，第二台局部通风机前风流中甲烷浓度降到 0.4% 以下时，方可送电排放瓦斯。如排放瓦斯巷道为对旋风机，严禁直接启动两级同时进行排放。

第九条 利用局部通风机排放瓦斯时，严禁局部通风机发生循环风。

第十条 排放瓦斯措施内容。

（1）造成瓦斯超限的原因、浓度、范围、积存量，采取控制排放甲烷浓度的措施，供风量和排放时间。

（2）制定排放瓦斯的方法，要确保排出的风流在同全风压风流混合处的甲烷浓度和二氧化碳浓度不超过 1.2%，在与全风压风流混合处安设声光甲烷报警断电仪或便携式甲烷报警检测仪，严禁“一风吹”。

（3）确定排放瓦斯的流经路线和方向，风流控制设施的位置，各种电气设备的位置，通信电话位置，甲烷传感器的监测位置，明确停电撤人范围，凡是受到排放风流影响的硐室、巷道以及被排放瓦斯风流切断安全出口的采掘工作面，必须撤人断电，停止作业，指定警戒人员的位置，禁止其他人员进入，必须做到文图齐全，并在图上注明。

（4）排放瓦斯流经的巷道内的电气设备，必须指定专人在采区变电所和配电点两处同时切断电源，并设警示牌和设专人看管。

（5）瓦斯排放完后，指定专人检查瓦斯，供电系统和电气设备必须完好，只有排放瓦斯巷道的甲烷浓度不超过 0.8% 且二氧化碳浓度不超过 1.5%，经全面安全检查情况正常，无局部瓦斯积聚并且稳定 30 min 后，方准指定专人恢复供电，并填写排放瓦斯记录。

（6）加强排放瓦斯的组织领导和明确排放瓦斯人员名单，落实责任。

第十一条 排放瓦斯的安全措施，由矿总工程师或通风（安全）副矿长负责贯彻并组织实施。安全科必须派专人现场监督检查，现场至少有一名专职电钳工负责对局部通风机的停、送电和电气设备的完好检查。严格按照安全措施的规定和《煤矿安全规程》 要求进行排放。

第十二条 独头巷道排放瓦斯的方法和要求。

(1) 临时停电停风的掘进工作面（或将要启封的盲巷内未拆出风筒的）排放瓦斯时，在本面局部通风机至回风绕道口之间的风筒上加“三通”进行风量调节（智能风机采用调节风机频率的方法进行风量调节），利用该面风筒将风流直接送入工作面，供风量以排出的甲烷与全风压风流汇合后不超过 1.2% 为限。

(2) 无风筒的巷道（盲巷）排放瓦斯时，采用局部通风机从外向里接风筒的方法逐段排放，用风筒延接的快慢来控制排出的甲烷浓度。在排放时必须控制好风量，严禁“一风吹”。

(3) 当巷道有积水时，应先排积水区域瓦斯后排水，然后再向前排瓦斯，交替作业，逐段进行，严禁同时作业。排水时风筒出风口要超前水泵 20 m，排水期间水泵处要设甲烷监测传感器，并与水泵实现甲烷电闭锁。

第十三条 采煤工作面排放瓦斯的方法和要求

(1) 当上隅角甲烷浓度达到 0.8% 以上时，通过调整风量、挂风障、加强上隅角瓦斯抽采等措施进行处理。

(2) 当采煤工作面由于冒顶造成瓦斯积聚时，可采用充填法或风障法处理积聚的瓦斯。

第十四条 当采掘工作面及其他巷道出现局部积聚时，附近 20 m 范围内必须停止工作、撤出人员，由瓦斯检查员通过导风或充填进行处理。不能处理时，及时汇报通风科、调度室，由矿井技术负责人组织制定瓦斯排放措施，指定专人排放。

14.17 恢复通风时瓦斯管理制度

第一条 主要通风机停电造成井下停风、停电时，在恢复井下送电前，瓦斯检查员必须对 CH_4 进行检查。

第二条 对中央变电所进行检查，若无问题，可由地面向中央变电所送电。

第三条 对采区变电所及供电线路所经巷道进行检查，若无问题，可向采区变电所送电。

第四条 对作业地点及电气设备附近进行检查，若无问题，可向各用电地点送电。

第五条 在恢复临时停风区的通风前，必须对局部通风机开关，局部通风机供风地点进行甲烷、二氧化碳检查，在证实停风区中甲烷浓度不超过 0.8% 和二氧化碳浓度不超过 1.5%，且局部通风机及其开关地点附近 10 m 以内风流中的甲烷浓度不超过 0.4% 时，方可人工开动局部通风机恢复正常通风。

第六条 在恢复临时停风区的通风时，通风前瓦斯检查员须在安全员监护下相隔 5 m，由两人以上人员进行瓦斯和氧气的检查，当甲烷、二氧化碳浓度达到 2.4% 或氧气浓度低于 17% 时，检查人员必须停止继续进入停风区，严禁单独一人进入停风区进行检查。

第七条 在恢复通风前的检查中，如果发现甲烷超限或氧气浓度低于 17% 时，必须进行甲烷排放或通风供氧。

14.18 煤仓瓦斯管理制度

第一条 矿井地面封闭式储煤仓纳入洗煤厂瓦斯检查员日常检查范围，每班至少检查 3 次瓦斯。煤仓较深时，要使用长胶管检查瓦斯，检查前对瓦检仪进行充分换气。当煤仓煤位距煤仓上口平面大于 2 m 小于 10 m 时换气 15 ~ 20 次，大于 10 m 的换气 30 次。检查员要将检查数据记录在瓦斯检查牌板、瓦斯检查记录本和瓦斯检查台账上。

第二条 封闭式储煤仓距仓顶中心往下 3 m 范围内应设置甲烷传感器，传感器需与上仓皮带等往仓内运输煤流的设备实现闭锁，其报警、断电值 ≥1.2%，并纳入矿井安全监测监控系统，由调度室按规定每 15 天对甲烷传感器进行一次校验。

第三条 煤仓的岗位人员须佩带便携式甲烷检测报警仪，随时检查作业附近的甲烷浓度。

第四条 凡是仓内通风条件不良，甲烷浓度经常达到0.4%以上的，应安装自动抽排风机进行机械通风，抽排风机由专人负责管理，并与甲烷传感器连锁，保证正常运转。

第五条 当煤仓上口周围甲烷浓度超过0.8%时，现场瓦斯检查员、煤仓岗位人员要立即向调度室及通风科汇报，及时分析原因，并采取停止向煤仓入煤，利用抽排装置加强抽排、放空煤仓的措施解决。仓内甲烷浓度低于0.8%，方可向该煤仓入煤。

第六条 安有抽排风机的煤仓岗位人员负责监视仓内的煤位，仓内最高煤位必须低于煤仓上口平面3 m，以免影响抽排装置的效率。

第七条 封闭式储煤仓要经常打开窗户，加强通风。

第八条 煤仓上、下口及仓内严禁烟火，井上煤仓岗位人员严禁穿化纤衣服，严禁携带手机和非防爆通话工具，严禁携带烟火及点火物品进入煤仓及煤仓附近20 m范围内，否则须按“三违”处理。

第九条 井上下煤仓内、煤仓附近20 m范围内不得有非防爆电气设备。煤仓内、煤仓上下口20 m范围内的烧焊（包括与煤仓连通的通道空间）必须放空煤仓，制定专项电焊安全技术措施，经矿长批准方可执行。烧焊前必须经过安全、技术、工程负责人和瓦斯检查员、安全员共同检查具备作业条件后方可开始作业，烧焊全过程必须在专职瓦斯检查员和安全员的监护下进行。

14.19 盲巷、窒息区管理规定

第一条 井下利用全风压扩散通风巷道长度超过6 m或利用局部通风机扩散通风巷道长度超过3 m的敞口独头巷道均称为盲巷。

第二条 具有两个或两个以上连通出口关系，且巷道长度超过20 m，无风、微风、或可能造成各种气体成分不符合《煤矿安全规程》规定的区域，称为窒息区。

第三条 生产技术科在安排生产时应避免出现盲巷。在生产过程中由于地质构造等非人为因素影响可能造成的盲巷要认真加强管理，今后需继续使用的，有条件时必须形 成全风压通风系统；没有条件的必须保持正常的局部通风；不再使用的盲巷，由生产技术科负责制定措施组织回收，回收完毕，生产技术科牵头组织安全、通风、机电、调度部门共同验收，验收合格后，通风科制定安全措施进行永久密闭。

第四条 临时停风地点要立即断电撤人、设置栅栏，揭示警标，禁止人员入内。停风区内甲烷或二氧化碳浓度达到3.0%或其他有害气体超过《煤矿安全规程》的有关规定不能立即处理时，必须在24 h内封闭完毕。停风时间大于1个月的长期停风区必须在24 h内永久封闭。

第五条 盲巷、窒息区必须进行封闭管理，封闭时必须将密闭处的管路、道轨、电缆等导电体断开，巷内吊挂的管路要放下；封闭时间较长，应撤出所有导电设备再进行封闭。密闭墙必须设置观测孔，封闭区内有涌水时，密闭墙上必须设置反水装置，并在墙前距巷口2 m处设栅栏、警标和牌板。墙体建筑质量按《通风设施建筑质量标准》施工。

第六条 通向盲巷、采空区的轨道、金属管路以及支护金属网等导电体必须在密闭墙后1 m范围彻底切断；通风设施质量可靠，所有盲巷及连通已采区的密闭前（扩散通风范围内）不得设置电气设备、开关、电缆。特殊情况需设置的，必须制定措施，经矿总工程师批准。

第七条 通风科必须建立盲巷、窒息区管理台账，对盲巷的名称、位置、形成原因、封闭时间、特征、处理方法、检查情况及注销等详细登记。对井下出现的盲巷、窒息区密闭内进行每周1次的气体检查，密闭外进行每班一次的气体检查，并按照瓦斯检查“三对口”制度管理。

第八条 所有盲巷都必须在通风系统图上标绘清楚，做到台账、记录、图纸“三对口”。

第九条 通风设施质量可靠，盲巷、窒息区、密闭栅栏5 m范围内严禁堆放杂物和材料。

第十条 井下水仓必须设置铁栅栏门并上锁，进入水仓前必须先检查气体，符合《煤矿安全规程》第一百三十五条规定方可进入，否则必须制定相关措施。

第十一条　任何人不得随意开启密闭进入盲巷和窒息区内。盲巷、窒息区启封时，必须由通风科制定安全措施，由救护队专职人员实施密闭启封。实现正常通风后，各种气体符合《煤矿安全规程》规定，其他人员方可进入。

14.20　瓦斯检查工交接班管理制度

第一条　瓦斯检查员在下井前必须参加科（组）召开的班前会，服从科（组）长在班前会上的安排。

第二条　瓦斯检查员必须提前按规定时间地点进行交接班。

（1）交接班时间：零点班为23：30，八点班为7：30，四点班为15：30，前后相差不得超过15 min。如在规定时间内未能交接班，上一班瓦斯检查员不得擅自离开，必须等到下一个班瓦斯检查员到达交接班地点，履行交接班手续后方可离开现场，否则对上一班瓦斯检查员罚款×××元/次。若下一班瓦斯检查员因其他原因迟到、旷工，不能及时进行交接班，对下一班瓦斯检查员罚款×××元/次，并做停工处理。通风科及时安排其他瓦斯检查员进行下一班工作。

（2）交接班地点：巡回瓦斯检查员必须在井下指定地点进行交接班，各工作面专职瓦斯检查员必须在工作面悬挂瓦斯牌板处交接班。

第三条　瓦斯检查员交接班必须做到“手拉手”“口对口”，严禁空班、漏检现象发生。

第四条　填写“交接记录”要字迹清晰，交接时间、地点、交接人、现场存在问题等要填写清楚。

第五条　交接班内容。

（1）所管辖区域内重点地点的瓦斯情况。

（2）所管辖区域内的“一通三防”设施，包括通风设施、防尘设施、防灭火设施、局部通风机和监测监控的完好情况。

（3）所管辖区域内发生的各种隐患和处理结果。

（4）领导安排的临时性工作和需要进行步完善的工作。

（5）其他需要交接的内容。

第六条　交接班时，交接人员必须在瓦斯检查手册上签字，并填写有关注意事项，不得漏填、假填或他人代填。

第七条　交接班时，双方用同一部电话向调度室汇报交接班情况。

14.21　瓦斯日报表管理制度

第一条　通风瓦斯日报表由通风科值班人员每天根据“瓦斯台账”录入“瓦斯日报表”。（瓦斯日报表中的数据以各检查地点全天各班次最高甲烷浓度为准）瓦斯监控日报表由瓦斯监控系统自动生成，由调度监控值班人员打印。

第二条　通风科值班人员每班必须审查瓦斯班报，亲自填写当日存在的主要问题及处理结果。

第三条　通风科长要认真审阅当日瓦斯检查中发现的主要问题，并做出处理意见。

第四条　矿长、矿总工程师必须当日审阅瓦斯日报表，对反映的主要问题要明确批示处理意见。

第五条　日报表数据要真实、准确，上报及时，要做到“下情上报、上情下达”，领导批示信息要及时反馈。

第六条　通风科要做好通风瓦斯日报表的归档保管工作，瓦斯日报表至少保存两年。

第七条　安全监控系统的值班人员，必须按要求做好瓦斯记录，每日由调度室指派专门人员，进行汇总，查对前一天瓦斯情况，并进行报表工作，由矿长、矿总工程师签阅。若值班期间发现某个监测点瓦斯超限报警，必须立即汇报当日值班领导、通风科及涉及队组，按要求协调指挥，采取措施。

第八条 安全监控系统瓦斯日报表必须按规定备份，妥善保管。保管期间符合相关规定。

14.22 瓦斯抽采管理制度

第一条 要加强瓦斯抽采技术管理，提高抽采瓦斯效果，防止瓦斯事故，保证矿井安全生产，保护环境和开发瓦斯资源。

第二条 瓦斯抽采应当坚持“应抽尽抽、多措并举、抽掘采平衡”的原则。

第三条 瓦斯抽采系统应当确保工程超前、能力充足、设施完备、计量准确；瓦斯抽采管理应当确保机构健全、制度完善、执行到位、监督有效。

第四条 矿总工程师对瓦斯抽采工作负技术责任，负责组织编制、审批、检查抽采瓦斯工作的3~5年长远规划、年度计划和安全技术措施和抽采达标评判报告等；分管负责人负责分管范围内瓦斯抽采工作的组织和落实。各职能部门负责人在其职责范围内对瓦斯抽采达标工作负责。

第五条 必须建立瓦斯抽采达标评价工作体系，制定矿井瓦斯抽采达标评判细则，建立瓦斯抽采管理和考核奖惩制度、抽采工程检查验收制度、先抽后采例会制度、技术档案管理制度等。

第六条 凡矿井符合下列情况之一的必须建立瓦斯抽采系统，开展瓦斯抽采达标工作：

（1）任一个采煤工作面绝对瓦斯涌出量大于5 m^3/min 或任一个掘进工作面绝对瓦斯涌出量大于3 m^3/min 的，用通风方法解决瓦斯问题不合理的。

（2）矿井绝对瓦斯涌出量达到下列条件的：

①大于或等于40 m^3/min。

②年产量1.0~1.5 Mt的矿井，大于30 m^3/min。

③年产量0.6~1.0 Mt的矿井，大于25 m^3/min。

④年产量0.4~0.6 Mt的矿井，大于20 m^3/min。

⑤年产量等于或小于0.4Mt的矿井，大于15 m^3/min。

（3）开采有煤与瓦斯突出危险煤层的。

第七条 通风科应根据生产衔接，至少提前一个月对即将开口掘进的工作面进行瓦斯预测，对该工作面是否实施瓦斯抽采提出书面报告，以便有关部门提前做好准备。地质部门对即将开口掘进的巷道进行地质情况预测，提供地质报告。对在瓦斯预测当中弄虚作假者，要追究责任。

第八条 在进行采区、采掘工作面设计时，对符合瓦斯抽采条件的采掘工作面必须 同时进行瓦斯抽采设计；投产验收时，必须同时对瓦斯抽采工程验收，瓦斯抽采工程不合格的不得投产。

第九条 应建立以下管理制度：

（1）抽采瓦斯设备检修制度。

（2）抽采设备停、运审批制度。

（3）抽采工程质量验收制度。

（4）抽采瓦斯基础参数定期检测制度。

（5）泵房人员交接班制度。

（6）抽采瓦斯效果检验制度。

（7）瓦斯抽采钻场施工管理制度。

（8）瓦斯抽采管路安装、巡检、维护制度。

第十条 建立瓦斯抽采技术资料。

（1）图纸资料：

①瓦斯抽采系统图。

②泵站平面与管网布置图（包括阀门、安全装置、检测仪表、放水器等）布置图。

③抽采钻场及钻孔布置图。

④泵站供电系统图。

（2）报表：

①抽采工程年、季、月报表。

②抽采量年、季、月、旬、日报表。

（3）记录：

①钻孔施工记录和抽采工程质量验收记录。

②抽采参数测定记录。

③泵房（站）值班记录（巡回检查记录）。

（4）台账：

①抽采设备、仪表管理台账。

②抽采工程管理台账。

③瓦斯抽采系统和抽采参数、抽采量管理台账。

（5）牌板：

①抽采钻孔（钻场）施工管理牌板。内容包括钻孔设计平面图、钻孔设计参数、钻孔施工负责人等，悬挂在施工钻场内。

②抽采钻孔（钻场）观测牌板。内容包括钻孔（场）编号、钻孔（场）终孔日期、钻孔参数、验收人以及钻孔的抽采负压、流量、甲烷浓度、观测日期、观测人姓名等，悬挂在抽采钻场内。

（6）报告：

①矿井和采区抽采工程设计文件及竣工报告。

②矿井瓦斯抽采和区域瓦斯抽采总结和分析报告。

③抽采达标评价报告。

第十一条　矿井瓦斯抽采率应达到的指标，应同时满足以下标准：

（1）对瓦斯涌出量主要来自于开采层的采煤工作面，工作面前方 20 m 以上范围内煤的可解吸瓦斯量与工作面日产量满足表 5－14－6 规定的，采煤工作面瓦斯抽采效果视为达标；否则，认定抽采未达标。

（2）对瓦斯涌出量主要来自于邻近层或围岩的采煤工作面，计算的瓦斯抽采率满足表 5－14－7 规定的，采煤工作面瓦斯抽采效果视为达标；否则，认定抽采未达标。

表 5－14－6　采煤工作面回采前煤的可解吸瓦斯量应达到的指标

工作面日产量/t	可解吸瓦斯量 $W_j/(m^3 \cdot t^{-1})$
≤1000	≤8
1001～2500	≤7
2501～4000	≤6
4001～6000	≤5.5
6001～8000	≤5
8001～10000	≤4.5
＞10000	≤4

表 5-14-7　采煤工作面瓦斯抽采率应达到的指标

工作面绝对瓦斯涌出量 $Q/(m^3 \cdot min^{-1})$	工作面抽采率/%
$5 \leqslant Q < 10$	≥20
$10 \leqslant Q < 20$	≥30
$20 \leqslant Q < 40$	≥40
$40 \leqslant Q < 70$	≥50
$70 \leqslant Q < 100$	≥60
$100 \leqslant Q$	≥70

（3）矿井瓦斯抽采率满足表 5-14-8 规定的，矿井瓦斯抽采效果视为达标；否则，认定抽采未达标。

表 5-14-8　矿井瓦斯抽采率应达到的指标

矿井绝对瓦斯涌出量 $Q/(m^3 \cdot min^{-1})$	矿井抽采率/%
$Q < 20$	≥25
$20 \leqslant Q < 40$	≥35
$40 \leqslant Q < 80$	≥40
$80 \leqslant Q < 160$	≥45
$160 \leqslant Q < 300$	≥50
$300 \leqslant Q < 500$	≥55
$500 \leqslant Q$	≥60

（4）采掘工作面同时满足风速不超过 4 m/s，回风流中甲烷浓度不超过 0.8% 时，工作面瓦斯抽采效果视为达标；否则，认定抽采未达标。

第十二条　钻孔施工完毕后应当及时封孔、连接抽采，并确保钻孔封孔严实，准确记录钻孔接抽时间。

第十三条　抽采工程施工结束时，由施工单位提出申请，通风科组织有关人员对工程质量进行验收。验收合格的要提交验收报告。凡未验收，未提交验收报告的工作面，按不具备回采条件处理。

第十四条　应当建立瓦斯抽采达标技术档案。核定矿井生产能力时应当把矿井瓦斯抽采达标能力作为约束指标；矿井其他能力均大于瓦斯抽采达标能力的，按瓦斯抽采达标能力确定矿井生产能力。

第十五条　对抽采工作人员要进行业务技术培训，经考核合格后方可上岗。

第十六条　矿井吨煤钻孔长度不少于 0.05 m，并逐步提高标准，做到效果达标。

第十七条　高瓦斯矿井预抽瓦斯钻孔封堵必须严密。穿层钻孔的封孔段长度不得小于 5 m，顺层钻孔的封孔段长度不得小于 8 m。

14.23　先抽后采例会制度

第一条　每月最后一个周五由矿总工程师主持一次瓦斯治理先抽后采例会会议。参加人员为矿领导及各生产技术科室主要负责人、各生产基层队负责人及其他相关人员。

第二条　会议纪律

（1）所有人员必须按规定时间参加会议，因工作需要不能按时参会的必须填写请假条，并经矿总工程师批准后方可有效。无故不参加者罚款×××元/次。

（2）各参会人员必须认真记录会议内容并向本部门职工传达会议精神。

第三条　学习贯彻上级有关抽采方面的方针、政策、法规、指示文件，汇报上月瓦斯抽采治理的基本情况和下月的瓦斯抽采计划。

第四条　听取通风科、瓦斯抽采队及有关队组在瓦斯抽采方面的工作情况汇报，研究分析当前存在的问题，提出解决的措施和办法，并落实到有关单位和个人。

第五条　结合各掘进区域的地质和抽采情况，进行分析研究，制定出切实可行的办法进行瓦斯抽采工作。

第六条　对上月瓦斯抽采方面存在的问题，研究制定解决问题的方案和措施，明确分工、落实责任，确保矿井瓦斯抽采达标工作有序、有效开展。

第七条　有关部门对会议决议要按照规定时间、目标，认真组织落实，并注意收集群众的合理化建议，积极做好意见的反馈工作。通风科要对会议决议的执行情况进行监督，其结果要在下次例会会议上专题汇报。

第八条　会议纪要：每次先抽后采例会会议，要专人做记录，并对研究确定的事项形成会议纪要，及时印发给相关单位落实执行。

第九条　如有重大瓦斯抽采问题需讨论或通报时，可随时召开。

14.24　瓦斯抽采技术管理制度

第一条　本矿应分别建立高、低负压两套抽采系统，满足煤层预抽、卸压抽和采空区抽采的需要。

第二条　抽采瓦斯应当选用高负压、大流量水环式真空泵，备用泵能力不小于工作泵的能力。

第三条　泵运行工况绝对压力应达到 50～60 kPa；预抽钻孔的孔口负压不得低于 13 kPa，卸压瓦斯抽采钻孔的孔口负压不得低于 5 kPa（采空区瓦斯抽采不受此限）。

第四条　预抽煤层瓦斯的工艺方案应当在测定煤层瓦斯压力、瓦斯含量等参数的基础上进行，抽采钻孔控制范围应当满足《煤矿瓦斯抽采基本指标》和《防治煤与瓦斯突出规定》的要求。

第五条　卸压瓦斯抽采的工艺方案应当根据邻近煤层瓦斯含量、层间距离与岩性、工作面瓦斯涌出来源分析等进行，采用多种方式实施综合抽采。

第六条　采掘工作面进行瓦斯抽采前，必须进行施工设计。施工设计包括抽采钻孔布置图、钻孔参数（钻孔直径、间距、开孔位置、钻孔方位、倾角、深度等），施工要求、钻场设计及工程量、施工设备与进度计划、有效抽瓦斯时间、预期效果以及组织管理、安全技术措施等。施工设计相关文件应当由矿总工程师批准。

第七条　瓦斯抽采工程必须严格按设计施工，并进行验收，瓦斯抽采工程竣工图及其他竣工验收资料、参数表等应当由相关责任人签字。瓦斯抽采工程竣工资料除应有与设计对应的内容外，还应包括各工程开工时间、竣工时间以及工程施工过程中的异常现象（如喷孔、顶钻、卡钻）等内容。

第八条　瓦斯抽采计量测点布置应满足抽采达标评价的需要，分别在泵站、井下主管、干管、支管及需要单独评价的抽采区域分支上布置计量测点。

第九条　煤巷掘进瓦斯涌出量较大的煤层，必须采用边掘边抽或先抽后掘的抽采方法。

第十条　邻近层瓦斯涌出量较大时，可采用顶、底板瓦斯巷道、高抽巷抽采。采空区选用全封闭式抽采方法。

第十一条　专用瓦斯抽采巷道的位置、数量应能达到良好的抽采效果；专门用于敷设抽采管路、布置钻场及钻孔的瓦斯抽采巷道采用矿井全压通风时，巷道风速不得低于0.5 m/s。

第十二条 每个抽采钻孔的接抽管上应留设观测孔，以观测钻孔的抽采甲烷浓度、负压。对抽采效果不好的钻孔，应进行及时处理。

第十三条 利用钻场抽采的工作面，在工作面投产前，第一个钻场的钻孔必须施工结束，钻孔连接完毕，随着工作面的推进下一个钻场距工作面30 m前，钻孔并网待抽。

第十四条 回采工作面预抽钻孔在巷道内按设计间距布置。当选用单侧布孔时，钻孔长度小于采长15～20 m。

第十五条 钻孔的封孔长度：岩孔不得小于5 m，煤孔不得小于8 m。

第十六条 钻孔封孔质量必须确保预抽瓦斯钻孔抽采过程中孔口甲烷浓度不小于40%；邻近层瓦斯抽采钻孔抽采过程中孔口甲烷浓度不小于30%。否则，必须加大封孔段长度。

第十七条 钻孔的拆除必须经矿总工程师批准，任何人不得擅自拆除。

第十八条 施工钻孔单位应制定施工安全措施，防止事故发生。

第十九条 钻场应保持干净整洁无杂物，钻场内及钻场两侧3 m范围内无积水，无浮煤杂物，支护良好，管线安设符合要求。

第二十条 钻场在施工完毕之后及时设置栅栏，悬挂警标，严禁非工作人员进入。栅栏规格统一，栅栏设置距巷道不大于2 m，留设供检查人员出入的进出口。

第二十一条 钻场内的瓦斯检查每班至少一次。

第二十二条 钻孔的实际施工深度不得小于设计深度的70%，否则属报废钻孔。报废钻孔必须在原钻孔附近补打，报废的钻孔不得计入月、年抽采钻孔总进尺当中。

第二十三条 瓦斯抽采工程施工，必须严格按照设计进行。钻孔角度及钻孔直径和终孔深度必须符合设计要求。

第二十四条 正在施工的钻场内应悬挂便携式瓦检仪。

第二十五条 已施工完毕的边掘边抽钻孔必须立即封孔，并网进行抽采。

第二十六条 每个钻场必须具备抽采参数测量条件，能够满足钻孔测量需要。

第二十七条 钻场内钻孔施工完毕后，由生产技术科、通风科、调度室及安全科组织抽查验收，并填写验收合格记录，由各单位验收人员签字确认。

第二十八条 掘进工作面正头超出钻场边掘边抽钻孔抽采范围时，严禁掘进。

第二十九条 长度大于6 m的高位抽采钻场，在施工时应采用机械通风。施工过程中，必须安设瓦斯断电传感器，应能够及时采取措施防止瓦斯积聚或超限。

第三十条 瓦斯抽采队每10天组织一次抽采管路的检查，及时堵漏、放水、排除故障。每月应组织人员对全矿的抽采系统进行一次全面的检查，发现问题及时处理。

第三十一条 矿井瓦斯抽采系统必须监测抽采管道中的甲烷浓度、流量、负压、温度和一氧化碳等参数。同时监测抽采泵站内瓦斯泄漏情况等。当出现瓦斯抽采浓度过低、一氧化碳超限、泵站内有瓦斯泄漏等情况时，应能报警并使抽采泵主电源断电。

第三十二条 抽采泵站内应配备专用监测瓦斯抽采参数的仪器、仪表。

第三十三条 抽采量的计算用标准状况下的大气压101.325 kPa和温度20 ℃。采用自动计量的，要通过监控系统打印抽采日报；采用孔板计量的，每班要计算抽采总量，再根据三班抽采量编制报表。

第三十四条 本矿应按照国家政策、法规等规定建立瓦斯抽采系统，并编制专项瓦斯抽采工程设计，设计的抽采规模应能保证安全生产，应使抽采量相对稳定。

第三十五条 本矿煤（岩）层瓦斯抽采应当按“应抽尽抽、先抽后采、煤气共采”的原则进行，抽采设计系统应采用“泵站用备结合、高低负压管路相区别”的原则进行，并因地制宜采用新技术、新工艺、新材料。

第三十六条 瓦斯抽采方法应根据煤层赋存条件、瓦斯来源、巷道布置、时间配合、瓦斯基础参数、瓦斯利用需求等技术因素比较确定，并应符合下列要求：

（1）宜利用开采巷道抽采瓦斯，必要时可设布置钻场、钻孔的专用瓦斯抽采巷道。

（2）适应煤层的赋存条件及开采技术条件。

（3）有利于提高瓦斯抽采率。

（4）抽采效果要好，抽采的浓度宜满足利用要求。

（5）宜用综合瓦斯抽采方法。

（6）瓦斯抽采工程系统简单，并有利于维护和安全生产，投资少，抽采成本低。

（7）本矿水平采掘面设计中必须有瓦斯抽采专门设计，验收时一并验收，不合格不得投入生产。

14.25 地面固定瓦斯抽采系统管理制度

第一条 设施要求

（1）地面泵房距进风口和主要建筑物不得小于50 m，必须用不燃性材料建筑，要用栅栏或围墙保护，并按标准要求安设防雷电、接地装置。

（2）泵房周围20 m范围内，禁止堆积易燃物和明火。

（3）抽采瓦斯泵及其附属设备，至少有一套备用。

（4）泵房内所有电气设备、照明和其他电气仪表都应采用矿用防爆型。

（5）泵房内必须有直通矿调度室的电话和检测管道甲烷浓度、流量、压力等参数的仪表，并与矿安全监控系统联网，能随时监测抽采系统的抽采参数，能打印抽采报表；泵房值班室必须按要求建立各种抽采记录台账，及时填写，做到数据准确。

（6）抽采瓦斯泵吸气侧管路系统中，必须装设有防回火、防回流和防爆炸作用的安全装置，并定期检查，保持性能良好。抽采瓦斯泵站放空管的高度应超过泵房房顶3 m。

（7）泵房必须有专人值班，经常检查各参数，做好记录。当抽采瓦斯泵停止运转时，必须立即向调度室汇报。

（8）抽采泵房和泵房附近的放空管必须安装避雷装置，避雷装置的高度应超过泵房、放空管5 m以上，并将避雷导线埋入地下3 m以下。

（9）泵房内必须设置干粉灭火器和沙箱等灭火器材，不得存放与抽采工作无关的设备和材料。

（10）地面抽采泵站院内及外部消防通道必须保持畅通无阻。

（11）抽采泵站应有供水系统。泵站设备冷却水采用闭路循环，给水管路及水池容积符合消防要求。污水应设置地沟排放。抽采泵运行时，必须对泵水流量、水温度、泵轴温度等进行监测、监控。

（12）瓦斯抽采泵站必须具有双回路供电。

第二条 泵站附近应设置采样孔、阀门等附属装置。放空管设置在泵的进、出口，管径应大于或等于泵的进、出口直径。

第三条 抽采系统的能力应满足矿井最大抽采量需要，抽采管径应按抽采流量分段选配。泵站的装机能力和管网能力应当满足瓦斯抽采达标的要求。备用泵能力不得小于 运行泵中最大一台单泵的能力；运行泵的装机能力不得小于瓦斯抽采达标时应抽采瓦斯量对应工况流量的2倍。

第四条 地面永久瓦斯抽采系统必须建立瓦斯抽采参数监控系统。实时监控管网甲烷浓度、压力或压差、流量、温度参数及设备的开停状态等。

第五条 在各干管和支管上要安装计量装置（孔板流量计应设旁路），抽采瓦斯计量仪器应当符合相关计量标准要求；计量测点布置应当满足瓦斯抽采达标评价的需要，在泵站、主管、干管、支管及需要单独评价的区域分支、钻场等布置测点。

第六条 泵站值班人员负责对抽采瓦斯泵的参数（抽采泵进出口的甲烷浓度、压力、流量、电机温度、电流、电压、观测时间等）每小时测定、记录 1 次。瓦斯抽采观测工负责对干支管至少每周检查一次，抽放钻场至少每三天测定一次，并对钻孔有关抽放参数进行及时调节。

第七条 地面瓦斯抽采系统因检修或其他工作需要，需停止瓦斯抽采泵运行时，必须严格执行停运瓦斯抽采泵停运联系制度；因突发停电或设备故障引起瓦斯抽采泵停运 时，严格按照停运瓦斯抽采泵应急预案进行操作。

第八条 永久瓦斯抽采系统报废申请报告，由矿总工程师组织编制，经具有相关资质的专门机构论证。

14.26 抽采工程质量验收管理制度

第一条 验收办法

（1）抽放钻孔必须由当班瓦检员及施工单位班（组）长共同进行验收。钻孔施工结束退钻时瓦检员必须在现场清查钻杆数，也可以采用视频远程验收方式。

（2）施工单位必须主动要求验收人员对钻孔进行验收。每一个钻孔必须有两份验收单，经瓦斯检查员及施工单位双方共同签字后，一份施工单位自存，另一份升井后由施工单位交通风科保存备查。

（3）退钻前施工单位必须提前通知验收人员到现场进行验收。30 min 内不到现场的，施工人员向调度室汇报，由调度室根据实际情况通知现场人员组织验收，参加验收人员在验收单上签字，升井后施工单位持验收单到调度室签字认可。

（4）退钻前施工单位必须将钻孔深度（钻杆根数、钻杆长度、偏角、仰俯角）填写在验收单上，退钻后钻杆数量必须与施工单位所填数据一致，如与实际不符的，视为作弊。

（5）验收人员到达现场后，必须首先检查钻孔施工记录、验收单内容、钻孔施工参数是否与设计相符。无记录或记录不清、钻孔施工参数超出误差范围的，必须将验收情况如实填写在验收单上。

（6）抽放钻孔验收完毕后，施工单位、瓦检员必须分别向调度室汇报抽放钻孔的验收情况。

（7）通风科瓦斯管理技术员和分管科长每两天对验收钻孔进行检验，现场抽查，并认真进行签字认证。

第二条 钻孔施工及验收标准

（1）通风科必须编制钻孔施工设计，并经矿总工程师审批，将施工设计给通风科验收人员。验收人员要严格按照钻孔施工设计参数进行验收。

（2）钻孔施工现场必须做到煤泥装袋垛整齐、积水淤泥不超过鞋面，防火设施、甲烷传感器、便携式瓦斯检测报警仪必须齐全完善。

（3）施工的钻孔采用挂牌管理，牌板上要有钻孔编号、钻孔类别、孔深、孔径、方位角、倾角等技术参数。

（4）抽采钻孔方位角允许偏差 ±1°，顶板孔施工倾角度数不得有偏差（本煤层钻孔倾角可根据实际施工情况进行适当调整）。

（5）若打钻过程中出现地质构造，需修改设计参数时，瓦斯抽采队必须以书面形式及时通知通风科，并报矿总工程师，经通风科确认后给予调整，瓦斯抽采队不得擅自更改钻孔参数。

（6）本煤层钻孔未达到设计深度 70% 见岩时，必须停止施工，并重新补孔，如三次调整仍不能达到设计深度 70% 的，则停止施工，然后请示通风科，对煤层倾角给予准确参数后再进行施工，调整孔可按实际长度结算进尺。

（7）参与验钻人员要认真核对钻孔深度及钻孔施工参数，并在钻孔验收单上签字。

（8）遇断层、无炭柱等地质构造、塌孔造成的不合格孔按以下规定执行：

①本煤层孔：孔深设计大于200 m的，钻孔进尺在70 m以下的孔为不合格孔。孔深设计在150～200 m的，钻孔进尺在50 m以下的孔为不合格孔，不予计算钻孔工程量。

孔深设计在100～150 m的，钻孔进尺在30 m以下的孔为不合格孔，不予计算钻孔工程量。

②高位钻孔：孔深设计大于60 m的，钻孔进尺在10 m以下的孔为不合格孔，一律不计进尺，作为废孔处理。（验收过程中如发现冲洗不净的钻孔，有丢弃钻杆的钻孔一律按不合格孔处理）。

③千米钻机进尺验收：根据月底上报的千米钻机施工进尺，和井下电脑数据进行核对，严禁出现谎报、瞒报进尺现象。

第三条　钻孔进尺任务考核

（1）通风科每月底要根据打钻衔接下达次月的钻孔进尺任务，经总工程师审批后，方可执行，完不成计划进尺任务，按照瓦斯抽采队完不成任务考核（因矿井生产作业计划调整除外）。

（2）瓦斯抽采队的工资结算要比照生产区辅助队组结算方式，与进尺任务的完成情况挂钩，给予工资结算。

第四条　钻孔施工验收处罚

（1）打钻必须按照钻孔设计施工，未按照设计或随意开孔施工，处罚瓦斯抽采队集体×××元，队长、分管队长各×××元。

（2）未按照钻孔设计的孔深、孔距、方位、角度施工，每发现一个孔，处罚瓦斯抽采队集体×××元，队长、分管队长各×××元。

（3）瓦斯抽采队必须将每日施工验收记录于次日7点前报送通风科，报送不及时发现一次处罚瓦斯抽采队队长×××元。

（4）瓦斯抽采必须严格按照钻孔施工验收单内容填写钻孔施工台账，登记错误一次处罚负责人×××元。

（5）当班工作量必须认真填写在钻孔施工记录上，不得随意更改，否则每次处罚瓦斯抽采队队长×××元，当班负责人×××元。

（6）钻孔验收数据要真实有效，如抽查发现验收数据存在差异或验收率达不到要求，处罚通风科集体×××元，验收人员×××元/人。

（7）本煤层孔施工如出现断层、无炭柱、夹石层等情况，由地测防治水科出具地质报告，报告给通风科一份，按岩进尺计算。否则一律按照煤孔进尺结算。

（8）钻孔施工过程中煤泥、积水要及时处理，发现一次煤泥未装袋，积水、淤泥影响行人，处罚瓦斯抽采队集体×××元，队长、分管队长各×××元。

（9）钻孔施工现场煤泥袋、钻杆、封孔材料和瓦斯管必须按照规定要求摆放，如有乱扔、乱丢现象，处罚所管队长×××元。

（10）钻孔施工后要及时挂牌编号，记录齐全，发现有一个孔未编号或记录不全，处罚抽采队队长、技术员各×××元。

（11）钻孔施工过程中严禁出现掉钻杆现象，如发生掉钻杆要及时上图汇报地测防治水科、通风科，如未上图汇报，在回采过程中发现一根，按照钻杆原价扣除瓦斯抽采队工资。

（12）通风科、瓦斯抽采队验孔人员必须认真负责，严禁弄虚作假，每发现一个孔验收情况不符，处罚验收人员×××元/人。

（13）验收人员组织钻孔验收，必须出具验收报告，严禁弄虚作假和出现吃请现象，否则处罚验收人员×××元/人，并严格按照本矿管理制度进行处理。

（14）对于千米钻机进尺情况要和井下电脑进行数据核对，如发现有谎报、瞒报数据，一律不计入总施工进尺，并扣除施工队组总工资的10%。

（15）瓦斯抽采队每月3日前将上月钻孔验收台账和进尺完成情况，报通风科一份，每月3日前由通风科结合上月钻孔验收单和进尺情况出具验收报告，经主管领导签字认可后交予调度室给予工资结算。

14.27 瓦斯抽采管路敷设管理制度

第一条 抽采管路应具有良好的气密性、足够的机械强度，并必须满足防冻、防腐蚀、阻燃、抗静电的要求，采取防漏气、防砸坏、防雷电等措施。

第二条 抽采管路的材质选择应按照《山西省煤矿建设标准》要求，不宜选用玻璃钢管、PE管、PVC等高分子材料。

第三条 抽采管路应安装在专用回风巷内，管路敷设要做到“平、直、牢”，离地高度不小于0.3 m。运输巷中敷设管路时，高度不少于1.8 m，应悬挂架空于巷道帮上，与巷帮的距离应满足检修要求，抽采瓦斯管件的外缘距巷道壁不宜小于0.1 m，与运输材料最大轮廓安全间距不小于0.2 m。

第四条 地面管路布置要做到：尽量避免布置在车辆通行频繁的主干道旁；不得将抽采管路和动力电缆、照明电缆及通信电缆等敷设在同一条地沟内；主干管应与城市及矿区的发展规划和建筑布置相结合；抽采管道与地上、下建筑物及设施的间距，应符合《工业企业总平面设计规范》的有关规定。

第五条 瓦斯管路敷设在多个钻孔集结联结处、钻场、管路拐弯、巷道低洼处温度突变时均要安装自动放水器（间距一般为500～800 m，最大不超过1000 m）。

第六条 瓦斯抽采管路应设置明显的具有反光性能警示标志，采用不同颜色箭头表明气流方向。控制阀门必须编号管理，阀门开启角度、方向标识清楚。

第七条 在抽采管路的适当部位应设置除渣装置和测压装置。

第八条 瓦斯抽采干管的每一分支都应设置全通隔离阀，以便维修和支管拆除或延伸，在钻场和分支应设置流量、负压、甲烷浓度观测装置。支管与钻场连接根据现场条件，做出具体设计，确保管道畅通、不漏气，根据需要设置气水分离器。

第九条 瓦斯抽采管路的管径应按最大流量分段计算，并与抽采设备能力相适应，抽采管路按经济流速为5～15 m/s和最大通过流量来计算管径，抽采系统管材备用量可取10%。

第十条 抽采管路总阻力包括摩擦阻力和局部阻力。摩擦阻力可用低负压管路阻力公式计算，局部阻力可用估算法计算，一般取摩擦阻力的10%～20%。

第十一条 抽采系统投入运行前，应进行一次全面气密性试验。一般采用压风正压试验法，试漏气压要达到0.3～0.5 MPa，试验时间不少于2 h、压力降低不大于试验气压的5%为合格。

第十二条 利用上隅角埋管抽采的瓦斯管在进入上隅角之前应加装绝缘段（非导电体管路除外）。

第十三条 地面管路必须在管道外表设置保温层（埋在冻土层以下除外），以防冬季管路冻裂。

第十四条 在平巷或斜巷铺设的管路必须用可缩木支垫，以防底鼓折损管路。垫木高度应不小于0.3 m，且垫木间隔根据管路的长度，至少每节管路有两个支撑墩。

第十五条 倾斜巷道内悬挂的管路应用卡子将管路固定在巷道支架上。每根管路在管路两端各安装一套卡子，卡子安装必须牢固可靠，在外力作用下不发生晃动。

第十六条 管路宜平直敷设，并宜减少弯头等附属管件，禁止采用90°直角急弯头。管路应保持一定的坡度，其坡度应根据巷道的坡度确定，不宜小于1‰。

第十七条 抽采管路管径要统一，变径时必须设过渡节。

第十八条 井上下敷设的瓦斯抽采管路不得与带电物体接触。若与电缆悬挂在巷道的同一侧，其安全间距不少于0.3 m；并应有防止管路砸坏的安全措施。

第十九条 地面瓦斯抽采管路不得和动力电缆、照明电缆及通信电缆等敷设在同一条地沟内。同时，瓦斯管路不得从地下穿过房屋或其他建筑物，一般情况下也不得穿过其他管网，当必须穿过其他管网时，应按有关规定采取措施。

第二十条　瓦斯抽采管网中应当安装足够数量的放水器，确保及时排除管路中的积水，必要时应设置除渣装置，防止煤泥堵塞管路断面。

第二十一条　通往井下的抽采管路必须采取防雷措施。

14.28　瓦斯抽采钻孔施工管理制度

第一条　钻孔施工人员必须严格按钻机操作规程及钻孔施工参数精心施工，保证施工的钻孔符合设计要求，确保钻孔施工质量。

第二条　钻孔必须按设计施工，严格执行定孔位、定孔深、定角度和掘进工作面顶底排孔见煤层顶底板，穿层孔穿透煤层全厚的原则。施工现场要配齐钻孔定向所需的方位尺、尺度尺等所需工器具和灭火器材。钻孔施工人员必须按设计参数要求，在现场标定钻孔施工位置。

第三条　钻孔施工前，钻孔施工人员必须按设计参数要求，在现场标定钻孔施工位置。

第四条　钻孔必须按标定位置施工，钻孔倾角，方位角、孔深符合设计参数要求，做到定位置、定方向、定深度。钻孔施工时，孔位允许误差 ±500 mm，倾角允许误差 ±1°、方位角允许误差 ±1°。

第五条　钻孔施工人员必须认真填写当班的施工记录，记录内容包括孔号、孔深、倾角、钻杆数量及钻孔施工情况等。

第六条　抽采钻孔必须有施工和验收原始记录可查。

第七条　钻孔布置应均匀合理，高位钻孔和顺层钻孔封孔长度均不小于 8 m。

第八条　钻孔施工由瓦斯抽采队负责，施工人员必须持证上岗。钻孔施工单位对钻孔的施工质量、效果、安全负责。钻孔施工人员必须严格按钻机操作规程及钻孔施工参数精心施工，保证施工的钻孔符合设计要求，确保钻孔施工质量。

第九条　瓦斯抽采队负责根据钻孔设计编制专门的《钻孔施工安全技术措施》，措施的内容必须包括防灭火措施、防喷孔措施、瓦斯管理措施及其他安全技术措施，施工单位技术人员必须贯彻措施并要有贯彻学习记录。

第十条　钻孔施工地点必须由施工单位负责悬挂图牌板。牌板分为钻孔设计参数牌板和钻孔施工记录牌板。内容为钻孔类别、孔号、方位角、倾角、孔深，图板的内容为钻孔布置的平面图、剖面图、断面图。

第十一条　钻孔施工必须有原始记录，记录内容包括钻场号、孔号、钻孔参数、孔深、岩性类别、钻头型号、岩芯管型号、有无异常情况、施工负责人等。施工单位每施工完一个钻孔，由通风科组织验收合格后，钻孔施工单位负责人将钻孔施工的情况及时填写在钻孔施工记录牌板上。

第十二条　钻孔施工过程中出现喷孔、冒烟、着火或瓦斯异常情况必须及时采取措施进行处理并向调度室汇报。出现喷孔时可采用停钻卸压措施，但不得停水，对异常情况采取可靠措施处理后，再继续给压钻进。

第十三条　凡是钻孔施工过程中出现由煤变岩或由岩变煤及喷孔等瓦斯地质异常情况都必须在钻孔施工记录本上如实反映，并及时汇报调度室，调度室汇报地测与防治水副总工程师、通风副总工程师及矿总工程师。

第十四条　施工顺层钻孔，如果钻杆断在孔内无法打捞时，现场必须挂牌作为标记，填写原始记录，向调度室汇报，并将钻孔倾角方位角和孔内遗留钻杆长度等资料书面报通风科。

第十五条　每班施工结束，钻孔施工负责人必须向调度室报告钻孔施工情况。

14.29　瓦斯抽采管路检查及维护制度

第一条　通风科每班必须落实瓦斯抽采管道所经过区域瓦斯检查员，负责检查各自区域瓦斯抽采管道及放水器内的积水情况，发现积水应督促瓦斯抽采队负责人及时排出，并将情况报告至调度室。

第二条 瓦斯抽采队每天落实一名专职人员，巡回检查井下各抽采作业点的管路安全情况及管道、放水器内的积水情况，发现积水应及时排出。确保管路安全、畅通。所有检查人员熟悉了解煤矿瓦斯抽采工程设计规范《煤矿瓦斯抽采工程设计标准》（GB 50471—2018）相关内容。

第三条 管道巡检人员必须认真履行好职责，熟悉井下抽采系统，加强管道经过巷道内围岩的地质构造及巷道支护，检查防滑装置、吊挂、抱箍等是否完好可靠，并对干支管上的放水器、流量计、蝶阀、法兰盘和安全设施进行定期检查，发现有异常情况应立即采取措施进行处理并汇报。安全隐患没有解决、排除的，必须停运抽采系统，进行处理。

第四条 管道巡检人员加强钻场及抽采管道维护，做到钻场内瓦斯不外溢、不泄漏、不积水，确保安全抽采。

第五条 管道巡检人员要严格执行检查制度，严禁空班、漏检和漏报。

第六条 瓦斯抽采队每7天要落实两人对瓦斯抽采浓度、流量、孔口负压等情况进行一次全面检查，结果填入参数测定牌和参数测定记录，并编制报表报通风科，做到“三对口”。

第七条 通风科抽采技术管理人员要经常检查瓦斯抽采系统及其设施、设备、瓦斯抽采运行情况，每月组织一次全矿性的抽采安全大检查，对查出的问题落实人员，规定时间、任务进行处理解决，并对相关内容做好记录。

14.30 抽采瓦斯基础参数定期检测制度

第一条 钻孔瓦斯抽采基础参数测定包括钻孔负压、流量、浓度，应按要求配备专职的参数测定人员，参数测定人员测试前，必须经过专门培训，培训合格后，方可上岗操作。

第二条 参数测定人员要求每周对钻孔参数进行全面测定，测定时必须按要求携带仪器、仪表和记录笔，要求每测完一个孔，记录一个数据，并按要求填写测定记录和参数测定牌板。

第三条 为了合理确定钻孔抽采效果，要求每施工完毕一个钻孔，就及时测定钻孔参数，以检验钻孔抽采效果。

第四条 每次测完钻孔参数后，要将测定的参数记录本交至队技术负责人，由技术负责人进行审核、检验、分析，发现钻孔参数变化较大时，要安排参数测定人员重新测定。

第五条 参数测定人员测定参数时，如发现钻孔（钻场）负压、流量、浓度变化较大时，要及时汇报给队值班领导和通风科，队值班领导要及时安排人员下井查明原因。

第六条 参数测定人员测定参数时要严格按照操作程序操作，并按要求及时认真填写参数测定记录和参数测定牌板。

第七条 参数测定人员必须按要求填写测定记录和测定牌板，通风科要定期对测定参数进行检查、检验，若发现一处测定数据与实际测定数据不符，对参数测定人员和队技术负责人进行相应处罚。

第八条 测定完钻孔参数后，瓦斯抽采队技术负责人每月要对钻孔抽采效果进行分析，分析钻孔施工后此区域的抽采效果，并有每月抽采效果分析总结，分析完后由矿总工程师进行审核，以便为后续的钻孔施工提供合理的依据。

第九条 为了保证抽采监测、监控系统监测数据的准确性，要求泵站司机每1 h对抽采负压、浓度、流量进行检查，检查中如发现浓度、负压、流量变化较大时，要及时汇报至队值班领导、通风科和调度室。

第十条 为了保证抽采监测系统正常运行，调度室维修组每15天检查调校一次，并做好调校记录。检查中如果没有按要求调校，或调校没有按要求记录的，追究主要负责人责任。

第十一条 为了保证监测监控系统监测数据计量的准确性，要求瓦斯抽采队领导和技术负责人每天对监测日报进行分析审核。审核中如果负压、浓度、流量突然升高或降低，在报表内要及时进行分析，并按要求对抽采量进行核减。

第十二条 每一个工作面回采前，必须对其抽采基础参数进行检测和检验，为工作面回采时瓦斯治理提供合理的依据。

第十三条 抽采瓦斯基础参数测定要符合《煤矿瓦斯抽采管理规范》《煤矿瓦斯抽采基本指标》要求，并按规定对参数进行检验。

14.31 抽采瓦斯效果检验制度

第一条 抽采瓦斯严格执行《煤矿安全规程》《煤矿瓦斯抽采管理规范》和《煤矿瓦斯抽采达标暂行规定》（安监总煤装〔2011〕163号）的相关要求。

第二条 抽采瓦斯范围

凡以通风方式无法保证安全生产的采掘工作面必须进行瓦斯抽采；凡确定为必须采取瓦斯抽采措施的采煤工作面，未采取抽采瓦斯或抽采系统不完善以前，一律不准投入生产。

第三条 各个掘进工作面，如果正常通风情况下，绝对瓦斯涌出量超过3 m^3/min，必须进行抽采瓦斯。

第四条 采煤工作面回采前，抽采率必须符合规定，按照《煤矿瓦斯抽采基本指标》规定进行检验，在检验抽采指标达标的情况下方可进行回采。

第五条 在合理的正常抽采和配风的条件下达到符合《煤矿安全规程》《煤矿瓦斯抽采达标暂行规定》要求的，编制《抽采达标评判报告》报矿总工程师审核完毕，方可组织回采掘进。

第六条 每月组织一次抽采瓦斯效果验收，纳入抽采系统检查的范围。每个采煤工作面在投产前必须由通风科组织验收瓦斯抽采系统，确保抽采瓦斯效果达标。

第七条 本矿在编制生产发展规划和年度生产计划时，必须同时编制相应的瓦斯抽采达标规划和年度实施计划，确保“抽、掘、采”平衡。生产规划和计划的编制应当以预期的抽采达标煤量为限制条件。

第八条 预抽煤层瓦斯效果评判应当包括下列主要内容和步骤：

（1）抽采钻孔有效控制范围界定。

（2）抽采钻孔布孔均匀程度评价。

（3）抽采瓦斯效果评判指标测定。

（4）抽采效果达标评判。

第九条 预抽煤层瓦斯的抽采钻孔施工完毕后，应当对预抽钻孔的有效控制范围进行界定，界定方法如下：

（1）对顺层钻孔：钻孔有效控制范围按钻孔长度方向的控制边缘线，最边缘2个钻孔及钻孔开孔位置连线确定。钻孔长度方向的控制边缘线为钻孔有效孔深点连线，相邻有效孔中较短孔的终孔点作为相邻钻孔有效孔深点。

（2）对于穿层钻孔：钻孔有效控制范围取相邻有效边缘孔的见煤点之间的连线所圈定的范围。

第十条 预抽煤层瓦斯的抽采钻孔施工完毕后，应对预抽钻孔在有效控制范围内均匀程度进行评价，预抽钻孔间距不得大于设计间距。

第十一条 将钻孔间距基本相同和预抽时间基本一致的区域划为一个评价单元，进行现场实测预抽瓦斯效果指标。按照《煤层瓦斯含量井下直接测定方法》（GB/T 23250—2009）现场测量煤层的残余瓦斯含量，按照《煤矿井下煤层瓦斯压力直接测定方法》（AQ 1047—2007）现场测定煤层的残余瓦斯压力，依据现场测定的煤层残余瓦斯含量计算煤层可解吸瓦斯量。

14.32 瓦斯抽采设备停、运联系制度

第一条 任何人员未经矿调度室同意，不得擅自倒运和停运水环真空泵。

第二条 凡抽采系统出现下列情况时，经调度室同意，汇报通风科，机电科，有计划开停瓦斯抽采泵必须办理工作票后方可停运。

（1）需要切换运行泵时。

（2）瓦斯抽采泵站环境中的甲烷浓度达到0.4%时。

（3）各部位（如轴承、电机等部件）温度超过设备使用说明规定温度的。

（4）电缆（电源电缆、电机电缆）发热。

（5）设备运转声音不正常。

（6）轴封外漏水成线。

（7）各管路及附件出现漏气、碰撞现象。

（8）各连接螺栓出现松动。

（9）泵站进行电焊、气焊作业，经制定措施确需停泵时。

（10）电压不正常，电流急剧增大。

（11）无循环水供给真空泵。

（12）设备运转声音急剧变化，有碰、卡现象。

第三条 抽采泵有计划停运必须由申请停运部门办理停泵申请工作票，经通风科科长、机电矿长和矿总工程师批准后，由抽采泵值班司机按操作规程有关规定进行操作。

第四条 抽采泵有计划或无计划停止运转后，值班司机都必须及时汇报调度室，并认真登记《抽采泵停运记录表》。

第五条 每次启动抽采泵之前，必须由值班司机首先汇报调度室，调度室在确认井下管路阀门、钻场、钻孔均无异常后，方可命令值班司机严格按操作规程有关规定进行操作。

第六条 抽采泵启动运行正常后，值班司机要及时汇报调度室，并做好记录。

第七条 抽采泵在停止或启动时，值班司机必须1人监护、1人操作。

第八条 停泵前必须制定停泵、启泵安全技术措施，并经矿总工程师审批后执行。通风科瓦斯检查员负责抽采泵的停泵、启泵及停泵、启泵期间井下受影响区域气体检查工作，调度室负责抽采泵站停泵、启泵期间各队组之间的协调工作，安全科负责抽采泵站停泵、启泵期间安全监督工作。

第九条 瓦斯抽采泵站因全矿停电或其他原因造成无计划停泵的，必须按《地面瓦斯抽采泵站无计划停泵应急预案》的相关要求严格执行。

14.33 抽采瓦斯设备检修制度

第一条 本制度所涉及设备包括地面瓦斯抽采泵站所有的机电设备。

第二条 本制度执行人员为地面瓦斯抽采泵站设备检修工及岗位工。

第三条 地面瓦斯抽采泵站检修工及岗位工对使用的设备要做到“三好”（管好、用好、修好），岗位人员要做到“四会”（会使用、会保养、会检查、会排除故障），“四项要求”（整齐、清洁、润滑、安全），严格遵守“五项纪律”（无证不得操作设备，保证设备清洁、润滑良好，遵守交接班制度，随机附件、工具齐全，发现异常立即向队部值班人员及调度室汇报）。

第四条 地面瓦斯抽采泵站检修工每周对所有机电设备至少进行一次全面检查，及时更换轴承润滑油，保证轴承温度不超过使用说明规定温度。所有的检查、检修、维护、保养都必须记录备案。

第五条 新设备运行严格按照设备使用说明书要求，定期加注润滑油，定期清洗泵站各相关组件，并做好相关记录。

第六条　在正常工作中，应定期检查填料，因磨损不能保证密封性能时，应立即更换新填料。

第七条　在进行机电设备维修时应按操作规程进行，不得违章作业。

第八条　易损坏零配件在维修过程中应轻拿轻放，严禁碰撞。

第九条　在维修过程中，应按照图纸和有关技术参数进行。

第十条　瓦斯抽采队每周应对所有抽采设备及机具进行一次巡视，每旬对抽放站内各种电气设备、抽放系统、供水系统的检查不少于一次，并有记录可查，发现问题应立即报告调度室，然后采取措施，进行处理。

第十一条　机电设备必须保持性能完好、外部清洁。对防爆电气设备的防爆性能要

随时检查，发现失爆现象必须立即处理，严禁拖延。

第十二条　随时检查各部位标准紧固件是否松动、脱落，如有松动，应立即紧固，严防机电设备事故。

第十三条　抽放站设备运行状态严格按规定的时间进行检查，凡出现故障的设备必须立即安排检修，及时修复。

第十四条　瓦斯抽采队必须对瓦斯抽采泵站站内的管道、线路、设备的接地进行检查，要求接地电阻小于4 Ω，并且每6个月测定一次，做好记录。

第十五条　泵站司机每小时测试一次抽放参数（正压端甲烷浓度每30 min检查一次），各种电气设备运行参数（电压、电流和温度）和机电设备运行参数（轴温、水温、转速或声响），发现异常应及时停机，并向调度室和队部值班汇报，调度室应根据情况向有关领导和部门请示、通报，并安排相关部门及时采取措施进行处理。

第十六条　泵站司机应不定时限观察真空泵供水情况，要求真空泵供水处于最佳状态。

第十七条　连续运转工作的真空泵，应每隔30天停机切换1次。

第十八条　泵站司机除处理异常情况须紧急停机外，每半月必须进行一次停机和开关一次所有抽放管路上的闸阀。

第十九条　瓦斯抽采泵运行一年后应将水环式真空泵外壳岔开，检查各部件是否完好，如有不正常之处应立即修复或更换。

第二十条　其他要求

(1) 所有检修人员必须经培训合格，并熟悉所有设备的原理性能、工作方式、机械结构。

(2) 瓦斯泵站内相关设备采用三级保养检修制度，即例行保养、一级保养、二级保养。

(3) 例行保养由瓦斯泵司机每班进行保养。

①检查设备易松动的部件。

②搞好清洁卫生。

③检查工作液内有无杂质，压力、流量是否正常，工作液存储罐的液面是否符合规定。

④泵轴承、端盖温度是否在规定范围内。

⑤检查设备的安全保护装置是否可靠。

(4) 一级保养（小检修）

每星期进行一次，以瓦斯泵司机为主，修理工为辅，分管队长验收。工作中要注意确保做到以下几点：

①所有进行的维修不会对系统产生不良后果。

②电机是关闭的，并保证其不能意外启动。

③相应管路系统内无压力，且有保护措施。

④被抽输的介质在打开管路系统时，不能导致任何危险情况发生。

⑤检修人员必须明白泵的当前工作状态。

⑥对各种填料、压量松紧状况进行检查。

⑦维修检查周期取决于无故障运转时间，当设备出现故障或出现超负荷现象要立即对泵进行检查，详细检查传动连接装置，抽吸介质有无明显污染，功率和温度是否符合要求，管路是否泄漏，运转是否正常，有无异常噪音，地基是否下沉有裂纹，阀门是否清洁，叶轮处的间隙是否在允许范围内，所有紧固螺丝有无松动。

⑧局部解体检查，清洁规定部位。

⑨解决例行保养无法解决的问题。

（5）二级保养（中修）：瓦斯泵站设备累计达到规定时间后，由修理工为主、泵司机为辅，队长参加，专业技术人员指导进行解体检修，包括例行检修内容、更换和修复部分磨损件、排气腔及过滤的清洁、根据实际情况制定的由机电科审批的相关检修计划内容。

14.34 瓦斯抽采泵站交接班制度

第一条 严格遵守劳动纪律，不迟到，不早退。

第二条 交班人员必须在接班人员到之前做好本班运行设备、备用设备及泵站内卫生清扫工作。

第三条 接班人员应按规定的交接班时间提前半小时到达作业现场，因故不能上班的需提前办理请假手续。

第四条 交接班时应按规定的时间在泵房值班室或泵房内进行，交班人员要详细交代本班抽采瓦斯情况，抽采设备运转状况及安全状况，接班人员要按规定程序认真检查设备运转及作业现场安全隐患，发现问题及时记入交接班记录，经双方签字后，交接班完毕。

第五条 发现下列情况之一时，接班人员可以拒绝接班：

（1）按规定对设备检查发现异常时。

（2）设备、配件及材料不清洁整齐时。

（3）工具及所有公物数目不清时。

（4）各种记录没有认真、准确填写时。

第六条 交班人员应提前做好交接班准备，交接班双方在签字前，交班人员不能离开作业现场或托人交班，有下列情况之一时不能交班：

（1）发现接班人员班前喝酒或神志不清时。

（2）本班职责范围内的事情没有处理完毕时。

（3）接班人尚未到齐之前。

第七条 不得隐瞒事故（隐患）交班，交班双方必须共同检查记录，巡视设备，一切正常后方可交接班。

第八条 交接班必须做到“五清三交接”，五清即看清、讲清、问清、查清、点清。三交接为图板交接、现场交接、实物交接。

第九条 交接班时，如有重大事故正在处理。一般由当班责任人处理后方可交班。如处理不完，必须请示领导同意后方可交接班。

第十条 交班人员交班前必须搞好环境卫生，擦拭设备，经接班人员检查后，方可交班。

第十一条 交班人员必须将现用设备及备用设备完好情况、工具、器材、油质数量是否齐全、当班任务完成情况、接班人员应注意的事项全部交接清楚。

第十二条 交接班期间，如果设备出现问题，交接人员必须共同处理，直至问题解决、设备运行正常后，交接人员方可离岗。处理不了时，双方应及时向调度室、队部值班人员汇报，并做好记录。

14.35　瓦斯抽采技术档案管理制度

第一条　瓦斯抽采需要定期完善的资料要按相关规定补充、完善，并归档管理。

第二条　纳入技术档案管理的资料要按相关要求编号、编制目录，并指定专人负责。

第三条　纳入技术档案管理的资料，一般作为永久资料予以保存。未经矿总工程师批准，不得销毁。

第四条　以下资料由瓦斯抽采队负责存档备查：

（1）抽采工程施工记录、钻孔施工进尺年、月、日报表。

（2）抽放系统巡回检查记录。

（3）瓦斯抽采参数测定记录。

（4）瓦斯抽采泵站应建立瓦斯抽采记录、抽放泵维修记录、电气设备维修记录、进入要害场所登记记录等相关资料。

第五条　以下资料由通风科负责存档备查：

（1）煤层瓦斯参数测定报告、矿井瓦斯等级鉴定报告、瓦斯地质图、矿井瓦斯抽采设计、瓦斯治理的相关科研报告。

（2）瓦斯抽采达标规划、年度实施计划、瓦斯抽采工艺方案设计、瓦斯抽采工程验收报告（竣工、验收资料）、抽采达标评判报告等。

（3）瓦斯抽采系统图、瓦斯抽采管路图、泵站平面与管网布置图、抽采钻场及钻孔布置图。

（4）抽采量年、月、日报表。

（5）上级有关瓦斯抽采的相关文件、会议纪要、专项检查文书等。

14.36　矿井通风安全监测监控系统管理制度

第一条　监测系统瓦斯断电仪等检测报警断电设备的设置

（1）总回风巷应设置风速传感器及报警装置。

（2）瓦斯、一氧化碳传感器的具体装设位置、参数设置、断电范围由通风科确定，报矿总工程师批准，通风科监测监控系统人员负责安装与调试。

（3）在矿井主要风巷应安设风门开关传感器，以防风流短路，确保工作面风量。

（4）矿井机电硐室，特别是高压变压器等高发热设备的上空应安设温度传感器，监测环境温度，当温度超过30 ℃时发出报警信号。

（5）对由监测监控系统、瓦斯断电仪等控制的开关，启动器的工作状态应采取措施进行监测，以便掌握甲烷浓度超限后被控开关是否断电，具体方法由矿总工程师确定。

（6）监测监控系统中心应配备计算机、打印机、图形显示器或模拟盘，中心站计算机（及分站）电源应双回路供电，并配备不间断电源。

第二条　系统设备的管理制度

（1）系统使用、维护按照《矿井通风安全装置使用管理规定》中有关规定执行。

（2）安装在采掘工作面的瓦斯探头，生产队组按规定移动，采掘单位严禁擅自停用，并要经常清扫，保证设备正常运行。

（3）监测系统人员在接到通风科的通知后，按要求进行安装、搬迁、回收，并认真填写安装记录，填写设备使用台账。

（4）监测中心站应24 h不间断监测，保证设备功能正常，原始数据完整。对瓦斯、一氧化碳等数据至少保存2年以上，并能依据基础数据产生各类柱状图、曲线图、设备运行状态图，以供有关人员使用、分析。

（5）调度室值班负责人必须对当日获得的信息进行整理，负责打印监测各地点的日报表。

（6）调度室、通风科应经常组织有关专业人员分析、研究所监测的数据，并结合井下采掘动态，掌握瓦斯、一氧化碳的涌出规律，制定相应的防治措施。

（7）对易损、常用、常更换设备应保持20%的备件。

第三条 一般规定

（1）本矿应成立通风安全检测机构，并配备管理人员、工程技术人员和安全监测工，安全监测工须经培训合格方能上岗。

（2）安全监测机构应建立安全仪表计量检验制度、中型机房管理制度、传感器及电缆管理制度、监测工交接班管理制度、便携式瓦检仪使用管理制度。

（3）安全监测系统应满足安全生产需要。

（4）采区设计、采掘作业规程中必须对矿井安全监控设备的种类数量和装置、信号电缆的敷设、控制区域等明确规定，并绘制监控系统布置图。

（5）矿井安全监控系统必须工作稳定、性能可靠。

（6）通风安全监控系统设备之间必须使用阻燃电缆连接，严禁与电话线和动力线共用，确保本质安全防爆性能，安全监控设备之间的输入、输出信号必须为本质安全型型号。

（7）监测监控系统必须具备故障闭锁功能，具有防雷保护，具有断电状态和馈电状态监测、报警、显示储存和报表打印功能。

（8）安全监控系统的传输距离、传输处理误差、最大巡检周期、传输速率、误码率、最大节点容量等传输需求应符合《煤矿用信息传输装置》（MT/T 899—2000）。

（9）安装监测监控设备前必须根据已批准的作业规程，由安装单位持《安装申请书》分别送通风和机电部门，按要求提供断电条件，接通电源及控制线。

（10）监控设备电源必须取自被控开关电源侧，严禁接在负荷侧。

（11）与监控系统相关的电气设备、电源及控制线在拆除或改线时，必须报相关部门批准。

（12）监测系统发生故障必须立即处理。

（13）传感器的设置符合《煤矿安全规程》相关规定。

第四条 质量标准及其他

（1）通风科必须根据安全监测监控系统安全生产标准化标准对安全监测项每月检查一次，填写检查结果报矿总工程师。

（2）系统设置的种类、位置、报警点、断电点、断电范围、动力开关、电缆敷设应符合规定，并经矿总工程师批准，绘制系统布置图，填写统计表。

（3）系统装置发生故障时应及时处理，在井下处理故障时必须严格执行有关规定并填写故障记录，在井下无法处理时，应在24 h内更换，在故障处理期间应采取安全措施。

（4）瓦斯探头在更换时应先在分站上拔掉探头电源线和数据线后方可执行，以免操作失误烧坏探头保险或引起断电仪动作，造成工作面停电影响生产。注意更换完毕后要恢复电源和数据线。

（5）每15天对井下所有瓦斯探头进行一次调校，对其他监测装置也应当定期进行检查、测试、调校。

（6）校验必须准备并检查校验的工具、仪表、仪器、气样，注意室内通风要良好。

（7）校验时应按规定步骤进行，并注意是否能正常回零，流量计必须按说明书正确标校。

（8）校验完的传感器应另外放置，并注明合格与否，同时认真检查填写调校记录，以备检查。

（9）每次校验完都要认真检查储气罐是否完好，有无漏气。

（10）调试好的监控设备一定要在地面通气试验24 h后方可下井安装。

14.37　安全监测监控管理制度

为确保安全生产，提高安全管理水平，充分发挥安全监测监控系统在安全生产中的重要作用，结合实际，特制定本制度。

第一章　安全监控管理一般规定

第一条　适用范围：本矿安全监测监控系统安装、使用、维护及调校。

第二条　安全监测系统的使用必须符合《煤矿安全规程》《煤矿安全监控系统及检测仪器使用管理规范》（AQ 1029）中的规定。

第三条　煤矿安全监控系统必须 24 h 运行。接入煤矿安全监控系统的各类传感器应符合 AQ 6201 规定，稳定性不小于 15 天。

第四条　调度室监控维修组负责安全监测设备的安装、拆除、日常调校和管理工作。

第五条　安全监控维护人员要经常对安全监控设备进行巡检、维修、保养，发现问题及时处理，保证设备完好，可靠运行。

第六条　安全监控维护人员应做好安全监控设备台账、故障登记、检修记录、巡检记录、调校测试记录。

第七条　井下采掘工作面监测设备的使用、悬挂、移设由现场作业的采掘队负责，总回、主井及各主要大巷内的监测设备由调度室监控维修组负责悬挂和日常维护。

第八条　对需要经常移设的传感器、电缆，须由采掘班组长按规定移设，瓦检员监督执行，严禁擅自停用。如有损坏应及时向矿调度值班员汇报，矿调度值班员要做好记录并及时通知相关人员现场处理。对于设备、缆线保护不到位、故意破坏、丢失和人为造成监测传感器监测数据失真，按有关条款严肃处理。

第九条　使用部门必须根据生产现场情况按标准悬挂相应的传感器，保证正常使用。若不按规定移设和悬挂的，对使用部门当班现场负责人罚款×××元。移设传感器必须轻拿轻放，不得随意拖拽、磕碰，防止造成误报警或传感器的损坏。人为因素造成传感器误报警，一次对责任部门罚款×××元，对责任人罚款×××元。

第十条　使用部门施工过程中要加强监测设备保护。施工过程中造成监测缆线、传感器等损坏的，对施工部门罚款×××元，对责任人罚款×××元，造成传感器等监测设备报废的，由施工部门按原价赔偿，并对责任人罚款×××元。

第十一条　各生产部门在编制采掘作业规程或安全技术措施时，必须对传感器的种类、数量、位置、分站、断电仪的安设地点、监测电缆的敷设、控制区域、安全监测设备的悬挂位置等做出明确规定，并绘制布置图，报矿总工程师批准。

第十二条　在应安设安全监测监控装置的地点，使用部门在开工前 5 天必须根据已批准的作业规程或安全技术措施向通风科提出安装申请《监测设备安装申请单》，上报矿总工程师批准。在安装供电系统时，机电科必须根据断电范围要求提供断电条件，作业队组接通监控专用电源及控制线，必须与监测人员一起完成系统的连线工作。调度室监控维修组负责安全监测监控装置的安装、调试和日常的校验设置工作。

第十三条　与安全监测监控装置关联的电气设备、电源线及控制线，均由管辖范围的机电人员负责维护。在拆除或改线时，必须与调度室联系，并共同处理。检修安全监测监控装置关联的电气设备，需要安全监测监控装置暂停运行时，必须经调度室和相关职能部门同意，并制定安全措施后，方可进行。

第十四条　所有安全监测系统设备入井前必须在地面经过 48 h 联机运转，调试、校正，各项指标符合规定后方可入井安装，严禁不合格的仪器下井使用。

第十五条 安全监测监控装置安装完毕后，应同相关职能部门一起进行现场验收交接，验收合格后进行交接。使用部门按照安全生产标准化要求进行管理。

第十六条 需要拆除监测设备时，作业队组必须提前三天向有关部门提交《监测设备拆除申请单》，并经有关部门及矿总工程师批准后，调度室方可组织监控维修组人员拆除监测设备。未按要求进行的，对作业队组负责人罚款×××元。

第十七条 工作面传感器需要延线或收线时，由使用单位通知调度室，监控维修员与使用单位电工共同进行作业，使用单位不得私自处理，以防将线接错，损坏仪器。如发现传感器移设不到位、不及时，均按“三违”处理，并纳入作业部门安全生产标准化考核范围。采掘队组作业范围内的监控设施由本部门按照安全生产标准化要求使用、管理与维护。

第十八条 瓦斯检查工每班应对管辖范围内传感器的数据与实测数据进行比对和记录，并向调度室汇报。使用单位每班对安全监测监控设备的完好情况进行巡查，并将巡查结果报调度室。

第十九条 监测传感器出现故障时（数据超差、通信失败、传感器保护、误报警等），当班维护人员必须在4 h内排除故障，在出现系统故障时必须在8 h内处理完毕，否则对维护人员给予×××元罚款。

第二十条 监测系统设备必须定期进行调试、校正。设备每月必须进行一次调试、校正。甲烷传感器每15天必须使用校准气样和空气调校一次。每15天必须对甲烷超限、断电功能进行测试，发现问题必须及时处理。

第二章 监测系统调试管理制度

第二十一条 安全监测系统调试必须符合《煤矿安全规程》和《煤矿安全监测系统及检测仪器使用管理规定》（AQ 1029）的有关规定。

第二十二条 甲烷传感器的调试必须根据AQ 1029标准8.3条执行。其他传感器的调试必须按厂家说明书要求进行调试。调试人员不得随意更改调试程序。如不按调试程序进行调试的给予责任人每次×××元罚款。

第二十三条 甲烷传感器每15天必须使用校准气样和空气调校一次。如未按要求对各类传感器进行按时调校的给予每人每次×××元的罚款。每15天必须对断电功能做一次测试，发现问题及时处理，如未按要求进行测试或测试存在问题未及时处理的给予责任人每次×××元罚款。

第二十四条 调试传感器时必须与地面中心站联系，确认通气结果与断电功能准确可靠时，调试方可结束。对于调试不准确、调试无法完成的和传感器出现故障的必须及时进行更换。

第二十五条 每次调试传感器完毕后必须按要求和实际情况认真填写调试记录，记录手册必须填写准确、字迹清楚。

第二十六条 传感器投入使用时必须联机运行48 h以上，运行正常后方可投入使用，并做好相应的记录。

第二十七条 更换后的传感器必须认真及时进行检修，确保监测传感器的备用量。

第三章 安全监测监控人员值班制度

第二十八条 值班人员应坚持24 h不间断值班，随时掌握数据变化情况。

第二十九条 瓦斯监测系统的值班人员必须具备煤矿通风管理知识和熟练掌握瓦斯监测系统运行的操作技能，每班值班人数不得少于2人。

第三十条 对瓦斯监测系统值班人员要按特殊工种对待，进行培训、考核、发证；培训合格后方可上岗。培训发证工作必须是省局组织或由省局委托各级煤炭工业管理部门发放。

第三十一条 根据瓦斯监测系统工作量组建专业队伍对矿井瓦斯监测系统运行实行直接管理，同时要依据《煤矿安全规程》建立健全瓦斯监测系统管理制度。

第三十二条 依据《煤矿安全规程》建立健全瓦斯监测系统设备、设施的管理制度。监测设备应按规定进行调校，甲烷传感器必须按规定进行调试、校正，以确保上传数据的准确性。

第三十三条 瓦斯监测系统发生故障必须立即向煤矿负责人、矿长（总经理）和值班领导报告，责成有关部门立即处理，在故障期间必须有安全措施；同时向所属集团公司主管部门报告，系统故障超过1 h，向市（地）主管部门报告。

第三十四条 矿井瓦斯监测监控异常情况种类：瓦斯浓度超限；探头报警点定义不当；探头位置图纸填充不当；主要通风机停风报警、馈断电报警；矿井瓦斯监测系统无记录；采掘跟踪图纸未按要求填充；基础数据未及时更新；其他异常情况。

第三十五条 瓦斯监测系统值班员发现瓦斯超限报警，必须立即通知调度室，由值班领导负责组织隐患的排查，并立即将采取措施和处理结果上报，并向集团公司调度报告。报告必须有值班领导签字，同时要在处理过程中每半小时和警报消除后的处理结果及时上报备案。

第三十六条 瓦斯监测系统值班员发现系统无数据，瓦斯曲线不正常及主要通风机停风、馈断电报警等异常情况，必须立即通知矿调度室，由矿值班领导和安全技术人员组织排查，同时报告上一级调度室。

第三十七条 加强对瓦斯、风速等监测数据变化情况的观察，发现风速异常变化、瓦斯超限等情况时，应根据应急处理程序，采取相应措施，及时向矿长及总工程师报告，并在六日之内将采取的措施和处理结果报煤管局。

第三十八条 瓦斯监测系统值班人员收到上级管理部门的指令和处理决定书要及时通知值班领导，并就处理情况每半小时上报一次，若情况消除则只报送结果，以备核查。

第三十九条 煤矿安全监控系统出现故障应在10 min内报二级公司及当地应急管理部门；出现瓦斯浓度超限主要通风机停风报警，馈电异常报警无记录等6 min上报。

第四十条 值班人员应熟悉井下各监控设备的安装地点及监测范围。值班期间，如实记录各监控地点的瓦斯浓度、风速及设备运行情况，内容要真实、详细，书写字迹要工整、规范。

第四十一条 值班人员要具有高度的责任心，熟练掌握监控技术和各种监控信息，不断提升业务技能。

第四十二条 爱护和管理好监控室的各种设备，严格遵守操作规程，随时关注系统运行情况，保证设备正常运转，特殊情况要及时汇报。

第四十三条 安全监测系统值班员要严格遵守“手指口述”交接班制度。

第四十四条 值班员值班期间严守工作岗位，不得串岗，不得睡岗，否则，每发现一次，对责任人罚款×××元。

第四章 监测监控系统设备、设施管理制度

第四十五条 各类设备、设施、仪器、仪表维修、收发、保存要专人管理，发现问题及时处理。

第四十六条 所有设备、设施、仪器、仪表要编号、挂牌管理，建立管理台账。

第四十七条 必须建立设备、设施、仪器、仪表领退登记制度。

第四十八条 设备、设施、仪器、仪表交回后要及时检查、维修，要按规定校正、检验，发放前按照规定进行检测，仪器不合格严禁入井。

第四十九条 各监控设施必须按照使用说明书要求进行安装、维护及使用，按照调校周期进行调校。

第五十条 使用人员要爱护仪器，防止碰撞，发现损坏，严禁继续使用，严禁乱拆乱修，要立即

通知调度监控维修人员更换处理，并对其相关人员按制度进行处罚。

第五十一条 备用的设备、设施、仪器及仪表要保证备用量，并确保完好，不能继续使用的设备、设施、仪器及仪表要及时注销或报废。

第五章 监测监控档案管理制度

第五十二条 必须设立专职档案管理员，负责监测监控资料档案管理工作。

第五十三条 监测监控档案包括：监控日报表、监控巡回检查图表、会议记录、图纸、文件、规程措施、井下监控设施台账。监控资料按月分类归档，编号条理科学。

第五十四条 三图（监测监控系统图、监测监控系统布置图、监测监控系统断电图）一板（监测监控系统管理牌板）、五记录（监测监控系统中心站运行记录、检修记录、巡检记录、故障记录、报警记录）、二台账（监测监控系统设备台账、监测监控系统报废台账）要定期更换，收集整理完善。

第五十五条 档案调阅、查阅有记录，管理员变动时，要办理严格的交接手续。

第五十六条 定期对档案进行检查，发现破损、变质、损坏，要及时修补和复制，延长档案使用寿命。过期或无使用价值的档案资料经有关领导审批后，按照档案管理报废程序进行处理。

第五十七条 档案室要保持适宜温度，保持良好通风，发现鼠害应立即处理。

第五十八条 室内严禁吸烟和放置易燃易爆物品。

第五十九条 保持室内清洁卫生。

第六章 监测监控网络运行管理制度

第六十条 矿必须建立监测监控系统，保证网络设备的正常运行，传递真实有效的安全数据。

第六十一条 网络设备及软件的任何扩充、改变必须提交书面报告，经省煤炭行政主管部门信息调度中心批准方可进行。

第六十二条 矿安全信息网络和监测监控系统必须委托具有相应资质的单位进行项目设计、施工等工作，系统的方案设计、系统结构、建设等应符合国家有关标准和规定，上传数据按省煤炭行政主管部门统一设计格式传输。

第六十三条 监测监控系统要按照《煤矿安全规程》等的要求，安装产品合格、数量足够、位置正确的传感器，并委托有资质的单位进行施工。

第六十四条 确保网络畅通，24 h 正常可靠运行，未经许可不得变更设置和参数，更不得挪作他用。

第六十五条 安全信息网络系统必须由专人负责运行和管理，配备专业的网络管理技术人员。

第六十六条 建立值班制度、操作规范等管理制度，认真填写运行日志，并定期进行检查。

第六十七条 建立对网络设备和传输设备的定期检修维护制度，保证设备完好、运行正常。

第六十八条 配备的 IP 电话，是安全信息网络系统的组成部分，专门用于安全生产的调度指挥和网络调试，固定在机房和调度室并保证畅通。

第六十九条 建立专用各类井下传感器、探头等检查、验收的责任制度，并按照有关规定定期校验。

第七十条 保证网络机房信息安全、防火、防盗、防静电、防雷、空调系统、UPS 电源系统等相关设施的完好及运行正常。

第七十一条 使用山西省煤矿瓦斯监测监控安全信息网络系统的封闭专用内部网络，严禁和其他网络（如：国际互联网）相接。

第七十二条 操作人员以及管理人员不得通过信息网络从事危害网络安全和公共安全、损害公众利益或侵害他人正当权益的活动，不得利用网络传播和发送与安全生产无关的其他信息。

第七十三条　网络管理人员根据需要为运行操作人员和用户设置密码，密码要注意保密，定期更换。用户按照各自的权限进行工作，不得越权操作。

第七十四条　监测专用计算机不得运行与监测系统无关的任何程序，严禁打字、上国际互联网、玩游戏等，上述现象一经发生，必须严肃处理。

第七十五条　监控室内微机必须配备指定防火墙设备，最大限度保证封闭网络漏洞，不受黑客攻击。

第七十六条　监控室内微机必须配备防病毒服务器及指定网络版防病毒系统，各应用服务器、网络工作站安装相应客户端防病毒软件，确保系统正常运行。

第七十七条　实时监测网络病毒，及时对系统升级，更新病毒库和客户端防病毒软件。

第七十八条　定期备份监测数据库信息，建立数据管理制度。

第七十九条　网络出现故障要立即报告，积极组织抢修，在尽可能短的时间内恢复正常，并将发生故障的时间、现象、原因、处理办法、恢复时间等做好记录。

第八十条　通信线路出现故障要立即与线路运营商取得联系，积极配合检修人员进行修复工作。

第八十一条　系统出现故障应立即向矿长报告，超过 1 h 向二级公司报告，超过 4 h 应向市煤炭行政主管部门报告，超过 8 h 应向省煤炭行政主管部门报告。有关部门接到报告后要按照规定立即采取措施。有故障不报告者，视为系统无故障停止运行。

第八十二条　系统操作人员应由具备煤矿专业和计算机专业基本知识工程技术人员担任，进行 24 h 值班和维护，并要求相对保持监管系统操作人员的稳定性。

第八十三条　安全监控系统操作人员必须进行系统运行技能和通风专业技术培训，经考核发证后，方可上岗。

第八十四条　必须按要求建立健全信息调度中心管理机构，负责管理煤矿瓦斯监测网络系统，要配备熟悉计算机和煤矿专业知识的技术人员，进行 24 h 值班和维护。

第八十五条　信息网络系统工作人员未认真履行职责，发生重大隐患未及时处理、上报的，由矿给予批评教育，依照有关规章制度给予处分；情节严重的，给予降级、撤职的行政处分；发生事故的，依法追究事故责任。

第七章　监测监控系统异常情况上报制度

第八十六条　监测监控系统值班人员负责矿井安全监控异常信息的调度工作，实时监测矿井瓦斯浓度、主要通风机状态、局部通风机状态、井上下通信状态、风门开关和设备馈电状态及网络通信情况。发现异常要及时按照矿制定的《监控系统异常情况处理流程图》进行调度报告，同时须将安全异常处理情况按要求上报二级公司及县、市煤炭主管部门。

第八十七条　监测监控系统值班员是矿井瓦斯实时监测、分站和传感器定义设置、指令调度的第一责任人。

第八十八条　监测监控系统异常报警信息必须认真核查、处理、备案和上报。矿井安全监控异常信息包括以下 12 种：

（1）瓦斯超限。

（2）主要通风机停风。

（3）局部通风机停风。

（4）风门处于常开状态。

（5）矿井监控系统全部无记录或部分无记录。

（6）无法向上级监控中心上传数据的。

（7）传感器报警点、断电点定义不当，导致异常断电的。

（8）传感器位置图纸填充不当。

（9）监控出现异常未进行调度汇报的或弄虚作假的。

（10）非法入侵网内其他机器以及危害网络数据安全传输的活动。

（11）调度指令不及时上报或上报指令弄虚作假。

（12）监控系统相关设备未按规定检测、校验、维护保养导致数据传输不正常的。

第八十九条 监测监控系统值班人员发现瓦斯超限报警、瓦斯曲线不正常、风机停风及设备开停断电报警等异常情况，必须立即汇报调度室，由调度值班领导负责组织隐患排查，并必须在6 min内将有关情况上报二级公司及县、市煤炭主管部门监控中心（传真方式），报告须具有矿值班领导签字。同时要在处理过程中每小时将处理情况上报二级公司及县、市煤炭主管部门监控中心备案，直至恢复正常。

第九十条 监测监控系统出现异常情况上传时，值班员对收到的上级监控中心的安全指令要及时通知调度值班领导和矿有关领导，并就整改情况上报上级监控中心。半小时内消除的安全隐患，只报送处理结果。

第九十一条 监测监控系统的异常信息处理实行矿长负责制，对异常信息的核查、调度、整改、上报制度负责。

第九十二条 监测监控系统中心须建立健全异常信息档案制度，包括运行记录、传感器和瓦检仪对照记录、检修记录、维护记录、交接班记录等。

第八章 安全监测监控系统设备和传输设备定期检修制度

第九十三条 安全监控设备以及传输设备投入使用前要在地面经 48 h 的通电运行，调试合格方可安装。安装后要进行运行前的调试，各项指标合格后方可使用。

第九十四条 安全监控设备以及传输设备投入运行的最初 2 日内，要进行第一次调试、校正。以后安全监控设备必须定期进行调试、校正，每月至少 1 次。

第九十五条 甲烷传感器每 15 天必须用校准气样和空气样调校一次，每 15 天必须对甲烷传感器超限断电功能进行测试。甲烷传感器的调校项目包括：零点、灵敏度、报警点、断电点、复电点、指示值和逻辑功能检验等。

第九十六条 安全监控设备以及传输设备应根据使用和运行情况适时全面检修。

第九十七条 检修与安全监控设备关联的电气设备，需要停止安全监控设备运行时，必须制定安全措施经及矿总工程师批准后，方可进行。

第九章 监测监控系统领导轮流值班制度

第九十八条 监测监控系统实行矿级领导 24 h 轮流值班制度，确保每天至少一名值班矿级领导负责监测监控系统运行管理工作。

第九十九条 维修值班人员必须执行 24 h 轮流值班，及时处理系统安全隐患，保证系统的完好性。

第一百条 值班领导、监控及维修人员值班要有值班记录，对未处理完的问题要有交接。

第一百零一条 值班领导必须了解监测监控系统运行情况，对存在的问题和安全隐患，现场落实人员进行处理，对一时不能处理的问题限定时间整改，存在的重大隐患按规定及时上报。

第一百零二条 调度室值班领导要及时对监测监控系统出现的问题和工作人员上报的相关数据进行分析处理，对相关责任人员进行责任追究。

第十章 煤矿监测监控系统故障报告制度

第一百零三条 监测监控系统一旦发生故障，值班人员应立即向值班领导报告，值班领导安排系统维修人员进行处理，未能自行处理的联系厂家售后服务人员进行处理，尽可能在短时间内恢复正常。发生故障超过 1 h 后得不到处理，应向二级公司报告，做好故障发生的时间、地点、现象、原因以及处理办法和恢复正常的记录，留档备查。

第一百零四条 网络出现故障时，值班人员要立即向值班领导和市煤管局报告，值班领导安排维修人员与市煤管局信息中心协调解决，在尽可能短的时间内恢复网络正常，并将发生故障的时间、现象、原因等及处理办法、恢复时间等做好记录。

第一百零五条 通信线路出现故障要立即与线路运营商取得联系，积极配合检修人员进行修复工作。

第一百零六条 如人为原因造成系统故障，除按规定上报外，对相关人员进行责任追究。

第十一章 系统安全保障措施

第一百零七条 安全监控装置的使用管理必须严格执行《煤矿安全监控系统及检测仪器使用管理规范》(AQ 1029—2019)。

第一百零八条 矿安全监控系统实行 24 h 值班制度，每班至少 2 人。工作人员应当具备计算机、煤矿安全及生产技术等专业知识。

第一百零九条 矿必须建立健全安全监控系统规章制度，配备相应的工作人员，保证 24 h 不间断值班。工作人员按特殊工种管理，经培训合格后持证上岗。

第一百一十条 矿必须为安全监控系统架设供电专线，安装防雷电接地装置，配备消防器材等安全防护设施，确保设备完好和传输数据准确。

第一百一十一条 安全监控系统应当配备防病毒软件，实时监测网络病毒，及时更新病毒库和客户端防病毒软件，并定期备份监测数据库信息，确保数据安全。

第一百一十二条 任何单位和个人不得擅自变更煤矿安全监控系统网络平台的设置和参数。

第一百一十三条 故意破坏、损坏、改变安全监控系统设施，造成安全监控数据上传中断或者数据失真的，由公安机关根据《中华人民共和国治安管理处罚法》的相关规定处理，构成犯罪的，依法追究刑事责任。

第十二章 瓦斯异常情况汇报程序及处理办法

第一百一十四条 瓦斯事故汇报程序和内容

(1) 瓦斯异常和安全监控系统发现异常情况汇报程序及内容：

①瓦斯超限（无计划）汇报程序。监控员将瓦斯超限情况立即报告调度室值班人员，由值班人员下达停止作业、停电撤人命令，向值班领导和上级有关部门及时汇报并做好相关记录。值班领导安排有关技术人员核实、查明原因，安排相关人员落实处理。处理完成后，监控员将处理情况反馈至值班调度员，由其向值班领导和上级有关部门汇报处理结果并做好记录。

②瓦斯超限（有计划）汇报程序。要进行瓦斯断电试验等有计划的瓦斯超限时，监控员向上级部门提前一天汇报，同时报告调度室负责人，由调度室值班人员下达停止作业、停电撤人命令，并向值班领导和上级有关部门反馈情况，并做好相关记录。

③汇报内容：发生时间、地点、监控系统异常情况。

(2) 异常情况处理正常后汇报程序及内容：

①汇报程序。异常情况处理完成后，监控员将处理情况反馈至值班调度员，由其向值班领导和上

级有关部门汇报处理结果并做好相关记录。同时，由值班领导下达恢复生产命令。

②汇报内容。发生时间、地点、监控系统异常情况及原因、处理情况、处理结果。

第一百一十五条 责任划分

（1）监控员：

①有计划停电停风造成瓦斯超限：应提前汇报调度室计划停电情况并做好记录，待瓦斯超限时再汇报调度室瓦斯超限情况并做好记录。

②其他原因瓦斯超限：立即汇报调度室并做好记录。

③注意事项：汇报、记录时必须准确到几时几分几秒。汇报、记录时瓦斯超限地点必须要详细。当瓦斯超限短时间未解决时必须再次汇报瓦斯超限处理的进展情况。任何时候不得离岗，特别是瓦斯超限时间。

（2）调度员：

①接到监控员的汇报后必须做好详细记录。

②立即通知超限地点瓦检员负责查明瓦斯超限原因并做好记录。

③汇报矿值班领导并做好记录。

④注意事项：接汇报和下达指令必须记录清楚。

（3）瓦斯检查员：

①若井下因故瓦斯超限，且瓦斯检查员在现场知道缘由，应立即汇报调度室。

②接到调度室通知后若知道瓦斯超限原因，应立即汇报瓦斯超限原因。

③接到调度室通知后若不知道瓦斯超限原因，应立即赶赴瓦斯超限地点。

④核实现场瓦斯是否超限等基本情况，并将查明结果汇报调度室。

⑤采取措施解决瓦斯超限，当自己解决不了或一时解决不了时：应按现场情况采取相应（如停工、断电、撤人、设栅栏等）措施，应派人通知现场跟班矿长到现场；应汇报调度室通知矿值班领导。

⑥瓦斯超限期间瓦斯检查员不得离开现场，并应组织现场工作人员及时按规定处理。

（4）跟班矿长（总经理）。当接到瓦斯超限汇报后应立即赶赴瓦斯超限现场，查明瓦斯超限原因，组织井下职工按规定处理瓦斯超限。及时向调度室说明瓦斯超限基本情况及瓦斯超限处理进展。

（5）值班矿领导。立即查明井下瓦斯超限原因，并上级有关部门汇报。跟踪瓦斯超限处理措施的落实情况，做好撤人、停电等处理过程的工作落实。若瓦斯超限处理涉及机电部门时，应及时通知机电副矿长、机电科科长、机电队队长到矿调度室待命。处理结束，恢复正常后，及时向上级有关部门汇报。填写瓦斯超限记录中的处理流程。通知总工程师和该次瓦斯超限相关人员召开瓦斯超限分析处理会。

（6）总工程师。制定瓦斯超限处理措施。组织本次瓦斯超限相关人员召开瓦斯超限分析处理会。制定避免瓦斯超限所采取的补救措施。

第一百一十六条 甲烷超限断电闭锁功能测试汇报和处理。根据煤矿安全监控系统及检测仪器使用管理规范（AQ 1029—2019）要求，每隔 15 天必须对甲烷超限断电闭锁功能进行测试，当上级部门检查或安全监测监控系统安装维护完毕后需要做甲烷超限断闭锁功能测试。

（1）监控中心值班人员：

①每隔 15 天的甲烷超限断电闭锁测试，必须在测试前一天向集团公司及上级煤管部门发送传真，提出闭锁测试申请，同意测试后方可通知监控维修人员按照要求进行闭锁测试工作，申请必须有总工程师签字。

②在闭锁测试当日，必须在测试之前通知采、掘、机、通科长及相关矿领导，提前说明因进行闭锁测试将导致井下采掘工作面的甲烷传感器发生超限和故障情况。

③闭锁测试完毕后，必须及时手动给采、掘、机、通科长以上（包含科长）矿领导、矿分管领导以及矿长发送短信，短信内容说明闭锁测试情况和完成情况。

④在闭锁测试完成后的当日向二级公司及当地应急管理部门发送三大闭锁测试记录表传真。

⑤在井下做闭锁测试的同时，及时处理生产和安全实时监测子系统上的报警，同时必须认真做好各种记录并填写表格，如：瓦斯异常记录、故障记录、三大闭锁测试记录等。

（2）监测工：

①在每个地点做闭锁测试之前，必须向调度室打电话提出申请，说明测试人、所在的地点，在调度室同意测试后，方可在井下做闭锁测试。

②一个地点闭锁测试完毕后必须给监控中心值班人员打电话，询问是否有漏测的项目，若没有方可进行下一地点测试。

③在所有的地点都完成闭锁测试后，要首先向生产调度值班人员汇报测试情况以及是否能够实现闭锁，同时在闭锁测试的时候若有异常情况，必须立即向生产调度值班人员汇报。

第一百一十七条 瓦斯超限处理办法

（1）当矿井安全监控系统监测到瓦斯超限时：

①监控中心值班人员必须做到立即发现，5 min 内向采、掘、机、通队长以上（包含队长）矿领导、矿分管领导以及矿长发送短信，并同时向矿调度值班人员、通风科值班人员汇报，认真观察瓦斯浓度变化值，并将气体变化情况及时汇报相关部门；查明原因，并按规定程序及时报上一级网络中心。处理结果应记录备案。

②当瓦斯浓度达到断电点，馈电传感器未反馈断电信号时，立即手动遥控切断瓦斯超限区域的非本质安全型电源。

③当系统显示井下某一区域瓦斯超限并有可能波及其他区域时，监控中心值班人员应手动遥控切断瓦斯可能波及区域的电源。

④当瓦斯浓度降到复电浓度以下，经瓦检员现场检查超限区域气体恢复正常，监控中心值班人员接到复电命令后方可解除“断电命令”。

⑤通风科在接到监控中心值班人员汇报后要立即组织人员查明报警原因，确认报警的类型，若是安全监控系统故障而引起的误报警，必须立即组织监测工下井处理故障，处理完毕后汇报调度室。

⑥生产调度值班人员接到瓦斯超限汇报后，立即向矿值班领导、通风副总工程师、安全副矿长、通风科负责人详细汇报瓦斯超限情况，若非安全监控系统故障而引起的瓦斯超限，矿值班领导按规定指挥现场人员停止工作，断电时撤出人员。生产调度值班人员做好相关记录，并落实停电、撤人及处理情况。处理结果应记录备案。

（2）当安全监控系统显示主要通风机主备风机或局部通风机主备风机同时停转时：

①监控中心值班人员立即向生产调度值班人员、通风科值班人员汇报，并将气体变化情况及时汇报相关部门。

②监测区域的主要通风机或局部通风机停运期间，监控中心值班人员应认真查看停风区域的各类监测数据，并对监测情况及时汇报相关部门，直至恢复正常。

③生产调度值班人员接到监控中心汇报后，若非安全监控系统故障而引起的同时停转（即假停转）时必须立即停电、撤人，通风副总工程师、安全副矿长、当天值班矿领导、通风科负责人详细汇报情况，做好相关记录，并落实停电、撤人及处理情况。处理结果应记录备案。

（3）当井下作业人员检查到瓦斯超限时：

①瓦检员、安检员发现瓦斯超限时，必须立即停电、撤人，然后向生产调度值班人员、通风科值班人员汇报瓦斯超限地点、浓度、超限范围。

②其他人员发现瓦斯超限时，必须立即停电、撤人，然后向生产调度值班人员、通风科值班人员

汇报。

③井下作业人员，发现各类探头报警或安全隐患时，应立即向生产调度汇报。

④生产调度接到瓦斯超限汇报后，向通风副总工程师、安全副矿长、当天值班矿领导、通风科负责人详细汇报瓦斯超限情况，并做好相关记录，并落实停电、撤人及处理情况。处理结果应记录备案。

第一百一十八条 瓦斯事故分析总结。瓦斯事故处理完毕后，监控中心值班员立即将处理结果向采、掘、机、通科长以上（包含科长）领导、矿分管领导以及矿长发送短信。矿调度召开事故总结会，分析瓦斯超限的原因或监控系统发生异常的原因以及应急处理过程中存在的不足，为预防和处理应急事件再次发生总结经验，通风科认真做好瓦斯防治工作，为煤矿的安全生产保驾护航。

第一百一十九条 相关要求

（1）相关领导及有关岗位人员必须熟练掌握本程序，要严格按程序及有关规程、措施指挥，不得有误。

（2）各岗位人员必须严守工作岗位，服从指挥，绝不能脱岗。

（3）严格按照本规定程序做好监测、检查、汇报处理、调度指挥及记录工作。

（4）监测监控室必须保证通信系统畅通。

（5）对违反本制度，造成隐患处理不及时的当事人，视情节轻重，要追究其责任，严重的移送司法机关处理。

第十三章 监测监控系统报警信息处理制度

第一百二十条 安全监控系统报警情况种类

（1）瓦斯浓度、一氧化碳浓度、温度、风速等超限报警。

（2）主要通风机停风报警。

（3）局部通风机停风或风筒风量低于规定值报警。

（4）馈断电异常报警。

（5）监控设备数据中断报警。

（6）监控系统网络传输无记录报警。

（7）监控系统故障报警。

（8）其他异常情况报警。

第一百二十一条 监控系统报警信息处理程序

（1）值班人员发现瓦斯超限、主要通风机停风、局部通风机停风、风筒风量低于规定值、监控设备数据中断等报警信息，应立即通知矿调度室，下达停止作业或撤出人员的命令，同时报告矿长、总工程师，并在10 min内向二级公司及当地应急管理部门煤矿安全监控中心书面报送“煤矿安全监控系统异常情况报告卡”，无法书面报告的，用录音电话报告。

（2）值班人员发现馈断电异常、一氧化碳超限、温度超限、风速超限、监控系统故障等异常报警信息，应立即通知调度室，同时在10 min内向二级公司及当地应急管理部门煤矿安全监控中心书面报送“煤矿安全监控系统异常情况报告卡”，无法书面报告的，用录音电话报告。

（3）矿监控中心接到二级公司及当地应急管理部门煤矿安全监控中心下达的“安全监控质询通知书”后，应立即填报“煤矿安全监控系统异常情况报告卡”；接到二级公司及当地应急管理部门煤矿安全监控中心下达的“安全监控强制措施决定书”后，应立即停止作业、撤出人员，并查明原因、提出处理意见、并将处理情况以“安全监控隐患处理报告”报二级公司及当地应急管理部门煤矿安全监控中心。

（4）矿长（总经理）、工程师、跟值班矿长、安全管理部门负责人在接到安全监控系统地面中心站（调度室）或二级公司及当地应急管理部门级煤矿安全监控中心有关井下作业参数与状态异常报警的报告时，要立即组织安全管理人员和工程技术人员进行处理。瓦斯达到撤人浓度时，必须先撤出井下作业人员，再查明原因，及时、正确处理。

（5）对于安全监控系统网络传输无记录而上传软件运行正常时，及时报二级公司及当地应急管理部门煤矿安全监控中心，协同处理故障。处理完成后，值班人员做好相关记录。

（6）矿有计划停电时应提前报二级公司及当地应急管理部门煤矿安全监控中心；无计划停电时应有停电事故应急预案，严格执行停电、停风、瓦斯超限撤人和排放瓦斯制度。

14.38 监测监控系统报警信息处理制度

为有效排除井下瓦斯安全隐患及监测监控系统故障，做到早预防、早处理，促进安全生产，结合实际，制定本制度。

第一条 调度大厅在监测到井下工作面甲烷传感器报警后，由监控人员第一时间通知调度员、值班领导，随后通知总工程师、安全矿长、机电矿长、矿长（总经理），并做好通知记录。

第二条 报警后，调度员、值班领导立即向井下报警点负责人询问报警原因，工作面瓦斯情况，下达是否撤人及撤人范围等命令。

第三条 调度员、值班矿长在了解基本情况后，立即向二级公司调度室汇报相关情况，并征求处理意见，在矿领导未给出明确处理意见前不得向井下发出处理的命令。

第四条 调度员、值班领导在得到二级公司处理命令后向井下监测工发出处理命令。

第五条 井下监测工和施工队人员在甲烷传感器报警后，未经调度室通知不得私自处理，否则后果自负。

第六条 监测工把处理情况反馈到调度室，调度员及值班领导根据甲烷传感器运行情况及现场瓦斯情况下达是否进入人员或生产命令。

第七条 井下施工工作面，由于爆破、移动等原因造成甲烷传感器报警，要先向调度室汇报，不经调度室命令，不得私自采取任何措施处理。

第八条 在线传感器运行异常处理程序及要求

（1）调度大厅监控员在监控到传感器数值偏大、偏少、负偏、断线等现象后，首先向调度员及值班领导汇报，并做好记录。

（2）监控维护人员在接到通知 2 h 内必须处理到位，处理后应向调度室汇报，对不能在规定时间内或不能处理的要说明情况及解决时间。

第九条 监测监控设备故障规定

（1）对井下各种传感器存在的故障，监控维护人员提前向调度室进行汇报，并及时根据情况采取维修、更换、增添等措施。

（2）便携式甲烷报警仪由监控维护人员进行定期标校、填写记录，对出现老化、过期等现象，由调度室监控维护人员负责维修、更换、处理。

（3）监控维护人员要对监控中心的主机、备机、备用电源、监控分站、线路等设备加强日常检查，确保安全可靠运行，出现故障后，立即向调度室汇报，调度室向二级公司汇报并经同意后进行处理。

14.39 安全监控值班制度

为了进一步规范管理，强化安全监控值班人员责任意识，保证井下安全监控系统正常运行，及时发现和解决生产中存在的问题，结合本矿矿井实际，特制定本制度。

第一条 安全监测监控人员必须经过专业培训，经有关部门考试合格并持证上岗。

第二条 严格执行上级有关精神，认真做好本职工作。

第三条 认真学习专业知识，不断提高业务水平。

第四条 机房监测人员要严格执行24 h值班制度，不得空岗和缺岗，上岗要认真操作，严禁擅离职守，严禁打盹瞌睡会私客。

第五条 严格执行交接班制度，按时交接班，做到无人接班不离岗，故障处理不清不交接班，认真做好记录。

第六条 要时刻注意安全监控系统运行情况，认真监视监视器所显示的各测点变化等信息情况，认真填写当班运行情况记录。发现报警、断电、分站通信中断等异常情况，要立即向调度室及值班领导汇报，立即通知安全监控维护人员处理。

第七条 确保室内清洁卫生，以确保设备正常运转。

第八条 严格执行监控系统的有关管理规定，不得随意开、关机。

第九条 系统改变各种数据和图案，未经领导批准，不得随意进行操作，确保系统正常运行。

第十条 负责将《安全监控日报》和《报警断电记录月报》报矿长、矿总工程师签字，并做好《中心站运行日志》记录。

第十一条 安全监控管理人员要根据采掘情况及时绘制补充安全监控系统图和接线图，同时更改安全管理牌板内容。

14.40 瓦斯实验室管理制度

第一章 瓦斯实验室职责

第一条 负责实地采集各个测试点的样品，及时测试和分析相关数据，并第一时间反馈到各采掘队组、矿总工程师和矿长。

第二条 负责矿井瓦斯预测、瓦斯抽采、瓦斯突出防治数据的全参数测试。

第三条 掌握矿井煤岩吸附特性、瓦斯赋存特性、瓦斯突出特征等相关联的因素，为瓦斯抽采、瓦斯突出防治提供技术支持。

第四条 完成矿领导安排的其他工作。

第二章 实验室仪器管理制度

第五条 仪器规范化操作要求

（1）操作人员熟悉实验室内所有设备的原理，严格执行实验的操作规程，以及相应的注意事项，防止仪器损坏。

（2）使用仪器前先检查仪器是否完好，专门仪器专人使用操作。

（3）仪器不得“带病”工作，发现故障应及时汇报通风科，并由通风科长组织人员进行维修。

（4）实验室实行专人管理，不得随意将室内设施移动或挪作它用，更换过的器具及设备应放在指定的位置。

（5）实验过程中如发生异常情况应及时汇报通风科，发生大的意外情况应及时汇报本矿领导。

（6）各工作人员必须遵守相关规定，并做到不迟到，不早退，认真，细心，精心。严格按照操作规程完成每一项实验，及时完成领导布置的任务。

第六条 仪器维护与保养管理制度

（1）仪器必须按规定定期检查，所有设备必须按照工作要求进行测试和调校、定期维护和保养、定期加油加水，保证设备灵敏可靠，正常运转。检查合格后才能继续使用。

（2）仪器借用要办理登记和审批手续，借用前后，对仪器质量状况进行检查。外借仪器要及时收回，并做好交接工作。对借用过程中造成的损坏情况，主管领导视情况及时做出相应的处理意见。

（3）精密仪器的校准

操作人员在使用仪器前后，应按照技术规程和说明书，采取自校、比对等方法，校准主要性能参数，保证仪器的准确度和量程范围符合要求。实验室天平必须在合格证到期前及时重新鉴定，更换新合格证，保证天平精度。标气瓶在合格证到期之前及时上报，更换新气，保证实验精度。实验室仪器设备清点清楚并建立实验室仪器档案，留存电子档。若设备更换或更新，置换或更改位置，及时记录。

第三章　实验室环境管理制度

第七条　实验室布局合理，便于工作，周围环境和测试项目间不产生干扰和交叉污染。

第八条　对温度、湿度有严格要求的测试实验所在场所，必须配置相应设施及监控设备，并对测试时的环境条件进行记录。

第九条　对有振动要求和易产生较大振动的实验项目，应有隔振防振措施。

第十条　精密仪器不得与化学分析实验用品混放，避免仪器受潮以及受酸碱等化学品腐蚀。

第十一条　实验区域与办公区域适当分开，并对进入和使用可能影响工作质量的区域进行限制和控制。

第十二条　有良好的内务管理，保持实验室的清洁、整齐、明亮、安静。

第十三条　保持实验室环境整洁，注意操作细节，避免由于操作人员失误给实验室带来沾污。经常彻底清洁实验室及其设备，严禁用扫帚扫地，尽量不用电风扇，避免扬尘和过分潮湿。

第十四条　工作人员上班前要打扫室内卫生，做到无积灰、无垃圾。进入操作间应更换衣、帽和鞋，严禁将与实验无关的物品带入实验室，避免污染、影响实验操作；仪器设备应整齐清洁，不准存放其他与实验无关的物质。

第十五条　实验中不慎将药剂洒落到仪器、桌面、地面上应及时清理干净。

第十六条　不同项目的台面和物品不准混用。

第四章　实验室安全管理制度

第十七条　实验室负责人全面负责实验的安全，所有实验人员应严格贯彻“预防为主、安全第一”的方针。

第十八条　实验室内不得存放过多的易燃和易爆品，实验中使用的易爆易燃品，必须存放在远离热源、不受阳光直射的地方，指定专人保管。

第十九条　工作人员要熟悉实验室内所有设备的原理，严格遵守实验的操作规程，以及相应的注意事项，防止仪器损坏。

第二十条　实验前首先打开空调并打开排气扇，保持恒温。室内实验易产生易燃、易爆气体，故实验室内严禁烟火、禁止吸烟。

第二十一条　非工作人员不得进入本实验室（如需要必须执行相关手续），非工作人员不得随意触动各种仪器开关及气体、液体阀门等。

第二十二条　实验室内必须配备通风、防尘、排气管道及消防灭火器材等安全设施，健全相应的消防制度，消防器材的完好情况应每周检查一次，以保证随时可供使用。

第二十三条　实验前必须正确估计易发生的安全问题并做好安全防护工作，严格遵守安全操作规程，重大仪器设备要事先制定好安全操作规程。

第二十四条　实验前要进行全面的安全检查，如有运行中的仪器设备现场必须有人监守；实验室使用电、气、水、火时，应按有关规则进行操作，保证安全；实验完毕离开实验室之前要关好门窗，切断电源、火源，关闭各种气体阀门，使用的工具应放回指定位置。

第二十五条 实验过程中，操作转动机械过程时不得戴手套作业。不准酒后上岗、岗位中不准睡觉、不准干与工作无关的事情。

第二十六条 高压气瓶分类妥善保管，远离火源、热源，避免暴晒及强烈振动，并对其进行固定，最好隔离放置。

第二十七条 在每日实验工作结束后应仔细检查水、电、气源的完好、关闭情况。

第二十八条 实验人员应本着实事求是的精神、杜绝弄虚作假、保证数据的真实性、有效性，并对实验结果负责。

第二十九条 实验室内不得吸烟、不得高声喧哗和嬉闹。

第三十条 进行有危险的实验操作应事先书面申请（含应急方案），经批准后再进行。

第五章 实验室安全用电制度

第三十一条 用电线路和配置应由专业电工安装检查，不得私自随意拉拦。

第三十二条 专线专用，杜绝超负荷用电。

第三十三条 使用烘箱、电路等高热电气要有专人看守。温箱需要长时间试用检查， 确实恒温后方可过夜使用。

第三十四条 不使用电气时，必须拉闸断电或拔下插头。

第三十五条 保险丝烧坏要查明原因，更换保险丝要符合规格，并由专职电工更换。

第三十六条 经常检查电路、插头、插座，发现破损立即维修或更换。

第六章 实验室样品资料管理制度

第三十七条 样品管理

（1）样品接收。接收时对每份样品要填写详细记录，如采样的地点、时间等。建立样品登记台账，保证正常的样品流转、贮存。

（2）实验室配备样品柜，对样品的保管、传递、处理等过程进行严格管理，以确保样品不污染、不损坏、不变质，保持完好的原始状态。

（3）样品应规定保存期限。日常瓦斯含量测定煤样，当月底最后一个工作日清除上月存留煤样。其他测定煤样存留3个月，每月清理一次。样品送达或现场实验时间确认后，必须在规定时间检出，特殊情况需分管领导批准。

（4）样品存放。样品保管必须进行标识、分类保管，必须按照样品性质妥善存放。建立相关煤样存留记录台账，台账详细记载相关实验结果。样品存放场所应保持清洁，摆放整齐有序。需要复验用的备用样品，应妥善保存并做好标识和记录。

（5）样品的领用和退回，应办理交接手续，做好清点核实工作，交接人员应在记录上签字。

第三十八条 实验数据及资料管理

（1）做好实验的原始记录和数据处理，公正、准确及时地出具检验报告，并将原始记录和实验报告存档。建立各实验结果记录台账，便于及时查询。

（2）实验室设置资料室，数据等资料要及时保存，做到不同类别、不同载体分别存放，实现统一管理。原始资料经分管领导批准，可查阅，不得外借。数据资料保存时间不少于一年。

（3）实验报告单要与存留煤样相对照。

（4）做好各实验结果的记录统计汇总工作，总结实验结果，查找规律。

第七章　实验室“三废”处理制度

第三十九条　实验室要按照国家公布的环境保护法规，处理好“三废”（废水、废气、废渣），不得随意乱倒、乱放、乱排。

第四十条　含有剧毒的药品集中倒入废液缸内，经化学处理后深埋。

第四十一条　不遵守制度造成污染的，要按相关制度处理；造成人身危害的，要追究相关责任。

第八章　瓦斯实验室安全事故应急预案

第四十二条　实验室常用的浓硫酸属于强腐蚀化学药品，在试验过程中如不慎将浓硫酸洒在衣服或者手上发生烧伤时，应迅速解脱被污染的衣服，及时用大量清水冲洗干净皮肤，保持创伤面的清洁，或用适合于消除这类烧伤的特种溶剂、溶液仔细洗涤烧伤面。常用的甲苯属于剧毒化学药品，在实验过程中一定要小心谨慎，用完后一定要由专人妥善保管。

第四十三条　实验室存放的高压瓦斯气体钢瓶属于易燃易爆危险品，如不慎发生气体泄漏，应尽快打开门窗进行通风，同时关紧气瓶阀门。如遇阀门损坏，应尽快组织人员将气瓶转出实验室，搬至离工作场所较远的空阔地方，同时通知有关部门进行妥善处理。

第四十四条　若发生被盗、失窃等事故后，应立即向保卫科报告，并保护好事故现场，协助公安机关破案。

第四十五条　实验室内，空气瓶和有气瓶采取分区置放，并标识。

第四十六条　当发生火灾时，应立即使用灭火器灭火，并打火警电话。

第四十七条　如果发生气瓶爆炸伤人时，应立即采取急救措施并打急救电话。

14.41　瓦斯检查仪器、仪表使用维修管理制度

第一条　便携式瓦斯检测仪的管理制度

（1）矿长、矿总工程师、采掘队长、通风科科长、瓦斯抽采队队长、爆破工、工程技术人员、班组长、流动电钳工、安检员下井时，必须携带便携式瓦斯检测仪。

（2）仪器配备工作由安全科负责，使用单位负责提供需配备仪器人员名单，通风科审查后由安全科按名单发放仪器。

（3）各使用单位新增人员，工种变动或调离人员由本单位及时报通风科，通风科负责变更配备名单。

（4）便携式瓦斯检测仪实行集中管理，统一编号、统一发放。

（5）便携式瓦斯检测仪实行固定班发放，集中进行充电、放电，并要建立领发台账。

（6）使用人员持专用牌领取使用，班后按时交还，并严格按照规定使用。使用人员必须熟悉工作地点甲烷浓度的有关规定和仪器使用的基本知识。

（7）佩戴便携式瓦检仪的人员下井后，不许随意关闭开关，按规定带在身上的人员必须佩戴在身上，不许挂在别处或装入口袋，做到机随人走。

（8）在使用过程中，若发现仪器有异常现象时，下班后要向仪器发放人员反映故障情况，以便及时处理。

（9）使用人员要爱护仪器，不能乱扔乱放，以免损坏丢失；若丢失、损坏要酌情或照价赔偿。

（10）所有应佩戴便携式瓦检仪的人员下井不佩戴或不使用，按违章论处。

（11）通风科每月对便携式瓦检仪的校正、发放、维修和使用情况进行一次全面检查，包括数量（账、卡、物相符）完好性及存在问题，并协调解决。

第二条　光学瓦斯检定仪的管理制度

（1）巡回瓦斯检查员、采掘工作面的专职瓦斯检查员每人固定配备一台光学瓦检仪，做到专人使用。

（2）通风科设立光学瓦检仪存放柜，实行集中管理，统一发放。

（3）存放柜的仪器必须按要求摆放整齐。

（4）瓦斯检查组组长负责仪器的日常维护工作，保证仪器完好合格，外观整洁。

（5）维修人员要及时填写仪器日检查记录和仪器维修台账。负责仪器的日常维修，中小及大修的选送工作。

（6）通风科必须建立仪器保管、使用、报废和维修台账。

（7）所有领取仪器的人员，在工作中必须爱护仪器，防止碰撞振动，严禁随意将仪器放在工作场所，严禁拆卸仪器；损坏丢失仪器按价赔偿。

（8）使用人员下井前应仔细检查仪器是否完好，严禁将不完好的仪器带入井下，在使用过程中要严格按照《操作规程》进行操作，发现问题及时和通风科值班室联系，采取相应措施。

第三条 发放人员每班提前半小时，对使用的仪器进行一次全面详细的完好检查，对便携式瓦斯检测报警仪的“零点”“示值”至少使用1%的标准气样进行检测，仪器不完好或误差超标的不得发放。使用人员领取仪器后，要检查其完好情况，不合格仪器要立即更换。

第四条 仪器检修人员对光学瓦斯检查仪每半个月校验一次，每季度校正一次，对便携式瓦斯检测报警仪每15天使用标准气样和空气样进行一次调校并做好记录。

第五条 安监监测监控甲烷传感器的使用维护管理由调度室监控维护组按照有关规定使用及维护。

第六条 所有仪器每年必须接受技术监督局强检一次，保证仪器在强检有效期内。

第七条 仪器抽查管理制度

（1）通风科每月对在用仪器使用、维修情况进行一次抽查，抽检率不得低于10%，每季度组织一次大抽查，对应用和备用的仪器全面检查一次。

（2）通风科要不定期对管理发放人员岗位标准化操作进行抽检。

14.42 综合防尘系统管理制度

第一条 明确防尘机构的设置

组长：矿长。

常务副组长：矿总工程师。

副组长：安全矿长、机电矿长、生产矿长。

成员：通风科长、地测防治水科长、机电科长、生产技术科科长、安全科科长、综采队队长、综掘队队长、机电队队长、机运队队长、瓦斯抽采队队长、洗煤厂厂长、销售科科长。

第二条 必须要有完善的防尘供水系统，管路要铺设到所有能产生沉积粉尘的地方，未经矿总工程师批准，任何人不得随意改变。

（1）各采掘队（厂）组负责各自所辖区域内防尘管路的安装及维护工作。

（2）通风科负责井下各采区回风巷及回风大巷防尘管路的维护工作。

（3）机运队负责井下各采区皮带巷、轨道巷、皮带大巷及轨道大巷防尘管路的维护工作。

（4）机电队负责井上主防尘管路的日常维护工作，负责井筒及地面防尘管路的维护工作。

第三条 井筒及大巷防尘管路管径不低于159 mm；采区防尘管路管径不低于108 mm；综掘工作面、综采工作面机巷防尘管路管径不低于75 mm；其他地点防尘管路管径不低于50 mm。同一区域管路直径大小统一，不得有软管连接。

第四条 防尘供水系统中必须安装过滤装置，保证水的清洁，水中悬浮物含量不得超过30 mg/

L，粒径不大于 0.3 mm，pH 值应在 6～9 范围内，如水源属严重的酸性水，必须设碱化处理设施。

第五条　地面静压水池容量不得小于 200 m^3，并设有备用水池，贮水量不得小于井下连续工作两小时的用水量，备用水池贮水量不得小于出水池的一半。

第六条　防尘管路要安设平直，吊挂牢固，小于或等于 90°的拐弯处要设弯头，不拐死弯，接头严密不漏水，否则罚款×××元/处。

第七条　井下每个产尘点粉尘浓度每半月测定一次，井上每个产尘点粉尘浓度每月测定一次；每半年对粉尘的分散度及粉尘中的游离二氧化硅含量测定一次；煤层、岩层采掘工作面有变动时应及时进行测定，若逾期未进行测尘或未按期对粉尘参数进行测定，处罚×××元/次。

第八条　通风科每半月向本矿领导报送一份测尘报表，以便各级领导掌握粉尘浓度变化情况。

第九条　防尘系统的规划、设计及投产验收等应有通风科人员参加。

第十条　各项综合防尘设施必须挂说明牌管理，需写清地点、设施名称、规格、数量、负责人等内容，做到管理明确，责任到人。

第十一条　通风科应按时绘制防尘系统图，填写测尘台账、防尘设施管理台账、隔爆设施记录、巷道冲洗记录等，做到整齐、清楚、数字准确，并与现场相符。

第十二条　通风科瓦斯检查员对所管范围的粉尘情况和防尘设施的使用、完好情况负有检查、监督的责任，若检查发现有人为损坏防尘设施现象，对责任人进行罚款×××元/次。

第十三条　通风科每周组织人员对井下防尘设施进行逐一排查，发现问题立即组织相关队组进行整改，若责任队组未按期进行整改，罚款×××元/处。

第十四条　在生产期间不使用防尘设施的队组或个人，一经发现对相关队组或个人罚款×××元。

第十五条　各队组负责加强职工防尘知识培训宣传工作。

第十六条　通风科负责推广喷雾自动化装置、粉尘抑制剂等新兴技术在井下的应用。

第十七条　井下各产尘地点工作人员必须佩戴防尘口罩。

第十八条　防尘设施管理牌板要求

（1）防尘设施牌板应统一制作固定架，且吊挂高度为牌板底部距巷道底板 1.5 m。

（2）所有牌板必须保证内、外表面清洁干净。

（3）牌板内容必须与实际相符。

（4）所有防尘设施牌板必须用统一制作的固定架固定，不得用铁丝随意捆绑吊挂。

第十九条　粉尘测定要求

（1）总粉尘：作业场所的粉尘浓度，井下每月测定 2 次，粉尘分散度每 6 个月测定一次。

（2）呼吸性粉尘：采掘工作面每 3 个月测定一次，其他工作面或作业场所每 6 个月测定一次；先后采集的样品不得少于 4 个。

（3）定点呼吸性粉尘每月测定一次。

（4）粉尘中游离 SiO_2 含量每 6 个月测定一次，在变更工作面时必须测定一次，各接尘作业场所每次测定的有效样品数不得少于 3 个。

（5）严格按照生产工序全面测量，严禁漏测。

（6）在测尘过程中要做到真实有效，严禁弄虚作假。

第二十条　粉尘消除

（1）主要进风巷、主要回风巷、采区轨道巷每半月冲刷一次巷道。

（2）采区回风巷、皮带运输巷每半月冲刷一次巷道。

（3）采煤作业面每天冲刷一次巷道积尘。

（4）煤岩巷掘进工作面至开口处前后、左右 10 m 以外的巷道每天冲刷一遍，距迎头 30 m 内的巷帮爆破前后冲刷一遍。

（5）严格按冲尘周期冲尘，并填好冲尘记录。

（6）冲尘由通风科监督检查。

第二十一条 粉尘治理

（1）爆破作业点坚持湿式钻眼、冲洗巷帮巷壁，使用水泡泥、爆破喷雾、装岩煤洒水和净化风流。

（2）机采机掘工作面、采掘机械坚持使用内外喷雾装置，放煤、移驾自动洒水降尘。

（3）采掘工作面回风巷、采区回风巷、采区运输巷、回风大巷、运输大巷坚持安设使用风流净化水幕。

（4）加强综合防尘技术管理，本矿开拓延深、采区准备、巷道掘进的防尘设施要与主体工程同时设计、同时施工、同时投产，所有防尘设计和防尘措施都必须由生产系统相关管理部门和工会审查通过方可施工。工程竣工按规定竣工验收。

（5）井下防尘管路满足生产和防尘洒水的需要，防尘管路必须敷设到所有的采掘工作面、溜煤眼、翻罐笼转载点、回风工作面、回风道等产尘点。

（6）井下主要运输巷、主要回风巷上下山及正在掘进的巷道以及采煤面回风巷敷设的防尘管路上每隔100 m，主皮带大巷每隔50 m必须敷设一个三通阀门，以供清洗巷道。进回风巷口以里50 m、安全出口以外20～50 m范围内各安装一道水幕，并能覆盖全断面。掘进工作面60～200 m范围内按规定安设隔爆水棚及岩粉棚，装置安设符合相关要求。其他巷道也必须按规定设置，并每周至少检查一次。

（7）井下南北翼、各相邻的采区、相邻的采煤工作面间、煤层掘进巷道同其他相连的巷道间、煤仓同与其相连通的巷道间、采用独立通风并有煤尘爆炸危险的其他地点同与其联通的巷道间，必须用水棚或岩粉棚隔开。

（8）积极推广运用新技术，提高本矿防尘管理技术水平。

（9）必须加强职工个体防护管理，确保职工身体健康。

14.43 综采工作面综合防尘管理制度

第一条 工作面作业规程中必须详细制定出本工作面的综合防尘措施，画出本工作面的综合防尘系统图，标出防尘设施、设备的相应位置，各责任队组严格按照安全生产标准化要求安装防尘设施。

第二条 工作面两巷必须按标准要求设置防尘洒水管路，管路管径不得低于75 mm，吊挂平直不漏水，风巷每100 m、皮带巷每50 m设置一个“三通阀门”，并配备$\phi 10\times 50$ m软管，若检查发现未按规定设置“三通阀门”或配备软管，罚款×××元/处。

第三条 工作面供水管路系统中必须按照规定要求安设过滤器、增压装置。

第四条 采煤工作面进回风巷距工作面30 m范围内加设两道全断面喷雾，回风巷距工作面80 m范围内加设一套气水两相全断面喷雾，并配套安装粉尘抑制剂加液装置，回风巷口50 m范围内加装一道全断面喷雾并实现粉尘浓度自动控制，进风巷口50 m范围内加装一道全断面喷雾并实现与皮带的联动。喷雾要求喷头灵敏可靠，使用正常，并能封闭断面，进入喷雾的水必须经过有效的过滤净化。若检查发现未按规定移设全断面喷雾或未按规定使用粉尘抑制剂，罚款×××元/次。

第五条 液压支架应安装自动化喷雾装置，并配套安装粉尘抑制剂加液装置，降架、移架或落煤时能实现自动喷雾。移架时，必须能够自动打开下风侧一道架间喷雾，形成净化水幕，否则不得移架。放顶煤时必须能及时自动开启一道架间喷雾降尘。每隔10架支架安装一道全断面喷雾，随采煤机更替开启。采煤机红外扫描装置与架间自动化喷雾装置联合运作，保证采煤机下风侧至少有3道全断面喷雾工作。

第六条 采煤机应有齐全完好的外喷雾装置并实现自动化控制，喷雾应达到雾化程度高，使用正常。供水中应注有粉尘抑制剂。此外，供水管路需加装喷雾加压泵，使水压不低于4 MPa。进入采煤机喷雾及冷却系统的水必须经过过滤净化，确保水质清洁，喷嘴完好不堵塞，对损坏的喷嘴要及时更换。

第七条 采煤机截齿要及时更换，采煤机的牵引速度和滚筒的转速要调到产尘量最低的匹配位置。

第八条 各转载点和破碎机必须使用气水两相转载点喷雾并加注有粉尘抑制剂（皮带机头处气水两相转载点喷雾除外），位置要固定牢固，并有专人负责，确保能够正常使用。皮带机头处需加装防尘罩。若检查发现转载点喷雾未使用气水两相转载点喷雾，罚款×××元/处。

第九条 皮带必须加装清带器，并在皮带机头处加装自动控制装置。

第十条 工作面及回风巷工作人员必须佩戴防尘口罩。

第十一条 应安排专人每天对防尘设施进行检查并做好记录。

第十二条 回风道处必须按规定加装一道气水两相全断面喷雾并加装自动化喷雾装置。

第十三条 采煤工作面移交生产前，综合防尘设施必须齐全完好，否则不准生产。

第十四条 防尘设施管理牌板要求

（1）防尘设施牌板应统一制作固定架，且吊挂高度为牌板底部距巷道底板1.5 m。

（2）所有牌板必须保证内外清洁干净。

（3）牌板内容必须与实际相符。

（4）所有防尘设施牌板必须用统一制作的固定架固定，不得用铁丝随意捆绑吊挂。

14.44 综掘工作面综合防尘管理制度

第一条 工作面作业规程中必须详细制定出本工作面的综合防尘措施，画出本工作面的综合防尘系统图，标出防尘设施、设备的相应位置，各责任队组严格按照安全生产标准化要求安装防尘设施。

第二条 巷道内按规定铺设防尘洒水管路，吊挂需平直，接头严密不漏水，每隔50 m设置一个“三通阀门”和管接头，并配备$\phi10\times50$ m的软管。若检查发现未按规定设置“三通阀门”或配备软管，罚款×××元/处。

第三条 供水管路系统中必须按要求安设过滤装置。

第四条 综掘机必须有齐全完好的外喷雾，雾化程度高，使用正常，供水中加注有粉尘抑制剂，用喷射喷嘴代替水管直接喷水，增强外喷雾效果，达到封罩尘源，减少巷道内积水。

第五条 掘进机截齿必须锋利，对磨损或损坏的截齿要及时更换，不得“带病”作业。

第六条 各转载点必须使用气水两相转载点喷头，位置要固定牢固，使用正常。若检查发现转载点喷雾未使用气水两相转载点喷雾，罚款×××元/处。

第七条 回风巷口50 m范围内设置一道全断面喷雾，距迎头30 m范围内加设两道全断面喷雾，距迎头80 m范围内加设一道气水两相全断面喷雾并配套安装粉尘抑制剂加液装置，喷嘴要求灵敏可靠，雾化好，使用正常，并能够封闭整个断面。气水两相全断面喷雾与掘进机切割头实现联锁。若检查发现未按规定移设全断面喷雾或未按规定使用粉尘抑制剂，罚款×××元/次。

第八条 皮带必须加装清带器，并在皮带机头处加装自动控制装置。

第九条 掘锚一体机作业期间必须开启湿式除尘风机，否则罚款×××元/次。综掘队负责定期对除尘风机进行清理、维护。除尘风机吸风量不得小于200 m^3/min。除尘风机吸风口距截割头不得大于5 m。

第十条 打锚杆时需实施湿式钻孔，否则罚款×××元/次。

第十一条 作业人员必须按规定佩戴防尘口罩。

第十二条 新开工的综掘工作面，防尘系统不完善、防尘设施不齐全的不得生产。

第十三条 防尘设施管理牌板要求

（1）防尘设施牌板应统一制作固定架，且吊挂高度为牌板底部距巷道底板 1.5 m。

（2）所有牌板必须保证内外清洁干净。

（3）牌板内容必须与实际相符。

（4）所有防尘设施牌板必须用统一制作的固定架固定，不得用铁丝随意捆绑吊挂。

14.45 炮掘工作面防尘管理制度

第一条 工作面作业规程中必须详细制定出本工作面的综合防尘措施，画出本工作面的综合防尘系统图，标出防尘设施、设备的相应位置，各责任队组严格按照安全生产标准化要求安装防尘设施。

第二条 巷道内按规定铺设防尘洒水管路，吊挂平直，接头严密不漏水，每隔 50 m 设置一个“三通阀门”，并配备 $\phi10\times50$ m 的软管。若检查发现未按规定设置“三通阀门”或配备软管，罚款×××元/处。

第三条 供水管路系统中必须按要求安设过滤装置。

第四条 工作面打眼时必须实施湿式打眼，使排出的煤（岩）粉呈糊状，严禁干打眼。煤矿炮采工作面应当采用湿式钻眼、冲洗煤壁、水泡泥、爆破喷雾、出煤洒水等综合防尘措施。

第五条 距工作面 30 m 范围内应安设两道全断面喷雾，距回风口 50 m 范围内安设一道全断面喷雾，实行风流净化，要求灵敏可靠，雾化好，使用正常，并能够封闭整个断面。若检查发现未按规定移设全断面喷雾，罚款×××元/次。

第六条 作业人员必须按规定佩戴防尘口罩。

第七条 新开工的炮掘工作面，防尘系统不完善、防尘设施不齐全的，不得生产。

第八条 炮掘（开）工作面必须使用水炮泥，爆破前后必须对工作面 30 m 范围内巷道周边进行冲洗，装煤（岩）时必须进行洒水湿润。各转载点必须有完好的喷雾洒水装置，位置固定，使用正常。距工作面 20 m 内必须安设爆破喷雾，做到爆破时正常开启，雾化好，能封闭全断面。距回风口 20 m 处安设一道净化水幕。

第九条 打锚杆时实施湿式钻孔，否则罚款×××元/次。

第十条 喷浆作业实施湿式喷浆，喷浆机上料口及排气口应配备除尘装置，否则罚款×××元/次。

第十一条 防尘设施管理牌板要求

（1）防尘设施牌板应统一制作固定架，且吊挂高度为牌板底部距巷道底板 1.5 m。

（2）所有牌板必须保证内、外清洁干净。

（3）牌板内容必须与实际相符。

（4）所有防尘设施牌板必须用统一制作的固定架固定，不得用铁丝随意捆绑吊挂。

14.46 巷道冲洗、刷白管理制度

第一条 各产尘点不得出现连续长度大于 5 m，厚度超过 2 mm 的粉尘堆积。

第二条 主要进风大巷每年至少要进行一次刷白。

第三条 各采掘队组负责各自区域内巷道的冲洗工作，通风科负责井下各采区回风巷及回风大巷的冲洗工作，机运队负责井下各采区皮带巷、轨道巷、皮带大巷及轨道大巷的冲洗工作，机电队负责井下变电所、装载硐室等硐室的冲洗工作。

第四条 采煤工作面及电气列车段每小班冲刷一次，皮带巷每周冲刷一次，回风巷距工作面 300 m 范围内每天冲刷一次，300 m 以外每周冲刷一次。若检查发现未按规定进行冲刷，罚款×××

元/次。

第五条　综掘工作面巷道要做到每周冲刷一次，工作面30 m范围内班班冲洗；炮掘工作面爆破前后对工作面30 m范围内巷道周边进行冲洗，装煤（岩）石，必须进行洒水湿润煤（岩）。若检查发现未按规定进行冲刷，罚款×××元/次。

第六条　运煤系统的转载卸载点前后20 m范围内的巷道随时进行冲洗，其他巷道的冲洗周期由各矿根据实际情况确定。

第七条　主要轨道运输巷每15天冲刷一次，皮带大巷每15天冲刷一次，皮带机头附近30 m范围内要班班冲洗，总回风大巷每15天冲刷一次，个别产尘大的地点也应由责任单位指派专人及时冲洗，若检查发现未按规定进行冲刷，罚款×××元/次。

第八条　冲洗下来的粉尘必须及时清扫外运，不得堆积在巷道内。

第九条　各责任部门需认真填写巷道冲洗及刷白的相关记录。

14.47　运输及其他巷道综合防尘管理制度

第一条　皮带巷、掘进巷、回采工作面皮带巷必须按《综合防尘系统管理制度》要求铺设防尘洒水管路，吊挂平直，接头严密不漏水，并按要求设置三通阀门，每个接头配备ϕ10×50 m软管。若检查发现未按规定设置三通阀门或配备软管，罚款×××元/处。

第二条　主要进回风大巷、工作面进、回风巷必须安设净化水幕。

第三条　运输巷道的所有转、装、卸载点处必须使用气水两相转载点喷雾，皮带机机头处需加设防尘罩。若检查发现转载点喷雾未使用气水两相转载点喷雾，罚款×××元/处。

第四条　轨道大巷每隔100 m安设一个内嵌式消防洒水箱，并配备ϕ10×50 m胶管及25 m水龙带。

第五条　主井马头门处分别安装一道气水两相全断面喷雾。

第六条　各部门工作职责和范围

（1）通风科：负责综合防尘系统的全面技术工作。负责对总回风大巷、采区回风巷的冲洗和回风巷供水管路的日常维护及维修工作。

（2）机运队：负责井下主皮带巷、清撒斜巷、轨道大巷等处的综合防尘工作，并负责矿井总回风巷巷道低洼处的排水工作。

（3）机电队：负责变电所、装载硐室等处的综合防尘工作。

（4）综采队：负责采煤工作面、两巷及联络巷、措施巷范围内的综合防尘工作。

（5）综掘队：负责掘进巷道内及附近巷道的综合防尘。

14.48　粉尘测定管理制度

第一条　应按《煤矿井下粉尘防治规范》要求建立专职防尘机构，根据本矿生产情况，配备专职测尘员从事测尘工作，每个采区至少1人，业务由通风科负责领导管理，测尘人员和仪器配备必须满足矿井测尘工作需求。

第二条　测尘员应严格执行《安全技术操作规程》及《测尘工岗位责任制》。

第三条　测尘员应具有高中（或中专）以上文化程度，同时还必须接受专门的测尘技术培训，经考试取得合格证书后，方可独立从事测尘工作。

第四条　测尘员应按计划定期进行井下作业场所粉尘浓度的测定工作，按照各项有关规定进行准确无误的操作，填写表格、统计、计算和上报。

第五条　井下所有测尘点每半月测定一次，地面扬尘点每月测定一次，井下重点作业场所粉尘浓度情况还应根据需要随时进行测定。若逾期未进行测尘，处罚×××元/次。

第六条 测尘时要同时测定全尘和呼吸性粉尘的浓度。

第七条 测尘所用的仪表必须符合国家规定要求，并按规定及时维修和定期校正，并有详细记录可查。

第八条 井下测尘点的选择和布置以及测尘办法、计算方法应按《工作场所空气中粉尘测定》（GBZ/T 192—2007）规定的方法进行。

（1）粉尘检测仪器仪表必须具有有效的计量检验合格证。

（2）井下主要接尘人员应佩戴个体粉尘采样器，并建立个人健康档案。

（3）煤矿井下粉尘测定时间：

①对井下每个测尘点的粉尘浓度每月测定2次。

②采掘工作面每个月应进行一次全工作班连续粉尘测定。

③粉尘粒度分布每半年测定一次。采掘工作面有变动时，应及时进行游离 SiO_2 测定。

④粉尘中游离 SiO_2 含量每半年测定一次。

⑤粉尘测试结果应按季度上报主管部门。

⑥掘进工作面回风应安设粉尘浓度传感器进行粉尘浓度连续监测。

（4）井上下作业场所测定测尘点的选择和布置应符合表5－14－9的规定。

表5－14－9 煤矿井上下作业场所测尘点的选择和布置要求

类别	生产工艺	测尘点布置
采掘工作面	1. 采煤机割煤	采煤机回风侧10～15 m司机工作地点
	2. 移架	司机工作地点
	3. 放顶煤	司机工作地点
	4. 风镐落煤、手工落架及人工攉煤	一人作业，在其回风侧3 m处，多人作业，在最后一人回风侧3 m处
	5. 工作面巷道钻机钻孔	打钻地点回风侧3～5 m处
	6. 电煤钻钻眼	操作人员回风侧3～5 m处
	7. 回柱放顶、移刮板输送机	工作人员的工作范围
	8. 薄煤层工作面风镐和手工落架	作业人员回风侧3～5 m处
	9. 薄煤层刨煤机落架	工作面作业人员回风侧3～5 m处
	10. 刨煤机司机操作刨煤组	司机工作地点
	11. 倒台阶工作面风镐落煤	作业人员回风侧3～5 m处
	12. 掩护支架工作面风镐落煤	作业人员回风侧3～5 m处
	13. 工作面多工序同时作业	回风巷内距工作面端头10～15 m处
	14. 采煤工作面爆破作业	爆破后工人已进入工作面开始作业前在工人作业地点
	15. 带式输送机作业	转载点回风侧5～10 m
	16. 工作面回风巷	距工作面端头15～20 m
掘进工作面	1. 掘进机作业	机组后4～5 m处的回风侧司机工作地点
	2. 机械装置	在未安设风筒的巷道一侧，距装岩机4～5 m处的回风流中

表5-14-9（续）

类别	生产工艺	测尘点布置
掘进工作面	3. 人工装岩	在未安设风筒的巷道一侧，距矿车4~5 m处的回风流中
	4. 风钻钻眼	距作业点4~5 m处巷道中部
	5. 电煤钻钻眼	距作业点4~5 m处巷道中部
	6. 钻眼与装岩机同时作业	装岩机回风侧3~5 m处巷道中部
	7. 砌碹	在作业人员活动范围内
	8. 抽出式通风	在工作面产尘点与除尘器捕罩之间，均匀地区的呼吸带范围
	9. 切割联络眼作业	在作业人员活动范围内
	10. 刷帮作业	在距作业点回风侧4~5 m处
	11. 挑顶作业	在距作业点回风侧4~5 m处
	12. 拉底作业	在距作业点回风侧4~5 m处
	13. 工作面爆破作业	爆破后工人在工作面开始作业前的地点
锚喷	1. 钻眼作业	工人操作地点回风侧5~10 m处
	2. 打锚杆作业	工人操作地点回风侧5~10 m处
	3. 喷浆	工人操作地点回风侧5~10 m处
	4. 搅拌上料	工人操作地点回风侧5~10 m处
	5. 装卸料	工人操作地点回风侧5~10 m处
	6. 带式输送机作业	转载点回风侧5~10 m处
转载点	1. 刮板输送机	距两台输送机转载点回风侧5~10 m处
	2. 带式输送机作业	距两台输送机转载点回风侧5~10 m处
	3. 装煤（岩）点及翻罐笼	距两台输送机转载点回风侧5~10 m处
	4. 翻罐笼与溜煤口司机进行翻罐笼和放煤作业	司机工作地点
	5. 人工装卸材料	作业人员工作地点
井下其他场所	1. 地质刻槽	作业人员回风巷3~5 m处
	2. 巷道内维修作业	作业人员回风巷3~5 m处
	3. 材料库、配电室、水泵房、机修硐室等处工人作业	作业人员活动范围内

第九条　粉尘测定后要及时填写测尘报表，经总工程师签字后备案，各类报表齐全，数据准确。井下重点作业场所的粉尘浓度测定情况，要根据需要随时向通风科和本矿领导报送，以便各级领导及时掌握防尘、测尘情况采取对策。

第十条　测尘员要在测定过程中对测定地点及其周围防尘设施的安设和使用情况进行检查，有权进行监督和责令有关单位安设及正常使用，对拒不听从者有权向有关部门和领导汇报，直至停止施工单位继续作业。

第十一条 通风科每半年组织具有相关资质单位对煤尘分散度进行测定，分析材料要保存完好。若未按期对煤尘分散度进行测定，处罚×××元/次。

第十二条 通风科每半年组织具有相关资质单位对煤尘中的游离二氧化硅进行测定，分析材料要保存完好。

第十三条 通风科每年组织具有相关资质单位对煤尘的爆炸性及自燃倾向性进行测定，分析材料要保存完好。若未按期对煤尘的爆炸性及自燃倾向性进行测定，处罚×××元/次。

14.49 隔爆设施管理制度

第一条 采煤工作面进回风巷道，采区内的煤与半煤岩掘进巷道，采用独立通风并有煤尘爆炸危险的其他巷道，应安设隔爆设施。若检查发现未按规定加设隔爆设施，罚款×××元/处。

第二条 隔爆设施应指定专人负责，实行挂牌管理，不得出现水袋丢失、损坏、脱钩或水量不足等现象。采煤工作面两巷和掘进工作面的隔爆设施，要按规定及时移动，确保首列水棚距工作面距离始终在60～200 m范围内。若检查发现首列水棚距工作面超200 m，罚款×××元/次。

第三条 加强隔爆棚的日常管理与维护。通风科负责井下回风（大）巷隔爆设施的维护工作，采掘队负责对各自责任区内隔爆设施的维护工作；责任单位每周对责任区内的隔爆水棚进行一次排查，发现吊挂问题、水量不足及卫生差等问题需立即进行整改，否则罚款×××元/次。

第四条 机运队定期对各皮带（大）巷及轨道（大）巷隔爆设施进行检查及维护，发现问题及时进行整改。

第五条 主要隔爆棚的设置地点

（1）矿井两翼与井筒相连通的主要运输大巷和回风大巷。

（2）相邻采区之间的集中运输巷和回风巷。

（3）相邻煤层之间的运输石门和回风石门。

第六条 辅助隔爆水棚的设置地点

（1）采煤工作面进回风巷。

（2）采区内的煤或半煤巷掘进巷道。

（3）采用独立通风，并有煤尘爆炸危险的其他巷道（含与煤仓、装煤点相通的巷道）。

第七条 隔爆水袋棚的设置方式及位置

（1）水袋棚安设前后20 m巷道内的断面要一致。

（2）距掘进头、回采工作面上下口的距离为60～200 m。

（3）与巷道交叉口和拐弯处的距离为50～75 m。

（4）与风门的距离要大于25 m。

（5）每两处水棚设置点间距不大于200 m。

第八条 水袋棚设置的规定与要求

（1）主要隔爆水棚的棚区长度不小于30 m，辅助隔爆水棚的棚区长度不小于20 m，隔爆水棚的排间距为1.2～3 m。

（2）隔爆水棚的用水量按巷道断面计算：主要隔爆水棚不得小于400 L/m^2，辅助隔爆水棚不得小于200 L/m^2。

（3）水袋在井下巷道的安装方式采用吊挂式或上托式，并横向布置（即长边垂直于巷道轴线）。

（4）水棚距顶梁、两帮的间隙不小于100 mm，距巷道底板（硬化面）不小于1.8 m，棚组内各排水棚的安装高度应保持一致。同一排水棚内两个袋子之间的间隙不小于100 mm，且不大于1.2 m。

（5）水棚应设置在巷道的直线段内；水棚与巷道的交叉口、转弯处、变坡处之间的距离为50～75 m。

（6）悬挂隔爆水袋的挂钩角度为60°，以便受到冲击波时能够脱钩。

（7）在倾斜巷道安设水袋棚时，应调整水袋架与金属支架的连接构件，使水袋保持水平。

（8）隔爆水棚和隔爆水袋符合《煤矿用隔爆水槽和隔爆水袋通用技术条件》（MT/T 157—1996）相关标准。

14.50　地面储、装、运系统的防尘管理制度

第一条　洗煤厂、销售科负责各自工作范围内的防尘管路及设施的日常维修，并指定专人负责防尘日常管理工作。

第二条　通风科负责每月对产尘地点进行全尘和呼吸性粉尘的测定。

第三条　通风科每月必须对各地点防尘情况进行一次检查，并按规定进行“五定”和工作考核。

第四条　所有防尘设施必须齐全，正常使用并按规定洒水、清扫及冲洗所管辖范围内的煤尘。

第五条　皮带走廊不得有厚度超过 2 mm、连续长度超过 5 m 的煤尘堆积，否则罚款×××元/次。

第六条　电气设备必须班班擦干净，不得有厚度超过 1 mm 的煤尘堆积。

第七条　各皮带、煤溜、机头、机尾、电机、减速器上，必须班班清扫，5 m 以内不得有杂物。

第八条　各部皮带架必须保证托辊齐全，转动灵活，不跑偏、不漏煤，否则罚款×××元/次。

第九条　各转载点喷雾及皮带走廊内的所有防尘水幕，必须保证灵敏，正常使用。

第十条　定期冲刷积尘，每次冲洗都要有记录可查，间隔时间不超过 10 天，记录内容必须有冲刷时间、工作范围及冲洗人员。

第十一条　各单位要采取措施保证喷雾及冲洗污水不溢流，有下水地方才可冲洗，对污水集中排放。

14.51　综合防尘检查验收制度

第一条　防尘管路的安装严格按照上级及生产技术科下发的标准要求施工，各产尘作业点的综合防尘设施，严格按照上级及通风科下发的标准要求施工。

第二条　防尘管路安设平直，吊挂牢固，小于或等于 90°的要设弯头不拐死弯，接头严密不漏水（滴水成线为漏水）。

第三条　安全检查中对井下防尘设施进行逐一排查，查出的问题立即责令相关责任单位限期整改。

第四条　各单位每天在检修机电设备的同时，必须检查维修防尘设施及仪器仪表，并对容易积尘的地点进行冲洗，否则罚款×××元/次。

第五条　新开掘的巷道及新布置的回采工作面，必须同时完善防尘设施，否则不准开工。

第六条　对不按规定使用防尘设施的个人或队组，按照奖惩细则规定进行处罚。

第七条　各责任队组要对地面及井下的防尘供水管路进行专项检查，做好日常管路维护工作。

第八条　机电队要做好冬季地面防尘管路的防冻工作。

第九条　回采工作面在投产验收时，必须同时按标准验收防尘设施、设备、隔爆设施的完好情况，否则不准投产。

第十条　采掘工作面防尘的监督检查采取检查表的方式，每班由跟班瓦检员对防尘设施完好情况及防尘设施使用情况、区域内的巷道冲刷及粉尘积聚情况进行监督检查，对防尘设施使用不正常或设施不完好的，有权责令工作面停止生产，进行整改。待整改完毕、验收合格后方可恢复生产，并同时上报调度室、安全科及通风科。

第十一条　检查表应列明区域内应具有的防尘设施及完好状态，瓦检员必须认真对照检查、填写

清楚，发现问题必须立即督促整改，并将检查表每班报通风科领导审阅签字。

第十二条 安全科为综合防尘检查验收监督部门，全过程监督检查综合防尘法规制度、各项措施的贯彻执行、落实情况。通风科为综合防尘业务管理部门，要定期或不定期地组织对井上下各地点综合防尘工作进行动态监督检查。

第十三条 各级管理人员和岗位人员有对综合防尘工作进行监督检查的责任和义务，对发现的综合防尘问题有权责令现场落实整改，或限期整改，甚至停产整改。对能现场整改的必须现场整改；对不能现场落实整改的以五定表形式落实责任限期整改。

第十四条 二级公司综合防尘检查验收标准严格执行煤矿安全生产标准化标准及二级公司综合防尘管理制度相关规定。

14.52 井下防灭火管理制度

第一条 防止明火点燃。井下和井口房内不得从事电焊、气焊和喷灯焊接等工作。

第二条 防止失控的高温热源引燃。

第三条 采用不燃性材料支护，井下所有巷道均采用不燃性材料支护。

第四条 发生火灾时采取的措施。

（1）最先发现火灾的人员，设法弄清火灾情况，采取一切可能的方法直接灭火，控制火势，迅速报告调度室。

（2）调度室在接到火灾报告后，立即通知有关人员组织抢救灾区人员和实施灭火方案，将所有可能受火灾威胁地区的人员撤离。

（3）矿领导接到火警报告后，立即成立以矿长为首的救灾指挥部，根据井下着火点位置正确调整风流控制火势，组织人员侦查火区、确定火源，果断决定灭火方案并组织实施。

（4）处于危险区域的人员，要服从领导，迎着新鲜风流，沿着灾害预防计划规定的避灾路线，有序撤离危险区域。

（5）需要时经总工程师同意可采取相应的风流控制方法，控制风流要符合以下要求：

①有效控制火势，防止扩大灾情。

②创造接近火源、采取直接灭火的条件。

③不会造成瓦斯积聚和煤尘飞扬。

④防止火风压造成风流逆转。

⑤严格按照避灾路线逃离。

第五条 灭火方法

（1）用水灭火：

①在火源明确（非电气设备和油类火灾），火势不大，灭火地点顶板稳定，通风系统正常，风路畅通无阻的情况下采用。

②用水灭火采取的措施。灭火前要首先切断电源，灭火人员站在上风侧，防止有害气体伤人；保证水量充足；保持正常通风，瓦斯检查员在现场随时检查甲烷浓度。

（2）用砂子或岩粉灭火：

①当发生电气设备着火时，应首先切断电源。

②当发生电气设备火灾和油类火灾时，使用砂子或岩粉直接铺盖在火源上。

（3）挖出火源直接灭火：

①在火灾初期，火势范围不大，无瓦斯积聚、无煤尘爆炸危险时采用。

②挖出火源前，先用压力水喷浇，待火源冷却后再挖出。

③瓦斯检查员在现场随时检查甲烷浓度和空气温度，火灾地点周围甲烷浓度不超过0.8%时、温

度不高时才能挖出。

（4）使用灭火器灭火。对井下从业人员进行救灾演练，确保所有入井作业人员都熟悉灭火器的使用方法、存放地点。

（5）封闭灭火。在矿井火灾不能用直接法扑灭时，采用防火墙将火源或发火区域严密封闭，进而切断火区的空气源。

（6）联合灭火。为了使矿井灭火工作迅速有效，通常采用联合灭火方法灭火，即在使用防火墙隔绝灭火的同时，采取向火区注入惰性气体（氮气）的方法来灭火，通过注入氮气，降低氧气浓度，降低火源温度。

第六条　预防采空区自燃发火措施

（1）采掘工作面作业规程中必须有防止自燃发火的专项措施，并严格按措施执行。

（2）按设计或作业规程要求向采煤工作面供风，必须定期进行测定和调节工作面风量，防止因风量过大造成采空区漏风。

（3）提高回采工作面煤炭回采率，减少采空区的可燃物。

（4）采煤工作面初采、收尾时，必须采取措施，使开采线、停采线的顶板冒落严实。

（5）减少向采空区的供氧量，及时封闭通向采空区的巷道。

（6）通风设施的位置选择必须合理，防止出现漏风，有利于预防自燃发火。

（7）为了提高防火密闭、密闭墙的严密性，必须进行掏槽和用不燃性材料构筑，使其起到有效的作用。

（8）施工防火密闭时，必须留有观测孔和措施孔，以便于观测密闭内的气体成分和气温，了解其变化情况。

（9）按照监测制度每七天检查一次封闭区，每天检查回采工作面上隅角气体浓度，若发现 CO、气温增加，氧气浓度发生变化或出现其他异常现象，应立即向总工程师汇报，进行处理。

（10）要有专人充填地表裂隙，防止地表裂隙漏风。

（11）调度室要充分利用好安全监测系统，及时准确监测井下各地点的温度、CH_4 及 CO 浓度，严格执行自燃发火预测预报制度，努力做到超前预防，防患于未然。对安全监测系统安排专人用标气定期调校，保证监测准确。对井下监测线路、接头等加强巡查和维护，保证系统完好。

（12）矿技术负责人负责组织定期召开防火专题会，经常研究、讨论防火对策，分析解决防火工作中出现的问题。通风科要制定专门的防止自燃发火的措施，并严格按照制定的安全技术措施落实到现场。

（13）不得任意留设设计外煤柱。

14.53　日常防灭火管理制度

第一条　矿井所有地面建筑物、煤堆、矸石山、木料场等都要建立防火措施和制度。

第二条　必须有防止烟火入井的安全措施。矸石山、木料场距进风井的距离不得小于 80 m，井口房和通风机房附近 20 m 内不得有烟火或用火炉取暖。

第三条　井口附近和每一生产水平的井底车场或主要运输大巷都应设置消防材料。

第四条　地面必须按规定设置消防水池，井上下设置消防管路系统。

第五条　井口房和井架采用不燃性建筑材料。

第六条　井下使用的汽油、煤油和变压器油必须装入盖严的铁桶内，由专人押送至使用地点。剩余的汽油、煤油和变压器油必须运回地面，严禁在井下存放。井下使用的润滑油、棉纱、布头和纸等，必须存放在盖严的铁桶内，并由专人定期送至地面处理，不得乱放乱扔。严禁将剩油、废油泼洒在井巷或硐室内，井下清洗风动工具时，必须在专用硐室进行，并必须使用不燃性和无毒性洗涤剂。

第七条 规范井下爆破管理，严格执行“一炮三检”制度，井上下各种电气设备按规定负荷整定，保护可靠，避免电气火灾发生。严格执行外转供电及大功率设备使用审批制度，加强井下电气设备管理，消灭电气设备失爆。

第八条 井上、下必须装设防雷电装置。由地面架空线路引入井下的供电线路，必须在入井处装设防雷电装置；由地面直接入井的露天架空引入（处）的管路，必须在井口附近将金属体进行不少于2处的良好接地；通信线路必须在入井处装设熔断器和防雷电装置。严禁采用产生火焰的爆炸材料和爆破工艺。

第九条 入井人员严禁携带烟草和点火物品，严禁穿化纤衣服。井下严禁使用电炉和灯泡取暖。

第十条 硐室内必须设置足够数量的扑灭电气火灾的灭火器材。

第十一条 井下工作人员必须熟悉灭火器材的使用方法，并熟悉本职工作区域内灭火器材的存放地点。

第十二条 每年举办一次防灭火演练，在防灭火演练前对职工进行防灭火知识及灾害预防处理计划知识培训。

第十二条 定期组织职工学习消防法规和各项规章制度，切实做到依法防火，防患于未然。

第十三条 各部门应针对岗位特点对职工进行消防安全教育培训。

附：灭火器使用方法及注意事项。

灭火器的使用方法很多，按移动方式可分为手提式和推车式；按驱动灭火剂的动力来源可分为储气式、储压式和化学反应式；按所充装的灭火剂则又可分为泡沫、干粉、卤代烷、二氧化碳、酸碱、清水等。井下常用的灭火器有手提式干粉灭火器、手提式二氧化碳灭火器和推车式干粉灭火器三种，其使用方法及注意事项如下：

1. 手提式干粉灭火器

适用范围：手提式干粉灭火器结构简单，操作灵活，使用方便，具有灭火速度快，效率高，面积大，用量省，毒性低，可持续或间接喷射等特点，适用于扑救油类易然液体，气体和电气设备的初起火灾。

使用方法：

（1）右手托着压把，左手托着灭火器底部，轻轻取下灭火器。

（2）右手提着灭火器到现场。

（3）除掉铅封。

（4）拔掉保险销。

（5）左手握着喷管，右手提着压把。

（6）在距离火源2 m的地方，右手用力压下压把，左手握着喷管左右摆动，喷射干粉覆盖整个燃烧区域。

注意事项：

（1）将喷嘴对准火焰的根部左右摆动，干粉灭火器在喷粉过程中要始终保持直立状态，不能横卧或颠倒使用。

（2）由于干粉降温效果差，要防止火灾复燃。

2. 手提式二氧化碳灭火器

适用范围：适用于易燃液体（B类火），易燃气体（C类火）及电气设备的初起火灾，灭火速度快，灭火后不留痕迹。

使用方法：

（1）用右手握着压把。

（2）用右手提着灭火器到现场。

(3) 除掉铅封。

(4) 拔掉保险销。

(5) 站在距火源2 m的地方，左手拿着喇叭筒，右手用力压下压把对着火源根部喷射，并不断推前，直至把火焰扑灭。

注意事项：

(1) 使用时要戴手套，不能直接用手抓住喇叭筒外壁或金属连线管，避免手或皮肤接触喷筒和喷射胶管，防止冻伤。

(2) 使用二氧化碳灭火器扑救电气火灾时，如果电压超过600 V，应先断电后灭火。

(3) 在使用二氧化碳灭火器时，在室外使用的，应选择上风方向喷射；在室内窄小空间使用的，灭火后操作者应迅速离开，防止窒息，同时，应加强室内通风。

(4) 扑救棉麻、纺织品火灾时，应注意防止复燃。

14.54　防灭火装备管理制度

第一条　矿井必须设地面消防水池和井下消防管路系统，消防和洒水管路可共用，但最小管径不小于2寸，且必须在下列地点设置甩头和阀门，便于冲巷、消防使用。

(1) 井筒的井口、井底。

(2) 井底车场附近的主要硐室和采区变电所门口。

(3) 井底车场、主要大巷、采区车场及主要联络巷道每隔100 m处。

(4) 皮带运输巷道、回采工作面运输、回风巷和专用巷道、掘进工作面每隔50 m，皮带机头、机尾附近15 m以内以及临时或永久配电硐室、配电点附近15 m以内。

第二条　皮带运输巷道消防水管每隔50 m设置一个三通阀门，阀门上安装消防洒水盘，盘内装设不低于25 m长的消防软管。

第三条　井下大巷按规定设置消防洒水箱，消防洒水箱内消防栓及消防洒水管路齐全完好，一处不完好处罚责任队组×××元。

第四条　在井下使用的胶带、电缆、管线、风筒等必须具有阻燃性能和抗静电性能。地面生产线直至落地使用的皮带、电缆等设施、设备执行井下标准。地面装车皮带走廊、洗煤厂的原煤皮带，洗煤后的精煤、中煤输出皮带走廊等设施、设备执行井下标准。井上下皮带应具有防打滑保护。

第五条　井下特殊情况需使用汽油、煤油和变压器油时，需使用单位提出申请，安全科批准方可进行。必须装入盖严的铁桶内，由专人押送至使用地点。剩余的汽油、煤油和变压器油必须在当班内及时运回地面，严禁在井下存放。

第六条　井下使用的各种润滑油，原则不应存放于井下，但考虑实际情况做如下规定：

(1) 井底车场、主要硐室、采区车场、主要大巷等地点使用润滑油要根据用量当班使用，剩余量当班升井，严禁在井下存放。

(2) 采掘工作面（指综采、综掘）用量大、距离远可存放少量油脂，原则只能存放3天的用量，并按指定的存放点集中存放。

第七条　所有使用油脂的地点和检修点要及时清理，严禁将剩油、废油泼洒在巷道内。剩油废油提倡利用，变废为宝，用于一般的托辊、地滚、变向轮等润滑用。发现一处废油泼洒现象，处罚责任人×××元。

第八条　井下使用的棉纱、布头、纸和包装箱料等必须存放于专用箱或桶内（不燃性材料），用过的棉纱、布头和纸等必须放在专用的垃圾箱内。

第九条　沙箱必须摆放在置放点附近5 m以内的上风侧，且在灭火器箱底部距巷道底板不得低于100 mm，表面必须用统一制作的沙箱盖盖严，并有相同规格的“消防沙箱”字样。

第十条 消防桶、消防锹必须置放在沙箱安设的挂钩、卡子上。

第十一条 沙箱内沙的容量距沙箱上缘不得大于100 mm，且配备不少于10个沙包。

第十二条 灭火器箱内铁链必须保证平直，保证灭火器正常有效，合格证齐全等。

第十三条 灭火器箱统一使用不锈钢灭火器箱，吊挂必须水平；不平整时严禁在箱体背后支撑木板。

第十四条 灭火器箱、灭火器、沙箱、消防桶、消防锹必须保持干净，严禁出现粉尘堆积现象。

第十五条 所有消防设施要妥善管理，必须在发生火灾时使用，严禁挪作他用，若发现挪作他用或人为损坏现象，一次处罚×××元。

第十六条 若因现场发生变化不再需要消防设施时，必须回收并交通风科统一管理，发现回收不及时或未按规定上交现象，一次处罚×××元。

第十七条 各队组要对该负责区域内消防设施定期进行检查，并建立消防设施管理台账，发现有过期或不能正常使用现象要及时更换。

第十八条 矿井进风巷道口必须有防止烟火进入的安全措施，井下机电硐室和材料库装设向外开启的防火铁门。井下消防材料库必须按规定配齐备足消防材料并按规定检验，确保其数量齐全、质量合格。

第十九条 本矿必须按规定建立矿井反风系统，用于进风井口、井筒、井底车场及总回风巷使用，矿井反风装置每季度检查一次。每年进行一次反风演习，反风演习计划按规定审批。

第二十条 本矿必须建立完善的安全监测监控系统，温度、一氧化碳等传感器灵敏可靠，并按规定期间进行调校。

第二十一条 采煤工作面回采结束后，必须在45天内封闭完毕，沿空送风巷必须采取防止采空区漏风的措施。强化防灭火技术管理，每季度对井上下消防管路系统、防火门、消防材料库的设置情况进行一次检查。

第二十二条 生产系统主要地点消防设施配备标准见表5－14－10。

表5－14－10 消防器材配备表

序号	地点	灭火器		砂箱（不小于0.3 m^3）	消防锹	消防桶	备注
		型号	数量/台				
1	井底车场	3 kgCO_2	1	1	1	1	此处配备0.5 m^3沙箱
		8 kg 干粉	1				
2	井下变电所	3 kgCO_2	2	1	1	1	
		8 kg 干粉	2				
3	主水泵房	3 kgCO_2	2	1	1	1	
		8 kg 干粉	2				
4	井下火药库	8 kg 干粉	3	2	2	2	
		35 kg 干粉	1				
5	移变处	3 kgCO_2/8 kg 干粉	2				
6	油脂存放处	3 kgCO_2	2	1	1	1	
		8 kg 干粉	2				

表5－14－10（续）

序号	地点	灭火器		砂箱（不小于0.3 m^3）	消防锹	消防桶	备注
		型号	数量/台				
7	采煤面电气列车处	3 $kgCO_2$	2	1	1	1	
		8 kg 干粉	2				
8	清撒平巷	8 kg 干粉	2				
9	装载硐室	3 $kgCO_2$	2	1	1	1	
		8 kg 干粉	2				
10	采煤面架间	8 kg 干粉	每20 m一个				
11	主带式输送机机头	3 $kgCO_2$	2	1	1	1	
		8 kg 干粉	2				
12	主带式输送机机尾	3 $kgCO_2$	2	1	1	1	
		8 kg 干粉	2				
13	工作面带式输送机机头	8 kg 干粉	2	1	1	1	
14	油脂存放处	3 $kgCO_2$	2	1	1	1	
		8 kg 干粉	2				
15	110 kW、90 kW 绞车	8 kg 干粉	2	1	1	1	
16	其他小绞车	8 kg 干粉	2				
17	开关处（三台以上）	3 $kgCO_2$/8 kg 干粉	2				
18	综掘机、采煤机机组	4 kg 干粉	2				
19	胶轮车	4 kg 干粉	2				
20	单轨吊、抽采钻机	4 kg 干粉	1				
21	防爆柴油机车	4 kg 干粉	2				
22	采煤面转载机头	8 kg 干粉	2				
23	小溜机头	8 kg 干粉	2				
24	永久避难硐室	8 kg 干粉	6				
25	临时避难硐室	8 kg 干粉	2				

14.55 "一通三防"管理奖励规定

第一条 严格遵守国家有关方针、政策、法令，认真执行"三大规程"及上级颁发的条例、指令、通知和指示等，积极贯彻执行二级公司相关的制度、各项"一通三防"措施等，在"一通三防"方面做出显著成绩的。

第二条 在防止"一通三防"事故方面有突出成绩的。

第三条 在"一通三防"事故抢险救灾中有突出表现的。

第四条 在"一通三防"工作中有发明创造或技术上有重大革新及在推广新技术方面有卓越成

绩的。

第五条 在“一通三防”安全生产标准化工作中成绩显著的。

14.56 “一通三防”管理处罚规定

第一条 违反本矿“一通三防”管理制度的。

第二条 玩忽职守，违反“三大”规程，或者违章指挥造成“一通三防”事故，使职工生命、财产遭受损失的。

第三条 工作不负责任，损坏设备、工具，浪费原材料、能源，造成“一通三防”隐患的。

第四条 “一通三防”工作不到位，致使管理混乱，造成“一通三防”事故隐患或事故的。

第五条 “一通三防”培训教育工作组织不力，致使职工“一通三防”意识淡薄、“一通三防”技能低下的。

第六条 发现“一通三防”事故征兆和险情，不采取防止事故的措施，又不及时报告的。

第七条 “一通三防”事故发生后，隐瞒事故真相，对肇事者进行包庇或弄虚作假，甚至嫁祸于人的。

第八条 被检举在“一通三防”管理上存在较大隐患的。

14.57 “一通三防”管理处罚细则

第一章 通风系统管理

第一条 矿井总风量不足的，处罚通风科×××元/次。

第二条 没有备用主要通风机或者两台主要通风机能力不匹配的，处罚机电科×××元/次。

第三条 主要通风机不能正常反风的，处罚机电队×××元/次。

第四条 主要通风机没有按要求每月至少检查一次的，处罚机电队×××元/次。

第五条 主要通风机无计划停风的，处罚机电队×××元/次。

第六条 一年内未进行反风演习或没有反风演习报告的，处罚通风科×××元/次。

第七条 生产采区、水平未实现分区通风的，采掘工作面未实现独立通风的，采区进（回）风巷存在一段进风一段回风等情况的，处罚责任部门×××元/次。

第八条 采区未设置专用回风巷的，处罚生产科×××元/次。

第九条 井下瓦斯抽采泵站或采区变电所（硐室）未实现独立通风的，处罚生产科×××元/次。

第十条 采用不符合规定扩散通风的，处罚通风科×××元/次。

第十一条 准备采区时，未构成采区通风系统就开掘其他巷道的，处罚生产科×××元/次。

第十二条 违反规定串联通风的，处罚通风科×××元/次。

第十三条 风量分配不合理，井下用风地点风速、风量不符合要求，有无风、微风作业情形的，处罚通风科×××元/次。

第十四条 未按规定周期测风的，或测风地点、数据等与规定出入较大的，处罚通风科技术员×××元/次。

第十五条 巷道贯通前未制定相应措施、未执行相应措施或贯通后通风系统不稳定、不可靠的，处罚通风科技术员×××元/次。

第十六条 风门、风桥、密闭等通风设施构筑质量不符合标准、严重失修、设置不能满足通风安全需要的，处罚通风科责任人×××元/次。

第十七条 风门未闭锁或闭锁失效的，处罚通风科责任人×××元/次。

第十八条 两道风门同时打开，造成风流短路的，处罚责任人×××元/次。

第二章 局部通风管理

第十九条 局部通风机未实现“三专两闭锁”或同等能力“双风机、双电源”自动切换的，处罚责任队组×××元/次。

第二十条 局部通风机未按规定进行风电、瓦斯电闭锁试验或无试验记录或记录不全不完善的，处罚责任队组×××元/次。

第二十一条 局部通风机安装位置不合理或风量配备不足，造成局部通风机发生循环风的，处罚通风科×××元/次。

第二十二条 使用3台以上（含3台）局部通风机同时向1个掘进工作面供风，或使用1台局部通风机同时向2个作业的掘进工作面供风的，处罚通风科×××元/次。

第二十三条 局部通风机无计划停风的，处罚责任队组×××元/次。

第二十四条 因风筒管理不善，造成工作面风量不足的，处罚责任队组×××元/次。

第二十五条 掘进工作面未使用阻燃、抗静电风筒的，处罚通风科×××元/次。

第二十六条 停风后，没有及时将人员撤至全风压通风巷道的，处罚责任队组×××元/次。

第二十七条 风筒出口距离工作面超过5 m，处罚责任队组×××元/次。

第三章 瓦 斯 管 理

第二十八条 未按规定完成矿井瓦斯等级鉴定或擅自降低矿井瓦斯等级的，处罚通风科×××元/次。

第二十九条 经检查发现瓦斯检查员配备数量不足的，处罚各相关责任人×××元/次。

第三十条 井下瓦斯超限后没有采取有效措施继续作业的，处罚责任队组×××元/次。

第三十一条 发生瓦斯超限事故未按上级规定进行追查处理的，处罚责任部门×××元/次。

第三十二条 掘进工作面发现瓦斯涌出异常或遇地质构造带，未制订针对性措施或不按措施执行的，处罚相关科室及责任部门×××元/次。

第三十三条 不按规定检查瓦斯，存在漏检、假检的，处罚通风科瓦斯检查工×××元/次。

第三十四条 瓦斯检查员未及时向作业地点人员公示检查结果或不按规定交接班的，处罚瓦斯检查工×××元/次。

第三十五条 瓦斯日报表未经审阅签字，处罚通风科×××元/次。

第三十六条 各类瓦斯检查仪器配备不足的，处罚通风科×××元/次。

第三十七条 临时停风后，送复电前未组织瓦斯检查或排放的，处罚责任人×××元/次。

第三十八条 排放瓦斯无组织、无措施或未按措施执行的，处罚责任人×××元/次。

第三十九条 盲巷、窒息区未按规定进行及时封闭管理或无措施进入盲巷的，处罚责任人×××元/次。

第四十条 启封密闭无措施或未按措施执行的，处罚责任人×××元/次。

第四十一条 临时停工地点未按规定进行管理的，处罚责任人×××元/次。

第四十二条 符合《煤矿瓦斯抽采达标暂行规定》第七条规定，未按规定建立抽采瓦斯系统进行瓦斯抽采的，处罚通风科×××元/次。

第四十三条 矿井应进行瓦斯抽采的，在瓦斯抽采未达标区域进行采掘活动的，处罚责任单位或责任人×××元/次。

第四十四条 抽采各类台账、报表不齐全或计量参数填报不准确、不真实的，处罚责任部门×××元/次。

第四十五条 瓦斯抽采管路损坏的，处罚责任人×××元/次。

第四十六条 未按规定检查、维护抽采管路的，处罚责任队组×××元/次。

第四十七条 未配备专职人员对矿井安全监控系统进行管理、使用和维护的，处罚责任部门×××元/次。

第四十八条 瓦斯传感器设置数量不足、安设位置不当、调校不及时、擅自调高报警值的、瓦斯超限后不能断电并发出声光报警的，处罚责任部门×××元/次。

第四十九条 违反本矿“通风瓦斯管理十条禁令”之一的，视情况处罚×××元/次。

第四章 综合防尘管理

第五十条 井下防尘系统不完善或存在煤尘堆积（连续长度大于5 m，厚度超过2 mm）的，处罚责任部门×××元/次。

第五十一条 未按规定设置隔爆设施的，处罚责任部门×××元/次。

第五十二条 采煤工作面进回风巷或掘工作面未按规定安装净化喷雾或净化喷雾不能覆盖全断面的，处罚责任部门×××元/次。

第五十三条 采煤机、掘进机割煤时不开启内、外喷雾或内、外喷雾压力达不到要求的，处罚责任队组×××元/次；每个截头有3个及以上内喷雾头堵塞强行生产的，处罚责任队组×××元/次。

第五十四条 综采面移架时架间喷雾不及时或放顶煤不及时使用喷雾的，处罚责任人×××元/次。

第五十五条 产尘作业时，未打开防尘水幕或相应的防尘设施的，处罚处罚责任队组×××元/次。

第五十六条 使用压风排粉方法打抽采钻孔时，没有采取降尘措施的，处罚责任人×××元/次。

第五章 综合防灭火管理

第五十七条 井下消防系统或综合防灭火系统不完善的，处罚责任部门×××元/次。

第五十八条 有自然发火征兆却没有采取相应的安全防范措施并继续生产的，处罚责任队组×××元/次。

第五十九条 采煤工作面或采区回采结束后，未在规定时间内封闭的，处罚责任部门×××元/次。

第六十条 未按规定建立消防材料库或消防材料不齐全的，处罚责任部门×××元/次；消防材料未定期检查或更换的，处罚责任人×××元/次。

第六十一条 在井下或距井口20 m内存在无措施明火的，处罚责任人×××元/次。

第六十二条 无措施或未按措施规定烧焊的，处罚责任人×××元/次；在井下规定范围之外烧焊的，处罚责任人×××元/次。

第六章 瓦斯抽采管理

第六十三条 未完成瓦斯抽采月度计划的，由通风科组织有关单位进行分析，对责任单位罚款×××元，对直接责任人罚款×××元。

第六十四条 未按期完成瓦斯抽采工程或有关抽采工作要求的，对责任单位罚款×××元，对直接责任人罚款×××元。

第六十五条 有下列情况之一者，对责任人给予相应处罚：

（1）未及时对钻孔施工创造良好条件的，对责任单位负责人罚款×××元。

（2）未按设计要求吊挂管路、安装附属装置的，对责任人罚款×××元。

(3) 不按要求进行或擅自进行瓦斯抽采管路拆除、改造等施工，处罚责任人×××元。

(4) 钻孔施工时未悬挂各种牌板或未配齐测量工具，或达不到有关文明生产、安全生产标准化要求的，对责任人罚款×××元。

(5) 钻孔施工单位未在预计终孔两小时前向通风科提出验收申请，造成废孔、未及时验收等情况，本单位承担责任。

(6) 通风科、钻孔施工单位的值班人员未及时安排人员进行钻孔验收，对责任单位负责人和值班人员罚款×××元。

(7) 通风科、钻孔施工单位被安排进行钻孔验收的人员，未及时赶赴现场进行钻孔验收，罚款×××元，造成埋矸、废孔等情况的罚款×××元。

(8) 验收人员赶到现场后，超出预计终孔时间半小时仍未施工完成的，对钻孔施工单位值班人员罚款×××元，现场负责人罚款×××元。

(9) 验收和抽查人员不盯在现场，或由他人代为签名，弄虚作假的，对验收人员和抽查人员罚款×××元。造成严重后果的，经分析，视情节轻重给予相关处罚，直至开除。

(10) 施工单位在验收过程中弄虚作假，故意制造困难拖延验收时间的，对现场负责人罚款×××元。

(11) 验收和抽查人员借机刁难钻孔施工单位的，一经查实，罚款×××元。

(12) 钻孔无特殊情况未达到设计深度而提请验收的，对现场负责人罚款×××元，对施工单位值班人员罚款×××元。

(13) 钻孔施工方位、倾角偏离设计1度以上，该孔作废，并对施工单位罚款×××元，对施工负责人罚款×××元。

(14) 经验收，钻孔深度未达到设计深度90%，无特殊情况的，该孔作废，责令重新施工，并对施工单位罚款×××元，对施工负责人罚款×××元。

(15) 煤巷超前预抽钻孔未及时接抽并开启阀门进行抽采的，对责任人罚款×××元。回采工作面预抽钻孔超过5个孔未封孔接抽的，对责任人罚款×××元/孔。

(16) 各类钻孔未及时挂牌的，对责任人罚款×××元/孔。

(17) 钻孔施工原始记录不完善，不及时上交的，对责任人罚款×××元。

(18) 未按设计要求进行封孔的，对责任人罚款×××元/孔。

(19) 瓦斯抽采泵站岗位人员脱岗、空班、干杂活，人员随意进出，私自停开抽放泵的，对值班司机罚款×××元。

(20) 未定期对抽采系统巡检维护，技术资料不完善的，对责任人罚款×××元。

(21) 抽采管路破损、积水，附属设施损坏，影响抽采效果的，对责任人罚款×××元。

(22) 施工工期超过规定的，对施工单位正职罚款×××元/次。

(23) 抽采管路安装、回收和运输过程中，出现人为原因损坏，对责任人罚款×××元/根。

(24) 本项内所规定的处罚，根据具体情况，对党政正职、分管人员、跟班人员、班组长进行连带处罚。

第七章 其 他 管 理

第六十六条 入井人员未按规定佩戴自救器或佩戴的自救器不符合规定的，处罚责任人×××元/次。

第六十七条 使用非阻燃皮带、非阻燃电缆、非阻燃风筒或抗静电风筒的，电气设备入井前未进行防爆检查的，使用未取得煤矿矿用产品安全标志电气设备的，处罚责任部门×××元/次。

第六十八条 未按矿井瓦斯等级选用相应的煤矿许用炸药和雷管、未使用专用发爆器的，处罚责任部门×××元/次。

第六十九条 采掘工作面及其他地点爆破时未按规定执行“一炮三检”和“三人连锁爆破”制度的，处罚责任人×××元/次。

第七十条 “一通三防”方案设计及安全技术措施，未按审批权限报本矿审批或备案的，处罚责任人×××元/次。

第七十一条 凡细则中未涉及的隐患内容，视情节给予×××元罚款。

15 防治水专业

15.1 水害防治及地质防治水技术管理制度

为进一步创建本质安全型矿井，更好地规范矿井防治水工作，防止生产过程中水灾事故的发生，制定本制度。

第一条 建立健全煤矿防治水管理机构，成立防治水工作领导组并设立地测防治水科，组织机构及人员设置如下：

（1）防治水工作领导组：

①组长：矿长。

②常务副组长：总工程师。

③副组长：安全矿长、机电矿长、生产矿长。

（2）成员：安全副总、采掘副总、机电副总、通风副总、防治水副总、生产技术科科长、地测防治水科科长、通风科科长、综采队队长、综掘队队长、探放水队队长、机电机运队队长、人事劳资科科长、环保技改科科长、供应科科长、后勤主任职工培训科科长。

防治水工作领导组下设地测防治水科和探放水队，办公室设在地测防治水科，地测科科长办公室主任，具体负责防治水日常工作。

第二条 地测防治水技术管理体系组织机构。

（1）负责人：总工程师。

（2）常务负责人：地测防治水副总。

（3）责任部门：地测防治水科、探放水队。

第三条 探放老空水前要查明老空水的位置、积水量和水压。要统计流量，校对放水量，直至放水工程结束。若放水量与统计量相差较大，必须查明原因。需有计划、有目标、有针对性地开展水文地质调查、分析和观测工作，查明矿井各种充水因素，分析研究地下水的变化规律。

第四条 煤矿对井下采空区积水实行“三线”管理。

（1）采空区积水区域及积水量是采空区水害防治的核心，对积水区域及积水量要准确预报。

（2）依据巷道顶底板标高、水头高度并结合矿井实际水文地质情况合理圈定采空区积水区域及积水量，并确定积水线。掘进工作面在距积水线 30 m 处停止掘进，并进行打钻放水。遇采空“三线”距离按晋煤监政法［2017］116 号文件确定。

（3）地测防治水科需定期对采空区积水进行分析，并及时将“三线”标注在采掘工程平面图及充水性图上。

第五条 必须坚持“预测预报、探掘分离、有掘必探、先探后掘、先治后采”的原则，在有水患威胁区域进行采掘施工前，必须查明该区域水文地质条件，进行充水情况分析，并提出防治措施。当井巷遇含水裂隙、穿过含水层时，要测定其产状、长度、宽度、形状、厚度、岩性。遇突水点时，要确定突水时间、地点及确定位置。

第六条 煤矿必须配备满足工作需要的防治水专业技术人员，每个煤矿至少配备 1 名地质类专业技术人员（全日制院校毕业），水文地质类型复杂、极复杂的煤矿至少配备 2 名地质类专业技术人员（全日制院校毕业），专职探放水作业人员的数量应不少于该矿开掘工作面数量的 3 倍。配备满足探放水作业需要的专用探放水设备，必须保证每个开掘工作面配备一台探放水钻机，要有相应的备品备件。坚持“预测预报，探掘分离，有掘必探、先探后掘、先治后采”的探放水原则、采取“物探先行、化探跟进、钻探验证”的综合探测手段，落实“探掘分离”的规定。采取“探、防、堵、疏、排、截、监”综合治理措施。

第七条 井下排水设施、设备（包括水泵、水管和配电设备）必须符合《煤矿防治水细则》的要求，井下主排水设备的管理须符合以下规定：

（1）排水设备必须按规定定期检修，确保所有排水设备完好。

（2）井下各排水点设备、开关、仪表定期检查，发现问题及时处理。

（3）排水系统日常维护要做到“勤、查、精、听、看”。

①勤：勤看、勤听、勤摸、勤修、勤联系。

②查：查各部螺栓、查油量油质、查各轴承温度、查安全设备和电气设备、查闸阀和逆止阀好坏。

③精：精通业务，精力集中。

④听：听取上班的交接情况、听取别人的反映、听机器运转的声音。

⑤看：看水位的高低、看仪表指示是否正确和有否故障、看油圈甩油状况和润滑是否良好。

（4）做好泵体、电机、环形管路、阀门等防腐工作。

（5）做好压力表、真空表、电压表、电流表、电度表的整定及定期校验工作。

（6）要严格执行要害场所管理制度、岗位责任制度和包机制度、交接班制度及操作规程。

第八条 总工程师负责地测防治水的技术管理工作，保证地测防治水技术管理体系的有效运转，组织制定并认真执行地测防治水工作技术标准，做好本矿采空区、富水区的调查，分析矿井水文地质情况，掌握矿井用水动态及变化规律，为地测防治水工作提供技术依据。同时，总工程师需组织制定并审批地测防治水工程项目施工设计，确定技术要求及技术参数，及时审批各种技术措施。

第九条 地测防治水科应根据年、月采掘生产计划，分析预测各采掘工作面及周围受水害威胁情况，及时下发年度、月度地质及水情水害预报。年报应于1月15日前下发；月报应于每月3日前下发，预报必须由科长、副总工程师及总工程师签字审批。

第十条 地质及水情水害预报根据防治水相关规程规范、技术要求编制，并根据实际情况及时调整或补充。在采掘施工过程中当井下水文地质条件发生变化、出现突（涌）水征兆、接近可疑积水区和可疑老空区时，地测防治水科必须及时下发临时水文地质预报，并提出处理措施。

第十一条 地测防治水科要建立防治水日常巡检制度。定期对各作业地点的防治水、探放水及防排水工作进行安全检查；雨季“三防”期间按规定进行巡查，发现问题及时处理。对所查出的水患要实现闭合管理，遇到重大水患要立即报告本矿调度室及相关领导，并制定整改方案。情节特别严重的要对责任人进行责任追究。

第十二条 井下探放水设计由地测防治水科负责编制。内容包括：探放水区域的水文地质情况，探水巷道的开掘方向、施工顺序和支护形式，充水区域的积水量、积水范围、水压，确定探放水钻孔组数、方向、深度、角度和施工技术要求及采用的超前距与帮距，探（放）水钻孔设计的平面图、水平（竖直）剖面图。防排水设施的设计以及水仓、水泵、管路和水沟等排水系统及能力的具体安排等，积水区域最低标高、探放水处所处的标高；水灾处理措施等。探放水设计须经总工程师批准。

第十三条 水害事故处理执行“四不放过”的原则，即事故原因未查清不放过，事故责任者和群众没有受到教育不放过，没有制定出防范措施不放过和事故责任者没有受到处理不放过。并根据本矿管理制度进行责任追究。

第十四条 严格执行探掘分离作业程序，探放水作业完成后，必须经过安全员、地测防治水科、综掘队、探放水队、调度室联合验收无误后，进行安全确认移交，总工程师审核签字后，由地测防治水科下发允许掘进通知单，方可正常掘进。

第十五条　要严格执行紧急撤人原则，保证撤退路线安全畅通。当矿井遇到以下重大水患之一时，必须执行紧急撤人原则：

（1）气象预报出现“暴雨蓝色预警信号”以上天气、连续降雨达到 50 mm 以上或气象预报为“暴雨”天气威胁矿井安全时，立即停产、撤人。

（2）工作面发现异常突水时，立即停产、撤人。

（3）相邻矿井发现水害事故时，立即停产、撤人。

（4）影响到作业地点的主要排水设施失效，无法处理时，立即停产、撤人。

（5）当施工现场出现下列透水预兆：挂红、挂汗、空气变冷、发生雾气、水叫、顶板淋水加大、顶板来压、煤壁片帮、底板鼓起或产生裂隙涌水、水色发浑有臭味等现象时，立即停产、撤人。

第十六条　采掘工作面作业前必须进行超前物探工作。井下所有掘进工作面必须采用超前物探手段循环探测前方构造及顶底板的含水状况，查清水文地质条件。对物探查出的相对低阻值异常区，必须进行钻探验证。探水钻孔施工时必须严格执行防治水相关规定，落实好安全防范措施。

15.2　地测防治水预测预报管理制度

第一条　井下采掘作业必须坚持“预测预报、探掘分离、有掘必探、先探后掘、先治后采”的原则；采掘工程施工前，地测防治水科对回采、掘进范围内的地质、水文情况进行全面分析，判定水患威胁的地段及威胁程度，并编制地质及水情水害预报。

第二条　每年雨季来临前，地测防治水科要对工业广场及附近沟渠等进行排查，确保排水系统畅通。每次大雨、暴雨后必须对地面、井下进行排查，发现问题及时汇报给调度室。

第三条　地测防治水科应根据年、月采掘生产计划，分析预测各采掘工作面及周围受水害威胁情况，及时下发年度、月度地质及水情水害预报。年报应于 1 月 15 日前下发；月报应于每月 3 日前下发；预报单必须由科长、副总工程师和总工程师签字审批。

第四条　在采掘施工过程中，当井下水文地质条件发生变化、出现突（涌）水征兆、接近可疑积水区和可疑老空区时，地测防治水科必须及时下发临时地质及水情水害预报，并提出处理措施。

第五条　预报内容应包括水患地点、范围、对生产的影响、应采取的措施等，预报结果应对安全生产起到指导、提示作用。若预报范围接近采空区时，预报内容还应包括积水量、积水面积、水压、水头高度等内容。

第六条　地质预报应结合现有地质资料和采掘过程中揭露的实际情况，综合分析各类影响因素，做到内容可靠，描述准确，图表相符，定性分析，措施有针对性。

第七条　作业场所变更后，地测防治水科要及时变更探放水设计，对可能存在水害隐患及时预警、提示。

第八条　预报内容应图表相符，内容齐全，描述准确，并装订成册。

15.3　水害排查治理制度

第一条　防治水工作领导组要定期组织有关部门对地面、井下的水害隐患进行检查，查出的问题和隐患要下发到责任单位，限期整改。地测防治水科要严格执行煤矿防治水相关规程规定、措施规范，对威胁生产安全的水患排查到位，对排查中发现的水患问题或地质灾害，要跟踪监督落实并及时向相关部门通报。责任部门必须拿出整改方案，落实整改措施。

第二条　调度室每年汛期前必须组织雨季“三防”安全检查，检查包括井口防洪设施、工业广场排水沟渠、各级电缆等。发现有缺失、堵塞、漏电的必须立即处理。

第三条　机电科每年雨季来临前联合资质单位进行 1 次联合排水试运转试验；试运转过程中对排水设备进行监督并记录运行情况，发现设备有损坏、运转不顺利的，要立即维修，试运转完成后资质单位要出具详细的联合排水试运转报告。

第四条 环保技改科负责对工业广场、井口附近的排水系统、防洪沟渠进行系统的检查；发现排水管路及防洪沟渠有堵塞情况，立即清理。

第五条 雨季前要对井下水仓、沉淀池进行1次全面清挖，确保水仓有足够的储水容积。

第六条 对受采动影响造成的地表裂缝、低洼等，要及时封堵、治理。地表裂缝、低洼等构造较小的，采用填充法治理。地表裂缝、低洼等构造较大的，必须制定专项治理方案，由煤矿组织审批后方可施工。

第七条 地测防治水科要督促完善矿井水文地质勘探、地面电法探测、井下电法超前探测等工作，同时收集、积累、整理、分析、保存生产过程中揭露的水文地质资料，尽可能使煤矿地质资料可靠、翔实并可用以指导生产。

第八条 地测防治水科必须严格落实《煤矿防治水细则》《煤矿安全规程》等规程规定、措施规范，针对性开展水文地质工作，为矿井水害防治提供翔实可靠的基础资料。

第九条 对正在使用的钻孔，孔口应按照规定安装孔口盖。对报废的钻孔，应及时封孔。发现未按规定安装孔口盖、封孔的，要对施工单位进行处罚和责任追究。

第十条 综掘队、综采队每日要对采掘工作面的排水系统进行检查，必须始终保持完好状态，发现有损坏的要及时维修或更替。排水管路有破损的要及时更换、水沟有堵塞现象要立即清挖。

第十一条 若发现涌水异常区，地测防治水科要及时查清水源、出水位置、水量及水位等，并及时处理或上报。

第十二条 防治水技术员应定期下井检查排水系统完好情况、水仓清理情况、水沟水渠畅通情况等。发现水患及时安排相关队组进行处理。

第十三条 采掘工作面接近井下采空区时，地测防治水科必须提前查明积水情况，制订专项的探放水设计并安排实施。情况不明的禁止采掘作业。

第十四条 预测可能出现水害的区域，防治水技术人员必须通过物探、钻探等多种技术手段查明情况，及时制订安全、可行、可靠的技术措施，确保矿井安全生产。

第十五条 每月对报废地质钻孔、探放水孔进行封孔排查，发现封孔不良的钻孔，立即进行注浆封堵，确保矿井安全。

第十六条 每旬对矿井采空区、涌水点、放水点进行水害排查，查看放水点的孔口管是否异常、损坏、封堵不良，并测出水头高度。若发现孔口管周围有漏水、孔口出水突然增大，要立即报调度室，并安排队组对孔口、煤壁进行注浆封堵。

第十七条 每月对有断层、陷落柱的工作面进行隐患排查，发现巷道因地质构造导致巷道压力大、变形、出水、片帮、冒顶现象，要立即上报调度室，并对巷道进行支护、注浆加固等措施。

15.4 防治水管理运行制度

为进一步创建本质安全型矿井，更好地规范本矿防治水工作，有效预防水灾事故的发生，结合煤矿实际，制定本制度。

第一条 建立健全本矿防治水管理机构，组织机构及人员设置如下：

（1）防治水工作领导组

①组长：矿长。

②常务副组长：总工程师。

③副组长：生产矿长、机电矿长、安全矿长。

（2）成员：采煤副总、机电副总、运输副总、通风副总、地测副总、生产技术科、地测防治水科、通风科、机电科、安全科、综采队、综掘队、探放水队、机电机运队、办公室、环保技改科、供应科、后勤服务中心、职工培训科。

防治水工作领导组下设地测防治水科和探放水队，探放水队业务由地测防治水科指导和监督。地测防治水科和探放水队日常工作由地测防治水副总工程师协调管理。

第二条　防治水工作领导组职责

(1) 组长职责：为本单位防治水工作第一责任人，负责贯彻执行《煤矿安全规程》《煤矿防治水细则》《煤矿测量规程》《煤矿地质工作规定》《山西省煤矿防治水“三专两探一撤”规定》等有关安全生产法律法规、命令、决定、通知、通报，必须采取公测措施、技术措施和管理措施防治各种水害，特别要保证“三专两探一撤”规定的落实，对矿井防治水工作全面负责。

(2) 常务副组长：是防治水技术管理总负责人，负责组织制定防治水工作技术标准，建立防治水工作体系，防治水的技术管理工作和水害防治工作的组织实施，负责矿井防治水相关设计、措施、技术方案和参数、计划、预案等审批工作，负责“三专两探一撤”各项规章制度、规划、计划、专项设计和安全技术措施，提出实施“三专两探一撤”工作的专项资金使用建议，定期组织开展水患排查活动，研究制定和落实治理措施。

(3) 副组长职责：协助组长及常务副组长进行防治水工作。总工程师负责防治水的技术管理工作，负责制定矿井防治水相关措施、计划、预案等，负责本矿水害防治工作的组织实施；安全矿长负责对煤矿水害防治措施的落实情况实施监督检查；机电矿长负责矿井排水等设备、设施的保养维护工作；其他领导在各自职责范围内落实各项防治水工作要求。

(4) 成员职责：参加防治水专项检查，并提出整改措施，对本部门防治水工作负执行责任，要根据本矿防治水管理制度、水害应急救援预案及现场处置方案等相关要求，明确本部门具体职责，参与本矿重特大水灾事故的应急救援和抢险指挥工作。

第三条　地测防治水科职责

(1) 执行和落实防治水领导组的决定、决议。在领导组的领导下，协调、处理工作中出现的问题，检查通报各单位的防治水工程进展和安全措施落实情况。重大防治水工作情况要及时汇报、通报。

(2) 负责本矿水害防治的日常管理，监督检查防治水措施的落实和执行情况，对矿井水害防治设施、设备进行日常监管和检查。定期开展井下水害隐患排查、地面雨季“三防”水害及地质灾害检查等工作，分析矿井水害事故及提出处理措施。制定相应的水害防治计划、预案。对探放水工作进行业务指导和检查。

第四条　探放水队职责

(1) 负责井下各掘进、回采工作面的探放水工作，保证采掘作业安全进行。

(2) 负责对矿井可疑的地质构造进行超前探水工作。

(3) 根据探放水设计、负责编制和报审探放水作业规程和安全技术措施，并认真执行，保证探放水工程施工安全。

(4) 负责探放水材料的计划、管理、使用等，负责设备维护、检修，确保设备正常使用。

(5) 认真贯彻“预测预报、探掘分离、有掘必探、先探后掘、先治后采”的防治水原则，做好探放水工作。

第五条　要切实加强对水害防治工作，保证水害防治的资金、工程、物资落实到位；总工程师对矿井水害防治负技术责任。

第六条　总工程师应定期召集有关部门进行水害隐患排查，对查出的水害隐患要落实责任，采取切实可行的防治措施。

第七条　煤矿必须配备满足工作需要的防治水专业技术人员，每个煤矿至少配备1名地质类专业技术人员（全日制院校毕业），水文地质类型复杂、极复杂的煤矿至少配备2名地质类专业技术人员

（全日制院校毕业），专职探放水作业人员的数量应不少于该矿开掘工作面数量的3倍。配备满足探放水作业需要的专用探放水设备，必须保证每个开掘工作面配备一台探放水钻机，要有相应的备品备件。坚持“预测预报、探掘分离、有掘必探、先探后掘、先治后采”探放水原则，采取“物探先行、化探跟进、钻探验证”的综合探测手段，落实“探掘分离”的规定。

第八条 地测防治水科必须及时收集、整理煤矿及相邻矿井的地质资料、水文地质情况、采空区情况等，及时编绘矿井充水性图等防治水基础图纸，为水害防治工作提供翔实、可靠的技术依据。

第九条 地测防治水科应制定和完善防治水安全技术措施、水害应急救援预案及现场处置方案等，并负责督促落实，确保水患的有效防治。

第十条 井下排水系统应根据《煤矿防治水细则》等规程规范、技术标准的要求，结合煤矿实际，配备与矿井、采区、工作面涌水量相匹配的水仓、水泵、输电线路等设施，确保井下正常排水、应急排水的需要。

第十一条 调度室应认真落实雨季“三防”工作计划及实施方案，负责抢险物资的储备、抢险队伍的组织、培训。机电科要对矿井排水设备和供电设施进行全面排查，清挖水仓、水沟和沉淀池，每年联合资质单位开展一次联合排水试验。

第十二条 受水害威胁的区域，应当留设防隔水煤（岩）柱，煤（岩）柱的留设尺寸和设计编制经煤矿总工程师组织有关部门审查批准后方可实施，严禁随意变动煤（岩）柱留设尺寸。

第十三条 地测防治水科要根据每年的采掘接续计划，结合矿井水文地质资料，进行水害隐患分析，按期提供年度、月度的地质及水情水害预报。

第十四条 对采掘揭露和勘探中发现的、与河流、强含水层等有水力联系的导水断层、裂隙（带）、导水陷落柱时，必须查清位置，并按规定留设防水煤（岩）柱。严禁在防隔水煤柱中进行采掘活动。

第十五条 地测防治水科要做好井下涌水观测工作，建立观测台账，对采掘区域及积水区异常情况及时作出水害预报。

第十六条 地测防治水科要加强地面塌陷观测，发现问题及时通报处理，对由于开采引起的地表开裂及时封填，以防雨水顺裂隙灌入井下。

第十七条 采空区水是煤矿最主要的水害之一。采掘工程接近采空积水区时，必须制定专项的探放水设计进行放水作业。探放水作业前，必须确保排水系统完好。

第十八条 采掘工作面探放水设计由地测防治水科编制，探放水安全技术措施，由施工部门编制并组织贯彻学习。探放水设计和安全技术措施须经总工程师批准。

第十九条 发生大雨、暴雨、洪水，或井下发生透水、不明原因大量涌水等情况，灾害严重，可能引发淹井时，必须立即撤出作业人员到安全地点。隐患完全消除，确认无异常后，方可恢复生产。

第二十条 井下排水设施、排水设备（包括水泵、水管和配电设备），必须符合《煤矿防治水细则》《煤矿安全规程》等规定。

第二十一条 井下主排水设备的管理

（1）排水设备必须按规定定期检修，确保所有排水设备完好。

（2）井下各排水点设备、开关、仪表定期检查，发现问题及时处理。

（3）排水系统日常维护要做到“勤、查、精、听、看”。勤——勤看、勤听、勤摸、勤修、勤联系；查——查各部螺栓、查油量油质、查各轴承温度、查安全设备和电气设备、查闸阀和逆止阀好坏；精——精通业务，精力集中；听——听取上班的交接情况、听取别人的反映、听机器运转的声音；看——看水位的高低、看仪表指示是否正确和有否故障、看油圈甩油状况和润滑是否良好。

（4）做好泵体、电机、环形管路、阀门等防腐工作。

（5）做好压力表、真空表、电压表、电流表、电度表的整定、定期校验工作。

（6）要严格执行要害场所管理制度、岗位责任制度和包机制度、交接班制度、操作规程等。

15.5　防排水工作管理制度

为进一步规范本矿防排水工作，防止生产过程中水灾事故的发生，结合矿井实际，制定本制度。

第一条　成立防排水工作领导组

（1）组长：矿长。

（2）负责人：机电矿长。

（3）责任部门：机电科、机电机运队、地测防治水科、环保技改科、综采队、综掘队。

第二条　机电矿长要认真贯彻落实《煤矿安全规程》《煤矿防治水细则》等规定，保证防排水工作管理体系的有效运转。

第三条　地测防治水科应查清矿区及其附近的水流系统和汇水面积、河流沟渠汇水情况、疏水能力、积水区和水利工程的规划情况以及当地日最大降雨量、历年最高洪水位，并结合煤矿特点建立和健全防水、排水系统。

第四条　本矿井口标高，应高于当地历史最高洪水位，若不满足要求必须采取措施防止洪水倒灌。

第五条　机电科每年雨季来临前需联合资质单位进行 1 次联合排水试运转试验，每年汛期前的地面雨季“三防”检查，环保技改科要对井口附近防洪沟渠的设置及其是否畅通等均要做系统的检查，对查出的问题及时整改，防止地表水形成水害。

第六条　地测防治水科应根据年、月采掘生产计划，分析预测各采掘工作面及周围受水害威胁情况，及时编制和下发地质及水情水害预报。

第七条　地测防治水科调查核实矿区范围内的采空区、导水裂缝带、导水钻孔、导水陷落柱等构造，并填绘矿井水文地质图。

第八条　地测防治水科根据水文地质条件，设计预留防水煤（岩）柱，制定预防突水的安全技术措施。

第九条　相邻矿井的分界处，应当留防隔水煤（岩）柱；矿井以断层为分界的，应当在断层两侧留有防隔水煤（岩）柱。矿井防隔水煤（岩）柱一经确定，不得随意变动，并通报相邻矿井。严禁在设计确定的各类防隔水（岩）柱中进行采掘活动。

第十条　井下配备排水设备，至少应由同类型的 3 台泵组成，除正在检修的水泵外，工作水泵的能力，应能在 20 h 内排水矿井 24 h 的正常涌水量。备用水泵的能力，应当不小于工作水泵能力的 70% 。工作和备用水泵的总能力，应当能在 20 h 内排出矿井 24 h 的最大涌水量。检修水泵的能力，应当不小于工作水泵能力的 25% 。

第十一条　水管应当有一定的备用量。工作水管的能力应当能配合工作水泵在 20 h 内排出矿井 24 h 的正常涌水量。工作和备用水管的总能力，应当能配合工作和备用水泵在 20 h 内排出矿井 24 h 的最大涌水量。

第十二条　配电设备的能力应当与工作、备用和检修水泵的能力相匹配，并能保证全部水泵同时运转。

第十三条　机电科、机电队要加强井下水泵、水管、闸阀、排水用的配电设备和输电线路，应当经常检查和维护。每年雨季前，应当全面检修 1 次，并对全部工作水泵和备用水泵进行 1 次联合排水试运转。

第十四条　机电队要定期对矿井中央水仓及采区水仓进行清挖。当一个水仓清理时，另一个水仓能够正常使用。水仓的空仓容量应当经常保持在总容量的 50% 以上。

第十五条　机电科要做好防治水工作的日常机电管理工作，监督检查各排水设备、探放水设备的供电、设备情况。

第十六条 机电队要做好日常的水处理工作，循环水池要留有余量，水处理能力达到规定要求，排放达到国家标准。工作不到位者，根据煤矿规定追究有关责任人员责任。

15.6 地测防治水安全办公会议制度

第一条 地测防治水安全办公会每月召开一次，时间为每月25日至下月5日前。

第二条 安全办公会由总工程师主持，总工程师、地测防治水副总工程师、地测防治水科科长、地测地质防治水技术员及探放水队必须参加。

第三条 安全办公会内容

(1) 传达本矿安全办公会和上级有关安全生产的精神。

(2) 分析本月地测防治水专业情况，分析水害防治存在的问题，确定下月地测防治水工作重点。

(3) 研究加强水害防治、隐患防范措施等方面的安全管理办法。

第四条 参会人员必须按时签到、开会，特殊情况不能参会的，执行本矿请假制度；无故不参会的，按照本矿管理制度进行处罚。

第五条 地测安全办公会议会议结束后，记录员需整理会议内容并形成会议纪要，以红头文件的形式下发会议纪要，分类保存、归档整理。

15.7 安全生产联系制度

第一条 为确保生产安全的有序进行，地质及水情水害预报、测量放线等先行工作必须通过业务联系书、联席会议等制度和方法，与设计、施工等部门互通信息、紧密配合。

第二条 井巷的贯通作业，测量技术员必须进行复测复算，并根据最终测量成果及时调整中腰线。当贯通的两工作面相距20 m前、综合机械化掘进巷道相距50 m前，必须停止一个工作面掘进，测量技术员必须以书面形式通知施工单位和相关部门。同时，通知通风科做好调整通风系统的准备工作。

第三条 日常延伸中腰线，施工单位应提前1~2天通知地测部门。

第四条 重要工程、大型工程的贯通测量工作，地测部门应对设计图纸进行审查验算，编制贯通测量方案，确定贯通允许偏差，经总工程师批准后实施。

第五条 如巷道遇老巷、老空、积水区、地质构造复杂等情况时，地测部门应提前书面通知施工队组和相关部门。

第六条 巷道开口、掘进放线、掘进到位、停掘或封闭巷道时，施工单位必须通知地测防治水科，及时进行测绘、填图、地质编录等工作。

第七条 停掘、停采、贯通、穿层等涉及安全生产的事项，由测量技术员现场标定，其他人员不得擅自更改。需要与施工单位沟通、商定的，可通过联席会议进行。

第八条 采掘工作面所需地质、水害防治资料，应提前通知地测防治水科。地测防治水科应确保所提供资料准确可靠，作为编制作业规程和其他安全技术措施的依据。采掘进尺、实际采高、煤柱尺寸应以生产技术科实测数据为准，并符合设计规定。不符合设计规定时，应及时通知采掘单位，并向总工程师汇报。

第九条 地测防治水科应对地质及水情水害预报跟踪检查及对照，若实际情况出现大的变化或遇异常地质构造时，必须及时出具临时预报。

第十条 测量放线、超前钻探时，施工单位需全力配合，保证作业环境安全。

第十一条 各种巷道内的导线点、中腰线，回采工作面终采线、点号等，施工单位必须妥善保护，如有损坏应及时通知地测部门进行校检、补测或重设。

15.8 防治水作业优先制度

第一条 建立以矿长为防治水第一责任人，总工程师为防治水技术管理负责人，保障煤矿生产作业过程中的防治水、探放水优先作业的领导体制。

第二条 严格落实“预测预报、探掘分离、有掘必探、先探后掘、先治后采”的原则，在矿井水患未查清前，不得进行任何采掘活动。

第三条 按照规定积极编制矿井地质报告、水文地质类型划分报告，建立矿井防治水台账、档案，采取地面调查、核查矿井资料、井上下物探、钻探验证方法，摸清矿区水害地点标高、采空区位和积水量、巷道布置情况，做到采掘前水害预防措施到位。

第四条 编制探放水设计、防治水年度工作计划，矿井水害应急救援预案及现场处置方案必须由地测防治水科科长、防治水副总工程师、总工程师、矿长审核把关，并监督落实。

第五条 地测防治水科、探放水队、各施工队组、职工培训科、安全科等相关部门要加强防治水知识培训工作，提高井下作业人员的水患防治安全意识、技术水平和水害避灾知识。

第六条 严格落实各类人员防治水安全生产责任制、防治水管理运行制度、防治水安全确认签字移交制度等各项制度和相关规定。

第七条 严格执行井下探放水规定，建立满足水害防治需要的专业化探放水队伍，配齐配足探放水设备。

第八条 对受水害威胁的区域，必须采取超前物探、化探跟进、钻探验证等多种方式和手段，查清水害，消除水害隐患。

第九条 配备满足探放水作业需要的专用探放水设备，必须保证每个开掘工作面配备一台探放水钻机，要有相应的备品备件。严禁使用煤电钻探放水。

第十条 严格落实“探、防、堵、疏、排、截、监”综合治理措施，确保水害不消除不生产。

第十一条 矿井的月度生产作业计划中，必须首先安排探放水作业计划。

第十二条 所有采掘活动必须在已经完成探放水工作并确认安全的情况下进行。

第十三条 采掘队组施工前必须履行探放水安全确认签字移交手续。

第十四条 采掘作业中，涉及穿层、揭露煤岩柱、过地质构造复杂区段、接近积水区、接近强含水层等时，其设计、安全技术措施必须由地测防治水科审核同意。

15.9 防治水安全确认移交制度

第一条 为严格落实“探掘分离、有掘必探、探钻留痕、见痕掘进、班班确认”的探放水管理要求，防止水害事故的发生，必须对探放水工作实行安全确认移交制度。

第二条 探放水钻孔施工质量经安全员、地测防治水科、调度室、探放水队、掘进队组联合验收无误，并填写安全确认移交表。地测防治水科审查无误，总工或地测副总审核同意后，方可下发允许掘进通知单，进行下一道工序作业。探放水钻孔安全确认移交表及允许掘进通知单、探放水通知单、掘进停止通知单、探放水钻孔现场验收表等（见附表）。

第三条 探放水队必须根据探水结果在移交单上如实填写钻孔参数和遇到的问题。

第四条 掘进作业人员如发现工作面现场未进行探水或探水孔不符合设计要求，有权拒绝施工。

第五条 发现有大量涌水、不明来水、突水等情况时，探放水队必须及时采取措施进行处理，并向调度室汇报。

第六条 交接单未签字的，不得进行作业。

第七条 防治水专项工程完工后，应由地测防治水科、施工单位、生产技术科、环保技改科等相关部门联合验收，验收合格并签字确认后，将施工资料、验收报告等一并移交煤矿档案室归档保存。

探放水通知单

探放水队：

______队所施工的______掘进工作面，______月______日探放水后，现已掘进______m，再向前掘进______m就可到达下次探放水位置，望你队接到通知后，在巷道（或某测点）______m之前组织探放水作业。

特此通知

地测防治水科长：______

总工程师：______

接收人：探放水队长：______

接收时间：______

掘进停止通知单

______掘进队

你队施工______巷道，于______月______日______时，将掘进至上次探放水施工后允许掘进距离，现要求你队掘进到位后立即停止掘进施工，由探放水队进行下一轮的探放水作业。

特此通知

地测防治水科长：______

总工程师：______

接收人：掘进队队长：______

日期：______

允许掘进通知单

______掘进队：

探放水队在______工作面______m处完成了本次探放水作业，钻孔已经相关人员验收，验收合格且无水患。现同意你队掘进施工，允许掘进距离______m。

特此通知

地测防治水科长：______

总工程师：______

接收人：掘进队队长：______

接收时间：______

探放水钻孔现场验收、安全确认移交表

巷道名称		煤岩性质		验收日期	
探水地点（位置）					
孔号	1	2	3	4	5

（续）

角度/（°）	平					
	直					
深度/m						
钻探时间						
探钻情况描述 钻探结论分析 允许掘进距离						
验收人员签字	地测防治水科		安全员		调度员	
	掘进队班组长		探放水队班组长		审　批	

15.10　有掘必探、探掘分离管理制度

第一条　探放水工必须经过应急管理局的特殊工种培训学习，并持证上岗。

第二条　在采掘生产前，必须实现“探掘分离”作业，严禁以掘带探作业。

第三条　掘进前必须先进行探放水作业。综掘队及探放水队必须严格落实“探掘分离，钻探留痕，有痕掘进，班班确认”的探放水管理要求。

第四条　严格执行探掘分离作业程序，探放水作业完成后，必须经过驻矿安全员、地测防治水科、调度室、探放水队、综掘队联合验收无误后，进行安全确认移交，总工或地测副总审核签字后由地测防治水科下发允许掘进通知单，方可掘进。

第五条　探放水作业必须使用专业探放水钻机，严禁使用煤电钻等进行探水作业。

第六条　严格落实二级公司“一图一牌一板三单两表”规定：按要求设计探放水钻孔布置图；井下严格按照钻孔施工情况吊挂探放水位置牌板；确保探放水钻孔施工验收记录牌板字迹清楚，并紧跟工作面；同时按具体施工情况填写探放水通知单、停止掘进通知单、允许掘进通知单及探放水钻孔安全确认移交表；每日下班前需向二级公司报送当日探掘日报表。

15.11　专业探放水管理制度

第一条　所有探放水工均经应急管理局特殊工种培训后持证上岗。

第二条　坚持“预测预报，探掘分离、有掘必探，先探后掘，先治后采”的原则。

第三条　井下所有掘进巷道在施工前都必须编制探放水设计，进行探放水作业。

第四条　在探水钻进时，发现煤岩松软、片帮、来压或者钻眼中水压、水量突然增大和顶钻等透水征兆时，应当立即停止钻进，但不得拔出钻杆；立即向调度室汇报，派人监测水情。发现情况危急，应当立即撤出所有受水威胁区域的人员到安全地点，然后采取安全措施，进行处理。

第五条　探放老空水前，应当首先分析预测老空水体的积水面积、积水量和水压。探放水孔应当钻入老空水体，并监视放水全过程，核对放水量。当钻孔接近老空时，预计可能发生瓦斯或者其他有害气体涌出的，应当安排瓦斯检查员或矿山救护队队员在现场值班，随时检查空气成分。如果瓦斯或者其他有害气体浓度超过有关规定，应当立即停止钻进，切断电源，撤出人员，并报告调度室及时处理。

第六条 钻孔放水前，应当估计积水量，并根据矿井排水能力和水仓容量，控制放水流量，防止淹井；放水时，应当设有专人监测钻孔出水情况，测定水量和水压，做好记录。如果水量突然变化，应当及时处理，并立即报告调度室和地测防治水科。

第七条 探水过程中发现的水体，必须采用钻孔放水。放水前必须安排专人测定放水孔内水量和水压。放水过程中，必须及时检测放水孔出水情况，观测水量和残存水压及有害气体情况，防止放水过程中发生事故。

第八条 井下探放水应当使用专用的探放水钻机，严禁使用煤电钻探放水。

第九条 布置探放水钻孔应当遵循下列规定：

（1）探放老空水、陷落柱水和钻孔水时，探水钻孔成组布设，并在巷道前方的水平面和竖直面内呈扇形。钻孔终孔位置以满足平距 3 m 为准，厚煤层内各孔终孔的垂距不得超过 1.5 m。

（2）探放断裂构造水和岩溶水等时，探水钻孔沿掘进方向的正前方及含水体方向呈扇形布置，钻孔不得少于 3 个，其中含水体方向的钻孔不得少于 2 个。

（3）探查陷落柱等垂向构造时，应当同时采用物探、钻探两种方法，根据陷落柱的预测规模布孔，但底板方向钻孔不得少于 3 个，有异常时加密布孔。

（4）煤层内，原则上禁止探放水压高于 1 MPa 的充水断层水、含水层水及陷落柱水等。如确实需要的，可以先建筑防水闸墙，并在闸墙外向内探放水。

（5）上山探水时，一般进行双巷掘进，其中一条超前探水和汇水，另一条用来安全撤人。双巷间每隔 30 ~ 50 m 掘 1 个联络巷，并设挡水墙。

第十条 在安装钻机进行探水前，应当符合下列规定：

（1）加强钻孔附近的巷道支护，并在工作面迎头打好坚固的立柱和拦板，严禁空顶、空帮作业。

（2）清理巷道，挖好排水沟。探水钻孔位于巷道低洼处时，应当施工临时水仓，配备足够能力的排水设备。

（3）在钻探地点或附近安设专用电话。

（4）由测量人员依据设计现场标定探水钻孔位置，与负责探放水工作的人员共同确定钻孔的方位、倾角、深度、钻孔数量。

（5）在预计水压大于 0.1 MPa 的地点探水时，预先固结套管。套管口安装闸阀，套管深度需在探放水设计中规定。

（6）预计水压大于 1.5 MPa 时，必须采取反压和有防喷装置的方法钻进，并制定防止孔口管和煤岩壁突然鼓出的措施。

（7）探水钻孔除兼做堵水或疏水用的钻孔外，终孔孔径一般不得大于 94 mm。

（8）探水钻孔超前距离和止水套管长度应符合以下要求：

老空积水范围、积水量不清楚的，近距离煤层开采的或者地质构造不清楚的，探放水钻孔超前距不得小于 30 m，止水套管长度不得小于 10 mm；老空积水范围、积水量清楚的，根据水头值高低、煤（岩）层厚度、强度及安全技术措施等确定。

第十一条 井下各采掘工作面必须配备与探放水工作量相适应的探放水设备。

第十二条 探放水工作要严格按设计进行施工。出现重大变化情况应修改或重新制定探放水设计，并经总工程师审批同意。

第十三条 凡在煤层露头风化带，含水、导水、与富水层相接触的断层，矿井水淹区，受保护的地表水体、井田边界等地段必须留设防隔水煤柱。

第十四条 探放水队必须制定具体的探放水作业措施、管理措施，明确作业人员的岗位职责和分工。

第十五条 井下探放水操作人员必须经过专门培训，取得探放水特殊工种证后方准上岗。

第十六条　探放水作业时，瓦检人员必须及时检查该处的有毒有害气体，发现问题，及时处理。

第十七条　井下探放水设计由地测防治水科负责编制。内容要包括探放水区域的水文地质情况；探放水巷道的开掘方向、施工顺序和支护形式；充水区域的积水量、积水范围、水压；确定探放水钻孔组数、方向、深度、角度和施工技术要求及采用的超前距与帮距；探（放）水钻孔设计的平面图、水平（竖直）剖面图。防排水设施的设计以及水仓、水泵、管路和水沟等排水系统及能力的具体安排等；积水区域最低标高、探水处所处的标高；水情灾害处理措施等。

第十八条　老空、断层、陷落柱等地质构造异常地段的探放水工作，应严格按照《煤矿防治水细则》相关要求执行。

第十九条　探放水设计和安全技术措施必须经探放水队所有作业人员学习签字。

15.12　重大水患停产撤人制度

第一条　矿井发生以下重大水患情况之一时，立即停产撤人。

（1）气象预报出现“暴雨蓝色预警信号”以上天气、连续降雨达到50 mm以上或气象预报为“暴雨”天气威胁矿井安全时，立即停产、撤人。

（2）工作面发现异常突水时，立即停产、撤人。

（3）相邻矿井发现水害事故时，立即停产、撤人。

（4）影响到作业地点的主要排水设施失效，无法处理时，立即停产、撤人。

（5）当施工现场出现下列透水的预兆：挂红、挂汗、空气变冷、发生雾气、水叫、顶板淋水加大、顶板来压、煤壁片帮、底板鼓起或产生裂隙涌水、水色发浑有臭味等现象时，立即停产、撤人。

第二条　在采掘过程中，作业地点人员发现水患险情且无法排除时，必须通知可能受水患威胁地点的作业人员撤到安全地点，并报告调度室。

第三条　探水作业时，发现煤体松软、片帮、来压或者钻孔中水量水压突然增大以及有顶钻等异常现象时，必须立即停止钻探，但不得拔出钻杆，立即将周围人员撤到安全地点，并报告调度室。

第四条　要严格执行“有掘必探、有疑必停、有险必撤”的紧急撤人原则，保证撤退路线安全畅通。

第五条　矿井发生重大水患撤人程序。

（1）遇到重大水害及中雨以上灾害性天气后，井下带班矿领导、调度室值班人员、当日值班领导安全员、班组长均可下达停产撤人命令。

（2）矿井发生重大水患后，现场负责人必须立即安排人员撤离。

（3）井下作业人员在接到撤离命令后，在现场负责人的统一指挥下，按水害避灾路线或安全路线有序撤离。

（4）撤退过程中，应靠近巷道一侧，抓牢支架或其他固定物体，尽量避开水头和泄水主流，并注意防止被水中滚动矸石和木料伤人。

（5）撤退过程中，发生照明、路标损坏、方向迷失时，遇险人员应朝着有风流通过的上山巷道方向撤退。

（6）在撤退沿途和所经过的交叉口，应留设指示行进方向的明显标志。

（7）人员撤退到立井，需从梯子间上去时，应遵守秩序，禁止慌乱和争抢。行动中手要抓牢，脚要蹬稳，切实注意自己和他人的安全。

（8）在撤退过程中应遵循由低到高的撤退路线，不可进入独头巷道。

（9）水害应急救援领导组应组织、协调人员撤离、应急救援、医疗救护等工作，并对脱险人员登记记录等。

15.13 地测防治水资料、图纸、技术报告审批制度

第一条 地测防治水科根据采掘作业计划及水文地质实际现状，必须由资质单位编制《矿井防治水中长期规划》，报告编制、评审完成后报集团公司总工程师评审备案。

第二条 矿井《水文地质类型划分报告》每三年重新确定一次，编制时必须由具有水文地质调查乙级以上的资质单位进行编制，报告编制、评审完成后报集团公司总工程师进行评审备案。

第三条 回采工作面在回采之前必须进行2种物探探测，并对物探异常区进行钻探验证，查清异常区域的地质、水文情况。所有资料都应归档保存。

第四条 矿井发生较大改建、扩建的，要及时联系资质单位编制《生产矿井地质报告》《生产矿井地质类型划分报告》《三维地震勘探报告》《瞬变电磁勘探报告》《水文地质补充勘探报告》及《带压开采安全性评价报告》，报告编制、评审完成后报集团公司总工程师进行评审备案。

第五条 探放水设计的编制工作由地测防治水科完成，经总工程师审核后下发。探放水队组织学习、实施。

第六条 安全、机电、通风等部门要对防治水工程、探放水设计等中涉及的相关事项严格审查，及时提出意见和建议。

第七条 防治水工程无设计、安全技术措施和总工程师审批的，不准施工。

第八条 探放水队必须严格按照探放水设计、探放水安全技术措施进行作业，施工中出现的问题要及时向地测防治水科汇报。

第九条 作业规程、安全技术措施中必须有水害防治的相关内容，并由地测防治水科进行审核，否则该规程或措施不得通过审批。

第十条 每季度初由生产技术科提供采掘工程平面图，地测防治水科以采掘工程平面图为底图更新本季度充水性图、排水系统图、矿井涌水量与各种相关因素动态曲线图。图纸需经地测防治水科长、矿总工程师、矿长审核签字。

第十一条 地测防治水技术人员每3年必须接受一次专业技术培训。培训包括高等院校进修、上级单位或部门组织的防治水专业培训。培训的时间、人员、培训内容、考试情况、证书等进行归档保存，建立一期一档的培训档案。

15.14 地质防治水技术资料定期整理、分析、保管、提供制度

第一条 地测防治水科要及时收集水文地质相关基础资料，按类型、时间（年、季、月、周、日）分类整理并装订成册。

第二条 防治水、地质、储量图纸资料必须设专人管理，外借图纸资料，必须记录外借时间和归还时间，并经过科长或总工程师审核同意。任何人不得擅自外借图纸资料。

第三条 地测防治水资料要根据生产中实际揭露的情况进行及时修改和补充。

第四条 重要地质、防治水、储量等技术资料需要长期保存的，应移交矿档案室集中管理。

第五条 归档资料要妥善保管，任何人不得外借。如确需外借、转抄、复制地质防治水相关资料时要有借方负责人、经办人、档案室负责人、经办人和地测防治水科负责人签字，并进行登记。登记内容包括：借用资料内容、借方身份证号码、姓名、单位、联系方式等信息。

第六条 用于追查事故的资料，档案室要对资料进行复印，并将原件收回。

第七条 未经审核、不能确定其正确性的资料，不得供生产使用。

第八条 要按时更新下列地质防治水基础图纸。

（1）矿井充水性图。

（2）矿井涌水量与各种相关因素动态曲线图。

(3) 矿井综合水文地质图。
(4) 矿井综合水文地质柱状图。
(5) 矿井水文地质剖面图。
(6) 矿井地形地质图。
(7) 矿井可采煤层底板等高线及储量计算图。
(8) 矿井地质剖面图。
(9) 矿井煤系地层综合柱状图。
(10) 矿井煤岩层对比图。
(11) 矿井地质构造纲要图和陷落柱分布图。

第九条　要按时更新下列防治水相关台账：
(1) 矿井涌水量观测成果台账。
(2) 气象资料台账。
(3) 地表水文观测成果台账。
(4) 钻孔水位、井泉动态观测成果及河流渗漏台账。
(5) 抽（放）水试验成果台账。
(6) 矿井突水点台账。
(7) 井田地质钻孔综合成果台账。
(8) 井下水文地质钻孔成果台账。
(9) 水质分析成果台账。
(10) 水源水质受污染观测资料台账。
(11) 水源井（孔）资料台账。
(12) 封孔不良钻孔资料台账。
(13) 矿井和周边煤矿采空区相关资料台账。
(14) 水闸门（墙）观测资料台账。
(15) 其他专项的资料台账。

第十条　要按时更新下列必备的井巷素描图：
(1) 石门、斜井、上下山素描图。
(2) 岩石大巷素描图。
(3) 主要煤巷素描图。
(4) 立井素描图。

第十一条　要按时更新下列地质相关台账：
(1) 井田大、中型地质构造台账。
(2) 井筒石门见煤点台账。
(3) 井上、下地质钻孔成果台账。

第十二条　要按时更新下列地质技术成果资料：
(1) 地质构造和陷落柱素描卡片。
(2) 见煤点煤层全厚素描卡片。
(3) 典型地质现象素描卡片。

第十三条　地测防治水资料每月应由地测防治水科进行一次分析，并做好记录备查。分析的主要内容：
(1) 认真检查分析当月地质及防治水资料的收集与整理是否完整、准确、及时。
(2) 认真检查分析地质防治水资料编录的正确性。

（3）认真检查当月资料上账及成图等完成情况，如有欠账应及时完善。

（4）对标定及施测的地点内容进行分析，评定其正确性。

（5）分析已揭露的地质构造，评定其正确性，如与原判断不符，应深入分析原因，认真总结经验，提高预测预报水平。

（6）根据已揭露的地质构造性质、形态、产状及煤层顶、底板岩性分析其含水性，从而做出预测预报。

（7）分析各类预报误差产生的原因，从中总结经验、办法。

（8）分析煤层顶、底板厚度及岩性突变，瓦斯渗出异常、岩层突出的原因及机理。

（9）分析其他特殊地质现象出现概率、特征及形成机理。

第十四条 地质预报和水情水害预报要按期分类保管并提供给相关科室及相关队组并指导作业。

第十五条 地测防治水科向外提供的资料、报表等，经地测防治水科科长严格把关，总工程师批准后方可提供。

15.15 地测防治水措施监管落实管理制度

第一条 煤矿建立地测防治水组织实施管理体系，分管矿领导、调度部门、各生产队组分工负责。

第二条 地测防治水组织实施管理体系组织机构。

（1）负责人：总工程师。

（2）责任部门：调度室、地测防治水科、安全科、通风科、机电科、供应科、环保技改科、职工培训科、后勤服务中心、探放水队、综掘队、综采队、机电机运队。

第三条 总工程师应保证地测防治水组织实施管理体系的有效运转，对防治水措施要大力组织实施。

第四条 各生产队组要协作配合地测防治水科开展工作，为地测防治水工作提供一切便利条件，在人力物力上提供支持。

第五条 施工单位根据实际情况，需对防治水安全措施进行调整的，应提前向地测防治水科提出申请；经地测防治水科审核并报分管领导同意后方可调整。

第六条 施工单位必须严格执行“预测预报、探掘分离、有掘必探、先探后掘、先治后采”的规定，采掘工作面出现涌水异常等情况时必须及时汇报。

第七条 排查出的水患问题，责任单位必须及时进行整改，未及时整改导致出现安全隐患的，对责任人进行处罚。

第八条 施工单位对检查出的地测防治水措施不落实、隐患不汇报的，对责任人处罚；再次出现的，按本矿“三违”有关规定处理上报。

15.16 防治水作业质量验收制度

第一条 煤矿必须建立专门的防治水工作管理机构，明确责任，并制定水害应急救援预案及现场处置方案。矿长是防治水工作的第一责任者，负责解决防治水所需的人力、财力、物力等；总工程师负责防治水工作的技术管理。

第二条 地测防治水科必须配齐满足防治水工作需要的专业技术人员，所配人员必须经过专业技术培训，具备一定的专业素质。

第三条 地测防治水科必须加强防治水基础工作。各种原始记录、台账、卡片等齐全、准确；图纸资料完善可靠、填绘及时；做好矿井水情水害的分析和预报，及时提供各种水文地质资料，满足矿井生产安全需要。

第四条　地测防治水科必须抓好水患的排查与治理工作。水害严重矿井每月进行一次水患排查、其他矿井每季度至少进行一次水患排查，对排查出的水患必须制定防治措施，做到项目、资金、措施、时间、人员、责任“六落实”。

第五条　必须具备完善的排水系统，排水能力符合《煤矿防治水细则》。

第六条　必须加强对古空、老空、采空区积水情况的探查和管理，加强对邻矿古空、老空及废弃老窑情况的调查分析；总工程师每年必须组织有关人员进行一次复查核实。

第七条　必须严格执行防治水审批管理制度，按照矿井设计和矿井地质报告的规定留设防隔水煤（岩）柱。受承压水威胁的区域，开采前必须查清水文地质条件，编制治理方案和防范措施，按管理权限报批后组织实施。

第八条　必须按有关规定留足矿井边界隔离煤柱，不得擅自破坏。严禁有危及相邻矿井安全的泄水、贯通巷道等行为。

第九条　每年雨季前必须对本单位的雨季“三防”工作进行全面分析排查，对主要排水系统进行联合试运转。在受雨季降水影响或威胁的情况下，必须制定专项防治措施。

第十条　煤矿必须保证防治水工程的资金投入，组织有关人员编制年度防治水工作计划，经矿长批准后列入安全工程计划，并组织实施。

15.17　防治水日常巡查考核制度

第一条　地测防治水科要建立防治水日常巡检制度，定期对各作业地点的防治水、探放水工作进行安全检查。

第二条　雨季“三防”期间，每旬进行雨季“三防”隐患排查工作，排查内容包括：

（1）大气降水。

（2）地面河流。

（3）排水系统。

（4）地面沉陷区。

第三条　严格对探放水钻孔进尺进行验收、考核，完善防治水考核制度，对重大水患要跟踪督促落实，实现闭合管理。

第四条　有下列情形的，要根据防治水规程规范、技术标准等督促责任人或责任队组进行整改：

（1）在巷道低洼处及顶板淋水较大处未安设排水设施的。

（2）排水管路未紧跟工作面的。

（3）排水管路设备有损坏、文明卫生差的。

（4）排水设施的选择未达到设计要求的。

（5）探放水位置牌板、探放水钻孔施工验收记录牌板文明卫生差、字迹模糊的。

（6）井下探放水帮孔未添加木楔、木楔上未贴反光贴的。

（7）未按实际情况悬挂探放水位置牌板的。

（8）探放水钻孔角度、深度未按照探放水设计施工的。

（9）探放水工未持证上岗的。

（10）探放水设备、牌板未按规定进行摆放、吊挂的。

（11）探放水工岗位危险源辨识卡未携带且不清楚的。

第五条　若发现重大水害要立即报告调度室，制定整改方案并监督落实。

第六条　有下列情形之一的，要对责任人进行责任追究：

（1）探放水设计、措施未组织工人学习的。

（2）防治水措施落实不到位，探水钻孔未按设计施工的。

（3）探放水记录不全，设备管理不到位，现场牌板管理混乱的。

（4）拒不落实“预测预报、探掘分离、有掘必探、先探后掘、先治后采”防治水原则的。

（5）探放水措施与现场实际情况不符合的。

（6）对制止违章作业、违章指挥、对揭发隐瞒事故真相的人员进行漫骂、报复的。

（7）编写探放水措施不及时的。

（8）出现明显水患未及时汇报的。

（9）无现场钻探作业记录的。

第七条　在防治水工作上，职工有下列情形之一的，给予相应奖励：

（1）严格落实防治水、探放水相关细则规范、技术标准、安全措施的，在水害防治做出显著成绩的。

（2）发现水害事故征兆，及时汇报或立即采取有效措施，从而避免了水害事故的发生或显著减轻事故危害程度的。

（3）在水害防治中小改小革、发明创造或推广新技术成绩显著的。

15.18　地测防治水工作质量、事故分析及考核制度

第一条　认真贯彻执行国家地测防治水技术管理有关规定，及时准确地为采掘生产和矿井救灾工作提供相关资料及数据，确保安全生产。生产中必须坚持“预测预报、探掘分离、有掘必探、先探后掘、先治后采”的原则。

第二条　建立排水系统时，必须按照《煤矿防治水细则》及相关技术标准的要求，同时结合实际，配备地面污水处理系统，同矿井、采区、工作面涌水量相匹配的水仓、水泵、输电线路等设施，确保矿井正常排水、应急排水的需要。

第三条　矿井各采掘工作面至少保证安装两趟排水管路，并定期对排水管路进行隐患排查，确保接口严密，阀门完好灵活，关闭完全。

排水管路需使用管连片连接，具体吊挂要求为：排水管跟风水管路平行吊挂在其下方。

第四条　井下排水设备应当符合矿井排水的要求，除正在检修的水泵外，应当有工作水泵和备用水泵。工作水泵的能力，应当能在 20 h 内排出矿井 24 h 的正常涌水量。备用水泵的能力应当不小于工作水泵能力的 70%。工作和备用水泵的总能力，应当能在 20 h 内排出矿井 24 h 的最大涌水量。检修水泵的能力，应当不小于工作水泵能力的 25%。同时需保证水泵螺栓、螺母、背帽、垫圈、开口销、护罩的齐全、完成、完好、确保泵体无裂纹、不漏水、防腐完好。保证逆止阀、闸板阀、底阀的齐全、完整、不漏水，确保阀门操作灵活。

第五条　矿井《水文地质类型划分报告》每三年重新确定一次。当发生重大突水事故后，应当在 1 年内重新确定煤矿的水文地质类型。

报告编制完成后报集团公司总工程师审批。矿井水文地质类型划分报告内容应当包括以下主要内容：

（1）矿井所在位置、范围及四邻关系等情况。

（2）井田水文地质条件及含水层和隔水层分布规律和特征。

（3）矿井充水因素分析，井田及周边老空区分布状况。

（4）矿井涌水量的构成分析，主要突水点位置、突水量及处理情况。

（5）对矿井开采受水害影响程度和防治水工作难易程度评价。

（6）以上地质和水文地质工作评述。

（7）矿井水文地质类型划分及防治水工作建议。

第六条　地质及水情水害预报应根据现有的水文地质资料、补充勘探资料、地面物探资料、井下

实测资料等，做好地质预报工作，并能针对性指导采掘工程的安全施工。

第七条　进行井上下各种控制测量，编制大型贯通设计，负责日常生产的测量工作，按时测绘、填图；及时下达巷道贯通通知单，精度符合规程规定和施工要求。

第八条　做好各类图纸、资料的保密、保管、使用工作。

第九条　地测防治水科应经常分析研究矿井充水因素和规律，定期进行井上下水文观测，为矿井采掘生产提供准确的水文地质资料。

第十条　探放老空水前要查明老空水的积水面积，积水量和水压。要统计流量，校对放水量。若放水量与统计量相差较大，必须查明原因。需有计划、有目标、有针对性地开展水文地质调查、分析和观测工作，查明矿井各种充水因素，分析研究地下水的变化规律。

第十一条　探放水队应严格按照探放水设计要求进行钻孔施工，施工结束后钻孔需经地测防治水科、驻矿安全员、掘进队组、探放水队、调度室验收合格。

第十二条　受水害威胁的区域，应当留设防隔水煤（岩）柱，煤（岩）柱的留设尺寸和设计编制经矿总工程师组织有关部门审查批准后方可实施，严禁随意变动煤（岩）柱留设尺寸。

第十三条　水害事故处理执行“四不放过”的原则：事故原因未查清不放过；事故责任人未受到处理不放过；事故责任人和周围群众没有受到教育不放过；事故制订切实可行的整改措施没有落实不放过。并根据本矿管理制度进行责任追究。

第十四条　地测防治水安全生产标准化按月考核，根据考核结果，按照煤矿管理制度进行奖罚。

第十五条　人为造成地质防治水隐患的，对责任人进行责任追究。

第十六条　防治水工程标准

（1）所有防治水专项设计，经总工程师审批后，需报二级公司地测与防治水中心备案。

（2）井下采掘作业必须执行“预测预报、探掘分离、有掘必探、先探后掘、先治后采”的探放水原则和“物探先行、化探跟进、钻探验证”的综合探测手段。

（3）回采工作面形成后，要进行 2 种以上物探工作，同时对异常区域进行钻探验证，确保无水害威胁后方可正常生产。

（4）地测防治水科应查清矿区及其附近地面水流系统的汇水、渗透情况，疏水能力和有关水利工程情况，掌握当地历年降水量和最高洪水位资料，按照有关规定严格检查矿井疏水、防水和排水系统，确保完善。

（5）在地表容易积水的地点，特别是低洼地点不能修筑沟渠排水的，地测防治水科应当督促环保技改科填平压实，如果低洼地带范围太大暂时无法填平时，用水泵专门排水，防止积水渗入井下。

（6）地测防治水科要加强对井下排至地面的矿井水管理，定期排查排水管道防止渗透，发现异常责成相关部门立即处理。

（7）对于正在使用的钻孔，应当按照规定安装孔口盖。对于报废的钻孔，应及时封孔，防止地表水或含水层水流入井下。

（8）调度室应当加强与气象、水利、防汛等部门联系，建立突发性天气预警和预防机制，及时掌握可能危及煤矿安全生产的暴雨洪水灾害信息，及时掌握水情汛情，采取防范措施。

（9）调度室要严格执行大到暴雨井下撤人制度。

（10）每年雨季前要进行一次全矿井水害隐患大排查，对查出事故隐患的应当落实责任，并限定在汛期前完成。涉及防治水工程的应当有专门设计，工程竣工后由总工程师负责组织验收。

第十七条　专项探放水工程要包括钻孔的单孔设计（孔口参数、孔口装置）及安全技术措施。

第十八条　防隔水煤（岩）柱由地测防治水科组织编制专项设计，经矿井总工程师及矿长审查批准后方可实施。

第十九条　相邻矿井的分界处，应当留设防隔水煤（岩）柱。矿井以断层分界的，应当在断层两侧留设防隔水煤（岩）柱。有以下情况之一的，需留设防隔水煤（岩）柱：

（1）煤层露头风化带。

（2）在地表水体、含水冲击层下和水淹区临近地带。

（3）与富水性墙的含水层间存在水力联系的断层、裂缝带或者强导水断层接触的煤层。

（4）有大量积水的老窑和采空区。

（5）导水、充水的陷落柱。

（6）分区隔离开采边界。

（7）受保护的观测孔、注浆孔和电缆孔等。

第二十条 地测防治水科应当根据矿井地质构造、水文地质条件、煤层赋存条件、围岩力学性质、开采方法及岩层移动规律等因素，确定煤矿井下各采掘地点的防隔水煤柱，防隔水煤柱的尺寸要求符合煤矿防治水要求，由总工程师组织有关单位审查批准后实施。防隔水煤（岩）柱一经确定，不得随意变动，严禁在各类防隔水煤（岩）柱中进行采掘活动。

第二十一条 当煤层顶板受开采破坏后，其导水裂缝带波及范围内存在富水性强的含水层（体）的，在掘进和回采前，应当对含水层采取超前疏干措施，进行专门的水文地质勘探和试验，并编制疏干方案，选定疏干方式和方法，综合评价疏干开采条件和技术经济合理性。疏干方案应由总工程师审定，在疏干开采过程中，应进行定性定量分析，进行顶板水害分区评价和预测。

第二十二条 对井下突出点的封堵应符合下列规定：

（1）圈定突出水点位置，分析突出点附近的地质构造，查明降压漏斗形态，分析突出前后水文观测孔、泉的动态变化，必要时进行连通试验。

（2）探明突水补给水源的充沛程度或来水含水层的富水性，以及突水通道的性质和大小等。

（3）封堵突出点，做好封堵前后矿井排水对比分析。

（4）编制封堵方案，经总工程师组织审查同意后实施。

第二十三条 当井下巷道穿过与含水层存在水力联系的导水断层、裂隙（带）、陷落柱等构造时，应当探水前进。当回采工作面等有导水的断层、裂隙和陷落柱时，应当按照规定留设防隔水煤（岩）柱，也可采用注浆方法封堵导水通道，否则不准采煤。

第二十四条 回采工作面回采完毕后，对于已失去使用价值的各种钻孔，应当注浆封闭，并在有关图纸上标明其位置。

第二十五条 在有水害威胁区域进行采掘施工前，必须查明该区域水文地质条件，进行充水情况分析，制定出专项探放水设计，报二级公司地测与防治水中心审批合格后方可实施。

第二十六条 当井巷遇含水裂隙，穿过含水层时，要测定其产状、长度、宽度、形状、厚度、岩性。遇突水点时，要确定突水时间、地点及确定位置。

15.19 探放水公示、日报、审批、探放水钻孔验收考核制度

第一条 探放水设计、探放水安全技术措施等必须经总工程师审核批准后，方可进行探放水作业。

第二条 探放水钻孔施工必须严格按照设计的方位、角度、深度进行探水作业。

第三条 允许掘进距离到位前，地测防治水科应及时向综掘队、探放水队下发停止掘进通知单及探放水通知单。

第四条 探放水钻孔验收采用探量杆、坡度规等专业工具，对钻孔施工的角度及深度进行验收，验收合格后，按规定进行安全确认移交手续。

第五条 验收人员要对钻孔质量验收的结果负责，并在探放水钻孔现场验收表上签字，实行“谁签字、谁负责”的验收管理制度。

第六条 安全检查部门将对探放水钻孔进行不定期检查，发现未按规定施工的，按煤矿有关制度进行责任追究。

第七条 验收标准以所批复作业地点的《探放水设计》为准。

第八条 建立完善的探放水掘进日报制度：地测防治水科每日需在下班前向二级公司防治水中心报送当日探掘日报表。日报表内容应包括各掘进工作面掘进进尺、探放水钻孔施工情况及采空区放水量。

第九条 综掘队必须在次日8点前，将当日的掘进进尺情况上报地测防治水科，地测防治水科将根据掘进情况及时安排探放水工作。

第十条 综掘队每班在探放水钻孔施工验收记录牌板中填写掘进进尺、累计掘进进尺、钻探后剩余掘进进尺。

第十一条 探放水队要在每次探水作业结束后将探放水位置牌板悬挂在钻孔施工位置，并填写本次探水日期、位置和允许掘进距离。

第十二条 探放水作业完成后要在帮孔位置挂钻孔参数牌。

第十三条 若未执行以上规定，对责任人或责任单位进行如下考核：

(1) 探放水钻孔未按要求施工，或弄虚作假、被上级领导查出问题的，对责任单位罚款×××元，对责任人罚款×××元。

(2) 不执行二级公司规范和地测防治水科要求，探放水记录不全，设备管理不到位，牌板管理不合规定的，对责任单位罚款×××元。

(3) 未按探放水设计进行探放水作业，或者在作业中遇到水害威胁没有采取措施、不及时汇报的，对责任单位罚款×××元。

(4) 未按地测防治水科的探放水指令进行探放水作业的，对探放水队负责人罚款×××元。

(5) 对不执行探放水规定、弄虚作假等情况的举报者，或及时发现和消除重大水患的部门和个人，按照本矿制度进行奖励。

15.20 防治水作业现场图、牌板管理制度

第一条 严格落实"一图一牌一板三单两表"规定：按要求设计探放水钻孔布置图；井下严格按照钻孔施工情况吊挂探放水位置牌板；确保探放水钻孔施工验收记录牌板字迹清楚、并紧跟工作面；同时按实际施工情况填写探放水通知单、停止掘进通知单、允许掘进通知单及探放水钻孔安全确认移交表；每日下班前需向二级公司报送当日探掘日报表。

第二条 探放水钻孔布置图应在距迎头50 m范围内吊挂。

第三条 探放水钻孔施工结束后，需在探水位置处吊挂探放水位置牌板，吊挂位置在巷道人行侧。牌板内容应包括本次探水日期，位置及允许掘进距离。

第四条 探放水钻孔施工验收记录牌板吊挂位置在距离工作面迎头30 m范围内。每日填写掘进进尺、累计掘进进尺、钻探后剩余掘进进尺。

第五条 探放水钻孔参数牌吊挂位置在帮孔位置距底板1.5 m处，内容要体现钻孔角度、深度。

第六条 相关队组需确保探放水钻孔施工验收记录牌板字迹清楚、牌板紧跟工作面；同时按实际探放水钻孔施工情况填写探放水通知单、停止掘进通知单及允许掘进通知单。

第七条 探放水图牌板格式按二级公司的文件要求统一制作。

第八条 综掘队带班人员、驻矿安全员、防治水技术员、调度室、探放水队施工负责人在钻孔施工结束后及时填写探放水施工验收牌板，确保在允许掘进距离的范围内生产。

第九条 工作面探放水钻孔设计深度≥60 m，安全掘进距离为30 m，超前距≥30 m。

第十条 探放水队必须保证探放水钻机的干净及完好,同时探水钻机需在距离工作面50 m范围内。

第十一条 地测防治水科及安全管理部门要定期对探放水图牌板的数据填写、吊挂位置及文明卫生进行日常检查，实现探放水牌板管理的动态达标。

第十二条 地测防治水科应对井下探放水、防排水工作的动态达标进行经常性检查，作为防治水工作考核的重要内容。

15.21 水害事故隐患责任追究制度

第一条 防治水工作领导组要对排查出的水害隐患和问题，落实责任单位限期整改；属人为责任的，要进行责任追究。

第二条 地测防治水科要按照煤矿防治水细则、技术标准等相关规定，对各施工单位进行逐项检查、考核，对不落实煤矿防治水细则、考核不达标的要进行责任处罚；属重大水害安全隐患的实行一票否决制。

第三条 未执行“预测预报、探掘分离、有掘必探、先探后掘、先治后采”规定的部门，对责任单位罚款×××元/次，对责任人罚款×××元/次。

第四条 未按规定进行水情水害预测预报的，对责任人罚款×××元/次；造成不良后果的，按本矿规定追究责任。

第五条 水仓、矿井主要排水点未按要求及时排水影响生产，或排水设备不能正常运转的，对相关责任人罚款×××元/次。

第六条 未按探放水设计进行探放水作业或者在作业中遇到水害威胁没有采取措施、不及时汇报的，对相关责任人罚款×××元/次。

第七条 未按要求进行探放水作业的，对责任人罚款×××元/次。

第八条 工作面发生透水预兆时没有及时报告调度室而造成出水、透水的，按本矿相关规定，对现场负责人追究管理责任。

第九条 其他未按规定执行本矿防治水规定、造成水害隐患的，根据本矿安全管理细则进行责任追究。

15.22 防治水工作绩效考核制度

为不断提升煤矿防治水管理技术人员工作绩效，提升防治水工作管理水平，结合煤矿实际，制定本制度。

第一条 成立考评领导小组

（1）组长：矿长（总经理）。

（2）副组长：总工程师。

（3）成员：防治水副总、探放水队长及相关技术人员。

考评办公室设在地测防治水科，具体负责日常考评工作。

第二条 考评条件

（1）煤矿在册的防治水工程技术人员、探放水队、采掘一线生产单位技术管理人员。

（2）实行一票否决制：在技术工作、生产施工中出现明显失误且造成严重后果者，取消相关单位和个人考核参评资格。

第三条 考评内容

（1）按要求完成职责范围内的各项工作任务，所得分数为基本分数100分。按80分及格，90分良，100分优秀考核。

①工作作风（满分为10分）。工作态度端正、爱岗敬业、能积极进取、刻苦钻研、有执行力及团队协作精神。

②业务能力、工作实绩（满分为64分，每小项8分）。

a.《防治水设计》《探放水安全技术措施》等的编制、贯彻、考核及落实情况符合要求。

b. 能够根据打钻结果或迎头（工作面）出现的异常情况进行超前分析评估。

c. 根据评估分析内容提前准备措施。

d. 跟踪落实措施实施情况并进行效果评价，不符合现场实际或操作性不强的能及时调整变更措施。

e. 各种防治水技术资料管理符合规定。

f. 探放水牌板符合要求；排水管路符合要求；按要求参加防治水会议并对会议安排工作认真落实。

g. 积极吸收运用新技术、新知识，创新意识、创新能力较强，且取得一定成绩的。

h. 能够严格按照相关措施及设计施工。

③业务水平（满分为16分）。能熟练地掌握和运用本专业要求所具备的基础理论知识和专业技术知识，不断深入现场，擅于解决现场出现的各种技术难题。

④业务学习（满分为10分）。主要包括参加单位定期安排的防治水学习；业余时间积极进行自学，善于钻研专业技术知识，综合业务能力不断提高（有记录可查）。

（2）附加分：

①在工作中认真负责，发现施工中存在的安全隐患、技术问题并积极处理的，奖励5分/次。

②《防治水设计》《防治水安全技术措施》编制结构紧凑合理，图文正确，无错别字，版面清晰且结合现场实际，有针对性、逻辑性，奖励10分/次。

③在工作中有改造、革新项目的，奖励2分/次。

④严格按防治水专项措施和设计施工的，奖励5分/次。

（3）处罚部分：

①相关单位技术人员无故不参加防治水会议的，处罚5分/次；迟到或早退处罚2分/次；履行请假手续但没有落实其他人员参加会议的，处罚3分/次。

②对防治水会议安排的工作，责任单位或责任人无故不按要求落实执行的，处罚5分/次。

③《防治水设计》《防治水安全技术措施》审批过程中有错别字、有病句、图文不正确、不结合现场实际、操作性不强、违反相关规定的，处罚2分/处。

④凡发现无设计（措施）或有设计（措施）但未贯彻而施工的，除责令停工外，对责任人处罚20分；凡因职能部门业务联系单或施工图纸不到位而影响施工的，对责任人根据情节给予20分处罚。

⑤设计及措施会审结束后，施工单位技术或管理人员务必在2天内将设计及措施送达各有关单位，否则给予责任人10分/次处罚。

⑥探放水队不按设计施工，随意更改钻孔参数或要求，对责任人给予20分/次处罚，并按“三违”处理。

⑦在安全生产标准化检查中发现探放水图牌板存在问题的，对责任人按10分/次处罚。

⑧采掘队组没有按要求及时向地测防治水科反馈生产信息的，对责任人处10分/次处罚。

⑨地测防治水科下发给各施工单位的隐患通知单或临时任务单，施工单位无故在规定的时间内没有执行、整改或完成的，对责任人处10分/次处罚。情节严重的另行追究责任。

⑩其他违反煤矿《专业探放水管理制度》的，除按制度给予处罚外，每次给予相关人员10分/次处罚。

第四条　评比步骤

（1）每季度评出2名优秀防治水技术或管理人员。具体为防治水技术人员一名，防治水管理人员一名。

（2）每季度最后一个月的25日前，由地测防治水科负责整理统计出3名候选人并提交考评领导小组。

（3）考评领导小组根据候选人的分数及平时表现确定最后人选。

第五条 激励机制

（1）被评出的优秀防治水工程技术人员或管理人员每人奖励×××元。

（2）对于连续3次未达标（不及格）单位和个人，给予每人或单位×××元罚款。

15.23 储量与采出率综合管理制度

根据《煤炭法》《生产矿井储量管理规程》《山西省生产煤矿采出率管理实施细则》等规定，为合理开采和利用煤炭资源，提高资源采出率，结合煤矿实际，制定本制度。

第一条 建立储量和采出率管理领导小组

（1）组长：矿长。

（2）副组长：总工程师、生产矿长。

（3）成员：防治水副总、地测防治水科长、生产科科长、综采队队长、综掘队队长及相关技术人员。

领导小组办公室设在地测防治水科，地质技术员为专职采出率管理员。

第二条 储量管理细则

（1）为提高煤炭资源回收率，技术、设计部门必须合理设计，不得随意扩大经批准的保护煤柱。

（2）采出率是煤矿主要技术指标之一，在计划、设计、回采过程中，要按国家规定的采出率标准编制采出率计划。在施工过程中还应对采出率指标完成情况经常进行督促、检查。

（3）生产过程中不允许有采厚丢薄、采易丢难、吃肥丢瘦等浪费煤炭资源等行为的发生。采煤工作面支架等设备选型，必须与开采的煤层厚度相适应，严防选型不当造成厚度损失。

（4）各种煤柱：

①工业广场煤柱要按设计标准严加控制，不得任意扩大。塌陷区村庄需搬迁时，应迁至矿区范围外或标定的已采区，避免二次搬迁。如因特殊情况需要留设煤柱时，必须经上级批准。

②对过去由多种原因丢弃的残煤或煤柱，在确保安全、经济合理的原则下，应积极进行复采。

③新水平和新采区，应当优先集中开拓，联合布置，实现合理集中生产，应当不断优化采区设计，合理加大水平、阶段垂高与采区走向和工作面长度，改进巷道布置，减少煤柱损失。

（5）积极试验和推广沿空送巷、沿空留巷、对拉工作面等无煤柱开采方法，从而取消或减少溜子巷煤柱、采区隔离煤柱、上（下）山煤柱和大巷煤柱。

（6）回采工作面开采前必须编制作业规程，并按正规开采。特殊条件需改变原来的采煤方案时，应由综采队提出书面申请，经由总工主持，生产技术科、地测防治水科储量管理人员参加的技术会议确定，并报总经理审批。

（7）地测防治水科每年应根据所获资料，对储量进行一次核实，并据此填写矿井储量表、生产矿井储量动态台账、生产矿井储量损失量台账。还应及时做好储量的报损、注销或列入地质损失等上报审批工作。在日常生产中还应建立、健全有关储量管理的图纸、表格、台账、卡片等填报统计工作。

（8）对生产过程中由于采煤技术原因，目前无法开采需要报损储量，由储量技术人员提出资料，按程序办理上报审批手续。

（9）每年初对上年度的储量图纸、表格、台账、卡片及上级有关批复文件等资料整理成册、归档保存。

（10）加强生产技术管理，按规定绘制井上下对照图和采掘工程平面图。图纸要素必须齐全，定期填绘，如实反映矿井采掘活动情况。

第三条 储量台账管理

(1) 所有储量台账及时更新。

(2) 储量台账要规范管理，按照本矿要求管理储量台账。

(3) 储量台账要如实填写数据，不准出现造假、伪造现象。

(4) 其他事项严格执行安全生产标准化相关标准。

第四条 “四量”管理

每季度要对“四量”即开拓煤量、准备煤量、回采煤量、抽采煤量进行统计。

第五条 采区工作面结束后，要及时编写损失率分析报告，及时分析和计算采出率。采出率达不到国家规定的，要查明原因，制定提高采出率的措施。

第六条 煤矿要将采区采出率作为领导层、管理人员及从业人员的考核内容、指标，定期开展采出率评优活动，对成绩突出的集体和个人给予奖励。

第七条 未尽事宜严格按照国家《生产煤矿回采率管理暂行规定》执行。

第八条 奖罚制度

(1) 煤巷掘进过程中丢失顶、底煤厚度大于0.5 m时，若不及时处理，则扣除该巷段进尺，并对相关责任人罚款×××元/次。

(2) 按回采工作面月考核采出率指标，对采煤厂队的采煤收出率情况进行考核，每月一次。实际月采出率低于考核指标2%以内，对责任部门负责人罚款×××元/次。

(3) 一次不合理损失煤量500 t以下时，由地测防治水科、生产技术科、安全科联合追查，对责任部门罚款×××元；超过500 t，报上级部门处理。

(4) 综采工作面发现一次放煤不干净，对放煤工、当班班长各罚款×××元/次。地质储量管理人员负责验收探煤厚钻孔，发现与上报数据不符合，对探煤厚伪造人员罚款×××元/次。

(5) 建立储量资料管理奖罚制度，对储量台账不及时更新、储量向上级部门上报不及时，处罚储量管理人员×××元/次。

15.24 物探管理制度

第一条 煤矿需严格按照相关要求进行物探作业，物探作业时要特别加强对采空区积水的探测，以及对煤层底板是否隐伏赋存在导水断裂带和导水陷落柱等水害隐患的探测，为井下钻探提供依据。

第二条 采掘工作面需采用物探、钻探等方法查清水文地质条件，严格按照“物探先行、化探跟进、钻探验证”的综合探测手段进行物探工作。同时矿井必须做到物探全覆盖。

第三条 根据本矿采掘计划，制定超前物探计划，保证物探、钻探有序进行。

第四条 探测方法

(1) 探测方向分别为煤层顺层方向0°、向下30°、向上30°。

(2) 探测数量以平行7个点为准，上、中、下分三次探测，根据实际情况可增加探测点数。

第五条 施工控制

(1) 超前物探前，综掘队应将巷道内杂物清理干净、积水疏干，将金属物（如设备、水泵等）撤出工作面20 m，物探区域停工停电，并指定专人负责协调配合，保证物探工作顺利完成。

(2) 准确确定探测区域的物探位置，以便进行对比验证。

(3) 物探作业时，信号线圈要与煤墙保持≥1 m的距离。

第六条 按照《煤矿防治水细则》，采掘工作面作业前必须进行超前物探工作。

第七条 井下所有掘进工作面（沿空留巷及沿空送巷除外），必须采用超前物探手段进行循环探测前方构造及底板的含水状况，查清水文地质条件。

第八条 掘进工作面必须严格执行超前物探100 m，允许掘进距离60 m，留足40 m的超前距，探测方向必须保证迎头前方全方位。

第九条 物探结束后，结合已有地质资料及物探结果综合分析，确定水文地质情况。及时提交物探报告，经总工程师审核批准后，方可进行下一步工作。

第十条 对物探查出的相对低阻值异常区，应结合该区域的地质、水文地质情况进行分析，认真编制物探、钻探实施方案，有针对性地开展探查工作。必须进行钻探验证，探水钻孔施工时必须严格执行防治水相关规定，落实好安全防范措施。

第十一条 巷道施工结束后，本巷的整套物探资料必须收集整理、归档保存。对每一个物探异常区进行对比验证。

第十二条 探前必须保证仪器电量充足，物探后必须将仪器擦拭干净，放于干燥处进行保存。

15.25 地质防治水工作考核奖罚细则

第一条 根据《煤矿安全规程》《煤矿防治水细则》等规程规范、技术标准，明确各部门、各岗位的水害防治工作职责，做到权责分明、各负其责。

第二条 根据煤矿管理制度，地质防治水考核按月进行。

第三条 未按规定进行地质及水情水害预报，对责任人处罚×××元/次。造成突水事故的，按事故性质和危害程度追究责任。

第四条 因测量失误使探放水钻孔设计方向偏差超出规定范围的，对责任人处罚×××元/次。

第五条 防治水台账出现安全生产标准化规定的缺项、漏项的，对责任人处罚×××元/次。

第六条 水仓、矿井主要排水点未按要求及时排水，影响生产，或排水设备不能正常运转的，对责任单位处罚×××元/次，对责任人处罚×××元/次。

第七条 向政府部门、二级公司的外报资料未经科长、总工程师确认，或造成报送数据错误的，对责任人处罚×××元/次。

第八条 未按规定更新地质、储量、防治水资料的，对责任人处罚×××元/次；造成不良影响的，对责任人加倍处罚。

第九条 探放水钻孔未按要求施工，或弄虚作假、被上级领导或在安全检查中查出问题的，对责任单位处罚×××元/次，对责任人处罚×××元/次。

第十条 不执行二级公司规范和地测防治水科要求，探放水记录不全，设备管理不到位，牌板管理不合规定的，对责任单位处罚×××元/次。

第十一条 未按探放水设计进行探放水作业或者在作业中遇到水害威胁没有采取措施、不及时汇报的，对责任单位处罚×××元/次。

第十二条 未及时编制探放水安全技术措施、探放水措施与现场实际情况不符合的，对责任人处罚×××元/次。

第十三条 未组织工人学习探放水措施、擅自进行作业的，对责任人处罚×××元/次。

第十四条 工作面发生透水预兆时，没有及时报告调度室而造成出水、透水的，按煤矿管理制度进行责任追究。

第十五条 对不执行探放水规定、弄虚作假等情况的举报者，或及时发现和消除重大水患的单位和个人，根据煤矿制度进行奖励。

15.26 物探责任与奖惩制度

第一条 施工单位必须积极配合物探工作，故意拖延、阻挠物探工作的，对责任单位处罚×××元/次。

第二条 物探技术人员在物探施工中，必须实事求是，认真负责，发现不按规定采集数据、造成返工的，对责任人处罚×××元/次。

第三条 作业地点其他人员，物探期间必须听从现场负责人、物探技术人员的安排和指令，私自停送电，造成数据采集不合格的，将对其进行警告；再次发生上述情况的，对责任人处罚×××元/次。

第四条 物探技术人员未保护好物探设备、其他人员私自开停机电设备造成物探仪器损坏的，将立即汇报地测防治水科、调度室、分管领导，由矿领导作出处罚决定。

第五条 物探原始采集数据和分析报告资料必须按规定保管、存档，造成缺失的，对责任人处罚×××元/次。

第六条 物探后未及时对仪器清理、充电，对责任人处罚×××元/次。

第七条 开掘工作面只能在允许范围内施工，不准超掘。发现超掘的，对责任单位处罚×××元/次。

15.27 防治水职工培训制度

根据《煤矿防治水细则》第十条“煤矿企业、煤矿应当对井下职工进行防治水知识的教育和培训，对防治水专业人员进行新技术、新方法的再教育，提高防治水工作技能和有效处置水灾的应急能力”的要求，同时也为了通过学习培训，提高职工的防治水意识，切实增强矿井抵御水灾的能力，特制定本制度。

第一条 对新入的井下职工，在职工培训科的统一安排下，必须参加新职工入井前安全培训，其中包括学习矿井地质基本情况、基本水文地质情况、各种透水预兆的识别、避灾路线的了解、遇险科学自救等相关知识，并参加考试，考试合格后方可上岗。

第二条 定期对职工进行防治水知识培训，一线队组要求当班队干部利用班前会组织学习，做到应知应会，并留有学习记录。

第三条 对各级管理人员下发《煤矿防治水细则》，通过组织培训和自学相结合的方式，学习《煤矿防治水细则》要求的内容。

第四条 在每年组织开展的安全活动月中，通过宣传板、条幅、漫画等形式，让职工了解煤矿水灾的类型、发生原因、事故的后果，达到警示和提高防治水意识的作用。

第五条 每年至少组织一次防突水应急救援演练，通过现场演练达到提高职工对水灾的应急避险能力和学习体会防治水知识的目的。

15.28 地测防治水仪器管理制度

第一条 严格按照《煤矿防治水细则》《煤矿安全规程》《煤矿地质规程规定》等相关规定购置相关仪器、设备。购买后必须有统一的煤安标识。

第二条 全站仪、瞬变电磁仪、地质罗盘、高精度水压表等仪器，必须设专人负责，建立仪器档案，由负责人认真填写，仪器使用、发放要有记录台账。

第三条 任何人不得私自外借或私自使用仪器，如需外借必须经科长及分管领导同意。

第四条 每次仪器使用前、使用后由责任人检查仪器是否完好，并填写仪器使用记录。

第五条 每次仪器使用完必须对电池进行充电，充电完成后必须及时拔掉，如果仪器长期不使用应定期对电池充、放电。

第六条 根据规定及时对仪器进行校验和维护。

第七条 仪器在装箱运行时，应扣牢锁好，方可携带；任何人不得坐、扔仪器箱子，保持轻拿、轻放。

第八条 每次仪器使用完毕，应先用软布或毛刷清扫外部灰尘，放在干燥通风的环境里凉干水气，然后放入库房内，并摆放整齐。

第九条 瞬变电磁仪使用前要对仪器进行数据调整，使用时要注意工作面迎头是否支护，距离煤墙 1 m 以上，信号线圈要做到横平竖直，工作面所有机电设备要处于停电状态，以降低对仪器的干扰，确保数据正常显示。使用后，要及时对仪器进行保洁作业，查看是否需要充电，并放置通风、干燥环境进行保存。

第十条 地质罗盘使用前必须进行磁偏角的校正，水平气泡要居中，对准标志层测量产状。

第十一条 测量仪器在使用时要对仪器进行检验，并按规定进行校准，保证每年进行检验。

第十二条 仪器使用必须严格按照使用说明书使用。

第十三条 对报废仪器设备，按相关程序办理报废手续。经分管领导审批后方可进行报废处理。

15.29 测量管理制度

为规范测量工作标准，严格按照国家和上级有关规定做好测量工作，特制定本制度：

第一条 严格按照《煤矿测量规程》和相关规定做好测量管理工作。

第二条 认真做好矿井井下及地面日常测量工作，做到及时、准确延点，测点标记要清楚，确保测量精度合格。

第三条 进行巷道贯通时，必须按照《煤矿测量规程》进行测量，并下发贯通通知单。

第四条 填绘专门的矿井测量图纸，数据要准确，填绘要及时，为矿井安全生产提供可靠依据。

第五条 建立完善各类测量台账，做好各种图纸资料存档、保管和保密工作。

第六条 爱护测量仪器、工具，定期检查、维护和校正，确保测量仪器的精确性。

第七条 施工队组需要给线时，要提前一天书面通知测量组，以便对工作做出合理安排。

第八条 巷道每掘进 100 m，测量人员应对中、腰线点进行一次检查，并根据检查测量结果调整中、腰线。

第九条 施工腰线每 30 ~ 40 m 延伸一组，每组不少于 3 个点。

第十条 测量人员现场放线，施工队组必须主动配合，施工队技术员或验收员必须及时到现场配合测量，完成放线。测量人员要将中、腰线点向技术员或验收员交接清楚。

第十一条 测量人员进入现场测量放线时，施工队应提前协调好本队的工作，防止对测量放线造成影响。

第十二条 巷道内不使用的中、腰线，或使用完后施工队组要及时收起，中线统一截至距底板 2 m 的高度，腰线统一收团放至行人侧帮上防止碰撞伤人（影响行人通过）。

第十三条 施工队组要在巷道腰线上贴明显标志。

第十四条 施工队组要保护好巷道内的中、腰线，不得损毁。

附：测量管理奖惩制度

测量管理奖惩制度

第一条 测量人员放线不及时，罚款×××元/人。

第二条 测量人员放线错误，未造成严重后果的，罚款×××元/人。

第三条 未按规定下发通知的，罚款×××元。

第四条 延伸中线未按规定校验的，罚款×××元/人。

第五条 测量记录本记录不全或错误的，罚款×××/处。

第六条 未及时计算测量资料，罚款×××/次。

第七条 延伸中线时，凡发现激光未照准中、腰线继续施工的，对施工队组处罚×××元，并对技术员罚款×××元。

第八条 施工队组要保护好所有测点，凡发现人为破坏或私自移动测点者，对责任人处罚×××元/点。

第九条 施工队组不使用中线专用吊坠悬挂的，罚款×××元/处。

第十条 施工队组未将巷道中不使用腰线挂到帮上的，罚款×××元/处。不配合测量人员延伸中、腰线的罚款×××元。

15.30 测量仪器管理制度

为规范管理仪器，科学保养和使用仪器，提高工作效率，结合工作实际，制定本制度。

第一条 本制度适用于地测防治水科以下仪器设备

矿用钻孔成像仪、GPS、全站仪、水准仪、激光指向仪、矿用测距仪、手持 GPS 测量仪、矿用防爆对讲机、全站仪架腿、水准仪架腿、棱镜、水准尺等。

第二条 仪器存放、使用、保养维护规定

(1) 每台仪器必须设专人负责，建立仪器档案，由负责人认真填写，仪器的使用、发放必须有记录台账。

(2) 任何人不得私自外借或使用仪器，如需外借必须经分管领导同意。

(3) 每次仪器使用前、使用后由负责人检查仪器是否完好，并填写“仪器使用记录台账”。

(4) 每次仪器使用完必须对电池进行充电，充电完成后必须及时拔掉电源线，如果仪器长期不使用应定期对电池充、放电。

(5) 根据规定及时对仪器进行校验。

(6) 仪器在装箱运行时，应扣牢锁好，方可携带；任何人不得坐、扔仪器箱，应轻拿、轻放仪器。

(7) 每次仪器使用完毕后，应先用软布或毛刷清扫外部灰尘，放在干燥通风的环境里凉干水气，然后放入库房内，并摆放整齐。

(8) 激光指向仪应由所使用单位指定专人管理。

(9) 仪器使用必须严格按照使用说明书规定使用。

第三条 对仪器管理的处罚规定

(1) 如发现仪器损坏，及时汇报科长，并对相关情况进行调查，进行责任追究。

(2) 未按规定操作或其他人为原因造成仪器损坏的，按维修仪器产生费用赔偿，科内处罚责任人 200～500 元。对施工单位使用的激光指向仪等仪器故意损坏的，按原价的 2～5 倍处罚。

(3) 丢失仪器附带工具、零件的，照价赔偿并处罚×××元。

(4) 仪器台账填写不全面、不真实、不及时的，罚款×××元/次。

(5) 未对电池及时充电，对工作造成影响的，罚款×××元。

(6) 电池长时间充电或下班不拔电源继续充电的，罚款×××元。

(7) 仪器在库房乱摆乱放的，罚款×××元。

(8) 未按规定对仪器校验的，罚款×××元。

(9) 对仪器保养不到位，造成仪器性能下降、损坏的，罚款×××元。

(10) 在操作、运输等过程中，可能造成仪器损坏行为的，罚款×××元。

(11) 由于充放电不到位导致电池损坏的处罚责任人×××元。

16 机电运输专业

16.1 矿井机电管理规定

为认真贯彻落实“安全第一、预防为主、综合治理”的安全生产方针，严格执行《煤矿安全规程》《煤矿安全技术操作规程》《煤矿安全作业规程》（以下简称“三大规程”）及国家有关法律法规等规定，坚持管理、装备、素质、系统四并重的原则，进一步加强煤矿机电安全技术管理工作，严防机电事故的发生，确保安全生产，特制定本规定。

第一章 通 用 规 定

第一条 总经理、矿长对机电管理工作全面负责，把改善机电条件、建立健全各项机电管理制度提到议事日程，检查、督促机电工作计划、措施和规章制度的落实，定期听取分管副矿长和总工程师及有关部门机电工作汇报，及时对机电工作做出决策，审批有关机电安全技术措施和资金计划。

第二条 分管机电工作的副矿长对机电管理工作负直接领导责任，定期研究、部署、检查和解决机电安全管理工作中的问题，考核分管科室（机电管理部门）业务保安责任制的落实，定期组织机电安全质量检查验收和安全隐患的排查与治理。

第三条 分管机电工作的副矿长、副总工程师对机电技术工作负直接领导责任，负责贯彻落实上级安全技术政策、规定、指令，组织实施“三大规程”和安全保护装置的检查、试验、验收及问题处理，组织排查和处理安全隐患，组织审查机电重大技术改造项目，审批机电安全技术措施。

第四条 机电科是矿机电管理工作的职能部门，在分管副矿长和副总工程师的领导下，统一管理矿的机电工作，不断完善机电管理制度和规定，加强机电设备、安全保护装置的检查、验收等管理工作。

第五条 安全科是矿机电安全监察部门，安全科负责机电安全工作的监督监察，发现问题及时督促处理，消除安全隐患。

第六条 调度室是安全生产的调度、指挥部门，与机电、安全科密切配合，共同抓好机电安全动态管理、检查验收和问题的处理。

第七条 职工培训科负责机电职工的年度培训考核工作，制定机电年度技术培训计划、机电职工2年轮训规划和考核奖惩办法，并按计划培训考核。

第八条 各部门负责人，对本部门的机电安全管理工作负直接责任，要加强对本部门机电设备、安全保护装置的检查、维修和管理，并建账、立卡，健全并要求做好各种记录，发现问题立即整改或汇报有关部门处理，确保本单位所使用和管理的机电设备、安全保护装置等始终处于完好状态。

第九条 跟班队长（班组长）是当班机电安全管理的第一责任者，对机电设备、安全保护装置的检查、维修和使用管理负直接责任。

第十条 机电设备操作人员对机电设备现场操作负直接责任，严格执行“三大规程”、安全技术措施和上级的规定，做到正规操作，按章作业，自主保安、互保联保。

第十一条 特种作业人员必须经过技术培训，考试合格，持证上岗。

第十二条 矿要建立机电工作制度。做到年初有计划，年终有总结。矿每月召开机电管理工作会议，总结前一阶段工作，部署下一步工作重点，不断提高机电管理水平。

第十三条 要坚持矿井机电安全费用计划编报制度。矿每年要编制和落实机电安全费用项目和资金计划，加大机电安全投入，不断提高机电技术装备水平。

第十四条 严格执行机电隐患排查汇报制度。每周要由机电矿长组织有关部门对矿井机电设备设施逐一进行分析排查，对排查出的安全隐患要落实时间、责任人员、资金限期整改。

第十五条 认真执行矿井机电安全生产标准化检查验收制度。要坚持旬检查、月验收。月验收时，由机电矿长（或机电副总工程师）组织有关人员参加，严格按标准逐项检查验收，对检查、验收存在的问题纳入月度考核。

第十六条 各单位要制定机电安全技术工作奖惩办法，对在机电安全技术工作中做出突出贡献的单位和个人要给予表彰奖励，对玩忽职守造成事故的单位和个人，从严处罚。

第十七条 必须及时填绘反映实际情况的下列图纸：提升、井下运输、压风、排水、供电、供水、供热系统图，井上、下配电系统图，井下电气设备布置示意图和电力线路平面敷设示意图，无轨胶轮车线路平面敷设示意图等。井上、下配电系统图，井下电气设备布置示意图和电力线路平面敷设示意图中应注明：

（1）电动机、变压器、配电设备、信号装置、通信装置等装设地点。

（2）每一设备的型号、容量、电压、电流种类及其他技术性能。

（3）馈出线的短路、过负荷保护的整定值，熔断器熔体的额定电流值以及被保护干线和支线最远点两相短路电流值。

（4）线路电缆的用途、型号、电压、截面和长度。

（5）保护接地装置的安设地点。

第十八条 机房硐室做到清洁卫生，窗明几净，物见本色，无杂物，无积水，无油垢；绝缘用具、消防器材等物品齐全有效；各种制度、记录健全，图纸资料齐全，记录填写认真、数据真实；管理人员上岗检查及时、认真，发现问题及时处理。

第十九条 新购置的阻燃电缆和阻燃皮带，必须经有资质的检测机构进行阻燃等各项性能检测，合格后方可投入使用。

第二十条 积极推广新技术、新工艺、新设备、新材料，提高机电装备水平。试验涉及安全生产的新技术、新工艺、新设备、新材料，必须经过论证、安全性能检验和鉴定，并制定安全措施。

第二十一条 机电设备根据生产工艺特点和生产过程中的要求，采取不同的检修方式：

（1）采掘、运输和其他移动设备，应保持一定的备用数量，按计划轮换检修，采掘设备每日检修时间不少于2 h，主要大型设备每日检查检修不少于2～4 h。

（2）严格执行设备包机制，并按规定时间对机电设备、“五小”电器、电缆进行认真检查检修。

（3）要严格执行每年不少于18天的停产检修制度，检修要留有记录，月度检修计划要按照下列要求编制和申报：

①停产检修计划要编制停风、停电、停水和副井绞车停运时间通知，随检修计划上报并发至各有关单位。

②矿井停产检修计划在检修前5天，由机电副总工程师带领机电科分管技术员和安全科管理人员到上级公司汇报检修计划和主要安全注意事项，检修计划一式五份报上级公司。停产两天及以上的检修项目要提前15天报上级公司审批（查）。

③矿井停产检修项目和时间不准随意更改，确需更改时，必须经矿批准，对随意更改检修日期、项目和时间的，将按规定进行考核。

第二十二条 机电施工安全技术措施的编制和审批要严格按照上级有关规定和集团矿有关文件、规定执行，并符合以下要求：

（1）编写的施工安全技术措施，必须经过现场勘查、讨论研究后确定施工方案，编写的措施要具有可操作性。

(2) 施工安全技术措施的主要内容包括：措施名称、施工负责人、安全负责人、技术负责人、施工地点、施工时间、施工内容、施工方法、技术质量要求、安全注意事项、施工进度表（24 h 及以上的施工项目）和劳动组织表等。

(3) 下列施工项目必须制定施工安全技术措施：

①井下严禁电焊、气割作业，地面积尘单位进行电气焊的按照矿有关规定执行。

②连续工作 8 h 及以上的检修项目。

③大型固定设备的机械、电控系统调整、改造、安装；1.2 m 及以上绞车减速机、滚筒、制动系统、润滑系统解体检查检修，更换轴套、轴瓦、齿轮、联轴节、滚筒板、闸板、支轮、连接键、传动轴和制动系统的主要零部件等。

④水平排水泵房和变配电硐室设备的安装撤除；采区变电所设备的安装撤除。

⑤20 m^3/min 及以上压风机、6 t 及以上锅炉、滚筒直径 1.2 m 及以上绞车和工作面的主要设备安装撤除。

⑥主通风机的检修、安装和撤除。

⑦带式输送机的安装、撤除及输送带的更换。

⑧主井升降人员、从罐笼（箕斗）顶部（底部）或摘掉罐笼（箕斗）升降大型物件；罐笼做脱钩、不脱钩试验，人车做脱钩试验。

⑨井筒作业、更换摇台或罐座。

⑩地面变电所主变压器的检修、安装、撤除。

⑪井上、下 6 kV 及以上高压电缆的敷设、撤除和运输。

⑫安装、撤除、检修井架及高空作业。

⑬6 kV 及以上高压架空线路（杆）的架设、撤除和检修。

⑭起吊、运输大型物件及“四超”（超长、超宽、超高、超重）物件。

⑮更换和检修提升系统的天轮、摩擦轮、导向轮、箕斗、罐笼、减速机和主电动机等。

⑯水泵联合试运转和主通风机反风、救灾演习等。

⑰试验推广新技术、新工艺、新设备和新材料等。

⑱处理大型机电事故要有应急措施。

⑲高压电气设备、高压电缆的电气试验。

⑳钢丝绳牵引带式输送机运送物料。

㉑更换、安装和检修井筒装备。

㉒对机电设备主要系统进行技术改造。

㉓其他检修项目。

(4) 措施的审批（查）：

①停产两天及以上的检修项目和对大型固定设备重点部位进行技术改造以及重大安装施工项目等施工措施审批后，报上级公司审批（查）。

②规定报上级审批的施工措施要报矿审批（查），其他措施由本单位审批。

(5) 措施的传达贯彻：报上级公司审批的措施由矿机电副总工程师组织传达学习，其他项目的施工措施由各单位技术员传达贯彻，传达学习要有记录，参加施工的人员要进行学习考试、签字，合格后方可参加施工。

第二章 机电设备综合管理

第二十三条 一般规定

（1）机电设备管理的范围主要是构成固定资产的机电设备。其他未构成固定资产的设备也应列入设备管理范围，做到账、卡、物、牌板一一对应。

（2）机电设备管理部门要参与设备的规划、调研、选型、购置、安装、调试、维修、改造更新和报废等全过程的综合管理。

（3）机电设备管理要积极采用先进的设备管理方法和科学技术新成果，推行以设备状态监测监控为基础的维护方法和计算机辅助管理。

（4）坚持搞好设备的预防性计划检修，做好机电设备维修配件的供应工作，在组织生产中严禁超设备性能使用。

（5）矿机电设备综合状态指标：机电设备综合完好率要达到 95% 以上，待修率不超过 5%，事故率不超过 1%，杜绝失爆。无重大机电设备事故，较大事故比前期有所下降。

第二十四条　设备前期管理

（1）设备使用单位需购置矿井主要机电设备时，要报机电科审批，由机电副总工程师组织有关部门进行技术、经济论证和调研，由供应部门组织招标订购，由机电科组织签订技术协议。

（2）设备的选型应遵循以下原则：

①通用化、标准化的原则。

②积极推广新技术、新工艺、新设备、新材料的原则。

③选购的设备技术先进、节能高效、安全可靠、便于安装维修更换的原则。

④选购的设备运行经济合理、投资少的原则。

（3）订购设备应遵守以下原则：

①机电设备由需用单位提出申请计划，包括：名称、规格、型号、数量、参考价格、技术要求、需用时间等，由机电科审核技术规格参数。

②订购的设备生产许可证、产品合格证、3 C 认证标志和煤矿矿用产品安全标志等齐全，防爆设备有防爆标志，严禁采购证件不全的机电设备。

（4）购置设备到货验收合格后，应及时安装调试、投入使用。暂不使用的设备、零部件等必须入库妥善保管、定期保养，防止锈蚀、损坏和丢失，并做好防火、防盗工作。不准对机电设备拆套使用。

（5）设备安装投入使用前，要进行验收交接，实行建档管理，并将全部图纸、使用说明书、质量检查检验记录、试验调试报告、验收报告等技术资料存档备查。

（6）主要设备安装和技术改造完毕后，必须进行性能测定，经机电科组织验收合格后方可正式投入运行。

第二十五条　设备的使用与维护检修

（1）所有设备都必须严格按照操作规程和完好标准进行使用和维护，时时保证设备处于完好状态。

（2）设备及“五小”电气实行包机制。设备使用要实行定人、定机，持证上岗，正规操作，严格执行岗位责任制和设备操作规程。

（3）设备司机都要做到“三好”（管好、用好、修好）、“四会”（会使用、会保养、会检查、会排除常见故障），严禁超负荷使用设备，确保安全、经济运行。

（4）使用中的设备必须保持完好状态，安全保护装置齐全，动作可靠，防爆设备不失爆，并应定期检查、试验，做好记录，不合格的不准使用。要严格执行日常保养（维护）和定期保养（维修）制度，确保设备整齐、清洁、润滑，严禁设备带病运转，防止和杜绝跑、冒、滴、漏现象。

（5）主要设备应分别制定合理的运行标准和工作定额，定期进行精度、性能测定，发现效能降低或精度超限时，应进行调整或检修。

(6) 维修工作要实行区域维修负责制。对管辖范围内的设备要做好巡回检查、计划维护检修，对重要设备关键部位要进行日常点检和定期点检，并做好记录。

(7) 加强仪器、仪表的管理。所有使用的仪器、仪表和控制装置，必须按规定周期进行校验，保证灵敏、准确、可靠。计量用的仪器、仪表，应按国家规定，定期进行校验和标定。

(8) 加强设备润滑管理，建立并严格执行润滑“五定”（定人、定质、定量、定点、定期）制度，做好换油记录。主要设备要建立润滑卡片。润滑油剂要经检验合格方能入库，并妥善保管和定量发放。

(9) 设备检修按不同检修内容和工作量，分为日常检修、一般检修和大修理三种。设备大修后的质量验收，由机电副总工程师组织有关人员参加。工程竣工后，设备必须做空、轻、重负荷试运转和效能测定，按检修质量标准严格验收。隐蔽工程隐蔽前应经验收合格后方可隐蔽，并应有中间验收记录，验收合格后要将检修内容详细记入设备检修履历簿中。

第二十六条 设备的调拨和利用

(1) 除在用、备用、维修、改装、特种储备、抢险救灾所必需的设备外，其他连续停用一年以上的设备或新购进2年以上不投运的设备，称为闲置设备。

(2) 闲置设备应及时报机电科进行调拨，对外转售的闲置设备，必须按照矿有关规定进行办理。

(3) 暂不使用或需要连续停用6个月以上的设备应进行封存。封存的设备必须检修完好，妥善保管，定期保养，严禁拆套，防止丢失损坏。重新启用封存的设备由机电科鉴定审批后方能使用。

(4) 国家明令禁止使用的淘汰设备和已报废的设备，严禁作为闲置设备再次使用。

第二十七条 设备的更新改造和报废

(1) 每年的设备更新改造，要有计划并严格按计划执行。

(2) 设备更新的原则是：用技术性能先进的设备更换技术性能落后又无法修复改造的设备，凡符合下列情况之一的设备，可报废更新：

①设备老化、技术性能落后、高耗低能或超过规定使用年限的老、旧、杂设备。

②通过修理虽能恢复精度和性能，但一次修理费用超过重置价值80%，不如更新经济的设备。

③严重污染环境，进行改造又不经济的设备。

④遭受意外损坏，无法修复的设备。

⑤国家明令禁止使用的淘汰设备。

⑥其他应更新的设备。

(3) 设备报废结合设备清查每年进行两次，由使用单位提出报废申请，经机电科审核，机电科组织有关部门进行鉴定审查后，按矿规定执行。

(4) 待报废的设备在未批准前，应妥善保管好。已批准报废的设备，应将其中的可利用部分折价入账、入库保管。

(5) 已批准报废的设备应办理财务手续，报废设备的残值收益，必须用于设备的改造与更新。

第二十八条 设备的基础管理

(1) 根据《煤炭工业企业设备管理规程》要求，按照各单位的实际情况，要制定设备全过程的管理制度和考核制度。

(2) 对煤矿井下设备、小型设备及特殊器材，建立各种管、修合一的专业化小组，充实加强专业组管理，配齐、配足专业管理人员，完善并履行好专业组（电气管理组、电缆管理组、小型电气管理组、防爆检查管理组、设备管理组、配件管理组、油脂管理组、胶带管理组等）的各项管理职能，有适合综合管理的业务流程图。

(3) 设备基础工作的要求是数量清、状态明、属性准、账卡物一致，并做到：

①各类设备必须分类逐台编号、登账、建卡，实现微机化管理，矿、队、厂建立设备分台账。

②设备保管手册和设备管理台账每月核对一次，设备台账与财务部门的固定资产台账每年核对一次。

（4）主要设备（如主提升机、主通风机、主排水泵、带式输送机、采煤机、综掘机、液压支架（柱）、空气压缩机、主变压器、锅炉，机修厂大、精、细加工设备等）要建立设备检修履历簿和技术特征卡片。

（5）各单位应逐步制定、补充、完善以下定额：

①设备大修工时、费用定额。

②维修配件消耗定额和储备定额。

③采、掘、运设备的装备定额。

④大型设备的能耗定额。

⑤设备运行费用定额（包括工时、油脂、能耗、材料等费用）。

（6）设备管理指标，暂定考核下列指标：

①设备的利用率、完好率、待修率、事故率。

②设备固定资产创净产值率。

③煤矿机械工业企业设备故障停机率。

④吨煤维修费用或万元产值维修费用。

（7）按时向矿报送月、年度设备统计报表，做到数字准确、内容及印章齐全，并能做到电子存档。

第二十九条 设备的事故管理

（1）发生机电事故，要按照有关规定进行报告、登记、调查、分析和统计。

（2）发生一般机电事故由机电科组织安全科、调度室等有关部门进行分析处理。发生较大、重大、特大或性质较严重的未遂机电事故，由矿组织有关部门分析。

（3）发生事故要本着“四不放过”（事故原因查不清不放过；事故责任者得不到追究不放过；干部职工受不到教育不放过；防范措施不落实不放过）的原则，认真进行分析追究，对事故责任者要及时处理，按责任大小、情节严重程度和造成后果，给予批评教育、经济赔偿或行政处分，直至追究刑事责任。对隐瞒事故情节或不报者应加重处理。

（4）一般机电事故登记表由机电科填写存档。重大、特大机电事故报告，应及时上报矿或按上级有关规定上报。

第三章 大型固定设备管理

第三十条 综合管理

（1）大型固定设备主要包括主副井提升机、井上下滚筒直径2m及以上绞车、主排水泵、主通风机、主空气压缩机、35 kV主变压器、2 t/h及以上锅炉等。

（2）大型固定设备改变其主要技术性能、结构及其系统能力和进行技术改造时，必须经矿组织论证后方可实施，矿井主要提升系统改造和更换必须由有资质的单位设计。

（3）大型固定设备的值班员必须严格按照巡回检查周期表的内容对设备进行全面检查和维护并做好记录，发现设备运行中有异常变化时，要及时向有关领导汇报，影响安全的问题要立即停止运行。

（4）大型固定设备检查维护要按照“检修周期表”的内容和周期（表5-16-1～表5-16-4），定期进行检查维修。

（5）大型固定设备的安全保护装置必须设置齐全，符合《煤矿安全规程》的规定，动作灵敏可靠。

（6）大型固定设备的检验检测工作应做到以下几点：

①各单位要专人负责检验检测工作，机电副矿长或副总工程师要定期进行监督检查，保证检验检测工作按规定要求进行。

②按上级有关部门规定要求进行设备的检验检测，不得漏项，周期符合要求。

③必须委托国家有关部门认定的有资质的检测检验机构进行，检验合格的，应按要求悬挂《安全检验合格证》。

（7）加强设备的润滑油脂管理。合理选用润滑油脂，其型号、牌号和更换周期，要符合设备说明书等有关技术要求，使用之前必须经过化验，化验和试验单要纳入技术档案管理，并记入设备检修履历簿内（厂家有特殊要求的必须严格按规定执行）。

表5-16-1　提升系统检修周期表

部位	检修内容	周期	备　注
减速机	1. 解体检查清洗换油	参照说明书	
	2. 联轴器检查换油	6个月	
	3. 轴承清洗换油，测量调整间隙	一年	
	4. 检查齿轮接触面积，测量齿轮间隙	一年	
	5. 轴水平度及同心度测量	一年	
	6. 齿轮轴探伤	两年	
主轴装置	1. 联轴器解体检查换油	一年	
	2. 检查测量调整轴承间隙	一年	
	3. 大轴探伤	两年	
	4. 测量水平度及同心度	一年	
	5. 活滚筒套检查换油、测量间隙	六个月	每次调绳前注油
	6. 测量闸轮圆度、偏摆度	一年	
制动系统	1. 抱闸拉杆探伤检查	两年	
	2. 保险闸空行程试验调整	一年	检修后立即试验调整
	3. 管路、泵站、蓄压器、制动油缸、液压站检查清洗	一年	
电气部分	1. 电气预防性试验	一年	
	2. 主电机解体检查，测量转子与定子间隙	一年	
	3. 保护整定校验	六个月	
	4. 电控系统清扫、检查、紧固	一个月	
	5. 电控系统性能测量调试	一年	
天轮和导向轮	1. 轴承检查，清洗换油	四个月	
	2. 测量水平度与垂直度	一年	
	3. 天轮轴探伤检查	两年	
	4. 导向轮轴探伤检查	两年	
	5. 天轮外观检查	一个月	

表5-16-1（续）

部位	检修内容	周期	备 注
钢丝绳及连接装置	1. 主绳连接装置探伤	两年	更换钢丝绳时进行
	2. 缠绕式绞车用钢丝绳检验	六个月	升降物料用的钢丝绳自悬挂时起12个月进行第一次检验，以后每隔6个月检验一次
	3. 尾绳连接装置探伤	两年	
提升容器	1. 防坠器不脱钩试验	六个月	仅限于单绳缠绕式提升绞车
	2. 防坠器脱钩试验	一年	
井筒装备	1. 罐道垂直度测量	一年	
	2. 罐道间距测量	六个月	
	3. 罐道、托架、罐道梁全面紧固	三个月	
	4. 防撞梁、托罐装置、缓冲装置检查	一月	
	5. 井筒装备之间及与井壁之间间隙测量	一年	
井架	涂油防腐及变形、损害、震动等检查	一年	
仪表	校验	一年	
其他	1. 提升系统检查	一年	
	2. 绞车性能测试	两年	新安装和改造后进行一次测定，提人绞车一年一次

表5-16-2 主排水系统检修周期表

部位	检修内容	周期	备 注
水泵	1. 水泵解体检修，更换磨损部件	一年	5月底前完成
	2. 测量各处间隙	一年	
	3. 检查底阀	一年	
	4. 解体检查各部阀门	一年	
	5. 解体检查引水设备及装置	一年	
	6. 技术性能测定	一年	
	7. 雨季前联合试运转	一年	5月底前完成
电气与仪表	1. 电气预防性试验	一年	
	2. 校验各种仪表	一年	
	3. 电机解体检查清扫	一年	
	4. 配电和启动设备检修	六个月	
	5. 保护整定	六个月	
管路	除锈防腐	一年	
泵房监控集控系统	1. 检查清扫	三个月	
	2. 系统测量调试	一年	

表5－16－3 主通风机检修周期表

部位	检修内容	周期	备注
风机	1. 风机外壳除锈防腐	一年	
	2. 轴承解体检查清洗换油、测量间隙	一年	
	3. 测量轴的水平度和同心度	一年	
	4. 反风演习	一年	
	5. 技术性能测定	一年	新安装及系统技术改造后做技术测定
	6. 闸阀设备检修	一个月	含对旋风机的立式风门
	7. 防爆门检查	六个月	
	8. 反风设施检查	三个月	
	9. 传动轴、主轴、叶片等关键部件探伤	一年	
电气与仪表	1. 电机解体检查、清扫，测量转子与定子间隙，轴承换油、测量间隙	一年	
	2. 电机检查，轴承加油检查	按出厂说明书执行	适用于对旋式通风机
	3. 电气预防性试验	一年	
	4. 校验各种仪表	一年	
	5. 保护整定	六个月	

表5－16－4 空压机检修周期表

部位	检修内容	周期	备注
本体与风包	1. 解体检查更换磨损部件，清洗换油、测量各部间隙	一年	
	2. 检查清洗研磨吸、排气阀	一年	
	3. 风包及空压机进出管清理除油垢	一年	
	4. 安全阀动作试验	一年	
	5. 冷却系统全面检查、检修	六个月	
	6. 技术性能测定	一年	
	7. 关键部件探伤	一年	
	8. 油脂更换	按出厂说明书执行	
	9. 滤芯更换	按出厂说明书执行	
电气仪表	1. 电气预防性试验	一年	
	2. 电机解体检查清扫、测量转子与定子间隙	一年	
	3. 电机轴承清洗换油	六个月	适用于螺杆式空压机
	4. 轴承清洗换油、测量间隙	一年	
	5. 校验各种仪表	一年	
	6. 保护整定	六个月	

第三十一条　技术档案、资料管理和规章制度

（1）投入运行的大型固定设备，必须建立健全技术档案，设备档案包括：设备使用说明书，调试安装验收单，试验、检验记录，设备历次事故记录，设备历次性能测试和关键部件探伤记录，事故分析报告处理及改进意见，设备大修及技术改造记录，设备履历簿和技术特征卡片，安装图纸，配件图册。

设备档案必须实行专人管理，做到一台一档、内容齐全，并做到微机辅助管理。

（2）大型固定设备机房硐室内要建立要害场所管理制度（张挂），岗位责任制（张挂）和包机制度（张挂），操作规程（张挂），设备巡回检查制度，设备定期检修制度，机电干部上岗查岗制度，安全活动制度，事故分析追查制度，设备的运行、维护、保养制度以及检查内容和周期表，油脂管理制度，配件管理制度，主提升机安全保护装置日（月）检查试验制度，钢丝绳牵引带式输送机要另外建立乘人规章制度（张挂）等。大型固定设备更新改造后，要及时修改操作规程和有关制度，岗位责任制应每一年审查修订一次。

（3）大型固定设备机房要建立以下记录，记录内容要符合《煤矿安全规程》及上级有关规定要求：

①设备检查、检修记录。

②运转日志和交接班记录。

③机电干部上岗查岗记录。

④要害场所入内登记记录。

⑤事故记录。

⑥安全保护装置试验记录。

主提升系统还要建立以下记录：提升钢丝绳检查记录和平衡钢丝绳检查记录、立井提升系统要建立井口（井底）操车设备、安全门闭锁与提升信号日试验记录、月度检查试验记录（由机电副矿长或者机电副总工程师组织）等。

主通风机房还要建立以下记录：反风设施检查记录、防爆门检查记录等。

第三十二条　大型固定设备的技术测定

（1）每年应编制大型固定设备技术性能测定（试）计划，矿审查后组织实施。

（2）大型固定设备技术测定（试）的项目、内容和周期必须严格执行《煤矿安全规程》及上级有关规定，检查和测试结果必须写成报告书，针对发现的缺陷，提出改进措施，并限期解决，应测试的设备及要求如下：

①主提升机每年进行1次全面检查，提人绞车每年进行1次技术测试，合格后方可继续使用。测试内容及资料有：现场拍摄提升机运行速度图；测试保险闸空动时间和制动减速度（摩擦轮式提升机要检验在制动过程中钢丝绳是否打滑）；检查常用闸和保险闸的各部间隙及连接固定情况，验算制动力矩和防滑条件；测试盘形闸的贴闸压力和接触面积；变频控制的提升绞车，根据使用说明书分项进行测试；钢丝绳安全系数验算；主加、减速度验算；提升机强度验算；提升力验算；电动机功率测试和验算；符合《煤矿安全规程》及相关规定的检查测试资料。

②主通风机投入运行后每5年至少进行1次性能测试。设备改造或改变矿井通风系统时，要做性能测试。测试内容及资料有：绘制通风机性能曲线；测试喘振点；计算正常运行工况时的运行效率和输出功率;测试通风机噪声,轴承与电动机温升;符合《煤矿安全规程》及相关规定的检查测试资料。

③主排水系统每年雨季前要进行1次性能测试。测试内容及资料：性能曲线应在不同流量值的情况下进行绘制，测点不少于5个；水泵运行工况下的效率、排水系统总效率和吨水百米电耗；测试水泵的噪声，及正常运行工况下的振动；测试电机转速，计算电机效率和泵轴功率；符合《煤矿安全规程》相关规定的检查测试资料。

④使用中的空气压缩机应每年进行1次测试。测试内容及资料：测试压缩机的排气量、各级排气温度、压力、振动、噪声和电机转速等；计算压缩机的比功率和排气效率；符合《煤矿安全规程》

和相关规定的检查测试资料。

第三十三条 大型固定设备的其他规定

(1) 检修人员站在罐笼或箕斗顶上工作时，必须遵守下列规定：

①在罐笼或箕斗顶上时，必须装设保险伞和栏杆。

②必须佩带保险带。

③提升容器的速度，一般为 0.3 ~0.5 m/s，最大不得超过 2 m/s。

④检修用信号必须安全可靠。

(2) 井口房空气加热设备要保证正常使用，确保冬季井筒、井口不结冰，进风井口以下的空气温度必须在 2 ℃以上。

(3) 在用的重要用途钢丝绳改变型号、直径时，必须进行校核计算，经机电副矿长、机电副总工程师审批后方可更换使用。

(4) 提升钢丝绳 (ϕ18 以上) 必须经有资质的检验检测机构试验合格后，方可使用。

(5) 主提升机必须有试验合格的备用钢丝绳，使用中钢丝绳的检查维护必须符合以下规定：

①提升钢丝绳、罐道绳必须每天、平衡钢丝绳和防坠器制动绳至少每周由维修工全面检查一次断丝、磨损、锈蚀等情况，检查磨损必须用专用量具，并将检查结果填入“钢丝绳检查记录簿”。

②缠绕式绞车钢丝绳楔形连接装置处的钢丝绳必须每半个月拆卡抽绳检查一次并做好记录。

③钢丝绳使用到后期，要适当缩短检查周期并做好随时更换新绳的准备。钢丝绳在运行中遭受到卡罐、突然停车等猛烈拉力时，必须立即停车检查，发现下列情况之一者，必须将受力段剁掉或更换全绳。

a. 钢丝绳产生严重扭曲或变形。

b. 断丝和直径减小量超过《煤矿安全规程》的规定。

c. 遭受猛烈拉力的一段的长度伸长 0.5% 以上。

④在钢丝绳使用期间，断丝数突然增加或伸长突然加快，必须立即更换。

⑤机电副总工程师、机电科长每月至少组织有关人员对钢丝绳进行一次全面检查并做好记录，分管技术人员必须至少每周检查一次并签字。

⑥提升钢丝绳的选型，必须严格遵守《重要用途钢丝绳》(GB 8918—2006) 及其他有关规定。

(6) 提升钢丝绳连接装置在每次更换钢丝绳时必须进行探伤。

(7) 井口和井底必须有专职把钩工，罐笼门或罐帘的开启和关闭，由把钩工负责操作，所有上下井人员，必须遵守乘罐制度，听从把钩工的指挥。

(8) 立井提升信号系统必须符合以下要求：

①基本要求：

a. 信号电源电压不得大于 127 V，必须设置独立的电源变压器及电源指示灯。

b. 工作信号必须声光兼备，指示信号为灯光信号。

c. 井筒检修期间，检修指示信号在车房内应保持显示，井筒检修应使用可靠的信号发送装置。

d. 信号系统应与绞车控制回路闭锁。

e. 井底和井口之间、井口和绞车司机台之间应设直通电话。各种信号按钮要有明确标注，操作方便、工作可靠。

f. 除常用的信号装置外，还必须有备用信号装置。

②副井提升信号除满足“基本要求”外，还应满足以下要求：

a. 井口和井底的安全门、摇台、阻车器必须与提升信号联锁，联锁关系必须符合《煤矿安全规程》第三百九十五条的规定。

b. 开车信号应为保留信号，分别为提人、提物、检修，以灯光显示。

c. 必须设置紧急事故信号 (单设按钮)，井底和井口均能直接向绞车房发出事故信号，令司机及时停车，事故信号按钮要有明显标志。

d. 警告信号必须为语音信号并有红灯显示。

③主井箕斗提升信号除满足“基本要求”外，还应满足以下要求：

a. 提升信号采用直发式。

b. 信号系统与绞车控制回路闭锁。

c. 井口煤仓仓满时能报警和自动断电。

d. 必须设置紧急事故信号，装、卸载硐室均能直接向绞车房发送事故信号。

e. 检修时正常开车信号要与检修信号相互闭锁。

（9）主通风机的状态要达到以下要求：

①必须安装 2 套同等能力的主要通风机装置，运行、备用通风机每月至少倒换一次。

②备用通风机必须能在 10 min 内开动，机壳、风门不锈蚀，井口封闭严密。

③反风设施的各机构必须灵活可靠，并能在 10 min 内完成反风操作任务，同时每年必须进行一次矿井反风演习。

④水柱计、电流表、电压表、轴承温度计等仪表齐全、灵敏可靠，风机监控系统中各项功能显示正常，数据准确，振动不超限，还必须有直通调度室的电话。

⑤叶轮安装角度要一致，保持平衡且无积尘。

⑥主通风机房不得用火炉取暖，井口附近 20 m 内不得有烟火或堆放易燃物品。

⑦防爆门使用正常，开启装置配备齐全、可靠、无锈蚀，重锤设置符合设计要求。

（10）空气压缩机的状态要达到以下要求：

①压缩机油符合规定，闪点不低于 215 ℃。

②各种仪表要齐全，指示准确，安全阀和释压阀动作可靠。

③断油保护动作灵敏并有信号显示装置，风包上必须装设超温保护装置，在超温时能自动切断电源。

④滤风器要每三个月清理一次，进出风管和风包每年至少清除一次。

⑤冷却系统运行正常，效果良好。

（11）主排水系统要达到以下要求：

①泵体、电机、环形管路、闸阀等应无锈蚀并达到防腐良好，闸阀使用正常，操作灵活、不漏水。

②各种仪表齐全，指示正确。

③有可靠的两种引水装置，并能在 5 min 内启动水泵。

④水泵吨水百米电耗不大于 0.5 kW · h，做到经济运行。

⑤主排水泵房的远程监控集控系统必须达到设计技术性能要求，数据采集齐全，画面清晰，检测监控设备必须有两路直接由变（配）电所馈出的供电线路供电，其控制回路和辅助设备必须有与主要设备同等可靠的备用电源。

⑥水泵、水管、闸阀、排水用的配电设备和输电线路，必须经常检查和维护，主排水泵要在每年五月底以前检修完毕，认真填写检修履历簿存档备查，所有水泵必须保持完好。

⑦每年雨季前进行水泵技术测定，并对全部工作水泵和备用水泵进行 1 次联合排水试验，发现问题，及时处理。

⑧水仓入口处应设置箅子，水仓、吸水井、沉淀池和水沟应及时清理，主排水水仓每年雨季前必须清理 1 次。

⑨水泵吸水管路进水口以下 0.5 m 内不得有淤泥。

⑩泵房内的水泵和引水装置等必须交替使用，严禁长时间闲置。

⑪密闭门要关闭灵活，密封胶垫必须齐全、有效，拉紧装置灵活。

⑫泵房密闭门电缆穿墙套管封堵按以下要求进行：

a. 穿有电缆的穿墙套管，要在两端采用阻燃橡胶密封圈封堵，密封圈伸入穿墙套管内的长度不小于150 mm，密封圈内径与电缆之间、外径与套管之间要密贴牢固，穿墙套管管口处用绝缘油泥封堵严密。

b. 闲置穿墙套管，要用阻燃橡胶材料制作成圆锥棒封堵，圆锥棒伸入穿墙套管内长度不小于150 mm，不得松动，圆锥棒外露长度不得超过30 mm。

⑬泵房的安全通道必须畅通，无杂物。

（12）主副井绞车房、通风机房、井下主排水泵房、地面压风机房应安设可靠的通信装置。其中，井下主排水泵房、井下中央变电所、矿井地面变电所和通风机房的电话应能与生产矿井调度室直接联系。主副井绞车的井底车场与井口之间，井口与绞车司机台之间，必须装设直通电话。

第四章 供配电管理

第三十四条 规章制度及技术资料管理

（1）供电的技术资料应包括：

①变电所的供电设计资料、竣工验收资料、技术改造资料等。

②6 kV及以上的系统主要设备的技术资料。

③电气试验资料。

④各种保护的整定资料。

⑤历年重大事故的记录、分析、处理资料。

（2）地面、井下水平变电所应建立以下规章制度：

①地面变电所：设备运行规程、供用电技术规程、操作规程（张挂），岗位责任制度（张挂），交接班制度（张挂），巡回检查制度（张挂），设备检查维修制度（张挂），要害场所管理制度（张挂），机电干部上岗查岗制度（张挂），电气试验制度（张挂）。

②井下采区变电所：操作规程（张挂），岗位责任制度（张挂），交接班制度（张挂），巡回检查制度（张挂），设备检查维修制度（张挂），要害场所管理制度（张挂），机电干部上岗查岗制度（张挂）。

（3）地面、井下水平变电所应张挂以下图纸：供电系统图和模拟图板变电所设备平面布置图保护方式及定值图，巡回检查图表紧急拉闸顺序表，井下水平变电所供电系统图。

（4）地面、井下变电所应建立以下记录：

①地面变电所、井下变电所运行记录，交接班记录；

②巡回检查记录；

③设备检查维修记录；

④事故记录；

⑤机电干部上岗查岗记录、要害场所入内登记记录、安全活动记录；

⑥停送电记录；

⑦漏电保护试验记录；

⑧照明综合保护试验记录。

第三十五条 供电安全及经济运行

（1）应有两回路电源线路。井下中央及各采区变电所、主排水泵房和各采区排水泵房的供电线路，不得少于两回路；当任一回路停止供电时，其余回路应能担负全部负荷。主要通风机、提升人员立井绞车、瓦斯抽放泵等主要设备房，应各有两回路直接由变（配）电所馈出的供电线路（受条件限制时，其中的一回路可引自上述同种设备房的配电装置）。

本条上述供电线路应来自各自的变压器和母线段，线路上不应分接任何负荷。上述设备的控制回路和辅助设备，必须有与主要设备同等可靠的备用电源。

（2）正常情况下，矿井电源应采用分列运行方式，一回路运行时另一回路必须带电备用，以保证供电的连续性。10 kV 及其以下的矿井架空电源线路不得共杆架设。

（3）高压电网，必须采取措施限制单相接地电容电流不超过 20 A。

地面变电所和井下中央变电所的高压馈电线上，必须装设有选择性的单相接地保护装置，每天进行一次模拟试验，并做好记录。供移动变电站的高压馈电线上，必须装设有选择性的动作于跳闸的单相接地保护装置。

（4）主变压器应有事故油池，消防通道符合要求；高压室、低压室、高低压室之间都必须为防火门；长度超过 7 m 的地面变配电室必须具有两个出口，安全出口畅通；安全栅栏、遮拦设置齐全且符合规定；各种安全警示标示牌配备齐全；有事故排烟设施；门窗关闭严密，有防止小动物进入的措施；灭火器材齐全、合格、数量充足（至少 4 只灭火器和 0.2 m^3 以上的灭火沙，并用易碎的沙袋装好，沙袋不得少于 20 袋，有专用灭火沙锹）；在室外的主变压器，必须配置移动式灭火器；验电、放电、接地设施及绝缘用具齐全合格，每 6 个月校验一次。

（5）变电所与电力调度（上一级变电所）、调度室有专用录音电话，井下中央变电所能与调度室有直通电话。

（6）地面高压配电室和集中控制室必须设有能够自动转换的应急照明设施和便携式照明灯具。

（7）各种保护装置必须齐全、灵敏、可靠，并按规程规定周期整定校验。

（8）高压开关柜具备“五防”功能（防止误分、合断路器，防止带负荷分、合隔离开关，防止带电挂（合）接地线（接地开关），防止带接地线（接地开关）合断路器（隔离开关），防止误入带电间隔），反送电的开关柜加锁并有明显标志。

（9）用电要经济合理并制定避峰填谷措施，功率因数达到 0.9 以上。

第三十六条　停电工作票的规定

（1）在下列地点高压电气设备的馈入及馈出电缆、架空线路上进行停电检修、试验工作要执行停电工作票制度，正常情况下，工作票应在工作前一日预先送达运行人员，临时工作可在工作开始前直接交给工作许可人。

①地面变电所、井下中央变电所及其他主要变电所。

②采区变电所检修需要在井下中央变电所或水平变电所停电时。

③在变配电硐室（包括采区变电所）和机房的高压设备及高压线路（电缆）上进行检修或试验工作时。

（2）工作票必须由分管机电的副矿长或机电副总签发，其他人员签发无效，工作票签发人名单要张贴在变电所内，签发工作票时各栏目必须填写清楚，不得涂改。一张工作票中，工作票签发人、工作负责人和工作许可人三者不得互相兼任。

（3）工作票应使用钢笔或圆珠笔填写与签发，一式两份，内容应正确、清楚，不得任意涂改。用计算机打印的工作票应使用统一的带编号的票面格式，由工作票签发人审核无误，手工签名后方可执行。

（4）工作票一份应保存在工作地点，由工作负责人收执，另一份由值班员收执，按值移交。工作许可人应将工作票的编号、工作任务、许可及终结时间记入登记簿。

（5）工作票所列人员的基本条件：

工作票签发人应是熟悉工作人员技术水平、熟悉设备情况、熟悉《电业安全工作规程》，并具有相关工作经验的生产领导人、技术人员或经本单位主管技术领导批准的人员。工作票签发人员名单应书面公布并张贴。

（6）工作票签发人应明确：工作必要性和安全性；工作票上所填安全措施是否正确完备；所派工作负责人和工作班人员是否适当和充足等。

（7）全部工作完毕后，工作人员应清扫、整理现场。工作负责人应先周密地检查现场，待全体工作人员撤离工作地点后，再向运行人员交代所检修项目、发现的问题、试验结果等，并与运行人员共同检查设备状况、状态，有无遗留物件，是否清洁等，然后在工作票上填明工作终结时间，经双方签名后，表示工作终结。停电工作票应保存一年。

第三十七条　停送电倒闸操作的有关规定

（1）停送电倒闸操作票在6 kV及以上的有人值班的地面变电所执行。

（2）变、配电所倒闸操作应按值班负责人的指令，受令人复诵无误后执行。发布指令应准确、清晰，使用规定操作术语和设备双重名称（设备名称和编号，以下同）。发令人和受令人应互报单位和姓名，发布指令的全过程（包括对方复诵指令）和听取指令的报告时双方都要录音并做好记录。操作人员（包括监护人）应了解操作目的和操作顺序，对指令有疑问时应向发令人询问清楚无误后方可执行。

（3）倒闸操作必须由两人执行，一人操作，一人监护。

（4）倒闸操作由操作人员填写操作票。操作票应用钢笔或圆珠笔逐项填写。用计算机打印的操作票应与手写格式一致，操作票票面应清楚整洁，不得任意涂改。操作人员和监护人员应根据模拟图板或接线图核对所填写的操作项目，并分别签名。每张操作票只能填写一项操作任务。

（5）下列项目应填入操作票内：

①应拉合的设备［断路器（开关）、隔离开关（刀闸）、接地刀闸等］，验电，装拆接地线，安装或拆除控制回路或电压互感器回路的熔断器，切换保护回路和自动化装置及检验是否确无电压等。

②拉合设备［断路器（开关）、隔离开关（刀闸）、接地刀闸等］后检查设备位置。

③进行停、送电操作时，在拉、合隔离开关（刀闸），手车式开关拉出、推入前，检查断路器（开关）确在分闸位置。

④在进行倒负荷或解、并列操作前后，检查相关电源运行及负荷分配情况。

⑤设备检修后合闸送电前，检查送电范围内接地刀闸已拉开，接地线已拆除。

⑥操作票应填写设备的双重名称。

（6）倒闸操作的基本要求：

①停电拉闸操作应按照断路器（开关）—负荷侧隔离开关（刀闸）—电源侧隔离开关（刀闸）的顺序依次进行，送电合闸操作应按与上述相反的顺序进行。严禁带负荷拉合隔离开关（刀闸）。

②开始操作前，应先在模拟图（或微机防误装置、微机监控装置）上进行核对性模拟预演，无误后，再进行操作。操作前应先校对设备名称、编号和位置，操作中应认真执行监护复诵制度。操作过程中应按操作票填写的顺序逐项操作。每操作完一项，应检查无误后做一个"√"记号，全部操作完毕后进行复查。

③监护操作时，操作人在操作过程中不得有任何未经监护人同意的操作行为。

④操作中产生疑问时，应立即停止操作并向发令人报告。待发令人再行许可后，方可进行操作。不准擅自更改操作票，不准随意解除闭锁装置。

⑤电气设备停电后（包括事故停电），在未拉开有关隔离开关（刀闸）和做好安全措施前，不得触及设备或进入遮拦，以防突然来电。

⑥电气设备操作后的位置检查应以设备实际位置为准，无法看到实际位置时，可通过设备机械的位置指示、电气指示、仪表及各种遥测、遥控信号的变化，且至少应有两个及以上指示已同时发生对应变化，才能确认该设备已操作到位。

⑦在发生人身触电事故时，为了抢救触电人，可以不经许可，立即断开有关设备的电源，但事后应立即报告调度和有关部门。

（7）各级运行值班人员接受值班调度员的命令时，必须全文复诵，核实无误后应正确迅速执行。

（8）倒闸操作应尽量避免在交接班、高峰负荷、恶劣天气时进行。

（9）倒闸操作票应保存一年以上。

第三十八条　高压线路（设备）巡视规定

（1）高压线路巡视工作应由有电力线路工作经验、对线路较熟悉的外线电工担任，巡线应由两人进行。6 kV 及以上高压线路应至少每月进行一次正常巡视。

雷雨、大风天气应安排专人对线路进行巡视；事故巡线时，巡视人员应穿绝缘鞋或绝缘靴并应始终认为线路带电，即使明知该线路已停电，亦应认为线路随时有恢复送电的可能；大风巡线应沿线路上风侧前进，夜间巡线应沿线路外侧进行并应携带足够的照明工具。

（2）巡线人员发现导线、电缆断落地面或悬吊空中，应设法防止行人靠近断线地点 8 m 以内，以免跨步电压伤人，并迅速报告有关部门，等候处理。

（3）对变电所内高压线路（设备）的巡视，值班员必须按照巡回检查图表进行，巡视检查配电设备时，不得越过遮拦。

第三十九条　高压电气设备（线路）检修安全管理

（1）供电设备（线路）季节性检修，春、秋季应各进行一次。

（2）高压电气设备检修停送电操作时，严格执行《煤矿安全规程》《电业安全工作规程》和《煤矿安全技术操作规程》等有关规定。35 kV 及以上供电系统检修要提前一个月向电力调度部门提出申请，批准后方可实施。

（3）变电所（站）机房、硐室值班人员负责本岗位范围内高压设备的停电、验电、装设接地线、悬挂标示牌和装设遮拦（围栏）等工作。

地面变电所和井下各水平变电所要建立停送电记录簿，并将停送电联系人、停送电时间、停送电开关、注意事项等内容详细记录在“停送电记录簿”内。

（4）高压电气设备（线路）检修前，检修人员必须明确工作任务，了解现场情况和采取的安全技术措施是否可靠等。检修工作人员不得少于两人，实行专人监护。

（5）检修工作结束后，检修负责人会同值班人员对设备检修质量、工具材料清理、人员撤离等项进行全面检查。确认无误后，值班员在专人监护下，撤除临时地线和警示标志牌，按规定程序操作送电。

（6）值班员必须熟悉本岗位范围的高、低压供电系统、控制系统和设备的主要性能。

（7）所有变配电值班员，主要固定设备岗位的维修人员和操作司机，由分管技术员负责，每周不少于一次的技术业务学习，并建立技术学习考核制度。地面高压电工作业人员对《电业安全工作规程》应每年考试一次。因故间断电气工作连续 3 个月以上者，应重新学习，并经考试合格后，方能恢复工作。

第四十条　外转供用电管理

（1）成立外转供电管理领导小组。明确各成员及有关部门的责任，每季至少召开一次会议，总结上季外转供电管理工作，分析存在的问题，布置下季的管理工作重点，实行责任追究制。

（2）根据本单位实际供电能力，在确保本单位供用电安全的前提下，并履行相关程序后，方可对外转供电。不得出现危害矿区供电安全和非法侵占电能的行为。

（3）外转供电用户的高低压供电线路及设备必须符合供电安全要求，各种保护必须装备齐全，灵敏可靠，绝缘用具、验电笔、消防器材配备齐全，并按规定校验。外转供用电管理领导小组应定期组织专业人员对外转供电用户的电气设施进行检查，发现危及供电安全的，应立即停止供电。

（4）各用电单位不允许擅自新增外转供电用户，新增加的外转供电用户要严格审批手续。新增 50 kW 及以上负荷的外转供用电户首先经本单位研究同意，向集团公司提出书面申请，待批准后方可增容，投入运行前要报集团矿组织验收，确认合格后方可投入运行。

（5）外转供电用户必须安装计量装置，并由供电单位实行封闭计量箱管理，严格执行铅封、加锁措施。外转供电用户使用的电量，必须以电源出口处安装的用电计量装置的记录为准，电费结算以集团矿相关文件为准。

(6) 外转供电用户不得有下列危害供用电安全的行为:

①擅自改变用电类别。

②擅自超过合同约定的容量用电。

③未经供电单位许可，擅自引入、供出电源。

(7) 必须与外转供电用户每年签订一次供用电合同，供用电合同条款符合国家有关规定。

第四十一条 电气（预防性）试验

(1) 参加电气试验工作的人员不得少于3人，电气试验操作人员必须使用绝缘防护用品，并严格执行停电、验电、放电、挂接地线等措施。

(2) 预防性电气试验的项目、内容和周期要严格按照《煤矿电气试验规程》《电力设备预防性试验规程》《电力安全工器具预防性试验规程》等有关规定执行（表5-16-5)。

表5-16-5 电气周期试验表

设备名称	试验项目	运行中试验周期	备注
交流电机	1. 绝缘电阻和吸收比测定	每年一次	
	2. 直流耐压试验并测泄漏电流	泄漏试验 每年一次	1. 1200 V且容量在200 kW及以上的电动机定子绕组做此项试验，200 kW以下的自行规定 2. 交流耐压不具备试验设备时可做直流耐压
	3. 交流耐压试验	根据需要	新装、大修、移设时做此项试验
	4. 直流电阻测定	每年一次	
	5. 转子开路电压测定	根据需要	
	6. 空载试验	根据需要	
变压器消弧线圈	1. 绝缘电阻和吸收比测定	每年一次	
	2. 泄漏电流测定	每年一次	容量在320 kV·A及以下不做此项试验，但35 kV及以上不受容量限制。
	3. 测量线圈连同套管一起的介质损失角正切值测定	每年一次	容量在500 kV·A及以下不做此项试验，但35 kV及以上不受容量限制
	4. 交流耐压试验	根据需要	新装、大修时做此项试验
	5. 线圈直流电阻测定	每年一次	新装、大修和变动分接头位置后做此项试验
	6. 变压比测定	内部接线变动做	新装、大修时做
	7. 组别和极性测定	更换线圈或 内部接线变动做	新装、大修时做此项试验
	8. 绝缘油试验	每年一次	按《煤矿电气试验规程》第19章第52条规定
	9. 油中溶解气体色谱分析	每年一次	1. 35 kV及以上1000 kV·A及以上做，其余根据需要 2. 对有疑问的变压器应缩短试验周期 3. 新装、大修的设备投运前做
	10. 空载试验		大修时做此项试验，新装根据需要做
	11. 额定电压下冲击合闸试验		新装、大修时做此项试验

表 5－16－5（续）

设备名称	试验项目	运行中试验周期	备注
干式变压器	1. 绝缘电阻和吸收比测定	每年一次	
	2. 线圈直流电阻测定	每年一次	新装、大修和变动分接头位置后做此项试验
	3. 交流耐压试验	根据需要	新装、大修时做此项试验
	4. 测温装置及其二次回路试验	每年一次	密封良好，指示正确，测温电阻值与出厂值相符，绝缘电阻值不低于 1 MΩ
真空断路器	1. 绝缘电阻测定	每年一次	
	2. 交流耐压试验	每年一次	
	3. 辅助和控制回路交流耐压试验	每年一次	
	4. 导电回路电阻	每年一次	
	5. 断路器的合闸分闸时间，分、合闸同期性，触头开距	根据需要	新装、大修时做此项试验
	6. 合闸分闸电磁铁的最低动作电压	根据需要	新装、大修时做此项试验
	7. 合闸接触器和分、合闸电磁铁线圈的绝缘电阻和直流电阻	每年一次	
	8. 真空灭弧室真空度的测量	根据需要	有条件时进行
高压开关柜	1. 辅助回路和控制回路绝缘电阻	每年一次	
	2. 断路器、隔离开关及隔离插头的导电回路电阻	每年一次	
	3. 绝缘电阻测定	每年一次	在交流耐压试验前、后分别进行测量
	4. 交流耐压试验	每年一次	
	5. 检查电压抽取（带电显示）装置	每年一次	
	6. “五防”性能检查	每年一次	“五防”是： ①防止误分、误合断路器 ②防止带负荷拉、合隔离开关 ③防止带电（挂）合接地（线）开关 ④防止带接地线（开关）合断路器 ⑤防止误入带电间隔
互感器	1. 绝缘电阻测定	每年一次（干式两年）	
	2. 介质损失角正切值测定	每年一次	20 kV 及以下不做
	3. 交流耐压试验	两年一次	10 kV 及以下做；20 kV 及以上或井下根据需要进行
	4. 绝缘油试验	每年一次	按《煤矿电气试验规程》第 19 章第 52 条规定

表 5-16-5（续）

设备名称	试验项目	运行中试验周期	备注
隔离开关和母线	1. 绝缘电阻测定	两年一次	清扫前后做
	2. 交流耐压试验	两年一次	
	3. 检查母线连接部分、隔离开关触头接触情况及弹簧压力	根据需要	清扫中做
套管	1. 绝缘电阻测定	每年一次	
	2. 交流耐压试验	每年一次	
	3. 充油套管绝缘油试验	根据需要	按《煤矿电气试验规程》第 19 章第 52 条规定
橡塑电力电缆	1. 绝缘电阻测定	每年一次	
	2. 直流耐压试验并测泄漏电流	每年一次	更换接头按 6 倍额定电压，重做中间盒第一次周期为三个月，以后按正常周期做
	3. 相位检查	根据需要	更换接头或更换电缆橡塑电力电缆（乙丙橡皮绝缘、聚氯乙烯绝缘、交联聚乙烯绝缘）地试验项目和试验周期可参照油浸纸绝缘电力电缆的规定进行
电力电容器	1. 绝缘电阻测定	每年一次	
	2. 电容值测量	每年一次	
	3. 交流耐压试验	每年一次	
	4. 合闸冲击试验		新装
干式电抗器	1. 绝缘电阻测定	每年一次	短路后进行检查
	2. 交流耐压试验	两年一次	
	3. 电感值测量	根据需要	
金属氧化物避雷器	1. 绝缘电阻测定	每年一次	每年雷雨前
	2. 直流 1 mA 下电压值 U（1 mA）	每年一次	每年雷雨前
	3. 75% U（1 mA）电压下泄漏电流值	每年一次	每年雷雨前
	4. 运行电压下的交流泄漏电流	每年一次	每年雷雨前
阀型避雷器	1. 绝缘电阻测定	每年一次	每年雷雨前
	2. 测量电导电流及非线性系数	每年一次	每年雷雨前（只限带并联电阻）
	3. 工频放电电压测定	每年一次	每年雷雨前（只限不带并联电阻）
架空电力线路	1. 测量每个悬式绝缘子的绝缘电阻	根据需要	
	2. 测量每个悬式绝缘子的绝缘电阻	根据需要	
	3. 检查相位		新装、线路变动
	4. 冲击合闸		新装、线路变动

表5-16-5（续）

设备名称	试验项目	运行中试验周期	备注
接地装置	1. 地面电气设备接地及防雷保护接地电阻测定	每年一次	雷雨季节前完成
	2. 井下接地装置测定	每年一次	半年检查一次
	3. 新设备的保护接地装置		投运前必须测量接地电阻并检查接地装置的可靠性
绝缘用具	1. 绝缘棒、绝缘挡板交流耐压	每年一次	
	2. 绝缘手套交流耐压	每半年一次	
	3. 验电笔、绝缘夹钳、绝缘台、拉杆交流耐压	每年一次	
	4. 绝缘胶垫、绝缘罩交流耐压	每半年一次	
	5. 绝缘绳、绝缘靴交流耐压	每半年一次	

说明：
1. 上述要求只限于预防性试验和运行中试验工作。
2. 大修和新安装电气试验按规程进行。
3. 试验时间按规定时间完成。
4. 井下试验应有措施。
5. 做破坏性电气试验应经机电副总同意。
6. 试验人员应经过培训，人员应固定，认真填写试验单。

（3）地面变（配）电所的电源总盘和下井总盘的继电保护计算整定值，报机电矿长审定，按审定后的定值进行整定，其他线路的保护定值由机电副总工程师审定。

（4）预防性电气试验必须在每年5月底以前完成，其中地面防雷设施（避雷带、避雷器、避雷针等）的检测工作，必须在每年的4月底完成，并由检测单位出具检测报告，每一接地点填写一张，不合格的必须经处理后重新检测。

第五章　井下采掘机电管理

第四十二条　机电科要有一名副职分管采掘机电管理业务。

第四十三条　井下不得带电检修、搬迁电气设备、电缆和电线。

（1）检修或搬迁前，必须切断电源，检查瓦斯，在其巷道风流中甲烷浓度低于0.8%时，再用与电源电压相适应的验电笔检验；检验无电后，方可进行导体对地放电。

（2）所有开关的闭锁装置必须能可靠地防止擅自送电，防止擅自开盖操作，开关把手在切断电源时必须闭锁，并悬挂“有人工作，不准送电”字样的警示牌，只有执行这项工作的人员才有权取下此牌送电。

第四十四条　操作井下电气设备必须遵守下列规定：

（1）非专职人员或非值班电气人员不得擅自操作电气设备。

（2）操作高压电气设备主回路时，操作人员必须戴绝缘手套，并穿电工绝缘靴或站在绝缘台上。

（3）手持式电气设备的操作手柄和工作中必须接触的部分必须有良好绝缘。

第四十五条　容易碰到的、裸露的带电体及机械外露的转动和传动部分必须加装护罩或遮栏等防护设施。

第四十六条 采区电气设备使用3300 V供电时，必须制定专门的安全措施。

第四十七条 井下低压配电系统同时存在两种或两种以上电压时，低压电气设备上应明显地标出其电压额定值。

第四十八条 电气设备不应超过额定值运行。

井下防爆电气设备变更额定值使用和进行技术改造时，必须经国家授权的矿用产品质量监督检验部门检验合格后，方可投入运行。

第四十九条 防爆电气设备入井前，应检查其“产品合格证”“煤矿矿用产品安全标志”及安全性能；经专职防爆检查员检查合格并签发合格证后，方准入井。

第五十条 严格执行井下用电管理的负荷审批制度，任何单位和个人不得私自接用任何负荷，需用时必须提出用电申请，经机电部门电气管理人员审批后，方可接用。

第五十一条 隔爆开关的各种保护必须齐全、灵敏、可靠，试验合格后方可下井。认真执行井下低压隔爆开关保护插件试验制度并做好各种试验记录。

第五十二条 严禁停用各种电气保护。每天必须对低压检漏装置的运行情况进行一次跳闸试验，执行每月一次的远方漏电试验制度，做好各种试验记录。

第五十三条 供3个及以上采掘工作面的采区变电所应设专人值班，无人值班的变电硐室必须关门加锁，严格执行制定巡回检查制度并做好记录。采区变电所、机电硐室及采掘工作面的配电点应用不燃性材料支护，有充足照明。

第五十四条 采区变电所和工作面配电点必须悬挂经审核签字并与实际相符的供电系统图。

第五十五条 井下电工须配备、使用停电牌、验电笔、放电棒。放电棒规格：绝缘手柄直径不小于15 mm，长度不小于250 mm；放电线采用直径不小于25 mm^2 的软铜线，长度不小于600 mm，一端带钩与绝缘手柄相连，一端带夹子与接地部位相连。严禁在防爆面上放电。

第五十六条 采区变电所以外的移动变电站等高压电气设备周围必须设牢固可靠的防护栅栏并悬挂“高压危险”等警示标志。

第五十七条 采掘机电设备的位置和空间必须能满足设备检修和巷道运输通过及其他设备安装的要求。开关架或台的高度不低于300 mm，开关架统一刷橘黄漆。

第五十八条 保护接地装置必须符合《煤矿井下保护接地装置的安装、检查、测定工作细则》的要求，不合格的必须立即处理。

第五十九条 对接地装置的要求除符合《煤矿安全规程》的规定外，还必须做到以下几点：

（1）3台及3台以上电气设备和由变电所单独供电的掘进工作面必须装设局部接地极。

（2）局部接地极与扁钢的焊接长度不小于100 mm，接地点连接处应露出底板便于检查和维护。

（3）局部接地极的埋设必须符合规定并悬挂标志牌。

（4）接地极标志牌统一采用铝（或铝合金）牌，牌正面字体为红色，规格为：长80 mm，宽60 mm。内容为由上至下单列的4项：编号、地点、责任单位、责任人。

（5）供检漏保护装置作检验用的辅助接地线，应用芯线总断面不小于10 mm^2的橡套电缆。

（6）电气设备金属外壳和高压电缆接线盒的外接地螺栓应齐全、完整、紧固合格，不得锈蚀。

第六十条 使用中的各种电缆必须符合《煤矿安全规程》和《煤矿井下电缆安装、运行、维修、管理工作细则》的要求。

第六十一条 在地面热补或冷补后的橡套电缆，必须经浸水耐压试验，合格后方可下井使用，在井下冷补的电缆必须定期升井试验，上述试验要留有记录备查。

第六十二条 四小线（照明、通信、信号、控制线）和动力电缆必须使用阻燃电缆并有“煤矿矿用产品安全标志”。

第六十三条　矿井应按表 5－16－6 的规定对电气设备、电缆进行检查、调整。检查和调整结果应留有记录。检查和调整中发现的问题，应指派专人限期处理。

表 5－16－6　电气设备、电缆进行检查、调整规定表

序号	检查、调整项目	检查周期	备　注
1	使用中的防爆电气设备的防爆性能检查	1 次/月	每日应由分片负责电工检查 1 次外部
2	配电系统继电保护装置检查整定	1 次/半年	负荷变化时及时整定
3	高压电缆的泄漏和耐压试验	1 次/年	
4	主要电气设备绝缘电阻的检查	每半年不少于 1 次	
5	固定敷设电缆的绝缘和外部检查	1 次/季	每周应由专责电工检查 1 次外部和悬挂情况
6	移动式电气设备的橡套电缆绝缘检查	1 次/月	每班由当班司机或专责电工检查 1 次外皮有无破损
7	接地电网接地电阻值测定	1 次/季	
8	新安装的电气设备绝缘电阻和接地电阻的测定		投入运行前

第六十四条　隔爆开关的内腔和接线盒的内壁不得有锈蚀，应均匀地涂刷耐弧漆。

第六十五条　同一部位的紧固件（包括弹簧垫）规格应一致。螺母紧固后，螺栓螺纹应露出螺母 1～3 个螺距，不得在螺母下面加多余的垫圈来减少螺栓的伸出长度。

第六十六条　高、低压隔爆开关的电源、负荷引入装置，不得颠倒使用。

第六十七条　存在下列问题的电气设备及小型电气不得下井使用：

（1）防爆接合面锈蚀、划痕超过规定。

（2）绝缘座破裂导致接线柱松动，接线柱变形或螺纹滑扣。

（3）导电螺栓、螺母锈蚀。

（4）喇叭嘴不配套或断裂、缺损。

（5）开关本体与外壳不配套，转盖与外壳不配套，缺手把或转动不灵活，开关内腔上方导电螺栓与接线鼻连接不牢。

（6）开关的机械闭锁失效。

（7）开关内缺电源隔离罩、电源危险牌。

（8）开关底托架严重变形、断裂或固定不牢。

（9）电机风翅处的护罩与电机外壳固定不牢。

（10）其他不符合完好标准等规定的。

第六十八条　井下隔爆电气设备的运行、维护和修理，必须符合防爆性能的各项技术要求，不得出现以下现象：

（1）隔爆外壳：

①隔爆外壳有裂纹、开焊、变形长度超过 50 mm，同时凸凹深度超过 5 mm。

②隔爆壳内外有锈皮脱落。

③隔爆室（腔）的观察窗（孔）的透明板松动、破裂或使用普通玻璃。

④隔爆电机接线盒缺内隔爆绝缘座或虽有但破损的。

⑤改变隔爆外壳原设计安装形状，造成电气间隙或爬电距离不符合规定。

⑥没有经过专职防爆检查员检查、无防爆合格证的，或虽有防爆合格证但检验期超过一个月或专职防爆检查员没签字的。

（2）隔爆接合面：

①隔爆接合面应保持光洁、完整，须有防锈措施，无油漆、不符合要求的。

②用螺栓固定的隔爆面其紧固程度应以压平弹簧垫圈不松动为合格，无不符合要求的。

③隔爆结合面的缺陷或机械伤痕，将其伤痕两侧高于无伤表面的凸起部分磨平后，超过下列规定的：

隔爆面上对局部出现的直径大于0.5 mm，深度大于1 mm的砂眼，在40 mm、25 mm、15 mm，宽的隔爆面上，每1 cm^2 不得超过5个；10 mm宽的隔爆面上，不得超过2个。产生的机械伤痕，宽度和深度不大于0.5 mm；其长度应保证剩余无伤隔爆面有效长度不小于规定长度的2/3。

（3）电缆引入装置：

①密封圈内径大于电缆外径超过1 mm。

②密封圈的单孔内穿进多根电缆。

③将密封圈割开套在电缆上。

④密封圈部分破损，不符合防爆规定。

⑤密封圈老化、失去弹性、变质、变形，有效尺寸配合间隙达不到要求，起不到密封作用。

⑥密封圈没有完全套在电缆护套上。

⑦密封圈与电缆护套之间有其他包扎物。

⑧一个进线嘴内用多个密封圈。

⑨不用的进线嘴缺密封圈或钢质挡板。挡板直径比进线嘴内径小2 mm以上，以及挡板的公称厚度小于2 mm。

⑩挡板放在密封圈里侧。压盘式进线嘴或螺母式进线嘴金属圈放在挡板与密封圈之间。

⑪进线嘴压紧后没有余量、线嘴内缘压不紧密封圈、密封圈端面与器壁接触不严或密封圈能活动。

⑫压盘式进线嘴缺压紧螺栓，或压紧螺栓未压紧。

⑬压紧螺母式进线嘴用一只手的5个手指能使压紧螺母旋进超过半圈。

⑭电缆在进线嘴处能轻易来回抽动。

⑮多层密封圈的多层朝外安设。

⑯开关的小接线嘴引入、引出动力线。

（4）电气接线：出现“鸡爪子”“羊尾巴”、明接头及破口。

①“鸡爪子”。橡套电缆的连接不采用硫化热补或同等效能的冷补者为“鸡爪子”。电缆（包括通信、照明、信号、控制电缆）的连接不采用接线盒的接头。

②“羊尾巴”。电缆的末端不接装防爆电气设备或防爆元件者为“羊尾巴”。电气设备接线嘴（包括“五小”电气元件）2 m内的不合格接头或明线破口者均为“羊尾巴”。

③明接头。电气设备与电缆有裸露的导体或明火操作者均属明接头。

④破口。橡套电缆的护套损坏露出芯线的为破口。橡套电缆护套损坏伤痕深度达最薄处1/2以上，长度达20 mm，或沿围长1/3以上者。

（5）隔爆型（照明）灯具：

隔爆型灯具把卡口改为罗口的，不能提前断电的。隔爆型灯具设置的断开电源后才能打开透明件的闭锁装置失效（缺固定螺丝或虽有固定螺丝但缺少弹簧垫圈）。

第六章　带式输送机运输管理

第六十九条　阻燃带检测及试验

新购置的阻燃输送带必须及时按要求取样，送符合国家规定的有资质的检测机构检测。

第七十条　阻燃输送带的领用发放及入井管理

(1) 使用的阻燃输送带必须“四证”(安全标志准用证、出厂检验报告、出厂合格证、中介机构的阻燃输送带检验报告) 齐全，否则不得入井使用。

(2) 阻燃输送带到矿后，由相关职能部门专人负责阻燃输送带的验收、建账、建卡、统一发放和管理，有关资料存入档案。

(3) 使用单位领用输送带时，要对新安或更换阻燃输送带的规格、型号、时间、地点、需用长度等进行建账、建卡，要有专人管理。

第七十一条　带式输送机安装及保护试验

(1) 井下采用滚筒驱动带式输送机运输时，应遵守下列规定：

①必须使用阻燃输送带。带式输送机托辊的非金属材料零部件和包胶滚筒的胶料，其阻燃性和抗静电性必须符合有关规定。

②巷道内应有充分照明。

③必须装设温度保护、烟雾保护、堆煤保护和速度保护、防跑偏装置。

④应装设驱动滚筒防滑保护和自动洒水装置。

⑤在主要运输巷道内安设的带式输送机还必须装设：输送带张紧力下降保护装置和防撕裂保护装置；在机头和机尾防止人员与驱动滚筒和导向滚筒相接触的防护栏。

⑥倾斜井巷中使用的带式输送机，上运时，必须同时装设防逆转装置和制动装置；下运时，必须装设制动装置。

⑦液力偶合器严禁使用可燃性传动介质。

⑧带式输送机巷道中行人跨越带式输送机处应设过桥。

⑨带式输送机应加设软启动装置，下运带式输送机应加设软制动装置。

(2) 新安装的井下带式输送机必须达到《煤矿安装工程质量检验评定标准》《煤矿安全规程》及上级有关规定要求，并由机电矿长、副总工程师负责组织有关人员进行验收。

(3) 井下使用中的带式输送机及其各种保护装置必须指定专人定期检查、维修、试验。防滑(低速) 保护、防跑偏保护、满仓堆煤保护、温度保护、烟雾保护、超温自动断电洒水灭火装置每天试验一次，试验方法按各种不同产品使用说明书的要求进行，并做好记录。

新安装和2006年以后投运的自动洒水灭火装置必须符合《煤炭工业矿井设计规范》(GB 50215) 的规定，设计参数应按下列各值选取：喷水强度为8 L/(min·m^2)，保护巷道长度14~18 m，喷头出口压力为0.1~0.2 MPa，火灾延续时间为2 h。

第七十二条　带式输送机的现场管理

(1) 带式输送机道、机房硐室的设计尺寸要符合《煤矿安全规程》《煤炭工业矿井设计规范》(GB 50215) 的规定；带式输送机安装要平直，巷道支护良好，机头、机尾前后两端20 m范围内应用不燃材料支护；机头、机尾的设备与巷道壁之间的距离不小于500 mm；机巷行人侧间隙不小于700 mm。机头机尾都必须装设清扫器，清扫器使用正常，清扫效果达到要求。

(2) 机道内的电气设备要设计安装在壁龛内，机道内要有充分照明，电气设备应上台上架，两件及以上小型电气集中上板。

(3) 带式输送机道必须使用照明信号综合保护装置，必须有合格的接地装置，控制、信号、照明、通信“四小线”电缆化，管线吊挂必须符合规程要求，电气设备、小型电气严禁失爆。

（4）两条及以上带式输送机运输线应逆煤流方向逐台起动，顺煤流方向逐台停机，逐步推广使用集中控制系统。

（5）带式输送机要建立岗位责任制、交接班制度、安全技术操作规程、巡回检查制度、机电干部上岗查岗制度，并在机房硐室内悬挂。

（6）带式输送机要建立运转日志、事故记录、检查检修记录、安全保护装置试验记录、交接班记录和机电干部上岗查岗记录等，并存放在机房硐室内。

（7）带式输送机巷应随时保持清洁，电动机和传动装置具有良好的散热条件。带式输送机巷不允许存有淤泥、积水，底皮带下不允许堆积浮煤等杂物，严禁磨底皮带。

（8）带式输送机现场安撤、检修、运转时应遵守以下规定：

①安装、撤除及检修带式输送机时，应制定安全措施，管理部门、安全部门必须坚守施工现场，监督检查现场安全技术施工措施的落实，确保施工安全。

②安装、撤除及检修带式输送机时，严格执行停送电制度，严禁带电作业。严禁带电转动滚筒拖输送带。

③带式输送机运转时，严禁人员与带式输送机的任何转动部位接触，处理输送带跑偏，严禁用手、脚及身体的其他部位直接接触皮带，禁止清理机头、机尾滚筒及附近的浮煤，不许拉动带式输送机的清扫器。

④禁止在带式输送机上和其他有关设备上站立、越过、爬过及传递各种用具。跨越带式输送机必须走行人过桥。

⑤检修煤仓上口的机头卸载滚筒部分时，必须在煤仓上口采取防护措施，防止人员坠入煤仓。

⑥禁止开倒车运转（处理故障时必须开倒车除外）。

⑦严禁人员乘坐带式输送机（运送人员的带式输送机除外），不准用带式输送机运送设备和物料。

⑧对带式输送机巷道的顶板、巷帮要加强检查和支护。

（9）带式输送机维修工应定期对下列部位进行检查，对存在的问题及时处理，并做好记录：

①各种安全保护装置及控制系统、信号、通信等设施必须灵敏、可靠。

②各部位紧固件、连接件应齐全、牢固；各转动部分应灵敏、可靠，防护装置齐全完整。

③各驱动滚筒、传动滚筒无破裂、键不松动，胶面滚筒的胶层与滚筒表面紧密贴合，不得脱层或裂口。

④液力偶合器的工作介质液量适当，易熔塞和防爆片应合格。

⑤减速器内油量适当，无渗、漏油现象。

⑥输送带接头是否完好。

⑦清扫装置的工作状况、清扫后的皮带及传动滚筒表面，不允许黏附碎煤或煤粉。

⑧试验降尘喷雾装置，应灵敏可靠、雾化效果好。

⑨托辊应齐全、转动灵活，托架吊挂装置完整可靠，托梁平直。

⑩输送带中心与前后各机的中心保持一致，无跑偏，松紧合适。

（10）带式输送机司机应做到：

①接班后，应先将岗点设备及安全设施检查一遍，发现隐患及时汇报处理。

②每班正常运行前，应发出信号，先点动开车，开机空运转一周，检查系统的工作情况及输送机运行情况，确认无误后，方可投入正常运行。正常情况带式输送机应空载起动，尽量避免频繁起动。应每小时巡检一次，检查电动机、减速机、各轴承温度是否超过规定，各部位运转声音是否正常，输送带有无跑偏、打滑、跳动或刮卡现象，输送带松紧是否合适，洒水喷雾是否保持正常等。

第七章　辅助运输设备管理

第七十三条　无轨胶轮车

（1）《矿用防爆柴油机无轨胶轮车交通运输规定》《交通线路图》应在井口明显位置悬挂，并对人员禁行区、车辆禁行区进行说明。

（2）根据矿井总进风量和工作面实际风量，规定矿井和各区域允许驶入的车辆数量。车辆必须按照规定的线路行驶，不得随意改变运输线路。巷道条件、通风条件不符合《矿用防爆柴油机无轨胶轮车运输管理制度》的，禁止使用无轨胶轮车。

（3）入井车辆必须完好，符合《矿用防爆柴油机无轨胶轮车运输管理制度》的相关规定。每班必须对刹车等系统进行运行前检查。

（4）入井车辆实行统一编号，无轨胶轮车前后都应悬挂号牌，入井、升井车辆必须在井口进行登记、检查，做到一车一检。

（5）甲烷浓度达到0.8%（在煤（岩）与瓦斯突出矿井和瓦斯喷出区域中甲烷浓度达到0.5%），必须报警、停机、断电（具有车载瓦斯报警停机功能的必须自动停机，携带便携式瓦斯检测仪的必须手动停机）。

（6）井下车辆行驶速度必须严格遵守下列规定：

①车辆在巷道中行驶的最高速度：运送物料40 km/h；运送人员25 km/h；运输危险品时须制定专项措施明确限速，但不得超过20 km/h。车辆故障时（使用硬牵引，严禁软牵引），主要运输巷道内速度不超过15 km/h，转弯、下坡时不超过5 km/h。车辆行车速度，大巷内重载时不超10 km/h，空载时不超20 km/h；进入作业地点后，重载时不超5 km/h，空载时不超10 km/h。

②交叉口、转弯处、坡道上、会车时，应低速行驶。车辆下坡严禁空挡滑行。行车区域内视线不清时严禁使用无轨胶轮车。

③行驶至巷道平面交叉口、转弯处，应减速鸣号。同向行驶的车辆应保持不低于50 m的安全运行距离。

④遵守“行车不行人，行人不行车，行车让行人”的规定。遇到巷道内有工作人员或等车人员时，必须提前50 m减速鸣笛，距离人员10 m以上必须停车，确认人员躲到安全地点时，方可再次行车。

（7）停车时必须遵守下列规定：

①车辆应当在联巷或不影响其他车辆正常通行的位置停放。当车辆在行车巷道内临时停放时，必须靠右停放，不得妨碍其他车辆通行，同时打开警示灯，放置安全警示牌（不包括无警示灯车辆）。驾驶员离开时，必须熄火，拉紧手刹，撤挡。

②在交叉路口、急弯处、陡坡以及距离上述地点30 m以内的路段，不得停车。

③车辆长时间停放时应熄火，以防尾气对井下空气造成污染。

④故障车辆在巷道内检修时，必须在车辆前后不小于50 m处设置警示标志。

（8）乘车人员必须遵守司乘人员管理规定。

（9）不应人、货混装，易燃、易爆和腐蚀性物品不应混合运送。

（10）车辆不得超载运行，各种运人车辆应明确定员，不应超员运输。

（11）运送一般材料、设备必须遵守下列规定：

①运送设备、大型材料必须捆绑牢固，拉运易滚动物件时必须采取防滚动措施。

②运送火工品、易燃易爆等危险化学品入井时，应避开交接班高峰期，执行矿井危险品运输相关规定。

③运送普通材料、设备时，总高度不得超过2.5 m，宽度不得超过车厢，长度前端不超过车厢，

后端不得超出车厢2 m且不影响安全；运送大型设备和物件必须制定专门的措施，并严格按照措施贯彻执行。

（12）运送超长、超宽、超高物件必须遵守下列规定：

①车辆运输设备、工具或材料时，一般不应超宽或超高。如需超宽或超高运送，应制定安全措施和应急预案，按规定程序批准后方可实施。

②大型物件捆绑后司机必须进行检查，并在车前后设有警示。

③必须由专人跟车，经过变窄、限高、拐弯路段时，跟车人员必须下车，在设备倾倒范围以外的安全地点指挥，指引车辆顺利通过。

（13）特殊物品运输和特种车辆使用必须遵守下列规定：

①运送特殊材料，应使用专用车辆。

②运送火工品入井时，应使用专用车辆，预先制定安全措施，规定具体时间和运行路线，按规定程序批准后实施。运送路线不应有任何车辆和人员作业。

③车辆运送松散物料时，应采取必要的紧固措施。

④特种车辆前后必须粘贴车辆示宽标志。

（14）行车路线必须符合下列规定：

①行车路线不得有积水、杂物、障碍物；混凝土路面无破损；掘进巷道不得有陷车现象。

②主要运输巷有安全行车标志、道路设置反光道钉/贴或两帮设置反光标志，巷道转弯和交叉点处有反光指示标志。

③行驶车辆的巷道每隔300 m应设一个人员躲避硐室。

④车辆行车路线上，每隔3000 m至少设置一处加水点。

⑤在行车巷道进行临时施工时，必须在距离施工地点50 m前设置“前方施工，减速慢行”的警示牌。人员避让后车辆方可慢速通过。

（15）无轨胶轮车驾驶员应有与所驾驶车辆相适应的《中华人民共和国机动车驾驶证》（重型、中型载货汽车，大、重、中型专项作业车B2；10人以上、19人以下载人无轨胶轮车B1），并接受入井教育和“三级安全培训”（矿、车间、班组）且考核合格，各种证件应随身携带。特种车辆司机必须取得特种车辆操作证。

（16）工作面搬家、集中运输物资、运输大型设备等情况，机运队应制定专项安全技术措施（下称措施），机电科组织相关部门和人员会审通过，并将措施贯彻到全体作业人员和有关人员后方可实施。

（17）无轨胶轮车运行巷道气体必须每季度进行一次检测，并建立检测记录。检测结果必须符合《煤矿井下用防爆柴油机车技术检验规范》要求。

（18）无轨胶轮车应配备车载通信系统，必须配备防灭火器材；车辆必须配备防止停车后自溜的工具或设施。

（19）要制定无轨胶轮车检查、检修管理办法，明确车辆日检、旬检、月检、半年检、年检项目、实施和验收办法，明确责任，做好检修记录。

（20）机电科每月必须对所有在用车辆的刹车系统、防爆系统、各种仪表、照明、喇叭等进行检查，发现问题及时进行处理，并对检查和处理情况建立记录。存在问题而没有处理的车辆禁止投入使用。

（21）无轨胶轮车的使用必须符合《煤矿用防爆柴油机无轨胶轮车安全使用规范》（AQ 1064）的要求。

第七十四条 单轨吊

（1）机运队负责单轨吊的运行与管理，必须安排经培训合格取得单轨吊驾驶资格证的专业司机驾驶单轨吊，严禁未经培训的其他人员操作，任何人不得擅自操作单轨吊设备。

（2）单轨吊运行严格遵守行人不行车、行车不行人有关规定。

（3）机车牵引单轨吊车吊轨线路的竖直曲率半径不应小于10 m，水平曲率半径不应小于4 m。

（4）防爆柴油机车单轨吊的动力装置必须符合现行《煤矿安全规程》相关规定。

（5）防爆柴油机单轨吊加油维修间必须设在稳定岩层中，并应符合下列规定：

①单轨吊与维修间巷壁或其他设备的间距，行人侧不得小于1 m；单轨吊最底部距维修间底板间距，设检修地沟时不得小于0.5 m，地沟深度不得小于0.5 m，不设检修地沟时不得小于1 m。维修间内单轨铺设长度不小于机车长度1.5倍。

②必须用不燃性材料支护；硐室内不得设集油坑。

③必须设两个安全出口，必须有单独的进风风流和回风风流，必须直接引入矿井总回风风流或主要回风风流，不得与回采面串联通风。

④燃料储存量不得超过1天的用量。

⑤进出口应设向外开启的防火防爆门；维修间内应设加水嘴、消防栓，配备足够的消防器材。

（6）轨道安装及验收标准：

①悬挂吊轨必须满足锚杆锚固力或对悬挂点进行集中载荷试验。

②吊轨及悬挂点应按列车运行的最大负载设计。

③同一线路必须使用同型号单轨，道岔单轨要与线路单轨型号一致，单轨接头间隙不得大于3 mm，高低和左右允许偏差分别为2 mm和1 mm，接头摆角垂直不得大于7°，水平不得大于3°。

④吊挂单轨的各吊挂点间距偏差不得大于15 mm，10组吊挂点间距的累计偏差不得大于30 mm。

⑤用锚杆悬吊时，每个单轨吊挂点需有双锚杆吊挂，要求单根锚杆锚固力不得小于90 kN，锚杆的托板必须紧贴巷壁，应用机械或力矩扳手拧紧，锚杆露出长度不得小于100 mm，悬吊单轨的两条圆环链夹角应在30°~60°之间。

第七十五条　矿车

（1）生产矿井要至少配备一套矿车专用整修设备（包括整形机、扒轮机、装轮机和注油机等）。

（2）要配备专用清车设备，定期对矿车车底进行清挖，保证矿车的有效容积。

（3）对矿车要实行编号管理，编号设在车身两端，字体规格为高100 mm、宽60 mm。安装智能识别定位卡，便于运输调度。

（4）维修工应定期对矿车进行检查和维护，确保矿车在完好状态下运行，并达到以下要求：

①矿车车身变形、凸凹深度和裂缝长度等不得超过完好标准要求。

②矿车碰头铆钉不得松动，其他部位铆钉松动数量不得超过总数的10%。

③矿车缓冲装置、连接销防脱装置和车轮轴耳水平销齐全、有效。

④矿车连接销和碰头上部鸭嘴销孔磨损不超过原尺寸的15%。

⑤矿车轮不得有裂纹，转动灵活，不旷动、不漏油。

⑥矿车底梁不得有开焊和裂纹现象。

第七十六条　技术资料

（1）运输设备、设施图纸和说明书以及相关证件要齐全、完整，专柜存放、专人管理。

（2）机车年审、斜巷人车试验和机车制动距离试验以及车辆连接装置拉力试验报告等资料要经机电副总工程师审查签字后，存档备查。

（3）运输设备、设施检查维修和试验记录在现场存放不少于一个月，在资料室至少保存一年。

（4）机车牵引车辆的数量要经计算校核后确定，计算资料经机电副总工程师审查签字后，存档备查。

第八章 特种设备管理规定

第七十七条 综合管理

（1）特种设备是国家以行政法规的形式认定的设备，包括其附属的安全附件、安全保护装置和与安全保护装置相关的设施。矿现有的特种设备主要是：锅炉、压力容器（含气瓶）、压力管道、起重机械、电梯、厂内机动车等。

（2）各部门应当使用符合安全技术规范要求的特种设备。特种设备投入使用前，使用单位应当核对其是否附有安全技术规范要求的设计文件、产品质量合格证明、安装及使用维修说明、监督检验证明等文件。

（3）在有爆炸危险的场合内使用的特种设备，其安装和使用条件要符合防爆安全的技术要求。

（4）特种设备使用单位应当按照安全技术规范的定期检验要求，在安全检验合格有效期届满前1个月向特种设备检验检测机构提出定期检验要求。未经定期检验或者检验不合格的特种设备，不得继续使用。

（5）特种设备使用单位应当制定特种设备的事故应急措施和救援预案。

（6）特种设备作业人员（锅炉、压力容器、电梯、起重机械的作业人员及其相关管理人员），应当按照国家有关规定经特种设备安全监督管理部门考核合格，取得国家统一格式的特种作业人员证书，方可从事相应的作业或者管理工作。

（7）对新增加或更新改造锅炉的部门，当锅炉选型后，必须首先办理增容手续，由部门写出申请报机电科审查签章，再报质监局审批后，方可组织购置。

（8）设备选型时要选用结构及配套设施合理、技术先进、性能良好的节能产品，在允许的条件下还应考虑设备统一、配件及辅机的互换性。

（9）特种设备在安装、移装、大修、改造之前必须填报“特种设备安装改造维修告知通知书”并附有施工单位资质证件、施工技术方案和其他相关技术资料等，经矿审查后，再将其上述资料报当地政府相关部门备案。

（10）特种设备的安装、移装、大修、改造应分别按照《特种设备安全监察条例》和其他相关规程、规定进行试验和验收，合格后方可投入运行，并将试验验收资料存档。

（11）特种设备的报废和产权转移应执行以下规定：

特种设备使用年限到期或检验报废及因其他原因无法再正常使用的设备，应立即停止使用并提出报废申请，然后到原登记的政府相关部门办理注销手续。产权需要发生转移的特种设备，应向集团矿申报，然后到政府相关部门办理有关手续。

第七十八条 特种设备的安全技术管理

（1）各使用单位要配备特种设备安全技术管理人员，负责本单位特种设备的安全技术管理工作。

（2）特种设备购置后，要明确专人管理，建立设备的技术档案，针对特种设备的情况制定出相应的操作规程、规章制度。

（3）各单位特种设备安全技术管理人员，每年向机电科汇报一次本单位特种设备的增减变动情况。

（4）各单位应当对特种设备作业人员进行特种设备安全教育和业务培训，特种设备作业人员在作业中应当严格执行特种设备的操作规程和有关的安全规章制度。

（5）各使用单位要建立健全各类在用特种设备的规章制度：

①特种设备管理制度。

②安全使用操作规程。

③事故应急措施和救援预案。

（6）特种设备均应建立技术档案，基本内容包括：

①档案文件清单。

②设备及部件出厂时的随机技术文件，包括设计文件、产品质量合格证、使用维护说明等文件和资料。

③安装、维护、大修、改造的合同书及竣工验收资料。

④登记卡、特种设备使用登记证、安全使用操作规程。

⑤特种设备的定期检验报告书。

（7）特种设备均应建立以下记录：

①特种设备的检查维护记录。

②故障及事故记录。

③操作人员情况登记。

（8）各单位应对在用特种设备进行日常维护保养，并定期进行全面检查，做好记录。检查中发现异常情况的，应及时处理。

（9）对在用特种设备进行安全检查，要形成制度，认真执行。特种设备安全检查项目及内容如下：

①安全操作规程的制定和执行情况。

②负责人和使用人员落实情况。

③技术档案建立情况。

④设备及其部件的性能及状况完好情况。

⑤保护装置的完整可靠和校准情况。

⑥现场运行情况。

（10）禁止使用以下四种特种设备：

①未经检验、未办理注册登记和特种设备使用登记证的特种设备。

②已报废的特种设备。

③经检验被判定为不合格的特种设备。

④已发生故障而未排除的特种设备。

16.2 机电工程验收管理制度

为规范矿各类机电工程验收工作，切实抓好机电工程质量管理，夯实安全生产基础，推动我矿安全生产标准化工作健康发展，按照《煤矿安装工程质量检验评定标准》和机电安装工程安装标准中的相关规定，特制定本制度。

16.2.1 质量检验评定的机电工程划分

分项工程：按用途、设备类别及大型设备部件划分。

分部工程：按工程的专业性质或工程部位划分。

单位工程：具备独立厂房或车间并能形成使用功能的工程称为一个单位工程。

16.2.2 验收程序和组织

工程质量验收应按分项工程、分部工程、单位工程，逐级检查验收的顺序进行。

1. 分项工程、分部工程质量验收的程序和组织

分项工程、分部工程应在施工班组自检的基础上，由监理工程师组织专业技术人员和施工单位的项目专业技术负责人持工程质量检验资料，对工程实体进行验收。分项工程是机电设备工程施工质量基础，验收前，施工单位先填好“分项工程验收记录”中的相关内容，然后由监理工程师组织，严格按规定程序和质量标准进行验收。

2. 单位工程施工质量竣工验收的程序和组织

单位工程完工后，施工单位应自行组织有关人员检查评定，填写工程竣工报验单，将全部竣工资

料报送机电管理部门进行初验。监理工程师应组织矿各专业部门对竣工资料及各专业工程的质量情况进行全面检查，对检查出的问题，应督促施工单位及时整改。对需要进行功能试验的项目，监理工程师应督促施工单位及时进行试验。工程竣工验收报告向应由监理工程师签署意见。

收到工程竣工验收报告后，监理工程师组织施工单位、设计单位、机电管理部门进行单位工程预验收；之后提交工程竣工验收报告和单位工程预验收报告。

矿在收到工程竣工验收报告和单位工程预验收报告7个工作日内，分管领导组织相关科室，使用管理部门进行单位工程正式验收。

3. 项目验收程序和组织

工程建设项目基本建设完成（不低于85%工程量），各生产系统全部形成，单位工程经验收认证，能够满足安全生产的要求后，向上级矿提请联合试生产报告。试运转期间完成安全专篇、环保专篇、水保专篇、消防专篇、节能专篇、职业卫生专篇6个专篇，档案专项和工程质量认证2个专项验收，最后进行工程建设项目验收。

16.2.3 机电设备安装单位工程的一般划分

1. 主井提升电控及设施

1）主井提升电控

（1）机械安装（垫铁、基础螺栓及二次灌浆；主轴安装；滚筒组装；传动系统安装；制动装置安装；液压站安装；辅助装置安装）；

（2）电气安装（高压开关柜安装；低压配电屏安装；电机安装；高压换向器安装；变阻器安装；电缆敷设；控制、保护、信号屏台安装）、变流设备安装（整流装置安装；电缆敷设）；

（3）接地装置安装；

（4）起重设备安装（机械安装；启动器安装；电缆敷设）、提升信号安装（控制、保护、信号屏台安装；电缆敷设）。

2）主井提升设施

（1）钢丝绳及悬吊装置安装（提升绳悬挂装置安装；平衡绳悬挂装置安装；游动天轮安装；导向轮安装）；

（2）提升容器安装（导向装置安装；罐笼本体和阻车器安装；平衡锤安装；箕斗安装）；

（3）防坠装置安装（制动绳式防坠器缓冲器安装；制动绳式防坠器捕绳器安装；制动绳式防坠器制动绳拉紧装置安装；防坠器试验）。

2. 副井提升电控及设施

3. 地面变电所

4. 井下变电所

5. 通风机设备安装

6. 空气压缩机设备安装

7. 井下主排水设备安装

8. 钢结构井架安装

9. 立井井筒装备安装

（1）罐道梁罐道安装［罐道梁、罐道的制作与防腐；罐道梁安装；树脂锚杆、托架及梁的安装；罐道安装（钢丝绳罐道、液压伸缩罐道、形罐道）］。

（2）防撞梁安装（托罐梁安装；尾绳保护装置安装；防撞绳安装井上下连接部分罐道及四角罐道安装）、梯子间安装。

10. 井上下操车设备安装（副井井口设备安装工程、井底设备安装工程）

11. 矿井输送机设备安装（大巷带式输送机安装、主井带式输送机安装）

12. 压风管路安装
13. 排水管路安装
14. 矿井水处理设备安装
15. 生活污水处理设备安装
16. 采暖设备安装（分采暖锅炉安装和暖风机安装）
17. 监测监控（瓦斯、人员定位等）

16.2.4 单位工程技术档案资料目录

1. 开工报告（建设单位办理）
2. 图纸会审记录（建设单位组织施工、设计、监理会审）
3. 施工组织设计或技术措施（施工单位编制内部初审，然后由监理和建设单位审查）
4. 技术（安全）交底
5. 班组施工检查记录
6. 设备基础检查验收记录（建设单位、监理、施工单位共同验收）
7. 工程定位测量记录
8. 隐蔽工程检查验收记录（隐蔽前施工单位通知监理、建设方）
9. 设计变更或工程洽商记录
10. 工程材料报验单
11. 设备开箱检查及零部件清点记录
12. 设备随机技术文件
13. 原材料（设备）出厂合格证
14. 二次灌浆强度试验报告（混凝土配合比记录）
15. 接地电阻测试记录
16. 设备绝缘检查记录
17. 电气试验报告（材料复测试验报告）
18. 设备试运转调试记录（分单台设备空运和联合试运转记录）
19. 设备性能测试报告（风机、提升机）
20. 分项工程检验评定记录
21. 分部工程检验评定记录
22. 单位工程检验评定记录
23. 竣工报告
24. 竣工图
25. 竣工验收文件

管道试压检查记录，压力容器耐压试验记录（安全阀试验报告），输送带、电缆阻燃试验报告，电气设备入井检查合格证，电气设备防爆合格证书，压力表校验合格证，管道探伤报告，钢丝绳检验报告，锚杆拉拔试验报告，锚固剂试验报告。

16.2.5 工程技术档案资料的收集整理

1. 管理资料

（1）开工报告；

（2）图纸会审记录；

（3）施工组织设计或技术措施；

（4）技术（安全）交底；

（5）竣工报告；

（6）设计变更或工程洽商记录。

2. 保证资料

（1）班组施工检查记录（即分项工程检查记录）；

（2）工程定位测量记录；

（3）隐蔽工程检查验收记录；

（4）设备基础检查记录；

（5）工程材料报验单；

（6）设备开箱检查及零部件清点记录；

（7）设备随机技术文件；

（8）原材料（设备）出厂合格证；

（9）二次灌浆强度试验报告（混凝土配合比记录）；

（10）接地电阻测试记录；

（11）设备绝缘检查记录；

（12）电气试验报告（材料复测试验报告）；

（13）设备试运转调试记录（分单台设备空运和联合试运转记录）；

（14）设备性能测试报告（风机、提升机），管道试压检查记录，压力容器耐压试验记录（安全阀调压试验报告、严密性试验、水压试验），输送带、电缆阻燃试验报告，电气设备入井检查合格证，电气设备防爆合格证书，压力表校验合格证，管道探伤报告，钢丝绳检验报告，锚杆拉拔试验报告，锚固剂试验报告。

3. 验评资料

（1）分项工程检验评定记录；

（2）分部工程检验评定记录；

（3）单位工程检验评定记录、工程质量评估报告、工程设计质量报告。

16.2.6 机械设备通用部分安装质量检验标准

1. 垫铁

垫铁的材料必须符合要求，严禁有裂纹，检查要有出厂合格证。垫铁组的位置应符合下列要求：

（1）除机座下有指定的垫铁位置外，轴承下及基础螺栓两侧应设置垫铁，如条件限制可在一侧设置。

（2）垫铁组在能放稳和不影响灌浆的情况下，宜靠近基础螺栓。

（3）相邻两垫铁组间的距离一般为 50～1000 mm。

（4）每一组垫铁宜减少垫铁的块数，一般不超过三层，并应将各垫铁相互焊牢，但铸铁垫铁可不焊。

（5）设备找平后，垫铁应露出设备底座底面边缘，平垫铁应露出 10～30 mm，斜垫铁露出 0～50 mm。

2. 螺栓连接

（1）螺栓拧紧后螺栓应露出螺母 2～4 个螺距。

（2）基础螺栓的螺母与垫圈间和垫圈与设备间的接触均应良好。

（3）安设基础螺栓应垂直，不应碰孔底及孔壁。

（4）基础螺栓上的油脂和污垢应清除干净，但螺纹部分应涂油脂。拧基础螺栓，应在混凝土达到规定强度的 75% 以后进行。

（5）连接螺栓的型号、规格、数量和防松装置，必须符合设备设计文件的规定。

①高强度螺栓的型号、规格和技术条件，必须符合设计要求和有关标准规定，高强度螺栓必须经试

验确定扭矩系数或复验螺栓预拉力，当钢结构用高强度螺栓时，检查出厂合格证和试（复）验报告。

②安装高强度螺栓。必须分两次（即初拧和终拧）拧紧，初拧扭矩值不得大于终拧扭矩值的 30%，终拧扭矩值应符合设计要求。

3. 二次灌浆

（1）设备安装前，混凝土基础二次灌浆处应剁成麻面，放置垫铁部位，垫铁与基础面应接触良好，并在灌浆前用水冲洗干净，检查施工记录。

（2）灌浆时，必须捣固密实，基础螺栓严禁产生歪斜。

（3）二次灌浆所有砂浆或混凝土的强度等级应比基础的混凝土强度等级高一级。检查砂浆或混凝土配合比。

16.2.7　电气装置通用部分安装质量检验标准

1. 二次接线

（1）二次接线必须图实相符、固定牢固，导线握鼻方向正确，与电气或端子排的连接紧密，端子号头牌齐全，标志清晰，且字迹不易脱色。

（2）接入盘、柜内的导线及电缆芯线均应通过铜质端子排，每个端子螺丝上接线一般为一根，不得超过两根，导线紧固后不应有拉力。

（3）二次接线一般采用截面不小于 1.5 mm^2，电压不低于 500 V 的铜芯绝缘线，电流回路截面不小于 2.5 mm^2，用于可动部位的导线应采用多股软导线，线束应加强绝缘。

（4）配线应排列整齐、美观。弱电与强电的导线应分开绑扎，盘内清洁、无尘垢。

（5）二次接线的绝缘电阻不得小于 1 MΩ。

2. 硬母线安装

（1）母线表面应光洁、平整、无裂纹；矩形母线弯制后，弯曲处不得裂口、裂纹及显著折皱。

（2）配线横平竖直、固定牢靠，整齐美观，相间及对地距离符合规定。

3. 接地装置

（1）接至电气设备、器具和可拆卸的其他非带电金属部件接地的分支线，必须直接与接地干线相连，严禁将数个需要接地的电气设备串联接地。

（2）接地线与设备接地，采用螺栓固定时，其接触面应按规定处理，螺栓应固定。采用搭焊时，应遵循下列规定：使用扁钢搭焊时，搭焊长度不应小于其宽度的 2 倍；使用圆钢搭焊时，不小于圆钢宽度的 6 倍；圆钢与扁钢搭焊时，其长度不小于圆钢直径的 6 倍。

16.2.8　机电安装工程质量的检验评定

（1）本制度的分项、分部、单位工程质量均分为“合格”与“优良”两个等级。

（2）分项工程的检验项目分为保证项目、基本项目和允许偏差项目，其质量等级应符合下列规定：

①合格：

a. 保证项目必须符合相应质量检验评定标准的规定。

b. 基本项目每项检查处（件、点）应符合相应质量检验评定标准的合格规定。

c. 允许偏差项目检查的总点数中，有 80% 及其以上的实测值在相应质量检验评定标准的允许偏差范围内，其余的应不影响设备的安全运行。

d. 质量保证资料应符合本标准的规定。

②优良：

a. 保证项目必须符合相应质量检验评定标准的规定。

b. 基本项目每项检查处（件、点）应符合相应质量检验评定标准的合格规定，其中 50% 及其以上的处（件、点）符合优良规定，该项即为优良，优良项数应占检验项数 50% 及其以上。

c. 允许偏差项目检查的总点数中，有 90% 及其以上的实测值在相应质量检验评定标准的允许偏差范围内，其余的应不影响设备的安全运行。

d. 质量保证资料应符合本标准的规定。

(3) 分部工程质量等级应符合下列规定：

①合格：所含分项工程质量全部合格。

②优良：所含分项工程质量全部合格，其中分项工程的50%及其以上为优良，且主要分项工程应为优良。

(4) 单位工程的质量等级应符合下列规定：

①合格：

a. 所含分部工程的质量全部合格。

b. 质量保证资料应符合本标准的规定。

c. 观感质量的评定得分率达到70%及其以上。

②优良：

a. 所含分部工程的质量全部合格，其中分部工程的50%及其以上为优良，且主要分部工程应为优良。

b. 质量保证资料应符合本标准的规定。

c. 观感质量的评定得分率达到85%及其以上。

(5) 分项工程质量不符合相应质量检验评定标准合格的规定时，必须及时处理，并按以下规定确定其质量等级：

①经返工重做的工程可重新评定质量等级。

②经处理后仍达不到合格标准要求，但经建设单位组织鉴定能够达到设计要求和使用性能的，其质量仅能评为合格。

③经鉴定达不到原设计要求，但经建设单位认可能够满足设备的安全运转要求的，其质量可定为合格，但所在分部工程不能评为优良。

④设备本身质量问题，经建设、施工单位商定，该分项工程可不参加评级。

16.2.9 机电安装工程安装及检验规定

16.2.9.1 多绳摩擦式提升机安装工程

1. 垫铁、基础螺栓及二次灌浆

1) 保证项目

(1) 垫铁的材料必须符合《煤矿安装工程质量检验评定标准》的规定。

(2) 主轴、减速器、电动机、制动闸、导向轮基座所用垫铁的表面粗糙度必须达到的要求。

(3) 主轴、减速器、电动机、制动闸、导向轮基座下的垫铁在基础上必须垫稳、垫实，放置垫铁的基础面必须经过研磨，垫铁与基础的接触面积不少于60%。检验方法工程隐蔽前观察检查和用0.2 kg手锤敲击检查，并做好隐蔽工程检查记录；竣工或中间验收时检查隐蔽工程记录。

(4) 基础螺栓的材质、规格和数量必须符合设计或出厂技术文件的规定。检验方法对照技术文件检查。

(5) 主轴、减速器、电动机、制动闸、导向轮机座的二次灌浆必须符合《煤矿安装工程质量检验评定标准》的相关规定。

2) 基本项目

(1) 主轴、减速器、电动机、制动闸、导向轮安装时所用的垫铁规格应根据机座宽度进行选择。

合格：符合机电安装工程安装标准的相关规定。

优良：在合格的基础上，垫铁宽度增加20 mm。

检验方法：工程隐蔽前观察检查并做好隐蔽工程检查记录；竣工或中间验收时检查隐蔽工程记录。

（2）主轴、减速器、电动机、制动闸、导向轮基座下垫铁组的位置应符合下列要求：

合格：符合机电安装工程安装标准的相关规定。

优良：在合格的基础上，相邻两垫铁组的间距为 600 ~ 800 mm。

检验方法：工程隐蔽前观察检查并做好隐蔽工程检查记录；竣工或中间验收时检查隐蔽工程记录。

（3）主轴、减速器、电动机、制动闸、导向轮机座找正后，同组垫铁应符合下列要求：

合格：各垫铁之间断续焊接牢固（铸铁垫铁可不焊）。

优良：在合格的基础上，每段焊接长度不小于 20 mm，焊接间距不大于 40 mm。

检验方法：工程隐蔽前观察检查并做好隐蔽工程检查记录；竣工或中间验收时检查隐蔽工程记录。

（4）主轴、减速器、电动机、制动闸、导向轮机座的基础螺栓安装应符合下列要求：

合格：符合机电安装工程安装标准的相关规定，螺栓露出螺母不少于 2 个螺距。

优良：在合格的基础上，螺栓露出螺母长度基本一致，均为 2 ~ 4 个螺距。

3）允许偏差项目

主轴、减速器、电动机、制动闸、导向轮机座垫铁安装的允许偏差和检验方法应符合表 5 - 16 - 7 的规定。

表 5 - 16 - 7　垫铁安装允许偏差和检验方法

项次	项目	允许偏差	检验方法
1	每组垫铁层数 3 层	+1 层 -2 层	检查隐蔽工程记录
2	垫铁总高度不少于 60 mm	-10 mm	
3	平垫铁露出设备底座底面边缘 10 ~ 30 mm	±5 mm	
4	斜垫铁露出设备底座底面边缘 10 ~ 50 mm	±5 mm	

2. 主轴装置安装

1）保证项目

（1）主轴装置的位置偏差必须符合下列规定：

①主轴轴心线在水平面内位置偏差：塔式 2 mm，落地式 5 mm。

②主导轮中心线的位置偏差：塔式 2 mm，落地式 5 mm。

③主轴轴心线与垂直于主轴的提升中心线在水平面内的垂直度不应超过 0.5/1000。

检验方法：拉线、钢尺检查。

（2）主轴水平度严禁超过 0.1/1000。

检验方法：用水准仪检查。

（3）滚动轴承的游隙或滑动轴承轴肩与瓦的侧间隙（窜轴量）必须符合设备技术文件规定，无规定时滚动轴承的游隙必须符合机电安装工程安装标准的相关规定。

（4）主轴轴颈与滑动轴承下瓦接触及与顶瓦间隙必须符合机电安装工程安装标准的相关规定。

（5）制动盘的端面跳动严禁大于 0.5 mm。

检验方法：百分表检查。

2）基本项目

（1）制动盘的表面应符合下列规定：

合格：表面粗糙度不应低于$\overset{3.2}{\bigtriangledown}$。

优良：在合格的基础上，光滑均匀，无明显走刀痕迹。

检验方法：观察检查（比较法与样板比较）。

（2）制动盘切削后，厚度应一致，偏差应符合下列要求：

合格：不应超过0.2 mm。

优良：不应超过0.1 mm。

检验方法：用游标卡尺检查。

（3）摩擦衬垫与压块、固定块、筒壳间的安装应符合下列规定：

合格：贴实和靠紧。

优良：在合格的基础上排列均匀、整齐。

检验方法：观察检查。

（4）轴承箱内清洁无杂物并应符合下列规定：

合格：转动部位的接合面不漏油，静止部位的接合面不渗油。

优良：在合格的基础上，转动部位接合面不漏油。

检验方法：观察检查。

3）允许偏差项目

主轴装置安装的允许偏差和检验方法应符合表5－16－8的规定。

表5－16－8 主轴装置安装允许偏差及检验方法

项次	项目		允许偏差	检验方法
1	轴承垫板	沿主轴方向的水平度	0.15/1000	用框式水平仪检查
		垂直于主轴方向的水平度	0.3/1000	
2	两轴承垫板沿长度方向的水平度		1.0/1000	
3	绳槽	绳槽半径	－0.2 mm	做样板检查
		两相邻绳槽中心距 t	±1.6 mm	尺量检查
		各绳槽底的直径 D（最大最小直径之差）	0.5 mm	样板检查
4	轴承座	沿主轴方向的水平度	0.1/1000	框式水平仪放在加工面上检查
		垂直于主轴方向的水平度	0.15/1000	

3. 减速器安装

1）保证项目

（1）减速器内必须清洁无杂物，转动部位的接合面不漏油；静止部位的接合面不渗油。

检验方法：外观检查和检查施工记录。

（2）减速器齿轮啮合的接触要求必须符合机电安装工程安装标准的相关规定。

（3）减速器齿轮啮合的顶、侧间隙必须符合机电安装工程安装标准的相关规定。

（4）减速器轴颈与轴瓦接触角和接触点数必须符合机电安装工程安装标准的相关规定。

（5）减速器轴颈与轴瓦的间隙必须符合机电安装工程安装标准的相关规定。

（6）弹簧基础减速器基础弹簧的安装，必须按制造厂家的编号进行，安装工序必须符合出厂技术文件的规定。

检验方法：检查施工记录。

（7）滚动轴承的游隙必须符合机电安装工程安装标准的相关规定。

2）允许偏差项目

减速器输出轴及联轴节安装的允许偏差和检验方法应符合表5－16－9的规定。

表5－16－9　减速器输出轴及联轴节安装允许偏差和检验方法

项次	项目			允许偏差	检验方法
1	刚性基础减速器	大轴轴心线水平度		0.15/1000	用框式水平仪在轴头上检查
2		二、三轴轴心线水平度		以齿轮啮合达标为准	检查安装记录或用铅压法检查齿轮啮合情况
3		齿轮联轴节	同轴度径向位移	0.15 mm	转动一圈用百分表量
			同轴度轴向倾斜	0.6/1000	检查联轴节两端面间隙
4		蛇形弹簧联轴节	同轴度径向位移	0.10 mm	转动一圈用百分表量
			同轴度轴向倾斜	0.8/1000	检查联轴节两端面间隙
5	弹簧基础减速器	主轴与输出轴的径向位移		0.1 mm	转动一圈用百分表量
6		主轴与输出轴的倾斜		0.1/1000	
7		减速器与主轴装置连接后，盘动主动轮一圈，在刚性联轴节最远处测量减速器机体，沿轴向和径向的偏摆		0.15 mm	

4. 导向轮及车槽装置安装

1）保证项目

（1）导向轮中心线与主导轮中心线的重合度严禁超过1.0 mm。

检验方法：从主导轮中心垂线测量。

（2）导向轮轴心线与主导轮轴心线在水平面内的平行度严禁超过0.3/1000。

检验方法：拉线尺量检查。

（3）导向轮轴心线与设计中心线在水平面内的位置偏差严禁超过2.0 mm。

检验方法：检查施工记录。

（4）导向轮轴心线的水平度严禁超过0.2/1000。

检验方法：检查施工记录或在轴头用精密水平尺测量。

2）允许偏差项目

导向轮及车槽装置安装的允许偏差及检验方法应符合表5－16－10的规定。

表5－16－10　导向轮（或天轮）及车槽装置安装允许偏差及检验方法

项次	项　目	允许偏差	检验方法
1	导向轮轴承座沿轴方向的水平度	0.1/1000	拉线、水平仪测量
2	导向轮轴承座垂直于轴方向的水平度	0.15/1000	
3	车槽装置的水平度	0.2/1000	
4	车槽装置的对称中心线与主导轮中心线的重合度	0.5 mm	
5	相邻两车刀中心线间的距离	±1.0 mm	

5. 盘式制动器安装

1）保证项目

（1）同一副闸瓦与制动盘两侧的间隙应一致，其偏差严禁超过0.1 mm。

检验方法：用塞尺检查。

(2) 闸瓦的平均摩擦半径，必须等于或略大于设计的平均摩擦半径。

检验方法：尺量检查。

(3) 各制动器制动缸的对称中心，在铅垂面内的重合度严禁超过 3 mm。

检验方法：拉线、尺量检查。

2）基本项目

(1) 同一副制动器的支架端面与制动盘中心线平面间距离应符合下列规定：

合格：其允许偏差为 ±0.5 mm。

优良：在合格的基础上，两侧间距的偏差方向应对应。

检验方法：挂垂球用尺量。

(2) 同一副制动器两闸瓦工作面的平行度应符合下列规定：

合格：不应超过 0.3 mm。

优良：不应超过 0.2 mm。

检验方法：尺量检查。

(3) 制动器支架端面与制动器中心线的平行度应符合下列规定：

合格：不应超过 0.2 mm。

优良：在合格的基础上，两侧平行度对称相等。

检验方法：尺量检查。

(4) 闸瓦与制动盘的间隙应符合下列规定：

合格：不应超过 1.0 mm。

优良：在合格的基础上，同一副闸瓦与制动盘的间隙均匀相等，其差值不应超过 0.2 mm。

检验方法：用塞尺检查。

(5) 闸瓦与制动盘的接触面积应符合下列规定：

合格：不小于 60% 。

优良：在合格的基础上接触面分布均匀。

检验方法：观察检查。

6. 液压站安装

1）保证项目

(1) 液压站安装标高必须符合设备出厂技术文件的要求。当出厂技术文件无规定时，二级制动安全闸的回油口必须高于盘形制动器油缸中心线 80 mm。

(2) 液压站的油泵、阀、内部油管、油箱等必须清洗干净，干燥后涂上机油再进行装配，管道接头处在 0.7 MPa 油压下，严禁漏油。

检验方法：检查施工记录及观察检查。

(3) 液压站用油必须符合出厂技术文件的规定。

检验方法：检查出厂合格证或化验记录。

(4) 制动手把在全制动位置时，直流毫安表必须接近于零；制动油缸的残压必须低于 0.5 MPa。

检验方法：外观检查。

2）基本项目

液压站外部油管的安装应符合下列要求：

合格：排列整齐、不漏油。

优良：在合格的基础上美观、不渗油。

检验方法：观察检查。

7. 辅助装置安装

1）保证项目

（1）速度控制装置、发送装置、链条张紧装置、深度指示器及油箱、油泵、管路的安装必须符合设备出厂技术文件的规定。

检验方法：对照设计图纸检查。

（2）速度控制装置的中心线与主轴中心平行，必须保证摩擦轮有良好的接触。

检验方法：观察检查。

（3）减速装置的感应线圈在挂钢丝绳时，必须预先穿入，然后根据出绳角度位置安装底架，感应线圈内孔与钢丝绳间隙均匀。

2）基本项目

（1）深度指示器安装应符合下列规定：

合格：传动轴应保持水平，齿轮啮合良好，各传动部件灵活、可靠。

优良：在合格的基础上，盘车时轻松，无阻滞现象。

检验方法：检查施工记录或盘车检查。

（2）深度指示器指针应符合下列规定：

合格：指针行程应大于指示板全行程的 2/3，指针移动平稳并不应与指示板相碰。

优良：在合格的基础上，指示板上的标记应醒目、美观。

检验方法：观察检查。

（3）润滑油泵、阀、润滑油管路和油箱安装应符合下列规定：

合格：不漏油，运转正常。

优良：不渗油，运转正常，噪声小，管路排列整齐。

检验方法：观察检查。

（4）圆盘深度指示器及其传动装置安装应符合下列规定：

合格：装配正确，转动灵活。

优良：在合格的基础上转动平稳。

检验方法：观察检查。

3）允许偏差项目

发送装置和链条张紧装置的允许偏差和检验方法应符合表 5－16－11 的规定。

表 5－16－11 发送装置和链条张紧装置允许偏差及检验方法

项次	项 目	允许偏差	检验方法
1	传动轴与主轴的平行度	0.3/1000	拉线、尺量
2	主、从动链轮中心线重合度	1/1000	

8. 试运转

1）保证项目

（1）提升机安装完毕后，必须进行调试和试运转（包括无负荷运转和负荷运转），调试和试运转的要求必须符合设备出厂技术文件和《机械设备安装安装工程施工及验收规范》的规定。

检验方法：操作运转检查。

（2）制动力矩为最大静力矩的三倍。

①凿井提升或下放物料时的制动力矩必须大于最大静力矩的二倍。

检验方法：检查施工记录。

②调试盘式制动系统必须符合下列规定：

a. 制动系统中的空气应排除；

b. 各闸瓦的接触面积不小于60%；

c. 制动手把在全制动位置时，电液调压装置应符合本标准规定；

d. 制动手把在全松闸位置时，电液调压装置的电流应等于工作压力对应电流值，压力应等于实际使用负荷所确定的工作压力；

e. 制动手把在中间位置时，电液调压装置的电流应约为实际使用负荷所确定最大工作压力对应的电流值的1/2，压力应为实际使用负荷所确定的工作压力的1/2。

检验方法：检查调试记录或操作检查。

(3) 各种手把和脚踏板必须灵活、可靠、准备。

检验方法：操作检查。

(4) 无负荷试运转时间不少于8 h，负荷试运转时间不少于24 h，每8 h进行一次全面检查，并必须符合下列规定：

①各部运行正常，减速器和主轴承不得有漏油现象。

②紧急制动时间不得超过0.3 s。

③安全阀的动作及时、准确，制动器的动作灵敏。

④制动器安全制动减速度，下放重物时不小于1.5 m/s^2，提升重物时不大于0.5 m/s^2，同时减速度不大于引起钢丝绳滑动的极限值。

⑤当速度超过限制速度15%时，超速保护装置应起作用。

⑥各钢丝绳的张力均匀。

⑦各主要零件无变形情况。

⑧滑动轴承温升不超过35 ℃，最高温度不高于65 ℃，滚动轴承温升不超过40 ℃，最高温度不高于75 ℃。

⑨导轮运行平稳。

⑩过卷保护装置动作可靠。

⑪液压站油温升不超过35 ℃。

检验方法：检查试运转记录或操作运转检查。

(5) 试运转合格后，必须全部更换新油。

检验方法：检查施工记录。

2) 基本项目

试运转合格后，应对提升机主机及附属装置重新涂漆（润滑点涂红漆），管路涂漆颜色（表5-16-12）应符合下列规定：

合格：按规定涂漆。

优良：合格基础上，涂漆均匀，美观。

表5-16-12 管路涂漆颜色

项次	管路类别	涂漆颜色
1	空气管	浅蓝色
2	水 管	绿色
3	稀油压油管	深黄色
4	稀油回油管	柠檬黄色
5	干油管	褐色

16.2.9.2　缠绕式提升机及矿用提升绞车安装工程

1. 垫铁、基础螺栓及二次灌浆

缠绕式提升机及矿用绞车在安装主轴、减速器、电动机、制动闸时，机座下的垫铁、基础螺栓安装及二次灌浆应符合机电安装工程安装标准的相关规定。

2. 主轴安装

1）保证项目

（1）主轴轴颈与滑动轴承下瓦接触以及与顶瓦隙必须符合机电安装工程安装标准的相关规定。

（2）主轴装上卷筒后的水平度必须符合下列规定：

①滚筒直径2 m及其以上的提升机不超过0.1/1000。

②滚筒直径2 m以下的矿用提升绞车不超过0.2/1000。

检验方法：用水准仪在轴头上测量。

③轴承座与底座必须紧密接触，其间严禁加垫片。

检验方法：用塞尺检查。

④轴瓦与轴承座必须接触良好，轻敲轴瓦时轴瓦能转动。

检验方法：轻敲轴瓦检查。

2）允许偏差项目

主轴及主轴承安装的允许偏差和检验方法应符合表5-16-13的规定。

表5-16-13　主轴及主轴承安装允许偏差及检验方法

项次	项　目	允许偏差	检验方法
1	主轴轴心线在水平面内的位置偏差	10/2000 *L*	检查施工记录或尺量检查
2	主轴轴心标高	±50 mm	
3	提升中心线的位置	5 mm	
4	主轴轴心线与提升中心线的垂直度	0.15/1000	检查施工记录或框式水平仪检查
5	轴承座垂直于主轴方向的水平度	0.1/1000	
6	轴承座垂直于主轴方向的水平度	0.15/1000	

注：*L*为主轴轴心线与井筒中心线或天轮轴心线间的水平距离。

3. 滚筒组装

1）保证项目

（1）组装滚筒时，连接螺栓必须均匀拧紧，并符合本机电安装工程安装标准的相关规定。

（2）对开滚筒和制动盘焊接时，焊条牌号和焊缝接头的形式必须符合设备技术文件规定。

检验方法：检查施工记录。

（3）轮毂组装时，轮毂与大轴必须贴紧，两半轮毂的接合面处应对齐和接触紧密，并严禁加垫。

检验方法：用塞尺和观察检查。

（4）切向键与键槽的配合必须紧密，工作面的接触面积不应小于总面积的60%；挡板与键靠紧，严禁有间隙。

检验方法：检查施工记录。

（5）盘式制动器制动盘的端面跳动严禁超过0.5 mm；瓦块式制动器制动轮的径向跳动必须符合表5-16-14的规定。

检验方法：用百分表测量。

表 5－16－14 瓦块式制动器制动轮径向跳动 mm

制动轮直径	径向跳动	制动轮直径	径向跳动
＜2000	0.6	＞3000～4000	0.9
≥2000～2500	0.7	＞4000	1.0
＞2500～3000	0.8		

2）基本项目

（1）筒壳与轮毂安装应符合下列规定：

合格：螺栓连接处应接触均匀，不应有间隙，其余接合面间隙不应大于 0.5 mm。

优良：在合格的基础上，螺栓受力均匀，穿向一致，螺栓露出螺母长度一致。

检验方法：观察检查和用 0.25 kg 的手锤敲击检查。

（2）调绳装置应符合下列规定：

合格：

①齿轮啮合良好。

②气缸或油缸的缸底与活塞间的间隙不应小于 5 mm。

③采用手动调绳装置时，离合器和转动部分应灵活，蜗轮和蜗杆的固定圈和键应装配牢固，不应有松动现象。

优良：在合格的基础上，动作灵活可靠，润滑良好。

检验方法：操作检查。

（3）游动滚筒在离合器脱开位置应符合下列规定：

合格：无阻滞现象，润滑良好。

优良：在合格的基础上转动灵活。

检验方法：盘动滚筒检查。

（4）对开滚筒和制动盘现场焊接时，其焊缝应符合下列规定：

合格：焊缝不得有任何裂缝、未熔合、未焊透等缺陷。

优良：在合格的基础上，焊缝应饱满，焊波均匀。

检验方法：观察检查。

（5）制动盘与制动轮的表面粗糙度应符合下列规定：

合格：表面粗糙度不应低于$\overset{3.2}{\triangledown}$。

优良：在合格的基础上，光滑均匀，无明显走刀痕迹。

检验方法：观察检查。

（6）滚筒上的衬木应选用经干燥的硬木，安装应符合下列规定：

合格：衬木与滚筒接触密，衬木间接触密实、牢靠、固定衬木的螺栓孔应用同质木塞堵住并胶牢。

优良：在合格的基础上，排列整齐，衬木与衬木交界处无明显棱角。

检验方法：用手锤敲击听音和观察检查。

（7）滚筒的出绳孔应符合下列规定：

合格：不应有棱角和毛刺。

优良：在合格的基础上表面光滑。

检验方法：观察检查。

3）允许偏差项目

衬木车削应符合下列规定：

①绳槽深度为（0.2 ~ 0.3）d。

检验方法：用样板检查。

②两绳槽中心距为 d +（2 ~ 3）mm。

③车削后的两滚筒直径（双筒）允许偏差为 2 mm。

检验方法：检查施工记录。

注：d 为所用钢丝绳直径。

4. 传动系统安装

1）保证项目

（1）减速器安装必须符合机电安装工程安装标准的相关规定。

（2）减速器输出轴的水平度严禁超过 0.15/1000，其余各轴以齿轮啮合为准。

检验方法：用框式水平仪在大轴轴头上检查或检查施工记录。

2）允许偏差项目

减速器联轴器安装的允许偏差和检验方法应符合表 5 - 16 - 15 的规定。

表 5 - 16 - 15　联轴器安装的允许偏差及检验方法

<table>
<tr><th>项次</th><th colspan="3">项　目</th><th>允许偏差</th><th>检验方法</th></tr>
<tr><td>1</td><td rowspan="4">齿轮联轴节</td><td rowspan="2">提升机两轴同轴度（2 m 以上）</td><td>径向位移</td><td>0.15 mm</td><td rowspan="8">检查施工记录</td></tr>
<tr><td>2</td><td>倾斜</td><td>0.6/1000</td></tr>
<tr><td>3</td><td rowspan="2">矿用提升机绞车两轴同轴度（2 m 以下）</td><td>径向位移</td><td>0.30 mm</td></tr>
<tr><td>4</td><td>倾斜</td><td>1/1000</td></tr>
<tr><td>5</td><td rowspan="4">蛇形弹簧联轴节</td><td rowspan="2">提升机两轴同轴度（2 m 以上）</td><td>径向位移</td><td>0.10 mm</td></tr>
<tr><td>6</td><td>倾斜</td><td>0.8/1000</td></tr>
<tr><td>7</td><td rowspan="2">矿用提升绞车两轴同轴度（2 m 以上）</td><td>径向位移</td><td>0.20 mm</td></tr>
<tr><td>8</td><td>倾斜</td><td>1/1000</td></tr>
</table>

5. 制动系统安装

此处规定主要适用于瓦块式制动器安装工程的质量检验评定，盘式制动器安装工程的质量检验评定应符合机电安装工程安装标准的相关规定。

1）保证项目

（1）制动器各销轴在装配前必须清洗干净，油孔应畅通，装配后应转动灵活，无阻滞现象。

检验方法：检查施工记录。

（2）制动缸安装必须符合下列规定：

①安全缸、工作缸缸体均匀垂直，重锤与基础两侧无碰撞卡阻现象。

②活塞与缸底间隙及活塞行程应符合设备技术文件的要求。

检验方法：检查施工记录。

（3）组装制动器的传动装置，必须符合下列规定：

①传动装置的杠杆中心红与制动拉杆中心线的重合度不应超过 0.5 mm。

②各滑阀或活塞应移动灵活，不应有阻滞现象。

检验方法：检查施工记录。

(4) 同一制动轮两面三刀闸瓦中心平面的重合度严禁超过 2 mm；各闸瓦中心平面与制动轮工作面宽度中心平面的重合度，严禁超过 2 mm。

检验方法：检查施工记录。

(5) 闸瓦必须固定牢固，制动梁与挡绳板不应相碰，其间隙不得小于 5 mm。

检验方法：尺量检查。

(6) 安设闸座，必须符合下列规定：

①闸座各销轴轴心线与主轴轴心线沿垂面间的水平距离的偏差不应超过 ±1 mm。

②闸座各销轴轴心线与主轴轴心线水平面间的垂直距离的偏差不应超过 ±1 mm。

检验方法：吊线实量检查或检查施工记录。

2) 基本项目

闸瓦工作时，应符合下列规定：

合格：闸瓦工作时，沿闸轮应接触均匀；松开闸瓦时，平移式制动器的闸瓦间隙应均匀，且不得大于 2 mm；角移式制动器的闸瓦最大间隙不得大于 2.5 mm.

优良：在合格的基础上，两侧闸瓦间隙之差不大于 0.5 mm。

检验方法：用塞尺检查或检查施工记录。

6. 液压站安装

液压站安装的质量检验评定应符合本机电安装工程安装标准的相关规定。

7. 辅助装置安装

1) 辅助装置安装

包括深度指示器、润滑油泵、油管、风泵、风管、速度控制装置等工程。辅助装置安装工程的质量检验评定除应符合机电安装工程安装标准的相关规定外，还应符合下条规定。

2) 基本项目

倾斜巷道提升时，深度指示器指针行程应符合下列规定：

合格：指示器行程不应小于全行程的 1/2。

优良：在合格的基础上，指示明显、美观。

检验方法：观察检查。

8. 试运转

1) 保证项目

(1) 提升机和矿用提升绞车安装完毕后，必须进行调试和试运转（包括无负荷运转和负荷运转），调试和试运转必须符合设备技术文件和《机械设备安装工程施工及验收通用规范》的规定。

检验方法：检查试运转记录或操作运转检查。

(2) 制动力矩调试必须符合下列规定：

①立井和倾斜巷道提升制动力矩与最大静力矩的倍数必须符合表 5-16-16 的规定。

②凿井提升和下放物料时的制动力矩严禁小于最大静力矩的 2 倍。

③双滚筒提升机调试绳或更换水平时，制动盘或制动轮上的制动力矩严禁小于容器和钢丝绳重量之和的最大力矩的 1.2 倍。

检验方法：检查调试记录。

表 5-16-16 提升制动力矩与最大静力矩关系参数

倾角/(°)	5~15	20	25	30~90
制动力矩的最小倍数	1.8	2.0	2.6	3.0

（3）调试瓦块式制动系统必须符合下列规定：

①油压和风压达到额定压力后，在10 min内的压力降不超过0.02 MPa。

②工作制动和安全制动手把操作灵活、正确、可靠。

③制动时，闸瓦与制动轮接触良好、平稳，各闸瓦的接触面积不小于60%。

④制动时，滚筒上的两副制动器必须同时起作用。

⑤油压和风压高于额定压力0.1 MPa时，保护系统的安全阀必须起作用。

⑥调压器、信号和警笛装置动作正确、可靠。

检验方法：检查调试记录。

（4）调试盘式制动器应符合机电安装工程安装标准的相关规定。

检验方法：检查调试记录。

调试调绳装置必须符合下列规定：

①调绳装置的离合器能全部合上，其齿轮的啮合良好。

②用弹簧复位的调绳离合器，各弹簧受力均匀。

③连锁或闭塞装置灵活可靠。

④调绳离合器在不同位置上的动作灵活。

⑤离合器的三个气缸或油缸动作一致，不漏气或不漏油。

检验方法：操作检查。

（5）提升机和矿用提升绞车的无负荷运转和负荷试运转除必须符合机电安装工程安装标准的相关规定外，还必须符合下列要求：

紧急制动时间必须符合下列规定：

①压缩空气驱动的瓦块式制动器不得超过0.5 s。

②储能液压驱动的瓦块式制动器不得超过0.6 s。

③盘式制动器不得超过0.3 s。

制动器安全制动的减速度必须符合下列规定：

①在立井和大于30°的倾斜巷道中，下放重物时的减速度不小于1.5 m/s^2。

②在立井和倾斜巷道中，提升重物时的减速度必须符合表5-16-17的规定。

检验方法：检查试运转记录或操作运转检查。

表5-16-17 提升重物减速度

倾角/(°)	5~15	20	25	30~90
制动力矩的最小倍数	3.0	3.4	4.2	5.0

（6）试运转合格后，必须全部更换新油。

检验方法：检查施工记录。

2）基本项目

试运转合格后，提升机主机及其附属装置设备清洁，油漆完整，其检验方法及管路涂漆的要求应符合规定。

16.2.9.3 通风机安装工程

1. 垫铁、基础螺栓及二次灌浆

通风机在安装主轴、电动机时，机座下的垫铁、基础螺栓安装及二次灌浆，应符合《煤矿安装工程质量检验评定标准》的相关规定。

2. 机体安装

1）保证项目

（1）主轴及传动轴的水平度严禁超过0.1/1000。

检验方法：用水准仪检查。

（2）机体纵横向水平度严禁超过0.2/1000。

检验方法：用精密水平尺检查。

（3）轴流式通风机叶轮与机壳的间隙必须符合设备技术文件的规定。无规定时，间隙应均匀分布，叶轮对应两侧的径向间隙，当叶轮直径2 m以下时，允许偏差为±1.5 mm，当叶轮直径2～3 m时，允许偏差为±2 mm。

检验方法：用塞尺检查。

（4）离心式通风机叶轮进风口与机壳进风口的轴向间隙和径向间隙，必须符合出厂技术文件的规定。当无规定时，其轴向间隙应为叶轮外径的1/100，径向间隙应均匀分布，其数值为叶轮外径的1.5/1000～3/1000。

检验方法：用塞尺检查。

（5）通风机转子安装后，必须转动灵活，无阻滞现象。

检验方法：盘车检查。

（6）联轴器装配必须符合安装标准内的相关规定。

（7）轴流式通风机风叶角度必须符合使用要求，并锁紧固定叶片螺母。

检验方法：观察检查或检查施工记录。

（8）滑动轴承装配必须符合安装工程相关规定。

2）基本项目

（1）通风机接口处，应符合下列规定：

合格：各接口严密，结合处不漏风。

优良：在合格的基础上，螺栓穿向及露出螺母长度一致。

检验方法：观察检查。

（2）通风机轴承箱冷却水管及连接处，应符合下列规定：

合格：系统试压不应低于0.4 MPa，轴承箱、冷却水管接口及各部位、连接处不应漏水，且畅通无阻。

优良：在合格的基础上，管路整齐、干净，无渗漏。

检验方法：观察检查。

3）允许偏差项目

通风机安装的允许偏差和检验方法应符合表5－16－18的规定。

表5－16－18 提升重物减速度

项次	项目		允许偏差	检验方法
1	机体中心线与转子中心线重合度		2 mm	检查施工记录
2	通风机轴与电动机轴的轴度	径向位移	0.05 mm	
		倾斜度	0.2/1000	吊线尺量检查
3	皮带轮安装	皮带轮端面垂直度	0.5/1000	吊线尺量检查
		两皮带轮端面在同一平面内	0.5 mm	拉线尺量检查
4	机体位置		10 mm	拉线尺量检查
5	机体标高		±10 mm	水平仪检查

3. 反风装置安装

1）保证项目

（1）风门提升绞车安装的标高和位置尺寸必须符合设计要求，安装的质量检验评定必须符合机电安装工程安装标准的相关规定。

检验方法：对照图纸和试车检查。

（2）反风装置起动灵活可靠，风门关闭时，严密不漏风。

检验方法：操作检查。

2）基本项目

（1）风门支承梁及导向轮座安装，应符合下列规定：

合格：支承梁及导向轮座等安装应符合设计要求，并牢固可靠。

优良：在合格的基础上，螺栓穿向及螺栓露出螺母长度一致。

检验方法：观察检查。

（2）风门和滑道，应符合下列规定：

合格：风门及滑道平直，滑道宽度一致。

优良：在合格的基础上，风门距滑道两侧间隙相等。

检验方法：观察和尺量检查。

4. 试运转保证项目

（1）通风机进行试运转必须符合设备技术文件和《机械设备安装工程施工及验收通用规范》的规定。

检验方法：检查施工记录。

（2）通风机空负荷试运转为4 h，负荷运转时间必须符合下列规定：

主要通风机或叶直径1.6 m及其以上者不少于48 h，其他通风机不少于8 h。

检验方法：检查试运转记录。

（3）离心式、轴流式通风机在试运转时，当正常运转后，调整到公称压力下，电动机电流严禁超过额定值，如无异常现象，将风机调到最小负荷，继续运转到规定时间。通风机运转时必须符合下列规定：

①运行平稳，转子与机壳无摩擦声音。

②风机运转中轴承的径向振幅必须符合设备技术文件的规定，无规定时，按表5－16－19的规定选用。

表5－16－19　风机运转中轴承的径向振幅

转速/（$r\cdot min^{-1}$）	≤375	>375～550	>550～750	>750～1000	>1000～1450	>1450～3000	>3000
振幅不应超过/mm	0.18	0.15	0.12	0.10	0.08	0.06	0.04

③轴承温度必须符合下列规定：滑动轴承最高温度严禁超过65 ℃，最高温升不超过35 ℃，滚动轴承最高温度严禁超过75 ℃，最高温升不超过40 ℃。

④油路、水路不漏油、不漏水。

⑤试验风门和风门绞车的运行状况，反风装置在10 min内必须能完成反风操作。检验方法操作检查。

⑥通风机的水柱计、电流表、电压表、功率表、轴承温度计等安全仪表必须符合设计要求，且灵敏、可靠。

检验方法：观察检查或实际操作检查。

16.2.9.4 空气压缩机安装工程

1. 一般规定

此处规定适用于工作压力不大于0.8 MPa，排气量为6～10 m^3/min固定式整体安装的空气压缩机及其附属设备安装工程的质量检验评定。

2. 垫铁、基础螺栓及二次灌浆

1）保证项目

（1）机体和主电动机下安装的垫铁规格必须符合下列规定。

①40 m^3/min及以上的空气压缩机应符合本机电安装工程安装标准的三类规定。

②10 m^3/min及以上并小于40 m^3/min的空气压缩机应符合机电安装工程安装标准的二类规定。

检验方法：工程隐蔽前观察检查并做好隐蔽工程记录；竣工或中间验收时检查隐蔽工程记录。

（2）机体和主电动机下的垫铁安装必须符合机电安装工程安装标准的相关规定。

（3）基础螺栓的材质、规格和数量必须符合设计或出厂技术文件的规定。

检验方法：对照技术文件检查。

（4）机体和主电动机机座的二次灌浆必须符合机电安装工程安装标准的相关规定。

2）基本项目

（1）机体和主电动机下垫铁组的位置应符合机电安装工程安装标准的相关规定。

（2）机体和主电动机找正后，同组垫铁应符合机电安装工程安装标准的相关规定。

（3）机体和主电动机的基础螺栓安装应符合机电安装工程安装标准的相关规定。

3）允许偏差项目

机体和主电动机垫铁安装的允许偏差和检验方法应符合机电安装工程安装标准的相关规定。

3. 机体安装

1）保证项目

（1）机体纵横向水平度严禁超过0.2/1000。

检验方法：用框式水平仪检查。

（2）联轴器的安装必须符合机电安装工程安装标准的相关规定。

（3）皮带轮的安装必须符合机电安装工程安装标准的相关规定。

（4）十字头与滑道的间隙在行程各位置上均符合设备技术规定。

检验方法：用塞尺检查。

（5）涨圈在气缸内的接口间隙必须符合技术文件规定。当无规定时，应为气缸直径的0.4%～0.6%。同组涨圈接口在气缸内的相互位置必须错开并与阀门位置错开。

检验方法：观察和用塞尺检查。

（6）活塞销（或十字销）与铜套的径向间隙必须符合设备技术文件规定。当无规定时，必须符合表5-16-20的规定。

检验方法：用塞尺检查。

表5-16-20 活塞销与铜套的径向间隙 mm

销轴直径	径向间隙
18～30	0.02～0.063
>30～50	0.025～0.077
>50～80	0.030～0.090

(7) 曲轴轴颈与瓦的径向间隙必须符合设备技术文件的规定。当无规定时，必须符合机电安装工程安装标准的相关规定。

(8) 活塞的内外死点余隙必须符合设备技术文件规定。当无规定时，应符合表5-16-21的规定。

检验方法：用铅压法检查。

(9) 进排气阀注入煤油检验其密封性，严禁有连续的滴状渗漏。

表5-16-21　活塞内外死点余隙值

排气量/($m^3 \cdot min^{-1}$)	≤10	>10~30	≥40
曲轴端（内死点）/mm	1.2~2.2	1.5~2.5	2.5~4.5
曲轴他端（外死点）/mm	1.5~2.5	2.0~3.5	3.0~5.5

检查数量：抽检50%，每台至少一套。

检验方法：组装后注入煤油检查。

(10) 空气压缩机的水压试验必须符合下列规定：

①中间冷却器试验压力为低压缸排气压力的1.5倍，持续5 min无渗漏现象。

②气缸水套试验压力应为0.3 MPa，持续5 min无渗漏现象。

检验方法：检查试验记录。

(11) 井下空气压缩机选用的配套电气设备必须符合《煤矿安全规程》及《爆炸性环境用防爆电气设备》的有关规定。各种防爆电气设备必须有防爆合格证明。

检验方法：检查产品说明书。

(12) 井下空气压缩机上空气、温度、压力、流量等自动保护装置，其电气部分必须是本质安全型。

检验方法：检查设计安装资料。

2) 基本项目

压力表安装应符合下列规定：

合格：符合设计要求。

优良：在合格的基础上，灵活可靠，位置合理。

检验方法：观察检查。

3) 允许偏差项目

机体安装位置的允许偏差及检验方法符合表5-16-22的规定。

表5-16-22　机体安装位置允许偏差及检验方法

项次	项目	允许偏差/mm	检验方法
1	机体位置	10	吊线尺量检查
2	机体标高	±10	水平仪检查
3	多台机体位置相互差*	15	吊线尺量检查
4	多台机体标高相互差	20	水平仪检查

注：*指机头成一条线时的偏差。

4. 附属设备安装

1）保证项目

风包、后冷却器等承受压力的附属设备必须按设备技术文件的规定进行强度和严密性试验。无规定时，试验压力应符合表5－16－23的规定。强度试验以水为介质持续5 min不渗漏或变形。

检验方法：检查试验记录。

表5－16－23 受压附属设备试验压力值 MPa

额定压力 P	试验压力
<0.6	1.5 P
0.6～1.2	P＋0.3

2）基本项目

（1）淋水式冷却器的安装应符合下规定：

合格：符合设计要求。

优良：在合格的基础上，溢水槽溢水均匀。

检验方法：对照设计观察检查。

（2）附属设备支架（托、梁）和座（墩）的安装应符合下列规定：

合格：位置正确，埋设平整牢固。

优良：在合格的基础上，支架、座与设备接触紧密，排列整齐。

检验方法：观察和对照图纸检查。

（3）附属设备及支架的涂漆应符合下列规定：

合格：油漆种类和涂刷遍数符合设计要求，附着良好，无脱皮、起泡、漏涂现象。

优良：在合格的基础上，漆膜厚度均匀，色泽一致，无流淌及污染现象。

检验方法：观察检查。

3）允许偏差项目

附属设备安装的允许偏差和检验方法应符合表5－16－24规定。

表5－16－24 附属设备安装的允许偏差和检验方法

项次	项目	允许偏差	检验方法
1	卧式设备的水平度	1/1000	水平仪检查
2	立式设备的垂直度	1/1000	吊线检查
3	淋水式冷却器排管的水平度及排管立面的垂直度	1/1000	水平仪及吊线检查

5. 室内管道安装

室内管道安装工程的质量标准评定方法必须符合机电安装工程安装标准的相关规定。

6. 试运转保证项目

空气压缩机试运转必须符合下列规定：

（1）10 m^3/min及其以上空气压缩机，试运转时间4～8 h。10 m^3/min以下空气压缩机，试运转时间大于2 h。

（2）空气压缩机能安全起动，升压、释压、运行正常。

（3）空气压缩机的排气压力等性能指标应达到设备技术文件的规定。

(4) 各运动部件无异常声音。

(5) 各连接部件无松动现象，无漏气、漏油及漏水现象。

(6) 油泵压力不低于 0.1 MPa。

(7) 各部温度符合下列要求：

①有十字头空气压缩机润滑油温度不高于 60 ℃。

②无十字头空气压缩机润滑油温度不高于 70 ℃。

③各级排水温度不高于 40 ℃。

④多级空气压缩机各级排气温度不高于 170 ℃。

⑤单缸空气压缩机排气温度不高于 170 ℃。

⑥经二次冷却器后的排气温度不高于 40 ℃。

⑦滚动轴承温度不高于 80 ℃。

(8) 空气压缩机的安全阀、油压保护、断水保护、信号及超温保护等保护装置必须符合设计要求，且动作灵活可靠。

检验方法：检查试运转记录，用温度计和实际操作检查。

16.2.9.5　水泵安装工程

1. 一般规定

此处规定适用于离心式水泵、深井泵、矿用潜水电泵及其附属设备机械安装工程的质量检验评定。

2. 垫铁、基础螺栓及二次灌浆

1) 保证项目

(1) 泵体和主电动机下安装的垫铁规格必须符合下列规定：

①200 kW 及其以上的水泵应符合机电安装工程安装标准的二类规定。

②200 kW 以下的水泵应符合机电安装工程安装标准的一类规定。

检验方法：工程隐蔽前观察检查并做好隐蔽工程记录；竣工或中间验收时检查隐蔽工程记录。

(2) 泵体和主电动机下的垫铁在基础上必须垫稳、垫实。

检验方法：工程隐蔽前用 0.2 kg 手锤敲击检查并做好隐蔽工程记录；竣工或中间验收时检查隐蔽工程记录。

(3) 基础螺栓的材质、规格和数量必须符合设计或出厂技术文件的规定。

检验方法：对照技术文件检查。

(4) 泵体或主电动机的二次灌浆必须符合机电安装工程安装标准的相关规定。

2) 基本项目

(1) 泵体和主电动机下垫铁组的位置应符合机电安装工程安装标准的相关规定。

(2) 泵体和主电动机找正后同组垫铁应符合机电安装工程安装标准的相关规定。

(3) 泵体和主电动机的基础螺栓安装应符合机电安装工程安装标准的相关规定。

3) 允许偏差项目

泵体和主电动机垫铁安装的允许偏差和检验方法应符合机电安装工程安装标准的相关规定。

3. 离心泵安装

1) 保证项目

(1) 泵轴的窜量必须符合设备技术文件的规定。

检验方法：拨动联轴器用钢尺检查。

(2) 联轴器的安装必须符合机电安装工程安装标准的相关规定。

①泵轴向水平度必须符合下列规定：

②40 kW 及其以上的泵不超过 0.5/1000。

③40 kW 以下的泵不超过 1/1000。

检验方法：在轴颈、机座加工面或法兰盘上用水平仪测量。

2）基本项目

泵与电动机连接应符合下列规定：

合格：连接可靠，盘动无明显阻滞，无异常声音。

优良：在合格的基础上，盘车灵活。

检验方法：实际操作检查。

3）允许偏差项目

泵体安装的允许偏差及检验方法应符合表 5－16－25 的规定。

表 5－16－25 泵体安装的允许偏差及检验方法 mm

项次	项目	允许偏差	检验方法
1	叶轮出口中心线与涡轮中心线	1	具有出厂合格证，无疑问时，可不检查本项。如经过调整，竣工后检查施工记录
2	多级泵在平衡盘靠紧的情况下叶轮出口的位置	在导翼进口宽度内	
3	泵体位置	10	吊线尺量检查
4	泵体标高	±10	水平仪检查
5	多台泵体位置相互差*	15	吊线尺量检查
6	多台泵体标高相互差	20	水平仪检查

注：* 指机头成一条线时的偏差。

4. 深井泵安装

1）保证项目

（1）泵轴的窜量必须符合设备技术文件规定。

检验方法：尺量检查。

（2）泵叶轮与导流壳之间的轴向间隙必须符合设备技术文件的规定。

检验方法：尺量检查。

（3）传动轴相互连接，两轴端面必须贴合，两轴旋入联轴节的深度必须相等。

检验方法：检查施工记录。

（4）电动机与泵座必须紧密贴合，其间严禁加垫片。

检验方法：观察检查。

2）基本项目

（1）井管与泵体应符合下列规定：

合格：井管内径比泵入井部分的最大外形尺寸大 50 mm，泵体在井管内能自由上下。

优良：在合格的基础上，井管内无污物。

检验方法：观察检查。

（2）深井泵安装应符合下列规定：

合格：轴承支架和橡胶轴承应完好无损。

优良：在合格的基础上，橡胶轴承不沾染油脂。

检验方法：观察检查。

3）允许偏差项目

深井泵安装的允许偏差和检验方法应符合表5－16－26的规定。

表5－16－26　深井泵安装的允许偏差及检验方法　　mm

项次	项目	允许偏差	检验方法
1	井管管口伸出基础相应表面25 mm	0～+10	尺量检查
2	传动轴在两端支承的情况下中部的径向跳动	0.2	检查施工记录

5. 潜水电泵安装

1）保证项目

（1）潜水电泵在规定的范围内使用，机组潜入水中的深度必须符合设备技术文件规定。无规定时，深度不能超过70 m。如超过70 m时必须对电机定子绕组、电缆和电缆接头进行耐水压试验。

检验方法：对照设备技术文件现场检查。

（2）井管内径要比泵入井部分的最大外形尺寸大于50 mm，泵体在井内上下自由，并不得损伤潜水电缆。

检验方法：尺量，提泵检查。

（3）潜水电泵电缆接头必须浸入水中6 h，其绝缘电阻不得低于5 MΩ。电机定子绕组在室温水中浸渍48 h后，对机壳绝缘电阻不得低于40 MΩ。

检验方法：用1000 V兆欧表测量。

2）基本项目

（1）潜水电泵电缆设置应符合下列规定：

合格：法兰上保护电缆的凹槽不得有毛刺或尖角。

优良：在合格的基础上，凹槽清理干净，电缆捆绑整齐。

检验方法：观察检查。

（2）室内管道及管道附件安装质量检验评定必须符合机电安装工程安装标准的相关规定。

6. 试运转

1）保证项目

（1）试运转时间必须符合下列规定：

①主排水泵8 h。

②其他水泵4 h。

检验方法：检查试运转记录。

（2）泵的压力等性能指标必须达到设备技术文件的规定。

检验方法：操作检查或检查试运行记录。

（3）泵在设计负荷下连续运转2 h后必须符合下列规定：

①滑动轴承温度不高于70 ℃。

②滚动轴承温度不高于80 ℃。

③特殊轴承温度必须符合设备技术文件规定。

④各紧固连接部位无松动。

⑤运转中无异常声音。

⑥各密封部位不泄漏。

⑦填料的温升正常，平衡盘出水温度不过热。

⑧泵的安全保护装置灵敏、可靠。

⑨附属系统运转正常。

⑩电动机的电流不得超过额定值。

检验方法：检查试运转记录。

2）允许偏差项目

（1）填料温度正常，在无特殊要求的情况下，填料的泄漏量应符合表5－16－27的规定。

表5－16－27 填料允许泄漏量

项次	项目	允许偏差	检验方法
1	普通软填料	10～20滴/min	观察检测
2	机械密封	≤3滴/min ≤10 mL/h	观察检测

（2）泵的径向振动符合设备技术文件规定，当无规定时，振幅的允许值及检验方法应符合表5－16－28的规定。

表5－16－28 泵径向振幅的允许值及检验方法

转速/(r·min^{-1})	≤375	＞375～600	＞600～750	＞750～1000	＞1000～1500	＞1500～3000	＞3000～6000	＞6000～12000	＞12000
振幅/mm	0.18	0.15	0.12	0.10	0.08	0.06	0.04	0.03	0.02
检验方法	使用手提式振动仪在轴承座或机壳外测量								

16.2.9.6 提升设施安装工程

1. 提升绳及悬挂装置安装

1）保证项目

（1）提升钢丝绳的型号、规格、质量，必须符合设计要求。

检验方法：检查出厂合格证和强度试验报告。

（2）钢丝绳与绳环形体的配合尺寸，必须符合设计要求。

检验方法：观察和尺量检查。

（3）钢丝绳与桃形环的卡接，必须紧固牢靠，绳卡数量和间距，必须符合设计要求。

检验方法：观察和尺量检查。

（4）钢丝绳与杯形体的连接，其浇注合金的成分和方法，必须符合设计要求。

检验方法：检查合金出厂合格证及施工记录。

（5）多绳提升钢丝绳的张力必须保持平衡。

检验方法：用螺旋液压调绳器检查，或检查调绳记录。

（6）固定和连接用的紧固件，必须紧固牢靠。

检验方法：用小锤和扳手检查。

（7）多绳摩擦式提升机钢丝绳挂绳前必须清除钢丝绳上的防锈油。

检验方法：检查施工记录。

2）基本项目

（1）螺旋液压调绳器油缸，应符合下列规定：

合格：密封良好，不漏油。
优良：密封良好，不渗油。
检验方法：观察检查。
（2）调绳器的圆螺母和防松螺母，应符合下列规定：
合格：调绳后应拧紧。
优良：在合格的基础上，涂油防锈情况良好。
检验方法：观察和用扳手检查。
3）允许偏差项目
钢丝绳绕过楔形环尾部余留长度不应小于300 mm。
检验方法：尺量检查。
2. 平衡绳及悬挂装置安装
1）保证项目
（1）平衡绳的型号、规格和质量必须符合设计要求。
检验方法：检查出厂合格和强度试验报告。
（2）钢丝绳与绳环或杯形体的配合尺寸，必须符合设计要求。
检验方法：观察和检查。
（3）扁绳与绳环的卡接必须紧固牢靠，严禁有拧劲现象，其绳卡数量间距，必须符合设计要求。
检验方法：观察和尺量检查。
（4）圆绳与杯形体的连接，严禁有打弯和扭曲现象，其浇注合金成分和方法，必须符合设计要求。
检验方法：观察和检查合金出厂合格证及施工记录。
2）基本项目
（1）圆绳的悬挂装置应符合下列规定：
合格：转动较灵活。
优良：转动灵活、接触严密。
检验方法：观察和操作检查。
（2）扁绳的悬挂装置应符合下列规定：
合格：固定牢靠，扁绳无拧劲现象。
优良：在合格的基础上，连接处涂油防锈情况良好。
检验方法：观察和用扳手检查。
3. 游动天轮安装
此处规定适用于斜井提升和采用钢结构或砖及混凝土结构塔架支承的游动天轮安装工程的质量检验评定。
1）保证项目
（1）天轮安装位置与提升机位置的偏差，严禁超过3 mm。
检验方法：用经纬仪、拉线和尺量检查。
（2）天轮轴的水平度，严禁超过0.2/1000。
检验方法：用精密水平尺检查。
（3）天轮轴的两端固定，必须紧固牢靠。
检验方法：扳手检查。
（4）天轮与轴的游动间隙，必须符合设计要求。
检验方法：用塞尺检查。
2）允许偏差项目

游动天轮安装的允许偏差和检验方法应符合表 5－16－29 的规定。

表 5－16－29 游动天轮安装的允许偏差和检验方法 mm

项次	项　目	允许偏差	检验方法
1	天轮轴心线标高	±5	用水准仪检查
2	天轮绳槽中心摆动	4	尺量检查

4. 导向装置安装

1）保证项目

（1）滚动罐耳应符合下列规定：

合格：滚轮转动灵活，配合良好。

优良：在合格的基础上，滚轮的轴心线应保持水平，径向中心线应垂直罐道面。

检验方法：吊线和尺量检查。

（2）罐耳安装应符合下列规定：

合格：位置正确，固定牢靠，螺栓露出螺母 2～4 个螺距。

优良：在合格的基础上，螺栓的穿向和露出螺母长度一致。

检验方法：观察和用扳手检查。

2）允许偏差项目

导向装置安装的允许偏差和检验方法应符合表 5－16－30 的规定。

表 5－16－30 向装置安装的允许偏差和检验方法 mm

<table>
<tr><th>项次</th><th colspan="2">项　目</th><th>允许偏差</th><th>检验方法</th></tr>
<tr><td rowspan="4">1</td><td rowspan="4">在同一竖直基面上，
上下制罐耳各导向面位置</td><td>钢轨罐道</td><td>2</td><td rowspan="10">吊线和尺量检查</td></tr>
<tr><td>组合罐道</td><td>4</td></tr>
<tr><td>木罐道</td><td>2</td></tr>
<tr><td>四角罐道</td><td>2</td></tr>
<tr><td rowspan="4">2</td><td rowspan="4">在同一水平面上，
两对应罐耳槽底下导向面的间距</td><td>钢轨罐道</td><td>±2</td></tr>
<tr><td>组合罐道</td><td>±2</td></tr>
<tr><td>木罐道</td><td>±3</td></tr>
<tr><td>四角罐道*</td><td>±2</td></tr>
<tr><td>3</td><td colspan="2">钢丝绳罐道导向套中心与提升中心线的水平距离</td><td>±1.5</td></tr>
<tr><td>4</td><td colspan="2">钢丝绳罐道的上下导向套的轴心线重合度</td><td>1.5</td></tr>
</table>

注：* 指单侧布置罐耳的罐笼为两罐耳中心线的水平间距的偏差。

5. 罐笼本体结构和阻车器安装

1）保证项目

罐笼本体结构的铆接和焊接，必须符合设计要求。

检验方法：检查出厂合格证。

2）基本项目

罐笼内阻车器及开闭装置，应符合下列规定：

合格：灵活可靠。
优良：在合格的基础上，阻爪动作协调一致。
检验方法：实际操作检查。
3）允许偏差项目
罐笼本体结构安装的允许偏差和检验方法应符合表 5 – 16 – 31 的规定。

表 5 – 16 – 31　罐笼本体结构安装的允许偏差和检验方法　mm

<table>
<tr><th>项次</th><th colspan="2">项　目</th><th>允许偏差</th><th>检验方法</th></tr>
<tr><td>1</td><td colspan="2">罐笼本体框架的外形尺寸</td><td>± 3</td><td rowspan="3">吊线和尺量检查</td></tr>
<tr><td rowspan="2">2</td><td rowspan="2">罐笼上、下盘体十字中心线的错动</td><td>单层罐笼</td><td>3</td></tr>
<tr><td>双层或三层罐笼</td><td>6</td></tr>
</table>

6. 平衡锤安装
保证项目：平衡锤的重量必须符合设计要求。
检验方法：观察检查。
7. 立井提煤箕斗本体结构安装
1）保证项目
立井提煤箕斗本体结构的焊接，必须符合设计要求。
检验方法：检查出厂合格证。
2）基本项目
（1）箕斗的闸门装置，应符合下列规定：
合格：转动灵活，关闭严密。
优良：在合格的基础上，应无卡阻现象。
检验方法：观察检查。
（2）箕斗卸载溜槽装置，应符合下列规定：
合格：卸载正确，无明显撒煤现象。
优良：在合格的基础上，溜槽活动无卡阻，开闭灵活。
检验方法：观察检查。
（3）空箕斗悬吊时的平衡度，应符合下列规定：
合格：没有明显歪斜。
优良：不歪斜。
检验方法：吊线和尺量检查。
3）允许偏差项目
闸门卸载滚轮的最外缘尺寸的允许偏差为 1 ~ 3 mm。
检验方法：尺量检查。
8. 斜井提煤箕斗本体结构安装
1）保证项目
斜井提煤箕斗本体结构的焊接，必须符合设计要求。
检验方法：检查出厂合格证。
2）基本项目
箕斗的闸门装置应符合安装标准内的相关规定。

3）允许偏差项目

箕斗本体结构的允许偏差项目和检验方法应符合表 5－16－32 的规定。

表 5－16－32 箕斗本体结构的允许偏差项目和检验方法 mm

项次	项 目	允许偏差	检验方法
1	斗箱口两方钢外缘间距	±2	尺量检查
2	后轮的最外缘尺寸	－3～＋1	

9. 试运转

1）保证项目

（1）罐道、箕斗空重载提升各 1 h，全面检查各部位，必须达到动作灵活可靠，紧固件齐全牢固，且无其他不正常现象。

检验方法：观察和用小锤轻击检查。

（2）立井罐笼制动器绳式防坠器提升架安装

（3）提升架提梁悬吊中心与罐笼竖向轴心线的重合度严禁超过 1 mm。

检验方法：吊线和尺量检查。

（4）提升架耳环轴孔，必须采用机械方法加工。

检验方法：观察检查。

2）允许偏差项目

提升架安装高度的允许偏差为 0～2 mm。

检验方法：尺量检查。

10. 立井罐笼制动绳式防坠器缓冲器安装

1）保证项目

（1）缓冲负钢丝绳和制动钢丝绳的型号、规格、质量，必须符合设计要求。

检验方法：检查出厂合格证及强度试验报告。

（2）缓冲器座实标中心与设计中心的重合度偏差，严禁超过 1 mm。

检验方法：拉线和尺量检查。

（3）钢丝绳与杯形体的连接，其浇注合金的成分和方法必须符合机电安装工程安装标准的相关规定。

2）基本项目

缓冲器固定和连接用的紧固件，应符合下列规定：

合格：紧固牢靠，螺栓露出螺母 2～4 个螺距。

优良：紧固牢靠，螺栓的穿向和露出螺母长度一致。

检验方法：用扳手和尺量检查。

3）允许偏差项目

（1）缓冲器安装的允许偏差项目和检验方法应符合表 5－16－33 的规定。

表 5－16－33 缓冲器安装的允许偏差项目和检验方法

项次	项 目	允许偏差	检验方法
1	同一捕绳器的两缓冲器的水平间距	±2 mm	拉线和尺量检查
2	缓冲器的垂直度	2/1000	

（2）缓冲器末端留绳长度不应小于 10 m。

检验方法：尺量检查。

11. 立井罐笼制动器式防坠器捕绳器安装

1）保证项目

（1）捕绳器十字线和拉杆及上部弹簧座（挡板）中心与罐笼竖向轴心线的重合度严禁超过 1 mm。

检验方法：吊线和尺量检查。

（2）捕绳器绳孔与导向管轴心线的重合度，严禁超过 1 mm。

检验方法　吊线和尺量检查。

（3）同一捕绳器两制动绳中心与罐笼提升中心的距离偏差，严禁超过 1 mm。

检验方法：尺量检查。

（4）弹簧圆盘与挡板之间的间隙偏差，严禁超过 1 mm。

检验方法：用塞尺检查。

（5）弹簧的工作高度，必须符合设备技术文件规定。

检验方法：检查试验记录。

2）基本项目

捕绳器的销轴、连杆、杠杆和滑楔，应符合下列规定：

合格：动作灵活可靠，轴销齐全。

优良：在合格的基础上，润滑良好，滑楔紧固。

检验方法：观察和用小锤轻击检查。

3）允许偏差项目

捕绳器长轴方向的水平度不应大于全长的 1/1000。

检验方法：用水平尺检查。

12. 立井罐笼制动绳式防坠器制动绳拉紧装置安装

1）保证项目

（1）井下制动绳拉紧装置中心线与设计中心线的偏差，严禁超过 3 mm。

检验方法：吊线和尺量检查。

（2）拉紧梁绳孔中心与设计中心的重合度严禁超过 3 mm。

检验方法：吊线和尺量检查。

2）基本项目

井下制动绳拉紧装置及固定螺栓，应符合下列规定：

合格：拉紧装置固定可靠，螺栓紧固且规格符合设计要求：

优良：在合格的基础上，防腐蚀情况良好。

检验方法：观察和小锤轻击检查。

13. 立井罐笼木罐道刺入式防坠器安装保证项目

（1）弹簧工作高度，必须符合设备技术文件规定。

检验方法：检查试验记录。

（2）猫爪和罐耳内侧距离偏差，严禁超过 3 mm。

检验方法：尺量检查。

14. 立井罐笼防坠器安装保证项目

（1）罐笼防坠器试验，必须符合设备技术文件规定。无规定时，应按以下规定进行试验。

（2）制动绳式防坠器静力试验必须符合下列规定：

①捕绳器沿制动绳下滑距离，严禁超过 40 mm。

检验方法：尺量检查。

②缓冲钢丝绳严禁有抽出现象。

检验方法：观察检查。

（3）制动绳式防坠器脱勾试验必须符合下列规定：

①捕绳器对制动绳的相对降落高度，严禁超过 100 mm。

检验方法：尺量检查。

②罐笼带煤车时，缓冲绳抽出长度，必须为捕绳器自由降落高度的 1～1.3 倍。

检验方法：尺量检查。

③罐笼对井架的降落高度，严禁超过 400 mm。

检验方法：尺量检查。

④脱勾试验后全面检查各部件，必须齐全、紧固、牢靠，无其他不正常现象。

检验方法：观察和用小锤轻击检查。

（4）木罐道刺入式防坠器试验必须符合下列规定：

①猫爪刺破罐道后的滑行距离，严禁超过 250 mm。

检验方法：尺量检查。

②全行程的滑行距离，严禁超过 400 mm。

检验方法：尺量检查。

③试验后全面检查各部件，必须齐全、紧固、牢固、牢靠，无其他不正常现象。

检验方法：观察和用小锤轻击检查。

15. 井架组装

1）保证项目

井架出厂前应进行构件预组装，各构件应标记线结点号，由于运输、堆放和吊装造成的构件变形，现场组装时必须矫正。

检验方法：拉线和尺量检查。

2）允许偏差项目

井架组装的允许偏差和检验方法应符合表 5－16－34 的规定。

表 5－16－34　井架组装的允许偏差和检验方法　mm

项次	项　目			允许偏差	检验方法
1	躯体组装	躯体四面桁架宽度		±3	在底脚和节点处尺量检查
		躯体每侧对角线相互差		6	尺量检查
		躯体横断面对角线相互差		4	在节点处尺量检查
		躯体组装后的直线度		5	拉线和尺量检查
		躯体总高度		±7	尺量检查
2	斜撑架组装	多节斜柱总长度		±7	尺量检查
		多节斜柱的直线度		8	拉线和尺量检查
		多节斜柱的柱身扭曲	接口处	5	拉线、吊线和尺量检查
			其他处	8	
		多节斜柱接口处十字中心的错动		2	尺量检查

表5-16-34（续） mm

项次	项 目			允许偏差	检验方法
2	斜撑架组装	斜撑架组装后的直线度	一般型钢井架	5	拉线和尺量检查
			箱型井架	10	
		斜撑架组装后对角线相互差		6	尺量检查
		斜撑架宽度差		±10	
		斜柱与横梁接口处十字中心的错动		2	
3	井口板梁对角线相互差			4	尺量检查
4	卸载曲轨内侧各点至中心线距离			+3～-1	

检查数量：各抽查3项，仅有1项时全数检查。

16. 井架安装保证项目

（1）井口板梁十字中心线与提升十字中心线的重合度严禁超过1 mm。

检验方法：用经纬仪测量检查。

（2）井口板梁四角平面相对高低偏差，严禁超过1 mm。

检验方法：用水准仪测量检查。

（3）井架躯体底脚、天轮平台平面十字中心线与设计位置的偏差，必须符合下列规定：

①普通型钢井架：躯体底脚±1 mm；天轮平台不应大于井架高度的0.5/1000，但最大不应超过15 mm。

②箱形（单侧斜撑式）井架：躯体底脚±1 mm；天轮平台：横向±7 mm，纵向±15 mm。井架允许前倾位移数值，应符合设计规定。

③箱形（双侧斜撑式）井架：躯体底脚±1 mm；天轮平台：±7 mm。

检验方法：用经纬仪测量检查。

17. 卸载曲轨安装

1）保证项目

（1）卸载曲轨中心线至罐道中心线的距离偏差±3 mm。

（2）卸载曲轨槽底至提升中心线在下部端头及弯曲处的距离偏差±3 mm。

检验方法：吊线和尺量检查。

（3）井架梯子平台、梯子、防护栏杆的安装，必须固定牢靠，符合设计要求。

检验方法：对照施工图纸检查和用扳手、小锤检查。

（4）连接井架的精制螺栓、高强度螺栓的质量标准和检验方法，必须符合机电安装工程规定的相应标准。

检查数量：按各种螺栓总数各抽查10%，但不得少于5个。

（5）箱形井架斜架与躯体连接的铰支座，必须固定牢靠，接触严密。如需调整铰支座高度时，可采取加垫板或机加工去薄方法进行调整，但角支座加垫板厚度不得小于10 mm，垫板厚度不得低于设计的75%。

检验方法：尺量检查。

2）基本项目

（1）卸载曲轨或开闭器的标高偏差，应符合下列规定：

合格：±10 mm。

优良：±5 mm。

检验方法：以井口板梁面为基准，在弯曲起点处用钢尺检查。

(2) 同一提升容器两卸载曲轨对应点相对高低偏差，应符合下列规定：

合格：3 mm。

优良：1.5 mm。

检验方法：拉线和尺量检查。

(3) 斜撑架与躯体接口处的连接螺栓，应符合下列规定：

合格：紧固可靠，螺栓露出螺母 2～4 个螺距。

优良：紧固牢靠，螺栓穿向及露出螺线母长度一致。

检验方法：观察和用小锤轻击检查。

3) 允许偏差项目

井架安装的允许偏差和检验方法应符合表 5－16－35 的规定。

表 5－16－35 井架安装的允许偏差和检验方法 mm

项次	项　目	允许偏差	检验方法
1	井口板梁标高	±5	用水准仪测量
2	斜撑架两底脚中心线与井架中心线的重合度	30	用经纬仪测量

18. 垫铁、基础螺栓、二次灌浆及防腐蚀

井架安装的垫铁、基础螺栓和二次灌浆必须符合机电安装工程安装标准的相关规定。

保证项目：井架的防腐蚀必须符合设计规定。

检验方法：观察检查。

19. 天轮安装

1) 保证项目

(1) 天轮安装位置与提升十字中心线位置的偏差，严禁超过 3 mm。

检验方法：用经纬仪测量检查。

(2) 天轮轴的轴心线水平度严禁超过 0.2/1000。

检验方法：用精密水平尺检查。

(3) 滑动轴承与滚动轴承的装配，必须符合机电安装工程安装标准的相关规定。

(4) 轴承座安装必须接触严密，固定牢靠。

检验方法：扳手检查。

2) 基本项目

(1) 天轮绳槽中心摆动偏差，应符合下列规定：

合格：整体浇注天轮不应大于 4 mm。组装天轮不应大于 6 mm。

优良：整体浇注天轮不应大于 2 mm。组装天轮不应大于 3 mm。

检验方法：尺量检查。

(2) 轴承座的楔铁安装，应符合下列规定：

合格：接触紧密、固定牢靠符合设计要求，如设计无要求时，可将楔铁点焊牢固。

优良：在合格的基础上，楔铁两面侧露出轴承 30～40 mm，且尺寸一致。

检验方法：用小锤轻击和尺量检查。

20. 试运转保证项目

(1) 天轮轴承的润滑情况，必须良好，轴承温度必须符合下列规定：

①滑动轴承温度不应超过 65 ℃。

②滚动轴承温度不应超过 75 ℃。

③检验方法：用温度计检查。

（2）箕斗闸门进入卸载曲轨或开闭器，必须能正常进行开启与关闭，无卡阻现象。

检验方法：观察检查。

16.2.9.7 立井井筒装备安装工程

1. 构件制作及防腐及防腐蚀

1）保证项目

（1）钢材的型号、规格和质量，必须符合设计要求。

检验方法：检查出厂合格证或理化试验报告。

（2）玻璃钢材构件的型号、规格和质量必须符合设计要求。

构件的防腐蚀，必须符合设计要求。

检验方法：观察检查。

2）允许偏差项目

（1）构件制作的允许偏差和检验方法应符合机电安装工程安装标准的相关规定（表 5 – 16 – 36 ~ 表 5 – 16 – 38）。

表 5 – 16 – 36 罐道梁、其他梁及托架制作的允许偏差和检验方法

项次	项 目		允许偏差	检验方法
1	井上下联结部分钢梁	直线度	1/1000	拉线和尺量检查
	管子及管座梁			
	楔形罐道梁			
	防撞绳固定梁			
	井上下防撞梁			
	尾绳保护梁			
2	托架支承面的平面度		1/1000	尺量检查
检查数量：按各种构件件数抽查 10%，但不得少于 3 件				

表 5 – 16 – 37 罐道制作的允许偏差及检查方法

项次	项 目		允许偏差	检验方法
1	钢轨罐道	直线度	1/1000 且不大于 5 mm	拉线和尺量检查
		长度	± 1 mm	尺量检查
		端面垂直度	1/1000 且不大于 1 mm	直角尺和钢尺检查
2	组合罐道	直线度	1/1000 且不大于 7 mm	拉线和尺量检查
		长度	± 1 mm	尺量检查
		断面尺寸	± 1 mm	尺量检查
		端面垂直度	1/1000 且不大于 1 mm	直角尺和钢尺检查
3	木罐道及楔形罐道	直线度	1/1000	拉线和尺量检查
4		断面尺寸	± 2 mm	尺量检查
检查数量：按各种构件件数抽查 10%，但不得少于 3 件				

表 5-16-38 电缆支架制作的允许偏差和检验方法 mm

项次	项 目	允许偏差	检验方法
1	电缆支架长度	±5	尺量检查
2	电缆支架宽度	±3	
检查数量：按构件件数抽查 10%			

（2）梯子制作的允许偏差和检验方法，应符合机电安装工程安装标准的相关规定。

2. 罐道梁安装

1）保证项目

（1）罐道梁缺口板中心线与设计中心线应相一致，其偏差必须符合下列规定：

①装钢罐道的梁 ±1 mm。

②装木罐道的梁 ±1.5 mm。

检查数量：按检查点数抽查 10%。

检验方法：施工时根据测量垂线尺量检查，竣工后检查施工记录。

（2）同一提升容器两罐道梁缺口板中心的水平间距偏差，必须符合下列规定：

①装钢罐道的梁 ±2 mm。

②装木罐道的梁 ±3 mm。

检查数量：按检查点数抽查 10%。

检验方法：施工时根据测量垂线尺量检查，竣工后检查施工记录。

（3）堵梁窝的混凝土强度等级，对混凝土和钢筋混凝土井壁，严禁低于井壁混凝土的设计强度等级，对于其他井壁严禁低于 C25，梁窝表面不应有蜂窝和孔洞现象。

检查数量：按检查点数抽查 10%。

检验方法：检验混凝土强度试验报告（每百米试验一次），及观察检查。

2）允许偏差项目

罐道梁安装的允许偏差和检验方法应符合表 5-16-39 的规定。

表 5-16-39 罐道梁安装的允许偏差和检验方法

项次	项 目		允许偏差	检验方法
1	罐道梁的水平度		1/1000	用水平尺检查
2	层间距	装钢罐道的梁	±5 mm	尺量检查
		装木罐道的梁	±12 mm	
3	每节罐道长度内累计	装钢罐道的梁	±15 mm	
		装木罐道的梁	±24 mm	
4	梁埋入井壁深度		-70 mm	

3. 树脂锚杆固定托架及梁的安装

1）保证项目

（1）树脂锚固剂的技术性能、型号、规格必须符合设计要求。

检验方法：检查出厂合格证及做锚固试验。

（2）锚杆杆体必须符合下列规定：

①杆体的材质、规格必须符合设计要求。

②杆体的直线度不得大于 2 mm。

③杆体端面尺寸应符合设计要求，偏差 ±1 mm。

④杆体挡圈焊接位置应符合设计要求，偏差 ±2 mm。

⑤杆体应符合设计要求防腐蚀。

检查数量：抽查总数 10%，并任选 3 个杆体做抗拉强度试验。

检验方法：检查出厂合格证和抗拉强度试验报告及尺量检查。

（3）锚杆安装锚固力试验，在锚杆安装 1 h 后，必须按设计规定值进行试验。当设计无规定时，每根锚杆锚固力的试验值不得低于 50 kN，凡不合格的锚杆必须重新安装和试验，直至合格。

检查数量：每层梁先任选三根作锚固力试验，只要有一根不合格则同层梁锚杆必须全数试验。

检验方法：检查锚固力试验记录。

（4）固定在井壁上的托架必须紧贴井壁，充填密实。

检查数量：按检查点数抽查 10%。

检验方法：用楔形塞尺（自制）检查。

（5）直接固定罐道的托架立面上的螺栓孔中心线与井筒十字中心线的距离偏差，必须符合下列规定：

①装罐道的托架 ±2 mm；

②装木罐道的托架 ±3 mm。

检查数量：按检查点数抽查 10%。

检验方法：施工时根据测量垂线尺量检查，竣工后检查记录。

（6）直接固定罐道的托架立面的垂直度严禁超过 2/1000。

检查数量：按检查点数抽查 10%。

检验方法：施工时根据测量垂线尺量检查，竣工后检查记录。

（7）罐道梁安装除必须符合机电安装工程安装标准的相关规定外，其罐道梁操平及罐道梁与托架的连接还必须符合下列规定：

①罐道梁操平：梁操平时，可在梁与托架用不同厚度的防腐蚀铁垫板调整，垫板尺寸应大于或等于梁（包括梁下连接板）与托架的接触尺寸，不得用零碎垫板，每组垫铁的层数不得超过三层，并用螺栓或焊接方法固定。

②罐道梁与托架连接：

a. 采用焊接时，操作找正后按设计要求进行焊接。

b. 采用螺栓固定，且螺栓孔为长形孔时，孔上必须加盖大方垫圈，螺栓拧紧后梁与托架应点焊定位。

c. 选用高强度螺栓时，用力矩扳手拧紧，不需点焊。

检查数量：按检查点数抽查 10%。

检验方法：观察检查。

2）基本项目

锚杆螺栓、罐道梁与托架连接螺栓，应符合下规定：

合格：紧固可靠，螺栓露出螺母 2～4 个螺距。

优良：在合格的基础上，螺栓穿向和露出螺母长度一致。

检查数量：按检查点数抽查 10%。

检验方法：观察检查。

3）允许偏差项目

树脂锚杆、托架及梁安装的允许偏差和检验方法应符合表 5－16－40 的规定。

表5-16-40 树脂锚杆、托架及梁安装的允许偏差和检验方法

项次	项目		允许偏差	检验方法
1	锚杆安装	锚杆眼孔深度	±100 mm	尺量检查
		锚杆锚固深度（其挡圈应进入井壁）	±5 mm	
2	托架安装	托架支承面的水平度	3/1000	用水平尺检查
		同一根梁的两端托架水平支承面应位于同一平面，其高差	5 mm	用长钢尺和水平尺检查
3	托架层间距	装钢罐道的托架	±7 mm	尺量检查
		装木罐道的托架	±12 mm	
4	罐道梁的水平度		1/1000	用水平尺检查

检查数量：按检查点抽查10%。

4. 罐道安装

1）保证项目

（1）同一提升容器的两罐道接头位置，严禁位于同层梁上。

检查数量按检查点数抽查10%，检查方法为观察检查。

（2）罐道的垂直度，必须符合下列规定：

①钢轨罐道±5 mm。

②组合罐道±7 mm。

③木罐道±8 mm。

检查数量：按检查数抽查10%。

检验方法：施工时根据测量垂线尺量检查（在每盘之间任选一点检查）。竣工后检查施工记录。

（3）同一提升容器两罐道面的水平间距偏差，必须符合下列规定：

①钢轨罐道±5 mm。

②组合罐道±7 mm。

③木罐道±8 mm。

检查数量：按检查数抽查10%。

检验方法：尺量检查（在两盘梁中间处检查）。

（4）同一提升容器相对两罐道中心线的重合度必须符合下列规定：

①钢轨罐道不应超过4 mm。

②组合罐道不应超过6 mm。

③木罐道不应超过6 mm。

2）基本项目

（1）罐道接头错位符合下规定：

合格：钢轨、组合罐道接头错位不应大于1 mm，木罐道的接头错位不应大于2 mm。

当钢轨、组合罐道接头错位超过1 mm时，应进行修整，其修整的过渡斜度不应超过2%。

优良：钢轨、组合罐道接头错位不应大于0.5 mm，木罐道接头错位不大于1 mm。

检查数量：按检查点数抽查10%。

检验方法：尺量检查。

（2）组合罐道的固定螺栓，应符合下列规定：

合格：紧固可靠，螺栓露出螺母2~4个螺距。

优良：在合格的基础上，螺栓穿向和露出螺母长度一致。

检查数量：按检查点数抽查10%。

检验方法：观察检查。

3）允许偏差项目

罐道安装应符合下列规定：

①罐道安装的允许偏差应符合表5-16-41的规定。

表5-16-41 罐道安装的允许偏差 mm

项目		允许偏差
罐道接头位置	罐道卡或压板固定的罐道接头位置与梁中心	50
	螺栓固定的罐道接头位置与设计位置的偏差	10

②罐道接头间隙，钢罐道为2~4 mm，木罐道为5 mm。

③罐道固定应符合下列规定：

a. 钢轨罐道与罐道卡子斜面接触良好，卡子前爪与轨腰间隙和卡子内侧与钢轨底外侧间隙各为10~20 mm。

b. 木罐道螺栓螺母拧紧后嵌入罐道面净深不小于15 mm。

检查数量：按检查点数抽查10%。

检验方法：观察检查。

5. 液压伸缩罐道安装

1）保证项目

(1）液压伸缩罐道的构件制作，必须符合设计要求。

检验方法：尺量检查。

(2）液压伸缩罐道的升降，必须准确可靠。

检验方法：观察检查。

2）基本项目

液压（站）系统安装，应符合下列规定：

合格：操作灵活准确，管理畅通，严密无泄漏。

优良：在合格的基础上，工作压力和油位正常。管路排列整齐。

检验方法：观察检查。

3）允许偏差项目

液压伸缩罐道的接头错位的允许偏差为1 mm。

6. 钢丝绳罐道安装

1）保证项目

(1）钢丝绳的型号、规格和质量，必须符合设计要求。

检验方法：检查出厂合格证和强度试验报告。

(2）井上、下固定装置（或固定梁）安装位置偏差，严禁超过3 mm。

检验方法 拉线和尺量检查。

(3）井上、下钢丝绳罐道的固定位置的偏差，严禁超过3 mm。

检验方法：拉线和尺量检查。

(4) 钢丝绳罐道的上、下端连接，必须连接牢固，符合设计要求。

检验方法：观察和扳手手检查。

(5) 拉紧钢丝绳用的弹簧或液压装置，应在安装前进行检查试验，其强度、压缩量和性能，应符合设计要求。

检验方法：检查试验记录。

(6) 钢丝绳的拉紧张力，必须符合设计要求。

检验方法：井下拉紧时，检查重锤悬挂重量是否符合设计要求。井上拉紧时，检查拉紧张力记录。

(7) 井下固定梁的堵梁窝，必须符合机电安装工程安装标准的相关规定。

2) 允许偏差项目

钢丝绳罐道安装的允许偏差和检验方法应符合表5－16－42的规定。

表5－16－42 钢丝绳罐道安装的允许偏差和检验方法 mm

项次	项　目	允许偏差	检验方法
1	重锤悬挂的高低差	±400	尺量检查
2	井下固定梁安装标高	±5	
3	井下固定梁埋入井壁内深度	±70	

7. 防撞绳安装

防撞绳安装的质量检验评定，应符合机电安装工程安装标准的相关规定。

8. 井上下联结部分罐道梁及分四角罐道安装

1) 保证项目

(1) 联结部分的立柱安装，其垂直度偏差严禁超过0.5/1000，且不得大于5 mm。

检验方法：吊线和尺量检查。

(2) 罐道梁与立柱的连接，必须紧固牢靠，紧固件齐全，符合设计要求。

检验方法：观察和用扳手检查。

(3) 罐道梁安装必须符合机电安装工程安装标准的相关规定。

(4) 四角罐道安装必须符合机电安装工程安装标准的相关规定。

(5) 堵梁窝必须符合机电安装工程安装标准的相关规定。

2) 基本项目

罐道接头错位，应符合机电安装工程安装标准的相关规定。

3) 允许偏差项目

罐道梁安装水平度及埋入井壁深度的允许偏差及检验方法应符合机电安装工程安装标准的相关规定。

9. 梁及楔形罐道安装

1) 保证项目

(1) 楔形罐道的材质、规格和防腐必须符合设计要求。

检验方法：对照设计文件检查。

(2) 梁的安装必须符合机电安装工程安装标准的相关规定。

(3) 楔形罐道安装必须符合机电安装工程安装标准的相关规定。

(4) 堵梁窝必须符合机电安装工程安装标准的相关规定。

2) 基本项目

楔形罐道的接头错位，应符合机电安装工程安装标准的相关规定。

3）允许偏差项目

梁安装的允许偏差及检验方法应符合机电安装工程安装标准的相关规定。

楔形罐道安装的允许偏差及检验方法应符合机电安装工程安装标准的相关规定。

10. 井上下防撞安装

1）保证项目

（1）井下防撞梁的垫木安装必须固定牢靠，符合设计要求。

（2）防撞梁的垫木安装必须固定牢靠，符合设计要求。

检验方法：观察和用扳手检查。

2）允许偏差项目

（1）防撞梁安装的允许偏差和检验方法应符合表 5－16－43 的规定。

表 5－16－43　防撞梁安装的允许偏差和检验方法

项次	项　目	允许偏差	检验方法
1	防撞梁十字中心线与设计位置的偏差	3 mm	拉线和尺量检查
2	标高	±5 mm	尺量检查
3	水平度	3/1000	用水平尺检查
4	梁埋入井壁内深度	－70 mm	尺量检查

（2）垫木螺栓拧紧后应嵌入垫木面，其净深度不小于 10 mm。

检验方法：尺量检查。

11. 管子梁、管座梁安装

1）保证项目

（1）管子梁、管座梁中心线与设计中心线的偏差必须符合下列规定：与罐道梁共用一根梁时，±1 mm；单独固定时，±3 mm。

检验方法：施工时根据测量垂线尺量检查，竣工后检查施工记录。

（2）堵梁窝应符合机电安装工程安装标准的相关规定。

2）允许偏差项目

管子梁、管座梁安装的允许偏差和检验方法应符合表 5－16－44 的规定。

表 5－16－44　管子梁、管座梁安装的允许偏差和检验方法

项次	项目	允许偏差	检验方法
1	水平度	3/1000	用水平尺检查
2	梁埋入井壁的深度	－70 mm	尺量检查

12. 尾绳保护装置安装

1）保证项目

尾绳保护梁安装的堵梁窝，必须符合机电安装工程安装标准的相关规定。

2）基本项目

尾绳保护装置的安装应符合下列规定：

合格：保护伞（帽）与保护梁固定牢靠。

优良：在合格的基础上，防腐蚀情况良好。

检验方法：观察和用扳手检查。

3）允许偏差项目

尾绳保护装置安装的允许偏差和检验方法应符合表5－16－45的规定。

表5－16－45　尾绳保护装置安装的允许偏差和检验方法应符合

项次	项　目	允许偏差	检验方法
1	保护装置与设计十字中心线	±5 mm	吊线和尺量检查
2	标高	±5 mm	尺量检查
3	水平度	3/1000	用水平尺检查

13. 梯子间安装

此处规定适用于钢结构、玻璃钢结构的梯子间安装工程的质量检验评定。

1）保证项目

（1）梯子间的平台板、梯子、隔板安装，必须固定牢靠，符合设计要求。

检查数量：按检查点数抽查10%。

检验方法：观察和用小锤轻击检查。

（2）堵梁窝应符合机电安装工程安装标准的相关规定。

（3）梯子间采用树脂锚杆固定时，必须符合下列规定：

①树脂锚固剂、锚杆杆体、锚杆及托架安装应符合机电安装工程安装标准的相关规定。

②托架立面螺孔中心线与设计十字中心线的距离偏差不超过±3 mm。

检查数量：按检查点数抽查10%。

检验方法：施工时根据测量垂线尺量检查，竣工后检查记录。

2）允许偏差项目

梯子间安装应符合下列规定：

①梯子间安装的允许偏差和检验方法应符合表5－16－46的规定。

表5－16－46　梯子间安装的允许偏差和检验方法　mm

<table>
<tr><th>项次</th><th>项　目</th><th>允许偏差</th><th>检验方法</th></tr>
<tr><td>1</td><td>钢梁、玻璃钢梁位置与井筒十中心线的距离</td><td>±3</td><td>施工时根据测量垂线尺量检查，竣工后检查施工记录</td></tr>
<tr><td>2</td><td>梯子梁或玻璃钢梁埋入井壁深度</td><td>－70</td><td rowspan="3">尺量检查</td></tr>
<tr><td>3</td><td>梯子平台孔（长宽）</td><td>0～2</td></tr>
<tr><td>4</td><td>层间距（单独梯子间时）</td><td>±10</td></tr>
</table>

②围板间隙：木隔板及玻璃钢隔板不大于50 mm，金属隔板不大于70 mm。

检验方法：尺量检查。

③检查数量：按检查点数抽查10%。

14. 电缆支架安装

1）保证项目

（1）电缆支架的堵窝应符合机电安装工程安装标准的相关规定。

（2）电缆支架采用树脂锚杆固定时，必须符合机电安装工程安装标准的相关规定。

2）允许偏差项目

电缆支架安装的允许偏差和检验方法应符合表5－16－47的规定。

表5－16－47 电缆支架安装的允许偏差和检验方法

<table>
<tr><th>项次</th><th>项 目</th><th>允许偏差</th><th>检验方法</th></tr>
<tr><td>1</td><td>支架中心线与设计中心线的偏差</td><td>±20 mm</td><td>尺量检查</td></tr>
<tr><td>2</td><td>支架的水平度</td><td>3/1000</td><td>用水平尺检查</td></tr>
<tr><td>3</td><td>支架的层间距</td><td>±5 mm</td><td rowspan="2">尺量检查</td></tr>
<tr><td>4</td><td>支架埋入井壁的深度</td><td>±20 mm</td></tr>
</table>

检查数量：按检查点数抽查10%。

4.2.9.8 井底箕斗装载设备安装工程

1. 立井提煤箕斗装载设备安装允许偏差项目

（1）立井提煤箕斗装载设备安装的允许偏差和检验方法应符合表5－16－48的规定。

表5－16－48 立井提煤箕斗装载设备安装的允许偏差和检验方法

<table>
<tr><th>项次</th><th colspan="2">项 目</th><th>允许偏差</th><th>检验方法</th></tr>
<tr><td rowspan="2">1</td><td rowspan="2">装载设备的纵向中心线与设计中心线的重合度</td><td>定量斗及其卸载溜槽</td><td>5 mm</td><td rowspan="4">拉线和尺量检查</td></tr>
<tr><td>回转溜槽及其挺杆或滑道</td><td>10 mm</td></tr>
<tr><td>2</td><td colspan="2">回转溜槽和挺杆的主轴轴心线与井筒中心线的水平距离</td><td>±5 mm</td></tr>
<tr><td>3</td><td colspan="2">不通过式装载设备的滑道面与井筒中心线水平间距</td><td>±10 mm</td></tr>
<tr><td>4</td><td colspan="2">回转溜槽和挺杆主轴轴心线的水平度</td><td>1/1000</td><td>用水平尺检查</td></tr>
<tr><td>5</td><td colspan="2">滑动面的垂直度</td><td>2/1000</td><td>吊线、尺量检查</td></tr>
<tr><td>6</td><td colspan="2">定量斗横向中心线与井筒中心线的水平间距</td><td>±5 mm</td><td rowspan="2">拉线和尺量检查</td></tr>
<tr><td>7</td><td colspan="2">回转溜槽主轴轴心线与挺杆主轴轴心线的垂直间距</td><td>±15 mm</td></tr>
</table>

（2）非工作时，定量斗卸载溜槽与箕斗突出部分的间距不应小于10 mm，回转溜槽外缘与箕斗突出部分的间距不应小于150 mm。

检验方法：拉线和尺量检查。

2. 斜井提煤箕斗装载设备安装允许偏差项目

斜井提煤箕斗装载设备安装的允许偏差和检验方法应符合表5－16－49的规定。

表5－16－49 斜井提煤箕斗装载设备安装的允许偏差和检验方法

<table>
<tr><th>项次</th><th>项 目</th><th>允许偏差</th><th>检验方法</th></tr>
<tr><td>1</td><td>装载闸门的纵向中心线与轨道中心线的重合度</td><td>5 mm</td><td rowspan="4">用水平尺、拉线和尺量检查</td></tr>
<tr><td>2</td><td>闸门回转轴轴心线的水平度</td><td>1/1000</td></tr>
<tr><td>3</td><td>闸门两拐臂滚轮的径向中心线间距</td><td>±2 mm</td></tr>
<tr><td>4</td><td>闸门拐臂滚轮至轨面的垂直距离</td><td>±5 mm</td></tr>
</table>

3. 钢梁、基础螺栓安装

1）保证项目

（1）基础螺栓必须符合机电安装工程安装标准的相关规定。

（2）二次灌浆必须符合机电安装工程安装标准的相关规定。

（3）钢梁的堵梁窝必须符合机电安装工程安装标准的相关规定。

2）允许偏差项目

钢梁埋入井壁内的深度不小于设计值。

检验方法：尺量检查。

4. 试运转保证项目

空重或试运转时，全面检查各部位，必须达到动作灵活，固定可靠，无卡阻现象；配重合适；闸门处无明显撒煤现象。

检验方法：观察和用小锤轻击检查。

16.2.9.9 井上下操车设备安装工程

1. 罐座安装

1）保证项目

（1）罐道梁制作的质量，必须符合设计要求。

检验方法：对照图纸尺量检查。

（2）罐道梁的堵梁窝，必须符合机电安装工程安装标准的相关规定。

2）基本项目

罐道安装应符合下列规定：

合格：固定牢靠，动作灵活。

优良：在合格的基础上，支承爪动作一致。

检验方法：实际操作检查。

3）允许偏差项目

罐道安装的允许偏差项目和检验方法应符合表5－16－50的规定。

表5－16－50 罐道安装的允许偏差项目松检验方法

项次	项 目	允许偏差	检验方法
1	梁面标高	±5 mm	用水准仪测量检查
2	罐道纵向中心线与设计中心线的重合度	5 mm	拉线和尺量检查
3	罐座轴心线与设计横向中心线（罐道中心线）的水平距离	+50 mm	
4	罐座四个支承爪平面高低差*	2 mm	用水准仪测量检查
5	罐笼在罐座上时，其轨面两面端与外面接头轨面高低差	进车侧 －3～0 mm 出车侧 0～+3 mm	尺量检查
6	梁埋入井壁内深度	－70 mm	
7	梁的水平度	1/1000	精密水平尺检查

注：* 指罐座四个支承爪平面，落罐时应均匀接触，如有三个腿现象时，可在罐笼底部或罐座爪上焊接调整。

2. 摇台安装

1）保证项目

（1）摇台梁的制作质量，必须符合设计要求。

检验方法：对照图纸尺量检查。

（2）堵梁窝必须符合机电安装工程安装标准的相关规定。

2）基本项目

（1）摇台安装应符合下列规定：

合格：固定牢靠，操作机构动作灵活。

优良：在合格的基础上，连杆动作无弯曲和卡阻现象。

检验方法：实际操作检查。

（2）风压或液压装置，应符合下列规定：

合格：严密不泄漏。

优良：严密不渗漏，管路排列整齐。

检验方法：观察和实际操作检查。

3）允许偏差项目

摇台安装的允许偏差和检验方法应符合表5－16－51的规定。

表5－16－51 摇台安装的允许偏差和检验方法

项次	项 目	允许偏差	检验方法
1	主轴轴心线与设计横向中心线的水平距离	±5 mm	拉线和尺量检查
2	主轴纵向中心线与提升中心线的重合度	5 mm	
3	梁面标高	±5 mm	用水准仪测量检查
4	梁的水平度	1/1000	用水平尺检查
5	主轴轴心线的水平度	1/1000	
6	梁埋入井壁内的深度	－70 mm	用尺量检查
7	摇台轨道头与罐道搭接左右摆动	3 mm	

3. 井上下平台安装

1）保证项目

（1）钢材的型号、规格和质量，必须符合设计要求。

检验方法：检查出厂合格证。

（2）平台板的焊接，必须符合机电安装工程安装标准的相关规定。平台盖板用螺栓连接固定时，必须牢固可靠，螺母点焊牢固。

检验方法：观察和用小锤轻击检查。

（3）堵梁窝必须符合机电安装工程安装标准的相关规定。

（4）平台的防腐蚀，必须符合设计要求。

检验方法：观察检查。

2）允许偏差项目

平台安装的允许偏差项目和检验方法应符合表5－16－52的规定。

表5－16－52 平台安装的允许偏差项目和检验方法

项次	项 目	允许偏差	检验方法
1	平台梁十字中心线与井筒十字中心线	±3 mm	拉线和尺量检查
2	梁的标高	－3～0 mm	用水准仪测量检查
3	梁的水平度	2/1000	用水平尺检查

4. 井上下安全门安装

1）保证项目

（1）安全门的制作质量，必须符合设计要求。

检验方法：检查出厂合格证和对照图纸检查。

（2）安全门的安装，必须牢固可靠，连接紧固件齐全。

检验方法：观察和用小锤轻击检查。

（3）矿用磁性接近开关与永磁铁之间的相对距离，必须符合设计要求。

检验方法：实际操作检查。

（4）安全门的防腐蚀，必须符合设计要求。

检验方法：观察检查。

2）基本项目

（1）门与滑轮组安装，应符合下列规定：

合格：滑轮转动灵活，开、关门运行正常无跳动。

优良：在合格的基础上，滑轮与导轨接触严密。门爪与锁扣能正常锁闭和开启。

检验方法：观察检查。

（2）门挡安装，应符合下列规定：

合格：位置正确，固定牢靠。

优良：在合格的基础上，开、关门时无碰撞现象。

检验方法：观察检查

（3）气动装置安装，应符合下列规定：

合格：气缸工作正常，操作机构灵活可靠。

优良：在合格的基础上，管路排列整齐，气缸无泄漏。

检验方法：观察检查。

（4）活动门架的开启与关闭，应符合下列规定：

合格：转动灵活，运行平稳。

优良：在合格的基础上，门架转动无明显变形。

检验方法：观察检查。

3）允许偏差项目

安全门安装的允许偏差和检验方法应符合表 5-16-53 的规定。

表 5-16-53　安全门安装的允许偏差和检验方法

项次	项　目	允许偏差	检验方法
1	安全门横向中心线与井筒横向中心线的水平距离	±5 mm	拉线和尺量检查
2	安全门纵向中心线与井筒纵向中心线的重合度	±3 mm	
3	导轨（滑轨）的标高	±5 mm	用水准仪测量检查
4	导轨（滑轨）侧面的垂直度	0.5/1000	拉线和尺量检查
5	导轨（滑轨）的水平度	0.5/1000	用水平尺检查
6	汽缸的垂直度	1/1000	

5. 阻车器安装

1）保证项目

（1）阻车器的操作机构，应符合下列规定：

合格：连接可靠，动作灵活。

优良：在合格的基础上，操作连杆动作协调无卡阻。

检验方法：实际操作检查。

（2）阻车器的车挡（阻爪），应符合下列规定：

合格：车挡开闭位置正确。

优良：在合格的基础上，两车挡（阻爪）动作协调一致。

检验方法：实际操作检查。

2）允许偏差项目

阻车器安装的允许偏差项目和检验方法应符合表5-16-54的规定。

表5-16-54　井架安装的允许偏差和检验方法　　mm

项次	项　目	允许偏差	检验方法
1	纵向中心线与提升中心线的重合度	3	拉线和尺量检查
2	横向中心线与井筒横向中心线距离	±5	
3	轨面标高	±3	用水准仪测量检查
4	两轨面相对高低差	2	
5	接头处轨面的高低差和内侧错动	1	用水平尺检查
6	轨道接头间隙	3	

6. 链式推车机安装

1）保证项目

（1）推车机基础螺栓、二次灌浆、减速器、联轴器的安装必须符合机电安装工程安装标准的相关规定。

（2）推爪动作（抬头、低头），必须灵活可靠边。推车时推爪头严禁有颤动现象。

检验方法：观察检查。

（3）制动器工作时，必须迅速准确、可靠。

检验方法：实际操作检查。

（4）推车机与翻车机联动闭锁装置，必须正确可靠。

检验方法：实际操作检查。

（5）经空负荷及负荷运转各2 h，运行正常，限位准确，轴承温度必须符合下列规定：

①滑动轴承温度不超过65 ℃。

②滚动轴承温度不超过75 ℃。

检验方法：用温度计检查。

2）基本项目

（1）推车机的转动和活动部位，应符合下列规定：

合格：动作灵活无卡阻现象。

优良：在合格的基础上，润滑良好。

检验方法：观察和实际操作检查。

（2）传动链条的松紧程度，应符合下列规定：

合格：链条的松紧程度适当，链条运行无跳动现象。

优良：在合格的基础上，链条与链轮的接触良好，间隙均匀。

检验方法：观察和实际操作检查。

（3）推杆的滑块动作，应符合下列规定：

合格：滑块动作灵活，无卡阻现象。

优良：在合格的基础上，无跳动现象。

检验方法：实际操作检查。

3）允许偏差项目

推车机安装的允许偏差和检验方法应符合表5－16－55的规定。

表5－16－55　推车机安装的允许偏差和检验方法

项次	项　目		允许偏差	检验方法
1	机体纵向中心线与设计中心线重合度		3mm	拉线和尺量检查
2	机体横向中心线与井筒横向中心线的距离		±5mm	
3	机体纵向水平度		1/1000	用水平尺检查
4	机体主动轴的水平度		0.5/1000	
5	主动轴标高		±3mm	水准仪检查
6	两轨道相对高低差		2mm	
7	主动轴与从动轴相对高低差		3mm	
8	主、从动链轮轴心线的平行度		1mm	尺量检查
9	机头和机尾的链轮与中间架中心线的重合度		3mm	
10	轨道接头处	轨面高低及内侧错动	1mm	
		间隙	3mm	

16.2.9.10　机电安装工程质量的检验评定

（1）本制度的分项、分部、单位工程质量均分为“合格”与“优良”两个等级。

（2）分项工程的检验项目分为保证项目、基本项目和允许偏差项目，其质量等级应符合下列规定：

①合格：

a. 保证项目必须符合相应质量检验评定标准的规定。

b. 基本项目每项检查处（件、点）应符合相应质量检验评定标准的合格规定。

c. 允许偏差项目检查的总点数中，有80%及其以上的实测值在相应质量检验评定标准的允许偏差范围内，其余的应不影响设备的安全运行。

d. 质量保证资料应符合本标准的规定。

②优良：

a. 保证项目必须符合相应质量检验评定标准的规定。

b. 基本项目每项检查处（件、点）应符合相应质量检验评定标准的合格规定，其中50%及其以上的处（件、点）符合优良规定，该项即为优良，优良项数应占检验项数50%及其以上。

c. 允许偏差项目检查的总点数中，有90%及其以上的实测值在相应质量检验评定标准的允许偏差范围内，其余的应不影响设备的安全运行。

d. 质量保证资料应符合本标准的规定。

（3）分部工程质量等级应符合下列规定：

①合格：所含分项工程质量全部合格。

②优良：所含分项工程质量全部合格，其中分项工程的50%及其以上为优良，且主要分项工程应为优良。

（4）单位工程的质量等级应符合下列规定：

①合格：

a. 所含分部工程的质量全部合格。

b. 质量保证资料应符合本标准的规定。

c. 观感质量的评定得分率达到70%及其以上。

②优良：

a. 所含分部工程的质量全部合格，其中分部工程的50%及其以上为优良，且主要分部工程应为优良。

b. 质量保证资料应符合本标准的规定。

c. 观感质量的评定得分率达到85%及其以上。

（5）分项工程质量不符合相应质量检验评定标准合格的规定时，必须及时处理，并按以下规定确定其质量等级：

①经返工重做的工程可重新评定质量等级。

②经处理后仍达不到合格标准要求，但经建设单位组织鉴定能够达到设计要求和使用性能的，其质量仅能评为合格。

③经鉴定达不到原设计要求，但经建设单位认可能够满足设备的安全运转要求的，其质量可定为合格，但所在分部工程不能评为优良。

④设备本身质量问题，经建设、施工单位商定，该分项工程可不参加评级。

16.3 提升运输管理制度

第一章 一 般 规 定

第一条 本制度主要针对矿井提升运输设备（包括带式输送机、提升绞车、无轨胶轮车、单轨吊、各类机车、无极绳绞车和调度绞车等）管理、立井提升系统管理、平巷、斜巷的轨道运输系统管理及无轨胶轮车运输管理等方面提出具体要求。

第二条 矿井使用的提升运输系统的相关设备（设施）必须取得“煤矿矿用产品安全标志”，有关防爆电气必须取得“防爆合格证”。禁止使用国家明令淘汰、禁止使用的设备。

第三条 矿运输副总工为运输管理工作的主要负责人，机运队为矿运输工作的实施部门，机电科负责对矿的机电运输设备全面管理工作。

第四条 提升运输设备的操作人员必须经过专门培训，经考试合格并取得“操作资格证”后才能上岗操作，严禁无证操作。

第五条 必须建立提升运输系统检查维修制度，明确检查维修内容，制定检修计划，定期对相关的系统和设备进行检查维修，并做好相关记录。

第六条 定期对提升设备及相关部件等进行检测、检验和试验，并有完整的测试记录和试验报告。

第七条 提升运输系统及相关设备设施的管理必须执行包机制，明确包机责任人，负责设备及相关设施检修、维护和保养工作，对相关设备设施的完好负责。要求包机责任人必须在设备管理牌板中明确。

第二章 管 理 职 责

第八条 机电科负责矿提升运输管理办法的制定和落实。

第九条 机电科负责制定矿提升运输的各项管理制度、岗位责任制。相关部门负责本部门操作规程及相关的技术措施的制定工作，机电科审核监督实施。

第十条 机电科负责矿提升运输设备操作人员的技能培训，各相关部门负责岗前培训和日常业务培训。

第十一条 机电科负责制定矿提升运输系统检查维修计划，并严格落实执行。

第十二条 机电科负责矿提升运输设备及相关部件的技术测试和检验工作。

第十三条 相关部门负责矿提升运输系统及设备的日常运行、检查、维护工作，机电科负责监督管理工作。

第十四条 机电科应积极推广提升运输管理的先进经验和新技术。

第三章 提升绞车及立井提升系统管理

第十五条 立井提升绞车供电必须实现双回路供电。

第十六条 提升绞车新安装或大修后，要由有资质的单位进行技术性能测试，并出具性能测试报告。以后提升物料的提升绞车每2年要进行一次性能测试，提升人员的提升绞车每年要进行一次性能测试。性能测试不合格的设备禁止投入使用。

第十七条 提升绞车钢丝绳必须每天检查一次，要明确检查责任人，制定检查标准，建立检查记录。推广安装使用钢丝绳在线监测系统，并按规定进行定期检验测试。提升设备和物料的新钢丝绳检验有效期为一年，以后每半年检验一次。

第十八条 提升装置的最大重量和最大载重差，应在井口公布，严禁超载和超重量差运行。

第十九条 连接装置的性能指标和投用前的试验，必须符合《煤矿安全规程》的要求。在使用过程中要进行日常检查和检测，有检测记录；要按要求定期进行检验，有完整的检验报告。

第二十条 提升绞车保护装置要符合《煤矿安全规程》要求，有防止过卷装置、防止过速装置、过负荷和欠压保护装置、限速装置、深度指示器失效保护装置、闸间隙保护装置、松绳保护装置、减速功能保护装置等，保护装置要求设置齐全，动作灵敏可靠。

第二十一条 提升绞车信号要符合《煤矿安全规程》和《煤矿用提升信号装置通用技术条件》（MT/T 834）相关要求。

第二十二条 专为升降人员和升降人员与物料的罐笼（包括有乘人间的箕斗），必须符合《煤矿安全规程》要求。

第二十三条 升降人员或升降人员和物料的单绳提升罐笼必须装设可靠的防坠器。新安装或大修后的防坠器必须进行试验，合格后方可使用，使用过程中每半年进行一次不脱钩检查性试验，每年进行一次脱钩试验，并建立试验记录。

第二十四条 提升绞车人工操作时，必须配备正、副两名司机，司机必须持证上岗。

第二十五条 提升装置的各部分（包括提升容器、连接装置、防坠器、罐耳、罐道、阻车器、罐座、摇台、装卸设备、天轮）和提升绞车各部分（包括滚筒、制动装置、深度指示器、防过卷装置、限速器、调绳装置、传动装置、电动机和控制设备以及各种保护和闭锁装置等），每天必须由专职人员进行一次全面检查，发现问题，必须立即处理。检查和处理结果都必须建立记录。

第二十六条 提升或下放大件设备时，应制定专项安全技术措施。

第二十七条　提升绞车应安装闸瓦磨损在线监测系统。

第四章　防爆牵引机车及轨道运输管理

第二十八条　轨道运输的巷道断面、车场、巷道转弯半径、巷道连接方式、斜巷躲避硐室、候车室、人车硐室、井下运输车辆检修硐室、矿车装卸载站等要符合《煤矿安全规程》及有关设计要求。

第二十九条　采用轨道运输时，井筒、大巷和采区巷道的轨型不低于30 kg/m；运行7 t及以上牵引机车、3 t及以上矿车、运送重量超过15 t（包括平板车重量）及以上液压支架设备的轨道，轨型不得低于30 kg/m；其他轨型不得低于22 kg/m。

第三十条　井筒、大巷和采区巷道的轨道铺设质量必须达到优良，道岔质量必须合格；其他巷道的轨道铺设质量必须达到合格，道岔合格率不低于80%，不得有杂拌道。道岔轨型不得低于轨道轨型，不得使用非标道岔。

第三十一条　倾斜井巷必须设置挡车装置。挡车装置要求齐全可靠，符合《煤矿安全规程》的要求。采用1.2m及以上提升绞车且上部为平车场时，变坡点以下略大于一列车长度处的挡车装置应与绞车实现联动，或与变坡点处挡车装置实现联动。挡车装置要定期进行检查、试验和维护，要建立完善的检修和试验记录。

第三十二条　采用绞车（包括提升绞车、无极绳绞车和调度绞车）运输的轨道必须按间距不大于20m装设地滚，保证数量齐全，转动灵活，严禁钢丝绳磨底、磨帮、磨轨道。

第三十三条　倾斜井巷各车场及中间通道口应安装声光行车报警装置，弯道、车场、其他人员密集地点应安装声光报警信号装置，关键部位道岔必须安装道岔位置指示器。

第三十四条　牵引机车必须符合完好标准，照明和制动系统完好可靠，相关保护设置齐全，动作灵敏可靠，必须配备红尾灯；必须配备瓦斯自动检测报警断电仪和防灭火装置。

第三十五条　连接装置（包括保险链、连接环、连接链、插销等）要符合《煤矿安全规程》的规定，日常要进行检查，要按要求定期进行检验，有完整的检验报告。

第三十六条　矿井同一水平行驶3台及以上牵引机车时，应配备机车通信设备。

第三十七条　牵引机车要求编号管理，有日常检修记录和设备大修记录。

第五章　带式输送机运输管理

第三十八条　带式输送机及电控必须选用取得煤矿矿用产品安全标志证书的设备。输送带选用阻燃输送带；带式输送机托辊的非金属材料零部件和包胶滚筒的胶料，其阻燃性和抗静电性必须符合有关规定。

第三十九条　带式输送机必须安装综合保护装置，具有防滑、堆煤、防跑偏、温度、烟雾报警、自动洒水等功能，带式输送机沿线必须安装急停保护装置。在主皮带大巷安装的带式输送机必须安装输送带张紧力下降保护装置和防撕裂保护装置；带式输送机保护装置要求设置齐全，动作灵敏可靠。

第四十条　带式输送机上运时装设防逆转装置和制动装置，下运时装设制动装置。带式输送机机头、机尾必须安装防护装置。

第四十一条　带式输送机各部分（包括滚筒、制动装置、传动装置、电动机和控制设备以及各种保护和闭锁装置等），每天必须由专职人员进行一次全面检查，发现问题，必须立即处理。检查和处理结果都必须建立记录。

第六章　无轨胶轮车运输管理

第四十二条　无轨胶轮车运行巷道气体必须每季度进行一次检测，并建立检测记录。检测结果必须符合《煤矿井下用防爆柴油机车技术检验规范》要求。

第四十三条 要根据无轨胶轮车的车型和路况核定车辆的装载重量和运行速度，并在车辆上进行标识，使用过程中严禁超载或超速运行（人车不得超过 25 km/h，运料车不得超过 40 km/h）。

第四十四条 采用无轨胶轮车运输的道路路面应采用混凝土硬化或铺设钢板等方式进行处理，水沟应用盖板封严，符合设计要求。

第四十五条 无轨胶轮车司机必须配备便携式瓦斯检测仪，对巷道内的瓦斯进行实时检查，瓦斯超过 0.8% 时必须停止运行并熄火。

第四十六条 无轨胶轮车应配备车载通信系统。

第四十七条 无轨胶轮车必须配备防灭火器材；车辆必须配备防止停车后自溜的工具或设施。

第四十八条 无轨胶轮车必须安装定位跟踪系统。

第四十九条 无轨胶轮车运输的各岔口、会车点、弯道、车场等处应设置行车指示安全标志和信号。

第五十条 司机开车前必须对车辆刹车、照明、喇叭、防爆系统等进行全面检查，存在问题的车辆严禁投入使用。

第五十一条 运输爆破器材时不得使用无轨胶轮车，必须使用专用车辆，并制定专项技术措施。运输大型材料和设备，必须制定专项技术措施，并认真贯彻执行。

第五十二条 无轨胶轮车运送人员时，主要运输线路必须使用专用人车；其他线路采用非专用人车时，车辆应有人车厢，车厢应有顶盖闭锁或紧固装置。禁止同时运输人员和设备材料。

第五十三条 无轨胶轮车运行过程中车轮过水后，要求司机必须轻点刹车进行三次试验，刹车正常后方可继续行驶。

第五十四条 机运队要制定无轨胶轮车检查、检修管理办法，明确车辆日检、旬检、月检、半年检、年检项目、实施和验收办法，明确责任，做好检修记录。

第五十五条 机电科每月必须对所有在用车辆的刹车系统、防爆系统、各种仪表、照明、喇叭等进行检查，发现问题及时进行处理，并对检查和处理情况建立记录。存在问题而没有处理的车辆禁止投入使用。

第五十六条 无轨胶轮车的使用必须符合《煤矿用防爆柴油机无轨胶轮车安全使用规范》（AQ 1064）的要求。

第七章 无极绳牵引绞车和调度绞车运输管理

第五十七条 无极绳牵引绞车必须达到如下完好要求：电气设备完好无失爆；绞车安装固定牢固；制动器灵敏可靠；托压绳辊布置合理，齐全有效；机尾绳轮固定牢固，有安全罩。

第五十八条 调度绞车必须达到如下完好要求：电气设备完好无失爆；绞车固定可靠；闸完好，无变形，松紧符合要求；操作手把过位螺栓齐全，护绳板齐全完好；压绳符合要求；出绳方向为上出绳。

第五十九条 无极绳牵引绞车和调度绞车信号应声光俱全，信号上牌板。无极绳牵引绞车应使用专用通信信号，通信信号应具有语音通话和信号发送功能。

第六十条 无极绳牵引绞车必须配备位置显示器、过位保护等安全保护装置。

第六十一条 无极绳牵引绞车和调度绞车钢丝绳的使用须符合《煤矿安全规程》的规定，新到的钢丝绳必须经过严格的验收，合格后方可使用。钢丝绳不得有打结、扭曲现象，其直径磨损减少 10%，或者一个捻距内断丝超过全部钢丝总数的 10% 时，必须停止使用。

第六十二条 无极绳牵引绞车和调度绞车必须根据具体工况，核定挂车（矿车和材料车）数量，并明确标识在绞车管理牌板中。

第六十三条 使用无极绳牵引绞车和调度绞车前，绞车司机必须对绞车、钢丝绳、信号及相关安全设施进行一次全面检查，有问题必须处理合格后方可使用，严禁带病运行。

第八章　单轨吊管理制度

第六十四条　责任划分

（1）机电科是单轨吊运输系统的主管单位，负责设备运行、维护、检修的监督考核工作。

（2）机运队是单轨吊运输、轨道及安全设施安全责任主体单位，全面负责管辖单轨吊运行、维护、检修的安全工作，保证设备不出现人身安全事故和设备停运事故。

第六十五条　单轨吊设备及轨道和安全设施的验收

（1）新安装单轨吊设备由机电科牵头，厂家进行技术指导，机运队负责施工安装，机电科负责安装过程中的协调沟通及技术指导工作。安装完成后，由机电科、调度室、安全科、生产技术科、机运队等相关部门负责人对安装设备进行验收，验收以《轨道安装及验收标准》为准，验收合格后方可投入使用。

（2）随工作面前进敷设的轨道及安全设施由相关部门安装完成投入使用前，必须经当班队长验收，纳入当班施工质量考核范围，并由队长进行安全性能验收，验收合格后方可前移轨道挡车器投入使用。要求队组要建立专业安全验收台账，形成并留存记录备查。轨道终端必须设阻车装置。

（3）综采队单轨吊自移装置轨道及安全设施安装完毕具备运行条件后，行驶单轨吊前由本队分管安全副队长对其安装质量进行验收，验收合格后方可行驶单轨吊，验收不合格不得行驶单轨吊自移装置。

（4）集中运输系统中的单轨吊运输系统的安装及运输前的验收由机电科牵头组织调度室、生产技术科、安全科、通风科等相关部门及安装单位正职队干参加进行验收，出具验收单，经验收合格后移交使用队组管理，对于验收中检查的问题由安装单位负责限期进行整改，存在较大安装质量问题时不得予以验收。

第六十六条　设备的使用

（1）单轨吊设备使用单位负责单轨吊的安全运行，必须安排经培训合格取得单轨吊驾驶资格证的专业固定司机驾驶运行，严禁未经培训的人员操作单轨吊。

（2）单轨吊司机必须严格遵守单轨吊操作规程和安全注意事项，并对因操作失误或违章操作造成的事故负主要责任。司机驾驶单轨吊时必须在前进方向驾驶室内操作，并系好专用保险带。

（3）单轨吊使用部门的当班队长对当班安全运行负全面责任，负责单轨吊及周边环境的安全工作，对因手指口述安全确认不到位或违章指挥、操作造成的安全事故负全面责任。

（4）单轨吊运行严格遵守“行人不行车、行车不行人”有关规定。

（5）单轨吊运输中摘挂钩操作由物料所属队组运料工负责，兼任单轨吊摘挂钩操作工，经培训合格方可上岗。在摘挂钩操作中必须严格遵守摘挂钩操作规程和安全注意事项，严格按照手指口述安全确认法进行安全操作，摘挂钩工每班由其当班队长负责安全操作落实工作。单轨吊司机监督，摘挂钩不合格不予运输。

（6）单轨吊在运输矿车过程中，必须严格执行手指口述安全确认工作法，做到安全确认到位，保证在运输过程中矿车吊挂、运输、卸载安全、稳定、有序，安全完成运输任务。

（7）当单轨吊通过运输设备上方时，原则上单轨吊路线不能与运行设备交叉（但受条件限制时，必须通知下方运行设备司机停机后，方准通过单轨吊）。单轨吊运输速度不得超过 2.5 m/s，在下坡与转弯处不得超过 1.5 m/s。

（8）本着谁使用谁维护的原则，使用队组应做到：

①严格按照《煤矿安全规程》《单轨吊操作规程》《单轨吊司机岗位责任制》《单轨吊设备管理制度》等有关规定操作设备。

②严禁随意打开、拆卸单轨吊的各大组成部分，出现故障及时上报上级部门。

③机电维护工要密切注意设备油位、水位、温度是否正常，并保持设备清洁卫生。

④由使用单位负责每月制定需要的设备配件计划，报机电科审批，由机电科上报供应科进行购置。

⑤设备移交严格遵照“设备管理制度”中的有关规定，由机电科办理设备及道轨移交手续并存档备案。

第六十七条 检修及维护

（1）使用单位必须严格执行包机责任制，做到单轨吊设备及轨道和安全设施包机到人，责任明确，考核到位。因检修不到位造成的事故或设备损坏按照《机电设备管理制度》考核。

（2）单轨吊所属责任队组检修班每班必须对设备运行情况进行检查，发现隐患问题及时处理，每班机电工必须对电气、机械部分及所属的相关附属设施进行全面检查，发现问题及时处理并做好记录，保证设备安全可靠使用，不出现责任事故。使用队组负责单轨吊的日常维护工作并对其安全性能和运输能力负责。

（3）单轨吊使用队组每班必须有专人对单轨吊轨道梁和安全设施及螺栓连接情况进行检查，发现隐患问题及时处理，保证单轨吊轨道安全可靠使用，不出现责任事故。使用队组负责责任区域内单轨吊轨道的日常维护工作并对其安全性能和运输能力负责。

（4）单轨吊设备、轨道及安全设施由使用队组负责制定季度检修和年度检修计划报机电科审批，由机电科负责统一协调安排大型检查检修。检修完成后由机电科、调度室、生产技术科、安全科、通风科等职能科室进行联合验收，验收合格后投入使用。

第六十八条 轨道安装及验收标准

（1）悬挂吊轨必须满足锚杆锚固力或对悬挂点进行集中载荷试验。

（2）吊轨及悬挂点应按列车运行的最大负载设计。

（3）同一线路必须使用同型号单轨，道岔单轨要与线路单轨型号一致，单轨接头间隙不得大于3 mm，高低和左右允许偏差分别为2 mm和1 mm，接头摆角垂直不得大于7°，水平不得大于3°。

（4）吊挂单轨的各吊挂点间距偏差不得大于15 mm，10组吊挂点间距的累计偏差不得大于30 mm。

（5）用锚杆悬吊时，每个单轨吊挂点需有双锚杆吊挂，要求单根锚杆锚固力不得小于90 kN，锚杆的托板必须紧贴巷壁，应用机械或力矩扳手拧紧，锚杆露出长度不得小于100 mm，悬吊单轨的两条圆环链夹角应在30°~60°之间。

第九章 小绞车管理制度

第六十九条 小绞车是指用于轨道运输的各种内齿轮绞车及滚筒直径1.2 m（不含）以下的绞车。

第七十条 小绞车的安装要求

（1）井下所有小绞车原则采用地锚固定方式进行固定，每台绞车用不少于4根锚杆固定，锚杆锚固长度：岩底≥1.2 m，煤层底板≥1.5 m，锚杆直径≥20 mm。锚杆材质均采用螺纹钢（高强），锚固方式采用树脂药包或涨壳式，确保每根锚固力不少于4 t。

（2）工作面及两巷靠近工作面附近的经常移动的小绞车，可不选用地锚固定方式，可选用四压两戗——将军柱法固定。压戗柱选用直径不小于140 mm的圆木(松木)，将军柱选用直径不小于200 mm的优质坑木（松木）。

（3）用四压两戗——将军柱固定时，必须进行底座改造或加垫木排底座，使绞车底座能够吃劲，压戗柱吃力，受力状态平衡，压戗柱柱顶应有不小于100 mm深的柱窝或柱坎，必要时要打吃劲的楔木，压柱垂直顶底板，戗柱前倾与底板呈70°~80°角。压戗柱不得影响司机操作，将军柱与护绳板之间应留有足够的操作空间，且有防倒柱护绳，压戗柱均应在靠顶300 mm左右设置护绳（用10号铅丝双股与柱连绑）。

（4）小绞车严禁使用金属支柱固定。

（5）绞车最突出部位与矿车最突出部位的最小距离不得小于400 mm，绞车最突出部位与巷道帮最小距离不得小于250 mm，绞车司机操作侧应有1 m空间，绞车硐室高度不得小于1.8 m。

（6）绞车的中心线与轨道中心相一致（特殊情况必须经安全矿长、总工批准），绞车钢丝绳要缠绕整齐，严禁上垛。

（7）小绞车的设计与安装，必须经机电科审核后方可进行。

第七十一条　小绞车使用要求

（1）小绞车使用要做到“七不准”：

①绞车安装后，未经验收或验收不合格，不准使用。

②未明确使用单位和维护包机人不准使用。

③安全设施不到位或存在隐患不准使用。

④小绞车司机未持“两证”上岗不准使用。

⑤在使用前未对防护设施（钢丝绳、保险绳、钩头、信号、制动闸和连接装置等）认真检查，不准使用。

⑥非绞车司机不准开车使用。

⑦安装地点不满足设备、检修、操作要求，不准使用。

（2）小绞车司机要做到“七不开车”，即：无证不开；绞车固定不牢不开；钢丝绳有死弯、断丝、磨损超限、上垛现象不开；信号不清不开；超挂车辆不开；安全设施不全不开；轨道质量不合格不开。

（3）多部绞车接力运输时，各绞车信号系统不得串联，严禁同一轨道线路作业区间两部绞车同时进行运输作业。

（4）严禁一部绞车双向提升。

（5）在任何情况下，都不准把斜坡作为停（存）车场。

（6）采用小绞车对拉方式运输时，必须有专项安全措施。

（7）钢丝绳长度不得超过绞车最大容绳量。

（8）绞车安装地点不得有淋水和积水，严禁闸上有油水和其他杂物，周围要清洁，闸下方不得有任何物品。

（9）严禁用调度绞车代替回柱绞车。

（10）小绞车司机必须经专门技术培训，经考试合格后，持证上岗，规范操作。

（11）未尽事宜严格执行矿小绞车管理制度。

第七十二条　小绞车管理标准

（1）小绞车领用、安装、验收严格执行《机电设备管理制度》中相关要求。

（2）绞车制动必须灵活可靠，施闸后，JD-1.0小绞车闸把在水平线上30°~40°即应闸死，其他小绞车闸的行程不得超过全行程的2/3~4/5。

（3）牵引钢丝绳钩头必须上护绳皮，绳皮必须有足够强度（绳头上绳环时绳皮应穿过绳环）。绳头卡绳长度不得小于600 mm，绳卡不得少于3道，间距不超过250 mm，余头100 mm左右。

（4）JD-1.0绞车用统一规格的护绳板，护绳板高度必须过滚筒上方水平线。固定螺丝必须紧固，护绳板稳定可靠。

（5）小绞车控制按钮和信号按钮，必须集中上操作板，操作板尺寸符合有关规定，操作板要固定在便于司机操作的合适位置，如专用固定架上或悬挂于巷道侧帮，并固定牢固可靠。操作板高度原则底边距巷道底部1.2 m。

（6）操作板的制作的规格要求，符合矿专门规定标准。

（7）声光信号可单独装置且固定牢固，其发光面必须面对司机，距司机操作位置的距离在5vm以内，以保证司机准确接收信号。

（8）小绞车必须采用控制按钮的控制方式操作，严禁用开关就地操作。回柱绞车可远距离控制，但距离应控制在10 m以内。

（9）钢丝绳绳头固定端必须用专门的卡绳装置压牢，不得直接系在滚筒上，且在滚筒旋转过程中不得磨损电机固定螺栓。

（10）绞车工作时松绳至终点，滚筒上至少应留有三圈绳不得放出，收绳后滚筒边沿应高出最外一层钢丝绳不少于2.5倍绳径的高度。

（11）各部绞车直线服务长度30 m范围内可以通过喊话联系。超过30 m时，必须安设相应的声光对打信号系统指挥，信号系统要灵敏可靠，并严格执行“一声停，二声开，三声松绳”的指挥方法。

（12）切眼内等特殊地段安设绞车，采用四压两戗——将柱固定时，柱顶必须打在实顶上，严禁打在金属网上，对顶板条件和壁帮条件不好的地段严禁固定绞车。

（13）在砌块支护的巷道或硐室安装绞车，采用四压两戗——将军柱固定时，柱顶必须穿透砌块打在实顶上。锚喷巷道要掏柱窝固定。

（14）绞车运行中钢丝绳要走直线，特殊情况有转弯时，必须设滑轮导向（必须经批准，且只能有一处），导向滑轮固定在将军柱或地锚上（专用）等牢固部位，转弯处钢丝绳内侧严禁站人。

（15）回柱绞车等无护绳板的绞车，在拖运设备或带车时，绳道两侧及前方严禁有人，绞车司机不得站在绞车正后方或正前方，防止断绳伤人。

（16）所有绞车必须悬挂小绞车管理制度、小绞车司机岗位责任制、技术特征牌和操作规程。

（17）绞车运输沿运输线要安装信号，信号点间距50 m。信号高度与信号电缆高度相同，在岔口和必要地点要加设一组信号单按，便于运输安全。

（18）未尽事宜严格执行矿小绞车管理十条禁令的要求执行。

16.4 采掘设备管理制度

矿综掘队、综采队必须制订设备运行维护制度、包机制度，并由机电队长负责认真落实。采掘设备的运行和维护必须实行包机制，专责到人。包机人应保证自己所包的设备正常运转，严禁设备带病运行。

第一章 总 则

第一条 采掘机械的使用、维护必须遵守《煤矿安全规程》第一百一十七条至第一百二十一条的规定。井下带式输送机、刮板输送机及其他采掘设备的安全保护装置必须正确使用，对甩保护装置及任意增大保护整定的定为失爆，以确保设备安全运行。

第二章 采掘设备各类司机主要职责

第二条 熟悉设备性能，严格按操作规程进行操作，严禁违章作业。

第三条 当设备发生异常情况应尽快处理。

第四条 经常检查安全保护装置动作是否可靠。认真填写运行日志、巡回检查记录、事故检修记录和交接班记录。

第五条　认真执行现场交接班制度和岗位责任制。

第六条　有权拒绝违章指挥。

第七条　保持设备和设备运行环境清洁卫生。

第三章　采掘设备各类维护工主要职责

第八条　熟悉所维护设备的性能，按规定时间和内容对设备进行巡回检查。对巡回检查时发现的问题要及时处理。

第九条　维修工对所包设备维护保养负责，保持设备处于完好状态。

第十条　对设备的关键部位要做好日常点检和定期点检，并做好记录。

第十一条　严格按有关维修操作程序操作，认真填写检修记录。

第十二条　妥善保管备品备件。

第四章　各采掘队机电运输管理人员职责

第十三条　熟悉所维护设备的性能，了解和掌握设备使用、检修检验周期，根据设备使用周期，科学安排检修计划和时间，确保台台运行设备性能良好，不甩保护，不失爆。

第十四条　负责对本厂队机电运输职工进行安全技术培训、考核，制订采掘机电运输设备检修施工方法和安全措施。

第十五条　机电班长每天对所辖设备检查一遍，并负责本厂队检修任务的实施。

第十六条　机电队长和机电班长负责检修后的验收工作。

第五章　采掘设备的检修周期和内容规定

第十七条　对大型采掘设备如采煤机、重型刮板输送机、大型带式输送机减速箱要求，每 3 个月强制清洗和更换一次润滑油。

第十八条　对日常保养无法处理的缺陷，每月利用检修班重点安排解决，对设备的各部位配合间隙每 2 个月进行一次适当调整。

第十九条　容易磨损的部件每月检查一次，对磨损超限的部件要及时更换。

第二十条　对液压设备要求，液压箱体、液压阀和液压管路每月清洗一次。对油脂清洁度每月进行一次油样检查。

第二十一条　各设备按使用说明书中润滑图表规定的注油周期进行注油，没有说明书的设备按每周注油一次执行。

第二十二条　电气设备：每月进行一次掏芯检查，检查内部接线是否松动，隔离开关接点情况以及其他部件的完好情况；每月进行一次绝缘电阻遥测，对绝缘电阻降低到规定临界值以下的电气设备要及时上井干燥处理。对电气设备防爆性能检查要求，每周由防爆检查员检查两次，主要内容是接线和各配合间隙是否符合防爆性能要求。

第六章　设　备　回　收

第二十三条　设备按规定回收到地面检修，应及时通知机电有关人员验收，不得乱扔乱放、过而不问，两天内不到机电科办理回收手续的，对使用部门罚款×××元。

第二十四条　回收设备的电源线或负荷线必须拆除，如有刀割电缆在开关或电机上者，给予×××元罚款。

第二十五条　回收设备不许分开回收，所回收的设备必须零部件完整齐全，不得有缺件，损坏现象，缺件损坏由回收部门按价赔偿。

第二十六条 在机电科对回收设备验收后方可注销使用设备单位的台账。

第二十七条 机电科组织对回收设备维修、保养，设备性能完好后，入库备用。

第七章 综采工作面搬家管理

第二十八条 搬家前准备

（1）综采工作面停采前一个月由机电科负责提供“工作面设备布置图”“工作面供电系统图”，报搬家施工部门。

（2）搬家施工部门在搬家前一周内提出材料、设备、配件计划，并报送机电科。

（3）机电科负责提供修理设备需用的配件、材料等情况，分管领导审批后，报供应科。

第二十九条 工作面停采清查

（1）综采工作面停采前半个月，由机电副总工程师组织现场清查各类机电设备。

（2）机电科负责清查鉴定设备、关键零配件、电缆和小型设备的数量及完好状况，核定各类设备的回收数量并建账统计。

（3）使用部门及运输部门要积极配合机电科搞好工作面设备、材料清查工作，保证按回收数量回撤上交。

第三十条 综采设备拆、装、运过程的规定

1. 采煤机

（1）采煤机的拆、装、运必须解体。

（2）滚筒必须从摇臂行星头拆下，不得和摇臂同装一辆车。

（3）零散小部件要集中在一起，妥善保管。

（4）牵引部、截割部、电机的各类液管、水管出口处必须用油堵或布封堵，不得有泄漏或杂物进入。

（5）在牵引部、截割部、电动部等端头部分加设保险卡。

（6）拆下来的地脚螺栓，对口螺栓要集中装车出井。

2. 液压支架

（1）搬运过程采用立式或整体、卧式装车方法，并用特殊的锁紧装置固定支架。

（2）液管、操纵阀、安全阀等小部件要妥善保管，不得损坏。在运输过程中将液管头用塑料堵头封堵。

3. 刮板输送机、转载机、破碎机

（1）将铲煤板、挡煤板、电缆架拆除，锚链分别集中在一起。

（2）各类销轴、压板、螺栓按不同安装部位集中装运，不得混放。

（3）各类护罩、挡板、护板妥善保管。

（4）乳化液泵站、电气设备要固定牢靠，不得翻车落道。

（5）其他规定：运输过程中，设备要按规定要求捆绑，不得超宽超载，不得野蛮装卸。

第三十一条 安装质量要求

1. 液压支架

（1）安装要符合质量标准规定，保证呈一条直线，且架间距符合规定，垂直于工作面刮板输送机。

（2）支架位置调好后，立即接通供液管路，将支架升起。顶梁与顶板接触要严密，不得歪斜，局部超高或接触不好的用木梁架实，支架要达到初撑力，并与刮板输送机完好连接。

（3）支架安装后，及时更换损坏和丢失的零部件，管路排列要整齐，液箱干净整洁，乳化液配比浓度和支架工作压力符合规定要求。

（4）支架内外无浮矸、杂物等。

2. 刮板输送机

（1）机头要摆好放正，稳固垫实不晃动。

（2）中部槽铺设要平、稳、直，铺设方向要正确，每节中部槽的搭接板要朝向机头。

（3）挡煤板与槽帮，铲煤板与槽帮之间靠紧无缝隙。

（4）圆环链焊口不得朝向中板，不得拧链，双链刮板间各段链环数量必须相等。使用旧链时，长度不得超限，两边长度必须相等，刮板的方向不得装错，水平方向连接刮板的螺栓，头部要朝向中板。

（5）沿刮板输送机安装的信号装置要符合规定要求。

3. 采煤机

（1）零部件完整无损，螺栓齐全牢固，手把和按钮动作灵活，电动部与牵引部及截割部的连接要牢固，底脚螺栓齐全可靠。

（2）油质和油量符合要求，无漏渗油现象。

（3）电机接线正确，滚筒旋向适合工作要求。

（4）采煤机运行平稳，遥控操作可靠，各部连接螺栓紧固。

（5）电缆保护齐全，长度符合要求。

（6）冷却水，内外喷雾系统符合要求，截齿齐全。

4. 转载机

（1）刮板机要与带式输送机在同一条中线上。

（2）摆正机头，传动装置连接面严密无间隙。

（3）传动装置安装在人行道一侧。

（4）两条锚链与链轮不得错位，刮板链连接螺栓头应朝向刮板运行方向，不得有扳链现象。刮板链在上槽时，连接环的突起部分应向上，立链环的焊口向上，平链环焊口向溜槽中心线。

（5）链条松紧适宜，不咬链不跳链。

（6）油质和油量符合规定要求。

5. 破碎机

（1）各部位螺栓要紧固，达到拧紧力矩要求。

（2）电机接线正确，并符合电气完好要求。

（3）电机皮带轮的梯形槽要与破碎机的带轮梯形对正，保证皮带运转时在同一条直线。

（4）各传动部位转动灵活，无挤压现象。

（5）润滑部位要注入润滑油。

6. 带式输送机

（1）机头架距巷道顶板大于 0.8 m，机头机尾及中间架垫稳垫平，牢固可靠，呈一条直线。

（2）零部件完好齐全，符合完好标准要求。

（3）安装时要清理接合面，修理碰伤的结合面，相互间无间隙、不偏斜。

（4）销轴的安装要清洗干净，并涂一层油，严禁在销轴孔不对中时用大锤硬打。

（5）要接好输送带扣，保证运行不偏斜，接口要扎紧，穿条长度符合要求，两端打弯。

7. 电气设备

（1）电气设备的安装要符合《煤矿安全规程》的规定和《煤矿机电设备完好标准》与机电质量标准的相关要求，按负荷整定，符合电气防爆要求。

（2）工作面和顺槽使用的 1140 V 电气设备，要严格按供电系统图进行安装和整定。3300 V 按照规定制定安全管理措施。

（3）所有电气设备安全保护装置和仪表完整齐全、动作灵敏可靠，接地装置符合规定要求。

（4）移动变电站、电气列车放置方向符合设计要求。

（5）电缆及电气设备要挂标志牌、责任牌和完好牌，并详细注明用途、规格、长度，吊挂要整齐，剩余部分盘成“∞”字形，置于专用电缆车上。

（6）低压供电系统要严格按照供电设计要求敷设电缆，杜绝超长距离供电。按设计要求，要安装齐全工作面通信照明和控制系统。

8. 乳化液泵站

（1）乳化液箱与液泵要在同一水平，且乳化液箱不低于泵体，距离要适宜，液泵的进液管长度不超过10 m。

（2）设备与带式输送机的间距不小于0.7 m。

（3）泵站至工作面第一架支架供液管路的长度，要满足设备列车每次移动需要。

（4）快速接头U形销，不准插单腿销，防止承压时甩脱伤人。

（5）泵站各部件的连接及固定螺栓要齐全牢固。

（6）曲轴及油环所用润滑油要符合规定牌号。

（7）各种安全保护装置，要灵活可靠，不得随意甩掉。

（8）乳化液泵站周围要保持清洁无杂物。

9. 调度绞车

（1）绞车滚筒无裂纹、破损或变形。

（2）底座无裂纹，基座螺丝紧固，护板整齐无变形。

（3）电机符合完好标准，接地可靠。

（4）信号装置声光图示清晰，保证操作按钮灵敏可靠。

（5）钢丝绳在滚筒上固定牢靠，绳卡不少于两副，钢丝绳无打结及断丝断股现象。

（6）闸把及杠杆动作灵敏可靠，施闸后闸把位置不超过规定要求。

（7）拉杆螺栓叉头、闸把销轴无损伤变形，开口销不得用铅丝代替，拉杆螺栓应用背帽紧固。

（8）护绳板由矿统一设计、制作。

（9）运转无异响或甩油现象。稳好后，突出部位要距轨道0.5 m以上。

10. 其他要求

（1）设备安装过程中，要严格履行安装程序。

（2）做到文明施工，不得将设备或零部件乱堆乱放。

（3）确保安装任务完成质量，符合安装技术要求。

第三十二条 新面稳装后联合运转及验收

（1）综采工作面投产前必须做好设备的质量验收、单机调试和工作面试生产工作。

（2）设备验收：综采工作面设备安装完毕后，由主管综采设备的副总工程师组织验收人员，按选型设计、《煤矿机电设备完好标准》和综采工作面机电设备质量要求对工作面设备进行验收，发现问题及时处理。

（3）单机调试：综采工作面设备验收合格后，要对采煤机、输送机、转载机、破碎机、带式输送机、乳化液泵站及电气列车等设备进行单机试运转。

第三十三条 联合试运转及验收

（1）准备工作完成后，由安装单位、使用单位进行试产，生产系统职能科室主要负责人参加。试生产时，综采队队长、机电队长负责设备运转时各部位的检查调试。

（2）一切工作就绪后，方可对设备进行联合试运转。开机顺序是：乳化液泵站→带式输送机→破碎机→转载机→刮板输送机→采煤机。

（3）采煤机先慢速割煤，第一刀割完后，再按正常速度割煤，严格执行作业规程。

（4）试生产过程中发现的问题由安装单位无偿返工限期处理，并追究其相关责任。设备质量验收合格后，进行3天试生产，系统正常后安装单位与使用单位方可办理移交手续。

（5）新工作面投产15天内，因设备修理、稳装不合格等原因造成的事故，视情节处罚安装、使用单位。

（6）所有设备在安装运输过程中的损坏丢失，按原值扣罚。

16.5　矿井主排水系统运行管理制度

为确保矿井主要排水系统的安全、可靠运行，提高矿井防灾抗灾能力，依据《煤矿安全规程》《煤矿机电设备完好标准》及《煤矿安全生产标准化的相关要求》，结合本矿实际，制定本制度。

第一条　本制度适用于矿主排水系统和主要采区排水系统（以下简称主排水系统）的管理工作。

第二条　职责

（1）机电科是矿井主排水系统的业务主管部门，主要负责：

①主排水泵的设备选型、安装指导及技术服务工作。

②主排水泵的技术档案收集整理存档工作。

③每年雨季前主排水泵性能测试、主排水系统联合测试的鉴定工作。

④主排水系统运行情况日常监督检查工作。

⑤主排水系统运行情况的月度检查工作。

⑥主排水设备大修工作。

（2）机电队主要负责：

①主排水系统的日常管理、运行和日常检修维护工作，保证主排水泵满足一台工作、一台备用、一台检修。

②定期与不定期的设备、设施检修和水仓清理工作。

③每年一次的主排水泵性能测试，主排水系统联合测试的实施工作。

第三条　运行管理

（1）主要水泵房必须有设备技术档案、系统图、岗位责任制度、操作规程、运行记录、故障记录、维修记录（日检、月检、大修）机电干部上岗查岗记录、要害场所管理制度、外来人员出入记录等。

（2）排水设施标识标志要齐全、规范。

（3）辅助设施设备（真空泵、配水闸阀、流量计、压力表、水位计传感器）要齐全完好。

（4）水泵房安全通道必须畅通；防水密封门、防火门、防水闸阀必须齐全、有效。

（5）主要排水设备运转应符合下列要求：

①设备运转时无异常声音、异常振动和异味，各轴承、控制设备及电机的温度正常。

②电机的电压、电流、输入功率等参数符合要求。

③水泵流量、扬程、效率等参数在合理的工况范围。

④电气保护灵敏可靠，仪器仪表齐全、显示准确。

⑤阀门开启灵活。

⑥新投入水泵及大修后的水泵试运转时间不少于24 h。

（6）机电队每旬对主要排水泵房及管路系统进行检查，机电科每月对主排水系统进行检查。

（7）主排水系统应使用低耗、先进、可靠的电控装置，有通信接口。

（8）主要排水系统电动机保护应齐全、可靠。

（9）排水系统各仪表指示正确，定期检验合格。

(10) 主、副水仓的蓄水能力应满足《煤矿安全规程》要求，并设有高、低水位声光报警装置。

第四条 检修、检测管理

(1) 主要排水系统要由专人进行点检和维护保养。

(2) 每年雨季前，必须对主要排水系统进行一次全面检修及联合排水试验。

(3) 主要排水设施进行预防性检修、大修或更新时，必须制定专门的应急措施，由总工程师审核，矿长批准方可实施。

(4) 每年雨季前，必须对矿井主要水仓全部进行彻底清理；清理后水仓有效容积必须达到《煤矿安全规程》的规定。

(5) 要定期检查排水系统的设备铭牌、责任牌、完好牌、警示牌、电缆标志牌，确保规范齐全。

(6) 主排水泵房的电话应能与矿调度室直接联系。

(7) 排水系统的作业规程、制度、图牌板、记录等资料齐全，并有运行、日检记录及排水供电系统图和排水系统图。

16.6 空压机管理制度

为进一步规范空压机设备管理，保证矿压风自救系统安全正常运转，结合本矿实际，特制定本制度。

第一条 职责

(1) 机电科是矿井空压机的业务主管部门，主要负责：

①空压机的设备选型、安装指导及技术服务工作。

②空压机的技术档案收集整理存档工作。

③空压机的月度安全运行监督检查工作。

④负责空压机的注册及年度安全性能检测工作。

⑤负责空压机操作人员取证的对外联系工作及对人员持证情况的监督检查工作。

(2) 设备使用部门是空压机的日常维护运行部门，负责保证空压机的正常运转工作。

(3) 机电队负责对空压机安全阀、压力表的定期检测工作，检测完成后，将合格的检测报告报送机电科进行存档管理，保证安全阀、压力表等安全设施在合格检定期内。

第二条 基本规定

(1) 空压机操作工、维修工必须经过有关培训，经考核合格后发证、持证上岗。

(2) 凡操作人员都必须按规定穿戴劳动保护（包括工作服、帽、鞋、手套等）用品。

(3) 清扫工作现场时，严禁用水冲洗电气设备、电缆、照明、信号线路以及设备传动部件。

(4) 工作现场应经常保持整齐清洁，地面做到“三无”（无积水、无积尘、无杂物），设备做到“三不漏”（不漏油、不漏电、不漏气）。

(5) 本系统所用的压力表、安全阀、压力调节器必须灵活可靠，压力自动调节装置、温度控制装置和事故报警装置应灵敏可靠，严禁甩掉不用。压力表、安全阀要按国家要求进行检测检定，检测合格方可使用。

(6) 对本机进行任何检修或检查之前，应严格执行“停送电”制度。进行就地单机调试或操作时，应有专人监护，双方要做好通信联系工作，防止出现误操作。

(7) 对本系统的所有压力管路、阀门、容器、仪表等的操作、检验，均应按照国家有关规定执行。

第三条 日常检修维护

(1) 检查油水分离器内的油位是否正常，过多或者过少都必须处理后方可运行。

(2) 检查各风管、油管连接处是否有破损、漏油现象，任何泄露都应立即修复。

(3) 检查供电情况是否正常，仪表盘、指示灯或显示屏显示是否正常。对显示的故障必须经检查排除后方可起动。

(4) 每 3 个月的检查维护项目：保养安全阀，检查动作；检查并清理进气过滤芯；检查是否漏油。

(5) 每年的检查维护项目：试验安全阀、传感器等元器件运行状况，检查各橡胶软管，根据设备检测系统提示，更换各个过滤装置。

(6) 检修班要对设备润滑点按照操作规程要求，每班进行一次检查，并严格按照设备润滑图表，对设备进行定期、定量、定点润滑，同时做好润滑或检查记录。

(7) 加注油脂时应采用小桶直接加油，避免二次倒装。对每个牌号的油脂要使用专用油器具，严禁混装混用。

(8) 加注油时，应将设备加注油口擦拭干净，以免污染；加油器具用完后，必须放回专用台架内，并保证清洁。

(9) 长期停用前或每运转 2000 h 要更换润滑油，要用专用螺杆压缩机矿物润滑油，闪点不低于 215 ℃。

(10) 为了降低噪声、保证人员的安全，合理使用隔音设施，并保证安全可靠。

(11) 在生产中，出现紧急情况可在现场按急停按钮。当系统达到紧急停车的条件时也可以自动紧急停车并报警。

(12) 在生产中出现故障，系统也可能自动停机，操作人员应迅速检查排除故障。

第四条　运行要求

(1) 观察显示屏信息或仪表盘、指示灯是否正常，若有异常声音、振动、漏油现象，立即按急停按钮停机检查。

(2) 通过压缩机上的观察孔观察是否有油飞溅，判断润滑情况是否正常，润滑油路是否畅通。运转中若发现油位计的油位指示过低，应立即停机，待系统内部没有压力时补充润滑油。

(3) 运转中排气温度应保持在 75～90 ℃之间，且各管路及容器内均有压力，不可松开任何管路或柱塞，以及打开不必要的阀门。以免被高温、高压气体伤害。

(4) 运转中当排气温度超过 110 ℃或电动机过载导致电流保护动作时，系统会自动停机，下次需复位方可启车。严禁频繁起动电动机以免烧坏。

(5) 因空压机控制系统内设有相序保护程序，电动机不可反转，其旋转方向必须与机身上所示箭头一致。

(6) 控制系统设有空气滤清器阻塞、油过滤器阻塞、油分离滤芯阻塞报警功能，应按提示立即更换。

(7) 运转中应经常检查仪表中关于电压、电流、排气压力、排气温度、油位的显示，发现异常及时处理。

16.7　主通风机定期检修维护制度

为确保主通风机安全可靠运行，保证矿井供风的连续性，根据大型设备定期检修计划规定，特制定本制度。

第一条　主通风机必须按照《煤矿安全规程》进行安装、调试，并符合相关技术要求。

第二条　值班人员每班必须对主通风机进行巡回检查，发现问题及时通知维修工处理。运行后的主通风机必须按制度进行检修，并严格按《煤矿安全规程》要求进行年度整机安全性能检测，严禁主通风机带故障运行。

第三条　定期切换主通风机，根据《大型设备检修计划》对备用主通风机全面检修，每月进行一次切换。

1. 小修项目

(1) 检查紧固件各部位连接螺栓。

(2) 检查风叶是否有松动或焊缝开裂现象，叶片的安装角度与设定的是否一致，如不一致的及时调整，焊缝开裂的及时加固，紧固风叶螺栓。

(3) 对轴承润滑并清理废油通道。

(4) 检查隔爆接线腔及结合面有无锈迹，接线是否紧固。

(5) 检查配电柜各母线及控制线路的连接点紧固可靠，保护装置动作正常。

(6) 检查防爆盖、风门、无漏风，防爆盖压板灵活可靠。

2. 中修项目

(1) 检查电机所有轴承的润滑及磨损情况，对磨损较严重的轴承更换同型号轴承，并重新加注适量润滑脂。

(2) 检查风机铜衬有无磨损，铆钉有松动脱落现象及时处理。

(3) 检查架空线路及高压电缆连线有无损伤现象，各转角和终端拉线是否紧固。

(4) 检查杆身有无裂纹及杆基培土是否夯实，直瓶和悬瓶是否完好，对培土不足的及时回填。

(5) 隔离开关有无松动或刀口损伤。

3. 大修项目

(1) 主电机轴承检修、清洗、换油；主电机定子、转子检修、清污，定子浸绝缘漆。

(2) 主电机做耐压性能测试。

(3) 主通风风筒清洗、清灰、刷防锈漆。

(4) 主通风机消音棉清洗、清灰。

(5) 主通风机主轴、叶片探伤；调整叶片角度。

第四条 给轴承加注润滑脂时，必须加注同型号润滑脂，严禁不同型号的混合使用。

第五条 根据主通风机的运行情况及各部件的磨损情况，进行不定期的检修、检查、维护。

第六条 调整风叶角度应严格按照矿井通风需要进行调整且必须经矿总工批准，使主通风机安全可靠运行。

第七条 每项检修工作必须制定负责人，所有人员听从负责人指挥。

第八条 检修工作结束后，应对主通风机进行试运行，保证可靠备用，检修负责人必须认真填写检修记录。

第九条 未尽事宜严格按照说明书及《煤矿安全规程》规定执行。

16.8 瓦斯抽采泵站管理制度

第一条 地面泵房及泵房周围 20 m 范围内禁止堆积易燃物和有明火。

第二条 瓦斯抽采泵站 50 m 范围内无其他主要建筑物、民房等，站内严禁非工作人员进入，严禁无关材料在泵站堆放，否则对值班人员处罚×××元。

第三条 站内电气设备和照明设备都必须使用矿用防爆型，电气设备应严格按防爆规定进行安装，维护及检查，确保防爆设备的性能正常发挥。

第四条 泵站内安装抽采管路系统必须装设防雷电、防爆炸、防回火等安全装置，并经常检查，保证性能完好。使用的仪器仪表必须定期校验并在校验期内。

第五条 禁止在站内和抽采管道附近进行气割、电焊等作业，若必须进行，需编制专门的安全技术措施，并报相关安全技术管理部门，批准后方可进行。

第六条 站内严禁存放汽油、煤油及其他易燃易爆物品，站内要存放足够的消防器材（灭火器及消防沙），每周应进行一次消防器材专项检查。

第七条　瓦斯抽采泵司机必须穿戴整齐，长发者必须将头发盘起，戴帽操作。

第八条　泵站工必须坚守岗位，执行双人值班制度，认真负责做好本职工作。

第九条　瓦斯抽采队要认真组织抽放泵站工岗前学习泵站管理制度、泵站工岗位责任制、操作规程、泵站系统操作流程图，使其熟练掌握，经培训机构及科队考试合格后，持证上岗。每月至少对泵站工进行一次集中培训，每半月组织泵站工进行一次复训。

第十条　泵站必须悬挂泵站管理制度、岗位责任制、操作规程、泵站系统操作流程图等管理牌板；建立泵站瓦斯抽采参数记录、设备检查记录、交接班记录、开停记录等。

第十一条　严格执行现场交接班制度，接班时泵站工必须对抽放管路、泵体、气水分离器、瓦斯检测仪、甲烷传感器、管路开关、电气设备及电缆、监测仪表及各部位连接进行检查，如发现设备损坏和不能正常工作，立即处理并向调度室、通风科进行汇报，汇报完后在交接班记录上填写清楚备查。

第十二条　瓦斯抽采泵原则上不准停运，因故停电、供水不足、泵体故障、管路断裂等原因停泵时，泵站工必须及时向调度室、通风科汇报情况。调度室采取紧急措施安排处理，通风科负责现场瓦斯控制及相关处理工作。若因特殊原因需要停泵处理时，必须执行以下规定：

（1）需要停泵的施工单位必须填写申请单，报瓦斯抽采队负责人、通风科负责人、总工程师审批、矿长签字。

（2）停泵申请单一式三份，在当日调度会报批后，一份交调度室、一份交通风科，一份由施工单位带入泵站交给当班泵站工。

（3）泵站工接到停泵审批单后在规定时间停、开泵。停、开泵前必须向调度室汇报。

第十三条　泵的开、停记录要详细，停泵原因要填写清楚并向调度室汇报。

第十四条　各职能科室入内检查进入泵站前要进行放电，按规定要求缴纳手机等禁忌物品。离开前必须在“要害岗位上岗检查记录”和“领导上岗检查记录”簿上填写检查内容并签名。

第十五条　泵站内必须有直通矿生产调度部门的电话和检测管路甲烷浓度、流量、压力等参数的仪表或自动监测系统。按规定要求安设视频监控系统，并确保正常运转。

第十六条　必须确保泵的参数正常，减速器冷却水，供水压力 0.1 ~ 0.3 MPa，真空泵轴承温升不超过 35 ℃，实测温度不超 70 ℃。泵的参数不正常，未及时调整或汇报，对泵站工罚款×××元。

第十七条　泵站严格执行卫生交接班制度，每发现泵站内卫生脏、乱一次，对当班泵站工罚×××元。

16.9　安全设备及重要连接装置定期检测管理制度

为进一步加强矿在用安全设备管理，减少和消除事故隐患，根据《煤矿安全规程》《安全生产检测检验机构管理规定》《煤矿在用安全设备检测检验目录》及煤矿安全生产标准化等相关要求，结合本矿安全设备运行情况，特制定本制度。

第一条　机电科负责安全设备及重要连接装置定期检测工作，由专人负责，确保其全部在检定合格期限内。

第二条　应提前 30 天与安全性能检测部门进行联系对安全设备及重要连接装置进行性能检测。

第三条　安全设备的安全性能技术检测应由具备相应资质的检测机构进行，检测机构对所出具的检测结果负责。

第四条　对检测合格的安全设备，由检测机构出具检测报告，纸质版报告机电科留存一份，一份送档案室存档。

第五条　对安全性能检测不合格的安全设备及重要连接装置，要立即停止使用，进行检修。检修合格后，由检测机构再次检测，检测合格，方可投入使用。无法进行维修的或维修后也不能达到安全性能要求，要及时进行购置更换，无法使用的装置提交报废申请，审批完成后，交生产库由供应科进行资产处置。

第六条　严禁使用不符合安全性能要求的设备及重要连接装置，发现一次处罚款×××元，造成严重后果的追究相关责任。

第七条　需进行安全性能检测的装备如下：

（1）新安装的矿井提升机，必须经验收合格后，由有资质的部门进行安全性能检测合格后方可投入使用。专门升降人员及混合提升的系统应当每年进行一次性能检测，摩擦式提升系统提物时，每3年检测一次，缠绕式提升系统提物时每2年检测一次。

（2）主提升机用钢丝绳悬挂前应做检验，检验合格方可悬挂使用。

（3）新钢丝绳到货后，应当进行性能检测。合格后应当妥善保管备用，防止损坏或者锈蚀。存放时间超过1年的钢丝绳，在悬挂前必须再进行性能检测，合格后方可使用。

（4）升降人员或升降人员和物料用的缠绕式提升钢丝绳，自悬挂使用后每6个月进行一次性能检验；悬挂吊盘的钢丝绳每12个月检验一次。升降物料用的缠绕式提升钢丝绳，悬挂使用12个月必须进行一次性能检验，以后每6个月检验一次。摩擦轮式提升机用提升钢丝绳使用年限应不超过2年，平衡钢丝绳的使用期限应不超过4年。

（5）主提升机主轴装置及连接销、天轮装置及连接销等受力连接装置每2年进行一次无损探伤试验。

（6）新安装或大修后的防坠器，必须进行脱钩试验，合格后方可使用。对使用中的立井罐笼防坠器，应每6个月进行一次不脱钩试验，每年进行一次脱钩试验。

（7）新安装空气压缩机应进行一次测定，检测合格方可投入运行。在用空气压缩机每年应进行一次安全性能检测。

（8）空气压缩机用压力容器（除简单压力容器外）应由有资质的特种设备检测机构进行检测，取得合格报告，进行特种设备安全注册后方可使用。

（9）新安装储气罐应有资质的特种设备检测机构进行检测，取得合格报告，进行特种设备安全注册后方可使用。每3年对储气罐进行一次性能检测，每年由有资质部门对空气压缩机进行一次检测。

（10）空气压缩机或储气罐用安全阀每年进行一次检测，压力表每6个月进行一次检测。

（11）在用主排水泵及主排水系统每年雨季前做一次性能测试。

（12）高瓦斯矿井、突出矿井、风叶直径1.8 m以下的主通风机每年进行1次性能检测，其他矿井每3年进行一次性能检测。主通风机主轴、风叶等主要设备关键部件探伤每两年进行一次。

（13）每年雨季前，对避雷设施应进行一次全面防雷检测，瓦斯抽放泵站每6个月至少进行一次防雷检测。

（14）无轨胶轮运输车、水环真空泵每年进行一次性能检测。

（15）锅炉每2年进行一次内检，每年进行一次外检。

16.10　特种设备管理制度

为保证特种设备的安全正常使用，保证职工生命及矿财产安全，根据《特种设备安全监察条例》及《高耗能特种设备管理制度》的相关规定，结合本矿特种设备的实际使用情况，制定本制度。

第一条　矿总经理为矿特种设备管理第一负责人，机电科为特种设备职能管理部门，各使用单位为特种设备的日常维护保养使用部门，对特种设备的安全运行全面负责（矿所涉及的在用特种设备包括：锅炉、储气罐、单双梁起重机、叉车、电梯）。

第二条　矿各单位需配置新的特种设备时，由本部门提出计划，机电科审核经矿领导批准后，供应科进行购置。

第三条　新购置的特种设备需经机电科验证、验收，登记后由使用单位领用。

第四条　大型的特种设备到货、验货后，安装应由厂家及相关专业的人员进行安装。安装完成后，机电科组织各业务部门、使用部门进行验收。验收合格后，安装单位将特种设备的相关技术资料及安装过程中相关安装资料一并交付机电科保存备案。设备厂方应就销售设备到市特种设备安全监督管理部门进行备案，相关手续完善后，进行交接，交接完成后，方可投入使用。

第五条　小型及不需要安装的特种设备验收后，随机技术资料交机电科保管。使用部门就所使用的特种设备到市特种设备安全监督管理部门备案后，领取使用即可。

第六条　特种设备在投入使用前或者投入使用后30日内，特种设备使用部门应当向市特种设备安全监督管理部门登记。登记标志应当置于或者附着于该特种设备的显著位置，并将备案资料送机电科进行技术存档。没有到市特种设备安全监督管理部门备案的特种设备不得使用。

第七条　新安装特种设备在使用前，应对特种设备作业人员进行岗前培训。特种设备作业人员，应当按照国家有关规定经特种设备安全监督管理部门考核合格，取得特种作业人员证书，方可从事相应的作业或管理工作。

第八条　职工培训科应当对特种设备作业人员进行特种设备安全、节能教育和培训，保证特种设备作业人员具备必要的特种设备安全、节能知识。

第九条　特种设备使用操作规程由厂家、使用部门及机电科人员共同制定，以确保操作规程的适用性。特种设备作业人员在作业中应当严格执行特种设备的操作规程和有关的安全规章制度。在作业过程中发现事故隐患或者其他不安全因素，应当立即向现场安全管理人员和单位负责人报告。

第十条　矿各使用部门负责人为本部门特种设备的主要负责人，负责本部门特种设备安全运行及其日常维护保养运行日志、自行检查记录的存档工作。

矿各使用部门负责对所用的特种设备严格按操作规程进行操作，做好特种设备的日常维护保养工作，并做好以下记录：

(1) 定期自行检查的记录。

(2) 特种设备的日常使用状况记录。

(3) 特种设备及其安全附件、安全保护装置、测量调控装置及有关附属仪器仪表的日常维护保养记录。

(4) 特种设备运行故障和事故记录。

(5) 特种设备能耗状况记录。

特种设备使用部门对在用特种设备应当至少每月进行一次自行全面检查，并作出记录。特种设备使用单位在对在用特种设备进行自行检查和日常维护保养时发现异常情况，应当及时处理。特种设备使用单位应对在用特种设备的安全附件、安全保护装置、测量调控装置及有关附属仪器仪表进行定期校验、检修，并作出记录。锅炉使用单位应当按照安全技术规范的要求进行锅炉水（介）质处理，并接受特种设备检验检测机构实施的水（介）质处理定期检验。

第十一条　矿机电科负责特种设备的管理工作，负责特种设备的安全技术建档工作，包括：

(1) 特种设备的设计文件、制造单位、产品质量合格证明、使用维护说明等文件以及安装技术文件和资料。

(2) 特种设备的定期检验。

(3) 高耗能特种设备的能效测试报告。

第十二条　对因违反操作规程等人为因素造成设备损坏，机电科负责事故追查，视情节轻重，对相关责任人及责任单位做出处罚决定。

第十三条 机电科负责按设备检定规定年限对所用特种设备进行性能测定，在安全检验合格有效期届满前1个月向特种设备检验检测机构提出定期检验申请。

第十四条 特种设备存在严重事故隐患，无改造、维修价值，或者超过安全技术规范规定使用年限，特种设备使用单位应当及时予以申请报废，并应当向原登记的特种设备安全监督管理部门办理注销。

第十五条 根据矿特种设备使用要求，机电科负责制定特种设备应急预案，并定期评审，保证应急预案的可操作性。

第十六条 特种设备事故发生后，事故发生单位应当立即启动事故应急预案，组织抢救，防止事故扩大，减少人员伤亡和财产损失，并积极协助事故调查工作。特种设备第一负责人及时向调度室汇报。

16.11 锅炉管理制度

第一条 本制度适用于我矿锅炉的运行管理。

第二条 锅炉（房）的安全运行，执行国家技术监督局的锅炉安全检查规定。

（1）锅炉一般应建造在单独的锅炉房内，为一、二级耐火建筑，轻型屋顶。

（2）各种指示仪表操作方便：照明齐全。

（3）锅炉的设计、制造、安装，以及修理改造必须是政府主管部门行政许可单位。

（4）锅炉到货验收：随机文件、图纸齐全。

第三条 锅炉的使用管理

（1）锅炉使用前应当向当地管理部门办理登记，取得使用证后方能投入使用。

（2）机电队必须建立操作、维护等规程，以及各项制度。同时制定设备维护保养的制度，如：规定锅炉本体、辅机、安全装置、仪表等维护保养周期内容和要求。

（3）及时做好锅炉的维护保养工作，尤其保证安全装置经常处于完好状态，发现隐患及时处理。

（4）机电科设专业管理人员，机电队设兼职管理人员。其职责：

①组织司炉工、化验工进行培训和取证。

②健全张挂各项管理牌板，并检查实施。

③监督检查锅炉的维护保养情况。

④贯彻上级文件，安排和参与定期检验。

⑤定期对锅炉使用情况进行分析并上报。

（5）司炉工、化验工必须按规定经培训考试合格取得操作合格证后，才能独立操作。

（6）锅炉用水须符合国家相关锅炉水质标准要求。

（7）锅炉停用时，要做好防腐保养工作。

（8）锅炉使用时应有下列记录

①锅炉及辅机的运行记录。

②水质设备运行及水质化验记录。

③设备维护保养检修及管理人员检查记录。

④设备缺陷及事故记录。

第四条 锅炉的定期检验及日常维护

（1）锅炉每年进行一次外部检查，两年进行一次内部检查，6年一次水压试验。

（2）新装、移装、停用一年以上需投入运行的，受压元件大修和改造后要进行内外部检验和水压试验。

（3）定期停炉检验的重点，各受压元件是否有开裂、腐蚀、变形等，安全附件及控制信号是否灵敏可靠。

第五条 锅炉房安全管理

（1）司炉人员须持有司炉操作证，并严格依照操作规程操作。

（2）锅炉运行时保持锅炉本体清洁，无污垢、无渗漏，无锈和腐蚀，认真详细地填写设备维修保养记录。

（3）做好锅炉日常维修保养工作，严禁锅炉及附属设备带故障操作，做好维护检查登记工作，锅炉设备巡回检查时应注意。

①保证压力、温度、水位表处于正常工作状态。

②保证给水系统中水箱情况正常，水泵运转状况和给水调节阀、逆水阀的工作状况正常。

③禁止锅炉房存放易燃易爆等其他杂物，所需装用少量润滑油、清洗油的油桶、油壶，要存放在指定地点。

（4）锅炉在运行或压火期间，房门不许锁住或拴住，压火期间要有人监视。

（5）锅炉房要配有灭火器材，认真管理，不要随便移动或挪作他用。

（6）锅炉用品备件，操作工具应放在指定的地方，摆放整齐。

（7）锅炉安全阀、压力表、水位计必须灵敏、灵活，按期校验。

（8）本体受压件有无渗漏、变形等异常情况。

（9）检查各转动机械的润滑油系统是否需补充润滑油。

（10）为确保锅炉安全运行，必须坚持每天对锅炉、管道和附属设备进行日常维护、保养和检修，发现跑、冒、滴、漏的阀门要及时检修和更换。

（11）如遇事故发生，应及时向调度室报告，待事故处理完毕后方可操作。

（12）机电队要不定期地对锅炉房上岗情况、运行记录、环境卫生进行检查，发现问题，及时解决。

16.12 厂内机动车管理制度

为了确保矿厂内机动车厂（叉车、吊车及其他作业车辆）驾驶安全，正常运行，有序搬运，结合矿实际，制定本制度。

第一条 职责

（1）各使用部门负责矿厂内机动车日常使用、检查、保养、厂内机动车人员培训及考核工作。

（2）保卫科负责维持矿区交通秩序、交通安全检查和考核。

（3）机电科负责厂内机动车驾驶员的委外培训工作及车辆定期注册、检定工作。各部门厂内机动车维修人员负责各自厂内机动车的维护保养及维修工作，并负责对厂内机动车司机进行厂内机动车保养知识培训。

第二条 资格要求

（1）厂内机动车驾驶人员必须经市质量监督局培训并取得厂内机动车驾驶操作特种作业证后方能上岗，无证人员严禁驾驶厂内机动车，发现一次罚款×××元。

（2）厂内机动车在使用前，应由机电科对厂内机动车进行全面的技术验收后方可启用，并建立相关档案。

第三条 驾驶前检查

（1）检查转向灯、刹车、喇叭、前灯和反观镜是否完好。

（2）检查燃料系统所有管道、接头是否有泄露。

（3）检查燃料油、发动机油、齿轮油、液压油及水箱水位是否足够。不足时应按标准要求或标准线增添后方可使用。

第四条 驾驶规定

(1) 机动车司机要妥善保管机动车钥匙，不得把钥匙交给别人保管使用。

(2) 厂内机动车行驶严格遵守厂内交通规则。

(3) 车辆与道路边缘应保持一定距离，保证安全。厂内机动车应按照规定时速、交通标识运行。

(4) 行驶时货叉应距地面200~300 mm，在行进中不允许升高或降低货物，不得急刹车和高速转弯。

(5) 车辆车速控制在5~10 km/h，严禁高速行车，以保证安全。厂内机动车上安装的限速设置不得私自改动。

(6) 在十字路口或其他看不见的地方，应减速慢行，看清道路情况再行驶；在潮湿、不平的地面行驶及转弯时，减速慢行，避免急转弯。

(7) 运输途中停车时，一定要把手刹拉起并挂空挡才能离开厂内机动车。

(8) 厂内机动车出入门口应注意构筑物的高度，不得盲目驶入或驶出。

(9) 行车时，非业务需要，一般人员不得坐在厂内机动车司机身边，更不能用来运人，或进行其他与厂内机动车作业无关的工作。

(10) 严禁超载行驶。

第五条 装卸规定

(1) 厂内机动车装运的货物不能太高，以免挡住驾驶员的视线，导致事故的发生。

(2) 叉起货物时，货叉要先仰后提升，下降时，应先下降后倾斜。

(3) 利用厂内机动车升空工作时，一定要站稳在有底板的卡板上才可工作。无防护措施严禁站立在铲叉上作业。

(4) 不要运送松散的货物以免翻倒，运送前应将其固定牢固；提升物品要用卡板，不易稳定之物件，如高度大的设备、空桶、易滑动之缸体或物件必须绑上绳索，绑紧后方可提升。

(5) 不准用货叉直接叉运易燃、易爆、有毒等危险品。

(6) 停车时，不要将货叉悬空。禁止叉物悬空时司机离开厂内机动车。

(7) 无论有无装货，货叉下面绝对不可有人停留。

(8) 卸下的货物定要井然有序地堆放在无碍通行的地点，货物或厂内机动车都不得停放在通道口。

第六条 停放要求

(1) 作业完毕将厂内机动车停放在指定的位置，货叉平放地面并对车辆进行必要的检查整理清洁。

(2) 停放后将方向杆放在中央位置，拉好手刹车。

第七条 保养规定

厂内机动车的养护分为：日常养护、一级养护和二级养护

(1) 日常养护，每班接班后应进行下列检查：

①清洗厂内机动车上污垢、泥土和垢埃，重点部位是：货叉架及门架滑道、发电机及起动器、蓄电池电极叉柱、水箱、空气滤清器。

②检查各部位的紧固情况，重点部位是：货叉架支承、起重链拉紧螺丝、车轮螺钉、车轮固定销、制动器、转向器螺钉。

③检查脚制动器、转向器的可靠性、灵活性。

④检查渗漏情况，重点部位是：各管接头、柴油箱、机油箱、制动泵、升降油缸、倾斜油缸、水箱、水泵、发动机油底壳、变矩器、变速器、驱动桥、主减速器、液压转向器、转向油缸。

(2) 厂内机动车进行一级技术保养、二级技术保养时，按保养规程进行操作。

第八条　厂内机动车定期检测

机电科负责厂内机动车的年度检测，每年提前一个月向市特种设备检测机构提出申请。

16.13　起重机管理制度

为加强起重设备的安全管理，防止因起重设备故障或操作者违章发生事故，保护公司财产安全和职工的健康，根据《起重机械安全规程》和《特种设备设备安全监察条例》规定，制定本管理制度。

第一条　凡矿内已安装使用的电动桥式起重机、电动葫芦起重机、地面操纵的电动单梁起重机等，均属本制度管理范围。

第二条　管理内容

(1) 凡有起重设备的部门，必须建立相应的设备台账，做到账、卡、物相符；并做好相应的使用保养、维修、检察和检验记录。

(2) 起重机械的各种安全装置和安全设施，应按国家《起重机械安全规程》规定，配备齐全，确保安全可靠。

(3) 各起重设备使用部门，必须参照《起重机械安全规程》和各类起重设备安全操作要求，制定本单位起重设备的安全技术操作规程。

(4) 起重设备操作人员必须经过安全技术培训，并经考试合格，取得相应的操作合格证后方可上岗操作，同时必须熟悉以下知识：

①所操作的起重设备各机构构造和技术性能。

②起重设备操作规程、《起重机械安全规程》及有关法律法规。

③安全运行要求。

④安全防护装置的性能。

⑤电动机和电气方面的基本知识。

⑥指挥信号。

⑦保养和基本维修知识。

(5) 起重机应有明显的起重限量标志牌，设备铭牌、安全监督合格证、设备编号等标识应齐全。

(6) 操作人员在启动起重机前，应对制动器、吊钩、钢丝绳和安全装置进行检查，出现性能不正常时，应在操作前排除。在操作过程中应严格执行安全使用要求，认真遵守安全操作规程。但设备出现结构、性能故障时应立即停止操作，待故障排除后方可使用。

第三条　凡有起重设备的部门，应执行设备经常性检查制度。

(1) 使用单位的维修人员和起重机操作人员一道对起重设备进行经常性检查，每月不得少于一次全面检查。

(2) 对于自查中发现的问题，应及时进行处理解决，若一时无法处理的问题应立即上报主管部门，找出合理的解决办法。

(3) 经常性检查的内容一般包括：

①起重机正常工作的技术性能。

②所有的安全、防护装置。

③线路、罐、容器阀、泵、液压或气动的其他部件的泄漏情况及工作性能。

④吊钩、吊钩螺母及防松装置。

⑤制动器、缓冲器的性能及零件的磨损情况。

⑥钢丝绳磨损和尾端的固定情况。

⑦链条的磨损、变形、伸长情况。

⑧捆绑、吊挂链和钢丝绳及辅具。

第四条 起重设备应实行定期检测制度

（1）使用中的起重机年检，由机电科按规定组织进行年度检验。

（2）对于检查出的问题，应及时由使用部门进行处理解决，若一时无法处理的问题，应立即上报主管部门，找出合理的解决方法。

（3）定期检查的内容一般包括：

①经常性检查的内容。

②金属结构的变形、裂纹、腐蚀及焊缝、铆钉、螺栓等连接情况。

③主要零部件的磨损、裂纹、变形等情况。

④指示装置的可靠性和精度。

⑤动力系统和控制器等。

第五条 维护保养及事故处理

（1）对于桥式起重机：新安装和改造后，正常工作每两年后，必须按有关标准进行检验、试验，并经国家质检部门监督检验合格后方可投入（继续）使用。此外，大修后闲置时间超过一年，在重新使用前以及经过严重自然灾害、重大事故后，可能使强度、刚度、构件的稳定性、机构的重要性能等损害的起重机，均要按有关标准进行检验、试验合格后，才能继续使用。

（2）起重机械进行维修时，应将起重机移至不影响其他起重机的位置，如因条件限制，应有可靠的保护措施或设置监护人员。维修时所有的控制器手柄置于零位，切断主电源、加锁或悬挂标志牌，标志牌应放在有关人员能看清的位置。维修更换的零部件应与原零部件的性能和材料相同。结构件需焊修时，所有的材料、焊条应符合原结构件的要求，焊接质量应符合要求。

（3）起重机处于工作状态时，不得进行保养、维修及人工润滑。

（4）凡起重设备发生事故，必须立即停止使用，同时通知安全、设备部门召开事故分析会，严格按照“四不放过”的原则进行分析处理，并编写事故报告，交有关部门存档备案，经技术处理、维修人员修复后，由机电、安全管理部门协同检查认可后，方能重新使用。

16.14 电梯管理制度

第一章 技术档案管理制度

第一条 电梯技术档案的种类

（1）电梯随机出厂文件（包括产品出厂合格证、安装使用维护保养说明书、电梯主要部件型式试验报告书、装箱单、机房井道布置图、电气原理图接线图、电梯功能表、主要部件安装示意图、易损件目录）。

（2）电梯开工申报单。

（3）电梯安装施工记录。

（4）竣工验收报告。

（5）质量技术部门特种设备监督检验机构电梯验收报告和定期检验报告。

（6）日常检查、维护保养记录，大修、改造记录及检验报告。

（7）事故及故障记录。

（8）电梯作业人员培训记录。

（9）同意注册的登记表。

第二条 电梯日常安全管理人员做好档案、资料的接收、登记、整理、保管、借阅等事宜，为电梯的安全运行提供准确的信息资料。

第三条 有关人员部门需借用电梯资料的应经有关领导批准签字认可后，向档案管理部门借阅，并按规定做好借阅登记手续，按时归还借阅资料。

第四条　电梯的各种资料应按年度由档案管理部门装订成册。电梯相关资料的销毁应经有关领导批准签字认可方可进行。

第五条　技术档案中日常检查与使用状况记录、维保记录、年度自行检查记录或报告、应急救援演练记录、定期检验报告、电梯运行故障记录等资料，至少保存2年，其他资料长期保存。使用管理单位发生变化时，应随机移交安全技术档案。

第六条　电梯检查、保养、维修必须由有资质的专业维保单位进行，每半月保养一次，每年检修一次。

第二章　电梯定期报检制度

第七条　机电科在电梯安全检验合格标志有效期满前一个月向质量技术监督部门的特种设备安全检验机构申请定期检验。

第八条　电梯停用一年后重新启用，或发生重大的设备事故和人员伤亡事故，或经受了可能影响其安全技术性能的自然灾害（如火灾、水淹、地震、雷击、大风等）后也应由机电科向特种设备安全监督检验机构申请检验。

第九条　电梯经较长时间停用，但尚未超过一年时间的，电梯使用单位可向机电科申请内部联合安全检验，认为有必要的可向特种设备安全监督检验机构申请安全检验。

第十条　申请电梯安全技术检验应以书面的形式，一份报送执行检验的特种设备安全监督检验机构，另一份作为机电科电梯管理档案保存。

第三章　电梯作业人员培训考核制度

第十一条　电梯作业人员必须持质量技术部门的特种设备操作人员的操作证方可独立从事相应的工种。

第十二条　电梯作业人员的培训包括：外委培训（质量技术监督部门组织）和单位内部培训两种。

第十三条　职工培训科应建立该类人员的培训、教育档案，及时通知有关人员参加电梯作业人员的换证考试，保持操作证的有效性。

第十四条　矿内部培训由机电科负责组织实施，每季度至少组织一次，培训的内容主要包括：国家有关电梯的法律、法规、规章的学习；电梯事故案例分析；电梯有关技术知识的学习，必要时可组织人员进行笔试。每次培训必须做好相应的记录。

第十五条　电梯作业人员未按规定参加培训，或培训考核不合格的按有关制度予以处分。

第四章　意外事件和事故的紧急救援措施及紧急救援演习

第十六条　电梯发生意外事件或事故应按国家规定及时报告有关人员或部门，发生一般事故（指无人员伤亡，设备损坏不能正常运行，且直接经济损失50万元以下的设备事故）和严重事故（指造成死亡1～2人，或者受伤19人（含19人）以下，或者直接经济损失50万元（含50万元）以上100万元以下，以及无人员伤亡的设备事故）等事故后，应当立即向质量技术监督部门报告，查明事故发生的原因，提出相关的预防措施。

第十七条　机电科应确定意外事件和事故的紧急救援小组成员，并报矿领导批准，成员必须包括矿领导、机电科管理人员和电梯日常维护保养人员。

第十八条　每年至少要进行一次应急演习，紧急救援小组组成人员都必须参加。

第十九条　演习内容、时间、排险方法、救援预案由电梯安全管理人员拟定，矿领导批准后实施。

第二十条　演习结束后，机电科管理人员应将该次演习的情况作书面记录，并进行总结，对存在的问题在下次演习中进行调整、修改。

16.15　压力容器管理制度

第一条　压力容器的安装

（1）压力容器的安装应有明确的技术要求和监督人。

（2）压力容器安装应指定具有压力容器安装资质的单位进行安装，机电科对安装单位的资质进行核查。

（3）压力容器安装竣工后，机电科组织使用部门、安全科、生产技术科、调度室、工程安装单位共同进行质量验收，同时向使用部门提供有关资料，验收合格并办理使用证后方可投入使用。

第二条　压力容器的使用要求

（1）压力容器操作人员应取得特种设备监察机构颁发的压力容器操作证后，方能上岗操作。

（2）压力容器操作人员要定期培训，学习压力容器的基本知识及安全使用要点，并熟记本岗位的工艺流程及有关技术参数。

（3）掌握好本岗位压力容器操作程序和操作方法及一般故障的排除技能。

（4）掌握各种安全附件的型号、规格、性能及用途，保持安全附件灵敏、准确、可靠。

第三条　压力容器安全操作要点

（1）压力容器严禁超温、超压运行。

（2）严格遵守压力容器安全操作规程及工艺操作规程。

（3）压力容器应做到平稳操作。

（4）压力容器运行期间的巡回检查内容包括设备状况及安全附件等方面。

（5）加强压力容器、管道的防腐、保温工作，锅炉压力容器的外表面应保证油漆完整，容器内防腐层应视情况定期检查。

第四条　压力容器的管理

（1）机电科设备管理人员应确认压力容器取得了质量监督局特种设备监测部门颁发的压力容器使用证后方可投入使用。

（2）机电科设备管理人员确定压力容器使用登记证在检验周期内。

（3）机电科设备管理人员负责压力容器逐台登记编号，建立健全压力容器档案；压力容器档案包括：压力容器使用登记表，压力容器登记卡片，压力容器运行及事故记录，使用登记证，有效检验周期内的检验报告，安全装置定期校验记录。

（4）压力容器操作人员必须按《特种设备安全监察条例》规定持证上岗操作。

（5）对情况不明、技术资料不全的在用压力容器，机电科设备管理人员上报机电矿长，统一处理。

第五条　压力容器的检验

（1）对装有安全阀、压力表的设备，每年应对安全阀进行校验一次，每半年对压力表进行一次检验，如有问题应立即停止使用并更换。

（2）机电科委托特种设备检测单位对每年到期的在用压力容器进行检验。

16.16　矿井供电管理制度

为加强供电管理，提高供电质量，理顺供电秩序，规范供电职能，杜绝供电事故，确保供电设备安全运行，特制定供用电管理制度。

第一章　管理职责划分

第一条　机电科是全矿供用电业务的主管部门，负责全矿用电的计划统计、上报工作，传达贯彻上级电力部门的文件和有关规定，负责全矿的用电分配、计量、收费、避峰调荷，制定节电措施，负责供电用电管理工作。同时还兼有对本矿用电及转供电用户监督检查和业务指导的责任。

第二条　矿内（包括井下与地面）主要供电干线（电缆）、大巷及顺槽高压电缆的日常维护管理由机电队负责，各单位责任区的供电缆线和日常管理由各使用单位负责。地面变电站井下变电所均由机电队负责，办公室及矿附属建筑物内供电由后勤服务中心相应责任单位负责。

第二章　机电科工作要求

第三条　负责供电设计。矿井高压供电系统需要变更时，机电科负责组织编制施工设计，绘制供电系统图。每季度最末一个月 30 日前，机电科应根据矿井供电实际负荷情况进行一次供电验算，更新绘制矿井供电系统图。

第四条　负责全矿井供电设备的整定计算。在矿井高压供电系统变更前，机电科应向高压供电管理部门下达电气保护整定单。

第五条　负责组织供电设备预防性试验工作

（1）在每年定期组织供电设备继电保护装置的整定试验。

（2）在每年定期组织避雷器、接地电阻的试验。

（3）在每年定期组织绝缘胶鞋、绝缘手套耐压试验一次。

（4）在每年定期组织对全矿主要供电电缆的泄漏和耐压试验。

（5）在每年定期组织对 6 kV 电气设备绝缘油做电气耐压试验。

第六条　组织有关单位对矿井供电系统和设备进行安全生产标准化的检查，对发现的隐患提出整改要求，限期整改并认真落实。

第七条　对供电事故组织召开追查分析会，查找事故原因并提出处理意见。

第三章　供电设备检查与维护

第八条　各用电部门每季度应对供电电缆绝缘程度全面摇测一次，将遥测试验结果在季度末报机电科，上报数据应与上季度结果进行比较分析。

第九条　各用电部门每月组织本单位人员对本单位所属的供电设备和线路进行一次全面自检，及时处理所检查出的问题，并将检查存档备查。

第十条　井下各队每月对供电设备进行一次检查维修，维修内容包括接线螺栓紧固、除尘、触头检查等。并做好记录，缺少一次罚款×××元，联责机电队长×××元。

第十一条　定期对井下高爆开关接线腔内更换干燥剂，每月检查一次，发现一台高爆内缺少干燥剂罚款×××元，联责机电队长×××元。

第十二条　检修高压电气设备，必须编制检修措施，并报机电科和机电矿长（机电副总工程师）审批。无措施检修高压设备的罚款×××元，联责队长×××元。

第四章　停 送 电 规 定

第十三条　各部门需要到变电所内停送电时，必须填写“停送电工作票”，详细写出停送电原因及开关编号。不影响其他单位的停送电工作，由本单位指定的人员到变电所办理“停送电工作票”；当停送电可能影响其他单位供电时，需要由机电科、调度室、分管领导审批“停送电工作票”。否则，变电所值班员有权拒绝停送电操作，并向调度室汇报、说明情况。

第十四条　紧急情况或事故处理：出现停电事故时，调度员应及时通知机电科和机电队值班人员，情况落实清楚后，由机电科或机电队值班人员负责指挥停送电工作。各变电所值班人员要听从指挥，按下达的停、送电命令进行操作。

第十五条 在无人看管的变电所、配电点停送高压时，申请单位应持有经过审批的“停送电工作票”找机电队值班人员，由机电队派人到现场负责停送电。停电时应由机电队值班电工现场看护，停电后挂上“有人工作，禁止送电”的警示牌，只有执行这项工作的人员才有权取下此牌并送电。停送电必须专人负责，坚持“谁停电、谁送电”原则，严禁预约联系停送电。

第十六条 操作高压电气设备时，操作人员必须戴绝缘手套，并必须穿电工绝缘鞋或站在绝缘台上，严格按照操作规程对相关高压电气设备进行停送电操作。

第五章 停电检修规定

第十七条 变电所及配电点高、低压设备检修时，检修单位必须提前1天到机电科

办理第一种工作票。工作票一式五份，由申请停电单位到机电科填写签字签发，并保存第一联。调度室当日值班领导签字后，保存第二联。第三联由停电单位负责人交由变电所值班人员停电，检修完毕，由申请停电单位负责人亲自到变电所，在变电所值班记录上签字方准送电。签字完毕后，第四联交调度室留存，第五联交机电科留存。

第十八条 变电所值班人员根据工作票要求的内容填写操作票，在检修人员监督下，执行停电、验电、放电、打接地线等安全措施。

第十九条 任何单位不得无计划停电，紧急情况下需停电的，停电后须立即向调度室汇报。对无计划停电的单位落实查证后罚款×××元，对责任人罚款×××元。

第六章 事故处理规定

第二十条 因使用单位原因导致变电所高压跳闸时，变电所值班人员应立即向调度室汇报，并查找跳闸回路。跳闸回路没查清前经调度室同意可试送一次，（如显示短路跳闸时不得试送）。在确定跳闸原因后，可把无故障开关柜送上，把跳闸的开关柜停掉，挂上“禁止送电”牌，只有在故障处理完毕后，才能给予送电。

第二十一条 变电所总电源跳闸时或顶跳6 kV变电站时，变电所值班人员应立即向调度室汇报，然后查清具体哪个回路跳闸。查清原因后，把跳闸回路电源开关所带负荷全部停掉，电源开关小车拉出，合上联络开关，检查开关显示情况。确定具体跳闸开关后，将故障开关停掉，其他开关送电，恢复正常供电状态，并通知维修人员进行处理。

第二十二条 因短路导致高压供电系统跳闸，变电所值班人员应汇报调度室，由调度室通知有关单位查找漏电原因，排除后方可送电。

第二十三条 高压供电回路跳闸，无论何种原因均由机电队（变电所上级供电单位）和使用部门负责共同查找事故地点和原因，积极处理事故。高压跳闸事故当天必须安排人员处理，确保正常供电。24 h不能恢复送电影响生产的对责任单位罚款×××元。

第二十四条 当变电所内高压开关跳闸，因高爆开关检修失效或误操作原因，另一回路送不上电，造成采区停电超过30 min的，对机电队按二级机电事故追查相关人员责任。

第七章 移动变电站的管理

第二十五条 移动变电站的安装地点应无淋水，保持通风良好，移动变电站应水平放置。

第二十六条 移动变电站短路保护、过负荷保护、漏电保护必须齐全可靠，由专人负责检查试验，并填写记录。

第二十七条 使用单位每月应利用检修时间对移动变电站高压负荷开关和低压馈电开关强制性检修一次。将高、低压头打开，检查触头接触情况，瓷瓶绝缘情况、并对连接螺栓做紧固、除尘等处理。检查处理结果应填写记录。

第八章　其　他　规　定

第二十八条　用电单位应加强用电设备管理（含电缆管理），减少短路、漏电事故发生。对因短路、漏电造成变电所跳闸的，经机电科组织分析后对责任单位处予×××元的罚款，联责队长、机电队长各×××元。

第二十九条　巷道施工爆破前，必须对施工附近区域的电缆采取保护措施，应将电缆摘钩落地，用旧胶带等将电缆裹严扎好，妥善管理。现场检查，不按规定对电缆进行有效保护的罚款×××元。对因工作不负责撞坏电缆、崩坏电缆而引起主变电所或 6 kV 变电站跳闸的，对单位罚款×××元，责任人罚款×××元，联责队长、机电队长各×××元。

第三十条　6 kV 电气设备绝缘油必须在使用前和使用中每年一次做油质化验和耐压试验。使用部门在将油样送相关单位进行试验，试验报告返回后对不合格的绝缘油使用部门要按通知要求及时更换。

第三十一条　变电所内高压开关柜（高爆开关）除总电源开关、联络开关外，释压保护必须灵敏可靠。否则，一台不起作用，罚款×××元。

第三十二条　所有变电所、配电点都要配备高、低压供电系统图，与实际相符；按安全生产标准化要求配齐管理制度与记录本。操作规程要针对本场所的设备类型一次主接线运行方式进行编制，并符合本场所正常倒闸及事故处理的操作。各种记录应按要求进行填写，不许漏填、提前填写。无人值班的变电所每日必须检查一次设备运行情况和室内卫生，并填写记录。

第三十三条　各配变电所必须配齐绝缘用具、防护用具和足够的灭火器材。岗位工持证上岗，严格按操作规程进行操作。

16.17　变电所管理制度

为保障本矿安全、可靠、经济、合理的供电，做好变电所的运行管理工作，确保安全生产，特制定本制度。

第一章　运　行　制　度

第一条　交接班制度

交接班工作必须严肃、认真进行。交接班人员应严格按规定履行交接班手续，具体内容和要求如下：

（1）交接班双方应按规定时间进行交接班。交班人员应办理交接手续并签字后方可离去。

（2）交接班双方应严肃认真地按照交接班内容进行交接。

（3）遇有事故处理或在倒闸操作过程中，不得进行交接班。在交接班过程中，发生事故或异常情况需及时处理时，应由交班人员负责处理，接班人员在指挥下协助工作。

（4）交班人员应提前做好以下交班准备工作：

①整理好报表及设备缺陷、检修情况、异常情况等记录。

②核对并整理好消防器材、安全用具、工具钥匙、仪表、接地线及备品材料等。

③交接时交清下列内容：设备运行方式，设备变更和异常情况及处理经过；设备检修、改进等工作情况及结果；巡视管理的缺陷和处理情况；继电保护、自动装置的运行及动作情况；当班已完成和未完成的工作及有关措施。

④做好清洁卫生。

（5）接班人员应提前 10 ~ 15 min 到达现场，详细了解情况并做好以下工作：

①查阅各项记录，检查负荷状况、音响、信号装置等是否正常。

②巡视检查设备、仪表等，了解设备运行状况及检修安全措施布置情况。

③了解倒闸操作及异常、事故处理情况，一次设备变化和保护变更状况。

④核对安全用具、消防器材等，检查一般工具、仪表等的完好状况及接地线、钥匙、备品材料是否齐全。

⑤后台机的运行情况，运行状态是否正常。

⑥打印机工作状态是否正常。

⑦直流系统运行情况：各路出线电压、电流是否正常；直流系统绝缘情况；蓄电池工作情况。

⑧检查周围环境及室内外清洁卫生状况。

（6）遇以下情况不准交接班：

①接班人员在接班前饮酒或精神异常。

②发生事故或正在处理事故时。

③设备发生异常，危及人身或设备安全而未查清原因时。

④正处于倒闸操作中。

⑤接班人员未到，交班人员不得离去。

第二条　巡回检查制度

为了掌握、监视设备运行状况，及时发现异常和缺陷，对所内运行及备用设备，应进行定期和特殊巡视制度，并在实践中不断加以修订改进。

（1）巡视周期。有人值班的变电所每小时巡视一次，无人值班的变电所每4 h至少巡视一次。特殊巡视按需要进行。

（2）定期巡视项目：

①注油设备油面是否适当，油色是否清晰，有无渗漏。

②瓷绝缘子有无破碎和放电现象。

③各连接点有无过热现象。

④电容器有无异声及外壳是否有变形膨胀等现象。

⑤各种信号指示是否正常，二次回路的断路器、隔离开关位置是否正确。

⑥继电保护及自动装置压板位置是否正确。

⑦仪表指示是否正常，指针有无弯曲、卡涩现象；电度表有无停走或倒走现象。

⑧直流母线电压及浮充电流是否适当。

⑨蓄电池的液面是否适当，极板颜色是否正常，有无生盐、弯曲、断裂、泡胀及局部短路现象。

⑩设备缺陷有无发展变化。

（3）特殊巡视项目：

①大风来临前，检查周围杂物，防止杂物吹上设备；大风时，注意室外软导线风偏后相间及对地距离是否过小。

②雷电后，检查瓷绝缘有无放电痕迹，避雷器、避雷针是否放电。

③在雾、雨、雪等气象时，应注意观察瓷绝缘放电情况。

④重负荷时，检查触头、接头有无过热现象。

⑤发生异常运行情况时，查看电压、电流及继电保护动作情况。

⑥夜间熄灯巡视，检查瓷绝缘有无放电闪络现象、连接点处有无过热发红现象。

（4）巡视时应遵守的安全规定：

①巡视高压配电装置一般应两人一起进行，经考试合格并由单位领导批准的人员允许单独巡视高压设备。巡视配电装置、进出高压室时，必须随手把门关好。

②巡视高压设备时，不得移开或越过遮拦，并不准进行任何操作；若有必要移动遮拦时，必须有

监护人在场，并保持下列安全距离：6 kV 及以下，0.7 m；35 kV，1 m。

③高压设备的导电部分发生接地故障时，在室内不得接近故障点4 m 以内，在室外不得接近故障点8 m 以内。进入上述范围的人员必须穿绝缘靴，接触设备的外壳和构架时，应戴绝缘手套。

第三条 设备缺陷管理制度

保证设备经常处于良好的技术状态是确保安全运行的重要环节之一。为了全面掌握设备的健康状况，应在发现设备缺陷时，尽快加以消除，努力做到防患于未然。同时，也是为安排设备的检修及试验等工作计划提供依据，必须认真执行以下设备缺陷管理制度：

（1）凡是已投入运行或备用的各个电压等级的电气设备，包括电气一次回路及二次回路设备、防雷装置、通信设备、配电装置构架及房屋建筑，均属设备缺陷管理范围。

（2）按对供、用电安全的威胁程度，缺陷分为I、II、III类。

①I类缺陷是紧急缺陷，它是指可能发生人身伤亡、大面积停电、主设备损坏或造成停电事故，这种缺陷性质严重、情况危急，必须立即处理。

②II类缺陷是重大缺陷，它是指设备尚可继续运行，但情况严重，已影响设备出力，不能满足系统正常运行之需要，或短期内会发生事故，威胁安全运行。

③III类缺陷为一般缺陷，它性质一般、情况轻微，暂时不危及安全运行，可列入计划进行处理。

发现缺陷后，应认真分析产生缺陷的原因，并根据其性质和情况予以处理。发现紧急缺陷后，应立即设法停电进行处理。同时，要向机电矿长（机电副总工程师）和调度室汇报。发现重大缺陷后，要向机电矿长（机电副总工程师）和调度室汇报尽可能及时处理；如不能立即处理，务必在一星期内安排计划进行处理。发现一般缺陷后，不论其是否影响安全，均应积极处理。对存在困难无法自行处理的缺陷，应向机电矿长（机电副总工程师）和调度室汇报，将其纳入计划检修中予以消除。任何缺陷发现和消除后都应及时、正确地记入缺陷记录簿中。缺陷记录的主要内容应包括：设备名称和编号、缺陷主要情况、缺陷分类归属、发现者姓名和日期、处理方案、处理结果、处理者姓名和日期等。机电矿长（机电副总工程师）应定期（每季度或半年）召集有关人员开会，对设备缺陷产生的原因、发展的规律、最佳处理方法及预防措施等进行分析和研究，以不断提高运行管理水平。

第四条 变电所的定期试验切换制度

（1）为了保证设备的完好性和备用设备在必要时能真正地起到备用作用，必须对备用设备以及直流电源、应急照明、消防设施、备用电源切换装置等，进行定期试验和定期切换使用。

（2）各部门应针对自己的设备情况，制定定期试验切换的项目、要求和周期，并明确执行者和监护人，经机电矿长（机电副总工程师）批准后实施。

（3）对运行设备影响较大的切换试验，应做好事故预案和制订安全对策，并及时将试验切换结果做好记录。

第五条 场地环境管理制度

（1）要坚持文明生产，定期清扫、整理，经常保持场地环境的清洁卫生和整齐美观。

（2）消防设施应固定安放在便于取用的位置。

（3）设备操作通道和巡视走道上必须随时保证畅通无阻，严禁堆放杂物。

（4）控制室、开关室、电容器室等房屋建筑应定期进行维修，达到“四防一通”（防火、防雨雪、防汛、防小动物的侵入及保持通风良好）的要求。

（5）电缆沟盖板应完整无缺；电缆沟内应无积水。

（6）室外要经常清除杂草，设备区内严禁栽培高杆或爬藤植物，如因绿化需要则以灌木为宜，而且应经常修剪。

（7）机动车辆（如起重吊车）必须经电气负责人批准后方可驶入变电所区域内。进行作业前落实好安全措施，作业中应始终与设备有电部分保持足够的安全距离，并设专人监护。

第二章　技　术　管　理

第六条　收集和建立设备档案

（1）原始资料，如变电所设计书（包括电气和土建设施）、设计产品说明书、验收记录、起动方案和存在的问题。

（2）一、二次接线及专业资料（包括展开图、平面布置图、接线图、继电保护装置整定书等）。

（3）设备台账（包括设备规范和性能）等。

（4）设备检修报告、试验报告、继电保护检验报告。

（5）绝缘油试验报告、色谱分析报告。

（6）负荷资料。

（7）设备缺陷记录及分析资料。

（8）安全记录（包括事故和异常情况记录）。

第七条　安全运行分析制度

（1）安全运行分析工作，主要是定期和不定期地对变电站的设备运行情况、技术管理、资料管理状况进行分析，通过安全运行分析使运行管理人员不断总结经验，提高运行工作质量，掌握运行工作规律，并不断提高运行管理水平。

（2）定期分析项目：

①一次接线方式运行合理性，存在的问题和改进措施。

②正常运行方式和运行方式改变后继电保护及自动装置和直流系统的可靠性。

③触电保护装置，接线方式，存在的问题。

④电压质量情况、存在的问题和改进措施。

⑤现场运行规程的执行情况和修改补充。

⑥注油设备的油位变化、电池劣化和载流元件的过载能力，设备检修、预试周期、检修项目质量、预试数据变化情况分析。

⑦各种质量记录的分析和应用。

⑧全年防雷电情况，避雷装置和接地装置的运行情况及防雷保护的问题。

⑨“两票”执行情况分析。

（3）经常分析项目：

①负荷分析：全站载流元件的负荷变化情况，负荷率和过负荷情况分析，防止发生因过负荷损坏设备和断电保护误动作事故。

②设备运行情况分析：掌握和分析载流元件的温度变化，注油设备的油面变化，充压设备的压力变化情况，电设备的异音，异味，转动设备的振动情况和本站主设备运行中出现的异常。

③季节性工作和日常运行、维护工作的开展情况和工作质量，倒闸操作质量和操作中的异常情况。

④运行管理，“两票”执行存在的问题，改进的措施。

⑤针对其他单位发生的典型事故，结合本站情况对照检查，找出漏洞。

第八条　技术图纸

应具备供电系统图、设备布置图、防雷保护图、接地装置图、土建图。

第九条　记录簿

应有值班工作日记簿、值班操作记录簿、交接班记录簿、领导上岗记录簿、工作票登记簿、设备缺陷记录簿、电气试验现场记录簿等。

16.18　工作票管理制度

第一章　工　作　票

第一条　变电、线路工作票通用部分

（1）在供电设备上进行正常检修工作时，凡需要做安全措施者，都应使用工作票。

（2）常用工作票分为：变电第一、二种工作票，电力线路第一、二种工作票。使用格式按《电力安全工作规程》规定如下：

①变电工作票的填用。

a. 填用第一种工作票的工作为：高压设备上工作需要全部或部分停电者；高压室内的二次接线盒照明等回路上的工作，需要将高压设备停电或做安全措施。

b. 填写第二种工作票的工作为：带电作业和在带电设备外壳上的工作；控制盘和低压配电盘、配电箱、电源干线上的工作；二次接线回路上的工作，无需将高压设备停电者；转动中的发电机、同期调相机的励磁回路或高压电动机转子回路上的工作；非当值值班人员用绝缘棒和电压互感器定相或用钳形电流表测量高压回路的电流。

②电力线路工作票的使用。

a. 填写第一种工作票的工作为：在停电线路（或在双回线路中的一回停电线路）上的工作；在全部或部分停电的配电变压器台架上或配电变压器室内的工作。所谓全部停电，系指供给变压器台架或配电变压器室的所有电源线路均已全部断开者。

b. 填写第二种工作票的工作为：带电作业；带电线路杆塔上的工作；在运行中的配电变压器台架上或配电变压器室内的工作。

（3）工作票由签发人填写。有时为了减少工作票签发人填写的工作量，也可由工作负责人填写本班（组）的工作票。

（4）工作票要用钢笔或圆珠笔填写一式两份，应正确填写，不得任意修改，如有个别字需要修改，应字迹清楚。一张工作票修改不得超过3个字。

（5）填写工作票应使用能准确表达意思的，符合普通话规范的语言文字。

（6）工作票上所列人员按责任审票，签名完整，书写工整。

（7）工作票签发人由本矿批准并公布了的人员来担任。工作票签发人不得兼任该项工作的工作负责人。

（8）工作票的签发：

①工作票由签发人签发，工作负责人填写的工作票也必须由签发人签发。

②一般情况下，一张工作票上的工作地点只限于一个电气连接部分（以刀闸断口为界）。如施工设备属于同一电压，位于同一楼层、同时停送电，且不会触及带电导体时，则允许几个电气连接部分共用一张工作票。

③下列情况由矿指定有签发权的人签发工作票，并由值班员履行工作许可手续：

具有法人资格的外单位来变电站承包设备检修，防腐或安装；基建施工需要运行中的设备停止运行；安装单位来处理新投产的设备缺陷。

④工作票签发人仅对工作的必要性、工作是否安全和工作票上所列安全措施是否正确完备负责任。开工前，由监护人（施工单位的工作负责人）向工作人员进行安全教育和交代重要事项。

⑤一个变电站或一条线路全部停电检修，可以发给一张工作票，但要详细写明工作内容。几个班组同时工作时，工作票可发给一个总工作负责人，在工作班成员栏内只填写各班的负责人。

（9）两份工作票中的一份必须经常保存在工作地点，由工作负责人收执，另一份由值班员收执，

按值移交。值班员应将工作票号码、工作任务、许可开始时间及完成时间计入操作记录簿中。

(10) 工作负责人(监护人):

①由本矿批准公布了的人员担任。

②具有法人资格的外单位到变电站承包土建工程，设备检修、安装、防腐或调试等工作时，由外单位指定工作负责人(监护人)，并将名单事先交矿级机电科审查安全资质，合格后由机电科将名单转发给变电站。

③工作负责人的变动。

工作期间，若工作负责人临时离开现场2 h，应由工作票签发人变更新的工作负责人，两工作负责人应做好必要的交接。工作负责人的变动只能办理一次。

第二种工作票的工作负责人变动情况记入“备注”栏内。

(11) 工作班人员:

①一个班组工作时，填写参加工作的所有人员的姓名。多个班组工作时，可只填写班组负责人姓名。

②填写参加工作的总人数，包括总工作负责人和班组负责人。

(12) 工作票延期:

工作中，预计在计划时间内，检修难以完成，应由工作负责人在计划时间到期前，提前2 h以上向值班负责人(线路:向工作票签发人或工作许可人)申请办理延期手续。第二种工作票的延期计入“备注”栏内。延期手续只能办理一次。

(13) 工作总结:

工作全部结束后，工作负责人会同值班负责人(工作许可人)对设备状况和现场卫生进行检查，然后双方在工作票上签名，工作总结。并在“备注”栏内盖“已终结”章。

(14) 检修工作结束前，如遇下列情况之一者，应重新签发工作票，并重新履行工作许可手续。原工作票盖“作废”章。

①部分检修设备将加入运行，需要变更安全措施。

②值班人员发现检修人员严重违反《电力安全工作规程》行为，经劝说无效可收回工作票。

③检修工期延期一次仍不能完成，需要继续工作(注明因延期原因作废)。

④工作票破损，内容不全或字迹模糊不清。

(15) 工作许可人审查工作票时，发现有下列情况之一者，可将工作票退回，要求重新签发。

①计划工作时间已过期。

②安全措施不足或填写错误。

③工作票签发人或工作负责人不符合规定。

④工作内容和工作地点不明确。

(16) 工作票的考核。

①用电部门应在每月5日前，将上月已终结的工作票收集审核，统计合格率，报机电管理部门并存档。

②有下列情况之一者，为不合格工作票:

工作票无编号;工作票填写漏项;未按规定签名;工作内容(任务)不具体，或工作地点不明确;工作内容(任务)栏设备没有使用双重编号;安全措施填写不具体;接地线无编号，装设地点不明确;工作票签发人，工作负责人、工作许可人互相兼任;未按规定办理工作负责人变动手续;未按规定办理工作延期手续;应使用第一种工作票的工作使用第二种工作票;已设遮拦，标示牌没有注明确定的地点或位置;工作票破损，残缺不全，污秽看不清楚;未盖“已终结”或“作废”章。

(17) 工作票的保管:已终结的工作票，由各单位保存3个月以上。

(18) 事故抢险可不用工作票，但要记入操作记录簿内。开工前应做好停电、验电、装设接地线、悬挂标示牌和装设遮拦等安全措施，并指定专人监护。

下列工作可列为事故抢险：

①供电设备发生的事故有可能危及人身安全，造成火灾或设备严重损坏，需要立即处理的。

②救人、灭火。变电事故抢修的时间预计不能超过 4 h，4 h 以内不能修复的，应按正常检修办理工作票手续。线路事故抢修不限。

第二条　变电工作票

1. 填写第一种工作票的工作

(1) 高压设备上工作需要全部或部分停电者。

(2) 高压室内的二次接线盒照明等回路上的工作，需要将高压设备停电或做安全措施。

2. 填写第二种工作票的工作

(1) 带电作业和在带电设备外壳上的工作。

(2) 控制盘和低压配电盘、配电箱、电源干线上的工作。

(3) 二次接线回路上的工作，无需将高压设备停电者。

(4) 转动中的发电机、同期调相机的励磁回路或高压电动机转子回路上的工作。

(5) 非当值值班人员用绝缘棒和电压互感器定相或用钳形电流表测量高压回路的电源。

3. 工作票的填写细则

(1) 编号：各部门分别编号、一年内不得有重复编号。

(2) 工作负责人：

a. 由本部门批准并公布的人员担任。

b. 具有法人资格的外单位到变电站承包土建施工、设备检修、安装、防腐或调试等工作时由外单位指定工作负责人（监护人），并将名单事先交机电科审查安全资质，合格后将名单转发给变电站。

c. 工作负责人的变动：工作期间，若工作负责人临时离开现场超过 2 h，应由工作票签发人变更新的工作负责人，两工作负责人应做好必要的工作交接。工作负责人的变动只能办理一次。第二种工作票的工作负责人变动情况记入“备注”栏内。

(3) 班组：一个班组工作的，在其前面加主管单位名称。几个班组工作的，写总工作负责人所在的班组。

(4) 工作班人员：一个班组工作时，填写参加工作的所有人的姓名。多个班组工作的，可只填写班组负责人的姓名。填写参加工作的总人数，包括工作负责人和班组工作负责人。

(5) 工作内容和工作地点：填写变电站名称、电压等级、设备的名称和编号、工作任务、工作场所或间隔。

(6) 计划工作时间：为调度室批准的停电检修时间，不包括停送电操作时间。

(7) 安全措施：由工作票签发人（或工作负责人）和工作许可人分别填写：

a. 应拉开断路器合隔离开关（包括填写前已拉开断路器合隔离开关）：填写设备名称和编号。

b. 应装接地线：写明接地线的确实地点或应合接地刀闸，许可人需加写编号。

c. 应设遮拦、应挂标示牌：写明遮拦的确切地点，标示牌的确切位置。6 KV 隔离开关需放置绝缘护罩的填写此栏。

d. 补充安全措施：除上述 a、b、c 之外的其他安全措施或安全注意事项。

e. 工作许可人应将所做安全措施完整地填入相应栏内，不得简化或写为“同左”“已做”等。收到工作票时间：在计划工作时间之前，工作票交给变电站值班员的时间。

f. 许可开始工作时间：工作许可人在完成施工现场的安全措施和许可手续后，签名同意开工的时间。

g. 工作负责人变动：工作期间，若工作负责人临时离开现场超过 2 h，应由工作票签发人变更新的工作负责人，两工作负责人应做好必要的交接。

h. 工作负责人的变动只能办理一次。

i. 第二种工作票的工作负责人变动情况记入“备注”栏内。

j. 工作票延期：工作中，预计计划工作内，检修工作难以完成，应由工作负责人在计划时间到期前，提前 2 h 以上向值班负责人申请办理延期手续。

k. 第二种工作票的延期手续记入“备注”栏内。

l. 延期手续只能办理一次。

m. 工作票终结：工作全部结束后，工作负责人会同值班负责人（工作许可人）对设备状况和现场卫生进行检查，然后双方在工作票上签名，工作终结。并在“备注”栏内盖“已终结”章。

n. 备注栏：填写注意事项或其他事项。

第二章　变电、线路操作票

第三条　根据值班调度员或值班负责人的命令，改变设备运用状态需要进行多项作业的，都应使用操作票。

设备运用状态分为下列几种：

（1）运行。

（2）热备用：只有开关在断开位置。

（3）冷备用：断路器、隔离开关、二次回路保险在断开位置。

（4）检修：在冷备用的基础上，设备已接地，并布置了其他安全措施。

第四条　操作票必须填写的主要内容

（1）操作任务、起止时间。

（2）检查有关回路的功率、电流、电压。

（3）拉开、合上断路器和隔离开关。

（4）检查断路器和隔离开关的实际位置。

（5）二次回路切换、保护回路压板的投、退或改变定值。

（6）控制回路、继电保护、自动装置及测量仪表的投入或退出。

（7）停电设备验电的具体位置。

（8）装设、拆除接地线的位置及编号。

（9）合闸时同期控制开关的投、退。

（10）悬挂的标示牌及其他位置，装设的遮拦及其地点。

（11）装设绝缘护罩。

第五条　操作票的填写

（1）由操作人填写，监护人初审，值班负责人或操作许可人签名批准。

（2）操作票应用钢笔或圆珠笔填写清楚，不得任意涂改。非关键字修改，每张不得超过 3 个字，关键字（如：拉、合、停、送、退、投、切，设备的名称和编号）不得修改。

（3）填写操作票应使用规范的操作术语，不应使用方言。

（4）操作票的编号一年内不能有重复。

（5）操作票内一个序号对应一项设备操作内容，不能并项。检查设备的位置状态作一项。分项操作的设备一项作一项。

（6）每张操作票只能填写一个操作任务。操作任务栏和操作项目栏均应填写设备名称和编号。

（7）操作票上所列人员签名完整，书写工整。

（8）操作票顺序填写正确：

①线路停电操作顺序：拉开断路器—拉开线路侧隔离开关—拉开母线侧隔离开关。送电顺序与此相反。

②三相两卷变压器停电操作顺序：拉开负荷侧断路器—拉开电源侧断路器—拉开负荷侧隔离开关—拉开电源侧隔离开关。送电顺序与此相反。

③三相三卷变压器停电操作顺序：拉开低压侧断路器—拉开中压侧隔离开关—拉开高压侧隔离开关。送电顺序与此相反。

（9）操作票未用完的空行，从第一行起盖“以下空白”章。

第六条　执行操作票

（1）倒闸操作票必须由两人进行，其中对设备较为熟悉的一人监护，另一人操作。

（2）一个操作人一次只能持一份操作票操作，不能同时持几份操作票交叉作业。

（3）操作前，应先在模拟图纸上对照操作票进行核对性模拟预演。到现场正式操作时，应先核对设备名称、编号和位置，监护人持票和防误装置的钥匙，大声唱票，操作人用手指操作部位，并大声复诵无误后才能操作。

（4）必须按操作所列项目顺序依次操作，禁止倒项、填项、漏项及做与操作无关的工作。每操作完一项就打个“√”，不准全部操作完了一次打“√”。

（5）重要项目（并网、解列、继电保护投、退、装、拆接地线，拉、合接地刀闸）的操作时间应计入操作票。

（6）操作中产生疑问时，应立即停止操作，并向值班调度员或值班负责人报告，待弄清楚后再进行操作，不准擅自更改操作票，不准随意解除闭锁装置。

（7）全部操作完毕，经检查无误后在“备注”栏盖“已执行”章，并向调度员汇报。

第七条　下列工作可不用操作票：

（1）事故处理：系指为了不使事故扩大而进行的紧急操作。

（2）拉合断路器的单一操作。

（3）拉开接地刀闸或拆除全站仅有的一组接地线。

第八条　操作票所列人员的安全责任

（1）操作人：在监护人的监护下进行操作，对所执行的各项操作的正确负责。

（2）监护人：对担任监护的各项操作的正确性负主要责任。

（3）变电值班负责人（线路工作许可人）：对操作票所列操作顺序的正确性，操作任务是否符合现场条件负责。

第九条　操作票的考核

（1）有下列情况之一者，为不合格的操作票：

①无编号。

②无操作开始或终结时间，没有填写重要操作时间。

③一张操作票超过一个工作任务或操作任务不明确。

④操作中未按规定打“√”。

⑤操作票有漏顶、并项或顺序颠倒。

⑥未按规定审票签名，或签名只写姓不写名。

⑦字迹不清楚，关键字涂改或非关键字涂改每张超过 3 个字。

⑧未盖“以下空白”章，“已执行”章或“作废”章。

⑨使用术语不符合规范。

⑩有填写设备双重称号。

⑪没有写明接地线安装的地点或接地线编号。

⑫草稿操作票。

⑬先操作后补的票。

（2）操作票由运行部门逐月收集、审核、统计，于每月5日前将表单报安全科。

第十条 操作票的保管：已执行的操作票由运行部门保存3个月以上。

第十一条 操作注意事项

（1）正常操作应尽量避免在交接班或高峰负荷时进行，如必须在交接班时进行操作，则由交班人负责操作完毕或操作到某一阶段后才能交班，接班人重新填写操作票继续进行操作。

（2）操作前应检查所用安全用具是否合格。

附：各工作票格式

一、变电站倒闸操作票格式

单位__________编号__________

发令人		受令人		发令时间： 年 月 日 时 分
操作开始时间：年 月 日 时 分				操作结束时间： 年 月 日 时 分
（ ）监护下操作 （ ）单人操作 （ ）检修人员操作				
操作任务：				

顺 序	操作项目	√

备注：

操作人： 监护人： 值班负责人（值长）：

二、变电站第一种工作票格式

1. 工作负责人（监护人）________班组________

2. 工作班人员（不包括工作负责人）

____

____

共____人。

3. 工作的变、配电站名称及设备双重名称

____

____

4. 工作任务

工作地点及设备双重名称	工作内容

5. 计划工作时间

自　　年　　月　　日　　时　　分

至　　年　　月　　日　　时　　分

6. 安全措施（必要时可附页绘图说明）

应拉断路器（开关）、隔离开关（刀闸）	已执行*
应装接地线、应合接地刀闸（注明确实地点、名称及接地线编号*）	已执行*
应设遮拦、应挂标识牌及防止二次回路误碰等措施	已执行*

* 已执行栏目及接地线编号由工作许可人填写。

工作地点保留带电部分或注意事项（由工作票签发人填写）	补充工作地点保留带电部分和安全措施（由工作许可人填写）

工作票签发人签名　　　签发日期　　年　　月　　日　　时　　分

7. 收到工作票时间____年____月____日____时____分

运行值班人员签名________工作负责人签名________

8. 确认本工作票1~7项

工作负责人签名________工作许可人签名________

许可开始工作时间____年____月____日____时____分

9. 确认工作负责人布置的工作任务和安全措施

工作班组人员签名：

____

____

____

10. 工作负责人变动情况

原工作负责人________离去，变更________为工作负责人

工作票签发人____年____月____日____时____分

11. 工作人员变动情况（变动人员姓名、日期及时间）

____

____

12. 工作票延期

工作负责人签名________

有效期延长到____年____月____日____时____分工作负责人签名____年____月____日____时____分工作许可人签名____年____月____日____时____分

13. 每日开工和收工时间（使用一天的工作票不必填写）

收工时间				工作负责人	工作许可人	开工时间				工作负责人	工作许可人
月	日	时	分			月	日	时	分		

14. 工作终结

全部工作于____年____月____日____时____分结束，设备及安全措施

已恢复至开工前状态，工作人员已全部撤离，材料工具已清理完毕，工作已终结。

工作负责人签名________工作许可人签名________

15. 工作票终结

临时遮拦、标示牌已拆除，常设遮拦已恢复。未拆除或未拉开的接地线编号____等共____组、接地刀闸（小车）共________副（台），已汇报调度值班员。

工作许可人签名____年____月____日____时____分

16. 备注

1）指定专责监护人________负责监护________

________________（地点及具体工作）

____

2）其他事项____

注：若使用总、分票，总票的编号上前缀“总（n）号含分（m）”，分票的编号上前缀“总（n）号含分（n）”。

三、电力电缆第一种工作票格式

1. 工作负责人（监护人）________班组________

2. 工作班人员（不包括工作负责人）

____

____

共________人

3. 工作的变、配电站名称及设备双重名称

____

____

4. 工作任务

工作地点及设备双重名称	工作内容

5. 计划工作时间

自　　年　　月　　日　　时　　分

至　　年　　月　　日　　时　　分

6. 安全措施（必要时可附页绘图说明）

（1）应拉开的设备名称、应装设绝缘隔板

变、配电站或线路名称	应拉开的断路器（开关）、隔离开关（刀闸）、熔断器以及应装设的绝缘隔板（注明设备双重名称）	执行人	已执行

（2）应合接地刀闸或应装接地线

接地刀闸双重名称和接地线装设地点	接地线编号	执行人

（3）应设遮拦，应挂标示牌

（4）工作地点保留带电部分或注意事项（由工作票签发人填写）	（5）补充工作地点保留带电部分和安全措施（由工作许可人填写）	

工作票签发人签名________签发日期____年____月____日____时____分

7. 确认本工作票1~6项

工作负责人签名________________

8. 补充安全措施________________

工作负责人签名________________

工作负责人签名________________

9. 工作许可

1）在线路上的电缆工作：

工作许可人用________方式许可自____年____月____日____时____分起开始工作工作负责人签名____________

2）在变电站内电缆工作

安全措施项所列措施中____（变、配电站）部分已执行完毕工作许可时间____年____月____日____时____分

工作许可人签名____________工作负责人签名____________

10. 确认工作负责人布置的工作任务和安全措施

工作班组人员签名：

____

____

11. 每日开工和收工时间（使用一天的工作票不必填写）

收工时间				工作负责人	工作许可人	开工时间				工作负责人	工作许可人
月	日	时	分			月	日	时	分		

12. 工作票延期

有效期延长到____年____月____日____时____分工作负责人签名____年____月____日____时____分工作许可人签名____年____月____日____时____分

13. 工作负责人变动

原工作负责人________离去，变更________为工作负责人。

工作票签发人____年____月____日____时____分

14. 工作人员变动（变动人员姓名、日期及时间）

____

____

工作负责人签名____________

15. 工作终结

1）在线路上的电缆工作

工作人员已全部撤离，材料工具已清理完毕，工作终结；所装的工作接地线共____副已全部拆除，于____年____月____日____时____分工作负责人向工作许可人________用________方式汇报。

工作负责人签名____________

2）在变、配电站或发电厂内的电缆工作

在________（变、配电站）工作于____年____月____日____时____分结束，设备及安全措施已恢复至开工前状态，工作人员已全部撤离，材料工具已清理完毕。

工作负责人签名____________工作许可人签名____________

16. 工作票终结

临时遮拦、标示牌已拆除，常设遮拦已恢复；未拆除或未拉开的接地线编号________等共________组、接地刀闸（小车）共________副（台），已汇报调度。

工作许可人签名____________

17. 备注

1）指定专责监护人____________负责监护____________

____________（地点及具体工作）

____

2）其他事项________

注：若使用总、分票，总票的编号上前缀“总（n）号含分（m）”，分票的编号上前缀“总（n）号含分（n）”。

四、变电站第二种工作票格式

1. 工作负责人（监护人）________班组________

2. 工作班人员（不包括工作负责人）

____

____

共____人。

3. 工作的变、配电站名称及设备双重名称

____

____

4. 工作任务

工作地点及设备双重名称	工作内容

5. 计划工作时间

自____年____月____日____时____分

至____年____月____日____时____分

6. 工作条件（停电或不停电，或邻近及保留带电设备名称）

____

____

7. 注意事项（安全措施）____________

工作票签发人签名____________

签发日期______________________________

8. 补充安全措施（工作许可人填写）

____

9. 确认本工作票1～8项

工作负责人签名________工作许可人签名________

许可工作时间____年____月____日____时____分

10. 确认工作负责人布置的工作任务和安全措施

工作班人员签名：

____

____

11. 工作票延期

有效期延长到____年____月____日____时____分

工作负责人签名____年____月____日____时____分

工作许可人签名____年____月____日____时____分

12. 工作票终结

全部工作于____年____月____日____时____分结束，工作人员已全部撤离，材料工具已清理完毕。

工作负责人签名________工作许可人签名________

13. 备注

____

____

五、电力电缆第二种工作票格式

1. 工作负责人（监护人）________班组________
2. 工作班人员（不包括工作负责人）

____

____

共____人。

3. 工作任务

电力电缆双重名称	工作地点或地段	工作内容

4. 计划工作时间

自____年____月____日____时____分

至____年____月____日____时____分

____

5. 注意事项（安全措施）____________

工作票签发人签名____________

签发日期____年____月____日____时____分

6. 确认本工作票1～5项内容

工作负责人签名____________

7. 补充安全措施（工作许可人填写）

____

____

8. 工作许可

1）在线路上的电缆工作：工作开始时间____年____月____日____时____分

工作负责人签名____________

2）在变电站内的电缆工作

安全措施项所列措施中________（变、配电站）部分，已执行完毕许可自____年____月____日____时____分起开始工作

工作许可人签名________工作负责人签名________

9. 确认工作负责人布置的工作任务和安全措施

工作班人员签名：

____

____

10. 工作票延期

有效期延长到____年____月____日____时____分

工作负责人签名____年____月____日____时____分

工作许可人签名____年____月____日____时____分

11. 工作票终结

全部工作____年____月____日____时____分结束，工作人员已全部撤离，材料工具已清理完毕。

工作负责人签名________工作许可人签名________

12. 备注

____

____

注：若使用总、分票，总票的编号上前缀“总（n）号含分（m）”，分票的编号上前缀“总（n）号含分（n）”。

六、变电站带电作业工作票格式

工作负责人（监护人）________班组________

1. 工作班人员（不包括工作负责人）

____

____

共____人。

____

____

2. 工作的变、配电站名称及设备双重名称

3. 工作任务

工作地点及设备双重名称	工作内容

4. 计划工作时间

自____年____月____日____时____分

至____年____月____日____时____分

5. 工作条件（停电或不停电，或邻近及保留带电设备名称）

____

____

6. 注意事项（安全措施）________

工作票签发人签名________

签发日期____年____月____日____时____分

7. 确认本工作票 1 ~7 项

工作负责人签名________工作许可人签名________

许可工作时间____年____月____日____时____分

8. 指定________为专责监护人________专责监护人签名________

9. 补充安全措施（工作许可人填写）

____

____

10. 许可工作时间____年____月____日____时____分

工作许可人签名________工作负责人签名________

11. 确认作业负责人布置的工作任务和安全措施

工作班组人员签名：

____

____

12. 工作票终结

全部工作于____年____月____日____时____分结束，工作人员已全部撤离，材料工具已清理完毕。

工作负责人签名________工作许可人签名________

13. 备注

____

____

七、变电站事故应急抢修单格式

1. 抢修工作负责人（监护人）________班组________

2. 抢修班人员（不包括抢修工作负责人）

____

____

共____人。

3. 抢修任务（抢修地点和抢修内容）

____

____

4. 安全措施

____

____

____

5. 抢修地点保留带电部分或注意事项____

____

6. 上述1~5项由抢修工作负责人________根据抢修任务布置人________的布置填写。

7. 经现场勘察需补充下列安全措施____

____

经许可人（调度/运行人员）同意（________月________日________时________分）后，已执行。

8. 许可抢修时间________年________月________日________时________分

许可人（调度/运行人员）

9. 抢修结束汇报

本抢修工作于________年________月________日________时________分结束

现场设备状况及保留安全措施____

____

抢修班人员已全部撤离，材料工具已清理完毕，事故应急抢修单已终结。抢修工作负责人________许可人（调度/运行人员）

填写时间____年____月____日____时____分

八、二次工作安全措施票格式

单位________编号________

<table>
<tr><td colspan="2">被试设备名称</td><td colspan="4"></td></tr>
<tr><td>工作负责人</td><td></td><td>工作时间</td><td>月　日</td><td>签发人</td><td></td></tr>
<tr><td colspan="6">工作内容：</td></tr>
<tr><td colspan="6">安全措施：包括应打开及恢复压板、直流线、交流线、信号线、联锁线和联锁开关等，按工作顺序填用安全措施</td></tr>
<tr><td>序号</td><td>执行</td><td colspan="3">安全措施内容</td><td>恢　复</td></tr>
<tr><td></td><td></td><td colspan="3"></td><td></td></tr>
<tr><td></td><td></td><td colspan="3"></td><td></td></tr>
<tr><td></td><td></td><td colspan="3"></td><td></td></tr>
<tr><td></td><td></td><td colspan="3"></td><td></td></tr>
</table>

执行人：　　　　监护人：　　　　恢复人：　　　　监护人：

16.19 停送电管理制度

为确保人身安全，设备安全以及设备运行和检修的有序进行，强化停送电管理，保证安全生产，根据《煤矿安全规程》《电业安全工作规程》相关规定，结合实际，制定本制度。

第一章 总　　则

第一条 停送电工作是直接关系着煤矿安全生产和职工生命安全的重大问题，做好停送电安全工作是一项科学的技术管理工作。

第二条 发布停送电命令或执行停送电工作以及从事电气工作的人员，必须是按规定经过安全技术培训考试合格的人员担任。没有操作资格合格证的人员不得进行有关停送电工作。

第三条 井上下一切电气设备，凡在进行停送电工作时，除遵守《煤矿安全规程》和《电业安全工作规程》外，还必须执行本规定。若本规定与国家有关规定有抵触时，以国家规定为准。

第四条 定义

本制度所称“带电”是指：

（1）不论任何电气设备（包括电缆和电线），其电压在36 V及以上的导电部分和失去绝缘性能的电缆电线均认为是“带电”。

（2）不论任何电气设备（包括电缆和电线），虽已切断电源，但未妥善完成验电、放电、接地、短路之前仍认为是“带电”。

（3）一切电气设备的外壳、配电设备的构架、电缆的附件和电缆的金属外皮等接地装置遭到破坏时，即认为是“带电”。

本规定所谓“停送电工作”系指执行电气设备的检查、修理、安装、迁移、拆除、接线等工作时，在井上下变电所、输配电线路上，动力和照明等设备的开关上进行停送电操作及在被停电部分的一切电气设备上进行工作，不论全部的或局部的，凡有以上工作，均称为“停送电工作”。

第五条 停送电制度坚持“以人为本、安全第一、预防为主、综合治理”的原则。

第六条 本制度适用于矿属范围的停送电作业区域。所属各部室、班组必须严格执行该制度。

第二章 一 般 规 定

第七条 井上下变电所，必须挂有该供电范围的供电系统图，当系统变动时应予随之修改，必须做到与实际相符，所有开关上应设标示牌，标明开关编号、用途及供电线路标识等，以便于操作人员识别，防止发生误操作。

第八条 在备用和停用的设备、线路上进行工作时，也必须履行停送电手续，事前与有关单位和人员联系清楚，并妥善地完成验电、放电、接地工作，证明确实无电时才能开始进行工作，否则认为“带电”，不得进行工作。

第九条 在进行停送电工作之前，操作人员必须准备好合格的安全用具（绝缘手套、绝缘靴、绝缘台等），地面登杆工作必须系安全带。

第十条 井上下任何开关如果发生漏电保护装置动作突然掉闸停电，可按照如下规定操作：

（1）向井下供电的开关掉闸，没有查明原因不准强送。

（2）地面供电的开关因过流动作掉闸（有显示），允许强送一次，一次强送不上时必须通知相关电工进行检查，查明原因时，将事故线路切断后方可送电。

（3）如确认系由于操作机构失灵（误动作），或受到某种原因的碰触和震动而造成的掉闸停电，可以强送。

（4）由于系统电压突然降低使装有失压保护的井下分路开关动作掉闸停电，并确认非本开关馈出系统的故障或事故（过流继电器无动作批示时），也可强送一次。

（5）已经停电的设备和线路，随时都有突然来电的可能，所以在未完成停送电的有关手续及安全措施之前，不得触及设备和线路或进入遮护栏内。

第三章 停送电管理规定

第十一条 矿属范围内的停送电工作必须严格执行此制度。

第十二条 所有检修作业或带电设备危险区域作业必须停电。停电必须办理“停送电工作票”，但在紧急情况下，可以先停电，但必须做好安全措施，一般事后应补办停送电工作票。配电室进线柜或系统性检修、区域性停电、单台设备停电或日常检修时停、送设备启动柜的电源，均应办理相应的工作票。

第十三条 停送电之前，操作电工必须确认清楚所要停送电的设备、线路是否与工作要求一致，经查清核对确认无误后，方可进行操作。

第十四条 所有停送电工作必须严格执行相关规定。停送电时应认真填写操作票，工作时必须两人进行，一人操作，一人监护。

第十五条 非专职电工，不得擅自操作电气设备。

第十六条 正常停送电操作必须经调度部门批准，否则不予执行。

第十七条 所有停、送电操作应严格按照操作规程要求进行。

第十八条 停电的开关必须悬挂“有人工作，禁止合闸”警示牌，开关的机械闭锁装置要保证锁好。

第十九条 严禁约时停、送电，杜绝无计划和不按计划停送电。

第二十条 设备故障导致高压开关柜跳闸，调度应通知值班电工将故障跳闸的高压开关柜手车由工作位置拉至试验位置。

第二十一条 值班电工根据工作票填写操作票，经核对无误签字后，按操作票逐项进行停、送电操作。值班电工做到“五不操作”：

（1）不见工作票不操作。

（2）申请停电内容不明确不操作。

（3）停电设备不清、线路不明确不操作。

（4）日期时间不符不操作。

（5）不经调度同意不操作。

第四章　停 送 电 程 序

第二十二条　井上下停送电程序

（1）设备停电检修或其他情况需要停电或送电时，必须严格执行停送电制度，严格执行“谁停电、谁送电”规定。

（2）停电检修前，首先到机电科办理停送电检修通知单，并填写工作票。

（3）工作许可人对工作票进行审查，确认无误后可与变电所联系发布倒闸操作命令（口头、电话），变电所值班人员可根据命令填写倒闸操作票，受令人将命令内容向发令人复诵，核对无误，然后操作人员和监护人员在操作票上分别签名。

（4）操作人员和监护人员可根据操作票的顺序进行逐项操作，每操作完一项，相应打一个“对”，操作完毕把接地线挂上，并挂停电牌（有人工作，禁止合闸），这时可向调度值班人员（工作许可人）报告。

（5）工作许可人向工作负责人发出工作命令（口头、电话），这时工作负责人可根据工作票要求和有关安全措施实施工作，负责人必须始终在工作场所，对工作人员的安全认真监护，及时纠正不安全的动作及行为，工作完成后清理现场，由工作负责人亲自向工作许可人汇报工作结果，并将工作票交给工作票签发人保管。

（6）工作许可人向变电所操作人员命令恢复送电，操作人员按规程要求送电，送电后由操作人员向调度值班员汇报，送电正常则本次停电检修结束。

（7）只有调度值班员才有权向变电所值班员发出停送电命令，任何人都不得直接命令变电所停送电。

第五章　停 送 电 流 程

第二十三条　停电

（1）操作高压电气设备回路时，操作人员必须戴绝缘手套，穿电工绝缘靴，站在绝缘台上，使用绝缘棒或拉杆操作把手进行作业。停电时，将工作部分进行放电，封好地线。操作低压电气设备主回路时，操作人员戴绝缘手套和穿绝缘靴。用手拉、合刀闸开关，脸部不准正对开关。发现有危及人身或设备安全的紧急情况，应当立即自行断开电源，事后向领导报告。

（2）检修设备停电，应把各方面的电源完全断开。禁止在只经断路器（开关）断开电源的设备上工作。应拉开上、下隔离开关（刀闸），手车开关应拉至试验或检修位置，应使各方面有一个明显的断开点，若无法观察到停电设备的断开点，应有能够反映设备运行状态的电气和机械等指示。与停电设备有关的变压器和电压互感器，应将设备各侧断开，防止向停电检修设备反送电。

（3）检修设备和可能来电侧的断路器（开关）、隔离开关（刀闸）应断开控制电源和合闸电源，隔离开关（刀闸）操作把手应锁住，确保不会误送电。

第二十四条　验电

（1）验电时，应使用相应电压等级，合格的接触式验电气，在装设接地线或合接地刀闸（装置）处对各相分别验电。验电前，应先在有电设备上进行试验，确证验电气良好；无法在有电设备上进行试验时可用工频高压发生器等确证验电气良好。

（2）高压验电应戴绝缘手套。验电气的伸缩式绝缘棒长度应拉足，验电时手应握在手柄处，不得超过护环，人体应与验电设备保持安全距离。雨雪天气时不得进行室外直接验电。

第二十五条 接地

(1) 当验明设备确已无电压后，应立即将检修设备接地并三相短路。

(2) 对于可能送电至停电设备的各方面都应装设接地线或合上接地刀闸（装置），所装接地线与带电部分应考虑接地线摆动时仍符合安全距离的规定。

(3) 在配电装置上，接地线应装在该装置导电部分的规定地点，这些地点的油漆应刮去，并划有黑色标记。所有配电装置的适当地点，均应设有与接地网相连的接地端，接地电阻应合格。接地线应采用三相短路式接地线，若使用分相式接地线时，应设置三相合一的接地端。

(4) 装设接地线应先接接地端，后接导体端，接地线应接触良好，连接应可靠。拆接地线的顺序与此相反。装、拆接地线均应使用绝缘棒和戴绝缘手套。人体不得碰触接地线或未接地的导线，以防止触电。

(5) 成套接地线应用有透明护套的多股软铜线组成，其截面不得小于 25 mm^2，同时应满足装设地点短路电流的要求。禁止使用其他导线作接地线路或短路线。

第二十六条 悬挂标示牌和装设遮拦（围栏）

(1) 在一经合闸即可送电到工作地点的断路器（开关）和隔离开关（刀闸）的操作把手上，均应悬挂“禁止合闸，有人工作!”的指示牌。

(2) 在室内高压设备上工作，应在工作地点两旁及对面运行设备间隔的遮拦（围栏）上和禁止通行的过道遮拦（围栏）上悬挂“止步，高压危险!”的指示牌。

(3) 高压开关柜内手车开关拉出后，隔离带电部位的挡板封闭后禁止开启，并设置“止步，高压危险!”标示牌。

(4) 在室外高压设备上工作，应在工作地点四周装设围栏，其出入口要围至临近道路旁边，并设有“从此进出!”的标示牌，工作地点四周围栏上悬挂适当数量的“止步，高压危险!”标示牌，标示牌应朝向围栏里面。若室外配电装置的大部分设备停电，只有个别地点保留有带电设备而其他设备无触及带电导体的可能时，可以在带电设备四周装设全封闭围栏，围栏上悬挂适当数量的“止步，高压危险!”标示牌，标示牌应朝向围栏外面，禁止越过围栏。

(5) 在工作地点设置“在此工作!”的标示牌。

(6) 在室外构架上工作，则应在工作地点邻近带电部分的横梁上，悬挂“止步，高压危险!”的标示牌。在工作人员上下铁架或梯子上，应悬挂“从此上下!”的标示牌，在邻近其他可能误登的带电构架上，应悬挂“禁止攀登，高压危险!”的标示牌。

(7) 禁止工作人员擅自移动或拆除遮拦（围栏）、标示牌。因工作原因必须短时移动或拆除遮拦（围栏）、标示牌，应征得工作许可人同意，并在工作负责人的监护下进行，完毕后应立即恢复。

第六章 管理办法

第二十八条 在实施检修或其他情况需申请停电前，必须由工作负责人提前与相关部门联系好，安排好各部门之间的配合事项及生产安排情况，并商定停电时间。

第二十九条 停送电操作之前，操作人员必须认真查清所要停电的设备、线路是否与工作要求一致，经查清核对确定无误时，方可进行操作。

第三十条 在带电设备的非导电部分进行工作时，必须考虑到工作过程中，一旦操作不当或其他原因，容易使工具人体等可触及导电部分，必须切断电源再进行工作。

第三十一条 在井下进行停电工作时，切断电源后必须将导体接地放电，极地放电前，对可能积聚瓦斯的地方，必须进行检查后，当甲烷浓度在 0.8% 以下才准放电。

第三十二条 工作完成后，送电操作人员必须得到工作负责人的命令后（不得更换人）才能进行合闸送电，严禁用信号、摆灯、喊话、约定时间等不可靠的做法指挥送电。

第三十三条　工作全部完成后要求送电前，工作负责人必须对现场进行详细检查，接线是否正确、合格；螺丝、垫圈、卡爪等是否坚固，有无毛刺，有无障碍物；以免送电后发生短路、冒火花其他事故，特别是井下检修后安装必须把防爆盖盖好，严禁失爆。

第三十四条　工作完成后，工作负责人应命令全部现场人员撤离工作地点，清点人员和工具，并监护工作人员不准再接近导电部分。所派遣的专职送电人一经离开工作现场去办理送电手续时，即认为设备或线路上已经带电，绝对禁止接触设备或继续工作。

第三十五条　在同一线路或同一电源供电的若干分支线路上同时进行数项工作时，各项工作负责人必须分别办理各自的停送电票，不准趁别人申请停电的机会私自进行线路工作。停送电的操作人必须在各项工作全部完成，得到该线路上所有的工作负责人的送电命令后方可操作对线路送电。

第三十六条　在井下同一线路或一个开关控制范围内有数项工作时，各项负责人必须在这趟线路的总开关上分别挂各自的停电牌，只有等全部停电牌拆除以后方可给该线路送电。

第七章　其他规定

第三十七条　停电范围影响到职工生活供电、供水、供暖、供气的，应书面张贴通告。

第三十八条　当发现供电现场存在严重供电隐患时，现场人员要立即通知本部门负责人，本部门负责人立即向调度汇报，经调度批准，调度通知供电管理责任人对现场进行停电操作，停电后只有隐患处理责任人处理完毕后，供电责任人方可下令恢复供电，并向调度室汇报，相关人员应对过程详细记录。

第三十九条　当现场出现危及人身安全的供电紧急事故时必须立即停电时，变电所值班人员或责任电工可立即进行紧急操作，停电后再汇报相关负责人和调度室。

第四十条　主通风机必须保持24 h不间断运行，无特殊情况任何人不得擅自下令断电停风。因突发事故停电或其他原因造成主通风机停止运行时，地面配电人员应立即检查井下电源是否可靠闭锁断开。因网络停电或其他原因主通风机停止运转，当主通风机重新运行后，向井下送电前必须有调度室的指令，由调度室下达送电命令后方可操作送电，并要认真做好记录。

第四十一条　发生较长时间停电事故，恢复井下送电时，从中央变电所至采区变电所再至各工作面配电点，必须执行检查瓦斯逐级检查送电制度，即必须经瓦斯员逐级对中央变电所、采区变电所、各工作面配电点、各工作面内检查甲烷浓度不超规定时，方可由瓦斯员下令逐级送电，并做好记录。

第四十二条　发生矿井大面积停电时按应急预案执行。

16.20　电气试验管理制度

为加强全矿电气设备的管理，正确判断设备能否投入运行，预防设备损坏，保障全矿电气设备安全运行，特制定本制度。

第一章　电气试验的有关规定

第一条　各种电气试验应建立健全实验资料、档案，对实验结果必须进行科学的综合分析，掌握设备性能变化的规律和趋势，不断提高技术水平。

第二条　井下各种电气实验应按《煤矿安全规程》的规定进行。

第三条　长期（井下超过3个月，井上超过6个月）停用和移动后的设备，投入运行前，必须按运行中的设备实验项目和标准进行实验。

第四条　进行绝缘实验时应将各种连在一起的电气设备分离开来，单独试验（制造厂装配成套的设备不在此限），但同一试验标准的设备可以连在一起实验。

第五条　新装和大修后的充油设备进行耐压试验时，油质必须经检验合格，否则不能进行。

第六条 运行中主要大型设备，主要电缆等进行耐压试验时，应具备：设备的绝缘电阻、泄漏电流、介质损失角、正切值等所试验项目综合判断合格。

第二章 矿井660 V以上电气设备的实验

第七条 变压器、高压油开关柜等新装和大修应进行以下试验：

（1）绝缘电阻和吸收比测定。

（2）泄漏电流测定。

（3）测量线圈连同套管一起的tan值（%）。

（4）非纯瓷套管介质损失角tan值（%）试验。

（5）交流耐压试验。

（6）线圈直流电阻测定。

（7）变压比测定。

（8）组别或极性测定。

（9）空载试验。

（10）短路试验。

（11）绝缘油试验。

（12）冲击合闸试验。

运行中的变压器和高压油开关柜每年进行一次上述试验。

第八条 油浸纸绝缘电力电缆的试验项目和周期

新装和换接头都应做试验，运行中的电缆每年做一次以下试验：

（1）绝缘电阻测定。

（2）直流耐压试验并测泄漏电流。

（3）检查电缆线路的相位。

第九条 电力（移相）电容器试验项目和周期

（1）试验项目：绝缘电阻测定；电容值测定；交流耐压试验；合闸冲击试验。上述试验在新装和运行中根据需要进行。

（2）避雷器应一年一次绝缘电阻测定工频放电电压测量。测量电导电流及检查串联组合元件的非线性差值。

第十条 互感器试验项目和周期

（1）绝缘电阻测定每1~2年一次。比差和角差测定；组别和极性测定，空载电流测定（660 V以上的电压互感器）。

（2）对于充油互感器中的绝缘油每年作一次油中溶解气体色谱分析，并取样作绝缘油的各种试验。

以上几项电气试验，每年由机电科主管该项的技术员提出，由矿、科统一安排时间。请有关检测机构进行试验，由机电队协助进行。

第十一条 接地装置的测试

（1）地面电气设备接地及防雷保护用的所有接地元件接地电阻，于每年雷雨季前测定一次，主要场所如土质不良，酌情增加测量次数，达不到要求必须进行处理。

（2）井下接地装置每季检查一次，主接地电阻每年测定一次。

（3）新设备的保护接地装置，当设备投入运行前必须检查和测量接地电阻与接地装置的可靠性。

16.21 非生产用电管理制度

为了加强节能管理，促进电能的合理利用，落实矿降本增效措施，增强全体职工的成本意识、责任意识和危机意识，保障本矿生产持续健康发展，特制定本制度。

第一条 办公用电管理

(1) 办公设备不使用时应将设备关闭（如复印机），以避免长时间待机造成的电力损耗。

(2) 办公电脑待机时应关闭显示器，长时间不使用时应将电脑关闭，下班时应关闭电脑，电脑不能开着过夜。

(3) 夜间工作，离开办公场所或下班时应做到随手关灯，人走灯灭。白天应打开窗帘，室内光线够用时，尽可能不开灯。

(4) 在没有会议举行的时候，会议室内的照明、空调和其他用电设施都不应被使用，会议结束时应将正在工作的电气关闭。

(5) 非必要时应尽量不使用空调，夏季应尽量开窗散热，必须使用时，空调温度不应低于 26 ℃。

(6) 下班后应关闭饮水机，尽量不产生冗余使用（夏天加热冬天制冷）。

(7) 严禁对矿的任何配电箱及电源的配置进行改动。

(8) 办公楼内晚 12：00 以后大厅照明和室外草坪灯应适度减少开灯数量或停开（重大节日除外）。

(9) 不得随便使用大功率用电设备。

第二条 厂区道路照明

(1) 厂区各路段照明按照现有责任区域设立监控点，平时厂区路灯按照预定天亮时间由自动或人工进行控制，各监控点应加强监管责任，防止天黑前提前开灯和天亮后延误关灯，杜绝长明灯，造成电力浪费。

(2) 地面厂房、场地夜间照明，根据各部门需要，对照明开停时间和亮度实行有效控制，由部门机电负责人进行巡查。

(3) 厂区路灯照明故障维护需要开关照明线路，需由机电队事先申报调度批准后实施。

第三条 生活区用电管理

(1) 职工用电按户实行装表计量收费，用电一律装表计量，谁使用，谁付费，不留死角。

(2) 严禁窃电行为，一经查出，将给予重罚。

第四条 配套节电管理措施

(1) 杜绝生产现场或设备局部照明使用白炽灯，改用高效节能灯。

(2) 各地面厂房照明按照功能或区域实行分段控制。对非生产用电设计和布置不合理的，应按照安全、实用、经济、合理原则进行改造。

(3) 对厂区路灯优先采取按时段和亮度控制的节能方案。

(4) 必要时对各路段加装电能表进行非生产用电计量，实行核算。

16.22 设备定值管理规定

第一条 设计程序

井下高低压供电系统必须有供电系统设计图，供电系统的设计由机电科承担，机电科科长审核批准，且必须有继电保护的设计、选型、计算说明书。

第二条 继电保护责任划分

(1) 机电科专人负责井上、下变电所高压配电装置继电保护装置的整定管理和检查。

(2) 机电队负责井上下对高压保护装置的全面检查和试验。

(3) 井上、下各厂队机电队长负责本队管辖范围电气设备过流、短路保护装置的整定、检查及调整。

第三条 具体要求

(1) 井下高低压电网的整定计算及校验要严格按《煤矿井下低压电网短路保护装置的整定细则》的规定执行。

（2）为便于检查，运行中的电气设备由队组专职技术员对其全部设备定期整定，整定牌上应注明设备型号、编号、两相最小短路电流、过载整定值、整定日期、用途、使用地点及包机人。各队组专职技术员定期要进行一次短路保护检查，根据整定值对其进行调整试验。

（3）各厂队要按机电科下发的定值通知单修改开关定值。

（4）井下由采区变电所、移动变电站或配电点引出的馈电线上应设短路和过负载装置。

（5）所有安装和运行的供电系统及保护装置不得随意改变，当运行中的短路保护装置动作时，必须查明原因，排除故障后方可送电，若保护装置发生误动作时，必须经机电科同意后，方可修改整定值，并将调整结果记录在册。

（6）不准甩掉电气设备的短路保护装置不用，并禁止用不合格的过流继电器和熔断器，运行中的短路保护装置必须动作可靠。

16.23 供电装置无序跳闸停电管理规定

为了加强安全供电管理，避免开关无序跳闸停电事故的发生，杜绝因漏电、过流、短路速断跳闸或开关越界跳闸等造成大面积停电事故，特制定本规定。

第一条 认真执行防爆电气设备管理制度。

第二条 认真按照电气设备防爆标准进行防爆电气设备的管理、安装和使用。

第三条 井下新电气设备的安装一定要按防爆标准进行安装，井下在用的电气设备要安排专人逐台防爆检查，各有关单位要把电气设备防爆检查情况做好记录，机电科将组织进行定期和不定期抽查。发现电气设备有失爆将进行严厉的经济处罚。

第四条 各有关部门要认真对照《安全生产标准化标准及细则》中第三章“机电安全生产标准化标准”、第四章“矿井运输安全生产标准化标准”、第五章“机电设备完好标准”内容，认真扎实开展安全生产标准化工作。

第五条 各部门要认真做好现场管理和原始资料的收集整理，并每周组织一次全面自检，自检表等必须符合矿三个体系管理手册的要求。

第六条 机电科要深入现场对照标准每月组织进行严格检查、考评，把考评评级作为本月机电管理考核的重点内容。

第七条 机电科要强化日常的监督检查，采取定期（周三地面，周四井下）和不定期的方法进行抽查，月底汇总进行考评。

第八条 对于开关、接线盒、电缆等因安装存在缺陷或检查检修不到位，造成开关短路速断跳闸及开关越级跳闸等现象，一次罚责任单位×××元，罚责任人（包机人、检修人）×××元，罚分管机电副队长×××元。如造成影响生产（影响生产1h以上）或停风（停风10 min以上）一次罚责任单位×××元，罚责任人（包机人、检修人）×××元，罚分管机电副队长（副厂长）×××元，队长（厂长）×××元。对造成严重后果的，根据矿有关制度进行处罚。

第九条 对于造成开关过流跳闸的原因按以下情况区别对待进行处理和处罚：

（1）因供电负荷随意增大造成开关过流跳闸。

（2）因未按机电科下达的开关定值进行整定，造成开关过流跳闸。

（3）因开关无保护装置或保护装置有故障引起上一级开关过流跳闸，确认故障排除后，方可再次送电。

（4）因开关定值整定计算不正确造成开关过流跳闸。

（5）由于新设备安装后试机起动（带式输送机、刮板输送机等）或新安设备带载起动（水泵等）造成过流，视情况免于处罚。但类似情况有3次以上按（1）执行。

（6）造成主通风机无计划停电，按照主通风机运行管理制度执行。

以上（1）、（2）、（3）、（4）引起开关过流跳闸，6 kV 开关跳闸一次罚责任人（包机人、维修人）×××元，分管副队（厂）长罚×××元，队（厂）长罚×××元；0.66 kV 开关跳闸罚责任人（包机人、维修人）×××元，分管副队（厂）长罚×××元，队（厂）长罚×××元；6 kV 开关、0.66 kV 开关过流跳闸引起停风（10 min 以上）罚责任人（包机人、维修人）×××元，分管副队（厂）长罚×××元，队（厂）长罚×××元。

第十条　对于造成开关漏电保护装置跳闸原因按以下情况区别对待进行处罚：

（1）因漏电保护装置损坏，造成有漏电故障开关不跳闸或上级开关漏电保护装置跳闸的罚责任人（包机人、维修人）×××元，分管副队（厂）长罚×××元。

（2）因开关、接线盒等电气设备检查不到位，电缆外皮损伤或其他原因造成开关漏电跳闸罚责任人（包机人、维修人）×××元，分管副队（厂）长罚×××元。

（3）如造成6 kV 开关漏电保护跳闸，待查明漏电原因后视情况处罚，如是（1）、（2）情况将按以上罚款额2倍罚款进行处罚。如是架空线缆外界因素（雷电、冰雹、刮风、风筝、鼠害及人为破坏等）造成6 kV 开关漏电保护跳闸视调查情况进行处理。

第十一条　各单位要确保防越界跳闸保护正常使用，严禁甩掉不用。

第十二条　井下电气设备保护装置要齐全，机构动作要可靠，定值计算要准确，动作时限符合规定要求。

16.24　井下接地电阻定期检测管理制度

第一条　接地电阻的检测周期

（1）每年机电科至少要对主接地极和局部接地极详细检查一次。主接地极和浸在水沟中的局部接地极应提出水面检查，如发现接触不良或严重锈蚀等缺陷，立即处理或更换，并测其接地电阻值。主、副水仓中的主接地极不得同时提出检查，必须保证一个工作。

（2）井下局部及辅助接地极接地电阻的测定，每季度由使用部门检测一次（季度25日前将测试报告报机电科）；新安装的接地装置，在投入运行前，应测其接地电阻值，并必须将测定数据记入记录表内。

第二条　井下接地极的装设规定

（1）36 V 以上和由于绝缘损坏可能带有危险电压的电气设备的金属外壳、构架等都必须有可靠的保护接地。

（2）接地网上任一保护接地点的接地电阻，不得超过2 Ω，每一移动式电气设备和手持式电气设备同接地网之间的保护接地用的接地芯线电阻值都不得超过1Ω。

（3）所有电气设备保护接地装置（包括电缆的接地线）都应和井下主接地极构成一个总接地网。主接地极使用耐腐蚀的钢板制成，面积不得小于0.75 m^2、厚度不得小于5 mm。

（4）下列地点应装设局部接地极：每个装有电气设备的硐室、每个单独装设的高压电气设备、每个低压配电点、连接动力电缆的每个接线盒。低压配电点或装有3台以上电气设备的地点。

（5）无低压配电点的采煤机工作面的运输巷、回风巷、集中运输巷以及由变电所单独独立供电的掘进工作面，至少分别设置1个局部接地极。

（6）局部接地极可设置于巷道水沟内或其他就近的潮湿处，设在水沟内的局部接地极用面积不小于0.6 m^2、厚度不小于3 mm 的钢板制成，并平放于水沟深处。

（7）设在其他地点的接地极用直径不小于35 mm、长度不小于1.5 m 的钢管制成，管上至少钻20个直径不小于5 mm 的透眼，并垂直埋在地下。

（8）连接辅助接地极的接地导线及连接电气设备外壳的接地导线和高压接线盒两头的接地导线用镀锌钢绞线，截面积不小于50 mm^2，铜线不小于25 mm^2。连接主接地极的接地母线，应采用截面积不小于 50 mm^2 的铜线或截面积不小于 100 mm^2 的镀锌铁线，或厚度不小于 4 mm、截面积不小于 100 mm^2 的扁钢。

（9）开关的辅助接地线采用断面 $3\times4+1\times4$ mm^2 或 17 mm^2 橡套电缆敷设，辅助接地极埋设在距局部接地极大于 5m 的潮湿处。

第三条 接地极的检测方法（图 5－16－1）

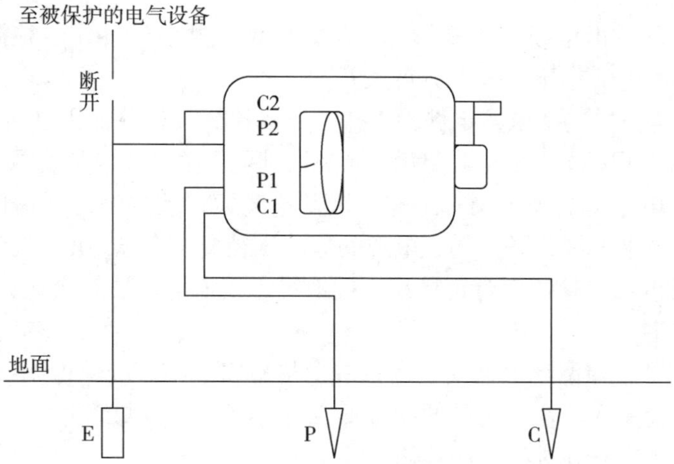

图 5－16－1 接地极的检测方法

（1）统一使用 ZC－8 型接地电阻测试仪。

（2）沿被测接地极 E 使电位探测针 P 和电流探测针 C 依直线彼此相距 20 m，且电位探测针 P 插于接地极 E 和电流探测针 C 之间。

（3）用导线将 E、P 和 C 联于仪表相应的端钮。

（4）将仪表放置水平位置，检查检流计是否指在中心线上，否则可用调零器将其调整至中心线。

（5）将“倍率标度”置于最大倍数，慢慢转动发电机摇把，同时旋动“测量标度盘”使检流计指于中心线。

（6）当检流计的指针接近平衡时，加快发电机摇把的转速，使其达到每分钟 120 转以上，调整“测量标度盘”使检流计指于中心线上。

（7）如“测量标度盘”的读数小于 1 时，应将“倍率标度”置于较小标度倍数，再重新调整“测量标度盘”以得到正确读数。

（8）用“测量标度盘”的读数乘以“倍率标度”盘的倍数即为所测接地极的接地电阻值。

第四条 接地电阻的资料管理

（1）各部门每季度将辖区内接地电阻检测记录报送机电科统一登记。

（2）主要场所接地极的检查记录单独建档登记。

（3）机电科专人负责资料的保存，所有检测数据留存不得少于 1 年。

16.25 杂散电流管理制度

为保证全矿安全生产，加强杂散电流管理，确保安全供电，特制定本制度。

第一条 杂散电流的专业管理人员，必须经常深入现场、深入井下，了解并掌握全矿各种避雷、接地等装置是否齐全、合理、可靠，发现问题必须立即组织处理。

第二条 每年雨季前，必须按规定对地面的各种避雷装置、接地极进行一次检测，不合格的要及时处理或更换，并做好记录。

第三条　加强井下杂散电流的管理，对井下主接地极、辅助接地极、漏电保护、电话线、发爆器、矿灯等易产生杂散电流的设施要重点检查、定期测试，发现问题立即处理。

第四条　建立杂散电流的定期检测台账，检测不合格的设施，要认真分析原因及时处理。

第五条　杂散电流由使用部门自行检测，机电科负责管理监督。经检查发现生产部门未对杂散电流检测，给予部门负责人一次×××元处罚。

第六条　杂散电流测试标准

（1）加强井下设备及供电电缆的正规管理，做好设备入井前的鉴定、检测试验工作，保证入井设备台台完好，电缆泄漏电流小于10 μA方可入井。

（2）加强井下各馈电开关的继电整定保护工作，严格执行《矿井低压电网短路保护装置的整定细则》，确保井下各馈电开关保护装置安全、灵敏、可靠，馈电开关各技术参数要与所馈负荷相匹配。

（3）加强井下各供电电缆的运行维护工作，以及电缆运行前的绝缘泄漏的测试工作，杜绝电缆有挤、碰的外部隐患。要求电缆条条上钩，电缆的弯曲半径要符合电缆的弯曲规定。

（4）井下电气设备电缆连接器要台台接地，接地线、接地电阻要符合矿井保护接地装置的安装、检查、测定工作细则规定。

（5）严格执行煤矿井下检漏继电器安装运行维护与检修细则，确保检漏继电器动作灵敏、可靠。要求检漏继电器每天试验一次，在瓦检员的配合下应每月至少对检漏继电器进行一次远方人工漏电试验，每台检漏继电器每年应升井进行一次检修。

（6）做好设备的日常运行维护管理工作。要求各运行电气设备要台台完好，杜绝设备带病运行。

（7）做好高压单相接地电容电流的测试工作，确保高压单相接地电容电流不超过规定值。

（8）机电队每季度要对井下通过高压电缆的巷道口杂散电流测试一次，每次不准少于5个地点，并进行详细记录。

（9）井下轨道接地要符合《煤矿安全规程》中规定。

（10）下列地点的杂散电流值应不大于60 mA：采区内各巷道中的轨道对总接地网间；采煤工作面内的金属网假顶对总接地网间；采区内上、下山的轨道与运输大巷连接处的第二道绝缘夹板相连接的轨道对总接地网间；掘进工作面与掘进巷道内任何地点的轨道对总接地网间；掘进巷道的轨道与运输大巷连接处的第二道绝缘夹板处的轨道对总接地网间；井下爆炸材料库铁门对轨道间。

（11）采掘工作面660 V及以上的电气设备必须使用分相屏蔽阻燃橡胶电缆，减小三相对地电容不平衡。

（12）加强对低压电网的维护及绝缘监视，网络绝缘电阻不得低于表5-16-56规定。每天必须检查一次低压检漏继电器的动作情况。

表5-16-56

网络额定电压/V	1140	660	380	127
最低绝缘电阻值/Ω	60	30	15	7.5

16.26　防雷检测管理制度

为保障全矿防雷设施管理，确保职工生命和财产安全，促进本矿安全生产，特制定本制度。

第一条　防雷装置在每年雨季前进行一次全面检查，雷雨季节要每月进行一次专项检查，检查要有记录。特殊情况下，由机电科对防雷设施及时进行检测。

第二条　运行检测及内外部检测由机电科向市气象部门提出申请，或由市气象部门向矿下达检测通知。

第三条 防雷检测工作应在被保护物非工作状态下进行。机电科对防雷检测工作全程监督，以防检测工作缺项漏项、流于形式。各防雷设施使用部门要对检测工作积极配合。

第四条 检测时，机电科应向检验员提供以下资料：

（1）防雷装置运行登记证、质量证明及有关材料等。

（2）防雷装置保养记录、事故记录、维修改造记录等。

第五条 检测结束后，机电科对检测结果逐项确认后方可缴纳相关费用，并领取相关检测报告。

第六条 在用防雷装置的修理改造需在定期检测的基础上，参照有关部门的规定要求进行报检。

第七条 针对检测存在的问题，机电科要按规定做好整改落实工作，复检合格后将整改结果存档备查。

16.27 地面建筑、机械、电气设备防雷击管理办法

根据《防雷减灾管理办法》《建筑物防雷设计规范》的要求，为了加强矿区雷电灾害防御工作，提高雷电灾害防御能力和水平，保护财产及职工生命安全，特制定本办法。

第一条 矿各类建（构）筑物、场所和设施安装的雷电防护装置（以下简称防雷装置），应当符合国家有关防雷标准和国务院气象主管机构规定的使用要求，并由具有相应资质的单位承担设计、施工和检测。

第二条 新增建筑物和新增设施防雷设计应由有专业资质的部门进行设计，防雷设计实行审核制度。机电科委托气象局对防雷装置的设计审核。符合要求的，由负责审核的气象主管机构出具核准文件；不符合要求的，负责审核的气象主管机构提出整改要求，退回申请单位修改后重新申请设计审核。未经审核或者未取得核准文件的设计方案，不得交付施工。防雷装置同建筑物或设备同时设计，同时施工，同时使用。

第三条 防雷装置实行竣工验收制度，机电科负责联系资质部门做好竣工验收。未取得验收合格文件的防雷装置，不得投入使用。

第四条 机械设施、电气设备防雷击接地装置每年在雨季前必须做一次接地性能测试，并做好记录，定期由有资质的专业防雷检测机构检测防雷设施，评估防雷设施是否符合国家规范要求。

第五条 在雷雨季节（每年5～10月）各部门要派专人对机械设施、电气设备防雷击接地装置每月检查一次，并做好检查记录，发现有接地电阻不符合要求，接地装置设施损坏或丢失等现象，要立即修复，如自行无法修复的，报机电科，经矿领导批准后，报请有资质部门整改，保证防雷设施的安全有效运行。

第六条 雷灾发生时应及时向气象部门上报情况，制定防范措施，及时处理，避免再雷击。

16.28 设备包机管理制度

为了加强全矿机电设备的管理，做好包机管理工作，确保机电设备正常有效运行，特制定本制度。

第一条 机电矿长负责全矿机电设备包机管理的领导工作。

第二条 机电科负责包机管理工作的管理、监督和指导。

第三条 各部门负责辖区内设备包机任务的分配。

第四条 各部门机电包机人员负责所包设备的日常检查，维护及故障处理，日常巡视及设备卫生的打扫。

第五条 各部门要将本部门设备包机情况、包机人员的名单报给机电科。

第六条 机电科针对每一台设备制作“包机责任牌”下发到各部门，由各部门如实填写后，固定在设备的规定部位。

第七条 包机责任牌内容包括设备名称、型号、用途、包机人员姓名等，真正做到岗位固定、包

干分工、挂牌留名、责任到人。

第八条　包机人员负责所包设备的正常运行及设备卫生的清洁，操作方法遵循对应设备的操作规程，做到“三懂”（懂操作规程、懂设备性能、懂设备原理）、“四会”（会操作、会保养、会修理、会判断和处理故障）。

第九条　包机人员负责所包设备的日常维护及故障处理，并及时填写“设备日常检修记录”。

第十条　对设备的安全保护装置，包机维护人员应遵照设备的说明和《煤矿安全规程》，检查（试验）安全保护装置是否牢固可靠等。

第十一条　生产过程中设备出现故障时，包机人员应立即赶到现场进行处理，如出现的故障较大，应立即通知本部门值班领导，由本部门值班领导派人检修处理。

第十二条　生产过程中出现重大影响事故时，由机电科组织该部门管理人员，包机人员召开事故分析会，如是包机人员检查不到位或操作失误所导致，矿或部门酌情对包机人员严肃处理。

16.29　防爆电气设备管理制度

为加强矿防爆电气的管理，确保安全生产，根据《煤矿安全规程》和《煤矿机电设备管理暂行规定》的有关规定，特制定本制度。

第一条　防爆电气设备到矿验收时，应当检查产品合格证、煤矿矿用产品安全标志，并检查与安全标志审核的一致性。入井前，应当进行防爆检查，签发合格证后方准入井。

第二条　防爆设备有下列情况之一者，应作为非防爆设备处理：

（1）新到货的防爆设备，没有防爆标志、生产许可证号、检验合格证和防爆设备到货验收单等。

（2）防爆设备失去防爆性能，没有防爆标志，经修复而不能达到防爆性能者。

第三条　防爆设备在安装前必须进行下列检查，凡有故障或防爆性能遭到破坏的设备禁止安装：

（1）电气设备铭牌规定数据是否与接线电压和机器设备的容量相适应。

（2）设备的外形结构是否完整，防爆性能是否良好。

（3）设备内部是否损坏。

（4）检修记录和验收手续是否齐全完整。

第四条　防爆设备安装地点，不应有积水和滴水，设备的安装要稳固可靠，符合产品说明书上的安装要求，不准有倾斜或震动现象。

（1）低压开关在安装后应平正牢固，磁力开关的最大倾角不得超过 15°。设备与设备之间或与墙壁之间，要留有足够的距离，以便检修。

（2）高压防爆开关的安装位置必须平整，电缆与开关连接时，必须通过进线装置，锥形进线装置必须封堵严密。

第五条　防爆设备安装后应符合防爆性能的要求：

（1）各处螺丝和弹垫必须齐全完整拧紧，防爆接合面的间隙应符合《煤矿安全规程》规定，防爆面不得锈蚀，如锈蚀应立即处理。

（2）接线工艺符合“完好标准”要求。

（3）闭锁装置应牢固可靠。

第六条　防爆电气设备日常检查原则是谁使用谁负责，实行包机制，由各队组指定的包机人每班至少检查一次，检查内容包括：

（1）防爆设备及周围环境是否保持清洁，有无淋水积水和妨碍设备安全运行、检修的杂物。

（2）防爆设备是否有良好的通风散热条件，外壳是否遭受外力损坏。

（3）设备安装是否牢固可靠，有无倾斜，歪倒及震动现象。

（4）防爆设备的外形结构，是否符合防爆性能要求。

(5) 设备的接地装置是否完整牢固。

(6) 设备各部声音和温度是否正常，有无异常声音。

(7) 电缆吊挂是否牢固、整齐，有无破损和被挤埋的现象，工作面电缆有无被炮崩的危险。

(8) 电缆接头是否松动、过热，是否符合要求。

16.30 防爆电气设备入井、安装、验收制度

第一条 矿所有防爆电气设备由机电科统一管理，机电科负责井下防爆电气设备的检查、发放及日常监督检查、验收工作。

第二条 入井

(1) 各部门设备必须由各队设备材料员进行领用，非专职人员前来审批，科管人员有权拒绝发放。

(2) 各单位领用防爆电气设备时，必须检查本台设备是否取得MA标志，并检查其防爆性能是否完好，如没有MA标志或不完好、失爆，则不得领用入井。

(3) 入井前，机电科防爆检查员再次对需入井的防爆电气设备进行防爆性能检查及资料核实，符合入井条件后，方可办理建账登记、入井许可证、防爆检查合格证、领用等手续，使用单位分别建立本单位使用设备台账。

(4) 复修设备入井时，需由防爆检查员对其防爆性能进行入井前完好检查，检查合格后，方可办理设备调拨、入井许可证、防爆检查合格证、领用等手续。

(5) 防爆电气设备入井时，必须张贴防爆检查合格证，入井许可证，领用人持有机电科开具的“防爆设备入井许可证”，到井口时交与把钩人员，否则设备一律不准下井。发现1台次设备证标不齐入井的，对设备使用部门罚款×××元，对责任人罚款×××元。

(6) 机电队应加强井口把钩人员的管理，对设备证标不全及无机电科开具的“入井许可证”票的，拒绝入井。“入井许可证”票由井口把钩人员保管备查。对不执行以上规定入井的，对井口把钩人员罚款×××元/次。

第三条 安装

(1) 防爆电气设备运输时，必须妥善保护，避免受剧烈震动和冲击，上下山运输时必须轻移轻放，严禁翻滚，防爆面缝隙要涂防锈油，各进出线孔必须密封，高压配电箱解体运送时，必须用防水布盖好，以防淋水。

(2) 防爆电气设备安装前必须进行下列检查，凡有故障或防爆性能遭到破坏的设备禁止安装：

①电气设备铭牌参数是否与接入电压和机械设备使用的容量相适应。

②设备的外形结构是否完整，防爆性能是否良好。

③设备内部有无损坏。

④防爆电气设备安装地点不应有积水或淋水，特别是在淋水较大的采掘区安装防爆电气设备时，应有可靠的防淋水措施。

⑤设备应排列整齐，周围要保持清洁，禁止存放有碍设备运行和检修的杂物。设备的安装要稳固可靠，符合产品说明书上规定的安装要求，保证台台上架。

⑥两设备之间、设备与墙壁之间，要留有符合《煤矿安全规程》要求的足够距离，以便维护、修理。

⑦设备在接通电源前，必须有良好可靠的接地保护，接地保护装置安设符合《煤矿安全规程》要求。发现一台无接地保护的设备，对责任部门罚款×××元，对责任人罚款×××元。

第四条 验收

(1) 防爆电气设备安装后，要符合防爆性能要求。

(2) 防爆电气设备安装后，要测量绝缘电阻。

(3) 安装后的设备及电缆应悬挂标志牌，标明设备名称、地点及保护装置的整定值、电缆长度、截面。

(4) 新安装的机电设备由机电科组织相关人员到现场进行验收，合格后，方可移交给使用部门，办理移交手续，任何人不得以任何借口强制使用部门接收不合格的机电设备。

16.31 电气设备防爆检查制度

第一条 机电科专职防爆检查员对矿井防爆电气设备外观每周至少要检查两次，对井下电气设备防爆性能和电气保护要进行严格细致检查和试验，及时下发问题整改五定表。各厂队兼职防爆检查员每天对所辖电气设备至少检查一次。每月必须由机电矿长（机电副总工程师）组织有关人员进行电气防爆性能和电气保护的安全检查，不得少于4次。

第二条 机电科应随时掌握电气设备使用情况，严禁井下积压闲置电气设备，闲置设备必须及时回收，时间不得超过7天。防爆电气设备不论在井下任何地点使用（或备用），都要按防爆要求进行管理。防爆性能受到破坏的电气设备，必须立即处理或更换，严禁继续使用。

第三条 井下防爆电气设备的运行、维护和修理，必须符合防爆性能的各项技术要求。防爆性能遭受破坏的电气设备，必须立即处理或更换，严禁继续使用。

第四条 考核与奖罚

(1) 凡在矿及上级部门组织的检查中，有下列情况之一者按以下处罚：机电矿长（机电副总工）、机电科有关规定进行处罚，对责任厂队的机电负责人处罚×××元，罚机电科区域防爆检查员×××元，罚包机责任人×××元。

机电科防爆检查员日常检查中有下列情况之一者，罚责任厂队的机电负责人×××元，罚包机责任人×××元：

①“鸡爪子”、“羊尾巴”、明接头、电缆损伤漏出金属芯线。

②闲置进线装置内无挡板和金属挡圈。

③防爆外壳有裂纹及孔洞。

④防爆外壳锈死打不开转盖的。

⑤采掘工作面使用非防爆设备及小型电器。

⑥一处进线装置同时穿两根电缆的，电机接线盒盖上反的。

⑦铠装电缆盒没有灌注电缆胶而使用的。

⑧接线箱与开关内腔或与电机绕组通气的。

⑨闭锁装置不全，变形损坏起不到闭锁作用的。

⑩隔爆室（腔）的观察窗（孔）的透明板松动，破裂或使用普通玻璃的。

⑪防爆外壳严重变形的，开焊、裂纹（变形长度超过50 mm，同时凸凹深度超过5 mm者）。

⑫防爆面缺螺栓、弹簧垫圈的。

⑬防爆内壳有锈皮脱落（锈皮厚度达0.2 mm及以上）。

⑭防爆电气设备（包括小型防爆电气设备）、电缆的使用电压等级低于其标称电压等级的。

⑮利用开关控制线进线装置出入动力线的。

⑯隔爆面间隙大于隔爆标准规定。

⑰隔爆面有大于0.5 mm深的伤痕，其长度大于接合面宽度2/3以上的。野蛮操作造成伤痕过长、过深不能修理，造成设备报废的，按设备原值处罚。

⑱密封圈不合格者（老化、失去弹性、变质、变形等），永久变形的。

⑲密封圈外径与孔室内径间隙大于2 mm（小线嘴大于1 mm者）。

⑳密封圈内径与电缆外径间隙大于1 mm。

㉑密封圈宽度小于电缆外径的0.7倍，且最小厚度小于10 mm的。

㉒密封圈与电缆之间有包扎物的。

㉓两个密封圈套用或密封圈切开套在电缆上的。

㉔密封圈部分破损的，有缺口且与电缆外径比较有效宽度和厚度达不到要求的。

㉕空闲引入装置密封挡板直径比引入装置内径小于2 mm，挡板直径在110 mm及以上时厚度小于3 mm的（所有挡板应镀锌）。

㉖密封挡板生锈的。

㉗进线嘴压紧后，没有余量或进线嘴内缘压不紧密封圈或密封圈端面与四壁接触不严或密封圈能活动的。

㉘电缆在引入装置内能轻易来回抽动的。

㉙动力电缆护套破损且露出芯线绝缘面继续使用的。

㉚挡板放在密封圈里边的，压盘式引入装置或螺母式引入装置金属圈放在挡板与密封圈之间的。

㉛喇叭嘴“亲嘴”的。

㉜压盘式引入装置或螺母式引入装置，在压紧装置与密封圈之间缺少金属垫圈的。

㉝压盘式引入装置缺少压紧螺栓或压紧螺栓未上紧的，手能晃动的。

㉞螺栓固定隔爆接合面，螺栓或螺母滑扣、乱扣、锈蚀严重紧不到位置的，并未采取可行的措施的。

㉟防爆外壳带电的。

㊱防爆面弹簧垫压不平或失效（注：单个弹簧垫失效并现场能及时处理的除外）。

㊲同一部位螺栓、螺母规格不一致，紧固螺栓拧入螺母的深度小于螺栓直径。

㊳螺旋线嘴拧进小于6扣。

㊴高压铠装电缆终端接线盒没有灌绝缘胶，绝缘胶没有灌到电缆端分口以上或绝缘胶裂纹而能相对松动的。

㊵螺母式引入装置紧不到位，用一只手的拇指、食指和中指能使压紧螺母旋进超过半圈的。

㊶操作手柄及按钮杆与外壳间隙大于0.5 mm的。

㊷信号线及控制电缆破皮露出芯线绝缘的。

㊸橡套电缆护套损坏，伤痕深度达最薄处1/2以上，长度达200 mm或沿圆长1/3以上者。

㊹电缆的连接不采用硫化热补或相同效能冷补的，热补或冷补质量不合格的。

㊺防爆灯具电源断开后，才能打开透明罩的联锁装置失灵的。

㊻防爆型灯具玻璃罩出现松动、裂纹、破损的。

㊼矿灯灯头破裂、灯头圈松动、玻璃破裂、灯头密封不严、灯锁失效的。

㊽矿灯灯线破损露芯线，灯线引入装置损坏，密封不严，灯线窜动的。

（2）凡在机电科组织的检查中，出现电气三大保护失效的，罚责任厂队的机电负责人×××元，罚包机责任人×××元。

（3）凡井下所使用的防爆电气设备没有经过机电科审批而入井的，处罚厂队的机电负责人×××元/台，机电队井口把钩工×××元/台。

附件1：

井下防爆电气设备检查标准

一、井下防爆电气设备基础知识及相关标准

（一）防爆电气设备标准

防爆电气设备是指按国家标准设计、制造、使用的不会引起周围爆炸性混合物爆炸的电气设备。

现行的防爆电气设备国家标准是 GB3836 系列。它的主要内容是把防爆电气设备分为隔爆型（d）、增安型（e）、本质安全型（i）、正压型（p）、充油型（o）、充砂型（q）、无火花型（n）、浇封型（m）、气密型（h）、特殊型（s）并对其防爆技术及试验方法进行了规定。国家标准主要包括以下几点：

（1）电气设备的允许最高表面温度。表面可能堆积粉尘时为 150 ℃，采取防尘堆积措施时为 450 ℃，防爆电气设备的使用环境为 $-20\sim40$ ℃。

（2）电气设备与电缆的连接应采用防爆电缆接线盒，电缆的引入引出必须用密封的电缆引入装置，并应具有防松动、防拔脱措施。

（3）对不同的额定电压和绝缘材料，电气间隙和爬电距离都符合相应的国家标准要求（附件2）。

（4）具有电气或机械闭锁装置，有可靠的接地及防止螺钉松动的装置。

（5）防爆电气如果采用塑料外壳，须采用不燃性或难燃性材料制成，并保证塑料表面的绝缘电阻大于 $1\times10^{9}\ \Omega$，以防积聚静电，还必须承受冲击试验和热稳定试验。

（6）防爆电气设备限制使用铝合金外壳，防止其与铁锈摩擦产生大量热能，避免形成危险温度。

（7）防爆电气设备必须经国家认定的防爆试验单位鉴定。

（二）防爆电气设备的防爆原理

（1）隔爆型电气设备的原理是将正常工作或事故状态下可能产生火花的部分放在一个或几个外壳中，这种外壳除了将其内部的火花、电弧与周围环境中的爆炸性气体隔开外，还有当进入壳内的爆炸性气体混合物被壳内的火花、电弧引爆时外壳不被炸坏，也不致使爆炸物通过连接缝隙引爆周围环境中的爆炸性气体混合物。

（2）增安型电气设备的防爆原理是在正常运行条件下不会产生电弧、火花和危险温度的矿用电气设备。

（3）本质安全型电气设备防爆原理是通过限制电路的电气参数（主要是指在规定的试验条件下，正常工作或规定的故障状态下产生的电火花和热效应均不能点燃规定的爆炸性混合物的电路）限制放电能量实现电气防爆。

（4）正压型电气设备的防爆原理是将电气设备置于外壳内，壳内充入保护性气体，并使壳内的保护气体压力高于周围爆炸性环境的压力，以阻止外部爆炸性混合物进入壳内实现电气设备的防爆。

（5）充油型电气设备的防爆原理是将全部或部分部件浸在油内，使设备在故障状态下产生的电弧、火花不能点燃油面以上的或壳外的爆炸性混合物。

（6）充砂型电气设备的防爆原理是在电气设备的外壳内填充石英砂，将设备的导电部件或带电部分埋在石英砂防爆材料之下，使之在规定的条件下，在壳内产生的电弧、传播的火焰、外壳壁或石英砂材料表面的温度都不能点燃周围爆炸性混合物。

（7）无火花型电气设备的防爆原理是设备在正常运行条件下，不会产生有点燃作用的故障出现。

（8）浇封型电气设备的防爆原理是将电气设备有可能产生点燃爆炸性混合物的电弧、火花或能产生高温的部件浇封在浇封剂中，避免这些电气部件与爆炸性混合物接触，从而使电气设备在正常运行或在认可的故障和过载情况下均不能点燃周围的爆炸性混合物。

（9）气密型电气设备的防爆原理是电气设备或电气部件置于气密的外壳内，这种外壳能防止外部可燃性气体进入壳内。

（10）特殊型电气设备的防爆原理为：不同于现有防爆设备的防爆原理，但经国家认可的检验机构检验确实具有防爆性能。

（三）防爆电气设备的标志

为了从防爆电气设备的外观上能明显的了解它的类型，把防爆电气设备的标志、型式、类别、级别、组别按一定顺序排列起来的标志。

标志：防爆电气设备的总标志为 Ex，安全标志为 MA。

型式：各种类型的防爆电气设备的标志。如 d 表示为隔爆型电气设备。

类别：按使用环境的不同，将防爆电气设备分为Ⅰ类、Ⅱ类。Ⅰ类专门适用于煤矿井下，Ⅱ类用于除煤矿瓦斯气体之外的其他爆炸性气体环境。

级别：主要针对隔爆型和本质安全型电气设备，分为ⅡA、ⅡB、ⅡC 三级。

组别：针对Ⅱ类电气设备，按照运行时允许的最高表面温度分为 T1 ~ T6 六组。

（四）防护等级

防护等级指电气设备具有的防外物、防水的能力。防外物是指防止外部固体进入设备内部和防止人体触及设备内部带电或运动部件的性能。防水是指防止外部水分进入设备内部，对设备本身产生有害影响的防护能力。国家标准规定防护等级（IP××表示，第一个×表示防外物能力，第二个×表示防水能力，详见附件3）中防外物分为7 级（0 ~6），防水分为9 级（0 ~8）。数字越大等级越高，要求越严格。

二、失爆现象

失爆是指电气设备失去了耐爆性和隔爆性。常见的失爆现象有以下几种：

（一）连接螺栓的失爆现象

（1）缺螺栓、弹簧垫圈或螺母，螺栓或螺孔滑扣，螺栓折断在螺孔中的。

（2）弹簧垫圈未压平或螺栓松动，弹簧垫圈断裂或无弹性（偶尔出现弹簧垫圈断裂或失去弹性时，检查该处防爆间隙，若不超限，更换合格弹簧垫圈后不为失爆）。

（3）使用塑料或轻合金材料自制的螺栓或螺母。

（4）护圈式或沉孔式紧固件紧固后，螺栓头或螺母的上平面超过护圈或沉孔。

（5）螺孔与螺栓不匹配的。

（6）弹簧垫圈的规格与螺栓不相适应的。

（7）设备同一部位螺栓、螺母等规格应一致。

（8）直径尺寸，铸铁、铜、铝件不小于螺栓直径的 1.5 倍；如果螺孔深度不够，则必须上满扣，否则为失爆。

（9）通孔螺栓未外露小于 1 扣。

（10）压线板可以不加弹簧垫圈，但两端不一致的。

（二）电缆引入引出装置的失爆现象

（1）密封圈老化、失去弹性、变质、变形，有效尺寸配合间隙达不到要求，起不到密封作用。

（2）密封圈外径与进出线装置内径差值超过表 5－16－57 规定的；密封圈宽度应大于电缆外径的 0.7 倍，但不得小于 10 mm；厚度应大于电缆外径的 0.3 倍，但不得小于 4 mm。

表 5－16－57　密封圈外径与进出线装置内径的差值　　mm

密封圈外径 D	外径与进线装置内径的间隙
$D \leq 20$	≤1.0
$20 < D \leq 60$	≤1.5
$D > 60$	≤2.0

（3）密封圈内径与引出入电缆外径差大于 1 mm 以上。

（4）密封圈的单孔内穿进多根电缆。

（5）密封圈割开套在电缆上。

（6）密封圈刀削后凸凹不整齐圆滑，锯齿差大于 2 mm 以上。

（7）密封圈没有完全套在电缆护套上。

（8）线嘴压紧没有余量（螺旋式进线嘴压紧后应外露 1 ~ 3 丝，倒角、车削槽间距不算；压盘式进线嘴压紧后应外露 3 ~ 5 mm）。

（9）线嘴内缘压不紧密封圈，或密封圈端面与器壁接触不严，或密封圈能活动。

（10）电缆压线板未压紧电缆，压扁量超过电缆直径的 10% 者，用单手扳动喇叭嘴时上下左右晃动。

（11）在引入引出装置外端能轻易来回抽动电缆。

（12）密封圈与电缆护套之间有其他包扎物。

（13）空闲进线嘴缺挡板或挡板直径比进线嘴内径小 2 mm 以上，挡板厚度小于 2 mm。

（14）挡板放在密封圈里面或线嘴的金属垫圈放在挡板与密封圈之间。

（15）进线装置破损不齐全。

（16）大小密封圈套用的。

（17）一个进线嘴用多个密封圈的。

（18）线嘴与密封圈之间没有加装金属垫圈。

（19）密封圈装反（可切削端头朝外）。

（三）插接装置的失爆现象

（1）煤电钻插销的电源侧应接插座，负荷侧应接插销，如反接即为失爆。

（2）电源电压低于 1140 V，插接装置缺少防止突然拔脱的联动装置。

（3）电源电压高于 1140 V，插接装置上没有电气联锁装置。

（4）插销在触头断开的瞬间，外壳隔爆接触面的最大直径差 W 和最小有效长度 L 须符合表 5 - 16 - 58 规定。

表 5 - 16 - 58　外壳隔爆接触面的最大直径差和最小有效长度

外壳净容积 V/L	L/mm	W/mm
$V\leqslant 0.5$	15	0.5
$V>0.5$	25	0.6

（四）外壳、腔内的失爆现象

（1）使用未经国家法定的检验单位发证生产的防爆部件。

（2）隔爆外壳有裂纹、开焊、严重变形长度超过 50 mm，凹坑深度超过 5 mm 的。

（3）隔爆腔内、外有锈皮脱落。

（4）锁装置不符合规定，闭锁装置不齐全、变形损坏起不到机械闭锁作用。

（5）电气闭锁不起作用。

（6）外壳透明件（观察窗）破裂、有凹坑，使用非抗机械、热、化学腐蚀的玻璃件。

（7）腔内随意增加安装电气零部件，造成空腔容积变化的。

（8）接线柱、绝缘座管烧坏，使两个空腔连通的。

（9）腔内壁未均匀地涂耐弧漆，而使用涂调和漆、磁漆的。

（五）防爆面的失爆现象

防爆接合面应保持光洁、完整须有防锈措施，如电镀、磷化、涂防锈油等，各结构参数符合出厂规定。

（1）隔爆结合面结构参数要符合下述规定，否则为失爆：

①平面、圆筒隔爆结构。

a. 电气设备。静止部分隔爆结合面、操纵杆与杆孔隔爆结合面以及隔爆绝缘套管隔爆结合面的最大间隙或直径差 W 和隔爆结合面的最小有效长度 L；螺栓通孔边缘至隔爆结合面边缘的最小有效长度 L_1；转轴与轴孔隔爆结合面的最大直径差 W 和最小有效长度 L 须分别符合表 5－16－59 的规定，但快动式门或盖的隔爆结合面的最小有效长度 L 须不小于 25. 0 mm。

表 5－16－59 转轴与轴孔隔爆结合面的最大直径差和最小有效长度

结合面型式	L/mm	L_1/mm	W/mm	
			外壳容积 V/L	
			$V\leqslant 0.1$	$V>0.1$
平面、止口或圆	6. 0	6. 0	0. 30	—
	12. 0	8. 0	0. 40	0. 4
筒结构	25. 0	9. 0	0. 50	0. 5
	40. 0	15. 0	—	0. 6
带有滚动轴承	6. 0	—	0. 40	0. 4
	12. 5	—	0. 50	0. 5
的圆筒结构	25. 0	—	0. 60	0. 6
	40. 0	—	—	0. 8

b. 操纵杆。操纵杆直径 d 与隔爆结合面长度 L 之间要符合表 5－16－60 的规定。

表 5－16－60 操作杆直径与隔爆结合面长度的要求

操纵杆 d 直径/mm	隔爆结合面长度 L/mm
$d\leqslant 6.0$	$L\geqslant 6.0$
$6.0<d\leqslant 25.0$	$L\geqslant d$
$d>25.0$	$L\geqslant 25.0$

c. 隔爆结合面的粗糙度。隔爆结合面的粗糙度不得大于 6. 3 μm，操纵杆的粗糙度不得大于 3. 2 μm。

②防爆电动机。

a. 电动机轴与轴孔的隔爆结合面在正常工作状态下不应产生摩擦。采用圆筒结合面时，轴与轴孔配合的最小单边间隙须不小于 0. 075 mm。

b. 滚动轴承结构，轴与轴孔的最大单边间隙 M 须大于表三规定的 W 值的 2/3。

③螺纹隔爆结构。

a. 螺纹精度须不低于 3 级，螺距须不小于 0. 7 mm。

b. 螺纹的最少啮合扣数、最小拧入深度须符合表 5－16－61 的规定。

表5-16-61　螺纹的最少啮合扣数和最小拧入深度

外壳净容积 V/L	最小拧入深度/mm	最少啮合扣数
V≤0.1	5.0	
0.1<V≤2.0	9.0	
V>2.0	12.5	

（2）隔爆面上，在规定长度（L）及螺孔边缘至隔爆面边缘的最短有效长度（L_d）范围内，如发现有下列缺陷者为失爆：

①对局部出现的直径不大于1 mm、深度不大于2 mm的砂眼，在40 mm、25 mm、15 mm的隔爆面上，每平方厘米不得超过5个，10 mm的隔爆面不得超过2个。

②偶然产生的机械伤痕，其宽度与深度大于0.5 mm，其剩余无伤隔爆面有效长度小于规定长度的2/3（无伤隔爆面有效长度可以几段相加）。

③隔爆面上不准涂油漆、无意造成油漆痕迹，当场擦掉，不为失爆。

④隔爆面有锈迹，用棉纱擦后，仍留有锈蚀班痕者为锈蚀，而只留云影，不算锈蚀。隔爆面锈蚀是否为失爆，参照②关于砂眼、机械伤痕的有关规定判定（云影—擦掉锈迹后，留下呈青褐色氧化亚铁云状痕迹，用手摸无感觉）。

⑤用螺栓固定的隔爆面，参见“连接螺栓的失爆”。

⑥隔爆接合面在设备不带电情况下用手打不开的。

⑦隔爆结合面使用密封圈，检修后未安装密封圈，密封圈破损、断裂或外露的。

⑧隔爆结合面法兰厚度小于原设计的85%的。

（六）接地装置的失爆现象

接地的目的是防止电气设备外壳带电而危及人身和矿井安全。当电气设备绝缘损坏时，正常情况下不带电的金属外壳等将带电，会造成人身触电或对地放电产生电弧而引起瓦斯爆炸。凡出现下列现象的与电气设备失爆同等对待：

（1）电压在36V以上的电气设备未装设保护接地装置。

（2）多台电气设备串联接地的。

（3）未用符合要求的钢管（钢板）制作的接地极。

（4）接地连线、接地阻值不符合《煤矿安全规程》要求的。

（5）外接地螺栓规格不符合下述规定的：

①功率大于10 kW的电气设备，不小于M12。

②功率在5~10 kW之间的电气设备，不小于M10。

③功率在0.25~5 kW之间的电气设备，不小于M8。

④功率不大于250 W且电流不大于5 A的电气设备，不小于M6。

（6）内接地螺栓不符合下列规定的：

①导线芯线截面不大于35 mm^2 时，内接地螺栓应与连接导线芯线的螺栓直径相同。

②导线芯线截面大于35 mm^2 时，内接地螺栓直径应不小于芯线接线螺栓的一半，但至少应等于连接35 mm^2 芯线所用接线螺栓的直径。

③在设备标示的接地位置外加装螺栓接地的，或多处接地点但只接地一处的。

④接地装置部件不齐全的。

⑤接地极安装不牢固的（但放置在水沟内的不受此限）、放置在水沟内的未被水淹没的。

⑥使用电动机底座连接螺栓作为接地装置连接点的。

（七）接线

电缆不合格接头：“鸡爪子”“羊尾巴”、明接头和电缆破口均称之为不合格接头，是电气安全隐患点，与电气失爆同等对待。

1. “鸡爪子”

（1）橡套电缆的连接不采用硫化热补或同等效能的冷补的。

（2）电缆（包括通信、照明、信号、控制电缆）不采用接线盒的接头。

（3）高压铠装电缆的连接不采用接线盒或不灌注绝缘充填物，或绝缘充填物没有灌到三岔口以上，或绝缘胶裂纹的，或充填物不严密漏出芯线的接头。

2. “羊尾巴”

电缆的末端未接装防爆电气设备或防爆元件者为“羊尾巴”；电气设备接线嘴（包括五小电器元件）2 m 内的不合格接头或明线破口者均为“羊尾巴”。

3. 明接头

电气设备与电缆有裸露的导体或未经审批且安全措施不到位、条件不允许而进行明火操作的均属明接头。

4. 破口

（1）橡套电缆的护套破损、露出芯线或露出屏蔽线网者。

（2）橡套电缆护套破损伤痕深度达到电缆护套厚度 1/2 以上，长度达 20 mm，或沿围长 1/3 以上的。

（3）电缆护套伸入器壁长度小于 5 mm，大于 15 mm 的。

（4）隔爆开关接线腔由电源侧进出线至负荷侧接线或负荷侧进出线至电源侧接线，控制用小喇叭嘴引出动力线的。

（八）照明灯具

（1）防爆安全型灯具把卡口改为螺口的，不能提前断电的。

（2）隔爆型灯具装设的电气联锁装置失灵的。

（九）其他

（1）井下使用非防爆电气设备或电气设备超过其额定容量（包括允许超载能力）运行的；采用非阻燃性材料（如彩条布等）制作遮拦等防护设备（配件）的。

（2）井口房和通风机房附近 20 m 内，使用火炉取暖或有烟火的，按照失爆对待。

三、失爆的检查方法

（一）连接螺栓的检查

（1）肉眼观察检查连接螺栓是否齐全、符合要求。

（2）单手五指正向旋进超过 1/2 圈即判定为失爆。

（二）电缆引入引出装置的检查

（1）肉眼观察或尺量检查部件是否齐全完好、尺寸是否符合要求。

（2）在引入引出装置嘴处，顺着电缆方向单手能将电缆推进或拉出接线腔者即判定为失爆。

（3）压线板以压紧电缆直径的 10% 为标准，否则即为失爆。

（三）插接装置的检查

肉眼观察或尺量检查。

（四）外壳、腔内的检查

（1）肉眼观察或尺量检查部件是否齐全完好、尺寸是否符合要求。

（2）按动闭锁装置按钮、部件试验。

（五）防爆面的检查

（1）肉眼观察或尺量检查部件是否齐全完好、尺寸是否符合要求。

（2）现场开盖试验、检查。

（六）接地装置的检查

（1）肉眼观察或尺量检查部件是否齐全完好、尺寸是否符合要求。

（2）单手用力能拔出接地极即判定为失爆，但设置在水沟内的钢板接地极不受此限。

（七）接线的检查

肉眼观察或尺量检查。

（八）照明灯具的检查

肉眼观察或试验。

四、失爆的原因、危害、防治

（一）原因

（1）设备安装不规范，安装过程中未对防爆点进行详细检查，未按规程和相关制度、规范安装。

（2）维护和定期检修不妥，防护层的脱落往往使隔爆面上出现砂泥灰尘，用螺钉紧固的平面对口接合面出现凹坑，使隔爆面间隙增大。

（3）移动或搬运不当而发生磕碰，使外壳变形或产生严重机械伤痕。

（4）装配时由于杂质没有及时清除，产生严重的机械划痕。

（5）隔爆面上产生锈蚀现象，增大粗糙度。

（6）螺孔深度过浅或螺栓过长，而不能很好地紧固零件。

（7）未按规程要求制作、安装接地装置。

（8）在隔爆外壳内随意增加元器件，使电气距离和爬电距离小于规定值，造成故障时电弧经外壳接地短路。

（二）危害

设备一旦出现失爆现象，在运行过程中内部产生故障引发爆炸，将炸坏外壳而引爆壳外爆炸性气体，或者从各部缝隙中喷出的高温气体或火焰引起壳外的爆炸性气体爆炸。这对煤矿井下是极其危险和不利的。

（三）防治

为了确保矿用电气设备的完好，杜绝失爆的发生，必须坚持管理、装备、培训并重的原则，在对设备的使用、维护、检修中要严格按照《煤矿安全规程》执行。具体可从以下几点入手：

（1）使用合格的防爆电气设备，禁止非防爆电气设备入井。

（2）严格按照《煤矿安全规程》和有关要求安装，杜绝安装时出现失爆。

（3）检修时做到轻拿轻放，防止产生机械划痕。

（4）加强防爆电气设备的管理，做好检查督促工作。

五、其他说明

本标准未尽事宜按国家有关煤矿电气设备防爆规定执行

附件2：

电气间隙和爬电距离

爬电距离是指沿绝缘表面测得的两个导电零部件之间或导电零部件与设备防护界面之间的最短路径。即在不同的使用情况下，由于导体周围的绝缘材料被电极化，导致绝缘材料呈现带电现象。此带电区（导体为圆形时，带电区为环形）的半径，即为爬电距离。爬电距离取决于工作电压的有效值，绝缘材料的电气绝缘指数对其影响较大。

电气间隙是指在两个导电零部件之间或导电零部件与设备防护界面之间的最短空间距离。即在保证电气性能稳定和安全的情况下，通过空气能实现绝缘的最短距离。电气间隙的大小（表 5-16-62）取决于工作电压的峰值，电网的过电压等级对其影响较大。

表 5-16-62 爬电距离、电气间隙与额定电压的关系

额定电压/V	36	60	127	220	380	660	1140	3000	6000	10000
电气间隙/mm	4	6	6	6	8	10	18	36	60	100
爬电距离/mm	4	6	6	6	8	12	24	45	85	125

附件3：

防护等级

接触保护和外来物保护等级（第一位标记数字）			防水保护等级（第二位标记数字）		
序号	名称	说明	序号	名称	说明
0	无防护	说明	0	无防护	说明
1	防护 50 mm 直径和更大的固体外来体	探测器、球体直径大于 50 mm，不应完全进入探测器、球体直径大于 50 mm，不应完全进入	1	水滴防护	垂直落下的水不应引起损害
2	防护 12.5 mm 直径和更大的固体外来体	探测器、球体直径大于 12.5 mm，不应完全进入	2	柜体倾斜 15 度时，防护水滴	柜体向任何一侧倾斜 15°时，垂直落下的水滴不应引起损害
3	防护 2.5 mm 直径和更大的固体外来体	探测器、球体直径大于 2.5 mm，不应完全进入	3	防护溅出的水	以 60°从垂直线两侧溅出的水不应引起损害
4	防护 1.0 mm 直径和更大的固体外来体	探测器、球体直径大于 1.0 mm，不应完全进入	4	防护喷水	从每个方向对准柜体的喷水都不应引起损害
5	防护灰尘	不可能完全阻止灰尘进入，但灰尘进入的数量不会对设备造成伤害	5	防护射水	从每个方向对准柜体的射水都不应引起损害
6	灰尘封闭	柜体内在 20 毫巴的低压时不应进入灰尘	6	防护强射水	从每个方向对准柜体的强射水都不应引起损害
			7	防护短时浸水	柜体在标准压力下短时浸入水中时，不应引起损害
			8	防护长期浸水	可以在特定的条件下浸入水中，不应引起损害

16.32 配件管理制度

第一条 计划管理

(1) 矿所属单位必须根据自己的生产情况和设备状况，由机电技术员或机电负责人在充分考虑到复用、代用、节约的前提下，认真编报《材料申请计划表》。其内容包括：次月交货的自制配件；3个月内交货的外委加工及外购配件。每月5日前报送。

(2) 节日停产检修，临时工程安装所需配件计划，工作面安装所需配件计划，由机电科审查后，经机电副总工、机电副矿长签字后生效。

(3) 各厂队要根据本队的消耗定额申报配件计划，填清计划单价（估计）和金额，其总金额不得超出应耗金额。

(4) 由于不按规定及时编报配件的单位，责任由各单位机电负责人承担。

(5) 所属队、厂承包费用，由机电科审核、机电副矿长签字，矿长审批生效，非队内承包费用的配件计划，须同时由生产技术科审查，机电副矿长签字，矿长审批。

第二条 定额管理

(1) 各厂队消耗指标，根据当年度生产测定的指标计算。

(2) 按节约和超支额的10%奖罚。每月报表送财务科，每季奖罚一次。完好率不达标准的科、队、厂，当月不发节约奖。具体考核由生产技术科执行。

(3) 各单位计入指标的消耗配件包括：矿自制配件、各种随机配件、索赔配件、有奖回收件、修理中的更换件、停产检修用配件。

(4) 工作面安装或回收移交时，由机电科、生产技术科与安装、使用、回收单位共同核实，遗失短缺配件由机电科制表。责任单位根据列表明细出具领料单，并按原价的115%由机电科计入该单位消耗指标内。

(5) 采掘工作面的回收设备在检修过程中的更换配件，除丢失件和经确认的责任损坏件要计入使用单位消耗内，其余一律计入检修单位消耗指标内。回收过程中拆除的可伸缩皮带机配件要及时上交，采掘完毕后，采掘队凭收据到机电科销账，短缺部分按原价的115%计入采掘队消耗指标中。

第三条 自制配件

(1) 矿自制配件生产和委外加工件由机电科统一安排计划，并由机电科负责验收。

(2) 自制配件严格遵循按计划生产，凭机电科的调拨单领用和按比例回收。

第四条 以旧换新

(1) 除橡胶件、塑料件、尼龙件、管路件、紧固件、皮带卡不交旧外，其他一律交旧领新，无旧件者处以15%的罚款。

(2) 对业余回收的配件执行有偿回收。

第五条 配件图纸管理

(1) 除外购配件计划外，其余加工配件，一律凭图纸安排供货及加工，无图纸项目不予安排计划。

(2) 各单位配件图纸由本单位机电负责人绘制。经机电科审核签字后交机修厂或委外加工。

16.33 机电设备配件验收制度

第一条 范围

(1) 本制度规定了矿管辖范围内设备维修质量的检查、验收管理、职责管理内容与方法，监督检查与奖惩考核。

(2) 本制度适用于矿各科室、厂队的设备检修和质量检验管理工作。

第二条 管理机构与职责

(1) 设备维修应根据需要成立相应的“设备维修质量验收小组”，其成员根据不同设备，由一至三级验收人员组成。

（2）设备维修质量的检查，检验与验收实行矿、厂队、班组三级机构的维修与验收工作。

（3）设备资料检验三级机构：一级验收小组：由班（组）长、工作负责人、现场值班人员组成；二级验收小组：由厂队正副厂、队长、技术员组成；三级验收小组：由机电副矿长、生产副矿长、总工程师、机电副总工程师、机电科长、机修厂厂长（设备大修负责人）、厂队技术员。

（4）维修人员对维修质量负有直接责任，检查验收人员对维修质量负有验收责任。

第三条 管理内容与方法

1. 管理目标

（1）坚持"应修必修，修必修好"的原则，以安全生产为基础，真正做好设备维修管理工作，保证设备安全、正常、稳定运行。

（2）设备维修质量验收管理必须贯彻"安全第一，预防为主"的方针，树立"质量第一和维修工艺质量没有最好，只有更好"的管理理念。在认真执行《煤矿安全规程》相关规定的基础上，把好"质量第一关"。

2. 管理要求

（1）设备维修人员必须以高度的责任感与良好的工艺确保维修（调试）质量，在每项工作结束后，维修人员按照质量标准，自行检查，并做到：不符合规定标准不验收，自己不满意不验收，缺陷没有消除不验收。

（2）设备维修人员要深入现场调查研究，主动帮助设备检修人员解决问题，同时必须坚持原则、严把质量关。

（3）设备大修前，其调试、检验、检查的仪器仪表，必须送检或自检合格。

（4）设备检修质量检验应充分发挥各专业特长和现场工程技术人员的作用，严格执行维修质量标准，以进一步提高维修质量。

3. 管理条件

（1）为了保证设备维修质量，必须对仪器仪表、热工校验、计量器具等重要测试工具检定合格，以便检验值真实有效。

（2）为了保证设备维修质量，要求设备维修人员认真学习有关规程，主要负责人应有两年以上的实际工作经验。

4. 管理方法

（1）设备检修质量贯彻"谁检修谁负责、谁专责谁先检验"的原则。

（2）无论大小修，技改项目均由工作负责人首先依据设备维修质量要求，认真自检，确认合格后再交上级检查验收。

5. 管理程序

（1）设备质量验收实行静、动态分级验收管理制度。

（2）设备维修质量检验依据矿的各类技术标准和规定，设备更新改造在依据技术标准基础上参照制造厂家的检修标准或相应的国家标准规定进行验收。

（3）主要设备更新改造的整体验收，由矿领导组织质量专业小组进行验收。

6. 验收步骤

竣工报告的主要内容：大修项目执行完成情况；主要缺陷消除情况质量与安全措施落实内容；技术革新实际应用情况；存在的问题和处理情况；主要技术数据记录；大修后试验与试运行准备情况。

（1）设备提交验收前，工作负责人应向质量维修主管技术人员汇报维修情况、调试记录、存在问题、解决问题等。

（2）验收人员应向维修人员进行必要的询问，对验收重点应按厂家检验标准要求，亲自实施全过程监督，以保证设备的数据真实，针对存在问题给予技术指导。

（3）辅助设备检修由机修厂队技术负责人、检修负责人参加设备质量检查验收，辅助设备质量检验由班组工作负责人与当班运行人员进行验收。

（4）设备检修质量验收参照设备管理及完好标准，对达不到要求且又不影响投运的问题必须列入下次检修重点。

（5）验收合格后一、二、三级人员应在验收单（报告）中签名认可。

（6）生产技术科负责印制验收单并定制考核标准，杜绝不验收的项目，月底生产技术科统计全月验收单合格率，以此作为对检修质量的考核。

第四条 监督检查和奖惩

（1）按照质检规定，所有项目的质量验收实行质量追究制。

（2）凡是在第一级验收查出的不合格项，责成验收人员马上改正，当查出多处不合理时，要在当班每日收工总结会上进行批评。

（3）凡是在第二级验收查出的不合格项，验收人员责令马上停工检修，合格后方能进入下一级工序，多处不合格项要在厂队安全会上给予批评教育，视情节给予处罚。

（4）凡是在第三级验收查出不合格项，验收人员责令返工检修外，要在矿安全生产月度会议上对二级、一级人员的失误给予批评，视情节给予检修人员按矿规定处罚。

（5）凡是经过三级验收后出现的故障和事故，应根据“四不放过”原则，在矿安全会议上通报，对直接责任人，三级验收责任人给予处罚。

（6）凡是重大设备经过质量检验合格、投运后安全稳定经济运行的，将根据情况决定是否给予奖励。

16.34 油脂管理制度

第一条 油脂供应

（1）各部门要根据本部门下一个月的施工项目、使用的设备类型和数量制定出下一个月油脂消耗计划。油脂消耗计划应包括使用油脂的牌号、数量。油脂消耗计划编制完成后，经本部门主管领导审批签字，交机电科主管负责人签字后，在每月28日前交供应科。

（2）供应科根据油脂计划和油脂库存情况，核定油脂采购计划，并督促落实。

（3）因有大的检修、安装项目，用油量较大，超出月计划时，用油单位应提前5天编制补充计划报机电科。

（4）供应科根据油脂采购计划，安排油脂的采购和库存。供应科各种常用油脂的库存量不得少于正常情况下15天的消耗量。

（5）供应科每次采购的各种牌号的油脂必须有合格证，同时合格证应存档。

（6）不同类型、牌号的油脂要分类存放。库存油脂的外包装上应有清晰的标志，并与所盛油脂的牌号、数量相符。

（7）地面存放的油脂应放在室内或棚下，防止日晒雨淋。冬季室内温度不低于10℃，以保证油脂足够的流动性。

（8）乳化油的贮存期不得超过1年，遵循“先进先出”原则，防止超期变质。凡超过贮存期的，必须经检验合格后才能使用。

（9）油液是易燃品，贮存、运输应有防火设施和措施。

第二条 定额

各部门月油脂消耗定额按生产作业计划及矿有关规定执行。

第三条 油脂的领取

（1）油脂使用部门凭领料单，经机电科审批登记后到供应科领取。

（2）任何部门不得不经审批擅自从供应科直接领取油脂，否则，对使用单位、供应科各罚款×××元（生产急需除外）。各单位库存油脂的数量不得超过正常情况下 2 天的使用量。除采煤队、掘进队、机运队、机电队外，其他单位不得整桶领取油脂。按单项考核所用的油脂，由使用部门提出申请，先由机电科包队人员根据设备情况和在用油脂情况审批，经机电科长签字后，到油脂审批员处登记，然后到供应科领取。

（3）各部门领料员应随时掌握本单位当月油脂消耗情况，本着保证使用、减少浪费的原则适量领取，防止油脂消耗量大起大落。当消耗超支时，应及时向本部门领导汇报。部门领导应查明超支的原因。

（4）油脂管理员应随时掌握各单位油脂消耗情况，对消耗量接近定额的部门应及时给予提醒并控制发放量。

第四条 现场管理

（1）井下存放的油脂要分类存放在一定地点，外包装上应有清晰的标志，并与所盛油脂的牌号、数量相符。

（2）必须按机器使用说明书中规定的油液品种注油（脂），一般不得代用或混用，只有同类油品并且添加剂相同时才能代用，且只能以优代劣。代用油（脂）必须经机电科同意。关键设备使用代用油必须经机电矿长同意。必须按机器说明书的注油表按时、按量注油，油量不能少也不能多。

（3）使用的油液应定期检查，发现油液变质或达不到质量指标的油液必须及时更换。正常情况下，对新设备使用的齿轮油第一次加注后，使用 10～15 天进行清洗更换；根据使用情况以后每使用 3～6 个月清洗更换一次。不同油液必须使用各自的盛装容器，不得混用。盛油容器必须标有清晰的标记，防止搞混。

（4）盛油容器必须严格密封，不得敞口，盛油前应将油口周围清理干净，防止杂物进入。检查、补充或更换油脂打开加油盖前，应将加油盖周围的煤研、灰尘及积水清扫干净，防止杂物、水进入。加油孔上方有淋水时，开盖前应用雨布进行遮挡。采煤机液压箱开大盖检修时，必须在上方搭好雨布，防止煤研、淋水落入。备用及回收的液压元件和辅件，必须采取可靠的防尘措施，防止混入油液中。

（5）加强设备检修，对渗油、漏油的部位及时进行处理，防止设备因缺油损坏，同时降低油耗。

（6）乳化液浓度要严格按要求配制，浓度符合要求（3%～5%）。乳化液泵站有乳化液浓度自动配制的要坚持使用，每班至少检测 3 次乳化液的浓度。没有乳化液浓度自动配制器的，每次配完液后，都应检测一次浓度是否达到规定要求。工作过程中，如发现乳化液大量分油、皂析、变色、发臭或不乳化等异常现象，必须查明原因，更换新油。

（7）不同牌号的乳化油不得混用。

（8）在地面使用的乳化液要采取防冻措施。

（9）乳化液箱要定期清洗。

（10）各种设备的润滑、油脂的使用要有记录。记录要齐全、完整，填写认真。

（11）机电科油脂管理人员应定期检查设备润滑油使用情况，发现问题及时督促使用单位整改处理，到期没有落实整改的对部门负责人每项罚款×××元。

第五条 旧油的回收

（1）除乳化油、润滑油等不能回收外，齿轮油、液压油、透平油等应按要求比例回收。齿轮油、液压油、透平油按 70% 回收，其他油液按 50% 回收。

（2）回收升井的设备，设备内的旧油由设备原使用单位回收。

（3）回收的旧油应交到指定地点。旧油回收人员称量后分别盛装，并出具证明。交油部门凭证明到油脂管理员处进行登记，否则机电科业务人员不予批新油。

第六条 考核

(1) 根据各部门消耗定额和实际消耗量进行考核。

(2) 旧油回收量超、欠部分按新油价格的50%进行奖罚。奖罚金额计入当月消耗统计。

16.35 "五小"电气设备管理制度

为保证井下安全生产，杜绝因"五小"电气失爆、内部产生的电火花引起瓦斯煤尘事故，根据《机电设备完好标准》《煤矿安全规程》及煤矿安全生产标准化相关要求，结合实际情况，制定本制度。

第一条 "五小"电气范围

"五小"电气：防爆按钮、防爆接线盒、防爆照明灯、防爆电铃、声光信号、高压连接器等。

第二条 "五小"电气管理的职责与权限

矿"五小"电气统一由机电科负责管理，其他有关部门的职责如下：

(1) 供应科负责"五小"电气的采购、到货验收及出库前的保管工作，新购"五小"电气必须有"产品合格证""防爆合格证""煤矿矿用产品安全标志"。

(2) 机电科负责五小电气使用计划的编制审核、到货协同验收、使用前的建账、编号登记工作。

(3) 机电科负责各部门在用"五小"电气设备的日常监督检查工作。

(4) 机修厂负责"五小"电气的井上维修及在车间内的保管工作，并协同机电科对"五小"电气编号、打号，填写回收、发放登记及检修记录。

(5) 各使用部门负责本单位使用、备用、停用未交"五小"电气的维护、保养及"五小"电气的领交工作。

第三条 "五小"电气的购置与出库

(1) "五小"电气由机电科"五小"电气组统管并负责编制计划，经矿领导审批后由供应科依据相关规定按计划及时采购。

(2) "五小"电气到货后由供应科负责验收（机电科协同）、保管，并将到货情况报机电科。

(3) "五小"电气统一由各使用部门办理出库手续，使用前需经机电科建档、编号管理。

第四条 "五小"电气的发放

(1) 各部门需用"五小"电气，由材料员填写《机电设备材料领料单》，经机电科及分管领导审查签字，由"五小"电气组登记后，持领料单及调拨单到机修厂电气组领取。新"五小"电气的领取，由矿长签字后到供应科进行领取。

(2) 检修后的"五小"电气必须经防爆验收，合格后发防爆检查合格证，无防爆检查合格证，严禁入井使用。

第五条 "五小"电气的使用管理

(1) 丢失或因损坏而报废的"五小"电气，按"五小"电气的原价对部门或责任者进行罚款，情况严重的，加倍处罚。

(2) 未经机电科"五小"电气组批准私自发放的，罚发放单位责任人×××元/次。

(3) 未经机电科批准私自变动使用地点的，罚使用单位×××元/次，责任者×××元/次。

(4) 井下"五小"电气出现失爆的，罚使用单位×××元/台。

(5) 交回的"五小"电气带有电缆短节的，一次处罚单位×××元。

(6) "五小"电气使用严格执行《"五小"电气安装、吊挂和集中上板标准》，未上板管理的，罚款×××元。

(7) "五小"电气应及时回收，没有按时间进行升井检修的电气设备，对责任部门给予×××元/台的罚款。

第六条 检修标准

（1）必须严格按照《煤矿安全规程》及电气设备防爆标准的要求进行检修。

（2）指示灯、信号灯醒目，音响装置声音清晰洪亮。

（3）修好的设备要喷防锈漆，记录好检修的内容，检修人员检修的日期。

（4）修好的设备必须统一上货架，规范管理。

（5）待修的设备要码放整齐，做到心中有数。

第七条 每月进行一次抽查，对没有按时间进行升井检修的“五小”电气设备，对责任厂队给予×××元/台的罚款。

16.36 钢丝绳管理制度

为加强矿井提升钢丝绳的统一管理，根据《煤矿安全规程》有关规定，在确保矿井提升运输安全的前提下，延长使用寿命，降低钢丝绳损耗，特制定本管理制度。

第一条 机电科是钢丝绳管理的业务主管部门，设专业钢丝绳管理组，负责全矿提升钢丝绳的计划提报、审批、发放、旧绳的回收利用，在用钢丝绳的监督、检查、统计和检测试验等工作，并对各部门的钢丝绳管理进行业务指导。

第二条 提升钢丝绳的选型

（1）选择钢丝绳类型时应考虑提升机类型、提升负荷、使用环境、缠绳层数等因素，钢丝绳安全系数必须符合《煤矿安全规程》规定。

（2）由使用部门负责选型的钢丝绳，应由使用部门进行初选，经机电科审核，并报机电副总工程师审批，审批意见原件应随设备档案存放在机电科。

第三条 钢丝绳的计划提报，由各使用部门向机电科提报使用计划，机电科负责汇总，并进行技术选型和数量审查，统一提报计划，计划中应注明钢丝绳规格型号、长度、捻向、使用地点、到货日期及其他特殊要求等内容；钢丝绳采购计划经相关审批程序后由供应科组织采购，其他单位不得以任何理由采购钢丝绳。

第四条 供应科负责钢丝绳的采购工作，严格按照技术管理部门提供的技术参数选购钢丝绳。

第五条 新钢丝绳到货后，严格履行入库验收手续，钢丝绳必须原始资料齐全，铭牌与实物一致，外观检查无明显缺陷。钢丝绳管理员和供应科保管员必须认真做到入库登记、入账。新钢丝绳入库后要妥善保管，防止锈蚀或损坏。

第六条 各部门领用钢丝绳时必须向机电科钢丝绳管理组提出书面申请，将需用钢丝绳型号、长度、安装地点等信息填写清楚，钢丝绳管理组根据申请，严格审批。严禁未经钢丝绳管理组审批私自领取钢丝绳下井。

第七条 钢丝绳的悬挂与试验

（1）新绳悬挂前，使用单位必须指定技术人员对新绳进行检查，检查钢丝绳规格型号与使用要求是否一致，并对其外观进行检查。

（2）新绳检查合格后，截取绳样进行检验。

（3）钢丝绳经检验合格，使用单位技术人员依据检验报告提供的合格钢丝拉断力总和，并结合钢丝绳负荷验算钢丝绳安全系数，安全系数必须符合《煤矿安全规程》规定。

（4）验算结果须经机电科审核，报机电副总工程师审批后方可投入使用。

（5）钢丝绳的检验：

①新绳悬挂前必须进行检验。

②使用中的缠绕式提升机钢丝绳必须定期试验。升降人员或升降人员和物料用的钢丝绳自悬挂时起每隔 6 个月检验一次，升降物料用的钢丝绳，自悬挂时起 12 个月进行第一次检验，以后每隔 6 个

月检验一次。

③使用中的钢丝绳经检验合格，使用单位技术人员依据检验报告提供的合格钢丝破断力总和，并结合钢丝绳负荷验算钢丝绳安全系数，安全系数必须符合《煤矿安全规程》规定。验算结果须经机电科审核，报机电副总工程师审批后，方可继续使用。

（6）保管超过1年的钢丝绳，在悬挂前必须再进行一次检验，合格后方可使用。

第八条 钢丝绳的使用与维护

（1）使用单位应配备足够的人员对钢丝绳进行日常的检查和维护。钢丝绳检查工应由熟知《煤矿安全规程》中对钢丝绳的有关规定，并经技术培训合格者担任。钢丝绳检查人员应保持相对稳定，明确分工，执行专人专绳检查制度。

（2）提升钢丝绳、罐道绳必须每天检查一次，钢丝绳的检查内容应包括：断丝、直径缩小、意外损伤和锈蚀等情况，并注明部位。对易损伤、锈蚀严重及断丝较多的部分应停车详细检查。

（3）主要斜巷钢丝绳每天要检查一次，检查质量标准符合《煤矿安全规程》规定。各轨道上下山地滚、立滚要安装齐全，做到钢丝绳不磨轨枕、钢轨、巷帮等，绞车不运行时，钩头要进行吊挂，以免钢丝绳锈蚀加重。

（4）平衡钢丝绳、防坠器制动绳（包括缓冲绳）、架空乘人装置钢丝绳必须每周至少检查一次。

（5）使用单位对提升钢丝绳进行的各项检查，应按要求认真详细如实地填写检查记录，并按时交机电科存档。

（6）钢丝绳月检时，除包含日检全部内容外，还应详细检查提升容器在上井口和井底时，钢丝绳从滚筒到天轮段，详细检查绳卡处有无断丝，用游标卡尺测量钢丝绳直径。

（7）检查中若发现断丝断面积或钢丝绳直径减小量超过《煤矿安全规程》第四百一十二条规定，或其他异常情况时，应立即向机电科和矿领导汇报，并停止提升。

（8）若检查时发现钢丝绳"吐红"，说明绳芯缺油、内部锈蚀，应引起注意、仔细检查。必要时可剁绳头检查钢丝绳内部锈蚀情况。

（9）钢丝绳在运行中遭受卡罐、突然停车等猛烈拉力时，必须立即停车检查，发现下列情况之一者，必须将受力段剁掉或更换全绳：

①钢丝绳产生严重扭曲或变形。

②断丝超过《煤矿安全规程》第四百一十二条的规定。

③直径减小量超过《煤矿安全规程》第四百一十二条的规定。

④遭受猛烈拉力的一段的长度伸长0.5%以上。

（10）钢丝绳有下列情况之一时，必须更换：

①钢丝绳锈蚀严重，或点蚀麻坑形成沟坟，或外层钢丝松动时，不论断丝数多少或绳径是否变化。

②钢丝绳断丝突然增加或伸长突然加快。

③不合格钢丝的断面积与钢丝总断面积之比达到25%。

④以合格钢丝拉断力总和为准算出的安全系数，低于《煤矿安全规程》第四百零八条的规定。

（11）钢丝绳涂油应符合下列要求：

①使用中的钢丝绳必须涂油，根据井巷条件及锈蚀情况每月至少涂油一次。

②进行防锈涂油作业时，应首先将钢丝绳表面的煤泥（水）擦干净，但不得用汽油、煤油等挥发性油类清洗。

③使用有接头的钢丝绳时，必须遵守《煤矿安全规程》第四百一十四条规定。

（12）钢丝绳绳头固定在滚筒上时，应符合下列要求：

①必须有特备的容绳或卡绳装置，严禁系在滚筒轴上。

②绳孔不得有锐利的边缘，钢丝绳的弯曲不得形成锐角。

③滚筒上应经常缠留3圈绳，用以减轻固定处的张力，还必须留有作定期检验用的补充绳。

第九条　小绞车司机必须做到操作平稳，随时观察钢丝绳运动及排列情况，发现问题及时汇报处理。

第十条　各使用部门对小绞车钢丝绳要经常进行检查维护并达到以下标准：

（1）钢丝绳在绞车滚筒上排列要整齐。

（2）钢丝绳拐弯处必须使用滑轮或限位轮，以防钢丝绳摩巷帮造成意外损伤。

（3）反拉矿车或设备、物料时必须使用滑轮导向，严禁用单体柱、工字钢、大链、木料等代替导向轮。

（4）严禁绞车超载运行。

第十一条　钢丝绳管理组每年组织做一次钢丝绳钩头静拉力试验，做好试验记录，不合格应及时更换。

第十二条　钢丝绳拆除后，必须盘圈，放置在干燥通风的位置；井下不再使用的钢丝绳自拆除后2日内必须装车升井，材料车上必须明确标明使用单位、日期，装车要盘整齐。

第十三条　回收入库的钢丝绳，需经钢丝绳管理员的检验，记明钢丝绳损伤情况以便再次利用或报废，使用部门要及时卸车，按供应科保管员指定的地点盘卷或堆放，开具入库验收单。

第十四条　送交机修厂或其他单位维修的各类绞车，滚筒上不准许有钢丝绳存留。

第十五条　机电科钢丝绳管理组对钢丝绳使用保存情况进行监督和巡回检查，并对查出的问题下发整改单，责成问题部门进行整改。

第十六条　技术档案管理

（1）库存的每卷钢丝绳由机电科钢丝绳管理组建立技术档案，必须有完整的原始资料，如钢丝绳的铭牌、出厂及到货日期、出厂合格证、产品质量证明书、煤矿矿用产品安全标志、厂家及入库前的验收报告等内容。钢丝绳档案保存期限为在用钢丝绳报废（更换）后一年。

（2）新绳悬挂后，应将悬挂日期及检验报告原件由机电科存档备案。

（3）使用中的每根钢丝绳都要建立完整的技术档案。技术档案应包括：原始资料、每次检验后的检验报告，根据检查记录或检验报告整理的统计分析资料及各时期采取的技术措施等内容。

第十七条　本制度未尽事宜严格按《煤矿安全规程》执行。

16.37　阻燃输送带管理制度

第一条　机电科根据生产情况，每季度编制输送带使用计划报供应科。计划应注明输送带规格、型号、带强、每卷长度等。

第二条　供应科根据使用计划及时进货，满足使用要求。

第三条　供应科购置的输送带必须为阻燃带，供应科要认真负责、严格按MT 147—1995、MT 450—1995标准采购输送带，不得购进无煤矿矿用产品安全标志、无产品合格证的输送带。对无两证的输送带，领用单位可以拒绝使用。

第四条　输送带到货后，由供应科组织，机电科有关人员参加进行验收。验收时，应先检查资料是否齐全（煤安标志证书、阻燃试验报告、合格证书），资料不齐全，不得办理入库手续。然后按照计划型号对输送带进行外观检查是否符合要求。确认无问题后，方可办理入库手续。对其阻燃性，可抽样检验试验。

第五条　输送带的领用、发放、回收。

（1）输送带领用审批由机电科负责，各单位未经审批私领胶带按每米×××元处罚。

（2）安装带式输送机延长或更换输送带时，安装单位、使用单位持领料单到机电科输送带管理小组签字记账后到供应科领取，领料单上应标示清楚胶带机使用地点、安装、延长、更换等内容。

(3) 对回收或更换下来的输送带要在5天以内交供应科，拖欠一天不交按每天每米×××元处罚。

(4) 入库的输送带要按要求捆好，放到指定地点，否则，每卷罚款×××元。

(5) 入库的输送带要分类存放，妥善保护，不得乱堆乱放。

(6) 正常使用的输送带，不经机电科同意割成短节，发现一次罚款×××元。

(7) 工作面回收或更换的输送带，每割一个头罚款×××元（以输送带两端是否有输送带扣为准)，对责任人罚款×××元。

第六条 对于撕裂输送带按以下几种情况进行处罚：

(1) 经济损失1万元以下者，对责任单位按经济损失的80%处罚，对有关责任人罚款×××元。

(2) 经济损失1万~3万元者，对责任单位按经济损失的50%处罚，对主管队长、机电队长罚款×××元，对责任人罚款×××元。

(3) 经济损失3万~10万元者，对责任者单位按经济损失的30%处罚，对主管队长、机电队长罚款×××元，对责任人罚款×××元。

(4) 经济损失10万元以上，对责任单位按经济损失的15%处罚，对主管队长、机电队长罚款×××元，对责任人罚款×××元。

第七条 输送带现场管理

(1) 输送带管理人员对分管范围的带式输送机运行状况认真检查，发现问题应及时督促整改。

(2) 现场检查发现输送带跑偏（以上输送带边缘超过上托辊边缘为准，下输送带以磨支架为准）每跑偏一处罚×××元，输送带在滚筒处跑偏一处罚款×××元，用圆木或钢管等物体塞在带式输送机机架或机尾处防跑偏，按矿“三违”进行论处。

(3) 输送带在工作现场乱扔乱放，按每米×××元处罚。

(4) 现场随意截割输送带做挡煤皮子或挪作他用，按截一个头罚款×××元，每米按胶带原价处罚。

第八条 对井下升井入库的旧输送带，机电科要根据情况进行分类存放，对能继续使用的单独分类存放，对有修复价值的组织进行修复，无法修复使用按规定程序向有关部门报告处理。

16.38 电缆管理制度

为保证各类高、低压电缆的合理选型、购置、使用及安全和正常运行，并及时维护保养、检修，做到责任到人，实现安全生产，特制定本制度。

第一条 机电科是电缆管理的业务主管部门，负责全矿电缆的管理工作。

(1) 机电科设专业电缆管理组，配置电缆管理员，负责全矿电缆的计划提报、发放、使用、保管、修复、技术测试、回收等工作，并对各科、厂、队的电缆管理进行业务指导。

(2) 使用电缆的部门设置一名兼职的电缆管理员，负责本单位电缆的管理、移交、验收和现场牌板管理工作。

(3) 电缆管理组负责建立全矿电缆统一台账、实行图牌管理；部门兼职电缆管理员建立本部门电缆台账，并于每月25日下午与机电科电缆管理组核对台账一次。到期未核对者，对电缆管理员、部门机电负责人各罚款×××元。

(4) 电缆管理组应建立电缆档案管理台账，随电缆附带的合格证和试验报告必须妥善保管，以备检查。

第二条 供应科负责电缆的采购工作，严格按照机电科提供的技术参数选购电缆，新电缆必须有相关证件。新电缆和检修好的电缆在使用前，应按要求进行检测试验，合格后方可投入使用；严禁使用测试不合格的新、旧电缆。不合格的新电缆，电缆管理组应及时与供应科联系退货事宜。

第三条 电缆管理员和库房保管员必须认真做到新电缆登记、入账，严格履行入库验收手续。新电缆入库后，要按电缆规格型号分类入账。安装工程用电缆应与生产用电缆分开存放，避免误发，造成浪费。库存电缆应按规格型号分类摆放，盘装电缆的端面要与地面垂直放置，短截电缆应单根盘卷捆扎，不同规格型号、长度分类存放。库存电缆严禁日晒、雨淋，严格防火、防盗。否则，对责任人罚款×××元。

第四条 电缆的选型必须遵照《煤矿安全规程》的相关规定，否则对相关责任人处罚×××元。

第五条 电缆的计划提报

（1）电缆4 mm^2 及以上的实行计划管理，各使用部门向机电科提报计划，由机电科负责汇总审查，统一提报计划。

（2）电缆4 mm^2 以下的实行定额管理，各使用部门自主编制计划，并报机电科审核备案，审批意见原件应由机电科负责保存，复印件由使用单位保存。

（3）电缆购置计划经审批后由供应科组织进货，其他部门不得以任何理由新增电缆，供应单位有权不予供应。否则，对相关责任人罚款×××元/次。

第六条 电缆原则上不得外借，特殊情况下由机电副总工程师、机电副矿长及矿长审批后方可办理。否则，对责任人罚款×××元/次，并处罚部门负责人×××元/次。

第七条 各部门领用电缆时必须提前两天向电缆管理组提出书面申请，将需要电缆规格型号、长度、安装地点、所供负荷填写清楚，电缆管理组根据申请，严格审批。未经电缆管理组审批私自领取电缆下井的对责任人罚款×××元。

第八条 截面在10 mm^2 及以上、长度在30 m（含30 m）以上的电缆领用前必须由机电科电缆管理组进行统一编号，并将电缆长度、截面积和编号热补在电缆两端2m处，必须清楚无误，经编号的电缆立即入电缆台账。使用单位禁止损坏标志，不经电缆管理组同意私自割电缆、损坏标志、碰撞坏损伤电缆的，除按原价赔偿外，对责任人罚款×××元/次，并处罚单位负责人×××元/次。

第九条 电缆台账应能够反映每条电缆领取时的状态，长度及年度损耗情况，包括电缆在册总数的规格及数量、当月及年度新增加数及每条电缆的长度、状况、编号、使用地点或设备及负责人。台账信息建立不全的对负责人罚款×××元/次。

第十条 电缆下井前，要检查电缆两头编号是否齐全、清晰，并检查电缆外护套是否完好，如果达不到要求，不能下井。否则，对责任人罚款×××元。

第十一条 电缆下井后，在转运过程中要注意保护，防止丢失和被盗割情况，出现此类情况，根据电缆缺少数量对领用部门按电缆原值的1.5倍进行罚款，并挂罚相关责任人、机电副队长、单位负责人×××元/次。

第十二条 电缆在使用过程中，严禁私自截开电缆使用，特殊情况须由机电科长、机电副总工签批。否则，每发现一次对责任人按一般“三违”处理，罚款×××元，并挂罚部门负责人和机电副队长各罚款×××元。

第十三条 电缆在使用过程中，要注意保护，如有电缆无故砸伤、炮崩、挤压等情况，每发现一次对责任人罚款×××元，并挂罚单位负责人及机电副队长×××元。电缆在穿过通风设施，密闭墙，防火门等地点时必须加设防护套管，否则每发现一次无防护套管的对责任人罚款×××元。

第十四条 转运到井下的电缆应及时卸车，否则，对机电班长、机电副队长各罚款×××元，备用电缆放在现场应按规定盘圈盘整齐，并悬挂标识牌，标识牌上填写电缆的编号、长度、用途。无标识牌或不填写内容的对机电班长、机电副队长各罚款×××元。

第十五条 进行施工现场的电缆由施工单位负责，按规定将电缆保护好，否则发生事故由施工负责人负责。施工完毕后，施工单位应负责把电缆布置合格。

第十六条 新工作面安装的电缆领交应按照以下程序：

（1）工作面安装时由使用部门持规程审批的供电系统图或领料单到电缆组办理领用手续。

（2）工作面安装完毕后，由电缆管理组会同使用部门到现场验收。

（3）工作面停产后，在两天内由回撤部门抓紧回收，按时移交给电缆库房，由电缆管理组登记。在此期间，如有丢失和损坏，按照有关规定处罚。

第十七条 电缆拆除时，必须留有线头，不得截成齐头，以确保电缆长度，防治浪费；严禁从开关、小型电气喇叭口处直接截断，一经发现对责任人按一般“三违”处理，对机电班长、机电队长各罚款×××元。

第十八条 装车上井的电缆车皮、材料车上必须明确标明使用部门、日期，否则对机电班长、机电队长各罚款×××元。

第十九条 凡井下拆除不用的电缆应自拆除之日两日内转运上井，每延迟一天对机电班长、机电队长各罚款×××元。

第二十条 回收入库的电缆，须经电缆管理人员的检验，记明电缆损伤情况以便维修和报废，按电缆保管员指定的地点盘卷或堆放，并开具入库验收单。否则，对责任人罚款×××元/次。

第二十一条 电缆修补应用与原绝缘材料性能相同的热补胶，热补胶不合格严禁使用，要严格按橡套电缆修补细则进行修理。

第二十二条 修补后的电缆要进行浸水耐压试验，试验应在浸水一小时后进行，试验电压应为交流 2 kV 进行 5 min，不击穿为合格，绝缘电阻应在 10 MΩ 以上，且试验前后不得明显变化，否则不得发放使用。

第二十三条 修补后的电缆应填写合格证，并签字，合格电缆要妥善保管，堆放整齐，标牌清楚，防止日晒、雨淋，并要建账、建卡。待修电缆和报废电缆要分开地点存放，并要有标志以示区别。

第二十四条 电缆要悬挂整齐，各种电缆均应分开悬挂，悬挂地点距离应符合《煤矿安全规程》的规定。

第二十五条 电缆严禁拖地、埋、压或泡在水里，对橡套电缆应悬挂在巷道一帮且通风良好的地点。

第二十六条 使用中的电缆，应由当班维护电工每班至少巡回检查一次，移动电缆检查不得少于 2 次，发现问题及时处理。

第二十七条 井下巷道内的电缆，沿线每隔 100 m 处、拐弯或分支点以及连接电缆的接线盒两端、穿墙电缆的墙的两边都应设置电缆标志牌，标志牌应标明编号、电缆规格型号、用途、供电方向等信息。要划分责任区域，分工落实到人，发现每缺一个标志牌或填写与实际不符的情况，对责任人罚款×××元。

第二十八条 电缆连接要严格按照操作工艺执行，高压电缆必须采用标准接线盒，并由包机人员每班检查，发现异常，立即处理，严禁带病运行。

第二十九条 电缆管理员要经常深入现场检查电缆使用情况，发现问题后立即向使用单位提出建议，进行整改，保证电缆使用达到合理，运转良好，数量清楚。

第三十条 本规定未尽事宜严格按《煤矿安全规程》执行。

16. 39 阻燃输送带、电缆验收管理制度

为加强对入井阻燃输送带和阻燃电缆的管理力度，保证矿井生产正常运行和人员生命安全，根据原国家安全生产监督管理总局和国家煤矿安全监察局的要求，结合本矿实际，制定本制度。

第一条 成立矿阻燃电缆、阻燃输送带检测、验收工作领导小组，负责全矿新到货电缆、输送带

的检测、验收工作。

组　长：机电副总工程师

副组长：机电科长、机电科副科长

成　员：电缆管理员、阻燃输送带管理员、供应科管理员

第二条　机电科是全矿阻燃输送带和阻燃电缆管理的主管部门，具体负责阻燃输送带和阻燃电缆的阻燃性能试验，以及计划、领取、收发的管理工作。

第三条　阻燃输送带和阻燃电缆由供应科按有关规定和程序统一采购，严禁任何个人或其他部门以任何形式从任何渠道自行进货。

第四条　新购置的阻燃输送带和阻燃电缆到矿后，由供应科三日内通知验收小组等有关使用部门进行验收。随货同行的资料应齐全、有效，符合国家及上级主管部门的有关规定和要求，没有阻燃性能检测表的阻燃输送带和阻燃电缆，不得入井使用。

第五条　各阻燃输送带和阻燃电缆使用部门应设立兼职阻燃输送带和阻燃电缆的管理人员，负责本部门的领取、入井、交接、回收工作。

第六条　检测方法

（1）阻燃电缆的阻燃检测方法（MT 818）：

①截取长度为600 mm电缆作为试件，将电缆固定在燃烧架上，两端固定牢固。

②将喷灯放置于电缆试件正下方，并点燃。

③当试件温度升至（204±2）℃时，进入燃烧计时，燃烧时间1 min，然后移去喷灯，注意观察试件的续燃情况，并用秒表记下试件的续燃时间。

④若试件续燃时间小于4 min，炭化长度小于15 cm，则该试件的检测为合格。

⑤未设其他检测项目，严格按照GB 12666、MT 818标准执行。

（2）阻燃输送带的阻燃检测方法（MT 914）：

①割取150 mm×25 mm输送带2块为试件，1块有完整的覆盖层，1块剥去覆盖层、将2块输送带试件，一块一块地插入试验架内。

②将喷灯放置于输送带试件正下方，并点燃。

③燃烧温度（960±60）℃，燃烧时间30 s，然后移去喷灯，注意观察试件的续燃情况，并用秒表记下试件的有焰燃烧时间和无焰燃烧时间。

④有完整覆盖层的试件，有焰燃烧时间和无焰燃烧时间单值不大于10 s，则该试件的检测为合格。

⑤剥去覆盖层的试件，有焰燃烧时间和无焰燃烧时间单值不大于15 s，则该试件的检测为合格。

⑥未设其他检测项目，严格按照MT 914标准执行。

第七条　出具阻燃性能检测表

被检测的阻燃电缆和阻燃输送带检测合格后，由机电科出具阻燃性能检测表，方可入井使用。

16.40　机电设备配件、“五小”电气及电缆回收、复用管理规定

第一章　设备管理组管理职责补充

第一条　负责全矿设备的分类编号、建账，健全牌板管理制度，做好检修设备档案的管理，负责对全矿机电设备的类型、数量以及使用运转情况的了解、掌握。

第二条　负责办理设备的调出、调入、借出、借入、回交的业务手续。

第三条　负责全矿设备的状况月报表和季度报表及每年的更新改造和报废设备的统计报表的上报。

第四条　负责各使用部门设备的平衡、使用及检查监督工作。

第五条　负责各部门设备的丢失和损坏统计责任追查，并向上级提出处理意见。

第六条　负责新设备的计划、验收、发放等工作。

第七条　督促各使用单位兼职设备管理员了解掌握设备动向和定期进行设备使用地点的核对。

第八条　负责设备编号的打号、设备回收时的验收及统计。

第九条　负责对设备资料的收集整理，汇总后交矿档案室统一保管。

第十条　负责组织设备安全及完好检查，提出合理管理设备的意见和先进办法。

第二章　配件小组管理规定

第十一条　制定和编制外委及内部自修计划。

第十二条　制定矿生产急需配件计划。

第十三条　按配件实际消耗资料编报备件消耗定额。

第十四条　掌握内部制修任务的统计汇总工作，保证制修任务平衡开展。

第十五条　配件的发放和管理，做到账、卡、物三对口，配件摆放整齐，严格防护保养。

第十六条　负责配件验收，坚决做到不合格，不验收，不入库。

第十七条　负责编报每月的配件消耗。

第十八条　负责掌握旧备件的修复和更换。

第十九条　每月到使用单位了解一次备件消耗和库存情况。

第二十条　保证各种采掘等备件的定额储备，特别是易损备件的储备量。

第二十一条　负责各种主要工程和节日检修备件的准备工作。

第二十二条　支领配件时必须以旧换新。新设采面须经机电矿长批准可不交旧件。

正常支领不交旧件视为丢失，按现价 20% 扣罚（回收标准见表 5－16－63）。

第三章　各部门配件管理职责

第二十三条　各单位应配一名兼职或专职配件员负责本单位的配件管理工作。每月 25 日报下月配件需要计划、自制配件计划（附图纸）。支领、交旧、及时联系急需配件。

第二十四条　凡未在 25 日报配件计划的部门，配件小组不保证配件的正常领用，因此而影响生产由本部门负责。

第二十五条　各部门负责人要认真审核配件计划，控制消耗，保证计划的严肃性，配件小组将严格按计划组织配件上报，到货后各部门必须按计划全部支领，造成成本超支由各部门负责。

第二十六条　各部门负责人要支持配件管理工作，合理使用配件。为了保证正常生产，配件小组对全矿各单位的备用配件，实行有偿调拨，各单位必须无条件执行，对不执行的单位，影响矿生产的由该部门负责。

表 5－16－63　设备配件回收标准

名称	类别	回收率	名称	类别	回收率
有色金属配件	各型	100%	锥、销内外夹板	刮板输送机	100%
各种齿轮	各型	100%	各种滚筒	带式输送机	100%
链轮	各型	100%	吊架、H 架、分绳架	带式输送机	100%
水轮	各型	80%	纵梁	带式输送机	100%

表5－16－63（续）

名称	类别	回收率	名称	类别	回收率
电机接线盒	各型	100%	各种托辊	带式输送机	100%
油泵、马达阀类	各型	100%	插销	矿车	80%
圆环链	刮板输送机	60%	三环链	矿车	80%
连接环	刮板输送机	50%	车轮、轴	矿车	100%
刮板	刮板输送机	60%	插件变压器	各型	100%
半滚筒	刮板输送机	100%	触头、线圈	各型	100%
机尾滚筒	机刮板	100%	本体	各型	100%
机头、尾架	机刮板	100%	电机风叶	各型	100%
中部槽	机刮板	100%	液压联轴节	各型	100%
铲煤板、挡煤板	机刮板	100%	各种轴承盖	各型	100%

第四章 “五小”电气小组补充规定

第二十七条 负责全矿“五小”电气的支领、修理、发放及管理工作。

第二十八条 对全矿“五小”电气统一编号、建账、上牌板。

第二十九条 严格按计划及生产情况组织“五小”电气的上报、调拨，供应科负责“五小”电气及配件统一购置，经验收员检验合格后，编号入账、上卡方可发放使用。

第三十条 各部门支领“五小”电气时，必须以旧换新。新面安装“五小”电气所报计划，经机电矿长批准可不用交旧，“五小”管理小组发给使用部门。

第三十一条 “五小”电气组必须随着井下“五小”件的增减及时变更账、图牌，做到账、物、牌相符。每月全面检查一次使用情况，如因人为原因造成不合格的“五小”电气发出使用的，一经查出，每件扣罚责任者×××元。

第三十二条 各单位“五小”电气管理职责

（1）各单位必须配备一名专职或兼职“五小”电气管理员，负责本单位“五小”电气的申请、支领、回收及使用中的管理。

（2）每月25日前将下月“五小”电气需要计划报送“五小”电气组：每月检查一次“五小”电气的账、物、牌是否相符；配合“五小”电气组一起每月清查井下五小电气使用、备用情况。

（3）参加新系统安装后及回收前的验收及清查，变更人员时，应及时持台账到五小电气组一同办理移交手续。

（4）各单位在采、掘工作面完成工作前应与“五小”电气组一同清点需回收的“五小”电气，双方逐件清点造册并签字，由“五小”电气组下正式“五小”电气回收通知单，各部门必须按期交回修理部门，不得以任何理由拒交，如超过期限，每超过一天按×××元/件罚责任部门。

第三十三条 “五小”电气的修理

（1）“五小”电气回收后，按规定必须交机修厂电气修理组修理，任何部门及个人无权修理。如各单位自修或回收后使用出现安全问题由各使用部门负责。

（2）“五小”电气组对送回的“五小”电气当月必须检修完毕，经技术员检验合格后，必须达到完好及防爆要求，且应有足够数量的备用件，以保证生产需要。

（3）各部门送回的“五小”件，必须双方当场验收，且注明损坏程度及缺件情况。

第三十四条　处罚规定

(1) 各部门回收时丢失整台或配件的，按现价 20% 扣罚使用部门。

(2) 在支领时，发现一台不完好，扣责任者×××元；一台失爆，扣×××元。检查时，发现一笔账、物、牌不符，扣责任者×××元。

第五章　电缆小组补充规定

第三十五条　电缆管理组补充职责

(1) 机电科电缆小组负责全矿井上、下 10 mm^2（含 10 mm^2）以上的橡套动力电缆及所有铠装电缆的支领、入库、建账、编号试验、发放、井上、下巡查核对，回收量尺、修补、报废及管理工作。

(2) 新领电缆的管理：

电缆小组报电缆进货计划，供应科组织进货，到货后由电缆组验收、试验、编号、上卡入账后入库存放。

(3) 回收电缆的管理：

①电缆组根据生产情况，下电缆回收通知单，由使用单位将电缆回收交付库房管理，由使用部门电缆管理员与电缆小组核对台账。

②如各部门不按时将电缆回收，每超一天电缆×××元/根扣罚机电队长，按日累计处罚。

③各部门将回收电缆送交库房后，电缆小组按该段电缆长度、编号、双方当场量尺、验收合格后完好入库。

第三十六条　电缆的编号、入账管理

不论新旧电缆，必须首先由电缆组编号并注明该段电缆的长度、规格、有几处补头、返修次数等。入账编号处距电缆的两端 2 m 处。

(1) 电缆的发放：

各部门每月 25 日前将下月电缆需用计划及供电系统图一并报送电缆小组，电缆小组核实后组织发放，如不报计划及系统图，停发电缆，影响生产由使用部门自行负责。

(2) 电缆使用中的管理：

①各部门设一名专职或兼职电缆管理员，负责本单位电缆的支领、回收、牌板、卡、物的管理，每月 25 日前报电缆计划及示意图。

②电缆在使用过程中，若要重新做头，需开剥部分电缆时，必须在电缆头至编号前端切割。回收电缆重新编号，如发现印号处被破坏，视为该部分丢失，按损失长度现价 100% 扣罚责任者。

③因维护不当或其他原因造成电缆接地，中间需加接线盒时，必须向电缆小组提出书面报告，经机电矿长（机电副总工程师）批准后，方可增设电缆盒。未经批准视为破坏，按该段电缆长度 20% 扣罚责任者。

④电缆回收时，发现总长度与开断前长度不符，按损失长度 100% 扣罚责任者。若回收后，整段丢失的，按电缆现价处罚责任单位。

(3) 电缆的报废管理：

电缆在使用过程中，因老化或损坏等原因，经处理达不到防爆及使用标准要求，经机电科技术人员鉴定后方可准许报废。报废电缆由矿统一对外出售。

16.41　矿灯管理制度

第一条　新矿灯的领用

(1) 新矿灯出库领取，由机电队开具领料单，经机电科审批登记后领取。

(2) 新矿灯领出后，由机电队负责编号、充电和发放。

（3）新矿灯编号后，应逐一登记灯号、初充电时间、矿灯去向、用灯人姓名及相关信息。

第二条　旧矿灯的报废

（1）旧矿灯需要报废的，由机电队提出申请，机电科组织鉴定，经分管领导同意后，进行处理。

（2）矿灯不到使用期限报废的，对机电队罚款×××元/盏；使用期限超过19个月的，每盏奖励机电队×××元。

（3）机电科每季度对矿灯数量进行一次检查。根据领用数量、报废数量，查清在用矿灯数量。因管理不严，造成矿灯丢失的，对机电队按矿灯原值进行罚款。

第三条　在用矿灯的管理

（1）在用矿灯由矿灯房集中统一管理。经常使用矿灯的人员实行专人专灯、固定充电架管理。

（2）矿灯领用办法：按固定的充电架及编号进行自取，自放。

（3）用灯人要爱护矿灯，严禁摔打和私自拆卸矿灯及人员定位识别卡，否则按“三违”处理。

（4）矿灯管理工应经常检查矿灯完好情况，发现因使用不善造成灯头或灯线局部损坏或不完好的，对使用人罚款×××元；电池盒破裂的，对使用人罚款×××元（由调度开具罚款单，矿灯管理工按规定进行更换）。

（5）用灯人领用矿灯时，应检查矿灯是否完好，发现不完好或红灯的，应及时交矿灯管理工处理或更换。

（6）用灯人在矿灯规定的使用时间（12 h）内出现红灯或灭灯时，上井后要及时通知矿灯管理工进行处理。连续2天出现红灯得不到处理时，应向机电科、安全科汇报。

（7）矿灯丢失的，责任人按领用新灯程序补交费用（按矿灯原值处罚），按程序领用矿灯。

（8）取灯钥匙丢失需补办钥匙时，由调度开具罚款单，由矿灯管理工补发新钥匙。

（9）用灯人上井后应及时交灯。矿灯管理工接班后2 h内应统计上班没有交回矿灯人数及人员，统一汇报到队部联系催交，并将名单报调度室，调度室应根据名单逐一落实。经核实后，对私自不交者，按每盏每天×××元进行罚款。超过5天拒不交还的按矿灯丢失论处，同时按入井考勤的有关规定进行处理。矿灯管理工不登记、不汇报未交灯人员，发现一次对矿灯管理工罚款×××元。

（10）矿灯、充电架必须有编号，充电架有管理责任牌。矿灯完好率应在95%以上，完好矿灯总数应大于常用矿灯人数10%。

第四条　责任追究

（1）矿灯房内清洁卫生，窗明几净，无杂物、无油垢、无灰尘、无积水。充电架布置整齐、安装牢固、布线整齐，工具、材料、配件存放整齐，账物对照。

（2）灯房管理人员必须对灯线上的人员定位识别卡进行检查，发现丢失或破损必须及时汇报，否则，对责任人罚款×××元/盏。

（3）灯头破裂、灯头圈松动、玻璃破裂、灯头密封不严、灯锁失效的，按失爆处理，落实到责任人。

（4）灯线破损露芯线，灯线引入装置损坏、密封不严、灯线窜动，按失爆处理，落实到责任人。

（5）矿灯出现红灯未及时更换的，处罚当班矿灯管理工×××元。

（6）灯架及矿灯应保持干净。矿灯房内卫生不合格，处罚当班矿灯管理工×××元。

（7）充电架充电仪表指示不准确，未及时通知维修工维修的，处罚当班矿灯管理工×××元。

（8）必须认真准确填写记录，未填写或与实际不符及撕页、乱写乱画的，罚款×××元。

16.42　化学品管理制度

第一条　本制度规定了危险化学品的储存、使用、报废处理等过程中的安全要求。

第二条　本制度适用于危险化学品的储存、使用、报废处理过程的安全管理。

第三条　术语和定义

危险化学品是指国家 2002 版《危险化学品目录》所规定的化学品（电子工厂当前使用的所有化学品包括：酒精、助焊剂、三防漆、稀释剂）。

第四条　化学品的存放

（1）危险化学品应贮存在指定地点，不得与其他物质混合存放，库房要求干燥、无积水、不漏水，防潮物品应加木板垫放，放置整齐。

（2）库内严禁一切明火，禁止吸烟、禁止一切火种，库内所有照明设备都要采用防爆设计。

（3）所有化学品在化学品柜中分类存放，化学品柜上层存放三防漆，中层存放酒精和助焊剂，下层存放稀释剂。

（4）危险化学品必须有出入库发放管理制度，主管部门按要求加强检查，严格执行。

（5）在库房内要有相应的安全标识和图形标志，配备相应的消防器材和防护器具。

如“必须戴口罩”“必须戴防护手套”“必须戴防护眼镜”“禁止用水灭火”“注意通风”“化学品存放处”等标识。

（6）库房工作结束后，应该进行安全消防检查，切断电源。

第五条　危险化学品的使用

（1）危险化学品使用场所和操作人员，必须配有专用防护用品操作，使用三防漆时一定要佩戴劳保用品（护目镜、手套、口罩）并打开通风系统。

（2）严禁用手直接接触危险化学品，并不得在危险化学场所饮食。

（3）禁止使用绝缘软管插入易燃液体槽内进行移液作业。使用化学品时要注意用多少倒多少，避免浪费和化学品残余污染环境，未用完的化学品也不能再倒回原容器中。

（4）桶装或罐装有毒或挥发性毒品时，必须将盖拧紧、密封，防止挥发或溅出伤人，并移到良好通风处。

（5）领料时，禁止地面滚桶，防止摩擦、撞击。领料途中要考虑环境影响是否对领料构成危险，否则要采取安全措施。

（6）在设备发生故障，液体渗漏，改变工艺条件，由自动变手动，操作时必须采取相应的防范措施。

（7）盛装危险化学品的容器在使用前后必须确保干净，两者相遇会引起燃烧的原料，严禁前后混用，危险化学品一旦散落在地面上应立即回收处理。

（8）危险化学品使用后废渣、废气等，不得私自乱倒，污染环境。自行处理不了的，应及时报告，通过相关部门按规定处理。

第六条　危险化学品的报废处理

（1）危险化学品使用后的包装桶、塑料桶、塑料袋，必须严格管理，并有专人负责，没有处理能力的，则要交于生产或销售厂家回收处理。

（2）危险化学品废弃物的报废处理，必须预先提出申请，制定周密的安全保障措施，并经有关部门批准，方可处理。

16.43　手持式或移动式设备电缆管理办法

手持式或移动设备使用频繁，设备电缆连接使用一直以来是安全生产的管理重点，为确保人员及设备设施的安全，结合矿实际，特制定本办法。

第一条　手持式或移动式设备主要包括综采设备、综掘设备、各类开关、移动变压器、部分水泵、扒渣机、喷浆机、液压钻车、电锤、电钻、角磨机、电焊机等在作业过程中频繁移动或手持操作设备。

第二条 电压在36 V以上手持式或移动式设备应安装保护接地，作保护接地用的电缆芯线的电阻值不得超过1Ω。

第三条 设备连接电缆应根据实际情况标准吊挂，严禁直接拖拽电缆使电缆受力，严禁让电缆泡水，电缆走线规范，吊挂应使用挂架，禁止使用扎带。

第四条 应对移动式设备的电缆阻值每月进行一次绝缘摇测，用于移动式和手持式电气设备的电缆芯线的电阻值不得超过1Ω，检查结果应记入专用设备绝缘记录簿。

第五条 井下连接电缆严禁出现明接头、“鸡爪子”、“羊尾巴”现象。

第六条 手持式或移动式电气设备应使用专用橡套电缆，各单位应对手持式或移动式电缆进行定期检查、维护，严禁出现电缆破皮、老化等现象。

第七条 移动设备使用的橡套电缆的实际选用长度，应为使用最远点的计算长度另加3～5 m活动长度。地面及井下手持式设备连接电缆一律不得超过2 m。

第八条 地面手持式或移动式设备必须使用接地极，电缆和接地线长度可以根据接地极情况适当延长。

第九条 地面手持式或移动式设备必须采用有漏电保护的断路器或装有漏电保护 装置的开关。

第十条 手持式电气设备的操作柄和工作中必须接触的部分，必须有良好的绝缘，外壳必须可靠接地（直流充电式手持式工具除外）。

第十一条 严禁带电移动、拆接、搬迁和检修电气设备及线路。

第十二条 手持式或移动式电气设备在使用前，必须由电工对设备、电缆的性能、绝缘情况做详细检查。

第十三条 可能出现的电缆故障及处罚

电缆发生故障的原因是多方面的，与安装施工、使用环境、运行状况、维护管理都有密切关系，具体故障原因及处罚包括以下几个方面：

（1）电缆在使用当中遇到挤、压、埋、砸、刨、撞、拉等，使电缆的绝缘损坏而漏电、接地或短路，根据现场情况，处以×××元罚款。

（2）在运输工作中，胶轮车或矿车掉道造成碰撞，拉坏电缆或对设备造成损伤，根据情况处以×××元罚款。

（3）日常维护检修管理不善，将电缆落在地上，甚至长期浸泡在水中；将电缆接成“鸡爪子”、“羊尾巴”和明接头，从而造成漏电、接地或短路故障，根据情况处以×××元罚款。

（4）电缆过负荷运行，芯线发热，造成绝缘老化，损伤电缆，根据情况处以×××元罚款。

（5）手持式或移动式设备无接地或接地不可靠，对使用者处以×××元罚款。

16.44 地面临时电气、焊设备管理制度

矿区地面使用的电气设备必须符合《煤矿安全规程》的相关规定。为严防矿区机电事故的发生，确保安全生产，结合本矿实际，特制定本制度。

第一条 本制度适用于矿区地面所有电气、焊作业场所。

第二条 矿区地面所有地点电焊、气割都必须制定电焊、气割安全技术措施，严格执行“一工程、一措施”措施。每份措施连续电焊、气割使用周期不得超过一周，若特殊情况需要延长电焊、气割时间的，需要重新审批措施，必须经过安全矿长及总工程师批准。电焊、气割单位弄虚作假，使用过期的措施进行电焊、气割作业的，按照事故进行追查。

第三条 电焊、气割安全技术措施中必须明确电焊、气割时间、地点、负责人及安全技术要求等内容，并有电焊、气割器材的运输、保管和点火工具的管理等内容。

第四条 电焊、气割安全技术措施必须由驻矿安监站、调度室、安全科、通风科、机电科、生产

技术科、施工单位及总工程师审批后执行。电焊、气割措施审批后，报调度室、通风科、驻矿安监站各一份，电焊、气割现场留一份以备检查。未按规定审批、报送措施的，给予责任人×××元罚款。

第五条 电焊、气割安全技术措施批准后，施工单位要向作业人员贯彻学习，如有人员变动，必须重新贯彻学习后才能施工，学习要有记录，否则对责任人处予×××元罚款，对责任单位处以×××元罚款。所有电焊、气割技术措施保存时间至少一年。

第六条 在洗煤厂、封闭煤场区域，电焊、气割全过程必须严格执行有关规定，电焊、气割地点必须悬挂便携式瓦检仪，并悬挂瓦斯检查牌板，瓦检员要填写瓦斯检查情况。在非洗煤厂、非封闭煤场区域，可省去瓦检一项。

第七条 电焊、气割施工负责人对电焊、气割过程中的所有工作全面负责，施工技术负责人要负责现场电焊、气割工作的技术指导，瓦检员负责检查现场瓦斯，安全员负责监督措施的执行情况和现场的安全工作，电焊、气割作业时要有电焊、气割单位分管领导现场跟班。在非洗煤厂、封闭煤场区域，可省去瓦检一项。

第八条 现场不符合安全技术要求时，安全员与瓦检员（在非洗煤厂、非封闭煤场区域，可省去瓦检一项）有随时停止电焊、气割的权利。

第九条 氧气瓶、乙炔瓶出库时应配备瓶帽和不少于两道防震胶圈。运输时，必须分车放置，单独运输，并应有可靠的防撞、防震措施。

第十条 电焊工应必须受过专门培训、取得相应资格，且要持证上岗。施工时，电焊工必须穿戴好工作服、防护手套、面罩等劳动防护用品。

第十一条 氧气瓶、乙炔瓶使用时，瓶间距必须保持5 m以上，氧气、乙炔胶管不得混用。在离氧气瓶、乙炔瓶10 m以内禁止进行明火作业。氧气瓶、乙炔瓶使用时，必须直立。气割作业时，须装设减压阀、防回火装置。气瓶、气表及焊割工具上严禁沾染油脂，气瓶口装表前要用气吹除脏物。开、关气瓶阀门和气表时，人体头部要偏向一旁。气瓶内的气体不准全部用完，应确保瓶内的剩余压力不小于0.5 MPa。

第十二条 电焊、气割前，作业人员必须对电焊、气割地点20 m范围内进行检查确保安全可靠，并清理棉纱、油漆、煤粉等易燃、易爆物品，确实无法清理的应采取铺黄沙覆盖等防燃烧措施，施工现场必须有供水管路，有专人负责洒水。工作地点应备有不少于2个完好的灭火器和不少于0.2 m^3的黄砂。

第十三条 在洗煤厂、封闭煤场区域，电焊、气割前，对电焊、气割地点20 m范围内进行冲尘，严禁煤尘堆积。电焊、气割前，瓦检员检测电焊、气割地点的瓦斯，浓度应小于0.5%，并检查作业地点附近20 m范围内无瓦斯积存，甲烷浓度超过0.4%时严禁电焊、气割。

第十四条 电焊、气割时，严禁在有压力的易燃、易爆、有毒的容器和带电设备上进行焊接或气割。

第十五条 气割过程中出现焊嘴过热或堵塞而鸣爆时，应立即关闭焊具上的乙炔阀，并冷却焊嘴，等处理正常后方可继续施工。

第十六条 气割时，与氧气和乙炔瓶接触的管道及设备要有良好可靠的接地装置，以防静电造成自燃。

第十七条 进行电焊时，开关必须执行停电挂牌制度，作业过程中，禁止任何人接触电焊机；需要移动电焊机时，必须停电闭锁。

第十八条 电焊、气割过程中由施工负责人或安排专人监视火花，防止火花引燃其 它易燃物。

第十九条 施工中及完工后严禁将割具、焊具放在氧气瓶、乙炔瓶上。电焊、气割后，必须及时对现场进行清理，并用水喷洒消灭火种。施工人员离开前，必须对所有易燃、易爆的设备、器具进行检查，并由施工负责人或指定专人留现场监护1h后，确定无异常情况时，方可离开现场。

第二十条 电焊、气割施工作业完工后，应将氧气、乙炔瓶、电焊机回撤，严禁作业场所存放氧气、乙炔瓶、电焊机，否则给予部门负责人×××元罚款，给予部门×××元罚款。

第二十一条 电焊、气割期间施工现场人员严禁脱岗，违反规定者给予不少于×××元处罚。

第二十二条 在高处电焊、气割作业时，电焊、气割工及其他作业人员必须佩戴合格的保险绳，并做到正确使用，并在工作地点的下方用不燃性材料、设施接受火星。气瓶、电源线、胶管必须固定牢靠。

第二十三条 电焊施工时，应注意：

（1）在焊接前要检查电焊机外壳和焊件是否已接地可靠。

（2）电缆和电焊钳手把应确保绝缘良好，确认电缆与焊接设备的连接螺栓是否拧紧拧牢。

（3）电焊机防爆开关必须有良好接地。

（4）改变焊机接头或转移工作地点时，必须停电闭锁。

（5）不要把带电焊钳夹在腋下或将电缆挂在脖子上搬移被焊物件。

（6）禁止在淋水的地方进行电焊作业。

第二十四条 气割操作割枪时应注意：

（1）点火前，急速开启焊具，用氧吹风，以检查喷嘴的出口，不得对准脸部试风，无风时不得使用。

（2）进入容器内焊接时，点火和熄火都应在容器外进行。

（3）对于射吸式焊具点火时，应先微微开启焊具上的氧气阀，再开启乙炔阀，然后送到火具上点燃，最后调节两把手阀门来控制火焰。

（4）使用乙炔切割时，应先放乙炔气，再放氧气引火。

（5）熄灭火焰时，焊具应先关乙炔阀，再关氧气阀；割具应先关切割氧，再关乙炔和预热氧气阀门。当回火发生后，胶管或回火防止器上喷火时，应迅速关闭焊具上的氧气阀和乙炔阀，再关上一级氧气阀和乙炔阀门，然后采取灭火措施。

（6）操作焊具和割具时，严禁将橡胶软管背在背上操作，禁止使用焊具的火焰来照明。

第二十五条 电焊、气割作业，因未按安全措施执行出现乙炔瓶管理不善造成气瓶泄漏的，按事故进行追查处理，并给予责任人罚款×××元，单位负责人罚款×××元，单位罚款×××元处理，并扣除单位当月全部风险抵押金。

第二十六条 电焊、气割施工单位负责人、技术负责人及各科室措施、报告审批人员必须认真学习本制度。洗煤厂、销售科、机修厂及机电队要定期组织以上人员进行电焊、气割管理规定考试，不合格者，严禁从事电焊、气割作业及措施审批。

16.45 燃气和电气设备的检查和管理办法

第一条 应按规定正确安装、使用电气设备，相关人员必须经必要的培训，获得相关部门颁发的有效证书方可操作。各类设备均需具备法律、法规规定的有效合格证明并经机电科、安全科确认后方可投入使用。电气设备应由持证人员定期进行检查（至少每月一次）。

第二条 防雷、防静电设施定期检查、检测，每季度至少检查一次，每年至少检测一次并记录。

第三条 电气设备要保护完整，接头牢固，绝缘良好，保险装置合格、正常并具备良好的接地，接地电阻应严格按照电气施工要求测试。

第四条 各类线路均应以套管加以隔绝，特殊情况下，应使用绝缘良好的铅皮或胶皮电缆线。各类电气设备及线路均应定期检修，随时排除因绝缘损坏可能引起的消防安全隐患。

第五条 未经批准，严禁擅自加长电线。各部门应积极配合安全员、机电管理人员检查，确认加长电线是否属紧急情况使用，外壳是否完好、是否经维修人员检测后投入使用。

第六条　电气设备、开关箱线路附近按照本单位标准划定黄色区域，严禁堆放易燃易爆物，并定期检查、排除隐患。

第七条　设备用毕应切断电源。未经试验正式通电的设备，安装、维修人员离开现场时应切断电源。

第八条　除已采取防范措施的部门外，工作场所内严禁使用明火。

第九条　使用明火的部门应严格遵守各项安全规定和操作流程，做到用火不离人、人离火灭。

第十条　采购燃气、电气设备应选用合格产品，并应符合有关安全标准要求。

第十一条　燃气管路安装和电气线路敷设以及维修，应由具备职业资格的人员操作，严格执行操作安全规程。

第十二条　燃气设备及电气设备使用地点应有防雷、防静电保护设施。

第十三条　任何人未经允许不得私拉乱接燃气及电气线路，擅自增加相关负荷，违者按“三违”论处。

第十四条　对燃气及电气线路、设备设施应定期检查、检测，发现问题立即处理。

第十五条　燃气设备使用地方应有良好的通风条件，与电气设备保持适当的安全距离。

第十六条　大功率照明设施严禁安设在燃气设备构件上（>60 W）。

第十七条　消防用电设备应采用单独的供电回路，消防用电设备两回供电线路应在末节的配电箱自动切换，设备设施及控制箱应有明显标志，不得改变用电方式。

第十八条　场所内严禁吸烟并张贴禁烟标示，每位职工均有义务提醒其他人员共同遵守公共场所内禁烟的规定。

16.46　计量器具管理实施办法

第一章　计量器具的配置策划

第一条　策划的范围：新开展的测量项目所需配置的计量器具，原测量项目需变更计量器具型号时，应对其进行配置策划。

第二条　策划的目的：明确需配备的计量器具的计量特性，审核其是否满足测量要求，为计量器具采购提供依据。

第三条　策划的依据：有关法律法规、规程规范、技术文件。

第四条　通过策划，应明确如下要求：

（1）计量器具的计量特性：一般用途的监视类仪表，其最大允许误差≤被测对象允许误差的 1/3，安全及重要用途的计量器具，应确保精度指标 $M_{cp}\geq 1.1\sim 1.3$。

（2）量值溯源性要求。

（3）相关的专业技术要求。

（4）与被测对象特性的适应性要求。

（5）操作性、环境条件要求。

第五条　策划程序

（1）计量器具的使用单位提出计量器具配置要求，填写计量器具配置申请表，报机电科。

（2）机电科会同有关科室共同会审。

（3）报主管矿长审批。

（4）交机电科，作为编制采购计划的依据。

第二章　计量器具采购

第六条　各单位将日常计量器具需求计划或计量器具配置申请表报机电科。

第七条 机电科对需求计划、配置申请予以汇总，结合库存和日常消耗情况，编制计量器具采购计划，报矿长批准。

第三章 计量器具的到货验收及贮存

第八条 供应科仓库保管员负责对计量器具进行入库验收，验收内容如下：

（1）外观是否完好，数量、规格型号、有关附件是否相符、齐全。

（2）是否有出厂合格证，是否在有效确认周期内。

（3）出厂编号是否清晰可辨。

（4）计量特性指标是否符合合同要求。

（5）是否有“CMC”标志。

凡不符合以上条件之一者，不得验收入库。

第九条 对库存的计量器具，应按规定摆放，注意防潮、防震。有特殊防护要求的，供应科应采取必要措施满足贮存条件。

第四章 计量器具的领用

第十条 各单位领用计量器具必须由机电科审批，并加盖计量专用章。领料单无计量专用章，供应科不予发放。

第十一条 日常领用的计量器具，原则上实行交旧领新制度。供应科对交旧的计量器具的名称、编号进行登记，并在领料单上注明已交旧的数量。

第十二条 机电科应及时调查了解计量器具的实际使用情况，填写计量器具合格供方档案，作为供方评价的依据。

第十三条 供应科应于每月初将上月发放及交旧的计量器具统计汇总，报机电科。

第五章 交旧计量器具的处理

第十四条 供应科对交旧的计量器具，根据损坏情况分类摆放。能予修复的，应委托有资质的单位进行修复。

第十五条 修复好的计量器具，机电科应组织进行检定。检定合格的，加贴确认标识后方可发放使用。

第十六条 不能修复的，由供应科、机电科共同鉴定，作报废处理。

第六章 计量器具的使用管理

第十七条 各部门应指定一名专（兼）职计量管理员，负责计量器具的日常管理工作。

第十八条 各部门应建立计量器具台账，对计量器具的计量特性、确认状态、管理分类、管理动态、领用、发放及时登记，并于每月初网上报送机电科。

第十九条 用于地测、环境监测和煤质化验的计量器具，使用部门应建立计量器具档案，内容包括：计量器具履历表，说明书或操作手册，历次检定/校准证书、记录，有关技术文件和软件等。

第二十条 重要计量器具要指定专人负责管理，禁止未授权使用。

第二十一条 各单位计量管理员要经常检查计量器具的管理状况，发现不合格的计量器具，应从现场隔离。不能隔离的，应加贴红色停用标识，以防止误用。

第七章 计量确认

第二十二条 机电科统一组织对全矿计量器具的溯源工作，具体如下：

（1）编制溯源计划，对溯源方式、间隔统一组织评审。

（2）组织实施溯源。

（3）对外来服务进行供方评价。

（4）对确认标识进行管理。

（5）对溯源费用进行管理。

（6）对计量器具溯源情况进行检查。

第二十三条　机电科根据计量器具的溯源要求和重要程度，对其实行 ABC 分类管理。

（1）A 类设备：实行定点定期强制检定计量器具和生产经营关键场所用的计量器具。包括：矿山测量仪器、压力仪表、安全监测仪表、煤质化验设备、贸易销售结算等。

（2）B 类设备：在法制要求、准确度等级和使用的重要程度方面低于 A 类计量器具，但出具的测量数据对生产经营有一定影响，需要周期检定/校准的计量器具。包括：一般性场所的监视仪表，长度类测量器具等。

（3）C 类设备：准确度等级和使用的重要程度较低的计量器具。一般仅需首次检定。

第二十四条　确认间隔的确定

（1）A 类计量器具：严格执行有关法律法规、规程规定的检定周期。

（2）B 类计量器具：机电科根据实际情况，采用“阶梯式调整法”或“日历时间法”确定和调整确认间隔。机电科以“确认间隔一览表”的形式定期公布计量器具的确认间隔。各单位应严格按照规定的确认间隔，定期上报计量器具溯源计划，不得遗漏。

第二十五条　溯源方式

（1）压力仪表、三表、电能表、游标和测微类长度仪器由机电科统一组织检定，统一保管检定证书。

（2）矿山测量仪器、安全监测仪器，由使用部门委托检定或送检。

实施检定前，必须会同机电科实施供方评价，并填写外来服务供方评价记录，并报分管矿领导批准。检定完毕，应填写外部供方档案及提供服务记录，作为实施供方评价的依据。

（3）同等级计量仪表较多的单位，在检定间隔期，采用比对方式进行溯源。

（4）计量器具到货后，必须进行首次检定，确认合格后方可使用。机电科每季度组织一次库存计量器具的集中检定，检定合格的，加贴确认标识。

（5）确认标识应符合下列要求：

①在现场和即将投入使用的计量器具应加贴确认标识。确认标识分为：

经溯源合格并正常使用的计量器具，贴合格标识；使用受限的计量器具贴限用标识，并在台账中注明受限内容；经溯源不合格或不能正常使用的计量器具，如不能从现场隔离，为防止误用，应贴停用标识。

②标识由机电科统一设计，由各部门计量员填写和加贴。

第八章　计量工作的考核、奖惩、赔偿

第二十六条　奖励

完成下列 6 项指标的部门可得计量奖：

（1）圆满完成矿下达的各项计量工作。

（2）在用计量器具无损坏、无丢失、定人定点负责保管。

（3）工作现场无报废、超周期及无编号的计量器具。

（4）按周检计划表送检，送检率达 100%，周检合格率达 98%，在用计量器具抽检合格率达 98%，计量检测率达 95%。

(5) 计量器具账、卡、物、号相符。

(6) 各种计量报表填报及时、准确。

第二十七条 惩罚

(1) 凡没有按奖励条件完成计量工作的，出现一项次工作失误，造成损失的。

(2) 未做编号、建账的量具称为黑量具（一次性检定的除外），在工作现场不允许出现和使用黑器具，一经发现，对责任部门负责人及现场使用人员各处以×××元的罚款。

第二十八条 计量器具赔偿制度

(1) 凡领器具的单位或个人，因遗失、损坏，由部门计量员填写计量器具赔偿通知单，根据计量器具使用年限，对剩余价值提出赔偿，交所在单位核实，经主管矿长批示。

(2) 因保管不善，乱丢、乱抛跌坏、损坏及好奇而私自拆装致废的计量器具应作赔偿。

(3) 保管不善而遗失量具者，应予赔偿。

(4) 对于偷窃、盗卖计量器具者，除加倍赔偿外，还视情节给予相应的行政处理。

(5) 赔偿视情节轻重、量具新旧、使用年限、价格高低分别按原价的比例进行赔偿。丢失的量具赔偿比例分别是：启用1年以内的80%，2~4年为50%，5年以上为30%。无故损坏者，视检查程度给予赔偿。

(6) 对量具原配有的存放盒具损坏或遗失者，视其价值赔偿，暂定为×××元。

16.47 计量器具使用与维护保养规定

第一条 各部门的计量器具由专（兼）职计量人员负责管理。

第二条 使用计量器具，必须先了解其性能和使用规定，按使用说明书的规定正确使用，严禁违章操作。

第三条 任何个人不准在工作岗位上使用无检定合格证或超过检定周期以及经检定不合格的计量器具。由于使用超过检定周期及经检定不合格的计量器具而造成的事故，由使用者直接负责。

第四条 各种计量标准器具及精密计量器具，应有专人管理，定期进行维护保养。计量器具不得外借。特殊情况须经领导批准。

第五条 各种计量器具必须由使用人定期进行保养，经常保持清洁。注意防尘、防潮、防撞。存放在安全位置，计量器具严禁与其他工具、杂物堆放。较长时间不用的仪表应定期通电去潮，防止霉变。

第六条 计量器具使用人员应按使用说明书和相关操作规程使用计量器具，对因操作不当造成以及损坏承担赔偿责任，特殊性（放射性需求）要按照规定做好防护措施，确保安全。大型室外计量器具要做好日常防护工作。

在使用中发生故障应停止使用，并送相关部门进行修理，严禁计量器具带病工作。非专业修理人员不得自行拆修计量器具，违者要对造成的后果负责。

第七条 领用、借用的计量器具，因违反操作规程或其他非正常原因造成严重损坏，使用者必须填写器具损坏报告，说明原因，所在部门领导签署意见，根据损坏情况、认识态度等进行处理。对于非正常损坏贵重精密计量器具者，除经济赔偿外，还要视情节轻重，建议矿给予行政处分。

第八条 领用、借用的计量器具丢失，应填写器具丢失报告单，按计量器具的原值和实际使用年限赔偿部分余值。

第九条 计量技术档案和资料保管使用

(1) 各种计量网络图，计量技术文件、资料、刊物等由档案室统一保管使用，借用时必须办理手续。

(2) 各种计量器具（进口计量器具除外）的使用说明书、图纸、资料等由机电科负责保管和借用。使用人员借用时必须办理手续，用后及时归还。

(3) 进口计量器具的说明书及图纸资料，连同订货合同、运单、装箱单、发票等统一由机电科归档保存。机电科可把使用说明书部分复印（或译成中文）交使用部门使用。使用部门需要整套资料使用时，可到机电科借用。

(4) 对于连同大批设备一起进口的计量器具，应把合同、运单及装箱中有关计量器具部分复印归档保存。

16.48 节约能源管理制度

为贯彻落实国家节约资源的基本国策，实施节约与开发并举、把节约放在首位的能源发展战略，促进本矿合理有效地利用能源，降低物耗，杜绝浪费现象，提高能源利用率，根据《节约能源法》《山西省节约能源管理条例》，结合生产及日常能源消耗实际情况，制定本制度。

第一章 范 围

第一条 本制度规定节约能源的组织机构、工作职责及用电、用水、用煤及能源计量等方面的管理要求，适用于矿所属各相关部门。

第二条 节约能源管理组织机构

能源管理涉及矿生产全过程，它是一项高度综合的管理工程，必须建立一个完善的管理体系，方能搞好这项工作。

第三条 能源管理实行矿、厂队、班组三级管理体制。矿设能源管理领导小组，下设能源管理兼职机构——机电科；厂队及有关科室设置能源管理小组；班组设立能源管理员，形成全矿能源管理网络。

矿能源领导小组由总经理任组长，各有关科室及各耗能主要厂队负责人为组员，机电科兼职职能部门，负责办理日常事务；各部门设部门内部节能管理组织，由各班组组长及有关技术员和有经验的工人参加部门节约能源管理工作。各部门应配备一名兼职能源管理员，负责部门能源消耗统计及日常节能管理运行管理工作。

第二章 工 作 职 责

第四条 节能管理工作的主要内容

(1) 遵守国家的能源方针、政策和法律、法规以及政府的相关规定，研究制定矿的能源使用计划。

(2) 加强矿的能源计量、储存、输送、生产等环节的管理，减少能源的损耗和积压，降低能耗的资金消耗。

(3) 组织测定设备能耗，编制矿能源平衡表和能流表，并在此基础上，制定矿的合理用能方针。

(4) 根据实际能源情况，参照同行业的先进耗能指标，制定能源消耗定额，并定期分析实际情况和总结推广节能经验。

(5) 通过调查研究，掌握矿的节能潜力，制定矿的近期节能计划和长远规划，并落实为具体措施，由各部门具体实行。

(6) 制定矿能源管理制度和各项能源管理规定，并监督执行。

(7) 组织开展节能教育和培训工作，提高全员的业务水平和节能意识。

(8) 组织经常性的节能宣传、评比和奖惩工作。

第五条 节能领导小组工作职责

(1) 节能领导小组实施节能管理的基本任务、统筹、协调、管理组织的各项节能工作。

（2）贯彻执行国家、地方、行业主管部门的有关节能法律法规、方针、政策、标准等要求，组织制定节能管理文件、节能目标和各种有关管理标准、制度并组织实施。

（3）组织制定节能宣传、教育和培训规划并组织实施。

（4）组织制定并实施节能规划、年度节能计划、节能改进方案。

（5）组织审定年度各类节能目标、指标。

（6）审定重大节能成果和重大奖惩事宜。

（7）检查各项节能管理工作。

（8）组织召开工作例会，进行节能管理工作的计划、布置、检查、总结、奖惩。

第六条 节能办工作职责

节能办公室既是有职责权限的职能机构，又是节能领导小组的日常办事机构，是能源利用的综合管理和监督、检查部门。在节能领导小组、主管能源矿长的领导下，负责做好矿节能工作的协调管理、督促和检查。

（1）负责贯彻落实国家、地方和行业主管部门的有关节能法律法规、方针、政策、标准及其他要求，并对执行情况进行督促和检查。

（2）贯彻节能领导小组的决定，并对执行情况进行检查。

（3）具体开展能源利用状况调查、能量平衡测试和能源审计。

（4）具体组织编制节能规划、年度节能目标、节能工作计划、节能改进方案，并汇总纳入发展规划和年度计划中。制定节能措施，并组织实施。

（5）参与审查改建、扩建和新建项目的工程设计，并确保项目具有明确和正确的节能评估报告，合理选用节能工艺、设备和材料，并协助工程管理部门，抓好节能工程竣工验收和效果鉴定工作。

（6）会同有关部门组织开发、推广、应用节能新技术、新工艺、新设备、新材料，总结交流节能技术和经验。组织广大职工开展合理化建议活动。

（7）组织召开节能工作例会，进行节能工作的计划、布置、检查和总结。

（8）负责对各部门用能进行计量监督、统计监督和能源节约的巡回检查。

（9）建立健全能耗原始记录和统计台账，按时上报各种报表和资料。定期进行能源使用分析，为最大限度降低矿生产成本提供合理的分析依据。

（10）制定各项能源管理制度及月度、年度能源消耗计划指标，并进行考核、评比，促进合理利用能源。

（11）合理调整矿井能源使用方式及分配情况，达到经济运行、节约能源根本目的。

（12）根据节能奖惩制度，审核矿内各单位节能奖惩的依据，提出节能奖惩方案，报节能领导小组后实施。

（13）协助宣传教育部门，组织节能教育和技术培训，提高职工的节能管理和技术素质。

（14）推广节能新技术、新产品、新工艺、新材料及节能技术改造项目的管理、测评工作。

（15）对各部门节能情况组织定期和不定期的检查。

（16）广泛开展节能宣传教育活动，推广应用节能经验。

第七条 机电科节能管理职责

（1）按照年度节能技术改造规划和计划，编制机动设备、专用设备、供热供暖、供水、供电系统节能改进方案，并组织实施。

（2）推动能源使用合理化，贯彻能源使用合理化标准，并形成各类作业指导书，采取有效措施，努力降低燃料、动力消耗和散热损失，提高能量传递、转换效率，提高设备效率，提高能源利用率。

（3）按照国家有关法律、法规和技术标准的规定，负责采用节能设备和材料，及时淘汰落后设备。

（4）加强各种耗能、能源转换设备系统的管理，及时制定、修订设备操作规程，做好设备经济运行。

（5）按照检测标准，加强工业锅炉、提升机、通风机、主排水泵等大型设备的能源利用检测，及时采取措施，提高设备能源利用率。

（6）加强用水管理，提高水的重复利用，改善用水质量，提高设备传热效率，节约用水。

（7）定期组织检查设备、各类输送能源的管网，及时发现并消除浪费能源的现象。

（8）加强供能用能综合管理，建立健全综合管理标准，总结交流经验，做到合理用能，使设备之间功率匹配合理，能源匹配合理，能量逐级有效利用。

（9）负责能源的计量管理，贯彻执行国家有关计量的法律法规，努力完成能源计量的各项务。

（10）根据能源进出、分配和消耗等的实际需要，按照《用能单位能源计量器具配备和管理通则》的要求，负责配备、管理能源计量器具。

（11）组织制定能源计量的各种技术标准和管理制度并贯彻实施。

（12）负责能源计量的监督检查，会同节能主管部门确定能源计量的技术水平和管理水平。

第八条 供应科节能管理职责

（1）统一管理燃料、成品油及其他载能工质、材料的供应、输送和仓储工作，监督其合理使用和防止耗损。

（2）负责能源的进、销、存和发放统计工作。

（3）负责购入能源的质量检验工作。

（4）协同计量部门健全各类能源进厂、出库的计量器具，做到按计量表计算核算。

（5）购买设备优先购置节能产品。

（6）总结交流科学的节能管理经验，不断提高库管人员的能源采购、存贮知识和节能管理水平。

第九条 各部门节能小组工作职责

（1）负责各厂队节能管理工作原始记录管理和各项能源消耗的统计，按节能办公室制定的格式定期报送能源统计报表。

（2）监督检查所属部门能源使用情况，对浪费能源、违反节能管理制度的现象要进行制止，并追查责任。

（3）各部门节能小组应当密切结合生产流程工艺及管理业务情况，制定合理用能工作标准、技术标准及操作规程，不断提高生产过程中的能源利用率。

（4）对所辖范围内的耗能设备应当加强管理，保证设备经常保持在合理用能技术法规规定的经济状况下运行，杜绝“跑、冒、滴、漏”，杜绝设备无功运转。

（5）每季度开展节能宣传培训工作。

第三章 管 理 制 度

第十条 用电管理制度

1. 职责分工

（1）机电科是全矿安全供电管理部门，必须努力确保全矿的电力正常供应，并督促与检查各厂队及其各部门经济合理用电。

（2）生产技术科应根据生产进度对电力需求情况及时通报机电科，以便做出相应调整。

（3）调度室应对矿生产合理调度，应避免空负荷运行，尽量提高负载率，降低其单位电耗。

（4）机电队是电力管理的具体执行单位，负责全矿生产系统用电情况抄表、汇总上报，负责电力计量器具的配备、使用、维修、检定（校准）。

（5）后勤服务中心负责后勤系统用电管理，避免出现私拉、乱接、表外窃电现象，负责后勤系统用电情况抄表、汇总上报。

2. 节约用电管理制度

1）通用部分

（1）全体职工必须树立节约意识，优先使用节能产品、设备，照明灯逐步淘汰白炽灯，改为节能灯。

（2）实行负荷调整，计划供电，提高电能利用率。根据“峰平谷”时段合理组织生产，生产用电实行“避峰填谷”。

（3）加强设备、线路运行维护保养，提高设备检修质量。对新修理的电机要提高修理质量，减少电能损耗，合理选择高效节能的设备线缆，降低线路损耗。

（4）积极引用新工艺、新设备，加大节能设备及工艺的改造力度。

（5）克服设备容量过大，出现“大马拉小车”和容量过小长期过热现象。

（6）严格执行“增容审批制度”，用户用电、增容必须报经矿机电副矿长或机电副总工批复，根据用电批复到机电科申请装表计量，计量设施安装好后方可使用，不准私自增加负荷，改变用电方式。

（7）优先选用节能型。

（8）严禁采购已淘汰落后的用电设备。

（9）有能效标识的产品，优先使用能效等级为二级及以上产品，杜绝使用能效等级三级以下的产品。

（10）本着“谁使用、谁维护”的原则，责任单位及时维护好各自范围内的计量设施，发现问题及时和机电科联系。

（11）利用先进生产技术，坚持清洁生产与资源综合利用相结合，坚持应用先进技术与淘汰落后工艺相结合，坚持量化指标与考核监督相结合。

2）办公、生活用电管理制度

（1）全矿配电质量必须保证功率因数高于90%以上，如低于90%时，调查分析后视情况对机电队做出相应处罚。

（2）对地面办公楼、综合楼、车间、机房等地点加强用电管理，值班人员、岗位人员严禁私自接电炉子、电饭锅、大功率电热器、电暖器等设备。否则，每发现一次处罚责任人×××元。

（3）办公室、会议室、库房做到光线充足不开灯，室内无人不开灯。否则，每发现一次处罚责任人×××元。办公场所严禁无人开空调、电扇。否则，每检查出一次处罚责任人×××元。

（4）广场探照灯、假日霓彩灯、路灯开启时间为夏季20：00~6：00，冬季18：30~7：00，天明时段不得出现亮灯现象。发现一次罚款×××元。

（5）饮水机、打印机、复印机等办公设备不工作时要设置在待机状态，下班时要关闭电源。否则，每检查出一次处罚责任人×××元。

3）生产用电管理制度

（1）机电科建立电力消耗台账，按月记录用电量，及时进行用电分析，对电量异常情况的月份要组织人员查清原因。

（2）各用电单位必须依据本单位实际情况，及时调整负荷，提高设备效率，严禁设备空载运转或“大马拉小车”现象，发现一次处罚责任人×××元，处罚单位负责人×××元。

（3）井下主排水泵设施选择在用电低谷及平段时段排水，避开用电峰期工作，实现排水用“避峰填谷”。井下涌水量特别大的特殊情况除外。

（4）井下运输皮带、井下各采掘工作面大型设备合理安排运行时间组织生产，八点班原则上不组织生产，进行设备检查、检修、维护工作。

（5）副井绞车每天12：00～14：00为停车检修时间，停运期间因特殊情况需上下井的，必须经调度室同意方可开车。在其他时段如无物料提升，每罐乘人数不得低于6人，尽量减少设备开起的次数。否则，每次处罚责任人×××元。

（6）井下辅助系统水泵避开峰期运行，严禁工作面压乳化液泵站、喷雾泵等出现空运转的现象。否则，每次处罚责任人×××元，处罚责任单位×××元。

（7）井下各队使用的水泵必须设立水仓，及时清理集水坑或水仓，使废水能集中外排，尽量减少水泵运行的时间，每发现一次水仓（集水坑）水量不足开启水泵的处罚责任人×××元。井下带式输送机、刮板输送机、采煤（掘进）机、转载机等大功率设备发现空转现象，一次罚岗位工×××元，罚相关责任单位×××元。

第十一条　节水管理制度

1. 职责分工

（1）后勤服务中心是全矿生活用水管理的具体执行单位，负责全矿用水情况抄表、汇总上报，负责用水计量器具的配备、使用、维修、检定（校准）。

（2）机电队负责矿生产系统用水的抄表、汇总上报及供水管道、附件的检查维修，后勤服务中心负责矿后勤系统供水管道、附件的检查维修，有关单位负责本单位管辖范围内供水管道、附件的检查维修，杜绝跑、冒、滴、漏现象发生。

2. 管理制度

（1）后勤服务中心每月对地面办公楼、食堂、澡堂、公寓楼等供水、供暖、管路、阀门进行检查。保证管路设施完好。

（2）全体职工应积极参加节约用水活动，增强节约用水自觉性，发现管道、阀门有损坏漏水的应及时通知后勤服务中心进行维修，杜绝长流水现象。

（3）禁止用桶装矿泉水洗茶具洗手，禁止用桶装矿泉水浇灌花木，每发现一次处罚责任人×××元/次。

（4）做好绿化水源的管理工作，禁止长流水现象，发现一次处罚相关责任人×××元/次。

（5）禁止私接水管，私自用水洗车现象。如发现每次处罚责任人×××元。

第十二条　节煤管理制度

1. 职责分工

（1）用煤为锅炉用煤，机电科为锅炉使用管理部门，机电队为锅炉使用部门。

（2）机电队用煤必须经本队负责人、分管领导审核签字后，销售科见领导签字的批条后方可发放。

（3）机电队每月应将消耗原煤吨数统计上报机电科，每次原煤领用的批条应存档备查。

2. 管理制度

（1）用煤消耗严格执行节能办下发年度用煤指标，加强自用煤入库计量工作，完善自用煤统计台账，做好各项消耗记录，保留原始票据。

（2）自用煤领取应执行本部门负责人签字，分管领导审核的批条管理制度，销售科应接到分管领导审核的批条方可发煤。

（3）燃煤锅炉改造及新安装时必须采用节能型产品和设备，每年入冬采暖前对锅炉进行一次全面检修，降低炉体外表面温度，降低锅炉的散热损失，确保各项指标符合要求。

（4）定期检查锅炉炉膛及水冷壁和省煤器的运行状况，及时对锅炉清灰、清除烟垢，以及采取其他一些有效的措施，防止锅炉烟气系统烟灰的结垢和堆堵。保持受热面清洁，最大限度地提高传热效率，充分吸收利用炉膛中燃煤的热量。

（5）合理调整鼓风机、引风机的运行方式及匹配鼓风、引风量，尽量使锅炉燃烧在最佳状态。

（6）降低锅炉空气系数，锅炉下部的风室隔断要严密，防止各风室互相串风，保证燃烧良好。

（7）改进司炉工操作技术，根据燃煤水分、挥发分、煤粒度大小，合理调整锅炉的煤层厚度、进煤速度、风煤配比等运行参数，提高燃烧效率，在保障供给的基础上减少原料。

（8）对洗衣房、澡堂、办公地点、职工宿舍实行分时供气标准，严格控制锅炉蒸汽的无效供应。

（9）遵守澡堂相关管理规定，减少或避免热水浪费现象。

第十三条 节油管理制度

本制度所指的油料指矿在用机动车辆用油，包括汽油、柴油和煤油。

1. 职责分工

（1）机电科作为节约能源办公室，为用油管理的监督考核部门，根据生产实际情况，严格制定矿年度用油计划及各单位年度用油指标，并进行月度分解。

（2）办公车辆用油由办公室统一管理。

（3）其他部门用油由机电科统一管理，销售科见审批单方可发放油料。

2. 管理制度

（1）车辆用油单位包括办公室、销售科、机电队、机运队、机修厂。

（2）其他单位要增加用油车辆，需经矿长或总经理同意，并报机电科备案。

（3）办公车辆由办公室统一调度监管，制定公务用车管理制度，严格考核。严禁公车私用或派车不合理的现象。办公室每月底应将油料消耗统计及分析情况上报矿机电科。

（4）除办公室外各用油部门应由指定专人进行油料领用，严禁他人代领。特殊情况时，发油人需接到专领人电话或其他信息方可发油。

（5）各用油单位每月底要进行油脂消耗情况统计，进行油料消耗情况分析，并将统计及分析情况报机电科。

（6）厂内机动车辆司机停车短时间不用时应及时熄火，严禁长时间怠速运转，发现一次罚款×××元。

（7）各部门使用厂内机动车辆，上岗作业人员要持证上岗，专人专车，每日检查车辆的跑、冒、滴、漏现象，保持车辆运行状态良好。使用部门每季度要对操作人员进行安全意识、操作规范及节约用油的培训。

（8）操作人员接受任务后，方可开动机动车辆，严禁使用机动车作为交通工具使用，发现一次罚款×××元。

（9）井下运输人员、物料车辆及送餐车辆严格遵守胶轮车管理规定，合理安排车辆的运行，杜绝空车及超载运输。发现一次罚款×××元。

（10）机电科在日常监督检查时，将车辆的运行管理纳入考核，各单位要严格遵守用车规定，节约用油。

（11）机电科每月对各部门油脂消耗情况统计分析，根据月度用油分解指标进行考核。

第十四条 高能耗设备管理

（1）高耗能设备是指在生产过程中能源消耗量较大的，通过管理有较大节能空间的能源设备，主要指工业锅炉>4 t，用电设备>100 kW 的设备。

（2）矿总经理为高耗能设备安全经济运行的第一负责人。机电科为高耗能设备经济安全运行的职能管理部门，各高能耗设备的使用单位为其经济安全运行的具体执行单位，负责其日常维护保养，保证高能耗设备的经济安全运行。

（3）严禁使用国家明令淘汰的高能耗落后机电设备产品，具体执行《高耗能落后机电设备（产品）淘汰目录》。

（4）新购置的高耗能设备优先选用节能型设备，高耗能特种设备应当使用符合能效指标要求的特种设备。

(5) 对于矿在用的重点耗能设备根据设备使用环境，实行高耗能设备单台计量，做好用能工作的测量基础工作。

(6) 各使用单位对其所用重点耗能设备应逐台登记，及时掌握其运行状况，对其用能情况进行统计分析，确保其经常处于安全经济运行状态。高能耗设备的运行维护保养记录及能源消耗情况的日常记录，使用单位应保存其完好，保存年限最低为三年，保证其运行记录的可追溯性。

(7) 机电科应及时准确了解高能耗设备的运行状态，本着节能环保、技术先进的原则，对高能耗设备进行更新改造，确保其安全经济可靠运行。

(8) 各使用单位应对在用的高耗能设备加强管理，严禁高能耗设备待机空转。机电科应加强高能耗设备的管理，一经发现待机空转现象，对责任人罚款×××元。

(9) 锅炉使用单位应对司炉工进行节能相关知识培训，提高作业人员的节能意识和操作水平，确保特种设备安全、经济运行。高耗能特种设备的作业人员应当严格执行操作规程，锅炉使用单位应当按照特种设备安全技术规范的要求进行锅炉水（介）质处理，接受特种设备检验检测机构实施的水（介）质处理定期检验，保障锅炉安全运行、提高能源利用效率。

(10) 对国家明令淘汰的高耗能设备（产品），使用单位应当在规定的期限内予以改造或者更换。到期未改造或者更换的，不得继续使用。机电科应加强此方面的监督检查，保证在用设备无国家明令淘汰设备。

第十五条 能源计量器具管理制度

(1) 做好能源计量基础工作。

节能办公室要加强能源计量工作的指导、督促完善计量管理制度。从加强能源计量管理、提高能源计量检测能力和发挥计量检测数据在节能降耗中的作用等方面入手，全面加强企业能源计量管理工作。

(2) 建立企业能源计量档案。

①计量器具的分类：能源计量器具分为一级、二级、三级计量器具。

一级计量器具包括公路铁路销售结算交易用汽车衡、轨道衡、从上级变电站引入公司变电站用于贸易结算的进线电度表、用于结算用的水表及其他用于贸易结算、安全防护、医疗卫生、环境监测等方面的计器器具。

二级计量器具包括参与矿内考核各单位用电情况的电度表、煤质化验仪器仪表。

三级计量器具包括主要用能设备的计量器具及监测监视用计量表。

②计量器具的校验应符合下列要求：

a. 一级、二级计量用表要严格按法律规定由具有相应资质的部门定期进行校准，出具校准结论证书，张贴校准合格标签，无证书及不按规定张贴标签者不得用于现场，确保计量精准有效。汽车衡、轨道衡由销售科按照国家规定外委有资质单位进行校验、35kV 变电站进线电度表属市电力矿管辖，校验情况属电力矿管理。

b. 三级计量用表由矿确定检测周期，矿有检测资质及检测人员的，可按周期自行检测，无资质及人员的，可委托有资质的第三方检测机构进行检测，出具检测报告，张贴合格标签。无校准或校准不合格的不得投入使用。

(3) 加强宣传，提高能源计量各级管理人员的技术素质。

根据《中华人民共和国计量法》《中华人民共和国节约能源法》进行节能宣传工作。按照上级各级领导的工作安排按时参加能源计量和节能监测方面的学习培训，对节能、计量方面的法律法规做到及时上传下达，积极推广应用先进的能源计量仪器仪表，提高矿能源计量技术和管理人员的素质。

（4）各能源计量仪表使用单位必须派专人管理能源计量仪表。

35kV 变电站值班人员每天 8 点对在用的电度表要进行检查，发现计量仪表失效时必须及时更换，对前后几个月计量数据悬殊较大，但用电负荷没有明显增加的单位要分析计量数据增大的原因，查找问题的症结，是否有大马拉小车现象、有无设备空载运转现象，以及设备有无老化、带病运转现象，提出改进措施；对于煤质化验用计量仪表，若煤质化验数据悬殊较大，应及时报告调度室，以便查找原因，及时对煤炭生产情况进行调度，以改善煤的品质。对于煤质化验仪器故障造成的化验失效，应及时汇报节能办公室，以便联系外委有资质的单位进行校验。

（5）加强对能源计量器具的管理。

计量器具的完好是检测数据准确可靠的保障。因此各用能单位计量仪表管理人员应对能源计量器具负责，及时整理计量器具台账，对新购置的计量器具要及时汇报节能环保办公室以便进行校验，新仪表若校验不合格由供应科进行退货处理，校验费由厂商负责。对于报废、备用的计量仪表要分别存放，做出明确标示以防混淆。

（6）按照国家和行业的有关规定和要求，进行能源计量装置的配备和管理。

综合能源计量器具配备率应达到 100%，计量器具检测率应达到 95% 以上，在用强检计量器具周期受检率达到 100%。

（7）能源计量管理人员应定期学习国家有关能源方面、计量方面的法律法规，及时掌握有关的方针、政策。计量器具档案，按照仪器仪表的名称、型号、规格、准确度等级、测量范围、生产厂家、出厂编号、使用地点、校验时间、有效期、校验单位、仪表状态（指合格、准用、停用）进行建档；严格按计量仪表的使用规定进行使用，若因使用不当造成的损失，由使用责任人按原价赔偿。

（8）能源计量管理人员应定期进行能源计量统计分析，查找能源消耗变化原因，对因计量仪表问题出现的计量失效，应及时更换仪表，并对计量数据进行评估，以保证计量数据的公平合理，为领导提供有效的能源消耗资料。

第十六条 能源统计制度

1. 职责分工

（1）能源统计消费工作，由节能工作办公室统一管理，设置部门、厂队、班组三级能源统计工作网络。

（2）节能部门为第一级能源统计工作网络，应指定一名能源统计员；各厂队为第二级能源统计工作网络，各厂队应指定一名能源统计员；班组为第三级能源统计工作网络，各班组应指定一名能源统计员。

（3）能源统计三级网员，应在每月的 25 日将能源消耗数据报厂队二级能源统计员处。

（4）各厂队二级能源统计员，应在每月的最后一天收集三级网员报送的能源消耗数据，作为各厂队能源消费统计原始记录，次月的第五天汇总填写《能源消费月报表》一式两份，经本部门负责人签字后，一份留存作为单位能源消费统计台账，另一份在次月的第六天（如遇节假日，可顺延到节假后第一天）上报到第一级能源统计工作网络。

（5）能源统计一级网员应在次月的第六天收集二级网员填报的报表。

（6）《能源消费月报表》和供应科、销售科等网员签字后的统计外报数据，作为矿能源消费统计原始记录，统计期次月的第七天汇总填写矿能源消费月报表，形成矿能源消费统计台账。

（7）矿专职统计员，应根据矿节能办上报的能源消费数据，按时填报政府节能办、市统计局、国家统计局等规定的各类报表。

2. 工作要求

（1）能源统计是一项综合性和技术性较强的工作，直接关系到节能量等约束性指标是否完成，各单位应配备具备一定统计技能、胜任此项工作的人员为网员。

（2）各单位要保持能源统计工作网络的相对稳定，网员发生变动时，原网员必须将所有相关资料转交新任网员，并负责新任网员的业务培训，直到新任网员能熟练地独立完成工作业务。

（3）能源统计网员必须如实填报各项数据，避免错报、漏报，严禁虚报、伪造数据，严禁自行对外提供统计数据。

（4）能源统计网员必须保证数据唯一性，对表格中的每一项数据，统一采用外报数据，做到数出有源，有问必答。

（5）必须保证能源统计数据时效性，任何单位和个人没有任何理由推迟报送时间，否则，视为节能量指标未完成，将根据节能目标考核办法予以一票否决。

第十七条 节能奖惩制度

1. 实行节能奖励的原则

（1）本着公平公正的原则，任何人不得假造数据，不得虚报用能数据，不得弄虚作假。

（2）部门和车间提出可行的节能计划，可给予相应的奖励。

（3）节能考核以半年为考核期间，奖惩名单与半年后的第一个工作日公布。

2. 奖惩的种类

（1）生产部门降低或浪费蒸汽、水、电、煤等的能源消耗。

（2）办公室部门降低或浪费用电、办公器材等能源的消耗。

（3）个人提出可行的、有效地进行节能的计划。

（4）对旧设备、旧工艺等进行技术创新、改造，达到节能效果。

（5）未完成节能指标。

（6）未按节能办的要求建立节能管理人员，未及时完成节能办要求的相关工作。

（7）未及时参加节能办组织的培训，未及时按要求做好节能管理工作。

3. 奖金发放的具体规定

（1）各部门或者班组在能耗方面，每降低2%就每人奖励×××元；班组奖励由厂队执行，部门奖励由节能办执行。

（2）个人每提出一个可行的、有效的节能措施，按节能效果奖励×××元。

（3）对工艺进行技术改造、创新，能取得很好的节能效果，视具体情况给予相应奖励，最高可达×××元。

（4）年节能指标全部完成的情况在矿下发指标的基础上每降低5%，奖励部门×××元，最高奖励×××元，第一责任者挂靠20%。

4. 关于能源浪费处罚的规定

（1）办公室、会议室、宿舍应保证人走灯灭、人走机关，否则一经发现，每次扣罚相关人员×××元。

（2）洗完手后应随手关上水龙头，否则一经发现，每次扣罚相关人员×××元。

（3）生产部门人员下班后应确保不必用的生产设备、照明灯、电机等断电，否则一经发现，每次扣罚相关人员×××元。

（4）严禁宿舍私接电炉和其他电气，否则一经发现，每次扣罚相关人员×××元。

（5）非冬夏季节开空调者或者开空调时未关闭门窗，否则一经发现，每次扣罚相关人员×××元。

（6）杜绝公车私用现象，否则一经发现，每次扣罚相关人员×××元。

（7）矿系统内严禁设备空转，检查过程发现一次，扣所在单位×××元，相关责任人×××元。

（8）锅炉操作严格执行操作规程，努力提升烧炉专业知识，提高燃煤质量，杜绝煤炭燃烧不全面、不充分，检查过程中发现一次，扣所在单位×××元，相关责任人×××元。

(9) 用成品油单位严禁公油私用及浪费，每发现一次，处罚相关责任人×××元。

(10) 井下带式输送机、刮板输送机、采煤（掘进）机等大功率设备发现空转现象，一次处罚岗位工×××元，罚相关责任单位×××元。

(11) 井下运输物料用胶轮车严格执行胶轮车运料管理制度，必须满载运输，要加强车辆检修，提高操作技能，使车辆始终处于完好状态，不带病作业。发现一次车辆无单作业，罚操作司机×××元，罚当班队长×××元。

(12) 井下运人胶轮车严格执行用人规定，遵守运输时间，严禁私自开车运输，每发现一次罚操作司机×××元，罚当班队长×××元。

(13) 销售科装载机、铲车及叉车要严格执行任务单操作，杜绝无证开车，严禁车辆长时间怠速，每发现一次罚款×××元。

(14) 各厂队节能目标月度超标，罚责任单位×××元，第一责任者挂靠30%；日常节能管理工作不按时按要求完成，罚责任单位×××元，罚第一责任者×××元。

(15) 年度节能指标未按年初机电科下发的年度目标完成，罚责任单位×××元，第一责任者挂靠30%。

16.49 机电设备设施类固定资产报废审批管理制度

为加强矿机电设备设施类国有固定资产的管理，实现机电设备设施类固定资产保值增值，提高其使用利用率，根据《煤炭企业设备管理规程》、山西煤销集团关于《设备管理中心资产管理办法》相关规定，结合矿固定资产管理实际运行情况，制定本制度。

第一条 机电设备设施报废审批领导小组组成

组　长：总经理

副组长：纪检书记　工会主席　财务总监　供应经理　机电矿长

成　员：各相关部门第一责任者

第二条 机电设备设施报废管理机构及职责

机电设备设施报废管理职责部门为机电科，机电科、供应科、财务科、纪检办、工会等相关部门为矿机电设施类固定资产的综合管理部门，负责指导、监督和组织机电设备、设施的验收、核销、调拨和审批机电设施的报废与闲置机电设备设施的封存、启封等工作。固定资产的各使用部门负责所有设备设施的使用、维护、保养、保管、盘点及台账录入及统计等工作。

第三条 机电设备设施类固定资产的登记

机电设备设施类固定资产正式移交生产后，财务科、机电科按每台（套）应建立机电设备设施类固定资产台账。台账登记涉及内容应有设备设施名称、规格型号、购置日期、使用日期、使用年限和已提折旧年限、原值、净值及目前使用状况等内容，并在每年6月及12月对实有机电设备设施固定资产进行盘点，做到账、物相符。

各使用单位的固定资产要及时填写的全部信息，设备设施信息发生变动后要及时更新，保证信息系统资料与实际使用情况相符，做到信息的及时准确更新。

第四条 机电设备设施类固定资产的报废原则

(1) 按国家《煤炭工业企业设备管理规程》《煤炭工业企业设备折旧年限》的规定，已超过折旧年限且失去了工作能力，大修后也不能恢复其工作性能，无修理价值的。

(2) 通过修理，虽能恢复精度和性能，但一次修理费用超过重置价值的80%，不如更新重置的机电设备。

(3) 由于发生自然灾害或恶性重大事故，使之损坏严重，无法使用和修复者。

(4) 严重影响环保、安全、继续使用会引起危险或造成污染，危害人身安全与健康，且不能进行改造或改造不经济者。

(5) 能源消耗高或属国家淘汰机型者。

(6) 配件残缺不全、修复改造费用过高者，或修复后不能保证使用年限和技术性能者。

(7) 维修费和运行费用过高，且技术落后者。

(8) 因改建、扩建或生产流程变动，拆除后无法利用者。

(9) 设备和装置经生产验证和技术鉴定不能使用，无改造价值者。

(10) 综采设备报废，原则上以设备的过煤量为依据，可适当参照设备使用年限，引进和国产化的高端综采设备主要参考过煤量和使用年限。

(11) 车辆报废按国家相关规定办理。

(12) 其他应当淘汰的机电设备设施。

第五条　机电设备设施类固定资产报废审批程序

(1) 机电设备设施类固定资产报废由资产使用单位根据实际使用情况，写明报废设备的详细信息及报废原因，形成书面《×××科（队）机电设备设施类固定资产报废申请单》，并由其主要负责人签字后报送矿机电科，由机电科组织其他相关部门进行现场鉴定。

(2) 机电科收到各单位上报的报废申请后报机电矿长审阅，由机电矿长或机电科组织相关管理科室和各专业技术人员对所需报废设施进行现场共同核实鉴定，形成《机电设备设施固定资产报废审批单》，由各鉴定人员签字后，报请矿总经理批准，总经理审核批准后方可生效备案。

(3)《机电设备设施固定资产报废审批单》一式四份，申请单位一份、机电科留存一份、报送财务科一份、供应科一份。机电科、财务科收到生效后的报废审批单进行固定资产销账工作，供应科收到后进行报废资产的处置工作。

(4) 机电设备设施类固定资产报废的审批每年6月及12月资产盘点时集中办理，逾期不予办理。已批准报废的机电设备设施类固定资产，应将其可利用部分，折价入账，其他不可利用的部分交生产库妥善保管，由供应科进行处置，不能再次投入使用。同时机电科、财务科应做好报废资产的台账核销工作，使用部门的设备台账信息系统信息要及时核销更新。

(5) 报废机电设备设施类固定资产处理相关工作由供应科制定相关制度执行。

第六条　机电设备设施类固定资产的财务管理按财务科相关规定执行。

16.50　电缆管理小组管理制度

根据《煤炭工业企业设备管理规程》等，为加强煤矿机电设备的管理，制定本制度。

第一条　以《煤炭工业企业设备管理规程》等为准则，通过采取一系列技术、经济、组织措施，逐步做到对全矿电缆进行综合管理。

第二条　管理机构

组　长：一名（机电科人员担任）

成　员：机电科二名（可兼职）及厂队兼职管理员

第三条　工作职责

(1) 负责全矿购入电缆的计划及选型工作。

(2) 对全矿的电缆进行清查登记、分类建立电缆台账。

(3) 电缆到货负责验收并收集好各种资料。

(4) 对井下回收的电缆进行检查测试并做好记录。

(5) 按照要求检查各单位电缆的悬挂及使用情况。

(6) 定期对电缆的变更情况进行复核，并做好变更记录。

(7) 负责采掘工作面电缆设计及选型方案。

(8) 每周对井上下电缆的使用、库存电缆的保管以及相关职能部门电缆台账进行全面检查，针对检查结果提出考核意见。

(9) 电缆管理小组负责对全矿的电缆进行统一管理。

(10) 电缆管理小组负责监督对全矿井电缆的领用、维护、调配等各项内容。

(11) 电缆小组每周不少于一次对电缆的安全使用，进行监督检查。

(12) 领取电缆时，电缆管理小组要按电缆选择计算方法进行承载能力验算，不验算不准下井。

(13) 对拆除不用的闲置电缆及时回收销账。

(14) 定期对库内电缆进行盘点。

(15) 负责对外借电缆的手续进行审核。

(16) 电缆小组全体人员应不断学习、掌握标准、提高素质，本着降本增效、技术经济的原则，充分提高电缆的使用效率。

(17) 认真完成好机电矿长交办的其他临时性任务。

(18) 本着安全第一的原则，认真做好应急状态下的电缆调拨工作。

(19) 电缆管理小组组长要认真做好相关人员责任分工及包片管理工作。

(20) 对人为破坏电缆和盗割行为进行处罚。

(21) 高压电缆每年应进行一次泄露和耐压试验。

16.51 配件管理小组管理制度

根据《煤炭工业企业设备管理规程》等，为加强煤矿机电设备的管理，制定本制度。

第一条 以《煤炭工业企业设备管理规程》等为准则，通过采取一系列技术、经济组织措施，逐步做到对全矿配件进行综合管理。

第二条 管理机构

组 长：一名（机电科人员担任）

成 员：机电科二名（可兼职）及厂队兼职管理员

第三条 工作职责

(1) 负责全矿配件计划汇总、编制及管理工作。

(2) 配合供应科负责配件购置、质量验收管理工作。

(3) 各单位兼职配件管理员负责编制好本单位配件计划，以及零配件的图纸测绘工作，并按要求上报管理组。

(4) 做好非标配件图纸绘制、上报、审批，并督促落实加工工作。

(5) 做好对修复配件的验收入库工作。

(6) 做好配件技术档案工作，需详细记录设备配件的型号、主要技术参数。

(7) 建立配件领用记录，定期统计配件费用，针对费用使用情况每周进行一次分析，查找费用节超原因。

(8) 配件管理人员要经常深入现场，随时掌握配件使用情况，对各类配件的规格、型号、材质及消耗规律全面掌握，负责做好主要机电设备的备品备件工作。

(9) 严格执行配件入井审批和交旧领新制度。

(10) 整机部件严禁拆解，特殊情况需经矿领导审批，事后应及时完善整机设备。

(11) 配件管理小组应做好基层部门旧配件使用情况的反馈工作，属质量问题的提出对相关责任人的处理意见。

(12) 配件管理要做到账目要清晰，技术数据要齐全，账、卡、物三对照。

(13) 配件管理小组人员要不断加强学习，了解设备性能、结构原理及日常维护保养方法，指导基层部门做好机电设备的使用和管理，避免发生人为质量事故。

（14）完成好领导交办的其他工作。

（15）配件管理小组负责对全矿的配件进行统一管理。

（16）对主要设备的配件应根据维修统计和备件清单确定合理的数量储备，以便设备发生故障能及时更换，确保安全生产正常进行。

（17）领取的配件应由专人保管，保管人员应熟知各种设备的配件及配件的用途，能合理使用并对配件定期检查和保养。

（18）配件的使用应遵循够用的原则，需要什么配件领取什么配件，杜绝浪费，维修中未使用的配件和换下来的配件都应及时交回配件管理小组。

（19）对丢失及损坏配件的，应根据情况对责任人处以最高为配件原值的罚款。

（20）配件管理小组应对配件的使用情况作出统计，并根据统计结果分析配件的使用寿命和更换周期，科学合理地制订配件储备计划和绘制配件更新周期图表。

16.52　油脂管理小组管理制度

根据《煤炭工业企业设备管理规程》等，为加强煤矿机电设备的管理，制定本制度。

第一条　以《煤炭工业企业设备管理规程》等为准则，通过采取一系列技术、经济组织措施，逐步做到对全矿油脂进行综合管理。

第二条　组织机构

组　长：一名（机电科人员担任）

成　员：机电科二名（可兼职）及厂队兼职管理员

第三条　工作职责

（1）负责全矿油脂及计划汇总编制上报工作。

（2）协助供应科做好油脂的验收入库工作。

（3）各单位兼职油脂管理员要做好本单位油脂消耗计划工作。

（4）详细制定各种设备油脂回收利用指标。

（5）严格执行油脂发放制度，严格执行先进先发的规定。

（6）监督检查各基层按规定使用油脂情况。

（7）做好各种用油的生产许可证、产品合格证及化验报告单的收集整理。

（8）负责做好在用设备的油脂润滑工作，严格执行“五定”办法（定润滑点、定质选油、定量注油、定时加油、定人员负责）。

（9）按照设备性能要求，制定好设备润滑卡片。

（10）认真审核每月耗油记录，并进行认真分析总结。

（11）认真检查油脂的分类保管及按规定分类存放工作。

（12）油脂管理小组负责对全矿的油脂进行统一管理。

（13）各使用单位要根据实际情况编制详细的用油计划，每月月底前报油脂小组审批，分管经理签字后送供应科。

（14）对各使用单位用油情况进行考核，针对用油超出计划情况进行核实，寻找原因予以解决。

（15）对新购进油脂送检。

（16）日常对用油设备进行检查，杜绝“滴、漏”现象。

（17）定期对库存油脂进行盘点。

（18）油脂管理小组要不断深入基层一线，详细了解设备使用情况及油脂加注情况，发现不按规定加注者要严肃处理。

（19）按照设备检修工作要求，做好油品的备用工作。

（20）完成领导交办的其他工作。

16.53 防爆检查小组管理制度

为进一步贯彻执行《煤矿安全规程》及煤矿机电安全生产标准化标准的规定，加强对机电设备的科学管理，杜绝因失爆而引起重大事故，制定本制度。

第一条 安全目标：全矿电气设备失爆率0%。

第二条 管理机构

组　长：一名（机电科人员担任）

成　员：机电科二名（可兼职）及厂队兼职管理员

第三条 工作职责

（1）防爆小组相关人员在机电科长领导下，负责矿井上下机电设备的日常防爆和完好检查。

（2）防爆小组负责宣传国家煤矿安全监察局在机电防爆方面的法律法规、方针政策和新技术要求，组织防爆知识培训，提高全矿人员的素质。

（3）负责全矿机电设备的完好检查，跟踪评定机电设备的运行状态，协助机电科做好机电安全生产标准化的评审定级工作。

（4）负责全矿的防爆电气设备的检查工作。

（5）所有防爆电气设备的到货和入库必须附有产品合格证和煤矿矿用产品安全标志，由防爆管理小组对所管设备进行验收管理并负责。对使用单位签发《入井许可证》，检修后的防爆电气设备由检修单位负责验收签发《检修质量合格证》，机电科依据《检修质量合格证》签发《入井许可证》，个别单位自行保管或检修的防爆电气设备也必须履行上述手续，方可入井使用。

（6）使用部门的兼职防爆员对防爆设备的防爆性能每日检查不少于一次，防爆管理小组每周组织对全矿防爆电气设备进行一次全面检查。

（7）防爆检查管理小组定期对库存防爆电气设备进行盘点。

（8）防爆检查人员必须在组长的领导下，按照职责分工每天对各自范围内的机电设备进行防爆检查，每旬配合全矿执行安全生产标准化的评审定级。

（9）防爆电气小组人员必须加强学习，提高自身业务素质，按照矿机电设备管理目标要求做好日常工作，按照安全生产标准化要求对现场所查问题的责任人按照有关管理制度进行处罚。

16.54 小型电气设备管理小组管理制度

根据《煤炭工业企业设备管理规程》等，为加强煤矿机电设备的管理，制定本制度。

第一条 以《煤炭工业企业设备管理规程》等为准则，通过采取一系列技术、经济组织措施，逐步做到对全矿小型电气设备进行综合管理。

第二条 管理机构

组　长：一名（机电科人员担任）

成　员：机电科二名（可兼职）及厂队兼职管理员

第三条 小型电气管理小组负责对全矿的小型电气进行统一管理，小型电气应有编号，管理小组应有三证、一标志相应的管理台账。

第四条 小型电气管理小组负责监督矿小型电气设备的领取、使用、维护与检修工作。

第五条 小型电气小组每周不少于一次对小型电气的安全使用，进行监督检查。

第六条 使用单位对使用的小型电气维护、检修、管理要及时上报给小型电气小组。

第七条 设备移交时，小型电气小组负责组织交接双方共同进行。

第八条 小型电气以及挂钩拆除或更换后，回收单位在10天内运上井交机修厂电气组，并及时向小型电气小组备案。

第九条 定期对库存小型电气设备进行盘点。

第十条 协助供应科做好小型电气设备的验收入库、入账、编号工作。

第十一条 应对小型电气设备进行科学分类，及时掌握小型电气设备的动态。

第十二条 做好井下小型电气设备的回收复用、修旧利废，以及对机修厂修理的电气设备的验收工作。

第十三条 根据采掘生产需要，做好小型电气设备的计划编报工作。

第十四条 做好小型电气设备的调出、调入、新增维修、报废等工作。

第十五条 做好相关队厂工作移交时的小型电气设备的移交工作，并及时更新管理台账。

第十六条 负责管理不善造成小型电气设备丢失、不完好等责任人的处理事宜。

第十七条 小组人员应加强自身管理，提高自身业务素质，指导基层厂队做好小型电气设备的日常管理工作。

16.55 钢丝绳管理小组管理制度

根据《煤炭工业企业设备管理规程》等，为加强煤矿机电设备的管理，结合我矿实际情况，特制定本制度。

第一条 以《煤炭工业企业设备管理规程》等为准则，通过采取一系列技术、经济组织措施，逐步做到对全矿钢丝绳进行综合管理。

第二条 组织机构

组 长：一名（机电科人员担任）

成 员：机电科二名（可兼职）及厂队兼职管理员

第三条 钢丝绳管理小组负责对全矿的钢丝绳统一进行管理。

第四条 新钢丝绳到货后，钢丝绳管理小组负责对钢丝绳生产许可证、产品合格证、煤矿矿用产品安全标志、产品质量证明、钢丝绳检验报告等原始资料进行收集保存。

第五条 负责联系具备资质单位对在用钢丝绳进行性能检验检测。

第六条 钢丝绳管理小组组织相关人员每周对钢丝绳使用情况进行检查。

第七条 定期对库存钢丝绳进行盘点。

第八条 建立健全各种绞车钢丝绳巡回检查制度，督促各单位对钢丝绳使用情况进行评比检查，认真记录；对未按规定维护保养者作出处罚。

第九条 根据实际需求做好生产用绳的选型工作，保证作业安全。

第十条 按照煤矿安全规程要求，定期做好在用钢丝绳的检测报告，对不符合规定要求的写出书面换绳报告，由相关领导批准后进行更换。

第十一条 制定完善的钢丝绳消耗定额，实行以旧换新制，绞车钢丝绳更换后4天内必须交回旧绳，否则按相关规定对其处罚。

第十二条 严格对钢丝绳连接装置及插接用绳的标准化管理，确保使用安全，严防断绳事故发生。

16.56 输送带管理小组管理制度

为加强输送带的管理，提高输送带的使用寿命，切实供好、管好、用好输送带，最大限度地降低输送带的积压，提高经济效益，结合矿实际，制定本制度。

第一条 通过采取一系列技术、经济组织措施，逐步做到对全矿输送带进行综合管理。

第二条 组织机构

组　长：一名（机电科人员担任）

成　员：机电科二名（可兼职）及厂队兼职管理员

第三条 阻燃输送带管理小组负责对全矿的阻燃输送带统一进行管理。

第四条 输送带到货后，阻燃输送带管理小组负责对胶带生产许可证、产品合格证、产品质量证明、输送带阻燃报告等原始资料进行收集保存。

第五条 阻燃输送带管理小组每周组织相关人员对阻燃输送带使用情况进行检查。

第六条 定期对库存阻燃输送带进行盘点。

第七条 根据生产实际情况，每季度编制使用计划报供应科，计划应说明输送带规格型号、带强、每卷长度等，并协调供应科做好入库的验收工作。

第八条 对井下使用的输送带严格执行入井审批制度，无矿用产品合格证和阻燃性测试达标的输送带严禁入井。

第九条 加强对井下在用输送带的管理，严禁井下带式输送机跑偏和过负载运行，发现问题要立即处理。

第十条 根据采掘进度，做好井下输送带回收、使用、验收调配工作。

第十一条 做好矿输送带使用及库存量的登记工作。

第十二条 各单位需更换输送带要严格执行交旧领新制度，输送带管理小组需做好对旧输送带磨损量的审核工作。未经审批，原则上不允许领用新输送带，供应科未见审批单不予发放。

第十三条 输送带管理小组要制定好井下在用输送带消耗定额，对随意截割输送带、不按规定使用胶带的行为严格考核。

第十四条 协助有关部门做好旧输送带的报废工作。

16.57 液压胶管管理小组管理制度

胶管是用于连接液压组件，保证工作液体的循环流动和能量的传递。为保障矿设备的液压胶管做到安全、经济的使用，特制定本制度。

第一条 胶管使用说明

（1）液压胶管管理小组负责下井使用的胶管都必须实行编号管理。

（2）液压胶管管理小组负责监督，胶管只能用于输送所设计的液体，不得混用。

（3）液压胶管管理小组负责正确选用胶管的长度，胶管在高的压力下长度发生变化（$-4\% \sim +2\%$）以及机械运动引起的长度变化。

（4）胶管不应在超过设计工作压力的压力（包括冲击压力）下使用。

（5）胶管所输送的介质温度不应超过 $-40 \sim +120$ ℃，否则会减少使用寿命。

（6）胶管不应在小于胶管最小弯曲半径下使用，避免在靠近管接头处发生弯曲或折曲，否则会阻碍液压传递及输送物料或损坏胶管组合件。

（7）胶管不应在扭转状态下使用。

（8）胶管应小心搬运，不应在锋利和粗糙的表面上拖拽，不应折曲和压扁。

（9）胶管应保持清洁，防止外来物体进入管腔，阻碍输送流体，损坏设备。

（10）超过服役期限或贮存期的胶管要进行实验鉴定后方可继续使用。

（11）未带有矿用产品安全标志准用证胶管不能在矿井下使用。

第二条 胶管的运输和贮存

1. 胶管的装卸和运输

（1）胶管在装卸过程中，要做到轻装轻卸。

（2）胶管需分类按卷（条）整齐装运，要避免管体过度弯曲的打折，并不应在胶管上堆压其他重物。

（3）严禁将胶管与酸、碱、胶类及有机溶剂、易燃易爆物品混装；管体不应与带有尖刃的货物直接接触。

（4）对于需平直运输的胶管，当长度超出装载车厢时，其超长部分应以托架支撑，以防胶管在地面拖擦受损。

（5）胶管若因故需在露天暂时停放时，场地必须平整，胶管要整齐平放，并做到下垫上盖，不堆压重物；同时，胶管不能与热源接触。

（6）搬运胶管时，不应随地拖拉，对重型胶管应采用起重设备或专用机具装卸，并防止胶管受到意外损伤。

2. 胶管贮存

（1）存放胶管的库房，应保持清洁、通风，相对湿度在80%以下，库房内的温度应保持在 -15 ~ +40 ℃之间，并避免胶管受阳光直射和雨雪浸淋。

（2）胶管贮存时，应根据不同的品种规格分别放置，不要混杂堆放，并挂示牌方便存取。

（3）胶管尽可能在松弛状态下存放，一般对内径在76 mm以下的胶管，可盘卷存放（但盘卷内径应不小于胶管内径的15倍）。

（4）为了防止胶管贮存时管体受压变形，堆垛不宜过高，一般垛高不应超过1.5 m；并要求胶管在贮存期间经常“倒垛”，一般每季度不少于一次。

（5）胶管贮存时，不应与酸、碱、胶类及有机溶剂或其他腐蚀性液体、气体接触；并应离热源1 m以外。

（6）胶管在贮存期间，管体上严禁堆放重物，并防止外界挤压和受损。

（7）胶管贮存期，一般不应超过2年，并应做到先入库者先使用，以防因贮存过久而影响胶管质量。

第三条 胶管的安装

（1）胶管装配长度要有一定的余量。因胶管在承压时，通常其长度有 -4% ~ +2% 变化，故进行直态安装时，应使胶管有一定的松弛。

（2）胶管弯曲安装时，应保持同一水平，防止扭曲，以免在使用中造成泄漏、异常爆破或管接头拔脱等现象。

（3）避免胶管在接头附近急剧弯曲。若不可避免时，必须使用附属配件，以改变安装角度。

（4）胶管两端作相对运动使用时，应使胶管实行弯曲部分始终保持在同一平面上，以防止胶管扭曲，并影响使用寿命。

（5）避免胶管在弯曲部位固定。确需固定时，其弯曲半径应取在胶管加压时的位置，并加适当余量。

（6）若胶管处于反复弯曲使用状态时，应使胶管有充分伸展长度，并对其弯曲部位半径控制在大于规定限度，以避免在固定接头附近极度的弯曲。

（7）对管体在相互碰擦下使用者，安装时应配装合适的夹具，防止管体直接接触。

（8）胶管两端固定在不同平面上使用时，应在适当部位将胶管夹住固定，使其形成各自在同一平面上运动的两个部分。

（9）胶管长度选取和安装布局要合理，尽量避免形成不必要的弯曲，这样易造成弯曲的外侧管体爆破的现象。

第四条 胶管的维护及保养

（1）对长期使用的高压胶管要定期检查（表皮磨损及老化程度、接头的磨损程度、建议每周检查一次）。

（2）高压胶管的表面清洁工作（每日清洁胶管表面的生产材料保持干净。重点清除胶管表面有腐蚀性的材料）。

（3）已经使用过的胶管，需要长时间不用时要将管内的材料清除干净。通入介质封闭保存。

（4）储存胶管时不要将胶管放在室外。避免由于日照等其他因素造成胶管老化及污染。

（5）高压胶管不建议维修。发现隐患立即更换。避免造成意外事件及人员伤害。

第五条 胶管的检查

（1）所有井下使用的胶管都必须有矿用产品安全标志准用证。

（2）为了保证操作人员的人身安全，建议胶管在高压、高黏度、环境温度较高、使用环境较差、频繁托拽的使用情况下，高压胶管的使用寿命不超过2年。

（3）有以下缺陷的胶管应立即取消使用资格：

胶管表面穿孔、破裂、撕裂、加强层外露、龟裂、氧化严重、局部变形、起泡、承压下膨胀。胶管来时有胶、硬补丁等明显缺陷。

（4）制造质量差的胶管一经发现严禁使用。质量差的胶管会出现：胶管壁厚薄不均；胶管加压后变形量（伸长、缩短或弯曲的变形量）较大。

（5）胶管和接头过紧或过松都是不允许的。过松的话，胶管在使用初期便有可能从接头脱出，过紧的话，胶管内层容易受到局部破坏，产生裂纹，从而导致胶管鼓包甚至破裂。

16.58 设备管理小组管理制度

根据《煤炭工业企业设备管理规程》等，为加强煤矿机电设备的管理，结合本矿实际情况，特制定本制度。

第一条 以《煤炭工业企业设备管理规程》等为准则，通过采取一系列技术、经济组织措施，逐步做到对全矿机电设备的造型、购置、检查、安装、调试、使用、维护、修理、改造、更新、报废以及配件、维护材料和能源消耗等全过程进行综合管理。

第二条 设备管理机构的设置和职责

组　长：一名（机电管理部门人员担任）

成　员：二名（机电管理部门或厂队兼职管理员）

第三条 设备管理实行矿、队两级管理，设备管理小组由各生产科室、厂队组成。

第四条 设备管理小组负责对所有设备进行统一管理。

第五条 负责设备的验收、记账、登卡、建档、编号、审批、监督用户的维护、保养，提出设备检修计划以及报废申请。

第六条 设备管理小组成员负责本单位所有设备的使用、维护、保养、小修等，并根据实际情况积极提出中修和大修计划。

第七条 设备管理小组成员对设备的技术工作负直接责任，建立本单位设备及特种设备台账，对设备状态及数量应了如指掌。

第八条 推行设备生命周期管理制度，坚持“三定”“五包”工作机制。“三定”即定设备、定人员、定内容。“五包”即包使用、包管理、包维修、包故障排除、包使用更换。

第九条 抓好设备维修管理，实行“谁验收，谁负责”制度，出现维修质量问题联责考核。

第十条 规范设备报废管理，按照国家有关规定和设备使用年限要求，对到期设备强制报废，杜绝淘汰设备的使用。

第十一条 根据生产作业计划要求，做好相关设备的计划、购置、调配或租赁工作，做好相关采掘设备的配套工作。

第十二条 做好在用设备的日常维护保养及使用的监督管理工作，对不按设备管理要求使用、维护和操作设备者作出相应处罚。

第十三条 设备管理小组组员要不断学习新工艺，掌握新技术，推广使用新设备。

第十四条 按照节能的要求，做好矿大型设备及耗能设备的节能降耗工作，并积极提出合理化建议。

第十五条 做好对相关特种设备的年检工作。

第十六条 根据专业要求，做好内部人员的培训工作。

16.59 电气保护管理小组管理制度

为加强煤矿机电设备的管理，通过采取一系列技术、经济组织措施，逐步做到对全矿供配电进行综合管理，结合本矿实际情况，特制定本制度。

第一条 组织机构

组 长：一名（机电管理部门人员担任）

成 员：二名（机电管理部门或厂队兼职管理员）

第二条 工作职责

（1）负责做好全矿高低压供电线路短路电流计算及各类保护整定，参与供电系统图的绘制，审核审批各类用电负荷。

（2）做好电力消耗统计，做好节能管理及电气设备的性能测试工作。

（3）参加电气设备安装后的验收，对事故隐患提出处理意见，并有权停止使用危害安全的供电系统和不合格设备。

（4）负责新安装工作面的供电系统、设备、电缆配用的设计，根据采掘变化做好井下变电所高低压开关过保护数值的计算和整定。

（5）负责做好井下接地、检漏保护与测试数据的技术档案工作。

（6）指导基层单位解决处理不了的漏电事故。

（7）参加各种机电事故的调查处理工作，并就井下供电系统三大保护方面的问题，提出改进意见。

（8）做好井上下各用电点各种保护定值的管理，对随意甩保护或改变定值的行为进行严肃查处。

（9）负责安全监测监控系统中各种闭锁保护的业务指导和协调工作。

（10）做好对矿电气设备相关操作人员的业务培训工作。

（11）电气管理小组负责对全矿电气设备保护进行统一管理。

（12）电气保护管理小组对井上下使用的电气保护装置或开关统一建账管理，对电气保护装置的定期测试结果和各种试验报告要做好存档管理工作。

（13）负责对电气测试仪器、仪表和试验设备，要按期交上级审验机关审验。

（14）确保电气试验工作应遵循《煤矿电气试验规程》。

（15）负责协助电力矿做好每年的春季预防试验工作，并将试验报告存档。

（16）电气保护管理小组每周组织对保护进行检查。

16.60 机电运输安全生产标准化管理制度

为认真贯彻落实国家安全生产相关文件精神，根据《煤矿安全生产标准化管理体系基本要求及评分方法》要求，全面加强矿井机电安全生产标准化建设工作，结合我矿实际情况，特制定本制度。

16.60.1 组织机构

成立机电运输安全生产标准化管理领导组，机电安全生产标准化工作领导小组下设办公室在机电管理部门。

领导小组职责包括：

（1）负责机电安全生产标准化的制度修改。

（2）每月对机电安全生产标准化工作进行考核，评分。

（3）督查落实机电安全生产标准化工作存在问题的整改情况。

（4）负责组织矿机电安全生产标准化考核，评级的验收会。

16.60.2 检查形式

（1）安全生产标准化领导小组负责每月对机电安全生产标准化检查（实行动态检查与静态检查相结合，部门自查与机电管理部门组织统一检查相结合）、督查，并进行机电安全生产标准化考核、评级。

（2）将机电安全生产标准化考核、评级结果形成台账报矿安全生产标准化管理部门备案。

16.60.3 考核评级办法

（1）机电安全生产标准化各部门分为3个等级，一级：机电安全生产标准化得分在90分及以上，设备综合完好率95%以上，待修率3%及以下，事故率0.6%及以下；二级：机电安全生产标准化得分在80分及以上；三级：机电安全生产标准化得分在70分及以上。

（2）机电安全生产标准化考核评级办法

按照《煤矿安全规程》《机电设备完好标准》要求，对机电管理全面动态抽查，采掘工作面设备台台检查，采区其他设备及井上下变配电设备、电缆、各种保护抽查，大型固定设备抽查1/2。

本标准中的机电设备是指生产设备。大型设备是指主提升绞车、主排水泵、主通风机、主压风机、主提升带式输送机、主变压器。

16.60.4 相关要求

（1）每次检查前，由机电安全生产标准化领导小组安排检查事宜，规范检查行为。

（2）检查领导小组按《机电安全生产标准化评分表》进行考核评分，评审中必须保持公平、公正、合理的原则。

（3）小组成员必须参加月度的评审检查，如有特殊情况不能参加必须提前向领导小组组长请假。

（4）验收评分人员在进行现场评分时，必须按照“谁检查、谁签字、谁负责”的原则进行。

（5）实行领导小组组长负责制和集体公开评分制度，评分结果必须在现场由所有参加检查人员共同签字；评分情况形成台账报送安全生产标准化管理部门。

（6）每次机电安全生产标准化检查的记录要存档管理，作为机电安全生产标准化考核、评级的依据。

16.60.5 机电运输安全生产标准化实施细则

1. 概括

（1）井上、下所有防爆开关设备严格按照“防爆五十条”执行，杜绝失爆现象。

（2）开关、设备、电缆卫生达到无积尘、积灰。

（3）各种电缆吊挂要求：

①电缆吊挂要按《煤矿安全规程》规定达到整齐，无乱交叉现象。

②在井筒或倾角在30°及其以上的井巷中，电缆应用夹子、卡箍或其他夹持装置进行敷设。夹持装置应能承受电缆重量，并不得损伤电缆；在水平巷道和倾角在30°以下的井巷中电缆应用吊钩悬挂。

③电缆吊钩悬挂间距不得超过3 m，并保证电缆的悬挂有适当的松弛度，在意外受力时有缓冲作用且能自由坠落。电缆的悬挂高度应保证矿车掉道时不受撞击，电缆坠落时不落在轨道和输送机上。

④电缆不得遭受淋水，电缆穿墙部分应用套管保护并严密封堵管口（过风门时）。

⑤向采掘机组等移动工作设备供电的电缆可盘圈成 8 字形带电，放在电缆车盘上随设备的移动收放。

⑥电缆与水管、风管一般应分侧布置，同一侧布置时，应悬挂在风管和水管的上方，一般保持在 0.3 m 以上的距离。

⑦通信和信号电缆应与电力电缆分挂在井巷两侧，以防止电力电缆的强磁场对通信信号的干扰。如果受条件的限制，在井筒内应敷设在电力电缆 0.3 m 以外的地方；在巷道内应敷设在电力电缆的 0.1 m 以上的地方。高、低压电缆敷设在巷道同一侧时，高、低压电缆之间的距离应大于 0.1 m，高压电缆之间、低压电缆之间不得小于 50 mm。

⑧电缆上严禁悬挂任何物件。井下巷道的电缆，沿线每隔一定距离、拐弯或分支点以及连接不同直径电缆的接线盒两端、穿墙电缆的墙的两边都应设置注有编号、用途、电压和截面的标志牌。

（4）运输设备有人从上边通过时，必须设过桥。

（5）设备转动的地方必须有护套或护罩。

（6）“五小”电气必须上牌板管理，并必须醒目标识用途。

（7）采煤机、带式输送机、转载机、破碎机、掘进机、刮板输送机必须整洁，配件齐全，润滑良好。

（8）机电设备包机记录、机电维护保养记录、机电润滑记录、机电检修记录，机电运行记录齐全，必须有与实际相应的供电系统图，做到规范、真实、准确。

（9）绞车钢丝绳的检测记录及绞车的维护与运行记录必须清楚、真实、准确。

（10）机电设备不出现以下典型的失爆现象：

①防爆壳有变形、裂纹、开焊。

②使用不合格的部件。

③防爆外壳有锈皮脱落。

④闭锁装置不灵，起不到闭锁作用。

⑤去掉防爆电机接线座。

⑥透明件松动、破裂，使用普通玻璃替代。

⑦电动机接线盒盖上反。

⑧改变原设计空气间隙，爬电距离不符合要求。

⑨各种防爆设备参数不符合要求。

⑩防爆结合面有油漆，伤痕超过规定。

⑪不得缺螺丝或弹簧垫。

⑫弹簧垫没压平或螺丝松动。

⑬弹簧垫与螺丝不适配。

⑭挡板直径比进线嘴内径小 2 mm 以上，挡板厚度小于 2 mm。

⑮挡板放在密封圈里边或金属圈放在挡板与密封圈之间。

⑯密封圈硬度老化，失去弹性且变形。

⑰进线嘴压紧后没有余量或不压紧密封圈。

⑱密封圈内径大于电缆外径超过 1 mm。

⑲密封圈端面与器壁接触不严。

⑳密封圈割开套在电缆上或密封圈分层侧朝外。

㉑橡套电缆的护套损坏，露出芯线。

㉒橡套电缆护套损坏伤痕深度达最薄处 1/2 以上，长度达 20 mm 或沿围长 1/3 以上。

㉓电缆在进线嘴处可轻易将其来回抽动。

㉔螺旋式进线嘴拧进不到6扣。

㉕螺旋式进线嘴压不紧，用手能正向拧进半扣以上.

㉖出现“鸡爪子”、“羊尾巴”、明接头和破口。

㉗防爆灯具将压口改为螺口。

㉘整定值或保险丝选择不正确或用其他代替保险丝。

㉙接地缺少或不符合规定。

㉚电机综保不使用。

（11）考核结果必须到具体的包机、包设备的责任本人。

2. 刮板输送机标准

1）机头、机尾

（1）架体无严重变形、无开焊，运转平稳。

（2）链轮无损伤，链轮承托水平圆环链的平面最大磨损：

节距≤64 mm时，不大于6 mm；

节距≥86 mm时，不大于8 mm。

（3）分链器、压链器、护板完整紧固无变形，运转时无卡碰现象，包轴板磨损不大于原厚度的20%，压链器磨损不大于10 mm。

（4）紧链机构部件齐全完整，动作灵活，安全可靠。

2）溜槽

溜槽及连接件无开焊断裂，对角变形不大于6 mm；中板和底板无漏洞。

3）链条

（1）链条组装合格，运转中刮板不跑斜（跑斜不超过一个链环长度为合格），松紧合适，链条正反方向运行无卡阻现象。

（2）刮板弯曲变形数不超过总数的2%，并不得连续出现。

（3）刮板弯曲变形不大于15 mm，中双链和中单链刮板平面磨损不大于5 mm，长度磨损不大于15 mm。

（4）圆环链伸长变形不得超过设计长度的3%。

4）机身附件

（1）铲煤板、挡煤板、齿条、电缆槽无严重变形，无开焊，不缺连接螺栓，固定可靠。

（2）铲煤板滑道磨损：有链牵引不大于15 mm；无链牵引不大于10 mm。

（3）导向管接口不得磨透、不缺销子。

5）信号装置

工作面和顺槽刮板输送机，应沿机安设有发出停止或开动的信号装置，信号点设置间距不超过30 m。

6）安装铺设

（1）两台输送机搭接运输时，搭接长度不小于500 mm；机头最低点与机尾最高点的间距不小于300 mm。

（2）刮板输送机与胶带输送机搭接运输时，搭接长度和机头、机尾高度差不小于500 mm。

注：上述两台搭接不符合要求时，搭接在上面的一台为不合格。

3. 带式输送机标准

1）滚筒、托辊

（1）滚筒无破裂，键不松动。胶面滚筒的胶层与滚筒表面紧密贴合，不得有脱层或裂口。

（2）托辊齐全，转动灵活，无异响，无卡阻现象，定期注油。缓冲托辊表面胶层磨损量不得超过原厚度的 1/2。

2）机体

（1）机头架、机尾架和拉紧装置架无开焊和变形，机尾架滑靴应平整，连接紧固。

（2）中间架平直无开焊，机架完整，固定可靠，无严重锈蚀。

3）输送带、拉紧装置和伸缩装置

（1）输送带无破裂，横向裂口不得超过带宽的 5%，保护层脱皮不超过 0.3 mm^2，中间纤维层破损面宽度不超过带宽 5%。

（2）接头卡子牢固平整，硫化接头无裂口、鼓泡或碎边。

（3）运行中输送带不打滑、不跑偏。上部输送带不超出滚筒和托辊边缘，下部输送带不磨机架。

（4）牵引小车架无损伤、无变形。车轮在轨道上运行无异响。

（5）拉紧装置的调节余量不小于调节全行程的 1/5。

4）制动装置、清扫器

（1）制动装置各传动杆件灵活可靠，各销轴不松旷、不缺油。闸轮表面无油迹，液压系统不漏油。

（2）松闸状态下，闸瓦间隙不大于 2 mm；制动时闸瓦与闸轮紧密接触，有效接触面积不得小于 60%，制动可靠。

5）安全保护装置

（1）速度保护、防打滑、防跑偏、断带、满仓等保护装置齐全，灵敏可靠。

（2）两台以上带式输送机串接运行时，应设联锁装置。

6）信号、仪表

（1）信号装置必须声光兼备，清晰可靠。

（2）胶带输送机各种仪表必须齐全，指示准确，每年校验一次。

7）记录资料

带式输送机应有机械运输系统图及电气系统图。

4. 矿车标准

1）轮对

（1）矿车运行平稳，在水平轨道上四个车轮有一个不与轨面接触时，其间隙不大于 3 mm。

（2）车轮不得有裂纹，轮缘磨损余厚不小于 13 mm，踏面磨损余厚不小于：

1t 及以下矿车，6 mm；

2t 矿车，7 mm；

3t 矿车，8 mm。

（3）车轮定期注油，转动灵活。车轮端面摆动量：滚动轴承不超过 2 mm；圆锥滚柱轴承不超过 3 mm。

2）连接装置

（1）连接钩环和插销的拉力试验和安全系数应符合《煤矿安全规程》中的相关规定。磨损量不超过原尺寸的 15%。链环、插销弯曲值不超过链、销直径的 10%。

（2）铸钢碰头无裂纹，弹簧无断裂或永久变形，弹性碰头的伸缩长度为 10 ~ 30 mm。

（3）橡胶碰头完整，固定可靠，伸出槽外长度不小于 30 mm。

3）车厢与底梁

（1）车厢无破洞，各部凸凹深度不大于 50 mm，裂纹长度不超过 100 mm，上口对角长度差不大于 50 mm。

（2）底梁不得有开焊和裂纹，碰头铆钉不得松动，其他部位铆钉、螺栓松动数不超过总数的

10%（目视有无松动痕迹或用小锤敲击检查）。

5. 采掘设备标准

1）紧固件

（1）螺纹连接件和锁紧件必须齐全，牢固可靠．螺栓头部和螺母无铲伤或棱角严重变形，螺纹无乱扣或脱扣。

（2）螺母拧紧后，螺栓螺纹应露出螺母1～3个螺距，不得在螺母下面加多余的垫圈来减少螺栓的伸出长度。

（3）同一部位的紧固件规格应一致。主要连接部件或受冲击载荷易松动部位的螺母应使用防松螺母（背冒）或其他防松装置。使用花螺母时，开口销应符合要求；螺母止动垫圈的包角应稳固；铁锁紧螺母时，其拉紧方向应和螺母旋转方向一致，接头应向内弯曲。

（4）螺栓不得弯曲，螺栓螺纹的连接件光孔内部分不得少于两个螺距，沉头螺栓拧紧后，沉头部分不得高出连接件的表面。

（5）键不得松动，键和键槽之间不得加垫。

2）轴和轴承

（1）轴无裂纹、损伤或锈蚀，运行时无异常振动。

（2）轴承磨损允许最大间隙符合相关规定。

（3）轴承润滑良好，不漏油，转动灵活，无异响。滑动轴承温度不超过65℃，滚动轴承温度不超过75℃。

3）齿轮

（1）齿轮无断齿，齿面无裂纹或剥落。

（2）点蚀坑面积不超过下列规定：

①点蚀区高度接近齿高的100%。

②点蚀区高度占齿高的30%，长度占齿长的40%。

③点蚀区高度占齿高的70%，长度占齿长的10%。

（3）齿面出现的胶合区，不得超过齿高的1/3，齿长的1/2。

（4）齿厚磨损不超过下列规定：

①硬齿面齿轮，齿面磨损达硬化层的80%。

②软齿面齿轮，齿厚磨损为原齿厚的15%。

③开式齿轮，齿厚磨损为原齿厚的25%。

（5）齿轮副啮合的接触斑点面积应符合下列规定：

①圆柱齿轮，沿齿长不小于50%，沿齿高不小于40%。

②圆锥齿轮，沿齿长、齿高均不小于50%。

③弧齿锥齿轮，沿齿长、齿高均不小于30%～50%。

④蜗轮，沿齿长不小于35%；沿齿高不小于50%。

⑤圆柱齿轮副、蜗轮副接触斑点的分布在齿面中部，圆锥齿轮副应在齿面的中部并偏向小端。

（6）齿轮的磨损、点蚀、胶合及接触斑点面积可以检修记录为依据进行检查，记录的有效期不超过规定的检修间隔期。

4）减速器

（1）箱体无裂纹或变形，结合面配合紧密，不漏油。

（2）运转平稳，无异响。

（3）油脂清洁，油量合适。润滑油面超过大齿轮直径约1/3，轴承润滑脂占油腔1/2～1/3。

5）联轴器

(1) 联轴器的端面间隙和同轴度应符合相关规定。

(2) 齿轮联轴器齿厚磨损不超过原齿厚的 25%，键和螺栓不松动。

(3) 弹性联轴器的弹性圈外径磨损后与孔径差不大于 3 mm，柱销螺母应有防松装置。

(4) 链式联轴器链轮无裂纹或严重咬伤，链轮齿厚磨损不超过 3 ~ 5 mm。

(5) 尼龙销联轴器棒销齐全，有防脱落装置。

6)“四不漏”规定

(1) 不漏油。

(2) 不漏风。

(3) 不漏水。

(4) 不漏电。绝缘电阻符合下列要求，漏电继电器正常投入运行：

1140 V，不低于 60 kΩ。

660 V，不低于 30 kΩ。

380 V，不低于 15 kΩ。

127 V，不低于 10 kΩ。

7) 电气设备

(1) 电动机、开关箱、电控设备、接地装置、电缆、电气及配线，符合“防爆五十条”标准。

(2) 照明灯符合安全要求。

8) 安全防护装置

(1) 一切容易碰到的裸露电气设备和设备外露的转动部分，以及可能危及人身安全的部位或场所，都应设置防护罩或防护栏。

(2) 机房硐室应备有必要的消防器材。

9) 涂饰

(1) 机壳及外露金属表面（有镀层者除外）均应进行防腐处理，涂漆要与原出厂颜色一致。

(2) 设备的防护栏、油标、注油孔、油塞等，其外表应涂红色油漆，以引起注意。

(3) 压风管、水管、油（或工作液）管外表应分别涂色，以示区别。

10) 记录资料

(1) 各种设备应分别备有下列记录资料：

①交接班记录。

②运转记录。

③检查、修理、试验记录。

④事故记录。

⑤设备润滑记录。

⑥设备包机记录。

(2) 设备有铭牌、编号牌，并固定牢靠，保持清晰。

11) 设备环境

(1) 工具、备件、材料整齐存放在专用箱（柜、架）内。

(2) 设备及机房硐室整洁，设备附近无积水、无积煤（矸）、无杂物、巷道支护无缺梁断柱。

6. 滚筒式采煤机标准

1) 机体

(1) 机壳、盖板无裂纹，固定牢靠，结合面严密，不漏油。

(2) 操作手把、按钮、旋钮完整，动作灵活可靠，位置正确。

(3) 仪表齐全，灵敏准确。

（4）水管接头牢固，截止阀灵活，过滤器不堵塞，水路畅通，不漏水。

2）牵引部

（1）牵引部运转无异响，调速均匀准确。

（2）牵引链伸长量不大于设计长度得1%。

（3）牵引链轮与牵引链传动灵活，无咬伤现象。

（4）无链牵引链轮与齿条或链轮的啮合灵活可靠。

（5）牵引链张紧装置齐全可靠，弹簧完整。紧链液压缸完整，不漏油。

（6）导链装置齐全，磨损量不大于10 mm。

（7）液压油质量符合设备说明书的要求，并按要求更换。

3）截割部

（1）齿轮传动无异响，油位适当，在倾斜工作位置，齿轮能带油，轴头不漏油。

（2）离合器动作灵活可靠。

（3）摇臂升降灵活，不自动下降。

（4）摇臂千斤顶无损伤，不漏油。

4）截割滚筒

（1）滚筒无裂纹或开焊。

（2）喷雾装置齐全，水路畅通，喷嘴不堵塞，水成雾状喷出。

（3）螺旋叶磨损量不超过内喷雾的螺纹。无内喷雾的螺旋叶，磨损量不超过原厚的1/3。

（4）截齿缺少或截齿无合金的数量不超过10%，齿座损坏或短缺的数量不超过2个。

（5）挡煤板无严重变形，翻转装置动作灵活。

5）电气部分

（1）电动机冷却水路畅通，不漏水。电动机外壳温度不超过80 ℃。

（2）电缆夹齐全牢固，不出槽，电缆不受拉力。

6）安全保护装置

（1）采煤机原有安全保护装置（如与刮板输送机的闭锁装置，制动装置、机械摩擦过载保护装置、电动机恒功率装置及各种电气保护装置）齐全可靠，整定合格。

（2）有链牵引采煤机在倾斜15°以上工作面使用时，应有可靠的防滑装置。

7）底托架、破碎机

（1）底托架无严重变形，螺栓齐全紧固，与牵引部及截割部接触平稳，挡铁严密。

（2）滑靴磨损均匀，磨损量不大于10 mm。

（3）支撑架固定牢靠，滚轮转动灵活。

（4）破碎机动作灵活可靠，无严重变形及磨损，不缺破碎齿。

7. 液压支架标准

1）架体

（1）零部件齐全，安装正确，柱靴及柱冒的轴销、管接头的U形销、螺栓、穿销等不缺少。

（2）各结构件、平衡千斤顶座无开焊或裂纹。

（3）侧护板变形不超过10 mm，推拉杆弯曲每米不超过20 mm。

2）立柱、千斤顶

（1）活柱不得炮崩或砸伤，镀层无脱落，局部轻微锈斑面积不大于50 mm^2；划痕深度不大于0.5 mm，长度不大于50 mm，单件上不多于3处。

（2）活柱和活塞杆无严重变形，用500 mm钢尺靠严，其间隙不大于1 mm。

（3）伸缩不漏液，内腔不窜油。

（4）双伸缩立柱的活柱动作正确。

（5）推拉千斤顶与挡煤板、防倒千斤顶与座连接可靠。

3）阀

（1）密封性能良好，不窜液，不漏油，动作灵活可靠。

（2）截止阀、过滤器齐全，性能良好。

（3）安全阀定期抽查试验，一般开启压力不小于0.9 MPa（额定工作压力），不大于1.1 MPa；关闭压力不小于0.85 MPa（可根据不同的安全阀的压力控制不同的压力）。

4）胶管

（1）排列整齐合理，不漏液。

（2）接头可靠，不得用铁丝代替U形销。

5）记录资料

支架有编号、有检查、修理维护记录，填写及时，数据准确。

6）设备环境

架内无杂物，浮矸不埋压管路和液压件。

8. 液压泵站标准

1）泵体

（1）密封性能良好，不漏油。

（2）运转时无异常振动。

（3）油质符合规定，保持清洁。

2）乳化液箱

（1）乳化液清洁，无析皂现象，配制浓度3%～5%。（可根据具体要求而定）

（2）高低压过滤器性能良好。

（3）蓄能器充氮压力符合要求，误差不大于0.5 MPa。

3）安全保护装置、仪表

（1）安全保护装置齐全，动作灵敏可靠。

（2）压力表指示准确，每年校验一次。

4）乳化液压力和浓度

乳化液泵站和液压系统完好，不漏液，不窜液，压力不小于30 MPa；乳化液浓度不低于3%～5%，使用乳化液自动配比器，有现场检查记录。

9. 单体液压支柱标准

1）柱体

（1）零件齐全完整，手把体无开裂。

（2）缸体化划痕深度不大于1 mm，且不影响活柱升降。

（3）所有焊缝无裂纹。

（4）柱顶盖不缺爪，无严重变形。回撤的支柱应竖放，不得倒放在底板上。

2）活柱

（1）镀层表面缺陷不超过下列规定：

①锈蚀斑点总面积为5 cm^2。

②每50 cm^2 内镀层脱落点为5个，总面积为1 cm^2，最大的点为0.5 cm^2。

③伤痕面积为20 mm^2，深度为0.5 mm。

（2）活柱伸缩灵活，无漏液现象。

3）三用阀

（1）单向阀、卸载阀性能良好，试验时保压 2 min 不渗漏。内柱式支柱平放时，出气孔不漏油。

（2）安全阀定期抽查试验，开启压力不小于额定工作压力，不大于关闭压力。

（3）注液嘴无硬伤。

（4）支柱卸载有专用工具。

4）记录资料

支柱有编号，检修有记录。

10. 掘进机标准

1）机体

（1）操纵手把动作灵活，位置准确。

（2）蜂鸣器、电铃、急停开关工作可靠。

（3）千斤顶活塞杆镀层无脱落，局部轻微锈斑面积不大于 50 cm^2；划痕深度不大于 0.5 mm，长度不大于 50 mm，单件上不多于 3 处。

（4）注油嘴齐全，油路畅通。

（5）照明灯齐全明亮，符合安全要求。

（6）喷雾装置保持良好，喷雾效果良好。

2）截割部

（1）截割头无裂纹、开焊，截齿完整，短缺数不超过总数的 5%。

（2）截割臂伸缩、上下摆动，均匀灵活。

3）回转部

左右回转摆动均匀灵活。

4）行走部

（1）履带板无裂纹，不碰其他机件，松紧适宜。

（2）前进、后退、左右拐弯，灵活可靠。

5）装运部

（1）耙爪转动灵活，伸出时能超出铲煤板。

（2）刮板齐全，弯曲不超过 15 mm。

（3）链条松紧适宜，链轮磨损不超过原齿厚的 25%，运转时不跳压。

6）液压系统

（1）胶管及接头不漏油。

（2）油泵、马达运转无异响，压力正常。

（3）压力表齐全，指示正确。

7）安全保护

（1）掘进机有开、闭电气控制回路的专用工具，由专职司机掌握和保管。

（2）在掘进机的非司机侧，停止掘进机运转的紧急停止按钮应灵敏、可靠。

11. 耙斗装岩机标准

1）机体

（1）行走灵活，卡轨器牢固可靠。

（2）工作中机架不晃动，无异响。

2）牵引绞车

（1）滚筒无裂纹，钢丝绳固定牢靠，留在滚筒上至少有 3 圈。

（2）制动闸动作灵活可靠。

（3）闸带无断裂，磨损余厚不小于 3 mm。

（4）导绳滚完整齐全，转动灵活，磨损深度不超过导绳滚壁厚的 2/3。

3）耙斗、钢丝绳

（1）耙斗无裂纹，无掉齿，齿长磨损不超过 50%。

（2）钢丝绳每捻距断丝不超过 25%。

（3）钢丝绳与耙斗固定牢靠，工作中不磨导料槽。

4）导料槽

（1）导料槽升降灵活，侧板及连接销齐全。

（2）导料槽无严重变形，磨损不漏矸。

（3）支撑杆伸缩灵活，支撑可靠。

（4）防护栏齐全。

5）导绳轮（尾轮）

（1）导绳轮无破损，转动灵活，固定可靠，不晃动。

（2）有防止钢丝绳出槽的可靠装置。

12. 局部通风机标准

1）机体

（1）机壳无严重变形，变形面积最大处不超过 200 cm^2，深度不大于 10 mm。

（2）机壳上有转动方向标志，检查孔插板严密。

（3）运转无异响，无异常振动。

（4）吊挂牢靠，无淋水，进风口 2 m 范围内无杂物。

（5）局部通风机和掘进工作面中的电气设备应装有风电闭锁装置。

2）叶轮

（1）叶轮无裂纹，无破损，转动灵活，防松装置可靠。

（2）叶轮与机壳的间隙为 1 ~ 3 mm。

13. 小绞车管理标准

（1）绞车窝整理应干净利索，有照明，接地极采用断面不小于 25 mm^2 的裸铜线、断面不小于 50 mm^2 的镀锌铁线或厚度不小于 4 mm、断面不小于 50 mm^2 的镀锌扁钢，标志清晰，接地棒外露不超过 100 mm；负荷线应高于开关 200 mm 水平吊挂，不准与电源线一起吊挂；操作线和负荷线一起用尼龙扎条等距扎紧，防止多余的线盘圈窝在一起。

（2）信号、按钮统一上牌板管理，固定应端正，操作方便，信号系统要声光具备，准确可靠；行车红灯吊挂在行人易于看到处；有抬棚的地方，红灯挂在抬棚中部，严禁采用铁丝随意吊挂；发现乱摇乱摆，按照设备不完好考核。

（3）保险绳、勾头加设绳皮，安装正规：三个绳卡子相互等距离间隔 200 mm，卡向一致；母绳压在滚筒上不应将绳头留的过长或过短，绳头不超过进绳孔同心圆半径，防止将电机零部件磨坏。

（4）钢丝绳在滚筒上的留绳不少于三圈，不超过一层绳，钢丝绳在滚筒上缠绕应整齐无爬绳，发现钢丝绳打结、盘绕混乱、压扁变形，按照设备不完好考核。钢丝绳在备用或不用时必须收回并保养。未收回、未保养按不完好考核。

（5）地锚安装要求：地锚钢筋直径大于 ϕ18 mm，长度大于 1.8 m，严禁采用钢丝绳鼻子作为地锚使用。

（6）风叶及罩子应完好，固定牢靠。

（7）滚筒不得有开焊、裂纹和变形。

（8）不准用铁丝代替“U”型卡、开口销。

（9）一个班不使用的钢丝绳必须收回到滚筒上（除特殊的情况外）。

（10）未尽事宜按照小绞车管理操作标准要求执行。

14. 开关管理标准

（1）全矿井所有机电设备应杜绝失爆，杜绝缺零少件，保证完好；在井下使用防爆设备按防爆要求考核，井上备用设备也在考核范围内。

（2）所有牵涉防爆紧固件螺栓应按标准配备，相同部位选型一致，保证露出螺母1～3扣，未露扣属失爆，露出太多属不完好；电缆压紧量符合截面10%规定，遇到大喇叭口进小截面电缆，应将电缆下垫合适的垫皮，但必须使电缆在喇叭口中线，防止密封圈张嘴，保证从外面看到里面密封圈。

（3）所有开关（包括备用开关）、备用电机、齿轮箱、液力偶合器等设备必须台台上架，挂牌管理，喇叭口加封堵，外露轴加保护套。

（4）入井设备要严把验收关：开关内部各线端子无电弧痕、零部件完好、固定牢固不同轴转动；真空触头间距的调整应确保紧固螺栓验证漆标完好无脱落、无错位；保险丝的选择都必须在安装前根据供电设计要求，详细比对，认真检查；对于电机等机械类设备，应通电试验，测量三相电流的平衡，并保证零部件齐全完整。

（5）所有设备应漆成与原厂统一的颜色，编号管理；随意将设备漆成其他颜色者，按照设备不完好考核。

（6）各开关摆放整齐，不准靠墙壁，各开关间距相等，侧看成面；高度一致、大小相同的开关应外侧、顶部上线成面。

15. 局部通风机配电点电气管理要求

（1）自动切换开关的手柄打向应一致，必须用双电源，可以自动切换，实现风电、瓦电闭锁。

（2）进线与出线应垂直开关贴棚槽或碹平行吊挂，多余的线不得余在配电点，多余电缆不得盘绕，要用电缆钩整齐排开吊挂在煤（岩）壁上，距离在10 m范围内电缆固定点高度、固定方向保持一致，确保配电点干净利索。

（3）配电点照明灯距离顶板棚窝300 mm，吊挂高度一致，和巷道方向平行。

（4）主、备局部通风机安装时，只要条件许可，必须吊挂；条件不允许，必须上架，距离地面高度大于300 mm，且严格按照技术部门、通风部门给定的标准位置安装。

（5）局部通风机位置的给定，通风部门应该会同机电、通风专业技术人员，综合考虑供电距离、风筒管理、闭锁范围、回风路线、电缆敷设、人员操作、工作面布局、安装环境、达标创建等因素，谨慎确定局部通风机位置。

（6）局部通风机的安装、位置、最低风速符合《规程》中的规定，不发生循环风。

（7）局部通风机必须由所属队组指定专人挂牌管理，不得出现无计划停风，有计划停风的必须有专项通风安全措施。

（8）局部通风机的设备齐全，吸风口有风罩和整流器，高压部位（包括电缆接线盒）有衬垫（不漏风），通风机必须吊挂或垫高，高于巷道底板大于0.3 m，使用低噪音局部通风机或安装消声器。

（9）风筒末端到工作面的距离和出风口的风量符合作业规程规定。

（10）风筒接头严密（手距接头处0.1 m处感到不漏风），无破口（末端20 m除外）、无反接头，风筒接头要反压边，风筒吊挂平直，逢环必挂，风筒拐弯处设弯头或缓慢拐弯，不准拐死弯，异径风筒接头用过渡节，先大后小，不准花接。

16. 电气设备管理标准

（1）紧固用的螺栓、螺母、垫圈等齐全、紧固、无锈蚀。

（2）同一部位的螺母、螺栓规格一致。平垫、弹簧垫圈的规格应与螺栓直径相符合。紧固用的螺栓、螺母应有防松装置。

(3) 用螺栓紧固不透眼螺孔的部件，紧固后螺孔须留有大于2倍防松垫圈的厚度的螺纹余量。螺栓拧入螺孔长度应不小于螺栓直径，但铸铁、铜、铝件不应小于螺栓直径的1.5倍。

(4) 螺母紧固后，螺栓螺纹应露出螺母1~3个螺距，不得在螺母下面加多余垫圈减少螺栓的伸出长度。

(5) 紧固在护圈内的螺栓或螺母，其上端平面不得超出护圈高度，并需用专用工具才能松、紧。

(6) 隔爆性能执行GB 3836.1—2010标准。

(7) 进线嘴连接紧固，密封良好，并应符合下列规定：

①密封圈材质须用邵尔硬度为45~55度的橡胶制造，并按规定进行老化试验合格。

②接线后紧固件的紧固程度以抽拉电缆不窜动为合格。线嘴压紧应有余量，线嘴与密封圈之间应加金属垫圈。压叠式线嘴压紧电缆后的压扁量不超过电缆直径的10%。

③密封圈内径与电缆外径差应小于1 mm；密封圈外径与进线装置内径差应大于电缆外径的0.7倍，但必须大于10 mm；厚度应大于电缆外径的0.3倍，但必须大于4 mm（70 mm^2 的橡套电缆例外）。密封圈无破损、不得割开使用。电缆与密封圈之间不得包扎其他物体。

④低压隔爆开关引入铠装电缆时，密封圈应全部套在电缆铅皮上。

⑤电缆护套（铅皮）穿入进线嘴长度一般为5~15 mm。如电缆粗穿不进时，可将穿入部分锉细（但护套与密封圈结合部位不得挫细）。

⑥低压隔爆开关空间的接线嘴应用密封圈及厚度不小于2 mm的钢板封堵压紧。其紧固程度：螺旋线嘴用手拧紧为合格；压叠式线嘴用手晃不动为合格。钢垫板应置于密封圈的外面，高压隔爆开关空间的接线嘴应用与线嘴法兰厚度、直径相符的钢垫板堵封压紧。高压隔爆开关接线盒引入铠装电缆后，应用绝缘胶灌至电缆三叉以上。

(8) 接线装置齐全、完整、紧固，导电良好，并符合下列要求：

①绝缘座完整无裂纹。

②接线螺栓和螺母的螺纹无损伤，无放电痕迹，接线零件齐全，有卡爪、弹簧垫、背帽等。

③接线整齐，无毛刺，卡爪不压绝缘胶皮或其他绝缘物，也不得压或接触屏蔽层。

④接线盒内导线的电气间隙和爬爪距离，应符合GB 3836.3—2010的规定。

⑤隔爆开关的电源、负荷引入装置，不得颠倒使用。

(9) 固定电气设备接线应符合下列要求：

①设备引入（出）线的终端线头，应用线鼻子或过度接头接线。

②导线连接牢固可靠，接头温度不得超过导线温度。

(10) 电缆的连接除应符合《煤矿安全规程》中的规定并应符合下列要求：

①电缆芯线的连接严密绑扎，应采用压接或焊接。连接后的接头电阻不应大于同长度芯线电阻的1.1倍，其抗拉强度不应小于原芯线的80%。不同材质芯线的连接应采用过渡接头，其过度接头电阻值不应大于同长度芯线电阻值的1.3倍。

②高、低压铠装电缆终端应灌注绝缘材料，户内可采用环氧树脂干封。中间接线盒应灌注绝缘胶。

(11) 高、低压电气设备的短路、漏电、接地等保护装置，必须符合《煤矿安全规程》《矿井保护接地装置的安装、检查、测定工作细则》《煤矿井下检漏继电器安装、运行、维护与检修细则》和《矿井低压电网短路保护装置的整定细则》的规定。

①短路保护计算整定合格，动作灵敏可靠。

②漏电保护装置使用合格。

(12) 接地螺栓符合下列标准：

①电气设备的金属外壳和铠装电缆接线盒的外接地螺栓应齐全完整，并标志"⊥"符号（运行

中移动的采掘机械设备除外)。

②电气设备接线盒应设有内接地螺栓，并标志“⊥”符号（电机车上的电气设备及电压 36V 以下的电气设备除外)。

③外接地螺栓直径：

容量小于或等于 5 kW 的不小于 M8。

容量大于 5 kW 至 10 kW 的不小于 M10。

容量大于 10 kW 的不小于 M12。

通信、信号、按钮、照明等小型设备不小于 M6。

④接地螺栓应进行电镀防锈处理。

(13) 接地线符合下列规定：

①接主接地极的接地母线，其截面积应不小于：

镀锌铁线，100 mm^2。

扁钢，25 ×4 mm^2。

铜线，50 mm^2。

②电气设备外壳同接地母线或局部接地极的连线和电缆接线盒两端的铠装铅皮的连接接地线，其截面积应不小于：

铜线，25 mm^2。

扁钢，50 mm^2（厚度不小于 4 mm)。

镀锌铁线，25 mm^2。

(14) 电阻不大于下列数值：

①100 kV · A 以上（低压中性点直接接地系统）4 Ω。

②100 kV · A 以上变压器供电线路重复接地 10 Ω。

③100 kV · A 以下变压器 10 Ω。

④100 kV · A 以下变压器供电线路重复接地 30 Ω。

⑤高、低压电气设备联合接地 4 Ω。

⑥电流、电压互感器二次线圈 10 Ω。

⑦高压线路的保护网或保护线 10 Ω。

⑧井下设备 2 Ω。

⑨井下手持移动电气设备 1 Ω。

(15) 瓦电闭锁、风电闭锁等其他闭锁齐全可靠。

(16) 井下供电应符合《煤矿安全规程》规定，即做到“三无、四有、两齐、三全、三坚持”。

(17) 高、低压开关的选用应符合《煤矿安全规程》的要求，与被控制设备的容量应匹配，有下列情况之一者，不得评为完好设备：

①超容量、超电压等级使用者。

②不符合使用范围者。

③继电保护失灵，熔体选用不合格者。

④隔爆磁力启动器用小喇叭嘴引出动力线者。

(18) 井下隔爆型电气设备，必须有在下井前，经过指定的隔爆电气设备检查员检查出具的合格证，否则一律不得评定为完好。

(19) 机房（硐室）和电气，一切可能危及人身安全的裸露带电部分及转动部位，均须设防护罩、防护栏，并悬挂危险警告标志。

(20) 机房（硐室）应备有符合规定的防火器材。

（21）机房（硐室）不得存放汽油、煤油、绝缘油和其他易燃物品。用过的棉纱（破布）应存放在盖严的专用容器内，并放置在指定地点。

（22）设备表面应涂防锈漆，开关箱、接线盒等内壁应涂耐弧漆，颜色与出厂颜色一致。

（23）设备的防护栏外表应涂红、白相间色油漆。

（24）设备表面脱落油漆的部位应及时按要求补漆。

（25）设备表面无积尘、油垢。

（26）机房（硐室）清洁，无杂物、无淤泥、无积水、无滴水、无油垢，工具、备件、材料等存放在固定地点，安放整齐并挂管理牌板（不准随意乱放，不准放在躲避硐内）。

（27）机房（硐室）通风良好，照明设施亮度合适，符合安全要求。

（28）固定电气设备场所必须具备有下列记录及资料：

①电气系统图。

②检查、修理记录，试验整定记录。

③运转记录，交接班记录，事故记录。

（29）移动电气设备应有下列记录：

①检查、修理记录，试验整定记录。

②事故记录。

（30）不得带电检修、搬迁井上下带电设备、电缆和电线（包括电话、监控、信号、设备、线缆）。

17. 低压隔爆开关标准

（1）外壳无变形，无开焊，无锈蚀，托架无严重变形。

（2）操作手柄位置正确，扳动灵活与操作轴连接可靠，无虚动作。

（3）磁力启动器的按钮与手柄及壳盖的闭锁关系正确，并有警告标志。

（4）接地螺栓、接地线完整齐全，接地线标志明显，有规定期内接地电阻试验记录。

（5）隔爆性能执行 GB 3836.1—2010 标准。

（6）主触头辅助触头接触良好，接触面积不小于 60%。触头不同期性不大于 0.2 ms，触头开距、超距、初压力、终压力符合出厂规定。

（7）触头无严重烧损。

（8）消弧罩零件齐全、完整，无裂纹。

（9）隔离刀闸开关接触良好，插入深度不小于刀闸宽度的 2/3，接触面积不小于刀闸的 75%，动刀闸的开合位置、动作方向与手柄严格协调一致。

（10）导线绝缘无破损老化，绝缘性能良好。绝缘电阻：1140 V，不低于 5 MΩ；660 V，不低于 2 MΩ；380 V，不低于 1 MΩ。

（11）配线整齐、清楚、开关内部导线不得有接头。

（12）开关露出的带电螺栓应用绝缘材料封堵好。

（13）继电保护装置动作灵敏可靠，有规定期内的试验整定合格记录。

（14）熔断管无严重烧焦痕迹，无裂纹。熔体容量选用合适。

（15）开关必须有明显的用途标志牌、责任人明确。

18. 移动变电站标准

（1）零部件齐全、完整、紧固。

（2）箱体及散热器无变形，无锈蚀。

（3）托撬小车无严重变形，轮组转动灵活，不松旷。

（4）箱体内、外无积尘，无积水，无水珠。

（5）电缆联结器接触良好，接线盒不发热。在井下使用时，应采用监视型屏蔽橡套电缆。

（6）箱内二次回路导线排列整齐，瓷瓶牢固无松动现象，无裂纹、损伤，无放电痕迹。

（7）线圈绝缘良好，绝缘老化程度不低于3级。

（8）运行声音正常，温度不超过下列规定：

B级绝缘不超过110 ℃。

F级绝缘不超过125 ℃。

H级绝缘不超过135 ℃。

（9）开关接线联结紧密，触头接触良好，无严重烧痕，隔离刀闸开关插入深度不小于刀闸宽度的2/3，三项合闸不同期性不大于3 ms。

（10）开关操作机构动作灵活可靠，各传动轴不松旷，分、合闸指示正确。

（11）保护装置齐全，整定合格，灵敏可靠。温度继电器动作灵敏正确。

（12）互感器性能良好，有规定期内的测试记录。

（13）电气、机械联锁装置齐全，动作正确可靠。

（14）接地标志明显，接地装置符合规定。

（15）绝缘性能良好，绝缘电阻值符合下列数值：

127 V，不低于0.5 MΩ。

380 V、660 V，不低于5 MΩ。

1140 V，不低于50 MΩ。

6 kV，不低于200 MΩ。

并有规定期内的测试记录。

（16）隔爆性能执行GB 3836.1—2010标准。

19. 电动机标准

（1）螺栓、接线盒、吊环、风扇、通风网、护罩及散热片等零部件齐全、完整、紧固。不允许在吊环上留用过的铁丝、杂物。

（2）运行中无异音。

（3）运行温度不超过生产厂规定，如无规定时可按下列规定：

A级绝缘的绕组，105 ℃。

E级绝缘的绕组，120 ℃。

B级绝缘的绕组，30 ℃。

F级绝缘的绕组，155 ℃。

H级绝缘的绕组，180 ℃。

集电环105 ℃，换向器90 ℃，滑动轴承75 ℃，滚筒轴承80 ℃。

（4）运行中转动平稳，无明显震动。

（5）电流不超过额定值；三相交流电动机在三相电压平衡条件下，三相电流之差与平均值之比不得差5%；在电源电压及负载不变条件下，电流不得波动。

（6）接地装置符合规定。

（7）绕组及铁芯表面无积垢，绝缘无老化、裂纹，不松动。

（8）鼠轮型转子无开焊断条，同步电动机极掌不松动，起动铜条无开焊、裂纹，转子绕组连接牢固，无开焊、虚焊现象。

（9）绕线及同步电动机集电环不松动、表面无严重烧痕。电刷接触面积不小于75%。

刷辫、刷握连接牢固，电刷在刷握中上下灵活，间隙不大于0.3 mm，压力均匀。

（10）直流电动机换向器（整流子）表面无烧伤变黑现象。云母片应低于整流片0.5～1.5 mm，且均匀一致，换向器表面磨损沟深不超过 1 mm，径向跳动不超过换向器直径的 0.02% 。电刷在刷握内移动灵活，压力均匀，接触面积不小于 75% 。

（11）换向器片与绕组焊接良好，无过热开焊现象。

（12）定子与转子间隙：异步电动机最大间隙与最小间隙之差不得超过平均值的

30% ；同步电动机和直流电动机不得超过 15% 。

（13）绝缘良好．温度在 75 ℃时，定子绕组的绝缘电阻：3 kV 不低于 3 MΩ；6 kV 不低于 6 MΩ；700 V 及以下不低于 0.53 MΩ。转子绕组不低于 0.5 MΩ。大型电动机轴承座与机座之间绝缘垫完整无损，绝缘电阻不低于 0.5 MΩ。

（14）高压电动机的泄漏及交、直流耐压按《煤矿电气试验规程》进行试验，并符合要求。有规定期内的测试记录。

（15）轴承不松旷，转动灵活，运行平稳无异响。滑动轴承油圈转动平稳。

（16）接线螺栓、引线瓷瓶、接线板无损伤裂纹，标号齐全，引线绝缘无老化破损。

（17）接线端应用线鼻子或过渡接头接线。接头温度不得超过导线温度。

（18）隔爆电动机隔爆性能执行 GB 3836.1—2010 标准。

20. 隔爆型煤电钻综合保护装置标准

（1）外壳、托架无明显变形，无严重锈蚀。

（2）零部件齐全、完整、紧固。

（3）指示灯色别清晰，并符合规定。

（4）接线执行 GB 3836.1—2010 标准。

（5）电源盖板、标志牌齐全。

（6）接触器绝缘无损伤，触头接触良好，触头开距为 3.4 ~ 4.1 mm。削弧装置齐全完整，接触器吸合无噪声。

（7）变压器及导线绝缘无损伤，无老化。

绝缘电阻：

680 V，不低于 2 MΩ；

380 V，不低于 1 MΩ。

（8）过载、短路、漏电保护装置齐全，整定合格，动作灵敏可靠。

（9）熔断管完整无损伤，固定牢靠。熔体选用合适。机械、电气闭锁齐全可靠。手柄在停电位置时，触头不带电。

（10）隔爆性能执行 GB 3836.1—2010 标准。

（11）主辅接地可靠、规范。

（12）综保试验按要求试验并规范填写在牌板上。

21. 机电其他标准

（1）五小电气严格执行 GB 3836.1—2010 标准，并且要定期维护保养。所有接线盖不得上反，不得锈蚀严重。

（2）电缆、水管、风管过墙及风门必须单根加套管，保持电缆吊挂标准间距，监控线可以穿在同一个套管内。

（3）电缆、设备、水管、气管上不准有泥浆、积尘。

（4）监控、电话线不准与动力线水气管相互缠绕，且间距按标准执行。

（5）电缆不得有淋水现象（包括监控、电话、信号线）。

（6）遇到暂时不能解决或不需要解决的问题时，及时打报告，经相关部门的批准后，可以不考核，未打报告的一律按标准考核。

（7）机修车间维修的产品必须完好可靠，各种配件必须齐全，在地面所有设备、开关、电缆等由机电队负责并接受考核；经机电部门专职人员和相关部门使用人员验收合格后，并贴上合格标志后方可下井；验收不合格的产品不得下井；下井后所以设备、开关、电缆等按使用单位所考核。

（8）井上下备用设备、开关、电缆、材料必须码放整齐、卫生干净、维护管理及挂牌管理，牌上标明名称、所属部门、用途、负责人、备用日期、备注。

（9）井下带式输送机要经常性维护，发现托辊坏、架腿歪、输送带跑偏时及时调整，未维护调整按标准考核。

（10）各种挡车器必须按标准吊挂、保持灵活可靠。

（11）地滚必须按安设标准安设，并转动灵活，不得带轴一起转动，要加强日常维护保养。

（12）风机切换、低压检漏试验每天一次。综保试验每班一次，并做到井下牌板与地面软件资料记录相一致。

（13）备用设备必须妥善存放，摆放整齐，标志清楚，井下移动电气设备不能置于水中或淋水，“五小”件（电铃、按钮、打点器等）上板，三通、四通规范吊挂。

（14）辖区内机电设备综合完好率得到100%。

（15）绞车安设符合作业规程要求，运行可靠，钢丝绳、保险绳及地滚安装符合《煤矿安全规程》规定。

（16）机电维修工、带式输送机、刮板输送机、绞车司机等持证上岗。

22. 轨道及运输设备标准

（1）临时轨道轨距误差不大于10 mm、不小于5 mm，轨道接头间隙不超过10 mm；内错差、高低差不大于5 mm，水平误差不大于10 mm；主要轨道接头的间隙不得大于5 mm，高低和左右错差不得大于2 mm。

（2）轨枕间距不大于1 m，连接件齐全紧固符合要求。

（3）无杂拌道，轨枕无浮离、空吊板现象。

（4）正式运输轨道标准严格按照煤生字〔892〕号文规定执行。

（5）刮板输送机、带式输送机机头机尾牢固，铺设平、稳、直，运行管理严格按照带式输送机管理制度执行。

23. 设备与指标标准

（1）机电设备必须有煤安标志和防爆标志A。

（2）机电设备综合完好率95%。

（3）大型在用固定设备台台完好。

（4）防爆电气设备及小型电气失爆率0%（井上使用防爆电气一律按井下防爆标准考核）。

（5）在用小型电气完好率100%，电缆吊挂合格率95%。

（6）矿机车前后照明及警示尾灯无灭灯。

（7）设备待修率3%。

（8）机电事故率0.6%。

24. 机电管理及安全标准

（1）皮带走廊、运矸系统的带式输送机有以下保护：

①欠压保护；②过电流保护；③堆煤保护；④防滑保护；⑤防跑偏装置；⑥温度保护；⑦装设防逆转装置和制动装置；⑧防逆转装置；⑨卸煤口有防止人员坠入设施。

（2）要害场所应完善岗位责任制、交接班制度、操作规程、设备维修制。

（3）大型设备正确使用，精心维护，科学检修。

（4）要害场所、大型设备、带式输送机转载点、油库完善防火器材。

（5）地面皮带走廊应张挂设备操作流程图、供电系统图。

（6）供电安全可靠性。

（7）变电室悬挂供电系统图和停送电操作流程图，并根据变化及时修改。

（8）变电室健全各种记录（检修、交接班、运行等）。

（9）变电室配备防护用具（绝缘手套、绝缘靴、操作台、灭火材料）。

（10）设备挂牌管理（包括电气设备牌、电缆标志牌、设备卡），保证内容完整，并实行机电设备包机制。

（11）对机电设备正确使用、精心维护，保证定人、定期、定量。

（12）定期远方漏电试验，接地电阻测试并留有记录。

25. 运输管理及安全标准

（1）主要运输线路达到合格品。

（2）其他轨道质量需达到合格品，不得有杂拌道。

（3）主要运输线路的道岔质量达到合格完好。

（4）道岔轨型不低于线路轨型，消灭非标准道岔。

（5）运输设备综合完好率 100% 。

（6）机车完好率 100% 。

（7）在用矿车完好率 100% 。

（8）刮板输送机、带式输送机的液力偶合器，按规定使用介质和合格的安全塞和防爆片，带式输送机使用阻燃输送带，有防滑、堆煤、防跑偏保护，有自动洒水装置，输送机机头有防护栏，机尾有护罩，行人需跨越处设过桥，输送机机头机尾固定可靠。

（9）在用小绞车完好率 100% 。

（10）前后照明和红尾灯正常。

（11）有井下机车检修硐室，并有相关检修设备。

（12）使用轨道维护机具和复轨装置。

（13）各项管理制度、岗位责任制齐全、完整。

（14）有完整的设备运行检修及事故记录。

（15）工程施工技术措施齐全、完整。

（16）井底车场、运输大巷、主要斜巷、采区主要运输巷及车场经常保持清洁，无淤泥，积水，无杂物；机电硐室、机车库等要整齐、清洁。

（17）电缆和照明符合《煤矿安全规程》及有关规定的要求。

（18）工程和设备质量

①运输线路质量：主要运输线路达到优良品。

②道岔质量：主要运输线路的道岔质量达到合格；道岔轨型不低于线路轨型，消灭非标准道岔。

（19）有关运输设备应符合下列规定：

①坚持清理矿车、及时将损坏矿车送机电队修理，在用矿车保证完好。

②使用轨道维护机具和复轨装置。

③地面生产系统皮带保护齐全（防滑、防跑偏、机头、机尾防护栏、防护罩）。

（20）消灭重伤及运输重大事故。

（21）按规定每日对皮带走廊带式输送机进行检查，并留有记录，发现磨损、跑偏等及时处理。

（22）运输设备设施实现包机制，轨道实行分段包片制。

（23）有完整的设备运行检修及事故、交接班、保养记录。

26. 文明生产标准

(1) 设备要按设备性能妥善存放，摆放整齐，标志清楚。

(2) 电气设备全上架，五小件（电铃、按钮、打点器等）上板、有清楚标识，防爆电气设备和五小件有煤安和防爆标志。

(3) 机房、机道和电缆沟内外、工业广场、主井房、罐笼清洁卫生，窗明几净，防爆灯定期擦拭，无杂物，无积水，无油垢，电缆排列整齐，无锈蚀。防火器材，电工操作绝缘用品齐全合格。

(4) 无违章指挥，无违章作业，无违反劳动纪律。

(5) 主要运输大巷、风巷、各个转载点完善并坚持使用喷雾洒水系统，定期对巷道进行洒水灭尘、冲洗巷帮。

27. 带式输送机综合保护安装标准

(1) 速度保护的传感器和磁钢安装在带式输送机导向滚筒的支架上和导向滚筒上，间隙不得超过30mm。

(2) 温度保护传感器安装在带式输送机的主动滚筒附近，温度探头应紧贴主滚筒外壁，带式输送机的主动滚筒和皮带接触面的5~10 mm处。

(3) 烟雾传感器悬挂于皮带张紧段，距上输送带上方0.6~0.8 m，同时在风流下行方向距驱动滚筒2~3 m。

(4) 超温自动洒水装置的传感器安装在驱动滚筒的上方，喷头对准驱动滚筒上的输送带，其水源的阀门应是常开。

(5) 堆煤保护传感器垂直悬挂在带式输送机卸载滚筒正下方，距离卸载滚筒0.2~0.3 m，距离落煤点0.4~0.6 m。

(6) 跑偏传感器安装在距离机头20~25 m，带式输送机两边的支架上，必须用螺栓固定牢固。

(7) 带式输送机的六大保护应分别悬挂标志牌。

16.61 机电干部上岗查岗制度

为加强机电设备管理，了解和掌握设备使用状况，及时发现设备存在的隐患并迅速组织处理，确保设备安全运转，结合本矿井实际，制定本制度。

第一条 机电干部上岗查岗人员范围

机电干部上岗查岗人员主要指：机电副矿长、机电副总工程师、机电科长、机电科副科长、机电科技术员、各厂、（队）长、副厂（队）长、机电技术员等。

第二条 机电干部上岗查岗内容

(1) 检查各项规章制度张贴和执行情况。

(2) 检查操作人员持证上岗、按章操作（手指口述）情况，必要时可对操作人员“三懂、四会”内容进行提问。

(3) 检查安全保护装置使用及试验情况，查看是否灵敏、可靠。

(4) 检查设备完好情况，对设备隐患提出处理意见。

(5) 检查设备及机房硐室安全状况和卫生状况。

(6) 检查各种记录填写情况。

第三条 机电干部上岗查岗检查周期

机电副矿长、机电副总工程师：每月上岗检查1次。

机电科长、机电科副科长、技术员：每月上岗检查2次。

各厂（队）长、副厂（队）长、技术员：每月上岗检查5次。

第四条 机电干部上岗查岗要求

(1) 各级机电干部要按照上岗查岗周期规定，进行上岗检查。

(2) 上岗查岗时，要按照本制度规定的查岗内容进行认真检查，并按照要求填写干部上岗查岗记录。

(3) 上岗查岗时发现的问题，要通知责任单位按“二定”（定人、定时）进行处理。责任单位将问题处理完毕后，向检查人反馈处理结果。

(4) 机电干部上岗查岗时发现的重大安全隐患，要立即通知责任单位处理，并与责任单位共同制定整改方案。责任单位问题处理完毕后，检查人员要到现场落实隐患整改情况。

(5) 上一级的机电干部上岗检查时，要把下一级机电干部上岗情况作为一个主要问题进行检查，对上岗次数不够的机电干部要进行批评教育，并按相关规定处罚。

(6) 对于机电干部上岗查岗发现的问题，责任单位要积极认真地进行整改处理，在规定期限内不能处理的，对责任人每条罚款×××元。

16.62 机电运输系统培训制度

根据《煤矿安全规程》第六条“煤矿企业必须对职工进行安全培训，未经安全培训的，不得上岗作业。特种作业人员必须按国家有关规定培训合格，取得操作资格证书”的规定，结合本矿实际，制定本制度。

第一条 所有从事机电运输作业的人员，必须按照有关规定进行培训并经考试合格，取得本岗位的操作资格证书后，方可上岗作业，做到人人持证，合法操作，坚决制止无证操作。

第二条 新入矿从事机电运输作业人员，根据《煤矿从业人员安全生产培训大纲》规定：接受安全教育培训时间不得少于72 h，考试合格后，具备入井实习资格，在老工人的带领下，实习2个月，经考试合格后，方可独立上岗作业。每年在培训时间不得少于20 h。

第三条 对调换工作和采用新工艺作业的人员，以及离岗一年以上重新上岗的人员，必须由部门负责组织到职工培训科培训，经考试合格后，方可重新上岗。

第四条 特种作业人员的培训，应根据国家安全生产监督管理总局、国家煤矿安全监察局下发的安监总煤矿字135号文件的规定。

特种作业是指容易发生人员伤亡事故，对操作本人、他人及周围设施的安全可能造成重大危害的作业。直接从事特种作业的人员成为特种作业人员。

(1) 机电运输特种作业工种

①井下特种作业工种：矿山井下电钳工、矿井主排水工、电气设备防爆检查工、绞车操作工、固定带式输送机操作工、信号工、主提升机操作工、把钩工。

②井上特种作业工种：低压电工、金属焊接（切割）工、大型空压机操作工、主通风机操作工、主提升机操作工、信号工、把钩工。

(2) 特殊工作必须参加具备相应资格的煤矿安全培训机构组织的安全作业培训，经省级煤矿安全监察机构考核合格，取得特种作业操作资格证书，方可上岗作业。

(3) 特种作业人员的复审。

特种作业操作资格证的有效期为6年，每2年复审1次，特种作业操作需延期或复审的，应当与满期前1月内向原发证部门或者异地相关部门办理延期或复审手续。复审内容包括责任事故记录，违法违章记录、参加培训记录等。复审不合格的，经重新安全培训考试合格后，办理延期手续。个人在特种作业操作资格证有效期内，连续从事本工种10年以上，严格遵守有关安全生产的法律法规的，在特种作业操作资格证的有效期满时，经原发证部门或异地相关部门同意，不再复审，特种作业操作资格证的有效期延长2年。

第五条 机电运输系统除特种作业人员以外，一般工种的操作证应每年复审检验一次，逾期不检验者，操作证自行作废。

第六条 所有机电运输作业人员，每年接受在职安全教育，培训的时间不少于20h。机电科应利用安全教育的时间，有计划有目的地对机电运输职工进行安全教育培训。

第七条 机电运输系统井下作业人员应掌握下列知识和技能：

（1）安全生产法律法规和上级指示。

（2）矿井概况，工作环境及井下危险因素所从事工种的职业健康伤害和伤亡事故，该工种的安全职责、操作技能及强制性标准。

（3）拒绝违章指挥和冒险作业，紧急情况下停止作业和撤离现场的责任、义务和权利。

（4）应急救援预案和发生瓦斯爆炸、水灾、火灾、顶板等灾害的自救、互救方法和避灾路线。

（5）安全生产规章制度和劳动纪律。

（6）自救器等安全逃生装备和设施的使用与维护。

（7）入井须知通风安全系统、报警系统和安全指示标志。

（8）瓦斯、一氧化碳等有害气体的性质、危害及瓦斯聚集的预防。

（9）其他相关的安全生产知识和技能。

第八条 机电科职责范围

（1）负责机电运输系统现有岗位人员进行分工种管理，与职工培训科联系，按有关规定进行安全培训。

（2）负责向职工培训科及时提供调出人员名单资料。

（3）负责向职工培训科提供机电运输系统新入矿人员名单，并负责组织新入矿人员到职工培训科参加安全教育培训。

16.63 安全活动制度

矿所有使用机电设备的部门都是机电、运输安全活动的主体，本制度适用于上述各部门。

第一条 安全活动领导组成员：安全副矿长、机电副矿长、机电副总工程师、机电科科长。

第二条 各部门活动时间及安排

（1）各部门每月15日前自行组织机电、运输专业的学习一次，学习要有组织，有记录。机电科将定期检查记录作为本月考核依据。

（2）各部门要积极开展机电、运输设施的自查自纠活动，每周不少于一次，检查出的机电、运输问题整改情况要有记录。

（3）机电科要积极开展机电、运输专业的技术比武，促进职工技术业务能力的提高，要求每年进行一次，比武情况由机电科负责存档管理。

第三条 矿集中活动时间及安排

（1）每周由机电矿长牵头，自查一次全矿井所有机电设备，将检查结果记录存档；每月由安全矿长或机电矿长组织一次安全检查活动，问题及时处理；对安全工作做的好的进行奖励，对做的不好的公开处理。

（2）每周组织一次安全日活动，各部门机电技术员参加，学习各项规章制度，进行安全技术培训，分析执行规程中存在的问题，以及不安全现象的未遂事件，总结反“三违”事故措施执行情况，做到有计划、有目标、有记录、有效果。同时制定出一系列的防患措施。

（3）机电科每月25日前组织对各单位进行机电、运输专业的全面检查，各单位第一责任人及技术员必须参加，检查结果作为本月安全生产标准化的考核依据。

（4）机电科将当月机电安全活动主题，以及各类检查标准录入井口电子屏循环播放。参照《井下防爆设备检查标准防爆50条》等内容。

16.64　设备外修管理制度

为规范设备外修及外协维修工作程序，维护矿利益不受损害，制定本制度。

第一条　适用范围

本制度适用于设备及零部件的外修，外协单位及个人入厂维修或服务的管理。

第二条　职责

(1) 外修执行人员认真履行职责，按照程序办好出、入库的登记工作。

(2) 各厂、队机电负责人做好设备外修及外协施工计划，对外协施工人员进行监督与管理，确保施工质量，对外修设备及零部件的维修质量进行跟踪。

(3) 外协联络人员，按照程序和申请提出外协事宜，厂队负责人一起对价格进行洽谈与审核。对于外协工程或维修消费数额超过×××元的应采取招标的方式，签订协议或合同，确保矿利益不受损害。

(4) 仓库保管要对入库备品配件认真做好登记，防止错记、漏记。

第三条　程序

(1) 设备及零部件外修程序

①厂、队有外修任务时，由机电负责人填写申请单，机电矿长批准后方可联系外修。

②外修任务结束后，外修执行人员必须将外修设备或零部件交所在厂队机电负责人进行验收。

③验收合格后，外修人员将消费发票（收据）交任务派出厂、队负责人审核签字、分管领导、总经理审核签字后到财务报销费用。

(2) 外加工及小额采购程序

①厂、队需要外加工零部件或紧急小额采购（需经供应科联系确认价格）时，要填写申请单，交厂负责人批准后方可联系外修执行人员。

②任务结束后，外修执行人员必须将外加工及小额采购零部件交所在机电负责人进行验收。

③验收合格后，外修人员办理入库手续，然后将消费发票（收据）交厂队负责人审核签字、分管领导、总经理审核签字后到财务科报销费用。

16.65　机修厂机电设备检查及工件制作管理制度

为进一步加强机修车间管理，规范设备加工与维修市场化运营管理，结合本矿实际，制定本制度。

第一章　加工范围划分

第一条　本制度适用于各科室、厂队及机修车间的零配件制作与管理等工作。

第二条　机修车间加工、维修范围包括：各厂队生产所需的各类型零、部件的加工、维修；矿属小型设备的维修等。如：各种规格托辊维修、带式输送机的地面检修、维护及皮带架维修、液压单体、水泵、电机等的维修；“五小”电气及各种开关维修；各种接地棒、电缆钩、水管钩及插销、三通、过桥等非标件的加工。

非标设备制作必须按照图纸及相关要求制作，禁止不经分管厂长及技术人员同意擅自修改图纸，严禁没有图纸盲目加工制作。制作完成后必须由机电科、机修厂及使用方三方进行检验，严禁未经检验直接交付使用。

第三条　井下工程包括：井下管路安装、拆除、回收；井下龙门改造以及井下其他附属设施的安装、调试。此项工程可通过机电科开具签证单确认后，单独进行结算。

第二章 机修厂加工维修管理

第四条 机电科负责矿属各科室、厂队的机加工件、维修件的审批及加工量核定。

第五条 机修厂应积极参与矿井各生产厂队应急故障的抢修工作，了解井下设备运行情况，加大井下抢修技能培训。

第六条 各科室、厂队不得直接对机修车间安排加工任务，各单位小型维修、加工需先由各科室、厂队填写加工维修单，经由科室、厂队负责人签字后，报分管领导审批，方可安排加工。对于紧急配件，可先交付机修车间进行处理，后补办相关手续，补办时间不得超过1天。对于无票的加工件，月末不予办理结算手续。

第七条 各厂队因设备故障，或生产组织所需，需机修车间人员进行辅助抢修时，应首先办理临时用工单。月末由机修车间负责进行统计，按照相关规定进行结算，无派工单，将不予进行结算。

第八条 凡属厂队需进行维修的设备或数量超过20件以上的零部件加工、维修，需办理《加工、维修任务单》，经相关领导签字后，方可进行维修、加工。凡属井下改造、安装工程需办理《临时任务单》，经相关领导签字后，交付机修厂方可进行施工，机修厂根据签证单进行施工。

第九条 对于由厂队提报的加工件，应首先由厂队技术人员出具相应的零、部件结构图纸或实体参照物，经机电科审核后开具加工票，方可安排机修厂加工。若厂队无法提供实际图纸，将由机修厂委派技术人员，现场测量绘制后，进行加工。

第十条 机修厂班组使用材料严格按照检修设备、加工图纸实际需要进行领取，严禁以大代小等浪费现象发生。对于因加工图纸尺寸误差造成加工件不能使用、材料浪费情况，由具体责任人员承担损失量的20%。

第十一条 各厂队需维修设备在办理回收票据后，将设备交付机修车间，由机电科分管人员会同机修厂技术人员、厂队人员，对设备损坏原因进行现场分析，填写检验报告，经三方确认签字后方可进行维修。设备维修人员对所需修理设备的结构、性能及重要部位作全面了解，根据设备故障及图纸要求结合修理经验制定修理方案，严禁敷衍了事。维修时更换配件需遵守“能小修不大修、能大修不更换”的原则，维修工作完成后应做到“工完、料净、场地清”，严格遵守维修前检查、制定维修工艺、维修后验收、调试、投用五步骤。

第十二条 厂队所需维修设备、部件，若机修厂现有条件无法完成修复，需离矿进行维修时，必须经得机电科等相关部门和矿领导的同意，办理相关设备离矿手续，严格按照设备外修制度执行。

第十三条 每月20日前，由厂队材料员统计并核实库存及井下需维修、加工件情况，制定下月加工、维修统计表报机电科，由机电科审核通过后向机修厂下达维修、加工任务计划。若厂队未及时申报下月加工计划量，机修车间工作任务紧张，月中将不予安排加工，造成影响由厂队自行承担。

第十四条 机修厂接到加工、维修任务单后，立刻按照任务单中要求时间，保质保量地完成加工任务。对于在规定时间内不能完成的，应提前通知机电科，以便进行协调。对于未通知机电科，而没有在规定时间内完成的，对生产造成影响的，将对机修厂处以×××元的罚款。

第十五条 机修车间必须建立自己完善的加工维修记录，对每件加工件必须建立加工图纸资料，并附有加工用料、用工、用时及材料归属等详细加工参数以备审核。经检查发现资料不全，将对机修厂责任人处以×××元的罚款。

第十六条 维修设备所需零部件要严格按照图纸或说明书要求申请采购，装配前要求对所购配件进行检验，否则影响生产处罚相关责任人。必须按照使用要求使用修理设备及工具，如因人为原因造成工具损坏，应造价赔偿。

对于加工、维修完成的零、部件不得在车间长时间闲置存放，由机修厂及时通知厂队相关人员进行领用。如各厂队在接到通知后2日内未领取，将对该厂队主要负责人（队长）处以每日×××元罚款，逐日累计处罚。机修厂要建立领用出库记录，对于经车间维修后的中型、大型设备，在维修完毕后，应立即通知机电科及厂队技术人员组织验收，验收合格填写验收单后方可交付使用单位。

第十七条　机修车间修复完毕的设备，如水泵、电机、风机等，必须经机电科、厂队、机修车间三家单位按相关设备技术性能要求及完好标准，设备运转平稳、冷却润滑良好、轴承温度正常、壳体振动不超过标准、性能达到要求、密封泄露符合要求。对修复设备进行现场检测，由机电科、机修厂及厂队有关技术人员三方签字确认，共同签署验收单方可交付厂队使用。

第十八条　机修厂对维修完毕的设备，建立设备台账，进行统一编号。对于在限定质保期限内再次出现同样故障时，仍由机修车间免费负责进行维修。

第三章　结算报账相关规定

第十九条　每月20日，机电科开始办理本月机电类加工、维修结算手续，机修车间于25日之前必须将本月所产生费用结算，并挂账完毕。对于因车间自身原因，未能够按时挂账，对矿当月成本考核造成影响，对机修厂按照拖延一天罚款×××元进行处罚。

第二十条　所有加工、维修量工作均按照矿所给出定额规定严格执行。对于无法依据定额进行结算的项目，需经维修方与使用方双方协商同意后，以协议形式进行结算。

第二十一条　机修厂参与井下工程时，必须配备专职电工，负责井下使用电气设备的完好情况，队组不予另行安排人员。井下施工，必须严格按照矿井各项管理规章制度执行。

16.66　大型机电设备安装设施验收管理制度

为进一步规范大型机电设备安装、改造、验收管理工作，强化大型机电设备安装、改造工程的设计、选型、设备购置、施工和验收等环节的管理和监督，强化业务保安部门的管理职能，防止大型机电设备恶性事故的发生，特制定本制度。

第一章　工程设计、设备选型及审批

第一条　大型机电设备安装、移装、重大技术改造的设计，设备的选型应遵循安全可靠、技术先进、经济合理的原则，并尽量考虑设备的通用性、互换性。

第二条　大型机电设备安装、移装，重大技术改造工程的设计，设备选型由矿主管领导牵头组织有关部门和单位的工程技术人员进行论证。

第三条　凡进行大型机电设备安装、移装、重大技术改造的单位，必须事先向机电科递交《大型机电设备安装、移装、重大技术改造项目申报表》（表5－16－64）。

表5－16－64　大型机电设备安装、移装、重大技术改造项目申报表

项目	内容
申报单位	（盖章）
安装项目名称	
项目实施的目的	
设计单位	
安装单位	

表5-16-64（续）

项目	内容
开工时间	
其他需要说明事项	
机电科审批意见：	

第四条 机电科对申报的项目组织有关部门对项目的合理性，设计单位和施工单位的资质进行审查，审查合格同意签字后，方可开始施工。

第二章 安 装

第五条 大型机电设备安装前，由安装单位会同使用单位对设备进行检查验收，对到货设备是否符合选型要求，设备的附件、备件和工具、技术资料是否齐全进行验收，将验收结果报机电科，验收合格后方可安装。

第六条 安装单位施工前必须编制施工技术方案及施工安全措施，由安装单位有关业务部门和总工程师审批，并报机电科备案。

第七条 安装单位对安装施工进度应进行排序，并制定施工图表。排序表及实际进度报机电科。

第八条 新设备安装必须按《安装工程质量检验评定标准》及《煤矿安全规程》要求执行；移装的设备原则上按完好标准执行。

第九条 大型机电设备安装的巷道、硐室设计必须保证机电设备运行、维护的需要，施工质量必须达到煤矿安全生产标准化标准。安装前由使用单位生产副矿长或总工程师组织，安装单位参加，对巷道、硐室进行验收，达不到设备安装条件的，安装单位有权拒绝安装。

第十条 机电科应根据安装单位施工进度，安排或委托人员现场对施工质量，重要环节及隐蔽工程进行动态监督检查。如发现有影响安全运行的重大隐患，机电科有权停止其施工，并要求施工单位采取有效措施，落实整改后，方可继续施工。

第三章 验 收

第十一条 大型机电设备安装完毕后，必须进行调试和试运转，符合设备技术文件和安装标准要求后，由使用单位机电副矿长或机电副总工程师组织有关人员会同安装单位进行初验。

第十二条 初验合格后，由使用单位向机电科提出正式验收申请，由机电科组织安装单位、使用单位及有关业务部门进行质量验收。验收合格后，由机电科和使用单位在验收证明文件上签字、盖章认可后，安装单位方可与使用单位办理交接手续。

第十三条 新设备安装验收按《安装工程质量检验评定标准》（MT 5010）执行；移装设备验收按完好标准执行。

第十四条 大型机电设备安装完工，不进行质量验收的，严禁投入运行。

第四章 责 任 追 究

第十五条 不执行规定，使用单位擅自安装或委托安装，追究使用单位主管负责人责任，由此造成的后果由使用单位和安装单位承担全部责任。

第十六条 设计、选型不当造成损失或事故，追究论证、牵头部门或人员责任，并追究设计部门或单位的责任。

第十七条 设备本身存在达不到选型技术性能要求的缺陷和质量不合格，追究采购部门责任，并追究设备到货安装前验收环节各单位的责任。

第十八条　安装不合格不能投运，并追究安装部门责任；因安装质量问题投运后发生事故，除追究安装单位责任，还要追究验收人员责任。

第十九条　安装单位主管领导对安装工程负管理责任，总工程师负技术管理责任，施工单位负现场管理责任，业务主管部门负业务保安责任。

第二十条　责任追究按矿责任追究办法及有关管理规定执行。

16.67　机电、运输事故追查分析管理制度

根据《煤炭工业企业设备管理规程》的相关要求，为加强本矿机电、运输事故管控，特制定本制度。

第一条　凡在生产、施工过程中发生的机电、运输设备事故，应按本制度有关规定进行登记、调查、分析、统计和报告；因机电、运输设备发生事故，同时造成人身伤亡时，应遵照国务院《工人、职员伤亡事故报告规程》的规定上报。因其他灾害事故造成的机电、运输设备损坏，不作为机电、运输事故统计范畴。

第二条　机电、运输事故按其影响生产或基建施工时间，造成损失程度和性质，分为一般事故、重大事故和特大事故三种。

1. 一般事故

具有下列情况之一者，称为一般事故：

（1）造成设备直接损失价值0.1万~2万元者。

（2）造成设备停运影响生产或基建施工1 h及以上或产量损失200 t及以上者。

（3）机修厂、洗煤厂内造成车间供电中断1~4 h或全厂供电中断10~30 min者。

（4）乘人罐笼卡罐1 h以上者。

（5）3 kV级以上变配电设备误停、送电者。

（6）提升设备的断绳、蹲罐、坠罐、坠箕斗，大型物件坠入井筒，运输设备的碰头、追尾、车辆颠覆、斜井跑车，压风机风缸、风包及风管爆炸或风缸捣毁，输送带、电缆或电气设备着火等恶性事故，造成经济损失达到一般事故程度者。

2. 重大事故

具有下列情况之一者，称为重大事故：

（1）造成设备直接损失价值2万以上到50万元者。

（2）提升设备卡罐达4 h以上者。

（3）主排水泵停泵，造成泵房进水或淹泵者。

（4）全矿井停电10 min以上，地面工厂车间供电中断4 h以上至7天或全厂供电中断30 min以上至2天者。

（5）提升设备的断绳、坠罐、坠箕斗、蹲罐、过卷，大型物件坠入井筒，运输设备的碰头、追尾、车辆颠覆、斜井跑车，皮带、电缆或电气设备着火，3 kV级及以上变配电设备误停、送电，压风机风缸、风包及风管爆炸或风缸捣毁等恶性事故；造成经济损失超过一般事故程度者。

（6）对高瓦斯矿井地面瓦斯抽排泵站，停止运行20 min及以上者。

（7）主通风机及分区通风机停风：高突瓦斯矿井10 min及以上，其他矿井20 min及以上者。

3. 特大事故

具有下列情况之一者，称为特大事故：

（1）造成设备直接损失价值超过50万元者。

（2）因机电、运输事故引起的淹井、着火、瓦斯爆炸、停电造成全矿井停止生产8 h以上，基建

施工企业造成全部矿井工程停工 8 h 以上者。

(3) 机修厂、洗煤厂车间供电中断 7 天以或全厂中断供电 2 天以上者。

4. 未遂事故

提升设备的过卷，大型物件坠入井筒，运输设备的碰头、追尾、撞信号，3 kV 级以下的变配电设备误停、送电等恶性事故；经济损失未构成一般事故，但情节严重，应视为未遂事故。

第三条 事故汇报

(1) 严格执行《煤炭工业企业机电事故管理办法》。机电科指定专人管理机电运输事故，各单位机电负责人负责事故的登记和上报。

(2) 发生一般机电运输事故时，各单位的机电负责人应立即向机电科、调度室汇报，在 2 天内填写《一般机电事故登记表》交机电科事故管理人员，发生重大、特大机电事故时，机电科应立即按规定向上汇报。事故单位应将机电事故发生经过、原因分析、采取的措施、事故责任者，逐项填入《重大、特大机电事故报告表》于 3 日内报机电科。

(3) 机电运输事故发生后按下列程序抢修恢复生产。即：一般机电事故由机电科负责组织抢修。发生重大、特大机电事故，必须立即上报主管矿长、总工程师，安全科和上级机关，由机电矿长亲临现场具体负责组织人员进行处理。

第四条 机电运输事故追查

(1) 事故追查参加单位：一般事故由矿调度室组织，安全科、机电科、事故单位参加；重大机电运输事故由机电矿长组织，安全科、机电科、事故单位参加；特别重大机电运输事故及由此造成的人身伤亡事故，由集团矿机电部和安监部组织有关单位进行分析、追查、处理，结果上报矿，下发事故单位。

(2) 设备使用部门和机电科都要建立事故和未遂事故记录，做好统计分析工作，对发生的事故类别、时间、场地、设备部位和原因进行分析研究，制定改进措施，对设备本身存在的问题，要向设备检修单位或生产厂家反映，通过改造来提高设备的安全可靠性。

(3) 2 h 以下事故由队内组织追查，事故报告队内留存，以备检查。2 ~ 4 h 事故由机电科组织追查，事故报告报矿领导审核批准后，机电科留存 4 h 以上机电事故由机电矿长组织追查，事故报告报矿主要领导审核批准后，机电科留存，下发事故单位。

(4) 追查分析内容如下：

①机电运输管理制度是否健全。

②规章制度执行情况。

③安全设施是否齐全。

④是否存在违章指挥、违章作业、违反劳动纪律。

⑤工作人员是否持证上岗，违反操作规程。

⑥日常检查维护是否按检修检查制度执行。

⑦检修量是否到位。

(5) 机电运输事故的罚款及处罚标准：一般机电运输事故，酌情罚事故部门 × × ×元，罚事故部门负责人 × × ×元，罚事故责任人 × × ×元；重大机电运输事故，酌情罚事故部门 × × ×元，罚事故部门负责人 × × ×元，罚事故直接责任人 × × ×元；特大机电运输事故的处罚，根据直接经济损失，按照事故追查结果，由矿领导上会决定。对不如实反映事故经过，伪造事故现场、隐瞒编造事故情节者，要加倍处罚。

(6) 机电科会同安全科本着“四不放过”的原则对发生事故的单位或个人认真进行追查，按责任大小、情节轻重和造成的后果，给予批评教育、经济赔偿或行政处分以至追究刑事责任的处罚，对隐瞒事故情节或不报者应加重处罚。

16.68 机电设备进出厂检查验收制度

为有效规范机修厂机电设备进出厂检查验收工作，进一步明确验收程序和相关人员的职责，合理调解进出厂中发现的问题，确保验收工作健康有序开展，结合本矿实际，制定本制度。

第一条 设备进出厂验收组织

矿成立机修厂进出厂验收领导小组。组长由机电副矿长担任，成员为机电科科长、分管技术员，机修厂厂长、技术员、班组长、车间相关维修人员。

第二条 验收小组成员职责

验收小组成员负责完成进出厂设备验收管理工作，贯彻实施矿设备质量相关规定，完成设备进出厂验收的日常工作。对设备存在的问题确定明确的处理意见，组织落实处理和过程的监督，保证验收工作健康有序进行。

第三条 设备进出厂验收具体要求

1. 设备进厂验收

（1）设备进厂验收由本厂设备进出厂验收小组成员共同完成，设备进厂验收分两步完成。

第一步是进厂的初验：主要是对设备的表面问题验收，包括：设备零部件是否齐全，外部零部件损坏情况。

第二步是解体后的验收：由机修厂相关维修人员完成设备整体及零部件拆解，拆解过程同时将零部件进行表面卫生处理，然后技术人员与维修人员共同对设备的零部件进行检查检测，对损坏的零部件做好记录。

（2）完成初验及设备零部件检查检测后，通知送修单位及验收领导组成员，再次到现场对拆解检查情况进行确认，完成入厂设备全面验收，并将验收情况填写“设备验收记录”，为检修提供依据。

2. 设备检修后的出厂验收

设备维修完成后，首先班组进行自检，然后经验收领导小组复检，确认可以出厂，贴完好设备标识、纳入完好设备管理。生产单位领用时，再次对设备完好情况进行验收、试运转，运转时间符合相关规定。试运行过程出现问题要及时处理，然后再次进行运行试验，直至达到设备技术性能相关要求。机电科相关管理人员填写“完好设备出厂调拨单”后，方可出厂使用。

第四条 相关处罚

（1）验收过程不严格执行制度规定、影响维修质量或造成不完好设备出厂，对安全生产造成影响的，将追究相关责任人责任。

（2）验收过程弄虚作假、掩盖问题、造成维修费用失实，或导致不完好设备出厂而影响生产时，对相关责任人员从重处罚。

16.69 设备维修质量验收制度

为认真贯彻上级和我矿设备管理制度的有关规定，加强机电设备升井、入厂检修管理，提高检修质量，满足生产需要，特制定本制度。

第一条 设备检修质量检查验收，坚持检修人员自检为主，验收人员综合检验为辅的原则。检修员对检修质量负有直接责任，检查验收人员对检修质量负有验收责任。

第二条 全矿各单位机电设备需送矿机修厂检修时，送修单位的设备管理员，必须持被修设备的账卡和编号，会同承修单位设备管理员对进厂设备检查验收，填写验收单，办理设备增减变动手续，及时变更设备状态；不按规定进行验收，不填写验收单的设备，一律视为“无主设备”，由承修单位临时保管，不承担任何责任。

第三条 进厂设备检查验收时，送修单位应同时说明设备送修原因、损坏程度，提出检修质量和要求，对因事故而造成损坏的设备，送修单位必须讲清事故的具体情况和主要责任者。承修单位在验收单上注明设备外观检查情况，对设备零部件不齐全，运输中无故损坏或有拆、砸、碰、摔情况时，承修单位向分管领导汇报，进行处理。

第四条 承修单位的主管技术人员应及时组织有关人员对设备进行拆检、会诊，根据送修单位介绍的情况和提出的要求，确定检修部位、施工方法、工艺要求、质量标准，提出安全技术措施，编制施工配件、材料、计划，落实施工班组、工种人员、工时定额，由有关业务人员下达检修任务书或施工单。

第五条 承修单位必须保证设备的检修质量，严格按质量标准，工艺要求进行施工，检修质量应符合《煤矿矿井机电设备完好标准》的规定。在检修过程中造成的设备或零部件损坏，一律由承修单位负责，施工中发现新的设备缺陷，不论送修单位是否同意，必须采取措施消除。施工班组应指定专人做好检修记录，中间验收和竣工自检、测试。无检修记录的设备，一律视为质量不合格。

第六条 设备检修完成后由承修单位对检修的设备进行鉴定确认无问题后，并根据检修内容填写设备检修质量记录单，再联系机电科及送修单位，双方共同检查验收，填写验收确认单。承修单位出示设备检修记录，说明检修情况，提供必要的技术数据，有条件时应送电试运转检查验收，对送修单位提出的检修质量问题，机电科视情况做出处理决定，需整改返修的应及时返修。严禁检修质量不合格的设备出厂，严禁不进行验收、不填写验收单的设备出厂。

第七条 一般机电设备的检修记录，由承修单位编号登记保管备查，大型设备的检修记录，应将原始记录整理复制一份随机交送维修单位，存入设备履历档案备查。

第八条 在每项检修工作结束后，检修人员按照质量标准，自行检查，并做到不符合规定标准不交验收，自己不满意不交验收，缺陷没有消除不交验收。

第九条 所有检修设备的检修记录齐全，设备经验收合格后方可交由队里使用。

第十条 质量验收施行验收人员签字责任制，即谁签字谁负责。

第十一条 设备验收前，验收人员应向检修人员进行必要的询问，对验收重点应按相关设备检修规程、厂家检验标准等要求，亲自实施全过程监督，以保证设备的数据真实，针对存在的问题给予技术指导。

第十二条 设备维修部门在验收前应提交设备检修记录表，其内容应包括：

（1）设备检修情况已完检修项目、未完检修项目及原因。

（2）检修的质量情况，包括发现和消除的主要设备缺陷，更换的主要部件和遗留问题。

（3）检修中的技术记录情况。

（4）检修中安全情况。

第十三条 验收人员根据设备检修完成的项目、进度、安全、现场清洁等情况，对检修质量进行初步评价。

第十四条 检修人员对验收人员提出的问题和意见应进行认真回复，对在验收中发现设备还存在的缺陷，应在规定的时间内处理完成，由验收人员进行复查。

第十五条 验收工作完成后，并经验收人员签字确认无误后，通知设备使用部门，并向设备操作人员书面交代设备操作运行中的注意事项。

第十六条 有下列情况之一者，不予验收：

（1）检修项目和内容没按要求完成，且无正当理由。

（2）检修质量未达到标准。

（3）检修后场地、设备本体卫生不干净。

（4）检修记录不齐全、不准确。

（5）设备润滑系统漏油及其他漏点消除不彻底。

（6）待检设备防护不齐全。

第十七条 机电设备检修、验收标准

1. 通用部分

1）紧固件

（1）螺纹连接件和锁紧件必须齐全，牢固可靠，螺栓头部和螺母不得有铲伤或棱角严重变形。螺孔乱扣、秃扣、滑扣时，在不影响机体强度的前提下，允许扩孔，增大螺栓直径。

（2）螺母必须拧紧，螺栓的螺纹应露出螺母1～3个螺距，不得在螺母下加多余的垫圈来减少螺栓伸出长度。

（3）螺纹表面必须光洁，不得用粗制螺纹代替精制螺纹。

（4）同一部位的紧固件规格必须一致，材质应满足设计要求。主要连接部位或受冲击载荷容易松动部位的螺母，必须使用防松螺母或其他防松装置。

（5）螺栓不得弯曲，螺纹损伤不得超过螺纹工作高度的一半，且连续不得超过一周。连接件螺栓的螺纹在孔内部部分不得少于两个螺距。沉头螺栓拧紧后，沉头部分不得凸出连接件的表面。

（6）使用花螺母时，开口销应符合要求。使用止动垫圈时，包角应稳固；使用铁丝锁紧时，其拉紧方向必须和螺旋方向一致，接头应向内弯曲。

（7）弹簧垫圈应有足够的弹性（自由状态开口重叠部分不得大于垫圈厚度的一半）。

（8）螺栓头部或螺母必须和相接触的部件紧贴。如该处为斜面时，应加相同斜度的斜垫。

2）键和键槽

（1）键的表面应光滑平整，四角倒棱，材质的抗拉强度不低于45号钢的强度。

（2）键与键槽之间不得加垫。平键键槽磨损后，允许加宽原槽的5%。轴及轮毂的键槽宽度应一致。

（3）键装入键槽后，其工作面应贴合紧密，接触均匀；非工作面应按规定留有间隙。

（4）矩形花键及渐开线花键的接触齿数应不少于2/3。键齿厚的磨损量不得超过原齿厚的5%。

3）轴和轴承

（1）轴不得有裂纹、严重腐蚀或损伤，直线度应符合技术文件的规定。轴颈加工修整量不得超过原轴颈的5%。

（2）轴与轴孔的配合应符合技术文件要求。超差时，允许采用涂镀、电镀或喷涂工艺进行修复。在强度许可条件下，也可采用镶套处理，但不得用电焊处理。

（3）轴颈的圆度及圆柱度，除技术文件规定者外，应不大于表5－16－65的规定。

表5－16－65 轴颈的圆度及圆柱度 mm

圆度	0.015	0.018	0.020	0.023
圆柱度	0.022	0.025	0.029	0.032

（4）滑动轴承的工作面不得有裂纹、伤痕、重皮、点蚀或剥落；局部出现沟痕或损伤时，允许修复使用，修复后的表面粗糙度、圆度、圆柱度应不大于原设计要求。

（5）轴颈与轴瓦的顶间隙，应符合表5－16－66的规定。轴瓦的侧间隙约为顶间隙的1/2。

（6）轴瓦与轴颈的承载部分应有90°～120°的弧面角度接触，其接触长度不得小于轴瓦长度的80%。滚动轴承轴承元件不得有裂纹、伤痕、锈斑、剥落、点蚀或变色，保持架完整无变形，转动灵活，无异响。

表5－16－66 轴颈与轴瓦的间隙 mm

配合间隙	轴颈	最大磨损间隙
0.050～0.128	＞30～50	0.20
0.060～0.152	＞50～80	0.25
0.072～0.180	＞80～120	0.30
0.085～0.211	＞120～180	0.35

（7）轴承内圈与轴颈、轴承外圈与轴承座的配合应符合技术文件要求；无具体要求时，应分别参照表5－16－67和表5－16－68的规定执行。

（8）滚动轴承径向磨损极限应不超过表5－16－69的规定。

（9）安装圆锥滚柱轴承时，必须用垫调整轴向间隙，使其符合设计图纸要求；无规定时，应符合表5－16－70的规定。

表5－16－67 轴承内圈与轴颈配合（K6） mm

轴颈	配合盈量
＞30～50	0.002～0.030
＞50～80	0.002～0.036
＞80～120	0.003～0.045
＞120～180	0.003～0.053

表5－16－68 轴承外圈与轴承座配合（J7） mm

轴承外径	配合间隙（＋）或盈量（－）
＞50～80	＋0.031～－0.012
＞80～120	＋0.037～－0.013
＞120～150	＋0.044～－0.014
＞150～180	＋0.051～－0.014
＞180～250	＋0.060～－0.017
＞250～315	＋0.071～－0.017

表5－16－69 轴承径向磨损间隙 mm

轴颈	配合盈量
＞30～50	0.15
＞50～80	0.20
＞80～120	0.25
＞120～180	0.30

表 5－16－70　圆锥滚柱轴承轴向间隙　mm

轴承内径	轴向间隙
＞30～50	0.05～0.12
＞50～80	0.06～0.14
＞80～120	0.07～0.17

（10）装配时应将轴承上注有字样的端面朝外，轴承必须紧贴在轴肩或间隔套上，不得有间隙（可调整的轴承例外）。

（11）轴承装配后应按规定加注适量的润滑脂或润滑油，用手转动时轴承应能轻快、灵活转动；运行时应无异响或异常振动。

（12）滚针轴承的表面不得有划痕或退火现象。拆卸时不得弄混套，应原套装在原轴上。同一组直径磨损量不得超过 0.005 mm。滚针轴承磨损量不得超过 0.02 mm。

4）齿轮

（1）齿轮不得有断齿，齿面不得有裂纹或剥落等现象。

（2）齿面出现早期点蚀，如不再发展，仍能继续使用。但达到下列情况之一时，必须更换：点蚀区高度为齿高的 100%；点蚀区高度为齿高的 30%，长度为齿长的 40%；点蚀区高度为齿高的 70%，长度为齿长的 10%。

（3）齿面胶合区达到齿高的 1/3、齿长的 1/2 时，必须更换。

（4）齿面出现轻微磨损可继续使用，但不得超过下列规定：硬齿面齿轮，齿面磨损达硬化层 5%；软齿面齿轮，齿面磨损达齿厚的 10%；开式齿轮齿厚磨损达原齿厚的 10%。

（5）圆柱齿轮副啮合时，齿长中心线应对准，偏差不大于 1 mm。圆锥齿轮副啮合时，端面偏差不大于 1.5 mm。

（6）新更换齿轮副的啮合，其接触斑点面积应符合下列规定：

①圆柱齿轮沿齿长不小于 50%，沿齿高不小于 40%。

②圆锥齿轮沿齿高、齿长均不小于 50%。

③弧齿锥齿沿齿高、齿长均不小于 30%～50%。

④蜗轮沿齿长不小于 35%，沿齿高不小于 50%。

⑤圆柱齿轮副与蜗轮副接触斑点的分布位置应在齿面的中部。

⑥圆锥齿轮应在齿面的中部，并接近小端。

（7）齿轮副装配时，圆柱齿轮、圆锥齿轮（包括弧齿锥齿轮）的侧隙及中心距极限偏差应符合技术文件要求；无规定时，应符合表 5－16－71 及表 5－16－72 的规定。

（8）蜗轮副装配时，其保证侧隙与中心距极限偏差应符合技术要求；无要求时，应符合表 5－16－73 的规定。

（9）齿轮副侧隙的检查。

①用百分表检测齿轮侧隙时，应将百分表测头与齿轮齿面垂直接触，转动与百分表测头相接触的齿轮，测出其游动量即为所测的侧隙。

②用压铅法检查齿侧间隙时，在齿面沿齿两端平行放置两条铅丝，齿宽时可放置 3～4 条。铅丝直径：对圆柱齿轮约为侧隙的 4 倍；圆锥齿轮、弧齿锥齿约为侧隙的 3 倍。

（10）齿轮副装配时，应装完一对检查一对。弧齿锥齿应按制造标记成对更换或组装。

（11）装在滑动花键轴上的齿轮，应能灵活平稳地滑动。

（12）齿轮装完后，用人力盘动检查，转动应平稳、灵活、无异响。

表 5-16-71 圆柱齿轮中心距极限偏差（$\pm f_a$）和最小侧隙

项目		齿轮副中心距/mm								
		≤80	>80～125	>125～180	>180～250	>250～315	>315～400	>400～500	>500～630	>630～800
中心距极限偏差（7～8级精度）/μm		±23.0	±27.0	±31.5	±36.0	±40.5	±44.5	±48.5	±55.0	±62.0
最小间隙/μm	闭式	120	140	170	185	210	230	250	280	320
	开式	190	220	250	290	320	360	400	440	500

表 5-16-72 锥齿轮保证侧隙

结合形式	锥距/mm				
	>80～120	>120～200	>200～320	>320～500	>500～800
闭式/μm	130	170	210	260	320
开式/μm	260	340	420	530	670

表 5-16-73 蜗轮副保证侧隙与中心距极限偏差

名称	结合形式	精度等级	中心距/mm			
			>40～80	>80～170	>170～320	>320～630
保证侧隙中心距极限偏差/μm	闭式	8	95±65	130±90	190±110	260±130

5）减速器

（1）减速器箱体不得有裂纹或变形，如有轻微裂纹，允许焊补修复，但应消除内应力。铸铁箱体只允许在非主要受力部位焊补，如裂纹已贯通二轴孔时，必须更换。

（2）减速器箱体接合面应平整严密，垫应平整无折皱，装配时应涂密封胶，不得漏油。

（3）减速器箱体结合面的平面度允差不得超过0.05 mm。结合面的划痕长度不得大于结合面宽度的2/3，深度不得超过0.3～0.5 mm。上、下机壳的结合面，在未紧固螺栓时，用0.05 塞尺检查剖分面接触的密封性；塞尺塞入深度不大于剖分面的1/2。如达不到要求，可用着色法检查研磨，接触点应不少于2.5 点/cm^2。

（4）减速器箱体轴孔磨损后，在强度允许条件下，可扩孔镶套修复，但与其相对的轴孔的平行度、两锥齿轮的垂直度允差应符合技术文件要求。

（5）减速器试验：空载跑合试验，正、反运转各30 min，应无异响，温升正常。做3 h 满负荷试验，减速器温度不得超过（75±5）℃。运转过程中应平稳，无冲击性噪声和异常振动，各密封处，接合面不得渗油和漏油。

6）密封件

（1）各部密封件齐全完整，性能良好，不漏油。

（2）重复使用或新更换的密封件，其质量应符合 GB 1078.1 的要求。

（3）浮动油封的密封环不得有裂纹、沟痕，必须成对更换，成对使用。

（4）更换密封件时，应检查密封件的性能，如发现发黏、变脆、变色时，不得使用。密封表面无损伤，油封骨架不变形。

（5）各部接合面的纸垫、石棉垫、耐油胶垫应平整，无折皱，眼孔一致，符合原设计的尺寸和材质。

（6）油封弹簧松紧适宜，油封硬度应为邵氏 85 ~ 90 度，在弹簧压力下其内径比轴颈小的压缩值应符合表 5 - 16 - 74 的规定。

表 5 - 16 - 74　油封内径比轴径小的压缩值　　mm

油封内径名义尺寸	> 30 ~ 90	> 90 ~ 180	> 180
油封内径比相应轴颈小	1. 5 ~ 2. 5	2. 0 ~ 2. 5	2. 5 ~ 3. 0

（7）“O”型圈松紧适宜，装在槽内不得弯曲、切边，保持性能良好。

（8）涂蚀各种设备的金属外露表面（有镀层者除外），均应涂防锈漆。

（9）涂漆前，必须清除毛刺、氧化皮、粘砂、油污、煤粉等脏物。

（10）按钮、油嘴、注油孔、油塞、防爆标志等部件的外表面应涂红色油漆，以引起注意。

（11）电动机涂漆颜色应与主机一致。

2. 刮板输送机

1）传动部分

（1）机头、机尾、过渡槽、过桥架无开焊。机架两侧对中板的垂直度允差不得大于 2 mm。

（2）机头架、机尾架与过渡槽的连接要严密，上下、左右交错不得大于 3 mm。溜槽平面变形不得大于 4 mm。

（3）焊缝不得开焊，中板和底板磨损不得大于设计厚度的 30% （局部不超过 50% ）。

（4）溜槽和过渡槽的连接，上下错口不得超过 2 mm，左右错口不得超过 4 mm。

（5）溜槽搭接部分无卷边。

（6）溜槽连接件不得开焊、断裂。连接孔磨损不大于原设计的 10% 。

（7）溜槽槽帮上下边缘宽度磨损不得大于 5 mm。

（8）压链器连接牢固，磨损不得超过 6 mm。超过时，可用电焊或热喷涂方法修复。

（9）半滚筒、半链轮组合间隙应符合设计要求，一般在 1 ~ 3 mm 范围内。

（10）机头轴、机尾轴转动灵活，不得有卡碰现象。

2）链轮、护板、分链器

（1）链轮齿面应无裂纹或严重磨损，链轮承托水平圆环链的平面的最大磨损：节距≤64 mm 时，不得超过 5 mm；节距≥86 mm 时，不得越过 6 mm（可用水平圆环链置于链轮上，检查圆环链上表面与轮毂的距离）。

（2）链轮与机架两侧间隙应符合设计要求，一般不大于 5 mm。链轮不得有轴向窜动。

（3）护板、分链器无变形，运转时无卡碰现象。抱轴板不得有裂纹，最大磨损不得超过原厚度的 20% 。

（4）剪切销的材质与尺寸均应符合技术文件的规定。

（5）防护罩无裂纹，无变形，边接牢靠。

3. 带式输送机

1）滚筒、托辊

（1）各传动滚筒的表面应光滑，无损坏，运转灵活，滚筒边缘无毛刺。

（2）胶面滚筒的胶层应与滚筒的表面紧密贴合，不得有脱层和裂纹。

（3）驱动滚筒直径应一致，其直径差不得大于1 mm。

（4）托辊应运转灵活，无卡阻现象。

（5）缓冲托辊表面橡胶层磨损量不得超过原凸起高度的一半。

2）架体

（1）机头架、机尾架和拉紧装置架，不得有开焊现象，如有变形，应调平、校直。其安装轴承的两个对应平面，应在同一平面内，其平面度、两边轴承座上对应孔间距允差不得大于表5－16－75的规定。

表5－16－75　架体轴承座平面与孔公差点　mm

输送带宽	≤800	>800
安装轴承座的平面度	1.25	1.5
轴承座对应孔间距允差	±1.5	±2.0
轴承座安装孔对角线允差	3.0	4.0

（2）转载机运行轨道应平直，每节长度上的弯曲，不得超过全长的5‰。

（3）机尾架滑靴应平整，连接紧固可靠。

（4）中间架应调平、校直、无开焊现象。中间架连接梁的弯曲变形，不得超过全长的5%。

3）拉紧和伸缩装置

（1）牵引小车架无损伤，无变形。车轮在轨道上运行自如，无异响。

（2）小车轨道无变形，连接可靠，行程符合规定。

（3）张紧绞车减速器密封良好，传动平稳，无异响。

（4）张紧绞车制动装置应操作灵活，动作可靠；闸瓦制动均匀，达到制动力矩要求；钢丝绳无断股，在滚筒上排列整齐，绳头牢固可靠。

（5）弹簧筒、游动车、分层车无缺边和裂纹，运转灵活可靠。

4）清扫器

机头、机尾都必须装设清扫器，清扫器调节装置完整无损。清扫器橡胶刮板的高度不得小于10 cm，并有足够的压力；与输送带接触长度不得小于85%。

4. 绞车

1）卷筒装置

（1）卷筒不得有裂纹和变形。

（2）卷筒表面的固定螺钉和油堵，不得高出卷筒外表面。

（3）钢丝绳的出口处不得有棱角和毛刺。

（4）固定在卷筒上的绳头不得有作锐角折曲，绳端的固定应符合设计规定。

（5）内齿轮与卷筒边之间应保持（1＋0.4）mm的间隙。电动机与卷筒、挡盘与滑圈之间均应保持0.5 mm的间隙。

（6）左右两支架的中心高偏差不得大于0.1 mm。

2）闸和闸轮

（1）闸带与闸皮应用铜或铝铆钉铆接，铆钉埋入闸带深度不得少于闸带厚度的30%，闸带与闸皮铆接后应紧贴，不得有间隙。

（2）闸带与闸轮的接触面积不少于闸带面积的70%。

（3）闸皮不得断裂，闸带磨损的厚度不得大于1.5 mm。

（4）闸轮磨损不得大于 2 mm，表面粗糙度不得大于 1.6 μm。

（5）拉杆螺栓、叉头、闸把、销轴不得有损伤或变形。拉杆螺栓应用背帽背紧。

（6）闸把及杠杆系统动作灵活可靠，施闸后闸把位置不得超过水平位置。

3）底座

底座不得有裂纹，基础螺栓必须紧固。护板应完整齐全。

4）试运转和安装

（1）空载试运转 15 min，无异响，电流正常。

（2）安装地点平整，便于操作和瞭望。

（3）安装必须稳固可靠，卷筒应与滑轮或矿车挂钩中心对正，正常运转时不得有明显的振动。定点长期使用的绞车应安装在混凝土基础上。

16.70　设备维修质量倒查制度

第一条　按照质检规定，所有设备的检修质量实行质量倒查追溯制。

第二条　设备检修后及时做好相应的检修记录、验收记录等；检修人、验收人员必须签字确认，相关记录存档妥善保管。

第三条　外购件供货厂家必须资质证件齐全，所有加工件、修复件、外购件均需验收人员验收合格签字后方可办理入库手续，并做好外购件型号、规格、数量、入库时间、领用人、领用时间等相关记录。

第四条　检修设备时检修人员要对领取的配件质量进行检查确认，并办理相关领用手续，质量、性能达不到要求的零配件严禁使用，否则追究检修人员相关责任。

第五条　所有检修设备要严格按照质量检修工艺和标准进行检修，否则追究相关人员责任。

第六条　检修人员对检修质量负直接责任，检查验收人员对检修质量负有验收责任，设备维修部门领导负管理责任。

第七条　设备维修质量倒查坚持由后向前，一级一级倒查的工作方法，内容包括采购是否按照规定购买配件，是否按配件进行验收入库，维修人员对配件是否进行常规检查及按标准检修，使用单位是否按操作程序规范操作、维护保养等。

第八条　做好机电设备的回收验收工作，认真填写设备缺损情况并做好记录。

第九条　机电设备操作人员必须经培训学习，考试合格后持证上岗，严禁无证上岗，否则追究相关人员责任。

第十条　严格执行机电设备操作规程，保证机电设备正常运转。

第十一条　必须做好机电设备的日常维护和保养，认真填写检修记录并妥善保管，保证机电设备运转正常。

第十二条　对出现的检修质量问题，由机电科组织相关单位调查处理，责任倒查后要写出责任倒查报告，上报分管领导，坚持一事故一分析制度，查明事故原因，分析事故性质，落实到责任人，制定出整改措施。

16.71　机电运输奖惩制度

第一章　机电（材料）管理员奖罚

第一条　厂队材料员未做出材料申请计划，视情节轻重处于×××元罚款。未按要求填写领料单，处罚×××元。

第二条　各厂队领料员在领取材料时，科内经办人如登记不清楚，处罚经办人×××元/次。

第三条 设备管理员未做好台账管理，造成工具及材料丢失。处罚材料员×××元/次。

第四条 所有工具、材料要按规格、型号、分类存放，挂牌管理，否则处罚设备管理员×××元。

第五条 井下能回收利用的材料，必须按制度如数回收，如未及时回收，处罚分管技术员×××元，副科长×××元。

第二章 机电管理员奖罚

第六条 每月排班表，未经领导允许不得私自换班，否则罚款×××元/次。

第七条 对工作敷衍了事造成差错，每次罚款×××元。

第八条 不按规定参加矿或部门通知的会议，每次罚款×××元。

第九条 损害部门集体利益和荣誉，每发生一次罚款×××元。

第十条 严格执行上级的指令，保持政令畅通，令行禁止，每发生一次不听从上级指令的罚款×××元。

第十一条 未完成布置的临时工作任务，每次罚款×××元。

第十二条 对本岗位的业务知识、管理程序和管理规定不熟悉，每发生一次罚款×××元。

第十三条 认真完成领导交办的任务及本职工作，违者罚款×××元/次。

第十四条 工作出现未预见情况没有及时汇报、没有采取有效措施，导致工作拖后，罚款×××元/次。

第十五条 所属职责范围内工作速度慢，效率低，被矿领导督办的，罚款×××元/次。

第十六条 各类电气工作票、停（送）电联系票和倒闸操作票填写工作中出现差错，视情节轻重处于×××元罚款。

第十七条 每天下班后未认真填写工作日志，罚款×××元/次。

第十八条 检查工作中，未严格按照《井下电气（器）设备防爆检查条例》《煤矿机电设备完好标准》《煤矿机电设备检修质量标准》以及机电安全生产标准化的有关规定进行防爆检查的，视情节轻重罚款×××元。

第十九条 对查出的机电设备隐患问题，未按章实施处罚，且未及时上报领导，罚款×××元/次。

第二十条 工作不积极主动，有推诿扯皮发生，罚款×××元/次。

第二十一条 对分配的工作任务讲条件，态度差，罚款×××元/次。

第二十二条 不能组织协调、督促检查、分析解决本岗位范围内的工作，每次罚款×××元。

第二十三条 机电设备调配和移交，未办理相关手续存档，每次罚款×××元。

第二十四条 未按期编制设备年度、季度、月度用量计划及大中小修计划、配件申报计划，每次罚款×××元。

第二十五条 在巡回检查中对设备润滑油的使用情况发现问题未立即落实处理，每次罚款×××元。

第二十六条 对长期保存的油脂及运行中的油脂未进行定期取样化验，每次罚款×××元。

第二十七条 对新到矿的设备材料，未检查“三证一标志”、生产厂家的性能检测报告及阻燃检测检验部门的检测报告，每次罚款×××元。

第二十八条 不熟悉配件的性能、用途、用量及库存，每发生一次罚款×××元。

第二十九条 电缆的发放、回收和现场管理工作不按流程管理，罚款×××元。

第三十条 在生产一线电缆使用现场检查中，发现闲置电缆及设备未及时督促回收，罚款×××元。

第三十一条　小型电气的领取、发放未办理手续的，每次罚款×××元。

第三章　井下巡回检查奖罚

第三十二条　检查人员必须按巡回路线检查，未按巡回路线检查的，处罚×××元/次。

第三十三条　检查人员发现隐患未及时汇报的，处罚×××元/次。

第三十四条　井下使用的电气设备出现失爆或电气隐患，对包片科员罚款×××元，并处罚责任队组×××元至×××元。

第三十五条　井下出现违章用电情况，对包片科员罚款×××元，并处罚责任队组×××元至×××元。

第三十六条　井下使用的电气设备及设施不符合《煤矿矿井机电设备完好标准》，每项罚款包片科员×××元，同时罚款责任队组×××元至×××元。

第三十七条　井下电气设备及电缆标志标牌未按规定定期更换或无标志标牌，每项每台罚包片科员×××元；电气设备未经防爆检查及粘贴入井防爆合格证擅自入井，罚责任队组×××元。

第三十八条　开关未上架、小型电气未上板管理，每台件罚包片科员×××元，罚责任队组×××元。

第三十九条　电缆吊挂不符合《煤矿安全规程》要求，一处不合格罚包片科员×××元。

第四十条　井下照明灯及机组照明灯未安装或不亮，罚包片科员×××元，罚款责任队组×××元。

第四十一条　井下电气设备及动力设备保护擅自脱保或综合保护不起作用，信号照明综保甩掉插件的，对包片科员罚款×××元，对责任队组罚款×××元。

第四十二条　各变电所、移动变电站高压开关或低压馈电开关甩掉保护，对包片科员罚款×××元，对责任队组罚款×××元。

第四十三条　电气设备未按规定整定或整定值与实际不符，每处罚包片科员×××元。

第四十四条　局部通风机无风电闭锁或风电瓦斯电闭锁不起作用，机组无瓦斯探头或急停不起作用，对包片科员罚款×××元，罚责任队组×××元。

第四十五条　配电硐室、移动变电站、配电点及三台以上开关等不装设主接地、局部接地、漏电保护的辅助接地或接地打设不符合《煤矿安全规程》要求，对包片科员罚款×××元，罚责任队组×××元。

第四十六条　馈电开关漏电、短路保护试验不动作，对包片科员罚款×××元，罚款责任队组×××元。

第四十七条　井下电气设备私自更改主回路、控制回路线路，影响电气设备性能、电气间隙、爬电距离，或私自增减电气元件影响设备防爆结构和防爆性能，按失爆处理，对包片科员罚款×××元，并处罚责任队组×××元至×××元。

第四十八条　井下电气设备防潮剂失去作用或无防潮剂，罚款包片科员×××元，罚责任队组×××元。

第四十九条　设备外部淋水、积尘、被煤矸、物料埋压、工业卫生差，罚包片科员×××元，罚责任队组×××元；迎头掘进、耙渣机、液压转机等负荷线、操作线不加护套保护，罚责任队组×××元。

第五十条　在各机电设备硐室等地点应有供电系统图，如果无供电系统图或供电系统图与实际不符、表注不清的，罚款包片科员×××元，罚款责任队组×××元。

第五十一条　在各机电硐室、配电点、移动变电站、带式输送机机头机尾、机组处、局部通风机处无消防器材或消防器材不合格，罚款包片科员×××元，罚款责任队组×××元。

第四章 内部资料奖罚管理

第五十二条 上级下发的文件未存档，处罚分管技术员×××元/次。

第五十三条 内部资料的学习未记录，处罚分管技术员×××元/次，科员未签字，处罚×××元/次。

第五十四条 各种记录台账未填写齐全，处罚分管技术员×××元/次。

第五十五条 规程措施的内容和考试结果未建档管理，处罚分管技术员×××元。

第五十六条 技术资料未按标准存放，处罚分管技术员×××元/次。

第五章 岗位工奖罚管理

第五十七条 不完好机电设备，每台处罚包机人×××元。

第五十八条 无入井许可证将电气设备带入井下，罚责任单位×××元，罚把钩工×××元。

第五十九条 井下打开开关时，不放电、不验电、不按规定先检查甲烷浓度，罚款×××元，属于一般违章。

第六十条 井下供电严禁私拉乱接，违者罚款×××元，属于一般违章。

第六十一条 停电作业不挂停电牌或擅自拿掉停电牌，处罚×××元，属于一般违章。

第六十二条 各种保护装置必须齐全，灵敏可靠，严禁甩掉不用，否则每台罚责任单位×××元，罚直接责任者×××元，属于严重违章。

第六十三条 绞车、带式输送机、刮板输送机司机坐在减速器或电机上操作，罚款×××元，属于严重违章；其他人员坐在电气设备上罚款×××元，属于一般违章。

第六十四条 井下所有防爆设备、“五小”电气不准开盖运行，否则罚直接责任者×××元，属于严重违章。

第六十五条 严禁带电检修、搬迁井下所有电气设备、电缆、电线或明火操作，违者罚款×××元，属于严重违章。

第六十六条 停电后控制器手把不打到零位，罚款×××元，属于一般违章。

第六十七条 不按操作规程操作高压电气设备，罚款×××元，属于一般违章。

第六十八条 井下所有电气设备（包括“五小”电气）不得失爆，出现一台次失爆，罚责任单位×××元，罚直接责任者×××元。

第六十九条 严禁非防爆电气设备入井，否则罚责任部门×××元，井口把钩工×××元、运送设备人员各×××元。

第七十条 停送电一律严格执行工作票制度，违者罚责任单位×××元，罚直接责任者×××元。

第七十一条 不准携带失爆矿灯入井，否则罚责任者×××元。

第七十二条 擅自调整用电额定值或开关定值，罚款×××元，属于一般违章。

第七十三条 信号工不执行“手指口述”，每次罚款×××元。

第七十四条 启动或停止机械设备必须按操作规程规定进行，否则罚责任者×××元，损坏设备重处。

第七十五条 高压电气设备的修理和调整工作，无工作票和施工措施不得作业，违者罚款×××元，属于一般违章。

第七十六条 操作高压设备主回路时，操作人员必须戴绝缘手套、穿电工绝缘靴并站在绝缘台上，违者罚款×××元，属于一般违章。

第七十七条 设备发现有异常情况，要切断电源，停机检查，原因未查清盲目开动，罚当班班长

×××元，责任者×××元，造成事故另究。

第七十八条　各种设备的液力联轴器，必须使用易熔合金螺塞，发现有螺栓代替易熔合金螺塞，罚责任者×××元。

第七十九条　故意破坏信号造成失灵处罚×××元，属于严重违章。

第八十条　电缆和电气设备（包括电缆）的连接，必须使用同电气设备性能相符的接线盒、连接器或母线盒进行连接，否则，查出一处处罚责任单位×××元，罚责任者×××元。

第八十一条　非专职人员和值班电气人员，不得擅自操作电气设备，违者罚款×××元，属于严重违章。

第八十二条　轻型刮板输送机必须在机头尾打设牢固的地锚，否则罚款×××元，属于一般违章。

第八十三条　机电硐室灭火器材不齐全或不合格，处罚×××元。

第八十四条　各种电气不完好，处罚责任人×××元/台。

第八十五条　井下照明每有一盏灯不亮未按时整改，罚款×××元。

第八十六条　井下所有电缆、线必须按规定悬挂，否则发现一处不符合要求处罚×××元。

第八十七条　井下各主要巷道、作业地点的开关必须上架管理，否则罚款×××元/台。

第八十八条　各种机械必须定期加（注）油，否则罚责任单位×××元，罚直接责任者×××元。

第八十九条　高低压开关、磁力起动器无开关整定标准或标志牌内容不全，一台罚包机人×××元。

第九十条　开关熔断器必须符合规定，不得以大代小，否则罚责任单位×××元，直接责任者×××元，属于一般违章；用铜、铁丝代替，加倍处罚×××元，属于严重违章。

第九十一条　三台以上的开关未做局部接地装置，罚款×××元。

第九十二条　机械运转的外露部分，防护装置必须齐全完好，否则发现一处处罚×××元。

第九十三条　矿灯房红灯率每超标准（0.5%），一台罚款×××元。

第九十四条　井下变电硐室必须有合格的防爆门及栅栏门，否则罚责任单位×××元。

第九十五条　井下变电硐室停送电牌配备充足，否则罚责任单位×××元。

第九十六条　主要排水地点的备用泵，必须经常保持完好，否则处罚责任单位×××元。

第九十七条　无人值班的变电硐室必须关门加锁，否则处罚责任单位×××元。

第九十八条　上级检查团来矿检查工作发现失爆，处罚责任单位×××元/台。

第九十九条　井下电缆、电气、设备漏电，每处处罚×××元。

第一百条　变电所防护用具不全，每缺一项罚款×××元。

第一百零一条　接地装置不符合要求，每处罚款×××元。

第一百零二条　机电硐室必须悬挂“非工作人员禁止入内”与“高压危险”的标志牌，否则处罚责任单位×××元。

第一百零三条　变电所内高压开关、变压器、电缆有管理牌、标志牌和指向牌，每发现缺一处罚责任单位×××元。

第一百零四条　地面各用电地点的闸刀开关必须完好有效，不得有缺胶盖、缺丝短帽等现象，否则发现一次罚款×××元；必须有防雨设施，否则罚款×××元。

第一百零五条　用大功率用电器（电炉、电暖器等）必须写出书面申请报经分管领导及安全矿长批准，否则发现一次罚款×××元。

第一百零六条　不按规定在采掘面及井下指定地点安装防爆电话或电话不及时修理，罚款×××元。

第一百零七条 采煤机各部缺油，每处罚款×××元；滚筒截齿完好率不达规定要求，罚款×××元；检修采煤机时，必须停电闭锁，否则罚款×××元，属于一般违章；进入煤溜检修，必须背帮护顶，并对输送机实行闭锁，否则罚款×××元，属于一般违章。

第一百零八条 新安装的供电线路和电气设备，未经机电科验收或验收不合格而接电送电，罚安装单位×××元，处罚相关责任者×××元。

第一百零九条 损坏供配电设施，撬门撬锁破坏正常供电秩序，处罚单位×××元，责任者×××元。

第一百一十条 带式输送机机头必须挂设"皮带运行期间条令"，带式输送机运行期间严禁在机头架、大架及机尾拆开防护网进行检修维护工作，违者罚款×××元，属于严重违章。

第一百一十一条 带式输送机运行期间严禁到皮带架外侧进行清煤等工作，带式输送机人行侧可以进行人工清煤，但必须使用完好的清煤工具并要使肢体与带式输送机运动部分的安全距离不少于300 mm，机头及大架部分严禁清煤，违者罚款×××元，属于一般违章。

第一百一十二条 带式输送机运行期间，严禁横跨带式输送机，人行必须走人行道，不得靠近机架行走，要保持300 mm安全距离，违者罚款×××元，属于一般违章。

第一百一十三条 带式输送机运行期间，严禁在机头架储带部分进行调整滚筒导向辊、分层托辊、游动车等，需调整必须停车进行，违者罚款×××元，属于严重违章。

第一百一十四条 带式输送机运行期间，中间皮带托辊可以进行调整，但必须保证2人进行，一人调偏，一人监护，严禁无监护下单人操作，否则罚款×××元，属于一般违章。

第一百一十五条 带式输送机运行期间，严禁对托辊、滚筒进行加油和注油，否则罚款×××元，属于一般违章。

第一百一十六条 不用信号联系，随意开停运输设备者，罚责任者×××元，属于一般违章。

第一百一十七条 用矿车运送物料严禁超高超宽，违者罚责任单位×××元，罚责任者×××元。

第一百一十八条 各种绞车运输不按规定挂车，每超一个罚挂钩工×××元，属于一般违章。没有明确规定挂车数量，罚责任单位×××元。

第一百一十九条 斜巷下放运输车辆时绞车必须带电运转，违者罚款×××元，属于一般违章。

第一百二十条 严禁冒险蹬车、跳车、扒车，违者罚款×××元，固定工开除留用，其他用工辞退。

第一百二十一条 在井下有意放野车、飞车者罚款×××元，开除矿籍。

第一百二十二条 斜巷停车未使用阻车器有效支设，罚款×××元，属于一般违章，查不出责任者罚单位×××元。

第一百二十三条 因不负责任造成跑车事故者，罚款×××元，所有同时在场运输责任人按严重违章处理，固定工给予行政降一级一年的处分。

第一百二十四条 井上、下主要车场，应有专职信号把钩工负责车辆运行，他人不得擅自操作，违者罚款×××元，属于一般违章。

第一百二十五条 矿车的连接装置应使用规定的链环、插销，不得用其他材料代替，违者处罚责任者×××元。

第一百二十六条 小绞车卡闸失效，禁止使用，否则罚责任单位×××元。直接责任者×××元。

第一百二十七条 循环绞车运输必须一车两钩，否则罚款×××元，属于一般违章。

第一百二十八条 人力推车应遵守《煤矿安全规程》规定，违者罚责任者×××元，属于轻微违章。

第一百二十九条 正常运行时牵引机车必须在列车的前端，特殊情况制定措施，违者罚款×××元。各辆矿车之间必须用专用链环连接，否则罚款×××元。

第一百三十条 严禁乘坐非运送人员的车辆，违者罚款×××元，属于严重违章。

第一百三十一条 乘车人员必须听从司机或乘务人员的指挥，开车前必须挂好防护链，违者罚款×××元，属于轻微违章。

第一百三十二条 牵引机车运送人员必须等车停稳上下人，否则罚相关责任人员各×××元，属于轻微违章。

第一百三十三条 运送人员的列车行驶中或尚未停稳时，严禁上下车或在车内站立，违者罚款×××元，属于轻微违章。

第一百三十四条 运送人员列车严禁超员，违者罚司机、乘务人员各×××元，属于轻微违章。

第一百三十五条 运送人员时，列车行驶速度不得超过4 m/s，否则罚司机×××元，属于轻微违章。

第一百三十六条 人车掉道时，必须立即向司机发出停车信号，否则罚有关人员×××元/人，属于轻微违章。

第一百三十七条 车辆掉道时严禁用绞车强拉上道，否则罚款×××元，属于一般违章。

第一百三十八条 运送人员时，严禁同时运送爆炸性的、易燃烧性的或腐蚀性的物品或附挂物料车，违者罚司机、乘务员各×××元，属于严重违章。

第一百三十九条 井上、下机车在运行中，任何人及携带的工具严禁探出车外，否则发现一次罚款×××元，属于轻微违章。

第一百四十条 站在运行中的车辆上装卸物料，罚责任者×××元，属于一般违章。

第一百四十一条 清撒斜巷翻笼翻车时，必须挂好护链，违者罚款×××元。

第一百四十二条 一坡三挡必须正常投入使用，违者罚款×××元，属于轻微违章。

第一百四十三条 斜巷运输时，应遵守“行人不行车，行车不行人”的规定，违者罚款×××元。

第一百四十四条 在用的各种车辆（包括花车、矿车、平板车等）两端必须装置碰头，且突出长度不小于100 mm，否则罚责任单位×××元，罚责任者×××元。

第一百四十五条 挡车装置不符合规定要求，每处罚款×××元。

第一百四十六条 带式输送机托辊不转动、不灵活或未定期注油，每串罚款×××元。

第一百四十七条 车辆停放在道岔上，罚款×××元。

第一百四十八条 斜巷运输时，“一坡三挡”装置必须齐全、灵敏、可靠，否则发现一处处罚责任单位×××元。

第一百四十九条 各轨道运输巷道运送支架等大型设备时，禁止行人，并设警戒，挂警示牌，否则罚责任单位×××元，直接责任者×××元；强行行走者，罚款×××元，属于一般违章。

第一百五十条 由于检修不到位或开带式输送机不负责任造成扯输送带事故者，罚款×××元，并处严重违章。

第一百五十一条 不按规定使用带式输送机运输物料者，罚款×××元。

第一百五十二条 所有轨道、道岔必须符合安全生产标准化标准，每发现一处不符合要求罚责任单位×××元，直接责任者×××元。

第一百五十三条 绞车、钢丝绳磨损、断丝超限不及时更换，罚款×××元。

第一百五十四条 小绞车安装不经验收而投入使用罚款×××元。

第一百五十五条 凡使用钢丝绳的单位，必须加强钢丝绳的维护保养，存在有缺变向轮、断股打结、绳卡不按规定打设、缺心形环、需加装保险绳而未加装等情况的，发现一处处罚×××元。

第一百五十六条 卸大件、长料或大型设备不制定安全措施，罚款×××元。

第一百五十七条 所有绞车张紧装置、尾轮、栅栏及其他防护装置必须经常检查，发现问题及时处理，否则罚责任单位×××元，直接责任者×××元，造成事故另究。

第一百五十八条 严禁在同一层罐笼人员和不允许混装的物料混合提升，违者罚款×××元；把钩工不制止，罚款×××元，属于一般违章。

第一百五十九条 主、副绞车提升过卷，一次罚责任者×××元。

第一百六十条 主、副绞车运行时，主司机不在岗位，罚责任者×××元。

第一百六十一条 主、副井绞车保护装置不齐全或不可靠，每处罚责任单位×××元，罚分管队长×××元。

第一百六十二条 绞车无护绳板，或护绳板不合要求，处罚责任单位×××元。

第一百六十三条 钢丝绳不按规定时间检查，对责任者罚款×××元。

第一百六十四条 井下带式输送机、刮板输送机、绞车等必须设有声光齐全的信号装置，并保证灵敏可靠，不合格者不准运行，违者罚责任单位×××元。

第一百六十五条 材料堆放不符合标准罚款×××元。

第一百六十六条 所有在用绞车必须按规定挂设“设备参数”和“小绞车11条禁令”等管理牌板，否则罚责任单位×××元。

第一百六十七条 罐笼护链必须保持完好，发现一次不完好罚款×××元。

第一百六十八条 小绞车安装必须水泥固定底座或锚杆固定，保证牢固可靠，否则罚责任单位×××元。

第一百六十九条 临时小绞车必须用四压两戗一将军柱固定牢固，且压戗柱必须用木柱，否则罚款×××元。

第一百七十条 轨道坡度在8°以上未安设阻车装置或不符合要求，罚款×××元；不按规定使用罚款×××元。

第一百七十一条 牵引机车必须灯、闸、铃、撒沙装置及安全门齐全可靠，否则罚款×××元；牵引车水温表、油温表失效，罚款×××元。

第一百七十二条 设备开停要按规定使用信号，不得使用灯光、传话、敲击器物等代替信号，违者罚款×××元，属于一般违章。

第六章 奖 励 机 制

第一百七十三条 为充分调动职工积极性，保质保量全面完成各项生产任务，本科对完成工作较为认真，责任心较强，工作态度较为认真的职工酌情进行嘉奖，并在年底评优时进行加分。

第一百七十四条 面向全体人员征集合理化建议，所提合理化建议，经机电科采纳后每条×××元奖励。

第一百七十五条 机电科将对在考核厂、队机电工作中认真负责、敢于严抓细管的人员进行奖励，奖励实施根据实际情况商定。

17 采 掘 专 业

17.1 生产计划会议制度

为进一步加强生产计划管理，保障矿生产管理工作有效发展，全面完成好煤矿确定的长远计划和短期目标，结合矿实际，制定本制度。

第一条 会议要求

（1）矿生产计划工作会议由生产经理主持。若生产经理有事，可以委托生产技术科科长主持。

（2）矿“六长”、副总工程师及生产系统各职能部门负责人参加会议。

（3）矿生产计划工作会议原则上每月26日召开一次。如遇特殊情况，由生产技术科另行通知。

（4）会议首先由生产技术科科长对本月的生产计划执行情况及下月生产作业计划（草案）向与会领导和人员通报。

（5）由矿各分管领导简要总结分管范围内的工作，并对未完成的任务进行分析，然后对所分管工作进行下月安排，制定完成重点工作采取的措施。

（6）各职能部门负责人讨论补充有关内容，根据生产作业计划的安排，考虑本部门的实际情况，提出需解决的问题，并对生产作业计划不合理的地方提出异议，以便及时调整。

（7）由总工程师或总工程师委托的生产技术科科长确定下月生产计划安排意见，并做出具体工作部署。

（8）由生产技术科做会议记录，并根据会议记录内容重新编制下月生产作业计划，打印成纸质文件并发放至各有关部门。

第二条 罚款规定

（1）生产作业计划编制严重偏离实际，不具有指导性、操作性的，罚计划编制人员×××元。

（2）参会人员务必按时参加，迟到一次罚款×××元，无故不参加罚款×××元，由生产技术科执行。

第三条 其他说明

（1）计划编制内容和要求，必须符合实际和发展要求，既要全面又要突出重点。

（2）要求有关人员以科学的态度，全面考虑计划的合理性、科学性，要从整体出发，抓主要矛盾，合理地提出意见，避免从局部利益角度考虑问题，影响大局。

（3）参会人员确实有事不能参加的，必须提前向总工程师请假。经总工程师批准同意后，部门负责人方可委托副职参加会议。

17.2 煤矿成本管理制度

为加强企业成本管理，降低生产耗费，提高经济效益，结合矿实际，特制定本制度。

第一章 成本管理制度的任务

第一条 执行国家和矿规定的成本开支范围、费用开支标准和成本计划，不乱记乱摊成本。

第二条 准确地核算生产经营中发生的各项费用，正确计算产品的生产成本和产品的总成本，监督生产过程中的耗费，提供成本报告和有关资料，如实反映经营成果。

第三条 进行成本分析、成本考核、总结经验，挖掘企业潜力，不断提高煤矿的经济效益和管理水平。

第四条 健全成本核算制度，加强成本核算的基础工作。

（1）健全材料物资的验收、发放、使用、转移、报废和清查盘点制度。

（2）根据矿下达的物资消耗、劳动定额，测定矿的材料消耗，并据以核算和考核，要建立健全原始记录，并按各计量单位验收入库。

（3）分设电表定量核实各生产和生活单位的实际耗电量，对矿井用电进行明细化管理，以便更准确地核实矿生产生活电力成本。

第二章 成本核算的对象和方法

第五条 原煤成本：以产品煤为核算对象，按简单法（品种法）进行成本核算。原煤总成本 = 煤炭产品成本 + 期间费用 + 税金及附加 + 营业外支出净额。

第六条 精煤成本：人工费 + 电费 + 设备折旧。

第七条 井巷成本：以具体井巷为核算对象进行成本核算，掘进综合定额 = 掘进人工定额 + 火工品消耗量 + 生产用小型材料费 + 打锚杆眼及其锚杆安装 + 安全费用。

第八条 安装定额：外部工程严格执行工程预算定额费用，零星工程由生产技术科做出相关预算定额，报矿委会批准。

第三章 成本管理责任制

第九条 矿长负责贯彻执行国家财经法律法规和有关方针政策。加强经营决策，组织和建立各职能部门生产成本管理责任制。查处一切铺张浪费、弄虚作假的行为，保证完成下达的生产成本任务。

第十条 分管财务工作的副矿长负责贯彻执行党和国家的财政法规及财经纪律和有关企业成本管理的方针政策，组织落实各职能部门和基层单位成本管理责任制，保证完成上级下达的成本计划，对企业生产耗费、经营成果负完全责任。

第十一条 生产副矿长必须协助制定落实煤炭生产成本管控的工作计划，严格执行财经法律法规，经常检查各职能部门生产成本计划的执行情况，并对本矿的生产成本管控负直接责任。

第十二条 总工程师协助在生产技术方面，积极推行新工艺、新技术，合理集中生产，搞好挖潜改造，做到技术先进、经济合理、减少浪费，对其经济效果负责。

第十三条 管理科室协助矿长合理集中生产，搞好挖掘改造，做到技术先进，经济合理，效率高、成本低、效益好，对其经济效果负责。

第十四条 各厂队负责人负责完成矿下达的成本任务，落实成本指标，实行成本责任制。对本单位的生产经营效果负完全责任。同时将我矿下达的成本指标做进一步分解、落实到班组，搞好班组核算，督促班组执行。

第十五条 成本管理责任制

（1）财务科负责编制成本费用计划，按照上级批准下达的成本计划指标分解下达到本矿有关部门，对基层的成本核算和管理负责指导和协助。对全矿的成本费用计划执行情况进行考核，按时向矿领导以及财务负责人报告经营指标的完成情况并负责全矿其他费用计划的完成，努力降低和控制各项管理费用的发生。

（2）调度室负责落实年、月度的生产作业计划，通过合理组织调度，达到安全、均衡生产，负责制定生产计划，提高工作效率，最大程度降低待工材料的浪费，努力完成煤矿下达的各项生产任务，开采设计要做到技术经济合理，努力提高煤质。

（3）机电科负责全矿设备和管理，建立管理制度，严格实行承包机制，定期和不定期对设备进行检查，努力提高设备的完好率和使用率，节约维修保养费用。制定合理的电量消耗定额，严格计量考核，减少无功负荷，制定和考核配件使用、消耗定额。

（4）生产技术科负责编制全矿生产经营计划，及时准确的统计各项经济指标完成情况，为加强成本管理提供可靠的数据。

（5）人事劳资科要制定劳动定额和劳动保护措施，严格执行考勤制度。控制工资总额。严格执行工资政策制度，搞好劳资统计工作，为成本管理提供可靠的资料、数据。

（6）供应科要做好物资供应，严禁超储积压，降低材料的进货成本和储存成本。

第十六条　其他各部门都要搞好经济效益，做好本职工作，降低各项费用的支出。

第四章　成本开支范围

第十七条　直接成本：指生产过程中的采煤、掘进、安装、供电、通风、排水、运输等为生产煤炭产品而发生的支出和消耗。

（1）直接材料费用：

木材：采煤、掘进的日常消耗，外委施工分摊以及一次搬家倒面的消耗。

火工品：综采工作面崩大块煤、强制放顶消耗的乳胶炸药雷管以及外委施工的火工用品。

支护用品：综采日常消耗的运顺单轨吊锚杆，顺槽超前支护区液压单体柱，搬家倒面采通前一次网片、帮网、单体、钢梁、锚杆、药卷等，掘进日常消耗的锚杆、钢带、锚索及金属网。

建工材料：用于井巷密闭、回采充填、生产维修等方面的砖、瓦、沙石、水泥、钢材等建工材料。

大型材料：工作面排水管路（DN100、DN219）10 m^2（含）以上电缆、PVC 输送带、风筒、带式输送机及穿条、电缆输送带、钢轨、钢丝绳。原列入大型材料的各类钢材列为其他材料。

机械配件：采、掘机械及配套设备日常消耗的易损件、截齿、支架用胶管、钻头钻杆、主井巷道输送机、大型带式输送机的托辊以及管理的大型部件。

专用工具：指原煤生产用工具。具体包括风镐、矿灯、7.5 kW 及以下的电动机和水泵、200 A 及以下低压防爆开关、10 A 及以下的变压器局部通风机、矿车、自救器、综合保护器、瓦斯鉴定器和矿用钉扣机、黄油枪、台钻、接线盒、激光仪、千斤顶、拉力器、拔轮器、各类仪器仪表、各类工器具、各类起重液压工具（如拆链器、台式砂轮机、各类电焊设备、采煤机、掘进机专用工具）。

油脂：用于矿井各类生产设备润滑的抗磨液压油、润滑脂及泵站用乳化油，不包括车辆燃料用的汽油、柴油。

劳保用品：指用于原煤生产并计入原煤成本的按劳保用品发放范围规定发给工人、干部的劳动保护用品。如工作服、胶鞋、手套、安全帽等。

其他材料：未进入以上十项的材料。

（2）工资：指支付给职工的计件工资、岗位工资、年薪、效益工资、婚丧、产假、探亲假工资、年度休假工资、六个月以内的病伤假工资、计件超额工资、奖金、津贴、补贴等，工资总额经矿核定后，不准突破。

（3）职工福利费：指按计入产品成本的工资总额的 14% 提取的福利费。

（4）电力：原煤生产消耗的全部电力。

第十八条　制造费用：为组织原煤生产所发生的管理性费用，包括以下内容：

（1）折旧费：根据矿规定，按规定计算方式提取。

（2）井巷基金：按×××元/t 提取。

（3）维简费：按×××元/t 提取。

（4）设备租赁费：指根据租赁设备总金额按月分摊的费用。

（5）工程费：指为采掘创造条件而发生的雇佣外部劳动力施工的清理巷道，打水沟、打密闭、清淤泥、风桥、风障、铺底等劳务发生的材料以外的费用。

（6）长期待摊费用摊销：按规定比例分期摊入成本的长期待摊费用和按吨煤提取的安全技措费。

（7）其他支出：基本是管理性质的支出，目前可能发生的20多项内容。包括财产保险、办公费、差旅费、业务招待费、会议费、管理用电、行政车辆费、宣传费、取暖费、生活服务费、劳动保险及保护、伙食补助、休假补贴、独生子女费、绿化费、修理费、设计制图费、台班费、生产用车费、物料消耗和其他等共计22项费用，年初经严格审核确定全年费用，年内一般不做调整，按月考核，实行奖罚兑现，与员工收入密切挂钩，作为我矿管理的重点，与材料、电力、矿务工程费、营业外收支净额一样，要严格控制，逐项分解，落实承包责任人。

按工资总额比例提取的费用共6项，包括：工会经费2%，职工教育经费1.5%，养老保险金20%（2004年20%），失业保险2%，伤残保险1%。福利费14%，除工会经费外，其余部分我矿提取全额上缴，工会经费按规定比例上缴。

排污费、水土流失防治费、税金及附加、资源补偿费、征地及补偿费、供应管理费、地测费、内部公路费。

第十九条 期间费用

（1）财务费用：指长期贷款利息和短期贷款利息，以及经金融机构手续费。

（2）管理费用：包括上级矿管理费和绿化费。

（3）运销费用。

第二十条 税金及附加：指增值税和营业税计提的城建税金及附加。

第二十一条 营业外净支出：主要是指对外捐赠、抵偿债务、出售报废、清理的固定资产的净支出。

第五章 矿在成本核算时必须遵守以下几个原则

第二十二条 实际成本计价原则。在成本核算时，所有生产中消耗的材料及配件，必须按照实际价格进行核算，不得以计划成本、估计成本、定额成本代替实际成本，计提折旧严格按照矿151号文件执行。

第二十三条 权责发生制原则。凡是本期成本负担的费用，不论款项是否支付，均要计入本期成本。

第二十四条 职责划分明确的原则。矿生产成本核算，必须明确规定主要职能部门，一般情况为生产技术科负责，各主要生产单位按照成本管理要求，认真做好材料物资及配件等相关台账、表格的及时填报及统计工作，为矿实施成本考核提供依据。

第二十五条 计入成本的各种费用一定要符合国家关于煤矿生产成本开支范围和费用开支标准的规定，严格按照相关部门规定，统一入账口径，以确保成本管控的统一性、适用性及合理性。

第六章 成本计划管理

第二十六条 编制计划：在充分调查研究的基础上，根据上年实际，结合年度生产技术条件，结合劳动工资、物资供应、设备状况、生产准备条件，尽量做到建议计划的切实可行。在编制计划的过程中，将情况把握准确，套用指标有根据，与生产技术、动力设备等部门共同制定。

第二十七条 落实成本计划：根据矿批准的成本计划，向各生产单位、辅助生产单位分解，以承包责任书的形式确定下来，机关科室实行经费包干（包括办公费、电话费、差旅费等项）与工资密切挂钩。

第二十八条 各单位再向班组及个人分解成本指标，使责任到人，层层签订责任书以保证成本计划的落实，并按月考核兑现。

第七章 生产成本控制基本程序

第二十九条 制定控制标准。按照成本责任制分级、分工、分人的分管范围，把最优化成本目标具体分解为相应承担的先进合理的“四定”标准，即定额、定量、定限额、定项控制标准。

第三十条 揭示成本差异。“四定”控制标准具体落实到各成本责任分管范围后，及时将实际发生的费用与控制标准进行比较，找出成本差异，以便矿领导能及时制定出合理有效的管控办法，进一步理顺生产成本的管控机制及管控办法，真正实现矿对生产成本的监管和控制。

第三十一条 成本反馈控制。找出成本差异后，应迅速把信息反馈到责任部门，责任者、矿领导要及时掌握差异情况，定期召开成本分析会议，分析产生差异的原因，针对出现的问题，及时采取措施加以解决，保证最优化成本目标顺利完成。

第八章 成本分析制度

第三十二条 成本分析是企业经济活动分析和财务成果分析的重要组成部分，是加强成本管理的重要环节。

第三十三条 形式：主要通过财务报表分析和按季度召开成本分析会的形式。

第三十四条 分析方法。

（1）对比法：即以本期实际完成指标与计划指标相比较，与上年同期实际比较，与同行业先进水平相比较，与历史先进水平比较的方法。

（2）因素分析法：即在分析成本指标变化时，找出其他重要因素，找出成本变化的基本因素。

第三十五条 分析内容

（1）生产技术经济指标完成情况，哪些已完成，哪些未完成，影响完成的主观因素和客观因素有哪些，应采取什么措施。

（2）生产技术指标完成情况，哪些已完成，哪些未完成，影响完成的主观因素和客观因素有哪些，应采取什么措施。

（3）在生产经营管理中，还有哪些薄弱环节，应采取什么措施改进管理工作，提高经济效益。

（4）分析固定费用对成本的影响，变动费用对成本的影响，找出降低成本的途径，重要指标分析要仔细。

17.3 煤矿材料费用核算管理办法

为贯彻执行经济责任制，强化目标管理，夯实管理基础，合理配置和有效利用各种资源，理顺材料审批、领用程序，加强材料核算管理，节支降耗，实现效益最大化，现结合实际，特制定本办法。

第一章 生产材料消耗定额管理

第一条 生产材料，是指直接用于原煤生产的各种物资、材料、配件、工器具及低值易耗品等。生产材料消耗定额，是指一定生产技术条件下，生产单位产品或完成单位劳务而必须消耗的物资数量标准（以下简称定额）。为实现节支降耗的目的，生产材料消耗实行定额管理。

第二条 定额制定原则

（1）充分考虑现有条件，并且适应生产条件的改善和技术水平的进步，使之成为多数人、多数单位通过努力能够达到的平均先进水平，激励广大干部职工加强管理、厉行节约，不断降低消耗水平。

（2）依据弹性管理原则，定额制定要和矿下达的生产经营成本相结合，为矿内专项工程和不可预见因素留有充分的余地。

第三条 定额制定方法。根据各单位的工作范围、用料特点，分别使用不同方法进行制定。生产和后勤系统各单位采用统计分析法，结合幅度控制法制定，即根据过去的实际统计资料，并在分析当前生产经营条件变化的因素（如现场条件、设备状况、人员素质、物价等），确定一个承包年度内投入产出的变化范围后，制定奋斗目标。综掘队的支护材料根据设计消耗量，充分考虑超前和加固支护所需消耗量以及必要的损耗后计算确定，其他消耗性材料采用类比法确定，周转性材料只考虑少量补充。

第四条 定额的实施。定额由生产技术科负责制定，经矿经济活动分析会讨论确定，通过矿长和各单位负责人签订《承包经营责任书》贯彻执行，做到“三用”、“四有”，“三用”即用定额编制计划、用定额组织生产、用定额核算；“四有”即有人管、有制度、有分析、有考核。控制全矿的材料消耗，达到促进设备管理、技术革新、减少浪费，少投入、多产出的目的。

第五条 定额的统计分析。由生产技术科组织每月对全矿的生产经营情况进行一次全面的统计分析，通过统计确切反映各单位实际达到的水平，及时检查定额贯彻执行情况；通过分析及时发现定额标准和实际水平存在的差距，找出薄弱环节，分析原因，摸索解决问题的措施，不断改善定额管理工作。

第六条 定额的修订。必须根据煤矿生产经营的需要、设备的更新改造和技术的进步，及时加以完善，使之更加符合实际，保持定额的平均先进水平。修订工作每年一次，即每年的 12 月份，根据当年的经营情况对下一年的定额进行修订，修订结果必须经经济活动分析会确定。其他时间原则上不允许修订或调整。

第二章　专项工程材料的管理

第七条 专项工程材料定义。本办法所指专项工程：

（1）下达的维简和生产安全项目中建安工程，即井巷工程、土建工程、安装工程（简称维简、安全工程，或一类专项工程）。

（2）下达的维简和生产安全项目中未列，但为保证矿井安全生产必须要实施的、与当前原煤生产没有直接关系、在各单位承包内容中未包括，需要全矿生产经营成本负担的工程。包括建安工程、设备大修、井巷维修以及大型构件的加工等（简称矿内专项或二类专项工程）。专项工程材料，是指上述两类专项工程施工所需的材料。

第八条 生产经营成本中必须要有足够的部分专门用于矿内专项，其中建安工程和大型构件的加工在生产经营成本中的材料费（预留部分）列支，设备大修和井巷维修在生产经营成本中的维修费中列支。

第九条 专项工程及所需材料的审批。

（1）对一类专项工程，因其为上级单位下达，工程不需审批，所需材料由施工单位根据作业计划提出消耗计划，由主管部门根据工程设计计算消耗量，考虑必要的损耗后审定，在生产技术科登记后加盖专项工程分类专用章，供应科按分类和单位工程名称记账后发放。井巷工程如发生变更，由施工单位提出，经主管部门和矿相关部门组织验收，生产技术科依据验收单从矿结算变更费用后，再追加变更部分的材料费（同时追加人工费），否则不予追加。

（2）对二类专项工程，首先由主管部门提出工程设计，报主管矿长审批后，计算出所需材料及消耗量，同设计一并送生产技术科登记（留存）、分类后，下发施工单位实施，施工单位根据下达的计划领用。同时项目主管部门会同生产技术科根据该项目所需费用的多少以及必要性，在适当时间向矿提出单列申请，或在申报固定资产投资调整计划时增加，争取在生产经营成本外单列（原则上要求费用在 10 万元以上必须申报单列），以减轻生产经营成本压力。

第十条　专项工程材料费用的核算。供应科和各施工单位必须将专项工程材料根据生产技术科对其分类，按单位工程名称单独记账，满足专户储存、专款专用的要求。财务科记账时要按分类和单位工程名称对号入座。生产技术科必须定期对照设计进行费用节超考核奖罚，最大限度控制专项工程材料费用。

第三章　消耗计划的制定和费用控制

第十一条　由生产技术科根据当月的生产、专项工程任务和定额以及专项工程材料消耗审批单制定材料消耗费用计划，经主管领导审批后，下发至使用单位。各使用单位应根据计划领料，日领日清。因未按计划发放材料，造成供应库账物不符，由供应科承担责任。供应科每月清点大库一次，坚决杜绝浪费材料、随意发料的行为。因当月生产任务超计划而引起材料费用超支时，经主管部门提出追加计划，报主管矿长批准后，生产技术科可根据生产任务超额情况追加材料费用。否则必须提出书面申请，经主管部门、主管矿长和矿长批准后，方可由生产技术科追加，以此达到全过程控制的目的。

第四章　使用单位的材料管理和核算

第十二条　生产和专项工程常用材料采购计划必须由使用单位根据实际需要申请，单位负责人要严格把关，避免错提和随意多提，经主管部门和主管矿长审批后方可提交供应科采购。避免因计划原因而导致购进的材料不能用或长期不用的现象发生，减少不必要的损失和长期占用流动资金。专项工程所需大型物资、设备计划由主管部门提出，必须注明设备、物资的型号和具体技术参数，经主管矿长审批，由生产技术科统一上报，经领导审定，由供应科采购。

第十三条　各单位要加强库房管理，所有物资的存放和保管要符合相关规定，各单位负责人要经常对所属库房进行检查，发现问题及时处理，杜绝或尽可能减小因存放和保管不当造成的不必要损失。

第十四条　各单位必须按矿“四级核算”的要求，完善账务管理，建立健全班组核算制。所有材料的领用和发放都要经单位主管的审批，所有发放都要具体到班组或个人（配发工具）。每月底前由材料员将当月领入和消耗明细汇总后形成“材料消耗报表”。“材料消耗报表”具体要求：

（1）必须分出领料单位（班组）。

（2）材料分类必须和供应科分类相对应。

（3）上月库存数加本月领入数应等于当月消耗加当月库存。

（4）专项工程所用材料必须单列。

（5）当月领用数量和供应科领出数量必须一致。

（6）全矿所有各单位的报表格式全部统一。

通过该报表有效反映物流状况，为全矿经营考核的准确性提供保证，也为下一步进行班组考核提供依据。

第十五条　基层材料员的管理。各单位材料员要具备相应的专业知识，敬岗爱业，能胜任工作。单位负责人要加强对材料员的教育和管理，督促学习业务知识，提高业务素质。材料员的工资要和材料费的节约超支挂钩，节奖超罚。对不能胜任工作、违法违纪或出现重大失误的，要坚决予以调换，并严肃处理。

第五章　材料消耗定额考核

第十六条　由生产技术科牵头定期对各单位的生产经营情况进行检查，检查内容包括：库存材料的数量、分类码放、消防防盗，账务管理是否规范、账物是否相符，交旧领新、修旧利废等。

第十七条 每月召开经济活动分析会，通报经营检查情况，根据定额，对本月的生产经营情况进行全面详细分析。考核采用对标管理方法，按照矿一月一考核，一季度一兑现，及超支实扣节约有奖的成本考核办法奖罚兑现。同时，找出生产经营薄弱环节，分析原因，制定解决问题的措施，组织落实。每季度末，对本季度经营情况进行小结，视经营成果对相关个人进行奖励，并对下一季度的工作进行安排。

第六章 附 则

第十八条 各单位要高度重视经营检查中发现的问题，并及时整改落实，对不积极整改的单位负责人每次予以×××元的罚款。

第十九条 全矿干部职工要对我矿经营管理工作给予足够的重视和关心，对发现重大问题并提出合理化建议的个人，经矿领导审定后，予以×××元的奖励，并通报表扬。

第二十条 每年年底开展“优秀经营管理者”评选活动，评选范围为部门、单位负责人和经营管理人员（包括材料员），由主管矿领导提名，党政联席会上审议通过，予以相应奖励，并通报表彰。

17.4 生产定额管理制度

为充分调动职工工作积极性和创造性，保证按劳取酬，对在工资分配方案中无法支付的薪酬做出合理的预算，真正实现劳有所得，按劳分配，结合矿实际，制定本制度。

第一条 适用范围

（1）矿工作面回收、安装预算。

（2）遇特殊情况（如在正常掘进过程中遇到断层、无炭柱、砂岩、穿层、半煤岩、岩石顶板垮落等较大地质构造变化的影响，致使不能正常掘进，造成的投入较大、处理时间较长）预算。

（3）各队零散工程预算（含临时任务投工）。

（4）机修厂修理及加工制作预算。

第二条 预算编制

（1）工作面回收、安装预算需经相关业务部门及矿务会讨论确定。

（2）遇特殊情况（如在正常掘进过程中遇到断层、无炭柱、砂岩、穿层、半煤岩、岩石顶板垮落等较大地质构造变化的影响，致使不能正常掘进，造成的投入较大、处理时间较长）预算；参照煤炭定额合理计算工时，确定工时定额，工程施工难度大时，需根据工程施工的难易程度及井下实际施工条件，上会研究难度系数，经各级领导审批同意后，计取难度系数。人工单价参照矿年度工资分配方案中人工单价。

（3）各队零散工程预算（含临时任务投工）。

根据各业务部门出具的验收单，参照煤炭定额合理计算工时，确定工时定额，人工单价参照矿年度工资分配方案中人工单价。比如：在煤平巷中补打锚杆（$\phi22\times2400$），根据煤炭定额（2015 基价），每补打 100 根为 26.565 个工日，补打 300 根为 $26.565\times3=79.695$ 个工日，补打 300 根要支付×××元。

在各队零散工程预算、隐藏工程（含临时任务投工）技术人员在施工前、施工中、施工后及时在现场进行验收，出具工程临时验收单，管理方、施工方双方签字，作为月底工程计件定额的依据。

（4）机修厂修理及加工制作预算，按照矿领导签字审批的工时定额计算，定额中不含的内容要根据煤炭定额及实际情况参照相似的定额核算工时，人工单价参照矿年度工资分配方案中人工单价。比如：水泵修理费为×××元/kW（机修厂计件工资方案），月度验收表中水泵修理共计 150 kW，则水泵修理应支付×××元；锚杆钢带制作，根据煤炭定额（2015 基价），每吨钢带投工 31.05 个工，则制作 10 t 钢带共计投工为 $31.05 \times 10 = 310.5$ 个工，应支付锚杆钢带制作费用×××元。

第三条 审批

预算编制完成后，相关业务部门负责人签字认同后，相关领导审核并经矿长批准。生产技术科负责人，负责对生产工时完成情况的核查，对统计分析和考核等工作进行监督。发现问题及时与现场分管人员沟通、安排，确保现场工程量与验收单一致。

第四条 定额的修改

(1) 为了保持定额的先进合理，适应生产发展的需要，定额必须适时进行修改。定额修改由技术部门提出修改方案，审批后即为正式定额。

(2) 在定额执行期间，如发生以下情况之一，应立即进行定额修改。遇特殊情况（如在正常掘进过程中遇到断层、无炭柱、砂岩、穿层、半煤岩、岩石顶板垮落等较大地质构造变化的影响，致使不能正常掘进，造成的投入较大、处理时间较长）根据实际投工情况进行修改。

(3) 根据工程设计改变、原材料规格及材质改变、设备和工艺装备改变、工艺参数改变、工艺过程改变等情况及时修改定额。

(4) 在保持定额的相对稳定前提下，要根据生产实际情况适时修改，每三年对原有工时定额进行相应修改；当采用新技术、新工艺、新材料后，应及时修改工时定额。

第五条 考核办法

各厂队在每月 2 日前将零散工程预算资料（如验收表、临时任务投工、特殊地质构造情况）、计件工资预算资料上报生产技术科核算员，每推迟一日，处罚责任单位×××元/日；生产技术科核算员于每月 5 日前核算完毕，每推迟一日，处罚核算员×××元/日。

第六条 定额结算归档

每月各厂队的结算审批完成后，经人事劳资科审核盖章确认后，由人事劳资科、调度室、生产技术科各留存一份归档。

17.5 生产技术管理体系制度

为进一步加强和规范采掘生产工作，明确和落实各级技术管理责任，健全生产技术管理体系，根据《煤矿安全规程》等规定与要求，结合矿实际，制定本制度。

第一条 本制度适应于矿各级技术管理责任单位。

第二条 技术管理体系组织机构

(1) 生产技术管理体系，由总工程师和各专业副总，生产技术科、安全科、机电科、通风科、调度室等部门、相关厂队技术人员组成。

(2) 各专业副总工程师及同级行政主要负责人是本专业技术管理的核心。

(3) 生产技术科、安全科、机电科、通风科、调度室等部门、相关厂队必须按要求配备技术人员，生产基层单位必须配备专职技术负责人。

(4) 建立以总工程师为组长、各专业副总为成员的技术管理体系组织机构。

第三条 总工程师职责

(1) 负责贯彻国家法律法规、方针政策、行业规章所涉及的煤矿技术规定、规范、标准以及矿有关技术管理的决定和规定。

(2) 负责煤矿技术管理体系的建立，组织加强技术管理，推进技术进步，提升安全生产技术保障水平。

(3) 协助矿长组织编制本矿的中长期发展规划和年度、季度生产计划，提出实现技术经济目标的技术措施。

(4) 组织制定和批准煤矿的技术标准、技术规范、作业规程、操作规程和相关技术管理制度。

（5）组织编制矿井地质勘探、技术改造、开拓延伸、采区设计以及相关配套工程等重大技术方案和设计。

（6）负责提出并组织研究解决资源合理开发、抽掘采平衡、合理集中生产、提高矿井机械化水平、生产系统综合能力配套、煤炭洗选加工和综合利用、环境保护、信息技术等重大技术问题。

（7）充分了解开采活动对生态环境、自然资源的消极影响和破坏作用，积极开展环境协调、资源节约开采技术的研究与推广应用工作。

（8）组织研究和实施提高矿井抗灾能力的技术措施，组织制定防治水、火、瓦斯、煤尘、顶板、机电、运输等事故的措施，预防重大事故发生。组织制定和审批矿井灾害预防和处理计划、事故灾害应急预案和安全技术措施工程保障计划。

（9）煤矿发生生产安全事故和灾害时，在主要负责人的领导下组织制定事故和灾害的抢险救援措施，参与组织指挥抢险救援工作，认真分析总结事故原因教训，制定和组织落实防范措施。

（10）组织编制本矿科技发展规划和年度计划，并组织实施；组织技术攻关和科技交流；积极推广应用新技术、新工艺、新装备、新材料；负责科技人员和技术管理人员的知识更新和技术培训工作；参与本矿技术人员的技术业务考核和职称评定工作。

（11）积极推进煤矿安全生产标准化工作，保证各种技术管理制度的实施。

第四条 采煤副总职责

（1）协助总工程师健全完善技术管理体系，编制技术标准。

（2）协助总工程师健全质量管理体系、加强质量控制、强化质量验收、主持竣工验收、解决施工中重大技术质量问题。

（3）负责采煤工作面生产系统优化设计。

（4）负责采煤工作面顶板控制设计，并督促执行。

（5）负责采煤作业规程的安排、编制、会审及贯彻落实。

（6）采煤工作面遇断层、过老巷、条件发生变化与原作业规程不相符时，负责制定方案及措施的安排、编制、会审及贯彻落实。

（7）负责组织召开采煤专业技术管理会议，针对技术管理方面存在的问题，制定整改措施予以解决。

（8）负责采煤专业新技术、新工艺推广应用、技术创新和系统的优化。

（9）负责采煤专业技术责任制的落实。

（10）负责专业安全隐患的排查及整改措施的制定、落实。

第五条 掘进副总职责

（1）协助总工程师健全技术管理体系，编制技术标准。

（2）协助总工程师健全质量管理体系、加强质量控制、强化质量验收、主持竣工验收、解决施工中重大技术质量问题。

（3）负责矿井开拓方案（年度计划）编制和生产接续安排。

（4）负责采区设计、生产系统设计优化、技术改造设计。

（5）负责对巷道支护设计、矿井延深设计的编制、执行。

（6）负责掘进作业规程的安排、编制、审查及贯彻执行。

（7）掘进工作面遇断层、过老巷、地质条件发生变化，与原作业规程不相符时，负责制定方案及措施的安排、编制、会审、贯彻执行。

（8）负责组织召开掘进技术管理会议，对技术管理方面存在的问题制定出整改措施予以解决。

（9）负责掘进技术责任制的落实。

（10）负责掘进专业新技术、新工艺推广应用、技术创新、系统优化。

（11）负责专业安全隐患的排查及整改措施的制定、落实。

第六条　通风副总职责

（1）协助总工程师健全技术管理体系，编制技术标准。

（2）协助总工程师健全质量管理体系、加强质量控制、强化质量验收、主持竣工验收、解决施工中重大技术质量问题。

（3）负责矿井通风系统设计、采区、采面、掘进迎头的通风设计。

（4）负责矿井安全监测系统，确保正常运行。

（5）负责采掘作业规程通防部分的编制、审查、落实及执行情况。

（6）负责矿井“三级”安全隐患的排查、治理措施。

（7）负责矿井灾害预防处理计划及重大应急救援预案的编制。

（8）负责通防专业新技术的推广应用、技术创新、系统优化。

（9）负责组织召开通防专业技术管理会议，对技术管理方面存在的问题制定整改措施予以解决。

第七条　机电副总职责

（1）协助总工程师健全技术管理体系，编制技术标准。

（2）协助总工程师健全质量管理体系、加强质量控制、强化质量验收、主持竣工验收、解决施工中重大技术质量问题。

（3）负责矿井提升运输系统的设计及优化。

（4）负责采掘作业规程内提升运输部分及运输区域作业规程、措施的编制、审查，并督促落实执行。

（5）负责运输专业技术责任制的落实。

（6）负责组织召开运输专业技术管理会议，对技术管理方面存在的问题制定整改措施予以解决。

（7）负责运输专业新技术推广应用、技术创新、系统优化。

（8）负责专业安全隐患的排查及治理措施的制定、落实。

第八条　生产技术科、安全科、机电科、通风科、调度室等职能部门技术负责人职责

（1）协助总工程师健全技术管理体系。

（2）协助总工程师健全质量管理体系、加强质量控制、强化质量验收、参与竣工验收、解决施工中重大技术质量问题。

（3）参与编制、贯彻、执行与工程技术、质量相关的法律、法规、规范、规程、标准和文件。

（4）参与施工组织设计、施工方案等技术管理；参与审定重大工程和特殊单项工程的技术方案，根据总工程师授权，审批基层上报的施工组织设计、安全施工方案、专项工程施工方案、重大技术问题的处理方案等。

（5）组织制定重点质量问题的纠正和预防措施；参加重大质量事故分析和处理方案的制定。

（6）完成总工程师交办的其他相关工作任务。

（7）对本部门技术管理人员的技术工作进行监督和考核。

（8）对违反国家技术法规和矿（本部门）技术、质量管理制度或规定的行为有权制止。

（9）行使总工程师授予的其他职权。

第九条　生产厂队技术负责人职责

（1）全面负责本部门的技术、质量管理工作。

（2）负责制定本部门的技术、质量管理制度、并组织实施。

（3）负责组织本部门贯彻执行与工程技术、质量相关的法律、法规、规范、规程、标准和文件。

（4）负责施工组织设计、施工方案的管理工作；参与重点、重要工程施工组织设计、施工方案的制定；负责组织审核基层单位上报的施工组织设计和施工方案；组织对施工现场情况进行检查。

（5）负责本部门新技术、新工艺推广应用管理。

（6）负责制定本部门技术人员技术培训计划并组织实施。

（7）主持工程竣工验收工作。

（8）组织制定重点质量问题的纠正和预防措施；参加重大质量事故分析和处理方案的制定。

（9）编制本部门本年度技术工作计划并组织实施。

（10）完成总工程师、副总工程师交办的其他相关工作任务。

（11）对本部门技术管理人员的技术工作进行监督和考核。

（12）对违反国家技术法规和矿（本部门）技术、质量管理制度或规定的行为有权制止。

（13）行使总工程师、副总工程师授予的其他职权。

17.6 作业规程管理制度

为加强矿井生产技术管理，提高矿井采、掘、开工作面生产技术管理水平，科学组织生产，实现正规循环作业，均衡完成各采区生产任务，结合矿实际，制定本制度。

第一章 总 则

第一条 各生产队组、相关业务科室必须认真贯彻执行本制度，分管领导必须抓好此项工作，使规程措施管理正规化、制度化。

第二条 各采、掘、开工作面在开工前必须编制规程措施，单项工程和零散工程及特殊作业环节施工作业前必须编制安全技术措施，严禁无规程措施进行施工作业。

第三条 规程措施的编制必须依据审批的“采掘工程平面图”“施工设计”“地质说明书”“探放水设计”和施工区域的现场条件以及《煤矿安全规程》《操作规程》和矿有关管理制度进行编制。

第四条 规程必须执行现场调研、编制、内部审核、审批、学习贯彻、规程复查六个环节后方可进行。大型零散工程的安全技术措施与作业规程编制按同等要求管理，一般性安全技术措施必须按照现场调研、编制、内部审核、审批、学习贯彻、复审补充六个环节实施。

第五条 作业规程必须会审，各有关部门要建立职责明确的审批责任制，作业规程编制通知单由主管部门提前30天下发。规程措施编制必须符合《作业规程编制指南规定》，编制完成后由施工队组组织内审后，上传至煤矿作业规程管理系统中进行传阅，由总工程师组织会审。施工队组根据会审记录对规程措施进行修改，完成后进行签字审批，签批后的规程措施必须在7天内上传至作业规程管理系统。

第六条 规程措施审批完成并装订成册后由施工队组报送生产、安全、机电、通风、调度、地质、防治水、“六长”各一份，以上部门一律建档保存，发放记录作为规程（措施）的附件一并装订成册。

第七条 施工队组严格执行规程措施，矿各职能部门负责监督实施。

第二章 作业规程的编制、审批及贯彻执行

第八条 作业规程编制范围

（1）采煤、掘进、开拓工作面以及工作面收尾、设备安装及回撤。

（2）各种硐室刷扩等较大工程施工。

第九条 所有正规工作面都必须按照“正规循环作业”的要求进行编制。

第十条 生产技术科应根据矿井年度衔接安排或生产工作计划，提前一个月向各队组下达“编制作业规程（措施）通知单”，同时地测防治水科应于工作面开工前一个月负责提供该作业面的“地质说明书”交施工队组。地质说明书的主要内容包括剖面图、井上下对照图，顶底板岩性柱状描述，

煤层要素说明，地质构造、水文、瓦斯、开采范围和储量情况，以及邻近区、上下层之间关系等。生产技术科提供巷道设计方案、平面布置图，各相关科室提供对应图纸，队组技术人员应根据以上所提供的施工编制依据尽快编写作业规程。

第十一条 作业规程编制内容包括：工作面地质情况、工作面巷道布置、矿压观测内容和测试手段、支护设计、施工工艺、设备配置及布置方式、生产系统情况、工作面生产经济技术指标和安全技术措施、正规循环、避灾路线及应急措施等。其中对工程质量的编写要求不得低于《煤矿安全生产标准化管理体系基本要求及评分方法》中的规定要求。

第十二条 编制规程前，各分管领导要组织生产、安全、机电、通风、调度、地测防治水及施工队组等科队副科（队）以上人员对开工地点及临近巷道支护情况进行现场调研，检查现场的施工条件，预测施工中可能遇到的各种情况，讨论制定有针对性的安全措施，明确施工的程序和任务，为规程的编制做好准备工作。

第十三条 作业规程的初稿提出以后，经过生产技术科初审，由总工程师会审通过后的作业规程打印，做到装订整齐，图文清晰。

第十四条 所有采、掘、开工作面在作业过程中，遇地质情况变化，如断层、陷落柱、冲刷带等特殊地段都必须制定专项安全技术措施或补充修订作业规程，经会审通过后，方可继续施工。

第十五条 “作业规程”必须于开工前半个月编写完毕，经会审通过后，应于开工前10天将批准的“作业规程”下发有关部门贯彻执行。

第十六条 作业规程在执行过程中发现有与工作面实际情况不相适应之处时，各队组及相关分管科室应及时会同本队（科）相关人员进行现场调研，提出修改补充措施，并履行与作业规程相同的审批手续。批准后的修改补充措施应向有关作业人员贯彻后再执行。修改补充措施应与原作业规程一并装订成册，严禁边报批边施工。

第十七条 开拓、掘进使用锚杆支护技术，必须在作业规程中详细说明检测手段和检测技术要求。

第十八条 作业规程从编制、审批到贯彻必须按照规定严格执行，并由总工程师组织每月至少进行一次规程复查，并有复查意见。

第十九条 采、掘、开工作面结束后，“作业规程”即行废止，并收回存档，新开工的采、掘、开工作面必须另行编制新的“作业规程”。

第三章 安全技术措施的编制、审批及贯彻执行

第二十条 安全技术措施编制范围

（1）处理采掘开工作面的冒顶、透水等事故。

（2）巷道如贯通、跨越过风桥等施工作业。

（3）巷道维修和加固，以及支护技术参数变更时的作业。

（4）临时工程如起底、刷帮、挑顶、浇筑、硬化、喷浆、注浆作业时。

（5）采掘开工作面在施工过程中，遇地质条件变化，如断层、褶曲、陷落柱等特殊地质条件时。

（6）各种大型检修项目、大型设备的更换、各种停复产情况等。

（7）单项工程、单位工程开工前必须严格按照“一工程一措施”的原则编制措施，不得沿用套用，严禁无措施施工。

（8）安全技术措施的编制应由施工单位的工程技术人员负责。

（9）其他根据矿井生产情况，按《煤矿安全规程》要求需要制定的。

第二十一条 安全技术措施编制前，必须由本施工队组及相关业务科室科长、施工队长、技术员、有经验的工人进行现场调查研究，提出施工方案，技术员依据施工方案进行安全技术措施的编

制。

第二十二条 安全技术措施的内容应包括基本情况概述，施工方法，安全作业措施，注意事项等。

第二十三条 已了解和探明的特殊地质构造地段，如断层、陷落柱等情况，在采掘过程中，施工队组必须及时掌握进度，提前安排编制专项安全技术措施。没有探明要进行先探，严禁未编制安全技术措施就施工作业。

第二十四条 安全技术措施编制审批要严格按规定程序进行，对安全技术措施在执行中发现有不适合现场具体情况的地方，可由本队组经研究后提出临时整改意见，报总工程师批准后方可实施。

第四章 监 督 检 查

第二十五条 生产技术科及相关业务管理科室要根据矿井设计要求和施工队组的生产衔接情况，及时给各队组下发《作业规程（措施）编制通知单》，并要求施工队组在规定时间内完成作业规程的编制、审批和会审工作，通知单下发每延迟一天处罚管理科室责任人×××元，施工队组未在规定时间内完成作业规程的编制、审批和会审工作，每延迟一天处罚施工队长×××元、技术员×××元。

第二十六条 在通知队组编制作业规程时，矿相关部门要为队组提供相关的施工设计方案图纸及各种资料，未在规定时间内提交的，每延误一天处罚相关部门负责人及责任人×××元。

第二十七条 相关技术人员要熟悉掌握井下施工队组的作业情况以及工程进度，严格按设计和规程措施要求，严把工程质量，施工过程中如发现未按规程施工的，处罚施工队技术人员×××元。

第二十八条 相关技术人员要及时了解施工巷道的地质变化情况，如遇地质构造变化影响施工质量、威胁施工现场或与作业规程有关规定不符或未包括的内容时，要及时阻止施工，督促施工队组及时编制专项安全技术措施，专项措施编写不及时每次处罚队技术员×××元。

第二十九条 相关技术人员要不定期检查井下施工作业，严格按照规程要求把好质量关，要定期到各队组对规程措施的贯彻学习和管理要求进行检查落实，并按规定使之闭合运行，规程（措施）贯彻不到位时，每人次处罚队组相关人员×××元。

第三十条 规程（措施）审批完成后，7天内必须将作业规程（包括图纸）报（传）矿，未按时上报（传）二级公司的，每延迟一天处罚相关队组技术员×××元，累计计算。

第三十一条 规程（措施）编写不认真，出现错别字、标点符号错误、前后叙述矛盾、前后不一致、章节字体不按标准、插图插表有误等，每处处罚队技术员×××元，累计计算。

17.7 采煤工程管理制度

为强化采煤工作面工程管理，确保安全、有序生产，结合矿实际，特制定本制度。

第一章 采煤工程工作流程

第一条 煤矿成立采煤专业领导小组，生产矿长担任组长，调度室、生产技术科、机电科、通风科、安全科等有关科室的负责人任成员。其职责是组织和参与回采工作面掘进施工竣工、安装、投产、正式生产、工作面过初次来压、周期来压、断层、老巷或遇特殊地质构造等特殊情况变化、工作面回收及正常生产期间的安全检查、验收等工作。协调采煤与其他专业之间的配合，针对现场出现的变化提出合理建议和措施。

第二条 每一回采工作面掘进形成后，必须由采煤专业领导小组严格按照掘进作业规程的要求进行现场竣工验收。

第三条 掘进竣工验收合格后的工作面，由综采队严格按安装方案和安全技术措施组织安装。

第四条 安装完成后试采前，必须由采煤专业领导小组组织专业技术人员全面负责对工作面所有设备进行单机试运转，当单机试运转正常后，再依照由外向里的启动顺序进行联合空载试运转，确保初采期间设备运转正常。安装验收合格后，方可安排试生产。

第五条 采煤工作面试生产后，必须由采煤专业领导小组组织专业技术人员对试生产工作面进行验收，验收合格后方可投入正式生产。

第六条 采煤工作面投产后，生产技术科要依据相近工作面的实际和相关技术数据，提前预计工作面初次来压的步距，并下达初次来压预报。工作面遇过初次来压、断层、老巷或遇特殊地质构造等特殊情况变化时，必须由采煤专业领导小组组织专业技术人员到现场制定应对措施，指导综采队确保安全施工。

第七条 采煤工作面准备收尾回撤前，必须由采煤专业领导小组组织专业技术人员到现场制定相应收尾回撤作业规程和安全措施，指导综采队确保安全收尾回撤。

第八条 采煤工作面在安装和生产、收尾期间因工作需要安装的设备必须由采煤专业领导小组组织专业技术人员现场验收合格后方可运行。

第九条 工作面回采结束后，必须严格按回撤方案和回采工作面回收作业规程、安全技术措施组织回撤，并及时封闭。

第十条 上述各项验收工作，有不合格的项目要限时整改，整改完成后方可转入下一工程。

第二章 采煤工程质量验收

第十一条 综采工作面在回采前，必须有具备符合国家规定，并经由总工程师组织会审签发的作业规程和初采初放安全技术措施。情况发生变化时，必须及时修改作业规程和补充安全技术措施，组织参与的施工人员学习、签字，考试合格后在生产中严格贯彻执行。

第十二条 工作面投产后，必须严格贯彻落实“三大规程”，推行正规循环作业。严格执行矿制定的各项煤质管理制度，控制水分，规范采煤工艺、控制矸石含量、减少灰分，提高回采率，保证回采率在93%以上。

第十三条 试采前，必须将工作面架间、架内、架前及两巷杂物清理干净，保证采面通风、行人、运输畅通无阻。确保通风、防灭火、综合防尘设施齐全，并符合《煤矿安全规程》的有关规定。

第十四条 采煤工作面实行工程质量验收制度，全面推行安全生产标准化管理，跟班队长、班长、质量验收员对当班的工程质量全面负责。

第十五条 严格按《山西省安全生产标准化执行要求（采煤专业）》执行，实现动态达标。认真执行《采煤工作面工程质量验收办法》《采煤工作面工程质量考核管理细则》。

第十六条 严格贯彻落实安全生产责任制、岗位责任制、现场交接班制度、班前会制度、生产汇报制、安全质量管理、设备使用管理、事故分析等制度。

第十七条 建立健全各种管理图牌板，做到每月检查有记录，资料保持初始完整性，严禁弄虚作假。

第十八条 专业技术人员、安检人员随时对工作面的情况进行检查，发现问题及时督促综采队进行处理，共同搞好安全生产。

第十九条 工作面及端头尾、风巷超前支架、支柱必须完好，不窜、漏液，安全阀不在规定值内自动卸载。支架接顶严实，初撑力不低于额定值的80%。

第二十条 试采或初放前，按规定要求准备足够的单体液压支柱及大板、半圆、金属网、π型长钢梁等临时支护用品，并在指定地点码放整齐。

第二十一条 乳化液泵站和液压系统完好不漏液，压力不小于30 MPa，乳化液浓度为3%～5%，由自动配比装置现场配制，并经检测合格。定期对泵站进行清洗和检修，定期校对仪器。

第二十二条 确保所有设备操作手把、按钮灵敏可靠，设备油位正常，运输环节信号联系可靠，电气设备完好，无失爆现象。

第二十三条 采煤工程质量消灭不合格品，要加强工作面顶板支护、安全出口和端头顶板支护，保证畅通无阻，做到文明生产。

第二十四条 支架工移架时要做到快、够、正、匀、直、紧、净、严，确保支护质量达标。

第二十五条 采煤工作面巷道的所有设备、材料运到指定地点，分类码放整齐，回撤不用的或损坏不用的设备、材料要及时运出，存放时间不超过 3 天。超前支护、支架、超前棚单体支柱打成一条直线，无空顶、漏液、断网。支架压力、支柱初撑力符合规定。

第二十六条 风巷电缆、管路按要求悬挂整齐，标准率达到 100% 。

第二十七条 保证各设备、开关上无煤尘，巷道顶、帮冲洗达标，开关台台上架、牌板悬挂齐全。

第二十八条 加强各设备日常检修使用制度，遵守操作规程，及时排除故障，保证设备完好，可正常工作。

第二十九条 工作面控顶范围内，顶底板移近量≤100 mm/m（按采高计算）。检查时，在工作面范围内均匀选取 10 点进行测量。

第三十条 工作面机道梁端至煤壁顶板冒顶高度不大于 300 mm。

第三十一条 工作面顶板不出现台阶下沉，支架前梁接顶严密，无浮煤漏矸。

第三十二条 支架初撑力不低于额定值的 80%；检查时在工作面范围内均匀选取 10 点进行测量。

第三十三条 支架要排成一条直线，偏差不得超过规定的 ±50 mm，中心距按作业规程要求，偏差不超过 ±100 mm。

第三十四条 支架顶梁与顶板平行支设，其最大仰角≤7°。

第三十五条 相邻支架间不能有明显差错（不超过侧护板高的 2/3），支架不挤、不咬，架间空隙不超过 100 mm。

第三十六条 工作面工程质量应做到“三直一平”；工作面液压支架端面距不大于 340 mm；工作面支架（柱）要排成一条直线，其偏差不得超过 50 mm。工作面伞檐长度大于 1 m 时，其最大突出部分应为：中厚以上煤层不超过 200 mm；伞檐长度在 1 m 以下时，最突出部分应为：中厚煤层不超过 250 mm。

第三十七条 液压支架、支柱应编号管理，牌号清晰；操纵阀手把有限位装置。

第三十八条 工作面内特殊支护、防护工具齐全；局部悬顶和冒落不充分，超过作业规程规定的，停止采煤作业，采取强制放顶或其他措施进行处理。特殊情况下不能强制放顶时，应有加强支护的可靠措施和矿压观测监测手段。

第三十九条 工作面安全出口畅通，超前支护高度不小于 1. 8 m，人行道宽度不低于 0. 8 m；工作面内端头支架与巷道支护间距不应大于 0. 5 m，宜使用端头支架或其他有效支护形式。

第四十条 超前支护距离不小于 20 m，支柱柱距、排距允许偏差 ±100 mm，初撑力符合作业规程规定，并进行现场检测。

第四十一条 架棚巷道超前替换木大板梁距离、锚杆（索）支护巷道退锚距离符合作业规程规定。

第四十二条 液压支架技术性能与工作面条件相适应，支护参数应根据矿压和地质资料等进行科学计算和选择，支架工作阻力满足设计要求。

第四十三条 采煤机选型应满足煤层采高、截割的难易程度、地质构造发育程度和能力要求，具备遥控控制功能。

第四十四条 支架液压系统无窜、漏液、管路无挤压现象、支架部件不缺损、控制阀有效。采煤机、刮板输送机、带式输送机、转载机、破碎机等设备完好，安全保护齐全，运行可靠，符合机电设备的管理规定。采煤机喷雾装置符合规定，内外喷雾有效，并有机载瓦斯报警断电装置。

第四十五条　所有开关必须上架，有淋水处，必须有防护，保证电气设备不被淋水。

第四十六条　通信系统畅通可靠，监测、监控设备运行正常，安放位置符合规定。

第四十七条　辅助运输系统设施、设备完好，声光信号灵敏可靠，绳头、绳卡、桃形环按质量标准制作完好，轨道铺设符合要求。

第四十八条　各种图牌板（设备布置图、通风系统图、监测通信系统图、供电系统图、工作面支护示意图、正规作业循环图、避灾路线图等）清晰规范。

第四十九条　主要巷道、泵站、油脂存放点、转载点、休息地点等场所必须有照明灯，图牌板齐全、清晰整洁，巷道交岔口有路线指示牌、避灾标识牌。

第五十条　巷道净高不低于3.2 m，行人侧宽度不小于0.8 m，支护完整。作业范围内无失修支柱，安全距离符合规定。

第五十一条　巷道及硐室底板平整，管线、电缆吊挂整齐，无浮渣及杂物、无淤泥、无积水；管路、设备无积尘；物料分类码放整齐，有标志牌；设备、物料放置地点与通风设施距离大于5 m。

第五十二条　工作面内管线、电缆敷设整齐，支架内无浮煤、浮矸，照明符合规定。

第五十三条　瓦斯及其他有害气体浓度不超限，工作面温度超过26 ℃时应采取降温措施。

第五十四条　材料码放标准

（1）单体柱要分层码放，层间垫木两根，扯木距两端距离一致，上下对齐，码放高度不超过1.5 m，宽度不超过1.0 m。单体柱两端对齐，损坏的单体柱要单独码放，及时升井检修。

（2）大板要分层码放，层间垫木两根，距两端距离一致，码放高度不超过1.5 m，宽度不超过1.0 m。

（3）Π型钢：使用垫木分层码放，垫木距两端距离一致，码放高度不超过1.5 m，宽度不超过1.0 m。

（4）金属网：成卷放置时，使用专用直角架限制两端，以防滚落；片状放置时，顺巷层叠码放，不得影响运输等，码放高度不超过1.5 m，宽度不超过1.0 m。

（5）道木：分层码放，层与层之间十字交叉，码放高度不超过1.5 m，宽度不超过1.0 m。

（6）大型配件摆放在底板，下垫道木，垂直巷帮摆放。电机等备用设备，必须用防水布遮盖。

（7）小型配件摆放在专用货架上，集中摆放不超过货架，避开淋水地点。

（8）高压管沿巷道方向摆放，摆放在专用材料架上。

（9）备用油脂使用专用托架，并有专用盖。油脂沿巷帮摆放一排，油脂桶与空桶分开摆放。

第三章　工程质量考核

第五十五条　工作面工程质量

（1）工作面验收后24 h实行责任追究制，因工程质量原因发生顶板或人身等事故，追究验收人员的责任。严格考核验收标准，凡发现弄虚作假、质级不符的，对验收人员分别罚款×××元，凡因质级不符造成事故的，将给予行政处分。

（2）经验收采煤工作面工程质量优良率不达规定的，对综采队罚款×××元，并对综采队队长罚款×××元，副队长×××元。

（3）地质条件发生变化，无补充措施进行施工，罚队长、技术员各×××元。

（4）因特殊情况综采工作面需爆破时，必须先制定安全措施，并有完善的审批手续方可作业，违者罚责任者×××元，操作者×××元。

（5）严禁使用不达规格或不符合要求的支护材料，违者罚款×××元/处，并追究责任。

（6）特殊支架有一处不符合规定要求，罚责任者×××元。

（7）在用单体液压支柱，必须保持完好，违者罚责任单位×××元/根。

（8）单体柱必须按规定使用，超高（光洁柱700 mm）罚款×××元，不达200 mm时罚款×××元。

（9）支架间的煤矸应清理干净，违者罚责任者×××元/架。

（10）往采空区攉煤罚款×××元/次。

（11）采煤机割煤后，必须及时移架，并打紧防片帮板，每发现一架次悬顶距离大于作业规程规定，罚支架工×××元。

（12）工作面机头、机尾支架间距超过500 mm时，必须使用四梁八柱交替前移的方法管理；架间距在300 mm时，必须架设一梁三柱抬棚，违者对责任者罚款×××元。

（13）严禁割顶、底，违者罚款×××元，采高超过规定范围，罚款×××元。

（14）严禁使用损坏、变形的支柱、梁，违者罚款×××元/处。

（15）支柱不按规定垫鞋板或在浮煤、浮矸上支设，违者罚款×××元，累计处罚。

（16）巷道清煤必须敲帮问顶，不得将大碳、大矸、木料及其他杂物装入煤溜、皮带，违者罚款×××元/次。

（17）安全出口不符合《煤矿安全规程》及《作业规程》要求及运巷人行道宽度不够，罚当班队干×××元。

（18）两巷超前支护，必须符合规程要求，并保持20 m以上，且支架完整，违者罚责任单位×××元。

（19）20 m超前支护范围内有单腿棚，罚款×××元/处。

（20）工作面不得任意丢设顶煤或底煤，更不得留有伞檐，违者每发现一次罚责任者×××元/处。

（21）液压支架不接顶不护帮，每发现一架次罚责任者×××元，连续两架以上按×××元/架处罚，累计计算。

（22）回采工作面两巷必须保持支架完整，不得空帮空顶，否则罚责任者×××元/架，累计处罚。

（23）端头尾外帮无逼帮柱，罚责任者×××元。

（24）端头尾三角区空顶大于500 mm而不进行有效管理，罚责任者×××元。

（25）使用单体柱超前支护时，每根单体柱必须达到规程规定初撑力，违者罚款×××元/根。

（26）回收工作面必须按规程铺、联网，违者罚款×××元/处，累计计算。

（27）两巷巷道净高不低于1.8 m。且支柱完整，无断梁折柱，无空帮空顶。锚网支护完整有效。违者，罚款×××元/处。

（28）修复旧巷和巷道支架更新，撤换支架时，必须先支后撤，从外向里逐架更换，违者罚款×××元。如巷道在5 m内支架连续三架失效，罚责任单位×××元，责任者罚款×××元。

（29）工作面上下出口及两巷超前支护不按规定使用防护链，罚款×××元。

（30）严禁将超前支护棚腿拆掉挪作他用，否则罚款×××元。

（31）随意调整乳化液泵站工作压力和支架安全阀的卸载压力者罚款×××元。

（32）泵站压力要达规定标准，违者罚款×××元。

（33）乳化液配比要符合规程规定，违者罚责任单位×××元。

（34）巷道出现滚梁、脱口、蹬腿或悬空等危棚而不及时维修罚责任者×××元。

（35）无故出现死架罚款×××元，且追究单位负责人的责任。

（36）因操作不当，发生冒顶事故造成停产，对责任者罚款×××元。

(37) 支架窜液、漏液罚款×××元/处，累计计算。

(38) 工作面上下巷道必须经常保持畅通，符合规程规定，巷道整洁，材料堆放整齐，违者每处对责任者罚款×××元。

(39) 工作面端头尾必须按规程规定管理，违者罚当班队长×××元/处。

(40) 采面坡度较大时，支架不采取防滑防倒措施，罚款×××元。

(41) 工作面回收、过初次来压、断层、老巷或遇特殊地质构造等特殊情况变化时，无相关安全技术措施的，对施工单位负责人和技术员各罚款×××元。

第五十六条　机电设备管理

(1) 综采设备损坏、变形或失效的零部件必须及时更换，违者罚责任者×××元/处。

(2) 所有液压系统高压管接头必须用 U 型销连接，严禁插单腿销或用其他物品代替，违者罚款×××元。

(3) 工作面破液管不及时更换，罚款×××元。

(4) 两巷电缆未按规定悬挂，有悬挂不整齐、电缆淹在水中或拖在地上、埋在煤里，罚责任单位××元。

(5) 回收、安装工作面起吊点没有按规定要求支护，违者罚责任单位×××元。

(6) 运输巷中皮带机，必须设置行人过桥，并有指示标志，违者罚责任单位×××元。

(7) 转载机未设行人过桥、未挂安全警示牌，各罚款×××元。

(8) 输送机、转载机、前后刮板机螺丝不齐全完好，罚款×××元。

(9) 设备、安装、拆除等无规程或措施，强行作业，罚款×××元。

(10) 乳化液泵站和液压系统完好，不窜液、不漏液，压力不小于 30 MPa；乳化液浓度 3% ~ 5%，使用乳化液自动配比器，乳化液泵操作现场备有测量仪，违者罚款×××元/处。

(11) 标准：工作面刮板输送机头与转载机搭接合理，底链不拉回头煤。转载机、挡煤板和刮板螺栓齐全完整，工作面刮板输送机铲煤板齐全。违者罚款×××元/处。

(12) 巷道带式输送机机架、托辊、三连辊、防跑偏装置齐全完好，输送带不跑偏；电缆悬挂、管路铺设符合规定，开关要上架管理；闲置设备和材料要放在安全出口 20 m 以外的安全地点；电气设备上方有淋水，要有防水设施。违者罚款×××元/处。

(13) 采煤机完好，不漏油、不缺齿，有停止刮板输送机的闭锁装置。违者罚款×××元/处。

(14) 高压管接头 U 型卡、密封齐全，严禁用铁丝或其他物件代替，不得出现单腿销。违者，罚款×××元/处。

(15) 沿工作面大溜每隔 15 m 安装通信与控制设施或急停闭锁开关，且灵敏可靠、完好。违者，罚款×××元/处。皮带、转载机、工作面刮板输送机、液压支架及电气设备完好，不影响生产。违者罚款×××元/处。

(16) 工作面及运巷内照明齐全完好，各转载点、硐室照明符合规定。照明安装不符合要求的，罚款×××元/处；照明灯损坏，没有及时更换，罚款×××元/处。

第五十七条　文明生产

(1) 巷道无积水（长 5 m，深 0.2 m）；无浮煤、浮碴、杂物；材料设备实行定置管理，码放整齐并有标志牌；图牌板齐全、整洁、悬挂整齐；管线吊挂整齐。违者罚款×××元/处。

(2) 巷顶、巷帮无废旧铅丝、绳索管线等杂物，违者罚款×××元/处。

(3) 回采工作面巷道必须有导水沟，控制水流，并必须在巷帮做小水仓存水，安设排水泵，排水点要经常维护和定时清除淤煤。巷道积水无法处理时，必须搭设平整稳固的过桥。违者罚款×××元/处。

(4) 工具房完好，工具室内、外整洁，有专用货架，标牌齐全。违者罚款×××元/处。

（5）材料码放达到标准，违者罚款责任单位×××元/处。

（6）所有材料必须挂牌管理，牌物相符，牌板干净清晰，挂成直线，其他材料码放时要确保稳定牢固、整齐划一，视觉良好。材料码放不符合标准的，罚款×××元/处；缺失材料牌的，罚款×××元/块；表面脏，牌物不符的，罚款×××元/块。

（7）现场安全设施、通风设施、各类牌板、测点等不得随意破坏，并且要动态维护好。违者，罚款×××元/处。

（8）人跨越输送机的地点有行人过桥。缺少行人过桥的，罚款×××元/处。

（9）工作面及两巷内的护栏（网）、瓦斯探头、隔爆水袋、两巷风门、喷雾消防设施、供水施救装置、电气闭锁装置、各种保护等安全设施齐全可靠有效。违者罚款×××元/处。

（10）在锚杆（索）外露长度有可能对行人造成伤害的地方，采取防护措施，并悬挂明显警示牌，顶、帮锚索及时使用防崩设施。违者罚款×××元/处。

（11）工作面矿压表一架一组，正常使用。压力在线监测系统完好正常运行，各类仪表仪器固定牢固。违者罚款×××元/处。

（12）巷道超前支护必须放置有单体液压支柱测压仪，并放置在专用的工具箱内。现场无单体液压支柱测压仪，罚款×××元，仪表不完好，罚款×××元；无专用工具箱或工具箱损坏，罚款×××元。

（13）两巷道离层仪、巷道位移观测站及牌板完好无损，距工作面 100 m 内的离层仪、巷道位移观测站每天观测一次并按时填写牌板，观测数据每天报送生产技术科。顶帮状况异常时，要增加观测频度，离层仪如有明显变化或离层仪损坏，必须及时向生产技术科汇报。否则离层仪或牌板或观测站牌损坏，罚款×××元/处；观测不及时，未按时填写记录的，罚款×××元/次。

（14）两巷道离层仪、巷道位移观测站及牌板要随工作面推进及时回收并交库，未能及时回收的，罚款×××元/处。

17.8 开拓掘进工程管理制度

第一章 工程质量管理分工

第一条 生产技术科为煤矿井巷工程质量管理的职能部门，并配备专职工程质量验收员（各包头技术员与包片副科长）。

第二条 生产技术科的职责：贯彻国家相关井巷工程质量的规程和标准，负责制定和修订井巷工程质量管理的相关规定；掌握井巷工程质量动态情况，组织每月的工程质量验收工作；负责井巷工程质量的事故处理；负责施工单位质量验收员的培训工作。

第三条 施工单位质量验收员的职责：熟知巷道工程质量标准，严格按标准要求进行验收，并做好记录；对工程质量低劣的巷道，必须责令返修；严禁以权谋私，随意降低验收标准；及时将验收情况向生产技术科汇报。

第四条 机构设置及人员配备

生产技术科设一名专职副科长负责工程质量管理工作，设一名专职材料管理及井下工程施工质量检测人员（包头技术员）。

第五条 施工单位为工程质量管理的主体，必须建立工程质量管理机构并配备专职质量验收员。施工单位现场主要负责人必须亲自抓工程质量，专职质量验收员人数必须满足现场管理需要，质量验收员调换需及时报生产技术科。

第六条 施工单位必须严格按照工程设计及工程质量标准施工，由于施工单位未严格按煤矿工程设计及工程质量标准施工而造成返工的一切费用自理，并进行处罚。

第七条 支护材料（锚杆及附件、锚索及附件、钢带、锚固剂等）必须取得产品合格证。纳入安全标志管理的产品，必须取得矿用产品安全标志和强检报告。

第八条 日常工程质量监督管理程序：施工单位验收，并填写台账复查，生产技术科抽验，原则是谁验收、谁负责。

第二章 执 行 规 定

第九条 各开拓、掘进工程由生产技术科组织设计，经各级领导审核通过后，由生产技术科下发开拓掘进作业规程编制通知单，施工队组及职能科室必须按照规程编制通知单要求的相关内容、规程文本及图纸进行编制。

第十条 编制完成的开拓、掘进作业规程，经生产技术科初审后，总工程师组织各相关部门及队组进行会审，经会审批复的作业规程必须组织施工人员进行贯彻、学习、考试。

第十一条 各施工队组必须严格按照生产技术科下发的开工、复工、停工通知单进行施工。

第十二条 各开拓、掘进工程开工必须经相关部门负责人及分管领导进行现场安全确认后方可开工。施工完成后需各科及相关队组联合验收。

第十三条 各施工队组必须严格按照设计图纸和规程、措施施工，不得擅自改变施工方案、支护形式或其他参数。

第十四条 队长、技术员要经常深入施工现场，及时掌握施工情况，若遇特殊地质构造等异常变化，必须及时向业务科室汇报。业务科室组织专业技术人员到现场查看，采取措施，制定方案并经煤矿总工程师审批后，严格按方案施工。

第十五条 掘进工作面严禁空顶作业，永久支护前必须使用有效的临时支护措施。在松软的煤、岩层或流砂性地层中及地质破碎带掘进巷道时，必须采用前探支护或其他措施。

第十六条 队组需严格按照生产科所给定的中、腰线施工，严禁人为擅自改动掘进规格尺寸。

第十七条 队组需严格按照正规循环作业图表施工，不得超员、超时施工。

第十八条 各开拓、掘进工程施工时需注意文明施工，巷道内管线吊挂要整齐，材料码放处要悬挂材料牌并且统一高度，巷道内不得有淤泥、积水、浮煤，范围不超过长5 m，深0.2 m。

第十九条 各开拓、掘进工程巷道内指导施工牌板需吊挂整齐、干净，牌板内容要完整、及时更新。

第二十条 工程施工时不得有材料浪费现象发生。

第二十一条 测量人员现场放线，施工单位必须主动配合，不得无故阻挠测量放线人员。放线完成后测量人员要与队组人员交接清楚。

第二十二条 锚喷巷道施工时应注意拉设标准线，保证巷道成型。掘进岩巷、半煤岩巷需注意将煤矸分离运输，顶板锚索支护时应根据顶板岩性，由相关业务科室制定支护方案（巷道宽度大于4.5 m，高度大于3.5 m必须由有资质的设计院设计），并经由总工程师审批后，严格按照方案施工。

第三章 工程质量管理标准

第二十三条 工作面临时支护必须符合作业规程的规定。

第二十四条 所有的支护材料均必须有产品合格证或检测报告，且符合设计要求。

第二十五条 开拓、掘进锚网（索）支护井巷工程的主要巷道工程标准

（1）巷道宽度偏差：0 ~ +100 mm。

（2）巷道高度偏差：有腰线的为0 ~ +100 mm，无腰线的为 −50 ~200 mm。

（3）井巷掘进坡度偏差：±0.1%。

第二十六条 锚网支护工程

（1）锚杆安装质量应符合以下规定：

合格：安装牢固，托板基本密贴壁面，不松动。

优良：安装牢固，托板基本密贴壁面，螺母扭矩符合设计要求，不松动，打设横竖呈直线。

检验方法：螺母扭矩检查、观察检查，或抽查施工检查记录。

锚杆预应力标准：帮锚杆螺母扭矩不小于 300 N·m，顶锚杆螺母扭矩不小于 300 N·m。

（2）锚杆的抗拉拔力应符合以下规定：

合格：最低值不小于设计的 90%。

优良：最低值不小于设计值。检查数量：巷道 300 根取样不少于一组（顶锚杆、两帮锚杆），每组不得少于 9 根；设计或材料变更，应另取一组检测。

检验方法：用锚杆拉拔仪做抗拉拔力试验，做好试验记录。

锚杆抗拉拔力标准：顶锚杆抗拉拔力为 25.4 MPa，帮锚杆抗拉拔力为 25.4 MPa。

（3）锚杆锚固剂质量、填装量与填装顺序符合设计要求。

（4）锚网必须用锚杆托盘、钢带压实，网与网短边搭接不得少于 200 mm、长边搭接不得少于 100 mm，双丝双扣，隔孔相连，扎丝绑扎后丝头向下顺齐（顶网扎丝向右顺齐）由下一孔固定。锚网必须紧贴煤壁，严禁空帮或空顶。

（5）巷道两帮底部锚杆距巷道底板距离不得超过作业规程规定（一般为 500 mm）。

第二十七条 金属支架支护工程

（1）U 型钢支架棚距允许误差 ±50 mm。巷道净宽允许误差 0 ~ +50 mm。净高允许误差 −30 ~ +100 mm。

（2）水平巷道支架的前倾、后仰符合以下规定：不大于 1°。

（3）柱窝挖到实底，底梁要铺设在实底上，柱窝深度 200 mm。

（4）棚后水泥背板或木楔子要背紧背实，空帮、空顶处要充填实。

第二十八条 锚索支护工程

（1）锚索安装深度应符合以下规定：

合格：不小于设计深度 95%。

优良：不小于设计深度。

（2）锚索锁定后的预应力应符合以下规定：

合格：预应力的最小值不小于设计的 90%。

优良：预应力不小于设计值。

（3）锚索锚固剂质量、填装量与填装顺序符合设计要求。

（4）正常施工条件下，锚索距工作面距离不得超过设计排距，工作面顶板较破碎时，需打设超前锚杆留顶，必要时打设锚索加固顶板。

第二十九条 巷道开工必须先加强支护，经验收合格后方可开口。加强支护方式有：加密锚索、架金属棚及抬棚等，由生产技术科根据具体情况确定。

第三十条 巷道贯通必须根据测量资料编制切实可行的贯通措施。

第三十一条 巷道必须定期检查，对支护性能下降或失效处及时维修补强。

第四章 工程质量管理处罚细则

第三十二条 施工队组及职能科室未按规程编制通知单要求编制规程的，处罚相关责任人×××元。

第三十三条 未经过规程会审就施工的巷道不予验收工程量并处罚相关队组×××元，经会审批复的作业规程未组织施工人员进行贯彻、学习、考试的，处罚相关责任人×××元。

第三十四条 未严格按照生产技术科下发的开工、复工、停工通知单进行施工的队组，处罚×××元、队长×××元。

第三十五条 未经相关部门负责人及分管领导进行现场安全确认就开口动工的，处罚队组×××元，施工完成后没有联合验收的不予出工程量。

第三十六条 遇地质构造等异常变化，未及时向业务科室汇报，造成严重后果的处罚队组×××元、队长×××元。

第三十七条 掘进工作面若未使用有效的临时支护措施，处罚队组负责人与队组各×××元/次。

第三十八条 若施工过程中出现材料浪费现象，按照材料管理制度处罚。

第三十九条 无故妨碍测量人员放线的处罚责任人×××元。

第四十条 掘进工作面没有编制施工组织设计和作业规程的或不按规程作业、擅自修改支护设计的，罚款×××元并停止作业，进行整顿。

第四十一条 施工单位没有使用作业规程设计规定的支护材料，发现一次对施工单位罚款×××元。

第四十二条 井下使用不合格锚索、锚杆、托盘、钢带、网或失效锚固剂的，对施工单位罚款×××元/根（片、箱）。

第四十三条 金属网搭接不符合规程要求的，发现一处罚款×××元。

第四十四条 掘进工作面不配备敲帮问顶工具的，罚款×××元；作业前不进行敲帮问顶的，发现一次罚款×××元。

第四十五条 掘进工作面没有采取临时支护措施，空顶作业的，发现一次罚款×××元。

第四十六条 掘进工作面临时支护或永久支护不符合作业规程规定的罚款×××元。

第四十七条 作业现场未悬挂“九图一表”的，缺少一种图或表罚款×××元。

第四十八条 锚网巷道，两帮底部锚杆距巷道底距超过作业规程规定的，发现一处罚款×××元。

第四十九条 锚网支护工作面不配备质量检测工具的，缺少一种罚款×××元。

第五十条 锚杆扭矩达不到规定的，每处罚款×××元；每紧固一圈，加罚×××元。

第五十一条 锚杆的抗拉拨力试验每300根做一组（9根），如果不合格，罚款×××元，并再做一组试验，如果还不合格，生产技术科会同施工单位现场办公，提出补救措施，所有施工费用由施工单位承担。

第五十二条 锚索预应力检查，每20根抽检一组（3根），如果不合格，罚款×××元，并在附近再抽检一组，如果仍不合格，罚款×××元，生产科根据检查结果提出补充措施要求施工单位整改，所有施工费用完全由施工单位承担。

第五十三条 锚索距工作面距离超过规定的，停工整改，符合规定后方可恢复正常生产。

第五十四条 锚固剂使用数量少于作业规程规定的，发现一次罚款×××元。

第五十五条 锚杆、锚索外露长度、打设角度不符合规定的每根罚款×××元。

第五十六条 锚杆、锚索间排距超过规定的，每处罚款×××元。

第五十七条 按设计要求缺失锚杆的，缺少一根罚款×××元。

第五十八条 锚杆失效的，发现一处罚款×××元。

第五十九条 锚网没有紧贴煤壁，造成空帮或空顶的，发现一处罚款×××元，并补打锚杆支护。

第六十条 巷道断面成型差，超欠挖、中线或腰线偏差超过规定的，每处罚款×××元。

第六十一条 巷道施工中片帮、冒顶没及时进行处理留下安全隐患的，罚款×××元，并立期整改。片帮处未使用全螺纹锚杆或全螺纹锚杆使用不当的每根处罚×××元。

第六十二条 沿煤层底板掘进的巷道，巷道底板距煤层底板超过 ±500 mm 的，罚款×××元（遇特殊地质情况，经地质部门认可的除外）。

第六十三条 巷道开口前未按设计要求加强支护的，罚款×××元并停工整改，符合规定后方可恢复正常生产。

第六十四条 混凝土喷射厚度达不到设计规定或作业规程规定值的，每处罚款×××元。

第六十五条 掘进过程中没有采取有效安全措施保护电缆、管路、机电设备的，发现一处罚款×××元。

第六十六条 巷道贯通作业不符合规程规定（一般巷道 20 m，综掘巷道 50 m 前必须编写安全措施）不编制安全技术措施的罚款×××元。

第六十七条 巷道维修未编制安全技术措施或未按作业规程执行的，发现一次罚款×××元。

第六十八条 巷道支护性能下降，支护失效严重，未及时维修处理或采取措施的，发现一处罚款×××元，并立即停止掘进作业，进行维护。

第六十九条 每月由生产技术科会同施工单位对当月进尺验收，对验收中不合格的巷道扣除进尺，并责令施工单位限期整改。

第七十条 开拓、掘进工作面因地质条件变化而无补充措施，冒险作业和蛮干，随意改变作业方式、支护形式，罚施工单位队长和技术员各×××元。

第七十一条 开掘工作面必须坚持敲帮问顶，及时处理活矸煤，违者罚款×××元。

第七十二条 敲帮问顶时，必须站在支护完整，顶板完好的地点，并清理好退路安全确认后方可开始工作，违者罚款×××元。

第七十三条 巷道掘进空顶及空帮距离不得超过规程规定，否则罚当班责任者×××元。

第七十四条 锚杆排距必须符合作业规程规定，不得随意扩大或缩小，否则每架处罚×××元，对责任人累计处罚；锚杆锚固力必须达到作业规程规定，对不达标的，每根罚款×××元；锚索必须按作业规程打设锁紧，外露长度必须达标，否则每根罚款×××元。

第七十五条 砌碹巷道时，不得使用不符合规定要求的料石，违者罚款×××元。

第七十六条 砌碹巷道基础，必须按规定要求拉够深度，否则立即停止作业，返工处理，违者罚当班责任人×××元/m。

第七十七条 砌碹时拆除原有支护前，必须首先采取临时支护措施，否则罚款×××元。

第七十八条 凡使用木质材料作支架的，必须上拉杆；用工字钢作支架的，支架间必须上撑木；否则按每架×××元对责任单位累计处罚。

第七十九条 验收后的巷道必须保持支架完整，不准拆东补西，否则对责任者罚款×××元，对责任单位罚款×××元。

第八十条 炮掘工作面必须严格执行规程，按规定棚距架棚，必须进行临时支护，严禁空顶作业，否则罚当班班长×××元。

第八十一条 掘进工作面由于措施不到位或违反规程作业出现片帮冒顶，对责任人罚款×××元。

第八十二条 锚喷巷道混凝土配比不当，造成喷层脱落每米罚款×××元。

第八十三条 架棚后出现帮顶刹杆松动或不接顶，罚款×××元/架。

第八十四条 背板棚不按规定上够背板而向前作业，罚款×××元/架。

第八十五条 岩巷锚网支护锚杆松动且未及时补打，每根罚款×××元。

第八十六条 顶部两侧及帮上部锚杆不按规程要求角度向上倾斜布置，罚款×××元/根。

第八十七条 不按规程搭接联网罚款×××元。

第八十八条 锚杆托板与岩面接触不实，每处罚款×××元。

第八十九条　金属网与锚杆联合支护，锚杆松动每根罚款×××元，间排距不符合要求罚款×××元，网与网连接不符合要求，每处罚款×××元。

第九十条　巷道顶、帮网铺设必须符合作业规程规定，否则一处罚款×××元。

第九十一条　打锚杆人员必须站在支护完好的顶板下作业，不得背向裸露的煤墙，否则罚款×××元。

第九十二条　支护材质不符合要求，对材料提供部门罚款×××元，累计计算。

第九十三条　掘进巷道连续出现两架危棚，继续作业罚款×××元。并按严重违章论处。

第九十四条　超过规定距离未及时安装顶板离层监测仪，罚款×××元。

17.9　采掘变化管理制度

为了加强采掘工作面安全生产变化管理，掌握现场变化情况，科学分析，实现主动超前预测变化、采取措施、有效控制变化，真正把变化管理落实在基层、落实在现场，着重在人员、时段、三工、环境变化四个方面抓好管控，实现采掘变化条件下的安全生产，结合煤矿实际，制定本制度。

第一条　人员变化

（1）增加新工人需进行专业培训，经考试合格，取得相应安全资格证后，方可持证上岗。由队组技术员组织学习相关工作面规程及在用措施，不少于 72 学时，经考试合格后，方可从事井下施工作业。安排签订互保联保、师徒协议，以师带徒，尽快熟悉技能，确保能够独立上岗作业。

（2）离岗返岗人员。离岗返岗人员是指请假、外出培训等离岗 10 天及以上人员。离岗返岗人员上岗前，必须由队技术员传达学习在用规程、措施，并由本人签字确认。队组领导和班组长必须向其交代本班组施工现场安全重点和注意事项。

（3）借调人员。本专业内借调人员由借用单位组织学习规程、措施，经考核后，方可上岗作业。跨专业借调人员，必须进行专业技术培训，经考试合格取得安全资格证后，方可上岗工作。

第二条　时段变化

（1）季节变化。针对季节变化情况，队技术员制定针对性措施，总工程师审批后，组织施工人员全员学习，并严格执行。特别是对“雨季三防”、“冬季三防”调度室加强管理。

（2）重要节假日。地面必须安排至少一名值班领导负责调度、值班。队组要加强现场安全监督检查，确保安全关键部位不失控。对重点工程要有矿领导在现场带班作业，指挥安全生产，把好安全关。停产检修或法定长假期间，重点工程现场作业则需要有队值班领导指挥安全生产，把好安全关。

（3）生产班关键时段控制。各班下班、交接班时间，现场跟班干部、班组长、验收员、瓦斯员、安全员加强检查验收，把住安全关。

第三条　三工变化

班组每天要进行排查，变化内容按性质分级列表记录，排查人员签字确认。

（1）工艺变化。生产现场工艺变化由技术人员及验收班组成员进行分析、提出方案，并由技术员根据现场情况编制针对性安全技术措施，总工程师组织审批后，进行学习。

（2）工序变化。生产现场工序变化由队长进行安排，做好工序调整工作。

（3）工具变化。使用的工具发生变化时，应由当班班长进行组织协调，如有缺失，及时上报队组补齐，现工具使用人员必须正确操作及施工，现场工具使用人员有权拒绝使用质量不合格工具。

第四条　环境变化

采掘队组要对工作面可能出现的变化问题进行超前分析，有针对性措施，明确责任人，并有分析记录。

1. 施工地点变化

队技术员要编写针对性安全技术措施，由总工程师组织审批后，组织职工进行学习。施工队组施工前，必须经过安全科牵头组织，相关职能科室进行安全确认。队技术员负责组织职工进行新的规程、措施学习和考试。施工前各工种对本岗位进行自查，发现问题及时处理和汇报。

2. 地质条件变化

采掘工作面出现地质变化时，现场跟班干部向调度室和值班领导汇报，调度室要及时通知值班领导及生产性科室，及时制定施工方案。

安全科要加强现场安全监管，并监督安全技术措施在现场落实情况，确保地质变化条件下的安全生产。

队技术员根据现场实际情况和施工方案，编制针对性安全技术措施，总工程师组织审批。

队技术员负责组织施工人员参加学习措施，经考试合格，并签名确认。

3. 单项工程施工

单项工程开工前，必须编制安全技术措施，由总工程师组织审批。施工单位技术员负责组织所有参加单项工程施工的人员进行学习，经考试合格，并签名确认。施工单位向安全生产部门提交开工申请报告，并经审查批准。施工现场明确指定施工负责人和安全负责人。

4. 应急性工作

工作现场出现应急性工作，由管理部门人员到现场协调，现场跟班干部安排工作，安全员负责对现场作业人员的安全监督。

5. 环境变化

环境变化由矿专业分管负责人或现场负责人，根据职责权限负责。

第五条 监督考核

（1）未取得相应安全资格证上岗的，对本人罚款×××元，并立即停工。

（2）队技术员未及时编制安全技术措施的，对技术员罚款×××元。

（3）队技术员未传达学习在用规程、措施，及没有签字确认的，对责任人罚款×××元。

（4）未签订自保、互保、联保、师徒协议的，对责任人罚款×××元。

（5）采掘工作面出现地质变化时，施工队未及时汇报的，对施工队罚款×××元。

17.10 生产材料管理制度

第一条 材料计划编制

（1）用料单位每月 28 日前将材料计划报至生产技术科。生产周期较长的材料提前申报计划，以免延误使用。生产技术科次月 3 日前将汇总材料经分管领导、分管矿长、矿长签字审批后报供应科。

（2）编制计划严格按照施工图纸进行编制，保证当月使用量，申报材料不得超材料使用量 30%。

（3）材料计划应说明用途及使用地点。

（4）计划单需材料员、单位负责人、矿分管领导审批签字。

（5）年底根据本年度材料承包费用对下年度指标费用进行调整。

第二条 材料验收

（1）材料到货由供应科通知相关科室和使用单位进行验收，验收合格后方可入库。

（2）供应科提供工器具、验收表。验收表要认真填写，供应科、验收科室、使用单位各一份。

（3）验收单据应建档保存，以便日后查阅。

第三条 材料领取使用

（1）领用材料按照费用类型填写领料单，并经相关部门负责人签字，大型材料需矿长签字认可。

（2）材料按照规定用量，周期领用。超量领用、超期存放将追究责任。

（3）材料员领用材料时应优先使用复修或回收材料，确定无货时方可使用新材料。属“交旧领新”材料应向发料部门提交回收单。

（4）经验收合格的，使用部门必须通知生产技术科，在台账登记上签字，并将材料移至生产技术科指定地点，由生产技术科安排施工单位合理使用。

（5）材料必须码放规定地点，违者视为浪费，并对责任者照价处罚。

（6）分管业务科室负责对工作面延米材料检查考核，超出设计用量以材料原价处罚，因特殊原因超量由相关部门认可后，可免于处罚。

（7）矿区除供应库、生产材料库外，其他场所不得存放生产材料。

（8）应对在用的工器具进行统计、登记存档，分管部门定期核对，人为丢失照价赔偿。

（9）使用材料部门要编制材料使用表，内容包括材料名称、数量、使用地点、现用情况及责任人。

第四条 “交旧领新”管理制度

（1）交旧领新材料包括：管材、甩头、H架、托辊、皮带、边杆、工字钢、Π型钢、单体柱等可重复使用的材料。

（2）交旧领新材料需回收旧料，并由接收部门开具回收单方可领新，回收多少领用多少，如领用过量照价处罚。

（3）供应科未收到回收单，不予发货。如特殊情况，需分管领导签字认可方可发货。

第五条 材料考核

（1）管理部门按照消耗定额进行考核，超出的要全额罚款，分别处罚超支部门70%，负责人20%，材料员10%。奖励时，按照煤矿部门“四六”分成的原则进行奖励。

（2）材料考核应根据实际情况（如地质原因、材料变更等情况），需对考核部门指标及时作出调整，确保考核真实性，变更原因及材料测算数据经矿长签字认可后方可使用。

（3）材料计划报送延时及编制不准确，罚款责任人×××元/次。材料验收失误，罚款验收人员×××元/次；不参加验收的，罚款×××元/次。

（4）供应科未提供工器具、验收表不予验收。

（5）验收单据丢失，罚款责任人×××元/次。

（6）材料领用超量照价处罚，超期存放，罚款×××元/天。

（7）未执行“交旧领新”制度及未提交回收单，不予发放新料。违者，处罚发料人员×××元/次，领料人员×××元/次。

（8）延米材料考核，超出量照价处罚。

（9）私自堆放材料，罚款×××元/次。

（10）各单位工器具丢失，照价处罚。

17.11 采煤工作面回收及安装管理制度

为加强采煤工作面回收及安装工作管理，进一步理顺各环节关系，规范作业程序，减少设备损坏、丢失、浪费和二次投入现象，确保安全顺利完成采煤工作面的回收及安装工作，结合煤矿实际，制定本制度。

第一章 采煤工作面的安装

第一条 采煤工作面安装前必须有符合国家规定，并经总工程师组织会审签发的作业规程和初采初放安全技术措施，情况发生变化时，必须及时修改作业规程和补充安全技术措施，组织参与施工人员学习签字、考试合格后，在生产中严格贯彻执行。未参加考试人员和考试不合格者禁止参与作业。

第二条 采煤工作面安装期间工程质量要确保符合有关安装质量标准。

第三条 施工单位在采煤工作面安装施工前提出书面申请，由矿分管领导签字后交调度室，由调度室通知，矿分管领导组织生产技术科、机电科、调度室、通风科等生产技术科室对安装施工现场进行查看，分专业制定相关措施，以便于指导综采队安全顺利地完成相关工作。

第四条 采煤工作面在安装期间安装的有关设备、设施要按照有关质量要求达标并由专业部门进行相关验收，安装不合格或未经验收的禁止投入使用。

第五条 承担采煤工作面安装任务的施工队组，要按矿限定的时间完成任务。

第六条 综采队在安装前提出材料、设备、配件计划，并报相关科室和矿分管领导批准。

第七条 承担安装任务的单位，对易损坏丢失的零配件要采取集中管理，以防止丢失。

第八条 每一回采工作面掘进完成后，必须进行移交，要由施工单位提出书面申请，由矿分管领导签字后交调度室，由调度室通知，由矿分管领导小组现场验收移交。

第九条 交接后的工作面，由综采队严格按安装规程和安全技术措施组织安装。

第十条 采煤工作面设备安装完毕后，要由施工单位提出书面申请，由矿分管领导签字后交调度室，由调度室通知分管矿领导组织验收人员，按选型设计，《煤矿机电设备完好标准》和采煤工作面机电设备质量要求对工作面设备进行验收，对工作面所有设备进行单机试运转，发现问题及时处理。

第十一条 初采前要由施工单位提出书面申请，由矿分管领导签字后交调度室，由调度室下发通知，由矿分管领导组织相关科室及技术人员负责对工作面所有设备再次进行单机试运转，当单机试运转正常后，再依照由外向里的启动顺序进行联合空载试运转，确保初采期间设备运转正常。

第十二条 严格按《安全生产标准化执行要求（采煤专业）》执行，实现动态达标。

第二章　采煤工作面的回收

第十三条 采煤工作面回收前必须有符合国家规定，并经矿总工程师组织会审签发的工作面回收作业规程和安全技术措施，情况发生变化时，必须及时修改作业规程和补充安全技术措施，组织参与施工人员学习签字、考试合格后，在生产中严格贯彻执行。未参加考试或考试不合格者禁止参与作业。

第十四条 采煤工作面在回收期间的工程质量要确保符合有关质量标准。

第十五条 采煤工作面在距停采线 50 m 前要由施工单位提出书面申请，由矿分管领导签字后交调度室，由调度室通知，矿分管领导组织生产技术科、机电科、调度室、通风科等生产技术科室对回收施工现场进行查看，分专业制定相关措施，以便于指导综采队安全顺利地完成相关工作。

第十六条 采煤工作面在回收期间安装的有关设备、设施要由施工单位提出书面申请，由矿分管领导签字后交调度室，由调度室组织验收人员，按选型设计，《煤矿机电设备完好标准》和采煤工作面机电设备质量要求对工作面设备进行验收，发现问题及时处理。安装不合格或未经验收的禁止投入使用。

第十七条 承担采煤工作面回收任务的施工队组，要按矿规定时间完成任务。

第十八条 综采队在回收施工前提出材料、设备、配件计划，并报相关科室和矿分管领导批准。

第十九条 工作面回采结束，生产技术科要会同有关队及部门进行支架、支柱交接，建立相关台账。对回采结束剩余的支架及支柱要按规定时间进行回收，若不能按时完成，对责任单位每天每根罚×××元，影响工作面密闭的，罚×××元。

第二十条 采煤工作面回收中回收出的支护用品及其他设备、材料由施工单位摆放整齐并及时装车升井交由机修厂，并按有关规定办理交回手续。

第二十一条 承担回收任务的单位，对易损坏丢失的零配件要采取集中管理，防止丢失现象发生。回收施工中，大件物品及配件不允许丢失，丢失者照价赔偿。

第二十二条 回收的Π型钢、支柱等必须运到规定地点按型号、类别码放整齐，卫生打扫干净，其他材料及时交到指定地点或现场码放整齐。

第二十三条 工作面回收时，Π型钢、支柱必须100%回收，若回收丢失Π型钢处罚×××元/根、支柱处罚×××元/根。

第三章 考 核 规 定

第二十四条 因不能及时提交验收申请而影响工作的，对单位负责人罚款×××元。

第二十五条 无故不按时按要求参加验收的，对责任人罚款×××元。

第二十六条 新安装的设备验收不合格的，每台次对施工单位罚款×××元，单位负责人罚款×××元。

第二十七条 掘进工作面完工后竣工验收不合格或回采工作面安装不合格的，对施工单位罚款×××元，单位负责人罚款×××元。

第二十八条 工作面在安装、回收期间的工程质量考核按《采煤工程管理制度》相关条例执行。

17.12 回采工作面支护用品管理制度

为加强回采工作面支护用品的管理，在确保安全生产的前提下，尽量减少回采工作面支护用品投入，降低吨煤成本，提高矿井经济效益，特制定本制度。

第一章 职 责 划 分

第一条 煤矿成立回采工作面支护用品管理领导小组，生产矿长担任组长，调度、生产、供应、机修厂、机运队、综采队等有关科室的负责人任成员。下设支护用品管理办公室，办公室设在生产技术科，负责具体协调工作。

第二条 具体职责划分

1. 生产技术科

负责对新型回采工作面支护用品立项和技术把关（包括设计、变更、检验、验收等）工作。

负责总结、推广支护方面的新技术、新材料、新设备、新工艺。

负责确定采掘工作面的支护方式及支护参数及支护用品的计划。

负责根据现场情况，及时变更回采工作面支护用品的规格型号及技术要求。

负责回采工作面支护用品的抽检、送验工作，并根据实验结果及现场使用情况确定回采工作面支护用品质量是否合格。

负责掘进巷道支护参数的设计优化工作，在确保安全生产的前提下，尽量减少回采工作面支护用品的消耗量。

负责检查各施工现场使用的回采工作面支护用品、支护质量是否符合设计要求。对支护质量不合格的施工地点，有权责令其停止生产，并限期整改。

生产技术科对采购的回采工作面支护用品是否具有煤安标志进行监督管理，杜绝不符合回采工作面支护用品要求的采购和使用。

2. 调度室

根据支护用品计划负责协调购置、进矿、入井时间。

损坏或回撤期间协调相关部门进行运输、升井工作。

巡查现场支柱用品使用情况，发现问题向有关科室通报解决。

特殊情况（生产急需）下，有权安排先到供应科借用。

3. 供应科

负责依据支护用品（单体液压支柱、π型钢梁）及配件的计划购进、保管、报废鉴定申报工作。

每种新型回采工作面支护用品在投入使用前都必须先由生产技术科进行项目鉴定，然后提出具体的技术规范和要求，供应科据此再进行委托加工、采购等工作。

需外购的回采工作面支护用品由生产技术科报矿分管领导批准后，由供应科联系生产厂家订货，并对质量和价格进行把关。

新购进的单体液压支柱到货验收合格后，入库保管，并按计划出库交给机修厂编号。

4. 机修厂

负责办理回采工作面支护用品的维修业务及单体液压支柱的终身唯一编号的制作、维修、出入库台账登记工作。

负责根据办理审批的《领料单》将回采工作面支护用品装车下井，并与运输或用料部门交接。

负责新进单体液压支柱及维修后的支柱储存、发放管理工作；负责建立单体支储存领用卡片，详细记录每根支柱编号、制造单位、型号规格、制造日期、进货（维修）日期、领用日期、领用单位、领用人、发放人。

负责按使用计划发放各使用部门。

5. 综采队

每月依据煤矿下达的生产作业计划，办理填报回采工作面支护用品需用计划。综采队必须在每月25日前将下月的回采工作面支护用品需用计划报生产技术科审查后，经矿分管领导审批，由生产技术科根据库存情况确定全煤矿下月回采工作面支护用品需用计划，经主管矿长批准后，由供应科进行采购或租赁。

严格按照作业规程、施工措施及技术、设计部门提出的支护要求和变更措施领取和使用回采工作面支护用品。

认真配合生产技术科搞好支护方面的新技术、新材料、新设备、新工艺的试验和推广工作。

负责搞好施工现场回采工作面支护用品的管理工作。

6. 机运队

负责根据办理审批的《领料单》将回采工作面支护用品运送至施工现场规定地点。

负责回收上井和送入井下材料库的回采工作面支护用品的运输工作。

第二章 采煤支护用品的储存、维修管理制度

第三条 机修厂应充分利用废旧物料加工改制回采工作面支护用品（例如：钢丝绳网、钢筋梯子梁、铁鞋、锚杆托盘等），在动用回采工作面支护用品加工改制其他材料时，必须经生产技术科审核，报矿分管领导签批后使用。

第四条 机修厂必须严格按照生产技术科下达的支护用品修复计划和制定的修复标准及要求保质保量完成。在尽量保证不投入零配件的情况下，充分利用现有能力进行焊接、调直、拼接、改造、除锈、刷新等工作。如不能保证修复质量，可由选择指定的有资质的维修生产厂家进行维修。

第五条 供应科必须按审批的《领料单》发放支护用品，并按审批的规格型号进行发放，严禁超发或欠发，凡审批用旧料的，一律不准发放新料。

第六条 在特殊情况下（生产急需），使用部门可通过调度室，先到供应科借用，但必须在两日内到生产技术科补办计划审批手续。

第七条 单体液压支柱的三用阀在发放时随支柱配备，回收单体支柱时也必须随柱上交，否则，每丢失一只三用阀罚款×××元。

第八条 机修厂单体支柱管理人员负责做好单体支柱的出、入库账目和办理相关手续。单体液压支柱无终身唯一编号的不准发放。

第九条 各使用部门对需用单体支柱的规格、数量要准确预计，并建立相关台账，做到账、卡、物相符。

第十条 综采队、机修厂每月底应将各类回采工作面支护用品的库存及使用情况报送生产技术科。

第十一条 单体液压支柱入井前必须逐根进行压力试验；在采煤工作面回采结束后或单体液压支柱在井下储存3个月以上，或使用超过8个月后，必须进行升井检修。检修好的支柱，必须再次进行压力试验，合格后方可入井使用。

第十二条 各部门使用的单体支柱需要进行维修的，要在更换下来或维修周期到期后1周内组织升井；各部门工作地点存放的单体支柱不再使用时，应在1周内组织升井。

第十三条 对升井回收的单体支柱，必须按指定的地点分类存放，并开具入库验收单。

第十四条 机修厂存放的支柱实行挂牌管理，牌上注明“备用”和“待修”字样，且注明规格、数量。

第十五条 升井支柱所缺零、部件，经机修厂鉴定后，责令使用部门照价赔偿。

第十六条 使用部门每丢失或人为损坏一根单体支柱，责令使用部门照价赔偿。

第三章 采煤支护用品的装卸、运输管理

第十七条 回采工作面支护用品在装卸时，应轻装轻放，以防止对回采工作面支护用品造成损坏。在装卸树脂锚固剂时，必须做到轻拿轻放，不得损坏树脂锚固剂的包装箱。

第十八条 机修厂在装车下料时，必须严格按《领料单》实发数量和发料人员的安排装车，不得少装、多装或乱装。

第十九条 回采工作面支护用品装车不得超高超宽，宽度不得超过车沿，长度不得超出矿车两端碰头，或者要留出联销孔，以便联车和防止撞坏材料。

第二十条 用花车装运回采工作面支护用品时必须进行封车，封车不得少于2道。

第二十一条 机运队在运输支护用品车前必须检查装封车质量，对不符合规定，影响运输和提升安全的，有权拒绝运输。

第二十二条 装运锚索时必须将锚索盘在花车内，严禁超过花车联销孔，以防锚索端头损坏。

第二十三条 回采工作面支护用品在运输途中（指未到用料单位接收地点）不允许丢失、掉落、卸车、截留。

第四章 技 术 管 理

第二十四条 综采队在编制作业规程时，必须明确说明所使用回采工作面支护用品的规格型号。

第二十五条 当施工现场条件发生变化时，生产厂队应及时向生产技术科反映，以便根据实际情况及时进行必要的改进。

第二十六条 生产厂队应积极配合生产技术科做好新型材料在回采工作面的试验和支护效果的检验等工作。

第五章 质量验收管理

第二十七条 对于初次投入使用的回采工作面支护用品，在入库前必须由生产技术科组织调度室、供应科和机修厂或加工部门进行联合质量验收（包括检验其规格型号、数量、材质、强度、包装等），验收合格共同签字认可后，供应科或机修厂方可接收入库。

第二十八条 回采工作面支护用品的日常入库验收由供应科、机修厂和相关业务科室负责，严禁不合格产品入库和下井使用。

第二十九条 生产技术科负责每季度对在用的回采工作面支护用品进行抽检，对经检验质量不合格的产品，有权立即停止使用该产品，并向分管领导进行汇报。

第三十条 使用部门在使用过程中发现回采工作面支护用品有质量问题时，应及时向生产技术科反映，由生产技术科负责组织调查、落实、处理。

第六章 施工现场管理

第三十一条 各回采工作面都要在施工现场附近建立相对固定的备用料场（根据工作面推进长度适当移动），料场必须选在上无淋水、下无积水（或加盖防水棚布）、不影响运输和行人的安全地段。所有备用物料和待回收物料都必须集中分类存放，码放整齐，挂牌管理、不得乱扔乱放，分散在巷道内。

第三十二条 工作面临时存放回采工作面支护材料，应存放在规定范围内，所有回采工作面支护材料都要按规定码放整齐。

第三十三条 综采队和机修厂必须配备一名专（兼）职人员，主要负责现场清点维护及办理领用、回收支护用品等手续，并密切配合有关职能部门的日常管理检查工作。

第三十四条 施工现场待修单体支柱数超过一周或30根时应装车回收，不得积攒、集中回收。

第三十五条 所有回收上交的回采工作面支护材料，都要办理《材料回收交接单》，由综采队和机修厂交接，并出入库单，作为考核综采队的依据。

第三十六条 单体支柱的使用要求

（1）根据现场巷道高度，选择合适的支柱规格；根据工作面顶板压力大小，确定合理的支护密度。

（2）使用单体液压支柱的部门，在使用单体支柱前均应由主管技术员对本部门的管理人员、职工进行有关单体液压支柱技术特征、构造、工作原理及使用操作方法为主要内容的技术培训，正常使用时，每季度至少再检测一次。

（3）初次使用或修理后第一次使用的单体柱，为防止漏气倒柱，必须将缸体内的空气排放干净。排放方法为：反复注液、排液，直到排净为止。

（4）支护前，必须检查三用阀是否上紧、上牢固，支柱有无弯曲、凹陷、缺爪和漏液等现象。

（5）支护高度超过支柱最大允许高度时，应及时更换相应规格支柱，不得采取在柱底部垫木板、矸石等临时支设措施。

（6）支柱移至预定支护地点后，要先用注液枪内的乳化液把三用阀注液嘴的污物冲洗干净，然后将注液枪插入三用阀中并用锁紧套连接好。

（7）支护支柱时，应注意单体支柱应穿鞋戴帽，垂直于顶底板，并有一定迎山角，迎山有力，使支柱处于垂直受力状态且不易推倒，初撑力必须达到要求，支柱的柱距、排距、迎山角等按作业规程的规定执行。所有单体支柱必须挂防倒链。

为了便于撤柱及作业安全，支柱时要保持三用阀和巷道平行，注液阀口朝向采空区。

支柱与运输机械应有适当距离，避免撞坏柱蕊、手把和三用阀。

支柱顶盖的四爪应卡在顶梁花边槽上，不允许将四爪顶在顶梁上或顶梁接头处。

单体柱顶端刚性接触面需垫木片或皮垫。

注液枪用完后，应挂在支柱手把上，禁止将注液枪抛在底板上，禁止用注液枪砸三用阀，要防止注液枪管缠绕打结或被煤矸埋住。

禁止使用漏液或失效的支柱，禁止用不正当的方式处理漏液的三用阀。

支柱工用手抓支柱时，应使掌心向上，防止升柱过程中顶板掉落小块矸石砸伤手背。

（8）使用中的支柱，不得超行程使用，活柱量小于200 mm时，应及时回撤，更换支柱，以免压死支柱。

（9）禁止用锤、镐等金属物体猛力砸打支柱任何部位，以免损坏支柱，若支柱被压成“死柱”，只能采用挑顶或卧底方法取出，不允许爆破、锤砸或绞车拉拽。

（10）回柱前要检查周围顶板，支护是否完好，如有断梁、折柱以及其他不安全因素时，必须处理后方可回柱。

（11）回柱要两人配合，一人回柱，一人观察顶板。回柱时必须在支架完好的安全地点进行工作，要清理好退路，打好护身支柱，并告知在附近工作的其他人员。

（12）当顶板来压和遇到其他险情时，要停止回柱，待处理后再回撤。

（13）大面积悬顶和顶板压力过大时，不得人工回柱，应用绞车远距离回柱或用其他安全方式回撤。

（14）回柱要严格执行八大要领：一问（问顶）、二松（松悬矸）、三清（清后路）、四支（支好作业规程规定的特殊支柱）、五喊（喊附近人员注意）、六回（回支柱、顶梁）、七运（运出支柱、顶梁）、八竖（回出的支柱竖放）。

（15）单体液压支柱卸载时，必须使用卸载手把或专用工具远距离卸载，卸载时，卸载量必须由小到大逐渐卸载，待顶板稳定，支柱脱离顶梁后，方可快速卸载。

（16）回撤下来的支柱，应顶盖朝上竖直靠放，不准随意横放；若三用阀损坏，应及时更换，换下的损坏三用阀不得随意乱扔，统一管理，上井后必须以旧换新，否则丢失按照价赔偿。

（17）支柱在运输过程中应轻装轻卸，不准随意摔砸。

（18）短期不用支柱，将柱内液体放尽，封堵三用阀进液孔，防脏物进入。

（19）为保护好柱子的光洁度，在使用单体液压支柱段放炮时，必须将该段及上、下 10 m 范围内的支柱用皮带保护好，并在皮带两头挂好挂钩，皮带必须挡住活柱体，否则严禁放炮。

（20）严禁用支柱代替其他起重工具起重物体。

（21）工作面使用单体支柱调整液压支架、推移机头、机尾以及升、降单体柱时，要严格执行以下使用管理规定：

所有操作人员在扶柱或升柱的时候，必须将单体支柱用专用护链钩挂牢。升柱时缓慢供液使支柱顶紧，暂停供液，待所有人员撤到 5 m 以外有可靠防护的安全地点后，再由支架工进行远距离供液。调整液压支架时，必须有防止单体支柱崩出的可靠有效措施，操作人员和其他工作人员全部在有可靠防护的安全地点操作和观察。支柱支设或回撤时，必须认真观察分析支柱受力可能倾倒的方向，做到心中有数，严禁盲目蛮干。

单体液压支柱与金属接触处，要垫木板或皮垫进行防滑处理。

（22）支柱必须定期进行抽查，抽查 2% 合格率达到 90% 以上方可继续使用，否则必须加倍抽查，如合格率仍达不到要求，必须全部上井检修。

（23）使用液压支架的工作面，必须经过顶板压力观测，作为编制“规程”和支架选型的依据。

第七章 监 督 考 核

第三十七条 未按规定组织升井检修的，对责任人罚款×××元。

第三十八条 对升井回收的单体支柱，未按指定的地点分类存放，对责任人罚款×××元/次。

第三十九条 机修厂存放的支柱未实行挂牌管理，罚单位负责人×××元。

第四十条 升井支柱所缺零部件，经机修厂鉴定后，责令使用单位按原值赔偿。

第四十一条 使用单位每丢失或损坏一根单体支柱，责令使用单位按原价赔偿。

第四十二条 支柱卡片记录不全或与实物不符合的，处罚责任人×××元、连带单位负责人×××元。

第四十三条 三用阀丢失，罚款×××元/只。

第四十四条 施工现场待修单体支柱数超过 30 根时，超出的罚责任单位负责人×××元/根。

第四十五条 所有回收上交的回采工作面支护材料，未办理《材料回收交接单》的，每次罚款×××元。

第四十六条 支柱零件不齐全，支柱有弯曲、凹陷、缺爪和漏液等现象的，有一项处罚责任人×××元/根。

第四十七条 支护高度超过支柱最大允许高度时，罚款×××元，并责令改正。

第四十八条 支柱前未用注液枪内的乳化液把三用阀注液嘴的污物冲洗干净的，处罚责任人×××元/根。

第四十九条 支护不合格的，每处罚责任人×××元。

第五十条 使用漏液或失效的支柱，每次处罚责任人×××元。

第五十一条 使用中的支柱活柱量小于200 mm时，每次处罚责任人×××元。

第五十二条 用锤、镐等金属物体猛力砸打支柱任何部位或使用爆破、锤砸或绞车拉拽回柱的每次处罚责任人×××元。

第五十三条 闲置的支柱未封堵进液孔，处罚责任人每根单体支柱×××元。

第五十四条 在使用单体液压支柱段爆破时不使用皮带防护遮挡的，处罚责任人每根单体支柱×××元。

第五十五条 用支柱代替其他起重工具起重物体，处罚责任人每根单体支柱×××元。

第五十六条 野蛮装卸支护材料的，处罚责任人×××元。

17.13 掘进工作面支护用品管理制度

第一条 掘进工作面支护用品种类

掘进工作面支护用品包括：锚杆、锚索、锚网、钢筋梯子梁、金属棚、水泥背板、木楔子、前探梁及专用临时支护设施、混凝土喷浆支护材料（包括水泥、沙、石子、石销、速凝剂等）。

第二条 职责划分

（1）各施工队组负责向供应科申报需用支护材料种类及数量。

（2）供应科负责支护材料采购及首轮质量监督。

（3）生产技术科负责次轮采购支护材料质量监督，即：抽样后委托有资质的检测单位检测；同时负责对机修厂加工的支护材料质量监督。

（4）机修厂负责加工制作金属网、钢筋梯子梁、金属棚架等支护材料。

（5）各施工队组为支护用品的使用主体，在使用前应对支护用品做最后一轮质量确认，完好的支护用品可用于生产，不完好的支护用品需升井回收。

第三条 管理规定

（1）掘进工作面需常备锚杆锚固力、锚杆扭矩、锚索锚固力的检测工具，不得将检测工具另用它途，不得故意损坏检测工具，如有损坏施工队组必须及时更换；如有发现人为损坏检测工具的每件处罚相关责任人×××元，如有发现将检测工具另用他途的每次处罚相关责任人×××元，如有发现检测工具损坏未及时更换的处罚队长、技术员各×××元。

（2）如遇断层、陷落柱等特殊地质构造，需变更支护设计，则另外对其进行材料考核。

（3）队组施工过程中，若出现人为损坏、浪费支护材料的情况发生，如割完煤退机时将帮网刮破、超挖导致片帮等，对施工队组处以双倍于损坏的支护材料价值的罚款。

（4）根据正常掘进进度要求使用的支护材料，井下存储量不得超过4天使用量，以免造成支护材料生锈、锚固剂过期等现象。若违反规定对队长、领料员各罚款×××元。

（5）严格执行材料消耗定额分解方案，如人为损坏造成材料浪费，按超支全额双倍处罚。

（6）领用材料时杜绝超领滥用，若违反规定，处罚领料人员×××元。

(7) 支护材料及配套的小型配件必须放入指定地点并且挂牌管理、码放整齐，不得过量存放、乱扔乱放，如发现巷道内有随便乱扔乱放、存放量过大现象，对当班负责人处以×××元罚款。

(8) 掘进巷道的支护材料必须严格按照设计使用，生产技术科分管人员要定时（每周不少于2次）对巷道使用材料延米进行检查，发现损坏、非正常使用的情况，按损坏材料原件价格对责任单位进行处罚。

(9) 使用材料必须全部存放于供应科及机修厂库，不允许存放内部库房，以免造成长时间不用材料失效。各单位在供应科所领取的材料不得整体出库，应根据实际使用量分批分期进行出库，若违反规定，对单位负责人、材料员各罚款×××元。

(10) 使用单位必须将所使用的日常工具进行登记造册，并在生产技术科进行备案。生产技术科每月负责对使用单位日常工具进行核对，如丢失由责任人照价赔偿。

(11) 生产技术科必须对每一批新到供应的支护材料委托有资质部门进行检测，并对检测的支护材料检测报告建档留存，否则对责任人罚款×××元/次。

(12) 回收升井后的所有废旧支护材料，在生产技术科分管人员的监督下，办理相关手续后移交机修厂统一管理。

17.14 金属支架及回收材料管理制度

第一条 回收材料范围包括锚杆、锚索、钢筋梯子梁、单体柱、风管、水管、排水管、软管、管箍、管路螺丝、钢垫、道轨、道夹板配套材料、枕木、工字钢及巷道相关材料。

第二条 原架棚巷道金属支架回收必须经相关部门清点、留单，并签字认可。回收前进行编号清点，回收后核对数量。如不能回收的需经相关科室及分管领导签字认可方可免于处罚。

第三条 液压支架使用部门必须登记造册，使用、回收严格管控并签字确认到责任人。

第四条 回收材料前必须申报分管科室进行整体盘点，回收后进行盘点核对，损失材料照价赔偿。

第五条 日常使用的可回收材料回收率为100%，螺丝铆钉等消耗材料回收率为80%。

第六条 如搬家、倒面时，由机电科、生产技术科查看材料是否需要升井，如在井下移交需填写移交单据。

第七条 升井后的材料要按照生产库摆放要求进行码放。

第八条 严格执行矿上各项矿用材料管理，如在回收过程发生人为损坏照价赔偿。

第九条 处罚考核

(1) 回收材料未提供回收单据视为丢失，按照材料原价处罚。

(2) 液压支架使用部门必须登记造册，使用、回收严格管控并签字确认，否则对责任人罚款×××元/次。

(3) 回收材料前必须申报分管科室进行整体盘点，回收后进行盘点核对，损失材料照价赔偿。未申报职能科室盘点的，罚款责任单位×××元。

(4) 升井后的材料要按照生产库摆放要求进行码放，如摆放不合理，罚款×××元。

17.15 井下材料库管理制度

第一条 材料库接收材料范围：短期可复用、不便于升井的材料。

第二条 井下材料库由生产技术科代管，井下不设值班人员，库房必须增设监控设备。

第三条 库房存放标准

井下1号材料库：库房分内外两部分，内部存放6 m排水钢管、外部存放6 m道轨。

井下2号材料库：全部存放2寸风水管。

第四条 生产技术科对井下材料库建立台账，交库、领用必须到生产技术科领取库房钥匙，并提供交、领材料的名称、型号、数量。交库、领取必须由使用单位材料员签字，领用完毕后将钥匙交回生产技术科。

第五条 使用单位材料入库，必须填写入库单，经生产技术科科长签字后报送生产技术科材料组进行登记入账。

第六条 生产技术科分管人员每周最少一次井下库房盘点，检查内容包括：库内设施、物品码放、数量统计，发现问题要及时处理。

第七条 井下库房内卫生由装卸单位负责打扫。

第八条 材料堆放执行谁进库、谁码放。进库材料必须由送料单位通知生产技术科进行清点，并开具回收单。

第九条 生产技术科对井下库房材料建账留存、做到出入平衡。

第十条 处罚考核

（1）材料库领用完毕后2日内未交回钥匙，罚款责任人×××元。

（2）装卸单位对库房卫生打扫不彻底，罚款×××元/次。

（3）装卸单位未通知生产技术科私自装料，罚款×××元/次。

（4）生产技术科材料统计不正确，未及时到库房盘点的，处罚责任人×××元/次。

17.16 巡回检查管理制度

为做好井下现场管理，确保及早发现和解决问题，防患于未然，将事故消灭在萌芽阶段，杜绝因事故扩大而增加处理难度，结合矿实际，特制定本制度。

第一条 现场巡回检查范围包括全矿井井下所有能够通风、运输、行人的巷道。

第二条 职责分工按照施工队、相关科室、跟班人员进行划分。生产技术科内要分区分片到相关责任人。

第三条 施工队巡查

（1）各施工单位跟班队干，开工前必须对掘进巷道工作面附近20 m及采煤面超前至工作面范围内的顶板情况，进行全面检查，发现异常立即组织处理。交班时，必须对工作面附近20 m内确认无较大隐患方可交班。

（2）各施工副队长及以上领导，每天要对所施工的地点及后续运输路线等巡查一次，发现一般隐患安排单位检修班人员处理；发现较大隐患，立即将隐患上报相关科室，待编写措施审批后，按措施执行。

第四条 相关科室巡查

（1）生产技术科所分管工作面人员，对所负责工作面至少每周巡回检查一次，检查包括巷道支护、文明生产是否符合《作业规程》要求，有无安全隐患。

（2）分管采掘工作面人员，将巡回检查中发现的问题，以“五定通知单”形式下发给施工单位，要求必须按规定的时间和标准整改完毕。

（3）若现场发现威胁安全的隐患，必须立即安排施工单位停止施工进行处理。处理隐患必须坚持由近到远、由顶到底、由易到难的原则，必须明确现场安全负责人，确保安全。

（4）采掘活动以外的其他地点如回风巷、变电所、等待安装、回撤的工作面等人员不常去地点，由所分管采区的副科级以上人员组织每月巡查一次。巡查时每次不得少于2人，巡查结果填入“井巷巡查记录”台账，所查问题由专人整理，以“五定通知单”形式下发相关单位，采取措施进行处理。

（5）巡查过程中，发现重大隐患及时上报，并安排施工单位编写措施，由生产技术科、安全科、矿总工程师等审批签字后，进行整改处理。处理过程中，生产技术科包片人员必须及时巡查现场整改情况。巡查包括：作业进度、作业程序、使用材料是否符合措施规定的内容，发现不符合规定的立即停工，采取措施，进行处理。

（6）生产技术科室分管人员每月对所负责厂队的施工资料，包括安全生产标准化验收表、支护材料台账、班评估表等进行一次检查，发现问题下发书面通知单，要求施工单位按要求及标准进行整改，整改达不到规定要求的对责任单位进行处罚。

第五条　跟班人员巡查

矿跟班科、队长、安监员，每班要对一定区域进行巡查，现场发现一般隐患，通知现场跟班班长进行整改。较大隐患，通知生产技术科，由生产技术科安排施工单位编写措施审批后，按措施处理，隐患未处理完毕前该处严禁进行其他工作。

第六条　监督与考核

（1）施工单位跟班队于每天对施工地点进行全面巡查一次，每缺少一次，罚款×××元。

（2）科室人员每周对所负责区域进行巡查，每缺少一次，罚款×××元。

（3）副科以上领导每月对采掘活动以外的地点进行巡查，每缺少一次，罚款×××元。

（4）现场发现较大隐患没有停止施工，未安排编写措施进行整改的，对责任单位罚款×××元。现场发现没有下发“五定通知单”的，对责任人罚款×××元。

（5）施工单位没有按“五定通知单”如期完工的，罚款×××元。

（6）分管人员每月未对资料进行检查的，罚款×××元；发现施工单位资料有缺项及未按标准执行的，罚款×××元。

（7）矿跟班科、队长、安监员发现隐患没有安排整改的，罚款×××元。

17.17　井下顶板管理制度

为贯彻落实“安全第一、预防为主、综合治理”的安全生产方针，进一步健全和完善顶板管理工作体系，明确各部门职责和责任，提高矿井顶板管理水平，有效预防顶板事故，促进安全生产，结合实际，特制定本制度。

第一章　组　织　机　构

第一条　本制度适用于矿井井下所有工作面及巷道。

第二条　为了加强矿井顶板管理工作的组织领导，成立顶板管理工作领导组。领导

组下设办公室，办公室设在生产技术科，办公室主任由生产技术科科长兼任。

第三条　顶板管理职责

1. 矿长对顶板管理工作总负责

相关业务科室（中心）在领导组的领导下，依据有关法律法规和矿井实际情况，制定矿井顶板管理规定，对矿井顶板管理工作进行服务、检查、考核、督导。

2. 相关业务分管矿长和相关业务科室是顶板管理工作的管理主体

总工程师负技术管理责任，生产矿长负主要管理责任，安全矿长负监督责任。

生产技术科是顶板管理工作的业务管理部门，其他部门协助生产技术科抓好顶板管理的相关工作。安全科对顶板管理工作进行监督。

3. 生产队组是顶板管理工作的责任主体

队长对顶板管理工作负全面责任，分管副队长负主要责任，分管安全的副队长负监督检查责任，队技术员负技术责任。各队应依据有关法律法规和矿的规定，结合自身实际，制定本队顶板管理实施细则及考核办法和工作规划，将顶板管理目标、责任进行分解，并落实到现场。

4. 职能部门顶板管理职责分工

生产技术科负责制定、修订矿井顶板管理规定，对顶板管理工作进行业务督导，积极开展支护新材料、新技术、新工艺试验和推广工作，推广国内外顶板管理先进经验及先进技术。

机电科对煤矿采掘设备、支护设备选型进行业务督导。

地测防治水科对煤矿编制地质报告、地质说明书、预测预报等工作进行业务督导，为煤安全科合理确定顶板支护方式、支护参数提供支持。

调度室负责顶板管理有关的信息收集反馈，确保信息渠道畅通。

安全科对顶板管理工作进行监督检查。

第二章 管 理 制 度

第四条 建立健全顶板管理制度

1. 报送制度

各队对顶板管理工作应做到年初有计划，年终有总结。每年在 12 月上旬将本队顶板管理状况和下年度顶板管理安排书面上报顶板管理领导组办公室，由顶板管理领导组统一汇总后进行上报矿领导。

2. 会议制度

矿每季度、采掘队每月召开一次顶板管理工作会议，专题研究顶板管理工作中存在的问题，总结顶板管理经验，针对存在问题制定相应的处置措施和方案。

3. 支护质量班评估验收制度

各采掘队每班必须配备一名质量检查验收员，进行质量验收和安全评估，现场出现的问题及时整改，工程质量验收记录必须真实齐全，并建档管理。

4. 检查制度

井巷硐室巡查。组织人员每旬对矿井进行一次全面覆盖检查，重点对巷道顶板及支护等方面进行巡查，发现问题及时进行整改落实。矿井在停产停工期间，井巷硐室巡查工作不得停止。

地表塌陷巡查。地测防治水科、环保技改科要建立地表塌陷巡查分析制度，及时掌握井下和地面的对应关系，查清地表裂隙、漏风、渗漏水情况，建立台账，为井下顶板管理工作提供可靠依据。

重点加强季节交替和雨季期间顶板管理，加大检查力度，针对不同顶板的具体特点，有针对性地制定措施，及时处置。

5. 矿压观测分析制度

施工队组及相关科室每月都要编制采掘工作面和巷道顶板矿压观测情况分析报告，每个采掘工作面结束后都要编制总结报告，为科学管理顶板提供依据。

第三章 技 术 管 理

第五条 采掘工作面设计前，地质部门要做好地质勘查保障工作，提供地质说明书，掌握地质构造、围岩性质及顶底板含水情况，探清其上覆采空区积水情况，为顶板管理提供依据，为科学设计提供依据。

第六条 设计要坚持工作面和巷道布置有利于顶板管理、有利于提高回采率原则，尽可能避开地质构造带和压力影响区域，要根据矿压显现分布规律及研究观测结果合理留设煤柱。

第七条 综采工作面支护设计要依据工作面煤层的赋存条件、围岩特性，结合相邻矿井或已采面的矿压显现规律对工作面液压支架进行选型和验算，确保配套的液压支架选型结构、初撑力、支护强度、护帮、护顶能力满足矿压和围岩特性要求。

第八条　巷道支护设计应根据提供的地质说明书，结合相邻巷道矿压显现和矿压观测资料，充分考虑特殊地质条件和施工条件下支护的安全性，利用支护理论和方法进行支护设计和验算，支护强度要满足实际需要，防止不必要的重复支护和过度支护，拟复用的巷道要强化支护。

第九条　掘进巷道支护优先采用主动支护形式。地质条件发生变化时，及时变更支护设计，必要时与科研院所合作。巷道断面要根据巷道的实际用途科学选择确定。

第十条　严格采掘作业规程和专项安全技术措施的编制、审批、贯彻、执行程序。每个采掘工作面必须根据《煤矿安全规程》等有关规定，编制符合实际的作业规程和专项安全技术措施，严禁无规程和无专项安全技术措施作业。如遇情况变化时，要及时修改作业规程或补充专项安全技术措施。

(1) 采煤工作面作业规程中应有下列顶板管理内容：顶板管理方法、煤层顶底板情况、工作面（包括上下端头、超前支护）支护设计、根据矿压观测资料进行的支护密度计算、支护质量动态监测的具体说明、工作面顶板控制、运输巷回风巷及端头顶板控制、矿压观测、顶板管理的安全技术措施。

(2) 掘进工作面作业规程中必须有下列顶板管理内容：支护设计说明支护方式和选择的支护参数，明确临时支护方式，确定最大最小控顶距，各类巷道支护工艺要求，顶板管理的安全技术措施。

第十一条　加强采煤工作面特殊时段的顶板管理工作，在进行初采初放、收尾、搬家倒面、回收煤柱和边角煤等工作时，以及过地质构造（如断层、陷落柱、裂隙等）和遇上空巷、软岩、顶板破碎、顶板赋水等情况时，必须根据现场实际情况，制定相应的专项安全技术措施，并严格执行。

第十二条　加强掘进工作面特殊时段的顶板管理工作，进行巷道开口、贯通和过地质构造带、采空区、软岩和顶板破碎、顶板赋水时，岩石巷道揭露煤层，整理巷道、扩巷、处理较大范围的冒顶以及其他特殊情况时（如交岔点、硐室、大断面切巷、车场、巷道立交施工等），必须根据现场实际情况，制定专项安全技术措施和施工组织措施。

第十三条　掘进巷道穿越采空区，必须制定安全技术措施。必须坚持有掘必探、先探后掘的原则，准确判断采空区位置，查清采空区积水、积气和顶板情况，发现异常必须停止掘进，采取措施进行处理。要根据掘进巷道遇到高冒区和空巷等不同情况，制定充填注浆、浇筑、锚网索、砌墙、架棚等多种联合支护且行之有效的技术措施。

第四章　回采工作面顶板管理

第十四条　回采工作面每班开工前要严格执行当班班（队）长、安全员、验收员及瓦检员的"四位一体"检查制度，对安全隐患及时采取防范措施。

第十五条　回采工作面支护质量要求

(1) 支架、支柱、顶梁等支护设备和材料入井前必须根据验收标准进行验收，不合格不准入井。液压支架（柱）必须根据维修标准要求进行维修，确保质量。

(2) 移架要及时到位，初撑力必须符合规程规定要求，支架顶梁要接顶严实，支架的初撑力不小于额定值的80%，并有可靠的监测手段和记录。移架后立即支撑顶板，并及时伸出前探梁、护帮板，移架滞后采煤机的距离应根据顶板的具体情况在作业规程中明确规定。

(3) 周期来压及顶板破碎时必须紧跟采煤机超前拉架，移架采用带压移架方式，超过规定距离或发生冒顶、片帮时，必须停止采煤，及时采取措施支护顶板。需进入煤壁区作业时，要先做好临时支护。工作面出现倒架、歪架、死架时，必须制定专项安全技术措施，及时处理。

(4) 乳化液泵站压力和乳化液质量要满足规程要求，液压系统严禁出现跑冒滴漏现象，要积极采用大流量乳化液泵，综采工作面泵站压力不小于30 MPa，泵的流量要达到400 L/min，综采工作面乳化液浓度要达到3% ~5%。积极推广使用固定泵站模式和自动配比供液的乳化液泵。

(5) 工作面工程质量要做到"三直一平两畅通"。即煤壁、刮板输送机、支架均要成一条线，顶板要接实，底板要平整，上下安全出口要畅通。

（6）使用木垛、戗柱、戗棚、密集支柱等特殊支护时，在作业规程和安全技术措施中必须有明确的规定，并按规定作业。

（7）采煤工作面必须备有一定数量的备用支护材料，其数量、规格、存放地点和管理办法要在作业规程中明确规定。

第十六条 严禁空顶作业

采煤工作面有下述情形之一进行作业者，视为空顶作业，在安全生产标准化检查验收时要降级处理。

（1）回采工作面在机道作业时无临时支护。

（2）端面距超过作业规程规定的。

（3）端头、超前支护不符合规定者。

（4）相邻两架（柱）以上支护不合格者。

第十七条 加强重点地段顶板管理

（1）工作面上下端头：回采工作面两端头必须采用液压支架支护，综采工作面支架要布满工作面和两端头，严禁出现空顶。有条件的允许采用端头支架支护，综放工作面必须采用端头支架。端头维护具体要求必须在作业规程中明确规定。

（2）超前支护：超前应力影响范围内必须加强支护，加强支护的巷道长度不得低于20 m。超前支护的支柱和支架必须进行初撑力监测。有条件尽量使用超前支架支护。

（3）切顶线支柱数量要齐全，支柱有力，挡矸有效，特殊支护符合作业规程要求，并按规程要求及时做好退锚处理。

（4）支柱和工作面倾角大于15°时，液压支架必须有可靠的防倒、防滑措施，使用钢梁参与支护的要有防坠梁措施。

（5）回柱放顶作业，人员必须站在有支护的安全区域进行作业，并安排专人观察顶板动态。

第十八条 加强初采初放及收尾期间的顶板管理，初采初放和切眼准备、工作面安装、收尾期间要编制专项安全技术措施并制定严密的组织管理措施。

（1）工作面初次放顶期间，每班都要有相关领导跟班指挥，检查初次放顶措施的执行情况，发现不安全因素立即采取果断措施进行处理，防止重大冒顶事故的发生。如直接顶悬露跨度超过初次垮落步距时（根据邻近或相似工作面的矿压观测资料确定），必须采取强制放顶措施或加强支护措施。

初次放顶的垮落高度，必须达到采高的1.5～2倍，采高在2.5 m以上的工作面，顶板冒落高度应在采高的二倍以上。须确认回采工作面的顶板已经放下时，采面可以正常回采，初次放顶才算结束。

（2）切眼准备安装时，根据顶板岩性合理选择切眼扩帮工艺和支护方法，备有充足的支护材料。

（3）采煤工作面收尾，要合理选择工作面停采线，尽量避开周期来压位置；综采工作面停采时必须铺网，铺网的距离、网片的规格、搭接及机道内的支护方式、撤架方法要在专项措施中明确规定；要随时根据支架回撤的实际情况及时补充和完善措施。

（4）综采放顶煤开采的顶板管理。

综采队要充实技术管理力量，配备专职技术人员负责放顶煤开采的日常技术管理工作，强化放顶煤开采过程中的技术管理。制定工作面初采、收尾等专项安全技术措施。加强工作面顶板支护管理。加强对顶板压力的观测，制定预防架前冒落的措施，周期来压期间加强对煤壁的辅助支护，防止煤壁片帮冒落。必须针对煤层开采技术条件和放顶煤开采工艺的特点，对支架选型、切眼扩面、支架安装、顶板控制、端头支护、初次放顶（煤）、工作面收尾及支架回撤等制定安全技术措施。

第五章　巷道顶板管理

第十九条　加强掘进现场监督检查，开工前当班班（队）长、安全员、验收员及瓦检员进行“四位一体”检查，对安全隐患及时处理。各工种必须严格执行“敲帮问顶”制度。

第二十条　临时支护。掘进工作面迎头在落煤（岩）后必须及时进行临时支护，其临时支护方式、技术要求、操作程序应在作业规程中明确规定。施工单位不得随意改变临时支护方式。掘进工作面临时支护方式要积极采用液压自移式掘进超前支架，综掘机械化施工要积极采用机载超前支护。

第二十一条　巷道支护要求

加强掘进工作面的支护工程质量管理，巷道支护必须及时有效，支护材料的选取、安装必须符合设计要求。

（1）锚杆锚喷巷道：确定的锚杆锚索规格型号、技术性能参数以及施工工艺和工程质量要满足支护要求。巷道掘进达到规程规定排距后，必须及时打锚杆（锚索），顶板锚杆必须逐排由外向迎头、由顶板向两帮顺序施工，必须采用快速安装工艺钻孔、搅拌、安装，应尽可能减少顶板空锚时间，严禁采用一次性将所有钻孔打好，再安装锚杆的方法施工。主动支护形式下的工程质量验收必须进行拉拔试验，锚杆的拉拔力试验必须在有支护下进行，防止因锚杆断裂或失效造成伤人，要积极推广使用锚杆无损检测技术。

锚喷巷道喷射前应检查帮、顶，撬掉浮石，严格按作业规程和操作规程的规定进行作业，确保及时进行初喷封闭。初喷复喷距迎头距离符合作业规程规定，喷层厚度符合设计要求。

（2）架棚支护巷道：架棚必须攀帮勾顶牢固，撑木拉杆齐全，按操作规程和作业规程规定进行施工，工程质量符合安全生产标准化要求。炮掘架棚的掘进工作面，在爆破前必须加固巷道10 m内的支护。爆破崩倒、崩坏的支架必须先行修复，之后方可进入工作面作业。修复支架时必须先检查顶、帮，并由外向里进行。

第二十二条　支护材料检测要求。必须按照相关标准和有关规定要求对锚杆、锚索、托盘、钢带、锚固剂、料石、混凝土试块等支护材料进行质量检测，确保支护材料的质量和参数符合规定要求。

（1）供应科在选定锚杆支护材料产品首次进库前，必须将各种锚杆支护材料的资质证明质检报告及相关资料进行归档保存。

（2）供应科在购进锚杆支护材料时，应对所购进的锚杆支护材料产品进行严格的检查和验收，并要有详细的验收记录，所有由于质量不合格的支护材料产品造成事故时，责任由材料供应单位全部承担，出现严重事故时，将由矿上对相关责任人进行责任追究。

（3）供应科在购进锚杆支护材料时，必须有国家煤安标志，并在煤安标志规定期限内。每年度要到国家权威检测机构进行抽检，出具检测报告，并将检测报告及时送交生产技术科存档。

（4）供应科必须对锚杆支护材料分批、分期抽样到检测中心实验室送检，抽检频次不得少于一月，每批产品一次且同时不得少于每月一次，取得的相关检测报告副本送交生产技术科存档。

第二十三条　井巷维修要求

（1）矿井巷道必须保持满足矿井通风要求的设计断面，保证通风、运输畅通和行人安全。主要行人巷道严禁出现失修状况，否则视为空顶作业。

（2）修护巷道工程原则上以主动修护治理为主，宜优先采用锚网喷修护技术，修护前必须制定有效的安全技术措施，修护时严格按措施施工以防伤人，修护后的巷道工程质量必须符合规程措施要求及安全生产标准化考核标准。若巷道围岩变形量较大时，应进行刷大断面，重打锚杆、锚索，对重新补打的锚杆、锚索必须进行拉拔力试验，拉拔力试验值必须达到规定要求。

（3）锚喷（锚杆）巷道修护应由外向里进行，严格执行敲帮问顶制度。巷道出现和发现喷体开裂时，必须将所有裂开和离层的浆块全部撬掉。巷道修护按锚喷支护工艺进行时，应符合锚喷支护有关质量标准要求。

（4）架棚巷道修护及扩巷时，必须严格执行先支后回、由外向里逐架（棚）施工的原则，严禁人员进入无支护（失修）区工作。

（5）巷道修护和扩巷时，必须保证在发生冒顶堵塞巷道时有人员撤退的安全出口。

第二十四条 巷道架棚回撤要求

必须有保证冒顶堵塞巷道时人员撤退的安全出口，失修的架棚巷道回收架棚前，必须先对回收巷道进行修护，施工时必须先检查后工作，严格执行敲帮问顶制度，严格检查巷道顶板岩石破裂情况和支架损坏程度。修护架棚必须达到修护质量要求后，方可开始回收架棚，改棚工作不得少于2人。

第二十五条 掘进工作面临时停工时，巷道支架必须架设到迎头，并保持正常通风。复工前必须制定专项安全技术措施。

第二十六条 隐蔽工程必须实行挂牌管理，建立施工台账，及时填图归档。

第二十七条 掘进工作面特殊时段，要编制专项安全技术措施和施工组织措施，并经矿总工程师批准后贯彻执行。

（1）掘进工作面开口前，必须由地测人员根据巷道设计确定开口位置，作业前必须对开口位置附近至少10 m内巷道加强支护，并制定专项安全技术措施。

（2）掘进巷道贯通时，必须制定专项贯通安全措施，当两个掘进工作面贯通相距炮掘20 m、综掘50 m时，必须停掘一个工作面，实施单头作业，且必须加强被停工作面支护，并保证通风正常。遇采空区或旧巷贯通时，必须预先绘制测量图，查清采空区和旧巷的水、瓦斯、顶板情况，制定防治水、瓦斯、顶板的专项措施，并严格贯彻执行。

（3）掘进巷道过地质构造带、采空区、软岩，岩巷揭露煤层，整理巷道、扩巷和处理较大范围的冒顶等都必须制定针对性的专项安全技术措施，并及时加强支护。

（4）交叉口、硐室、大断面切巷、车场和立体交叉巷道等必须编制专项安全技术措施和施工组织措施。

第六章 矿 压 观 测

第二十八条 回采工作面至少每5架设置一个测点，且两端头必须有测点，安装测试液压支架初撑力、工作阻力的仪器、仪表，超前支护段要有观测单体支柱初撑力的仪表，采煤工作面必须使用实时在线监测系统。

第二十九条 采用锚杆（锚索）支护的巷道，要合理布置测点，对顶板离层、顶底板移近量进行监测，发现问题必须及时制定相应措施，进行处置。顶板离层在线监测系统必须能够正常使用。

第三十条 井下遇特殊地段和特殊时段时必须加强矿压观测，如特殊地质构造、软岩、顶板破碎、初采初放等。

第三十一条 新采区、新煤层开掘巷道和首采工作面，必须加强矿压观测，根据实际需要，适当增加矿压观测点，做好数据分析工作，并及时存档，为支护设计和后续掘进和回采提供可靠的技术支撑。

第三十二条 建立顶板离层仪观测记录台账。

（1）煤巷、半煤岩巷距迎头50 m以内的、岩巷距迎头100 m以内的顶板离层仪，每天观测一次，超出此范围的可每周观测一次。采煤工作面回采压力波及区域（约100 m）每天观测一次。采掘工作面顶板离层仪观测均由采掘队组负责。

（2）采区巷道、硐室、未形成回采工作面之前巷道（停掘或已掘进到位）等地离层仪观测每月观测一次。

（3）顶板管理领导组成员及矿压观测组技术员要不定时对顶板离层指示仪读数，进行复查，如发现有损坏现象要及时进行汇报及整改。

（4）各地点观测人员必须做好顶板离层仪观测记录台账，认真分析顶板存在的问题以及隐患，发现问题及时进行处理。

第七章　顶板管理处罚

第三十三条　采煤工作面

（1）工作面必须确保支架压力表、顶板动态监测装置、单体柱测压仪完好无损，支架压力表、顶板动态监测装置显示不正常且未能及时维修及上报的处罚×××元/处，如有损坏按原价两倍进行处罚；工作面现场未配备单体柱检测仪的处罚×××元/次，单体柱检测仪损坏不能进行正常监测，未进行更换且未进行上报的处罚×××元/次。顶板管理资料台账记录不完善的处罚×××元/处，未建立顶板管理资料台账的处罚×××元/次。

（2）工作面液压支架初撑力不达规定要求的处罚×××元/处，两巷超前单体柱初撑力抽检不达要求的处罚×××元/根。

（3）工作面支架前梁接顶必须严实，支架接顶不严实的，处罚×××元/架。

第三十四条　掘进工作面

（1）工作面支护监测工具必须齐全，主要包括锚索张拉仪、锚杆拉拔仪、力矩扳手，并应有备件，监测仪器损坏时要进行更换。无监测仪器不允许开工，如有施工队组违规开工作业，对该队队长、技术员、验收员及当班队干按照严重三违进行处理，仪器损坏未进行更换的，按×××元/处进行处罚。

（2）供应科购买仪器时必须保证说明书齐全，无使用说明书不允许队组领用，否则处罚×××元/次。

（3）操作人员必须熟知仪器使用方法及仪器参数，现场必须有支护监测仪器管理牌板，验收员、跟班队干、科室包头管理人员不熟悉仪器参数的罚款×××元/次。

（4）生产技术科负责对支护质量进行抽检，并建立抽检台账，抽检项目包括锚固力、预紧力、间排距等参数，无抽检台账或抽检不到位，罚包头技术员×××元/处、分管科长×××元/处。抽检方法为巷道每施工 300 根锚杆抽样检查一组，每组随机抽样 9 根（顶板三根，两帮各三根）进行检查，被检查锚杆均要达到设计要求。只要其中有一根不合格，就再抽样一组进行试验，如仍不合格，汇报分管矿领导并组织有关人员进行原因分析以及采取措施，并根据情况处罚施工队组×××～×××元/处。

（5）顶锚杆预紧力不达标处罚×××元/根，锚固力不达标×××元/根，间排距不达标×××元/处；帮锚杆预紧力不达标处罚×××元/根，锚固力不达标×××元/根，间排距不达标×××元/处。

（6）顶锚索拉拔力不达标处罚×××元/处，间排距不达标×××元/处，托盘未能紧贴煤壁处罚×××元/处。

（7）锚杆的杆体配件以及金属网、钢带、锚索的材质、品种、规格、强度、结构必须符合要求。锚固剂的材质、配比、规格、性能、使用日期必须符合设计要求。锚杆支护材料必须证件齐全，合格有效。如发现现场使用材料不合要求，处罚×××元/处；支护材料没有合格证或检测证明等，处罚×××元/处。

（8）施工队组必须向生产技术科汇报支护情况，在井下发现异常情况时，必须及时向生产技术科及相关业务部室汇报。对于不执行及时汇报的队组，处罚×××元/次；队组发现异常情况后未及时向生产技术科及相关业务科室汇报，根据情况严重程度，处罚×××元/次。

17.18 支护质量和顶板动态监测、分析、预测、处理制度

为切实加强现场矿压观测和支护质量监测工作，搞好采、掘工作面的顶板安全管理，结合矿实际，制定本制度。

第一章 组织机构与责任

第一条 成立矿压观测组，矿压观测组设在生产技术科，在总工程师、生产技术科科长领导下，组织完成有关矿压观测与支护质量监测的各项工作任务，把矿压观测列为现场顶板控制工作的重点。根据顶板监测需要，配备专职观测人员，由矿压观测组进行统一管理，做到有计划有组织地开展矿压观测和支护质量监测工作。

第二条 主要职责

（1）制定矿压观测、支护质量监测所用仪器仪表、设备配备数量和维修检测计划。

（2）组织实施采、掘工作面矿压观测与支护质量监测，对监测数据进行处理和分析，对存在的问题提出整改意见并监督实施。

（3）对特殊地点进行专项研究观测。对采煤和掘进工作面过断层、富水区、破碎带、交叉点、沿空巷道等特殊地段编制专项观测措施方案并进行分析总结，对特殊地点的顶板控制提出超前预防措施。

（4）对巷道的支护质量进行监督检验；对矿压、安全监测仪器仪表严格按照国家计量器具管理制度进行强检，杜绝各类不合格品的使用。

（5）对相关的矿压观测、支护质量监测技术资料、总结报告和监测数据等进行存档管理。

（6）生产技术科对井下所有巷道顶板安全状况进行组织管理，施工队组负责对存在的顶板隐患进行处理。

第二章 综 采 工 作 面

第三条 综采工作面支护质量与顶板监测主要内容、指标、测站布置、方法。

（1）综采工作面日常支护质量与顶板动态监测主要内容和基本要求：支架必须升紧、移够、站正、完好，使其能够有效控制围岩，减少冒顶事故发生，提高综采工效，保证安全生产。

（2）主要监测指标分为支护监测指标、围岩状态指标和两巷超前支护质量指标。

支护质量监测指标：

关键指标：初撑力、端面距。

辅助指标：支架工作阻力；支架歪角、排齐偏差、相邻顶梁台阶值、顶梁俯仰角、支架间隙；泵站压力、液压管路和密封件完好状况；采高；煤壁片帮深度，片帮区长度。

围岩状态指标：

加强对围岩的变化观测，如顶底板移进量、巷道侧压。

超前支护质量指标：超前区域 20 m 范围内支护完整，巷高不小于 1.8 m，行人通道不小于0.8 m，严格按照作业规程规定加强端头支护。

（3）综采面矿压及支护质量观测站布置。

每隔 10 组支架安设 1 台顶板在线监测装置，每架支架安装一台矿压监测装置。

（4）综采工作面日常矿压观测方法。

支架初撑力、阻力观测：直接读取压力表读数。

工作面顶板动态观测：在各测点处对顶板状态作统计观测，记录采高、端面距、片帮深度等。

两巷超前支护质量监测：测量单体液压支柱的初撑力。

工作面顺槽前受回采压力波及区域（约100 m）内由施工队组每日观测，100 m以外由施工队组每两日进行观测，对工作面监测数据每周进行分析，掌握顶板离层、围岩变形量等数据随工作面推进的变化规律，发现异常及时向领导进行汇报并组织处理。

（5）特殊时期的支护质量与顶板动态监测：主要包括初采、末采撤面、工作面顶板初次垮落和初次来压，该阶段对每组支架均要进行动态监测，其初撑力必须符合规定。

第四条 采煤工作面支护质量与顶板动态监测数据的收集、分析、处理

（1）综采队负责进行现场支护质量与动态监测数据收集工作，每班由验收员监测一次，并在井下认真填写原始数据记录表。监测数据表内容主要包括初撑力、支架当前工作阻力、最大工作阻力。

（2）现场验收员每班将井下测取的各种原始数据按记录表格填写清楚，并填入整理表格。

（3）对工作面支护质量及煤岩稳定性由矿压观测组织机构人员作出总体评价，并对存在问题提出整改措施和建议，由分管领导签署意见、综采队签署整改措施后存档备查，并现场监督整改。

（4）工作面安装、回撤必须对液压支架初撑力进行动态监测，对液压系统完好情况进行统计观测，并将监测记录存档保存。

第三章 掘 进 工 作 面

第五条 顶板动态监测仪器仪表的安装、维护

（1）掘进巷道顶板动态监测主要仪器为顶板离层仪，所有巷道从施工到报废都必须在矿压组的协调指导下实行全过程地监测与维护。巷道掘进期间的安装、监测与维护工作重点由掘进施工单位在矿压组指导下进行。

（2）巷道顶板离层指示仪的观测采用定岗、定人、定时观测，巷道的监测责任单位（施工队组、生产技术科）都必须建立巷道监测与维护档案，在巷道交接时，其巷道监测与维护档案一并交接。

（3）所有巷道每隔50 m安装安设一组顶板离层指示仪，交叉点、断层、地质构造带、应力集中区域、硐室等处都必须增加安装顶板离层仪数量并进行重点观测，并制定专项加强支护安全措施。

（4）煤巷迎头50 m内、岩巷迎头100 m内由施工队组每日观测，之外由生产技术科观测人员每周进行观测，对工作面监测数据每周进行分析，掌握顶板离层、围岩变形量等数据随工作面推进的变化规律，发现异常及时向领导进行汇报并组织处理。

第六条 掘进巷道支护质量与动态监测的数据收集、分析、预测、处理按下列要求执行：

（1）每个顶板离层仪厂队观测人员要认真收集、整理、保存顶板离层仪读数，并进行简要分析。如发现异常：读数范围内累计下沉100 mm；日下沉量超过40 mm/天时，现场施工的跟班人员应及时采取应急措施，并报矿压组及有关领导进行处理。

（2）矿压观测组每月定期及不定期组织人员对巷道锚网支护质量进行检测，并不定期组织人员对巷道质量进行检测。

第四章 监 督 考 核

第七条 支护质量监测所用仪器仪表、设备配备数量必须齐全、完好，设备配备不齐全每处处罚×××元，设备损坏后未及时维修每处处罚×××元。

第八条 在采煤和掘进工作面过断层、富水区、破碎带、交叉点、沿空巷道等特殊地段时，未编制专项观测措施方案，处罚队长及验收员×××元。

第九条 相关的矿压观测、支护质量监测技术资料、总结报告和监测数据等进行存档管理，缺少一处按每处×××元对技术员及验收员进行处罚。

第十条 采掘工作面巷道100 m范围内顶板未进行当班观测，处罚验收员×××元。

第十一条 在巷道交接时，巷道监测与维护档案如未能交接清楚，每处处罚技术员×××元。

第十二条 综采队在工作面安装、回撤时必须对液压支架初撑力进行动态监测，对液压系统完好情况进行记录，并将监测记录存档保存，记录不清楚或存档管理不到位每处处罚×××元。

17.19 采煤工作面老顶初次来压技术管理措施

第一条 在初次来压期间一定要组织好顶板安全管理工作，搞好工程质量和顶板管理。跟班干部、支架工和验收员要密切关注老塘顶板垮落情况和支架安全阀开启情况。

第二条 生产技术科要根据工作面推进进度及地质构造情况，做好对初次来压的预测，按照规定编写好初次来压安全措施。在初次来压前，当班班长必须贯彻执行初次来压措施，对本班顶板动态检测全面负责。

第三条 当班班长对工作面顺槽支护及顶板动态情况进行巡回检查，每2 h检查一次，发现问题及时采取措施，若本班难以处理立即停机，并及时向队值班室或调度室汇报。

第四条 初次来压期间，顺槽端头（尾）工要密切注意顶、帮情况，发现异常及时处理。

第五条 支架工拉架要严格按照作业规程及操作规程操作，必须及时拉架。发生冒顶或片帮严重时，必须及时拉超前架支护顶板。

第六条 泵站压力要达到额定压力，支架要达到初撑力，接顶要平、严、实，保证端面距不大于规程规定。

第七条 进入工作面的非工作人员不得进入架间，不准在超前支护降架、移架、倒架的地点滞留。

第八条 严禁人员在两架之间长期停留。

第九条 加强工作面设备的维修与管理，以保证设备的正常运转和快速推进。液压支架的液压系统严禁出现串漏液现象，杜绝支架自动下降，安全阀及其他部件灵敏可靠。

第十条 严禁出现电气失爆现象。

第十一条 采煤机司机要割平顶、底板，严格按照规程要求控制好采高，调节好支架中心距和支架的几何形状，达到“三直、一平、两畅通”的要求。

第十二条 初次来压前，通风科要加强对有毒、有害气体的检查，防止因采动影响有毒、有害气体大量涌出使人身受到伤害。地测防治水科要做好工作面涌水量的预测，配齐配足排水设施，对排水管路严格检查，确保完好。调度室要保证监测监控系统安全运行。生产技术科要详细记录顶板压力在线监测数据。综采队要加强设备检修，保证工程质量，确保两巷出口畅通。来压期间，密切注意工作面的涌水情况，发现异常及时汇报并进行处理。来压时，根据观察结果，增加超前支护长度，以防来压过猛，摧垮两巷支护。初采前先将机头、机尾段煤帮托盘、网片取掉（塑料网除外），进入煤帮前必须闭锁刮板输送机（两个以上有效闭锁键），将支架护帮板全部打出，由下向上卸锚杆螺母、托盘，煤帮疏松地段必须首先清理。

第十三条 每班必须安排有经验职工进行敲帮问顶，观察顶、帮、煤壁，发现异常必须及时停机并通知班长或跟班干部组织处理。

第十四条 初采、初放期间通风方式按照通风科要求，加强对通风系统的监测检查，发现问题及时处理。

第十五条 跟班队干、班长、机电工、采煤机司机必须携带便携式瓦检仪，机载瓦检仪必须完好并正常使用。

第十六条 初采时，必须采用追机拉架，始终保持离机组前滚筒3~5架，必要时采用超前拉架的形式。

第十七条 初次来压前及来压期间，工作面及顺槽作业人员必须时刻注意顶帮情况，对活矸、煤要及时处理。

第十八条 初次来压前及来压期间，每班班长、安全员必须对工作面及顺槽巷道进行巡回检查，发现问题及时组织停机处理，确认无问题后方可开机。

第十九条 初次来压前及来压期间，通风科必须加强对瓦斯及其他有毒有害气体检查，瓦检员不仅要检查工作面的瓦斯，还要使用加长杆检查采空区瓦斯，每10架检查一次，如果瓦斯浓度超过0.8%，必须立即停止作业，撤出人员，采取措施，进行处理。

第二十条 初采期间在直接顶或老顶垮落时，必须暂停工作面作业，待垮落后，方可再次作业。

第二十一条 在端头、端尾支架切顶线处悬挂标志“禁止入内”牌，任何人不得进入采空区及老塘。

第二十二条 工作面自切眼开始推采前，即必须编写初次来压期间安全措施，并考试合格，方可上岗。

第二十三条 考核办法

（1）未及时对工作面初次来压措施进行贯彻，处罚队长及技术员×××元。

（2）未进行顶板动态巡回检查或记录未及时填写，处罚当班班长及验收员×××元。

（3）初次来压时，支架要严格按照作业规程及操作规程操作进行拉架，发生冒顶或片帮严重时必须及时拉超前架支护顶板，如未按要求进行操作，处罚当班支架工×××元。

（4）初次来压期间泵站压力、支架初撑力、液压系统等必须达到要求，发现一处不达要求，每处罚款×××元。

（5）初次来压期间工作面安全生产标准化、人员安全防护等必须达到规定要求，发现一处不达要求，每处罚款×××元。

17.20 过特殊地质构造管理规定

为保证采掘工程安全施工，在遇特殊地质构造时，必须严格执行本规定。

第一章 顶 板 管 理

第一条 在构造区段，采取短掘短支方式。

第二条 施工过程中必须严格执行敲帮问顶制度。

第三条 必须按照设计、规程、措施要求进行超前支护。

第四条 顶板破碎区域必须按照审批的安全技术措施补强支护。

第五条 构造带附近必须布置顶板离层仪及观测点用于观测顶板离层情况。

第六条 回采工作面遇特殊地质构造必须爆破时，必须严格执行《煤矿安全规程》、技术措施，爆破后必须及时移架。

第七条 过地质构造时合理进行劳动组织，加快推进进度。

第二章 防 治 水 管 理

第八条 在遇可能导水的地质构造时，必须严格按照《煤矿防治水细则》编写《专项探放水设计》，并严格按照设计进行施工。

第九条 在构造带附近进行探放水作业时，施工现场必须悬挂瓦检仪，瓦斯超限必须停止作业，并汇报调度室。

第十条 钻孔技术参数，必须由地测人员现场标定。

第十一条 在过地质构造带有淋水时，应在工作面设置临时排水点进行排水，防止工作面积水较多。

第十二条 回采工作面必须提前探明构造导水、富水性，回采临近构造30 m时必须钻探验证构造参数及导水、富水性，在确定无水害威胁后方可正常生产。

第三章 “一通三防”管理

第十三条 通风安全规定

(1) 供风系统。掘进工作面采用原有局部通风机压入式供风，双风机双电源，风筒采用抗静电阻燃风筒，风筒口距工作面距离不大于5 m，揭穿地质构造时根据情况随时向前延伸风筒，确保有害气体不超限。局部通风机采用“双回路”供电，正常情况下主局部通风机供风，备用局部通风机在主局部通风机停风后能够自动切换，保证连续供风；回采工作面采用全负压通风系统。

(2) 供风规定。局部通风机由施工单位派专职人员负责管理，保证风机连续运转，不得随意停风。

(3) 风量测量。通风科负责风量测量，配备高、中、微速风表各一块，并进行校正。每十天测定一次局部通风机供风量，保证达到设计供风量，使有害气体浓度降到允许范围内。当巷道与地质构造贯通后，立即测定巷道风量和风向变化情况。若出现回风增加、减小、风流停滞、风流反向等情况时，必须立即撤出人员，汇报调度室，分析原因，采取措施进行处理。

(4) 供风异常情况处理。若与地质构造贯通后出现回风量增加，必须立即撤出人员，测量气体成分，连续观测30 min无异常时，方可进入工作面恢复生产，尽快在贯通点设置临时风障，使风流恢复正常。期间必须增加瓦斯检查次数，发现异常立即撤人。

若贯通后回风减少、停滞、反向，说明工作面向地质构区域带漏风严重，此时必须连续监测巷道风量，立即在贯通点打设临时风障减少漏风，维持巷道正常风速，防治瓦斯等有害气体超限。

(5) 高冒区必须设置导风障，防止瓦斯积聚。

第十四条 过地质构造区域防治瓦斯、防治自然发火、防治煤尘规定

(1) 过地质构造期间，每条巷道必须每班配备一名专职瓦检员检查瓦斯、煤层发火情况和煤尘情况。

(2) 有害气体检查制度。过地质构造期间，瓦检员每班至少检查三次甲烷、二氧化碳浓度和温度，检查两次一氧化碳浓度，一次硫化氢浓度。当风量变化、出现异常气味时，必须增加检查次数。每次检查结果必须通知现场作业班长并签字认可，然后汇报通风科，通风科将汇报情况记入瓦斯管理台账。检查地质构造区域必须从井口向工作面逐步向里检查，检查时应检查CH_4、CO_2、NO_2、NH_3、CO、H_2S、O_2、温度等参数，发现异常立即撤出，制定相应措施进行处理。检查人员应依次向前检查，不得盲目进入。对地质构造区域的瓦斯等参数检查，人员必须站在安全地点内，采用探杆伸入地质构造区域采样，不得直接进入地质构造区域检测。停风后恢复通风时必须检查瓦斯，编制专项排放措施对积聚瓦斯进行控制排放。

(3) 检测人员发现有害气体超标、有火区存在、煤尘飞扬等异常情况时，必须立即撤人，同时汇报调度室，调度室应立即汇报值班领导，值班领导应根据具体情况，立即做出相应的撤人、停电、设置警戒、保持通风、加强瓦斯检测的命令，采取有效措施，防止发生安全生产事故。

第四章 奖 罚 规 定

第十五条 过构造区域，各队未按顶板控制要求执行的，对责任人处罚×××元/次，对部门处罚×××元/次。造成严重后果的，按安全制度进行处罚。

第十六条 过构造区域，各队未按防治水管理要求执行的，对责任人处罚×××元/次，对部门处罚×××元/次。造成严重后果的，按安全制度进行处罚。

第十七条 过构造区域，各队未按“一通三防”管理要求执行的，对责任人处罚×××元/次，对部门处罚×××元/次。造成严重后果的，按矿制度进行处罚。

17.21 围岩观测制度

为加强井下围岩观测，确保井下顶、帮发生较大变化前能够提前采取措施，减少现顶板事故的出现，将事故消灭在萌芽状态，结合我矿实际，特制定本制度。

第一条 本制度适用于井下各巷道及硐室。

第二条 生产科分管人员、施工队验收员，要及时按规定对锚杆、锚索拉拔力进行检验，并进行记录，记录结果必须真实有效。

第三条 生产科根据顶板管理制度及时对顶板离层仪进行观测，并进行记录分析。生产科在对巷道围岩有变形区域进行观测后要及时填写台账记录。

第四条 根据顶板离层仪数据分析：顶板揭露10天内，累计下沉量大于50 mm；顶板揭露50天内，累计下沉量大于80 mm；当现场读数变化范围超过100 mm或日下沉量超过40 mm时，现场施工人员必须立即采取应急措施进行补强支护，以保证现场施工安全。以上变化出现时要报请有关领导及生产科、调度室进行分析研究后，严格按照既定的有效的措施及时进行处理。

第五条 掘进巷道及两帮变形超过150 mm的巷道采用“十”字布点进行观测，并对数据进行分析：布点后10天内，顶板或两帮累计缩近量大于100 mm，最大缩近量大于5 mm/天；布点后顶板或两帮揭露50天内，累计缩近量大于200 mm，最大缩小速度大于3 mm/天。要立即向分管领导汇报，分析原因采取补打锚索等加强支护等方面措施。

第六条 对“十”字布点观测巷道，根据变形量的大小采取10～20 m布置一观测点，布点后每3～10天观测一次，月内巷道变形点小于5 mm，由每旬观测改为每月对布点观测一次；半年内观测数值未有变化暂停观测，因附近100 m范围内出现有采掘工程，恢复观测。

第七条 施工队干、班组长、验收员每班进行检查，发现有顶板下沉量增加、两帮移近量加大及锚杆支护失效或存在断梁折腿或变形严重的支架等情况时，采取好确保人员安全的措施，必要时立即撤人，及时向调度室和生产科汇报情况。

第八条 施工现场锚杆拉拔仪、扭力扳手使用后及时装箱，严禁巷道中乱扔乱放。

第九条 施工队组对矿压监测设备进行日常监和维护，发现监测异常及时汇报生产科。并要定期清洗监测设备和顶板离层仪刻度上的灰尘，保持干净卫生。

第十条 包巷单位发现锚喷巷道有裂隙、离层时，必须制定措施及时进行敲帮问顶，找净活动的浆皮，浆皮脱落面积大于0.5 m^2，必须调度室和生产科汇报，采取措施进行处理。

第十一条 回采工作面距工作面100 m范围内的巷道，每班由施工队观察顶板下沉量，及时观测离层仪，如有变化及时上报生产技术科和调度室；顶板下沉造成巷道高度小于1.8 m时，必须制定措施进行处理，确保安全出口高度。工作面两帮缩进量不能保证安全出口的支护及人行道宽度时，必须提前采取措施，确保安全出口畅通。

第十二条 考核办法

（1）业务科室管理人员未及时对支护的锚杆、锚索进行监测罚款×××元/次。

（2）科室管理人员未及时对巷道进行围岩移近量观测罚款×××元/次。

（3）施工单位现场没有锚杆、锚索检测工具罚款×××元/次，工具不能正常使用×××元/次。

（4）施工单位对施工现场出现的围岩隐患及顶板离层仪变化情况未及时汇报×××元/次。

（5）现场隐患处理未严格按照措施执行或无措施施工的罚款×××元/次。造成严重后果的提交矿安委会处理。

17.22 巷道贯通安全技术规定

为加强巷道贯通管理工作，避免损坏巷道贯通点的设施、设备，防止巷道贯通时发生水、火、瓦斯、顶板等灾害，结合矿实际，制定本规定。

第一条 巷道贯通工作，不论大小都应认真对待，防止出现误差，大型贯通还必须进行贯通测量误差预计。

第二条 贯通两工作面的距离：在岩巷中剩余20~30 m、煤巷剩余30~40 m、机掘50~100 m时，由地测防治水科下达巷道贯通通知单，通知掘进队组、生产技术科、调度室、安全科、通风科、机电科等职能部门，部门领导签字确认。通风科和施工队组提前编制巷道贯通安全技术措施，明确规定何处掘进头停止掘进，在生产技术科下发贯通通知单后立即执行。

第三条 两个掘进工作面相向贯通时，综合机械化掘进巷道在相距50 m前、其他巷道在相距20 m前，必须停止一个工作面作业，做好调整通风系统的准备工作，贯通前两个工作面必须保持正常通风。若是炮掘工作面，要按规定设好警戒。

第四条 当贯通巷道与已有巷道贯通时，测量人员要在下达贯通通知单后立即在已有巷道的贯通点巷帮悬挂“贯通点”标志牌，并由队组每班对牌板内容进行更新。

第五条 掘进队组每天要向调度室和生产技术科汇报进度，生产技术科必须严格掌握每班进度和贯通剩余距离，调度室要在每天早调度会上通报贯通剩余距离。

第六条 贯通巷道应坚持“超前探透”的方法，在巷道贯通剩余5 m前必须进行探透工作，具体探透距离应在贯通措施中明确规定，探透和未能探透的情况每天都要及时向生产技术科汇报。

第七条 贯通施工期间，不打探眼或探眼不合格时严禁作业，严禁将探眼作为炮眼进行装药爆破。

第八条 探透后，掘进队组在贯通时通知调度室和生产技术科，由调度室通知通风科，通风科安排专人现场指挥贯通。

第九条 贯通时必须先小断面贯通，同时把贯通地点附近的水管、风管、电缆、设备等保护好，以防巷道贯通时造成损坏。贯通后，停止一切作业，由通风科调整好通风系统后再逐渐刷扩成巷。

第十条 贯通期间，掘进队跟班队干必须派专人和瓦检员共同到被贯通地点检查，只有该工作面及回风流瓦斯浓度符合《煤矿安全规程》相关规定时，方可继续作业。

第十一条 在复杂地质构造情况下的贯通工作，应制定处理破碎顶板、防止冒顶的安全技术措施。

第十二条 与老空区及密闭巷道贯通，应制定专项安全技术措施，防止瓦斯、透水等事故的发生。

第十三条 对于新掘进巷道小于规程规定距离要求的，在巷道开工前必须按照上述要求提前进行准备工作，开工后严格按照贯通巷道措施进行施工。

第十四条 巷道贯通后由测量人员及时进行闭合测量，分析贯通数据。

第十五条 其他未提之处，严格按《煤矿安全规程》及矿有关规定执行。

第十六条 未按规定标定标志点或贯通位置的，罚款×××元。

第十七条 未按规定下发贯通通知单的，罚款×××元。

第十八条 贯通数据不符合《煤矿测量规程》的，罚款×××元。

第十九条 由于重大技术失误导致巷道不能贯通的，由矿领导做出处罚决定。

第二十条 未组织施工人员贯彻学习贯通技术措施的，罚施工队组×××元。

第二十一条 贯通安全措施未及时编写或编写不到位的，处罚×××元。

第二十二条 施工队组未按贯通通知单和贯通措施施工的，罚款×××元。

第二十三条 巷道贯通未按规定警戒的，罚款×××元。

第二十四条 巷道顺利贯通后应进行奖励，对于大型贯通一次性奖励×××元，对于小型贯通视导线长度奖励×××元。

17.23 零星工程管理制度

第一条 适用范围

零星工程、零散作业主要是指除采、掘、开以及安装、回撤等正规头面作业和固定岗位工作以外的具有作业人员分散、岗点不固定、作业内容多样等多个特点的施工作业。

第二条 管理职责

(1) 安全科负责零星工程零散作业的安全监督检查。

(2) 各业务科室负责分管业务范围内的零星工程零散作业的安排、验收、考核及安全技术措施的审核把关。

(3) 调度室负责对零星工程零散作业的协调指挥，掌握零星工程零散作业的人员分布情况，对多队伍同时作业的区域人员进行总体协调，确保各作业单位安全有序施工。

(4) 各零星工程零散作业施工单位负责本单位零星工程零散作业安全技术措施的制定。

第三条 管理规定

(1) 零星工程零散作业执行临时任务单、安全确认单。

(2) 分管领导或各业务科室安排的零星工程零散作业，必须提前由分管领导签字后，以临时任务单的形式下发给施工单位。

(3) 对于新开零星工程零散作业，施工单位应结合作业的地点、环境情况，充分考虑安全注意事项，认真制定常规或专用安全技术措施，实行一规程一措施管理，并报相关业务科室及总工程师审批。

(4) 施工单位施工前必须先组织作业人员认真学习安全技术措施，并进行考试，现场作业环境须经业务主管科室组织相关科室安全确认，出具《零星工程零散作业开工前安全确认单》方可开工。

(5) 施工单位应加强对零星工程零散作业的安全管理，每班指定专门的带班人和安全负责人负责现场安全管理工作。

(6) 主管业务科室要严格掌握零星工程零散作业的施工时间、工程进度，并对施工质量进行监督检查；必须根据情况安排有关业务人员深入施工现场盯班，了解情况，掌握动态，对作业过程中存在的问题及时提出整改意见，并在工程完工后，负责对工程完成情况及施工质量进行检查、验收和考核，并做好记录。

(7) 各级管理人员要加强对零星工程零散作业的监督管理，要对沿途零星工程零散作业进行动态检查，检查现场各类安全设施、制度执行、安全确认及“三违”行为，对不具备安全生产条件的单位和作业场所，责令停产、停工整顿。

(8) 在同一时间、同一地点或同一安全关联的系统、设备范围内，特别是在同一条巷道或采掘工作面，存在多单位、多班组、多任务协同作业时，由主要队组牵头，相关队组协助编制专项安全技术措施，经主管业务科室、相关业务科室及总工程师审批，调度室统一协调指挥。

第四条 监督与考核

(1) 对未办理开工安全确定单进行开工的责任单位，给予责任单位行政负责人及安全负责人各罚款×××元。

(2) 对未按措施规定施工的责任单位，对当班带班队长和班组长各罚款×××元。

(3) 日常验收检查属人为原因造成质量不合格，罚款×××元。

17.24 巷道喷浆工程质量验收管理制度

为加强喷浆工程质量管理，规范成巷标准，提高我矿整体安全生产标准化管理水平，结合矿实际，制定本制度。

第一章 一 般 规 定

第一条 喷浆材料：喷射混凝土强度等级为C20，配合比水泥：石硝：沙子 = 1 : 2 : 2，水泥为425号普通硅酸盐水泥，河沙为粒径0.35 ~ 0.5 mm的中粗沙，含水率不大于5%，河沙严禁含有黄土及杂物，石硝粒径3 ~ 7 mm，速凝剂掺入量为水泥用量的3% ~ 5%，不得使用含有酸、碱或油的水。

第二条 巷道喷浆每隔50 m需制作一组混凝土试块，每组试块不得少于3个，并由生产技术科技术人员陪同及时送至检验部门出具混凝土强度试块报告。

第三条 喷浆巷道施工前，需提前制作混凝土试块，并由资质部门出具混凝土配合比单。施工现场需悬挂混凝土配合比单、计量器及日工程质量验收表。

第四条 巷道喷浆严格按照作业规程、安全技术措施内容要求及规定执行。

第五条 喷浆前必须用高压水冲洗受喷面，把粘在受喷面上的粉尘等冲洗干净后方可进行喷浆。

第六条 喷浆前巷道如发现超宽超过300 mm的需二次锚网支护，欠宽部位重新扩刷至设计尺寸。

第七条 喷浆前如巷道高度超过3 m需搭设喷浆工作面平台，确保顶板及两帮喷浆平整均匀。

第八条 喷浆时如遇围岩破碎、顶板淋水等地质构造时，需先考虑进行注浆加固、堵水等措施后再进行巷道喷浆。

第九条 喷浆后要将巷道内的回弹料及时清理干净、存放在指定地点，并将管线及设备上的回弹料清除干净，回弹料不得与装有矸石、煤的罐车进行混装。

第十条 喷浆工作结束后，喷层必须连续洒水养护28天以上，7天以内每班洒水一次，7天以后每天洒水1次。

第十一条 施工队组必须制定喷浆工程考核规定，做到有人负责、有人落实、落实到人。

第十二条 喷浆工作由跟班队长或班长负责组织，按规定程序组织喷浆工作，保证喷浆质量。

第二章 喷 浆 前 准 备

第十三条 巷道喷浆前必须检查喷浆机水管、风管等是否正常。

第十四条 巷道喷浆前必须检查自动滑模千斤顶、油管、油泵、阀组是否漏油；U型卡等是否缺失；连接部位是否正常，销、轴连接是否缺失。

第十五条 巷道喷浆前必须检查挂线是否正确，断面尺寸是否符合设计要求并将基础开挖到位，防止出现穿裙、赤脚等现象。

第十六条 喷浆前必须根据设计在巷道顶、帮拉设喷浆定位线，并按照规定要求进行固定，喷浆完毕后应及时回收重复利用拉线铁丝。

第三章 喷浆质量标准

第十七条 喷厚要求：初喷厚度为30 ~ 50 mm，以覆盖住锚网为准，复喷后的总厚度不得小于设计值90%。

第十八条 复喷后巷道净高、净宽需符合《煤矿井巷工程质量检验评定标准》内标准要求。

第十九条 复喷后巷道表面需平整、圆滑，做到墙直拱圆、基础喷到底；表面平整度偏差≤30 mm，基础深度不得小于设计值90%。

第二十条 要严格按“三到底、一拉线、四无”的要求执行。即：喷射清理到底、喷射时喷到硬底、喷后两帮回弹料清理到底，按优良尺寸标准拉线喷浆；无积水、无赤脚、无穿裙、无露筋。

第四章　验收前准备

第二十一条　拱形巷道验收前标画出巷道的腰线，画线要粗、明显、连续。

第二十二条　每隔25 m划分一个验收段，每个验收段设置一个验收测点并施工一组喷浆厚度检查孔，每组3个孔（顶部两个，两帮各两个），在每个验收测点处需吊挂巷道中心线，帮墙基础开挖到底，方便测量。

第二十三条　清理巷道表面的附属物，清理水沟淤泥，物料码放整齐，保证文明卫生达标。

第五章　喷浆工程质量考核办法

第二十四条　发现一次未按照措施、规程规定的配比要求进行拌料的，对施工队组罚款×××元，对队长罚款×××元，当班跟班队长罚款×××元，对技术员罚款×××元。

第二十五条　发现一次未按照规程、措施规定进行混凝土试块制作、无混凝土试块强度报告的，对施工队组罚款×××元，对队长罚款×××元、对当班跟班队长罚款×××元、对技术员罚款×××元。

第二十六条　喷浆前需根据巷道的轮廓定位图、喷厚要求挂线，如发现挂线数量不够的，每次对施工队组罚款×××元，对队长罚款×××元，对当班跟班队长罚款×××元，对技术员罚款×××元。巷道平整度超出设计允许偏差值5 mm，每处对施工队组罚款×××元。

第二十七条　对于因挂线错误导致巷道成型不好的，对施工队组罚款×××元，队长罚款×××元，对当班跟班队长罚款×××元，对技术员罚款×××元，并立即整改。

第二十八条　喷浆前，巷道欠挖的部位，必须及时开挖到位。然后再打锚杆、挂网、喷浆至巷道设计尺寸。发现巷道欠挖不及时处理直接打锚杆、挂网、喷浆的，对掘进施工队组罚款×××元/m（不足1 m按1 m算），对队长罚款×××元，对当班跟班队长处罚×××元，对技术员罚款×××元。

第二十九条　凡喷浆结束后存在赤脚、穿裙、露网露筋的，对施工队组罚款×××元/m（不足1 m按1 m算），对队长罚款×××元，当班跟班队长处罚×××元，对技术员罚款×××元。

第三十条　喷浆前不冲洗受喷面的，对施工队组罚款×××元/m（不够1 m按1 m计算），对队长罚款×××元，对当班跟班队长罚款×××元，对技术员罚款×××元，并立即进行整改。发现一次未冲洗受喷面长度超过10 m的，则当月的工程质量直接评定为不合格工程。

第三十一条　喷浆结束后未及时刮帮的，每发现一次对当班跟班队长罚款×××元，对技术员罚款×××元。

第三十二条　发现一次回弹料不清理或清理不彻底的（包括管线和设备），对施工队组罚款×××元，对队长罚款×××元，当班跟班队长罚款×××元，对技术员罚款×××元，发现一次回弹料与矸石、煤罐车混装的，对当班跟班队长罚款×××元/车。

第三十三条　凡是喷浆后不按照规定时间、规定标准进行养护的，发现一次对施工队组罚款×××元，对队长罚款×××元，对当班跟班队长罚款×××元，对技术员罚款×××元。

第三十四条　限期未整改或第二次限期整改仍未完成的，停工处理，并对队长罚款×××元，对技术员罚款×××元。

第三十五条　重复出现的比较严重的问题，上报矿领导研究决定进行处理。

17.25　煤炭资源回收率管理制度

第一条　适用范围

本制度适用于本矿采、掘、开生产中的煤炭资源回收管理。

第二条 组织机构

回采率办公室下设在地测防治水科，成员由地测防治水科、生产技术科、综采队、综掘队、调度室相关人员组成。

第三条 职责范围

（1）地测防治水科负责制定提高工作面回收率的措施，并对煤炭资源回收率进行考核。

（2）生产技术科负责进行合理采掘设计，减少顶煤、底煤、煤柱及边角煤损失，监督采掘设计执行情况。

（3）综采队严格按照作业规程要求进行回采，确保工作面回采率达到计划要求。

（4）综掘队严格按照作业规程要求进行掘进，减少煤炭资源损失。

（5）调度室负责按月、季、年统计矿井产量。

第四条 管理标准

（1）地测防治水科每季度末编制季度检测报告，每年末编制储量年报及回采率报告及每月在考核会上对回采率进行通报。

（2）生产技术科提前一个月完成采掘设计。

（3）综采队回采工作面必须严格控制采高及停采位置，工作面浮煤必须清净。放顶煤工作面在保证煤质的情况下，确保顶煤放净，严禁丢煤。

（4）综掘队每 20 ~ 30 m 对掘进工作面进行煤层厚度探测，为回采提供可靠数据。

（5）调度室每天统计掘进、回采产量。

第五条 奖罚规定

（1）检测报告、储量年报及月度回采率考核未按时编制，对责任人处罚×××元/次，对地测防治水科处罚×××元/次。

（2）生产技术科采掘设计不合理及采掘过程中监督不到位，造成煤炭资源浪费，对责任人处罚×××元/次，对生产技术科处罚×××元/次。

（3）综采队未按作业规程停采及造成不必要的顶底煤损失，对责任人处罚×××元/次，对综采队处罚×××元/次。

（4）综掘队未及时对煤层厚度探测或煤层厚度探测数据不准确，对责任人处罚×××元/次，对综掘队处罚×××元/次。

（5）调度室未按时统计储量或统计错误，对责任人处罚×××元/次，对调度室处罚×××元/次。

17.26 火工品管理制度

第一章 火工品领、退管理制度

第一条 严格按照《民用爆炸物品管理条例》和上级有关规定，严格执行领发、清退制度。

第二条 火工品必须由专职爆破员使用，并严格执行当班领取，当班清退规定。火工品的领取及发放人员必须严格执行两联单。

第三条 当班的班组长和安全员对当班实际消耗的火工品严格清点，认真填写使用量，核对登记，不得漏填、弄虚作假。

第四条 爆破员下班时，将剩余的火工品必须当班清退入库，不得私自存放和转借他人。

第五条 保管员对支出和清退入库的火工品要认真清点查对，在确认无误后，再互相履行签字手续，严防意外。

第二章　火工品销毁管理制度

第六条　变质失效的火工品要单独存放，并妥善保管。

第七条　每班退回的残管、瞎管编号认真登记入账，分开存放管理。

第八条　对失效的火工品不得乱丢乱扔，不得私自处理，不得卖给废品收购站，更不准卖给个体收购人员。

第九条　对失效的火工品应认真登记，集中统一后上交给保卫科销毁。

第三章　火工品检测及编号登记制度

第十条　炸药检查：检查药卷外观是否完整、防潮剂是否剥落、封口是否严密等，否则不得发放。

第十一条　雷管检查：金属壳是否有裂缝、砂眼和锈蚀。对纸壳雷管，应查看纸壳是否松裂，管底起爆药是否碎裂，脚线是否良好，有无生锈。

第十二条　雷管发放前必须逐个做全电阻检查并进行编号；雷管箱必须在存放硐室外开启，一次开启一箱并清点数量，每次最多取 100 发进入硐室做电雷管全电阻检查、编号。未做全电阻检查、编号的不得发放。

第十三条　雷管的编号要严格按照手持机说明书规定操作。

第十四条　电雷管全电阻检查必须在专用的硐室内进行，严格按规定操作，并定期检验和校正全电阻检查仪。检查不合格及交回的废雷管要单独存放在库内，并建立台账。更换电雷管全电阻检查仪电池时，应在安全地点进行。

第十五条　检验雷管用的电流不得超过 50 mA。

第十六条　雷管全电阻检查合格后，要将电雷管脚线理顺成束。理顺成束时不准手拉脚线硬拽管体，更不准手拉管体硬拽脚线，应轻轻理顺、伸展整齐，每 20 发为一组卷绕脚线，将其脚线扭结成短路，编号待领。

第四章　火工品购置、运输、储存及使用管理制度

第十七条　火工品的购置由生产技术科根据消耗情况提出申请计划，科长审批，由供应科、保卫科办理有关手续，按有关规定购置。

第十八条　购置火工品的车辆必须由民爆煤矿安排专车，直接送至井口房门口进行卸车、装车，要求卸、装同时进行。

第十九条　火工品卸、装、运工作由民爆煤矿或机电队负责，生产技术科、保卫科、供应科必须有专人负责卸、装、运、入库全过程的监督管理、现场保护。

第二十条　装车前必须检查矿车是否完好，并要求在矿车底部加垫木板，符合要求后方可装车。

第二十一条　车上炸药箱必须平放，彼此紧靠，不能晃动，不能超出车高。

第二十二条　运输炸药要事先通知调度室、绞车司机和副井口井上、下把钩工，慢车运行。

第二十三条　往井下火药库运输火工品要避开交接班人员密集时段。

第二十四条　在罐笼里或井底巷道内，雷管和炸药必须分开运输。

第二十五条　炸药到井底车场后，立即运往爆炸材料库，不得存放在井底车场或其他巷道里。

第二十六条　爆破工从爆炸材料库领用爆炸材料运往使用地点，应采用人工背送，安全员押送。严禁使用刮板输送机或胶带输送机运送爆炸材料。

第二十七条　井下爆炸材料库内火工品储存量，不得超过设计和公安部门核定的储存量。

第二十八条　库房内不准储存其他东西。

第二十九条 库房内空气的温度，不得超过 30 ℃。

第三十条 堆放炸药箱时，箱子的下面应垫有 10 cm 厚的垫木，箱堆的高度原则不得超过四层。

第三十一条 雷管必须用专用保险柜存放，柜内要置放绝缘垫或木垫，不得将雷管直接放入。

第三十二条 火工品领到工作面后，严禁乱扔乱放，不使用不得开锁。

第三十三条 炸药箱、雷管箱必须分别存放在顶板完好、支架完整、避开电气设备的地点，并分开存放，间距不小于 20 m。

第三十四条 现场班组长与爆破工将当班实际消耗炸药、雷管核对清点清楚，不得徇私。

第三十五条 在现场使用时，班组长与安全员要对爆破员进行监督，严格按照规程要求从事爆破作业。

第三十六条 爆破员领取、使用、清退必须有专职安全员全程监督。

第五章　火工品出、入库检查制度

第三十七条 凡进入火药库的人员需持有生产技术科开具的证明或生产技术科核发的入库许可证，无证人员不得擅自入库，保管员需做到认证不认人。

第三十八条 保管员应对出、入库人员进行检身，并且登记出、入库人员、时间及入库原因。

第三十九条 出、入库人员必须携带专用矿灯，按规定放电，积极主动配合保管员检身工作，不得以任何理由拒绝检身。

第四十条 保管员有权拒绝无证人员入库，被拒的无证人员不得强行入库，否则将追究相关人员的行政或刑事责任。

第四十一条 保管员应对领退火工品人员进行检身，检查炸药箱、雷管箱是否上锁，检查所带物品。

第六章　涉爆人员检身制度

第四十二条 入井前所有涉爆人员以班组为单位到安全值班室进行检身，班长将准确人数上报调度室。

第四十三条 入井人员严禁携带烟草、打火机等点火物品下井，且必须穿防静电工作衣。

第四十四条 检身人员对每一个入井人员严格检身，发现违反物品携带禁品则予以没收并登记上报安全科和保卫科。

第四十五条 各班组工作完毕时，由班组长集体带队出井，到井口检身登记，若 24 h 未出井，应及时上报调度室查明原因。

第四十六条 出井时严禁将火工品、起爆器私自携带出井。

第四十七条 检身人员严格对涉爆出入井人员进行检身，并与入井登记人员进行核对准确，防止擅自出井人员。

第七章　火工品管理奖惩制度

第四十八条 储存管理考核规定

（1）账、卡、物不相符每次罚款×××元。

（2）领料单、“一炮三检、三人连锁单”、退料单印章不全、手续不符或填写失误每次罚款×××元。

（3）不严格审核领退库手续、执行领退制度，罚款×××元。

（4）不遵守导通操作规程或漏录编号，达不到逐发导通，罚款×××元。

（5）账面发现涂改，每次罚款×××元。

（6）退库雷管未进行建账和一次导通，对责任人罚款×××元。

（7）保管员班班交接清楚，如交接不清，每人罚款×××元。

（8）炸药、雷管数出现丢失，按相关规定追究责任。

（9）库管员导通时导通桌超过100发时每发罚款×××元；不同段号不准同时混乱导通，每发现一次每发罚款×××元。

（10）货物摆放不整齐罚款×××元，库内环境卫生未达标，连续大于2 m灰尘或黑点每处罚款×××元。

第四十九条　现场管理处罚规定

（1）领取火工品必须随身携带“三证”“两包”“一卡”，证件不全，未带炸药箱，雷管箱、跟踪卡的，一经发现，对责任人罚款×××元。

（2）运送的火工品未装在专用箱内罚款×××元。

（3）装配引药未按规定进行操作罚款×××元。

（4）工作面地点炸药、雷管未放在专用炸药箱、雷管箱内或未上锁，罚款×××元。

（5）爆破作业使用不合格的发爆器和爆破母线，罚款×××元。

（6）发爆器钥匙未随身携带或转借，转交他人，罚款×××元。

（7）向工作面地点运送引药，炸药未使用专用运输工具，罚款×××元。

（8）爆破作业未按规定撤人设岗，当班班长罚款×××元。

（9）对裸露爆破的责任者，各罚款×××元。

（10）处理瞎炮、残炮未按规程规定执行，罚款×××元。

（11）炸药、雷管在工作地点乱扔乱放，发现一次罚款×××元。

（12）现场发现炸药、雷管未退库，一包炸药罚款×××元，一发雷管罚款×××元。

（13）爆破员领雷管不核对雷管编号，收、发双方各罚款×××元。

（14）工作面爆破作业未填写或填写不清楚“一炮三检”牌，罚当班瓦检员×××元。

（15）爆破作业未使用水炮泥或水泡泥不足每个炮眼罚款×××元；无封泥或封泥不足每个炮眼罚款×××元。

（16）爆破作业未站岗警戒、未挂警戒线罚款×××元，爆破牌、警戒牌、命令牌不齐全罚款×××元，爆破工作面未停电的罚款×××元。

（17）爆破作业前后未冲巷洒水一次罚款×××元；爆破作业未开净化水幕或净化水幕雾化不良好，罚款×××元。

（18）爆破员上岗未带甲烷便携仪的罚款×××元。

（19）丢失爆破器材管理跟踪卡、班后不交跟踪卡的责任者或责任单位罚款×××元。

（20）井下捡到雷管、炸药及时交到井下火药库，保管员开具证明奖励交回人雷管每发×××元每卷炸药×××元，根据雷管编号罚领取单位每发×××元、每卷炸药×××元。

第五十条　其他考核规定

（1）每月不按时参加火工品安全检查，对责任单位罚款×××元并通报。不按时参加火工品管理会议，对责任者罚款×××元。

（2）退库炸药，雷管达不到三对口时，由生产技术科分析处理，并上报安全矿长进行处理。

17.27　井下爆破作业管理制度

为坚决遏制井下爆破事故的发生，确保爆破作业安全，结合煤矿实际，特制定井下爆破管理制度。

第一条　爆破工要求。井下爆破工作必须由专职爆破工担任，爆破工必须是经专门培训考核取得合格证的人员担任。爆破工必须持证上岗并严格执行《煤矿安全规程》有关规定，并按爆破说明书进行爆破。

第二条 爆破材料领退过程中的安全管理规定

（1）每个爆破工使用雷管必须是专人专号，不得转借，不得在工作地点存放，必须是当班领用，用不完的当班交库。

（2）爆破工在工作地点使用的炸药、雷管要分别放在专用箱内并加锁。

（3）井下爆破作业必须使用发爆器，爆破母线必须是绝缘良好的双线，不允许有破口或明接头，发爆器钥匙必须由爆破工随身携带，严禁转交他人。不到爆破通电时，不得将把手或钥匙插入发爆器内，爆破后必须立即把钥匙拔出，摘掉母线并扭结成短路。

（4）爆破工领取炸药、雷管必须到生产技术科办理两联单手续，每班在工作地点实际消耗的炸药量、雷管量要由当班安全员、爆破工、班（队）长负责核实签字，剩余的要在当班全部退交炸药库，做到领取、消耗、退回三对口。变质硬化炸药不得出库或领取，不得使用过期或严重变质的爆炸材料，不能使用的爆炸材料必须交回炸药库。

第三条 装药过程中的安全管理

（1）装配引药必须在顶板完好，支架完整，避开电气设备和导电体的地点进行，不得坐在炸药箱上装配引药，电雷管脚线必须扭结。电雷管只许由药卷的顶部装入并全部插入药卷内，严禁将电雷管斜插在药卷的中部或捆在药卷上。装配引药时，首先用木质竹签扎眼，不准直接用雷管扎眼。电雷管插入药卷后，必须用脚线将药卷缠住，并将电雷管脚线扭结成短路。

（2）装药时，首先必须掏净煤粉，用木质炮棍将药卷轻轻推入，不得冲撞和捣实，眼内各药卷必须彼此密接，用炮泥封实炮眼。爆破作业必须使用水炮泥，严禁无炮泥、封泥不足或不实爆破，严禁放糊炮。

（3）装药前必须把电雷管脚线末端扭结成短路；装药后，必须把电雷管脚线悬空，严禁电雷管脚线、爆破母线同运输设备、电气设备以及采掘机械等导电体相接触。装药时瓦斯检查员必须在现场。

第四条 爆破过程中的安全管理规定

（1）爆破作业必须严格执行“一炮三检查”制度，即装药前、爆破前和爆破后检查瓦斯，爆破前后必须洒水降尘。只有爆破地点附近 20 m 范围内风流中瓦斯浓度小于 1.0% 和无局部瓦斯积聚（体积超过 0.5 m^3 瓦斯浓度达到 2% 以上），才准装药爆破。瓦检工不在现场，严禁装药爆破。

存在瓦斯超限；炮眼内发现异状；温度骤高骤低；有显著瓦斯涌出；煤岩松散；穿透采空区；爆破地点 20m 以内矿车、未清除的煤、矸或其他物体堵塞巷道断面 1/3 以上；采掘工作面的控顶距离不符合作业规程的规定，或者支架有损坏，或者伞檐超过规定；采掘工作面风量不足等情况时，严禁爆破。

（2）掘进工作面爆破，必须停掘进巷道内的非本安电源，双巷掘进时，正巷爆破，正、副巷和回风巷必须停电撤人，副巷爆破，主巷和回风巷必须停电撤人。爆破必须严格执行“三人连锁”爆破换牌制度，即由爆破员（持警戒牌）、瓦检员（持爆破牌）、班组长（持爆破命令牌）三人连锁换牌。

（3）爆破前，爆破员将警戒牌交给班组长，由班组长派人设好警戒线，并检查顶板及支护情况完好后，再将自己的爆破命令牌交给瓦检员，瓦检员检查瓦斯煤尘等符合《煤矿安全规程》要求时，将自己的爆破牌交给爆破工，经现场安全员核实确认后，按规定发出警报，连喊三声爆破口号，确认爆破地点附近无人，至少 5 s 后才可爆破。“三人连锁”爆破中，缺少任何一人时不得进行爆破作业。

（4）爆破后，等炮烟吹散至少停 15 min，班组长、爆破工、瓦检工才可同时进入爆破地点，检查瓦斯、检查是否有瞎炮、处理顶板煤（岩）悬矸，认为无问题后，三牌才各归原主，班组长方可撤除警戒、恢复生产。

（5）爆破母线连接脚线，检查线路和通电爆破工作只准爆破工一人操作。爆破母线和连接线、电雷管脚线和连接线、脚线和脚线之间的接头必须相互扭紧并悬挂，不得与轨道、金属管、金属网、钢丝绳、刮板输送机等导电体相接触。

巷道掘进时，爆破母线应随用随挂。不得使用固定爆破母线，特殊情况下，在采取措施后，可不受此限。

爆破母线与电缆、电线、信号线应分别挂在巷道的两侧。如果必须挂在同一侧，爆破母线必须挂在电缆的下方，并应保持 0.3 m 以上的距离。

只准采用绝缘母线单回路爆破，严禁用轨道、金属管、金属网、水或大地等当作回路。

（6）采掘工作面爆破作业必须严格执行一次装药一次起爆，严禁一次装药分次起爆。

（7）爆破作业必须编制爆破作业说明书，说明书必须符合下列要求。

炮眼布置图必须标明采煤工作面的高度和打眼范围或掘进工作面的巷道断面尺寸，炮眼的位置、个数、深度、角度及炮眼编号，并用正面图、平面图和剖面图表示。炮眼说明表必须说明炮眼的名称、深度、角度，使用炸药、雷管的品种，装药量，封泥长度，连线方法和起爆顺序。必须编入采掘作业规程，并及时修改补充。爆破工必须依照说明书进行爆破作业。

第五条　炮眼深度和炮眼的封泥长度应符合以下要求

（1）炮眼深度小于 0.6 m 时，不得装药、爆破；在特殊条件下，如挖底、刷帮、挑顶确需浅眼爆破时，必须制定安全措施，炮眼深度可以小于 0.6 m，但必须封满炮泥。

（2）炮眼深度为 0.6～1 m 时，封泥长度不得小于炮眼深度的 1/2。

（3）炮眼深度超过 1 m 时，封泥长度不得小于 0.5 m。

（4）炮眼深度超过 2.5 m 时，封泥长度不得小于 1 m。

（5）光面爆破时，周边光爆破眼应用炮泥封实，且封泥长度不得小于 0.3 m。

（6）工作面有 2 个或 2 个以上自由面时，在煤层中最小抵抗线不得小于 0.5 m，在岩层中最小抵抗线不得小于 0.3 m。浅眼装药爆破大岩块时，最小抵抗线和封泥长度都不得小于 0.3 m。

第六条　爆破作业后发现瞎炮时必须执行下列规定

（1）首先将瞎炮雷管的两脚线末端扭结，并以明显标志保护。

（2）处理瞎炮，应视作一次爆破作业，同样要先出净浮煤再连响瞎炮。

第七条　处理拒爆时，必须遵守下列规定

（1）由于连线不良造成的瞎炮，可重新连接爆破。

（2）在距瞎炮至少 0.3 m 外另打同瞎炮眼平行的新炮眼，重新装药爆破，严禁用镐刨或从炮眼中取出原放置的引药或从引药中拉出电雷管；严禁将炮眼残底继续加深，严禁用打眼的方法往外掏药，严禁用压风吹这些炮眼。

（3）处理瞎炮的炮眼爆炸后，爆破工必须详细检查炸落的煤、矸，收集未爆的雷管和炸药。

（4）在瞎炮处理完毕以前，严禁在该地点进行与处理瞎炮无关的工作。

（5）发现的瞎炮必须在当班处理完毕，如果当班未处理完毕，爆破工必须同下一班爆破工在现场交接清楚。处理瞎炮必须在班组长的指导下进行。

第八条　爆破作业和撤人距离必须符合下列规定

（1）回采工作面不少于 50 m，拐弯不少于 30 m。

（2）掘进工作面直巷不少于 100 m，拐弯不少于 75 m。

（3）特殊情况下，应根据爆破作业最小抵抗线要求，在安全措施中对警戒撤人距离做出明确要求。

（4）爆破掩护地点都必须有坚固可靠的支护，无冒顶片帮的可能，能防止爆破物的抛击。

第九条 通电以后装药炮眼不响时，爆破工必须取下把手或钥匙，并将爆破母线从发爆器上摘下，扭结成短路，再等一定时间（使用瞬发雷管时，至少等5 min；使用延期电雷管时，至少等15 min），方可沿线路查找不响的原因。

第十条 每次爆破作业后，爆破工必须认真检查有无瞎炮和崩落未爆的雷管、炸药。因煤、矸未出完，无法检查有无瞎炮时，爆破工不得离开爆破作业现场。

第十一条 排除爆破母线的故障，可采用导通法。不得采用短路法进行试验。

第十二条 坚持一个爆破工配备一台发爆器一条母线的标准，发爆器具体由爆破工随身携带，严禁在一个工作面同时使用两台及其以上的发爆器爆破。

第十三条 采掘工作面必须有洒水降尘设施，并严格执行爆破作业后洒水降尘制度，无水时不准装药爆破作业。

第十四条 严格执行国家安全监管总局、国家煤矿安监局《煤矿井下爆破作业安全管理九条规定》及《煤矿井下爆炸材料安全管理六条规定》。

（1）必须严格执行煤矿安全规程和作业规程，落实“一炮三检”，严禁违章指挥、违章爆破作业。

（2）爆破作业必须认真执行报告和连锁制度，由带班队长向矿调度室报告瓦斯、煤尘、支护等情况，经同意后方可进行爆破，严禁擅自爆破。

（3）石门揭煤、巷道贯通等重点环节爆破作业必须制定专项安全措施，按规定报批后，由矿领导现场监督实施，严禁未经审批情况下爆破作业。

（4）爆破前后必须采取洒水降尘等综合防尘措施，严禁煤尘积聚或超限情况下爆破作业。

（5）必须严格落实探放水制度，严禁在有突水预兆情况下爆破作业。

（6）必须在规定的安全位置警戒、起爆和躲炮，严禁爆破后未经检查进入警戒区。

（7）必须按规定使用水炮泥和炮泥，严禁裸露爆破。

（8）必须按规定处理大块煤（矸）和煤仓（眼）堵塞，严禁采用炸药爆破方式处理。

（9）对顶板（顶煤）预裂爆破必须在工作面前方未采动区域进行，严禁在工作面架间（后）爆破。

（10）必须严格执行爆炸材料入库、保管、发放、运输、清退等管理制度，严禁违规管理和发放爆炸材料。

（11）必须使用煤矿许用炸药和雷管，严禁使用黑火药、冻结或半冻结的硝化甘油类炸药、火雷管等非煤矿许用爆炸材料。

（12）爆炸材料库的2个出口必须分别装设抗冲击波活门或抗冲击波密闭门，严禁装设不符合标准的密闭防爆门。

（13）爆炸材料库内的炸药和雷管必须限量、分开贮存，严禁超量贮存、违规堆放。

（14）爆炸材料必须专人领取、如实编号登记，作业剩余爆炸材料必须当班清退回库，严禁私拿、私藏，严防丢失。

（15）雷管和炸药必须分开并由专人运送，严禁与其他材料混合运输，严禁在交接班、人员上下井时间运输。

18 职业卫生专业

18.1 职业病防治组织机构与职责

第一条 为了更好地保障各单位广大职工的职业健康权益，进一步促进职业病防治工作持续健康发展。必须严格按照《职业病防治法》《用人单位职业病防治指南》（GBZ/T 225—2010）要求成立职业病防治工作领导小组和职业卫生管理部门。

第二条 成立职业病防治工作领导小组和职业卫生管理部门。矿长任组长，是本单位职业病防治工作第一责任人，矿其他领导班子成员任副组长，各部门负责人为领导组成员。

第三条 设置独立的职业卫生管理部门，配备职业卫生管理人员。各职能部室门指定专人协助职业卫生管理部门完成本部门业务范围内职业病防治相关工作。

第四条 各部门职业病防治工作责任制

1. 职业病防治领导组责任制

（1）设置职业卫生管理部门，配备职业卫生管理人员，提供必需的职业卫生管理经费，保证职业病防治工作的正常开展。

（2）直接领导本单位职业病防治工作，对职业病防治工作重大问题做出决策。

（3）组织对在职业病防治工作中有贡献者进行表扬、奖励，对违章者、不履行职责者进行批评教育和处罚。

（4）监督本单位各部门职业病防治工作开展情况，督促职业病防治工作存在的问题及时整改。

（5）领导组织对本单位范围内发生的职业危害事故及时进行处理并采取相应措施。

2. 职业病防治工作领导小组组长责任制

（1）职业病防治工作领导小组组长由矿长担任，是职业病防治工作的第一责任人。

（2）全面负责组织落实本单位职业危害防治工作并对重大问题进行决策，对职业病防治工作负主要领导责任。

（3）定期听取职业病防治工作情况汇报，研究解决职业病防治工作中存在问题。

（4）督促各相关部门做好本职范围内的职业病防治工作。

（5）参加本单位职业危害事故的调查分析，提出改进措施。

3. 职业病防治工作领导小组副组长责任制

（1）协助组长工作，指导并监督本单位职业病危害防治具体措施的落实，对职业病防治工作负指挥、协调和监督责任。

（2）组织职业危害事故的调查工作，提出处理意见和改进措施。

（3）负责领导职业卫生管理部门开展职业健康检查工作。

（4）监督检查本部门职业病防治工作各项措施落实及职业病防治经费使用、执行情况。

4. 领导小组成员责任制

（1）组织实施职责范围内职业病防治工作的各项措施。

（2）负责监督检查职业病防治的宣传、教育、培训工作、职业病危害防护设施和个体防护用品的使用情况等。

（3）协助职业病防治工作领导小组副组长做好职业病防治的工作。

（4）定期研究生产过程中存在的职业危害问题，提出改善措施，并组织实施。

5. 职业卫生管理部门责任制

（1）在本单位职业病防治工作领导小组的领导下，负责职业病防治日常事务工作。

（2）检查本单位各部门职业病防治管理工作情况。

（3）负责协调上级主管部门与本单位各部门之间相关的工作。

（4）组织召开、参加职业病防治相关工作会议。

（5）参与职业危害事故及职业病突发事件应急工作的组织协调与处理。

（6）负责本单位职业病防治的考核工作。

（7）参与本单位作业场所职业病防治工作的监督与检查，充分发挥监督作用，维护员工职业健康正当权益。

6. 职业卫生管理部门科长责任制

（1）在本部位职业病防治工作领导小组的直接领导下，认真贯彻执行国家相关的方针、政策、法规及集团公司的相关规章制度。

（2）结合本单位实际，制定贯彻实施职业病防治工作的具体措施，认真执行上级下达的各项任务，全面负责本单位职业病防治的具体工作。

（3）参与本单位新建项目职业病防护设施“三同时”工作的评审验收，并督促各单位落实整改措施。

（4）配合协助本单位培训管理部门做好本矿职工职业健康教育、培训工作。

7. 职业卫生管理部门工作人员责任制

（1）认真贯彻执行国家职业病防治的法律、法规及上级部门有关职业病防治的相关规定及要求，在科长的带领下做好本职工作。

（2）具体负责管理本单位职业病防治的日常业务工作，并负责监督检查。

（3）负责本单位职业危害事故及突发性事件的处置工作。

（4）督促本单位各部门完善相关职业病防治管理制度、健全各部门、各岗位职业病防治责任制。

（5）督促、收集职业病防治工作资料，更新完善各类台账记录，分类存档，实现规范化管理。

（6）负责与上级管理部门的工作联系，并按要求汇报或报告工作完成情况。

8. 安全科责任制

（1）认真贯彻执行国家职业病防治的法律、法规及上级部门有关职业病防治的相关规定及要求，督促、配合职业卫生管理部门做好职业病防治工作。

（2）负责对作业场所职业危害状况检查，排查职业危害事故隐患，及时会同有关部门提出防治措施，制定整改方案，确保工作场所作业人员的身体健康。

（3）负责对作业场所职业危害防护设施运行情况及作业人员佩戴使用劳动防护品情况进行监督检查。

（4）督促并配合职业危害防治知识的宣传教育和培训。

（5）当发生职业危害事故时，有权要求各部门采取应急措施，有权参与职业危害事故的调查处理。

9. 人事部门责任制

（1）在本单位职业病防治工作领导小组领导下，积极配合协助职业卫生管理部门完成本部门范围内职业病防治工作。

（2）负责对接触职业病危害因素作业的用工情况进行监督管理。

（3）负责对接触职业病危害作业的人员职业健康检查的监督管理。

（4）负责对有职业禁忌人员、疑似职业病人岗位调动的监督管理。

（5）负责对接触职业病危害因素作业职工的劳动合同告知的监督管理。

（6）负责监督、督促本单位职工工伤保险及其他社会保险的缴纳工作。

（7）参与本单位组织的职业病防治工作的监督检查。

10. 培训管理部门责任制

（1）负责本单位从业人员上岗前和在岗期间的职业健康培训工作。

（2）负责对职业病危害因素严重岗位的从业人员职业健康培训工作。

（3）负责本单位对因变更工艺、技术、设备、材料，或者岗位调整导致劳动者接触的职业危害因素发生变化的，对劳动者重新进行上岗前的职业健康培训工作。

（4）监督本单位职业健康培训内容是否符合国家相关规定。

（5）参与本单位组织的职业病防治工作的监督检查。

11. 财务科责任制

（1）在本单位职业病防治工作领导小组领导下，监督管理本单位职业病防治经费投入使用情况。

（2）负责审核本单位年度职业病防治资金使用计划，定期检查职业病防治计划资金的使用情况。

（3）监督并保证本单位职业病患者职业病诊断、鉴定、医疗、生活保障等费用的使用。

（4）督促本单位建立职业病危害专项经费账户，建立经费使用明细台账，对使用经费情况及时进行登记。

（5）督促、制定本单位职业病防治经费使用相关制度，贯彻执行并定期进行考核。

12. 工会责任制

（1）监督本单位是否贯彻执行国家职业卫生法律法规、职业病防治工作责任制、规章、制度是否执行到位。

（2）监督本单位新建、改建、扩建和技术改造工程项目的职业病防护设施“三同时”工作。

（3）应充分利用群监组织对本单位职业病防治工作、隐患整改情况进行督查。

（4）监督检查本单位劳动防护用品的配备、发放和使用情况。

（5）监督检查本单位职业病病人权益的落实情况。

（6）全面监督本单位职业病危害防治工作开展情况，参与职业危害事故处理及善后工作。

13. 生产技术科责任制

（1）指导、编制先进生产工艺、技术革新方案，规范职业病防治措施等，改善职工劳动环境。

（2）生产技术部门依据职业病危害因素种类、来源、产生部位等技术资料编制生产过程中的技术规范、操作规程。

（3）对本单位的职业病防治工作负技术指导责任。

（4）参与本单位组织的职业病防治工作的监督检查。

（5）参与职业危害事故的调查及处理。

14. 通风科责任制

（1）监督并确保本矿通风系统正常，供给井下足够的新鲜空气，冲淡和排除有毒有害气体和粉尘，确保达到符合国家职业卫生标准的工作环境。

（2）建立完善的防尘供水系统，落实防尘设施、制度及专项工作措施。

（3）配备职业危害因素监测设备，保证设备的完好使用，并由专人负责保管。

（4）做好作业场所职业危害因素粉尘监测工作，准确记录并上报监测结果。

（5）监督粉尘防治措施是否执行并落实到位。

（6）参与职业病防治工作的监督检查。

（7）参与职业危害事故的调查及处理。

15. 机电科责任制

（1）监督检查各部门是否还在使用国家安监总局《禁止井工煤矿使用的设备及工艺目录（第一、二、三批）》中明令禁止使用或淘汰的机电设备、材料和工艺。

（2）监督检查职业病防护设施的运行情况。

（3）监督检查各部门是否建立职业病防护设施设备管理台账，各种检修记录是否齐全、规范。

（4）参与职业病防治工作的监督检查。

（5）参与职业危害事故的调查及处理。

16. 环保技改科责任制

（1）加强对新、改、扩建项目职业病防护设施施工进度、质量、现场管理的监督检查。

（2）负责督查本单位新、改、扩建项目职业病防护设施是否与主体工程同时设计、同时施工、同时投入生产和使用。

（3）负责检查在新、改、扩建项目施工过程中职业病防护设施安装使用情况。

（4）参与建设项目完工后相关职能部门组织的职业病防护设施竣工验收工作。

（5）参与职业危害事故的调查及处理。

17. 供应科责任制

（1）监督、规范个体防护用品进货渠道，购买符合国家职业卫生标准或行业标准的防护用品。

（2）与本单位职业卫生管理部门联合加强对个体防护用品质量的监督检查。

（3）发生职业危害事故时保证充足的物资供应。

18. 其他部门责任制

（1）认真贯彻执行国家相关法律、法规的相关规定及本单位制定的职业病防治有关规章制度。

（2）协助本单位职业卫生管理部门做好职业病危害防治的相关工作。

（3）若发生职业危害事故时，协助进行善后处理工作。

第五条　本单位应建立职业病防治责任制：

（1）职业病防治工作领导小组责任制。

（2）职业病防治工作领导小组组长责任制。

（3）职业病防治工作领导小组副组长责任制。

（4）职业病防治工作领导小组成员责任制。

（5）职业卫生管理部门责任制。

（6）职业卫生管理部门科长责任制。

（7）职业卫生管理部门工作人员责任制。

（8）本单位各相关职能部门也必须建立职业病防治责任制。

（9）各岗位职业病防治责任制。

第六条　本单位应建立以下职业病防治管理制度：

（1）职业病危害防治责任制度。

（2）职业病危害警示与告知制度。

（3）职业病危害项目申报制度。

（4）职业病防治宣传、教育和培训制度。

（5）职业病防护设施管理制度。

（6）职业病个体防护用品管理制度。

（7）职业病危害日常监测及检测、评价管理制度。

（8）建设项目职业卫生“三同时”制度。

（9）劳动者职业健康监护及其档案管理制度。

（10）职业病诊断、鉴定及报告制度。

（11）职业病危害防治经费保障及使用管理制度。

（12）职业卫生档案管理制度。

（13）职业病危害事故应急管理制度。

（14）法律、法规、规章规定的其他职业病危害防治制度。

第七条　制度要结合本单位实际进行制定，要具有可操作性，并确保制度有效落实。

18.2　企业法定代表人职业病防治目标管理责任制

第一条　为确保劳动者身体健康，及落实《中华人民共和国职业病防治法》，特制定本制度。

第二条　对员工的奖惩实行以精神鼓励和思想教育为主、经济奖惩为辅的原则。

第三条　本制度适于本单位全体员工。

第四条　职业病防治工作领导小组负责监督本制度的贯彻实施。领导小组组长带队，定期检查。

第五条　严格按照《中华人民共和国职业病防治法》的有关规定进行自查，检查包括：劳动者防护用品的佩戴、防护设施的使用等内容。

第六条　本单位设立如下奖励方法：大会表扬；奖金奖励；晋升提级。

对下列表现之一的员工，应当给予奖励：

（1）遵守《中华人民共和国职业病防治法》，执行职业卫生操作规程，事迹突出；

（2）全年《中华人民共和国职业病防治法》培训无缺勤，积极做好本职工作；

（3）认真执行职业病防治管理制度；

（4）在岗期间能够佩戴劳动者防护用品、正确使用防护设施的；

（5）对本单位作出其他贡献，应当给予奖励的。

第七条　对下列表现之一的员工，经批评教育不改的，视情节轻重，分别给予扣除一定时期的奖金、扣除部分工资、警告、记过、降级、辞退、开除等处分：

（1）违反《中华人民共和国职业病防治法》和本单位规章制度，造成经济损失或不良影响的；

（2）职业病防治培训不参加或迟到、早退情况的；

（3）拒不执行矿领导或部门领导决定的，干扰工作的。

18.3　职业病危害防治责任制度

第一条　为保障本单位职工在生产过程中的职业健康安全，提高经济效益，根据《职业病防治法》《工作场所职业卫生监督管理规定》《煤矿作业场所职业病危害防治规定》等法规，结合本单位实际情况，特制定本制度。

第二条　适用范围

矿各部门生产作业时均应执行本制度。

第三条　职业危害因素种类

根据本单位现场生产具体情况确定存在的职业危害主要有四大类：①生产性粉尘的危害。②生产性噪声。③高温作业。④氮氧化物、碳氧化物、硫化氢等有毒有害气体。

第四条　职业危害因素防治措施：

坚持以预防为主、防治结合的方针，加强职业病危害因素源头治理，加强职业病防治工作宣传、教育，提高全员职业病防治意识，普及防治知识，及时发现危害因素。

1. 粉尘

（1）在正常生产情况下对作业场所的粉尘浓度进行监测。粉尘浓度应当符合下表中要求，不符合要求的，应当采取有效措施。

粉尘种类	游离 SiO_2 含量/%	时间加权平均容许浓度/（$mg \cdot m^{-3}$）	
		总粉尘	呼吸性粉尘
煤尘	<10	4	2.5
矽尘	[10，50]	1	0.7
	[50，80]	0.7	0.3
	>80	0.5	0.2
水泥尘	<10	4	1.5

（2）进行粉尘监测时，其监测点的选择和布置应当符合下表的要求。

类别	生产工艺	测尘点布置
采煤工作面	司机操作采煤机、打眼、人工落煤及攉煤	工人作业地点
	多工序同时作业	回风巷距工作面 10～15 m 处
掘进工作面	司机操作掘进机、打眼、装岩（煤）、锚喷支护	工人作业地点
	多工序同时作业（爆破作业除外）	距掘进头 10～15 m 回风侧
其他场所	翻罐笼作业、巷道维修、转载点	工人作业地点
露天煤矿	穿孔机作业、挖掘机作业	下风侧 3～5 m 处
	司机操作穿孔机、司机操作挖掘机、汽车运输	操作室内
地面作业场所	地面煤仓、储煤场、输送机运输等处生产作业	作业人员活动范围内

（3）粉尘监测采用定点或者个体方法进行，实时在线监测系统。粉尘监测应当符合下列要求：总粉尘浓度，煤矿井下每月测定 2 次或者采用实时在线监测，地面及露天煤矿每月测定 1 次或者采用实时在线监测；呼吸性粉尘浓度每月测定 1 次；粉尘分散度每 6 个月监测 1 次；粉尘中游离 SiO_2 含量，每 6 个月测定 1 次，在变更工作面时也必须测定 1 次。

（4）各矿应当配备两台粉尘采样器、直读式粉尘浓度测定仪等仪器进行粉尘浓度的测定。采煤工作面回风巷、掘进工作面回风侧应当设置粉尘浓度传感器，并接入安全监测监控系统。

（5）必须建立防尘洒水系统。永久性防尘水池容量不得小于 200 m^3，且贮水量不得小于井下连续 2 h 的用水量，备用水池贮水量不得小于永久性防尘水池的 50%。防尘管路应当敷设到所有能产生粉尘和沉积粉尘的地点，没有防尘供水管路的采掘工作面不得生产。静压供水管路管径应当满足矿井防尘用水量的要求，强度应当满足静压水压力的要求。防尘用水水质悬浮物的含量不得超过 30 mg/L，粒径不大于 0.3 mm，水的 pH 值应当在 6～9 范围内，水的碳酸盐硬度不超过 3 mmol/L。使用降尘剂时，降尘剂应当无毒、无腐蚀、不污染环境。

（6）掘进井巷和硐室时，必须采用湿式钻眼，使用水炮泥，爆破前后冲洗井壁巷帮，爆破过程中采用高压喷雾（喷雾压力不低于 8 MPa）或者压气喷雾降尘、装岩（煤）洒水和净化风流等综合防尘措施。

（7）在煤、岩层中钻孔，应当采取湿式作业。煤（岩）与瓦斯突出煤层或者软煤层中难以采取湿式钻孔时，可以采取干式钻孔，但必须采取除尘器捕尘、除尘，除尘器的呼吸性粉尘除尘效率不得低于 90%。

（8）采煤机作业时，必须使用内、外喷雾装置。内喷雾压力不得低于 2 MPa，外喷雾压力不得低于 4 MPa。内喷雾装置不能正常使用时，外喷雾压力不得低于 8 MPa，否则采煤机必须停机。液压支架必须安装自动喷雾降尘装置，实现降柱、移架同步喷雾。破碎机必须安装防尘罩，并加装喷雾装置或者除尘器。放顶煤采煤工作面的放煤口，必须安装高压喷雾装置（喷雾压力不低于 8 MPa）或者采取压气喷雾降尘。

（9）掘进机作业时，应当使用内、外喷雾装置和控尘装置、除尘器等构成的综合防尘系统。掘进机内喷雾压力不得低于 2 MPa，外喷雾压力不得低于 4 MPa。内喷雾装置不能正常使用时，外喷雾压力不得低于 8 MPa；除尘器的呼吸性粉尘除尘效率不得低于 90% 。

（10）采煤工作面回风巷、掘进工作面回风侧应当分别安设至少 2 道自动控制风流净化水幕。

（11）井下煤仓放煤口、溜煤眼放煤口以及地面带式输送机走廊必须安设喷雾装置或者除尘器，作业时进行喷雾降尘或者用除尘器除尘。煤仓放煤口、溜煤眼放煤口采用喷雾降尘时，喷雾压力不得低于 8 MPa。

（12）所有煤层必须进行煤层注水可注性测试。对于可注水煤层必须进行煤层注水。煤层注水过程中应当对注水流量、注水量及压力等参数进行监测和控制，单孔注水总量应当使该钻孔预湿煤体的平均水分含量增量不得低于 1.5%，封孔深度应当保证注水过程中煤壁及钻孔不漏水、不跑水。在厚煤层分层开采时，在确保安全前提下，应当采取在上一分层的采空区内灌水，对下一分层的煤体进行湿润。

（13）打锚杆眼应当实施湿式钻孔，喷射混凝土时应当采用潮喷或者湿喷工艺，喷射机、喷浆点应当配备捕尘、除尘装置，距离锚喷作业点下风向 100 m 内，应当设置 2 道以上自动控制风流净化水幕。

（14）转载点应当采用自动喷雾降尘（喷雾压力应当大于 0.7 MPa）或者密闭尘源除尘器抽尘净化等措施。转载点落差超过 0.5 m，必须安装溜槽或者导向板。装煤点下风侧 20 m 内，必须设置一道自动控制风流净化水幕。运输巷道内应当设置自动控制风流净化水幕。

2. 噪声

（1）劳动者每天连续接触噪声时间达到或者超过 8 h 的，噪声声级限值为 85dB（A）。

（2）劳动者每天接触噪声时间不足 8 h 的，可以根据实际接触噪声的时间，按照接触噪声时间减半、噪声声级限值增加 3dB（A）的原则确定其声级限值。

（3）应当配备 2 台以上噪声测定仪器，并对作业场所噪声每 6 个月监测 1 次。

（4）作业场所噪声的监测地点主要包括：①井工煤矿的主要通风机、提升机、空气压缩机、局部通风机、采煤机、掘进机、风动凿岩机、风钻、乳化液泵、水泵等地点；②选煤厂破碎机、筛分机、空压机等地点；③进行监测时，应当在每个监测地点选择 3 个测点，监测结果以 3 个监测点的平均值为准。

3. 化学毒物浓（有毒有害气体）

（1）作业场所应当加强通风降低有害气体的浓度，在采用通风措施无法达到下表规定时，应当采用净化、化学吸收等措施降低有害气体的浓度，主要化学毒物最高允许浓度见下表。

化学毒物名称	最高允许浓度/%
CO	0.0024
H_2S	0.00066
NO（换算成 NO_2）	0.00025
SO_2	0.0005

（2）进行化学毒物监测时，应当选择有代表性的作业地点，其中包括空气中有害物质浓度最高、作业人员接触时间最长的作业地点。采样应当在正常生产状态下进行。

（3）应当对 NO（换算成 NO_2）、CO、SO_2 每 3 个月至少监测 1 次，对 H_2S 每月至少监测 1 次。煤层有自燃倾向的，应当根据需要随时监测。

（4）作业场所应当加强通风降低有害气体的浓度，在采用通风措施无法达到上表的规定时，应当采用净化、化学吸收等措施降低有害气体的浓度。

4. 高温防治

（1）各采掘工作面的空气温度不得超过 26 ℃，机电设备硐室的空气温度不得超过 30 ℃。当空气温度超过上述要求时，煤矿必须缩短超温地点工作人员的工作时间，并给予劳动者高温保健待遇。采掘工作面的空气温度超过 30 ℃、机电设备硐室的空气温度超过 34 ℃时，必须停止作业。

（2）各采掘工作面和机电设备硐室应当设置温度传感器。

（3）应当采取通风降温、采用分区式开拓方式缩短入风线路长度等措施，降低工作面的温度；当采用上述措施仍然无法达到作业环境标准温度的，应当采用制冷等降温措施。

（4）各地面辅助生产系统和露天煤矿应当合理安排劳动者工作时间，减少高温时段室外作业。

第五条 煤矿作业人员必须按要求佩戴个体防护用品，并按照操作规程进行作业。

第六条 各部门必须保证职业病防护设施正常运行。

第七条 各部门要依照此措施制定具体的实施办法，根据现场实际情况随时进行修改。

第八条 对未执行本措施而造成的职业危害事故，将追究主要负责人和直接责任人的责任并作出相关处罚。

18.4 职业病危害警示与告知制度

第一条 为了保护员工健康及其相关权益，根据《中华人民共和国职业病防治法》《煤矿作业场所职业病危害防治规定》等法律法规要求，特制定本制度。

第二条 本单位应当为员工创造符合国家职业卫生标准和卫生要求的工作环境和条件，并采取有效措施保障劳动者获得职业卫生保护的权利。

第三条 告知内容主要包括：

（1）国家职业病防治的法律、法规、本单位职业病危害防治制度和岗位职业卫生操作规程。

（2）作业过程中可能接触职业病危害因素的种类，对身体所造成的危害后果。

（3）职业危害防护设施的运行情况、个体防护用品配备情况及使用方法。

（4）作业场所职业危害因素检测与评价结果。

（5）其他的职业卫生知识。

第四条 告知方式主要包括：

（1）上岗前签订劳动合同时，职业危害因素告知书告知。

（2）在作业场所、办公区域醒目位置设置公告栏，在产生严重职业危害因素的作业岗位，设置职业病危害警示标识、告知卡。

（3）定期进行职业危害因素检测、评价，并将检测、评价结果在醒目位置进行公布。

（4）按照国家有关规定组织职工进行上岗前、在岗期间和离岗时的职业健康检查，并将检查结果以书面形式如实告知职工本人。

第五条 职工职业健康体检结果必须在取得职业健康体检报告一月时间内以书面形式告知本人。

第六条 本单位职业卫生管理部门定期或不定期对各部门职业病危害警示与告知制度的执行情况进行监督、检查、指导，确保告知制度落实到位。

18.5　职业病危害项目申报制度

第一条　为保障职工的安全和职业健康，防治职业危害，依据《职业病防治法》《煤矿作业场所职业危害防治管理办法》《职业病危害项目申报办法》等法律、法规和相关规定，特制定本制度。

第二条　职业卫生管理部门负责职业危害项目申报工作，每年11月30日前将工作场所存在的职业病危害因素按要求向当地卫生行政管理部门进行职业病危害项目申报。

第三条　申报职业危害因素项目种类必须齐全，不得缺项，并对职业危害因素监测结果真实性、合法性负责。

第四条　进行职业病危害项目申报时所需资料清单：

（1）职业病危害防治领导机构、管理机构（任职文件复印件）。

（2）职业病危害防治制度（复印件）。

（3）职业病危害因素、监测人员及仪器设备汇总表。

（4）职业病防护设施及个体防护用品配备汇总表。

（5）煤矿企业主要负责人、职业卫生管理人员及劳动者职业卫生培训情况证明材料（复印件）。

（6）劳动者职业健康检查结果汇总资料，存在职业禁忌证、职业健康损害或者职业病的劳动者处理和安置情况（复印件）。

（7）职业病危害警示标识汇总表与告知情况。

（8）煤矿企业职业卫生档案管理情况。

（9）法律、法规和规章规定的其他材料。

第五条　各部门如有下列情形之一的，应当按照《职业病危害项目申报办法》向当地卫生行政管理部门申报变更职业病危害项目内容：

（1）进行新建、改建、扩建、技术改造或者技术引进建设项目的，自建设项目竣工验收之日起30日内进行申报。

（2）因技术、工艺、设备或者材料等发生变化导致原申报的职业病危害因素及其相关内容发生重大变化的，自发生变化之日起15日内进行申报。

（3）用人单位工作场所、名称、法定代表人或者主要负责人发生变化的，自发生变化之日起15日内进行申报。

（4）经过职业病危害因素检测、评价，发现原申报内容发生变化的，自收到有关检测、评价结果之日起15日内进行申报。

第六条　领取申报回执后，将申报资料及回执复印件报本单位职业卫生管理部门备案。

18.6　职业病防护设施管理制度

第一条　为了加强对职业病防护设施的监督管理，使职业病防护设施在使用时更好地控制或者消除职业病危害因素，保障劳动者的健康，根据《中华人民共和国职业病防治法》的有关规定，特制定本制度。

第二条　职业卫生管理部门及相关职能科室负责监督管理职业病防护设施的运行情况。

第三条　职业防护设施应严格按照职业卫生技术服务机构做出的《职业病防护设施设计》的相关要求进行购置，购置防护用品应符合以下要求：

（1）产品名称、型号。

（2）生产企业名称及地址。

（3）合格证和使用说明书，使用说明书应当同时载明防护性能、适应对象、使用方法及注意事项。

（4）检测单位应当具有职业卫生技术服务资质，检测的内容、应当有检测依据及对某种职业病危害因素控制的效果结论。

（5）不得使用没有生产企业、没有产品名称、没有职业卫生技术服务机构检测报告的防护设施产品。

第四条 本单位相关职能部门应制定职业病危害防护设施管理制度、建立防护设施责任制、制定定期对防护设施运行和防护效果检查制度。

第五条 建立健全职业病防护设施检查和日常维修记录和台账，存入职业卫生档案。

第六条 本单位对职工要进行职业病防护设施性能、操作、使用要求等相关知识的培训，指导职工正确使用职业病防护设施。

18.7 职业病个体防护用品管理制度

第一条 为保障员工生命健康安全，加强劳动防护用品管理，强化员工劳动防护意识，认真贯彻落实《职业病防治法》《劳动防护用品监督管理规定》等有关法律、法规管理规定。结合本单位实际，特制定本制度。

第二条 个体防护用品发放标准应根据本单位作业场所存在的职业危害因素及危害程度、劳动环境等条件，依照《煤矿职业卫生个体防护用品配备标准》（AQ 1051—2008）进行制定，并随工作条件变化而随时进行调整，发放标准应符合国家及行业标准。

第三条 供应科负责个体劳动防护用品的采购和发放，购买符合国家标准或行业标准的防护用品，严禁购买假冒、伪劣产品。

第四条 供应科必须保存防护用品的质量证明文件（三证一标志），并保存原件及复印件。

第五条 供应科必须制定防护用品管理制度，严格验货、入库管理程序，对证件不全、不符合国家标准要求、过期产品禁止入库。

第六条 供应科保管人员必须认真学习劳动防护用品说明书，按说明书要求进行储存和管理，并加强劳动防护用品在储存过程中的检查，防止劳动防护用品过期或变质，发现问题及时处理。

第七条 各部门应设专人，定期领取和发放劳动防护用品，并建立本部门劳动防护用品发放台账。

第八条 职业卫生管理部门、工会、安全科等部门要定期对劳动防护用品的质量、发放、使用情况进行监督检查。

第九条 要加强员工正确佩戴、使用劳动防护用品的教育培训工作。

第十条 供应科应对库存及正在使用的劳动防护用品按照说明书要求，及时更换、报废。强制报废的劳动防护用品必须回收，建立报废、回收台账，由供应科统一处理。

第十一条 劳动防护用品由于正常使用造成的损坏时，由本部门出具证明，到供应科办理更换手续。

第十二条 职业卫生管理部门、安全科、工会联合将不定期对防护用品质量是否符合国家标准、行业标准、员工是否正确佩戴、使用劳动防护用品情况进行检查。发现购买不符合国家标准、行业标准的，对负责人进行处罚；对不按规定佩戴、使用劳动防护用品的员工，除进行教育外，按轻微“三违”论处，进行处罚。

18.8 劳动防护用品过期销毁制度

第一条 为保障从业人员的安全与健康，规范劳动防护用品监督管理行为，保护劳动者的合法权益，防止劳动过程中的人身伤害事和职业危害。针对劳动防护用品的更换、报废和销毁，结合本单位实际，特制定本制度。

第二条　劳动防护用品过期和申请报废，库管员应以书面形式及时上报。由矿领导指派专业人员共同进行报废认定。

第三条　经鉴定为过期报废的劳动防护用品必须销毁，禁止领用和重复使用，更不得转让。

第四条　销毁劳动防护用品时，应由安全科、生产科、工会等相关部门制定出安全有效的措施，集中进行销毁。

第五条　劳动防护用品由于正常使用造成的损坏时，由本部门出具证明，到供应科办理更换手续。

18.9　职业病危害日常监测及检测、评价管理制度

第一条　为进一步加强和规范矿职业病危害因素日常监测、定期检测、评价工作，依据《中华人民共和国职业病防治法》《工作场所职业卫生监督管理规定》《煤矿作业场所职业病危害防治规定》《用人单位职业病危害因素定期检测管理规范》等，特制定本制度。

第二条　职业卫生管理部门必须指定专人（取得职业危害因素检测证书）、配备职业危害因素监测仪器负责职业病危害日常检测工作，建立监测结果台账，存入本单位职业卫生工作档案，并妥善保存。

第三条　职业危害因素种类、日常监测周期、检测地点必须符合《煤矿作业场所职业病危害防治规定》的有关规定。

第四条　职业卫生管理部门必须委托具备资质的技术服务机构对本单位存在职业病危害因素的作业场所进行监测，主要包括（日常监测、每年一次作业场所职业病危害因素的全面检测，每三年进行一次职业病危害现状评价），并出具相关检测结果和报告。

第五条　委托的职业卫生技术服务机构应将计量认证范围、监测人员相关资质（复印件）报矿职业卫生管理部门，经审核符合要求后开展相关工作，并将相关资质（复印件）存入本单位职业卫生档案备查。

第六条　职业卫生管理部门应当将职业病危害因素定期检测工作纳入年度职业病防治计划和实施方案中，明确责任部门或责任人，所需检测费用纳入年度经费预算中予以保障。

第七条　定期检测范围应当包括本单位产生职业病危害的所有工作场所，不得要求职业卫生技术服务机构仅对部分职业病危害因素或部分工作场所进行指定检测。

第八条　职业卫生管理部门应当在确保正常生产的状况下，配合职业卫生技术服务机构做好采样前的现场调查和工作日写实工作，并由陪同人员在技术服务机构现场记录表上签字确认。

第九条　职业卫生管理部门应当对技术服务机构所有现场采样检测过程进行拍照或摄像留证，采样地点必须严格按照《煤矿作业场所职业病危害防治规定》要求执行，并将相关影像资料存档。

第十条　职业卫生管理部门不得委托不具备相应资质的职业卫生技术服务机构检测，不得要求职业卫生技术服务机构更改采样检测数据，不得要求职业卫生技术服务机构对指定地点或指定职业病危害因素进行采样检测。

第十一条　职业卫生管理部门应当要求职业卫生技术服务机构及时提供定期检测报告，定期检测报告经矿主要负责人审阅签字后归档。在收到定期检测报告后一个月之内，应将定期检测结果上报所在地方卫生健康委员会。

第十二条　定期检测结果中职业病危害因素浓度或强度超过职业接触限值的，职业卫生技术服务机构应提出整改建议。职业卫生管理部门应根据整改建议，制定切实有效的整改方案，立即进行整改。整改后达到国家职业卫生标准和卫生要求，方可作业。整改落实情况要有明确的记录，并存入职业卫生档案备查。

第十三条　职业卫生管理部门应当及时在工作场所醒目位置向劳动者公布日常监测、定期检测、

评价结果和相应的防护措施。

18.10 建设项目职业卫生“三同时”制度

第一条 为从源头上预防、控制和消除职业病危害，真正落实贯彻“预防为主、防治结合”的方针，保障广大职工职业健康权益，根据《职业病防治法》《建设项目职业病防护设施“三同时”监督管理办法》（安监总局令第90号）及《关于进一步加强全省煤矿建设项目职业病防护设施“三同时”工作的通知》（晋煤劳发〔2017〕242号）有关规定，结合本单位实际，特制定本制度。

第二条 本单位新、改、扩建项目职业病防护设施必须与主体工程同时设计、同时施工、同时投入使用。职业病防护设施费用应当纳入建设项目工程预算。

第三条 职业卫生管理部门对本单位新、改、扩建项目职业病防护设施建设负主体责任。对建设项目职业病防护设施“三同时”实施监督管理。

第四条 职业卫生管理部门在新、改、扩建项目可行性论证阶段，必须委托具备资质的技术服务机构编制职业病危害预评价报告。编制完成后，由上级公司和建设单位共同组织职业卫生专家进行评审，形成符合职业病防治有关法律、法规和标准要求的评审意见，如存在问题进行整改完善，并经评审组专家进行复核和签字确认。预评价工作过程应形成书面报告备查并进行公示，相关资料存入本单位职业卫生档案，并向上级公司职业卫生管理部门上报相关资料。

第五条 在新、改、扩建项目施工前，建设单位应委托具备资质的技术服务机构按照有关规定编制建设项目职业病防护设施设计。编制完成后，由上级公司和建设单位共同组织职业卫生专家进行评审，形成符合职业病防治有关法律、法规和标准要求的评审意见。如存在问题进行整改完善，并经评审组专家进行复核和签字确认。职业病防护设施设计工作过程应形成书面报告备查并进行公示，相关资料存入本单位职业卫生档案，并向上级公司职业卫生管理部门上报相关资料。

第六条 在新、改、扩建项目职业病防护设施建设期间，各建设单位应组织职业卫生管理部门、环保技改科、生产技术科等职能部门应联合对施工过程中相关职业病防护设施进行经常性检查，对发现或存在的问题及时进行整改，相关资料存入本单位的职业卫生档案。

第七条 新、改、扩建项目在竣工验收前或者试运行期间，建设单位应当委托具备资质的技术服务机构进行职业病危害控制效果评价，并编制评价报告。

（1）在职业病防护设施验收前制定验收方案，并上报上级公司职业卫生管理部门，并在职业病防护设施验收前20日将验收方案向上级主管部门报告。

（2）由上级公司和建设单位共同组织煤矿职业卫生专家进行控制效果评价和防护设施的验收，出具是否符合职业病防治有关法律、法规要求的评审和验收意见，建设单位依据评审与验收意见对职业病危害控制效果评价报告进行修改完善，对职业病防护设施存在问题制定整改方案，进行整改。整改完成后应当经评审组成员进行复核和签字确认。由上级公司组织对整改结果进行现场复核，并出具验收合格文件。

（3）在验收工作完成后20日之内，将评审和验收工作过程形成书面报告，向上级主管部门有上级公司进行书面报告，相关材料存入本单位的职业卫生档案。

第八条 新、改、扩建项目职业病防护设施“三同时”工作可以与安全设施“三同时”一并进行及组织验收。

第九条 分期建设、分期投入生产或者使用的建设项目，其配套的职业病防护设施也应当与建设项目同步验收。否则，不得投入生产和使用。

18.11 劳动者职业健康监护及档案管理制度

第一条 加强劳动者的职业健康管理，保证职业健康监护工作的落实，根据《中华人民共和国职业病防治法》《职业健康监护管理办法》等法律、法规相关规定，特制定本制度。

第二条　职业卫生管理部门必须指定人员负责本单位的职业健康体检工作。

第三条　职业卫生管理部门每年要制定本单位职业健康检查年度计划。

第四条　职业卫生管理部门要根据劳动者所接触的职业病危害因素，进行上岗前、在岗期间和离岗时的职业健康检查，以及离岗后医学随访和应急健康检查。

第五条　职工接受职业健康检查视同正常出勤，职业健康检查费用由本单位承担。

第六条　对从事接触职业病危害因素作业的新录用人员，包括转岗到有职业危害因素岗位的作业人员，重新进行上岗前职业健康检查。劳动者在上岗前未经职业健康检查或职业健康检查发现有职业禁忌不得安排从事接触职业病危害或禁忌的作业。

第七条　要定期组织职工在岗期间的职业健康检查，并依据职业健康检查结果进行处理：

（1）对有职业禁忌证的劳动者调离或暂时脱离原工作岗位。

（2）对健康损害可能与所从事的职业相关的劳动者，妥善安置。

（3）对需要复查的劳动者，按照职业健康检查机构要求的时间安排其复查和医学观察。

（4）对疑似职业病病人按照职业健康检查机构的建议安排其进行医学观察或职业病诊断。

第八条　劳动者在离岗时必须进行职业健康检查。在 30 日内对准备脱离所从事的职业病危害的作业或岗位的劳动者进行离岗时职业健康检查；离岗前 90 日内的在岗期间职业健康检查可视为离岗时职业健康检查。对未进行离岗时职业健康检查的劳动者，不得解除或终止与其订立的劳动合同。

第九条　生产过程中发生急性职业病危害事故可能导致劳动者急性健康损害时，要及时组织劳动者进行应急职业健康检查。

第十条　职业卫生管理部门必须委托有资质的职业健康检查机构（在省级卫生行政部门备案的）承担职业健康检查工作。职业健康检查严格按《职业健康监护技术规范》规定的检查项目每年进行一次职业健康体检。

第十一条　职业卫生管理部门在接到职业健康体检报告后一月内必须将职业健康检查结果及职业健康检查机构的建议以书面形式告知劳动者。

第十二条　各部门不得安排未成年工从事接触职业病危害的作业；不得安排孕期、哺乳期的女职工从事对本人和胎儿、婴儿有危害的作业。

第十三条　职业卫生管理部门必须按照有关规定建立健全职业健康监护档案，并长期妥善保存。

第十四条　如本单位发生分立、合并、解散、破产等情形时，对从事接触职业病危害作业的劳动者进行健康检查，并按照国家有关规定妥善安置职业病病人。职业健康监护档案按照国家档案法律法规的规定移交保管。

18.12　职业病诊断、鉴定及报告制度

第一条　为了规范职业病诊断与鉴定工作，加强职业病诊断与鉴定管理，根据《中华人民共和国职业病防治法》《职业病诊断与鉴定管理办法》，特制定本制度。

第二条　本单位职工职业病诊断、鉴定及报告等有关事宜应由职业卫生管理部门负责，人事部门协作办理。

第三条　申请职业病诊断鉴定时，职业卫生管理部门应当按照诊断机构要求，如实提供以下资料：

（1）职业史、既往史。

（2）职业健康监护档案复印件。

（3）职业健康检查结果。

（4）工作场所历年职业病危害因素检测、评价资料。

（5）诊断机构要求提供的其他必需的有关材料。

第四条 职业卫生管理部门应当及时安排对疑似职业病病人进行诊断，在疑似职业病病人诊断或者医学观察期间，不得解除或者终止与其订立的劳动合同。疑似职业病病人在诊断、医学观察期间的费用，由本单位承担。

第五条 确诊为职业病的患者，应当按照职业病诊断证明书上注明的复查时间安排复查。省级职业病诊断鉴定委员会的鉴定为最终鉴定。

第六条 本单位应当保障职业病病人依法享受国家规定的职业病待遇，安排职业病病人进行治疗、康复和定期检查，对不适宜继续从事原工作的职业病病人，应当调离原岗位，并妥善安置。

第七条 职业病诊断机构做出职业病诊断后，职业卫生管理部门应当向当事人出具职业病诊断证明书。职业病诊断证明书一式三份，劳动者、用人单位各执一份，诊断机构存档一份。

第八条 对确诊的职业病患者，由诊断机构向地方卫生行政部门进行报告。职业卫生管理部门只需将诊断书复印件、处置情况说明报上级公司职业卫生管理部门。

18.13 职业病危害防治经费保障及使用管理制度

第一条 为保障本单位职业危害防治工作正常开展，保证经费使用规范到位，实现专款专用，根据《中华人民共和国职业病防治法》《煤矿作业场所职业病危害防治规定》等有关规定，特制定本制度。

第二条 职业病防治工作经费使用范围

职业病危害预防和治理、建设项目职业病危害预评价和效果控制评价、职业病防护设施配置与维护、个人防护用品配置与维护、职业病危害因素检测与评价、职业健康监护、职业卫生培训、职业病病人诊断与治疗、赔偿与康复、工伤保险等方面。

第三条 职业卫生管理部门应在每年12月底前制定下年度职业卫生工作经费使用计划，经职业病危害防治工作领导小组审批后，报矿安全科，由安全科统一汇总向本单位财务科申报。

第四条 应对职业病防治经费使用情况建立明细台账。

第五条 本矿职业病防治经费应按照《企业安全生产费用提取和使用管理办法》（财企〔2012〕16号）第十七条“（十）其他与安全生产直接相关的支出”中的规定列支。

第六条 要定期评估职业病防治经费投入是否与本单位职业危害控制需求现适应。

第七条 财务科要规范管理职业病防治经费的使用情况，并建立健全相关制度。

18.14 职业卫生档案管理制度

第一条 为了保护职工健康和维护本单位权益，根据《中华人民共和国职业病防治法》《煤矿作业场所职业危害防治规定》等法律、法规的规定，特制定本制度。

第二条 职业卫生档案是在职业病危害防治和职业卫生管理活动中形成的，能够准确、完整反映本单位职业卫生工作全过程的文字、图纸、照片、报表、音像资料、电子文档等文件资料，是职业病危害预防、控制、治理、研究的重要依据，也是职业卫生检查的重要依据。

第三条 职业卫生管理部门应当建立健全企业职业卫生档案和职工职业健康监护档案，俗称“两档”，并设专人进行保管。

（1）职业卫生档案应当包括下列内容：

①职业病防治责任制文件。

②职业病防治管理规章制度。

③作业场所职业病危害因素种类清单、岗位分布以及作业人员接触情况等资料。

④职业病防护设施、应急救援设施基本信息及其配置、使用、维护、检修与更换等记录。

⑤作业场所职业病危害因素检测、评价报告与记录。

⑥职业病个体防护用品配备、发放、维护与更换等记录。

⑦煤矿企业主要负责人、职业卫生管理人员和劳动者的职业卫生培训资料。

⑧职业病危害事故报告与应急处置记录。

⑨劳动者职业健康检查结果汇总资料，存在职业禁忌证、职业健康损害或者职业病的劳动者处理和安置情况记录。

⑩建设项目职业卫生“三同时”有关技术资料。

⑪职业病危害项目申报情况记录。

⑫其他有关职业卫生管理的资料或者文件。

(2) 本单位应为劳动者个人建立职业健康监护档案，并按照有关规定的期限妥善保存，主要包括以下内容：

①职业健康监护档案应当包括劳动者个人基本情况、劳动者职业史和职业病危害接触史。

②历次职业健康检查结果及处理情况，职业病诊疗等资料。

第四条 “两档”资料按档案管理的要求建立目录、统一编号、专册登记。“两档”资料应字迹清楚、图表清晰、文字准确可靠，并管好和用好“两档”。

第五条 职业卫生管理部门应根据本单位人员的变动，及时调整和补充“两档”，至少每年要系统地调整一次。

第六条 员工离开单位时，有权索取个人职业健康档案资料并复印，档案室应如实地、无偿地提供，并在所提供的个人复印件上签章。

第七条 对员工进行职业病诊断、鉴定需单位提供有关“两档”资料时，应如实地提供。

第八条 严禁对职业卫生档案拆卷、涂改、污损、转借和擅自翻印。

18.15 职业病危害事故应急管理制度

第一条 为了预防和控制潜在的职业病危害事故或职业病危害紧急情况发生时，做出准确快速地应急响应，最大限度地减轻可能产生的事故后果，特制定本制度。

第二条 建立健全职业病危害事故应急救援预案

职业卫生管理部门应建立健全职业病危害事故应急救援预案，形成书面文件。职业病危害事故应急救援预案应明确责任人、组织机构、人员分工、救援设施的维护和启动、医疗救护程序等内容。

第三条 完善应急救援设施

应急救援设施应存放在应急救援硐室或临近作业地点处，一旦发生事故，应保证在 10 秒内能够获取。应急救援设施存放处应有醒目的警示标识，应确保劳动者知晓。应使劳动者掌握急救用品的使用方法。

上述现场应急救援设施应是经过国家质量监督检验合格的产品，应安全有效，责任到位，定期检查，及时维修或更新，保证现场应急救援设施的安全有效性。

第四条 定期演练职业病危害事故应急救援预案

安全科应配合职业卫生管理部门对职业病危害事故应急救援预案的演练做出相关规定，对演练的周期、内容、项目、时间、地点、目标、效果评价、组织实施以及负责人等予以明确。应急救援演练的周期应按照相关标准和作业场所职业病危害的严重程度分别管理，制定最低演练周期、演练要求及监督部门的监督职责。应如实记录实际演练的全程并存档。

第五条 发生职业病危害事故时，立即向上级主管部门报告。

报告时必须报告职业病危害事故发生的地点、时间、发病情况、死亡人数、可能发生原因、已采取措施和发展趋势等。不得以任何借口对职业病危害事故瞒报、虚报、漏报和迟报。

第六条 发生职业病危害事故时，根据情况立即采取以下紧急措施：

（1）停止导致职业病危害事故的作业，控制事故现场，防止事态扩大，把事故危害降到最低限度；

（2）疏通应急撤离通道，撤离作业人员，组织泄险；

（3）保护事故现场，保留导致职业病危害事故的材料、设备和工具等；

（4）对遭受或者可能遭受急性职业病危害的劳动者，及时组织救治、进行健康检查和医学观察；

（5）按照规定进行事故报告；

（6）配合相关行政部门进行调查，按照相关行政部门的要求如实提供事故发生情况、有关材料和样品。

18.16 职业病危害事故隐患排查制度

第一条 为建立职业危害事故隐患排查治理长效机制，强化职业病防治主体责任，加强事故隐患监督管理，防止和减少职业危害事故发生，保障职工生命和财产安全，根据《安全生产事故隐患排查治理暂行规定》等法规要求，特制定本制度。

第二条 必须建立健全职业危害事故隐患排查制度，开展职业病危害事故隐患排查相关工作。

第三条 矿长对职业危害事故隐患排查治理工作全面负责。

第四条 职业卫生管理部门要组织相关职能科室定期对产生职业病危害因素的工作场所进行定期排查。

1. 粉尘防治方面

对防尘系统、防尘管路、防尘水源及采掘工作面等有粉尘危害的作业场所的综合防尘设施、措施，必须每半月排查一次，并按照有关规定定期对作业场所的总粉尘浓度、工班个体和定点呼吸性粉尘浓度、粉尘中游二氧化硅含量、粉尘分散度等进行检测，保证作业场所空气中粉尘浓度符合国家煤矿职业危害标准，并达到《煤矿安全规程》的要求。

2. 噪声防治方面

通风科在对主要通风机、压风机、局部通风机等噪声设备选型时，应优先选用低噪声设备，并符合《煤矿安全规程》的规定。目前在用的主要通风机、压风机、局部通风机等噪声设备，每月进行一次隐患和噪声危害排查，每半年进行一次噪声检测。作业场所噪声不得超过85dB（A）。当大于85dB（A）时，必须为职工配备个人防护用品，当大于或等于90dB（A）时，必须采取降低作业场所噪声的有效措施，确保噪声符合国家煤矿职业卫生标准。

3. 有毒有害气体防治方面

对作业场所中的一氧化碳、硫化氢、一氧化硫、二氧化碳等有毒有害气体，必须按照《煤矿安全规程》等规定采取防治措施，保证检测次数和检测时间符合相关规定。各煤矿要保证每周进行一次有毒有害气体的排查，确保有毒有害气体浓度符合国家职业卫生标准。

4. 高温防治方面

采掘工作面空气温度、机电设备硐室的空气温度必须符合《煤矿安全规程》的规定，并按照《煤矿安全规程》有关规定的要求进行检测，同时，每月要进行一次对高温作业场所的隐患排查。

第五条 各部门职工一经发现职业危害事故隐患，均有权向矿长、分管矿长、安全科、职业卫生管理部门和所在班组报告。

第六条 各级负责人接到事故隐患报告后，必须制定相应的整改措施，列出整改计划。同时，要落实整改资金、落实整改时限、落实责任单位和整改责任人，并严格进行考核。

第七条 职业卫生管理部门对排查发现的事故隐患，及时责成有关部门和人员按整改期限及时进行整改。

第八条　事故隐患整改责任人在整改过程中，要及时向矿主要负责人报告整改进度、整改存在问题等情况，矿主要负责人要及时指挥、协调、解决隐患整改中存在的问题，确保事故隐患按期限完成整改，对未按期完成整改的进行处罚。

18.17　职业病防治宣传·教育·培训制度

第一条　为提高职工职业病危害防治意识和自我保护能力，根据《中华人民共和国职业病防治法》《关于加强用人单位职业卫生培训工作的通知》等有关规定，结合本单位实际，特制定本制度。

第二条　职业病防治教育和培训工作由本单位培训管理部门和职业卫生管理部门共同组织进行。

第三条　根据岗位特点，制定从业人员职业卫生培训计划，确定培训内容和培训学时，充分利用“职业病防治宣传周”、“六月安全活动月”、班前会、公告栏、告知牌等多种渠道进行宣传培训，确保培训取得实效。

第四条　培训内容及时间

（1）主要负责人培训内容：国家职业病防治法律、行政法规和规章，职业病危害防治基础知识及结合自己行业特点的职业卫生管理要求和措施等。初次培训不得少于 16 学时，继续教育不得少于 8 学时。

（2）职业卫生管理人员主要培训内容：国家职业病防治法律、行政法规、规章以及标准，职业病危害防治知识，主要职业病危害因素及防控措施，职业病防护设施的维护及管理，职业卫生管理要求和措施等。初次培训不得少于 16 学时，继续教育不得少于 8 学时。

（3）接触职业病危害因素的从业人员主要培训内容：国家职业病防治法规基本知识，本单位职业卫生管理制度和岗位操作规程，所在岗位的主要职业病危害因素和防范措施，个人劳动防护用品的使用和维护，劳动者的职业卫生保护权利与义务等。初次培训时间不得少于 8 学时，继续教育不得少于 4 学时。

第五条　在应用新工艺、新设备或者转岗导致劳动者接触职业病危害因素发生变化时，也应对从业人员进行职业健康培训，可以视作继续教育。

第六条　职业健康培训可以和安全培训一体化，提高培训效率。

第七条　以上三类人员继续教育周期为一年，本单位主要负责人及职业卫生管理人员由集团公司组织培训。接触职业病危害的从业人员（包括上岗前培训人员）由本单位自行组织培训，并将相关培训通知、教材、培训签到记录、试卷、考试成绩等培训资料归档管理。

第八条　职业卫生管理人员除接受上级公司组织的培训外，应积极参加地方主管部门组织的职业健康培训。

18.18　职业卫生监督检查制度

第一条　为确保职业病危害防治管理制度的有效实施和职业卫生管理工作的有效开展，特制定本制度。

第二条　职业病防治工作领导小组负责建立健全职业卫生各项管理制度和职业健康操作规程，并按照制度对各部门职业危害防治工作进行监督检查。

第三条　职业病防治工作领导小组下设科室职业卫生管理部门，负责职业病防治工作监督检查的日常事务。

第四条　职业卫生管理部门定期对生产部门作业场所职业危害进行巡回检查，发现问题及时责令整改。

第五条　通风科每月对井下和地面生产车间职业病危害因素进行检测，负责数据汇总及公示，检测结果报职业卫生管理部门存档。

第六条 各生产厂、队要对作业场所卫生环境不定时巡回检查，保证作业场所清洁、干净。

第七条 职业卫生管理部门定期对作业现场职业危害因素情况进行检查，发现问题及时要求现场作业人员整改。

第八条 班组长要经常对作业岗位防护设施情况进行自查，发现问题及时整改处理。

第九条 安全生产管理人员要经常检查督促岗位职工正确佩戴和使用个体劳动防护用品。发现违章，罚款处理。

第十条 各生产厂队要对劳动防护设施、设备进行定期检查、维修、保养，保证其正常运行。

第十一条 职业病防治工作领导小组要定期组织开展职业危害防治检查，对检查发现的问题要制定整改方案或措施进行整改。

18.19 特殊人群劳动保护管理制度

第一条 为保护特殊人群的劳动权益，贯彻落实以人为本的职业病防治原则，特制定本制度。

第二条 女职工特殊保护

（1）禁止安排女职工从事井下、国家规定的第四级体力劳动强度的劳动和其他女职工禁忌从事的劳动，不得安排孕期、哺乳期的女职工从事对本人和胎儿、婴儿有害的作业。

（2）不得安排女职工在月经期间从事高空、低温、冷水作业和国家规定的第三级体力劳动强度的劳动。

（3）不得安排女职工在怀孕期间从事国家规定的第三级体力劳动强度的劳动和孕期禁忌从事的劳动。女职工怀孕7个月（含7个月）至哺乳期满，不得安排其延长工作时间和夜班（当日22时到次日8时）劳动，并在劳动时间内安排一定的休息时间。女职工怀孕期间，每班分两次各有15 min补充食物的时间。怀孕的女职工在劳动时间内进行产前检查，应当算作劳动时间。

（4）女职工生育享受不少于90天的产假，难产增加15天；多胞胎生育的，每多生一个婴儿，增加产假15天。晚婚女职工可享受4个月的产假，采取节育措施后，可继续享受两个月的产假。女职工怀孕流产的，根据医务部门的证明，妊娠不满4个月的，产假为15天至30天；妊娠4个月以上的，产假为42天。

（5）不得安排女职工在哺乳未满一周岁的婴儿期间从事国家规定的第三级体力劳动强度的劳动和哺乳期禁忌从事的其他劳动，不得安排其延长工作时间和夜班劳动。

（6）产假期满后到婴儿1周岁以前，每天劳动时间内给予其两次哺乳期，每次30 min；多胞胎生育的，每多哺乳一个婴儿，每次哺乳时间增加30 min。

（7）每年对女职工进行不少于一次的妇科疾病普查，费用由本单位支付，占用时间按出勤对待。

（8）单位不能以结婚、产假、哺乳为由辞退女职工或者单方解除劳动合同。

第三条 未成年工特殊保护

根据《中华人民共和国职业病防治法》第三章“劳动过程中的防护和管理”之第三十八条“用人单位不得安排未成年人从事接触职业病危害作业”的规定和《中华人民共和国未成年人保护法》第六十八条“非法招用未满十六周岁的未成年人，或者招用已满十六周岁的未成年人从事过重、有害、有毒等危害未成年人身心健康的劳动或危害作业”的规定，杜绝招收录用未成年工。

18.20 职业病危害防治工作统计报表制度

第一条 为了科学有效地组织统计工作，保证统计资料的准确性与及时性，发挥统计工作在职业病防治活动中的重要作用，防止乱发报表，根据《中华人民共和国统计法》及本单位相关规定，特制定本制度。

第二条 报表内容

根据职业安全健康工作的重点，确定报表的主要内容包括：职业安全健康工作基本情况、职业危害告知和警示标识设置情况、职业安全健康教育培训情况、从业人员健康体检情况、作业场所职业因素日常监测情况、粉尘监测情况、职业安全健康经费投入情况、职业危害申报情况、尘肺病例等情况。

第三条 报表程序

每年12月20日前各相关部门根据各自职责范围，把各自工作按照要求统计汇总，报职业卫生管理部门，汇总整理后统一上报。

第四条 报表要求

(1) 统计工作的基本任务是对本单位职业病防治工作情况进行统计调查、统计整理、统计分析，提供统计资料、实行统计监督。

(2) 对定期需要上报上级管理部门的统计报表，职业卫生管理部门人员要及时填报，并对报表的准确性和及时性负责。

(3) 本单位内部有关职业卫生的各类报表，职业卫生管理部门需统一格式，各责任部门按时填报。

(4) 各相关部门从事职业卫生统计工作的人员，必须严格按照统计制度规定，提供统计资料，要全面、真实，不得虚报、瞒报、漏报、迟报。

(5) 报表经单位领导审核后，采用纸质和电子版同时上报。

18.21 职业病危害事故报告及处置制度

第一条 为规范职业病危害事故的调查处理，及时有效地控制职业病危害事故扩大，减轻职业病危害事故造成的损害，根据《中华人民共和国职业病防治法》《职业病危害事故调查处理办法》等有关规定，结合本单位实际，特制定本制度。

第二条 按一次职业病危害事故所造成的危害严重程度，职业病危害事故分为三类：

(1) 一般事故：发生急性职业病10人以下的。

(2) 重大事故：发生急性职业病10人以上50人以下或者死亡5人以下的，或者发生职业性炭疽5人以下的。

(3) 特大事故：发生急性职业病50人以上或者死亡5人以上，或者发生职业性炭疽5人以上的。

第三条 一般职业危害事故由本单位安全科牵头，协助上级公司及地方煤矿主管部门进行调查处理，重大及特大事故由集团公司牵头协助省级煤矿主管部门进行调查处理。

第四条 事故报告

(1) 发生职业危害事故时，发生事故的部门应当立即向安全科报告。

(2) 相关部门接到职业病危害事故报告后，必须及时上报上级公司及地方煤矿主管部门。

(3) 一般事故，应当于1 h内向上级公司和地方煤矿主管部门进行报告。

(4) 特大和重大事故，应当立即向集团公司及省级煤矿主管部门报告。

第五条 职业病危害事故报告的内容应当包括事故发生的地点、时间、发病情况、死亡人数、可能发生原因、已采取措施和发展趋势等。

第六条 任何部门和个人不得以任何借口对职业病危害事故瞒报、虚报、漏报和迟报。

第七条 发生职业病危害事故时，单位应当根据实际情况立即启动职业危害事故应急预案。

第八条 事故发生后，应积极协助、配合职业病危害事故调查组，进行事故调查。

第九条 事故调查组进行现场调查取证时，有权向用人单位、有关部门、有关人员了解相关情况，任何部门和个人不得拒绝、隐瞒或提供虚假证据或资料，不得阻碍、干涉事故调查组的现场调查和取证工作。

第十条 安全科根据事故调查组提出的事故处理意见，按照“四不放过”原则对发生事故的部门责任人进行处罚，并责令事故主管部门负责落实改进措施。

第十一条 对因不采取职业病危害预防措施而导致发生职业病危害事故并且构成犯罪的，对直接责任人和其他直接责任人员依法追究刑事责任。

18.22 职业病防治工作考核细则

第一条 为进一步规范职业病防治管理工作，增强矿主体责任意识，更好地保障职工职业健康权益，结合实际，特制定本细则。

第二条 职业卫生工作考核细则是对各部门职业病防治工作先进评比的依据，总分100分。达90分以上为优、80分以上为达标、低于80分为不达标，发生职业危害事故时一票否决。

第三条 组织机构及管理，共10分，每项2分

(1) 单位是否设有职业卫生管理部门，定期开展职业卫生检查工作。

(2) 建立健全职业卫生工作管理制度及各相关职能部门、岗位责任制。

(3) 满足开展职业卫生工作需要的经费。

(4) 编制职业危害事故应急预案。

(5) 制订职业卫生工作规划及年度计划和实施方案。

第四条 新建项目职业病防护“三同时”，共6分，每项2分

(1) 职业卫生管理部门及相关职能部门是否对建设项目职业病防护设施“三同时”进行全过程监督。

(2) 是否建立职业病防护设施“三同时”工作档案。

(3) 职业病防护设施是否与主体工程同时设计、同时施工、同时投入使用。

第五条 职业危害因素申报，共4分，每项2分

(1) 每年11月30日前是否进行职业危害因素申报，并取得回执。

(2) 单位有关事项发生变化，是否进行变更申报。

第六条 个体防护方面，共10分，分项2.5分

(1) 可能发生急性职业病伤害的工作场所，是否配备符合国家职业卫生标准要求的防护设施或用品。

(2) 防护用品定期维修校验，并有维护检验记录。

(3) 防护用品是否定期及时进行发放、更换。

(4) 从业人员是否能正确、熟练使用个体防护用品。

第七条 作业场所职业危害因素监测方面，共20分，每项2分

(1) 是否将职业危害因素定期检测工作纳入年度职业病防治计划和实施方案，是否明确责任部门或责任人，所需检测费用是否纳入年度经费预算予以保障。

(2) 是否按照国家有关规定定期进行检测、评价。

(3) 职业卫生技术服务机构是否备案。

(4) 日常监测仪器、检测地点是否按照《煤矿作业场所职业病危害防治规定》进行配备、检测。

(5) 产生职业病危害的作业岗位、设备，是否设置警示标识和中文警示说明。

(6) 职业病危害因素日常检测周期是否符合国家法规有关规定。

(7) 对定期职业病危害因素检测、职业病危害现状评价报告中存在问题是否制定整改措施。

(8) 是否建立职业病危害因素定期检测档案。

(9) 是否对技术服务机构现场采样检测过程进行拍照或摄像留证。

(10) 在收到定期检测报告后，是否将定期检测结果进行公告及向所在地上级主管部门报告。

第八条　职业健康监护方面，共 20 分，每项 4 分

（1）接触职业危害因素的作业人员岗前体检率是否 100%；从事职业危害作业人员在岗期间体检率是否 95% 以上；离岗前体检率是否 100%。

（2）接触各类职业危害因素职工体检周期及检查项目是否达到要求。

（3）职业健康监护档案内容是否齐全，符合要求。

（4）对患有职业禁忌证、疑似职业病的和职业病人是否按有关规定安置。

（5）体检结果分析评价报告，是否报职业卫生管理部门。

第九条　职业卫生档案方面，共 10 分，每项 5 分

（1）是否建立健全职业卫生档案，设立专人（或兼职）管理。

（2）对职工进行职业病诊断、鉴定需单位提供有关“两档”资料时，是否如实地提供。

第十条　职业健康培训教育，共 10 分，每项 2 分

（1）是否制订年度职业健康教育培训计划并建立档案。

（2）是否开展多种形式的职业健康教育，是否有影像、有记录等资料。

（3）从事职业危害作业人员岗前职业健康知识培训、教育是否达 100%。

（4）自救、互救技能培训率是否达 100%。

（5）是否按照培训计划定期组织职业健康知识培训。

第十一条　其他方面，共 10 分，每项 2.5 分

（1）职业病年发病控制在职工总数的 2‰。

（2）安全生产标准化得分是否达标。

（3）严格执行职业危害事故报告制度，发生职业危害事故是否 1 h 内上报上级公司及地方煤矿主管部门。

（4）其他情况。

第十二条　职业病防治工作考核得分按比例换算后所得分数将纳入本单位每月的安全绩效考核中。

18.23　职业病危害防治工作奖惩细则

第一条　为更好地促进本单位职业病防治工作有序开展，使职业病防治工作制度得到有效落实，依据《中华人民共和国职业病防治法》和《煤矿作业场所职业危害防治规定》（73 号令），结合本单位实际，特制定本细则。

第二条　对存在违反下列职业卫生工作的行为进行处罚：

1. 基础管理方面

（1）未成立领导小组、未设置职业卫生管理部门及管理人员的，扣罚主要负责人×××元。

（2）领导小组和管理机构成员发生变动未及时调整和补充，扣罚分管职业卫生工作负责人×××元。

（3）未建立健全职业病防治工作管理制度的，每缺一项扣罚责任相关人员×××元。

（4）年度计划和实施方案未制定，或者管理措施落实不到位的，除责令限期改正外，扣罚责任相关人员×××元。

（5）任何部门或个人不得将产生职业病危害的作业转嫁给不具备职业病防护条件的单位和个人，如经发现扣罚责任单位主要负责人×××元。

（6）未及时为本单位从业人员及时缴纳工伤保险的，扣罚主要负责人×××元。

（7）未按规定及时申报作业场所职业病危害项目或变更危害项目未及时进行申报的，扣罚责任部门相关负责人×××元。

（8）未定期对本单位职业卫生工作进行检查的，扣罚责任部门分管领导×××元、管理人员×××元。

（9）对上级部门所查问题未进行整改或超出整改期限未进行情况说明的，扣罚责任部门分管负责人×××元。

（10）未按照规定时间组织召开职业病防治工作会议的，扣罚主要负责人、分管负责人各×××元。

（11）存在对职业病防治经费投入不足、挪用、挤占等行为的，扣罚部门主要负责人×××元，分管负责人×××元。

（12）逾期未上报职业卫生工作相关资料的单位，对相关责任人扣罚×××元/次，并纳入当月安全绩效考核。

2. 现场管理方面

（1）未按规定设置公告栏，未按照要求公布相关信息的，除责令限期改正外，扣罚责任部门相关人员×××元。

（2）未按规定在产生职业危害作业岗位的醒目位置设置警示标识和中文警示说明的，扣罚分管负责人及相关人员×××元/处。

（3）对可能发生急性职业损伤的有毒有害作业场所未设置报警设施、冲淋设施、急救器具，损坏未及时修复的；应急撤离通道和必要的泄险区堵塞的，除责令限期改正外，扣罚相关责任人×××元/处。

（4）购买的劳动防护用品不符合国家标准、未按标准配备及规定周期给职工发放防护用品的、未对职工进行防护用品使用培训的，扣罚部门分管负责人×××元、相关管理人员×××元。

（5）未按照规定配备职业病危害因素监测仪器、配备不足或未开展职业危害因素日常监测的，扣罚部门分管负责人×××元。

（6）未按规定对职业病防护设施进行经常性的检查、维护或未保存检修记录的、擅自拆除或者停止使用的，除责令限期改正外，扣罚责任部门×××元、分管领导×××元。

（7）未编制职业病危害事故应急预案，未定期进行演练的，扣罚部门分管负责人×××元。

（8）未委托有资质的职业卫生技术服务机构及时进行职业危害因素日常监测、定期检测、现状评价的，扣罚责任部门分管负责人×××元、部门落实责任人×××元。

（9）对新建、改建、技术改造项目未执行职业病防护设施“三同时”相关管理规定的，扣罚责任部门分管负责人×××元、相关人员×××元。

3. 职业健康教育与培训

（1）未制定年度职业健康教育培训计划，或未按规定组织开展学习，或者记录不规范的，扣罚相关责任人×××元。

（2）未开展职业卫生工作宣传教育培训（无教案、考试成绩、签到记录）、未执行职业健康教育培训相关规定的，除责令限期改正外，扣罚责任部门相关人员×××元。

4. 职业健康监护方面

（1）未按要求组织员工进行上岗前、离岗职业健康检查的，扣罚责任部门主要负责人×××元、相关人员×××元。

（2）未按规定周期对在岗人员进行职业健康检查、未将职业健康体检结果进行书面告知的，扣罚分管负责人×××元、相关人员×××元。

（3）未对职业禁忌证、疑似职业病的人员进行调岗和妥善安置的，扣罚主要负责人×××元、分管负责人×××元。

（4）如发现有职业禁忌证职工从事其所禁忌的作业和未成年工、孕期、哺乳期的女工从事对个人、胎儿、婴儿有危害的作业时，一经查实，扣罚责任单位主要负责人×××元、分管负责人×××元。

（5）按照国家有关规定及时对职业病患者进行鉴定、赔偿、上报、治疗和检查的单位，扣罚部门主要负责人×××元、分管领导×××元。

5. 职业病危害事故管理方面

（1）发生或者可能发生急性职业病危害事故时，未立即采取临时控制措施或者未按规定及时、如实上报的，一经查实，扣罚责任单部门主要负责人×××元。

（2）发生急性职业中毒事故或新增职业病例超过本单位规定控制目标，扣罚责任部门主要负责人及分管领导各×××元。

（3）对遭受或者可能遭受急性职业危害的劳动者，未及时组织救治、进行健康检查和医学观察的，扣罚责任部门主要负责人×××元。

（4）职业病危害事故未按照“四不放过”的原则进行分析、调查和处理的，经核实，扣罚责任部门主要负责人×××元。

（5）单位发生职业病危害事故，按照事故危害程度及所造成的后果，对责任部门给予×××元罚款；对事故责任人给予×××元罚款。

第三条　特殊奖励

（1）对职业病防治工作做出较大贡献的部门及个人将给予一定的奖励（由本单位领导审议后决定）。

（2）发生职业危害事故后，及时组织抢救和处理事故，避免重大损失，有突出贡献的。

（3）由于认真检查，及时发现重大事故隐患，立即采取措施，转危为安，避免重大事故发生以及制止违章和误操作引发事故的行为，给予奖励。

（4）为改善劳动条件，消除粉尘和噪声危害，预防职业病发生，自主研发、创新新设备、新技术取得实效的。

19 调 度 专 业

19.1 矿领导值班制度

为切实做好本矿安全生产的领导和指挥工作，及时解决生产中出现的问题，确保生产顺利进行，结合实际，特制定本制度。

第一条 本制度所称值班领导是指中层以上领导干部（生产系统为中层副职以上，后勤系统为中层副职以上领导干部）。

第二条 领导值班的具体职责班子成员及生产系统副矿以上领导为当日的主值班，副科长以及科级领导为当日辅值班，其职责是负责值班当日本矿的生产组织、安全管理等各项工作任务的协调与指挥，并对当日的重大问题及时进行落实和处理，是当日本矿安全生产的直接指挥者。发生重大事故后地面值班领导必须在10 min到达调度室，参与事故应急处置，负责组织和指挥抢险救援工作，在紧急情况下有权采取果断措施，调度全矿范围的人力、物力抵御风险，并及时向有关上级领导汇报，商讨最佳解决方案。

第三条 值班领导的具体规定

（1）值班领导必须坚持24 h值班制，值班时间为当日早7：30~次日早7：30。

（2）值班领导必须参与当日和次日早调度会，当日调度会上，前日值班领导应将前日值班情况在会上通报，当日值班领导负责对遗留的问题落实处理。

（3）调度室负责每月领导的值班排班工作，排班时必须保证不同专业的合理搭配，值班人数以及人员结构为一名班子成员及生产系统副矿以上领导搭配数名中层领导，调度室在排班中要对当日值班中层领导做出详细安排，值班中层领导原则上与当日各班带班领导同上同下。

（4）值班领导必须严格执行考勤制度，特殊情况不能值班时，由本人找好替班，填写值班换班表，双方签字报总经理审核，并交调度室留存备案。当日值班中层领导遇特殊情况不能值班时，由本人找好替班，填写值班换班表，双方签字报当日值班领导审核，并交调度室留存备案。

（5）当日值班领导必须坚持"一下井、二查岗、三填写、三签到"制度。"一下井"即值班期间必须有一名中层领导下井一次，入井时间不少于8 h，真正做到深入一线，靠前指挥；"二查岗"即值班领导必须到地面各岗位查岗2次，查岗时间不少于2 h，每到一个岗位要在领导查岗记录簿上签字；"三填写"即一填写井口安全隐患（或问题）督查处理登记台账，二填写领导值班签到簿，三填写领导值班记录；"三签到"即早上7：30交接班时准时签到、下午15：30准时签到、晚上23：30准时到调度室签到。

（6）调度室负责在本矿规定的时间内将领导值班调班、入井值班等情况及时上报生产调度指挥中心，出现差错将追究相关责任人责任。

（7）值班领导入井必须在井下固定交接班处交接（特殊情况除外），随时向地面值班领导（生产系统副矿级以上领导）汇报班中安全生产情况，以便全面掌握全矿安全生产情况。

第四条 对本矿值班领导的其他规定

（1）本矿值班领导必须保证24 h在矿，保证手机等通信工具畅通，随时接受各级政府和二级公司的检查，在规定的时限内，用办公固定电话回答相关询问；若出现问题造成不良影响按照本矿相关规定处理。

（2）根据实际情况，本矿为值班领导提供一定值班补助，入井补助标准为：入井领导××元/日，不入井领导××元/日；调度会补助标准为：××元/次，如遇节假日或者公休日在正常补助的基础上另加××元。

（3）本矿办公室负责为值班领导安排应急值守车辆和司机，本矿为司机提供一定的值班补助，其标准为××元/日，公休节假日在标准基础上另加××元。

（4）本矿领导负责对值班领导值班情况全面监督。

（5）调度室负责搜集整理领导值班以及调班相关记录，保存时间不得少于1年。调度室负责在每月5日前将领导值班情况报送安全科，以便公示。

19.2 矿领导带班制度

为认真贯彻落实《煤矿领导带班下井及监督检查规定》（原国家安全生产监督管理总局第33号令）的文件精神，以及《煤矿领导带班下井规定》和本矿矿委会《关于加强煤矿领导带班下井制度》的规定，进一步落实安全生产主体责任，督促矿级领导深入现场了解安全生产实际情况，及时发现和消除事故隐患，有效制止违章违纪现象，结合实际情况，特制定本制度。

第一条 本制度适用于井工生产矿井，带班矿领导是指煤矿主要负责人、领导班子成员和副总工程师以上干部。

第二条 下井巡查区域及范围具体包括采煤区域、掘进区域、通风区域、机电运输区域、火药库及所有机电设备硐室、水仓等。

第三条 下井带班人员职责

（1）带班人员必须掌握当班的安全生产状况。即人员到岗情况、设备情况、生产（作业环境）安全情况、生产任务（产量）完成情况等，对当班的安全生产负领导责任。

（2）带班人员必须坚守岗位，加强对采煤、掘进、通风等重点部位、关键环节的检查巡视，尤其对井下巷道贯通、初次放顶、探放水情况、特殊地质构造情况以及大型设备检修、安装情况等，要亲临现场，严格把关，杜绝现场安全管理失控。

（3）及时发现并组织消除事故隐患和险情，及时制止违章、违纪行为，严禁违章指挥，严禁超能力组织生产。

（4）带班领导发现作业现场存有危及人身安全的重大隐患或严重问题时，必须立即采取措施进行处理，无法解决的要立即采取停产、撤人、断电等紧急处置措施，并组织涉险区域人员及时、有序撤离到安全地点。

（5）认真检查井下特种作业以及班组工作情况。

（6）认真落实安全办公会议以及调度会议所确定的安全生产事宜。

（7）认真检查各作业点的工作人员是否按操作规程执行，有无违章作业现象；协调所在区域的队组之间、各环节的关系，维护安全生产秩序。

（8）带班人员必须做到“两同时、三不放过”。“两同时”即与职工同下同上；“三不放过”即隐患和不安全行为不放过、对安全隐患找不出原因不放过、安全隐患得不到处理不放过。

（9）带班人员必须做到“三必到”“四走到”，即：井下情况变化必到，存在重大隐患必到，问题最多、管理最差的现场必到；生产新扩区、新采区、新工作面要走到，新技术、新工艺、新设备、新材料的现场要走到，最远的作业地点要走到，工作不正常区域要走到。

（10）做到五及时：及时发现和处理事故隐患，及时有效制止“三违”行为，及时督查队组人员在作业中“三大规程”是否落实到位，及时根据当日安排组织落实好临时任务，及时掌握现场安全生产状况，科学合理组织指挥安全生产。

第四条 领导下井带班次数规定

（1）领导带班班次原则上按早班、中班、夜班1∶1∶1分配。

（2）董事长或总经理每月带班下井不能少于5次；生产副矿长、安全副矿长、机电副矿长、总工程师每月下井带班不少于12次；矿长助理及副总工程师每月带班下井不少于16次；其他矿级领导每月下井带班不得少于8次。

第五条 领导带班下井具体规定

（1）本矿矿长（总经理）对落实领导带班下井制度全面负责，调度室对带班人员、带班情况进行督促检查，发现问题及时向本矿领导（矿长）汇报解决。安全科负责对带班领导入井情况以及带班下井工作计划完成情况在井口LED显示屏明显位置公示，接受群众监督。

（2）每月26日前由调度室制定下月带班下井工作计划表，对带班人员的带班日期、班次进行安排，并发给每一个带班人员，存档备案，以便带班人员安排好日常工作。每月5日前，调度室负责将带班领导每月下井带班计划的完成情况进行汇总，整理存档备查，并送交安全科，由其在井口公示栏公示，接受群众监督。

（3）当日值班领导不能同时兼任当日早、中、夜班带班领导，原则上每日只能带一个班次，不得出现打连班现象。

（4）带班领导必须严格执行井下交接班制度，做到与职工同上同下，除特殊情况外，必须在井下领导交接班处现场交接，交代清楚当班安全生产情况、存在问题、产生原因、采取的措施、处理结果以及注意事项。交接完毕后要及时向调度室以及向二级公司生产指挥中心汇报交接情况，无特殊情况时在副井底进行视频交接。具体交接时间为早班7：45～8：15，中班15：15～15：45，夜班23：15～23：45。

（5）带班人员必须严格执行下井带班工作计划的安排，确因特殊原因，出现带班人员不能下井带班的，要及时填写换班申请（换班人员不得违反本款第三条规定），并由本矿领导审核批准，调整后存放矿调度室，并由调度室及时报告二级公司生产指挥中心，否则将按擅离职守追究责任。

（6）调度室负责在每日早调度会前将上一工作日领导入井带班的定位卡信息及时打印报送董事长和总经理审阅。

（7）在节假日、重大社会活动期间，仍进行正常安全生产时，下井带班领导要严格执行下井带班制度，确保节假日、重大社会活动期间安全生产。在此期间如出现擅离职守或无领导带班作业，将按照相关规定追究责任人的责任，发生事故的要按照相关的规定进行问责处理。

（8）未严格按规定下井带班，或者带班异常的人员将按集团公司《关于煤矿管理人员带班下井制度》进行处罚。

第六条 领导下井带班所填资料管理规定。

（1）带班领导交接班时，一定要认真填写交接班记录以及带班记录，要将下井的时间、地点、经过的路线、发现的问题、处理情况、处理意见以及需下一班处理的内容等有关情况记录清楚。

（2）调度室负责领导带班入井记录的收集、整理以及保存工作，期限不能少于1年。

19.3 调度会议制度

为了强化安全生产和经营管理，搞好生产衔接和协调工作，确保全本矿每日安全生产的正常进行，结合实际，特制定调度会议制度。

第一条 开会时间及地点：每天早晨7：40准时开会，地点在调度会议室。

第二条 参会人员

（1）会议主持人：调度室主任。

（2）参加人员：矿领导及各部门中层以上干部管理人员。

第三条 会议程序及内容

（1）会议主持人点名。

（2）前一日带班人员分别汇报井下带班作业地点生产情况。

（3）前一日值班领导汇报全天原煤总产量、进尺、分队完成情况、超欠原因及重点工程完成情况。

（4）调度负责人通报落实前一天工作完成情况，并对因个人原因造成的影响安全生产情况，按有关规定对责任者做出处罚。

（5）各部门说明需要协调或解决的问题。

（6）其他领导安排各自分管的具体工作。

（7）董事长或总经理听取各部门前一天工作汇报后，对当天工作做出统一安排。

（8）会议记录由调度负责人详细记录。

第四条　需参加早调会人员有事不能参会的，必须向调度室主任请假。

第五条　早调会严格执行点名制度，所有参加人员不准迟到、早退和无故不参加。早调度会补助月底由调度室负责考核计算。

第六条　凡参加调度会议的中层领导，开会前必须打卡。

第七条　各部门主要负责人必须亲自参加调度会，因特殊原因不能参加可由副职代替，否则按旷会论处。周二、周五早调会各部门中层干部必须全部参加。

19.4　生产例会制度

为了使生产例会做到制度化、规范化、程序化运作，结合实际，特制定本制度。

第一条　生产例会一般每月召开一次。如生产过程中遇特殊情况，可根据情况随时召开，具体会议召开时间由调度室通知。

第二条　生产例会由调度负责人或生产矿长主持召开，调度室负责做好会议纪要。

第三条　参加人员：董事长或总经理、生产矿长、安全矿长、机电矿长、总工程师、通风助理以及生产系统各部门中层以上干部。

第四条　会议研究内容：会议主要研究生产安全、生产技术、生产组织、生产装备、采掘衔接等生产方面的工作，着重分析安全生产情况，针对生产薄弱环节及特殊情况，确定和落实生产安排，制定规程措施，确保安全生产和生产计划顺利完成。

第五条　生产例会上所做的决定、安排的各项工作必须按要求进行落实。确实因其他因素完不成者，必须向分管领导汇报，征得分管领导同意，方可适当延时，但不得影响其他部门的工作。无故不按时完成者，视影响情况和程度，按有关规定处罚工资总额，并对有关部门负责人罚款×元。

第六条　各部门必须按要求按时参加生产会议，无故不参加会议者，每次罚款××元，迟到者罚款××元。

第七条　对于生产会议安排工作进度完成情况，每日每班向调度室汇报一次，无故不汇报者，每少一次对落实责任人罚款××元。

第八条　调度室要及时督促生产会议安排工作的进展和落实情况，并积极进行协调、平衡，确保各项工作的顺利开展。

第九条　各部门必须建立生产会议安排工作落实情况记录簿，并认真填写贯彻落实情况。无记录簿，对部门负责人罚款××元；每少一次记录或一次落实记录不全面，罚责任人××元。

第十条　调度室负责对生产例会研究安排的工作内容进行跟踪落实考核。

19.5　调度值班制度

第一条　本矿调度室实行 24 h 不间断值班制，每班配备不少于两名值班员，其中要有一名主值班员，必须保证当班至少有一名值班主任。值班人员必须按规定取得相关资格证件。

第二条 调度室值班人员要熟悉调度岗位的职责和工作业务流程，熟悉本矿《灾害预防与处理计划》和《重大事故应急救援预案》，在当班值班主任的领导下，协调解决安全生产问题。

第三条 调度值班人员要按照相关规定经常深入生产作业现场，掌握生产动态。发现问题立即组织和协调相关单位及人员及时处理，并按规定向相关领导汇报。

第四条 调度值班人员要熟悉煤矿安全监测“六大系统”的技术参数和操作规范，并熟练操作，以确保监控作用能正常发挥。工作中遇特殊情况或重大问题，能够按照汇报流程、时限要求及相关规定及时准确上报。

第五条 调度值班人员值班期间一定要做好上级有关安全生产的来文来电工作，并按照规定要求处理。

第六条 调度值班期间一定要文明用语，按照安全生产标准化要求填写好各种记录及台账，要求字迹清楚，内容完整，叙述正确。

第七条 调度值班人员要不断学习相关业务，提高自身素质，确保值班期间调度指挥不失误。

第八条 调度室值班人员要保持值班场所的卫生清洁，爱护本矿财物，防止损坏和丢失，努力创造良好的工作环境。未经领导允许，禁止闲杂人员进入值班室。

19.6 调度交接班管理制度

为规范调度交接班管理，避免因接班人员接班后对生产状态和上个班遗留问题不知道或不清楚，防止对工作产生不利影响，结合调度室实际，制定本制度。

第一条 本制度适用于煤矿调度室。

第二条 接班调度员提前 15 min 上岗，认真查看上班各类原始记录，了解生产情况，并接受交班人员对生产情况、存在问题和注意事项的交代。

第三条 交班调度员在交班前，对当班生产情况进行认真分析、审查，填写好调度日志和交接班记录，并签字署名。

第四条 交接班记录填写必须清晰、准确，不得出现涂改现象。

第五条 交班时，必须交清当班发生的主要问题，已经处理的情况，待办事宜和未解决的问题，具体要做到“五交清”，即：交清当班生产完成情况，并说明有无生产影响；交清正在处理和待处理的问题及内容；交清安全情况及各类事故、重点工程和关键部位的进展与变化情况；交清领导指示、上级通知、通报的贯彻执行情况；交清下一班生产预计和可能出现的问题。

第六条 接班调度员要认真听取交班调度员所交情况，仔细查看有关记录，切实做到交清接好，不清不接，责任分明，并在交接班记录上签字。

第七条 认真交接各类记录表格的填写情况，接班调度员发现记录不清晰、数据不准确，有权要求上班调度员进行整改。

第八条 交班调度员交接班前必须将调度台面打扫干净，各类表格记录摆放整齐有序。

第九条 交接班人员必须在现场交接工作情况，做到口对口、手对手、你不来我不走，因交接不清发生的其他问题，将追究相关人员的责任。

第十条 若出现交班人员遗漏本班问题没有交代给下个接班人员；接班人员没有查看交接班记录或没有了解掌握交班人员所交代的问题，从而造成失误的，视情节严重程度，罚责任人×元，情节特别严重的，由本矿领导上会商讨解决。

19.7 调度室业务保安制度

为保证调度室调度指挥协调安全高效，促进井下安全、有序生产，结合实际，特制定本制度。

第一条　调度室所有值班人员应按以下要求调度指挥生产，严格按照煤矿安全规程、作业规程、操作规程及措施指挥协调生产，真正做到不违章调度，不违章指挥。

第二条　坚持安全第一的指挥方针，在安全和生产发生矛盾时，生产要无条件地服从安全。

第三条　掌握重点安全生产和重点工程情况。

第四条　掌握矿井“一通三防”、地质防治水以及顶板管理等动态情况。

第五条　掌握巷道贯通、初（末）次放顶、过地质构造、采面安装（拆除）、停产检修、大型设备检修、恢复生产、重点工程等情况。

第六条　详细记录相关工程进展和技术措施落实情况。

第七条　做好安全监测监控、工业视频监控等系统的联合值班值守工作。

第八条　掌握安全监测监控系统、井下人员定位系统、工业视频监控系统动态情况。

第九条　掌握压风自救、供水施救、通信联络和紧急避险系统的运行情况。

第十条　做好文件的接收和处理工作。对上级下达的安全生产文件、通知、通报、传真等，做好登记、签收、报送及处理工作，记录接收时间、单位名称、文号、主题内容，接收人、领导批示、处理情况，下发和接收时间、接收人等内容，做好文件的分类存档工作。

第十一条　系统发生报警后，立刻采取措施协助相关职能部门处理安全隐患，并做好记录。

第十二条　凡在生产过程中发生重大灾害及事故，要迅速掌握受灾情况，按事故汇报程序向领导及有关部门汇报，并按照领导指示，调动人力、车辆、物资等进行抢救。同时，按规定程序报领导审核和向上级业务部门汇报。

第十三条　在井下遇到危急情况时，调度人员有第一时间下达停产撤人命令的直接决策和指挥权，在接到事故和突发事件时必须立即启动应急预案，组织危险区域人员按避灾路线撤离并根据事故性质组织抢险救援；详细记录上述事故的接报警，发生时间、地点、经过及现场处置情况。

第十四条　及时、准确地传达领导和上级业务部门安全生产的指令、通知、通报的传真电文，并坚决贯彻执行。

第十五条　调度人员要经常深入生产现场，调查研究，及时协调解决相关问题，并做好下井（现场）记录，记录时间、地点、现场情况，发现的问题、处理情况等。

第十六条　调度人员必须严格遵守交接班工作制度，及调度业务培训制度。具备指挥协调与组织安全生产业务的专业知识，具备调度人员任职资格条件并按相关规定取得任职资格证书。

第十七条　调度室应按照相关规定配齐调度专业人员及工作人员，建立健全规章制度。工作场所及设施配置符合国家有关规定，并确保正常运行。

19.8　调度室汇报制度

为了及时、准确了解掌握全本矿安全生产动态，为上级部门和有关领导安全生产、经营决策提供依据，充分发挥调度协调、上传下达的职能作用，结合实际，特制定本制度。

第一条　本矿各生产部门应及时、准确地向调度室汇报安全生产情况，严禁迟报、谎报、瞒报、漏报。

第二条　调度室值班调度员按照相关规定要求，向上级部门和有关领导上报本矿安全生产情况。

第三条　调度汇报的方式可采用电话汇报和传真方式，汇报内容能够备查。

第四条　调度汇报内容有班汇报、日汇报、旬汇报、月汇报、专题汇报、季节性汇报、事故汇报和突发性事件汇报及其他汇报。

第五条　调度各种汇报需遵守以下相关规定

1. 班汇报

（1）各科队、厂值班人员必须在班前会后及时向调度室汇报当班生产作业安排情况、人员出勤情况和跟班队干带队情况，带班的队（厂）长应在交接班后 30 min 内向二级公司调度部门汇报交接情况，班中应不少于 2 次向调度室汇报生产和安全情况。

（2）调度室调度员每班必须按本矿调度汇报相关规定，汇报当班生产组织情况、安全现状、领导值班跟班情况，遇有生产安全事故、重大问题或紧急情况，立即报告本矿值班领导、本矿负责人和二级公司生产调度指挥部门。

2. 日汇报

（1）每日调度会前，当班调度值班人员应提前做好调度日报表，报表内容应翔实准确，调度日报表必须由当班值班主任签字后上报二级公司调度部门。对上级部门的疑问，要做好耐心细致的解释工作。

（2）每日调度会前，当班调度值班人员应将当日调度日报表呈报本矿有关领导。

3. 旬汇报

调度室内勤人员应于每月旬末按照二级公司调度部门旬报表格式要求，填写好旬报表。本矿旬报表应将本安全生产组织情况、存在问题及采取的措施、重点工作，以及下旬重点安排等及时上报二级公司调度部门。

4. 月汇报

（1）调度室每月月初应将上月生产作业及指标完成情况、存在问题、安全隐患及采取的主要措施、下月重点工作安排等情况进行分析总结，并在规定时间内上报二级公司调度部门。

（2）调度月报表可随月度汇报材料同时上报。

5. 专题汇报

（1）调度专题汇报应按上级要求及时汇报，需形成书面材料并按顺序存档。

（2）以下事项应在事前汇报二级公司调度部门：节假日停产放假、检修安排，领导值班表，停复产安全技术措施，矿井停产（停电）大修安排及安全措施，主要大型设备检修（更换）安排及安全措施，拆启密闭，排放瓦斯，重排（探）放水，及安全技术措施、初（末）次放顶、巷道贯通安全措施以及上级部门规定要求上报的其他专题内容。

6. 季节性汇报

（1）调度室应加强“冬季三防”“雨季三防”工作安排，按照规定认真填写相关零汇报日报表。发生紧急情况要立即报告值班领导、董事长或总经理及二级公司调度部门。

（2）“冬季三防”和“雨季三防”日报表必须经值班领导签字确认后方可向上级报。

7. 事故汇报

严格按照调度室安全事故汇报及处置制度规定执行。

8. 突发性事件汇报

发生突发性事件，调度室在事件发生 30 min 内向值班领导、董事长或总经理和二级公司调度部门汇报，汇报内容包括时间、地点、事件类型、影响程度等，并根据事态发展随时汇报。

19.9 调度室安全事故汇报及处置制度

为进一步规范安全生产事故汇报及处置程序，加强本矿安全管理，明确安全生产事故管理责任，遵照国家相关规定，结合实际，特制定本制度。

第一章 总 则

第一条 本制度所称煤矿生产安全事故（以下简称事故），是指煤矿（包括与煤炭生产直接相关的煤矿地面生产系统、附属场所）发生的生产安全事故。

第二条 基本原则。事故信息报告应当及时、准确和完整，任何单位和个人不得迟报、漏报、谎报或者瞒报事故；信息处置应当遵循快速高效、协同配合、分级负责的原则。

第二章　事　故　性　质

第三条　特别重大事故，是指造成30人以上死亡，或者100人以上重伤（包括急性工业中毒，下同），或者1亿元以上直接经济损失的事故。

第四条　重大事故，是指造成10人以上30人以下死亡，或者50人以上100人以下重伤，或者5000万元以上1亿元以下直接经济损失的事故。

第五条　较大事故，是指造成3人以上10人以下死亡，或者10人以上50人以下重伤，或者1000万元以上5000万元以下直接经济损失的事故。

第六条　一般事故，是指造成3人以下死亡，或者10人以下重伤，或者1000万元以下直接经济损失的事故。

第七条　较大涉险事故，是指涉险10人以上的事故。造成3人以上被困或者下落不明的事故。其他较大涉险事故。

第三章　事　故　类　别

第八条　伤亡事故，按伤害程度可分为以下三类：轻伤事故、重伤事故、死亡事故。

第九条　非伤亡事故，划分为一级非伤亡事故、二级非伤亡事故和三级非伤亡事故三类。

（1）一级非伤亡事故，凡符合下列情况之一的，为一级非伤亡事故。

①发生的事故使全矿停工8 h以上，或采区停工3昼夜以上。

②瓦斯、煤尘燃烧或爆炸。

③煤与瓦斯突出，其突出煤量超过50 t（含50 t）。

④井下发火封闭采区或影响安全生产。

⑤水灾使矿井全部或一翼停止生产。

⑥采区通风不良，风流瓦斯超限或瓦斯积聚，造成停产24 h以上。

⑦采煤工作面冒顶长度在50 m及以上。

⑧掘进工作面冒顶长度在5 m及以上。

⑨巷道冒顶长度在10 m及以上。

⑩矿用火工品爆炸造成直接经济损失在5万元及以上。

⑪因生产事故造成直接经济损失达5万元及以上。

⑫造成设备直接损失价值超过50万元。

⑬地面车间供电中断7天以上或地面中断供电2天以上。

⑭主扇风机和分区扇风机停止供风30 min以上。

⑮提升设备的断绳、坠罐、坠箕斗、蹲罐、过卷，大型物坠入井筒。

⑯提升设备卡罐8 h以上。

⑰运输设备撞车、追尾造成设备严重损坏，斜井跑车，皮带、电缆或电气设备着火。

⑱3 kV级及以上变配电设备误停、误送电。

⑲压风机风缸、风包和风管爆炸或着火。

⑳主排水系统故障造成泵房进水。

（2）二级非伤亡事故，凡符合下列情况之一的，为二级非伤亡事故。

①发生的事故使全矿井停工2 h以上，但不足8 h或采区停工8 h以上，但不足3昼夜。

②井下透水或突水致使淹采掘工作面。

③采区排水系统故障造成泵房进水。

④采区或采、掘工作面通风不良，风流中瓦斯超限或瓦斯积聚造成停产 8 h 以上。

⑤采煤工作面冒顶长度达 5 m 及以上，但不足 10 m。

⑥掘进工作面冒顶达 3 m 及以上，但不足 5 m。

⑦巷道冒顶长度达 5 m 及以上，但不足 10 m。

⑧化工、火工品爆炸造成直接经济损失在 2 万元以上但不足 5 万元。

⑨因生产事故造成直接经济损失在 2 万元以上但不足 50 万元。

⑩主排水泵停泵，造成泵房进水或淹泵。

⑪全矿井停电 10 min 以上；地面车间供电中断 4 h 以上至 7 天，或地面供电中断 30 min 以上至 2 天。

⑫矿井主要通风机（含分区通风的主要通风机）停风 10 min 以上 30 min 以下。

⑬提升设备卡罐 4 h 以上 8 h 以下。

⑭上级认为应调查处理的其他非伤亡事故。

（3）三级非伤亡事故，凡符合下列情况之一的，为三级非伤亡事故。

①发生的事故使全矿井停工 30 min 至 2 h 或使采区停工 2 ~ 8 h。

②通风不良或局部通风机无计划停运，使风流中局部瓦斯积聚，瓦斯浓度超过 3% 及以上。

③矿井主要通风机（含分区通风的主要通风机）停风 10 min 以上。

④因水灾迫使一个采掘面停止生产。

⑤采煤工作面冒顶长度超过 3 m（含 3 m），但不足 5 m。

⑥掘进工作面冒顶 3 m 以下。

⑦巷道冒顶长度 5 m 以下。

⑧化工、火工品爆炸造成直接经济损失在 0. 5 万元以上但不足 2 万元。

⑨乘人罐笼卡罐 1 h 以上，但不足 4 h。

⑩地面造成车间供电中断 1 ~ 4 h 或地面供电中断 10 ~ 30 min。

⑪因生产事故造成直接经济损失在 0. 5 万 ~ 2 万元。

⑫造成设备直接损失价值 0. 1 万 ~ 2 万元。

⑬因设备故障影响生产 1 h 及以上或产量损失 200 t 及以上。

⑭未列入矿井一、二级非伤亡事故范围的其他非伤亡事故。

第十条 人身未遂事故

按事故情节和危害程度分为重大人身未遂事故和一般人身未遂事故。

（1）重大人身未遂事故，指事故性质恶劣，情节与历史上所发生的重大伤亡事故相似，一旦发生将会造成 3 人以上（含 3 人）死亡。

①采掘工作面冒顶、片帮堵人超过 3 人及以上。

②采掘工作面未撤出人员提前爆破作业。

③采掘工作面及其他地点风流中瓦斯浓度达到 1. 0% 以上，或爆破地点附近 20 m 以内瓦斯积聚仍进行爆破作业。

④有害气体使多人被熏事故。

⑤斜井内有人工作或行走同时开动车辆，或斜井跑车事故。

⑥运人车辆行驶中颠覆矿车事故。

⑦人员上下罐笼时突然走罐事故。

⑧提升设备过卷 0. 5 m 以上，造成有人受伤，蹲罐未造成后果。

⑨乘人罐笼运行中，上井口坠物事故，有穿透罐笼的物体。

⑩运输皮带电缆冒烟或着火未造成严重后果。

⑪3 千伏级以下的变配电设备误停、送电事故。

⑫压风设备、管路爆炸事故。

⑬火工品爆炸或丢失事故。

⑭水或煤水使 3 人及以上被冲事故。

⑮上级认为应由上级调查处理的其他未遂事故。

（2）一般人身未遂事故，指事故情节与历史上所发生的死亡事故相似，一旦发生将会造成人员伤亡。

①顶板冒落、掉顶或片帮砸人事故。

②工作面倒柱险些砸人事故。

③工作面爆破作业险些崩人事故。

④皮带或刮板输送机刮人、挤人、绞人、物料顶人事故。

⑤人身触电或电弧烧人事故。

⑥运输设备、车辆刮、挫、撞、轧人事故。

⑦人员高处坠落或坠物险些砸人事故。

⑧机组锚链断裂崩人或大链弹人事故。

⑨设备检修时误动作伤人事故。

⑩水或煤水冲人事故。

⑪其他由事故调查小组认定为一般人身未遂事故。

第四章　事故信息报告时限

第十一条　发生事故后，事故现场有关人员应当立即报告煤矿负责人；煤矿负责人接到报告后，应当于 1 h 内报告事故发生地县级以上人民政府安全生产监督管理部门、负责煤矿安全生产监督管理的部门和驻地煤矿安全监察机构。情况紧急时，事故现场有关人员可以直接向事故发生地县级以上人民政府安全生产监督管理部门、负责煤矿安全生产监督管理的部门和煤矿安全监察机构报告。

第十二条　事故信息报告后出现新情况的，应当按规定及时续报。较大涉险事故、一般事故、较大事故每日至少续报 1 次；重大事故、特别重大事故每日至少续报 2 次。续报工作直至事故抢险救援工作结束。

第五章　事故汇报基本规定

第十三条　事故信息调度机构实行 24 h 不间断调度值班，受理事故信息报告。

第十四条　事故信息报告范围包括已经发生的煤矿生产安全事故（特别重大、重大、较大、一般生产安全事故）和较大涉险事故的信息。较大涉险事故是指：涉险 10 人以上的事故；造成 3 人以上被困或者下落不明的事故；其他较大涉险事故。

第十五条　事故信息报告应当包括：事故发生煤矿企业的名称、地址、性质、产能等基本情况；事故发生的时间、地点以及事故现场情况事故的简要经过（包括应急救援情况）；事故已经造成或者可能造成的伤亡人数（包括下落不明、涉险的人数）和初步估计的直接经济损失；已经采取的措施；其他应当报告的情况。

第十六条　使用电话快报，应当包括下列内容：事故发生煤矿企业的名称、地址、性质；事故发生的时间、地点；事故已经造成或者可能造成的伤亡人数（包括下落不明及涉险的人数）。

第六章　不同类别事故基本处置程序

第十七条　当接到汇报工作地点出现工伤时，要迅速问清工伤人员的单位、姓名、事故性质、伤害部位、程度，根据伤情通知医务室（车队）做好救护准备，并汇报值班领导和分管领导。

第十八条 当现场出现透水、进回风道冒顶、瓦斯超限、气温超限、主要通风机故障、主副井提升设备故障和区域性停电等紧急情况或重大隐患时，值班调度员接到汇报后，立即请示值班领导和主管领导或直接找有关部门解决。

第十九条 当接到矿灯房汇报有人在交接班后 2 h 未交灯时，要立即找所属班组查明原因，确认仍在井下但下落不明后，立即通知值班领导及分管矿长安排人员下井沿本人升井应走的路线寻找。

第二十条 在矿井停产检修期间或其他停产期间当巡视人员汇报井下发生事故或发生异常时，要问清地点、现状，需要谁去处理等，立即通知有关单位派人去处理或通知临近工作人员前去处理。

第二十一条 当有人汇报井下某处巷道空气成分不符合规定时，立即通知通风科派人前去检查处理，并向总工程师汇报。

第二十二条 当主要通风机机房值班人员汇报主要通风机发生故障时，一面通知其开动备用通风机，一面向董事长或总经理、总工程师汇报，并通知通风科、机电科值班人员前去检查处理。

第二十三条 当矿井突然停电，主要通风机停止运转或主要通风机故障备用主要通风机也不能开动时，应立即通知受影响的地点停止作业，切断电源，把人撤到进风道中听候通知，并向总工程师汇报。根据总工程师的指示，组织恢复生产或撤退人员。在恢复生产时，值班调度员要及时检查工程师与有关单位研究制定的恢复通风，排除瓦斯和送电的安全措施执行情况。

第二十四条 当接到汇报某掘进工作面要求临时停工时，应令其局部通风机照常运转，否则必须切断电源，设置栅栏树起警标。

第二十五条 当通风值班人员汇报井下某处有害气体超限需要处理时，值班调度员立即通知现场人员撤离，并向董事长或总经理、值班领导、总工汇报。

第二十六条 当井下汇报某处发生火灾时，值班调度员要问明原因，并按矿井避灾路线撤离现场工作人员，再请示董事长或总经理、值班领导、总工程师进行处理。

第二十七条 当接到井下汇报某处有透水预兆时，应问明情况，如果情况紧急则立即撤离受水威胁人员，并向董事长或总经理、值班领导、总工程师汇报，通知地测防治水科派人赶赴现场检查处理。

第二十八条 当接到井下打钻探水巷道遇有透水预兆的汇报时，应按探水安全措施要求处理，并派有关人员前往检查处理。如果情况紧急则应立即撤离受威胁人员，并向董事长或总经理、值班领导、总工程师汇报，采取措施处理。

第二十九条 当井下汇报探水钻眼接近采空区有害气体超过规定时，要立即通知停钻，切断电源，撤离人员听候处理，并向董事长或总经理、值班领导、总工程师汇报。

第三十条 当井下汇报放水总水量或水压突然变大时，要立即通知地测防治水科派人赶赴现场观测，并向董事长或总经理、值班领导、总工程师汇报。

第三十一条 当井口汇报主要提升设备或其他配套装置发生故障时，要问明发生的部位和原因，立即通知机电部门派人前去检查处理，并向董事长或总经理、值班领导、总工程师汇报。如果处理时间超过 1 h 以上时，应通知采掘工作面有所准备。如果影响一个班或半个小班不能生产时要通知采掘工作面停止落煤，装运完工作面和顺槽刮板输送机上的浮煤，做好工作面支护后去做其他整修工作。

19.10 “冬季三防”和“雨季三防”管理制度

为保障职工群众生命安全和身体健康，最大程度的预防和减少气候灾害引发的次生灾害事故造成以及所造成的人员伤亡和财产损失，结合实际，特制定本制度。

第一条 工作原则

（1）加强领导，强化责任分工，落实责任，确保“冬季三防”和“雨季三防”各项措施落到实处。当班值班领导为本矿当日“冬季三防”和“雨季三防”的责任人。

（2）建立“冬季三防”和“雨季三防”零汇报工作机制。

（3）防灾关键在人，要提高广大职工思想认识，突出重点，动员全部职工加强防范，对隐患实行动态排查。

第二条　工作整体部署

（1）矿井必须成立以董事长或总经理为总指挥的冬季和雨季“三防”指挥部，认真研究制定当年冬季和雨季“三防”工作计划。

（2）经常总结往年冬季和雨季“三防”工作经验，根据矿区实际情况，制定防范措施。

（3）加强日常排查，对发现的隐患要及时汇报、整改。

（4）要建立健全季节性调度工作制度，制定完善应急救援预案，成立应急救援队伍。

（5）加强对应急物资日常管理，实行常态化检查制度，保证物资齐全完好。

（6）要做到人力、物力、财力“三落实”。

（7）调度室要做好天气变化信息的预报工作，及时发布灾害性天气信息预报。

第三条　“冬季三防”管理制度具体规定

（1）结冰期前，相关部门要对地面生产系统、排矸系统、主副井口、绞车房、变电所、压风机房等岗位，车辆、管道、通道等设备设施，重点岗位职工的“三防”教育培训等情况进行重点检查。根据检查情况，研究制定本单位“冬季三防”工作方案，并报二级公司调度部门。

（2）必须确保在结冰期前安装或检修好取暖锅炉，整修和保护好通往井口、等候室、洗煤厂、出煤系统、排矸系统、浴室等岗位的供气和供水管道，整修好井口房、绞车房、压风机房、变电所、主要通风机房等要害地点的墙壁和门窗。

（3）要采取切实可行的措施，防止井筒结冰。

（4）各单位要强化用火、用电和消防器材的管理工作和矿区的治安保卫工作。加强对要害部位及易燃、易爆场所用火、用电的监督检查和管理。保卫科要认真安排好治安保卫人员的值班和巡查工作，切实做好矿区的防火、防盗和综合治安工作。

（5）要加强防滑和消防水源的管理。

（6）办公室要加强职工上下班大客车的管理，保证行车安全和车内保暖。

（7）结冰期前对矿内、外的低压供电线路要进行全面整理，杜绝乱拉乱挂现象。

（8）各单位应加强与气象部门的联系，注意天气变化情况，及时调度防寒、防冻物资。

第四条　“雨季三防”管理制度具体规定

（1）“雨季三防”严格执行预测预报的管理规定。

（2）雨季前必须进行一次“雨季三防”应急演练。

（3）本矿值班人员要加强汛期应急值守，坚守岗位，执行零汇报制度。

（4）要做好汛前检查工作，认真落实检查责任制，及时解决存在的问题。

（5）要加强井口、绞车房、变电所、压风机房、风井等重要工作地点以及井下各涌水点和可能威胁矿区安全的河流、塌陷区等的重点监控，强化对防治水害工作的管理，建立健全水害隐患排查治理制度，落实防治水害工作责任制。

（6）汛期前矿井供电系统、运输系统、主要设备及避雷设施等要进行全面检修和检查，保证安全、完好；高压线下必须进行全面清障；通信线路要畅通。

（7）汛期前井下水仓、水沟，必须完成清淤工作；主排水设备检修完毕；工业广场、生活区内的排水系统等要进行彻底清理，排水设备要检修完好；矿外排水沟、河流、塌陷区等地段，要根据实际情况提前制定防范措施。

（8）塌陷区内河堤的复堤加固和铁路回填工作必须结束。确实不能完工的在建工程要督促施工单位制定切实可行的度汛方案，明确防汛责任人，落实各项措施。

（9）汛期内要加强对采动影响区域地面附着物的管理，及时了解相关信息，协调相关部门解决实际存在的问题。

（10）备齐防汛设备、器材和物资，并实行专库、专人保管。防汛物资能随用随取，且不得挪作他用。

（11）汛期前要对井下各涌水点的位置、涌水量等进行全面调查，标入矿图；安排专人定期测量涌水量的变化情况；做好矿井的最大排水能力试验工作。

（12）加强汛期的值班工作，坚持24 h值班。完善防汛值班制度。执行汛期巡查、巡视制度，及时通报防汛工作情况。

（13）防汛值班领导要坚守岗位，掌握雨情汛情动态，雨后要及时进行排查，发现问题及时处理、汇报。

（14）加强与气象部门的联系，注意天气变化情况，根据需要及时启动防汛抢险预案。

19.11 节假日停产检修及日常检修的相关规定

为确保矿井日常或节假日停产检修工作的安全、有序进行，按时保质完成检修任务，结合矿井实际，作如下管理规定。

第一条 适用范围。本规定适用于整个矿井机电设备。主要包括：综采、综掘所使用的矿属及租赁的机电设备，井下小型机电设备、提升设备、运输设备以及通风设备等，地面洗煤厂、机修厂及地面其他单位使用的机电设备。

第二条 责任分工

（1）矿长（总经理）是矿井停产检修工作的第一责任人，负责检修工作的总体安排和组织制定实施方案，掌握总体进度和监督安全措施的落实。

（2）总工程师负责组织制定检修安全技术措施，分管副总工程师具体负责分管范围检修项目技术措施的编制和贯彻。

（3）分管矿长是所辖范围内检修工作的直接责任人，负责各项安全措施的落实。

（4）检修部门负责制定检修计划，编制和审查矿井检修措施。机电科对机电范围内的计划和措施负责审查并督查落实。通风科对一通三防范围内的计划和措施负责审查并督查落实。

（5）调度室是检修工作的指挥部门，负责检修工作的调度、协调、指挥。

（6）安全科负责监督、落实安全措施，及时安排人员到现场跟班督查。

（7）承担具体检修项目的单位队长，对本单位承担的具体检修项目的技术措施落实和安全施工负直接责任，技术员负责编制具体检修项目的技术措施并贯彻落实。

第三条 节假日停产检修

（1）节假日停产检修应集中力量解决日常不能检修的主要设备缺陷和各种安全保护装置的试验和整定。停产检修确定后应编制检修工作计划。计划内容应包括检修项目、时间、安全措施、安全负责人及参与人员，并报集团公司生产、调度、机电有关职能部门。

（2）一般检修项目且检修时间不超过1天的，须提前2天向矿长报批“矿井停产检修计划表”。

（3）检修时间超过1天或一些重要的大型检修项目，由生产矿长（机电矿长）提前3天向矿长汇报；春节检修时，须提前15天向矿长汇报。

（4）机电部门应对设备精度、性能进行测定，发现效能降低或精度降低，应进行调整或列入停产检修计划。

（5）停产检修项目必须有矿主要技术人员到现场了解工作任务和作业环境，并及时上会讨论、制定安全技术措施。重大项目的安全措施必须由总工程师组织矿主管部门和施工单位，了解勘察施工现场后，研究制定安全技术措施。所有参与人员必须签字备查。

（6）由于故障或其他原因需临时安排检修时，由矿向二级公司主管部门汇报，经业务主管部门现场了解后提出意见，经市本矿分管领导批准后方可检修。无论任何情况都必须先制定安全措施并学习掌握后，方可检修。

（7）检修开始前，分管矿长必须组织有关人员现场勘察，研究落实施工措施、劳动组织、安全事项等。在做好技术、材料、人员等方面的充分准备后，方准检修。

（8）检修项目必须做到一项目一措施，严禁多个项目一份措施，严禁两个关联项目同时检修。安全技术措施必须传达到每个施工人员，并签字备查。检修过程中，现场情况发生变化，需增加工作量或改变施工工艺时，必须先停止施工，由项目负责人请示矿总工程师并补充或修改安全措施后方可施工。

（9）较长时间的检修项目检修中断时，所有物件都必须恢复到稳定静止位置，电气设备停电闭锁，熄灭火源，经技术人员做全面检查后方可离开。重新开工时必须由技术负责人做全面检查后方可开工。倒班作业的必须在静止状态下进行交接，必须把现场的状况交接清楚。

（10）多个部门共同完成一项检修任务时，由矿调度室统一指挥，或者由生产矿长指定现场负责人组织检修工作。

（11）各级管理人员对检修工作的安全质量都具有监督权，但严禁越级指挥。

（12）本矿的检修项目由外单位承担时，必须签订施工合同，并实施项目监理制度。

（13）重要检修项目矿主管部门和安全科必须派人现场盯班监督实施。特别重要检修项目报请集团公司主管部门派人现场监督实施。

（14）对重要、特别重要检修项目实行入井许可制度，进入施工场所人员必须持有矿调度室统一签发的入井许可证。许可证上应填写：单位、姓名、职务、到场目的、预计到场起止时间等。

（15）停产检修后应对设备作空、轻、重负荷的运转和性能测定，并按照设备质量验收标准严格验收。验收记录将检修内容详细记入在设备检修日志中。

（16）主要设备的检修技术报告和数据资料要记录齐全，及时归档。检修工作完成后 5 天内向市本矿业务主管部门报送检修总结。

（17）若外包工队承担本矿大型设备检修时，本矿负责监督管理，严格督促施工队组按技术要求检修。

（18）上级部门对节假日停产检修有具体规定的，按照上级的要求执行。

第四条　日常检修

（1）设备日常检修为每日强制检修制。机电队、机运队每周一、周四时间为早班 10：00～14：00，其余时间为早班 12：00～14：00。洗煤厂动筛检修时间随机电队、机运队。综采队、综掘队每日早班为检修班，必须在规定时间内完成检修任务。如遇特殊情况需延长检修时间的，由调度室统一做出安排。

（2）主要检修项目包括采、掘、机、运、提、洗煤等相关设备。

（3）设备日常检修应做好主要设备的擦拭、清洁工作，紧固易松动的螺丝。检查设备零部件是否完整、设备运转是否正常，有无异音、漏油、漏气等现象。维护和保持设备状态良好，保证每日生产的正常进行。

（4）设备日常检修维护保养工作要实行区域性负责制和部门负责制相结合，对设备做好巡回检查并做好记录。

（5）设备日常检修要保证每天不少于 2 h 的检查、维修、保养时间。若发现设备故障在 2 h 内无法排除的，应及时向调度室汇报，组织力量进行检修。

（6）待检修完毕空载运转后，进行安全确认并填写记录。

19.12 调度室奖惩制度

为加强安全生产管理，保证按照生产作业计划完成生产任务，确保生产有序、安全、高效，应急到位，根据本矿实际，制定本制度。

第一章 奖 惩 原 则

第一条 奖惩公开：对奖惩制度公开公平公正的执行，按制度执行。

第二条 奖惩有据：有相应依据，有充分证据。

第三条 奖惩结合：与职工岗位职责挂钩，与服务质量和经济效益相结合。

第二章 奖 惩 方 式

第四条 奖励方式：精神奖励（给予一定荣誉）和现金奖励。

第五条 惩罚方式：行政处分和现金处罚（从当月工资中扣除并通报）。

第三章 奖 励 规 定

第六条 井下生产过程中，敢于抵制或举报“三违”人员，避免了事故的发生，积极主动抢险救灾，明显减少了事故损失的有功人员，奖励×××元。

第七条 为矿井安全生产调度工作提出合理化建议，经采纳确有明显效果的，奖励×××元。

第八条 发现事故征兆能够立即采取措施，及时报告调度室以及制止违章指挥，避免事故发生或明显减轻事故危害的给予表彰和奖励×××元。

第九条 在抢险救灾中不计个人得失，积极配合协调工作，成绩显著的有功人员给予记功授奖。

第十条 对严格执行领导带班制度、认真履行职责，带班人员原则上每班给予补助，标准为×××元/班。

第十一条 凡符合值班要求者，补助×××元。星期六、星期日和法定节假日，再增加×××元。

第四章 处 罚 规 定

第十二条 领导下井带班责任奖惩

（1）未填写带班记录、交接班记录的，罚款×××元/次，未按要求填写或记录不详细的，罚款×××元/次。

（2）带班人员未与当班职工同上同下的，视情节轻重，按违章论处。

（3）对领导未按规定带班下井造成空班或者带班弄虚作假者，按照擅离职守处理，将处以××元罚款，本班发生安全事故的，按相关法律法规处理。

（4）带班领导因出差、培训、生病或身体、年龄等特殊原因未能或不能完成带班作业的，由本人提出申请，总经理批准后酌情予以减免，并报调度室备案，手续不全的，视情节轻重，将对相关责任人处以×××元罚款。

（5）跟班科级领导不得私自调整跟班班次，不得无故不下井跟班，一经查处将按照本矿制度进行处罚。

第十三条 矿领导值班处罚

（1）因各种原因没有值班者，不得享受补助，如果因没有履行请假或说明等手续不值班的，视情节轻重，将对相关责任人处以×元罚款。

（2）不履行值班制度在矿值班，或者值班期间擅离职守，将按照本矿制度予以×元罚款，本班发生安全事故的，按相关法律法规处理。

（3）值班人员在值班期间要认真履行职责，若因疏忽、指挥失误或者督查不到位影响井上下生产安全，将按照本矿制度进行处罚，造成事故的，按本矿相关制度进行处理。

（4）值班科级领导不得私自调整值班班次，一经查处将按照本矿制度进行处罚。

（5）值班领导未填写值班记录、交接班记录的，罚款×××元/次；未按要求填写或记录不详细的，罚款×××元/次。

第十四条　调度会议处罚

（1）凡按时参加调度会议的中层领导，每参加一次补助×××元，出差、请假、迟到者均不得领取补助。

（2）调度室每月底根据参会人员的打卡次数汇总签到表，经分管经理和总经理签字后发放会议补助。不在应参加调度会议人员范围内而打卡者，不计发补助。

（3）参加会议的中层领导必须准时到会，凡迟到、早退者罚款×××元，无故不到者除不享受补助外，再罚款×××元。

（4）违反会场纪律，大声喧哗或者所带电子设备发出噪音等，将处以×××元罚款。

（5）每天负责汇报的值班领导必须参加早调度会，一次不参加或者不汇报当班值班情况，将处罚×××元。

（6）当班负责汇报的值班领导无故不参加调度会、未汇报的，由调度室给予处罚×××元。

第十五条　设备检修处罚

（1）设备使用单位未严格落实设备日常检修制度，没有保证检修时间，将对部门负责人处以×××元罚款。

（2）检修工检修不到位，导致设备不能正常生产的，按影响生产时间×××元/h进行罚款。

（3）设备检修后的设备要实行保修制，在保修期内因同一故障影响正常生产的，由机电科落实责任单位，调度室对责任单位按本矿相关规定进行处罚。

第十六条　井下运输处罚

（1）因调度员指挥失误影响井下运输的，将对责任人员处以×××元/次罚款。

（2）未严格执行《材料运输管理规定》，未及时申请《材料运输单》私自运料、单据签字不全或者单据内容模糊不清造成运输纠纷的，处罚部门责任人×××元/次。

（3）下井运输装料不及时，或者装车不规范，影响运输的，处罚部门责任人×××元/次。

（4）因井下运料不及时影响正常生产任务的，对责任部门负责人处以×××元/次罚款。

（5）因井下运输过程中，未严格执行规程规定，运输操作不符合规程要求，出现安全隐患的，将对部门负责人处以×××元罚款，出现重大安全隐患的未造成事故的，对部门负责人处以×××元罚款，出现重大安全隐患、并且造成人生伤亡事故的，对责任人员按本矿规定处罚。

第十七条　矿井安全生产指挥、调度汇报处罚

（1）调度指挥人员对井下生产情况掌握不清楚，汇报错误，处罚责任人×××元/次。

（2）调度指挥人员出现指挥失误，影响生产、运输的，处罚责任人×××元/次。

（3）调度人员对井下采掘生产数据统计不清楚、有错误的，处罚责任人×××元/次，审核领导负连带责任×××元/次。

（4）井上下作业人员不服从调度指挥，辱骂指挥人员或者抵制命令影响正常生产任务顺利完成的，处罚责任人×××元/次，造成事故的将追究责任人的责任。

（5）采掘生产过程中，瞒报、谎报生产情况，导致调度室掌握不清生产情况，致使调度指挥出现失误的，处罚责任人×××元/次，责任单位×××元/次。

（6）副井提升、翻矸系统及运输发生事故和停车，设备司机必须及时向调度室汇报。一次不汇

报罚×××元，停车超过5 min值班队干必须向调度室汇报清楚，否则处罚×××元/次。

（7）辅助运输系统发生事故，运行设备司机必须在30 min内向调度室汇报，否则罚×××元/次。

（8）各生产单位发生事故，当班班长、跟班队干必须及时向调度室汇报，值班队干5 min内向调度室汇报，否则罚值班队干、跟班队干、班长各×××元/次。

（9）采区运输系统发生事故，设备司机必须在事故发生后10 min内向调度室汇报，值班队干必须在20 min内向调度室汇报，否则罚值班队干×××元/次、当班班长×××元/次、设备司机×××元/次。

（10）供电系统发生事故，各变电所值班人员必须向调度室汇报，超过5 min不汇报，罚值班员×××元/次；值班队干必须在15 min内向调度室汇报事故概况，否则罚值班队干×××元/次。

（11）材料、设备因客观原因无法保证供应时，必须提前向调度室汇报，否则因缺料、缺件、脱料造成停产事故，罚单位责任人×××元/次，相关单位×××元/次。

（12）作业地点存在安全隐患或工程质量不达标等，被责令停产整改，安全员必须在停产后5 min向调度室汇报，否则罚安全员×××元/次。

（13）各单位不得隐瞒和谎报生产中出现的隐患或事故，发现一次罚值班队干、跟班队干各×××元，当班班长×××元。

（14）无计划的停风、停电，作业地点的当班班长和跟班队干，必须在事故后5 min内向调度室汇报，否则罚×××元/人/次。

（15）凡采掘工作面发生的生产事故，除现场班长、跟班队干按汇报程序进行汇报外，现场安全员也必须如实向安全调度进行事故汇报，隐瞒不报一次罚×××元，汇报不及时（0.5 h以上）一次罚×××元。

（16）生产系统管理人员及中层领导入井次数不达规定要求，每缺一次处罚×××元，领导带班期间未带班的，按本矿相关制度进行处罚。

第十八条 影响生产时间处罚

（1）生产一线发生一次影响1 h以上生产事故，生产二线发生一次影响30 min以上的事故均要按×××元/h进行事故处罚。

（2）主提升系统要严格按规定的运转时间执行，检修不到位，导致设备故障影响生产的，处罚责任单位×××元/h。

（3）副运系统若不能按时、按质、按量将设备、人员、材料运输下井时，处罚责任单位×××元/h。

第十九条 生产事故处理处罚

（1）在组织进行事故处理过程中，被通知到调度室待命人员，必须在规定时间内赶到调度室，无故不到一次罚×××元；第二次通知不到，罚×××元。迟到一次罚款×××元，并在调度会上通报批评，并扣单位考核1~5分。

（2）在事故处理过程中，任何单位，任何人员都必须无条件服从调度安排，服从调度指挥，不得拖拉扯皮消极怠工，否则罚责任人×××元，扣单位考核分5~20分，若造成事故扩大或造成重大影响，要严肃追查责任，给予行政纪律处分。

第二十条 产量监控系统责任追究

（1）系统值班人员未能有效监控产量，导致日产量持续2天超过最高产量10%的，并未及时报告调度室处理的，罚款×××元。

（2）系统值班人员未能有效监控产量，导致月产量持续2月超过最高月产量10%的，并未及时报告调度室处理的，罚款×××元。

（3）系统值班人员应和运输皮带司机及时联系，确保系统正常运行，如皮带载货正常运行而检测主机 10 min 收不到数据时，应及时通知系统维护人员，如未及时监测发现，每发现一次罚款×××元。

（4）系统维护人员未尽到巡检义务，未及时发现、排除隐患，导致系统发生故障，不能正常运行的，每发现一次罚款×××元。

（5）系统维护人员在接到值班人员系统发生故障通知，未及时排除隐患，系统 2 h 以上不能正常运行的，每次罚款×××元。

（6）系统维护人员未对系统进行定期检查和维护以及其他因素导致系统运行不正常的，每次罚款×××元。

（7）调度室在接到产量监控值班人员汇报超产时，未及时通知本矿停止生产的，导致上级部门处理的，按上级有关规定处理相关责任人。

（8）其他人员故意破坏系统设备、传输线路的，每发现一次罚款×××元。情节严重的，移交公安机关处理。

（9）违反《山西省煤炭产量监控系统管理规定》，有下列情形之一的，对直接责任人处以×××元以上×××元以下的罚款：

①工作人员未持证上岗的。

②未按规定安装煤炭产量监控系统的。

③人为造成煤炭产量监控系统不能正常运行的。

④发生超能力生产不予纠正的。

⑤故意弃用煤炭产量监控系统的。

（10）故意破坏、损毁、安装干扰装置或者改变煤炭产量监控系统设施，造成产量监控数据上传中断或者数据失真的，由公安机关根据《中华人民共和国治安管理处罚法》的相关规定处理，构成犯罪的，依法追究刑事责任。

（11）因工作人员徇私舞弊，滥用职权，玩忽职守，导致煤炭产量监控系统不能正常运行或者上传数据不准确的，依法给予行政处分；构成犯罪的，依法追究刑事责任。

第二十一条　井下作业人员管理系统责任追究

（1）对井下作业人员管理系统的电脑主机及监测设备，管理人员要定期进行检查，若发现有人损坏大屏的，一经发现报调度室，予以全矿通报批评，照价赔偿，并处罚×××元。

（2）标识卡统一佩戴在矿灯皮带上，新工人到矿，经过三级安全教育培训后，必须佩带指定标识卡后方能入井，检身工在人员入井时应对每一位矿工进行仔细检查，不配戴标识卡不允许入井。不听劝阻强行入井的，检身工报安全科，对违反者本人处罚×××元，并扣除当班工资。在井下发现未佩戴标识卡的给当事人罚款×××元，如发现漏检的对检身工罚款×××元。

（3）主井、副井、井底车场及轨道巷的读卡器，供电电源，备用电源由机电、机运队负责管理，如有损坏按价赔偿，并处罚×××元。

（4）各采、掘、开拓工作面的读卡器、供电电源、备用电源由本队负责管理，如有损坏按价赔偿，并处罚×××元。

（5）佩戴标识卡的入井人员不允许更换标识卡，一经发现给双方各处罚×××元，并扣除双方当班工资。

（6）弄虚作假没有入井却把标识卡带入井下的，一经发现，给携带者罚款×××元，本人罚款×××元，并按脱岗处理，扣除双方当班工资。

（7）标识卡丢失或损坏应及时上报调度室，并进行补卡，丢失的标识卡或损坏的标识卡按原价赔偿。

第二十二条 通信系统责任追究

(1) 任何部门不得未经调度室同意私自改变移动通信设备位置、一经发现将给予×××元的罚款。严重者按照事故进行分析。

(2) 任何部门和个人不得随意丢失和损坏井下通信分线盒、缆线。凡丢失和损坏的，对责任部门给予每次×××元的处罚，对责任人给予每次×××元的处罚，并由责任部门按价赔偿，承担因通信中断造成的后果。属于故意破坏的，按照影响范围及性质程度，加倍进行处罚。

(3) 采煤工作面的通信缆线及相关设备随工作面的推进要及时回撤盘放整齐，坚决不允许图省事、怕麻烦而随意裁断，否则处以×××元以上的罚款。回撤缆线盘放过多的，可以从缆线接头处断开并及时升井上交。

(4) 通信值班人员应经常下井检查，监督通信相关设备、缆线的使用情况。对不按标准使用的，调度室对责任部门处罚×××元。

第二十三条 其他

丢失矿灯钥匙将对责任人处以×××元罚款，并予以补发。

19.13 领导干部及相关人员下井次数规定

为增强领导干部的安全意识，强化安全责任，切实转变作风，做到“解决问题在井下，工作重点在现场”，根据国家安全生产监督管理总局令第33号《煤矿领导带班下井及安全监督检查规定》，结合实际，对领导干部及相关人员入井作如下规定：

第一条 本矿董事长、书记不少于每月5次，总经理不少于每月5次。

第二条 分管矿长、总工程师每月入井不少于12次、各专业副总每月入井不少于16次。

第三条 其他本矿领导每月入井不少于3次。

第四条 本矿各生产系统科室副科长以上干部每月入井不少于16次。

第五条 后勤系统科室副科长以上干部每月下井不少于2次。

第六条 生产系统科室其他安全生产管理人员和生产技术人员每月入井不少于8次。

第七条 主要工作任务

(1) 巡查主要安全设施、设备是否齐全完好。

(2) 排查采掘开工作面及其他工作地点存在的隐患，特别是瓦斯、通风、顶板及机电运输方面存在的安全隐患。

(3) 检查安全隐患整改落实情况。

(4) 落实调度和安全会议所确定的安全生产事宜。

(5) 处理现场突发事件。

第八条 所有人员入井时间不少于3 h，当班带班领导下井的执行本矿《矿级领导及管理人员下井及带班制度》中的有关时间规定。否则，不得作为一次入井。

第九条 考核

(1) 调度室负责完善领导入井次数的考核及相关记录的汇总，并负责对领导干部入井情况进行监督检查。

(2) 实行入井虹膜考勤制度，调度室负责维护虹膜考勤机。

(3) 每月底公布上述副科以上干部入井次数，接受群众监督。

(4) 调度室负责按照制度规定对领导干部入井不达标的人员进行处罚。

19.14 领导入井情况公示制度

为认真贯彻落实《国务院关于进一步加强企业安全生产工作的通知》（国发〔2010〕23号）、

《煤矿领导带班下井及监督检查规定》（国家安全生产监督管理总局第33号令）的文件精神，加强矿领导深入现场和强化现场安全管理，对矿领导带班下井制度的落实情况进行群众监督，特制定本制度。

第一条　公示载体。在矿井口和调度室等显著位置设立公示栏，根据实际情况实行动态管理，按照长期置放和清楚方便的要求进行规范公示。必须做到位置明显，字体端正，遇有损坏或字迹不清等现象时，要及时更换、维修或刷新。

第二条　公示对象。总经理、矿长、总工程师、安全矿长、生产矿长、机电矿长等领导干部带班下井情况。

第三条　接受监督范围。本矿领导入井情况必须在本矿范围、矿生产生活区范围内接受监督。

第四条　公示内容

（1）矿井制定的矿领导带班下井计划，包括入井次数和班次安排。

（2）矿领导带班下井时，其带班领导姓名应当在副井口明显位置进行公示。

（3）矿领导每月带班下井工作计划的完成情况，应当在公示栏公示。

（4）矿领导带班下井交接班记录项目（内容）包括：下井时间、地点、经过线路、发现的问题及处理情况、意见等。

（5）每月对矿领导带班下井情况的考核结果，以及与考核结果相关的奖惩情况。

第五条　公示要求

（1）矿领导带班下井计划必须符合上级相关文件的要求，详细制定入井次数和班次安排。

（2）公示工作必须由调度室对矿领导带班下井记录进行认真统计，与调度室下井带班交接班记录进行核对，经矿领导、安全科审核无误后，进行公示。

（3）在矿领导填写交接班记录和带班记录后，矿调度室负责及时对调度公示栏进行填写；安全科负责对井口公示栏进行填写。

（4）公示栏填写内容必须确保真实性，填写人员必须认真核实，严禁出现徇私舞弊，弄虚作假现象。

（5）矿领导带班下井公示接受上级部门、群众及社会各界媒体监督，如发现公示内容不实，可向有关主管部门检举。

19.15　安全监管执法与决策支持系统管理制度

根据《山西省煤炭工业厅煤矿安全监管执法与决策支持系统使用与管理办法》文件精神，为了规范本矿执法网系统的建设、管理、使用和维护，保证系统的正常运行，充分发挥其在煤矿安全生产中的作用，结合实际，特制定本制度。

第一条　分类：执法网系统值班制度、执法网系统值班人员岗位责任制、执法网系统技术资料管理制度、设备管理制度、执法网系统定期检修制度、执法网系统运行管理制度、执法网系统异常上报制度。

第二条　执法网系统值班制度

（1）值班人员是当日值班室的第一责任人，必须认真履行职责。

（2）值班人员在值班期间要坚守岗位，不得擅离职守，保证机房24 h值班，应及

时填写和更新煤矿基础数据和矿图；认真监视执法网终端显示的各种信息，通过执法网终端接收上级煤炭监管部门下达的监管指令，上报监管指令的处理结果。及时填写系统运行日志、按规定处理各种报表、认真填写交班记录，履行签字手续，发现问题及时汇报。

（3）执法网系统不得与互联网（Internet）连接，任何人不得在专用于执法网的服务器上运行与系统无关的任何程序。

（4）值班人员在值班期间要保持机房与操作平台整洁卫生，闲杂人员不准进入机房。

(5) 值班人员必须经培训合格并持相关部门颁发的上岗证。

(6) 值班人员在值班期间必须严格执行异常情况报告制度。

第三条 执法网系统技术资料管理制度

(1) 建立健全执法网系统的技术档案，并进行分类管理妥善保存。

(2) 对系统采取定期检查发现的故障以及处理的情况必须进行详细登记备查。

(3) 对所有收集的技术资料必须真实、可靠，便于指导今后的工作。

(4) 技术资料管理人员必须是经过专业培训合格的人员方能上岗。

(5) 各类技术资料档案一律不准销毁，否则，按情节轻重给予当事人经济上的处罚，直至开除离矿。

(6) 系统技术档案资料的查阅，必须履行借阅手续，外单位因工作需要查阅资料，须经矿领导批准后借阅。

第四条 设备管理制度

(1) 系统设备、设施确定专人负责，经常进行维护保养，保持设备、设施完好无损。

(2) 系统设备保管和存储要规范化，要有相应规格的框架存放各种现代教育技术设备，做到账、物、卡相符合。注意防尘、防潮、防磁、防震、防火、防盗。

(3) 系统设备、设施的安装与验收必须按照说明书及安全规程进行有计划、有组织的验收安装。

(4) 系统设备、设施在使用前必须按照说明书要求及相关技术规范，编制安全操作规章和技术规章。

(5) 加强设备及设施的保护，对蓄意破坏检测监控设备者要严加处理。

(6) 严格遵守设备使用管理制度。按照操作规程正确使用设备，搞好设备的日常维护和保养，保持设备及使用场所的整洁卫生。

(7) 系统设备是专用设备，应由专人保管使用。

(8) 要建立《设备器材及资料登记簿》，详细记录设备器材的名称、型号、数量、性能、启用时间，使用、维护和更新情况，对设备器材每半年清查核对一次，如有遗缺，要及时查明原因，追究相关人员责任。

第五条 执法网系统定期检修制度

(1) 系统维护管理人员应每周检查，发现故障及时查明原因进行处理，并立即向调度室报告，同时填写故障登记表。做好维护工作，保证执法网系统 24 h 正常可靠运行。

(2) 网络出现故障后要积极组织抢修，并将发生故障的时间、现象、原因及处理方法、恢复时间等做好记录，同时向上级监管部门报告。

(3) 对于软件故障的处理，按照《山西省煤炭工业厅“安全网络系统”软件维护管理办法》(晋煤办调〔2011〕132 号) 执行。

(4) 遇到异常情况或报警讯息后，值班人员立即通知值班领导，值班领导应立即采取应急措施并记录备案。

(5) 系统管理人员应根据需要分级设置密码，操作人员应按照各自的权限进行工作，不得越级操作。执法网系统的各类设置和参数，未经许可不得变更。

第六条 执法网系统运行管理制度

(1) 系统应定期进行巡视和检查，发现故障及时处理并填写故障登记表。

(2) 掌握有关执法网系统操作方法，建立健全各类台账和记录报表，操作人员和维护人员经培训合格方可持证上机操作。

(3) 监控中心应 24 h 值班，认真填写设备运行记录，由监控中心分管主任签字审批。

(4) 若遇到异常情况或报警信息后，值班员应立即通知值班领导，值班领导应立即采取应急措施并记录备案。

（5）系统的历史数据应妥善保存，对执法网系统的数据进行备份，备份数据保存不少于2年。

（6）系统值班人员每班都要对运行情况做好详细记录，负责对煤矿安全监控系统、煤炭产量监测系统、煤矿井下作业人员管理系统等系统上传的各种配置数据、实时数据、报警数据及系统异常数据的接收和处理。

第七条　执法网系统异常上报制度

（1）系统值班人员必须实行24 h不间断监测。

（2）当煤矿的安全监测监控系统发生故障时，必须立即向调度室报告，并通知有关部门立即处理。

（3）在故障期间必须有安全措施，并将实施情况记录在册。

（4）在故障发生后，应积极组织抢修，尽快恢复正常。并将发生故障时间、现象、原因、处理办法、恢复时间等做好记录。

（5）当煤矿安全执法网系统发生故障时，立即向矿长报告，超过1 h应向二级公司报告，超过4 h应向市级煤炭监管部门报告，超过8 h应向省煤炭监管部门报告。

（6）坚持煤矿安全执法网系统故障上报制度，否则视为系统无故障停止运行，要按规定对值班人员进行处罚。

19.16　煤炭产量监控系统管理规定

为了规范煤炭产量监控系统管理，有效监控煤炭产量，科学开发利用和保护煤炭资源，促进矿井的可持续发展，结合矿井实际，制定本规定。

第一章　总　　则

第一条　本规定所称煤炭产量监控系统，是指利用信息管理、计算机网络、工业自动化等技术对矿井煤炭产量数据进行采集和实施远程动态监控管理的系统工程。

第二条　煤炭产量监控系统由省级网络数据中心、市级网络数据中心、产量监控系统三级网络组成，是运用数字化称重和网络传输技术，对煤炭产量实施监测，实现各级煤炭行政主管部门对煤炭产量信息动态统计、汇总和监管。

第二章　产量监控系统监控员职责

第三条　负责实时监控煤炭产量监控系统的运行情况。

第四条　负责接收上传数据。

第五条　负责产量数据的统计、汇总和分析。

第六条　负责监督本矿按产量计划正常生产，对超生产许可证核准能力生产的及时向有关领导汇报，并责令停产处理。

第七条　负责产量监控系统出现故障时，在1 h内向上级主管部门进行书面报告。

第八条　负责对产量监控系统运行异常的处理情况进行检查，并定期汇总。

第九条　负责产量监控系统的校验工作，对产量监控系统运行情况组织检查、定期校验和年度检验。

第三章　产量监控系统一般管理规定

第十条　按照上级煤炭行政主管部门制定的技术规范要求，煤矿要确保系统数据接口、数据格式的统一，安装统一的应用软件系统。

第十一条 建立产量数据中心，配备数据库服务器等网络设施，以B/S模式构建监管平台，存储和管理上传煤炭产量数据。

第十二条 临近系统预留煤炭产量监控系统联网端口，供财政、税务、安全监察等部门进行网络连接。

第十三条 按照《山西省煤炭产量监控系统技术规范》的要求，安装合格的煤炭产量网络监测终端、视频传感器和称重系统，并委托有资质的单位进行施工。

第十四条 建立煤炭产量监控系统24 h值班制度，每班至少2人。工作人员应当具备计算机、煤矿安全及生产技术等专业知识。

第十五条 建立健全以下资料及管理制度：系统示意图、网络拓扑结构；应用系统操作指南；设备维护管理制度；产量监测数据上报管理制度；产量数据定期归档、备份管理制度；毛煤与原煤折算系数管理办法；操作人员值班岗位责任制及工作流程；煤矿产量监控系统定期校验及年度检验制度。

第十六条 煤炭产量监控系统预留联网端口，供同级财政、税务、安全监察等部门进行网络连接。

第十七条 应当建立健全煤炭产量监控系统规章制度，配备相应的工作人员。工作人员按特殊工种管理，经培训合格后持证上岗。

第十八条 为煤炭产量监控系统架设供电专线，安装防雷电接地装置等设施，确保设备完好和传输数据准确。煤炭产量监控系统应当配备防病毒系统，实时监测网络病毒，及时更新病毒库和客户端防病毒软件，并定期备份产量监测数据库信息，确保数据安全。

第十九条 煤炭产量监控系统出现故障，在2 h内未报告当地煤炭行政主管部门的，从故障发生之日起至系统恢复运行之日止，按其日均产量的三倍核减其当年的核定生产能力。日均产量＝矿井年核定生产能力/330天。核减的产量＝日均产量×3×故障天数。

第二十条 故意破坏、损毁、安装干扰装置或者改变煤炭产量监控系统设施，造成产量监控数据上传中断或者数据失真的，由公安机关根据《中华人民共和国治安管理处罚法》的相关规定处理，构成犯罪的依法追究刑事责任。

第二十一条 产量监控系统上岗工作人员由上级煤炭行政主管部门认证资质的培训机构培训，经市级煤炭行政主管部门考核合格后，持市煤炭行政主管部门发放的上岗资格证书方可上岗。

第二十二条 省煤炭行政主管部门统一领导培训考核工作，市级煤炭行政主管部门、集团公司组织实施。按照“教考分离”原则，培训采取集中培训、统一大纲、统一教材，考核采取统一标准、统一证书的办法进行。

第二十三条 矿职工培训科负责申领、打印、初步审核、人员资料汇总等工作。

第二十四条 上岗资格证书有效期为2年。有效期届满，经复训考核合格后，由市煤炭行政主管部门加盖延期合格印章，办理延期手续。

第二十五条 产量监控系统出现故障，应当在1 h内报告上一级本矿及煤炭行政主管部门，并将故障发生的时间、现象、处理结果及系统恢复时间等记录在案。

第二十六条 产量监控系统应确保产量监控系统的设施、设备连接线路的完好和供电正常，产量监控系统出现故障，应立即向矿长（总经理）报告，在1 h内向二级公司及煤炭行政主管部门报告，并将故障发生的时间、现象、处理结果及系统恢复时间等记录在案。有故障不报告者，视为故意弃用煤炭产量监控系统。

第二十七条 煤矿因停产、改造、检修等原因超过2天以上（含2天），应当立即以书面形式上报二级公司及煤炭行政主管部门。

第二十八条 产量监控系统出现故障，未在2 h内报告当地煤炭行政主管部门的，从故障发生之日起至系统恢复运行之日止，按其日均产量的三倍核减其当年的核定生产能力。日均产量＝矿井年核定生产能力/330天核减的产量=日均产量×3×故障天数。

第二十九条　煤矿产量监控系统负责人负责日常的检查、验收及年度检验的管理工作，每年要定期或不定期组织检查工作。

第三十条　在新建、改（扩）建、改造等项目时，煤炭产量监控系统应当与主体工程同时设计、同时施工、同时验收，按照基建矿井投产验收程序组织验收。

第三十一条　产量监控系统根据开采煤层、生产工艺、运输提升方式等实际情况，测算毛煤与原煤折算系数，并以正式文件上报上级煤炭监管部门核定。

第四章　毛煤与原煤折算系数管理制度

第三十二条　毛煤与原煤的界定：毛煤是指由矿井开采出来未经任何加工的煤炭；原煤是指毛煤经过简单加工，用人工拣除大块矸石（一般是指50 mm以上）之后的煤炭。

第三十三条　影响毛煤与原煤折算系数的主要因素

（1）地质构造：因煤层结构不同而造成的夹矸、伪顶等因素影响。

（2）采煤工艺：因采用不同的采煤工艺而引起的顶板、底板矸石混入等因素影响。

（3）其他因素：除上述因素外，因煤层顶板破碎、遇断层及陷落柱等因素的影响。

第三十四条　折算系数核实程序

（1）组织有关部门和专业技术人员对矿井开采及运输等影响因素进行核实，必要时（折算系数大于10%）深入现场实地测算矸石量，并到井下实地查看现场。

（2）根据煤层地质赋存条件、开采工艺、提升方式等实际情况向市级煤炭行政主管部门提出折算系数的申请，并对产量折算系数的各项影响因素做出具体分析和说明。

（3）经审核批复后，将折算系数录入产量监控系统，同时报市煤炭行政主管部门备案；对存在问题由主管部门重新核实和确认。

第三十五条　折算系数适用期限。毛煤与原煤折算系数，每半年确定一次，每年于上年度的12月份和本年度的6月份提出申请。如遇地质构造（如：无炭柱、断层、伪顶等）及开采工艺、提升方式发生变化时，应在15日内及时提出变更申请。

第五章　产量、初始化参数定期归档、备份管理制度

第三十六条　产量监控系统值班员工作必须认真负责，详细登记当班设备运行记录、交接班记录、产量监测记录等报表。

第三十七条　产量监测中心必须建立值班日志、运行报表、设备登记表、故障检修记录表等报表。

第三十八条　产量数据归档、备份后资料保管要严格登记手续，分类保存，不得丢失、损坏、私自外借。

第三十九条　矿长（总经理）及生产矿长必须坚持每天审阅产量监控系统建设及运行情况相关报表，产量监控数据、监测记录及报表由产量监控系统专人统一负责保管，不得损坏、遗失。

第四十条　产量监控系统更改密码及参数，必须第一时间进行备份、登记。

第四十一条　系统上传数据及文字记录严格专业用语，分类登记，分类保管。

第四十二条　产量按时段进行汇总、登记、上报，每日对产量分班次进行汇总上报调度室及县、市煤炭行政主管部门；月、年终汇总上报县、市煤炭行政主管部门。必须将各种记录原件存档备案，资料保存时间不少于2年。

第四十三条　产量监控系统应每三个月对数据进行备份，备份的数据介质保存时间应不少于2年。图纸、技术资料的保存时间应不少于2年。

第六章 系统工作异常定期归档、备份管理制度

第四十四条 产量监控系统出现故障或断线，造成信号采集，显示，运输及反馈中断，不能及时传输产量数据信息或数据误差超过有关规定为异常情况。做好记录存档备案。

第四十五条 发生异常时立即上报调度室、二级公司及当地应急管理部门信息调度中心，同时必须及时检查故障，分析原因，积极组织抢修，并填写《故障检修记录表》，在48 h内不能修复正常的要及时请求上级技术帮助，并上报二级公司。

第四十六条 特殊情况时可及时上报二级公司及当地应急管理部门信息调度中心。

第四十七条 一般故障时，要及时向调度室报告，安排专人进行抢修，直至恢复正常，并存档备案。

第四十八条 出现异常情况时，操作人员不得随意离岗，必须与调度和上级中心站保持通信联系，以求最快处理完善，使系统恢复正常运行。

第七章 监控信息数据上报管理制度

第四十九条 产量监控系统实行24 h值班制度，每班至少2人，工作人员应具备计算机、煤矿安全及生产技术等专业知识，持证上岗。

第五十条 产量监控系统应24 h不间断运转，系统联网正常，产量数据的统计、汇总和分析要实时上传。

第五十一条 产量监控系统值班人员应确保产量监控系统的设施、设备连接线路的完好和供电正常，系统出现故障，立即向单位负责人进行汇报，并将故障发生的时间、现象、处理结果及系统恢复时间等记录在案。

第五十二条 产量日报应有矿长或值班领导的签字，及时上报二级公司及煤炭行政主管部门。

第五十三条 产量监控系统出现故障后，应在1 h内向二级公司及煤炭行政主管部门报告，并将故障发生的时间、现象、处理结果及系统恢复时间等记录在案。

第五十四条 煤矿因停产、改造、检修等原因超过2天以上（含2天），应立即以书面形式上报二级公司及煤炭行政主管部门。

第八章 计量器具定期巡检调校制度

第五十五条 调度室负责产量监控系统调校的组织、指导和协调工作。

第五十六条 相关部门要严格对产量监控系统进行监督检查，发现问题通知监控维修人员及时处理。

第五十七条 调度室应配合做好每月一次的定期标定和维护工作。

第五十八条 监控维修人员负责做好设备的日常检查维护管理工作，确保系统始终处于安全正常运行状态。

第五十九条 矿每季度邀请市煤炭工业管理局有关部门对皮带秤进行一次调校。

第六十条 矿每年应举行一次产量监控系统年检工作，由煤矿自检合格后、进行初检上报市局，市局组织检查验收工作。

第六十一条 加强对产量监控系统定期校验及年检验制度的监督落实，做到专人专管、按期进行定期维护检查。

第九章 设备、线路定期检查、检验、测试制度

第六十二条 常规安全检查

（1）正常生产过程中，每班必须至少对现场设备进行巡检 2 次，清理网络控制箱上的灰尘，检查设备计量端有无异常现象，是否有堆积着过多的杂质，称重传感器及标志牌等设施有无遭到人为破坏或自然损坏。

（2）每周检查三次通信线路有无破损，悬挂点是否脱落，接口处和设备连接处是否松动，动力电缆是否与通信线路有并行段，并行段的间距是否符合标准，机房通风、照明、卫生是否良好，机房接地及防雷安全设施是否符合要求。

（3）每月对通信线路进行衰减测试（双向电阻是否增大、电压是否减弱），需要更换的应当及时进行更换。

（4）每月需对设备计量端进行平衡调试，并做出详细的调试记录，如两次调试的记录误差过大，应当缩短秤平衡调试的时间间隔。

（5）必须在设备运行不超过 30 天内，对设备的各连接处及摩擦处进行补填润滑油及对秤体上的浮煤和杂质进行清理。

（6）出现疑难故障应及时通知生产厂家积极协调处理。

第六十三条　网络检测系统的调试、测试

（1）为确保产量监控系统数据与实际产量相符，需对系统定期检查和调试。

（2）网络检测系统必须严格按照设备使用的规定进行调校，调校人员应取得相关资格证方可上岗作业。

（3）产量网络监测系统的间隔值必须半个月标定一次，如进行实物标定，实物的重量不得小于 5 t，在间隔值标定准确后，必须再通过实物确认一次方能写入数据采集器。

（4）间隔值的换算必须按照国家对皮带秤的规定执行，即：实际承重值/标准重物值×原有间隔值=当前间隔值。

第六十四条　检查和检验人员要做好相关记录，记录应写明查出的问题、检验前后的技术指标和说明，同时应有检查检验人员和相关责任人的签字。根据检查的问题除按相关规定对有关责任人进行处罚外，必须认真制定整改措施，指定专人在限期内按要求进行整改，并把该记录作为安全管理资料归档。

第十章　设备维护管理制度

第六十五条　产量监控维修人员，必须持证上岗，并熟悉掌握产量监控设备的结构、性能、技术特征、工作原理和电气系统原理图和各安全保护装置的作用。

第六十六条　产量监控维修人员，操作时严格按《煤矿安全规程》《煤矿机电设备完好标准》《煤矿机电设备检修质量标准》等相关规定操作。

第六十七条　必须保持设备及周围环境的清洁，一定要保持设备有良好通风、防尘、防水措施，保持设备的基础稳固，螺栓的齐全紧固，并在皮带运行中不能造成明显振动。

第六十八条　按时对所规定的日、周、月检内容进行维护管理，不得漏检漏项。

第六十九条　设备维护后，在运行前要清点人员并查看仪器、仪表是否齐全。

第七十条　不定期对皮带秤运行场所进行清扫，搞好设备和场所的环境卫生。

第七十一条　维护后的设备状况，要由维护负责人向操作人员交代清楚，检查验收后，方可投入运行。

第七十二条　认真填写设备维护和日常管理记录，将检修内容、处理结果及遗留问题与值班人员交代清楚，双方签字。

第七十三条　设备维护注意事项

（1）远离热源、配电柜、阳光直射以及环境潮湿等地方。

（2）保障提供持续稳定的220 V交流电源。

（3）机房要配备防雷接地保护系统。

（4）现场设备禁止站人及堆放输送物料以外的物品。

（5）严禁非工作人员进入现场，随意操作现场终端箱。

（6）外部接口应严格按使用说明书所标注的方法使用，不得擅自更改连接。

（7）保护仪表，不得有淋水，以防损坏和触电。

（8）机房做好清理工作，整理干净。

第七十四条 设备管理维护重点

（1）确定网络是否连通，使用ping命令，若不通则查看联网软件运行情况，若都不通则检查网线接头是否松动、未连接、交换机电源灯是否长亮。

（2）检查秤体到终端箱的线路是否有开口断裂处，秤体螺栓是否紧固，秤体是否有松动的情况。

第七十五条 设备维护流程

（1）数据终端：查看数据终端箱绿灯和红灯是否亮，若不亮查看220 V电是否供给，若供给正常，则用万用表查看主板电源是否输出正常，若正常说明终端箱电源指示灯坏。反之，说明开关电源坏。若终端箱绿灯和红灯一闪一闪的，说明开关电源坏。

（2）数据服务器：查看数据服务器电源指示灯和网卡指示灯是否亮，若电源指示灯不亮，则查看220 V电源是否正常输入，若正常则查看数据服务器输出电压，若正常则说明指示灯坏，需更换指示灯；若不正常则更换电源。若网卡指示灯不亮，则用备用网线和网卡逐一排除故障，若网线、网卡均正常则排查服务器故障。

（3）虚拟串口若虚拟串口发命令不能正确应答，有以下几种可能：终端箱没有供电或开关电源坏，按照上述方法处理。数据服务器坏或其电源、网线没有接好，按照上述方法处理。485通信线路断了，按照颜色对应接好。485通信模块坏，更换新的通信模块。重新刷新程序后，若还不行则更换主板。若虚拟串口发命令能应答，但是数据不正确，有以下几种可能：虚拟串口端口号不对应或波特率不对应，重新设置。若数据服务器坏，予以更换。若虚拟串口通信正常但无数据，有以下几种可能：传感器损坏，传感器线断，传感器主程序工作不正常，则逐一排查进行处理。

第七十六条 主板

（1）主板不能显示或参数不能调整的处理方法。断开主板上所有的连线，用万用表测开关电源电压是否正常。若开关电源正常，主板只接电源线，插显示板看是否能正确显示，若能显示且参数也能调整，说明主板没有问题，若能显示但参数不能调整或参数不显示，重新加载程序，试验多次后仍不行，则更换主板。

（2）不能称重的处理方法。只接一个新的传感器，用力压传感器，看监测参数是否有变化，若有变化说明主板没有问题，传感器或传感器线路有问题；若无变化，更换重量采集模块，若监测参数仍没有变化，说明主板坏了。

（3）能称重但不能上传数据的处理方法。用笔记本直接接主板串口，发命令看是否执行，若执行说明主板没有问题，若不执行说明主板有问题。

（4）主板正常，数据不上传的处理方法。主板没有问题，但数据不上传，短接串口端的收发线，在机房用电脑发数据，若返回的数据是发送的数据，则485通信模块没有问题，串口服务器也没有问题；若不能返回数据或返回的数据不正确，再用一根2芯线距离不超过10 m，连接串口服务器和485通信模块发命令，若没有反映，则485通信模块坏了，若返回的数据是发送的数据，则485通信模块没有问题；用一个好的485通信模块背对背连接备查的485通信模块，用电脑发命令，若不能返回数据或返回的数据不正确，则485通信模块坏了。

第七十七条 传感器。用万用表测传感器的信号端电压（大概是2 mV），若测出的电压过大或过小则传感器有问题。用万用表测传感器电源端和信号端的电阻（电源端大概是350 Ω，信号端大概是400 Ω），若测出的电阻∞或0，则传感器损坏。

第十一章　煤矿产量监控系统交接班制度

第七十八条　接班人员必须提前10 min到达岗位，认真检查岗位记录报表及运行情况，对于上一班未处理的事项要特别交代清楚，交接班人员在交接班记录上签名后完成交接工作。

第七十九条　值班人员必须按调度室规定的排班表上岗，未经部门负责人同意，不得擅自替班和调换。严禁空岗脱岗，特殊情况未能到岗的需由本人找好替班人员，并经部门负责人批准。严禁不办理交接手续而离岗，严禁用电话等通信方式交接班。必须做口对口，手拉手，你不来，我不走。

第八十条　交接手续履行之前，岗位一切工作由当班（交班）人员负责，交接完成后，岗位一切工作由接班人员负责，因交接班手续履行不认真造成工作失误，由接班人员负责，由于遗漏事项未交代清楚由交班人员负责。两方都未交接清楚工作，由双方负责。

第八十一条　作业人员必须持证上岗，着装整洁，语言文明，严格管理。

第八十二条　交接班主要内容

（1）检查一次系统是否正常，信号传输是否正常，电脑运行终端是否正常。

（2）检查网络通信传输、反馈是否正常，安全措施是否到位。

（3）检查监控台、办公室是否整洁，设备、用品是否按规定摆放。

（4）检查各种记录报表是否齐全、正确、无误。

（5）其他未完成的工作是否移交完善。

第八十三条　接班主要内容

（1）交接人员共同检查上述1至5条必须正常，清楚。

（2）当前系统运行状态尚未完成工作和注意事项。

（3）设备检修、运行异常及事故处理情况。

（4）各种记录、报表、图纸及有关工具保存齐全、完整情况。

第十二章　产量监控系统使用、维护、技术资料及设备报废管理制度

第八十四条　安装与维护

（1）矿主运输皮带须安装煤炭计量器具，并能满足全矿井煤炭产量监测要求。

（2）煤炭计量仪器处应安装摄像机，昼夜监视计量器及输煤设备等。

（3）计量仪器及其传感器应按照产品说明书安装，不得影响正常生产。

（4）在计量仪器安装完毕后对计量仪器进行调校和定期年检。

（5）计量仪器严禁擅自打开，需要开盖维修或调整参数时，必须经相关领导批准后方可进行。煤矿应保证系统24 h连续运行。

（6）调度室应设置监控设备，显示产量、输煤设备工作状态、系统工作状态和视频信息等。

（7）设备使用前，应按产品使用说明书的要求调试设备，并在地面通电运行24 h，合格后方可使用。防爆设备应经检验合格，并贴合格证后，方可下井使用。

（8）产量监控设备发生故障时，应及时处理、填写故障登记表，并上报监控中心。在故障期间应采用人工记录的办法进行产量监控，并将产量记录录入系统。

（9）产量监控主机、计量器必须采用双回路供电。

（10）当电网停电后，备用电源保证设备连续工作2 h，不能连续工作1 h时，应及时维修或更换电池。

（11）入井的电缆在入井处必须有防雷措施。

第八十五条 监控中心站管理

（1）监控中心应设置显示设备和监控服务器等。

（2）监控中心监控服务器应双机热备。

（3）监控中心应双回路供电，并配备不小于2 h的在线式不间断电源。

（4）监控中心设备应有可靠的接地装置和防雷装置。

（5）监控中心应配备防火墙等网络安全设备。

（6）监控中心应使用录音电话。

（7）监控中心24 h有人值班，值班员应认真监视监视器所显示的各种信息，详细记录系统各部分的运行状态，填写运行日志，打印监测日（班）报表，报矿长审阅。接到报警后，值班员应立即通知调度及值班领导，调度及值班领导应立即采取措施，处理结果应记录备案。

第八十六条 技术资料

（1）监控中心站应建立以下账卡及报表：设备仪表台账；设备故障台账；检修记录；调校记录；监控中心运行日志；监控日（班）报表；原煤/毛煤折算系数报表。

（2）严格按照有关规定要求绘制设备布置图，图上标明计量仪器、摄像机、主站、电源等设备的位置、接线、传输电缆、供电电缆等，根据实际布置及时修改，并报矿技术负责人审批。

（3）监控中心每三个月对数据进行备份，备份数据应保存两年以上。

（4）图纸、技术资料应保存两年以上。

第八十七条 报废：符合下列情况之一者，可以报废

（1）设备老化、技术落后或超过规定使用年限的。

（2）通过修理虽能恢复性能及技术指标，但一次修理费用超过设备原值80%以上的。

（3）失爆不能修复的。

（4）受意外事故或灾害，损坏严重，无法修复的。

（5）不符合国家及行业标准规定的。

（6）国家或有关部门规定淘汰的。

第十三章 产量监控秤体防尘防水措施

第八十八条 在距产量监控秤体前后20 m各设置一个雾状防尘装置，并可靠运行，确保秤体周围无尘，清洁。

第八十九条 在安装秤体的皮带机头、机尾等转载点各设置一个雾状防尘装置并可靠运行，确保秤体周围整体环境无尘，清洁。

第九十条 在打扫皮带走廊时，必须先洒水，后扫地。洒水时不得将水洒至秤体等相关设备上，洒水后应及时清扫。

第九十一条 在皮带不运转期间，必须将防尘开关关闭，以免水顺皮带至秤体上。

第九十二条 以上措施必须严格执行，如造成秤体故障的，追究相关人员责任。

第十四章 网络安全管理制度

第九十三条 煤炭产量监控系统网络是封闭专用的内部网络，专用主（备用）机，不得运行与产量监控系统无关的任何程序；严禁与国际互联网络连接和从事与监控系统无关的活动。

第九十四条 煤炭产量监控系统操作人员不得通过监控信息网络从事危害网络安全和公共安全、损害公众利益或侵害他人正当权益的活动，不得利用网络传播和发送与安全生产无关的其他信息。

第九十五条 煤炭产量监控网络系统应当配备IP视频设备和调度应用软件，它是产量监控信息网络系统的组成部分，专门用于生产的调度指挥和网络调试，安放在固定位置，保证畅通。

第九十六条 煤炭产量监控网络系统应当配备防病毒系统，实时监测网络病毒，及时更新升级病毒库和客户端防病毒软件，并定期备份产量监测数据库信息，确保数据安全。

第九十七条 保证网络机房的安全，做好防火、防盗、防静电、防雷接地、不间断电源等相关设施的完好及年度定期测试工作。

第九十八条 煤炭产量监控系统网络管理人员根据需要，为运行操作人员和用户设置密码，密码要注意保密，定期更换。用户按照各自的权限进行工作，不得越权操作。

19.17 井下作业人员定员管理制度

第一章 总 则

第一条 为防止超强度、超能力、超定员生产，最大限度地减少井下作业人员数量，促进矿井安全生产，根据《关于减少井下作业人数提升煤矿安全保障能力的指导意见》（安监总煤行〔2016〕64号）要求，结合实际，制定本制度。

第二条 井下“限员挂牌”，是指生产矿井按照国家有关安全生产规定，依照劳动定员标准，在井口、采区、采掘工作面等工作场所的醒目位置，以牌匾形式标明每班出勤定员人数和每班实际出勤人数。各工作场所的每班出勤定员人数，必须依据先进合理的劳动定员标准确定。每班实际出勤人数，不得超过出勤定员人数上限。

第三条 本制度适用于井下采掘、辅助等生产单位，井下定员人数，如因生产管理需要调整人数，必须按照有关规定报请上级管理部门批准。

第二章 “限员挂牌”基本要求

第四条 各生产单位要根据核定生产能力优化生产布局，优化生产工艺，优化劳动组织，坚持正规循环作业，均衡组织生产。

第五条 生产技术科、地测防治水科及通风科等部门按照安全高效的原则，合理布置采区和采掘工作面，控制生产采区和采掘工作面个数。

（1）矿井生产采区个数按上级有关规定执行。

（2）一个采区同一煤层的一翼最多只能布置1个回采工作面和2个掘进工作面同时作业。一个采区内同一煤层双翼开采或多煤层开采的，该采区最多2个回采工作面和4个掘进工作面同时作业。具备条件的逐步推行一个采区内同一煤层布置1个回采工作面、2个掘进工作面的生产组织方式。

第六条 调度室与人事劳资科要根据矿井核定的生产能力，制定限员标准。

第七条 各生产单位要根据采掘开采工艺不同，控制采掘工作面每班实际出勤人数。

第八条 当同一采区采掘工作面每班同时作业人数或每当班出勤人数大于本细则第六条、第七条规定人数时，按照第六条、第七条规定人数控制；反之，按照出勤定员人数控制。

第九条 调度室与人事劳资科要根据核定生产能力、采掘工作面布置和生产流程，进行劳动组织优化和岗位优化，不脱节、不虚设、不重复设置岗位。

第十条 各采掘、井下辅助生产单位要对井下实行“限员挂牌”高度重视，树立“以人为本”观念，加大安全生产宣传工作力度，超前做好“限员挂牌”的各项准备，确保井下“限员挂牌”工作顺利实施，把各项安全生产规定落到实处。

第三章 井下“限员挂牌”管理工作方案

第十一条 为切实加强井下“限员挂牌”管理工作，矿井成立井下“限员挂牌”工作领导小组。

组 长：矿 长

副组长：安全副矿长、生产副矿长、机电副矿长、总工程师

组　员：副总工程师、安全科、调度室、生产技术科、机电科、通风科、地质防治水科等有关部室负责人。各有关职能部门要明确专人负责井下“限员挂牌”管理工作。

第十二条　调度室是与人事劳资科要根据采场变化、技术装备水平、地质条件变化确定劳动定员标准，做到“限员挂牌”管理与劳动定员管理紧密结合。

第十三条　批准的“限员挂牌”人数，是井下作业地点出勤人数的最高限，必须严加控制，不得超过人数上限。

（1）调度室、安全科在调度室和入井等候室设立入井人数公示牌，标明井下、各采区、各采掘工作面每当班的出勤定员人数和井下作业人员总数。

（2）安全员负责各采区“限员标志牌”的管理：标志内容包括采区名称、定员人数、实际出勤人数等。

（3）各采掘单位在采掘工作面入口处悬挂醒目的“限员标志牌”：标志内容包括工作面名称、当班出勤定员人数、交接班控制定员人数以及在采掘工作面实际出勤人数等。

（4）各生产班（组）在生产安排上，要严格按照限员组织生产，不得擅自增加入井人数，不得超员安排人员入井作业。

第十四条　调度室要利用井下人员定位考勤监控系统，及时准确掌握入井人数和入井人员的工作区域。

第十五条　有下列情况之一的，由生产技术科提出安全技术措施，人事劳资科、安全科按照规定临时调整出勤定员，待工作完成后恢复定员人数。

（1）矿井发生突发事件，急需增加人员处理时。

（2）矿井受地质条件影响等，致使临时改变生产组织形式，需要增加作业人员时。

（3）外来人员和临时人员入井时，牵头部门必须提前提出申请，矿领导审批后方可入井。

第十六条　各采掘工作面必须严格生产施工工艺，合理组织生产，坚持正常交接班，严禁两班交叉作业。采掘工作面除带班人员、要害岗位、特殊工种人员必须在现场交接班以外，严禁其他人员在限员区域内交接班。

第四章　井下“限员挂牌”调度与报告

第十七条　各井下采掘、辅助单位班前会后，必须及时将本班各个工作地点的出勤人数、当班出勤总数报告调度室。

第十八条　各采掘、辅助单位班组长入井到达采区后，必须首先向调度室汇报本班组实际出勤人数，否则不得进入采区。

第十九条　各井下施工单位到达采掘工作面入口时，必须首先向安全员汇报本班组实际出勤人数，待安全员现场核实后，方可进入工作面，否则一律不得组织开工生产。

第二十条　调度室每班至少核查一次各采区、各采掘工作面的实际出勤人数，发现超员情况，必须及时汇报矿值班领导，并安排超出定员的人员升井。

第五章　考 核 与 监 督

第二十一条　安全科具体负责井下“限员挂牌”的监督检查，人事劳资科、调度室协助配合。

第二十二条　生产技术科、机电科、通风科、地测防治水科等部门要进一步优化生产布局，制定相应的监督、检查、考核、管理制度，切实发挥“限员挂牌”作用，促进矿井安全生产。

第二十三条　人事劳资科、安全科、调度室要运用考勤、现场核查等手段，对井下、各采区、各采掘工作面实际出勤人数进行统计，并与出勤定员人数对比，一旦发现实际出勤超过定员人数，要立

即报告矿值班领导，将超员人数及时升井，否则追究有关人员的责任。

第二十四条 各单位要严格“限员挂牌”制度的落实，按时上报、填写出勤人数。不按时上报或填写出勤人数与实际不符者，每发现一次，罚责任者×××元。

第二十五条 对检查中发现的超员入井作业现象，监督检查人员要当场予以纠正并责令多余人员上井，并对现场作业人员、班组长、跟班管理人员和队予以处罚。如因超员组织生产造成人员伤亡事故的，按有关规定加倍处罚有关人员责任。

第二十六条 对拒绝、妨碍、阻挠监督检查人员履行职责或打击报复、语言侮辱的，按严重个人“三违”处罚，情节严重的给予处罚。

第二十七条 安全科要加强“限员挂牌”的监督检查，做好日常动态管理。对于井下作业人数最多的班次，要跟踪加强管理，严禁两班交叉作业，有效监控交接班期间出现的井下人流高峰。

19.18 通信联络系统管理制度

为建立健全煤矿通信保障和通信恢复工作机制，保证通信设备有效运转，促进安全生产工作顺利开展，结合实际，特制定本制度。

第一章 总 则

第一条 在矿长领导下，通信保障和通信恢复工作坚持统一指挥、分级负责，严密组织、密切协同，快速反应、保障有力的原则。对井上、井下发生通信系统故障时，必须在较短时间内恢复并正常投入使用。

第二章 通信联络系统设备、设施管理制度

第二条 设备设施维护人员必须熟悉掌握通信联络系统设备设施的性能、特点，发现故障及时处理并填写故障登记表。

第三条 应对系统进行定期检查，保证设备状态良好，工作正常。

第四条 系统设备、设施应说明书要求进行维护，确保运行状态正常。

第五条 值班人员必须按照设备的操作规范要求使用设备。

第六条 使用的系统设备、设施必须符合煤矿安全规程的规定，严禁无安全标志的设备、设施入井。设备、设施安装维护必须有详细记录，存档备查。

第七条 设备设施应置于围岩稳定、支护良好、无淋水、无杂物的位置，以免损坏设备设施。

第八条 通信、信号和控制等装置，应优先采用本质安全型，严禁通信线路利用大地作回路，严禁接入非兼容性的设备设施。

第九条 通信系统设备必须具备良好的防雷和接地保护措施。

第十条 井下各地点爆破作业时，必须制定保护设备、设施的措施，防止破坏设施、设备，否则，将给予当事人×××元的罚款。

第十一条 通信系统的设备设施管理人员必须严格执行报废管理制度。

第三章 通信系统设备设施技术资料管理制度

第十二条 建立健全通信设备、设施、仪表的技术档案，并进行分类管理妥善保存。

第十三条 对系统定期检查，发现的故障以及处理的情况必须进行详细登记备查。

第十四条 所有收集的技术资料必须真实、可靠，便于指导今后的工作。

第十五条 通信系统要定期进行测试，详细记录测试内容及技术数据，并留档备查。

第十六条 技术资料管理人员必须是经过专业培训合格的人员方能上岗。

第十七条　各类技术资料档案一律不准销毁，否则，追究当事人责任。

第十八条　系统技术档案资料的查阅，必须履行借阅手续，外单位因工作需要查阅资料，须经矿领导批准后借阅。

第四章　通信联络系统值班制度

第十九条　每天实行 24 h 值班，严禁擅自离岗，严格执行现场交接班制度。

第二十条　值班记录必须清楚，对通信系统发生故障出现的时间、地点、汇报人及维修人员姓名都要详细记录，若因失职要严肃追究责任。

第二十一条　各种记录要填写规范、字迹清楚、摆放整齐、保存完好。

第二十二条　严禁外来人员擅自进入通信系统值班室,禁止无关人员和外单位使用本单位的电话。

第二十三条　值班人员要定期巡检通信系统运行情况，发现问题报维修人员处理。

第二十四条　值班人员必须保证工作场所清洁卫生，物品摆放整齐有序，确保工作环境符合设备运转要求。

第二十五条　值班人员要认真监测各部门通话情况，如有必要实施监听，发现违规通话者予以处罚。

第二十六条　严禁值班人员使用值班电话谈与工作无关的事情。

第五章　通信联络系统设备定期检修制度

第二十七条　系统设备必须有专人维护，维护人员必须熟悉设备的功能、特点等，经培训考试合格方能上岗。

第二十八条　设备设施维护检修人员每天都要检查设备及电缆，发现问题及时处理，并将结果填写记录并存档。

第二十九条　要定期对备用电源进行测试，不能保证设备连续工作 2 h 应及时更换。

第三十条　节假日前对重要部门电话实测一次，调度室、安全科、医务室等用电话每月实测 1 次。

第三十一条　每月核对 1 次用户名称、电话号码，配线号和电缆序号应一致。

第三十二条　通信联络系统设备的安装要随采掘巷道变化而变化，如系统有大的调整，要对通信系统进行一次全面通话测试。

第三十三条　通信联络系统应功能完善，运转正常，发现异常维护人员应及时处理。

第三十四条　每 3 个月对通信设备进行全面检修，确保井上、井下通信联络运行稳定、可靠，并做好检修记录。

第三十五条　检修设备的人员要严格执行操作规程，若违反规程致使损坏，由当事人照价赔偿。

第三十六条　设施设备要做好防潮处理，定期更换防潮剂。

第三十七条　职责划分与管理内容。

（1）职责划分：地面主机及井上下主干线由维修组负责管理。各工作点电话由现场队组管理。

（2）管理内容。各使用部门定期清除设备灰尘、油污和潮气，擦拭、调整各个触点。各使用部门应确保螺钉紧固，触点接触良好，送、受话器通话效果良好，铃声响亮。

第三十八条　通信终端原则上必须在井上维修，如井下发生故障必须立即使用备用终端。更换前应通知调度值班员，待更换完毕修复后，再通知调度值班员恢复正常使用。

第六章　通信联络系统运行管理制度

第三十九条　系统应定期进行巡视和检查，发现故障及时处理并填写故障登记表。

第四十条　掌握有关通信设备的性能、结构、原理和操作方法，建立健全各类台账和记录报表，操作人员和维护人员经培训合格方可持证上机操作。

第四十一条　监控中心应 24 h 值班，认真填写设备运行记录，由值班主任审核签字。

第四十二条　若遇到异常情况或报警信息后，值班员应立即通知值班领导，值班领导应立即采取应急措施落实处理，并将处理情况做好记录。

第四十三条　系统的历史数据应妥善保存，保存期限要达 1 年以上。

第四十四条　设备运行管理员每天要对运行情况做好详细记录，对正常运行周期做好统计分析。随时掌握系统的可靠性，平均无故障时，应大于 800 h，否则，应向分管领导汇报，查明原因进行处理。

第四十五条　根据设备运行情况做好系统设备的备品备件工作。值班人员严格按照系统设备操作说明要求操作，维护人员严格按照系统维护和检修周期做好设备的维护检修工作。

第四十六条　设备使用前，应按要求调试，并在地面通电运行不小于 24 h，合格后方可投入使用，否则应向机电科报告进行处理。

第七章　通信联络系统故障报告制度

第四十七条　设备维护管理人员应定期检查，发现故障及时查明原因，立即向调度室报告并及时进行处理，同时填写故障登记表。

第四十八条　值班人员接到故障报告后，做好详细记录并向相关领导进行汇报。

第四十九条　通信联络系统一旦发生故障按相关规定立即上报，积极组织厂家和系统维修人员进行抢修，尽可能在短时间内恢复正常，发生故障超过 1 h 后得不到处理，应向上一级调度机构报告；并做好故障发生的时间、地点、现象、原因以及处理办法和恢复正常的记录，留档备查。

第五十条　通信主干线路发生故障时要立即启用备用线路，同时与线路运营商取得联系，检修人员积极配合进行修复工作。

第五十一条　通信联络系统局域网络出现故障，不能实现互联互通时，要立即报告调度监控及信息中心负责人，积极组织维修，在尽可能短的时间内恢复正常，并将发生故障的时间、现象、原因等及处理办法、恢复时间等做好记录。

第五十二条　通信联络系统终端发生故障，立即通知责任队组进行处理。

第五十三条　通信联络系统供电系统发生故障，立即通知机电部门进行处理。

第八章　通信系统报警、求救通信信息上报制度

第五十四条　生产调度中心必须 24 h 轮流值班，一旦接收到系统报警、求救通信信息，立即向矿值班人员汇报。

第五十五条　矿值班领导应接到报警求救通信信息后，立即赶到调度室，查明原因后，根据具体情况采取相应的措施并按照规定逐级上报。

第五十六条　若遇系统报警，求救信息时，凡被通知的单位和人员都应做好一切抢救灾害的人力、物力、财力准备工作，听候安排。

第五十七条　根据现场实际启动相关预案，按照规定向上级有关部门及领导做好动态汇报。

第五十八条　若遇通信系统出现故障时，按照《通信联络系统故障报告制度》报告外，应立即采取措施，尽快在短时间内使系统恢复投入运行。

第五十九条　系统值班员除按规定上报外，应将处理的具体情况做好相应记录，未按规定上报及处理者将追究其责任人的相应责任。

第九章　通信联络系统维护管理特殊规定

第六十条　任何单位和个人不得以任何理由私自改动通信线路，特殊情况需要对通信线路改动，

必须向调度室进行申请。调度室根据生产需要及设备运行情况确定改动方案。

第六十一条 任何单位不得私自改变或影响通信系统补偿电源的正常供电。当拆除或检修线路而影响移动通信系统正常供电时，必须提前通知调度室，不得私自进行，否则对施工负责人处以×××元的罚款，并承担因通信中断造成的后果。

第六十二条 出现通信中断、信号故障时，调度室应立即分析、查找故障原因，确定故障范围。并立即组织人员解决处理。

第六十三条 各使用单位不得强安、强要、强撤移动通信设备和缆线等。需新增电话及相关设备时，必须提前向调度室提出书面申请。调度室设计施工时，必须根据通信系统的布局，科学合理给出安设方案，不得以破坏系统总体性能与结构为代价而擅自施工。

第六十四条 使用单位的井下防爆电话机必须完好，按照使用要求进行使用及维护，不得更改设备参数。

第六十五条 相关单位对管辖范围或工作场所内的通信缆线设备设施负有监护责任。通信缆线途经单位的管辖范围，由该单位负责对通信缆线的管理，同时要严格对通信缆线的保护。

第六十六条 通信终端出现故障时，使用单位应及时到调度室申请更换，调度室要根据设备损坏原因落实处理，非正常原因损坏的，使用单位承担相应费用。

19.19 调度安全生产标准化管理验收制度

第一条 调度安全生产标准化按国家级标准执行实行百分制考核，要求每项在90分以上，管理制度健全，业务水平过硬，处理事情准确无误，资料齐全。

第二条 检查方式

（1）检查验收标准：执行《煤矿安全生产标准化管理体系基本要求及评分方法（试行）》新版标准。

（2）调度生产标准化验收方式分为部门自检、上级检查。

（3）每月矿各部门组织一次生产标准化检查验收，评定矿井安全生产标准化等级。

第三条 检查内容

（1）调度指挥机构、职责、人员配备以及人员任职资格是否符合要求。

（2）调度管理制度、日、周、月报表以及盘库记录是否齐全。

（3）对下井调度员考核，主要查看对现场问题处理情况是否具体，并有原始记录。

（4）图纸、调度台账、交接班记录、瓦斯监控记录等要填写、绘制完整。

（5）对现场的隐患是否跟踪到底，相关的记录是否齐全完好。

（6）应急处置、应急反应能力是否到位，应急预案、灾害预防处理计划、事故伤亡记录以及停产撤人记录等相关资料是否齐全。

（7）对值班调度主要是看领导下达的指令能否准确及时具体的传达下去，现场发生的各类问题能否及时、准确地掌握一手资料，并作出处理，记录在案。

（8）三级汇报程序是否严格实施，汇报内容是否准确及时，尤其是对班组汇报，主要是看掌握汇报结果是否真实无误，汇报与实际是否相符。

（9）对重点工作、生产动态、特殊情况下安全技术措施落实掌握情况以及“冬季三防”、“雨季三防”的安排布置情况。

（10）井下通信系统、人员定位系统、产量监控系统以及安全监控系统是否运行正常。

（11）调度人员统一着装并佩戴胸牌，恪尽职守，热情服务生产、生活，做到文明用语，不卑不亢，礼貌待人。

（12）调度室、会议室、值班室整洁卫生，实现办公自动化。通信机房及设备清洁完好，图纸资料整齐有序，图表牌板醒目统一。

第四条　其他要求

（1）各部门在安全检查的同时对生产标准化工作进行互相监督检查，及时发现和督促处理存在的问题。

（2）生产标准化管理员每月 3 日之前将本专业标准化实际得分报送安全生产标准化办公室，打分资料于 5 日前交至安全生产标准化办公室。

（3）上级部门对安全生产标准化检查或验收时，调度室必须做好现场安全生产标准化管理工作，按要求准备技术资料和质量管理资料。

（4）重大事故指挥失误者一票否决。

（5）日常抽查问题整改不按要求整改的，扣本项得分的 5%，未整改的除扣本项得分，另加处罚生产标准化管理员×××元。

（6）上级部门检查出重要问题，处罚生产标准化管理员×××元。

（7）验收、评级考核资料必须齐全、完整，检查人员必须签字。验收、评级资料应装订整齐，保存完好、方便备查。每月自检一次，不按规定时间完成自检的小组，每次罚款组长×××元。

（8）安全生产标准化办公室应将自检结果妥善管理，并至少保存资料一年。

（9）对日常考核中的先进者按考评分奖励。

19.20　调度室业务学习制度

为规范调度业务学习管理工作，不断提高调度员业务保安水平，确保调度生产指挥协调有序无失误，结合实际，特制定本制度。

第一条　调度室全体人员除参加国家规定的相关培训外，必须参加每周四下午由本科室组织的“安全活动日”学习，坚持“先培训、后上岗”的原则。

第二条　内勤员年初负责编制全年以及每季度的培训计划，统筹安排调度员学习培训进度，负责每季度对所学内容进行考试并形成量化考核，将考核内容在调度专业会上进行通报。

第三条　培训内容要求必须与煤矿安全信息调度工作息息相关，重点对应知应会、三大规程以及日常调度管理业务等内容进行学习。要结合上级安全指令、精神，突出解决安全生产中存在的主要矛盾和问题，做到内容翔实、规范。

第四条　培训方式以统一组织、集中授课为主，与个人自学相结合，理论学习与现场实践相结合，走出去与请进来相结合。调度室主任负责每月组织不少于两次集中学习，要求调度人员全部参加，并做好学习记录。非个人原因未参加学习的人员，返矿后根据记录自学。

第五条　集中学习授课人必须提前准备，要有学习材料及学习计划。

第六条　每月不少于 2 次培训学习，每次集中学习的时间不得少于 2 h，参加人员在学习记录上亲自签名，无故不参加学习者每次罚款×××元。

19.21　调度员下井管理制度

为及时了解和全面掌握井下各作业地点安全生产情况，现场协调并解决生产中存在的问题，提高工时利用率，规范调度人员入井管理，结合实际，特制定本制度。

第一条　入井人员必须严格执行《入井管理规定》，入井前必须进行虹膜考勤。

第二条　调度员每月下井不少于 8 次，每次不少于 3 h，少于 3 h 不计入井。

第三条　调度员要把保证安全生产作为首要责任，现场组织并督促解决生产中存在的问题，全面掌握安全生产实际状况，切实做到不安全不生产。

第四条　调度员入井后，要将生产作业现场工作情况、安全技术措施执行情况、一通三防情况以及临时工作进度，随时向值班调度员汇报。

第五条 调度员入井后，要及时向生产指挥中心汇报井下生产和运输等基本情况。

第六条 井下发生特殊情况时，调度员必须随时下井进行现场调度，并及时向值班领导汇报，根据实际情况协调解决，因工作失误未及时到现场进行指挥协调影响生产、运输的，将对责任人处以××元罚款。

第七条 调度员升井后，必须认真填写有关影响生产事故记录、调度员入井工作日志、相关隐患记录台账。未及时填写相关记录的，处罚调度员××元/人/次。

19.22 调度室资料管理制度

为保证技术资料的完整性，充分发挥调度技术资料在整个生产过程中应有的指导作用，结合调度室实际，特制定本制度。

第一条 凡本部门在生产指挥协调活动中形成的文件、具有保存价值的资料图标、记录、台账等相关技术资料，均属本部门立卷归档范围。调度资料分为纸质版和电子版两种形式，按相关要求存放。

第二条 资料存放要求。调度资料存档要有专用的资料柜、资料盒并做到目录、标签齐全，存放有序，便于查阅。电子资料应存放于便于查阅的硬盘内。

第三条 调度室资料员负责对文件资料进行收集、审定、整理、立卷。

第四条 档案存放地点要做到防盗、防高温、防火、防潮、防鼠、防虫，并定期检查。

第五条 班日调度记录，月度及年度生产作业计划，调度台账保存5年以上。

第六条 调度旬报、文字分析，上级通知、通报、传真电文保存2年以上。

第七条 死亡事故记录、重大非伤亡事故，作为永久保存材料。

第八条 季节性调度专项汇报、灾害预防演练、生产标准化验收检查资料要保存2年以上。

第九条 其他资料保存1年以上。

第十条 在计算机上保存的电子版台账、报表、资料和信息必须定期做备份防止丢失。

第十一条 各项生产数据和事故伤亡情况，不经有关领导批准，不得擅自对外公布。

第十二条 档案资料应有专人监管。填写案卷一律用碳素黑水钢笔、中性笔或毛笔，禁止用圆珠笔或铅笔，字迹应清楚、准确。

第十三条 调度室应按照规定定期整理相关资料，并上交档案室保存。

19.23 调度室保密制度

为了保证经济效益，加大矿井资料、数据、信息的安全管理，结合工作实际，制定本制度。

第一条 保密范围：凡调度室拥有的矿井资料、文件、图表、数据、传真、技术、指标及各类图纸等均属保密内容。

第二条 保密对象：生产指挥中心外所有无关工作人员。

第三条 调度室内部所拥有的保密范围内的各类内容，均由专人保管。

第四条 保密材料要实行分类建档，编号管理。

第五条 保管人员要有高度的责任心和责任感，所有资料均不得私自转借他人。确需转借，必须有领导签字批准，否则将按情节轻重对责任人员处以××元罚款。

第六条 转借的资料由保管人员按时收回归档；借阅人员对档案材料妥善保管，注意保密，不得以任何理由转借他人；借阅人员未经领导批准，不得复印、抄写档案资料。

第七条 一旦发现各项生产报表、台账等在借阅过程中被涂抹或缺失等毁损现象，要及时向主管领导汇报，并追究有关人员的责任。

第八条　对存有调度重要信息内容的计算机及网络系统，要设置密码保护，不允许无关人员打开观看。

第九条　向上级汇报的各种数据资料必须经分管领导批准，未经批准不得擅自汇报。

第十条　加强计算机网络系统管理，定期维护、杀毒，避免泄露关键信息。

第十一条　外来闲杂人员未经领导批准不准进入调度指挥大厅，未经允许不得进行拍照、摄像。

第十二条　外单位或客人来访没有领导或调度主任允许，不得接触有关调度信息及有关重要信息资料。

第十三条　未经允许，任何人员不得向其他单位和个人提供有关生产经营管理方面的重要信息。

19.24　调度运输管理制度

为保障生产需要，做到统一调度、合理调配、节约运力、提高效益，保证井下货物运输正常秩序和生产安全，根据我矿实际情况，特制定本制度。

第一条　全矿各有关部门每日所需运输的有关材料，必须提前做出计划，并在当日调度会上予以提前说明，填写部门材料申请单，并由生产矿长签字批准。

第二条　调度室根据当天生产任务和实际情况认真审核后，由调度主任签发材料运输单。

第三条　各有关部门必须按调度室安排的材料运输顺序规范入井，不得私自调整材料运输，如遇特殊情况，由调度室统一做出安排，以确保生产进度正常进行。

第四条　调度员应根据实际运输任务和轻重环节，科学灵活调度车辆，合理调配矿车的运行时间和运行路线，千方百计提高车辆周转率。

第五条　调度员应熟练掌握调度环节的安全程序，准确掌握运输物性质、数量、路线、运输注意事项和矿车的安全状况。

第六条　调度员应根据井下实际情况，协调好部门间关系，保证材料、设备、配件的正常供应，确保有序运输。

第七条　安全监控系统维护人员要保证井下车辆定位系统正常运行，以便调度人员及时掌握车辆运营情况。

第八条　入井材料审批及运输规定

（1）各单位运输材料必须提前一天向调度室写出书面申请，由分管矿长签字后交由调度室合理安排车辆。没有写申请的一律不准安排车辆运输。

（2）调度室根据各单位上、下井材料申请，合理安排装卸车运输。调度室必须设有专职分管主任协调，并由值班主任全权负责。

（3）机电队负责在运料胶轮车到井口后，及时安排上下井。机修厂负责各生产单位材料装卸。机运队负责安排具体车辆运输（没有调度室下发的任务单，不得进行运输）。各生产单位材料运输到位后要及时进行装卸。如果不及时装卸，胶轮车司机要及时向调度室汇报。如车辆有故障，机运队要及时修理或者更换车辆，完成当班的任务。

（4）各施工单位在保证当天用料的基础上，要合理申请，不得储备过多的材料。另外，在胶轮车运输过程中，各单位有废料需要升井时，可就近利用路过的车辆捎走，不需再申请专用车辆，但不得影响其他队组正常运料。

（5）调度室负责监督车辆具体运行情况，保证所有胶轮车的定位装置完好准确，如车辆运输趟数不足，调度室未及时督促或监管不到位，将对责任人员处以××元罚款。

（6）如胶轮车运输到位后不及时卸料（超半小时后）处罚生产单位××元。如有需要上井的废料，及时装车升井。

（7）胶轮车到达井口后要及时安排上下井，如发现不及时上下井（超过半小时后）处罚机电队××元。

（8）司机严禁酒后驾车，严禁私自将车辆交给他人，否则将对司机处以××元罚款，情节严重的调离岗位。

（9）防爆胶轮车必须配有合格的机载或便携式瓦检仪，驾驶员在进入不同工作区域时必须检测瓦斯浓度，否则处罚××元。

（10）材料车严禁人货混载，车辆不得超载运行，运送设备、大型材料必须捆绑牢固，拉运易滚动物件时必须采取防滚动措施，否则将对司机处以××元罚款，分管副队长负连带责任××元罚款。

（11）运送火工品、易燃易爆等危险化学品入井时，应避开交接班高峰期，执行矿井危险品运输相关规定，另对责任人处罚××元，分管副队长负连带责任××元罚款。

第九条 “无线通信运输监控调度指挥系统”管理规定

（1）调度室每班要指定专门的调度员作为系统管理员，负责“无线通信运输监控调度指挥系统”日常运行和信息处理，各队组要积极配合，听从指挥，否则将处以××元罚款。

（2）胶轮车司机不按信号灯指示行车，将处以××元罚款，造成车辆拥堵，影响运输时，处以××元罚款。

（3）井下各条大巷的线路、巷道灯以及信号装置等必须定期维护保养，未按规定执行的将对责任人处以××元罚款，检修不到位的将对责任人处以××元罚款。

（4）井下工作人员故意损坏“无线通信运输监控调度指挥系统”相应设备设施，情节轻微的处以××元以下罚款，情节严重的将予以直接开除。

（5）调度员要随时监控车辆运行情况，确保胶轮车按规定路线行驶，若超出规定范围，必须经相关部门的安全措施并告知相关单位，否则将对责任司机处以××元罚款。

（6）调度系统管理员每日要汇总井下运输情况、无线通信运输监控系统等设备运行情况，并报领导审核，所报信息不准确的，将对责任人处以××元罚款。

（7）当系统报警时，系统管理员要立即查明原因，做好胶轮车违章和信号灯故障等记录，并立即采取解决措施，如果因为对违章行为制止不及时或者故障排查不到位，出现影响运输情况的，将对违章司机处以××元罚款，对系统管理员处以××元罚款，记录填制不准确、不及时的将对责任人处以××元罚款。

（8）定期对“无线通信运输监控调度指挥系统”进行巡检，系统自身出现故障，要及时联系处理，必要时可改为手动控制。对故障处置不及时的，对责任人处以××元罚款。

（9）系统管理员注意事项：系统管理员如果对系统做修改，必须要通过数据库将现有的数据备份好，并做好日期标注。系统中如果有设备不通信或者损坏，一定要用原型号和地址的配件去更换，还要仔细阅读设备使用说明。

20　培训管理专业

20.1　职工培训计划编制与执行管理制度

第一条　职工培训计划的编制

（1）培训管理部门年初要根据二级公司年度安全培训工作计划和工作任务编制本矿安全培训计划。

（2）编制安全培训计划时，培训管理部门要广泛征求矿领导和各部门的意见，进行培训需求分析，做到既符合国家规定又符合本矿实际。

（3）安全培训计划的编制要坚持以人为本，增强安全意识，提升业务素质的原则。

（4）编制安全培训计划，需报矿长审批，审批后方可下发。

第二条　职工培训计划的内容

安全培训工作计划的内容包括：培训计划目的、指导思想、工作目标和应达到的要求；计划重点开展的培训工作，突出重点项目；培训方式、培训时间、教师配置、培训的要求等；培训的组织管理，即各类培训的负责部门。

第三条　职工培训计划的执行

（1）各项培训项目的落实。根据年度安全培训计划，把年度培训目标逐一分解，责任落实到组织部门。

（2）根据培训对象、培训内容等不同，确定适合的培训方式和教学方法，开展有针对性的、突出重点的培训。培训方式有脱产或半脱产，教学方法有集中讲授实操式、案例式、体验式教学。

（3）培训管理部门每季度对各部门的培训工作开展情况、组织实施等工作进行监督、指导和检查。

培训考核，可采用微机考试、闭卷式考试或问答的方式进行。

20.2　全员安全培训管理制度

为加强全员安全培训工作，落实培训责任，加大培训力度，促进全员安全培训工作制度化、规范化，不断增强全体员工的安全意识和素质，提升实际操作水平，特制定本制度。

第一条　总则

（1）全员安全培训坚持脱产培训和半脱产培训相结合，充分发挥基层队组的积极作用。

（2）全员培训工作由培训管理部门总体负责，各部门第一负责人是安全培训的第一责任者，各部门负责人或技术员是本部门安全培训的具体负责人，必须按照全员培训计划要求抓好安全培训工作。

第二条　全员安全培训的目标

（1）全体员工每年不少于 1 次的全员安全培训。参培率必须达 100%，合格率 100%。

（2）“三项”岗位人员、煤矿六大班组长及关键岗位人员每年应接受年度再培训学习。

（3）通过全员培训不断提高职工的安全意识和安全技术素质。

第三条　全员安全培训的形式

（1）春节复工复产全员安全培训采取脱产培训的形式，培训时间不少于 20 学时。

(2) 各业务部门负责的专项培训，可采取脱产培训，也可利用班前会、班后会、周四安全活动日等进行培训，要严格按照规定学时进行。

第四条 全员安全培训工作的考核

(1) 各部门必须保证参培率100%。凡缺一人次扣部门当月考核分，同时吊销未参加者上岗证，继续接受培训。

(2) 凡成绩不合格者，给予一次补考机会，补考仍不合格，继续脱产培训。

(3) 各培训组织部门负责建立健全相应培训档案，培训管理部门进行监督、指导和检查。

20.3 新工人安全培训制度

为了让新到矿的职工了解煤矿生产的特点，掌握煤矿安全生产基本知识和技能，结合实际，特制定本制度。

第一条 培训对象

新从事煤矿生产作业的人员。

第二条 培训时间

新工人培训总学时不少于72学时，其中矿级培训不少于24学时，厂队级、班组级培训不少于48学时。

第三条 培训管理

(1) 新工人必须持人事部门出具的培训通知，方可到培训管理部门接受严格的岗前培训。

(2) 新工人安全教育培训分矿级、厂队级和班组级三级进行，培训管理部门负责矿级培训，所在厂队负责厂队级和班组级培训。

(3) 新工人经矿级培训合格后，持安全培训合格证明，参加厂队、班组级培训；厂队、班组级培训合格后，签订师徒合同，方可到培训管理部门理临时上岗证，参加实习。

(4) 经培训考试合格的新工人必须严格执行实习制、师带徒制度、互保联保制度，并且在有经验的工人师傅带领下，井下岗位实习四个月，地面岗位实习三个月。

(5) 工人师傅一般应当具备中级工以上技能等级、三年以上相应工作经历和没有发生过违章指挥、违章作业、违反劳动纪律等条件。

(6) 实习期满后，需经培训管理部门和所在实习单位共同考核，取得师傅签名的实习合格证明，合格后方可换发正式上岗证。

第四条 培训内容

(1) 矿级培训内容：军训、企业概况和文化、企业生产管理制度、煤矿安全生产基本知识、职业卫生健康知识、事故案例分析、警示教育、“两器”使用和实操设备演示。

(2) 厂队级培训内容：

①本厂队的基本情况。

②本厂队的工作环境及危险因素和危险源辨识。

③所从事工种可能遭受的职业伤害和伤亡事故。

④所从事工种的安全职责、操作技能及强制性标准。

⑤自救互救、急救方法、疏散和现场紧急情况的处理。

⑥安全设备设施、个人防护用品的使用和维护。

⑦本厂队的安全生产状况和规章制度。

⑧预防事故和职业危害的措施及应注意的安全事项。

⑨有关事故案例。

⑩其他需要培训的内容。

（3）班组级培训内容：

①岗位安全操作规程。

②岗位之间工作衔接配合的安全与职业卫生事项。

③有关事故案例。

④其他需要培训的内容。

第五条　培训考核及办理上岗证

1. 培训考核

（1）新工人培训期间必须认真听讲，做好培训记录。

（2）培训期间不得迟到、早退，迟到、早退一次者给予口头警告；迟到、早退两次者推迟一天考试。

（3）新工人经过安全培训，考试合格后，方准上岗。

（4）新工人未经培训，任何人不得安排其上岗。

2. 办理上岗证

新工人的实习证和正式上岗证由培训管理部门统一办理。办证时由所在部门填写《新工人办证申请表》，同时出具厂队和班组培训记录及考试卷、师徒合同和实习合格证明，提交个人身份证复印件、毕业证复印件各一张、一寸红底彩照两张，报培训管理部门工作人员审核，领导批准后报二级公司办理。

20.4　特种作业人员培训制度

为加强特种作业人员的安全教育培训工作，增强职工的安全意识和安全防护能力，确保安全生产，结合实际，特制定本制度。

第一条　总则

（1）本制度所称特种作业是指容易发生事故，对操作者本人、他人的安全健康及设备、设施的安全可能造成重大危害的作业。

（2）煤矿特种作业人员具体指：井下电气作业、井下爆破作业、安全监测监控作业、瓦斯检查作业、安全检查作业、提升机操作作业、采煤机（掘进机）操作作业、瓦斯抽采作业、防突作业、探放水作业。

（3）特种作业人员必须经专门的安全技术培训并考核合格，取得《中华人民共和国特种作业操作证》后，方可上岗作业。

第二条　培训时间

煤矿特种作业人员操作资格初训不得少于 90 学时，延期换证培训不得少于 24 学时。

第三条　培训管理

（1）特种作业人员的培训分为初训和延期换证培训两种类型。初训是指尚未取得资格证的人员，第一次参加培训，该人员还不能够上岗作业。延期换证培训是指已取得资格证的人员，按照规定在证件有效期届满前参加的培训，该人员已在特种作业岗位上工作。

（2）培训管理部门对特种作业人员培训、证件实行统一管理。

（3）培训管理部门应当在特种作业操作证有效期满 60 日前，组织持证人员参加延期换证培训。

（4）各部门增加或减少特种作业人员，必须及时向培训管理部门提出申请。

第四条　考核发证及档案管理

（1）特种作业操作证有效期为 6 年，在全国范围内有效。

（2）当地应急管理部门负责特种作业培训、考核和发证。

（3）《特种作业人员操作证》原件由培训管理部门统一保管，复印件加盖培训管理部门公章作为副证由特种作业人员本人持有。特种作业人员上岗作业时必须随身携带操作证书副证。

（4）培训管理部门要建立健全特种作业人员培训档案及证件台账。

20.5 “三违”人员强制培训管理制度

为进一步规范职工行为，培养广大职工按章作业的自觉意识，从源头上消除不安全因素，确保矿井安全生产，结合我矿实际，特制定“三违”人员强制培训管理制度。

第一条 总则

（1）“三违”人员是指：违章指挥、违章操作、违反劳动纪律的人员，凡违反了三项中的一项，即为“三违”人员。

（2）“三违”人员根据违章性质分为轻微“三违”，一般“三违”，严重“三违”。对严重“三违”人员要通知其家属（亲属）到矿进行面对面帮教。

第二条 “三违”人员处理程序执行“过六关”步骤

第一关：审查核实登记关。凡“三违”人员必须接受安全部门审查确认，并进行登记，建立“三违”档案，作为对违章人员年内考核的依据。

第二关：停工检查关。凡“三违”人员经确认无误后，必须立即作出停工处理，违章人员必须无条件接受处理。

第三关：接受再培训再教育关。在认识错误后，按规定接受再培训再教育。

第四关：亲属帮教关。对严重“三违”人员为使其深刻认识违章行为的错误，必须邀请其家属（亲属）到矿进行帮教，共同帮其提高认识，强化对违章人员的安全教育。

第五关：考核确认关。帮教结束后，要对违章人员进行综合考核，考核合格后，安全矿长确认。

第六关：领导审批关。矿级领导审核“三违”人员综合考核情况，同意后方可复工。

第三条 培训具体要求

（1）培训管理部门凭安全科下发的“三违”人员通知单，并经安全矿长签字，对“三违”人员进行强制脱产培训。

（2）“三违”人员的培训时间为：轻微“三违”不少于3天，一般“三违”不少于5天，严重“三违”不少于7天。

（3）参加培训的人员必须按通知要求准时到培训管理部门报到。

（4）培训期间一律不准请假，凡迟到、早退者，延期培训。

（5）确实需要请假者，必须经部门出具证明，分管领导签字后，可以准假。

（6）“三违”培训内容要按照违章性质及“三违”人员所在岗位确定。要通过培训使“三违”人员认识到违章的错误和危害，并写出检查书和保证书（一式两份，培训管理部门和安全科各一份）。

（7）培训结束进行闭卷考试，考试不合格者，延长停工学习时间，直至考试合格。

（8）“三违”人员经培训合格后，由培训管理部门开具培训考核联系单送交安全科。安全科接到培训考核联系单后，经矿长审批，安全科开具“三违”人员复工通知单，通知“三违”人员所在工作单位后，方可安排其复工。

20.6 班组长培训制度

为切实提高班组长安全素质和现场管理能力，根据国家有关法律法规和上级关于加强班组建设的意见，结合实际，特制定班组长培训制度。

第一条 培训对象

煤矿任命的班组长，包括采、掘、机、运、通、地测防治水煤矿六大班组长和其他班组长。

第二条 培训时间

煤矿六大班组长资格初训不得少于72学时，其他班组长初训不得少于24学时，所有班组长每年的再培训不得少于24学时。

第三条 培训组织

（1）培训管理部门负责组织煤矿六大班组长参加二级公司组织的班组长培训。

（2）其他班组长（除煤矿六大班组长以外）的培训、考核、由培训管理部门负责组织。

（3）其他班组长培训办班前要提前制定培训计划和方案，培训内容及课时等内容符合有关规定。

第四条 培训考核及办证

1. 培训考核

（1）培训考核不合格的班组长，继续组织培训。考核合格后，持证上岗。

（2）培训期间不得迟到、早退，迟到、早退一次者给予口头警告；迟到、早退两次者取消考试资格。

2. 办证

煤矿六大班组长证件由培训管理部门到二级公司统一领取，其他班组长培训考核合格后，由培训管理部门统一制证。

第五条 培训管理部门应按有关规定和要求建立健全班组长培训档案，并归档存档。

20.7 调岗培训管理制度

为进一步规范职工调岗管理，按照规定办理调岗手续，特制定本制度。

第一条 本规定所称的调岗是指跨一级部门的岗位调动或一级部门内部的岗位调动。

第二条 跨一级部门的调岗人员必须持由人事部门出具的人事调动介绍信，并由培训管理部门安排调岗培训。

第三条 一级部门内部之间的调岗必须按要求填写调岗人员申请表，由所在部门分管领导签字盖章后，由培训管理部门安排调岗培训。

第四条 凡调岗人员培训时间不得少于48学时，执行实习制度（煤矿井下岗位实习4个月，地面岗位实习3个月），并签订师徒合同和互保联保协议。

第五条 调岗培训由培训管理部门和调岗人员调入部门共同组织脱产培训。调岗人员培训考试合格后，持“调岗申请表”（一式三份，调岗后调入单位、人事部门、培训管理部门各留存一份）到培训管理部门办理调岗手续，经审查条件合格者即可办理实习上岗证。实习期满，经所在部门和师傅考核合格后，持《实习合格证明》，办理正式上岗证。

20.8 从业人员学历提升培训管理制度

为进一步鼓励和支持员工不断加强学习，通过提高学历更新知识，提升综合素质，特制定本制度。

第一条 总则

（1）培训管理部门负责所有从业人员的学历提升工作。

（2）学历提升工作应坚持“职工自主参加、单位鼓励引导”的原则，按照中专、专科、本科、研究生的学历层次从低到高学习。

（3）学历提升主要采用函授及自学等学习方式。

（4）对任职有学历要求的关键岗位人员，培训管理部门必须按照有关规定组织进行学历提升，确保其达到岗位任职要求。

第二条 学历提升的方法及条件

（1）函授教育是单位学历教育的主渠道，函授教育按学历层次分为高等函授教育（专科、本科学历）和中等函授教育（中专学历）。

（2）参加高等函授教育的职工应具有中专（高中）或大专学历；参加中等函授的职工应具有初中学历。

（3）培训管理部门应指定专人负责学历提升工作，积极做好报名、就读、考试等相关工作。

（4）在保证生产、经营、管理等工作正常进行的情况下，各部门应积极鼓励和支持职工参加函授教育，帮助其妥善处理好工学矛盾。

20.9 “四新”培训管理制度

为加快技术发展水平和应用水平，推广新技术、新装备、新工艺、新材料，不断适应发展的需要，特制定本制度。

第一条 培训组织

（1）培训组织管理工作由培训管理部门和相关业务部门共同负责，要求必须组织集中培训和考核，各相关业务单位负责联系、协调工作，搞好业务上的指导。

（2）各相关业务单位必须建立培训档案，考试成绩及考试卷必须存档保存。

第二条 培训内容

培训内容由矿或厂家安排专业人员对新技术、新装备、新工艺、新材料的推广应用的原理、使用、操作等应知应会知识和技能进行培训，并严格要求培训质量，做到应知应会达100%。

第三条 培训方法

采取“请进来”“走出去”的方式进行。

第四条 培训考核及要求

（1）凡是引进新技术、新装备、新工艺、新材料时，所有涉及的技术人员和职工必须接受严格培训，考试合格后方可上岗。

（2）培训结束后，各相关部门进行考核评价，作为培训上岗的依据。

20.10 教学管理制度

第一条 教学大纲的制定和更新

（1）培训管理部门要根据国家规定，结合本矿实际情况制定各类培训教学大纲，并经分管领导审核批准。

（2）教学大纲的内容包括：培训目标及要求；总学时及学时分配；各种培训项目及培训课程的基本要求、内容安排及讲授重点等。

（3）教学大纲要不断更新，根据国家、行业的相关要求及本矿的实际情况不断充实、完善，以达到适用性广，操作性强的目的。

第二条 教学组织

（1）按照培训班教学大纲，组织实施。

①每期培训班实施教学前三天，班主任将课程表送达授课教师。

②教师要根据课程表要求，认真备课，写好教案或准备好电子课件。

（2）组织好教师的备课、上课工作和各类教研活动。

（3）每年至少安排教师到现场进行一次实习和调研活动，及时了解现场生产和工艺情况，使教学更具有针对性。

（4）培训管理部门负责人要经常对教师的教学情况进行了解，及时发现教学中的问题，不断改进教学方法和手段。

（5）每期培训后要组织学员对每位任课教师进行一次教学质量现场测评，并反馈给教师，及时改进教学方法。

（6）培训管理部门负责教学组织、管理、存档工作。

第三条　教学质量管理和评价

（1）每年至少组织一次教案抽查，抽查结果作为对教师考核的重要依据。

（2）不定期组织各类听课，并将听课评估结果作为教学质量评估的依据。

（3）在学员中不定期进行满意度调查，调查结果作为教学质量评估的依据。

20.11　教师管理制度

第一条　教师选聘

1. 专兼职教师任职要求

（1）熟悉安全培训教学规律，掌握安全生产相关知识和技能。

（2）大专及以上学历，相关专业中级以上职称且具有煤矿相关专业。

（3）本专业领域具有5年以上的实践经验。

（4）身体健康，适应本职工作及要求。

2. 教师聘用

（1）由于培训工作需要，需要外聘教师时，首先由培训管理部门提出申请，分管领导同意，矿长批准，方可外聘。

（2）内聘教师由培训管理部门根据实际情况，适时进行，要阶段性确定各专业相对固定的专职和兼职教师教学。

（3）内外聘教师的授课费执行矿相关规定。

（4）内外聘教师的讲义或教案，由培训管理部门存档备查，内聘教师要按制定的教学大纲进行认真备课，备课内容由培训管理部门审验。

第二条　教师工作

（1）加强教师队伍管理，组织教师学习培训。

（2）组织交流学习。

（3）落实备课讲课等教学任务。

（4）组织教师撰写调研报告。

（5）每季度组织一次教学研讨。

第三条　教师考核

（1）教师聘用后培训管理部门采取学员评教、组织听课、调研报告评比等活动对教师进行考核，对考核存在的问题要及时予以纠正。

（2）培训管理部门对专兼职教师每年进行评比，表现突出者予以表彰。

（3）对教学和考核中不能胜任工作的教师予以解聘。

20.12　学员管理制度

为了加强培训学员管理，建立良好的教学秩序，不断提高教学质量，保证培训工作的正常进行，特制定本制度。

第一条　入学

（1）凡来培训管理部门参加培训的学员，必须持单位介绍信或培训通知，在规定的日期报到，办理入学登记手续，建立学籍。

（2）学员入学登记时，应提交本人毕业证、身份证复印件、近期彩色一寸免冠照片等资料。

（3）学员入学后，若发现不符合培训条件或冒名顶替者，应取消培训资格。

（4）学员的学籍档案资料，由培训管理部门负责保管。

第二条 组织管理及考勤

（1）班主任要对培训学员的思想、学习、生活、纪律实行管理，要经常深入学员生活实际，征求学员意见，解决实际困难。

（2）学员应按时上课、实习和考试。

（3）学员学习期间一般不允许请假，特殊情况确需请假者，应履行请假手续。

（4）培训期间，由班主任负责学员考勤，并认真记录存档。

第三条 学员守则

（1）严格遵守作息时间，按时上课，不迟到，不早退。

（2）培训教室内禁止吸烟，打闹和高声喧哗，不随地吐痰，不乱扔纸屑，保持室内清洁，杜绝一切不文明恶习。

（3）学员持准考证参加考试。

（4）未履行请假手续，旷课三次以上者不发给准考证。

（5）考试不及格者，允许补考一次；补考仍不及格者，不发给合格证书，下期可继续参加学习，直至考试合格为止。

（6）参加考试的学员，必须独立完成，如有作弊等情况，取消考试成绩。

（7）开考前 15 min 学员必须进入考场，迟到 30 min 取消考试资格。

第四条 结业

（1）学员结业时，由班主任对其在培训期间的思想、学习和工作表现做全面鉴定，并填入《学员登记卡》。

（2）学员考试合格后，培训管理部门开具《培训合格证明》，准予结业。

20.13 资格证件管理制度

第一条 资格证类别

证件分为《安全生产知识和管理能力考核合格证》《特种作业人员操作证》《班组长安全培训合格证》《职业资格证书》和《职业健康培训合格证》《上岗证》以及其他政府部门颁发的证件。

第二条 资格证有效期

（1）《安全生产知识和管理能力考核合格证》有效期为 3 年。

（2）《特种作业人员操作证》有效期为 6 年。

（3）其他从业人员《安全培训合格证明》有效期为 3 年。

（4）《上岗证》有效期为 3 年。

（5）《班组长培训合格证》有效期为 3 年。

（6）其他证件按照相关规定执行。

第三条 资格证办理

（1）《安全生产知识和管理能力考核合格证》办理工作严格按照国家局和省厅相关规定执行。

（2）《特种作业人员操作资格证》办理工作严格按照应急管理部门规定执行。

（3）培训管理部门负责《安全培训合格证明》的制证、发放工作。

（4）煤矿六大班组长证件和《上岗证》按照二级公司相关规定办理。

第四条 资格证管理办法

（1）“三项岗位人员”证件、煤矿六大班组长证件、《安全培训合格证明》等资格证件，由培训管理部门统一保管，本人持加盖培训管理部门公章的复印件上岗。

（2）培训管理部门建立《上岗证》台账，本人持原件上岗。

（3）各单位要及时检查各岗位持证情况，确保所有人员持证上岗，岗证相符。

（4）发现岗证不符时，停工处理，接受培训。

20.14　办班培训呈报审批制度

第一条　年度计划内的各类培训，经分管领导批准，培训管理部门办班组织。

第二条　年度计划外办班培训时，需经分管领导同意，矿长批准，培训管理部门组织实施。

第三条　各部门需要外出培训的人员，必须经分管领导同意，矿长批准，培训管理部门方可组织培训。

第四条　经分管领导批准，培训管理部门要适时组织各类临时性的培训。

第五条　培训管理部门开展组织的各类培训要进行培训登记、管理，并建立健全档案。

20.15　教学场室管理制度

为了搞好教学场室的环境卫生及室内设备设施的管理，确保教学安全有序进行，特制定本制度。

第一条　环境卫生管理

（1）教学场室内应定期进行清洁卫生，保持室内墙壁、窗台、地板、仪器、桌椅等的整洁干净。

（2）室内不允许抽烟、大声喧哗、不准乱丢废纸和其他杂物。

（3）场室内应经常开窗通风，以保持良好的教学环境和设备使用环境。

第二条　教学仪器设备管理

（1）教学设备必须设专人管理，使用仪器设备，必须严格遵守操作规程。

（2）专职管理员要在各项设备的使用过程中加强管理，使设备在整个寿命周期中发挥作用。

（3）要加强仪器设备的维护和保养工作，发生故障及时送修，以确保仪器处于完好状态。

（4）未征得培训管理部门的同意，任何人不得擅自动用教学设备。因设备使用不当而发生损坏的，应立即报告培训管理部门负责人，及时查明原因，并报相关部门处理；由于人为原因造成设备损坏和遗失的，应对责任人根据情节追究赔偿责任，并给予相应的处分。

（5）仪器设备原则上不允许借出。如确因工作需要，应在不影响本部门工作的前提下，向培训管理部门报备，批准后方可借出。

（6）仪器设备经批准借出，借用单位需办理借用手续，并注明借出责任人姓名、借出日期和归还日期；如确需延期归还的，应办理续借手续。

（7）未经批准，擅自借出设备，属于违纪行为，除给予批评教育外，对由此而造成的损失，追究有关人员的责任。

第三条　安全管理

（1）树立安全第一的思想，切实执行相关安全管理制度，预防各种安全事故的发生。

（2）仪器设备使用前，各场室管理人员应首先教育学员爱护各场室的设备和教学用品，确保仪器设备安全运行。

（3）各场室负责人要对本场室的设备、设施的安全、使用、保管负起责任，按要求定期检查，并做好记录，及时汇报。

（4）特殊仪器的使用，应制定相应的安全管理措施。

（5）仪器设备使用完毕后，各场室管理人员要对各种教学设施进行规整、检查、放回原位，如发现损坏应立即向培训管理部门负责人汇报，以便及时修复维护。

（6）各场室使用人、管理人员在离开场室时应切断各种用电设备的电源，关好门窗方可离开。

20.16　安全培训档案管理制度

为了加强培训档案管理工作，结合实际，特制定档案管理制度。

第一条　煤矿企业从业人员的安全培训档案记录了煤矿从业人员接受安全培训考核、安全生产违规行为等重要信息，是证明煤矿从业人员参加安全培训的重要资料，应按照《企业文件材料归档范围和档案保管期限规定》（国家档案局令第10号）中“企业职工培训工作文件材料重要的要保管30年”的规定执行。

第二条　培训管理部门档案室设专职管理人员，进行统一管理。

第三条　归档的文件材料应齐全、完整、准确可靠，无缺页、破损现象。

第四条　原则上，归档的文件需留存原件，确无原件的可留存复印件，要求清晰完整。

第五条　外出学习、考察、交流，参加会议带回的重要文件和资料，应交档案资料室统一管理。

第六条　安全培训一期一档。应在培训工作结束后30日内完成建档归档工作，如实记录培训时间、内容、培训对象、考试考核情况等全过程，档案资料应当齐全、完整、准确、系统。

第七条　每期培训工作结束后10个工作日内，补充、完善一人一档个人培训记录。

第八条　新工人培训结束后，10个工作日内完成建档、归档工作。

第九条　离岗人员自办理离岗手续之日起，不再建立一人一档。

第十条　培训档案管理包括以下内容：

（1）各级各类文件（通知）。

（2）安全培训管理制度、培训工作计划和总结。

（3）安全培训会议、安全培训检查记录等资料。

（4）从业人员安全培训档案。

（5）各级各类资格证书原件。

（6）教学、教研档案。

（7）网络教学等工作应归档的文件和资料。

第十一条　建立在岗人员的安全培训档案，实行一人一档。档案包括以下内容：

（1）学员登记表：包括学员的文化程度、职务、职称、工作经历、技能等级晋升等情况及安管人员任职文件。

（2）身份证复印件，特种作业人员的身体健康书面承诺。

（3）学历证书复印件（或职业资格、技术职称的证书复印件）。

（4）历次接受安全培训、考核的情况。复审或延期换证人员还应有其所持证件复印件。

（5）安全生产违规违章行为记录，以及被追究责任，受到处分、处理的情况。

（6）其他有关资料。

第十二条　建立在岗人员的安全培训教学档案，实行一期一档。档案包括以下内容：

（1）培训计划。

（2）培训时间、地点。

（3）培训课时及授课教师。

（4）课程讲义。

（5）学员名册、考勤、考核情况。

（6）综合考评报告等。

（7）其他有关情况。

第十三条　从业人员资格证书包括：《职业资格证》《职业健康培训合格证》《煤矿特种作业人员操作证》《安全生产知识和管理能力考核合格证》《教师培训合格证》等，原件由档案室统一管理，建立台账，按期更新。

第十四条　煤矿主要负责人、安全生产管理人员和其他从业人员的档案保存期限不得少于3年，特种作业人员的档案保存期限不得少于6年。

第十五条　到期档案需经培训管理部门负责人、分管领导逐级批准销毁。未经审批，任何人不得私自销毁档案资料。

第十六条　安全培训档案的复印、抄录和拍照，须填写《档案使用登记表》，经培训管理部门负责人签字同意。

第十七条　原则上，安全培训档案不得外借，确因工作需要外借的，需出具由借阅部门负责人签字的借阅申请方可办理，需按期归还。

第十八条　档案管理员要对档案资料及时检查，对已到借阅期限尚未归还的档案资料，要及时跟踪追还，防止丢失。认真检查归还档案，确认无误后方可归档。

第十九条　参观、检查、维修人员进入档案资料室时，档案管理人员应在现场。

第二十条　严禁档案管理员将文件、材料等档案，私自携带外出。

21 应急救援专业

21.1 应急预案管理工作制度

为规范安全生产突发事件应急预案的管理，完善应急预案体系，增强应急预案的科学性、针对性、实效性，依据《中华人民共和国安全生产法》《突发事件应对法》《生产安全事故应急预案管理办法》等法律法规及相关规定，制定本制度。

第一章 总 则

第一条 本制度适用于应急预案编制、预案评审、预案实施、应急队伍、宣传教育、应急装备、应急演练等工作。

第二条 应急预案体系动态管理。根据“横向到边，纵向到底”的总体要求和部门机构调整变化情况，对应急预案适当进行类别、结构调整，使应急预案体系适应全矿安全形势和实际工作需要。

第三条 应急预案修订完善。针对应急管理工作中情况的变化和应急预案实施过程中发现的问题，组织有关部门和应急管理专家对总体应急预案、专项应急预案、部门应急预案进行修订和完善。发生重大、特别重大突发事件后，要总结实战经验并及时修订完善相关应急预案。修订和完善后的应急预案按规定及时备案。

第四条 应急预案审核、印发和发布。应急预案格式按照集团公司下发的《晋能集团煤矿安全生产标准化应急救援专业执行标准》执行，对应急预案及时进行会审、会审通过后组织印发、公布。应急预案上级报备部门为上级主管部门，每三年报备一次；如遇特殊情况，做出重大修改的，要在修改后10日内报备。

第五条 预案培训。将各类应急预案有关内容列入每年应急知识宣教培训计划，以涉及生命安全保障的部分为重点开展宣传培训，增强职工的公共安全意识，提高职工自救互救能力。

第六条 应急预案演练。建立健全应急预案演练制度，制定应急预案演练计划。原则上每年组织五次应急预案演练。

第七条 三个年度内要对综合应急预案和所有专项应急预案进行全面演练，确保预案演练率达到100%。

第二章 预案编制基本要求

第八条 符合有关法律、法规、规章和标准的规定。

第九条 结合安全生产实际情况。

第十条 结合危险性分析情况。

第十一条 应急组织和人员的职责分工明确，并有具体的落实措施。

第十二条 有明确、具体的事故求援措施和应急程序，并与其应急能力相适应。

第十三条 有明确的应急保障措施，并能满足应急工作要求。

第十四条 预案基本要素齐全、完整，预案附件提供的信息准确。

第十五条 预案内容与专项应急预案相互衔接。

第十六条 根据有关法律、法规和《生产经营单位安全生产事故应急预案编制导则》，结合危险源状况、危险性分析情况和可能发生的事故特点，制定相应的专项应急预案。

第三章 基 本 内 容

第十七条 应急预案体系为综合应急预案、专项应急预案和现场处置方案。

第十八条 针对存在的各种风险，由矿长组织编制矿的综合应急预案。综合应急预案包括应急组织机构及其职责、预案体系及响应程序、事故处理及保障措施、应急培训及预案演练等主要内容。

第十九条 对于某一种类的风险，由相关责任部门制定相应的专项应急预案。

第二十条 综合应急预案、专项应急预案和现场处置方案之间应当相互衔接，并与所涉及的其他单位的应急预案相互衔接。

第二十一条 应急预案应当包括应急组织机构和人员的联系方式、应急物资装备清单等附件信息。附件信息应当经常更新，确保信息准确有效。

第四章 应急预案的评审

第二十二条 评审方法

（1）应急预案评审采取形式评审和要素评审两种方法。形式评审主要用于应急预案备案时的评审，要素评审用于应急预案评审工作。应急预案评审采用符合、基本符合、不符合三种意见进行判定。对于基本符合和不符合的项目，应给出具体修改意见或建议。

（2）形式评审。依据有关规范，对应急预案的层次结构、内容格式、语言文字、附件项目以及编制程序等内容进行审查，重点审查应急预案的规范性和编制程序。

（3）要素评审。依据国家有关法律法规和行业规章，从合法性、完整性、针对性、实用性、科学性、操作性和衔接性等方面对应急预案进行评审。为细化评审，采用列表方式分别对应急预案的要素进行评审。评审时，将应急预案的要素内容与评审表中所列要素的内容进行对照，判断是否符合有关要求，指出存在问题及不足。

第二十三条 评审程序

（1）评审准备。成立应急预案评审工作组，成员包括分管安全经理、职能部门负责人及相关经营单位负责人及安全管理人员。

（2）组织评审。评审工作由分管安全副矿长主持，应急预案评审工作组讨论并提出会议评审意见。现场处置方案的评审，采取演练的方式对应急预案进行论证，内部评审完后，聘请外部专家评审。

（3）修订完善。应急预案编制组织者及参与者应认真组织分析研究评审意见，按照评审意见对应急预案进行修订和完善。

（4）批准印发。应急预案经评审或论证，符合要求的综合预案和专项预案由矿长签发。

第二十四条 应急预案的备案

（1）综合应急预案和专项应急预案，报所在地应急管理部门备案，并提交以下材料：

应急预案备案申请表。

应急预案评审或者论证意见应急预案文本。

（2）矿应当向接受备案的上级部门，领取备案登记证明。

第二十五条 应急预案的实施

（1）采取多种形式开展应急预案的宣传教育，普及生产安全事故预防、避险、自救和互救知识，提高职工的安全意识和应急处置能力。

（2）定期组织开展本单位的应急预案培训活动，使有关人员了解应急预案内容，熟悉应急职责、应急程序和岗位应急处置方案。

（3）预案修订情况应有记录并归档。

（4）有下列情形之一的，应急预案应当及时修订：生产经营环境发生变化，形成新的重大危险源的；应急组织指挥体系或者职责已经调整的；依据的法律、法规、规章和标准发生变化的；应急预案演练评估报告要求修订的；应急预案发布年满2年从未修订的；应急预案管理部门要求修订的。

（5）及时向相关主管部门报告应急预案的修订情况，并按照有关应急预案报备程序重新备案。

（6）若发生事故，应当及时启动应急预案，组织有关力量进行救援，并按照规定将事故信息及应急预案启动情况报至安全生产监督管理部门和其他负有安全生产监督管理职责的部门。

21.2　应急救援工作例会制度

为更好地学习、贯彻应急救援管理制度，加强应急救援管理工作，提高安全管理水平，及时准确地指导和解决应急救援中存在的问题，确保矿井安全生产，特制定本制度。

第一条　会议时间：由调度室每月月底组织一次应急救援工作例会。

第二条　参加人员：班子成员及各部门负责人。

第三条　会议内容

（1）传达上级部门有关应急救援管理工作的文件及会议精神。

（2）通报应急救援管理工作存在的问题。

（3）对一个月来的应急救援管理工作进行汇报。

（4）对本阶段应急救援管理工作进行总结，对下月应急救援管理工作做出具体安排。

第四条　会议要求

（1）与会人员必须按时参加会议，如遇特殊情况不能参加应向总经理请假。

（2）与会人员手机必须设为震动，并做好会议记录。

（3）调度室负责点名，做好会议记录，并形成会议纪要。

（4）要求各分管领导、业务科室及相关人员认真落实会议精神及内容，切实落实岗位责任制。

（5）无故不参加会议每次罚款500元，迟到罚款200元。

21.3　应急宣传教育制度

为强化和规范应急管理、应急知识的宣传工作，提高全体职工危机意识和应对突发事件的自救、互救能力，增强快速反应、协同作战和高效处置水平，结合实际，制定本制度。

第一条　宣传原则

坚持“分级负责、形式多样、注重实效”的原则。

第二条　宣传形式

采取“应急宣传周、应急讲座、知识竞赛、发放宣传单、设立宣传栏、观看宣传片、应急演练”等多种形式。

第三条　责任分工

（1）每年至少在全矿范围内组织一次应急知识和突发事件法律法规宣传活动。

（2）各有关部门和单位应组织人员对本部门进行应急知识宣传，要采取多种多样的形式。

第四条　宣传对象为全体干部职工。

第五条　宣传内容

（1）应急管理相关法律法规和规范性文件。

（2）应急预案。

（3）当前应急形势、应急管理工作的措施和要求。

（4）应急管理工作的基本知识。

（5）科学预防、有效应对突发事件的基本知识。

（6）面对突发事件的自救、互救基本知识。

第六条　宣传程序

（1）制定方案。按照年度宣传计划，制定具体宣传方案，包括：宣传时间、地点、内容、对象等。

（2）宣传准备。包括：宣传场地、宣传资料、影像等。材料准备包括：宣传方案、宣传通知、协调会方案、宣传总结等。

（3）下发通知。培训前1～2周下发宣传通知。内容包括：时间、地点、内容、对象及形式等。

（4）组织实施。按宣传实施方案组织实施。

（5）宣传总结。宣传结束后，及时进行总结，整理相关宣传资料，并上报领导。

第七条　宣传保障

（1）各有关部门和单位每年要制定应急管理宣传工作计划，根据各自的实际情况，采取多种形式开展应急宣传活动。

（2）将应急宣传工作纳入应急管理建设的重要内容进行部署和规划。

（3）调度室应对全单位应急宣传工作开展情况进行不定期检查，加强指导督促；各有关部门和单位也要进行自检自查，加强对应急管理工作的领导，强化宣传效果。

21.4　应急救援物资装备管理制度

为加强应急救援物资装备管理，确保物资装备状态良好，为发生突发事故救援提供物质保障，现结合实际，制定本制度。

第一条　应急救援物资包括井上、下各种应急救援器材和应急药品。

第二条　职责

（1）供应科、通风科在各自职责范围内负责各种应急救援器材的日常管理。

（2）医务室负责药品的日常监督管理。

（3）矿山救护大队负责救援、救生装备的日常管理。

第三条　非事故情况下，任何部门和个人不得擅自使用应急物资装备。特殊情况须经领导同意方可使用，使用的应急救援物资及装备要及时增补，确保备用物资充足。

第四条　由调度室会同其他职能部室每季度对应急物资装备进行清点、检查。对达不到要求的应急救援物资及时进行更换、维修、保养。

第五条　在定期（每季度）检查中发现应急救援物资毁损、丢失的要严格追究相关人员的责任，并进行赔偿。

第六条　应急救援物资超过使用期限前一个月要及时申请进行更换，对过期材料、物资要严格按照相应法律规定程序进行处理，防止造成不必要的损失和影响。

第七条　安全消防规定

（1）仓库管理员人员要坚守岗位，对进库人员和车辆进行严格登记，提货车辆出库时，要认真核对出门证和物资数量。

（2）物资存放处管理员承担库区防火、防盗、防破坏的重任，必须在现场按时交接班登记，不准脱岗，上班不准从事与工作无关的活动，严格执行巡逻制度，并做好记录，库区要实行夜间值班制度。

（3）库房要建立消防体制，有明确分工，库区各部位实行防火责任制，严禁烟火，各个防火标志要悬挂在醒目位置，库区要配齐各种消防设施、器具并定期检查、维修，保持完好，库房料场禁止明火取暖。生产库、仓库间应留有消防通道，及时清理各种易燃杂物，发现火灾及时拨打119电话报警，通知本单位负责人积极组织人员扑救。

（4）库区电路电源避雷设施及各种电气要有专人负责，要按规程操作，经常检查维修，库内灯泡不得大于60 W，风雨天要加强巡查，防止电气事故发生。

（5）运输和装卸机械要专人专机，经培训合格持证上岗，物资的装卸，搬运和堆码放，要按规程作业，要轻起轻放，严禁野蛮装卸，确保人员、设备物资安全。

（6）保管员离开库房时要做到人走、窗关、灯闭、门落锁。

（7）库区根据季节做好防雷电、防洪、防风、防冻措施，消除各种自然灾害和事故。

第八条　物资保管保养

（1）物资的保管要依据物资的类别、性质和要求安排适应的存放仓库、场地，做到分类存放，定点堆码，合理布局，方便收发作业，安全整洁。

（2）物资分区、分类堆码，按机型和规格型号系列化标准摆放，货架上的物资要上摆轻下摆重，顶上摆放的不常用，库内副货位和棚内存放的物资要下垫，露天存放的物资要上盖下垫，并持牌标明品名、规格、数量。

（3）易燃、易爆、剧毒物资和化学试剂要专库存放，专人保管，剧毒物质必须要装箱，加锁保管。

（4）性质相抵触的物资和腐蚀性的物资应分开存放，不准混存。

（5）加强物资保管和保养工作，做到“六无”保存，即无损坏、无丢失、无锈蚀、无腐烂、无霉烂变质、无变形。

（6）精密仪器、仪表、量具恒温保管，定期校验精度。

（7）有精度要求的零部件要涂油，轴承用不吸油或塑料薄膜纸包装存放，电气物资库要有除虫灭鼠措施。

（8）库存物资要坚持永续盘点和定期盘点，做到账、卡、物、资金四对口，盘盈和盘亏，损坏物资要如实上报，并查明原因，报领导审批，保管员不得以盈补亏来将盘盈和损坏物资自行处理。

（9）代保管物资应和在账物资同等对待。

（10）库房内卫生整洁，做到货架无灰尘、地面无垃圾、无积水。

第九条　物资发放

（1）保管员要坚守岗位，态度热情，随到随发，发料迅速、准确，服务周到。

（2）严格领发料手续，保管员发料时要严格按规定签发的领料单标注的物资品名、规格数量发放，实发物资论件的不得多发或少发，小件定量包装的尽量整包发放，料单和印鉴齐全。

（3）严禁白条发料，遇特殊情况者要经过主管领导审批，但三日内必须补办手续。

（4）发料要一次发清，当面点清，凡已办完出库手续，领用单位不能领出的，或当月不能领出的设备及大宗材料，保管员应与领料人做好记录，双方签字认可，办理代保管手续。

（5）出库物资的过磅、点件、检尺、计量要公平，磅码单、检尺数、材质检验单设备两证（产品合格证，质量检验证）说明书及随机工具，零配件要在发料时一并发出。

（6）凡规定交旧领新或退换包装品物资必须坚持交旧领新和回收制度。

（7）保管员发料要依照物资入库“先进先出”、不合格物资不出库的原则。

（8）保管不得以任何理由在发料时以盈补亏，刁难领料人员补单，为自己承担丢失、串发、损坏物资的责任。

（9）文明礼貌，不得对领料员行使不文明、不道德的行为。

第十条　维护

（1）设备或设施、防护器材的每日检查应由所在岗位执行。如发现不正常，应在日登记表中记录并及时处理。

（2）电工定期对备用电源进行1～2次充放电试验，1～3次主电源和备用电源自动转换试验，检查其功能是否正常，看是否自动转换，再检查一下备用电源是否正常充电。

（3）保卫科每周要对消防设备进行检查，调度室要对通信设备进行检查，通话应畅通，语音应清楚。

（4）供应科每周检查备品备件、专用工具等是否齐备，并处于安全无损和适当保护状态。

（5）消火栓箱及箱内配装的消防部件的外观无破损、涂层无脱落，箱门玻璃完好无缺。

（6）消火栓、供水阀门及消防卷盘等所有转动部位应定期加注润滑油。

21.5 应急培训制度

为促进应急培训工作有序开展，提高全体职工的应急处置、应急反应能力，同时加强管理指挥人员的政治素质、业务素质和协调能力，促进应急管理培训工作科学化、规范化和制度化，根据山西省《应急救援管理制度》的相关规定和应急救援管理工作的要求，特制定本制度。

第一条 应急管理教育培训工作应当遵循下列原则：

（1）坚持理论联系实际、学以致用的原则。

（2）坚持分级负责，分类管理的原则。

（3）坚持集中培训与在岗自学相结合的原则。

（4）坚持以人为本、按需施教的原则。

（5）坚持教学相长、保证质量的原则。

（6）坚持与时俱进、改革创新的原则。

第二条 调度室负责应急培训计划的编制工作，职工培训科负责本矿应急管理培训工作的组织、管理和考核工作，矿所属各部门协助培训工作。

第三条 应急管理培训的主要对象是：各业务部门负责人、应急管理人员、应急救援队伍以及所有入井人员。

第四条 培训工作分级分类进行，调度室、安全科负责全矿领导干部、机关工作人员 的应急管理培训、任职培训、新进人员的培训、工作需要时的岗位培训。

第五条 所有应急管理专职工作人员每年必须接受培训，培训时间原则上为1～2周，一般每年累计不少于5天。

第六条 培训对象在参加上级组织的集中脱产培训期间，享受在岗同等待遇。

第七条 培训的主要内容。贯彻落实矿对应急管理工作的指示精神，重点学习应急管理有关法律法规、分析应急工作形势任务、了解兄弟单位应急管理经验、熟悉掌握应急预案和对突发事件的应急处置程序和方法、学习运用应急指挥新技术设备和指挥手段等。通过培训，强化培训对象对应急管理的宏观认识和依法实施管理意识，提高科学决策水平，提升应急管理工作的组织协调和突发事件的处置应对能力。

第八条 各部门除组织或参加上级集中脱产培训外，还应采取多种形式开展培训。

（1）以岗代培。通过参加工作实践和接受指导，提高应急管理的规划组织能力和管理水平。

（2）以学代培。大力倡导和鼓励工作人员自行组织学习和培训工作，通过自学不断更新观念、强化内在素质，提高工作能力。

（3）以研代培。组织各种研究活动，安排有关人员参与，提高工作水平。

第九条 安全科、调度室和各部门要加强协作，按照统一部署和要求，制订计划和实施意见，认真抓好培训工作。

第十条 加大师资力量，建立相应的培训师资档案。采取请进来、送出去等多种方式培养培训教师，还可采取从集团公司应急管理工作专业人才库和专家组内聘请专家等办法，解决好培训的师资问题。

第十一条 将教育培训工作纳入应急管理建设的重要内容进行部署和规划，必须在预算中列支开展应用培训的所需经费，保证培训工作经费的及时足额到位。

第十二条 建立应急管理培训考核和激励机制，对各单位、部门进行年度考核。

第十三条 加强培训的管理，建立和完善培训工作档案，如实记载培训工作和受培训人员情况。

第十四条 教育培训档案内容包括：教育培训工作的相关制度、培训工作计划、总结、教案、培训考勤登记、考卷、考试成绩单、各期培训人员花名册。

21.6 应急投入保障制度

为了预防和控制潜在的事故或紧急情况发生时能够做出应急准备和响应，最大限度地减轻可能产生的事故后果，特制定本制度。

第一条 本制度适用于生产经营中潜在事故（灾害）等紧急情况的预防和处理。

第二条 应急管理原则

（1）实行行政领导负责制和责任追究制。

（2）以人为本，安全第一，把保障职工的生命安全和身体健康、最大限度地预防和减少事故造成的人员伤亡和财产损失作为首要任务。切实加强应急救援人员的安全防护。

（3）预防为主，强化基础，快速反应。

（4）科学实用。

（5）分级响应。

第三条 应急管理机构领导机构

总指挥：总经理

成员：各部门负责人等

第四条 应急保障

各有关部门要按照职责分工和相关预案做好突发事故的应对工作，同时根据总体预案切实做好应对突发事故的人力、物力、财力、运输、医疗卫生及通信保障等工作，保证应急救援工作的需要。

（1）调度室要做好应急救援队伍的业务培训和应急演练，建立联动协调机制，动员全员有组织的参与应急救援工作。

（2）财务中心要保证所需突发事故应急准备和救援工作资金，应急救援所需资金必须列入全面预算，专款专用，优先保证。

（3）供应部要建立健全应急物资储备、调拨及紧急配送体系，完善应急工作程序，确保应急所需物资和生活用品的及时供应，并加强对物资储备的监督管理，及时予以补充和更新。

（4）医疗卫生保障，一旦发生紧急情况，第一时间出动矿应急医疗组，同时立刻与签订应急救援预案的医院取得联系，请求救援。

（5）交通运输保障，要保证紧急情况下应急交通工具的优先安排、优先调度，确保运输安全畅通；要建立紧急情况交通运输工具的调用程序，确保抢险救灾物资和人员能够及时、安全送达。

（6）人员防护要指定或建立与人员相适应的应急避险场所，完善紧急疏散管理办法，明确各级责任人，确保在紧急情况下职工安全、有序的疏散。要采取必要的防护措施，严格按照程序开展应急救援工作，确保作业人员和应急救援人员的安全。

第五条 监督管理

（1）预案演练。各部门要结合实际，有计划、有重点地组织对相关预案的演练，并做好演练过程的原始记录。

（2）培训教育。由职工培训科牵头，安全科、调度室负责协助，组织有关部门进行应急法律法规和预防、避险、自救、互救、减灾等常识的培训，增强职工的忧患意识、社会责任意识和自救、互救能力。对应急救援管理人员进行专业培训，提高其应急专业技能。保持培训记录。

（3）责任与奖惩。突发事故应急处置工作实行责任追究制。对突发事故应急管理工作中做出突出贡献的先进集体和个人要给予表彰和奖励。对迟报、谎报和瞒报突发事故重要情况或者应急管理工作中有其他失职、渎职行为而丧失应急的最佳机会造成人员伤亡或重大经济损失的，对有关责任人给予处罚，构成犯罪的，送司法机关处理。

（4）各类突发事故应急预案由安全科、调度室监督管理。

21.7　应急救援队伍管理制度

为贯彻落实“安全第一、预防为主、综合治理”的方针，不断加强应急队伍管理工作，提升应急处置能力和水平，结合实际，制定本制度。

第一条　基本原则

（1）坚持“加强战备，严格训练、主动预防、积极抢救”的工作原则，切实做好生产事故及自然灾害的预防和抢险救灾工作。即做到在日常工作中要搞好战备值班训练工作，做到“招之即来、来之能战、战之能胜”。

（2）坚持“以人为本”，把保障职工生命财产安全作为应急救援工作的首要任务，最大限度地减少安全生产事故对广大职工的危害。

（3）采用先进的科学技术和救援装备，充分发挥专职应急救援队的作用，实行科学民主决策，确保安全生产事故的应急救援工作顺利开展。

（4）预防与应急相结合、常态与非常态相结合，常抓不懈，在不断提高安全风险辨识、防范水平的同时，加强现场应急基础工作，做好常态下的风险评估、物资储备、完善装备、预案演练等工作。

第二条　应急队伍条件

（1）证照齐全，依法成立，队员资质达标。

（2）具备针对某一类或某几类灾害事故的救援装备、器材、物资和专业技术人员。

（3）装备、器材、物资应符合国家相关标准及行业相关规定，特种设备应当经质量检验部门检验合格。

（4）救援队伍组建后，应设立队伍负责人，明确联系人和联系方式，并上报备案。

第三条　应急救援队伍的人员职责

（1）遵守国家法律、法规和规章制度。

（2）听从命令，服从指挥，尽心尽力，密切配合。

（3）树立高度的工作责任感。

（4）自觉参加教育培训和演练，不断提高业务水平。

（5）加强应急救援装备、器材和物资的使用、维护、保养，保证性能良好。

（6）完成各项应急救援任务。

第四条　应急管理专家队伍职责

（1）完善应急预案体系，部署各项防治措施和应急处置工作。

（2）对突发事件分级及采取的重要措施提出相应的预防控制措施提出建议，并提出相应的预防控制措施。

（3）对突发事件的应急处置进行技术指导，参与应急处理专业技术人员的技术培训，必要时参加突发事件的应急处置工作。

第五条　应急医疗救护人员管理规定

（1）应急医疗救护人员应配备医疗救治和现场处置设备，承担安全生产事故和其他突发事件受伤人员医疗救治及卫生处理。

（2）应急医疗救援专用设备及常用工具，要做好维护、保养和报废更换。

（3）及时调整、补充应急医疗救工作人员，保持应急救援队伍稳定，确保应急救援能力。

（4）积极稳妥、深入细致地做好善后处置工作。

第六条　后勤保障

（1）保障应急管理日常工作所需经费，确保应急设备、装备和车辆运行正常。

（2）将应急装备建设、隐患排查治理、应急预案演练以及救援设施建设和应急通信等经费纳入安全生产费用，优先安排保障。

（3）规范应急救援装备采购、储存、管理、维护和调用，按照国家法律法规、行业标准规范配备各类应急救援物资装备。

21.8　重大危险源监测监控制度

为加强对重大危险源监控管理，有效遏制重特大事故的发生，促进安全生产状况持续稳定发展，根据《安全生产法》《突发事件应对法》和《山西省安全生产条例》等有关法律法规，结合安全生产实际，制定本制度。

第一条　重大危险源是指长期或者临时生产、搬运、使用或储存危险物品，且危险物品的数量等于或超过临界量的单元（包括场所和设施）。

第二条　煤矿重大危险源申报登记范围

根据《重大危险源辨识》（GB 18218—2000）和国家、省有关规定，煤矿重大危险源申报等级类型有：

（1）高瓦斯矿井。

（2）煤与瓦斯突出矿井。

（3）有煤尘爆炸危险的矿井。

（4）水文地质条件复杂的矿井。

（5）煤层自然发火期≤6 个月的矿井。

（6）煤层冲击倾向为中等及以上的矿井。

凡符合以上条件之一的井工开采煤矿，都必须按照《安全生产法》《突发事件应对法》的要求，对重大危险源进行登记建档，进行定期检测、评估、监控，并制定应急预案，并填写《重大危险源申报表》。

第三条　重大危险源等级分类

按照重大危险源的种类和能量在意外状态下可能发生事故的严重后果，重大危险源分为以下四级：

（1）一级重大危险源：可能造成特别重大事故的。

（2）二级重大危险源：可能造成重大事故的。

（3）三级重大危险源：可能造成较大事故的。

（4）四级重大危险源：可能造成一般事故的。

第四条　重大危险源评估

每两年至少对本单位的重大危险源进行一次安全评估；并将安全评估报告及时报当地有关部门备案。重大危险源的生产过程以及材料、工艺、设备、防护措施和环境等因素发生重大变化，或者国家有关法规、标准发生变化时，应当对重大危险源及时重新进行安全评估，并将有关情况报上级有关部门。

安全评估工作应由注册安全评价人员或注册安全工程师主持进行，或者委托具备安全评价资格的评价机构进行。从事重大危险源安全检测检验、安全评估业务的中介机构应当具备国家规定的资质条件，并对其做出的检测检验和安全评估的结果负责。安全评估报告应包括以下内容：

（1）安全评估的主要依据。

（2）重大危险源基本情况。

（3）危险、危害因素辨识与分析。

（4）可能发生事故的种类及损害程度。

（5）重大危险源等级。

（6）监控措施方案及防范措施计划。

（7）应急救援预案效果评价。

（8）评估结论与对策建议等。

第五条　重大危险源的监控和管理

根据重大危险源的级别，采取有效的措施进行监控管理。公司总经理或矿长对本单位的重大危险源管理监控工作全面负责，并指定重大危险源管理与监控的具体负责人。

（1）一级重大危险源必须建立有效的动态监控系统，进行不间断的监控，随时掌握危险物品有关参数的变化情况，发现问题立即进行处理，并每季度向省、市煤炭管理部门和有关部门报告重大危险源监控情况。

（2）二级重大危险源应建立有效的监控措施，定期监测危险物品的状态，发现问题及时处理，并每半年向市有关部门报告重大危险源的监控情况。

（3）三级、四级重大危险源应建立有效的监控措施，监测危险物品的状态，发现问题及时处理，并每年向上级有关部门报告重大危险源的监控情况。

（4）重大危险源由矿实施监控和管理，但对一级重大危险源要上报省煤炭工业厅和有关部门，二、三、四级应当报当地有关部门。

（5）重大危险源现场必须设置明显的安全警示标识。建立健全重大危险源安全管理规章制度，制定重大危险源安全管理与监控实施方案。矿长应保证重大危险源安全管理与监控所需的资金投入，并组织对本企业重大危险源进行定期巡查、登记和上报等。

（6）必须制定重大危险源应急救援预案，落实应急救援预案的各项措施，每年进行一次事故应急救援演练。重大危险源应急救援预案包括以下内容：

煤矿企业重大危险源基本情况。

应急机构人员及其职责。

危险辨识与评价。

应急设备与设施。

应急能力评价与资源。

应急响应报警、通信联络方式。

事故应急程序与行动方案。

保障措施与程序。

事故后的恢复与程序。

培训与演练。

（7）应及时组织重大危险源的普查、评估、监控，登记建档，并制定定期检测措施和应急预案，在每年 3 月底前将《重大危险源申报表》连同重大危险源安全评估报告、重大危险源监控措施、重大危险源应急救援预案等，按照第四款要求报相应的当地有关部门和山西煤矿安全监察局。

21.9 预防性安全检查制度

为进一步强化安全生产应急管理基础工作，充分发挥应急救援队伍在预防性安全检查、重大隐患排查中的作用，有效减低生产风险，预防和避免事故发生，结合实际，制定本制度。

第一条 指导思想和工作目标

（1）指导思想：按照“预防与应急并重，常态与非常态相结合”的工作要求，充分发挥应急救援队伍在预防性安全检查、重大隐患排查中的作用，促进安全生产状况持续稳定好转。

（2）工作目标：通过组织应急救援队伍开展预防性安全检查，促进各类风险隐患的深入排查治理，超前防范事故；各级应急救援队伍根据所在区域主要风险隐患和重大危险源特点，熟悉救援环境，开展有针对性的应急演练，提高应对和处置突发事件的综合能力。

第二条 组织和实施

（1）预防性安全检查工作由安全科会同其他业务科室共同完成。各部门要针对矿区内存在的重大危险源状况，制定并下达年度预防性检查工作计划，每年至少应组织2次预防性安全检查活动。

（2）安全科要定期组织各部门定期性开展预防性检查，建立应急救援队伍开展预防性安全检查工作的考核、考评制度，完善工作机制，交流工作经验，并对在预防性安全检查工作中做出突出贡献的集体和个人给予表彰和奖励。

第三条 检查的范围和重点内容

（1）检查范围：预防性安全检查的范围为井上下各类重大危险源，以及矿山周边区域可能面临的问题。

（2）检查重点内容：重点检查矿井通风系统是否合理、通风设施是否完善、通风设备是否完好及矿井反风演习情况；瓦斯抽放系统运行情况；防灭火措施的落实情况；水害防治措施的制定与执行情况；顶板安全情况以及顶板防护措施执行情况；现场瓦斯情况以及防治瓦斯措施执行情况。

第四条 工作要求

（1）要加强对开展预防性安全检查工作的组织领导，主要负责人要亲自研究部署，指导检查工作有序、有效地开展好此项工作。对存在安全隐患的部门，要下达整改指令，督促其及时整改落实。对检查中发现的重大事故隐患，要登记建档，明确专人跟踪督办。

（2）各部门要自觉接受和积极配合应急救援队伍对本单位的安全检查，主动提供有关安全生产的图纸资料和规章制度，对安全检查不得拒绝和阻挠。对查出的问题和重大隐患要制定整改措施，明确整改时间，落实整改责任和资金，及时解决问题和消除隐患。

（3）各部门要通过开展预防性安全检查工作，熟悉安全生产状况和应急救援环境，了解企业的主要隐患和重大危险源及其应急预案，有针对性地研究和制定科学的应急救援与处置方案，配齐相应的应急救援装备，开展应急救援演练，不断提升应对各类突发事件的综合救援能力。

（4）各部门要认真研究和总结各部门开展预防性安全检查工作的经验和存在的问题，逐步规范和完善检查的内容、标准、程序和方法，不断提高预防性安全检查的效果。

21.10 应急预案演练与评估制度

第一条 应急预案的演练目的

（1）检验预案。通过开展应急演练，查找应急预案中存在的问题，进而完善和提高预案的实用性和可操作性。

（2）完善准备。检查应对突发事件所需应急队伍、物资、设备、装备、技术等方面准备工作，做好应急准备工作。

（3）锻炼队伍。增强演练组织单位、参与单位和人员等对应急预案的熟练程度，提高应急处置能力。

第二条　应急演练原则

（1）结合实际、合理定位。结合应急管理工作实际，明确演练目的，根据资源条件确定演练方式和规模。

（2）着眼实战、讲求实效。以提高应急指挥人员的协调能力、应急队伍的实战能力为着眼点，重视对演练效果的评估、考核、总结推广好经验，及时整改存在的问题。

（3）精心组织、确保安全。精心策划演练内容，科学设计演练方案，周密组织演练活动，制定并严格遵守安全措施，确保演练的安全。

第三条　应急演练的实施规定

（1）调度室负责制定每年矿井演练计划，并报领导审核批准。

（2）有针对性地制定应急演练实施方案，经应急领导小组或有关专家评估认可后实施。

（3）在正式演练之前，进行模拟，检查其演练方案是否可行。

（4）根据应急演练实施方案进行演练的筹备和准备工作。

（5）应急演练领导小组现场查看应急演练现场、演练队伍、演练设备、物资及安全设施情况。

（6）调度室向应急演练领导小组对演练准备情况进行汇报并决定演练时间。

（7）实战演练要严格按照批准的方案进行，其过程和计划方案不得擅自更改。

（8）应急演练结束后，应认真总结并对此次演练进行评价。

（9）结合演练效果，修改和完善应急预案。

第四条　应急值班

应实行 24 h 值班制度，带班领导及值班人员应保持手机 24 h 开机，应急值班期间，如发生紧急重大突发事件，必须立即向（调度）安全指挥大厅电话报告。

第五条　演练结束与终止

（1）演练完毕，由应急演练总指挥宣布演练终止。

（2）演练终止后所有人员停止演练活动，按预定方案集合并依次组织疏散，应急保障部门负责组织人员对演练场地进行清理和恢复。

第六条　应急演练评估

（1）应急管理机构应对应急演练工作进行总结评估，编写评估报告，按要求上报。

（2）总结评估报告的主要内容

应急机构、应急平台、应急体系建设情况。救援队伍建设情况、事故救援情况、救援队伍开展预防性安全检查工作情况。演练预案编制合理性与可操作性。应急指挥人员的指挥协调能力。应急演练所用设备装备的使用性、演练目标的实现情况。应急演练的成本效益分析。应急管理工作中存在的突出矛盾、问题及对策、对完善预案的建议等。

第七条　归档与备案

（1）演练组织单位在演练结束后，经应急演练机构有关人员审核后，将演练计划、演练方案、演练评估报告、演练总结报告等资料归档保存。

（2）对于上级有关部门布置或参与组织的演练，或者法律、法规、规章要求备案的演练，演练组织单位应当将相关资料报有关部门备案。

第八条　应急演练考核

应急演练考核每年将进行一次，具体内容包括：

（1）应急机构设置情况。

（2）应急体系建设情况。

(3) 应急制度建设情况。

(4) 应急队伍管理与培训情况。

(5) 应急管理抢险物资和装备情况。

(6) 应急演练评估。

21.11 应急救援档案管理制度

为加速企业规范化管理进程，进一步完善应急救援文书档案管理工作，促进安全生产，结合实际，特制定本制度。

第一条 各部门应将文字资料的收集归档工作列入各部门科员的职责范围。

第二条 应急救援档案归档范围

(1) 凡是应急管理活动中形成的具有保存价值的文件材料均应归档。

(2) 具有保存价值的本单位正式收文、发文、除文件的正件外，还应包括它的附件。

(3) 本单位在应急救援活动中产生的与上级领导部门间的往来文件，包括请示、报告、项目立项、重要函件、应急救援合同等。

(4) 本单位在应急救援活动中产生的各种文件材料演练资料、救援预案、规章制度、调研材料、计划、总结、条例、图纸、机构调整、人事任免、部门管理职能性文件、部门岗位职责。上级部门下发的关于应急救援文件、《应急救援预案》的更新修订记录、应急救援宣传计划、培训学习计划、救援物资清单及有关单位签订的应急救援方面的合同、协议书等文件资料。应急救援会议的通知、报告、决议、总结、经典发言、会议记录等会议资料。

第三条 应急救援档案责任范围

(1) 调度室派专人负责本年度应急救援档案的收集、整理。

(2) 每一年度结束后一个月内，调度室将上一年度档案交予档案室，由档案室留存。

第四条 应急救援档案归档要求

(1) 已经办理完毕并有保存价值的文件都应及时归档，任何人不得随意留存。

(2) 归档的文件材料要收集齐全（包括附件、附图），按照文件形成的先后次序排列清楚，并剔出其中的废稿、重复稿和不重要的便条等。

(3) 存档文件必须为原件。

(4) 文件归档时要有交接手续。

(5) 各部门档案员每半年向调度室移交已归档完毕的上半年的文件材料并办理移交手续。

(6) 各部门档案员和具体办公人员有责任协助档案管理人员共同做好文件的收集和保管工作。

(7) 案卷封面应按规定使用钢笔书写，字迹工整、清晰。

第五条 应急救援档案的借阅

(1) 根据《档案借阅利用制度》办理相关手续方可借阅，并填写利用效果反馈登记簿。

(2) 借阅文书档案使用后应及时归还，借阅时间一般不得超过一天。

(3) 借阅人必须爱护档案，保持整洁，不准在档案资料中写字、画线或做记号。

(4) 不准拆卷及任意抽、拔卷内文件或剪贴涂改文件内的字句。

(5) 不准转借，必须专人专用。

第六条 应急救援档案的保管及销毁

(1) 专职档案员有责任对各部门文书档案的归档进行监督指导。

(2) 档案室负责集中统一管理所有文书档案。

(3) 专职档案员对各部门移交的文书档案按标准进行整理，分类，编目、统计、保管，并进行数据化管理，方便快捷提供利用。

（4）档案保管期限分为永久、长期、定期三种，定期开展档案鉴定工作，保管期满的档案经相关手续后可以销毁，并建立文书档案销毁清册。

21.12　应急救援职责履行情况检查制度

为贯彻“安全第一，预防为主”的安全生产方针，规范应急管理制度，提高应对风险和防范事故的能力，保障职工的安全健康和生命安全，最大限度地减少财产损失、环境损害和社会影响，根据实际情况，制定本制度。

第一条　责任分工

总经理是安全生产的责任主体，各生产部室负责人为成员的应急检查领导小组。

第二条　基本原则

安全生产监督管理坚持“安全第一、预防为主、综合治理”的方针，实行“谁主管谁负责”、“管生产必须管安全”、“谁审批，谁负责”的原则。

第三条　检查计划和时间

根据年度计划，每季度至少安排一次全面检查，对各项设施、通信设备，救援物质储备，救护队人员配备等进行检查，并做好检查记录。

第四条　检查方式

检查采用查阅资料和现场核对应急物资、设施、设备数量及存放地点是否相符。

第五条　检查内容

（1）指导、协调和督促有关部门依法履行安全生产工作职责，组织安全生产综合检查和专项检查，具体组织实施安全生产目标责任制管理和考核工作，综合监督安全生产应急救援工作。

（2）负责通报本矿灾害发生情况，发布应急救援信息。

（3）建立重大危险源数据库信息系统，监督检查重大危险源监控和事故隐患的整改工作。

（4）指导应急救援宣传教育工作，依法组织、指导有关特种作业人员、安全生产管理人员的安全资格培训工作；监督检查应急救援培训工作。

（5）明确安全生产目标责任，并逐级分解，层层落实，建立安全生产考核制度和考核指标体系，确保实现年度安全生产控制目标。

（6）安全科负责建立重大危险源监控制度，建立重大危险源数据库，对存在重大危险源的地点进行监督检查，并根据重大危险源数据库信息，定期组织专家对重大危险源的状况进行综合分析、评估，督促生产经营单位采取有效的防范和监控措施。

（7）建立事故隐患排查治理监督检查制度，加强对生产经营单位事故隐患排查治理情况的监督检查。对重大事故隐患整改实施挂牌督办，制定整改方案，明确责任领导、整改措施、整改资金、整改负责人、整改期限和应急预案，对拒不执行隐患整改指令或整改后仍达不到要求的，要及时采取措施，对责任人进行查处。

（8）应当建立事故隐患和安全生产违法行为举报受理和查处制度，设立并公开举报电话、电子邮箱或其他举报平台，并对收到的举报进行登记。对受理的举报事项，应当组织调查核实，并按规定处理。有关部门应当为举报者保密。举报事项经查证属实的，应当对举报者给予奖励。

（9）加强兼职应急救援队伍建设，根据事故等级及时启动相应的应急救援预案，组织开展事故救援工作，协调解决事故应急救援、善后处理中遇到的重大问题，向上级安全生产监督管理职责的部门报告应急救援进展情况。

（10）制定和完善应急救援预案。建立应急保障体系，完善预警机制及平台，按计划组织演练。

第六条　检查要求及考核奖惩

（1）认真履行检查职责，切实发挥好检查组在应急救援履职过程中的监督作用，组织协调相关部门建立和完善相应的应急救援制度，形成监管合力，提高监督实效。

（2）检查组要认真检查各部门执行应急救援工作的纪律，认真受理和查处群众举报反映的问题。

（3）认真检查应急救援责任人员必须做到“三不”。

不缺位。要求应急救援涉及干部责任人员，有效履行责任范围职责、在应急救援现场管出水平、管出成效；努力做到超前计划、超前准备、不依赖别人、不被动应付。

不超位。要求应急救援涉及干部职责人员不超越职能、职权做事。

不错位。要求应急救援涉及干部责任人员明确职责范围，不要取代其他有安全监督管理部门的监督职责。要把自己的应急救援监督管理工作做细、做实；另外，要与配合部门分清职责，不能替代他们履行职责。

（4）检查组在每次应急演练工作结束后要按照演练预案各部门工作任务安排，认真审核各环节相关人员履职情况，发现工作态度不认真、推诿扯皮、未遵守演练各项规定的给予500～1000元处罚。

21.13 应急救援责任追究与奖惩制度

为加强应急救援工作的管理，维护正常的生产工作秩序，保证职工的安全与健康，结合实际，制定本制度

第一章 总 则

第一条 职工必须遵守国家相关法律、法规和规定。认真学习应急救援管理制度和应急预案，提高灾害事故预防能力，确保安全生产。

第二条 本制度适用于与矿形成劳动关系的所有职工。

第二章 奖 励

第三条 对于有下列表现行为之一的职工给予奖励：

（1）认真贯彻学习集团公司关于应急救援管理工作的规定和应急救援管理规定，表现积极且有突出贡献的职工，经应急救援指挥机构领导小组审核，予以×××元奖励。

（2）在消除事故隐患或者事故抢险中有功的人员，经应急救援指挥机构领导小组审核，予以××××元奖励。

（3）制止违章指挥，违章作业使职工生命安全以及矿井财产免受重大损失的，经应急救援指挥机构领导小组审核，予以××××元奖励。

（4）其他应当给予奖励的。

第四条 对职工的奖励分为：通报表扬、记功、授予安全先进个人等荣誉称号。在给予上述奖励时，可以发给一次性物质奖励或奖金，奖励标准×××～××××元。

第五条 对职工的奖励，发给奖金，授予荣誉称号，由工会部门向应急救援指挥机构领导小组提出建议，或者由单位及部门报送材料，应急救援指挥机构领导小组审核并提出奖励意见，并记入本人档案。

第三章 处 罚

第六条 对职工的行政处分分为：警告、记过、降级、撤职、留用察看、开除。对职工的经济处罚分为：一次性罚款、赔偿经济损失。

第七条 对违反应急救援管理规定、煤矿作业规程人员的处罚规定

（1）严重违反应急救援管理规定的，处以×××～××××元罚款。

（2）违章指挥、违章作业和违反劳动纪律的，处以×××～××××元罚款。

（3）玩忽职守，违反技术操作规程和安全规程，或者违章指挥，造成事故使职工生命、财产遭受损失的，处以×××～××××元罚款。

（4）发生事故隐瞒不报、谎报，或故意破坏事故现场，及对事故调查隐瞒实情或串通提供伪证，情节严重的，处以×××～××××元罚款。

（5）对制止违章指挥，违章作业和违反劳动纪律者进行打击报复的，职工有上述行为，情节严重，触犯刑律的，移送司法机关依法追究刑事责任。

（6）对职工的一般违章行为和严重违章行为，按照相关规定执行。

（7）对因违章而造成的重大人身、设备险肇事故（包括运输、火灾、爆炸、中毒、污染等事故）的有关责任人员的处分按事故处理的程序进行，直至移送司法机关依法追究刑事责任。

（8）事故有关责任人员或“三违”人员如果迅速认识错误并改正，态度诚恳，表现良好的，行政处分可酌情减轻，赔偿金额酌情减少，反之，不能正确认识错误且态度恶劣，表现极差的，加重行政处分，赔偿金额加重。

（9）给予职工行政处分和经济处罚必须弄清事实，取得证据，分析违章的程度和性质，区别对待故意的或明显的违章与不易把握的过失行为，并经过会议讨论，征求工会意见，允许受处分者本人进行申辩，慎重决定。

（10）对于弄虚作假，骗取安全奖励的人员，应当按照情节轻重，除追回奖励金额，取消荣誉奖励外，还可给予必要的处分。

（11）对于滥用职权，利用处分职工进行打击报复或者对应处分职工进行包庇的人员，应当从严予以处分。

第八条　重大隐患排查与治理处罚规定

（1）各基层队组负责人发现本单位工作区域内存在重大隐患隐瞒不上报的一经查出，给予队长、书记各罚××××元；造成不良后果的，追究领导责任。

（2）对重大隐患排查治理工作开展不力，落实不到位，导致重大隐患得不到及时排查或整改处理的，每条给予单位主要负责人××××元罚款，带班跟班领导、班（组）长现场隐患排查处理不及时，每条给予跟班领带、班（组）长各罚款××××元。

（3）对责令停产整顿的部门，不落实“不安全不生产，先安全后生产”原则，不采取临时措施，冒险蛮干的，罚队长、跟班队干各××××元，造成不良后果的，另追究领导责任。

（4）整改重大隐患无措施施工的，给予队长、书记各罚××××元，跟班队干、技术负责人各罚××××元，造成不良后果的，另追究领导责任。

（5）对于存在的重大隐患实行源头追溯制，当现场存在重大隐患时，路经该地点的安全检查员相关管理人员未能及时发现、及时汇报、及时安排解决造成不良后果或事故的，罚安全检查员、质量检查员×××～××××元，罚相关管理人员×××～××××元，情节严重者，追究责任，从重处理。

（6）对排查出的重大隐患，未按规定的时间整改治理到位的，罚责任单位××××元，罚单位主要负责人××××元。

（7）对因上级检查产生的重大隐患罚款分解到各责任单位，并严格执行上级有关责任处分要求。

第九条　关于应急救援物资装备、井下避险系统设备处罚规定

（1）应急物资装备和井下避险系统设施设备因主观原因未配备齐全，应急救援领导小组组长负领导责任，予以××××元罚款；相应部门未及时反馈信息的，对部门负责人予以××××元罚款。因客观原因造成物资短缺，配备不齐的，由应急救援领导小组协商进行处罚。

（2）矿井任何人员都有义务维护应急救援物资、装备和井下避险系统，管理人员对设备保管不

力，造成设备不能使用、过期或者有破损的，处以××××元罚款；任何人蓄意破坏、毁损应急物资、装备的，除原价赔偿外，对其进行警告，并处以××××元罚款。

（3）井下避险系统相关设备以及应急救援物资装备必须严格按照国家标准配备，标准不达标，应急救援领导小组组长负领导责任，予以××××元罚款，处罚相关责任人××××元。

第十条 有关应急预案演练与评估的处罚规定

（1）矿井应急演练计划、方案以及评估报告未及时编制的，除特殊情况以外，对编制人处以×××元罚款，对主管负责人处以×××元罚款。编制的内容有明显或者重大错误的，对编制人处以×××元罚款，对主管负责人处以×××元罚款。

（2）应急演练中，对未严格执行演练程序、指挥协调失误的人员，处以××××~××××元罚款。

第十一条 应急培训、应急宣传处罚规定

（1）未及时编制应急培训、宣传计划，影响培训、宣传任务的人员，对其处以×××元罚款；计划下发以后，未严格执行的，对部门责任人处以×××元罚款，仍不整改的予以警告处分，并罚款××××元。

（2）负责培训、宣传的部门组织不力的，处罚部门负责人××××元。

（3）矿井所有人员要积极参与培训工作，未经批准，无故不参加应急培训的人员，对其处以×××元罚款；无故不参加培训人员超过部门总人数30%的，对部门负责人处以××××元罚款。未按时组织开展应急培训、应急宣传的，并且没有经应急救援指挥小组同意的，对相关部门处以×××元罚款。

21.14 井下“紧急避险系统”管理制度

为规范和促进煤矿井下紧急避险系统的建设、完善和管理工作，结合实际，制定本制度。

第一章 总 则

第一条 本制度适用于煤矿井下紧急避险系统的设计、建设、使用、维护和管理。

第二条 必须按照规定要求建设完善煤矿井下紧急避险系统，并符合“系统可靠、设施完善、管理到位、运转有序”的要求。

第二章 紧急避险系统一般规定

第三条 煤矿井下紧急避险系统是在井下发生紧急情况下，为遇险人员安全避险提供生命保障的设施、设备、措施组成的有机整体。紧急避险系统建设包括为入井人员提供自救器、建设井下紧急避险设施、合理设置避灾路线、科学制定应急预案等。

第四条 紧急避险设施是指在井下发生火灾、爆炸、突出等灾害事故时，为无法及时撤离的避险人员提供的一个安全避险密闭空间，对外能够抵御高温烟气，隔绝有毒有害气体，对内提供氧气、食物、水，去除有毒有害气体，创造生存基本条件，并为应急救援创造条件、赢得时间。紧急避险设施主要包括永久避难硐室、临时避难硐室、可移动式救生舱。

第五条 永久避难硐室是指设置在井底车场、水平大巷、采区（盘区）避灾路线上，服务于整个矿井、水平或采区，服务年限一般不低于5年的避难硐室。

第六条 临时避难硐室是指设置在采掘区域或采区避灾路线上，主要服务于采掘工作面及其附近区域，服务年限一般不大于5年的避难硐室。

第七条 所有煤矿应为入井人员配备额定防护时间不低于30 min的自救器，入井人员应随身携带自救器。

第八条　紧急避险设施的建设应综合考虑所服务区域的特征和巷道布置、可能发生的灾害类型及特点、人员分布等因素，以满足突发紧急情况下所服务区域人员紧急避险需要为原则。优先采用避难硐室，也可采用避难硐室与可移动式救生舱有机结合的方式。

第九条　紧急避险设施应具备安全防护、氧气供给保障、空气净化与温湿度调节、环境监测、通信、照明、动力供应、人员生存保障等基本功能，额定防护时间不低于 96 h。

第十条　紧急避险设施容量应满足突发紧急情况下所服务区域人员紧急避险的需要，包括生产人员、管理人员、检查监察人员及可能出现的其他临时人员。

第十一条　井下紧急避险系统应由有资质的设计单位进行整体设计。设计方案应符合国家有关规定要求，经过评审和企业技术负责人批准，报煤矿安全监管部门和煤矿安全监察机构备案。

第十二条　井下紧急避险系统应与矿井安全监测监控、人员定位、压风自救、供水施救、通信联络等系统有机联系，形成井下整体安全避险系统。矿井安全监测监控系统应对紧急避险设施的环境参数进行监测。矿井人员定位系统应能实时监测井下人员分布和进出紧急避险设施的情况。矿井压风自救系统应能为紧急避险设施供给足量压气。矿井供水施救系统应能在紧急情况下为避险人员供水，并为在紧急情况下输送液态营养物质创造条件。矿井通信联络系统应延伸至井下紧急避险设施，紧急避险设施内应设置直通矿调度室的电话。

第十三条　紧急避险设施的设置要与矿井避灾路线相结合，紧急避险设施应有清晰、醒目的标示。矿井避灾路线图中应明确标注紧急避险设施的位置和规格、种类，井巷中应有紧急避险设施方位的明显标示，以方便灾变时遇险人员迅速到达紧急避险设施。

第十四条　紧急避险系统应随井下采掘系统的变化及时调整和补充完善，包括紧急避险设施、配套系统、避灾路线和应急预案等。

第十五条　井下紧急避险设施的配套设备应符合相关标准的规定，纳入安全标志管理的应取得煤矿矿用产品安全标志。可移动式救生舱应符合相关规定，并取得煤矿矿用产品安全标志。

第三章　避险系统特殊规定

第十六条　永久避难硐室要求

（1）永久避难硐室应布置在稳定的岩层中，避开地质构造带、高温带、应力异常区以及透水威胁区，确保在服务期间不受采动影响。前后 20 m 范围内巷道应采用不燃性材料支护，且顶板完整、支护完好，符合安全出口的要求。特殊情况下布置在煤层中时应有控制瓦斯涌出和防止瓦斯集聚、煤层自燃的措施。

（2）永久避难硐室应由过渡室和生存室等构成，采用向外开启的两道隔离门结构。两道隔离门之间为过渡室，第二道隔离门以内为生存室。过渡室净面积应不小于 3.0 m^2，内设压缩空气幕和压气喷淋装置。第一道隔离门上设观察窗，靠近底板附近设单向排水管和单向排气管。生存室净高不低于 2.0 m，长度、宽度根据设计的额定避险人数以及内配装备情况确定。每人应有不低于 0.75 m^2 的使用面积，设计额定避险人数不少于 50 人，不宜多于 100 人。靠近底板附近设置不少于两趟的单向排水管和单向排气管。

（3）隔离门、墙应按不低于井下水泵房密闭门的标准建造，密封可靠，开闭灵活。隔离门墙周边掏槽，深度不小于 0.2 m，或见硬顶、硬帮，墙体用强度不低于 C25 的混凝土浇筑，并与岩体接实，保证足够的气密性。

（4）采用锚喷、砌碹等方式支护，支护材料应阻燃、抗静电、耐高温、耐腐蚀，顶板和墙壁的颜色宜为浅色。硐室地面高于巷道底板 0.2 m。

（5）有条件时宜布置直达地表的大直径钻孔，钻孔直径不小于 150 mm；通过钻孔设置水管和电缆时，水管应有减压装置；钻孔地表出口应有必要的保护装置并储备自带动力压风机，数量不少于 2

台。

（6）永久避难硐室接入矿井压风、供水、监测监控、人员定位、通信和供电系统。压风、供水、监测监控、人员定位、通信、供电等管线在接入硐室前应采取保护措施。

（7）接入的压风管路，应设减压、消音、过滤装置和带有阀门控制的呼吸嘴，压风出口压力在0.1～0.3 MPa之间，连续噪声不大于70 dB，过滤装置具备油水分离功能。

（8）接入的供水管路，应有专用接口和供水阀，水量和水压满足额定避险人员避险时的需要。硐室内部和外部应分别设置安全监测监控系统传感器，对硐室内外的O_2、CH_4、CO_2、CO、温度等进行实时监测。

（9）硐室入、出口处应设人员定位基站，实时监测人员进出紧急避险设施情况。

（10）硐室入口处和内部应分别安设直通矿调度室的固定电话，硐室内宜加配无线电话或应急通信设施。

（11）永久避难硐室应配备独立的内外环境参数检测或监测仪器，实现突发紧急情况下人员避险时对硐室内的O_2、CH_4、CO_2、CO、温度、湿度和硐室外的O_2、CH_4、CO_2、CO的检测或监测。

（12）永久避难硐室应按设计的额定避险人数配备供氧和有害气体去除设施、食品和饮用水，以及自救器、急救箱、照明、工具箱、灭火器、人体排泄物收集处理装置等辅助设施，备用系数不低于20%。

（13）自备氧供气系统供氧量不低于0.3 m^3/（min·人）。布置有直达地表大直径钻孔的永久避难硐室应保证24 h连续供氧；其他永久避难硐室应保证额定防护时间内的供氧量。采用高压气瓶供气系统时应有减压措施，以保证安全使用。

（14）有害气体去除设施处理CO_2的能力应不低于每人0.5 L/min，处理CO的能力应能保证20 min内将CO浓度由0.04%降到0.0024%。配备的食品不少于2000 kcal/(人·天)，饮用水不少于0.5 L/（人·天）。配备的自救器应为隔离式，连续使用时间不低于45 min。

（15）永久避难硐室施工时，应有专门的施工设计，报企业技术负责人批准后方可实施。施工中应加强工程管理和过程控制，确保施工质量。施工完成后应组织工程验收。

（16）永久避难硐室施工、安装完成后，应进行各种功能测试和联合试运行，并严格按设计要求组织验收，满足规定要求后方可投入使用。

第十七条 临时避难硐室要求

（1）临时避难硐室应布置在稳定的岩（煤）层中，避开地质构造带、高温带、应力异常区，确保服务期间受采动影响小。前后20 m范围内巷道应采用不燃性材料支护，顶板完整、支护完好，符合安全出口的要求。布置在煤层中时应有控制瓦斯涌入和防止瓦斯集聚、煤层自燃等措施。

（2）临时避难硐室应由过渡室和生存室等构成，采用向外开启的两道隔离门结构。过渡室净面积应不小于2.0 m^2，内设压缩空气幕和压气喷淋装置，第一道隔离门上设观察窗，靠近底板附近设单向排水管和单向排气管。生存室净高应不低于1.8 m，长度、宽度根据设计的额定避险人数以及内配装备情况确定。每人应有不小于0.6 m^2的使用面积，设计的额定避险人数应不少于10人，不宜多于50人。靠近底板附近设置不少于两趟的单向排水管和单向排气管。

（3）隔离门应不低于井下密闭门的标准，密封可靠，开闭灵活。隔离门墙周边掏槽，或见硬顶、硬帮，墙体用强度不低于C25的混凝土浇筑，并与岩（煤）体接实，保证足够的气密性。

（4）利用可移动式救生舱的过渡舱作为过渡室时，过渡舱外侧门框宽度应不小于300 mm，安装时在门框上整体灌注混凝土墙体。硐室四周掏槽深度、墙体强度及密封性能要求不低于隔离门安装要求。

（5）临时避难硐室应采用锚网、锚喷、砌碹等方式支护，支护材料应阻燃，硐室地面应高于巷道底板0.2 m。

（6）临时避难硐室应接入矿井压风、供水、监测监控、人员定位、通信和供电系统。接入的矿井压风管路，应设减压、消音、过滤装置和带有阀门控制的呼吸嘴，压风出口压力在0.1～0.3 MPa之间，连续噪声不大于70 dB，过滤装置具备油水分离功能。接入的供水管路，应有接口和供水阀。接入的安全监测监控系统应能对硐室内的O_2、CH_4、CO_2、CO、温度等进行实时监测。硐室入、出口处应设人员定位基站，实时监测人员进出紧急避险设施情况。硐室内应设置直通调度室的固定电话。

（7）临时避难硐室应配备独立的内外环境参数检测或监测仪器，实现突发紧急情况下人员避险时对硐室内的O_2、CH_4、CO_2、CO、温度和湿度和硐室外的O_2、CH_4、CO_2、CO检测或监测。

（8）临时避难硐室应按设计的额定避险人数配备供氧和有害气体去除设施、食品和饮用水以及自救器、急救箱、照明、工具箱、灭火器、人体排泄物收集处理装置等辅助设施，备用系数不小于10%。

（9）硐室建设应有设计和作业规程。临时避难硐室建设完成后，应进行各种功能测试和联合试运行，并按要求组织验收，满足规定要求后方可投入使用。

第十八条　维护与管理

（1）通风科主要负责紧急避险系统的管理，机电队、调度室等部门主要负责配合通风科对紧急避险系统进行维护，保证其始终处于正常待用状态。

（2）紧急避险设施使用说明简明、易懂，指导避险矿工正确使用。

（3）安全科和避险系统主管部门负责定期对避险设施及配套设备进行维护和检查，并按期更换产品说明书规定需要定期更换的部件及设备。

（4）应保证储存的食品、水、药品等始终处于保质期内，外包装应明确标示保质日期和下次更换时间。

（5）应每3个月对配备的气瓶进行一次余量检查及系统调试，气瓶内压力低于8 MPa时，应及时补气。

（6）应每10天对设备电源（包括备用电源）进行一次检查和测试。

（7）每年对避险设施进行一次系统性的功能测试，包括气密性、电源、供氧、有害气体处理等。

（8）经检查发现避险设施不能正常使用时，应及时维护处理。采掘区域的避险设施不能正常使用时，应停止采掘作业。

（9）应建立紧急避险设施的技术档案，准确记录紧急避险设施安装、使用、维护、配件配品更换等相关信息。

（10）每年应将紧急避险系统建设和运行情况，向市煤矿安全监察局书面报告一次。

第十九条　培训与应急演练

（1）应将正确使用紧急避险设施作为入井人员安全培训的重要内容，确保所有入井人员熟悉井下紧急避险系统，掌握紧急避险设施的使用方法，具备安全避险基本知识。

（2）对紧急避险系统进行调整后，应及时对入井人员进行再培训，确保所有入井人员准确掌握紧急避险系统的实际状况。

（3）应每年开展一次紧急避险应急演练，建立应急演练档案。

21.15　供水施救系统设备设施及管路布置规范

为了切实落实国发〔2010〕23号文件通知精神，不断完善矿井供水施救系统，提高矿井供水施救系统的管理水平，提升矿井安全防护水平和抗灾能力，确保我矿供水施救系统的可靠，依据《煤矿安全规程》和国发〔2010〕23号文件的相关精神，结合煤矿实际情况，特制定本规范。

第一章　供水施救系统组成及主要动能

第一条　系统组成

系统一般由清洁水源、供水管网、三通、阀门、过滤装置、监测供水管网系统、供水施救装置等。

第二条 主要功能

（1）系统应具有基本的防尘供水功能。

（2）系统应具有供水水源优化调度功能。

（3）在各采掘作业地点、主要硐室等人员集中地点在灾变期间能够实现应急供水功能。

（4）系统应具有过滤水源功能。

（5）系统应具有水源、主干、分支水管管网压力及流量等检测功能。

（6）系统应具有保护水管管网功能，以防止灾变破坏。

第二章 供水施救管理领导小组分工和职责

第三条 领导小组

组长：矿长

副组长：总工程师 安全矿长 机电矿长 生产矿长

成员：采掘机运通副总及各相关科室负责人和相关生产队组的主要负责人。

第四条 领导小组职能

（1）贯彻执行国家颁布的安全生产法律法规、上级有关安全生产的规定、指令和集团煤矿、矿的各项规章制度，做好管辖范围内的供水施救系统管理工作。

（2）按照上级有关管理制度、规定和本矿的要求，做好供水施救系统的日常运行、维护、检查检修等工作，实现设备运行的闭环管理，确保安全运转。

（3）组织职工技术业务培训，提高职工技术操作水平，增强职工安全防范意识和自主保安能力。

第五条 领导小组的职能分工

组长、副组长负责供水施救系统运行管理的全面协调组织工作。

生产技术科包面人员负责井巷工程设计时供水管路施工方案的规划设计和设施设备运行的监督管理。

相关科室负责对供水施救系统的技术指导、现场检查。

相关队组负责按照矿有关供水施救系统的施工标准和管理制度对各自管辖区域内供水施救系统设施进行安装、维护和使用。

第三章 管路安装标准

第六条 永久管路安装标准

（1）为整个矿井或两个以上采区服务的，安设管径不小于5英寸；为一个采区服务的，安设管径不小于4英寸；防尘管路与供水施救管路可以共用，但要保证水量充足，水质合格，满足使用；综采工作面运输顺槽应选用管径不小于3寸的管路，回风顺槽应选用管径不小于2寸的管路；掘进工作面等处应选用管径不小于2寸的管路。除特殊情况例外（如拐弯、交叉处、龙门处），所有井下供水管路长度为4 m。

（2）敷设要求：井筒及大巷按有关设计要求敷设，原则管路必须使用专用托架配专用管箍固定，严禁铁丝捆绑；在巷道内，距底大于1.8 m，不在行人侧的管路或高度小于米的巷道内的管路，可以在1.8 m以下设置，但距底板不得小于0.3 m。一般巷道及顺槽内原则管路可用铅丝吊挂，吊挂高度要求管路底部距巷道底板1.2 m；大巷主供水管路托架原则不大于5 m，在有阀门和特殊地点要加密托架或采取特殊措施；顺槽内铅丝吊挂点应在每个法兰盘两侧距法兰盘0.5～1.0 m，要吊挂牢靠；管路要吊挂平直成线，拐弯设弯头，没有死弯；管路不漏水，无煤尘堆积，维护及时，管路外部要进行防锈处理并涂防锈漆。

(3) 开拓、准备、回采巷道每200 m一组，距工作面25～50 m范围内安装两组。

(4) 每组供水施救系统管路、阀门底边安装距地面1.2 m，安装在压风自救装置右侧，两组箱体间隔1 m，并安装供水施救装置使用说明牌。

(5) 工作面供水装置要使用防尘罩进行防尘处理。

(6) 进水管路统一由左侧入水口进行安装。

(7) 地面净化水池至副井井筒及井下轨道大巷所有永久供水管路铺设一趟聚乙烯涂层 ϕ159 供水管路和相应的闸门；采区巷道（运输顺槽、回风顺槽）内各铺设一趟聚乙烯涂层 ϕ159 供水管路和相应的闸门；采煤工作面顺槽内铺设一趟规格不小于聚乙烯涂层 ϕ89 的供水管路进行供水。

(8) 若供水管路安装在巷道行人侧（水沟上方），固定后的管子底边距底板或轨道上面高度不低于1.8 m。

(9) 供水管路安装采用巷壁打设锚杆悬吊方式固定，固定梁安装时埋入巷壁长度不得小于0.3 m，固定梁外端部设有吊点，吊点正上方安设吊钩，吊点同吊钩间用花篮螺栓吊挂，花篮螺栓同定位支架之间的夹角应在60°～90°之间。

(10) 管路在主要巷道岔口处预留出管路 ϕ89 的阀门和法兰盘连接，阀门安装位置要合适，与岔口巷道中线平行，便于操作。

(11) 敷设的供水管路采用聚乙烯涂层进行防腐处理并进行编号。

(12) 供水管路具体安装要求：供水管采用 $\phi159\times4$ 矿用聚乙烯复合钢管，用PN=2.5 MPa平焊法兰盘进行连接，悬挂在固定梁的下部。供水管路每间隔95 m（胶轮巷45 m）设分支为 ϕ10 变径三通，其中三通主管路长度为300 mm，支管长度不小于50 mm；三通支管带丝扣，配装 ϕ10 型不锈钢球阀。供水管每间隔500 m装设一个 ϕ159 的总阀门；在来水管向两侧的分支口处各设闸门一个。

第七条　掘进期间临时管路安装标准

(1) 所有临时管路必须采用机修厂制作的专用管子挂钩进行吊挂固定。吊挂点必须牢固可靠，有足够的承载能力。

(2) 管路敷设过程中要严格按照风管在上、水管在下的原则进行。

(3) 当巷道有转弯时（工作面车场、巷道转弯等）管路必须按照巷道转弯的弧线进行弯曲，严禁出现急弯或死弯。当管路敷设通过躲避硐口时，应利用弯头沿硐室顶通过，不得直过。

(4) 当管路横跨巷道时，必须采用标准90°弯头制作横跨过桥，过桥水平线与巷道中心线成垂直关系，不得出现偏移或斜交等现象；若风水管路同时需要制作横跨过桥，两者间距为300 mm。

(5) 临时供水管路与固定供水管路并接时均要采用钢管连接，弯头配制要美观，装配与管路直径、压力等相配套的闸阀，闸阀手柄朝向合理。

(6) 供水管路距工作面迎头的距离不得超过50 m，且必须安装压力表。

(7) 煤巷掘进期间供水管路安装标准。

①煤巷内的供水管路必须采用管箍进行吊挂固定，并悬挂整齐，且要求沿采煤工作面非回采侧安装布置。

②管路吊挂应尽可能同电缆分别吊挂在巷道的两侧，必须吊挂在同一侧时，应吊挂在电缆的下方300 mm以下。

③供水水管路吊钩采用花篮螺栓进行吊挂，严禁采用铁丝吊挂。

④管路下平面距底板不小于1.2 m，吊点间距为2～3 m。并遵循风管上、水管下的原则。

⑤供水管路距工作面迎头的距离不得超过50 m。

第八条　其他要求

(1) 敷设的供水管路要采用聚乙烯涂层进行防腐处理。刷黄色防腐漆，管箍刷灰色防锈漆。刷漆要均匀，色泽一致且无流淌现象。

（2）供水管路均要进行编号。风水管路编号要上、下对照一致。编号要求统一采用白色字体，字号高度为40 mm，箭头方向与流向相同。

（3）供水管路供水后严禁有漏水现象，用管箍连接的供水管路，漏水时严禁用速凝剂封堵。

（4）岩巷施工期间永久供水管路滞后工作面不得超过100 m。

（5）管路箍必须由矿机修厂统一加工，任何单位不得私自加工与图纸不符的管子挂钩，机修厂要依据图纸严格控制加工尺寸和焊接质量，对于不合格的挂钩，任何单位均可拒绝领用。

（6）施工单位要安排专人对净水处理装置进行管理，每天进行检查和维护并做好记录，确保其正常使用。

第四章　处　罚　规　定

第九条　所有管路必须吊挂不得落地，发现落地一处罚款×××元（管路如需地埋过渡时除外）。

第十条　管子挂钩由机修厂统一加工，任何单位不得私自加工使用，否则对使用单位罚款×××元/副。

第十一条　管箍应回收而未回收，每付挂钩罚款×××元。

第十二条　管路敷设必须按照压风管、供水管、排水管由上而下的原则敷设，否则对责任单位罚款×××元。

第十三条　管路必须按照巷道拐弯的弧线进行弯曲，严禁出现急弯或死弯。当管路通过躲避硐口时，应利用弯头沿硐室顶通过，不得直接横穿硐口。当管路横跨巷道偏口时，应利用龙门架通过巷道偏口，否则，对责任单位罚款×××元/处。

第十四条　供水管路必须按照规定颜色刷漆防腐，并进行标识、编号管理。管路无标识或未按规定编号，每处罚款×××元，管路无编号或风水管路编号不一致的，每超1 m罚款增加×××元。

第十五条　供水管路的总阀门、变径三通、分支阀门、压力表等严格按照管路安装标准设置，少安一个罚款×××元。闸阀要开启自如、关闭严实，压力表要指示正确，达不到要求的每个罚款×××元。

第十六条　管路不得有跑、冒、滴、漏现象，每出现一处罚款×××元。

第十七条　故意损坏、拆卸供水管路或管路上阀门的，罚责任单位×××元/次，撞坏管路的，罚款×××元/次，影响生产时间按规定处罚。

第十八条　采煤、掘进、开拓工作面拆除的供水管路应摆放整齐，够装一车时在2日内立即交库登记，推迟一天罚款×××元。

第十九条　任何单位不得私自将供水管路改当其他用途管路（排水管、注浆管等）使用，否则对使用单位罚款×××元/次。

第二十条　供水管路要保持清洁，无积尘，管路上不得堆放杂物等，一处不合格对责任单位罚款×××元。

第二十一条　供水管路必须保持完好，存在残缺（缺少阀门、阀门损坏或不起作用、无减压阀等）或防腐漆脱落、锈蚀严重等，每处对责任单位罚款×××元。

第二十二条　岩巷施工期间，供水施救管路滞后工作面不得大于100 m，否则对跟班队长按照严重三违处理。

第二十三条　井下需扩帮等施工时，施工单位要采取措施保护好供水施救管路，因施工导致管路落地的，施工结束后要按原安装标准及时恢复，导致系统损坏的要照价赔偿，若因施工导致工作点停风停水的，对施工单位罚款×××元/次。

第二十四条　各工作面需停风停水时，由施工单位提出申请，经调度室、生产技术科、安全科和矿领导批准，采取安全措施后，方可作业；否则，按三违处理。

第二十五条　各工作面安装后或者回撤后，不用的压风自救和供水施救管路要在一周内及时拆除；否则，每推迟一天对责任单位罚款×××元。

第二十六条　各单位根据采掘系统变化情况，及时补充建设完善安全避险供水施救系统，整理完善各系统图纸等基础资料。

第二十七条　每月由生产技术科牵头组织对矿井供水施救系统进行检查评价，对存在的问题及时处理，确保系统正常运行。

供水施救安装图如图5－21－1所示。

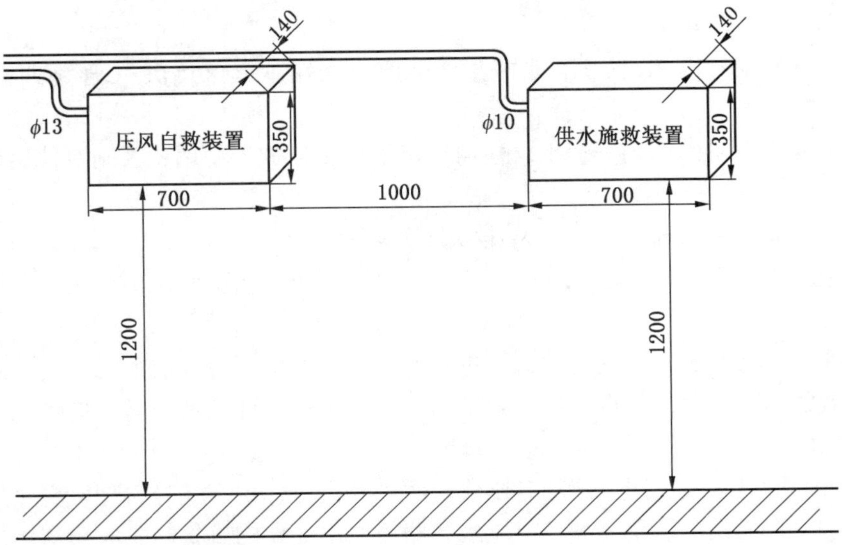

图5－21－1　供水施救安装图

21.16　供水施救系统维护管理制度

为了确保供水施救系统的使用可靠，提升矿井防灾、抗灾能力，现结合煤矿实际，制定本制度。

第一条　职责划分

（1）供水水源、地面永久性水池，由机电队负责。

（2）地面永久性水池至副立井井底供水管路及设施由机电队负责。

（3）副立井井底南北两翼胶轮车大巷或轨道大巷及一采区、二采区、三采区胶轮车大巷或轨道大巷的供水施救管路设施和设备由机运队负责。

（4）北翼主皮带大巷、一采区、三采区皮带大巷、南翼一部主皮带大巷的供水施救管路设施和设备由机运队负责。

（5）井下南北翼的总回风大巷、所有采区回风巷的供水施救管路，设施和设备由通风科负责。

（6）综采工作面运输、回风顺槽的供水施救管路，设施及设备由综采队负责。

（7）开拓、掘进工作面从开口到工作面迎头的供水施救管路，设施及设备由施工单位负责。

（8）已掘进完成的回采巷道在未移交给综采队前，仍由原施工队负责管理维护。

第二条　系统规定

（1）地面永久性水池每季度检查一次，根据情况及时清挖，做好水池密封，要采取可靠的防冻和防杂物掉入措施。

（2）井下所有供水施救管路必须保持 24 h 供水畅通。

（3）供水施救系统主管路安设内径不小于 108 mm 的无缝钢管，分支管路安设内径不小于 57 mm 的无缝钢管，管路要吊挂平直，不拐死弯，接头阀门完好不漏水。

（4）主要大巷每隔 100 m 设置支管和阀门，在带式输送机巷道中应每隔 50 m 设置支管和阀门，必须保证其可靠性。

（5）主要大巷每隔 200 m 设置一组供水施救装置，人员集中地点或主要硐室设置一组，距采掘工作面 25 ~ 50 m 范围内设置两组供水施救装置。

（6）所有供水管路、三通、阀门必须齐全，手把灵活。

（7）采掘巷道管路安设距工作面距离不得大于 50 m。

（8）供水施救系统中的水管、三通、阀门及仪器仪表等设备的耐压不小于工作压力的 1.5 倍。

（9）供水点前后 2 m 范围内无材料、杂物、积水现象。

（10）供水施救系统实行分区域管理，明确维护人员进行日常检查维护。

（11）及时对供水施救系统阀门、供水管路是否有跑、冒、滴、漏等现象进行系统全面检查维护。

第三条 管理要求

（1）各单位必须制订专人对各自管理范围内的供水管路进行检查，对不合格、损坏的要及时更换。

（2）各单位要对各自管辖范围内的供水管路进行登记，建立台账。

（3）由包片单位负责对井下供水施救系统管路进行巡检。

（4）每月由矿领导带领业务科室及使用部门组织一次拉网式检查，对沿途的供水施救装置认真排查。

（5）巡检主管路时（包括水源）发现问题必须及时汇报、处理。

（6）掌握供水施救管理使用情况及锈蚀情况，做到有计划检修、更换管路。

第四条 监督考核

（1）分管单位必须制订专人对各自管理范围内的供水管路进行检查，对不合格、损坏的要及时更换。未及时更换罚款责任单位×××元/次。

（2）使用单位要对各自管辖范围内的供水管路进行登记，建立台账。台账记录不清、数据不准确处罚责任单位×××元/次。

（3）巡检主管路时（包括水源）发现问题必须及时汇报、处理。未及时汇报、处理的处罚责任单位×××元/次。

21.17 供水施救系统使用培训制度

为保证职工熟悉供水施救系统，熟练使用供水施救装置，实现操作达标，现结合煤矿实际，特制定本制度。

第一条 培训职责

（1）职教科负责对新到职工在安全教育培训期间，将供水施救系统的使用规定、操作方法等纳入培训内容，并对培训内容进行考试。

（2）各单位队长及班组长负责现场教会职工实操方法，并交代清楚供水施救装置具体地点及布置路线，教会职工自救知识并教育职工爱护供水施救系统装置。若职工发现装置损坏现象，应及时向值班室或生产技术科汇报。

第二条 培训内容

（1）供水施救系统的重要性。

(2) 供水施救系统安装、设置标准及相关规定。

(3) 供水施救系统的使用及操作方法。

(4) 灾害发生或遇紧急情况时的自救方法。

第三条　培训规定

(1) 所有职工必须进行供水施救系统使用培训，未经培训严禁上岗。

(2) 培训后职工必须进行考试，未进行考试或考试不合格人员进行重新培训或进行补考，直至考试合格后上岗。

(3) 施工单位队长及班组长负责必须对每位职工现场使用进行实操考核，确保职工掌握基本操作要领及装置具体地点及布置路线。

第四条　监督考核

(1) 新到职工未进行供水施救系统使用培训，处罚职教科负责人×××元/人。

(2) 使用单位未对职工进行供水施救系统实操培训，处罚使用单位负责人×××元/人。

(3) 职工上岗后不会使用供水施救装置，不了解其性能及操作方法、布置地点及布置路线，处罚责任人×××元/次，使用单位负责人负连带责任，处罚单位负责人×××元/次。

(4) 供水施救装置因保护不到位造成损坏，使用单位除照价赔偿外，处罚使用单位负责人×××元/次。

21.18　供水施救系统应急演练制度

第一条　供水施救系统每年配合矿井"六大系统"进行一次演练。

第二条　供水施救系统演练前，成立应急演练小组，分设组长、副组长、成员及演练人员。

第三条　供水施救系统演练前，做好对系统的检查，确保所使用的器材和管路处于完好状态。

第四条　在进行应急演练时，应设置标识，并事先告知演练的范围。

第五条　由应急演练小组领导指挥应急演练工作。

第六条　供水施救应急演练小组直接在调度中心和现场指挥人员的指挥下进行应急演练，参加演练人员无条件地服从应急演练小组的指挥。

第七条　应急演练小组组织中的人员，必须按照演练的统一要求，在规定的时间内，到达指定位置。

第八条　通过对演练暴露出的问题，由应急演练小组对预案进行修改完善。

21.19　供水施救系统事故应急预案

为了提高生产、调度等值班人员处理灾害事故的应变能力，最大限度地降低事故危害影响程度，保证矿井安全生产和职工人身安全，现结合工作实际，特制定本预案。

第一条　成立事故应急救援指挥领导小组

总指挥：矿长（矿长未到场时，值班领导负责指挥）

副总指挥：机电矿长、总工程师、安全矿长、生产矿长

成员：调度室主任、安全科科长、生产技术科科长等生产性科室科长，各采、掘、机运队队长和跟班人员

第二条　事故应急救援的主要任务

对井上、井下发生供水施救系统故障时，必须在较短时间内恢复并正常投入使用。

第三条　事故应急救援的主要职责

(1) 负责事故应急救援的管理和组织。

(2) 负责事故应急救援的技术知识培训。

（3）负责事故应急救援人、财物的组织和调配。

（4）负责物资的管理。

第四条 程序

（1）调度值班员接到发生故障时，由领导小组、副指挥长（机电矿长），查明其原因，作出正常的判断，制定解决方案。

（2）凡被通知的单位和人员都应做好一切恢复供水施救系统的人力、物力的准备工作，听候安排。

（3）调度员随时向总指挥汇报处理的进展情况。

（4）供水施救系统维修工必须服从调度指挥。

（5）事故处理完毕后，各采掘机运队积极组织人员恢复正常生产。

21.20 供水施救系统故障报告制度

第一条 加强供水施救系统专职维护、维修人员负责对供水施救系统、管路及其附属设施日常检查工作，根据故障大小采取有针对性的处理措施，供水施救系统维修人员必须实行24 h不间断监管，当煤矿的供水施救系统发生故障时，应按以下规定执行，不得拖延。

第二条 系统故障较小，如只是管路轻微的跑、冒、滴、漏及更换接头、管件、分支阀门等，维修作业对系统影响较小时，现场采取措施立即进行处理。能现场处理的立即处理，不能处理的必须立即向调度室报告，并通知有关部门立即协助处理。

第三条 系统故障较大，如遇我矿供水施救系统不正常运行，值班领导应及时会同相关人员制定故障期间采取的安全措施。如需断开管路更换管路、主阀门等，会影响系统的正常供水时，则必须制定、审批施工安全措施，同时通知与供水施救系统有关的受影响单位（突发情况除外）。

第四条 系统故障处理时，要严格按操作规程进行操作，抓紧时间施工，尽量缩短影响时间。遵守如下操作程序：关闭阀门→放水泄压→断管维修→给水→质量复检→供水试验及排放水→恢复系统供水。

第五条 在停止供水施救系统供水时，要事先与生产调度和受影响各采、掘面跟班人员及安全人员联系好后，方可施工。

第六条 在维修处理供水管路故障时，必须先打开管路供水阀门放水泄压后，方可断开管路，防止管内“残压”伤人。维修作业完成后，要复检施工质量，同时要进行供水试验和排放水，以确保供水施救系统能够正常运行，并保证供水水质。

第七条 在故障处理期间一旦出现异常情况，如井下出现灾害事故，维护、维修人员要立即恢复供水施救系统，以确保随时能够向灾区遇险职工提供饮用水和营养液。

第八条 每次出现故障，应积极组织抢修，尽快恢复正常。故障处理结束后，将发生故障时间、现象、原因、处理办法、恢复时间等做好记录并上报。

21.21 供水施救系统安全仪器仪表计量检验制度

第一条 本制度严格遵守、贯彻《中华人民共和国计量法》《中华人民共和国安全生产法》和《煤矿安全监察条例》等有关规定。

第二条 安全仪器仪表管理人员负责安全计量仪器仪表的登记造册，建立台账及仪器仪表定期校验工作等。

第三条 仪器仪表必须定期送检，不得漏检。

第四条 仪器仪表发生故障或误差较大时不得发放使用，必须处理并能正常使用，并经校验后方可发放使用。

第五条　正在使用的器具、仪表失真或损坏必须在16 h内更换，如不能更换的应立即进行维修，并经过校验后方可使用，否则不允许使用。

第六条　计量仪器仪表若有损坏，所维修的费用超过原仪表费用70%时无维修价值，应办理报废手续。

第七条　安全仪器仪表要设有管理员负责管理，看护及定期进行校验工作。

第八条　新到货的仪器仪表必须送质量技术监督部门授权的安全仪表鉴定单位进行鉴定。

第九条　正在使用的仪器仪表必须定期送质量技术监督部门授权的安全仪表鉴定单位进行鉴定。

第十条　对安全计量器具未按照规定进行校验及定期鉴定的，将按照有关规定对相关单位行处罚。

第十一条　新进货的仪器仪表装箱必须有MA标志、合格证、说明书及调试配件等。

21.22　压风自救装置安装规定

第一条　井下采掘工作面压风自救装置的安装规定要随作业规程一并下发贯彻执行。机修厂负责压风自救装置连接软管的加工，各煤（岩）巷掘进工作面的压风自救装置由现场施工队负责安装，各主要大巷的压风自救装置由机运队负责安装。

第二条　压风自救装置的管路安装规定：压风自救主管路（矿井一翼主压风管路）不小于5英寸；压风自救分管路（采区主压风管路）及岩巷掘进工作面不小于3英寸；煤巷掘进工作面、回采工作面不小于2英寸。

第三条　煤巷掘进工作面自掘进面回风口开始，距迎头50 m的范围设置两组压风自救装置，其呼吸嘴数量应比该区域工作人员数量多2台，然后向外每200 m设置一组压风自救装置，每组装置内呼吸嘴数量为5个；岩巷掘进工作面距迎头100～130 m安装一组压风自救装置，向外每隔200 m安装一组压风自救装置；爆破撤人地点要安装一组压风自救装置。发现未按规定安装，处罚责任人×××元/次。

第四条　回采工作面回风巷在距采面回风巷上安全出口以外50 m范围内设置两组压风自救装置，呼吸嘴数量应比该区域工作人员数量多2个，向外每200 m设置一组压风自救装置（有人固定作业地点安装一组压风自救装置），每组装置内呼吸嘴数量为5个。

第五条　压风自救装置要安装在地点宽敞、支护良好、没有杂物堆积的人行道侧，人行道宽度要保持在0.5 m以上，自救装置的安装高度按自救装置的底部距底板1.0～1.2 m，便于现场人员自救使用。

第六条　安装时要轻拿轻放，严禁剧烈振动，固定在巷道墙壁上或其他物体上时应水平安装，安装牢固，管路连接要紧固。安装后，要检查各部件是否牢固可靠，管路是否漏气、呼吸口具是否畅通、位置方向是否正确，如有问题应及时改正。发现运输及安装过程中有人为损坏现象，处罚责任人×××元。

第七条　压风自救装置上的煤尘要及时清理，经常保持清洁，压风自救装置周围2 m范围内不得堆放有杂物。

第八条　压风自救装置安装标准

（1）适用范围本标准规定了井下压风自救系统（以下简称压风自救系统）的安装、维护和管理的要求。

（2）编制依据：

《国务院关于加强企业安全生产的通知》（国发〔2010〕23号）、国家煤矿安监局《关于建设完善煤矿井下安全避险“六大系统”的通知》（安监总煤装〔2010〕146号）、《煤矿井下安全避险“六大系统”建设完善基本规范（试行）》（安监总煤装〔2010〕33号）、《煤矿安全规程》（2011年版）。

（3）基本要求：

①压风自救系统组成空气压缩机、送气管路、阀门、气水分离器、压风自救装置（包括箱体、管路、过滤器、球阀、压力表、减压器、软管、口具、开关等部件）。

②压风自救系统的防护袋、送气管的材料应符合 MT113 的规定。

③压风自救装置配有面罩时，面罩材料应符合 GB2626 的规定。

④压风自救装置应具有减压、节流、消噪声、过滤和开关等功能。

⑤压风自救装置的外表面应光滑、无毛刺、表面涂镀层应均匀、牢固。

⑥压风自救装置的零部件的连接应牢固、可靠，不得存在无风漏风。

⑦压风自救装置的操作应简单、快捷、可靠。

⑧避灾人员在使用压风自救装置时，应感到舒适、无刺痛和压迫感。

⑨压风自救系统使用的压风管道供气压力为 0.3 ~ 0.7 MPa，在 0.3 MPa 压力时，压风自救装置的供气量应在 100 ~ 150 L/min 范围内。呼吸器调节压力范围为 0.05 ~ 0.1 MPa 时，呼吸器供气量范围为 30 ~ 55 L/min。

⑩压风自救装置工作时的噪音应小于 85db。

⑪压风自救系统的管路规格为：压风自救主管路（矿井一翼主压风管路）为 ϕ100 mm；压风自救分管路（采区主压风管路）及岩巷掘进工作面为 ϕ100 mm；煤巷掘进工作面、回采工作面为 ϕ50 mm。

（4）安装标准：

①压风自救装置安装在采掘工作面巷道内的压缩空气管道上，设置在宽敞、支护良好、水沟盖板齐全、没有杂物堆的人行道侧，人行道宽度应保持在 0.8 m 以上，管路敷设高度应便于现场人员使用。安设时要轻拿轻放，严禁剧烈震动，固定在巷道壁上或其他物体上时应水平安装。安装牢固，管路连接要紧固。

②掘进工作面压风自救装置安装标准。煤巷掘进工作面自掘进面回风口开始，距迎头 50 ~ 100 m 的距离设置两组压风自救装置，其数量比该区域工作人员数量多 2 台，然后向外每 200 m 设置一组压风自救装置，每组装置内呼吸嘴数量为 5 个。

③回采工作面压风自救装置安装标准。回采工作面、回风巷在距采面回风巷上安全出口以外50 ~ 100 m 范围内设置两组压风自救装置，呼吸嘴数量应比该区域工作人员数量多 2 个，向外每 200 m 设置一组压风自救装置（有人固定作业地点安装一组压风自救装置），每组装置内呼吸嘴数量根据实际制定，但最少为 5 个。进风巷在距采面下安全出口以外 50 ~ 100 m 范围内设置三组压风自救装置，呼吸嘴数量比该区域工作人员数量多 2 个，向外每 200 m 设置一组压风自救装置（有人固定作业地点安装一组压风自救装置），每组装置内呼吸嘴数量根据实际制定，但最少为 5 个。

④主要巷道压风自救装置安装标准。主要轨道巷：从副井底起，南北翼轨道大巷每 200 m 安装一组压风自救装置，每组装置内呼吸嘴数量为 5 个。采区轨道巷从起点开始每 200 m 安装一组压风自救装置，标准同轨道大巷。主皮带大巷及采区皮带巷安设标准同轨道大巷，但因皮带巷有人员固定作业点，可将就近的压风自救装置移至此处。该固定作业地点后面的巷道 500 m 处安设一组压风自救装置，并作为下组安设的起点。

⑤井下固定人员工作地点：呼吸嘴数量按照最多作业人数的数量设置，最少为 5 个。

⑥主送气管路应装集水放水器，在供气管路与自救装置连接处，要加装开关和气水分离器。压风自救系统阀门应安装齐全，阀门扳手要在同一方向，保证系统正常使用。

⑦压风管路应接入避难硐室和救生舱，并设置供气阀门。接入矿井的管路应设减压、消音、过滤装置和控制阀，压风出口压力在 0.1 ~ 0.3 MPa 之间，供风量不低于 0.3 m^3/(min·人)，连续噪声不大于 70 dB。

⑧井下压风管路应敷设平直，采取保护措施，防止灾变破坏。进入避难硐室和救生舱前 20 m 应采取保护措施（如在底板埋管等）。

⑨安装完毕后，需先进行安装质量检查，检查是否按规定要求安装，连接件是否牢固可靠，连接处密封是否严密，然后送气，检查系统有无漏气现象。再逐个检查送气器是否畅通，流量是否符合要求，按呼吸嘴实际安装最大量进行测试。送气不畅通，流量小于规定值的自救装置需取下进行检查，按照相关检查步骤进行排查。经检查、测试完毕，符合要求后，装置才可以投入正常使用。

21.23　压风自救装置安全操作规程

第一条　矿井压风自救装置主要用于矿井井下的灾害救护，主要安装在井下避难硐室，采煤工作面的运巷、风巷，掘进工作面，以及运输和回风巷，井底车场等适当位置。当井下发生灾害时，工作人员可迅速进入附近装有矿井压风自救装置的地点，打开装置，戴上呼吸面具，进行自救。

第二条　当矿井发现危险征兆，对工作人员生命有严重威胁时，现场工作人员可快速跑向矿井压风自救装置安装处。

第三条　首先打开箱体，再打开外部阀门，戴上呼吸口具进行呼吸。

第四条　箱体内的分阀门安装时是开通的，当呼吸口具没有用完时，要关闭没用口具的分阀门，以便节约气体。

第五条　呼吸口具的供气压力在出厂时是调整好的，但人员之间的呼气、吸气量有差异，所需压力不同。当感觉供气不足时，顺时针缓慢调整调压阀，使之合适为止。当感觉供气压力过高时，逆时针缓慢调整调压阀，使之舒适为止。

第六条　当矿井压风自救装置使用一次后，应派技术人员全方位检查仪器是否完好。完好后，恢复原有状态，以便下次再用。

第七条　压风自救装置在使用中切记不要猛力拉拽面罩，以防将输气导管的接头拉开或拉断。

21.24　压风自救装置使用培训制度

第一条　各部门培训负责人每年应组织一次压风自救装置使用演练，确保每位入井人员都能正确使用压风自救装置。

第二条　井下职工必须熟知压风自救装置的安装地点、使用方法，便于发生灾害时能迅速自救。

第三条　各部门应教育职工应爱护压风自救系统装置，发现损坏该系统立即向有关部门报告，及时采取措施修复并投入使用。

第四条　各部门必须认真核查职工对压风自救装置的性能和使用方法的掌握情况。

第五条　凡新设置安装的压风自救装置，各队组都要认真向每位职工交代清楚设置的路线和地点。

第六条　所有新到职工要进行为期不少于 72 h 的安全教育培训，此外，部门还必须对压风自救装置的知识进行培训，否则一律不得入井。

21.25　压风自救装置日常维护保养检修制度

第一条　各队组必须保证所负责区域内压风自救装置完好性和安装的规范化，压风自救装置不得存在无气、漏气或呼吸嘴破损长度超过 5 mm 的现象。

第二条　掘进工作面贯通后，综采队要拆除多余的压风自救装置，并按回采工作面作业规程规定，配齐两巷所需压风自救装置。

第三条　采掘作面回采（掘进）期间，巷道如需扩修时，施工队要采取措施保护好压风自救装置，因扩修导致管路落地，扩修结束后要按原安装标准及时恢复。

第四条 压风自救装置执行区域划分管理，由各责任单位每周对所管辖区域的压风自救装置进行一次全面细致的检查，发现问题及时向通风科汇报，并主动更换，若未及时汇报、处理，处罚责任人×××元/次。

第五条 机运队向各采掘工作面运送物料时，不得将所运物料卸放在压风自救装置下面。运送物料时不得撞坏压风自救装置，发现撞坏压风自救现象按原价赔偿。

第六条 压风自救装置移交时，由通风科组织交付单位、接管单位参加，办理书面手续，各单位存档并建立压风自救装置管理台账。

第七条 各采掘工作面的压风自救装置需要停风时，由施工单位提出申请，经调度室和通风科批准，采取安全措施后，方可进行作业。发现有私自停风现象的，罚款×××元/处。

第八条 矿井压风自救装置安装后，要定期检查压风装置的完好性。每班都要检查装置安装位置的顶板、两帮是否存在隐患，装置有无移位和变形等，发现问题，及时处理。

第九条 检查总阀门是否灵活可靠，有无损坏、破损现象发生。

第十条 压风自救袋上的煤尘要及时清理，经常保持清洁。

第十一条 回撤不再使用的压风自救系统要及时拆除，拆除回收的管路要摆放整齐，清洁卫生后妥善保管，避免造成损坏。

第十二条 各作业队组负责施工作业范围内压风自救装置的检查与维护，各级安全管理人员有责任对沿途经过的区域内压风自救装置进行检查，检查连接件是否牢固可靠、连接密封是否严密、有无漏气现象、流量是否达到标准，否则责成相关人员处理。

第十三条 井下救生舱的压风自救装置日常维护保养由存放点作业队组负责，避难硐室压风自救装置由安全科、通风科监督维护。

第十四条 压风自救装置要做抽出检查：通过减压过滤装置显示装置进行压力调节，将调节旋钮向上挂起，顺时针旋转压力上升，逆时针旋转压力下降，调整供气压力达0.5~0.7 MPa为宜，然后将调压旋钮按下至锁定状态。

第十五条 压风自救装置是为避灾而设置的，必须是百分之百完好。因此需要每月保养，其保养项目为：

（1）检查压风自救装置的通风是否完好。

（2）检查送气口是否有气送出，气动阀把手是否灵活可靠，清洗积水杯或更换过滤器。

（3）清洗更换过滤网，取出滤网，用空气由内向外吹，即可重复使用。

（4）卸下PC杯，用干净布擦拭即可，不可使用任何破坏PC材质的化学物品来清洗。

第十六条 压风自救装置储存期为一年，逾期未用应重新检查各零部件，确保装置正常使用。

21.26 压风自救系统故障报告制度

压风自救系统维修人员必须实行24 h不间断监管，当矿井的压风自救系统发生故障时，应按以下规定执行。

第一条 当矿井的压风自救系统发生故障时，能现场处理的立即处理，不能处理的必须立即向调度室报告，并通知有关部门立即协助处理。

第二条 如遇压风自救系统不正常运行，值班领导应及时会同相关人员制定故障期间采取的安全措施。

第三条 在故障发生后，机电队应积极组织抢修，尽快恢复正常，并将发生故障时间、现象、原因、处理办法、恢复时间等做好记录。

第四条 当矿井内各使用单位管理范围内的压风自救系统发生故障时，立即向调度室及本部门负责人报告。

第五条 各级安全生产管理人员发现压风自救系统发生故障时，立即向调度室报告。

21.27 压风自救系统技术资料管理制度

为保证压风自救系统图纸、技术资料在使用过程中做到真实、准确，做到统一管理，确保矿井安全生产，特制定本制度。

第一条 压风自救系统相关技术资料由通风科设专人进行保管，图纸、技术资料每月进行一次档案清理工作，图纸资料分类明确，方便查找。

第二条 系统（设备）布置图等每季必须进行一次绘制，每月根据现场实际情况及时修改补充，确保图纸的真实性、准确性。

第三条 日常各种记录在每月月底进行及时分类归档封存，以备查阅。保存时间不得少于一年，每遇调整系统布置时，应及时修改补充设备台账。

第四条 其他部门人员使用图纸、技术资料都必须出具借条，并严格做好记录。

第五条 对无保留价值的图纸、技术资料整理列出清单，需报矿长及矿技术负责人审查，进行销毁并清账。

第六条 通风科负责压风自救系统技术资料的管理。

第七条 必须建立健全压风自救系统设备、设施、仪表的技术档案，并进行分类管理妥善保存。

第八条 压风自救系统的维护、保养、定期检查记录内容必须翔实，详细记录定期检查发现的故障，以及处理情况和发生故障的原因。

21.28 压风自救系统应急演练制度

第一条 压风自救系统每年配合矿井“六大系统”进行一次演练。

第二条 压风自救系统演练前，成立应急演练小组，分设组长、副组长、成员及参演单位人员。

第三条 压风自救系统演练前，必须做好对系统的详细检查，所使用的设备、设施及器材处于完好状态。

第四条 在进行演练时，应设置标识，并事先确定演练的范围。

第五条 压风自救系统应急演练由演练领导组严格按照相关计划及预案进行。

第六条 所有参加演练人员必须无条件服从应急演练小组的指挥。

第七条 应急演练小组成员必须按照演练的统一要求，在规定时间内到达指定位置。

第八条 演练的基本内容应根据演练的任务要求和规模而定，应包含以下内容：

（1）各演练单位相互支援、配合及协调程度。

（2）对故障处理的时间。

（3）向上级报告情况及向友邻单位通报情况。

（4）各专业队讲评要点，演习资料汇总需要的表格。

（5）其他应检查的内容。

第九条 演练人员应至少由以下两部分人员组成：

（1）事故应急救援的演习职工，占演习人员的绝大多数，从指挥员到参加应急救援的每一个专业队成员都应该是现职人员，即将来可能与事故应急救援直接相关者。

（2）事故应急救援方面的专家，分工对演练的每一个程序进行考核评价，演练后演练者应共同进行讲评和总结。

第十条 情景设置应根据演习的目的而定，在设置演习内容时要考虑下列几方面问题：

（1）由任务设置事故等级、根据事故等级分课目进行详细描述。

（2）演习的序列要强调时间性，演习顺序符合逻辑性。

（3）有关情况的数据设置符合实际情况，演习时要求测得的数据要从实战出发。

（4）演习用的讯号、标志和指令要统一，使每个演习者都能立即明白并迅速执行。

（5）演习模拟条件要有一定的广度，以便于各应急救援专业分队有各自的灵活性。

（6）演习时间安排基本应按真实事故条件下进行。可根据演习的需要安排合适的时间，演习日程安排后一般要率先通知有关部门和参加演习的个人，以利做好充分的准备。

第十一条 演习结束后，由应急演练小组组长安排相关人员将演练过程写出总结报告，对演练中存在的问题，由演练小组对预案进行修改完善。

21.29 压风自救系统事故应急预案

第一条 成立压风自救系统应急指挥领导小组

总指挥：矿长（矿长未到场时，值班领导负责指挥）

副总指挥：机电副矿长、安全副矿长、生产副矿长、总工程师

成员：各专业副总工程师、调度室主任、安全科长、生产技术科科长、通风科科长、机电科科长、地测防治水科科长和各队队长

第二条 压风自救系统事故应急预案的主要任务对井上、井下发生压风自救系统故障时，必须在较短时间内恢复并投入正常使用。

第三条 压风自救系统应急救援的主要职责

（1）负责事故应急救援的管理和组织。

（2）负责事故应急救援的技术知识培训。

（3）负责事故应急救援人、财、物的组织和调配。

（4）负责物资的管理。

第四条 程序

（1）调度值班员接到发生故障时，由领导小组安排相关人员查明原因，做出正常的判断，制定解决方案。

（2）凡被通知的单位和人员都应做好一切恢复压风自救系统的人力、物力的准备工作，听候安排。

（3）调度员随时向总指挥汇报处理的进展情况。

（4）压风自救系统维修工必须服从调度指挥。

（5）事故处理完毕后，各采掘队管理人员积极组织人员恢复正常生产。

第五条 应急工作原则

（1）预防为主。坚持“安全第一，预防为主”的方针，突出事故预防和控制措施，有效防止事故发生；组织开展有针对性的事故演习，提高职工的自救能力。

（2）统一指挥。在调度和上级主管部门以及应急指挥机构的统一指挥和协调下，各小组组织开展事故处理、事故抢险、应急救援等应急工作。

（3）保证重点。在紧急避险事故处理和控制中，将保证把压风自救系统运行正常和安全运行放在第一位，采取一切必要手段，限制事故范围进一步扩大，防止发生重大安全事故。在压风自救系统恢复中，遵循先重点、后一般的原则，做到快速、有序。

21.30 压风自救系统安全仪表计量检验制度

第一条 通风科安全仪器仪表管理员负责压风自救系统计量仪器仪表的登记造册，建立台账及仪器仪表定期校验工作等。

第二条 仪器仪表必须定期送检，不得漏检。

第三条　仪器仪表发生故障或误差较大时不得使用，必须处理正常并经校验合格后方可使用。

第四条　正在使用的器具、仪表失真或损坏必须在 2 h 内更换，如不能更换的应立即进行维修，并经过校验后方可使用，否则不允许使用。

第五条　计量仪器仪表若有损坏，所维修的费用超过原仪表费用的 80% 无维修价值时，应办理报废手续。

第六条　安全仪器仪表要设有管理员负责管理、看护及定期进行校验工作。

第七条　新到货的仪器仪表必须送质量技术监督部门授权的安全仪表鉴定单位进行鉴定。

第八条　正在使用的仪器仪表必须定期送质量技术监督部门授权的安全仪表鉴定单位进行鉴定。

第九条　对安全计量器具未按照规定进行校验及定期鉴定的，将给予×××元罚款；对使用不合格的鉴定器具而发生事故的按事故进行追查处理。

第十条　新到货的压风自救装置仪器仪表装箱必须有合格证、说明书及调试配件等。

第十一条　保存期限超过一年的仪器仪表必须重新进行检验，鉴定合格后方可使用。

21.31　紧急避险设施管理制度

第一条　所有职工在入井前必须接受应急救援安全防护知识、避难硐室的避难要求等培训考试，合格后方可上岗。

第二条　安全科和各队要将应急救援安全防护体系知识纳入日常培训计划中。培训内容包括：矿用避险设施应急组织流程，硐室的结构、设计和工作原理，避难硐室内生存环境及活动要求。

第三条　安全科要将应急救援安全防护知识纳入新工人入井前安全培训必授课程。

第四条　避难硐室必须保持通风良好和气密性，必须进行一次完整的打压测试以检验密封性能。

第五条　每三个月对避难硐室的各项功能进行一次检验，必须进行仔细检验，做好相关记录并存档。

第六条　避难硐室的维护和保养工作由其专职硐室管理员负责，其他硐室管理员协助。

第七条　避难硐室不得挪作他用，避难硐室不得存放任何无关物品。

第八条　各队必须在班前会上安排上岗人员在危急情况下逃生路线及其避难硐室内位置的一人一位对应关系，所有人员必须清楚自己所在位置的避灾路线。

第九条　氧气测定器每月进行一次调零和精度调校，若未超规定误差范围可继续使用。

第十条　二氧化碳测定器必须每半年进行一次调零和精度的调校。

第十一条　避难硐室内必须加设应急操作流程图和操作指南。

第十二条　避难硐室内急救箱药品必须每月进行一次检查，发现失效立即更换。

第十三条　必须建立硐室气密性日常检查、仪器调校、设备检查维护、急救药品检查等专用台账和一人一位对应关系说明牌，并现场定置。安全科纳入安全检查，作为安全重点工作跟踪考核。

第十四条　避难硐室内饮用水、食品要有详细食用说明，必须在保质期内，过期产品及时更换。

第十五条　避难硐室供电停电后再次启动前必须进行送电前的检查。

第十六条　避难硐室内必须使用专用电话，不得与任何作业地点串联；通信系统在正常状态下必须保持畅通无阻。

第十七条　严禁任意拆除或断开避难硐室的外界供电、供风、通信系统；如在特殊情况下断电，在供电恢复后，应立即送电，保证各大系统的正常运行。

第十八条　严禁任何人在维护、检修过程中敲打或撞击任何应急救援设施、设备。

第十九条　除定期维护、专项检查（参观）、应急避灾时，任何人不得进入避难硐室内。

第二十条　在发生火灾、瓦斯或一氧化碳涌出、瓦斯爆炸事故时，作业人员必须在第一时间佩戴好自救器，按照指定避灾路线逃至与自己对应的避难硐室内。

第二十一条 采、掘工作面避难硐室必须提前编制专项安全技术措施，并纳入月度计划中，作为重点监管项目。

第二十二条 部门、队级干部进入应急救援安全防护采区，必须巡查相关设施完好情况及检修维护等记录。

第二十三条 外来参观人员进入避难硐室的数量不得超过安全硐室的额定容量。

第二十四条 各队未将应急救援安全防护体系知识列入日常培训计划的，给予责任单位负责人罚款×××元/月。

第二十五条 安装或拆解重组时未对密封性能进行检验，给予责任队罚款×××元/次。

第二十六条 避难硐室挪作他用或放置其他物件，给予责任队罚款×××元/次。

第二十七条 未对避难硐室内急救药品进行月度检查，给予责任罚款×××元/次。

第二十八条 违反规定敲打、撞击急救设施、设备，给予责任人罚款×××元/次。

第二十九条 避难硐室内电话出现串联或通信不畅，给予调度室罚款×××元/次。

第三十条 违反规定进入避难硐室内，给予责任人罚款×××元。

21.32 紧急避险系统培训制度

第一条 通过紧急避险系统的演练，确保每位入井人员都能正确使用紧急避险系统。

第二条 井下职工必须熟知自救装置的地点、使用方法，便于发生灾害时能迅速自救。

第三条 教育职工应爱护紧急避险系统装置，发现该系统有损坏现象立即向调度室报告，及时采取措施修复并投入使用。

第四条 每名职工都必须掌握紧急避险装置的性能和使用方法。

第五条 凡新设置紧急避险系统设施后，各队队长都要向职工交代清楚设置的路线和地点。

第六条 新到职工除按为期进行不少于72 h的安全教育培训外，还必须对紧急避险系统的知识进行培训，定期组织开展避险系统各类物资、器材、设备设施的操作使用及安全注意事项方面的培训，使每位井下作业人员均能掌握，并经考核合格，否则一律不准入井。

第七条 所有职工必须学习紧急避险相关管理使用规定，掌握自救知识，以专用管路的敷设及附属设备的操作、求救信息的发出、个体防护、危险源辨识等内容为主。

21.33 紧急避险系统应急演练制度

第一条 紧急避险系统应每年配合矿井“六大系统”进行一次专项演练。

第二条 紧急避险系统演练前，必须成立应急演练小组，分设组长、副组长、成员及演练人员。

第三条 紧急避险系统演练前，做好对系统的检查，所使用的器材和管路处于完好状态。

第四条 在进行应急演练时，应设置标识，并事先告知演练的范围。

第五条 由应急演练小组领导指挥应急演练工作。

第六条 紧急避险应急演练小组直接在调度中心和现场指挥人员的指挥下进行应急演练，参加演练人员无条件服从应急演练小组的指挥。

第七条 应急演练小组人员必须按照演练的统一要求，在规定的时间内，到达指定位置。

第八条 通过对演练暴露出的问题，由应急演练小组对预案进行修改完善。

第九条 演练结束后要撰写演练总结。

21.34 紧急避险系统事故应急预案

第一条 成立事故应急救援指挥领导小组

总指挥：矿长（矿长未到场时，值班领导负责指挥）

副总指挥：机电副矿长、安全副矿长、生产副矿长、矿技术负责人

成员：各专业副总工程师、调度室主任、安全科长、生产技术科科长、通风科科长、机电科科长、地测防治水科科长和各队队长

第二条　事故应急救援的主要任务对井上、井下发生紧急避险系统故障时，必须在较短时间内恢复并正常投入使用。

第三条　事故应急救援的主要职责

（1）负责事故应急救援的管理和组织。

（2）负责事故应急救援的技术知识培训。

（3）负责事故应急救援人、财物的组织和调配。

（4）负责物资的管理。

第四条　程序

（1）调度值班员接到发生故障的信息时，报告领导小组，由领导小组安排相关人员查明其原因，做出正常的判断，制定解决方案。

（2）凡被通知的单位和人员都应做好一切恢复紧急避险系统的人力、物力的准备工作，听候安排。

（3）调度员随时向总指挥汇报处理的进展情况。

（4）紧急避险系统维修工必须服从调度指挥。

（5）事故处理完毕后，各采掘队管理人员积极组织人员恢复正常生产。

第五条　应急响应组织流程

（1）当灾害发生时，根据地面指挥中心命令，事故作业地点人员按照避灾路线有序进入紧急避险设施内。

（2）按照进入避险设施内人员的级别及分工要求，组织进入设施内人员按照采、掘、机、运、辅助单位分组；按照顺序启动避险设施内部的设备、设施，保持永久避难硐室（舱）内部环境正常，人员情绪稳定。

（3）利用永久避难硐室（舱）内的通信系统向地面指挥中心汇报。

（4）根据调度指挥命令开展应急救援指挥、操作。

（5）进入永久避难硐室（舱）后，必须按照操作规程进行操作。

（6）地面供风系统必须由专人负责维护正常，优先采用矿井压风自救系统向硐室（舱）内通风供氧。

（7）地面指挥中心在判明井下灾害性质，具备人员撤离的条件下，及时指挥人员升井。

21.35　紧急避险硐室维护制度

第一条　安全科巡检人员每班对硐室进出口及硐室内的帮顶进行巡视检查一遍，如发现有脱皮、掉碴现象，应及时汇报。

第二条　硐室内的防爆门、气密门如受动压影响，墙体变形、门开关不灵活、关不住，应及时汇报。

第三条　在处理硐室帮顶脱皮掉碴要制定措施，并有专人处理，防止矸石掉落伤人或损坏室内设备。

第四条　如有防爆门、气密门、墙变形、开裂漏气，应及时修复保证硐室内的气密性符合规定。

第五条　硐室内进出口必须保持畅通，严禁有障碍物堵在硐室的进出口处。

第六条　硐室内不得存放其他设备，由安全科每班派人对硐室地板清扫一次，保证硐室卫生整洁。

第七条 通风科必须按照规定要求组织全体职工进行紧急避险硐室专业培训，对避险硐室内各类物资器材、设备设施的使用以及安全注意事项方面进行专项培训，特别要加强对避险硐室专职维护人员的培训。培训内容为避险硐室各系统、结构、操作规程等，要熟悉避险硐室内各设备的日常维护，掌握简易操作方法，联系厂家进行现场培训，以便进一步了解避险硐室内各设备性能工作原理等。

第八条 避险硐室内的压风供给、监测监控、通信、人员定位及其他系统必须始终保持完备状态，由系统主管职能部门每日组织一次检查维护，并填写各相关记录以备查。加强日常巡查，按规定校验和更换相关仪器仪表，保证储存的食品、饮水及药品在保质期内，发现问题及时处理。

第九条 除专业维护、专项检查人员外，其他人员不得随意进入硐室。

21.36 紧急避险系统功能测试、安全仪器仪表检验制度

第一条 安全紧急避险管理员负责系统的设备、设施、安全计量仪器仪表的登记造册，建立台账及仪器仪表定期校验工作等。

第二条 系统的设备、设施、仪器仪表必须定期送检，不得漏检。仪器仪表发生故障或误差较大时不得发放使用，必须处理正常，并经校验后方可发放使用。

第三条 正在使用的器具、仪表失真或损坏必须在 2 h 内更换，如不能更换的应立即进行维修，并经过校验后方可使用，否则不允许使用。

第四条 计量仪器仪表若有损坏，所维修的费用超过原仪表费用 70% 时无维修价值，应办理报废手续。

第五条 安全设备设施、仪器仪表要由管理员负责看护及定期进行校验工作。新到货的仪器仪表必须送质量技术监督部门授权的安全仪表鉴定单位进行鉴定。

第六条 正在使用的设备设施、仪器仪表必须定期送质量技术监督部门授权的安全仪表鉴定单位进行鉴定。

第七条 对安全计量器具未按照规定进行校验及定期鉴定的，将按照有关规定对相关单位进行处罚。

第八条 新进货的仪器仪表装箱必须有合格证、说明书及调试配件等。

第九条 定期对避险系统的使用设备、设施进行检测、试验，进行性能和使用功能的鉴定，发现系统性能和功能存在的问题，立即进行解决处理，做好检测试验记录，确保系统功能和仪器、仪表正常使用。

21.37 紧急避险系统维护管理、药品食品更换制度

第一条 硐室永久设施每月检查维护一次，根据情况及时采取措施进行处理。

第二条 井下所有紧急避险管路必须保持 24 h 供水、供电、供风、通信畅通。

第三条 紧急避险系统主管路安设内径不小于 100 mm 的无缝钢管，分支管路安设内径不小于 50 mm的无缝钢管，管路要吊挂平直、不拐死弯，接头阀门完好不漏水、不漏气。

第四条 设置支管和阀门必须保证其可靠性。

第五条 所有供水管路三通阀门必须齐全，手把灵活。

第六条 紧急避险系统中的水管、三通、阀门及仪器仪表等设备的耐压不小于工作压力的 1.5 倍。

第七条 硐室前后 5 m 范围无材料、杂物、积水现象，应设置排水沟。

第八条 供风管路中的水必须经常进行排放水，保证供风正常。

第九条 紧急避险系统实行分区域管理，明确维护人员进行日常检查维护。

第十条 及时对紧急避险系统阀门、供水管路是否有跑、冒、滴、漏等现象进行系统全面检查维

护。

第十一条 由专人负责对井下紧急避险系统管路进行巡检。

第十二条 巡检紧急避险管路必须由队干组织，认真参加巡检工作。

第十三条 巡检硐室时发现隐患、问题必须及时汇报、处理。

第十四条 掌握紧急避险管路使用情况及锈蚀情况，做到有计划检修、更换管路。

第十五条 对于因巡检不到位而影响紧急避险系统完好的，追究巡检人员责任，并追查相关管理责任。

第十六条 各单位必须指定专人对各自管理范围内的管路进行检查，对不合格、损坏的要及时进行更换。

第十七条 任何人不得随意损坏硐室管网、阀门及三通，一经发现严肃处理。

第十八条 对硐室内存放的药品、食品等物品检查，做好检查记录。发现有过期、变质等情况，立即进行更换。

21.38 紧急避险系统设备定期检查和校准制度

第一条 紧急避险系统的仪器设备是保证井下人员顺利开展避险的基本物质条件。仪器设备必须按照国家相关计量标准和使用手册的规定，定期进行检查校准以及更新维护，以保证仪器设备处于最佳的工作状态，为井下人员紧急避险提供良好的物质保障。

第二条 避难硐室仪器设备的定期检查校准由专人负责管理，每台仪器设备的校准历史需记录在仪器档案卡片之上以备查阅。

第三条 仪器设备必须在相应的使用期限之内进行校准。国家有明文规定的仪器设备的校准周期按照国家相关规定执行，国家没有明文规定的，按照仪器设备使用说明书执行。原则上每台仪器设备每年校准不得少于一次。

第四条 仪器设备的校准由通风科负责报请检测中心测试，需要送国家检定机关校准或者送回原厂校准的，由专人联系处理并留下相关记录。

第五条 仪器设备需要定时更新维护，超出使用寿命期限的仪器应该及时进行更新。

第六条 通风科对仪器设备有日常维护的监督责任，并指定专人定期检查和维护设备，发现问题，必须及时报告处理。

第七条 通风科定时关注设备生产厂家公布的升级信息，并及时通过正确的途径对仪器的软件进行升级，在下一次购买仪器硬件的时候给出参考意见。

第八条 通风科负责紧急避险系统的设备、设施、安全计量仪表的登记造册，建立台账及仪器仪表的定期校验工作，不得漏检。仪器仪表发生故障或误差较大时不得使用，必须处理正常并经校验后方可发放使用。

第九条 正在使用的仪器、仪表失真或损坏时必须在2 h内更换，如不能更换的应立即进行维修，并经过校验后方可使用。

第十条 新到货的仪器仪表必须有合格证、说明书及调试配件等；必须送质量技术监督部门授权的安全仪表鉴定单位进行鉴定。

第十一条 对紧急避险系统内安全监测监控设备的检查、调校，要按照AQ 1029—2007规范、AQ 6201—2007通用技术条件要求执行。

第十二条 对避险系统设备设施及安全计量仪器，未按规定进行定期检查和校准的，将按照规定进行责任追究。

晋能集团“136”安全管理模式

（第四册）

李国彪　陈旭忠　主编

应急管理出版社

·北　京·

目　　录

第一册

第1篇　总　　论

第2篇 “三基”建设

第3篇 组 织 体 系

第4篇 责任体系

第 二 册

第5篇　制度体系

第 三 册

第5篇 制 度 体 系

第四册

第6篇　技术体系

第7篇　管理体系

第8篇　监 督 体 系

第6篇　技术体系

1 技术体系职责

1.1 总工程师技术职责

1. 总工程师岗位定位

(1) 煤矿总工程师是煤矿全面技术工作的总负责人。

(2) 煤矿必须建立健全以总工程师为首的技术管理体系。

2. 总工程师岗位职责

(1) 认真贯彻落实国家技术方针、政策、法律法规和规章标准。

(2) 负责煤矿技术管理体系的建立，组织加强技术管理，推进技术进步，提升安全生产技术保障水平。

(3) 组织编制煤矿的中长期发展规划和年度、季度生产计划，提出实现技术经济目标的技术措施。

(4) 组织制定和批准煤矿的技术标准、技术规范、作业规程、操作规程和相关技术管理制度。

(5) 组织编制和审查矿区（矿井）地质勘探、新井建设、矿井改扩建、技术改造、开拓延深、采区设计以及相关配套工程等重大技术方案和设计。

(6) 负责提出并组织研究解决资源合理开发、抽掘采平衡、合理集中生产、提高矿井机械化水平、生产系统综合能力配套、煤炭洗选加工和综合利用、环境保护、信息技术等重大技术问题。

(7) 充分了解开采活动对生态环境、自然资源的消极影响和破坏作用，积极开展环境协调、资源节约开采技术的研究与推广应用工作。

(8) 组织研究和实施提高矿井抗灾能力的技术措施，组织制定防治水、火、瓦斯、煤尘、顶板、机电、运输等事故的措施，预防重大事故发生。组织制定和审批矿井灾害预防和处理计划、事故灾害应急预案和安全技术措施工程保障计划。

(9) 煤矿发生重大事故和灾害时，在主要负责人的领导下组织制定事故和灾害的抢险救援措施，参与组织指挥抢险救援工作。认真分析总结事故原因教训，制定和组织落实防范措施。

(10) 组织编制科技发展规划和年度计划，并组织实施；组织技术攻关和科技交流；积极推广应用新技术、新工艺、新装备、新材料。

(11) 负责科技人员和技术管理人员的知识更新和技术培训工作。主持技术人员的技术业务考核和职称评定工作。

3. 总工程师权限

(1) 煤矿重大技术措施、方案由总工程师组织有关工程技术人员研究，并做出决策。

(2) 集团公司对各煤矿总工程师、二级公司技术部门负责人的任命，应征询总工程师的意见。

(3) 负责安排和调整使用安全技术措施资金和科研费用资金。

4. 总工程师应具备的条件

(1) 有强烈的事业心和责任感，锐意改革创新，有奉献精神。

(2) 热爱煤炭事业，崇尚科学，尊重事实，坚持原则，作风民主。

(3) 应该具有煤矿安全生产相关专业大专以上学历，具有工程技术系列高级以上职称，具有较高的专业技术理论水平，较丰富的实践经验，较强的技术决策、技术管理和组织协调能力。

（4）身体健康，能深入现场进行调查研究，及时解决有关重大技术问题。

1.2 副总工程师技术职责

1. 采煤副总工程师职责

（1）在总工程师领导下，负责分管的专业技术工作，对总工程师负责。

（2）认真贯彻执行国家安全生产法律、法规和行业技术政策、规范、标准及上级部门有关规定，保证公司所属各矿井采煤工作技术上可行、经济合理、安全可靠。

（3）参与审查公司所属各矿的中长期规划和年、季、月生产计划。

（4）参与审查各矿采煤作业规程、操作规程和各项安全技术措施，组织和参与安全技术论证，经常检查采煤工作面地质变化情况，及时调整和优化工程技术方案。

（5）负责采煤技术管理工作，保证采区采出率、工作面采出率不低于规定标准。

（6）深入煤矿现场监督检查，抓好采煤安全生产标准化工作，组织技术人员开展定期和不定期的采煤专业检查。

（7）推广采煤新技术、新工艺，改进生产工艺和操作方法，提高煤炭采掘机械化水平，不断改善职工的劳动条件，提高全员的技术业务素质。

（8）协助有关部门编制职工培训计划，定期对采煤工程技术人员进行培训，提高采煤工程技术人员的技术水平。

（9）完成总工程师交办的其他工作。

2. 掘进副总工程师职责

（1）在总工程师领导下，负责分管专业技术工作，对总工程师负责。

（2）认真贯彻执行国家安全生产法律、法规和行业技术政策、规范、标准及上级部门有关规定，保证公司所属各矿井掘进技术上可行、经济合理、安全可靠。

（3）参与审查各矿中长期规划和年、季、月生产计划，并协助组织实施。

（4）参与审查各矿掘进作业规程、操作规程和各项安全技术措施，组织和参与安全技术论证，经常检查掘进工作面地质变化情况，及时调整和优化工程技术方案。

（5）深入现场监督检查，抓好掘进工程安全生产标准化工作，组织掘进技术人员开展定期和不定期的采掘工作面安全检查。

（6）负责指导各矿掘进和巷修技术管理工作，审查煤矿的井巷单项工程设计，对掘进工作面安全生产技术条件论证和审查掘进工作面及巷修工作面作业规程、安全技术措施并组织实施。

（7）组织开展快速掘进施工组织和技术攻关，提高单进水平。

（8）协助总工程师搞好掘进科研和技术革新活动，推广掘进新技术、新工艺，改进生产工艺和操作方法，提高煤炭掘进机械化水平。

（9）协助编制职工培训计划，定期对掘进工程技术人员进行培训，提高工程技术人员的技术水平。

（10）完成总工程师交办的其他工作。

3. 机电运输副总工程师职责

（1）在总工程师领导下，负责分管专业技术工作，对总工程师负责。

（2）贯彻落实国家、地方、行业以及上级主管部门有关机电管理方面的方针、政策、法规、条例和规定。结合公司所属各矿井的实际生产情况制定实施细则和补充规定，并组织实施。

（3）负责组织对机电管理方面制度（机电设备的运行、定期检修、维护保养、供用电管理等）的制定、监督落实。

（4）负责各矿井主要机电设备的安全及技术业务管理、指导工作。

（5）组织对各矿井主要机电设备进行定期和不定期的安全检查及专项检查。

（6）组织对公司所属各矿井的主要机电事故调查工作，确实做到“预防为主”和“四不放过”。

（7）负责组织对所属各矿井进行逐月的机电设备“四率”考核和机电、运输安全生产标准化达标工作，并监督指导执行。

（8）负责组织公司各矿井机电设备的新技术、新工艺、新产品、新材料的推广应用和技术交流工作。

（9）负责组织公司所属各矿井主要机电设备的技术改造，以及设备选型和技术协议的审核。

（10）负责集团公司相关职能部门和政府相关职能部门业务往来工作。

4. 地测防治水副总工程师职责

（1）在总工程师领导下，负责分管地测防治水的专业技术工作。贯彻执行国家颁布的《煤矿安全规程》《煤矿防治水细则》《煤矿地质工作规定》以及集团公司、公司颁布的有关地测防治水专业相关的规程、规定。

（2）负责落实国家煤矿安全生产标准化和山西省煤矿安全生产标准化基本要求中的煤矿地质灾害防治与测量安全生产标准化相关内容，要求各矿严格贯彻执行标准，使各矿地质灾害防治与测量安全生产标准化保持动态达标。

（3）负责指导公司的地质、测量、储量、防治水专业技术工作，督促其做好地测防治水各项工作。

（4）负责对各矿重大防治水项目、地面物探工程、专项探放水工程、重大测量工程等工程设计、成果报告的审查与批复。

（5）负责督促各煤矿严格落实“物探先行、化探跟进、钻探验证”的综合探测手段；加强对各煤矿探放水现场验收工作的监管，监督各煤矿严格执行“预测预报、探掘分离、有掘必探、先探后掘、先治后采”“有掘必探、钻探留痕、见痕掘进、班班确认”探放水管理要求。

（6）建立完善以集团公司“一定、二查、三专、四探、五保障”为基础的防治水工作体系、标准、流程；不断完善公司“一图一牌一板”“三单二表”的防治水工作管理模式及井下现场钻孔可视化管理要求。监督各煤矿“王庄防治水经验”的推行情况。

（7）完成公司领导安排的其他任务。

5. 通风副总工程师职责

（1）在总工程师的领导下，协助做好“一通三防”工作。

（2）严格贯彻执行党和国家安全生产方针政策、法律法规及规章中有关“一通三防”的规定，并认真组织落实。

（3）协助编制“一通三防”年度工作计划、安技措工程计划、矿井灾害预防与处理计划和中长期规划，并贯彻实施。

（4）把好设计关和生产布局关，优先满足“一通三防”工作需要，保证“一通三防”各系统的合理性。

（5）在作业规程和安全技术措施的审批时，对“一通三防”内容严格把关。

（6）参加“一通三防”工作例会，协助总工程师研究解决“一通三防”工作存在的重大问题。

（7）参加矿井“一通三防”例行检查和隐患排查，及时发现、解决“一通三防”问题和隐患。

（8）参加“一通三防”新技术、新工艺、新材料、新装备的推广应用工作。

（9）参与制定“一通三防”重大事故抢险救灾方案及事故防范措施。

1.3 基本建设技术职责

1. 基本建设部门职责

（1）认真贯彻执行党和国家有关基本建设的法律法规，以及行业主管部门、上级业务管理部门的相关规定。

（2）负责制定公司工程项目建设相关管理制度和工作流程，并对工程项目建设过程进行监督管理。

（3）协助项目建设单位做好与政府的协调沟通，督促公司工程项目建设期间相关证件、手续的办理，落实合法合规建设。

（4）对工程项目年度计划进行审核、汇总、报送集团相关部门，并对工程项目年度计划的完成情况进行监督管理。

（5）负责公司工程项目的施工招标审核工作，参与工程的公开招标、竞争性谈判工作。

（6）负责对工程项目的建设、施工、监理单位的监督管理。

（7）参与公司工程项目施工图、施工组织设计的审核工作。

（8）负责公司工程项目质量、进度、安全的监督、检查、考核工作。

（9）参与公司工程项目的竣工验收管理。

（10）参与公司工程项目建设资金审批工作。

（11）负责制定公司工程造价管理的相关制度和工作流程。

（12）负责对公司工程项目概、预算执行情况进行监督管理，监督工程项目结算工作。

（13）配合项目建设单位研究和解决工程中存在的问题、提出解决的意见和建议。

（14）督促做好工程项目建设期间的业务保安工作。

（15）督促项目新技术、新材料、新工艺的推广应用。

（16）参与项目后评价工作。

（17）积极配合其他部门工作，完成领导交办的其他事项。

2. 基建负责人职责

（1）负责组织审查、监督、检查基建工程安全设施和职业卫生设施“三同时”的落实。

（2）负责组织监督检查基建项目“三方安全责任”的落实。

（3）负责组织监督检查基建工程施工质量和施工安全，监督“三方”对存在的工程质量和施工安全问题进行整改。

（4）参与或组织基本建设工程报招，负责审查施工单位的安全资质，确保施工队伍合格。

（5）参加基建项目安全事故的抢救、调查、分析与处理。

3. 基建主管职责

（1）协助部长落实本部门工作职责和安全生产责任制。

（2）抓好分管业务和工作。

（3）协助、配合部长组织审查、监督、检查基建工程安全设施和职业卫生设施“三同时”的落实。

（4）协助、配合部长监督检查基建项目“三方安全责任”的落实。

（5）协助、配合部长监督检查基建工程施工质量和施工安全，监督“三方”对存在的工程质量和施工安全问题进行整改。

（6）协助、配合部长参与或组织基本建设工程报招，负责审查施工单位的安全资质，确保施工队伍合格。

4. 基本建设人员职责

1）工程造价管理人员职责

（1）认真贯彻执行国家有关法律、法规，基本建设管理方针、政策和规定，认真贯彻执行国家、省、市工程造价定额、费用标准及造价管理有关问题的规定。

（2）审查建设单位、施工单位编制概、预算人员是否具备上岗资格。

（3）组织单位工程施工图预算审批工作。

（4）负责与属地政府主管部门联系、联络工程造价相关工作。

（5）负责审查本项目工程计量和造价管理工作。

（6）编制或审核建设工程项目的概、预算，并依据年度计划编制工程建设资金预算和月度资金计划。

（7）审查工程进度款，提出审核意见；复核或从现场直接获取工程计量的有关数据并做好及时签证工作。

（8）审查合理化建议的费用节省情况。

（9）审核承建商工程进度用款和材料采购用款计划，严格控制投资。

（10）审核工程计量的数据和原始凭证。

（11）编制工程投资完成情况的图表，及时进行投资跟踪。

（12）对有争议的计量计价问题提出处理意见，提出索赔处理意见，对工程变更对投资的影响提出意见。

（13）组织工程结算和参加工程盘点。下达公司工程结算政策文件，牵头组织工程结算，进行工程结算汇总。

（14）负责审核承建商提交的竣工结算。

（15）建立预算审批日常管理台账。

（16）完成领导交办的其他工作。

2）工程项目管理人员职责

（1）参加新建工程项目的设计和图纸会审工作。

（2）负责设计变更项目，重大设计变更提交部长至经理审定。

（3）负责施工过程中工期、工程质量和竣工验收工作。

（4）负责处理在设计、施工和竣工验收后遗留问题鉴定和处理工作。

（5）负责施工过程中的各项监督、考核工作。

（6）负责与设计单位、监理单位、施工单位业务联系等工作。

（7）对施工单位上报的合同争议、索赔、工程延期报告等文本进行初审，并提出处理意见，上报上级领导批阅。

（8）审核施工单位上报的施工组织设计、技术方案、进度计划等。

（9）审核和处理工程进展中施工单位和设计中出现的变更情况。

（10）参与工程施工过程中出现的质量事故的调查工作，预防各种生产和安全事故的发生。

（11）协调配合处理好各级部门、监理单位和施工单位的工作。

（12）组织部门公务会和有关工程例会。

（13）督促检查前期各项报建手续及工程后期各项备案工作。

（14）完成领导交办的其他工作。

3）计划合同管理人员职责

（1）参与编制年度工程计划。

（2）负责公司基建系统施工统计工作。定期编制各类统计报表。

（3）掌握年初计划和年终调整计划的资金情况，统计每季度的资金使用情况，以便为工程的考核提供基础数据，为下一阶段的建设提供依据。

（4）负责年终结算汇总工作及年报。在结算工作完成后，督促各建设单位尽早及时上报结算汇总表，完成全年工程建设的汇总，上报财务处，协助完成财务决算。

（5）保存、管理各年的结算汇总表和各项统计数据。

（6）建立工程台账，记录统计的各项数据指标，及时反馈领导，为领导决策提供依据。

（7）工程施工和监理合同管理。

（8）合同的调解和仲裁。

（9）协助建设单位办理建筑用地规划许可证、建筑工程规划许可证和建筑工程施工许可证。

（10）协助与属地政府有关部门的联系、联络。

（11）完成领导交办的其他工作。

1.4　采、掘、技术职责

1. 采、掘、技术部门职责

（1）在经理、总工程师、分管经理的领导下，严格执行国家和行业有关煤矿生产技术规范、规定，全面负责公司所属煤矿的生产技术监督管理工作。

（2）监督、检查、指导公司所属各煤矿的各类设计、技术方案、作业规程、安全技术措施等的编制、贯彻、落实，确保设计合理、安全、可靠。

（3）负责编制公司煤矿生产和建设的中长期规划；负责编制公司年、月度煤炭生产作业计划；负责对煤矿生产作业计划的实施情况进行监督落实和考核。

（4）负责制定公司内部统一的生产技术管理制度和规范、规定、标准等，规范生产技术管理行为。积极推进煤矿安全生产技术管理工作，提高管理水平。

（5）负责对矿井设计、采区设计、重要工程设计和方案等技术层面的方案报告、重大措施的内部审查工作。

（6）负责监督、检查、指导公司煤矿井巷建设的工程质量管理，确保井巷工程质量合格，符合设计要求。

（7）负责监督、检查、指导公司煤矿的顶板控制工作。

（8）负责各煤矿生产统计报表的收集、整理、汇总、分析总结工作，掌握各煤矿安全生产技术月度、年度计划完成情况，负责对煤矿月度、年度生产指标完成情况的考核工作。

（9）负责安全技术改造工程专项计划设计审查工作，并负责协调上报，负责公司年度、中长期安全技术改造计划的编制和落实工作。

（10）负责协调煤矿科技项目的申报工作，积极组织开展煤矿技术革新、科技创新工作。

（11）负责采煤、掘进两个专业的安全生产标准化管理工作。

（12）经常深入煤矿一线研究解决生产技术问题，协助煤矿研究解决生产过程中遇到的重大技术问题。

（13）负责与政府职能部门和集团公司相关业务部门的业务往来。

（14）积极完成公司领导交办的其他工作。

2. 采、掘、技术负责人职责

（1）全面负责和组织公司技术管理工作，及时组织审查煤矿各类矿建工程设计，确保矿井建设的文件符合规程和技术规范。

（2）负责组织审查煤矿采、掘、开等方面安全技术设施和作业规程等，确保措施合理、完善、有效、可靠、安全。

（3）经常深入矿井生产建设现场，研究、指导、检查、督促所属各矿井开拓部署，顶板预控管理方面的方法、方案、技术措施，确保开拓部署合理、安全，顶板预控管理到位、有效。

（4）及时组织督促各矿编制《矿井灾害预防与处理计划》并组织审查。

（5）组织编制生产作业计划，合理确定产量和掘进进尺指标等，管理好各矿采掘衔接关系、“四量”平衡，防止矿井超能力生产、超强度、超定员作业。

(6) 负责积极推广煤矿生产的新工艺、新技术、新材料，不断优化矿井设计和生产系统，提高矿井技术装备水平和生产系统防灾抗灾能力。

(7) 组织建立健全完善公司技术管理体系、规范标准等，并监督执行。

(8) 严格审核本部门外报的安全生产报表、资料、信息，确保准确、正确、安全。

3. 采煤主管职责

(1) 在部长的领导下，认真贯彻落实国家的煤矿安全生产方针、政策、法律、法规、指令及有关规定。

(2) 负责采煤专业安全生产标准化检查工作。

(3) 积极深入现场，检查指导矿井在资源回收方面存在的问题，并积极寻求和探讨解决的办法。

(4) 积极推广应用新工艺、新技术、新设备，增加技术含量，提高矿井防灾抗灾能力，促进矿井安全生产。

(5) 积极参与采煤工作面采煤工艺及顶板控制等方面的技术研究，为工作面的安全生产提供保障。

(6) 负责审查采煤工作面作业规程以及其他临时性技术措施，并能经常深入各矿检查《作业规程》或措施的执行落实情况。

(7) 负责矿井采煤工作面相关资料的分类收集整理工作，为公司矿井井下巷道布置及采煤工艺的合理利用及时提供相关资料和数据。

(8) 及时完成领导交办的其他工作任务。

4. 掘进主管职责

(1) 在部长的领导下，认真贯彻落实国家的煤矿安全生产方针、政策、法律、法规、指令及有关规定。

(2) 负责掘进安全生产标准化检查工作。

(3) 积极深入现场，检查指导矿井在巷道开掘布置方面存在的隐患及问题，并积极寻求和探讨解决的办法。

(4) 积极推广应用新工艺、新技术、新设备，增加技术含量，提高矿井防灾抗灾能力，促进矿井安全生产。

(5) 负责煤矿开、掘井巷工程质量及顶板控制的监督、检查、指导工作。

(6) 负责审查开拓、掘进工作面作业规程以及其他临时性技术措施，并能经常深入各矿监督检查规程措施的执行落实情况。

(7) 负责矿井开拓、掘进工作面相关资料的分类收集和整理工作。

(8) 及时完成领导交办的其他工作任务。

5. 技术主管职责

(1) 在部长的领导下，认真贯彻落实国家的煤矿安全生产方针、政策、法律、法规、指令及有关规定。

(2) 负责公司所属煤矿采区设计及各类工程设计方案的审查、备案工作。

(3) 积极深入现场，检查指导矿井在巷道开掘布置方面存在的隐患及问题，并积极寻求和探讨解决的办法。

(4) 积极推广、应用国际国内最先进的煤矿生产新工艺、新技术，不断优化矿井设计和生产系统，改善生产环境，增大安全系数，促进安全生产。

(5) 积极参与基建、技改矿井的工程质量验收、技术鉴定及监督管理工作。

(6) 负责矿井采掘工程平面图的收集整理及审查工作，积极指导所属煤矿进一步规范图纸绘制工作。

（7）及时与采煤技术主管及开掘技术主管沟通，了解和掌握井下采掘现状，监督落实矿井采区设计及开拓布局的执行情况。

（8）及时完成领导交办的其他工作任务。

6. 采、掘、技术人员职责

（1）在部长、采掘技术主管的领导下，认真贯彻落实国家的煤矿安全生产方针、政策、法律、法规、指令及有关规定。

（2）积极参与采煤和掘进专业的安全生产标准化检查工作。

（3）经常深入现场，检查指导矿井在资源回收方面存在的安全生产隐患及问题，寻求和探讨解决的办法。

（4）协助部长和业务主管推广应用新工艺、新技术、新设备，增加技术含量，提高矿井防灾抗灾能力，促进矿井安全生产。

（5）积极参与采煤掘进工作面的顶板控制等方面的技术研究，为工作面的安全生产提供保障。

（6）参与审查采煤和掘进作业规程以及其各种安全技术措施，深入各矿检查规程措施的执行落实情况。

（7）协助主管人员进行采煤和掘进工作面相关资料的分类收集整理工作。

1.5 “一通三防”技术职责

1. “一通三防”部门职责

（1）认真贯彻执行国家安全生产方针、政策、法律、法规，以及各级政府对“一通三防”方面的文件、会议精神等有关规定。

（2）贯彻落实集团公司有关“一通三防”的文件、精神，管理规定等相关标准。

（3）负责公司“一通三防”各项管理制度的编制、修订以及“一通三防”中长期规划，年、季度工作计划的编制。

（4）负责督促各矿建立健全煤矿“一通三防”管理制度、岗位责任制等，并监督落实情况。

（5）负责各矿“一通三防”方面的重大方案、重要工程、安全技术措施的审查与上报（包括矿井通风系统调整、“一通三防”参数的测定、矿井瓦斯等级鉴定、矿井通风能力核定、反风演习、矿井通风阻力测定、瓦斯抽采设计、矿井综合防尘计划、矿井综合防灭火设计等）。

（6）配合机电设备部进行主要通风机性能测定或鉴定工作。

（7）负责组织协调各煤矿“一通三防”计划、报表、图纸等相关业务的审查报批与汇总上报工作。

（8）负责“一通三防”安全生产标准化达标评比考核及日常工作的监督检查、隐患排查整改和重点工作的督导。参与有关重大事故的分析处理及重大隐患解决方案的制定。

（9）负责公司“一通三防”工作与政府相关部门的业务往来。负责组织召开“一通三防”工作例会，总结研究“一通三防”阶段性工作。

（10）负责工作日的“一通三防”调度工作，及时掌握“一通三防”动态及工作进展情况，做好“一通三防”各类资料的归档管理。

（11）负责“一通三防”新技术、新工艺、新材料、新装备和先进经验的推广、应用，协助有关部门做好人员技术培训及专业方面的竞赛和各类活动。

（12）参与“一通三防”灾害预防处理计划及安全费用使用计划的编制，做好与有关部室“一通三防”相关工作的配合与协调。

（13）积极完成领导布置的其他各项工作。

2. “一通三防”负责人职责

（1）在公司分管领导的领导下，认真贯彻执行上级的各项方针、政策、法律、法规、条例及有关安全、生产的指令、规定等。

（2）负责一通三防部的全面工作，领导部室人员保质保量完成各自的本职工作。

（3）负责公司“一通三防”各项管理制度的编制、修订以及“一通三防”中长期规划的编制工作。

（4）在业务上，加强对各矿井“一通三防”工作的领导，监督各矿“一通三防”制度建立、落实情况，了解工作上存在的问题和隐患，并积极协助解决。发现重大问题，随时向主管领导和总工程师汇报。

（5）组织做好各矿“一通三防”方面的重大方案、重要工程、安全技术措施的审查与上报（包括矿井通风系统调整、“一通三防”参数的测定、瓦斯等级鉴定、通风能力核定、反风演习、通风阻力测定、瓦斯抽采设计、综合防尘计划、综合防灭火设计等）。

（6）负责公司“一通三防”工作与政府相关部门的业务往来。负责组织召开“一通三防”工作例会，总结研究“一通三防”阶段性工作。

（7）负责“一通三防”新技术、新工艺、新材料、新装备和先进经验的推广、应用。

（8）参与有关重大事故的分析处理及重大隐患解决方案的制定。

（9）负责组织完成领导布置的其他各项工作。

3. “一通三防”主管职责

（1）在负责人领导下，认真贯彻执行上级的各项方针政策、法律法规、条例及有关“一通三防”的指令、规定等。

（2）协助负责人组织编制“一通三防”中长期发展规划，年度、季度计划。

（3）组织公司“一通三防”各项管理制度的编制、修订工作，团结部室人员保质保量完成各自的本职工作。

（4）负责指导各矿按规定进行矿井反风演习、通风能力核定、通风阻力测定、瓦斯等级鉴定、煤层瓦斯涌出量预测、瓦斯地质图编制、瓦斯抽采设计、煤层突出危险性预测、综合防尘计划、综合防灭火设计等工作。

（5）负责组织审批、上报“一通三防”方面的各种报告、报表、设计、安全技术措施等。

（6）负责组织“一通三防”安全生产标准化达标评比考核及日常工作的监督检查、隐患排查整改和重点工作的督导。

（7）协助负责人做好“一通三防”新技术、新工艺、新材料、新装备和先进经验的推广、应用，协助有关部门做好人员技术培训及专业方面的竞赛和各类活动。

（8）参与“一通三防”灾害预防处理计划及安全费用使用计划的编制，做好与有关部室“一通三防”相关工作的配合与协调。

（9）做好包保煤矿的“一通三防”工作，确保矿井安全生产。

（10）按时完成领导交给的其他工作。

4. “一通三防”人员职责

1）通风管理人员职责

（1）在部门负责人、主管领导下，负责公司通风系统的管理及业务指导工作。

（2）参加公司矿井通风系统、局部通风及巷道贯通等管理制度的编写。

（3）负责掌握公司下属矿井通风系统和主要通风机运行状况，负责落实各煤矿通风系统优化管理工作。

（4）负责矿井通风系统调整、通风能力核定、通风阻力测定、反风演习计划、串联通风等方案或技术措施的审查批复工作，参与主要通风机性能测定。

（5）参与矿井瓦斯等级鉴定、瓦斯抽采、煤与瓦斯突出采煤工作面的设计审查以及综合防尘、防灭火设计的审查批复。

（6）负责公司各矿井“一通三防”报表及图纸的汇总与上报工作。

（7）参加矿井“一通三防”安全生产标准化检查、隐患排查工作，负责对通风方面的重大隐患提出书面整改方案并督促落实。

（8）参加公司通风方面灾害预防处理计划及安全费用使用计划的编制。

（9）做好包保煤矿的“一通三防”工作，确保矿井安全生产。

（10）做好工作日的“一通三防”调度工作。

（11）按时完成领导交给的其他工作。

2）瓦斯管理人员职责

（1）在部门负责人、主管领导下，负责公司瓦斯防治的管理及业务指导工作。

（2）参加公司瓦斯检查制度、瓦斯抽采管理制度、矿井防突管理规定等制度的编写。

（3）参与公司瓦斯防治长远规划及季度、年度工作计划的编制。

（4）督促各矿做好矿井瓦斯等级鉴定、煤层瓦斯涌出量预测、瓦斯地质图编制、煤层突出危险性预测等工作。

（5）负责矿井瓦斯抽采、煤与瓦斯突出采煤工作面的设计审查以及有关采煤工作面的瓦斯防治专项措施的审查批复，参加投产前的瓦斯治理工程验收工作。

（6）参与矿井通风系统调整、通风能力核定、反风演习计划、通风阻力测定、综合防尘、综合防灭火设计等方案或技术措施的审查批复工作。

（7）参加矿井“一通三防”安全生产标准化检查、隐患排查工作，负责对瓦斯方面的重大隐患提出书面整改方案并督促落实。

（8）参与公司瓦斯防治方面灾害预防处理计划及安全费用使用计划的编制。

（9）做好包保煤矿的“一通三防”工作，确保矿井安全生产。

（10）按时完成领导交给的其他工作。

3）防尘管理人员职责

（1）在部门负责人、主管领导下，负责公司各矿井综合防尘业务指导工作。

（2）参加公司综合防尘管理制度的编制。

（3）负责公司综合防尘的管理技术工作，贯彻落实国家和上级有关职业危害防治、矿井综合防尘等方面的法规、规程、标准和指令，保障职工的职业卫生健康。

（4）督促各矿做好煤尘爆炸性鉴定，以及煤层注水、风流净化、喷雾洒水等综合防尘设施的完善工作。

（5）参与矿井通风系统调整、瓦斯等级鉴定、通风能力核定、反风演习计划、通风阻力测定、瓦斯抽采设计、综合防灭火设计等方案或技术措施的审查批复工作。

（6）参加矿井“一通三防”安全生产标准化检查、隐患排查工作，负责对综合防尘方面的重大隐患提出书面整改方案并督促落实。

（7）负责公司各矿井“一通三防”隐患排查报表的汇总与上报工作。

（8）参与公司综合防尘方面灾害预防处理计划及安全费用使用计划的编制。

（9）做好包保煤矿的“一通三防”工作，确保矿井安全生产。

（10）做好工作日的“一通三防”调度工作。

（11）按时完成领导交给的其他工作。

4）防灭火人员职责

（1）在部门负责人、主管领导下，负责公司综合防灭火业务指导工作。

（2）参加公司综合防灭火管理制度的编制。

（3）督促各矿做好煤层自燃倾向性鉴定、矿井综合防灭火设计以及按规定开展自燃火灾的预测预报工作。

（4）参与矿井通风系统调整、瓦斯等级鉴定、通风能力核定、反风演习计划、通风阻力测定、瓦斯抽采设计、综合防尘计划等方案或技术措施的审查批复工作。

（5）参加矿井“一通三防”安全生产标准化检查、隐患排查工作，负责对综合防灭火方面的重大隐患提出书面整改方案并督促落实。

（6）参加公司综合防灭火灾害预防处理计划及安全费用使用计划的编制。负责矿井火灾的处理与技术指导工作。

（7）做好包保煤矿的“一通三防”工作，确保矿井安全生产。

（8）做好工作日的“一通三防”调度工作。

（9）按时完成领导交给的其他工作。

5）通风安全监控管理人员职责

（1）在部门负责人、主管领导下，负责公司通风安全监控系统的监督管理，自救器、便携仪的管理工作。

（2）参与公司安全监控管理制度的编制。

（3）督促各矿对通风安全监控仪器、设备及甲烷便携仪定期进行校验、调试、维修和保养，保证仪器、设备性能完好。

（4）参与矿井通风系统调整、瓦斯等级鉴定、通风能力核定、反风演习计划、通风阻力测定、瓦斯抽采设计、综合防尘计划、综合防灭火设计等方案或技术措施的审查批复工作。

（5）参加矿井“一通三防”安全生产标准化检查、隐患排查工作，负责对通风安全监控方面的重大隐患提出书面整改方案并督促落实。

（6）监督各矿自救器的管理和使用情况，确保自救器完好。

（7）参与公司通风安全监控方面灾害预防处理计划及安全费用使用计划的编制。

（8）做好包保煤矿的“一通三防”工作，确保矿井安全生产。

（9）按时完成领导交给的其他工作。

6）内勤人员职责

（1）在部门负责人、主管领导下，负责一通三防部资料和内勤工作。

（2）负责一通三防部文件、公文、请示报告、工作计划、工作总结、通知等的打印及分发工作。

（3）负责部室会议通知，会议、学习及来电记录工作。对于往来文件资料收发要及时登记台账，文件资料的性质和内容准确及时递送有关人员。

（4）负责“一通三防”各类资料积累、整理、保管和归档管理工作，注意资料的保密性。在资料收集整理过程中发现问题要及时提出并向部室领导汇报。

（5）负责部室的考勤工作，每月汇总公示并及时上报。

（6）做好部室办公用品的领用、发放、登记工作；根据规定按时领用发放劳保用品。

（7）协助做好来宾的接待工作及与其他单位的联络与协调工作。

（8）做好包保煤矿的“一通三防”工作，确保矿井安全生产。

（9）按时完成领导交给的其他工作。

1.6 地测防治水技术职责

1. 地测防治水部门职责

（1）贯彻执行国家颁布的《煤矿安全规程》《煤矿防治水细则》《煤矿地质工作规定》以及集

团、公司颁布的有关地测防治水专业相关的规程、规定。

（2）负责落实国家煤矿安全生产标准化和山西省煤矿安全生产标准化基本要求中的地质灾害防治与测量安全生产标准化相关内容，要求各矿严格贯彻执行标准，使各矿地质灾害防治与测量安全生产标准化保持动态达标。

（3）负责监督公司所属各矿完善地测防治水机构及人员配备，建立健全地测防治水各项规章制度；指导各矿的地质、测量、储量、防治水专业技术工作，督促其做好地测防治水各项工作。

（4）负责督促各矿建立专职的探放水队伍和配备满足生产需要的探放水队员及设备，探放水队员必须持证上岗。

（5）负责督促各矿及时编制地质报告、地质及水文地质类型划分报告、地质类型划分报告、储量核查等报告，组织初审并上报集团公司审核批复。负责对各矿防治水中长期规划、储量年报、各类保护煤柱设计、防隔水煤柱设计、探放水设计的审核、批复。

（6）负责编制地测防治水年度工作计划，参与公司综合应急救援预案的编制，督促所属矿井编制年度防治水计划、水害应急预案及现场处置方案的编制、审查、上报备案。

（7）负责对各矿重大防治水项目、地面物探工程、专项探放水工程、重大测量工程等工程设计、成果报告的审查与批复。

（8）负责督促各煤矿严格落实“物探先行、化探跟进、钻探验证”的综合探测手段；加强对各煤矿探放水现场验收工作的监管，监督各煤矿严格执行“预测预报、探掘分离、有掘必探、先探后掘、先治后采”“有掘必探、钻探留痕、见痕掘进、班班确认”探放水管理要求。

（9）建立完善以集团公司“一定、二查、三专、四探、五保障”为基础的防治水工作体系、标准、流程；不断完善公司“一图一牌一板”“三单二表”的防治水工作管理模式及井下现场钻孔可视化管理要求。监督各煤矿“王庄防治水经验”的推行情况。

（10）掌握矿井地质及水文地质情况、井田范围内及其周边采空区分布和积水情况，掌握各矿掘进工作面及采煤工作面情况，及时要求各矿对掘进、采煤过程中遇到的异常情况制定相应的安全技术措施。

（11）负责监督各矿合理开采煤炭资源，参与公司组织的采区、工作面设计的审查工作，对采区、工作面采出率工作进行管理，对随意丢失煤炭资源的现象要进行制止。

（12）负责督促各矿按《煤矿测量规程》要求，建立健全井上下测量控制系统，积极开展地面的沉陷观测工作，取得各矿岩层移动参数。

（13）组织各矿地测防治水人员积极参加各类专业技术培训。

（14）做好地测防治水专业新技术、新工艺、新设备的推广应用工作。

（15）完成公司领导安排的其他任务。

2. 地测防治水负责人职责

（1）贯彻执行国家颁布的《煤矿安全规程》《煤矿防治水细则》《煤矿地质工作规定》以及相关地测防治水技术规定，在公司分管领导下，负责地测防治水工作。

（2）带领部室人员落实好防治水、地质、测量、储量、物探专业技术工作，指导和帮助各矿做好地测防治水工作。

（3）负责公司地测防治水相关制度的编制、修订，以及公司年度防治水工作计划的编制。

（4）组织审查各矿年度防治水计划、水害应急救援预案、中长期规划、各类地质勘探报告、地面物探报告。

（5）负责监督公司所属各矿完善地测防治水机构设置、人员配备、地测防治水装备，并要求建立健全地测防治水各项规章制度，并组织落实。

（6）掌握矿井生产动态，了解各矿水害隐蔽致灾因素，积极督促各矿做好水害隐患排查及治理，发现问题积极帮助解决，如存在重大隐患及时汇报公司分管领导及总工程师。

（7）组织落实好对各矿井上下防治水工程、地质工程、测量工程、各类报告、设计方案、招投标等的审查与上报，做到层层把关，审核到位。

（8）定期召开部门工作会议，对近期工作进行总结分析，安排部门下一步工作计划，统筹做好地测防治水各项工作。

（9）探索地测防治水专业新技术、新工艺、新经验、新设备，并推广应用。

（10）参与有关重大事故的分析处理及重大隐患解决方案的制定。

（11）完成公司领导安排的其他工作任务。

3. 地测防治水主管职责

（1）认真贯彻学习国家颁布的《煤矿安全规程》《煤矿防治水细则》和上级部门颁布的有关防治水技术政策。在主任带领下，负责地测防治水相关工作。

（2）协助主任对各矿的防治水、地质、测量、储量、物探专业技术工作做出指导，督促各矿做好地测防治水工作。

（3）参与对各矿采掘作业规程、地质“三书”、防治水工作计划、水害应急救援和现场处置方案、探放水设计、保护煤柱设计、各类地质报告、图纸等审查与上报工作。

（4）掌握矿井生产动态，分析各矿地质及水文地质情况，了解存在的水害隐蔽致灾地质因素，督促各矿落实好防范措施。

（5）负责组织防治水专项大检查，严格要求各矿按照相关规程、规定、上级部门和公司文件要求，落实好井上下防治水工作，查出的重大水害隐患应及时汇报主任，督促处理。

（6）负责组织学习国家、省厅、集团、公司下发的防治水相关文件精神，提高业务工作能力。

（7）完成好分管领导和主任安排的其他工作事项。

4. 地测防治水人员职责

1）地质灾害防治技术员岗位职责

（1）认真贯彻执行国家有关技术政策和规定，在科长的领导下，积极开展全矿井的地质灾害防治工作。

（2）经常深入井下了解矿井地质、水文地质情况，掌握涌水动态，具体掌握采空积水区、采空区分布情况，以及各地质构造的发育状态，煤层发育变化情况，参与预测预报编制工作，提出治理措施。

（3）对各类报告、安全技术措施等，提出相应的地质灾害防治指导意见，提出防范性措施。

（4）对地表塌陷情况进行排查，提出治理意见；了解地面水文地质特征，对受威胁地段提前提出防灾计划和防范措施，采取砌筑堤坝，疏通渠道等措施，防止对矿井造成影响。

（5）编制地质灾害防治或治理措施，参与治理工程验收。

2）测量技术员岗位职责

（1）在科长的领导下，负责全矿井的测量、技术资料收集工作。严格执行国家矿山测量规程，建立测量控制网，做好地面控制测量和井上下联系测量，及时对地面村庄进行修测和对井下巷道施工定位放线和跟踪测量。

（2）负责配合探放水队对探水钻孔进行标识定位，并对各工作面进度进行精确测量和验收，掌握采空区警戒距离。

（3）及时做好观测记录，对所有测量成果，必须反复核实数据精确计算，测量成果计算时，必须由两人进行对算、核实，结果应一致，做到数字准确无误。

（4）测量的所有原始数据，必须及时整理计算、装订成册，并及时绘制成图，对数据的准确性负责。

（5）参加每月底的工程进度验收，准确标绘井下巷道位置。

（6）按时参加技术例会，不断提高技术水平。

3）水文地质技术员岗位职责

（1）认真贯彻执行国家有关技术政策和规定，积极开展全矿水文地质技术管理工作。

（2）在科长的领导下，负责做好本矿的水文地质技术工作。

（3）负责收集整理相关水文地质资料，查明影响矿井的各种充水因素，分析、研究并掌握地下水的活动规律，编制防治水工程设计，并监督执行。

（4）在采掘过程中进行水害的预测预报，并做到及时准确，防止恶性突水及淹井事故发生。

（5）负责建立井上下水文观测系统，并进行定期观测，分析水情变化规律，及时提出水害防治措施和治理方案。

（6）认真填写观测记录，建立观测台账，做好水情分析，定期修改、补充、提供绘制水文地质相关图纸所需的原始资料。

（7）及时掌握收集气象资料，对恶劣天气进行预警，防止洪水进入井下，并对地表水体、井泉、老窑、地质构造带及陷落柱充水情况进行详细调查，并建立台账。

（8）积极参加地测安全办公会议，对每月的地质灾害防治与测量工作中防治水相关任务进行分析总结，并对今后的工作提出建设性意见和工作目标。

（9）负责做好水文地质勘探和补充勘探的联系工作，对水文地质勘探和补充勘探资料进行科学分析，积极采用“物探先行、化探跟进、钻探验证”的技术手段，进行探放水作业活动。

（10）参加编制矿井中长期防治水规划和年度防治水计划，制定安全技术措施，并认真组织落实。

（11）掌握地质钻孔分布情况和封闭质量情况，及时对封闭质量不达技术要求的地质钻孔进行重新封闭。

（12）不断总结矿井水文地质变化规律，积极探索矿井地质灾害防治与测量的有效办法，开展矿井水文地质及防治水研究，推广应用新技术，不断提高技术水平。

4）地质技术员岗位职责

（1）认真执行国家有关的法律、法规、政策和相关技术标准，在科长的领导下，做好矿井地质技术管理工作。

（2）负责矿井地质勘探、地质观测、编录和综合分析，提供矿井生产建设各个阶段所需要的地质资料，解决采掘工作中的地质问题。

（3）根据生产技术科提交的委托书，按时编制矿井各采掘工作面地质说明书，为采掘生产部门提供地质灾害防治与测量预测资料，工作面（采区）回采完毕后，要形成采后总结。

（4）定期对地质资料进行补充，根据井下实际勘探和揭露情况，及时绘制地质原始记录，补充完善相关资料、台账及图纸。

（5）准确、完整、按时编制年度、月度和临时性地质预报，供生产科和采掘队组使用。

（6）按要求完成矿井瓦斯地质相关工作，绘制相关图纸，完善相关资料，编制探测设计及报告，进行瓦斯地质预报。

（7）描述地质现象，应做到内容完整、数据准确、字迹清晰、表达确切、图文结合、重点突出，客观地反映地质现象的真实情况。

（8）经常深入一线，及时收集整理相关地质资料，查明影响矿井的各种地质因素，分析、研究并掌握地质构造分布发育规律，为矿井地质灾害防治与测量提出合理性意见。

5）探放水队技术员岗位职责

（1）在队长的领导下，负责钻探队的技术工作。

（2）根据施工设计编制施工安全技术措施，并负责落实，深入现场，及时解决钻探施工过程中的技术问题，详细做好钻探进尺、涌水、岩心的记录工作，检查施工钻孔参数是否符合设计要求，保证钻孔施工质量。

（3）积极参加地测安全办公会议，要对探放水工作中出现的问题进行分析总结，对今后的工作提出整改方案。

（4）做好事故隐患排查，防止出现重大工程事故，随时掌握现场作业情况，发现问题要立即向队长和调度室汇报，并采取相应防范措施。

（5）及时向地测防治水科提供钻孔施工的原始数据，做好现场施工记录，并及时上报探水报表，不得盲报或不报。

（6）负责编制探放水作业规程和安全措施，定期对探水作业人员进行培训，探放水工作结束后，必须对探放水资料进行整理，写出探放水工作总结，存档备案。

（7）积极推广探放水新技术、新设备，不断提高探放水工作技术水平。

6）防治水技术员岗位职责

（1）认真贯彻执行国家有关的法律、法规、政策和相关技术标准，在科长的领导下，做好分管的矿井防治水技术管理工作。

（2）负责矿井水文地质工作，定期对周边煤矿开采范围及老窑积水情况进行调查，收集整理相关水文地质资料，认真填写相关记录、台账，做好水情分析，每半年交换一次相关图纸及资料。查明影响矿井的各种充水因素，分析、研究并掌握地下水的活动规律，编制防治水工程设计，并监督执行。

（3）参加编制矿井中长期防治水规划和年度防治水计划，制定安全技术措施计划，并认真组织落实。

（4）在采掘过程中及时进行矿井水害的预测预报，并做到及时准确，防止恶性突水及淹井事故发生。

（5）负责及时编制矿井各采、掘工作面的探放水设计及安全技术措施，并组织有关部门审批后实施。

（6）积极参与矿井地质灾害防治与测量隐患排查工作，雨季期间对本矿井的地质灾害防治与测量工程进行全面检查，发现问题要立即解决，解决不了的向领导汇报，要及时处理地质灾害隐患，不得延误。

（7）严格按照矿井安全生产标准化要求，进一步完善地质灾害防治与测量安全生产标准化建设和日常管理工作。

（8）严格“三单”管理，及时掌握生产进度，按规定要求及时下发各种通知单，并按要求进行瞬变电超前探测工作。

（9）不断总结地质灾害防治与测量经验，积极探索矿井地质灾害防治与测量的有效办法，开展矿井水文地质及防治水研究，推广应用探放水新技术、新方法，不断提高地质灾害防治与测量工作技术水平。

7）探放水工岗位职责

（1）探放水工必须认真学习国家、矿井相关防治水规章、制度、规范、标准，必须持证上岗。

（2）熟悉本矿水文地质情况，熟悉本岗位各种探放水设备的操作规程，熟悉矿井防治水规定，应急处理方案、汇报程序、避灾路线等专业知识。

（3）作业前要认真学习贯彻本次探放水目的、设计方案及安全技术措施，认真做好探水作业前的准备工作，必须严格按照探水设计进行探水作业，在安装钻机探水前，必须遵守下列规定：

①加强钻场附近的巷道支护，并在工作面迎头打好坚固的立柱和拦板。

②清理巷道，挖好排水沟。探水钻孔位于巷道低洼处时，必须配备好与探放水量相适应的排水设备及供电系统，并试运转正常。

③在打钻地点或附近安设专用电话。

④依据设计确定主要探水孔的位置、方位、角度、深度以及钻孔数目。

⑤瓦斯员、安监员、跟班队长到位。

(4) 预计水压较大的地区，探水钻进之前，必须先安好孔口管和控制闸阀，进行耐压试验，达到设计承受的水压后，方准继续钻进。钻孔内水压大于 1.5 MPa 时，应采用反压和有防喷装置的方法钻进，并有防止孔口管和煤（岩）壁突然鼓出的措施。

(5) 钻进时，发现煤岩松软、片帮、来压或钻孔中水压、水量突然增大以及有顶钻等突（透）水征兆时，应当停止钻进，但不得拔出钻杆，现场负责人员应立即向调度室汇报，撤出所有受水威胁区域人员，采取安全措施，派专业技术人员监测水情并进行分析，妥善处理。

(6) 钻孔接近老窑，必须有瓦斯检查工或矿山救护队员在现场值班，随时检查空气成分。如果甲烷或其他有害气体浓度超过有关规定时，应当立即停止钻进，切断电源，撤出人员，并报告调度室。

(7) 钻孔放水时，必须设专人监测钻孔出水情况，测定水量、水压，做好记录。

(8) 其他遵守《煤矿安全规程》相关规定。

8) 主排水泵工岗位职责

(1) 在机电队长的领导下，负责矿井的排水工作，在工作中要认真负责，精心爱护设备，经常保持设备和机房的卫生。

(2) 必须熟悉掌握排水设备的构造、性能、技术特点、工作原理，并要做到会使用、会保养、会排除一般性故障。

(3) 严格遵守有关规章制度和劳动纪律，认真做到勤观测，即观测设备运行情况是否良好，观测水仓水位变化情况；勤检查，即检查设备完好情况，检查水沟异常情况；勤汇报，要及时向队长和调度汇报。

(4) 发现异常，迅速向领导和值班人员汇报。

(5) 必须参加本岗位的检修工作，完工后要详细地进行检查验收。

(6) 认真按时填写好各种记录，并妥善保存。

(7) 严格执行交接班制度和操作规程，对存在的问题要认真交接清楚。

(8) 严格执行设备巡回检查制度，按时对设备进行检查、保养。

(9) 要时时观测水仓水位变化情况，及时了解水位动态，做到及时排放。

(10) 必须坚持持证上岗。

9) 安全员岗位职责

(1) 在安全科科长的领导下，负责井下地质灾害防治与测量工作相关安全监督工作，是地质灾害防治安全监督责任人。

(2) 负责对探放水队的探放水工作进行现场安全管理，监督现场的钻孔打设，参与钻孔验收工作。

(3) 及时掌握安全动态，落实上级地质相关文件、政策、法律、法规及指令等，按照公司的安全制度和规定，组织安全管理工作。

(4) 按照《灾害预防和处理计划》《水害应急救援预案》和《水害现场处置方案》组织做好地质灾害防治现场安全应急处置。

(5) 参与组织协调解决各类地质灾害防治与测量安全问题和隐患，并进行责任追究，搞好隐患排查。

（6）负责井下对采掘作业规程、探放水规程及设计方案的实际执行工作，对其中有关地质灾害防治与测量方面的内容进行监督。

（7）有权按水害应急救援预案的要求和规定，采取有效的措施处理发生的应急事件，然后逐级进行汇报，并协助进行处理。

（8）发生地质灾害事故后，负责向上级报告现场情况，并传达领导组的各项处理措施和命令。

10）绘图技术员岗位职责

（1）负责按时完成各种地质灾害防治与测量相关的地质、水文地质、测量图纸的修改和计算机制图工作。

（2）严格按照《煤矿地质测量图例》及有关图例规定，根据对制图的描绘要求进行作业。制图过程中发现成果有误或原图不清有疑问时，应及时查询，保证所绘图纸精准、内容齐全、符号正确、清晰美观、无错漏现象。

（3）经常了解井下采掘工程进展情况，虚心听取现场地测人员的意见，及时填绘各种矿图，做到计算机制图与所描绘的各种采掘工程关系正确，数字精度可靠。

（4）努力学习制图的基本知识，学习和应用先进的计算机制图经验和技术，不断提高计算机制图技能，提高计算机制图和描绘图纸质量。

（5）及时准确地根据工程进展情况及安全生产要求绘制各种相关图纸，按要求绘制上报采掘工程平面图、充水性图、井上下对照图等。

11）物探技术员岗位职责

（1）及时对巷道进行物探，搞好瞬变电磁仪物探工作，依照测量结果认真分析，提高物探的准确性，为矿井地质灾害防治与测量打下基础。

（2）下井前要对仪器进行仔细检查，确保仪器的防爆性能和电气性能符合设计要求，并做好采集数据前的准备工作。使用仪器前应对仪器的功能进行测试，确保仪器工作正常。

（3）下井前检查仪器的电池电压，确保仪器使用前电量充足，以保证现场长时间使用。仪器在入井后，严禁取下仪器的外套使用。

（4）仪器充电必须在地面无易燃、易爆和无腐蚀性物体的室内进行，充电期间不可加电工作，以免在线充电电压过高损坏仪器。

（5）在进行探测前，要确保仪器发射线圈、接收线圈与接收机和发射机之间的连线正确。

（6）物探设备连接好以后，打开接收机，将仪器中存储的数据删除，以免本次探测数据存储空间不足。使用时避免猛烈碰撞，避免淋水，避免强电干扰，避免在机电设备运行时探测。

（7）每次探测前，要根据探测的需要重新设置仪器参数，设置参数前一定要分清小功率探测和大功率探测，确保参数设置正确。

（8）在进行探测时，要认真观察线圈的位置及角度，并对照设计图纸，防止出现缺少测点的情况；若发现有错误或者异常的数据，要重新对该点进行探测。

（9）当所有数据都测量完毕后，在地面办公室用专用数据线和专用软件对成果进行分析，出具物探报告，对报告的准确性负责。

12）储量管理技术员岗位职责

（1）认真贯彻执行《生产矿井储量管理规程》，在科长领导下，负责全矿井生产储量管理的具体工作。

（2）根据规程要求和矿井实际，负责制定各项有关储量管理的规章制度，定期按照安全生产标准化的要求整理资料和图纸。

（3）根据“三量”规范，征求有关部门意见，正确圈定“三量”范围并计算“三量”、损失量数字，每季向集团公司、公司领导和有关部门呈报报表。

（4）深入现场，认真调查了解生产情况，做好资源储量的监督、考核与管理工作。

（5）掌握矿井资源储量动态，按照《生产矿井储量管理规程》的要求，建立健全各类资源储量管理台账。

（6）及时填报各类资源储量报表，编绘各类储量计算图纸。

（7）定期对资源回收率进行计算、分析、总结，对不合理的丢煤提出意见和要求，并如实反映储量损失情况。

（8）对资源储量类别、数量的变化进行估算，各种损失进行报批。

（9）配合有关部门编写储量年报，做好储量备案评估报审工作。

13）探放水钻孔验收组岗位职责

（1）探放水钻孔验收组成员由地测防治水科、安全科、探放水队、掘进队、驻矿安监站人员共同组成。

（2）监督探放水工作严格按照《探放水设计》《探放水作业规程》实施。

（3）验收时严格按照《探放水设计》和质量标准严格执行，验收合格后验收组人员要在验收表上签字同意并说明允许掘进进尺。

（4）对验收不符合设计标准的探放水钻孔应责令探水人员重新钻探，直到合格为止。

（5）监督探放水钻孔严格按照设计施工，施工中不得随意更改设计。施工中，若遇地质变化或出现其他特殊情况，需要对钻孔设计位置、数量、深度或角度进行调整时，验收组人员必须与地测防治水科联系，经现场确认后，方可改变参数。

（6）探放水钻孔验收时，必须对其钻孔长度进行验收。验收时钻孔长度应不小于设计长度。

（7）探放水钻孔验收，其钻孔偏斜角允许范围偏差0.5°，钻孔倾角不符合要求的不予以验收。

（8）探放水质量检查验收领导组要严格根据探放孔设计认真检查核对并在探放水验收表上签字，提出合理化意见，发现问题及时整改，当场不能解决的问题限期整改，并负责复查，做到谁签字、谁落实、谁负责。

1.7 机电运输技术职责

1. 机电运输部门职责

（1）贯彻执行国家有关机电管理方面的方针、政策、法律、法规，以及省、市各级政府有关机电管理方面的规定和决定等。执行集团公司机电管理的有关制度和相关规定，以及上级部门颁布的机电安全生产标准化标准和机电技术标准。

（2）全面负责本公司对所属各矿井机电职能管理，负责对机电管理方面制度（机电设备的运行、检测检验、定期检修、维护保养、供用电管理等）的制定和修订工作，并监督落实。

（3）建立健全机电设备的技术标准及操作规程，并进行贯彻落实。

（4）负责编制公司机电方面的中长期发展规划，以及年、季度机电设备方面的改造或更新计划。

（5）负责所属各矿井涉及机电方面的重大工程、机电技术改造工程方案的审核，主要机电设备（包括：提升、通风、排水、压风、供电和采掘运输等设备）的设备选型、购置计划的审定，设备检测检验、油脂化验以及技术协议的审核签订等工作。

（6）组织定期和不定期的机电管理专项检查及机电管理方面的评比考核，负责对公司所属各矿井的机电设备“四率”的考核和机电、运输安全生产标准化达标工作，并监督指导执行。

（7）负责公司各职能部门和政府有关职能部门业务对口的联系和业务往来，并及时贯彻落实相关要求。

（8）负责公司所属各矿井机电设备技术改造工作和新设备、新技术、新材料、新工艺的推广使用，不断提高公司技术装备水平。

（9）负责公司机电设备的安全管理工作，对发生的主要机电设备事故组织调查，按公司机电设备事故管理规定进行上报和处理，切实做到“四不放过”。

（10）负责公司主要机电工程及设备技术图纸、资料的整理、保管等工作。

（11）负责完成公司领导交办的各项临时任务，积极参与公司组织的各项活动，积极配合公司相关部门的安全检查等活动。

2. 机电运输负责人职责

（1）在公司主管经理和机电设备副总工程师的领导下对公司所属各矿（煤业）的机电管理工作全面负责。

（2）贯彻落实国家、地方、行业以及上级主管部门有关机电管理方面的方针、政策、法规、条例和规定。结合公司所属各矿井的实际生产情况制定实施细则和补充规定，并组织实施。

（3）负责组织对机电管理方面制度（机电设备的运行、定期检修、维护保养、供用电管理等）的制定、监督落实。

（4）负责各矿井主要机电设备的安全及技术业务管理、指导工作。

（5）组织对各矿井主要机电设备进行定期和不定期的安全检查及专项检查。

（6）组织对公司所属各矿井的主要机电事故调查工作，切实做到“预防为主”和“四不放过”。

（7）负责对所属各矿井进行逐月的机电设备“四率”考核和机电、运输安全生产标准化达标工作，并监督指导执行。

（8）负责公司各矿井机电设备的新技术、新工艺、新产品、新材料的推广应用和技术交流工作。

（9）负责公司所属各矿井主要机电设备的技术改造，以及设备选型和技术协议的审核。

（10）负责集团公司相关职能部门和政府相关职能部门业务往来工作。

（11）负责完成公司领导交办的各项临时任务。

3. 机电运输主管职责

（1）在公司主管经理和机电设备部部长的直接领导下，对公司机电管理工作具体负责。

（2）贯彻落实国家、地方、行业以及上级主管部门有关机电管理方面的方针、政策、法规、条例和规定。协助部长结合公司所属各矿井的实际生产情况制定实施细则和补充规定，并组织实施。

（3）负责公司所属各矿井供用电管理工作，协助各矿办理供用电相关手续。

（4）参与对公司所属各矿井的主要机电事故的调查工作，确实做到“预防为主”和“四不放过”。

（5）组织参与对各矿井主要机电设备进行定期和不定期的安全检查及专项检查。

（6）协助部长负责对所属各矿井进行逐月的机电设备“四率”考核和机电、运输安全生产标准化达标工作，并监督指导执行。

（7）协助部长负责公司各矿井机电设备的新技术、新工艺、新产品、新材料的推广应用和技术交流工作。

（8）协助部长负责公司所属各矿井主要机电设备的技术改造，以及设备选型和技术协议的审核。

（9）协助部长负责集团公司相关职能部门和政府相关职能部门业务往来工作。

（10）负责完成公司领导及部长交办的各项临时任务。

4. 机电运输人员职责

1）机电设备工程师（提、通、排、压）职责

（1）在机电设备部部长、副部长领导下贯彻落实国家、省、市及上级主管部门有关矿井提升、通风、排水、压风等设备方面的法规、制度、规定、条例等，负责落实公司提升、通风、排水、压风等设备方面有关技术要求和管理工作。

（2）负责制定公司各矿井提升、通风、排水、压风等机电设备操作使用、检修维护和保养管理

制度，并负责监督落实。

(3) 负责对公司各矿井提升、通风、排水、压风等系统设备的配套工作，建立提升、通风、排水、压风等设备台账，完善设备技术资料（包括图纸、说明书、合格证），为各矿井设备的串换使用做好基础工作。

(4) 参与公司各矿井提升、通风、排水、压风等设备的选型、技术论证和设备报废的鉴定工作。

(5) 参与公司各矿井的提升、通风、排水、压风等设备安全运行技术管理。

(6) 参与公司各矿井提升、通风、排水、压风等设备技术改造工作和新设备、新技术、新材料、新工艺的推广应用工作。

(7) 负责参与机电运输安全生产标准化达标工作，并监督检查落实达标。

(8) 参与公司各矿井主要机电设备事故的分析调查工作。

(9) 负责提升、通风、排水、压风等设备管理的对外业务联系和各矿井业务对口联系工作。

(10) 负责完成公司及部领导交办的其他临时任务。

2) 电气工程师职责

(1) 在公司主管经理和机电设备部部长的直接领导下，对公司机电管理工作具体负责。

(2) 贯彻落实国家、地方、行业以及上级主管部门有关机电管理方面的方针、政策、法规、条例和规定。协助部长结合公司所属各矿井的实际生产情况制定实施细则和补充规定，并组织实施。

(3) 负责公司所属各矿井供用电管理工作，协助各矿办理供用电相关手续。

(4) 参与对公司所属各矿井的主要机电事故的调查工作，确实做到“预防为主”和“四不放过”。

(5) 组织参与对各矿井主要机电设备进行定期和不定期的安全检查及专项检查。

(6) 协助部长负责对所属各矿井进行逐月的机电设备“四率”考核和机电、运输安全生产标准化达标工作，并监督指导执行。

(7) 协助部长负责公司各矿井机电设备的新技术、新工艺、新产品、新材料的推广应用和技术交流工作。

(8) 协助部长负责公司所属各矿井主要机电设备的技术改造，以及设备选型和技术协议的审核。

(9) 协助部长负责集团公司相关职能部门和政府相关职能部门业务往来工作。

(10) 负责完成公司领导及部长交办的各项临时任务。

3) 机电设备工程师（采、掘、运、支）职责

(1) 在机电设备部部长、副部长领导下贯彻落实国家、省、市及上级主管部门有关井下采、掘、运、支设备方面的法规、制度、规定、条例等，负责落实公司采、掘、运、支设备方面有关技术要求和管理工作。

(2) 负责制定公司各矿井采煤、掘进、运输、支护等机电设备操作使用、检修维护和保养管理方面的制度，并负责监督落实。

(3) 负责对公司各矿井采、掘、运、支系统设备的配套工作，建立采、掘、运、支设备台账，完善设备技术资料（包括图纸、说明书、合格证），为各矿井设备的串换使用做好基础工作。

(4) 参与公司各矿井采、掘、运、支设备的选型、技术论证和设备报废的鉴定工作。

(5) 参与公司各矿井的采、掘、运、支设备安全运行技术管理。

(6) 参与公司各矿井采、掘、运支设备技术改造工作和新设备、新技术、新材料、新工艺的推广应用工作。

(7) 负责参与机电运输安全生产标准化达标工作，并监督检查落实达标。

(8) 参与公司各矿井主要机电设备事故的分析调查工作。

(9) 负责采、掘、运、支设备管理的对外业务联系和各矿井业务对口联系工作。

（10）负责完成公司及部领导交办的其他临时任务。

4）设备自动信息化工程师职责

（1）在机电设备部部长、副部长领导下贯彻落实国家、省、市及上级主管部门有关矿井设备自动化方面的法规、制度、规定、条例等，负责落实公司设备自动化方面有关技术要求和管理工作。

（2）负责制定公司各矿井设备自动化机电设备操作使用、检修维护和保养管理制度，并负责监督落实。

（3）负责对公司各矿井自动化系统的配套工作，建立自动化设备台账，完善设备技术资料（包括图纸、说明书、合格证），为各矿井设备的串换使用做好基础工作。

（4）参与公司各矿井自动化设备的选型、技术论证和设备报废的鉴定工作。

（5）参与公司各矿井自动化设备安全运行技术管理。

（6）参与公司各矿井自动化设备技术改造工作和新设备、新技术、新材料、新工艺的推广应用工作。

（7）参与机电运输安全生产标准化达标工作，并监督检查落实达标。

（8）参与公司各矿井主要机电设备事故的分析调查工作。

（9）负责自动化设备管理的对外业务联系和各矿井业务对口联系工作。

（10）负责完成公司及部领导交办的其他临时任务。

5）煤矿安全检测组职责

（1）贯彻执行党和国家有关安全生产方针、政策、法令、条例以及上级制定的各项安全规章、制度。

（2）工作中严格执行《煤矿安全规程》《煤矿电气试验规程》以及有关技术标准、规范。

（3）建立健全安全责任制和各项管理制度；建立健全与检测检验工作相适应的质量管理体系，保证检验结果真实、准确、客观，并对出具的检测结果、报告负责。

（4）在公司机电部领导下，配合各煤矿做好安全设备、设施的定期检验、电气预防性试验、验收检验以及其他检测检验工作的计划组织和实施。在检测过程中，严格按有关安全技术标准、规程、规定等开展技术服务工作并及时出具结果、报告。

（5）建立重大事故隐患报告制度，对现场发现被检安全产品存在的重大事故隐患，应立即告知被检单位和公司主管部门，不得隐瞒不报或拖延迟报。

（6）坚持认真、诚实、及时的服务宗旨，努力推进试验室质量方针的贯彻。

（7）保证按规定的方法和煤矿的需要进行检测，确保检测数据真实、准确。

（8）检测检验应使用规范的检测检验报告和原始记录表格，检测记录和检测检验报告的内容要提供足够的信息量，做到客观、公正、真实。

（9）按时向主管部门报告检测检验工作总结和工作计划。

（10）法律、法规、规章规定的其他安全职责，完成公司及部门交办的其他临时任务。

6）机电技术资料管理、安装工程预算工程师职责

（1）在机电设备部部长、副部长领导下贯彻落实国家、省、市及上级主管部门有关矿井机电设备技术资料、安装工程预算方面的法规、制度、规定、条例等，负责落实公司技术资料、安装工程预算方面的有关管理工作。

（2）负责制定公司各矿井机电设备技术资料管理、安装工程预算管理制度，并负责监督落实。

（3）负责对公司各矿井建立机电设备技术资料台账，完善设备技术资料（包括图纸、说明书、合格证），为各矿井设备的串换使用做好基础工作。

（4）参与公司各矿井机电设备技术改造工作和新设备、新技术、新材料、新工艺的推广应用工作。

（5）参与公司各矿井主要机电设备事故的分析调查工作。

（6）负责机电设备技术资料管理、安装工程预算的对外业务联系和各矿井业务对口联系工作。

（7）负责完成公司及部领导交办的其他临时任务。

7）机电部内勤管理员职责。

（1）在机电设备部部长、副部长领导下贯彻落实国家、省、市及上级主管部门有关矿井机电管理方面的法规、制度、规定、条例等，负责机电管理方面有关文件的上传下达。

（2）负责部里技术档案的管理工作。

（3）负责部里固定财产的管理工作，办公用品的领用发放。

（4）负责部里各类文件的起草、打印、整理和分发工作。

（5）负责部里对各矿井相关人员的业务联系。

（6）负责部里安全、消防、卫生管理工作。

（7）负责部里内部考勤工作。

（8）负责完成公司及部领导交办的其他临时任务。

1.8 信息技术职责

1. 信息技术部门职责

（1）负责全公司信息化发展建设规划，确定阶段性发展目标，并按产业板块进行目标分解和管理。

（2）负责制定信息化建设的规章、制度、办法。

（3）负责对下属煤矿的信息调度工作和对应安全生产标准化工作进行检查、验收、指导和综合考核。

（4）负责全公司的信息化建设方案审定，尤其是对系统的科学性、实用性、先进性以及设备的选型进行技术把关，并负责组织实施、监督落实和竣工验收工作。

（5）负责全公司网络整体规划，所属公司子网接入以及网络日常运行维护工作。

（6）负责协调、指导全公司相关单位信息综合管理平台的建设、改造、系统选型工作，尤其是煤矿调度平台的信息化建设和改造。

（7）负责各煤矿安全监测系统及生产环节自动化管理应用系统等子系统的评审、监督、组织、落实。推进数字化矿井的建设工作。

（8）负责推进全公司信息化项目的建设工作。

（9）负责监督公司及所属单位视频会议系统、多媒体会议系统的选型、安装、调试、维护工作，确保系统的动态管理达标和正常运行。

（10）负责监控网络公共信息，及时过滤和删除黄色、反动、违法等有害信息，并及时向主管领导汇报。

（11）负责公司及所属单位的软、硬件采购，电子设备耗材的购置与更换。

（12）负责公司软件资产的配置与管理，以及正版化软件的推广工作。

（13）负责公司网站的建设和动态维护，网站内容各部门按照职能划分并各自把关，协助职能部门进行网络内容的及时更新。

（14）负责与集团公司和政府相关部门信息化业务的对接，贯彻落实相关信息化工作。

（15）负责信息化相关系统的培训工作。

（16）负责领导交办的其他事项。

2. 信息技术负责人职责

（1）负责信息技术部门的全面管理工作。

（2）负责全公司的信息化发展建设规划，确定阶段性发展目标，并按产业板块进行目标分解和管理。

（3）负责制定公司信息化建设的规章、制度、办法。

（4）负责对下属煤矿的信息调度工作进行检查、验收、指导和综合考核。

（5）负责公司机关及所属各单位的信息化建设方案审定，尤其是对系统的科学性、实用性、先进性以及设备的选型进行技术把关，并负责组织实施、监督落实和建设性的验收工作。

（6）负责全公司网络整体规划，所属公司子网接入以及网络设备选型安全配置工作。

（7）负责协调、指导公司相关单位信息化建设、选型工作，尤其是煤矿调度平台的信息化建设和改造。

（8）负责各煤矿安全监测系统及生产环节自动化管理应用系统等子系统的评审、监督、组织、落实。推进数字化矿井的建设工作。

（9）负责推进全公司信息化项目的建设工作。

（10）负责监督公司及所属单位视频会议系统、多媒体会议系统的选型、组织实施、验收工作，确保机关系统的动态管理达标和正常运行。

（11）负责监控网络公共信息，及时过滤和删除黄色、反动、违法等有害信息，并及时向主管领导汇报。

（12）负责所属公司机关和直属公司的软、硬件采购，电子设备耗材的购置与更换。

（13）负责与集团公司和政府相关部门信息化业务的对接，贯彻落实相关信息化工作。

（14）加大人才培养力度，为公司的信息化建设储备人才，输送人才。

（15）负责领导交办的其他事项。

3. 信息技术主管职责

（1）协助负责人做好煤矿信息化系统的建设、服务工作，全力推进数字化矿山建设。

（2）负责制定信息化建设的规章、制度、办法。

（3）负责信息技术相关管理制度、办法的起草工作。

（4）及时掌握所属各单位信息化建设情况、负责所属各单位信息化系统的建设、监督系统实施并参与系统的验收工作。

（5）配合相关部门，负责对下属煤矿的信息调度工作进行检查、验收、指导和综合考核。

（6）负责公司至上级单位和所属各单位的专线网络及通信联络工作，做好与网络运营商、供应商的协调工作，加强网络维护，确保网络畅通。

（7）负责公司视频会议系统、多媒体系统的安装、调试、维护，负责视频会议系统动态管理达标，确保视频系统的正常使用。

（8）负责网络安全稳定运行、网络拓扑设计及网络 IP 地址划分管理，管理和配置网络相关设备的参数调试。

（9）负责公司网站的建设和管理，确保网站稳定安全运行。

（10）负责域名及云主机申请、备案工作。

（11）负责各业务服务器的操作系统、业务软件的安全工作，及时处理漏洞的修补及故障的处理，确保设备安全稳定运行。

（12）负责各单位信息化建设项目的总结工作，总结好的经验进行推广。

（13）负责完成领导交办的其他事项。

4. 信息技术人员职责

（1）负责按照信息方案进行项目的实施工作。

（2）负责 LED 大屏、多媒体视频会议系统的安装、调试、维修工作。

（3）负责对公司所有产业板块的信息化系统进行管理、实施、调试、维护工作。

（4）负责公司相关管理软件的安装、调试、维护、更新和定期备份工作。

（5）负责机房的软、硬件系统的维护工作。

（6）负责定期整理收集存储资料，对服务器重要数据进行备份。

（7）负责保证计算机等终端的安全、稳定运行，负责定期检修、维修工作。

（8）负责公司网络拓扑设计实施、子网接入、网络调整优化及全网设备的配置工作。

（9）加强网络安全维护，管理和配置防火墙、IDS 和网络防病毒等安全系统，减少病毒的传播，及时为服务器打补丁，杜绝黑客、病毒对服务器和客户机的入侵，指导各部门做好信息安全工作。

（10）负责公司网站的建设和管理，为各部门信息发布提供技术支持，确保网站安全运行稳定。

（11）负责公司软件资产的配置与管理，建立软件资产台账；统一保存计算机及相关设备的驱动程序、保修卡及重要随附文件。

（12）负责公司的耗材、低值易耗品的购置、更换等管理工作。

（13）负责对公司及所属单位信息化相关设备的编号、出入库管理、维修、报废等登记工作。

（14）负责领导交办的其他事项。

1.9　技术创新职责

1. 技术创新部门职责

（1）负责认真贯彻国家、地方的科技法律、法规、科技政策、行业技术政策以及晋能集团相关科技管理制度。

（2）负责与政府各级科技管理部门、行业协会、晋能集团技术中心以及公司所属单位的联系、配合和协作。

（3）负责公司科研项目的立项审查、招投标技术方案审查、科技合同审查、实施过程监督、项目结题验收、经济效益审核、组织鉴定、成果推广应用、申请专利和申报奖项。

（4）负责组织新技术、新工艺、新设备、新材料的考察、调研、推广应用和适用技术的研发。

（5）公司科研计划管理，对年度科研资金计划和费用的使用情况进行监督和审查。

（6）负责科研成果专利申报和知识产权保护。

（7）负责对公司创新工作评审和奖励。

2. 技术创新负责人职责

（1）在总经理、分管经理领导下，负责公司技术创新各项管理工作。

（2）负责组织公司技术创新项目立项计划编制工作。

（3）负责组织开展科技成果鉴定、知识产权管理和科技奖励申报工作。

（4）负责配合集团部门与煤矿企业在技术创新方面的指导服务工作。

（5）负责科技规划与创新计划、科技成果与知识产权管理、技术引进与推广应用工作。

（6）负责公司科研计划管理，对年度科研资金计划和费用的使用情况进行监督和审查。

（7）承办公司领导和部长交办的其他工作任务。

3. 技术创新主管职责

（1）负责组织科研项目立项审查和报批。

（2）负责参与科研项目招标文件审查，参与科研项目合同审查。

（3）负责对科研项目计划任务书进行审查备案。

（4）负责对科研项目实施管理，进行过程监督。

（5）负责组织对科研项目验收、鉴定和成果管理。

（6）负责牵头对科研需求进行调研，全面掌握研发现状和未来发展动态。

（7）负责配合财务部门，做好加计扣除申报工作。

（8）承办公司领导和部长交办的其他工作任务。

4. 技术创新人员职责

（1）负责科技成果管理。

（2）负责对专利、技术成果、技术标准等知识产权进行管理。

（3）组织技术交流、技术培训、成果推广应用与转让等的协调与管理。

（4）负责组织知识产权和技术标准的推广应用。

（5）负责收集、整理和分析国内外行业技术发展信息。

（6）承办公司领导和部长交办的其他工作任务。

2 技术体系管理制度

2.1 基本建设技术管理制度

2.1.1 工程项目建设管理办法

第一章 总 则

第一条 为加强公司工程项目建设过程管理，保证建设安全、工程质量、建设进度，合理工程造价，提高投资效益。按照集团公司《工程项目建设管理办法》的相关规定，结合公司实际情况，制定本办法。

第二条 本办法适用于公司工程项目投资计划（含专项资金计划）所列的全部工程建设项目，包括公司本部及所属各单位；按照分级管理原则，进行管理和实施。

第三条 工程项目建设管理范围，从开工准备至竣工验收。主要涉及施工现场准备、开工报告、工程实施（项目分解计划编制、工程进度控制、施工安全控制、施工质量控制、项目投资控制、工程资料完善等）、竣工验收。公司生产技术部负责井巷工程施工监管，工程管理部负责地面土建工程施工监管，机电设备部负责机电安装工程施工监管。

第四条 工程项目建设实行分级管理。

公司所属各单位应设置相应的工程业务管理部门，负责与公司工程管理业务对接。

公司工程管理部是公司工程项目建设的归口管理部门，负责与集团工程管理业务对接。涉及煤炭建设项目业务管理，与煤炭生产管理局进行对接。

公司是工程项目建设的管理主体，对所辖区域内工程项目建设过程进行监督管理。

工程项目建设单位是工程项目建设的责任主体，负责对工程项目建设具体组织实施。

第五条 工程项目实行监理制。监理单位依据国家相关法律、法规、标准、规范及监理合同行使相关权利，履行相关义务。

第六条 工程项目建设分为开工准备阶段、建设实施阶段、竣工验收阶段。

开工准备阶段主要工作是进行工程项目开工前的各项手续办理及施工现场准备工作，确保合法合规建设；建设实施阶段主要工作是工程项目的施工阶段（包括联合试运转或试运行）；竣工验收阶段主要工作是工程项目通过政府行业或集团内部综合验收的阶段。

工程建设项目可划分为单项工程、单位工程，一般包括一个或几个单项工程及若干个单位工程。

（1）单项工程是建设项目的组成部分。一般指具有独立的设计文件，建成后可以独立发挥生产能力或效益的工程。如矿区内矿井、选煤厂；机械厂的各生产车间；各类电厂、站线；非工业性项目一般指能发挥设计规定主要效益的独立工程，如办公楼等。

（2）单位工程是单项工程的组成部分。一般指不能独立发挥生产能力或效益，但具有独立施工条件的工程。通常按照单项工程中不同的工程性质和内容，划分为若干个单位工程，可独立组织施工，单独编制工程预算。如矿井单项工程可分为：井筒、石门、大巷、硐室、工作面巷道、开切眼、井下铺轨等单位工程；机械厂单项工程可分为：车间厂房、车间设备安装等单位工程；电厂单项工程可分为：主厂房、冷却塔、烟囱、锅炉房等单位工程；非工业建筑一般将单栋房屋作为一个单位工程（包括水、电、暖、卫等）；设备安装工程，指凡具有独立安装基础和单独安装条件的主体设备，以单台设备的三机作为一个单位工程。

第七条　工程项目建设参建单位主要有建设单位、勘察单位、设计单位、监理单位、施工单位、供应商（设备和材料）。

第二章　职　　责

第八条　工程项目建设各级单位职责。

公司负责制定公司工程项目建设相关管理制度和工作流程，负责对工程项目建设过程直接进行监督和管理；负责对公司工程项目的建设、施工、监理单位进行管理；负责对公司工程项目建设的质量、进度管理、工程项目概算的管控、工程预结算审核管理工作；负责对公司工程项目年度、季度、月度计划编制的审核、汇总、上报；负责牵头组织公司工程项目年度投资完成情况的统计结（决）算工作；负责对公司工程项目计划的执行落实情况进行管理和考核；组织公司重点单项工程竣工验收，参加公司范围内单项工程的竣工验收；做好公司工程项目建设期间的业务保安工作；对所属单位的对口业务进行指导、管理和风险防控；参与、落实项目新技术、新材料、新工艺的推广应用。

工程项目建设单位负责按照公司的管理规定健全各项管理制度，承担工程项目建设主体责任，对工程项目建设过程进行全面管理；负责对工程项目的参建单位按合同约定（包括勘察、设计、施工、监理、供应商等单位）进行管理和协调；负责对工程项目建设质量、进度的现场管理；负责工程预结算编审和概算指标的具体调整申报；负责对工程项目建设年度、季度、月度、旬度各阶段计划进行编制和按程序报送工作，并落实到工程项目建设各个阶段；负责组织工程项目建设的月度验收、结算、年终盘点、年终结（决）算工作，并统计上报；组织单位工程、单项工程的质量验收、认证（备案）、结（决）算和竣工验收，申报并参加重点单项工程的质量验收、认证（备案）和竣工验收；确保工程项目实施阶段的安全建设；组织研究、开展本厂（矿）工程项目新技术、新材料、新工艺的推广应用。

第九条　勘察单位对工程项目勘察过程和提交成果负责，保证其真实准确、合法合规，质量可靠。

第十条　设计单位对工程项目设计标准、设计深度、设计成果、施工过程中的设计（变更）负责，保证其合法合规，质量可靠，并派出现场工地代表参与项目建设全过程的服务指导。

第十一条　监理单位对工程项目建设施工过程中的质量、工期、造价、安全承担监理责任并做好协调工作。

第十二条　施工单位是合同承揽工程项目建设的施工责任主体，对工程建设负施工安全主体责任。健全和落实各项安全生产规章制度，严格按照项目建设安全、进度、质量、环保、标准化等各项目标要求，抓好施工现场管理。

第十三条　供应商（设备和材料）应严格按照采购合同中的规定履行其职责，提供合格的材料或设备，并接受建设单位、监理单位的监督检查。

第三章　开工准备阶段

第十四条　开工准备阶段需完成以下工作：完成项目主要参建施工、监理单位招标及工程质量监督注册（登记）手续，取得合规有效的准予开工建设的相关手续。具备施工图纸和技术标准，完成施工技术交底，施工安全与质量保证措施已落实，主要施工机械（具）设备就位安装，各类周转材料检验合格并进场，施工现场准备工作全部完成，具备连续施工条件。

第一节　计　划　编　制

第十五条　工程项目必须列入公司年度基本建设/技术改造工程计划。未列入计划的工程项目不得实施。

第十六条 列入公司计划的工程项目必须执行国家、地方、行业管理及集团公司相关规定，手续完整齐备、合法合规。在城镇规划范围内的建筑工程，应到所在地发改、规划、城建等单位办理相关手续。

第十七条 公司按照工程项目的规模、投资、重要性等情况，划分重点工程项目和普通工程项目。列入计划的重点工程建设项目公司进行重点管理。

第十八条 公司所属各单位将公司下达的年度基建计划任务指标逐月分解形成对应的工程量、工作量进度计划，公司工程管理部负责检查、考核各工程项目计划的完成情况。

第十九条 工程项目建设单位必须与设计单位签订供图协议，做好供图计划，保证工程项目建设的正常连续进行。

第二节 施工现场开工准备

第二十条 工程项目建设开工前，施工现场必须按规定完成供电线路接通、供排水系统畅通、通信畅通、现场道路畅通及场地平整，由工程项目建设单位组织完成。一般应在施工单位进场前准备就绪。

第三节 项 目 发 包

第二十一条 工程项目建设单位进行工程发包时必须严格执行公司招投标管理办法的相关规定。

第四节 合 同 签 订

第二十二条 承揽公司勘察、设计、施工、监理任务的单位必须按其资质等级所规定的范围承揽工程，不得越级勘察、设计、施工和监理。

第二十三条 工程项目开工前，工程项目建设单位必须严格执行公司合同管理办法，承办各类合同的编审签工作，合同起草须严格执行招标文件规定和非招标谈判纪要规定，严禁将固定总价、固定单价合同起草为可调价格开口合同，工程完成投资额超过工程中标价 15% ~20% （单项工程 15%、单位工程 20%）的，须签订补充合同并履行原审批程序，否则，停止结算。

第五节 工程质量监督

第二十四条 工程项目开工前，工程项目建设单位按当地行政主管部门行业管理的相关规定，委托相应的质量监督机构进行监督，并完成工程质量监督注册备案手续。监督机构履行职责、权限，负责所受监工程的质量监督工作；工程质量监督的相关工作执行工程质量监督相关规定。凡须办理而未办理工程质量监督手续的不得组织施工。

第六节 工 程 监 理

第二十五条 工程项目建设单位应按照国家法律法规及公司招投标管理办法的规定，选择具有相应资质及业绩的监理单位。

第二十六条 工程项目建设单位应按合同约定督促监理单位按以下要求开展工作：

（1）成立项目监理机构，建立以总监理工程师负责、总监理工程师代表、专业监理工程师、监理员各司其职、各负其责的项目监理机构和安全质量监理体系，配备满足工程需要的具有相应资格的监理人员以及工程检测设备、仪器和工具。相关监理人员资格及其获证条件必须真实可查，并保持人员稳定，未经公司批准，建设单位不得同意更换项目总监理工程师。

（2）根据项目实际编制监理规划和监理实施细则，明确监理工作重点和要求，并报工程项目建设单位备案。

（3）依据设计文件和施工组织设计，按照监理规划和监理实施细则，采取旁站、巡视和平行检验等方式履行“三控三管一协调”的监理职责，即工程质量控制、工程进度控制、工程投资控制、职业健康安全与环境管理、合同管理、信息管理、全面组织协调。及时发现问题下达整改通知单或责令停工令，及时记录监理日志，建立监理月报制度，并按规定归档。

（4）对主要设备材料使用、关键工序交接验收、高危有害作业安全措施、隐蔽工程验收、设计变更、工程签证进行检查并签字确认。

（5）组织工程项目竣工预验收，参加工程项目竣工验收。

（6）项目建设过程中、监理人员配备始终达不到国家规定标准且不具备更换监理单位条件的，依据监理单位实派人员月均未达标比例相应调减监理费用；建设单位须在项目建设期间建立分月度的监理人员在岗登记考核表，并经总监理工程师签认。

第七节　施工图设计文件审查（图纸审查）

第二十七条　国家规定须进行施工图设计文件审查的建设项目，由工程项目建设单位在开工前向具备资质条件的施工图审查机构提交审查申报，审查完成出具审查意见书，设计单位对照审查意见书完成设计图纸修改。施工图审查意见作为工程项目竣工验收的一项依据。

第八节　图　纸　会　审

第二十八条　图纸会审是对施工图进行查漏补缺，进一步澄清疑点，消除缺陷，了解设计意图，达到减少设计变更，降低工程造价，加快工程进度，提高工程质量的目的。单项工程由公司组织，工程项目建设单位、勘察、设计、监理、施工单位参加；单位工程由工程项目建设单位组织，勘察、设计、监理、施工单位参加。开工前必须完成，并形成图纸会审记录，作为工程建设的基础资料和依据。

第九节　设　计　交　底

第二十九条　设计交底分为初步设计交底和施工图交底，初步设计经优化论证调整审批完成后，由公司组织，设计单位具体进行交底，工程项目建设单位、公司相关单位和部门参加。施工图交底由工程项目建设单位组织，设计单位具体进行交底，施工单位、监理单位、相关部门参加。

第十节　施工组织设计

第三十条　施工组织设计是落实设计文件的规划手段，是连接设计阶段和施工活动的桥梁，是指导工程项目施工的纲领性文件。工程项目建设单位必须高度重视，科学对待。

（1）实行项目总承包的单项工程施工组织设计，由总承包单位负责组织勘察、设计、施工等单位进行编制，由公司组织会审；没有实行项目总承包的单项工程由建设单位委托中介机构编制，由公司组织会审。单位工程施工组织设计由施工单位负责编制并会审完成后报监理单位及项目建设单位报验备案。

（2）单项及单位工程施工组织设计在开工准备期编制并审查完成，开工后应根据工程项目建设的实际情况进行调整修订。

（3）经审查批准的施工组织设计，报上一级主管部门备案。

第四章　工程实施阶段

第三十一条　工程项目建设单位应按照国家法律法规及集团公司、公司招投标管理规定，选择具有相应资质及业绩的施工单位；未经公司批准，工程项目建设单位不得同意更换现场项目经理。

工程项目建设过程中，工程项目建设单位要加强工程施工管理与监督。不得以包代管，严禁施工方将工程转包，不得将主体工程肢解分包，确需分包应符合相关规定并经工程项目建设单位同意，严禁资质挂靠及分包给资质不符合要求的施工企业。确定的分包企业及分包合同应报工程项目建设单位备案。公司实施全过程定期、不定期抽查检查。

第一节 工程项目开工条件

第三十二条 单项工程报集团公司同意后，按政府和行业管理有关规定和流程，属政府审批项目，由工程项目建设单位进行开工报告（建筑工程施工许可证）申报工作，并在开工前获得开工批复文件；非政府审批项目中，列入集团公司重点工程项目的须经集团公司审查并批复开工手续。其他工程需报公司同意后，由工程项目建设单位批复开工。

第三十三条 开工主要条件

（1）项目的政府核准或备案文件。

（2）已完成审查并批准的初步设计。

（3）项目筹建机构设立批准文件。

（4）项目纳入公司投资计划。

（5）落实项目建设资金。

（6）法人治理结构完善。

（7）建立相关安全、质量、施工、投资等管理制度，配备齐全各类专业管理及岗位人员。

（8）完成了主体（主要）工程施工招标、监理招标等工作，并签订合同。

（9）施工单位按照集团公司规定足额缴纳农民工工资保证金。

（10）项目征地、拆迁和施工现场（通信、供排水、供电、道路和场地平整）完成报告。

（11）审查批准的项目施工组织设计。

（12）签订施工图供图计划，审定的施工图满足工程连续建设需要。

（13）进行了施工机械、临建、人员、材料和技术准备工作。

（14）公司和工程项目建设单位签订的项目建设责任书。

（15）办理了工程质量监督手续。

（16）各项施工外围协议手续完备。

（17）具备其他必要条件。

第二节 安 全 管 理

第三十四条 工程项目建设单位承担项目建设安全主体责任，公司承担项目建设安全的管理主体责任，集团公司承担项目建设安全的监管责任。工程项目建设单位按合同约定履行对项目各参建单位统一领导协调管理，按照国家相关法律法规、规程、标准及集团公司、公司相关规定要求，建立健全项目建设安全管理制度，并落实到建设施工全过程。

第三十五条 工程项目勘察单位，必须按照工程建设强制性标准进行勘察，对勘察全过程的安全负责，对其提交的全部勘察成果的质量、安全负责。

第三十六条 工程项目设计单位应当在设计中提出保障施工作业人员安全和预防建设安全事故的措施和建议，对其提交的全部设计文件负责。

第三十七条 施工单位对其承包施工的工程项目负施工安全主体责任。必须健全和落实各项安全施工规章制度，配备齐全项目施工所需的管理、专业技术、安全、特殊工种等合格的各类人员以及满足项目施工安全要求的施工设备、设施、职业健康防护等各类用具等，严格施工现场安全管理，把安全工作落到实处。

第三十八条 监理单位对其监理的工程项目建设安全承担监理责任。全面掌握设计文件的要求，严格审查施工组织设计、各项安全技术措施及专项施工方案是否符合现场实际，是否符合有关安全规程、标准和规定，对现场存在的安全隐患要及时查处并跟踪落实整改。

第三十九条 工程项目建设单位按照政府主管部门有关规定，开展环评、安全评价、职业病危害预评价等专项评价及环保设施、安全设施、水土保持设施、职业病防护设施、节能设施、消防设施等专项设计的申报审查工作，并取得政府主管部门批复或备案手续。

第四十条 项目安全设施、环境保护设施、消防设施、节能设施、职业病防护设施、水土保持设施等应与主体工程同时设计、同时施工、同时投入使用，并确保正常运行。

第四十一条 同一施工区域存在两个或两个以上施工单位时，由工程项目建设单位协调组织签订安全保证协议，其中包括施工单位对建设单位的安全保证协议、同区域施工的施工单位之间的安全互保协议，互保协议中要明确各自的安全防范措施及违约责任。所有的施工单位均统一纳入工程项目建设安全管理体系，必须服从项目建设单位的安全统一管理。

第四十二条 发生安全事故，工程项目建设单位应立即启动事故应急预案，并按规定及时上报，严禁迟报、瞒报。事故调查处理严格按照国家有关法律法规和集团公司有关规定执行。

第四十三条 业务保安。

（1）工程项目建设必须合法合规，手续齐全完备。

（2）工程项目参建的勘察、设计、监理、施工单位及供应商的准入，必须符合招标公告、文件的要求，并严格落实招投标程序。

（3）工程项目合同签订必须符合法律程序和公司相关规定。

（4）工程项目建设过程中，勘察、设计、监理单位及供应商不得进行转包，施工单位承包的主要工程不得分包、按规定可分包且确需分包的工程，分包单位必须具备相应的资质，所有中标参建企业均禁止挂靠行为的发生，严禁违法违规建设。

（5）工程项目建设过程中，全部工程资料必须与工程进度同步形成，质量合规，签字盖章手续完备。

第三节 质量控制

第四十四条 工程项目建设单位是工程项目建设质量责任主体，应按照国家和集团公司、公司有关规定，确定工程项目质量目标，制定质量控制措施，加强工程项目建设全过程质量管理。

第四十五条 工程项目申请开工前，应按照国家和集团公司相关规定办理工程质量监督手续，须办理而未办理的不得组织施工。

工程建设项目所在地相关专业工程质量监督机构对本工程项目建设全过程实施监督。建设单位和参建各方对工程质量监督发现的问题应及时组织整改。

第四十六条 工程项目建设单位应选择具有符合资质及业绩要求的检测单位，按规定对项目关键工序及主要设备、材料、结构件等质量进行检测，经检测不合格的不得安装使用或进入下一道工序。

第四十七条 工程项目建设必须确定质量总目标，单位工程须全部合格，单项工程根据集团总体建设规划，结合工程项目实际确定质量目标，并围绕总目标提出单位工程优良率质量指标；由公司和工程项目建设单位组织实施，并将规划目标及实施方案报集团公司工程管理部备案。

第四十八条 监理单位按照有关规定，建立健全以项目总监理工程师为核心的工程技术质量监理体系。以工程质量监理为核心，加强现场旁站、巡视、抽检、试验、测量，特别要加强对隐蔽工程、关键部位的现场监理力度，确保每一道工序的施工质量达标。

第四十九条 施工单位对工程施工质量承担主体责任。施工现场必须建立以项目经理为第一责任人的质量管理组织机构，对施工质量目标和质量体系的建立及有效运转全面负责。严格按照项目质量目标强化工程实施阶段施工现场各环节、各项操作、各工序的控制，严把质量关，发现问题及时纠正。

第五十条 工程项目建设单位、监理单位和设计单位必须参加基础工程、主体工程及重要结构工程的中间验收，地基验槽必须请勘察单位、设计单位和质量监督机构人员到位。

第五十一条 工程建设项目实行项目质量保修制度。施工合同中须明确质保期和质保金。工程竣工时施工企业应出具质量保修书，明确保修范围和期限。

第五十二条 工程项目建设单位须按合同预留施工单位工程质量保证金。保修期内未发生质量问题，期满后按程序支付预留的质量保证金；保修期内出现质量问题，按工程质量保修书及合同约定执行。

第五十三条 工程项目建设过程中发生质量事故的，按照集团公司相关规定执行。

第四节 进 度 控 制

第五十四条 工程项目建设单位应根据项目建设责任书、相关设计文件和批准的项目施工组织设计，并结合项目建设资金筹措到位等情况，制定项目总体进度控制方案，落实在相关工程及设备合同约定中；项目工程开工前，工程项目建设单位依据总体进度控制方案确定年进度目标和月进度计划，报公司审查，通过后报集团工程管理部备案。

第五十五条 根据总进度要求，设计单位按照分阶段、分工序的要求按计划提供施工图；工程项目建设单位应及时组织对施工图进行审查、优化；施工单位应根据工程特点编制施工进度计划及工程进度控制细则并报监理单位、工程项目建设单位进行审查备案。

第五十六条 进度控制实行交换图制度，工程项目建设单位每月向公司上报工程形象进度图表，准确反映施工进度，及时采取有效措施，调整进度偏差，确保按计划完成。

第五十七条 工程项目建设单位应要求施工单位建立准确反映工程进度的图表，会同监理单位及时检查审核，分析总结施工单位提交的工程进度报告，重点对项目建设计划进度与实际进度、实体（物）工程量与工作量指标完成情况是否对应进行审查，采取相应措施及时纠偏，保证工程进度按计划落实。

第五十八条 煤炭等需进行联合试运转（或试运行）的工程项目，在批复建设工期内完成全部建设任务，根据有关规定申报启动联合试运转（或试运行），申报及验收工作按行业相关规定执行。

第五十九条 工程项目建设单位是申报项目联合试运转（或试运行）的责任单位。工程建设项目具备联合试运转（或试运行）条件，由工程项目建设单位组织编制详细的联合试运转（或试运行）方案，经公司审核后报集团公司工程管理部备案。需集团行文报行业主管部门批复的，由公司向集团公司提出正式书面申请。

第六十条 工程建设项目联合试运转（或试运行）期间，工程项目建设单位应按照行业相关规定完成各类专项验收、质量认证（备案）等有关工作，联合试运转（或试运行）完成后，编制联合试运转（或试运行）报告报送行业主管部门批准后方可组织竣工验收。

第五节 投 资 控 制

第六十一条 集团各级价格管理、工程管理机构和部门、公司、工程项目建设单位对工程项目建设投资全过程进行控制。

第六十二条 工程项目（包括专项资金项目）投资控制的主要环节在设计阶段。项目初步设计方案经公司审查后上报集团公司。集团公司组织对项目初步设计方案进行优化论证，由集团总工程师主持，工程项目建设单位、公司、集团公司分管领导及相关部门、设计单位及集团公司外聘专家参加，研究并形成优化意见，设计单位及时修改方案，并调整项目概算。按照优化结果完成的项目初步设计须依规履行报批程序；批准的项目初步设计（概算）作为工程项目建设投资实施及考核的重要依据。项目建设单位牵头，设计、施工、监理及公司相关部门参加，对单位工程施工图进行优化会审并形成会审纪要，由设计单位按优化意见修改施工图，编制施工图预算。编制地面工业及民用建筑工程施工预算，条件具备的须采用工程量清单编制工程造价。

第六十三条 工程项目建设其他费用的控制也是有效控制工程项目建设投资的主要环节。必须严格控制建设单位管理费，严格控制建设工期。

第六十四条 工程项目严格执行招投标制，并设置招标控制价。

第六十五条 施工单位必须严格按照审批的施工图组织施工，若发生设计变更（须有设计单位出具设计变更单），须先经监理单位和工程项目建设单位审批同意，涉及较大设计变更（变更累计工作量超过中标价的10%或工程主体结构发生变化）的，由监理单位和工程项目建设单位审核后报公司相关部门审批，审批件及时报集团工程管理部备案。

设计单位对设计变更的必要性及合规性负责，对因设计责任或设计变更不当造成的建设单位经济损失承担责任（以设计合同为准）。审批完善的设计变更要及时由施工单位编制变更预算报监理和工程项目建设单位审核，按月报公司审批。

第六十六条 原则上推行适度风险系数总价包干，避免工程签证的施工合同管理模式。施工中极特殊情况发生的工程变更签证（包括隐蔽工程变更），必须请监理单位和工程项目建设单位及时到场查验签证；涉及重大工程签证（涉及结构安全或费用明细偏高的），由监理单位和工程项目建设单位会同公司到场查验签证，否则不得进入下一道工序的施工。

监理单位对工程签证的必要性及合规性负责，对因监理签证不当造成的建设单位经济损失承担责任（以监理合同为准）。审批完善的工程签证要及时由施工单位编制变更预算报监理和工程项目建设单位审核，按月报公司审批。

集团重点建设项目（工程）的设计变更及工程签证累计工作量超过中标价10%的，须在公司审批后，报集团工程管理部批准，方可进行报量结算。

第六节 月度验收及结算

第六十七条 工程项目建设全过程实行验工月报制度。自工程开工之日起，在每月23日前（或按规定日期），由工程项目建设单位组织，监理单位、施工单位参加进行现场形象进度及工程质量验收，并共同签字确认。25日前（或按规定日期）由施工单位上报通过验收项目的工程结算作为当月报量，经监理单位和工程项目建设单位签字确认后，报公司。

第六十八条 设计变更和工程签证，应按月度验收报量程序当月一并上报审批。最迟可顺延一个月报量，逾期不予结算。

第六十九条 工程材料、人工价差调整，严格执行集团公司年度统一下发的主要材料、人工价差调整文件。当年开工、当年竣工的工程项目所有价差不予调整。

第七十条 月进度报量完成后，由各工程项目建设单位按集团公司统一格式汇总所属在建工程项目完成情况，报公司工程管理部，由工程管理部统一汇总报集团公司工程管理部。

第七十一条 质量不合格和无计划工程，不得审批验工月报。验工月报累计报量超过公司年度投资计划时，需及时上报投资计划调整申请，由集团公司适时进行批量的年度计划调整。

第七节 年度结（决）算

第七十二条 集团公司每年第四季度下达工程项目建设年度结（决）算通知，各工程项目建设单位（组织监理、施工单位等）进行工程项目年度投资（含专项资金项目）完成情况的统计结

(决)算工作。公司一般12月24日前(或按规定日期)完成所有工程项目建设年度投资结(决)算的汇总审核,并上报集团公司工程管理部,作为年度完成投资额的考核依据。

第七十三条 年度工程结(决)算的基础依据是当年度逐月的验工月报和工程现场的年终盘点。年终盘点工作由工程项目建设单位组织,监理单位和施工单位参加,进行现场形象进度盘点验收签字确认,再由施工单位按已完验工月报及年终盘点验收表补充调整的工作量(含合规的人工、材料调差),报监理单位和工程项目建设单位签字确认后,上报公司工程管理部审批。

第七十四条 年终结(决)算报量完成后,各工程项目建设单位按集团公司统一格式编制在建工程项目投资完成情况,报公司工程管理部,工程管理部汇总后报集团公司工程管理部由工程管理部统一汇总分析。

第八节 工 程 款 支 付

第七十五条 公司工程项目实行月进度结算付款和年度结算付款。工程项目未签订合同不得支付工程款,未进行月度验工报量,未提供完税发票,不得支付工程款。

第七十六条 工程项目月进度、年进度付款,以工程项目审批完成的验工月报的报量和年度结算报量为依据。由工程项目建设单位支付工程进度款,进度款支付时首先要确保农民工工资的支付,有关要求严格按照集团关于保障农民工工资支付的相关规定执行。进度款支付额度,不得超过已审批完成的月度、年度结算报量并完成财务挂账额度的75%。

第七十七条 每月5日前(或按规定日期),由工程项目建设单位对上月审批完成的验工月报报量单汇整并经项目主要负责人签字确认后报公司审核,公司根据月度资金平衡计划,对工程项目建设单位提供的付款申请进行审定。工程项目建设单位按照审定的付款计划支付工程进度款。专项资金项目由建设单位项目主要负责人签字确认后自行支付。遇特殊情况急需计划外付款时,工程项目建设单位必须书面说明客观原因报公司,属集团重点项目的报集团公司,按照集团公司资金审批流程办理。

第七十八条 工程项目建设单位应加强项目资金管理,按集团公司、公司有关规定支付建设资金,不得无故拖欠或超拨,不得挤占、截留或挪用专项建设资金。

第五章 工程项目竣工验收

第七十九条 项目达到以下条件,应及时组织竣工验收:

(1)项目建成联合试运转(或试运行)平稳正常,达到各项设计指标要求,生产、技术、安全组织机构、各项规章制度等系统、体系健全并运行正常。

(2)完成环境保护、水土保持、安全、节能、消防、职业病防护等配套设施专项验收。

(3)取得工程质量监督认证书(或完成备案),项目完成竣工决算审计并取得报告。

(4)项目建设档案完整、准确,验收合格。

(5)根据有关规定和项目类别应具备的其他条件。

第一节 分 级 验 收

第八十条 单位工程竣工预验收

工程项目监理单位负责组织单位工程竣工预验收,工程项目建设单位、设计单位、施工单位参加。

第八十一条 单位工程竣工验收

工程项目建设单位负责组织单位工程竣工验收,监理单位、设计单位、施工单位参加。列入集团公司重点工程项目的单位工程由公司组织,工程项目建设单位、监理单位、设计单位、施工单位参加。

第八十二条 单项工程竣工验收

工程项目竣工验收依据国家、地方、行业和集团公司相关规定组织实施。国家及省组织竣工验收的项目，经公司组织验收通过后报集团公司，由集团公司报国家或省级主管部门并参加竣工验收；由地市组织竣工验收的项目，工程项目建设单位提出申请报公司组织预验收，通过后报地方主管部门进行验收，同时报集团公司工程管理部备案。

第二节 竣工结（决）算

第八十三条 工程项目建设实行单位工程竣工一项，结算一项，移交一项，尽早投用见效。单位工程竣工验收完成之日起1个月内，由施工单位提交单位工程竣工验收结算书，按规定履行工程审计程序。

第八十四条 工程项目建设单位应在最后一次工程结算付款前，按合同规定抵扣工程预付款，预留质保金。工程项目建设单位应及时对施工单位提交的项目竣工结算书进行审查和审计，并完成项目竣工结算。

第八十五条 工程建设项目在竣工决算前必须完成单位工程、单项工程的质量认证（或监督备案）。对于质量认证不合格或未完成工程质量监督备案的工程，不予进行结算，不得交付使用。

第八十六条 工程项目建设单位应按照国家和集团公司有关规定，在项目竣工结算后编制项目竣工决算报告，并按国家及集团公司审计管理规定完成审计。

第六章 工程质量认证（备案）及档案资料

第一节 工程质量认证（备案）

第八十七条 单位工程质量认证（备案）（需认证的工程），在单位工程竣工验收后，及时做好工程现场认证（备案）检查准备，整理完善工程资料，由工程项目建设单位向注册备案的工程质量监督机构提出认证（备案）申请，认证（备案条件）合格领取单位工程质量认证书（完成备案）。

第八十八条 单项工程质量认证（备案），在工程项目的单位工程质量认证合格并取得认证书（完成备案），由工程项目建设单位向质监注册的工程质量监督机构提出单项工程认证（备案）申请，取得单项工程质量认证（完成备案）是工程项目竣工验收的必备条件。

第二节 工程档案资料

第八十九条 工程项目建设过程中，各类工程资料收集、整理必须与工程进展同步进行。

第九十条 单项工程的工程资料由工程项目建设单位按工程建设档案规定要求分类整理，项目竣工验收时统一验收。

第九十一条 工程项目审批资料、设计文件资料、单位工程竣工资料、监理单位资料、施工单位资料等按档案管理要求整理，编号一致，统一归档。

第九十二条 所有资料均分为原件和复印件，存一份原件，一份复印件，同时保存电子档案。

第九十三条 施工单位工程资料，在工程竣工初验时作为竣工资料交监理单位审查，竣工验收完成后，同监理单位资料、工程项目建设单位资料统一编号，移交工程项目建设单位存档。

第七章 项目后评价

第九十四条 公司所属工程建设项目实行项目后评价制度。项目正式投产运行后，应按照规定按时开展项目后评价工作，形成项目后评价报告。

第九十五条 工程项目建设单位应对已完工程项目开展自评价。超过批复工期一年以上仍未建成或建成后一年以上不能投产的项目，按规定开展阶段性中间评价或专项评价。

第九十六条 工程项目建设单位应根据后评价成果对所评价项目组织整改，公司相关部门予以配合，后评价成果作为对相关单位和人员考核的重要依据。

第八章 项目考核

第九十七条 公司对各工程项目建设单位，围绕安全、质量、工期、造价及要项工作（日常程序管理及领导临时交办）制定年度或阶段的考核实施办法。组织开展考核工作，并将考核结果及时上报集团公司工程管理部。

第九十八条 工程项目建设单位要针对自身项目建设的特点制定相应的安全、质量、进度、造价管理考核指标及奖罚办法，强化对各参建单位的管理，确保工程建设安全、质量达标、投资合理、按期完工。

第九十九条 专业化考核

集团公司对公司及重点工程项目按季度进行专业化考核，公司对工程项目建设单位按月度进行专业化考核。考核内容围绕以下七个方面进行，考核结果在集团公司、公司范围内进行通报。

（1）安全管理：发生人身伤亡事故执行一票否决，非人身伤亡事故，按事故造成的损失确定事故等级分类处罚。

（2）工程质量：依据项目总体质量规划及合同约定的质量目标分解到各分部分项工程、各单位工程的具体标准要求进行考核。

（3）工程进度：考核周期内按年度计划分解对应期间计划比较执行结果进行考核。

（4）工程造价：考核周期内其工程进度对照分解计划，依据合同、批准预算进行分析、比较、考核。

（5）现场管理：建设施工现场安全生产标准化文明施工达标情况。

（6）内业资料：各类工程资料同步程度，资料整体质量情况进行考核（包括建设单位、监理单位、施工单位）。

（7）其他：按规定要求需上报的各类信息资料执行落实情况，上级交办的各类任务等要项工作落实情况进行考核。

第九章 其他

第一百条 信息管理

公司工程管理部负责按照集团公司工程项目建设各类统一报表，及时汇总公司项目建设信息。工程项目建设单位须按照公司关于报送报表资料的统一要求，及时认真做好各类报表资料的填报、审核、汇总、上报工作。此项工作将作为对工程项目建设单位的考核内容计入考核结果。

为便于对项目各类报表数据的统计汇整，对公司所属工程建设项目实施统一编号管理，编号组成方式：板块－所在地－编号（＋、－），其中板块、所在地标识码不可调整，如煤炭代码为“mt”，属地编码为十一个地市代码（如太原“A”、大同“B”），编号由公司结合实际填报（可按建设规模大小顺序进行编号。年度内增减项目可在编号后括号内以“＋、－”表示）。

第十章 附则

第一百零一条 公司下属各单位、煤炭、贸易、多元等应根据本管理办法，结合自身实际，制定完善配套的管理制度；所有配套管理制度均应在本办法下发一个月内，制定完成并报公司（工程管理部）审查备案。

第一百零二条 本办法由公司（工程管理部）负责解释、修订、完善。未尽事宜，尤其是约束性条款，均执行国家、省有关法律、法规、政策、规定及集团公司相关制度办法。

第一百零三条　本办法自下发之日起实施。

2.1.2　基本建设工程管理办法

第一章　总　　则

第一条　为了强化公司的基本建设工程管理，实现基本建设工程质量、进度和造价的有效控制，确保施工安全，根据国家、省、市基本建设管理的有关法律、法规和规定及《山西煤销集团煤炭基本建设工程管理办法（试行）》，结合公司具体情况，制定本办法。

第二条　基本建设管理指导思想：认真贯彻执行国家建设政策法规和集团公司有关规定，以公司长远发展战略为导向，通过全面实行项目法人责任制（项目负责制）、招标投标制、承包合同制、工程监理制、质量监督制，实现项目建设管理统一、规范、有序、高效。

第三条　基本建设工程管理的内容是指对工程项目计划立项、勘察设计、市场准入、预算审核、工程招标、合同签订、建设施工、竣工验收、工程结算、质量监督认证及工程移交的全过程管理。

本办法中所称基本建设工程泛指公司所属各单位投资的新建、扩建、改建、迁建、修缮等基本建设和技术改造工程。

第四条　基本建设工程管理实行公司和建设单位两级管理模式。

第二章　工程管理职责划分

第五条　晋能集团负责制定公司基本建设发展规划及管理制度；对各建设项目从前期准备、施工建设到竣工验收进行全过程的检查、监督、指导、协调；按照管理权限负责组织建设项目的规划设计、计划编制、市场准入、公开招标、造价审核等工作；负责协调项目施工监督管理、竣工验收、质量认证、档案管理等工作。

公司相关部门是公司基本建设工程管理的业务主管部门，按照职能分工代表公司行使监督、指导、协调、服务职能，各建设单位是基本建设工程的管理主体，监理单位是基本建设工程的监理主体，施工单位是基本建设工程的责任主体。

各建设单位要设立基建管理部门，或在相关部门设置基建管理职能，配备相应的专业技术人员。

第三章　建设项目申报

第六条　建设项目实行申报制度。各建设项目需编制项目建议书或可行性报告，报公司，经党政联席会议批准后，各建设单位负责按山西省基本建设相关规定履行项目立项审批手续，公司负责总体协调（见建设项目申报流程）。

第四章　工程项目设计

第七条　建设项目应由各建设单位委托具有相应资质的设计单位编制初步设计与施工图设计。

第八条　单项工程应委托具有相应资质的设计单位编制施工图设计，涉及工程主体和承重结构变动的装修工程、修缮工程，开工前必须委托具有相应资质的设计单位编制设计方案，不得擅自开工。

第五章　单项工程报建与设计审核

第九条　各全资公司、控股公司自主投资建设以及公司投资建设投资额 50 万元（含 50 万元）以上工程必须实行报建审批，各建设单位要将工程建设申请（股份制公司必须首先经股东方认可）同施工图或设计方案报公司。

第十条　报建申请经常务副经理、分管副经理批示后，由对口职能部室对施工图或设计方案进行

审核，提出审核意见，由各建设单位按照审核意见修改完善后方可实施。（见工程报建与设计审核流程）

第六章　工程开工准备

第十一条　基本建设工程开工前，各建设单位负责办理“一书三证”（即选址意见书、建筑用地规划许可证、建筑工程规划许可证及建筑工程施工许可证）和开工报告，公司协助。

第十二条　各建设单位负责建设项目新用土地的征购工作。

第十三条　基本建设工程的放线、验线，除在城市规划范围内由城市规划管理部门放线、验线外，其余工程由建设单位自行组织完成。

第七章　施工图预算审核

第十四条　单位工程施工图预算由各建设单位自行编制或委托工程造价咨询公司编制。

第十五条　重大设计变更、重要施工技术措施变更导致增加施工图预算外费用较大的，要及时上报公司职能部门，并会同设计、监理、施工、造价咨询等单位共同审定。

第十六条　预算定额、取费标准、人工工资、材料价格调整统一执行集团公司和公司的相关规定，任何单位不得自行制定标准。公司工程管理部负责年度人工工资、材料价格调整的报批工作。

第八章　发包与承包

第十七条　各建设单位的基本建设工程必须严格执行集团公司和公司招投标管理办法的有关规定，办理申请、登记、备案、报送等工作。公司各职能部室是公司工程招标的业务管理部门，负责公司工程招投标工作的审核、服务与监督管理。

单项合同估算价在20万元以下的建设工程，报建审批后由建设单位自行选定单位直接委托完成。

单项合同估算价在20万~200万元（含20万元）的建设工程，报建审批后由建设单位采用竞争性谈判的形式，确定中标单位。

单项合同估算价在200万元（含200万元）以上的建设工程，报建审批后采用公开招标的形式，确定中标单位。

第十八条　公司职能部室是工程服务类项目（勘探、设计、监理、评估、咨询等中介服务）招标的业务管理部门，负责公司工程服务类项目招标工作的审核、服务和监督管理。

单项合同估算价在20万元以下的中介服务，报建审批后由建设单位自行选定单位直接委托完成。

单项合同估算价在20万~50万元（含20万元）之间的中介服务，报建审批后采用竞争性谈判的形式，确定中标单位。

单项合同估算价在50万元（含50万元）以上的中介服务，报建审批后采用公开招标的形式，确定中标单位。（详见《建设工程招标实施细则》）

第十九条　根据国家和集团公司有关规定，对公司范围内所有设计、施工、监理等单位实行严格的市场准入与清退制度。承揽公司范围内工程的设计、施工、监理等单位，必须具备相应的资质，符合相应市场准入条件。公司将根据年度计划安排，定期或不定期对其进行检查，实施动态考核，对于不符合准入要求的单位一律清退。

第二十条　各建设单位应根据实际情况，控制施工单位数量，优选施工资质合格，安全、质量、进度管理水平高，施工管理机构健全，施工人员素质高，信誉好的施工单位；原则上地面建筑工程施工单位不超过两家，井巷工程施工单位严禁超过两家。

各建设单位不得随意指定基建工程施工单位，不得擅自安排未经申报备案或审核不合格的施工单位进入工地施工。对应招标但未履行招投标程序、未申报备案的工程，工程管理部不予审核造价，不得进行工程验收。

第九章　合　同　管　理

第二十一条　建设项目要严格执行承包合同制，认真落实《合同法》等法律法规和集团公司相关规定。

第二十二条　工程勘察设计合同及监理合同必须明确委托设计、委托监理的范围及职责。

第二十三条　招标工程施工合同应该与招标文件中的合同要求一致，对专用条款要准确约定。

第二十四条　合同的审批与签订程序执行《公司合同管理办法》(股份制公司需经股东方认可)。

第十章　基建计划及验工月报

第二十五条　各建设单位每年按照通知规定时间编制完成年度基建计划，并上报至公司职能部室，职能部室审核后由工程管理部汇总编制公司年度基建计划。

第二十六条　基本建设项目要在规定日期前编制次月建设工程计划，同时将计划纸质版和电子版报送职能部室，职能部室审核后由工程管理部汇总编制公司月度基建工程计划，并按月度计划对工程完成情况进行监督考核。

第二十七条　单位工程的月进度验收由建设单位组织，监理单位和施工单位参加。单位工程进度报表由施工单位编制，监理单位和建设单位审批。

验工月报由建设单位编制，并按规定时间报公司工程管理部，工程管理部负责汇总整理报集团公司。

第二十八条　质量不合格工程和无计划工程，不得填入验工月报内，无验工月报的工程不得支付工程款。

第十一章　施　工　管　理

第二十九条　各建设单位是基本建设工程的管理主体，负责本单位基建工程的安全、质量、进度、安全文明等管理。

公司生产技术部、工程管理部、机电设备部是公司基建三类工程监管执行部门，负责公司所有基建工程的安全、质量、进度的监督管理（生产技术部负责井巷工程施工监管，工程管理部负责地面土建工程施工监管，机电设备部负责机电安装工程施工监管)。

第三十条　公司生产技术部、工程管理部、机电设备部应定期或不定期对在建工程进行监督检查，指导、协调、解决工程建设中出现的问题。对违规建设，违章施工以及监督失职的建设单位、施工单位、监理单位有权进行处理。

第三十一条　建设项目施工组织设计由总包单位或建设单位负责组织编制，并报公司相关部室会审，总工程师批准。

第三十二条　单位工程施工组织设计、作业规程、安全技术措施由施工单位编制，报建设单位、监理单位批准；列入年度重点工程的单位工程施工组织设计必须报公司备案，无施工组织设计的不允许开工。

第十二章　监理与质量监督

第三十三条　基本建设工程由各建设单位委托具有相应资质的工程监理公司实施监理。

第三十四条　基本建设工程由各建设单位按国家质量监督相关规定委托相应的质量监督机构监管。

第十三章　设计变更与工程签证

第三十五条　施工单位必须严格按照审批的施工图组织施工，凡设计变更，须经设计单位、监理单位、建设单位同意并下达设计变更卡（重大的设计变更必须由公司相关部室、总工程师批准）方可施工。否则，所发生的安全、质量事故及一切费用均由施工单位自负，并向建设单位赔偿工期损失和其他损失费用。

第三十六条　施工中发生的工程签证，由建设单位、监理单位负责审核签证工程量并签署签证单。签证单必须有建设、监理、施工三方工程负责人、分管领导签字，加盖公章方可生效，签证不符合要求或无签证单不得进行结算。

各建设单位必须严格规范和控制工程签证，避免因此增加工程造价，原则上结算金额不得超过合同价的10%，且不得超过200万元。否则要经本单位党政联席会议审批。

第十四章　工程验收及质量认证

第三十七条　单项工程的竣工验收由各建设单位负责组织，设计单位、施工单位、监理单位以及公司职能部室参加，竣工验收后7日内报公司相关部室备案。

第三十八条　各建设单位、施工单位、监理单位和设计单位必须参加重要隐蔽工程、主体工程及重要结构的中间验收。

第三十九条　工程竣工后，各建设单位报请煤炭质量监督部门或行业及县、市质量监督部门对建设项目单位工程、单项工程进行质量认证。

第四十条　建设项目竣工验收按照《山西省建设项目竣工验收管理办法》或所属行业的管理规定执行。

第十五章　工　程　档　案

第四十一条　各建设单位要严格执行《关于加强档案管理工作意见》（长煤销字〔2011〕397号）的规定。应按单位工程的竣工资料统一编号归档。

第四十二条　竣工资料按照现行竣工验收国家标准和地方标准准备，施工技术档案资料必须齐全，经相关部门审核合格后，方可统一组卷归档。

第四十三条　施工单位的施工技术档案资料，在工程竣工初验时作为竣工资料交监理单位审查；竣工验收完成后，同监理单位资料、建设单位资料统一编号归档保存。

第十六章　工程竣工结算与审计

第四十四条　基本建设工程竣工后，由各施工单位编制竣工结算，各建设单位、监理单位负责相关竣工工程量，变更签证等结算资料真实性、完整性的确认审定，并报公司相关部室进行初审。

相关部室审核后，按集团公司关于工程竣工结算审计的相关规定，报审计机构组织结算审计。审计报告的定案金额为工程款最终支付依据。施工合同、中标通知书、施工图、工程造价资料不齐全的不予结算。

第十七章　工程价款支付

第四十五条　各建设单位、监理单位负责审核工程进度报表及验工月报，审核结果作为工程进度款支付依据，单位工程进度款支付总额不得超过已完工工程总价款的75%。各建设单位要结合实际情况制定相应的管理措施，确保工程款中农民工工资发放到位。

第四十六条　全资公司、控股公司自主投资建设的工程由建设单位设定流程自行支付。公司投资建设的工程须经公司职能部室、分管副经理、经理签字，方可支付。

第十八章　质　量　保　修

第四十七条　建设单位必须按合同扣留施工单位工程质量保证金。若按期竣工、质量达标、保修期内未发生质量问题，期满后履约保证金退还施工单位。否则，按照施工合同规定进行处理。

第十九章　罚　　　则

第四十八条　公司所属各建设单位，各基本建设职能管理部室均须遵守本办法。各建设单位第一责任者，对贯彻本办法全面负责；公司职能部室负责对本办法贯彻落实和监督，对违反本办法规定的责任单位或责任人进行处罚。

第四十九条　各建设单位对上级安全指令、决定、文件、会议精神未按照规定进行传达贯彻或未做出具体安排的，对建设单位通报批评，对主要责任人进行相应处罚。

第五十条　建设单位接到公司职能部室的基建工程质量问题整改通知书后，未按规定要求及时进行整改，且无正当理由的，并在公司基建考核中扣分、通报，处罚分管基建负责人300元/次；未按规定要求及时进行整改造成工程质量事故的，根据情节处罚分管基建负责人3000~5000元，处罚第一责任人2000~4000元。对该工程施工单位和监理单位的处罚按照合同约定，结合国家相关规定进行。

第五十一条　违反本办法第七条、第八条规定，委托无资质或资质不符合的设计单位的，处罚建设单位5000~10000元，处罚分管基建负责人1000~3000元，处罚第一责任人1000~2000元。

第五十二条　违反本办法第九条规定，不履行报建审批的，视情节处罚建设单位2000~20000元，处罚第一责任人500~3000元，并在公司基建考核中扣分、通报。

第五十三条　违反本办法第十四、十五、十六条关于预算管理规定的，视情节轻重处罚建设单位2000~10000元，并在公司基建考核中扣分、通报。

第五十四条　违反本办法第十七、十八条规定，不严格履行发包的，按照《公司招投标管理办法》对建设单位及责任人进行严肃处理，并在公司基建考核中扣分、通报，取消年度基建考核评优评先资格。

第五十五条　违反本办法第二十条规定的，视情节处罚建设单位2000~10000元，处罚第一责任人1000~2000元，并在公司基建考核中扣分、通报。

第五十六条　违反二十二、二十三、二十四条规定，签订合同不规范的，视情节处罚建设单位1000~3000元，造成法律后果的，报请公司给予相应的行政处罚。

第五十七条　违反本办法第二十五、二十六、二十七条规定，未按时报送工程计划统计报表，报表出现较大错误或不符合规定的，处罚建设单位分管基建负责人300元，处罚科室报表负责人500元，并在公司基建考核中扣分、通报。

第五十八条　违反本办法第二十九条规定，各建设单位及职能部室未认真履行职责，造成工程安全、质量、进度出现较大问题的，视情节处罚建设单位1000~50000元，对责任人进行相应处罚，取消年度基建考核评优评先资格。

第五十九条　违反本办法第三十七、三十八、三十九条规定，不按程序组织验收、认证的，视情节处罚建设单位2000~10000元，并在公司基建考核中扣分、通报。

第六十条　违反本办法第四十四条规定，各建设单位未认真履行职责，工程结算审定、审核把关不严，视情节处罚责任人500~2000元，对弄虚作假、故意高估冒算，造成较大经济损失的，报请公司给予相应的行政处罚。

第六十一条　违反本办法第四十五条规定，工程进度款支付超过限额，造成施工单位拖延或不予结算的，在公司基建考核中扣分、通报批评。

第六十二条 公司职能部门未按以上规定认真履行检查、监督、指导、服务职能的，视情节处罚业务主管 300 ~ 2000 元，处罚部室责任人 500 ~ 3000 元。

第六十三条 违反本办法其他条款的，视情节参照相关条款执行。

第二十章 其 他

第六十四条 本办法适用于公司所属各企业。

第六十五条 本办法解释权归公司。

第六十六条 本办法自印发之日起施行。

2.1.3 建设项目图纸管理制度

1. 目的和适用范围

（1）为做好施工图纸的管理工作，特制定本办法。

（2）本办法适用于本公司建设项目的图纸管理工作。

2. 职责

（1）基建（工程）部负责图纸管理的监督指导。

（2）建设单位基建工程技术部门负责建设项目的图纸管理。

3. 管理内容

1）施工图纸的接收

（1）建设单位技术部门图纸管理人员按合同规定接收施工图纸，准确核对后，编制到图目录，报技术部门专业工程师审核。

（2）图纸管理人员将到图目录报告建设单位基建工程技术部门负责人和工程师，由建设单位基建工程技术部门负责人及时规定发图顺序及图纸分配情况。

（3）需进行翻译的有关图纸先进行目录翻译，再按有关翻译的约定进行其他内容的翻译。应急用先译，安排可行的顺序。

（4）必要时需进行图纸催交工作。

2）施工图纸的登记

（1）对接收的图纸（或翻译工作完成的）进行分类、统一编号、盖章标识，微机登录。

（2）建设单位基建工程技术部门负责人随时检查登记、统计情况的准确程度，防止漏登情况的发生。

（3）图纸应首先归档一份。

3）施工图纸的发放

（1）按建设单位基建工程技术部门负责人的规定，以先后顺序和数量通知施工的参建单位和有关部室领取。

（2）施工、监理等单位的图纸接收人为资料员或专责工程师，有关职能部室为内勤员或负责人。

（3）图纸发放应办理发放手续，接收人核查无误后进行签字。

（4）参建单位和建设单位各部门办理接受和发放手续，做好图纸的二级管理工作。（收图登记、发图登记、领取人签字）

4）作废图纸的处置

对施工中由于变版而作废的图纸，建设单位基建工程技术部门发布变版通知，各使用部门资料员或内勤人员及时交回建设单位基建工程技术部门，回收的作废图纸，由建设单位基建工程技术部门负责人确认批准，造册登记后做销毁处置。若需留作参考时，加盖作废标识章，并隔离存放。

5）施工人员以及用图人应爱护图纸防止丢失和损坏

6）图纸的复印

若需要进行图纸复印，由用图单位提出申请，报建设单位基建工程技术部门负责人批准，由建设单位基建工程技术部门统一复印并登记。

7）图纸的借阅

对于工程需要借用的图纸，建设单位基建工程技术部门负责人批准，办理借阅手续，并及时归还。存档的图纸一律不得随意借出。

8）施工图纸的存档

工程竣工后，根据公司档案室的要求，由建设单位基建工程技术部门对图纸进行整理，作为该公司的存档资料。

4. 图纸档案室应设置日常记录

（1）图纸目录和到图登记表。

（2）图纸发放登记记录。

（3）图纸借阅登记记录。

（4）作废图纸回收记录。

（5）作废图纸销毁处置记录。

2.1.4　地面建筑工程质量管理制度

为了加强地面建筑工程质量的管理；落实各级质量管理机构责任，全面提升在建工程质量，杜绝不合格的单位工程，特制定本办法。

1. 质量管理机构

为了加强对资源整合改造和基本建设矿井工程质量的管理，公司成立质量管理领导组。

组　长：公司分管基建副经理。

副组长：公司工程管理部负责人。

成　员：公司工程管理部相关专业技术人员。

建设单位要成立地面建筑工程质量管理小组，组长由单位分管基建负责人担任。成员由本单位相关工程技术人员组成。

2. 职责范围

（1）领导组。负责公司地面建筑工程质量的全面管理，负责工程质量的监督、检查、考核工作。参与竣工验收、质量认证工作。对发现的质量问题、质量事故组织进行调查处理。

（2）建设单位质量管理小组。对本单位地面建筑工程质量负管理主体责任，负责对施工单位、监理单位的检查、监督、考核。

3. 检查验收安排

工程管理部对各建设单位采取不定期的巡检，每月检查不少于一次。包括对施工现场工程实体的检查和工程资料的检查。

月末验收由建设单位组织监理单位、施工单位进行，根据验收结果填写工程验收月报及统计报表，每月5日以前上报公司工程管理部。

4. 罚则

1）建设单位

（1）建设单位基建管理机构不健全、管理制度不完善，处罚建设单位3000元。处罚分管基建负责人500元。

（2）对施工单位项目组织机构、人员不健全、质量管理制度不完善、技术措施不到位等问题没有采取有效措施，未督促整改的，视情节对建设单位处罚1000～3000元，处罚分管基建负责人500～1000元。

（3）工程质量检查不认真、不到位，未发现质量问题或发现问题未及时处理的，视情节对建设单位处罚1000～5000元。

（4）对工程资料严重滞后，没有提出书面要求或未采取得力措施，要求施工单位限期整改的，视情节对建设单位处罚1000～5000元。

（5）发现重大质量问题或发生重大质量事故未及时上报上级主管部门，视情节对建设单位处罚3000～10000元。

2）施工单位

（1）项目组织机构、人员不健全，质量管理制度不完善，技术措施不到位，不符合开工条件而开工的，责令停工整改，处罚1000～2000元。

（2）检查施工组织设计、操作规程、专项方案、施工措施安全技术交底的编制、审核、贯彻是否符合规定要求。上述几种情况有一种不满足要求的罚款500～1000元。

（3）无专项施工措施或与实际工程严重脱离，不能够指导现场施工的，整改不彻底的处罚500～1000元。

（4）擅自变更设计，未严格按照施工图施工的，视情节处罚1000～5000元。

（5）擅自更改和使用规格、型号与设计不符的材料，视情节处罚1000～5000元。

（6）检查原材料出厂合格证及进场检（试）验报告，如不能提供处罚500～1000元。

（7）重点、关键部位，隐蔽工程是否报验，有无记录。提供不出者罚款1000元。

（8）检查施工试验报告及见证检测报告，如不能提供的处罚500～1000元。

（9）检查工程分层放线、测量记录和沉降观测记录。如提供不出，处罚500～1000元。

（10）受力钢筋锚固长度、箍筋的配置、绑扎或焊接接头、保护层厚度等问题多次出现，整改不到位的处罚200～500元。

（11）混凝土露筋、蜂窝、孔洞、夹渣、疏松、裂缝等问题多次出现，整改不到位的处罚200～500元。

（12）模板内有积水、有杂物，模板接缝漏浆、跑模等问题多次出现，整改不到位的处罚200～500元。

（13）砌体砂浆不饱满、通缝、瞎缝等问题多次出现，整改不到位的处罚200～500元。

（14）抹灰工程立面垂直度、表面平整度、阴阳角方正、墙裙、勒角上口直线度、分格条（缝）直线度达不到规定等问题多次出现，整改不到位的处罚200～500元。

（15）塑料和铝合金门窗安装不牢固、开关不灵活、关闭不严密，玻璃密封条与玻璃及槽口接缝不平整、卷边、脱槽等问题多次出现，整改不到位的处罚200～500元。

（16）吊顶工程表面平整度，接缝直线度、接缝高低差、标高、尺寸、起拱和造型达不到规定等问题多次出现，整改不到位的处罚200～500元。

（17）饰面板安装，饰面砖粘贴垂直平整度、阴阳角方正、接缝高低差、宽度和直线度达不到规定等问题多次出现，整改不到位的处罚200～500元。

（18）水泥砂浆地面裂纹、脱皮、麻面、起沙等问题多次出现，整改不到位的处罚200～500元。

（19）地面砖面层和地面大理石面层及花岗石面层表面平整度和缝格平直度达不到要求等问题多次出现，整改不到位的处罚200～500元。

（20）建筑给水排水、暖通、电气、防雷、弱电等安装工程达不到质量标准的问题多次出现，整改不到位的处罚200～500元。

（21）施工单位应保证工程质量技术资料与工程实际进度同步。对工程资料严重滞后，限期整改不到位的处罚100～500元。

（22）工程出现重大质量问题或质量事故，除返工处理外，视情节处罚10000～50000元。

3）监理单位

（1）监理项目部存在织机构不健全，现场监理人员配备不足，监理制度不完善，监理人员不能持证上岗等问题多次出现整改不到位的，视情节处罚1000~5000元。

（2）检查监理规划编制内容不符合工程建设监理规范要求；审批、签认不符合程序等问题多次出现整改不到位的，视情节处罚500~1000元。。

（3）监理细则无针对性、可操作性；对重点、关键部位未设置质量控制点、停止点；监理工作流程图不齐全、无可操作性等问题多次出现整改不到位的，视情节处罚500~1000元。

（4）监理资料不齐全完整、不能与工程保持同步等问题多次出现整改不到位的，视情节处罚500~1000元。

（5）对原材料、构配件见证取样不到位等问题多次出现整改不到位的，视情节处罚500~1000元。

（6）工程出现重大质量问题或质量事故，除返工处理外，视情节处罚10000~50000元。

4）公司工程管理部

（1）质量检查不认真、不到位，发现问题未及时处理，未及时通报的，视情节对部门检查人员处罚100~500元。

（2）执行质量标准、验收规范不严格，擅自放宽验收标准，降低质量等级的，视情节对部门验收人员处罚100~500元。

（3）地面建筑工程出现重大质量问题，视情节对部门负责人处罚1000~5000元。对质量包保人处罚1000~5000元。

5. 有关标准规范

（1）《建筑工程施工质量验收统一标准》GB50300。

（2）《山西省建筑工程施工质量验收规程》DBJ04/T226—2015等其他有关规范标准。

（3）《建设工程文件归档整理规范》T50328。

（4）《山西省建筑工程施工资料管理规程》DBJ04-214—2015。

（5）《建设工程监理规范》GB50319—2013。

2.1.5 煤矿地面建筑工程装饰装修管理规定

为适应煤矿建设的需要，使设计和工程管理工作在建筑装修标准方面有所遵循，不论是新建或改扩建项目，均应本着设计布局合理、结构先进、节约投资、提高经济效益的原则，体现经济、实用、美观的要求。公司直属煤矿基建工程，为确保工程质量，缩短工期，提高效益，现将直属煤矿地面建筑室内外装修标准及相关事宜制定如下。

1. 施工图设计要求

（1）工程施工图是煤矿基本建设单位工程施工的基本依据，直接影响工程的建设标准、工程的造价。因此施工图设计必须遵循已批准的初步设计等有关文件为主要原则，不准随意提高标准，扩大工程量，必须修改时，须报上级主管部门批准。

（2）工程施工图经设计院初稿完成后，由煤矿相关领导、技术人员对装修标准、技术要求进行审核，审定后的施工图，在施工过程中不得随意变更，需要变更时，按照规定上报上级主管部门批准。

2. 装饰装修设计标准

1）提升系统

绞车房及配电室：地砖地面，内墙面刷内墙涂料，顶棚刷内墙涂料，外墙刷外墙涂料，勒脚贴外墙砖。

2）通风系统

（1）通风机房及配电室：水泥砂浆地面，内墙面刷内墙涂料，顶棚刷内墙涂料，外墙刷外墙涂料。

（2）瓦斯抽放泵站：水泥砂浆地面，内墙面刷内墙涂料，外墙刷外墙涂料。

3）压风系统

空压机房：水泥砂浆地面，内墙面刷内墙涂料，顶棚刷内墙涂料，外墙刷外墙涂料。

4）地面生产系统

（1）井口房及空气加热室：水泥砂浆地面，内墙面刷内墙涂料，顶棚刷内墙涂料，外墙刷外墙涂料。

（2）转载点：水泥砂浆地面，内墙面刷内墙涂料，顶棚刷内墙涂料，外墙刷外墙涂料。

（3）栈桥：水泥砂浆地面，内墙面刷内墙涂料，顶棚刷内墙涂料，外墙刷外墙涂料。如围护结构及屋面是钢结构按原图纸设计。

（4）选煤厂主厂房：水泥砂浆地面，内墙面刷内墙涂料，顶棚刷内墙涂料，外墙刷外墙涂料。控制室：地面铺防静电地板；内墙刷外墙涂料；顶棚矿棉板吊顶。

（5）动筛车间：水泥砂浆地面，内墙面刷内墙涂料，顶棚刷内墙涂料，外墙刷外墙涂料。

（6）煤仓：水泥砂浆地面，内墙面刷内墙涂料，顶棚刷内墙涂料，外墙刷外墙涂料。仓体内按图纸设计施工。

5）供电系统

（1）低压配电室：水泥砂浆地面，内墙面刷内墙涂料，顶棚刷内墙涂料，外墙刷外墙涂料。

（2）10 kV 及 35 kV 变电所：地砖地面，内墙面刷内墙涂料，顶棚刷内墙涂料，外墙刷外墙涂料，勒脚贴外墙砖。

6）室外给排水及供热系统

（1）供水泵房、锅炉房：水泥砂浆地面，内墙面刷内墙涂料，顶棚刷内墙涂料，外墙刷外墙涂料。

（2）生活污水处理站、矿井水处理站：水泥砂浆地面，内墙面刷内墙涂料，顶棚刷内墙涂料，外墙刷外墙涂料。

7）辅助厂房及库房

辅助厂房及库房原则上应采用轻钢结构。

（1）矿井机修车间：轻钢结构、水泥砂浆地面，窗下内墙面刷内墙涂料，外墙刷外墙涂料。

（2）设备、器材及材料库：轻钢结构、水泥砂浆地面，窗下内墙面刷内墙涂料，外墙刷外墙涂料。

8)行政福利设施

（1）办公楼：地砖地面、地砖楼面；矿主要负责人办公室楼地面铺木地板；门厅、楼梯、休息平台地面铺大理石或花岗岩面层；内墙、顶棚乳胶漆；卫生间、盥洗室内墙面贴墙面砖；卫生间、盥洗室铝塑吊顶。门厅、走廊、矿主要负责人办公室石膏板吊顶。会议室吊顶、墙面采用吸音面板；套装门、不锈钢栏杆扶手；外墙刷外墙涂料，勒脚贴外墙砖。

（2）联合建筑：地砖地面、地砖楼面；门厅、楼梯、休息平台地面铺大理石或花岗岩面层；内墙、顶棚乳胶漆；卫生间、浴室、灯房内墙面贴墙面砖；卫生间、浴室铝塑吊顶；门厅、走廊石膏板吊顶；套装门、不锈钢栏杆扶手；外墙刷涂料，勒脚贴外墙砖。

（3）职工宿舍楼；地砖地面、地砖楼面；门厅、楼梯、休息平台地面铺大理石或花岗岩面层；内墙、顶棚乳胶漆；卫生间内墙面贴墙面砖；卫生间铝塑吊顶。门厅、走廊石膏板吊顶。套装门、不锈钢栏杆扶手；外墙刷外墙涂料，勒脚贴外墙砖。

（4）食堂：地砖地面、地砖楼面；门厅、楼梯、休息平台地面铺大理石或花岗岩面层；内墙、顶棚乳胶漆；操作间、卫生间内墙面贴墙面砖；操作间、卫生间铝塑吊顶。餐厅石膏板吊顶。套装门、不锈钢栏杆扶手；外墙刷外墙涂料，勒脚贴外墙砖。

3. 装饰装修造价控制标准

根据煤矿的井型、建设区域、煤种效益、资金来源、服务年限，建筑物的性质、使用功能等因素，由煤矿建设单位提出书面意见，经市级公司批准确定平方米装饰装修控制标准，作为审查设计方案、工程预算或招标投标的依据。

（1）综合办公楼：装修标准 900～1200 元/m^2。

（2）联合建筑：装修标准 600～1000 元/m^2。

（3）食堂及浴室：装修标准 600～1000 元/m^2。

（4）单身宿舍楼：装修标准 600～800 元/m^2。

（5）其他建筑：200～800 元/m^2。

4. 装饰装修的内容范围

建筑工程装饰装修包括：内外墙漆涂料、块料面层、玻璃幕墙、艺术造型、艺术小品、楼地面块料面层、天棚吊顶、门窗及门窗套、窗帘盒、暖气罩、栏杆扶手等以及各种灯具、卫生洁具、散热器、空调等。

5. 实施要求

（1）煤矿建设单位要根据批准的装饰装修标准，确定装修风格，委托进行装修限额设计，严格控制造价。

（2）建设单位根据批准施工图中的装修材料名称，组织相关人员进行市场调研，确定装修材料的品牌、规格、颜色，要求做到质价相符。

（3）专项装修工程必须严格履行招投标程序。

6. 执行时间

本规定自下发之日起执行。

2.1.6 基本建设工程造价管理制度

第一章 总 则

第一条 为了强化公司的基本建设工程管理，有效控制工程投资，规范造价审批程序，促进工程建设管理的健康发展，根据国家政策法规以及集团公司的相关规定，结合公司实际，制定如下制度。

第二条 二级公司从事基本建设各单位均须遵守制度规定。

第三条 基本建设工程包括：新建、改建、扩建、修缮改造等工程。

第二章 造价管理职责及程序

第四条 公司工程管理部是公司基本建设工程造价管理的职能监管部门，代表公司行使监督管理职能，各建设单位是基本建设工程预结算的管理主体。

第五条 基本建设工程造价按预算（固定合同价、招标控制价或最高限价）、结算进行管理。

预算、结算编制依据：

(1)《山西省建设工程计价依据》。

(2)《煤炭建设工程消耗量定额》《煤炭建设井巷工程辅助费综合定额》《煤炭建设工程费用定额》。

(3) 其他专业定额（电力、铁路、公路、水利、冶金等）。

第六条 预算管理

(1) 20 万元以下工程，实行工程直接委托。

①执行固定总价合同的工程，由施工单位编制或委托具有相应资质的工程造价咨询公司编制工程

预算（可采用定额计价），建设单位审核后，在审核价基础上双方协商下浮一定比例（如 3% ~ 5%），确定为固定合同价，签订合同后开工建设。

②执行以据实结算合同的工程，可以按施工单位编制的或委托具有相应资质的工程造价咨询公司编制的工程预算价为暂定合同价签订合同，结算价的下浮比例（如 3% ~5%）双方协商后，在合同中约定。

（2）20 万元（含 20 万元）至 200 万元工程，实行竞争性谈判。由建设单位自行编制或委托具有相应资质的工程造价咨询公司编制预算，报公司工程管理部审核，在审核价基础上各建设单位可下浮 3% ~5% 确定为竞争性谈判最高限价。

（3）200 万及以上工程，实行公开招标。必须委托具有相应资质的工程造价咨询公司编制工程量清单和最高限价，公司工程管理部进行审核后，在审核价基础上下浮一定比例，确定为招标控制价。

第七条 结算管理

基本建设工程竣工后，由施工单位按照合同规定编制竣工结算，各建设单位、监理单位负责相关竣工工程量，变更签证等结算资料真实性、完整性确认，初审后报公司工程管理部，工程管理部审核后，按集团公司关于工程竣工结算审计的相关规定，报结算审计机构进行审计。

（1）执行固定总价合同的工程变更签证部分结算价，应按合同签订时的下浮比例进行下浮。

（2）执行以实结算合同的工程结算价，应按合同中约定的下浮比例进行下浮，合同中未约定的按 3% 执行。

（3）执行固定单价合同的工程，应按现行《建设工程工程量清单计价规范》的规定和《工程量清单计价工程结算规定》进行结算。

（4）最高限价、招标控制价下浮比例 3% ~5% 为指导价，各建设单位应根据工程情况、资金情况自行确定，可以大于 5%，但不能低于 3%。

第八条 工程竣工结算必须执行：竣工一项，验收一项，结算一项。工程未通过验收，施工合同、施工图、招标资料、工程造价资料不齐全的不得进行结算。

第三章 附 则

第九条 公司所属各建设单位，各基本建设职能部门必须认真履行以上职责，对管理不到位，不负责任造成经济损失者，将追究相关单位及人员的责任。

第十条 本制度解释权归公司。

第十一条 本制度自印发之日起施行。

2.1.7 工程量清单计价工程结算规定

为规范公司所属各单位建设工程工程量清单计价行为，合理确定和有效控制工程造价，统一建设工程量清单结算编制原则及方法，根据住建部《建设工程工程量清单计价规范》GB50500—2013，《山西省工程造价管理办法》等有关法律、法规、规章的规定，针对工程量清单计价工程的造价管理进行补充。

1. 合同形式

合同价款约定一般有：固定单价合同、固定总价合同和成本加酬金合同三种形式。

实行工程量清单计价的工程应采用固定单价合同方式，即合同价款中工程量清单项目综合单价固定，不予调整，工程量可以调整。工程量清单项目综合单价在约定的条件外，允许调整，且调整方式、方法应在合同中约定。

2. 工程量偏差及变更

对于任一招标工程量清单项目，如果清单工程量偏差或变更原因导致工程量偏差的，调整原则如下：

（1）工程量偏差在 ±3% 以内时，不予调整。

（2）工程量增加 15% 以上时，其增加部分的工程量的综合单价应予以调低。

（3）工程量减少 15% 以上时，减少后剩余部分的工程量的综合单价应予以调高。

综合单价调整系数见表 6－2－1。

表 6－2－1　综合单价调整系数

偏差范围/%	±15～30	±30～50	±50 以上
调整系数/%	∓3	∓5	∓8

（本条调整范围仅适用于与主合同工程紧密相关且主要服务于主合同的工程项目和清单工程量计算错误、漏项和设计变更所导致的工程量偏差。）

3. 造价信息价格调整

（1）承包人采购材料和工程设备的，应在合同中约定主材、设备价格变化的范围或幅度，材料价格的风险幅度原则上控制在 5% 左右，超过者予以调整。

（2）当合同没有约定时，材料、设备单价变化超过 5%，超过部分应予以调整。

调整办法如下：

①承包人投标报价中材料单价低于基准单价（材料信息价或最高限价中材料单价）：施工期间材料单价涨幅以基准单价为基础超过合同约定的风险幅度值，或材料单价跌幅以投标报价为基础超过合同约定的风险幅度值时，其超过部分据实调整。

②承包人投标报价中材料单价高于基准单价（材料信息价或最高限价中材料单价）：施工期间材料单价跌幅以基准单价为基础超过合同约定的风险幅度值，或材料单价涨幅以投标报价为基础超过合同约定的风险幅度值时，其超过部分据实调整。

③承包人投标报价中材料单价等于基准单价（材料信息价或最高限价中材料单价）：施工期间材料单价涨、跌幅以基准单价为基础超过合同约定的风险幅度值时，其超过部分据实调整。

4. 招标工程量清单项目以外的新增加项目

对于招标工程量清单中不含的新增加项目，如果这部分工程的结算价格超过合同价 15% 以上时，其超过部分的造价按相应标准定额组价后予以调低。

调整系数见表 6－2－2。

表 6－2－2　调整系数

超增范围/%	15～30	30～50	50 以上
调整系数%	－5	－8	－10

（本条中新增加项目是指与主合同工程关联但关联不紧密的工程项目。）

2.1.8　建设工程监理管理制度

第一章　总　　则

第一条　为了规范单位建设工程监理活动，保障建设工程质量和安全，根据《中华人民共和国建筑法》《建设工程质量管理条例》《建设工程安全生产管理条例》《建设工程监理规范》等有关法律、法规，结合单位实际，制定本制度。

第二条　单位范围内的建设工程（建筑工程、市政工程、公路工程）监理及其相关监督管理活动，适用本制度。

第三条　本办法所称的建设工程监理，是指建设工程监理（以下简称监理）受建设的委托，在施工阶段对建设工程的质量、进度、资金使用进行控制以及对建设工程的合同、信息管理及安全生产实施监督的活动。

第四条　单位工程部是单位工程监理活动的综合监督管理部门，并负责相关建设工程监理活动的监督管理，具体履行以下职责：

(1 审定监理的项目资质并进行备案管理。

（2）负责监督检查监理的监理工作实施情况。

（3）指导、协调单位相关部门及子单位，对建设工程监理活动实施监督管理。

第二章　监　理　管　理

第五条　监理工作的原则

监理和监理人员应严格按照“严格监理、优质服务、公正科学、廉洁自律”的原则进行监理工作，认真贯彻执行有关施工监理的各项方针、政策、法规，制定详细的工作计划和岗位职责，严格检查审批制度，努力做好施工监理工作。

第六条　监理工作目标

（1）监理工作总目标：客观、公正地当好第三方，全面履行监理合同，督促施工履行施工承包合同。

（2）工程质量目标：工程质量达到合格标准。

（3）工程进度目标：实现建设总工期目标。

（4）工程费用目标：在批准的总投资限额内。

（5）安全生产目标：实现安全事故为零。

（6）工程环保目标：无环境污染事故发生。

第七条　依法必须进行监理招标的建设工程，建设应当按照有关规定进行招投标。

第八条　建设应当委托具有相应资质的监理实施建设工程监理。监理应当按照国家有关规定取得相应的资质，并在资质证书核定的范围内承接监理业务，监理业务不得转让。

第九条　项目监理机构应当由总监理工程师、专业监理工程师和监理员等人员组成；必要时，可以设置总监理工程师代表。

总监理工程师应当按照国家有关规定具备注册监理工程师资格，且从事过同类工程监理工作经历，监理不得委派其同时担任其他建设工程的监理工作。

专业监理工程师及其他监理人员，应当按照国家和单位有关规定，经相关考核合格。

第十条　监理与被监理工程的施工以及建设工程材料和设备供应有隶属关系或者其他利害关系的，不得承担该项工程的监理业务。

第十一条　建设应当与监理签订监理合同，并应当向集团单位工程部或相关部门进行备案。单位鼓励监理合同当事人使用监理合同示范文本。

监理合同应当明确项目监理机构的组成和人员条件、总监理工程师人选、监理工作范围和监理服务期，以及委托人的费用支付、委托人为监理工作开展所提供的资料和设施等内容。

第十二条　监理合同约定的总监理工程师人选、监理工作范围、监理服务期、监理费等主要内容发生变更的，应当在变更后的 20 日内，向原合同备案部门办理合同变更备案。

第三章　施工现场监理

第十三条　监理应当根据监理合同的约定，在施工现场设置项目监理机构，并授权其开展监理工作。

项目监理机构实行总监理工程师负责制。总监理工程师应当按照技术规范要求，在施工现场履行监理职责。确因正当事由临时离开施工现场时，总监理工程师应当指定总监理工程师代表代为行使其部分职权，但国家规定必须由总监理工程师负责的组织编制监理规划、审查施工组织设计文件等事项除外。

监理需要变更总监理工程师的，应当征得建设单位的同意，但变更后的总监理工程师的专业技术职称等级不得低于原派驻的总监理工程师的专业技术职称，同时必须有同类工程监理经历。

第十四条 在监理合同范围内，建设对施工有关工程施工方面的指令，应当通过总监理工程师或者其代表书面提交。

第十五条 建设应当向项目监理机构提供勘察、设计文件等与建设工程监理活动有关的资料。建设提供的资料应当真实、准确、完整。

项目监理机构应当根据勘察、设计文件等资料和相关技术标准，编制项目监理规划，明确具体的监理工作制度、程序、方法和措施等。

第十六条 建设工程开工前，项目监理机构应当对施工项目管理机构的组建方案、管理制度以及施工组织设计文件、专项施工方案提出审核意见。审核意见经总监理工程师签署后，报建设单位。

分包工程开工前，项目监理机构应当对施工分包的资质进行审查。

第十七条 项目监理机构应当对施工报送的建设工程材料和设备的质量证明文件进行审验，并按照规定实施取样见证、平行检验。

建设工程材料和设备未经项目监理机构验收合格，不得在建设工程中使用或者安装。

第十八条 项目监理机构应当监督施工按照强制性技术标准、施工图设计文件、施工组织设计文件、专项施工方案以及合同约定组织施工，并采取旁站、巡视和平行检验等形式，对建设工程实施监理。

对建设工程关键部位或者关键工序，项目监理机构应当编制旁站方案，明确旁站的范围、内容、程序。

项目监理机构应当对施工报验的检验批、分部工程、分项工程提出验收意见。分部工程、分项工程未经项目监理机构验收合格，施工不得进入下一工序施工。

第十九条 项目监理机构应当督促施工进行安全生产自查，并巡查施工现场安全生产情况。

项目监理机构应当对施工安全防护措施费的使用和管理进行审查，并将审查的情况报建设。

项目监理机构应当对施工的安全生产许可证和项目负责人、专职安全管理人员、特种作业人员及项目班组的资质审查。

第二十条 项目监理机构应当按照要求，定期将施工现场有关情况向建设或者有关部门报告。

第二十一条 项目监理机构发现施工不符合强制性技术标准、施工图设计文件、施工组织设计文件、专项施工方案或者合同约定的，应当立即要求施工改正；施工拒不改正的，应当及时报告建设。

项目监理机构发现存在质量和安全事故隐患的，应当立即要求施工改正；情况严重的，应当要求施工暂停施工，并及时报告建设或者有关部门。

施工拒不改正或者不停止施工的，或者施工现场发生质量和安全事故的，项目监理机构应当立即向建设或者其他有关部门报告。接到报告后，建设或者其他有关部门应当立即到场予以处置。

第二十二条 项目监理机构应当组织建设工程竣工预验收。竣工预验收合格的，项目监理机构应当编制工程质量评估报告，并报建设单位。

项目监理机构应当按照规定参加建设组织的竣工验收。对验收中提出的整改意见，项目监理机构应当督促施工进行整改。验收合格的，由总监理工程师在工程竣工验收报告中签署意见。

第四章 监督管理

第二十三条 建设及有关部门应当加强对监理活动的监督检查。在履行监督检查职责时，应当客观、如实反映情况，提供相关材料。

第二十四条 任何单位和个人发现建设工程监理活动中存在违法行为的，都有权向建设及有关部门举报。建设及有关部门对举报情况应当予以受理，并及时予以核实、处理。核实、处理的结果应当告知举报人。

2.1.9 工程造价管理办法实施细则

第一章 总 则

第一条 为规范二级公司工程造价管理工作，合理确定和有效控制建设工程投资，提高投资效益，根据集团相关管理办法，结合公司实际，制定本细则。

第二条 本细则适用于公司及所属各煤矿、县公司、控股公司。

第三条 本办法所称工程建设项目包括新建、扩建、改建、迁建、恢复等基本建设项目和技术改造项目。

第四条 工程造价控制是公司和建设单位共同的职责。公司和项目建设单位都应牢固树立控制工程造价的意识，工程造价管理工作贯穿于工程建设项目决策、实施和竣工验收全过程。依据工程建设项目基本建设程序，主要包括以下阶段：

（1）项目前期阶段；

（2）设计阶段（含初步设计和施工图设计）；

（3）招投标阶段；

（4）合同阶段；

（5）施工阶段；

（6）项目竣工验收阶段等。

结合各阶段造价管理的侧重点不同，对应的造价管理内容主要包括投资估算、设计概算、施工图预算、招标清单和控制价、合同价、进度计价和竣工结算等。

第五条 工程造价管理按照分阶段控制的原则，投资估算控制设计概算，设计概算控制预算，预算控制结算。

第六条 工程造价成果文件的编制和审核，必须按照国家、行业、地方以及公司相关规定执行。投资估算、概算、预算、结算编审，积极推行中国建设工程造价协会颁发的相关编审规程。

第七条 投资估算、设计概算等成果文件须由具有相应编制能力的单位编制，并加盖单位公章和编制人员资格印章；预算、招标清单和控制价、结算等成果文件应由建设单位具有工程造价执业资格的人员或委托具有工程造价咨询资质的机构编制或审核，须加盖单位及人员的资格印章，成果文件方可归档。

第八条 积极推行工程建设项目全过程造价管理。主要包括：投资分析、风险控制及融资方案的决策；工程建设项目投资估算的编制、审核与调整；建设项目经济评价；设计概算的编制、审核与调整；设计优化；施工图预算的编制或审核；参与招标方案制定；招标文件中施工合同造价条款的拟定；招标工程量清单、控制价的编制、审核与调整；各类投标价合理性的分析；合同谈判与签订过程中的造价管理；工程计量支付的确定，审核工程款支付申请，提出资金使用计划建议；施工过程的设计变更、工程签证和工程索赔的处理；施工方案的优化建议，各方案工程造价的编制与比选；竣工结算审核；参与竣工决算的编制与审核；项目后评价等。

第二章 组 织 与 管 理

第九条 工程造价管理工作实行公司统一领导、分阶段分级负责的管理体制，各阶段管理责任依据项目金额分级实施。

第十条 公司承担工程造价管理的管理责任，公司工程管理部是公司工程造价管理的职能监管部门，负责工程造价管理体系、制度、流程的制定；负责工程造价依据的管理；负责工程造价相关阶段的成果审批和上报等。依据权限分级负责工程造价的审核、确认工作，并实施工程造价的监督和指导管理。负责与集团造价管理部门对接。

第十一条 建设单位是工程造价管理的责任主体，负责贯彻、落实集团及公司制定的各类工程造价管理制度和细则，并制定所属企业的管理实施细则，对全过程造价实施管理；有效控制工程造价，提高投资效益。负责项目各阶段工程造价的编制、内审工作。接受集团公司、公司的检查、监督和指导。

第十二条 工程建设项目投资较大的建设单位均应设置工程造价管理岗位，并配备具有执业资格的工程造价管理人员；需聘用造价咨询中介机构的应执行公司相关规定和流程，聘用时须采用标准示范文本签订工程造价咨询合同。

第十三条 各单位（或公司）实行三级管理两级审核。

（1）各单位（或公司）业务部门造价人员应审查造价依据资料的完整性、有效性、合规性，对自身收集的工程计量、工程计价等基础资料的全面性、真实性和实用性负责，对造价成果文件的准确性、合规性负责。

（2）各单位（或公司）业务部门负责人是造价管理的审核人，应对造价依据资料和基础资料的完整性、有效性、合规性和全面性、真实性、实用性进行审核，并应对具体项目计量和计价的结果进行一定比例的复核，签字确认，对造价成果文件的准确性和合规性承担业务把关责任。

（3）各单位（或公司）业务部门分管领导是造价管理的审定人，应对造价依据资料和基础资料的完整性、有效性、合规性和全面性、真实性、实用性进行复审，对造价结果的准确性、合规性、工程经济指标和工程造价合理性进行审查、分析，签字确认，承担本单位的审核把关责任。

第三章 工程造价计价依据管理

第十四条 工程造价计价依据是合理确定和有效控制工程造价的基础。工程造价计价依据主要包括建设工程投资估算指标、概算指标、限额设计参考造价指标、集团和公司批准并发布的其他造价指标、计价规范、概算定额、预算（综合）定额（统一基价表或估价表）、补充定额、费用定额、施工消耗量（基础）定额、劳动定额、施工机械台班费用定额、工期定额和相关的人工、材料、设备、施工机械台班的价格信息、调整系数以及国家、行业、集团公司发布的有关工程造价管理政策、制度、文件等。

第十五条 工程造价计价依据应根据工程建设项目所在的区域或所属的行业等进行统筹考虑。当行业定额和地方定额均能满足需要时，原则上优先执行地方定额。严格规范定额选用、人工费取定、签证工定价等内容，严禁随意调价、弄虚作假、高估冒算等不正当的计价行为。

地面建筑、装饰、安装、修缮工程推荐使用《山西省建筑工程计价依据（2011）》，可以使用《山西省建筑工程计价依据（2018）》；

井巷及煤炭建设机电安装工程执行《煤炭建设井巷工程消耗量定额（2015 基价）》《煤炭建设井巷工程辅助费综合定额（2015 基价）》《煤炭建设机电安装工程消耗量定额（2015 基价）》；

电力、铁路、公路、水利等工程分别执行其行业专业定额。

取费标准按照地方、行业发布的相关文件执行。

第十六条 认真做好价差调整管理工作，严格控制价差调整，建设工程人工单价、材料价格调整严格执行公司每年度下发的人工、材料价格调整文件。

除执行行业、地方造价管理部门公布的材料价格外，对行业、地方造价管理部门未公布的、单价较高或用量较大的材料价格要经过询比等查询做好认质、询价、定价工作。

第十七条　工程建设项目涉及的主要设备，要结合市场调查、第三方价格网站查询、采购平台询价等手段，做好认质、询价、定价工作。

第十八条　对列入工程建设项目的措施费、预备费、建设单位管理费等工程建设其他费用，要严格按照有关规定予以规范。

第四章　工程造价技术档案管理

第十九条　要加强工程造价技术档案管理工作，各单位在档案管理制度中应明确工程造价技术档案管理职责，确保工程造价技术档案专人保管，不散、不乱、不丢、不坏。工程造价技术档案可分为过程文件和成果文件两类。

第二十条　过程文件主要包括：委托服务合同，工程施工合同或协议书，补充合同或补充协议书，中标通知书，投标文件及其附件，招标文件及招标补遗文件，竣工验收报告及完整的竣工验收资料，工程结算书及完整的结算资料，图纸会审记录，工程的洽商、变更、签证、会议纪要、索赔等书面协议或文件，施工过程中甲方确认的材料、设备价款、甲供材料、设备清单、综合单价重新确认、暂定价材料认质认价、暂估价工程确认计价、价差调整、进度计价、年度结算、节点结算，承包人的营业执照及资质等级证书等。

第二十一条　成果文件主要包括：投资估算书、工程概算书、工程预算书、工程量清单、招标控制价、工程计量支付文件、工程索赔处理报告、工程各类结算书、三算对比台账等，上述成果文件应包括纸质文档和电子文档（含软件版文档等）。

第五章　项目前期阶段造价管理

第二十二条　投资估算是工程建设项目前期阶段可行性研究报告的重要组成部分，为项目决策提供可靠的基础和重要前提。

第二十三条　项目建议书投资估算的编制可采用生产能力指数法、系数估算法、指标估算法及行业认可的其他编制方法；可行性研究报告投资估算应采用指标估算法。

第二十四条　投资估算受勘察、设计工作深度的限制，存在较多的不确定性因素，编制单位应保证投资估算的编制深度和精度，审核单位应加强审核分析和设计管理，合理确定项目投资，提高项目决策依据的可靠性。

第六章　项目设计阶段造价管理

第二十五条　初步设计阶段是工程造价管理的关键阶段，要按照“安全可靠，高效环保，系统优化，经济适用，投资节约”的原则进行优化设计，合理控制、有效降低工程成本。建设单位应高度重视初步设计概算和施工图预算的编审工作，严格依据设计文件及有关规程进行编制和审核。

第二十六条　建设单位应重视设计阶段的造价控制，优选设计单位，积极推行限额设计，加强和推广设计优化；严格执行设计规范标准，杜绝超标设计，严格设计变更，规范变更审批程序。

第二十七条　设计概算是工程建设项目初步设计文件的重要组成部分，应严格按照国家、行业规定的设计深度，依据国家、行业、集团公司相关规定，并充分考虑工程建设特点和实际情况进行编制。

第二十八条　设计概算应严格控制在可行性研究报告投资估算范围内。参照《山西省建设项目初步设计审批管理办法》有关规定，设计概算如果超过投资估算 10% 时，项目建设单位应重新对项目可行性研究报告进行论证，并报原审批部门重新审批。

第二十九条　设计概算实行审批管理。经审批的设计概算是工程建设投资控制的最高限额，是编制年度投资计划和筹措项目建设资金的依据，也是项目工程造价管理和投资控制的基础。

第三十条　设计概算一经批准，原则上不得调整。但对于因项目设计方案、主要设备材料价格、地质条件或资源状况等发生较大变化，造成已批准的设计概算不能有效控制项目投资时，建设单位应结合变化情况，编制项目修改初步设计及调整概算，报原审批机构履行审批手续。

第三十一条 工程建设项目设计概算确定后，项目建设单位应及时按单项工程、单位工程、设备种类或招标标段进行不含基本预备费的概算分解，并以分解后的概算作为进一步深化设计、预算控制及资金安排的依据。

第三十二条 建设单位应严格控制项目基本预备费的使用，并制定基本预备费的使用办法。对因提高建设标准、扩大建设规模、建设单位管理费超支等情况需动用基本预备费时，必须报原概算审批部门审批。

第七章 项目招投标阶段造价管理

第三十三条 工程招投标阶段是工程造价确定的重要阶段。工程建设项目施工招标时，应设置招标控制价，设置的招标控制价原则上不得超过同口径概算。招标控制价应由建设单位造价人员或委托符合条件的工程造价咨询机构编制。

第三十四条 建立健全材料、设备市场询价管理制度和流程，加强主要材料和设备的市场询价工作，确保合理编制招标控制价。

第三十五条 积极推行工程量清单招标模式。不得以初步设计概算或费率为控制价进行工程招标。因行业惯例、交钥匙（EPC）承包或其他原因需要以概算招标的，应由建设单位依据设计概算进一步编制执行概算，编制须由具备相关执业资格的造价人员主持；执行概算应按规定履行审批程序后，方可作为招标控制价开展招标活动。

第三十六条 各单位应高度重视招标控制价的编审工作。招标控制价（含清单）实行审批管理，纳入公司招标的项目，招标控制价由公司审核批准，审批后方可对外发布。纳入集团公司招标的项目，招标控制价由集团公司审核批准，审批后方可对外发布。

第三十七条 对于工程造价较低、风险很小且设计成熟完善的工程项目，可采用固定总价合同方式发包，同时必须设置招标控制价，并按规定履行审批程序。

第三十八条 招标人应对招标方案、招标文件进行详细审查，审查工作应有工程造价业务部门参与，相关造价条款应征求工程造价人员意见后确定。

第三十九条 严格执行评标清标制度，合同签订前应对投标报价进行详细分析，避免因不合理报价造成合同执行风险。

第八章 合同阶段造价管理

第四十条 建设单位应严格执行《晋能集团有限公司合同管理办法》实施细则，严格通过公司企业风险管控信息系统实行合同电子审批流程。

第四十一条 建设单位造价管理人员应参与合同的谈判和签订工作，与工程造价有关的合同条款，应征求造价人员意见并会签。

第四十二条 工程开工前，必须与施工单位订立书面合同。书面合同应采用国家现行的标准示范文本，应约定明确与造价有关的主要条款，包括：合同价款、价格形式、价格调整、计量与支付、竣工结算等内容。

第四十三条 建设单位应加强合同造价风险管理和跟踪分析工作，加强合同风险控制。

第四十四条 建设单位应重视合同签订的时效性、完整性和有效性，避免因事后补签、约定不清或其他情形造成的各类合同造价纠纷。

第四十五条 工程造价管理办法中凡涉及合同工程造价事项的规定，都应在施工合同专用条款中明确约定。

第九章　施工阶段造价管理

第四十六条　公司业务主管部门根据项目批准文件、合同对项目工程造价管理情况进行检查、监督。

第四十七条　建设单位应加强施工阶段的造价管理，严格按照管理制度落实造价管理，并接受上级部门的检查和监督。

第四十八条　建设单位应充分重视施工组织设计，优化施工总平面布置、土石方工程和其他对造价影响较大的施工方案，提前规划永临结合施工项目，避免施工设施重复搬迁、施工道路及地下工程的重复开挖、土石方往返运输等浪费现象。施工组织设计须经监理单位、建设单位审查，在满足安全、质量和工期的前提下，优先采用成本较低的施工方案。

第四十九条　监理合同条款必须明确监理单位的造价管理责任，监理单位必须按照《建设工程监理规范》要求实施工程造价管理工作。监理单位应加强项目现场管理，采取技术、经济、组织和合同管理等多种措施，科学、公正处理发生工程变更、合同纠纷、索赔等问题，有效控制工程造价。

第五十条　建设单位应严格控制施工过程中的工程签证。工程签证的依据必须是实际施工时，增减或改变了合同工程量或定额的内容。工程签证按“工程签证单”的要求报送和办理审批手续。工程签证必须说明原因，内容准确、事实清楚、图样规范、工程量计算准确，不得涂改和复印。涉及造价变化的要随附报价资料。

（1）工程签证必须经施工单位、监理工程师、建设单位部门负责人对签证内容现场核定确认签字。

（2）凡涉及工程计量增减、工程量清单项目变化、综合单价调整或补充的内容，造价人员应对签证工程量进行估价和审核。

（3）工程签证费用累计导致工程造价超过合同签约价 10% 或超过 20 万元的，应通知施工单位停止实施，或调整施工内容，或按公司规定程序追加投资。

（4）工程签证必须按“当时发生，当时签证”的原则，现场签认工程内容和工程量，在一周内办理完毕确认和造价审批手续，严禁事后补签。

第五十一条　造价人员对变更、签证按前述条款进行的确认审核应包括下列内容：

（1）变更或签证的必要性、合理性。

（2）变更或签证方案的合法性、合规性、有效性。

（3）变更或签证方案的可行性、经济性。

（4）造价文件计量、计价的有效性、合理性、准确性。

第五十二条　建设单位应建立现场签证动态管理台账。

第五十三条　设计变更需经建设单位业务管理部门、分管领导审查确认方为有效；设计变更的主张方应对变更内容进行估价分析；设计变更须经业务管理部门、分管领导同意后实施，签认批准后方可作为工程结算依据。

（1）施工单位和建设单位工程管理部门应对变更内容编制分项造价，施工单位须在一周内将变更附报价送建设单位工程管理部门审核批准后方可实施。

（2）单位工程分部分项工程设计变更累计费用增加超过合同签约价 10% 或超过 20 万元的，应停止实施。确需实施的，须按公司相关程序办理相关费用增补后，建设单位方可批准并通知施工单位开始实施，并办理补充协议。未经批准增加投资计划的，不得办理补充协议，不予结算。

第五十四条　工程变更需经建设单位审核同意后方可作为费用和工期调整的结算依据。变更提出单位应按“工程变更单”和设计图样、报价文件、工期计算及其他有关证明材料，经设计单位、监理单位审查后，报建设单位工程管理部门审批，造价审核程序和管理要求按上款执行。

第五十五条　工程付款包括：预付款、进度付款、结算付款、保修金支付。一般规定无预付款。

特殊工程（如设备采购等）合同中约定有预付款的，应按合同约定拨付预付款。预付的工程款必须在合同中约定抵扣方式，并在工程进度款中进行抵扣。

第五十六条　建设单位应严格按照公司财务付款管理制度支付工程进度款，不得超付、超前支付，严格按照合同进度执行。严禁无合同付款。

第五十七条　建设单位支付施工单位的进度款时，应随时了解和掌握施工单位工程进度款的使用情况，并确保农民工工资正常发放。

第五十八条　工程价款结算实行按月结算与支付或分段结算与支付的结算方式。按月结算与支付时，按月根据确定的工程计量（即验工计价）结果，支付进度款（扣除甲方供应设备与材料），竣工后清算的办法。合同工期在两个年度以上的工程，在年终进行工程盘点，办理年度工程结算。分段结算与支付的结算方式是当年开工、当年不能竣工的工程按照工程形象进度，划分不同阶段支付工程进度款。具体划分在合同中明确。

第五十九条　施工单位每月按实际完成符合质量要求的工程数量和计价报表，编制“工程进度结算书”，经监理单位审核确认。建设单位的现场管理人员要对施工单位当期已完成工程内容进行审核，造价人员要对已完成的工程量和价款进行审核，业务部门项目负责人、分管领导审批确认。工程计价的数量和款额，必须是实际完成的合格工程量和对应的价款金额，末次累计结算金额不得突破合同（包括补充合同）承包价总额。建设单位要对管理项目的工程量完成情况和合同价款支付情况按月或付款周期做好统计和登记管理。

第六十条　保修金付款：建设单位根据工程保修协议出具相应保修金付款凭证，说明工程保修期内是否履行了保修义务及维修扣款事项，按合同约定办理保修金付款。

第六十一条　工程建设期间，建设单位应做好与合同有关的各种签证、记录和会议纪要的保管工作。

第六十二条　建设单位应加强甲供（甲控）物资的管理，科学合理地确定甲供（甲控）物资范围，严格控制采购价格，不得在采购环节加计不合理费用。原则上甲供（甲控）物资采购价格不得超过工程建设项目行业、地方以及公司有关部门发布或认可的同期（同口径）信息价格。

第六十三条　重视暂定价材料、设备的认质认价工作。建设单位应建立健全相关的认质认价管理制度，科学制定认质认价方法和流程，明确管理和监督部门的相关责任。认质认价制度、方法和流程应符合国家相关规定，需要履行招投标程序认质认价的应严格履行，认质认价过程中各类询价资料应集中归档，相关工作应接受公司的检查和监督。

第六十四条　工程常规材料中型号、规格、性能确定、品种单一、价格与行政主管部门发布的《材料信息指导价》和《公司年度人工材料价格调整规定》中发布的信息价格一致的，按发布的价格执行。

第六十五条　工程材料品种繁多、量小、规格、型号、性能各异且无相关参考价格的，建设单位业务管理部门须对材料价格进行询价比价，认定并经书面确认批准后，施工单位才能采购和作为工程造价结算的依据。询价比价的生产厂或供应商应不少于3家，凡是经认定的材料核价单必须注明材料的品牌、产地、厂家、规格、型号、质量等级、认定价格及税率。

第六十六条　工程计量遵循的原则：①满足依法依规原则；②准确合理原则；③明确责任原则；④证据充分原则；⑤合理时效原则。

第六十七条　施工图计量必须是经会审确认的设计施工图、施工图会审纪要和审定的设计变更。

第六十八条　隐蔽工程计量签认的内容必须真实、完整、清楚，计量准确，严禁虚增内容及工程量。隐蔽工程验收时，建设单位、监理工程师对签证内容计量并签字确认，对签认内容事实和工程量负责；涉及工程量造价变化的，建设单位工程造价人员应参与签认，并共同对签认的工程量负责。建设单位对现场签证的计量确认文件要自行留存，作为工程结算计量和验证备查的依据。

第六十九条 竣工图计量必须是承包方修改后真实反映实际施工状况、经监理工程师和建设单位审核完成、施工内容和工程量核对无误、签字确认加盖竣工图印章的用于验收和归档的竣工图。

第七十条 变更实施完成后，监理工程师和建设单位，对变更实际实施内容和实际完成工程量须进行审核确认，签署审核意见。经审核确认的内容和工程量才能作为造价计价的依据。

第七十一条 对未经建设单位批准而超出设计图纸、合同范围和因施工单位原因造成返工的工程量，不予计量。

第七十二条 施工方案内容实施完成后，监理工程师、建设单位应对实际发生工程量审核确认后才能作为造价计价依据，与实际不符的应做说明和调整。

第七十三条 工程计价应如实反映工程完成情况，凡在当年按投资计划完成的工程量，当年内应办理计价和价款结算；未施工的建安工程量，不得提前计价。

第七十四条 合同中约定可增减承包合同价的设计变更和其他费用，须按程序审定、批准后方能付款。

第七十五条 凡有下列情况之一者，不予进行工程计价：

（1）开工报告未经批准。

（2）未列入年度建设计划。

（3）转包或由无资质单位施工的工程。

（4）计价的项目、数量和单价与合同不一致者。

第十章　竣工验收阶段造价管理

第七十六条 工程结算由施工单位进行编制，建设单位对结算资料（包括工程结算）进行初步审核。建设单位初审通过后，按照分级审计权限报送公司业务部门进行结算审核，经审核的审核结果按公司审计部要求送外部审计。

第七十七条 竣工结算分为单位工程竣工结算和工程建设项目竣工结算。合同工期在两个年度以上的工程，宜在每年终进行工程盘点，办理年度（盘点）结算。竣工结算应本着“竣工验收及时结算”的原则，在对应的单位工程或工程建设项目竣工验收后及时办理结算手续。

第七十八条 各级单位应加强竣工结算管理，建设单位应及时组织相关人员对竣工资料及结算资料进行复核与整理，保证其真实性和完整性。

第七十九条 强化竣工结算审核管理，重视竣工结算审计工作，结算成果实行质量考核制度。参照中价协《建设工程造价咨询成果文件质量标准》相关规定，审核、审计后的工程结算误差率应小于5%，审减率超出正常范围的，应视情形对结算编制或送审单位给予相应的经济处罚。

第八十条 公司组织结算审核、审计的工程建设项目，造价成果文件应向公司业务部门备案；其他工程建设项目由各建设单位实施管理。

第八十一条 公司组织人员对工程结算审核质量进行检查，重点检查项目结算审核出现的多结、错结等质量问题，并针对问题情况对相关责任单位和个人进行追责。

第八十二条 工程建设项目工程预算、招标控制价（含工程量清单和控制价）、结算等均应采用行业认可度较高的计价软件进行编制和审核。

第八十三条 为加强工程建设项目投资管控，建设单位应建立健全项目概算、预算、结算的“三算”对比台账，实时对项目“三算”进行比较、分析，做到数据真实、准确、完整，并将相关数据及时填报，随时接受公司的检查及调阅。

第八十四条 完善工程造价信息积累制度。项目建设单位应加强工程建设过程中造价信息资料的收集、整理、积累和分析工作，结算书必须附结算的材料和设备价格表，同类名称材料、设备必须明确规格型号等主要参数，为公司工程造价工作提供完整、准确的基础资料。

第八十五条 工程竣工验收合格后，应要求施工单位在合同约定的期限内，将完整的结算资料和竣工结算文件递交工程监理单位、建设单位审查，监理单位对工程竣工结算审核签字后交建设单位审查。按照公司相关规定及时办理竣工决算。

第八十六条 竣工结算审核应采用全面审核法。竣工结算审核应依据的资料：

（1）影响合同价款的法律、法规和规范性文件。

（2）工程承包合同、补充合同，暂估价材料设备和分包工程合同。

（3）经建设单位批准并认定的施工组织设计、施工方案。

（4）经建设单位签字认定的竣工图纸及变更、现场签证、隐蔽工程记录、有关工程洽商资料、会议纪要等。

（5）经建设单位、监理单位、施工单位确认的施工图预算文件、已标价工程量清单。

（6）招、投标文件资料。

（7）经核定的索赔文件。

（8）工程材料及设备认价单。

（9）经批准的开、竣工报告，停、复工报告。

（10）当地工程造价管理机构发布的计价依据。

（11）其他相关资料。

第八十七条 竣工结算资料不合格的不予审核，退回施工单位重新整理，直至合格。结算资料一旦提交完成，在结算审核过程中不允许再无故增补、修改任何资料。

第八十八条 经审核的竣工结算文件，过程应有详细、真实的记录及完善的资料，计量计价过程、审核记录等资料具备可复查性。

第八十九条 竣工结算审核应对照合同检查履约情况。审核结算中是否严格按合同或协议的条款规定正确计取各项费用。包括：工程类别、取费时段、造价下浮、甲供材料的扣减、水电费的扣减、材料价差的确定，配合管理费、施工组织措施费、预算包干费、保修金等费用的计算等。

建设单位、监理单位对施工单位的工程质量、工程进度、安全文明施工和环保管理等情况进行评价核定，并出具“三项费用”的核定结果，按合同约定的违约责任条款，核减结算价款，且必须在结算文件中独立编制。

第九十条 竣工结算审核的成果文件应包括竣工结算审核书封面、竣工结算审核说明、竣工结算审核汇总对比表。

第九十一条 竣工结算审核说明应包括以下内容：

（1）竣工结算审核的范围。

（2）竣工结算审核的依据。

（3）工程计量、计价及人工、材料、设备等的价格和费率取定说明。

（4）竣工结算价款的主要组成。

（5）审核增减情况和增减合同价款的主要原因。

（6）合同违约情况。

（7）审核结果。

（8）结算指标偏离原因分析。

（9）其他要说明的问题。

第九十二条 经审核的竣工结算，由建设单位分管领导、业务部门负责人和审核的造价人员在审核成果文件上签字确认，按公司审计部要求进行外部审计。建设单位无持证专业造价管理人员的需报公司业务管理部门进行复审再报外部审计。

第九十三条 审核完成的竣工结算，应由建设单位、施工单位共同核对无误，不存异议。

第十一章　造价业务人员及咨询机构的管理

第九十四条　公司对公司范围内工程造价人员实行统一建档管理，造价人员应持证上岗。

第九十五条　工程造价人员应积极参加造价行业主管部门组织的业务培训和继续教育。

第十二章　罚　　则

第九十六条　公司通过定期检查、抽查等方式，对项目建设单位造价业务情况进行评比考核。

第九十七条　评比考核主要从管控体系和管控效果两方面进行，管控体系考核主要包括管理机构、管理制度流程、管理人员资格素质等方面；管控效果考核主要包括项目概算执行情况、结算误差率等方面。

第九十八条　公司对违反造价管理相关规定的单位及人员给予批评，情节严重的对项目主要负责人和相关责任人员给予处分，并依法承担法律责任。

第九十九条　工程造价管理考核并入公司基建业务考核范围。公司对工程造价专业的管理和检查、考核，具体标准如下：

（1）各单位提供预算内容必须表述清楚，图纸要满足预算工作需要，且预留合理的预算时间，否则扣罚项目单位 1 分。

（2）各单位故意或推诿不配合结算期间工作量的核实，扣罚项目单位 5 分。

（3）各建设单位应按合同约定组织竣工验收，未按时间完成扣罚项目单位 2 分。

（4）各单位要按照细则要求上报完整的结算资料，未按时间要求上报合格结算资料的扣罚项目单位 2 分，且由责任人承担由此引起的相关责任。

（5）各类结算资料（工程验收单、现场签证单、材料价格审批单等）必须按照本管理细则中相应条款执行，保证其准确、规范、真实、完整性，否则扣罚项目单位 2 分，且予以拒收并限期按规定整改，由此造成的损失由责任单位全部承担。

（6）各单位审核签字的各类资料中故意或因工作疏忽存在工作内容和工程量的偏差超过 3% 且不足 5% 的，扣罚项目单位 2 分；偏差超过 5% 以上的，扣罚项目单位 5 分。

（7）如发生合同暂定价或结算价严重偏离实际造价时，若未办理相关程序的，扣罚项目单位 5 分，且由建设单位承担由此引起的相关责任。

（8）物资材料价格审批必须按照本管理细则中相应条款执行，表格信息完整，不得随意批价、先采购后报批，否则不予认价，且扣罚项目单位 2 分。

第十三章　附　　则

第一百条　各建设单位应针对本单位工程建设项目特点，依据国家、行业、地方和公司工程造价管理的相关规定，制定切实可行的造价管理细则，细化管理程序，明确管理职责，并严格监督、落实。

第一百零一条　本办法由公司职能部室制定并负责解释。

第一百零二条　本办法自二〇一九年八月一日起施行。

2.1.10　工程建设项目招标控制价审核管理实施细则

第一条　为进一步加强和规范二级公司工程建设项目招标控制价的审核管理，依据《晋能集团有限公司工程建设项目招投标控制价审核管理实施细则》，制定本细则。

第二条　纳入集团公司、公司招标的工程建设项目、未纳入公司招标的工程建设项目且建设单位无持证专业造价管理人员的，应执行本细则；未纳入公司招标的工程建设项目，由各建设单位参照本细则实施管理。

第三条　工程建设项目招标应编制招标控制价。招标控制价是根据国家、省、行业建设主管部门及集团公司颁发的有关计价依据和办法，依据建设单位拟定的工程建设项目招标范围，结合实际情况编制的最高投标限价。

工程建设项目招标应积极推行工程量清单计价方式。

第四条 工程建设项目招标控制价（含清单）的编制应由满足专业资格要求的工程造价咨询机构或人员进行，并由公司进行初审。

第五条 本细则所称的招标控制价的审核，包含工程量清单及控制价的两方面审核。

第六条 纳入公司招标以及建设单位无持证专业造价人员的工程建设项目由公司组织招标控制价的审核工作。审核工作应由具有工程造价执业资格的专业人员或委托具有工程造价咨询资质的咨询机构进行。

第七条 工程建设项目招标控制价的审核条件

（1）已列入公司年度计划（基建工程计划、专项资金计划或修缮改造工程计划）或通过公司党政联席会议审定的项目。

（2）已按规定编制完成招标控制价（含清单）。

第八条 工程建设项目招标控制价的审核程序

（1）资料送审（详见本办法第十一条“应提交的资料”）。

（2）审核过程中有送审资料或依据不足的，补充资料。

（3）审核初审意见沟通。

（4）审核定案，委托造价咨询机构审核的出具招标控制价审核报告（附审核定案表）；公司业务部门组织人员评审的招标控制价由公司业务部门定案。

（5）审核成果下发和归档。

第九条 审核时限

自送审单位交齐送审资料之日起不超过20个工作日出具审核结果。

第十条 人员及中介机构管理

造价人员应具有相应的执业资格，持证上岗。

第十一条 应提交的资料

（1）加盖公章的招标控制价审核申请。

（2）招标清单及控制价文件（含纸质和软件版），文件应附编制说明，包含：项目的编制依据、编制范围、内容、单位造价指标；暂估价主要内容及暂估价依据；暂列金额的计取依据等。文件扉页应由建设单位、造价咨询单位及执业人员签字，并加盖公章、执业章；多个单位工程组成的工程建设项目须附造价汇总表。

（3）施工图纸（或电子图纸）、工程量计算书（或图形算量软件版）。

（4）特殊材料、设备的询价资料或价格依据资料。

（5）同口径内容的概算资料（或电子版）等。

（6）其他与造价审核有关的资料。

因工程项目的独特性，上述资料若个别短缺但并不影响审核的，经审核单位同意后可开展审核工作；审核工作完成后，审核单位保留（1）（2）项所列资料原件；其余资料原件审核后退回。

第十二条 未按照本办法规定流程进行招标控制价审核（含备案）并获通过的工程建设项目，不得进入招标程序。

第十三条 本细则由公司职能部室制定并负责解释。

第十四条 本细则自二〇一九年八月一日起实施。

2.1.11 工程造价分阶段责任分级管理细则

第一条 为进一步明确工程造价的管理责任，根据《二级公司工程造价管理办法实施细则》，结合实际制定本细则。

第二条　工程建设项目造价管理工作结合项目的进展情况分阶段管理，各阶段管理责任依据项目金额分级实施。

第三条　建设单位是工程造价管理的责任主体，负责项目各阶段工程造价的编制、内审工作；公司承担工程造价管理的管理责任，依据权限分级负责工程造价的审核、确认工作，并实施工程造价的监督和指导管理。

第四条　项目前期阶段

该阶段包括与项目决策相关的多方案经济比选、项目建议书投资估算、可行性研究报告投资估算等的编制和审批。责任分级管理如下：

（1）造价文件的编制由建设单位组织。其中：多方案经济比选和项目建议书估算由建设单位自行组织评审；评审通过后可委托专业咨询机构进行可行性研究报告和投资估算的编制，投资估算应由具备相关专业或经验的咨询工程师（投资）参与编制，编制完成后由建设单位组织内审，内审通过的项目报公司审批。

（2）拟列入公司各类计划（包括基建投资计划、专项资金计划、维修改造工程计划等）中的项目投资估算由公司审批，具体审批流程为：

①建设单位初审通过的项目报公司计划发展部。

②公司计划发展部审核同意后向公司业务分管领导汇报。

③由公司业务分管领导组织专题会议研究，通过的项目报公司党政联席会审议。

④公司党政联席会审定，通过的项目由公司计划发展部下发投资估算批准文件。

第五条　项目设计阶段

该阶段包括初步设计概算、施工图设计预算等的编制和审批。责任分级管理如下：

（1）造价文件的编制由建设单位组织。

初步设计阶段的方案设计概算、初步设计概算、扩初概算、深化初步设计概算等统一归类于初步设计概算。

拟以执行概算招标的项目，建设单位必须重视初步设计概算的编制，编制初稿必须组织工程及工程经济类专家内部评审，通过后方可报请公司审批。

建设单位是否进行施工图设计预算的编制，由建设单位根据项目需要自行决定。

（2）初步设计概算编制金额在1000万元及以下的项目由公司审批，具体审批流程为：

①建设单位初审通过后报公司业务职能部门审核。

②公司业务职能部门组织初设概算的评审（以初步设计文件为依据），评审通过后由公司业务职能部门向公司业务分管领导汇报。

③公司业务分管领导组织专题会议研究，通过的项目由公司业务职能部门批准初设概算。

第六条　项目招投标阶段

该阶段包括用于招标的执行概算、控制预算、招标清单、招标控制价等的编制和审批。责任分级管理如下：

（1）造价文件的编制由建设单位组织。其中：

执行概算应在批准的初步设计概算基础上结合公司实际管理水平进行编制，金额不得超过同口径的初步设计批准概算。

控制预算、招标清单、招标控制价等应依据达到设计深度的施工图设计文件进行编制，金额不得超过同口径的初步设计批准概算。

上述文件编制完成后报公司审批。

（2）由公司组织招标的工程建设项目（建设项目），相关造价文件由公司审批，具体流程为：

①建设单位初审通过后报公司业务部门审核。

②公司业务部门按规定组织审核，审核完成后向公司招标办等相关单位出具书面审核结果文件。

③建设单位依据审核结果发布招标控制价，开展招标工作。

（3）其他工程建设项目由建设单位审批，各单位参照公司审批流程制定各自的管理流程，公司招标办进行监督和检查。

第七条　合同阶段

根据《二级公司合同管理办法》实施细则，由建设单位组织实施，公司进行统一分级、分类、专项管理。

第八条　施工阶段

包括施工过程中的进度计价、年度结算、节点结算、变更计价、签证计价、综合单价重新确认、暂定价材料认质认价、暂估价工程确认计价、价差调整、索赔计量、三算对比台账、甲供材台账等造价文件的管理。

该阶段管理、审批工作由各二级公司根据行业特点及公司相关制度制定管理实施细则，建设单位组织实施，集团公司进行监督和检查。

第九条　竣工验收阶段

工程结算由施工单位进行编制，建设单位对结算资料（包括工程结算）进行初步审核。建设单位初审通过后，依据《二级公司建设项目审计实施办法》《二级公司工程造价管理办法实施细则》等相关规定，按照分级审计权限报送公司审计部门进行结算审计，经审批的审计结果为结算审核成果。

列入公司计划的工程建设项目竣工验收后，由公司财务管理部、审计部、法律事务部等相关业务职能部门共同组织项目的竣工决算审核工作，审核通过后的项目报公司审计部审批，需要进行后评价的由公司审计部指定业务职能部门组织开展。

第十条　本细则由公司制定并负责解释。

第十一条　本细则自二〇一九年八月一日起实施。

其他制度见《制度体系》分册。

2.2　采、掘、技术管理制度

2.2.1　煤矿生产计划管理制度

为了更好地加强企业管理，突出计划的严肃性，保证各矿逐月生产经营目标的实现，结合公司生产经营的特点，特制定本管理制度。

1. 编制原则

（1）遵循国家、公司的政策法规，符合上级的有关规定。

（2）充分考虑生产建设的实际，客观地反映公司所属矿井生产建设状况，采取必要的保证措施后，编制可能完成的年、月生产建设计划。

（3）编制计划时要搞好分析预测，分析制约因素，使得计划指标尽可能得到实现。

（4）考虑各项指标的协调平衡，尽可能使逐月的计划安排趋于合理。

2. 编制程序

（1）每年10月末前，各矿根据本矿实际采掘衔接情况，编报下一年度生产建设计划，经矿审查批准后上报公司。公司依据矿上报年度生产建设计划汇总、调研、分析、调整，编制全公司下一年生产建设计划，报请公司领导审批后下发。生产技术部以年度生产建设计划和各矿上报月计划及实际情况，逐月编制并下达月度生产作业计划，并以此计划对公司各矿进行月度考核，并落实督促计划的执行和实施。

（2）各矿月度计划编制要按照公司下达的年度生产建设计划为依据，结合现场实际情况，在规定期限内编制矿月度生产作业计划，并报送公司生产技术部。

（3）对公司临时要求编报计划，由生产技术部负责，各基层矿井及职能部门要积极配合，按公司要求及时编报。

3. 生产计划的执行与考核

（1）生产计划下达后，原则上不予调整。但在计划的执行过程中，由于外部环境发生变化或经努力也无法完成生产计划时，由基层矿井向公司提出调整修改计划书面申请，说明完不成计划的原因，对生产影响程度及调整计划指标的具体建议等，经公司分析、研究、确定调整后的生产计划。

（2）未经公司同意和批准，任何矿井及个人不准擅自变更计划指标。

4. 管理要求

（1）各矿井在编报生产技术指标时，核定指标尽量趋于经济合理，各项计划指标力求不断优化，满足生产需要。

（2）月度生产作业计划指标要结合全年计划指标分解，还要结合各矿月度生产指标实际完成情况，编制和下达月度计划。

（3）每月矿生产计划安排前，矿总工程师要会同生产单位有关人员进行现场勘察下月生产作业位置，实地计算可能影响生产的地质、设备、系统等因素。确定可行的作业方案后，由矿计划员编报下月生产作业计划。

（4）月计划进行的工程必须满足安全生产标准化要求，并做到安全生产。

（5）均衡组织生产，避免前松后紧现象。

（6）月计划实施中遇有作业地点和工作量与实际出入较大时，矿方要研究编制相应的调整方案和施工措施，同时向公司提出书面报告，批准后方可调整工作量和工作位置或工作方法。

（7）月计划实施中遇有特殊条件危及生产安全时，矿方必须以书面形式提出“施工作业方案”上报公司，由生产技术部组织相关部门研究制定技术安全组织措施，经审批后方可实施作业。

（8）各矿制定当月计划时，要以公司下达计划任务为主，附属工程编入本矿计划其他项工作，要求必须制定完善的安全技术措施和施工作业规程，保证矿计划任务的顺利完成。

（9）各矿编制的月度作业计划必须将安全、安全生产标准化工作一同编入，各项工作要有具体时限、具体内容、主要工作安排，及保证完成的组织措施和安全技术措施。

（10）各矿计划任务当月未完成的，必须在下月计划编制说明中详细说明，组织不利、原因不清的，公司将予以考核处罚。

5. 其他规定

（1）各矿井必须严格按照公司下达的各种统一表样内容和图纸规范要求如实填报、绘制，不得缺项；如当月未发生采掘进度、精煤产量，也要在表中填报未发生的原因，不得出现缺表缺项现象。

（2）为规范上报资料的内容、形式和报送时间，做出如下规定：

①月度生产作业计划须在当月 25 日前以电子版和纸质形式编报。

②月度采掘生产进度报表须在次月 3 日前以电子版和纸质形式编报。

（3）对确需调整月度生产作业计划的矿井，必须在当月 20 日之前提交书面“月度调整计划报告”，经生产技术部负责人、生产指挥中心负责人审核，公司分管领导审批后方可生效。逾期没有按照调整计划程序审批的，生产技术部不予以受理。

（4）公司生产技术管理人员要经常深入现场巡视当月生产作业情况，协助解决生产中遇到的技术问题。对生产中违犯作业计划或施工作业规程要求的现象有权予以制止，并将按照公司有关规定进行处理解决。

（5）各矿井上报资料的质量、数量、时间等将按规定纳入月度考核中。

（6）生产指挥中心要做好生产统计，及时交流生产信息，保证计划的执行力。

2.2.2　煤矿图纸管理制度

（1）煤矿所有绘制的矿图，必须符合国家相关规定以及《煤炭矿井制图标准》《煤矿采矿技术文件用图形符号》（GB/T 38110—2019）、集团公司及公司相关矿图绘制管理规定。

（2）煤矿必须严格按照《煤矿安全规程》规定，及时绘制煤矿必备的常用图纸。

（3）矿图上的内容、标注、符号、图幅及编号要严格执行公司下发的《煤矿采掘工程平面图制图标准》及相关专业图纸绘制要求。

（4）所有矿图必须根据实际变化及时填绘和标注。

（5）所有矿图必须使用统一的坐标系统。

（6）各煤矿每月必须对所有必备矿图进行一次更新、收集和整理，并由生产技术科保存归档。

（7）所有图纸及资料严禁私自转借他人，更不能以个人名义对外借阅，如需提供时，必须经部门负责人或分管领导同意后方可提供，否则后果自负；所有外借的图纸资料必须按时收回。

（8）所有图纸必须严格按照公司规定要求进行编号管理，并经相关人员签字确认并留备查。

（9）复审图纸时，要先看大样图、剖面图、总平面图，有关尺寸有无出入，平面图与剖面图尺寸有无出入，并要考虑与土建矿建的关系。

（10）需要销毁的图纸必须由图纸管理人员整理，分管科室主要负责人同有关技术人员一起仔细校对核实，然后将销毁理由及图纸目录报送总工程师批准后，方可销毁。

2.2.3　煤矿规程措施管理制度

第一章　总　　则

第一条　为进一步加强煤矿作业规程及安全技术措施的技术管理，提高规程、措施的编制质量，促进生产技术管理水平的进一步提高，根据《中华人民共和国安全生产法》《中华人民共和国煤炭法》《中华人民共和国矿山安全法》《煤矿安全监察条例》《煤矿安全规程》《安全生产行业标准》《煤矿安全生产标准化管理体系基本要求及评分方法（试行）》《防治煤与瓦斯突出细则》《煤矿防治水细则》等相关法律、法规及行业标准、规程以及相关技术规范规定，特制定本管理办法。

第二条　作业规程及安全技术措施是矿井生产技术管理的重要技术文件，是现场技术管理的基础工作，必须严格按照“一项目一规程，一变化一措施”的要求认真编制，并由矿总工程师组织相关技术管理人员会审签字后方可生效。

第三条　作业规程及安全技术措施必须符合《煤矿安全规程》《煤矿工人技术操作规程》和上级各级主管部门安全生产技术的有关规定。作业规程和安全技术措施编写的格式，必须符合晋能煤管字〔2020〕109号文件下发的格式要求，包括规程的章节架构及文字排版等内容。已安装煤矿作业规程信息管理系统的矿井，必须采用规程管理系统进行编制，实现网络会签并保留相关记录。

第二章　作业规程及措施的编制

第四条　作业规程、安全技术措施的编制由施工队技术员负责。矿生产技术科、通风科、安全科、机电科等职能部门负责提供业务范围内的相关资料。其中作业规程必须在计划开工前一个月开始编制工作，编制前一周必须下发通知书并提供相关技术资料。

第五条　作业规程及措施的编制内容必须符合“五性”要求。即：

（1）符合性：规程、措施必须符合《煤矿安全规程》《煤矿工人技术操作规程》和上级技术管理的有关规定及样本格式要求。

（2）针对性：规程、措施必须具有针对性，严禁出现赘述、表达不清和遗漏。《煤矿安全规程》《煤矿工人技术操作规程》中有明文规定的，必须明确规定，属必须执行的条文，可标明该规定的条款，但在贯彻时必须贯彻其条文的具体内容；上级无任何规定但又需指明的必须明确规定，并体现安全可靠、技术先进、经济合理的原则。

(3) 准确性：规程、措施中使用的数据必须准确，计算正确。所有数字只要上级没有特殊规定，必须精确到毫米，有效数字表示要准确，比例尺必须达到精度要求。

(4) 正规性：规程、措施必须正规，文字排版、图纸绘制规范，必须用微机处理。其内容要纲目清楚、简明扼要、层次分明、文字通顺、字迹清楚、图表正规、图文并茂、清晰美观、装订整齐。

(5) 规范性：所有规程及安全技术措施，必须严格按照长煤销发〔2014〕371号文件下发的模板格式进行编制。已安装作业规程编制软件的矿井，要坚持进尺使用软件进行编制，并努力实现网上会签及复审制度。

第六条 现场情况发生变化时，必须及时修改作业规程或补充安全技术措施，并需总工程师及主要生产技术负责人签字审批。

第七条 规程、措施必须按期完成，以保证矿井正常生产。工作面作业规程必须在开工前十天编制审批完毕并贯彻学习和考试；各种安全技术措施必须在施工前三天编制完毕并贯彻学习，急需使用的措施在施工前编制完毕。

第八条 需编制施工安全技术措施的工程项目

(1) 掘进工作面的停产或开工。

(2) 掘进工作面过陷落柱、断层、冲刷带、冒顶区、薄煤区、空巷等特殊构造。

(3) 处理煤仓堵塞。

(4) 巷道维修、改造、刷扩、贯通、起底、挑顶、补棚、回棚等。

(5) 构筑风桥、密闭施工、掘进硐室、巷道开口及交岔点施工。

(6) 掘进工作面的安装与回收。

(7) 非专业队组安装或回收运输设备；专业队组安装、回收大型设备或“四超”设备（超长、超宽、超高、超重）。

(8) 地质钻探。

(9) 瓦斯排放。

(10) 电氧焊等特殊工程。

(11) 掘进、机电、运输、通风、地测等其他零星工程。

第九条 作业规程及安全技术措施的具体编制步骤，严格执行公司下发的《采掘作业规程编制指南》中的相关规定要求。

第三章 作业规程及措施的审批

第十条 作业规程或安全技术措施由施工单位技术员编制完成后，先经施工单位队长组织队内相关人员初审后，报请矿业务主管科室技术负责人审核。

第十一条 业务科室技术负责人，要严格对照技术交底、水文及地质资料等对作业规程或安全技术措施进行初审，提出初审意见，并督促施工单位整改后报请矿总工程师。

第十二条 由矿总工程师组织各业务科室对作业规程或安全技术措施进行会审，提出会审意见。会审通过后参加会审人员审核签字，施工单位技术员要按照会审意见进行修订补充完善，经业务科室核实后，报矿总工程师签发。

第十三条 施工单位技术员将作业规程或措施报给初审人员的时间必须提前于会审时间三天（紧急工程措施除外）；否则造成不能按时开工，由施工单位负责。

第十四条 初审人要本着认真负责的态度，对作业规程或技术措施及其配套的其他基础资料进行仔细对照，严格审查，提出初审意见和建议。

第十五条 作业规程或技术措施的会审及每月的复审由矿总工程师负责，业务主管科室要做好原始记录。利用规程编制软件进行审批的要有审批痕迹。

第十六条 作业规程或技术措施的审批实行集中会审制度。安装有作业规程编制软件的单位，要积极执行网络会签审查制度。

第四章 作业规程及措施的贯彻、执行、复查

第十七条 作业规程及安全技术措施的贯彻由施工队技术员负责向本单位全体干部职工传达贯彻。作业规程在工作面开工前必须由施工单位负责人组织，技术员向本施工队全体施工人员和管理人员贯彻学习，贯彻时间不得少于4 h；如果施工人员属于新工人，现场作业经验少，还未完全掌握本规程的施工技术、方法和作业要求，贯彻时间不得少于10 h，并必须进行现场指导，执行有关规定；规程学习、贯彻后要签字、考试。安全技术措施在施工前进行传达贯彻、签字；轮休或请假的职工上班前必须补课、签字、考试。采掘作业规程每季度进行一次重新传达贯彻、签字、考试。一般性措施可只进行学习签字；重要措施要进行学习签字并且进行考试，其学习时间不得少于1 h。

第十八条 作业规程贯彻、签字后，经考试合格方可下井工作。考试不及格者严禁下井工作，必须立即停工学习，直至补考及格后方可上岗。

第十九条 所有施工人员必须严格按批准的规程措施进行施工，严禁违章作业。情况发生变化时，必须及时由施工队技术员根据现场实际补充完善技术措施。

第二十条 每月由矿井总工程师或技术负责人组织生产技术科、调度室、通风科、地测防治水科、安全科、机电队、监理等职能部门，对作业规程进行复审，复审意见由生产技术科负责填写，并经矿技术负责人及相关会审人员签字后批准生效。

第五章 作业规程及措施的存档保管

第二十一条 各业务科室、施工队要对作业规程和措施，以及传达贯彻、考试、复查等记录实行档案化管理。生产技术科负责对全矿回采、掘进、收尾、安装作业规程或措施以及有关规程或措施学习贯彻的各种记录进行分类存档保存。

第二十二条 作业规程或安全技术措施的分发，要严格按照文件管理的要求，由施工队负责分发到矿相关单位，并建立分发记录。

第二十三条 作业规程或安全技术措施作为矿井内部的执行性文件，分别由施工队、生产技术科、调度室、地测防治水科、通风科、安全科等业务部室或相关人员妥善保管使用，严禁擅自外借。特殊情况必须经矿总工程师批准后，严格执行矿技术资料借阅登记制度。

第二十四条 工作面施工结束后，队组技术员要在一个月内及时编制技术工作总结，积极完善工作面技术档案，并按标准要求整理装订成册，经生产技术科审核后，交矿资料室存档。

2.2.4 煤矿顶板控制制度

（1）矿井必须成立矿级顶板控制领导机构，并根据矿井机构设置的特点，明确顶板控制领导机管理制职责，确保顶板控制领导机构的有效运行。

（2）公司及各矿必须建立健全顶板控制责任体系。

（3）公司各矿井顶板控制工作要做到年初有计划、年末有总结。

（4）公司每半年要召开一次顶板控制工作会议，矿井每季、科（队）每月要召开一次顶板控制工作会议，专题研究公司及煤矿井下顶板控制工作。

（5）采掘工作面在组织生产时，必须严格执行《晋能集团煤矿顶板管理特别规定》及公司《顶板控制若干规定》《顶板控制二十条规定》及《顶板控制十条红线》等有关规定，严禁空顶作业。

（6）公司所属各煤矿，要积极开展采掘工作面矿压观测工作。要严格按照《顶板控制二十条规定》的要求，积极成立矿压观测小组，定期收集一线数据，并及时做出分析处理报告，以便随时掌

握采掘工作面顶板变化规律。

(7) 要严格矿井支护设计。所有支护设计，必须由矿生产技术管理部门统一管理并组织设计，支护设计必须经过严密的计算、验收，并进行安全可靠性、稳固性、适用性分析后，确定采掘支护方式、方法、支护材料及参数，确保支护设计科学、合理、安全可靠。支护设计由矿总工程师负责组织审查把关，是设计工作的第一责任人。

(8) 当遇地质构造带、应力变化区、特殊条件顶底板和煤壁变化不稳定区域、大断面、交岔点等状况时，要由矿总工程师负责组织，通过认真地分析研究，并根据实际变化情况，深入研究支护加固补强方案，进行专项设计，确保安全可靠。

(9) 严格落实采掘工作面工程质量的管理工作，确保采掘工作面支护工程质量符合要求。

(10) 岩巷施工优先使用综掘，必须进行爆破掘进时，必须进行光面爆破，以保证巷道成型完整。

(11) 维修独头巷道时，必须由外向里逐架进行，并设置专人监护，严禁人员进入里边工作。

(12) 加强对井下巷道支护质量巡查，发现隐患及时消除。对地质构造带，应力集中区、过老巷及采空区的巷道要进行补强支护，并要经常观察巷道变化情况，确保巷道支护安全。

(13) 加强对各种新购、修复和加工改造的支护材料的管理，完善管理制度和检测手段，加大入井支护用品的检查验收力度，不符合要求的严禁下井使用。

(14) 积极开展科技攻关技术研究，进一步提高顶板控制水平，消除顶板控制方面的安全隐患，促进安全生产。

2.2.5　煤矿矿压监测管理制度

第一条　建立完善的矿压监测组织机构，并明确责任

各矿要在总工程师的领导下，积极成立矿压观测组，矿压观测组应设在煤矿生产技术科，并在采掘副总或生产技术科科长的直接领导下，负责落实有关矿压监测的各项工作任务。其主要职责有：

(1) 制定矿压监测所用仪器仪表、设备配备数量和维修检测资金计划。

(2) 组织实施采、掘工作面矿压观测监测工作，利用科学有效的方法，对监测数据进行定期的分析和处理，对存在的问题提出整改意见并监督实施。

(3) 当采掘工作面过断层、陷落柱、旧巷、富水区、破碎带、交岔点、古空区等特殊地段时，矿压观测组深入现场考察实际情况制定专项监测方案，报请矿总工程师审批。

(4) 对矿压监测仪器仪表，严格按照国家计量器具管理制度进行强检。杜绝各类不合格品的使用，有条件的矿井应使用顶板离层在线监测系统。

(5) 所有采掘工作面结束后，都必须及时编制矿压观测总结报告，为科学管理顶板提供依据。

第二条　采煤工作面顶板矿压监测内容及方法

(1) 支架阻力：直接读取或采集压力表读数。

(2) 顶板动态：在各测线处对顶板状态做统计观测，记录采高、端面距、片帮深度等。

(3) 支架几何参数：采用目测普查，超标明显处用工具进行测记，包括顶梁走向角及倾角、支架间隙、顶梁错茬。

(4) 两巷超前：测量两巷道超前支护区域内单体液压支柱或超前液压支架的初撑力或工作阻力。

(5) 特殊时期的顶板矿压监测：主要包括初采、末采撤面，工作面顶板初次垮落和初次来压时的相关矿压数据，该阶段对每组支架均要进行动态监测，其初撑力必须符合规定，两巷超前支护初撑力必须达到作业规程规定的要求。

(6) 在采煤过程中，每班移架作业完成后，支架必须升紧、升实，以确保支架的初撑力。

第三条　采煤工作面顶板矿压监测数据收集、分析、处理

(1) 采煤队负责进行现场支护质量与动态监测数据收集工作，每班由验收员监测三次，如实填

写压力观测记录表，严禁弄虚作假。

(2) 现场验收员每班将井下测取的各种原始数据按记录表格填写清楚，并在升井后及时填入相关记录台账内。

(3) 每周对观测数据进行分析处理，每月编制分析总结报告，并对矿压监测查出的问题提出整改措施和建议，经矿总工程师及生产副经理审核签发后，由矿采煤队负责落实整改。

(4) 工作面安装、撤面必须对液压支架初撑力进行动态监测，对液压系统完好情况进行统计观测，并将监测记录存档保存。

第四条　顶板离层仪监测内容及要求

(1) 掘进巷道顶板动态监测主要仪器为顶板离层仪，所有采用锚网支护的煤巷从施工到报废都必须在矿压观测组的协调指导下实行全过程监测与维护。巷道掘进期间顶板离层仪的安装、观测及维护工作，由掘进施工单位在矿压观测组的指导下负责实施；巷道竣工交接后直至采煤工作面回采结束期间顶板离层仪的观测及维护工作由采煤队负责，观测后的所有数据必须及时上报至矿压观测组备案。

(2) 顶板离层仪安装深基点、浅基点的深度，由矿压观测组根据现场地质资料，顶锚杆、锚索长度，顶板厚度等情况确定，安装人员必须按照要求深度打设，并由验收组验收。

(3) 巷道顶板离层仪的观测采用定人、定岗、定时观测。煤巷锚网支护巷道的监测责任单位都必须建立巷道监测与维护档案，在巷道交接时，其巷道监测与维护档案一并交接。

(4) 所有锚网支护巷道要严格按照掘进规程的相关规定，及时安设顶板离层指示仪，煤矿及相关施工单位不得以任何理由拒绝和推迟安装。

(5) 顶板离层仪按煤巷每间隔 50 m，岩巷及半煤岩巷每间隔 100 m 安设一组，并实行挂牌管理。巷道交岔点、过地质构造带等应力集中区域，应根据现场实际情况适当调整顶板离层仪的安设密度。

(6) 采煤、掘进以及所有涉及使用锚网支护巷道的单位，必须认真爱护所有矿压观测仪器，严禁随意损坏，否则将按仪器原价至少 3 倍以上的金额进行处罚。

(7) 采煤队必须对该范围内安设的顶板离层仪、巷道位移测量仪等矿压观测点，安排专人每周测读 1 次；回采压力波及区域（约 100 m），每天测读 1 次，并对观测数据进行详细记录。

第五条　顶板离层仪监测的数据收集、分析、处理

(1) 煤巷、半煤岩距迎头 50 m 以内的、岩巷距迎头 100 m 以内的顶板离层仪，每天观测 1 次，距迎头 50 m 以外超出此范围的可每周观测 1 次。

(2) 巷道竣工交接后直至采煤工作面回采完毕期间，测量读数每周不少于 1 次。

(3) 当现场读数变化范围超过 100 mm 或日下沉量超过 40 mm 时，现场施工的跟班人员必须立即采取应急措施进行补强支护，以保证现场施工安全，并迅速报请矿有关领导及职能科室进行分析研究后，严格按照既定的有效措施及时进行处理。

(4) 观测期间还应对巷道支护状态进行观测统计，如有矿压显现剧烈、巷道变形严重时，应视情况适当增加观测次数，对变形、网兜、片冒等现象要做出统计记录，并对观测数据进行总结分析，情况严重时应及时报请矿总工程师及生产副经理批示，并根据批示要求及时采取必要的安全技术措施。

(5) 矿压观测组必须设专人对采煤工作面监测数据及时进行分析处理，每月至少对观测数据分析总结 1 次，并做出预测预判。及时掌握顶板离层、围岩变形量等数据随工作面推进的变化规律，发现异常及时向矿有关领导进行汇报处理，并提前采取措施。

第六条　特殊地点矿压监测管理

(1) 当采掘工作面过断层、陷落柱、旧巷、富水区、破碎带、交岔点、古空区等特殊地段时，必须加强矿压观测。区队技术员要及时根据井下现场条件，详细记录矿压观测相关内容并及时上报矿

压观测组，矿压观测组要对汇报情况及时进行分析处理并提出综合评价及建议，报请矿总工程师审批后，由生产技术科将矿压分析处理意见及时反馈到施工单位及相关职能部室，施工单位要严格按照建议及时进行处理。

（2）新水平、新采区、新煤层新开掘巷道及首采工作面，必须加强矿压观测。要根据实际需要，适当增加矿压观测点及观测频次，做好数据分析处理工作并及时存档，以便为后期巷道支护设计及采掘工作安排提供可靠的技术支撑。

（3）对受压变形巷道，除应加强对顶板离层监测外，还应对巷道两帮位移量和底鼓等情况进行设点观测变化，超过范围及时采取措施。

第七条 所有井工开采的煤矿，必须根据本矿矿压观测工作落实的需要，积极建立健全矿压观测奖惩机制，对未按照制度执行或执行不到位的人员进行惩处；对矿压观测、分析工作做出改进等的优秀人员进行奖励，以确保矿压观测、分析和处理各项工作落实到位。

2.2.6 煤矿支护材料管理制度

第一条 煤矿井下所用所有支护材料必须从正规厂家购进，购进时必须有合格证或产品检验合格证书，矿方自行加工的支护材料必须经相关资质部门检验合格后方可使用。

第二条 支护材料进场前，生产技术科和供应科必须督促使用单位规范存放场地，并有必要的防雨、防冻等措施。

第三条 支护材料进场后，供应科要及时通知生产技术科和使用单位进行验收，相关检验报告齐全、规格尺寸与计划无误后，经相关人员签字确认后方可使用。

第四条 支护材料规格尺寸与计划不同时，生产技术科和供应科有权不予验收，并由供应科负责协调更换。

第五条 严禁各施工单位擅自购进各种矿用支护材料。

第六条 进场后的支护材料，必须按照要求按批次到有资质单位进行抽检，抽检报告要实行档案化留存保管。

第七条 每月所需支护材料，必须认真制定材料计划，使用单位要严格按计划领取材料，不得浪费。

第八条 所有到矿的液压单体支柱进场后，必须全部进行终身制编号，做到“一柱一号”，并建立入井登记台账。

第九条 井下支护材料运输、摆放必须按照公司运输管理规定和文明生产要求进行管理，做到定置管理。

第十条 井下支护材料必须按要求回收，不得随意丢弃，回收支护材料由机修厂修复利用。

2.2.7 煤矿工程质量管理制度

第一条 综采队工作面工程质量验收管理制度

（1）煤矿成立质量管理小组，矿长任组长，主管矿长为副组长，各生产科室科长为成员，验收员由队长直接领导，验收员对队长负责，队长对科室科长负责，各生产科室对工作面的工程质量实行动态验收，现场督促跟班队长整改问题，任何问题不过班并现场交接班。

（2）质量验收员必须坚持原则，严格按队里制定的考核和验收标准验收，不得徇私舞弊，包庇隐瞒，每天在班前会上通报上班存在的问题，由跟班队长、班长落实。

（3）跟班检查生产中的各个工序以及设备使用情况，对工作面的工程质量，文明生产等问题，详细通报跟班队干、班组和相关人员并进行整改，对所跟班工程质量及时填写班评估表，详细填写每组支架、设备工作面所有地点存在的问题及隐患，班评估表必须由跟班队长、班长等相关人员签字确认。

（4）验收员每天必须带齐皮尺、评估表及一切检查验收工具，按时参加班前会。

（5）验收员必须当班班后交表，且内容齐全，对工作面存在的问题全面详细地在值班台账上写明，不得弄虚作假。凡因填写不全面或不真实而造成影响生产的，将按照队里的相关规定严格处罚。

（6）验收员交回的考核表、队部值班干部、技术员必须认真核对，技术员要经常下井复查各班验收员的验收情况，发现弄虚作假必须严肃处理，同时跟班队干、班长是本班质量管理的第一责任人，对验收员查出的问题要严格按照工程质量标准认真安排整改。

（7）验收员对本班查出的问题，必须现场指出，凡指出属实或正确意见，跟班队干、班长必须无条件服从。

（8）对使用设备、作业卫生、文明生产等必须逐项认真验收，发现问题及时通知当班管理人员安排整改，否则，验收员有权对管理人员和当事人进行处罚。

（9）验收员必须每天将工作面存在的问题，严格按照要求详细记录在工程质量验收表、班评估表及队部值班台账上。

第二条 巷道施工工程质量检查、考核制度

（1）掘进工作面工程质量严格按照《煤矿井巷工程质量验收规范》（GB 50213—2017）进行检查验收，并要求临时支护措施到位，安全设施齐全可靠，无不合格工程。

（2）严格执行工程质量的检查考核制度，工程质量验收记录必须齐全真实，并实行“一工程一档案”管理模式。

（3）矿方要建立工程质量管理部门，工程质量每旬由队组进行旬检查，每月由矿生产技术科组织月验收，班组还必须配备专职验收员，对当班工程质量进行验收并有记录表。

（4）掘进工作面工程质量在进行验收时，接受检查验收的单位，必须由队长和技术负责人陪同检查。

（5）掘进巷道必须配齐工程质量检查的各种检测工具。

（6）检查验收人员在现场必须使用检测工具进行检查，取得准确的数据资料，并经陪检人员现场确认，保留检查的原始记录。

（7）上井后，根据检查验收原始记录，认真填写巷道工程质量检验评定表，并根据检验评定表的标准如实评分，检验评定表填写完成后，必须有验收人员和陪检人员的签字确认。

（8）针对查出的质量问题和安全隐患，必须及时进行“五定”处理。

（9）在工程质量进行评级前，必须收集齐下列有关资料：

①隐蔽工程记录：包括冒顶、宽帮、壁后充填、钢筋布置和绑扎质量、锚杆间排距和角度。

②锚杆拉拔试验报告，锚杆预紧力试验报告和混凝土、砂浆强度试验报告，支护材料检测报告。

③水文地质资料、班组施工验收记录等。

（10）掘进工作面必须根据旬检查和月验收的工作进行分析总结，并将检查验收资料和总结报告在矿生产技术科存档管理。

（11）对于工程质量不合格的，要严格按照考核细则进行处罚，并根据工程质量标准的要求积极进行整改和修复。

2.2.8 煤矿修巷管理制度

第一条 井巷断面不能满足正常通风、运输要求或不符合《煤矿安全规程》第九十条、第九十一条、第九十七条时，要及时制定专项安全技术措施并积极进行处理维修，并实行“专人负责、专项安全技术措施、专业化队伍”的“三专”管理。

第二条 每次巷道维修，矿生产技术科必须责成施工单位，根据实际情况及时编制专项《安全技术措施》，并报矿领导进行会审后签字确认后，贯彻到施工队所有参与作业人员。

第三条 各矿井要对井巷维修工作做到月初有计划，月末有总结，并把巷道失修、维修等情况逐月上报。

第四条 在维修井巷时，必须遵循从外向内、从上向下的维修原则逐架进行维修。

第五条 严禁上、下段同时进行维修作业。

第六条 架棚支护巷道连续出现3架或3架以上断梁折柱视为安全隐患，必须及时安排人员进行维修，更换。

第七条 当巷道出现底鼓、片帮时，必须及时安排人员进行挖底、扩帮，若进行挖底会导致原支架的脚露出时，必须进行巷道改扩，更换支架，以保证通风、行人、运输等安全。

第八条 修复旧井巷，必须首先检查瓦斯，只有在回风流中瓦斯浓度不超过1.0%，二氧化碳浓度不超过1.5%时，才能作业。

第九条 对失修巷道的维修工作，必须加强维修质量，并符合相关规定，达到标准要求。

第十条 巷道失修率规定：全矿井巷道失修率不高于7%，严重失修率不高于3%。

2.2.9 煤矿现场管理制度

第一条 采、掘工作面投产或开工前，必须严格按照公司下发的《作业规程编制指南要求》，及时编制完成相关作业规程并经审核批准及贯彻考试合格。重要工程，如大硐室开掘、超大断面掘进（包括大断面的交岔点）、巷道维护、大型设备安装及检修或更换、巷道掘进过特殊地段或贯通等，必须有专项安全技术措施。

第二条 井下所有采掘工作面投产或开工前，必须由矿安全科组织相关职能部门对作业现场进行联合安全确认，发现安全隐患必须及时整改，工作面经联合验收并经相关职能部门负责人签字确认，符合煤矿规定的安全生产条件时，施工单位方可开始作业。

第三条 有自然发火、水害、采空区、废旧巷道威胁的采掘工作面，必须有专项防灾安全技术措施。每个采掘工作面都应根据本煤层和邻近采区的地质和矿压观测资料，确定采掘工作面的顶板控制方法、支护方式，作为编制采掘工作面作业规程的依据。

第四条 所有采掘工作面均应严格执行正规循环作业，努力提高工作面单产单进水平。采掘作业规程的劳动组织和循环作业图表，应采用先进的工艺流程和合理的劳动定额，并要根据工作面条件的变化及时进行修改，经矿总工程师组织审批后严格执行。

第五条 井下所有采掘工程必须严格按照煤矿安全生产标准化的要求，由矿生产技术科组织相关技术人员逐月进行工程质量验收，且每月不少于1次。生产技术科要根据本矿的实际情况，制定严格的工程质量检查验收制度和明确的奖罚机制，以确保采掘工程质量的动态达标。

第六条 对施工现场出现影响工程质量及施工安全的新情况、新问题，施工单位必须立即停止作业并及时通知矿调度室或有关职能科室，矿相关负责人要及时组织相关工程技术人员，采取或制定针对性的安全技术措施后方可恢复生产。

其他制度见《制度体系》。

2.3 “一通三防”技术管理制度

2.3.1 矿井风量管理制度

第一条 矿井主要通风机的能力应满足矿井生产的需求，通风部门建立测风制度，定期、不定期对矿井各区域配风量进行核定，以准确掌握矿井需风量，对供风能力不足的区域，必须及时调整采、掘工作面个数或对通风系统进行优化改造，做到“以风定产”。

第二条 根据实际情况需要，及时对全矿井进行通风能力核定，核定结果经公司审查后报集团公司备案。通风能力核定方法严格执行AQ 1056—2008《矿井通风能力核定标准》和AQ 1028—2006《煤矿井工开采通风技术条件》。

1. 核定通风系统能力必须具备的条件

（1）必须依法取得采矿许可证、安全生产许可证、煤炭生产许可证和营业执照。必须有健全的通风管理机构及必备的专业技术人员。

（2）必须有完整独立的通风、防尘、防灭火及安全监测监控系统，通风系统合理，通风设施齐全可靠。

（3）必须采用机械通风，运转的主要通风机和备用通风机必须具备同等能力，矿井通风机应由具备资质的检测检验机构测试合格。

（4）安全检测仪器、仪表齐全，性能可靠。

（5）局部通风机的安装和使用符合规定。

（6）采掘工作面的串联通风符合规定。

（7）矿井瓦斯管理必须符合规定。

2. 核定要求

（1）矿井每年应核定通风能力。

（2）矿井转入新水平生产或改变一翼通风系统后，应重新核定矿井通风能力。

（3）矿井更换主要通风机、对主要通风机进行技术改造、主要通风机更换了叶片、电动机和改变了动叶、导叶角度后，应重新核定矿井通风能力。

（4）采掘生产工艺有重大改变后，应重新核定矿井通风能力。

（5）矿井瓦斯等级或瓦斯赋存条件、煤层生产条件发生重大变化后，应重新核定矿井通风能力。

（6）实施改建、扩建、技术改造的矿井，应重新核定矿井通风能力。

（7）实行瓦斯抽采的矿井，应核查矿井抽采瓦斯系统的稳定运行情况。

（8）矿井有两个及以上并联主要通风机通风系统时，应按照每一个主要通风机通风系统分别进行通风能力核定，矿井的通风能力为每一通风系统能力之和；矿井应按照每一通风系统能力合理组织生产。

3. 矿井不进行能力核定的情况

（1）新建矿井在建设期间。

（2）矿井技术改造或整合改造工程施工期间。

（3）按国家产业政策已列入关闭的矿井。

（4）矿井在停产整顿期间。

（5）矿井生产许可证年检基本合格且尚未进行整改或整改不合格。

4. 通风能力核定要求

（1）核定的通风能力为“年”通风能力，能力的最小计算单位为“万吨”，年工作天数为330天。

（2）在核定计算中所采用的基础数据，一般为正常生产条件下前三年平均数或上一年度实际发生数。

（3）矿井通风能力档次分为：30万t/a以下矿井以1万t为档次，30万~90万t/a矿井以3万t为档次，90万~600万t/a矿井以5万t为档次，600万t/a以上矿井以10万t为档次。能力核定结果不在标准档次的，按就近下靠原则确定，不实行四舍五入原则。

第三条 矿井配风及风量计算要求：

（1）矿井采、掘工作面，硐室及其他用风地点的配风，必须符合国家有关标准要求，保证各用风地点风流中瓦斯、二氧化碳等其他有害气体浓度、风速以及温度符合《煤矿安全规程》规定。

（2）通风科每月要根据矿井采掘衔接安排，编制下月配风计划，报矿总工程师批准。所有独立供风地点的风量都要在月度计划中明确规定，执行过程中根据用风地点瓦斯、二氧化碳气体涌出、温度变化等情况及时调整。

（3）在《作业规程》中，要详细计算采掘工作面的需风量。

第四条　矿井风量管理

（1）矿井每10天进行一次全面测风。采掘工作面和其他用风地点，应根据需要随时测风，每次测风结果应记录并写在测风地点的记录牌上。同一区域或风网的风量测定必须在一班内完成，当日编制出测风报表，测定结果应按采区分别填写，并报通风科长、矿总工程师审阅。测风后要进行通风系统和风量分析，发现问题，及时进行处理。矿井外部漏风率每年测定一次，遇到特殊情况随时进行测定。

（2）测风点的设置应齐全，所布置的测点要求能够准确反映出所测区域所有用风点及进回风分支的实际风量。

（3）测风点应相对固定，并设有明显的标志。测风点的布置要符合以下要求：

①采煤工作面布置在进风巷距离工作面10 m以外符合规定的地点；回风巷回风绕道口以内30 m（如本面有外切眼供风，在外切眼以内10 m处增加一个测点）；下分层工作面测风点布置在回风巷距工作面20～50 m处。

②掘进工作面布置在回风绕道内或局部通风机所在巷道的进风侧、局部通风机吸风口、风筒末端出风口。

③采区末端皮带、轨道巷各支路。

④其他供风点根据实际情况确定。

（4）矿井主要进（回）风巷、采区进（回）风巷必须设立永久测风站。

（5）矿井有效风量率不得低于87%；装有通风机的井口必须封闭严密，其外部漏风率在无提升设备时不得超过5%，有提升设备时不得超过15%。

（6）矿井主要通风机的检修门、反风道、反风门及井口附近的其他漏风通道均应封堵严密。每季度进行一次详细检查，发现问题及时处理，以减少外部漏风。

第五条　井下风量调整或主要通风机工况变化等原因，使井下风量发生较大变化时，由通风科长安排及时进行全面测定。

第六条　测风地点必须选择在断面规则且前后10 m范围内无杂物和无拐弯的地方。测风地点的断面，测风员每季度要核定一次。

第七条　测风员在风量测定过程中，如发现风速不稳定，应查明原因，将问题处理后重新测定。查不清原因或不能处理的要向通风科领导汇报。

第八条　测风员在风量测定过程中，应随时检查“一通三防”设施情况。若发现“一通三防”隐患问题，必须立即向通风科领导汇报。隐患严重危及安全时，应立即停止工作，撤出危险区人员，同时向矿调度室汇报。

2.3.2　巷道贯通管理制度

第一条　掘进巷道同其他各类巷道贯通前，由施工单位编制专项安全技术措施，通风科编制贯通时调整通风系统的通风安全技术措施。由矿总工程师组织生产、技术、通风、安监、机电、地质等有关部门会审。

第二条　机掘巷道距贯通点50 m前，其他掘进巷道距贯通点20 m前，突出煤层距贯通点60 m前，必须停止一个工作面作业。地测科负责向调度室、通风科、安全科、施工队组等有关部门及通风助理、生产副矿长、总工程师等人员下达贯通通知单。通风科在贯通前必须把相关的“一通三防”设施建好待用，做好调整系统的准备工作。

第三条　巷道贯通调整通风系统措施内容应包括：

（1）概况。

（2）贯通时的组织机构及人员分工。

（3）贯通前的准备工作。

（4）调整通风系统的具体步骤。

（5）对影响区域的风量、瓦斯检查安排。

（6）贯通时的安全措施。

（7）贯通前、后的通风系统图。

第四条 贯通前，通风科要进行系统分析，分析贯通前后的通风网络变化，特别要对存在角联支路和邻近有封闭区的巷道做风量、瓦斯预测，对贯通过程中可能出现的无风、微风及瓦斯超限等问题提前做好预处理准备。

第五条 贯通前，被贯通的巷道要切断电源，巷道入口设置栅栏和警标，保持正常通风，正常检查瓦斯，并经常检查风筒完好情况，瓦斯超限时先停止在掘工作面的工作，进行处理。被贯通的巷道除进行瓦斯检查、排水工作外，不准做其他工作；停掘巷道进行瓦斯等气体检查时，在掘巷道不得进行装药和爆破。

第六条 每次装药爆破前，掘进工作面班组长和瓦斯检查员要共同到停掘工作面检查瓦斯。只有两个工作面及其回风流中的瓦斯浓度都在0.8%以下时，方可装药爆破，每次装药爆破前，两个工作面入口必须有专人警戒。

第七条 在预计巷道贯通前5天，施工单位技术主管每班都要绘制进度图表，及时掌握巷道贯通的具体时间并通知有关人员。

第八条 距贯通前10 m时，要长探短掘，每次爆破前瓦斯检查员都要检查被贯通侧的瓦斯情况，巷道探通后由施工单位提出允许巷道贯通申请单，经矿值班领导、施工单位区（队）长、通风科长或技术主管签字批准后方可贯通。

第九条 巷道贯通全过程由矿分管生产的副经理统一指挥。贯通前，要向参加贯通工作的所有人员贯彻安全技术措施。贯通时，通风科长、施工单位负责人、安全科长必须到现场指挥。对于贯通影响范围广，造成矿井风量变化大，以及出现贯通旧巷、采空区、老窑和其他情况不明地点等，生产副经理、总工程师、安全副经理、通风助理要亲临现场。贯通后，由总工程师统一指挥，必须停止采区内一切工作，立即调整通风系统。调整通风系统期间，受影响区域必须断电、撤人（调整系统人员除外）。每次贯通，通风科都要留有记录，要有贯通小结。

第十条 发现外围矿井与本矿贯通，要及时组织力量立即用防爆密闭与之隔绝，同时将贯通处理情况及时向公司调度及一通三防部汇报。

2.3.3 贯通采空区管理制度

第一条 贯通采空区是指采掘工作面与旧巷、采空区、老窑或其他不明地点贯通。

第二条 由矿总工程师牵头编制贯通采空区专项通风安全技术措施，经矿总工程师组织会审签字后，报公司一通三防部备案。

第三条 贯通采空区专项措施必须结合贯通地点的具体情况进行编制，措施包括以下内容：

（1）现场工程情况。

（2）领导机构。

（3）钻探。

（4）贯通前的准备。

（5）贯通前后的通风安全管理。

（6）采空区处理。

第四条 矿长对贯通采空区“一通三防”管理工作负全面责任。

第五条 矿总工程师对贯通采空区的技术工作负全面责任，直接负责采空区贯通的技术工作。

第六条 通风助理直接负责贯通采空区有毒有害气体、瓦斯监测、排放等措施的编制工作，负责落实贯通采空区的“一通三防”工作，对贯通的“一通三防”工作负直接责任。

第七条　生产矿长负责全面协调贯通采空区期间的生产安排和劳动组织以及贯通采空区前、后的相关工程的实施工作。

第八条　安全矿长对贯通采空区的安全措施贯彻执行情况负监管责任。

第九条　机电矿长对贯通采空区期间的供电、机电设备管理负直接责任。

第十条　生产技术科长（地测科长）负责做好采空区的探测工作，及时摸清贯通采空区处的巷道支护状况、巷道位置关系、水文地质等情况。

第十一条　调度室主任负责协调生产、技术、通风、地测等各部门工作。调度室对汇报的各种情况和数据做好记录，并及时向有关领导汇报和向施工单位传达有关指令，及时通知贯通采空区时受影响区域停电、撤人、警戒等工作。

第十二条　机电科长协助机电矿长做好供电设备管理，并负责安排专人加强对局部通风机的供电、机电设备的维护和检修工作。

第十三条　贯通采空区工作本着“钻探先行、逐步贯通、谨慎排放”的原则。未按照要求采取钻探的，严禁采掘作业。

第十四条　贯通采空区前，由总工程师牵头，生产技术科（地测部门）编制探查采空区有害气体钻孔设计。探查钻孔执行公司《加强矿井水害防治工作的规定和指导意见》中探水孔的钻探施工方案。探查钻孔可与探放水钻孔共用，探查采空区钻孔深度 60 m，超前钻孔距离不得少于 30 m。准确预测采空区的位置，探查采空区详细参数，确认无安全隐患后方可继续作业。

第十五条　探查采空区有害气体钻孔，必须建立钻机施工、验收台账，在钻进过程中，清楚记录钻孔的方位、倾角、孔深、岩性及孔内气体情况，保证钻孔资料真实、准确。

第十六条　钻孔原始记录必须在现场及时、详细记录，严禁随意涂改，严禁做回忆记录。

第十七条　综合机械化采掘工作面在距采空区 50 m 前、其他工作面在距 20 m 前，地测防治水科向通风科及生产单位下发透采空区通知单。

第十八条　贯通前，生产技术科每天向矿调度及通风科汇报当班进尺及贯通距离。

第十九条　贯通前，对安全监控系统进行一次全面检查与维护，保证监控系统稳定、可靠运行。

第二十条　贯通前，对局部通风系统进行全面检查，确保“三专两闭锁”可靠、“双风机双电源”自动切换装置灵敏，风量满足要求。

第二十一条　局部通风机必须由指定人员负责管理，不得出现无计划停风。掘进工作面风筒出风口距工作面距离不得大于 5 m。

第二十二条　必须配备足够的光学瓦斯测定器、多种气体检测仪、氧气浓度测定仪、一氧化碳测定仪、瓦斯断电仪和瓦斯传感器，所有使用仪器必须进行检定合格，并定期校验，保证仪器准确可靠。

第二十三条　掘进工作面贯通采空区前，必须做好封闭采空区的材料准备工作。

第二十四条　在钻探及贯通采空区期间，必须每班配备一名专职瓦斯检查员，检查通风、瓦斯、安全监控、煤层自然发火和煤尘情况。

第二十五条　当采掘工作面距离采空区小于 10 m 时，必须至少有一名矿领导和一名通风科管理人员现场跟班，随时检查有害气体成分。

第二十六条　每次采掘循环开始前，必须先施工 5 m 深超前探眼，掘进工作面超前探眼不少于 3 个，采煤工作面每 2 m 不得少于 1 个探眼，探眼超前距不得低于 2 m。若探眼与采空区贯通，则由瓦斯检查员使用瓦斯检查杖测定采空区瓦斯情况。若气体承压且浓度大于 2.4%，必须施工排放钻孔进行瓦斯卸压排放，排放期间必须停止作业，撤出无关人员，进行控制排放直到正常。与采空区打通的爆破孔和探眼，爆破前必须用炮泥全长封闭，不得作为爆破孔使用。

第二十七条　严格执行“一炮三检”和“三人连锁爆破”制度。炮掘工作面与采空区还有 2 m 时，采用放小炮的掘进方法进行贯通。综合机械化采、掘作业时，在与采空区贯通点还有 1.5 m 时，要放慢采掘速度，使用采掘机切割头小范围贯通。

第二十八条　贯通采空区时，生产矿长、总工程师、安全矿长、通风助理必须在现场指挥，加强现场管理，确保安全贯通采空区。

第二十九条　贯通前，由采掘队负责对贯通地点 30 m 范围内的巷道进行冲洗，确保无粉尘堆积。

第三十条　贯通后，由总工程师统一指挥，立即调整通风系统。调整通风系统期间，受影响区域必须断电、撤人（调整系统人员除外）。每次贯通，通风科都要有记录、有贯通小结。

第三十一条　掘进工作面与采空区贯通后，若出现回风量增加，应尽快在贯通老巷内设置临时风障，使风流恢复正常。期间必须增加瓦斯检查次数，同时应对附近矿井通风系统进行调查，查明原因，采取防范措施。

第三十二条　掘进工作面与采空区贯通后，若回风量减少、停滞、反向，说明工作面向采空区漏风严重，此时必须连续监测掘进工作面风量，立即在贯通老巷内打设临时风障减少漏风，维持巷道正常风速，防止瓦斯等有害气体超限。

第三十三条　贯通采空区期间，必须随时进行瓦斯检查。重点检查风流隅角、高冒及低凹地点。

如果工作面风流中瓦斯浓度达到 0.8% 时，必须停止用电钻打眼；爆破地点附近 20 m 以内风流中瓦斯浓度达到 0.8% 时，严禁爆破。如果工作面风流中瓦斯或二氧化碳浓度达到 1.2%，或其他有害气体浓度超过《煤矿安全规程》有关规定时，必须立即停止作业，切断电源，撤出人员，并汇报调度室和相关领导及时处理。

每次检查结果必须通知现场作业班长并签字认可，然后汇报调度，调度应将汇报情况记入瓦斯管理台账。

第三十四条　贯通采空区后，必须由瓦斯检查员、班组长、安全员在贯通处检查瓦斯、顶板、积水情况。瓦斯不超限，其他符合要求，方可允许人员进入。对采空区检查的项目包括 CH_4、CO_2、CO、H_2S、O_2 等气体浓度及空气温度，检查时，要用瓦斯检查仗伸入采空区采样，不得直接进入采空区检测。

贯通后，如果采空区内瓦斯浓度超过 0.8% 或二氧化碳浓度超过 1.5% 及其他有害气体浓度超过《煤矿安全规程》规定时，必须制定排瓦斯措施，报矿总工程师批准后进行排放。

第三十五条　掘进工作面贯通采空区后，局部通风扩散有效通风距离为正前方向按风筒出风口向前 8 m、巷道两侧按 3 m 确定为人员安全工作范围，之外的采空区均按盲巷进行管理，应拉设警戒线，悬挂“内有瓦斯、严禁入内”的警示牌。当需要进入采空区观测时，必须制定专项措施后方可进行探查。

第三十六条　掘进工作面穿过的老巷，必须立即采用不燃性材料进行永久封闭（具体封闭方案根据现场情况由总工程师临时制定），密闭内有水时应安设反水池或反水管，老巷与采空区相连时还应设置观测孔和措施孔。

第三十七条　掘进工作面揭露采空区时，要求每次揭露长度不得大于 1.5 m，揭露一段必须及时用不燃性材料封闭一段。

第三十八条　若贯通后发现采空区有火区存在，必须立即撤出人员，由矿山救护队协助对采空区砌筑防火密闭，并对采空区气样进行定期分析，检测采空区自然发火情况。

第三十九条　采空区封闭后应做好标识，按永久密闭进行管理，定期对墙内、外气体情况进行检测。

第四十条　采煤工作面贯通采空区后，必须及时用局部通风机对采空区恢复通风，排除其中积聚的瓦斯。

2.3.4　矿井通风图纸的绘制

第一条　通风系统图纸总体要求

（1）整体布局合理、美观，图面整洁，线条均匀光滑。

（2）标注内容完整、准确，充分反映井下实际情况。为保证图的正确、美观和统一，必须按照

《矿井通风系统图图例》要求绘制。

（3）图名一律标在图框内，位置在图的上框线下方。

（4）在每张图的右下角绘制图签。

（5）图中需要标明的内容用直线引出，引线不宜太长，并且方向一致。

（6）图纸绘制及内容标注，一律用 0.3 mm 的绘图笔（通风系统平面图中经常变动的通风设施、风流参数的标注可用铅笔绘制）。

（7）矿井通风系统图及立体示意图在图的上方绘制指北针，指北针用长 30 mm，宽 4 mm 的箭头标示。

（8）节点编号沿风流方向依次标明，且通风四种图的编号必须相互对应一致。

（9）风流方向均用箭头线标注，风流分支处必须标明风流方向。

（10）除通风系统图外，其余三图均用标准的白纸绘图。

第二条　矿井通风四种图的绘制要求及标注内容

1. 矿井通风系统平面图

（1）在 1∶2000 采掘工程平面图上绘制矿井通风系统平面图。

（2）图上标注内容：主要通风机、风流方向、局部通风机、风筒、密闭、风门、反向风门、调节风窗、风桥、测风站、测风点、防爆门等。

（3）主要通风机应标注的内容：主要通风机型号、等积孔、电机功率、实际功率、叶轮角度、转速、排风量、主要通风机风压，标注格式自定。

（4）测风（站）点标注的内容：巷道断面积、风速、风量、测定时间等。

2. 矿井通风立体示意图

（1）图幅不小于零号。

（2）所有井巷用双线（或一粗一细）绘制。

（3）坐标系选择，沿煤层走向的巷道与 X 轴平行，与走向垂直的巷道与 Y 轴平行，立井与 Z 轴平行，X 轴垂直 Z 轴，X 轴与 Y 轴成 45°～60°，为了充分体现层次关系，Z 坐标轴要选择适当比例。对于井田范围较大，形状不规范的矿井，可根据本矿实际将坐标系适当旋转。

（4）绘图时可不严格按比例，但要反映矿井通风系统的空间立体概貌，突出层次。

（5）为了更好地反映主要井巷的相对空间位置，进回风井、暗斜井、溜煤眼、石门、大巷、采区巷道用 0.6 mm 绘图笔绘制，采空区用 2 mm 宽的实线圈出。

（6）图上标注内容：主要通风机、风流方向、局部通风机、风筒、密闭、风门、反向风门、调节风窗、风桥、测风站、防爆门、节点编号、火区、巷道名称及采掘工作面编号、与目前开采和通风系统有关的采空区（井田范围大、通风系统复杂、内容标注困难的矿井可只标注主要内容即可）。

3. 矿井通风网络图

（1）图幅不小于零号图纸。

（2）凡构成分区通风系统的所有用风点均要在图上显示。

（3）网络的简化：简单的串联或并联分支可用一条等效分支代替，对压降很小的井底车场、采区车场及某些巷道可并为一个节点。

（4）要尽量减少风路的交叉。交汇点用黑点表示并编号，不交汇的交叉巷道不绘黑点。

（5）网络图一般采取垂直放置，其进风段在下方，用风段在中间，回风段在上方。形状为圆形。

（6）图上标注内容：主部通风机、风流方向、采空区、火区、控制火区的主要密闭和调节风窗、节点编号、巷道名称及采掘工作面编号、节点压能、巷道风阻、风量。

4. 矿井通风压能图

（1）在零号或一号图纸上绘制。

（2）以进风井口为零点，坐标轴上要标明压能值及其正负号，单位为 Pa。

（3）压能图的节点和巷道编号与网络图完全一致。

（4）图上标注内容：主要通风机、节点编号、巷道名称、采掘工作面编号、火区及控制火区的设施。

第三条 矿井通风四种图必须定期上报到公司通风管理部门，各种图纸上报时间如下：

（1）矿井通风系统平面图（1∶2000）、通风网路图每季上报一次。

（2）矿井通风立体示意图、通风压能图每年上报一次。

2.3.5 生产矿井配风、风量计算细则

第一条 矿井需要总进风量计算

矿井需要总进风量按各采煤工作面、掘进工作面、硐室、备用工作面及其他巷道等用风地点实际需要风量分别进行计算（各地点的风量计算值遇小数点向上进位取整数）。

$$Q_{矿} = \left(\sum Q_{采} + \sum Q_{掘全} + \sum Q_{硐} + \sum Q_{备} + \sum Q_{其他}\right) \times K_{矿通} \qquad (6-2-1)$$

式中 $Q_{矿}$——矿井需要总进风量，m^3/min；

$\sum Q_{采}$——矿井独立通风采煤工作面需要风量之和，m^3/min；

$\sum Q_{掘全}$——矿井独立通风掘进工作面局部通风机安装处全风压需要风量之和，m^3/min；

$\sum Q_{硐}$——矿井独立通风硐室需要风量之和，m^3/min；

$\sum Q_{备}$——矿井独立通风备用工作面需要风量之和，m^3/min；

$\sum Q_{其他}$——矿井除了采、掘、硐室和备用工作面以外的其他用风巷道需要风量之和，m^3/min；

$K_{矿通}$——矿井通风系数，包括矿井内部漏风和配风不均衡等因素，抽出式取 1.15～1.2，$K_{矿通}$系数各矿根据本矿井通风路线、通风设施数量、通风系统等因素选取，一般情况矿井投产时间短、新开拓采区、通风路线短、设施数量少、漏风小或矿井投产时间长但漏风总量小取小值，反之取大值；亦可根据以上因素程度不同在合适范围内选取。

第二条 采煤工作面需要风量计算

每个采煤工作面需要风量，应按工作面气象条件，瓦斯、二氧化碳绝对涌出量，人数和爆破后有害气体产生量以及工作面气温、风速和人数等规定分别进行计算，然后取$Q_{采1}$～$Q_{采5}$的最大值作为该采煤工作面需要风量。

（1）采煤工作面按气象条件确定需要风量，其计算公式为

$$Q_{采1} = 60 \times 70\% \, V_{cf} S_{cf} K_{采高} K_{采面长} \qquad (6-2-2)$$

式中 $Q_{采1}$——采煤工作面需要风量，m^3/min；

V_{cf}——按采煤工作面进风流的温度从表 6-2-3 中选取，m/s；

S_{cf}——采煤工作面平均有效断面积，按平均控顶距计算，m^2；

$K_{采高}$——采煤工作面采高调整系数（表 6-2-4）；

$K_{采面长}$——采煤工作面长度调整系数（表 6-2-5）。

表 6-2-3 采煤工作面进风流气温与对应风速

采煤工作面进风流气温/℃	采煤工作面风速/（$m \cdot s^{-1}$）
<20	1.0
20～23	1.0～1.5

表6-2-3（续）

采煤工作面进风流气温/℃	采煤工作面风速/（m·s^{-1}）
23~26	1.5~1.8
26~28	1.8~2.5
28~30	2.5~3.0

表6-2-4 $K_{采高}$——采煤工作面采高调整系数

采高/m	<2.0	2.0~2.5	>2.5及放顶煤工作面
系　数（$K_{采高}$）	1.0	1.1	1.2

表6-2-5 $K_{采面长}$——采煤工作面长度调整系数

采煤工作面长度/m	长度风量调整系数$K_{采面长}$
<15	0.8
15~80	0.8~0.9
80~120	1.0
120~150	1.1
150~180	1.2
>180	1.30~1.40

（2）按照瓦斯绝对涌出量计算需要风量：

根据《煤矿安全规程》规定，按采煤工作面回风流中瓦斯浓度不超过1%的要求计算：

$$Q_{采2}=100q_{采CH_4}K_{采CH_4} \qquad (6-2-3)$$

式中　$Q_{采2}$——采煤工作面实际需要风量，m^3/min；

$q_{采CH_4}$——采煤工作面回风巷风流中瓦斯平均绝对涌出量，m^3/min；

$K_{采CH_4}$——采煤工作面瓦斯涌出不均衡系数，低瓦斯矿井可取1.5~2.0，高瓦斯矿井取2.0~2.5；

100——采煤工作面回风流中瓦斯浓度不超过1%所换算的常数。

按二氧化碳或其他有害气体的绝对涌出量计算需要风量，根据《煤矿安全规程》规定，按采煤工作面回风流中不同有害气体的允许浓度并参照按瓦斯绝对涌出量的计算方法执行。

（3）按二氧化碳涌出量计算需要风量：

$$Q_{采3}=67q_{采CO_2}K_{采CO_2} \qquad (6-2-4)$$

式中　$Q_{采3}$——采煤工作面实际需要风量，m^3/min；

$q_{采CO_2}$——采煤工作面回风巷风流中平均绝对二氧化碳涌出量，m^3/min；

$K_{采CO_2}$——采煤工作面二氧化碳涌出不均衡系数，取1.5；

67——按采煤工作面回风流中二氧化碳浓度不超过1.2%的换算系数。

（4）按工作人员数量和炸药量计算需要风量：

①按每人供风量≥4 m^3/min计算需要风量：

$$Q_{采4}\geq 4N \qquad (6-2-5)$$

式中　N——采煤工作面同时工作的最多人数。

②按炸药量计算需要风量：

$$Q_{采5} \geqslant 25A_{药} \quad 一级煤矿许用炸药 \qquad (6-2-6)$$

$$Q_{采5} \geqslant 10A_{药} \quad 二、三级煤矿许用炸药$$

式中　25——一级煤矿许用炸药每克爆炸后需要供给的风量，$m^3/(min \cdot kg)$；

10——二、三级煤矿许用炸药每克爆炸后需要供给的风量，$m^3/(min \cdot kg)$；

$A_{药}$——一次爆破炸药最大用量，kg。

此公式仅适用于使用硝酸铵炸药的矿井计算需要风量，使用水胶炸药的煤矿不进行此步计算，但要有相关说明。

（5）按采煤工作面风速进行验算：

$$15S_{max} \leqslant Q_{采} \leqslant 240S_{min} \qquad (6-2-7)$$

$$S_{max} = 采煤工作面最大控顶距 \times 实际采高 \times 70\%$$

$$S_{min} = 采煤工作面最小控顶距 \times 实际采高 \times 70\%$$

式中　S_{max}——采煤工作面最大控顶断面积，m^2；

S_{min}——采煤工作面最小控顶断面积，m^2。

第三条　备用采煤工作面需要风量计算

备用工作面亦应满足按瓦斯、二氧化碳、气温等规定计算的风量，且最少不得低于同一采煤方式相同的采煤工作面实际需要风量的50%。

$$Q_{备} \geqslant 0.4Q_{采} \qquad (6-2-8)$$

第四条　掘进工作面局部通风机处的需要风量

1. 掘进工作面的需要风量

每个掘进工作面需要风量，应按瓦斯、二氧化碳绝对涌出量以及工作面气温、风速和人数等规定分别进行计算，然后取 $Q_{掘1} \sim Q_{掘4}$ 的最大值作为该掘进工作面需要风量。

（1）按照瓦斯绝对涌出量计算：

$$Q_{掘1} = 100q_{掘}K_{掘} \qquad (6-2-9)$$

式中　$Q_{掘1}$——单个掘进工作面需要风量，m^3/min；

$q_{掘}$——掘进工作面回风流中瓦斯平均绝对涌出量，m^3/min；

$K_{掘}$——掘进工作面瓦斯涌出不均衡系数；1.5；

100——掘进工作面回风流中瓦斯浓度不超过1%所换算的常数。

按二氧化碳绝对涌出量计算需要风量时，可参照瓦斯绝对涌出量计算方法进行。

（2）按照风速计算掘进工作面需要风量：

$$Q_{掘2} = 60V_{掘}S_{掘max} \qquad (6-2-10)$$

式中　$V_{掘}$——局部通风机供风巷道内最低允许风速，m/s；

岩巷 $V_{掘} \geqslant 0.15$ m/s，煤巷和半煤岩巷 $V_{掘} \geqslant 0.25$ m/s；

$S_{掘max}$——局部通风机供风巷道的最大净断面积，m^2。

（3）按掘进工作面同时作业人数和炸药量计算需要风量：

①按每人供风量≥4 m^3/min 计算需要风量：

$$Q_{掘3} \geqslant 4N \qquad (6-2-11)$$

式中　N——掘进工作面最多人数。

②按炸药量计算需要风量：

$$Q_{掘4} \geqslant 25A_{药} \quad 一级煤矿许用炸药 \qquad (6-2-12)$$

$$Q_{掘4} \geqslant 10A_{药} \quad 二、三级煤矿许用炸药$$

式中　25——一级煤矿许用炸药每克爆炸后需要供给的风量，$m^3/(min·kg)$；

10——二、三级煤矿许用炸药每克爆炸后需要供给的风量，$m^3/(min·kg)$；

$A_{药}$——一次爆破炸药最大用量，kg。

此公式仅适用于使用硝酸铵炸药的矿井计算需要风量，使用水胶炸药的煤矿不进行此步计算，但要有相关说明。

(4) 按风速进行验算：

岩巷掘进最低风量：$Q_{岩掘} \geq 9S_{掘max}$；

煤巷、半煤岩巷掘进最低风量：$Q_{煤掘} \geq 15S_{掘max}$；

煤巷、半煤岩巷、岩巷掘进最高风量：$Q_{掘} \leq 240S_{掘min}$；

式中　$S_{掘max}$——局部通风机供风巷道的最大净断面积，m^2；

$S_{掘min}$——局部通风机供风巷道的最小净断面积，m^2。

2. 局部通风机选型

(1) 局部通风机工作风量计算：

$$Q_{部通风机} \geq Q_{掘} P \tag{6-2-13}$$

式中　$Q_{部通风机}$——局部通风机工作风量，m^3/min；如有实测百米漏风率 P_{100}，可按式（6-2-14）计算，当无实测资料时，应按式（6-2-13）计算。

$$Q_{部通风机} \geq \frac{Q_{掘}}{\left(\frac{1-LP_{100}}{100}\right)} \tag{6-2-14}$$

L——风筒长度，m；

P——局部通风机供风巷道风筒漏风系数。

柔性风筒应按下式计算：

$$P = \frac{1}{1-nL_{接}} \tag{6-2-15}$$

式中　n——风筒接头数；

$L_{接}$——一个接头漏风率。反压边连接时，$L_{接}=0.002\sim0.006$（煤巷取小值，岩巷取大值）。

(2) 局部通风机工作风压计算：

根据掘进工作面设计长度、局部通风机需要工作风量、掘进工作面需要风量、风筒风阻，计算掘进工作面局部通风机工作风压值：

$$h_t \geq R_p Q_{部通风机} Q_{掘}\text{（式中 }Q_{部通风机}\text{、}Q_{掘}\text{ 的计算单位均为 }m^3/s\text{）} \tag{6-2-16}$$

式中　R_p——压入式风筒的总风阻，$N·S^2/m^8$；如有实测百米风阻值 R_{100}，可按式（6-2-17）计算，当无实测资料时，应按式（6-2-18）计算；

h_t——压入式局部通风机全风压，Pa。

$$R_p = R_{100}\left(\frac{L}{100}\right) \tag{6-2-17}$$

$$R_p = \left(\frac{6.5\alpha L}{d^5\zeta}\right) \tag{6-2-18}$$

α——风筒摩擦阻力系数（无实测资料时可参用表6-2-6），$N·S^2/m^4$；

L——风筒长度，m；

d——风筒直径，m；

ζ——供风距离调整系数，按表6-2-6选取。

(3) 选择合适的局部通风机。根据工作风压、风量和局部通风机的性能曲线，选择合适的局部通风机。

（4）根据所选用局部通风机型号，确定局部通风机的工作风量。

表 6-2-6　胶质风筒 α、ζ 选用范围参考表

风筒直径/mm	摩擦阻力系数 α/（$N \cdot S^2 \cdot m^{-4}$）	供风距离/m	ζ
300	0.0053	≤500	0.5
400	0.0049		
500	0.0045	500~1000	1
600	0.0041		
700	0.0038	1000~1500	3
800	0.0032		
1000	0.0029	1500~2000	6

局部通风机的工作风量范围应以该局部通风机出厂说明书中提供的有效风量范围为准，各矿必须保存好局部通风机出厂说明书，以此为矿井配风计算和局部通风机选型的凭证，无此资料时，可按照同功率原则参考表 6-2-7 选取。

表 6-2-7　部分局部通风机选型表

型　号	功率/kW	级数	建议 $Q_{部通风机}$/（$m^3 \cdot min^{-1}$）	风压/Pa	备注
FBD5/2×5.5	2×5.5	2	200~140	500~2800	
FBD5/2×7.5	2×7.5	2	240~180	700~3200	
FBD5.6/2×11	2×11	2	350~240	800~3700	
FBD6/2×15	2×15	2	400~300	1500~4400	
FBD6/2×22	2×22	2	500~380	1600~5000	
FBD6/2×30	2×30	2	600~430	2000~5800	
FBD6/2×55	2×55	2	1100~800	3000~5800	

3. 局部通风机安装处巷道全风压供风量计算

$$Q_{掘全} = \sum Q_{部通风机实} + 60V_{安} S_{安} \tag{6-2-19}$$

式中　$Q_{掘全}$——局部通风机安装处巷道的全风压供风量，m^3/min；

$\sum Q_{部通风机实}$——安装在同一地点并联通风的各局部通风机工频运转实际工作风量之和，m^3/min。可现场实测或参考表 6-2-7 选取，供风长度小时取大值，反之取小值；

$V_{安}$——局部通风机吸入口至局部通风机供风井巷回风口之间的风速，m/s。安装局部通风机的巷道中的风量，除了满足局部通风机的吸风量而外，还应保证局部通风机吸入口至局部通风机供风井巷回风口之间的风速，以防止局部通风机吸入循环风和此段巷道内风流停滞，造成瓦斯积聚。风速岩巷取≥0.15 m/s、煤巷和半煤巷取≥0.25 m/s；

$S_{安}$——局部通风机吸入口至局部通风机供风巷道回风口之间的巷道断面，m^2。

第五条　水采工作面需要风量计算

水采工作面按 3 台正常运转局部通风机配风，并保证水采区域内温度、瓦斯浓度及风速等符合《煤矿安全规程》的有关规定。

$$Q_{水} = K\sum Q_{掘} \tag{6-2-20}$$

式中　K——工作面供风系数，取 1.1 ~ 1.6。

第六条　井下硐室需要风量计算

按矿井各个独立通风硐室需要风量的总和确定：

$$\sum Q_{硐} = Q_{硐1} + Q_{硐2} + Q_{硐3} + \cdots + Q_{硐n} \tag{6-2-21}$$

式中　$\sum Q_{硐}$——所有独立通风硐室需要风量总和，m^3/min；

$Q_{硐1}$、$Q_{硐2}$、$Q_{硐3}$、…、$Q_{硐n}$——不同独立通风硐室需要风量，按硐室配风原则计算，并与大屯矿区实际配风情况相比，取其最大值，m^3/min。

1. 井下不同硐室配风原则

（1）井下爆炸材料库配风必须保证每小时 4 次换气量。

$$Q_{库} = \frac{4V}{60} = 0.07V \tag{6-2-22}$$

式中　$Q_{库}$——井下爆炸材料库需要风量，m^3/min；

V——井下爆炸材料库的体积（包括联络巷在内的爆炸材料库的空间总体积），m^3。

（2）井下充电室，应按其回风流中氢气浓度小于 0.4% 计算风量。

（3）机电硐室需要风量应根据不同硐室内设备的降温要求进行配风。

（4）选取硐室风量，须保证机电硐室温度不超过 30 ℃，其他硐室温度不超过 26 ℃。

2. 根据经验值确定井下硐室给定供风量

充电硐室和爆炸材料库按 100 ~ 150 m^3/min 供风，井下临时瓦斯抽放泵站配风量不小于 150 m^3/min，其他硐室按 60 ~ 90 m^3/min 供风。

第七条　其他巷道需要风量计算

按矿井各个其他巷道需要风量的总和确定：

$$\sum Q_{其他} = Q_{其1} + Q_{其2} + Q_{其3} + \cdots + Q_{其n} \tag{6-2-23}$$

式中　$Q_{其1}$、$Q_{其2}$、$Q_{其3}$、…、$Q_{其n}$——各其他巷道需要风量，m^3/min。

（1）按瓦斯涌出量计算：

$$Q_{其i} = 100q_{CH_4}K_{其通} \tag{6-2-24}$$

式中　$Q_{其i}$——第 i 个其他巷道需要风量，m^3/min；

q_{CH_4}——第 i 个其他巷道最大瓦斯绝对涌出量，m^3/min；

$K_{其通}$——其他巷道瓦斯涌出不均衡系数，取 $K_{其通} = 1.2 \sim 1.3$；

100——其他巷道中风流瓦斯浓度不超过 1% 所换算的常数。

（2）按风速验算：

$$Q_{其他i} \geqslant 9 \times S_{其i} \tag{6-2-25}$$

（3）架线机车巷中的风速验算：

$$Q_{其他架线机车} \geqslant 60 \times S_{其i} \tag{6-2-26}$$

式中　$S_{其i}$——第 i 个其他巷道断面，m^2。

第八条　矿井有关通风参数的计算方法

（1）矿井有效风量是指风流通过井下各用风地点实测风量之和（包括独立通风采煤工作面、掘进工作面、备用工作面、硐室及其他用风巷道)。

矿井有效风量计算:

$$Q_{有效} = \sum Q_{采i} + \sum Q_{掘全i} + \sum Q_{硐i} + \sum Q_{备i} + \sum Q_{其他i} \quad (6-2-27)$$

式中　$Q_{有效}$——矿井有效风量，m^3/min;

$\sum Q_{采i}$——矿井独立通风采煤工作面实测风量之和，m^3/min;

$\sum Q_{掘全i}$——矿井独立通风掘进工作面局部通风机安装处全风压实测风量之和（不重复计算），m^3/min;

$\sum Q_{硐i}$——矿井独立通风硐室实测风量之和，m^3/min;

$\sum Q_{备i}$——矿井独立通风备用工作面实测风量之和，m^3/min;

$\sum Q_{其他i}$——矿井其他独立用风巷道实测风量之和，m^3/min。

(2) 矿井有效风量率（E）是矿井有效风量占矿井总进风量的百分数。

矿井有效风量率计算:

$$E = Q_{有效} \div Q_{进} \times 100 \quad (6-2-28)$$

式中　E——矿井有效风量率,%;

$Q_{有效}$——矿井有效风量，m^3/min;

$Q_{进}$——矿井总进风量，m^3/min。

(3) 矿井外部漏风量是指直接由主要通风机装置及其风井附近地表漏失的风量之和。

矿井外部漏风量计算:

$$\sum Q_{外漏} = \sum Q_{主通i} - \sum Q_{井i} \quad (6-2-29)$$

式中　$\sum Q_{外漏}$——矿井外部漏风量之和，m^3/min;

$\sum Q_{主通i}$——各台主要通风机工作风量总和，m^3/min;

$\sum Q_{井i}$——各回风井的实测风量之和，m^3/min。

(4) 矿井外部漏风率是指矿井外部漏风量与各台主要通风机工作风量总和之比。

矿井外部漏风率计算:

$$L = \sum Q_{外漏} \div \sum Q_{主通i} \times 100 \quad (6-2-30)$$

式中　L——矿井外部漏风率,%;

$\sum Q_{外漏}$——矿井外部漏风量之和，m^3/min;

$\sum Q_{主通i}$——各台主要通风机工作风量总和，m^3/min。

(5) 矿井内部漏风量是指矿井实际总进风量与矿井有效风量之差。

矿井内部漏风量计算:

$$Q_{内漏} = Q_{实进} - Q_{有效} \quad (6-2-31)$$

式中　$Q_{内漏}$——矿井内部漏风量，m^3/min;

$Q_{实进}$——矿井实际总进风量，m^3/min;

$Q_{有效}$——矿井有效风量，m^3/min。

(6) 矿井主要通风机工作风量（排风量）应等于矿井的实际总回风量、外部漏风量之和。

(7) 矿井总进风量比（G）是反映矿井通风能力大小的指标，该值合理范围应在 $100\% < G < 110\%$。

$$G = Q_{实进} \div Q_{矿} \times 100 \qquad (6-2-32)$$

式中　G——矿井总进风量比,%；

$Q_{实进}$——矿井实际总进风量，m^3/min；

$Q_{矿}$——矿井需要总进风量，m^3/min。

（8）矿井等积孔（A）是用来表示矿井通风难易程度的指标。

①单风井矿井等积孔计算：

$$A = 1.19\frac{Q_{主通}}{\sqrt{H}} \qquad (6-2-33)$$

式中　A——矿井等积孔，m^2；

$Q_{主通}$——主要通风机工作风量，m^3/s；

H——主要通风机的静压，Pa。

②多风井矿井等积孔计算：

$$A = 1.19\frac{\sum Q_{主通}}{\sqrt{\sum Q_i H_i / \sum Q_{主通}}} \qquad (6-2-34)$$

式中　A——矿井等积孔，m^2；

$\sum Q_{主通}$——各台主要通风机工作风量总和，m^3/s；

$\sum Q_i H_i$——各台主要通风机工作风量和对应的主要通风机静压乘积之和，$Pa \cdot m^3/s$。$\sum Q_i H_i = Q_1 H_1 + Q_2 H_2 + \cdots + Q_n H_n$。

（9）矿井内部漏风系数是指矿井实际总进风量与矿井总有效风量之比。矿井内部漏风系数计算：

$$K = Q_{实进} \div Q_{有效} \qquad (6-2-35)$$

式中　K——矿井内部漏风系数；

$Q_{实进}$——矿井实际总进风量，m^3/min；

$Q_{有效}$——矿井有效风量，m^3/min。

（10）计算矿井有效风量、有效风量率、漏风量、漏风率、漏风系数及主要通风机工作风量时，风量均应换算成标准状态下的风量，可按下式计算：

$$Q_{标} = Q_{测}\rho_{测} \div 1.2 \qquad (6-2-36)$$

式中　$Q_{标}$——标准状态下的风量，m^3/min；

$Q_{测}$——测定地点的实际风量，m^3/min；

$\rho_{测}$——测定地点的空气密度，kg/m^3；

1.2——标准状态下矿井空气密度，kg/m^3。

第九条　矿井必须每月按本细则进行风量核算，列出矿井配风计划，做到“以风定产”，并报矿总工程师审核、签字。

第十条　在计算和考核矿井需要风量时，存在串联通风的地点，串联风量应以其中最大一个工作面实际需风量确定。

第十一条　备用工作面是指具备生产条件而没有生产的采煤工作面；如不具备生产条件的，应按巷道供风标准考核。

第十二条　新投产的采掘工作面的风量计算，可参考同一煤层相邻工作面的空气温度、瓦斯绝对涌出量等参数进行计算。

第十三条　采煤工作面实际供风量符合本细则风量计算要求的情况下，若发现有煤炭自燃隐患需要采取调风措施时，经公司批准后，可适当调整工作面风量。

2.3.6 瓦斯排放管理制度

第一条 矿井因故造成瓦斯超限时，必须严格按排放瓦斯制度进行排放。

第二条 全矿性的停电停风检修前，必须制定通风瓦斯专项安全技术措施，报公司审批。

主要通风机或局部通风机在有计划停止运转前，必须对其所担负的通风区域采取撤人、断电措施，并在通向影响区域的各巷道口设置栅栏（掘进巷道栅栏设在回风绕道口以里 2 ~3 m 处）。

第三条 矿井主要通风机因故停止运转，受该通风机影响的停风区域必须全部断电撤人，并安排专人在通向影响区的各巷（井）口设警拦人。

第四条 利用主要通风机排放矿井瓦斯时，必须编制专项措施经公司总工程师批准，排放瓦斯时要严格控制风硐中甲烷浓度不得超过 1.2%，否则必须采取加大短路风量的措施。在恢复矿井或采区通风系统时，当主要通风机出口处的瓦斯浓度不超过 0.8% 时，通风瓦斯检查人员方可入井检查通风瓦斯情况。矿井总回风流瓦斯浓度不超过 0.6% 时，其他人员方可入井。

第五条 井下变（配）电所，在恢复送电前应由瓦斯检查员检查电缆所经过的巷道及变电所内的瓦斯，只有瓦斯浓度在 0.4% 以下时，方可由上级变电所向本级变电所送电。

第六条 局部通风机因故停止运转，在恢复通风前，必须首先检查瓦斯浓度。当掘进巷道回风绕道以内 20 m 范围瓦斯浓度在 1.6% 以下，由通风值班人员安排瓦斯检查员就地排放。当掘进巷道回风绕道以内 20 m 范围瓦斯浓度在 2.4% 以下，由通风部门制定排放措施，指定通风副科长以上通风管理人员按照要求进行排放，安监部门现场监督执行。当掘进巷道回风绕道以内 20 m 范围瓦斯浓度超过 2.4% 时，由矿通风部门编制专项措施，报矿总工程师审批后，由矿山救护队按措施进行排放。

第七条 在排放瓦斯过程中，排出的瓦斯与全风压风流混合处的甲烷和二氧化碳浓度均不得超过 1.2%，且混合风流经过的所有巷道内必须停电撤人，其他地点的停电撤人范围应当在措施中明确规定。只有恢复通风的巷道风流中甲烷浓度不超过 0.8% 和二氧化碳浓度不超过 1.2% 时，方可人工恢复局部通风机供风巷道内电气设备的供电和采区回风系统内的供电。

第八条 采区及以上范围瓦斯积聚且浓度超过 2.4% 时，排放瓦斯措施必须由矿总工程师组织会审签字后，报公司审批，报集团公司备案。

第九条 排放瓦斯工作要由外向里依次进行，一个采区内严禁两个瓦斯超限地点同时排放瓦斯。排除串联通风区域的瓦斯时，必须严格遵守排放次序，首先从进风方向第一台局部通风机处开始排放，只有第一台局部通风机排放瓦斯结束后，第二台局部通风机前风流中瓦斯浓度降到 0.4% 以下时，方可送电排放瓦斯。如排放瓦斯巷道为对旋风机，严禁直接启动两级同时进行排放。

第十条 排放瓦斯措施内容

（1）造成瓦斯超限的原因、浓度、范围、积存量，采取控制排放瓦斯浓度的措施，供风量和排放时间，计划排放时间。

（2）制定排放瓦斯的方法，要确保排出的风流在同全风压风流混合处的瓦斯浓度和二氧化碳浓度不超过 1.2%，在与全风压风流混合处安设声光瓦斯报警断电仪或便携式瓦斯报警检测仪，严禁一风吹。

（3）确定排放瓦斯的流经路线和方向，风流控制设施的位置，各种电气设备的位置，通信电话位置，瓦斯传感器的监测位置，明确停电撤人范围，凡是受到排放风流影响的硐室、巷道以及被排放瓦斯风流切断安全出口的采掘工作面，必须撤人断电，停止作业，指定警戒人员的位置，禁止其他人员进入，必须做到文图齐全，并在图上注明。

（4）排放瓦斯流经的巷道内的电气设备必须指定专人在采区变电所和配电点两处同时切断电源，并设警示牌和设专人看管。

（5）瓦斯排放完后，指定专人检查瓦斯，供电系统和电气设备必须完好，只有排放瓦斯巷道的瓦斯浓度不超过 0.8% 且二氧化碳浓度不超过 1.2%，方准指定专人恢复供电，并填写排放瓦斯记录。

（6）加强排放瓦斯的组织领导和明确排放瓦斯人员名单，落实责任。

第十一条　排放瓦斯的安全措施，由矿总工程师或通风（安全）副总工程师负责贯彻并组织实施。安监人员必须现场监督检查，现场至少有一名机电工负责对局部通风机的停、送电和电气设备的完好检查。严格按照安全措施的规定和《煤矿安全规程》要求进行排放。

第十二条　独头巷道排放瓦斯的方法和要求

（1）临时停电停风的掘进工作面（或将要启封的未拆出风筒的盲巷）排放瓦斯时，在本面局部通风机至回风绕道口之间的风筒上加“三通”进行风量调节，利用该面风筒将风流直接送入工作面，供风量以排出的瓦斯与全风压风流汇合后不超过1.2%为限。在排放时必须控制好风量，严禁一风吹。

（2）无风筒的巷道（盲巷）排放瓦斯时，采用局部通风机从外向里接风筒的方法逐段排放，用风筒延接的快慢来控制排出的瓦斯浓度。

（3）当巷道有积水时，应先排积水区域瓦斯后排水，然后再向前排瓦斯，交替作业，逐段进行，严禁同时作业。排水时风筒出风口要超前水泵20 m，排水期间水泵处要设瓦斯监测传感器，并与水泵实现瓦斯电闭锁。

第十三条　采煤工作面排放瓦斯的方法和要求

（1）当上隅角瓦斯浓度达到0.8%以上时，通过调整风量、挂风障等措施进行处理。

（2）当采煤工作面由于冒顶造成瓦斯积聚时，可采用充填法或风障法处理积聚的瓦斯。

第十四条　当采掘工作面及其他巷道出现局部积聚时，附近20 m范围内必须撤出人员，由瓦斯检查员通过导风或充填进行处理，不能处理时，及时汇报通风科、矿调度，由分管领导提出排放措施，指定专人排放。

2.3.7　矿井瓦斯等级和二氧化碳涌出量鉴定管理制度

第一条　井工开采的煤矿（包括新建矿井、改扩建矿井、资源整合矿井、生产矿井等）应当按照《煤矿瓦斯等级鉴定办法》（煤安监技装〔2018〕9号）进行煤矿瓦斯等级鉴定。

第二条　矿井瓦斯等级鉴定由集团公司组织。突出矿井（或突出煤层）鉴定工作由具备煤与瓦斯突出鉴定资质的机构承担，高瓦斯矿井等级鉴定工作，由具备鉴定能力的煤矿企业或者委托具备相应资质的鉴定机构承担，鉴定数据必须准确可靠，如实反映情况。鉴定机构对鉴定结果负责。

第三条　承担瓦斯等级鉴定工作应具备的资质和条件

（1）突出煤层（矿井）的鉴定工作，应当由具备煤与瓦斯突出鉴定资质的机构承担。

（2）专业服务机构具备以下资质的，可从事高瓦斯矿井等级鉴定：

①具有煤与瓦斯突出鉴定资质的。

②具有省级以上（含省级）认定的瓦斯等级鉴定资质的。

③具有乙级以上（含乙级）煤矿安全生产检测检验机构资质的（含瓦斯等级鉴定范围）。

（3）煤矿企业同时具备以下条件，认定为具备在本煤矿企业开展高瓦斯矿井等级鉴定的能力：

①煤矿设专门的通风区（科），设有专职的总工程师和通风副总工程师。

②煤矿企业内所属矿井设有上一级专门的通风管理部门。

③瓦斯鉴定负责人必须从事煤矿瓦斯防治工作至少5年以上，并取得中级及以上职称。

④参加参数测定的瓦检、测风人员相应持有瓦斯检查、测风有效作业资格证书。

第四条　矿井瓦斯等级鉴定应当以独立生产系统的自然井为单位，有多个自然井的煤矿应当按照自然井分别鉴定。

第五条　矿井瓦斯等级应当依据实际测定的瓦斯涌出量、瓦斯涌出形式以及实际发生的瓦斯动力现象、实测的突出危险性参数等确定。

第六条　矿井瓦斯等级划分为：

（1）低瓦斯矿井。

（2）高瓦斯矿井。

（3）煤（岩）与瓦斯（二氧化碳）突出矿井（以下简称“突出矿井”）。

第七条 在矿井的开拓、生产范围内有突出煤（岩）层的矿井为突出矿井。

有下列情形之一的煤（岩）层为突出煤（岩）层：

（1）发生过煤（岩）与瓦斯（二氧化碳）突出的。

（2）经鉴定或者认定具有煤（岩）与瓦斯（二氧化碳）突出危险的。

第八条 非突出矿井具备下列情形之一的矿井为高瓦斯矿井，否则为低瓦斯矿井：

（1）矿井相对瓦斯涌出量大于 10 m^3/t。

（2）矿井绝对瓦斯涌出量大于 40 m^3/min。

（3）矿井任一掘进工作面绝对瓦斯涌出量大于 3 m^3/min。

（4）矿井任一采煤工作面绝对瓦斯涌出量大于 5 m^3/min。

第九条 低瓦斯矿井每2年应当进行一次高瓦斯矿井等级鉴定，高瓦斯、突出矿井应当每年测定和计算矿井、采区、工作面瓦斯（二氧化碳）涌出量，并报省级煤炭行业管理部门和煤矿安全监察机构。经鉴定或者认定为突出矿井的，不得改定为非突出矿井。

第十条 新建矿井在可行性研究阶段，应当依据地质勘探资料、所处矿区的地质资料和相邻矿井相关资料等，对井田范围内采掘工程可能揭露的所有平均厚度在 0.3 m 及以上的煤层进行突出危险性评估，评估结果应当在可研报告中表述清楚。

经评估为有突出危险煤层的新建矿井，建井期间应当对开采煤层及其他可能对采掘活动造成威胁的煤层进行突出危险性鉴定，鉴定工作应当在主要巷道进入煤层前开始。所有需要进行鉴定的新建矿井在建井期间，鉴定为突出煤层的应当及时提交鉴定报告，鉴定为非突出煤层的突出鉴定工作应当在矿井建设三期工程竣工前完成。

新建矿井在设计阶段应当按地勘资料、瓦斯涌出量预测结果、邻近矿井瓦斯等级、煤层突出危险性评估结果等综合预测瓦斯等级，作为矿井设计和建井期间井巷揭煤作业的依据。

第十一条 低瓦斯矿井应当在以下时间前进行并完成高瓦斯矿井等级鉴定工作：

（1）新建矿井投产验收。

（2）矿井生产能力核定完成。

（3）改扩建矿井改扩建竣工。

（4）新水平、新采区或开采新煤层的首采面回采满半年。

（5）资源整合矿井整合完成。

第十二条 低瓦斯矿井生产过程中出现以上所列高瓦斯矿井条件的，煤矿企业应当立即认定该矿井为高瓦斯矿井，并报省级煤炭行业管理部门和省级煤矿安全监察机构。

第十三条 非突出矿井或者突出矿井的非突出煤层出现下列情况之一的，应当立即进行煤层突出危险性鉴定，或直接认定为突出煤层；鉴定完成前，应当按照突出煤层管理：

（1）有瓦斯动力现象的。

（2）煤层瓦斯压力达到或者超过 0.74 MPa 的。

（3）相邻矿井开采的同一煤层发生突出事故或者被鉴定、认定为突出煤层的。

直接认定为突出煤层或者按突出煤层管理的，煤矿企业应当报省级煤炭行业管理部门和煤矿安全监察机构。

第十四条 除停产停建矿井和新建矿井外，矿井内根据上一条规定按突出管理的煤层，应当在确定按突出管理之日起6个月内完成该煤层的突出危险性鉴定，否则，直接认定为突出煤层。

原低瓦斯矿井经突出鉴定为非突出矿井的，还应当立即进行高瓦斯矿井等级鉴定。

开采同一煤层达到相邻矿井始突深度的不得定为非突出煤层。

第十五条 矿井发生生产安全事故，经事故调查组分析确定为突出事故的，应当直接认定该煤层为突出煤层、矿井为突出矿井。

第十六条 用于煤矿瓦斯等级鉴定或者测定的所有仪器仪表应当保证状态完好、精度满足要求、测值准确，计量仪器仪表应当在其计量检定或校准证书的有效期内使用。

第十七条 煤矿委托鉴定机构（单位）鉴定时，应与鉴定机构（单位）签订合同；合同内容应包括鉴定对象、内容及双方职责等，委托时不得要求特定的鉴定结果。鉴定机构（单位）在鉴定合同生效后，高瓦斯矿井鉴定应当在2个月内完成；除新建矿井外，突出矿井（煤层）鉴定应当在4个月内完成。

第十八条 煤矿提供的基础资料、数据等必须真实、完整，并建立瓦斯鉴定档案，妥善保存鉴定过程中的原始资料。

鉴定机构按照《煤矿瓦斯等级鉴定办法》鉴定为突出煤层的，煤矿不得再委托其他鉴定机构鉴定为非突出煤层。

第十九条 鉴定机构（单位）应当依照法律、法规、标准和执业规则等公正、诚信、科学地开展煤矿瓦斯等级鉴定工作，并对其鉴定结果负责。

鉴定机构（单位）不得转让、出借、出租瓦斯等级鉴定资质，不得转包或分包瓦斯等级鉴定工作。

第二十条 鉴定机构（单位）应当建立健全瓦斯等级鉴定工作质量管理体系，对鉴定程序、鉴定人员、报告审批、鉴定资料的档案管理等进行严格管控，尤其对鉴定方法、指标测定、鉴定结论等应当建立内部评审机制。

第二十一条 鉴定人员应当为鉴定机构（单位）正式员工，熟悉相关法律、法规、标准和规定，具备鉴定工作所需要的专业知识和能力后方可从事鉴定工作。突出鉴定项目负责人必须从事煤矿瓦斯防治工作至少10年以上，并取得高级职称。

鉴定机构（单位）及其鉴定人员从事瓦斯鉴定活动，不得泄露被鉴定单位的技术和商业秘密等信息。

第二十二条 鉴定报告应当有被鉴定矿井（煤层）名称、鉴定机构（单位）名称、鉴定日期以及鉴定人员、鉴定负责人、审核人和授权签字人（批准人）的签字，加盖鉴定机构（单位）公章。突出鉴定报告还应当在鉴定证书中加盖突出鉴定资质章，并附鉴定资质证书复印件。

第二十三条 高瓦斯矿井等级鉴定应符合以下规定：

（1）鉴定开始前应当编制鉴定工作方案，做好仪器准备、人员组织和分工、计划测定路线等。

（2）鉴定应当根据当地气候条件选择在矿井绝对瓦斯涌出量最大的月份，无特殊情况一般应在6~8月份，联合试运转矿井应在矿井联合试运转正常1个月后进行，不得跨月进行，且在矿井正常生产、建设时进行。

（3）参数测定工作应当在鉴定月的上、中、下旬各取1天（间隔不少于7天），每天分3个班（或4个班）、每班3次进行。

（4）鉴定时应当准确测定风量、甲烷浓度、二氧化碳浓度及温度、气压等参数，统计井下瓦斯抽采量、月产煤量，全面收集煤层瓦斯压力、瓦斯含量、动力现象及预兆、瓦斯喷出、邻近矿井瓦斯等级等资料。

鉴定实测数据与最近6个月以来矿井安全监控系统的监测数据、通风报表和产量报表数据相差超过10%的，应当分析原因，必要时应当重新测定。

（5）测点应当布置在进、回风巷测风站（包括主要通风机风硐）内，如无测风站，则选取断面规整且无杂物堆积的一段平直巷道作测点。每一测定班应当在同一时间段的正常生产时间进行。

（6）绝对瓦斯涌出量按矿井、采区和采掘工作面等分别计算，相对瓦斯涌出量按矿井、采区或采煤工作面计算。

第二十四条　突出矿井鉴定应符合以下规定：

（1）突出矿井鉴定应当首先根据实际发生的瓦斯动力现象进行，当由瓦斯动力现象特征不能确定为煤与瓦斯突出或者没有发生瓦斯动力现象时，应当采用实际测定的突出危险性指标进行鉴定。

（2）煤层初次发生瓦斯动力现象的，煤矿应当详细记录瓦斯动力现象的基本特征或保留现场，及时检测并记录瓦斯动力现象影响区域的瓦斯浓度、风量及其变化、抛出的煤（岩）量等情况，并委托鉴定机构开展鉴定工作；或直接认定为突出煤层。

鉴定机构接受委托后，应当指派至少 2 名本机构专业技术人员（其中至少 1 名具有高级职称）进行现场勘测并核实有关资料。

（3）以瓦斯动力现象特征为主要依据进行鉴定的，应当将现场勘测情况与煤与瓦斯突出的基本特征进行对比，当瓦斯动力现象特征基本符合《煤矿瓦斯等级鉴定办法》（监技装〔2018〕9 号）附录 C 中的特征时，该瓦斯动力现象为煤与瓦斯突出。

（4）采用煤层突出危险性指标进行突出煤层鉴定的，应当将实际测定的原始煤层瓦斯压力（相对压力）、煤的坚固性系数、煤的破坏类型、煤的瓦斯放散初速度作为鉴定依据。

全部指标均符合表 6－2－8 所列条件的或打钻过程中发生喷孔、顶钻等突出预兆的，鉴定为突出煤层。否则，煤层的突出危险性可由鉴定机构结合直接法测定的原始瓦斯含量等实际情况综合分析确定，但当 $f \leqslant 0.3$. $P \geqslant 0.74$ MPa，或 $0.3 < f \leqslant 0.5$. $P \geqslant 1.0$ MPa，或 $0.5 < f \leqslant 0.8$. $P \geqslant 1.50$ MPa，或 $P \geqslant 2.0$ MPa 的，一般鉴定为突出煤层。

表 6－2－8　煤层突出危险性鉴定指标

判定指标	煤的破坏类型	瓦斯放散初速度 ΔP	煤的坚固性系数 f	煤层原始瓦斯压力（相对）P/MPa
有突出危险的临界值及范围	Ⅲ、Ⅳ、Ⅴ	≥10	≤0.5	≥0.74

确定为非突出煤层时，应当在鉴定报告中明确划定鉴定的范围。当采掘工程进入鉴定范围以外的，应当经常性测定瓦斯压力、瓦斯含量及其与突出危险性相关的参数，掌握瓦斯动态。但若是进行的突出煤层鉴定确定为非突出煤层的，在开拓新水平、新采区或采深增加超过 50 m，或者进入新的地质单元时，应当重新进行突出煤层鉴定。

（5）采用第（四）条进行突出煤层鉴定的，还应当符合下列要求：

①鉴定前应当制定鉴定工作方案。

②煤层瓦斯压力测定地点应当位于未受采动及抽采影响区域。

③突出危险性指标数据应当为实际测定数据。

④具备施工穿层钻孔测定瓦斯压力条件的，应当优先选择穿层钻孔；测点布置应当能有效代表待鉴定范围的突出危险性，且应当按照不同的地质单元分别布置，测点分布和数量根据煤层范围大小、地质构造复杂程度等确定，但同一地质单元内沿煤层走向测点不应少于 2 个、沿倾向不应少于 3 个，并应当在埋深最大及标高最低的开拓工程部位布置有测点。

⑤用于瓦斯放散初速度和煤的坚固性系数测定的煤样，应当具有代表性，取样地点应当不少于 3 个。当有软分层时，应当采取软分层煤样。

⑥各指标值取鉴定煤层各测点的最高煤层破坏类型、煤的最小坚固性系数、最大瓦斯放散初速度

和最大瓦斯压力值。

⑦所有指标测试应当严格执行相关标准。

（6）当鉴定为非突出煤层时，应当充分考虑测点分布、地质单元、瓦斯赋存规律、地质构造分布、采区边界、开拓标高、采掘部署等因素，合理划定鉴定范围。

（7）鉴定报告应当对被鉴定矿井、煤层给出明确的结论，并包括鉴定证书、鉴定说明书和附件三部分。

鉴定证书以表格形式列出被鉴定矿井及煤层名称、鉴定依据、关键测定参数、鉴定结论（含范围）、鉴定机构、鉴定日期、鉴定人员签字。

鉴定说明书中应当包含矿井概况、瓦斯动力现象发生情况或煤层突出危险性指标测定情况及测定结果可靠性分析、确定是否为突出矿井（煤层）的主要依据及鉴定结论、应当采取的措施及管理建议。采用突出危险性指标鉴定时还应当包含瓦斯参数测点、煤样取样点布置图、关键瓦斯压力上升曲线图、鉴定范围图等。

采用突出危险性指标鉴定时，附件应当含有仪器仪表检定证书、突出危险性指标实验测试报告等。

（8）煤与二氧化碳突出煤层的鉴定参照煤与瓦斯突出煤层的鉴定方法进行。

岩石与二氧化碳（瓦斯）突出岩层的鉴定依据为实际发生的动力现象，当动力现象具有如下基本特征时，应当确定为岩石与二氧化碳（瓦斯）突出岩层：

①在炸药直接作用范围外，发生破碎岩石被抛出现象。

②抛出的岩石中，含有大量的砂粒和粉尘。

③产生明显动力效应。

④巷道二氧化碳（瓦斯）涌出量明显增大。

⑤在岩体中形成孔洞。

⑥岩层松软，呈片状、碎屑状，岩芯呈凹凸片状，并具有较大的孔隙率和二氧化碳（瓦斯）含量。

第二十五条　经鉴定为非突出煤层的，当采掘工程进入突出鉴定范围以外的，必须密切观察煤层瓦斯动力现象和突出预兆，并按照以下要求测定瓦斯压力、瓦斯含量及其与突出危险性相关的参数（以下简称“参数测定”）

（1）参数测定方法及测点布置应符合国家行业标准、规范及相关要求，且每次不得少于2个测点。

（2）采掘工作面每推进20～30 m，应进行测定煤层瓦斯含量及与突出危险性相关的参数，当煤层瓦斯含量达到或超过8 m^3/t时，还应测定煤层瓦斯压力。

（3）工作面推进过程中，接近地质构造复杂区域、构造破坏带及出现其他异常现象时，应立即进行参数测定。

（4）每次测定参数后应进行测定数据分析，由矿技术负责人签字确认、保存备查，当测定参数接近临界指标值或数据变化较大时要加强参数测定工作，并相应采取强化瓦斯治理的措施。

当测定的瓦斯压力达到或超过0.74 MPa以及开拓新水平、新采区或采深增加超过50 m，或者进入新的地质单元时，应立即组织重新进行突出煤层鉴定。

第二十六条　瓦斯等级鉴定（测定）报告应按照集团公司统一要求编写。

第二十七条　矿井瓦斯等级鉴定（测定）报告，经通风科长、总工程师和矿长审阅后，一式三份呈报到公司通风业务部门（附有电子版），由公司一通三防部汇总、审核后，报集团公司审批。

第二十八条　未按制度进行矿井瓦斯等级鉴定的矿井，下一年度不得组织生产。

2.3.8 监测监控系统及信息网络系统使用管理制度

第一条 监测监控系统管理机构设置及人员配备要求

（1）公司和各矿设立安全监测监控调度室，可与调度室设在一起，以便统一指挥、协调。

（2）各矿必须配备安全监测管理人员。从事监测工作的人员必须经过专业培训，并取得合格证，做到持证上岗。

（3）必须明确一名负责人，并配备具有通风和安全监测专业知识的工程技术人员 1 人。

（4）煤矿应建立安全监控设备检修室，负责本矿安全监控设备的安装、调校、维护和简单维修工作。未建立检修室的小型煤矿应将安全监控仪器送到检修中心进行调校和维修。井下维护人员按使用传感器数量每 4 ~ 5 台配 1 人，地面维修人员配 1 ~ 2 人。

（5）安全监控设备检修室宜配备甲烷传感器和测定器校验装置、稳压电源、示波器、频率计、信号发生器、万用表、流量计、声级计、甲烷校准气体、标准气体等仪器装备。

第二条 监测监控系统及信息网络系统的管理要求

（1）安全监测监控调度室，必须安排专职人员进行 24 h 连续值班调度。

（2）监测监控调度室值班人员发现煤矿瓦斯超限报警、网络系统故障及断电异常等情况时，必须立即通知有关领导和相关部门进行核查处理，并跟踪掌握问题处理情况。

（3）公司安全监测监控调度室必须设立专人 24 h 值机，发现服务器系统故障及用户线路故障，必须立即进行处理，并及时通知相关业务部门监测调度室。

（4）矿监控中心调度室必须确保 24 h 不间断值班，每班值班人员不少于 2 人。

（5）值班人员应认真监视终端屏幕所显示的各种信息，详细记录系统运行状态。

（6）监控系统出现异常情况或瓦斯超限报警，矿安全监测值班员应立即通知矿调度值班员、通风科（区）相关负责人和公司安全监测监控调度室，并详细记录瓦斯超限处理过程。

（7）矿监测值班负责人必须对当日获得的信息进行分析整理，连同监测日报表送通风科（区）长、总工程师和矿长审阅。

（8）矿联网系统必须保证 24 h 正常运行，未经许可不得变更参数设置，确保监测数据正常上传。

（9）通风科（区）必须提前一天将有计划停电、停风地点和时间及调试甲烷传感器的地点和时间报公司安全监测监控调度室。

（10）矿监测联网系统出现故障时，值班人员应立即向矿调度、矿业务部门、公司监测调度室汇报，并派人处理，做好记录。

第三条 监测监控系统设备的安装使用与维护

（1）采区设计、采掘作业规程和安全技术措施，必须对安全监控设备的种类、数量和位置，信号电缆和电源电缆的敷设，控制区域等做出明确规定，并绘制布置图。

（2）安全监测监控设备每月至少进行 1 次调试和校正。传感器等设备在井下连续运行 6 ~ 12 月，必须升井检修。

（3）在用甲烷传感器的调校必须在井下进行，甲烷检测设备每 15 天必须使用校准气样和空气样调校 1 次，并在允许误差范围内（0 ~ 1.0%，±0.1；1% ~ 3%，真值的 ±10%），同时检测瓦斯超限报警和“瓦斯电闭锁”功能。其他气体监测监控设备必须严格按产品说明书要求，并定期调校。

（4）风速传感器选用经过标定的风速计调校。温度传感器选用经过标定的温度计调校。

（5）安全监控设备的调校内容包括：零点、显示值、报警点、断电点、复电点、控制逻辑等。

（6）井下使用的分站、传感器、声光报警器、断电控制器及电缆等由所在采掘区域的区（队）长、班组长负责管理使用，如有损坏应及时向安全监测管理部门汇报。

（7）需要安设监测装置的地点，由使用单位提出安装申请单，分别送通风科（区）和机电部门会签后，报矿总工程师批准，由监测队负责实施。因工作面贯通、封闭、搬迁或其他原因需要拆除监测装置时，由使用单位提出拆除申请，送安装单位和机电部门签注意见，并经矿总工程师批准后实施。

(8) 井下安全监控设备应使用专用电源。

(9) 检修与监测装置相关联的电气设备时，须经矿调度室同意，并制定相应安全措施后，方可进行。

(10) 安全监控设备使用前和大修后，必须按产品使用说明书的要求测试、调校合格，并在地面试运行 24 ~ 48 h 方能下井。

(11) 井下监测系统维修工必须 24 h 值班，每天检查煤矿安全监控系统及电缆的运行情况。在管理范围内，使用便携式甲烷检测报警仪与甲烷传感器进行对照，并将记录和检查结果报地面中心站值班员。当两者误差较大时，先以读数较大者为依据，并在 8 h 内将两种仪器调准。

(12) 安装在采煤机、掘进机和电机车上的机（车）载断电仪，由司机负责监护，每天使用便携式甲烷检测报警仪与甲烷传感器进行对照，发现异常及时通知矿监测值班室。

(13) 爆破法采、掘的工作面，设置的甲烷传感器在爆破前应移动到安全位置，爆破后应及时恢复设置到正确位置。对需要经常移动的传感器、声光报警器、断电控制器及电缆等，由采掘班组长负责按规定移动，严禁擅自停用。

(14) 监测监控系统维修人员，要及时处理系统发生的各类故障，并填写故障登记表。在井下无法处理时应及时更换，在更换和处理故障期间必须采取人工监测等安全措施。

(15) 低浓度甲烷传感器经大于 4.0% 的甲烷冲击后，应及时进行调校或更换。

(16) 凡擅自将瓦斯传感器调低、调高监控断电值、缩小断电范围的，一经查实，解除责任人劳动合同。

第四条 监测监控系统在使用中必须建立设备、资料、值班、检修、系统运行、故障报告等管理制度。

第五条 监测监控调度室必须有设备布置图、断电接线图、系统设备台账、设备安装（拆除）申请单、设备维修校验登记表、瓦斯超限上报及跟踪落实记录、操作员工作日志、瓦斯日报表等资料。

第六条 安全监控设备布置图应标明中心站、电源、分站、传感器、断电控制器、声光报警器等设备的位置，标明接线情况、断电范围、报警值、断电值、复电值等情况。

第七条 监测监控系统断电控制图应标明分站、甲烷传感器、馈电传感器的位置和断电范围，标明被控开关的名称及编号，标明被控开关的断电接点和编号。

第八条 监测监控系统图基本要求

(1) 在 1∶2000 通风系统平面图上绘制。

(2) 在图上标明主要通风设施及风流方向。

(3) 标明系统中心站主要设备型号、信号传输线路种类及长度、分站或扩展器的位置和型号、各类传感器位置、型号及断电范围。

2.3.9 瓦斯抽采技术管理制度

第一条 具有煤层瓦斯预抽和采空区瓦斯抽采方式的矿井应分别建立高、低浓度两套抽采系统，满足煤层预抽、卸压抽和采空区抽采的需要。

第二条 抽采瓦斯应当选用高负压、大流量水环式真空泵，备用泵能力不小于工作泵的能力。

第三条 泵运行工况绝对压力应达到 50 ~ 60 kPa；预抽钻孔的孔口负压不得低于 13 kPa，卸压瓦斯抽采钻孔的孔口负压不得低于 5 kPa（采空区瓦斯抽采不受此限）。

第四条 预抽煤层瓦斯的工艺方案应当在测定煤层瓦斯压力、瓦斯含量等参数的基础上进行，抽采钻孔控制范围应当满足《煤矿瓦斯抽采基本指标》和《防治煤与瓦斯突出细则》的要求。

第五条　卸压瓦斯抽采的工艺方案应当根据邻近煤层瓦斯含量、层间距离与岩性、工作面瓦斯涌出来源分析等进行，采用多种方式实施综合抽采。

第六条　采掘工作面进行瓦斯抽采前，必须进行施工设计。施工设计包括抽采钻孔布置图、钻孔参数表（钻孔直径、间距、开孔位置、钻孔方位、倾角、深度等）、施工要求、钻孔（钻场）工程量、施工设备与进度计划、有效抽瓦斯时间、预期效果以及组织管理、安全技术措施等。施工设计相关文件应当由煤矿技术负责人批准。

第七条　瓦斯抽采工程必须严格按设计施工，并应当进行验收，瓦斯抽采工程竣工图及其他竣工验收资料（参数表等）应当由相关责任人签字。

瓦斯抽采工程竣工资料（图）除应有与设计对应的内容外，还应包括各工程开工时间、竣工时间以及工程施工过程中的异常现象（如喷孔、顶钻、卡钻等）等内容。

第八条　计量测点布置应满足抽采达标评价的需要，分别在泵站、井下主管、干管、支管及需要单独评价的抽采区域分支上布置计量测点。

第九条　煤层透气性较好、容易抽采的煤层，宜采用本层预抽方法；单一低透气性高瓦斯煤层，可选用加密钻孔、交叉钻孔、水力割缝、松动爆破等方法强化抽采。

第十条　煤巷掘进瓦斯涌出量较大的煤层，必须采用边掘边抽或先抽后掘的抽采方法。

第十一条　邻近层瓦斯涌出量较大时，可采用顶（底）板瓦斯巷道（高抽巷）抽采。采空区选用全封闭式抽采方法。

第十二条　专用瓦斯抽采巷道的位置、数量应能达到良好的抽采效果；专门用于敷设抽采管路，布置钻场、钻孔的瓦斯抽采巷道采用矿井全压通风时，巷道风速不得低于0.5 m/s。

第十三条　每个抽采钻孔的接抽管上应留设观测孔，以观测钻孔的抽采瓦斯浓度、负压。对抽采效果不好的钻孔，应进行及时处理。

第十四条　利用钻场抽采的工作面，在工作面投产前，第一个钻场的钻孔必须施工结束，钻孔连接完毕，随着工作面的推进，下一个钻场距工作面 30 m 前，钻孔并网待抽。

第十五条　采煤工作面预抽钻孔在顺槽内按设计间距布置。当选用单侧布孔时，钻孔长度小于采长 15 ~20 m；当选用双侧布孔时，钻孔累计深度应大于工作面采长，即钻孔中部交叉 15 ~20 m。

第十六条　钻孔的封孔长度：岩孔不得小于 5 m，煤孔不得小于 8 m。

第十七条　钻孔封孔质量必须确保预抽瓦斯钻孔抽采过程中孔口瓦斯浓度不小于 40%；邻近层瓦斯抽采钻孔抽采过程中孔口瓦斯浓度不小于 30%。否则，必须加大封孔段长度。

第十八条　钻孔的拆除必须经矿总工程师批准，任何人不得擅自拆除。

第十九条　施工钻孔单位应制定施工安全措施，防止事故发生。

第二十条　钻场应保持干净整洁无杂物，钻场内及钻场两侧 3 m 范围内无积水，无浮煤杂物，支护良好，管线安设符合要求。

第二十一条　钻场在施工完毕之后及时设置栅栏，悬挂警标，严禁非工作人员进入。栅栏规格统一，栅栏设置距巷道不大于 2 m，留设供检查人员出入的进出口。

第二十二条　钻场内的瓦斯检查每班至少一次。

第二十三条　钻孔内瓦斯浓度不得低于 40% 且钻孔的实际施工深度不得小于设计深度的 70%，否则属报废钻孔。报废钻孔必须在原钻孔附近补打，同时报废的钻孔不得计入月、年抽采钻孔总进尺当中。

第二十四条　瓦斯抽采工程施工，必须严格按照设计进行。钻孔角度及钻孔直径和终孔深度必须符合设计要求。

第二十五条　正在施工的钻场内应悬挂便携式瓦检仪。

第二十六条　已施工完毕的边掘边抽钻孔必须立即封孔，并网进行抽采。

第二十七条　每个钻场必须具备抽采参数测量条件，能够满足钻孔测量需要。

第二十八条　钻场内钻孔施工完毕后，由矿生产、通风及安监部门组织验收，并填写验收合格记录，由各单位验收人员签字确认。

第二十九条　掘进工作面正头超出钻场边掘边抽钻孔抽采范围时，严禁掘进。

第三十条　长度大于 6 m 的高位抽采钻场，在施工时应采用机械通风。施工过程中，必须安设甲烷断电传感器，应能够及时采取措施防止瓦斯积聚或超限。

第三十一条　在有自然发火危险煤层的采空区抽采瓦斯时，必须经常检测 CO 浓度和气体温度等有关参数的变化。发现有自然发火征兆时，要采取措施。抽出瓦斯的浓度不得低于 25%。同时要逐步采用自动监控装置，以保证抽采工作的安全。

第三十二条　抽采矿井每 10 天组织一次对抽采管路的检查，及时堵漏、放水、排除故障。每月应组织人员对全矿的抽采系统进行一次全面的检查，发现问题及时处理。

第三十三条　矿井瓦斯抽采系统必须监测抽采管道中的瓦斯浓度、流量、负压、温度和一氧化碳等参数。同时监测抽采泵站内瓦斯泄漏等。当出现瓦斯抽采浓度过低、一氧化碳超限、泵站内有瓦斯泄漏等情况时，应能报警并使抽采泵主电源断电。

第三十四条　抽采站内应配备专用监测瓦斯抽采参数的仪器、仪表。

第三十五条　抽采量的计算用标准状况下的大气压（101.325 kPa）和温度（20℃）。采用自动计量的，要通过监控系统打印抽采日报；采用孔板计量的，每班要计算抽采总量，再根据三班抽采量编制。

第三十六条　矿井需要施工的抽采工程，必须由总工程师负责组织编制、会审抽采工程设计（包括高位钻场抽采设计、本煤层预抽设计、临近层巷道抽采设计等），提前一个月报公司一通三防部审查。

第三十七条　抽采泵站或主要抽采管路进行拆移，必须经矿总工程师签字报公司审批后方可进行。

2.3.10　钻孔设计、施工及验收管理制度

第一条　为进一步贯彻“可保尽保、应抽尽抽”瓦斯治理战略，规范钻孔的设计、施工和验收，保证钻孔的施工质量，确保安全生产，制定本制度。

第二条　钻孔设计

（1）钻孔设计必须依据《煤矿安全规程》和公司有关制度编制，确保瓦斯抽采效果和防突措施效果。

（2）钻孔包括：防突措施孔、瓦斯抽采钻孔、地质孔、测压孔、防火注浆孔及井下其他瓦斯地质钻孔。

（3）钻孔的设计由矿编制，经矿总工程师批准后执行。必须明确钻场编号、钻孔类别、设计孔数及每个钻孔的参数（孔径、开孔位置、方位角、倾角、孔深、终孔位置等），且必须附有钻孔施工的平面图、剖面图、断面图。

（4）钻孔施工过程中遇见地质异常，由矿总工程师确定是否改变钻孔数量和参数，并出具钻孔变更设计。

第三条　钻孔施工

（1）钻孔施工要由专业化队伍施工，施工单位必须指定专人负责，施工人员必须持证上岗。钻孔施工单位对钻孔的施工质量、效果、安全负责。

（2）施工单位负责根据钻孔设计编制专门的《钻孔施工安全技术措施》，措施的内容必须包括防灭火措施、防喷孔措施、瓦斯管理措施及其他安全技术措施，施工单位技术人员必须贯彻措施并要有贯彻记录。

（3）钻孔必须按设计施工，严格执行“定孔位、定孔深、定角度和掘进工作面顶底排孔见煤层顶底板，穿层孔穿透煤层全厚”的原则。施工现场要配齐钻孔定向所需的方位尺、度尺等工器具和灭火器材。

（4）钻孔施工地点必须由施工单位负责悬挂图牌板。牌板分为钻孔设计参数牌板和钻孔施工记录牌板。内容为钻孔类别、孔号、方位角、倾角、孔深，图板的内容为钻孔布置的平面图、剖面图、断面图。

（5）钻孔施工必须有原始记录，记录内容包括钻场号、孔号、钻孔参数、孔深、岩性类别、钻头型号、岩芯管型号、有无异常情况、施工负责人等。施工单位每施工完一个钻孔，由矿验收合格后，钻孔施工负责人将钻孔施工的情况及时填写在钻孔施工记录牌板上。

（6）采用压风排渣施工时，孔口必须安设除尘喷雾，下风侧 10 m 处安设能覆盖巷道全断面的防尘净化喷雾。

（7）钻孔施工过程中出现喷孔、冒烟、着火或瓦斯异常情况必须及时采取措施进行处理并向矿调度汇报。出现喷孔时可采用停钻卸压措施，钻孔冒烟、着火时，立即停止钻进和停止供风，并利用钻杆向钻孔内注水，钻场其他火源可利用灭火器直接灭火。

（8）凡是钻孔施工过程中出现由煤变岩或由岩变煤及喷孔等瓦斯地质异常情况都必须在钻孔施工记录本上如实反映，并及时汇报矿调度，矿调度汇报地测、通风助理、总工程师。

（9）施工顺层钻孔，如果钻杆断在孔内无法打捞时，现场必须挂牌作为标记，填写原始记录，向矿调度汇报，并将钻孔倾角方位角和孔内遗留钻杆长度等资料书面报矿主管部门。

（10）每班施工结束，钻孔施工负责人必须向矿调度报告钻孔施工情况。

第四条 钻孔验收

（1）钻孔验收包括钻孔施工验收和钻孔封孔验收，煤矿必须明确职能部门负责钻孔验收工作，编制防突钻孔施工日报及各类钻孔施工月报表。

（2）安全检查员负责钻孔验收，瓦斯检查员负责监督，矿安监处对钻孔施工的安全质量进行督查，对不按要求施工的单位、人员进行处罚。

（3）钻孔验收人员除验收钻孔深度外，必须同时验收钻孔方位、倾角及钻孔成型等情况，深度验收采用清点钻孔拆除钻杆的方法，方位角和倾角验收采用方位尺和度尺实地测量。

（4）岩孔倾角、方位角允许误差不得超过 ±1°，煤孔的允许误差由矿总工程师确定，并在施工措施中明确，作为验收人员的验收依据。

（5）所有防突钻孔实行跟班验收，其他钻孔实行起钻验收，施工单位对需要验收的地点在班前将书面申请交矿验收负责人，验收人员必须及时到达验收地点，超过约定时间不大于 2 h，否则予以处罚。

（6）对已经验收的钻孔，安监员、测气员必须同时在验收表上填写意见和签字，并由施工单位现场负责人在验收表上对验收意见进行确认。

（7）未按设计参数进行施工的钻孔不得验收，必须根据防突措施钻孔施工深度调整钻场间距和允许进尺距离。

（8）因现场地质条件变化，调整钻孔参数，未经矿总工程师同意而擅自施工的钻孔不得验收。

（9）施工现场无方位尺、度尺的，无设计牌板和施工牌板的；未经验收，施工单位自行起钻的，钻孔不得验收。

（10）封孔长度不符合规定或封孔后抽采时漏气的钻孔不得验收；撤钻后有明显垮孔的钻孔不得验收，但可以计算工作量。

（11）出现不合格的钻孔时，必须及时施工补充钻孔，补充钻孔参数要满足钻孔的控制范围要求，并经矿总工程师同意。

（12）钻孔验收人员要严格把关，严禁钻孔施工和验收过程中任何弄虚作假的行为，一经查出，是干部的撤职，是工人的开除。

（13）矿调度建立防突钻孔施工汇报记录本，通风科根据调度记录和安监处每班钻孔验收表编制防突钻孔施工日报报矿有关领导联签，其他钻孔编制施工月报，报矿总工程师审签。

（14）矿“一通三防”检查组要加强对钻孔施工和验收的检查，安全生产管理干部巡检到钻孔施工地点时，必须检查钻孔施工和验收情况，并在施工原始记录上签字。

2.3.11 防治煤与瓦斯突出管理制度

（1）有突出矿井的煤矿企业、突出矿井应当设置防突机构、建立健全防突管理制度和各级岗位责任制。企业主要负责人、矿长是本单位防突工作的第一责任人。

（2）根据建井前评估结果进行的突出矿井设计及突出矿井的新水平、新采区设计，必须有防突设计篇章。非突出矿井升级为突出矿井时，必须编制矿井防突专项设计。设计应当包括开拓方式、煤层开采顺序、采区巷道布置、采煤方法、通风系统、防突设施（设备）、两个“四位一体”综合防突措施等内容。

（3）突出矿井必须建立地面永久瓦斯抽采系统。

（4）非突出煤层出现下列情况之一的，应当立即进行煤层突出危险性鉴定，或者直接认定为突出煤层；鉴定或者直接认定完成前，应当按照突出煤层管理：

①煤层有瓦斯动力现象的。

②煤层瓦斯压力达到或者超过0.74 MPa的。

③相邻矿井开采的同一煤层发生突出或者被鉴定、认定为突出煤层的。

（5）突出矿井地质测量工作必须遵守下列制度：

①地质测量部门与防突机构、通风部门共同编制矿井瓦斯地质图，图中标明采掘进度、被保护范围、煤层赋存条件、地质构造、突出点的位置、突出强度、瓦斯基本参数及绝对瓦斯涌出量和相对瓦斯涌出量等资料，作为区域突出危险性预测和制定防突措施的依据。矿井瓦斯地质图更新周期不得超过1年、工作面瓦斯地质图更新周期不得超过3个月。

②地质测量部门在采掘工作面距离未保护区边缘50 m前，编制临近未保护区通知单，并报矿技术负责人审批后交有关采掘区（队）。

③在突出煤层顶、底板掘进岩巷时，地质测量部门必须提前进行地质预测，编制巷道剖面图，及时掌握施工动态和围岩变化情况，验证提供的地质资料，并定期通报给煤矿防突机构和采掘区（队）；遇有较大变化时，随时通报。

（6）突出矿井开采的非突出煤层和高瓦斯矿井的开采煤层，在延深达到或者超过50 m或者开拓新采区时，必须测定煤层瓦斯压力、瓦斯含量及其他与突出危险性相关的参数。

突出矿井的非突出煤层和高瓦斯矿井各煤层在新水平、新采区开拓工程的所有煤巷掘进过程中，应当密切观察突出预兆，并在开拓工程揭穿这些煤层时执行揭煤工作面的局部综合防突措施。

有突出危险煤层的新建矿井或者突出矿井，开拓新水平的井巷第一次揭穿（开）厚度为0.3 m及以上煤层时，必须超前探测煤层厚度及地质构造、测定煤层瓦斯压力及瓦斯含量等与突出危险性相关的参数。

（7）深部水平、新采区必须考察瓦斯基本参数。主要有瓦斯压力、瓦斯含量、煤的透气性系数、排放半径、抽采效果参数、突出敏感指标及其临界值。突出敏感指标及其临界值没有考察出来时执行防突规定的要求。未完成基本参数测定的，不允许揭煤。

（8）突出矿井的通风系统应当符合下列要求：

①井巷揭穿突出煤层前，具有独立的、可靠的通风系统。

②突出矿井、有突出煤层的采区应当有独立的回风系统，并实行分区通风，采区回风巷和区段回

风石门是专用回风巷。突出煤层采掘工作面回风应当直接进入专用回风巷。准备采区时，突出煤层掘进巷道的回风不得经过有人作业的其他采区回风巷。

③开采有瓦斯喷出、有突出危险的煤层，或者在距离突出煤层最小法向距离小于 10 m 的区域掘进施工时，严禁 2 个工作面之间串联通风。

④突出煤层双巷掘进工作面不得同时作业，其他突出煤层区域预测为危险区域的采掘工作面，其进入专用回风巷前的回风严禁切断其他采掘作业地点唯一安全出口。

⑤突出矿井采煤工作面的进、回风巷内，以及煤巷、半煤岩巷和有瓦斯涌出的岩巷掘进工作面回风流中，采区回风巷及总回风巷，应当安设全量程或者高低浓度甲烷传感器；突出矿井采煤工作面的进风巷内甲烷传感器应当安设在距工作面 10 m 以内的位置。

⑥开采突出煤层时，工作面回风侧不得设置调节风量的设施。

⑦严禁在井下安设辅助通风机。

⑧突出煤层采用局部通风机通风时，必须采用压入式。

（9）防突措施的编制、审批、贯彻、执行、监督检查工作，必须遵守下列制度：

①防治突出专门机构负责编制防治突出措施，矿总工程师负责组织生产、通风、地测、机电、安监等部门审查。

②防突工作坚持区域防突措施先行、局部防突措施补充的原则。突出矿井采掘工作做到不掘突出头、不采突出面。未按要求采取区域综合防突措施的，严禁进行采掘活动。

③防治突出措施的内容，必须有瓦斯地质资料、突出危险性预测方法、防治突出技术措施及其效果检测方法、指标以及预测、效果检验钻孔布置等，安全防护措施以及贯彻执行防突措施的组织措施，并附区域预测图（与作业头面采掘布置动态图合用）、保护关系图、防突技术措施设计图、通风安全系统图。

④在施工前，批准的防突措施第一次由矿防突管理人员向施工队管理人员、职工贯彻，经考试合格后方可上岗作业。

⑤采、掘作业必须严格执行公司、矿审定的防突措施，对某项内容执行确有困难的，由矿总工程师组织修改或补充措施，并按原措施审批程序报批。

⑥在突出煤层内掘进，遇地质构造等情况引起前方无煤时，必须保证施工不少于 10 m 的探测钻孔，必须探明前方地质情况，补充过构造的专门防突措施。

⑦矿严格执行防突施工督查制度。建立专门的防突预抽孔验孔记录台账，防突头面措施孔、安全措施执行情况抽查记录台账。

⑧根据不同的防突措施，矿制定专门的组织措施，逐条落实有关人员职责。突出危险严重地点管理人员现场跟班。

（10）防突措施审批权限如下：

①突出矿井和突出煤层应当委托具有突出危险性鉴定资质的单位进行鉴定，报公司、集团公司“一通三防”及瓦斯治理中心备案。

②突出矿井新水平、新采区的防突专项设计，由公司审批。

③区域突出危险性划分，由公司审批。

④保护层有效保护范围划定方法及有关参数的实测结果，由各矿报公司审批。

⑤开采保护层特殊情况下留设煤柱及煤柱影响范围内采掘防突措施，制定防范措施由各矿报公司审批。

⑥揭突出层防突措施，由企业主要负责人、矿长审批。

⑦地质条件复杂，突出危险性大的重点采掘工作面防突措施，科研项目的防突措施，由各矿报公司审批，重大项目报集团管理局一通三防部备案。

⑧防突参数考察报告，由企业主要负责人、矿长审批。

⑨打孔出现屏障超标（含喷孔、卡钻等现象），必须立即停止打孔，并制定防范措施，由各矿报公司审批。

⑩其他采、掘防突措施，以及不属于公司审批的所有措施均由矿总工审批，并报公司备案。

(11) 公司每季、各矿每月至少召开一次防突办公会，由公司总经理、矿长组织，总工程师和有关人员参加。矿总工程师每月复审一次防突措施，掌握动态，分析问题，做到心中有数。

(12) 公司、矿要认真抓好防治煤与瓦斯突出技术管理的基础工作。要建立和完善四个图板、四个台账、一个卡片、一个案例。

四个图板：瓦斯地质图；突出煤层采、掘工作面动态图；保护关系图；现场防突施工图板。

四个台账：突出煤层考察基本参数台账；煤柱台账；瓦斯抽采台账；防突设备仪表使用及完好台账。

一个卡片：煤与瓦斯突出卡片。

一个案例：突出后的案例分析。

(13) 突出矿井的管理人员和井下工作人员必须接受防治突出知识的培训，熟悉突出的预兆和防治突出的基本知识，经考试合格后方准上岗。

对各类人员的培训要求如下：

①突出矿井的井下工作人员的培训包括防治突出的基本知识和规章制度（突出预兆、防治突出措施和安全防护措施等）。

②在突出煤层中工作的队长应由从事突出煤层采掘工作不少于3年的人员担任。

③对突出矿井工作的队长、班组长和有关职能部门的工作人员，培训的主要内容应包括有关突出的危害及突出发生的规律、区域和局部的突出危险性预测、防治突出措施、防治突出措施效果检验方法和安全防护措施、防突的规章制度等内容。

④突出矿井的防突员是特殊工种人员，必须每年接受一次煤矿三级及以上安全培训机构组织的防突知识、操作技能的专项培训；培训的主要内容为防突的理论知识、突出发生的规律、区域和局部综合防突措施以及有关防突的规章制度等。

⑤有突出矿井的煤矿企业和突出矿井的主要负责人、技术负责人应当接受煤矿二级及以上培训机构组织的防突专项培训。专项培训的主要内容为防突的理论知识和实践知识、突出发生的规律、区域和局部综合防突措施以及防突的规章制度等内容。

⑥矿井采、掘工程技术人员，采掘区、队长由公司负责进行“防突知识”培训。

⑦采、掘、机、通、运工人“防突知识”培训由矿组织培训，经考试合格后方可上岗工作。

⑧凡未经培训取得合格证者，不得担任相应职务。

(14) 突出矿井在编制年度、季度、月生产计划的同时，必须编制年度、季度、月度防治突出措施计划，保证抽、掘、采平衡。计划内容应包括：

①保护层开采计划（不具备开采保护层条件的，必须采用预抽煤层瓦斯）。

②抽采煤层瓦斯计划。

③石门揭突出煤层计划。

④采掘工作面局部防治突出措施计划。

⑤防治突出措施的工程量、完成时间以及所需的设备、材料、资金和劳动力。

(15) 突出矿井应当对突出煤层进行区域突出危险性预测（以下简称区域预测）。经区域预测后，突出煤层划分为突出危险区和无突出危险区。

未进行区域预测的区域视为突出危险区。

对已确切掌握煤层突出危险区域的分布规律，并有可靠的预测资料的，区域预测工作可由矿技术负责人组织实施；否则，应当委托有煤与瓦斯突出危险性鉴定资质的机构进行区域预测。区域预测结果为无突出危险区的应当由煤矿企业技术负责人批准。

（16）矿井首次开采某个保护层或者保护层与被保护层的层间距、岩性及保护层开采厚度等发生了较大变化时，应当对被保护层的保护效果及其有效保护范围进行实际考察。保护效果和保护范围考察结果报煤矿企业技术负责人批准。

（17）区域防突措施包括开采保护层和预抽煤层瓦斯两类。

突出危险区的煤层不具备开采保护层条件的，必须采用预抽煤层瓦斯区域防突措施并进行区域措施效果检验。

对预抽煤层瓦斯区域防突措施进行检验时，均应当首先分析、检查预抽区域内钻孔的分布等是否符合设计要求，不符合设计要求的，不予检验。

预抽煤层瓦斯区域措施效果检验结果应当经矿总工程师批准。

（18）当区域验证为无突出危险时，应当采取安全防护措施后进行采掘作业。但若为采掘工作面在该区域进行的首次区域验证时，采掘前还应当保留足够的突出预测超前距。

只要有一次区域验证为有突出危险，则该区域在以后的采掘作业前必须采取区域或者局部综合防突措施。

（19）工作面突出危险性预测（以下简称工作面预测）是预测工作面煤体的突出危险性，包括井巷揭煤工作面、煤巷掘进工作面和采煤工作面的突出危险性预测等。工作面预测应当在工作面推进过程中进行，经工作面预测后划分为突出危险工作面和无突出危险工作面。

应当采取局部综合防突措施的采掘工作面未进行工作面预测的，视为突出危险工作面。

（20）当预测为突出危险工作面时，必须实施工作面防突措施和工作面防突措施效果检验。只有经效果检验证实措施有效后，即判定为无突出危险工作面，方可进行采掘作业；当措施无效时，仍为突出危险工作面，必须采取补充防突措施，并再次进行措施效果检验，直到措施有效。

无突出危险工作面必须在采取安全防护措施并保留足够的突出预测超前距或者防突措施超前距的条件下进行采掘作业。

煤巷掘进和采煤工作面应当保留的最小预测超前距均为 2 m。

工作面应当保留的最小防突措施超前距为：煤巷掘进工作面 5 m，采煤工作面 3 m；在地质构造破坏严重地带煤巷掘进工作面不小于 7 m，采煤工作面不小于 5 m。

每次工作面防突措施施工完成后，应当绘制工作面防突措施竣工图，并标注每次工作面预测、效果检验的数据。

（21）突出煤层的每个煤巷掘进工作面和采煤工作面都必须编制工作面专项防突设计，报煤矿总工程师批准。实施过程中当煤层赋存条件变化较大或巷道设计发生变化时，还应当做出补充或修改设计。

（22）在实施局部综合防突措施的煤巷掘进工作面和采煤工作面，当预测为无突出危险，且上一循环的预测也是无突出危险时，方可确定为无突出危险工作面，并在采取安全防护措施、保留足够的预测超前距的条件下进行采掘作业；否则，仍要执行一次工作面防突措施和措施效果检验。

（23）为使工作面预测更可靠，鼓励根据实际条件增加一些辅助预测指标（工作面瓦斯涌出量动态变化、声发射、电磁辐射、钻屑温度、煤体温度等），并采用物探、钻探等手段探测前方地质构造，观察分析煤体结构和采掘作业、钻孔施工中的各种现象，进行工作面突出危险性的综合预测。

工作面地质构造、采掘作业及钻孔等现象主要有以下方面：

①煤层的构造破坏带，包括断层、剧烈褶曲、火成岩侵入等。

②煤层赋存条件急剧变化。

③采掘应力叠加。

④工作面出现喷孔、顶钻等。

⑤工作面出现明显的突出预兆。

在突出煤层，当出现上述第④、第⑤项情况时，必须采取区域综合防突措施；当有上述第①、第②、第③项情况时，除已经实施了工作面防突措施外，应当视为突出危险工作面并实施相关措施。

(24) 井巷揭煤防突专项设计应当至少包括下列内容：

①井巷揭煤区域煤层、瓦斯、地质构造及巷道布置的基本情况。

②建立安全可靠的独立通风系统及加强控制通风风流设施的措施。

③控制突出煤层层位、准确确定安全岩柱厚度的措施，测定煤层瓦斯参数的钻孔等工程布置、实施方案。

④揭煤工作面突出危险性预测及防突措施效果检验的方法、指标，预测及检验钻孔布置等。

⑤井巷揭煤工作面防突措施。

⑥安全防护措施及组织管理措施。

⑦加强过煤层段巷道的支护及其他措施。

应当采取区域综合防突措施的，还要包括本《防治煤与瓦斯突出细则》第三章规定的相关内容。

(25) 煤巷掘进和采煤工作面的专项防突设计应当至少包括下列内容：

①煤层、瓦斯、地质构造及邻近区域巷道布置的基本情况。

②建立安全可靠的独立通风系统及加强控制通风风流设施的措施。

③工作面突出危险性预测及防突措施效果检验的方法、指标以及预测、效果检验钻孔布置等。

④防突措施的选取及施工设计。

⑤安全防护措施。

⑥组织管理措施。

矿井各煤层采用的煤巷掘进工作面和采煤工作面各种局部防突措施的效果和参数等都要经实际考察确定。

(26) 突出矿井必须建设采区避难硐室，采区避难硐室必须接入矿井压风管路和供水管路，满足避险人员的避险需要，额定防护时间不低于96 h。

(27) 突出煤层的掘进巷道长度及采煤工作面推进长度超过500 m时，应当在距离工作面500 m范围内建设临时避难硐室或者其他临时避险设施。临时避难硐室必须设置向外开启的密闭门或者隔离门（隔离门按反向风门设置标准安设），接入矿井压风管路，并安设压风自救装置，设置与矿调度室直通的电话，配备足量的饮用水及自救器。

井下避难硐室的要求如下：

①避难硐室应布置在稳定的岩层中，避开地质构造带、高温带、应力异常区以及透水危险区。前后20 m范围内巷道应采用不燃性材料支护，且顶板完整、支护完好，符合安全出口的要求。特殊情况下确需布置在煤层中时，应有控制瓦斯涌出和防止瓦斯积聚、煤层自燃的措施。永久避难硐室应确保在服务期间不受采动影响，临时避难硐室应在服务期间避免受采动损害。

②避难硐室应采用向外开启的两道门结构。外侧第一道门采用既能抵挡一定强度的冲击波，又能阻挡有毒有害气体的防护密闭门；第二道门采用能阻挡有毒有害气体的密闭门。两道门之间为过渡室，密闭门之内为避险生存室。

防护密闭门上设观察窗，门墙设单向排水管和单向排气管，排水管和排气管应加装手动阀门。过渡室内应设压缩空气幕和压气喷淋装置。永久避难硐室过渡室的净面积应不小于3 m^2；临时避难硐室不小于2 m^2。

生存室的宽度不得小于2.0 m，长度根据设计的额定避险人数以及内配装备情况确定。生存室内设置不少于两趟单向排气管和一趟单向排水管，排水管和排气管应加装手动阀门。永久避难硐室生存室的净高不低于2.0 m，每人应有不低于1.0 m^2 的有效使用面积，设计额定避险人数不少于20 人，宜不多于100 人。临时避难硐室生存室的净高不低于1.85 m，每人应有不低于0.9 m^2 的有效使用面积，设计额定避险人数不少于10 人，不多于40 人。

③避难硐室防护密闭门抗冲击压力不低于0.3 MPa，应有足够的气密性，密封可靠、开闭灵活。门墙周边掏槽，深度不小于0.2 m，墙体用强度不低于C30 的混凝土浇筑，并与岩（煤）体接实，保证足够的气密性。

利用可移动式救生舱的过渡舱作为临时避难硐室的过渡室时，过渡舱外侧门框宽度应不小于0.3 m，安装时在门框上整体灌注混凝土墙体，四周掏槽深度、墙体强度及密封性能要求不低于防护密闭门的安装要求。

④采用锚喷、砌碹等方式支护，支护材料应阻燃、抗静电、耐高温、耐腐蚀，顶板和墙壁的颜色宜为浅色。硐室地面高于巷道底板不小于0.2 m。

⑤有条件的矿井宜为永久避难硐室布置由地表直达硐室的钻孔，钻孔直径应不小于200 mm。通过钻孔设置水管和电缆时，水管应有减压装置；钻孔地表出口应有必要的保护装置并储备自带动力压风机，数量不少于2 台。避难硐室还应配备自备氧供氧系统，供氧量不小于24 h。

⑥接入避难硐室的矿井压风、供水、监测监控、人员定位、通信和供电系统的各种管线在接入硐室前应采取保护措施。避难硐室内宜加配无线电话或应急通信设施。

⑦紧急避险设施应具备安全防护、氧气供给保障、有害气体去除、环境监测、通信、照明、人员生存保障等基本功能，在无任何外界支持的情况下额定防护时间不低于96 h。

a. 具备自备氧供氧系统和有害气体去除设施。供氧量不低于0.5 L/(min·人)，处理二氧化碳的能力不低于0.5 L/(min·人)，处理一氧化碳的能力应能保证在20 min 内将一氧化碳浓度由0.04% 降到0.0024% 以下。在整个额定防护时间内，紧急避险设施内部环境中氧气含量应为18.5% ~22.4%，二氧化碳浓度不大于1.0%，甲烷浓度不大于1.0%，一氧化碳浓度不大于0.0024%，温度不高于35 ℃，湿度不大于85%，并保证紧急避险设施内始终处于不低于100 Pa 的正压状态。采用高压气瓶供气系统的应有减压措施，以保证安全使用。

b. 配备独立的内外环境参数检测或监测仪器，在突发紧急情况下人员避险时，能够对避险设施过渡室（舱）内的氧气、一氧化碳，生存室（舱）内的氧气、甲烷、二氧化碳、一氧化碳、温度、湿度和避险设施外的氧气、甲烷、二氧化碳、一氧化碳进行检测或监测。

c. 按额定避险人数配备食品、饮用水、自救器、人体排泄物收集处理装置及急救箱、照明设施、工具箱、灭火器等辅助设施。配备的食品发热量不少于5000 kJ/(天·人)，饮用水不少于1.5 L/(天·人)。配备的自救器应为隔绝式，有效防护时间应不低于45 min。

⑧避难硐室施工前，应有专门的施工设计，报企业技术负责人批准后方可实施。

压风自救系统的要求如下：

①压风自救装置安装在掘进工作面巷道和采煤工作面巷道内的压缩空气管道上。

②压风自救器的设置地点：距采掘工作面25 ~40 m 的巷道内、起爆地点、撤离人员与警戒人员所在的位置以及回风巷有人作业处等地点应至少设置一组。在长距离的掘进巷道中，应当每隔200 m 至少安设一组压风自救装置，并在实施预抽煤层瓦斯区域防突措施的区域，根据实际情况增加压风自救装置的设置组数。

③每组压风自救器应当可供5 ~8 人使用，平均每人的压缩空气供给量不得少于0.1 m^3/min。

④采、掘防突头面的控制作业设备的用风闸门必须设在供气管末端，关闭作业设备用风闸门时，不得关闭压风自救器用风闸门。特殊情况处理故障、检修要关闭，必须经安全副矿长或总工程师批准。

（28）当发生突出事故后，矿总工（或安全副总工程师）要带领生产、通风、安全、地测等人员到现场收集资料查明原因，及时按程序向上级部门汇报。

①凡发生突出的采、掘工作面必须立即停止一切作业。停止作业期间由矿总工组织现场收集资料，并立即分析、查找突出原因，在强化实施综合防突措施消除突出隐患后，报公司审批同意后，方可恢复作业。

②突出的煤必须及时清理，以防止自燃引起瓦斯爆炸。清理突出的煤炭时，应制定防煤尘、防片帮、防冒顶、防瓦斯超限、防火源的安全技术措施，由矿总工程师组织审批。

③突出孔洞应当及时充填、封闭严实或者进行支护，并当恢复采掘作业时，应在其附近 30 m 范围内加强支护。

（29）未尽事宜参照《防治煤与瓦斯突出细则》。

2.3.12　火区管理制度

第一条　井下火灾无法直接扑灭而予以封闭的区域，称为火区。

第二条　每一火区都要按《煤矿安全规程》要求建立火区管理卡片，要按时间顺序予以编号，并绘制火区位置关系图。

第三条　火区管理卡片内容

（1）火区基本情况登记。

（2）防火墙及其观测记录。

（3）灌浆或其他灭火记录。

（4）火区位置示意图。

第四条　火区位置图以通风系统图为基础绘制，即在通风系统图上标明所有火区的边界、防火墙的位置、火源点位置、漏风路线及防灭火系统布置。在图上标明火区编号、名称、发火时间。

第五条　火区封闭后应积极采取措施加速火区熄灭进程。通风部门负责编制火区灭火方案，经总工程师、矿长批准后执行。

第六条　火区火势稳定后可采取缩封措施，提高灭火效果。

第七条　火区经连续取样分析符合《煤矿安全规程》规定的火区熄灭条件时，由矿总工程师组织有关部门鉴定确认火区已经熄灭，提出火区注销报告，报公司审批，报集团公司备案。

第八条　火区注销报告内容

（1）火区的基本情况。

（2）灭火总结（包括灭火过程、灭火费用和灭火效果等）。

（3）火区注销依据与鉴定结果。

（4）附注销火区图。

第九条　火区注销后，要绘制注销火区图，并符合以下要求：

（1）在 1∶5000 的井上下对照图上绘制。

（2）标明治理火区方案或措施的规格、参数。

（3）注明火区注销范围、时间。

第十条　启封已注销的火区必须编制启封火区安全措施，报公司审批。启封火区安全措施应包括以下内容：

（1）火区基本情况、灭火与注销情况。

（2）火区侦察顺序与防火墙启封顺序。

（3）启封时防止人员中毒、防止火区复燃和防止爆炸的通风安全措施。

（4）附图。

第十一条　火区启封必须由救护队进行，必须采用锁风方法启封，发现有复燃现象必须立即停止启封，重新封闭。

第十二条 火区启封后3天内，每班必须由矿山救护队检查通风工作，并测定水温、空气温度、取样分析气体成分。只有在确认火区完全熄灭、通风等情况良好后，方可进行生产工作。

第十三条 不得在火区的同一煤层的周围进行采掘工作。在同一煤层同一水平的火区两侧、煤层倾角小于35°的火区下部区段、火区下方邻近煤层进行采掘时，必须编制设计，并严格遵守《煤矿安全规程》有关规定。煤层倾角在35°及以上的火区下部区段严禁进行采掘工作。

2.3.13 均压开采管理制度

第一条 采用均压通风的工作面，必须编制均压通风安全技术措施，经矿总工程师组织会审签字后，于投产前一个月报公司审批。

第二条 为确保均压系统稳定可靠，要求均压风机必须安装在专用均压绕道内。

第三条 均压风机必须实现“双风机双电源自动切换”。

第四条 均压风门必须实现风门闭锁，并安装风门开停传感器和风门语音报警装置。

第五条 均压风机和均压风门必须由专人负责看管。

第六条 均压安全技术措施的主要内容：

（1）工作面位置、开采方法、相邻工作面的开采情况及上部煤层赋存、地质构造等情况。

（2）相关火区情况分析，采用均压通风的原因。

（3）抑制火区恶化及防止有害气体侵入工作面的措施。

（4）安全技术措施内容包括：组织机构、通风系统的建立和验收、运输系统的设置、通信、监测及报警装置的安装、火区或上层采空区观测探孔的位置及设置、均压风机的安装或备用情况、均压局部通风机的使用条件及使用方法、工作面均压前后的风量配备情况、安全监护措施和避灾措施、工作面有害气体的检测安排、工作面结束后的封闭方法和措施。

（5）相关附图。

①火区层与开采层的采掘工程对照图（1∶2000）。

②工作面均压通风系统图（1∶2000）。

2.3.14 防尘设施安装固定标准

第一条 风流净化水幕安装标准

（1）拱形断面的巷道采用与巷道断面相同的拱形水幕，两端最外喷头至底板的垂直距离不得超过2 m；梯形和异形梯形断面的巷道采用平行于顶板的直线形水幕，两端最外喷头与两帮的距离不大于200 mm。

（2）喷头雾化扇面应根据巷道风速大小以适当的迎风角度安装，并做到雾化好，能封闭整个断面。

（3）水幕的喷头间距不得大于600 mm。

（4）使用自动喷雾的水幕，其控制装置与水管同侧；使用联动喷雾的水幕，其控制装置要保持完好，确保正常使用。

（5）使用旋转喷雾做风流净化水幕时，高度距顶不大于300 mm，喷头不得少于2个，能够封闭整个断面，并固定牢固。

第二条 捕尘壁幛制作、安装标准

（1）制作捕尘壁幛材料为：3号扁铁、20 mm×40 mm方管、不锈钢网片（8目）、$\phi5\times20$ mm铆钉和8号槽钢。

（2）沿巷道周边用20 mm×40 mm方管制作框架。

（3）捕尘壁幛门为双门扇，门扇高不低于1.8 m，宽不低于1.6 m，且不影响行人过车（由于其他因素可适当调整壁幛门大小）。

（4）捕尘壁幛门顺着风流方向开启安装，保证捕尘壁幛门底边离轨面（底板）50 mm，并能自动关闭。

（5）根据巷道断面大小设置2～3根（8号槽钢）立柱。

（6）门扇上沿设置一道横柱（8号槽钢）。

（7）壁幛空隙处用不锈钢网片（8目）覆盖，网片须在一个平面上，保证平整，并用3号扁铁和$\phi5\times20$ mm铆钉固定在方管上。

（8）捕尘壁幛安装在距掘进工作面及采煤工作面回风巷距工作面100～200 m处。

（9）距捕尘壁幛上风侧200～300 mm处安装一道全断面水幕，全断面水幕迎风45°方向安装，且水幕必须覆盖整个捕尘壁幛，并做到开机时必须开启捕尘壁幛水幕。

（10）捕尘壁幛水幕阀门需安装在行人侧，并设专人管理。

（11）捕尘壁幛前后必须安设防撞装置。

第三条 转载点喷雾安装标准：

（1）井下所有运煤转载点必须有完善的喷雾装置，喷雾装置使用支撑金属骨架（钢管、圆钢、角铁）固定牢靠，雾化效果好。

（2）喷头至少保证一个正常使用，但喷雾辐射宽度必须能覆盖整个皮带宽度，安装高度应距卸载滚上缘200～300 mm，水平方向应距卸载滚外缘800～900 mm，喷雾角度为45°。

（3）刮板机机头转载和其他转载落煤点要根据实际装设可靠的喷雾装置，要有效降尘，提高效果。

第四条 风流净化水幕（全断面水幕）固定标准：

（1）岩巷打固定眼，固定眼内打木橛固定。

（2）架棚或锚网巷道固定在棚梁或锚网上。

（3）架棚或锚网巷道固定材料为尼龙扎带，岩巷固定材料用宽20 mm×2 mm扁铁做卡子。

（4）每个水幕均匀固定不少于3处。

（5）水幕距巷道顶部不得大于100 mm。

（6）全断面水幕应采用直径6分的钢管。

第五条 水幕、转载点喷雾连接用软管固定标准：

（1）岩巷打固定眼，固定眼内打木橛固定。

（2）架棚或锚网巷道固定在棚梁或锚网上。

（3）架棚或锚网巷道固定材料为尼龙扎带，岩巷固定材料用宽20 mm×2 mm扁铁做卡子。

（4）固定点间距300 mm。

（5）软管多余部分用铁丝捆牢盘挂在巷帮上。

（6）软管沿着巷道帮壁横平竖直、牢固可靠，不得有煤泥及积尘。

第六条 锚喷支护的防尘：

（1）打锚杆眼应实施湿式钻孔，采取有效防尘措施后可采用干式钻孔。

（2）沙石混合料颗粒径不得超过15 mm，且应在下井前洒水预湿。

（3）喷射机上料口及排气口应配备捕尘装置。

（4）距锚喷作业地点下风流方向100 m内应设置两道以上风流净化水幕，且喷射混凝土时工作地点应采用除尘器抽尘净化。

第七条 运输防尘：运输巷内应设置风流净化水幕。

第八条 在煤、岩层中钻孔，应采取湿式钻孔。煤（岩）与瓦斯突出煤层或软煤层中瓦斯抽放钻孔难以采取湿式钻孔时，可采取干式钻孔，但必须采取捕尘、降尘措施，必要时必须采用除尘器除尘。

第九条 风流净化水幕、转载点喷雾、爆破喷雾等均应实现自动喷雾；风流净化水幕宜采用标准四旋节水喷头。

第十条　井下所有防尘洒水管路必须挂牌管理，牌板内容包括使用地点、管路名称、管径、水流方向等。各项综合防尘设施必须挂管理说明牌，内容包括地点、设施、名称、规格、数量、负责人等项目明确写明。做到管理明确，责任到人。

第十一条　个体防护：凡在井下采用综合防尘措施后空气中的粉尘浓度仍然达不到国家卫生标准时均要佩戴防尘口罩（回采、掘进面的作业人员必须佩戴防尘口罩）。

2.3.15　防治煤尘爆炸管理制度

第一条　新建矿井或生产矿井每延深一个新水平，必须对所开采煤层进行1次煤尘爆炸性鉴定工作，确定其爆炸指数；煤尘爆炸性危险性鉴定必须由国家授权单位进行鉴定，鉴定结果必须报省级煤炭行业管理部门、煤矿安全监察机构和公司一通三防部备案。煤矿企业应根据鉴定结果采取相应的安全措施；高瓦斯、突出矿井所开采煤层每年至少测一次，其余两年至少测一次。

第二条　矿井每年应制定综合防尘措施、预防和隔绝煤尘爆炸措施及管理制度，并组织实施。

第三条　开采有煤尘爆炸危险煤层，必须集中布置安装隔爆水棚，建立隔爆设施管理台账。矿井的两翼、相邻的采区、相邻的煤层、相邻的采煤工作面间，煤层掘进巷道同与其相连的巷道间，煤仓同与其相连的巷道间，采用独立通风。有煤尘爆炸危险的其他地点同与其相连的巷道间，必须用水棚或岩粉棚隔开。

第四条　隔爆设施设置地点及要求：

（1）主要隔爆棚设置地点：矿井两翼与井筒相连通的主要运输大巷和回风大巷、相邻采区之间的运输巷和回风巷、相邻煤层之间的运输石门和回风石门。

（2）水棚应设在巷道的直线段内，与巷道的交叉口、转弯处距离须保持50～75 m，与风门的距离应大于25 m。

（3）辅助隔爆棚设置地点：采煤工作面进、回风巷及煤与半煤岩掘进巷道，煤仓同与其相连的巷道间，采用独立通风并有煤尘爆炸危险的其他地点同与其相连的巷道间，位置设在距工作面60～200 m范围内。

（4）隔爆水棚必须符合《煤矿用隔爆水棚通用技术条件》MT 157—1996的规定，经国家质检部门检验合格。

（5）水棚的用水量按巷道断面积计算，主要隔爆棚不少于400 L/m^2；辅助隔爆棚不少于200 L/m^2，水量不足时要及时加水。

（6）40 L及小于40 L的水袋所组成的水袋棚，不得作为主要隔爆棚。

（7）在应设辅助隔爆棚的巷道应设多组水棚，每组距离不大于200 m。

（8）水棚的排间距应为1.2～3.0 m，主要棚的棚区长不少30 m，辅助棚的棚区长不少于20 m。

（9）水袋挂钩位置要对正，相向布置（钩尖与钩尖相对），挂钩直径4～8 mm的圆钢，挂钩角度为（60±5）°，弯钩长度为25 mm。

（10）水袋之间的横向间隙与水袋同支架或巷壁之间的间隙之和不得大于1.5 m，特殊情况下不超过1.8 m，两个水袋之间的纵向间隙不得大于1.2 m。

（11）水棚距巷道轨面的高度不小于1.8 m，水棚应保持高度一致，棚区巷道需挑顶时，其断面积和形状应与其前后各20 m长度的巷道保持一致。

（12）水袋边与巷道、支架、顶板、构物架之间的距离不得小于0.1 m，水袋底部到顶梁（顶板）的距离不得大于1.6 m，如顶梁大于1.6 m，则必须在该水袋上方增设一个水袋。

（13）隔爆水袋编号标准：

①沿着巷道垂直方向从左向右逐个水袋升序编号。

②编号采用立可贴贴纸，白底红字、圆形，直径100 mm；中心为数字，直径外围宽10 mm红边。

③编号粘贴于水袋水平及垂直方向中心处。

④整列水棚编号整齐划一，编号中心线纵、横均在一条直线上。

第五条　隔爆设施应指定专人负责，实行挂牌管理，水袋无丢失、损坏、脱钩或水量不足等现象。采煤工作面两巷和掘进工作面的隔爆设施，要按规定及时移动，确保首列水棚距工作面距离始终在60～200 m范围内。

第六条　加强隔爆棚的日常管理与维护，通风科负责井下所有隔爆棚的管理检查工作，每周全面检查一次隔爆设施的安装地点、数量、水量或岩粉量及安装质量是否符合要求。

第七条　隔爆水幕安装标准：

（1）隔爆水幕的用水总流量、前后两排水幕之间的间距和水幕区段的长度等，应据巷道断面面积而定，且必须符合表6－2－9要求。

表6－2－9　隔爆水幕安装标准

巷道断面积/m^2	水幕总流量/（$L\cdot min^{-1}$）	前后两排水幕的间距/m	水幕区段的长度/m
≤5	≥500	1～1.5	15～20
5～10	≥800	1.5～2.5	20～25
10～13	≥1000	2～3	20～30

（2）水幕的供水压力不小于4 MPa。

（3）每排水幕中喷嘴的安装数量和安装角度，应使每排水幕的喷雾能够封闭该巷道的全断面，尤其是巷道的顶部，不得出现无水的死角。

（4）水幕中各个喷嘴喷出雾粒的数量，其中应有50%的粒径必须小于140 μm。

（5）必须保证水幕在发生爆炸时正常供水，水幕供水管路应采用耐爆炸的钢管，管路固定要保证横平竖直，并采取相应的保护措施。

（6）水幕钢管采用3号扁铁做成的管卡固定，间距布置均匀且不得超过0.8 m。

（7）水幕钢管应沿着巷道帮壁敷设，与巷道帮壁接实、牢固，有条件的矿井应嵌入巷道帮壁内敷设。

（8）水幕控制箱应放置在巷道专用壁槽内。

2.3.16　粉尘测定管理制度

第一条　矿井必须开展粉尘测定工作，必须定期对井上、下作业场所的粉尘进行测定。

第二条　矿井应按《煤矿井下粉尘防治规范》要求建立专职防尘机构，并配备专职测尘员从事测尘工作，业务由通风科负责领导管理，测尘人员和仪器配备必须满足矿井测尘工作需求。测尘员应按计划定期对井上、下作业场所的粉尘进行测定，并填写粉尘测定记录。

第三条　矿井必须按国家规定对生产性粉尘进行检测，并遵守下列制度：

（1）总粉尘：

①作业场所的粉尘浓度，井下每月测定2次，地面及露天煤矿每月测定1次。

②粉尘分散度，每6个月测定1次。

（2）呼吸性粉尘：

①工班个体呼吸性粉尘监测，采掘工作面每3个月测定1次，其他工作面或作业场所每6个月测定1次。每个采样工种分2个班次连续采样，1个班次内至少采集2个有效样品，先后采集的有效样品不得少于4个。

②定点呼吸性粉尘监测每月测定 1 次。

(3) 粉尘中游离 SiO_2 含量，每 6 个月测定一次，在变更工作面时也必须测定 1 次；各接尘作业场所每次测定的有效样品数不得少于 3 个。

(4) 开采深度大于 200 m 的露天煤矿，在气压较低的季节应适当增加测定次数。

第四条 粉尘测定要求

(1) 煤矿粉尘测定方法应按 GB 5748—1985《作业场所空气中粉尘测定方法》和 MT 79—1984《粉尘浓度和分散度测定方法》的各项规定执行。

(2) 在测定全尘浓度的同时，还必须测定呼吸性粉尘浓度，每个测尘点的布置要符合规定。

第五条 粉尘测定点设置

(1) 综采面：落煤、司机操作、移架和其他工序（取其平均值）4 个测点。

(2) 炮采面（过构造）：打眼、爆破、放顶、多工序作业、其他工序（取其平均值）5 个测点。

(3) 机掘面：掘进机作业、司机操作、抽出式通风、装煤（岩）、其他工序（取其平均值）5 个测点。

(4) 炮掘面（过构造）：打眼、爆破、多工序作业、装岩、其他工序（取其平均值）5 个测点

(5) 转载点：按巷道长度计算，不足 1000 m 巷道，取各转载点粉尘浓度平均值作为一个测点；大于 1000 m 巷道作为两个测点。

(6) 主要硐室：材料库、配电室、水泵房、机修室等都作为单独一个测点。

其他制度参见第 6 篇制度体系。

2.4 地测防治水技术管理制度

2.4.1 地质灾害防治与测量技术管理制度

(1) 要严格按照《煤矿安全规程》《煤矿防治水细则》《煤矿地质工作规定》内容，开展矿井地质及水文地质工作。

(2) 矿井应当设立地质灾害防治与测量工作机构，不断完善工作体系，建立健全各项管理制度，配备满足工作需要的地质、水文地质等专业技术人员，配齐专用探放水设备，建立专门的探放水作业队伍，加强地质灾害防治的技术管理的有效性和持续性。

(3) 矿井应当编制防治水中长期规划（5～10 年）和年度计划，并组织实施。

(4) 矿井应当编制下列地质、水文地质相关报告，并按期修编：

①建井地质报告（基建矿井移交生产前 6 个月内编制）。

②生产地质报告（基建矿井移交生产 3 年内编制，并每 5 年修编 1 次）。

③地质类型划分报告（基建矿井移交生产 1 年内编制，并每 5 年重新确定）。

④隐蔽致灾地质因素普查报告。

⑤水文地质类型划分报告（每 3 年确定一次或发生重大突水事故 1 年内需重新确定）。

(5) 当矿井现有地质、水文地质资料不能满足生产建设需要时，应当针对存在的问题进行补充调查与勘探，通过钻探、物探等方式，开展地质、水文地质补充调查工作，并编制相应报告。

(6) 矿井必须按规定编制下列地质、水文地质图件，要建立数字化图件，内容真实可靠，并每半年对图纸内容进行修正完善。

①地质类：构造纲要图；地形地质图；地层综合柱状图；地质剖面图；煤岩层对比图；可采煤层底板等高线图；资源/储量估算图；勘探钻孔柱状图；瓦斯地质图；井上下对照图；采掘工程平面图。

②水文地质类：矿井充水性图；涌水量与各种相关因素动态曲线图；综合水文地质图；综合水文地质柱状图；水文地质剖面图。

(7) 矿井必须建立下列地质、水文地质资料台账，内容应当认真收集、整理，实行计算机数据

库管理，长期保存，并每半年修正1次。

①地质类：钻孔成果台账；地质构造台账；矿井瓦斯资料台账；煤质资料台账；井筒、石门见煤点台账；工程地质资料台账；资源/储量台账；井田及周边采空区、老窑地质资料台账；井下火区地质资料台账；封闭不良钻孔台账。

②水文地质类：矿井涌水量观测成果台账；气象资料台账；地表水文观测成果台账；钻孔水位、井泉动态观测成果及河流渗漏台账；抽（放）水试验成果台账；矿井突水点台账；井田地质钻孔综合成果台账；井下水文地质钻孔成果台账；水质分析成果台账；水源水质受污染观测资料台账；水源井（孔）资料台账；封孔不良钻孔资料台账；矿井和周边煤矿采空区相关资料台账；水闸门（墙）观测资料台账；其他专门项目的资料台账。

（8）矿井雨季前必须对防治水工作进行全面检查，排查内容主要包括：矿区及其附近边坡稳定情况；地面水流系统的汇水、渗漏情况；地表塌陷、裂隙情况；排水河道、沟渠淤塞情况；与井下或含水层相通的各类钻孔封堵情况；关闭小窑井筒封闭情况等，发现问题，及时处理。要建立灾害性天气预警和预防机制；井口及工业场地内建筑物地面标高必须高于当地历年洪水位，还应避开可能发生的泥石流、滑坡等地质灾害的影响。

（9）矿井应当配备与矿井涌水量相匹配的水泵、排水管路、配电设备和水仓等，并满足矿井排水的需要；水泵、水管、闸阀、配电设备和线路，必须经常检查和维护。在每年雨季之前，必须全面检修1次，并对全部工作水泵和备用水泵进行1次联合排水试验，提交联合排水试验报告。水仓、沉淀池和水沟中的淤泥，应当及时清理，每年雨季前必须清理1次。

（10）要严格执行“预测预报，探掘分离，有掘必探、先探后掘、先治后采”的防治水原则，“物探先行、化探跟进、钻探验证”的综合探测手段，采取“探、防、堵、疏、排、截、监”的综合治理措施。

（11）矿井采掘活动区域必须采用走访调查、三维地震勘探、地面瞬变电法勘探等手段，切实查明构造、采空区、小窑的积水位置、范围水量等水害情况，并划定“三线”。

（12）矿井地面和井下的防治水或探放水工程应制定专项的设计及安全技术措施，有专职队伍严格按照规定流程进行施工作业，并认真做好相关资料的分析、整理、存档等工作。

（13）矿井要建立健全水害隐患排查治理制度，定期开展防治水隐患专项排查工作，对查出的隐患要及时提出整改措施。

（14）矿井生产期间应及时开展地质及水文地质观测，主要内容有：

地质观测包括揭露岩（煤）性特征、厚度、产状、巷道变形、冒顶、片帮、底鼓、井筒、石门和穿层巷道揭煤点、构造等；

水文地质观测包括气象、地表水、井下水、含水层、裂隙、构造、涌水量、突水点、水质、水压等；

井下观测成果记录，必须于升井后2天内整理完毕，并反映在相关图件或台账、素描等地质、水文地质文档中，并将对采掘工程布置有影响或可能导致安全问题的信息，及时报告总工程师。

（15）应根据掌握的地质、水文地质资料信息，及时开展年度、月度水情水害及地质预测预报工作。

（16）应当根据矿井的地质构造、水文地质条件、煤层赋存条件、围岩物理力学性质、开采方法及岩层移动规律等因素确定相应的防隔水煤（岩）柱的尺寸。防隔水煤（岩）柱应当组织编制专门设计，经总工程师组织有关单位审查批准后实施。防隔水煤（岩）柱一经确定，不得随意变动。严禁在各类防隔水煤（岩）柱中进行采掘活动。

（17）矿井应当根据本单位的主要水害类型和可能发生的水害事故，制定水害应急预案和现场处置方案，每年都应当对应急预案修订完善并进行1次救灾演练。

（18）若矿井采掘区域受承压水威胁，必须通过专门的水文地质补充勘探，编制水文地质报告，进行带压开采可行性论证，制定承压安全开采方案，方可进行采掘活动。

（19）根据生产需要，开拓新采区或新工作面在采掘前必须查明煤层发育情况、顶底板岩性及力学性质、地质构造、陷落柱、岩浆岩、冲刷带、瓦斯赋存规律及水文地质特征等地质条件，要系统地收集、编录所揭露井巷的地质、水文地质资料，及时编制各种地质、水文地质资料报告、地质说明书等相关资料，并保障资料及时提供地质说明书、采后总结和水文地质情况分析报告。

地质说明书：①采区设计前3个月内应提出采区地质说明书；②掘进工作面设计前1个月，应提出掘进工作面地质说明书；③采煤工作面形成后，应开展相关物探、钻探等补充地质工作，查明工作面内部地质构造情况，并在10日内提出采煤工作面地质说明书；各项地质说明书需由总工程师审批。

采后总结：工作面回采结束后，要根据实际揭露的地质、水文地质条件、资源储量及采出率等进行对比分析，30日内提出采后地质总结报告，报矿井总工程师审核。

水文地质情况分析报告：在矿井受水害威胁的区域，进行巷道掘进前，应当采用钻探、物探和化探等方法查清水文地质条件。提出水文地质情况分析报告，并提出水害防范措施，经矿井总工程师组织生产、安监和地测等有关单位审查批准后，方可进行施工。

（20）工作面开始回采后，重点对开采影响区范围内的村庄进行巡查。对采矿塌陷造成的地面塌陷裂隙、塌陷坑、地表崩塌滑坡及积水等地质灾害进行调查和拍照、观测及治理。

（21）发现地质灾害隐患后，要划定危险区，书面通知相关管理部门及受威胁区域人员，并设置警示标志，不得随意进入危险区。

（22）在危险区边缘显著的位置要设置避险告知卡，注明危险区域、可能出现的隐患及引起的后果。

（23）当日值班矿长为地质灾害隐患接受、协调处理工作的负责人。调度室当班调度员为地质灾害隐患值班员，实行24 h值班。

（24）当班调度员接到矿区任何地方的地质灾害汇报（出现建筑裂缝、地表崩塌滑坡等），要及时通知地测防治水科长并同时汇报矿长、总工程师，由地测防治水科及时组织有关部门进行核查情况。12 h内向有关部门汇报。

（25）地测防治水科根据核查的情况，确定是否可能立即发生险情，对于可能立即发生险情的地区，调度室要立即通知危险区的所有人员撤离险区，妥善安置，并同时向上级主管部门及政府有关部门汇报。

（26）对于日常的巡查及监测，地测防治水科要将新增隐患、原地质灾害隐患的变化、危险区的警示标志情况、受危险区的人群掌握避险情况等进行总结，书面汇报总工程师，并发放至相关单位。

（27）对于因采矿引起的可能威胁群众生命财产安全的严重地质灾害，由矿长办公室负责牵头，协调进行立即治理，不得影响群众的生产生活。

（28）地测防治水科要按照《矿山地质环境保护与恢复治理方案》，按照边生产、边治理的原则，组织开展地质环境恢复治理，并按规定向国土部门进行上报。

（29）对重大地质灾害技术问题要组织相关技术人员进行讨论，制定实施方案报请上级公司批准。

（30）定期开展隐蔽致灾因素排查工作，对可能诱发地质灾害的隐蔽致灾因素制定针对性治理措施，并组织落实。

（31）建立健全矿井测量及资源储量管理的统计建档工作。严格按照规定要求，开展“四量”（开拓煤量、准备煤量、回采煤量、抽采煤量）管理，为矿井的有序接替提供保障。

（32）建立健全矿井地质灾害防治与测量技术管理体系。通过区域性的地质测量技术指导和煤矿地质测量专业管理相结合的原则，扎实做好矿井采掘布局、开拓延伸、矿井设计、矿井测量等技术管理工作，为矿井科学合理建设提供可靠的地测资料。

（33）开采活动结束的前1年，矿井应按照规定编制煤矿闭坑地质报告，并报所在地煤炭行业管理部门、煤矿安全监管监察部门备案。

（34）积极推广地质灾害防治新技术、新方法，不断提高地质灾害防治科学技术水平。

2.4.2　预测预报制度

（1）每年初由地测防治水科根据年度采掘接续计划，结合矿井地质、水文地质资料，全面分析采掘过程中存在的地质灾害隐患，编制年度地质预测预报和水情水害预测预报。

（2）每月根据生产作业计划，及时对采掘工作面进行实地排查，对地质灾害类型进行认真分析、预测，并于月底28日编制完成下月度的地质预报、水情水害预报，下发各生产单位及相关科室领导，并上报上级公司对口部门。

（3）每月月底要根据井下实际揭露的地质、水文地质情况及时对上月的地质、水情水害预报内容进行分析总结，进一步提高预测预报的准确性。

（4）地测防治水科要严格进行井上下测量工作，做到井上下对照图要及时准确，对村庄、工业广场、公路等要留有足够的保安煤柱，确保井上地面建筑的安全。

（5）地测防治水科在雨季来临前做好矿井范围内的地表水、山洪、塌陷区、山体滑坡、井上下连通的钻孔、泥石流等地质灾害排查，对可能发生事故的地点进行分析、预测、预报。

（6）加强对地表情况的实地排查，尤其是在雨季期间，要对地质灾害类型进行认真分析，分析每一种地质灾害发生的可能性，并开展针对性的排查与治理工作，并对预计可能会发生的情况进行提前分析预判。

（7）对地质灾害隐患分析预报内容，需经工程师签字审批同意，并要做到积极组织治理，对于可能立即发生险情的地区，要在第一时间通知危险区的所有人员撤离险区，妥善安置。

（8）地质灾害预报要紧密结合采掘衔接计划，充分利用矿井地质、水文地质以及地面排查情况资料，全面分析矿井地质灾害隐患，提出有针对性的防范措施。

（9）预报内容应包括地点、范围、对生产的影响程度和应采取的措施等，预报工作应要做到及时准确，有专项的水情水害预报表和文字、图纸说明。

（10）当生产计划变更、工作面地质、水文地质条件发生变化或当月掘进超过预报范围时，要编制下发临时性预报。

（11）预报要进行总结，并按年装订成册，做到图表相符，内容齐全，描述准确，定性，定量，措施有针对性，签字齐全。

（12）地质灾害预测预报要做到真实可靠，预判到位，积极治理，预测预报结果应确保对矿井采掘生产起到指导性作用，不得因预报不及时或错误而造成矿井地质灾害事故。

2.4.3　隐患排查治理制度

（1）严格执行《煤矿安全规程》《煤矿防治水细则》《煤矿地质工作规定》等规程、规定要求，全面开展煤矿各类地质灾害、水害隐患排查与治理工作。

（2）各类地质灾害、水害隐患主要有：

①地面：废弃老窑（井筒）、封闭不良钻孔，滑坡、地表水体，地面塌陷区、积水区。

②井下：采空区，断层、裂隙、褶曲，陷落柱、地质异常体，瓦斯富集区，导水裂缝带，地下含水体，井下火区，古河床冲刷带、天窗等不良地质体。

（3）各矿要成立地质灾害、水害隐患排查领导小组，组长由矿总工程师担任，明确责任与职责。

（4）对矿井水文地质条件进行经常性的研判与分析，并开展年、月预报和周分析，及时排查各类地质灾害、水害隐患；编制地质预报、水情水害预报，必要时补充临时预报，预报及时下发各队组，为生产提供技术依据。

(5) 每季度对矿井周边小窑开采情况进行走访调查，与周边矿井交换资料，条件准许时对其开采范围，积水情况及越界等进行实测；对采掘工作面及其周边的钻孔进行排查，查清钻孔位置，终孔层位及封闭情况；对采动塌陷区域进行调查，分析对村庄的影响和对矿井的危害。

(6) 各矿要建立定期巡查制度，建立以矿总工程师为组长的巡查小组，雨季期间，执行至少每周一次的定期检查；在大雨、暴雨时，坚持雨中巡查（1~2 h 巡视一次）。每次雨后由地测技术人员负责对地表塌陷裂缝、塌陷区、积水区进行专项检查，对地表塌陷及时测量，并建立详细的巡查记录。

(7) 要密切关注井田范围及周边的小窑、地面小坑口、已封闭老井的封堵填埋情况，对地表水、地表塌陷裂隙区和泄洪通道的汇水情况、导水能力和渗漏情况进行排查，发现地表塌陷裂缝等问题应立即填平夯实，防止雨季地面水溃入井下造成事故；对地表塌陷裂缝、塌陷区及时进行填埋处理。

(8) 地表塌陷裂缝、塌陷区、积水区必须悬挂相应的警示标志牌，必要时围上护栏，做到标识明显，警示到位，提醒过往人员与车辆注意，积水区警示牌，要注明积水深度，禁止垂钓、游泳等。

(9) 每月各矿要对该矿各采掘工作面及其周边采空区域进行详细调查分析，分析预测地质构造、裂隙、陷落柱、火区及水害等影响采掘生产和其他威胁矿井安全的事故隐患；分析地表水，含水层和灰岩水、断层水等对各工作面的影响程度，并提出防范措施。

(10) 各矿必须按照“物探先行、化探跟进、钻探验证”的综合探测手段查明断层、陷落柱、地质异常体的富导水性，疏放威胁采掘安全的采空区积水，查明采掘区域的水文地质情况，制定治理措施。

(11) 每旬对矿井各观测点进行涌水量观测，并填绘《涌水量观测台账》，变化大时分析并查明原因；对各出水点进行跟踪观测、建立台账，分析其水源、水量、导水通道。

(12) 各矿水泵、水管、闸阀、排水的配电设备和输电线路，必须经常检查和维护。在每年雨季之前，必须全面检修一次，并对全部工作水泵和备用水泵进行一次联合排水试验，发现问题，及时处理，提交联合排水试验报告。

水仓、沉淀池和水沟中的淤泥，应及时清理，每年雨季前必须清理一次。

(13) 各矿对日常检查中发现的水文地质隐患问题要分类，矿井自身能够整改的问题，分项向有关科室、队组下发事故隐患通知单、工作面存在问题通知单等提出整改措施并限期落实处理，领导小组安排对落实情况进行监督检查；矿井本身能力不足以整改的问题应向上级公司汇报，协同整改或者委托外围单位、科研院校进行整改。

(14) 领导小组办公室要做好每月隐患排查的工作安排和内业资料管理，对整个过程要建立完整的记录，要求内容齐全、规范（包括检查人员签字、人员分工情况、存在问题、整改情况、复查情况等做详细记录）。

(15) 隐患排查执行“谁检查、谁签字、谁负责”制，由于检查不认真出现影响地测防治水安全工作，将追究相关人员的责任。

(16) 领导小组成员要认真对待隐患排查与治理工作，确保矿井防治水工作安全，季度防治水工作开展有效，无水害事故发生，给予领导小组成员适当奖励。

2.4.4 地测安全办公会议制度

为加强地测防治水专业技术管理，搞好地测防治水工作，保证各项工作正常有序地开展，及时解决存在问题，促进安全生产，特制定本制度。

1. 会议时间

由部门负责人每周组织一次地测防治水专业会议。

2. 参加人员

部门所有人员。

3. 主要内容

(1) 贯彻落实上级有关地测防治水的指令、指示、精神和要求。

(2) 学习政府、上级机构下发的有关地测防治水工作的新规定。

(3) 分析当前地测防治水管理工作中存在的问题，解决防治水管理中的技术难题。

(4) 总结和分析上一阶段（月或周）完成的地测防治水主要工作及其质量，分析排查下一阶段（月或周）地测防治水重点工作。

(5) 学习国内外防治水方面的新技术、新工艺、新方法和先进管理经验；防治水事故案例分析。

4. 会议要求

(1) 档案员做好会议记录，会议结束整理会议纪要，分发有关领导及人员。

(2) 会议期间，所有人员必须将手机调至振动状态，不得接打手机。

(3) 会议期间，不得随意走动或中途退场。

2.4.5 地测安全生产联席制度

为进一步强化地测防治水管理工作，规范生产部门之间业务联系行为，特制定本制度。

(1) 与技术、安全等单位应相互协作、相互配合、相互监督，有关业务联系必须通过通知单、联系单、会议等形式进行。

(2) 积极配合安监部对所属矿井各类安全检查。

(3) 每月3日前对各矿进行绩效考核，并将考核结果报调度室。

(4) 每月与生产技术部配合对各矿采掘工程平面图进行会审。

(5) 联系生产技术部，组织对矿井采区设计及各类地质报告的会审。

(6) 当所属矿井遇到地质变化时，及时会同生产技术部、安全生产监督管理部等相关部门现场会诊，并提出指导意见。

2.4.6 技术资料、技术报告审批制度

为了建立正常的工作秩序，保证地质测量图纸资料的高质量，使地测成果更好地为煤矿安全生产服务，特制定本制度。

(1) 地质测量资料是矿井设计、计划、生产的重要基础资料，均应力求做到内容完整、数据准确、格式规范，凡对所属矿井上报的一切图纸、台账、文字资料、报告均须经有关人员审核，并经有关领导批准后方可提交或报出。

(2) 下列资料由地质或水文地质技术人员初审后，部门负责人审核后提交、归档：

①重要报告和技术总结的会审。

②地面建筑物、水体及主要井巷保护煤柱设计。

③月报、季报、年报末储量动态报表。

④年度防治水工作计划。

⑤矿井防隔水煤柱设计及探放水设计。

⑥日常防治水各类报表。

⑦各类井上下物探报告。

⑧所属矿井各采掘工作面“三书”。

⑨每月各矿井“地质预报”和“水情水害地质预报”。

2.4.7 技术档案管理制度

(1) 所有资料应统一归档整理保存，不得损坏、乱拿乱放，同类资料应集中摆放，要有专项的保管台账对资料的存放地点、存放时间、存放数量等情况进行详细登记。

(2) 交由档案室集中管理各项资料，档案室要根据其属性分类保管，并有详细的目录清单，以方便查阅，并做到保密。

（3）技术档案要做到防潮、防火、防虫、防鼠等管理。

（4）归档资料任何人不得私自外借，要妥善保管，确需外借的要有领导签字的资料外借单，并进行登记，必须将借方手机号码、身份证号码、姓名、单位名称等相关信息登记清楚，借方必须按时归还，不得损坏。

（5）用于追查事故的资料，档案室要对资料进行复印，并将原件收回。本矿内部使用需要提供的资料，档案室要及时提供，提供资料时一定要按照上述程序进行。

（6）未经审核的资料，不能提供生产使用，如果因为地测资料提供不及时或资料丢失不能提供，而影响矿井生产或造成损失的，要追究其责任。

（7）外单位索取、转抄、复制图纸资料时，实行有偿使用，其保密责任由索取单位负责。

2.4.8 图纸资料交换制度

根据《煤矿安全规程》《煤矿防治水细则》的有关要求，制定本制度。

（1）接收各矿上报的月度采掘工程平面图、季度充水性图和井上下对照图，及时了解各矿地质及水文地质情况。

（2）每月督促所属矿井至少实施一次相邻矿井资料交换工作。

（3）资料交换的内容由文字和图纸两部分组成。

①文字部分要求：

a. 相邻边界附近采掘（包括开采煤层、开采方式）情况叙述。

b. 相邻区域地质构造情况叙述。

c. 相邻区域水文地质（包括井下出水点、积水区、主要含水层观测孔水位等）情况叙述。

d. 涉及安全的其他地质及开采情况叙述。

e. 提交单位名称齐全，由总工程师签字并加盖公章。

②图纸要求：

a. 图种为井上下对照图或采掘工程平面图。

b. 提供的图纸范围为井田以及距边界 200 m 之内。

c. 比例尺为 1∶2000，图签责任栏签字齐全并加盖单位公章。

d. 图纸范围内应有相邻边界附近的采掘工程情况。

e. 图纸范围内应有所有地质、水文地质钻孔，地质构造，积水区范围，出水点等资料。

f. 图纸范围内应有涉及安全的其他开采地质资料。

2.4.9 地质专业管理制度

（1）要严格按照《煤矿安全规程》《煤矿防治水细则》《煤矿地质工作规定》内容，开展矿井地质及水文地质工作。

（2）矿井应当建立健全各项地质管理制度，配备满足工作需要的地质、水文地质专业技术人员。

（3）矿井应当编制下列地质、水文地质相关报告，并按期修编：

①建井地质报告（基建矿井移交生产前 6 个月内编制）。

②生产地质报告（基建矿井移交生产 3 年内编制，并每 5 年修编 1 次）。

③地质类型划分报告（基建矿井移交生产 1 年内编制，并每 5 年重新确定）。

④隐蔽致灾地质因素普查报告。

⑤水文地质类型划分报告（每 3 年确定一次或发生重大突水事故 1 年内需重新确定）。

（4）当矿井现有地质、水文地质资料不能满足生产建设需要时，应当针对存在的问题进行补充调查与勘探，通过钻探、物探等方式，开展地质、水文地质补充调查工作，并编制相应报告。

（5）矿井必须按规定编制下列地质、水文地质图件，要建立数字化图件，内容真实可靠，并每半年对图纸内容进行修正完善。

(6) 矿井必须建立下列地质、水文地质资料台账，内容应当认真收集、整理，实行计算机数据库管理，长期保存，并每半年修正1次。

(7) 矿井生产期间应及时开展地质及水文地质观测，主要内容有：

地质观测包括揭露岩（煤）性特征、厚度、产状、巷道变形、冒顶、片帮、底鼓、井筒、石门和穿层巷道揭煤点、构造等；

水文地质观测包括气象、地表水、井下水、含水层、裂隙、构造、涌水量、突水点、水质、水压等；

井下观测成果记录，必须于升井后2天内整理完毕，并反映在相关图件或台账、素描等地质、水文地质文档中，并将对采掘工程布置有影响或可能导致安全问题的信息，及时报告总工程师。

(8) 应根据掌握的地质、水文地质资料信息，及时开展年度、月度地质预测预报工作。

(9) 根据生产需要，开拓新采区或新工作面在采掘前必须查明煤层发育情况、顶底板岩性及力学性质、地质构造、陷落柱、岩浆岩、冲刷带、瓦斯赋存规律及水文地质特征等地质条件，要系统地收集、编录所揭露井巷的地质、水文地质资料，及时编制各种地质、水文地质资料报告、地质说明书等相关资料，并保障资料及时提供。

(10) 工作面开始回采后，重点对开采影响区范围内的村庄进行巡查。对采矿塌陷造成的地面塌陷裂隙、塌陷坑、地表崩塌滑坡及积水等地质灾害进行调查和拍照、观测及治理。

(11) 发现地质灾害隐患后，要划定危险区，书面通知相关管理部门及受威胁区域人员，并设置警示标志，不得随意进入危险区。

(12) 定期开展隐蔽致灾因素排查工作，对可能诱发地质灾害的隐蔽致灾因素制定针对性治理措施，并组织落实。

(13) 建立健全矿井地质灾害防治技术管理体系。做好矿井采掘布局、开拓延伸、矿井设计等技术管理工作，为矿井科学合理建设提供可靠的地测资料。

(14) 开采活动结束的前1年，矿井应按照规定编制煤矿闭坑地质报告，并报所在地煤炭行业管理部门、煤矿安全监管监察部门备案。

(15) 积极推广地质灾害防治新技术、新方法，不断提高地质灾害防治科学技术水平。

2.4.10 隐蔽致灾地质因素普查制度

为切实做好矿井隐蔽致灾地质因素普查工作，做到矿井隐蔽致灾地质因素清晰明确，预测预报准确有效，防范措施全面可行，确保矿井安全持续发展，杜绝隐蔽致灾地质事故发生，根据《煤矿地质工作规定》要求制定本制度。

1. 普查领导小组

为确保矿井隐蔽致灾地质因素普查工作顺利开展，特成立隐蔽致灾地质因素普查工作领导小组。

组　长：总工程师

副组长：防治水副总　通风助理

成　员：地测防治水科科长、通风科科长、安全科科长、生产技术科科长及其他相关技术人员

2. 隐蔽致灾地质因素普查领导小组职责

组　长：全面负责组织隐蔽致灾因素普查工作的开展，保证隐蔽致灾因素普查工作开展过程中所需资金、设备、仪器仪表落实到位。

副组长：协助组长工作，负责组织制定整改方案、安全技术措施，重点负责隐蔽性调查工作的跟踪、督促检查，负责自己专业内隐蔽致灾工作日常业务安排落实。

成　员：在组长、副组长的领导下共同开展完成隐蔽致灾地质因素普查工作并负责编制专业内的安全技术措施和整改方案工作，区队技术员负责本区队内的隐蔽致灾专业知识培训，科室技术人员负责督促帮扶区队人员共同提高专业知识。

3. 普查内容

矿井隐蔽致灾地质因素主要包括：采空区、废弃老窑（井筒）、封闭不良钻孔，断层、裂隙、褶曲，陷落柱，瓦斯富集区，导水裂缝带，地下含水体，井下火区，古河床冲刷带、天窗等不良地质体。

4. 普查实施细则

（1）采空区普查：应采用调查访问、物探、化探和钻探等方法进行，雨季前与雨季后应调查两次采空区分布、形成时间、范围、积水状况、自然发火情况和有害气体等。应将采空区相关信息标绘在采掘（剥）工程平面图和矿井充水性图上，建立煤矿和周边采空区相关资料台账。

（2）废弃老窑（井筒）和封闭不良钻孔普查：应收集废弃老窑（井筒）闭坑时间、开采煤层、范围，是否开采煤柱和充填情况等资料。井田内及周边施工的所有钻孔都要标注在图上，分析每个钻孔封孔的质量。建立井田内废弃老窑（井筒）、水源井、封闭不良钻孔台账。每年不少于两次。

（3）断层、裂隙和褶曲普查：应对采掘规划布置范围内，提前查明矿井边界断层和井田内落差大于5 m的断层，查明矿井内主要褶曲形态，收集矿井裂隙发育资料、总结规律，编制煤矿构造纲要图。其中，断层普查主要包括断层性质、走向、倾角、断距，断层带宽度及岩性，断层两盘伴生裂隙发育程度，断层富水性等，并在年初的预测预报中提出防范意见。

（4）陷落柱普查：应查明矿井内直径大于30 m的陷落柱，主要包括陷落柱发育形态、岩性、周边裂隙发育程度、导水性等，并提出防范措施和建议，并在年初的预测预报中提出防范意见。

（5）瓦斯富集区普查：每月应收集资料，调查煤层厚度、变化规律、煤质和瓦斯含量及赋存状况，系统收集矿井所有的瓦斯资料和地质资料，编制瓦斯地质图，对矿井瓦斯赋存情况进行分区，开展瓦斯防突预测预报工作。

（6）导水裂缝带普查：应采用物探、钻探实测和理论计算等方法确定矿井导水裂缝带高度，合理留设防隔水煤（岩）柱。如果煤层顶板受开采破坏，其导水裂缝带波及范围内存在富水性强的含水层（体）的，在掘进、回采前，应当对含水层（体）进行疏干。

（7）地下含水体普查：应查明影响矿井安全开采的水文地质条件，各种含水体的水源、水量、水位、水质和导水通道等，预测煤矿正常和最大涌水量，提出防排水建议。

（8）井下火区普查：应查明火区范围、密闭、气体成分等情况，提出防灭火措施建议。

（9）古河床冲刷带、天窗等不良地质体普查：应查明岩浆岩侵入体、古河床冲刷带、古隆起、天窗等不良地质体。

5. 具体要求

（1）参与矿井隐蔽致灾地质因素普查工作的科室及技术人员应对本专业涉及的内容及资料认真审查，确保内容翔实，严禁弄虚作假，重点分析隐蔽致灾地质因素对井田采掘区域开采的影响及危害程度，并提出相应的防范措施及建议。

（2）矿井隐蔽致灾地质因素普查工作应在充分收集井田范围内各个勘探阶段的地质、水文地质、物探等资料和矿井建设生产过程中的各类补充地质勘探、矿井地质、矿井水文地质、井上下物探、化探等成果资料的基础上，经过全面对比整理、综合分析，并结合野外踏勘、工程测绘及调查走访等手段，对井田范围内的隐蔽致灾地质因素进行全面普查，并提出普查报告，由煤矿企业总工程师组织审定。

2.4.11 井下标定测量管理制度

（1）新开工的井巷工程，测量人员必须对设计的几何要素及相邻关系进行验算、校准，然后实施标定测量工作，并下发巷道开口通知单。

（2）测量人员现场标定中、腰线后，需以“中腰线通知单”形式，提交施工单位。中腰线通知单应包括施工单位、施工地点、放线依据、放线日期和示意图等，示意图中必须标明巷道名称、方位，工作面位置，测量导线点的位置、编号等，注明中线（激光指向仪）至两帮距离，腰线注明至顶、底板距离，以及巷道掘进坡度。

（3）综掘巷道直巷掘进超过 30 m，普掘巷道直巷掘进超过 70 m 时，必须安设激光指向仪。

（4）施工单位在使用过程中要加强激光指向仪管理，每次使用前应检查激光光束，使其正确指示巷道掘进方向。巷道每掘进 50 m 时，测量人员应至少对中、腰线进行一次检查测量，并根据检查结果调整激光指向仪。当激光指向仪距离工作面超过 500 m 或激光光斑较大不能清晰辨认时应及时前移激光指向仪。

（5）不使用激光指向仪的掘进工程，如炮掘巷道，测量人员需根据生产情况及时延伸中、腰线。

（6）中线设置要保证与迎头通视，以方便仪器放线，每次必须悬挂至少三根中线，以便激光指向仪验证中线的偏差，并正确指示巷道掘进方向；爆破方式掘进的岩巷悬挂中线时，需距离工作面 3 m 以外，以免爆破破坏；岩巷腰线以倒三角标志标定至掘进机后，在巷道复喷后标定好连续条带腰线，以保证腰线延伸至迎头；倾斜巷道的上、下变坡点，必须设置腰线点，为避免喷浆等原因破坏，要求施工单位在巷帮打眼，设置外露木桩，并在木桩上钉设钉子，以便准确恢复腰线位置。

（7）最前面一个中线点至掘进工作面的距离不得超过 30 m，腰线点不超过 20 m，测量人员应及时延设中腰线。中腰线的延设应认真检查，确认无误后方可延设下一组中腰线点。

（8）导线点距离工作面最大不超过 100 m 时，必须测一次导线，并校核中腰线。

（9）测量人员在工作面迎头进行测量工作时，应主动与施工人员沟通，暂停掘进工作，以避免人员、仪器受到碰撞干扰，保证观测精度及人身、仪器安全。

（10）各施工单位应保护好巷道的各类中、腰线标志，进行妥善管理和正常交接，遇有损坏和怀疑时，应及时通知生产技术科检校。

（11）安装工程，如带式输送机安装、提升设备安装等工程，设计部门须提前将有关设计图纸送交生产技术科，施工单位必须以书面形式写明所需要标定的各项内容，由测量人员严格按设计和书面要求尺寸标定，并在现场加注必要的文字符号说明（如箭头、皮中、皮边、架边、滚筒中、溜煤眼中等）。

（12）正常掘进工作面以外施工的各类硐室，在工程结束后，测量人员应及时进行碎部测量工作，保证硐室填图的正确性和及时性。

（13）测量人员应经常与施工单位联系，全面、详细地掌握现场施工情况，及时解决生产中的测量问题。

2.4.12　井下测量标志的管理制度

（1）井下测量标志点是指导井下采掘工程及机械设备安装工程的重要依据，测量标志管理的好坏，直接影响着矿井工程质量，任何人严禁改动、破坏测量标志。

（2）中腰线点的设置。测量导线点全部设置为永久导线点，井下基本控制导线全部敷设 7″级导线点，采区控制导线敷设为 30″级导线点。7″级导线点在条件允许的情况下全部设在底板上，采区导线点设置在顶板上。导线点用牌板标示，井下每一个导线点都用牌板标示出点号、等级、坐标、高程等。所有主要巷道的腰线设为 1.3 m，并在拱基线处每隔 5 m 设一腰线基点。连续条带腰线全部用宽 0.02 m 的模型描制。

井下临时测量标志点，由测量人员以红色油漆标注清楚。

（3）因公司安全生产需要对巷道进行改造、修复等工作时，对可能破坏的测量标志，由测量人员将测量标志进行保护或移设到不受破坏的地点。

（4）施工单位要加强对中、腰线及激光指向仪保护，在喷浆前应对中、腰线采取保护措施，喷浆后立即进行恢复。

（5）施工单位在进行井下有关标记时，严禁使用红色油漆，以避免与巷道中的测量标志混淆。

施工单位特殊情况下确实需用红漆时，必须经总工程师批准。对于破坏、修改测量标志和未经批准而使用红色油漆涂记标志的，每次处罚200元。

2.4.13　贯通测量管理制度

巷道贯通工程关系到矿井的建设和安全生产，必须保证贯通测量的精度。

根据巷道的工程量和巷道的用途，确定合理的贯通测量方法。对于大型重要贯通，贯通长度大于3000 m的巷道工程，应根据《煤矿测量规程》的要求提出贯通测量设计书。贯通测量设计书要求文字清晰，表达准确，图件齐全，经总工程师审查同意后，上报上级部门审批。贯通测量设计书的内容应当包括：

（1）工程概况。

（2）测量方案的选择。包括水平角的观测方法和限差、导线边长的丈量和限差、高程测量、中线腰线的标定、控制导线的延设、测量仪器工具等。

（3）贯通误差预计。

（4）贯通测量误差预计图，比例尺不小于1∶2000。

（5）安全措施等。

①测量人员应按照巷道的设计要求，及时检查验算设计巷道的各种几何关系，在标定数据确认正确无误后，方可进行贯通测量标定工作。

②在贯通测量过程中，必须严格执行《煤矿测量规程》有关规定，结合贯通测量的设计要求及时分析测量精度，全面保证测量成果的准确性，以确保贯通工程满足生产要求。

③贯通测量工作中使用的各种测量仪器必须经过检验合格。外业观测中，严格按照各等级测量的操作规范进行操作，各类限差必须符合《煤矿测量规程》规定。内业计算时，应及时整理和检查导线记录簿，检查所有计算是否正确，观测成果是否满足各项限差要求等。计算必须两人独立进行，相互校核。

④提前下达《贯通通知单》。根据巷道施工进度，掘进巷道贯通前，综掘巷道相距50 m前，其他巷道相距20 m前，地测科必须以书面形式，分别向施工单位、通风科、生产科、安全科、调度室、安全经理、总工程师等发出贯通通知单。贯通通知单中内容要齐全，贯通数据要准确、翔实。

⑤巷道贯通后，应立即进行联测，对贯通巷道的中、腰线实际偏差进行测定，认真做好贯通测量资料的计算，及时编制贯通总结。

⑥贯通测量完成后，应将设计书、内外业资料和贯通总结保存归档。

2.4.14　测量数据记录、计算与整理制度

（1）各种观测必须有专人负责记录，严禁自测自记。

（2）在记录过程中，要耐心、认真、细致、精力集中。采用复述方法记录，能及时发现观测中的错误和超限情况。达不到限差要求时，必须进行重测。

（3）每次观测必须记录工作地点、观测日期、仪器型号、观测者、记录者等。

（4）作业观测结束后，应对观测手簿进行全面检查，保证记录、计算正确无误，各项限差及检验项目均符合规范的要求后方可迁站。

（5）一切原始观测值必须在现场记录，严禁凭记忆补记。手簿中每一页都须编号，任何情况下都不能撕毁手簿中的记录纸。

（6）一切数字、文字记录应正确、清楚、整齐、美观。凡更正错误，均应将错字整齐划去，在其上方填写正确的文字或数字，严禁涂改、擦改、转抄。对超限划去的成果，需注明原因和重测结果所在的页数。测点名称必须记录正确，同一点名在各种资料中须严格一致。

（7）计算和对算者必须及时独立整理和检查外业观测手簿，确认无误及各项限差符合要求后方可进行内业计算。观测数据不全或限差超限必须进行补测或重测。

（8）任何计算资料必须有对算。计算、对算或检查者都应在计算成果表上签字。资料的计算、复算或对算必须从起始数据和观测数据原始记录本开始，不得互相转抄。

（9）各种计算资料应按规定要求进行平差并计算测量精度。

（10）计算资料、成果台账要按工作地点整理，装订成册。封面要有名称、编号、单位、日期。要有目录、页码、示意图及必要的说明，计算成果表上都要有草图。计算后的最终成果必须及时建立台账并归档。

（11）计算资料字体要工整、干净，所需项目填写正确、齐全。

2.4.15　地测资料整理、保管制度

1. 资料归档范围

（1）上级机关颁发的有关技术方面的方针、政策、文件及技术规程、规定和规范。

（2）向上级领导机关汇报的有关技术、业务和请示报告及批示文件。

（3）工程设计、作业规程、施工措施等。

（4）地面三角、水准和导线各级控制测量成果，控制网图及技术设计总结。地面岩移观测资料。

（5）各种地质、测量、储量管理台账、图纸。各种上传、下达的报表及通知单。

（6）矿井大型贯通设计、贯通测量资料及总结。

（7）钢尺比长、各种测量仪器鉴定数据、使用说明书等资料。

（8）建矿移交生产的各种地测资料。

（9）各种地质说明书及总结报告。

2. 资料归档

（1）对各种地测资料应及时进行整理、分类、编号、统计、装订和登记，建立索引和目录，并装盒入柜。

（2）地测资料的管理由测量组长负责，并派专人管理。地测资料属机密资料，必须妥善保管，防止丢失和外泄。

（3）应建立资料发放登记台账。

3. 资料提供

（1）设计、施工单位需要地测资料时，必须事先联系，并经总工程师批准。

（2）生产技术科接到任务后，应尽快进行编写或计算，按时提交。提交的资料必须有审核，签字要齐全。

（3）向上级部门提供的一切资料、报告、报表、图纸、设计等，需经科长把关，并签字后方可按规定日期报出。

（4）煤矿各业务科室借阅资料时，经科长同意、总工程师批准后，方可长期使用。

（5）外单位或业务上直接有关的单位需要借阅资料时，必须经总工程师批准。

（6）由生产技术科提供的图纸资料，一律不准复制或转借他人复制。

（7）使用人员要严格保管好所用的地测资料，若将资料丢失应及时向生产技术科声明，并书面写出丢失经过，报请解决。

（8）根据规定《采掘工程平面图》每月填绘一次，《井上下对照图》每季度填绘一次，其他图纸根据需要随时填绘、所有图纸年底均集中绘一次。

（9）根据规定的矿图使用人员名单，每年二月份将新填矿图集中发放到使用人员手中，并签字登记，同时将旧图收回。收回的旧图和不用的废图纸，经请示总工程师同意后，由两人以上在场，会同有关科室点明数量，集中销毁。

2.4.16　资源储量专业管理制度

（1）矿井地测部门负责矿井井田的储量管理工作，掌握矿井储量变化动态，使开拓和回采衔接配合，以保证生产计划顺利完成。

（2）矿井根据地质条件合理布局，严禁盲目施工，吃肥丢瘦。地质人员应对面积、厚度和边角煤的损失定期检查，以便提高资源回收率，延长矿井寿命。

（3）对设计阶段、开拓阶段、回采阶段的储量管理、资源回收率，储量管理人员应进行全过程监督、检查，如发现不符合规程要求或可能丢煤时，应及时指出，并填写《预防丢煤通知书》报有关领导科室。

（4）及时填报“采出率”和有关“三量”管理的年、季度报表及全矿井产量、损失量的报表，报表台账明细如下：

①分月分工作面损失量分析及采出率计算基础台账。

②分月分采区分煤层损失量分析及采出率计算基础台账。

③年全矿井分煤层损失量分析及采出率计算基础台账。

④矿井期末保有储量计算基础台账。

⑤矿井“三下”压煤统计表。

⑥各种永久煤柱储量及摊销损失量台账。

⑦矿井储量审批变动审批情况统计表。

⑧矿井储量动态数字台账。

⑨生产矿井“四量”动态统计台账。

⑩地质及水文地质损失台账。

⑪报损煤量统计表。

⑫探煤厚台账。

（5）对矿井煤炭损失量进行统计分析，掌握储量变化动态，切实掌握开拓煤量、准备煤量和回采煤量的比例关系，使矿井保持采掘平衡。

（6）每年、季末都应在采掘工程平面图上进行储量计算核实，并根据最新资料修改煤层底板等高线，使储量计算工作建立在切实可行的基础上。

（7）定期对采煤工作面和掘进巷道进行验收测量，计算实际产量，以便观察“三量”比例关系。

（8）准确统计煤炭损失量，分析原因，提出合理意见，尽量减少各种不必要的损失。

（9）严格采煤队组控制采高，加强顶、底板控制，以防采高不够，造成煤炭损失。

（10）搞好储量动态统计工作除准确掌握矿井采出、损失煤量外，还要严格管理储量的转出和注销，及时进行井田边界变更等，搞好储量动态报表，为下年度生产计划提供依据。

（11）查明煤炭损失原因，搞好采出率的统计工作。

（12）按照要求每月必须填报储量相关台账。

（13）准确掌握开拓煤量、准备煤量和回采煤量“三量”的情况，做到“三量”能保持平衡：

①每季、每月都要计算出三个煤量的准确值，再根据年计划产量和月平均计划产量计算三个煤量的可采期。每季末要向总工程师和总经理报“三量”表和可采情况。

②为满足采掘平稳和保有储量，使“三量”可采期合理化，根据本公司的实际情况，计算“三量”的可采期。

③搞好“三量”的动态分析，年末根据矿井生产实际情况，逐渐合理“三量”可采期；上报总工程师和总经理，以便达到采掘平衡。

④合理分布“三量”，以免造成过度集中或过度分散，而使接替紧张。

⑤根据情况，及时解决呆滞煤量，使之转变为动态煤量。

2.4.17 物探专业管理制度

（1）井下采掘必须执行“物探先行、钻探验证”的综合探测方法，根据矿井实际情况选用合适的物探方法进行物探，严格按井下物探设计进行超前探测，对有物探异常区的地方要进行钻探验证，做到物探与钻探相结合。

（2）物探操作人员必须经过培训学习，并取得上岗资格证，熟悉物探仪器的工作原理和技术性能，掌握仪器操作规程和物探施工工艺。

（3）物探仪器必须按照使用说明书和操作规程进行使用、保管和维护，指定专人负责，做到各种仪器附机（件）齐全、完好无损，保证物探工作能够正常开展。

（4）矿井采煤工作面形成后，必须采用两种物探方法相互验证，并进行钻探验证，查明工作面的地质构造。

（5）矿井采掘区域必须进行地面瞬变电磁勘探，按照设计的规划，将地面瞬变电磁以物探工程纳入年度防治水计划，并报市公司审批，由具备物探资质的单位施工。

（6）操作人员必须随身携带便携式瓦检仪或由专门的安全员（瓦检员）陪同，随时检查现场瓦斯浓度。

（7）操作过程中发现仪器有问题，应及时反馈，禁止仪器带病作业。

（8）井下探测完毕后及时向有关单位提供探测成果报告和指导性建议，保证井下开采安全正常进行。

（9）探测成果中的物探异常区应结合该区域的地形及水文地质情况进行认真研究和分析，提出指导性预防措施建议。

（10）建立物探成果台账，对每一个物探异常区必须做到认真地收集资料，进行对比验证，生产结束后编写物探验证报告或总结。

（11）建立物探工作奖罚制度。对在工作中有突出贡献的个人给予奖励。因工作失误（不及时汇报）而造成事故的，视情节轻重给予处罚。

（12）加强物探技术人员的学习培训，提高物探技术的理论及应用水平。

2.4.18　防治冲击地压管理制度

第一条　健全完善冲击地压防治责任体系，严格制定并落实各项综合防冲措施。冲击地压矿井必须设立专门的防冲机构和专职的防冲副总工程师和专职防冲队伍，进一步健全防冲责任制、防冲技术管理、预测预报等制度。

第二条　降低开采强度，强化源头控制。优化矿井采掘布局，降低开采强度，严格控制冲击地压矿井条带开采和孤岛开采，从源头上减少冲击地压事故的发生概率。

第三条　严格“一面一评估”制度。冲击地压矿井各采掘工作面的冲击危险程度必须坚持“一面一评估”，特殊地点，必须按规定程序报批。

第四条　进一步加强防冲技术安全管理。制定加强防冲技术和安全管理的具体措施。

第五条　合理的开拓布置和开采方式。冲击地压矿井应当选择合理的开拓方式、采掘部署、开采顺序、采煤工艺及开采保护层等区域防冲措施。

第六条　加强冲击地压危险分析预测预报。冲击地压矿井必须综合利用微震监测系统、应力在线监测系统和钻屑法检测等手段，综合开展区域危险性预测和局部危险性预测，应进行区域监测和局部监测预警；钻屑法必须先检测后施工；结合每班钻屑法等现场监测数据，加强微震监测系统和应力在线监测数据分析，掌握采掘活动与压力的变化关系，确定冲击危险预警临界指标，用于指导现场生产。

第七条　冲击地压煤层必须坚持“预测预报、综合防治”“先解危后生产”原则。按照“监测→落实防冲措施→效果检验→再治理”的基本程序，及时消除冲击危险隐患，做到冲击危险区不落实解危措施不得生产，冲击危险不消除不得生产。

第八条　必须坚持区域与局部综合防范治理。防范治理必须坚持“区域性防范措施先行，局部防冲措施补充”的原则。应及时采取煤体钻孔卸压、煤层注水、煤层爆破、底板卸压、顶板预裂、水力压裂等局部防冲措施，及时消除局部冲击地压危险。

第九条　加强冲击地压防护措施。冲击危险严重区域必须挂牌管理，严格限制冲击地压危险区域内施工人员数量，进入冲击地压危险区域的人员必须采取个体防护措施。采用钻孔卸压时必须制定防止诱发孔内冲击伤人的专项安全措施。

第十条　采取物料防冲固定措施。有冲击地压危险的采掘工作面，须制定物料防冲固定措施。

第十一条　冲击地压监测严重超标段逐步实现“机械化减人，自动化换人”。

第十二条　提高应急处置能力。矿井必须编制冲击地压事故专项应急预案和现场处置方案，并定期组织演练；冲击危险区域所有作业人员必须熟悉冲击地压发生的征兆及应急措施，一旦发现异常立即撤出或躲到安全地点避灾。

第十三条　加大科研攻关力度。加快矿井冲击机理及预测预报科研攻关，探索矿井冲击地压发生规律，取得理论和防治技术双突破。

2.4.19　防治水专业管理制度

(1) 按照《煤矿安全规程》《煤矿防治水细则》要求，建立健全防治水管理制度、岗位责任制、技术管理体系，建立防治水工作的管理机构和探放水专业队伍，根据水情类型配备一定的专业技术人员，明确责任，并制定应急处置预案，全力开展防治水工作。

(2) 成立防治水领导组，由总经理（矿长）协调各职能科室的工作，配置设备，落实资金，使防治水工作能够顺利开展。

(3) 加强防治水管理力度，严格各项措施的落实，制定切实可行的防治水治理方案，使防治水工作长期化、制度化、程序化。

(4) 防治水工作要有组织、有分工、有责任，层层把关，人人监督，真正把防治水工作运行好，管理好。

(5) 建立探放水作业优先机制。把探放水工作纳入整体生产组织中，在安排生产计划的同时首先安排探放水计划，使探放水工作达到优先介入、优先施工的目的。

(6) 抓好防治水机构运行管理，促进防治水工作健康有序发展。

2.4.20　防治水定期会议制度

(1) 每月月初由总工程师主持，特殊情况由本单位经理主持，地测防治水部门召开防治水会。

(2) 防治水会议每月25日至下月5日前召开一次，不得出现未召开会议情况。

(3) 会议内容应讨论研究矿井防治水工作中出现的安全、质量、施工技术等方面的问题，制定行之有效的地测防治水安全技术管理办法，使之得到及时解决。

(4) 主要会议内容：

①传达矿和上级有关安全生产的指示要求。

②总结分析本月来矿井安全生产情况，分析防治水工作形势，找出存在问题，确定防治水工作重点。

③研究确定下月防治水工作重点及措施。

④研究加强防治水安全管理的制度及办法。

⑤防治水负责人对当月及下月防治水工作的建议及意见。

⑥矿领导对防治水工作提出针对性意见、总结。

(5) 每次会议召开期间，地测防治水科要对会议内容进行记录。

2.4.21　专业探放水制度

(1) 在采掘工程开工之前要依据水文地质条件编制探放水设计，做到探放水作业优先进行。

(2) 探放水设计的编制要科学、客观、合理，要具有针对性和可操作性。探放水设计与安全措施编制完成后，总工程师要组织相关业务部门进行会审，并提出相应意见。在探放水设计及安全技术措施未审批前，不得进行探放水作业

（3）钻探、掘进要协调配合，掘进施工中必须严格按照要求留足 30 m 的安全超前距、20 m 帮距。

（4）掘进工作面探放水钻孔设计参数应满足以下要求：

①在 3 号或 15 号厚煤层进行掘进作业时，当通过走访调查和物探勘查，如能判定施工区域不存在采空积水区或异常区，巷道沿煤层顶板正常掘进时，垂直方向的前进方向上应至少布置 1 个钻孔探至煤层底板，煤层赋存方向布置 3 个煤层孔；巷道沿煤层底板正常掘进时，垂直方向的前进方向上应至少布置 1 个钻孔探至煤层顶板，煤层赋存方向布置 3 个煤层孔。

②在 3 号或 15 号厚煤层进行掘进作业时，当通过走访调查和物探勘查，如能判定施工区域存在采空积水区或异常区，应至少布置 8 个探放水钻孔，煤层赋存方向布置 5 个孔，垂直方向的前进方向布置 3 个孔。巷道沿煤层顶板正常掘进时，3 个垂直方向钻孔应探至煤层底板；巷道沿煤层底板正常掘进时，3 个垂直方向钻孔应探至煤层顶板。

③在 8 号煤层进行掘进作业时，当通过走访调查或物探勘查，如能判定施工区域不存在采空积水区或异常区时，应在煤层赋存方向布置 3 个探放水钻孔。如存在采空积水区或异常区时，煤层赋存方向应至少应布置 5 个探放水钻孔。

以上所述情形可以根据各矿实际情况进行相应的调整，但应至少保证以上所要求的钻孔数量和钻孔布置的方式。

（5）采煤工作面探放水钻孔设计参数应满足以下要求：

①按照相关文件及规定的要求，工作面回采之前，应在两巷每隔 50 m 布置一个探放水钻孔，巷道两侧钻孔深度必须实现交叉，厚煤层应向煤层顶板方向增加一个探放水钻孔。对电法勘探、井下无线电波透视勘探查明工作面存在异常区域或地质构造，应对异常区域、构造位置进行针对性的钻孔验证。

②针对资源整合重组矿井，当通过走访调查和物探勘查，如能判定采煤工作面存在采空破坏区时，除对采空破坏区探放水验证孔密度增加外，还应在两巷每隔 30 m 布置一个探放水验证孔，同样，厚煤层应向煤层顶板方向增加一个探放水钻孔。

③如果工作面上方防隔水煤（岩）柱范围内存在富含水层水或上层煤采空区积水，必须提前对含水层富水区、上层煤采空积水区进行探放，确认安全后再进行回采作业。工作面防隔水煤（岩）柱上部存在有上层煤的采空积水区，倘若不对该积水区进行疏放，工作面回采前要委托水文科研院所进行论证，论证结论安全可靠后方可回采。

（6）针对影响采掘区域的物探异常区、本煤层及上覆煤层采空积水区、异常出水位置等区域要编制专项防治水工程设计及安全技术措施，由矿总工程师组织初审，报送上级公司进行批复备案。

（7）地测防治水科技术人员需随时掌握掘进进度情况，及时向探放水队下达探放水通知单，经总工程师签字确认下发后，方可进行探水作业。

（8）探放水钻孔施工必须满足设计要求，角度不得存在明显偏差，探测深度必须到位。

（9）在探水作业前，必须遵守以下规定：

①加强钻孔附近的巷道支护，确保巷道永久支护完成后方可施工。

②清理巷道浮煤，挖好排水沟。

③在打钻地点或其附近安设通信联络装置。

④施工现场要保证排水系统完善，有备用水泵。

⑤瓦检员在钻探前应检查现场瓦斯浓度及风量，确保通风环境可靠。

（10）在探放水过程中，如发现煤质松软、钻孔水量水压突然增大，并有顶钻现象要立即停止钻

探，但不得拔出钻杆，尽可能地关闭管口闸阀，通知附近人员撤离，并立即向矿调度室汇报。

（11）煤矿要严格执行探放水验收制度和探放水钻孔工程量计件制度，保证每孔必验，使探放水孔质量满足探放水设计规定。探放水孔验收必须由地测防治水科技术人员、安全员、探放水队班组长、掘进队班组长在现场签字确认并填写钻孔验收表，要严格做到谁签字、谁负责。验收人员要认真负责，保证每孔必验。专项探放水工程要实行单孔验收制度。

（12）探放水工作结束，经验收合格确认安全后，由地测防治水科填写允许掘进通知单，待总工程师确认签字后下发给采掘队组，方可掘进施工。

2.4.22 有掘必探、探掘分离制度

（1）在采掘活动中，必须实现探掘分离作业，严禁以掘带探作业。

（2）在掘进前，必须先进行探放水作业，并对钻孔检查验收，确认安全后方可进行掘进作业，在地测防治水科没有下达允许掘进通知单前，任何施工单位不得从事掘进活动。要严格掘进进尺验收管理，严格控制掘进距离。

（3）探掘作业不得同时进行，要先钻探后掘进，探水作业前，由地测防治水科下发探水通知单，探放水队接到通知单后组织探水作业，探放水作业必须由专业的探放水队伍进行，并做到持证上岗。

（4）严格探掘管理相关制度，探放水作业经过安全质量验收，确认安全后由地测防治水科向掘进队下发允许掘进通知单，通知单必须明确掘进时间、掘进距离，任何人不得更改或超距离掘进。

（5）掘进过程中由当班的掘进队班组长、安全员对剩余允许掘进进尺进行确认，并填写现场的探放水钻孔验收、掘进进度公示牌，并同时负责向调度室进行汇报，由矿调度室进行记录。

（6）地测防治水科根据调度室掌握的探掘班报情况，填写探掘日报表并上报地测防治水科长进行签字。

（7）地测防治水科根据探掘日报情况及时对掘进队下达停止掘进通知单、探水通知单，进行下一轮探水作业，依次循环。

（8）严格探掘分离作业程序，并经过安全质量验收，确认安全后由地测防治水科向掘进队下发允许掘进通知单，通知单必须明确掘进时间、掘进距离，任何人不得更改或超距离掘进。

2.4.23 防治水作业优先制度

（1）为了严格执行“预测预报、探掘分离、有掘必探、先探后掘、先治后采”原则，根据煤矿实际情况采取“探、防、堵、疏、排、截、监”的综合治理措施，真正把煤矿防治水工作放到首位，树立提前优先介入理念，切实做好矿井水害防治工作，特制定本制度。

（2）在新建、改建、延伸和日常采掘活动中，必须提前对区域内的水文地质情况、周边小煤窑采空区积水情况以及各含水层进行调查和进行补充勘探工作，并采取物探、钻探等技术手段进行优先探测。

（3）建立探放水优先机制，把防治水工作纳入煤矿整体生产组织中，在安排安全、生产计划的同时首先安排探放水计划，使防治水工作优先化。

（4）在开拓、掘进、回采及采区封闭等设计编制及实施过程中，要有防治水机构的审查意见，以达到防治水工作的优先介入、优先施工的目的。

（5）在采掘活动中，要优先对采掘工作面周边情况进行预测预报，并结合井下瞬变电法超前探测，制定相应安全措施。在制定安全措施时，要优先制定防治水措施。

（6）在安全生产管理中，首先落实防治水的安全管理责任，优先建立防治水体系。在进行各项安全检查时，首先要检查防治水工作，把防治水工作列入日常安全活动中。

（7）在设备更新、提升技术装备、技术升级时，首先考虑防治水设备的更新和升级改造，使防治水工作在装备上得以保证，在技术上先进化。

（8）在制定单位各项计划时，要优先制定防治水计划，使防治水工程优先实施、优先投入、优先竣工验收。

（9）在采掘活动中，要严格遵守“有掘必探、先探后掘、不探不掘”的探放水工作程序，在没有进行探放水作业前不得从事采掘活动，真正把探放水工作放到第一位，实现防治水工作优先化。

2.4.24　物探先行、化探跟进、钻探验证工作制度

（1）采区设计之前必须完成地面物探（瞬变电磁或三维地震勘探），成果报告需经上级公司、集团公司组织专家审查后批复，否则不得进行采区设计。

（2）在以下情况必须进行井下物探：

①井下各开拓、掘进工作面必须进行超前物探，并确保物探有效距离对钻探距离进行全覆盖，每次物探超前距不得少于 20 m。

②井下采煤工作面圈定后，必须进行坑透物探，并全覆盖。

③接近采空区、地面三维地震勘探成果解释的断层、陷落柱等构造段时，必须进行井下瞬变电磁勘探。

④接近地面、井下瞬变电磁勘探成果解释的富水区域必须进行井下瞬变电磁勘探。

⑤对掘进过程中出现的水文地质明显异常区域等必须进行井下瞬变电磁勘探。

（3）如物探成果与地质勘探报告存在分歧，安排进行再次物探验证。

（4）根据综合分析成果编制超前探放水设计，合理确定探放水钻孔布置工艺，严格按设计进行探放水及巷道超前钻探，进行钻探验证。

（5）钻探施工前，必须根据物探资料编制钻探施工安全技术措施。

（6）根据物探成果中的异常区域（富水区、采空区、陷落柱、断层等），具体确定钻探专项施工方案。

（7）及时将钻探结果组织技术人员进行化探分析，与物探成果相对比。如果结论一致，应按探放水作业相关规定，进行下一步工作。如果结论有差距，要联系物探施工单位重新对数据进行处理，分析论证误差产生的原因，直至搞清水害情况。

（8）不断改进单一的探测方法，将勘探与物探（水文地质调查）相结合、将物探与钻探相结合、将水平探与立体探相结合、将水样化探（验）与征兆预探（测）相结合，有效提高探水的可靠性和验证率。

（9）严格执行探掘分离制度，把“探水”作为掘进作业的前提条件，加强探放水进尺考核，确保“有掘必探”的有效实施。

（10）各相关科室要配合做好探掘施工的检查监督验收工作。

2.4.25　探放水效果验证工作制度

（1）钻探施工之前，必须提前取得物探成果报告，结合物探成果确定探放水钻孔位置、方位、倾角、深度及钻孔数目时，地测防治水技术人员要亲临现场，根据已批准的设计给予确定，确保钻孔标定准确。

（2）所有巷道施工前必须进行超前探放水，经对探放水施工评价验收合格后方可开始掘进，对探放水施工验收不合格时，不允许掘进。

（3）在每次探放水期间，地测防治水科应指派一名专业技术人员对探放水工作进行技术指导。

（4）每个钻孔结束后，由地测科专业人员、探放水队长（当班负责人）、采掘工作面安全员、驻矿安监站、调度室、掘进队长（当班负责人）共同对每个探水钻孔现场验收，记录每个钻孔的相关参数，为探放水结果综合评定提供基础性技术依据。

（5）探放水原始记录由探放水队当班填写（要记录钻孔方位、倾角、深度、钻孔出水情况、有害气体涌出情况）后交地测防治水科归档管理，作为验证探放水钻孔原始依据。

（6）每次探放水作业必须在同一位置达到探放水设计的要求，并进行探水效果安全确认。探水效果安全确认由地测防治水副总、地测防治水科和探放水人员，根据物探、钻探结果综合分析评定确定探水效果，并有是否允许采掘及允许采掘距离的结论性意见。

（7）对于专项疏放水工程，疏放水工程结束后，必须在钻探工程前后进行物探施工，对结果进行对比分析，并施工验证钻孔对放水效果进行效果验证，确保积水疏放干净。并编制总结及施工效果评价报告，报经总工程师审批后存档。

2.4.26　水患停产撤人制度

（1）公司各矿必须根据本矿井的主要水害类型和可能发生的水害事故，制定水害应急预案和现场处置方案。且每年都应当对应急预案修订并进行1次演练。煤矿管理人员和调度室人员必须熟悉水害应急预案和现场处置方案。

（2）在工作面回采以及巷道的开拓、掘进过程中，必须坚持“预测预报、探掘分离、有掘必探、先探后掘、先治后采”的防治水原则，采取“探、防、堵、疏、排、截、监”的综合防治措施。

（3）矿井设置的安全出口标识牌及避水灾路线，应清晰可见。井下现场所有人员必须熟悉掌握透水征兆和避水灾路线。

（4）采掘工作面或者其他地点发现有煤层变湿、挂红、挂汗、空气变冷、出现雾气、水叫、顶板来压、片帮、淋水加大、底板鼓起或者裂隙渗水、钻孔喷水、煤壁溃水、水色发浑、有臭味等透水征兆时，作业地点班组长应当立即停止作业，撤出所有受水害威胁地点的人员，报告调度室，并发出警报。在原因未查清、隐患未排除之前，不得进行任何采掘活动。

（5）当遇到暴雨天气时，生产指挥中心和信息科要及时预警，并采取相应应对措施，发现洪水灾害严重，可能引发淹井时，必须立即停产撤出井下所有作业人员。

（6）要严格执行“有掘必探、有疑必停、有险必撤”的紧急撤人原则，必须保证撤退路线安全畅通，且要严格执行“先撤人，后汇报”的制度。

（7）矿井调度室接到水情报告后，应当立即启动水害应急预案，根据来水方向、地点、水量等因素，确定人员的撤离路径，通知井下受水患影响地点的人员马上撤离，向值班负责人和矿井主要负责人汇报，并向上级公司汇报详细情况，同时将水患情况通知周边矿井。公司所属各矿要根据本矿井实际，制定翔实的采掘作业点出现透水征兆时的停产撤人制度，并在采掘作业中严格落实。

2.4.27　水患事故应急救援制度

（1）按照《煤矿防治水细则》的要求，各矿每年初要制定本年度《水害应急救援预案和现场处置方案》，分析本年度矿井水害类型及危害程度，明确应急指挥机构及职责、预防与预警、信息报告、应急处置、应急物资储备及恢复正常状态的原则和程序等内容。

（2）每年雨季前至少组织开展1次水害应急救援演练。

（3）领导小组成员接到水害事故报告后，必须在5 min内赶到调度室。领导小组根据事故性质和受害程度决定是否启动年度《水害应急救援预案和现场处置方案》，并指挥应急救援工作。

（4）预案启动时，领导小组成员必须成立以矿长为总指挥的抢险救灾指挥部，迅速开展事故抢救工作，采取措施确保抢险工作顺利进行和矿区稳定。有关救援小组立即赶赴事故现场，进行事故的抢险救援工作。

（5）预案启动时，必须由领导小组组长在矿调度室指挥，并及时了解更新内容，包括：

①发生事故的区队、时间、地点。

②发生事故类型。

③事故波及范围，人员遇险情况。

④事故原因初步判断。

⑤已采取的应急救援措施。

⑥发生事故前事故地点通风、供电、有害气体等情况。

事故情况一时难以弄清时，首先报告事故简要情况。24 h 内拿出书面事故详细情况。

（6）领导小组下设的各小组，要各司其职，相关单位恪尽职守。坚持执行 24 h 值班制度，保证电话 24 h 畅通。

（7）现场应急救援人员根据需要配带专业防护装备，采取安全防护措施，严格执行应急救援人员进入和离开现场规定。领导小组根据需要具体协调、调集相应的安全防护装备。要及时观测井下水仓水位、水量增减，保证水仓内的水及时排出，必须保证水仓有效容量，防止积水过多，造成排水不及时而淹设备。

（8）灾害事故现场得以控制，事故危害消除和遇险人员获救后，环境符合有关标准，导致次生、衍生事故隐患消除后，经事故现场领导小组批准后，由总指挥下达终止行动命令。

（9）应急救援行动结束后，由领导小组组织有关人员对整个救援行动进行评估，写出报告，并对救援行动进行总结，形成书面材料上报上级公司。

（10）在《水害应急救援预案和现场处置方案》的实施过程中，公司依据考核情况，组织进行奖评，奖励贡献突出人员；通报批评在预案实施期间，由于某些相关单位工作疏忽、监督不力，导致人为因素造成水灾损失，则对相关单位处于相应罚款。

2.4.28　防治水安全确认签字移交制度

（1）严格落实“预测预报、探掘分离、有掘必探，先探后掘、先治后采”的防治水原则，落实上级公司提出的“探掘分离、有掘必探、钻探留痕、见痕掘进、班班确认”的钻探管理要求。

（2）矿井进行采掘活动时，地测防治水科必须根据现场及水文地质条件编制合理的探放水设计及安全技术措施。探放水设计要符合《煤矿防治水细则》的要求，并经各部门领导审批批准后，方可进行施工。

（3）探放水队必须严格按照设计的方位、角度、孔深进行施工，地测防治水科技术人员进行现场监督。钻探施工中，防治水技术人员、跟班安全员要随时观察现场情况，若发现有水情异常情况，要终止钻探工作，撤离人员并进行汇报。

（4）探放水队负责人必须认真填写“探放水钻孔验收、掘进进度记录牌板”“探放水钻孔现场验收、安全确认移交表”，移交表中必须对钻探情况与结论进行描述，填写采掘工作中应注意的防治水事项，必须明确允许掘进距离。

（5）钻探结束后要由总工程师组织安排人员对探放水钻孔施工质量进行验收。验收组由总工程师（或地测副总工程师）、地测防治水科、安全科、探水队、掘进队、驻矿安监员组成。

（6）验收人员签字前要查明探放水钻孔施工是否符合设计要求，是否合格。若不合格，可拒绝在移交单上签字，对探放水队做出罚款处罚，并责令探放水队重新施工。作业完成后，等待再次验收；若合格，只有所有验收人员签字允许采掘，方可进行采掘作业。

（7）若未经过所有验收人员签字允许采掘，私自进行采掘作业的，责令立即停止采掘活动，并对采掘队组负责人处以处罚。

（8）掘进队组在掘进过程中发现有水害情况，探放水队负责人在交接单上未填写安全技术措施的必须立即停止作业，责令探放水队重新补打钻孔，探明前方实际情况。

（9）地测防治水科必须根据探水结果下发允许掘进通知单。

（10）探水队负责人和工作面采掘施工负责人必须在现场进行交接班，不得在其他地点进行交接班或口头交接班。

（11）“探放水钻孔现场验收、安全确认移交表”需移交于地测防治水科，由地测防治水科分巷道、采面按照时间顺序进行整理归档，以备时时查询。

2.4.29　煤矿防治水“三专两探一撤”制度

第一章 总 则

第一条 为进一步提升煤矿防治水工作水平，有效防范化解煤矿重大水害风险，防止和减少水害事故发生，保障职工生命安全和健康，根据《安全生产法》《煤矿安全规程》《煤矿防治水细则》等，结合山西省煤矿水害防治工作实际，制定本规定。

第二条 煤矿防治水工作必须坚持“预测预报、探掘分离、有掘必探、先探后掘、先治后采”的原则，根据不同的水文地质条件，采取“探、防、堵、疏、排、截、监”等综合防治措施。

第三条 煤矿防治水“三专两探一撤”是指煤矿按要求配备防治水专业技术人员、建立专门的探放水队伍、配齐专用的探放水设备，采用物探、钻探等方法进行探放水，且在遇到重大险情时必须立即停产撤人等工作的统称。

第四条 煤炭企业、煤矿必须落实防治水的主体责任，建立健全防治水责任体系。煤矿主要负责人（法定代表人、实际控制人，下同）是本单位防治水工作的第一责任人，必须采取工程措施、技术措施和管理措施防治各种水害，特别要保证“三专两探一撤”规定的落实。煤矿总工程师（技术负责人，下同）是防治水技术管理总负责人，负责组织制定“三专两探一撤”各项规章制度、规划和计划、专项设计和安全技术措施，提出实施“三专两探一撤”工作的专项资金使用建议。定期组织开展水患排查活动，研究制定和落实治理措施。煤炭企业、煤矿应当设立防治水机构、配备防治水副总工程师和专业技术（管理）人员。防治水机构必须明确主要负责人、机构职能配置和人员编制。防治水副总工程师必须具有地质或水文地质相关专业学历及中级以上技术职称，主要协助总工程师做好防治水技术管理各项工作。

第五条 煤矿除建立健全《煤矿防治水细则》第六条规定的 7 项制度外，还应当建立探放水作业优先制度、探掘分离制度、探放水作业质量验收（含单孔和循环验收）及安全确认移交制度、探放水作业现场图牌板管理制度、探放水日常巡检及绩效考核制度。

第六条 本规定适用于井工煤矿防治水工作。露天煤矿防治水工作执行《煤矿防治水细则》有关规定。

第二章 专业技术人员 专门探放水队伍 专用探放水设备

第七条 煤炭企业、煤矿必须配备满足工作需要的防治水专业技术人员，每个煤矿至少配备 1 名地质类专业技术人员（全日制院校毕业）；水文地质类型复杂、极复杂的煤矿至少配备 2 名地质类专业技术人员（全日制院校毕业）。专业技术人员应掌握矿井水文地质、防治水专业知识，掌握相关岗位职责、管理制度、技术措施，熟悉本专业操作技能。煤炭企业、煤矿应当定期对防治水专业技术人员进行新技术、新知识、新方法的再培训教育，不断提高防治水工作的理论水平和实际操作能力。

第八条 煤矿必须建立满足工作需要的专门探放水队伍。探放水队伍专职负责探放水工作，由防治水机构统一管理。煤矿专职探放水作业人员的数量应不少于该矿开掘工作面数量的 3 倍。探放水作业人员必须经专门的安全技术培训和考核合格并取得“特种作业操作证”后，方可上岗作业。

第九条 煤矿必须配备满足探放水作业需要的专用探放水设备，必须保证每个开掘工作面配备一台探放水钻机，要有相应的备品备件。采煤工作面根据工作面防治水的实际情况适当配备。鼓励使用三维地震勘探等地表物探手段、水源快速检测识别、定向钻探、钻孔窥视分析仪等探放水新技术、新装备，提高探放水科技水平。探放水设备由专业技术人员和专职探放水队伍施工使用，由专人负责保管，及时维护保养，确保其正常使用。严禁使用非专用探放水钻机进行探放水作业。

第三章 物探 钻探

第十条 煤矿防治水首先要以物探、钻探等手段进行综合勘探，并辅以水文地质实验（化探）、长期动态观（监）测等方法查明井田水文地质条件。

第十一条 在采掘前应采用物探、钻探等方法，执行“物探先行，钻探验证”程序，做到相互验证，查清采掘工作面及周边采空区水、含水层富水性以及地质构造等情况。在水害隐患未查明或者未消除之前，严禁进行采掘活动。

第十二条 井下物探作业前，应当根据采掘工作面的实际情况和工作目的等编写设计，设计由煤矿总工程师组织审批。采煤工作面应当选择两种以上物探方法，相互验证。物探施工结束后，应当提交成果报告，由煤矿总工程师组织验收。

第十三条 采掘工作面在探水前必须由专业技术人员按照“一矿一策”“一面一策”的原则，结合物探成果，分析水文地质情况，确定探水线和警戒线，并绘制在采掘工程平面图和矿井充水性图上。在此基础上编制相应的探放水设计及安全技术措施，由煤矿总工程师组织生产、安检、地测等有关部门会审后严格落实。

第十四条 严格执行探放水作业优先、探掘分离制度，探放水前要及时下发停止采掘通知单。严禁在探放水区域安排各类生产活动。

第十五条 采用钻探方法进行探放水，必须由专职探放水队伍严格按照探放水设计及安全技术措施使用专用钻机进行探放水施工。

第十六条 煤矿领导带班下井人员、煤矿防治水机构和安检部门人员应当加强探放水作业的检查巡视，及时掌握当班探放水作业状况，随机抽查钻探情况。对未按规程、措施和探放水设计的技术要求进行探放水施工的，要严肃考核问责。鼓励煤矿建立钻探作业现场的视频监控系统，实现“一钻一视频”，在地面通过视频对打钻现场的钻进、退杆进行实时监督。

第十七条 加强钻探效果评估，应当将施工的探放水钻孔及时如实填绘至探放水施工效果评价图，分析评估探放水施工成效。

第十八条 探放水作业要做好现场记录、图牌板填制、施工总结、效果分析评价等，并提交探放水总结报告，做到资料准确完整、内容相互支撑、技术数据相对可靠。

第十九条 严格执行探放水验收制度，探放水后要由煤矿防治水机构和安检等部门共同组织对探放水作业工程进行验收考核。验收合格并确认探放水作业工程控制的区域安全后下发允许采掘通知单，且必须严格在允许采掘通知单明确的范围内进行采掘作业。

第四章 重大险情停产撤人

第二十条 煤矿应当开展水害风险评估，建立重大险情停产撤人制度以及应急处置制度，制定水害应急专项预案和现场处置方案。煤矿主要负责人要签订授权书，必须赋予调度员、安检员、井下带班人员、班组长等相关人员紧急撤人的权力，发现突水征兆、极端天气可能导致淹井等重大险情果断处置，第一时间下达撤人命令。

第二十一条 煤矿应当制定培训、演练计划和方案，组织开展防治水知识、水害风险和隐患识别、应急制度和预案、应急知识、自救互救、避险逃生技能的教育培训和应急演练，使煤矿管理人员、调度人员和其他相关作业人员熟悉作业场所和工作岗位存在的危险因素、防范措施以及预案内容、应急职责、应急处置程序和措施。

第二十二条 煤矿必须规定避水灾路线，按有关要求在采区巷道、主要巷道、巷道交叉口设置清晰可见的避水灾标识，并让井下职工熟知，一旦遇有险情，能够安全撤离。

第二十三条 探放水钻进时，发现煤岩松软、片帮、来压或者钻孔中水压、水量突然增大和顶钻等突水征兆时，立即停止钻进，但不得拔出钻杆，立即撤出所有受水威胁区域的人员到安全地点，并报告煤矿调度室，向其他作业区域报警。

第二十四条 要加强探放水钻孔施工期间瓦斯及有毒有害气体异常涌出的安全防范。探放采空区水时，预计可能发生瓦斯或者其他有害气体涌出，应当安排瓦检员或矿山救护队在现场监测监护。当瓦斯或者其他有毒有害气体浓度超过有关规定，必须立即停止钻进，切断电源，撤出人员，并报告煤矿调度室，查明原因，安全处置。

第二十五条 采掘作业过程中或其他地点发现有水害征兆时，应当立即停止作业，撤出所有受水威胁地点的人员，并立即报告煤矿调度室，向其他作业区域报警。

第二十六条 煤矿调度室接到水情报告后，立即向井下受水威胁地点的人员发出警报信号组织紧急撤离，并向值班负责人和煤矿主要负责人汇报。

第二十七条 煤矿总工程师、防治水副总工程师和防治水机构接到水情报告后，立即组织专业技术人员监测水情并分析，研究制定科学安全有效的治理措施，妥善处理事故隐患。

其他制度见《制度体系》分册。

2.5 机电运输设备管理制度

2.5.1 机电运输设备管理制度

1. 管理机构

（1）应配有机电矿长及机电、运输副总工程师和机电、运输管理科室，各生产区队应有专职机电、运输管理人员分工明确。

（2）应有供电、防爆、设备、电缆、小型电器、输送带、钢丝绳等专业化管理小组并以红头文件下发，且各小组职责分工明确。

2. 管理制度

（1）机电、运输专业主要管理制度有：

①岗位责任制；②安全操作规程；③干部上岗制度；④设备管理、检修制度；⑤油脂润滑管理制度；⑥钢丝绳管理制度；⑦阻燃输送带、电缆管理检验制度；⑧防爆电气设备入井验收制度及防爆检查制度；⑨小型电器管理制度；⑩杂散电流管理制度；⑪停送电制度；⑫电气试验管理制度；⑬事故追查分析制度；⑭特种设备管理制度；⑮地面供用电安全管理制度；⑯其他专项安全措施（如采区电气设备使用3.3 kV 供电时，必须制定专项安全措施）。

（2）机电、运输专业主要岗位的制度：

①岗位责任制；②操作规程；③设备包机制度；④交接班制度；⑤巡回检查制度；⑥干部上岗制度；⑦设备检修制度；⑧要害场所管理制度；⑨应急预案；⑩设备技术特征；⑪设备供电系统图；⑫液压（制动）系统图；⑬润滑系统图；⑭设备运转、检修、事故、保护试验、岗位人员巡查记录；⑮交接班记录和外来人员登记等记录。

（3）固定场所（变电所、采区变电所、提升机房、主要通风机房、空压机房、瓦斯抽放站、主排水泵房、锅炉房等）按公司相关标准要求执行，管理牌板统一规格悬挂上墙，记录统一存放。

3. 设备综合管理

（1）机电、运输设备选型论证、购置、安装、使用、维护、检修、更新改造、报废等综合管理程序符合相关规定。

（2）设备技术档案健全，采用计算机并实行专人管理；主变压器、主要通风机、主副提升机、主压风机、主排水泵、锅炉等大型主要设备应做到一台一档，内容齐全。

（3）矿井主副提升、通风、带式输送机、排水、压风、供热、瓦斯抽放站、锅炉房、井上下变配电室等主要岗位的图纸资料应完整、齐全、准确，并及时更新，现场各种记录填写规范及时，主副立井提升机天轮检查记录必须存放在现场。

（4）矿井必须备有井上、下配电系统图，井下电气设备布置示意图和供电线路平面敷设示意图，图纸按照公司制图要求绘制并定期及时更新。

（5）矿井供电应有两回路电源线路（即来自两个不同变电站或者来自不同电源进线的同一变电站的两段母线）当任一回路发生故障停止供电时，另一回路应当担负矿井全部用电负荷。矿井的两回路电源线路上都不得分接任何负荷。主要通风机、提升人员的提升机、抽采瓦斯泵、地面安全监控中心、主压风机等主要设备房，应当各有两回路直接由主变电所馈出，受条件限制时，其中的一回路可引自上述设备房的配电装置。

（6）井下电气设备防爆性能符合要求，不存在失爆现象；机电设备应有产品合格证，纳入安标管理的产品有煤矿矿用产品安全标志，使用地点符合《煤矿安全规程》规定，防爆设备应有产品防爆合格证。

（7）不存在明令禁止使用或者淘汰的设备。

（8）设备综合完好率、防爆率、电缆吊挂合格率、小型电器合格率、矿灯完好率、设备待修率和事故率等具体指标达到如下要求：

①防爆电气设备及小型电器防爆率100%；②机电设备综合完好率不低于90%；③小型电器合格率不低于95%；④设备待修率不高于5%；⑤矿井全年停产检修不能低于7天，机电事故率不高于1%；⑥设备更新改造按计划执行，设备大修计划应完成90%以下；⑦机电事故矿井全年停产检修不能低于7天，机电事故率不高于1%；⑧设备更新改造按计划执行，设备大修计划应完成90%以上；⑨井下电缆（含控制、通信、照明等小电缆）的选型合格率100%，电缆的接头合格率100%，电缆吊挂合格率不低于95%；⑩在用矿灯完好率100%，使用合格的双光源矿灯。井下使用的矿灯无红灯、灭灯；高瓦斯矿灯应采用装有短路保护器的矿灯；矿井完好矿灯总数应大于常用矿灯人数的10%以上；⑪在用运输设备综合完好率不低于90%；⑫矿车完好率不低于85%、专用车辆完好率不低于95%。

（9）机械设备完好，各类保护、保险装置齐全可靠。

（10）电气设备完好、继电保护设置齐全可靠。

（11）电气工作票、操作票填写、使用规范。

4. 设备技术性能测试

（1）大型固定设备更新改造有设计，并有合格的验收测试结果和联合验收手续，操作规程及保护试验规定应与更新改造后的设备相符。

（2）主副提升设备、主排水泵、主要通风机、压风机及锅炉、瓦斯抽放泵等技术测试应符合规定，测试结果合格。主提升机新安装或大修后应进行1次测定，以后每3年应进行1次测定；主排水泵应每年测定1次；主要通风机新安装或大修后应进行1次测定，以后瓦斯矿井每3年、高瓦斯矿井每1年进行1次测定；压风机、锅炉、瓦斯抽放泵、架空乘人装置、绳牵引连续运输车、单轨吊、无轨胶轮车、齿轨机车等应每年进行性能测定1次，并有完整的检测记录和检验报告；斜巷防跑车防护装置要每月检测1次，并有完整的检测记录。

（3）主要设备的关键零部件（主绞车的主轴、制动杆件、天轮轴、连接装置，主通风机的主轴、风叶等）探伤检测周期应按规程规定，如无规定检测周期应为两年。

（4）应定期进行电气试验和接地电阻测试。

使用中的防爆电气设备的防爆性能检查、移动式电气设备的橡套电缆绝缘检查每月1次，固定敷设电缆的绝缘和外部检查、接地电网接地电阻值测定每季1次，配电系统断电保护装置检查整定、主要电气设备绝缘电阻的检查每6个月不少于1次，新安装的电气设备绝缘电阻和接地电阻的测定投入运行以前均要测定，接地电阻值不大于2 Ω并建立记录妥善保管。

5. 专业化培训

各级专业技术、管理人员及岗位工人应制定年度培训计划，并按计划及时按照国家规定进行接受有相应资质培训机构的培训，考试合格持证上岗。培训、考试记录、证件存档妥善保管，固定场所特殊工种人员将特殊工种证复印件统一悬挂上墙。

2.5.2　供电管理制度

为加强供电管理，提高供电质量，规范供电职能，杜绝供电事故，确保供电设备安全运行，特制定公司供用电管理制度。

（1）各单位机电管理部门作为本单位供电管理的业务部门，负责本单位高、低压供电的管理和检查、维护工作。

（2）各单位供电系统必须合理可靠。有双回路要求的单位和有双回路要求的设备必须形成双回路供电，供电系统不合理（线路上存在T接情况或一台高压开关柜出两路负荷等情况）或双回路建设不符合要求的，对单位和本单位机电负责人进行处罚，情况严重者采取停产整顿措施。

（3）各单位电气设备保护装置必须按规定投入运行。如出现甩保护情况，对单位和本单位机电负责人进行处罚，情况严重者采取停产整顿措施。

（4）各单位有防爆要求的场所如矿井井下、地面瓦斯泵站、风机房、选煤厂煤尘比较集中的地点和瓦斯量大的煤仓（原煤仓、精煤仓和缓冲仓）及与其相通的房间和走廊，电气设备必须防爆或采取防爆措施。发现一处则对单位和本单位机电负责人进行处罚，情况严重者采取停产整顿措施。

（5）各单位机电管理部门负责各单位供电设计工作。电缆、开关等设备选型应合理，高压开关柜必须满足“五防”要求。高压供电系统需要变更时，机电管理部门负责组织编制绘制供电系统图，每季度最末一个月30日前，机电管理部门应根据供电实际负荷情况进行图纸调整，并上报公司机电部（纸质版和电子版）。未按规定进行图纸绘制或修改的，不定期上报图纸的，月底进行考核。

（6）各单位机电管理部门负责全矿井供电设备的整定计算工作。在矿井高压供电系统变更前，机电管理部门应向高压供电设备使用部门下达电气保护整定书（或整定单）。供电设备无电气保护整定书或整定单的，发现一处，处罚一处。

（7）各单位机电管理部门负责组织矿井供电设备预防性试验工作（每年雨季前组织矿井地面中心变电站春检和矿井防雷检测工作，按安全工器具及绝缘用具试验周期进行各类试验）。试验周期过期和未按时进行春检均进行处罚。

（8）各单位机电管理部门负责组织对供电设备进行检查，组织相关单位对矿井供电系统和设备进行安全和标准化的检查，对发现的隐患提出整改要求。供电管理部门必须采取措施，限期整改并认真落实。

（9）各单位机电管理部门负责组织分析供电方面事故。对供电事故组织召开事故分析会，查找事故原因并提出处理意见。

（10）各单位机电管理部门负责供电设备检查与维护。定期或不定期对供电电缆进线绝缘摇测，对井下供电设备进行检查维修，对地面高、低压开关柜和其他供电设备进行检查维修。检修高压设备时必须编制专项检修措施并报有关部门和领导审批。

（11）各单位机电管理部门必须执行停送电规定。严格按照《煤矿安全规程》中电气专业的规定和《电业安全工作规程》中的相关规定执行。严格履行“两票三制”制度。

（12）所有变电所、配电点都要配备高、低压供电系统图并与实际相符；按安全生产标准化要求配齐管理制度和记录本。要有和本场所相适应的操作规程，符合本场所实际情况。

（13）各配变电所必须配齐绝缘用具、防护用具和足够的灭火器材。岗位值班人员必须持证上岗，严格按操作规程进行操作。

（14）各单位不具备无人值守的机房硐室、值班室必须配备足够的岗位人员。

（15）各单位供电设备必须是完好、运行正常的设备。

（16）各单位应严格按照电气设备的日检、周检、月检、季检、年检进行相关设备检测工作。

（17）各单位供电设备标识、标志牌、各类指示牌板必须准确。

（18）各矿井下井设备必须具备“三证一标”。

（19）各单位在地面有防爆要求的场所范围内应严格遵守防爆要求。

（20）各矿井井下磁力启动器闭锁杆必须执行打眼上锁管理，高爆开关和馈电开关具备“三开一防”功能。

（21）各单位用电尽量执行“避峰填谷”措施。

2.5.3　机电设备安装、改造工程管理制度

为了进一步强化并规范机电设备安装、改造工程的管理，优化设计，搞好现场设备设施的安装、监督及验收，提高工程质量，特制定本管理制度。

1. 机电设备安装、改造工程范围

（1）供配电系统装备：供电线路；变压器；地面 35 kV 变电所、10 kV 开闭所、井下中央变配电所设备、在线监测等。

（2）提升系统装备：主副立井提升机、井筒装备、操车设备、自动装卸载设备及电控等；主副斜井提升机、井筒装备及电控等；主提升皮带机、井筒装备及电控等；暗斜井提升装备及电控等。

（3）主通风系统装备：主通风机、电控、调速设备及在线监测等。

（4）压风系统装备：空压机、风包、安全附属件、电控及在线监测等。

（5）井下主排水系统装备：主排水泵、管路、电控及在线监测等。

（6）综采工作面装备：采煤机、液压支架、刮板输送机、转载机、破碎机、乳化液泵、喷雾泵及电气设备等。

2. 工程设计、设备选型及审批

（1）机电设备安装、改造工程的设计，设备的选型遵循安全可靠、技术先进、经济合理、旧系统技术改造、新系统一步到位的原则，尽量考虑设备的通用性、互换性，结合矿井实际，参照集团公司下发《现代化矿井装备配置标准》进行配置。

（2）机电设备安装、改造工程的设计，设备选型由矿主管领导、机电负责人及工程技术人员对工程的先进性和适用性进行考查、调研，并进行论证，形成可行性意见。

（3）机电设备的选型、设计、施工方案必须要求有资质的设计单位设计，设计单位在方案确定和设备选型时必须考虑矿方所提供的合理化建议，并结合矿井实际进行设计和选型，做到方案确定和选型符合矿井生产的特殊性。

（4）矿主管领导、机电负责人及工程技术人员对设计院的工程设计、设备选型结果进行会审和完善，并形成会审报告，而后报公司机电部审核，如有重大异议，机电部将组织矿、设计单位及相关部门进行复审，确定最终方案。

（5）方案确定后，报请公司机电部并经分管经理同意签字，报送招标管理办公室进行招标或采购。

（6）公司按程序招标或议标后确定设备厂家，由矿方与厂家根据技术要求及现场条件签订技术协议，报请机电部审核同意后交供应部门严格按照技术要求或配置进行商务合同的签订，并采购。

（7）设备生产完工交货前矿方组织相关技术人员进行设备验收，验收合格后方可提货。

3. 安装、监督及审批

（1）施工前，矿方应组织对施工方案具体进行分工，并编制安全作业措施，经矿主管领导同意应组织相关人员进行学习，并签字。

（2）设备到矿后，由矿方会同施工单位、监理单位、设备厂家及相关部门对设备进行现场验收移交，对到货设备是否符合要求，设备及附件、备件和工具、技术资料是否齐全进行验收，将验收结果各方签字后方可开工安装，并将验收结果存档。

（3）施工过程中，矿方应安排专人进行动态监督，按照相关标准及图纸技术要求进行施工，确

保施工质量。

（4）对安装施工进度进行排序，并制定施工图标和排序表，实际进度分阶段报公司机电部。

（5）矿方应对各种图纸、资料进行收集，特别是空、重载运行记录，为正式验收提供依据，并存档。

（6）施工过程中，公司机电部、相关部室及矿机电负责人将深入现场对施工质量，特别是对重大环节及隐蔽工程进行动态监督检查，如发现有影响安全和重大工程质量的隐患，则要求矿方协助施工单位采取有效措施，落实整改后，方可继续施工。

4. 验收

（1）机电设备安装、改造完毕后进行调试、试运转，矿分管领导组织相关技术人员、设备厂家、施工单位及监理单位进行初验。

（2）初验合格后，报请公司机电部，由公司机电部组织相关单位对工程正式验收。

（3）验收合格后，方可投入运行，同时将验收报告备份报送公司机电部进行备案。

（4）机电设备安装、改造完工后，不进行质量验收的，严禁投入使用。

2.5.4 设备的维护和检修制度

1. 设备的维护和检修工作的原则

（1）在组织检修工作中，要认真贯彻“预防为主，计划检修”的方针，维护与检修并重，坚持先维护后生产的原则，合理安排生产和维护工作。

（2）要掌握设备运转，零部件磨损规律，加强日常维护保养和检查，及时消除设备的隐患，把设备的事故消灭在发生之前，防患于未然。

（3）在维护工作中要做到大型固定设备和采掘运、移动设备并重，大型固定设备是关键设备，关系到矿井的安全和生产，必须搞好维护和检修工作，保证台台完好。

（4）正确处理好维护同生产的关系，克服设备带病运转，不坏不修的做法。

2. 设备的预防性计划检修要求

1）设备的日常维护检查

（1）要经常观察设备的使用和运转情况，爱护设备，经常擦洗设备，去掉灰尘和油垢，按照规定周期注入规定的润滑油脂，进行合理润滑，不发生过度磨损，要使设备不漏油，不漏电，不漏气，严格检查各部位是否正常、紧固，运转是否灵活，有无缺陷等。

（2）对于采掘运设备，执行班检和日检制度，综合机械化采掘设备必须进行好班检，原则安排在八点班作为检修班进行，日检时间必须保证不小于5 h，要按照设备使用说明书要求，对规定的内容和质量要求等做好日常维护检查工作。

（3）对于大型固定设备，输配电设备、洗选设备等，每天要有不小于2 h的维护检查时间，此外，在设备运转时，还应加强巡回检查，根据不同设备要制定详细的日常维护检查内容及质量要求。

（4）日常维护检查工作，应有明确的责任制和要求，要推行包机制和实行个人岗位责任制的办法，以提高维修专业水平，严禁主要设备维修人员一职多岗。

2）设备的定期检查

（1）除日常检查之外，还要定期对设备的运转情况、零部件的精度、磨损程度及其他情况进行检查和校验。

（2）要根据不同设备的性能、结构、维修经验，制定不同的检查间隔及检查内容方法和要求。

（3）一般情况下，定期检查实行周、旬、月检制度，每周或每旬一次定期检查，由各作业队组自行组织进行，日检除队组自行组织外，机电部门要组织对重点设备进行抽查，抽查的重点应放在大型固定设备和主要采掘运设备上，尤其是主要提升、供电设备。

（4）日常检查检修和定期检查检修，各队组必须建立专门的检查检修记录，要认真填写，做到记录详细，内容齐全准确。机电部门组织的定期检查，机电部门应建立专门的检查记录，定期分析研究问题，制定公司主要设备的检修计划。

（5）除日检外，定期检查时间要求不小于一个班，周检原则应在周一进行，月检原则应在每月初进行。

3）设备的计划性修理

设备计划性修理，分为小修、中修、大修。

（1）小修主要是对设备进行的局部修理，通常只更换和修复少量磨损零件，高速设备机构、排除一般故障，工作量较小，要求利用生产间隙进行，一般应利用好日检、周检、旬检、月检进行。

（2）中修是根据设备的技术状态，对设备精度、性能达不到技术要求的项目按需要进行针对性检修。一般要部分解体，更换或修复较多的磨损零部件，要更换油脂，恢复设备的精度、功率和生产效率、性能，达到规定的技术标准并保证正常运转到下次计划修理。

（3）大修要对设备进行全面修理，使设备完全恢复精度和额定能力。需要对设备全面拆解，对所有零部件进行清洗、检查、更换和修复全部磨损零件，恢复设备应有的精度和性能，调整机械和电器操作系统，处理或更换设备壳、配齐安全装置和必要的附件，重新喷漆或电镀，按设备出厂或部分大修标准进行验收。

2.5.5　机电设备防爆检查制度

（1）各矿必须有专门的防爆管理机构和专责防爆检查员，且有任命的红头文件，专责防爆检查员必须熟悉电气设备的防爆性能和检查标准。

（2）机电设备入井必须经矿井机电管理部门审批，必须检查其"产品合格证""煤矿矿用产品安全标志""防爆合格证"及安全性能，并签发"入井许可证"后方可入井。

（3）防爆电气设备和电缆入井前，还必须经过专职防爆检查员的防爆检查，要严格按照《电气设备防爆完好标准》《煤矿安全规程》的规定进行。检查合格并签发"防爆合格证"后，方准入井，失爆设备严禁入井。

（4）各单位的电气设备入井前，必须开具入井许可证和防爆合格证，入井前，把钩工必须严格按照入井许可设备数量进行核实，无证或者证物不一致者严禁入井。

（5）煤矿井下，地面选煤厂原煤系统、筒仓上下、返煤地道、动筛车间、燃气房和液化气房等特殊场所都必须使用防爆电气设备，严禁有失爆现象。

（6）防爆电气设备在安装完毕后，都应符合《煤矿机电安装质量标准》和《电气设备防爆完好标准》。应组织有关人员进行全面检查验收，验收合格后方可投入使用。防爆电气设备无论在井下任何地方安装使用，均按防爆设备检查和维护。

（7）出井大修、中修和小修后的防爆电气设备，必须符合《煤矿机电设备检修质量标准》和《电气设备防爆完好标准》，经专责防爆检查员检查验收，张贴防爆合格证方可下井。

（8）使用中的防爆电气设备的防爆性能，由本单位的机电管理部门组织每月至少检查一次。配电系统继电保护装置检查整定，每半年进行一次，负荷变化时必须及时整定。

（9）各单位的机电管理部门负责对井下供电系统、防爆设备、三大保护、电缆、局部通风机、风电闭锁、瓦斯电闭锁等实行监督检查，查出的问题要以五定表的形式下达所属责任队组限期整改，发现失爆设备必须立即停产整改，否则不得生产。

（10）各采区、工作面必须有合格的供电系统设计及保护整定计算和校验。

（11）所有馈电开关、磁力启动器应用真空断路器。信号照明系统应使用综合保护装置。所有低压馈电开关、磁力启动器均应装设接地和漏电或选择性漏电保护。矿灯应装有短路保护装置。

（12）矿井大型设备定期进行技术测定和探伤，定期进行远方漏电试验，接地电阻测试。在井下进行各种电气测试或电气设备开盖前，应先测瓦斯。

（13）各类开关设备及单独保护器，在入井前应由专职的、经考试合格的电气设备防爆检查员检查其电气保护及防爆安全性能，取得合格证后方可入井。开关在井下使用超过6个月时，应对其过流保护装置进行一次检验和调整。

（14）高压隔爆开关应有：①欠压保护；②短路保护；③过负荷保护；④选择性接地保护；⑤有过压保护。

2.5.6　电气试验管理制度

第一条　为了加强公司电气试验工作，正确判断设备能否投入运行，预防设备损坏，保障电气设备安全运行，特制定本规定。各单位的变电所（站）及主要电气设备的绝缘、特性试验和电工仪表、继电保护装置检验，按本规定要求进行。

第二条　为贯彻本规定，各矿必须建立相应试验组，由机电科直接领导。

第三条　试验组人员组成：各试验组必须配备专业电气工程技术人员，负责技术指导。

第四条　从事电气试验人员必须具备下列条件：

（1）经医师鉴定，无妨碍工作的病症，神志清醒、智力正常。

（2）必须经过培训，具有一定的电气知识及业务能力，熟悉《煤矿电气试验规程》《煤矿安全规程》《电业安全工作规程》有关条款，从事电气工作必须有三年以上的电工工龄，并经考试合格，持证上岗。

（3）学会紧急救护法，首先学会触电急救法和人工呼吸法。

第五条　各矿分管机电的副矿长和机电副总是电气试验工作主要责任者，各矿机电科还要明确一名副科长和一名电气工程技术人员具体负责。

第六条　各矿应在每年年初主持编制出本单位的电气试验年度计划，经机电副矿长主持审批后执行。各矿机电副总应定期对试验执行情况和试验结果进行检查。

第七条　编制电气设备试验计划的依据原则是：

（1）本规定要求的试验项目和试验周期。

（2）历年设备试验变化趋势及近期运行状态。

（3）电网运行方式和负荷的变更。

（4）日常运行、维护人员的意见。

（5）季节性要求。

（6）其他特殊情况。

第八条　试验组的工作范围。

（1）地面主要变电所高压设备的绝缘和特性以及电气测量仪表、继电保护装置的试验和整定工作。

（2）逐步掌握电气计量标准，校对和修理主要电气测量仪表及电子仪器。

（3）大型电气设备大修后试验。

（4）基建临时电气设备的试验。

（5）新安装的电气设备试验。

（6）节能技改项目实施前后技术测试。

（7）主要绞车、水泵、主通风机、压风机及主带式输送机和锅炉的技术测定。

（8）由上级管理部门主导进行主要设备或技术难度较大的试验工作。

（9）组织推广电气试验工作新技术。

（10）有条件时负责电气设备绝缘油的化验和分析。

第九条　公司电气试验组可分：①高压组；②仪表组；③继电保护组。

有条件时还可设油质分析组。

第十条 各矿试验组工作范围。

(1) 本单位运行中电气设备的绝缘、特性试验以及继电保护装置整定和矿用电工仪表的检验。

(2) 电气设备检修后试验。

(3) 各矿自行新装中小型设备的验收试验。

(4) 协助公司电气试验组在本单位所进行的电气试验工作。

(5) 有条件时可以进行本单位主要设备的技术测定。

第十一条 加强技术管理，建立和健全主要设备的历年试验资料和档案，对试验结果必须全面地、历史地、科学地进行综合分析，掌握设备性能变化的规律和趋势，不断提高试验技术水平。

第十二条 电气设备试验项目、周期、标准，执行《煤矿电气试验规程》《煤矿安全规程》《矿井保护接地装置的安装、检查、测定工作细则》《煤矿井下检漏继电器安装运行，维护与检修细则》《矿井低压电网短路保护装置的整定细则》。

第十三条 电气设备预防性试验必须按规定的时间完成，并认真填写试验报告和试验卡片。

(1) 避雷器和接地电阻测定，要求在三月底以前完成，井下接地电阻测定每季至少一次，在有瓦斯及煤尘爆炸危险的矿井内进行接地电阻测定时，应采用安全火花型测量仪表，如采用普通型仪器时只准在瓦斯浓度为 1% 以下的地点使用，并采用一定的安全措施，报有关部门审批。

(2) 电动机、变压器、电缆、开关等高压电气设备要求在 5 月底前完成。

(3) 继电保护装置的检验。

地面供电系统继电保护装置定期检验周期为：

①各矿主变电所、其他变（配）电所及主要设备的继电保护装置全部项目的定期检验周期为一年。

②运行条件较差、易受振动和动作较为频繁的继电保护装置，可根据实际情况适当缩短检验周期。

③各种类型的互感器，每四年进行一次定期全部项目检验。

④变压器保护装置。

a) 在吊芯大修时全部项目检验。

b) 每年一次不打开气体继电器，而用打入空气法进行部分项目检验。

⑤保护装置的绝缘耐压试验，每四年进行一次。

煤矿井下电气设备保护装置检验的规定：

①井下高压设备继电保护装置每季应根据短路电流和负荷变化进行一次整定值检查，每年进行一次定期检验，当负荷变化则应及时改变整定值。保护装置的全部项目检验一般应结合开关大修时在地面进行。

②在井下检验继电保护装置时应严格遵守《煤矿安全规程》和本规定中的有关规定，在现场维修需在瓦斯检查人员的配合下进行检验工作。

③普通型携带式电气测量仪表，只准在瓦斯浓度为 1% 以下的地点使用。

④井下严禁带电检验继电保护装置。

⑤当高低压开关在机修厂检修时，对其保护装置应同时进行校对，使之符合要求，以便在下井使用时，可以根据其刻度能正确地调整。

⑥低压开关在井下使用超过 6 个月时，应对过流保护装置进行一次检验和调整。

⑦每天必须对低压检漏装置运行情况进行一次跳闸试验并做记录，在瓦斯检查员的配合下每月至少对检漏继电器进行一次远方漏电试验，并做记录。

第十四条 矿井高压电网的单相接地电容电流每年测量一次，电容电流不得超过 20 A，否则必须采取限制措施。

第十五条　电动机综合保护装置、带式输送机综合保护装置、照明信号综合保护装置、移动站低压侧各种保护及绞车、水泵、主通风机、压风机、锅炉等各种电气保护应按有关规定标准及厂标定期检验和调整。

第十六条　电气设备使用的绝缘油的物理、化学性能和电气耐压试验，每年应进行一次，但对其中操作频繁的电气设备使用的绝缘油，每半年应进行一次电气耐压试验。油断路器经3次切断短路故障后，其绝缘油应加试1次电气耐压试验，并检查有无游离碳。不合标准的绝缘油，必须及时处理或更换。油浸电气设备的绝缘油量应定期检查，并保持规定油量。向电气设备内充的绝缘油，应同原运行中的绝缘油有相符的物理、化学性能和电气耐压强度。

矿用电气设备绝缘油的更换和试验，应有专用的记录簿，并应保存在矿机电科。

第十七条　各单位的高压试验和继电保护整定工作，原则上由各单位自己负责，一些单位确因仪器、仪表不全或其他原因，以及难度较大的试验项目，自己无力做到，可申报试验计划、供电系统图纸、运行方式、计算整定资料，由公司电气试验组配合完成。

第十八条　在执行本规定中，遇有特殊情况，需要改变试验周期、试验标准时，应组织有关人员进行综合分析提出建议。经公司或矿机电副矿长批准后方可执行。

第十九条　在试验前应制定安全技术措施，但井下试验的安全措施应按《煤矿安全规程》的规定执行。安全措施必须报矿机电副矿长批准后方可实施。

第二十条　长期（井下超过三个月、井上超过六个月）停止运行和移动后的设备投入运行前，必须按运行中设备的试验项目和标准进行试验。

第二十一条　当电气设备的额定电压与实际使用的额定工作电压不同时，应根据下列原则确定试验电压标准：

（1）当采用额定电压较高的电气设备加强绝缘时，应按照设备额定电压标准进行试验。

（2）当用于满足产品通用性的要求时，可以按照设备实际使用的额定工作电压进行耐压试验。

第二十二条　新装和大修后充油设备进行交流耐压试验时，油质必须试验合格，否则不能进行。

第二十三条　运行中主要大型设备、主要电缆等进行耐压试验时应具备的条件是：

（1）设备的绝缘电阻、泄漏电流、介质损失角正切值等所试项目综合判断合格。

（2）有严密的操作措施。

第二十四条　在进行与温度有关的各种电气试验时（如测量直流电阻、绝缘电阻、介质损失角、泄漏电流等），应同时测量被试物和周围环境温度。绝缘试验应在良好天气条件下进行。

第二十五条　绝缘电阻测量，规定用60 s的绝缘电阻值；吸收比的测量规定用60 s与15 s绝缘电阻的比值R60/R15。交流耐压试验加至试验标准电压后的持续时间，凡无特殊说明者均为1 min。耐压试验电压值以额定电压的倍数运算时，电动机是按铭牌电压计算。电缆是按标准电压等级计算。非标准电压等级的电气设备的交流耐压试验电压值，可根据本规定的相邻电压等级按插入法计算。

第二十六条　千伏级设备试验标准另行制定，在制定前，国产千伏级设备试验参照制造厂标准自行规定，引进设备的验收试验标准按设备引进国现行试验标准和厂家规定执行。

第二十七条　继电保护方案，每年要依据电网系统方案、运行方式和负荷情况进行一次整定方案计算，并报主管部门审批后执行。

第二十八条　试验性质的解释

1. 新装

（1）新品验收及新设备的鉴定。

（2）新品安装工程竣工后移交生产的交接试验。

（3）新安装的继电保护装置、仪表及二次回路。

2. 大修

（1）设备大修工程竣工后试验。

（2）二次回路全部或部分更换。

3. 运行中

（1）定期试验。

（2）事故后检查试验。

（3）长期停运和移动后的设备投入运行前试验。

4. 二次回路

二次回路包括电气设备的操作、信号、保护、测量等回路和这些回路中的电气操作线圈、接触器、继电器、测量仪表电压及电流互感器的二次线圈等。

第二十九条　老旧设备试验后的数据经综合判断达不到规程要求时，须逐步改造，以提高其绝缘水平。运行中高压设备如发现绝缘已劣化或在不正常状态运行时，可增加试验项目或缩短试验周期。

第三十条　与电网直接连接的电气设备按电力公司试验标准执行。

第三十一条　由35 kV变电站馈出的线路进行检修试验等工作，需要送电时，工作票必须由35 kV站负责人审核签字。停送电工作双方专人联系，清楚后方可执行。

第三十二条　各单位根据集团公司规定，结合本单位实际情况，制定本单位电气试验实施细则。

第三十三条　每年6月底前将预防性试验汇总表及年底试验总结报公司机电部。

第三十四条　本规定自下达之日起生效。

2.5.7　机电事故、故障管理制度

为进一步加强设备事故和故障管理，提高事故处理效率，缩短影响生产时间，吸取事故教训，避免同类事故的再次发生，特制定本规定。

第一条　事故级别划分

（1）一般事故：造成设备直接经济损失在25万~50万元（含50万元）；全矿井影响生产在6~30 h（含30 h）；综采系统影响生产在8~36 h（含36 h）。

（2）重大事故：造成设备直接经济损失在50万~100万元（含100万元）；全矿井影响生产在30~54 h（含54 h）；综采系统影响生产在36~64 h（含64 h）。

（3）特大事故：造成设备直接经济损失在100万元以上；全矿井影响生产在54 h以上；综采系统影响生产在64 h以上。

第二条　事故汇报

出现设备事故后，使用单位应首先判断清楚故障特征、发生地点、危害程度、初步的排除方法和时间，然后报公司生产指挥中心和机电部，并提出技术和物质需求。调度室要根据事故性质及可能影响生产时间，一方面安排运行管理员到现场协助处理，另一方面要汇报中心值班领导和其他相关领导。

第三条　事故处理

根据事故性质和可能影响生产的时间，设备使用单位要充分调动本单位的人力和物质资源，以最快的速度处理。机电部根据事故发生原因（使用问题、产品和大修），以及事故单位提出的技术、物资等需求，组织相关人员配合处理，以最快的速度恢复生产，缩短影响生产时间。

第四条　事故追查报告

事故单位除组织安排抢修外，同时要进行事故分析，待事故处理完毕后按照“四不放过”的原则在24 h内进行追查，并形成事故追查报告。

（1）事故追查报告。标题为“关于×××的事故追查报告”，内容为：

①事故时间。

②事故地点。

③事故经过。

④原因分析。

⑤责任划分及处罚。

⑥预防措施。

附：参加事故追查人员名单。

（2）一般以下事故由设备使用单位组织追查，形成事故追查报告，并报机电部备案。

（3）一般事故由机电部单位组织追查，形成事故追查报告。

（4）重特大机电事故由安监部组织追查，机电部、供应部等相关部门和单位参加，形成事故追查报告。

（5）一般及以上机电事故由机电部负责及时通报所属各煤矿，以供其他单位引以为戒，避免同类事故的发生。

第五条　处罚

机电事故所罚款项，由财务部门负责收取，作为机电奖励基金。对在矿施工的外单位所罚款项，由该单位在一周以内将相应款项以现金的方式交财务部门，由事故单位负责督办，否则对事故单位处以两倍罚款。

第六条　措施落实

事故追查处理完毕后，要组织相关区队进行学习，严格按照事故追查所指定的预防措施落实，并定期检查措施的执行情况。

第七条　事故预防

（1）设备使用单位要根据单位实际情况，针对影响生产的主要设备制定事故处理预案，定期组织学习，并检查预案中所需的备件、工具和其他物资情况。

（2）设备使用单位要每旬组织区分队分析设备运行规律，核查关键设备大型部件的使用、储备状况，制定合理的预防性检修计划，将事故消灭在萌芽状态。

（3）各单位要及时组织学习机电部通报的机电事故，贯彻落实相应措施，从同类事故中吸取教训。

第八条　对重大机电事故的控制，实行风险抵押的办法。

第九条　其他

（1）各单位出现设备故障事故后必须按程序及时汇报，对于隐瞒不报、弄虚作假的，除通报批评外，并予以处罚。

（2）各单位要杜绝重特大机电事故的发生。发生重大事故的单位除按照追查进行处罚外，取消半年度所有机电奖励；发生特大事故的单位除按照追查进行处罚外，取消全年度所有机电奖励。

2.5.8　特殊场所电气焊作业安全管理制度

根据《煤矿安全规程》《电气焊安全操作规程》等相关要求，结合公司管理实际制定本规定。

第一条　本规定适用于公司所属矿井下（含井上下瓦斯泵房）和地面机房、仓库及存放易燃易爆物品等特殊场所内进行的电气焊作业。

第二条　本规定所述电气焊作业包括：电焊、气焊和气割作业，以下简称“电气焊”。

第三条　井下和地面机房、仓库及存放易燃易爆物品等特殊场所内不得从事电气焊作业，如果必须进行，每次必须制定专门的安全技术措施，经审批签字后执行。

第四条　各矿要遵照以下要求严格控制电气焊作业：

（1）能在地面进行的电气焊作业严禁在井下作业。

（2）井下可以使用其他方法解决的，严禁使用电气焊作业。

（3）有条件拆装、运输的设备部件，需要动用电气焊维修时，必须升井进行电气焊作业。

（4）设备安装需要电气焊作业时，应在设备入井前完成，不得在井下进行电气焊作业（设备焊接后超宽、超长、超重不能入井的或必须在井下进行电气焊才能解决的除外）。

（5）能在专用电气焊场所进行作业的，严禁在特殊场所外进行作业。

第五条 电气焊作业可能影响到关联单位的设备、设施或场所安全时，调度室必须在作业前以书面形式通知关联单位做好防范措施，正式作业前进行确认。

第六条 严禁在带压设备、带电设备、正在运转的设备、带压管路上、油箱及具有易燃易爆物场所进行电气焊作业。

第七条 对有预应力的构件实施电气焊作业时，必须提前采取可靠技术措施进行处理，避免在作业过程中因应力释放造成事故。

第八条 进入有限空间及通风阻力大等场所进行电气焊作业时，必须制定专门的通风措施及设置可靠的通风设施。

第九条 高空电气焊作业时，必须佩戴合格的安全带或采取其他可靠的安全防护措施。

第十条 电气焊作业地点必须备有灭火器、水桶、沙箱、铁锨等防灭火器材，消防设施必须置于工作地点上风侧。

第十一条 电焊机及其作业工器具在运输过程中、停放地点及工作地点必须有防水淋、防潮措施。

第十二条 电气焊作业地点附近应有可靠的通信联系。

第十三条 电气焊工必须经过培训考试合格并持证上岗。

第十四条 电气焊作业必须遵守下列规定，并且在现场安全措施的执行、监督、检查过程中，每执行一道工序必须由相关检查人员签字确认安全后方可进入下一道工序。

（1）作业负责人和电气焊工必须对电焊机、电缆、电焊钳、气瓶、减压阀、回火阀、气压表、氧气管、乙炔管、割炬等器具进行详细的安全检查，并进行试验，确保完好，不完好严禁使用。

（2）氧气瓶、乙炔瓶、电焊机必须轻装轻放、固定牢靠，防止滚动。气瓶防震胶圈必须齐全完好，搬运前确认安全帽已拧紧。氧气瓶、乙炔瓶严禁气瓶头部朝下放置。

（3）电气焊作业时必须有安全检查员、作业负责人、值班领导同时在现场，任何一个人不到场，不得施工。

（4）作业负责人必须将审批签字后的措施带到作业现场，在相关人员到齐后，由安全检查员对现场是否符合电气焊的条件进行确认，确认符合条件后向矿调度室汇报现场情况，经调度室同意后，方可按措施开始作业。

（5）电气焊工必须穿戴好防护用品，检查绝缘器具完好情况，并设专人监护，作业时要严格按照规程和措施的要求作业，严禁违章作业。

（6）进行电气焊作业时，作业地点要设置警戒线。

（7）使用气割（或气焊）作业时，气瓶必须直立放置、固定牢靠，气瓶距工作地点不得小于10 m，气瓶间距不得小于5 m，气瓶位置必须在措施中明确规定。

（8）电焊机接电源和拆除电源时，必须由专职电工操作，电源电缆不得拖地。安装拆除电源严禁带电作业，并保证供电设备完好。电焊机外壳必须有可靠的保护接地。

（9）当作业人员临时离开电气焊作业现场时，必须切断电焊机电源或关闭气瓶阀门，并指定专人在现场看护。

（10）电气焊作业完工后，必须及时切断电焊机电源或关闭气瓶阀门，由作业负责人向调度室汇报工作完毕。作业人员要对作业现场进行彻底清理，工作地点应再次用水喷洒。

第十五条 严格执行电气焊作业现场向调度室汇报制度，即电气焊作业前、结束后，调度室值班人员要做好记录。

第十六条　专职安全检查员必须全程监督检查电气焊作业地点周围的安全状况及安全技术措施的落实情况。

第十七条　具有瓦斯特殊场所将按照相关规定要求执行。

第十八条　本规定从下发之日起执行。

2.5.9　停送电及两票管理制度

第一章　总　　则

(1) 停送电工作是直接关系着各单位安全生产和职工生命安全的重大问题，做好停送电安全工作是一项科学的技术管理工作。根据《煤矿安全规程》和《电业安全工作规程》及本公司的实际情况制定《停送电安全工作规定》，一切电气工作人员，在执行停送电工作时，必须严格遵守本规定。

(2) 发布停送电命令或执行停送电工作以及从事电气工作的人员，必须由按规定经过安全规程考试合格的人员担任。没有合格证的人员不得单独执行停送电工作。

(3) 井上下一切电气设备，凡在进行停送电工作时，除遵守《煤矿安全规程》和《电业安全工作规程》外，还必须执行本规定。若本规定与国家有关规定有抵触时，以国家规定为准。

(4) 停送电操作人员在工作中，对违反本规定的命令有权拒绝执行，同时，向发令人申述理由，提出更正符合规定要求时，才能执行。

(5) 对认真执行规定避免造成事故者，应给予表扬或奖励。对违反本规定造成事故者，严肃处理，直至追究刑事责任。

(6) 任何电气设备（包括电缆和电线），不论在检查、修理、安装、迁移、拆除、接电、解脱电源等工作时，要严格禁止带电作业。

(7) 本规定所谓“带电”按其危险程度规定如下：

①不论任何电气设备（包括电缆和电线），其电压在36 V及以上的导电部分，和失去绝缘性能的电缆电线均认为是“带电”。

②不论任何电气设备（包括电缆和电线），虽已切断电源，但未妥善地完成验电、放电、接地、短路之前仍认为是“带电”。

③一切电气设备的外壳、配电设备的构架、电缆的附件和电缆的金属外皮等的接地装置遭到破坏时，即认为是“带电”部分。

(8) 本规定所谓“停送电工作”系指在井上下变电所（台）输配电线路上，动力和照明等设备的开关上，进行停送电操作及在被停电部分的一切电气设备上进行工作，不论全部的或局部的，凡有以上工作，均称为“停送电工作”。

(9) 本规定适用于公司各单位供电范围内的停送电工作，作为贯彻《电业安全工作规程》的具体规定。各单位在执行中如遇特殊情况，可根据现场具体要求，另制定补充措施，但不得与本规定相抵触。

(10) 各单位在执行中，要广泛听取群众意见，随时报各单位机电管理部门，以便不断总结经验和教训，使本规定逐步完善。

第二章　一　般　规　定

(1) 各单位变电所（包括井上下变电所），必须挂有该供电范围的供电系统图，当系统变动时应予随之修改，必须做到与实际相符，所有开关上应设标示牌，标明开关编号、供电地点或供电线路和设备名称等，以供操作人员识别，防止发生误操作。

(2) 在备用和停用的设备、线路上进行工作时，也应履行停送电手续，事前与有关单位和人员联系清楚，并妥善地完成验电、放电、接地和短路，证明确实无电时才能开始进行工作，否则认为“带电”，不得进行工作。

(3) 在进行停送电工作之前，必须准备好合格的安全用具（绝缘手套、绝缘鞋、绝缘台等），登杆工作必须系安全带。

(4) 如遇漏电开关突然掉闸，可按照下列规定：

①供井下的分路开关柜掉闸，没有查明原因不准强送。

②供井上的分路开关柜因过流动作掉闸（继电器有动作指示），允许强送一次，一次强送不上必须通知有关单位查明原因，待切断事故点后进行送电。

③确系由于操作机构失灵，或受到某种原因的碰触和震动而造成的掉闸，可以强送。

④由于系统短路，电压突然降低，使装有无压释放器的井下分路开关柜动作掉闸，又查时确非本开关柜馈出系统的事故（过流继电器无动作批示时），也可强送。

(5) 已经停电的设备和线路，随时都有突然来电的可能，所以在未完成安全措施之前，不得触及设备各线路或进入遮护栏内。

第三章　对停送电工作人员的要求及职责范围

(1) 有下列情况者，不得令其参加停电的有关工作：

①精神病患者。

②有影响工作的残废者。

③工作前饮酒或因其他思想致使精神不振者。

④未经安全规程考试合格没有发给“电工证”者。

⑤如需登杆爬高，不得患有高血压病症致头晕者。

(2) 一切电气工作人员应学会触电紧急救法。

(3) 对停送电工作人员的要求：

①全厂（矿）性的停送电负责人，应由负责全厂（矿）的输配电技术人员担任。局部性的停送电负责人，应由该专责范围内的技术人员担任。停送电负责人不在时，可由能胜任的当班调度员负责代理。

②检修工程的停送电工作，应由该项工程的负责人或由该工程负责人委派一名能胜任的人员担任。

③停送电操作，由变电室专责值班人员担任，在高压（1kV及以上）设备上进行操作时，一般应有两人来执行，其中一人对设备较为熟悉者做监护，单人值班的配电室停送电操作可由一人执行。无人值班的配电室和局部地区的开关停送电操作，应由工作负责人指派能胜任工作的人员一人担任，中途不得随便更换人员。

(4) 停送电工作人员职责范围：

①停送电负责人，负责安排安全停电的有关工作，审查停电申请，签发工作票，发布停送电命令，对外联系停送电事项，办理停送电手续，监督检查工作人员遵守本规定。

②工作负责人负责本范围内停送电工作的全部责任，正确指挥全部工作和发布停送电命令。工作前，对工作人员交代清楚工作任务和安全措施，督促、监督工作人员遵守规定。

③工作负责人在送电之前后，负责检查一切安全措施是否完备妥善，有关开关的合闸是否正确可靠。

④停送电操作人，必须严格按照合闸与拉闸的操作顺序进行操作，并负责完成保证安全的技术措施，不经本范围工作负责人许可不准任何人代替。如遇漏电、火灾等特殊情况可不受此限，但没有电气常识和电气设备及对线路系统不熟悉的人，也不得进行操作。

⑤凡变电室进行停送电操作时，必须有监护人认真监护，及时纠正错误的操作，监护人的技术水平一般不得低于操作人。

（5）停送电工作，必须熟悉本范围内的输配电系统。

第四章　停送电制度

1. 操作程序

（1）检修高压线路高压设备或其他情况需要停电或送电时，必须严格执行停送电制度，做到谁停电、谁送电。

（2）各用电单位需要停电检修时，首先向调度室提出停电申请，并填写工作票，工作票由机电科负责人填写，一式两份，一份交矿调度值班人（工作许可人），另一份交检修单位实施负责人（工作负责人），工作票上所列人员分别签名。

（3）工作许可人对工作票进行审查，确认无误后即可与变电所联系进行倒闸操作命令（口头、电话），变电所值班人员可根据命令填写倒闸操作票，受令人将命令内容向发令人复诵，核对无误，然后操作员和监护员在操作票上分别签名。

（4）操作员和监护员可根据操作票的顺序进行逐项操作，每操作完一项，相应打一个“对”，操作完毕把接地及时挂上，并挂停电牌和有关安全标志牌，这时可向调度值班人员（工作许可人）报告。

（5）工作许可人向工作负责人发出工作命令（口头、电话），这时工作负责人可根据工作票要求和有关安全措施，实施工作负责人必须始终在工作场所，对工作人员的安全认真监护，及时纠正不安全的动作，工作完成后，清理现场由工作负责人亲自向工作许可人汇报工作结果，并将工作票交给工作票签发人保管。

（6）工作许可人向变电所操作人员命令恢复送电，操作人员按规程要求送电，送电后由操作人员向调度值班员汇报，送电正常则本次停电检修结束。

（7）只有矿调度值班员才有权向变电所值班员发出停送电命令，任何人都不得直接命令变电所停送电。

2. 管理办法

（1）各用电单位在申请停电前必须由工作负责人提前与单位联系好，安排好单位之间的配合事项及生产安排情况，并商定停电时间。

（2）停送电操作之前，操作人员必须认真查清所要停送电的设备、线路是否与工作要求一致，经查清核对确定无误时，方可进行操作。

（3）在带电设备的非导电部分进行工作时，必须考虑到工作过程中，一旦操作不当或其他原因，容易使工具人体等可触及导电部分，必须切断电源再进行工作。

（4）在井下进行停电工作时，切断电源后必须将导体接地放电，接地放电前，对可能积聚瓦斯的地方，必须进行检查，当瓦斯浓度在1%以下时，才准放电。

（5）工作完成后，必须得到工作负责人的命令后才能进行合闸关电，严禁用信号，摆灯喊话等不可靠的做法指挥送电，杜绝约时送电。

（6）工作全部完成后要求送电前，工作负责人必须对现场进行详细检查，接线是否正确、合格；螺丝、垫圈、卡爪等是否坚固，有无毛刺，有无障碍物，以免送电后发生短路、冒火花等其他事故，特别是井下检修后安装必须把防爆盖盖好。

（7）工作完成后，工作负责人应命令全部现场人员撤离工作地点至一定距离。清点人员和工具，并监护工作人员不准再接近导电部分。申请送电人一经离开工作现场，去办理送电手续时，即认为设备或线路上已经带电，绝对禁止靠近或继续工作。

（8）在同一线路或同一电源供电的若干分支线路上，同时进行数项工作时，各项工作负责人必须分别办理各自的停送电工作票，不准趁别人申请停电的机会私自进行线路工作。停送电许可人必须在各项工作全部完成，得到该线路上所有的工作负责人送电通知后方可命令线路送电。

（9）在井下同一线路或一个开关控制范围内有数项工作时，各项负责人必须在这趟线路的总开关上分别挂各自的停电牌或填有电工姓名的电工停电牌，只有等全部停电牌拆除以后方可给该线路送电。

（10）生活区变台（箱变）、机修厂、食堂、辅助生产区变台（箱变）需高压停电工作时，必须严格执行本制度，并参照停送电制度执行由各单位停送电签发人填写工作票，并指定工作负责人，按制度程序执行停送电和检修工作。

第五章　供用电两票管理

1. 两票

本规定所称的“两票”，是指电气作业必需的工作票和操作票。

（1）停（送）电联系票。是停（送）电单位与被影响单位协调确认的书面依据。在停送电工作之前，由停送电单位填写，经被影响单位机电负责人签字确认，并与电气工作票一同，报机电科及矿领导审批后执行。由机电科对格式进行统一，印制后发放。停（送）电联系票执行时，必须将停电票与送电票分开进行审批。

（2）工作票是准许在电气设备上工作的书面命令，也是明确安全职责，向工作人员进行安全交底，以及履行工作许可手续，工作间断、转移和终结手续，还是安全措施实施情况的书面依据。因此，在电气设备上工作时，必须填用工作票。

（3）操作票是操作人员为避免误操作而进行操作顺序预想的书面记录，值班人员（维修人员）正常进行的各项倒闸操作必须填写操作票，并按操作票所列内容和顺序进行操作。

凡在高压电气设备上作业需要将设备停电或其他在电气设备上的工作需要作业安全措施的，必须填用工作票。

2. 工作票所列三种人员的安全职责

1）工作票签发人的安全责任

工作票签发人应由熟悉矿井供电情况、作业人员技术水平、《电业安全工作规程》的生产领导人、技术人员或经矿批准的人员担任，并书面公布，未经书面公布的任何人员均无权签发工作票。工作票签发人不得兼任工作负责人。

工作票签发人签发工作票时应注意：

（1）审查工作的必要性，对安全工作进行“宏观”把握。

（2）根据工作安全要求，保证使工作票上所填安全措施正确完备。

（3）确定工作人员数量和合适的工作负责人，对他们的精神状态、情绪是否良好谨慎把握。

2）工作负责人的安全责任

工作负责人是现场安全作业的管理人，具体地进行工作组织，实施检修方案，对工作和全体人员的安全负责。因而，他所做的一切都应从实际出发，强调以下内容：

（1）工作负责人应认真负责地检查票上的安全措施、工作现场布置的安全措施是否正确完备，与实际条件相符。

（2）工作之前应详细地向工作班成员交代清楚安全事项，特别是应提醒现场周围设备的带电部位，可能误登、误接近的设备。

（3）根据现场实际，制定可靠的保证工作顺利完成的方案和解决重点问题的对策。

（4）结合现场情况，进行安全思想教育，督促工作人员遵守《电业安全工作规程》，注意做好监护工作。

3）工作许可人的安全责任

（1）据工作票内容对工作安全进行审查，保证工作票所列安全措施和工作现场布置的安全措施正确完善，符合实际条件。

（2）对停电检修设备仔细检查，防止一切可能使该设备带电的危险，切实证明工作现场安全。

（3）对查验安全措施中发现的问题予以澄清，必要时向工作票签发人提出，要求做安全事项方面的补充。

4）其他规定

（1）涉及多变电所协作的检修，必须按照规定编制专项措施，并在各协作变电所安排熟练的联系人员，负责停送电的联系（现场办理联系票）及倒闸操作、采取安全措施、处置应急突发事件等的协助和监护工作。

（2）采掘单位及地面单位对高压设备、高压电缆及高压连接器等检修或需要采取安全措施时，需按照规定编制措施，并安排专业人员负责停送电的联系及在变电所（配电点）协助和监护倒闸操作、采取安全措施、处置应急突发事件等工作。

（3）停送电联系票、工作票必须提前1天办理并审批完毕，现场提前30 min送达变电所（配电点）。事故处理或应急处置除外。

（4）根据公司要求，停送电联系票、电气工作票及操作票必须严格规范执行。

（5）具体细节参照《电业安全工作规程》《煤矿安全规程》等规定。

2.5.10　带式输送机安全管理制度

（1）带式输送机司机、维护工、检修人员，工龄不得低于三年，具备初中及以上文化程度，必须经专业技术培训考试合格，取得相关的操作资格证后，方可持证上岗作业。要熟知自己的职责范围，熟练掌握带式输送机的技术性能、结构原理、操作方法、检修工艺、完好标准和安全注意事项，并了解作业环境及相关设备的配合关系。

（2）带式输送机司机、维护工、检修人员，必须身体健康，有良好的精神状态和较为敏锐的反应能力，严禁安排老弱病残人员和精神状态不佳人员上岗。对于不符合要求的作业人员不得从事该工作，请各矿立即进行调整，公司将进行考核。

（3）带式输送机司机、维护工、检修人员在操作或巡检过程中，必须穿戴规定的劳动保护用品，必须衣装整齐，袖口衣襟扎紧，地面岗位的女司机必须将头发盘在安全帽内。

（4）带式输送机机头处必须悬挂有输送机司机、维护工、检修工的操作规程、岗位职责、安全承诺互保责任书，责任书由输送机司机、维护工、检修工、分管班组长、跟班队长共同签订，真正做到安全互保联保。护网上每隔10 m还要挂一个规格为500 mm × 700 mm、内容为“皮带运行期间，严禁打开护网”的警示性标志牌（内容及格式机电部另发通知）。

（5）带式输送机机头、机尾段必须照明充足，人行道一侧机头大架范围内，必须至少每隔15 m安设一盏照明灯，确保有足够的亮度。

（6）带式输送机检修维护前，必须将控制开关及张紧绞车开关停电闭锁，在停电手柄处悬挂“有人工作，严禁送电”的停电警示牌，同时在输送机控制按钮处封箱加锁，执行授权开启装置相关规定，钥匙由司机交接班时进行交接。检修、维护人员进行检修维护作业时，必须将控制装置上锁，自身携带钥匙，确保他人不能误操作或开启带式输送机。

（7）带式输送机检修时必须严格执行“检修申报制度”和“班组长监护”制度，进行检修维护前必须向当班队干、班组长申报，人员进入机头大架或机尾检修或作业时，必须在当班班组长或队干专门的监护下进行，否则不得进行。

（8）带式输送机在对卸载滚筒、主动滚筒、机尾滚筒、电机、减速器等进行更换，或者综采队进行裁皮带、卷皮带等涉及拖、拉、吊、装、运的大型项目时，必须有专项措施并按要求严格执行，除“四位一体”人员进行监护外，机电科也必须设专人进行监护。

(9) 带式输送机检修前，必须准备好所用工器具，并对其进行检查，确保其完好可靠符合要求后方可使用。检修完毕后，必须对所用工器具进行清点核实，以防遗漏在设备内或者作业现场，留下安全隐患。

(10) 带式输送机各外露旋转部位必须有完善可靠的机械防护网或者防护罩。机头大架两侧和张紧车后侧必须进行全防护，护网网格不得大于 50 mm × 50 mm，并时刻保持完好可靠，不得随意拆除。

(11) 带式输送机处于运转状态时严禁拆开防护网进入机头、机尾进行作业，防护网必须具有摘网闭锁开关的功能，即只要防护网被打开就能实现自动停机，闭锁装置在防护网上安装拉线开关或行程开关，实现与带式输送机控制系统联机闭锁，也可采用其他先进保护装置。

(12) 带式输送机机头部位须加装挡煤板及缓冲装置，且固定牢靠，不撒煤不漏矸，耐磨抗冲击，人员不得在机头正对处站立和逗留。当带式输送机卸料口正对着煤仓时，周围防护装置必须牢固可靠，高度不得低于 1.2 m，现场必须配备有安全带，现场作业时必须按带式输送机管理要求及煤仓管理要求执行。

(13) 主斜井提升带式输送机行人侧须实现全防护，10°以上的大倾角带式输送机须采取撒煤及滚落煤矸防护措施，必须有可靠的断带抓捕装置，机尾处要有可靠的防止断带后淤煤堆积伤人的防护措施。

(14) 在输送机横越行人处必须安设防护设施，行人从输送机上方跨越时，必须设置行人过桥和扶手，带式输送机下方的过人地段必须设置安全保护设施。倾斜带式输送机人行通道地面应防滑，并设置扶手栏杆。严禁人员在运行的输送带上方跨越、下方爬钻。

(15) 带式输送机必须有完善可靠的安全保护装置，其安装位置必须合理，严禁随意甩掉不用。除专业管理人员、检修和维护人员外，其他人员不得随意调整保护的安装位置、数量和整定数值。必须按时对相关保护装置进行试验，认真填写试验记录并亲笔签名，维修人员是保护装置的维护人，须配合输送机司机做好试验工作，机电科须不定期对带式输送机保护装置进行检查和试验，并认真检查各记录填写情况。

(16) 带式输送机正常开机前，必须严格执行安全确认制度，开机前必须进行巡视检查，尤其是机头大架部分，确认完好可靠、无人员作业后方可开机。要同时使用通信电话和信号联系，用喊话系统进行确认和提示。严格执行“一声停、两声开”的开停机制度。司机开机前必须发三次开机信号即两声点（每次间隔时间不得小于 3 s），在接到不少于两次的开机信号，进行安全确认，等待时间不得小于 7 s 后方可开机。

(17) 带式输送机正常停机时，必须按停机顺序将皮带开空，向机尾发停机信号，接到回复信号后方可停机。司机必须坚守岗位，不得离开启停装置 3 m 以外，更不得安排司机兼职抽水等工作。

(18) 非正常停机：当遇到紧急情况须停机时，任一地点都可通过拉线开关和急停按钮进行停机，或者向司机发紧急停机信号停机，停机后须向司机说明原因、地点以及停机要求，在司机配合下，对带式输送机开关进行停电闭锁，挂牌管理。非正常停机后，在开机前，必须对停机处理情况等进行严格的安全检查，确认无安全隐患后方可开机。

(19) 每班正常运行前，应由司机由外向里，维护巡视人员由里向外会面式地对带式输送机进行安全巡查确认，要先空运转一周，检查输送机各部位运转是否正常，经现场安全确认后，方可投入正常运行。

(20) 在带式输送机沿线应设置急停信号装置。沿输送机行人侧，相隔至少 50 m 安设一个急停按钮和喊话装置，急停开关应有自锁和复位功能。

(21) 装有集控的带式输送机，在输送机中间地方更换部件时，除机头司机停电闭锁输送机开关外，还必须按下急停闭锁装置上的闭锁按钮，打下的闭锁按钮也必须挂牌管理，作业完毕，及时拔出闭锁按钮。

(22) 采用集中控制的带式输送机，在正常运行时，必须配备专职维护巡视人员定期进行巡视，规定检查巡视路线、时间、重点检查部位等，发现问题及时汇报处理，并应有记录。

(23) 在巡视查检过程中，遇到下列情况之一时，必须紧急停车：

①人身安全遇到威胁时。

②接到紧急停车信号、不明信号或下一台输送机停机时。

③电气、机械部件温升超限或运转声音不正常时。

④保护装置失效或事故状态下保护动作时。

⑤液力偶合器的易熔塞融化或偶合器内的工作介质喷出时。

⑥驱动滚筒处发生冒烟或巷道中发现不明烟雾时。

⑦发现其他紧急异常情况。

紧急停车后，必须及时向控制室和跟值班领导汇报，并积极参与查明原因，做必要的应急处理。待事故处理完毕后，方可联系重新开机。

(24) 带式输送机运行时，严禁在机头、机尾进行调偏或清理作业。发现隐患、卡物等，应停机停电将物料取出，排除隐患后再重新开机。严禁操作人员身体探入输送机内部进行处理卡块事故等的操作，处理输送带与转动部位卡入异物时，必须保证该部位上下层输送带全部处于松弛状态，操作人员必须借助合理的工具在输送带与转动部位区域的外侧进行处理，并设专人监护。

(25) 允许带式输送机运料的掘进工作面，必须有专项措施，进行底部输送带运料时，装卸料人员必须由班组长指挥，首先要检查装卸料台是否完好正常，信号是否灵敏畅通，司机检查输送带的完好情况，互相联系并确认运料品种和数量后方可运输，卸料人员必须认真负责，及时卸下料台上的物料并核对，发现问题及时发出停机信号。

(26) 带式输送机的机头、机尾、转载点和配电室必须按规定的数量和要求配备灭火器、沙箱、消防锹等灭火器材、防尘灭火供水管。支管和阀门需安设的数量和长度，应满足在输送机各个部位能喷洒的要求，一般要求每 50 m 一个洒水装置。对封闭走廊的输送机，应在输送机走廊中间部位安装不少于一处具有远方控制的洒水灭火喷头。

(27) 严格执行公司出台《煤矿安全生产标准化执行要求》中册机电、运输专业部分。

(28) 严格执行公司出台《带式输送机运行期间安全管理六条禁令》。

(29) 严格参照机电部下发《带式输送机保护装置管理》要求进行管理。

(30) 未尽事宜均按《煤矿安全规程》《煤矿用带式输送机安全规范》《煤矿用带式输送机技术条件》(MT 820—2006) 执行。

2.5.11 大斜坡运输安全管理制度

为切实加强斜巷运输管理，完善斜巷运输安全设施，提高斜巷运输安全生产标准化水平，保障矿井斜巷运输安全、优质、高效，根据《煤矿安全规程》《煤矿安全生产标准化管理体系基本要求及评分方法（试行）》和相关规定，结合各矿斜巷运输工作的实际，特制定本规定。

1. 斜巷运输基础管理

(1) 各矿应建立斜巷运输设备、设施管理部门，掌握和保存全矿井各斜巷技术参数和装备状态，包括采区和掘进斜巷的长度、倾角、提升布置方式、斜巷保险装置的规格和布置，绞车型号、钢丝绳规格、控制开关型号，供电系统图等资料。重点做好动态监督检查和制度建设。

(2) 斜巷运输设备和设施的选型由机电、运输管理部门负责，选用的设备、设施必须是性能先进的合格品，必须具有“三证一标志”。任何单位和个人都不得采购或使用不合格的设备、设施和零部件等。

（3）新购置和经大修后的设备和设施，投入使用前由机电部门和运输管理部门组织相关人员进行验收，合格后方准投入使用。

（4）建立和实施小绞车管理制度：

①选型设计制度：作业规程中应有小绞车的选型设计内容。

②安装验收制度：绞车安装完毕后，必须由矿调度或安检部门组织有关单位现场验收并试运转，合格后方准移交生产单位使用。

③使用、维护制度：矿井小绞车使用实行“申请制”和“上锁管理”，各单位使用设备时，必须执行“申请制”。小绞车的维修必须明确单位，责任到人，并有详细检修记录。

④交接制度：设备交接时必须填写移交单，由管理单位牵头，双方签字验收。

⑤牌板管理制度：要做到绞车型号及相关参数、轨道参数、使用地点、使用管理单位、包机人明确；并现场悬挂。绞车现场还应悬挂绞车操作规程、管理制度、技术特征牌、小绞车运输安全管理十一条禁令牌。

⑥监督检查制度：矿每月必须组织不少于2次的小绞车和斜巷安全设施的检查。

（5）实施斜巷安全设施定期试验制度：斜井跑车防护装置试验、斜巷行车脱钩试验由机电副总工程师负责组织实施。

（6）严格执行岗位培训制度：各矿运输专业要制定员工外部和内部培训计划。包括信号工、把钩工、押车工、各类绞车司机（索道、内齿轮绞车、绞车等），都必须培训考核合格，持证上岗，并按期限及时进行复训。

2. 斜井轨道

（1）斜井轨道的铺设质量应符合《煤矿安全规程》《煤矿窄轨铁路维修质量标准及检查评级办法》等有关规定。

（2）轨道定期巡查维护，维护质量符合规定，不得有杂拌道。主要运输倾斜井巷要采取轨道防滑措施。

（3）使用运送液压支架的线路应铺设22 kg/m以上的钢轨。采掘内部其他运输系统铺设线路轨型不低于18 kg/m。

（4）倾斜井巷运输必须设置地滚，要求齐全，转动灵活；地滚规格、间距符合设计规范要求，以不磨轨枕为准；变坡点处应增加地滚子。

（5）采区车场变坡点使用的拱弯道、底弯道要圆滑过渡，禁止采用截道搭接。

（6）小斜巷轨枕间距不得大于1 m，并与钢轨垂直，接头处无失效，道砟捣固坚实，无空板、吊板。

3. 安全设施及信号

（1）倾斜井巷串车提升要严格按照《煤矿安全规程》要求安装各类挡车装置。在倾斜井巷内安设能够将运行中断绳、脱钩的车辆阻止住的跑车防护装置，设置距离根据有关要求安装。在各车场安设防止带绳车辆误入非运行车场或区段的阻车器和甩车时能发出警号的信号装置。上部为平车场时，在平车场的入口处安设能够控制车辆进入摘挂钩地点的常闭式阻车器；在上部平车场接近变坡点处，安设能够阻止未连挂的车辆滑入斜巷的常闭式阻车器；在变坡点下方略大于一列车的地点，设置能够防止未连挂的车辆继续向下跑的挡车栏。在下部车场起坡点上方设置挡车栏。各类挡车装置必须经常关闭，放车时方准打开。凡装备机械式自动防跑车装置的斜巷，必须指定专人按期检修和试验，确保自动防跑车装置处于灵敏可靠状态。下部车场起坡点上方挡车栏必须装备可在信号硐室操作的操纵装置，推广使用压风作为操纵装置动力源。斜巷禁止使用单吊梁式挡车器。

（2）1.2 m及以上绞车串车提升斜巷必须装备自动跑车防护装置；1.2 m以下固定为采区服务的串车提升斜巷变坡点以下略大于一列车长度处挡车装置应与绞车实现联动。

（3）严禁使用斜井人车装置。

（4）各类内齿轮绞车运行前方都必须安设可靠的防过卷装置。

（5）主要斜井各车场应设信号硐室，其宽度不小于1.2 m，深度不小于0.7 m，高度不小于1.8 m。

（6）斜巷上下车场及中间通道口应安装走钩红灯，悬挂在显著地点。绞车开车时红灯亮，停止时红灯灭。

（7）主要斜巷上下车场及中间通道口必须使用声光行车报警装置，并有“正在行车，不准行人”的醒目标志。绞车房应设有与各车场的对讲电话。车房及各车场之间还应设置联系信号，信号要求声光兼备，集中上板管理。信号、电话等，严禁设在车场“牛鼻子”处，要设在信号室内，人员在信号室内操作。

（8）多水平提升的倾斜井巷必须采用多水平提升信号装置。双钩提升的要设置有错码信号。

（9）非运行乘人装置的提升兼行人倾斜井巷，在斜巷中每隔40 m设置躲避硐，并装设红灯，严格执行“行车不行人、行人不行车”管理制度。

（10）在轨道上下山各车场的信号附近安设局部通风机时，局部通风机距信号不得小于10 m，且必须装有消音器。

（11）斜巷上车场为平车场时，要装设顶车信号和机车停车终点位置标志。

（12）双钩提升斜井，信号的使用要符合逐级传递的原则，上车场信号工收齐上下信号后，方可向车房发送开车信号，同时要明确信号以一钩为准。

（13）小绞车的操作按钮和声光信号应集中上板管理，固定在司机便于操作的地方。

4. 绞车安装要求

（1）绞车安装地点应设置机电硐室，硐室应同时满足设备摆放、检修和绞车安全操作的要求。内齿轮绞车安装在轨道一侧时，距轨道的安全距离不得小于0.4 m，控制开关不得摆放于绞车运行方向前方，距轨道安全距离不小于0.7 m，并满足开关检修要求。

（2）25 kW及以上内齿轮绞车（含慢速绞车）安装必须采用基础固定，要求绞车稳固、牢靠，满足提升安全要求。25 kW以下内齿轮绞车应采用基础固定，经常移动及临时绞车可采用压车柱固定，采用压车柱固定时，必须使用木支柱。压车柱直径不小于ϕ150 mm。支柱时，前面两根压车柱应向前方倾斜15°~20°，后面两根压车柱应垂直于绞车底盘。压车柱不得打在棚梁上。对坚硬的顶板，柱头处应挖柱窝，将柱头放在柱窝内。对确不宜挖柱窝而采用其他方法固定的，要确保绞车稳固、牢靠，压车柱不得妨碍司机操作和视线。严禁使用金属支柱固定。

（3）内齿轮绞车固定后，必须有可靠的生根绳，固定在生根绳柱或地锚上，严禁固定在棚腿上，生根绳接头用不少于3副绳卡卡紧。

（4）钢丝绳在绞车滚筒上的固定要用压板压牢。钢丝绳的总长度在正常工作时，卷筒上至少要保留3圈余绳。长度不得超过绞车铭牌规定最大容绳量，绳径与绞车铭牌规定钢丝绳直径相适应。滚筒边缘的高度高出最外一层钢丝绳20 mm。严禁采用加高滚筒边缘的做法增加容绳量。严禁有打结、挤压、扭绕、变形等现象。

（5）内齿轮绞车的司机侧应装有不小于2 mm厚合格的金属护身挡板。

（6）40 kW以上内齿轮绞车前方应设置排绳装置。11.4 kW、25 kW绞车安装使用地点具备条件的，提倡安装排绳装置（建议采用游动天轮形式）。

5. 连接装置

（1）斜巷提升必须使用合格的连接器。使用前各矿要向检验机构提供使用地点提升区段的最大静荷重的数据，进行两倍于其最大静荷重的拉力试验。对于试验合格的连接器要有永久标志，试验等资料要求集中管理并建档存放。当该连接装置使用在其他不同的提升地点时，必须按照该使用地点的最大静荷重进行两倍于其最大静荷重的拉力试验（对于现使用地点小于原使用地点最大静荷重的可不做试验)。试验不合格的应有特殊标志，不得继续在斜巷中使用。

(2) 绞车钢丝绳、链环和插销的试验、使用审批和报废处理应有专人负责。

(3) 斜巷串车提升必须使用合格的防脱销装置，钩头都必须配有合格的保险绳。

(4) 内齿轮小绞车钢丝绳连接装置必须使用护绳环，绳头卡接不得少于3副绳卡，绳卡卡接必须牢固；卡接时，绳卡的U形环方向应相同（朝主绳），间距设置100~150 mm。

(5) 斜巷连接装置必须定期检查，由专人每半个月对斜巷连接装置进行一次全面检查。主要检查磨损、焊缝、裂纹、锈蚀、变形、变音等，并有检查记录。

(6) 把钩工（链环工）交接班时必须对连接装置直观全面检查一次。每钩在发送开车信号前，把钩工必须检查连接情况。发现不符合强度要求的连接装置，必须停止使用，立即更换。

(7) 严禁超挂车、超载和使用不合格连接器。

6. 乘人装置及规定

(1) 井下主要斜巷垂深超过50 m时，必须采用符合规定要求的机械装置运送人员。

(2) 倾斜井巷采用架空乘人装置运送人员时，巷道倾角不得超过设计规定的数值。架空乘人装置的驱动部分必须有制动器；在下人地点的前方，必须设有能自动停车的安全装置；吊杆和钢丝绳之间的连接不得自动脱扣；蹬座中心至巷道的距离不得小于0.7 m，运行速度不得超过1.2 m/s，乘坐间距不得小于5 m。严禁使用含油钢丝绳，张紧力必须达到设计要求。当系统运行中出现故障时，应通过沿线保护装置或绞车开关及时停车，防止事故扩大。

(3) 采用活动座椅时，用完后需将其放在指定位置，不得乱放。

(4) 各托绳轮支架要编号挂牌管理。

(5) 各乘人地点设乘人规定和站名标志，乘人数量必须按乘人装置规定乘坐，严禁超员提升。乘车规定要用牌板现场悬挂。

(6) 使用乘人装置运送人员时，严禁同时运送爆炸物品和重型加长材料、设备。

(7) 乘人装置每天必须实行日检，发现问题及时处理。维修质量达到《煤矿矿井机电设备完好标准》规定要求。

7. 斜井提升规定

(1) 倾斜井巷的净高、净宽、断面和安全间隙必须符合《煤矿安全规程》规定。斜井和主要上下山设永久水沟，水沟畅通。

(2) 运人倾斜巷道内要有照明，照明灯的间距不得大于30 m，上下人地点要有充分照明，留有宽1 M以上的人行道，并设置台阶。

(3) 司机、信号工、把钩工要严格执行操作规程，每班开车前要对绞车的稳固情况和制动装置、信号等部件进行认真检查。提升过程中发现提升钢丝绳、连接装置、驱动部件等出现异常应立即停车处理。严禁放飞车，严禁在有余绳时开车，严禁排绳乱时开车，严禁信号不通时开车，严禁设备不完好时开车，严禁固定不合格时开车。

(4) 绞车的提升负荷、钢丝绳的选择必须经过设计计算，写入作业规程，并保存设计计算书。

(5) 绞车提升作业时，提升区段内严禁有行人和其他作业；严禁摘掉钩头和连接装置装卸车或推车。在斜巷内处理车辆掉道时，现场必须有干部跟班。车辆下方严禁站人，绳要保持拉紧状态，严禁脱钩处理。

(6) 在斜巷运输线路中进行作业施工和运输时，应编制施工作业规程，其内容应包括基本状况、施工时间和地点、施工方法与步骤、施工作业内容和质量要求、施工作业负责人和劳动组织、主要危险源、安全措施、验收要求等内容。从事零星施工时，必须编制零星施工任务书。

(7) 倾斜井巷悬钩作业时，必须制定严格的安全措施。

(8) 原则上禁止在同一斜巷内多家同时施工，确需在同一斜巷内多家单位同时施工时，需经矿总工程师批准并签字。斜巷施工时必须有可靠的防跑物料、矸石等措施。

(9) 运行乘人装置的倾斜井巷严禁行人，严格按照封闭式巷道管理。斜巷中确需安装工程及检修、检查等特殊作业时，必须制定作业安全技术措施，停止斜巷运输。封闭式管理巷道各通道口挂禁止行人牌板。机轨合一巷道及其他难以保证行人安全的地点，尽量实行封闭管理，确实无法封闭管理的，要制定行人安全措施。

(10) 倾斜井巷设计时，必须按照设计规范要求留有停（存）车场。任何情况下都不准把斜坡作为停（存）车场。

(11) 严格执行“行人不行车，行车不行人”制度，并于斜巷上下口和各车场悬挂明显标志。

(12) 严禁使用同一部绞车双向使用。

(13) 使用绞车转弯提绞时，应制定安全技术措施，弯道内侧不得兼作人行道，并在转弯巷道内侧装设能转动的滑轮，钢丝绳不得磨棚腿和巷道。

(14) 尽量避免在一条斜巷内采用接力提升，确需接力提升时，需制定安全技术措施报矿总工程师批准。

(15) 内齿轮绞车利用导向轮导向提绞时，导向次数不得多于两次。采用导向轮时，其过卷距离不少于3 m。

(16) 绞车停用时，绞车电源控制开关手把必须处于分断位置。

(17) 上山掘进使用滑轮导向提绞时，严禁使用开口滑轮，滑轮直径应大于22倍钢丝绳的直径。严禁将滑轮固定在棚腿上，固定导向滑轮的连接装置的强度应大于提升钢丝绳的强度。导向滑轮及固定其安全系数不得小于10。导向轮选型、固定、检查维修及提升载荷和车数必须在掘进作业规程中明确规定。

(18) 上山掘进工作时，在矿车停止位置下方必须设置合格的临时挡车装置；下山掘进工作时，矿车停止位置上方必须设置合格的临时挡车装置。在掘进作业规程中应明确挡车装置的动态位置。

(19) 开凿或延深斜井、下山时，必须在斜井、下山的上口设置防止跑车装置，在掘进工作面的上方设置坚固的跑车防护装置。跑车防护装置与掘进工作面的距离必须在施工组织设计或作业规程中规定。

(20) 上、下山禁止用空钩头拖拉钢轨等，上山掘进禁止采用自拉自的方式上移内齿轮绞车和扒装机。

(21) 在斜巷中布置绞车时，必须采取安全有效的防护装置保护绞车司机，安全防护装置不得影响绞车的正常运行。绞车安装地点必须满足设备摆放、方便检修和便于安全操作的要求，绞车后距巷帮距离应大于0.5 m，并在设计和规程中明确规定。

8. 斜巷运料安全管理

(1) 各矿必须按照有关要求，严格制定斜巷运料安全技术措施、业务流程和管理制度。

(2) 各运料系统巷道断面、高度、宽度、安全距离和安全设施必须符合矿井安全生产标准化标准。

(3) 各运料系统都必须有独立的安全技术措施和管理制度。系统变化必须根据作业现场实际需要制定补充技术措施，安全技术措施中必须严格规定一次拉车数及提升载荷。

(4) 对超高、超宽、超长、超重等车辆运输时，必须有干部跟班。现场安全负责人必须提前察看运输路线，清楚现场安全隐患。

(5) 新运料系统投入使用前，必须优化下料流程，合理确定下料路线和单位交料地点。确定后，下料系统必须严格按照规定进行整理、验收、签字，系统符合安全技术要求后方可投入运行。

(6) 各下料系统下料人员应相对固定。每次现场作业时，必须指定当班安全负责人，严格执行斜巷运输安全技术措施和管理制度，严禁任何人员蹬钩头。

（7）运送特殊物料时必须配套使用合格的专用车辆和连接装置。

（8）运送综采支架等大型设备或材料时必须制定安全技术措施，使用合格的专用车辆和连接装置。运送前首先要对运输沿线巷道的安全间隙、高度、支护情况、轨道线路、曲线半径、绞车、信号、钢丝绳和连接装置等进行一次全面认真的检查，符合规定要求后方可运送。

2.5.12　架空乘人装置管理制度

为切实加强矿井架空乘人装置的安全管理，提高其运行效率，消除不安全因素，确保安全生产，特制定本制度。

1. 总体要求

（1）架空乘人装置要按照《煤矿用架空乘人装置安全检验规范》（AQ 1038—2007），《煤矿固定抱索器架空乘人装置技术条件》（MT/T 873—2000）要求进行完善，动态达标，每年由具有相关资质的单位进行检验。

（2）架空乘人装置司机必须经过培训，取得安全资格证及上岗证后，方可上岗作业。

2. 管理要求

（1）架空乘人装置必须严格执行《煤矿安全规程》有关规定和要求。

①巷道倾角不得超过设计规定的最大值 28°（固定抱索器最大运行坡度不得超过 28°，可摘挂抱索器最大运行坡度不得超过 25°）。

②吊椅中心至巷道一侧突出部分的距离、运行速度、乘坐间距必须符合《煤矿安全规程》有关规定及相关标准。

③驱动系统应当设置失效安全型工作制动装置和安全制动装置，安全制动装置必须设置在驱动轮上。

④吊杆和牵引钢丝绳之间的连接不得自动脱扣。

⑤架空乘人装置必须有专项设计。

（2）架空乘人装置必须具备以下保护设施，且动作灵敏可靠。

①超速保护。

②打滑保护。

③张紧力下降保护。

④变坡点防掉绳保护。

⑤全程急停保护。

⑥防脱绳保护。

⑦机头、机尾下车点乘人越位保护。

⑧液压驱动式架空乘人装置还应具有驱动油压过压保护、驱动油压欠压保护和液压油温超温保护。减速器设油位、油温自动检测报警保护。

⑨在机头、机尾下车点处应安装语音提示器。

⑩防偏摆保护。

⑪应当有断轴的保护措施。

安全保护装置发生保护动作后，需人工复位后方可重新启动。

（3）倾斜巷道中架空乘人装置与轨道提升系统同巷布置时，必须设置电气闭锁，两种设备不得同时运行。

（4）倾斜巷道中架空乘人装置与带式输送机同巷布置时，必须采取可靠的隔离措施或设置电气闭锁。

（5）巷道应当设置照明。

（6）严禁同时运送携带爆炸物品的人员。

（7）每日至少对整个装置进行1次检查，每年至少对整个装置进行1次安全检测检验。

（8）架空乘人装置的钢丝绳部分应符合《煤矿安全规程》有关规定。

（9）架空乘人装置机头悬挂管理牌板及记录执行公司相关规定。

①七种记录：设备运行记录、巡回检查记录、进出要害场所登记记录、设备设施检修记录、事故记录、干部上岗记录、交接班记录。

②六种制度：要害场所管理制度、岗位责任制、交接班制度、干部上岗制度、巡回检查制度、操作规程。

③三图一表：电气原理图、自动控制系统图、巡回检查线路图、技术特征表。

④三全：安全防护全，安全保护全，安全标识、标志全。

⑤一整洁：机房硐室整洁。

⑥一规范：人员规范上岗。

3. 运行要求

（1）司机在开车前应对架空乘人装置进行全面检查：检查各部位螺栓是否紧固；减速器或液压站油量是否充足；制动闸是否灵活可靠；各项保护是否动作灵敏；张紧装置是否符合要求；详细检查钢丝绳及接头状况；检查巷道是否存在影响运行的因素。发现问题及时处理，如危及运行安全，严禁开车，并立即向矿井安全管理有关部门和负责人报告。

（2）司机接到开车指令后，首先按下“开车预警”按钮，警示后方可开车。

（3）司机严格执行操作规程，精心操作。

（4）在运行过程中，司机要随时注意设备运行状况，发现运行状态突然不稳定或其他意外情况时，必须立即停止运行，待查明原因，并恢复正常后，方可继续启动运行。

（5）操作人员因查找故障必须离开岗位时，必须按下控制台上的“急停禁启”按钮，并挂上“故障检修、禁止启动”警示牌。当对系统全面检修时，必须断开总电源开关，挂上“有人工作，禁止合闸”警示牌，并派专人监护。

（6）除配备专用货物吊篮外，严禁使用吊椅吊挂运送物品。

（7）乘坐人员必须一人一座，不得超员。

（8）严禁携带超长物品的人员乘坐。乘坐时所带物品必须顺巷道方向携带，不得横放，以免碰撞逆向人员或巷帮，并且前后均应留出至少一个座位不乘人，避免上、下人时伤及他人。

（9）在设备运行中，乘坐人员要坐稳，脚蹬稳，手扶吊杆，不得手扶牵引钢丝绳或触摸绳轮及邻近的任何物体。乘坐人员不得嬉戏打闹，不得引起吊椅左右摆动，不得超过警戒线。

（10）乘坐人员严禁乘坐中睡觉，不准将灯带、衣物等挂在吊椅上。

（11）上下车场人员集中时，不得拥挤，应按顺序上下，所有乘坐人员必须听从司机指挥。

（12）运行中一旦发生紧急情况立即拉紧急停车拉线。

（13）停运期间上下人严禁走在钢丝绳下方，应走人行道。

4. 其他要求

（1）检修时严格执行《矿井设备检修管理制度》。

（2）设备检修后的质量验收执行《煤矿矿井机电设备检修技术规范》要求。

（3）检修完毕后要保证不少于4 h的试运转时间。

2.5.13　矿用防爆柴油机无轨胶轮车运输管理制度

1. 范围

本制度适用于公司范围内煤矿用防爆柴油机无轨胶轮车的管理、使用、维护、维修、运输标志设置等工作。

2. 规范性引用文件

下列文件中的条款通过本制度的引用而成为本制度的条款，本制度未涉及的内容按照以下规范、标准中适用条款执行。凡是注明日期的引用文件，其随后所有的修改单（不包括勘误的内容）或修订版均不适用于本制度。

（1）《爆炸性气体环境用电气设备》（GB 3836）。

（2）《道路交通标志和标线》（GB 5768）。

（3）《煤矿用防爆柴油机排气中一氧化碳，氮氧化物检验规范》（MT 220）。

（4）《矿用防爆柴油机无轨胶轮车通用技术条件》（MT/T 989）。

（5）《矿用防爆柴油机通用技术条件》（MT 990）。

（6）《煤矿安全规程》。

（7）《煤矿用防爆柴油机无轨胶轮车安全使用规范》。

（8）《煤矿企业安全标志》。

3. 基本要求

（1）煤矿用防爆柴油机无轨胶轮车的管理、使用、维护、维修、标志设置应符合《煤矿安全规程》《煤矿用防爆柴油机无轨胶轮车安全使用规范》《道路交通标志和标线》（国家标准 GB 5768）、《煤矿企业安全标志》和本制度的规定。要认真按照《产品使用说明书》进行操作、维护和保养。

（2）车辆的结构设计、基本参数、技术要求及性能要求等应符合 MT/T 989 的有关规定，并应取得矿用产品安全标志。

（3）车辆所用防爆柴油机应符合 MT 990 的有关规定，并应取得矿用产品安全标志，排气中一氧化碳、氮氧化物等有害气体浓度，应符合 MT 220 的有关规定。

（4）车辆所用电气部件，应符合 GB 3836 的有关要求，并应取得矿用产品安全标志.

（5）车辆外表面，应涂有反光材料标记。

（6）车辆使用的柴油、润滑油、液压油等应按照使用说明书要求选用。

（7）车辆下井应配备瓦斯检测报警仪，报警值符合《煤矿安全规程》的有关规定；安全保护装置温度、压力等报警值应符合 MT/T 989 的有关规定。

（8）不应擅自对车辆进行改动和拆除部分零部件。

（9）严禁在井下检修、加油、保养车辆和储存柴油。

（10）在各巷道、硐室入口处应设置限高、限宽的标志。运输路线行进方向应有明显标志，不得进入的巷道、硐室在入口处应悬挂明显标志。各矿应根据本矿具体情况量化具体参数和确定标志安装位置，制定本矿《煤矿用防爆柴油机无轨胶轮车运输标志设置方案》，绘制详细的运输路线图和运输警示标志布设图，经矿井技术负责人审核批准后实施。在煤矿用防爆柴油机无轨胶轮车（以下简称无轨胶轮车）投入运行前完成无轨胶轮车运输标志的安装，并对全体人员进行相关内容的培训。

（11）涉及消防及其他内容标示的设置应参照相关标准执行。对《无轨胶轮车运输标志设置基本要求》中未提供标志图样的运输标志设置按照 GB 5768 的规定增加。

（12）各矿应根据在用的煤矿用防爆柴油机无轨胶轮车型号相对应的产品使用说明、《煤矿安全规程》《煤矿用防爆柴油机无轨胶轮车安全使用规范》和本制度编制操作规程。

（13）标志尺寸按照《煤矿企业安全标志》规定执行。

4. 巷道与配风

1）巷道

（1）巷道宽度应满足车辆安全行驶的需要。车辆单向行驶的巷道，巷道宽度应满足车辆两侧至巷道壁或排水沟的间距不少 300 mm；车辆双向行驶的巷道，巷道宽度应满足两车错车间距不低于 500 mm，或设置必要的车辆躲避硐室。转弯处巷道半径大于 5. 8 m，坡度不大于 8°。

（2）巷道高度应满足当车辆行驶时，车辆最高点至巷道顶板或顶部管道、电缆线的间距不少于300 mm。

（3）行驶车辆的巷道中每隔300 m应设置一个人员躲避硐室。

（4）行驶车辆的巷道中，应设置加水点。

（5）在巷道弯道或驾驶员视线受阻的区段，应设限速、鸣笛标志。人员躲避硐室、车辆躲避硐室附近应设置提示标志。各类标志应符合本制度的要求，当本制度制定的运输标志不能满足现场运输标志设置需要时按照GB 5768的规定设置。

（6）行驶车辆的巷道平面交叉时，宜设置自动交通信号装置。

2）配风

行驶车辆的巷道，应按同时运行的最多车辆数增加巷道配风，配风量应不小于4 m^3/（min·kW）。

5. 车辆的使用

1）使用前的检查

（1）车辆外观应完好，无开焊、开裂、变形等。灭火器、瓦斯检测报警仪等附件配置齐全，状态良好。

（2）显示仪表齐全，工作稳定、显示准确。

（3）车辆电气系统应工作正常，照明、信号等应满足要求。

（4）车辆防爆柴油机工作正常，无异常噪声、温升和尾气排放。

（5）车辆传动系统、制动系统、操纵系统、液压系统、气动系统等应工作稳定可靠，无异常现象。

（6）安全保护装置应工作稳定可靠。

（7）各管路连接可靠，无漏油、漏水、漏气等现象。

2）驾驶人员

（1）驾驶员应有与所驾驶车辆相适应的“中华人民共和国机动车驾驶证”。

（2）驾驶员应经过煤矿井下安全培训和车辆驾驶人员应知、应会的相关知识培训并考试合格，持证上岗。

（3）驾驶员应熟悉矿井运输路线和井下避灾路线，具备自救、互救和现场急救相关技能。

（4）驾驶员应按下井人员要求佩戴劳动保护用品，随身携带矿灯、自救器。

（5）驾驶员发现瓦斯浓度超过《煤矿安全规程》相关规定值时，应立即停车关闭发动机，撤出人员并及时报告。

3）运输

（1）车辆不允许超载运输。

（2）车辆的运输应遵循分类原则。不应客货混装，易燃、易爆和腐蚀性物品不应混合运送。

（3）车辆运输设备、工具或材料时，一般不应超宽或超高，如需超宽或超高运送，应制定安全措施和应急预案，按规定程序批准后方可实施。

（4）运送特殊材料，应使用专用车辆。

（5）运送火工品入井时，应使用专用车辆，预先制定安全措施，规定具体时间和运行路线，按规定程序批准后实施。运送路线不应有任何车辆和人员作业。

（6）车辆运送松散物料时，应采取必要的紧固措施。

（7）具有自卸功能的车辆运行时，应采用不能自行脱钩的连接装置。

（8）运送人员应使用专用人车运输。开车前应关好车门、防护栏，人体及所携带的工具、材料不应露出车外，车辆起动时，司机应向乘车人员发出警示。

（9）车辆行进中和尚未停稳时，人员不应上、下车或在车内站立。行进中乘坐人员发现异常情况时，应立即向驾驶员发出信号。

（10）各种运人车辆应明确定员，不应超员运输。

4）行驶

（1）车辆在巷道中行驶的最高速度：运送物料 40 km/h；运送人员 25 km/h，运输危险品时须制定专项措施明确限速，但不得超过 25 km/h。

（2）车辆在弯道或坡道上应以低速行驶。车辆下坡不应空挡滑行。

（3）车辆行驶至巷道平面交岔口、转弯处，应减速鸣号。

（4）同向行驶的车辆应保持不低于 50 m 的安全运行距离。

（5）车辆行驶中，应密切注意车辆各系统的工作状况，发现异常，应停车检查，排除故障，排除过程中，应有相应的安全措施。

（6）严格遵守“行车不行人，行人不行车，行车让行人”的规定。遇到巷道内有工作人员或等车人员时，必须提前 50 m 减速鸣笛，距离人员 10 m 以上必须停车，确认人员躲到安全地点时，方可再次行车。

5）停放

（1）车辆停放时，应检查油、水、气管路。如有泄露，应及时处理。

（2）车辆停放时，应实施驻车制动。

（3）车辆一般不应在坡道上停放，如需停放，应实施驻车制动并采取必要的防滑措施。

6. 检验

（1）新车每运行 500 h，大修后的车辆每运行 300 h 应检测柴油机的尾气排放，一氧化碳和氮氧化物应满足 MT 220 的规定。

（2）车辆每年应进行年检，各项安全性能应符合 MT/T 989 和 MT 990 的要求。

（3）大修后的车辆和防爆柴油机，应经国家安全生产监督管理总局授权的检测检验机构检验合格后投入使用。

7. 车辆的维护、保养及修理

（1）车辆及防爆柴油机，应按使用说明书的要求进行定期维护、保养。维护、保养工作应由具备专业技能的人员担任。

（2）除日常的维护、保养外，车辆及防爆柴油机，每两年时间内至少应进行 1 次大修。

（3）车辆的维护、保养、修理、加油，应在地面进行。

8. 标志

（1）禁止类标识标志见表 6－2－10。

表 6－2－10　禁止类标识标志

图形符号	名　称	设置地点
	低污染车 禁止入内	禁止低污染车驶入的巷道口（规格：600 mm × 400 mm，白底黑字，外框红边，宽度 7 mm，内部禁止标识按照禁止类尺寸制作）
	禁止车辆长时停放	禁止车辆长时停放的地方，如井口等处

表 6－2－10（续）

图形符号	名　称	设置地点
	停车检查	用于车辆检查时
	禁止驶入	禁止驶入的路段入口或单行路的出口处
	减速让行	交叉道路的次要道路路口，井下巷道交叉路口的支巷口前适当位置
	限宽 3 m	最大容许宽度受限制的地方， 注：限宽可根据实际需要设定
	限高 3. 5 m	最大容许高度受限制的地方 注：限高可根据实际需要设定
	限速 40 km/h	公路或井下辅运巷道需要限制车辆速度的路段的起点 注：限速根据实际需要设定。限速标志上方不安装辅助标志时为该路段最高限速，上方安装辅助标志时为该类型车辆最高限速
	禁止入内	禁止人员进入的路段、场所入口处
	禁止通行	禁止人员通行的路段入口处
	停车让行	需要停车让行的路口、路段适当位置
	禁止向左转弯	禁止向左转弯路口以前适当位置

表6－2－10（续）

图形符号	名　称	设置地点
	禁止向右转弯	禁止向右转弯路口以前适当位置
	禁止向左右转弯	禁止向左右转弯路口以前适当位置
	禁止向前行驶	禁止向前行驶路口以前适当位置
	禁止掉头	禁止掉头的路段起点以前适当位置
	禁止超车	禁止超车的路段起点以前适当位置
	禁止直行和向左转弯	禁止直行和向左转弯的路口以前适当位置
	禁止直行和向右转弯	禁止直行和向右转弯的路口以前适当位置

（2）警告类标识标志见表6－2－11。

表6－2－11　警告类标识标志

图形符号	名称	设置地点
	路滑	易出现路滑的路段
	上陡坡	进入道路（巷道）陡坡向上地段前的适当位置

表 6－2－11（续）

图形符号	名称	设置地点
	下陡坡	进入道路（巷道）陡坡向下地段前的适当位置
	车辆慢行	前方需要减速慢行的路段以前 10 m 处
	施工	临时施工路段前 30 m
	注意信号灯	信号灯安装位置以前适当位置
 	注意落石	提示地点以前适当位置
	注意危险	提示地点以前适当位置
	事故易发路段	安装在事故易发路段入口前适当位置

（3）指令类标识标志见表 6－2－12。

表 6－2－12　指令类标识标志

图形符号	名称	设置地点
	必须鸣喇叭	道路的急弯、陡坡、视线不良路段及井下行车巷道交岔点前 10 m 处

表6-2-12（续）

图形符号	名称	设置地点
	向左转弯	车辆必须向左转弯的路口或行车巷道口之前10 m处
	向右转弯	车辆必须向右转弯的路口或行车巷道口之前10 m处
	巷道指向标志	巷道交叉口前10 m处
	井下倒车硐室标志牌	井下主要辅运巷道各倒车硐室出口前，距硐室出口一侧帮1 m处
	允许掉头	表示允许掉头。此标志设在允许机动车掉头路段的起点和路口以前适当位置
	车辆躲避硐	车辆躲避硐以前适当位置
	直行	车辆必须直行路口或行车巷道口之前10 m处
	直行和向左转弯	车辆必须直行和向左转弯路口或行车巷道口之前10 m处

表 6－2－12（续）

图形符号	名称	设置地点
	直行和向右转弯	车辆必须直行和向右转弯路口或行车巷道口之前 10 m 处
	向左和向右转弯	车辆必须向左和向右转弯路口或行车巷道口之前 10 m 处
	靠右侧道路行驶	车辆必须靠右侧道路行驶路口或行车巷道口之前 10 m 处
	靠左侧道路行驶	车辆必须靠左侧道路行驶路口或行车巷道口之前 10 m 处
	单行路向左或向右	车辆必须单向行驶路口或行车巷道口之前 10 m 处
	单行路直行	车辆必须单向行驶路口或行车巷道口之前 10 m 处
	人行横道	设有人行横道路口之前 10 m 处

（4）提示类标识标志见表 6－2－13。

表6-2-13 提示类标识标志

图形符号	名称	设置地点	说 明
	入井车辆检验标签	检查合格后贴在被检入井车辆驾驶室玻璃或其他醒目的地方	$D=100$ mm 注：标识在《安健环标识/标志设置标准（第Ⅰ版）》基础上进行了修改，以该图样为准
	人员躲避硐室	人员躲避硐室适当位置	

（5）辅助标志见表6-2-14。

表6-2-14 辅 助 标 志

图形符号	名称	设置地点	说 明
	载货汽车	安装在需要标明车辆类型的禁止标志上方（不同车型的限速）	图案行驶表示车辆类型，根据车辆类型更换图案
	载人车辆	安装在需要标明车辆类型的禁止标志上方（如不同载货类型车辆的限速）	以文字表示车辆类型

（6）道路标识。

①划线（表6-2-15）。

表6-2-15 划 线

名 称	图例	划线范围	线条规格
黄色分界线		双向行驶的机动车道，在车道分界线	宽度100~150 mm，每段线长600 mm，间隔900 mm

②反光道钉/贴。

a. 井下混凝土路面设置反光道钉标志时，间隔距离为10 m（图6-2-1）。

b. 井下两帮设置反光标志时，间隔距离为10 m（图6-2-2）。

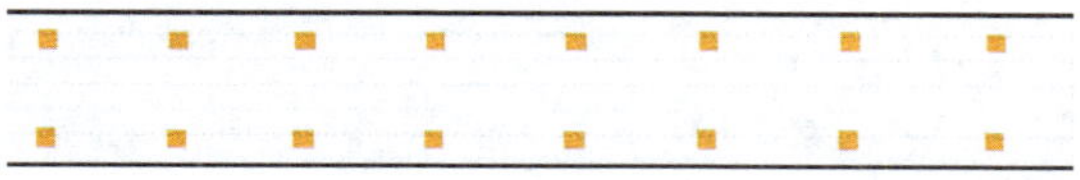

图 6－2－1　路面反光道钉

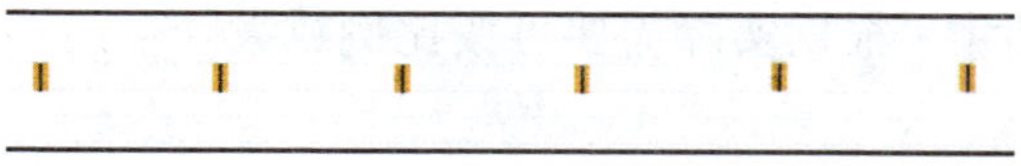

图 6－2－2　两帮反光标志

c. 综采、综掘区段行车巷道管路托架上贴设红色反光标志，间隔距离为 5 ~6 m（图 6－2－3）。
d. 人行横道正交、人行横道斜交（图 6－2－4）。

图 6－2－3　管路托架上的反光标志

图 6－2－4　人行横道

e. 指示标线（图 6－2－5）。
（7）标志尺寸按照《煤矿企业安全标志》规定执行。
①禁止标志（图 6－2－6）。禁止标志的基本尺寸应根据最大观察距离确定，按表 6－2－16 选取。

(a) 双向两车道路面中心线　(b) 车行道分界线　(c) 车行道分界线

图 6－2－5　指示标线

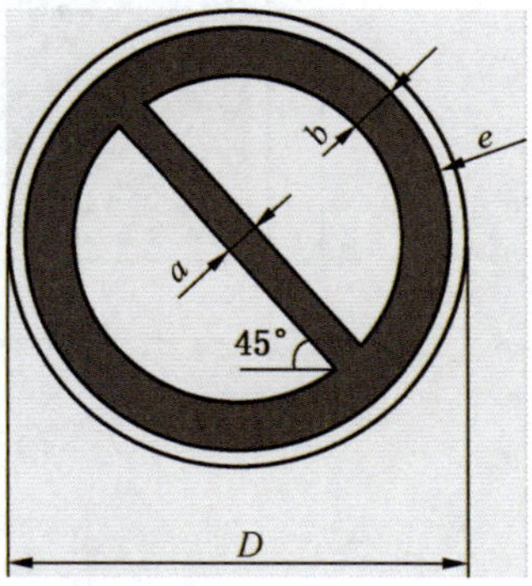

图 6－2－6　禁止标志

表 6－2－16　禁止标志尺寸与最大观察距离的关系

标志尺寸/mm	逆向反射标志		自发光标志	
	最大观察距离/m		最大观察距离/m	
	10	15	10	15
标志外径 *D*	250	375	250	320
杠宽度 *a*	20	30	20	26
环宽度 *b*	25	38	25	32
边宽度 *e*	5	7	5	7

②路标、指示牌、提示标志。
a. 路标、指示牌、提示标志的基本形状为长方形，如图 6－2－7 所示。
b. 路标、指示牌、提示标志的颜色为绿底、白图案，白字亦可用黑字。
路标、指示牌、提示标志的基本尺寸应根据最大观察距离确定，按表 6－2－17 选取路标指示牌的尺寸，根据实际需要可按比例放大。

表6－2－17　提示标志尺寸与最大观察距离的关系

标志尺寸/mm	逆向反射标志		自发光标志	
	最大观察距离/m		最大观察距离/m	
	10	15	10	15
短边长度 b	220	320	200	300
长边长度 l	330	480	300	450
白边宽度 e	5	7	5	7

③警告标志（图6－2－8）。警告标志的基本尺寸应根据最大观察距离确定，按表6－2－18选取。

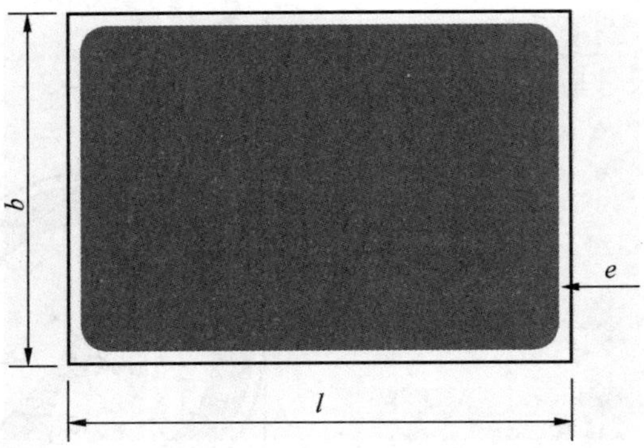

图6－2－7　路标、指示牌、提示标志

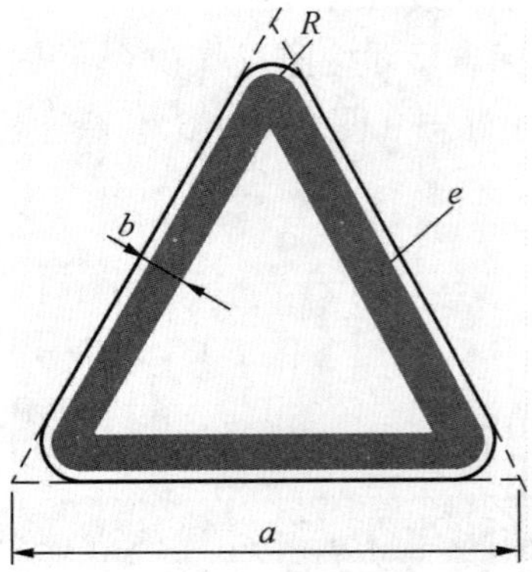

图6－2－8　警告标志

表6－2－18　警告标志尺寸与最大观察距离的关系

标志尺寸/mm	逆向反射标志		自发光标志	
	最大观察距离/m		最大观察距离/m	
	10	15	10	15
三角形边长 a	340	510	300	450
黑边宽度 b	30	30	25	25
黑边圆角半径 R	17	26	15	23
黄边宽度 e	5	7	5	7

2.5.14　单轨吊管理制度

2.5.14.1　井下投用该设备需达到的条件及设备安装标准

1. 需达到的条件

1）巷道宽度

（1）机运合一巷道：运送宽1.45 m液压支架时吊梁中心线距巷帮有效距离不少于1.1 m，距皮带最突出部位不少于0.9 m，运送1.75 m液压支架时吊梁中心线距巷帮有效距离不少于1.25 m，距皮带最突出部位不少于1.05 m。

（2）单轨巷道：运送宽 1.45 m 液压支架时吊梁中心线距巷帮有效距离不少于 1.1 m，距行人侧不少于 1.7 m；运送 1.75 m 液压支架时吊梁中心线距巷帮有效距离不少于 1.25 m，距行人侧不少于 1.85 m。

单轨巷道不小于 3.0 m，双轨巷道不小于 3.3 m。

2）巷道高度

巷道高度不小于 2.5 m，梁下高度不小于 2.2 m。

3）吊挂结构要求

（1）用于吊挂轨道的锚杆露出顶板最短长度为 12 cm。

吊挂轨道座的锚杆至少两根，规格为不小于 ϕ18 mm×2000 mm 左旋螺纹钢。

锚杆，锚固力不小于 80 kN/根。

（2）轨道两边水平宽 500 mm 内，从轨道顶部以上 100 mm 不能有障碍物。

2. 安装标准

1）直轨线路

（1）接头平整度，水平、垂直偏差均不得大于 2 mm。

（2）方向接头摆角允许偏差：水平 3°，垂直 6°。

（3）下轨面接头轨缝不得大于 5 mm。

（4）轨道悬吊链铅垂偏角不得大于 45°。

（5）连接螺栓必须采用直径不小于 ϕ20 mm 专用高强度螺栓。

（6）双轨间距偏差，不得大于 50 mm。

（7）方向应符合要求，目视直顺，轨道无明显变形和明显折点。用 10 m 的弦量不超过 20 mm。

2）弯轨线路

（1）接头平整度，水平、垂直偏差均不得大于 2 mm。

（2）接头摆角允许偏差：水平、垂直均为 0°。

（3）下轨面接头轨缝，不得大于 3 mm。

（4）轨道悬吊链铅垂偏角，不得大于 45°。

（5）连接螺栓必须采用专用高强度螺栓。

（6）运行单轨吊线路各拐弯处巷道曲率半径符合规定，不低于 6 m。巷道坡度不大于 12°。

（7）方向应符合要求，目视直顺，轨道无明显变形。

3）单轨吊道岔质量标准

（1）每组道岔悬吊点应不少于 7 个，悬吊链铅垂偏角不得大于 45°。

（2）轨道接头处转角，不大于 3°。

（3）下轨面接头轨缝，不大于 3 mm。

（4）连接螺栓采用专用高强度螺栓，各部连接必须紧固。

（5）道岔轨道无明显变形，活动轨动作灵敏，准确到位，锁定可靠。

2.5.14.2　设备运输过程中的管理规定

1. 起吊物料

将机车起吊工作手把推到起吊工作位置：

（1）操作起吊梁操作阀，使起吊梁工作链上升，下落吊装物料，严禁使用单链起吊，每起吊臂要使用良好的 ϕ18 mm×64 mm（40 t）的链条双链起吊。起吊时要先试吊，人员要避开起吊臂下及设备周围，起吊人员要躲开起吊链条脱钩后的作用力方向。

（2）使用机车专用集装箱起吊时，集装箱专用挂钩应挂牢固，长物料使用专用吊装链或绳套吊装、捆绑物料必须牢靠、平稳起吊，不得使用单链吊装矿车或其他车辆。

（3）起吊物料的高度、宽度不得超过 1.5 m，长度不得超过 6 m，重量不得超过 12 t。运送大件时，要先实地测量单轨吊中心线至两侧障碍物的实际距离，必须保证吊送大件的摆幅 5°的空间距离。否则不准运送。如需运送，必须将大件解体或开拓巷壁、清理障碍物后方可运送。

（4）起吊物料必须使起吊梁两钩载荷均匀，吊起后要保持物料中心平衡，并且高低水平一致；利用手拉葫芦进行起吊时，要用 ϕ18 mm × 64 mm（40 t）的链条作为起吊索具，手拉葫芦吨位之和要大于起吊载荷，借助于起吊臂为起吊梁时，要先将起吊臂用链条锁住。起吊时，人员要避开起吊臂下及设备周围。

（5）起吊载荷要符合起吊梁吨位（12 t）要求，拒绝超载起吊。

（6）起吊梁上的工作链不起吊物料，在机车运行时，必须将链固定（收回），以防机车运行时摆动撞击巷道内的设施造成事故；出现拧道时，一定要在管理人员的现场指挥下进行施工。

（7）起吊大型设备（掘进机零部件和综掘机零部件时）：

①吊大型设备（掘进机零部件和综掘机零部件时）必须悬挂专用起吊梁架。

②大型部件及大件设备吊运时必须吊挂牢固。

③起吊大件设备不得超高、超宽，一般情况下物料离最低点地面高度不小于 100 mm，起吊后物料底面与巷道底板平行。运送大件和综采支架时，以设备及大件不刮底板为准。

④承载起吊臂必须均匀分配负荷，设备中心要保持平衡。

⑤在正常运行时，速度应控制在 1 m/s 内，制动车压力必须大于 7 MPa。

⑥卸放物料时，必须在换装站或平巷段且要平稳可靠，防止倾倒伤人，损坏物料，做到轻放易卸。

⑦特殊情况需在斜坡内装运物料，物料必须有良好的防滑措施，斜坡下方严禁站人，并且要有管理人员现场指挥的情况下，否则不准在斜坡上装运物料。

⑧在起吊马达或起吊葫芦损坏或不完好时，使用 5 t 及 5 t 以上手拉葫芦代替起吊马达起吊，手拉葫芦必须完好使用。

⑨单轨吊的起吊部在前方运行不能适应运输条件件时，拆开起吊部的油管，可借助单轨吊道岔，人工将起吊部倒至单轨吊的后方。

2. 单轨吊机车运行相关

（1）单轨吊机车在运行前，必须由施工单位安全负责人和司机联系，确保机道内无人后方可进车，并且要检查辅助轨道小担梁固定及架棚要牢固可靠，否则要先处理，可靠后方可运行。

（2）在过风门时，要先将第一道风门打开并固定好后，待机车安全进入两道风门之间后，方可打开第二道风门，严禁将两道风门同时打开。

（3）在正常运行时，开车最大速度不得超过 1.5 m/s，在运输大件和长料时，速度应保持在 1 m/s之内，制动车压力必须大于 7 MPa。

（4）机车在过弯道时，应提前 20 m 减速运行、鸣笛示警，速度限制在 0.5 m/s 内。

（5）单轨吊运行时，平巷段前后 50 m 范围内严禁人员逗留；如果坡度大于 6°时，下坡方向至底弯道段严禁人员逗留。

（6）起吊梁上的工作链在不起吊物料时，应将其收回，避免机车在运行过程中，起吊链来回摆动撞击巷道内的其他设施，造成危险。

（7）吊大件运行途中，如发现物料刮底板情况，应立即停车处理。在大件起吊高度不够的情况下，要处理底板、清理障碍物后方可运送物料，严禁硬闯障碍物运送；司机随时观察机车轨道情况，发现情况立即停车汇报处理；处理掉道、拧轨事故时，要在管理人员现场指挥下进行施工。

2.5.14.3 设备的维护和保养

1. 蓄电池的维护保养

(1) 蓄电池的充电、使用和维护应由具有专业知识的人员操作，每次运行前，应注意保持电解液面的高度应高于防护板 20～25 mm，在使用过程中至少每半月检查一次每只蓄电池的电解液密度（应≤1.3～1.1）和电压。若电解液密度高于规定，应加蓄电池专用水补充，若电解液密度低于规定，可用密度为 1.400 g/cm^3 的硫酸液调整，严禁向蓄电池内直接加浓硫酸液调整。

(2) 蓄电池应尽量避免过充电、过放电和充电不足，否则将会缩短电池寿命。蓄电池在作用时，当操作台欠压指示灯频繁闪烁时表示电池电量已不多，必须及时充电。蓄电池在充电前应先拧下特殊排气栓，等充电结束后再拧上。蓄电池在充电结束后，静置 1 h，将蓄电池的特殊排气栓旋上并拧紧。充足电以后搁置未使用的蓄电池，每月要进行一次补充充电。

2. 液压、机械、电气部分的维护保养

(1) 清除单轨吊车表面积尘、煤粉、水渍、油污等。

(2) 检查各转接件的紧固情况，活动部件定期注润滑油。

(3) 检查油路是否畅通，有无渗漏现象，油箱液量是否充足，液量不足，及时补充；检查液压站显示仪表是否完好，压力检测元件是否正常。

(4) 检查连接电线、电缆、插头是否完好，有无破损、松动等情况，检查仪表、指示灯信号是否正常。

(5) 检查离心限速器是否处于正常状态。

(6) 检查防爆电控箱内，电气元器件紧固螺栓、插头连接及接线螺栓是否有松动或其他异常情况。

(7) 对液压系统最初的 300 h，换一次油（用 46 号抗磨液压油），并更换或清洗一次过滤器，以后 1000 h 重复一次。

(8) 对驱动部减速箱，最初运行 100 h 应进行更换齿轮油，以后每运行 1500～2000 h，换一次齿轮油。

(9) 当摩擦驱动轮的轮径由 ϕ400 mm 磨损至 ϕ370 mm 时，应及时更换驱动轮。

(10) 制动闸块总长由 36 mm 磨损至 30 mm 时，应及时更换闸块。

(11) 单轨吊车每运行 3000 h 进行一次中修，6000 h 进行一次大修。

(12) 液压系统中的蓄能器是用气体（氮气）的可压缩性来蓄积液压油的原理而工作的，在系统中起保压作用。蓄能器在作用前应先对其进行充气（氮气），充气压力为系统额定工作压力的 85%（使用本系统充气至 6.8 MPa）。系统在正常工作过程中如发现保压期间明显缩短，且在排除其他元件故障的前提下，应着重检查蓄能器内氮气的压力是否正常，否则应及时充气。

2.5.14.4 司机的岗位责任制及操作规程

1. 蓄电池单轨吊机车司机岗位责任制

(1) 坚守岗位，遵守劳动纪律，精力集中，不干与工作无关的事，严格执行交接班制度，安全完成当班任务。

(2) 熟悉设备性能，严格执行《煤矿安全操作规程》和《检修质量标准》，操作和检修时精力集中，做到起车稳、行车准，观察各仪表是否正常，如有异常，立即停车处理，如不能处理时，向值班人汇报。

(3) 严格执行设备点检制度，按照点检路线定时检查机车各组件运转是否正常，并做好记录。

(4) 参加设备检修和验收工作，经常保持设备完好，搞好岗位范围内的卫生防尘工作、维护保养好防尘设施和消防设施。

(5) 充分利用检修时间，对机车进行检修，搞好机车卫生，机车检修工具及材料的存放整齐有序。

2. 蓄电池单轨吊机车司机操作规程

1) 一般规定

（1）单轨吊司机必须经过专门技术培训，经考试合格持有效合格证上岗作业。

（2）单轨吊司机必须熟悉掌握本业务有关应知应会知识及安全操作规范，确保安全运行。

（3）杜绝任何违章指挥，杜绝违章作业。

2）一般要求

（1）单轨吊司机必须熟悉掌握本设备的性能、结构、原理，并应会一般的维修、保养和故障处理。

（2）单轨吊司机熟悉有关安全规程，准确使用信号、通信设施，有一定的应变能力。

（3）操作时，司机保持正常自然姿势，坐在座位上，目视前方，注意观察轨道、道岔及轨道连接情况，手握控制操作手把，脚踏安全阀，严禁将头或身体探出车外。

（4）司机不得擅自离开工作岗位，严禁在机车行驶中或尚未停稳车前离开司机室。过道岔时注意道岔闭合情况，防止机车脱轨造成事故。

（5）起吊物料时，必须吊稳，吊平衡，货载不得超过规定，否则拒绝开车。

3）开车前的准备

（1）检查各部位的润滑情况，各承载轮及轴承有无损坏，否则必须更换。

（2）检查各部位机械连接销是否完好。

（3）检查各马达驱动轮及制动闸的磨损情况，磨损超限时应及时更换，否则司机不得启动机车。

（4）检查单轨吊各种指示仪表及电气设备是否正常。

（5）检查各种液压管路，控制线路有无损坏、变形，接头是否漏液等。

4）启动机车

（1）电瓶送电。

（2）按下控制箱启动按钮（或拨开钥匙），液压站打压。

（3）观察液压站压力。

（4）检查各仪表显示、速度检测显示是否灵敏可靠。

（5）检查通信喇叭、照明、尾灯及操作机构动作执行情况。

（6）检查各承载梁配套设备液压起吊马达各操作阀的工作情况，空载反复升降几次，查看马达链轮吊钩是否灵活。

（7）主副司机配合操作试验机车运转是否良好，制动闸工作压力是否符合要求，有效制动。

5）运行

（1）每台机车必须有两名工作司机，主司机在前进方向操作室负责观察机车进行情况，防止物料碰撞造成故障。

（2）用哨子或鸣笛联系开车准备情况，打开机车前灯和尾灯，用电笛鸣号发开车警号。

（3）推动操作手把，司机注意观察驾驶室内仪表的指示，确认指示正常。

（4）机车过弯道、风门、道岔、交岔点、换装站等特殊地点时，应提前30 m减速运行，速度限制在0.5 m/s内鸣笛示警，副司机必须下地站立在安全位置跟车指挥。

（5）同向机车运行时，两车间距不得小于100 m。

（6）起吊梁上的工作链不起吊物料，在机车运行时，必须将链条固定（收回），以防机车运行时摆动撞击巷道内的设施造成事故。

（7）机车在运行中非紧急情况下，严禁使用紧急制动停车。

（8）机车在巷道里原地不行走、不工作时，超过20 min应关闭电源。

（9）司机暂时离开机车前必须关闭控制电路。

（10）单道运行，遇人员行走时，机车必须减速鸣笛，确定行人处于安全位置，方可向前低速运行，严禁机车运行人员从机车下通过。

（11）跨越设备物料运行时，间距必须大于200 mm，否则不得通过，单轨吊、绞车、电瓶车共用一条巷道时，不得平行作业。

6）起吊物料

（1）将机车控制系统打到起吊工作位置。

（2）操作起吊梁操作阀，使起吊梁工作链上升、下落吊装物料。

（3）使用机车专用集装箱起吊时，集装箱吊挂牢固，长物料使用专用吊装链或绳套吊装、捆绑物料必须牢靠、平稳起吊。起吊距地面 100 mm 以上。

（4）起吊物料必须使起吊梁载荷均匀，并且高低水平一致。

（5）起吊载荷要符合起吊梁吨位要求，拒绝超载起吊。

（6）起吊大型设备（液压支架）：

①起吊大型设备（液压支架）必须悬挂专用起吊梁架。

②液压支架及大件设备吊运时必须吊挂牢固。

③起吊大件设备不得超高、超宽，离地面高度大于 100 mm，起吊后物料底面与巷道底板平行。

④承载起吊臂必须均匀分配。

⑤运行速度控制在 1.5 m/s 内。

（7）卸放物料时，必须清理闲杂人员；所卸物料必须平稳可靠，防止倾倒伤人、损坏物料，做到轻放易卸。

7）停车

（1）机车正常到位停车时，操作控制手柄自然减速停车，位置准确。

（2）紧急情况应按下急停按钮停车。

2.5.14.5 其他需补充的规定

1. 蓄电池单轨吊机车维修工操作规程

1）一般规定

（1）单轨吊机车检修工必须经过专门技术培训，考试合格后，持有效维修工合格证上岗，并能够熟知和掌握本业务有关的应知应会知识和安全操作规程。

（2）检修工必须熟悉本设备的工作性能、结构与原理和各个部件的故障处理方法，并能够正确进行操作。

（3）检修工必须按有关规定认真详细检查和试验机车，发现机车故障及时检修，并确保机车能够正常运行。

（4）检修机车时对所用的工具、备件，要事先检查，符合要求时方可使用。

（5）检修工作必须在机车停止运行状态时进行，一般检修在机车硐室或检修车间进行，临时小故障处理可在运行线路上进行，但应采取安全措施，防止溜车或其他事故发生。

2）检修前的准备

（1）检修工必须穿戴与配用规定的劳动保护用品进入岗位，并做好工作前的各项准备。

（2）了解上班机车运行情况，查阅机车运行记录等。

（3）听取司机介绍机车故障要点，判断机车的故障部位。

（4）由当班司机负责将机车开到指定的检修位置，停车待修。

（5）进行各项动态测试，找出故障环节。

（6）针对故障层层分解，找出导致事故的直接原因。

（7）根据故障部件和损坏程度做出检修或更换的决定。

3）检修、排查故障

（1）检修开始前，必须将检修设备及工作场地打扫干净，洒水灭尘，根据实际情况配备工作台，以便放置拆卸下来的零配件。

（2）拆卸前，必须了解该部件的性能及连接方法，拆卸下来的零配件一定要有秩序的存放，并加以标记，用煤油（或柴油）清洗干净后，应用细白布擦干、清洗轴承箱和齿轮箱时，必须注意不使其中留有任何杂物。

（3）更换驱动轮时，先泄掉夹紧压力，松动夹紧油缸，去掉夹紧油缸侧的定位销及销轴，向外移动驱动轮。卸掉驱动轮，换上新的驱动轮并固定安装好。

（4）液压管路维修，打开机器外罩，仔细检查各处管路的完好情况，发现有接头，管路弯曲变形滴漏油时，及时更换或检修。

（5）定期做好日检、周检、月检、年检保养维护工作。

（6）日检：检查液压油、齿轮油及各个连接部件有无松动，并按规定加添和紧固。

（7）检查各系统有无渗油，电气部分、仪表、传感器、报警仪等是否完好。

（8）检修时必须注意保护防爆电气设备的防爆面不受损伤，定期涂防腐油脂，不得涂油漆。

（9）机车检修后，必须经过试验，质量符合《煤矿机电设备检修质量标准》，发现不符合要求的部位要重新检修或更换，直到合格为止。

（10）试运行前要对机车各个部件进行全面的清点、检查，确认无问题后，方可起车试运行。

（11）启动机车必须按操作规程进行，试运行时观察整个机车的外表和所检修的部件及各仪表动作灵活可靠完好，确认无问题后方可交付使用。

4）检修结束

（1）检修好的机车经试运转合格后应填写检修记录，写明检修部位、名称、检修日期、检修人、验收人等有关内容。

（2）工作结束后要清理现场，做到文明整洁，向值班人汇报，做好记录。

2. 蓄电池单轨吊机车管理办法及包机制度

1）设备管理办法

为加强单轨吊设备管理，保证设备符合标准，明确管理责任，保障单轨吊无故障安全运行，特制定以下管理办法。

（1）管理规定：

①为加强设备的现场使用维修管理，必须严格执行设备检修制度，落实检修计划，避免运行过程中发生事故。

②单轨吊机车各类保护、安全设施齐全可靠，设备定时维修。

③严格落实设备点检制度，设备点检和隐患排查与精细化管理A卡相结合。由司机负责点检，由班长或跟班区长负责考核。

④日历化检查：按日历化检查计划，对设备确定的部位进行拆检和修理，保证设备正常运转。单轨吊维修工执行日历化检修，分管区长根据设备日历检修计划，下达“零星工程施工任务书”，由单轨吊维修工按零星工程施工任务书中的要求内容，对设备进行日历化检修，分管区长负责将检修情况填入“设备检修日历表”。

（2）考核规定：

①不严格执行设备点检制度，点检不认真，岗位记录出现错误，对司机和维修工罚款20元。

②各种记录要及时填写、对在检查中发现漏填的每次对司机罚款10元、现场无记录本或用完后未及时更换的对司机罚款20元。

③设备的备品备件要在充电硐室指定地点摆放整齐、上台上架标志清晰可见、一处不符合要求对单轨吊维修工罚款10元。

2）包机制度

（1）指定专人负责单轨吊机械及电气维修、调整，达到完好标准，各类保护装置齐全、灵敏可靠。

（2）“三八”制司机除了保证正常运转外，负责维修工检修时的监护工作。

（3）及时清理单轨吊机身卫生，整理单轨吊充电硐室备品备件。

3. 使用注意事项

（1）开车前必须检验机车是否完好。检验各连接紧固件螺母是否松动，若有松动必须拧紧。

（2）机车启动前必须检验制动闸皮是否完好，闸皮不全或磨损超过 6 mm，应维修后方可开车。

（3）检验显示电压，当电操作台显示欠压时应及时充电。

（4）供电后打开钥匙检验液压站是否正常工作，加紧压力是否在 6 ~ 9 MPa 范围内，系统压力低于 8 MPa 时禁止开车。

（5）机车启动前请确认起吊球阀、快速泄压球阀处于关死状态。

（6）机车启动或行车过程中若有异响，应立即停车检查。

（7）机车在使用过程中若有一减速机损坏或工作不正常应立即停车。修好后再开车，防止烧坏变频器或驱动电机。

2.5.15 液压系统管理制度

本制度所指液压系统包括：液压支架和乳化液泵站，以及相关的管路，接头、各种阀类等。

（1）液压支架和泵站操作、检修维护人员必须经过培训，熟悉液压系统的基本常识，掌握设备的性能、工作原理、操作使用，检修方法，经考试合格后方可操持证上岗，坚守岗位。

（2）检修支架液压管路和液压元件前，必须对泵站开关停电闭锁，并释放管路压力，待压力回零后方可进行，严禁带压检修，拆拔管路时，严禁将液管接头对着自己或他人，更不得利用高压液管冲洗支架等。

（3）支架检修时要严格执行监护制度，跟班队干或者班组长必须现场确认检修设备已经泄压完成，具备检修条件后，方可安排检修，并做好现场巡查监护。

（4）支架检修需要停泵时，检修人员必须和泵站司机联系，进行停送泵的请求和确认，严禁利用他人停泵检修时间进行大的检修，如需进行，也必须同时通知泵站司机；泵站司机在接到停送泵的指令后，必须进行喊话通知，得到所有要求停泵人员许可后，方可进行开泵，开泵前要先进行点动开启，并注意观察压力变化情况，无异常情况方可启动运行，如发现异常情况必须立即停机，查明原因进行处理。

（5）作业人员必须牢记各操作手柄、按钮等的控制对象，以及升降方向，并严格进行现场检查，搞好操作前的现场安全确认工作。

（6）液压系统的零部件、管路系统及其辅助设备等，必须符合原设计要求，包括阀类的固定位置、固定方式；管路的直径、形式、钢丝层数、耐压强度；安全阀的开启压力等，严禁随意更改或调整。对于大修或者搬家倒面前的安全阀、压力表必须进行全面检查，确保其完好可靠，泄压值合理，压力显示准确。

（7）所有紧固件必须紧固齐全，完好可靠，管路长短适宜，布局合理，悬挂整齐，不得有砸碰、掩埋、挤压、扭曲、拉紧、急弯等非正常受力现象，也不得有破皮露网、断裂、漏液等现象。

（8）液压阀组密封良好，不得有窜、漏液现象，操作手把要齐全完好，操作灵活可靠，连接顺序和操作方向准确一致，不用时必须置于中间复零位置。

（9）各连接部位销轴要齐全完好，尺寸合适，强度满足要求，安放到位，不得有弯曲变形、断裂等现象，销轴两端必须带帽或者上有合格的开尾销。

（10）开尾销必须合理选用，打到位并开口，严禁使用铁丝代替开尾销；各液压连接部位必须使用合格的 U 形销，U 形销必须按规定选用，严格区分 DN 接头和 KJ 接头，并打到位，严禁以大代小或者以小代大，不得使用铁丝代替 U 形销，更不得出现单腿销等。

（11）作业人员必须认真执行检修维护制度，保证液压系统完好，对损坏部件和漏液、窜液、自落等影响供液压力现象要及时处理，严禁带病使用。

（12）乳化液的配制、水质、配比等，必须符合有关要求。乳化液泵的压力不小于 30 MPa，乳化液浓度控制在 3% ~5%，现场必须配备合格的浓度检测装置。

（13）喷雾灭尘装置必须齐全可靠，安装位置合理，控制灵活，雾化效果良好，喷射角度合理，覆盖范围广；水量、水质、输出压力满足要求，进出管路要有过滤器。

（14）液压支架的各结构件必须齐全完好，固定牢靠，没有开焊、撕裂、严重变形等现象，否则必须处理好后方可操作使用。

（15）处理倒架、歪架、压架以及更换支架和拆修顶梁、支柱、座箱等大型部件时、处理液压支架上方冒顶时，必须制定安全措施。

（16）安装、回撤和运输液压支架时，必须有专项安全措施，明确规定运送方式、安装质量、拆装工艺、顶板控制方式等，并组织所有作业人员进行学习、熟练掌握。

（17）操作支架前，必须对支架周围的设备连接情况、管路、电缆吊挂、尾梁、插板等进行检查，尤其要对周围人员的站位等进行检查，确认安全可靠后方可操作。

（18）支架管路和电缆敷设时，必须分开布置，以防由于震动而磨损电缆发生意外，条件允许的情况下，主要管路外面要加装防护管。对于老化变质的管路和液压元件要及时进行更换。

2.5.16 油脂管理制度

1. 油脂计划采购管理

（1）每月由各单位根据本单位的生产需要编制油脂使用计划，经机电科和供应科审核，分管领导批准后，由供应部门按计划予以供给。

（2）井上柴油储存量不超过 3 天用量，井下不超过 8 h 用量。其他油脂存量不超过 30 天用量。

（3）编制油脂使用计划必须严格按照本单位所辖设备使用维护说明所规定的油脂品种、牌号和日常维护保养所需用量进行编制，审核部门也必须据此审核。

2. 油脂入库验收管理

（1）新油脂到矿后由物资供应部门负责向供货单位索取合格证、化验检测报告等相关证件，归档管理，并清点验货，分类存放。

（2）要严格执行“两不收”原则：无合格证的油不收；质量不合格的油不收。

（3）油脂的包装容器应保持完好、清洁、不渗漏。

（4）润滑脂到货入库前，应严格检查润滑脂包装是否合格，产品名称牌号、毛重、净重、出厂日期、制造厂家等标志是否清晰，并根据产品合格证，进行外观检测评定润滑脂的质量情况，或者对主要性能指标进行分析评定，合格时，方可入库。

3. 油脂存放管理

1）存放原则

（1）井下严禁存放汽油、煤油和绝缘用油及其他非生产性用油，井下使用以上油脂时必须编制专项安全技术措施。

（2）有胶轮车的矿井，应把柴油放在加油硐室，柴油的储存量不应超过井下所有车辆 8 h 的用量。

（3）要贯彻“先进先出”的原则，避免长期存放（原则上不超过一个月）。

（4）加油容器必须干净，抽油器和手摇注油器专器专用，应采取有效措施防止灰尘污染。

（5）液体油品的运输存放必须使用专用容器，并保证容器内外清洁，封盖严密，铁质容器上必须注明内装油脂品种、牌号及用途。

（6）油品储存必须实行专桶专用，严禁使用装过不同牌号的油品或其他物品的容器储存油品。

2）存放要求

（1）油脂存放必须分类、分区，并且必须标识明显清楚，油桶必须直立。严禁随意混存共放，严禁油桶倒放、横放。

（2）按定量灌装，桶盖拧紧，无渗漏。

（3）对不同品种、规格包装的油品，建立货堆卡片，逐月盘点数量，定期检验质量，货、卡相符。

3）库内堆垛方法

（1）一律立放，双行并列，桶身紧靠，桶口向外。

①油品闪点28 ℃以下的，不超过2层。

②油品闪点为28～45 ℃的，不超过3层。

③油品闪点45 ℃以上的，不超过4层。

（2）堆放要牢固、稳妥、整齐。防止倒垛，便于搬运。

（3）装卸搬运时，必须轻装轻放，严禁摔、滚、翻、抛以及拖拉、摩擦、撞击，以防爆炸。

4. 地面油脂库管理

（1）存放油脂必须设专门的油脂存储库或存储间，严禁油脂与其他物品同室混放，严禁露天或开放式存放油脂。

（2）储存柴油应设专库，严禁与其他润滑油脂混存共储。

（3）要建立“油脂库油品库存明细”牌板和“油脂库油品出入库台账”，进入库房要建立“要害场所外来人员登记台账”。

（4）油脂存储库必须使用不燃性材料。库内应设有醒目的“严禁烟火”警示牌，严禁无关人员进入库内，严禁带火柴、打火机等火种入库，严禁在库内堆放易燃物品，油脂库20 m范围内严禁明火和电气焊接作业等。

（5）柴油库应与其他设施隔离或保持20 m以上距离，严禁柴油库与其他重要设施直接连接。

（6）严格执行油脂“五专”（即专用油抽子、专用油桶、专用过滤器、专用防尘罩、专人管理）和“五双”（双人验收、双人保管、双人发货、双本账<电子和纸质版>、双把锁）管理（双人发货指库管员和领用单位负责人同时在场发货）。

（7）油脂库要采取必要的通风措施或者安装通风设备。

（8）油脂库内用电设备、设施必须按照防爆标准严格管理，若采用手电筒照明，必须使用防爆型手电筒。严禁库内敷设临时电缆。

（9）要在油脂库门口设置“油脂库危险源告知卡”和“进入油库安全须知”等相关牌板。

（10）油库必须安装避雷和防静电装置。

①油库周围和油库自身要有避雷设施，并且每半年对避雷设施进行一次检测。

②油脂库管理人员必须穿棉质工作服，严禁穿化纤类衣服。严禁穿带铁钉的鞋和易产生静电的服装进入禁火区及易燃易爆装置区工作。

③在油脂库门口要设置防静电门帘。

④金属油罐按周长每30 m设一组静电接地装置，电阻值不大于10 Ω。其他部位与防雷共同接地，应用铜质扳手，木槌，塑料电筒。

5. 井下油脂管理

（1）各队组必须制定专人负责本单位井下油脂的存放管理，负责油脂的每日检查、工具维护和卫生打扫等，发现油桶漏油必须及时处理和汇报，漏油油桶在修复完好前不得继续使用。

（2）井下油脂存放在一个长度不大于6 m、宽度不大于2 m的硐室、防尘架内或者巷道车场内。

（3）采煤面应存放在回风巷距工作面300 m以外顶板良好、避开各类设备、配备件等的适当位置；掘进工作面应存放在巷道口附近，原则上位于回风巷侧，距进风口50 m以上的顶板良好，尽量避开各类设备、配件备品等影响，便于行人的适当位置。

（4）采掘工作面长度不超500 m，严禁在顺槽、巷道内存放油脂。采掘面一处存放的各类油脂总量应保持在3天的用量以内，且综采面不超过6桶、综掘面不超过3桶，标识清楚，有可靠的防尘防水护罩（上盖下垫），不跑冒漏滴，有专用的抽油器或可靠的取油方式，严禁随意选择地点存放，严禁跑冒漏滴和超量存放，严禁无标识存放。

（5）油桶上贴统一制作的管理牌，上面必须明确标志所装油品名称、型号、容量、用油设备、管理单位、责任人等。

（6）油桶存放处，必须按规定配备足够的消防灭火器材和工具（至少配备2个干粉灭火器、一个0.5 m^3 沙箱和两把铁锹）。

（7）井下油脂领用时，要用专用的铁质油桶，严禁使用皮壶等其他容器。

（8）抽油器每次使用完毕后，要用干净棉纱擦洗干净，抽取和加注时必须保证现场干净，不能到处洒漏。

（9）油桶在加注完油脂后，必须及时升井，不能放在井下。

（10）油桶除加注油脂时外，其他任何时候必须保证密封管理，以防冲洗巷道和进行其他作业时进入水渍、杂物污染油脂。

（11）管理队组必须保证油桶周围巷道文明卫生达标，油桶和地面上无残留油脂。

6. 油脂回收管理

（1）废油回收应分类盛装，废油回收后及时上交供应科进行统一管理，用过的废油和废棉纱等应用容器接纳和专门回收处理。

（2）严禁将废油随意倾倒地上，严禁将废棉纱丢弃在作业现场和各类设施、设备上。

（3）下井检修设备使用的油脂必须由检修单位按规定油量进行加注，上井待修设备的油品回收由检修单位予以回收。

7. 油脂库消防管理

（1）地面油脂库至少要配置8 kg灭火器4台、35 kg干粉灭火器1台、1 m^3 沙箱1个、铁锹5把、灭火毯5块和消防栓等消防设施、器材。消防栓水带的长度要能覆盖油脂库内的最远距离。

（2）要在油脂库的醒目位置设置消防器材管理牌。

（3）油库值班人员要熟悉消防设施分布情况和灭火预案，掌握消防设备、器材的操作技术和灭火要领，做好防火、灭火工作。

（4）值班人员每天巡回检查消火栓、每月做一次消火栓出水试验。

（5）装卸、收发、输送油作业及明火作业要有消防员执勤。

（6）消防通道要保持畅通，严禁在通道上堆放各种物料。

（7）必须有油库失火应急演练预案、渗漏预案。

（8）严禁用汽油、易挥发溶剂等擦洗货架、衣物、工具及地面等。

2.5.17　地面日常用电安全管理制度

第一章　总　　则

第一条　为了贯彻国家安全生产的法律和法规，加强公司所属单位地面用电管理，使其规范化、制度化、程序化，确保地面用电安全，依据公司的相关规定，结合公司实际，特制定本制度。

第二条　本制度适用于公司所属各单位。

第三条　机电管理部门人员负责统管地面供、用电管理工作，负责供用电的分配工作。供用电的日常管理工作由机电管理部门负责，各单位用电线路和设备的日常管理由各单位自行负责。

第四条　本制度所说的地面供用电包括地面办公楼、车间、宿舍楼、公寓、食堂、澡堂、培训楼、机修厂、库房、锅炉房、地面施工场所、施工单位生活区及其他地面供用电场所。各单位机电管理部门每半月应组织各相关单位对地面用电场所进行一次全面检查。在有重大节日（中秋节、元旦、春节、元宵节、国庆节、五一劳动节、国家召开重要会议等）前各单位机电管理部门应组织各相关单位对地面用电场所进行一次全面检查，并做好相关记录。

第五条　无论是生活、施工、照明，长期用电或临时用电的单位、个人，必须先绘制出本单位的供电系统图、用电设备明细表等，到机电管理部门办理审批手续，经批准后方可实施。

第六条　各用电单位负荷增减或电气设备搬迁，必须提前提出书面申请，并提供相应的供电系统图；申请要填写增减原因、负荷容量、使用地点及所用电缆、设备等，并报至本单位机电管理部门。

第七条　机电管理部门审批人员根据申请书要求，经审查认为合理的方可予以安排。

第八条　用电单位施工的线路、安装的电气设备必须符合国家标准和有关规定。

第九条　用电单位必须安装电表，不能装电表的用电单位签订供电协议，协议上应写明用电容量、用电时间、用电指标、收费方式等事项。

第十条　用电单位变更表位、转移用户地址、停止用电等均应向供电单位办理手续。

第十一条　没有履行审批手续的任何单位和个人，禁止接电。

第二章　用电组织设计

第一条　地面用电设备在5台以上和设备总容量在50 kW以上者，用电使用单位填写用电申请，编制用电组织设计。

第二条　地面用电组织设计应包括以下内容：

（1）现场勘查。

（2）确定电源进线、变电所或配电室、配电装置、用电设备位置及线路走向。

（3）负荷计算。

（4）变压器选择。

（5）配电系统设计。

（6）防雷装置设计。

（7）确定防护措施。

（8）制定安全用电措施和电气防火措施。

（9）供电电源应采用TN－S供电标准。

第三条　用电组织设计及变更时，必须履行“编制、审核、批准”程序，经机电管理部门相关部门领导批准后实施。地面用电单位用电工程图纸应单独绘制。

第四条　地面用电单位必须经编制、审核、批准部门和使用单位共同验收，合格后方可投入使用。

第五条　地面用电单位用电设备在5台以下和设备总容量在50 kW以下者，可以不编制用电组织设计，但必须制定安全用电和电气防火措施。

第三章　电工及用电人员

第一条　各单位地面配电工必须经过按国家现行标准考核合格后，持证上岗工作；其他用电人员必须通过相关安全教育培训和技术交底，考核合格后方可上岗。

第二条　安装、巡检、维修或拆除临时用电设备和线路，必须由电工完成，并应有人监护。

第三条　各类用电人员应掌握安全用电基本知识和所用设备的性能，并符合以下规定：

（1）使用电气设备前必须按规定穿戴和配备好相应的劳动防护用品，并检查电气装置和保护设施，发现问题及时报告解决，严禁设备带缺陷运转。

（2）暂时停用设备的开关箱必须分断电源隔离开关，并关门上锁。

（3）移动电气设备时，必须经电工切断电源并妥善处理后进行。

第四章　安全技术档案

第一条　地面用电单位临时用电必须建立安全技术档案，由主管该单位用电设备的电气技术人员负责建立管理，在临时用电工程拆除后统一归档，安全技术档案应包括用电组织设计的全部资料及电工安装、巡检、维修、拆除工作记录。

第二条　用电工程应定期检查，检查时应复查接地电阻值和绝缘电阻值。

第三条　用电工程定期检查应按分部、分项工程进行，对安全隐患必须及时处理，履行复查验收手续。

第四条　在建工程不得在外电架空线正下方施工、搭设作业棚，建造生活设施或堆放构件、架具、材料及其他杂物等。

第五条　在建工程（含脚手架）的周边与外电架空线路的边线间的最小安全操作距离应符合表6－2－19的规定。

表6－2－19　在建工程（含脚手架）的周边与外电架空线路的边线间的最小安全操作距离

外电线路电压等级/kV	<1	1～10	35
最小安全操作距离/m	4.0	6.0	8.0

第六条　施工现场的机动车道与外电架空线路交叉时，架空线路的最低点与路面的最小垂直距离应符合表6－2－20的规定。

表6－2－20　施工现场机动车道与架空线路交叉时的最小垂直距离

外电线路电压等级/kV	<1	1～10	35
最小垂直距离/m	6.0	7.0	7.0

第七条　起重机严禁越过无防护措施的外电架空线路作业。在外电架空线路附近吊装时，起重机的任何部位或被吊物边缘在最大偏斜时与架空线路边线的最小安全距离应符合表6－2－21的规定。

表6－2－21　起重机与架空线路边线的最小安全距离

电压/kV	<1	10	35
沿垂直方向/m	1.5	3.0	4.0
沿水平方向/m	1.5	2.0	3.5

第八条　施工现场开挖沟槽边缘与外电埋地电缆沟槽边缘之间的距离不得小于0.5 m。

第九条　当达不到第五到第八条规定时，必须采取绝缘隔离防护措施，并应悬挂醒目的警告标志。防护设施与外电线路之间的安全距离不小于表6－2－22中所列值，防护设施应坚固、稳定，且对外电线路隔离防护应达到IP30级。

表6－2－22　防护设施与外电线路之间的最小安全距离

外电线路电压等级/kV	≤10	35
最小安全距离/m	1.7	2.0

第十条　在第九条无法实现时，必须与有关部门协商，采取停电、迁移外电线路或改变工程位置

等措施，未采取措施的严禁施工。

第十一条 在外电架空线路附近开挖沟槽时，必须会同有关部门采取加固措施，防止外电架空线路电杆倾斜、悬倒。

第十二条 电气设备现场周围不得存放易燃易爆物、污染和腐蚀介质，否则应予清除或做防护措施，其防护等级必须与环境条件相适应。

第十三条 电气设备设置场所应能避免物体打击和机械损伤（或做防护处置）。

第十四条 配电室应靠近电源，设在能自然通风、灰尘少、潮气少、振动小、无腐蚀介质、无易燃易爆物及道路通畅的地方，并采取防雨雪和防动物侵入的措施；保持配电室整洁，不得堆放任何妨碍操作、维修的杂物。

第十五条 配电柜应装设电源隔离开关及短路、过载、漏电保护电器、电度表，并应装设电流、电压表，电源隔离开关分断时应有明显可断分断点，电流表与计费电度表不得共用一组电流互感器，否则限期整改。

第十六条 配电柜应编号，有用途标记；配电柜或配电线路停电维修时，应挂接地线，悬挂“禁止合闸，有人工作”标志牌，停送电必须由专人负责。配电柜应有标识标牌，配电柜总进线必须装设漏电保护，漏电保护定期试验并做好记录（现场记录、检查记录）。室外配电柜或配电箱必须有防雨水设施。

第十七条 架空线必须采用绝缘导线，必须架设在专用电杆上，严禁架设在树木、脚手架及其他设施上。线缆吊挂应成直线、多股线缆同时吊挂应平行吊挂。接线时严禁出现绝缘老化、破口、明接头、截面不够等情况。如有问题必须在问题处理经复查后方可继续施工。在有移动类用电设备如电焊机时，必须保持电缆接头处保护设施完好，移动设备固定好、接地良好。

第十八条 电缆线路应采用埋地或架空敷设，严禁地面明设，并应避免机械损伤和介质腐蚀。

第十九条 室内配线必须采用绝缘导线或电缆，且应根据配线类型敷设。

第二十条 架空线、电缆线路、室内配线都必须有短路保护和过载保护。

第二十一条 配电系统设置总配电箱、分配电箱、开关箱，实行三级配电。总配电箱应装设电流表、电度表及其他需要仪表；分配电箱应装设总隔离开关、分路隔离开关以及总断路器、分断路器；开关箱必须装设隔离开关、断路器以及漏电保护器。

第二十二条 配电箱、开关箱电源进线端严禁采用插头和插座做活动连接。

第二十三条 每台用电设备必须有各自专用的开关箱，严禁用同一个开关箱直接控制 2 台及 2 台以上设备（含插座）。

第二十四条 配电箱、开关箱应装设端正牢固，箱内电器应先安装在金属或非木质阻燃绝缘电器安装板上，然后再固定在箱内，金属电器安装板和金属箱体要做电气连接。配电箱或配电柜内应保持干净整洁，严禁有其他杂物。

第二十五条 配电箱的电器安装板上必须分设 N 线端子板和 PE 线端子板。N 线端子板必须与金属电器安装板绝缘；PE 线端子板必须与金属电器安装板做电气连接。进出线中的 N 线必须通过 N 线端子板连接；PE 线必须通过 PE 线端子板连接。

第二十六条 配电箱、开关箱的金属箱体、金属电器安装板以及电器正常不带电的金属底座、外壳等必须通过 PE 线端子板与 PE 线做电气连接；箱内连接线不得有外露带电部分。

第二十七条 配电箱、开关箱要进行定期维护，检查时必须将前一级相应电源隔离开关分闸断电，悬挂“禁止合闸、有人工作”停电标志牌，严禁带电作业。

第二十八条 地面或施工现场专用变压器供电的 TN－S 接零保护系统中，电气设备的金属外壳必须与保护零线连接；施工现场与外电线路共用同一供电系统时，电气设备的接地、接零保护应与原系统保持一致。

第二十九条　在TN－S接零保护系统中，通过总漏电保护器的工作零线与保护零线之间不得再做电气连接；PE线要单独敷设，重复接地必须与PE线相连，严禁与N线连接。

第三十条　保护零线必须采用绝缘导线，PE线上严禁装设开关或熔断器，严禁通过工作电流，严禁断线。

第三十一条　相线、N线、PE线的颜色标记一般应符合以下规定：相线L1（A）、L2（B）、L3（C）相序的绝缘颜色依次为黄、绿、红色；N线绝缘颜色为淡绿色；PE线绝缘颜色为绿黄双色；严禁混用代用。

第三十二条　机械设备的防雷引下线可利用该设备或设施的金属结构体，但应保证电气连接。

第三十三条　机械设备的避雷针（接闪器）长度应为1～2 m，塔式起重机可不另设避雷针（接闪器），安装避雷针（接闪器）的机械设备，所有固定的动力、控制、照明、信号及通信线路，宜采用钢管敷设，钢管和该设备金属结构体应做电气连接。

第三十四条　施工现场内所有防雷装置的接地电阻不得大于10 Ω。

第三十五条　做防雷接地机械上的电气设备，所连接的PE线必须同时做重复接地。

第五章　其　他　要　求

第一条　本制度自下发日起开始执行，执行事项纳入各单位月度考核。

第二条　各单位必须建立本单位地面用电安全管理制度。必须明确地面供用电检查周期、具体检查时间，并建立台账，有地面低压供用电系统图，必须明确本单位专责负责人。

2.5.18　机房硐室管理制度

1. 地面机房

（1）机房配置符合内部设备相关标准，墙壁无裂纹漏水现象。

（2）内部整洁卫生，窗明几净，无杂物、无油垢、无积水，禁止机房作其他用途。

（3）机房门口挂有“要害场所，闲人免进”牌。

（4）室内管线排列整齐，无锈蚀，无跑、冒、滴、漏现象。

（5）设备性能良好，合理使用，经济运行。

（6）工具、防护用具齐全，绝缘靴、手套、试电笔、接地线、停电牌数量充足有效并检验合格。

（7）灭火器材齐全，放置整齐，数量充足。

（8）照明适度，光线充足，并按要求配备应急照明。

（9）有适当的采暖降温设施（暖气、电扇或空调）。

（10）带电及转动部分有防护措施和警示牌。接地系统完善，接地电阻符合规定。

（11）供电电源符合《煤矿安全规程》要求。

（12）高、低压开关柜防护齐全，设备过流、欠压保护装置整定合格，动作灵敏可靠。

（13）设备零部件齐全完好，管理标牌齐全准确（包括名称、型号、主要技术参数、完好状况、包机人等）。

（14）各种仪表（电压表、电流表、压力表、温度表等）指标正常，并定期进行校验。

（15）信号声光具备、动作灵敏。

2. 井下硐室

（1）机电硐室必须是不燃性材料支护或砌（锚喷），并设在新鲜风流内，硐室无变形，中央变电所地面标高高于大巷底板标高0.5 m。

（2）中央变电所、主排水泵房必须有向外开、合格的防火铁门和栅栏门，门槛高度不得小于100 mm，铁门关闭时的间隙不超过10 mm。

（3）由防火铁门起，5 m内巷道应用不燃性材料支护。

（4）硐室长度超过 6 m 时，必须在两端各设一出口。

（5）引出、引入电缆有穿墙套管，套管固定牢固，并采用不燃性材料严密封堵。

（6）硐室内的高度和宽度应能满足搬运最大设备外形尺寸要求。

（7）室内设备、小型电器合格、完好，管理标牌齐全。防爆电气设备（包括小型电器和电缆）无失爆。

（8）设备与电缆标志牌齐全，填写正确，标志牌有型号、规格、容量（有长度）、整定值、用途、维护人，设备有编号。

（9）设备（电缆）布置排列整齐，设备距墙不得小于 0.5 m，设备之间应留出 0.8 m 的通道，如设备不需从两侧及后面工作的，可以不留间距。

（10）过流保护整定必须符合实际要求，并及时进行检查校对。

（11）接地系统、接地装置材质、断面、连接以及接地电阻合乎规定，并每季度测试一次。

（12）硐室两头分别设置 2 ~4 个灭火器和不少于 0.2 m^3 的灭火沙，单个沙箱或沙袋重量不超过 10 kg。

（13）变电所和高压配电点还必须有合格的高压绝缘手套、绝缘台或绝缘靴、试电笔、接地线、停电牌，数量充足有效并检验合格。

（14）供配电系统图必须与实际配置相符，并有短路电流计算值、过流整定值，图物相符。

（15）硐室内清洁，无积水、无杂物，淋水不得淋到设备上。

（16）停电作业牌数量充足，硐室入口有明显“非工作人员禁止入内”警示牌。

（17）室内温度不超过 30 ℃。

（18）室内应有照明灯，灯的间距为 3 ~6 m。

（19）室内管线排列整齐，无锈蚀，无“跑、冒、滴、漏”现象。

（20）设备性能良好，合理使用，经济运行。

3. 管理制度

井上下机电主要机房硐室（变电所、采区变电所、提升机房、主要通风机房、空压机房、瓦斯抽放站、主排水泵房、锅炉房等）按公司标准要求执行，管理牌板统一规格悬挂上墙，记录统一存放。标准即：七种记录（设备运行记录、巡回检查记录、进出要害场所登记记录、检修记录、钢丝绳检查记录、干部上岗记录、交接班记录）；六种制度（要害场所管理制度、岗位责任制、交接班制度、全体上岗制度、巡回检查制度、操作规程）；三图一表（根据实际设置，电气原理图、自动控制系统图、巡回检查线路图、技术特征表）；三全（安全防护全，含安全用具；安全保护全；安全标识、标志全）；一整洁（机房硐室要整洁）；一规范（人员要规范上岗）。

4. 操作人员

（1）责任心强，做到五严（严格执行交接班制，严格执行操作规程，严格执行要害场所管理制，严格执行巡回检查制度，严格执行岗位责任制）。

（2）经有资质的培训机构培训，考试合格，持证上岗。

（3）要做到“三知四会”（知设备的结构、性能、安全设施的原理，会操作、会维修、会保养、会排除一般故障）。

（4）讲究文明，精心操作，不发生责任事故。

其他制度见《制度体系》分册。

2.6　信息技术管理制度

2.6.1　网络信息安全保密管理制度

为确保网络信息安全运行，防止泄密和不合理使用，规范系统信息及计算机网络安全管理，确保网络、各系统服务器及计算机设备安全、有效运行，特制定本制度。

1. 网络安全设备信息管理

（1）防火墙访问用户权限由专人负责，对密钥及权限保密，并对访问记录进行登记保存，方便追查定责，同时定期排查安全隐患。

（2）机房核心路由和交换机配置权限由专人负责，对设备信息及配置权限进行保密，同时对访问和配置记录进行登记保存，定期排查安全隐患。

（3）应用服务器、数据服务器和认证服务器的管理员密钥由专人负责并进行保密。日常访问、维护记录在案，定期对日志及记录进行排查，发现问题及时上报。

（4）定期对服务器数据进行备份，由专人负责保管，并对备份记录进行登记保存。

（5）服务器如特殊情况需插入外接存储设备必须保证无病毒携带，严禁复制服务器相关配置文件和数据库信息，并对其记录进行登记保存。

（6）严禁除网络相关负责人以外的任何人员获知有关端口设置、系统口令等网络安全信息。

（7）除网络负责人外，严谨任何人进入机房，任何人不得接触服务器、防火墙、交换机、路由器等相关设备。

（8）防火墙、路由器、交换机、服务器等相关设备如需要厂商技术人员进行维护或调试，应通过相关领导批准，并由网络负责人进行全程监督。维护和调试结束后应及时更新相关设备密钥，并对其记录进行登记保存。

2. 重要网络安全岗位信息管理

（1）切实做好对重要网络安全岗位的授权信息保密防范工作。

（2）若发生重要网络安全岗位授权信息泄露的情况，在采取应急措施的同时及时将情况上报至相关领导。

（3）重要网络安全岗位人员应定期更换相应授权信息及密钥。

（4）对重要网络安全岗位人员授权信息要加强保密管理监督，定期进行检查，提高泄密隐患发现能力和泄密事件处置能力，做好网络信息安全和保密工作。

（5）重要网络安全岗位人员离岗离职时，要及时收回或取消其相应的授权信息，对其保管的记录、备份等相关安全信息资料做好交接工作。

3. 计算机及应用软件安全信息管理

（1）计算机登录要设置符合要求的登录密码，禁止泄露并定期更换。

（2）对使用公司相关应用软件的用户，及时更改分配的初始密码，禁止泄露用户密钥及权限信息。

（3）对使用公司相关应用软件的用户，禁止泄露相关文件、合同等相关信息。

（4）应加强对操作应用软件的人员保密意识教育，提高上网人员保密观念，增强防范意识，自觉执行保密规定。

（5）严禁任何人员试图获得非法权限、破解密码、攻击系统的行为，严禁非授权用户使用和操作，故意攻击或躲避防火墙的行为。

（6）计算机出现故障如需维修，应由专人进行维修，禁止泄露损坏计算机存储信息，同时对信息进行妥善保管。

（7）严禁将计算机设定为网络共享，严禁将文件设定为网络共享，对需要共享网络打印机的计算机要加强网络防护。

（8）计算机要安装正版信息安全防护软件，及时升级更新操作系统漏洞补丁，加强网络安全防范意识。

（9）拒绝使用来历不明的软件和光盘。凡需引入使用的软件，必须首先防止病毒传染。

4. 解释、修订及执行

（1）本制度由信息技术主管部门负责解释和修订。

（2）本制度自发布之日起开始执行。

2.6.2　服务器远程访问管理制度

第一条　为加强服务器远程访问的管理，增强服务器运行的安全性，特制定本制度。

第二条　本制度中的远程访问指与合作的软件开发或维护单位，通过内部网络或外部网络连接到服务器，访问相关资源，包括远程桌面访问等。

第三条　信息技术主管部门工作人员负责管理远程访问系统。远程访问需求人向信息技术主管部门工作人员提出远程访问的申请，填写《远程访问申请表》，内容包括操作时间段、远程访问的事由和人员。

第四条　信息技术主管部门工作人员在《远程访问申请表》确认审核过后，方可进行相关操作。操作时，必须分配专门的用户和口令，并对操作人员现场监督。

第五条　当远程操作结束后，信息技术主管部门工作人员应及时禁用或删除该远程操作用户，并在《远程访问申请表》（表6－2－23）记录禁用或删除时间。

表6－2－23　远程访问申请表

申请表编号：

申请人		申请人单位	
申请日期		联系方式	
访问方式	☐远程桌面　☐其他		
使用时间段			
申请原因			
处理描述			
账号禁用或删除状态： ☐已禁用　☐已删除		禁用/删除时间：	
信息网络部处理人：		日期：	

第六条　远程访问用户应自觉遵守职业道德，有高度的责任心，不得向外界透露关于服务器相关信息，并自觉维护公司的利益，确保操作的安全性。

第七条　本制度由信息技术主管部门负责解释和修订。

第八条　本制度自发布之日起开始执行。

2.6.3　信息网络培训制度

为贯彻国家关于计算机网络和信息安全的有关规定，加强计算机网络的安全管理，树立相关工作人员的安全和保密意识，特制定本制度。

第一条　每年年底根据网络安全委员会的要求和工作需要，制定下一年度网络安全的教育培训计划。

第二条　定期邀请网络安全专家通过各种方式开展网络安全的知识讲座，学习网络安全方面的知识，强化网络安全意识。

第三条　每季度组织公司网络安全相关人员进行网络安全法规、网络安全知识和技术的学习和培训。

第四条　根据网络安全的学习和培训，每季度对网络安全相关人员进行考核，对考核不合格者进行二次培训和学习。

第五条　每月开展网络安全前沿技术小组讨论活动，学习最新网络病毒防范措施，分析现有网络环境安全隐患并及时排查。

第六条　每年开展网络安全的主题活动，组织各单位工作人员积极参加，加强网络安全防范意识。

第七条　通过各种信息载体宣传网络安全的有关规定，发布网络安全的有关信息，强化网络安全知识的学习意识。

第八条　本制度自发布之日起开始执行。

2.6.4　网络运维管理制度

为保证系统网络运行正常，特制定本制度。

1. 网络管理

（1）网络核心路由器、核心交换机、防火墙等设备必须保持正常运行，相关口令密码必须复杂，经常更换，必须有相关的拓扑结构图，必须有所用设备、链路使用情况的工作台账，并保持台账内容和实际情况一致。

（2）IP 地址必须进行统一规划、登记、维护和分配。确保各单位、各部门有足够的 IP 地址使用，及时关闭和回收不用的地址。

（3）未经相关部门批准，测试网络与内部正式网络不能直接连接。

2. 系统管理

（1）定期检查信息系统软硬件状态及配置状况，确保其处于正常工作状态。

（2）服务器必须安装防病毒系统，工作人员应每天查看服务器防病毒软件状态，并保证病毒库为最新。

（3）数据备份必须及时按要求执行。

（4）数据备份至少应保留两份且为不同介质，在本地备份一份，以保证数据的正常快速恢复和数据查询，在异地备份一份，确保备份数据万无一失。

（5）账号密码口令必须复杂，大于 8 位且带特殊符号，严禁公司人员将各类密码告诉外人，如果发现有密码泄漏，必须立即更改。

3. 第三方管理

（1）所有提供服务的第三方软件公司，必须签订保密协议。

（2）第三方软件公司人员操作服务器时，必须严格按《服务器远程访问管理制度》执行，公司工作人员要现场监督。

（3）未经许可，第三方软件公司人员不得将系统的数据带走用于软件功能分析。

（4）第三方软件公司有技术人员离职时，必须提前告知公司，须由信息技术主管部门工作人员核查相关系统并更改相关安全配置，确保安全后，第三方软件公司方可正式地办理离职手续。

（5）本制度由信息技术主管部门负责解释和修订。

（6）本制度自发布之日正式施行。

2.6.5 计算机安全管理制度

第一条 员工应当严格遵守国家和公司有关保密法律、法规和规章制度，自觉履行保密义务。

第二条 严禁在办公网络的计算机上处理、传输、存储涉密文件和内部敏感信息；禁止泄露、外借和转移专业数据信息等。

第三条 各部门在使用计算机过程中要做好商业保密工作，做好计算机内数据文件的保密工作。确保公司保密文件、数据不外漏。

第四条 严禁在公司网络的计算机上使用存储有涉密文件和内部敏感信息的存储介质，包括光盘、U 盘、移动硬盘等。

第五条 计算机用户必须安装正版防病毒软件并及时更新软件版本。

第六条 各部门应有较强的病毒防范意识，计算机使用者应当定期对所使用的计算机进行病毒查杀检测，杜绝各类病毒的传播与破坏，发现病毒立即处理并通知信息技术主管部门，并及时停止带病毒的计算机运行。

第七条 经远程通信传送的程序或数据（如：电子邮件），必须经过检测确认无病毒后方可使用。

第八条 本制度由信息技术主管部门负责解释和修订。

第九条 本制度自发布之日起开始执行。

2.6.6 机房管理制度

第一条 出入机房应做好登记记录，相关部门负责机房及机房信息网络相关设备的运行管理和技术维护。

第二条 路由器、交换机和服务器以及通信设备是信息系统的关键设备，须放置机房内，工作人员应严格按照相关操作流程进行操作，不得自行配置或更换，更不能挪作他用。

第三条 机房内所有服务器、网络设备必须接 UPS 电源，并合理分配电力负载，防止 UPS 损坏。严禁在机房内私接电器，UPS 应妥善保养，防止漏电现象发生。

第四条 机房温度湿度应控制在合理范围内，在夏季要加强空调日常管理维护，确保机房空调工作正常。

第五条 机房建立登记制度和实行日常巡查制度，对计算机网络系统的运行，建立档案；每天上下班时对机房进行检查，统一查看设备运行情况，对所发生的故障、处理过程和结果等做好详细登记。

第六条 掌握机房综合布线情况，在增减硬件设备、网线时要做好标签，便于日常管理维护。

第七条 机房要保持清洁、卫生，并由专人负责管理和维护，无关人员未经批准严禁进入机房。

第八条 严禁易燃、易爆和强磁物品及其他与机房工作无关的物品进入机房。

第九条 按相关规定做好机房防火、防盗工作，机房钥匙要保管好，若丢失应及时更换锁具。

第十条 来人参观机房需领导批准，任何与机房工作无关人员，谢绝进入。

第十一条 本制度由信息技术主管部门负责解释和修订。

第十二条 本制度自发布之日起开始执行。

2.6.7 涉密计算机使用管理办法

第一条 为规范涉密计算机的管理，确保国家、公司秘密安全，依据《中华人民共和国计算机信息系统安全保护条例》和国家保密局发布的《计算机信息系统保密管理暂行规定》等有关规定，特制定本办法。

第二条　本办法适用于采集、传递、处理、存储和输出有关国家秘密信息的计算机（含便携式计算机）。

第三条　计算机产生的秘密文件、资料和其他秘密载体，统称为“涉密计算机”。

第四条　秘密计算机的内容界定范围，包括档案管理数据，财务数据，生产需要保密的图纸、资料和其他秘密载体。

第五条　秘密载体主要指以文字、数据、符号、图像、声音等方式记载国家秘密和各单位秘密的存储介质（如：U 盘、光盘、移动硬盘、磁带、PC 卡、MP3/4、录音笔、数码相机和数码摄像机、存储卡）等可存放秘密内容的载体。

第六条　涉密计算机的责任人为各部门正职领导和使用人。采取“专机专用，专人负责”的原则，严禁无关人员或外单位人员操作涉密计算机。

第七条　信息技术主管部门对涉密计算机及存储介质实行“统一编号、统一备案、跟踪管理”的原则（见涉密计算机登记备案表和存储介质登记表)，严控使用范围。

第八条　涉密计算机采取物理隔离的方式，不与任何网络进行连接。

第九条　非涉密介质严禁在涉密计算机上使用。

第十条　涉密存储介质只能在涉密计算机上使用，在使用前应对其进行病毒检测，确认无毒后，方可在涉密计算机使用；涉密储存介质不得在非涉密计算机上使用。

第十一条　涉密计算机应设置开机密码，系统登录口令和屏幕保护口令（开启屏幕保护程序的时间设置为 3 ~ 5 min)，长度不得少于 8 位字符，密码更换周期不得长于两周。严禁将涉密计算机用户密码贴在显示器上或其他地方，禁止将密码存放在不保密的载体中。

第十二条　涉密计算机应当安装计算机杀毒软件，开启病毒实时监控系统，并定期查杀病毒。

第十三条　涉密计算机系统的软件配置及本身有涉密内容的各种应用软件，不得进行外借和拷贝。

第十四条　涉密计算机信息系统严禁使用有无线功能的计算机、无线互联功能的网络设备、无线键盘和无线鼠标等无线互联外围设备。

第十五条　涉密信息系统资源必须建立备份，涉密信息应采取实时备份、异地备份等措施，并制定相应的应急、恢复计划，确保备份安全可靠。

第十六条　涉密的计算机信息在打印输出时，打印好的文件应当按照相应密级文件管理，并做好打印记录（见涉密打印机打印登记表）；打印过程中产生的残、次、废页应当及时销毁。

第十七条　涉密信息的拷贝必须经单位主管领导审批同意并有记录，个人不得私自拷贝。

第十八条　因工作需要携带便携式涉密计算机外出时，需按保密规定填写《便携式涉密计算机外出审批表》，审批内容包括外出事由、涉密事项的等级、单位领导的审批意见、外出及返回后的保密检查情况等。

第十九条　计算机信息系统管理人员和操作人员上岗前应参加计算机安全保密培训，定期接受保密教育和检查。

第二十条　涉密计算机的维修、更换工作由信息管理中心负责。未经信息技术主管部门同意任何部门不得私自拆卸、维修、更换或销毁涉密计算机及其组成部件。

第二十一条　涉密计算机的报废，需填写《涉密设备报废销毁审批表》，经分管领导批准后，由信息技术主管部门指定专人负责报废和定点销毁。

第二十二条　信息技术主管部门利用专业软件对涉密计算机及非涉密计算机进行检查，对存在的问题各部门应及时改正。

第二十三条　凡违反本规定，致使国家、公司秘密泄露的，按照《中华人民共和国保守国家秘密法》《中华人民共和国保守国家秘密法实施办法》等法律、法规的有关规定进行处理，并追究相关责任人和单位领导的责任。

第二十四条　本办法由信息技术主管部门负责解释和修订。

第二十五条　本办法自发布之日起开始执行。

2.6.8　网络信息安全应急预案

1. 总则

1）编制目的

为确保基础信息通信网络、网站、重要信息系统、工业控制系统的运行安全和数据安全，有效预防和及时消除网络信息安全事件的危害和影响，制定本应急预案。

2）编制依据

《中华人民共和国网络安全法》《中华人民共和国计算机信息系统安全保护条例》《国家网络安全事件应急预案》等相关法律法规文件。

3）适用范围

本预案适用于公司机关各部室及直属公司，各煤炭生产企业，各县区公司，各多元产业公司。

4）工作原则

按照“谁主管谁负责、谁运营谁负责、谁使用谁负责”的原则，公司上下，各司其职，加强部门之间、单位之间的协调与配合，形成合力，共同履行应急处置工作的管理职责。

5）事件分类

一是攻击类事件，指因计算机病毒感染、非法入侵等导致的业务中断、系统停机、网络瘫痪等情况。

二是故障类事件，指因计算机软硬件故障、人为误操作等导致的业务中断、系统停机、网络瘫痪等情况。

三是灾害类事件，指因爆炸、火灾、雷击、地震等因素导致网络损毁，造成业务中断、系统停机、网络瘫痪等情况。

2. 组织机构与职责

为统一指挥，快速反应，成立网络信息安全工作领导小组。

工作领导小组主要职责：

（1）强化工作职责，完善各项应急预案的制定和督促各项具体应急措施的落实。

（2）充分利用各种形式、各种场合进行网络安全知识的宣传教育，组织、指导全单位网络安全常识的普及教育，广泛地开展网络安全和有关技能训练培训，不断提高广大员工的防范意识和基本技能。

（3）认真搞好各项物资保障，采取一切必要手段，组织各方面力量全面进行网络信息安全事件处理工作，把事件的不良影响与损失降低到最低。

3. 日常管理宣传和应急处置措施

1）日常管理宣传

日常的工作中，应充分利用各种传播媒介及其他有效的宣传形式，加强网络信息安全事件预防和处置的有关法律、法规和政策的宣传，开展网络安全基本知识和技能的宣传活动。加强网络信息安全常识普及，使所有员工掌握信息网络安全常识，并具备一定防范处理突发网络信息安全事件的基本知识。

事件发生前，信息技术主管部门应按照岗位职责的要求，切实做好日常网络信息安全工作的检查、维护，定时升级系统补丁和杀毒软件，检查核心路由器、核心交换机、防火墙的运行情况，及时消除隐患；各部门、各单位切实落实网络信息安全工作职责，要设专人管理；若发现重大人为入侵破坏事件征兆，及时向领导报告，同时，还要向上级单位报告，如果后果非常严重，应向公安机关报案。

事件发生后，立即启动应急预案，采取应急处置措施，并立即将事件性质及损失情况向工作领导小组报告，在处置过程中，应及时报告处置工作进展情况，直至处置工作结束。

2）应急处置措施

在事件发生时，首先应区分事件的发生是否为灾害类与攻击或故障类两种情况，根据这两种情况把应急处置方法分为两个流程。

流程一：当发生的事件为灾害类时，应根据当时的实际情况，在保障人身安全的前提下，首先保障数据的安全，然后是设备安全。

流程二：当攻击或故障类的事件发生时，具体按照事件发生的性质类别属性分别采用以下方案：

（1）网站不良信息事件处理预案。一旦发现单位网站上出现了不良的信息（或者被黑客攻击修改了网页），立刻关闭网站，删除网站不良信息，并逐个清查整个网站所有内容，确保没有任何不良信息，重新开通网站服务，并测试网站运行。去除网站安全隐患，关闭不安全栏目。全面地查对网站后台 HTTP 日志，出口防火墙网络连接日志，确定该不良信息的源 IP 地址，立刻向工作领导小组汇报，视情节严重程度，领导小组可决定是否向公安机关报案。在事件处理的整个过程中，必须向工作领导小组汇报、解释此次事件的发生情况、发生原因、处理过程。

（2）网络恶意病毒攻击事件处理预案。发现出现网络病毒恶意攻击后，立刻确定该攻击来自公司内还是公司外；受攻击的设备分别有哪些；影响范围有多大。并迅速推断出此次攻击的最坏结果，判断是否需要紧急切断公司内部网的服务器及国家互联网的网络连接，以保护重要数据及信息；如果攻击来自公司外，立刻从防火墙中查出对方 IP 地址并过滤，同时对防火墙设置对此类攻击的过滤，并视情况的严重程度决定是否向公安机关报案。如果攻击来自公司内，立刻确定攻击源，查出该攻击出自哪台交换机或路由器，出自哪台电脑。并立刻赶到现场，关闭该计算机网络连接，并立刻对该台计算机进行分析处理，确定攻击性质。清除该台计算机的所有病毒、恶意程序以及木马程序，恢复系统环境，测试运行无问题后该设备重新接入网络。在事件处理的整个过程中，必须向工作领导小组汇报、解释此次事件的发生情况、发生原因、处理过程。

（3）重要信息系统、工业控制系统遭受破坏性攻击的紧急处置预案。重要的信息系统和工业控制系统必须存有备份，与信息系统、工业控制系统产生的数据必须有多日、多份备份，并且将它们保存于安全处，最好实现异地备份。发现重要信息系统遭到破坏性攻击，应立即向相关技术人员和相关服务商报告，并将系统停止运行，脱离网络环境。各系统管理员负责软件系统和数据的恢复，并检查服务器日志等资料，确认攻击来源。及时将系统恢复到正常状态，有条件基础情况下可启用备用系统。在事件处理的整个过程中，必须向工作领导小组汇报、解释此次事件的发生情况、发生原因、处理过程。工作领导小组若认为事件情况极为严重的，应立即向公安部门报案或上级单位报告。

工业控制系统遭受破坏性攻击后，处理方法同上，工作领导小组若认为事态后果特别严重，应立即启动相应的安全生产方面的应急预案，立即实现相关工作联动，对接各部门、各单位。

（4）数据专线线路中断紧急处置预案。发现内部任何数据专线线路中断后，发现人员应立即上报信息技术主管部门。信息技术主管部门接到报告后，应迅速判断故障节点，查明故障原因。立即和联通、移动、电信维护部门联系，及时修复。同时告知线路对端单位。

（5）网络和服务器设备安全紧急处置预案。网络、小型机、服务器等公司关键设备损坏后，有关人员应立即向信息网络技术人员报告。技术人员应立即查明原因。如果能够自行恢复，应立即用备件替换受损部件。如果不能自行恢复的，立即与设备提供商联系，请求派维修人员前来维修。若发生核心路由器、核心交换机等网络设备及配置文件故障，应立即与设备提供商联系更换设备或分析配置文件，并重新调试畅通，然后商谈维修、维护相关事宜。

（6）市电中断后的应急预案。公司接到停电通知后，工作领导组办公室应第一时间将停电时间、电源切换时间、恢复供电时间等情况告知公司各部门、各单位，并发布公司网络中断通知，相关的技术人员做好应对举措。

在突发停电情况下，发现者应第一时间通知相关技术人员马上到场，技术人员应立即将电源切换至备用电源，并联系电力管理部门，确认是内部故障停电还是外部停电，并将停电时间、电源切换时间、恢复供电时间记录下来，并将结果告知工作领导组办公室。

若确认为外部突发停电时，机房技术人员应密切关注 UPS 的负载情况及剩余供电时间。如果 UPS 剩余电量仍然无法坚持到恢复供电时间，分别关闭交换机、路由器、防火墙和服务器，并切断这些设备的电源，最后关闭 UPS 所有开关，待电力恢复稳定后，依次开启 UPS 市电开关和设备电开关，分别开启交换机、路由器、防火墙和服务器。

4. 预警和重要活动期间预防措施

事件发生时，可根据事件的危害程度适当地发布预警，特别是一些在其他地方已经出现，或在安全相关网站发布了预警而公司内部信息网络还没有出现相应的事件，除了在技术上进行防范以外，还应当向公司所有相关网络使用者发布预警，直至警报解除。

公司重要的活动，特别是集团公司和各级政府重要的活动期间，公司网络信息安全工作领导小组统筹协调网络安全保障工作，公司重点部门、重点岗位保持在岗值班，及时发现和处置网络安全事件隐患。

5. 保障措施

（1）网络信息安全应急工作是一项长期的、持续的、跟踪式的、深层次的和各阶段相互联系的工作，是有组织的科学与社会行为，必须做好应急保障工作。

（2）要重视相关人员特别是技术类人员的建设与保障，确保在事件发生前、事件处置过程和事后重建中的人员在岗与战斗力。

（3）要重视网络信息技术的现代化建设和关键设备升级换代，在事件发生前确保网络信息系统的强劲与安全，保证事件处置过程中和事后重建中的相关技术力量支撑特别是专业公司的支撑。

（4）公司各级的财务部门要为网络信息安全事件应急处置提供必要的资金保障举措，并及时支付。

（5）要有针对性地开展一些应急预案演练，确保严重事件发生后的各项应急措施能够及时落实到位，同时有效。

6. 附则

（1）在应急处置进行中，公司各部门、各单位之间，上下级之间，要密切配合，同心协力，服从指挥，确保公司各项政令畅通无阻，确保各项工作落实到位。

各部门、各单位应根据本预案，结合本部门、本单位实际情况，认真制定本部门、本单位的应急预案，并切实落实。

（2）本预案由信息技术主管部门负责解释及修订。

（3）本预案从发布之日起正式施行。

2.6.9 信息化建设管理办法及要求

第一章 总 则

第一条 为加强信息化工作的规划、建设、改造和管理，推进工业化与信息化融合，打造数字化矿井，全面提升信息化管理水平，规范信息化行为，保障信息安全，进一步健全信息化工作的管理体系和运作机制，特制定本办法。

第二条　信息化是实现企业战略目标的重要抓手，是公司整体规划中的重要组成部分，信息化工作坚持“统一领导、统一规划、统一标准、资源共享、分级建设”的原则。

第三条　根据国家相关标准和规定，制定《信息化建设标准》。《信息化建设标准》包含：信息化项目建设管理、煤矿信息化建设项目及建设级别分类、信息化建设步骤、信息化各系统实现的技术指标四部分内容。本标准未涉及的内容，执行国家及行业现行有关标准、规范、规程及规定。

第四条　信息化工作目标：

（1）建立信息化总体发展规划，完善信息化标准体系，规范信息化建设行为。

（2）逐步建立发展信息化应用系统，最终形成决策层、经营管理层、生产执行层三级综合信息化网络管理体系。

（3）依靠完善的综合信息系统平台提高公司的科学决策水平，提升大集团的管控能力，最终建成“安全、生产、经营、调度、物流、销售”合一的综合网络应用服务平台。

第五条　本办法适用范围为：集团所属各单位。

第二章　信息化项目建设管理

第六条　信息化项目是指以计算机、通信技术以及其他现代信息化技术为主要手段的信息网络应用系统和信息资源开发等相关的项目。

第七条　各单位信息化项目的建设包含新建、扩建、改造和升级。

第八条　各单位信息化项目的规划和建设要符合公司总体规划的要求，坚持技术标准统一和资源共享的原则，履行上报审批手续进行立项、建设和验收。

第九条　信息化项目建设审批流程

（1）各单位提出信息化建设项目申请、预算，经领导批示同意后，提交初步设计方案、预算到信息技术主管部门进行审核。

（2）信息技术主管部门组织信息化项目评审组对方案进行讨论，确定信息化建设方案并出具评审意见。

（3）项目建设单位根据评审意见重新修改信息化建设项目方案，信息技术主管部门根据方案出具项目技术规格书。项目技术规格书一式三份，信息技术主管部门一份，招标采购主管部门一份，项目实施单位一份，进行保存备案。

（4）项目技术规格书经建设单位部门负责人签字、分管矿长（经理）签字、矿长（经理）签字、信息技术主管部门审核签字、公司分管领导签字、公司总经理签字。

（5）项目技术规格书流转至招标采购主管部门，招标采购主管部门按照公司相关程序进行办理，确定供应商。

（6）供应商到信息技术主管部门签订技术协议，技术协议一式四份，项目建设单位、信息技术主管部门、招标采购主管部门、供应商各一份。

（7）根据技术协议，招标采购主管部门或者项目建设单位与供应商签订合同。

（8）项目在实施过程中，项目建设单位和供应商严格执行项目安全要求；信息技术主管部门派人全程参与项目施工，全面监督、检查项目施工进度及质量。

（9）项目实施完成后，经过试运行，项目建设单位要完善项目建设竣工资料，并编制项目验收报告，向信息技术主管部门提出验收申请，由信息技术主管部门负责组织相关单位成立验收小组，进行项目的验收，并将验收结果上报公司领导。

（10）验收合格后，项目进入质保期，建设单位按照合同完成相关付款流程。

第十条　项目建设单位应提供以下验收资料：

（1）项目建设方案。

（2）技术规格书。

（3）技术协议。

（4）合同（中标通知书）。

（5）验收报告。

第三章　煤矿信息化建设项目及建设级别分类

第十一条　信息化建设实行“统一规划、分类建设、分步实施，循序渐进”的原则。

第十二条　公司煤矿信息化建设分为：基础设施建设（a）、环境监测及应急系统（b）、生产自动化建设（c）、科学综合管理建设（d）四大类，具体如下：

基础设施建设（a）包含：（1）机房建设；（2）指挥大厅建设；（3）井上（井下）工业环网；（4）生产通信控制网；（5）设备自动化建设及改造；（6）工业视频监控系统；（7）视频会议系统。

环境监测及应急系统（b）包含：（1）瓦斯监控系统；（2）产量监控系统；（3）顶板冲击地压管理系统；（4）探放水预警系统；（5）井下作业人员管理系统；（6）通信联络系统（有线通信系统）；（7）井下移动通信系统（无线通信系统）；（8）井下应急广播系统；（9）紧急避险系统；（10）压风自救系统；（11）供水施救系统；（12）安全监管执法与决策支持系统。

生产自动化建设（c）包含：（1）主井提升系统；（2）副井提升系统；（3）带式输送机运输系统；（4）主通风系统；（5）局部通风机监控系统；（6）压风系统；（7）排水系统；（8）供电系统；（9）瓦斯抽采（放）监控系统；（10）综采工作面自动化系统；（11）选煤自动化生产系统；（12）热力（锅炉）监测监控系统；（13）污水处理系统；（14）煤炭外运装车及销售系统。

科学综合管理建设（d）包含：（1）综合自动化监控平台；（2）调度管理系统；（3）地质勘探测量信息系统；（4）设备管理系统；（5）作业规程编制审核系统；（6）隐患闭合管理系统；（7）安全管理系统；（8）培训考试系统；（9）安全生产应急平台及应急救援管理系统；（10）安全信息联动管理平台。

第十三条　矿井信息化建设应有可靠的资源，矿井服务年限应与矿井生产能力相匹配。根据各矿井的井田面积，煤炭储量，生产能力，可采煤层，煤质等情况，煤矿信息化建设分为三类，分别为A类、B类、C类（表6－2－24）。

第十四条　公司所属各煤矿，对照信息化系统分类表进行建设，严禁超类别建设，避免信息化工程投资过度、重复建设和资源浪费。信息化系统的建设应根据各矿生产实际需要进行建设，既能满足安全生产需要，又能满足和地方政府的对接，又能够切实为数字矿山建设起到促进作用。

表6－2－24　信息化建设分类表

矿井类别	信息化系统建设名称
A类	a（1）、a（2）、a（3）、a（4）、a（5）、a（6）、a（7）、b（1）、b（2）、b（3）、b（4）、b（5）、b（6）、b（7）、b（8）、b（9）、b（10）、b（11）、b（12）、c（1）、c（2）、c（3）、c（4）、c（5）、c（6）、c（7）、c（8）c（9）、c（10）、c（11）、c（12）、c（13）、c（14）、d（1）、d（2）、d（3）、d（4）、d（5）、d（6）、d（7）、d（8）、d（9）、d（10）
B类	a（1）、a（2）、a（3）、a（4）、a（5）、a（6）、a（7）、b（1）、b（2）、b（5）、b（6）、b（7）、b（8）、b（9）、b（10）、b（11）、b（12）、c（1）、c（2）、c（3）、c（4）、c（5）、c（6）、c（7）、c（8）、c（12）、d（1）、d（2）、d（5）、d（8）
C类	a（1）、a（2）、a（3）、a（4）、a（5）、a（6）、b（1）、b（2）、b（5）、b（6）、b（10）、b（11）、b（12）

第四章 信息化建设步骤

第十五条 新建、改建、扩建矿井按照以下步骤进行建设：

（1）矿井进行一期工程井筒、供电、工业广场、地面建筑等的建设，要开展信息化项目的规划、调研、方案设计等前期准备工作。

（2）矿井进行二期工程三条大巷的开拓、井下各硐室的建设，要开展信息化项目一期建设，要安装瓦斯监控系统、人员定位系统。

（3）矿井进行三期工程采区巷道的掘进、首采工作面的掘进，要进行二期信息化建设，要安装产量监控系统，进行井上和井下工业环网、机房建设，指挥大厅建设（大屏幕墙不少于4 m^2），安装工业视频监控系统。

（4）矿井具备联合试运转条件，进行分期信息化建设，要与政府煤矿管理部门进行数据联网，进行安全监管执法与决策支持系统的建设。

（5）矿井投产后，要完善基础设施建设、环境监测及应急系统，进行生产自动化、科学综合管理，辅助管理信息系统、视频会议系统等建设。

第五章 信息化各系统实现的技术指标

第十六条 在规划信息系统的建设、改造时，重点要考虑以下内容：

（1）尽量保持目标的多重性：即技术上满足综合自动化信息化的要求，同时尽量能够实现经济社会目标（如：节能减排、国产化要求、安全防爆等）。

（2）尽量保持相当的领先水平：即尽量通过一次改造或建设，满足十年左右投资需求。

（3）尽量采用升级手段而非推倒重来：即尽量利用原有的主体设备，仅通过技术手段加以改良和改进。

（4）尽量采用统一的数据通信接口：即当子系统为孤立系统时，应满足综合自动化系统的接口和控制模式的接入要求。

（5）各系统需要入井的设备、井口、地面皮带、提煤点、选煤厂的皮带沿线使用的相关设备，应具有“MA”和防爆资质认证。

第十七条 基础设施建设

1. 数据专线建设

矿与煤管局等行政管理、监管单位网络满足需求，不低于10 M带宽。

2. 机房建设指标

机房建设应参照国家出台的最新相关标准规范。机房位置应位于建筑物阴面，机房面积不少于30 m^2，满足2台19寸2 m标准机柜（设备、网络机柜）、空调、UPS等设备的放置；机房所有设备都应接地，电源和信号都应做防雷保护；供电和信号线路走线要规范，采用上桥架或线槽走线方式，强、弱电的布线要合理搭配，互不干扰；机房内不准接入暖气，中央空调；机房所有设备都应接地，电源和信号都应做防雷保护；必须实现双回路供电，必须安装UPS，UPS负荷应满足4 h以上不间断供电，只接入核心生产设备及系统时不少于8 h；机房设备上的标签应标明设备的名称和网络地址，网络线路具有明确标记；机房应安装应急照明，并与备用电源相连；机房必须有防静电措施（防静电地板或特殊环氧树脂）；根据消防要求机房配备二氧化碳灭火器，按照100 m^2 建筑面积配置一个灭火器单元（不少于2具4 kg二氧化碳灭火器），不足100 m^2 的至少配置一个灭火器单元；交换机必须专网专用。

3. 指挥大厅建设

指挥大厅应安装大屏显示系统，面积不能低于4 m^2，保证画面清晰连贯，能够24 h连续运行，具有视频、生产过程动态监测监控及各类图表信息显示功能；应安装音效系统；应安装应急照明，并与备用电源相连；调度大厅必须有防静电措施（防静电地板或特殊环氧树脂）。

4. 井上（井下）工业环网

工业环网分为井上、井下环网，每个独立网络应统一接到矿井调度中心核心交换机上，并且每个独立网络必须配置不少于两条链路连接到核心设备，防止断点故障。

井上工业环网又称地面环网，形成环网的光路必须在 1000 M 以上，接入光口、电口必须在 100 M 以上，交换机的安装布置要充分考虑地面主要生产场所，参考要求接入的各子系统分布位置进行确定，骨干网络坚持就近接入子系统，个别偏远且不在骨干主网上的子系统可采用分支交换机以星型方式接入主网。

井下工业环网形成环网的光路必须在 1000 M 以上，接入光口、电口必须在 100 M 以上，交换机的安装布置要充分考虑井下主要巷道、各硐室、采区分布，参考要求接入的各子系统分布位置进行确定。骨干网络坚持就近接入子系统，个别偏远且不在骨干主网上的子系统可采用分支交换机以星型方式接入主网。

5. 工业视频监控系统

工业视频系统前端摄像机要根据实际需求，选择模拟或网络数字摄像机，摄像机采购前应考虑视频上传格式，要符合二级公司上传要求。井上卸煤点、井口、绞车房及井下所有场所必须具备“MA”和防爆资质认证。按照标准化统一规定，视频监控必上传的 11 路地点为：①井底车场进出罐笼处或斜井底乘车处；②井底煤仓处或主皮带头处；③采区皮带与主皮带转载处；④井下中央变电所、水泵房；⑤采煤工作面顺槽皮带机头处；⑥采煤工作面或电列、转载机处；⑦主提升绞车房或斜井皮带机头区域；⑧副井提升绞车房；⑨副井井口房（出入井口区域）；⑩主提升系统箕斗或上仓；⑪煤炭销售车辆过泵处。装备工业视频系统，图像存储时间应不小于 7 天，图像信号能上传到上一级生产指挥中心。

第十八条 环境监测及应急系统

1. 瓦斯监控系统

瓦斯监控系统必须符合《煤矿安全监控系统通用技术要求》（AQ 6201—2019）、《煤矿安全监控系统及检测仪器使用管理规范》（AQ 1029—2019）及新颁布的其他监测监控相关标准。在井下主要生产区域安装瓦斯、CO、CO_2、风速、温度、湿度、压力、开停、风门开闭、烟雾等传感器，具有超限语音、声光报警功能；具有风电、瓦斯、故障闭锁功能；具有数据存储查询功能，监测数据存盘记录至少保存 1 年；系统主机应双机备份，当主机发生故障时，备机能够立即启动投入运行，监控主机实时显示对井下瓦斯、CO、CO_2 等气体进行在线实时监测外，还要对粉尘、机器噪声等进行实时在线检测，实时显示动、静态图形、数据、曲线等；系统布置图要及时更新。

2. 产量监控系统

产量监控系统应在皮带秤现场配置视频监视装置，并符合国家相关标准。具有煤炭产量监测、处理、存储、显示、查询、打印等功能；具有皮带状态检测功能；具有实时视频监控功能；具有严重超产报警功能；具有自诊断功能。当系统中计量仪器等设备发生故障时，报警并记录故障时间和故障设备，以供查询；称重显示器具有操作权限管理，防止修改产量等存储内容的功能；称重显示器具有数据存储功能；当系统网络中断时，称重显示控制器存储产量和系统工作状态等数据；系统网络恢复正常后，将系统网络中断期间存储的产量和系统工作状态等数据上传到生产指挥中心；生产指挥中心具有数据、视频显示终端。

3. 顶板、冲击地压管理系统

顶板、冲击地压管理系统应实时监测综采工作面支架和超前支护工作阻力，监测主要巷道顶板；实时监测掘进和回采巷道顶板离层位移和速度监测；地面计算机动态实时在线监控，并可报警；具有综合分析及预报警功能；具有监测曲线显示、预测功能；具有报表管理，历史记录查询功能等综合分析及预报警功能。

4. 探放水预警系统

探放水预警系统应充分利用三维地理信息、成像技术、三维仿真技术，结合防治水“一查、一震、两电、一钻”经验，仿真模拟井下采掘布置。将地表勘察及调查、三维地震勘探、直流电法和瞬变电磁法及超前打钻探水分析出的结果形象模拟采空区、陷落柱、保护煤柱、疑似异常积水区等分布及地理构造。系统应具备探测结果信息参数（物探及钻孔信息等）及预掘进信息的显示，结合地理构造及掘进基本信息，进行掘进分析，实现瞬变电磁法预警，采空区预警、掘进预警等功能。

5. 井下作业人员管理系统

井下作业人员管理系统可采用 RFID 射频技术（区域定位）或更先进的 ZigBee 技术（精确定位）的人员管理系统，技术指标应满足最新的《煤矿井下作业人员管理系统通用技术条件》《煤矿井下作业人员管理系统使用与管理规范》和《煤炭工业矿井监测监控系统装备配置标准》等国家相关标准。生产指挥中心具有系统显示终端，可显示井下人员分布情况，按时间段统计下井次数时间，可按班次部门生成日、月考勤；具有实时监测、查询井下人员位置，查询人员历史轨迹，应具有区域超员，工作超时报警；具有人员紧急呼救功能，并动画模拟行走路线；系统主机应双机备份，数据保存时间不能少于 1 年。

6. 通信联络系统（有线通信系统）

通信联络系统通过数字中继或 IP 语音网关实现，与矿井行政电话、井下移动通信系统、井下应急广播系统互联互通。通信联络系统的容量配置，应根据实际使用需求进行配置。井下各主要场所，井上主要岗位及“七长”办公室必须安装直通电话；矿井有线调度电话通信线缆应分设两条，从不同的井筒或一个井筒的不同间隔进入井下配线设备；调度电话应安装于生产指挥中心；系统设备应可靠接地；系统具有调度发起的组呼、全呼、选呼、强拆、强插、紧呼、会议及监听功能；终端设备应能向生产指挥中心发起紧急呼叫；具有自动或手动启动的录音功能及查询功能；系统具有备用电源，电网停电后，系统中设备的备用电源连续工作时间应不小于 2 h；系统应具有数据备份、恢复功能，通话录音保存不少于 3 个月。

7. 井下移动通信系统（无线通信系统）

井下移动通信系统可采用 WiFi 或更先进的 3G、4G、5G 技术，满足矿井移动人员即时通信的需求，是有线调度通信系统的必要补充，能与矿井通信联络系统、行政电话互联互通；具有短信群发、手机终端间可互发短信；具有调度台集群调度功能，包括组呼、全呼、选呼、强拆、强插、紧呼、会议及监听功能；具有记录通信历史功能并可进行查询；具有自动或手动启动的录音功能并可进行查询；系统应具有备用电源，电网停电后，基站备用电源向基站连续供电时间应不小于 2 h；矿用手机终端的待机时间应不少于 48 h，通话时间不少于 12 h；具有区域定位功能，行走路线轨迹管理功能。

8. 井下应急广播系统

井下应急广播系统宜采用 IP 广播系统，应与通信联络系统、井下移动通信系统互联互通。系统容量配置，应根据井下实际情况进行配置；系统具有曲目编辑下载功能，能在音频服务器上对单个或全部终端进行播放曲目（包括音乐、温馨祝福、上下班铃声等）、播放时间、播放顺序、播放音量等的编辑下载；具有自动播放功能，系统应按照音频服务器预先设置在终端中的播放列表，自动播放或停止播放存储在终端存储卡上的曲目等；具有实时播放功能，系统应通过网络将需要立即播放的音频文件下载到终端播放；具有终端和调度讲话功能，用户在终端任何状态按下“调度”键，和调度员对讲；具有紧急广播功能，调度员可在任何状态下对单个、分区、全体用户紧急广播；无论终端处于何种状态，都能听到调度讲话，充分体现调度优先；具有监听功能，调度员可监听终端周围的声音；

具有录音功能，系统可将调度员对终端用户的讲话形成录音文件，以便查询；具有巡检功能；安装多功能卡，可以通过调度电话使用扩音终端进行扩音广播等。

9. 紧急避险系统

根据煤矿井下安全避险“六大系统”建设要求，该系统具有一氧化碳、二氧化碳、甲烷、氧气、温度、湿度、压力等环境信息现场显示功能，地面生产指挥中心可在线监测；具有与调度直通电话、视频等通信功能；具有各设备运行状态监控，设备检修、维护等信息管理功能。

10. 压风自救系统

根据煤矿井下安全避险“六大系统”建设要求，必须建设压风自救系统，设备的安装、使用、管理符合国家相关标准；系统具有设备压力等现场显示及故障报警功能；能够实现生产指挥中心在线监测、维修、故障等综合管理。

11. 供水施救系统

根据煤矿井下安全避险“六大系统”建设要求，必须建设供水施救系统，设备的安装、使用、管理符合国家相关标准；系统具有设备状态现场显示及故障报警功能；能够实现生产指挥中心在线监测、维修、故障等综合管理。

12. 安全监管执法与决策支持系统

根据山西省煤炭工业厅相关要求，实现瓦斯监控系统、产量监控系统、井下作业人员管理系统三大系统的联网，系统应符合国家相关标准。系统具备视频监视通话等远程诊断、监控功能；数据信息更新及时，可持续稳定 24 h 不间断运行；能够实现超限、故障报警及历史记录查询；数据应上传至地方煤管局和上级主管单位。

第十九条 生产自动化系统

1. 主井提升系统

系统应具备自动运行、无人值守、故障自停功能；具有运行速度、位置等状态实时在线监测，动态模拟显示功能；具有各种配套设备参数信息动态显示功能；具有运行故障预报预测、曲线分析管理功能；具有故障分析管理、运行状态历史记录管理功能；具有给煤点、卸煤点及操作间视频监控功能。

2. 副井提升系统

应具备自动运行、故障自停功能；具有运行速度、位置等状态实时在线监测，动态模拟显示功能；具有各种配套设备参数信息动态显示功能；具有运行故障预报预测、曲线分析管理功能；具有故障分析管理、运行状态历史记录管理功能；具有入井口、井底出口及操作间视频监控功能。

3. 带式输送机运输系统

井下主要生产带式输送机应能够实现集控，故障自停；具有控制、保护、故障检测等功能；具有输送带跑偏、堆煤、温度等异常故障现场声光报警；调度大厅能够实时在线监测带式输送机运行状态，对带式输送机进行可控，显示故障报警等功能。

4. 主通风系统

系统应具备主用、备用分机运行状态的在线监测，动态模拟运行风机的状态，工况参数包括：运行频率、风量、风速、电机轴温、定子温度，垂直、水平振动等。系统具备自动运行，异常、故障报警。通风机能够实现远程视频监控，系统具备无人值守条件。

5. 局部通风机监控系统

系统能够连续在线监测矿井局部通风机风量、开机状态、轴承温度、电流、电压、功率、功率因数、风筒状态等参数；局部通风机应具备备用电源，具备变频调速功能，可根据瓦斯情况调节风量，监测数据上传至生产指挥中心，通过显示终端可在线监测其运行状况。

6. 压风系统

系统应具备监测压风机系统状态，包括：温度、出口压力、电流、电压等工况信息，并能模拟显示压风机的运行状态，具备异常、故障报警功能；能够实现远程视频监控，监测数据应上传至生产指挥中心，通过显示终端可在线监测其运行状况，系统应具备无人值守条件。

7. 排水系统

系统应具备在线监测水仓、水位、水泵的开停，电机、电流温度，闸阀排水管开度，流量等工况信息，自动控制系统宜采用PLC控制。根据水仓、水位、用电峰谷适时启动水泵，合理调度备用水泵及多台水泵运行，达到避峰填谷及节能的目的。系统具备动态模拟排水过程，包括显示水仓、水位、水泵运行，闸阀开度，排水路径等信息。系统应实现远程可控，无人值守条件。

8. 供电系统

系统应实现供电系统和供电线路所带设备或负荷在线参数监测，并可实时监测每个信息；系统具备“四遥操控”（遥控、遥测、遥调、遥信）功能；能对故障监测、预警、保护、定位，并且上传故障数据和信息，应具有远程视频监控，具备无人值守条件。

9. 瓦斯抽采（放）监控系统

系统应实现在线监测瓦斯抽放泵电机功率、电流，泵站管路传感器数值，冷却水仓水温水位，屋顶风机的开停状态及抽放场所内环境等参数。动态模拟系统运行工艺流程，监测瓦斯抽采管路、排气管理、循环水管路的运行状况。针对抽放管路和泵房内的气体超限、冷却水水位过低、水温超高等情况及时报警。实现无人值守、远程监控、开停可控。

10. 综采工作面自动化系统。

综采工作面自动化系统应达到生产状态在调度大厅在线监测；可实现综采工作面上乳化液泵站、液压支架、采煤机、破碎机、刮板输送机、转载机、顺槽带式输送机等设备状态监测；可监测采煤机的运行位置及采煤速度；可实现工作面全程视频监控；可实现故障预警、报警管理等。

11. 选煤自动化监测监控系统

系统应能模拟原煤入选、重介、浮选、精煤、中煤、煤泥、块煤整个选煤工艺及筛选流程，在线监测浓缩机、压滤机、各带式输送机等机电设备的运行工况，对带式输送机运行故障状态，如“禁启”“打滑”“跑偏”“堵料”“拉绳”等进行监测，对主要设备及带式输送机机头、机尾、转载处应实现视频监控。

12. 热力（锅炉）供暖监测监控系统

系统应实现采集锅炉房设备及供暖系统数据，包括水泵、闸阀、温度、流量、出入水温、压力、循环水泵、供水泵运行状态等参数。显示各台锅炉运行情况，包括给水泵运行状态、给水流量、水位指示、过滤液位、蒸汽压力、进出口水温、进水压力、进出口烟温、出水压力，引风机运行等状态。能提供实时曲线、历史曲线、在线报警、报警记录查询功能。具有远程视频监控功能。

13. 污水处理系统

污水处理系统应符合国家相关水处理标准。系统应实现水处理的过滤、水力清洗、化学清洗、化学加强反洗等自动运行功能；具有水质监测管理功能；系统应具备污水处理工艺动态模拟监控画面，动态显示处理站所有工艺环节电气设备的运行工作情况，并对各系统的处理流量进行实时监控和历史记录查询、统计；应具有远程视频监控，达到无人值守条件。

14. 煤炭外运装车及销售系统

应安装自动装车系统。实现铁运、汽运自动装车；列车编号自动识别，实现自动称重管理；销售应与客户、合同、煤种、价格实现联动管理功能，并且实现销售日报表，按合同、客户、煤种等进行统计报表。

第二十条　科学管理

1. 综合自动化监控平台。

综合自动化监控平台应集成采、掘、运输、提升、通风、压风、供电及人员位置、生产视频监控等功能，在指挥中心实现对全矿生产状况的实时监测监控。实现超限、故障报警；运行状态记录查询；报表统计分析等功能。

2. 调度管理系统

生产调度日报管理；生产工作安排管理，产量、掘进进尺、销售量等计划及实际完成情况，累计信息；材料消耗、计划管理；生产、采掘衔接管理；矿车管理；临时任务管理；值班、带班排班管理；数据上报、下发管理；综合报表统计分析。

安全生产日报系统：录入每天的生产情况、销售情况、掘进工程进度情况、出勤情况、带班领导情况，可以打印输出报表。查询每天的生产情况、销售情况、掘进工程进度情况、出勤情况、带班领导情况，可以根据时间查询任意一天的数据，可以打印输出报表。根据查询的生产报表可以打印输出到打印机。参照《煤矿安全生产标准化管理体系基本要求及评分方法（试行)》。

3. 地质勘探测量信息化系统

该系统应实现从原始的基础数据（如钻孔数据、导线点数据等）自动生成，并动态修改矿山地测工作的各类图件，如地质勘探线剖面图、采掘工程平面图、底板等高线及储量计算图、工作面地质说明书、任意剖面的切割等。主要包括：地理信息综合管理系统、三维图形地理显示系统、地质勘探分析系统、建模管理系统、综合分析系统。

4. 培训考试系统

系统应实现对所有职工基本资料的录入，根据不同的业务需求，可以编写题库，根据设定时间，发布试卷，控制时间，考试结束后可自动判卷。系统集考勤、题库管理、视频教学系统、全员考试管理、特殊工种考试、资格证书管理、培训功能于一体。

入井考试系统应针对入井者，随机抽取题目进行考试，考试合格方能启动闸机，进行酒精检测和检身后，方能入井。考试不合格，无法启动闸机，无法通过入井通道。

5. 隐患闭合管理系统

系统应具备智能设备采集或人工录入采集隐患、隐患三定、隐患处置、隐患督查流程化的闭环管理。及时更新管理隐患库及地址库，以便定位某个位置存在什么隐患。

6. 安全管理系统

系统应具备规程措施、隐患处理、安全培训、事故台账、“三违”管理、日常管理等功能。实现预设安全巡检路线，对巡检人员进行监督，未按规定线路完成巡检，短信报警。

7. 作业规程编制审核系统

系统应具备规程编制、规程查看、规程会签、规程宣贯等功能。系统可以通过规程范本在短时间内编制出规程及措施，避免编制中或生产过程中的操作遗漏项；系统能够进行流程化的审批（会签)；能够实现更新文本资料，学习国家、省、集团、二级公司的政策、法规、制度、标准、操作规程等文件；系统应具有处理工具，能够收集和维护规程中所使用的一些常用的公式、图形、表格。

8. 安全生产应急平台及应急救援管理系统

系统包含应急机构、人员组成、专业库人员详细信息的更新与维护、主要危险源辨识、图纸管理、应急物资管理、应急预案管理、救援线路管理等功能。

9. 设备管理系统

系统应具备对大型设备，采、掘、机、运、通等相关设备等进行综合管理，能够实现对设备分布情况、年检、维修周期进行智能预警提醒及报警功能。

10. 综合信息管理平台

该平台应能够实现各子系统及设备间的联动分析、关联报警功能。根据预设事件发生联动模式，对各种超限及异常报警，实现数据及视频调动的联动，以便更方便直观地对相关数据进行分析。

第六章 附 则

第二十一条 本办法第二章信息化建设管理，尤其是信息化建设审批流程，同样适用于非煤产业板块。

第二十二条 信息技术主管部门对各煤矿信息化系统进行定期与不定期的检查，对存在的问题各部门应及时改正，检查系统结果将纳入全年的考核体系。

第二十三条 本办法由信息技术主管部门负责解释。

2.7 技术创新技术管理制度

1. 技术创新项目申报管理制度

各专业负责工程师要积极组织相关单位工程技术人员，对所有申报项目进行初审，并对申请书内容的真实性、方案的可行性和预算的合理性以及经费筹措的落实情况、基本科研条件的能力保证和预期目标的完成和实现等签署具体意见，经总工程师例会审定，立项上报。

2. 技术创新项目审批管理制度

（1）公司机关各部室和下属各生产经营单位，应结合企业自身建设、生产、经营中的技术需求，研究确定需要申报的项目，明确项目实施方式、项目负责人和联系人，编制项目“立项建议书”，上报公司生产技术部。

（2）公司将对各单位申报的项目进行认真审查，并出具审查意见，评选出符合要求的项目报送集团公司技术中心。

（3）通过集团公司会审或论证的项目，集团党政联席会将批复立项，并列入集团年度计划，至此，项目申报工作结束。

3. 技术创新项目评审管理制度

各矿要根据自身生产实际，严格按照公司既定的申报流程及时汇总并审核上报。公司每年十一月份组织评审委员会相关专家集中评审一次，经评审通过后在公司范围内予以公示，然后在年终技术总结大会上集中予以表彰奖励。

4. 技术创新项目奖励管理制度

公司每年要严格按照规定，对各矿按程序组织上报的科技创新或小改小革成果至少评审一次，并对年度创新工作中有突出贡献的人员、集体等进行一次奖励，以鼓励全员积极创新。

5. 技术创新项目应用管理制度

（1）公司总工程师是公司各类科研项目的负责人。各专业副总工程师、各相关职能部门负责人对本专业科研项目进行审核把关并监督其落实推进情况；生产技术部负责对所有科技创新项目进行收集、整理并进行日常监督管理。

（2）各矿总工程师是煤矿各类科研项目的负责人。矿各专业副总工程师、各相关职能部门负责人分管专业科研项目的具体落实工作，矿生产技术科负责各科研项目的实施、协调日常管理工作。

（3）各专业负责工程师要组织相关单位工程技术人员，严格按照集团公司要求，对各类申报项目认真填写项目申报书。

（4）各专业负责工程师要积极组织相关单位工程技术人员，对所有申报项目进行初审，并对申请书内容的真实性、方案的可行性和预算的合理性以及经费筹措的落实情况、基本科研条件的能力保证和预期目标的完成和实现等签署具体意见，经总工程师例会审定，立项上报。

（5）科研项目必须签订符合相关法律法规的合同，并严格执行。合同的商谈由总工程师牵头，项目负责人、矿纪检办、法律顾问、财务科、生产技术科及相关职能部门参加，报矿长（或矿长授权指定人员）签订。

（6）科研项目立项后，各专业副总工程师及相关职能部门要积极组织实施。实施过程中要动态跟踪，及时在科研生产、应用中发现和解决问题，及时总结、提炼，形成科研报告，进行项目鉴定。鉴定费用从科研项目经费中列支。

（7）科研项目要严格遵守保密规定，研究成果及专利要妥善保管。对泄密的项目负责人和直接责任人，视情节轻重给予相应的纪律处分。

（8）经费严格按“合同、计划、进展”拨款，实行专款专用，专账管理。纪检办对项目经费开支行使监督权，确保项目经费合理、有效使用。

（9）公司对科技创新项目实行月报统计制度。项目在实施过程中，各项目承担单位要在每月3号前对上月项目进展情况、经费支出和当月工作计划进行梳理，填写《公司科技创新计划项目月度进展情况汇总表》报送生产技术部；如项目当月发生费用支付，还要提供当月科技项目支付费用的明细表。生产技术部对各单位的项目进展情况进行汇总后，于每月5号前报送集团公司技术中心。

（10）实行项目中期检查和评估制度。公司将组织相关业务部室对项目执行情况进行中期检查和评估，对项目执行情况、经费管理、预期前景等进行评估监督，可采用会议或现场勘察等形式。评估意见可作为项目调整或撤销的重要依据。

（11）实行项目重大事项报告制度。项目在实施期间出现目标调整、内容更改、项目负责人变更、关键技术方案变更、不可抗拒因素等对项目执行产生重大影响的情况，必须按项目管理权限及时汇报公司生产技术部，并根据集团公司和公司的有关批复予以执行。

（12）科技创新项目在实施过程中出现下列情况的，应及时调整或撤销：

①市场、技术等情况发生重大变化，造成项目原定目标及技术路线需要修改的；

②项目所依托的工程已不能继续实施的；

③项目的技术骨干发生重大变化，致使研究工作无法正常进行的；

④项目批复后长时间未能实施的；

⑤由于不可抗拒的因素，致使研究工作不能正常进行的。

⑥其他对项目执行产生重大影响的原因

（13）需要调整或撤销的项目，由项目承担单位按管理权限逐级提出书面意见上报公司生产技术部，公司审查后报送集团公司技术中心，经集团公司核准后方可执行。

（14）对由于技术原因和不可抗拒因素造成项目调整或撤销的，要及时结清财务、中止项目；对由于主观原因造成项目调整或撤销的，要追究项目负责人的责任，项目负责人3年内不得再担任科技创新项目的负责人。

（15）科技创新项目完成后，按照“谁管理、谁验收”的原则进行验收。集团公司管理的项目由集团公司组织验收；公司管理的项目由公司组织验收，集团公司监督管理。

（16）项目验收的程序和所需要的技术资料按照《山西煤炭运销有限责任公司科技创新项目管理办法》（山西煤炭运销技术字〔2013〕363号）执行。

（17）科技创新项目资金的来源、管理和使用，按照《山西煤炭运销有限责任公司研究开发费用管理办法》（山西煤炭运销技术字〔2013〕36号）执行。

（18）项目的知识产权和成果管理按照集团公司和公司的有关管理办法执行。

（19）项目在签订技术合同中要明确知识产权和成果的归属。

（20）各项目承担单位要加强知识产权和成果的管理工作，并贯穿于项目立项、实施、验收等工作中。项目立项时，要明确对创新点的知识产权保护及专利申请计划；项目实施过程中，要及时进行专利申报，做好知识产权管理工作；项目验收时，要对项目知识产权目标完成情况、知识产权管理和保护情况等进行考核。此外，各项目承担单位还要加强对项目合作方及研发人员的管理，防止知识产权流失。

（21）对于科技创新项目中通过鉴定的科学技术成果和获得的专利证书，各项目承担单位应按照《公司关于报送科学技术成果和专利证书扫描件或复印件的通知》要求，于取得证书后两周内，将证书的扫描件或复印件报送至公司生产技术部。

（22）项目的知识产权和成果对外进行许可实施、转让、推广等工作，应获得集团公司和公司的批准。

3 技术体系管理流程图

3.1 基建技术管理流程

1. 基本建设管理程序

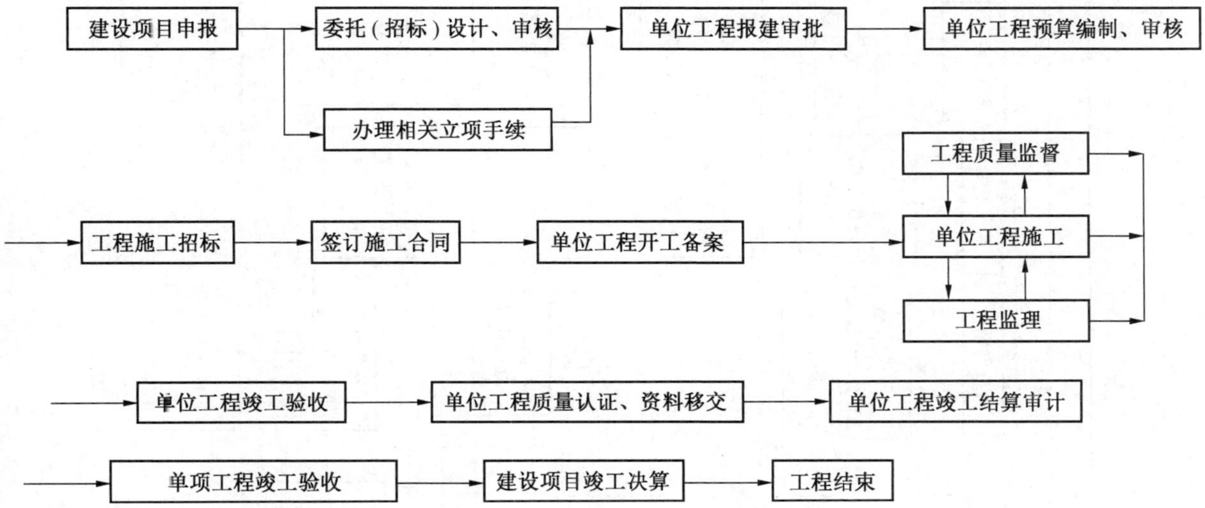

2. 建设项目申报流程

3. 单项工程报建与审核流程

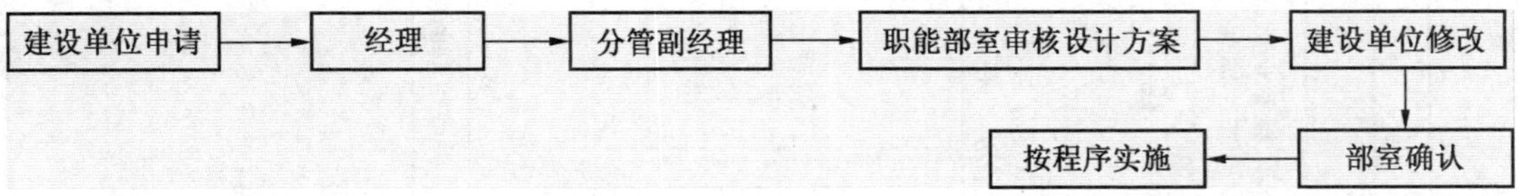

4. 结算审计审批流程

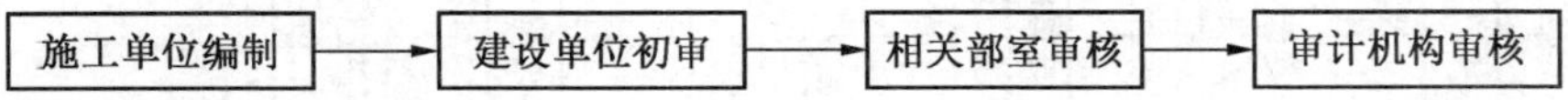

3.2 生产技术管理流程

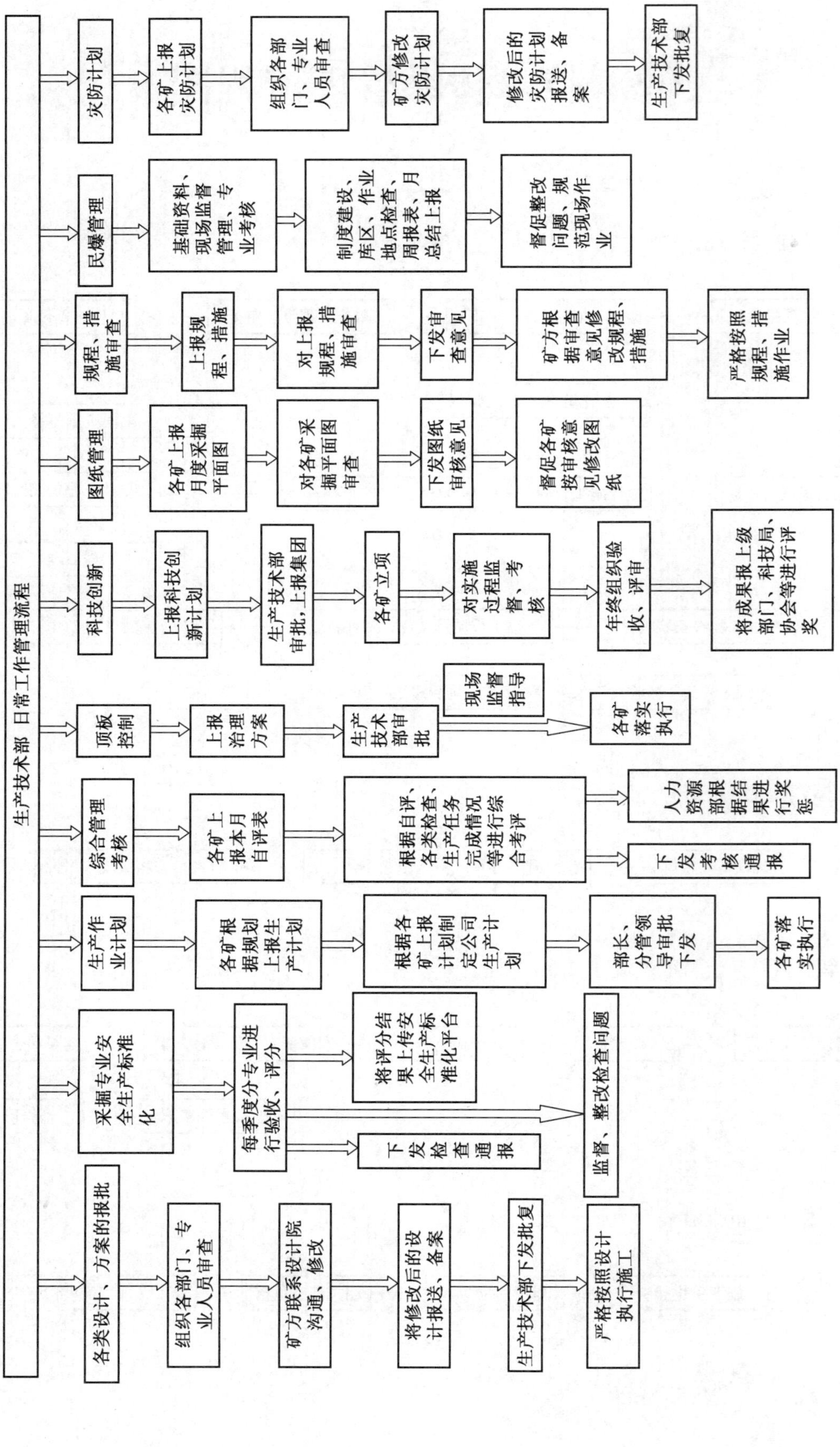
生产技术部 日常工作管理流程
各类设计、方案的报批
组织各部门、专业人员审查
矿方联系设计院沟通、修改
将修改后的设计报送、备案
生产技术部下发批复
严格按照设计执行施工
采掘专业安全生产标准化
每季度分专业进行验收、评分
将评分结果上传安全生产标准化平台
监督、整改检查问题
下发检查通报
生产作业计划
各矿根据规划上报生产计划
根据各矿上报计划制定公司生产计划
部长、分管领导审批下发
各矿落实执行
综合管理考核
各矿上报本月自评表
根据自评、各类检查、生产任务完成情况等进行综合考评
人力资源部根据结果进行奖惩
下发考核通报
顶板控制
上报治理方案
生产技术部审批
现场监督指导
各矿落实执行
科技创新
上报科技创新计划
生产技术部审批,上报集团
各矿立项
对实施过程监督、考核
年终组织验收、评审
将成果报上级部门、科技局、协会等进行评奖
图纸管理
各矿上报月度采掘平面图
对各矿采掘平面图审查
下发图纸审核意见
督促各矿按审核意见修改图纸
规程、措施审查
上报规程、措施
对上报规程、措施审查
下发审查意见
矿方根据审查意见修改规程、措施
严格按照规程、措施作业
民爆管理
基础资料、现场监督管理、专业考核
制度建设、库区、作业地点检查、月周报表、月总结上报
督促整改问题、规范现场作业
灾防计划
各矿上报灾防计划
组织各部门、专业人员审查
矿方修改灾防计划
修改后的灾防计划报送、备案
生产技术部下发批复

3.3 地测防治水管理流程

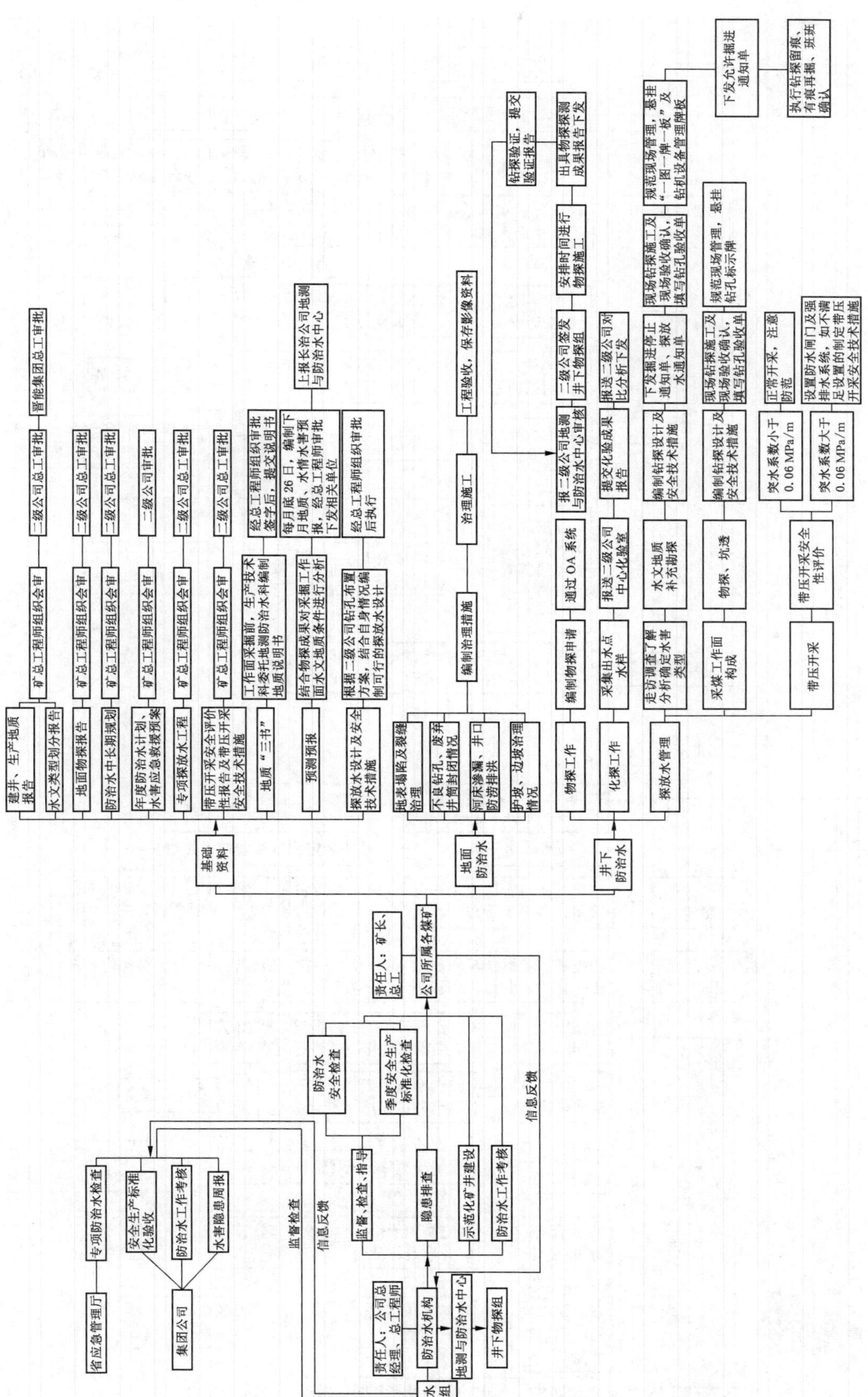

3.4　通风管理流程

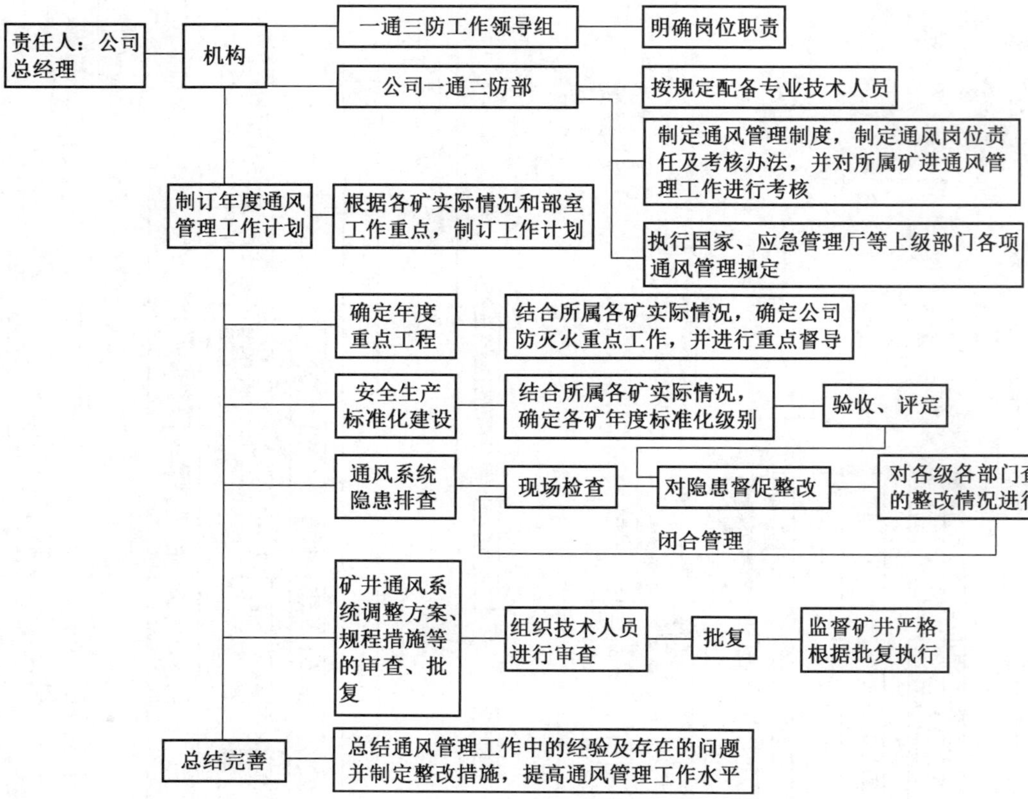

3.5　防尘管理流程

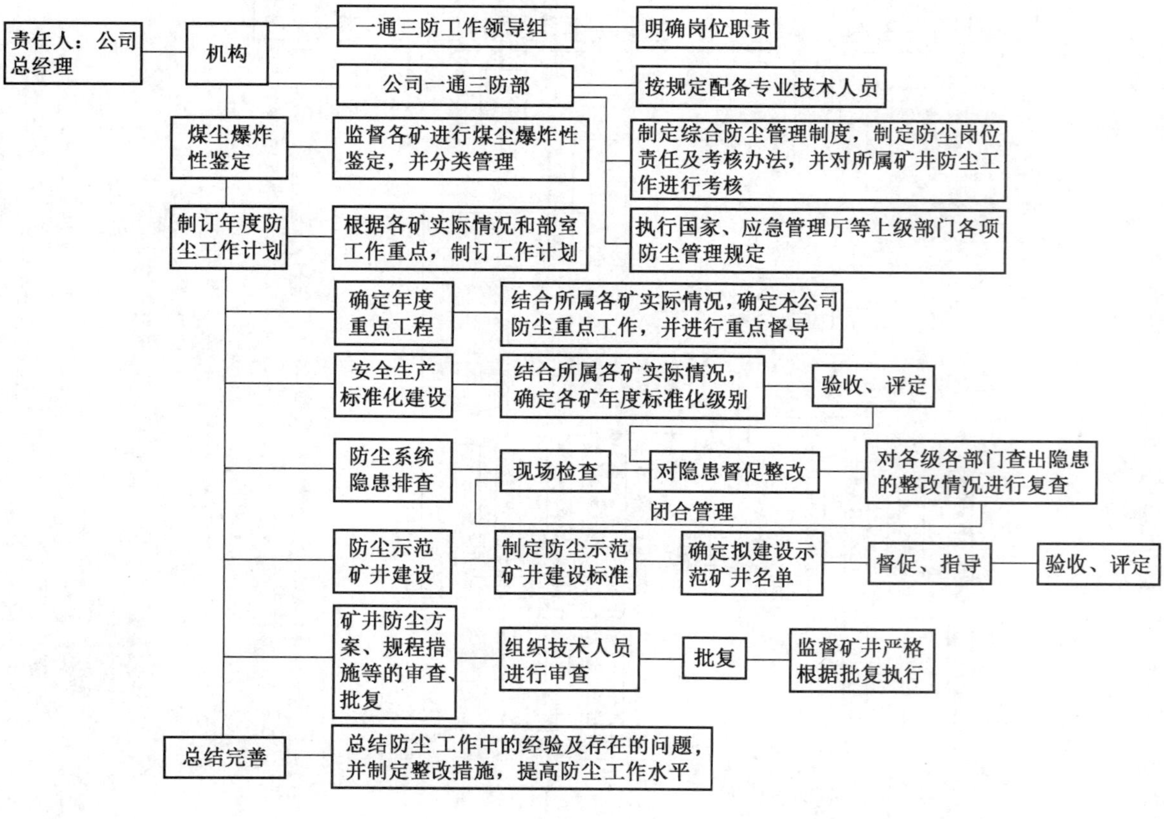

3.6　防灭火管理流程

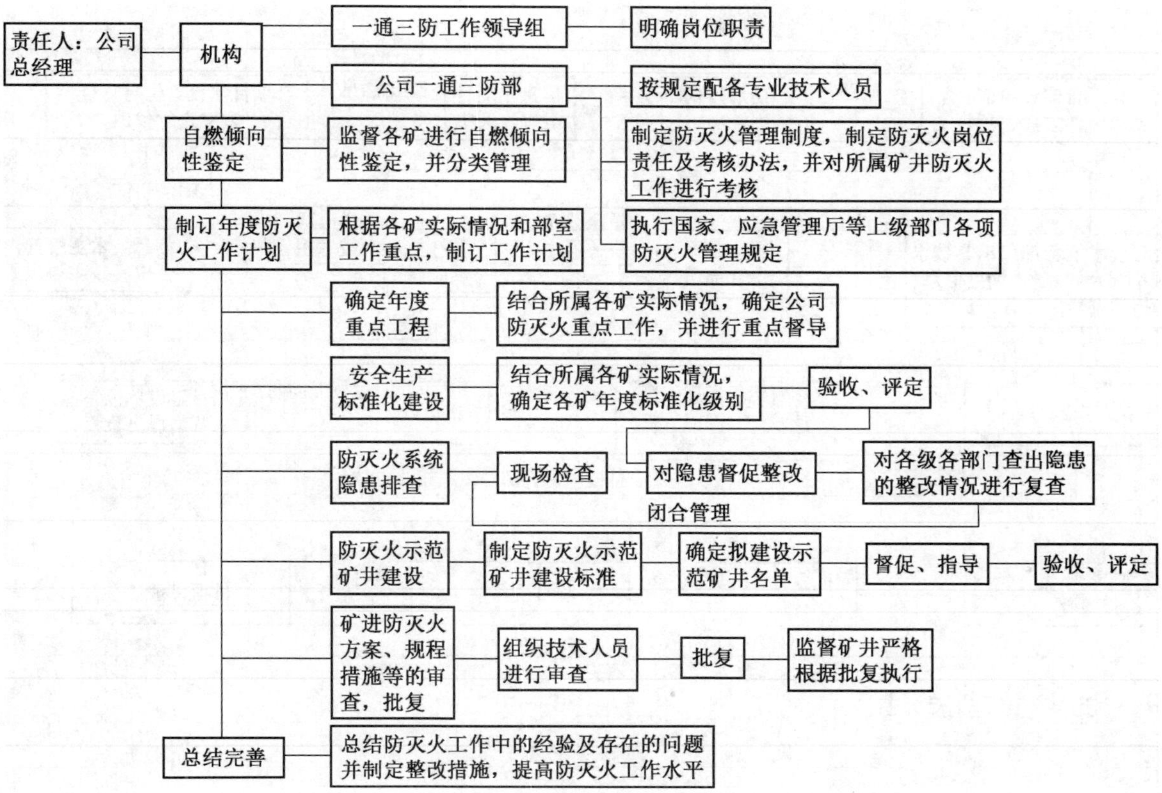

3.7　瓦斯防治管理流程

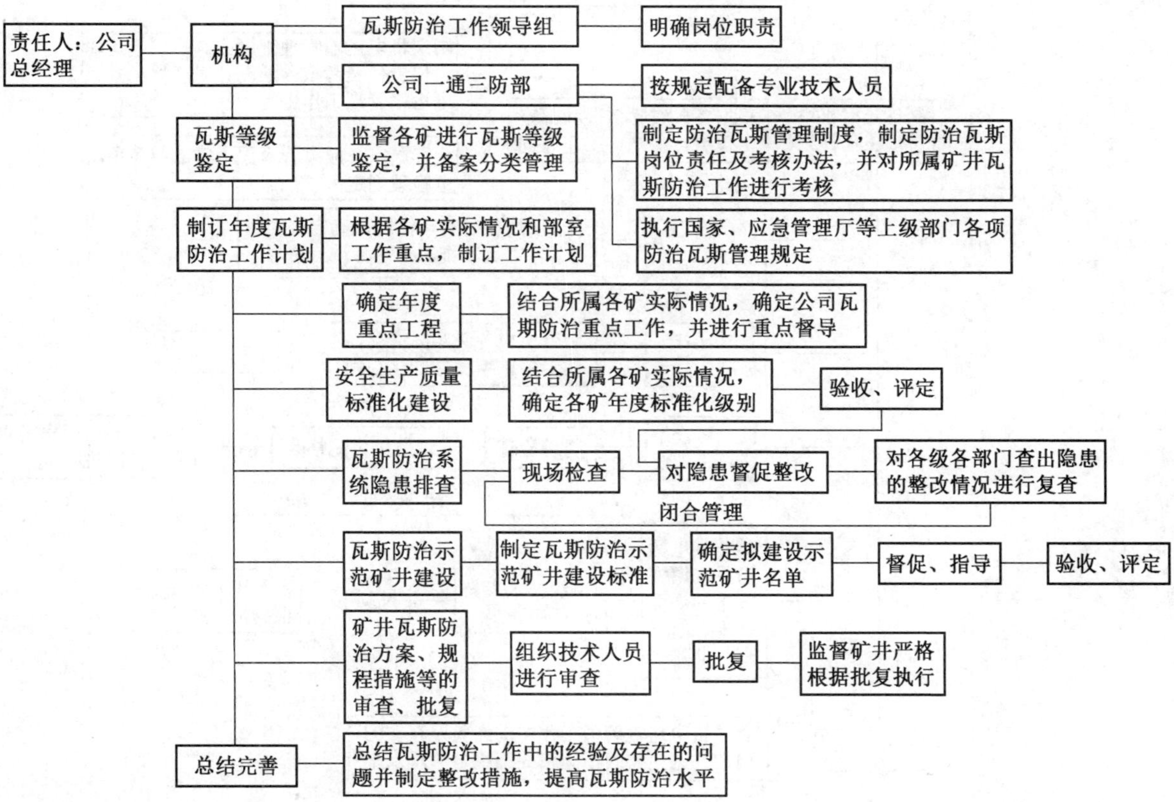

3.8　信息化建设管理流程

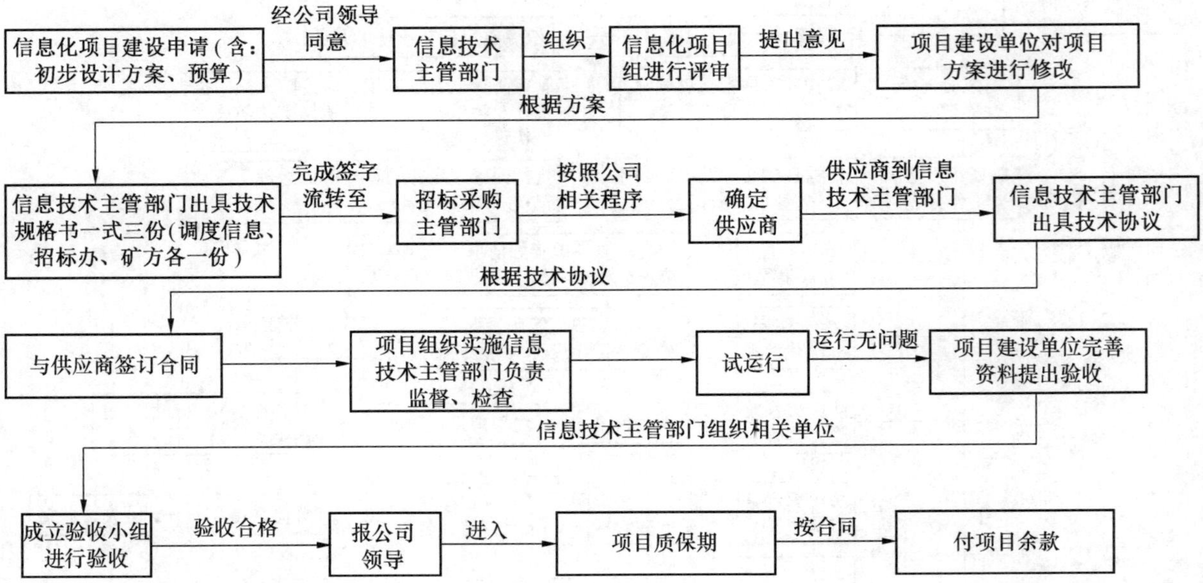

3.9　机电管理流程

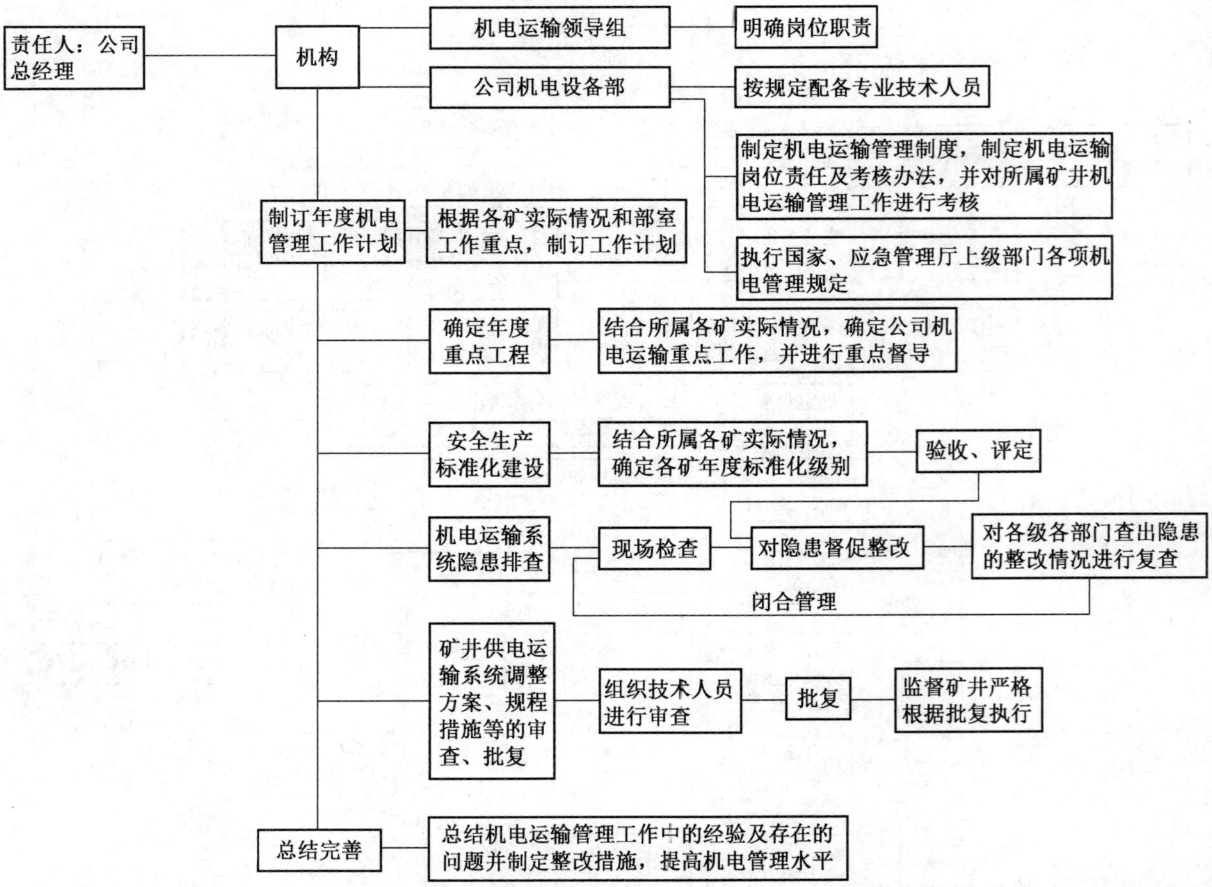

第7篇 管理体系

1 安全目标管理责任书

1.1 二级公司对煤矿

为认真贯彻执行“安全第一，预防为主，综合治理”的安全生产方针，明确各级安全责任，强化安全意识，加强安全目标管理，实现公司二〇二〇年度安全目标，促进煤矿单位本质安全化，特签订二〇二〇年度安全目标管理责任书。

1. 安全控制指标

（1）无重伤以上事故。

（2）重伤事故：控制指标 人；奋斗目标 人。

（3）轻伤事故：控制指标 人；奋斗目标 人。

（4）非伤亡事故：杜绝一级非伤亡事故；二级非伤亡事故控制指标 起；奋斗目标 起。

2. 安全生产标准化建设指标

一级。

3. 安全隐患整改率

重大隐患整改率100%，一般隐患整改率不低于98%。

4. 安全培训与持证上岗指标

全员培训率100%，持证上岗率100%，班组长以上干部业务培训率100%。

5. 劳动用工与社会保险管理指标

全员合同签订率、用工备案率、培训率、参加社会保险率、年检率达到“五个百分之百”。

6. 职业卫生指标

职业病增长率控制在2‰以内；日常监测和定期检测双达标；职业健康体检率100%。

7. 安全费用管理指标

按规定足额提取，做到投入到位，平衡使用，安全不欠账。年度安全费用提取与使用计划执行率不低于85%。

8. 灾害治理关键性技术控制指标

（1）一通三防管理指标：钻孔工程量 万m；瓦斯抽采量 万m^3；全年做到矿井通风系统独立、完善、可靠，无违章串联通风，无微风、无风作业区域，无失控盲巷，无较大及以上通风事故；降尘有效，无煤尘堆积。

（2）探放水管理指标：钻探进尺 m，做到预控、可控、严控，全年无水患事故。

（3）顶板管理指标：预控到位，措施到位，年内不出现因采取措施不力和失误造成冒顶事故，无失修或严重工程质量事故。

（4）机电管理指标：机电设备综合完好率≥90%；小型电器设备完好率≥95%；设备待修率≤5%；机电事故率≤1%；杜绝失爆。

9. 安全管理机构及人员

安全管理机构和人员配备符合相关法律、法规及上级要求，能够保证安全管理工作正常秩序。

10. 安全重点工作

（1）完成晋能特色“136”安全管理模式重点推进任务。

（2）全面落实集团公司确定的10项安全管理重点工作和20项安全管理细节。

附则

1. 本责任书考核执行单位：二级公司安全生产委员会办公室，考核及奖惩办法另行制定。

2. 本责任书执行时间：二〇二〇年一月一日至二〇二〇年十二月三十一日。

3. 本责任书一式三份：二级公司安全生产委员会办公室、二级公司工会、签订单位各执一份。

1.2　二级公司对非煤矿生产经营单位

为认真贯彻执行“安全第一，预防为主，综合治理”的安全生产方针，明确各级安全责任，强化安全意识，加强安全目标管理，实现我公司二〇二〇年度安全目标，促进地面单位本质安全化，特签订二〇二〇年度安全目标管理责任书。

1. 安全控制指标

无重伤及以上事故，轻伤≤1人。

2. 安全隐患整改率达

达到100%。

3. 安全培训与持证上岗指标

全员培训率100%，各类人员持证上岗率达100%，特种作业人员持证上岗率100%。

4. 安全管理机构健全

管理人员配置合理，劳动用工规范。

5. 安全重点工作

（1）全面落实集团公司确定的10项（涉及）安全管理重点工作和20项（涉及）安全管理细节。

（2）年内安排的其他重点工作。

附则

1. 本责任书考核执行单位：二级公司安全生产委员会办公室，考核及奖惩办法另行制定。

2. 本责任书执行时间：二〇二〇年一月一日至二〇二〇年十二月三十一日。

3. 本责任书一式三份：二级公司安全生产委员会办公室、二级公司工会、签订单位各执一份。

1.3　煤矿对各科队

为认真贯彻执行“安全第一，预防为主，综合治理”的安全生产方针，明确各级安全责任，强化安全意识，加强安全质量目标管理，根据集团“1366”发展战略，大力推进“136”安全管理模式，积极落实“333”和“8+7”安全举措，按规定全面推行准军事化管理，强抓全员“一对一、点对点、结对子”安全培训，牢固树立“持续为职工创造良好安全作业环境”等管理理念，实现公司二〇二〇年度安全目标和安全生产标准化达标规划，促进矿井本质安全化，公司安委会与××科特签订二〇二〇年度安全质量目标管理责任书。

一、考核指标

1. 安全指标

（1）重伤事故：控制指标0人。

（2）轻伤事故：控制指标0人。

2. 安全管理指标

（1）组织开展全矿井安全生产标准化验收评定工作，矿井安全生产标准化达一级。

（2）工程项目必须制定专门的安全技术措施，保证“一工程、一措施”，执行率达100%。

（3）加强办公场所管理，加强防火，防护设施必须齐全，责任明确，全年无因责任造成的不良现象和安全事故。

（4）当月违章人数不超在册人数的3%，全年按月累计计算考核。

（5）负责隐患整改复查，保证隐患整改率99%。

（6）保证质量、环境、职业健康安全三个管理体系的正常规范运行，各种记录齐全完善，顺利通过年审。

（7）加强员工职业病的防治工作，按公司要求，积极组织参加体检，并做好职工身体健康状况的动态观测，严禁带病作业。

（8）加强隐患排查力度，督促整改，杜绝重大安全隐患。

（9）科长、副科长每月入井不少于12次，跟班入井时间不少于4 h，其余入井时间不少于2 h。

（10）科长、副科长每月完成抓违章指标不少于1人次。

（11）落实安全生产专项费用，确保资金合理计划、使用。

3. 安全活动指标

（1）围绕“136”安全管理模式和“333”重要安全举措，落实安全责任，推进安全生产。

（2）积极参加“安全月”等活动，并完成相关任务指标。

（3）积极参与公司组织的安全生产标准化达标活动，完成逐月下达的任务。

（4）认真督促队组开展自查自纠活动，每周至少组织一次安全活动，要有检查，有落实，有记录。

（5）安全例会、安全办公会议和班组长交流会及时召开。

（6）按时组织并参加公司的安全检查活动和例会。

（7）深化“周四安全活动日”工作，切实提高职工的安全意识。

（8）整改隐患是安全生产的一部分，现场作业时必须先整改隐患后再生产。

（9）加大对“三违”行为的查处惩戒力度和“工序流程”“手指口述”的监督考核工作，确保作业安全。

4. 安全教育指标

（1）各类职工教育覆盖率达100%。要积极做好内部培训，针对岗位工种应知应会要求，切实抓好操作技能培训，达到熟练程度。

（2）积极参加公司组织的定期培训、考核，参考率100%，达标率不低于95%。

（3）持证上岗率100%。

（4）认真贯彻规程和安全技术措施，并做好相关记录和考核工作。

二、考核

1. 对安全质量指标的考核

（1）年终考核，安全质量指标均达奋斗目标，奖井下2000元/人，奖班组长3000元/人；奖地面人员1000元/人，班组长1600元/人，奖其他人员800元/人，奖副职4000元/人，奖安全第一责任者6000元。

（2）年终考核，凡发生伤亡事故，罚500元/人，罚班组长800元/人，罚副职1000元，罚安全第一责任者1500元。

（3）安全生产标准化建设达要求，不达公司要求不得奖。

（4）工程质量指标年。终考核合格率达100%（地质因素影响除外），否则，不得奖；优良率必须达要求，否则，每降低1%相应扣除奖金的5%。

2. 安全管理指标考核

第（1）至（5）条，任一条不达要求扣年终奖的10%。第（11）条平时进行逐月考核，按公司相关规定进行处罚，年终不再重复处罚。

3. 安全活动指标考核

对不参加公司组织的安全检查和例会按安全检查制度及时进行处罚；第（2）、（3）、（4）、（5）条要与单位挂扣考核，凡一项不达标扣年终奖的 3% 。

4. 安全教育指标考核

执行公司安全培训考核制度，并要求认真抓好内部培训工作，尤其是岗前岗位责任制、安全责任制、操作技能的应知应会三项培训，达标率要达 90% 以上，不达要求每一条扣年终奖的 2% 。

三、其他要求

（1）年终考核，全矿超出上级下达的控制指标全矿计罚。

（2）发生各类事故，除按本责任书的有关条款处罚外，同时执行《安全管理制度》中的有关规定。

（3）全年安全工作考核，实行“安全一票否决制”，即发生伤亡事故或重大非伤亡事故，实行“一票否决”，年终召开专门会议按目标责任书规定兑现。

（4）严禁弄虚作假，隐瞒事故，一经查出无论全年指标达到与否，均以未完成对待，并对当事人和单位安全第一责任者给予处罚。

附则

1. 本责任书考核单位：安全科。

2. 本责任书执行时间：二〇二〇年一月一日至二〇二〇年十二月三十一日。

3. 本责任书一式三份：公司工会、安委会、承包单位各执一份。

1.4 煤矿对矿领导

为切实落实“安全第一，预防为主，综合治理”的安全生产方针，明确各级安全责任，实现上级公司下达的安全质量目标、指标，紧紧围绕集团“1366”发展战略，大力推进“136”安全管理模式，积极落实“333”和“8 +7”安全举措，按规定全面推行准军事化管理，强抓全员“一对一、点对点、结对子”安全培训，牢固树立“持续为职工创造良好安全作业环境”等管理理念，努力促进安全生产各项工作，确保完成全年安全生产目标任务，根据公司二〇二〇年度安全生产目标，特签订本责任书。

一、考核指标

1. 安全指标

分管科室、厂队无重伤以上事故，轻伤事故不超过安全预控指标。

2. 安全管理指标

（1）熟悉国家安全生产法律、法规、公司安全生产管理制度等。

（2）在总经理的领导下，直接负责公司的安全工作。

（3）按照国家相关规定，严格执行下井跟班制度，及时制止违章作业，紧急处理现场发现的安全隐患。

（4）负责检查公司安全管理制度的落实和执行、各单位安全生产情况和安全措施的执行情况，及时纠正“三违”。

（5）负责领导、组织公司的安全质量大检查和例会工作，研究、分析、解决安全生产工作中存在的问题或制定改进措施。

（6）根据六大阶段性目标，监督和指导示范型矿井建设和“六大系统”的完善。

（7）组织参加矿井灾害事故的抢救，事故的追查、分析和处理工作。

（8）组织公司安全生产标准化建设工作。

（9）负责组织员工的安全思想教育和培训工作。

（10）参与公司各种重大安全技术改造项目的方案制定和措施落实。对公司存在的安全隐患、风险危害等提出整改意见和建议。

（11）组织制订并实施年度安全生产措施计划、审批专项安全技术措施。

（12）总结推广先进的安全生产管理经验。

（13）及时向总经理汇报安全工作情况和各种安全措施落实执行情况，完成总经理安排的其他临时性工作。

（14）负责公司安全费用管理、监督和投入长效机制建设等工作，确保安全费用合理使用。

3. 安全活动

（1）督促和指导“136”“333”工作稳步推进。

（2）督促和检查“手指口述”工作法的推行。

（3）定期参加上级部门组织的各种提升培训。

（4）督促和指导公司各部门安全生产活动，“周四安全活动日”、安全生产标准化、“安全月”等活动，保证取得实质性效果。

（5）持续加强对“三违”行为的查处和惩戒力度和工序流程的监督考核工作，确保作业安全。

二、考核

严格按照集团公司绩效考核办法和安全目标管理办法进行考核。

三、执行时间

二〇二〇年一月一日至二〇二〇年十二月三十一日。

2　安全绩效考核评价

2.1　安全目标管理考核办法

第一条　编制目的

为了认真贯彻执行“安全第一，预防为主，综合治理”的安全生产方针，加强和规范煤矿安全基础工作，进一步理顺安全与生产的关系，切实落实各级安全生产责任制，杜绝重大事故的发生，促进公司煤矿安全状况持续稳定好转，制定本制度。

第二条　安全目标的树立

以安全法规和宏观安全目标为指导，以安全预测为基础采取上下结合、群策群议的方法，建立安全目标。

（1）安全目标按时间划分为年度安全目标和季度安全目标。

（2）安全目标按体系划分为二级公司安全目标和所属煤矿、区队安全目标。

（3）二级公司经理对安全目标的制定、落实等负总责；各主管副职对分管范围内的安全目标管理负全面责任；安全生产管理部对安全目标的实施负具体责任。

所属各单位也要对照二级公司的责任分工，层层明确各主管领导和部门的责任，落实到人。二级公司在考核安全目标完成情况时，依照责任分工严格考核。

第三条　安全目标的内容

1. 安全质量指标

（1）重伤事故。

（2）轻伤事故。

（3）非伤亡事故。

（4）应急体系建设。

（5）安全生产标准化建设。

2. 安全管理指标

（1）安全生产管理机构与人员配置，安全生产管理人员和特种作业人员配置等管理要求。

（2）安全生产规章制度管理。

（3）安全风险抵押管理。

（4）职业卫生管理。

（5）安全会议。

（6）基本社会保险管理。

（7）安全费用管理与安全投入。

（8）隐患管理。

（9）安全目标责任书管理。

（10）事故管理。

（11）跟班、入井带班指标。

（12）反“三违”指标。

（13）报表及上报安全资料、材料。

（14）机电管理。

3. 安全活动指标

（1）安全检查活动和队组的自查自纠活动。

（2）专业性、季节性和专项安全检查活动。

（3）“六月安全生产月”活动、“百日安全无事故”活动及自主组织开展安全活动。

（4）各类安全生产专项整治活动。

（5）安全生产标准化达标活动和其他安全活动。

4. 安全教育指标

（1）培训机构的建设与日常的内部培训工作。

（2）参加公司组织的定期培训、考核情况。

（3）全员参培率、持证上岗率；安全生产管理人员、十大特种作业人员持证上岗率。

（4）规程和安全技术措施贯彻。

第四条　安全目标指标

（1）安全目标管理以年为周期，在确定安全目标时，既要充分依据山西煤炭运销集团下达（或签订）的安全指标（或目标书）和本公司的实际条件，又要考虑历年来有关目标、指标的统计，对目标加以预测。随着科学技术、工艺流程、管理水平的进步和职工素质的不断提高，安全状况会好转，安全目标应不断有所提高，以体现公司的安全进步及公司的发展。

（2）每年年初，公司要与各单位签订年度“安全目标责任书”。

（3）各单位每年年初要根据和公司签订的年度“安全目标责任书”，结合本矿实际，制定安全目标管理制度及考核办法，层层分解，定目标、定责任，严格落实、严格考核，全面实现安全目标。即矿与部门、部门与班组、班组与个人均应签订目标责任书。

（4）安全目标要具有全面性，克服局限性，既要有绝对指标又要有相对指标，既要规定人身事故指标，又要规定非伤亡事故（如重大、特大机电事故）的目标，既要考虑工程质量指标，又要考虑安全生产标准化达标要求，以及“三违”指标等。要从全面安全管理角度，进行全面的安全目标管理和责任指标分解。

（5）年度安全指标确立时，要突出主要安全指标，尤其是三项否决指标，必须执行否决制度，一项不达标即为责任单位安全工作不达标单位。三项否决指标为：①井下消除死亡事故，地面消灭重伤事故；②杜绝水、火、瓦斯、煤尘、顶板等重大事故；③杜绝一级非伤亡事故和特大机电事故等。

（6）安全目标保障指标主要内容包括：安全生产标准化达标指标、安全管理示范矿井建设达标指标、安全费用提取及使用指标、瓦斯抽采利用指标、安全培训计划完成指标等。

（7）年度安全目标的起草要充分考虑一、二、三线的关系、各队组的生产条件、作业环境等实际因素，进行科学的综合分析确定。安全目标的分解要自上而下，层层展开，分解落实到科、队、厂、班组和个人，使每个职工都明确自己的目标和责任，形成个人保班（组），班（组）保科、队（厂），科、队（厂）保全公司，层层互保、全方位覆盖的系统安全目标网络。

第五条　实现安全目标的保障措施

（1）围绕安全生产责任追究、安全奖惩、经营者效绩考核、安全技术培训考核上岗、安全自律、安全竞赛和达标评级运转等方面，建立和完善企业安全生产长效机制体系，提高安全生产的可控度。

（2）建立和完善安全组织领导、专业安全管理、安全监督保证、综合监督检查、安全教育培训、应急救援组织等六大安全责任保障体系，形成横到边、纵到底，责任落实到人的安全管理网络。

（3）研究探索企业安全文化理念，大力推进安全管理创新，深入开展职业安全健康管理体系认证工作，运用先进的安全管理理念指导各级管理人员，强化以人为中心的安全理念，改进传统的安全管理模式。

(4) 深入开展安全生产标准化达标活动、提升安全技术装备水平、创造安全生产的条件，增强安全生产工作的主动性，使安全管理工作由经验管理走向科学管理，由结果追究变成过程控制，实现本质型安全管理。

(5) 深入开展安全生产专项治理整顿，逐步消除历史遗留的不符合安全规程要求的矿井安全隐患，提高矿井对控制重特大事故的可控程度。加大安全投入，改善矿井的安全装备水平，提高矿井的防灾抗灾能力。

(6) 努力推进安全管理制度化、规范化、科学化，研究开发安全管理软件，运用安全评价程序和科学的安全检查评价方法，实施安全工作的全面监控；严格责任落实，全面落实下井考勤、干部值班制度；明确职能，转变机关作风，树立服务意识；强化考核兑现，严肃安全责任追究，坚持强化事故后的责任追究和过程中的责任落实、责任考核和责任追究并重的原则，促进安全管理到岗到位。

(7) 加强安全思想教育和培训工作，提高员工的整体安全技术素质。建立和完善安全培训上岗运作机制，全面落实员工上岗安全准入制度，做到先培训后上岗制度。

(8) 加强隐患排查治理管理工作，严格执行“二级公司煤矿事故隐患排查治理管控体系实施考核办法”。

(9) 加强安全监察、管理队伍建设，通过系统安全技术培训和岗位培训，提高安全监察、管理人员队伍素质，使全体安全监察、安全管理工作，步入依法、依规安全管理，进一步加大安全执法工作力度，严肃查处“三违”和事故责任者，解决管理严不起来、工作落实不下去的问题，形成遵章守纪的氛围。

(10) 各单位主要领导是实现本矿安全目标的第一责任人，分管安全工作的领导对本矿的安全目标管理负有直接责任，其他副职具体负责本职范围内的安全目标管理工作。

(11) 在实施安全目标管理的过程中，必须注意人的因素，要充分发挥各级组织和每个职工的积极性。提倡民主协商，强调自我管理、自我控制、互相监督检查以及信息交流等。

(12) 在安全目标管理控制过程中，要注意月度、季度考核总结，及时针对控制情况及存在问题进行综合分析，制定预防措施，力求安全指标最优化。

(13) 公司及各单位每年要根据安全目标的实现情况进行评价，以便更实际地制定下一年的目标计划，取得安全目标管理的最佳效果。

第六条　安全目标考评

(1) 对各单位的安全目标考评工作由安全生产管理部负责。各单位的各级安全目标考评由各单位根据部门职责自行组织。

(2) 实行年度考核，考核和评比按二级公司制定的《安全质量目标管理责任书考核、兑现办法》执行。

(3) 对安全目标的奖罚额度要根据每年工资水平、安全防范条件的变化等具体情况合理确定。要通过兑现，调动广大员工的积极性和各级干部抓安全的主动性、创造性，从而保证安全目标的实现和安全状况的有效控制。

第七条　其他

本制度解释权属二级公司安全生产委员会。

2.2　煤矿安全生产管理岗位安全风险抵押办法

第一条　目的

为进一步强化煤矿安全意识，规范管理行为和工作行为等，促进煤矿安全责任落实，推动各项工作规范正常开展，保障公司安全发展，根据《山西煤销集团岗位安全风险抵押考核办法》，结合公司实际，制定本办法。

第二条　安全抵押范围

除公司领导班子成员、三元煤业领导班子成员（在集团公司参加抵押）外的所有煤矿及公司机关职能管理部门在册在岗管理人员（含公司职工返聘人员）参加抵押。离岗人员、内退人员、试用期内人员、临时工作人员不在抵押范围。外借、外调（包括借入、借出两类）不从事与二级公司煤矿管理工作相关的人员，不在抵押范围。

（1）各煤矿领导班子、“七长”参加公司抵押，统一管理。

（2）二级公司机关参加公司抵押，统一管理。

（3）各煤矿除领导班子成员和“七长”之外的其他人员，参加本矿安全抵押。

第三条　安全抵押原则

（1）实施煤炭管理岗位安全风险抵押坚持“责任与利益相统一”的原则，即安全风险高低、安全工作效果与安全收益的高低相统一，高风险岗位高标准抵押，实现或完成安全目标、指标，实现相应的安全收益。

（2）一人只能参加一种抵押，不得多重抵押。即，参加集团公司抵押的，不再参加公司的抵押。参加公司抵押的，不再参加本矿抵押。

（3）实行分类、分岗位进行抵押。煤矿为一类，机关为一类。

煤矿：120 万 t/a 及以上规模和高瓦斯矿井为一档，120 万 t/a 规模以下为一档，以行业管理部门的核定生产能力为准（基建矿井不在此列）。

机关：按涉煤安全生产管理部门、涉煤辅助管理部门和综合管理部门三类区分。

安全风险抵押标准要求：①只与岗位对应，与行政级别无关，也不对应。②副职主持工作承担正职责任的，按正职抵押。③返聘人员按降一级待遇标准抵押。

抵押的范围是根据集团公司要求，借鉴集团内部其他公司的经验，在三元煤业多年的经验基础上，综合考虑公司情况而确定的。

工资关系（工资发放处）与实际岗位不相统一的，在岗位所在处参加抵押。

第四条　安全风险抵押标准

1. 120 万 t/a 及以上矿井、高瓦斯矿井抵押标准

董事长、书记、总经理	×××元
分管安全、生产、机电副总经理（副矿长）、总工	×××元
副书记、纪检书记、工会主席、其他副总经理（副矿长）、通风助理及其他生产系统类助理、副总工程师	×××元
非生产系统类经理助理	×××元
采掘开一线行政（安全科）正职	×××元
采掘开一线行政（安全科）副职	×××元
生产性科室（机电机运队）正职	×××元
生产性科室（机电机运队）副职	×××元
地面厂队行政（非生产性科室）正职	×××元
地面厂队行政（非生产性科室）副职	×××元
采掘一线班组长	×××元
采掘开一线工人、安全员、瓦斯检查员、井下二线班组长	×××元
井下二线工人、生产性工程技术人员（入井）、安全生产管理人员（入井）	×××元

地面工人、非生产性部门班组长 ×××元

非入井一般管理人员 ×××元

2. 120 万 t/a 以下矿井抵押标准

董事长、书记、总经理 ×××元

管安全、生产、机电副总经理（副矿长）、总工 ×××元

副书记、纪检书记、工会主席、其他副总经理（副矿长）、通风助理及其他生产系统类助理、副总工程师 ×××元

非生产系统类经理助理 ×××元

采掘开一线行政（安全科）正职 ×××元

采掘开一线行政（安全科）副职 ×××元

生产性科室（机电机运队）正职 ×××元

生产性科室（机电机运队）副职 ×××元

地面厂队行政（非生产性科室）正职 ×××元

地面厂队行政（非生产性科室）副职 ×××元

采掘一线班组长 ×××元

采掘开一线工人、安全员、瓦斯检查员、井下二线班组长 ×××元

井下二线工人、生产性工程技术人员（入井）、安全生产管理人员（入井） ×××元

地面工人、非生产性部门班组长 ×××元

非入井一般管理人员 ×××元

3. 公司机关抵押标准

公司领导班子成员 按集团公司标准执行

直接管理煤矿安全生产的助理、副总工程师及同类别人员 ×××元

非煤产业口助理及同一类人员 ×××元

涉煤安全生产管理部门

正职 ×××元

副职 ×××元

煤矿井下安全管理人员 ×××元

非煤及煤矿地面安全生产管理人员 ×××元

一般工作人员 ×××元

涉煤辅助管理部门

正职 ×××元

副职 ×××元

驻矿质量技术人员 ×××元

一般工作人员 ×××元

其他综合管理部门

正职 ×××元

副职 ×××元

一般工作人员 ×××元

第五条 安全风险抵押兑现方式与计算办法

（1）抵押金兑现是指除保留本金外，另外按规定比例奖励。

（2）安全风险抵押实行一季度一考核兑现方式。

（3）季度兑现比例分别为：第一季度 0.4、第二季度 0.5、第三季度 0.5、第四季度 0.6。

（4）计算兑现金额时，要根据当月考核结果计算。

（5）新上岗人员在办理齐全工作手续上岗后，应当在当月完成风险抵押金的交纳。

（6）岗位变动人员抵押金计算办法。当季调整的岗位工作时间达二月及以上者，当季按新岗位标准补交或清退。在调整的岗位上不达二个月者，按原标准计算，但应在本季内办理完毕补交或清退手续，从下一季度开始执行新岗位标准。

（7）扣除部分本金的，应在下季度前将本金补齐至原始本金数额。否则，按扣除后的本金考核兑现。

第六条 安全风险抵押考核指标

考核机关的指标为集团公司与公司签订的年度安全目标责任书规定的八项指标及日常安全管理过程中应落实的安全责任、工作任务、出勤等。

考核各矿领导班子、“七长”的指标主要为各矿与公司签订的《安全目标管理责任书》规定的内容和日常管理过程中应落实的安全责任、出勤等。

各矿考核本矿各部门的指标为：①矿与部门签订的安全目标责任书的内容；②矿各部门日常安全管理中的安全责任落实、安全工作任务完成与安全目标完成情况。

各矿考核本矿职工个人的指标为：①“三违”情况；②事故情况；③本人与部门签订的安全目标责任书规定的内容；④出勤情况。

各矿应在上述原则下确定本矿的考核指标和办法。

第七条 安全风险抵押考核

（一）考核部门

（1）公司机关部室由安全生产监督管理部负责牵头考核。

（2）各矿领导班子、“七长”由公司相关部门考核，安全生产监督管理部综合考核，如人力资源部考核出勤情况等，具体见本办法第八条要求。

（3）各矿对领导班子成员、“七长”以外人员、部门的考核由本矿专职安全管理部门负责。

（二）出勤考核

出勤指标为通用指标，每月 18 个出勤为满勤。具体：①煤矿采掘开等井下一线员工出勤达 18 个以上者全额兑现，15～17 个出勤者按 95% 计，12～14 个者按 85% 计，低于 12 个者当月不兑现，当季有两个月出勤不达 12 个者，当季不兑现。②机关管理人员达满勤者全额兑现，12～17 个按 50% 兑现，低于 12 个者当月不兑现，当季有两个月出勤不达 12 个者，当季不兑现。婚、丧、产假不计入安全风险抵押金出勤考核。

（三）对各矿领导班子、“七长”的考核奖扣标准

（1）控制指标：每发生一起轻伤事故，扣当季兑现金额的 2%，每发生一起重伤事故，扣当季兑现金额的 10%。累计突破轻伤控制指标时，扣当季兑现金额的 20%；累计突破重伤控制指标时，当季扣兑现金额的 30%。一次多人轻伤事故，按受伤人数每人 2% 计扣。一次两人及以上重伤事故，不兑现，扣本金 30%。出现工亡事故当季及本年度后续各季度不予兑现，并扣除本金。

（2）一次二级非伤亡事故，扣兑现金额的 5%；一次一级非伤亡事故扣兑现金额的 10%～15%。

（3）生产矿井安全生产标准化验收不达规划时，扣矿长当季兑现金额的 3%，扣安全矿长兑现金额的 3%，扣相关专业领导兑现金额的 5%（包括安全矿长分管的安全管理、职业健康等专业）。

（4）较大及以上隐患未按时完成整改的，每条扣相关专业领导兑现金额的 0.3%，扣安全矿长兑现金额的 0.1%。采掘开现场安全问题要与生产矿井挂钩。

（5）临时安排的安全工作，不配合或未按时完成的，或完成情况不达要求的，每次扣兑现金额的 2%。

（6）领导班子成员、“七长”等未履行安全责任，致（本专业或本职工作）管理不到位的，存

在较大隐患的或管理出现较大漏洞等，每次扣兑现金额的3%。

（7）各类工程出现较大质量问题的，每次扣兑现金额的3%。本项与分管矿领导挂钩考核。

（8）带班、值班等不坚守岗位或出现其他严重问题的，每次扣兑现金额的3%。

（9）以上各类情形，视情况对分管领导加扣兑现金额的5%～10%。

（10）矿井出现维稳、治安、失盗、地面失火、交通等或分管业务方面安全问题时，扣有关的副书记、纪检书记、工会主席等分管领导兑现金额的5%～10%。情节严重，影响较大的，相应地提高扣罚比例。

（四）对机关的考核

按机关的考核指标对机关整体考核，然后在机关整体考核的基础上再对各部门及个人进行考核，具体办法如下：

（1）公司及三元煤业领导班子参加由集团公司组织的考核。

（2）机关部门及各部门个人。

对机关的整体考核：全公司无重伤及以上事故时或一级非伤亡事故时，全额兑现。全公司发生伤亡事故，每起重伤事故扣当季兑现金额的3%（多人重伤事故扣兑现金额的5%），发生死亡事故每起扣当季兑现金额的15%（多人死亡事故扣兑现金额的20%）。工亡事故累计突破控制指标时，当季及本年度后续各季度均不再兑现。

对部门的考核：①本部门工作受到集团或上级批评的，视情况每次扣部门当季兑现额兑现金额的2%～5%。②部门未完成相应安全工作任务或完成不达要求的，或不配合安全部门开展相应工作的，每次或每项扣当季兑现额的兑现金额的3%～5%。③业务保安不到位的，视情况扣当季的兑现金额的3%～5%；因业务保安不到位，导致发生重伤及以上事故或一级非伤亡事故，视情况加扣兑现金额兑现金额的5%～20%。④本部门发生事故的，本部门全体人员不予兑现。⑤煤矿党工纪团后勤等发生违规违纪违章事故等及上述①～③情形时，视情况扣公司相应管理部门兑现金额的5%～30%。

对个人的考核：①有违章违纪行为的，不予兑现，并一次性扣除20%风险抵押金本金；②造成轻伤事故和其他一般事故，主要责任人不予以兑现，扣除直接责任人50%抵押金本金，直接责任人从下一季度按第一季度标准执行。③造成重伤及以上、其他重大事故或重大幸免事故，对直接责任人和主要责任人不兑现并扣除抵押金本金。④不交费抵押金者除不兑现外，安全指标超标时，执行本单位同等处罚。

（五）煤矿对领导班子、“七长”之外的考核

各矿按以上原则制定本矿的考核办法。

必须和本矿与公司签订的安全目标管理责任书结合。工亡超过控制指标时，全矿本季及本年度后续季度均不再兑现。

对发生事故的科（室、队、厂）及业务保安部门等必须进行抵扣：

（1）发生轻伤事故，未突破控制指标时，只考核该班组和相关人员，一次多人事故时，同时考核业务保安部门。①除事故主要责任者不兑现并扣本金15%外，对当班人员实行连带，各扣当季兑现金额的10%，对该班班组长扣当季兑现金额的15%，对本队非分管业务副队长扣当季兑现金额的10%，对本队（科室）队长、分管业务队长和分管业务副队长各扣当季兑现金额的15%。②全队（科室）累计轻伤突破控制指标时，除事故主要责任者不兑现并扣本金20%外，对全队人员进行连带，扣当季兑现金额的15%，各扣全队班组长当季兑现金额的20%，扣其他非分管业务副队长当季兑现额的15%，扣分管业务副队长、安全副队长、队长当季兑现额的30%。③一次多人轻伤事故，未突破控制指标时按事故人数乘单人事故的扣罚比例执行，突破控制指标时在突破指标计算法基础上加扣兑现金额的10%。一次多人事故时，同时对业务保安部门扣当季兑现金额的15%，每增加一人

加扣兑现金额的10%。

（2）发生重伤事故，未突破控制指标时，只考核事故班组和相关人员、业务保安部门。当班当季不予兑现，扣主要责任人员本金的30%，非分管业务副队长连带各扣当季兑现金额的15%，各分管业务副队长、当班跟班副队长、安全副队长、队长当季兑现额的20%，扣业务保安部门负责人兑现金额的15%。当季或累计重伤事故超过控制指标时，当班人员和当班队干当季不兑现，本年度后续季度不再抵押，扣主要责任人员本金的30%，扣当班其他人员本金的10%，互保联保对象的兑现金额的15%，当班组长、当班队干，连带扣全队（室、队、厂）其他班组人员当季兑现金额的15%，各扣全队非分管业务副队长当季兑现金额的20%，扣分管理业务副队长、当班跟班队长、安全副队长、队长当季兑现金额的30%，扣业务保安部门负责人兑现金额的25%。一次两人重伤事故，全队不兑现，事故主要责任人员、当班班长、当班跟班队长、分管业务副队长、安全副队长、队长在累计突破指标计算法基础上加扣本金10%，从下季度重新抵押，扣业务保安部门负责人兑现金额的50%。一次三人及以上重伤事故，扣以上相关人员全部本金，本年度本队（科）不再抵押，业务保安部门本季度不兑现。

（3）发生工亡事故，全矿当季及本年度后续季度不再兑现，扣事故班组非责任人员本金的20%，扣除主要责任人员本金，扣除事故班组的班长本金，扣除非分管业务的其他副队长及非当班跟班队长本金的60%，扣除分管业务副队长、当班跟班队长、安全副队长、队长本金，业务保安部门当季不兑现并扣除本金的20%。

（4）发生非伤亡事故。①发生三级非伤亡事故，只考核事故班组和相关人员，扣主要责任人员兑现金额的15%，扣当班班长、分管业务的副队长、当班跟班副队长、安全副队长兑现金额的10%，扣非分管业务副队长、队长兑现金额的5%。②发生二级非伤亡事故，只考核事故班组和相关人员、业务保安部门，扣主要责任人员兑现金额的25%，扣除当班班长、分管业务的副队长、当班跟班副队长、安全副队长兑现金额的15%，扣非分管业务副队长、队长兑现金额的10%，扣除业务保安部门负责人兑现金额的10%。超出二级非伤亡事故控制指标时，在以上基础上加扣10%。③发生一级非伤亡事故，当班当季不予兑现，扣除主要责任人员本金的40%～50%，扣当班班长本金的30%，扣当班其他非责任人员本金的10%，连带扣本队其他班组人员兑现金额的20%，扣分管业务的副队长、当班跟班副队长、安全副队长兑现金额的60%，扣非分管业务的副队长、队长兑现金额的50%，扣业务保安部门当季兑现金额的40%。

个人考核：①仅一次一般“三违”时，扣当季兑现金额的50%；个人有一次严重“三违”时，或累计两次一般“三违”时，当季不兑现，一次性扣除本金的20%；年内累计达三次违章者，从当季起到本年末均不再予以兑现，并一次性扣除本金的30%。②伤亡事故的责任者按本条第（五）款第2条第（3）小项抵扣。③非伤亡事故按本条第（五）款第2条第（4）小项抵扣。④不交费抵押金者除不受奖外，安全指标超标时，执行本单位同等处罚。⑤对严重“三违”者，其互联保对象和当班班组长、跟班队长承担连带责任，扣互联保对象当季兑现额的10%，扣班组长和跟班队长各兑现金额的5%。⑥各类事故的其他责任人员，如值班领导、业务保安部门等根据性质和责任大小，扣除相应的兑现金额。轻伤事故扣兑现金额的10%～20%，重伤事故扣兑现金额的15%～50%，工亡事故扣兑现金额的40%～100%，二级非伤亡扣兑现金额的15%～40%，一级非伤亡事故扣兑现金额的30%～100%。

第八条 安全风险抵押金的管理

（1）公司机关及各矿领导班子、“七长”的抵押金由公司安全生产监督管理部统一管理，公司财务部门负责资金管理和财务监督。

（2）安全风险抵押金的交费与清退。

①交费或调整程序：当部门人员需交纳或调整安全风险抵押金时，由所在部门向人力资源部书面申请进行安全风险抵押岗位核准。人力资源部对其是否在抵押范围及具体岗位情况进行核准并出具核

准意见。申请人持人力资源部核准意见向安全生产监督管理部书面申请交纳安全风险抵押金。安全生产监督管理部核准其岗位交费标准经安全副经理签字后，出具交费通知书。申请人持交费通知书到财务部门交费。财务部门出具交费收据（一式三份，个人、财务、安监部各保存一份）。安全生产监督管理部凭财务收据记账、存档。

②离岗人员抵押金的清退程序：离岗人员持原始交费凭证由原所有部门向安全生产监督管理部提出书面申请。安全生产监督管理部对原岗位交费标准审核并经分管领导签字后，持申请和原始收据到财务部门清退。财务部门办理清退并在申请书上签字确认后，将该申请书返安全生产监督管理部销账、清档。

（3）公司机关安全风险抵押兑现计算、核发程序：①每月，安全生产监督管理部收集各部门安全生产动态，掌握各部门主要工作及协调、配合等情况。②季末，由人力资源部出具个人出勤情况。③纪检部门出具机关各部门人员违规、违纪等情况。各部门出具本部门人员违规、违纪情况。④安全生产监督管理部根据人力资源部考勤结果、各部门出具的违章、违纪情况对各部门进行考核，按考核结果计算抵押兑现金额。⑤安全生产监督管理部核算后送人力资源部、纪检部门进行预审，安全生产监督管理部部长审查、安全副经理审核签字后，报经常务副经理批准后，送交人力资源部按程序发放。

（4）各矿领导班子及“七长”人员的安全风险抵押兑现计算、核发程序：①每月，安全生产监督管理部全面收集各矿安全生产动态，及时掌握各矿安全主要工作及完成和协调、配合等情况。②季末，由生产指挥中心对各矿上报的各矿领导班子及“七长”人员出勤进行审核，并出具审核结果。③由党工、纪委办等部门出具各矿个人违纪情况（报违纪人员名单及违纪简要情况，无违纪时可仅报情况说明），由煤矿管理的相关部门出具各矿领导班子及“七长”人员违章情况。④安全生产监督管理部根据出勤情况及违章、违纪情况及日常掌握的各矿安全生产信息，对各矿领导班子及“七长”人员进行考核。⑤安全生产监督管理部按考核结果计算抵押兑现金额，由部门负责人审查、分管领导审核签字，报经常务副经理审批后，送交人力资源部按程序核发。

（5）各矿根据本办法和以上两款原则，建立和规范本矿安全风险抵押制度及管理程序，保证标准合理、考核严格、计算准确、发放及时、奖罚到位。

第九条 其他说明或要求

（1）安全风险抵押金标准是阶段性的，其数额大小将根据煤炭市场的变化、工资水平、经营业绩等按比例作适当的上下浮动调整，其决定权在公司安全生产委员会和党政联席会议。

（2）各矿应参考本抵押办法，根据本矿井实际情况进一步制订适合本矿具体情况的安全风险抵押办法，但抵押额度标准不得超过本办法。因历史原因，个别矿井要考虑综合因素，目前可采取逐步提高的办法，提高幅度不易过快过高，年增幅控制在15% ~20%左右为宜。

（3）本暂行办法可能会出现部分情况遗漏，执行过程中，遇有其他情况或特殊情况时，必须经矿安全生产委员会研究同意，上报二级公司审批或与公司沟通解决。

（4）公司机关按抵押原则和范围要求，确定抵押岗位人员及相应岗位或职务时，由公司人力资源部提供和确认、核实符合机关抵押条件人员名单及其所在部门、岗位、职务。

（5）本办法解释权归二级公司安全生产委员会。

2.3 二级公司煤矿班子及安监队伍安全管理考核办法（试行）

为认真贯彻落实晋能集团有限公司《关于做好2019年安全生产工作的通知》（晋能安监字〔2019〕1号）要求，进一步加强公司煤矿班子及安监队伍建设，改进安全管理，建立职责明确、办事高效、运转协调、行为规范的安全管理机制，根据晋能集团有限公司关于印发《晋能集团有限公司矿山企业两级班子、两级安监队伍安全管理考核办法（试行）》的通知（晋能安监字〔2019〕28

号)，结合公司实际，特制定本办法。

1. 组织领导

公司成立煤矿班子及安监队伍考核领导组，负责对煤矿班子及安监队伍考核工作的领导。

组　长：经理

副组长：相关工作副经理

成　员：公司安全生产管理部及人力资源部培训科工作人员

领导组下设办公室，办公室设在安全生产监督管理部，办公室主任由安全生产监督管理部负责人兼任，负责考核工作的协调、信息收集、考核等。

公司所属各煤矿也要相应成立由主要负责人任组长的考核机构，并与公司考核领导组办公室建立联系机制，及时落实相关考核要求。

2. 考核周期及范围

1）考核周期

每月考核一次，每季度考核取各月考核的平均值。

2）考核范围

（1）所属各正常生产建设矿井矿级班子及矿级安监队伍的考核执行本办法。

（2）停缓建矿井仍按公司关于印发《停缓建矿井月度综合管理考核标准及评分办法（试行)》的通知要求执行。

3. 考核内容

考核内容对照集团公司考核内容要求，并结合公司实际进行了细化。详见附表1、附表2。

4. 考核方法

（1）以各矿每月报送的每项考核内容涉及的相关资料以及日常安全监管发现的信息为依据，分别对照《煤矿安监队伍安全管理考核评分表》《煤矿班子安全管理考核评分表》进行考核扣分。

（2）对煤矿班子及安监队伍的考核均实行百分制和“安全一票否决”，即当月发生较大及以上安全事故的煤矿，当月考核分为“零”。

（3）对煤矿安监队伍的考核得分，作为煤矿班子考核中“业务管理”考核内容的一项，按照0.10的权重进行核算，通过班子考核与班子工资挂钩。

（4）在加强安全基础工作，如“四化”“一优三减”“双预防体系”，特别是集团公司136安全管理模式、333安全举措、8+7安全管理思路方面具有发明创造创新工作、主动作为的，由考核办公室请示领导组酌情考虑给予相应加分。

5. 考核步骤

（1）每月各矿先进行自评，并将考核相关资料电子版报公司。

（2）公司安全管理考核办公室参照各矿自评情况，先对煤矿安监队伍进行考核，再对煤矿班子进行考核。

（3）公司安全管理考核办公室对煤矿班子考核结束后报分管领导审批。

6. 考核结果与收入挂钩的办法

（1）煤矿班子考核结果经分管领导审批后报公司综合考核领导组审核，并按照相关要求与工资挂钩。

（2）对煤矿班子的考核结果与煤矿班子季度安全风险抵押考核兑现挂钩。

7. 考核信息报送

（1）每月各矿考核领导组办公室要于次月3日前，将每项考核内容涉及的相关资料，按照附件格式，以电子版的形式报公司安全生产管理部邮箱。

（2）每季度初10日以前，由公司考核领导组办公室将上季度考核结果报集团公司考核办公室备案。

8. 奖惩

（1）按每月考核得分从高到低进行排名，并在公司每月安全工作例会上通报。

（2）奖罚兑现：

①季度考核得分前三名的给予通报表扬，后三名的进行通报批评。

②季度考核得分最后一名的进行集体约谈。由考核领导组组织约谈矿井班子成员，矿井安全副经理（副矿长）在公司下季度一月度安全工作例会上做检查。

③季度考核得分后两名的，给予矿井班子成员及安监队伍班子成员每人罚款人民币叁仟元。

④连续两次季度考核得分后三名的，矿井班子成员每人罚款人民币叁仟元，矿井安监队伍班子成员每人罚款壹仟元。

⑤季度考核得分连续三次位列倒数第一的，公司考核办公室出具任职安全评价报告，建议对矿井负责安全生产的班子成员和安监队伍的班子成员进行职务调整或者免除相应职务。

9. 其他要求

（1）考核结果以文件形式在安全工作例会上通报。

（2）涉及罚款事项的矿井要在 15 个工作日内统一上缴集团公司或公司财务部门。同时，将罚款缴纳情况报公司考核办公室备查，不及时上缴的加重处罚。

（3）公司对煤矿班子安全管理考核以此为准，原来的安全管理考核制度暂不执行。各级安全管理考核办公室应按规定将考核结果及时报送综合考核办公室，纳入各级安全综合考核。

（4）各正常生产建设矿井要严格执行本办法。可以根据本单位实际，细化本矿班子、安监队伍安全管理考核内容，并报公司安全考核办公室备案。

附表 1《晋能集团二级公司煤矿安监队伍安全管理考核评分表》

附表 2《晋能集团二级公司煤矿班子安全管理考核评分表》

附表 3《晋能集团二级公司煤矿安监队安全管理（季度）考核汇总表》

附表 4《晋能集团二级公司煤矿班子安全管理（季度）考核评分汇总表》

附表 5《晋能集团二级公司煤炭板块　月份安全管理考核汇总表》

附件 煤矿班子及安监队伍考核资料汇编（格式）

附表 1　晋能集团二级公司煤矿安监队伍安全管理考核评分表

考核内容	考核标准要求	标准分	考核计分办法	扣分及原因	得分
1. 贯彻落实上级会议等精神	1. 贯彻各级会议在安全方面的要求。要对国家、省、市、集团公司以及公司在各类会议上对安全方面的要求进行逐项及时贯彻落实，相关学习、落实资料齐全	5 分	1. 少一次扣 1 分 2. 没有及时传达的，一次扣 0.5 分 3. 传达不全的，一次扣 0.5 分 4. 没有制定相应方案或措施的，一次扣 1 分 5. 贯彻落实差的，一次扣 0.5 分		
	2. 贯彻各类文件在安全方面的要求。要对国家、省、市、集团公司以及公司在各类文件上对安全方面的要求进行逐项及时贯彻落实，相关学习、落实资料齐全				
	3. 贯彻在安全方面的其他要求。要对本矿相关部门、人员等在安全方面的相关要求，进行逐项及时落实，相关落实资料齐全				

附表 1（续）

考核内容	考核标准要求	标准分	考核计分办法	扣分及原因	得分
1. 贯彻落实上级会议等精神	4. 监察职能落实。要对相关部门、人员对各级会议、文件等精神的落实情况进行安全监察，相关监察资料齐全	5 分	6. 其他不符合要求的情况，每次视情况扣 0.5 ~ 1 分，直至本项分值扣完为止		
2. 持证上岗	1. 安监部门专职安全管理人员及安全检查员持证上岗。相关人员持有有效证件，上岗期间持有资格证复印件，并加盖本矿培训部门公章	8 分	1. 专职安全管理人员、安全检查员发现一人无证或证件失效上岗的，扣 0.5 分/次 2. 专职安全管理人员、安全检查员配备数量不符合要求，扣 1 分/人 3. 跟班安全检查员缺一人的，扣 2 分/次 4. 相关台账、证件不符合要求，视情况扣 0.1 ~ 1 分/次 5. 持假证上岗的，发现一人，本项不得分		
	2. 安监部门专职安全管理人员及安全检查员数量满足安全生产要求。专职安全管理人员必须配备 5 名以上，特殊工种安全检查员数量符合矿井实际安全生产及轮休需要，可以保证矿井井下各环节实际巡查要求				
	3. 相关台账、证件等齐全有效				
3. 安全教育培训	1. 安监部门定期组织部内人员培训学习，相关资料齐全	8 分	1. 没有参加相应安全技术培训 1 人次扣 1 分；参加相应培训考核不合格的扣 1 分/人 2. 部内未定期组织部内人员学习的扣 1 分/次 3. 培训资料不符合要求，视情况扣 0.2 ~ 1 分。因公务出差，随后补充学习记录不扣分		
	2. 安监部门相应人员按规定参加提高业务素质，积极参加岗位、法规、安全知识、生产安全事故警示教育培训等，相关资料齐全				
4. 作风建设	部门岗位安全生产责任制齐全。责任制与实际工作情况相符，相关落实资料齐全	6 分	1. 涉及安监部门的各项工作不符合要求，视情况扣 0.5 ~ 2 分/次 2. 安全生产责任制制定或落实差的，一人次扣 1 分 3. 发现 1 人次没有认真检查的扣 0.5 分		
	部门牵头组织的各类安全检查到位。检查时间、范围、人员等符合要求，相关资料齐全				
	部门牵头组织的安全考核工作到位。考核周期、范围、程序、审批等符合要求，相关资料齐全				
	部门牵头组织的安全活动开展到位。活动开展时间、项目、信息报送等符合要求，相关资料齐全				
	相关安全监察、安全问责等工作到位。安全监察、安全问责等时间、范围符合要求，相关资料齐全				

附表 1（续）

考核内容	考核标准要求	标准分	考核计分办法	扣分及原因	得分
5. 安监部门会议、班前安全会议召开	1. 安监部门会议、班前安全会制度完善，明确召开的程序和内容、严格履行班评估和班中、班后汇报当班安全生产情况，相关制度落实资料齐全	10 分	1. 安监部门会议、班前会制度不完善的，扣 2 分 2. 没有按照程序召开班前会的，发现一次扣 1 分 3. 班前会安全事项内容不全的或每班安检员没有具体任务的，发现 1 人次扣 1 分 4. 班评估记录、会议记录不规范的，扣 1 分 5. 1 人未按要求参加警示教育，扣 1 分 6. 签字等资料发现有造假的，发现一次扣 2 分		
	2. 按要求组织警示教育等活动				
6. 反“三违”	1. 有反“三违”工作方案，内容符合公司要求，并与反“三违”实际开展情况相符	10 分	1. 制定方案不完善、不及时、执行差的发现一处，扣 2 分 2. “三违”（培训）数据造假或“三违”呈增加趋势，扣 2 分 3. “三违”（培训）台账有缺项的 4. 没有完成反“三违”任务的，发现一人，扣 1 分 5. 没有通报发现一次，扣 2 分		
	2. 每月对“三违”情况进行总结				
	3. “三违”（培训）台账（档案）完善				
	4. 安监部门入井人员每人每月至少完成抓 3 个“三违”行为				
	5. 每月在本矿月度安全会会上通报等				
7. 隐患排查治理	1. 严格执行隐患跟踪、处理、闭合全过程，相关台账等资料齐全	10 分	1. 没有严格执行相应制度的，出现 1 次扣 2 分 2. 未及时对隐患治理的相关部门进行督促的，出现 1 次扣 2 分 3. 没有专人负责的，一条扣 2 分		
	2. 及时对隐患治理的相关部门进行督促，相关资料齐全				
	3. 隐患跟踪、处理、闭合工作责任到人				
8. 安全信息分析	1. 有安全信息报表制度，制度内容完善	10 分	1. 报表制度不完善、不规范的一处扣 0.5 分 2. 出现一次没有报的，扣 2 分 3. 未建立常态化报表系统的，不得分		
	2. 建立常态化、正规化、系列化报表系统				
9. 非自有队伍安全管理	1. 安全管理实现“五统一”。即统一发布用工信息、组织报名和资格审查；统一培训；统一签订劳动合同和煤矿用工备案；统一参加社会保险和派遣；统一管理	3 分	1. 发现未指定专人或专人不合格的，扣 2 分 2. 没有配备专职安全检查员的，一次扣 2 分 3. 非自有队伍“五统一”存在不足的，视情况扣 1～2 分，缺一项不得分		
	2. 矿级、科级、队级分别逐级指定专人（经考核合格）负责非自有队伍的安全管理，并对非自有队伍的奖罚及工资发放进行审批				
	3. 每班配备专职安全检查人员对非自有队伍作业区域进行巡查				

附表1（续）

考核内容	考核标准要求	标准分	考核计分办法	扣分及原因	得分
10. 值班制度	1. 有安监部门内部值班制度，制度内容符合实际	10分	1. 无制度或没有值班、空班的，一人次扣0.5分 2. 记录填写不及时、不规范的，扣0.5分/次 3. 值班期间对矿井重点区域未进行巡查、对重要环节未进行督促，扣0.5分/次 4. 值班办公室文明卫生差，扣0.5分/次		
	2. 安监部门值班记录填写及时、规范				
	3. 值班期间对矿井重点区域进行巡查、对重要环节进行督促，并保持值班办公室环境清洁				
11. 入井管理及周四活动	1. 井口安监工统一着装、井口检身、宣誓等环节规范	10分	1. 1人次缺一项的，扣0.5分 2. 现场检查或安全会议原始记录不签字或代签字1人次扣0.5分，每月少1人次步行入井扣0.75分		
	2 井下安监工配备专用衣服、统一着装				
	3. 安监人员按照本单位周四安全活动制度参加周四活动，相关检查、签到等记录资料齐全				
	4. 周四入井安全检查的领导，按照通风、排水、供电、运输、防灭火等系统线路及分管范围，每月至少开展一次步行全面检查，相关记录齐全				
12. 安全责任事件（事故）问责落实	对“三违”“五假五超”，触碰红线、严重隐患等安全事件主动问责、对上级发现的安全事件，追责落实是否到位	10分	1. 二级公司、矿没有主动问责的，出现一次扣2分 2. 上级检查（突查）发现追责不到位的，譬如上缴集团罚款等事项落实差的，发现一次扣2分 3. 被上级检查（突出）追责一次的，扣2分		
13. 扣分项	考核期内发生生产安全亡人事故（按照《安全生产法》分级）一次，一般事故扣15分、较大及以上扣100分				
14. 加分项	按“双红线”主动问责1起加3分，有标准化升级规划，并在期限内升级的，二级加1分，一级及以上加2分；“一优三减”等方面成绩突出的，加2分				
15. 综合得分	合　计				

附表2 晋能集团二级公司煤矿班子安全管理考核评分表

考核内容	考核标准要求	标准分	考核计分办法	扣分及原因	得分
1. 贯彻落实上级会议精神（5分）	1. 贯彻各级会议在安全方面的要求。要对国家、省、市、集团公司以及公司在各类会议上对安全方面的要求进行逐项及时贯彻落实，相关学习、落实资料齐全 2. 贯彻各类文件在安全方面的要求。要对国家、省、市、集团公司以及公司在各类文件上对安全方面的要求进行逐项及时贯彻落实，相关学习、落实资料齐全 3. 贯彻在安全方面的其他要求。要对本矿相关部门、人员等在安全方面的相关要求，进行逐项及时落实，相关落实资料齐全	5分	1. 没有按相关要求制定落实方案的，扣1.5分/次；方案缺一项扣0.3分/次；没有按时间节点推进扣0.3分/项 2. 传达少一次扣1分；“以文传文”式传达的扣1分/次；没有及时传达扣0.3分/项；有安排不落实扣0.3分/项 3. 现场抽查未按要求传达到岗位职工的扣0.2分/次 4. 存在其他贯彻落实不符合要求的，视情况扣0.2～1分/次		
2. 班子成员资质和履职（25分）	1. 资质 （1）班子成员（涉及非自有队伍的班子成员，均一并考核，下同）必须经资质部门培训，具备煤矿安全生产知识和管理能力，并经考核合格 （2）集团公司、公司及地方政府对班子成员的抽考，一对一结对子、呼吸器专项培训等安全培训考核合格	5分	一次不符合条件的，扣0.5分/人		
	2. 值班 （1）有外出请假制度，有视频跟踪制度，制度内容符合实际，便于执行 （2）值班期间按规定对地面重要场所进行巡查，及时处理发现的问题，认真填写相关记录，相关资料归档备查	5分	1. 无制度每项扣1分，制度内容不符合要求视情况扣0.2～1分 2. 值班不签到或者代签字1人次扣0.5分；脱岗、空班1人次扣0.75分；不填写值班记录1人次扣0.5分；顶班不履行手续扣0.5分 3. 记录填写不认真或相关资料未归档管理视情况扣0.2～1分		
	3. 带班下井 （1）有下井与带班制度，制度内容符合实际，便于执行 （2）按规定进行下井和带班	5分	1. 无制度每项扣1分，制度内容不符合要求视情况扣0.2～1分 2. 少一次扣0.75分，弄虚作假一次扣2.5分，入井不填写入井信息表1人1次扣0.5分 3. 未认真查找问题，出现重大漏洞和有失责行为，扣1分/次 4. 记录不认真，资料、记录存在代填、代签或有明显错误、失误、失真等，视情况扣0.1～0.5分/处		

附表2（续）

考核内容	考核标准要求	标准分	考核计分办法	扣分及原因	得分
2. 班子成员资质和履职（25分）	4. 周四安全活动日和地面走动式安全管理 （1）建立矿领导包队（片）、周四安全活动日和地面走动式安全管理制度，其内容、流程、要素符合集团和二级公司要求 （2）矿领导、部门负责人按规定参加所包队组周四班前会，按要求组织、参加周四安全大检查和周四安全活动专题会议 （3）周四安全大检查应做到现场、资料，井上、井下全覆盖，不留死角，并建立隐患台账，实行隐患闭合管理 （4）对集团公司、公司挂牌检查提出问题或要求进行及时治理落实，相关资料齐全并归档备查	5分	1. 无制度每项扣1分，制度内容不符合要求视情况扣0.2～1分 2. 每月活动少1次扣0.75分，弄虚作假1次扣2.5分 3. 现场检查或安全会议原始记录不签字或代签字1人次扣0.5分 4. 每月少1人次步行入井扣0.75分 5. 挂牌领导召开的专题安全会议未形成纪要扣1分，少一次检查或专题会议纪要资料扣0.5分 6. 相关资料不齐视情况扣0.2～1分		
	5. 会议组织 （1）相关制度齐全，内容符合实际 （2）按规定组织或参加相关会议，相关记录、纪要齐全，内容符合公司“五查五会”等相关会议要求，相关资料齐全并归档备查	5分	1. 无制度每项扣1分，制度内容不符合要求视情况扣0.2～1分 2. 未及时组织召开会议1次扣0.75分，未亲自主持1次扣0.5分 3. 无会议记录、纪要1次扣0.5分 4. 未落实会议决议1项扣2分 5. 相关资料不齐视情况扣0.2～1分		
3. 业务管理（40分）	1. 安全风险分级管控 （1）制定安全风险分级管控工作制度，明确安全风险辨识的辨识范围、方法和安全风险的辨识、评估、管控工作流程，并严格落实 （2）主要致灾因素安全风险辨识到位、预控有力 （3）作业条件发生重大变化，及时停工停产进行风险辨识并上报公司 （4）建立安全风险辨识评估、管控、检查、公告、培训等档案，相关资料符合标准化管理要求	5分	1. 无制度扣1分，制度内容或相关落实不符合要求视情况扣0.2～1分 2. 因安全风险辨识不到位或管控措施落实不到位，造成监测监控传感器报警等后果扣1分/次，造成现场安全风险增大，视情况扣1～2分/次 3. 条件发生变化，未及时停工停产进行安全风险辨识，并上报公司或瞒报，扣1分/次 4. 相关资料不符合要求，视情况扣0.2～1分		

附表 2（续）

考核内容	考核标准要求	标准分	考核计分办法	扣分及原因	得分
3. 业务管理（40 分）	2. 隐患排查治理 （1）制定完善的隐患排查治理制度，明确职责分工及隐患排查、治理、报告、督办、验收等工作流程，并严格落实 （2）结合“五查五会一闭合”要求，认真开展“五查五会一闭合”活动，对上级检查出的隐患问题要认真按要求限期整改，并按要求上报公司整改情况 （3）建立完整的隐患综合管理台账和专业管理台账，并定期开展统计分析，相关隐患排查治理资料齐全，治理方案、整改报告、分级管理等相关工作符合要求 （4）制定重大隐患管理制度，明确重大隐患检查、登记、上报、建档、督办、销号等环节要求。（可以单独制定，也可以作为隐患排查治理制度的一部分） （5）对重大隐患责任人进行追责处理	5 分	1. 无制度扣 1 分，制度内容或相关落实不符合要求视情况扣 0.2～1 分 2. 未按要求上报公司整改情况的扣 0.5 分/次 3. 未认真组织排查或及时安排整改，致部分环节失控或隐患长期得不到解决，影响安全生产的，视情况扣 1～2 分 4. 因存在事故隐患，被省、市政府部门、集团责令全矿性停产整顿扣 5 分、责令局部停工整顿扣 3 分；被公司责令全矿性停产整顿扣 3 分、责令局部停工整顿扣 2 分 5. 未建立综合台账扣 1 分，未定期开展统计分析扣 0.5 分，调度、通风、防治水、生产、机电运输等一个部门未建立专业隐患管理台账扣 0.5 分；台账填写不符合要求的视情况扣 0.2～1 分 6. 未制定重大隐患管理制度扣 2 分，相关内容或落实不符合要求视情况扣 0.2～1 分		
	3. 安全投入 （1）制定安全费用管理制度，按时制定、审批安全费用计划 （2）按规定正常提取和使用安全费用 （3）实行专账专户管理 （4）必须实行计划管理，有年度计划，执行公司统一的要求 （5）重大安全措施工程计划和管理到位 （6）安全费用管理台账、记录等资料齐全	2 分	1. 无制度、计划或未执行计划扣 2 分，制度内容不符合规定扣 0.5 分；费用计划未及时按规定报批或备案扣 1 分，计划中存在不符合规定的项目扣 0.2 分/项 2. 未按规定提取和使用或未设安全费用专用账户扣 0.5 分，有专用账户但未使用扣 0.2 分 3. 现场检查发现报送信息与实际不符、管理不到位、未组织专项验收、重大安全工程未按计划完成或实施、专项管理台账和管理过程不规范、不完整，视情况扣 0.1～0.5 分/次 4. 重大、重点安全费用投资没有按规定经过安监部门审批或验收，扣 1 分/项 5. 未建立安全费用管理台账和监管台账扣 0.5 分，台账记录不规范扣 0.2 分/项		

附表2（续）

考核内容	考核标准要求	标准分	考核计分办法	扣分及原因	得分
3. 业务管理（40分）	4. 安监队伍建设 （1）有安监队伍建设或整顿方案、考核办法 （2）按规定对安监队伍进行考核	10分	1. 按照对安监队伍的专项考核得分进行折算计分 2. 有其他不支持安监队伍建设，不配合安监队伍开展工作的情况，视情况加扣1~3分		
	5. 安全培训 （1）明确分管领导、部门，配备专职管理人员 （2）按计划组织年度培训，全员掌握应知应会知识 （3）全员实现持证上岗 （4）培训资料、记录齐全，实行档案化管理	5分	1. 按照公司培训管理部门的专项考核得分进行折算计分 2. 根据日常安全监察发现的问题进行加扣得分		
	6. 反“三违” （1）制定本单位反“三违”活动方案或实施细则 （2）按方案要求开展反“三违”活动，并对开展情况进行检查、考核 （3）建立“三违”统计（登记）台账，相关记录、资料齐全、真实，并按时上报活动情况	2分	1. 未制定方案或实施细则扣2分，内容不符合要求视情况扣0.2~1分 2. 未按方案要求开展反“三违”活动，未对开展情况进行检查、考核的视情况扣0.2~1分 3. 未建立台账扣0.5分，未按规定上报统计情况扣0.5分，台账登记内容及资料每缺一项（“三违”类型、处罚情况、帮扶培训情况及罚款原始凭据等）扣0.2分；如存在统计报表或资料作假，一条扣0.5分；未完成抓“三违”指标或对未完成抓“三违”指标人员未进行追责的，一人次扣0.01分		
	7. 标准化建设 （1）明确分管领导、部门、人员 （2）建立安全生产标准化检查验收制度，定期进行检查、考核、讲评 （3）每月至少组织开展一次全面的自查，并有完整的验收资料，建立完整的标准化档案，自查或上级（包括政府、集团及公司）验收达规划等级 （4）持续开展动态达标工作，开展班组现场动态管理，有举措、有方法，能够保持常态化管理	3分	1. 未明确分管领导、部门、人员扣1分/项 2. 未制定相关制度扣2分，内容不符合要求视情况扣0.2~1分 3. 未开展自查扣1分，自查资料不全视情况扣0.2~1分，上级验收不达规划等级，扣3分 4. 不能保持常态化管理，现场动态管理存在漏洞、现场标准化管理混乱，视情况扣1~2分		

附表2（续）

考核内容	考核标准要求	标准分	考核计分办法	扣分及原因	得分
3. 业务管理（40分）	8. 安全考核 （1）制定安全管理考核办法和安全风险抵押考核办法，并及时进行修订、考核 （2）各作业、各层级安全考核要结合日常安全工作实际进行考核，并逐级审核把关 （3）考核体系完善，考核、审核、兑现等资料齐全	3分	1. 未明确分管领导、部门、人员扣1分/项 2. 未制定相关办法扣2分，内容不符合要求视情况扣0.2~1分 3. 未按办法要求开展相关工作，视情况扣0.2~2分		
	9. “136”安全管理模式建设 （1）“三基”及“六大体系”建设持续推进 （2）各级管理机构健全，人员配备满足要求 （3）责任制、制度、方案、预案、措施等的编制、审批、印发符合公司要求，内容与实际相符，现场落实到位，相关落实资料齐全	3分	1. 未建立“三基”及“六大体系”建设推进方案，扣1分；推进方案可行性差或推进不力，视情况扣0.2~1分 2. 机构不健全扣0.5分，人员配备不足扣0.3分/人 3. 责任制、制度、方案、预案、措施等的编制、审批、印发不符合公司要求，内容缺项或与实际不相符，现场落实不到位，视情况扣0.2~1分 4. 煤矿重大技术方案未审批，1项扣2分		
	10. 其他重点工作落实 （1）按规定完成上级及公司要求报送的总结、报表等临时任务 （2）积极配合上级及公司的执法检查，不得提供假依据、假资料，不得隐瞒事实真相等 （3）积极参加上级及公司召开的各类会议、活动 （4）党政工团齐抓共管的相关工作开展有序，相关规定有落实、有效果。如：群众监督网工作、青年监督岗的工作等 （5）季节性、阶段性工作按要求完成。如两节两会、冬季防火、搬家倒面等	2分	1. 未报扣0.5分/次，迟报扣0.2分/次，报送质量差，有错误，扣0.1分/处 2. 迎接检查提供假依据、假资料，隐瞒事实真相的，视情况扣0.2~1分 3. 未按要求开展各类会议、活动，视情况扣0.2~1分 4. 党政工团未按要求开展相关工作，视情况扣0.2~1分 5. 季节性、阶段性工作未按要求完成，视情况扣0.2~1分 6. 1项工作未安排扣2分，不及时安排的1项扣1分，有安排不落实1项扣1分		
4. 检查（突查）发现问题（20分）	1. 重大事故隐患	3分	发现重大事故隐患或未进行挂牌督办、验收销号扣1分/条，假整改此项归零		
	2. 安全管理红线	3分	发现安全管理红线或未及时整改扣1分/条，假整改、未认定或未做出处理此项归零		

附表2（续）

考核内容	考核标准要求	标准分	考核计分办法	扣分及原因	得分
4. 检查（突查）发现问题（20分）	3. 安全操作红线	3分	发现安全操作红线或未及时整改扣1分/条，假整改、未认定或未做出处理此项归零		
	4. 五假五超	3分	发现或未及时整改扣1分/条，假整改、未认定或未做出处理此项归零		
	5. 严重“三违”	3分	发现或未及时整改扣1分/条，假整改、未认定或未做出处理此项归零		
	6. 一般隐患	5分	发现1条扣0.3分，未及时整改1条扣0.3分，假整改1条扣0.6分		
5. 生产安全问责（10分）	1. 矿井问责制度落实	5分	制度不健全扣1分；不按规定问责1次扣0.5分		
	2. 上级、集团公司或公司问责执行情况	5分	被问责1次扣1分，执行不到位1条扣0.5分，弄虚作假1条扣2分		
6. 扣分项	考核期内发生生产安全亡人事故（按照《安全生产法》分级）一次，一般事故扣15分、较大及以上扣100分				
7. 加分项	按“双红线”主动问责1起加3分，有标准化升级规划，并在期限内升级的，二级加1分，一级及以上加2分；“一优三减”等方面成绩突出的，加2分				
8. 综合得分	合　计				

附表3　晋能集团二级公司煤矿安监队安全管理（季度）考核汇总表

考核小组　　　　　　　　　　　　　　　　　　年　　月　　日

考核内容，单位：分																综合得分（分）	
考核项目（分）											加分项目（分）						
贯彻落实上级会议	持证上岗	安全教育培训	作风建设	非自有队伍管理	入井管理	班前会	反“三违”	隐患排查	值班	安监部（站）务会	安全信息分析	安全问责	发明	创造	创新	发表安全论文	

附表4　晋能集团二级公司煤矿班子安全管理（季度）考核评分汇总表

考核小组：　　　　　　　　　　　　　　　　　　年　第　季度

考核时段	综合排名	矿井名称	总得分（分）（考核得分+加分－安全指标扣分）	奖罚情况	备注

附表5　晋能集团二级公司煤炭板块　月份安全管理考核汇总表

序号	煤矿名称	扣分原因	扣分	得分	系数	最终得分
1	××煤业				0.30	
2	××煤业				0.30	
3	××煤业				0.30	
4	××煤业				0.30	
5	××煤业				0.30	
6	××煤业				0.30	
7	××煤业				0.30	
8	××煤业				0.30	
9	××煤业				0.30	
10	××煤业				0.30	
11	××煤业				0.30	
12	××煤业				0.30	

组长：　　　　审核：　　　　考核人：　　　　考核日期：　年　月　日

附件　煤矿班子及安监队伍考核资料汇编（格式）

第一部分：××煤矿安监队伍××月份安全考核资料汇编

一、贯彻落实上级会议等精神

1. 贯彻各级会议在安全方面的要求

（1）　月　日，对　　会议上的　　要求进行了贯彻落实，相关学习、落实资料见附件×。

（2）　月　日，对　　会议上的　　要求进行了贯彻落实，相关学习、落实资料见附件×。

（3）……

2. 贯彻各类文件在安全方面的要求

（1）　月　日，对　　文件上的　　要求进行了贯彻落实，相关学习、落实资料见附件×。

（2）　月　日，对　　文件上的　　要求进行了贯彻落实，相关学习、落实资料见附件×。

（3）……

3. 贯彻在安全方面的其他要求

（1）　月　日，对　　的安全要求进行了贯彻落实，相关学习、落实资料见附件×。

（2）　月　日，对　　的安全要求进行了贯彻落实，相关学习、落实资料见附件×。

（3）……

4. 监察职能落实

（1）　月　日，对　　部门（人员）对　会议（文件）精神的落实情况进行了安全监察，相关监察资料见附件×。

（2）　月　日，对　　部门（人员）对　会议（文件）精神的落实情况进行了安全监察，相关监察资料见附件×。

（3）……

二、持证上岗

……

第二部分：××煤矿班子××月份安全考核资料汇编

一、贯彻落实上级会议等精神

1. ……

二、班子成员资质和履职

……

三、……

编写说明：要针对考核表中的每一项进行叙述，其中当月涉及的每项工作则写，未涉及的则不写，直接写下一项。

2.4　二级公司煤炭板块煤矿管理综合考核办法

为强化公司对所属煤矿的管控效果，进一步提高煤矿的综合管理水平，切实做好煤矿安全生产，降本增效，实现企业效益的最大化，并体现煤矿管理的科学化，不断提升所属煤矿的综合管理水平，特制定本考核管理办法。

一、考核组织机构及分组

为进一步加强对综合考核的管理，公司特建立综合考核机构。

（一）综合考核领导组

组　　长：

常务副组长：

副　组　长：

成　　　员：

考核领导组下设考核办公室，办公室设在公司生产技术部。

（二）考核组下设五个考核板块

为进一步明确职责，考核领导组按照安全管理、成本管理、经营效益、生产任务和综合管理（基本管理）五个板块进行分别考核，并相应成立五个考核组。

1. 安全管理考核组

牵头部门：安全生产监督管理部

配合部门：相关部室

2. 成本管理考核组

牵头部门：生产技术部

配合部门：财务管理部等相关部室

3. 经营效益考核组

牵头部门：企管部

配合部门：财务管理部

4. 生产指标（任务）考核组

牵头部门：生产技术部

配合部门：生产指挥中心

5. 综合管理（基本管理）考核组

牵头部门：生产指挥中心

协调配合部门：机关各相关部室

业务分组负责部门（10 个）：包括生产技术部、一通三防部、机电设备部、地测防治水中心、工程管理部、生产指挥中心、环保节能部、党政综合和后勤服务。其中：党政综合由党工部牵头（涉及部门有：党政工团、工会、纪委等部门）；后勤服务由公司后勤管理中心牵头。

二、职责

（一）考核领导组

负责考核工作的统一领导，研究布置考核工作；审定考核办法，包括各考核分组的考核办法；负责组织召开考核会议；负责协调考核小组之间的工作配合；负责有关重大事项的研究决策。

（二）考核领导组下设办公室职责

负责具体协调各考核小组的工作；负责按领导组要求，安排相关考核工作的具体内容，负责收集和整理考核资料，整理保存建档工作（除各组留存外）；负责组织召开煤炭板块考核会议和统筹安排会议资料；负责做好相关考核工作会议的记录和纪要整理工作；负责按照领导组安排，起草相关通知、通报、总结等工作。

（三）各考核小组职责

1. 总体要求

在公司考核领导组的领导下，按照公司的管理架构和管理体系、职能定位、管控职责范围，在考核小组长的直接领导下，以牵头部门为主，相关部门协同配合，负责组织制定对煤矿的对口业务考核办法，并具体组织实施日常工作考核，负责制定相关的配套管控制度和措施，以强化集团公司和二级公司相关制度规定的执行落实，提高执行力；负责对有关业务管理工作进行对口工作的调查研究和分析总结，掌握煤矿实际的动态管理状态，以做出正确的分析判断和及时调整，加强考核工作；负责不断完善和创新考核方法及机制，采取有效的措施，确保考核工作的效率和效果，有效促进煤矿的健康发展；负责认真组织研究确定管理的考核控制指标和考评标准，做到既实事求是，又严格要求。科学考量煤矿的经营管理能力；牵头部门负责对本项考核资料的收集、整理和总结，并进行报告工作；负责一手资料的收集、整理、保存、建档管理工作；负责考核工作的通报、上传下达等工作。

2. 除以上主要职责外，考核小组应分别做好以下工作

（1）安全考核组。负责按照年度安全责任目标、管理目标的要求，认真确定考核项目和内容，主要有安全指标、安全生产标准化工作、安全培训教育的目标；安全基本管理建设情况（含培训教育），重点安全工作任务落实情况等。要以集团公司“一落实、双建设、双达标”的工作要求和二级公司“121268”模式要求为主线，突出制度和责任落实、隐患治理、管理模式的推进三个重点管理，确定考核项目、内容和标准。

（2）成本考核组。负责对所属煤矿煤炭生产完全成本的综合考核。包括生产成本、三项费用等。要建立完善的管控模式和科学的预算、预测评价体系，做精预算管理，确定好考核基准，做到管控指标和考核内容严谨科学。要在实现四统一（即统一管理标准，统一运作方法，统一测评科目，统一管控流程。）的基础上，充分结合各矿的具体情况，努力实现一矿一策。

（3）效益考核组。负责对所属煤矿经营效果的考核。主要考核两大块：一块是销售价格和销售管理运作是否符合公司要求，内部市场化运作是否规范；一块是利润、效率指标和日常管理状态的控制效果。负责确定合理的指标或区间，并对经营管理过程中的关键点、运行机制进行严密监控和结果考核。

（4）生产指标（任务）组。负责对所属煤矿考核周期内生产计划任务完成情况及相关生产管理指标的考核。主要包括原煤产量、洗煤产量、开掘进尺、原煤生产效率、回采工效、掘进工效、万吨掘进率、生产均衡率、工时利用率等考核内容，并对指标对应的管理工作进行考量；负责矿建重点技改工程的考核。

（5）综合管理考核组。涉及相关职能部门，要根据职能部门定位、管理权限、职责范围、管理的深度及公司集团化管控的要求去把握，重点从四个方面（四个考核组）进行考核内容设置。一是主要业务管理量化指标、管理目标实现；二是基础管理（即考量每个矿的基础管理工作是否扎实）。具体包括：建制是否按照公司统一要求进行建设和管理、人员配置是否满足要求、基本制度建设是否到位，管理流程和机制是否顺畅、现场管理是否落实到位等；三是重点工作的推进和把握。主要是对本专业、本业务管理范围内，一些关于安全生产及企业管理的关键项（重点工作）的开展及落实情况进行重点考评，这是衡量煤矿对重点工作重视程度，是解决影响煤矿发展的关键，关键点和难点必须牢牢抓住；四是其他管理要素。主要包括临时性任务、领导交办任务的完成情况、处理周边工农关系情况、处理政府部门对口业务往来情况、安排开展的各类活动的落实情况等。

综合管理考核涉及部门较多，但必须突出重点。通过对综合管理的考核评估、评价，有效推动和促进煤矿全面管理水平的提升。

三、考核办法

（一）考核原则

安全第一、效益优先、成本强化、管理细化、综合平衡。

（二）考核体系的建立

按照公司与所属煤矿的关系和管理体制，有别于其他集团公司，因为各煤矿均属股份有限公司，二级公司作为投资主体和管理主体，必须对所属煤矿实行统一管理权限，行使主体的管理责任，确保国有主体的受益，在“规划、监督、管理、指导、服务”总的指导思想指引下，通过对煤矿安全生产和经营管理业绩的考核，实现有效管控和约束，实现安全效益和经营管理效益的最大化，实现资本增值和社会效益增值，这是国有企业管理的最终目的。为此，通过分析公司的管理体制、企业的结构及其特点，确定公司总体的绩效管理体系，初步确定为“二元六级五层”考核体系，简称“256”体系。

“二元”指从公司到煤矿按两个单元体系进行建立。一个是公司对煤矿安全生产主体的绩效状况（安全生产和经营管理业绩）进行考核，工资挂钩范围仅直接对煤矿矿级领导层（高管层）进行责任挂钩；一个是煤矿责任主体在公司的领导下，按照公司总的原则要求和考核要求，进行层层分解落实，建立煤矿内部的考核体制，即由煤矿自行建立内部的考核体系，进行目标、责任、指标分解，覆盖至每个员工，这就形成二元的考核结构，通过二元考核结构，构建从公司至煤矿员工的自上而下的考核系统。煤矿内部建立模拟市场化分级考核体系，是公司统一管理体系的具体化、细化，是整体的考核系统中的一个相对自成体系的单元，必须根据各煤矿的具体实际，制定切实可行的内部内控办法（一矿一策）。

“六级五层”是指考核的层级：公司→煤矿→中间管理层（科室职能部门）→基层单位（队、厂、车间）→班组→员工。从上而下分六级五层管理。六级即公司、煤矿、中间层、基层、班组、员工；五层管理即公司对煤矿管理为第一层，煤矿对中间层管理为第二层，依次管理到员工为五层管理。

（三）公司对煤矿实行月度考核

考核结果直接与矿级领导绩效工资挂钩。矿内的考核由各矿自行制定办法。根据公司目前的薪酬体系，工资结构包括两大部分：即岗位基础工资+绩效工资。其中绩效工资中又包含安全抵押金。

考核办法：执行考核结果与绩效工资挂钩并上下浮动的办法，按照“责、权、利”对等原则，突出安全第一、效益优先，推行“三重”考核体制。

一是实行安全一票否决制度。安全抵押金仍执行已定考核制度，实行一票否决制，一季度一考核一兑现。

二是安全目标责任奖励制度。按照年初对各煤矿签订的安全目标责任书进行专项考核。奖励也应包含在绩效工资内，按薪酬（工资）总额的10%留取，年终按目标考核兑现。如果安全目标达到规定要求，全额兑现；如果出现事故等，按考核办法核减。

三是绩效考核。实行百分制与绩效工资（全额）挂钩的办法。

（1）管理绩效考核按五个考核组分块考核，其权重比例如下表。五大考核项设置总分值为100分，并按照上表所示进行权重分解，考核结果（实际分）乘以该项的权重，则为该项的最终分值。五项考核实际分值相加，则为管理绩效考核的综合分值，该最终分值就是工资挂考的基准。

考核项	安全绩效	成本管理	经营效益	生产指标	综合管理	合计
标准分值	30	20	15	15	20	100
权重系数	0.3	0.2	0.15	0.15	0.2	1.0

（2）五大考核分别由各考核组组织完成，考核的具体分项，原则按四部分（四项）分解：即指标目标部分（能量化则量化）、基础管理（基本管理要素）、重点管理（或现场管理主要要素）、其他（临时性工作等）。每一项均包括考核的具体小项内容和标准，具体分值确定。

（3）综合管理考核组。涉及各个部门，原则按十个考核单元划分，其权重分别是：生产技术管理（0.15）、一通三防（0.15）、地质防治水（0.15）、机电设备管理（0.15）、基建管理（0.08）、物资供应（0.05）、调度信息（0.05）、环保质量（0.05）、党建精神文明（0.12）、后勤管理（0.05）。

（四）考核结果与工资挂钩的办法

最终综合得分以90分为平衡点。

（1）超过95分，应给予一定的奖励，并按台阶加价的方法进行兑现。从96分开始奖励6%的绩效工资，每再增加1分加计1%，逐步递增，如果有特殊贡献的单位和个人，另行研究奖励办法。

（2）达90分至95分，不奖不扣；低于90分超85分及以上，每降一分，核减1%绩效工资；低于85分达80及以上，每降1分，核减2.0%绩效工资；低于80分达70分及以上，每降1分核减绩效工资的3%；低于70分达60分及以上，每降1分，核减绩效工资4.5%；低于60分属不及格，取消效益工资，并按相关制度，严肃问责。

（五）考核时间和步骤

（1）考核时间。原则上定于每月上旬对各矿上一月的情况进行考核。要求每月3日前，完成资料的收集工作和总结；4~5日进行抽样评价和综合评定；每月10日前择日进行考核通报（召开考核会议）。

（2）考核步骤。各考核组分别组织分项考核，考核完成形成意见后与各考核单位进行有效沟通，查证确认初步考核结果，报各小组长审核签字，考核资料审核签字后报考核领导组办公室，领导组办公室进行总体考核情况和结果的汇总，形成完整的考核资料，并由考核领导组组织相关人员进行讨论和初步考核结果并签字，考核结果报公司考核领导组组长审批生效，生效的考核结果文本，由考核领导组办公室留存，并同时转人事劳资部门一份，以便在进行工资核算时，进行相应挂钩。

（3）每月的考核会议。由考核领导组办公室进行会议准备，五大考核组分别逐项通报专项考核情况，领导组办公室负责通报综合考核结果。

（六）考核考查方法

采取日常监督检查掌握实际情况、月末各矿总结报告、月末重点抽样检查考评、信息网络技术四种方法（手段）进行综合评定。

原则要求：每旬要进行一次信息收集；每月末各煤矿要按设定的总结报告、报表模板进行一次逐项对标的总结报告；每月末要对考核项目内个别重点要求的不确定因素进行现场抽样检查核实，或组织现场考核评定，尽量要做到公平、公正、客观。

现场核查资料，抽样资料要经矿方相关人员签字认可，所有考核要实行“谁考核、谁签字、谁负责”的责任制度。

四、五项考核的具体办法和要求（详见附件1~附件14）

附件1

煤矿安全管理考核标准及评分办法

考核部门：安全生产监督管理部　　　　考核日期：

考核项目	考核小项	考核基本要求内容和标准	标准分值	评分办法
安全指标（50分）	1. 否决指标	要求每一座矿井实现年度“零死亡”，实现安全生产	50	只要发生工亡事故，当月实行一票否决，安全考核当月计0分；一次两人以上重伤事故当月计0分
	2. 重伤指标	按公司年度安全目标责任书确定的指标进行考核，年度重伤每个矿井不得超过1人次，要努力实现无重伤事故		1. 当月考核一起一人重伤事故扣25分 2. 一起两人重伤事故扣50分 3. 发生一人重伤事故且年度累计2人重伤事故，当月扣40分 4. 发生一人重伤事故且年度累计超过3人，当月扣50分

（续）

考核项目	考核小项	考核基本要求内容和标准	标准分值	评分办法
安全指标（50分）	3. 轻伤	按签订目标责任书确定轻伤指标进行考核，年度轻伤指标不突破，月度累计不突破	50	1. 年度轻伤指标累计突破，突破月份当月扣10分 2. 年度内累计在控制范围内，一起一人轻伤事故扣5分；一起二人轻伤事故扣10分；一起三人及以上事故扣40分 3. 一月内多起轻伤事故，每增加一起加扣2分
基础管理（20分）	1. 机构及人员	1. 必须成立以总经理（矿长）和书记为主任的安全生产委员会，并明确安全委员会的职责，正常开展工作	2	1. 必须以文件形式明确，无文件、无明确责任扣2分 2. 必须有工作机构，有落实机制，无扣2分，不完整扣1分 3. 必须定期召开总经理（矿长）安全办公会议，未召开、无记录、未研究重大事宜，扣1分
		2. 必须设置安全、机电、通风、生产技术、地质防治水、调度、培训等安全生产技术管理机构，人员满足安全生产要求		1. 缺一个部门扣0.3分 2. 人员不能满足要求，并严重影响安全生产管理工作，扣0.5分
		3. 其他重点工作推进应建立的工作领导组和机构，必须正常有序开展工作。包括：安全生产标准化管理领导组和办公室；员工操作达标工作领导组和办公室；安全风险预控管理体系建设推进领导组和办公室；安全绩效考核工作领导组和办公室等。重点工作必须有专人负责，专人管理，可由业务部门兼作		1. 未建立相关部门或部门职责不清，扣2分 2. 未认真组织，无资料支撑，扣2分
	2. 安全制度建设	1. 建立横向到边纵向到底的安全责任体系，确保从个体到部门、到岗位安全责任明确。有完整的安全生产责任制，符合公司的要求	2	1. 无安全生产责任制，扣2分 2. 安全生产责任制不完善，有缺项或漏洞，发现一处扣0.1分
		2. 安全生产的基本管理制度（见公司规定）建立并能够满足本矿实际要求，管理制度与实际有效对接，无明显的管理盲点		无完整的安全管理制度扣2分，有明显漏项、缺项，发现一处扣0.1分。相关制度未有效执行的，视情况扣0.1～0.5分/次
		3. 安全法律、法规及规定、标准化细则要求必须建立的制度，要认真编制，规范管理，并能够有效执行	2	1. 未认真编制或缺项，发现一种，扣1分 2. 未认真执行或制度落实存在明显偏差，不切实际的，视情况扣0.1～0.5分
		4. 由于法律、法规和实际情况有变化，管理制度必须及时跟进，进行修订、完善和修改。以保证制度与实际相符合，与法律、法规、新要求不相抵触		1. 跟进不及时，发现一项扣0.5分 2. 与国家要求、集团要求和二级公司的相关要求不相符、相抵触、不合理的，扣0.2分/处/次

（续）

考核项目	考核小项	考核基本要求内容和标准	标准分值	评分办法
基础管理（20分）	3. 培训教育	1. 必须编制年度培训计划和明确培训实施部门，计划必须覆盖到全矿培训、特殊作业人员培训、班组长培训、主要负责人和安全生产管理人员培训、应知应会能力培训、应急管理培训、职业卫生健康培训、安全生产标准化培训、新技术使用等方面培训	2	1. 培训无计划，扣1分 2. 计划覆盖面不全，差一方面扣0.1分
		2. 正常开展培训教育工作，规范管理，培训资料齐全，建立完整培训档案		培训管理基本到位，查管理存在漏洞，资料不完整，视情况扣0.1～0.5分
		3. 培训效果：基本能够满足安全生产要求，尤其是特殊作业岗位和关键岗位人员的应知应会能够满足要求，必须经全员培训合格，持证上岗		1. 现场抽查，应知应会掌握不准确、应知应会率不达20%以上，扣0.1分/人次 2. 现场抽查，未持证或岗位不对照，扣0.2分/人次
	4. 总结及报表	定期上报的安全总结及报表必须认真对待，如实填报，填报执行公司的规定	1	执行不到位，迟报扣0.2分/次，未报扣0.5分/次，报告报表质量差，有错误，扣0.1分/处
	5. 安全会议及记录	1. 按照“五查五会一闭合”管理要求，五种会议正常开展，安全办公会议、安全例会严格按程序组织，有完整会议记录 2. 周四安全活动日专题会议正常开展，符合公司的统一要求，进行细化规范，做好记录	1	1. “五查五会一闭合”缺一种未开展，扣2分/次 2. 周四安全活动日专题会议未认真开展，扣2分/次，有缺陷或组织不认真，存在严重问题扣1分/次 3. 所有会议未按公司要求做好记录或不完整，扣0.2分/类/次
	6. 事故管理	1. 必须建立事故管理台账，并按要求定期进行月报、季报工作 2. 必须对事故进行调查分析，并作出处理（轻伤以上和设备事故三级以上），重伤事故及以上事故处理结果要上报公司	1	1. 未建立事故管理台账，扣1分/次 2. 未定期认真进行月报、季报工作，扣0.5分/次 3. 事故调查处理报告不完整和该上报的未上报，扣0.2分/次
	7. 隐患排查治理	1. 按“五查五会一闭合”要求，认真开展“五查”活动 2. 各类隐患必须做到100%闭合，并建立完整的隐患排查管理（或记录）台账，执行公司统一的规定 3. 对上级检查出的隐患问题要认真按要求限期整改，并上报公司以便督导	5	1. 未认真开展“五查”活动，一经发现一次扣2分/次 2. 隐患台账管理有漏洞，不闭合，扣2分/次 3. 对上级排查的问题，未上报公司，扣1分/次，未按时上报季度排查报告，被煤监部门通报，扣2分/次
	8. 正常的安全活动	及时按上级公司要求组织开展好规定的正常安全活动（五月机电安全月、六月安全生产月、百日安全活动、技术比武、安全知识竞赛）	1	不按要求组织扣1分；未认真组织视情况扣0.2～0.5分

（续）

考核项目	考核小项	考核基本要求内容和标准	标准分值	评分办法
基础管理（20分）	9. 安全费用提取、使用	1. 按规定正常提取和使用安全费用 2. 实行专账专户管理 3. 必须实行计划管理，有年度、季度计划，执行公司统一的要求 4. 重大安全措施工程计划和管理到位 5. 安全部门必须统一建立安全费用管理台账，管理好安全费用。	1	1. 未按规定提取和使用，扣1分 2. 无年度安全费用计划，无季度细化计划，扣1分 3. 重大安全措施工程的计划，管理不到位，未组织专项验收，扣0.5分/次或0.5分/项 4. 专项管理台账和管理过程不规范、不完整，扣0.1分/次
	10. 安全考核与奖罚	1. 安全绩效和安全风险抵押考核： （1）必须建立专项安全风险抵押考核和安全绩效考核办法 （2）必须建立详细的考核办法和工作机制，并正常运行，确保管理效果	2	1. 未建立考核制度、考核办法，或实施不到位，存在重大漏洞的，发现一次扣2分 2. 未建立专门的组织领导机构，无固定工作人员，无开展此项工作，扣2分 3. 考核不认真、走形式、无效果，视情况扣0.2～1分
		2. 反“三违”与安全处罚： （1）制定本单位的安全生产奖罚制度 （2）必须认真执行制度，严肃问责，不得有徇私舞弊现象 （3）建有完整的管理台账（记录），明细清楚，查询方便，管理到位，执行相关程序		1. 未制定较完整的奖罚制度和细则，扣2分 2. 执行中不严肃，有违反纪律的问题，扣0.5分/次 3. 管理程序不完整，执行程序不严格，管理不到位，视情况扣0.2～1分
现场管理及重点工作推进（25分）	1. 安全生产标准化动态达标工作	1. 安全生产标准化工作必须认真开展，确保每月一次的全面检查验收，并有完整的验收资料，建立完整的标准化档案（执行公司统一规定） 2. 有专项标准化管理制度，成立领导组和工作机构，有专业机构能及时组织开展活动	3	1. 未认真开展，无网络上报检查资料和记录，扣1分 2. 管理不到位，标准化管理责任不清，责任分解不到位，无有效的举措和建立有效的机制进行管理，落实不力，推进工作不力，视情况视扣1～3分
		3. 内部检查验收（包括矿和公司）能够达到规划等级要求，无重大隐患 4. 积极推动动态达标工作，开展班组现场动态管理，有举措、有方法，能够保持常态化管理，无较严重的标准化问题	3	3. 抽查未达规划等级，本小项不得分 4. 不能保持常态化管理，现场动态管理存在漏洞、现场标准化管理混乱，视情况扣1～3分
	2. 员工操作达标工作	1. 积极推动员工操作动态达标工作，按照二级公司统一要求，能够按照计划、安排积极推进	5	1. 无分管或强化此项工作的矿领导，未积极推动，未认真组织，视情况扣1～2分/次
		2. 制度、标准要按要求有序建立，并能够逐步完善，改进提升，动态达标系列要求、标准符合实际，具有现实指导意义（包括两制、通用要求、作业标准）		2. 制度和标准与实际工作符合性较差，存在严重漏洞，一经发现，视情况扣1～2分/次

（续）

考核项目	考核小项	考核基本要求内容和标准	标准分值	评分办法
现场管理及重点工作推进（25分）	2. 员工操作达标工作	3. 动态达标标准能够贯彻执行，执行基本到位，重要岗位、关键场所岗位人员能够熟练掌握，做到规范安全作业	5	3. 动态达标一系列要求、规定、标准能够贯彻执行，能够体现在岗位，抽查员工对岗位描述、两制标准等相关要求掌握不准，应知应会程度不达70%，扣0.3分/人次
		4. “三严两法一卡”能够体现在现场执行上，一卡落实基本到位，尤其是重点场所、关键岗位、一线员工		1. “三严两法”执行不到位，视情况扣1~2分/次 2. 岗位人员未随身携带安全作业卡，内容不符合实际，对内容掌握不准，扣0.3分/人次
	3. 领导带班值班	1. 必须执行相关规定，严肃制度，带头履职，守规矩。掌握清本班、本日安全工作，协调解决好当班当日的安全问题	2	1. 未认真执行带班、值班制度，如脱岗、私自找人替岗、迟到、早退等，一经发现，扣1分/次 2. 未认真查找问题，出现重大漏洞和有失责行为，扣1分/次 3. 记录不认真，有明显错误、失误，失真等，一经发现，扣0.1~0.2分/处
		2. 值班、带班期间，要主动作为，及时发现、善于发现问题，善于分析研究重大问题，不出现失误、违章违规等不良记录 3. 认真做好相关记录、台账 4. 地面队厂走动式安全管理执行要到位，保证走动和巡查时间，突出重要时段、节点的安全管理		
	4. 重点致灾因素的现场管理	1. “五个关键点”管理措施要到位，消除重大隐患的出现，及时发现和治理一般隐患，生产作业现场基本能够保证良好作业。环境条件，作业人员不受危险威胁，能够安全作业	2	1. “五个关键点”管理措施不力，致现场安全隐患多，视情况扣1~3分，出现重大隐患（15项76种情形之一）扣1分/条（除正常处罚外） 2. 有隐患未消除，违章指挥及违章作业，发现一次扣0.5分
		2. 必须严格执行公司的“红线”制度和禁令，并将相关要求措施落实到现场，尤其是对重点岗位、重要场所的安全要求	2	不执行，未落实，一经发现，扣0.3分/项
		3. 现场生产作业条件发生变化，尤其是发生较大变化，如：出现断层、陷落柱、老空、旧巷，施工工艺发生变化，施工作业设备改变等，必须及时向公司汇报，并按相关规定程序采取针对性的安全技术措施，即变化措施必须同时跟进，切忌盲目组织生产作业。（包括安全技术措施和劳动组织措施）		1. 条件发生变化，尤其是重大变化（公司制定的几种情形），必须先停工停产，上报公司，不报、瞒报，扣1分/次 2. 条件发生变化，安全技术措施和劳动组织措施未及时跟进，盲目组织生产作业，违章指挥或违章作业，一经发现扣0.5分/次
		4. 上级及公司大检查或专业检查发现的重大安全隐患和严重管理问题，必须认真对待，严肃按要求整改，进行完全闭合管理，并不折不扣的执行检查下达的执法文书或通知单	2	1. 未认真对待检查及时安排整改，故意拖延时间，致隐患问题长期得不到解决，影响安全生产的，发现一次扣1分 2. 隐患问题未闭合，又未报告原因，影响安全生产的，扣1分

（续）

考核项目	考核小项	考核基本要求内容和标准	标准分值	评分办法
现场管理及重点工作推进（25分）	5. 其他现场管理要求	除以上要求外，要严格执行公司其他管理制度和管理原则，加强生产组织、先进工艺设备应用。临时性工程和工作，临时动火、动电、巷道开口、工作面搬家、通风等系统调整、反风等应急演习、特殊作业、设备和灾害事故处理，危险场所检修工作，重要时期、时段、节点的专项治理工程作业等的现场安全管理	2	现场管理出现违背公司管理制度规定和安全管理原则，威胁安全生产或造成未遂事故的，视情节扣0.2～2分
	6. 专项工作推进	1. “一落实双建设双达标”工作整体推进组织要得力，工作要有起色，效果要明显	2	落实公司要求不严肃，推进不力，无起色，效果不明显，视情况扣1～2分
		2. 公司“121268”安全管理模式建设推进要有举措，有创新，有具体化的内容		推进缓慢，未结合实际认真研究具体的举措、机制、方法，十二个抓手、六大系统、八个结合做的不实，无明显的进步，视情况扣1～2分
		3. 涉及安全、职业卫生、应急体系建设方面的专项工作，如：安全评价、安全许可、安全专篇、职业卫生专篇、重大危险源评估报告、专项报告，必须按国家相关要求，定期组织安排落实		落实不到位，工作进展缓慢或严重拖延，影响安全生产和相关事项，视情况扣1～2分
	7. 安全技改、措施工程管理	对安全专项技改和措施工程，要严格管理，严肃审批程序，实行申报审批制度，要严格执行招投标管理制度，在实施过程中要严格监督，确保安全质量，严格验收制度	2	未执行计划审批制度，未严格考核，致使进度迟缓，影响安全生产或有重大失误造成损失的，视情况扣1～2分
临时任务及其他要求（5分）	1. 临时任务	1. 上级部门（煤管、煤监等政府部门）、集团、二级公司安排的涉安临时任务，必须不折不扣的接受并圆满完成	3	不配合检查，不反映真实情况，发生弄虚作假等不良现象，一经发现，扣0.5分/次
		2. 必须积极配合上级部门的执法检查，集团公司、二级公司定期和不定期组织的安全大检查或专项检查，无偿提供相关资料，配合进行现场检查查验工作，实事求是反映现实情况，共同确定安全问题，不得提供假依据、假资料，不得隐瞒事实真相等		
	2. 其他安全事项	1. 积极参加上级及公司召开的各类安全会议 2. 党政工团齐抓共管的相关工作开展有序，相关规定有落实、有效果。如：群众监督网工作、青年监督岗的工作等	2	1. 未及时参加集团、二级公司及上级相关安全会议，扣0.5分/人次。迟到、早退违反会议纪律，扣0.3分/人次 2. 齐抓共管安全的相关工作未开展扣2分，开展不到位，视情况扣0.2～1分/次
合计			100	

分管领导：　　　　审核：　　　　填报：

附件2

煤矿生产任务考核标准及评分办法

考核部门：生产技术部　　　　考核日期：

考核项目	考核小项	考核基本要求内容和标准	标准分值	评分办法
基本指标（40分）	1. 原煤产量	考核考核周期内矿井的原煤生产量。以各矿调度上报二级公司生产指挥中心的统计数据为准	10	严格按照公司逐月下达的生产作业计划中规定的指标考核，完成指标的满分；未完成的，按照完成比例得分；因政策性停产或其他不可抗拒的原因停工停产而影响指标完成的，该项目不考核；在规定时间内有公司批准的生产调整计划批复的，完成调整后指标的，得分为考核项目分值的80%，若调整后仍未完成计划指标，该项目得分为按比例计算后的50%
	2. 开掘进尺	考核考核周期内矿井开拓、掘进的总进尺数。以各矿月末成巷验收进度统计数据为准	10	
	3. 洗精煤产量	考核矿属洗煤厂的精煤产量。以月末各矿调度上报二级公司生产指挥中心的统计数据为准，（不包含中煤、煤泥及排矸量）	5	
	4. 原煤生产效率	原煤生产效率按国家统一计算标准执行。原则上不少于8t/工，各煤矿要根据本矿情况具体确定	5	根据实际统计数据进行考核
	5. 采掘比	必须严格执行安全规程，严禁多头多面组织生产。原则上，一个采区不得组织多头掘进，最多不能突破一个回采面和二个掘进头的要求；在无回采工作面的准备采区内组织开掘的，原则上开掘头数不得超过三个。努力实现一采两掘的格局	5	根据实际回采工作面及开掘工作面进行考核
	6. 精煤回收率	根据不同煤种、煤质、入洗原煤含矸率等技术因素，合理确定精煤回收率，能够达到内定标准和满足客户要求	5	按照环保质量部提供的指标及实际生产情况进行考核
基础管理（30分）	1. 生产计划管理	1. 必须根据年度计划，科学编制月度采掘作业计划，计划编制的内容和格式必须符合公司规定的要求，计划的编制基本到位，能够符合现状和指导安全生产，并严格按照规定时间及时上报 2. 采掘工程排队和衔接安排合理，无明显漏洞 3. 遇有未预知的地质构造等特殊情况变化时，必须及时调整作业计划，并进行必要的补充和完善 4. 重点工程计划必须安排周密。有专项说明和重点工作（搬家倒面、巷道开口等）的工程和工作计划及相关会议研究资料	10	严格按照公司相关文件规定的要求进行考核。每月计划必须于上月25前上报至生产技术部，每迟报一天扣1分；计划安排存在重大缺项或不全面的，发现一次扣2分；计划编制每发现一处不符合规定要求，扣0.5分，累计扣分扣完为止

（续）

考核项目	考核小项	考核基本要求内容和标准	标准分值	评分办法
基础管理（30 分）	2. 生产计划的执行	1. 原煤生产及洗精煤生产等生产过程，必须科学组织，合理调配人力、物力和财力，以确保计划的有序组织和落实到位，不得出现无计划、无组织的现象造成停工、停产 2. 必须根据年、季、月生产作业计划、工程计划安排，合理进行劳动定岗定员，合理使用人力，做到人工效率最大化，减人增效，不出现闲人、闲岗，造成浪费 3. 计划的执行落实顺畅。计划的主要指标分解到位能够全面贯彻执行，调度协调生产能力达到要求，未出现扯皮、不落实、调度不力等情况 4. 根据采掘计划安排，在生产组织上能够适时、及时地调整作业方式、作业时间等生产要素，能够保持正常的作业制度和生产秩序，生产运输较平稳，未出现大起大落等情况 5. 劳动组织。生产队组建设必须合理，严禁超编，要实现专业化管理，执行公司在队伍建设上的相关规定，严禁混合队伍的管理，以正常的生产组织，正常生产矿井原则上要严格执行“一井一面”的要求，即一个采煤队配置建设，组织生产 6. 矿井各生产环节，配套能力能够满足正常生产能力要求，并有一定富足，不得影响生产（包括采煤、掘进、提升、运输、通风、地面生产系统、排水、供电等） 7. 采掘组织正常。“三量（高瓦斯矿井为四量）”平衡达到要求，未出现严重的采掘衔接紧张和脱节现象。	15	现场查阅各种资料，严格对照标准逐项进行考核，发现一处不符合要求，扣 0.5 分，扣完为止。
	3. 生产分析统计	1. 定期组织落实生产分析制度。充分利用矿调度会议等，及时分析研究调整生产作业计划，有分析的内容和记录 2. 日常生产管理基本到位。有完整的生产分析、生产统计资料，采掘工程产量要有分类管理台账和相应的报表，并根据要求建立完善的各种台账、记录和报表，且要保证准确无误 3. 根据公司统一要求，及时上报相关报表和总结分析材料，无弄虚作假记录。	5	现场查阅各种资料，严格对照标准逐项进行考核，发现一处不符合要求，扣 0.5 分，扣完为止。
生产现场管理（20 分）	1. 生产队组管理	1. 生产队组在落实生产任务过程中，能够按正规循环作业的要求进行现场组织，正规循环作业率达到规程规定要求（不少于 80%）。未发生重大失误 2. 能够根据现场生产条件的变化，及时合理调配岗位及人员，保持效率优先，工作安排较均衡有序，未出现不合理记录 3. 采、掘、机运等作业队组，作业制度执行到位，不存在超点加班、无限延长劳动时间等现象，特殊情况最多可延长 1h，要严格执行劳动法的相关规定 4. 严肃各级全面的现场管理制度，保证生产队组班班有领导现场指挥生产	10	查现场管理及相关资料，一项（或一处）不符合要求扣 0.5 分

（续）

<table>
<tr><th>考核项目</th><th>考核小项</th><th>考核基本要求内容和标准</th><th>标准分值</th><th>评分办法</th></tr>
<tr><td rowspan="2">基础管理（30分）</td><td>2. 辅助服务</td><td>5. 各生产系统运行良好。从设计、巷道准备、设备选型、通风系统调整、运输系统优化等主要环节管理能够到位，未出现重大失误给安全生产造成影响。一切生产运行有节拍、有计划地进行，无造成全矿性停产记录
6. 生产服务、辅助管理工作运行正常。相关生产材料准备、巷道维修、物资供应、技术服务等工作按部就班，不能影响生产，要做到及时、有效，积极促进安全生产</td><td>5</td><td rowspan="2">查现场管理及相关资料，一项（或一处）不符合要求扣0.5分</td></tr>
<tr><td>3. 临时工作</td><td>7. 临时安排的工作任务和特殊情况的作业（搬家、安装、过构造带、设备事故、冒顶事故处理等），必须强化现场管理，加强劳动组织协调，确保安全生产有序进行</td><td>5</td></tr>
<tr><td rowspan="2">重点工作及其他（10分）</td><td>1. 重点工作</td><td>涉及安全生产的重点工程和重点工作安排合理，协调组织要到位，不能出现组织安排不科学，组织不精心，造成重点工程和重点工作进度较慢，未能按照预期推进，影响矿井整个生产安排或造成一定影响，制约了矿井的安全生产，给生产任务的完成造成一定的压力或影响</td><td>5</td><td rowspan="2">严格对照公司下达的逐月生产作业计划进行考核，当月涉及的重点工作为在作业计划中专项说明，该小项不得分；为按计划进度推进的，酌情扣分；因人为因素而造成影响正常安全生产安排的，发现一次扣2分</td></tr>
<tr><td>2. 其他工作</td><td>1. 计划外的零星工程和零散作业安排周到合理，未影响正常的生产运行
2. 影响生产的，必须做应急性、突出性的工作安排，必须安排紧凑，计划周密，加强协调，确保有限的时间内顺利完成任务
3. 地面生产系统、排矸系统、排水系统等系统要运行顺畅，协调到位，未发生由于协调不到位而造成影响正常生产安排秩序的事情
4. 其他与安全生产管理相关联的事宜。要全面管理到位，不得由于某一方面的因素影响和干扰正常的生产安排部署、正常组织生产的节拍和规律</td><td>5</td></tr>
<tr><td colspan="3">合计</td><td>100</td><td></td></tr>
</table>

说明：凡考核缺项的，考核分值不计入总分，按照实际得分折算成百分制计入最后总得分

分管领导：　　　　　　　　审核：　　　　　　　　填报

附件3

煤矿成本管理考核标准及评分办法

考核部门：生产技术部　　　　　　　　　　　　考核日期：

考核项目	考核小项	考核基本要求内容和标准	标准分值	评分办法
指标管理（30分）	1. 完全成本	以公司年初下达的完全成本控制指标为依据，根据当月矿财务实际统计完成成本数据进行考核	10	完成控制指标的得满分，每超出或低于控制指标的5%，各增或减1分；矿井因政策性停产或搬家倒面期间影响正常生产组织的，完成成本及生产成本不考核，该项分值不计入总分
	2. 生产成本	以公司年初下达的生产成本控制指标为依据，根据当月矿财务实际统计生产成本数据进行考核	10	
	3. 重点工程项目投资	以单位、单项工程的计划概算指标为依据，根据逐月工程实际进度及实际投资工作量完成情况进行考核	10	
基础管理（40分）	1. 组织领导	1. 各矿必须成立以矿长为组长、分管生产及财务的副经理为副组长的成本管理领导机构，高度重视成本管控工作	5	必须有专门下发的文件支撑，并要详细说明各位领导的职责权限及工作流程，有相关会议及考核资料，无机构设置文件，该项不得分；缺一项扣1分
		2. 各矿必须设立成本考核办公室，并有明确的牵头部门和配合部门，必须指定专职的成本管理人员（即工作人员），认真做好相关的日常管理工作，并明确部门和主要人员的工作职责，责任清晰，便于高效管理和操作执行	10	1. 有明确的考核办公室（牵头部门挂帅），并有专（兼）职工作人员，能够正常开展成本管控工作，否则该项目扣5分；人员配备不足或牵头部门不明确，发现一处扣2分 2. 成本管理相关职能部门的责任分解明确，各负其责，未明确责任，扣5分
	2. 制度建设	1. 建立健全较完整的成本管控体系，配套管理和运行制度要根据本矿的实际情况认真分类分项制定，并力争做到条例清晰，便于执行	5	1. 有较完整的成本管控体系，从总体到局部，从上到下，从财务、供应到生产、到基层，均有完整的管控制度和有效的约束机制，若没有，该项不得分，不完善，发现一处扣1分 2. 从制度层面严格贯彻执行各部门或各成本控制分项管理的责任，条理清晰，具有可操作性。若无，该项不得分，不完善，发现一处扣1分

（续）

考核项目	考核小项	考核基本要求内容和标准	标准分值	评分办法
基础管理（40分）	2. 制度建设	2. 成本管控流程符合公司相关文件要求。财务部门负责完全成本的具体管控，但重点对三项费用进行管控；生产部门负责生产成本的具体管控，但重点对生产直接成本（尤其是生产过程中的直接投入的原煤生产成本）进行管理，不论财务，还是物质供应、生产管理，必须建立科学的管理流程，要保证管理过程的顺畅、有效、规范、高效和可控	10	1. 财务、生产、物资供应等成本管控部门，对成本管控过程管控有效，为出现明显的失误或失控，无明显的浪费等现象发生，若考核周期内发现一次，该项目不得分 2. 管理过程要有适用的管理细则和运行规则。如部门与部门之间的协调，内控流程具体方法的规范，相关信息的共享，材料的计划、审查、执行中的领出、使用，回退，交用等环节，必须有一套细化的管理办法。机制不顺畅、办法不规范、管理过程无序，发现一处扣1分
	3. 预算和计划管理	1. 必须建立科学全面的成本预算管理机制。定期进行成本管理的总结、分析。查找漏洞，科学确定成本控制指标，使成本管控的可变指标趋于合理，提高管理效率	5	未进行预算管理，该项目不得分；考核控制的指标不合理，根据比例酌情扣分
		2. 必须及时掌握国家调控政策，研究在正常范围内允许调整的因素，极大减少财务费用，做好预算和计划管理	2	未合理使用政策，多提或少提相关专项费用，致使成本超标或预算出现失误的，发现一次扣1分；若出现明显失误或错误的，该项目不得分
		3. 必须建立内部市场管理机制，实行目标成本计划管理。要根据预算分析研究确定的成本控制指标进行分项分解，细分到基层，实行合理的计划管理和控制。能实行整体承包的要实行整体承包，能实行分项承包的要实行分项承包，如采、掘、机、运、通等生产队、厂、车间，要实行计件或计量单价（吨煤成本等）	3	各矿必须按下达控制的目标成本进行详细分解，分解层次不清，设置科目分项及构成与公司要求不一致，不严密、有缺漏等情况的，发现一处扣0.5分
	4. 成本动态统计分析	1. 必须建立完善的成本动态统计分析制度。要根据过程管理中发现的问题及时进行统计分析，并根据实际情况及时进行控制 2. 必须建立上下统一的统计报告和报表制度。以便及时掌控成本管理情况，要有完善的月报表和月报告相关资料	5	严格对照标准现场查阅各种制度及台账，每缺少一项制度或台账扣2分；制度或台账不完善，填写存在缺项或不规范，发现一处扣0.5分

（续）

考核项目	考核小项	考核基本要求内容和标准	标准分值	评分办法
基础管理（40分）	4. 成本动态统计分析	3. 必须建立完善的统计台账。对分解指标按厂（队、科）实际发生情况，进行详细的月（季）度动态管理分析 4. 要建立完善的计划管理制度，对成本管控实行计划管理。对生产成本构成的材料使用等要实行内部市场价格运行机制和确立合理的消耗定额，便于考核 5. 成本分项构成所占比重应在合理区间，包括工资成本、生产直接材料成本、三项费用等，要基本符合同类矿井的运行规律		
现场管理（15分）	1. 计划的执行	1. 能够按预定的计划成本实施全面管理。对成本指标进行了明确的分解，能详细分解至厂、队、班组 2. 主要生产系统实行了指标承包的办法，并根据公司的相关要求，实行了“超支实扣，节约有奖”的管理办法 3. 各单位能够按照既定的运行机制运作，每月的材料消耗计划编制基本到位，有完整规范的材料计划和节约计划。执行过程中的各种手续资料齐全、完整	5	现场查阅相关资料，无指标分解及奖罚管理办法及奖罚资料，该项目不得分；指标分解不彻底或无实质性的奖罚资料，一项不符合要求扣0.5分
	2. 使用管理	1. 物资的库存管理符合公司的相关要求，基本做到账、卡、物对照。物资存放整齐有序，符合公司物资管理的规定 2. 物资领退制度健全，执行有序，各种台账记录规范完整 3. 库存物资的储备量符合公司物资管理的有关规定。不得过量储存物资，造成资金的大量占用 4. 在现场使用过程中，无浪费现象，无乱扔乱放等不良现象，力争做到文明管理和使用，临时存放要规范整齐，符合要求 5. 各矿物资管理部门要对生产材料、备品备件实现统一管理。基本减少和实现了车间、厂队“零库存”管理 6. 修旧利废、回收复用管理有效。对主要的支护材料、管线、轨道、皮带等可回收复用的设备、设施、材料、配件，要制定明确的回收率等具体回收要求，并实行有效的管控和考核，有完善的管理制度及考核资料	5	严格对照标准查现场管理及相关制度及资料台账，发现一处不符合要求，扣0.5分

（续）

考核项目	考核小项	考核基本要求内容和标准	标准分值	评分办法
现场管理（15分）	3. 成本考核	1. 考核领导组和考核办公室能够及时组织相关职能部门积极开展成本考核活动并召开考核分析会议，相关职能部门能够积极配合，各负其责 2. 日常的抽检、督导基本到位。考核资料要完整，考核过程要公开、公平、公正 3. 考核结果要落实到位。做到奖罚分明，考核结果要和相关厂、队及科室人员的工资薪酬挂钩，并确实执行，落到实处	5	严格对照标准现场查阅各种相关资料，发现一处或一项部分要求，扣0.5分
重点工作及其他（15分）	1. 重点工程及管理	1. 所有工程，必须有经矿领导研究决定或经相关职能部门批复的可行性研究或论证方案，并符合公司相关管理办法要求和规定，严格执行项目立项、报批等程序 2. 所有工程必须有计划、设计，并进行工程预决算，不得有弄虚作假现象 3. 工程决算原则上不得超出预算（或概算），如果出现重大设计变更，必须有相关的审批手续、会审纪要等文字材料说明	5	无批复的可行性研究报告或方案的，该项目不得分；有批复的可行性研究报告或方案，但手续不齐全或资料不完整，发现一处扣1分；存在弄虚作假或决算超过原预算50%时，发现一处扣5分
	2. 主要设备材料管理	1. 必须严格执行二级公司物资管理办法的相关规定，不得违规运作，暗箱操作，物资采购价格必须符合市场规律，不得采取欺骗等手段，造成价格偏高并高于市场价，从而造成生产成本增加 2. 设备材料的计划、采购等环节管理规范，不得出现以假乱真、以次充好等不良行为，物资的入矿、入库质量验收把关到位	5	严格对照标准进行现场检查，发现一处不符合要求扣1分
	3. 其他相关工作	1. 对口业务往来，上报下达到位，不得出现重大失误 2. 能够根据公司的统一要求，积极落实各项相关工作 3. 其他相关要求及规定	5	对照标准现场查阅相关资料，一处不符合要求扣1分
	合　计		100	

说明：凡考核缺项的，考核分值不计入总分，按照实际得分折算成百分制计入最后总得分。

分管领导：　　　　审核：　　　　填报：

附件 4

煤矿经营效益考核标准及评分办法

考核部门：企业管理部　　　　　　　　　　　　　　　考核日期：

考核项目	考核小项	考核基本要求内容和标准	标准分值	评分办法
基本指标（50 分）	营业收入（万元）	以经审核的财务报表中的营业收入实现数为准	10	与计划比较，每增（减）3%，加（扣）1 分
	利润总额（万元）	以经审核的财务报表中的利润总额实现数为准	15	与计划比较，每增（减）2%，加（扣）1 分
	营业利润率（%）	计算公式：营业利润 ÷ 主营业务收入 ×100%	5	实际值较计划值（绝对值）每提高（下降）1%，加（扣）1 分
	总资产报酬率（%）	计算公式：利润总额 ÷ 总资产平均值 ×100%	5	实际值与计划值（绝对值）每提高（下降）1%，加（扣）1 分
	资产负债率（%）	计算公式：总负债 ÷ 资产总额 ×100%	5	实际值与计划值（绝对值）每提高（下降）1%，扣（加）1 分
	人均创利（万元）	计算公式：利润总额 ÷ 职工平均人数	5	与计划比较，每增（减）3%，加（扣）1 分
	利润贡献率（奖项）		5	
基础管理（20 分）	1. 计划管理	1. 经营指标的确定必须进行科学的测算，有可靠的历史和现实依据支撑，基础数据总结、统计必须准确无误，无遗漏、漏项，建立完整的主要指标管理统计资料库（逐年逐月历史统计资料）	2	资料完整准确得满分，无资料不得分，记录不完整有差错酌情扣分
		2. 按照公司确认下达的管理指标进行细化、分解，确定本矿的分项、分解管理目标、指标，形成本矿的经营管控计划，计划必须科学合理，实事求是，严禁弄虚作假等不良现象发生	2	内部计划真实、操作性强得满分，无计划不得分，计划不完整不真实酌情扣分
		3. 经营管控目标计划必须有侧重点，重点对三项费用和销售供应环节进行把控，合理制定管控流程和严密的管理制度，保证财、供、销环节，机制运行顺畅，各负其责，总体控制有效，不发生失误和管理的漏洞，致资产和资金管理产生风险和损失	2	管控流程和管理制度完善、可行得满分，无制定管理流程和管理制度不得分，流程和制度不完善、机制运行不顺畅酌情扣分

（续）

考核项目	考核小项	考核基本要求内容和标准	标准分值	评分办法
基础管理（20分）	2. 财务分析	1. 经营过程中，财务管理控制是非常重要的一环，掌握好管控过程中的制约约束手段，避免失控，造成管理过程自由化，无序化	2	制定的管控办法可行，管控措施到位得满分，无制定办法不得分，措施不到位酌情扣分
		2. 必须进行动态分析，及时掌控资金的运转，保障正常的合理的运行状态，确保资金安全和安全生产	2	动态分析详细、准确得满分，无进行分析不得分，分析不认真、不准确酌情扣分
		3. 认真建立财务经营指标定期分析制度（季月结合），用好核算手段，保证数据的有效性，准确性，不得出现失误	2	建立指标分析制度，分析数据准确无误得满分，无建立制度不得分，分析不准确酌情扣分
	3. 经营管理	1. 在矿总的考核制度和框架下，按照职责与分工，财务和企管部门必须认真履行管理的职能，认真执行好严格的管理秩序，对分管业务细化分析流程，做到简约高效，准确无误	2	建立内部考核制度并定期考核得满分，无考核制度不得分，考核工作不认真、不及时酌情扣分
		2. 必须建立业务管理分级负责制，各队、厂必须建立专职核算员制度，业务口执行统一管理，销售和供应体系及直属单位的财务管理，必须实行专人化、系统化的相对独立管理机制，以确保管理流畅，有效	2	建立完善分级核算制度运行顺畅得满分，无制度不得分，建立了分级核算制度但运行不畅酌情扣分
		3. 必须建立定期专项报告，统计分析和业务报表制度，做到资金使用有计划，有审核，有专题会议研究，有领导批准	2	建立制度并按规定运行得满分，无制度不得分，未按规定程序运行酌情扣分
		4. 要统一基层单位（队、厂）财务经营指标管理的标准、流程、模式，做到标准化管理，模式化运转，提高经营管理的科学化，制度化，规范化	2	建立统一的指标体系正常运作得满分，无统一体系不得分，不能正常运行酌情扣分
现场管理（20分）	1. 资料管理	1. 从基层队、厂到矿业务部门，相应经营管理的业务报表必须认真填报，真实反映经营状况，无错误	2	内部报表及时准确得满分，报表制度缺失不得分，报表数据失真酌情扣分
		2. 必须建立各级分类材料计划成本管理的相应管理台账和收集整理逐月、逐季、逐年的计划统计等资料，并建档管理，尤其是财务、供应、生产、调度等主要部门	2	台账、档案完整，资料数据准确得满分，无建立档案制度不得分，档案资料不完整酌情扣分。

（续）

考核项目	考核小项	考核基本要求内容和标准	标准分值	评分办法
现场管理（20分）	1. 资料管理	3. 必须有完整的月度、季度、年度的经营业绩考核资料记录，并建立专门档案以备查，保证资料完整有效。	2	考核资料完整并归档管理得满分，无归档管理不得分，资料缺失酌情扣分。
		4. 必须有调整考核指标和专题研究经营问题的会议纪要记录和资料。	2	考核指标调整有批准记录得满分，否则不得分。
	2. 责任落实	1. 生产系统各队、厂、组建立了内部的成本考核制度，有专职的核算员，积极开展核算工作，基本能够满足要求，费用管理到位，未突破确定的指标。	2	建立内部成本考核制度及专职核算员制度的满分，否则不得分，制度落实不到位酌情扣分。
		2. 销售系统管理环节无漏洞 （1）销售定价机制符合公司要求：无违规现象，能够根据市场需求合理定价，无低于同类矿井，同煤种，同煤质价格的情况，如特殊情况必须报告请示 （2）资金回笼的要求。无外欠，拖欠等现象。鉴于目前市场，必须执行“宁贱不赊”的原则，保证煤矿的利益不受损失 （3）销售费用控制严格，能够控制在考核指标内，并采取措施，严防不合理费用支出，无违反制度规定的现象 （4）销售合同率执行100%，未造成不必要的纠纷，用户满意度达到90%以上	2	制定四方面销售管理制度，并严格执行得满分，无制度不得分，制定了制度但执行不到位酌情扣分
		3. 库存煤量管理：能够及时调整销售策略，拓展市场，减少库存煤量，按公司和矿确定的库存限量要求考核	2	建立产销平衡符合实际情况的库存管理制度得满分，否则不得分
		4. 物资储备趋于合理区间，要根据矿井实际运行情况确定库存量和资金占压指标，减少设备材料的库存资金占有率，提高周转率	2	建立物资储备定额管理办法执行到位得满分，无制定办法不得分，执行不到位酌情扣分
		5. 财务费用和管理费用要精研细算，控制不必要的经费支出，压缩非必要的，非生产性工程项目的投资和非紧要工作的安排，减少投资，降本增效。执行集团和公司出台的资金管理措施，严格按照公司相关制度办法，执行好工程项目的列项审批程序，严肃“三重一大”决策机制，杜绝大手大脚，浪费奢华的现象发生	2	制定费用开支及投资计划并严格执行得满分，无计划不得分，未严格执行计划酌情扣分

（续）

考核项目	考核小项	考核基本要求内容和标准	标准分值	评分办法
现场管理（20分）	2. 责任落实	6. 开拓市场能力评价。要不断拓展市场，提高市场占有率，确定合理的基准，以同煤种，同煤质，同值的基准进行横向比较，分析各矿的开拓市场能力	2	以周边同类企业情况对比，对比结果差异在10%以内不扣分，差异超过10%不得分
重点工作和其他要求（10分）	1. 重点工作	1. 严格执行好考核制度 2. 对资金使用和占用率高，存在风险的重大工程项目和重点工作必须严控，严格审查把关，严格程序，不出现失误，相关部门（纪检、审计、财务、基建等）要尽职尽责	6	重点工作必须完成，出现单项工作失误扣除本项全部分值
	2. 其他要求	涉及经营管理和业绩考核的其他事宜或临时安排的工作任务必须不折不扣执行	4	临时任务必须完成，任何一项临时任务未完成扣除本项全部分值
			100	

分管领导： 审核： 填报：

附件5

煤矿综合管理考核调度信息专业考核标准及评分办法

考核部门：生产指挥中心 考核日期：

考核项目	考核小项	考核基本要求内容和标准	标准分值	评分办法
管理指标（30分）	1. 生产均衡率	应达到90%以上	3	每减少1%扣0.5分。政策等特殊原因除外
	2. 有效工时利用率	应达到90%以上	3	每减少1%扣0.5分。政策等特殊原因除外
	3. 公司调度指令执行率	应达到100%	3	调度指令未执行，扣1分/次
	4. 矿领导值班跟班符合率	领导值班、跟班每月有计划安排；能够按计划的班次跟班、值班，减少临时调班、替班的情况	4	无跟、值班计划扣2分；临时调班、替班扣1分/次
	5. 调度汇报真实率	应达到100%。日常汇报要减少差错率、失误率，汇报要及时、真实、准确	3	日常汇报出现差错一次扣0.5分；重大失误一次扣2分；不及时扣1分/次

（续）

考核项目	考核小项	考核基本要求内容和标准	标准分值	评分办法
管理指标（30 分）	6. 调度报表失误率	及时率、准确率应达 100%。报表要及时、真实，内容完整	5	报表上报不及时、不真实，内容不完整扣 1 分/次。重大失误，造成影响的扣 3 分/次
	7. 各信息系统运行完好率	瓦斯监测、人员定位、执法网系统运行完好率应达 90% 以上，定期维护、更新	4	一项系统不能正常运行，扣 2 分/次；数据断传，扣 2 分/次；上传数据错误，扣 2 分/次；每月数据断传及故障次数超系统运行天数的 10% 时，扣 4 分
	8. 调度会议安排工作执行率	一是调度会议中涉及安全生产的重点工作安排、检查要到位；二是调度会议安排重要工作执行要到位（包括公司和矿两级）	5	工作安排有失误或不全面，责任不明确扣 1 分/次；工作执行不到位扣 1 分/次；有重大失误，影响安全生产一次扣 3 分
基础管理（35 分）	1. 组织机构	机构设置达要求，保证每班不少于一名调度值班人员和一名信息值班人员，并配备一名值班调度主任（最低要求）	1	不达要求扣 1 分/次
	2. 人员素质	调度和信息人员必须符合公司和集团相关要求，能够满足调度工作的基本要求，必须持证上岗	1	不达要求扣 1 分/次
	3. 制度建设	必须按公司的要求，建立以下主要制度：各类人员岗位责任制、调度值班制度、调度交接班制度、调度会议制度、安全事故汇报制度、业务保安制度、调度员下井管理制度等	3	缺一项制度扣 1 分
	4. 调度管理	1. 调度值班必须坚持 24 h 值班制度，实行无缝隙交接班制度	3	出现空岗扣一次扣 3 分
		2. 值班期间能够做到有效、全面、准确、协调、指挥安全生产，并能够完成生产任务	2	由于调度协调、指挥工作失误，影响生产的扣 1 分/次
		3. 调度人员能够坚持每班深入现场，协调解决各类安全生产的重点问题：一是每班必须有一名调度人员到现场检查协调工作；二是遇有重要工程施工、重点工作，需调度协调指挥，必须有调度主任和调度员在现场	2	不达要求扣 1 分/项

（续）

考核项目	考核小项	考核基本要求内容和标准	标准分值	评分办法
基础管理（35分）	4. 调度管理	4. 日常业务处理及交接班。对上级和本矿的调度通知、调度命令安排处理符合要求，未出现失误，并能够落实到位，交接班不遗漏，把问题交接清楚	2	不达要求扣1分/项
		5. 搞好调度工作的综合平衡。能够及时协调处理生产过程中的各种问题，处理好生产和安全的关系，合理协调直接生产与辅助生产环节的问题，保证生产正常。不出现因协调安排不到位而造成停产停工的现象，并且协调业务部门解决好采、掘之间的平衡问题，要做到轻重缓急	3	协调、处理各种关系和问题不当而影响生产扣1分/次
		6. 紧急情况处理：一是当生产现场发生设备故障、停电、瓦斯超限、透水、发火、冒顶等异常情况预兆，预警时，必须立即按应急程序执行报告制度，并能够及时按要求精准调度并协调组织进行无差错处理。二是当生产现场发生事故，严格执行应急预案要求，及时启动应急程序，有序进行调度工作	3	遇紧急情况未执行汇报制度扣2分/次，处置不到位扣1分/次；发生事故未及时启动应急程序，有序进行调度工作，减少事故的危害程度扣3分/次
	5. 调度分析	1. 要认真收集整理年、季、月的生产计划等相关资料，并根据实际生产情况（当月）进行对比分析，尤其对生产均衡率、有效工时利用率两大指标进行分析，查找问题原因。要有专人负责统计和分析总结，并详细记录	3	无专人负责扣1分；无各项指标分析，缺一项扣1分；无记录扣1分
		2. 要熟悉集团和公司的生产计划和重点工作安排，尤其是当月考核期内的计划安排，合理分解各项生产指标，并落实完成进度情况，准确把握动态管理情况	2	无生产计划和分解指标扣1分/项
		3. 每月要协调相关部门共同组织召开生产计划平衡等生产会议，有总结安排相关工作，并有记录	2	不达要求扣1分/项

（续）

考核项目	考核小项	考核基本要求内容和标准	标准分值	评分办法
基础管理（35分）	6. 信息集成平台建设	1. 具备调度电话通信系统、瓦斯监控系统、人员定位系统、工业视频系统，各系统要进行信息集成，具备综合自动化平台，作为获取安全生产信息的重要渠道。基础建设（硬、软件）基本能够满足安全生产要求，并有发展规划	4	缺主要系统扣1分/项，主要安全生产信息未集成，扣2分，硬件设备不能满足正常工作要求扣2分，无年度发展规划扣2分
		2. 主要系统功能完善，主要设备、主要环节监测控制能够到位，实现在线监测。数据、图像的上传及内容更新符合公司规定要求，各系统要充分利用，有效进行安全指挥，主要功能能够发挥作用	4	主要系统功能不完善扣1分/项；主要设备、环节缺监测手段或监测点布置不到位，监控不到位，扣2分；公司要求上传的11路视频，每缺一路扣1分；单路视频断传超2 h，扣2分/次；瓦斯、人员、视频、广播系统设备设施需安装或拆卸的，生产区域发生变化后2个工作日内必须完成调整，并在系统及上传系统中更新，未按要求完成扣2分/次；未按期更换图纸、测点数据等，扣4分/次；系统使用对口部门，缺相关记录台账，扣2分/次；未记录相关重点内容，扣2分/次；系统主要功能不能发挥作用，扣4分
现场管理（25分）	1. 调度基本信息	调度信息的收集整理和完整记录是调度工作的基本工作，现场决策的依据，必须认真做好以下几个台账记录：综合调度记录、领导值班记录、调度员交接班记录、调度业务会议记录、人员伤亡事故记录、非伤亡事故记录等	4	缺一种台账扣1分
	2. 出入井管理	1. 出入井人数的统计要三对照（调度、灯房、井口）必须真实，无遗漏，调度的汇报记录和灯房记录及井口考勤记录反馈的信息必须一致	3	不达要求扣1分/次
		2. 所有出入井的主要设备、材料必须有效协调到位，确保协调指挥有序，不得发生无序的状态而影响生产	2	不达要求扣1分/次
	3. 生产准备的调度	及时检查和调节生产过程中的物资供应情况，及时掌握供应、生产部门和库存主要原材料和主要装备及应急物资的正常储备和特殊阶段储备数量。根据储备情况，能够及时协调调度，督促提早做好生产准备，防止延误和影响安全生产及应急任务的完成	3	对材料使用情况掌握不清扣1分；未督促提早做好生产准备扣2分

（续）

考核项目	考核小项	考核基本要求内容和标准	标准分值	评分办法
现场管理（25分）	4. 生产现场调度	1. 坐台调度期间，必须充分利用好信息、监控系统等手段，及时掌握主要环节、设备、系统等安全要素的运行情况，及时发现问题，及时调度	3	未及时发现生产各环节出现的问题扣1分/次，未及时调度处置扣2分/次
		2. 要重视加强薄弱环节的调度，必要时实行专题调度，重点盯守，现场协调指挥调度	2	不能及时发现生产中的薄弱环节扣1分/次；未进行重点盯守，现场协调指挥扣1分/次
	5. 上传下达工作	1. 必须准确及时地做好上情下达，下情上报工作，对上级和领导安排的指令和工作安排，要及时追踪贯彻执行情况，对基层发生的重大问题要如实迅速的上报	2	不达要求扣1分/次
		2. 必须根据矿调度会议安排，及时组织落实，并有规范的通知单、记录等支撑性资料	2	不达要求扣2分/次
	6. 机房和会议室管理	1. 机房和会议室必须整洁，图纸妥善管理，文明达标	2	机房内走线、网络接入、摆放不符规范，一项不达标扣1分；必备图纸缺一种扣1分
		2. 视频会议运行	2	未按要求操作，扣1分/次；因故障造成会议中断，扣1分/次；未完成视频会议，扣2分/次
重点工作和其他（10分）	1. 重点工作	1. 考核期内季节的重点工作，要认真贯彻执行相关要求	3	不达要求扣1分/次
		2. 应急演练工作，按本矿的计划在考核周期应落实的必须按计划认真组织落实	3	未按期进行演练扣2分
		3. 对上级重点检查反馈的相关调度信息方面问题要进行整改闭合	2	未按规定时间整改闭合扣1分/项
	2. 其他	完成交办的其他临时性工作任务	2	未按规定时间完成扣2分/次
			100	

分管领导：　　　　审核：　　　　填报：

附件 6

煤矿综合管理考核生产技术专业考核标准及评分办法

考核部门：生产技术部　　　　考核日期：

考核项目	考核小项	考核基本要求内容和标准	标准分值	评分办法
指标考核（50 分）	1. 采煤计划完成率	以每月各矿上报原煤产量指标为依据，根据二级公司月底调度产量统计报表的结果进行考核	10	计划完成比率在 ± 10% 之间的，得满分；超出 ± 10% 的，每增减 5%，均扣 1 分
	2. 掘进计划完成率	以每月各矿上报开掘进尺指标为依据，根据二级公司月底调度开掘进尺统计报表的结果进行考核	10	
	3. 回采工效	120 万 t/a 及以上矿井，当月统计数据不得低于 35 t/工；120 万 t/a 及以下矿井，当月统计数据不得低于 20 t/工	5	考核时，达到规定要求得满分，未达要求按比例降分，但降低分值不得低于标准分值的 60%，否则该指标不得分
	4. 掘进工效	根据各矿掘进工作面的不同岩性而确定不同的控制指标，具体要求按煤巷（非特殊条件下开工）掘进工效，原则上不得低于 0. 13 m/工	5	
	5. 采煤正规循环率	矿井回采工作面必须严格按照《作业规程》规定的正规循环进行作业及生产安排，综采工作面正规循环率不得低于 80%	4	
	6. 掘进正规循环率	矿井掘进工作面必须严格按照《作业规程》规定的正规循环进行作业及生产安排，掘进工作面正规循环率不得低于 93%	4	
	7. 矿井或采区设计符合率	矿井采区及工作面布置必须有经相关部门批复备案的设计，并在施工中严格按照要求组织施工，实际符合率不得低于 80%，特殊情况必须有经矿专题会议研究并经二级公司相关职能部门许可的文字性说明	5	根据当月单项或单位工程的实际施工进度，对照批复的采区及工作面设计进行严格考核，达到要求的满分；不达要求按比例扣分，但有相关变更文字资料的，按变更后的规定进行考核；无文字资料而擅自变更的，该项目不得分
	8. 巷道失修率	对正常生产矿井而言，巷道失修率一般不得超过 7%，其中严重失修率不得超过 3%	2	考核时，达到规定要求得满分，未达要求按比例降分，但降低分值不得低于标准分值的 60%，否则该指标不得分

（续）

考核项目	考核小项	考核基本要求内容和标准	标准分值	评分办法
指标考核（50分）	9. 万吨掘进率	是指考核周期内矿井掘进米数与生产原煤量的一个比值，反映出矿井的生产衔接是否正常。原则上应控制在合理区间内，根据二级公司所属煤矿的生产特点，具体要求3号煤层生产矿井应控制在30 m/t以下；15号煤层生产矿井应控制在50 m/t以下	5	
基础管理（25分）	1. 机构设置	矿井生产技术管理机构健全，能够按照二级公司下发的文件规定及实际工作需要，设置合理齐全的生产技术管理部门及队组	4	机构设置不健全，影响矿井生产技术管理责任制的落实的，发现一处扣1分，扣完为止；严重影响矿井生产技术责任制落实的，该项目不得分
	2. 人员配备	按照公司及上级部门的相关规定配齐配足相关生产技术管理人员，并有组织、有计划地实施全员培训，经考试合格后方可上岗	2	严格对照相关规定查阅相关资料，缺岗位或未经培训上岗，发现一处扣0.5分
	3. 生产技术管理制度建设	根据职能科室实际岗位设置情况及公司生产技术管理规定的要求，制定有完善健全的煤矿生产技术管理制度，并能有效地指导矿井的安全生产和技术体系的良好运行	3	一项制度未建立扣1分；制度建立不完善或不切合实际，不能有效指导矿井的安全生产，发现一处扣0.5分
	4. 图纸管理	1. 有整洁、完善、规范的煤矿主要矿图（11种图纸） 2. 有符合制图规范要求及煤矿生产技术管理的其他相关图件 3. 主要矿图严格按照规定进行绘制，无明显错误 4. 需上报和交换的图件，能按时上报或交换	5	缺少一种图纸扣1分；图纸绘制不规范或不符合要求，发现一处扣0.5分；上报或交换的图件不及时，每迟报一天扣0.5分
	5. 规程措施	各煤矿要严格执行“一工程，一规程；一变化，一措施”的原则，凡矿井开工的工程，必须制定针对性的措施，并严格制定编制、审批、贯彻、实施、修改、复审等管理制度，要形成制度并严格执行，有条件的矿井，要积极推广使用规程措施编制软件并坚持正常使用	5	未执行“一工程，一规程；一变化，一措施”的，发现一次扣2分；已安装规程编制软件而未正常使用的，发现一次扣1分；日常检查发现规程措施会审或复审记录不全的、规程措施与现场不符的，发现一次扣1分；规程措施不符合要求或存在错误的，发现一处扣0.5分；公司检查或审核时发现问题未及时整改的，发现一处扣1分

（续）

考核项目	考核小项	考核基本要求内容和标准	标准分值	评分办法
基础管理（25 分）	6. 技术和设计管理	1. 有关矿井技术改造、采区设计及工作面设计严谨、科学合理，有资质部门出具的相关资料及按要求必备的备案手续及审批资料 2. 遇特殊情况需变更设计的，必须有符合要求得变更手续，并按规定进行会审和备案	3	对照标准查阅各种相关资料，每缺少一种资料，扣 1 分；不全面或不符合要求，发现一处扣 0.5 分
	7. 台账记录	按照公司级上级部门相关规定，建立和完善各种记录台账	3	严格对照安全生产标准化标准及相关规定进行逐项检查，缺少一项扣 1 分；填写内容不规范或不符合要求，发现一处扣 0.5 分
现场管理（15 分）	1. 工程质量管理级现场文明	以动态检查为主，结合安全生产标准化及格专项检查进行考核	5	发现一项不符合规定扣 0.5 分；对存在重大隐患严重影响安全生产正常安排的，发现一次，该项目不得分
	2. 顶板管理	严格对照公司下发的《顶板管理二十条规定》《顶板管理十条红线》及相关顶板管理规定，结合日常检查及专项检查进行考核	5	一项不符合规定扣 0.5 分；情节严重并严重影响矿井安全生产的，发现一次该项目不得分；掘进工作面临时支护措施不到位或综采工作面存在连续 3 架空顶而未严格按照规定及时采取措施的，发现一次该项目不得分
	3. 火工品管理	1. 严格执行公司及各级部门有关火攻品管理的相关规定 2. 所有涉爆人员必须持双证上岗 3. 现场管理及各种台账记录必须符合生产标准化的要求和规定 4. 所有在用火工品必须符合煤矿使用的要求，必须严格执行“一炮三检”和“三人连锁放炮”制度	5	对照标准查现场或资料，一项不合格扣 0.5 分；对存在重大隐患严重影响安全生产正常安排的，查处一项，该项目不得分
重点工作及其他（10 分）	1. 重点工作或工程进展情况	按照二级公司或矿井近期重点工程或重点工作安排，认真核实工作推进情况	3	按照二级公司生产技术部下发的各种通知及公司确认的重点工作进展等要求进行逐项考核。以报送材料审阅、原始资料查阅、上报时间和现场检查相结合。一项逾期未完成扣 0.5 分，经管理人员屡次催促仍未完成的，发现一项扣 1 分；一项完成质量不到位扣 0.5 分；拒不执行的该项目不得分

（续）

考核项目	考核小项	考核基本要求内容和标准	标准分值	评分办法
重点工作及其他（10分）	2. 隐患整改与闭合	针对公司及各级部门检查时发现问题的闭合情况进行逐项核实	5	对照各级检查时留存的检查表及矿隐患闭合台账，到现场逐条核实，发现一条问题未整改扣1分；发现一条问题整改不彻底扣0.5分
	3. 临时任务完成情况	根据上级部门级公司各级领导的具体工作安排，针对各矿对生产技术部临时下发的各项任务实际完成情况及完成任务的质量进行考核	2	针对日常工作需要安排的临时任务逐项进行考核。一次未按时完成扣0.5分；一次任务完成质量不合格或不认真，扣0.5分；拒不完成的该项目不得分
合　计			100	

分管领导：　　　　审核：　　　　填报：

附件7

煤矿综合管理考核一通三防专业考核标准及评分办法

考核部门：一通三防部　　　　考核日期：

项目	考核小项	考核基本要求内容和标准	标准分值	评分办法
指标管理（15分）	矿井有效风量率	矿井有效风量利用率不低于85%	2	每低标准的1%扣0.5分
	矿井外部漏风率	外部漏风率在无提升设备时不得超过5%，有提升设备时不得超过15%	2	每超标准的1%扣0.5分
	通风设施合格率	通风设施合格率达100%	3	每低标准的1%扣0.5分
	抽采量及钻孔施工量	完成月初下达计划	5	每低于月度计划10%扣0.5分
	瓦斯抽采率	采煤工作面及矿井瓦斯抽采率符合《煤矿瓦斯抽采达标暂行规定》（安监总煤装〔2011〕163号）要求	3	采煤工作面及矿井瓦斯抽采率低于标准规定扣1.5分
基础管理（25分）	机构设置	矿井有专门的一通三防管理队伍，设立瓦斯防治工作领导小组，人员配备满足集团《煤矿一通三防技术人员配备基本要求》（晋煤销通防字〔2013〕255号）；高瓦斯矿井采掘工作面配备专职瓦斯检查员，抽采队伍符合要求	6	机构不健全扣3分；人员配备不符合要求，缺一人扣0.2分

（续）

项目	考核小项	考核基本要求内容和标准	标准分值	评分办法
基础管理（25 分）	制度建设	建立、健全一通三防规章制度，包括：各级各部门一通三防岗位责任制、一通三防管理制度、一通一防各岗位操作规程、通风安全生产标准化管理制度、一通三防风险预控隐患排查治理制度、一通三防考核制度、瓦斯超限责任追究制度等相关规章制度，并严格执行	5	缺制度，每项扣 1 分；制度内容不完整、不执行，一处扣 0.5 分
	资料管理	矿井建立一通三防档案（包括图纸等）并及时更新；按照规定及时、准确上报一通三防各类图纸、报表、资料；一通三防年度、月度计划、规程措施、方案设计，按相关规定进行编制、审批、上报；对各类请示、报告、批复，闭环管理，及时备案	5	未建档案扣 2 分；迟报扣 1 分；弄虚作假扣 2 分；其他一处不符合要求扣 1 分
	日常管理	每 10 天进行一次全面测风；总粉尘浓度井下每月测定 2 次，地面每月测定 1 次，呼吸性粉尘浓度每月测定 1 次	1	未按期测定，一次扣 0.5 分
		每月由矿长主持召开至少一次一通三防工作例会，并有会议纪要；矿井总工程师每月至少组织 1 次通风系统审查	1	未按期开展工作，一次扣 0.5 分；记录不符合要求，一处扣 0.5 分
		通风设施执行设计、施工、验收程序，资料齐全	1	一处不符合要求扣 0.5 分
		巷道贯通、密闭启封、瓦斯排放执行《煤矿安全规程》及公司一通三防管理规定，有措施及相关记录	2	一处不符合要求扣 0.5 分
	职工培训	瓦检员、瓦斯抽采工、监测工等特种作业人员按规定进行培训，做到持证上岗	1	一处不符合要求扣 0.2 分
		矿井应定期对井下员工进行通风技能培训，考试不合格的不得上岗；从事通风工种岗位的人员，要达到中级工种或技校毕业生水平，否则不得从事通风岗位工作	1	一处不符合要求扣 0.2 分
	仪器仪表	矿井要制定一通三防仪器、仪表保管、维修和保养制度，并按照规定进行校正和检定	2	未按期校正、检定，一台扣 0.5 分；其他不符合要求，一处扣 0.2 分

（续）

项目	考核小项	考核基本要求内容和标准	标准分值	评分办法
现场管理（50分）	通风系统	矿井必须有完整的独立通风系统，符合《煤矿安全规程》第一百四十二、一百四十七～一百五十条规定	1	无完整独立的通风系统不得分
		矿井各生产水平和采区必须实行分区通风，采掘工作面、主要硐室必须有独立的通风系统；不得出现不符合《煤矿安全规程》规定的串联通风、扩散通风、采空区通风和采煤工作面利用局部通风机通风	2	一处不符合要求扣0.5分
		矿井按月编制配风计划，井下用风地点供风量符合《煤矿井工开采通风技术条件》（AQ 1028—2006）的规定；各地点风速满足《煤矿安全规程》第一百三十六条规定	2	一处不符合要求扣0.5分
		矿井主要通风机、局部通风机不得出现无计划停风现象，否则应按事故进行追查。有计划停风要制定安全措施，并做好记录	1	出现无计划停风，不得分；其他一处不符合要求扣0.5分
		局部通风机的安装与使用符合《煤矿安全规程》第一百六十四条规定	1	通风机安装不符合要求扣1分；其他一处不符合要求扣0.2分
		密闭、风门、风窗、风桥等通风设施构筑符合安全生产标准化标准	2	没有及时构筑通风设施不得分；其他一处不符合要求扣0.5分
		矿井通风阻力满足AQ 1028－2006标准要求。	1	不符合要求不得分
	瓦斯治理	瓦斯抽采系统必须正常运行，管路材质、安装符合相关标准，排碴器、放水器等安全设施齐全有效	2	系统未正常运行扣2分；其他一处不符合要求扣0.5分
		高瓦斯矿井必须实施“一矿一策”、“一面一策”，有矿井、工作面抽采设计，并实施相关抽采工程，有抽采工程竣工报告，采掘工作面作业前必须抽采达标，有抽采达标评判报告	2	缺一项措施、设计或报告，扣2分；其他一处不符合要求扣0.5分
		抽采钻孔实行钻验分离制度，钻孔做到：钻到位、管到底、孔封严、水放通	2	未实行钻验分离制度扣1分；其他一处不符合要求扣0.5分

（续）

项目	考核小项	考核基本要求内容和标准	标准分值	评分办法
现场管理（50分）	瓦斯治理	抽采系统按规定安装计量装置，实现瓦斯抽采负压、浓度、流量、温度等参数在线监测	1	一处不符合要求扣0.2分
		每月编制瓦斯检点计划，井下瓦斯检查点、瓦斯检查次数符合《煤矿安全规程》规定，无空班、漏检和假检；瓦检员持证上岗，牌板、手册、台账做到"三对口"；瓦斯报表每日上报矿长、总工程师审阅签字	3	一处不符合要求扣0.5分
		采掘工作面及其他工作地点瓦斯浓度符合《煤矿安全规程》规定，瓦斯超限，必须断电、撤人，按照事故进行追查处理，有处理报告	3	一处超限扣3分；其他一处不符合要求扣0.5分
		盲巷、临时停工地点的瓦斯管理按《煤矿安全规程》第一百七十五条规定执行	2	一处不符合要求扣1分
	综合防尘	建立完善的防尘供水系统，水量、水压符合要求，防尘用水均应过滤	2	系统不完善一处扣1分；其他一处不符合要求扣0.5分
		水幕、转载点喷雾等各种防尘设施、隔爆设施齐全有效，符合二级公司相关规定，不得出现违反"二级公司综合防尘十条禁令"现象	3	一处缺少设施扣1分；其他一处不符合要求扣0.5分；违反禁令本项不得分
		采煤工作面煤层注水符合《煤矿安全规程》第六百四十五～六百四十八条、六百五十一条、六百五十二条规定	1	不符合要求一处扣0.5分
		井下各通风巷道按安全生产标准化要求定期冲洗，无煤尘堆积	2	一处不符合要求扣0.5分
		定期进行煤尘爆炸性鉴定、粉尘分散度及游离二氧化硅测定工作，按规定开展粉尘测定工作	2	一处不符合要求扣0.5分
	防灭火	地面消防水池、井下消防管路系统及进风井口等防灭火设施符合《煤矿安全规程》第二百四十九～二百五十三条规定	2	一处不符合要求扣0.5分
		井上、下消防材料库设置符合《煤矿安全规程》第二百五十六条规定，其材料配备及各地点消防设施配备符合二级公司一通三防防灭火管理制度要求	2	一处不符合要求扣0.5分

（续）

项目	考核小项	考核基本要求内容和标准	标准分值	评分办法
现场管理（50分）	防灭火	定期进行自燃倾向性鉴定，自燃、容易自燃煤层的矿井按要求编制防灭火设计，灌浆系统、束管监测系统等防灭火设施正常运行	2	未鉴定、没有设计、系统运行不正常，各扣1分；其他一处不符合要求扣0.5分
	防灭火	采煤工作面防灭火措施符合《煤矿安全规程》第二百六十三条规定	2	一处不符合要求扣0.5分
		火区的管理和启封符合《煤矿安全规程》第二百七十七~二百八十一条规定	1	一处不符合要求扣0.5分
		井下电气焊作业符合《煤矿安全规程》第二百五十四条规定及二级公司《煤矿井下电气焊安全管理办法》	1	不符合要求扣1分
	通风监控	安全监控系统具备“三闭锁、一断电”功能	2	一处功能不健全扣0.5分
		安全监控系统安设的种类、数量、地点、位置、报警点、断电点、断电范围、复电点及调试、校正符合AQ 1029－2007标准	3	一处不符合要求扣0.5分
重点工作及其他（10分）	重点工作	按计划实施年度重点工程及高瓦斯矿井瓦斯治理目标责任书相关要求	2	一处不符合要求扣1分
		按时完成公司及上级部门安排的工作	2	一处不符合要求扣1分
	隐患处置	每周组织一次隐患排查，处置按“五定”原则，由专人负责，建立档案，闭合管理	4	未检查，少一次扣1分；未按时整改，每项扣0.5分；其他一处不符合要求扣0.5分
	其他工作	每日进行通风调度汇报，按要求开展一通三防相关活动	2	未汇报，少一次扣0.5分；其他一处不符合要求扣0.5分
合　计			100	
否决项	违反一通三防“红线”、“禁令”	违反集团公司《煤矿一通三防管理“十个严禁”的规定》（晋煤销通防字［2013］51号）及二级公司一通三防“红线”、“禁令”		扣除考核结果的20%
总　计				

附件 8

煤矿综合管理考核地测防治水专业考核标准及评分办法

考核部门：地测防治水中心　　　　　　　　　　　　考核日期：

考核项目	考核小项	考核内容及标准要求	标准分值	评分办法
指标管理（10 分）	回采率	1. 工作面回采率 2. 采区回采率 3. 探煤厚工作 4. 按照《生产煤矿回采率管理暂行规定》、《煤矿地质工作规定》相关内容执行	3	每少一个百分点扣 1 分，不足一个百分点按一个百分点计算，扣完为止。未开展探煤厚工作该项不得分，未按要求探测，发现一次 0. 2 分，未上台账或台账管理不符合要求扣 0. 2 分
	物探实施	1. 地面物探 2. 回采工作面坑透探测：工作面形成后，必须进行无线电坑透 3. 井下超前物探：井下掘进工作面必须按要求坚持每 60 m 一探	3	未按要求物探，一次扣 1 分；井下超前物探跟踪不及时，一次扣 1 分
	井下超前钻探进尺	根据掘进进尺及探放水设计对探水钻孔进尺进行考核	2	按照未完成要求钻孔进尺的百分比扣分，每 5 个百分点扣 1 分，不足 5 个百分点按 5 个百分点计算
	各类报告	按规范编制各类地质、水文地质报告及相关设计	2	任一报告或设计未按要求编制的扣 1 分
基础管理（40 分）	机构设置	1. 成立地测防治水机构 2. 成立专职的探放水队伍	3	未成立地测防治水机构扣 1 分；未成立专职探放水队伍扣 1 分
	制度建设与落实	建立健全 22 种地测防治水专业各项制度	3	缺一项制度扣 0. 5 份；未严格执行制度要求，发现一次扣 0. 2 分；制度未更新，发现一处扣 0. 1 分
	日常报表	周报表和探掘日报表按要求及时上报	5	周报表未上报一次扣 0. 5 分；日报表未上报一次扣 0. 1 分；编制质量不高酌情扣分
	基础图纸	1. 矿井地质和水文地质图 2. 充水性图 3. 井上下对照图；采掘工程平面图每月 3 日前报送，矿井充水性图、井上下对照图每季度结束后 5 日内报送	3	矿井地质和水文地质图应未及时更新的，扣 1 分，其他图纸迟报一天扣 0. 5 分，图纸质量不符合要求酌情扣分
	地质“三书”及预报	1. 采区地质说明书、掘进地质说明书、回采地质说明书 2. 地质预报、水情水害预报	8	未按规定时间编制并上报的，该项不得分；编制质量不高的酌情扣分

（续）

考核项目	考核小项	考核内容及标准要求	标准分值	评分办法
基础管理（40分）	探放水设计	1. 专项疏放水钻探设计 2. 超前钻探探放水设计	5	疏放水工程未上报审核备案的扣2分；设计编制质量不高酌情扣分
	“三单”管理	1. 探放水通知单 2. 允许掘进通知单 3. 掘进停止通知单	2	通知单下发及执行不到位的，每次扣1分；不符合相关规定要求的，每处扣0.5分
	技术台账	9种地质台账、14种测量台账和21种防治水台账	6	缺一种台账扣0.2分，未电子版存档一种扣0.1分，填写不规范酌情扣分
	测量管理	1. 测量各类通知单：重点是开口、贯通通知单必须落实到位 2. 井下测量精度。做好原始记录，坚持测量对算；定期对测量仪器进行检修，保证测量精度	4	通知单未下发或下发不及时一次扣1分；测量方法、精度不符合要求扣1分
现场管理（40分）	地面防治水	定期对小窑情况进行调查、做好雨季排查、建立地表岩移观测站	6	一项不符合要求扣0.5分，扣完为止
	井下排水系统	掘进、回采工作面设置满足需要的排水系统	5	无排水系统不得分；排水管路、水泵不满足工作面要求扣1~2分
	钻探施工	掘进、回采工作面超前钻探必须满足规定要求	6	不符合公司规定一次扣1分
	原始记录	按要求及时对涌水量、钻探施工、地质情况进行观测记录	4	有一项未及时记录扣1分，记录内容不完整，一次扣0.2分，未保存归档扣0.5分
	图牌板	“一图一牌一版”按公司要求执行	6	缺一种扣1分；不符合要求每处扣0.5分
	钻孔可视化	“钻探留痕、见痕掘进、班班确认”制度执行到位	8	未按公司相关要求执行，发现一次扣1分
	现场设备	探放水钻机、钻杆、探测杆、排水泵及排水管路	8	未配备一样扣1分；现场设备管理不到位一处扣0.5分
重点工作及其他（10分）	重点工作	地面防治水工程和井下专项疏放水工程必须落实到位，及时进行跟踪	4	重点工程落实不到位的，一次扣1分，跟踪不及时一次扣1分；排水量日报表上报不及时或数据有误，发现一次扣0.2分
	隐患闭合	对各级部门检查所发现的问题责任到人，进行闭合管理，并建立相关台账	2	未实行闭合管理、未建立隐患排查台账扣1分；问题整改不及时扣0.5分

（续）

考核项目	考核小项	考核内容及标准要求	标准分值	评分办法
重点工作及其他（10分）	临时任务	1. 信息反馈 2. 月度工作总结 3. 文件落实	4	信息反馈不及时扣0.5分；工作总结未及时上报的扣0.5分；对公司下发的各类文件处理不及时或未落实扣1分
		合　计	100	
否决指标	十个严禁	严格执行集团公司防治水“十个严禁”相关规定	否决项	如发现有一项违反“十个严禁”规定的，扣除考核结果的20%
		总　计	100	

附件9

煤矿综合管理考核机电管理专业评分标准及评分办法

考核部门：机电设备部　　　　　　　　　　　　考核日期：

考核项目	考核小项	考核基本要求内容和标准	标准分值	评分办法
指标管理（20分）	机电设备综合完好率	机电设备综合完好率不低于90%	5	设备完好率＝（完好设备总台数/生产设备总台数）×100%，不达标不得分，达标得4分，每提高1%加0.1分
	防爆电气设备防爆率	防爆电气设备（包括本安设备）及小型电器防爆合格率100%	5	设备失爆率＝失爆设备台数/防爆设备总台数（含小型电器）×100%，不达标不得分
	设备待修率	设备待修率不高于5%	2	设备待修率＝待修设备总台数/在用设备总台数×100%，不达标不得分
	机电事故率	由于设备损坏造成人员伤害、设备损坏（损失金额1万元及以上）的恶性机电事故。以及机电设备故障影响生产。（影响生产时间以调度统计为准）	5	机电事故率＝由于机电事故影响的产量/当期计划产量×100%，造成人员伤害和设备严重损坏不得分，影响生产一个小时扣1分
	小型电器（含电缆）合格率	小型电器、矿灯、电缆选型、吊挂及接头合格率100%。一项不符合要求扣1分	3	小型电器合格率＝小型合格电器台数/小型在用电器总台数×100%，不达标不得分，一项不符合要求扣1分
基础管理（30分）	管理制度	井上下各种制度、规程措施、图纸资料、计划总结、文件报表、图牌板、档案协议、专项设计、记录台账等齐全标准实用	9	缺一项扣1分；发现一处不完善、不合理扣0.5分

（续）

考核项目	考核小项	考核基本要求内容和标准	标准分值	评分办法
基础管理（30分）	管理机构	有机电运输管理机构和负责人，有防爆检查等小组，有效开展工作，文件资料全	3	一处不符合要求扣1分
	设备综合管理	有详细在用、闲置设备台账；主要设备一台一档，证标齐全。选型论证、专业审核，技术协议、购置、安装等符合程序	9	本矿采购设备不经本矿机电、运输专业人员审核的扣2分；其他一处不符合要求扣1分
	技术性能测试	大型设备、特种设备、工器具、仪表等有合格测试报告，相关验收、运转报告，电气接地、避雷接地、春检有合格报告	5	缺一项扣5分，一项不合格扣2.5分
	专业化培训和岗位技能情况	有年度轮训、专业培训计划，按时培训、考试合格，持证上岗，人员符合条件，熟悉岗位知识、制度、文件会议精神	4	发现一项不符合要求扣0.5分
现场管理（40分）	主要提升、运输设备	主、副立井（斜井）绞车提升、主要带式输送机、架空乘人装置及其防护装置，各项要求符合安全生产标准化标准	5	现场检查、查阅资料，一项不符合要求扣0.5分
	主通风、压风设备	主通风、压风机设备及其相关防护装置各项要求符合安全生产标准化标准	5	现场检查、查阅资料，一项不符合要求扣0.5分
	主排水设备	主排水设备及其相关防护装置，各项要求符合安全生产标准化标准	5	现场检查、查阅资料，一项不符合要求扣0.5分
	瓦斯抽放设备	瓦斯抽放站及其相关防护装置各项要求符合安全生产标准化标准	3	现场检查、查阅资料，一项不符合要求扣0.5分
	采煤掘进设备	采煤、掘进工作面装备及其相关防护装置，各项要求符合安全生产标准化标准	3	现场检查、查阅资料，一项不符合要求扣0.5分
	其他运输设备	各种胶带输送机、绞车、柴油机车、无轨胶轮车、单轨吊、轨道、安全防护装置等符合安全生产标准化标准要求（不含主副绞车，采掘主皮带等）	5	现场检查、查阅资料，一项不符合要求扣0.5分

（续）

考核项目	考核小项	考核基本要求内容和标准	标准分值	评分办法
现场管理（40分）	井上下供电系统	井上、下供电系统及临时用电系统合理、保护齐全、符合《煤矿安全规程》、“安全生产标准化标准”；综合电耗有控制指标，并按其考核	9	现场检查、查阅资料，一项不符合要求扣1分
	其他设备	指锅炉、黄泥灌浆站以及地面其他设备各项要求符合安全生产标准化标准	3	现场检查、查阅资料，一项不符合要求扣0.5分
	文明生产	设备、管线、环境卫生清洁，吊挂摆放整齐，布局合理，符合标准，满足要求	2	发现一处不符合要求扣0.2分
重点工作及其他（10分）	隐患整改	公司及上级部门查出的隐患整改情况，是否形成闭环，按“五定”原则落实	3	每发现一处未整改上报整改完成的本项不得分；一项隐患问题未按时间整改扣1分（除特殊情况外）；未制定整改计划和措施本项不得分
	重点工程	供电、运输改造、设备安装工程、设备更新改造、停产检修等是否按照计划完成	4	现场检查和检查相关资料，每项工程未按进度完成，扣一分，未制定调整并说明原因的不得分
	临时任务	按时报送总结、计划、机电“四率”表、图纸资料，以及完成其他临时安排工作	3	一次未按时报送或完成者扣1.5分，未按时者扣1分
总计			100	

附件10

煤矿综合管理考核基建专业考核标准及评分办法

考核单位：工程管理部　　　　　　　　　　　　　　考核日期：

考核项目	考核小项	考核基本要求内容和标准	标准分值	评分办法
指标管理（20分）	工程质量事故率	工程质量事故率为0	10	凡发生一起工程质量事故，扣10分
	工程验收合格率	单位工程验收合格率100%	5	凡出现一项不合格扣5分
	投资计划完成率	投资计划完成率，即：投资完成值与投资计划值的比率	5	达90%及以上不扣分；80.0%～89.9%扣1分；70.0%～79.9%扣2分；60%～69.9%扣4分；60%以下扣5分

（续）

考核项目	考核小项	考核基本要求内容和标准	标准分值	评分办法
基础管理（35分）	组织机构制度建设	矿井应按照国家及二级公司基建管理要求，建立健全基建管理组织机构和相关管理制度	3	基建管理机构、人员不健全扣1～2分；基建管理制度不完善扣1～2分
	建设手续	立项、初设、水保、环保、节能、消防、人防、安全、用地、规划、施工许可、开工报告等相关手续齐全	7	竣工工程手续不齐全，发现一项扣1分；在建工程根据建设阶段不同，应办理未及时办理的，发现一项扣1分
	勘察设计	工程施工图必须委托具备相应资质的单位进行勘察设计，图纸变更及时履行变更手续，零星修缮工程施工图可由本矿技术人员自行绘制，科室负责人及分管领导签字认可	6	发现一处图纸设计及变更手续不规范扣1分
	招标、造价、合同管理	严格执行二级公司工程招标、合同、造价等管理规定	12	建设工程或服务项目应公开招标而未招的，发现一项扣5分；建设工程或服务项目应履行非公开招标程序而未履行的，发现一项扣5分；招投标手续不规范的扣1～3分。工程结算资料不齐全，变更签证不规范，发现一项扣0.5分；工程完工不及时结算审计的发现一项扣1分；工程结算价超出合同价20%的发现一项扣2分；已开工工程未签合同的发现一项扣2分，合同与招标文件中标条件存在较大分歧、付款方式超出公司规定发现一项扣1分。合同签订不规范、合同未经评审、合同条款前后矛盾或存在不合理条款，出现一项扣0.5～1分。其他违反管理规定的，发现一处扣0.2～0.5分
	工程档案管理	已完工程按照《山西省建筑工程施工资料管理规程》进行资料整理、归档	2	未按规定进行档案管理的不得分；发现一项/次与规程规定不符的扣0.2～0.4分
	计划统计	严格执行集团公司与二级公司基建工程管理规定，加强计划投资的合理性	5	计划编制不切实际，投资完成与计划相差较大的，根据情况扣1～3分；计划统计与验工月报的上报日期、报表质量不符规定的，迟报扣0.5分；错报、漏报一项扣0.5分

（续）

考核项目	考核小项	考核基本要求内容和标准	标准分值	评分办法
现场管理（35分）	施工单位管理	施工单位资质证照合法有效，组织机构、人员设备配置、规章制度建设符合国家及行业相关规定	5	资质证照发现一项不符合要求，本项不得分。组织机构、人员设备配置、规章制度建设等方面发现一处不符合要求，扣0.5分，扣完为止
	施工质量管理	按照建设工程施工规程及验收规范，对工程实体质量进行检查，分部工程实体质量必须合格。对应检工程材料检验批进行抽查	7	发现分部工程实体质量不合格的，发现一项扣7分；出现分项工程实体不合格，发现一项扣3分，出现检验批一次项不合格的，一次扣1分。对应检工程材料检验，发现应检未检的，发现一次扣3分；未按材料检验批标准检验的，一次扣1分
	施工准备	严格执行施工组织设计、施工规程、专项施工方案的编制审批，认真做好图纸会审、技术交底	2	无施工组织设计、施工规程、专项施工方案进行施工的发现一项扣0.5分，图纸会审、技术交底不到位的发现一项扣0.2分
	施工安全管理	安全培训教育计划、记录必须符合要求；安全措施必须到位	4	安全培训教育计划、记录不符合要求，发现一项扣1分；安全措施不到位：发现一处扣0.5分；发现较大安全隐患一处扣2分；发现重大安全隐患，扣4分
	文明施工管理	现场施工环境、现场生活卫生设施、环境保护设施等符合相关规定。	4	按照施工规范文明施工要求，发现一处不符合规定，扣0.5分，扣完为止
	施工资料管理	施工资料必须齐全，主要考核测量放线记录、隐蔽工程记录、分部分项工程质量保证资料、分部分项及材料检验批验收资料等	4	无施工资料或资料缺少重要部位质量资料的本项不得分；测量放线记录、隐蔽工程记录、分部分项工程质量保证资料、分部分项及材料检验批验收资料等每缺少一项扣0.5分，资料不全或资料存在不规范的，发现一处扣0.2分；资料与工程不能同步一次项，扣0.2分，扣完为止
	矿方管理	按照国家《建设工程监理规范》	5	工程出现应监未监的，本项不得分。监理体系建立、监理责任落实、监理资料完善等方面，发现一项不合格扣0.2～0.5分，扣完为止
	监理管理	按照二级公司下达本月本矿重点工作及相关要求进行考核	4	重点工作推进情况良好的得分4分，推进情况基本正常的得2～3分，推进情况不理想的0～1分

（续）

考核项目	考核小项	考核基本要求内容和标准	标准分值	评分办法
重点工作及其他（10分）	重点工作	上级检查发现工程质量的问题、隐患，必须在整改期限内完成整改	4	质量问题未整改的本项不得分；质量隐患不予整改，扣1分，未及时整改或整改后隐患仍存在，一项不合格，根据整改情况扣0.2～1分，扣完为止
	隐患闭合	有临时任务的，根据领导安排临时任务的实际完成情况考核	3	根据临时任务完成情况扣0～3分
	临时任务	有临时任务的，根据领导安排临时任务的实际完成情况考核	3	根据临时任务完成情况扣0～3分
合计			100	

附件11

煤矿综合管理考核环保洗选专业考核标准及评分办法

考核部门：环保节能部　　　　考核日期：

考核项目	考核小项	考核内容及标准	标准分	评分办法
指标管理（20分）	1. 环保指标	1. 环保设施正常运转率100%，废水、烟尘、粉尘、噪声排放达标率100% 2. 矿井水回用率执行环评批复要求 3. 矿井水处理药剂使用量实行定额管理	10	1. 达标排放得4分，超标一项扣3分，被环保部门查到一次扣5分 2. 回用率符合要求得3分，每降低1%扣0.2分 3. 药剂定额合理，不超额得3分，无定额计划扣2分，无统计分析记录扣1分，月度统计每超定额量1%扣0.2分
	2. 洗选指标	1. 完成二级公司下达生产计划 2. 按规定项目进行日常生产检查，试验用煤质量或体积及时间间隔符合要求 3. 制定技术经济指标计划，开展月综合试验，编制月综合报告，至少制定以下指标计划，材料费用，精煤产率、电耗、介耗、浮选油耗、数量效率、全员效率 4. 按国标对商品煤开展检测，统计主要产品的批合格率和稳定率 5. 根据生产情况不定期开展单台设备工艺效果检查工作	6	1. 完成计划得2分，每降低5%扣0.2分，低于50%扣2分 2. 日常生产检查项目及煤样符合要求得0.5分，一项不符合要求扣0.2分 3. 技术经济指标计划合理，月综合试验符合要求得2分，未开展月综合试验扣1分，报告内容缺一项扣0.5分，技术经济指标每超计划一项扣0.2分 4. 商品煤合格率和稳定率满足计划要求得0.5分，每降低计划的1%扣0.2分 5. 按生产情况开展检查得1分，未开展单机检查扣1分

（续）

考核项目	考核小项	考核内容及标准	标准分	评分办法
指标管理（20 分）	3. 煤质指标	1. 煤质月度灰分完成情况 2. 商品煤检验率完成情况	4	1. 完成计划得 2 分，比计划每提高 1% 扣 0.1 分，扣完为止 2. 商品煤检验率在 85% 以上得 2 分，商品煤检验率低于 85% 的，得分 = 2 × 0.8 × 核实的商品煤检验率；商品煤检验率在 50% 以下，此项不得分
基础管理（30 分）	1. 环保基础管理	1. 环保管理机构健全、管理人员足额配备 2. 环保管理规章制度健全（环保管理制度、监测管理制度、环保奖惩制度、环保各岗位责任制、环保设施操作规程、安全规程、工艺流程图），各项相关制度、规程悬挂上墙 3. 环保监测仪器配置齐全，能开展日常监测 4. 环保档案、环保设施运行记录、相关台账记录健全 5. 环保手续按预定时间完成 6. 环保设施按环评要求及时实施 7. 环保竣工验收在规定时间内通过政府验收 8. 排污许可证办理。	15	1. 机构健全得 5 分，无机构扣 5 分；无专职管理人员扣 2 分 2. 制度齐全得 2 分，缺一项扣 0.5 分 3. 符合要求得 2 分，监测仪器配不齐全扣 2 分，未开展监测扣 1 分 4. 台账记录齐全得 1 分，缺一项扣 0.2 分 5. 环评手续按时完成得 2 分，未按时完成扣 2 分 6. 符合要求得 1 分，未按时开工、未及时竣工各扣 0.5 分，环保设施未完成即生产扣 1 分 7. 及时通过竣工验收得 1 分，未及时申请环保试生产或未及时完成竣工验收项目扣 1 分 8. 排污许可证及时办理并及时年检得 1 分，未办理或未年检扣 1 分
	2. 洗选基础管理	1. 有能满足洗煤厂生产、安全、机电、技术、质量的职能管理部门，并有明确的岗位责任制 2. 要保证有一定专业素养的工艺管理人员，技术检查人员，安全管理人员，瓦斯检测人员，并有效开展工作 3. 按二级公司选煤厂安全生产标准化要求制定各项管理制度和作业规程，完善各类记录、报表，并按程序审批和报送 4. 按月开展安全生产标准化自查工作，及时召开专题会议，落实整改措施 5. 有现场应急处置方案，并与矿井应急预案有效衔接，中心型选煤厂有综合应急预案	9	1. 部门设置合理，责任明确，工作有效得 2 分，机构不健全扣 1 分，未开展工作扣 1 分，责任不落实扣 0.5 分 2. 人员配备充足，证件有效，积极开展工作得 1 分，人员配备不足扣 0.5 分，责任不落实扣 0.5 分，证件过期一人次扣 0.2 分 3. 制度、规程、记录、报表完善，符合程序得 1 分，缺一项制度扣 0.2 分，制度落实不到位一次扣 0.2 分，缺一项记录或报表扣 0.2 分 4. 按要求开展得 1 分，未开展标准化自查扣 1 分，未制定整改措施扣 0.5 分 5. 按要求制定方案得 0.5 分，少一项现场处置方案扣 0.2 分，方案操作性不强扣 0.2 分，没有有效衔接扣 0.5 分 6. 按标准要求分析得 1 分，不分析扣 1 分，无改进措施扣 0.5 分

（续）

考核项目	考核小项	考核内容及标准	标准分	评分办法
基础管理（30分）	2. 洗选基础管理	6. 按要求进行月度运行情况分析，对存在的问题有针对性的改进措施 7. 设备档案化管理，档案内容全面，主要设备一台一档 8. 有完善的技术经济指标考核体系和质量、计量考核体系 9. 定期组织安全、技能培训	9	7. 设备档案齐全得0.5分，缺一档案扣0.2分 8. 考核体系完善得1.5分，一处不完善扣0.5分 9. 定期组织培训得0.5分，未定期组织培训一次扣0.2分
	3. 煤质基础管理	1. 建立全面的煤质管理体系：有煤质管理行政体系、有监督检查体系、有管理实施体系 2. 有完备的制度保障体系 3. 有健全的质量检测机构 4. 按照要求编制原煤质量计划指标 5. 各类上报报表、资料、总结齐全、及时、准确、有备案 6. 有煤质培训计划、有煤质学习、培训记录，有培训效果验证措施，人员持证上岗率100%；有问题整改记录有化验数据的原始记录、台账	5	1. 机构完善，职责明确，人员分工落实到位，有煤质管理办法和考核细则，并严格执行，得1分，缺一项扣0.2分，扣完为止 2. 煤质管理制度齐全得1分，制定不健全不合理，未执行各扣0.2分 3. 建立化验室得1分，未建立化验室又未委托化验，扣1分 4. 编制流程完备得1分，缺一项扣0.2分 5. 报送及时、齐全、准确得1分，缺一项扣0.2分 6. 记录、台账齐全有效得1分，缺一项扣0.2分
现场管理	1. 环保现场管理	1. 工作有计划，定期进行内部检查 2. 定期进行宣传、培训，操作人员持证上岗 3. 各类报表、资料按要求及时、准确报送 4. 排污费按时足额缴纳 5. 废水处理设施、锅炉除尘器、噪声防治设施运行正常，处理达标，现场整洁 6. 固体废弃物按规定处理 7. 矸石山按要求治理，煤场防尘设施健全	20	1. 符合要求得2分，无工作计划扣1分；无内部检查、处罚记录扣1分，记录缺1次扣0.2分 2. 有宣传培训记录得1分，否则扣1分；持证上岗得1分，否则扣1分 3. 报表按时报送得2分，迟报一天扣1分 4. 排污费及时缴纳，台账齐全得2分，未及时缴纳扣2分；台账不全扣1分 5. 防治设施符合要求得5分，现场不整洁发现一次扣1分；污染治设备停运等一次扣3分；各项相关制度、规程悬挂上墙，缺一项扣0.5分；环保设施运行记录、相关台账记录填写缺一项次扣0.2分 6. 固体废物按要求储存处理得2分，发现乱堆放1次扣1分 7. 排矸场、煤场按环评要求治理得5分，未及时治理各扣2分

（续）

考核项目	考核小项	考核内容及标准	标准分	评分办法
现场管理（40分）	2. 洗选现场管理	1. 机电设备管理、安全防护、设备重复接地、消防设施、文明生产符合二级公司洗煤厂安全生产生产标准化和《洗煤厂安全规程》要求 2. 电缆电线及电缆桥架、管路敷设符合二级公司洗煤厂安全生产标准化要求 3. 按GB 2894及公司规定在有较大危险因素的作业场所和设施上设置明显的安全警示标志 4. 瓦斯量大的煤仓及与其相通的走廊和房间内，按《洗煤厂安全规程》和晋煤瓦发〔2014〕200号文件要求开展瓦斯治理 5. 油脂库管理符合《洗煤厂安全规程》要求和二级公司油脂安全管理十条禁令相关条款规定	12	1. 机电设备管理、安全防护、设备重复接地、消防设施、文明生产符合规程及标准要求得6分，其中的每一项有一处不符合要求扣0.2分 2. 符合标准要求得2分，电缆电线及电缆桥架、管路敷设一处不符合要求扣0.2分 3. 各类标志、标示齐全得1分，缺一处扣0.2分 4. 瓦斯治理满足《洗煤厂安全规程》和晋煤瓦发〔2014〕200号文件要求得2分，一处不符合要求扣0.5分 5. 油脂库管理符合规程要求，不违禁令相关规定得1分，一处不符合要求扣0.2分
	3. 煤质现场管理	1. 井下生产煤质管理：做好采掘巷道和工作面的煤质预测预报工作；有灰分控制、外水控制、杂物控制措施 2. 地面加工煤质管理：完善地面加工系统及拣矸、除杂、除铁、筛分、破碎设施，建立设备运行记录档案；毛煤必须经过地面生产加工，煤炭品种、粒度符合要求，选矸效率大于85% 3. 商品煤质量管理：按照市场要求，制定商品煤质量标准，建立煤炭产品质量目录，严格按照质量标准组织生产；加强煤炭贮存管理；加强装车运输管理；认真听取用户意见，及时做好售后服务 4. 检测能力管理：按照二级公司煤质化验室安全生产标准化实施细则要求，制度完善，设施齐备，严格按国标操作	8	1. 符合要求得2分，缺预测预报台账、记录扣0.5分；缺灰分控制措施扣0.5分，缺外水控制措施扣0.5分，缺杂物控制措施扣0.5分 2. 符合要求得2分，缺一项扣0.5分，扣完为止 3. 符合要求得2分，未按市场、质量标准组织生产扣1分，未对不同质量等级的煤炭产品进行标识扣0.5分，商品煤批合格率不达100%扣0.5分，未建立煤炭装车外运原始记录，未归档扣0.5分，未建立用户意见台账，扣0.5分 4. 符合要求得2分，其中，化验室制度完善、设施齐备、台账、记录齐全，按国标操作得1分，一项不达要求扣0.2分，扣完为止；化验能力达标得1分，化验室考评得分=0.5×标准化化验室考评分的百分比

（续）

考核项目	考核小项	考核内容及标准	标准分	评分办法
重点工作及其他（10分）	上级交代任务	参加上级的会议或活动，并及时完成上级布置的各项任务。各专业报表及时、准确	3	任务未及时完成一次扣1分；报表不及时、不准确一次扣0.5分
	临时任务	上级及公司临时下达的工作任务按时完成	4	临时任务未及时完成扣3分
	隐患闭合	各级检查的安全隐患或问题必须实行闭环管理，认真执行“五查五会一闭合”管理制度	3	一处不闭合扣2分。“五查五会一闭合”执行不到位一处扣0.5分
合　计			100	
否决项	违反环保法律	不发生重大环境污染及生态破坏事故		发生重大污染事故及生态破坏事故，扣除考核结果20%
总　　计				

备注：无洗煤厂的煤矿，涉及洗煤厂考核项不得分，最后实得分×系数1.42＝考核总分。总分100分，其中环保占50分，洗选占30分，煤质占20分。

分管领导：　　　　　　审核：　　　　　　考核人：

附件12

煤矿综合管理考核物资供应专业考核标准及评分表

考核部门：招标管理办公室　　　　　　考核日期：

考核项目	考核小项	考核内容及标准要求	标准分值	评分办法
指标管理（10分）	库存资金	一般物资库存储备资金合理	3	不合理扣2分
	计划执行率	计划执行率100%	4	每低5%扣1分
	验收合格率	验收合格率100%	3	不达100%扣1分
基础管理（50分）	制度建设	1. 组织机构（含安全组织机构）健全 2. 配备业务素质和数量适应的供应管理人员 3. 供应管理制度：供应业务制度9项（仓库管理制度3项、安全管理制度6项）、岗位责任制10项、岗位安全生产责任制10项完备并装订成册 4. 应急预案完备，有演练有记录，每半年组织一次	5	1. 不健全扣0.5分 2. 不按规定配置扣0.5分 3. 供应制度不完备，每缺失一项扣0.5分 4. 预案不完备扣1分。无演练、无记录扣1分

（续）

考核项目	考核小项	考核内容及标准要求	标准分值	评分办法
基础管理（50 分）	记录及台账管理	1. 记录：值班记录、交接班记录、巡回检查记录、部门学习、培训记录齐全、格式统一 2. 台账：合同台账、供应商台账、招投标台账、应急救援物资台账齐全、格式统一	5	记录与台账缺失一项扣 0.5 分，格式不统一扣 0.5 分
	供应商管理	1. 合格供应商准入条件、方式、程序符合规定要求 2. 未经公司登记备案的合格供应商，一律不能与其签订合同 3. 合格供应商名录，资质齐全，建档管理	10	1. 不符合要求，程序不规范扣 1 分 2. 与未登记备案的供应商签订合同扣 1 分/次 3. 不符合要求扣 1 分/次
	计划管理	1. 基层厂队物资申请计划表（依据生产任务）需部门领导及分管领导审批后于每月 2 日前上报 2. 有总经理签字审批的供应部门物资采购申请计划汇总表 3. 临时计划每月不超 3 次（抢险救灾物资、生产应急物资除外） 4. 计划的准确率（型号、规格、单位、数量、基本参数）95% 以上	15	1. 无领导审批，过期上报扣 3 分 2. 违反规定扣 3 分 3. 超 1 次扣 1 分 4. 每降 5% 扣 1 分
	采购管理	1. 物资采购遵循透明、公开、公正、公平的原则，物资采购应在合格的供应商范围内采购 2. 严格执行《物资供应管理办法》规定的物资供应采购权限 3. 物资采购要依据物资采购计划 4. 物资采购需询价、比价，并有商务谈判记录，询价、比价采购率达 80% 以上	5	1. 违反规定扣 1 分/次 2. 违反规定扣 1 分/次 3. 无计划采购扣 1 分/次 4. 每降低 5% 扣 0.5 分
	招投标管理	1. 按采购权限上报招投标项目 2. 严禁出现规避招投标（分拆项目、分拆合同）的行为 3. 招投标项目资料归档（8 项）齐全	5	1. 违反规定扣 5 分/次 2. 违反规定扣 5 分/次 3. 未归档管理每项扣 0.5 分

（续）

考核项目	考核小项	考核内容及标准要求	标准分值	评分办法
基础管理（50分）	合同管理	1. 凡签订合同的单位必须是审批合格的准入供应商 2. 凡发生物资采购，必须依据采购计划签订有效的物资采购合同，合同的签订必须在EAS系统中执行，格式统一，内容完整、条款清晰、数据准确、签章齐全 3. 经过招投标、议标的采购项目，各矿根据招标管理办公室下发的中标确认函签订合同	5	1. 违反规定扣2分/份 2. 不规范扣1分/次 3. 擅自签订合同的扣2分/次
现场管理（30分）	仓库基础设施	1. 仓库选址需满足煤矿安全生产标准化要求，仓库建筑合理，坚固实用；库区料棚平整，道路通畅 2. 门窗开启灵活，关闭严密，合乎采光、通风、防尘、防潮、防火、防盗要求 3. 仓库平面布局和货物流程合理 4. 有仓库平面示意图和货位示意图 5. 装卸、运输、码垛基本实现机械化作业 6. 消防设施齐全 7. 仓储物资信息化，做到数据准确、及时、保密	6	1. 不符合要求每项扣0.5分 2. 不符合要求每项扣0.5分 3. 不合理扣0.5分 4. 缺失每项扣0.5分 5. 不符合要求扣0.5分 6. 不符合要求扣1分 7. 未使用金蝶EAS物资供应管理系统扣1分
	物资验收及入库管理	1. 采购物资质量符合国家、行业或企业标准，要求并有相关证明资料，到货物资“三证”齐全；属于执行国家煤安标志的矿用产品须有国家煤安标志证明 2. 验收流程规范，验收单签章齐全，验收及时 3. 六不收；质量低劣不收、数量不符不收、规格型号不清不收、无采购计划或超出部分不收、没合同或超出合同部分不收、超计划、超单价不收。同时要做好物资到货验收制记录 4. 待验收物资单独存放，有待验区 5. 入库有依据办理及时，入库凭证装订成册	6	1. 没有或不齐全每项扣1分 2. 不规范扣0.5分 3. 没有做到“六不收”扣1分；无记录和有记录填写不认真有差错扣0.5分 4. 不符合规定扣0.5分 5. 不符合要求扣0.5分

（续）

考核项目	考核小项	考核内容及标准要求	标准分值	评分办法
现场管理（30分）	物资保管保养管理	1. 仓储物资定置管理做到： （1）物资摆放，做到有条有理，不同性质、规格、名称、性能的物资要分类保管、四号定位（库号、架号、层号、位号） （2）三勤：勤清点、勤整理、勤保养 （3）五把关：收、发、复核、点交、记账把关 （4）五清：名称、规格、型号、数量、质量清 （5）十不：不锈、不潮、不毒、不坏、不丢、不漏、不爆、不变、不烂、不错 （6）三无：无灰尘、无垃圾、无杂草 2. 大型设备入棚，材料、配件入库，露天存放的设备材料要上盖下垫 3. 矿井积压、淘汰物资应单独存放，单独建立台账	6	1. 定置管理不到位、不规范扣2分 2. 设备、材料不符合露天存放条件扣0.5分 3. 积压、淘汰物资没有单独存放、建账扣0.5分
	物资出库及发放管理	1. 出库应有审批单。出库要及时，日清、月结，出库凭证装订成册 2. 出库单填写完整、准确、签章齐全 3. 无白条领料（节假日和特殊情况三日内补办手续） 4. 有使用有效期限的物资优先发放	6	1. 不符合要求扣0.5分 2. 不符合要求扣0.5分 3. 不符合要求扣0.5分 4. 发放过期物资扣0.5分/次
	统计报表	1. 仓储物资定期盘点表（每半年一次、做到账、卡、物相符，库存信息及时准确） 2. 月底及时核对出、入库与材料账数据后，及时出具月度物资材料消耗报表。做到账表、账物、账账相符，作为财务入账依据	6	1. 无盘点扣2分 2. 无报表扣2分
重点工作及其他（10分）	重点工作	按照公司下达的各矿重点工作及相关要求进行考核	3	执行情况良好得3分，基本正常得2分，不理想得1分

（续）

考核项目	考核小项	考核内容及标准要求	标准分值	评分办法
重点工作及其他（10分）	隐患闭合	上级检查发现的各类隐患、问题，必须在整改期限内完成整改	4	未整改不得分，整改不及时、不合格扣1分
	临时任务	有临时任务的根据领导安排的临时任务实际情况考核	3	根据临时任务完成情况扣1～3分
合　计			100	

分管领导：　　审核：　　考核人：

附件13

煤矿综合管理考核后勤服务专业标准及评分办法

考核部门：后勤管理中心　　考核日期：

考核项目	考核小项	考核基本要求内容和标准	标准分值	评分办法
指标管理（10分）	职工满意度达80%以上	两堂一舍及其他服务区域要针对各区域的公共环境卫生、服务质量等进行定期问卷调查，并具备意见箱等反馈渠道	5	满意度达80%或以上的得5分；满意度为70%～80%的得3分；满意度为60%～70%的得2分；满意度不达60%的得0分
	无食物中毒事件	有无发生食物中毒事件	3	发生重大食物中毒事件扣3分；较大食物中毒事件扣2分；一般食物中毒事件扣1分
	无设施设备、消防安全事故	有无发生设施设备安全事故	5	发生设施设备安全事故的扣1～2分。发生火灾安全事故扣3分
	无较大治安、盗窃事件	有无发生治安、盗窃事件	2	发生较大治安事件扣1分；发生盗窃事件扣1分
基础管理（30分）	管理机构及体系健全	各区域管理机构、人员健全，并配备专、兼职安全管理人员；各级管理人员责任明确	6	有一项不合格扣1～3分，小项酌情扣分
	各项规章制度完善	各区域、工种、管理标准、制度、职责、流程、作业规程等制度健全；具备火灾、食物中毒等公共安全突发事件应急预案	6	有一项不合格扣1～3分，小项酌情扣分。
	从业人员管理到位	从业人员定期体检、持证上岗；仪容仪表整洁、干净、统一；服务人员定期考核并有考核记录	6	有一项不合格扣1～2分

（续）

考核项目	考核小项	考核基本要求内容和标准	标准分值	评分办法
基础管理（30 分）	证照资料齐全	营业执照、服务许可证等证件资料齐全；外包单位资质评定书或经营服务许可证等相关资料；第三方承包合同	6	有一项不合格扣 2 分
	节能降耗、控本降费措施	有无水、电、气节能降耗具体措施；有无低值易耗品使用管理办法；是否进行定额预算管理	6	有一项不合格扣 1 ~ 2 分
现场管理（45 分）	环境卫生管理	清洁卫生实行责任制，有明确责任范围；各区域干净整洁、物品摆放整齐美观、植被绿化养护良好；废弃物实行装袋化管理	4	有一项不合格扣 1 分，环境卫生不合格扣 1 ~ 2 分
	基础设施、公共设备管理	各区域基础设施完善、采光、通风、排水等设施良好；水、电、暖及特种操作设备运行良好，无线路隐患，并有定期维护记录；各区域“三防”措施到位；重点设施设备实行挂牌管理，并有管理台账与记录	8	有一项不合格扣 1 ~ 2 分
	消防管理	后勤所辖区域消防设施完整有效，标志明确；消防通道保持畅通；有消防设施定期检查记录、维护记录、消防演练记录及消防知识培训记录，消防器材必须有台账，做到图表、台账记录完整齐全；重要部位、重点区域必须有标记，并签订责任书	8	有一项不合格扣 2 分
	食品安全管理	由专人负责采购，渠道正规，不购置三无“产品”；食品储存符合要求，库房定期检查清理，出入库手续规范，帐、卡、物相符，并指定专人验收；有专人负责食品留样工作，并做好记录；有季节性食品安全防范措施	8	有一项不合格扣 1 ~ 2 分
	澡堂管理	电器、电线、设备及防护符合国家相关用电安全规范；供应冷热水设备有明显标志；公共用品及区域定期消毒，且有消毒记录；设有防滑、防烫及禁止传染性疾病人员就浴的警示标志	6	有一项不合格扣 1.5 分

（续）

考核项目	考核小项	考核基本要求内容和标准	标准分值	评分办法
现场管理（45分）	公寓管理	与住宿人员签订《安全责任书》；无吸烟、酗酒、存放危险物品及私拉电线现象，不使用大功率电器和明火装置；被褥定期更换、清洗，并有记录；备品库房管理符合规定	6	有一项不合格扣1.5分
	安全保卫管理	辖区车辆停放整齐、规范；有车辆出入、外来人员、物品放行及定时巡逻登记	2	有一项不合格扣1分
	日常监管记录	各区域卫生、安全及设施设备日常检查记录完整；从业人员日常考核、交接记录完整；有电路、设备、天然气等重点区域定期安全隐患排查及维护记录	3	有一项不合格扣1分
重点工作及其他（10分）	重点工作	按照二级公司下达本月本矿重点工作及相关要求进行考核	3	根据工作推进情况酌情扣分，当月无重点工作本项考核得分直接计3分
	临时任务	根据领导安排临时任务的实际完成情况进行考核	2	根据临时任务完成情况酌情扣分，当月无临时任务本项考核得分直接计2分
	隐患整改	对安全隐患做到整改措施、责任、资金、时限和预案“五落实”	5	有一项未落实扣1分
合　计			100	

分管领导：　　　　审核：　　　　填报：

附件14

煤矿综合管理考核党政综合考核标准及评分办法

考核部门：党工部　　　　考核日期：

考核项目	考核小项	考核基本要求内容和标准	标准分值	评分办法
机构设置（20分）	组织机构	党组织机构、纪检、综合办公室、人力资源、工会、团组织机构是否健全	10	一项不健全扣2分
	工作计划、总结	党组织、纪检、综合办公室、人力资源、工会、团组织机构有无月度工作计划及责任分解、总结	10	一项没有扣2分

（续）

考核项目	考核小项	考核基本要求内容和标准	标准分值	评分办法
党风廉政建设（18 分）	党风廉政、“一岗双责”落实及日常工作	党组织党风廉政建设主体责任每月自查工作是否布置（计划、方案）	2	未布置扣 2 分
		纪检部门是否每月对党风廉政监督责任进行自查工作	2	未进行扣 2 分
		纪检部门是否每月对本单位立项的效能监察项目进行督查	2	未进行扣 2 分
		每月是否进行党务、企务公开	2	未公开扣 2 分
		综合办接待、车辆、会议、文件等协调服务工作是否及时到位	2	不到位，发现一次扣 0.5 分
		党费是否及时上缴上级党组织	2	不按时扣 2 分
		有无违规使用党费情况	2	有扣 2 分
		有无长期不缴党费或不参加组织活动的党员	2	有扣 2 分
		党群工作档案资料是否及时整理完善	1	不完善扣 1 分
		工会在解决职工诉求矛盾纠纷是否及时受理及处理	1	不处理扣 1 分
廉洁自律及作风建设（35 分）	廉洁自律、作风建设及惩防体系	有无违反公务接待、公车管理、反对浪费等被上级查处通报	2	有扣 2 分
		因监督不力发生工程建设与招投标违规违纪情况的	3	违纪扣 3 分
		对本单位发生的案件隐报、瞒报等造成重大影响的	3	有发生的扣 3 分
		有违反党纪处分条例或被组织处理的人员	3	有扣 3 分
		有领导干部及党员违反中央“八项规定”情况的	3	有扣 3 分
		有领导干部及党员违反中央“六条禁令”情况的	3	有扣 3 分
		有违反“四风”问题情况的	2	有扣 2 分
		有违反干部选拔条例造成不良影响的	2	造成影响扣 2 分
		因组织协调不力导致党风廉政建设和反腐败工作落实不到位、造成不良影的	2	造成影响扣 2 分
		纪检部门发挥同级监督作用中不作为的	2	不作为的扣 2 分

（续）

考核项目	考核小项	考核基本要求内容和标准	标准分值	评分办法
廉洁自律及作风建设（35分）	廉洁自律、作风建设及惩防体系	有违反“三重一大”决策程序情况的	2	有违反的扣2分
		有信访事件或越级上访的事件发生的	2	有发生的扣2分
		有消极对待或不配合党群工作监察考核情况的	2	消极或不配合扣2分
		基层单位考勤制度是否健全	2	不健全扣2分
		薪酬与工资与保险是否按时发放缴纳	2	未按时扣2分
文件传达与贯彻（27分）	文件传达、落实及学习教育	二级公司党委（含团委）下发文件是否及时传达落实	2	未及时传达扣2分
		二级公司纪委下发文件是否及时传达落实	2	未及时传达扣2分
		二级公司工会下发文件是否及时传达落实	2	未及时传达扣2分
		二级公司人力资源部门下发文件是否及时传达落实	2	未及时传达扣2分
		是否有党组织活动场所、职工活动场所	2	没有扣2分
		对党群部门要求回复的会议通知不回复的	2	不回复扣2分
		党组织部门是否及时按月计划部署党风廉政主体责任各项工作	3	未完成扣3分
		纪检部门是否按月计划落实党风廉政监督责任的工作	2	未完成扣2分
		综合办文件下发是否规范，印章是否规范使用	1	一次不合格扣0．5分
		工会、团组织是否按月计划完成各项活动	1	未完成扣1分
		综合办文件档案管理是否规范，信息化管理是否完善	1	未完成扣1分
		人力资源档案管理是否规范安全，信息化管理是否完善	1	未完成扣1分
		是否按要求参加二级公司的学习培训和按时领取《晋能长治》等学习资料	1	不按时扣1分
		基层班子成员参加党组织学习每月不少于1次（记录、签到表）	2	没有扣2分

（续）

考核项目	考核小项	考核基本要求内容和标准	标准分值	评分办法
文件传达与贯彻（27分）	文件传达、落实及学习教育	其他党员中心组学习每月不少于2次（记录、签到表）	2	没有扣2分
		团员青年每月集中学习不少于1次（记录、签到表）	1	没有扣1分
合　计			100	

第8篇　监督体系

1　安全生产红线制度禁令

1.1　原国家安监总局规定

1.1.1　企业安全生产责任体系五落实五到位规定

（1）必须落实“党政同责”要求，董事长、党组织书记、总经理对本企业安全生产工作共同承担领导责任。

（2）必须落实安全生产“一岗双责”，所有领导班子成员对分管范围内安全生产工作承担相应职责。

（3）必须落实安全生产组织领导机构，成立安全生产委员会，由董事长或总经理担任主任。

（4）必须落实安全管理力量，依法设置安全生产管理机构，配齐配强注册安全工程师等专业安全管理人员。

（5）必须落实安全生产报告制度，定期向董事会、业绩考核部门报告安全生产情况，并向社会公示。

（6）必须做到安全责任到位、安全投入到位、安全培训到位、安全管理到位、应急救援到位。

1.1.2　煤矿井下爆破作业安全管理九条规定

（1）必须严格执行煤矿安全规程和作业规程，落实“一炮三检”，严禁违章指挥、违章爆破作业。

（2）爆破作业必须认真执行报告和连锁制度，由带班队长向矿调度室报告瓦斯、煤尘、支护等情况，经同意后方可进行爆破，严禁擅自爆破。

（3）石门揭煤、巷道贯通等重点环节爆破作业必须制定专项安全措施，按规定报批后，由矿领导现场监督实施，严禁未经审批情况下爆破作业。

（4）爆破前后必须采取洒水降尘等综合防尘措施，严禁煤尘积聚或超限情况下爆破作业。

（5）必须严格落实探放水措施，严禁在有突水预兆情况下爆破作业。

（6）必须在规定的安全位置警戒、起爆和躲炮，严禁爆破后未经检查进入警戒区。

（7）必须按规定使用水炮泥和炮泥，严禁裸露爆破或放明炮、糊炮。

（8）必须按规定处理大块煤（矸）和煤仓（眼）堵塞，严禁采用炸药爆破方式处理。

（9）对顶板（顶煤）预裂爆破必须在工作面前方未采动区域进行，严禁在工作面架间（后）爆破。

1.1.3　煤矿井下爆炸材料安全管理六条规定

（1）必须严格执行爆炸材料入库、保管、发放、运输、清退等安全管理制度，严禁违规管理和发放爆炸材料。

（2）必须使用煤矿许用炸药和雷管，严禁使用黑火药、冻结或半冻结的硝化甘油类炸药、火雷管等非煤矿许用爆炸材料。

（3）爆炸材料库的2个出口必须分别装设抗冲击波活门或抗冲击波密闭门，严禁装设不符合标准的密闭防爆门。

（4）爆炸材料库内的炸药和雷管必须限量、分开贮存，严禁超量贮存、违规堆放。

（5）爆炸材料必须专人领取、如实编号登记，作业剩余爆炸材料必须当班清退回库，严禁私拿、私藏，严防丢失。

（6）雷管和炸药必须分开并由专人运送，严禁与其他材料混合运输，严禁在交接班、人员上下井时间运输。

1.1.4 严防企业粉尘爆炸五条规定

（1）必须确保作业场所符合标准规范要求，严禁设置在违规多层房、安全间距不达标厂房和居民区内。

（2）必须按标准规范设计、安装、使用和维护通风除尘系统，每班按规定检测和规范清理粉尘，在除尘系统停运期间和粉尘超标时严禁作业，并停产撤人。

（3）必须按规范使用防爆电气设备，落实防雷、防静电等措施，保证设备设施接地，严禁作业场所存在各类明火和违规使用作业工具。

（4）必须配备铝镁等金属粉尘生产、收集、贮存的防水防潮设施，严禁粉尘遇湿自燃。

（5）必须严格执行安全操作规程和劳动防护制度，严禁员工培训不合格和不按规定佩戴使用防尘、防静电等劳保用品上岗。

1.2 原山西省煤炭厅、晋能集团规定

1.2.1 原山西省煤炭厅瓦斯治理“十二条红线”

（1）矿井风量不足、采掘工作面无风微风作业的。

（2）矿井通风系统不合理不可靠，盲巷管理措施不到位的。

（3）瓦斯超限作业，瓦斯超限、停电停风不撤人或矿井1个月内发生2次及以上瓦斯超限的。

（4）应进行瓦斯抽采矿井未按规定相应建立地面固定瓦斯抽采系统、井下临时瓦斯抽采系统的。

（5）瓦斯抽采不达标仍进行采掘活动的。

（6）突出矿井未制定区域和局部综合防突措施或虽有措施但不落实的。

（7）矿井在生产建设过程中瓦斯等级发生变化或超出突出煤层鉴定范围，未按规定及时进行瓦斯等级鉴定（突出煤层鉴定）或认定，降低矿井瓦斯等级管理的。

（8）矿井安全监测监控系统不能正常运行的。

（9）未进行瓦斯防治能力评估或经评估不具备瓦斯防治能力的煤矿企业，其所属高瓦斯、突出矿井仍进行生产建设的。

（10）矿井未按规定实现双回路供电、使用淘汰不合格电气设备以及电气设备失爆的。

（11）矿井超能力生产、高瓦斯及突出矿井月产量超过矿井核定生产能力1/12的。

（12）未按规定提取使用矿井安全费用，导致矿井瓦斯治理工程亏欠的。

1.2.2 原山西省煤炭厅水害治理“十条规定”

（1）未编制煤矿中长期防治水规划、年度计划的。

（2）未建立煤矿防治水领导机构或职责划分不清、责任部门不明确的；主要煤矿防治水制度不全，存在重大缺项漏项的（除《煤矿防治水细则》之外，缺失探掘分离制度、安全确认移交制度等主要制度的）。

（3）水文地质类型划分报告未编制、超过3年期限或事故后1年仍未重新确定水文地质类型的；提供虚假或与实际严重不符的煤矿充水性图等基础图件。

（4）未实行“三线”（警戒线、探水线、积水线）管理古空、老空、采空积水的。

（5）防治水专业技术人员和探放水队伍低于省厅文件规定的最低配置要求的。

（6）主排水系统能力不能满足《煤矿安全规程》要求的；采区排水系统不完善进行工作面作业的；主水仓未投入使用而超前施工二期建设工程、采区水仓未投入使用施工回采工作面的。

（7）未编制探放水设计、未进行探放水工程验收、未下发允许掘进通知单而擅自作业的；虚造

探放水台账、验收单的；超前安全距离小于规定仍冒险掘进的；对有威胁的上覆或相邻采空积水未治理而擅自回采的。

（8）未配备专门的探放水钻机或使用煤电钻等非专用探放水钻机进行探放水的。

（9）带压开采矿井未进行安全分区、未确定前方断层和陷落柱等构造的导水性而擅自掘进回采的；未制订专项防突水安全技术措施而带压作业的。

（10）未制订强降雨期间和采掘工作面有透水征兆及时撤出井下作业人员应急预案的；擅自开采批准的防水隔离煤柱的；在水体下开采急倾斜煤层的；未经省级煤炭管理部门批准擅自在地面水体下采煤的。

1.2.3　晋能集团煤矿一通三防管理“十个严禁”

（1）严禁通风系统不完善、不可靠组织采掘活动。

通风系统不完善、不可靠是指下列情形之一的。存在下列情形之一的责令矿井停产（工）整顿：

①建设矿井二期工程开工前没有形成全风压的机械式通风系统。

②矿井单主要通风机运行或两台主要通风机能力不匹配。

③矿井总风量不足。

④矿井没有专用回风井、专用回风巷。

⑤采掘工作面没有实现分区独立通风。

（2）严禁无风、微风进行作业。

矿井任何地点的风量风速符合《煤矿安全规程》规定，无有害气体积聚超限；局部扇风机配风充足，不发生循环风，风筒末端出口风量符合规定要求；矿井不存在违反规定的串联通风。否则，责令矿井停止建设，停产整顿。

（3）严禁在通风设施质量不符合标准要求、不可靠的情况下进行采掘活动。

矿井通风设施质量必须符合矿井通风质量标准要求，保证系统稳定、通风可靠，坚决取消风障、皮带帘、木板（杠）密闭等临时不可靠的通风设施（救灾应急除外）。否则，责令矿井停止建设，停产整顿。

（4）严禁降低矿井瓦斯等级的矿井进行采掘活动。

矿井要严格执行《煤矿瓦斯等级鉴定暂行办法》（安监总煤装〔2011〕162 号），发生瓦斯动力现象、符合瓦斯等级升级条件的矿井应及时进行瓦斯等级鉴定或突出危险性鉴定，落实瓦斯防治措施，否则一律停产整顿。

（5）严禁应进行瓦斯抽采的矿井在瓦斯抽采未达标区域进行采掘活动。

煤矿要严格执行《煤矿瓦斯抽采达标暂行规定》（安监总煤装〔2011〕163 号），应进行瓦斯抽采的矿井必须建立瓦斯抽采系统（建设中的高瓦斯矿井必须在三期工程开工前，建设中的突出矿井必须在揭煤前建成并投入使用抽采系统），并进行抽采效果评判，实现瓦斯抽采效果达标，否则一律停产整顿。

（6）严禁在综合防突措施效果不达标的突出煤层进行采掘活动。

突出矿井要严格执行《防治煤与瓦斯突出规定》（国家安全监管总局令第 19 号），建立防突机构和队伍，落实区域和局部“两个四位一体”综合防突措施，实现防突效果达标，否则一律停产整顿，并严厉处罚。

（7）严禁矿井瓦斯超限作业、隐瞒瓦斯超限现象。

矿井要严格落实《国务院办公厅转发发展改革委安全监管总局关于进一步加强煤矿瓦斯防治工作若干意见的通知》（国办发〔2011〕26 号）关于“瓦斯超限，立即停产撤人，并比照事故处理查明瓦斯超限原因，落实防范措施”的要求。凡是瓦斯防治措施不到位，1 个月内发生 2 次瓦斯超限的，一律依法停产整顿；凡是 1 个月内发生 3 次瓦斯超限未追查处理，或被责令停产整顿期间仍组织生产的，一律依法关闭。

（8）严禁安全监测监控系统安装不到位或运行不正常、各类传感器应设而未设进行采掘活动。

生产矿井、基建矿井揭露基岩之前必须安装矿井安全监测监控系统，并保证系统运行正常，装备齐全、数据准确、断电可靠、处置迅速，否则一律停产（工）整顿。

（9）严禁开采容易自燃和自燃煤层的矿井未按设计方案建立完善的防灭火系统或未开展火灾预测预报工作，进行采掘活动。

矿井要根据初步设计、安全专篇的方案，建立完善的防灭火系统（不少于两种措施），并能实际运行；按规定开展防灭火预测预报工作；矿井已有火区采取得力措施治理，无一氧化碳、浓度、温度超标的。否则，一律停产整顿。

（10）严禁防尘洒水系统不完备的矿井进行采掘活动。

矿井要按照集团公司六大阶段性目标要求，建立地面静压水系统，各采掘工作面、专用回风等地点管路、设施要安设到位，并保证水压符合规定，矿井无煤尘堆积。否则一律停产整顿。

1.2.4　晋能集团煤矿防治水管理“十个严禁”

（1）必须根据矿井采掘衔接安排，编制和审批防治水中长期规划、年度计划以及水文地质类型划分报告，否则，严禁进行采掘活动。

（2）必须对地表河流沟谷的裂缝、塌陷情况进行调查治理、对井口标高低于历史最高洪水位的必须采取有效措施，否则，严禁进行采掘活动。

（3）采掘活动区域必须采取地面三维地震、瞬变电磁法等物探手段，查明构造、老空区及其积水位置、积水范围、积水量等水害情况，划分出相对安全区、过渡区、危险区，否则严禁进行采掘活动。

（4）必须实行防治水工作的“三专”管理（专业防治水管理机构、专业技术管理、专业探放水队伍和专用探放水设备），保证对水害进行有效探测，否则，严禁进行采掘活动。

（5）所有开拓、掘进都必须实行井下超前物探加钻探的综合探测，并严格执行“探掘分离”；工作面回采前，必须采取物探、钻探等手段，查清并消除水害隐患。否则，严禁进行采掘活动。

（6）探放水施工必须按照经总工程师审批的探放水设计进行，严格执行探放水安全技术措施和作业规程，并进行防治水安全确认签字移交，否则，严禁进行采掘活动。

（7）采掘活动区域受承压水威胁的矿井，必须通过专门的水文地质补充勘探，编制水文地质报告，进行带压开采可行性论证，划定安全开采区域，制订承压安全开采方案。否则，严禁在承压区进行采掘活动。

（8）矿井有透水征兆时，必须停止作业，立即撤人。水害威胁解除前，严禁进行采掘活动。

（9）矿井排水系统能力不符合要求的严禁进行采掘活动。

（10）严禁“超层越界”和在防隔水煤（岩）柱中从事采掘活动。

1.3　二级公司相关规定

1.3.1　安全生产十条禁令

（1）严禁未经培训考核无证上岗。

（2）严禁违反《操作规程》操作。

（3）严禁脱岗、睡岗、替岗、代岗、酒后上岗和带病、带情绪上岗。

（4）严禁违章指挥，强令他人违章作业。

（5）严禁执行无专门确保安全作业的措施，严禁无专门安全人员监督从事的危险作业。

（6）严禁乱动机电设备，严禁破坏各类机电设备和通风安全设施。

（7）严禁在工作中嬉耍、打闹、打架等不良行为。

（8）严禁违反作业程序施工和检修工艺蛮干、瞎干。

（9）严禁违反规定运输、存放、使用爆破物品和其他危险品（含各类油脂）。

（10）严禁违反集团公司安全生产管理制度相关规定和国家法律、法规等相关规定。

1.3.2　安全生产刚性措施

1. 生产组织措施

（1）必须组织正规循环作业，严禁超时超能力生产。

（2）必须按批准的人数从事采掘活动，严禁超定员组织生产。

（3）必须执行《煤矿安全规程》的单翼采区“一面两掘”规定，严禁超“头、面”，超强度组织生产。

（4）必须保证全员培训合格、持证上岗，严禁未经培训无证上岗。

（5）凡违反上述四条的，对矿长、生产矿长、总工程师及相关人员进行责任追究，处以警告直至免职等处分。

2. 带值班监督措施

（1）严格执行各级政府、集团公司和二级公司有关领导干部值班带班制度，并做好相关记录。

（2）严格执行井下视频交接班制度，并留有视频资料可查。

（3）带班领导在跟班期间，必须做到当班任务清楚、入井人数清楚、任务执行情况清楚。带值班领导在跟值班期间，必须掌握瓦斯情况、探放水情况、顶板压力情况，并记录在跟值班记录中。

（4）凡严重不负责任，在突查、执法网抽查中出现不按交接班有关规定执行的，就地免职。

（5）凡违反上述四条的，对跟班领导进行责任追究，处以警告直至免职等处分。

3. 瓦斯防治措施

（1）严格执行山西省煤炭厅、集团公司的禁令和红线制度，决不允许突破红线制度违规生产。

（2）严格执行瓦斯超限不生产制度，一旦瓦斯超限，先停产撤人。凡违反规定，先追究当班队组、相关责任人的责任，对违规的班组长免职，责任队长停职检查或免职处分，同时加倍执行“三违”处罚规定。

（3）严格执行通风系统不合理不生产、瓦斯抽采不达标不生产制度。

（4）严格执行监控系统运行不正常不生产，停电停风瓦斯排放不到位、启封密闭无措施不生产制度。

（5）凡违反上述四条规定，对总工程师、通风助理、通风副总工程师、通风科长等相关责任人进行责任追究，处以警告直至免职等处分。

4. 顶板管控措施

（1）掘进工作面顶板管理，必须严格执行《掘进作业规程》和《操作规程》的规定，使用好临时支护，严禁空顶作业。

（2）回采工作面必须严格执行《回采作业规程》规定，必须严格执行“不进溜、不漏顶、重接顶、防片帮、超前护”的规定，特殊情况必须制定周密的安全技术措施再行作业。

（3）采掘作业必须严格执行“一工程一措施”，严禁先开工后补措施，严禁无安全技术措施进行安装、收尾、过地质构造带和处理冒顶片帮。

（4）严格执行集团公司《煤矿顶板管理规定》制度。

（5）违反上述规定者，工人解除劳动合同，管理人员给予警告直至免职处分。

5. 水患防治措施

（1）必须严格执行集团公司《煤矿防治水管理“十个严禁”的规定》。

（2）必须严格执行集团公司“一定两查三专四探五保障”制度。

（3）必须严格执行探掘分离制度。

（4）必须严格执行探放水管理流程和质量验收，必须对重点区域加强探水验收工作。必须执行公司“有掘必探、探掘留痕、见痕掘进、班班确认”制度。

（5）凡违反上述四条规定，对相关责任人加倍执行“三违”处罚，对总工程师、防治水副总工程师、防治水科科长等相关责任人进行责任追究，处以警告直至免职等处分。

6. 提升运输管控措施

（1）皮带运输必须确保机头机尾的运转部位全面防护，必须严格执行《皮带运行期间安全管理六条禁令》制度。

（2）绞车管理必须执行公司制定的《小绞车安全管理十一条禁令》，确保防护、保护、防跑车装置等安全设施齐全灵敏、安全有效，否则不得进行运输工作。

（3）斜巷轨道运输必须执行《斜井（巷）轨道运输安全管理十一条禁令》，必须实行绞车岗位持证上岗，专人操作、专人管理制度。

（4）胶轮车运输必须做到司机持证、车辆合格、操作规范、听从指挥、服从调度。

（5）凡违反上述四条规定，对相关责任人加倍执行“三违”处罚，对机电矿长、机电副总工程师、运输副总工程师、机电科长、运输科长、运输队长等相关责任人进行责任追究，处以警告直至免职等处分。

7. 小窑管控措施

（1）每月必须地面走访、调查、不间断摸底，收集第一手资料，严禁资料不清组织生产。

（2）雨季前要对废井、古井、塌陷坑、裂隙等认真填埋封堵，每月至少检查观测一次，大暴雨期间及雨后，要进行一次全面观察，严禁假检漏检及检查记录不详细。

（3）重点管控区域必须建立观测站点，防止地面灾害威胁井下安全。

（4）必须保证井田范围内和周边反映古空区的图纸真实、全面、可靠，过古空、旧巷、老井时必须制定安全技术措施，严禁无措施作业；严禁随意进入古空区，进入作业前必须经专业人员通风、进行有毒有害气体检测、探放水和巷道加固工作，严禁随意进入老巷。

（5）凡违反上述四条规定，对相关责任人加倍执行“三违”处罚，对总工程师、地质副总工程师、地测防治水科科长或生产技术科科长等相关责任人进行责任追究，处以警告直至免职等处分。

1.3.3 通风瓦斯管理十条禁令

（1）启封密闭，必须编制安全措施，并经总工程师审批，必须在通风部门、通风助理的监督指导下进行。高瓦斯矿井启封密闭安全措施，要上报二级公司进行把关，报请矿山救护队参与。严禁无措施和违反规程，违章作业。

（2）通风系统必须合理。采掘工作面、主要硐室等必须为独立通风。低瓦斯矿井如特殊情况需串联通风，必须制定严密的安全技术措施，且最多只准串联一次。严禁采用不符合《煤矿安全规程》规定的不合理的扩散、串联、角联等通风。

（3）采煤工作面上隅角瓦斯超限（CH_4 浓度≥1.0%）必须停止作业，采取有效降瓦斯措施，掘进工作面风筒口距迎头必须在作业规程中明确规定，并保证生产过程中按规定续接该段风筒进行调整。严禁瓦斯超限作业，严禁风筒口距掘进面迎头超规定距离或故意破坏风筒，造成工作面风量不足等现象发生。

（4）所有掘进工作面必须使用同等能力的双风机双电源自动切换装置供风。高瓦斯矿井局部通风必须采用压入式通风，必须真正保证专用双电源。备用风机必须正常供电，定期（原则为一月）进行切换运行，要有专人管理和维护。严禁高瓦斯矿井局部通风采用抽出式、混合式通风方式，严禁局部通风机供电线路分接其他负荷，严禁局部通风机吃循环风。

（5）瓦斯抽放工作必须执行抽采安全规程，建立健全监测监控系统。掌握抽放规律，建立专门队伍或专门专职人员进行管理。严禁无监测报警装置和记录，严禁无专门人员管理，严禁一般人员随意替代抽采人员或专门管理人员。

（6）井下所有用风作业地点，风量必须满足要求。严禁无风和微风作业。必须消除不合理通风，包括循环风、扩散风、角联风、向上隅角采空区压入通风等。必须消除通风盲区，对通风盲区和通风不良的地点，必须进行封闭和警戒管理，必须设置完全能够阻碍人员进入的设施，严禁任何人员私自拆除密闭和栅栏闯入禁区。

（7）通风设施的设置和管理必须符合安全规程要求，做到定期维护，保证正常使用。在通风设施上或附近有专门工程时必须报请通风部门执行审批程序。严禁任何人员破坏或未经审批在通风设施上及其周围进行其他工程，造成系统紊乱，产生安全隐患。

（8）瓦斯检查员必须严格执行现场交接班制度，进行三对照，并做好记录。要根据实际情况对特殊时段、特殊地点、瓦斯相对不稳定的区域，加大检测的频次，杜绝盲时、盲区的发生。严禁空班漏检。

（9）停电作业影响矿井或井下局部通风时，必须提前由责任单位提出停电申请，制定安全措施，经通风部门、机电部门同意，相关领导签字批准后，方可按停电停风措施，依计划停电停风。严禁因停送电造成无计划停风。恢复通风前，严格执行瓦斯检查制度和排放瓦斯措施，严禁不检查瓦斯和不排放瓦斯而随意恢复送电和通风，必须执行先恢复通风后送电的制度。

（10）紧急避险系统必须符合国家有关标准。要按要求建立完善 CH_4、CO、CO_2 等监测监控报警系统，保证系统正常运行，并列入矿井正常的动态瓦斯检查范围进行管理。严禁破坏或放置不用，确保随时符合相关规定或要求。

1.3.4　瓦斯管理“十条红线”及执行说明

（1）瓦斯超限作业，隐瞒瓦斯超限情况的。

执行说明：瓦斯超限作业是指在作业范围内，监控探头记录或瓦斯检查员检查瓦斯超限时，仍进行作业。

（2）排放瓦斯无措施、一风吹或排放瓦斯流经区域不停电、不撤人的。

执行说明：

①瓦斯排放无措施是指未编制瓦斯排放措施或者编制了瓦斯排放措施，但是未进行审批或未贯彻学习。

②一风吹是指未调节风筒出口风量造成第一汇风点瓦斯超限。

（3）擅自高定监控断电值或缩小断电范围；擅自调整监控数据，造成监控数据失真；擅自中断数据传输的。

执行说明：

①擅自高定监控断电值或缩小断电范围是指：作业规程或措施规定断电值、断电范围而没有按规定达到［断电值执行在煤矿安全监控系统及检测仪器使用管理规范（AQ 1029—2019）标准的基础上，下调 20%］。

②擅自调整监控数据，造成监控数据失真是指：通过改动、删除等手段调整监控数据，使之与实际不符，造成监控数据失真。

③擅自中断数据传输是指：未经上级部门许可，在监控系统正常工作状态下中断数据的传输。

（4）擅自甩掉风电、瓦斯电闭锁、风机自动切换等安全控制保护功能的。

执行说明：擅自甩掉安全控制保护功能是指不安设闭锁、破坏传感器使之不能闭锁、改变接线方式或不接线使闭锁失灵。

（5）瓦斯参数测定、效果检验数据弄虚作假的。

执行说明：

①未进行瓦斯参数测定、效果检验，而编造假数据。

②进行了瓦斯参数测定、效果检验，但是数据经过了篡改，已失真。

（6）虚报、假报瓦斯抽采钻孔量和瓦斯抽采量。

执行说明：

①虚报、假报是指所报瓦斯抽采钻孔深度、钻孔量或瓦斯抽采量一次超过实际数值 20% 及以上。

②施工消突、抽采钻孔未经验收而直接投入使用。

（7）采掘工作面无风、微风、循环风冒险作业，超通风能力组织生产的。

执行说明：

①采掘工作面无风、微风、循环风冒险作业是指：在采掘工作面风量不足或者局部通风机发生循环风的情况下组织生产。

②超通风能力生产是指：矿井全年产量超过矿井核定生产能力或者矿井月产量超过当月产量计划 10% 的。

（8）故意破坏抽采设施、通风设施、监控设施的。

执行说明：

故意破坏抽采设施、通风设施、监控设施是指：人为的故意破坏抽采设施、通风设施、监控设施及其附属设施，使其丧失应有功能。

（9）在未抽采达标区域内组织采掘活动的。

执行说明：

在未抽采达标区域内组织采掘活动是指：在未进行抽采、正在抽采、抽采完成未进行抽采达标检验或经检验不达标的区域内进行采掘活动。

（10）使用非阻燃风筒、皮带、瓦斯抽放管、封孔材料及国家明令淘汰禁止使用的一通三防设备、工艺的。

执行说明：

①矿井使用的风筒、皮带、瓦斯抽放管、封孔材料必须有阻燃报告，否则视为不阻燃。

②瓦斯抽放管路禁止使用玻璃钢管、PE 管、PVC 管等高分子材料。

③国家明令淘汰禁止使用的一通三防设备有：ZH15 隔绝式化学氧自救器、CO 过滤式自救器、干式混凝土喷射机、JBT 局部通风机等。

④国家明令淘汰禁止使用的一通三防工艺有局部通风机解决上隅角瓦斯问题等工艺。

1.3.5　综合防尘管理十条禁令

（1）矿井必须建立完善的防尘洒水系统。主要运输巷、带式输送机斜井与平巷、上山与下山、采区运输巷与回风巷、采煤工作面运输巷与回风巷、掘进巷道、煤仓放煤口、溜煤眼放煤口、卸载点等地点都必须敷设防尘供水管路，并安设支管、阀门、洒水盘及喷雾设施。

（2）采煤工作面地质条件符合煤层注水的，必须按《煤矿安全规程》要求进行注水。否则，严禁采煤作业。

（3）采煤机必须安装喷雾装置，喷雾压力符合《煤矿安全规程》要求。喷雾装置要对截割滚筒（特别是后滚筒）、机道形成封闭；支架架间必须每架布置能够封闭机道架间的喷雾；割煤时，机组下风侧 10 m 内和机尾超前段水幕要保证处于常开状态。采煤工作面全断面水幕安设满足以下要求：运输顺槽安设两道水幕，第一道距顺槽口 50 m 以内，第二道距转载机头 100 m 以内。回风顺槽安设不少于三道水幕，第一道距回风道口 50 m 以内，第二道距离端尾 100 m 以内，第三道距离端尾 300 m 以内。达不到以上要求，严禁采煤作业。

（4）掘进机作业时，必须使用喷雾装置，喷雾压力符合《煤矿安全规程》要求。掘进机无水或喷雾装置不能正常使用时，严禁开机作业。综掘工作面全断面水幕安设满足以下要求：水幕应设两道，第一道设在顺槽口距输送机机头 50 m 以内，第二道距工作面不超过 50 m。达不到以上要求，严禁掘进作业。

（5）井下爆破作业必须采取湿式钻眼、水炮泥、爆破喷雾等综合防尘措施。炮掘工作面至少应设一道水幕，水幕距迎头不大于50 m。达不到以上要求，严禁爆破作业。

（6）主要进、回风大巷水幕必须满足风流净化、降尘的要求。主要进风大巷设置净化风流水幕，回风大巷设置全断面防尘水幕；主要进风巷在采区入口50 m以内设一道水幕，回风大巷在采区集中回风巷口回风侧20 m以内设一道水幕；水幕要雾化效果好，封闭全断面。达不到以上要求，严禁组织生产。

（7）井下所有通风巷道要定期冲洗降尘，严禁出现煤尘厚度超过2 mm，连续长度超过5m的煤尘堆积现象。

（8）松软煤层中施工瓦斯抽采钻孔难以采取湿式钻孔作业时，可采取干式钻孔（眼），但必须采取除尘器除尘。否则，严禁钻孔作业。

（9）煤矿井下人员作业时必须佩戴防尘口罩，否则，严禁作业。

（10）矿井的两翼、相邻的采区、相邻的煤层、相邻的采煤工作面间，煤层掘进巷道同与其相连的巷道间，煤仓同与其相连通的巷道间，采用独立通风并有煤尘爆炸危险的其他地点同与其相连通的巷道间及采掘工作面，必须按规定设置隔爆设施。否则，严禁组织生产。

1.3.6　井下防灭火管理十条禁令

（1）矿井必须建立可靠的防灭火系统（可与防尘系统共用）。开采自燃、容易自燃煤层的矿井，必须编制矿井防灭火设计，采取综合预防煤层自然发火的措施。否则，严禁采掘作业。

（2）开采自燃、容易自燃煤层的矿井，必须对采掘工作面采空区、冒落孔洞等空隙采取灌浆和充填、注氮、喷洒阻化剂、注凝胶、均压等综合防灭火措施（不少于2种）。否则，严禁采掘作业。

（3）开采自燃、容易自燃煤层的矿井，必须开展自然发火监测工作，建立束管监测系统，并有相关报表、记录。确定煤层自然发火标志气体及临界值，健全自然发火预测预报及管理制度。否则，严禁采掘作业。

（4）开采自燃、容易自燃煤层的矿井，必须开展火灾的预测预报，并有相关报表、记录。对采空区、回风巷、采煤工作面及上隅角等可能自然发火地点开展自燃火灾的预测预报。否则，严禁采掘作业。

（5）高瓦斯矿井及有自燃发火倾向的煤层严禁采用不合格的或可能引发火灾的化学材料加固、充填的方法用于煤岩体加固和局部空洞充填。

（6）矿井必须制定防止采空区自然发火的封闭及管理专项措施。采煤工作面回采结束后，必须在45天内进行永久性封闭。否则，采区内严禁其他作业。

（7）开采自燃、容易自燃煤层的矿井，采区巷道、防火密闭墙前巷道必须进行不低于100 mm厚度的喷浆堵漏风处理。严禁存在漏风现象。

（8）井下皮带机头机尾、变电所、火药库、油脂存放处、材料库、检修硐室、水泵房等地点必须按公司“一通三防”管理制度要求配齐防灭火器材，灭火器实行装箱管理。严禁随意挪用或损坏防灭火设施，严禁灭火器超期使用。

（9）井口房和通风机房附近20 m内，严禁烟火或用火炉取暖。

（10）井下和井口房内不得进行电焊、气焊和喷灯焊接等作业。如果必须在井下主要硐室、主要进风井巷和井口房内进行电焊、气焊和喷灯焊接等工作，每次必须制定安全措施，由矿长批准。严禁无措施作业，严禁在采掘工作面、煤层中未采用砌碹或喷浆封闭的主要硐室和主要进风大巷中进行电焊、气焊和喷灯焊接等工作。

1.3.7　防治水管理“十条红线”及执行说明

（1）严格执行“预测预报”制度，严禁未预报进行采掘作业。

执行说明：

①预报类型分为地质预报和水情水害预报。预报内容包括年预报、季度预报、月预报和临时性预报。

临时性预报编制要求：对于临时改变采掘计划、临时工程或局部存在地质构造、水患情况发生变化、接近物探异常区时，必须及时补充临时性预报。

②编制预报要充分结合区域地质资料及物探成果资料，做到预报及时、准确，并满足二级公司制定的编制要求。

(2) 各矿井要按照采掘作业计划及水文地质实际现状，编制矿井防治水中长期规划和年度防治水计划，并严格组织实施。

执行说明：

①矿井防治水中长期规划要聘请具有乙级及以上水文地质资质的单位来编制，矿井年度防治水计划由煤矿防治水部门自行编制。

②各煤矿要对照防治水中长期规划和年度计划中的具体安排，逐项组织实施，并根据水文地质条件的变化情况，进行及时的总结补充与调整。

③防治水专项资金，应按计划落实使用，不得出现资金挪用和不到位的现象。

(3) 严禁超层越界开采，严禁开采各类保护煤柱和防隔水煤柱。

执行说明：

①严禁超层开采未经批准煤层；严禁超出井田边界及二级公司所划定开采范围进行采掘作业。

②各类保护煤柱［铁路、公路、建（构）筑物、水体等］及防隔水煤柱的留设要按照“三下”规程和《煤矿防治水细则》的要求，经过严密计算后进行确定，并由矿总工程师组织审批，报二级公司备案。

③各类保护煤柱及防隔水煤柱确定后，就不得进入煤柱留设范围进行采掘活动。

(4) 开拓、掘进巷道必须严格落实物探连续跟踪措施。

执行说明：井下掘进巷道必须进行超前物探跟踪（每 80 m 探测一次），务必保证掘进区域的物探全覆盖；在接近地质构造、地面物探异常区、旧巷、老（古）空区、地面钻孔、废弃井筒等区域时，必须进行针对性的物探探测。

(5) 回采工作面在圈定形成后要进行无线电波透视探测；带压开采矿井、资源整合矿井要对工作面进行瞬变电磁探测。

执行说明：

各准备工作面圈定后，要进行坑道探测，以查明可能存在的地质构造异常区。对于带压开采矿井和资源整合矿井，为了查明地质构造的富水性与导水性，防范工作面内小窑采空积水，要求在两顺槽进行瞬变电磁探测，以掌握水患情况。

(6) 严格落实“有掘必探、有采必探”和“有掘必探、探钻留痕、见痕掘进、班班确认”的制度。

执行说明：

①所有开拓、掘进巷道必须做好超前钻探施工，其探放水设计要根据掘进区域水文地质变化情况进行及时调整，设计要合理可行，并保证不小于 30 m 的超前安全距离。

②回采工作面圈定后，在物探资料可疑点进行钻探验证的基础上，要沿顺槽方向每 50 m 施工钻探验证孔。

③掘进、回采工作面探放水钻孔布置遵守相关要求执行。

④探放水队人数及探放水设备数量要满足晋煤行发〔2012〕239 号文件的要求。

⑤所有掘进工作，必须严格执行“有掘必探、探钻留痕、见痕掘进、班班确认”制度。

(7) 专项探放水工作，必须制定专项的探放水设计和安全技术措施，对其进行有效探放。设计与措施要上报二级公司地测与防治水中心。

执行说明：

专项探放水工作是指：

①接近已查明的本煤层老空积水、上覆煤层采空积水、老窑水以及地面钻孔、废弃井筒等时。

②接近地面物探异常区和井下物探异常区（包括超前物探、回采工作面无线电坑透和瞬变电探测）时。

③毗邻采空区掘进时，在确定采空区无积水或积水水位（与掘进工作面底板间距）小于 1.0 m 时，方可掘进。当水位达到 2.0 m 时，再进行下一循环的放水工作。

(8) 带压开采矿井要进行专项水文补充勘探，施工水文观测钻孔，建立水文动态监测系统，并按要求编制带压开采安全性评价报告。

执行说明：

带压开采是指在具有承压水压力的含水层上进行的采煤。带压矿井在进入或即将进入带压区开采之前，要对带压区域进行水文补充勘探，施工水文观测钻孔，并建立水文动态监测系统。

(9) 必须建立完善的井下排水系统。

执行说明：

①严禁无排水系统或排水系统不健全而进行生产、基建采掘活动。井下主排水能力、采区排水能力必须符合《煤矿防治水细则》和《煤矿安全规程》要求；带压开采矿井必须按规定构筑防水闸门或强排水系统，不能安设防水闸门或强排水系统的，必须制定防治水安全技术措施。

②掘进巷道排水管路必须架设够两趟，且应及时向前延伸，确保距离掘进迎头不得大于 30 m；水泵及备用水泵满足预计最大涌水量的要求，并要求有一定的富余量。排水管路的执行要严格按照相关要求执行。

(10) 井下出现透水征兆时，必须停止作业，撤离受水害威胁区域人员，分析原因，消除隐患。

执行说明：

①透水征兆是指煤层变湿，挂红、挂汗，空气变冷、出现雾气，水叫，顶板来压、片帮，淋水加大，底板鼓起或产生裂隙，出现渗水、钻孔喷水、底板涌水、煤壁溃水，水色发浑，有臭味。

②出现透水征兆时，要严格执行先撤人后汇报的原则，及时将受水害威胁范围内的人员撤离，并及时对现场进行分析、调查、处理，确保威胁解除后，再进行相应的生产安排。

1.3.8 煤矿顶板管理二十条措施

(1) 各煤矿要进一步明确顶板管理的责任。各煤矿矿长是矿井顶板管理的第一责任人，对顶板安全管理负总责；矿总工程师负责支护设计、作业规程、安技措施、变化措施的制定；生产副矿长负责现场生产组织落实，规程措施执行是否到位；机电副矿长负责泵站压力的调整、液压元件的安全使用、支架的日常维护及保养、三机配套的合理选择；安全副矿长负责规程措施贯彻落实是否到位的全面监管；各作业单位负责人和作业人员对作业安全负直接安全责任。要求各矿要根据以上的原则要求，进一步细化责任，明确分工，做到管控无死角。

(2) 所有支护设计，必须根据本矿实际的煤岩情况及其稳定性分类。按照支护设计的要求，经过严格严密的计算、验算，并进行安全可靠性、稳固性、适用性分析，确定采掘支护方式、方法、支护材料及参数，确保支护设计科学、合理、安全可靠。

(3) 所有支护设计，必须由矿生产技术部门统一管理，组织设计，并在作业规程中做出详细认真的阐述。支护设计由矿总工程师负责组织审查把关，是设计工作的第一责任人。

(4) 原则规定，所有生产矿井必须做到：

①开掘巷宽在 4.5 m 及以下，巷高在 3.5 m 及以下时，由各矿自行设计；超过以上规定的巷道，

无论地质条件如何，均须委托有资质的设计科研院所进行专项设计，设计完成后，矿方要组织工程技术人员进行研讨论证，待确定方案后，报请二级公司审批、备案。

②首采工作面或遇特殊地质变化需重新组织支护设计的，必须委托有资质的科研院所进行设计，设计完成后，经矿总工程师组织工程技术人员审核论证后，报请二级公司审批备案，重点工程的设计，还需报请集团公司进行论证把关和审批。

③当遇地质构造带、应力变化区、特殊条件顶底板和煤壁变化不稳定区域、大断面、交叉点等状况时，要由矿总工程师负责组织，通过认真的分析研究，并根据实际变化情况，深入研究支护加固补强方案，进行专项设计，确保安全可靠。在无把握的情况下，必须先停止生产作业，聘请科研院所，协助分析研究和编制设计，不得盲目从事，设计完成后经矿总工程师组织初审后报请二级公司审定。

(5) 针对所有支护设计，各矿必须根据断面大小、施工装备水平、现场施工条件、地质条件等因素，确定安全的施工工艺和方法，并采取有效的安全技术措施，确保施工作业安全。

(6) 根据设计，必须选用符合设计要求的合格的支护材料，包括水泥、石子、砂、各种砌筑用材、各种型材、锚杆、锚索、金属网、锚固剂等，保证使用合格的、不过期的材料，并同时要注意，除供应商提供的出厂质量检验合格证等质保资料外，各煤矿要根据实际用量、时间长短，由矿生产技术及物资供应部门负责，定期进行批次材料的送检确认工作。

(7) 必须注重施工质量和特殊条件下的支护补强加固质量。要根据国家出台的施工技术验收规范和标准，严格严肃质量验收制度和程序，认真做实班检验工作，确保施工质量。

(8) 必须注意巷道和采面应力变化区、变形区、采动影响区、片帮、冒顶、变形破坏造成的关键地点、部位的安全管控和安全防护。

①对锚杆、锚索等支护的巷道，要加强顶板离层及煤壁变形程度的监测监控，要根据顶板下沉和变形的速度和量，分析危害程度，在危险区域设置明显的提醒标识，必要时要设置安全隔离带，禁止人员擅自进入危险区，并及时采取防范治理措施。

②回采工作面必须建立矿压观测制度。要定期分析矿压显现情况，详细掌握老顶初次来压和周期来压的规律及周边采空区等影响规律，并遵循规律，针对性地采取安全防范措施。

③对所有采、掘、开井巷工程，必须建立定期的支护情况检查制度和观测制度。要与每周的安全大检查充分结合起来，尤其是对设有顶板离层仪和重点观测站、重点观测部位，必须严格建立记录台账，并制定严密的分析研究制度，严禁弄虚作假的行为。

④针对防止锚索拉断弹出伤人的情况，原则要求：在压力大、回采工作面两巷超前区域、端头尾区域、较大断面、交叉点及作业人员比较集中区域等有拉断危险、有采动变形和地质构造带影响的重点区域，必须对锚索采取预防性的防断伤人措施，并制定作业安全保护措施、执行作业人员站位时不面对锚索、锚杆的措施。

⑤针对其他支护形式（如工字钢棚、料石砌碹、U 型钢支护等），当有巷道变形而导致的压力增大时，必须根据实际情况，及时采取补强和安全防护措施。

(9) 对变形大、断面缩小、影响安全生产需要挑顶、扩帮、卧底时，必须认真分析煤层或围岩特性，科学制定挑顶、片帮、卧底的技术方案、方法和专项安全技术措施，由总工程师负责组织制定，特殊情况报二级公司批准。原则要求：刷扩、挑顶前，必须先对顶板、煤壁一定的范围内进行加固，加固的方法有深、浅孔结合的注浆加固，补打锚索、锚杆、套棚补强，加强逼帮，增设点柱，增设木垛等。要根据具体情况确定补强加固的范围、强度，在加固措施采取后，方可再进行挑顶、扩帮、卧底。待刷扩完成达到安全使用断面后，再根据实际情况进行二次加固，直至达到安全使用要求。对变形刷扩加固区域，必须建立专门的观测点，并认真进行观测记录，要作为安全管理的重点，严格日常的动态监测和检查，及时发现问题，采取对策，确保人身安全。

(10) 对压力大的区域，为防止锚索、锚杆破断伤人，要采取防护措施。原则要求，大采高工作面超前50 m以内、其他工作面超前20 m以内必须采取防护措施，并推荐以下五种方式：

①采用专用的金属网片，通过套绑进行防护。

②采用10号铅丝双丝十字形捆绑固定的方法进行防护，目前多数矿井已采用单丝防护，需进一步改进。

③采用专用防护管套吊扣的方法进行防护。

④采用悬挂皮带的方法进行防护。

⑤采用钢丝绳联合防护。

要求对锚索的防护不易吊绑过紧，要留有一定的弹性量（松弛度），以利于锚索拉断瞬间能有效释放能量。

（11）所有巷道的维护，必须由外向里进行，防止关门。制定安全技术措施后，除在班前会贯彻，还必须到现场，结合实际安排工作（由作业队负责），让作业人员清楚明白、熟练掌握安全作业的要求，做到自主保安。安管技术人员要做好监管和指导工作，及时纠正不正确、不安全的作业方法，做到安全监管有效，杜绝违章指挥、违章作业、确保安全生产。

（12）各矿要高度重视，所有工作面在用支架及液压单体柱的初撑力必须达到标准要求。首先要保证泵站的压力不小于30 MPa；其次保证支架及液压单体柱安全阀的整定值达到出厂时的设计要求，以确保支架及液压单体柱的工作阻力；再次必须保证支架接顶严密，尤其是放顶煤工作面放煤后的接顶管理，当由于局部空顶支架支撑力达不到设计工作阻力时，必须制定针对性的安全技术措施，并在规程中做出明确的说明。

（13）采掘过程中，对已探明的老空巷道或在布置工作面时掘进的措施巷、硐室等，必须在未受工作面采动影响前，提前制定强化加固的方案和措施，要根据类似矿井和本矿已有的经验教训和矿山压力变化规律，提前制定安全技术措施，以减少回采及掘进接近或揭露后，造成的安全威胁和加重治理的难度，原则上要求在空巷、空区前后左右至少10 m范围内必须采取加固措施。

（14）对揭露未提前探明的老空巷道及老空区，必须立即停止生产，由矿总工程师组织相关工程技术人员，经现场勘察后研究制定科学合理的安全技术措施和实施方案，并按照方案进行处理，达到安全生产效果并经相关部门组织联合验收确认后方可恢复生产。

（15）要严格优化矿井设计。在回采工作面布置遭遇地质构造等情况时，要在详细探明构造情况并研究确定施工方案及制定补充措施后，方可继续施工，严禁随意布置措施巷或联络巷。在进行巷道断面设计时，要充分结合煤矿设计规范和巷道的用途，合理选择巷道富余系数，严禁随意变更巷道断面尺寸，人为造成大断面、大交叉点，为顶板管理带来隐患。

（16）为减少回采工作面端头尾区域和超前支护区域内的锚索、锚杆对顶板支护管理的影响，避免破断伤人事故的发生，必须制定超前退锚的办法。锚杆直接退丝解压，锚索因为有锁具存在，要使用专用的工具进行解锁，具体退锚的距离和范围，一般要求在进入端头尾架前必须进行，各矿要根据顶板压力变化大小具体确定。

（17）经过分析，回采工作面端头尾区域、超前支护区域顶板压力显现最为明显，是煤矿顶板管理的重要区域。为进一步提高上述区域的支护强度，减少顶板下沉量和位移量，提高顶板支护的效果和稳定性，要突出研究顶板管理，尽量提高支护的强度。所以提倡所有矿井，在工作面端头尾使用端头支架，在超前支护区域使用超前自移式液压支架，以提高对顶板的支护能力和支护效果，尤其是一次采全高的煤层，回采15号煤层、8号煤层矿井最适宜。

（18）要进一步强化监测手段。要积极与科研院所、厂家联系，充分利用先进的矿压监测新技术、新设备、新仪表，提高监测预警防范能力。目前，大部分矿井已使用顶板离层仪，但使用的不好、不理想，有些监测仪器已经逐步淘汰，对重点区域的顶板观测，要尽量使用在线监测，建立定期监测取数制度（包括回采工作面），实现“一周一观测一分析”的制度，对重点部位要增加观测点的密度和观测次数，并配以其他观测手段，积极探索人机合一的管理机制。对锚索的监测，要积极推广应用锚索锚固力、变形量专用监测仪表，确定预警值，当预警后，要及时采取临近补打锚索或采取解压的办法进行处理，防止顶板事故的发生。

（19）对高度低于2.2 m的锚网索支护巷道，为确保行人安全，要对锚索进行防护或粘贴明显的反光警示条，以提醒人员行走时注意安全，或采取合理避开锚索支护的范围，规定人员行走线路，并有明显的引导路线指示标志和提醒。但最好能从根本上解决问题，就是要从设计上一步到位，保证巷道的高度，对煤层薄的巷道，掘进时可采取沿顶卧底的方法解决，既增加了巷道的高度，又解决了矿井通风和运输等问题。

（20）以上规定，各矿要认真贯彻执行。并根据自身实际制定具体的技术规定和安全责任追究奖励制度，以保证措施落实到位。对执行不到位或存在技术措施重大缺陷的，将对相关责任人处以×××元的罚款，对造成重大隐患、重大安全威胁的，将处以不少于×××元的处罚，造成事故的按事故责任追究办法严肃追究责任。

1.3.9　顶板管理“十条红线”及执行说明

（1）严格按照规定，必须成立矿级顶板管理领导机构。

执行说明：

①为确保煤矿顶板管理的有效性，各煤矿必须成立专门的煤矿顶板管理领导小组，并严格按照相关资质要求，配备专职的总工程师、生产矿长及采掘副总工程师。

②顶板管理领导小组必须以公司正式文件下发，并要根据煤矿自身的机构设置特点，制定行之有效的顶板管理职责，以确保管理领导机构的有效运行。

（2）严禁安排无安全保障的采掘活动。

执行说明：

①井下所有采掘活动，必须严格按照批准备案的矿井《采区设计》组织生产，严禁擅自变更采区开拓布置方案及回采工艺。

②当煤矿回采边角煤或古空区煤柱等资源时，必须报请公司批准并制定专门的安全技术措施后方可组织施工。

（3）严禁煤矿在无专项方案及安全技术措施的前提下组织工作面收尾及设备回撤。

执行说明：

①当回采工作面临近停采线时，必须制定专门的收尾及设备回撤措施，并要明确各时段的顶板管理专项安全技术措施。

②专项方案及安全技术措施，必须由矿总工程师组织相关职能部门进行会审批复，并通过贯彻学习及考试合格后方可安排组织相关工作。

（4）严格执行“一项目一规程，一变化一措施”制度。

执行说明：

①井下所有工程项目开工前，必须严格按照《煤矿安全规程》要求，认真编写《作业规程》或《安全技术措施》，并由矿总工程师组织相关技术管理人员会审签字后方可生效。

②《作业规程》或《安全技术措施》的编写，必须符合公司下发的文本格式要求。在有条件的前提下，要优先选用《作业规程编制软件》中规定的统一模板，并实现网络会签。

③当条件发生变化时，必须及时编制有针对性的补充措施，并需总工程师及主要生产技术负责人签字审批。

（5）严禁采用非正规采掘方法。

执行说明：

①煤矿井下所有采掘活动，要优先采用国内国际最先进的综合机械化技术，并严格按照《作业

规程》中规定的正规循环组织生产。

②回采工作面必须实现长壁开采；掘进工作面要根据掘进断面的大小，优先采用“一次成巷”或“光面爆破”技术。

③当地质条件复杂，不能采用正规采掘方法时，必须报请上级煤炭主管部门审批备案后方可实施。

（6）严禁破坏工业场地、矿界、防水和井巷的保安煤柱。

执行说明：

①煤矿开工建设和准备开拓布局前，必须根据矿井地质报告所提供的围岩特性及相关技术参数，由有资质的设计单位对矿井的工业场地、矿界、防水和井巷等的保安煤柱进行认真核算，并经地方煤炭主管部门审批备案。

②在煤矿施工建设及正常组织生产期间，必须严格按照批复的《设计》要求，严格留设各类保护煤柱，任何施工单位和个人均不得随意变更。

③严禁煤矿正常的生产及掘进活动，随意开采和破坏各种保安煤柱。

（7）采、掘工作面必须配备专职安全检查员，否则严禁组织生产。

执行说明：

①煤矿井下所有开工的回采及掘进工作面，必须配备专职的安全检查员，严禁“一人多面”流动式监管。

②所有安全检查员，必须具有至少五年以上的井下工作经验，同时要按照山西省现代化矿井的建设标准，到“十二五”末，全部达到中专以上文化水平。

③井下所有采掘工作面，开工前必须严格执行“四位一体”的安全确认制度。现场必须悬挂“四位一体”管理牌板，并经跟班队干、班组长、专职安全检查员和验收员安全确认签字后方可开工组织生产。

（8）严禁擅自开采“孤岛”或条带煤柱

执行说明：

①“孤岛”或条带煤柱的形成，多数是由于资源整合煤矿在原有旧采时遗留下来的，而这些矿井大部分资源几近枯竭。受周边以往采动的影响，该区域往往应力分布较集中，无论是巷道掘进，还是组织回采，其围岩压力大，强度减弱，为后期的生产带来许多不确定的因素，故严禁擅自组织生产。

②当煤矿资源枯竭，或矿井生产接续紧张，确需布置“孤岛”或条带煤柱工作面时，必须经过认真的围岩压力分析，并经矿主要生产技术负责人制定翔实的顶板管理方法和措施以及安全有效的工作面设计，经矿总工程师组织相关工程技术人员认真会审，报请公司审批备案后方可实施。

（9）严禁采用单一的锚网（索）支护方式通过断层、煤柱等应力集中区顶板破碎带。

执行说明：

①受地质构造及以往采动的影响，断层、陷落柱及煤柱的围岩特性已受到严重破坏，其围岩硬度及强度均已明显下降，根据围岩原应力而设计的单一锚网（索）支护方式已达不到原有的设计要求，其锚固力及锚固强度将明显下降，从而进一步降低了支护的安全性及可靠性。因此，在巷道掘进时，一定要及时了解和掌握巷道前方的围岩特性，当预测到掘进巷道前方存在断层、陷落柱及煤柱等围岩破坏区时，必须立即停止掘进，经矿技术人员认真研究分析，尽量改变原有的设计方向，采用左右绕行或钻底的方式通过，以确保施工及后期巷道的安全。

②当受工作面设计及地质条件等因素的限制，掘进巷道必须经过断层、陷落柱及煤柱等应力集中区顶板破碎带时，必须对原有的支护设计重新进行验算，并积极采取架设金属棚、料石砌碹、喷浆补强或浇筑混凝土等方式对巷道进行补强支护。同时支护的锚杆或锚索要适当加长或进行全锚支护。

（10）严禁以任何形式干预总工程师技术责任的落实。

执行说明：

①煤矿的顶板技术管理是煤矿总工程师的主要职责之一，其技术措施的制定、方案的确定、《作业规程》及《安全技术措施》的会审必须由总工程师组织实施，但必须经过其他工程技术人员会审签字后实施。

②当煤矿生产与安全技术措施的落实发生冲突时，一定要尊重科学，并以确保生产安全为前提，任何部门及个人，不得以任何理由及形式干预总工程师的技术责任落实。

1.3.10　小绞车安全管理十一条禁令（适用于 1.2 m 以下绞车）

（1）小绞车运行前必须检查设备完好情况，尤其是防护装置包括护绳板、护罩、离合手柄、制动手柄的位置、闸板间隙、闸皮磨损以及绞车固定是否可靠，地锚螺栓是否松脱，信号是否灵敏（对打）等，不完好严禁开车。

（2）小绞车运行前要检查绞车绳头、绳卡和护绳状况，不符合要求必须处理，严禁不完好使用，严禁在坡道不使用护绳。

（3）小绞车运行期间，密切注意运行情况，尤其是钢丝绳缠绕状况，严禁钢丝绳在滚筒上缠绕时起圈、起空、打扭、打折等不正常现象，否则必须停车分析原因进行处理。

（4）小绞车运行时，严禁超负荷运行，严禁放飞车和不带电放车。

（5）绞车运行必须按作业规程限定的重量和车数运输，必须按作业规程规定，保证车与车安全间距，严禁多拉、超量、超重、超规定拉车。

（6）每班运行结束后，必须收回钢丝绳，若无车辆带绳必须由专人配合拉绳，严禁钢丝绳绳头就地拖拉，损坏路面和绳头。钢丝绳要顺地滚收回，退回绳后必须保证主绳头距绞车滚筒不超过3 m，严禁留长绳和将绳头放置在轨道上，必须靠巷侧理顺，避开水沟、电气设备，不要随地放置。

（7）小绞车运行期间工作人员要注意工作地点的安全设施包括风门、阻车器、防跑车装置、道岔盖板等，严禁车辆和钢丝绳挂、碰、撞、砸安全设施尤其是严禁随意将车辆掉道、推翻。

（8）循环车每次准备正式开车使用前必须先试车检查，检查钢丝绳完好情况，尤其是绞车地脚螺丝是否完好，固定是否符合要求，防护装置是否可靠，断丝、钢丝绳接头完好情况，信号系统是否可靠等，然后进行空试车、听声音，判断绳的松紧度要适度，不要太紧，进行安全确认，严禁不检查、不试车、不进行安全确认开车。

（9）所有小绞车运行期间要注意观察运行情况，有异常情况必须停车，严禁盲目违规开车。

（10）所有矿车连接必须使用公司规定的专用三链环、插销或循环车专用绳钩，严禁私自用小链、绳套等代替，特殊情况必须提出申请，写出安全措施进行审批。所有插销插入矿车碰头后，必须锁紧，防止跳销，严禁使用不合格的插销。

（11）绞车司机必须持证上岗，严禁无证上岗。

1.3.11　斜井（巷）轨道运输安全管理十一条禁令

（1）所有轨道运输斜巷的上下平段入口处，必须划定警戒区，必须设置明显的“行人不行车、行车不行人”的安全警示标识，或具备信号、防跑车装置、LED 显示的一体化的安全防范系统。车辆运输前后和运行期间必须进行安全确认，当班运输负责人负总责。运输期间，严禁任何人员进入坡巷内和警戒区内。

（2）运输信号必须完好，声光俱全。轨道运输斜巷长度超过 50 m 时，中部必须加声光信号指示，开车前信号工、把钩工首先进行信号试打进行确认。严禁信号不完好、未信号联系或无信号情况下运输。

（3）所有运输全过程必须有专门的信号工、把钩工和绞车司机，必须经培训持证上岗。信号工、把钩工等作业人员必须站在信号硐室或安全地点进行工作。严禁无信号工、把钩工和专门的绞车司机运输，严禁随意替岗和无证上岗，严禁在坡上下无人值守看护把关的情况下进行运输。

（4）所有斜巷轨道运输必须根据坡度、绞车的技术特征、安全系数科学计算本巷道内实际能够安全牵引的最大重量和车辆数，必须设置明显的提示、提醒标识。所有斜巷提放材料一钩不得超过两辆车。大件材料、设备（包括支架、采煤机等），或其他重量超过 5 t 的车辆，只允许一钩一车，特殊情况必须制定专门安全技术措施。严禁超重、超数、超长、超宽、超高运输。

（5）所有运输绞车及安全设施、连接装置等的安装或使用必须符合《煤矿安全规程》要求。绞车制动必须灵敏、可靠。必须定期检查、检验钢丝绳。一坡三挡等防跑车装置必须齐全、完好，灵敏、可靠。每班运输前，当班运输负责人和岗位工必须进行全面安全确认后方可使用。严禁不检查、不确认，简化程序，违反规定、规程操作。

（6）所有斜巷轨道运输必须使用可靠的保险绳，使用合格的三链环（或五链环）连接和带锁紧装置的插销，应做到“一车两销，随车专链专用”，不得乱用。严禁使用不合格插销和不进行锁紧，严禁使用钢丝绳套等进行连接，严禁不使用保险绳。

（7）所有绞车的绳头必须符合要求，绳头长度不得低于 600 mm，固绳绳卡不得少于三道，绳卡的马鞍座放在钢丝绳工作时受力的一侧，不得正反交错设置绳卡。绳皮必须符合要求，不能夹绳，保险绳必须打回头绳，不得加绳使用，保险绳绳头按主绳头的要求管理。严禁不按正确的方法做绳头和保险绳头，严禁在绳头、保险绳、绳皮不完好、不可靠的情况下运输作业（插接法绳头不受此限）。

（8）斜巷运输中，必须带电操作。严禁甩保护和电源采用机械制动放车。运输过程中发现有问题，应及时采取措施进行处理。严禁绞车带病运行。

（9）所有小绞车包括无结绳绞车的护绳板必须牢靠，防护安全和防护范围必须达要求，操作信号按钮必须专门固定在操作人员的可控范围内。严禁在无护绳板和操作按钮信号设置不当的情况下进行操作。

（10）斜巷内不得停放运输车辆，确需停放时必须采取可靠的停放措施，严防车辆跑车。严禁无可靠措施停放车辆。

（11）所有运输作业人员必须由责任单位认真组织学习三大规程相关要求内容和本矿制定的专门的运输安全措施并严格执行安全和机电运输管理规定，负责运输全过程的监督检查指导工作。严禁未经培训、学习和不熟悉安全要求上岗作业，严禁在运输大件上未经调度统一安排，未制定贯彻专门安全措施擅自组织运输作业。

1.3.12　皮带运行期间安全管理六条禁令

（1）皮带运行期间严禁在机头架、大架及机尾拆开防护网进行任何检修维护作业。

（2）皮带运行期间严禁到皮带架外侧进行清煤等作业，皮带人行侧可以进行人工清煤，但必须使用完好的清煤工具，并要使肢体与皮带运动部分的安全距离不少于 300 mm，机头及大架部分严禁清煤。

（3）皮带运行期间，严禁横跨皮带，人行必须走人行道，不得靠近皮带架行走，要保持 300 mm 安全距离。

（4）皮带运行期间，严禁在机头架储带部分进行调整滚筒导向辊、分层托辊、游动车等，需调整必须停车进行。

（5）皮带运行期间，中间皮带托辊可以进行调整，但必须保证 2 人进行，一人调偏，一人监护，严禁无监护下单人操作。

（6）皮带运行期间，严禁对托辊、滚筒进行加油和注油。

1.3.13　防止机械伤害操作十要点

（1）不懂电气和机械的人员严禁使用和拆卸机电设备。

（2）机电设备应完好，必须有可靠有效的安全防护装置。

(3) 机电设备若停电、停工休班或检修时，必须打开隔离，切断电源，闭锁开关。地面非防爆设备，在停电、停工休息时必须拉闸关机，电控箱必须按要求上锁，检修必须切断电源。

(4) 机电设备必须做到定人操作、定人保养、检查。

(5) 机电设备应做到定机管理，定期维护。

(6) 机电设备应做到定岗位、定职责。

(7) 机电设备不准带病运转。

(8) 机电设备不准超负荷运转。

(9) 机电设备不准在运转时维修、保养；运输设备开机前，必须先通话再信号联系，后使用喊话系统预警，(信号或喊话预警信号不少于 3 次，持续时间不少于 7 s) 确认无误后司机方可开机。

(10) 机电设备运行时，操作人员严禁将头、手、身伸入运转的机械行程范围内。

1.3.14　煤矿井下安全用电“十不准”

(1) 不准甩掉无压释放和过电流保护。

(2) 不准甩掉漏电继电器、煤电钻综合保护和局部通风机风电、瓦斯电闭锁。

(3) 不准带电检修、搬迁电气设备。

(4) 不准用铜、铝、铁丝等代替保险丝。

(5) 不准明火操作、明火打点、明火爆破。

(6) 停风停电的采掘工作面，没有检查瓦斯不准送电。

(7) 有故障的电缆线路不准强行送电。

(8) 保护装置失灵的电气设备不准使用。

(9) 失爆电气设备和电器不准使用。

(10) 不准在井下敲打、撞击、拆卸矿灯。

1.3.15　焊工应遵守的“十不焊割”原则

焊接火花是火灾和爆炸的重要点火源。违规焊接作业会引起火灾事故，焊工在作业时要遵守“十不焊割”原则。

(1) 焊工未经安全技术培训考核合格领取操作证，不能焊割。

(2) 在重点要害部门、重要场所、矿井井下主要巷道，未采取措施，未经有关领导、部门批准及未制定和审批专门安全技术措施，不能焊割。

(3) 在容器内工作，没有 12 V 低压照明和通风不良及无人在场监护下，不能焊割。

(4) 未经领导同意，他人擅自拿来的物件，在不了解其使用情况和构造情况下，不能焊割。

(5) 盛装过易燃易爆物质的容器、管道，未经清洗和处理，彻底消除火灾或爆炸危险的，不能焊割。

(6) 用可燃材料充作保温、隔音设施的部位，未采取切实可靠的安全措施，不能焊割。

(7) 有压力的管道或密闭容器，如空气压缩机、高压气瓶、高压管道、带气锅炉等，不能焊割。

(8) 焊接场所附近有易燃物品，未清理到安全距离外或未采取安全措施，不能焊割。

(9) 在禁火区内 (防爆车间、危险品仓库附近) 未采取严格隔离等安全措施，不能焊割。

(10) 在一定距离内，有与焊割明火操作相抵触的作业 (如汽油擦洗、喷漆等作业会排出大量易燃气体)，不能焊割。

1.3.16　容易踏空作业场所安全作业十条规定

适用范围：井上下煤仓、筛选运系统放 (溜) 煤口、厂房内外楼层梯子道 (口)、专用观察口、高空操作平台边缘、水池池边、水泵房吸水井、主井井口 (底)、机房、机修厂等处高架行车操作和检修区域等容易引起踏空的地方。

禁忌人员：患有高血压、糖尿病、心脏病、高度近视、低血糖症、癫痫病等和不适宜在此环境中作业的人员。

（1）容易踏空作业场所必须采取有效地防止人员作业踏空的防护安全措施，设置可靠的隔离护栏（网）。

（2）容易踏空作业场所必须对危险因素、危害性进行安全生产风险告知，设置明确的告知栏（卡），并设置明显的警告、警示、提醒、提示等安全标志。

（3）必须制定相关的针对性的安全管理制度和应急处置措施，并在现场进行悬挂告知，做到现场作业人员人人应知应会。

（4）必须认真确定容易踏空作业场所安全管理的责任单位、责任部门、责任人，明确管理责任、安全监管责任、现场作业安全责任。

（5）必须制定定期和不定期的安全检查制度，做到监督检查经常化、常态化，及时发现和处理问题，确保安全。

（6）若需要到踏空区域或周边进行危险作业，必须制定专项安全措施，必须停运作业范围内的所有设备，断电闭锁挂牌；必须系牢可靠的安全绳或安全带。安全绳和安全带长度要适中，满足作业要求，安全绳（带）不得拴挂于防护栏上，要拴挂于永久可靠的大型构件上或墙壁上，安全绳（带）要经常定期检查，每次使用前要确认其安全性。严禁使用不可靠、不合格、超期的安全绳（带）。

（7）若在容易踏空且是移动变化的作业点作业，必须制定替换安全绳（带）的措施，做到安全置换，严禁使用长绳（带）多点作业，严禁在危险点直接更换。

（8）必须保持作业场所的文明卫生和采取防跌、防滑措施，严禁用大量水冲洗场地，造成淤泥堆积和积水，以免影响作业点下方的安全。

（9）在容易踏空作业危险的场所作业，除制定安全措施外，必须建立监督监护制度，要根据作业性质、作业危险性大小、作业量和时间，确定监护管理的级别，实行分类监督管理，确保监护措施落实到位，严禁单人和无监护的情况下作业。

（10）要经常研究新情况、新问题，积极推广采用信息化、自动化等更加安全可靠的安全管控方法、手段，强化安全管控能力，提高容易踏空作业场所的安全管理和防范事故的水平。

1.3.17　高空高架作业场所作业安全十四条规定

适用范围：高空作业固定平台、高架、高杆、高墙、塔吊、高梯、自动升降梯、吊车高空作业、网架顶、建筑脚手架、烟囱、高空拆除作业等。

禁忌人员：患有高血压、糖尿病、心脏病、高度近视、低血糖症、恐高症、癫痫病等病症人员和其他不适宜的人员。

（1）各单位必须根据本单位所涉范围的具体情况，制定相对应的安全技术措施。必须保证作业人员熟悉作业环境，熟悉操作工艺、熟悉安全注意事项。

（2）作业高度距离地面安全平面起 2 m 以上即定义为高空作业，所涉危险高空作业的平台、高架等场所的边缘区域，必须安设牢固的防护栏（网）。防护高度原则要求 10 m 以下作业高度，防护栏高度不得低于 1.1 m；10 m 以上作业高度，防护栏高度不得低于 1.5 m。防护栏杆间距不大于 150 mm（含采用横杆或竖杆情况）；使用网格式防护时，防护网格间距不得大于 200 mm × 200 mm，防护栏杆（网）必须采用焊接或铰接锚固的方式进行固定，严禁使用插接和捆绑等不可靠容易滑（松）动的方式固定，防护栏不能有明显的晃动和摆动，强度要足够，质量要保证，用料要严格，原则要求使用镀锌钢管材或不锈钢管材，严禁使用木质和塑料材质代替。

（3）所涉危险高空作业的悬空作业，必须在作业点下方 1.5 m 高度范围内，设置可靠的防坠落设施（包括可靠的防坠网、钢筋、钢网等），必须在作业点上方固定可靠的安全带或安全带（绳），所有作业人员必须系安全带（绳）。

（4）所涉危险高空作业的内外高墙面作业，必须使用可靠的安全绳和备绳，并固定牢靠，确保沿墙体作业人员的安全，要注意采取防止安全绳、安全带与墙体、墙角磨损的措施。使用自动升降的悬空操作平台时，必须对所用设备、设施的完好性、安全性进行安全确认，并同时使用安全带、安全绳，起到双重保护的作用。

(5) 所涉危险高空作业使用爬梯、直梯作业时，必须限制使用高度，一般可移动爬梯作业的垂直高度不得超过 3 m，超过 3 m 时要使用专用塔式升降梯和专用吊车，但不论哪种梯子，只要爬高作业超过 2 m 高度必须系安全带（绳）。厂房内外步梯和钢结构简易楼梯，必须设置护栏及扶手，护栏与梯子爬坡方向垂直高度不得少于 900 mm，梯口要有明显的安全提醒标志。

(6) 高空高架作业人员上岗前，除进行岗位操作技术培训外，还必须进一步熟悉了解作业岗位的危险因素和防范措施，必须对本岗位或场所环境的安全与否进行安全确认和进一步确认预案的可行性。安全带、安全帽、软底防滑鞋、防护手套及防护工作服等必备的劳保用品，必须穿戴整齐，严禁盲目从事。

(7) 作业单位必须对高空高架作业场所或岗位安全生产风险进行告知，并现场明示，作业地点的危险区、设备、设施必须悬挂相应的警告、警示、提醒、提示。

(8) 必须制定严格的监督检查制度，对所涉高空作业环境、设备、设施和作业人员使用的手持设备、工器具、材料、安全带进行定期检查和不定期抽查，对所涉人员的安全意识、情绪、状态、掌握操作规程的水平、熟悉安全处置的能力进行经常性检查考核。

(9) 借助移动车吊、塔吊、人梯、自动升降梯等设备、设施进行作业时，必须先确认设备、设施的完好性能和安全稳固性，再行作业，防止设备、设施有缺陷，带病使用或放置位置不牢靠、不稳固，造成事故。

(10) 在高空动火作业需谨慎。确需动火作业，必须确认作业场所和作业点下方影响范围内有无可燃物质，在予以清理和采取安全有效隔离措施后，方可进行动火作业。

(11) 高空用电管理必须更加严格。必须执行审批制度和专业部门现场安全确认制度，必须使用不易漏电、保护齐全的安全设备，必须使用耐磨损、防水性好、绝缘性能好的胶套电缆，不得有破口、明接头并稳妥吊挂，安全使用，严禁使用裸露的明电线。必须有就近停送电的开关（非明刀闸），电气设备必须设置专位，牢靠固定，有效防护，防止坠落。

(12) 一般情况下，严禁不同高度垂直方向多层多点漏空立体交叉平行作业。特别情况必须采取严密的安全防护措施后，只允许 2 层交叉作业，并要求中间安设安全隔离层，隔离层必须保证足够的面积和强度（一般用板材结构，不得使用网状结构）以遮挡上方可能落下的坠物，以保证下方作业人员的安全。

(13) 高处作业中所有物料必须堆放平稳，不可放置在临边或洞口附近，也不可妨碍通行、装卸和作业。

(14) 高处作业人员必须每年进行一次体格检查，严禁禁忌人员从事此类作业，作业人员必须严格遵守各工种操作规程、工艺流程、劳动纪律，由于攀登、悬空作业危险性较大，必须强制对此类人员进行定期的安全技术培训，不断提高技术水平和安全意识。

1.3.18　防止高空坠物、滑坡、塌落伤人的十一条规定

适用范围：高层高大建筑物周围、广告牌宣传栏周围，架空走廊构筑物下方、煤堆矸石山（堆）周边，容易造成滑坡塌落的边坡、崖岸及设备材料堆放处等。

(1) 各单位要根据有可能造成坠物、滑坡、塌落危险的建筑物、广告牌、架空走廊、煤堆等结构特点和季节变化、环境变化的影响，做好动态的管护和定期组织全面的预防性检查，及时发现隐患，予以整改。

(2) 对有危险的高墙、高建筑等要设置警戒区，进行安全警示、提醒，严禁任何人员进入，并对安全风险进行公告。

（3）正在施工作业的高层建筑、构筑等工程，对影响安全的范围，必须设立警戒范围并专人管理，必要的情况下，必须安设围护栏或遮挡护板，悬挂明显的安全警示提醒标志。

（4）对煤堆、矸石山（堆）的管理，必须严格执行相关规定，要以销定产，堆存垂直高度不得超过5 m，边坡角度不得大于40°，推煤和装载机械进行作业时，必须视堆存高度和边坡坡度，进行安全确认，如果不符合规定，必须立即停止作业，退出机械设备和人员及车辆，制定安全处置措施，安全处置后，方可再行作业。

（5）严禁向煤堆和矸石山（堆）以及松散堆积物上洒水或冲洗作业（正常的灭尘洒水除外），以防堆积物溶水形成软流体造成边坡滑动、坍塌引发灾害，或容易形成黏结体影响安全作业。严禁任何人员在煤堆上和有危险的松软物堆上进行作业，严禁任何人员在煤堆和松散堆积物的边坡上行走或滑行。

（6）必须重视各种护坡、护墙（包括斜井井口明槽、护坡、矿区周边自然坡体、山体、沟崖、围墙等）的动态管理，尤其是雨雪季节，要经常检查护坡等的渗漏水和岩土体、墙体的变化情况，必要的情况下要采取监控监测手段，一旦发现问题，必须及时维护处理，确保护坡、护墙从顶部到坡面、坡根完好无损、无缝隙、无渗漏、无变形。

（7）各煤矿、煤站要合理安排生产和销售，不得大量存煤，必须保证煤炭堆、矸石堆放与厂房建筑设施和其他作业人员有足够的安全距离，不得影响正常作业安全空间。

（8）在雨、雪、雾、风天气，所有人员在厂矿区行走，不得沿高层建筑、高墙、护坡、楼根等部位行走，要保持一定的距离，以防突发坠落物和坍塌倒塌情况发生伤人，如果一些地点必须经过，必须设立安全防护专用通道。在有危险的区域必须设置警示标志和提醒，提醒人员绕道而行（如冬季结冰期、雷暴雨天气、正在施工维修的区域、有危险未处理的墙体等）。

（9）对所有容易造成坠物、坍塌、滑移等危险的地点、区域，必须设置明显的安全标志和安全提醒。在安排人员处理时，必须先进行方案论证，研究制定技术处理方案和安全措施，严禁盲目行事。

（10）进行挖土方和靠坡岸作业时，要注意观察作业区域的安全状况，一旦发现边坡墙体等附近出现裂纹、掉土、掉渣、掉皮及坍塌危情时，必须立即停止作业，下方人员和影响范围内的人员必须迅速撤离危险地段，查明原因后，再决定是否继续作业。

（11）地面所有人员，在工间休息时，严禁习惯性地靠近高墙、高层建筑、高架构筑物下方、煤矸堆旁边等有可能发生危险的地点休息、逗留，在接近这些地点作业的人员，要随时观察周围情况，做到自主保安，相互提醒保安全。

1.3.19 立井提升井口（井底）安全管理十条红线

禁忌人员：患有高血压、糖尿病、心脏病、高度近视、低血糖症、恐高症、癫痫病等病症人员和其他不适宜的人员。

（1）井口与提升设备、设施间必须实现全封闭。进出车辆口踏空间隙宽度不得大于50 mm；非进出车辆侧必须100%封闭无空隙，并设置防护栏（网）或钢板封闭，防护栏杆间距不大于150 mm（含采用横杆或竖杆情况）；使用网格式防护时，防护网格尺寸不得大于200 mm×200 mm，防护高度不得小于1.5 m，保证坚固耐用可靠。

（2）井口安全门必须实现自动连锁，安全罐帘必须安全可靠。井口、井底安全门必须与绞车信号、井口、井底信号实现自动连锁，做到安全门未关闭绞车自动闭锁不动作。安全门底部横杆距离地板不得大于200 mm。罐笼安全罐帘要符合要求，应尽量实现自动化，罐帘横竖杆间距及底部横杆距罐笼底板不得大于200 mm。

（3）安全门、信号闭锁装置、摇台推车机、阻车器（含罐笼内的阻车器）及其他配套设备、设施，必须保证完好、无缺陷、安全使用，严禁带故障运行。每班正常提升前，必须进行空载试验等安全确认。

(4) 井口（井底）临时存放车辆要限制。各煤矿要根据车场长度、存放环境、影响运输、通风的断面等因素，进行科学确定，原则不易在井口区域临时存放过多车辆，车辆和人员不得靠近井口，警戒距离不得小于5 m，并用黄色漆划出警戒线，在警戒线处要设置安全可靠牢固的挡车装置。

(5) 井口必须明示最大提升重量、车辆数、大件设备、长材料的允许最宽、最长、最高尺寸、单次提升最多乘罐人数等，并明确大件设备材料的配重表。井口、井底必须设置专门的主要材料、设备、主要备用件的单位重量参考表，列表挂牌明示，以便信号把钩工对上下井的物料、车辆载重进行有效的安全确认。

(6) 井口把钩工必须严格检查进出罐笼车辆的安全性，包括车辆本身的安全性确认和货载的安全性确认，必须检查是否超重、超人数、罐笼内阻车器是否牢靠，长料、高料、宽料是否超规定，是否能保证足够的安全间隙和在罐笼内安全稳固，以保证安全提升。

(7) 井口、井底必须制定严格的管理制度，并应上墙管理，包括车辆管理制度、入井人员临时等候制度、提升运输期间的安全监测制度、信号闭锁等设备设施的安全确认制度、井口挡车设备的安全操作制度、岗位安全责任制度、提升系统设备设施的安全检修制度、提升系统设备的技术特征表、必要的安全标志和提醒、规定等。

(8) 所有入井升井人员必须有序等候，排队进出罐笼，临时等候必须在警戒线外，一切行动服从把钩工的指挥，严禁任何人员违反等候制度，这是铁律。

(9) 停车时，罐笼必须静止在井口井底水平位置，由于钢丝绳伸长，停车对罐不准，必须及时调整，保证准确性。严禁对罐不准强行推车。如果造成掉道按事故处理，车辆进出罐笼原则由把钩工操作，需要配合由把钩工指挥，并对协助人员的安全负责。

(10) 除班前会、井口等候室等安全确认外，井口是入井前最后一道关口，井口工作人员有权对入井人员进行进一步安全检查确认，有权对违反规定的，衣装不整齐，未佩带自救器和安全帽、携带工具不规范等行为予以强制纠正，有权制止不听从指挥、不执行等候制度和发现有情绪不正常、精神不振的人员入井，并通知相应部门处理。

（斜井、平硐的提升运输设备检修安全，要参考本规定的相关要求管理，各矿要研究制定具体措施，确保斜井、平硐提升运输设备的安全。）

1.3.20　井上下各类煤仓、筒仓安全管理十一条规定

禁忌人员：患有高血压、糖尿病、心脏病、高度近视、低血糖症、恐高症、癫痫病等病症人员和其他不适宜的人员。

(1) 井上下所有煤仓入煤口（上口）必须安设牢固的铁箅子，箅格尺寸原则400 mm×400 mm，不易过大，以防大块煤矸进入煤仓，造成下出口堵塞，严禁未采取措施大敞口入煤。

(2) 井上下煤仓口必须安设安全可靠的围护栏，并有足够的强度，护栏高度不少于1.1 m。正常情况下，严禁任何人员打开护栏进入仓口区域作业（包括检查、检修工作）。

(3) 煤仓仓口部位，必须按规定设置自动喷雾洒水灭尘装置进行有效降尘，保持良好作业环境；必须根据实际在适当位置设置甲烷传感器，并接入矿井安全监控系统，进行实时监测；必须设置仓位（深度）传感器，进行动态仓位监测，以掌握煤仓内储存情况；必须设置满仓和堆煤保护，能够及时进行预警和闭锁给煤设备，防止满仓和堆煤超警戒，引发事故；主要煤仓上下口必须在适当位置安装可视摄像设备，以使调度管理过程全程可视监督。

(4) 必须建立仓口作业、仓口清仓工作安全作业制度，并现场悬挂上墙。在遇有须在仓口作业时，必须实行报告制度（向调度室和安全部门），必须进行风险评估，制定针对性安全措施后方可进行作业。严禁遇有情况，不加分析预判，不请示，不报告，不制定措施，没有监护，没有安全确认的情况下，盲目从事。

（5）所有在仓口区域、仓内、煤仓下口、装载硐室的定量斗口内和靠近井筒的悬梯等危险区作业时，必须系安全带（绳），严格执行一人一带（绳），高挂低用，不得共用。安全带（绳）的长度要适量，余量不得过长，以保证安全使用为宜。安全带（绳）必须合格，不得超期使用，中间不得有活接头。

（6）进行危险作业时，在已制定安全措施并由现场人员熟知后，必须执行以下程序：①作业前先进行现场安全确认。确认作业位置影响范围内的其他设备、设施状况和需使用的安全用具、劳保卫生保护用品、工器具是否安全和完好。附近设备是否停止运转，电气设备是否停电挂牌，是否将影响安全作业范围内的浮煤、矸及杂物清理干净。②确认安全带（绳）固定是否牢固可靠。③系好安全带（绳）后，监护人员（含班组长、专职安全人员）进行检查验证，确认安全后方可进仓开始作业。④在作业期间，监督监护人员和协助配合人员必须严密观察作业点周围环境的安全状况和作业人员的安全状态，及时辨识危险和提醒，起到监护的安全责任。

（7）在仓口和仓下有危险的地点，站位必须牢固可靠，在人员作业和活动的范围必须进行临时封闭，使用强度足够的木（铁）质板材或其他可靠的材料，严禁站在箅格上和踏空作业。

（8）清理仓壁作业时，必须从上至下顺序清理。在仓下口、给煤机口处理堵仓口事故时，严禁采用人员进入出煤口内和正对给煤口进行清理堵塞工作，必须采取其他可靠的、对作业人员没有危险危害的措施进行处理。提倡安装使用空气炮、液压锤或液压推挤装置、预设可拉移钢丝结（链）等方法对卡堵仓情况进行处理。

（9）各煤矿必须制定溃仓、堵仓、卡口等容易对人身造成威胁时的应急处置安全措施，并有防止溃仓、堵仓、卡口等的预防性措施，并在现场悬挂明示，让所有现场人员能够明白、懂得科学应对。严禁用水直接冲煤仓和将仓口附近的水大量流入煤仓。

（10）每一矿井安全技术人员要针对煤仓的满仓储煤（矸）量测算，预估一旦突发溃仓事故的煤溜方向、溃煤的距离、溃煤可能堆积的厚度（高度）、可能影响损坏的设备设施等因素对人身安全的影响，科学确定操控设备和人员的位置，保证操作位置于安全位置。严禁正对仓口溢煤方向和可能影响安全的位置。

（11）所有煤仓上、下口及仓内严禁烟火，严禁携带手机和非防爆通信工器具，严禁携带烟火及点火物品进入煤仓和煤仓附近20m范围内。严禁在煤仓上、下口采用爆破的方法处理大块矸石和解决堵仓卡口问题，严禁在煤仓上、下口进行动火（电气焊）作业，严禁明火探仓。

1.3.21　立井提升系统安全检修作业十三条规定

禁忌人员：高血压、低血糖、糖尿病、深度近视、恐高症、癫痫病症、心脏病、眩晕症等病症人员和不适应本岗位作业的人员。

（1）天轮平台临边必须设置牢固可靠的不低于1.5 m的防护栏（网），防护栏杆间距（含采用横杆或竖杆）不大于150 mm，使用网格式防护时，防护网格尺寸不得大于200 mm×200 mm，固定方式必须使用焊接，严禁采用插接、捆绑的方式进行固定。防护栏底部必须设置不小于100 mm高度的封闭挡板，以防小型材料、配件坠落。

（2）考虑检修人员携带工器具经常上下井架，允许在天轮平台适当安全位置设置专用工器具箱，但要求工具箱必须牢固耐腐蚀，加盖上锁，防水防风，并固定牢靠，一般应采用铁质工具箱。固定位置原则尽量不靠临边置放。

（3）必须按检修制度规定，认真执行好井架和天轮平台上的各项检修工作，在井架和天轮平台上检修要选择在八点班和气象条件良好的情况下进行，严禁在恶劣天气安排井架和天轮检修工作。

（4）凡在井架和天轮平台上检修，必须预先关停井架上所有电气电源，如果特殊情况，需动电、动火检修作业，必须制定专项安全措施，使用专用电缆和电气设备，严禁使用井架、平台原有照明等电气系统电源。

（5）在天轮平台靠近临边和洞口及井架上进行作业时，必须系安全带（绳），必须对使用的工器具进行防脱，防掉落坠井，必须对更换拆卸的配件、部件采取防滑脱、防坠落措施。如果进行吊装作业，必须进行作业前的吊位、影响范围、吊装设备设施、吊装件的捆绑等安全确认，并执行统一指挥，确保精准作业。严禁使用危险方法、威胁人员安全的作业方式，进行吊装和检修工作。

（6）在有限的平台和狭小的作业空间实施检修工作，必须严格控制人数，科学安排，避免人多挤占安全作业空间，但严禁单人作业，必须至少配备两人作业，保证监护和互保安全到位。

（7）检修箕斗、罐笼和井筒装备时，必须制定严密的安全检修规程，对容易造成踏空危险的空间、间隙，必须在安全地采取好防护措施后，方可开始检修工作。各煤矿要根据井筒装备情况、井口井底情况，科学研究适宜自己特点的防护措施和安全可靠的方法。

（8）所有在井筒内、井口（底）、罐笼、箕斗上、井架上等危险地点作业时，必须系安全带（绳），必须配备监护人员（可由检修人员担任）。一般检修工作（日检、例检）必须由检修班班组长或由其指定人员进行监护；如果工作量、工作时间超出正常例行检查、检修时，如更换主要部件、设施等，必须由责任队分管机电的队长进行现场指挥和监护；如果是更换大件和设备等工作量较大、时间较长、危险性较大的专项作业时，必须预先编制专项作业安全技术措施，履行审批程序，认真贯彻措施后，方可实施检修工作，并由分管矿长、机电管理部门、安全管理部门、专职安全员进行现场监督和监护工作。

（9）从顶部乘坐箕斗和罐笼对井筒装备进行检查和检修时，必须采用验绳速度提升，必须保证井口房、绞车、井底及装载卸载位的信号系统与检修人员联系畅通、准确无误、安全提升；必须保证箕斗、罐笼顶部有可靠的防护栏、有可靠的安全带固定，有可靠的防坠物伤人的伞帽或防护顶盖；检修人员必须在防护栏的安全范围内活动，严禁在提升设备运行过程中，将头、手、肢体以及携带的工器具伸出防护栏以外，在提升设备运行中，检修人员只能面对井壁方面进行观察、记录，不得进行任何检修作业。

（10）针对井底水窝的导向装置、井筒防坠防撞装置、装卸载位保护装置及其他防护设施等重要提升系统的装备，各矿必须制定严格的检修规程和标准，确定日检、周检和月检的检查检修项目、具体内容，严格执行检修确认签字制度，谁包保、谁检修、谁负责，确保提升系统的设备、设施完好运行。

（11）立井提升系统的检修人员必须经过专业培训，考试合格后上岗，实行专职专业化管理，要严把人员素质关，实行专业定岗，做到相对固定，专职专业、专人专注进行检修工作，要不断培训学习提升检修技术水平，提高检修质量。

（12）由于提升钢丝绳和运转设备的润滑，提升系统的设备、装置和梯子道被甩出后的油脂黏结，再加上灰尘污染，容易造成油污影响设备、装置和梯子道的正常运行。因此，检修人员必须经常清理、清扫、清除，保持提升系统的所有装置、设施的干净，防止检修人员作业时脚滑出现意外情况。爬梯作业人员必须穿防滑鞋，扶好扶手，注意脚下安全。

（13）各煤矿必须高度重视提升管理，定期组织专项专业检查，定期召集专业人员不断研究分析新问题，积极推广应用新技术，采用新手段严肃认真执行好《煤矿安全规程》相关规定和《检修规程》及相关标准，提升立井安全保障水平。

（斜井、平硐的提升运输设备检修安全，要参考本规定的相关要求管理，各矿要研究制定具体措施，确保斜井、平硐提升运输设备的安全。）

1.3.22 矿用防爆无轨胶轮车管理十条禁令

（1）矿用防爆无轨胶轮车（以下简称胶轮车）必须有产品出厂合格证、检验合格证、防爆合格证，煤矿矿用产品安全标志证书等，且每年由具备资质的检测机构进行一次检测检验，每两年进行一次大修，并符合国家车管所有关规定。不具备上述证件或者未进行年检的，严禁运行。

（2）胶轮车各系统运行正常，各种保护齐全，并定期检查，否则严禁运行。胶轮车必须完好使用，保证各系统正常，各种保护齐全，要把好五关：购车关、定期保养关、日常检查维修关、油脂使用关、到期报废关。每班开车前，必须进行试车和安全确认，不正常严禁使用。

（3）胶轮车驾驶员必须持两证上岗，即有交警部门考核核发的在有效期内的与车辆类型相对应的驾驶证、有经煤矿安全培训考核合格核发的上岗证（安全资格证）。必须选用有2年以上的驾驶同类车型的驾龄、年龄适中，性格较好，素质较高的，遵守纪律、安全责任意识较强的人员从事此项工作。驾驶车辆时，必须穿戴整齐，佩戴好自救器，携带好便携式瓦检仪，严禁患有高血压、心脏病、高度近视、癫痫病等禁忌症人员或其他不适宜的人员从事本岗位工作。

（4）胶轮车所行驶巷道需用经混凝土硬化，相关交通安全警示标识齐全，巷道内无杂物、积水，保证胶轮车在运行期间距离两侧巷帮或设备设施有500 mm以上的安全距离，在平硐、主要大巷必须设置专用躲避硐室，躲避硐室设置标准符合《煤矿安全规程》要求。运行胶轮车的巷道不符上述规定，严禁运行。

（5）使用胶轮车必须遵循专车专用，禁止人货混运，严禁超速、超员、超重、超高、超宽。人员乘车、运送材料必须听从驾驶员管理，严禁随意上下车。车辆在行驶中，驾驶员必须专注专心，注意各类信号、指示等交通安全标志、标识；必须按规定位置停车上下人，执行好安全避让和确认；必须注意行人、路况和各类设施，谨慎驾驶，特殊路段、区域慢行；每次开车前必须对所载人员、物料的安全状况进行确认。

（6）胶轮车运行高峰期，原则上不允许在运输沿途安排集体作业，若必须安排，应在能安全完成任务的前提下尽量限制作业人员（允许有喷巷、打扫卫生等零散作业）。胶轮车司机必须熟知巷道作业情况并学习措施，胶轮车运行至作业区间50 m外时，必须鸣笛示警，减速慢行，同时作业人员必须停止手头作业，面向行车背朝巷帮，待胶轮车完全通过后再行作业。胶轮车驾驶员要注意观测人员和设施安全状况，一旦发现安全间距不够或没有100%把握通过人员作业区域和巷道狭窄处时，必须立即停车，下车确认。

（7）胶轮车两车交汇时必须遵循小车让大车，货车让人车，轻车让重车，下坡让上坡，支路让主路，拐弯让直行的原则，严禁抢道等不文明行为。

（8）胶轮车必须配备足够的消防器材，行驶期间车门上锁，座舱与驾驶舱有有效的沟通联络方式，严禁在胶轮车车窗上私自加金属防护网。

（9）电气线路连接必须正确、牢固；发动机运转时，严禁拆卸各连接线路。隔爆型起动机、柴油机自动保护装置、隔爆型照明灯、隔爆型信号灯、隔爆型电源箱、隔爆型发动机等开盖维修前必须断开电源，严禁带电维修，严禁在井下开盖维修。

（10）无轨胶轮车启动时，柴油机转速必须为零，严禁柴油机未完全停止转动时再次按启动按钮；机车必须挂挡行驶，严禁空挡滑行；在柴油机运转时，操作人员不准靠近其旋转部分，严禁在柴油机运转时进行拆卸等工作。

1.3.23 架空乘人装置管理十六条禁令

（1）架空乘人装置必须具有矿用产品安全标志、产品合格证和防爆合格证，且每年由具备资质的检测机构进行一次检测检验。不具备上述证件或者未进行年检的，严禁运行。

（2）架空乘人装置司机必须经过专业技术培训，取得操作资格证后，方可上岗作业。严禁无证上岗或培训不合格上岗。

（3）架空乘人装置必须安装过速保护、防滑保护、重锤限位保护、上下变坡点掉绳保护、全程急停保护、机头机尾乘人越位保护、液压驱动式架空乘人装置还应具有驱动油压过压保护、驱动油压欠压保护和液压油温超温保护、减速器设油位、油温自动检测报警保护、吊椅防过摆保护、乘人间距控制保护、防逆行保护。在离机头、机尾下车点前15m处应安装自动语音提示器，绞车提升或其他运输设备与架空乘人装置混合提升，必须设闭锁保护。保护不齐全严禁运行。

（4）架空乘人装置的钢丝绳每周至少全面检查一次，若发现有断股、锈蚀严重，点蚀麻坑形成沟纹或外层钢丝松动情况，必须立即更换。主运行钢丝绳应使用表面无油的钢丝绳，其插接长度不得小于钢丝绳直径的1000倍，且使用前必须采取措施消除内部应力，断丝和径变不超过25%，抗拉安全系数不得小于6，张紧钢丝绳连接必须可靠。不具备上述条件严禁运行。

（5）架空乘人装置的信号控制部分应符合以下要求，声光信号齐全完好、灵敏可靠，主控台各按钮、开关灵活可靠，电气设备完好、无失爆。

（6）架空乘人装置驱动轮转动灵活、无异常摆动和异常响声，轮缘、轮辐无开焊、裂纹或变形，键不松动；托（压）绳轮衬圈贴合紧密无脱离现象，托轮架稳固无变形、无位置偏移等现象。主动驱动轮和头尾导向辊等旋转部位，必须进行全面防护，防止人员触碰，不具备上述条件严禁运行。

（7）架空乘人装置应设工作制动器和安全制动器，且正常工作制动时，工作制动器和安全制动器不得同时投入工作，松闸状态下，闸瓦间隙不大于2 mm，制动时有效接触面积不小于设计的60%，制动可靠。制动系统不符合要求，严禁运行。

（8）架空乘人装置机头、机尾上下车点的乘降高度不适宜，必须采取措施，设置上下车平台，使人员能够安全便捷地上下车，且设置明显标识标定上下车区间。中途固定上下车点必须设置有齐全的安全标识及制度，安全设施、标识不齐全严禁运行。

（9）架空乘人装置吊椅的各部件齐全完好，螺栓紧固有效，无开焊、裂纹或变形，摩擦衬垫固定可靠。乘坐间距不应小于设计值，且不应小于8 m，必须超过托辊轮的间距。吊杆和牵引钢丝绳之间的连接不应自动脱扣。不符合上述要求严禁运行。

（10）架空乘人装置的乘坐吊椅、脚蹬中心至巷道一侧的距离不得小于0.7 m，钢丝绳离地面距离不得小于1.8 m，运行速度不超过1.2 m/s，吊椅乘人时，脚蹬离地面距离处于0.1～0.3 m范围，乘坐人员后安全帽距离托绳轮底平面的安全距离不得小于200 mm。乘车人员必须一人一座，严禁超员。

（11）架空乘人装置运送物品必须明确，严禁乘坐人员携带超长、超高、超宽、超重物品。除配备的专用货物吊篮外，严禁使用架空乘人装置的吊椅吊挂运送物品；运送火工品时，雷管、炸药运送间距必须大于15 m，且避开交接班等人员集中时间，单独运送。

（12）架空乘人装置乘车点必须设专职人员维护乘车秩序，所有乘坐人员必须听从专职人员的管理，排队等车。严禁哄抢座位，秩序混乱。

（13）乘坐架空乘人装置时，人员应做到双手抱杆、踏稳坐正、注意力集中，严禁随意摇摆晃动，严禁睡觉，严禁用脚蹬地，严禁大声喧哗，严禁在规定上下车处以外的区间随意上下车，非紧急情况严禁拉用或触动急停装置。

（14）架空乘人装置各种管理制度必须齐全，包括司机岗位责任制、司机操作规程、司机交接班制度、巡回检查制度、设备包机制度，设备周期检修制度、安全保护试验制度、钢丝绳检查制度、乘人须知和单座允许乘坐最大重量等，均应在机头、机尾乘人处张挂上墙。规章制度不明确或执行不到位严禁运行。

（15）架空乘人装置必须有设备运行记录、司机交接班记录、钢丝绳检查记录、安全保护装置试验记录、设备检修记录、干部巡检记录等。记录缺项严禁运行。

（16）架空乘人装置在检修作业时，必须严格执行编审的专项安全技术措施。严禁无措施检修。

1.3.24　液化气安全使用十条要求

（1）严禁使用不合格和未经检验或过期的液化气瓶、液化气管件、检测计量仪器仪表。

（2）所有涉及液化气管理操作人员，必须进行液化气基本知识、安全使用、安全操作技能的培训，熟练掌握安全操作规程，严禁未经培训、不熟悉安全作业条件、未掌握安全操作规定的人员从事相关工作。

（3）所有涉及液化气作业的岗位，必须制定安全管理制度和安全操作规程，并在现场张挂明示，进行提醒。

（4）大容量液化气瓶或备存气瓶必须单独设储存间进行管理，与操作使用地点保持有效的安全距离，储存和集中存放管理的气瓶室（房间），必须保证封闭，并设专用通风口加网防护，做到既能有效通风，保证空气对流，又能有效防止小动物和飞鸟进入，门窗必须牢靠，并设专人管理。

（5）严禁气瓶和人员宿舍同室，严禁气瓶与其他物料混放，严禁气瓶靠近热源和电源。

（6）储存气瓶的房间内及通往使用地点的管路，必须采用铜（铁）质管路，不得使用软质管路，如果有特殊情况必须使用软胶管，则必须采取穿护管保护措施，管路上不得加设任何其他无关的设施和挂物，不得靠近供电线路。

（7）储气室的传感器、照明等电气，必须使用防爆、防水、防潮的电器，严格按防爆电器的使用要求进行管理。

（8）所有管件、阀件和管路（硬、软胶管）及气灶等，必须定期检查维护，一旦发现漏气等隐患和异常现象，必须立即关闭气源，进行安全处置。所有操作人员在使用前，必须对使用地点的管路、阀门等管件部位进行安全确认，确认无误后，方可正常使用。

（9）对使用的易损件和胶管等，要根据使用的频次、磨损和老化的程度、使用场所环境因素等，明确使用周期，实行定期强制更换、更新制度。食堂用胶管半年必须更换一次，严禁超期使用。

（10）必须按照相关规定，对液化气灶与气瓶、阀件、管路的安全距离，与热源、电气等的安全距离做出具体规定。一般气灶与小气瓶安全距离应控制在 0.7 ~ 1.5 m 之间，阀门应避开炉灶的热源和影响操作的范围，所有管路和阀件等应有效防护，确保使用安全。

1.3.25 厂区内车辆运输十条规定

（1）车辆驾驶人员必须经交警部门考核持有有效的相对应车辆的合格驾驶证；必须经公司内部安全资格培训、考核，取得上岗证，持证上岗。

（2）车辆通过路口时，驾驶人员必须先观察，在没有危险时才能通过。

（3）车辆的各种机械零件，必须符合技术规范和安全要求，严禁带故障运行，必须按相关要求定期维护保养，严禁使用报废车。

（4）车辆在出入大门时的时速不能超过每小时 5 km/h，在厂矿区内道路上行驶，速度不能超过 20 km/h，通过岔口、十字口、人员多的地点，必须减速慢行，停车观察后再通过。

（5）装运货物不得超载、超长、超宽、超高，对散料、容易产生粉尘粒飞扬的物料，必须采取遮盖、遮挡防尘飞扬散落的措施，注意环境保护。

（6）装载货物的车辆，随车人员不得坐在货车顶部和货物上，不得站在车门踏板上，也不得坐在车厢侧板上，必须坐在指定的安全位置。

（7）电瓶车等特种车辆在厂区内、装载易燃易爆，有毒有害物品时，必须进行危险性标识提示，严禁乘人。运送火工品车辆需要安保人员、供应人员联合护送时，必须经单位负责人批准，按相关制度要求执行。

（8）装载机在行驶中，无论是空载还是重载，其车铲距地面不得小于 300 mm，但不得高于 500 mm；叉车在行驶中无论是空载还是重载，其车叉杆距离地面不得小于 200 mm。

（9）针对煤堆、煤场等场所的装载运输车辆，必须根据每个单位的煤场煤堆、地面坡度等现场堆放情况和危险因素辨识情况，制定相关的安全作业制度和措施，尤其是在煤堆上部和煤堆根部作业的安全措施，严禁冒险作业。

（10）所有驾驶车辆的司机和相关人员必须执行“十严禁”，即严禁超载、严禁抢档、严禁超速行驶、严禁酒后驾驶、严禁开车时抽烟或吃东西、严禁开车时打电话或与他人谈话、严禁人货混载、严禁视线不清倒车、严禁非驾驶人员开车、严禁车辆行驶中人员跳上跳下。

（厂矿区其他有轨电机车，柴油机车等车辆运行，要参照本规定相关条款执行，并针对性制定安全技术措施。）

1.3.26　水池、水仓和临时排水点安全管理十五条规定

（1）所有水仓和临时排水点，必须悬挂明显的标识，说明具体的地点、编写准确名称、管理责任单位、责任人。必须悬挂技术特征表，标明水仓的长度、容量、水泵的型号、排水量等技术参数。必须悬挂重要场所安全风险公示牌，说明水仓区域的主要风险、危险源、预防措施等。

（2）所有水仓通路必须设置可靠、有效地阻止人员进入的栅栏或防护栅栏两用门，并加锁专人管理，严禁任何人员未经批准和采取措施私自进入。

（3）水仓通路是通往水仓的必经之路，在清理水仓时，必须安设风机采取通风安全措施安全清仓。清仓结束后，安全撤出水仓内风筒，停止风机运行，撤出人员。在清仓后，水仓正常使用过程中，原则要求，要确保有一台能够满足水仓水面以上至通路口段的通风安全要求的适配风机，作为安全备机进行管理，以便在专业专岗人员需要进入通路检查水仓时临时通风使用。

（4）凡进入通路内对水仓容水情况、通路水沟畅通情况、内外水仓上坡口阀门完好情况、防护栅栏情况等，进行检查和维护作业时，必须由责任队申请，报告调度室，由调度会议专门安排，在相关部门的监督下方可进行。严禁单人进入仓内，严禁拆开水仓、入水坡道防护栅栏，进入坡道危险区。

（5）每年雨季来临之前，各矿必须安排组织一次水仓清理工作，确保安全度汛。每年秋季入冬前，各矿要根据矿井排水量和排水泵吸水情况确定清仓工作，要适时进行。清仓工作时间长、用人多、危险性大，必须制定专项安全技术作业措施，由矿总工程师组织审批，安全矿长负责监管工作。

（6）所有临时排水仓、排水点，必须设置专属排水区警戒范围，并应设警戒围护栏，严禁无关人员进入。对临时水仓、排水点和水深有危险的地点，必须设置隔离栏，并悬挂提醒标志。

（7）所有排水设备，必须严格执行专人管理、专人维护，并制定严格的安全操作规程，严禁违章操作、严禁带电检修，严格执行“谁检修，谁联系、谁停电、谁确认、谁送电”的电气设备检修制度。重点要保证停送电安全，避免误操作引发触电事故。

（8）对临时排水点、水窝比较深的地点，必须设置专用的高出水平面安全距离的操作平台，水泵工操作必须站在平台上操作。进行布泵、移泵等工作，必须至少两人协同配合作业，互相提醒防止磕碰挂等机械伤害，严禁带电运转时进行以上工作。

（9）临时排水仓、排水点必须设置有线通讯电话等可靠的通信联络装置，以保持排水点之间以及与采区泵房、主水泵房、地面调度室通信联系畅通。对地势较低、安全风险大、容易波及影响其他作业区域人员和设备安全的重要排水仓和排水点，必须设置安全可靠的两套通信联络系统（如有线电话、无线通信），以起到双保险作用。通信装置应设置于距离排水点较安全的避灾出口方向的外侧较高处地段为宜。

（10）所有排水设备的电气控制必须处于相对安全的高处，要根据不同的特点、实际情况设置于坡上或架设专用平台管理。特殊情况下（工作面内）需采用可调节高度的临时吊挂装置（如导链）进行管理，以减少突发水等危险情况的影响。

（11）对预估危险性大的排水仓、排水点和永久水泵房等重要岗位和场所，应设置专门的可视监控设备，并与调度室联网，实施 24 h 不间断动态监测监督，及时掌握排水涌水情况，进行调度指挥。

（12）所有涉及排水作业的水泵工及相关人员，严禁睡岗，必须严格执行交接班制度和安全操作制度规定，并做好记录。

（13）必须严格水泵房吸水井的管理，必须进行安全可靠的封口管理。操作分水阀的人员必须站在封闭的踏板上进行操作，并在作业前、操作中、作业后进行安全确认。进行吸水井淤泥清理时，必须编制专项安全措施，防止内外水仓串漏水井影响清仓安全，必须进行安全性确认后，方可安排有经验的人员、在监护下进行工作。所有通过吸水井爬梯（竖梯）到吸水井内、井底作业人员，必须系安全带（绳）。

（14）所有地面开放式水池（包括沉淀池）的临边必须设置牢固的围护网，禁止任何人员进入，并在明显位置张挂安全提醒标志和风险公示，所有封闭式水池、水井、水窖、观察井的观察口，必须加强专人管理，进出水口要封严。所有水池进行清淤时必须制定严密的专项安全措施。

（15）各煤矿必须制定水仓、水池、临时排水点等涉及排水系统的相关安全管理制度，必须定期组织全面的检查，保证排水系统安全运行。

1.3.27 油脂（含燃油）安全管理十条禁令

（1）凡经常性使用需要存放油脂的，必须设专门的油脂存储库或存储间。严禁油脂与其他物品同室混存混放，严禁露天或开放式存放油脂。

（2）汽油为甲类危险物品，应随用随购，严禁存储。存储柴油应设专库，严禁与其他润滑油脂混存共储。

（3）油脂库（间）必须按规定设置消防器材和机械换气装置，使用防爆型照明灯具和控制装置。严禁在不能机械换气的封闭室内存储，严禁使用非防爆照明灯具和控制装置。

（4）油脂存储库必须使用不燃性材料，并设防火、禁烟等安全警示标志，柴油库应与其他设施隔离或保持 20 m 以上距离。严禁使用可燃材料构筑油脂库房，严禁柴油库与其他重要设施直接连接，油脂库 20 m 范围内严禁明火和电气焊接作业等。

（5）存放油脂必须分类、分区，并且必须标识明显清楚，油桶必须直立。严禁随意混存共放，严禁油桶倒放、横放。

（6）油脂库管理人员必须穿棉质工作服。严禁穿化纤类衣服。油脂库内的电源照明必须按防爆标准严格管理，无人值守时必须切断电源，严禁用汽油、易挥发溶剂等擦洗设备、衣物、工具及地面等，严禁未经批准的各种机动车辆进入禁火区及易燃易爆区，严禁就地焚烧和排放易燃易爆物料及有毒有害化学物品，严禁穿带铁钉的鞋和易产生静电的服装进入禁火区及易燃易爆装置区工作。

（7）煤矿井下可适量存放润滑油。采煤面应存放在回顺距工作面 300 m 以外顶板良好、避开各类设备、配备件等的适当位置；掘进工作面应存放在巷道口附近，原则上位于回风巷侧，距进风口 50 m 以上的顶板良好、尽量避开各类设备、配件备品等影响且便于行人的适当位置。采掘工作面长度不超 500 m，严禁在顺槽、巷道内存放油脂。采掘面一处存放的各类油脂总量应保持在 3 d 的用量以内，且综采面不超过 6 桶、综掘面不超过 3 桶，标识清楚，保证存放点灭火器材配置齐全，有可靠的防尘防水护罩（上盖下垫），不跑冒滴漏，有专用的抽油器或可靠的取油方式。严禁随意选择地点存放，严禁跑冒滴漏和超量存放，严禁无标识存放。

（8）特殊情况井下需使用汽油、煤油或变压器油时，使用单位必须向专职安全管理部门申请，批准后方可组织向井下运送。向井下运送汽油、煤油或变压器油必须装入盖严的专用油桶内，由专人押送至使用地点，使用完毕后的剩油必须在当班及时升井。严禁井下存放汽油、煤油、柴油及变压器油等。

（9）加注润滑油的油桶、油瓶等应存放在固定地点或指定地点。严禁随意放在电气设备、灭火器箱、非专用工具箱内等。

（10）用过的废油和废棉纱等应用容器接纳和专门回收处理。严禁将废油随意倾倒地上，严禁将废棉纱丢弃在作业现场和各类设施、设备上。

1.3.28 使用手持电动工具十条规定

（1）使用任何手持电动工具都必须执行安全技术操作规程，必须熟悉电动工具的性能、特点、对人员容易引起伤害的危害因素等。

(2) 操作者必须穿戴好防护服，穿戴好绝缘鞋、绝缘手套防护眼镜等防护用品，并站在绝缘板上操作。手持电动工具进行作业时，现场不得单人进行，必须有人进行监护、协助、配合。

(3) 手持电动工具的电源要安装漏电保护装置，手持电动工具配用的导线（电缆线）、插头、插座应符合要求，严禁使用电线头直接连接或直接插入插座内。手持电动工具的电缆线严禁有接头，长度不宜超过5 m。

(4) 手持电动工具属首次使用时，使用前必须检测手持电动工具的接零和绝缘情况，确认无误后才能使用。

(5) 手持电动工具的导线必须使用绝缘性能、耐磨损性能较好的橡胶护套线，禁止用塑料护套线，导线两端要连接牢固，内部接头要正确，特别是手柄尾部的电缆护套必须完好。

(6) 在使用中挪动手持电动工具时只能手提握柄，不得提导线拉扯，也不能过分翻转，避免手柄内电源接头被扯脱落，使机壳带电或发生短路，要防止手持电动工具的工作端对人体造成机械伤害。

(7) 使用手持电动工具时，必须对作业环境进行安全确认，必须对作业位和作业体进行摸底分析，确认其安全性后方可开始作业，若在作业过程中有异常情况，必须立即停止工作切断电源，查找原因。

(8) 每一次使用手提电动工具时，必须先在地面进行空负荷试验，确认电动工具是否正常，确认无误后，方可到工作点（台）开始正常操作。

(9) 使用手提电动工具在钢筋混凝土上打孔时，如果遇到钢筋或夹卡钻头等时，严禁强行钻进，必须及时停止钻进，判断严重性。原则要避开钢筋的位置，重新移位。如果由于特殊原因不能移位，不得用手持电动工具进行处理，则需采取其他安全方法处理。

(10) 在易燃易爆工作环境中严禁使用手提电动工具，以免产生火花酿成火灾或爆炸事故。

1.3.29 套丝机安全使用十严禁

(1) 作业人员工作时严禁戴手套。

(2) 女员工长发、长辫严禁放在帽子外部，并把袖口扎紧。

(3) 机床上严禁堆放杂物，机床必须保持清洁。

(4) 开车后应先空转2~3 min以便使机械各部位得到充分的润滑。

(5) 严禁开机更换加工件及变改机床速度。

(6) 发现管子夹不牢，套丝时管子打滑应停车，夹紧卡盘施工，严禁边套丝边夹紧。

(7) 切断管子时严禁用力过猛，以免造成管子变形。

(8) 机械发生故障严禁开机检查及维修。

(9) 工件在加工时必须轧紧扳牙，严禁发生抖动。

(10) 工作完毕后必须切断电源，严禁带电清理铁屑和润滑机器。

1.3.30 风镐操作安全管理十条规定

(1) 使用风镐前必须检查接头是否牢固，以免风管脱落伤人。

(2) 接入风管前必须检查风量是否充足，胶管接头滤风网和风镐头部的固定钢套内是否清洁，吹净胶管内的污物。

(3) 检查时，严禁将风管、风镐等对准人员。

(4) 使用前先将风镐钎尾擦洗干净，然后插入风镐内，用弹簧固定。

(5) 使用风镐时，必须向下压紧，使风镐钎肩顶住钢套。避免钢套与风镐钎咬合，防止风镐钎尾端发热。

(6) 必须保持风管完好，勿使风管卷曲，防止矸石及其他物件打坏而造成漏风。

(7) 应避免风镐钎被岩石卡住，风镐钎插入岩层深度时必须在风镐的弹簧之下，防止使用风镐边打边撬岩。

（8）风镐继续使用时，要随时加油，加油时，将油倒入胶接管内，风镐倒下或镐柄朝下时，避免压紧冲击风镐伤人。

（9）风镐发生故障时，必须及时上井更换或修理，不得在工作地点任意打开和拆解。

（10）停止作业时风镐必须放至安全点，勿使矸石和污物进入风镐内。从风管卸下风镐时，将外部擦干净封堵。

1.3.31　手持式电动砂轮机安全使用十必须

（1）使用砂轮机前必须仔细检查保护罩、辅助手柄，确保完好无松动。严禁使用没有安全防护罩的砂轮机。

（2）装好砂轮片前注意是否出现有受潮现象和缺角等现象，并且必须安装牢靠无松动，严禁使用非专用工具敲打砂轮夹紧螺母。

（3）电源插头插上之前，必须确认砂轮机开关处在关闭位置。

（4）使用的开关必须装有漏电保护装置，并检查电源线有无破损现象。

（5）操作砂轮机前必须佩戴防护眼镜及防尘口罩，防护设施不到位不准作业。

（6）砂轮机在使用前必须要开机试转，看砂轮片运行是否平稳正常，确认无误后方可正常使用。

（7）砂轮机在操作时的磨切方向必须避开周围的工作人员及一切易燃易爆危险物品，以免造成不必要的伤害。

（8）事前夹紧工件，磨片与工件的倾斜角度必须在30°～40°。必须保持切割片与板料切口的平行，不可侧压方式歪斜下切。

（9）使用砂轮机时必须用力均匀，出现砂轮片卡阻现象，必须立即将砂轮机提起，以免烧坏砂轮机或因砂轮片破碎，机体温度大于50°必须立即停机。

（10）更换砂轮片时必须使用专用工具，并关闭开关或拔掉电源插头，确认无误后方可进行砂轮片的更换。

1.3.32　作业场所防火、防爆、防毒安全管理十条规定

（1）各煤矿、各单位在生产经营活动过程中，只要存在容易产生和引发火灾、爆炸、中毒事故的，必须加强企业防火、防爆、防毒的管理。

（2）必须明确管理的部门。总体由安全管理部门负责，具体管理按职能划分归口管理。一般要求：地面消防由后勤管理中心安保负责；防爆管理根据性质类型分别由机电部门和通风部门及后勤部门分别负责；防毒管理由后勤卫生管理部门负责。各单位一定要根据具体情况严格界定管理责任，明确管理职责。

（3）必须明确分管领导和具体管理的责任人，明确领导、部门、管理人、岗位人员的各级专项安全责任。

（4）必须明确相关作业场所、岗位、设备、设施在防火、防爆、防毒方面的安全制度和安全要求，做到制度齐全、记录完整，建立完整的档案。在有可能引起火灾、爆炸的工艺装置上的敏感部位必须增设安全防护保护装置和安全联锁装置及可燃爆炸气体、物质安全浓度检测报警装置。在有超温、超压等可能引起火灾、爆炸危险的设备、设施上，必须装设超温、超压传感报警和断电、断水、断气、紧急卸压排放安全保护装置，防范事故的发生。

（5）在有毒有害物质的作业场所，必须采用有效的密闭、隔离、隔绝、通风排除、净化处理、隔离操作等安全技术措施，必须装设可靠的检测监控装置和系统，做到安全操作。超限危险必须停止生产作业，妥善处置安全风险。

（6）必须加强重点场所防火、防爆、防毒的日常管理工作，包括设备设施的维护，定期的检查检修，设备完好的保证，杜绝跑、冒、滴、漏等现象。

(7) 必须加强容易引发火灾、爆炸、中毒事故的固体、液体、气态物品的存放使用管理；必须按照相关行业的相关安全技术标准、规定进行管理；必须明确数量、位置、有效期限、存放条件、管护标准等；必须按规定配备足够的消防灭火器材；必须对危险场所制定对应的现场应急处置方案、措施，以应对突发情况。

(8) 对重点管控场所和岗位以及重要设施、设备，必须设置明显的安全风险告知卡或危险告知卡，并进行相关的安全提醒，设置明显的安全标志；必须强化防盗、防风、防危险作业的管理，防止意外事故的发生。

(9) 现场作业人员和接近人员严禁带火种、手机，禁止吸烟，禁止用铁器敲打易燃易爆类危险物品（包括气罐、气瓶、油脂等）。重要场所、库房、临时存放点，必须做好接地保护，必须做好防雷电保护，必须保证空气畅通，必要情况要设专用通风设施，电气设备必须执行防爆标准。

(10) 涉及防火、防爆、防毒人员必须配置和佩戴相应的劳动保护用品，必须经常对所涉人员进行专业技术和安全知识培训，提高安全防范意识和责任，做到安全使用、安全作业、安全防范风险。

1.3.33 氧气、乙炔气气瓶安全使用十条禁令

(1) 严禁使用检验合格证的气瓶和没有粘贴产品合格证的氧气、乙炔气。

(2) 严禁使用未装瓶帽或防震圈或尺寸不符合要求或损坏的气瓶。

(3) 安装和使用减压阀时，必须先检查连接螺帽的螺纹完好情况，防止工作时脱开引起事故。

(4) 严禁敲打碰撞气瓶。

(5) 严禁气瓶靠近热源及可燃物、助燃性物质，与明火距离一般不小于 10m。

(6) 严禁曝晒气瓶。

(7) 严禁在气瓶上进行电焊引弧。

(8) 使用氧气或氧化性气体时，严禁接触油脂。

(9) 气瓶使用时必须立放，并有防止倾倒措施。

(10) 瓶阀、瓶身冻结时，严禁用温度超过 40°的热源对气瓶加热。

1.3.34 地面用电管理安全十六条规定

(1) 所有临时用电，用电单位必须事先提出书面用电申请，由机电部门进行审核、批准、确认，并明确相关安全要求后，方可进行接线。接线后机电部门要责成专人进行现场核实安全验收，确认用电安全技术条件，符合要求后方可送电和进行用电作业。

(2) 所有用电单位和个人，必须遵守安全用电相关规定，严禁私自接电、接线、安装电器、变更负荷、改变原有用途等违章违规行为。如果需增加负荷，必须进行核算、报批，并由专职电工进行。

(3) 所有用电地点，用电单位的供配电装置，必须装设漏电、短路保护装置，必须有保护性接地、接零装置，并经常检查，保证整定准确、保护灵敏可靠、安全有效，严禁用铜丝或铁丝代替保险丝。

(4) 施工场所必须使用供电配电柜（箱），应使用空气开关，严禁使用刀闸，配电柜（箱）必须上锁专人管理和操作，露天放置时，必须执行上墙、上架、上箱、防雨水管理，并有警标提醒。

(5) 在所有用电地点和人员生活、活动的场所，供配电箱（柜）必须严格执行“停止作业必须断电，离开作业场所必须停电并上锁”的规定。一些临时施工作业场所，如果没有防止人员误入和防盗等措施，收工停止作业时，除对设备停电外，还必须将可移动的电缆等电气设备收回到安全地点，并对开关停电上锁。

(6) 所有地面使用的电线必须使用合格的橡套电缆线，并满足使用要求，使用的电气设备也必须符合安全技术规范要求。

(7) 所有地面用电线路，不得露天就地敷设，必须用杆设和墙挂或专用电缆沟、管敷设的方式，

在人员活动的场所、人员车辆通行处等容易损伤电缆的地点，必须采取必要的防挂伤的安全保护措施，如高挂、地下穿管保护等方法，严禁人员直接踩踏和车辆碾压。临时用电无高挂条件的，短距离内在有效的目视范围内可以就地置放，但必须采取防漏电等措施。

（8）户外所有电缆、电线、电器的接头必须符合规定，永久用电必须使用专用接线盒进行连接，临时低压线接头可以不用接线盒（220 V 及以下），但必须使用防水绝缘胶带严密包裹，做到防水、防潮、防漏电。确保安全。

（9）所有高空架设的输电线路，必须严格执行供电线路安装、管理的相关规定，要经常检查，保证缆线与建筑物、树木、构架等必须保持安全距离。架空和沿沟、沿墙敷设的缆线，必须采取防护措施，避免因风、雨、恶劣天气等外因损伤缆线，发生触电、短路等电气事故。

（10）电工必须经特种作业培训，方可持证上岗，否则不得从事电工作业。非电气作业人员不得随意乱动电气设备，如果出现故障，必须请专职电工处理，严禁私自修理电器，更不得带病运行。

（11）电工进行作业前必须进行断电、停电、验电、放电（易形成瓦斯积聚的易燃易爆场所还需进行瓦斯检查工作），任何电气设备在未经验明无电之前，应一律视为有电，不得盲目触及。所有电工作业时，必须切断上级电源，并挂牌管理，执行“谁作业、谁停电、谁挂牌、谁确认、谁送电”的停送电制度。对“禁止合闸”、“有人操作”等警示标牌，必须由挂牌作业人员进行换取，其他无关人员严禁乱动。

（12）照明灯、电焊机、手持电动工具等非固定安装的电气设备需要移动时，必须先切断电源再移动，同时要防止导线被拉断、拉脱。

（13）作业人员经常接触和使用的配电箱、配电板、配电柜、按钮开关、插座、插头以及导线等必须完好，不得有破损或使带电部分裸露。

（14）在雷雨天切忌靠近电线杆、铁塔、避雷针等处，应至少远离其 20 m 之外，以免发生跨步电压触电。

（15）必须强化有易燃、易爆、可燃物质等容易发生火灾事故场所的用电管理，所有电气设备原则上要使用防爆电气。发生电气火灾时必须立即切断电源，用黄沙或二氧化碳、四氯化碳、干粉等灭火器灭火，严禁用水或泡沫灭火器灭火。

（16）各单位的机电和安全管理部门，必须经常性的、定期不定期组织地面供用电的预防性安全检查和维修，必须注意重要季节变化时期、受恶劣天气影响时期的供用电检查、维修工作，及时消除隐患，保障供电安全。

1.3.35 电气作业安全二十条禁令

（1）严禁带电作业，严禁停电作业不拉隔离开关、加锁、不挂停电牌，不按规定验电放电。

（2）严禁“约时”停送电或“借光”作业，不设专人停送电。

（3）严禁有故障的供电线路强行送电。

（4）处理供电线路的短路、漏电等故障时，严禁采用人为送电对电缆进行“手捋”查找，或人为送电让其“放炮”等方式进行查找处理。

（5）严禁用摇表测线路后，不进行放电就开始作业。

（6）严禁机电设备检修后，不按规定进行试运转就正常开启。

（7）电气设备接线或检修后，不认真清除室内线头、杂物等善后处理工作，严禁送电运行。

（8）严禁操作高压电气设备时违反规定不戴绝缘手套、不穿绝缘靴、不站在绝缘台上。

（9）严禁爆破时不及时撤出打眼工具，不及时对设备、电缆进行有效保护。

（10）严禁电气设备及矿用电缆被水淋，不设“雨搭”“防水棚”等防淋设施。

（11）严禁巷修和架棚等施工时不对机电设备、矿用电缆进行合理的防护。

（12）严禁电缆落地被埋或浸在水中。

（13）严禁在采掘区的溜煤眼、溜煤道内敷设电缆。

（14）严禁在电缆上悬挂其他物品，严禁电缆与风、水、气、瓦斯管道等交叉、挤碰、相互间无防护隔离设施，安全间距不符合要求。

（15）严禁甩检漏继电器或漏电保护失效后强行运行，严禁未经专门技术人员批准，擅自修改保护整定值。

（16）严禁供电网络过流保护的灵敏度系数不合乎要求仍继续供电；严禁用铜丝、铁丝或其他不易熔断金属代替保险丝。

（17）严禁电气设备保护接地缺失、接地线和接地螺栓等处锈蚀严重或松动，不及时处理。

（18）严禁供电电缆、高压铠装电缆弯曲半径过小、超过规定要求，电缆受拉、压作用，引起绝缘受损。

（19）严禁局部通风机不实行“三专两闭锁”或闭锁失灵。

（20）严禁擅自拆卸防爆电气设备外壳上紧固螺栓等造成失爆，对电气设备检修采用拆机修机。

1.3.36 起重机械作业十不准

（1）未经监督检验、定期检验合格，超过定期检验周期的起重设备，并在作业前未进行安全确认检查，不准作业。

（2）操作人员未经培训、未持证，不准作业。

（3）无起重吊装方案、吊装方案或措施未经相关部门和人员批准，不准作业。

（4）起吊现场周边环境不清，防护不到位，不准作业。

（5）安全保护装置检查不合格，不准作业。

（6）制动装置检查不合格，不准作业。

（7）起吊现场不平坦坚实、起重机支腿未全部伸出、未垫方木，不准作业。

（8）吊装现场没有指挥人员、未交代清楚指示方法、细节，不准作业。

（9）吊具和备件检查不合格，被吊物件未捆绑固定牢靠和起重超尺寸，不准作业。

（10）大风、大雾、雨雪等恶劣天气不准室外吊装作业。

1.3.37 进入容器、设备等受限空间安全作业八必须

受限空间指内炉、罐、仓、管道、烟道、下水道、沟、坑、井、池等封闭或半封闭的有毒有害缺氧设施及场所，在受限空间作业属高危作业。

（1）必须申请、办证、并得到批准，原则上由单位一把手批准。

（2）必须进行有效安全隔离，设置警戒区，对作业点进行安全保护。

（3）必须切断动力电源，并使用安全电动工具和安全灯具。

（4）必须对密闭空间进行管理、通风，有效置换污浊空气。

（5）必须按规定佩戴专用防护用具，采取有效防护措施。

（6）必须在容器受限空间外设有安全监护人员，并坚守岗位。

（7）进入受限空间工作前及工作中，必须对环境的氧气含量，毒害物质进行有效的安全技术分析，并有可靠的检测仪器。当有毒有害气体的浓度，符合国家安全规定时，方可进行作业。

（8）必须有抢救的措施或应急处置方案。

2　煤矿安全检查表

（以二级公司为例，仅供各单位参考）

2.1　煤矿采煤专业安全检查表

项目分类	检查项目	规定或要求	检查方法
涉及重大隐患项目	1. 矿井超能力生产	1. 矿井全年原煤产量不超过核定（设计）生产能力110%，月产量不超过核定（设计）生产能力10%（《煤矿重大生产安全事故隐患判定标准》第4条第1款） 2. 矿井年度生产作业计划编制科学、合理，月度生产作业计划分解到位且指标符合要求	查矿井年度（月度）计划、月底报表和调度月报表等，核对原煤产量、商品煤产量、掘进进尺、吨煤成本、吨煤工效、万吨掘进率、矿井四量等主要生产技术指标是否符合要求，采掘衔接是否接续正常
	2. 井下同时作业工作面个数	一个采区内同一煤层一翼最多只能布置1个采煤工作面作业；一个采区内同一煤层双翼开采或多煤层开采的最多只能布置2个采煤工作面同时作业（《煤矿安全规程》第九十五条）	对照采掘工程平面图、调度台账、综采队队部值班记录等资料查现场
	3. 超层越界开采	不得超出采矿许可证规定开采煤层层位、标高、坐标控制范围进行开采，不得擅自开采保安煤柱（《煤矿重大生产安全事故隐患判定标准》第10条）	对照有效的采矿许可证证载信息，查采掘工程平面图，保安煤柱设计及现场，检查是否存在开采范围超过控制坐标和擅自开采保安煤柱现象
	4. 矿井采煤方法	1. 不得使用被列入国家应予淘汰的煤矿工艺目录产品或者工艺（《煤矿重大生产安全事故隐患判定标准》第13条第1款） 2. 高瓦斯、突出、有容易自燃或者自燃煤层的矿井，不得采用前进式采煤方法（《煤矿安全规程》第九十七条）	查采区设计、放顶煤工作面设计及其相关批复和备案资料，采煤方法设计、作业规程及现场
	5. 矿井及工作面安全出口	1. 每个生产矿井必须至少有2个能行人的通达地面的安全出口，各出口间距不得小于30 m。新建、扩建矿井的回风井严禁兼作提升和行人通道，紧急情况下可作为安全出口（《煤矿安全规程》第八十七条） 2. 采煤工作面必须保持至少2个畅通的安全出口，一个通到进风巷道，另一个通到回风巷道；综采工作面安全出口高度不小于1.8 m，人行道宽度不小于0.8 m（《煤矿安全规程》第九十七条）	对照采掘工程平面图查现场，并通过现场测量的方法核实安全出口是否符合要求

（续）

项目分类	检查项目	规定或要求	检查方法
涉及重大隐患项目	6. 改扩建矿井管理	改扩建矿井不得在改扩建区域内组织生产（《煤矿重大生产安全事故隐患判定标准》第15条第2款）	查调度台账、值班记录、采掘工程平面图和现场
	7. 采掘工程平面图和井上下对照图	矿井采掘工程平面图及井上下对照图严禁弄虚作假，不得隐瞒井下采掘工作面；图纸要按规定要求定期填绘并符合实际（《煤矿重大生产安全事故隐患判定标准》第18条第4款）	对照图纸查现场，检查是否存在临时打设密闭隐瞒采掘工作面或井巷工程量造假的现象
	8. 矿井井下作业对外承包管理	煤矿不得将井下采掘工作面或井巷维修作业作为独立工程承包（托管）给其他企业或者个人（《煤矿重大生产安全事故隐患判定标准》第16条第5款）	按照山西省煤矿建设的五大标准查相关资料、施工队组资质、合同是否符合要求
重点检查项目	1. 制度建设	1. 煤矿必须根据相关规定建立健全各种采煤专业管理制度并装订成册，下发专文颁布实施 2. 当生产条件或环境发生变化时，要及时对相关管理制度做出适当的修改、补充和完善 3. 重点检查的制度有工作面顶板控制制度、支护质量检查制度、顶板动态监测和分析制度、变化管理制度、工作面机械设备检修保养制度、乳化液泵站管理制度、文明生产管理制度、工作面支护材料设备配件备用制度、作业规程编制审批贯彻实施管理制度、隐患排查整改制度、班评估日分析制度等	检查各类制度是否健全，内容是否有效全面并有针对性，制度是否装订成册并有专门下发的贯彻学习文件，且有及时修改补充的制度。重点检查：顶板控制制度中是否有明确的顶板控制责任划分，敲帮问顶的具体执行要求，特殊条件下顶板管控措施；顶板动态监测和分析制度中是否明确队组如何进行监测和做好记录，如何对采集的矿压数据进行分析；工作面支护材料设备配件备用制度中应明确本矿需要备用哪些材料配件、备用量以及管理方法
	2. 采区及工作面设计	严格按照二级公司《采区设计及工作面设计编制提纲》要求： 1. 采区设计的主要内容包括前言、采区概况及地质特征、采区方案设计及方案比较、采区巷道布置、采掘顺序及采煤方法、采区生产能力及服务年限、采区通风安全、附图等 2. 工作面开采设计的主要内容包括前言、采区概况、工作面概况及地质特征、工作面能力及服务年限、通风与安全、工作面生产系统、施工组织、工作面主要经济指标、附图、附件等 3. 设计的审批、备案手续要齐全有效	对照批复备案的设计，全面核查现场及最新的采掘工程平面图；如有变更，必须严格按照《煤矿主要技术管理规定（试行）》的要求，留存相关报批及批复手续

（续）

项目分类	检查项目	规定或要求	检查方法
重点检查项目	3. 规程措施	1. 规程措施的编制质量及其审批、学习、贯彻、考试、变更、复审等流程以及相关记录表格必须执行二级公司的统一规定；回采作业规程必须详细说明工作面概况、采煤方法、顶板控制、生产系统、劳动组织和主要技术经济指标、煤质管理、安全技术措施、灾害应急措施与避灾路线等内容；回采规程 13 类附图齐全、清晰，图纸绘制范围符合要求，避灾路线图要绘制到井口，附图还要与规程正文内容和现场保持一致 2. 工作面过构造、古空旧巷时，必须制定专项安全技术措施并及时贯彻、学习和落实 3. 工作面遇搬家倒面及设备安装调试期间，必须严格按照规定及时制定专项安全技术措施或规程并按要求及时贯彻、学习落实	检查正在实施的规程和措施，工作面开工记录、调度台账、规程会（复）审的原始会议记录及会议记录格式是否规范，时间顺序及编制审批流程是否符合规定要求等，并对照作业规程查现场是否严格执行规程要求作业；隐蔽工程和各种临时性的安全技术措施是否有相应的记录
	4. 矿压观测分析及记录	1. 工作面应建立完善的矿压观测制度 2. 矿压观测要每月分析并形成回采工作面月度矿压分析报告，要根据观测结果分析工作面基本顶初次来压和周期来压显现规律，矿压分析报告中必须有工作面压力变化的纵向及横向曲线图 3. 工作面内支架压力表的完好率不得低于 90% 4. 工作面两巷超前（端头）支护的单体柱（支架）进行压力监测、记录和分析 5. 有条件的煤矿要优先使用在线监测系统 6. 两顺槽内变形量明显区域要设置巷道位移观测点加强观测，具体的观测方法和要求必须在作业规程中做出明确规定	查矿压观测制度、矿压观测记录台账及分析报告；现场抽查不少于五个点，每点不少于三组支架；记录抽查测点数据并核实是否与相关记录台账一致。通过数据分析验证观测记录是否真实、有效
	5. 巷道顶板离层观测	1. 顶板离层仪严格按照要求打设，现场观测记录牌板必须记录及时完整有效并有可追溯性，顶板离层记录台账、观测记录牌板与离层仪读数三者必须保持一致，记录台账内容要齐全，填写规范 2. 两顺槽内的顶板离层仪必须每两天观测一次，距离工作面 100 m 以内的顶板离层仪必须实现班班观测 3. 顶板离层仪要保持完好有效，数字清晰，观测牌板的悬挂位置与顶板离层仪安设地点的距离前后不得超过 1 m	检查离层仪的安设是否符合要求，数据、观测人员、日期是否一致，距离工作面 100 m 范围内的顶板离层仪全部检查，100 m 以外的进行抽查，升井后要与记录台账逐一对照检查
	6. 锚索防护	按公司规定要求对井下压力大、回采工作面两巷超前区域、较大断面、交叉点及作业人员集中区域等有拉断危险、采动变形和地质构造带影响的重点区域的锚索，必须采取防破断措施，其具体防护措施及办法要在规程中做出明确规定和说明	对照公司有关规定及矿井在用规程措施查现场，检查是否符合公司规定且现场是否和制定的规程或措施一致

（续）

项目分类	检查项目	规定或要求	检查方法
重点检查项目	7. 超前支护、端头支护及巷道维护管理	1. 工作面端头尾及超前支护符合公司顶板控制有关规定及规程要求，超前支护距离不少于20 m 2. 超前支护单体柱压力不低于11.5 MPa，现场配备单体柱压力检测工具 3. 超前和端头支护完整无缺，无断梁折柱现象，接顶严密，顺槽底软时，当单体柱钻底量超过100 mm必须穿鞋或采取措施 4. 单体柱要设置有效的防倒设施，坡度巷道中单体柱迎山有力，迎山角符合规定 5. 单体柱要严格执行"终身制和唯一性"编号管理 6. 工作面两顺槽巷道不得出现连续3 m严重失修和锚杆、锚索崩断失效未及时处理现象 7. 采空区悬顶面积超过作业规程规定时，停止采煤，采取人工强制放顶或者其他安全措施进行处理，明确禁止人员进入、防瓦斯、防窜矸的相关要求	对照作业规程查现场，并测量超前支护长度，单体柱间排距，抽查单体柱压力，测量钻底深度（抽查量不少于10%）；现场逐段检查是否有失修巷道；现场抽查单体柱编号与地面台账对照是否一致，其使用周期及检修记录是否齐全、真实
	8. 煤壁片帮防护及架前防冒顶管理	1. 煤壁片帮、顶板破碎时，必须及时超前移架护帮，采煤机检修期间，必须严格按照相关要求，采取有效的防护措施 2. 工作面机道梁端至煤壁顶板垮落高度大于300 mm，且连续长度超过3架时，必须制订专项安全技术措施并严格按照要求及时做出处理 3. 当采高超过4.5 m时，必须在回采作业规程中明确防片帮伤人措施，并且在现场严格按规程要求执行	对照规程查现场，检查现场和规程措施是否一致，现场采取措施是否安全、有效
	9. 支架管理	1. 工作面内不得使用两种不同型号的支架 2. 工作面支架间距超过100 mm时必须采取封顶措施，并在作业规程中做出明确规定 3. 工作面支架初撑力不得小于24 MPa，支架不得有窜（漏）液、压力表损坏、控制阀失效及操作阀手未安设限位装置等现象 4. 支架接顶严实，顶梁平整，工作面支架最大仰（俯）角不超过7°，歪斜角不大于5°，相邻支架错茬不超过顶梁侧护板高的2/3，支架支撑高度符合作业规程要求 5. 支架立柱光洁柱长度符合作业规程要求，并在作业规程中做出明确规定	对照规程查现场，工作面支架抽查率不低于10%，现场测量支架高度、错茬等，逐项检查初撑力、漏（窜）液及接顶情况
	10. 工作面遇特殊情况	1. 工作面遇构造、老空、顶板破碎、处理悬顶等特殊情况必须制定专项措施 2. 专项措施审批贯彻学习后方可施工 3. 专项措施的内容必须全面到位并有一定的可操作性	对照措施查现场，查工作面验收表和队部值班台账、措施的学习贯彻记录等

（续）

项目分类	检查项目	规定或要求	检查方法
重点检查项目	11. 爆破管理	1. 必须严格执行《煤矿井下爆破作业安全管理九条规定》和《煤矿井下爆炸材料安全管理六条规定》 2. 不得违章装药、爆破 3. 不得裸露爆破，爆破必须设警戒且警戒人员认真负责 4. 工作面爆破作业要严格执行“一炮三检”和“三人连锁放炮”制度，并严格执行爆破前向矿调度室报告的连锁制度且记录清晰 5. 储存：井下炸药库最大贮存量：炸药不超过 3 d 需要量，电雷管不超过 10 d 需要量 6. 运送：必须有火工品运输管理的相关制度或规定；炸药和电雷管必须由专人分开运输，爆炸物品必须装在专用容器内进行运送，人员交接、上下班时间内严禁运送 7. 领退：必须有火工品领退管理的相关制度或规定；爆炸材料必须专人领退，电雷管的领退必须逐个测试电阻值，编号登记、台账清晰	查民爆制度建立情况，对照规程查现场，查调度台账及民爆相关台账记录，查爆破人员持证上岗、应知应会情况
	12. 重物吊挂	两顺槽内严禁使用支护锚杆或锚索直接吊挂单轨吊、瓦斯抽放管路和其他重物	查现场是否存在支护材料直接吊挂重物现象
一般检查项目	1. 采掘工程平面图	1. 采掘工程平面图必须有 1∶2000 比例的图纸 2. 图纸的绘制必须严格执行二级公司下发的《煤矿采掘工程平面图制图标准》规定 3. 所有图纸必须加盖技术专用章	对照相关规定逐项检查
	2. 班评估日分析	1. 严格按照二级公司下发的煤矿安全生产标准化执行要求建立健全完善的班评估日分析相关制度并严格执行 2. 班评估及日分析制度是否严格执行到位，是否和当天的值班记录台账相一致 3. 班评估及日分析的相关记录表格内容填写是否规范、完整，且与工作面隐患台账、值班台账、工作面验收表等实现闭合管理 4. 当班的班评估记录放置在井下指定地点，当班之外的班评估记录升井进行日分析并存档管理	详细检查班评估表、日分析表、工作面验收表、队部值班台账、调度台账，严禁弄虚作假
	3. 技术资料归档管理	根据《晋能集团长治有限公司煤矿主要技术管理规定（试行）》中相关规定，对矿井生产技术资料应严格按照“一面一档”的要求，及时进行归档管理	严格按照规定进行随机抽检

（续）

项目分类	检查项目	规定或要求	检查方法
一般检查项目	4. 其他各种台账记录	台账和记录符合采煤专业安全生产标准化和工程质量验收标准要求。重点检查以下台账：采煤工作面支护材料管理台账、科室和队组的单体柱管理台账、采煤工作面隐患排查管理台账、采煤工作面主要岗位交接班情况记录、采煤工作面工程质量验收表、乳化液浓度检测记录、采煤工作面巷道冲洗记录等	逐项检查台账记录填写是否规范，内容是否完善
	5. 工作面图牌板管理	1. 现场悬挂的图牌板种类齐全（设备布置图、通风系统图、监测通信系统图、供电系统图、工作面支护示意图、循环作业图、避灾路线图等） 2. 图牌板内容与作业规程和现场一致，工作面发生变化时及时变更图牌板 3. 现场悬挂主要岗位责任制及操作规程牌板 4. 严格按照二级公司井下牌板管理规定统一制作、悬挂和管理图牌板	严格按照二级公司相关标准和作业规程要求检查现场
	6. 工作面乳化液管理	1. 工作面乳化液浓度3% ~5%，每班乳化液浓度检测不少于3次 2. 现场配备乳化液浓度检测工具并能正常使用 3. 泵站的出站压力不小于30 MPa，管路系统完好，无跑冒滴漏现象	检查现场是否有乳化液浓度检测工具，能否正常使用，使用工具现场测量乳化液浓度，并与台账数据对比误差，台账填写是否及时，检查泵站出口压力及管路是否完整、安全可靠
	7. 关门柱及退锚管理	1. 关门柱的打设方法及退锚的具体管理必须在作业规程中做出明确规定 2. 现场必须严格按照规程要求进行单体柱打设和退锚作业 3. 关门柱必须设置有效的防护措施，当支柱钻底量超过100 mm时必须穿靴、迎山打设有力、警示标志齐全	严格对照规程查现场
	8. 前后溜与转载机搭接情况	前后大溜机头与转载机尾搭接的长度和高度必须在作业规程中明确规定，现场与规程一致	现场测量大溜与转载机搭接情况，升井后与规程进行比对
	9. 工作面工程质量管理	1. 工作面必须严格按照规程规定，认真做好“三直一平两畅通”的管理工作，支架前立柱每100 m拉线，其偏差不得大于50 mm 2. 工作面液压支架端面距必须在作业规程中做出明确规定，并在现场严格执行 3. 工作面大溜无明显的起伏现象（特殊地质条件除外）	现场测量底煤留设的厚度，拉线检查大溜、支架的直线偏差。升井后与当天交班验收表进行比对，并与规程规定内容进行核对

（续）

项目分类	检查项目	规定或要求	检查方法
一般检查项目	10. 备用支护材料管理	1. 备用支护材料的数量、规格、存放地点和管理方法必须在作业规程中做出明确规定 2. 现场存放满足工作面使用要求的备用支护材料，具体数量和规格要符合作业规程中的相关规定并在现场管理牌板中做出明确标识 3. 支护材料的码放地点以及现场管理牌板的制作及悬挂必须符合作业规程及二级公司下发的有关规定	采煤工作面备用支护材料一般码放在距工作面300 m外，现场核查备用支护材料的数量、规格型号、码放管理，升井后对照采煤作业规程、矿井的备用材料管理制度及二级公司文明生产管理要求进行核实
	11. 敲帮问顶工具管理	1. 工作面敲帮向顶工具的数量、规格、存放地点和管理方法必须严格按照二级公司下发的煤矿安全生产标准化相关要求，在作业规程中做出明确规定 2. 敲帮问顶工具必须规格齐全、完好，并能保证正常使用	对照采煤作业规程和顶板管理制度的相关要求查现场
	12. 作业人员应知应会	各岗位作业人员必须准确、熟练掌握本岗位应知应会、规程措施和公司相关制度规定的内容	现场随机抽查作业人员对本岗位应知应会、规程措施和二级公司下发的相关制度的掌握情况，抽查人数不少于当班作业人数的10%
	13. 采煤工作面文明生产	1. 采煤工作面文明生产必须符合二级公司采煤工作面文明生产标准 2. 管线的吊挂、颜色、编号必须符合《关于规范煤矿井下管线布设等管理的通知》的要求 3. 巷道每隔100 m设置醒目的里程标志	对照标准查现场

2.2　煤矿掘进专业安全检查表

项目分类	检查项目	规定或要求	检查方法
涉及重大隐患项目	1. 以掘代采	井下作业地点是否存在以掘代采现象	查图纸和现场核对巷道掘进是否符合采区设计和工作面开采设计
	2. 井下同时作业工作面个数	《煤矿安全规程》第九十五条：一个采区内同一煤层一翼最多只能布置2个煤（半煤岩）巷掘进工作面，一个采区内同一煤层双翼开采或多煤层开采的最多只能布置4个煤（半煤岩）巷掘进工作面同时作业	查采掘工程平面图、调度台账及观场，核对采掘工作面个数

（续）

项目分类	检查项目	规定或要求	检查方法
涉及重大隐患项目	3. 巷道布置图、采掘工程平面图	《煤矿重大生产安全事故隐患判定标准》第 18 条：矿井采掘工程平面图及巷道布置图严禁弄虚作假，严禁隐瞒井下正在采掘的工作面；图纸必须定期填绘，并符合实际	对照采掘工程平面图及巷道布置图查现场
	4. 下山开拓	《煤矿安全规程》第九十五条：下山采区未形成完整的通风、排水等生产系统前，严禁掘进回采巷道	对照采区设计、采掘工程平面图查现场
	5. 超层越界开采	顶板管理“十条红线”第 6 条：严禁破坏工业场地、矿界、防水和井巷的保安煤柱	对照批复的采区设计、煤柱设计查采掘工程平面图，根据矿方相关测量资料核实有关保安煤柱宽度
	6. 临时支护	《煤矿安全规程》第四十八条：开掘工作面要严格执行“一掘一支”工艺，严禁工作面空顶作业，在空顶范围内或临时支护不可靠下进行的作业均视为空顶作业	严格对照标准要求查作业规程及现场
	7. 井下作业对外承包管理	《煤矿重大生产安全事故隐患判定标准》第 16 条：煤矿实行整体承包生产经营后，严禁将井下采掘工作面或者井巷维修作业作为单独工程承包（托管）给其他企业或者个人	按照山西省煤矿建设的五大标准查相关资料、施工队组资质、合同是否符合要求
重点检查项目	1. 制度建设	1. 煤矿必须根据相关规定建立健全各种掘进专业管理制度并装订成册，下发专文颁布实施 2. 当生产条件或环境发生变化时，要及时对相关管理制度做出适当的修改、补充和完善 3. 重点检查的制度：巷道工程质量验收制度、矿压观测分析处理制度、作业规程编制审批贯彻实施管理制度、隐患排查整改制度、班评估日分析制度、变化管理制度、文明生产管理制度等	检查制度是否健全，内容是否完善，掘进专业制度装订成册，并有及时修改补充的制度，检查主要制度内容执行情况和执行过程留下的痕迹
	2. 巷道支护设计	1. 各掘进工作面必须有专门的支护设计，巷道掘进的断面规格和布置符合采区设计 2. 所有掘进巷道必须有专门的支护设计，相关支护设计的变更必须有及时的设计变更，支护设计及其变更必须经过矿总工程师的审批	查巷道支护设计和设计变更审批资料，作业规程是否和支护设计一致，现场是否和支护设计、设计变更后一致
	3. 规程措施	1. 规程措施的编制质量及其审批、学习、贯彻、考试、变更、复审等流程，必须严格执行相关规定，且相关记录表格必须执行二级公司的统一规定 2. 掘进作业规程必须详细说明工作面的概况、地理位置及地质情况、巷道布置及支护说明、施工工艺、生产系统、劳动组织及主要技术经济指标、安全技术措施、灾害应急措施及避灾路线等内容，掘进规程 17 类附图齐全、清晰，图纸绘制范围符合要求，避灾路线图要绘制到井口，附图还要与规程正文内容和现场保持一致	检查正在实施的规程和措施，工作面开工记录、调度台账、规程会（复）审的原始会议记录及会议记录格式是否规范，时间顺序及编制审批流程是否符合规定要求等，并对照作业规程查现场是否严格执行规程要求；

（续）

项目分类	检查项目	规定或要求	检查方法
重点检查项目	3. 规程措施	3. 工作面过构造、古空旧巷时，必须制定专项安全技术措施并及时贯彻、学习和落实 4. 工作面遇搬家倒面及设备安装调试期间，必须严格按照规定及时制定专项安全技术措施或规程并按要求及时贯彻、学习和落实	各种临时性的安全技术措施是否有相应的记录
	4. 矿压监测及分析	1. 所有在掘工作面必须建立完善的矿压观测制度，并且做到每月进行总结分析 2. 煤巷、半煤岩巷锚网喷支护巷道必须进行顶板离层监测，顶板离层仪安设的深度及具体要求应在作业规程中做出明确说明，并要严格按照规定至少每 50 m 安设一组 3. 井下特殊地点（巷道交叉点、超宽或变形严重区域）必须严格按照顶板管理规定及时增设顶板离层观测点并适当增加观测的频次 4. 距开掘工作面迎头 50 m 范围内的顶板离层装置，必须做到班班观测 5. 现场所有观测牌板的悬挂位置与顶板离层仪安设地点的距离前后不得超过 1 m 6. 顶板离层记录台账、观测记录牌板与离层仪读数三者必须保持一致，记录台账内容要齐全，填写规范 7. 当巷道变形严重时，必须及时设置临时观测点观测巷道变形收缩量，并增加观测频次，具体的观测方法和要求必须在作业规程中做出明确规定	查矿压观测制度、矿压观测记录、台账及分析报告；检查离层仪的安设是否符合要求，数据、观测人员、日期是否一致，距离工作面 50 m 范围内的测点必须全部检查，50 m 以外的进行抽查
	5. 锚索防护	《关于进一步加强煤矿顶板管理二十条措施》：按公司规定要求对矿井井下压力大、回采工作面两巷超前区域、较大断面、交叉点及作业人员集中区域等有拉断危险、有采动变形和地质构造带影响的重点区域的锚索需采取防破断措施，其具体防护措施及办法要在规程中做出明确规定和说明	对照公司有关规定及矿井在用规程措施查现场，检查是否符合公司规定且现场是否和制定的规程或措施一致
	6. 支护材料抽检资料	1. 矿方必须严格按照规定根据进货批次对支护材料进行抽检，材料的进货批次、时间、规格数量、使用地点及抽检报告要登记造册 2. 支护材料检测单位的资质证书或检测单位资质必须符合要求 3. 支护材料检验报告中必须明确材料的使用地点 4. 混凝土支护工程必须有混凝土配比试验报告和试块强度检验报告 5. 供应商必须提供出厂质量检验合格证等质保资料	用测量工具查井下在用支护材料是否和支护设计及规程要求一致，查支护材料的质保资料及第三方抽检报告各项规格、性能指标是否符合设计，且抽检数量符合批次要求

（续）

项目分类	检查项目	规定或要求	检查方法
重点检查项目	7. 工程质量管理	1. 现场所有支护参数必须与作业规程或变更专项补充措施保持一致 2. 施工质量必须符合施工技术验收规范和标准 3. 工程质量验收为不合格的巷道，必须采取相应的补救及应对措施 4. 锚喷巷道必须班班进行初喷，复喷滞后迎头的距离必须符合顶板管理规定，并在作业规程中做出明确规定，对喷体必须做厚度和强度检查并形成检查记录 5. 当巷道变形压力较大时，必须及时制定专项的安全防护措施并采取补强支护 6. 架棚巷道必须严格按照作业规程要求上齐所有的撑杆及拉杆并正确使用防倒装置；严禁出现连续3架及以上棚梁背顶不实或棚梁严重歪斜不正、棚腿高吊现象 7. 所有开掘巷道必须严格按照“旬检月验”制度按时进行工程质量验收并填写工程质量验收表（《煤矿井巷工程质量验收规范》CB 50213—2010要求）	严格按照《煤矿井巷工程质量验收规范》（GB 50213—2010）要求现场抽检验收过的区域是否符合标准要求，具体抽检验收区域的巷道高、宽，巷道坡度，锚杆扭矩、拉拔力，喷浆厚度等工程质量，是否和原始验收出现较大的偏差
	8. 敲帮问顶	1. 工作面敲帮问顶工具的数量、规格、存放地点和管理方法必须严格按照公司下发的煤矿安全生产标准化相关要求，在作业规程中做出明确规定 2. 敲帮问顶工具必须规格齐全、完好，并能保证正常使用	对照规程查现场，看现场敲帮问顶工具是否灵活好用
	9. 临时支护使用情况	1. 必须使用适合本矿自身条件的临时支护设施，在条件允许情况下使用机载临时支护 2. 临时支护形式、规格、数量及使用要求必须在作业规程中明确规定 3. 使用前探梁临时支护应配备背板、木楔等辅助接顶材料接顶 4. 掘进迎头100 m范围内应存放一定数量的备用临时支护材料，其存放数量必须在规程中做出规定，原则上永久支护材料的备用量不得少于一天的用量，临时支护材料的备用量不得少于规程规定要求量（《煤矿安全规程》第四十八条、安全生产标准化相关规定）	对照规程查现场，现场临时支护是否有效，备用材料的规格及数量是否符合要求
	10. 特殊区域支护管理	1. 工作面遇特殊情况必须制定专项措施，巷道特殊区域支护管理符合《关于巷道掘进遇特殊区域的支护管理规定》规定 2. 专项措施审批贯彻学习后方可施工 3. 专项措施的现场执行必须全面到位，队组及生产科有验收记录	查是否制定专项措施，对照措施查现场是否落实到位，且有验收记录 询问跟班队干是否知道专项措施内容的要点，现场是否按照措施指挥

（续）

项目分类	检查项目	规定或要求	检查方法
重点检查项目	11. 爆破管理	1. 必须严格执行《煤矿井下爆破作业安全管理九条规定》和《煤矿井下爆炸材料安全管理六条规定》 2. 不得违章装药、爆破，按规定使用炮泥封孔并使用水炮泥 3. 不得裸露爆破，爆破必须设警戒且警戒人员认真负责 4. 工作面爆破作业要严格执行“一炮三检”和“三人连锁放炮”制度，并严格执行爆破前向矿调度室报告的连锁制度且记录清晰 5. 储存：井下炸药库最大贮存量：炸药不超过3 d需要量，电雷管不超过10 d需要量 6. 运送 必须有火工品运输管理的相关制度或规定。炸药和电雷管必须由专人分开运输，爆炸物品必须装在专用容器内进行运送，人员交接、上下班时间内严禁运送 7. 领退 必须有火工品领退管理的相关制度或规定。爆炸材料必须专人领退，电雷管的领退必须逐个测试电阻值，编号登记、台账清晰	查民爆管理相关制度建立情况，对照规程查现场，查调度台账及民爆相关台账记录，查爆破人员持证上岗、应知应会情况，询问现场作业人员及跟班队干的“三人连锁放炮”流程及现场如何操作，查看现场爆破钻孔施工是否符合设计，是否使用水炮泥
	12. 掘进机械	1. 施工15°以上的斜井（巷）时，应有防止设备、轨道、管路等下滑的措施 2. 掘进机内喷雾工作压力不得小于2 MPa，外喷雾不得小于4 MPa 3. 掘进机非操作侧，必须装有紧急停转按钮，且装有前照明灯和尾灯	对照规程、措施查现场，看掘进机内外喷雾压力和雾化效果是否达到要求
一般检查项目	1. 班评估日分析	1. 是否严格按照二级公司下发的煤矿安全生产标准化执行要求建立健全了完善的班评估、日分析相关制度并严格执行 2. 班评估及日分析制度是否严格执行到位，是否和当天的值班记录台账一致 3. 班评估及日分析的相关记录表格内容填写是否规范完整，且与工作面隐患台账、值班台账、工作面验收表等实现闭合管理	查班评估表、日分析表、工作面验收表、队组值班台账、调度台账，并检查签字是否有代签现象，数据是否真实，且与现场实际相符
	2. 技术资料归档管理	根据《晋能集团××公司煤矿主要技术管理规定》中相关规定，对矿井生产技术资料应严格按照“一面一档”的要求，及时进行归档管理	严格按照规定进行随机抽检，查掘进面资料是否规范齐全
	3. 其他各种台账记录	1. 各种台账和记录必须符合掘进专业安全生产标准化和工程质量验收标准要求 2. 重点检查的台账：矿井“四量”逐月统计表、月度开掘进尺报表、掘进工作面隐患排查管理台账、掘进工作面主要岗位交接班情况记录、工程质量验收表、井下巷道支护质量排查记录表、掘进工作面变化管理台账、掘进工作面巷道冲洗记录等	逐项检查台账记录填写是否规范，内容是否完善，且各种台账记录与生产实际相符，严禁数据弄虚造假

（续）

项目分类	检查项目	规定或要求	检查方法
一般检查项目	4. 工作面图牌板管理	1. 现场悬挂的图牌板种类齐全（巷道布置图、施工断面图、断面截割轨迹图、支护断面三视图、临时支护图、设备布置、通风系统图、供电系统图、监测监控系统图、避灾路线图、正规循环作业图表等） 2. 图牌板内容与作业规程和现场一致，工作面发生变化时图牌板要及时变更 3. 现场应悬挂主要岗位责任制及操作规程牌板 4. 严格按照二级公司井下牌板管理规定统一制作、悬挂和管理图牌板	严格按照二级公司相关标准和作业规程要求检查现场，查看现场图纸绘制是否规范准确且与现场施工相符，且图牌板吊挂处有照明
	5. 管线吊挂管理	管线和设备吊挂必须严格执行有关规定	对照文件查现场
	6. 工作面文明生产	1. 工作面文明生产必须符合二级公司掘进工作面文明生产标准 2. 管路的吊挂、颜色、编号必须符合《关于规范煤矿井下管线布设等管理的通知》要求 3. 巷道每隔100 m设置醒目的里程标志	对照标准查现场，检查工作面现场材料堆放、管线布置、清洁卫生是否符合管理标准

2.3　煤矿机电运输安全检查表

项目分类	检查项目	规定或要求	检查方法
重大隐患涉及项目	1. 设备、工艺	使用明令禁止使用或者淘汰的设备、工艺（严禁）	1. 按照最新发布的“禁止井工煤矿使用的设备及工艺目录”进行检查，采取设备台账检查和现场对照抽查形式进行，检查达到全覆盖 2. 容易出现的淘汰设备、工艺、材料有干式喷浆机、钢丝绳牵引的耙装机（高瓦斯区域、煤与瓦斯突出危险区域煤巷掘进工作面禁止使用）、YB系列隔爆型三相异步电动机（机座号63～355 mm，电压660 V及以下，IP44）、非阻燃电缆、非阻燃皮带等 3. 检查设备铭牌、检验报告、产品说明书、采购合同、验收记录；检查电气设备“产品合格证、防爆合格证、煤矿矿用产品安全标志”是否齐全并在有效期内，防爆等级与矿井瓦斯等级是否相符
	2. 供电线路	没有双回路供电系统（严禁）	1. 检查矿井供电是否与设计相符，根据供电系统图查看地面变配电站（所）、井下中央变电所、采区变电所、中央水泵房、采区水泵房、主要通风机房（包括低压控制电源）、立井提升（乘人）绞车、空压机房、瓦斯抽放站、地面安全监控中心是否是双回路供电 2. 供电线路上不得分接其他负荷

（续）

项目分类	检查项目	规定或要求	检查方法
重大隐患涉及项目	2. 供电线路	没有双回路供电系统（严禁）	3. 10 kV 及以下的矿井架空电源线路不得共杆架设，电源线路上严禁装设负荷定量器等各种限电断电装置 4. 对主要供电线路进行巡线检查，查看进线柜电压指示，必要时进行回路切换检查（检查时由专职人员进行，并认真执行两票制度，进行安全确认），备用回路应能正常工作 5. 供电合同规定内容是否与现场一致，是否进行签字盖章，是否真实有效
	3. 通风设备、设施	主要通风机、局部通风机配备和运行满足设计、《煤矿安全规程》、"安全生产标准化"和通风能力要求	1. 检查主要通风机运行记录，重点检查切换记录，必要时根据计划切换日期现场检查切换过程，切换应当在 10 min 内完成 2. 检查主要通风机水柱计、电流表、电压表、轴承温度计等仪表正常 3. 是否有直通矿调度室的电话 4. 因检修、停电或其他原因停止运转时，必须制定停风措施 5. 按切换要求执行并有记录，能在 10 min 内自动切换 6. 现场检查局部通风机是否满足双风机、双电源且自动切换（实现"三专两闭锁"，高瓦斯矿井还应实现"双三专"），根据切换记录和运行记录查看运行管理情况，由专职人员在检查人员的监督下进行开关自动切换检查，停止风机运行另一台能够自动启动为合格；进行安全确认后，由专职人员在检查人员的监督下，进行"两闭锁"（掘进工作面风电闭锁，瓦斯电闭锁）试验，瓦斯电闭锁在掘进工作面瓦斯浓度超限时（人为设定），声光报警并自动切断工作面迎头被控设备电源为合格；风电闭锁在局部通风机停止运转或风筒风量低于规定值时，自动切断掘进工作面内所有设备电源为合格 7. 现场检查局部通风机应安装在进风巷道中，现场用米尺测量距离，距掘进巷道回风口不得小于 10 m 8. 现场检查核实，严禁使用 3 台以上（含 3 台）的局部通风机同时向 1 个掘进工作面供风，不得使用 1 台局部通风机同时向 2 个掘进工作面供风
	4. 人员	管理人员、操作人员配备满足"安全生产标准化"和劳动定员要求	1. 查阅档案资料，是否配备机电副矿长以及负责机电运输工作的专业技术人员（有为合格） 2. 管理人员是否违章指挥，操作人员是否有违章作业现象 3. 根据特种作业人员（采煤机司机、主提升机操作工、采掘电钳工等）登记台账检查特种作业人员操作资格证，应经过培训且考试合格，持有《特种作业人员安全操作资格证》并在有效期内

（续）

项目分类	检查项目	规定或要求	检查方法
重点检查项目	1. 主副提升设备（绞车提升）	提升设备机构、保护装置、提升信号、井架、井筒装备，提升速度以及配备司机等符合《煤矿安全规程》及“安全生产标准化”要求	1. 必须配备有正、副司机，并持证上岗，严禁疲劳操作和将手机带到工作岗位 2. 现场检查防止过卷装置、防止过速装置、过负荷和欠电压保护装置（查看整定记录）、限速装置、深度指示器失效保护装置、闸间隙保护装置、松绳保护装置、满仓保护装置、减速功能保护装置、错向运行保护。现场进行防止过卷装置试验，绞车速度小于 0.5 m/s 下进行，在超过正常终端位置 0.5 m 内应自动停车，超过正常终端位置 0.5 m 后未自动停车应立即人工停车，并查明原因；现场用塞尺测量闸间隙，闸间隙达到 2 mm 时保护装置应报警或自动停机闭锁；检查罐帘高于 1.2 m，间隔不超 200 mm，至罐底不超 250 mm；检查日检记录，专职检查人员是否每天对防坠器、罐道、阻车器、摇台、天轮、防撞梁和托罐装置、滚筒、制动装置、深度指示器等装置进行认真检查，当减速段速度超过设定值的 10% 时，必须能自动断电，使制动器实施安全制动，保护闭锁完善可靠，是否挂牌管理、填写试验情况 3. 现场检查提升装置的最大载重量和最大载重差是否现场公示，箕斗提升是否采用定重装载，井底信号是否经井口信号工转发向绞车司机，绞车才能启动；罐笼未到位，放不下摇台或者锁罐装置，打不开阻车器；摇台或者锁罐装置未抬起，阻车器未关闭，发不出开车信号，上、下井口及各水平是否装设有视频监视装置 4. 查看金属井架、井筒罐道梁、防护栏和其他装备的固定和锈蚀情况；是否进行防坠试验，天轮井架上方是否有照明设施，线缆是否有老化现象 5. 查看提升控制系统显示速度数据，最大速度和最大加、减速度是否符合规定要求，查看井口及井下信号显示是否正常，按钮是否灵活、标识是否准确清晰，井上下是否有专用电话 6. 检查井架是否有结冰、积水等现象，防冻、防滑、防坠措施是否到位，立井提升井底水窝不得有积水及其他杂物。绞车滚筒下方油池内不得有沉积的油污 7. 立井井架天轮平台防护是否到位，是否放置有检查记录，是否每天进行检修，检修人员、机电矿长、机电科长、机电队长、班组长是否按规定要求到岗，并做好记录。必要时通过视频、定位等进行核实。执行禁令手册和相关规定
	2. 提升钢丝绳、连接装置、天轮等	钢丝绳绳头固定、卡绳装置、滚筒上缠留层数、连接用钢丝绳以及钢丝绳检测检验报告等必须符合《煤矿安全规程》规定	1. 检查钢丝绳出厂合格证、验收证书、检验报告是否齐全，并在有效期内。升降人员或升降人员和物料用的钢丝绳，自悬挂时起每隔 6 个月检验 1 次；升降物料用的钢丝绳，自悬挂时起 12 个月时进行第 1 次检验，以后每隔 6 个月检验 1 次；钢丝绳连接装置在每次换钢丝绳时必须进行试验，至少每年进行 1 次拉力试验；使用中的立井罐笼防坠器每 6 个月进行 1 次不脱钩试验，每年进行 1 次脱钩试验

（续）

项目分类	检查项目	规定或要求	检查方法
重点检查项目	2. 提升钢丝绳、连接装置、天轮等	钢丝绳绳头固定、卡绳装置、滚筒上缠留层数、连接用钢丝绳以及钢丝绳检测检验报告等必须符合《煤矿安全规程》规定	2. 查阅钢丝绳档案资料：提升钢丝绳使用期限不超过2年，平衡钢丝绳不超过4年 3. 现场检查并查记录：提升钢丝绳必须每天检查1次，平衡钢丝绳、防坠器制动绳、架空乘人装置钢丝绳和井筒悬吊钢丝绳至少每周检查1次。严禁平衡钢丝绳浸泡水中。对使用中的钢丝绳，应当根据井巷条件及锈蚀情况，采取防腐措施 4. 目测绳孔不得有锐利的边缘，钢丝绳的弯曲不得形成锐角，滚筒上应缠留不少于3圈绳，超限时用仪器测量 5. 现场用游标卡尺在钢丝绳记录位置进行测量，测量数据与钢丝绳检查记录绳径比对应一致，现场核对钢丝绳断丝情况，与钢丝绳检查记录应一致。现场检查实际测量绳径、断丝和磨损超过《煤矿安全规程》规定要求时，必须更换 6. 检查倾斜井巷运输时，矿车之间的连接、矿车与钢丝绳之间的连接，是否使用不能自行脱落的连接装置，并加装保险绳 7. 尾绳导绳轮完好可靠，固定牢固，井架上方及井底检修平台结实牢固，防护可靠，立井提升有备用钢丝绳 8. 钢丝绳、天轮轴、楔形连接装置等是否有检验报告，报告是否合格有效 9. 井架及天轮检查必须执行日检制度，检修时，必须有机电副队长在现场，主副井同时检修时，机电副队长监护一处，机电班长监护一处，负责井架检修的单位，其正职和技术员每周最少跟班检查一次，机电科长、机电副总等每半月必须上天轮平台处检查一次、机电副矿长每月至少一次，以上必须有记录，并能通过视频查询
	3. 平巷和倾斜井巷运输（辅助运输）	采用绞车、机车（无轨胶轮车、单轨吊、柴油机车）及架空乘人装置运输时必须遵守《煤矿安全规程》规定，并动态达标	1. 检查绞车滚筒、手闸、闸皮、电机、固定装置、护罩、授权开启等部件完好情况，现场检查运行管理动态实况，重点查信号工、把钩工操作及上岗持证情况，严禁扒车、跳车和坐矿车。绞车必须配备合适的钢丝绳，严格执行小绞车禁令 2. 检查上部车场阻车器，变坡点下方略大于1列车处、中间及距坡底段防跑车装置完好状况，应处于常闭状态，对信号进行点打试验，沿途检查设备设施完好情况。采用机车运输查阅机车制动测定记录。道岔、阻车器操作位置必须合理 3. 检查无轨胶轮车、单轨吊及架空乘人装置须符合《煤矿安全规程》及《安全生产标准化》等要求。轨道与架空乘人装置同巷布置则要实现相互闭锁 4. 现场测量，巷道坡度大于7‰时严禁人力推车，不得在能自动滑行的坡道上停放车辆，确需停放时，必须用可靠的制动器将车辆稳住

（续）

项目分类	检查项目	规定或要求	检查方法
重点检查项目	3. 平巷和倾斜井巷运输（辅助运输）	采用绞车、机车（无轨胶轮车、单轨吊、柴油机车）及架空乘人装置运输时必须遵守《煤矿安全规程》规定，并动态达标	5. 检查“一坡三挡”、警示信号装置是否齐全、可靠。执行斜巷运输管理规定 6. 架空乘人装置必须有设计，越位、断轴、脱绳等保护齐全有效，司机持证上岗 7. 无轨胶轮车必须有“三证一标”，司机必须持两证上岗，指挥车等小车必须持 C 本，料车和座位超过 5 个的人车司机必须持 B 本；严禁“三超”运行；车辆每年进行一次年检，两年进行一次大修；必须配备甲烷自动报警仪或便携式甲烷检测报警仪，瓦斯超过 1% 必须停止运行并熄火，必须配备防止停车后自溜的工具或设施；运输爆破器材必须使用专用车辆，并制定专项技术措施，运输大型材料和设备，必须制定专项技术措施；做好检修记录；每月必须对所有在用车辆的刹车系统、防爆系统、仪表、照明、喇叭等进行检查，发现问题及时处理，并对检查和处理情况建立记录。配干粉、二氧化碳灭火器各一个 8. 无轨胶轮车行驶巷道的宽度、高度应满足车辆安全行驶的需要。车辆两侧至巷道壁或排水沟间距不少于 300 mm；车辆最高点至巷道顶板或顶部管道、电缆线的间距不少于 300 mm；两车错车间距不少于 300 mm；每隔 300 m 应设置一个人员躲避硐室，运输道路路面应采用混凝土硬化等方式。车辆行驶最高速度：运料 40 km/h，人员 25 km/h；各岔口、会车点、弯道、车场等处应设置行车指示安全标志和信号；车辆不得进入总回风巷、专用回风巷、无全负压通风巷道和微风、无风区域行驶 9. 无轨胶轮车运送人员时，主要运输设备线路必须使用专用人车，禁止同时运输人员和设备材料；车辆行进中和尚未停稳时，人员不应上、下车或在车内站立打闹；车辆运行中，乘坐人员发现异常情况时，应立即向驾驶员发出信号 10. 单轨吊车：上下轨面接头间隙直线段不大于 3 mm；接头高低和左右允许偏差分别为 2 mm 和 1 mm；接头摆角垂直不大于 7°，水平不大于 3°；水平弯轨曲率半径不小于 4 m，垂直弯轨曲率半径不小于 10 m；起始端、终止端设置轨端阻车器，起吊锚杆，锚索必须按设计要求打设，螺栓紧固合格，抱闸、刹车有效，防护到位
	4. 空气压缩机	设备完好，保护及信号显示装置灵敏可靠，压力表、安全阀和放水阀动作可靠	1. 现场查看设备铭牌，并查阅档案资料；检查设备、保护、信号及压力表、安全阀、放水阀完好状况，核查温度保护装置安设及纳入保护系统断电情况 2. 现场检查压力表和安全阀检验标签是否在有效期内，安全阀动作压力的设定不得超过额定压力的 1.1 倍 3. 查看检测检验报告，每年进行 1 次性能测定，同时检查压力表定期校验标签粘贴情况

（续）

项目分类	检查项目	规定或要求	检查方法
重点检查项目	4. 空气压缩机	设备完好，保护及信号显示装置灵敏可靠，压力表、安全阀和放水阀动作可靠	4. 现场核查铭牌、责任牌、完好牌、警示牌、电缆标志牌、煤安标志是否齐全，配电设备是否有编号和用途说明，绝缘用工器具及灭火器是否粘贴有验标签且在有效期内，照明灯、应急照明是否满足要求 5. 检查压风机房空气压缩机和储气罐是否分别设置在2个独立的区域 6. 现场检查储气罐是否存在被阳光直晒的情况，存在为不合格
	5. 主要排水泵房	主要排水设备配备符合要求，完好无缺陷。布置有2个出口，有主副水仓	1. 排水系统集中控制的主要泵房可不设专人值守，但必须实现图像监视及专人巡检现场，检查是否有工作、备用和检修水泵，工作能力是否能在20 h内排出矿井24 h的正常涌水量；是否有工作和备用的水管；配电设备是否同工作、备用以及检修水泵相适应，并能够同时开动工作和备用水泵；查阅清理记录，主副水仓是否每年雨季前进行1次清挖 2. 核查两个出口：一个出口用斜巷通到井筒，现场用米尺测量是否高出泵房底板7 m以上；另一个出口通到井底车场。查阅主排水系统检测报告，必要时进行水泵实际运行测试。主排水泵房管子道内须铺设轨道 3. 检查自动化排水系统完好情况，查看排水记录，是否实现“避峰填谷”
	6. 瓦斯抽放站	电气设备防爆性能、防雷电装置完好，符合《煤矿安全规程》及相关标准要求	1. 值班人员必须持证上岗，坚守岗位；现场检查核实设备配备及完好情况，抽放泵及其附属设备至少应有1套备用。核查铭牌、责任牌、完好牌、警示牌、电缆标志牌、煤安标志是否齐全，配电设备是否有编号和用途说明 2. 现场按防爆性能检查标准进行检查，房内电气设备、照明和其他电气仪表都应采用矿用防爆型，开关三大保护齐全 3. 现场用米尺测量，周围20 m范围内禁止堆积易燃物和有明火。查阅防雷检测报告是否有漏项或不合格项 4. 现场检查绝缘工器具及灭火器是否粘贴检验标签且在有效期内，照明灯、应急照明是否满足要求 5. 行吊符合现场使用要求。进入抽放泵站门口处必须有放电装置，手机等不得带入瓦斯抽放泵站内 6. 电机等旋转部位必须设有合格的防护装置，设备必须完好
	7. 采掘机械	采煤机、掘进机、刮板输送机及移动式机器选型配备和使用管理符合《煤矿安全规程》要求	1. 检修工和司机都必须持证上岗，熟悉业务；查看采煤机：是否装有能停止工作面刮板输送机运行的闭锁装置；更换截齿和滚筒上下3 m以内有人工作时，是否护帮护顶，切断电源，打开采煤机隔离开关和离合器，并对工作面输送机施行闭锁 2. 查看掘进机、掘锚一体机：是否装有只准以专用工具开、闭的电

（续）

项目分类	检查项目	规定或要求	检查方法
重点检查项目	7. 采掘机械	采煤机、掘进机、刮板输送机及移动式机器选型配备和使用管理符合《煤矿安全规程》要求	气控制回路开关，且由专职司机保管，司机离开操作台时是否断开机组上的电源开关；非操作侧是否装有能紧急停止运转的按钮；前照明灯和尾灯是否完好；停止和检修以及交班时是否将切割头落地，并断开电源开关和磁力起动器开关 3. 查看刮板输送机：是否安设能发出停止和启动信号的装置，现场进行试打信号，用米尺测量信号间距不大于 15 m 4. 现场核实高瓦斯区域、煤与瓦斯突出危险区域煤巷掘进工作面是否使用有钢丝绳牵引的耙装机 5. 电缆必须吊挂、敷设好，带电移动的电缆应当有防拔脱装置；现场信号设置及防护设施必须齐全可靠 6. 现场检查核实或进行断电试验；机载瓦斯断电仪供电须接入专用不间断电源 7. 采掘设备必须完好可靠，防护设施到位，大溜机头处要备有打炭时用的保险带、敲帮问顶工具，要有充足的照明，条件允许的地方要设置摄像头
	8. 井下机电设备硐室	中央变电所、采区变电所、采掘工作面配电点的位置和空间以及管理满足《煤矿安全规程》规定要求	1. 中央（采区）变电所应设专人值班；值班人员必须持证上岗，坚守岗位；可实现无人值守的必须有摄像头等视频监控，并实现远程控制 2. 无人值班的变电硐室必须关门加锁，并有值班人员巡回检查，检查巡查记录 3. 向采区供电的同一电源线路上，串接的采区变电所数量不得超过 3 个 4. 现场用卷尺测量，中央变电所地面标高比大巷连接处的底板标高高出 0.5 m，现场查看装设向外开的防火铁门、电工用工器具及灭火器材配备情况，验电器、接地棒、绝缘手套、绝缘靴是否有合格检验标签，灭火器是否在有效期内 5. 现场用卷尺测量，设备与墙壁留出 0.5 m 以上的通道，设备相互间留出 0.8 m 以上的通道，对不需从两侧或后面进行检修的设备，可不留通道。硐室入口处是否悬挂“非工作人员禁止入内”字样的警示牌，高压电气设备是否悬挂“高压危险”警示牌，硐室内是否悬挂与实际相符的供电系统图
	9. 电气规定	选用的井下电气设备、停送电管理、操作电气设备、电压等级符合《煤矿安全规程》要求	1. 井口 20 m 范围内及井下电气设备杜绝失爆，按《煤矿用电气设备防爆标准》细致检查 2. 现场查看变压器中性点是否直接接地，并查看接地网；新采购或大修电气设备必须验收，有记录并存档；井下电气设备必须为防爆型，入井前，应检查其“产品合格证”“煤矿矿用产品安全标志”及安全性能；检查合格并签发合格证后，方准入井 3. 现场核实停送电是否严格执行“谁检修、谁联系、谁停送电、谁确认”，电气设备停电是否闭锁并悬挂停电牌；操作高压电气设备时是否戴好绝缘工器具站在绝缘台上进行操作

（续）

项目分类	检查项目	规定或要求	检查方法
	9. 电气规定	选用的井下电气设备、停送电管理、操作电气设备、电压等级符合《煤矿安全规程》要求	4. 现场核实井下配电电压等级，高压为10/6 kV，其他电压等级为3300/1140/660/127 V。采掘工作面用电设备电压超过3300 V时，必须制定专门的安全措施。所有开关把手在切断电源时必须闭锁，并悬挂“有人工作，不准送电”字样的警示牌。井下用电池电源须符合《煤矿安全规程》第四百八十四条至第四百八十六条要求 5. 井上下变（配）电室须有《电气设备操作记录》，操作高压开关须有详细记录 6. 井上下供电系统有计算、校验详细资料
重点检查项目	10. 电气设备保护	电缆须校验热稳定性，低压检漏装置动作灵敏，馈电线上保护、井上下装设防雷电装置符合《煤矿安全规程》要求	1. 检查漏电试验记录，是否每天对低压漏电保护进行一次跳闸试验 2. 检查核实井下变配电、控制设备及馈电线上保护是否齐全有效，电动机是否采用真空电磁起动器控制 3. 现场核查：井下高压控制设备是否具有短路、过负荷、接地和欠压释放保护；井下由采区变电所、移动变电站或配电点引出的馈电线上是否装设短路、过负荷和漏电保护装置；低压控制设备是否具备短路、过负荷、单相断线、漏电闭锁保护装置及远程控制装置；井下配电网路是否装设过流、短路保护装置，是否正确选择熔断器的熔体；井下低压馈电线上是否装设检漏保护装置或有选择性的漏电保护装置，保证自动切断漏电的馈电线路 4. 现场检查地面变电所和井下中央（采区）变电所的高压馈电线上，是否装设有选择性的单相接地保护装置；供移动变电站和电动机供电的高压馈电线上，是否装设有选择性的动作于跳闸的单相接地保护装置 5. 现场核查井下照明和信号装置是否采用具有短路、过载和漏电保护的照明信号综合保护装置配电 6. 矿井6000 V及以上高压电网，必须采取措施限制单相接地电容电流，生产矿井不超过20A，新建矿井不超过10 A
	11. 设备保护接地	井上下电气设备保护接地符合《煤矿安全规程》及相关标准要求	1. 检查核实井架、入井道轨（井口处有不短于200 mm绝缘装置隔开）和管子入井前是否有可靠接地。检查电气设备的金属外壳、构架，铠装电缆的钢带（或钢丝）、铅皮或屏蔽护套等是否有保护接地。现场用摇表进行检测：任一组主接地极断开时，井下总接地网上任一保护接地点的接地电阻值不得超过2 Ω，定期进行检测，并留有记录 2. 检查所有电气设备的保护接地装置和局部接地装置是否牢固可靠，是否与主接地极连接成1个总接地网，主接地极是否在主、副水仓中各埋设1块；主辅接地间距是否大于5 m，现场用卷尺进行测量

（续）

项目分类	检查项目	规定或要求	检查方法
重点检查项目	11. 设备保护接地	井上下电气设备保护接地符合《煤矿安全规程》及相关标准要求	3. 检查橡套电缆的接地芯线，除用作监测接地回路外，不得兼作他用，必要时停电开盖进行检查 4. 现场提起接地极深度探杆，并用卷尺进行测量，接地极统一按公司标准要求执行，埋藏深度达 1.5 m，局部接地线不得有绝缘护套
	12. 电气设备、电缆的检查、维护和调整	井下防爆电气设备的运行、维护和修理必须符合防爆性能的各项技术要求	1. 现场检查核实，当用电负荷变动时，控制电气设备定值是否及时调整，必须由机电科进行验算，电气维修工进行现场调整，任何人不得随意更改。管理标牌及时更新，内容与实际相符 2. 检查防爆性能：电气设备喇叭嘴、隔爆面、连接螺栓、压线松紧、电缆绝缘度等是否符合要求，按照防爆检查标准要求进行检查。使用中防爆电气设备的防爆性能检查每月 1 次，配电系统断电保护装置检查整定每 6 个月 1 次，高压电缆的泄漏和耐压试验每年 1 次，主要电气设备绝缘电阻的检查至少 6 个月 1 次，移动式电气设备的橡套电缆绝缘检查每月 1 次 3. 现场观察，在总回风巷和专用回风巷中不应敷设电缆，必须选用阻燃电缆并符合载荷要求，查看电缆绝缘层喷印的字迹 4. 电气设备的检查、维护和调整必须由电气维修工进行。高压电气设备和线路的修理、调整工作应当有工作票和施工措施
一般检查项目	1. 图纸	有井上下配电系统图、机电设备布置图、运输系统图、监控断电系统图和供电线路平面敷设示意图	1. 检查图纸是否齐全、符合绘图标准要求，并与现场进行对照 2. 要求各种图纸绘制规范，内容清晰齐全（重点是编号、型号、定值），布局合理，及时更新，并与现场相一致，图例符合规定要求，标题栏要有相关人员签字并盖有单位公章 3. 断电系统图必须能够反映控制和断电范围。地面变电站、井下中央变电所及其他需要悬挂《配电系统图》的场所是检查的重点，应检查是否悬挂有《配电系统图》，绘制的内容与现场实际是否相符，绘制是否准确，是否经过技术部门的审批
	2. 电气设备操作两票	停送电操作票和工作票使用规范及措施、记录	1. 检查记录必须使用统一格式的更新版，不得使用带有性别、政治面貌等的旧版 2. 检查记录并与现场开关运行记录进行对照。票据必须明确停送电原因、时间、地点、停电范围、执行单位、影响单位、安全监护人、现场负责人、操作人、单位负责人等，要求内容填写规范、字迹清晰、表述准确、执行到位 3. 停送电必须严格执行“五对照”，即停送电票与工作票、操作票、调度记录、队组值班记录

（续）

项目分类	检查项目	规定或要求	检查方法
一般检查项目	3. 设备性能和检测报告	主要设备、特种设备、绝缘用具、连接装置、避雷装置等档案资料齐全，有合格性能检测报告	1. 检查性能检测报告是否在有效期内，核实检测项目是否有漏项或不合格项：主要设备和特种设备包括主副提升机（煤矿在用摩擦式提升机系统提人1年；提物3年；煤矿在用缠绕式提升机系统，提人1年，提物2年）、主排水泵（1年）、主通风机（高瓦斯矿井、突出矿井、1.8 m以下的1年，其他3年）、压风机（1年）、瓦斯抽放泵（2年）、锅炉（1年）、无轨胶轮车（1年）、架空乘人装置（1年）、单轨吊（1年）、主斜井提升皮带（1年）、安全阀、压力表（6个月）等，其他需要定期检测检验项目遵照《煤矿在用设备设施安全生产检测检验目录（第一批、第二批）》要求执行，机电科必须有完善的技术档案资料、安全标志及出厂合格证，并按档案管理要求集中专人负责 2. 检查绝缘用具、连接装置、避雷装置性能检测报告，核实检测项目是否有漏项、数量是否全覆盖、存在不合格项。绝缘用具包括验电器、接地棒、绝缘靴、绝缘手套等，钢丝绳主要包括提升用钢丝绳。矿井运输用链环、连接销等须按规定逐件进行检测 3. 查阅资料，电缆、皮带是否进行阻燃测试，并取得合格的测试报告；井下接地极所用铜线必须是裸铜线，不得有绝缘护套（辅助接地极除外） 4. 查阅春检报告，变电所是否按期进行春检，并取得合格的报告，主排水泵检测检验应安排在每年雨季前进行
	4. 记录、图牌板、制度、台账	各机房硐室的牌板、记录等必须符合公司“763311”及机电资料标准化的要求。设备台账符合实际	1. 现场进行检查核实，查资料及各项记录、图牌板、制度是否健全，是否符合矿井实际，具有可操作性，是否及时更新 2. 现场检查，机房硐室包括主副提升机房、主通风机房、空压机房、瓦斯抽放站、地面变电所、锅炉房、井下变（配）电所、主要排水泵房等，47种记录见《长治有限公司煤矿安全生产标准化执行要求》 3. 现场检查核实，“763311”指七种记录：设备运行记录、巡回检查记录、进出要害场所登记记录、设备设施检修记录、事故记录、干部上岗记录、交接班记录；六种制度：要害场所管理制度、岗位责任制、交接班制度、干部上岗制度、巡回检查制度、操作规程；三图一表：电气原理图、自动控制系统图、巡回检查线路图、技术特征表；三全：安全防护全，安全用具全，安全标识、标志全；一整洁：机房硐室整洁；一规范：人员规范上岗 4. 设备台账与实物相吻合、内容详细并及时更新，所有设备按类记载，大型设备须一台一档，集中存档专人管理，按公司机电部要求完善“机电信息管理系统” 5. 消防灭火器材必须完善，符合规定要求。一台二氧化碳灭火器、一台干粉灭火器，每台不得小于8 kg

（续）

项目分类	检查项目	规定或要求	检查方法
一般检查项目	5. 地面变电站	值班人员配备充足，开关“五防”功能完善，绝缘工器具齐全，后台监控系统完好	1. 现场核查值班人员数量及上岗资格证，证件必须在有效期内。严格执行《地面用电管理安全十六条规定》《电气作业二十条禁令》等相关规定 2. 现场观察屏柜、开关标识是否统一清晰；停送电标识、指示灯、仪表是否正常；“五防”功能指防带负荷分合隔离开关、防止误分（合）断路器、防带负荷合闸挂地开关、防接地开关闭合时送负荷、防误入带电间隔 3. 现场检查绝缘工器具及灭火器检验标签粘贴情况，必须在有效期内 4. 现场查阅检验报告及记录簿，保护装置、接地、防雷等设备施设定期检验且合格。有春检报告，各项检测检验合格。开关柜标识齐全，前后对应 5. 现场观察，硬件设施必须完好，通过微机调取后台监控画面，画面中供电系统图必须和现场一致，用电功率因数达0.9以上 6. 高瓦斯矿井配备符合满足应急负荷容量的发电机组，各项管理制度、操作规程、技术措施、管理标牌齐全，以及岗位操作人员配备充足，确保机组完好，实现动态达标 7. 现场应急照明灯数量满足要求，试验合格有效
	6. 综采工作面	采煤机、刮板输送机、液压支架、电气设备、完好，缆线布置规范，标识标牌齐全，现场管理到位	1. 检查刮板输送机与转载机、转载机与带式输送机尾搭接是否合理，连接销和刮板是否齐全完好，链条松紧适度，底链不拉回煤，喷雾效果好，机尾护罩可靠 2. 采煤机截割部、牵引部、连接装置、液压系统完好；显示系统参数和运行工况有效；压力表、电流表、电压表等指示准确，操作按钮灵活有标识，手动、遥控功能齐全，司机持证上岗；内外喷雾符合要求；放置有2个完好灭火器 3. 液压支架查立柱、千斤顶及伸缩杆镀层是否符合要求；阀类性能良好，不窜、漏液，动作灵活可靠；架内照明、声光信号、喷雾装置是否齐全，高压胶管完好无破损，压力表齐全有效；支架排列整齐，不挤、压架，是否有统一编号，现场无单腿销或者铁丝代替U型销 4. 查乳化液泵、喷雾泵、变压器、控制开关及液压系统完好情况；“停送电牌”、警示标牌、设备管理标牌（完好牌、包机牌、防爆检查合格证、入井许可证）是否齐全；开关停电是否闭锁、挂牌；平板车连接装置是否完好；乳化液泵工作压力不低于30 MPa，现场用乳化液浓度检测仪进行检测浓度达3%～5%为合格；喷雾泵工作压力满足要求；电缆选型合理，标牌符合实际 5. 现场物料、备品备件归类码放整齐，标识标牌齐全 6. 工作面巷道电气设备列车要采用“旱船式”或单轨吊 7. 工作面巷道照明灯采用能照射顶板的LED型节能灯。灯下黑直径不得超过2米，照亮区域不得小于60%

（续）

项目分类	检查项目	规定或要求	检查方法
一般检查项目	7. 掘进工作面	局部通风机、掘进机等设备完好，缆线布置规范，标牌齐全，现场管理到位	1. 现场检查设备完好情况，电气设备按防爆检查标准要求执行，备用电源必须热备，掘进机移动电缆吊挂规范，按要求张贴标牌、悬挂图牌板 2. 现场对掘进机急停按钮进行试验；急停按钮、信号警报装置、机载瓦斯报警断电装置是否灵敏可靠；前照明灯、尾灯和内外喷雾（内喷雾装置的工作压力不得小于 2 MPa，外喷雾装置的工作压力不得小于 4 MPa）是否完好；停止工作、检修以及交班时，是否将掘进机切割头落地并加盖护罩，开关断电并挂号停电牌；现场是否放置有 2 个完好的灭火器 3. 现场物料、备品备件归类码放整齐，标识标牌齐全 4. 局部通风机必须实现三专两闭锁，每天进行一次切换试验并做好记录，放在现场 5. 局部通风机的断电范围必须符合规定要求
	8. 带式输送机（包括主斜井提升皮带）	井上下带式输送机完好，保护装置齐全可靠，管理动态达标	1. 司机和检修维护人员必须持证上岗；现场观察带式输送机设备是否完好，检查包括主斜井提升皮带、大巷运输皮带、采区皮带、采煤工作面皮带、掘进皮带以及地面原煤运输系统及洗煤厂内皮带。机头、机尾及搭接处，应当有照明 2. 现场对皮带保护装置（防滑、堆煤、撕裂、防跑偏、温度、烟雾保护和自动洒水装置）及沿线急停闭锁功能安装位置进行核实，并操作保护装置及拉线急停进行试验；检查连续运输系统连锁、闭锁装置是否完好。现场检查主要运输巷道中使用的带式输送机，是否装设输送带张紧力下降保护装置，没有或者失效为不合格。现场必须有技术特征牌、操作规程、岗位责任制、皮带机管理六条禁令等 3. 检查防护网罩是否完善有效；机头机尾摘网断电功能是否灵敏可靠，启动按钮是否封箱加锁；标识标牌是否齐全；滚筒、托辊是否定期注油；输送带及卡口是否完好无跑偏；行人跨越处是否设过桥。操作按钮必须有授权开启装置 4. 在大于 16°的倾斜井巷中使用带式输送机，应当设置防护网（全防护），并采取防止物料下滑、滚落等的安全措施 5. 严格执行公司《带式输送机安全管理六条禁令》和《安全管理 30 条》，完善互联保牌及各种警示标识

（续）

项目分类	检查项目	规定或要求	检查方法
一般检查项目	9. 轨道运输	绞车、轨道及钢丝绳使用符合要求，防护设施、运输信号、警示装置配备齐全	1. 现场核查各车场、绞车运输线路两端及中途是否设有声光信号，且有编号牌标示出信号功能，现场进行点打信号试验；主要轨道巷设有“正在行车，不准行人”警示装置和灯；现场核实轨道运输是否使用有非标道岔，道岔操控须灵敏、到位 2. 检查绞车固定是否牢靠，制动是否灵敏可靠，安装位置是否合理、有护罩，是否使用授权开启装置，操作点管理牌板悬挂是否齐全，小绞车出完绳卷筒是否留有余绳（不少于 3 圈）；无极绳绞车保护装置、托绳轮、压绳轮、导向轮是否齐全完好；沿线电气设备是否完好，保护是否齐全有效，是否上架摆放整齐 3. 检查钢轨轨型，运行 7 t 及以上机车、3 t 及以上矿车，或者运送 15 t 及以上载荷的矿井、采区主要巷道轨道线路，应当使用不小于 30 kg/m 的钢轨；其他线路应当使用不小于 18 kg/m 的钢轨，同一线路是否使用同一型号钢轨，道岔的钢轨型号不得低于线路轨型，用卷尺测量轨道接缝、轨枕间距是否符合标准要求。绞车固定地锚有双帽。用卷尺测量轨缝间距、错差及安全距离（轨道接头的间隙不得大于 5 mm，高低和左右错差不得大于 2 mm） 4. 检查牵引车数、各车的连接和装载情况。牵引车数超过规定，连接不良或者装载物料超重、超高、超宽或者偏载严重为不合格
	10. 中央/采区变电所	值班人员配备充足，绝缘工器具、消防设施、标识标牌、图牌板张挂齐全，记录完善	1. 现场核查值班人员数量及上岗资格证，证件必须在有效期内 2. 现场检查核实，绝缘手套、绝缘靴、验电器和接地棒是否有检验标签且在有效期内；包机牌、完好牌是否符合实际；硐室内是否设置 2 ~ 4 个电气火灾灭火器及消防沙箱，是否便于取用 3. 硐室不应有滴水。硐室的过道应当保持畅通，严禁存放无关的设备和物件 4. 现场有无配电系统图、电气设备布置图、接地保护图纸等、图纸按照制图规范执行，检查现场布置是否与图纸一致，图纸绘制是否规范，现场对照核实，应与现场一致。停送电、防爆合格证、高压危险等安全警示等标识标牌是否齐全 5. 严格执行公司《煤矿井下安全用电“十不准”》 6. 检查两票执行情况、流程是否标准，填写是否规范，保存是否完好 7. 电气设备防爆完好标准是否执行到位，接线紧固方式等是否规范 8. 低压馈电开关、综保是否按规定进行试验，试验是否正常，试验记录与开关记忆是否一致，是否存在造假现象。其他记录是否齐全，填写是否规范 9. 是否有直通电话，能否正常使用

（续）

项目分类	检查项目	规定或要求	检查方法
一般检查项目	11. 水仓管理	设备设施完好、缆线敷设符合要求，有可靠栅栏门	1. 现场检查核实，是否有水仓布置图，年度是否进行清挖，淤煤是否过多 2. 水仓栅栏门安装双行程开关，实现与局部通风机联动，即栅栏打开前启动局部通风机。有毒有害气体超标时不得打开第二道栅栏门，待排放降低至规定值方能开启第二道门。严格执行公司《水池、水仓和临时排水点安全管理十五条规定》 3. 现场检查是否存放有备用保险带，井盖是否盖好，闸门是否灵活，压力表是否进行了检测，是否具有深度检测、显示和报警装置
	12. 其他重要场所	锅炉房、机修厂、油库、水处理设备完好，缆线布置规范，设备铭牌、管理标牌齐全，防护设施做到“轮有罩、轴有套、坑有盖、台有栏、危险部位有警示标志”	1. 锅炉房 现场检查并查阅检验报告资料；有矿内专用电话；锅炉本体完好无缺陷；安全阀不漏气，每年检修一次，每周试放一次；装设超温保护、自动补水装置，动作灵敏可靠；温度测量仪表齐全完整，准确有效；压力表每半年校验一次，并有铅封；电力电缆、通信电缆敷设符合要求；电气配电屏、控制箱、电机等有可靠的保护接地；有足够照明及应急照明。电锅炉、燃气锅炉或空气能均要求符合设备管理标准相关要求，保护齐全有效，供电可靠，缆线布局合理 2. 机修厂 现场对保护进行试验，检查记录；起重机过卷保护、驾驶室电气闭锁符合标准；控制开关有短路保护、漏电保护和保护接地；线缆悬挂规范，绝缘完好无破损；气焊（割）作业符合相关要求；严格执行公司《氧气、乙炔气气瓶安全使用十条禁令》《地面用电管理安全十六条规定》《电气作业安全二十条禁令》《焊工应遵守的“十不焊割”原则》和《起重机械作业十不准》。氧气瓶与乙炔瓶间距不小于5 m 3. 油库 现场检查并查阅测试报告，归类摆放，管理牌板、标识标牌齐全，现场管理到位，灭火器材齐全，严格执行公司《油脂（含燃油）安全管理十条禁令》。存放数量必须严格执行公司相关规定，综采工作面油桶须放置回风联络巷处，存放总数最多不得超过6桶，掘进工作面最多不得超过3桶。油桶必须下有座上有盖，做好必要的防护，油桶、油壶、抽油器必须有明确标识，严禁混用。加油设备处须有明确的加油提醒标识。井下严禁存放柴油，加油要在井上或者井底，必须有良好的通风，并严禁靠近电气设备、电缆等 4. 水处理 现场检查核实并查阅测试报告；管理制度、操作规程等管理牌板悬挂上墙；灭火器有检验合格证，并在有效期内；护栏、扶梯、护罩等防护设施齐全可靠；控制开关有短路保护、漏电保护和保护接地；线缆选型、敷设规范。水深配有救生圈和保险带
	13. 装备配备	井上下各系统装备配备符合设计要求	矿井现有井上下机电、运输系统装备选型配备与初步设计相符，否则得有变更报告或完善相关的技术资料。能力核定报告完善、准确、符合相关要求

2.4　煤矿“一通三防”专业安全检查表

项目分类	检查项目	规定或要求	检查方法
重大隐患涉及项目	1. 通风系统重大事故隐患	1. 矿井总风量不足的 2. 没有备用主要通风机或者两台主要通风机工作能力不匹配的 3. 违反规定串联通风的 4. 没有按设计形成通风系统的，或者生产水平和采区未实现分区通风的； 5. 高瓦斯、煤与瓦斯突出矿井的每一采区，开采容易自燃煤层、低瓦斯矿井开采煤层群和分层开采采用联合布置的采区，未设置专用回风巷的，或者突出煤层工作面没有独立的回风系统的 6. 采掘工作面等主要用风地点风量不足的 7. 采区进（回）风巷未贯穿整个采区，或者虽贯穿整个采区但一段进风、一段回风的 8. 高瓦斯、煤与瓦斯突出建设矿井进入二期工程前，其他建设矿井进入三期工程前，没有形成地面主要通风机供风的全风压通风系统的	1. 查阅矿井通风报表、采掘工作面作业规程、井下现场，看采掘工作面、硐室等用风地点实际配风量是否大于需风量，否则断定风量不足；看矿井总进风量能否达到实际总需风量的1.2倍；看主要通风机能力是否已达到最大值，如果已达到最大值，风量的配置又几乎是按理论最低风量进行配风，则很可能总风量不足，需要详细核算矿井需风量，并井下现场抽查实测，特别是联络巷、行人巷道等容易忽略的地点 2. 现场检查矿井是否安装两台同等能力的主要通风机，是否一用一备；检查监控系统看主要通风机运转情况判断两台主要通风机是否完好 3. 检查图纸、现场看串联通风是否符合《煤矿安全规程》第一百四十八条、第一百五十条规定，是否存在掘串采、一串二、二及以上串一、采区串工作面、工作面串采区等不符合规程要求的串联通风 4. 查阅图纸和井下现场，看用风地点的回风是否直接进入采区回风巷或总回风巷，看通风系统是否满足设计要求；查阅资料和现场看是否按规定设置专用回风巷，专用回风巷是否兼作运输、有无电缆、电气设备等 5. 查阅测风报表、作业规程、配风计划，结合井下现场实测，判断采掘面供风量是否大于需风量，这期间要判断风量计算是否符合二级公司《生产矿井配风、风量计算细则》要求，如不符合，应重新计算需风量进行判断，另外使用煤矿用防爆型柴油动力装置机车运输的矿井特别注意：行驶车辆巷道的供风量还应当按同时运行的最多车辆数增加巷道配风量，配风量不小于4 m^3/min·kW 6. 检查图纸及现场是否符合要求 7. 煤矿建设三期划分 一期主要指井筒施工，二期主要指大巷及主要巷道施工，三期指采区巷道及工作面巷道等施工。根据矿井建设分期判断通风系统是否符合要求
	2. 局部通风重大事故隐患	1. 煤巷、半煤岩巷和有瓦斯涌出的岩巷的掘进工作面未装备甲烷电、风电闭锁装置或者不能正常使用的 2. 局部通风不能实现双风机、双电源自动切换的	检查调度风电闭锁实验记录，在调度员配合下查阅监控曲线，看记录与曲线是否一致；检查风机切换原始记录、调度记录比照监控系统曲线和人员定位看切换时间、切换人是否一致；现场进行掘进工作面的局部通风机风电、甲烷电闭锁及自动切换功能试验，看是否能切断规定范围内的全部电源，上井以后检查监控曲线，看监控系统是否有井下现场闭锁试验和自动切换试验的记录；水仓的风机也需检查风电闭锁和瓦斯电闭锁，现场检查：打开水仓门风机自动启动，说明正常，利用标准气样或将传感器线拔掉使甲烷传感器示数超限或故障，看是否能够停止风机或使风机不能启动

（续）

项目分类	检查项目	规定或要求	检查方法
重大隐患涉及项目	3. 瓦斯管理重大事故隐患	1. 瓦斯检查存在漏检、假检的 2. 井下瓦斯超限后不采取措施继续作业的	1. 查阅巡回检查图表、瓦斯检查手册、台账和井下现场比对瓦检员人员定位，看是否存在不按规定的时间、地点和次数检查瓦斯，是否存在瓦斯检查空班漏检、假检、伪造数据和三不对口现象。具体方法：查阅瓦斯检查手册看某一点的瓦斯检查时间和检查人，然后查询该瓦检员人员定位，看该时间瓦检员是否在该地点，重点检查夜班瓦检员，或者现场检查牌板所记录瓦斯检查时间，看瓦检员是否在现场，对比瓦斯检查手册，看数据是否一致，不一致则说明“三不对口”，地面检查瓦斯检查手册比对瓦斯检查台账，看数据是否一致，不一致则说明“三不对口”；查看瓦检员人员定位，比对瓦斯巡回检查手册，看是否按照规定的路线、时间进行瓦斯检查，看瓦斯检查间隔时间是否合理；检查持证上岗情况，看是否存在未经培训持证上岗、瓦斯检查人员不足等情况 2. 查阅安全监控曲线、人员定位，查看采掘工作面是否存在瓦斯超限现象，瓦斯超限后是否存在不断电、不撤人情况
	4. 突出防治重大事故隐患	1. 煤与瓦斯突出矿井未建立防治突出机构并配备相应人员的 2. 煤与瓦斯突出矿井未进行区域或者工作面突出危险性预测的 3. 煤与瓦斯突出矿井未按规定采取防治突出措施的 4. 煤与瓦斯突出矿井未进行防治突出措施效果检验或者防突措施效果检验不达标仍组织生产的 5. 煤与瓦斯突出矿井未采取安全防护措施的 6. 出现瓦斯动力现象，或者相邻矿井开采的同一煤层发生了突出，或者煤层瓦斯压力达到或者超过0.74 MPa的非突出矿井，未立即按照突出煤层管理并在规定时限内进行突出危险性鉴定的	1. 查阅资料看是否建立防治突出机构、配备相应专业人员，是否建立管理制度和责任制 2. 查阅资料看是否委托有资质单位进行了区域和工作面突出危险性预测 3. 查阅地面资料和井下，看是否编制了区域或局部防突措施，防突措施是否齐全，防突措施是否在现场落实到位 4. 检查地面资料和井下现场，看是否存在，未进行防治突出措施效果检验、防突措施效果检验不达标仍然组织生产等情况 5. 查阅措施和现场，看是否存在未采取远距离爆破、未采取防突反向风门等情况 6. 检查煤层地质资料、煤层瓦斯基础参数测定报告、突出危险性鉴定报告及现场，达到相关标准必须进行突出危险性鉴定；询问掘进工人、安全检查员、瓦斯检查员、班组长等人，在综掘机工作过程中，是否有响“煤炮”“煤墙外鼓”或甲烷传感器报警现象；询问瓦斯抽采钻机工在打钻过程中是否有顶钻、夹钻、喷孔现象

（续）

项目分类	检查项目	规定或要求	检查方法
重大隐患涉及项目	5. 瓦斯抽采重大事故隐患	1. 按规定应当建立而未建立瓦斯抽采系统的 2. 采掘工作面瓦斯抽采不达标组织生产的	1. 检查是否建立了地面固定瓦斯抽采系统；查阅上级主管部门批复的抽采设计及验收批文，检查抽采系统是否与抽采设计一致且对抽采系统进行了正常的维护确保正常运转 2. 检查采掘工作面抽采设计，对比现场，看是否存在无采掘工作面抽采设计或者不能达到抽采设计和工艺要求的，检查抽采工程竣工验收材料，看是否存在无资料、资料不真实或者不符合要求的情况，查看验收材料内的验收时间和验收人，对比人员定位，看验收人此时间内是否在现场，如不在现场说明验收造假，判定为抽采基础条件不达标，同时要看检查有无验收不合格的孔，如果有，看是否进行了补打，如未补打则判定该点抽采不达标；对于有“一孔一视频”的矿井，抽查至少 3 个孔的现场验收视频，看是否合格。检查井下现场，看现场抽采计量测点是否能够满足抽采达标评价的需要，计量器具是否符合相关标准、是否超过检定有效期等
	6. 安全监控重大事故隐患	1. 未按规定安设、调校甲烷传感器，人为造成甲烷传感器失效的，瓦斯超限后不能断电或者断电范围不符合规定的 2. 安全监控系统出现故障没有及时采取措施予以恢复的，或者对系统记录的瓦斯超限数据进行修改、删除、屏蔽的	1. 现场检查甲烷传感器安设、调校是否符合《煤矿安全监控系统及检测仪器使用管理规范》（AQ 1029—2019）标准，是否存在甲烷传感器失效、调校数据造假等情况，同时对甲烷电闭锁的断电情况进行测试，看报警值、断电值、复电值、断电范围是否符合要求 2. 查阅监控运行日志、传感器等装置检修记录、监控系统事故分析追查记录，看监控系统是否出现过故障，根据故障时间和系统恢复时间看是否及时进行了恢复；井下现场做闭锁试验，上井后查阅系统曲线，如无曲线则说明该传感器被屏蔽；查阅监控曲线，如出现监控曲线无故缺失，则说明该段曲线被删除；查看现场瓦斯浓度与监控数据比对，如出现相差较大的情况则说明数据被修改或者传感器被动手脚
	7. 防灭火重大事故隐患	1. 开采容易自燃和自燃的煤层时，未编制防止自然发火设计或者未按设计组织生产的 2. 高瓦斯矿井采用放顶煤采煤法不能有效防治煤层自然发火的 3. 有自然发火征兆没有采取相应的安全防范措施并继续生产的	1. 自燃矿井是否委托有资质单位编制了矿井综合防灭火设计并经集团审批；查阅防灭火设计和现场，看是否按照设计落实了综合防灭火措施 2. 检查监控系统和现场，看是否存在 CO 浓度高、空气温度高甚至出现火灾预兆等情况，如果有则说明不能有效防治煤层自然发火 3. 查阅监控和现场及人员定位，风流中出现火灾气味、巷道中出现雾气、空气温度较高或一氧化碳等火灾标志性气体持续升高等预兆时，是否采取了相应措施，如没有是否继续组织生产

（续）

项目分类	检查项目	规定或要求	检查方法
重点检查项目	1. 井下空气成分符合要求	采掘工作面的进风流中，氧气浓度不低于20%，二氧化碳浓度不超过0.5%；一氧化碳浓度不超过0.0024%，二氧化氮浓度不超过0.00025%，二氧化硫浓度不超过0.0005%，硫化氢浓度不超过0.00066%，氨气浓度不超过0.004%	查阅瓦斯检查手册、各地点有害气体检查原始记录及瓦斯日报表、监控日报表束管监测报表相关数据看各种气体浓度是否符合规定，检查周期是否符合要求：氧化氮、一氧化碳、氨气、二氧化硫至少每3个月监测一次，硫化氢至少每月监测一次；用多功能气体检测仪等对井下可疑地点现场实测比对
	2. 井下空气温度符合要求	1. 进风井口以下的空气温度必须在2℃以上 2. 采掘工作面的空气温度超过30℃、机电设备硐室超过34℃时，必须停止作业	查阅通风旬报表、测风记录结合现场实测看进风井口以下温度是否符合要求。查现场及监控系统，自燃矿井及地温高的矿井的采掘工作面应设置温度传感器，报警值30℃；机电硐室内应设置温度传感器，报警值为34℃，看是否出现过温度超限报警
	3. 井巷中的风速符合要求	执行《煤矿安全规程》第一百三十六条规定	查阅通风旬报表及监控系统并用风表现场抽检看各地点风速是否符合要求
	4. 贯通巷道符合规定	1. 巷道贯通前应制定贯通专项通风安全技术措施，由矿总工程师审批后执行 2. 掘进巷道贯通前，综合机械化掘进巷道在相距50 m前、其他巷道在相距20 m前，必须停止一个工作面作业，做好调整通风系统的准备工作。贯通时，必须由专人在现场统一指挥	1. 查阅巷道贯通专项通风安全措施，且是否经矿总工程师批准；查三个月内的贯通措施至少一本，重点检查：查阅调度记录看贯通通知单下达和贯通措施的执行是否在综合机械化掘进巷道相距50 m前、其他巷道在相距20 m前；是否明确指挥人员，被贯通巷道是否设置警标；检查人员定位根据爆破时间检查掘进的工作面每次爆破前是否有专人和瓦斯检查员共同到停掘的工作面检查工作面及回风流中瓦斯，且瓦斯浓度是否符合要求；贯通时是否先贯通小巷再逐渐扩大，贯通后是否停止作业进行通风系统调整，贯通前后是否进行了瓦斯检查；同时对比人员定位和调度监控录像，确定现场指挥人、调度指挥人是否与措施一致；查看贯通小结内的瓦斯检查员和测风员，对比人员定位看贯通时两人是否在现场；查看监控录像看采区内其他采掘作业地点在贯通时是否停止作业 2. 检查现场和监控，看掘进巷道贯通前是否按规定停止一个工作面掘进，停止掘进巷道是否正常供风和检查瓦斯

（续）

项目分类	检查项目	规定或要求	检查方法
重点检查项目	5. 采、掘工作面实行独立通风	1. 采、掘工作面应当实行独立通风，严禁2个采煤工作面之间串联通风 2. 同一采区内1个采煤工作面与其相连接的1个掘进工作面、相邻的2个掘进工作面，布置独立通风有困难时，在制定措施后，可采用串联通风，但串联通风的次数不得超过1次。采区内为构成新区段通风系统的掘进巷道或采煤工作面遇地质构造而重新掘进的巷道，布置独立通风有困难时，其回风可以串入采煤工作面，但必须制定安全措施，且串联通风的次数不得超过1次	1. 查阅通风系统图及现场，看采掘工作面的回风是否直接进入采区回风巷或者总回风巷，是否存在共用回风巷的情况；看工作面是否随意开掘联络巷、撤架巷等，特殊情况需开掘联络巷的要报二级公司审批；开拓采区巷道的掘进工作面不允许3条或3条以上巷道共用同一回风绕道回风 2. 符合规定的串联通风必须有措施，且经矿总工程师审批，进入被串采掘工作面的进风巷瓦斯浓度不得超过0.5%，且需安装甲烷传感器。掘进巷道开口掘到距回风口40 m之前必须形成独立通风系统；特殊情况下串入采煤工作面，构成独立通风系统后，必须立即改为独立通风
	6. 采掘工作面的进风和回风不得经过采空区或冒顶区	1. 无煤柱开采沿空送巷和沿空留巷时，应采取防止从巷道的两帮和顶部向采空区漏风的措施 2. 矿井在同一煤层、同翼、同一采区相邻正在开采的采煤工作面沿空送巷时，采掘工作面严禁同时作业 3. 揭露旧巷、采空区或其他不明地点执行公司《贯通采空区管理制度》 4. 采煤工作面悬顶面积要符合相关规定	1. 现场检查巷道是否采取喷浆堵漏风或其他堵漏风措施以及措施是否合理有效 2. 查阅通风系统图及现场是否违反要求 3. 查阅揭露旧巷、采空区是否有矿总工程师批准的专项措施，措施是否合理可靠，并做到一工程一措施；查阅调度记录、人员定位，看贯通时总工程师是否在现场指挥，瓦检员是否在现场检查瓦斯等有害气体；查阅调度记录，看贯通时调度是否通知了相关部门，是否通知了受贯通老空区影响的区域，查看人员定位和监控，看受到影响的区域是否停电、撤人和设警戒，查阅记录看贯通时是否先贯通小巷再扩大 4. 现场检查上下隅角是否存在悬顶，是否及时采取了退锚等措施，悬顶面积大于10 m^2 时，是否采取了强制放顶措施
	7. 控制风流的风门、风桥、风墙、风窗等设施必须可靠	1. 通风设施设置位置合理、质量可靠 2. 进、回风井之间和主要进、回风巷之间的联络巷中，必须砌筑永久性风墙；需要使用的联络巷，必须安设2道联锁的正向风门和2道反向风门	1. 查阅通风系统图及现场，密闭距离全风压巷道口不大于5 m，风桥上下不得安设风门、调节风窗等；密闭墙体厚度是否符合要求、墙体及周边是否漏风，“三孔”是否符合要求、“三孔”是否为不导电材料；硐室调节是否可调、是否为不燃性材料；井下爆炸物品库、机电设备硐室、检修硐室、材料库的风门、风窗必须采用不燃性材料；风桥断面是否不小于原断面的80%、坡度是否小于30°、是否漏风、是否为不燃性材料构筑；通风设施上要悬挂设施位置示意图；针对断面较大的风门，建议在大门扇上安设人员通行的小门扇，便于开启；对于自动风门要保证在没有电、没有压风的时候可以手动开启；现场看通风设施是否编号，是否与井上编号一致；检查通风设施检查记录和通风设施维修记录，看检查记录内有问题的在维修记录里是否有维修，同时对比井下检查维护记录牌板，看是否一致

（续）

项目分类	检查项目	规定或要求	检查方法
重点检查项目	7. 控制风流的风门、风桥、风墙、风窗等设施必须可靠	3. 不应在倾斜运输巷中设置风门；如果必须设置风门，应安设自动风门或设专人管理，并有防止矿车或风门碰撞人员以及矿车碰坏风门的安全措施 4. 矿井总回风巷不宜设置控制风流的设施	2. 查通风系统图及现场是否按要求设置永久性风墙，设置的风门是否符合质量要求，是否有两道反向风门，是否安装风门开关传感器，正反向风门均要安装闭锁装置；现场检查风门闭锁情况，打开一道正向风门不要关闭，去开第二道正向风门，看是否能打开，不能则说明闭锁有效，反向风门闭锁试验同理 3. 检查倾斜运输巷中风门，看是否自动、是否有相应的安全措施 4. 查阅通风系统图及现场，矿井总回风巷是否设置有调节等控制风流的设施
	8. 主要通风机的安装和使用符合要求	1. 回风井口必须封闭严密，其外部漏风率在无提升设备时不得超过5%，有提升设备时不得超过15% 2. 必须保证主要通风机连续运转 3. 至少每月检查1次主要通风机 4. 防爆门每季度检查维修1次 5. 每季度检查1次反风设施，每年应进行1次反风演习 6. 严禁主要通风机房兼作他用，主要通风机的运转应由专职司机负责，司机应每小时将通风机运转情况记入运转记录簿内，实现主要通风机集中监控、图像监视的主要通风机房可不设专职司机，但必须实行巡检制度	1. 检查外部漏风率测定报告，是否每年至少测定一次；现场检查回风井口封闭是否严密 2. 查阅监控系统，看主要通风机曲线是否连续，判断主要通风机是否存在无计划停风现象，如存在是否按应急预案进行了处理 3. 检查主要通风机检修记录，是否至少每月1次；查阅主要通风机倒运转通知单是否经机电经理及矿总工程师批准 4. 检查防爆门及相关维修记录 5. 检查反风设施检修记录及反风设施是否完好，反风设施检查项目包括主要通风机和启动电气设备、进风井口房、反风道、所有地面闸门和风门、电控设备绞车和钢丝绳、防爆门、反风设备的防冻设施以及进、回风井之间和主要进、回风道之间的正、反向风门等，尤其是风井安全出口要保持畅通，风门是否能打开；同时检查反风演习措施及报告 6. 现场检查主要通风机风机房是否有其他用途，检查司机是否持证上岗，记录是否齐全；风机房内应有反风操作系统图，且当场询问主要通风机司机反风操作流程，看是否熟练；看主要通风机风量、负压等在线监测数据与实际是否相符；检查水柱计是否齐全，应有全压、静压、动压水柱计，且与监控数据对比看是否准确；实现集中监控的主要通风机风机房是否实行了巡检制度 7. 特殊原因主要通风机停止运转时，是否有停风措施，单机运行是否有经审批的措施（单机运行时间在一周之内报矿总工程师批准，超过一周由二级公司审批，集团公司备案）；检查措施，看停送电程序、排放瓦斯程序是否符合二级公司主要通风机停风及恢复通风管理制度；查阅监控及相关记录主要看恢复主要通风机进行全矿井排放瓦斯时的方法是否正确，排放期间瓦斯是否超限，是否一风吹等；查阅监控和人员定位看井下送电程序是否是从外向里逐级送电，且井下所有变电所、配电点的瓦斯浓度必须在0.4%以下时方可送电；检查井下瓦斯排放，看排放是不是逐个地

（续）

项目分类	检查项目	规定或要求	检查方法
	8. 主要通风机的安装和使用符合要求	7. 因检修、停电或其他原因停止主要通风机运转时，必须制定停风措施 8. 矿井必须制定主要通风机停止运转的应急预案	点排放，严禁一个采区内两个地点同时排放，且先外后里；查阅调度室记录，是否将井下的停送电情况向相关部门汇报，同时查看当天执行停送电的人员是否有电钳工特殊工种证（具体情况是否符合要求可参照二级公司主通风机停风及恢复通风管理制度） 8. 检查主要通风机停止运转时的应急预案，看预案是否完善并具备可操作性
重点检查项目	9. 安装和使用局部通风机、风筒遵守相关规定	1. 局部通风机由指定人员负责管理 2. 压入式局部通风机和启动装置安装在进风巷道中，距掘进巷道回风口不得小于 10 m，离地高度大于 300 mm；严禁出现循环风 3. 局部通风机必须配备安装同等能力的备用局部通风机，并能自动切换 4. 正常工作的局部通风机必须采用“三专”供电 5. 采用抗静电、阻燃风筒 6. 局部通风机实行风电、（瓦）甲烷电闭锁，每 15 d 至少试验一次 7. 使用局部通风机通风的掘进工作面，不得停风 8. 严禁使用 3 台及以上局部通风机同时向 1 个掘进工作面供风。不得使用 1 台局部通风机同时向 2 个及以上作业的掘进工作面供风	1. 现场检查局部通风机是否指定人员负责管理、是否挂牌管理 2. 现场检查风机与回风口的距离、全风压供风量是否大于风机吸风量，是否有循环风 3. 现场检查两台局部通风机铭牌标注通风能力是否相等；现场检查风机自动切换记录，看风机是否每天切换一次，切换记录是否写清楚试验时间、试验情况、试验人等内容；其切换试验方法：按压正常工作的局部通风机的专用开关停止按钮，使局部通风机停止运转，看备用局部通风机是否自动启动，待备用局部通风机启动运行，按压备用局部通风机专用开关停止按钮，使备用局部通风机停止运转，正常工作的局部通风机自动启动运行，达到上述要求者为“双风机自动切换”合格 4. 查阅供电线路图及现场检查。“三专”为“专用开关、专用电缆、专用变压器” 5. 查阅风筒抗静电、阻燃报告 6. 检查闭锁试验记录和监控曲线，看是否按规定进行了闭锁试验。现场试验风电、甲烷电闭锁是否有效，风电闭锁试验方法：将风筒传感器摘下使其自然回弹或在风筒上按压使其恢复至自然回弹后的状态，此时风电闭锁能发生作用，切断局部通风机供风的掘进工作面及其回风巷内的电源，否则为风电闭锁失效。甲烷电闭锁试验方法：现场由通风或安全监控校验人员携带标准气样接上甲烷传感器，当超过其设定的断电值时，闭锁装置发生动作，切断局部通风机供风的掘进巷道内的电源，否则为甲烷电闭锁失效 7. 检查局部通风机监控曲线，看是否正常运转，是否存在无计划停风，无计划停风是否按照应急预案进行了处理，如果有查阅调度记录，看调度室是否及时通知了相关单位；同时，查看人员定位和监控，看停风期间是否进行了撤人、断电；现场让电工配合停止在用局部通风机运转，看风电闭锁是否切断局部通风机供风巷道内一切非本质安全型电气设备电源，同时，看备用局部通风机是否能够启动；查阅调度相关记录看是否有追查处理结果；有计划停风，查阅人员定位看是否撤人、断电；局部通风机恢复通风参照排瓦斯相关要求 8. 查现场局部通风机使用台数是否符合要求

（续）

项目分类	检查项目	规定或要求	检查方法
重点检查项目	10. 井下各地点甲烷浓度符合要求	矿井总回风巷或一翼回风巷中甲烷或二氧化碳浓度不得超过0.75%，采区回风巷、采掘工作面回风巷风流中瓦斯浓度不得超过1.0%、二氧化碳浓度不得超过1.5%，串联通风的被串联工作面进风流中瓦斯和二氧化碳浓度都不得超过0.5%	采用查阅瓦斯日报表、监控日报表及瓦斯检查原始手册、瓦斯调度台账相关数据、调阅瓦斯监控曲线、用光学瓦斯检定器或甲烷便携仪现场抽检等方法检查是否存在甲烷浓度超过规定的情况
	11. “一炮三检”和“三人连锁爆破”制度执行情况符合要求	1. 井下爆破工作必须由专职爆破工担任 2. 爆破作业必须执行“一炮三检”和“三人连锁爆破”制度	1. 检查爆破工持证上岗情况，必须有爆破工特殊工种证 2. 检查瓦斯检查记录及爆破时现场执行情况，并对瓦检员、爆破工、班组长进行抽检，看是否能够熟练掌握这两种制度。“一炮三检”制度即在每次装药前、爆破前和爆破后进行瓦斯检查，同时还必须检查起爆地点的瓦斯浓度。“三人连锁爆破”制度即在爆破前，爆破员将警戒牌交给班组长，由班组长派人警戒，下达爆破命令，并检查顶板与支护情况，班组长将自己携带的瓦斯检查牌交给瓦斯检查员，瓦斯检查员经检查瓦斯符合规定后将自己携带的爆破牌交给爆破员，爆破员发出爆破口哨进行爆破，爆破后三牌各归原主
	12. 瓦斯排放符合要求	1. 瓦斯排放必须制定有针对性的安全措施，实行分级排放，一地点一措施，严禁使用通用措施 2. 瓦斯排放必须停电、撤人，临时停风地点瓦斯分级排放执行二级公司《“一通三防”管理制度汇编》的相关规定	1. 查看有无经过审批的瓦斯排放措施，查措施是否完善(参照公司“一通三防”管理制度汇编)，是否一地点一措施 2. 查阅三本排放措施，查看人员定位看现场指挥人是否在现场，根据监控曲线判断排放时间，根据监控显示的断电时间判断瓦斯排放风流经过的地点是否已提前切断电源，查看人员定位看人员是否全部撤出，瓦斯排放相关记录是否与监控系统显示相符；瓦斯排放用的是什么方法，该方法是否能够保证混合风流处瓦斯不超限即杜绝一风吹，查看监控曲线，看排放瓦斯时混合风流处瓦斯浓度是否在1.2%内，同时，检查措施和监控曲线看混合风流处是否安设了甲烷传感器或便携式甲烷检测报警仪；查阅监控，看送电时，整个回风通路内的瓦斯等有害气体浓度是否在规程允许范围内。查看监控系统看临时停风地点瓦斯浓度多少，应按哪一级进行排放，看回风系统内电气设备是否停电，排放时回风系统是否撤人，看有无排放记录

（续）

项目分类	检查项目	规定或要求	检查方法
重点检查项目	13. 抽采泵站符合要求	1. 地面泵房用不燃性材料建筑，有防雷电装置，用栅栏或围墙保护；泵房和泵房周围 20 m 范围内禁止堆积易燃物和有明火 2. 地面泵房内电气设备、照明和其他电气仪表都应采用矿用防爆型；否则必须采取安全措施 3. 泵房必须有直通矿调度室的电话，检测管道瓦斯浓度、流量、压力等参数的仪表或自动监测系统 4. 安全装置齐全	1. 查看泵房以上及周围防火是否达到要求，抽采瓦斯排空管口是否高出房顶 3 m 以上，查看泵房及泵房排气管口有无防雷电装置，查看相关测试报告是否合格 2. 查看泵房内所有电气设备是否防爆（和井下电气设备一样管理）；查看各种仪表是否完好及有无腐蚀现象，是否正常工作；查看泵房内是否安装甲烷传感器 3. 查看有无直通调度室的电话，查看检测仪器仪表是否齐全准确，是否有自动监测装置，相关资料是否齐全（2015 年 11 月统一下发的 8 种制度、7 种记录、5 种图纸） 4. 检查抽采管路系统防雷电、防爆炸、防回火等安全装置是否有效，查看防雷电测试报告，查看高、低位水池水位、防爆器内水量、气水分离器水量是否在正常范围
	14. 抽采瓦斯符合相关规定	1. 瓦斯治理实行“一矿一策”“一面一策”瓦斯抽采量符合要求 2. 采掘面抽采满足《煤矿抽采达标暂行规定》，实现抽采达标 3. 抽采利用瓦斯时，在利用瓦斯的系统中必须装设有防回火、防回流和防爆炸作用的安全装置 4. 抽采容易自燃和自燃煤层的采空区瓦斯时，抽采管路应当安设一氧化碳、甲烷、温度传感器，实现实时监测监控 5. 井上下敷设的瓦斯管路符合要求，不得与带电物体接触并应有防止砸坏管路的措施 6. 对瓦斯抽采系统的瓦斯浓度、压力、流量等参数要实时监测，定期人工检测比对	1. 查阅资料和现场看是否严格落实了“一矿一策”“一面一策”瓦斯治理措施，查阅矿井瓦斯抽采计划、抽采报表、抽采参数测定记录，看实际抽采量是否达到计划要求 2. 采掘面是否有抽采达标评判报告，报告的编制是否有理有据、各项数据是否真实可靠，是否真的实现了抽采达标 3. 检查抽采利用瓦斯系统中“三防”设施是否到位、是否可靠，是否性能良好并有记录可查 4. 检查管路中一氧化碳、甲烷、温度传感器是否正常检测，监控系统是否能查到原始数据 5. 抽采管路铺设时必须吊挂整齐，做到平、直、稳，离地高度不小于 0.3 m；电缆与瓦斯抽采管路不得同侧吊挂；必须保证抽采管路系统中所有接头严密不漏气，在新的工作面投入抽采前，必须对新建立的抽采系统进行漏气试验；每 10 d 至少检查一次瓦斯管路系统，并有记录；抽采管路无破损、无积水，在系统的低洼处必须装有放水装置；查看抽采系统管网布置图、抽采设备管理台账、抽采系统检查台账和维修记录、试漏记录等相关资料；是否编制防止管路砸坏的措施 6. 检查泵站相关记录，看是否按规定检查比对：泵站每 2 h 至少 1 次，主干、支管及抽采钻场每周至少 1 次，根据实际测定情况对抽采系统进行调节

（续）

项目分类	检查项目	规定或要求	检查方法
重点检查项目	15. 建立瓦斯、二氧化碳和其他有害气体检查制度	1. 瓦斯检查制度齐全 2. 采掘工作面的甲烷浓度检查次数：低瓦斯矿井，每班至少2次；高瓦斯矿井，每班至少3次；采掘工作面二氧化碳浓度应当每班至少检查2次；对于未进行作业的采掘工作面，可能涌出或者积聚甲烷、二氧化碳的硐室和巷道，应当每班至少检查1次甲烷、二氧化碳浓度 3. 瓦斯检查工必须执行瓦斯巡回检查制度和请示报告制度，并认真填写瓦斯检查班报，做到“三对口” 4. 在有自然发火危险的矿井，必须定期检查一氧化碳浓度及其他有害气体浓度、气体温度等的变化情况 5. 井下停风地点栅栏外风流中的甲烷浓度每天至少检查1次，密闭外的甲烷浓度每周至少检查1次	1. 查阅瓦斯检查管理制度，是否齐全合理，是否符合二级公司《瓦斯检查管理制度》统一要求，重点检查瓦斯检查牌板，是否与公司《一通三防管理制度汇编》中格式一致 2. 查阅瓦斯检查点设置计划、瓦斯日报表及现场检查执行情况 3. 查阅瓦斯调度台账、瓦斯日报表、瓦斯员检查手册及井下牌板看数据是否一致 4. 自燃矿井瓦斯检查员必须携带多种气体检测仪，检测结果可不填入瓦斯检查手册，但是必须有记录；有胶轮车运行的矿井，要查看监控曲线查是否存在CO超限 5. 查阅瓦斯日报表及密闭墙内外气体检查记录
	16. 建立完善的防尘供水系统	1. 按照《煤矿井下粉尘综合防治技术规范》（AQ 1020—2006）规定建立防尘供水系统 2. 防尘用水水质符合要求	1. 地面应建立永久性防尘水池，容量不得小于200 m^3，且贮水量不得小于井下连续2 h的用水量，并设有备用水池，其容量不得小于永久性水池的一半；井下防尘管路应铺设到所有能产生粉尘和沉积粉尘的地点，并且在需要用水冲洗和喷雾的巷道内按规定安设三通阀门；管路吊挂要平直，不漏水，管路三通阀门便于操作；防尘设施的安设应符合二级公司《喷雾设施应用标准》要求 2. 防尘用水系统中，必须安装水质过滤装置，保证水的清洁，水中悬浮物的含量不得超过30 mg/L，粒径不大于0.3 mm，水的pH值应在6.0~9.0，水的碳酸盐硬度不超过3 mmol/L。每年至少化验一次
	17. 落实综合防尘措施	采煤机、掘进机的内外喷雾齐全完好，液压支架和放顶煤采煤工作面的放煤口，必须安装喷雾装置，破碎机必须安装防尘罩和喷雾装置或除尘器。采掘工作面回风流安设风流净化水幕。井下煤仓放煤口、溜煤眼放煤口、输送机转载点和	检查现场，防尘设施的安装符合公司《喷雾设施应用标准》相关规定。查阅粉尘测定报表，防尘效果是否满足《煤矿安全规程》第六百四十条要求；

（续）

项目分类	检查项目	规定或要求	检查方法
重点检查项目	17. 落实综合防尘措施	卸载点，以及地面筛分厂、破碎车间、带式输送机走廊、转载点等地点，都必须安设喷雾装置或除尘器，作业时进行喷雾降尘或用除尘器除尘。产生粉尘的作业点定期冲刷、清扫积尘	检查粉尘冲洗计划和现场，看是否定期进行巷道冲洗，是否存在粉尘堆积
	18. 开采有煤尘爆炸危险煤层的矿井，有预防和隔绝煤尘爆炸的措施	1. 矿井的两翼、相邻的采区、相邻的煤层、相邻的采煤工作面间，掘进煤巷道同与其相连的巷道间，煤仓同与其相连的巷道间，采用独立通风并有煤尘爆炸危险的其他地点同与其相连的巷道间，必须用水棚或者岩粉棚隔开 2. 每周至少检查 1 次隔爆设施的安装地点、数量、水量或岩粉量及安装质量是否符合要求 3. 必须及时清除巷道中的浮煤，清扫、冲洗沉积煤尘或者定期撒布岩粉；每年应至少进行一次对主要大巷刷浆	1. 检查现场与地面记录，看是否按规定进行了隔爆设施的安设，检查井下现场，看隔爆设施的安设是否符合《煤矿井下粉尘综合防治技术规范》（AQ 1020—2006）规定 2. 检查地面记录与井下牌板，看隔爆设施是否按规定周期进行检查。地面记录与井下牌板填写是否一致，查看检查人员定位看是否是该人员进行检查 3. 查阅粉尘冲洗记录及大巷刷浆记录，现场不得有厚度超过 2 mm、连续长度超过 5 m 的煤尘堆积
	19. 安全监控做到监控有效	1. 装备齐全 2. 数据准确 3. 断电可靠 4. 处置迅速	1. 查阅安全监控系统图和井下现场，对照通风系统图，看各类传感器设置的位置和数量是否符合《煤矿安全监控系统及检测仪器使用管理规范》（AQ 1029—2019）规定 2. 查阅安全监控曲线，调出 24 个月之内任一天、任一时间的瓦斯实时监测曲线，查看安全监控系统历史数据是否按规定保留，历史曲线是否有间断；在井下用标准气样测试甲烷传感器，看报警、断电浓度以及断电范围设置是否符合规定；现场用光学瓦斯检定器或便携仪与传感器数据进行比对，看是否准确，误差在允许范围内 3. 查阅安全监控系统断电测试记录等有关资料，看是否按规定测试风电、甲烷电闭锁试验；在井下用标准气样测试甲烷传感器达到断电浓度，看断电是否可靠，查看断电范围是否符合规定要求；对局部通风机进行停风试验或风量不足试验，看能否对该风机供风的掘进工作面及相应范围断电 4. 查阅安全监控系统中心站瓦斯日报表和历史检测曲线等，看有无瓦斯超限情况，如有超限或断电情况的，查阅矿长、总工等批示情况，查阅调度室有关记录等，看领导及调度人员是否“反应迅速，处置正确”

（续）

项目分类	检查项目	规定或要求	检查方法
重点检查项目	20. 日常防火符合相关规定	1. 矿井必须设地面消防水池和井下消防管路系统 2. 井口房和通风机房附近20 m内，不得有烟火或用火炉取暖 3. 井下和井口房内不得从事电焊、气焊和喷灯焊接等工作，否则必须制定安全措施，并遵守相关规定 4. 井上、下必须设置消防材料库 5. 井下爆炸材料库、机电设备硐室、检修硐室、材料库、井底车场、使用带式输送机或液力偶合器的巷道以及采掘工作面附近的巷道中，应备有灭火器材，其数量、规格和存放地点符合要求 6. 灭火器定期校验	1. 检查消防水池容积是否不低于200 m^3、水质是否符合《煤矿安全规程》第六百四十四条规定：水中悬浮物的含量不得超过30 mg/L，粒径不大于0.3 mm，水的pH值应在6.0～9.0范围内，水的碳酸盐硬度不超过3 mmol/L；现场检查井下消防管路是否安设齐全、消防栓是否完好 2. 检查井口房和通风机房是否有烟火或用火炉取暖 3. 电焊、气焊和喷灯焊接符合公司《煤矿井下电气焊安全管理办法》相关规定 4. 消防材料配备符合公司《井上下消防材料库材料明细表》，每季度至少检查一次 5. 井下各地点消防器材配备符合公司《防灭火器材管理标准》相关要求，重点检查采煤工作面上下端头50 m内是否各配备了至少10台干粉灭火器，且工作面附近洒水甩头是否配备了消防洒水软管，其长度是否能够覆盖整个开切眼 6. 灭火器每年至少校验一次
	21. 开采容易自燃和自燃的煤层时，必须对采空区、突出和冒落孔洞等空隙采取预防性灌浆或全部充填、喷洒阻化剂、注阻化泥浆、注凝胶、注惰性气体、均压等措施	执行《煤矿安全规程》第二百六十六条、第二百七十一条规定	查阅矿井防灭火设计、煤层自燃倾向性鉴定报告、束管监测日报表、防灭火措施、防灭火记录及检查现场落实情况
	22. 盲巷管理符合有关规定	1. 盲巷不能立即恢复通风的要按照规程第一百七十五条要求及时封闭，对于贯通空巷形成的盲巷要在24 h内完成封闭 2. 停风地点栅栏外的风流中的甲烷浓度每天至少检查一次	查阅瓦斯检查报表、监控曲线、现场检查盲巷栅栏外风流中瓦斯、二氧化碳及其他有害气体浓度，看瓦斯和二氧化碳浓度是否达到3%或者其他有害气体超过规程规定，如果达到看是否在24 h内封闭；对于贯通空巷形成的盲巷查看调度记录、瓦斯检查记录、封闭时间判断是否在贯通后的24 h内完成封闭；查看调度记录、瓦斯检查手册、报表、现场牌板判断停风地点栅栏外的风流中甲烷浓度检查频率是否符合要求

（续）

项目分类	检查项目	规定或要求	检查方法
一般检查项目	1. 规程制度	“一通三防”管理制度、岗位责任制、操作规程编制齐全、实用	1. 查阅管理制度是否齐全、实用，不得与上级规定相冲突。主要制度包括：矿井通风管理制度、局部通风管理制度、通风设施管理制度、巷道贯通管理制度、矿井瓦斯检查制度、通风瓦斯分析制度、矿井瓦斯抽采管理制度、瓦斯“零超限”目标管理制度、瓦斯超限追查处理制度、矿井综合防尘管理制度、矿井防灭火管理制度、矿井安全监控管理制度等 2. 责任制主要包括：矿领导“一通三防”岗位责任制、矿业务部门“一通三防”岗位责任制等 3. 操作规程主要包括：瓦斯检查工、风筒工、通风设施工、测风工、测尘工、防尘工、安全监控维护工、瓦斯抽采钻探工、瓦斯泵司机等 4. 管理制度、岗位责任制、操作规程要装订成册，由矿行文下发
	2. 图纸	通风系统图、避灾线路图、通风网络图、通风立体示意图、瓦斯抽采系统图、安全监控系统图及断电图、防尘系统图、防灭火系统图绘制符合公司图纸绘制标准，与现场吻合	1. 查阅图纸是否齐全 2. 查阅各类图纸绘制是否符合公司相关规定，是否按季绘制、按月及时更新，如井下出现大的系统调整应立即更新，图纸与井下实际进行比对，看是否一致，图纸上相关通风设施等是否齐全，风量、风向、风速等数据是否与测风报表一致，图纸上的通风设施、防尘设施、防灭火设施、监控装备是否与现场一致，是否与各类台账、记录一致，比如查阅通风设施管理台账，查最新的或者已经拆除的，看图纸上是否一致，查阅防尘系统图，看隔爆设施安设拆除、防尘设施的安设拆除是否与隔爆设施管理台账防尘设施管理台账相符，查阅防灭火系统图，看是否有阻化剂泵、束管采样头等，查阅监控系统图查阅新安设的皮带机头的CO、烟雾传感器等是否绘制齐全，甲烷传感器报警值、断电值、复电值是否正确等。其他一通三防设施检查参照以上方法
	3. 记录台账报表	1. 通风（反风）设施检查及维修记录、防灭火检查记录、测风记录、测尘记录 2. 瓦斯调度台账、通风设施管理台账、瓦斯抽采台账 3. 通风报表、测尘报表、瓦斯抽采报表、瓦斯检查报表、主要通风机防爆盖检查记录、通风监控报表，填写及时准确	1. 查阅各类记录、报表、台账是否执行二级公司统一格式，填写是否及时准确；相关记录检查要相互联系检查，比如设施检查记录与维修记录必须相互印证，有检查肯定有维修，测风记录与配风计划相对照，配风计划内有的地点，测风必须测，且测风结果不小于配风计划，同样，测风的地点可能需要配风，有联系的记录、台账、计划等都可以相互印证，看是否一致，是否相互矛盾；各类台账、记录等的操作人员可以根据检查时间、填写时间通过人员定位等检查是否真正进行了检查，是否存在造假等情况 2. 报表审核签字不能代签 3. 各类记录、报表、台账保存时间不得少于三年

（续）

项目分类	检查项目	规定或要求	检查方法
一般检查项目	4. 仪器、仪表	风表、光瓦、便携式甲烷测报警仪、粉尘测定仪、一氧化碳检测仪、氧气检测仪及其他气体检测仪齐全、完好	1. 风表检定周期为6个月；光瓦检定周期为12个月；便携式甲烷检测报警仪检定周期为12个月、校准周期为15 d；粉尘测定仪检定周期为12个月；一氧化碳检测仪、氧气检测仪及其他气体检测仪检定周期为12个月 2. 有资质的部门进行检定，并提供合格证 3. 建立仪器仪表管理台账。井下检查光瓦气路是否严密，光路是否准确，电路是否完好，并将其与便携仪、甲烷传感器进行比对，是否存在误差等。量程为10%的光瓦根据示值范围允许误差分别为0～1%，±0.05%；1%～4%：±0.10%；4%～7%：±0.20%；7%～10%：±0.30%。量程为100%的光瓦根据示值范围允许误差分别为0～10%：±0.5%；10%～40%：±1.0%；40%～70%：±2.0%；70%～100%：±3.0%
	5. 各类报告	矿井瓦斯等级鉴定报告、瓦斯涌出量预测报告、通风能力核定报告、矿井反风演习报告、矿井通风阻力测定报告、主要通风机性能测定报告、煤矿在用主通风机系统安全检验报告、外部漏风率测定报告、瓦斯抽采达标能力核定报告、采掘工作面抽采达标评判报告、煤层自燃倾向性鉴定报告、煤尘爆炸性鉴定报告，各项报告出具及时、准确	1. 矿井瓦斯等级鉴定报告：低瓦斯矿井每2年一次，高瓦斯矿井每年应当测定和计算矿井、采区、工作面瓦斯和二氧化碳涌出量；鉴定报告经集团审批 2. 瓦斯涌出量预测报告：有资质的部门编制，新建矿井、生产矿井新水平都必须进行瓦斯涌出量预测，并经集团公司审批 3. 通风能力核定报告：每年10月份进行核定一次，有二级公司批复 4. 矿井反风演习报告：每年进行一次反风演习，反风演习措施经审批，有反风演习报告（总结） 5. 矿井通风阻力测定：有资质的部门测定，低瓦斯矿井每3年一次、高瓦斯矿井每年一次 6. 主要通风机性能测定报告：新安装的主要通风机投入使用前，必须进行试运转和通风机性能测定，以后每5年至少进行1次性能测定 7. 检验周期：高瓦斯矿井、突出矿井、风叶直径1.8 m以下的1年；其他3年 8. 外部漏风率测定：每年至少测定一次，有测定记录，外部漏风率在无提升设备时不得超过5%，有提升设备时不得超过15% 9. 瓦斯抽采达标能力核定报告：每年进行一次，有二级公司批复 10. 采掘面瓦斯抽采达标评判报告：高瓦斯矿井采掘工作面生产前，由矿井编制采掘面瓦斯抽采达标评判报告，实现抽采达标，并报二级公司备案 11. 煤层自燃倾向性及煤尘爆炸性鉴定报告：低瓦斯矿井每2年一次、高瓦斯矿井每年一次，由资质单位出具报告。除了检查报告的有无，还应检查报告的编制是否符合实际，是否在有效期内

2.5　煤矿防治水专业安全检查表

项目分类	项目名称	检查规定及要求	检查方法
重大隐患涉及项目	1. 查明矿井井田范围及周边采空区、废弃老窑积水等情况	通过走访调查、井上下结合的钻探、物探、化探等综合手段查明采掘区域水文地质情况，掌握井田内及周边采空区、老窑积水等情况，编制矿井老空水害评价报告，制定老空水防治方案；并将相关参数标注在采掘工程平面图和充水性图，绘制“三线”管理老空、古空、采空区积水	检查老空水害评价报告及老空水防治方案（《煤矿防治水细则》第 76 条）编制与审批情况、相应措施是否与矿井实际相结合、落实是否到位 对矿井水文地质情况、小窑、采空区积水情况等进行调查并上图，检查采掘图和充水性图是否绘制了“三线”
	2. 成立地测防治水科、探放水队，配备配足人员、设备	1. 成立地测防治水科及专职探放水队。各矿井必须设立地测防治水科，成立专职探放水队，严禁与其他队组合并管理 2. 专业技术人员配备。从事地质防治水工作的技术人员不少于 4 人（可以兼职储量管理、制图、物探等），专职测量人员不少于 4 人；探放水作业人员必须持证上岗，人员数量满足需要（现场探水作业单班持证不得少于 3 人） 3. 专业探放水钻机。配备 3 台以上不同钻距的专用探放水钻机（包括 1 台 200 m 以上的岩石钻机），要求所使用钻机高效、实用。严禁使用煤电钻	检查机构设置文件及人员任命文件（包括防治水副总工程师、科长）；检查专业技术人员和探放水队花名册及相关证书，查看人员是否满足要求，探放水工特殊工种证是否过期，入井检查探放水人员与花名册人员是否一致；查看钻机设备管理台账（购置发票复印件），钻机数量及能力是否满足要求，是否与井下使用的钻机型号一致
	3. 严禁超层越界开采	1. 必须在采矿证规定的煤层及标高范围开采 2. 必须在采矿许可证载明的坐标控制范围内开采 3. 不得擅自开采各类保安煤柱	查看采矿证，对照采掘图查看井田边界、煤柱周边巷道测量坐标点成果台账，核实是否超出规定层位、标高、坐标范围进行采掘活动；是否擅自开采各类保安煤柱
	4. 探放水设计及专项探放水工程	1. 设计应在采掘施工前编制完成。钻孔布置应依据地面物探、井下物探成果及相关水文地质资料进行合理设计，设计编制完成后由矿总工程师组织相关科室会审，探放水队学习贯彻后执行 2. 在受水害威胁区域采掘时，必须编制专项探放水设计和施工安全技术措施，设计和措施由矿总工程师审定后报二级公司审批、备案后，方可进行钻探施工，具体参照《煤矿防治水细则》第 42 ~ 51 条相关要求执行，做到一工程一设计、措施。探查陷落柱等垂向构造时，应当同时采用物探、钻探两种方法，根据陷落柱的预测规模布孔，但底板方向钻孔不得少于 3 个，有异常时加密布孔，其探放水设计由煤矿总工程师组织审批（《煤矿防治水细则》第 43 条）	检查每个采掘工作面的探放水设计及安全技术措施，设计中钻孔布置是否合理，措施是否落实到位；查看设计是否经过矿总工程师审批；施工前有无探放水队学习记录及参加人员签名 检查针对上覆和相邻采空区、断层、陷落柱、地质钻孔等探放水设计及安全技术措施，钻孔布置是否合理，措施是否落实到位；查看设计是否经过二级公司审批，施工前有无探放水队学习记录及参加人员签名；是否有专项探放水施工记录、验收记录、总结

（续）

项目分类	项目名称	检查规定及要求	检查方法
重大隐患涉及项目	5. 严禁开采防隔水煤（岩）柱	凡属于《煤矿防治水细则》第 92 条七种情形之一的，必须按规定留设防隔水煤（岩）柱，并编制防隔水煤（岩）柱设计，矿总工程师审定后报二级公司审批，做到科学合理，安全可靠。 7 种情形分别是： （1）煤层露头风化带 （2）在地表水体、含水冲积层下或者水淹区域邻近地带 （3）与富水性强的含水层间存在水力联系的断层、裂缝带或者强导水断层接触的煤层 （4）有大量积水的老空 （5）导水、充水的陷落柱、岩溶洞穴或者地下暗河 （6）分区隔离开采边界 （7）受保护的观测孔、注浆孔和电缆孔等	检查是否编制防隔水煤（岩）柱设计，并经二级公司批复 对照图纸查看是否在相关图件上绘制与标识，查看防隔水煤柱附近巷道测量点坐标，是否有进入煤柱内开采情况
	6. 排水系统	1. 矿井进入三期工程前，必须按设计完成永久排水系统，配备与涌水量相匹配的水泵、排水管路、配电设备和水仓（分为主仓和副仓） 2. 采区水仓必须投入使用后，方可进行回采工作面作业 3. 排水管路应当有工作管路和备用管路，水管能力与水泵排水能力相适应，符合《煤矿防治水细则》第 106 条	检查永久排水系统（中央、采区），检查水泵与管路是否匹配；检查图纸标识的水仓容量是否与实际相符，是否存在有采区水仓未投入使用，进行回采作业；排水管路是否有备用管路，水管能力与水泵排水能力是否相适应 检查工作水泵、工作管路能力能否在 20 h 内排出 24 h 的正常涌水量；工作和备用水泵、管路总能力能否在 20 h 内排出 24 h 的最大涌水量；掘进、回采工作面必须保证不少于两趟 4 寸的排水管路，并及时跟进（掘进距迎头不得超过 30 m），备用水泵热备
重点项目	1. 防治水领导组织机构	各矿必须建立防治水工作领导组，组长为总经理，副组长为总工程师、安全副矿长，成员为相关科室负责人，领导组下设办公室，设立在地测防治水科。防治水领导组要明确各方职责，以文件下发，报二级公司地测与防治水中心备案	查看是否有以总经理为首的防治水工作领导组的红头文件，文件中是否包含相关各职能科室领导、人员等，职责是否具体明确
	2. 探水现场视频监控管理	探放水施工现场视频监控管理模式：根据省厅文件要求以及公司领导意见，要求各矿落实探放水施工现场视频监控管理，所有探放水现场（超前钻探、专项钻探）进行视频监控管理，对探水施工、验收过程进行录制视频，保存探水现场视频监控资料至回采工作面结束，以便备查	抽查探放水现场钻探施工视频监控，视频是否清晰，视频时间是否与探水日期相符；施工是否与设计相符，验收是否符合规定流程 抽查视频监控资料是否保存，在工作面回采结束前，所有探水监控资料不得丢失

（续）

项目分类	项目名称	检查规定及要求	检查方法
重点项目	3.“有掘必探、钻探留痕、见痕掘进、班班确认”执行情况	1. 有掘必探：掘进工作面保证物探连续跟踪，悬挂物探位置牌板，物探成果异常区要进行钻探验证。钻探不能超出物探范围，确保“物探先行”。超前钻探施工符合探放水设计要求 2. 钻探留痕：巷道两帮孔按要求使用木楔镶入钻孔，粘贴黄色或红色反光纸带，并悬挂塑封标识牌 3. 见痕掘进、班班确认，填写《掘进工作面钻孔可视化确认单》，若迎头无钻孔孔眼应立即补探，补探后方可掘进，工作面迎头及两帮必须保证钻孔清晰可见，由当班安全员和掘进队干共同核实确认掘进。当班结束后将班班确认单交由地测防治水科保管	“有掘必探”执行情况，检查探水人员入井记录及人员定位系统；检查物探、钻探连续跟踪探测报告、记录、台账 入井后现场查看钻孔留痕情况，是否进行标识；帮上钻孔出露位置是否符合设计位置，误差是否在允许范围之内。检查迎头钻孔是否清晰可见，现场探测深度不少于10 m，当班掘进队干是否携带钻孔可视化确认单，是否按要求格式填写，签字是否到位，是否交由地测防治水科保管
	4. 地面物探	1. 应当根据勘探区的水文地质条件、探测地质体的地球物理特征和探测工作目的等编写地面水文地质物探设计，由煤矿企业总工程师组织审批 2. 应当采用多种物探方法进行综合勘探，可以采用地震与电法相结合的勘探技术方法查明构造及其富水性 3. 施工结束后应当提交成果报告，由煤矿企业总工程师组织审批。物探成果应当与其他勘探成果相结合，相互验证	检查地面物探是否有设计并经过二级公司审批 检查目前采掘范围是否全部进行了地面物探，保证物探全覆盖 检查物探成果报告是否经过二级公司批复，物探成果是否在充水性图上反映
	5. 井下物探	1. 物探作业前，应当根据采掘工作面的实际情况和工作目的等编写设计，设计时充分考虑控制精度，设计由煤矿总工程师组织审批 2. 采用电法实施掘进工作面超前探测的，探测环境要求： （1）巷道断面、长度满足探测所需要的空间 （2）距探测点20 m范围内不得有积水，且不得存放掘进机、铁轨、皮带机架、锚网、锚杆等金属物体 （3）巷道内动力电缆、大型机电设备必须停电 3. 施工结束后，应当提交成果报告，由煤矿总工程师组织验收。物探成果应当与其他勘探成果相结合，相互验证	检查超前物探、工作面物探是否编制了设计并经过矿总工程师审批 检查物探施工前是否进行环境确认，在物探探测环境确认表上记录现场环境是否满足条件，确保采集数据的有效性 检查物探成果是否经过矿总工验收，物探成果与实际揭露及时进行对比，有出入时应及时反馈、分析，逐步提高物探精度

（续）

项目分类	项目名称	检查规定及要求	检查方法
重点项目	6. 带压开采	1. 根据《煤矿安全规程》第三百零三条，对于煤层顶、底板带压的采掘工作面，但应当提前编制防治水设计，制定并落实水害防治水措施 2. 当承压含水层与开采煤层之间的隔水层能够承受的水头值大于实际水头值时，可以进行带压开采，须编制带压开采安全性评价报告以及专项安全技术措施，进行带压安全分区，由煤矿企业总工程师审批	检查进入带压区域回采工作面是否编制防治水设计，制定并落实水害防治水措施 检查是否编制带压开采安全性评价报告以及专项安全技术措施，由煤矿企业总工程师审批
	7. 采掘前水文地质分析	1. 矿井受水害威胁的区域，巷道掘进前，地测部门应当提出水文地质情况分析报告和水害防治措施，由煤矿总工程师组织生产、安检、地测等有关单位审批 2. 工作面回采前，应当查清采煤工作面及周边老空水、含水层富水性和断层、陷落柱含（导）水性等情况。地测部门应当提出专门水文地质情况评价报告和水害隐患治理情况分析报告，经煤矿总工程师组织生产、安检、地测等有关单位审批后，方可回采。发现断层、裂隙或者陷落柱等构造充水的，应当采取注浆加固或者留设防隔水煤（岩）柱等安全措施；否则，不得回采	检查受水害威胁区域，掘进前水文地质情况分析报告和水害防治措施编制与审批情况，是否与实际情况相结合 回采工作面专门水文地质情况评价报告和水害隐患治理情况分析报告是否编制，是否包含地质、水文地质情况、水害分析以及治理措施等内容，是否由总工组织审批
	8. 水情水害预报	1. 每年年初，根据采掘衔接计划，结合矿井水文地质资料，全面分析水害隐患，提出水害分析预测表和预测图，采掘过程中，对预测图、表逐月检查，并补充和修正 2. 水情水害预报分年报、月报、临时性预报。分析水文地质资料后，参照二级公司制定的模板格式编制，提出具体防范措施，进行水害预判与预警，预报应及时由矿总工程师批准后下发相关科室和采掘队组贯彻执行。依据采掘揭露情况对预报进行分析总结，并在年底装订成册	查看水害预测表和预测图是否符合实际，是否进行了及时的补充与修正。预报是否齐全、是否按规定时间编制与下发；检查采掘队组、相关科室是否签收；对采空区、积水等变化情况是否下发了临时性预报，各类预报是否进行验证总结，评判其准确性，是否规范管理、装订成册
	9. 三单两表	按照二级公司《探放水管理补充调整规定》执行，保证数据真实可靠，签字到位。“三单”分为探放水通知单、允许掘进通知单、掘进停止通知单，下发时间、程序符合规定要求。“两表”为探掘日报表、探放水钻孔现场验收、安全确认移交表，按规定填写与上报	检查三单、两表是否齐全，内容填写是否合理，查看通知单下发时间、位置是否与井下实际一致，两表填写是否真实，采掘队组是否接收签字留存，有无代签字现象，是否分类归档管理

（续）

项目分类	项目名称	检查规定及要求	检查方法
重点项目	10. 回采工作面防治水安全确认	1. 采煤工作面应当选择两种以上物探方法，相互验证；物探等探查圈定的异常区应当进行专项钻探验证 2. 上覆存在含水层、采空及周边采空区等水害威胁时，回采前必须对上覆含水层及采空积水进行疏放，疏放结束后必须进行效果验证，确保疏干放净，并由总工组织验收 3. 回采工作面必须配备满足需要的水泵、排水管路、配电设备等，回采前必须保证排水系统完善	回采工作面两种物探方法设计、施工、成果以及专项钻探设计、验证总结 回采工作面对上覆含水层及采空积水进行疏放设计、验证、验收 回采工作面排水系统必须配工作管路和备用管路、工作水泵、备用水泵（热备），排水能力必须满足需要
	11. 制度建设	1. 建立健全防治水相关制度，并贯彻落实。制度齐全，主要制度内容制定合理，切合实际 2. 凡存在井下有明显的透水征兆、大到暴雨或其上游发生洪水期间受地表水倒灌威胁的矿井，必须严格停工停产撤人（煤矿主要负责人必须赋予调度员、安检员、井下带班人员、班组长等相关人员紧急撤人的权力，发现突水、透水或溃水征兆、极端天气可能导致淹井等重大险情，立即撤出所有受水患威胁地点的人员，在原因未查清、隐患未排除之前，不得进行任何采掘活动）	1. 查看制度是否齐全，切合实际，询问和查看制度落实情况 2. 主要制度有重大水患停产撤人制度、水害防治岗位责任制、水害防治水技术管理制度、水害预测预报制度、水害隐患排查治理制度、探掘分离管理制度、安全确认移交制度、探放水制度、应急处置制度等 3. 检查重大水患停产撤人制度：煤矿主要负责人是否赋予调度员、安检员、井下带班人员、班组长等相关人员紧急撤人的权力，是否有授权书，制度里是否明确授权
	12. 地面防治水	1. 矿井应当查明采矿塌陷区、地裂缝区分布情况及其地表汇水情况 2. 雨季前，必须对煤矿防治水工作进行全面检查，制定雨季防治水措施，建立雨季巡视制度，组织抢险队伍并进行演练，储备足够的防洪抢险物资 3. 雨季应定期对工业广场防排水设施和井口防洪物资储备进行巡查。雨季前对边坡、地表裂缝、封闭不良钻孔、废弃井筒、河床渗漏等调查，并编制治理方案，矿总工程师审批后组织实施，并编制施工验收报告 4. 大到暴雨期间应安排专人观测地表雨情、水势，井下涌水量变化情况及矿区周边地面裂缝、老窑塌陷现象，并记录在案、存档备查，针对存在的水患及时汇报与治理 5. 按照《边坡变形监测技术要求（试行）》进行边坡观测，在有滑坡危险的地段，可能威胁煤矿安全时，应当进行治理	1. 检查采矿塌陷区、地裂缝区分布情况及其地表汇水情况台账以及调查总结、雨季期间排查记录，治理方案编制与实施、竣工验收报告是否全面 2. 检查应急物资台账，核对应急物资是否和台账一致，是否满足需要 3. 检查大到暴雨期间对井上下水文条件变化情况的观测记录台账，是否对隐患进行汇报与治理 4. 检查边坡观测记录，观测时间、计算成果台账

（续）

项目分类	项目名称	检查规定及要求	检查方法
重点项目	13. 雨季“三防”、水害应急演练	1. 雨季“三防”、水害应急演练要求在雨季前制定具体方案，贯彻学习后组织演练，演练结束后进行总结分析，编写总结报告 2. 在每年雨季之前，应当对全部工作水泵、备用水泵全面检修1次，并进行1次联合排水试验，提交联合排水试验报告。水仓、沉淀池和水沟中的淤泥，应当及时清理；每年雨季前必须清理1次。检修、清理工作应当做好记录，并存档备查	1. 检查演练方案和总结内容是否全面，到位，查看方案学习记录和演练记录 2. 雨季前是否进行联合排水试验，是否有联合排水试验报告（至少保证中央水仓、采区水仓联合排水）；是否对水仓、水沟进行清挖，有无清挖记录、措施
	14. 井下现场管理	1. 排水设施 （1）中央水仓、采区水仓应当配齐工作、备用、检修水泵，水泵、水管能力满足《煤矿防治水细则》第106条要求；水泵运行日志记录齐全，雨季前应进行联合试运转，提交联合试运转报告 （2）依据采掘工作面涌水量估算配备满足需要的工作、备用排水泵及所匹配的管路，保证工作面涌水能够及时排出 （3）及时对水仓、水沟的淤泥进行清理，必须在雨季前清理一次 2. 钻探现场 （1）掘进工作面迎头附近配备钻机及其配套的设施，钻杆数量充足；配有钻孔探测杆 （2）钻探施工前保证迎头、两帮支护到位，钻机立柱稳固；排水水沟、水管畅通，水泵配备满足需要，现场通信设施完好，人员撤离通道畅通；钻孔按照设计参数进行标定 （3）探放水施工人员必须持证作业 3. “图牌板” （1）图牌板种类：探放水钻孔设计图，探放水钻孔验收、掘进进度记录板，探放水位置牌，涌水量观测牌板，探放水设备管理牌板，物探管理牌板，涌水量管理牌板 （2）按照公司统一格式制作，内容填写真实、字迹清晰 （3）牌板吊挂需整齐，填写符合规定要求 4. 涌水量排查 及时对采掘工作面淋水、渗水等情况观测与记录。对主要涌水、放水点、临时排水点、放水钻孔挂牌管理，填写相关信息	检查排水设施是否齐全完好，查看水泵能力检测报告、联合试运转检测报告；检查工作面水泵数量及管路趟数是否满足要求，查看是否制定了水仓清挖措施；检查水仓、水沟的淤泥清挖记录 检查工作面钻机、钻杆和探测杆配备情况，钻探施工现场准备条件是否充分到位；检查探放水施工人员持证情况，证件是否有效，是否与本人一致 检查图牌板制作是否与公司要求一致，悬挂规范（迎头30 m范围以内），内容填写是否齐全、真实 检查各工作面淋水、渗水排查记录，主要涌水、放水点、临时排水点、放水钻孔是否悬挂管理牌，填写是否规范。牌板格式大小统一按照二级公司要求进行规范管理

（续）

项目分类	项目名称	检查规定及要求	检查方法
一般项目	1. 图纸管理	主要图件：矿井充水性图、井上下对照图、涌水量相关因素动态曲线图等。绘制要符合《煤矿地质测量图例》及公司相关规范，对物探解释和井下揭露的褶曲、断层、陷落柱、老空、旧巷等情况及时更新填绘到相关图件	查看各类图纸，了解水文地质特征及水害威胁情况；检查图种是否齐全，内容是否真实，并按时修绘、更新，绘制是否符合《煤矿地质测量图例》及公司相关规范。主要图件应当随采掘工程的进展定期补充填绘 1. 充水性图主要内容： ①各种类型的出（突）水点应当统一编号，并注明出水日期、涌水量、水位（水压）、水温及涌水特征；②古井、废弃井巷、采空区、老硐等的积水范围和积水量；③井下防水闸门、防水闸墙、放水孔、防隔水煤（岩）柱、泵房、水仓、水泵台数及能力；④井下输水路线；⑤井下涌水量观测站（点）的位置；⑥地表水体、河流、积水区等；⑦分区管理情况；⑧地面物探异常区；⑨其他 2. 井上下对照图主要内容： ①各级平面和高程测量控制点，注明点号、高程；②居民区，包括各类房屋、窑洞和各种公共建筑设施等，单独或总体注记名称；③重要的独立地物如井口（包括废弃不用的井口和小煤窑井口并注记名称）、钻孔及其编号、烟囱、水塔、电线杆（塔）和坟地等；④各种管线和垣栅如高、低压输电线、通信线、煤气管道、围墙、铁丝网和篱笆等；⑤各种道路如铁路，轻便铁道、架空索道、公路、大车道和乡村路等，注记铁路及主要公路名称；⑥水系及其附属设施如河流、湖泊、水库、沟渠、输水槽、桥梁、渡口、泉和水井等。注记河流、湖泊、水库及主要沟渠名称；⑦以等高线和符号表示的地表自然形态及由于生物活动引起的地面特有地貌。如塌陷坑、塌陷台阶、积水区、矸石山（堆）等；⑧土质和植被情况；⑨各种境界线。如省，市、县界，煤矿占地边界等；⑩井下主要开采水平的井底车场、运输大巷、主要石门、主要上下山、总回风道和采区内的重要巷道，回采工作面及其编号（对于开采煤层群的矿井，视煤层间距和煤层倾角，可只绘若干层煤或最上一层煤的工作面）；⑪井田技术边界线、保安煤柱的围护带和边界线，并注明批准文号 3. 涌水量与相关因素动态曲线图：

（续）

项目分类	项目名称	检查规定及要求	检查方法
一般项目	1. 图纸管理	煤矿应当及时掌握本矿及相邻矿井距离本矿200 m范围内的采掘动态，将采掘范围、积水情况、防隔水煤（岩）柱、分区管理情况等填绘在矿井充水性图、采掘工程平面图等图件上，并标出积水线、探水线和警戒线的位置	各矿井应当根据具体情况，选择不同的相关因素绘制下列几种关系曲线图： （1）矿井涌水量与降水量、地下水位关系曲线图 （2）矿井涌水量与单位走向开拓长度、单位采空面积关系曲线图 （3）矿井涌水量与地表水补给量或者水位关系曲线图 （4）矿井涌水量随开采深度变化曲线图
	2. 防治水原始记录	原始记录主要有钻探施工原始记录、涌水量观测记录。按要求及时对钻探施工、涌水量等进行观测记录，做到数据准确、内容完整、表达确切、图文结合	检查各类原始记录是否齐全，观测人、时间、地点及内容是否齐全，检查是否文字与附图相结合，参数齐全、准确，是否做到及时跟踪记录
	3. 基础台账	建立完善各类台账，做到台账齐全，填报及时、准确、完整、统一，并留存电子档。台账需以年为单位分类装订成册，定期更新	检查各类台账是否齐全，无缺项，并存有电子档；内容是否准确、真实、完整，观测时间是否符合要求；是否做到及时整理与分析 主要台账有：①矿井涌水量观测成果台账；②气象资料台账；③地表水文观测成果台账；④钻孔水位、井泉动态观测成果及河流渗漏台账；⑤抽（放）水试验成果台账；⑥矿井突水点台账；⑦井田地质钻孔综合成果台账；⑧井下水文地质钻孔成果台账；⑨水质分析成果台账；⑩水源水质受污染观测资料台账；⑪水源井（孔）资料台账；⑫封孔不良钻孔资料台账；⑬矿井和周边煤矿采空区相关资料台账；⑭防水闸门（墙）观测资料台账；⑮物探成果验证台账；⑯钻探设备管理台账等其他专门项目的资料台账
	4. 各类报告	按照相关要求定期组织编制生产地质报告、防治水中长期规划、年度防治水计划、水文地质类型划分报告、带压开采安全性评价报告、地质类型划分报告、隐蔽致灾地质因素普查报告、防治水分区管理论证报告、水害应急专项预案和现场处置方案等报告，按要求审批并组织实施	1. 检查是否在规定时间内完成报告的修编和审批，检查审批文件及会审意见 2. 检查是否按报告相关要求组织实施，是否按报告提出的水害防治措施进行落实

（续）

项目分类	项目名称	检查规定及要求	检查方法
一般项目	5. 隐患排查与整改落实	1. 地测防治水科要组织开展对井田范围内地面、井下水害隐患进行专项全面排查，要求每季度一次，形成检查报告；雨季期间增加排查次数；并且雨中、雨后要对重点水患区域进行排查，对排查出的隐患问题“五定”管理 2. 对上级部门（省煤炭厅、市局、集团公司、二级公司等）检查的问题，按照“五定”原则逐条落实整改，建立隐患排查治理台账并上报整改结果，二级公司对整改情况进行复查	1. 检查每季度隐患排查报告、隐患排查治理台账，是否定期进行排查 2. 检查对各级检查的问题隐患是否及时上台账，是否按“五定”原则按时落实整改
	6. 资料管理	1. 图纸、资料、文件等分类保管、存档管理 2. 电子文档定期备份 3. 建立资料管理台账，注明文件名称、保管人、电子备份时间等	查资料，检查资料管理台账，抽查地质、测量、防治水图件、资料文件是否分类管理、是否存档，电子图件、报告是否定期备份。政府、集团、二级公司下发的文件、规定是否存档保存
	7. 装备管理	1. 工器具、装备完好，满足规定和工作需要 2. 地质工作至少采用一种有效的物探装备 3. 采用龙软制图 4. 地测信息系统能够正常使用，并定期上传资料	1. 检查测量仪器、物探设备、钻机、钻孔轨迹仪等是否完好 2. 测量仪器是否进行每年一次的校验 3. 图纸是否使用龙软进行绘制 4. 地测信息系统是否能够正常使用，是否定期上传资料
	8. 地下水动态监测系统	《煤矿防治水细则》第九条，矿井应当建立地下水动态监测系统，对井田范围内主要充水含水层的水位、水温、水质等进行长期动态观测，对矿井涌水量进行动态监测。受底板承压水威胁的水文地质类型复杂、极复杂矿井，应当采用微震、微震与电法耦合等科学有效的监测技术，建立突水监测预警系统，探测水体及导水通道，评估注浆等工程治理效果，监测导水通道受采动影响变化情况	检查是否建立地下水动态检测系统，是否对井田内主要充水含水层的水位、水温、水质等进行长期动态观测，对矿井涌水量进行动态监测
	9. 业务工作会议	1. 各矿每月末召开一次地测防治水业务技术会议，由矿总工程师组织地测防治水及相关部门、探放水队参加，对当月工作分析总结，下月工作安排部署，形成会议纪要 2. 地测防治水科每周安排一次部门会议，总结与分析上周工作完成情况，安排部署下周工作内容形成会议记录，内容翔实、全面	1. 检查是否按期召开每月会议，是否有会议签到、会议记录、会议纪要；检查记录是否全面、详细 2. 检查部门业务会议记录，是否对上周工作总结，对下周工作做出安排，是否有对业务相关文件学习贯彻内容

（续）

项目分类	项目名称	检查规定及要求	检查方法
一般项目	10. 人员培训	1. 地测防治水技术员每3年接受一次专业技术培训，井下探放水作业人员每年进行一次复训，持证上岗，每年雨季前组织防治水知识全员培训 2. 培训文件、培训人员、培训内容、考试情况、证书等分类归档保存	检查人员培训计划和培训证书，查看培训教案和教学记录，检查是否有突水征兆方面的培训，是否存在有未培训或培训不合格上岗人员，入井询问作业人员是否了解透水征兆和避灾路线；检查培训相关资料是否归档保存

2.6 煤矿信息调度专业安全检查表

项目分类	检查项目	规定或要求	检查方法
重大隐患涉及项目	1. 超能力、超定员组织生产	矿井全年原煤产量超过矿井核定（设计）生产能力110%的，或者矿井月产量超过矿井核定（设计）生产能力10%	核实矿调度室当月（年）累计产量超过矿井核定能力的10%（110%）的为超能力生产，查队组台账
		未制定或者未严格执行井下劳动定员制度的	1. 当地煤炭管理部门核定的入井人数应在井口公示，实际入井人数不能超过核定入井人数 2. 核实调度综合台账、人员定位系统、《井口入井登记表》、灯房的入井人数在同一时间点是否一致
	2. 监控、通信系统	必须装备安全监控系统、人员位置监测系统、有线调度通信系统，系统必须具有防雷电保护	1. 查看采取设计、采掘作业规程，必须对安全监控、人员位置监测、有线调度通信设备种类、数量和位置、信号、通信，电源线缆的敷设，安全监控系统的断电区域等做出明确规定，绘制安全监控布置图和断电控制图，人员位置监测系统图、井下通信系统图，并及时更新 2. 现场查看防雷保护装置是否安装 3. 查监控设备运行记录，若是停止运行，必须有安全措施，并经矿总工审批
	3. 瓦斯监控安装运行	按规定安设、调校甲烷传感器，无人为造成甲烷传感器失效现象，瓦斯超限断电或者断电范围符合规定	1. 查近2个月调校记录，询问传感器数量，与电脑系统进行对比检查，做到台账、系统、实际三统一 2. 抽查井下甲烷传感器2～3处，用光学瓦检仪进行检测，比对传感器是否有误差 3. 在系统内，抽查1～2处断电仪，是否能满足地面远程断电功能；在井下抽查1～2处传感器故障，是否能完成断电闭锁，故障恢复，是否自动解锁 4. 用标准气样试验瓦斯传感器看断定范围
	4. 瓦斯监控数据	安全监控系统出现故障应及时采取措施予以恢复的，不存在对系统记录的瓦斯超限数据进行修改、删除、屏蔽现象	1. 查异常情况处置记录和系统故障处置记录（随机抽查），落实处置办法 2. 结合异常处置记录、超限记录及系统内历史记录、曲线，检查瓦斯历史数据，各节点数值是否吻合，来断定其数据真实性

（续）

项目分类	检查项目	规定或要求	检查方法
重点检查项目	1. 机构设置、人员配备	有独立的调度机构；人员不少于10人（含信息员）从业人员必须持证上岗	1. 调度室主任、副主任、主任工程师应有矿任命文件 2. 检查调度人员基本情况信息表和值班台账、签名是否相符 3. 从业人员是否取得三级以上培训机构发放的资格证书 4. 对井上、下作业情况掌握清楚，必须熟悉应急预案和现场处置方案（查学习记录或询问）
	2. 调度制度	岗位责任制和安全生产责任制是否健全	1. 要有以下调度管理制度：①岗位责任制；②调度值班制度；③调度交接班制度；④调度逐级汇报制度；⑤安全事故汇报制度；⑥调度员下井管理制度；⑦调度会议制度；⑧调度业务学习制度；⑨监测监控系统报警处理制度；⑩业务保安制度 2. 以上制度必须单独装订成册 3. ①②③④必须上墙 4. 查看责任制是否符合本矿实际，可操作性强
	3. 矿领导值班、带班情况	有值班、带班制度和排班表；跟、值班人员发现隐患要及时处理并填写值班记录	1. 查跟、值班记录填写是否完整（出、入井时间、行走路线、排查出的隐患问题及处理措施），书写要工整 2. 检查上一个班排查出的隐患是否及时处理、闭合 3. 抽查近日跟、值班人员与值班表是否一致 4. 通过电话查询，抽查跟班人员与人员定位是否一致 5. 矿领导换班必须履行手续，使用公司制定的统一的格式，查原始记录 6. 查当班安检员、瓦斯员的人员定位，看是否与跟班人员完全重合，查隐患台账看闭合情况
	4. 调度汇报、记录簿、台账	班、日、周、月、专题、季节性、事故、突发性事件汇报内容完整；记录簿、台账内容格式符合公司规定，记录规范、完整；调度原始记录保存时限符合规定要求	1. 检查班、日、周、月、专题、季节性、事故、突发性事件汇报记录是否完整 2. 矿调度是否使用公司统一印制的记录簿和台账（记录簿和台账种类按公司下发的安全生产标准化执行要求核实） 3. 核实是否设立揭空、贯通、设备大修汇报记录专用台账 4. 检查台账，对井下和作业点汇报的问题，是否进行闭合管理 5. 调度原始记录保存时限要求：①班、日调度记录（包括调度日志、调度记录、逐日生产完成情况登记表），要保存5年以上；②调度日报、旬报和文字分析，保存2年以上；③上级调度通知、通报、传真电文和本单位下达的调度通知、通报和传真电文原稿，要保存2年以上；④月度及月度以上的生产简报，调度台账和专题报告，保存5年以上；⑤死亡事故记录、重大非伤亡事故专项记录、非伤亡事故分类综合统计以及年度生产简报，作为永久保存资料。使用计算机储存的台账和信息必须定期做备份，防止丢失

（续）

项目分类	检查项目	规定或要求	检查方法
一般检查项目	1. 必备系统	所有矿井必须装备安全监控系统、人员位置监测系统、有线调度通信系统。高瓦斯矿井的安全监控系统必须具有瓦斯抽采监测功能；安全监控和人员位置监测系统主机必须实现双机热备	查现场：①是否装备规定要求的系统；②双机热备测试，关掉主机，从机应在5 min内自动运行，并完成数据同步更新；③查记录是否定期调校、测试，每月至少一次
	2. 瓦斯监控功能	系统功能齐全，运行正常。具备断电、馈电状态监测和报警功能	1. 检查是否具有实时上传监控数据功能，近一个月原始数据保存完好 2. 现场测试报警功能是否正常 3. 写清系统应具备哪些功能，逐个验论
	3. 人员位置监测	下井人员必须携带识别卡。各个人员出入井口、重点区域出入口、限制区域等地点应设置读卡分站。人员位置监测系统应具备检测识别卡是否正常和唯一性的功能	1. 查入井许可人数，与发放识别卡人数，是否一致 2. 查人员定位系统、设备台账，结合井下抽查读卡分站安装情况是否一致 3. 查入井口附近是否安装识别卡检测设备，能否清楚反映识别卡电池电量情况及识别情况 4. 电话抽查人员，看是否在识别范围
	4. 通信	1. 主要环节场所必须设有直通矿调度室的有线调度电话 2. 系统应具有选呼、急呼、全呼、强插、强拆、监听、广播、录音等功能 3. 严禁调度电话由井下就地供电，或经有源中继器接调度交换机 4. 移动通信符合《煤矿安全规程》要求	1. 具体地点：矿井地面变电所、地面主通风机房、主副井绞车房、压风机房、井下主要水泵房、井下中央变电所、井底车场、运输调度室、采区变电所、上下山绞车房、水泵房、带式输送机集中控制硐室等主要机电设备硐室、采煤工作面、掘进工作面、爆破时撤离人员集中地点、采区和水平最高点、避难硐室、瓦斯抽采泵房、爆炸物品库等，查电话表，现场抽查拨打电话，是否按要求进行安装 2. 检查调度主机，模拟测试，查历史数据等方法，检查系统功能项是否满足要求 3. 现场试验选呼、急呼、全呼、强插、强拆、监听、广播、录音等功能 4. 检查移动通信系统应当具备以下功能：①选呼、组呼、全呼等；②移动台和移动台、移动台和固定电话之间互联互通；③短信收发；④通信记录存储和查调；⑤录音和查询
	5. 视频监控	各重点场所必须安设监控视频并上传矿调度室，上传公司生产指挥中心11路视频	1. 公司要求上传的11路视频：①井底车场进出罐笼处或斜井底乘车处；②井底煤仓处或主皮带头处；③采取皮带与主皮带转载处；④井下中央变电所、水泵房；⑤采煤工作面巷道带式输送机机头处；⑥采煤工作面或电列转载机处；⑦主提升绞车房或斜井带式输送机机头区域；⑧副井提升绞车房；⑨副井井口房（出入井口区域）；⑩主

（续）

项目分类	检查项目	规定或要求	检查方法
一般检查项目	5. 视频监控	各重点场所必须安设监控视频并上传矿调度室，上传公司生产指挥中心11路视频	提升系统箕斗或上仓皮带；⑪煤炭销售车辆过磅处。必须保证图像清晰，无遮挡，并稳定上传 2. 查现场视频图像是否清晰、位置、角度要合理，能够全方位地显示现场环境、动态变化情况 3. 查记录是否与二级公司调度部日常统计断传时间一致 4. 系统设备设施需安装或拆卸的，要提前向公司汇报，并制定专项措施 5. 查台账记录、生产区域发生变化后2个工作日内，是否完成调整，并在系统及上传系统中更新
	6. 设备台账	管理台账符合公司规定要求，记录要完整，书写规范	1. 应有以下12种设备管理台账：①安全监管执法与决策系统运行情况登记表；②视频会议系统设备运行记录；③生产指挥中心设备和设施检修、更新、更换记录；④监控值班人员交接班记录；⑤监控值班人员值班记录；⑥安全生产信息发报记录；⑦机房设备及日常运行记录；⑧监测监控系统报警及处置情况记录；⑨机房及大厅设备台账记录；⑩外来人员设备检查检修情况记录；⑪生产指挥中心设备和设施定期检查记录；⑫机房日常故障情况记录，要求每班对设备进行巡检，填写运行日志，设备出现故障，应当采取措施，及时处理，处理过程和结果应当记录备案。每个月对数据进行备份（安全监控人员位置检测等），保存期不少于两年 2. 查瓦斯监控系统、人员定位系统、视频监控系统设备台账，是否做到台账、系统、实际三统一
	7. 机房环境	机房线路布置合理，标签张贴清晰、整齐；不间断电源续航能力应超过4 h；防雷接地有效；消防设施完备	1. 查机房布线、网络接入情况，标签张贴清晰、整齐 2. 防雷应出具防雷检测年报告 3. 机房内所有设备应接地，接地电阻要求小于4 Ω 4. 根据公司机房配置现状，消防设施，至少应配置2具二氧化碳灭火器和干粉灭火器；应具备烟雾超限报警装置 5. 机房内不得存有易燃、易爆物品，物品分类摆放整齐 6. 卫生清洁达标，空气温度（18～25 ℃）、湿度达标（40%～55%）

2.7 煤矿应急救援专业安全检查表

项目分类	检查项目	规定或要求	检查方法
重点检查项目	1. 指挥机构和管理机构	建立应急救援日常工作领导机构、工作机构和应急救援指挥机构，且配备专职人员	1. 查阅矿下发的最新的红头文件是否建立领导机构、工作机构和应急救援指挥机构，各个机构的职责要明文规定 2. 成立指挥部（总指挥由矿长担任，副总指挥由矿技术负责人、安全矿长及其他矿领导担任，成员由各科室负责人组成） 3. 各矿应急救援管理机构至少应设立一名专职人员进行管理，保证日常运行 4. 指挥部应设在调度室（挂牌显示）
		成立至少10个应急救援专业小组且职责明确	1. 应急指挥部至少成立10个应急救援小组即抢险救援组、医疗救护组、技术专家组、通信信息组、物资装备组、交通运输组、后勤服务组、财力保障组、治安保卫和善后处置组等 2. 各小组职责必须在红头文件或综合应急预案中明文规定
	2. 管理制度	建立至少10项管理制度，内容完整，具有可操作性	1. 以红头文件下发应急管理标准化规定的10项制度，并按制度开展工作：①事故监测与预警制度；②应急值守制度；③应急信息报告和传递制度；④应急投入及资源保障制度；⑤应急预案管理制度；⑥应急演练制度；⑦应急救援队伍管理制度；⑧应急物资装备管理制度；⑨安全避险设施管理和使用制度；⑩应急资料档案管理制度 2. 制度内容要符合本矿实际，可操作性强，查阅相关的记录或台账应当与制度要求相统一
	3. 应急救援队伍建设	人员不少于20人，每小队不少于9人，正、副队长各1人必须经过专业机构培训，取得合格证	1. 查阅最新下发的应急救援队伍行政文件和应急队伍人员基本情况登记台账 2. 应急队员应取得长治市救护队核发的资格证，要逐一核查，至少抽查3名队员近期的出勤情况、联系电话等
		应有电话接警值班室、装备室、应急救援物资库等建筑设施	1. 现场查看矿井应急按值班室、装备室、应急救援物资库等场所；不具备条件的矿井至少要设立接警值班室（可与调度室合用） 2. 接警电话必须公示，做到专线专用

（续）

项目分类	检查项目	规定或要求	检查方法
一般项目	1. 应急救援队伍装备、器材	按规定建立完善井下安全避险系统，随工作面变化及时调整和完善，每年由矿总工开展系统有效性评估	查阅对安全避险系统的评估情况，资料、记录齐全
		井下设置应急广播系统，井下人员能够清晰听到应急命令	查阅广播系统布置图，查阅系统使用、维护记录等资料。现场可查看广播系统使用情况
		按规定配备足够量的自救器，矿井撤退路线上按要求设置自救器补给站	查自救器补给站现场，查补给站的相关制度和记录。根据人数查自救器的数量是否满足要求
		按要求建立应急装备库	查看应急救援装备库台账，按规定储存、维护、保养、更新、定期检查等。现场查看管理制度和责任制并是否上墙公示
		至少配备不少于10台（4 h）氧气呼吸器。队员每季度至少进行一次佩戴呼吸器的单项演习训练	1. 查阅佩戴仪器训练记录 2. 现场抽查至少1名队员佩戴装备是否符合要求
	2. 应急物资管理	必须建立地面应急设备材料库和井下消防材料库，物资储备要与应急预案中的要求相一致	1. 地面应急设备材料库距井口不得超过500 m 2. 核实材料库应急物资应与《矿井综合应急预案》中物资储备要求相一致 3. 应急物资要确保完好有效；账、卡、物必须相符；重要物资是否在有效期内 4. 应急物资存放应设专用库房，不能满足专设库房的矿井可与供应库房混放，但必须设有应急物资专属区 5. 管理制度和责任制健全，至少应有以下制度：①应急救援物资管理制度；②保管员岗位责任制度；③物资验收、调拨管理制度；④岗位安全责任制度；⑤防火安全责任制度 6. 消防设施完善，物资要分类存放整齐
	3. 急救站建设	不具备组建应急医疗救护专业条件的，应与附近医疗机构签订《应急救护服务协议》	查阅《应急救护服务协议》，且每年签订一次
		必须建立矿井急救站，以进行临时性的应急处置，要配备不少于3人的医务人员，并配够足够的急救器材和药品	1. 应设立单独的急救站，位置应距副井口不超过500 m 2. 至少应有一名医生和护士 3. 查看医药台账和医疗器材台账，检查配备的急救器材和常备的药品且应满足急救处置需要
	4. 应急处置	是否明确授予带班人员、班组长、瓦检工、调度人员遇险处置权和紧急避险权	查文件，是否明确授予带班人员、班组长、瓦检工、调度人员遇险处置权和紧急避险权，并在生产指挥中心上墙公示
	5. 技术资料	应急指挥中心应有采掘工程平面图、通风系统图、井上下对照图、井下避灾路线图、灾害预防与处理计划、应急预案	查看是否有当月的采掘工程平面图、通风系统图、井上下对照图、井下避灾路线图、灾害预防与处理计划、应急预案等

2.8 煤矿职业卫生专业安全检查表

项目分类	检查项目	规定或要求	检查方法
重点检查项目	1. 职业危害防治领导机构	《煤矿作业场所职业病危害防治规定》第六条：煤矿（企业）应当建立健全职业病危害防治领导机构，加强职业病危害防治工作 《××公司煤矿安全生产标准化管理体系执行要求》（2014 版）职业卫生专业：领导机构组长由总经理或矿长担任（第一责任人）；副组长由安全、技术、后勤等负责人担任；成员由各职能科室第一负责人担任	检查成立领导机构的文件，核实领导机构组成是否合理
	2. 职业危害防治工作机构	《煤矿作业场所职业病危害防治规定》第七条：煤矿应当设置或者指定职业病危害防治的管理机构，配备专职职业卫生管理人员，负责职业病危害防治日常管理工作 《××公司煤职业卫生管理制度（试行）》：明确分管职业卫生工作负责人（原则上由分管安全生产的领导分管此项工作），成立职业卫生管理科（科长 1 人）、配备专职人员（不少于 2 人）。如暂无条件成立专职科室时，也必须在安全科设内设机构，明确一名副科长具体分管此项工作，并指定专职管理人员（不少于 2 人），做到分工明确、各负其责	检查设立管理机构的文件，工作人员的数量是否满足要求
	3. 职业危害主要领导及工作人员的基本要求	《工作场所职业卫生监督管理规定》第九条：用人单位的主要负责人和职业卫生管理人员应当具备与本单位所从事的生产经营活动相适应的职业卫生知识和管理能力，并接受职业卫生培训 用人单位主要负责人、职业卫生管理人员的职业卫生培训，应当包括下列主要内容：①职业卫生相关法律、法规、规章和国家职业卫生标准；②职业病危害预防和控制的基本知识；③职业卫生管理相关知识；④国家安全生产监督管理总局规定的其他内容 《煤矿作业场所职业病防治规定》第十六条：煤矿应当对劳动者进行上岗前、在岗期间的定期职业病危害防治知识培训，督促劳动者遵守职业病防治法律、法规、规章、标准和操作规程，指导劳动者正确使用职业病防护设备和个体防护用品	1. 检查单位主要负责人是否接受培训并取得相关证件 2. 检查职业卫生工作管理人员的相关证件（由集团公司或具有相应职业卫生培训资质的培训机构颁发） 3. 查看职业卫生培训档案，档案内容是否齐全，培训计划、内容是否具有针对性
	4. 职业卫生管理制度	《煤矿作业场所职业病防治规定》第八条及《工作场所职业卫生监督管理规定》第十一条：存在职业病危害的用人单位应当制定职业病危害防治计划和实施方案，建立、健全下列职业卫生管理制度：	1. 检查年度防治计划编制情况，计划是否有具体的工作目标、进度、措施、考核等相关内容

（续）

项目分类	检查项目	规定或要求	检查方法
重点检查项目	4. 职业卫生管理制度	①职业病危害防治责任制度；②职业病危害警示与告知制度；③职业病危害项目申报制度；④职业病防治宣传教育培训制度；⑤职业病防护设施维护检修制度；⑥职业病个体防护用品管理制度；⑦职业病危害日常监测及检测、评价管理制度；⑧建设项目职业病防护设施“三同时”管理制度；⑨劳动者职业健康监护及其档案管理制度；⑩职业病诊断、鉴定及报告制度；⑪职业病危害防治经费保障及使用管理制度；⑫职业卫生档案管理制度；⑬职业病危害事故应急管理制度；⑭法律、法规、规章规定的其他职业病危害防治制度；⑮职业危害警示标识及中文警示说明的设置管理制度；⑯职业健康工作情况统计报表制度；⑰职业病防治专项基金制度；⑱职业病危害作业场所工作时间制度	2. 检查制度建立情况，18项制度是否逐一建立，是否以正式文件印发，内容是否与本矿实际相结合，并满足本矿工作需要，是否有与法律、法规相抵触的内容
	5. 职业病危害告知	《煤矿作业场所职业病危害防治规定》第十四条：煤矿应当履行职业病危害告知义务，与劳动者订立或者变更劳动合同时，应当将作业过程中可能产生的职业病危害及其后果、防护措施和相关待遇等如实告知劳动者，并在劳动合同中载明，不得隐瞒或者欺骗	1. 检查是否有合同告知 2. 检查是否在醒目位置（办公区、生产区等）设置公告栏，公告的内容是否合理 3. 检查主要、重要岗位是否设置告知卡，是否告知本企业、本岗位主要的危险有害因素、后果、事故预防及应急措施、报告电话等内容 4. 检查是否在重大事故隐患和较大危险的场所和设施设备上设置了明显标志，标明治理责任、期限及应急措施 5. 检查员工操作卡内容是否有告知 6. 检查单位是否有书面通知将职业健康检查结果告知员工，核查是否有本人签字确认
		《企业安全生产风险公告六条规定》：①必须在企业醒目位置设置公告栏，在存在安全生产风险的岗位设置告知卡，分别标明本企业、本岗位主要危险危害因素、后果、事故预防及应急措施、报告电话等内容；②必须在重大危险源、存在严重职业病危害的场所设置明显标志，标明风险内容、危险程度、安全距离、防控办法、应急措施等内容；③必须在有重大事故隐患和较大危险的场所和设施设备上设置明显标志，标明治理责任、期限及应急措施；④必须在工作岗位标明安全操作要点；⑤必须及时向员工公开安全生产行政处罚决定、执行情况和整改结果；⑥必须及时更新安全生产风险公告内容，建立档案	
	6. 职业病危害因素监测	《煤矿作业场所职业病危害防治规定》第十条：煤矿应当以矿井为单位开展职业病危害因素日常监测，配备监测人员和设备。每年进行一次作业场所职业病危害因素检测。根据监测、检测、评价结果，落实整改措施，同时将日常监测、检测、评价、落实整改情况存入本单位职业卫生档案。	1. 检查职业危害因素定期检测相关档案：包括定期检测报告、现状评价报告、不合格项目整改措施、主要负责人是否在报告书中签字等

（续）

项目分类	检查项目	规定或要求	检查方法
重点检查项目	6. 职业病危害因素监测	检测、评价结果向所在地安全生产监督管理部门和驻地煤矿安全监察机构报告，并向劳动者公布	2. 检查相关职业危害因素的检测记录、报告台账： （1）粉尘检测记录、报告 （2）噪声监测记录、报告 （3）有毒有害气体检测记录、报告 （4）涉及其他职业病危害因素时，应有相应的检测记录、报告等，如热害、使用放射性物质的，有职业病危害化学点等
		职业病危害因素检测的地点、检测周期应符合： 1）粉尘 《煤矿作业场所职业病危害防治规定》第三十五条：采煤工作面的司机操作采煤机、打眼、人工落煤及攉煤测尘点布置在工人作业地点；采煤工作面的多工序同时作业测尘点布置在回风巷距工作面10～15 m处；掘进工作面的司机操作掘进机、打眼、装岩（煤）、锚喷支护测尘点布置在工人作业地点；掘进工作面的多工序同时作业（爆破作业除外）测尘点布置在距掘进头10～15 m回风侧；翻罐笼作业、巷道维修、转载点测尘点布置在工人作业地点；地面煤仓、储煤场、输送机运输等处生产作业测尘点布置在作业人员活动范围内。 《煤矿作业场所职业病危害防治规定》第三十六条：粉尘监测采用定点或者个体方法进行，推广实时在线监测系统。粉尘监测应当符合下列要求：①总粉尘浓度，煤矿井下每月测定2次或者采用实时在线监测，地面及露天煤矿每月测定1次或者采用实时在线监测；②呼吸性粉尘浓度每月测定1次；③粉尘分散度每6个月监测1次；④粉尘中游离SiO_2含量，每6个月测定1次，在变更工作面时也应当测定1次 《煤矿安全规程》第六百四十二条：煤矿必须对生产性粉尘进行监测，并遵守下列规定：①总粉尘浓度，井工煤矿每月测定2次，粉尘分散度每6个月测定1次；②呼吸性粉尘浓度每月测定1次；③粉尘中游离SiO_2含量每6个月测定1次，在变更工作面时也必须测定1次	1. 检查是否配备2台以上粉尘采样器或直读式粉尘浓度测定设备，监测人员是否经培训后持证上岗 2. 检查记录、核实检测地点、检测周期等是否符合规定 3. 采掘工作面是否设置粉尘传感器、是否接入监控系统

（续）

项目分类	检查项目	规定或要求	检查方法
重点检查项目	6. 职业病危害因素监测	粉尘监测采样点布置应当符合《煤矿安全规程》第六百四十二条相关要求 2）噪声 《煤矿作业场所职业病危害防治规定》第五十三条：煤矿应当配备2台以上噪声测定仪器，并对作业场所噪声每6个月监测1次 《煤矿作业场所职业病危害防治规定》第五十四条：煤矿作业场所噪声的监测地点主要包括：①井工煤矿的主要通风机、提升机、空气压缩机、局部通风机、采煤机、掘进机、风动凿岩机、风钻、乳化液泵、水泵等地点；②露天煤矿的挖掘机、穿孔机、矿用汽车、输送机、排土机和爆破作业等地点；③选煤厂破碎机、筛分机、空压机等地点。煤矿进行监测时，应当在每个监测地点选择3个测点，监测结果以3个监测点的平均值为准 《煤矿安全规程》第六百五十七条：作业人员每天连续接触噪声时间达到或者超过8 h的，噪声声级限值为85 dB(A)。每天接触噪声时间不足8 h的，可以根据实际接触噪声的时间，按照接触噪声时间减半、噪声级限值增加3 dB(A)的原则确定其声级限值 《煤矿安全规程》第六百五十八条：每半年至少监测1次噪声。井工煤矿噪声监测点应当布置在主要通风机、空气压缩机、局部通风机、采煤机、掘进机、风动凿岩机、破碎机、主水泵等设备使用地点。露天煤矿噪声监测点应当布置在钻机、挖掘机、破碎机等设备使用地点 3）有毒有害气体 《煤矿作业场所职业病危害防治规定》第六十二条：有毒有害气体：煤矿应当对NO（换算成NO_2）、CO、SO_2、氨每3个月至少监测1次，对H_2S每月至少监测1次。煤层有自燃倾向的，应当根据需要随时监测 《煤矿安全规程》第六百六十一条：氧化氮、一氧化碳、氨、二氧化硫至少每3个月监测1次，硫化氢至少每月监测1次 4）其他职业病危害因素（如热害）按相关规定执行	1. 检查记录、核实检测地点、检测周期等是否符合规定 2. 采掘工作面是否设置温度传感器并接入监控系统
	7. 职业危害防治措施	职业危害防治措施，应符合《煤矿作业场所职业病危害防治规定》第六章～第九章及《煤矿安全规程》第三章～第五章的要求	1. 检查防尘设施是否安装、使用、维护到位

（续）

项目分类	检查项目	规定或要求	检查方法
重点检查项目	7. 职业危害防治措施	职业危害防治措施，应符合《煤矿作业场所职业病危害防治规定》第六章～第九章及《煤矿安全规程》第三章～第五章的要求	2. 检查现场设备噪声控制是否合规，是否使用低噪设备或采取隔离降噪措施 3. 检查其他职业危害因素控制措施是否落实到位
	8. 劳动保护与个体防护	劳动保护与个体防护： （1）按标准《煤矿职业全卫生个体防护用品配备标准》（AQ－1051—2008）及时发放员工劳动保护与个体防护用品，并监督员工按规范使用 （2）及时为员工缴纳意外伤害保险费和工伤保险费	1. 检查本矿劳动保护用品配备管理制度及标准，是否符合国家相关规定 2. 检查发放记录，是否按标准发放 3. 检查缴纳保险费用的凭证 4. 现场检查岗位人员是否按规范使用个人防护用品 5. 检查个体防护用品的采购、入库、验收等程序是否完善 6. 检查采购的个体防护用品检验合格证等是否齐全
	9. 职业健康监护	《煤矿作业场所职业病危害防治规定》第二十七条：对接触职业病危害的劳动者，煤矿应当按照国家有关规定组织上岗前、在岗期间和离岗时的职业健康检查，并将检查结果书面告知劳动者	对照在册员工登记册等检查单位的职业健康体检（报告）：①岗前体检报告；②在岗期间体检报告；③离岗体检报告；④是否书面告知劳动者体检结果（按告知检查方法检查）
		《煤矿作业场所职业病危害防治规定》第二十八条：煤矿不得安排未经上岗前职业健康检查的人员从事接触职业病危害的作业；不得安排有职业禁忌的人员从事其所禁忌的作业；不得安排未成年工从事接触职业病危害的作业；不得安排孕期、哺乳期的女职工从事对本人和胎儿、婴儿有危害的作业	1. 检查体检结果是否有职业禁忌；发现职业禁忌者是否做出调岗处理 2. 检查是否安排有法律法规规定不得从事的作业情况
		《煤矿作业场所职业病危害防治规定》第二十九条：劳动者接受职业健康检查应当视同正常出勤，煤矿企业不得以常规健康检查代替职业健康检查。接触职业病危害作业的劳动者的职业健康检查周期按照表执行	1. 检查单位组织的健康检查是否为职业健康检查 2. 对照作业岗位情况，检查其体检周期是否符合《煤矿作业场所职业病危害防治规定》规定

（续）

<table>
<tr><th>项目分类</th><th>检查项目</th><th>规定或要求</th><th>检查方法</th></tr>
<tr><td rowspan="3">重点检查项目</td><td rowspan="3">9. 职业健康监护</td><td>
<table>
<tr><th>接触有害物质</th><th>体检对象</th><th>检查周期</th></tr>
<tr><td rowspan="2">煤尘（以煤尘为主）</td><td>在岗人员</td><td>2 年 1 次</td></tr>
<tr><td>观察对象、Ⅰ期煤工尘肺患者</td><td rowspan="4">每年 1 次</td></tr>
<tr><td>岩尘（以岩尘为主）</td><td>在岗人员、观察对象、Ⅰ期硅肺患者</td></tr>
<tr><td>噪声</td><td>在岗人员</td></tr>
<tr><td>高温</td><td>在岗人员</td></tr>
<tr><td>化学毒物</td><td>在岗人员</td><td>根据所接触的化学毒物确定检查周期</td></tr>
<tr><td colspan="3">接触粉尘危害作业退休人员的职业健康检查周期按有关规定执行</td></tr>
</table>
</td><td>1. 检查单位组织的健康检查是否为职业健康检查
2. 对照作业岗位情况，检查其体检周期是否符合规定</td></tr>
<tr><td>《煤矿作业场所职业病危害防治规定》第三十条：煤矿不得以劳动者上岗前职业健康检查代替在岗期间定期的职业健康检查，也不得以劳动者在岗期间职业健康检查代替离岗时职业健康检查；但最后一次在岗期间的职业健康检查是在离岗前的 90 日内，可视为离岗时检查</td><td>检查当年或近期招用员工职业健康体检表，是否有以岗前检查替代岗中检查的情形</td></tr>
<tr><td>《煤矿作业场所职业病危害防治规定》第三十一条：煤矿应当根据职业健康检查报告，采取下列措施：①对有职业禁忌的劳动者，调离或者暂时脱离原工作岗位；②对健康损害可能与所从事的职业相关的劳动者，进行妥善安置；③对需要复查的劳动者，按照职业健康检查机构要求的时间安排复查和医学观察；④对疑似职业病病人，按照职业健康检查机构的建议安排其进行医学观察或者职业病诊断；⑤对存在职业病危害的岗位，改善劳动条件，完善职业病防护设施</td><td>检查历年健康检查结果是否有五类情况，如果有，是否采取了对应的措施，查措施落实情况的证据</td></tr>
<tr><td>一般检查项目</td><td>1. 职业病危害申报</td><td>《工作场所职业卫生监督管理规定》第十三条：用人单位工作场所存在职业病目录所列职业病的危害因素的，应当及时、如实向所在地安全生产监督管理部门申报危害项目，接受监督。职业病危害因素分类目录由国务院卫生行政部门会同国务院安全生产监督管理部门制定、调整并公布</td><td>检查职业危害申报回执（书面或电子均可）</td></tr>
</table>

（续）

项目分类	检查项目	规定或要求	检查方法
一般检查项目	1. 职业病危害申报	《煤矿作业场所职业病危害防治规定》第二十五条：煤矿申报职业病危害项目时，应当提交下列文件、资料：①煤矿的基本情况；②煤矿职业病危害防治领导机构、管理机构情况；③煤矿建立职业病危害防治制度情况；④职业病危害因素名称、监测人员及仪器设备配备情况；⑤职业病防护设施及个体防护用品配备情况；⑥煤矿主要负责人、职业卫生管理人员及劳动者职业卫生培训情况证明材料；⑦劳动者职业健康检查结果汇总资料，存在职业禁忌症、职业健康损害或者职业病的劳动者处理和安置情况记录；⑧职业病危害警示标识设置与告知情况；⑨煤矿职业卫生档案管理情况；⑩法律、法规和规章规定的其他资料	检查申报资料是否齐全、完整、填写是否符合实际
	2. 职业病危害评价	《中华人民共和国职业病防治法》第十七条：新建、扩建、改建建设项目和技术改造、技术引进项目（以下统称建设项目）可能产生职业病危害的，建设单位在可行性论证阶段应当进行职业病危害预评价。 职业病危害预评价报告应当对建设项目可能产生的职业病危害因素及其对工作场所和劳动者健康的影响做出评价，确定危害类别和职业病防护措施	对建设项目，检查其预评价报告，核实是否在可行性论证阶段编制预评价报告，并上报公司
		《中华人民共和国职业病防治法》第十八条及《煤矿作业场所职业病危害防治规定》第二十三条：建设项目在竣工验收前，建设单位应当委托具有资质的职业卫生技术服务机构进行职业病危害控制效果评价，编制控制效果评价报告	对建设项目，检查其是否在竣工验收前完成控制评价（报告），检查评价报告日期
		《工作场所职业卫生监督管理规定》第二十一条：存在职业病危害的用人单位，有下述情形之一的，应当及时委托具有相应资质的职业卫生技术服务机构进行职业病危害现状评价：①初次申请职业卫生安全许可证，或者职业卫生安全许可证有效期届满申请换证的；②发生职业病危害事故的；③国家安全生产监督管理总局规定的其他情形。用人单位应当落实职业病危害现状评价报告中提出的建议和措施，并将职业病危害现状评价结果及整改情况存入本单位职业卫生档案	检查各单位是否按规定周期或符合现状评价条件时及时进行现状评价，检查评价报告日期

（续）

项目分类	检查项目	规定或要求	检查方法
一般检查项目	2. 职业病危害评价	《煤矿作业场所职业病危害防治规定》第十条：煤矿应当每三年进行一次职业病危害现状评价	检查各单位是否按规定周期或符合现状评价条件时及时进行现状评价，检查评价报告日期
		《中华人民共和国职业病防治法》第二十六条：职业病危害预评价、职业病危害控制效果评价、职业病危害现状评价由依法设立的取得国务院安全生产监督管理部门或者设区的市级以上地方人民政府安全生产监督管理部门按照职责分工给予资质认可的职业卫生技术服务机构进行	检查三类评价服务机构的资质，是否符合要求（有备案要求的，是否备案）
	3. 建设项目职业卫生“三同时”监督	1.《建设项目职业病防护设施“三同时”监督管理法》(安监总局90号令）第三条：建设项目职业病防护设施必须与主体工程同时设计、同时施工、同时投入生产和使用(以下简称“三同时”)。职业病防护设施所需费用应当纳入建设项目工程预算 2.《建设项目职业病防护设施“三同时”监督管理法》(安监总局90号令）第四条：建设单位对可能产生职业病危害的建设项目，应当依照本办法进行职业病危害预评价、职业病防护设施设计、职业病危害控制效果评价及相应的评审，组织职业病防护设施的验收，建立健全相应的管理制度与档案 建设项目职业病防护设施“三同时”工作可以与安全设施“三同时”工作一并进行和验收	1. 检查建设项目职业病危害预评价、职业病防护设施设计工作过程是否形成书面报告、存档，并向市公司报备 2. 职业病危害控制效果评价与防护设施验收工作是否形成书面报告、控制效果评价与职业病防护设施验收工作报告是否向地方煤矿监管部门以书面形式进行报备
	4. 职业卫生档案管理	《职业卫生档案管理规范》规定：用人单位应建立健全职业卫生档案，用人单位职业卫生档案，是指用人单位在职业病危害防治和职业卫生管理活动中形成的，能够准确、完整反映本单位职业卫生工作全过程的文字、图纸、照片、报表、音像资料、电子文档等文件材料	
		职业卫生管理档案，具体包括：①职业病防治法律、行政法规、规章、标准、文件；②职业病防治领导机构及职业卫生管理机构成立文件；③职业病防治年度计划及实施方案；④职业卫生管理制度及重点岗位职业卫生操作规程；⑤职业病危害项目申报表及回执；⑥职业病防治经费；⑦职业病防护设施一览表；⑧职业病防护设施维护和检修记录；⑨个人防护用品的购买、发放使用记录；⑩警示标识与职业病危害告知；⑪职业病害事故应急救援预案；⑫用人单位职业卫生检查和处理记录；⑬职业卫生监管意见和落实情况资料	

（续）

项目分类	检查项目	规定或要求	检查方法
一般检查项目	4. 职业卫生档案管理	职业卫生宣传培训档案：①用人单位职业卫生培训计划；②用人单位负责人、职业卫生管理人员职业卫生培训证明；③劳动者职业卫生宣传培训；④年度职业卫生培训工作总结	逐项检查，检查档案是否齐全完善，是否符合《职业卫生档案管理规范》的要求： （1）检查是否有职业卫生档案室或指定专门存放职业卫生档案的区域 （2）检查是否有专门机构和专（兼）职人员负责管理职业卫生档案 （3）逐项检查，检查档案是否齐全、完善，是否符合样式，是否为标准格式或在标准格式基础上适当调整修改（不得删减主要内容） （4）是否建有管理台账，职业卫生档案查阅、外借、复制等
		职业病危害因素检测与检测评价档案：①生产工艺流程；②职业病危害因素检测点分布示意图；③可能产生职业病危害设备、材料和化学品一览表；④接触职业病危害因素汇总表；⑤职业病危害因素日常监测季报汇总表；⑥职业卫生技术服务机构资质证书；⑦职业病危害因素检测评价合同书；⑧职业病危害检测与评价报告书；⑨职业病危害因素检测与评价结果报告	
		用人单位职业健康监护管理档案：①职业健康检查机构资质证书；②职业健康检查结果汇总表；③职业健康检查异常结果登记表；④职业病患者、疑似职业病患者一览表；⑤职业病和疑似职业病人的报告；⑥职业病危害事故报告和处理记录；⑦职业健康监护档案汇总表	
		劳动者个人职业健康监护档案：①劳动者个人信息卡；②工作场所职业病危害因素检测结果；③历次职业健康检查结果及处理情况；④历次职业健康体检报告、职业病诊疗等资料；⑤其他职业健康监护资料	
		法律、行政法规、规章要求的其他资料文件：①用人单位可根据工作实际对职业卫生档案的样表作适当调整，但主要内容不能删减，涉及项目及人员较多的，可参照样表予以补充；②职业卫生档案中某项档案材料较多或者与其他档案交叉的，可在档案中注明其保存地点；③用人单位应设立档案室或指定专门的区域存放职业卫生档案，并指定专门机构和专（兼）职人员负责管理；④用人单位应做好职业卫生档案的归档工作，按年度或建设项目进行案卷归档，及时编号登记，入库保管	

2.9　煤矿安全管理专业安全检查表

项目分类	检查项目	规定或要求	检查方法
涉及重大隐患项目	1. 非法生产经营	采矿许可证、安全生产许可证，营业执照合法有效，严禁无证照或证照失效非法生产	查证照动态管理台账及证件，核实证件是否失效或与实际不符
	2. 超能力、超强度或超定员组织生产	超能力：指矿井全年原煤产量超过矿井核定（设计）生产能力110%的，或者矿井月产量超过矿井核定（设计）生产能力10%的	以有效的《安全生产许可证》副本许可证载能力为依据：①查全年产量计划及完成情况，核实年度产量是否超能力；②查月度产量计划及逐月完成情况（生产及调度月报表），核实月产量是否超能力；③查《作业规程》单循环产量及日循环数，并用276个工作日核算全年产量；④必要时可检查财务安全费用提取账目、对照工资核算基础数据
		要做到“四量”平衡，严禁超强度开采。矿井“四量”可采期小于有关标准规定的最短时间组织生产，造成接续紧张的，或者采用“剃头下山的” （1）“四量”平衡：指中型矿井开拓煤量可采期应达到3~5年以上；准备煤量可采期应达到1年以上；回采煤量可采期应达到4~6个月以上；小型矿井开拓煤量可采期应达到2~3年以上；准备煤量可采期应达到8~10个月以上；回采煤量可采期应达到3~5个月以上；高瓦斯矿井的抽采煤量指通过抽采后达标的煤量符合《煤矿瓦斯抽采基本指标》（AQ 1026—2006）要求，可采期应达到上一个接续面的回采时间 （2）“剃头下山”：指下山采区在继续向下掘进没有形成完善的生产系统前，就开始布置工作面回采或掘进	1. 检查“四量”管理台账，按以下方法核算“四量”： （1）开拓煤量=［（煤层两翼已开拓的走向长度×采区平均斜长×煤层平均厚度×煤的容重）－地质损失－开拓煤量可采期限内不能开采的煤量］×采区回采率 （2）准备煤量=［（采区走向长度×采区斜长×煤层平均厚度×煤的容重）－地质损失－呆滞煤量］×采区回采率 （3）回采煤量=工作面走向可采长度×工作面倾向可采长度×采高×煤的容重×工作面回采率 （4）抽采煤量=抽采达标范围面积×煤层平均厚度×煤的容重地质损失×采区回采率 以上述方法计算矿井的“四量”对比是否达到相应的期限。 2. 检查现场和图纸，核实是否有“剃头下山”（检查以生产技术部为主，安全生产监督管理部为辅）
		瓦斯抽采不达标是指《煤矿瓦斯抽采达标暂行规定》（安监总煤装〔2011〕163号）第二十二条规定的情形之一的及抽采数据不真实、效果显示或评价不合格	查现场抽采基础条件及措施落实情况和抽采数据、抽采达标评判报告，是否有抽采不达标情形 （检查以“一通三防”为主，安全生产监督管理部为辅）
		严禁超定员组织生产。	1. 检查矿井是否制定有井下劳动定员制度，是否以正式文件印发 2. 该制度是否有明确的管理职责，确保制度的执行 3. 查相关作业规程中劳动组织定员是否符合矿井井下劳动定员制度，查现场作业人员是否符合相关作业规程中劳动组织定员要求 4. 劳动定员及入井人数是否在矿井醒目位置公示

（续）

项目分类	检查项目	规定或要求	检查方法
涉及重大隐患项目	2. 超能力、超强度或超定员组织生产	超定员组织生产是指煤矿未制定或者未严格执行井下劳动定员制度的	5. 以上级（政府部门或上级公司）批复的额定劳动定员为依据，抽查矿井当日入井人数及一年内的历史数据（或系统可保留期内的数据），入井人数统计包括矿井下人员定位系统、井口入井人员登记（表）、灯房统计（表）、调度统计（表）四个方面，四个方面统计数据在同一时间内应一致，并不超批复的额定定员
	3. 超层越界开采	不得超出采矿许可证规定的开采煤层层位、标高、坐标控制范围进行开采，不得擅自开采各类保安煤柱（含防隔水煤柱）	1. 现场核实开采的煤层层位是否为批准层位 2. 查矿井采掘工程平面图，以煤层底板等高线为依据，核实开采活动是否在批准的标高范围内 3. 查矿井上下对照图，采掘工程平面图，核实回采及设计的回采工作等是否进入各类保安煤柱（分隔矿田、井田、含水层、火区及破碎带等）是否在批准的生产坐标准控制范围内 4. 查批准的保安煤柱设计拐点坐标与相关图纸是否吻合 （检查以生产技术部、地测防治水中心为主，安全生产监督管理部为辅）
	4. 采煤工作面安全出口不符合要求	采煤工作面必须保持至少2个畅通的安全出口，一个通到进风巷道，一个通到回风巷道，安全出口与巷道连接处必须超前支护，距离不少于20 m。安全出口的高度不得低于1.8 m。人行道宽度不低于0.8 m，无影响人员通行的较大阻碍物，跨越转载机处要有行人过桥	现场检查，必要时用钢卷尺等实测安全出口的高度、宽度，是否有影响行人通过的阻碍物，顶板支护状态较差、极差等因素
	5. 新建煤矿边建设边生产，煤矿改扩建期间，在改扩建的区域生产，或者在其他区域的生产超出安全设计规定的范围和规模	建设项目安全设施设计未经审查批准，或者批准后系统做出重大变更后未经再次审批擅自组织施工的。重大变更指：①矿井瓦斯、煤层自燃、煤尘爆炸危险等级以及水文地质类型发生变化的；②开采地质条件、采煤方法及工艺发生变化的；③通风系统、排水系统、矿井供电系统、开拓方式、提升运输方式发生变化的；④首采区及首采工作面布置发生变化的	1. 检查安全专篇设计是否有审批（批复文件） 2. 检查现场施工是否重大变更的情况。如有，检查是否有重大变更审批手续 3. 检查现场安全设施，是否按批准的设计进行施工
		改扩建矿井在改扩建区域生产的	查现场并和井上下对照图、采掘工程平面图（含设计图）图纸相对照，是否在扩建区域布置有回采工作面进行回采作业
		改扩建矿井在非改扩建区域超出设计规定范围和规模生产的	1. 查现场并和图纸相对照，允许在扩建期间生产的，是否在批准或允许的区域组织生产 2. 检查生产产量按“超能力”检查方法、核查

（续）

项目分类	检查项目	规定或要求	检查方法
涉及重大隐患项目	6. 煤矿实行整体承包生产经营后，未重新取得或者及时变更安全生产许可证从事生产的，或者承包方再次转包以及将井下采掘工作面和井巷维修作业进行劳务承包	生产经营单位将煤矿承包或者托管给没有合法有效煤矿生产建设证照的单位或者个人的	对实行整体承包或托管的煤矿，检查承包合同或委托管理协议，检查协议是否有关安全管理责任权限、范围等方面的内容，并是否符合现行安全法律法规的要求，是否能保障煤矿安全生产
		煤矿实行承包（托管）但未签订安全生产管理协议，或者未约定双方安全生产管理职责合同而进行生产的	1. 对实行整体承包或托管的煤矿，检查承包单位的资质，包括营业执照、安全生产许可证、企业办矿等级 A 级及以上 2. 不得承包给个人
		承包方（承托方）未按规定变更安全生产许可证进行生产的	检查整体后承包后的煤矿的安全生产许可证是否按实际情况变更安全生产许可证
		承包方（承托方）再次将煤矿承包（托管）给其他单位或者个人的	检查作业队伍情况及其结算依据，工资发放情况，工伤保险费用缴纳情况等
		煤矿将井下采掘工作面或者井巷维修作业作为独立工程承包（托管）给其他企业或者个人的	
	7. 煤矿改制期间，未明确安全生产责任人和安全管理机构，或者在完成改制后，未重新取得或者变更采矿许可证、安全生产许可证和营业执照	改制期间，未明确安全生产责任人而进行生产建设的	检查该煤矿是否配备董事长、矿长（总经理），是否有任命文件
		改制期间，未健全安全生产管理机构和配备安全管理人员进行生产建设的	检查设置矿安委会和安全管理机构（主要部门）及配备相关管理人员（部门负责人）的文件
		完成改制后，未重新取得或者变更采矿许可证、安全生产许可证、营业执照而进行生产建设的	查三证是否变更并与现状一致
	8. 其他重大事故隐患	没有分别配备矿长、总工程师和分管安全、生产、机电的副矿长，以及负责采煤、掘进、机电运输、通风、地质测量工作的专业技术人员的	检查矿长、副矿长及专业部门负责人证件，检查采、掘、机电、运输、通风、地质测量专业技术人员的配备情况
		未按规定足额提取和使用安全费用的（具体标准执行财企字［2012］16 号的相关规定）	1. 查财务提取凭证和管理台账 2. 查使用明细台账，是否在规定十项范围之内

（续）

项目分类	检查项目	规定或要求	检查方法
涉及重大隐患项目	8. 其他重大事故隐患	未按规定足额提取和使用安全费用的（具体标准执行财企字［2012］16号的相关规定）	3. 缓提或减提安全费用的是否符合《企业安全费用提取和使用管理办法》第十四条标准并手续完善
		出现瓦斯动力现象，或者相邻矿井开采的同一煤层发生了突出，或者煤层瓦斯压力达到或者超过 0.74 MPa 的非突出矿井，未立即按照突出煤层管理并在规定时限内进行突出危险性鉴定的（直接认定为突出矿井的除外）	对有类似情形的矿井，检查其突出危险性鉴定报告
		图纸作假，隐瞒采掘工作面的	检查现场和测量的原始数据，并与采掘工程平面图等图纸对照，核实是否有未在图纸上标明的采掘工作面及巷道（揭露的小窑旧井巷除外）或工作面尺寸、方位与实际不一致
重点检查项目	1. 安全生产管理机构设置和人员配备	《企业安全生产责任体系落实五到位规定》第三条，必须落实安全生产组织领导机构，成立安全生产委员会，由董事长或总经理担任主任	检查煤矿成立本矿安委会的文件（安全生产领导机构），检查安委会主任是否由本单位行政正职担任；是否覆盖本单位所有部门、生产作业队；是否明确安委会的职责；人员是否与当前实际相符
		《煤矿安全规程》第五条：煤矿企业必须设置专门机构负责煤矿安全生产与职业病危害防治管理机构、配备满足工作需要的人员及装备；第三百四十三条：煤矿必须指定部门对爆破工作专门管理，配备专业管理人员（原则上各矿由生产技术部门负责，供应、保卫部门配合，安监部门监督） 设置安全生产管理机构和配备安全生产管理人员应符合以下规定要求：①煤矿企业必须设置专门从事安全生产管理的机构，不得与其他机构合并设置；②配备5名以上专职安全生产管理人员；③负责安全生产管理的负责人不得同时兼任其他职务；④煤矿企业应当设置安全生产工作助理，协助主要负责人协调管理安全生产工作；⑤安全生产工作助理应由安全生产管理机构的负责人担任；⑥煤矿的“一通三防”、煤与瓦斯突出矿井的防突、电气设备防爆、水文地质等安全管理工作必须明确专门人员负责	1. 检查煤矿设置安全生产管理机构的文件，煤矿管理机构是否含有安全监督（煤矿安全生产专门机构）、通风、机电（运输）、生产技术、地质防治水、调度、培训教育七大部门，是否职责清晰、分工明确，相关职责是否符合《安全生产法》第二十二条 2. 检查煤矿设置职业病危害防治管理机构的文件，具体执行参考职业卫生与劳动保护部分 3. 检查煤矿主要责任人和安全生产管理人员的任命文件。核实管理人员的数量是否满足实际工作需要 4. 核查部门责任制，看是否指定部门对爆破工作专门管理，并配备专业管理人员
		《煤矿安全规程》第九条：煤矿企业的主要责任人和安全生产管理人员必须具备煤矿安全生产知识和管理能力，并经考核合格	检查主要责任人和安全生产管理人员的证件、管理台账，核实是否经过培训并取得考核合格证，证件是否合法有效

（续）

项目分类	检查项目	规定或要求	检查方法
重点检查项目	1. 安全生产管理机构设置和人员配备	山西省《煤矿安全培训监督管理办法（试行）》（晋煤培发〔2018〕396号）第十二条：本办法所称煤矿企业主要负责人，是指煤矿企业的董事长、执行董事，投资人（实际控制人）、法人代表、总经理、煤矿矿长等人员。本办法所称煤矿企业安全生产管理人员，是指煤矿企业分管安全、采煤、掘进、通风、机电、运输，地测、防治水、调度等工作的副董事长、副总经理、副矿长，总工程师（技术负责人），副总工程师，通风矿长助理，安全生产管理机构负责人及其管理人员，采煤、掘进、通风、机电、运输、地测、防治水、调度等职能部门（含煤矿井、区、科、队）负责人（包括部门正职、副职和技术负责人）	检查主要责任人和安全生产管理人员的证件、管理台账，核实是否经过培训并取得考核合格证，证件是否合法有效
		山西省《煤矿安全培训监督管理办法（试行）》（晋煤培发〔2018〕396号）第十三条：①煤矿企业总经理、矿长，分管安全、采煤、掘进、通风、机电、运输、地测、防治水、调度等工作的副总经理、副矿长、总工程师（技术负责人），副总工程师，通风矿长助理必须具备煤矿相关专业大专及以上学历，具有3年以上煤矿安全生产相关工作经历；②煤矿企业董事长兼任总经理或矿长的，要具备上述学历和相关工作经历要求；③煤矿企业安全生产管理机构负责人及管理人员，采煤、掘进、通风、机电、运输、地测、防治水、调度等职能部门（含煤矿区、科、队）负责人必须具备煤矿相关专业中专及以上学历，具有2年以上煤矿安全生产相关工作经历	检查相关人员的管理台账，查看相关人员的学历与经历情况是否能满足当前工作的需要，还可以现场抽查相关管理人员对安全生产专业知识的掌握情况
	2. 制度建设（指安全生产基本管理制度，不含专业规章制度）	《安全生产法》第十九条：生产经营单位的安全生产责任制应当明确各岗位的责任人员、责任范围和考核标准等内容 《煤矿安全规程》第四条：煤矿企业必须建立健全各级负责人、各部门、各岗位安全生产与职业病危害防治责任制	1. 查责任制的发布文件，责任制内容是否覆盖所有岗位、部门、人员，岗位责任人员是否了解 2. 查责任人员、责任范围是否明确，是否与岗位实际相一致 3. 查是否有安全生产责任制落实情况的考核标准及考核资料
		《煤矿安全规程》第四条：煤矿企业必须建立健全安全生产与职业病危害防治目标管理、投入、奖惩、技术措施审批、培训、办公会议制度，安全检查制度，事故隐患排查、治理、报告制度，事故报告与责任追究制度等	1. 查相关制度及印发文件，查落实记录是否与相关制度规定相符 2. 制度内容与国家法律法规标准规范等以及上级公司制度相符 （安全生产与职业病危害防治内容可以分开编制）

（续）

项目分类	检查项目	规定或要求	检查方法
重点检查项目	2. 制度建设（指安全生产基本管理制度，不含专业规章制度）	《煤矿安全规程》第四条：煤矿企业必须建立各种设备、设施检查维修制度	1. 查相关制度及印发文件，查落实记录是否与相关制度规定相符 2. 制度内容与国家法律法规标准规范等以及上级公司制度相符
		《煤矿安全规程》第四条：煤矿必须制定本单位的作业规程和操作规程	1. 检查当前或近期采掘作业及其他零星工程、零散工程等是否是一工程一规程（措施），是否符合实际 2. 检查煤矿编制的各工种或设备的安全技术操作规程，是否已正式文件印发，是否覆盖本单位所有操作岗位或设备，是否以《员工安全技术操作规程》为蓝本，是否符合本矿实际
		《煤矿安全规程》第十三条：煤矿必须建立入井检身制度和出入井人员清点制度	1. 查相关制度及印发文件，查落实记录是否与相关制度规定相符 2. 制度内容与国家法律法规标准规范等以及上级公司制度相符
		《煤矿安全规程》第十一条：煤矿企业在编制生产建设长远发展规划和年度生产建设计划时，必须编制安全技术与职业病危害防治发展规划和安全技术措施计划。安全技术措施与职业病危害防治所需费用、材料和设备等必须列入企业财务、供应计划 生产建设发展规划和生产建设计划，长远规划为10年，中长期为3～5年	1. 检查矿井是否编制生产建设长远规划、中长期规划和年度规划；是否编制安全技术与职业病危害防治发展规划和安全技术措施计划；是否以正式文件发布，各类规划的要素是否全面、合理 2. 查看相关费用、材料和设备等是否列入企业财务、供应计划
		集团及公司要求：安全生产责任制度，生产安全问责制度，安全生产标准化管理制度，矿井主要灾害预防管理制度，煤矿事故应急救援制度，煤矿事故报告和调查处理制度，安全奖惩制度，安全举报制度，管理人员下井与带班制度，安全举报制度，安全操作管理制度，生产安全问责制度，煤矿复产复建验收制度，煤矿建设项目安全设施竣工验收管理规定，周四安全生产活动日制度，“安全红线”管理制度，整治“五假五超”（假整改、假密闭、假数据、假图纸、假报告，超能力、超强度、超定员、超层越界、证件超期）制度等	1. 查相关制度及印发文件，查落实记录是否与相关制度规定相符 2. 制度内容与国家法律法规标准规范等以及上级公司制度相符

（续）

项目分类	检查项目	规定或要求		检查方法
重点检查项目	3. 安全风险预控	1. 组织机构与制度	建立安全风险分级管控工作责任体系，矿长全面负责，分管负责人负责分管范围内的安全风险分级管控工作	1. 查建立安全风险分级管控工作责任体系文件和责任制，看是否分别明确矿长、分管负责人、各科队及岗位人员的职责 2. 随机抽查矿领导，看是否清楚职责
			有负责安全风险分级管控工作的管理部门	查建立安全风险分级管控工作责任体系文件和责任制，看是否分别明确负责安全风险分级管控工作的管理部门
			建立安全风险分级管控工作制度，明确安全风险的辨识范围、方法和安全风险的辨识、评估、管控工作流程	查安全风险分级管控工作制度，看是否明确安全风险辨识和评估的范围、方法，看是否明确安全风险的辨识、评估、管控工作的流程
		2. 年度辨识评估	每年底矿长组织各分管负责人和相关业务科室、区队进行年度安全风险辨识，重点对井工煤矿瓦斯、水、火、煤尘、顶板、冲击地压及提升运输系统，露天煤矿边坡、爆破、机电运输等容易导致群死群伤事故的危险因素开展安全风险辨识；及时编制年度安全风险辨识评估报告，建立可能引发重特大事故的重大安全风险清单，并制定相应的管控措施；将辨识评估结果应用于确定下一年度安全生产工作重点，并指导和完善下一年度生产计划、灾害预防和处理计划、应急救援预案	1. 查年度安全风险辨识评估报告，看辨识时间是否为上年度年底，是否由矿长组织，各分管负责人和相关业务科室、区队是否全部参与，是否对瓦斯、水、火、煤尘、顶板、爆破及提升运输系统等容易导致群死群伤事故的危险因素开展安全风险辨识，是否对地面危害因素进行辨识，是否按本矿安全风险分级管控制度要求组织 2. 查重大安全风险清单，是否制定相应的、可操作的管控措施 3. 查看是否在下年度安全生产重点工作安排中明确对辨识评估出的重大风险作为安全工作的重点进行管控，是否在完善下年度生产计划、灾害预防和处理计划、应急救援预案中体现应用，相关内容是否与评估结果相统一 4. 查辨识内容、评估报告、风险清单、管控措施、辨识成果是否缺项，是否与矿井实际相符
		3. 专项辨识评估	新水平、新采（盘）区、新工作面设计前，开展1次专项辨识： （1）专项辨识由总工程师组织有关业务科室进行 （2）重点辨识地质条件和重大灾害因素等方面存在的安全风险 （3）补充完善重大安全风险清单并制定相应管控措施 （4）辨识评估结果用于完善设计方案，指导生产工艺选择、生产系统布置、设备选型、劳动组织确定等	1. 查矿井采掘作业计划、采掘工程平面图 2. 查各专项辨识评估报告或会议纪要，看辨识组织者是否符合要求，参加人员是否专业齐全，辨识内容是否缺项，风险清单、管控措施、辨识成果是否在应用中缺项 3. 查相关资料是否全面、准确，是否和现场相符，新制定的重大风险管控措施是否有操作性 4. 若辨识评估出新的重大风险，查是否补充重大安全风险清单

（续）

项目分类	检查项目	规定或要求		检查方法
重点检查项目	3. 安全风险预控	3. 专项辨识评估	生产系统、生产工艺、主要设施设备、重大灾害因素（露天煤矿爆破参数、边坡参数）等发生重大变化时，开展1次专项辨识： （1）专项辨识由分管负责人组织有关业务科室进行 （2）重点辨识作业环境、生产过程、重大灾害因素和设施设备运行等方面存在的安全风险 （3）补充完善重大安全风险清单并制定相应的管控措施 （4）辨识评估结果用于指导重新编制或修订完善作业规程、操作规程	1. 查矿井采掘作业计划、技术改造方案等 2. 查各专项辨识评估报告或会议纪要，看辨识组织者是否符合要求，参加人员是否专业齐全，辨识内容是否缺项，风险清单、管控措施、辨识成果是否在应用中缺项 3. 查相关资料是否全面、准确，是否和现场相符，新制定的重大风险管控措施是否有操作性 4. 若辨识评估出新的重大风险，查是否补充重大安全风险清单
			启封火区、排放瓦斯、突出矿井过构造带及石门揭煤等高危作业实施前，新技术、新材料试验或推广应用前，连续停工停产1个月以上的煤矿复工复产前，开展1次专项辨识： （1）专项辨识由分管负责人组织有关业务科室、生产组织单位（区队）进行 （2）重点辨识作业环境、工程技术、设备设施、现场操作等方面存在的安全风险 （3）补充完善重大安全风险清单并制定相应的管控措施 （4）辨识评估结果作为编制安全技术措施依据	1. 查矿井危险性较大作业专项安全措施、停工停产通知等 2. 查各专项辨识评估报告或会议纪要，看辨识组织者是否符合要求，参加人员是否专业齐全，辨识内容是否缺项，风险清单、管控措施、辨识成果是否在应用中缺项 3. 查相关资料是否全面、准确，是否和现场相符，新制定的重大风险管控措施是否有操作性 4. 若辨识评估出新的重大风险，查是否补充重大安全风险清单
			本矿发生死亡事故或涉险事故、出现重大事故隐患或所在省份发生重特大事故后，开展1次针对性的专项辨识： （1）专项辨识由矿长组织分管负责人和业务科室进行 （2）识别安全风险辨识结果及管控措施是否存在漏洞、盲区 （3）补充完善重大安全风险清单并制定相应的管控措施 （4）辨识评估结果用于指导修订完善设计方案、作业规程、操作规程、安全技术措施等技术文件	1. 查矿井事故台账、隐患治理台账及本省事故记录等 2. 查各专项辨识评估报告或会议纪要，看辨识组织者是否符合要求，参加人员是否专业齐全，辨识内容是否缺项，风险清单、管控措施、辨识成果是否在应用中缺项 3. 查相关资料是否全面、准确，是否和现场相符，新制定的重大风险管控措施是否有操作性 4. 若辨识评估出新的重大风险，查是否补充重大安全风险清单

（续）

项目分类	检查项目	规定或要求		检查方法
重点检查项目	3. 安全风险预控	4. 安全风险管控	管控措施： （1）重大安全风险管控措施由矿长组织实施，有具体工作方案，人员、技术、资金有保障 （2）在划定的重大安全风险区域设定作业人数上限	1. 查重大安全风险管控工作方案是否具体，是否包括所有重大风险，管控措施是否由矿长组织实施，管控人员、技术、资金是否有保障 2. 查是否在重大安全风险区域挂牌警示，现场作业人数是否超限 3. 相关作业规程、措施规定是否与管控方案相矛盾
			定期检查： （1）矿长每月组织对重大安全风险管控措施落实情况和管控效果进行一次检查分析，针对管控过程中出现的问题调整完善管控措施，并结合年度和专项安全风险辨识评估结果，布置月度安全风险管控重点，明确责任分工 （2）分管负责人每旬组织对分管范围内月度安全风险管控重点实施情况进行一次检查分析，检查管控措施落实情况，改进完善管控措施	1. 查重大安全风险管控分析报告或会议纪要和检查记录（包括人员定位系统），看是否由矿长组织，是否每月至少检查一次，检查内容是否包括所有管控措施落实情况，分析报告内容是否对管控措施落实情况和管控效果进行分析，针对管控过程中出现的问题是否对管控措施进行调整完善，是否结合年度和专项安全风险辨识评估结果，明确月度安全风险管控重点及责任分工 2. 查重大安全风险管控分析报告或会议纪要和检查记录（包括人员定位系统），是否由分管负责人组织，是否每旬至少对分管范围内检查一次，检查内容是否包括分管范围内所有管控措施落实情况，分析报告内容是否对分管范围内管控措施落实情况和管控效果进行分析，针对管控过程中出现的问题是否对管控措施进行调整完善
			现场检查： 按照《煤矿领导带班下井及安全监督检查规定》，执行煤矿领导带班制度，跟踪重大安全风险管控措施落实情况，发现问题及时整改	（1）查矿领导带班制度及记录，制度内容和带班记录内容是否包括跟踪重大安全风险管控措施落实情况 （2）查隐患治理台账或记录，看针对发现问题是否及时整改闭合
			公告警示： 在井口（露天煤矿交接班室）或存在重大安全风险区域的显著位置，公告存在的重大安全风险、管控责任人和主要管控措施	（1）现场查看是否在井口或存在重大安全风险区域的显著位置公告 （2）看公告内容是否包括存在的重大安全风险、管控责任人和主要管控措施，是否与重大安全风险清单内容一致
		5. 保障措施	信息管理： 采用信息化管理手段，实现对安全风险记录、跟踪、统计、分析、上报等全过程的信息化管理	查是否安设信息化管理系统，系统对安全风险记录、跟踪、统计、分析、上报等全过程的信息化管理是否可以实现
			教育培训： （1）入井（坑）人员和地面关键岗位人员安全培训内容包括年度和专项安全风险辨识评估结果、与本岗位相关的重大安全风险管控措施 （2）每年至少组织参与安全风险辨识评估工作的人员学习1次安全风险辨识评估技术	（1）查培训通知、记录、签到表、教案、考试卷等，看培训内容是否有针对性，参加人员是否为所有入井人员和地面关键岗位人员；现场抽查岗位人员，看是否熟悉相关内容 （2）查培训通知、记录、签到表、教案、考试卷等，看培训内容是否有针对性，培训时间是否为年度辨识前组织，参加人员是否为所有参与年度安全风险辨识评估工作人员；现场抽查辨识人员，看是否熟悉相关内容

（续）

项目分类	检查项目	规定或要求		检查方法
重点检查项目	4. 隐患排查治理	1. 工作机制	有负责事故隐患排查治理管理工作的部门	1. 查事故隐患排查治理工作责任体系建立文件、制度和责任制，看内容是否明确矿长全面负责、分管负责人负责分管范围内的事故隐患排查治理工作职责，各业务科室、生产组织单位（区队）、班组、岗位人员职责是否明确，是否有负责事故隐患排查治理管理工作的部门 2. 看责任体系文件、制度和责任制内容，是否有漏项或矛盾 3. 现场抽查矿领导和部门负责人，看对职责是否清楚
			建立事故隐患排查治理工作责任体系，明确矿长全面负责、分管负责人负责分管范围内的事故隐患排查治理工作，各业务科室、生产组织单位（区队）、班组、岗位人员职责明确	
			对排查出的事故隐患进行分级，并按照事故隐患等级明确相应层级的单位（部门）、人员负责治理、督办、验收	查隐患排查治理管理制度及台账，看是否对排查出的事故隐患进行分级，并按照事故隐患等级明确相应层级的单位（部门）、人员负责治理、督办、验收
		2. 事故隐患排查	基础工作： 编制事故隐患年度排查计划，并严格落实执行	查事故隐患年度排查计划，是否结合矿井年度采掘作业计划、年度安全风险辨识评估报告，是否覆盖所有场所；查排查记录，是否严格落实
			周期范围： （1）矿长每月至少组织分管负责人及安全、生产、技术等业务科室、生产组织单位（区队）开展一次覆盖生产各系统和各岗位的事故隐患排查，排查前制定工作方案，明确排查时间、方式、范围、内容和参加人员 （2）矿各分管负责人每旬组织相关人员对分管领域进行1次全面的事故隐患排查 （3）生产期间，每天安排管理、技术和安检人员进行巡查，对作业区域开展事故隐患排查 （4）岗位作业人员作业过程中随时排查事故隐患	1. 查隐患排查治理管理制度、台账及排查工作方案，是否排查前制定，看是否明确排查时间、方式、范围、内容和参加人员；查排查记录（包括人员定位系统），矿长是否组织，分管负责人及安全、生产、技术等业务科室、生产组织单位（区队）是否参与，是否每月至少开展一次，是否覆盖生产各系统和各岗位（结合公司“五查五会”中矿级检查的相关要求） 2. 查隐患排查治理管理制度、台账及排查记录（包括人员定位系统），看分管负责人是否组织，相关业务科室、生产组织单位（区队）是否参与，是否每旬至少开展一次，是否覆盖分管领域各系统和各岗位（结合公司“五查五会”中部门检查和专项检查的相关要求） 3. 查隐患排查治理管理制度、台账及排查记录（包括人员定位系统），看是否每班安排管理、技术和安检人员对作业区域进行巡查（结合公司“五查五会”中自查和部门检查的相关要求） 4. 查隐患排查治理管理制度、台账及排查记录，抽查1~2个岗位，看岗位作业人员是否在作业过程中随时排查事故隐患（结合公司“五查五会”中自查的相关要求）
			登记上报： （1）建立事故隐患排查台账，逐项登记排查出的事故隐患 （2）排查发现重大事故隐患后，及时向当地煤矿安全监管监察部门书面报告，并建立重大事故隐患信息档案	1. 查事故隐患排查治理制度、台账，是否逐项登记排查出的事故隐患，查台账记录与矿长、分管负责人排查内容是否一致，是否有制度隐患 2. 查重大事故隐患排查治理制度、信息档案，排查发现重大事故隐患后，是否及时向当地煤矿安全监管监察部门书面报告，查制度中是否有上报规定

（续）

项目分类	检查项目		规定或要求	检查方法
重点检查项目	4. 隐患排查治理	3. 事故隐患治理	分级治理： （1）事故隐患治理符合责任、措施、资金、时限、预案“五落实”要求 （2）重大事故隐患由矿长组织制定专项治理方案，并组织实施；治理方案按规定及时上报 （3）不能立即治理完成的事故隐患，由治理责任单位（部门）主要责任人按照治理方案组织实施 （4）能够立即治理完成的事故隐患，当班采取措施，及时治理消除，并做好记录	1. 查隐患排查治理管理制度、台账及措施（包括人员定位系统），看事故隐患治理制度是否符合责任、措施、资金、时限、预案“五落实”要求，台账中“五落实”要素是否完备（具体内容如确不需要，可填无。例如某隐患治理不需要专项资金，则在“资金”要素项填无） 2. 查隐患排查治理管理制度、治理方案（包括人员定位系统），看重大事故隐患是否由矿长组织制定、上报专项治理方案，并组织实施 3. 查隐患排查治理管理制度、治理方案（包括人员定位系统），看不能立即治理完成的一般事故隐患，是否由治理责任单位（部门）主要责任人按照治理方案组织实施 4. 查隐患排查治理管理制度、台账，看能够立即治理完成的事故隐患，是否当班采取措施，是否及时治理消除，是否留有记录
			安全措施： （1）事故隐患治理有安全技术措施，并落实到位 （2）对治理过程危险性较大的事故隐患，治理过程中现场有专人指挥，并设置警示标识；安检员现场监督	1. 查隐患排查治理管理制度及台账等，看是否有安全技术措施并落实 2. 查隐患排查治理台账及定位，看治理过程危险性较大的事故隐患，治理过程中现场是否有专人指挥，并设置警示标识，安检员是否现场监督
		4. 监督管理	治理督办： （1）事故隐患治理督办的责任单位（部门）和责任人员明确 （2）对未按规定完成治理的事故隐患，由上一层级单位（部门）和人员实施督办 （3）挂牌督办的重大事故隐患，治理责任单位（部门）及时记录治理情况和工作进展，并按规定上报	1. 查隐患排查治理管理制度及台账，看事故隐患治理督办的责任单位（部门）和责任人员是否明确 2. 查隐患排查治理管理制度及台账，看对未按规定完成治理的事故隐患，是否由上一层级单位（部门）和人员实施督办 3. 查隐患排查治理管理制度、相关报告及台账，看重大事故隐患治理责任单位（部门）是否及时记录治理情况和工作进展，并按规定上报
			验收销号： （1）煤矿自行排查发现的事故隐患完成治理后，由验收责任单位（部门）负责验收，验收合格后予以销号 （2）负有煤矿安全监管职责的部门和煤矿安全监察机构检查发现的事故隐患，完成治理后，书面报告发现部门或其委托部门（单位）	查隐患排查治理管理制度、相关报告及台账（包括人员定位系统），看煤矿自行排查发现的事故隐患完成治理后，是否由验收责任单位（部门）负责验收，验收合格后是否予以销号；负有煤矿安全监管职责的部门和煤矿安全监察机构检查发现的事故隐患完成治理验收后，是否书面报告发现部门或其委托部门（单位）；验收人员是否现场验收

（续）

项目分类	检查项目		规定或要求	检查方法
重点检查项目	4. 隐患排查治理	4. 监督管理	公示监督： （1）每月向从业人员通报事故隐患分布、治理进展情况 （2）及时在井口（露天煤矿交接班室）或其他显著位置公示重大事故隐患的地点、主要内容、治理时限、责任人、停产停工范围 （3）建立事故隐患举报奖励制度，公布事故隐患举报电话，接受从业人员和社会监督	1. 查隐患排查治理管理制度及公示监督记录，每月是否向从业人员通报事故隐患分布、治理进展情况 2. 查是否在井口、入井等候室、调度室等显著位置公示重大事故隐患，公示是否及时，公示内容是否明确重大隐患的地点、主要内容、治理时限、责任人、停产停工范围 3. 查事故隐患举报奖励制度，看是否公布事故隐患举报电话；接到举报是否进行核查；核查属实后是否对举报人员进行奖励
		5. 保障措施	信息管理： 采用信息化管理手段，实现对事故隐患排查治理记录统计、过程跟踪、逾期报警、信息上报的信息化管理	查是否安设信息化管理系统，看对事故隐患排查治理记录统计、过程跟踪、逾期报警、信息上报的信息化管理是否实现
			改进完善： 矿长每月组织召开事故隐患治理会议，对一般事故隐患、重大事故隐患的治理情况进行通报，分析事故隐患产生的原因，提出加强事故隐患排查治理的措施，并编制月度事故隐患统计分析报告	查事故隐患治理会议记录、纪要及报告，看是否矿长组织，是否每月召开，是否对一般事故隐患、重大事故隐患的治理情况进行通报，是否分析事故隐患产生的原因，是否提出加强事故隐患排查治理的措施，是否编制月度事故隐患统计分析报告，相关内容是否切合矿井实际
			资金保障： 建立安全生产费用提取、使用制度。事故隐患排查治理工作资金有保障	查安全生产费用提取、使用制度及记录，看内容是否符合财企〔2012〕16号规定；是否明确相关提取、使用的流程等具体的管理办法；事故隐患排查治理工作资金是否有保障
			专项培训： 每年至少组织安全管理技术人员进行1次事故隐患排查治理方面的专项培训	查培训计划、通知、记录、签到表、教案、考试卷等，看培训是否有计划、内容是否为事故隐患排查治理方面的，是否每年至少组织1次，是否为专项培训，参加人员是否为所有安全管理技术人员
			考核管理： （1）建立日常检查制度，对事故隐患排查治理工作实施情况开展经常性检查 （2）检查结果纳入工作绩效考核	1. 查检查制度，是否将对事故隐患排查治理工作实施情况作为经常性检查的必备内容 2. 查考核记录，日常检查发现的问题是否进行了考核

（续）

项目分类	检查项目	规定或要求	检查方法
重点检查项目	5. 各级红线、禁令或主要管理制度的贯彻执行	所有红线、禁令等必须不折不扣地贯彻执行，分管领导、专业部门、岗位要对涉及本专业、岗位的规定了解、熟悉	1. 现场抽查分管领导，专业部门人员是否对涉及本专业的红线制度、禁令等了解、掌握和熟悉 2. 现场抽查岗位工对涉及本岗位的红线制度、禁令等是否了解、掌握 3. 现场检查各作业地点，是否有违反红线禁令的情况发生
	6. 入井人员管理	《安全生产法》第二十五条：未经安全生产教育和培训合格的从业人员，不得上岗作业。生产经营单位使用被派遣劳动者的，应当将被派遣劳动者纳入本单位从业人员统一管理，对被派遣劳动者进行岗位安全操作规程和安全操作技能的教育和培训 《煤矿安全规程》第九条：培训不合格的，不得上岗作业	现场抽查岗位是否持证，是否熟悉岗位应知应会知识，如操作规程、岗位完好标准
		《安全生产法》第二十六条：生产经营单位采用新工艺、新技术、新材料或者使用新设备，必须了解、掌握其安全技术特性，采取有效的安全防护措施，并对从业人员进行专门的安全生产教育和培训	查是否采用新工艺、新技术、新材料或者使用新设备，相关人员是否了解、掌握其安全技术特性，是否采取有效的安全防护措施，是否对从业人员进行专门的安全生产教育和培训
		《煤矿安全规程》第十三条：入井（场）人员必须戴安全帽等个体防护用品，穿带有反光标识的工作服。入井（场）前严禁饮酒。煤矿必须建立入井检身制度和出入井人员清点制度；必须掌握井下人员数量、位置等实时信息。入井人员必须随时携带自救器、人员定位和矿灯，严禁携带烟草和点火物品，严禁穿化纤衣服 《煤矿安全规程》第一百八十条规定：“矿长、矿总工程师、爆破工、采掘区队长、通风区队长、工程技术人员、班长、流动电钳工、安全监测工、瓦斯检查工必须携带便携式甲烷检测报警仪”	1. 查入井人员，是否正确佩戴安全帽等个体防护用品，是否穿带有反光标识的工作服，是否随时携带自救器、人员定位和矿灯，是否携带烟草和点火物品，是否穿化纤衣服 2. 查井口是否设有灵敏可靠的酒精检测仪器，入井人员是否在入井前验酒 3. 查调度是否可以有效掌握井下人员数量、位置等实时信息，查调度入井人员统计表，是否按公司要求每班三统计，在同一时间井口、矿灯房、人员定位系统数据是否吻合，是否对超过正常工作时间未出井者采取了相应的措施 4. 查井下现场矿长、矿总工程师、爆破工、采掘区队长、通风区队长、工程技术人员、班长、流动电钳工、安全监测工、瓦斯检查工是否携带便携式甲烷检测报警仪
		《煤矿安全规程》第六百七十九条：井下作业人员必须熟练掌握自救器和紧急避险设施的使用方法，外来人员必须经过安全和应急基本知识培训，掌握自救器使用方法，并签字确认后方可入井	1. 现场抽查井下作业人员，看是否熟练掌握自救器和紧急避险设施的使用方法 2. 现场抽查外来人员，看是否经过安全和应急基本知识培训，掌握自救器使用方法 3. 查出入井登记记录，看外来人员是否签字确认后入井

（续）

项目分类	检查项目	规定或要求	检查方法
重点检查项目	7. 矿领导值班与带班	《煤矿领导带班下井及安全监督检查规定》第七条：煤矿应当建立健全领导带班下井制度，并严格考核。带班下井制度应当明确带班下井人员、每月带班下井的个数、在井下工作时间、带班下井的任务、职责权限、群众监督和考核奖惩等内容。煤矿的主要负责人每月带班下井不得少于5个。煤矿领导带班下井时，其领导姓名应当在井口明显位置公示。煤矿领导每月带班下井工作计划的完成情况，应当在煤矿公示栏公示，接受群众监督 《煤矿领导带班下井及安全监督检查规定》第八条：煤矿领导带班下井制度应当按照煤矿的隶属关系报送所在地煤炭行业管理部门，同时抄送煤矿安全监管部门和驻地煤矿安全监察机构 《煤矿领导带班下井及安全监督检查规定》第九条：煤矿领导带班下井时，应当履行下列职责： （1）加强对采煤、掘进、通风等重点部位、关键环节的检查巡视，全面掌握当班井下的安全生产状况 （2）及时发现和组织消除事故隐患和险情，及时制止违章违纪行为，严禁违章指挥，严禁超能力组织生产 （3）遇到险情时，立即下达停产撤人命令，组织涉险区域人员及时、有序撤离到安全地点 《煤矿领导带班下井及安全监督检查规定》第十条：煤矿领导带班下井实行井下指定地点交接班制度。上一班的带班领导应当在井下向接班的领导详细说明井下安全状况、存在的问题及原因、需要注意的事项等，并认真填写交接班记录簿	1. 查领导带班下井档案管理制度，看制度内容是否有相关规定 2. 查当月矿领导带班排班情况是否符合要求 3. 检查当月矿领导带班下井信息公示数据是否与计划相符，调整时是否向公司报告 4. 抽查带班记录和人员定位系统历史数据： （1）看人员定位轨迹与带班记录登记巡查路线是否一致，若带班记录中登记的巡查线路出现人员定位系统轨迹未出现的主要作业地点，视为存在带班存在弄虚作假 （2）看轨迹与记录、当月计划、公布的信息数据是否一致，显示的轨迹是否符合要求（无特殊情况时，是否未巡查） （3）检查视频记录，核实矿领导是否有未现场交接、班后未交接、迟下井、不下井等情况 （4）看带班领导是否对井下生产情况进行综合描述，简述每个作业点的作业情况，重点巡视和描述重要作业地点的工作情况 5. 检查矿领导入井带班的相关记录、档案是否符合公司要求： （1）矿领导入井带班记录、矿领导入井带班交接班记录，填写是否及时，是否与当班井下情况一致，一些重要情况是否发现和处理，上班遗留问题是否处理，可以与矿调度记录及公司调度记录进行对照 （2）查看交接时间是否符合实际，是否存在早升井迟入井未进行当面交接班 （3）是否对井下存在的安全问题及安排处理措施等进行记录 （4）是否对井下各主要作业地点的重大安全风险的管控措施落实情况进行逐项记录，阐述管控是否到位，对存在的问题及安排改进措施是否记录到位 6. 现场询问带班矿领导对井下各地点的安全生产情况，核实是否掌握井下安全生产情况，是否履行带班职责，是否组织清除事故隐患和险情，是否及时制止违章违纪行为，本人是否有违章指挥行为

（续）

项目分类	检查项目	规定或要求	检查方法
重点检查项目	7. 矿领导值班与带班	《煤矿领导带班下井及安全监督检查规定》第十一条：煤矿应当建立领导带班下井档案管理制度。煤矿领导升井后，应当及时将下井的时间、地点、经过路线、发现的问题及处理情况、意见等有关情况进行登记，并由专人负责整理和存档备查。煤矿领导带班下井的相关记录和煤矿井下人员定位系统存储信息保存期不少于一年	1. 查领导带班下井档案管理制度，看制度内容是否有相关规定 2. 查领导带班下井档案，看煤矿领导升井后是否及时将下井的时间、地点、经过路线、发现的问题及处理情况、意见等有关情况进行登记；是否由专人负责整理和存档备查 3. 查煤矿领导带班下井的相关记录和煤矿井下人员定位系统，看存储信息保存期是否不少于一年
		《煤矿领导带班下井及安全监督检查规定》第十二条：煤矿没有领导带班下井的，煤矿从业人员有权拒绝下井作业。煤矿不得因此降低从业人员工资、福利等待遇或者解除与其订立的劳动合同	查制度，看制度内容是否有相关规定
	8. 员工操作达标	严格按本矿标准执行（含三个“七步法”）	1. 现场抽查岗位工对本岗位达标标准的掌握情况 2. 现场检查岗位工的操作行为是否达标，是否有违章行为 3. 岗位工是否人人持“安全作业卡”，内容与实际工作是否相符
	9. 反“三违”	各矿要根据公司制定的反“三违”活动方案制定本矿的活动实施方案	反“三违”活动实施方案，是否以文件形式下发，内容是否与本矿管理实际相符合，是否对“三违”行为进行界定及分类，是否明确各级管理人员反“三违”指标
		各矿要建立统一台账，每月对“三违”情况进行登记汇总，在当月安全办公会议上进行通报，并存档备查	1. 查“三违”人员管理台账和安全处罚统计台账，以及处罚的财务收据或工资扣发证明等 2. 查安全办公会议纪要，看是否对反“三违”情况进行通报
		各矿要在醒目位置对“三违”行为进行公示	查是否公示
		各矿必须严格执行公司对“三违”人员的处理程序：上报审查－通知停工－接受再教育和处罚－考核－返岗复工，各矿申报、审查、停工、处罚、教育培训、考核等档案完善	根据情况抽查若干名“三违”人员的处理程序档案、申报审查表、停工通知单、处罚通知单、培训教育通知单、培训合格复工单，看填写是否认真、规范，审签手续是否完善
		对未按要求完成反“三违”指标的人员，除执行公司的考核办法外，各矿要制定具体的考核办法	1. 查是否制定具体的考核办法 2. 查是否按制定的考核办法进行考核 3. 对未完成反“三违”指标的管理人员是否建立考核档案

（续）

项目分类	检查项目	规定或要求	检查方法
一般检查项目	1. 安全会议	各矿必须建立安全办公会议制度，会议要求按照《××公司经理安全办公会议制度》执行	煤矿是否制定安全办公会议制度，制度内容是否符合要求。查安全办公会议记录是否使用公司专用记录本，记录是否认真规范，反映会议的全貌。查安全办公会议是否形成纪要上报、下发，是否贯彻落实到涉及的部门或个人。查参会人员是否按规定参加，未参会者是否有请假手续。查安全办公会议执行、落实情况是否形成书面报告
		安全例会，每周一次，在本矿安全检查当日召开，主要总结隐患整改情况，落实本次检查的安全隐患的整改，会议记录必须使用专用记录本（详细要求见《五查五会一闭合》相关内容）	查安全会议签到表、记录等是否符合本矿安全例会制度要求，是否使用专用记录本，记录是否认真规范，反映会议的全貌
		班前会：班前会由各生产单位自行组织，每班班前组织召开，生产单位（队、厂）负责具体管理，要按照公司员工操作达标统一模式执行（详细要求见《五查五会一闭合》相关内容）	检查班前会记录，也可参加某队组班前会： （1）会议组织形式是否符合公司统一模式 （2）班前会工作安排是否到位 （3）班前会对本队组范围内当班的安全重点或注意事项是否强调到位（包括上一班存在的疑难问题） （4）是否对当班员工精神及身体状况进行确认 （5）是否及时贯彻相关会议、文件、措施等 （6）记录是否规范，主要内容是否记录清楚、准确
		调度会：调度会议由调度室组织召开（属矿级会议）由调度室负责具体管理（详细要求见《五查五会一闭合》相关内容）	查调度会议记录，也可参加矿调度会： （1）检查组织形式是否正常 （2）会议内容是否合理，是否汇报清楚井上下作业情况、安全情况，需要调度统一协调的事项是否做出协调安排，矿领导是否对当日重点工作中的安全进行强调 （3）会议记录是否记录清楚、全面、准确、规范，是否使用专用记录本
		隐患和事故分析会：根据事故分析会按事故大小、影响范围确定会议的组织召开形式，隐患分析会要结合安全活动日组织召开（详细要求见《五查五会一闭合》相关内容）	检查会议签到表、会议记录、纪要，查看是否按要求执行： （1）组织形式是否符合要求 （2）参加人员是否符合要求 （3）会议内容是否合理，是否逐项分析落实，分析是否准确，对策措施是否到位 （4）记录是否整齐、规范，记录全面、准确
		近期上级安全会议要求事项落实情况	1. 查近期上级安全会议贯彻学习记录，看相关要求事项是否落实到位 2. 查现场，先看是否存在符合相关要求的事项，再进一步查相关要求是否落实

（续）

项目分类	检查项目	规定或要求	检查方法
一般检查项目		周四要由矿长带队组织全矿性安全大检查，检查的内容要全面符合集团及二级公司要求，下午例会要对检查出的问题进行安排落实	1. 安全检查分组点名册，参加检查人员是否符合公司要求 2. 是否有安全检查记录表，记录各专业检查发现的问题 3. 检查部门、队组自查记录表、管理台账 4. 检查对集团及二级公司检查的记录是否填写及时、清晰、认真
	2. 周四安全活动日	队组安全专题会议要严格按公司五项内容组织开展，必须符合规定： （1）进行安全生产事故案例教育，要选用与本单位紧密结合的事故案例、选用本单位及周边单位具有代表性的案例，通过每周强化，周而复始，不断地进行教育，强化员工安全意识，内化于心，提高自主保安意识 （2）对一周矿级检查和自查出的安全问题、隐患整改情况进行专题总结、分析、效果评价，查找不足，落实责任 （3）组织学习规章制度、作业规程、安全技术操作规程、作业标准等，重点进行讲解，深刻理解把握，一定要结合工作实践，采取灵活的形式，促进工作交流，提高效果 （4）对一周的每日一题进行一次重点重温回顾、总结和考核，并进行抽查提问，对一些模糊不清的问题，必要时作详细解读、纠正错误的理解，进一步加深印象和记忆。同时，结合一周的工作，针对性选择一个安全生产技术的知识点、难点进行学习、探讨、交流 （5）参加队组安全专题会议的矿领导可适当对专题会项目进行点评，要做好参加专题会的记录	查安全专题会议记录： （1）是否使用公司统一印制的“安全专题会议”记录本 （2）是否严格按五项内容组织会议内容，是否全员签到 （3）专题讲解人是否进行充分准备，五项内容是否贴近本矿实际，贴近员工作业实际，讲解是否讲到实质性的内容 （4）员工操作达标模拟训练和示范是否按标准进行 （5）培训内容是否多而不精，不便于职工学习领会 （6）培训记录是否记录有包队领导强调内容 （7）抽查矿领导参加分管队组安全专题会议的记录（专用记录本）
	3. 安全标志管理	《安全生产法》第三十二条：生产经营单位应当在有较大危险因素的生产经营场所和有关设施、设备上，设置明显的安全警示标志	查有较大危险因素的场所和有关设施、设备上，是否设置明显的安全警示标志
		《煤矿安全规程》第九条：井巷交叉点，必须设置路标，标明所在地点，指明通往安全出口的方向	现场查看井巷交叉点，是否设置路标，是否标明所在地点，是否指明通往安全出口的方向

（续）

项目分类	检查项目	规定或要求	检查方法
一般检查项目	3. 安全标志管理	《煤矿安全规程》第六百八十四条：井下所有工作地点必须设置灾害事故避灾路线。避灾路线指示应当设置在不宜受到碰撞的显著位置，在矿灯照明下清晰可见，并标注所在位置；巷道交叉口必须设置避灾路线标识。巷道内设置标识的间隔距离：采区巷道不大于 200 m，矿井主要巷道不大于 300 m	1. 看井下所有工作地点是否设置灾害事故避灾路线标识，避灾路线指示是否设置在不宜受到碰撞的显著位置，在矿灯照明下是否清晰可见，是否标注所在位置 2. 看巷道交叉口是否设置避灾路线标识。巷道内设置标识的间隔距离是否符合要求
		标准化要求（采煤和掘进两部分）：巷道每隔 100 m 设置醒目的里程标志	现场查看井下巷道是否有里程标志
	4. 安全费用管理	《企业安全生产费用提取和使用管理办法》（财企〔2012〕16 号）及《晋能有限责任公司关于调整安全费用提取标准的通知》（晋能财务字〔2013〕173 号）	1. 检查矿井设立安全生产费用专管账户的情况，是否有管理制度 2. 检查矿井按月提取和使用的财务明细台账；核查是否按月提取，是否符合标准或集团要求；核算提取的额度是否与当月产量相一致 3. 检查安全管理部门涉及安全费用管理的档案、资料、台账等： （1）年度计划是否与公司的一致 （2）是否有月度或季度计划，是否按计划执行并考核，未完成的是否有调整计划及未完成情况说明等 （3）使用安全费用的项目是否符合十个方面的要求 （4）使用安全费用工程、项目特别是重点工程或项目是否有立项、设计、审查、验收等完善的手续 （5）重大工程项目是否按照年初计划时间完成
	5. 事故管理	所有事故应按权限程序报告、调查与处理，具体执行集团公司《煤矿事故报告和调查处理制度》及二级公司事故报告和调查处理制度	结合各矿事故情况，检查各矿事故管理档案： （1）查调度或队组值班记录，是否有相应的事故记录 （2）检查事故统计台账（包括伤亡与非伤亡事故）是否完善，统计填写是否全面、认真、规范 （3）检查事故月度统计报表是否完整 （4）按权限由本单位调查时，检查相关档案是否内容规范，事故调查处理的相关档案是否完整，调查记录是否能反映事故原貌、真相、直接原因等，调查报告对原因分析、认真认定是否依据充分，认定准确，处理决定是否依据充分，处理得当，检查处理决定落实的证据。如处罚单及财务收据或工资扣发证明等
		按权限或指定由本单位调查时，事故调查处理的相关档案应完整、齐全： （1）调查记录［如事故相关人员的书面陈述材料、调查笔录（要有当事人签字或指纹，修改处必须由当事人按指纹确认）］ （2）事故调查报告 （3）事故处理决定	

（续）

项目分类	检查项目	规定或要求	检查方法
一般检查项目	6. 应急预案、灾害预防与处理计划及救护服务协议	《生产安全事故应急预案管理办法》总局令第88号第三十六条：有下列情形之一的，应急预案应当及时修订并归档： （1）依据的法律、法规、规章、标准及上位预案中的有关规定发生重大变化的 （2）应急指挥机构及其职责发生调整的 （3）面临的事故风险发生重大变化的 （4）重要应急资源发生重大变化的 （5）预案中的其他重要信息发生变化的 （6）在应急演练和事故应急救援中发现问题需要修订的 （7）编制单位认为应当修订的其他情况	查矿井是否存在应及时修订应急预案的7种情况
		《生产安全事故应急预案管理办法》总局令第88号第三十五条：应急预案编制单位应当建立应急预案定期评估制度，对预案内容的针对性和实用性进行分析，并对应急预案是否需要修订做出结论。矿山、金属冶炼、建筑施工企业和易燃易爆物品、危险化学品等危险物品的生产、经营、储存企业、使用危险化学品达到国家规定数量的化工企业、烟花爆竹生产、批发经营企业和中型规模以上的其他生产经营单位，应当每三年进行一次应急预案评估。应急预案评估可以邀请相关专业机构或者有关专家、有实际应急救援工作经验的人员参加，必要时可以委托安全生产技术服务机构实施	（1）查应急预案定期评估制度，看内容是否符合要求 （2）查是否每三年进行一次应急预案评估
		《煤矿安全规程》第十二条：煤矿必须编制年度灾害预防和处理计划，并根据具体情况及时修改。灾害预防和处理计划由矿长负责组织实施	检查《矿井灾害预防和处理计划》、批复文件及贯彻培训的记录、考核档案
		及时签订救护服务协议	检查签订的救护服务协议是否在有效期
	7. 三书一合同	《安全目标责任书》内容要针对公司与矿长签订的安全目标责任书中的各项目标，从上至下进行层层分解，签订（副总、科、队及班组副职不需要与基层员工签订，只是协助正职做好相关工作）；安全目标管理责任书内容要根据矿长与公司签订的目标进行分解，其中安全控制指标分解的总和不得大于公司签订的控制指标总数，相关目标的责任部门要分别进行签订。如轻伤指标，应签订在井下采掘一线队组，但各采掘队组签订的轻伤指标总和不得大于与公司签订的控制指标总数；安全费用重大项目应分别签订在相关牵头专业部门；专项治理指标应签订在对口的专业部门等，不可以具体分解的目标不得漏项	（1）查签订对象是否符合要求 （2）查签订内容是否符合要求 （3）各级各类“三书一合同”签订完成后，是否进行分类汇总。各级各类签订工作是否有漏洞

（续）

项目分类	检查项目	规定或要求	检查方法
一般检查项目	7. 三书一合同	《安全承诺书》应全员进行书面安全承诺签订 （1）矿长应按照标准化要求向全体职工进行安全承诺。政府部门另有要求的按政府部门要求另行执行 （2）其他人员要结合本岗位实际进行书面安全承诺签订 （3）承诺内容要根据具体安全工作职责进行安全承诺，并必须含有“如有违反以上承诺，自愿接受相关处罚。”的内容	（4）查师傅的选任是否符合要求 （5）查人员定位系统，看实习期满前，未取得工人师傅签名的实习合格证明前，徒弟是否进行独立工作
		《互保联保责任书》应由工作环节相关联或工作岗位距离相近的人员签订，矿井各区队或班组必须按照班前会“七步法”要求建立互保联保动态管理台账，只要互保对象变化，立即重新签订责任书，并登记在案。矿井必须建立相应的互保联保管理制度，明确互保联保奖惩办法，并做好相关记录	
		新工人、新调整岗位人员都必须签订师徒合同，并要参照《煤矿安全培训规定》建立相应的师徒管理制度，明确师徒奖惩办法，做好相关记录	
		各级各类“三书一合同”签订完成后，应进行分类汇总	
	8. 重大危险源评估与安全评价	依据《关于做好煤矿重大危险源评估报告备案事中事后监管工作的通知》要求：有下列情况之一的煤矿企业，应当及时重新进行安全评估，并依据辨识评估结果，重新修订重大危险源管理制度和监控措施，按照属地分管管理原则逐级上报市煤炭局备案 （1）重大危险源辨识评估已满二年的 （2）涉及煤矿重大危险源的自然条件、防护措施和生产系统等因素发生重大变化，导致重大危险源发生变化或影响重大危险源级别和风险程度的 （3）煤矿企业发生瓦斯、水灾、顶板、自然发火、煤尘爆炸、冲击地压等重大事故的 （4）开采新水平、新煤层、新采区的 （5）有关重大危险源辨识评估的国家标准和行业标准发生变化的 （6）建设矿井在取得安全生产许可证之前	查矿井是否存在重新修订重大危险源管理制度和监控措施的6种情况

（续）

项目分类	检查项目	规定或要求	检查方法
一般检查项目	8. 重大危险源评估与安全评价	遇到下列情形的，煤矿应当及时进行安全评价： （1）建设项目在建设前应做安全预评价 （2）建设项目在项目竣工试生产运行正常后，项目正式竣工验收前进行安全验收评价 （3）处于管理需要（如申领安全生产许可证等）及本单位为掌握了解本单位安全现状，应适时进行安全现状评价或专项安全评价	针对煤矿的实际情况，检查其是否及时或适时进行了安全评价，以评价报告或委托合同为准
		评估（评价）机构要具有相应的资质	检查评估机构资质是否符合要求；检查评估机构资质是否在有效期
		重大危险源评估与安全评价工作是否有委托书或项目合同	检查委托书或项目合同
	9. 安全生产标准化管理工作	矿井必须有安全生产标准化管理机构，并分专业进行管理	查本矿设立安全生产标准化领导、管理机构的文件，是否按专业分工进行管理，分工是否合理，职责是否明确，人员配置是否合理
		必须严格执行安全生产标准化旬检月验，记录齐全、规范，档案完善。主要记录或验收表应使用公司统一格式。按要求，每月 28 日向公司上报纸质版评分表及电子版评分表，每季末月 28 日前，进行采掘工程平面图图纸交换（含电子版）	检查旬检、月验记录（包括原始记录），记录填写是否规范、认真，是否为公司统一格式，审签程序是否完善。检查系统上报情况是否及时录入系统和上报公司，或者根据公司掌握的上报情况进行核实
		必须严格执行班评估制度，班评估记录要使用公司统一格式，填写规范、认真	（1）检查当班现场班评估情况，是否为公司统一格式，填写是否认真、规范，是否与现场实情一致 （2）检查班评估历史资料，是否认真、规范、完整
		应当制定适合本矿实际情况的安全生产标准化工作管理制度，包括奖励、惩罚机制等	检查制度相关内容是否贴近本矿实际，制度能否得到切实落实；检查相关的奖励、惩罚机制落实的证据，如奖励和处罚方面的决定、通知等
		安全生产标准化达标煤矿应具备 8 项基本条件	8 项基本条件符合要求

（续）

项目分类	检查项目	规定或要求	检查方法
一般检查项目	10. 安全文件贯彻与执行	各煤矿按照二级公司《安全文件贯彻落实管理规定（试行）》文件执行	1. 查文件管理档案是否按公司统一模板进行归档 2. 查文件管理台账、督促卡是否填写规范，有无遗漏文件 3. 查相关贯彻文件的会议记录，是否进行全面贯彻，需落实事项是否有落实痕迹 4. 查 OA 办公系统文件签收是否按规定时间内完成
	11. 安全考核管理	必须制定有安全考核办法，并与本矿的实际情况较好地结合。要结合公司安全考核最新要求及时修订、细化分工，并印发，考核工作的职责、程序等要明确、清晰	1. 检查是否制定有安全考核办法，是否以文件印发 2. 检查考核办法是否按照公司安全考核最新要求及时修订、细化分工，考核工作的职责、程序等是否明确、清晰
		必须按月进行各层级考核，考核工作严肃认真，对事故隐患管理工作疏漏或安全责任不到位等情况必须进行考核，考核的结果既能反映当月本矿的安全工作状况，也能反映当月各部门、各队组的安全工作状况，考核资料档案齐全、完整	1. 检查是否按月考核 2. 检查各月考核结果： （1）是否有当月考核的汇总表和逐个单位的考核评价表 （2）是否能反映本矿及各部门、各队组的实际安全工作状况，要与公司掌握的信息和考核情况进行对照，是否将各级检查及日常出现的安全管理责任落实不到位情况进行考核
		各层级考核必须经各层级负责人审核签字后报上一级考核部门	检查是否有经各层级负责人审核签字的考核资料
		考核结果与工资挂钩	检查工资核算办法或标准，看是否与考核结果挂钩。看工资表是否按照工资核算办法发放
		公司重点考核项目的落实情况。如“136”安全管理模式推进、“333”工作推进、反“三违”活动、周四安全活动、双预防机制建设、红线管理及整治“五假五超”等	1. 检查是否制定项目推进工作方案或实施细则，并以文件形式下发，明确每个项目的推进责任部门、目标、任务、措施、流程及完成时限等 2. 相关检查、督促、考核等落实资料齐全
	12. 其他	1. 各环节现场管理无漏项或失控的现象 2. 其他需要检查的内容	1. 查各环节现场管理，看是否存在管理漏洞或失控的情况 2. 按相关要求逐一对照开展检查

2.10 煤矿安全培训专业安全检查表

项目分类	检查项目	规定或要求	检查方法
安全培训	1. 基础保障	有负责安全生产培训工作的机构，配备满足工作需求的人员	1. 查是否有负责安全培训工作的机构，培训机构是否独立设置，是否以正式文件下发，机构职责是否明确 2. 查是否有安全培训工作领导组机构，主要负责人是否为安全培训第一责任人，是否有分管安全培训工作的领导（原则上由分管安全的领导负责） 3. 查培训机构人员是否满足培训工作需要，不得少于3名专职培训管理人员，人员业务分工是否明确（专职培训管理人员中至少有1名具有煤矿相关主体专业大专以上学历且从事煤矿管理或生产工作不少于3年）
		建立并执行安全培训管理制度	1. 查制度内容是否符合《煤矿安全培训规定》（原国家安全生产监督管理总局92号令）、山西省煤炭工业厅《煤矿安全培训监督管理办法（试行）》以及集团公司《职工教育培训管理办法》、二级公司《安全培训管理制度》等规定要求 2. 检查是否有安全培训制度，是否以正式文件下发；制度中至少应包括目的意义、基本原则、职能职责、资源保障、计划编制、培训对象、形式方式、培训方法、培训内容、培训学时、培训管理、考核发证、效果检验、监督检查等管理要素 3. 查制度中是否涵盖：煤矿主要负责人和安全生产管理人员；特种作业人员；班组长；新员工、调岗、三违、重新上岗（离岗一年含一年）；“七新”；应急培训；职业卫生；从业人员培训；档案管理；职业技能鉴定；教师管理；培训经费提取和使用；教考分离；安全培训监督检查考核；其他专项培训等制度内容 4. 查制度是否有可操作性，是否按制度执行
		具备安全培训条件的煤矿，按规定配备师资和装备、设施；不具备培训条件的煤矿，可委托其他机构进行安全培训	1. 自主开展安全培训的煤矿，实地查看培训机构场所、设施、台账情况，查是否符合《安全培训机构基本条件》（AQ/T 8011—2016）规定要求 2. 查专兼职教师是否实现专业全覆盖，专兼职教师是否有5年以上专业工作经历（至少有法律法规、采煤、掘进、机电、运输、“一通三防”、地测防治水、机修、洗选、职业卫生、应急等专业教师，且每个专业不少于2名） 3. 检查矿自主培训能力及外委培训情况，如无能力自主培训，需外委培训，要有外培协议书等资料；外委培训协议是否由主要负责人签订；是否健全外委培训档案资料
		按照规定比例提取安全培训经费，做到专款专用	1. 查是否按规定提取培训经费，查财务部门提取台账、支出凭证，查本年度经费计划等资料 2. 按照公式，上年度工资总额 ×1.5%（或2.5%）×40% 用于安全培训，计算并检查是否按比例足额提取了培训经费 3. 查是否做到专款专用，查安全培训费用使用明细

（续）

项目分类	检查项目	规定或要求	检查方法
安全培训	2. 组织实施	有年度培训计划并组织实施	1. 查是否有年度培训计划，是否以正式文件下发，文件是否由矿主要负责人签发 2. 查计划内容是否完整（项目、类别、数量、师资保障、资源保障、培训管理、效果考核等内容） 3. 查计划项目是否涵盖煤矿主要负责人、安全生产管理人员、特种作业人员、新工人、调岗、三违、全员培训、班组长等常规性培训，是否涵盖煤矿安全生产标准化、职业卫生健康、机电运输等专业类培训，专业类培训是否由专业部门牵头，培训部门配合 4. 查是否按计划实施的进度按时完成培训工作
		培训对象覆盖所有从业人员	1. 查是否存在外委施工单位；若存在，外委施工单位从业人员是否按规定进行培训管理；是否建立健全培训档案 2. 查培训是否完全覆盖《煤矿安全培训规定》规定的煤矿企业主要负责人、安全生产管理人员、特种作业人员、其他从业人员等类别
		安全培训学时符合规定	1. 查安全培训学时是否符合《煤矿安全培训规定》要求（新工人不少于72学时，每年再培训不少于20学时；调岗人员不少于42学时；轻微三违不少于一天，一般三违三天，严重三违不少于五天；全员培训不少于20学时） 2. 从本年度已经完成的自行培训项目中，抽取2~3类检查，查阅学时实施是否符合规定
		针对不同专业的培训对象和培训类别，开展有针对性的培训；使用新工艺、新技术、新设备、新材料时，对有关从业人员实施针对性安全再培训	1. 查培训计划，是否有“四新”（新工艺、新技术、新设备、新材料时）项目；查矿培训资料，是否有相应“四新”培训资料 2. 查培训计划，是否按《煤矿安全培训规定》92号令及省厅《煤矿安全培训监督管理办法（试行）》要求制定主要负责人、安全生产管理人员、特种作业人员“七新”（新法律法规、新标准、新技术、新工艺、新设备和新材料）项目；查矿培训资料，是否有相应“七新”培训资料 3. 查培训资料，培训有无针对性
		特种作业人员经专门的安全技术培训（含复训）并考核合格	1. 查全矿特种作业人员台账 2. 查培训合格记录台账，是否做到井下特种作业（井下电气、爆破、监测、瓦检、安检、提升机作业、采掘机操作、抽采、防突、探放水）人员、地面相关特殊工种培训全覆盖 3. 查特种作业人员是否培训合格取得操作资格证上岗作业。结合比对管理台账信息，在井下、地面实地抽查几位特种作业人员持证情况，至少3类特种作业人员，每一类至少抽查3人，是否存在证件失效或未持证上岗作业

（续）

项目分类	检查项目	规定或要求	检查方法
安全培训	2. 组织实施	煤矿从事采煤、掘进、机电、运输、通风、地测等工作的班组长任职前接受专门的安全培训并经考核合格	1. 采煤、掘进、机电、运输、通风、防治水（地测）等工作的班组长是否二级公司组织实施 2. 查班组长任职文件，任职前的培训内容（记录）是否符合要求（初次培训不少于72学时） 3. 查班组长是否进行了年度再培训，培训内容（记录）是否符合要求（再培训不少于20学时） 4. 查班组长持证情况
		煤矿主要负责人和安全生产管理人员自任职之日起6个月内，通过安全培训主管部门组织的安全生产知识和管理能力考核	1. 查现有主要负责人、安全生产管理人员任命文件，持证情况；未持证人员是否在履职6个月内考核合格 2. 抽查矿长、副矿长并分别抽查安监部门、技术部门、调度部门、通风部门、采掘部门、机电部门等各1人，检查相关台账资料，是否于任职6个月内通过安全生产知识和管理能力考核；未通过人员是否进行了岗位调整 3. 现场抽查矿领导及生产部门负责人，是否有过期未重新考核的情况
	3. 持证上岗	特种作业人员持《特种作业人员操作资格证》上岗	1. 现场抽查特种作业人员是否持证上岗 2. 查证件是否有效（登录国家“特种作业操作证及安全生产知识和管理能力考核合格信息查询平台”进行验证） 3. 查特种作业人员是否进行了年度“七新”培训（新法律法规、新标准、新规程、新技术、新工艺、新设备、新材料）
		煤矿主要负责人和安全生产管理人员通过考核取得合格证上岗	1. 查培训和持证台账（登录国家“特种作业操作证及安全生产知识和管理能力考核合格信息查询平台”进行验证） 2. 现场抽查矿领导及生产部门负责人，是否有过期未换证或复训记录不全的情况（证件看原件） 3. 查并验证主要负责人、安全生产管理人员培训合格资质证件。查验证件的有效期限 4. 查主要负责人、安全生产管理人员是否进行了年度“七新”培训（新法律法规、新标准、新规程、新技术、新工艺、新设备、新材料）
		煤矿其他人员经培训合格取得培训合格证上岗	1. 查培训和持证台账，是否颁发安全培训合格证明；培训合格证明是否在3年有效期内 2. 查是否存在失效、过期、持证工种与本人从事岗位不符等情况 3. 抽查地面关键岗位人员证件不少于5人；井下现场作业面不少于10人 4. 抽查新工人、转岗、“三违”等培训档案资料

（续）

项目分类	检查项目	规定或要求	检查方法
安全培训	4. 培训档案	建立安全生产教育和培训档案，内容包含各类别、各专业安全培训的时间、内容、参加人员、考核结果等	1. 查阅资料和档案管理现场，是否有档案且符合要求 2. 查档案管理要素是否齐全 3. 核查档案是否造假
		建立健全所有从业人员培训档案	1. 查是否按照《煤矿安全培训规定》92 号令、省厅《煤矿安全培训监督管理办法（试行）》要求及公司统一规范的样式，建立健全“一人一档”“一期一档” 2. 根据《煤矿安全培训规定》第八条，查“一人一档”档案内容是否完整： （1）学员登记表，包括学员的文化程度、职务、职称、工作经历、技能等级晋升等情况 （2）身份证复印件、学历证书复印件 （3）历次接受安全培训、考核的情况 （4）其他有关情况 3. 根据《煤矿安全培训规定》第九条，查“一期一档”档案内容是否完整： （1）培训计划 （2）培训时间、地点 （3）培训课时及授课教师 （4）课程讲义 （5）学员名册、考勤、考核情况 （6）综合考评报告 （7）其他有关情况
		档案管理规范	1. 查是否有培训档案管理制度 2. 查电子档案、纸张档案是否分类清晰、内容完整，按档案管理标准存放检索有序 3. 查资料归档程序（送交、编号、登记、立卷、分类、入库、销毁）是否完善、正确 4. 查资料是否安全存放管理（遗失、破损、污染、潮湿、被盗等） 5. 查档案日常管理（检索、使用、查阅、借阅、复印）是否规范 6. 查档案保存期限、销毁管理和实施是否符合规定
	5. 其他方面	培训自查	1. 查煤矿企业是否按照《煤矿安全培训监督管理办法（试行）》第九条规定定期进行自查 2. 查是否按照每半年自查不少于 1 次的要求，建立自查台账

3　安全奖惩及问责

3.1　二级公司安全生产奖惩问责相关制度

3.1.1　二级公司安全生产奖惩制度

第一节　总　　则

第一条　为认真贯彻落实党和国家的安全生产方针，适应市场经济需要，增强职工搞好安全工作的自觉性和责任感，保障职工的安全与健康，保护国家资源和财产不受损失，促进二级公司（以下简称二级公司）各项事业的发展，根据《安全生产法》《劳动法》《矿山安全法》《煤炭法》《企业职工奖惩条例》《煤矿安全规程》、晋能安监字〔2017〕60 号等有关规定，制定本制度。

第二条　公司和所属各单位的主要负责人，对贯彻本制度全面负责，公司安全生产管理部和各单位安全管理部门负责对本制度贯彻落实情况进行监督、检查。

第三条　本制度执行范围为公司各部门及各单位管理层，包括：公司安全生产相关业务部门人员、煤矿领导班子成员及“七长”。

各单位应根据本制度制定具体的安全生产奖惩制度，全面覆盖本单位从矿长到作业人员的所有层级、所有人员、所有岗位。

第四条　奖励条件

公司员工有以下情形之一的，公司将给予一定的奖励：

（1）模范遵守国家有关方针、政策、法令，认真执行“三大规程”及上级颁发的条例、指令、通知和指示等，积极贯彻执行公司相关的制度、各项安全措施等，在安全工作方面做出显著成绩的。

（2）防止事故有功的。

（3）抢险救灾有功的。

（4）在安全工作中有发明创造或技术上有重大成果及推广新技术有卓越成绩的。

（5）在安全生产标准化工作中成绩显著的。

第五条　处罚条件

公司员工有以下情形之一的，公司将给予一定的处罚：

（1）违反公司安全管理制度的。

（2）影响安全生产秩序、工作秩序和社会秩序的。

（3）玩忽职守，违反技术作业规程、技术操作规程和安全规程，或者违章指挥造成事故，使职工生命、财产遭受损失的。

（4）工作不负责任，损坏设备工具，浪费原材料、能源，造成安全问题和隐患的。

（5）不及时解决安全或尘、毒危害因素等方面存在的问题，造成重大生产事故或尘、毒等危害严重的。

（6）安全工作不到位，致使安全管理混乱，造成事故隐患或造成事故的。

（7）培训教育工作组织不力，致职工安全意识淡薄、安全生产技能低下的。

（8）违章作业，违章指挥的。反“三违”不力，对“三违”视而不见，不加制止的。

（9）发现事故征兆和险情，不采取防止事故的措施，又不及时报告的。

(10) 事故发生后，隐瞒事故真相，对肇事者进行包庇或弄虚作假，甚至嫁祸于人的。

(11) 对所属矿井吃拿卡要的，除按本规定处罚外，按公司相关规定处理。

(12) 被检举在安全生产管理上存在较大问题的。

第六条　奖惩种类

1. 奖励的种类

(1) 物质奖励，如给予奖金、奖品及给予其他物质奖励、提高工资待遇等。可以通过给予或发放专项（或专门）奖金（如安全工作先进个人奖励、安全目标管理奖励、安全绩效管理奖励、安全风险抵押奖励、安全生产标准化工作奖励等）方式进行。

(2) 精神奖励，如优先评先、给予荣誉，通报表扬、晋级等。

2. 惩罚的种类

(1) 罚款、降低待遇等。可以直接下达罚款通知（交纳罚款或从工资中扣除）或各类安全考核扣除奖励等形式进行。

(2) 其他处罚，如思想教育、停工、行政处分（通报批评、警告、严重警告、降职、撤职、开除留用察看、开除）等。

第二节　考　核　机　构

第七条　对于公司相对固定的专项奖励（安全目标管理责任奖励、安全生产标准化奖励、安全绩效奖励、安全风险抵押奖励等），公司成立安全考核领导小组，进行考核并核算奖励金额。

安全考核小组组长：安全副经理。

安全考核小组成员：安全生产监督管理部、生产技术部、一通三防部、机电部、生产指挥中心、地测防治水中心、工程管理部、环保节能部、财务管理部、人力资源部、等部门负责人。

职责：按规定对各类安全专项奖励进行考核。

办公室设在安全生产管理部。

第八条　专项奖励之外的其他奖励由党政联席会议决定，安全生产管理部执行。

各类处罚根据情况，由相关部门提出，安全生产管理部汇总，报公司领导批准后执行。

第九条　对于各类专项奖励的办法及考核办法，由安全生产管理部会同相关部门另行制定和及时修订。

第三节　处　罚　细　则

凡在安全生产管理中发现以下情况之一的，对煤矿领导班子成员及“七长”人员按以下标准进行处罚：

第十条　日常安全管理方面

(1) 七长入井带班制度执行不严，入井时间、交接班等与规定严重不符，或经常不符，处××××元/次。带班记录不完整或未认真填写的，处××××元/次。矿值班领导值班期间脱岗者罚款××××元/次，未对安全生产情况或岗位进行巡查，起不到值班作用的，罚款××××元/次。

(2) 七长入井带班弄虚作假或空班的，处××××元/次。

(3) 公司下达的临时工作任务，未认真完成、不达要求或未完成的，处××××元/次。

(4) 不执行公司的安全生产指令的，处××××元/次。

(5) 公司召开的各类安全生产会议迟到者，罚款××××元/次，无故不到的罚款××××元/次。

(6) 对公司相关制度不落实、不执行，或落实、执行与要求相差较大的，处××××元/次。

(7) 对各类严重“三违”行为，熟视无睹，不加制止的，处××××元/次。

（8）煤矿领导层有违章指挥、违章作业等，或强令工人冒险作业，被现场发现或被职工举报并查证属实的，处××××元/次。

（9）因重大安全问题被各级政府管理部门，煤矿监察部门处罚，勒令停工、停产整顿的，处××××元/次。

（10）有重大安全问题未及时向公司领导、相关部门汇报的，处××××元/次。

（11）不配合公司安全检查的，处××××元/次；对公司或相关上级部门检查出的问题不积极整改或相关类似问题屡次出现的，处××××元/次。

（12）对发生的生产安全事故或重大安全险情未及时向公司领导、相关部门等汇报的，处××××元/次。隐瞒事故被举报查证属实的，处×××××元/次。

（13）对重大安全隐患、险情未及时采取有效措施进行处理的，处×××××元/次。

（14）法律、法规、条例等规定的主要制度不完善健全的，处××××元/项次。

（15）自救器管理不到位、失效情形较多的，处××××元/台次。

（16）有入井人员穿化纤衣服情形的，处××××元/次。

（17）有职工酒后入井或上岗情形的，处××××元/次。

（18）有入井人员携带烟草、点火物品等违禁物品情形的，处×××××元/次。

（19）采掘作业点等重点接尘岗位防尘口罩等个体防护用品配备不到位的，处××××元/次。

（20）其他劳动防护用品配备不到位的，处××××元/次。

（21）安全检查的相关记录、隐患整改闭合管理台账等缺乏或混乱的，处××××元/次。

（22）各类安全会议的相关记录不全或缺失混乱的，处××××元/次。

（23）各类安全设施不完好，一次检查达 5 处以上的，处××××元/次。

（24）配发不合格劳动防护用品、安全器具的，处××××元/次。

（25）公司检查，现场管理混乱，文明卫生较差的，罚款××××元/次。

（26）岗位作业人员未持证上岗，一次检查达 5 人及以上的，处××××元/次。

（27）特种作业人员未持证上岗，处××××元/次。

（28）规程、措施、预案、灾防计划等未向员工贯彻的，处××××元/次。

（29）各类培训未有效开展，处××××元/次，培训记录管理混乱或短缺较大，处××××元/次。

（30）安全管理部门相关记录、台账等短缺较多或管理混乱的，处××××元/次。

第十一条　“一通三防”管理

（1）矿井总风量不足，仍继续作业的，处×××××元/次。

（2）生产采区、生产水平未实现分区通风的；采掘工作面未实现独立通风的；采区进（回）风巷存在一段进风一段回风等情况的，处×××××元/次。

（3）主要通风机没有按要求每月至少检查一次的，处××××元/次。

（4）停风后，没有及时将人员撤至全风压通风巷道的；处××××元/次。

（5）未按规定检测井下有害气体，并及时向作业地点人员公示的，处××××元/次。

（6）炸药库、井下瓦斯抽放泵站和采区变电所（硐室）未实行分区通风的，处××××元/次。

（7）使用 3 台以上（含 3 台）局部通风机同时向 1 个掘进工作面供风，或使用 1 台局部通风机同时向 2 个作业的掘进工作面供风的，处××××元/次。

（8）盲巷、窒息区未按规定进行及时封闭管理的，无防止人员误入措施的，处××××元/次；有擅自进入盲巷、窒息区的，处×××××元/次。

（9）在综合防突措施效果不达标的突出煤层进行采掘活动的，处×××××元/次。

（10）高突矿井爆破未执行停电制度的，处×××××元/次。

（11）有自然发火征兆没有采取相应的安全防范措施并继续生产的，处×××××元/次。

（12）未设大巷主隔爆设施与其他巷道的辅助隔爆设施的，处××××元/次。

（13）采煤机、掘进机割煤时不开启内、外喷雾和内、外喷雾压力达不到要求及每个截割头有3个及以上内喷雾头堵塞强行生产的，处××××元/次。

（14）井下多处存在煤尘堆积（连续长度大于5 m，厚度超过2 mm）的，处××××元/次。

（15）综采、综放工作面移架时架间喷雾多处不能正常使用的，处××××元/次。

（16）从事产尘作业时，未打开回风侧防尘水幕或相应的防尘设施的，处××××元/次。

（17）未按矿井瓦斯等级选用相应的煤矿许用炸药和雷管、未使用专业发爆器的，处××××元/次。

（18）瓦斯超限未采取有效措施进行处理的，处×××××元/次。

（19）瓦斯超限未按要求断电撤人的，处×××××元/次。

（20）有风量分配不合理，无风、微风作业情形的，处××××元/次。

（21）有未按规定周期测风的，或测风地点、数据等与规定出入较大情况的，处××××元/次。

（22）检测瓦斯的次数与时间与规定出入较大的，处××××元/次。

（23）各类传感器校验和更新与规定出入较大的，处××××元/次。

（24）局部通风机未实现双风机双电源自动切换的，无定期对局部通风机自动切换试验的，处××××元/次。

（25）火区或高瓦斯区的密闭未实现“三断”的，处××××元/次。

（26）启封密闭无措施，或未按措施进行的，处××××元/次。临时停工地点未按规定进行管理的，罚款××××元/次。

（27）排放瓦斯无组织、无措施的或未按措施进行的，处×××××元/次。

（28）瓦斯矿井停风超过30 min，送风复电前未组织瓦斯检查或排放的，处××××元/次；高瓦斯矿井或高瓦斯区无计划停风，送风复电前未组织检查瓦斯或排放瓦斯的，处×××××元/次。

（29）有随意开停通风机情形的，处××××元/次。

（30）距井口20 m范围内有明火的，处××××元/次。

（31）井下主要用风地点风速风量不符合要求的，处××××元/次。

（32）巷道贯通前未制定相应措施的或未执行措施的，处××××元/次。

（33）主要进回风巷之间的风门未闭锁的，或闭锁失效的，处××××元/次。

（34）所有掘进工程，未先形成完整的通风系统的（有回风联络巷），造成串联通风，一段进风一段回风等情形的，处××××元/次。

（35）违反规程规定串联通风的，处××××元/次。

（36）高瓦斯矿井，包括高瓦斯区（××、××、××、××、××矿井）采煤面不得使用下行通风，否则处××××元/次。

（37）高瓦斯矿井，包括高瓦斯区（××、××、××、××、××矿井）严禁出现串联通风，否则处××××元/次。

（38）出现通风设施严重失修，或严重的质量问题情形的，处××××元/次。

（39）有突出倾向矿井采煤工作面回风侧不应设置风窗，否则处××××元/次。

（40）生产矿井主要通风机反风设施不完善或不能正常投运的，处××××元/次。

（41）反风设施半年及以上未检查维护的，处××××元/次。

（42）独头掘进巷道大于6 m仍采用扩散通风的，处××××元/次。

（43）局部通风机出现循环风的，处××××元/次。风筒出风口距离工作面超过10 m以上的处××××元/次。将风筒口变向或捆扎的，处××××元/次。

（44）局部通风机未实现“三专两闭锁”或断电范围不符合规定的，处××××元/次。未按规定周期进行风电、瓦斯电闭锁试验的，或无试验记录及记录不全不完善的，罚款××××元/次。

（45）一年内未进行反风演习和没有反风演习报告的，处××××元/次。本年度未完成瓦斯等级鉴定的，罚款××××元。

（46）采煤工作面结束后，未在规定时间内封闭的，处××××元/次。

（47）采掘工作面回风流中未安装水幕，或水幕不能覆盖巷道断面的，处××××元/次。

（48）主要进风巷进行焊接作业，无安全措施或未按规定执行的，处××××元/次。

（49）消防材料未定期检查和更换的，处××××元/次。

（50）开采容易自燃和自燃的煤层时，未编制防灭火设计的，在自然发火期内未能采完，未对采空区采取注浆等措施的，处××××元/次。

（51）入井人员未按规定佩戴自救器的，处××××元/次。

（52）高瓦斯矿井或高瓦斯区抽放系统未正常运行的或抽放量严重不达标致巷道内瓦斯浓度较高的，罚款×××××元/次。

（53）瓦斯日报表未经审阅签字，一次未审阅签字，罚××××元。

（54）瓦斯检查不能“三对照”的，罚款××××元/次。

（55）瓦斯检查出现空班、漏检或假检的、监测数据严重失实的，处××××元/次。

（56）管理中违反公司“瓦斯管理十条禁令”之一的，视情况罚款××××～××××××元/次。

（57）开采自燃煤层和易自燃煤层的矿井，未编制防止自然发火设计或未按设计组织生产的及未设置采区专用回风巷的，处××××元/次。

第十二条　采掘开管理

（1）采掘作业无作业规程的，采煤面回撤、安装无作业规程的，处××××元/次。

（2）采煤面两安全出口不畅通，不能保证人员通行又不采取有效措施的，处××××元/次。

（3）巷道支护效果差，影响安全使用的，处××××元/次。

（4）采掘工作面顶板条件不良，空帮空顶严重未采取相应措施的，处××××元/次。

（5）巷道部分支护破坏、损坏，未及时采取措施加固或修复的，处××××元/次。

（6）采掘作业中违反施工顺序，对生产安全造成威胁的，处××××元/次。

（7）一个采区内采掘工作面数量超过规定的，处××××元/次。

（8）采掘面遇特殊构造未制定专项措施，导致工作面出现安全问题的，处××××元/次。

（9）主井井口、煤仓口等未设立防止坠落的安全设施等，处××××元/次。

（10）掘进巷道支护出现失效有堵人危险的，处××××元/次。

（11）采掘作业规程不符合公司要求，缺项、漏项或针对性较差等较严重的，处××××元/次。

（12）地面煤场堆煤高度超过 5 m，未采取有效措施的，处××××元/次。

（13）出现采煤面液压支柱等失修率较高情形的（一次检查出现 5 架次及以上的），处××××元/次。

（14）同一采区相邻面在开采的采煤工作面沿空送巷时，严禁同时作业，否则，处××××元/次。

（15）采煤工作面超前支护未按规定支设或超前支护距离不足 20 m 的，处××××元/次。

（16）掘进工作面未使用前探梁临时支护的，处××××元/次。

第十三条　机电提升运输方面

（1）使用淘汰或明令禁止使用的机电产品的，处××××元/台次。

（2）主要倾斜井巷轨道运输时，阻车器、挡车栏及防止运行中断绳、脱钩车辆的跑车防护装置必须可靠，动作灵敏，挡车栏和防跑车装置应当实现自动化控制，否则罚款，处××××元/次。运输任务较少的非主要巷道一坡三挡可使用相对简易的装置，但强度、灵敏度等必须保证，否则处××××元/次。

（3）运输信号必须齐全，运输距离大于30 m时必须设置信号装置，不得使用敲击管路、喊话等代替，否则，处××××元/次。

（4）主要倾斜井巷轨道运输的上下车场变坡点附近应有信号硐室（躲避硐），否则，处××××元/次。

（5）小绞车运输必须符合公司相关要求，如：小绞车十一条禁令等。否则，处××××元/次。

（6）小绞车连接必须使用专门的连接锁，否则，处××××元/次。

（7）矿车大面积失修的（一次检查发现超过10辆以上矿车不完好），处××××元/次。

（8）倾斜井巷轨道运输必须明确一次最大牵引重量、车辆数量，并设置明显的提示牌板，否则，处××××元/次。

（9）滚筒驱动的带式输送机的保护（5种）必须齐全、完好，否则，处××××元/次。机头大架部分和机尾部分必须有防护网，否则，处××××元/次。

（10）立井提升机各类保险装置必须齐全完好，否则，处××××元/次。

（11）提升人员的罐笼每层内一次最多提升人数必须明确规定，并设立明显的提示牌板，否则处××××元/次。

（12）主要提升装置的最大载重量和最大载重差，应在井口公布，否则，处××××元/次。

（13）立井罐笼提升时，井口、井底安全门必须与罐位和提升信号连锁，否则，处××××元/次。

（14）立井提升系统存在较大隐患未处理，带病运行的处罚款××××元/次。

（15）立井提升同一层罐笼内人、物混提的，处××××元/次。

（16）立井提升时井底信号越过井口信号工直接发至绞车房的，处××××元/次（紧急信号、检修信号规定除外），立井提升信号未与提升机控制回路相闭锁的，处××××元/次。

（17）立井提升钢丝绳使用和检验不符合规定的，处××××元/次。

（18）立井提升系统的检查维护试验的各类记录缺项较多的（3项及以上）处罚款××××元，填写不规范严重的处罚款××××元。

（19）主要提升装置相关资料（规程第436条）缺3项及以上的，处××××元/次罚款。

（20）空压机等压力容器无压力表、安全阀或表、阀不完好的，处××××元/次。

（21）井下使用非防爆产品和非矿用产品的，处××××元/次。

（22）投入使用的主要通风机、立井人员提升机、抽放瓦斯泵、主排水泵房、采区排水、变（配）电所馈出的供电线路等主要设备房，必须有双回路直接供电，否则处××××元/次。

（23）发现有带电检修、搬迁电气设备、电缆等时，处×××××元/次。

（24）应保证监控系统独立供电，并满足瓦斯超限时的断电和报警功能用电，否则，对矿井处××××元/次。

（25）高瓦斯矿井井下及井口房出现失爆的，处××××元/次。

（26）电气设备超额定值运行的，处××××元/次。

（27）各类电气设备的保护整定值与公司要求不符，且出入较大的，处××××元/次。

（28）电气设备甩保护运行的，处××××元/台次。

（29）各类开关等配电设备的保护熔断器应与其额定值相符，严禁用铜铁丝等代替，否则，处××××元/台次。

（30）地面储运装系统按井下要求选用电气设备，否则处罚款5000元；日常监测有瓦斯的区域出现失爆（如煤仓口等），处罚款××××元/台次。

（31）井采、掘工作面或其他瓦斯偏高地点出现电气设备失爆的，处×××××元/台次。

（32）检修供电线路及设备时，不闭锁开关和未悬挂“有人工作，禁止送电”警告牌的，处××××元/次。

（33）带电电缆（除采掘机组用电缆外）不得盘圈或盘“8”字形，否则处罚款××××元。

（34）电缆接线盒未吊挂或未使用托架，使接头承力的，处××××元/台次。

（35）不同型号的电缆未使用接线盒或母线盒连接，而直接连接，处××××元/台次。

（36）铠装电缆未做处理前直接使用接线盒连接，按失爆处理处××××元/台次。

（37）电气设备、电缆、提升系统的检查、调整等严重不符合规程的处××××元/次。

（38）停送电工作操作票不完善或未认真执行的，处××××元/次。

（39）运输管理中违反公司“小绞车安全管理十一条禁令”“带式输送机运行安全管理六条禁令”“斜巷（井）运输十一禁令”之一的，视情况罚款××××～×××××元/次。

第十四条　地质防治水方面

（1）水害威胁较严重矿井未按规定进行探放水工作，或探放水工作与要求相差较大，处××××元/次。

（2）允许掘进通知单未履行相关签批手续，或手续不完整，处××××元/次。未履行或未执行允许掘进通知单制度，处××××元/次。

（3）防治水相关资料管理混乱的，缺项较多或差错较多的，处××××元/次。

（4）探水钻机及钻杆不能紧随掘进面前移的，钻杆数量严重不足的，处××××元/次。

（5）发现有水患或突水征兆时，未采取有效措施的，处××××元/次。

（6）矿井涌水较大的地点，排水设施明显不能满足排水要求的，或未完成主排水泵、主排水系统联合试运行的，处××××元/次。预计涌水量大或有水患威胁的，排水设施能力明显不足的，处××××元/次。

（7）每年 5 月底前未完成水仓、沉淀池、水沟清淤工作的，处××××元/次。

（8）现场探放水牌板设置、填写等不符合要求较严重的，处××××元/次。

（9）主排水泵未按规定进行检查的，处××××元/次。

第十五条　爆破及爆炸材料管理

（1）爆破员未持证上岗的，处××××元/次。

（2）炸药箱、雷管箱未分开存放或未用专用箱运送、未加锁管理的，处××××元/次。

（3）未执行“一炮三检”制度爆破，处××××元/次。

（4）出现爆破作业现场无警戒设施、爆破母线长度严重不足、破损，爆破母线未悬挂，爆破器严重不完好等情形的，处××××元/次。

（5）炸药、雷管等未直接运送到作业地点，有到其他地点情形的（如宿舍等），处××××元/次。

（6）有职工宿舍等非炸药库存放炸药、雷管情形的，处××××元/次。

（7）用剩的炸药、雷管未交回炸药库，在作业地方或他处存放的，处××××元/次。

（8）一次性领取和运送炸药、雷管数量超过当班使用量 120% 及以上的，处××××元/次。

（9）现场发现有一次装药多次起爆、爆破母线与导体接触、封泥不足、封孔不严、封孔材料使用煤粉等情况，处×××××元/次。

（10）现场发现有裸露爆破或残眼爆破情形的，处×××××元/次。

（11）处理残爆、拒爆时严重违反规程或对残爆、拒爆等未处理继续其他作业的，处×××××元/次。

（12）瓦斯异常时仍继续装药、爆破等作业的，处×××××元/次。

（13）井筒内运送爆炸材料时混运其他人员的，或未与绞车司机等联系好的，处××××元/次。

（14）失效的爆炸材料未按规定销毁的，处××××元/次。

（15）丢失爆炸材料，按重大事故处理，未汇报的处×××××元/次。

（16）有爆炸材料台账管理出现账、物、卡不符等情形的，按丢失处理，处××××元/次。

（17）有爆炸材料看守员脱岗等情形的，处××××元/次。

（18）有爆破作业现场管理混乱、爆破材料乱扔乱放情形的，处××××元/次。

（19）高瓦斯矿井或高瓦斯区内采用反向爆破的，处××××元/次。

（20）长时间未组织对爆破材料库或爆破材料管理进行检查的（一个月及以上），处××××元/次。

第十六条　各类较大工程、作业管理

本条所指较大工程、作业包括：启封密闭、排放瓦斯、改变矿井通风系统或局部通风系统、过构造区域，大型设施设备安装投运、改变矿井其他系统、新技术、新工艺试验等。

（1）未编制专项安全技术措施的，处××××元/次。

（2）对各类较大及以上工程、作业未及时向公司领导或相关部门汇报的，处××××元/次。

（3）未按专项措施组织进行的，处××××元/次。

（4）专项措施编制不完善、缺陷较多，不能满足实际要求的，处××××元/次。

（5）对较大工程、作业中出现的安全问题，未及时解决或采取措施，且未汇报的，处××××元/次。

（6）安全专项措施未经程序审批的，处××××元/次。

第十七条　事故管理

凡员工在生产劳动过程中发生各类事故（包括委外施工队伍）的，一律对所在单位进行重罚，具体处罚标准为：

（1）原煤生产单位工亡1人，罚款××万元。

（2）其他单位工亡1人，罚款××万元。

（3）意外死亡1人，罚款×万元。

（4）发生一起重大人身未遂事故罚款×万元，公司及以上部门检查发现一次重大隐患罚款×万元。

（5）发生一起一级非伤亡事故罚款××万元，发生一起二级非伤亡事故罚款×万元。

（6）对企业发生的路外和企业外作业场所人员死亡事故，主要责任在企业的，按表外死亡罚款。

（7）发生一起重伤事故罚款×万元。

（8）发生本制度中所考核的各类事故，事故单位必须按照有关规定按时、按程序上报，及时组织调查分析，并将结果报公司安全生产委员会。事故的调查、报告、定性，执行中华人民共和国《生产安全事故报告和调查处理条例》（国务院493号令）和集团公司及二级公司的有关规定，凡事故单位在事故发生后20 min内未按程序报告的，一律视为隐瞒事故，将追究有关人员的责任，并对事故单位按每起事故处以×××××元罚款。

（9）对上述未包括的重特大事故，按上级有关规定进行严厉处罚。

第十八条　其他管理

（1）相关矿井未执行公司处罚通知，未通相关人员进行相应处罚或虚假处罚的，罚矿长×××××元/次。

（2）凡细则中未涉及的内容，视情节给予××××～×××××元罚款。

（3）二级公司将执行安全质量黄牌警告制度。在二级公司级或以上的大检查中发现重大安全隐患（单位没有排查出来）或单位内部虽已发现但未在要求的期限内整改完毕的单位，出示黄牌警告，

黄牌警告期间罚款××××元/天。对各单位罚款，纳入二级公司安全奖励基金。

第四节　安　全　问　责

第十九条　除处罚以外，公司实行安全问责制度，责任追究制度另行制定，但应坚持以下原则。

(1) 按照“谁主管谁负责、谁责任谁承担”的原则，进一步健全完善安全生产责任体系，把安全管理责任范围拓展到各单位领导班子成员、基层科区和公司机关业务部门，严格实行问责。

(2) 因分管范围内安全技术管理不到位造成事故的，或指定分工范围内发生责任事故的，给予免职或降职、撤职处理。对基层科区，发生重伤事故的，给予责任科区分管科科长、跟班干部免职处理；发生致命性重伤事故的，给予责任科区正职免职或撤职处理，发生1人次工亡事故的，给予主管矿长免职或撤职处理；发生2人次及以上工亡事故的，给予矿长和主管矿长免职或撤职处理。

(3) 一次发生多人事故或一个考核期内连续出现事故的，参照如下原则进行问责：三人次轻伤按一次重伤问责，两人次重伤按一次死亡问责。

(4) 对事故责任人员，采用“就高不就低”原则进行问责。

第五节　相关程序或其他要求

第二十条　奖罚程序

(1) 公司对煤矿及煤矿安全管理部室人员在安全管理方面的奖罚由安全生产管理部统一管理，具体扣发由工资核算部门执行。

(2) 遇有需要对有关人员和矿井进行处罚的，视情况按以下两种情况执行：

①现场下达处罚通知单；

②现场不能下达的，当日或次日报公司分管领导审核签字后送安全生产管理部，由安全生产管理部下达处罚通知单。

(3) 每月底，安全生产管理部将对各单位或相关管理人员的安全奖罚进行统计，报公司领导审核批准后送工资核算部门和相关矿井。

(4) 安全生产管理部、工资核算部门均应建立完善有可追溯性的安全奖罚台账。

(5) 根据公司当前实际情况，奖罚暂按以下规定执行：

①工资在公司核算的，由工资核算部门在该月工资中扣除并出具罚款收据，奖励核算在当月工资中。

②工资不在公司核算的，但相关抵押等在公司核算的，视情况在抵押等兑现中扣除，一次兑现中不能扣除全部罚款时，在下月或下次兑现中扣除，直至全部扣完罚款。奖励时各单位根据公司奖励通知由本矿进行奖励。

③工资、抵押兑现等均不在公司核算的，各单位根据公司奖罚通知，由本矿执行，但必须将奖罚执行结果（处罚通知单和工资单）报公司。公司将对奖罚结果进行核实，防止虚假处罚。

第二十一条　罚款收据必须使用财务部门印制、编号的单据，印章齐全。

第二十二条　本规定由公司安委会及全体员工监督执行。

第二十三条　本奖惩细则解释权归公司安全生产委员会。

第二十四条　本规定自2017年5月1日起执行。如与国家、上级有关规定相抵触时，按国家、上级规定执行。

3.1.2　二级公司安全生产问责制度

第一章　总　　则

第一条　为切实促进各级安全生产责任落实，确保公司安全生产重大决策、决定、计划及规章制度执行到位，杜绝各类安全生产渎职、失职行为，健全内部安全生产约束和责任追究机制，根据《生产安全事故报告和调查处理条例》《晋能集团有限公司安全生产问责制度》等，结合公司实际，特制定本制度。

第二条　安全生产问责制度，是针对公司各级安全生产管理人员不落实安全生产责任或者不正确落实安全生产责任，以致在其管辖的单位、部门和在生产经营过程中安全致灾因素管理失控，出现较大或重大安全隐患，甚至造成安全事故或导致公司合法权益、社会形象受损等，进行责任追究的制度。

第三条　安全生产问责制度遵循“公开、公正”和“四不放过”（事故原因未查明不放过、责任人未处理不放过、整改措施未落实不放过、有关人员未受到教育不放过）的原则。

第二章　问责范围和对象

第四条　问责范围主要包括以下因管理不到位或责任不落实导致的情形之一：

（1）发生生产安全事故。

（2）对安全致灾致害因素管理失控，产生较大或重大安全隐患。

（3）不执行上级和集团公司及公司安全会议或文件精神和决定。

（4）重点安全工作及举措推进或落实不力。

（5）触犯各级“安全红线”或禁令。

（6）致公司合法权益、社会形象受损等以及其他公司认为需要问责的情形或行为。

第五条　安全生产问责对象，包括：

（1）公司所属的发生问题的单位及其领导班子成员、副总工程师、经理（或矿长）助理、管理部门的负责人等。

（2）公司相关部门的负责人及管理人员。

公司根据对不同事件的分析结果，对认定此范围内有责任的人员进行追责、问责。

以上范围之外的有关责任人员的问责权归所在各单位负责。

第三章　问　责　形　式

第六条　安全生产问责的形式有：约谈、经济处罚、行政处分。

约谈，就是召集相关部门到指定的地点对责任单位和相关人员进行责任分析、认定，做出处理意见，进行诫勉谈话，督促责任单位强化工作措施的处理形式。

经济处罚，就是对失职、渎职行为进行罚款、扣除安全绩效奖励等各类安全奖励的处理形式。

行政处分，就是对失职、渎职行为给予警告、严重警告、记过、记大过、降级降职、解除劳动合同或留用察看等的处理形式。

第四章　生产安全事故问责

第七条　生产安全事故分人身伤亡事故和非伤亡事故两大类。

本制度所称的生产安全事故是指在公司生产经营区域发生的责任事故，经认定属于非责任事故的不在本问责制度范围。

生产安全事故的分类、分级，按照国家《生产安全事故报告和调查处理条例》执行。

工程质量事故按非伤亡事故对待。

第八条　对煤矿发生死亡事故的问责，除执行集团公司和公司的相关问责规定外，同时执行以下规定。

（1）一起死亡 1 人的安全责任事故，按以下条款问责：

①给予事故单位罚款×××万元，黄牌警告，取消事故单位当年度评先评优资格。

②对事故单位董事长、党委（或总支）书记、总经理、分管副经理、安全副经理进行约谈。

③对公司负有重要监督责任的对口职能部门负责人罚款××××元。

（2）一起死亡 2 人的安全责任事故，按以下进行问责：

①给予事故单位罚款×××万元，黄牌警告，取消事故单位当年度评先评优资格。

②对事故单位董事长、党委（或总支）书记、总经理、分管副经理、安全副经理进行约谈。

③对公司负有重要监督责任的对口职能部门负责人罚款×万元。

（3）同一煤矿年度内累计发生两次 1 人死亡安全责任事故的，按以下进行问责：

①给予事故单位罚款×××万元，取消事故单位当年度评先评优资格，并实行停产整顿。

②对事故单位领导班子成员进行集体约谈。

③对公司负有重要监督责任的对口职能部门负责人罚款×万元。

第九条　对非煤矿生产经营单位发生死亡事故的问责，除严格执行集团公司和公司的相关问责规定外，同时执行以下规定。

（1）发生一起死亡 1 人的安全责任事故的，按以下进行问责：

①给予事故单位罚款×××万元，黄牌警告，取消事故单位当年度评先评优资格。

②对事故单位董事长、党委（或总支）书记、总经理（厂长）、分管副经理、安全副经理进行约谈。

③对公司负有重要监督责任的对口职能部门负责人罚款××××元。

（2）发生一起死亡 2 人的安全责任事故的，按以下进行问责：

①给予事故单位罚款×××万元，黄牌警告，取消事故单位当年度评先评优资格。

②对事故单位董事长、党委（或总支）书记、总经理（厂长）、分管副经理、安全副经理进行约谈。

③对公司负有重要监督责任的对口职能部门负责人罚款×万元。

（3）同一单位年度内累计发生两次及两次以上一般死亡安全责任事故的，按以下进行问责：

①给予事故单位罚款×××万元，取消事故单位当年度评先评优资格，并实行停产整顿。

②对事故单位领导班子成员进行集体约谈。

③对公司负有重要监督责任的对口职能部门负责人罚款×万元。

第十条　对煤矿发生重伤或造成较大直接经济损失的问责。

（1）煤矿发生一起 1 人重伤事故，或造成直接经济损失×××万～×××万元的一般事故的，按以下进行问责：

①给予事故单位董事长、党委（或总支）书记、总经理（矿长）分别罚款××××元。

②给予安全副经理（安全副矿长）罚款××××元。

③给予负有重要领导责任的分管业务、分管队伍副经理（副矿长）分别罚款××××～××××元。

④给予事故单位罚款××万元，黄牌警告，取消事故单位当年度评先评优资格。

⑤公司对事故单位董事长、党委（或总支）书记、总经理（矿长）、安全副经理及分管副经理进行约谈。

（2）煤矿发生一起 2 人重伤事故，或造成直接经济损失×××万～×××万元的一般事故的，按以下进行问责：

①给予事故单位董事长、党委（或总支）书记、总经理（矿长）分别罚款××××元。

②给予安全副经理（安全副矿长）罚款××××元。

③给予负有重要领导责任的分管业务、分管队伍副经理（副矿长）分别罚款××××～×××

××元。

④给予事故单位罚款××万元，黄牌警告，取消事故单位当年度评先评优资格。

⑤公司对事故单位董事长、党委（或总支）书记、总经理（矿长）、安全副经理及分管副经理进行约谈。

（3）煤矿发生一起3人重伤事故，或造成直接经济损失×××万~×××万元的一般事故的，按以下进行问责：

①给予事故单位董事长、党委（或总支）书记、总经理（矿长）分别罚款×万元。

②给予安全副经理（安全副矿长）罚款×万元。

③给予负有重要领导责任的分管业务、分管队伍副经理（副矿长）分别罚款×万~×万元。

④给予事故单位罚款××万元，黄牌警告，取消事故单位当年度评先评优资格。

⑤公司对事故单位董事长、党委（或总支）书记、总经理（矿长）、安全副经理及分管副经理进行约谈。

（4）煤矿发生一起3人以上重伤，或造成直接经济损失×××万元以上的责任事故，按照政府及集团公司事故调查组处理意见进行问责。

第十一条　非煤矿生产经营单位发生一起重伤或造成较大直接经济损失的，参照第十条加重处罚。

第十二条　同一单位年度内累计发生两起及两起以上重伤责任事故的，除按照以上发生一起分别进行处罚外，同时执行以下规定：

（1）给予事故单位再罚款××万元，取消事故单位当年度评先评优资格，并实行停产整顿。

（2）对事故单位领导班子成员进行集体约谈。

（3）对公司负有重要监督责任的对口职能部门负责人罚款××××元。

第十三条　对煤矿发生非伤亡事故的问责。

（1）煤矿发生一起三级非伤亡事故的，给予负有重要领导责任的分管业务、分管队伍副经理（副矿长）分别罚款××××元。

（2）煤矿发生一起二级非伤亡事故的，按以下进行问责：

①给予事故单位董事长、党委（或总支）书记、总经理（矿长）分别罚款××××元。

②给予安全副经理（安全副矿长）罚款××××元。

③给予负有重要领导责任的分管业务、分管队伍副经理（副矿长）分别罚款××××~××××元。

④给予事故单位罚款××万元，黄牌警告，取消事故单位当年度评先评优资格。

（3）煤矿发生一起一级非伤亡事故的，按以下进行问责：

①给予事故单位董事长、党委（或总支）书记、总经理（矿长）分别罚款××××元。

②给予安全副经理（安全副矿长）罚款××××元。

③给予负有重要领导责任的分管业务、分管队伍副经理（副矿长）分别罚款××××~×××××元。

④给予事故单位罚款××万元，黄牌警告，取消事故单位当年度评先评优资格。

⑤公司对事故单位董事长、党委（或总支）书记、总经理（矿长）、安全副经理及分管副经理进行约谈。

第十四条　对非煤矿生产经营单位发生非伤亡事故的问责。

非煤矿生产经营单位发生一起非伤亡事故的问责，参照以上处罚视情况加重进行处罚。

第十五条　同一单位年度内累计发生两起及两起以上非伤亡事故的问责，除按照以上发生一起分别进行处罚外，同时执行以下规定：

（1）对事故单位主要负责人进行约谈。

（2）对公司负有重要监督责任的对口职能部门负责人罚款××××元。

第五章 重大安全隐患问责

第十六条 重大安全隐患的认定按以下执行：

（1）煤矿重大安全隐患的认定依据为《煤矿重大生产安全事故隐患判定标准》（原国家安全生产监督管理总局令第85号）执行。

（2）非煤矿生产经营单位重大安全隐患的认定按原国家安全生产监督管理总局出台的相关行业重大生产安全事故隐患判定标准执行。

第十七条 重大安全隐患由地方政府、集团公司及公司各级监管部门检查中查实，或经查属实的职工举报。

第十八条 对存在重大安全隐患不及时采取有效措施、不及时向上级主管部门汇报或未列入整改计划，强行组织生产作业的，除集团公司处罚外，公司对责任单位加罚×万元到×万元。

第十九条 对涉及重大安全隐患的相关责任人的，除严格执行集团公司的相关问责规定外，按以下进行问责：

（1）现重大安全隐患，责任单位未按“五落实”要求采取措施，强行组织生产作业的，如果公司未履行监督督促责任，任其发展，不及时制止，给予公司负有重要监督责任的对口职能部门负责人罚款××~××元。

（2）发现重大安全隐患，公司和责任单位已做出部署安排，但执行落实的基层单位或个人未严格按“五落实”要求整改，强行作业的，给予现场跟班领导和队干罚款××~××元。

第六章 不执行安全会议、文件精神、决定及违反“红线”或其他失职、渎职的问责

第二十条 有下列情况之一的，对责任单位通报批评、给予×万元到×万元经济处罚、主要领导约谈、问责等：

（1）不及时传达贯彻落实上级、集团公司及公司有关安全生产的会议、文件精神和决定（包括整改通知书）的。

（2）不落实集团公司〔2017〕60号文件中“煤矿管理人员下井与带班制度”和不落实〔2017〕306号文件所列“六个一律”的。

（3）不落实集团公司煤矿“一通三防”管理“十个严禁”和防治水管理“十个严禁”的。

第二十一条 触犯集团公司“红线制度”的，按照相关规定进行问责。

第二十二条 触犯公司《安全生产红线制度禁令手册》中的《二级公司安全生产刚性措施》和《煤矿顶板控制二十条措施》的，按照相关处罚规定进行处罚。

第二十三条 触犯公司《安全生产红线制度禁令手册》第三部分二级公司规定中《二级公司安全生产刚性措施》和《煤矿顶板控制二十条措施》以外其他规定的，将对相关责任人处罚××××~×××××元；对造成重大安全威胁的，将对相关责任人处以不少于×××××元的处罚，直至免职。

第二十四条 对由于预控管理不到位、安全风险辨识不到位、安全措施落实不到位等原因造成致灾致害因素管理失控、安全风险增高、公司合法权益受损（采掘失衡、设备损坏等）或者造成其他不良影响或后果的问责。

（1）对责任单位董事长、党委（或总支）书记、总经理、分管副经理、安全副经理进行约谈。

（2）对负有重要领导责任的责任单位董事长、党委（或总支）书记、总经理、分管副经理给予0.2万元到1万元经济处罚。

第二十五条　有下列情况之一的，对责任单位主要负责人和相关责任人约谈、问责、给予×万元到×万元经济处罚等：

（1）类似问题反复出现的。

（2）拒不执行整改指令的。

（3）预控措施采取不到位，造成安全风险增加的。

（4）安全风险辨识不认真，危险因素出现漏项的。

（5）出现安全致灾因素管控指标失控的。

（6）因故意或过失造成公司合法权益受损或者在社会上造成不良影响或后果的。

第二十六条　各种制度处罚问责涉及同类同级的安全责任事故，按照“就重不就轻，不重复处罚”的原则处罚。

第二十七条　除问责、约谈外，事故单位党政主要领导、公司职能部门负责人、公司分管领导要在公司安全会议上作检查。

第二十八条　凡在事故查处及执行过程中，事故单位弄虚作假、瞒报、谎报、迟报，阻碍、干涉事故调查处理，故意破坏事故现场，拒绝接受调查以及拒绝提供真实情况和资料的单位，根据情节轻重，除按照集团公司规定对相关责任人、主要负责人给予处罚外，加罚0.5万~1万元。

第二十九条　被问责的单位及领导班子成员取消年度评先评优资格。

第三十条　被问责的单位在执行事故责任处罚的同时，执行公司的《安全绩效考核办法》《安全风险抵押金考核办法》《安全目标考核办法》等的有关规定。

第三十一条　事故追责时，公司按相关制度对有责任的各级责任人员进行内部追责查处，如有与政府、集团事故调查组处理意见不一致的情形，呈报公司党政联席会议研究决定。

第七章　约　　谈

第三十二条　约谈内容

（1）主要听取被约谈单位对相关问题的情况汇报，包括基本情况、原因分析及教训，重点是采取的措施。

（2）对被约谈单位主要负责人进行诫勉谈话。

（3）被约谈对象应当准备书面材料和必要的图纸、措施等资料。

第三十三条　约谈程序

（1）由安监部门书面或电话通知约谈对象，告知约谈时间、地点及需要提交的材料。

（2）约谈时，应安排专人记录，形成约谈纪要并及时发送被约谈单位。

（3）约谈后，被约谈单位应在15日内将约谈要求贯彻落实情况以书面形式上报。

（4）公司安监部要将约谈的相关资料建立档案备查。

（5）公司参加约谈的人员，由安监部根据约谈问题涉及的专业确定参加的公司领导及业务部门负责人。

第八章　附　　则

第三十四条　问责实行回避制度。问责组成员与问责当事人有利害关系或其他关系可能影响问责公正的，应当回避。

第三十五条　对责任单位和责任人的问责结果，纳入年度安全绩效考核，并在一定范围内通报批评。

第三十六条　公司对事故单位及责任人的降级、撤职、经济处罚、取消事故单位当年度评先评优资格及通报批评等由安监部及时报送公司组织人事、纪委、人力资源、企管、财务、工会、新闻中心、综合办等部门并监督执行。

第三十七条　公司负责落实集团公司问责时对公司及所属单位提出的各种处理意见和建议。

第三十八条　公司对同一起事故的处理决定合并执行，不重复处罚。

第三十九条　本制度与国家有关法律法规有相抵触的情况，执行国家有关法律法规规定。

第四十条　本制度自印发之日执行。

3.1.3　二级公司煤矿反“三违”活动实施方案

一、指导思想

全面贯彻落实党的十九大精神，以习近平新时代中国特色社会主义思想为指导，牢固树立安全发展理念，弘扬生命至上、安全第一的思想，坚守发展决不能以牺牲安全为代价这条不可逾越的红线，坚持“安全第一、预防为主、综合治理”的方针，以反“三违”为手段，提高管理水平为目的，进一步提高公司安全管理能力，有效遏制各类事故发生，为公司实现安全生产持续稳定奠定基础。

二、组织领导

为确保反“三违”活动顺利开展，成立反“三违”活动工作领导组。

组　　长：

副 组 长：

成　　员：安全生产监督管理部、人力资源部、党工部、纪委、工会、生产指挥中心、生产技术部、机电设备部、一通三防部、地测防治水中心等职能部门负责人。

领导组下设办公室，办公室设在安全生产监督管理部，负责反“三违”活动开展情况的信息收集、监督和考核。

三、职责

1. 领导组职责

（1）负责对各矿反“三违”活动的组织领导。

（2）负责对各矿反“三违”活动开展情况进行监督检查。

（3）负责协调解决各矿反“三违”活动开展过程中出现的问题。

2. 办公室职责

（1）负责制定公司反“三违”活动实施方案，并监督落实。

（2）负责对各矿反“三违”活动实施细则进行审查、备案。

（3）负责对各矿反“三违”活动开展情况进行信息收集。

（4）负责对各矿反“三违”活动开展情况进行监督、检查。

（5）负责对各矿反“三违”活动开展情况进行考核。

3. 成员单位职责

（1）党工部、工会负责对反“三违”活动进行大力宣传。

（2）党工部负责对反“三违”活动开展不力的单位进行公示、通报批评。

（3）纪委负责对反“三违”活动开展情况进行廉政监督。

（4）其他成员单位协助反“三违”活动办公室对各矿反“三违”活动开展情况进行监督、检查、考核。

四、活动范围

（1）各正常生产、建设矿井。

（2）各停缓建矿井要按照公司的统一要求，根据自身实际进行具体的安排落实，不列入公司月度考核范围，但公司检查发现存在“三违”的，将把“三违”列入该矿井安全考核内容。

五、“三违”行为的界定及分类要求

1. “三违”行为界定

“三违”是违章指挥、违章作业和违反劳动纪律的简称。

(1) 违章指挥主要是指生产经营单位的生产经营管理人员违反安全生产方针、政策、法律、条例、规程、制度和有关规定指挥生产的行为。违章指挥主要包括生产经营管理人员不遵守安全生产规程、制度和安全技术措施或擅自变更安全工艺和操作程序，指挥者使用未经安全培训的劳动者或无专门资质认证的人员；生产经营管理人员指挥工人在安全防护设施或设备有缺陷、隐患未解决的条件下冒险作业；生产经营管理人员发现违章不制止等。

(2) 违章作业主要是指管理人员或操作人员违反劳动生产岗位的安全规章和制度（如安全生产责任制、安全操作规程、工作交接制度等）的作业行为。违章作业主要包括不使用或不正确使用个人劳动保护用品；不遵守工作场所安全管理制度；不按安全操作规程操作设备；在安全设施或设备不完善或不完好的情况下操作或隐患未处理的情况下冒险作业；擅自操作本岗位之外的设备，擅自拆改、挪用设施、设备等；违反生产作业工艺或擅自改变生产工艺，施工中或作业中偷工减料，偷减工序，致使工程质量或工作质量不达标，给其他工序或其他人员的作业带来安全隐患；不执行安全生产指令等。

(3) 违反劳动纪律主要是指职工违反生产经营单位的劳动规则和劳动秩序的行为。即违反单位为形成和维持生产经营秩序、保证劳动合同得以履行，以及与劳动、工作紧密相关的其他过程中必须共同遵守的规则。违反劳动纪律主要包括不履行劳动合同及违约承担的责任，不遵守考勤与休假纪律、生产与工作纪律、奖惩制度及其他纪律等，如迟到、早退，不按单位规章签到签退，脱岗、串岗，工作期间娱乐、吵闹、打架，禁止喧哗场所大声喧哗，禁止抽烟区域抽烟等。

2. “三违”行为分类

公司将“三违”行为按照可能造成人身伤害或财产损失的严重程度分为轻微、一般、严重“三违”三类。

(1) 轻微“三违”是指一般情况下不会造成人身伤害或财产损失的，但不符合公司相关规定、要求或会造成不安全、不良影响等情况的“三违”行为。

主要表现有：非关键岗位或非重要岗位迟到、早退、脱岗，工作期间娱乐、吵闹，禁止喧哗场所大声喧哗、不按秩序检身、不按入井等候制度等候、入井不考勤、不考试；不认真填写各种记录、牌板或记录、牌板等内容要素不全、格式不符合公司统一要求等；非操作岗位工作期间穿戴不整等；未按要求携带、存放安全作业卡；在墙壁或其他类似设施上拍手印、乱涂乱画；因洗换工作服，忘带资格证上岗；无磕碰危险场所不系安全帽带等。

(2) 一般“三违”是指有可能造成人身伤害、财产损失或不良影响等情况的，但目前并未造成较重后果或影响较小的“三违”行为。

主要表现有：因资格证丢失无证上岗者；交接班不认真；利用工作间隙（设备停运期间）在岗位干私活；无意中损坏记录、牌板或其他价值较小的设备、配件、防护用品等；设备运行间隙，躺卧（未睡）和未按标准正确置放和使用设备保护装置和防护设施（尤其是皮带运输和小绞车运输）；未按要求正常使用和设置禁止入内等禁令标志牌；井下岗位未正常使用喷雾洒水装置；除井口房外，在灯房、等候室、机修车间、工房、主要设备运转岗位等明令不允许抽烟的区域抽烟；采掘工作面及其他有磕碰危险区域戴安全帽未系帽带；未正确使用劳动防护用品；未按要求进行手指口述；携带的安全作业卡内容与岗位不相符。

(3) 严重“三违”是指违反集团及公司红线、禁令制度，违反《煤矿安全规程》《安全生产法》或国家、省、市在煤矿瓦斯、水害、机电运输、民爆等方面的红线、禁令、规定、要求等，或其他极有可能和已经造成人身伤害、财产损失或不良影响等情况的“三违”行为。

主要表现有：为达某目的利用职权指使他人违规作业，违反有关规程、制度、规定等冒险作业。如酒后上岗；未经培训考核合格无证上岗或安排未经培训和考核合格并持证者上岗作业；安排职业禁忌人员从事相关禁忌作业；违章乘坐皮带、扒乘矿车；皮带运行中不走人行过桥跨越皮带的；瓦斯检查员空班漏检、假检；斜井斜巷提升期间行走；井下明电爆破、裸露爆破，不执行“一炮三检”和“三人连锁爆破”制度，偷盗爆破材料；故意破坏记录、牌板或其他价值较大的设备、配件、防护用品等；损坏各种安全设备、设施；违规带电作业；停送电作业中的约时送电、不办理三票等；设备运转期间违规在运转设备附近进行危险作业；高空作业不系安全带；发现事故预兆和隐患，未采取防治措施，又未及时报告；瓦斯超限继续作业；擅自、故意改变瓦斯传感器设置位置，遮挡、包裹或使用其他手段使传感器监测数据失真的；拆开通风风筒或改变风筒方向；采掘面空顶作业；违规组织井下焊接气割作业；使用明令淘汰或禁止使用的产品；掘进前，不探水或假探水或对钻孔不验收的；出现险情，仍强令工人继续作业；隐瞒真相，对责任者进行包庇或弄虚作假，甚至嫁祸于人的行为；对揭发隐瞒事故和坚持事实真相的人员，对安全检查人员、秉公办事的人员进行谩骂、殴打及借故进行打击报复的行为；违反各级明确提出的红线、禁令、规定、要求等的“三违”行为等。

各矿要根据轻微、一般、严重三类对安全危害严重程度不同的实际情况，区别对待三类“三违”行为。各矿要根据本条界定结合本单位实际情况，进一步细化三类“三违”行为的判定标准或具体行为，做到既要强调反“三违”活动的严肃性，也要合理处理不同性质的“三违”；既要强化反“三违”力度，也要坚持“以人为本，教育为主，处罚为辅”的原则。

六、煤矿各级管理人员反“三违”指标

（1）煤矿“长”（包括矿长、安全副矿长、总工程师、生产副矿长、机电副矿长、通风助理）及专业副总工程师每人每季度抓“三违”不少于 2 人，其他领导班子成员及非生产性副总（副总会计师、经理或矿长助理等）每人每季度抓“三违”不少于 1 人。

（2）煤矿安全生产管理部门的中层领导（部门正、副职）、专职安全员、瓦斯检查员、每人每月抓“三违”不少于 1 人，非生产部门的中层领导每人每季度抓“三违”不少于 1 人。

（3）其他人员（包括基层队的正副队长、班组长、跟班队干、青年监督岗岗员、群众监督网网员等）由煤矿自行确定反“三违”指标。

（4）数人共同抓“三违”的，考核时，考核指标按人均计。

七、“三违”人员的处理

原则上，公司要求各矿对轻微“三违”行为以教育为主，处罚为辅，对一般“三违”行为教育与处罚并用，对严重“三违”行为教育与处罚并用，加大教育与处罚的力度。

1. “三违”人员处理程序

上报审查——通知停工——接受再教育和处罚——考核——返岗复工。

2. “三违”人员处理过程

“三违”人员处理过程执行“过五关”步骤，具体细节各矿应根据自身具体情况进一步明确和细化，包括各个环节使用的表单。

第一关：审查核实登记关。发现“三违”行为时，发现人应当及时制止“三违”，收取其资格证，并于当日上报至安监部门，由安监部门进行审查确认、登记建档。

第二关：停工关。“三违”行为确认无误后，安全管理部门向“三违”人员所在科队等下达停工通知，“三违”人员必须无条件接受。停工期限，原则为轻微“三违”行为停工不少于 1 天，一般“三违”行为停工不少于 3 天，严重“三违”行为停工不少于一个月。

第三关：接受再教育关。安全管理部门对“三违”人员下达停工通知的同时，向培训部门下达培训教育通知，由培训教育部门对“三违”人员开展有针对性的安全再教育。对轻微“三违”人员再教育时间不少于 1 天。对一般“三违”人员再教育时间不少于 5 天；对严重“三违”人员再教育时间不少于 20 天；必须强化对严重“三违”人员的安全教育。为使其深刻认识违章行为的错误，必须由党政工团等部门与对口业务部门、队、组和安全部门、培训部门共同对其进行帮教并邀请其家属

（亲属）到矿，帮其提高认识。

第四关：接受处罚关（详见下面第八项要求）。

第五关：考核确认复工关。各矿对“三违”人员培训教育结束后，要由安监部门和培训部门对违章人员进行综合考核，考核合格后，由安全管理部门通知其所在科队返岗复工。

八、对“三违”人员的其他处罚要求

各矿对轻微“三违”人员的罚款不低于其同岗位当月工资总额的5%（从其工资中扣除），对一般“三违”人员的罚款不低于其同岗位当月工资总额的10%（从其工资中扣除），对严重“三违”行为罚款不低于其同岗位当月工资总额的30%（当月罚款超过工资总额的20%的，可以分次分月从其工资中扣除）。

（1）对于轻微“三违”人员处罚后，不再与其他安全奖、抵押兑现挂钩。

（2）对于一般“三违”人员，要同时扣当季兑现金额的50%及月度安全奖（已领取的从下一月度中扣除）。

（3）对于严重“三违”人员，要同时取消本人当季度安全风险抵押金及各类安全奖（已领取的从下一季度中扣除）。

（4）对于年度内一般“三违”累计达2次的人员，要同时取消本人当季度安全风险抵押金及各类安全奖（已领取的从下一季度中扣除），并一次性扣除其抵押金本金的20%。

（5）对于年度内累计达3次的“三违”人员，安全风险抵押金从当季起到本年末均不再予以兑现（已领取的从下一季度中扣除），并一次性扣除其抵押金本金的30%。

（6）“三违”人员一律取消年底评优、提拔任用等资格，取消入党积极分子资格。

（7）对性质恶劣，影响违反集团红线或二级公司禁令的“三违”人员，要解除劳动合同。

（8）对于严重“三违”人员，要实行连带责任追究制度。其互联保对象和当班班组长、跟班队长承担连带责任。其中，连带处罚互联保对象的金额不低于“三违”人员罚款金额的10%（不含其他奖励的扣除金额），连带处罚班组长和跟班队长的金额不低于“三违”责任人罚款总额的5%（不含其他奖励的扣除金额）。

九、考核办法

（1）每月月初由公司安全生产监督管理部负责，各部门配合对各矿“七长”上月反“三违”活动开展情况进行考核，考核结果将纳入月度安全绩效考核。

①矿井未制定实施细则，扣2分；实施细则未报公司审查、备案，扣1分。

②各矿反“三违”情况未按时上报二级公司安全生产监督管理部，扣0.5分。

（2）每季度初由公司安全生产监督管理部负责，对各矿“七长”上季度反“三违”活动开展情况进行汇总，对未完成抓“三违”指标的“七长”进行罚款。当季未完成反“三违”指标数量者，每少1人罚责任人200元。

（3）一年内累计两个季度未完成反“三违”指标者，罚矿长200元、加罚责任人300元（矿长未完成的按责任人处罚）。

（4）一年内累计三个季度未完成反“三违”指标者，罚矿长500元、加罚责任人800元（矿长未完成的按责任人处罚）。

（5）一年内累计四个季度未完成反“三违”指标者，罚矿长800元、加罚责任人1000元（矿长未完成的按责任人处罚）。

（6）反“三违”活动中弄虚作假者，视情节严重对相关责任人罚款1000~2000元或予以降职处分。

（7）以上罚款在安全风险抵押金兑现时分别进行扣除。

十、其他要求

（1）公司所属各煤矿要根据公司制定的反“三违”活动方案，制定本矿活动实施细则，并于3月底前报公司反“三违”活动领导组办公室审核、备案。

（2）各矿制定的反“三违”活动实施细则应包括以下内容：

①从青年监督岗岗员、群众监督网网员到矿领导的各级人员反“三违”指标。（原则上不得低于二级公司标准）

②“三违”类型、分级及标准。各煤矿应本着“科学、合理、公平、公正”的原则，按轻微、一般、严重三个等级进行“三违”类型的细化，为规范矿井“三违”处罚提供依据，以保证“三违”处理的一致性和公正性，并以队为单位进行辨识学习。

③对“三违”的处罚规定。处罚应按“三违”分级情况，采取不同的方式方法。

④特殊情况要区别对待。特殊情况要区别对待，做好思想工作，从轻处理。主要对那些由于家庭原因，如夫妻感情等复杂原因造成心理上的包袱，致使在工作岗位精力不集中、分神，非故意造成的违章行为，而又未造成严重后果的情况不能重处，以防效果适得其反。要采取批评与安慰相结合的方式，鼓励他正确面对困难和战胜困难。针对具体情况，采取科、队、组领导及好朋友帮教和减轻经济处罚额度等措施，以达到更好的效果，避免次生危害的发生。

（3）对“三违”人员的处罚，各矿可以本矿原有的安全生产奖罚制度为基本依据，但要重新全面梳理、评审本矿有关安全生产方面的处罚制度，要进一步修订、完善和统一，避免互相矛盾与冲突，导致制度系统混乱。同时，要保证本矿制度与上级制度、规定不冲突、不矛盾，严禁违反现行法律。

（4）各矿要建立统一台账，每月对“三违”情况进行登记汇总，在当月安全例会上进行通报、存档、备查，并于次月2日前由负责人签字后报公司反“三违”活动领导组办公室。（如有特殊情况可先报电子版）。反“三违”活动领导组办公室联系人应及时汇总各矿情况并按规定上报集团公司反“三违”活动领导组办公室。

（5）各矿要积极响应集团公司及公司反“三违”活动精神，利用各种媒体以及板报、标语、会议、检查等形式，大力宣传反“三违”活动的意义，营造良好的活动氛围，迅速在广大干部职工中掀起反“三违”的热潮。

（6）各矿要在醒目位置对“三违”行为进行公示。

（7）各矿应认真研究制定本矿的《细则》，避免出现不抓、乱抓、私下交易“指标”等现象，严禁对同一人、同一时间、同一事进行二次处罚和无原则处罚。

（8）各矿要建立反“三违”长效机制，认真总结分析煤矿存在的“三违”问题，严防“三违”反复。

（9）对未按要求完成反“三违”指标的人员，除执行公司的考核办法外，各矿要制定具体的考核办法。

（10）公司安全生产监督管理部牵头、各职能部室配合，利用驻矿、挂牌责任人检查等契机，对公司所属煤矿反“三违”活动开展情况进行检查、监督、考核。

（11）本活动自印发之日起执行。

3.2 矿井安全生产奖惩问责相关制度

3.2.1 煤矿安全生产奖惩制度

为推动矿井安全生产，促进安全技术进步，防止重大伤亡和非伤亡事故，保护职工生命安全和身体健康及国家财产不受损失，现结合实际，特制定本制度。

第一章 奖 励 原 则

第一条 奖励对象

（1）规范遵守国家有关政策、法令，认真执行“三大规程”及上级颁发的条例、指令、通知和指示等，规范执行本矿相关的制度、各项安全措施等，在安全工作方面做出显著成绩的职工。

（2）防止事故发生的有功人员，特别奖励那些能及时发现事故征兆，立即采取果断措施或立即报告上级，因而避免了事故或减轻事故的危害程度的职工。

（3）重奖抢险救灾有功人员，重奖抢救人员和设备免受伤害和损失的职工。

（4）在安全工作中发明创造或技术上有重大成果及推广新技术有卓越成绩的职工。

（5）敢于制止违章指挥和违章作业，敢于向危及安全生产方面的不良人和事做斗争的职工。

（6）在安全生产标准化工作建设中，做出显著成绩的职工。

（7）善于学习和钻研安全技术，在技术大练兵中取得优异成绩的职工。

（8）认真学习安全知识和规程，在安全知识考试和竞赛中成绩优秀的职工。

第二条　资金的来源

（1）上级颁发的安全目标奖。

（2）用“三违”和责任事故等安全罚款对职工进行奖励。

（3）拿出一部分奖金作为一些专项奖励，如：安全知识竞赛奖奖等。

第三条　采取的奖励形式和奖励规定

（1）精神奖励。每年评选安全生产先进集体和先进个人，并分别在年初工作会上进行表彰和奖励，对在安全生产中做出特殊贡献的职工，根据成绩大小给予立一、二、三等功，装入档案，作为评选先进、工资晋级和提干的先决条件，鼓励职工努力争创立功。

（2）物质奖励。通常奖给防止事故和抢险救灾有功人员，原则奖励×××元，若成绩突出奖×××元。年终表彰安全先进集体和安全先进个人及安全知识竞赛、技术比武的优胜者，所奖的物质价值根据当年度实际情况而定。对抢险救灾中有显著作用的，防止损失价值大事故的个别职工，经本矿党委会议研究，可进行其他重奖。

第四条　奖励的执行

（1）一般安全奖励由安全科负责执行，按月由安全科汇总，由分管领导审核，总经理审批生效。

（2）重大奖励和专项安全活动的奖励，要经专门会议决定，本矿领导批准，由安全科具体执行。

第二章　处　罚　原　则

第五条　处罚依据。依据《安全生产法》《矿山安全法》《煤矿安全监察条例》《煤矿安全规程》《企业职工奖惩条例》等国家有关法律、法规、规定；依据制定的有关规章制度、文件、规程、安全技术措施、《煤矿安全生产标准化基本要求及考核办法》及有关规定。

第六条　处罚条件

（1）违反劳动纪律，经常迟到、早退、消极怠工，脱岗、串岗，没有认真执行安全管理制度的。

（2）无正当理由，不服从工作分配和调动、指挥，或者无理取闹、聚众闹事、打架斗殴，影响安全生产秩序、工作秩序和社会秩序的。

（3）玩忽职守，违反技术作业规程、技术操作规程和安全规程，或者违章指挥，造成事故，使人民生命、财产遭受损失的。

（4）工作不负责任，损坏设备工具，浪费原材料、能源，造成安全问题和隐患的。

（5）不及时解决安全或防止尘、毒等方面存在的问题，造成重大生产事故或尘、毒等危害严重的。

（6）放松对安全工作的领导，致使安全管理混乱，而造成事故隐患或造成事故的。

（7）对职工不按规定进行安全教育和培训或职工不按时按规定进行安全教育和培训的，由于缺乏安全技术知识，操作错误造成事故的。

（8）由于设备不完善或工作环境不安全发生事故的。

（9）违章作业，违章指挥的。

（10）忽视安全工作，玩忽职守的。

（11）发现事故征兆和险情，不采取防止事故的措施，又不及时报告的。

（12）对制止违章作业、违章指挥、违反劳动纪律的人员，对揭发隐瞒事故和坚持事实真相的人员，对安全监督检查人员进行谩骂、殴打及借故进行打击报复的。

（13）事故发生后，隐瞒事故真相，对肇事者进行包庇或弄虚作假，甚至嫁祸于人的。

（14）由于设备超过检修期运行或设备有缺陷或由于作业环境不安全造成事故的。

（15）由于地质报告或设计错误，工程质量低劣致使在安全生产或防范职业病发生方面经常受到威胁，甚至因此造成事故的。

（16）因采购不合格原材料、设备和劳动保护用品等，造成事故隐患和事故的。

第七条　处罚程序

（1）对造成非伤害特级和一级事故责任者的惩罚程序要依据国家有关精神、规定的程序进行处理，执行相关规定。

（2）对重伤、轻伤事故和非伤害二、三级事故的责任者及相关人员，由安全科和有关业务部门及责任单位，按照《事故调查分析处理制度》及有关规定进行分析、调查处罚。

（3）对“三违”人员的处罚程序。

①凡是被检查出违章指挥、违章作业和违反劳动纪律的人员不论干部和工人一律按照制定的处罚条例进行处罚，其具体程序是：检查人员将发现的“三违”人员的工作单位、工作岗位、“三违”时间、地点、违反规定条文都填写在“查违章申报表”上。

②将信息反馈卡当日内交安全科登记。

③安全科与“三违”人员的单位核实有关情况，落实后，通知“三违”人员到安全科报到，先停工处理，并通知培训部门接收“三违”人员，进行再教育。

④安全科根据处罚条例，下达“三违”处罚单到责任单位，通知责任单位转告“三违”人员。

⑤“三违”人员单位核实罚款单，发现不符合规定的，可以到安全科复核，确实符合事实，将在当月工资中直接扣罚，安全科与责任单位办理有关手续。

⑥“三违”人员经安全科和培训部门再教育，认识提高，经有关领导审批，可通知其复工，并通知所在单位安排复工。

第三章　处　罚　意　见

第八条　对一般违规行为的人和事，要以教育为主，分析其违规的原因和动机，通过适当处罚与教育相结合的办法，促使其提高安全认识。

处理意见：原则按安全奖惩细则进行处罚，挂钩当月工资的10%～15%，取消年终安全先进个人评奖资格。若年内二次违章，则按严重“三违”论处。凡一般“三违”，必须至少停工一天，接收安全教育（由安全科、培训部门负责）。

第九条　严重“三违”要采取强制手段进行处罚和教育，查明原因、动机，通过接受教育，必须充分认识到错误的严重性和不良影响，促使其提高认识。

处罚意见：原则按安全奖惩细则进行处罚，挂钩当月工资10%～15%，取消年终安全目标评奖资格和评选安全先进个人资格及执行有关规定。

凡严重“三违”人员，必须至少停工三天，接受教育，经说服教育后，使其真正认识到“三违”的危害、严重性，解决思想认识问题，可采取帮教、家属教育等多种形式，写出书面检查和保证书并经过有关领导审批后方可复工。若年内有二次严重“三违”者，则对其做出下岗处理决定，进行再教育，根据教育情况做出是否开除的决定。

第十条 对单位集体处罚，各单位要充分认识处罚的必要性，吸取教训，召开会议，总结经验，落实责任，制定防范措施，按通知要求，认真整改。若未及时限期整改，复检未改要按规定加倍处罚。

第十一条 对集体的处罚，原则不少于×××元，不同类处罚累加计算。

第四章 处 罚 要 求

第十二条 惩罚原则

(1) 坚持实事求是，不准弄虚作假。

(2) 坚持严明的纪律，做到一视同仁。

(3) 坚持定性准确，不准打击报复。

(4) 坚持公开处罚，做到大公无私。

第十三条 在处罚的同时注意的几个问题

(1) 处罚要与思想教育紧密结合。思想教育是内因，要以说服教育、启发引导、深入反复为主，通过讲深刻道理、摆典型事例，使其自觉地进行比较、对照，从而吸收那些正确的、先进的、积极的因素，抛弃那些错误的消极的后进因素，自觉地增强安全意识，在以后的安全生产工作中，做到“我要安全”“我会安全”“我保安全”。

(2) 特别情况要区别对待。职工由于家庭等原因，如夫妻感情等，造成心理和精神上的负担，背着包袱上岗，致使在工作岗位精力不集中、分神、非故意行为造成的违章行为而又未造成严重后果的，要妥善处理，采取科、队、组领导帮教措施，酌情处理。

(3) 对“三违”人员认识态度较好，家属帮教效果较好的，年内表现良好，工作积极，未发现二次违章，可根据情况考虑年末减免部分罚款，以促进其在安全生产工作中的典型示范作用。

(4) 凡“三违”处罚均由安全科统一按规定进行处罚，严禁各单位进行二次处罚和无原则采取不当的处理方法给“三违”人员额外加重负担。

3.2.2 煤矿安全生产奖惩细则

各单位要根据本矿实际情况，制定本单位的《安全生产奖惩细则》。

第一章 总 则

第一条 为了贯彻执行党和国家的安全生产方针，体现激励与惩戒并重的原则，做到依法依规，从严治企。按照集团公司确立的“1366”发展战略，秉承安全发展理念，深入推进“136”安全管理模式和“333”安全举措，进一步提高干部职工的安全意识，做到令行禁止，杜绝“三违”，确保职工的生命安全与健康，预防职业病，保护国家财产不受损失，实现安全生产，特制定本规定。

第二条 本规定涉及采煤、掘进、机电、运输、“一通三防”、地测防治水、地面和调度、安全管理等方面，对违反煤矿三大规程和本矿各项管理制度的单位或个人做出了具体处罚规定，全本矿领导干部和职工，都必须遵守本规定。

第三条 按照违章性质分为轻微违章、一般违章和严重违章，轻微违章按本矿管理制度执行罚款和面对面教育，一般违章和严重违章执行过“六关”程序。

第二章 一 般 规 定

第四条 凡入井人员必须经过安全培训并取得入井安全资格证持证上岗，随身携带矿灯、自救器，抽检自救器佩戴必须合格，入井前做“手指口述”安全确认，一项不合格罚款×××元，属于轻微违章。

第五条 凡入井人员必须戴安全帽、穿工作服、水鞋，严禁穿化纤衣服，严禁携带手机、电子表等非防爆电子设备入井，违者罚款×××元。属于轻微违章。

第六条 井上作业人员上班时间必须穿工作服，厂房、机房工作人员必须戴安全帽或工作帽，违者罚款×××元，属于轻微违章。地下走廊、密闭空间、煤仓等处必须携带矿灯自救器，否则罚款×××元，私自带手机上岗罚款×××元，属于一般违章。

第七条 井口检身工必须严格执行检身制度，违者罚款×××元，属于轻微违章。

第八条 凡入井人员必须自觉进行岗前考试，并进行吹气测酒检测，违者罚款×××元；属于轻微违章。检身工监督不到位罚款×××元，属于轻微违章。不经过检身房进入副井口房下井者罚款×××元，属于一般违章。

第九条 出入井人员违反等候制度和虹膜考勤制度及人员清点制度，罚款×××元，属于轻微违章。

第十条 出入井人员不听从把钩工统一指挥罚款×××元，属于轻微违章。入井人员起哄、谩骂把钩工者罚款×××元，殴打把钩工者罚款×××元，属于严重违章。

第十一条 罐笼停稳后由把钩工打开护链，进行安全确认，并发出指令后，方可进出罐笼，违者罚款×××元，属于轻微违章。

第十二条 超员乘罐罚把钩工×××元，属于轻微违章。

第十三条 严禁携带烟草、未经批准携带点火物品，违者罚款×××元，属于严重违章。

第十四条 严禁井下吸烟，违者解除劳动合同。

第十五条 严禁酒后入井或上岗，违者罚本人×××元，属于严重违章。值班队干、当班班长、跟班队干各罚×××元。酒后入井未遂，罚款×××元，属于轻微违章。

第十六条 新工人不经培训不准入井，违者罚责任者×××元，属于一般违章。

第十七条 井上、井下特殊工种要持特种作业操作资格证，否则，发现一次罚款×××元，属于轻微违章。持旧证、假证者按无证论处，罚款×××元，属于轻微违章。拒绝对检查人员出示资格证者，罚款×××元，属于轻微违章。

第十八条 擅自让他人代替本人岗位工作，按脱岗处理，罚款×××元，属于一般违章。所持证件与实际岗位工作不符合的，罚款×××元，属于轻微违章。

第十九条 不按规定要求规范佩带矿灯、自救器、戴安全帽者罚款×××元，不扣紧安全帽带者罚款×××元，以上均属于轻微违章。

第二十条 在井下随意摘掉安全帽，罚款×××元，属于轻微违章。

第二十一条 在井下擅自拆开矿灯、自救器者，罚款×××元，损坏矿灯、自救器者每盏（台）罚款×××元，故意敲打、撞击矿灯者罚款×××元。均属一般违章。

第二十二条 地面和井下高空作业及煤仓、井筒施工，工作人员必须佩戴安全带，否则罚款×××元，并处严重违章。作业人员所带工具必须采取防坠落措施，违者罚款×××元。但井下站脚位高度超过 2 m 的作业平台或脚手架上作业时，诸如不系安全带、护网不全、脚踏板不全的情况视情节轻重给予×××元罚款，属于轻微违章。

第二十三条 地面进入有限空间作业必须制定安全措施，并经技术负责人批准；必须检查瓦斯和有毒有害气体浓度，符合有关安全法规和行业标准规定；必须进行有效通风，并经有关安全和技术人员安全确认后；作业人员学习规程措施考试合格，现场专人负责安全，方可作业。否则停止作业，并对作业负责人罚款×××元，属于一般违章。

第二十四条 相关人员无故不参加安全生产大检查罚款×××元；不参加安全例会罚款×××元，迟到者罚款×××元。

第二十五条 无作业规程、无安全技术措施或规程措施未经审批的禁止开工作业，违者罚责任单位负责人×××元，造成事故的重处；有规程不贯彻而开工作业的，罚施工单位队长和技术员各×××元。

第二十六条　各单位安排施工队进行挖沟、拉底、挑道、硬化、穿巷、浇筑构筑物等零星工程施工前，必须制定安全技术措施，经相关领导和部门负责人批准，涉及使用钢板，梯子，必须经相关领导和部门负责人批准，钢板必须配合钢梁使用，且须固定平整牢固，任何铺设物表面禁止用皮带覆盖，否则，属于一般违章。

第二十七条　井上下打架斗殴双方各罚款×××元，属于一般违章；井上下打人者罚款×××元，属于严重违章；交由保卫科处理。

第二十八条　工作岗位上躺卧、睡觉罚款×××元，属于一般违章，打盹罚款×××元，属于轻微违章。擅自打连班罚款×××元，属于轻微违章。脱岗罚款×××元，属于严重违章，造成事故追究责任，并给予行政处分。

第二十九条　岗位工工作时间干私活、看书，罚款×××元，属于轻微违章；造成事故者视情节轻重给予行政处分，直到追究刑事责任。

第三十条　岗位工要熟记“手指口述”，否则，罚款×××元，属于轻微违章。

第三十一条　下井实习和参观人员，在下井前，需办理临时入井手续，在检身处进行登记，方可入井，否则，罚接待负责人×××元，属于轻微违章。

第三十二条　破坏井上、下消防、通风、防尘监测、监控、通信等安全设施者罚款×××元，属于严重违章，情节严重者给予行政处分直到解除劳动合同。

第三十三条　严禁乘坐皮带、煤溜，违者解除劳动合同。

第三十四条　偷盗井上、井下机械、电器设备配件、偷割皮带、风筒、电缆等罚款×××元，情节严重者移送司法机关处理。

第三十五条　偷盗爆炸材料者解除劳动合同，并送司法机关追究刑事责任。

第三十六条　未经许可从主副井人梯出、入井者，罚款×××元。井上、下把钩工不制止，罚款×××元，属于一般违章。擅自从新副井出入，罚款×××元，属于一般违章。

第三十七条　进入机房硐室、火药库等要害部门必须进行登记，擅自进入罚款×××元，当班工作人员并处。

第三十八条　在墙壁上乱写乱画，拍打手脚印罚款×××元。

第三十九条　“四位一体牌”未填写或填写与实际不符，罚款×××元；填写不认真罚款×××元。

第四十条　安监人员向“三违”人员索要钱物或“三违”人员拿钱物贿赂安监人员罚款×××元，并给予行政处分。

第四十一条　各级领导、队干、班组长违章指挥罚款×××元，造成事故给予行政处分直至辞退，构成犯罪的由司法机关追究刑事责任。

第四十二条　班组长、跟班队干脱岗罚款×××元，属于一般违章。

第四十三条　为提高商品煤质量，增加经济效益，采掘运各环节都要为提高商品煤质量尽职尽力，直径25 cm以上的矸石和刹杆、道木及其他杂物不准混装入原煤内，开机开水，停机停水降低原煤含水率，否则对队干、班组长及岗位作业人员各罚款×××元。采煤工作面放出0.5 m^3 以上的大石头，必须及时处理，否则，罚当班责任人×××元；采掘工作面出水煤，罚责任人×××元。

第四十四条　所有机房、厂房、硐室、火药库或其他重要场所不得悬挂、放置与生产、安全无关物品，违者罚款×××元。

第四十五条　向井筒内投掷物体的罚款×××元，属于严重违章。

第四十六条　井下不得随意大小便，违者罚款×××元，找不出责任者，罚责任单位×××元。

第四十七条　毁损安全标志牌或其他标志牌者罚款×××元，属于一般违章。主管单位接整改通知后 24 h 内未恢复罚款×××元。

第四十八条　不按规定要求填写相关记录或记录不完善、不整洁，罚款×××元；领导跟班不到位，罚款×××元，情节严重给予行政处罚；领导跟班、值班记录不填写，罚款×××元。

第四十九条　瓦检员、安全员不坚守岗位、脱岗一次罚款×××元，属于严重违章。

第五十条　纵容包庇违章与违章者同处。

第五十一条　检查煤仓、溜煤眼和处理堵塞时，必须制定安全措施，严禁人员从下方进入，违者罚有关责任者×××元，属于严重违章。

第五十二条　瓦检员必须及时按规定填写瓦斯检查记录牌版和记录手册、台账，否则发现一次罚款×××元，属于一般违章。

第五十三条　岗位人员因病离岗，当班值班队干必须安排人员替岗，否则对当班队干罚款×××元。离岗人员应办理相关手续，否则按脱岗论处。

第五十四条　跟班队干、班组长要对岗位人员进行不定期检查，发现睡岗、脱岗者，除按有关规定对本人处罚外，罚当班跟班队干、班组长各×××元。

第五十五条　岗位人员迟到、早退按本部门规定处理，属于轻微违章。除本矿联合查岗以外，不得跨部门上报。

第五十六条　进行机械操作或电气操作，工作前不按规定穿（戴）好或工作中不使用劳动保护用品罚款×××元，属于轻微违章。

第五十七条　各地面机房内严禁存放各种车辆，否则罚款×××元。

第五十八条　井下送餐车在坡道停车必须支设木楔，防止意外溜车，否则，罚款×××元，属于轻微违章；用餐时不排队或拥挤者罚款×××元，属于轻微违章。

第五十九条　井上下任何人员不得同时兼职操作两部运行的设备，违者罚款×××元；当班负责人负有连带责任，罚款×××元；属于一般违章。

第六十条　在井下电焊、气割作业必须严格按规程执行，未经瓦检员检测瓦斯浓度，安全员未安全确认不得擅自作业，违者罚款×××元，属于一般违章。

第六十一条　对安全生产大检查所查出的各类事故隐患，相关部门要用五定表的形式落实到各单位尽快处理，并对责任问题每条罚款×××元，如下次再查出同类问题或经复查未整改的，每条罚款×××元。上级部门查的责任问题每条×××元。

第六十二条　各施工作业地点没有“四位一体牌”罚责任单位责任人×××元。

第六十三条　井上、下各作业场所必须坚持文明生产，保持良好的工作环境，不准乱放杂物，符合文明生产标准。否则发现一次罚款×××元。

第六十四条　煤仓、溜煤眼、地面皮带走廊必须有防止人员、物料坠落的护栏、遮拦等设施，否则罚责任单位责任人、安全责任人各×××元。

第六十五条　地面绞车房、配电室、中央变电站、主要通风机机房、水处理等大中型设备电气开关柜、转动部位的卫生清理前，必须制定安全措施，经相关部门或领导签字后，方可按措施进行作业，否则，处罚责任人×××元。

第三章　采　　煤

第六十六条　综采工作面设备安装前和联合试运转前必须有批准的相应的作业规程和安全技术措施，该工程所有作业人员必须学习考试合格后方可作业，否则罚责任单位×××元。

第六十七条　综采工作面末采和设备回撤必须有批准的作业规程和安全技术措施，否则罚责任单位×××元。违反此规程措施作业的按违章作业处理。

第六十八条　采掘工作面地质条件发生变化，作业规程中无相应的补充安全技术措施或专项措施进行施工，罚队长、技术员各×××元。

第六十九条　修复旧巷和巷道支架更新，撤换支架时，必须先支后撤，从外向里逐架更换，违者罚款×××元，属于一般违章。如巷道在5 m内支架连续三架失效，罚责任单位×××元。

第七十条　煤溜与采煤机的闭锁装置，必须灵敏可靠，否则不准生产，违者罚机电队长、当班队长及班组长各×××元。

第七十一条　综采设备上有损坏、变形或失效的零部件，必须及时更换，否则发现一次罚责任者×××元。

第七十二条　因特殊情况综采工作面需要爆破处理时，必须有批准的安全措施，现场作业人员学习并考试合格后方可作业，否则停止作业，罚队长、技术员各×××元。

第七十三条　回收工作面必须按规程铺联网，违者每发现一处罚款×××元，累计计算。

第七十四条　严禁使用不符合要求的支护材料，违者罚款×××元/处。

第七十五条　特殊型支架有一处不符合规范要求，罚责任者×××元/处。

第七十六条　采掘工作面巷道中装卸电缆无安全措施，罚责任单位×××元，人员站在移动的车上，边开边卸，罚款×××元，属于轻微违章。

第七十七条　起吊物件时，严禁使用铁丝做起吊索或受力件，必须按规程规定作业，否则罚款×××元，属于轻微违章。

第七十八条　设备拖运、装卸车不按规定使用链环罚款×××元，属于轻微违章。

第七十九条　两巷回收工字钢必须按作业规程规定作业，否则每人次罚款×××元，属于轻微违章。

第八十条　使用的马蹄环、U型环不上螺丝罚款×××元，属于轻微违章。

第八十一条　使用大链、千斤顶拉转载机或使用绞车拉其他大件物品时，必须通知该作业区域内所有作业人员，撤至安全地点，方可作业，违者罚款×××元，属于一般违章。

第八十二条　收尾工艺中少上一趟大板或钢丝绳对验收员、班组长罚款×××元。

第八十三条　在用单体液压支柱，必须保持完好，每根不完好罚责任单位×××元。

第八十四条　单体柱必须按规定使用，滑柱超高罚款×××元，无滑柱时罚款×××元。

第八十五条　工作面上下出口及两巷超前支护不按规定使用防护链，拉杆防护，一处罚款×××元，属于轻微违章。

第八十六条　严禁将超前支护单体柱挪作他用，否则罚款×××元，属于轻微违章。

第八十七条　支架间的煤矸应清理干净，否则每架罚责任者×××元。

第八十八条　往老塘攉煤罚款×××元。

第八十九条　检修机组、煤溜时，必须有安全措施，坚持敲帮问顶，并将机组开关手把打到零位，并打开离合器，闭锁煤溜，否则对责任者罚款×××元，属于一般违章。

第九十条　接后溜链时，用支架后尾梁及插板蹬链，罚款×××元，属于一般违章。支架后尾梁自落，不及时处理，罚款×××元，属于轻微违章。

第九十一条　开动采煤机时，必须喷雾降尘，无水或喷雾装置损坏时不准开机，否则对责任者罚款×××元，属于轻微违章。

第九十二条　采煤机割煤后，必须及时移架，并打紧防片帮板，每发现一架次空顶距离大于作业规程规定，罚支架工×××元，属于轻微违章。

第九十三条　工作面端头尾支架间距不允许超过200 mm，否则对责任者罚款×××元，属于轻微违章。

第九十四条　在回收机头机尾锚杆时，必须使用专用液压倒链拉拔，严禁机组强行截割，违者罚款×××元，属于一般违章。

第九十五条　所有液压系统高压管接头必须用U型销连接，插单腿销或用铁丝的，罚款×××元。

第九十六条　操作支架操纵阀手把时，严禁用脚蹬踩手把，违者罚款×××元，必须使用防误操作闭锁装置，违者罚款×××元，以上均属于轻微违章。

第九十七条　工作面使用破损液管不及时更换，对责任者罚款×××元。

第九十八条　采煤工作面打炭不停机并在运行的溜子上、皮带上打炭罚款×××元；用支架逼帮板挤压大炭，罚款×××元，均属于一般违章。

第九十九条　通过转载机、皮带时要走行人过桥，特殊情况时要执行停机过人制度，否则罚款×××元，属于一般违章。

第一百条　无安全措施或不执行安全措施规定用煤溜、皮带机运送物料者，罚款×××元，属于一般违章。

第一百零一条　掘进工作面采用底皮带运输物料时，卸料必须停机闭锁，否则罚款×××元，属于一般违章。

第一百零二条　为了提高商品煤质量，采煤机严禁割顶、底板，违者罚款×××元，采高超过规定范围，罚款×××元。

第一百零三条　严禁使用损坏、变形的支柱、梁，违者罚款×××元/处。

第一百零四条　支柱不按规定垫鞋板或在浮煤、浮矸上支设，罚款×××元，多处时累计处罚，属于轻微违章。

第一百零五条　巷道清煤必须敲帮问顶，不准将大碳、大矸、木料及其他杂物装入煤溜、皮带，违者罚款×××元。

第一百零六条　开机前必须对设备进行安全确认，再发警号通知工作面有关人员，严禁盲目开动，否则罚责任者×××元，属于一般违章。

第一百零七条　随意调整乳化液泵站工作压力和支架安全阀的卸载压力者罚款×××元。

第一百零八条　泵站压力达不到规定标准罚款×××元。

第一百零九条　乳化液配比要符合规程规定，否则罚责任单位×××元；汽水喷雾要加粉尘抑制剂，保证汽水喷雾正常使用，否则罚款×××元。

第一百一十条　工作面端头尾采空区严禁超过6 m，否则处罚当班队干、班组长每人×××元；端头尾煤帮未按规定退锚，处罚相关责任人每人×××元。

第一百一十一条　两个安全出口不符合《煤矿安全规程》及《作业规程》要求，罚当班队干、班组长各×××元。运巷人行道宽度不够，罚责任单位×××元。

第一百一十二条　两巷超前支护，必须符合规程要求，且超前支护距离保持20 m以上，且支架完好，否则，罚责任单位×××元。

第一百一十三条　超前支护范围内有单腿棚，一处罚款×××元。

第一百一十四条　工作面不得任意留设顶煤或底煤，伞檐不得超过规程规定，否则每发现一处，罚责任者×××元。

第一百一十五条　两巷电缆未按规定悬挂或悬挂不整齐、电缆淹在水中或拖在地上、埋在煤里，对责任者罚款×××元。

第一百一十六条　回收、安装工作面起吊点，没有按规定要求支护，对施工单位罚款×××元。

第一百一十七条　液压支架不接顶，未伸出护帮板，每发现一架次罚责任者×××元，累计处罚。

第一百一十八条　使用单体柱超前支护时，每根单体柱必须达到规程规定初撑力，否则每根罚款

×××元。

第一百一十九条　回采工作面两巷必须保持支架完整，不得空帮空顶，否则按每架×××元，多处时累计处罚。

第一百二十条　端头尾外帮无逼帮柱或者关门柱罚款×××元。

第一百二十一条　端头尾三角区空顶大于500 mm而不进行有效管理罚款×××元。

第一百二十二条　工作面出现倒架、错架、咬架，每架罚款×××元。

第一百二十三条　采煤工作面巷道积水长5 m、深0.2 m而不处理每处罚款×××元。

第一百二十四条　无故出现死架罚款×××元，且追究单位负责人的责任。

第一百二十五条　因操作不当，发生冒顶事故造成停产对责任者罚款×××元。

第一百二十六条　支架窜液、漏液每发现一处罚款×××元，多处时累计计算。

第一百二十七条　工作面上下顺槽必须经常保持畅通，符合规程规定，巷道整洁，材料堆放整齐，否则罚款×××元。

第一百二十八条　工作面端头尾超前支架必须按规程规定管理，否则，一处不合格罚款×××元。

第一百二十九条　采用破碎机时，入口必须加保护帘，两侧有挡煤板，上面加护栏，防止人员进入，如无保护又无措施，罚款×××元。

第一百三十条　运输巷中皮带机，必须设置行人过桥，有指示标志，否则罚责任单位×××元。

第一百三十一条　转载机未设行人过桥、未挂安全警示牌各罚款×××元。

第一百三十二条　运输机、转载机、刮板机螺丝不齐全完好罚款×××元。采煤机司机未按规定配齐、跟机移架滞后5架、站在减速机上作业不系安全带等不安全行为者罚款×××元，属于轻微违章。

第一百三十三条　设备、安装、拆除等无规程或措施，强行作业罚款×××元。

第一百三十四条　综采工作面两巷超前支护打设单体柱时，人员站在柱子间的撑竿上或无人扶持的梯子上，罚款×××元，属于轻微违章。

第一百三十五条　更换液管时严禁带压操作，必须关闭本架总阀，本架总阀门关不严时，必须停止泵站供液，否则，罚款×××元，属于轻微违章。

第四章　开 拓 与 掘 进

第一百三十六条　掘进巷道积水长5 m、深0.2 m而不处理每处罚款×××元。

第一百三十七条　掘进、开拓巷道严格按设计中腰线方向前进。如中腰线不符合规定要求连续5 m以上者，每米罚款×××元，多处时累计计算。

第一百三十八条　开拓、掘进工作面因地质条件变化而无补充措施，冒险作业和蛮干，随意改变作业方式、支护形式，罚施工单位队长和技术员各×××元。

第一百三十九条　综掘工作面，必须保证掘进机以及配套设施完好，灵敏可靠，否则，罚当班责任者×××元。

第一百四十条　掘进机启动前，必须进行安全确认，并提前3 min发出启动警报，确认无误后方准开机，否则罚机组司机×××元，属于一般违章。

第一百四十一条　铲板或截割臂附近有人时，随意开动机组的，罚款×××元，属于严重违章，造成事故追究责任。

第一百四十二条　掘进机工作时，必须洒水降尘，无水或喷雾装置损坏时不准开机，否则罚当班班长及机组司机各×××元，属于轻微违章。

第一百四十三条　掘进机停止工作或检修及交接班时，未按规定加设防护罩，罚款×××元，属于轻微违章。

第一百四十四条　掘进机停止工作或检修及交接班时，必须将掘进机退出迎头5 m以外，将掘进机切割头落地，切断电源，否则罚当班责任者×××元，属于一般违章。

第一百四十五条　掘进工作面必须坚持使用前探梁临时支护（掘锚一体机除外），否则罚款×××元，属于一般违章。

第一百四十六条　掘进工作面必须坚持敲帮问顶，及时处理活矸煤，违者罚款×××元，属于一般违章。

第一百四十七条　敲帮问顶时，必须站在支架完整，顶板完好的地点，清理好退路，进行安全确认后方可进行，否则罚款×××元，属于轻微违章。

第一百四十八条　巷道掘进空顶及空帮距离不得超过规程规定，否则罚当班责任者×××元，属于一般违章。

第一百四十九条　严禁站在掘进机截割臂上作业，否则罚款×××元，属于一般违章。

第一百五十条　锚杆排距必须符合作业规程规定，不得随意扩大或缩小，否则罚款×××元；锚杆锚固力必须达到作业规程规定，每根不达标罚款×××元；锚杆角度不合格，每根罚款×××元；锚杆外露长度不合格，每根罚款×××元；锚索必须按作业规程打设锁紧，外露长度必须达标，否则每根罚款×××元。

第一百五十一条　砌碹巷道时，不得使用不符合规定要求的料石，违者罚款×××元。

第一百五十二条　砌碹巷道基础，必须按规定要求拉够深度，否则立即停止作业返工处理，违者罚当班责任者×××元/m。

第一百五十三条　砌碹时拆除原有临时支护前，必须先采取临时支护措施，否则罚款×××元，属于轻微违章。

第一百五十四条　用工字钢作支架的，支架间必须上拉杆连接，背后刹杆背紧；否则按每架×××元对责任单位累计处罚。

第一百五十五条　炮掘工作面必须严格执行规程作业，必须进行临时支护，严禁空顶作业，否则罚当班班长×××元，属于一般违章。

第一百五十六条　掘进工作面由于措施不到位，违反规程作业出现片帮冒顶对责任人罚款×××元。

第一百五十七条　工作面刮板输送机或皮带输送机不得运送物料，违者罚款×××元，属于一般违章。特殊情况使用皮带运送物料时，无措施或不按规定措施运料，违者罚款×××元，属于一般违章。

第一百五十八条　皮带输送机必须设行人过桥，否则对单位责任者罚款×××元，违章跨越者罚款×××元，属于一般违章。

第一百五十九条　开口巷道、贯通巷道、交叉点以及特殊地带的巷道掘进必须有队干跟班，否则对单位罚×××元，队长×××元。

第一百六十条　巷道掘进，必须坚持“有掘必探、先探后掘”的原则，否则对单位罚款×××元，责任人×××元。造成事故另究。

第一百六十一条　掘进施工严禁干打眼，违者罚款×××元，属于轻微违章。

第一百六十二条　钢型支架构件不齐全，每架罚责任单位×××元。

第一百六十三条　工作面施工必须严格按照施工组织设计和作业规程的规定作业，保证工程质量，不符合要求停止作业，返工处理，对单位罚款×××元。

第一百六十四条　凡锚喷巷道出现赤脚每米罚款×××元。

第一百六十五条　锚喷巷道混凝土配比不当，造成喷层脱落每米罚款×××元。

第一百六十六条　砌碹巷道壁后充填不实或不符合《煤矿安全规程》或《作业规程》要求，每发现一处罚款×××元。灰缝、干缝、瞎缝超标，除返工处理外，每处罚款×××元，累计计算。

第一百六十七条　架棚后出现帮顶刹杆松动或不接顶罚款×××元。

第一百六十八条　背板棚不按规定上够背板而向前作业罚款×××元。

第一百六十九条　架棚斜巷掘进迎山角不符合规定，每架罚款×××元。

第一百七十条　巷道内出现滚梁、脱口、棚腿吊空或出现断刹杆等，必须立即更换，否则每处罚款×××元。

第一百七十一条　锚网支护巷道锚杆松动且未及时补打，每根罚款×××元。

第一百七十二条　掘进机割煤过程中，人员贸然进入摇臂作业半径内，罚款×××元，属于一般违章。

第一百七十三条　使用掘锚联合掘进机掘进时，掘锚机两侧及机后方5 m范围内严禁在巷道内站人，否则，罚款×××元，属于一般违章。

第一百七十四条　锚杆托板与岩面接触不实，一处罚款×××元。

第一百七十五条　金属网与锚杆联合支护，锚杆松动每根罚款×××元，网与网连接不符合要求每处罚款×××元。

第一百七十六条　锚杆预紧力检查、锚索涨拉试验、锚杆拉拔试验必须达《作业规程》规定数值要求，一根不达标罚款×××元。

第一百七十七条　操作钢丝切断器时，方圆2 m不得有人，否则，罚款×××元，属于轻微违章。切钢绞线时不用专用套管，罚款×××元，属于轻微违章。

第一百七十八条　打锚杆人员必须站在支护完好的顶板下作业，不得背向裸露的煤墙，否则罚款×××元，属于轻微违章。

第一百七十九条　支护材质不符合要求，对材料提供部门罚款×××元，使用过期锚固剂，处罚责任单位×××元，累计计算。

第一百八十条　拉基础或在煤墙作业时防片帮戗柱不符合要求对责任单位罚款×××元。

第一百八十一条　掘进巷道连续出现两架危棚，继续作业罚款×××元，属于一般违章。

第一百八十二条　超过规定距离未及时安装顶板离层监测仪，对责任单位罚款×××元。

第一百八十三条　掘进巷道距窝头50 m外，背帮、背顶严重失效罚款×××元。

第一百八十四条　掘进工作面刮板输送机刮板不齐全或无声光信号，罚款×××元。

第一百八十五条　掘进工作面材料码放必须符合安全生产标准化要求，挂牌定置管理，每发现一处不合格，对责任单位罚款×××元。

第一百八十六条　巷内距窝头20 m以外，浮煤、矸石、杂物不清理，积水未及时处理，罚款×××元。

第一百八十七条　巷道积渣超过巷道断面1/3，未及时处理罚款×××元。

第一百八十八条　凡使用的水沟盖板烂、断、缺等罚责任单位×××元/块。

第一百八十九条　站在综掘机上喷雾洒水人员必须系安全带，否则罚款×××元，属于轻微违章；紧固顶部和两帮上部锚杆时，必须使用梯子、脚手架等稳定支撑，并有人监护，否则，罚款×××元，属于轻微违章。

第五章　机　　电

第一百九十条　不完好机电设备每台处罚包机人×××元。

第一百九十一条　无入井许可证将电器设备带入井下，罚单位×××元，把钩工×××元。

第一百九十二条　井下打开开关时，不放电、不验电、不按规定先检查瓦斯浓度，罚款×××

元，属于一般违章。

第一百九十三条　井下供电严禁私拉乱接，违者罚款×××元，属于一般违章。

第一百九十四条　停送电作业必须开操作票，擅自进行停送电作业，罚款×××元，属于一般违章. 停电作业不挂停电牌或擅自拿掉停电牌，罚×××元，属于轻微违章。

第一百九十五条　各种保护装置必须齐全，灵敏可靠，严禁甩掉不用，否则每台罚责任单位×××元，直接责任者×××元，属于严重违章。

第一百九十六条　绞车、皮带、煤溜司机坐在减速器或电机上操作罚款×××元，属于一般违章。其他人员坐靠电器设备罚款×××元，属于轻微违章。

第一百九十七条　井下所有防爆设备、五小电器不准开盖运行，否则罚直接责任者×××元，属于严重违章。

第一百九十八条　严禁带电检修、搬迁电气设备、违者罚款×××元，属于一般违章。明接头、裸露电缆、明火操作，罚款×××元，均属于严重违章。

第一百九十九条　停电后控制器手把不打到零位罚款×××元。

第二百条　不按操作规程操作高压电器设备罚款×××元，属于一般违章。

第二百零一条　井下所有电气设备（包括五小电气）不得失爆，出现一台次失爆罚责任单位×××元，罚直接责任者×××元。

第二百零二条　严禁非防爆电器设备入井，否则罚责任科室×××元，井口把钩工×××元、运送设备人员各×××元，并追究责任。

第二百零三条　停送电一律严格执行工作票制度，违者罚责任单位×××元，罚直接责任者×××元。

第二百零四条　不准携带失爆矿灯，否则罚责任者×××元，属于一般违章。

第二百零五条　擅自调整电气设备额定值罚款×××元，属于一般违章。

第二百零六条　井下用灯泡、电阻、电热器取暖罚责任者×××元，属于严重违章。

第二百零七条　信号工不执行“手指口述”，每次罚款×××元，属于轻微违章。

第二百零八条　启动或停止机械设备必须按操作规程规定进行，否则罚责任者×××元，属于轻微违章。

第二百零九条　高压电气设备的修理和调整工作，无工作票和施工措施不得作业，违者罚款×××元，属于一般违章。

第二百一十条　操作高压设备主回路时，操作人员必须戴绝缘手套，并穿电工绝缘靴或站在绝缘台上，违者罚款×××元，属于一般违章。

第二百一十一条　设备发现有异常情况，要切断电源，停机检查。原因未查清盲目开动，罚当班班长×××元，责任者×××元，造成事故另究。

第二百一十二条　各种设备的液力联轴器，必须使用易熔合金螺塞，发现有螺栓代替易熔合金螺塞，罚责任者×××元。

第二百一十三条　故意破坏信号，造成失灵罚×××元，属于严重违章。

第二百一十四条　电缆和电气设备（包括电缆）的连接，必须使用同电气设备性能相符的接线盒、连接器或母线盒进行连接，否则，查出一处罚责任单位×××元，罚责任者×××元。

第二百一十五条　非专职人员和值班电气人员，不得擅自操作电气设备，违者罚款×××元，属于严重违章。

第二百一十六条　轻型刮板输送机必须在机头尾打设牢固的地锚，否则罚款×××元，属于轻微违章。

第二百一十七条　机电硐室灭火器材不齐全或不合格罚款×××元。

第二百一十八条 各种电器（包括五小电器），不完好，罚责任人×××元。

第二百一十九条 井下照明每有一盏灯不亮未按时整改罚款×××元。

第二百二十条 井下所有电缆、线必须按标准悬挂，否则发现一处不符合要求罚×××元。

第二百二十一条 井下各主要巷道，作业地点的开关必须上架管理，否则罚款×××元/台。

第二百二十二条 各种机械必须定期加（注）油，否则罚责任单位×××元，罚直接责任者×××元。

第二百二十三条 高低压开关、磁力起动器无开关整定标准或标志牌内容不全，一台罚包机人×××元。

第二百二十四条 开关熔断器必须符合规定，不得以大代小，否则，罚责任单位×××元，直接责任者×××元，属于一般违章，用铝、铜、铁等金属丝代替，处罚×××元，属于严重违章。

第二百二十五条 三台以上的开关未做局部接地装置，罚款×××元。

第二百二十六条 机械运转的外露部分，防护装置必须齐全完好，否则一处罚×××元。

第二百二十七条 矿灯房红灯率每超标准（0.5%）一台罚款×××元。

第二百二十八条 井下变电硐室必须有合格的防爆门及栅栏门，否则罚责任单位×××元。

第二百二十九条 主要排水地点的备用泵，必须经常保持完好，否则罚责任单位×××元。

第二百三十条 无人值班的变电硐室必须关门加锁，否则罚责任单位×××元。

第二百三十一条 井下电缆、电器设备漏电每处罚×××元。

第二百三十二条 变电所防护用具不全，每缺一项罚款×××元。

第二百三十三条 接地装置不符合要求每处罚款×××元。

第二百三十四条 机电硐室必须悬挂各类警示标志牌，否则罚责任单位×××元。

第二百三十五条 变电所内高压开关、变压器、电缆有管理牌、标志牌和指向牌，每发现缺一处罚责任单位×××元。

第二百三十六条 地面各用电地点的开关必须完好有效，不得有缺丝短帽等现象，否则发现一次罚款×××元。必须有防雨设施，否则，罚款×××元。

第二百三十七条 用大功率电器（电炉、电暖气等）必须写出书面申请报经分管领导批准，否则发现一次罚款×××元，属于一般违章。

第二百三十八条 不按规定在采掘面及井下指定地点安装防爆电话或电话不及时修理罚款×××元。

第二百三十九条 采煤机各部缺油，每处罚款×××元；滚筒截齿不齐全，完好率不达规定要求，罚款×××元；检修采煤机时，必须停电闭锁，否则罚款×××元，属于一般违章；进入煤溜检修，必须背帮护顶，并对输送机实行闭锁，否则，罚款×××元，属于一般违章。

第二百四十条 新安装的供电线路和电气设备，未经机电科验收或验收不合格而接电送电，对安装单位罚款×××元，责任者罚款×××元。

第二百四十一条 损坏供配电设施，撬门撬锁破坏正常供电秩序罚单位×××元，责任者×××元，属于严重违章。

第六章 提升与运输

第二百四十二条 皮带机头必须挂设《皮带运行期间禁令》，皮带运行期间严禁在机头架、大架及机尾拆开防护网进行任何检修维护工作，违者罚款×××元，属于严重违章。

第二百四十三条 皮带运行期间严禁到皮带架外侧进行清煤等工作，皮带人行侧可以进行人工清煤，但必须使用完好的清煤工具并要使肢体与皮带运动部分的安全距离不少于×××mm，机头及大架部分严禁清煤，违者罚款×××元，属于一般违章。

第二百四十四条　皮带运行期间，严禁横跨皮带，否则，罚款×××元，属于一般违章；行人必须走行人道，不得靠近皮带架行走，要保持×××mm 安全距离，违者罚款×××元，属于轻微违章。

第二百四十五条　皮带运行期间，严禁在机头架储带部分进行调整滚筒导向辊、分层托辊、游动车等，需调整必须停车进行，违者罚款×××元，属于严重违章。

第二百四十六条　皮带运行期间，中间皮带托辊可以进行调整，但必须保证 2 人进行，一人调偏，一人监护，严禁无监护下单人操作，否则，罚款×××元，属于轻微违章。

第二百四十七条　皮带运行期间，严禁对托辊、滚筒进行加油和注油，否则，罚款×××元，属于一般违章。

第二百四十八条　不用信号联系，随意开停运输设备者，罚责任者×××元，属于一般违章。

第二百四十九条　未采取安全措施在皮带上行走，罚款×××元，属于轻微违章。

第二百五十条　皮带运行时依靠边杆站立，罚款×××元，属于轻微违章。

第二百五十一条　皮带机头大架防护网未上全开机运行罚款×××元，属于轻微违章。

第二百五十二条　由于检修不到位或开皮带不负责任造成撕皮带事故者罚款×××元，属于严重违章。

第二百五十三条　不按规定使用皮带运输物料者，罚款×××元。

第二百五十四条　用矿车运送物料严禁超高超宽，违者罚责任单位×××元，罚责任者×××元。

第二百五十五条　各种绞车运输不按规定挂车，每超一个罚挂钩工×××元，属于一般违章，没有明确规定挂车数量，罚责任单位×××元。

第二百五十六条　斜巷下放运输车辆时绞车必须带电运转，违者罚款×××元，属于一般违章。

第二百五十七条　严禁冒险蹬车、跳车、扒车，违者罚款×××元，正式工开除留用，其他用工解除劳动合同。

第二百五十八条　在井下有意放野车、飞车者罚款×××元，解除劳动合同。

第二百五十九条　斜巷停车，未使用阻车器有效支设罚款×××元，属于一般违章，查不出责任者罚单位×××元。

第二百六十条　因不负责任造成跑车事故者，罚款×××元，在场运输责任人按严重违章处理。

第二百六十一条　井上、下主要车场，应有专职信号把钩工负责车辆运行，他人不得擅自操作，违者罚款×××元，属于一般违章。

第二百六十二条　矿车的连接装置应使用规定的链环、插销，不得用其他材料代替，违者罚责任者×××元，属于轻微违章。

第二百六十三条　小绞车卡闸失效，禁止使用，否则罚责任单位×××元。直接责任者×××元。

第二百六十四条　循环绞车运输必须一车两钩，否则罚款×××元，属于一般违章。

第二百六十五条　人力推车应遵守《煤矿安全规程》规定，违者罚责任者×××元，属于轻微违章。

第二百六十六条　车辆掉道时严禁用绞车强拉上道，否则罚款×××元，属于一般违章。

第二百六十七条　运送人员时，严禁同时运送爆炸性的、易燃烧性的或腐蚀性的物品或附挂物料车，违者罚司机、乘务员各×××元，属于严重违章。

第二百六十八条　站在运行中的车辆上装卸物料罚责任者×××元，属于一般违章。

第二百六十九条　清撒斜巷翻笼翻车时，必须挂好护链，违者罚款×××元。

第二百七十条　一坡三挡必须正常投入使用，违者罚款×××元，属于轻微违章。

第二百七十一条　斜巷运输时，应遵守“行人不行车，行车不行人”的规定，违者罚款×××元，属于一般违章。

第二百七十二条　在用的各种车辆（包括花车、矿车、平板车等）两端必须装置碰头，且突出长度不小于100 mm，否则罚责任单位×××元，罚责任者×××元。

第二百七十三条　挡车装置不符合规定要求每处罚款×××元。

第二百七十四条　皮带托辊不转动、不灵活或未定期注油每串罚款×××元。

第二百七十五条　车辆停放在道岔上，罚款×××元

第二百七十六条　斜巷运输时，“一坡三挡”装置必须齐全、灵敏、可靠，否则发现一处罚责任单位×××元。

第二百七十七条　各巷道运送支架等大型设备时，禁止行人，强行行走者罚款×××元，属于一般违章。

第二百七十八条　所有轨道、道岔必须符合安全生产标准化要求，每发现一处不符合要求罚责任单位×××元，直接责任者×××元。

第二百七十九条　绞车钢丝绳磨损、断丝超限不及时更换，罚款×××元。

第二百八十条　小绞车安装未经验收而投入使用罚款×××元。

第二百八十一条　凡使用钢丝绳的单位，必须加强钢丝绳的维护保养，存在有缺变向轮、断股打结、绳卡不按规定打设、缺心形环、需加装保险绳而未加装等情况的一处罚款×××元。

第二百八十二条　装卸大件、长料或大型设备不制定安全措施罚款×××元。

第二百八十三条　所有绞车涨紧装置、尾轮、栅栏及其他防护装置必须经常检查，发现问题及时处理，否则罚责任单位×××元，直接责任者×××元，造成事故另究。

第二百八十四条　严禁人员和物料混合提升，违者罚款×××元，把钩工不制止，罚款×××元，属于一般违章。

第二百八十五条　主、副绞车提升过卷一次罚责任者×××元。

第二百八十六条　主、副绞车运行时，主司机不在岗位，罚责任者×××元。

第二百八十七条　主、副井绞车保护装置不齐全或不可靠，每处罚责任单位×××元，罚分管队长×××元。

第二百八十八条　绞车无护绳板，或护绳板不合要求罚责任单位×××元。

第二百八十九条　绞车、钢丝绳不按规定时间检查，对责任者罚款×××元。

第二百九十条　井下皮带、煤溜、绞车等必须设有声光齐全的信号装置，并保证灵敏可靠，不合格者不准运行，违者罚责任单位×××元。

第二百九十一条　材料堆放不符合标准罚款×××元。

第二百九十二条　所有在用绞车必须按规定挂设备参数和小绞车11条禁令等管理牌板，否则罚责任单位×××元。

第二百九十三条　罐笼护链必须保持完好，发现一次不完好罚款×××元。

第二百九十四条　小绞车安装必须用水泥固定底座或锚杆固定，保证牢固可靠，否则罚责任单位×××元。

第二百九十五条　临时小绞车必须用四压两戗一将军柱固定牢固，且压戗柱必须用木柱，否则罚款×××元。

第二百九十六条　轨道坡度在8°以上未安设阻车装置或不符合要求罚款×××元，不按规定使用罚款×××元。

第二百九十七条　设备开停要按规定使用信号，不得使用灯光、传话、敲击器物等代替信号，违者罚款×××元，属于一般违章。

第二百九十八条　胶轮车人车司机必须经过培训，并持有中华人民共和国机动车驾驶证 A3 类及以上的证件方可驾驶，货车司机持 B 类以上证件，否则罚款×××元，属于轻微违章。

第二百九十九条　驾驶胶轮车前必须进行安全确认，前照明灯、后尾灯、喇叭、车门闭锁装置、制动系统、冷却系统等一项不合格，开车行驶的罚款×××元，属于轻微违章。

第三百条　驾驶胶轮车发生碰撞，罚款×××元，并按事故处理。

第三百零一条　私自拆卸并偷盗零部件，如喇叭、按钮、照明灯、监测监控等有损车辆使用安全的，罚款×××元，属于一般违章。

第三百零二条　驾驶胶轮车超速行驶一次罚款×××元，属于轻微违章。造成事故的按照相关规定处罚。

第三百零三条　胶轮车行驶至弯道、岔路口、坡道、通过风门及会车时必须鸣笛预警，否则一次罚款×××元，属于轻微违章。

第三百零四条　胶轮车不按规定用途使用、未对沿途道路情况进行检查或强行通过危险区域的处罚司机×××元，处罚违章指挥者×××元，造成事故的或设备设施损坏的另行调查处理。

第三百零五条　人为损坏、玷污井下交通标志、广角镜、警示牌或指示灯等设施的罚款×××元，属于一般违章。

第三百零六条　行人行走方向与车辆行驶方向相同时，相距 20 m 前，车辆减速，停止行进，人员站在安全位置，等待车辆通过后方可行走，否则罚款×××元，属于轻微违章。

第三百零七条　行人行走方向与车辆行驶方向相反时，相距 20 m 前，车辆减速，停止行进，等人员通过，车辆方可启动，否则处罚司机×××元，属于轻微违章。

遇到运输大件等特殊情况时，按专项技术措施中规定的优先通行方执行。违者罚款×××元，属于轻微违章。

第三百零八条　胶轮车在驾驶中，其他人员对司机进行挑逗、恐吓、威胁、用灯照司机眼睛等行为导致司机误操作，对该行为人罚款×××元，属于一般违章。造成事故的按事故处理。

第三百零九条　胶轮车在斜巷停车时必须安设阻车器，否则，罚款×××元，属于轻微违章。

第三百一十条　胶轮车空挡滑行，罚款×××元，属于轻微违章。但在坡段禁止空挡滑行，否则罚款×××元，属于一般违章。造成事故追究事故责任。

第三百一十一条　胶轮车运送人员必须使用专用人车，严禁超员，违者处罚司机×××元，属于轻微违章。

第三百一十二条　胶轮车人车运送人员时，乘坐人员必须在胶轮车停稳后按秩序上下车，违者罚款×××元，属于轻微违章。

第三百一十三条　胶轮车司机驾驶人车起步和停车时必须发出信号，得到回应后方可起步和停车，否则，对司机罚款×××元，属于轻微违章。

第三百一十四条　胶轮车司机在巷道中发现水沟盖板缺失、断裂处要停车汇报调度室，严禁碾压或驾驶胶轮车强行通过，违者处罚×××元。

第三百一十五条　胶轮车在有积水坑的巷道行驶时，发现封口的工字钢缺失，缝隙较大时，严禁强行通过，违者处罚×××元，造成事故的另究。

第三百一十六条　两车同向行驶时应保持不低于 50 m 的安全运行距离，否则处罚后车司机×××元，属于轻微违章。

第三百一十七条　胶轮车必须在规定地点掉头，否则处罚司机×××元，属于轻微违章。

第三百一十八条　驾驶单轨吊司机必须持证上岗，否则，罚款×××元，属于一般违章。

第三百一十九条　单轨吊司机开车前必须安全确认，起始端、终止端必须设置轨端阻车器，否则，不准运行，违者罚款×××元，车厢乘坐人员不挂护链罚款×××元，属于轻微违章。

第三百二十条　单轨吊车前后照明灯必须完好，照明灯不亮开车运行处罚司机×××元，属于轻微违章。

第三百二十一条　单轨吊车运行中发现顶板、车辆各部位有异响，必须停车处理，否则处罚司机×××元。

第三百二十二条　单轨吊运行期间躺在驾驶室或乘人车厢座位上睡觉罚款×××元，属于一般违章。

第三百二十三条　破坏单轨吊车部件、单轨吊梁及连接部件罚款×××元，属于严重违章。

第三百二十四条　携带易燃易爆物品严禁乘坐单轨吊车，否则罚款×××元，属于一般违章。

第三百二十五条　乘坐单轨吊车人员严禁将肢体及携带的工具伸出车外，否则，罚款×××元，属于轻微违章。

第三百二十六条　单轨吊车在行驶中发现前方有人，必须在×××m前减速鸣笛，慢行通过行人处，否则处罚司机×××元，属于轻微违章。遇到运输大件等特殊情况时，按专项技术措施中规定的优先通行方式执行。违者罚款×××元，属于轻微违章。

第三百二十七条　单轨吊车行驶至弯道、岔路口、坡道、通过风门等情况时必须鸣笛预警，否则一次罚款×××元，属于轻微违章。

第三百二十八条　单轨吊车司机在开车前和停车时必须发出信号，得到回应后方可开车和停车，否则，对司机罚款×××元，属于轻微违章。

第三百二十九条　人员上下车时，必须待车停稳方可上下，否则，罚款×××元，属于轻微违章。

第七章　爆炸物品和井下爆破

第三百三十条　爆破工必须持证上岗，违者罚款×××元，领退爆破材料相关人员必须在视频下进行工作，否则，属于轻微违章；进入爆炸材料库检查人员必须先除静电，解除矿灯，并登记记录，进入储藏室必须用专用灯，否则，属于轻微违章。

第三百三十一条　停风、瓦斯超限严禁爆破作业，违者罚款×××元，所有责任人属于严重违章。

第三百三十二条　爆破作业必须严格执行“一炮三检”和“三人连锁爆破”制度，否则罚爆破工、瓦检工、当班班组长各×××元，属于一般违章。

第三百三十三条　爆破前爆破地点20 m范围内必须检查瓦斯，否则爆破工有权不进行爆破作业，并处瓦斯员×××元，属于一般违章。

第三百三十四条　严禁打眼和装药平行作业，违者罚款×××元，属于严重违章。

第三百三十五条　严禁多人爆破作业，违者处罚班组长×××元，安全员×××元，责任单位罚款×××元。

第三百三十六条　爆破作业操作地点必须在安全地点，必须符合作业规程规定，否则罚爆破工×××元，属于一般违章。

第三百三十七条　严禁裸露爆破，违者罚款×××元，属于严重违章。

第三百三十八条　综采面未按规定批准擅自爆破作业，罚款×××元，属于严重违章。

第三百三十九条　必须使用专用发爆器，违者罚款×××元，属于严重违章。

第三百四十条　爆破作业不设警戒，罚当班班组长、安全员各×××元，属于一般违章，造成事故的追究事故责任。

第三百四十一条　爆破作业不执行清点人员和发警号制度，违者罚款×××元，属于一般违章。

第三百四十二条　警戒人员不负责任，致使他人误入爆破区，罚警戒人员×××元，属于严重违章。造成事故另究。

第三百四十三条　爆破工必须随身携带发爆器的把手或钥匙，违者罚款×××元，属于一般违章。

第三百四十四条　装药前，必须用掏勺或压缩空气清除炮眼内的煤、岩粉，否则罚款×××元。

第三百四十五条　严禁在 1 个工作面使用两台发爆器同时进行爆破，违者罚款×××元，属于一般违章。

第三百四十六条　井上下接触爆炸材料的人员，必须穿棉布或抗静电衣服，且不准戴电子表，违者罚款×××元，属于轻微违章。

第三百四十七条　不执行爆炸材料领退制度，罚款×××元，属于一般违章。不执行电雷管编号制度罚款×××元。

第三百四十八条　电雷管和清退入库后再次发放的电雷管在发给爆破工前必须用电雷管检测仪逐个做全电阻检查，并将脚线扭结成短路，任一项未做罚款×××元。严禁发放电阻不合格的电雷管，否则罚款×××元，属于一般违章。

第三百四十九条　井筒内运送爆炸材料时，电雷管和炸药必须分开运送，违者罚款×××元，属于严重违章。必须事先通知绞车司机和井上下把钩工，违者罚责任者×××元，属于严重违章。

第三百五十条　在装有爆炸材料的罐笼内除爆破工或护送人员外，不得有其他人员，违者罚款×××元，属于严重违章，且同罐内搭乘的携带爆炸材料的人员不得超过 2 人，违者罚款×××元，属于严重违章。

第三百五十一条　罐笼升降速度在运送电雷管或乳化炸药时不得超过 2 m/s。运送其他类爆炸材料时不超过 4 m/s，否则罚当班司机×××元。

第三百五十二条　炸药和电雷管不得在同一列车内运输，违者罚有关责任人×××元，属于严重违章。

第三百五十三条　严禁用刮板输送机、带式输送机运输爆炸材料，违者罚款×××元，属于严重违章。

第三百五十四条　电雷管必须由爆破工亲自运送，炸药应由爆破工或在其监护下由其他人员运送，否则罚款×××元，属于严重违章。

第三百五十五条　人力运送爆炸材料时必须装在防震、防静电的非金属容器内，违者罚款×××元；严禁将爆炸材料装在衣袋内，否则罚款×××元；领到爆炸材料后应直接送到工作地点，严禁中途逗留或另做他事，否则罚款×××元，属于严重违章。

第三百五十六条　不得发放或掺混使用不同厂家生产的或不同品种的电雷管，否则罚责任者×××元。

第三百五十七条　从成束的电雷管中抽取电雷管时，手拉脚线硬拽管体或手拉管体、硬拽脚线的罚款×××元，属于一般违章。

第三百五十八条　抽出的单个电雷管必须将其脚线扭结成短路，违者罚款×××元，属于轻微违章。

第三百五十九条　爆破前必须对机器、支架、电缆等进行保护或将其移至安全地点，违者罚款×××元，属于轻微违章。损坏设备另究。

第三百六十条　爆破母线、连接线、脚线之间的所有接头必须相互扭紧，并悬空，不得与电气设备其他导电体（轨道、金属管网、钢丝绳等）相接触，否则罚款×××元，属于轻微违章。

第三百六十一条　严禁用轨道、金属管网、水或大地作爆破回路，违者罚款×××元，属于严重违章。

第三百六十二条　爆破前，脚线的连接工作可由经过训练的班组长协助爆破工进行，严禁其他人员进行连线，违者罚款×××元。爆破母线连接线脚线、检查线路和通电工作只准爆破工一人操作，违者罚款×××元，属于一般违章。

第三百六十三条 装药时，工作面内不得超过2人，不得从事与此无关的其他工作，违者罚款×××元，属于一般违章。

第三百六十四条 爆破作业后，摘掉母线，并扭接短路，违者罚款×××元，属于轻微违章。

第三百六十五条 爆破后未待炮烟被吹散进入工作面者罚款×××元，属于轻微违章。

第三百六十六条 通电后出现拒爆时，爆破工必须先取下把手或钥匙，并将爆破母线从电源上摘下，扭结成短路，再等一定的时间（使用瞬发电雷管时至少5 min，使用延期电雷管时至少15 min）方可沿线路检查，违者罚款×××元，属于一般违章。

第三百六十七条 在拒爆、残爆处理完毕前，严禁在该地点进行与处理拒爆、残爆无关的工作，违者罚款×××元，属于一般违章。

第三百六十八条 爆破母线不达规定长度，罚爆破工×××元，且必须现场整改达标，否则，不准爆破作业，属于轻微违章。

第三百六十九条 爆炸材料的每次领用量必须与领料单审批的数据一致，否则，罚有关责任者×××元，属于一般违章。

第三百七十条 失效的电雷管、炸药要按规定由生产科和保卫科共同处理或销毁，违者罚款×××元。

第三百七十一条 每次爆破作业时，都必须把火药箱放在警戒线以外的安全地点，否则罚当班爆破工×××元。

第三百七十二条 火药箱和雷管箱必须加锁，否则各罚款×××元。

第三百七十三条 火药、雷管不准混装一个箱内违者罚款×××元，属于严重违章。

第三百七十四条 火药、雷管不准乱扔乱放，违者罚款雷管×××元/枚，火药×××元/卷，属于一般违章。

第三百七十五条 藏匿火药、雷管，发现一个罚款×××元，属于严重违章。

第三百七十六条 爆破线不得永久布设，违者罚款×××元，属于一般违章。

第三百七十七条 发爆器不完好罚款×××元，属于一般违章。

第三百七十八条 凡采掘工作面采用爆破方式进行相关作业，炮眼封泥必须使用水炮泥，否则罚款×××元，属于一般违章。

第三百七十九条 不使用炮棍装药者，罚款×××元，属于轻微违章。

第三百八十条 加工引药时，电雷管只许由药卷的顶部装入，不得用电雷管代替竹、木棍扎眼，违者罚款×××元；雷管必须全部插入药卷内，严禁将电雷管斜插在药卷的中部或捆在药卷上，违者罚款×××元，均属于一般违章。

第三百八十一条 加工引药不准坐在火药箱上，应避开电器设备，在支架完整的安全地点进行，否则罚款×××元，属于轻微违章。

第三百八十二条 打眼时严禁继续加深残眼和瞎炮炮眼，违者罚款×××元，属于一般违章。

第三百八十三条 不按规定处理残炮、瞎炮罚款×××元，属于一般违章。

第三百八十四条 爆破母线与其他电源线混杂在一起罚款×××元，属于一般违章。

第三百八十五条 空顶距超过规定距离，严禁打眼爆破，违者罚款×××元，属于严重违章。

第三百八十六条 裸露爆破崩倒支架或留有伞檐未处理，而进行其他作业罚款×××元，属于一般违章。

第三百八十七条 由于裸露爆破崩坏机电设备、支架，巷道等，对责任者罚款×××元，按事故责任处理相关责任人。

第三百八十八条 炮眼封泥长度不符合《煤矿安全规程》规定不准爆破，否则罚款×××元。

第三百八十九条 用煤粉、纸或其他可燃性材料等充填炮眼罚款×××元，属于一般违章。

第三百九十条 没收、收缴不符合爆炸物品管理制度的炸药雷管必须立即送到爆炸材料库保管，严禁随身携带或升井，违者罚款×××元；爆炸材料库管理人员必须接收并清点核实数量，出示收据，违者罚款×××元。

第三百九十一条 炸药、雷管严禁混装在同一容器内，违者罚领取人及爆炸物品管理员各×××元，属于一般违章。

第三百九十二条 爆炸物品的运输、保管必须执行爆炸物品管理的所有规定，违者罚款×××元，情节严重者罚款×××元，属于严重违章。

第三百九十三条 爆破母线有明接头，每处罚款×××元，如有两个破口，必须更换爆破母线，否则罚款×××元。

第三百九十四条 爆炸材料库内必须备有足够数量的消防器材，否则罚款×××元。

第三百九十五条 井下爆炸材料库的炸药和电雷管必须分开贮存，否则罚款×××元，属于一般违章。

第八章 一 通 三 防

第三百九十六条 掘进工作面局部通风机存在循环风现象，罚责任单位通风科×××元。

第三百九十七条 主要通风机必须保证正常运转。因检修、停电或其他原因需要停风时，必须制定停风措施，报总工程师批准，否则，罚责任者×××元，属于一般违章。

第三百九十八条 主要通风机无计划停运的罚有关责任单位或责任者×××元。

第三百九十九条 井下所有风门要随开随关，严禁支开不关或同时打开两道风门，违者罚责任者×××元，属于一般违章，同时罚责任单位×××元。

第四百条 运料车碰撞风门等罚款×××元，撞坏风门等通风设施罚款×××元。

第四百零一条 随意进入栅栏内罚款×××元，属于轻微违章。

第四百零二条 不得随意拆除、损坏通风设施，违者据其原因和损坏程度，罚责任者×××元。查不出责任者罚责任单位×××元。擅自拆开风筒罚款×××元，未经通风科同意擅自增加通风设施罚责任单位×××元。

第四百零三条 所有机组及转载点、破碎机出入口等的有洒水喷雾设施但不正常使用者罚款×××元，属于轻微违章。

第四百零四条 净化水幕要灵敏、可靠，使用正常，如有使用不正常罚责任者×××元，属于轻微违章，损坏或丢失一道罚责任单位×××元。

第四百零五条 净化风流水幕距工作面距离不符合规定，罚责任单位×××元。

第四百零六条 采掘机械的内外喷雾洒水装置必须齐全完好正常使用，否则不准开机，违者罚款×××元。不使用或喷头堵塞不处理罚款×××元。

第四百零七条 综合防尘水幕无故停止使用罚款×××元，属于轻微违章。

第四百零八条 煤巷掘进爆破作业前后不洒水罚款×××元，属于轻微违章。

第四百零九条 局部通风机必须保持连续运转，不准随意关闭，否则罚责任者×××元，属于严重违章。

第四百一十条 凡损坏风筒者，每节罚款×××元，查不出具体责任者，由施工单位负责。凡盗窃风筒者，要追加原物并照价赔偿，视情节轻重给予行政处分。

第四百一十一条 瓦检员未按巡回图表检查罚款×××元。

第四百一十二条 瓦检员没在指定地点交接班罚款×××元。

第四百一十三条　瓦检员未按本矿要求配足岗位罚款×××元。

第四百一十四条　凡按规定携带便携式瓦检仪的人员未携带不得入井，否则对责任者罚款×××元，损坏或丢失便携式瓦检仪照价赔偿。发放失效或坏瓦检仪罚款×××元。

第四百一十五条　瓦检员空班、漏班或假报瓦斯数据者，罚款×××元，属于严重违章。

第四百一十六条　瓦检员在井下睡觉罚款×××元，属于一般违章，情节严重者加重处罚，并视情节轻重给予行政处分直到开除矿籍。

第四百一十七条　瓦检员必须熟练掌握光学瓦检仪的使用方法并妥善保管，否则罚款×××元；在井下使用不仪器罚款×××元。

第四百一十八条　瓦斯超过《煤矿安全规程》有关规定时，瓦检员有权责令现场人员停止工作，并撤到安全地点，失职或不服从者各罚款×××元，属于严重违章。

第四百一十九条　局部通风机停风不撤人，继续作业罚款×××元，属于严重违章。

第四百二十条　开掘面无计划停风，不汇报、不撤人，继续作业罚款×××元，主要责任者属于严重违章。

第四百二十一条　明知瓦斯超限不及时处理继续作业者罚款×××元，按瓦斯超限事故处理。

第四百二十二条　风筒出风口距迎头不得超过5 m，否则罚款×××元；故意折叠风筒或拆开风筒造成工作面供风不足，罚款×××元，属于严重违章。

第四百二十三条　消防材料必须齐全完好、不得挪作他用，违者罚款×××元。

第四百二十四条　贯通巷道无专门安全措施不准作业，否则罚施工单位队长、技术员各×××元，罚单位×××元。

第四百二十五条　井口房和通风机房附近20 m以内不得有烟火或用火炉取暖，井口房和信号房不准吸烟，违者罚款×××元，属于严重违章。

第四百二十六条　木料场、仓库重地、火药库等地严禁烟火，选矸楼、皮带走廊、煤仓等煤尘较大的地方，以及主、副井绞车房、变电所、风机房等重要场地严禁吸烟，违者罚款×××元，属于严重违章。

第四百二十七条　井下用剩的汽油、煤油、变压器油等必须运回地面，严禁在井下存放，违者罚款×××元。严禁将剩油、废油泼洒在井巷或硐室内，违者罚款×××元，并按严重违章处理。

第四百二十八条　凡是损坏“一通三防”设备、设施或违反“一通三防”有关规定造成重大隐患，情节严重者，对责任者给予×××元以上罚款，属于严重违章。情节较轻者按一般违章处理，因此造成事故的按事故处理。

第四百二十九条　已发放配齐井下小灵通的人员未按规定携带，发现一次罚×××元。

第四百三十条　排放瓦斯时，严禁一风吹、不按顺序进行或排放瓦斯时所规定的领导不在现场指挥的，罚相关人员×××元，属于严重违章。

第四百三十一条　凡严禁烟火地点，发现有烟头无责任者，罚单位×××元/个，累计计算。

第四百三十二条　携带自救器的人员必须熟悉自救器的构造、性能，正确掌握自救器的使用方法，凡在检查中发现不会佩戴使用自救器的职工一次罚本人×××元，单位第一负责人×××元，技术员×××元。

第四百三十三条　应定期对自救器进行气密性检查和称重实验，并做好记录，否则罚责任单位每次×××元。

第四百三十四条　采掘工作面停电、停风，恢复时未经检查瓦斯擅自送电的罚送电者×××元，属于一般违章。

第四百三十五条　高尘工序中，采掘机司机、移架工、顶溜工必须按要求佩戴个体防尘用具，否则每发现一次罚款×××元。

第四百三十六条　矿井风量不按有关规定及时测定，每次罚测定人×××元。

第四百三十七条　不能使用的风筒上井后作为修补风门包边沿口等用途，不准在井下乱扔，否则发现一节罚款×××元。

第四百三十八条　密闭启封要有专项措施，私自拆除或损坏对责任单位罚款×××元，现场作业人员每人罚款×××元，属于一般违章。

第四百三十九条　测尘人员不按规定及时测定粉尘浓度，每次罚测定人员×××元。

第四百四十条　对通风仪器、仪表不爱护造成损坏或任意拆卸要按原价赔偿；对通风仪器、仪表维修校正不及时，每次责任者×××元，罚责任单位×××元。

第四百四十一条　对临时停风地点没有撤出人员，切断电源，设置栅栏的罚跟班队干×××元，安全员、瓦检员不监督的，罚款×××元，不听从指挥的罚款×××元，属于一般违章。

第四百四十二条　瓦斯日报表不按规定报送的每次罚报送单位×××元，对责任人罚款×××元。

第四百四十三条　回风巷道的失修率不符合规定时，每超 1% 罚维护单位×××元。

第四百四十四条　通风设施要按标准设置各种牌板，少一处对责任单位罚款×××元。

第四百四十五条　瓦斯管理设施不全，缺一项罚款×××元，不及时移动采掘工作面的瓦斯检查牌，按缺少设施处理。

第四百四十六条　永久密闭、风门周边要掏槽，见硬帮、硬底，与煤岩接实，并抹有 0.1 m 的裙边，否则每处对施工单位罚款×××元。

第四百四十七条　构筑通风设施必须采用不燃性材料，否则对施工单位罚款×××元，发现墙体漏风，罚款×××元/处。

第四百四十八条　人为造成盲巷的，罚责任单位 50 元/m，发现盲巷不及时管理对通风科罚款×××元。

第四百四十九条　严禁一台局部通风机向两个掘进头供风，否则罚通风科×××元。

第四百五十条　采煤工作面上下端头，安全出口不按规定支护和巷道中堆放物料过多严重影响通风的，罚责任单位×××元。

第四百五十一条　局部通风机没有专人管理，罚责任单位×××元。

第四百五十二条　不执行巷道贯通措施或没有经通风科审查的安全措施随意贯通的，罚责任单位×××元。

第四百五十三条　盲目掘透高浓度瓦斯巷道和采空区的，对责任单位罚款×××元。

第四百五十四条　自救器必须按使用说明书规定按期报废，发放单位不能以任何理由发放超期自救器，发现一次罚发放单位×××元。

第四百五十五条　各作业单位必须爱护井下瓦斯探头等瓦斯监测设备，必须随工作面推进及时移动，吊挂位置必须符合规定，否则每次罚款×××元。

第四百五十六条　瓦斯探头必须定期校正，正常使用，否则每次罚责任者×××元。

第四百五十七条　综采工作面由于生产不均衡、落煤量大或者上下隅角管理不善、抽采不到位、造成瓦斯超限的处罚责任单位×××元，其他部门相关责任人罚款×××元。

第四百五十八条　井下电（氧）焊、气割等作业必须经有关领导审查批准后方可进行，否则罚款×××元。氧气瓶、乙炔气瓶要放在作业点上风侧，瓶间距要符合规程规定，并采取防倒措施，否则罚款×××元；作业完毕后电焊机、氧气瓶、乙炔气瓶等必须立即运回地面，严禁在井下存放，违者罚有关责任者×××元。

第四百五十九条　在通风设施前后 5 m 内堆放材料、设备和杂物或有淤泥积水罚责任单位×××元。

第四百六十条 所有机组及转载点、破碎机出入口等的洒水喷雾设施，必须保证齐全完好，否则每发现一处罚责任单位×××元。

第四百六十一条 采、掘、开工作面投产前，必须有完善的洒水系统和设施，否则罚责任单位队长×××元。

第四百六十二条 井下主要进回风巷、采煤面、风运两巷、开掘巷未定期冲洗罚责任单位×××元。

第四百六十三条 隔爆水袋设置距离不符合规定、挂钩不规范或水袋缺短、无水每次罚责任者×××元，罚责任单位×××元。无说明牌罚责任单位×××元。

第四百六十四条 井下所有工作面、巷道及地面选矸系统皮带走廊、皮带输送机机头机尾、刮板输送机机头机尾，必须定期冲洗煤尘，发现一处在连续5 m内煤尘超过1 mm，罚责任单位×××元。

第四百六十五条 各单位责任范围内的隔爆水袋，必须经常保持完好，水量充足，否则，罚责任者50元/个，有意损坏者罚款×××元/个，属于一般违章，罚责任单位×××元。

第四百六十六条 开、掘巷道开工时，必须安装局部通风机，否则不准施工，违者罚责任单位×××元。开工前必须由职能部门进行安全确认，施工单位必须整改安全确认提出的问题或隐患，完成后方可施工。每有一条问题或隐患未闭合罚施工单位×××元。

第四百六十七条 局部通风机必须安设风电闭锁装置，否则罚责任单位责任人×××元。

第四百六十八条 风筒口落地，对施工单位罚款×××元。

第四百六十九条 掘进工作面风筒口距窝头距离必须符合规程规定（不超过5 m），否则罚责任者×××元。

第四百七十条 回采工作面在回风巷距工作面10～15 m内、上隅角、距回风口10～15 m内、采煤机处及掘进工作面、掘进回风流等处未按要求悬挂甲烷报警断电仪，每少一处对责任单位处罚×××元。

第四百七十一条 局部通风机供电线路没有选择性漏电保护装置或应实现“三专两闭锁”而未实现的罚责任单位×××元。

第四百七十二条 新建永久密闭墙漏风每处罚款×××元。

第四百七十三条 采掘工作面风量未达到本矿供风要求罚责任单位×××元。

第四百七十四条 盲巷不按规定管理每处罚款×××元。

第四百七十五条 消防设施必须齐全，每缺一处罚责任单位×××元。

第四百七十六条 凡需设置消防设施、消防器材而未设置的罚款×××元，设置不合理或数量不够，每缺一项罚×××元，损坏或失效不及时更换每项罚责任者×××元。

第四百七十七条 井下所有巷道的静压管路、阀门等不准随意关闭、损坏和拆除，违者罚责任单位×××元，罚责任者×××元。造成事故追究责任。

第四百七十八条 井下消防和防尘管路要求：皮带巷每50 m设置支管和阀门，采掘工作面每××m设置支管和阀门，否则少一处罚款×××元。

第四百七十九条 出现风筒吊挂不符合标准要求，每处对责任人罚款×××元。

第四百八十条 人为破坏风筒，造成风筒破口者处罚×××元，属于一般违章。

第九章 铁 路 运 输

第四百八十一条 认真细致检查每节车厢连接完好情况及闸瓦间隙情况，并及时将检查情况上报，有检查记录。未经检查而发信号启动罚款×××元，属于一般违章。

第四百八十二条 机械设备启动前，要详细检查设备整体情况和各部件的完好情况，发现问题及时处理，违者罚款×××元。

第四百八十三条　要定期检查钢丝绳，如有断丝及时处理或更换，违者罚款×××元。

第四百八十四条　前方线路有存车或其他障碍物时，不准挂绳牵引，违者罚款×××元，属于轻微违章。

第四百八十五条　挂钩必须检查绳钩是否坚固，有无断裂现象，在车厢侧有大钩的严禁挂在护绳上，违者罚款×××元，属于轻微违章。

第四百八十六条　挂钩后，钢丝绳附近有人，严禁发出开车信号，否则罚款×××元，属于一般违章，由此造成钢丝绳脱落伤人，按事故处理。

第四百八十七条　牵引车停止工作后，必须将钢丝绳拖离轨道，如绳被车压伤罚款×××元。

第四百八十八条　列车到装车站后，要及时按规定设置防溜设施，违者罚款×××元，由此造成事故追究责任。

第四百八十九条　定期对防跑车装置做可靠性鉴定，否则对责任单位罚款×××元。

第四百九十条　保证行车信号齐全，指示准确无误，违者罚款×××元，属于轻微违章。

第四百九十一条　扳道岔操作要一看、二扳、三确认做到准确无误，违者罚款×××元，属于轻微违章。

第四百九十二条　车厢经过道口时，要及时放下栏杆，指示过往行人、车辆停止行进，否则对执勤人员罚款×××元。

第四百九十三条　销售科有专人负责防溜手闸的设置与解保，检查手闸的坚固力是否符合要求，否则罚款×××元。

第四百九十四条　所有车厢必须关闭牢固、严密，否则一个车门关闭不达要求对责任者罚款×××元。

第四百九十五条　需要在车厢上端工作时，不得少于两人作业，否则罚款×××元，属于轻微违章。

第四百九十六条　上下车利用车梯，不准跳车，违者罚款×××元，属于轻微违章。

第四百九十七条　不准站在车厢上部边缘平车，以防失足，违者罚款×××元，属于轻微违章。

第四百九十八条　车厢装满溢在轨道上的浮煤要随时清理，违者一次罚款×××元。

第四百九十九条　铁路照明，标志灯要经常保持完好，若发现一处不完好罚款×××元。

第五百条　及时清理道岔周围的各种杂物，保证行车安全，违者罚款×××元。

第五百零一条　平车后表面高差不得大于 30 cm，不准出现偏重现象，否则罚款×××元。

第十章　地　　面

第五百零二条　（地面区域，以下同）氧气瓶、乙炔气瓶不按规定放置罚款×××元。

第五百零三条　电焊地点周围 10 m 范围内有可燃物品罚款×××元。

第五百零四条　车工、气割、气焊工工作时必须穿工装、戴防护镜，否则每次罚款×××元。

第五百零五条　在所有禁止抽烟区域抽烟，罚款×××元，在允许抽烟区抽烟，但超出 2 m 范围属于轻微违章。

第五百零六条　皮带走廊、机房等地点不准电焊、气割作业，特殊情况必须有批准的措施，否则罚款×××元，属于严重违章。

第五百零七条　从选矸楼向下扔物料罚款×××元。

第五百零八条　胶轮车夜间无照明运行罚款×××元。

第五百零九条　离开操作运转的设备时不切断电源罚款×××元。

第五百一十条　指使他人私自操作电气设备各罚款×××元，属于一般违章。

第五百一十一条　非电工操作电气设备，罚款×××元，属于严重违章。

第五百一十二条 电焊工工作中不穿工作服、绝缘胶鞋、戴护目镜（罩）、戴护足、皮手套罚款×××元，属于轻微违章。

第五百一十三条 工件未停稳进行测量罚款×××元，属于轻微违章。

第五百一十四条 设备外露的旋转部位未加防护罩罚款×××元。隔着车床传递物品和工具罚款×××元，属于轻微违章。

第五百一十五条 机加工上、下工件必须切断电源，违者罚款×××元，属于轻微违章。

第五百一十六条 不应戴手套操作的机械，人员戴手套操作罚款×××元，属于轻微违章。

第五百一十七条 在砂轮上磨刀身体正对着砂轮罚款×××元，属于轻微违章。

第五百一十八条 验电时未戴绝缘手套罚款×××元，属于一般违章。

第五百一十九条 起重机吊运物件无专人指挥罚款×××元，属于一般违章。

第五百二十条 起吊时吊起物件上有人或从人头上通过罚款×××元，属于一般违章。

第五百二十一条 起重运输设备及钢丝绳超载起吊或歪拉斜挂，罚款×××元，属于严重违章。

第五百二十二条 用麻绳或铁丝起吊物体、起吊物重量不明、起吊信号不明或控制失灵、光线不足看不清重物、锋利楞刃无衬垫等起吊作业，罚款×××元，属于一般违章。

第五百二十三条 室外起吊时，重物埋在地下、六级以上大风、安全装置失灵、起吊钢丝绳磨损严重等严禁起吊，否则，罚款×××元，属于一般违章。

第五百二十四条 木料场无消防设施或设施不全罚单位、分管责任人×××元。

第五百二十五条 未经批准在不允许生火的地点生火取暖罚款×××元。

第五百二十六条 选矸楼各转载点无洒水装置每处罚款×××元。

第五百二十七条 选矸楼不定期冲洗煤尘或煤尘堆积罚款×××元。

第五百二十八条 储存危险品或易触电处未设遮拦和危险标志罚款×××元。

第五百二十九条 科室人员不按规定时间而提前或班中就餐的，罚款×××元，属于轻微违章。

第五百三十条 井下胶轮车必须有位置检测仪，否则罚款×××元/台，入井人员位置检测仪缺电超过3天以上而未更换电池罚款×××元，属于轻微违章。

第十一章 矿区道路车辆行驶及汽运煤场

第五百三十一条 所有职工群众开车进出矿区各停车场必须遵守××煤业《车辆交通管理规定》否则由保卫科、安全科处理。

第五百三十二条 所有在矿区道路行驶车辆车速必须按规定限速行驶，否则，由保卫科处罚。

第五百三十三条 地面封闭储煤场洒水喷淋设施不得人为损坏，否则处罚责任人×××元/次，属于一般违章。

第五百三十四条 发生煤体滑坡处罚销售科×××元，发生事故按事故责任处理。

第五百三十五条 溜煤口堵塞处罚责任单位×××元，责任者×××元。处理井上、下煤仓溜煤口、各种溜煤眼的堵塞必须制定安全技术措施，经技术负责人和相关部门批准并有作业人员学习考试合格后，方可进行施工，否则，对责任单位罚款×××元，违章作业者罚款×××元，属于一般违章。

第五百三十六条 人为破坏消防设施罚款×××元，属于一般违章。

第十二章 伤亡及重大事故

第五百三十七条 对各类事故瞒报、谎报、故意延迟不报，对单位负责人罚款×××元，故意破坏事故现场或者无正当理由拒绝接受调查以及拒绝提供有关情况和资料的罚款×××元。按事故进行处理。

第五百三十八条　对集体违章从严处理，罚款×××元。

第五百三十九条　对各类事故责任者，或由于严重违章造成事故者，根据事故责任进行处理，分别给予×××元罚款或并处行政处分。

第五百四十条　因违章或其他原因造成本人或他人轻伤者,罚责任者×××元,并按事故责任处理。

第五百四十一条　因违章或其他原因造成本人或他人重伤的直接责任者，罚款×××元，并对照工伤事故处罚规定处理。

第五百四十二条　因违章造成他人死亡的直接责任者，开除矿籍或追究刑事责任。

第五百四十三条　单位发生一次轻伤事故，对事故单位罚款×××元。

第五百四十四条　单位发生一次重伤事故，对事故单位罚款×××元。

第五百四十五条　单位发生一次死亡事故，对事故单位罚款×××元

第五百四十六条　凡发生重伤事故，罚事故单位队长、书记各×××元，其他队干各×××元。

第五百四十七条　凡发生死亡事故的当班班长、跟班队干、安全队长、队长、书记、罚款×××元，并各降一级工资一年，其他队干罚款×××元。

第五百四十八条　凡发生一次死亡事故，对本矿主要负责人、当天值班领导、总工程师、生产副矿长、安全副矿长、机电副矿长各罚款×××元；工会主席罚款×××元；经营副总经理、后勤副总经理、总经理助理及副总工程师各罚款×××元；业务保安部门负责人罚款×××元；生产性科室科长、党支部书记各罚款×××元；当班事故区域安全检查员罚款×××元；青年监督岗员、群监网成员各罚款×××元。

第五百四十九条　凡发生重大事故或重大恶性事故，由国家司法机关追究刑事责任。

第五百五十条　因违章发生重大未遂事故，经济损失在50万元以上者开除矿籍，经济损失在10万~15万元者开除留用；经济损失在3~5万元降一级。

第五百五十一条　凡发生各类重大生产、机电事故、人身伤亡事故，事故单位必须在两日内提交事故报告，查明原因分清责任，制定防范措施，提出处理意见上报本矿安全生产委员会，按规定上报有关部门，否则罚责任单位×××元。

第十三章　奖　　励

第五百五十二条　日常检查出的隐患，通过量化系统，上传到调度室，按市场化定价进行奖励。井下捡到火药雷管及时主动交到火药库的奖励×××元。

第五百五十三条　查违章奖款按违章人员罚款部分的30%进行奖励。

第五百五十四条　积极参加安全科组织的突击查岗活动，每次奖款×××元。

第五百五十五条　各生产队（厂）兼职安全员，每月补助责任奖×××元。

第五百五十六条　每月底考核，安全生产无事故的队（厂），奖负责安全的副队（厂）长×××元。

第五百五十七条　对在安全工作中有突出贡献者，经安全生产委员会研究决定，奖×××元。

第五百五十八条　安全安全生产标准化工作优秀者，奖×××元；奖分管领导×××元。

第五百五十九条　在安全文化建设中做出突出贡献者，奖×××元。

第五百六十条　科技创新、改革发明、对安全工作有促进以及领导决定的其他奖励。

第十四章　其　　他

第五百六十一条　安监员工作不负责任，发现事故隐患，不制止、不汇报者，罚款×××元，造成事故重处。

第五百六十二条　因揭发、制止违章行为，遭到殴打、谩骂，罚肇事者×××元。致伤者重处。

第五百六十三条　刁难、打骂安监人员罚款×××元，按严重违章论处，并给予行政处分。

第五百六十四条　严禁偷盗和私自拆除井下各地点的机电、通风、通信、监测、监控、照明、运输、消防、防尘等设备、设施和材料，违者除照价赔偿外罚款×××元，按严重违章处理，视情节轻重给予行政处分，直至追究刑事责任。

第五百六十五条　安监人员和岗、网、纪检员发生“三违”者，加重处罚。

第十五章　附　　则

第五百六十六条　凡规定中未涉及的内容，违反三大规程及矿规、矿纪者，视情节轻重给予×××元的罚款，情节严重者给予行政处分。

第五百六十七条　隐患实行分类处罚的原则，对查出的一般隐患按照本《细则》处罚，对重大隐患及重复出现的隐患执行相关的责任追究规定。所有对隐患的罚款尽可能地落实到相关责任人，否则由各单位第一责任者承担。对于上级部门查出的属于安全生产标准化问题和一般隐患，在专题分析会上认定为责任问题的每条罚款×××元，对于重大安全隐患要立即停产整顿，对责任单位或责任人罚款×××元，执行硬性化管理规定。

第五百六十八条　年度内发生死亡或重大事故的单位，取消年终评比先进个人的资格和其他有关安全方面的奖励

第五百六十九条　凡受伤医治和享受伤假者，必须到安全科办理有关手续。

第五百七十条　对于触碰红线管理规定的和属于重大安全生产隐患（国务院第446号规定），按国家、省、市、集团公司的相关规定对责任者进行处罚。

第五百七十一条　本规定由本矿安全科具体负责执行，凡属罚款须报安全副矿长审批，凡属行政处分须提交专题报告，经总经理办公会议研究决定。

第五百七十二条　罚款必须使用财务科印制、编号的统一单据，印章齐全。安全科务于每月底将罚款交财务科，由财务科统一从工资中扣除。“三违”人员不及时到安全科接受处理者，加倍处罚。

第五百七十三条　本规定自2020年2月1日起执行，如与国家、上级有关规定相抵触时，按国家、上级规定执行。

第五百七十四条　本规定由本矿全体员工监督，安全科执行。

第五百七十五条　本规定解释权属本矿安全生产委员会。

3.2.3　煤矿安全事故（重大隐患）责任追究处罚规定

为进一步强化各业务部门安全生产责任意识，促进矿井安全生产，结合矿井实际，特制定本规定。

第一条　凡出现下列情况之一者，依照本规定和其他相关文件规定，对责任人进行行政责任追究和经济处罚。

（1）因责任造成死亡事故的。

（2）因责任造成重伤事故的。

（3）因责任造成重大未遂事故的。

（4）对矿井重大安全隐患排查不力，漏排、误排造成重大事故的。

（5）排查出的重大安全隐患和安全整治项目在限期内未完成或未开工的。

（6）被安全科和各职能科室检查并停止作业的。

（7）被矿领导及安全科和各职能部门停止作业，情节特别严重的。

（8）被上级安全生产监督管理部门和其他部门检查停止作业的。

（9）发生事故后或存在重大安全隐患隐瞒不报，被群众举报或被职能部门检查发现的。

（10）对检查出的问题不及时整改落实，继续推诿、拖延的。

（11）停止作业后，未按程序验收即擅自组织生产的。

（12）其他对安全工作产生不利影响的。

第二条　行政处分和经济处罚

（1）执行行政处分时，按照行政责任的大小分为七个等级：警告、记过、记大过、降级、免职或撤职、留用察看、开除。

（2）经济处罚：按照有关规定进行事故分析，研究处理意见，根据不同事故类型、隐患大小，分别予以一定的经济处罚。

（3）根据不同责任，给予调离工作岗位、下岗、开除等处分。

第三条　重大安全隐患的范围

（1）超能力、超强度或者超定员组织生产的。

（2）瓦斯超限作业的。

（3）煤与瓦斯突出矿井，未依照规定实施防突出措施的。

（4）高瓦斯矿井未建立瓦斯抽放系统和监控系统，或者瓦斯监控系统不能正常运行的。

（5）通风系统不完善、不可靠的。

（6）有严重水患，未采取有效措施的。

（7）超层越界开采的。

（8）有冲击地压危险，未采取有效措施的。

（9）自然发火严重，未采取有效措施的。

（10）使用明令禁止使用或者淘汰的设备、工艺的。

（11）煤矿没有双回路供电系统的。

（12）新建煤矿边建设边生产，煤矿改扩建期间，在改扩建的区域生产，或者在其他区域的生产超出安全设计规定的范围和规模的。

（13）煤矿实行整体承包生产经营后，未重新取得安全生产许可证和煤炭生产许可证，从事生产的，或者承包方再次转包的，以及煤矿将井下采掘工作面和井巷维修作业进行劳务承包的。

（14）煤矿改制期间，未明确安全生产责任人和安全管理机构的，或者在完成改制后，未重新取得或者变更采矿许可证、安全生产许可证、煤炭生产许可证和营业执照的。

（15）有其他重大安全生产隐患的。

第四条　事故及重大隐患的来源

（1）矿下属各部门通过正常渠道汇报上来的事故、隐患。

（2）安全科及各生产职能科室检查发现的事故、隐患。

（3）矿组织的大检查等活动排查出的重大安全隐患。

（4）上级安全生产监督管理部门和领导检查出来的事故、隐患。

（5）群众举报的事故或隐患。

第五条　执行程序。执行伤亡事故和重大非伤亡事故分析处理制度的规定。

（1）重大责任事故和重大安全隐患的责任追究，必须成立领导组，由总经理或矿长任组长，各分管副经理、副矿长、安全科长担任副组长，成员由相关领导、安全科及相关业务科室等部门负责人和有关人员组成，领导小组下设办公室，办公室设在安全科，由安全科长兼任主任。

（2）事故的分析处理。必须根据事故和主要隐患发生的原因和过程、分清事故和隐患的直接责任、主要责任、重要责任和其他责任，同时要分析管理责任、技术责任和监督检查责任，落实责任者，做到事事有责任分析、有处理过程。

第六条　责任追究

（1）对造成责任事故单位的经济处罚：

①发生死亡事故，对事故责任单位罚款×××元。

②发生重伤事故，对事故责任单位罚款×××元。

③发生一级非伤亡事故，对事故责任单位罚款×××元，发生二级非伤亡事故，对事故责任单位罚款×××元。

④发生轻伤事故，对事故责任单位罚款×××元。

⑤凡发生重伤及以上人身事故或二级以上非伤亡事故，经分析，对负全部事故责任单位按100%进行罚款，对负主要事故责任单位按70%进行罚款，对负次要责任事故单位按30%进行罚款，具体责任追究按交叉作业管理规定执行。

（2）对发生一人次重伤事故或一次非伤亡事故的处罚：

①对当班跟班队长、班组长或指定跟班负责人员，各降一级工资一年，并各罚款×××元；对主要责任人和直接责任人各降一级工资一年，并罚款×××元；对队长、书记和事故重要责任人各罚款×××元。

②对承担业务保安部门的负责人，各罚款×××元。

（3）对一次发生一人死亡事故及以上重大事故的处罚：

①对造成事故的重要责任人和直接责任人各降二级工资一年，并各罚款×××元。

②对跟班队长、班组长和本队指定跟班负责人以及事故重要责任者各降一级工资一年，并各罚款×××元，就地免职。

③对责任人所在队队长、书记就地免职，罚款×××元。如果一次发生两人及以上死亡事故，对发生事故的当班跟班队长、班组长等加倍处罚，对队长、书记各降一级工资一年，并就地免职，罚款×××元。

④对上述受免职处分的，一年内不得安排任何职务，免职后可以优先安排一般岗位工作。

⑤对一次发生一人死亡事故，对主要责任单位的分管领导和分管安全的领导各罚款×××元，并负领导责任。如果年内出现第二次人身事故或一次死亡两人以上事故，对分管领导和分管安全的领导，各罚款×××元，并执行其他规定。除以上处罚外，必须接受其他责任考核处罚规定和上级对事故的处理意见。

⑥对安全科科长罚款×××元，并写出检查，对副科长罚款×××元，并写出检查，如年内发生第二次人身伤亡事故或一次发生两人死亡事故，对安全科科长、副科长降一级工资一年，罚款×××元，并执行有关责任考核规定。

⑦对各对口业务科室负责人执行连带责任，处罚×××元，并写出检查，如年内发生第二次人身伤亡或一次两人死亡事故，罚款×××元，并警告处分。

⑧对主要领导，各罚款×××元，如发生第二次人身伤亡事故，各罚款×××元，并接受其他责任考核处罚规定和上级对事故的处理意见。

⑨如分析后找不到主要责任人，视跟班班长为主要责任人；如没有跟班班组长，视指定跟班负责人为主要责任人；如主要责任人、跟班班长、跟班队长均找不到，视队长、书记为主要责任人。

⑩对一次发生一人死亡事故及以上的重大事故的处罚，要认真执行以上规定，并可依据上级有关规定和矿责任追究制度，对情节严重，影响恶劣、不配合调查的不良行为的人和事，可一并进行警告、记过、记大过、开除等行政处分和加倍经济处罚。

（4）对发生下列重大幸免事故的，对责任单位和责任人进行责任追究。对当班跟班队长、跟班班长或指定跟班负责人，给予警告处分，并各罚款×××元，对主要责任人和直接责任人给予严重警告或记过处分，并罚款×××元，对责任单位的队长（厂长）、书记和事故的重要责任人各罚款×××元，并提出警告。除执行以上处罚外，执行其他考核奖罚规定。对承担业务保安的科室负责人，各罚款×××元。

①造成缺氧窒息或一氧化碳中毒事故。

②井下爆破伤人事故。

③因责任不到位造成采掘工作面大面积严重冒顶，造成停产 24 h 以上的事故（因地质条件恶劣造成的冒顶事故除外）。

④因管理责任造成淹采掘工作面，淹采区、淹井筒事故。

⑤因机电、运输责任造成全矿井停产 8 h 以上的机电设备事故。

⑥因提升设备断绳、坠罐、坠箕斗，大型物件坠入井筒，暗斜井、斜巷跑车等事故。

⑦井下发生皮带、电缆和电气设备等着火事故。

⑧其他重大幸免事故。

第七条　对重大安全隐患的处理和处罚及其他安全事故的处罚，执行安全奖罚细则和有关规定。

第八条　本责任追究处罚规定未涉及的问题和处罚中的个案问题，由矿专门调查组研究经安委会研究决定处理。

第九条　以上责任追究考核处罚，由安全科执行，财务科设立专账，进行管理。

3.2.4　煤矿反“三违”活动实施方案

1. 指导思想

为进一步夯实安全生产基础，以安全生产法律、法规和行业标准为依据，根据《××煤业反“三违”活动实施方案》，以反“三违”为手段，以提高安全管理水平为目的，有效遏制各类事故发生，为持续创造良好的安全作业环境奠定基础。

2. 组织领导

为确保反“三违”活动顺利开展，成立反“三违”活动工作领导组。

组　　长：矿　长（总经理）

常务副组长：安全矿长

副 组 长：生产矿长、机电矿长、总工程师、通风助理

成　　员：副总工程师、总经理助理及各科室及厂、队负责人。

领导组下设办公室，办公室设在安全科，主任由安全科科长担任，负责反“三违”活动开展情况的监督和考核工作。

3. 职责

（1）领导组职责：

①负责对本单位反“三违”活动的组织领导。

②负责对本单位反“三违”活动开展情况进行监督检查。

③负责协调解决反“三违”活动开展过程中出现的问题。

（2）办公室职责：

①负责制定反“三违”活动实施方案，并监督落实。

②负责制定反“三违”活动实施方案并上报二级公司审核、备案。

③负责建立“三违”统一台账，每月对“三违”情况进行登记汇总，次月 2 日前上报二级公司反“三违”领导组，并在当月安全例会上进行通报，并存档、备查。

④负责对各级人员抓“三违”情况进行统计、考核。

（3）成员职责：

①综合办、工会负责通过报纸、广播、微信、LED 大屏等对反“三违”活动进行大力宣传。

②纪检办负责对反“三违”活动开展情况进行廉政监督。

③其他成员单位协助反“三违”活动办公室对活动开展情况进行监督、检查、考核。

4. 反“三违”活动实施方法

（1）动员部署。按照集团公司和二级公司要求制定本单位《反“三违”活动实施方案》，进一步细化三类“三违”行为的判定标准，于3月底之前上报二级公司。

（2）组织实施。各单位按照本方案，认真组织实施，确保反“三违”效果。反“三违”办公室将在此阶段组织监督检查、考核，并将反“三违”情况上报二级公司反“三违”活动领导组。

（3）经验总结。总结反“三违”活动成果、经验以及改进方法，并在安全例会上通报。

5.“三违”行为分类及界定

（1）“三违”行为类型：“三违”，是“违章指挥、违章作业和违反劳动纪律”的简称。

①违章指挥，主要是指违反安全生产方针、政策、法律、条例、规程、制度和有关规定指挥生产的行为。违章指挥主要包括：

（a）不遵守安全生产规程、制度和安全技术措施或擅自变更安全工艺和操作程序，指挥者使用未经安全培训的劳动者或无专门资质认证的人员。

（b）指挥工人在安全防护设施或设备有缺陷、隐患未解决的条件下冒险作业。

（c）发现违章不制止等。

②违章作业，主要是指违反劳动生产岗位的安全规章和制度（如安全生产责任制、安全操作规程等）的作业行为。违章作业主要包括：

（a）不使用或正确使用个人劳动保护用品。

（b）不遵守工作场所安全管理制度。

（c）不按安全操作规程操作设备。

（d）在安全设施或设备不完善或不完好的情况下操作，或隐患未处理的情况下冒险作业。

（e）擅自操作本岗位之外的设备，擅自拆改、挪用设施、设备等。

（f）违反生产作业工艺，或擅自改变生产工艺，施工中或作业中偷工减料，偷减工序，致使工程质量或工作质量不达标，给其他工序或其他人员的作业带来安全隐患。

（g）不执行安全生产指令等。

③违反劳动纪律，主要是指违反劳动规则和劳动秩序的行为。即为形成和维持生产秩序、保证劳动合同的得以履行，以及与劳动、工作紧密相关的其他过程中必须共同遵守的规则。违反劳动纪律主要包括：

（a）不履行劳动合同及违约承担的责任。

（b）不遵守考勤与休假纪律、生产与工作纪律、奖惩制度及其他纪律等，如迟到、早退，不按单位规章签到签退，脱岗，串岗，工作期间娱乐、吵闹、打架，禁止喧哗场所大声喧哗，禁止抽烟区域抽烟等。

（2）“三违”行为分类。将“三违”行为按照可能造成人身伤害或财产损失的严重程度分为轻微、一般、严重“三违”三类。

①轻微“三违”，是指一般情况下不会造成人身伤害或财产损失的，但不符合本矿相关规定、要求或会造成不安全、不良影响等情况的“三违”行为。

主要表现有：交接班不认真的；井下岗位未正常使用喷雾洒水装置的；不能背诵作业卡内容的；损坏记录、牌板或其他价值较小的设备、配件、防护用品的；使用不完好的安全带作业的；酒后欲入井被把钩工制止的；井下不穿工作衣或工作衣穿戴不整齐、胶靴严重破损的；井下不系帽带或不戴安全帽的；乘坐罐笼时不排队的；不听从把钩工指挥，拥挤打闹的；驾驶胶轮车时，未开车灯的；顺槽内胶轮车司机不执行停车避让行人的；大巷内遇胶轮车通过不及时避让的；高处作业时未将梯子支稳的；未按标准正确置放和使用设备保护装置和防护设施的；井上、下特殊岗点晚到岗、早离岗或不现场对口交接班的等。

②一般“三违”，是指有可能造成人身伤害、财产损失或不良影响等情况的，但目前并未造成较

重后果或影响较小的“三违”行为。

主要表现有：凡不接受安全检身私自入井的；主要岗位不现场交接班的；未按规定停电闭锁的；支护工背对迎头作业的，戴手套扶钻的；未执行“敲帮问顶”制度的；绞顶作业不执行安全措施的；瓦斯检查员巡查时，未随身携带瓦检仪的；特种作业人员未持证上岗的；司机离开胶轮车未熄火的；乘坐在胶轮车车头上的；未按规定进行摘挂钩的；牵引车顶矿车时，未使用连接环的；司机离开掘进机未停电闭锁的；未执行“行车不行人，行人不行车”制度的；操作前未对本岗位安全环境、设备等情况进行安全确认的；本岗位存在安全隐患未进行整改就开始作业的；不按规程、措施施工的指挥人员和作业人员的；大型设备开合口过程中，未采取安全防护措施而将身体任何部位探入其间的；起吊大型物件时，没有打设专用起吊站或用铁丝代替小链、钢丝绳套等的；损坏安全设施的；安全防护设施失效而继续作业的；无证上岗及特种作业岗位岗证不符的；井下睡觉的；未按要求设置禁止入内等禁令标志牌的；高空作业不系保险带的；吊运物体时，从下面穿过的等。

③严重“三违”，是指违反集团及本矿红线、禁令制度，违反《煤矿安全规程》《安全生产法》或国家、省、市在煤矿瓦斯、水害、机电运输、民爆等方面的红线、禁令等，或其他极有可能和已经造成人身伤害、重大财产损失等情况的“三违”行为。

主要表现有：酒后或携带烟火、易燃易爆物品入井，或在井下吸烟的；扒、蹬、跳矿车或乘坐物料车，或乘坐皮带、溜子的；故意移动或遮挡瓦斯传感器的；破坏通风、监测监控、瓦斯抽采及安全避险“六大系统”等安全设施设备、仪器仪表的；私自打开密闭、私自进入盲巷的；大型设备、特种设备在保护装置失效或甩掉保护装置情况下继续使用的；在用电气设备严重失爆的；违反规定强行带电检修或挪移电气设备的；不执行停送电规定的；设备故障未排除强行送电的；不使用超前支护空顶作业的；擅自改变支护材料、支护参数、降低支护强度的；未采取逼帮措施私自进入大溜作业的；无规程、措施施工的指挥人员和作业人员；在易燃、易爆物品附近进行焊接、气割工作或吸烟、动用明火的人员；工作现场出现险情，未将人员撤到安全地点，继续组织作业的现场指挥人员的等。

（3）“三违”性质界定：

①违章性质界定原则上依据《安全生产奖惩细则》中“三违”界定标准进行界定，不在所列的违章行为，视违章情节决定。

②违章性质界定必须在申报完成后三天内完成，有安全矿长、安全科长、申报人参与下完成；出现一般违章、严重违章或者情节恶劣，后果严重的违章行为，三天内报反“三违”领导组研究决定。

③现场存在班组长、队干违章作业和违章指挥的情形加重处罚。

④违章行为造成人身伤害事故时，原则上定性为严重违章行为。

⑤违反集团公司、二级公司、本单位红线禁令的行为，原则上定性为严重违章。

6. 各级人员反“三违”指标

（1）生产系统本矿领导及副总工程师每人每月完成“三违”指标不少于 1 个，每季度完成的指标中至少包括 1 个一般或严重“三违”；

（2）后勤系统助理以上领导每人每季度完成“三违”指标不少于 1 个；

（3）安全矿长、安全科副科以上人员和安全员每人每月完成“三违”指标不少于 1 个，每两个月内完成的指标中至少包括 1 个一般或严重“三违”；

（4）生产科室副科以上人员（机电机运队队长、技术员、检修副队长以及运输副队长、瓦斯抽采队、探放水队队长纳入科室管理），每人每月完成“三违”指标不少于 1 个，每季度完成的指标中至少包括 1 个一般或严重“三违”。

（5）非生产部门副科以上人员，每人每季度完成“三违”指标不少于 1 个；

（6）机修厂、洗煤厂副科以上人员，每人每季度完成“三违”指标不少于 1 个，每半年完成的指标中至少包括 1 个一般或严重“三违”；

（7）生产区、队副科人员：每人每月完成“三违”指标不少于1个，每季度完成的指标中至少包括1个一般或严重“三违”；

（8）安全员每人每月完成“三违”指标不少于1个；

（9）考核说明：

①生产系统本矿领导和科室中规定有“三违”指标人员每半年完成的“三违”指标中至少包括3个人员，且至少包括1个的一般或严重“三违”；安全系统人员每年完成一般或严重“三违”指标中至少包括3个；

②机修厂副科以上人员每半年完成的“三违”指标中至少包括1个，且每年完成的“三违”指标中1个一般或严重“三违”；

③洗煤厂、生产队组副科以上人员“三违”指标仅限在本单位内完成；

④数人共同抓“三违”的，考核时，考核指标按人均计。

7.“三违”申报流程

（1）所有安全管理人员申报违章时必须客观、真实、公正、合理。

（2）安全管理人员发现违章行为时必须及时制止，并对违章人员现场批评教育，告知正确的做法。

（3）安全管理人员需要对违章人员进行申报时，必须现场收取违章人员资格证，经双方确认后，上报安全科；如果发现违章行为后，违章人员拒绝提供资格证者，将取消违章人员申诉资格，情节恶劣者将加倍处罚。违章人员不得以无证为由拒绝完成本班工作任务，否则，从重处罚。

（4）到安全科申报违章时，从发现“三违”人员时起24 h内为限，不得拖延，否则不予上报，且本人填写“三违”台账记录，并将资格证一并上交，待安全科审核，并与违章人员确认后方可有效。

（5）出现谎报、假报、错报“三违”行为的情况，一经核实，取消“三违”指标，并对申报人员处以此违章同等额度的罚款，并由安全科在调度会上予以通报。

（6）安全管理人员申报“三违”后，必须在本人最近所参加的调度会上进行通报，通报内容包括时间、地点、队组、人员、违章事实等，特殊情况可由安全科代为通报。

8.“三违”人员处理程序

（1）安全管理人员申报违章后，经安全科何时登记后，根据违章事实，向违章人员所在单位下达停工通知书和处罚单，所在单位负责通知本人到安全科报到。安全科要进一步了解事实，以联系单的形式通知培训部门，安排进行针对性的再培训再教育。

（2）违章人员处理过程执行“过六关”步骤。

①第一关：审查核实登记关。凡“三违”人员必须接收安全部门审查确认，并进行登记建立“三违”档案，作为对违章人员年内考核依据。

②第二关：停工检查关。凡“三违”人员经确认无误后，必须立即做出停工处理，违章人员必须无条件接受处理。

③第三关：接收再培训再教育关。在认识错误后，按本矿规定接受再培训再教育。

④第四关：亲属帮教关。对一般、严重“三违”人员为使其深刻认识违章行为的错误，必须邀请其家属（亲属）到矿进行帮教，安全科、工会以座谈的形式与其间交流，参与帮教活动，共同帮其提高认识，强化对违章人员的安全教育。

⑤第五关：思想教育关。一般、严重“三违”上岗前由其分管经理、安全经理思想教育。

⑥第六关：考核确认复工关。培训结束或帮教结束后，要对违章人员进行综合考核，考核合格后，将以上资料汇总、整理。安全科接到培训考核联系单后，通知工作单位可安排复工。但复工前违章人员必须在本单位班前会议上做出深刻检讨，并由本单位第一责任人和分管安全副职签字确认。安

全科接到认可签字通知后，方可准许正式复工，返还安全操作资格证，正式通知工作单位安排返岗复工。至此，对“三违”人员的处理形成闭合，结束处理程序。

（3）培训部门接安全科通知后，必须按照“三违”人员培训制度，针对性进行培训教育，使其认识到自己违章的错误和危害，并写出检查和保证书（一式两份，职工培训科和安全科各一份）。再教育结束后，要进行综合考核，合格后，由培训部门开联系单送安全科。

（4）由安全科、工会、安全培训中心共同组织，每半年召开一次“三违”座谈会，进一步提升安全培训的效果，并对违章行为进行“回头看”。

9.“三违”处罚规定

对轻微“三违”人员的罚款不低于其同岗位当月工资总额的5%（从其工资中扣除），对一般“三违”人员的罚款不低于其同岗位当月工资总额的10%（从其工资中扣除），对严重“三违”行为罚款不低于其同岗位当月工资总额的30%（当月罚款超过工资总额的20%的，可以分次分月从其工资中扣除）。

（1）对于轻微“三违”人员处罚后，不再与其他安全奖、抵押兑现挂钩。

（2）对于一般“三违”人员，要同时扣当季兑现金额的50%及月度安全奖（已领取的从下一月度中扣除）。

（3）对于严重“三违”人员，要同时取消本人当季度安全风险抵押金及各类安全奖（已领取的从下一季度中扣除）。

（4）每季度内出现两次一般违章的，第二次追加为严重违章，每季度内出现一次严重违章和一次一般违章的，一般工人留矿查看半年，班组长、队干免职。

（5）一般或严重“三违”人员一律取消年底评优、提拔任用等资格，取消入党积极分子资格。

（6）对性质恶劣，严重影响违反集团红线或二级公司“三违”人员，原则上要解除劳动合同。

（7）轻微“三违”至少脱产培训1天；一般“三违”至少脱产培训3天；严重“三违”至少脱产培训7天。

10. 考核办法

（1）每季度完成的“三违”指标中，一般或严重“三违”数量不足者罚款×××元，轻微“三违”数量不足者，缺一人次罚款×××元，下一考核周期仍完不成规定指标者，罚款加倍，以此类推；

（2）队组副科以上管理人员（瓦斯抽采队、探放水队副科纳入队组考核），不执行罚款连续翻倍制度。若本人所在班组当季度未出现一般或严重“三违”现象，且本人未完成一般或严重“三违”指标者均按照×××元罚款；如果本人所在班组出现一般或严重“三违”现象，但本人未完成一般或严重“三违”指标，罚款加倍按×××元罚款。如果所在班组全年内无一般或严重“三违”现象，且未出现安全生产事故者，年底将全年所有罚款全部返还，且为班组人员每人×××元奖励，本班组直接当选为年度先进班组；

（3）奖励说明：每季度完成3个以上一般或严重“三违”指标，奖励×××元；完成5个，奖励×××元；领导班子成员不纳入奖励考核之列（完成人数超过以上规定时，本矿召开会议研究决定奖励额度）。

（4）每月按以下办法扣除“三违”人员部门考核分：

①出现轻微“三违”1人次，扣除部门考核分0.02分。

②出现一般“三违”1人次，扣除部门考核分0.1分。

③出现严重“三违”1人次，扣除部门考核分0.3分。

本单位申报的“三违”不在考核范围之内。

11. 其他要求

（1）严禁对同一人、同一时间、同一事进行二次处罚。

（2）将管理人员的违章指标完成情况纳入年度考核当中，对于指标完成较多人员，直接推荐为年度先进个人。

（3）单位要鼓励普通员工参与反“三违”行动，举报“三违”行为，反“三违”活动工作领导组将根据举报违章的情况给予举报人×××元的奖励，并在年终评优时优先推荐。

（4）对安全管理人员在检查时发现明显违章行为不制止的，将追究管理人员责任。

（5）对于申报违章行为过程中，说情阻挠、威胁利诱、不予配合者给予通报批评，并严肃处理。

（6）“三违”人员在矿培训学习期间工资，执行工资分配方案。

（7）每月初对上一月的“三违”情况在井口醒目位置进行公示。

3.2.5　煤矿“一通三防”管理处罚规定

第一条　违反本矿“一通三防”管理制度的。

第二条　玩忽职守，违反“三大”规程，或者违章指挥造成“一通三防”事故，使职工生命、财产遭受损失的。

第三条　工作不负责任，损坏设备、工具，浪费原材料、能源，造成“一通三防”隐患的。

第四条　“一通三防”工作不到位，致使管理混乱，造成“一通三防”事故隐患或事故的。

第五条　“一通三防”培训教育工作组织不力，致使职工“一通三防”意识淡薄、“一通三防”技能低下的。

第六条　发现“一通三防”事故征兆和险情，不采取防止事故的措施，又不及时报告的。

第七条　“一通三防”事故发生后，隐瞒事故真相，对肇事者进行包庇或弄虚作假，甚至嫁祸于人的。

第八条　被检举在“一通三防”管理上存在较大隐患的。

3.2.6　煤矿“一通三防”管理处罚细则

第一章　通风系统管理

第一条　矿井总风量不足的，处罚通风科×××元/次。

第二条　没有备用主要通风机或者两台主要通风机能力不匹配的，处罚机电科×××元/次。

第三条　主要通风机不能正常反风的，处罚机电队×××元/次。

第四条　主要通风机没有按要求每月至少检查一次的，处罚机电队×××元/次。

第五条　主要通风机无计划停风的，处罚机电队×××元/次。

第六条　一年内未进行反风演习或没有反风演习报告的，处罚通风科×××元/次。

第七条　生产采区、水平未实现分区通风的，采掘工作面未实现独立通风的，采区进（回）风巷存在一段进风一段回风等情况的，处罚责任部门×××元/次。

第八条　采区未设置专用回风巷的，处罚生产科×××元/次。

第九条　井下瓦斯抽采泵站或采区变电所（硐室）未实现独立通风的，处罚生产科×××元/次。

第十条　采用不符合规定扩散通风的，处罚通风科×××元/次。

第十一条　准备采区时，未构成采区通风系统就开掘其他巷道的，处罚生产科×××元/次。

第十二条　违反规定串联通风的，处罚通风科×××元/次。

第十三条　风量分配不合理，井下用风地点风速、风量不符合要求，有无风、微风作业情形的，处罚通风科×××元/次。

第十四条　未按规定周期测风的，或测风地点、数据等与规定出入较大的，处罚通风科技术员×××元/次。

第十五条　巷道贯通前未制定相应措施、未执行相应措施或贯通后通风系统不稳定、不可靠的，处罚通风科技术员×××元/次。

第十六条　风门、风桥、密闭等通风设施构筑质量不符合标准、严重失修、设置不能满足通风安全需要的，处罚通风科责任人×××元/次。

第十七条　风门未闭锁或闭锁失效的，处罚通风科责任人×××元/次。

第十八条　两道风门同时打开，造成风流短路的，处罚责任人×××元/次。

第二章　局部通风管理

第十九条　局部通风机未实现“三专两闭锁”或同等能力“双风机、双电源”自动切换的，处罚责任队组×××元/次。

第二十条　局部通风机未按规定进行风电、瓦斯电闭锁试验或无试验记录或记录不全不完善的，处罚责任队组×××元/次。

第二十一条　局部通风机安装位置不合理或风量配备不足，造成局部通风机发生循环风的，处罚通风科×××元/次。

第二十二条　使用3台以上（含3台）局部通风机同时向1个掘进工作面供风，或使用1台局部通风机同时向2个作业的掘进工作面供风的，处罚通风科×××元/次。

第二十三条　局部通风机无计划停风的，处罚责任队组×××元/次。

第二十四条　因风筒管理不善，造成工作面风量不足的，处罚责任队组×××元/次。

第二十五条　掘进工作面未使用阻燃、抗静电风筒的，处罚通风科×××元/次。

第二十六条　停风后，没有及时将人员撤至全风压通风巷道的，处罚责任队组×××元/次。

第二十七条　风筒出口距离工作面超过5 m，处罚责任队组×××元/次。

第三章　瓦　斯　管　理

第二十八条　未按规定完成矿井瓦斯等级鉴定或擅自降低矿井瓦斯等级的，处罚通风科×××元/次。

第二十九条　经检查发现瓦斯检查员配备数量不足的，处罚各相关责任人×××元/次。

第三十条　井下瓦斯超限后没有采取有效措施继续作业的，处罚责任队组×××元/次。

第三十一条　发生瓦斯超限事故未按上级规定进行追查处理的，处罚责任部门×××元/次。

第三十二条　掘进工作面发现瓦斯涌出异常或遇地质构造带，未制订针对性措施或不按措施执行的，处罚相关科室及责任部门×××元/次。

第三十三条　不按规定检查瓦斯，存在漏检、假检的，处罚通风科瓦斯检查工×××元/次。

第三十四条　瓦斯检查员未及时向作业地点人员公示检查结果或不按规定交接班的，处罚瓦斯检查工×××元/次。

第三十五条　瓦斯日报表未经审阅签字，处罚通风科×××元/次。

第三十六条　各类瓦斯检查仪器配备不足的，处罚通风科×××元/次。

第三十七条　临时停风后，送复电前未组织瓦斯检查或排放的，处罚责任人×××元/次。

第三十八条　排放瓦斯无组织、无措施或未按措施执行的，处罚责任人×××元/次。

第三十九条　盲巷、窒息区未按规定进行及时封闭管理或无措施进入盲巷的，处罚责任人×××元/次。

第四十条　启封密闭无措施或未按措施执行的，处罚责任人×××元/次。

第四十一条　临时停工地点未按规定进行管理的，处罚责任人×××元/次。

第四十二条　符合《煤矿瓦斯抽采达标暂行规定》第七条规定，未按规定建立抽采瓦斯系统进行瓦斯抽采的，处罚通风科×××元/次。

第四十三条　矿井应进行瓦斯抽采的，在瓦斯抽采未达标区域进行采掘活动的，处罚责任单位或责任人×××元/次。

第四十四条　抽采各类台账、报表不齐全或计量参数填报不准确、不真实的，处罚责任部门×××元/次。

第四十五条　瓦斯抽采管路损坏的，处罚责任人×××元/次。

第四十六条　未按规定检查、维护抽采管路的，处罚责任队组×××元/次。

第四十七条　未配备专职人员对矿井安全监控系统进行管理、使用和维护的，处罚责任部门×××元/次。

第四十八条　瓦斯传感器设置数量不足、安设位置不当、调校不及时、擅自调高报警值的、瓦斯超限后不能断电并发出声光报警的，处罚责任部门×××元/次。

第四十九条　违反本矿“通风瓦斯管理十条禁令”之一的，视情况处罚×××元/次。

第四章　综合防尘管理

第五十条　井下防尘系统不完善或存在煤尘堆积（连续长度大于5 m，厚度超过2 mm）的，处罚责任部门×××元/次。

第五十一条　未按规定设置隔爆设施的，处罚责任部门×××元/次。

第五十二条　采煤工作面进回风巷或掘工作面未按规定安装净化喷雾或净化喷雾不能覆盖全断面的，处罚责任部门×××元/次。

第五十三条　采煤机、掘进机割煤时不开启内、外喷雾或内、外喷雾压力达不到要求的，处罚责任队组×××元/次；每个截头有3个及以上内喷雾头堵塞强行生产的，处罚责任队组×××元/次。

第五十四条　综采面移架时架间喷雾不及时或放顶煤不及时使用喷雾的,处罚责任人×××元/次。

第五十五条　产尘作业时,未打开防尘水幕或相应的防尘设施的,处罚处罚责任队组×××元/次。

第五十六条　使用压风排粉方法打抽采钻孔时，没有采取降尘措施的，处罚责任人×××元/次。

第五章　综合防灭火管理

第五十七条　井下消防系统或综合防灭火系统不完善的，处罚责任部门×××元/次。

第五十八条　有自然发火征兆却没有采取相应的安全防范措施并继续生产的，处罚责任队组×××元/次。

第五十九条　采煤工作面或采区回采结束后，未在规定时间内封闭的，处罚责任部门×××元/次。

第六十条　未按规定建立消防材料库或消防材料不齐全的，处罚责任部门×××元/次；消防材料未定期检查或更换的，处罚责任人×××元/次。

第六十一条　在井下或距井口20 m内存在无措施明火的，处罚责任人×××元/次。

第六十二条　无措施或未按措施规定烧焊的，处罚责任人×××元/次；在井下规定范围之外烧焊的，处罚责任人×××元/次。

第六章　瓦斯抽采管理

第六十三条　未完成瓦斯抽采月度计划的，由通风科组织有关单位进行分析，对责任单位罚款×××元，对直接责任人罚款×××元。

第六十四条　未按期完成瓦斯抽采工程或有关抽采工作要求的，对责任单位罚款×××元，对直接责任人罚款×××元。

第六十五条　有下列情况之一者，对责任人给予相应处罚：

（1）未及时对钻孔施工创造良好条件的，对责任单位负责人罚款×××元。

（2）未按设计要求吊挂管路、安装附属装置的，对责任人罚款×××元。

（3）不按要求进行或擅自进行瓦斯抽采管路拆除、改造等施工，处罚责任人×××元。

（4）钻孔施工时未悬挂各种牌板或未配齐测量工具，或达不到有关文明生产、安全生产标准化要求的，对责任人罚款×××元。

（5）钻孔施工单位未在预计终孔两小时前向通风科提出验收申请，造成废孔、未及时验收等情况，本单位承担责任。

（6）通风科、钻孔施工单位的值班人员未及时安排人员进行钻孔验收，对责任单位负责人和值班人员罚款×××元。

（7）通风科、钻孔施工单位被安排进行钻孔验收的人员，未及时赶赴现场进行钻孔验收，罚款×××元，造成埋矸、废孔等情况的罚款×××元。

（8）验收人员赶到现场后，超出预计终孔时间半小时仍未施工完成的，对钻孔施工单位值班人员罚款×××元，现场负责人罚款×××元。

（9）验收和抽查人员不盯在现场，或由他人代为签名，弄虚作假的，对验收人员和抽查人员罚款×××元。造成严重后果的，经分析，视情节轻重给予相关处罚，直至开除。

（10）施工单位在验收过程中弄虚作假，故意制造困难拖延验收时间的，对现场负责人罚款×××元。

（11）验收和抽查人员借机刁难钻孔施工单位的，一经查实，罚款×××元。

（12）钻孔无特殊情况未达到设计深度而提请验收的，对现场负责人罚款×××元，对施工单位值班人员罚款×××元。

（13）钻孔施工方位、倾角偏离设计1度以上，该孔作废，并对施工单位罚款×××元，对施工负责人罚款×××元。

（14）经验收，钻孔深度未达到设计深度90%，无特殊情况的，该孔作废，责令重新施工，并对施工单位罚款×××元，对施工负责人罚款×××元。

（15）煤巷超前预抽钻孔未及时接抽并开启阀门进行抽采的，对责任人罚款×××元。回采工作面预抽钻孔超过5个孔未封孔接抽的，对责任人罚款×××元/孔。

（16）各类钻孔未及时挂牌的，对责任人罚款×××元/孔。

（17）钻孔施工原始记录不完善，不及时上交的，对责任人罚款×××元。

（18）未按设计要求进行封孔的，对责任人罚款×××元/孔。

（19）瓦斯抽采泵站岗位人员脱岗、空班、干杂活，人员随意进出，私自停开抽放泵的，对值班司机罚款×××元。

（20）未定期对抽采系统巡检维护，技术资料不完善的，对责任人罚款×××元。

（21）抽采管路破损、积水，附属设施损坏，影响抽采效果的，对责任人罚款×××元。

（22）施工工期超过规定的，对施工单位正职罚款×××元/次。

（23）抽采管路安装、回收和运输过程中，出现人为原因损坏，对责任人罚款×××元/根。

（24）本项内所规定的处罚，根据具体情况，对党政正职、分管人员、跟班人员、班组长进行连带处罚。

第七章　其 他 管 理

第六十六条　入井人员未按规定佩戴自救器或佩戴的自救器不符合规定的，处罚责任人×××元/次。

第六十七条　使用非阻燃皮带、非阻燃电缆、非阻燃风筒或抗静电风筒的，电气设备入井前未进行防爆检查的，使用未取得煤矿矿用产品安全标志电气设备的，处罚责任部门×××元/次。

第六十八条　未按矿井瓦斯等级选用相应的煤矿许用炸药和雷管、未使用专用发爆器的，处罚责任部门×××元/次。

第六十九条　采掘工作面及其他地点爆破时未按规定执行“一炮三检”和“三人连锁爆破”制度的，处罚责任人×××元/次。

第七十条　“一通三防”方案设计及安全技术措施，未按审批权限报本矿审批或备案的，处罚责任人×××元/次。

第七十一条　凡细则中未涉及的隐患内容，视情节给予×××元罚款。

3.2.7　煤矿物探责任与奖惩制度

第一条　施工单位必须积极配合物探工作，故意拖延、阻挠物探工作的，对责任单位处罚×××元/次。

第二条　物探技术人员在物探施工中，必须实事求是，认真负责，发现不按规定采集数据、造成返工的，对责任人处罚×××元/次。

第三条　作业地点其他人员，物探期间必须听从现场负责人、物探技术人员的安排和指令，私自停送电，造成数据采集不合格的，将对其进行警告；再次发生上述情况的，对责任人处罚×××元/次。

第四条　物探技术人员未保护好物探设备、其他人员私自开停机电设备造成物探仪器损坏的，将立即汇报地测防治水科、调度室、分管领导，由矿领导做出处罚决定。

第五条　物探原始采集数据和分析报告资料必须按规定保管、存档，造成缺失的，对责任人处罚×××元/次。

第六条　物探后未及时对仪器清理、充电，对责任人处罚×××元/次。

第七条　开掘工作面只能在允许范围内施工，不准超掘。发现超掘的，对责任单位处罚×××元/次。

3.2.8　煤矿应急救援责任追究与奖惩制度

为加强应急救援工作的管理，维护正常的生产工作秩序，保证职工的安全与健康，结合实际，制定本制度

第一章　总　　则

第一条　职工必须遵守国家相关法律、法规和规定。认真学习应急救援管理制度和应急预案，提高灾害事故预防能力，确保安全生产。

第二条　本制度适用于与矿形成劳动关系的所有职工。

第二章　奖　　励

第三条　对于有下列表现行为之一的职工给予奖励：

（1）认真贯彻学习集团公司关于应急救援管理工作的规定和应急救援管理规定，表现积极且有突出贡献的职工，经应急救援指挥机构领导小组审核，予以×××元奖励。

（2）在消除事故隐患或者事故抢险中有功的人员，经应急救援指挥机构领导小组审核，予以××××元奖励。

（3）制止违章指挥，违章作业使职工生命安全以及矿井财产免受重大损失的，经应急救援指挥机构领导小组审核，予以××××元奖励。

（4）其他应当给予奖励的。

第四条 对职工的奖励分为：通报表扬、记功、授予安全先进个人等荣誉称号。在给予上述奖励时，可以发给一次性物质奖励或奖金，奖励标准×××～××××元。

第五条 对职工的奖励，发给奖金，授予荣誉称号，由工会部门向应急救援指挥机构领导小组提出建议，或者由单位及部门报送材料，应急救援指挥机构领导小组审核并提出奖励意见，并记入本人档案。

第三章 处 罚

第六条 对职工的行政处分分为：警告、记过、降级、撤职、留用察看、开除。对职工的经济处罚分为：一次性罚款、赔偿经济损失。

第七条 对违反应急救援管理规定、煤矿作业规程人员的处罚规定

（1）严重违反应急救援管理规定的，处以×××～××××元罚款。

（2）违章指挥、违章作业和违反劳动纪律的，处以×××～××××元罚款。

（3）玩忽职守，违反技术操作规程和安全规程，或者违章指挥，造成事故使职工生命、财产遭受损失的，处以×××～××××元罚款。

（4）发生事故隐瞒不报、谎报，或故意破坏事故现场，及对事故调查隐瞒实情或串通提供伪证，情节严重的，处以×××～××××元罚款。

（5）对制止违章指挥，违章作业和违反劳动纪律者进行打击报复的，职工有上述行为，情节严重，触犯刑律的，移送司法机关依法追究刑事责任。

（6）对职工的一般违章行为和严重违章行为，按照相关规定执行。

（7）对因违章而造成的重大人身、设备险肇事故（包括运输、火灾、爆炸、中毒、污染等事故）的有关责任人员的处分按事故处理的程序进行，直至移送司法机关依法追究刑事责任。

（8）事故有关责任人员或“三违”人员如果迅速认识错误并改正，态度诚恳，表现良好的，行政处分可酌情减轻，赔偿金额酌情减少，反之，不能正确认识错误且态度恶劣，表现极差的，加重行政处分，赔偿金额加重。

（9）给予职工行政处分和经济处罚必须弄清事实，取得证据，分析违章的程度和性质，区别对待故意的或明显的违章与不易把握的过失行为，并经过会议讨论，征求工会意见，允许受处分者本人进行申辩，慎重决定。

（10）对于弄虚作假，骗取安全奖励的人员，应当按照情节轻重，除追回奖励金额，取消荣誉奖励外，还可给予必要的处分。

（11）对于滥用职权，利用处分职工进行打击报复或者对应处分职工进行包庇的人员，应当从严予以处分。

第八条 重大隐患排查与治理处罚规定

（1）各基层队组负责人发现本单位工作区域内存在重大隐患隐瞒不上报的一经查出，给予队长、书记各罚××××元；造成不良后果的，追究领导责任。

（2）对重大隐患排查治理工作开展不力，落实不到位，导致重大隐患得不到及时排查或整改处理的，每条给予单位主要负责人××××元罚款，带班跟班领导、班（组）长现场隐患排查处理不及时，每条给予跟班领带、班（组）长各罚款××××元。

（3）对责令停产整顿的部门，不落实“不安全不生产，先安全后生产”原则，不采取临时措施，冒险蛮干的，罚队长、跟班队干各××××元，造成不良后果的，另追究领导责任。

（4）整改重大隐患无措施施工的，给予队长、书记各罚××××元，跟班队干、技术负责人各罚××××元，造成不良后果的，另追究领导责任。

（5）对于存在的重大隐患实行源头追溯制，当现场存在重大隐患时，路经该地点的安全检查员

相关管理人员未能及时发现、及时汇报、及时安排解决造成不良后果或事故的，罚安全检查员、质量检查员×××～××××元，罚相关管理人员×××～××××元，情节严重者，追究责任，从重处理。

（6）对排查出的重大隐患，未按规定的时间整改治理到位的，罚责任单位××××元，罚单位主要负责人××××元。

（7）对因上级检查产生的重大隐患罚款分解到各责任单位，并严格执行上级有关责任处分要求。

第九条　关于应急救援物资装备、井下避险系统设备处罚规定

（1）应急物资装备和井下避险系统设施设备因主观原因未配备齐全，应急救援领导小组组长负领导责任，予以××××元罚款；相应部门未及时反馈信息的，对部门负责人予以××××元罚款。因客观原因造成物资短缺，配备不齐的，由应急救援领导小组协商进行处罚。

（2）矿井任何人员都有义务维护应急救援物资、装备和井下避险系统，管理人员对设备保管不力，造成设备不能使用、过期或者有破损的，处以××××元罚款；任何人蓄意破坏、毁损应急物资、装备的，除原价赔偿外，对其进行警告，并处以××××元罚款。

（3）井下避险系统相关设备以及应急救援物资装备必须严格按照国家标准配备，标准不达标，应急救援领导小组组长负领导责任，予以××××元罚款，处罚相关责任人××××元。

第十条　有关应急预案演练与评估的处罚规定

（1）矿井应急演练计划、方案以及评估报告未及时编制的，除特殊情况以外，对编制人处以×××元罚款，对主管负责人处以×××元罚款。编制的内容有明显或者重大错误的，对编制人处以×××元罚款，对主管负责人处以×××元罚款。

（2）应急演练中，对未严格执行演练程序、指挥协调失误的人员，处以××××～××××元罚款。

第十一条　应急培训、应急宣传处罚规定

（1）未及时编制应急培训、宣传计划，影响培训、宣传任务的人员，对其处以×××元罚款；计划下发以后，未严格执行的，对部门责任人处以×××元罚款，仍不整改的予以警告处分，并罚款××××元。

（2）负责培训、宣传的部门组织不力的，处罚部门负责人××××元。

（3）矿井所有人员要积极参与培训工作，未经批准，无故不参加应急培训的人员，对其处以×××元罚款；无故不参加培训人员超过部门总人数30%的，对部门负责人处以××××元罚款。未按时组织开展应急培训、应急宣传的，并且没有经应急救援指挥小组同意的，对相关部门处以×××元罚款。

3.2.9　煤矿职业病危害防治工作奖惩细则

第一条　为更好地促进本单位职业病防治工作有序开展，使职业病防治工作制度得到有效落实，依据《中华人民共和国职业病防治法》和《煤矿作业场所职业危害防治规定》（73号令），结合本单位实际，特制定本细则。

第二条　对存在违反下列职业卫生工作的行为进行处罚：

1. 基础管理方面

（1）未成立领导小组、未设置职业卫生管理部门及管理人员的，扣罚主要负责人×××元。

（2）领导小组和管理机构成员发生变动未及时调整和补充，扣罚分管职业卫生工作负责人×××元。

（3）未建立健全职业病防治工作管理制度的，每缺一项扣罚责任相关人员×××元。

（4）年度计划和实施方案未制定，或者管理措施落实不到位的，除责令限期改正外，扣罚责任相关人员×××元。

（5）任何部门或个人不得将产生职业病危害的作业转嫁给不具备职业病防护条件的单位和个人，如经发现扣罚责任单位主要负责人×××元。

（6）未及时为本单位从业人员及时缴纳工伤保险的，扣罚主要负责人×××元。

（7）未按规定及时申报作业场所职业病危害项目或变更危害项目未及时进行申报的，扣罚责任部门相关负责人×××元。

（8）未定期对本单位职业卫生工作进行检查的，扣罚责任部门分管领导×××元、管理人员×××元。

（9）对上级部门所查问题未进行整改或超出整改期限未进行情况说明的，扣罚责任部门分管负责人×××元。

（10）未按照规定时间组织召开职业病防治工作会议的，扣罚主要负责人、分管负责人各×××元。

（11）存在对职业病防治经费投入不足、挪用、挤占等行为的，扣罚部门主要负责人×××元，分管负责人×××元。

（12）逾期未上报职业卫生工作相关资料的单位，对相关责任人扣罚×××元/次，并纳入当月安全绩效考核。

2. 现场管理方面

（1）未按规定设置公告栏，未按照要求公布相关信息的，除责令限期改正外，扣罚责任部门相关人员×××元。

（2）未按规定在产生职业危害作业岗位的醒目位置设置警示标识和中文警示说明的，扣罚分管负责人及相关人员×××元/处。

（3）对可能发生急性职业损伤的有毒有害作业场所未设置报警设施、冲淋设施、急救器具，损坏未及时修复的；应急撤离通道和必要的泄险区堵塞的，除责令限期改正外，扣罚相关责任人×××元/处。

（4）购买的劳动防护用品不符合国家标准、未按标准配备及规定周期给职工发放防护用品的、未对职工进行防护用品使用培训的，扣罚部门分管负责人×××元、相关管理人员×××元。

（5）未按照规定配备职业病危害因素监测仪器、配备不足或未开展职业危害因素日常监测的，扣罚部门分管负责人×××元。

（6）未按规定对职业病防护设施进行经常性的检查、维护或未保存检修记录的、擅自拆除或者停止使用的，除责令限期改正外，扣罚责任部门×××元、分管领导×××元。

（7）未编制职业病危害事故应急预案，未定期进行演练的，扣罚部门分管负责人×××元。

（8）未委托有资质的职业卫生技术服务机构及时进行职业危害因素日常监测、定期检测、现状评价的，扣罚责任部门分管负责人×××元、部门落实责任人×××元。

（9）对新建、改建、技术改造项目未执行职业病防护设施“三同时”相关管理规定的，扣罚责任部门分管负责人×××元、相关人员×××元。

3. 职业健康教育与培训

（1）未制定年度职业健康教育培训计划，或未按规定组织开展学习，或者记录不规范的，扣罚相关责任人×××元。

（2）未开展职业卫生工作宣传教育培训（无教案、考试成绩、签到记录）、未执行职业健康教育培训相关规定的，除责令限期改正外，扣罚责任部门相关人员×××元。

4. 职业健康监护方面

（1）未按要求组织员工进行上岗前、离岗职业健康检查的，扣罚责任部门主要负责人×××元、相关人员×××元。

(2) 未按规定周期对在岗人员进行职业健康检查、未将职业健康体检结果进行书面告知的，扣罚分管负责人×××元、相关人员×××元。

(3) 未对职业禁忌证、疑似职业病的人员进行调岗和妥善安置的，扣罚主要负责人×××元、分管负责人×××元。

(4) 如发现有职业禁忌证职工从事其所禁忌的作业和未成年工、孕期、哺乳期的女工从事对个人、胎儿、婴儿有危害的作业时，一经查实，扣罚责任单位主要负责人×××元、分管负责人×××元。

(5) 按照国家有关规定及时对职业病患者进行鉴定、赔偿、上报、治疗和检查的单位，扣罚部门主要负责人×××元、分管领导×××元。

5. 职业病危害事故管理方面

(1) 发生或者可能发生急性职业病危害事故时，未立即采取临时控制措施或者未按规定及时、如实上报的，一经查实，扣罚责任单部门主要负责人×××元。

(2) 发生急性职业中毒事故或新增职业病例超过本单位规定控制目标，扣罚责任部门主要负责人及分管领导各×××元。

(3) 对遭受或者可能遭受急性职业危害的劳动者，未及时组织救治、进行健康检查和医学观察的，扣罚责任部门主要负责人×××元。

(4) 职业病危害事故未按照“四不放过”的原则进行分析、调查和处理的，经核实，扣罚责任部门主要负责人×××元。

(5) 单位发生职业病危害事故，按照事故危害程度及所造成的后果，对责任部门给予×××元罚款；对事故责任人给予×××元罚款。

第三条　特殊奖励

(1) 对职业病防治工作做出较大贡献的部门及个人将给予一定的奖励（由本单位领导审议后决定）。

(2) 发生职业危害事故后，及时组织抢救和处理事故，避免重大损失，有突出贡献的。

(3) 由于认真检查，及时发现重大事故隐患，立即采取措施，转危为安，避免重大事故发生以及制止违章和误操作引发事故的行为，给予奖励。

(4) 为改善劳动条件，消除粉尘和噪声危害，预防职业病发生，自主研发、创新新设备、新技术取得实效的。

3.2.10　煤矿机电运输奖惩制度

第一章　机电（材料）管理员奖罚

第一条　厂队材料员未做出材料申请计划，视情节轻重处于×××元罚款。未按要求填写领料单，处罚×××元。

第二条　各厂队领料员在领取材料时，科内经办人如登记不清楚，处罚经办人×××元/次。

第三条　设备管理员未做好台账管理，造成工具及材料丢失。处罚材料员×××元/次。

第四条　所有工具、材料要按规格、型号、分类存放，挂牌管理，否则处罚设备管理员×××元。

第五条　井下能回收利用的材料，必须按制度如数回收，如未及时回收，处罚分管技术员×××元，副科长×××元。

第二章　机电管理员奖罚

第六条　每月排班表，未经领导允许不得私自换班，否则罚款×××元/次。

第七条　对工作敷衍了事造成差错，每次罚款×××元。

第八条　不按规定参加矿或部门通知的会议，每次罚款×××元。

第九条　损害部门集体利益和荣誉，每发生一次罚款×××元。

第十条　严格执行上级的指令，保持政令畅通，令行禁止，每发生一次不听从上级指令的罚款×××元。

第十一条　未完成布置的临时工作任务，每次罚款×××元。

第十二条　对本岗位的业务知识、管理程序和管理规定不熟悉，每发生一次罚款×××元。

第十三条　认真完成领导交办的任务及本职工作，违者罚款×××元/次。

第十四条　工作出现未预见情况没有及时汇报、没有采取有效措施，导致工作拖后，罚款×××元/次。

第十五条　所属职责范围内工作速度慢，效率低，被矿领导督办的，罚款×××元/次。

第十六条　各类电气工作票、停（送）电联系票和倒闸操作票填写工作中出现差错，视情节轻重处于×××元罚款。

第十七条　每天下班后未认真填写工作日志，罚款×××元/次。

第十八条　检查工作中，未严格按照《井下电气（器）设备防爆检查条例》《煤矿机电设备完好标准》《煤矿机电设备检修质量标准》以及机电安全生产标准化的有关规定进行防爆检查的，视情节轻重罚款×××元。

第十九条　对查出的机电设备隐患问题，未按章实施处罚，且未及时上报领导，罚款×××元/次。

第二十条　工作不积极主动，有推诿扯皮发生，罚款×××元/次。

第二十一条　对分配的工作任务讲条件，态度差，罚款×××元/次。

第二十二条　不能组织协调、督促检查、分析解决本岗位范围内的工作，每次罚款×××元。

第二十三条　机电设备调配和移交，未办理相关手续存档，每次罚款×××元。

第二十四条　未按期编制设备年度、季度、月度用量计划及大中小修计划、配件申报计划，每次罚款×××元。

第二十五条　在巡回检查中对设备润滑油的使用情况发现问题未立即落实处理，每次罚款×××元。

第二十六条　对长期保存的油脂及运行中的油脂未进行定期取样化验，每次罚款×××元。

第二十七条　对新到矿的设备材料，未检查“三证一标志”、生产厂家的性能检测报告及阻燃检测检验部门的检测报告，每次罚款×××元。

第二十八条　不熟悉配件的性能、用途、用量及库存，每发生一次罚款×××元。

第二十九条　电缆的发放、回收和现场管理工作不按流程管理，罚款×××元。

第三十条　在生产一线电缆使用现场检查中，发现闲置电缆及设备未及时督促回收，罚款×××元。

第三十一条　小型电气的领取、发放未办理手续的，每次罚款×××元。

第三章　井下巡回检查奖罚

第三十二条　检查人员必须按巡回路线检查，未按巡回路线检查的，处罚×××元/次。

第三十三条　检查人员发现隐患未及时汇报的，处罚×××元/次。

第三十四条　井下使用的电气设备出现失爆或电气隐患，对包片科员罚款×××元，并处罚责任队组×××元至×××元。

第三十五条　井下出现违章用电情况，对包片科员罚款×××元，并处罚责任队组×××元至×

××元。

第三十六条　井下使用的电气设备及设施不符合《煤矿矿井机电设备完好标准》，每项罚款包片科员×××元，同时罚款责任队组×××元至×××元。

第三十七条　井下电气设备及电缆标志标牌未按规定定期更换或无标志标牌，每项每台罚包片科员×××元；电气设备未经防爆检查及粘贴入井防爆合格证擅自入井，罚责任队组×××元。

第三十八条　开关未上架、小型电气未上板管理，每台件罚包片科员×××元，罚责任队组×××元。

第三十九条　电缆吊挂不符合《煤矿安全规程》要求，一处不合格罚包片科员×××元。

第四十条　井下照明灯及机组照明灯未安装或不亮，罚包片科员×××元，罚款责任队组×××元。

第四十一条　井下电气设备及动力设备保护擅自脱保或综合保护不起作用，信号照明综保甩掉插件的，对包片科员罚款×××元，对责任队组罚款×××元。

第四十二条　各变电所、移动变电站高压开关或低压馈电开关甩掉保护，对包片科员罚款×××元，对责任队组罚款×××元。

第四十三条　电气设备未按规定整定或整定值与实际不符，每处罚包片科员×××元。

第四十四条　局部通风机无风电闭锁或风电瓦斯电闭锁不起作用，机组无瓦斯探头或急停不起作用，对包片科员罚款×××元，罚责任队组×××元。

第四十五条　配电硐室、移动变电站、配电点及三台以上开关等不装设主接地、局部接地、漏电保护的辅助接地或接地打设不符合《煤矿安全规程》要求，对包片科员罚款×××元，罚责任队组×××元。

第四十六条　馈电开关漏电、短路保护试验不动作，对包片科员罚款×××元，罚款责任队组×××元。

第四十七条　井下电气设备私自更改主回路、控制回路线路，影响电气设备性能、电气间隙、爬电距离，或私自增减电气元件影响设备防爆结构和防爆性能，按失爆处理，对包片科员罚款×××元，并处罚责任队组×××元至×××元。

第四十八条　井下电气设备防潮剂失去作用或无防潮剂，罚款包片科员×××元，罚责任队组×××元。

第四十九条　设备外部淋水、积尘、被煤矸、物料埋压、工业卫生差，罚包片科员×××元，罚责任队组×××元；迎头掘进、耙渣机、液压转机等负荷线、操作线不加护套保护，罚责任队组×××元。

第五十条　在各机电设备硐室等地点应有供电系统图，如果无供电系统图或供电系统图与实际不符、表注不清的，罚款包片科员×××元，罚款责任队组×××元。

第五十一条　在各机电硐室、配电点、移动变电站、带式输送机机头机尾、机组处、局部通风机处无消防器材或消防器材不合格，罚款包片科员×××元，罚款责任队组×××元。

第四章　内部资料奖罚管理

第五十二条　上级下发的文件未存档，处罚分管技术员×××元/次。

第五十三条　内部资料的学习未记录，处罚分管技术员×××元/次，科员未签字，处罚×××元/次。

第五十四条　各种记录台账未填写齐全，处罚分管技术员×××元/次。

第五十五条　规程措施的内容和考试结果未建档管理，处罚分管技术员×××元。

第五十六条　技术资料未按标准存放，处罚分管技术员×××元/次。

第五章 岗位工奖罚管理

第五十七条 不完好机电设备，每台处罚包机人×××元。

第五十八条 无入井许可证将电气设备带入井下，罚责任单位×××元，罚把钩工×××元。

第五十九条 井下打开开关时，不放电、不验电、不按规定先检查甲烷浓度，罚款×××元，属于一般违章。

第六十条 井下供电严禁私拉乱接，违者罚款×××元，属于一般违章。

第六十一条 停电作业不挂停电牌或擅自拿掉停电牌，处罚×××元，属于一般违章。

第六十二条 各种保护装置必须齐全，灵敏可靠，严禁甩掉不用，否则每台罚责任单位×××元，罚直接责任者×××元，属于严重违章。

第六十三条 绞车、带式输送机、刮板输送机司机坐在减速器或电机上操作，罚款×××元，属于严重违章；其他人员坐在电气设备上罚款×××元，属于一般违章。

第六十四条 井下所有防爆设备、“五小”电气不准开盖运行，否则罚直接责任者×××元，属于严重违章。

第六十五条 严禁带电检修、搬迁井下所有电气设备、电缆、电线或明火操作，违者罚款×××元，属于严重违章。

第六十六条 停电后控制器手把不打到零位，罚款×××元，属于一般违章。

第六十七条 不按操作规程操作高压电气设备，罚款×××元，属于一般违章。

第六十八条 井下所有电气设备（包括“五小”电气）不得失爆，出现一台次失爆，罚责任单位×××元，罚直接责任者×××元。

第六十九条 严禁非防爆电气设备入井，否则罚责任部门×××元，井口把钩工×××元、运送设备人员各×××元。

第七十条 停送电一律严格执行工作票制度，违者罚责任单位×××元，罚直接责任者×××元。

第七十一条 不准携带失爆矿灯入井，否则罚责任者×××元。

第七十二条 擅自调整用电额定值或开关定值，罚款×××元，属于一般违章。

第七十三条 信号工不执行“手指口述”，每次罚款×××元。

第七十四条 启动或停止机械设备必须按操作规程规定进行，否则罚责任者×××元，损坏设备重处。

第七十五条 高压电气设备的修理和调整工作，无工作票和施工措施不得作业，违者罚款×××元，属于一般违章。

第七十六条 操作高压设备主回路时，操作人员必须戴绝缘手套、穿电工绝缘靴并站在绝缘台上，违者罚款×××元，属于一般违章。

第七十七条 设备发现有异常情况，要切断电源，停机检查，原因未查清盲目开动，罚当班班长×××元，责任者×××元，造成事故另究。

第七十八条 各种设备的液力联轴器，必须使用易熔合金螺塞，发现有螺栓代替易熔合金螺塞，罚责任者×××元。

第七十九条 故意破坏信号造成失灵处罚×××元，属于严重违章。

第八十条 电缆和电气设备（包括电缆）的连接，必须使用同电气设备性能相符的接线盒、连接器或母线盒进行连接，否则，查出一处处罚责任单位×××元，罚责任者×××元。

第八十一条 非专职人员和值班电气人员，不得擅自操作电气设备，违者罚款×××元，属于严重违章。

第八十二条　轻型刮板运输机必须在机头尾打设牢固的地锚，否则罚款×××元，属于一般违章。

第八十三条　机电硐室灭火器材不齐全或不合格，处罚×××元。

第八十四条　各种电气不完好，处罚责任人×××元/台。

第八十五条　井下照明每有一盏灯不亮未按时整改，罚款×××元。

第八十六条　井下所有电缆、线必须按规定悬挂，否则发现一处不符合要求处罚×××元。

第八十七条　井下各主要巷道、作业地点的开关必须上架管理，否则罚款×××元/台。

第八十八条　各种机械必须定期加（注）油，否则罚责任单位×××元，罚直接责任者×××元。

第八十九条　高低压开关、磁力起动器无开关整定标准或标志牌内容不全，一台罚包机人×××元。

第九十条　开关熔断器必须符合规定，不得以大代小，否则罚责任单位×××元，直接责任者×××元，属于一般违章；用铜、铁丝代替，加倍处罚×××元，属于严重违章。

第九十一条　三台以上的开关未做局部接地装置，罚款×××元。

第九十二条　机械运转的外露部分，防护装置必须齐全完好，否则发现一处处罚×××元。

第九十三条　矿灯房红灯率每超标准（0.5%），一台罚款×××元。

第九十四条　井下变电硐室必须有合格的防爆门及栅栏门，否则罚责任单位×××元。

第九十五条　井下变电硐室停送电牌配备充足，否则罚责任单位×××元。

第九十六条　主要排水地点的备用泵，必须经常保持完好，否则处罚责任单位×××元。

第九十七条　无人值班的变电硐室必须关门加锁，否则处罚责任单位×××元。

第九十八条　上级检查团来矿检查工作发现失爆，处罚责任单位×××元/台。

第九十九条　井下电缆、电气、设备漏电，每处处罚×××元。

第一百条　变电所防护用具不全，每缺一项罚款×××元。

第一百零一条　接地装置不符合要求，每处罚款×××元。

第一百零二条　机电硐室必须悬挂“非工作人员禁止入内”与“高压危险”的标志牌，否则处罚责任单位×××元。

第一百零三条　变电所内高压开关、变压器、电缆有管理牌、标志牌和指向牌，每发现缺一处罚责任单位×××元。

第一百零四条　地面各用电地点的闸刀开关必须完好有效，不得有缺胶盖、缺丝短帽等现象，否则发现一次罚款×××元；必须有防雨设施，否则罚款×××元。

第一百零五条　用大功率用电器（电炉、电暖器等）必须写出书面申请报经分管领导及安全矿长批准，否则发现一次罚款×××元。

第一百零六条　不按规定在采掘面及井下指定地点安装防爆电话或电话不及时修理，罚款×××元。

第一百零七条　采煤机各部缺油，每处罚款×××元；滚筒截齿完好率不达规定要求，罚款×××元；检修采煤机时，必须停电闭锁，否则罚款×××元，属于一般违章；进入煤溜检修，必须背帮护顶，并对输送机实行闭锁，否则罚款×××元，属于一般违章。

第一百零八条　新安装的供电线路和电气设备，未经机电科验收或验收不合格而接电送电，罚安装单位×××元，处罚相关责任者×××元。

第一百零九条　损坏供配电设施，撬门撬锁破坏正常供电秩序，处罚单位×××元，责任者×××元。

第一百一十条　带式输送机机头必须挂设“皮带运行期间条令”，带式输送机运行期间严禁在机头架、大架及机尾拆开防护网进行检修维护工作，违者罚款×××元，属于严重违章。

第一百一十一条　带式输送机运行期间严禁到皮带架外侧进行清煤等工作，带式输送机人行侧可以进行人工清煤，但必须使用完好的清煤工具并要使肢体与带式输送机运动部分的安全距离不少于 300 mm，机头及大架部分严禁清煤，违者罚款×××元，属于一般违章。

第一百一十二条　带式输送机运行期间，严禁横跨带式输送机，人行必须走人行道，不得靠近机架行走，要保持 300 mm 安全距离，违者罚款×××元，属于一般违章。

第一百一十三条　带式输送机运行期间，严禁在机头架储带部分进行调整滚筒导向辊、分层托辊、游动车等，需调整必须停车进行，违者罚款×××元，属于严重违章。

第一百一十四条　带式输送机运行期间，中间皮带托辊可以进行调整，但必须保证 2 人进行，一人调偏，一人监护，严禁无监护下单人操作，否则罚款×××元，属于一般违章。

第一百一十五条　带式输送机运行期间，严禁对托辊、滚筒进行加油和注油，否则罚款×××元，属于一般违章。

第一百一十六条　不用信号联系，随意开停运输设备者，罚责任者×××元，属于一般违章。

第一百一十七条　用矿车运送物料严禁超高超宽，违者罚责任单位×××元，罚责任者×××元。

第一百一十八条　各种绞车运输不按规定挂车，每超一个罚挂钩工×××元，属于一般违章。没有明确规定挂车数量，罚责任单位×××元。

第一百一十九条　斜巷下放运输车辆时绞车必须带电运转，违者罚款×××元，属于一般违章。

第一百二十条　严禁冒险蹬车、跳车、扒车，违者罚款×××元，固定工开除留用，其他用工辞退。

第一百二十一条　在井下有意放野车、飞车者罚款×××元，开除矿籍。

第一百二十二条　斜巷停车未使用阻车器有效支设，罚款×××元，属于一般违章，查不出责任者罚单位×××元。

第一百二十三条　因不负责任造成跑车事故者，罚款×××元，所有同时在场运输责任人按严重违章处理，固定工给予行政降一级一年的处分。

第一百二十四条　井上、下主要车场，应有专职信号把钩工负责车辆运行，他人不得擅自操作，违者罚款×××元，属于一般违章。

第一百二十五条　矿车的连接装置应使用规定的链环、插销，不得用其他材料代替，违者处罚责任者×××元。

第一百二十六条　小绞车卡闸失效，禁止使用，否则罚责任单位×××元。直接责任者×××元。

第一百二十七条　循环绞车运输必须一车两钩，否则罚款×××元，属于一般违章。

第一百二十八条　人力推车应遵守《煤矿安全规程》规定，违者罚责任者×××元，属于轻微违章。

第一百二十九条　正常运行时牵引机车必须在列车的前端，特殊情况制定措施，违者罚款×××元。各辆矿车之间必须用专用链环连接，否则罚款×××元。

第一百三十条　严禁乘坐非运送人员的车辆，违者罚款×××元，属于严重违章。

第一百三十一条　乘车人员必须听从司机或乘务人员的指挥，开车前必须挂好防护链，违者罚款×××元，属于轻微违章。

第一百三十二条　牵引机车运送人员必须等车停稳上下人，否则罚相关责任人员各×××元，属于轻微违章。

第一百三十三条　运送人员的列车行驶中或尚未停稳时，严禁上下车或在车内站立，违者罚款

×××元，属于轻微违章。

第一百三十四条　运送人员列车严禁超员，违者罚司机、乘务人员各×××元，属于轻微违章。

第一百三十五条　运送人员时，列车行驶速度不得超过4 m/s，否则罚司机×××元，属于轻微违章。

第一百三十六条　人车掉道时，必须立即向司机发出停车信号，否则罚有关人员×××元/人，属于轻微违章。

第一百三十七条　车辆掉道时严禁用绞车强拉上道，否则罚款×××元，属于一般违章。

第一百三十八条　运送人员时，严禁同时运送爆炸性的、易燃烧性的或腐蚀性的物品或附挂物料车，违者罚司机、乘务员各×××元，属于严重违章。

第一百三十九条　井上、下机车在运行中，任何人及携带的工具严禁探出车外，否则发现一次罚款×××元，属于轻微违章。

第一百四十条　站在运行中的车辆上装卸物料，罚责任者×××元，属于一般违章。

第一百四十一条　清撒斜巷翻笼翻车时，必须挂好护链，违者罚款×××元。

第一百四十二条　一坡三挡必须正常投入使用，违者罚款×××元，属于轻微违章。

第一百四十三条　斜巷运输时，应遵守“行人不行车，行车不行人”的规定，违者罚款×××元。

第一百四十四条　在用的各种车辆（包括花车、矿车、平板车等）两端必须装置碰头，且突出长度不小于100 mm，否则罚责任单位×××元，罚责任者×××元。

第一百四十五条　挡车装置不符合规定要求，每处罚款×××元。

第一百四十六条　带式输送机托辊不转动、不灵活或未定期注油，每串罚款×××元。

第一百四十七条　车辆停放在道岔上，罚款×××元。

第一百四十八条　斜巷运输时，“一坡三挡”装置必须齐全、灵敏、可靠，否则发现一处处罚责任单位×××元。

第一百四十九条　各轨道运输巷道运送支架等大型设备时，禁止行人，并设警戒，挂警示牌，否则罚责任单位×××元，直接责任者×××元；强行行走者，罚款×××元，属于一般违章。

第一百五十条　由于检修不到位或开带式输送机不负责任造成扯输送带事故者，罚款×××元，并处严重违章。

第一百五十一条　不按规定使用带式输送机运输物料者，罚款×××元。

第一百五十二条　所有轨道、道岔必须符合安全生产标准化标准，每发现一处不符合要求罚责任单位×××元，直接责任者×××元。

第一百五十三条　绞车、钢丝绳磨损、断丝超限不及时更换，罚款×××元。

第一百五十四条　小绞车安装不经验收而投入使用罚款×××元。

第一百五十五条　凡使用钢丝绳的单位，必须加强钢丝绳的维护保养，存在有缺变向轮、断股打结、绳卡不按规定打设、缺心形环、需加装保险绳而未加装等情况的，发现一处处罚×××元。

第一百五十六条　卸大件、长料或大型设备不制定安全措施，罚款×××元。

第一百五十七条　所有绞车张紧装置、尾轮、栅栏及其他防护装置必须经常检查，发现问题及时处理，否则罚责任单位×××元，直接责任者×××元，造成事故另究。

第一百五十八条　严禁在同一层罐笼人员和不允许混装的物料混合提升，违者罚款×××元；把钩工不制止，罚款×××元，属于一般违章。

第一百五十九条　主、副绞车提升过卷，一次罚责任者×××元。

第一百六十条　主、副绞车运行时，主司机不在岗位，罚责任者×××元。

第一百六十一条　主、副井绞车保护装置不齐全或不可靠，每处罚责任单位×××元，罚分管队长×××元。

第一百六十二条　绞车无护绳板，或护绳板不合要求，处罚责任单位×××元。

第一百六十三条　钢丝绳不按规定时间检查，对责任者罚款×××元。

第一百六十四条　井下带式输送机、刮板输送机、绞车等必须设有声光齐全的信号装置，并保证灵敏可靠，不合格者不准运行，违者罚责任单位×××元。

第一百六十五条　材料堆放不符合标准罚款×××元。

第一百六十六条　所有在用绞车必须按规定挂设“设备参数”和“小绞车11条禁令”等管理牌板，否则罚责任单位×××元。

第一百六十七条　罐笼护链必须保持完好，发现一次不完好罚款×××元。

第一百六十八条　小绞车安装必须水泥固定底座或锚杆固定，保证牢固可靠，否则罚责任单位×××元。

第一百六十九条　临时小绞车必须用四压两戗—将军柱固定牢固，且压戗柱必须用木柱，否则罚款×××元。

第一百七十条　轨道坡度在8°以上未安设阻车装置或不符合要求，罚款×××元；不按规定使用罚款×××元。

第一百七十一条　牵引机车必须灯、闸、铃、撒沙装置及安全门齐全可靠，否则罚款×××元；牵引车水温表、油温表失效，罚款×××元。

第一百七十二条　设备开停要按规定使用信号，不得使用灯光、传话、敲击器物等代替信号，违者罚款×××元，属于一般违章。

第六章　奖　励　机　制

第一百七十三条　为充分调动职工积极性，保质保量全面完成各项生产任务，本科对完成工作较为认真，责任心较强，工作态度较为认真的职工酌情进行嘉奖，并在年底评优时进行加分。

第一百七十四条　面向全体人员征集合理化建议，所提合理化建议，经机电科采纳后每条×××元奖励。

第一百七十五条　机电科将对在考核厂、队机电工作中认真负责、敢于严抓细管的人员进行奖励，奖励实施根据实际情况商定。